国家社科基金后期资助项目
出版说明

后期资助项目是国家社科基金设立的一类重要项目，旨在鼓励广大社科研究者潜心治学，支持基础研究多出优秀成果。它是经过严格评审，从接近完成的科研成果中遴选立项的。为扩大后期资助项目的影响，更好地推动学术发展，促进成果转化，全国哲学社会科学工作办公室按照“统一设计、统一标识、统一版式、形成系列”的总体要求，组织出版国家社科基金后期资助项目成果。

全国哲学社会科学工作办公室

国家社科基金
GUOJIA SHEKE JIJIN HOUQI ZIZHU XIANGMU
后期资助项目

商业信托法

Business Trust Law

李宇 著

法律出版社
LAW PRESS · CHINA
——北京——

图书在版编目(CIP)数据

商业信托法 / 李宇著. -- 北京 : 法律出版社, 2021
ISBN 978-7-5197-5472-3

Ⅰ. ①商… Ⅱ. ①李… Ⅲ. ①信托法-研究-中国 Ⅳ. ①D922.282.4

中国版本图书馆 CIP 数据核字(2021)第 052363 号

商业信托法
SHANGYE XINTUOFA

李 宇 著

策划编辑 似 玉
责任编辑 似 玉 李 军
装帧设计 臧晓飞

出版发行 法律出版社
编辑统筹 法律应用出版分社
责任校对 朱海波
责任印制 吕亚莉
经 销 新华书店

开本 710 毫米×1000 毫米 1/16
印张 83 字数 1400 千
版本 2021 年 9 月第 1 版
印次 2021 年 9 月第 1 次印刷
印刷 天津嘉恒印务有限公司

地址:北京市丰台区莲花池西里 7 号(100073)
网址:www.lawpress.com.cn
投稿邮箱:info@lawpress.com.cn
举报盗版邮箱:jbwq@lawpress.com.cn
销售电话:010-83938349
客服电话:010-83938350
咨询电话:010-63939796

书号:ISBN 978-7-5197-5472-3
定价:256.00 元

基金项目
国家社会科学基金后期资助项目，项目批准号：15FFX043

序

20世纪是经济大发展与金融大创新的时代。在经济发展与金融创新的大剧场上，好戏连台，精彩纷呈。证券投资基金成为资本市场新的主力军，不动产投资信托开辟了传统产业与金融市场的新通道，资产证券化更成为近三十余年来最重要的金融创新之一……这一幕幕剧作中，商业信托屡屡扮演主角，成为交易的主要载体，在传统产业领域长袖善舞的公司、合伙等其他商业组织则退居配角之位。为规避禁止公司持有不动产之法律而生的商业信托，却在历史洪流中不断成为新型交易的弄潮儿。而放眼全球法律竞争、制度竞争之大势，此类创新大多源自英美法系，发达的商业信托法对此功不可没，并深刻影响到包括我国在内的各国法制与实务。商业信托究竟为何物？商业信托与普通信托以及其他商业组织有何区别？为何是商业信托而非普通信托及其他商业组织扮演了上述角色？商业信托法功在何处？在法律竞争、制度竞争日趋激烈的全球化时代，一国应有何种商业信托法，始能引领潮流？

本书试图通过法释义学的、历史的、比较的、经验的、经济学的视角，从实证与规范两大层面解析上述问题，揭示商业信托现象背后的经济与法律逻辑。就法理而言，商业信托是私法王国中最自由的精灵，跨民事与商事之界，融契约与组织之长。契约自由原则在商业信托法上登峰造极，昭示商事组织法进化的大方向。其间正当性何在、在具体制度上如何实现，诚有充分研究之必要。助力于我国商业信托法的发展，为本书的终极目的。我国最紧缺的不是具体的信托实践智慧，而是一个不妨碍各种实践智慧自由开展的法律框架。我国商业信托法的制定与完善，不能脱离我国现行信托法制的背景，同时又不能局限于我国现行信托法制。另一方面，我国现行信托法制不尽完善，且不排除将来参酌比较法得以改进的可能，因此，本书视野中的普通信托法，不局限于我国现行信托法制；如果我国商业信托法仅以我国现行信托法制为参照背景，势难适应未来的法律发展。

作者研习信托法，始于2000年。2003~2006年攻读硕士学位期间，有感于商业信托研究在我国尤其薄弱，遂以《商业信托研究——以商业信托特殊法律问题为中心》为硕士学位论文选题。其后五年间陆续增补内容，完成本书主体部分70余万字。2015年申报国家社科基金后期资助项目成功，更新资料，扩充论述，修订内容，成稿于此。

当年完成的硕士学位论文，是本书的源头。感谢硕士导师吕淑琴教授的栽培指教。感谢内子徐溯协助输入文稿、整理资料，这本书是献给她的。友人浙江大学光华法学院陆青教授提供修改建议，上海交通大学凯原法学院庄加园教授提供德国信托法书籍、肖俊教授解答罗马法与意大利法上的信托问题，华东政法大学吴一鸣教授在美国帮助下载文献，上海对外经贸大学汪其昌教授提供信义义务法书籍，黄珏东律师、王晓笛律师提供若干金融实务方面意见，韩国国民大学张月霞博士提供韩国信托法中译本，清华大学法学院王旭博士帮助复印爱尔兰信托法书籍，法律出版社刘文科副编审、似玉编辑、李军编辑精心审校本书，并致谢意。

感谢梁慧星教授、高鸿钧教授、洪玉老师、吴岩老师、朱晓喆教授、张凇纶教授、周奥杰博士等诸位主编、编辑的肯定。本书部分章节的阶段性成果，曾陆续在刊物上发表或作为合作作品之一部分出版，依时间顺序如下：(1)《商业信托研究——以商业信托特殊法律问题为中心》，载《民商法论丛》第36卷（2006年）。(2)《商业信托委托人的法律地位》，载《法学论坛》2012年第5期。(3)《美国法上的商业信托》，载高鸿钧等：《英美法原论》，北京大学出版社2013年版。(4)《法人内部的"法人"：系列商业信托之研究》，载《为民法而斗争：梁慧星先生七秩华诞祝寿文集》，法律出版社2014年版。(5)《商业信托的法人性质》，载我国台湾地区《月旦民商法杂志》2015年第9期。(6)《论作为法人的商业信托》，载《法学》2016年第8期。(7)《商业信托的发展与我国信托法的改革》，载《四川大学法律评论》(第16卷·2017年春季卷)，法律出版社2017年版。(8)《商业信托的法人资格》，载《中国信托法评论》(第1卷)，法律出版社2018年版。(9)《系列基金的法律规范：本土问题与比较法经验》，载《法治现代化研究》2019年第4期。

此外，就本书第5章、第16章所涉内容，曾于2018年9月15日在中南财经政法大学作题为"横跨民商、超越物债——信托的性质与信托法的定位"的讲座，感谢中南财经政法大学张家勇、李俊、胡东海、夏昊晗、刘征峰、石一峰诸位教授与华中科技大学法学院张定军教授惠赐评议意见；就本书第2章、第16章所涉内容，曾于2019年11月27日在华东政法大学作题为"一气化三清：信托法之基本范畴"的讲座，感谢华东政法大学金可可、孙维飞、吴一鸣、姚明斌、陈晓芳、刘骏、王蒙、李运杨诸位教授惠赐评议意见。

作为私法中最活跃的部门之一，信托法跨越民商，日新月异。作者所思所论，必有错漏，尚祈读者诸君不吝指正。宝贵意见，敬请赐发作者邮箱liyukarl@126.com，不胜感激！

李宇

2020年2月26日

简　　目

详　　目

图表目录

图

表

第一章 绪 论

第一节 研究背景、对象与方法

一、背景与问题

商业信托为商业组织法与信托法联姻之产儿。

信托为一种与财产有关的信义关系（fiduciary relationship），产生于设立信托的意思表示，由受托人持有财产并负有为了受益人或特定目的而处分财产之义务。[1]我国《信托法》第2条将信托定义为“委托人基于对受托人的信任，将其财产权委托给受托人，由受托人按委托人的意愿以自己的名义，为受益人的利益或者特定目的，进行管理或者处分的行为”。本条中“委托给”一语含糊其词，未能确切表达信托的特质。与之相比，我国法院判决中的定义更为准确：“所谓信托，是指委托人基于对受托人的信任，将其财产权转移于受托人，受托人按委托人的意愿以自己的名义，为受益人或特定目的，管理或处分财产的法律行为。在信托法律关系中，受托人是信托财产的权利主体，以自己的名义对外从事活动，其行为所产生的法律后果，由受托人自行承担。”[2]

信托的特征包括财产管理权与受益权分离、信托财产独立于受托人

---

[1] Restatement（Third）of Trusts § 2（2003）. Fiduciary relationship和fiduciary duty概念，是理解信托的关键词之一。中文文献译为“信义关系/信义义务”“受信关系/受信义务”等。本书通称为信义关系/信义义务。英国信托法判例学说上的通说认为，信托是一种“衡平法义务”。See David Hayton，Paul Matthews，& Charles Mitchell，*Underhill and Hayton Law Relating to Trusts and Trustees* 2（18th ed. 2010）. 此种“义务说”与美国法及其他许多法域的“关系说”有所不同，但概念的内涵并无实质性区别。

[2] 山东省食品公司诉英大信托投资公司偿还名为委托实为信托的放款关系尚欠的本息案，载最高人民法院应用法学研究所编：《人民法院案例选》2003年第4辑，人民法院出版社2004年版，第219页。本案涉及信托贷款纠纷，济南市市中区人民法院所作的一审判决进一步阐述了信托与委托的区别：“信托与委托的区别在于财产所有权的转移与否。对于信托贷款而言，委托人的资金贷给谁，利率、用途、期限是多少，均由受托人决定；从资金所有权角度看，已经转移于作为受托人的金融信托机构；从与借款人的关系来看，受托人是以自己的名义直接与借款人发生关系的，借款人无须知道资金所有人为谁。而委托贷款则由委托人指定贷款对象、贷款利率、期限、用途等，接受贷款的人明知资金所有人是谁；与信托贷款不同，资金虽转移占有，但收益、处分的权能并未转移；如果因贷款行为不当，出现损失，该风险亦由委托人自行承担。另外，在委托贷款合同中，委托人、受托人与借款人应当同时出现。在本案中，山东省昌盛食品商行与中国工商银行济南信托投资股份有限公司签订的委托

的固有财产及其他人的财产、受托人负有严格的信义义务、受益人享有对世权、信托文件在设计受益权及设定内部关系等方面具有极大的灵活性。详言之，信托财产构成一个独立的基金，信托财产的权属虽置于受托人名下，但不属于受托人的固有财产，受托人的债权人、继承人、配偶均无权追索信托财产。信托财产由受托人管理与处分，其利益则由受益人享有，受托人除取得报酬及补偿外，不得从信托关系中取得任何利益。受托人对受益人负有忠实义务、注意义务与其他信义义务，包括应将信托财产与固有财产分开，应完全为受益人利益管理信托，应行使一个处于同等情形、负有同等职责之人应有的谨慎、勤勉与技能。受益人对受托人享有请求权，并且对从受托人之手不当取得信托财产的第三人享有请求返还信托财产的权利。[3]

放款基金协议书，虽然名称上为委托放款，但在协议书的具体内容上，却注明由乙方即中国工商银行济南信托投资股份有限公司代选单位和项目办理委托放款，贷款期限在此项基金存期内也由中国工商银行济南信托投资股份有限公司与用款单位商定，利率按此项基金存款利率另加手续费。即贷款对象的选定、贷款的期限、利率均由受托人中国工商银行济南信托投资股份有限公司确定。中国工商银行济南信托投资股份有限公司在选定单位组织发放贷款后，督促企业按期归还，并保证山东省昌盛食品商行委放基金到期随时可以提取，即此项贷款行为的风险由中国工商银行济南信托投资股份有限公司承担。在由中国工商银行济南信托投资股份有限公司印制的‘信托、委托贷款申请书’中‘委托单位签章（信托放款免签）’一栏并没有委托人山东省昌盛食品商行的签章。作为格式合同的制作者，中国工商银行济南信托投资股份有限公司完全明白信托贷款与委托贷款的区别，在这种情况下，中国工商银行济南信托投资股份有限公司未让山东省昌盛食品商行在‘委托单位签章’栏中签章，足以证明双方确立的是信托贷款合同。而在与济南橡胶厂的借款合同上，贷款方注明的是中国工商银行济南信托投资股份有限公司，并非作为委托人的山东省昌盛食品商行。即该贷款行为是以受托人而非委托人的名义作出的，更进一步证明了合同的信托性质。以上从贷款对象的选定、贷款的期限、利率、风险责任的承担、对外实施行为的名义、格式合同的约定等诸方面进行判断，山东省昌盛食品商行与中国工商银行济南信托投资股份有限公司之间签订的虽然是委托放款基金协议书，但协议中约定的权利义务内容与名称不一致，双方按照权利义务的实际内容履行，应当以协议约定的权利义务内容确定合同的性质，即双方之间存在的是信托贷款法律关系，而并非委托贷款关系。”一审判决于2001年11月7日作出，其时《信托法》已施行（2001年10月1日起施行），但因案涉行为发生于《信托法》施行之前，判决并未援引《信托法》，而是以《民法通则》第84条第2款、第88条第1款、第111条为实体法依据。

[3] 上述特征在各国信托法中皆有体现，尽管细节有异。信托法的一般论著，参见William F. Fratcher, *Trust*, in 6 International Encyclopedia of Comparative Law（1972）（各国信托法的一般比较）；Maurizio Lupoi, *Trusts*: *A Comparative Study*（Simon Dix trans. 2000）（英国式信托、国际信托、大陆法系信托三种模式的比较）；David Hayton, Paul Matthews, & Charles Mitchell, *Underhill and Hayton Law Relating to Trusts and Trustees*（18th ed. 2010）（英国法，第57、58页概括了英国信托的特征）；A. J. Oakley, *Parker and Mellows*: *The Modern Law of Trusts*（9th ed. 2008）（英国法）；Austin W. Scott, William F. Fratcher, & Mark L. Ascher, *Scott and Ascher on Trusts*（5th ed. 2006）（美国法）；Amy Morris Hess, George Gleason Bogert & George Taylor Bogert, *The Law of Trusts and Trustees* § 16（3d ed. 2005）（美国法）。关于我国信托法，参见何宝玉：《信托法原理研究》（第2版），中国法制出版社2015年版；谢哲胜：《信托法总论》，台北作者自版2003年版。

信托作为一种有效的财产管理与利用形式，在英美法系传统上主要用于个人或家庭财产规划（尤其是遗产规划）。[4]遗嘱信托和依生前赠与所为的遗产规划信托，在19世纪居于统治地位，甚至有学者认为，在19世纪之前，实务中的所有信托均属于此种类型。[5]此类信托至今仍占据重要地位。例如，在美国，自20世纪90年代初至今，作为遗产从被继承人转移至继承人的财产总额达12万亿美元。[6]信托在此类财产转移中扮演了核心角色，为大多数遗产规划的主要工具，它通过将财产信托给受托人，确保财产价值的稳步增长并持续地产生稳定的现金流。[7]在人员和资产加速流动的大环境下，用于个人或家庭财产规划的信托，在大陆法系国家也日益获得承认。[8]此为信托的通常形态，称为“普通信托”（ordinary trust）。[9]信托亦被用于公益目的，即“公益信托”（charitable trust）。公益信托的公益目的包括救济贫困、发展教育文化事业、发展环境保护事业等。作为公益信托的对应范畴，普通信托又被称为“私人信托”（private trust）。[10]

一般意义上的信托法，即以普通信托为适用对象，另有若干专适于公益信托之规则。信托法诸多原则、规则与标准，是针对普通信托的特

[4] 此类信托在美国的应用情况，参见Edward C. Halbach, Jr., *The Uses and Purposes of Trusts in the United States*, in Modern International Developments in Trust Law 125-31（David Hayton ed. 1999）。在加拿大的应用情况，参见Donovan W. M. Waters, *The Uses of the Trust in Canada Today*, in Modern International Developments in Trust Law 105-11（David Hayton ed. 1999）。信托在各主要国家的应用情况，详见*Trusts in Prime Jurisdictions*（Alon Kaplan ed. 2000）。

[5] Donovan W. M. Waters, Mark R. Gillen, & Lionel D. Smith, *Waters' Law of Trusts in Canada* 534（3d ed. 2005）.

[6] V. Gerard Comizio & Jeffrey L. Hare, *Regulatory Developments for Banks and Thrifts Conducting Trust and Fiduciary Activities*, 59 Bus. Law. 1299, 1299（2004）.

[7] Melanie Leslie, *Trusting Trustees: Fiduciary Duties and the Limits of Default Rules*, 94 Geo. L. J. 67, 68（2005）.

[8] Julien Perrin, *The Recognition of Trusts and Their Use in Estate Planning Under Continental Laws*, 10 Y. B. Private Int' l L. 629（2008）.

[9] Ordinary trust概念，在英美信托法著作和判例中被广泛使用。著作、论文中的使用，参见George Gleason Bogert & George Taylor Bogert, *The Law of Trusts and Trustees* § 247（rev. 2d ed. 1993）（美国法）；Kam Fan Sin, *The Legal Nature of the Unit Trust* 83, 289（1997）（英国法）；Paul B. Miller, *The Future for Business Trusts: A Comparative Analysis of Canadian and American Uniform Legislation*, 36 Queen' s L. J. 443, 452（2011）（美国法与加拿大法）；Robert D. Flannigan, *The Nature and Duration of the Business Trust*, 6 Est. & Tr. Q. 181, 184（1982-1984）（加拿大法）。判例上用法的归纳，参见12A C. J. S. Business Trusts § 4（2007）；Herbert B. Chermside, Jr., *Annotation*, *Modern Status of the Massachusetts or Business Trust*, 88 A. L. R. 3d 704（1978 & Supp. 2004）。

[10] Restatement（Third）of Trusts § 1 cmt. c（2003）.

性形成的。[11]日常所称信托法，大多实指"普通信托法"（ordinary law of trusts，或ordinary trust law），[12]又称一般信托法、信托基本法（general trust law）。[13]英国、美国、加拿大、澳大利亚、新加坡、我国香港特别行政区等英美法系国家或地区信托法尽皆如此，继受英美信托法的苏格兰、美国路易斯安那州、加拿大魁北克省等混合法系信托法以及日本、韩国等大陆法系信托法亦不例外。[14]

在历尽曲折之后，19世纪以来，信托在商业领域中的运用日显重要。借助于信托的独特优势，商业信托得到广泛应用，并迅速成长为足以与公司、合伙分庭抗礼的一种商业组织。至20世纪后半叶，商业信托的身影更活跃于社会经济诸领域，证券投资信托、资产证券化信托、不动产投资信托等各种新型商业信托在整体经济中举足轻重，信托在证券投资基金、资产证券化等领域中的地位超乎公司等其他商业组织之上。信托的运用及其用途均有爆炸式的扩展，其中主要原因之一即投资全球化与资产证券化。[15]投资基金的成长与发展更被称为20世纪下半叶最超常的金融发展。[16]如同《特拉华州商业信托法》制定时的立法纲要所言："在共同基金、不动产投资信托以及资产证券化交易中，商业信托都是一种被优先采用的实体形态。"[17]

---

[11] 作为现代信托法之源的英国信托法，在19世纪末已经成熟，这正是普通信托统治的时代。

[12] George Gleason Bogert & George Taylor Bogert, *The Law of Trusts and Trustees* § 247（rev. 2d ed. 1993）.

[13] Restatement（Third）of Trusts § 1 cmt. a（1）（2003）.

[14] 大多数学者认为，大陆法系国家一般不存在信托制度。Justin P. Thorens, *The Common Law Trust and the Civil Law Lawyer*, in Comparative and Private International Law: Essays in Honor of John Henry Merryman on His 70th Birthday 309-15（David S. Clark ed. 1990）; Donovan W. M. Waters, *The Institution of the Trust in Civil and Common Law*, 252 Recueil des Cours 113（1995）. 但也有学者认为，大陆法系国家也有信托制度，信托制度与大陆法系的理论与立法并非不兼容；一般人之所以认为大陆法系无信托制度，乃是因为双重误解所致：英美法系学者缺少对大陆法系信托制度的比较研究，大陆法系学者亦缺少对英美法系信托的比较研究。Maurizio Lupoi, *The Civil Law Trust*, 32 Vand. J. Transnat' l L. 967, 976（1999）. 法国法上的*fiducia*制度（罗马式信托）与德国法上的Treuhand（日耳曼式信托）制度，与信托颇为相似。详见Richard Helmholz & Richard Zimmerman, *Itinera Fiduciae*: *Trust and Treuhand in Historical Perspective*（1998）。日本、韩国等国虽在民商法领域继受欧洲大陆法传统，但以单行法形式明确承认信托制度，有别于欧陆诸国。

[15] *Principles of European Trust Law* 5（D. J. Hayton, S. C. J. J. Kortmann, & H. L. E. Verhagen ed. 1999）.

[16] Peter W. Madlem & Thomas K. Sykes, *The International Encyclopedia of Mutual Funds, Closed-End Funds and REITs* 1（2000）.

[17] Senate Bill No. 355, 66 Del. Laws. Ch. 279（1988）.

商业信托的运用与发展，从几种典型的商业信托之状况可见一斑。先看美国。其一是证券投资基金。基金业已经成为全球最大的金钱管理业。[18]1997年5月，美国的共同基金[19]持有将近4万亿美元的资产，其中半数以上基金的组织形式为商业信托。[20]而今共同基金总资产已逾17万亿美元，商业信托型基金已增长至全部基金的3/4以上。[21]截至2019年第1季度，美国基金的净资产总额居全球榜首，并超过欧洲、亚太、非洲3个地区基金净资产总额之和。[22]截至2018年年末，美国注册投资基金［依照1940年《投资团体法》(Investment Company Act[23])称为“投资团体”］所持有的股票占全美已发行股票的近30%，所持有的债券占全美公司债和境外债的20%，并持有美国政府证券的13%。[24]美国近20年各类证券投资基金的净资产和基金数量统计数据，分别如表1、表2所示。

［18］ 2003年美国发生共同基金丑闻时，有美国参议员称基金业为“全球最大的犯罪行业”。Mutual Funds: Trading Practices and Abuses that Harm Investors Before the Subcomm. on Financial Management, the Budget, and International Security of the S. Comm. on Governmental Affairs, 108th Cong. 1, 3(2003). 转引自 Mercer E. Bullard, *The Mutual Fund As A Firm: Frequent Trading, Fund Arbitrage and the SEC's Response to the Mutual Fund Scandal*, 42 Hous. L. Rev. 1271, 1273 n. 10(2003)。贬斥全行业之语自然言过其实，但亦可见行业规模之巨。

［19］ 美国法上的投资基金分类形态之一为封闭式基金与开放式基金，后者又称为共同基金。Investment Company Act, 15 U. S. C. § 80a-5(a)(8).

［20］ John H. Langbein, *The Secret Life of the Trust: The Trust as an Instrument of Commerce*, 107 Yale L. J. 165, 171(1997). 共同基金的组织形态主要有3种，即马萨诸塞州商业信托、特拉华州商业信托和马里兰州投资公司。马里兰州投资公司名为公司，实质上更接近于商业信托。Id. at 187-88.

［21］ Robert H Sitkoff, *The Rise of the American Statutory Business Trust*, http://law. nus. edu. sg/ccls/scibl2007/abstracts. htm, May 23, 2009. 截至2018年年底的数据，详见本书表5。

［22］ International Investment Funds Association, *Worldwide Regulated Open-End Fund Assets and Flows: First Quarter 2019, Table 1*, https://www. iifa. ca/files/1561551166_IIFA%20-%20Worldwide%20Open-End%20Fund%20Report%20-%20Q1%202019. pdf, Sept. 23, 2019. 国际投资基金协会是各国投资基金协会的联合组织。

［23］ 该法在中文文献中常被译为“投资公司法”，有误。译法说明，详见本书第2章第4节第3目。

［24］ Investment Company Institute, *2019 Investment Company Fact Book* 37(59th ed. 2019), http://www. icifactbook. org, Sept. 1, 2019.

表1　美国投资基金净资产统计[25]

单位：10亿美元

年份	共同基金（开放式基金）	封闭式基金	交易所交易基金（ETFs）	单位投资信托（UITs）	总计
1999	6834	157	34	92	7116
2000	6956	150	66	74	7245
2001	6969	145	83	49	7246
2002	6380	161	102	36	6680
2003	7399	216	151	36	7801
2004	8093	255	228	37	8614
2005	8889	276	301	41	9507
2006	10,395	299	423	50	11,167
2007	11,995	316	608	53	12,973
2008	9619	185	531	29	10,364
2009	11,109	224	777	38	12,149
2010	11,831	239	992	51	13,113
2011	11,630	244	1048	60	12,982
2012	13,054	265	1337	72	14,728
2013	15,049	282	1675	87	17,092
2014	15,877	292	1975	101	18,244
2015	15,658	263	2101	94	18,116
2016	16,353	265	2524	85	19,227
2017	18,764	277	3401	85	22,527
2018	17,707	250	3371	70	21,398

[25] 数据来源：Investment Company Institute，*2019 Investment Company Fact Book* 32（59th ed. 2019）。共同基金、封闭式基金、交易所交易基金、单位投资信托系美国主要的四种注册投资基金。Id. at 264.

表2 美国投资基金数量统计[26]

单位：个

年份	共同基金	封闭式基金	交易所交易基金	单位投资信托	总计
1999	7970	512	30	10, 414	18, 926
2000	8349	482	80	10, 072	18, 983
2001	8480	490	102	9295	18, 367
2002	8490	543	113	8303	17, 449
2003	8406	581	119	7233	16, 339
2004	8411	618	152	6499	15, 680
2005	8439	635	204	6019	15, 297
2006	8704	646	359	5907	15, 616
2007	8723	664	629	6030	16, 046
2008	8860	644	743	5984	16, 231
2009	8594	629	820	6049	16, 092
2010	8523	626	950	5971	16, 070
2011	8662	634	1166	6043	16, 505
2012	8742	604	1239	5787	16, 372
2013	8970	601	1332	5552	16, 455
2014	9256	570	1451	5381	16, 658
2015	9515	561	1644	5188	16, 908
2016	9505	534	1774	5100	16, 913
2017	9354	533	1900	5035	16, 822
2018	9599	506	2057	4917	17, 079

其二是资产证券化。1996年，美国有几万亿美元的抵押贷款、信用卡贷款、汽车贷款和学生贷款通过资产证券化信托进行再融资。[27]2013年，资产证券化的交易量达到21.7万亿美元。[28]

其三是不动产投资信托。据美国全国不动产投资信托协会（National Association of Real Estate Investment Trusts）[29]的统计数据，1971年年末，

［26］ 数据来源：Investment Company Institute, *2019 Investment Company Fact Book* 50（59th ed. 2019）。

［27］ John H. Langbein, *The Secret Life of the Trust*: *The Trust as an Instrument of Commerce*, 107 Yale L. J. 165, 172（1997）.

［28］ Peter B. Oh, *Business Trusts*, in Research Handbook on Partnerships, LLCs and Alternative Forms of Business Organizations 275（Robert W. Hillman & Mark J. Lowenstein eds.，2015）.

［29］ 美国国会1960年颁布《不动产投资信托法》，该协会于同年成立。Bradley T. Borden, *Rethinking the Tax-Revenue Effect of REIT Taxation*, 17 Fla. Tax Rev. 527, 536（2015）.

美国不动产投资信托数量为34个，总市值14.94亿美元；1988年总市值突破100亿美元，1997年总市值突破1000亿美元，2016年总市值突破1万亿美元；2018年年末，不动产投资信托数量为226个，总市值10,476亿美元。[30]

再看英国：2003年的文献已显示，单位信托（相当于证券投资信托）的投资额已超过2000亿英镑，受益人达300万人。[31]同属于英美法系的加拿大，商业信托亦发展迅猛。在加拿大，商业信托已经作为公司的替代品而得到广泛应用，商业信托作为投资工具所受到的欢迎已确定无疑。[32]20世纪90年代中期以来，公开发行证券的商业信托大量增加。[33]在2001~2005年，新成立200个以上公开发行受益权凭证的商业信托，此类商业信托在多伦多股票交易所新上市的投资企业中占据明显的权重，现已占据S&P/TSX综合指数（多伦多股票交易所以及加拿大的主要股票指数）中8%的市值。2005年1月26日，商业信托正式进入S&P/TSX综合指数的成分行列。[34]其他数据统计显示，截至2003年，在多伦多股票交易所上市的收入信托（加拿大商业信托的主要形态之一）超过100个，总市值逾600亿美元。[35]加拿大证券信息网站（www. investcom. com）的较新数据显示，“收入信托”信息库中包含商业信托、[36]不动产投资信托、资源信托、公用事业信托、封闭式投资信托五类，均指已上市的信托，其中，商业信托有9个，不动产投资信托有46个，资源信托（resource trust）有1个，公用事业信托有2个，封闭式投资信托有75个。[37]加拿大最大的商业信托之一Yellow Pages Income Fund，市值曾达约6万亿加拿大元。[38]

---

［30］ *U. S. REIT Industry Equity Market Cap*, https: //www. reit. com/data-research/reit-market-data/us-reit-industry-equity-market-cap, Aug. 19, 2019. 此网页有1971~2018年的数据。

［31］ David J. Hayton, *The Law of Trusts* 2（2003）.

［32］ Jonathan A. Levin, *Business Trust Financing and Restructuring: Key Banking and Insolvency Issues*, http: //www. fasken. com/Publications/Detail. aspx?publication=2050, Nov. 21, 2007.

［33］ Anita Anand & Edward Iacobucci, *The Boundaries of Corporate Law and Trust Law: An Analysis of Locking v. McCowan*, 62 McGill L. J. 577, 584（2016）.

［34］ Jonathan A. Levin, *Business Trust Financing and Restructuring: Key Banking and Insolvency Issues*, http: //www. fasken. com/Publications/Detail. aspx?publication=2050, Nov. 21, 2007.

［35］ Donovan W. M. Waters, Mark R. Gillen, & Lionel D. Smith, *Waters' Law of Trusts in Canada* 558 n. 65（3d ed. 2005）.

［36］ 该网站所称商业信托，是指其基础实体投资于制造业、服务业或一般工业部门的信托。其范围窄于美国的商业信托。

［37］ 数据来源：http: //www. investcom. com/incometrust/incometrust. htm。

［38］ Jonathan A. Levin, *Business Trust Financing and Restructuring: Key Banking and Insolvency Issues*, http: //www. fasken. com/Publications/Detail. aspx?publication=2050, Nov. 12, 2007.

在亚洲，我国、日本、韩国继受英美信托制度以来，证券投资信托、资产证券化信托等蓬勃发展。更加令人瞩目的是，作为一般企业组织形式的商业信托的上市。作为两大国际金融中心，新加坡和我国香港特别行政区正在上演一部竞逐商业信托上市业务的“双城记”。[39]二者之中，新加坡起步较早，于2004年制定美国以外的首部《商业信托法》，为一般商业信托的上市提供激励。截至2017年10月22日，在新加坡上市的商业信托已有21只。[40]其中，2011年3月18日，李嘉诚将和记黄埔旗下的港口业务以商业信托形式分拆到新加坡上市，总筹资额达640亿港元，是新加坡历史上规模最大的首次公开募股（IPO）。此后也有以我国内地资产为标的的商业信托在新加坡上市。[41]迫于近邻的竞争压力，2011年7月2日香港特别行政区交易所首次准许商业信托上市，此后香港特别行政区已有数宗商业信托上市案例，其中包括香港特别行政区电讯盈科分拆而成的香港特别行政区首只商业信托——香港特别行政区电讯信托上市募股，鹰君集团有限公司旗下资产朗廷酒店投资有限公司以商业信托方式分拆上市。香港特别行政区电讯信托于2011年11月23日在香港特别行政区交易所上市时，募得93亿港元资金。[42]

商业信托不仅在证券投资基金、资产证券化、不动产投资基金等新型行业中雄居统治地位，在其他行业中亦有活跃表现。在历史与现实图景中，美国商业信托在不动产开发经营、石油天然气开发经营、制造业、服务业、商标或专利开发经营等领域皆广为应用。加拿大商业信托的运用范围亦不止于证券投资信托、不动产投资信托等金融投资行业，还遍布其他诸多行业，如石油天然气业与其他自然资源业、不动产业、食品生产、支票印制、电信业、制冰业、公用事业、运输业、餐饮业、一般制造业，近来又进

---

[39] Norman P. Ho, A *Tale of Two Cities: Business Trust Listings and Capital Markets in Singapore and Hong Kong*, 11 J. Int' l Bus. & L. 311（2012）.

[40] 参见王志诚：《商业信托上市模式之解构及分析——以新加坡、香港分拆上市案例为核心》，载《财税研究》第43卷第2期（2014年3月）。

[41] 北京华联商业信托（BHG Retail Reit, BHG），于2015年12月在新加坡交易所开市，其发售价为每单位0.80元，发售超过49，272万亿个单位，其中供公众认购的单位超过15，116万亿个单位。该信托的起始资产包括5个商场，分别位于中国的北京、成都、合肥、大连及西宁，楼面面积总计263，000平方公尺，估值约28亿元人民币（60，590亿新元）。参见《北京华联商业信托以0.80元开市》，载中华人民共和国商务部网2018年4月2日，http://www.mofcom.gov.cn/article/i/jyjl/j/201512/20151201208584.shtml。

[42] See Norman P. Ho, *A Tale of Two Cities: Business Trust Listings and Capital Markets in Singapore and Hong Kong*, 11 J. Int' l Bus. & L. 311, 326（2012）.

入版权、商标、特许经营等事业及政府财产的运营。[43]

我国信托实务中，商业信托发展迅猛，类型日益多样化。证券投资基金和资产证券化在规模和重要性上占据主流。证券投资基金以信托为主要组织形式。证券公司、基金管理公司、期货公司、保险资产管理公司等金融机构管理的各类资产管理计划，实质上大多具有信托的属性。信托公司管理的证券投资信托，其信托属性更不待言。资产证券化中，关于受原中国银行业监督管理委员会（以下简称原银监会）监管的信贷资产证券化，规章和其他规范性文件明文规定特殊目的载体采用信托形式；受中国证券监督管理委员会（以下简称证监会）监管的企业资产证券化，其特殊目的载体采用资产管理计划形式，乃是名为资管、实为信托的法律工具。

信托公司管理的证券投资信托资产规模，据2019年第1季度末的统计数据，已达25，271.08亿元之巨。[44]关于我国证券投资基金及各类资产管理计划的统计数据，如表3所示。

表3　我国资产管理业务统计数据（2019年第1季度）[45]

截至2019年3月31日，基金管理公司及其子公司、证券公司、期货公司、私募基金管理机构资产管理业务总规模超过51万亿元，其中，公募基金管理机构管理的公募基金规模13.94万亿元，基金管理公司及其子公司私募资产管理业务规模11.02万亿元，证券公司及其子公司私募资产管理业务规模13.27万亿元，期货公司及其子公司私募资产管理业务规模约1187亿元，私募基金管理机构资产管理规模13.24万亿元。

分表1　公募基金管理机构管理的公募基金规模（截至2019年3月31日）

基金类型	基金数量（只）	基金份额（亿份）	资产净值（亿元）
封闭式基金	692	9259.79	9753.11
开放式基金	5126	123，501.97	129，678.63

[43] Donovan W. M. Waters, Mark R. Gillen, & Lionel D. Smith, *Waters' Law of Trusts in Canada* 558 (3d ed. 2005); Jonathan A. Levin, *Business Trust Financing and Restructuring: Key Banking and Insolvency Issues*, http://www.fasken.com/Publications/Detail.aspx?publication=2050, Nov. 12, 2007; Jonathan A. Levin & Donald E. Milner, *Restructuring Issues Relevant to Business Trusts*, http://www.fasken.com/Publications/Detail.aspx?publication=2346, Nov. 12, 2007. 关于加拿大信托的商业化应用，详见Robert Flannigan, *Business Application of the Express Trust*, 36 Alberta L. Rev. 630 (1998)。

[44] 中国信托业协会：《2019年1季度末信托公司主要业务数据》，载中国信托业协会网2019年8月18日，http://www.xtxh.net/xtxh/statistics/45321.htm。

[45] 其中私募股权投资基金、创业投资基金主要采用有限合伙形式，但减去其数，仍可见商业信托数量之巨。

续表

基金类型	基金数量（只）	基金份额（亿份）	资产净值（亿元）
其中：股票基金	964	7394.86	9969.97
其中：混合基金	2435	13，721.18	15，802.14
其中：货币基金	333	78，584.63	78，613.83
其中：债券基金	1250	23，091.75	24，490.77
其中：QDII 基金	144	709.55	801.92
合计	5818	132，761.76	139，431.74

分表2　基金管理公司及其子公司私募资产管理业务规模（截至2019年3月31日）

产品类型	产品数量（只）	资产规模（亿元）
基金管理公司	6834	61，070.76
其中：单一资产管理计划	3973	36，723.91
其中：集合资产管理计划	1586	5353.22
其中：养老金	1275	18，993.63
基金子公司	6619	49，104.42
其中：单一资产管理计划	3820	41，957.54
其中：集合资产管理计划	2799	7146.88
合计	13，453	110，175.18

分表3　证券公司及其子公司私募资产管理业务规模（截至2019年3月31日）

产品类型	产品数量（只）	资产规模（亿元）
单一资产管理计划	13，464	107，998.58
集合资产管理计划	3705	19，873.26
证券公司私募子公司私募基金	891	4846.43
合计	18，060	132，718.27

分表4　私募基金管理机构资产管理规模（截至2019年3月31日）

基金类型	基金数量（只）	资产规模（亿元）
私募证券投资基金	36，237	23，466.17
私募股权投资基金	27，457	81，093.11
创业投资基金	6829	9812.28
其他私募投资基金	4810	18，021.84
合计	75，333	132，393.40

分表5　在基金业协会登记的私募基金管理人家数（截至2019年3月31日）

管理人类型	已登记家数（家）
私募证券投资基金管理人	8934
私募股权、创业投资基金管理人	14，669
私募资产配置类管理人	3
其他类型管理人	755
合计	24，361

关于企业资产证券化业务，中国证券投资基金业协会官网数据显示，自2014年年底备案制启动以来，资产支持专项计划发行规模快速增长，产品累计备案规模突破1万亿元大关，成为市场接受度较高的一种成熟金融产品。截至2017年12月31日，累计共有118家机构备案确认1125只资产支持专项计划，总发行规模达16，135.20亿元，较2016年年底累计规模增长了133.56%。其中，终止清算产品210只，清算产品规模2323.20亿元，仍在存续期的产品915只，存续规模11，710.72亿元。[46]中央国债登记结算有限责任公司的报告显示，2019年上半年，资产证券化市场继续保持快速增长的态势，全国共发行资产证券化产品9474.64亿元，同比增长38%，市场存量为34，312.54亿元，同比增长45%。其中，信贷资产支持证券发行3567.80亿元，同比增长17%，占发行总量的37%；存量为16，044.37亿元，同比增长51%，占市场总量的47%。企业资产支持证券发行4706.70亿元，同比增长36%，占发行总量的50%；存量为15，482.20亿元，同比增长28%，占市场总量的45%。资产支持票据（ABN）发行1200.14亿元，同比增长

[46]　中国证券投资基金业协会：《资产证券化业务备案情况综述（2017年度）》，载中国证券投资基金业协会网2019年8月18日，http：//www. amac. org. cn/tjsj/xysj/zczqhywsj/392845.shtml。

226%，占发行总量的13%；存量为2785.97亿元，同比增长169%，占市场总量的8%。企业资产支持证券产品中，以应收账款、企业债权和租赁租金类资产支持证券产品发行规模较大。[47]

由此产生一系列问题：商业信托与普通信托有何区别？经济结构上的差异是否也需要法律适用上的区别对待？普通信托法能否适应商业信托发展之需？商业信托法需要何种特殊规则或原则？是否需要统一适用于各种商业信托类型的法律规范？

与商业信托在实务中的蓬勃发展相比，法律应对与理论研究均显滞后。

二、法律与理论状况

（一）法律

各国虽有关于证券投资信托、资产证券化信托的特别法，[48]但除美国某些州、新加坡等少数法域外，多无商业信托基本法，且特别法对商业信托的特性关注不足，难以适应商业信托运行之需。特别法遗留的缺陷与漏洞，只能依靠信托基本法纠正填补，但信托基本法既以普通信托为对象，难免与商业信托多有龃龉。

作为美国信托法最权威的表述，[49]美国法学会的《信托法重述》将商业信托排除在外，[50]理由即在于："尽管适用于信托的许多规则也适用于商业信托，但仍然有许多规则不能适用于商业信托，而且另有其他规则只能适用于商业信托。商业信托是商业组织的一个特定类型，将商业信托与其他商业组织联系起来能最佳地处理（问题）。"[51]《第二次信托法重述》的上述做法及理由为最新的《第三次信托法重述》沿用。[52]《信托法重述》

---

[47] 中央国债登记结算有限责任公司：《2019年上半年资产证券化发展报告》（2019年7月），载中国债券信息网2019年8月18日，https://www.chinabond.com.cn/cb/cn/yjfx/zzfx/nb/20190724/152127599.shtml?sercheword=资产证券化发展报告&serchecope=全站搜索&totalNumber=13。

[48] 如日本的《投资信托与投资法人法》（该法取代原《证券投资信托法》）及《资产流动化法》，韩国的《证券投资信托业法》及《资产流动化法》。

[49] John H. Langbein, *The Secret Life of the Trust: The Trust as an Instrument of Commerce*, 107 Yale L.J. 165, 165（1997）. 美国法学会的法律重述是对判例法规则的概括和提炼，有时也提出起草人认为更优的方案。法律重述兼具概括法律与改革法律的双重性质。N. E. H. Hull, *Restatement and Reform: A New Perspective on the Origins of the American Law Institute*, 8 Law & Hist. Rev. 55（1990）.

[50] "将信托作为一种从事商业的机制加以运用（employment of a trust as a device for carrying on business）的相关法律规则，不在本重述的范围之内。" Restatement（Second）of Trusts § 1 cmt. b（1959）.

[51] Restatement（Second）of Trusts § 1 cmt. b（1959）.

[52] Restatement（Third）of Trusts § 1 cmt. b（2003）.

进一步说明："诸如表决权信托、商业信托、土地信托、投资信托之类的使用'信托'称谓的法律关系或机制，并非本重述所称的信托。此类关系一般由其他法律（包括关于商业组织、投资团体或证券发行与交易的法律）调整，而且也更适合由其他法律调整。不过，此类法律可借鉴本重述中关于信托的某些规则。另外，本重述中的某些规则，适用于受托人利用上述机制从事集合投资行为的活动，如谨慎投资人规则。"[53]但除了谨慎投资人规则外，究竟哪些规则不能适用于商业信托、哪些规则只能适用于商业信托，历次《信托法重述》均未说明。

美国信托法法典化的卓越成果——2000年《统一信托法典》，[54]亦主要适用于因遗产规划或其他无偿移转财产行为而发生的信托关系，理由在于商业信托通常适用具有特殊目的的立法或判例法，此类立法或判例法在某些方面取代了本法典的一般规则。[55]不过，《统一信托法典》及其评述并未指明法典中的哪些规则已被商业信托法所取代。《统一信托法典》报告人英格里希教授称，该法典主要不是针对商信托（commercial trust）的，但也不排除对商信托的可适用性。[56]至于该法典中何种规定得适用于商信托或商业信托、何种规定不适用，亦未明言。美国统一州法全国委员会起草通过的关于信托的统一法已有20余部之多，原先均为关于普通信托或公益信托的法律，[57]这一局面直至2009年的《统一商业信托法》始告突破。

美国各州通过判例法和制定法专门处理商业信托问题，肇始于马萨诸塞州。马萨诸塞州1909年关于商业信托的专门法律，是为商业信托制定法的鼻祖。20世纪以来，商业信托判例法体系在美国逐渐形成。1988年《特拉华州商业信托法》，则揭开了商业信托法新时代的序幕。以该法

---

［53］ Restatement（Third）of Trusts § 5 cmt. l（2003）.

［54］ 该法典为英美法系第一部对信托法进行全面法典化的制定法。截至2019年8月11日，已有35个州采纳该法典，其中包括中部和东部的大部分州，如马萨诸塞州、弗吉尼亚州、宾夕法尼亚州、新罕什布尔州、伊利诺伊州。该法典的中译本，参见《美国统一信托法典》（2010年最新修正），李宇译，载梁慧星主编：《民商法论丛》（第57卷），法律出版社2015年版。对该法典的整体评论，参见John H. Langbein, *The Uniform Trust Code: Codification of the Law of Trusts in the United States*, 15 Tolly' s Tr. L. Int' l 66（2001）; David M. English, *The Uniform Trust Code（2000）: Significant Provisions and Policy Issues*, 67 Mo. L. Rev. 143（2002）。

［55］ Uniform Trust Code § 102 & cmt.

［56］ David M. English, *Representing Trust and Estate Beneficiaries and Fiduciaries: The Uniform Trust Code*, SK089 ALI-ABA 191, SEC. IV（2005）.

［57］ Thomas P. Gallanis, *Trusts and Estates: Teaching Uniform Law*, 58 St. Louis U. L. J. 671, 674-75（2014）.

为代表的美国最新一代商业信托法以及美国统一州法全国委员会起草的《统一商业信托法》已逐步澄清商业信托法和普通信托法的关系，以便为各界提供更清晰的指引。[58]

英国虽为信托法的起源地，但商业信托法并不成熟。正如布瑞安教授所言，英国法院已认识到，对于那些为了实现契约性的目标而设立的信托而言，“传统信托”之原则并不全都适合。[59]米勒教授进一步指出，布瑞安教授的分析表明，英国法院尚未发展出清晰的标准，以决定传统的信托法原则是否以及在何种程度上应适用于商业信托。[60]属于英联邦国家的新西兰，其法律状况类似。尽管单位信托等各类商业信托发展迅速，新西兰法律委员会在信托法审查报告中也指出适用于传统信托（用于遗产处分之信托）的某些规则并不适合于商信托，[61]但迄今并未系统地总结出全面的商业信托或商信托法理，遑论上升为法律规定。

加拿大法属于英国法系，同时又受到近邻美国法的显著影响。尽管加拿大商业信托的发展可追溯至20世纪初期，但长期缺乏商业信托判例法和制定法。直至进入21世纪后，某些省才制定若干关于商业信托受益人责任的法律，旨在为受益人提供有限责任待遇，但仍然缺乏综合性的商业信托制定法。加拿大统一法委员会起草、供各省采用的2008年《收入信托法》，也并非适用于全部商业信托类型之法，其前景如何，尚待观察。关于该法和普通信托法的关系，该法缺乏足够精细的规定，而只是粗糙地提及收入信托或者共同基金的效力、解释、管理以及受益人权利、受托人权限义务等事项适用普通信托法（第6条第1款），而对于普通信托法的此类规则是否适合于收入信托，未有考虑。[62]

新加坡和我国香港特别行政区同属英国法系。新加坡于2004年制定《商业信托法》，是美国以外少有的制定商业信托基本法的法域。随着

---

[58] 此乃《统一商业信托法》的立法目的之一。Uniform Statutory Trust Entity Act, Prefatory Note (2009).

[59] Michael Bryan, *Contractual Modification of the Duties of a Trustee*, in Commercial Law and Commercial Practice 513, 514 (Sarah Worthington ed. 2003).

[60] Paul B. Miller, *The Future for Business Trusts: A Comparative Analysis of Canadian and American Uniform Legislation*, 36 Queen's L. J. 443, 452 (2011).

[61] Law Commission (New Zealand): Review of Trust Law in New Zealand: Introductory Issues Paper 7, 25 (Law Commission Issues Paper 19, 2010). 该报告仅提及3项规则不适合于商信托：其一，反永续规则；其二，受益人有权终止信托之规则，即英国判例法中的*Saunders v. Vautier*案规则；其三，受益人获取信息权规则。Id. at 25-26.

[62] Paul B. Miller, *The Future for Business Trusts: A Comparative Analysis of Canadian and American Uniform Legislation*, 36 Queen's L. J. 443, 473 (2011).

一批商业信托在新加坡上市，我国香港特别行政区面临极大的竞争压力。我国香港特别行政区各界虽然提议立法规定商业信托，迄今未竟其功。

信托作为深具普通法系特色的法律制度，受到非普通法系国家越来越多的关注和借鉴，但非普通法系国家对英美式信托的需求，更着重于其商业用途，法律继受时却仍然偏重于普通信托法而忽视商业信托特殊需要与特殊规则。此种规范目的和规范模式相背离的现象，可概括为“范式错位”。例如，日本1922年《信托法》法系并不是以英美的家事信托为信托的典型，而是以信托公司作为受托人、对外经营活跃交易的所谓商事信托（营业信托）为典型而制定的。[63]但该法主要借鉴对象是英美普通信托法的规则，并未吸收当时美国马萨诸塞州商业信托判例法的经验。又如，在欧洲大陆，关于遗产规划的信托法需求仍然是边缘性的，对信托制度的需求主要是为了满足商业需要，[64]但是旨在向非普通法法域推广信托制度和促进信托之国际利用的《关于信托承认与法律适用的海牙公约》[65]与《欧洲信托法原则》，[66]仅规定普通信托，对商业信托则关注不足。最新的比较信托法成果——《共同参考框架草案》（DCFR，通称《欧洲民法典草案》）第10编“信托”也仍然是以普通信托和公益信托为原型。据此法典规定，除委托人以即时让与、宣言信托等方式设立信托的情形外，在以合同方式设立信托时，准用赠与合同的规定。[67]再如，在美国，信托因其巨大的灵活性而成为处理个人与企业事务的最有用的法律工具之一，但在近邻拉美，信托的运用尚仅限于商业与金融目的，且

---

[63] [日]能见善久:《日本新信托法的理论课题》，赵廉慧译，载《比较法研究》2008年第5期。时至今日，商事信托类的业务在日本各类信托业务中占据主流。甚至有学者认为，日本现今的信托几乎都是商事信托。参见[日]神田秀树:《信托法研究》第22号，第49页。转引自[日]三菱日联信托银行编著:《信托法务与实务》(第5版)，张军建译，中国财政经济出版社2010年版，第15~16页。

[64] Tibor Tajti & Bobert Whitman, *Common Law Trusts in Hungary and Other Continental European Civil Law Systems*, 49 J. Marshall L. Rev. 709, 713 (2016).

[65] The 1985 Hague Convention on the Law Applicable to Trusts and on their Recognition. 相关讨论参见Jonathan Harris, *The Hague Trusts Convention: Scope, Application and Preliminary Issues* (2002); Emmanuel Gaillard & Donald T. Trautman, *Trusts in Non-Trust Countries: Conflict of Laws and the Hague Convention on Trusts*, 35 Am. J. Comp. L. 307 (1987).

[66] *Principles of European Trust Law* (D. J. Hayton, S. C. J. J. Kortmann, & H. L. E. Verhagen ed. 1999).

[67] *Principles, Definitions and Model Rules of European Private Law: Draft Common Frame of Reference*, X. -2: 102 (2) (Christian von Bar & Eric Clive ed. Full Edition, 2009).

其信托法较为严格、陈旧过时。[68]

信托的最大特色之一在于其灵活性。信托法的特色亦是如此。灵活性，使信托制度拥有旺盛的生命力，并屡屡在法律变革中扮演先锋角色；[69]灵活性，亦使信托在个人财产处置、家庭财产安排、公益事业、商业交易甚至国家财产安排等五花八门的诸领域中具有极为广阔的应用空间。普通信托法同等适用于商业组织领域，似不成问题。但关键在于，商业信托具有明显区别于普通信托的特征，普通信托法的构造与形塑，并未充分考虑到此类特征；普通信托法所针对的某些问题，对于商业信托却不是问题。普通信托法对商业信托的不适应症由此产生，可归结为3个方面。

其一，普通信托法无须考虑、商业信托法却需特别解决的问题。例如，系列商业信托、商业信托与其他商业组织合并、商业信托改组为其他商业组织。

其二，普通信托法特别处理、但商业信托法无须考虑的问题。例如，普通信托法对信托存续期间的限制、普通信托法基于公共政策等原因对信托管理与变动的司法干预。

其三，普通信托法与商业信托法均须考虑、但基于普通信托与商业信托的区别应有不同规则的问题。例如，受益人知情权、受益人派生诉讼、受托人忠实义务和注意义务。

普通信托法下，信托当事人有极大的自治空间，信托文件可订定关于信托的绝大部分事项。但这并不意味着单纯依靠信托文件即可解决上述问题。原因之一，某些问题涉及第三人利益，合同机制不足以完全解决。[70]例如，商业信托需要"系列信托"制度，商业信托中各个系列的资产可以仅承担本系列的债务而不承担其他系列或整个商业信托的债务，[71]此种责任限定，事关作为第三人的商业信托债权人利益。原因之二，合同存在缔约成本，即使在不涉及第三人利益的场合，当事人亦可能因为未充分了解普通信托法对于商业信托的不适应症而无法恰当地在

[68] Dante Figueroa, *Civil Law Trusts in Latin America: Is the Lack of Trusts an Impediment for Expanding Business Opportunities in Latin America*?, 24 Ariz. J. Int'l & Comp. L. 701, 701(2007). 拉美信托法的弱势，同其衡平法不发达也有关系。衡平法在拉美法院中仅扮演分散、次要的作用，与衡平法在英美法系刑事法与民事法诸领域（从证据法、审判法到救济法等）无处不在的情形不可同日而语。Id.

[69] Austin W. Scott, *The Trust as an Instrument of Law Reform*, 31 Yale L. J. 457(1922).

[70] 信托文件虽可采用遗嘱、赠与契据、信托宣言等多种形式，但信托文件本质上也是一种合同机制——当事人对设计信托关系有充足的自治空间。John H. Langbein, *The Contractarian Basis of the Law of Trusts*, 105 Yale L. J. 625(1995).

[71] 参见本书第7章。

信托文件中变通或排除普通信托法规则，或者因为各方当事人之间难以就变通普通信托法规则达成一致（或者达成一致的成本过于高昂——尤其是在有多数受益人时）而采用更适合的规则。在上述各种情况下，皆需商业信托法提供合适的规则，包括：以任意规范之形式，为当事人提供填补合同漏洞的条款；以选入式规范之形式，为当事人采用更适合商业信托特征与需求的条款提供指南；以强行规范之形式，设定当事人与第三人分配风险与收益的合理界限。以上种种任务，并非普通信托法所能胜任。普通信托法亦无须越位承担此责，因为普通信托法自有其使命；转向商业环境，反而削弱、丧失对普通信托当事人及债权人的应有保护，得不偿失。

（二）理论

现代法学对商业信托关注甚少。在信托法领域，英美法系学理上认为信托本质为一种赠与，[72]信托法学术文献通常仅关注作为一种无偿移转财产之工具（而非一种商业组织形式）的信托。

即使在商业信托法最为发达的美国，当代无一以商业信托法为主题的专著，信托法体系书、[73]教科书、[74]论文的内容范围大多限于普通信托与公

[72] Bernard Rudden, *John P. Dawson's Gifts and Promises*, 44 Mod. L. Rev. 610, 610 (1981).

[73] 美国信托法的权威著作之一《斯科特论信托》将商业信托排除于讨论范围之外，理由在于："用作公司之替代品的信托（商业信托），必然在许多重要方面不同于用作无偿让与之信托，每一次《信托法重述》均将此类信托留与其他商业组织一并讨论，本书亦如此为之。" I Austin W. Scott & William F. Fratcher, *The Law of Trusts* § 2.2 (4th ed. 1987); 1 Austin W. Scott, William F. Fratcher & Mark L. Ascher, *Scott and Ascher on Trusts* § 2.1.2 (5th ed. 2006). 斯科特教授为美国信托法第一次与第二次重述的报告人，上述《斯科特论信托》一书紧密围绕《信托法重述》而展开，甚至章节序号都与《信托法重述》条文序号一致（直到Mark L. Ascher现今修撰该书第五版时始改变编号方式）。斯科特教授未曾发表过关于商业信托的专文，仅在其关于信托法的一般文章中对商业信托有过片言只语的叙述[Austin W. Scott, *The Progress of the Law 1918-1919 - Trusts*, 33 Harv. L. Rev. 688, 704-05 (1920)]，也曾在其关于信托史的论文中简要提及商业信托[Austin W. Scott, *The Trust as an Instrument of Law Reform*, 31 Yale L. J. 457, 466-68 (1922)]。另一权威著作《博格特论信托与受托人法》对商业信托有半章评述，但内容较简，且现已过时。George Gleason Bogert & George Taylor Bogert, *The Law of Trusts and Trustees*, ch. 14 (rev. 2d ed. 1993).

[74] George Gleason Bogert et al., *Cases and Materials on the Law of Trusts* (7th ed. 2001); Joel C. Dobris et al., *Estates and Trusts* (2d ed. 2003); Eugene F. Scoles & Edward C. Halbach, Jr., *Problems and Materials on Decedents' Estates and Trusts* (5th ed. 1993); Valerie J. Vollmar et al., *An Introduction to Trusts and Estates* (2003). 较新的一本美国信托法教科书论及商业信托，这归因于该书第7版及其后续版本的合著者之一西特科夫教授正是致力于商业信托法研究的学者（并担任美国统一州法全国委员会《统一商业信托法》的报告人），因为该书第6版（其时西特科夫教授尚未参与撰写）并未论及商业信托。Jesse Dukeminier, Stanley M. Johanson, James Lindgren & Robert H. Sitkoff, *Wills, Trusts, and Estates* (7th ed. 2005, 8th ed. 2009, 9th ed. 2013, 10th ed. 2017).

益信托。20世纪晚期始出现若干有深度的专门讨论商业信托的论文。[75]商业信托研究的繁荣还需追溯至近百年前。其时正值商业信托初盛之期，曾有过若干专著以及实务资料专集。[76]当时专著有汤姆森的《作为商业公司之替代的商业信托》，[77]希尔斯的《作为商业企业的信托财产》，[78]邓恩的

[75] 专门研究商业信托的当代代表性学术论文目前有：Robert H. Sitkoff, *Trust as "Uncorporation": A Research Agenda*, 2005 U. Ill. L. Rev. 31 [该文修订版，参见Robert H. Sitkoff, *The American Statutory Business Trust: A Research Agenda*, in Regulation of Wealth Management 17 (Hans Tijo ed. , National University of Singapore 2008)]; Tamar Frankel, *The Delaware Business Trust Act Failure as the New Corporate Law*, 23 Cardozo L. Rev. 325 (2001); John H. Langbein, *The Secret Life of the Trust: The Trust as an Instrument of Commerce*, 107 Yale L. J. 165 (1997); Steven L. Schwarcz, *Commercial Trusts as Business Organizations: Unraveling the Mystery*, 58 Bus. Law. 559 (2003). 关于商业信托历史发展的晚近重要论文，包括：John Morley, *The Common Law Corporation: The Power of the Trust in Anglo-American Business History*, 116 Colum. L. Rev. 2145 (2016); Jonathan Silberstein-Loeb, *The Transatlantic Origins of the Business Trust*, 36 J. Legal Hist. 192 (2015); Sheldon A. Jones, Laura M. Moret, & James M. Storey, *The Massachusetts Business Trust and Registered Investment Companies*, 13 Del. J. Corp. L. 421 (1988)。下列重要论文将商业信托列为与其他信托或商业组织比较研究的对象：Henry Hansmann & Ugo Mattei, *The Functions of Trust Law: A Comparative Legal and Economic Analysis*, 73 N. Y. U. L. Rev. 434 (1998); Robert H. Sitkoff, *An Agency Costs Theory of Trust Law*, 89 Cornell L. Rev. 621 (2004); George G. Triantis, *Organizations as Internal Capital Markets: The Legal Boundaries of Firms, Collateral, and Trusts in Commercial and Charitable Enterprises*, 117 Harv. L. Rev. 1102 (2004); Henry Hansmann, Reinier Kraakman, & Richard Squire, *Law and the Rise of the Firm*, 119 Harv. L. Rev. 1333 (2006)。较近的一项综述性的研究，参见Peter B. Oh, Business Trusts, in *Research Handbook on Partnerships, LLCs and Alternative Forms of Business Organizations* 268 (Robert W. Hillman, Mark J. Lowenstein eds. , 2015)。

[76] Robert Gardner McClung, *Representative Massachusetts Trusts* (1912)(该书汇编了19个信托文件); Wilber A. McCoy, *Business Trust Agreements and Declarations of Trust* (1922)(该书汇编了近50个信托文件).

[77] Guy A. Thompson, *Business Trusts as Substitutes for Business Corporations* (1920). 该书分两大部分，共16节：第1部分“商业公司”(第1节至第7节)；第2部分“商业信托”，共9节，主要讨论了明示信托的起源和发展、商业信托的合法性、受益人和受托人的有限责任、商业信托相比于公司的优势与劣势。全书共96页，其中正文46页，另有附录，载有各种商业信托文件和信托凭证的格式。

[78] John H. Sears, *Trust Estates as Business Companies* (1st ed. 1912; 2d ed. 1921). 该书共21章，第1章“绪论”，第2章“设立从事商业之信托财产的各种方法”，第3章“信托财产的性质”，第4章“为其整体利益设立信托的共同委托人”，第5章“积极信托的受托人之责任”，第6章“受托人的受补偿之权利”，第7章“信托财产的责任”，第8章“商贸信托的受益人”，第9章“商贸信托的受益人”，第10章“商贸信托受益人的无责任”，第11章“商贸信托受益人的无责任”，第12章“受益人与受托人的关系”，第13章“永续与限制转让”，第14章“受托人提起的诉讼与对受托人提起的诉讼”，第15章“税收”，第16章“作为管理者的受托人”，第17章“受益人权益的保护”，第18章“信托基金的不可侵性”，第19章“与从事商贸之信托相关的公共政策”，第20章“设立从事商业之信托财产的文件条款”，第21章“设立从事商业之信托财产的文件条款”。全书共782页，其中正文407页，另有附录，载有马萨诸塞州、俄克拉何马州两州的商业信托立法及各种商业信托文件。

《为商业目的之信托》,[79]赖廷顿的《非公司社团及类似关系之法律》,[80]沃伦的《不经公司化而得公司之优势》。[81]但此类专著未产生持久的影响力,在当代的信托法文献中甚少被引用。究其原因,应有数端。其一,各书均出自实务专家之手,以为实务工作提供指南与便利为写作目标,[82]因而侧重于判例的整理,较少着墨于原理分析,[83]故难免随判例过时而过时。以希尔斯所著《作为商业企业的信托财产》一书为例,该书乃是当时体例最完整、内容最全面的商业信托法专著,其内容以梳理商业信托法判例为主,另有一些案例则是关于信托财产中涉及企业的遗嘱信托(实非商业信托)案例。在对该书的书评中,美国信托法权威学者斯科特教授指出,该书未讨论某些重要主题(例如,债权人追索信托财产的可能性),如果能够对商业信托的基础性原理作更为彻底的分析,并对商业信托法的权威依据作更为

[79] William C. Dunn, *Trusts for Business Purposes* (1922). 该书共21章,第1章"信托契据与信托文件",第2章"有效性",第3章"信托人—设立人—委托人",第4章"信托财产",第5章"凭证—受益权—份额",第6章"州际商务",第7章"受益人—份额持有人",第8章"受托人总论",第9章"受托人权力",第10章"受托人义务",第11章"受托人责任",第12章"受托人报酬",第13章"受托人的解任",第14章"信托与其他组织的区别",第15章"衡平法",第16章"懈怠"(怠于行使权利——本书作者注),第17章"税收",第18章"第三人—债权人",第19章"破产",第20章"商业与立法",第21章"准备信托文件之要点"。全书共795页,其中正文418页,另有附录,载有各种商业信托文件。

[80] Sydney R. Wrightington, *The Law of Unincorporated Associations and Similar Relations* (1916). 该书第2版更名为《非公司社团与商业信托之法律》[Sydney R. Wrightington, *The Law of Unincorporated Associations and Business Trusts* (2d ed. 1923)],共5章,第1章"导论",第2章"营利社团",第3章"商业信托",第4章"非社团群体",第5章"非营利社团"。其中,第3章共11节、50页,讨论了为债权人利益设立的信托、为金融公司设立的信托、表决权信托、债权人的权利、受托人和受益人相互间的义务、受托人对受益人的代表、信托财产的管理、受托人的变更等内容。

[81] Edward H. Warren, *Corporate Advantages Without Incorporation* (1929). 该书共分4编:第1编"普通合伙与有限合伙";第2编"合伙社团(partnership associations)、合股企业、商业信托、非公司劳工联盟",其中除了讨论商业信托与合股企业之间的区分及商业信托的优势外(第369~404页,此处有对于英美两国相关判例的梳理),还讨论了与商业信托相关的其他内容,该部分内容位于第8章(合股企业和商业信托的税收问题)、第10章(联邦宪法上特权与豁免条款对合股企业与商业信托成员的适用);第3编"事实上公司(de facto corporations)";第4编"补述",其中第3章讨论受托人的责任,尤其是以判例法为基础,梳理了受托人对信托债权人的责任以及通过与债权人的契约限制此种责任的方法。

[82] 有著作在序言中明示此意旨。如Sydney R. Wrightington, *The Law of Unincorporated Associations and Similar Relations* iv (1916)。

[83] 时人即有此评价。如有书评认为《不经公司化而得公司之优势》一书因详尽分析评判案例而出彩,却因缺乏对法学期刊论文和著作的援引而减损其价值。Henry W. Ballantine, *Corporate Advantages Without Incorporation by Edward H. Warren* (*book review*), 17 Cal L. Rev. 701, 701 (1929). 另一书评认为沃伦此书与赖廷顿、希尔斯所撰著作一样均非体系书(treatise),沃伦此书更像是一本概要(brief)。Roswell Magill, *Corporate Advantages Without Incorporation by Edward H. Warren* (*book review*), 30 Colum. L. Rev. 144, 144 (1930).

完整的呈现，将会增加该书的价值。[84]不过，此后美国并未出现斯科特教授所言的更基础的分析著作。其二，上列专著均成书于20世纪30年代之前，其时除判例法外，美国各州仅有马萨诸塞州、俄克拉何马州等极个别州制定了关于商业信托的法律，[85]而商业信托制定法的大规模问世，则是“二战”以后之事。由于上述专著未经持续修订再版（此与一般信托法著作形成鲜明对照），已不能反映当今的法律状况。其三，这一时期研究的重点，包括商业信托和其他商业组织的区分、商业信托的合法性、商业信托受益人及受托人对债权人的责任、商业信托的税收地位，此类问题在当代法上均已得到明确解决。

除专著之外，以20世纪20~30年代为鼎盛期，美国法学界曾有不少以商业信托为主题的论文（包括不具名作者所撰的短评）。[86]此类论文同样因年代较早，与商业信托制定法勃兴的状况相距甚远。该时期的商业信托著述和当代文献之间存在明显的断层。

在英国、加拿大等英国法系国家，除个别关于特种商业信托的专著外，[87]主要信托法著作对商业信托或略而不提，或一笔带过（一般仅在关

---

[84] Austin W. Scott, *Trust Estate as Business Companies by John H. Sears* (*book review*), 31 Yale L. J. 455 (1922). 除此之外，该书除关于受益权保护的个别章（第17章）外，未系统地比较商业信托和公司等其他商业组织，或与当时其他商业组织法尚不发达有关。

[85] 希尔斯著作中收录了马萨诸塞州和俄克拉何马州两州的商业信托制定法。John H. Sears, *Trust Estates as Business Companies* 409-16 (2d ed. 1921).

[86] H. L. Wilgus, *Corporations and Express Trusts as Business Organizations*, 13 Mich. L. Rev. 71 (1914); H. L. Wilgus, *Corporations and Express Trusts as Business Organizations* Ⅱ, 13 Mich. L. Rev. 205 (1915); R. J. Powell, *The Passing of the Corporation in Business*, 2 Minn. L. Rev. 401 (1918); Henry J. Aaron, *The Massachusetts Trust as Distinguished from Partnership*, 12 Ill. L. Rev. 482 (1918); Comment, *The Nature of Massachusetts Business Trusts*, 27 Yale L. J. 677 (1918); Comment, *Massachusetts Trusts and the Income Tax*, 28 Yale L. J. 690 (1919); Comment, *The Doctrine of Merger as Applied to Commercial Trusts*, 29 Yale L. J. 97 (1919); Robert S. Stevens, *Limited Liability Business Trusts*, 7 Cornell L. Q. 116 (1922); William W. Cook, *The Mysterious Massachusetts Trusts*, 9 Va. L. Register, New Series 726 (1924); Ira P. Hildebrand, *Massachusetts Trust*, 1 Tex. L. Rev. 127 (1923); Ira P. Hildebrand, *Liability of the Trustees Property and Shareholders of Massachusetts Trust*, 2 Tex. L. Rev. 139 (1924); Leland S. Duxbury, *Business Trusts and Blue Sky Laws*, 8 Minn. L. Rev. 465 (1924); Ira P. Hildebrand, *Massachusetts Trust - A Sequel*, 4 Tex. L. Rev. 57 (1925); H. Rottschaefer, *Massachusetts Trust Under Federal Tax Law*, 25 Colum. L. Rev. 305 (1925); L. B. P. , *Nature of Massachusetts or Business Trust*, 24 Mich. L. Rev. 599 (1926); Robert C. Brown, *Common Law Trusts as Business Enterprises*, 3 Ind. L. J. 595 (1928); Comment, *Massachusetts Trusts*, 37 Yale L. J. 1103 (1928); H. F. T. , *Recent Cases*, *Trusts Business Trust as a Legal Entity*, 9 Tex. L. Rev. 299 (1931); Note, *Taxation of Business Trusts*, 42 Yale L. J. 270 (1932).

[87] 对单位信托法律性质作详细研究的理论性专著，参见Kam Fan Sin, *The Legal Nature of the Unit Trust* (1997)。该书共5章，分别研究了单位信托的沿革、信托与单位信托的设立、单位信托关系的特征、单位信托的受托人、信托单位的性质。

于信托的分类中以寥寥数页篇幅对单位信托、资产证券化信托等商业信托具体类型略作介绍)。[88]著作方面的此种状况与美国类似,直至晚近方始有所改观。[89]加拿大信托法的权威体系书《沃特斯论加拿大信托法》提及信托在商业中的运用已有极大的发展,并提出问题:“本书所述的信托法基本原则是否与商业信托的性质兼容?此类原则在商业环境中的应用,应否以及应在多大程度上进行修正?”[90]不过,该书并未就该问题给出答案。但毕竟加拿大邻近美国,其商业信托法颇受美国影响,加拿大学者对商业信托的研究仅次于美国,晚近已有若干研究商业信托的专题论文,[91]反盛于其母法所在之英国。在新加坡和我国香港特别行政区,商业信托的公开募股虽已引起业界广泛关注,但研究商业信托的学术文献,在新加坡和我国香港特别行政区仍然极为罕见。[92]

在大陆法系诸国,信托法研究的状况本不如英美法系,关于商业信托法的研究更是如此。随着欧洲法律协调运动的推进,21世纪以来,也出现了对欧洲各国商信托作比较研究的著作,[93]但究属个例。

总体而言,关于当代商业信托,英美法系和欧陆法学界缺少专门的研究著作,更无教科书和体系书。虽有若干关于证券投资基金、资产证券

---

[88] 对此种状况的描述,参见Edward M. Iacobucci & George G. Triantis, *Economic and Legal Boundaries of Firms*, 93 Va. L. Rev. 515(2007)。仅举一例:英国学者所著《现代信托法》一书,将信托的各种用途分为三大类:家庭用途、商业用途、社会用途(包括环境保护信托、养老金信托等),但全书除各辟一章讨论公益信托(第11章)和养老金信托(第12章)外,均以家庭用途的信托为论述对象。See A. J. Oakley, *Parker and Mellows*: *The Modern Law of Trusts* 6-12(9th ed. 2008).

[89] 例如,在英国学者托马斯和赫德森合著的《信托法》一书中,以230页的篇幅讨论了各种商业用途的信托(全书正文1578页)。Geraint Thomas & Alastair Hudson, *The Law of Trust* 1263-1492(2d ed. 2010). 英国信托法权威著作《昂德希尔论信托》一书以十余页的篇幅(全书正文1389页),讨论信托的商业用途。David Hayton, Paul Matthews, & Charles Mitchell, *Underhill and Hayton Law Relating to Trusts and Trustees* 59-72(18th ed. 2010).

[90] Donovan W. M. Waters, Mark R. Gillen, & Lionel D. Smith, *Waters' Law of Trusts in Canada* 544(3d ed. 2005).

[91] 参见Robert D. Flannigan, *The Nature and Duration of the Business Trust*, 6 Est. & Tr. Q. 181(1982-1984); Robert D. Flannigan, *Business Trusts-Past and Present*, 6 Est. & Tr. Q. 375(1984); Robert Flannigan, *Business Applications of the Express Trust*, 36 Alta. L. Rev. 630(1998); Maurice Cullity, *Legal Issues Arising out of the Use of Business Trusts in Canada*, in Equity, Fiduciaries and Trusts 181(T. G. Youdan ed. 1989)。

[92] 罕有的例外,参见Norman P. Ho, *A Tale of Two Cities*: *Business Trust Listings and Capital Markets in Singapore and Hong Kong*, 11 J. Int'l Bus. & L. 311(2012)。

[93] Michele Graziadei, Ugo Mattei, & Lionel Smith ed., *Commercial Trusts in European Private Law* (2005). 该书是“欧洲私法共同核心”丛书中的一本,由25位欧美学者合著,秉承该丛书的一贯方法,对欧洲各国关于商信托的基本制度作有概述,并有基于案例的比较研究。该书所称Commercial trust,范围大于商业信托(关于商信托,详见本书第2章第3节)。

化、不动产投资信托的著述与证券投资信托、资产证券化特殊目的信托等商业信托具体类型相关，但并非关于商业信托法理的一般性著述。

另外，在商业组织法领域，作为现代法中最受瞩目的商业组织形式，公司自然是研究者的宠儿，至于非公司企业中的合伙（特别是有限合伙、有限责任合伙等新型合伙）、有限责任企业（Limited Liability Company，LLC），[94]亦因实务重要性的上升而渐成热点。同为非公司企业重要成员的商业信托却长期处于被遗忘的角落，诸多商业组织法专书、[95]以商业组织为主题的论文，甚至是专门研究非公司型商业组织的专著与论文，[96]一般未将商业信托列入讨论范围，提及商业信托者也往往一笔带过，[97]对于商业信托在商业史上不亚于公司的地位，也缺乏全面的评

---

［94］ LLC系美国法的创造，系公司和合伙之间的一种组织形式，兼取公司和合伙之长，但又不同于公司与合伙，不可译为“有限责任公司”。详见本书第2章第4节第4目。

［95］ Melvin Aron Eisenberg, *Corporations and Other Business Organizations: Cases and Materials*（8th ed. 2000）; Larry E. Ribstein & Peter V. Letsou, *Business Associations*（4th ed. 2003）; William T. Allen, Reinier Kraakman, & Guhan Subramanian, *Commentaries and Cases on the Law of Business Organization*（4nd ed. 2012）; Thomas Lee Hazen & Jerry W. Markham, *Corporations and Other Business Enterprises: Cases and Materials*（2003）; William A. Klein, J. Mark Ramseyer & Stephen M. Bainbridge, *Business Associations: Cases and Materials on Agency, Partnerships, and Corporations*（5th ed. 2003）; Charles R. T. O' Kelley & Robert B. Thompson, *Corporations and Other Business Associations*（7th ed. 2014）; D. Gordon Smith & Cynthia A. Williams, *Business Organizations: Cases, Problems, and Case Studies*（3rd ed. 2012）.

［96］ 例如，当代非公司企业法的权威学者理博斯坦教授，对非公司企业有大量、精深的研究，其论文遍及普通合伙、有限合伙、有限责任合伙、有限责任企业等，但甚少论及商业信托。See Larry E. Ribstein, *Why Corporations?*, 1 Berkeley Bus. L. J. 183（2004）; Larry E. Ribstein, *Making Sense of Entity Rationalization*, 58 Bus. Law. 1023（2003）; Larry E. Ribstein, *The Evolving Partnership*, 26_J. Corp. L. 819（2001）; Larry E. Ribstein & Bruce H. Kobayashi, *Choice of Form and Network Externalities*, 43 Wm. & Mary L. Rev. 79（2001）; Larry E. Ribstein, *Changing Statutory Forms*, 1 J. Small & Emerging Bus. L. 11（1997）; Larry E. Ribstein, *Statutory Forms for Closely Held Firms: Theories and Evidence from LLCs*, 73 Wash. U. L. Q. 369（1995）; Larry E. Ribstein, *The Deregulation of Limited Liability and the Death of Partnership*, 70 Wash. U. L. Q. 417（1992）. 其著述中关于商业信托的吉光片羽之论，如Larry E. Ribstein, *Limited Liability and Theories of the Corporation*, 50 Md. L. Rev. 80, 113, 124-26（1991）。理博斯坦教授与他人合著的非公司企业法专著，集中于合伙与有限责任企业，参见Alan R. Bromberg & Larry E. Ribstein, *Bromberg and Ribstein on Partnership*（2005）; Alan R. Bromberg & Larry E. Ribstein, *Bromberg and Bibstein on Limited Liability Partnerships, The Revised Uniform Partnership Act, and The Uniform Limited Partnership Act*（2005）; Larry E. Ribstein & Robert R. Keatinge, *Ribstein & Keatinge on Limited Liability Companies*（2004）。理博斯坦教授2010年《非公司之兴起》一书，是非公司企业法研究的集大成之作，但对于商业信托仅有数行论述。Larry E. Ribstein, *The Rise of the Uncorporation* 84, 231（2010）.

［97］ 例如，William K. Sjostrom, Jr. , *Business Organizations: A Transactional Approach* 23（2013）（仅用5行字介绍了商业信托）。又如，William A. Gregory & Thomas R. Hurst, *Unincorporated Business Associations* 786-800（2d ed. 2002）。

价。[98]近年来，商业信托日益迅猛的发展已引起少数商业组织法学者的注意，并在关于商业组织经济与法律问题的论文中对商业信托有所论述，[99]尽管如此，商业信托依然处于商业组织经济研究与法律研究的边缘地带。[100]

在此意义上，商业信托可谓是信托法与商业组织法的弃婴。

(三)我国信托法

我国固有法上无信托法传统，但信托实务早在20世纪初即已出现。[101]中华人民共和国成立后，即便是在计划经济年代，信托业务仍有一定空间。[102]不过，在20世纪50~90年代，信托往往被等同于行纪，立法、[103]司法、[104]学说[105]皆然。在1999年《合同法》与2001年《信托法》分别规定行纪合同和信托之后，二者界限已明定。实则在《信托法》颁布之前，实为信托制的证券投资基金即已存在。《信托法》施行后，信托更得到广泛

[98] 耶鲁法学院的莫利教授在其近文中指出了既往研究对商业信托历史地位的忽略。John Morley, *The Common Law Corporation*: *The Power of the Trust in Anglo-American Business History*, 116 Colum. L. Rev. 2145(2016).

[99] Henry Hansmann, Reinier Kraakman, & Richard Squire, *Law and the Rise of the Firm*, 119 Harv. L. Rev. 1333(2006); Edward M. Iacobucci & George G. Triantis, *Economic and Legal Boundaries of Firms*, 93 Va. L. Rev. 515(2007); George G. Triantis, *Organizations as Internal Capital Markets*: *The Legal Boundaries of Firms*, *Collateral*, *and Trusts in Commercial and Charitable Enterprises*, 117 Harv. L. Rev. 1102(2004).

[100] 在英美法系，此种痕迹随处可见。美国律师协会(American Bar Association, ABA)下设商法部(Business Law Section)，不动产法、遗嘱法与信托法部(Real Property, Probate and Trust Law Section)等部门，信托与遗嘱法同列，而不列入商法部，公司法、合伙法及其他商业组织法则列入商法部。

[101] 夏扬:《洋商挂名道契与近代信托制度的实践》，载《比较法研究》2006年第6期；何旭艳:《近代中国信托思想之变迁》，载《学术月刊》2010年第8期；何旭艳:《上海信托业研究(1921-1949年)》，上海远东出版社2017年版。

[102] 上海市贸易信托公司:《社会主义商业信托业务的作用和前途》，载《财经研究》1958年第6期。

[103] 据立法资料载，20世纪50年代的民法草案将行纪称为信托，当时信托公司的主要业务也是代购、代销(相当于行纪)。之所以不称行纪而改称信托，理由包括：行纪是旧名词，是体现旧社会剥削事业的名称，会与旧有概念混淆，不若“信托契约”新颖，在含义上也比较确切易懂；更为避免把“行纪契约”误解为行栈经纪。以上资料参见何勤华、李秀清、陈颐编:《新中国民法典草案总览(增订本)》(上卷)，北京大学出版社2017年版，第499~551页。80年代仍是如此。参见该书中卷，第1186~1187页。

[104] 这一时期某些法院判决将本属于行纪合同的关系认定为信托合同。例如，倪汉勇诉卫新贸易信托商店信托合同纠纷案，上海市黄浦区人民法院(1992)黄法民字第235号民事调解书(法院在作出实体认定后调解结案)；通化县山珍加工厂诉通化对外经济贸易进出口公司信托合同案，吉林省高级人民法院(1995)吉经终字第13号民事判决书；云南省五金矿产化工进出口(集团)公司诉广西壮族自治区医药保健品进出口防城公司等信托合同案，广西壮族自治区高级人民法院(1996)桂经终字第15号民事判决书。

[105] 例如，江平、巫昌祯主编:《现代实用民法词典》，北京出版社1988年版，第364页；郭明瑞、王轶:《合同法新论·分则》，中国政法大学出版社1997年版，第317页。

应用。与英美法系信托发展轨迹相反，我国实务中，自始即由商业信托主导，普通信托与公益信托迄今未成为信托实务主流。[106]当前实务中又以证券投资信托、[107]资产证券化特定目的信托及其他投资信托为典型。

然而，我国《信托法》却是以普通信托为适用对象制定的，其路径与上列诸国信托法一脉相承，后者的固有缺陷亦相伴而生。尽管我国《信托法》的适用范围包括"民事、营业、公益信托活动"（第3条），但实际上仅就公益信托设有特别规定（第6章），对所谓的民事信托与营业信托未作任何定义与区分。《信托公司管理办法》《信托公司集合资金信托计划管理办法》以及被废止的《信托投资公司管理办法》《信托投资公司资金信托管理暂行办法》等信托下位法根本未提及营业信托。我国台湾地区信托规定与此相似。[108]此种粗糙的立法模式，必生信托法对商业信托的不适应症。对此，我国另有《证券投资基金法》及其附属规章[109]适用于证券投资信托，有《信贷资产证券化试点管理办法》《金融机构信贷资产证券化试点监督管理办法》等规章及其他规范性文件适用于资产证券化特定目的信托，有《证券期货经营机构私募资产管理业务管理办法》等规章和其他规范性文件适用于若干其他类型的信托（名为资管计划实为信托）。但此类特别法存在诸多缺陷。

其一，效力层次低，绝大多数为部门规章和其他规范性文件。

---

[106] 普通信托的发达，与健全稳定的财产权保护体制及社会信用机制紧密相关。至于公益信托，需有适于公益事业发展的税收优惠、适度监管与信用环境。我国普通信托与公益信托不发达，与此不无关系。唯近来因重大自然灾害多发，公益信托或有峰回路转之势。官方亦有意给予政策优惠，参见原银监会办公厅发布的《关于鼓励信托公司开展公益信托业务支持灾后重建工作的通知》。我国目前已有公益信托的实例，如中融信托于2005年推出的"中华慈善公益信托"，由中华慈善总会作为信托监察人，代表受益人行使对信托财产管理和使用的监察职能；光大银行作为信托财产的保管银行，该产品被认为是我国第一例以推广社会公益事业为目的的公益信托计划；此外，云南国投推出的"爱心成就未来——稳健收益型"集合资金信托计划、北京国投的"同心慈善1号新股申购集合资金信托计划"、宁波金港信托支援地震灾区的公益信托计划等，亦有明显的公益信托性质。参见许均华、王玉国：《我国发展公益信托恰逢其时》，载《证券日报》2008年6月17日，E3版。2016年全国人民代表大会通过《慈善法》，专设"慈善信托"一章（第5章），改变《信托法》第62条规定的公益信托批准制，而采备案制（第45条），意在特别促进慈善信托的发展。《慈善法》所称慈善信托属于公益信托（第44条）。原银监会、民政部于2017年联合印发《慈善信托管理办法》。该办法的发布说明中指出："据统计，自2016年9月1日《慈善法》施行以来，共成立慈善信托32笔，实收信托规模约1.24亿元，涉及扶贫、教育、留守儿童等多个慈善公益领域。"

[107] 现行法虽容许公司型证券投资基金的存在，但现实中的证券投资基金有九成以上采用信托形式。

[108] 我国台湾地区"信托法"仅在第60条规定：信托除营业信托及公益信托外，由法院监督。其"信托业法"等法未使用营业信托概念。

[109] 主要包括《证券投资基金管理公司管理办法》等等。

其二，内容大多属于行政管制范畴，极少涉及民事权利义务，更严重的是，管制过多过滥，重安全轻效益，不仅未能充分发挥商业信托的灵活性，反而压缩了商业信托原本依《信托法》或信托法一般原则或法理所享有的自治空间，以致出现《信托法》被规章或其他规范性文件架空的局面。“法无明文禁止即可为”的信托法或私法一般原则，事实上沦为“法有明文许可方可为”的行政许可主义。

其三，未能准确把握商业信托的特殊性、未为商业信托量身定做适当的规范，效用有限。例如，关于商业信托受托人义务的规定未注意商业经营之特性，过于严格僵化；欠缺商业信托合并、改组规则。

其四，仅针对现实中已有的商业信托进行事后规范，无法摆脱一事一法、临事定制的先天弊端，不具有前瞻性与开放性，难以适应实务发展需要，且浪费立法资源。

其五，规范体系不完整，缺乏系统性、协调性。各种规章或其他规范性文件对同类法律关系设置不同规定的情形，屡见不鲜，且此种不同并非缘于商业信托的法理基础、功能特性以及妥当处理商业信托法律关系的实质理由，而是出于各种部门立法权限的分割与规范性文件制定者的认识差异，甚至出于部门利益。[110]各种特别信托法令之间、同一类法令新旧版本之间缺乏一以贯之的原则与法理，政策考虑与规则变化亦较少连贯性、可预测性，以致实务界“今日不知明日之法”。

依据法律适用原则，此类特别法无规定的事项，适用《信托法》；[111]《信托法》本身却又并非为商业信托量身定做，由此遗留法律漏洞。不动产投资信托即为一例。不动产投资信托（Real Estate Investment Trust，REITs），为集合多数投资者之资本，持有并运营收益型不动产的信托。不动产投资信托的诸多优势为传统的不动产投资工具之所无。对于欲运用

[110] 典型例证之一为，原证监会制定的《证券公司客户资产管理业务试行办法》规定，证券公司从事资产管理业务不得向客户作出保证其资产本金不受损失或取得最低收益的承诺（第41条）。原银监会制定的《商业银行个人理财业务管理暂行办法》却明文容许商业银行在个人理财业务中作此承诺。此种差别待遇，虽可解释为源于监管层的观念偏差（认为银行理财比证券公司理财更为安全）或不当管制政策（银行垄断企业间借款业务，保底条款被视作变相借款），但基于部门利益格局的“监管偏袒”因素，恐亦难免。直至2018年资管法制改革后，监管机构要求商业银行发行的保证收益型和保本浮动收益型理财产品按照存款进行规范管理，不再列为理财产品（《商业银行理财业务监督管理办法》第3条第2款、第75条），银行理财产品的规范始贯彻同一法理。

[111] 实定法规定有《证券投资基金法》第2条、《信贷资产证券化试点管理办法》第1条。规章与其他规范性文件虽为《信托法》的下位法，但其具体规定如针对上位法未涉及之事项且不抵触上位法，实际效果上先行适用。

不动产投资信托的业者而言，无相应法律提供可预期的保障，将因受制于对法律风险与法律障碍的疑惧而不敢贸然行事，由此窒碍金融创新与商业进步、妨害经济效率与社会福祉。现行法既未将不动产投资信托列入适用范围，如欲实现促进不动产投资信托应用、保护投资者利益之目的，则须另行制定特别法。而特别法制定又非一朝一夕之事，固有的立法延误，难免造成额外成本。原银监会为规范信托公司房地产信托业务的经营行为、保障房地产信托业务各方当事人权益，拟定《信托投资公司房地产信托业务管理暂行办法（征求意见稿）》，于2004年10月18日向社会征求意见，但迟迟未能出台，与实务界的迫切需求相距甚远，特别法的滞后性已显露无遗。即使该办法终能通过，仍受制于适用范围（仅限于以信托公司为受托人的不动产投资信托），局限性至为明显。近年来，中国证监会等主管部门开始力推不动产信托投资基金。实务中各种“准REITs”“类REITs”的自发创新产品也开始出现，但难谓真正意义上的REITs。

我国台湾地区有“证券投资信托及顾问法”“金融资产证券化条例”“不动产证券化条例”等特别规定，在不同程度上亦有上列缺陷。香港特别行政区法沿用英国法，仅对单位信托与互惠基金、不动产投资信托有所规定，与之相似。澳门特别行政区原无一般信托法，仅对投资基金及养老金基金有所规定，问题更甚。

就理论状况而言，专门探讨商业信托的中文文献甚少，其中大多限于证券投资信托、不动产投资信托等特定类型的商业信托，以商业信托一般问题为主题的专著、[112]论文，[113]屈指可数。

我国商业信托法的制定与完善面临的首要问题是，理论准备不充

---

［112］ 迄今仍少有全面探讨商业信托一般问题的中文专著。有近著讨论了商业信托的部分问题，参见彭插三：《信托受托人法律地位比较研究——商业信托的发展及其在大陆法系的应用》，北京大学出版社2008年版；刘正峰：《美国商业信托法研究》，中国政法大学出版社2009年版；季奎明：《组织法视角下的商事信托法律问题研究》，法律出版社2014年版；蔡秉坤：《商事信托受益人权利保护的法律研究》，中国社会科学出版社2015年版；陈杰：《商业信托法律制度研究》，厦门大学出版社2016年版。

［113］ 专门讨论商业信托的代表性中文论文，参见王文宇：《信托法原理与商业信托法制》，载王文宇：《新公司与企业法》，中国政法大学出版社2003年版（该文所论商业信托，包括公司债信托、退休基金、资产证券化、证券投资信托，大致相当于欧美法学界所称commercial trust）；谢哲胜：《从商业信托的概念论投资信托的法律架构——兼评“都市更新投资信托公司设置监督及管理办法”第20条的规定》，载谢哲胜：《财产法专题研究（三）》，中国人民大学出版社2004年版；黄欣怡：《商业信托之研究》，台湾中正大学法律学研究所2004年硕士学位论文（该文第3~6页并提及我国台湾地区商业信托相关文献回顾）；王志诚：《商事信托之功能与立法》及《商事信托法理之建构》，载王志诚：《信托之基本法理》，元照出版有限公司2005年版。

分。另一个困难是，我国的普通信托法不尽完善，不完全适合作为商业信托法的补充，对此，本书将逐一论及。此处仅以忠实义务与注意义务为例作简要说明。我国《信托法》未完整确立受托人的忠实义务与注意义务：关于忠实义务，仅抽象地规定受托人应为受益人的最大利益处理信托事务，对谋取私利之禁止、自己交易之限制仅有粗略规定，对受托人谋取信托机会、受托人竞业禁止、受托人报酬数额的限制等重要内容只字未提；关于注意义务，《信托法》仅高度原则性地规定"受托人……必须恪尽职守，履行诚实、信用、谨慎、有效管理的义务"（第25条第2款），对注意义务的范围、程度等未置一词。而且，既有规定不仅欠缺可操作性，在合理性与正当性方面亦存在严重缺陷。各种下位法受制于《信托法》之规定，或者简单重复《信托法》的上述条文，或者略而不提。受托人的忠实义务与注意义务是信托法的心脏。此类义务的不健全，将直接影响信托制度的运行。

鉴于上述状况，探究商业信托之奥秘、揭示商业信托之特性、分析商业信托之特别规范，系解释适用、制定完善商业信托法的基础，具有实证意义。同时，商业信托法的发展，对普通信托法与其他商业组织法产生影响。研究商业信托的特殊法律问题，有助于探析信托法之演变、把握信托法之方向，且因商业信托法横跨信托法与商业组织法，亦有助于总结商业组织法之共通法则、发掘商业组织法之核心理念，又具理论意义。

三、研究对象

商业信托法的胚胎孕育于普通信托法的母腹，同时从商业组织法中获得基因。大量规范源自普通信托法与其他商业组织法。对商业信托法的真正理解，不可能经由单纯研究商业信托法而获得，而需立足于对普通信托法与其他商业组织法的理解基础之上。

本书以商业信托与普通信托、其他商业组织之比较为背景，着重分析商业信托的特殊法律问题及原则规则。公益信托自成体系，与商业信托大异，仅为商业信托之远亲，彼此之间缺乏实质性联系，在此不予讨论。

关于其他商业组织法，本书主要以公司、有限合伙与有限责任企业为分析对象。商业信托、公司、有限合伙与有限责任企业在本性、结构与功能上最为相近：皆为独立主体、其投资者皆负有限责任。普通合伙与商业信托相距较远，不作为比较重点。此外，现代商业组织法渐将合作社、非营利性企业（非营利公司、非营利性非公司社团等）纳入范围，[114]但由于此类组织与商业信托的差异较为显著，本书亦不予讨论。

四、研究方法

（一）法释义学分析

对商业信托法的理解，自不能脱离对其各项规范的解释。同时，商业信托法的特殊制度需以分析普通信托法诸规范为基础。

运用法释义学方法的另一个目的，是通过对普通信托法原则与规则的解释，探讨其适用于商业信托的可能性。法律制度创新应遵循的一项原则是：一般情况下，应当穷尽“解释的可能性”；通过对现行法的合理解释仍不能解决问题的，方可另创新制。商业信托法制的形成，除需以上列分析方法提供理论论证与经验支持外，尚需探究普通信托法对商业信托的可适用性。商业信托制度的建立存在成本。商业信托的特殊制度是否多余？普通信托法的现有原则与规则是否足以解决问题？假设利用现有制度足可解决问题或能以较低成本解决问题，即无另寻新制之必要；而现行法及其解释不能解决商业信托问题或者解决成本过高时，即有必要求助新制。为此，首先需要总括性地注意法律解释的局限性。

法律解释有其局限。原因如下。

1. 法律解释存在成本

法律解释的成本包括法律解释的固有成本与商法解释的特殊成本。此类成本或者由全社会共同承担，或者由案件当事人承担。

其一，法律解释的固有成本。通过法律解释方法解决案件，特别是在现行法无规定或者现行法规定在具体案件中会得出不当的适用结果，以致需要动用法律漏洞补充等手段时，[115]需要耗费较多的司法资源（包括作为疑难案件在法院内部进行深度探讨研究的成本[116]），司法成本一般高于

---

[114] The National Conference of Commissioners on Uniform State Laws, Report of the Study Committee on an Omnibus Business Organizations Code (May 3, 2006).

[115] 广义的法律解释包括狭义法律解释、法律漏洞补充方法、不确定法律概念及一般条款的价值补充；法律漏洞补充方法（目的论扩张、目的论限缩、类推适用等）不同于狭义法律解释方法（文义解释、体系解释、目的解释、历史解释等），适用要求与适用难度高于狭义法律解释。参见梁慧星：《民法解释学》，中国政法大学出版社1995年版，第213~284页；黄茂荣：《法学方法与现代民法》（第5版），法律出版社2007年版，第299~503页。

[116] 我国现行法院体制中，疑难案件常需提交审判委员会讨论决定。审判委员会“判而不审”的弊端，久为法律界所诟病，并已成为司法改革的重点对象之一。将审判委员会改造为大审判庭（大法庭），或更符合司法规律。不过，即使将决定疑难案件的权力交还给合议庭，疑难案件仍然存在较高的解释成本。

适用明示规则的成本。同时,法律解释有赖于法官具有较强的解释能力与较充分的解释空间。前者的重要性无须赘言,后者同样是法律解释的重要因素,在审判法官不具备足够独立性的法院体制下,[117]法律解释的可行性难免受到严重压制。

其二,商法解释的特殊成本。在商法领域,妥当的法律解释,有赖于对商业事务的了解与掌握能力以及对商业需求、商业环境的体认与理解。受制于职业局限性,法官往往与商业事务存在天然的隔膜,难以准确把握商业世界中究竟需要法律扮演何种角色、商业实践需要何种法律规则与法律原则。法官的习惯性思维模式是“按法律办事”,而不是“按经济法则办事”“按商业规律办事”。此外,商业合同或行为是在纷繁复杂的商业环境中达成、实施,此类环境难以在法庭上复制。[118]受制于法官对信息的掌握程度,法官对相关合同或行为的解释,会与当事人的实际意思或合理预期大相径庭。某一解释结论,在法律上毫厘不差、无可挑剔,在经济效应与社会效果上却完全可能谬以千里。法律解释与商业需求的偏离,亦为需由当事人承担的成本。

举例而言,商业信托文件条款设定一类有权收取固定本金与利息但无权分享利润的优先受益权凭证,并订定此类受益权凭证持有人无权查阅商业信托财务信息。法院在适用普通信托法规定审理该条款的有效性时,可能得出该条款无效的结论,因为依信托法一般规则,受益人知情权为受益人基本权利之一,信托文件不得排除。但是,如果考虑商业信托的特殊环境与特殊需要,上述受益权凭证实为一种与公司债券具有同等性质的证券,其持有人的真实地位近似于商业信托的债权人而非“剩余索取权人”;此类受益人已经借由固定本金与利息支付条款以及优先受偿条款得到充分保护,无须再通过参与商业信托营业以获取保护,而查阅权的意义正是参与企业经营的必要手段。[119]商业信托文件通过授予优先顺序与固定收益对此类受益人进行保护,实已对排除查阅权的代价作出补偿,同时,排除查阅权亦可减少动用查阅权的成本及滥用查阅权的风险。商业信托文件的上述安排,已蕴含周全的商业考虑以及对各方权益的平衡处

---

[117] 我国现行法院工作机制中所谓的“错案追究制”,未合理区分因法官品行问题导致的错案与因法官判断问题导致的错案,使审判法官的裁判权受到压制,出于避免错案的理性考虑,审判法官往往在判决之前获取庭长、审判委员会乃至上级法院的意见,致使合议庭制度、上诉审制度等沦为摆设。

[118] 当事人在具体商业交易中实施行为时的商业需求与经济考虑,一般不形诸书面证据、也难以形诸书面证据,难以在诉讼程序中证明。

[119] 公司债券持有人一般不享有对公司事务的知情权,除非章程另有订定或协议另有约定。

理。法院对这一自治安排的否定，固然有“法律上正确”“依法办事”的正当旗号，却是对商业平衡的不智判断与盲目干涉。就此而言，商业信托法另定规则自有必要。

法律解释成本难以消解。就法官行为分析角度而言，法官只需其解释结论在法律上站得住脚即可免于承担错案之责，即使该结论与商业需求背道而驰，成本也不是由法官承担，因此，法官缺乏考虑商业需求的激励或动因，难以期望法官会主动、自觉、普遍地减少这一类解释成本。有鉴于此，法律现实主义领袖人物卢埃林教授曾提出在商法案件中实行“商人法庭”(merchant tribunal)之构想，其中措施之一是建立“商人陪审团”(merchant jury)，由商人或精通商业事务的专家组成陪审团参与审理案件，以缓解法官审判商法案件、解释商法的局限性。[120]但这一构想迄今未获普遍成功，[121]亦可表明减少商法解释成本绝非易事。

2. 法律解释存在风险

法律解释不仅可能背离商业合理性，甚至可能违背法律，此即法律解释的固有风险。解释错误是合同解释的固有风险，法律解释亦是如此。法律解释对解释者的依赖，注定了法律解释是一项艺术成分多于技术成分、主观色彩浓于客观色彩的工作。不同法院或法官对同一法律规则解释各不相同、同一法院或法官在不同时间对同一法律规则的解释各不相同，皆为常见现象。法律解释不仅难以达到高度的精确性、稳定性与可预测性，而且难以一以贯之地实现法律的真正目的。从文义解释方法到体系解释方法、历史解释方法、目的解释方法，解释难度逐次加大，解释发生错误的风险亦随之递增，至法律漏洞补充方法，则臻于顶点。一般而言，明示规则优于隐含解释，正是因为明示规则的正确适用，通常无须借助于法律解释，或者仅需借助于文义解释等操作难度较低、错误风险较小的解释方法。一旦将普通信托法适用于商业信托，便难以依赖于明示规则：由于普通信托与商业信托在各方面均存在重大区别，普通信托法无法简单地套用于商业信托，必然需要更多地运用目的解释方法与法律漏洞补充方法，也就面临更多的风险。

---

[120] Zipporah Batshaw Wiseman, *The Limits of Vision: Karl Llewellyn and the Merchant Rules*, 100 Harv. L. Rev. 465(1987).

[121] 对美国各州商事法院特征之概括，参见Marcel Kahan & Ehud Kamar, *The Myth of State Competition in Corporate Law*, 55 Stan. L. Rev. 679, 711 tbl. 4(2002)。法国法上，商法争议通常由商事法院管辖，商事法院并非职业法官组成的法院，而是由经选举任职的商人(担任法官)组成。参见[法]伊夫·居荣:《法国商法》，罗结珍、赵海峰译，法律出版社2004年版，第7页。

法律解释的成本与风险所在，即为法律解释的局限所在、限度所在。普通信托法高度发达的美国各州，却也纷纷另行制定单独的商业信托法，合理性之一正在于此。

（二）历史分析

普通信托已存在数百年之久，商业信托不能完全脱离这段家族史，其自身亦有个性化的成长历程。商业信托法部分制度衍生于普通信托法，部分制度与公司、合伙等其他商业组织法的发展相关，部分制度自始独立生长。割断历史即不可能理解当下。不过，历史虽然有用，但不足以为已经过时的规则提供正当理由，[122]尚需结合其他研究方法。

（三）比较分析

商业信托为美国法所创，business trust一词越出美国国界，尚为晚近之事。至于在大陆法系法域，信托的继受尚属初阶，更难觅商业信托一词的踪影。[123]此种现象既是商业信托尚未得到应有重视及系统研究的结果，亦折射出诸法律体系间法律概念之鸿沟。尽管其他法域甚少使用商业信托一词，但并非不存在商业信托及商业信托法。例如，英国的商业信托运用早于美国，在一度衰落之后，又在20世纪30年代引进美国的现代投资信托，英国《金融服务法》等法所规定的单位信托，为美式投资基金的近亲；资产证券化信托在欧洲各国已蓬勃发展，相关特别法层出不穷。其他法域与美国法最显著的差异，在于缺乏商业信托的统一概念与统一的商业信托法，商业信托法制散见于各种特别法。纵在无一般信托法的传统大陆法系国家，在投资基金等领域也多有采用信托制度或信托原理者。因此，单从概念主义或形式主义出发，商业信托法似缺乏比较研究的基础，但从功能主义视角而言，商业信托法比较研究完全可行且必要。基于此种理念，本书在重点研究美国商业信托法与我国商业信托法的同时，亦将其他主要法域中实质上属于商业信托法的法律制度一并列入视域，比较视角主要及于美国法、加拿大法、英国法，兼而论及法国、德国等欧陆法与日本、韩国法。日本、韩国的普通信托法及商业信托法沿袭英美法系，经法典化后又颇具特色。我国信托法既以英美法为母本并参考日本、韩国的信托法，现行商业信托法律、规章又主要借鉴英美法，故从比较角度探究商业信托法，自有必要。

以美国法为比较研究的重点，原因有三。

---

[122] T. P. Gallanis, *The Future of Future Interests*, 60 Wash. & Lee L. Rev. 513, 529-48(2003).

[123] 以继受法为主导的东亚诸法域，已有少数文献对商业信托作出初步研究。

其一，以商业信托法而论，美国为商业信托创新最多、商业信托数量最多的国家，美国商业信托法向来全球领先。英国法是现代信托法的鼻祖，但就商业信托法而论，美国法已后来居上。其后欧亚各国商业信托法制，多受美国法影响，各有取舍变异，虽程度有别，但均未建立全面完备之商业信托法制。比较法之参考，自应取法乎上。

其二，以普通信托法而论，美国信托法脱胎于英国法，经过200余年的发展，已长成一个独立的体系，其内容与形式皆有青出于蓝而胜于蓝之处：内容上，对于现代普通信托法诸多重大的前沿问题，美国法率先突破，并带动英国法、加拿大法等英国法系普通信托法的变革与发展，例如，关于受托人权限与信托投资的法律；形式上，尽管信托判例法体系庞大、规则纷繁，但美国法学会《信托法重述》以严谨的结构、明确的规范将判例法条理化，在缓解判例法的复杂性与不确定性方面卓有成效，同时，信托制定法不断发展，不少州皆有较为完整的信托法典，美国统一州法全国委员会更长期致力于信托法法典化，《统一信托法典》即为其中卓越成果之一。该法典不仅系统地阐明信托普通法中合理的既有规则，且多有创新，其影响力与日俱增。反观英国法系信托法，形式上仍为判例法独霸天下的局面，信托制定法较为零散（主要有英国1925年《受托人法》、2000年《受托人法》），多限于信托的个别领域，缺少系统的法典，亦无对判例法的系统化整理，借鉴不易；1882年《印度信托法》虽为英国法系中少有的综合性制定法，但其内容已较陈旧，且国际影响有限。

其三，以其他商业组织法而论，商业组织之强盛与商业组织法之发达，美国仍首屈一指，其中又以特拉华州法为翘楚。特拉华州公司法之成就人所共见，[124]至于有限合伙、有限责任企业、商业信托等非公司企业法领域，特拉华州法亦独占鳌头。同时，鉴于商业信托法与其他商业组织法之间有共同环境，美国商业信托法又为潮流之先，亦宜多加考虑美国商业组织法。

我国民商事法制，受英美法影响日增，2005年《公司法》、2006年《合

[124] 在美国，最大的公司，半数以上设立于特拉华州，首次发行股份的公司大多数设立于特拉华州，改变住所、在特拉华州重新设立的公司达到压倒性的多数。Roberta Romano, *The States as a Laboratory: Legal Innovation and State Competition for Corporate Charters*, 23 Yale J. on Reg. 209, 212 (2006). 特拉华州大法官法院因其所创设的法律之质量以及在争议解决上的效率性而对企业法贡献卓著。Rochelle C. Dreyfuss, *Forums of the Future: The Role of Specialized Courts in Resolving Business Disputes*, 61 Brook. L. Rev. 1, 5 (1995). 尽管特拉华州法时遭批评，但特拉华州法院系统的高效仍有目共睹。David A. Skeel, *Icarus and American Corporate Regulation*, 61 Bus. Law. 155, 167 (2006).

伙企业法》、2006年《企业破产法》、2019年《证券法》等，均受美国法的影响。举凡《公司法》规定的忠实义务与勤勉义务、禁止谋取公司商业机会、股东派生诉讼，《合伙企业法》新增有限合伙、特殊的普通合伙［相当于美国法上的有限责任合伙（LLP）］，《企业破产法》规定的重整制度，《证券法》规定的证券发行注册制，均为参考英美法之产物。《物权法》上的动产浮动抵押、应收账款质押及《民法典》上的价款抵押权、保理合同等制度，亦属此列。此亦取法乎上之体现。

（四）经济分析

经济分析已成为当代法学研究的主流方法之一。经济分析在公司法研究领域的应用早已占据主导地位，在合伙、有限责任企业等非公司企业法领域亦日益重要。但以经济方法研究信托法的学术文献迄今尚难称丰富，而且现有文献基本上集中于普通信托法领域。尽管如此，经济分析方法在信托法中的地位也已不容轻视。其中最显著的例证是，自20世纪80年代初吉尔森与克拉克曼教授对有效资本市场假设的研究以来，[125]有效资本市场假设已广泛渗入有关普通信托投资法律规则的研究，[126]现代金融理论对普通信托法的影响亦随处可见。[127]其中最明显的应是普通信托法上的谨慎投资人规则，该规则完整地将现代投资组合理论与有效资本市场假设纳入其中。[128]除此之外，对于信托法其他领域或信托法之整体作经济分析的文献已颇为可观。[129]

经济分析也是打开现代商业信托神秘大门的一把钥匙。商业信托虽脱胎于普通信托，但具有不同于普通信托的一系列重要特征，其中之一为

［125］ Ronald J. Gilson & Reinier H. Kraakman, *The Mechanisms of Market Efficiency*, 70 Va. L. Rev. 549（1984）.

［126］ Bevis Longstreth, *Modern Investment Management and the Prudent Man Rule*（1986）.

［127］ Robert H. Sitkoff, *Trust Law, Corporate Law, and Capital Market Efficiency*, 28 J. Corp. L. 565, 583（2003）.

［128］ John H. Langbein, *The Uniform Prudent Investor Act and the Future of Trust Investing*, 81 Iowa L. Rev. 641, 665-66（1996）; Edward C. Halbach, Jr., *Trust Investment Law in the Third Restatement*, 27 Real Prop. Prob. & Tr. J. 407（1992）.

［129］ 代表性论文参见Robert H. Sitkoff & Max Schanzenbach, *Jurisdictional Competition for Trust Funds: An Empirical Analysis of Perpetuities and Taxes*, 115 Yale L. J. 356（2005）; Robert H. Sitkoff, *An Agency Costs Theory of Trust Law*, 89 Cornell L. Rev. 621（2004）; Robert H. Sitkoff, *Trust Law, Corporate Law, and Capital Market Efficiency*, 28 J. Corp. L. 565（2003）; Henry Hansmann & Ugo Mattei, *The Functions of Trust Law: A Comparative Legal and Economic Analysis*, 73 N. Y. U. L. Rev. 434（1998）; Jonathan R. Macey, *Private Trusts for the Provision of Private Goods*, 37 Emory L. J. 295（1988）; A. I. Ogus, *The Trust as Governance Structure*, 36 U. Toronto L. J. 186（1986）。近年来已有信托法经济分析的专著，参见M. W. Lau, *The Economic Structure of Trusts: Towards a Property-based Approach*（2011）（中译本参见刘鸣炜：《信托制度的经济结构》，汪其昌译，上海远东出版社2015年版）。

商业信托具有组织性，性质属于独立的企业组织，因此，商业信托法理的建构，与组织理论与企业理论存在不可分割的联系。作为组织的商业信托，其运行自有经济法则。商业信托法律制度，根植于商业信托经济结构之中。商业信托需要何种特有规则，需基于对商业信托的经济分析之上。现代经济理论已积累了关于企业与组织研究的丰硕成果。企业理论（The Theory of the Firm）、代理经济学（The Economics of Agency）等为本书的研究提供常用的分析方法。

（五）经验分析

法律进步的浪潮，发源于实务的细流之中。本书的经验研究，主要集中于两大方面：一为判例研究，二为交易实例研究。

商业信托生长于判例法的原始丛林，而后逐步经制定法扶持而茁壮。对较具影响的判例作一实证考察，有助于认识商业信托特殊规则的法理基础与运作现状。而且，当代商业信托制定法的许多规定，源于判例法。

推动商业信托法发展的真正力量，蕴藏于实际交易之间。现代商业信托法形成了与公司法大异其趣的风格，商业信托法几乎完全由非强行规范构成，且大部分规范属于“空白授权式”规范，不为当事人提供详尽的细则。商业信托的构造与运营，有赖于当事人充分运用商业智慧、充分利用合同自由。而商业信托的健全运行，更多地依赖于市场主体的自治。商业信托法的立法理念是：在设计企业法的规则方面，市场主体会比立法者做得更好，国家不仅不应妨碍，而且应当鼓励市场主体自行设计的规则成为商业信托规范的主要来源。商业信托法搭建了商业信托的骨架，商业信托交易文件则为商业信托填充血肉。由此，以实务中的商业信托交易为样本，探究真实世界中的交易者如何运用商业信托法所赋予的巨大自治空间、处理商业信托的内部与外部问题，将有助于加深对现代商业信托法制度面貌与精神实质的理解。而且，由于现代商业信托法的大多数规范来源于交易文件的惯常做法、是对通行交易实务的立法承认，研究交易实务亦有助于理解现行商业信托法规范的合理性，完善商业信托立法。同时，研究商业信托发达国家的交易实务，亦有助于提升本国的商业信托实务水准。

目前经验研究的困难在于，现代商业信托法不要求公开登记商业信托文件（公开发行证券的商业信托除外），公开记录较为简略，因此难以作全面的统计分析。公开发行受益权凭证的商业信托，须依法公开其商业信托文件，但除此之外的商业信托，其商业信托文件较难获取，且商业信托和某些其他信托之间的界限亦非泾渭分明，以致统计资料匮乏。[130]本书的经验研究资料，主要来自对数百个判例、裁判与交易实例的分析，交易样本系从各种类型的商业信托实例中抽取，但求尽量接近一般状况。[131]商业信托纠纷裁判文书，在美国法上数量最多（本书所引用者千余则），我国法律上则数量较少（本书所引用者约100则）。[132]本书尽可能对此作穷尽性的研究或引证。

第二节　主要术语说明及全书结构

一、主要术语说明

（一）商业信托（business trust）[133]

Business trust为美国法的创造物，除美国之外，实定法中正式使用

[130] Peter B. Oh, *Business Trusts*, in Research Handbook on Partnerships, LLCs and Alternative Forms of Business Organizations 268, 278（Robert W. Hillman & Mark J. Lowenstein eds., 2015）.

[131] 美国早期的若干著作中载有当时的商业信托文件文本，例如，Sydney R. Wrightington, *The Law of Unincorporated Associations and Business Trusts* 445 et seq.（2d ed. 1923）; William C. Dunn, *Trusts for Business Purposes* 420 et seq.（1922）; John H. Sears, *Trust Estates as Business Companies* 418 et seq.（2d ed. 1921）。

[132] 自《信托法》2001年10月1日施行以来，我国法院裁判的各类信托纠纷案件，总体数量偏少。较全面的案例研究著作，参见何宝玉编著：《信托法案例评析》，中国法制出版社2016年版（共收集案例58个，但有相当一部分并非真正的信托纠纷案例）。但诉讼案例较少，绝不意味着《信托法》不重要。民事法律规范，具有裁判规范和行为规范的双重意义。如果法律规范足够清楚明确，则可以事先预防大量纠纷的发生。因此决不能以诉讼案件的数量多寡作为评估某一部法律立法质量和重要性的指标。涉及金融等特定行业的法律，更由于经营者出于维护声誉等考虑，多倾向于在诉讼外解决纠纷，而并不经常出现在法院的裁判依据之中。

[133] 单从字面意思而论，business trust译为"营业信托""商事信托"，未尝不可。我国法律与学说上有时将商业信托、营业信托、商事信托混用。我国《信托法》采营业信托一语，将其与民事信托、公益信托并列（第3条）。我国台湾地区"信托法"亦采营业信托一语（第60条）。本书不称business trust为营业信托或商事信托，理由在于：(1)营业信托一语，与business trust性质不符。Business trust属于business organization之一种，后者中文通称为商业组织或商事组织，而不称营业组织；商业组织最重要的形态——business corporation，通称为商业公司或商事公司，而不称营业公司。Business trust既与商业公司同属商业组织，其称谓自应与此吻合。(2)采商事信托一语，同样不妥。第一，就文义而言，商事信托一语不能准确反映概念的内涵与外延，且易滋歧义。大陆法对"商事"的界定，有主体标准、行为标准和混合标准之争，并无定论。而信托法上，信托主体一方为商人的，不当然构成商业信托；信托行为具有商事性的，亦不当然构成商业信托。商业信托的界定，无法适用"商事"的界定标准。第二，就体系而言，商事信托一语，不符合立法体例。商事与民事并称；我国法采民商合一主义，民事一语已包含商事在内，法律法规罕用商事一词。如信托法上特采商事信托称谓，难谓妥帖；而若立法不采用、仅在学理上采用，则又造成"概念的浪费"，徒增认识与解释的不一致，不利于法律理解及适用。第三，就习惯而言，现有中文文献中，商事信托多指由以从事信托为营业者担任受托人之信托，即营业信托之同义语，而不同于business trust。强行扭转商事信托一词之惯常用法，既无必要，亦不易行。第四，就目的而言，法律之生命力在于为实践服务，商业信托在我国系新兴事物，法律概念应有利于商业信托推广运用，而商事一词并非经济实务中的常用语，冠以商事信托之名，不便于非专业人士的认识与理解。

business trust一词的法域，并不多见。[134]但是，不用相同的名称，不等于不存在相当的制度。事实上，商业信托或类似于商业信托者（或可称为“类商业信托”）遍布列国，英国的单位信托、资产证券化信托，即为商业信托的具体类型。英国、新西兰等国的文献中亦有“商贸信托”（trading trust）的概念，实质上大体相当于美国法上的商业信托。[135]日本、韩国及我国等信托法继受国，虽不常用一般商业信托之概念，[136]但亦有证券投资信托、资产证券化信托等具体类型。即使如法国、德国等无英美式普通信托制度的欧陆国家，在证券投资基金、资产证券化等特定领域仍引入了实质性的商业信托制度。

鉴于比较法中普遍存在的概念多样性，本书采用功能主义方法[137]界定概念、揭示问题、展开分析，着重制度之实质与内容，不拘泥于各国法所用的语词与称谓，凡功能或实质相当于商业信托之制度，本书皆以商业信托为统一概念纳入研究范围。

（二）商业信托文件

商业信托文件，是指设立商业信托或订定商业信托经营行为与事务治理的文件。商业信托文件为商业信托的灵魂，是商业信托得以成立与运行的基础法律文件，相当于公司章程、合伙协议。商业信托文件的称谓在各法域大相径庭，即使在美国商业信托法上，亦是如此。例如，《特拉华州商业信托法》称为“管理文件”（governing instrument），其形式包括信托协议、信托宣言等。[138]《明尼苏达州商业信托法》称为“信托宣言”

[134] 新加坡于2004年制定《商业信托法》，内容近似于美国各州的商业信托法。该法所称商业信托，为公司、合伙、独资企业等之外的一种企业组织形式。不同于美国法之处在于，该法并不认可商业信托的法人资格。

[135] 英国文献，参见David Hayton, Paul Matthews, & Charles Mitchell, *Underhill and Hayton Law Relating to Trusts and Trustees* 66-67（18th ed. 2010）。新西兰文献，参见Law Commission（New Zealand）: Review of Trust Law in New Zealand: Introductory Issues Paper 26（Law Commission Issues Paper 19, 2010）。在新西兰法律委员会的该报告中，商业信托概念的用法则不尽统一，时而作为商贸信托的替代物（第7页），时而被界定为遗产规划中用于持有公司股权的信托（第27页）。

[136] 中华人民共和国成立后的早期文献中，曾出现商业信托概念，但其意义大致相当于商业活动中使用的信托，并非当代法律意义上的商业信托。参见上海市贸易信托公司：《社会主义商业信托业务的作用和前途》，载《财经研究》1958年第6期。

[137] 有关功能主义方法的一般运用，参见Konrad Zweigert & Hein Kötz, *Introduction to Comparative Law*（Tony Weir trans., 3d ed. 1998）。

[138] Del. Code Ann. tit. 12, § 3801（f）.

(declaration of trust)。[139]普通法系亦多称为信托宣言。[140]至于大陆法系，多称为信托合同或信托文件。本书原则上统一使用商业信托文件术语，以指称上述各种概念。

(三)受益人

受益人是享有受益权之人，受益人是商业信托的两大主要当事人之一。普通信托法上称为“受益人”(beneficiary)。肯塔基州、特拉华州等美国各州商业信托制定法多称为“受益所有人”(beneficial owners)，也有判例称为“份额持有人”(shareholder)。[141]马萨诸塞州的商业信托法判例将受益人称为“份额持有人”。[142]《明尼苏达州商业信托法》将“受益权份额所有人”“受益人”“份额持有人”并称，以便无遗漏地涵盖受益人概念，其含义均指受益人。[143]英国商业信托的主要形式是单位信托(unit trust)，受益权凭证一般称为信托单位(trust unit)，相应地，受益人称为“单位持有人”(unitholder)。[144]加拿大、新加坡等继受英国法的普通法国家，一般也称单位持有人。[145]在大陆法系国家的商业信托特别法中，受益人有时被称为“基金份额持有人”(证券投资信托)，有时被称为“资产支持证券持有人”(资产证券化信托)。本书原则上统一使用受益人一语。

(四)受托人

受托人为商业信托的另一主要当事人。某些法域，受托人常另有称谓，如新加坡2004年《商业信托法》称为“受托人—管理人”(trustee-manager)。我国《证券投资基金法》称为基金管理人、基金托管人。诸如此

---

[139] Minn. Stat. Ann. § 318.02.

[140] Inside Scoop, Inc. v. Curry, 755 F. Supp. 426(D. D. C. 1989), order aff' d, 923 F. 2d 201(D. C. Cir. 1991); In re Haworth, 253 B. R. 478(Bankr. D. Wyo. 2000), subsequently aff' d, 13 Fed. Appx. 826(10th Cir. 2001); Herbert B. Chermside, Jr., *Annotation*, *Modern Status of the Massachusetts or Business Trust*, 88 A. L. R. 3d 704(1978 & Supp. 2004).

[141] Hauser v. Catlett, 1946 OK 262, 197 Okla. 668, 173 P. 2d 728(1946); Greenspun v. Lindley, 44 A. D. 2d 20, 352 N. Y. S. 2d 633(1st Dep' t 1974), order aff' d, 36 N. Y. 2d 473, 369 N. Y. S. 2d 123, 330 N. E. 2d 79, 88 A. L. R. 3d 697(1975). Shareholder亦可译为股东，但股东专指公司投资者，不适合于此。

[142] 例如，Williams v. Inhabitants of Milton, 215 Mass. 1, 102 N. E. 355(1913)。

[143] Minn. Stat. Ann. § 318.02.

[144] Kam Fan Sin, *The Legal Nature of the Unit Trust*(1997). “信托单位”概念，在我国现行法上亦有出现。原银监会2007年修正的《信托公司集合资金信托计划管理办法》第5条规定：“信托公司设立信托计划，应当符合以下要求：……(六)信托受益权划分为等额份额的信托单位……”

[145] Uniform Income Trust Act, Part 2(2008)(加拿大); Business Trust Act § 2(2004)(新加坡)。

类，名虽各异，实则同一。凡此皆属本书所称商业信托受托人。

二、全书结构

（一）结构与内容

本书共16章，可概括为五大部分内容。

第1部分为总论，共4章。

第1章为绪论，重在提出问题，阐明研究意义。信托是英美法系最具特色的制度，被大陆法系国家（包括我国）广为借鉴，而大陆法系借鉴的主要是商业信托，但各国法参考的对象主要是普通信托法而非商业信托法，存在“范式错位”现象。信托传统上被用于遗产规划、个人扶养等目的，此即普通信托（在大陆法系有时称为民事信托），而商业信托是以营利为目的。商业信托的规模及重要性已超过普通信托，且是当代金融交易的主要组织形式之一，在证券投资、资产证券化等新兴领域中已占据比公司、合伙等其他组织形式更重要的地位。但理论研究状况与商业信托的实践发展程度极不相称。国内外信托法研究大多关注普通信托与公益信托，关于商业信托的研究相当薄弱，难以为司法实践与立法完善提供充分支持。

第2章为商业信托概论。从信托法基本概念入手，厘清学界分歧较大的商业信托、商事信托等概念，并分析商业信托与普通信托以及公司、合伙等其他商事组织之间的异同，着重辨析了信托型基金和公司型基金的差异及优劣。商业信托是以营利为目的的非公司组织。商业信托，不同于学术上所谓的商事信托、营业信托（由营业性机构受托人管理的信托）。商业信托的本质特征在于营利性和组织性。商业信托和其他各种商业组织各有长短。普通公司在法律结构上不适合于作为证券投资基金；与信托型基金相比，公司型基金并无独到优势。

第3章为商业信托法概述。概括分析国际上较有影响的商业信托法制。美国商业信托法制较为发达，最新一代商业信托法均采用统一的商业信托立法模式。加拿大亦有统一商业信托立法的动向。在亚洲，新加坡于2004年制定统一的商业信托法，已对周边地区形成竞争优势。我国现行法，对各种商业信托采取分别立法模式，并以规章和其他规范性文件为主，欠缺基本法律，已显现出诸多弊端。各国商业信托法存在一般法和特别法的分野，一般法（基本法）由商业信托法或普通信托法组成，以自治为基调；特别法主要为公开募集型证券投资基金而设，基于此类基金涉及公众投资者保护和金融市场秩序维护的特性，而有较多管制规范。商业信托是依信托合同而设立的组织，因此，商业信托法具有汇集信托法、合同法、商业组织法特性的多维性，并与公司法和其他非公司企业法之间存在互动与竞争关系。

第4章为商业信托法的基本问题及基本原则。基本问题可归结为商业信托外部关系与内部关系的法律规范，以及关于商业信托自身结构变动的法律规范。在外部关系上，商业信托法需着重处理商业信托当事人与第三人（主要是债权人）的关系。在内部关系上，商业信托法需处理商业信托的运营和治理问题。在内部治理上，普通信托欠缺市场化的监督机制，主要依赖于经由法院实施的信义义务。商业信托则受有资本市场、信息市场、管理者市场等多重约束，主要依赖于当事人自力治理和市场化约束机制。商业信托法遵从合同自由最大化原则，对私人行为的干预少于普通信托法和公司法，而与合伙法、有限责任企业法等共同奉行“非公司企业法理”，但商业信托法又自有其个性，即作为独具一格的“契约式组织法”。

第2部分为商业信托的外部关系。外部关系主要涉及商业信托及其当事人与债权人之间的关系，可总结为正向资产分隔（商业信托是否对受益人的债务承担责任，即商业信托的财产独立性与主体资格问题）、反向资产分隔（受益人、受托人是否对商业信托的债务承担责任，即受益人有限责任与受托人责任问题）、内部资产分隔（商业信托内部可设定数个责任独立的系列）。分别于第5、6、7章讨论。

第5章为正向资产分隔：商业信托的法人资格。商业信托具有财产独立性，商业信托财产不对委托人、受托人、受益人的债务承担责任。晚近法律发展中出现了承认商业信托具有主体资格甚至法人资格的趋向。我国实务中，信托制的证券投资基金和各种资产管理计划实际上以独立主体身份实施法律行为，例如，购买股票、行使表决权等。承认商业信托法人资格，不仅具有学理上和法律上的依据，而且具有多重理论意义和实践意义，且不致发生额外的不良后果，为有益无害之选择。

第6章为反向资产分隔：商业信托受益人的有限责任及受托人的责任豁免。商业信托受益人承担类似于有限公司股东的有限责任，仅以出资额为限对商业信托的债务承担责任。受托人仅为商业信托的管理者，不对商业信托的债务承担责任。

第7章为内部资产分隔：系列商业信托。系列商业信托是商业信托法上独具特色的制度，为普通信托法和公司法之所无，在基金、资产证券化乃至受雇人福利计划等交易中发挥独到作用。我国实践中也已出现了“系列基金”“伞形信托”“伞形资产管理计划”的交易形态，但缺乏法律上的明确规范。商业信托内部的各个系列，在财产独立性或资产分隔方面类似于一个个独立实体，但在法律上仍不属于独立主体。此种新型交易形态，广泛涉及组织法、税法、破产法、证券法等方面的法律问题，但并不存在实质性的法律障碍。

第3部分为商业信托的内部关系。分别从商业信托成立及运营过程中涉及的三方主要当事人（委托人、受托人、受益人）入手，逐一探讨各自与商业信托之间的关系。重点在于商业信托法在此方面的特有原理与制度。

第9章为商业信托委托人。普通信托是委托人意图无偿给予受益人利益的信托，因此法律规定委托人享有诸多权利，有利于受益人的保护，但商业信托委托人仅是发起人，对受益人并无保护关系。我国《信托法》对委托人赋予多项法定权利，适合于普通信托，但不符合商业信托的本质，反而会产生诸多弊病。委托人如果在商业信托成立后兼具受益人的身份，则享有受益权；如不具有受益人的身份，则不应享有诸多不亚于受益人的权利，否则将产生利益冲突，有害于受益人的权益。

第10章为商业信托受益人。商业信托受益权性质上属于成员权，含有利润分配请求权、参与管理权等一系列权利，不同于原则上不参与管理的普通信托受益人之权利。商业信托受益权具有流通性，且往往表现为证券形式，也不同于不追求流通的普通信托受益权。同时，受益人负有出资等义务，此系商业信托本质所决定，不同于普通信托（其受益人单纯享有信托利益，原则上不承担义务）。相比于公司法，商业信托法在受益权设计上预留更多自治空间。

第11章为商业信托受托人与其他管理人。商业信托受托人负有忠实义务、注意义务与其他义务，其义务的目标、功能、内容均与普通信托有较大区别。普通信托重在信托财产的谨慎、保守管理，故受托人义务较为严格；商业信托以营利为目的，其受托人义务较为灵活，且为了适合商业经营需要，适用商业判断规则，较近于公司董事和其他非公司企业管理者的义务。

第4部分为商业信托本身的变动。包括商业信托的成立、结构变动（合并、分立等）、终止。按照法律关系成立、内容、变动的逻辑，本书先于第8章研究商业信托的成立、存续、登记，然后插入讨论内部关系的内容（第9章至第11章），其后续内容为第12章商业信托的结构变动总论，第13章商业信托合并、分立等，第14章商业信托的终止。单从逻辑而论，第8章应作为首章，列于关于实体内容的其余各章之前，但考虑该章的重要内容是商业信托的登记，如果不论及商业信托的独立人格与有限责任，则无法充分理解商业信托何以需要登记制度、商业信托登记制度何以近似于其他商业组织的登记制度，而迥异于普通信托。因此，本书在讨论商业信托独立人格、有限责任、内部资产分隔之后，再论及商业信托的设立与登记制度。商业信托成立要件比普通信托灵活宽松，同时为保护债权人并配合受益人有限责任，应实行类似于其他企业组织的登记公示制度以及名称制度。商业信托可与其他组织合并，可改变组织形式，对此应有特别的法律规范。商业信托解散与清算亦不同于普通信托终止，应设有债务清偿的特别规则，其中寓有组织法保护债权人的特殊法理。商业信托的系列可以单独解散、清算。

第5部分为余论及结论性的两章，即第15章商业信托的非组织法事项，第16章我国商业信托法立法构想。第4章至第14章围绕商业信托的组织法事项而展开，而鉴于非组织法事项有其独特的重要性，专于第15章集中讨论商业信托的非组织法问题，包括税法、证券法、破产法问题。商业信托的税制，应类似于其他非公司企业的税制；商业信托公开发行的受益权凭证，可构成证券，适用证券法规定；商业信托应具有破产能力，以强化对商业信托债权人的保护。第16章通过综述前述各章，分析现行法与商业信托的契合度，探讨能够整合商业信托法基本制度的立法模式，并提出具体的规范方案。商业信托法，在绝大部分事项上不同于普通信托法，更优的立法模式是断开与普通信托法之链接，单独立法。

（二）主要观点

其一，商业信托是以营利为信托目的之信托，与普通信托、公益信托系同位概念，不应混淆为商事信托、营业信托，且学说上对商事信托、营业信托定义不尽准确，我国《信托法》第3条对信托的分类应作重新理解。

其二，商业信托大部分原理及制度不同于普通信托，商业信托法实际上自成体系，有必要单独立法。优化对商业信托的法律调整，不需要也不应当修改普通信托法的既有原理与规则。普通信托法虽有其“商化不足”的特性而难以适应商业信托，但这正是其适应于普通信托之处；倘若大幅变动传统规范以迁就商业信托，反而会产生“商化过度”效应，伤及普通信托，得不偿失（例如，日本2006年新信托法即有此弊）。妥当的模式是为商业信托另行立法。

其三，商业信托具有组织性，应承认商业信托有法人资格，并构建组织化的第三人保护规范及内部治理机制。

其四，在商业信托内部关系上，应最大限度地尊重合同自由，不妨碍商业信托区别于其他组织的独特性。

其五，商业信托兼采信托与商事组织之长，对于我国商事组织制度及金融市场的创新与发展具有重要意义。我国现行法在内容与立法模式上均有不足，亟须统一立法。统一的商业信托法适用于证券投资信托（包括以证券为主要投资标的的各类资产管理计划）、资产证券化信托、不动产投资信托等一切商业信托。

基于以上理念及观点，在本书正文各章的研究基础上，起草了《商业信托法草案建议稿》（列为附录），以供参考。

第二章　商业信托概论

第一节　商业信托的应用

一、证券投资信托

（一）一般情形

证券投资信托是以买卖股票、债券或其他金融资产为业的信托，以信托型证券投资基金为主。证券投资基金的基本分类是封闭式基金与开放式基金。封闭式基金，是指基金份额总额在基金存续期间内固定，基金份额持有人不得赎回的基金；开放式基金，是指基金份额总额不固定，基金份额可以在约定时间赎回的基金。另有属于二者之混合形态或变种的其他类型基金，例如，交易所交易基金、[146]上市型开放式基金[147]等。开放式基金，在美国又称为“共同基金”（mutual fund）。[148]英国法上的证券投

［146］ 交易所交易基金（Exchange-Traded Fund, ETF），其基金份额既可自由赎回，又可在二级市场交易。美国的交易所交易基金一般组建为共同基金或单位投资信托。关于美国实务中的“标准普尔存托收据”（Standard & Poor Depositary Receipt, SPDRs）等交易所交易基金，详见4 Tamar Frankel & Ann Taylor Schwing, *The Regulation of Money Managers: Mutual Funds and Advisers*, 31-24 to 31-28 (2d ed. 2001 & Supp. 2008)。美国的单位投资信托也兼具开放式基金和封闭式基金的特点，其份额既是可赎回的（从而类似于开放式基金）又是固定数量的（从而类似于封闭式基金），但与开放式基金与封闭式基金均不同的是，单位投资信托有一个预先确定的终止日（基于资产组合中的投资和本信托的投资目标确定）。Investment Company Institute, *2019 Investment Company Fact Book* 48 (59th ed. 2019).

［147］ 我国基金实务中的上市开放式基金（LOF）也是一种具有开放式申购、赎回和场内交易特点的基金，此与交易所交易基金相同，但二者在申购和赎回的标的、申购和赎回的场所、申购和赎回的限制、基金投资策略等方面也存在差别。参见中国证券投资基金业协会编著:《中国证券投资基金业年报2019》，中国财政经济出版社2019年版，第15页。

［148］ 美国1940年《投资团体法》为管制投资基金的联邦基本法。该法所称“团体”（company）是指公司（corporation）、合伙、合股企业（joint-stock company）、信托、基金及其他任何非自然人的实体。15 U. S. C. § 80a-2(a)(8).美国实务中，投资基金的组织形式主要有商业信托和公司两种，而公司型基金事实上是一种类似于信托、不同于普通公司的组织（详见本章第4节第3目）。

资信托与美式信托型共同基金功能相近者，称为单位信托。[149]

在美国，信托型基金大多采用马萨诸塞州商业信托或特拉华州商业信托形式。[150]美国共同基金本身一般无受雇人，仅雇用少数高级管理人员负责签发基金份额凭证等事项。[151]基金由投资顾问经营管理，投资顾问以基金受托人之身份或者以外部的独立缔约人之身份为基金工作。投资顾问为独立于基金的实体，一般同时充任基金发起人与初始受益人。[152]投资顾问或其关联人常为基金份额的初始推销人。投资顾问常依基金资产的一定比例收取顾问费。投资顾问非基金受托人的，基金另有受托人负责监督投资顾问。基金另选任承销商、过户代理人、会计师等负责相关事务，基金财产由托管人托管。[153]除了受1940年《投资团体法》规范的投资基金之外，还有受银行法规范的集合投资信托（Collective Investment Trust, CITs）等产品。[154]

英国单位信托的结构与美国共同基金有所不同，并不要求必须设独立受托人，而是由管理人负责管理。信托财产仍由托管人托管。与美国商业信托相比，英国法上的单位信托尚不够灵活。例如，单位信托仅可发行一种类别的受益权凭证（开放式投资公司则可发行两类以上股份）。[155]

证券投资信托是通行于各国的、可说是最为普遍的一种商业信托形态。有些国家称为集合投资计划。名称虽各不相同，但凡采用信托形式者，均可归入证券投资信托的范畴。其共同的法律特征是，基金财产主要

[149] 单位信托受益人持有的信托单位直接与受托人持有的信托资产价值相关。此点不同于英国法上的投资信托（investment trust）。英国的投资信托名为信托，实为信托投资公司（investment trust company），其投资者持有公司股份，股份价值不仅取决于公司持有的资产的价值，亦取决于公司的分红政策。股份的总价值大致仅相当于公司所持有资产价值的80%~85%。David Hayton, *The Uses of Trusts in the Commercial Context*, in Trusts in Prime Jurisdictions 447（Alon Kaplan ed. 2000）. 此外，投资信托的股份不能直接赎回，而是在证券交易所公开交易，因此投资信托是一种封闭式基金，此不同于单位信托。但此种区别，在1997年创设“开放式投资公司”之后，已趋于模糊。*Commercial Trusts in European Private Law* 459（Michele Graziadei, Ugo Mattei, & Lionel Smith ed. 2005）.

[150] Jeffrey J. Haas & Steven R. Howard, *The Heartland Funds' Receivership and its Implications for Independent Mutual Fund Directors*, 51 Emory L. J. 153, 200 n. 232（2002）.

[151] 大多数基金几乎均由货币或证券构成，并且除董事（或受托人）以及高级管理人员以外，极少雇用其他受雇人或根本不雇用其他受雇人。SEC, Public Policy Implications of Investment Company Growth, H. R. Rep. No. 2337, 89th Cong., 2d Sess. 46（1966）.

[152] Victoria E. Schonfeld & Thomas M. J. Kerwin, *Organization of a Mutual Fund*, 49 Bus. Law. 107, 127（1993）.

[153] 美国共同基金的实务，参见[美]里·格雷米林：《美国开放式共同基金》，杨学宏等译，中国金融出版社2006年版。

[154] Investment Company Institute, *2019 Investment Company Fact Book* 72, 75（59th ed. 2019）.

[155] The Open-Ended Investment Companies Regulations 2001, § 45（1）.

由证券构成，基金财产由托管人托管。基金管理人和托管人之间存在一定的监督制衡机制，以确保基金财产不被滥用，此与一般的企业颇不相同，原因在于证券资产容易被挪用、滥用的特性。

（二）名异实同：我国的证券投资基金、证券信托、资产管理计划或资产管理产品

证券投资信托，在我国大陆有不同的称谓，在我国台湾地区称为证券投资信托，在我国香港特别行政区称为单位信托。就我国大陆而言，基金管理人管理的证券投资基金，信托公司管理的证券投资信托以及其他机构管理的各类资产管理计划或资产管理产品，凡其名义上或实质上采用信托构造者，均可归入证券投资信托的范畴。

我国各类机构所管理的各类证券投资基金或资产管理计划等，如表4所示。

表4　我国资产管理行业

机构类型	资产管理业务
信托公司	单一资金信托，集合资金信托
基金管理公司及子公司	公募证券投资基金和各类非公募资产管理计划
私募机构	私募证券投资基金，私募股权投资基金，创业投资基金等
证券公司及子公司	集合资产管理计划，定向资产管理计划，专项资产管理计划
期货公司及子公司	期货资产管理业务
保险公司、保险资产管理公司	投资连结保险，企业年金、养老保险基金以及其他社会保障基金资产管理，其他委托管理资产
金融资产投资公司	私募资产管理产品[156]
商业银行及理财子公司	银行理财产品，私人银行业务

［156］　金融资产投资公司发行的私募资产管理产品是资管家族中的新成员。2018年6月29日公布的《金融资产投资公司管理办法（试行）》（中国银行保险监督管理委员会令2018年第4号）规定，金融资产投资公司是指经国务院银行业监督管理机构批准，在中华人民共和国境内设立的，主要从事银行债权转股权及配套支持业务的非银行金融机构（第2条）。金融资产投资公司可以面向合格投资者募集资金，发行私募资产管理产品支持实施债转股（第23条第1款第4项），也可以设立附属机构，由其依据相关行业主管部门规定申请成为私募股权投资基金管理人，设立私募股权投资基金，依法依规面向合格投资者募集资金实施债转股（第25条）。

1. 证券投资基金

在我国，证券投资基金一般是指《证券投资基金法》意义上的基金。《证券投资基金法》对基金采用两组基本分类，第一组分类是公开募集基金（通常所谓公募基金）和非公开募集基金（通常所谓私募基金），第二组分类是封闭式基金和开放式基金。现行法上，公募型证券投资基金由基金管理公司或合伙企业担任管理受托人，托管银行担任托管受托人，分掌不同的受托人职责。基金一般由基金管理公司或合伙企业发起，因此基金管理公司或合伙企业兼有委托人的角色。[157]私募基金不公开发行，其受托人角色可由投资顾问等担任。尽管实务中私募基金从组织形式上常被分为契约型基金、公司型基金、合伙型基金，但契约型基金实质上即为信托型基金，[158]且在证券投资基金实务中居于绝对多数。

2. 证券信托

证券信托至少在十余年前即已成为信托公司的绝对主流产品。[159]有价证券信托是2007年《信托公司管理办法》所列的信托公司业务之一（第16条第4项）。2009年修订的《信托公司集合资金信托计划管理办法》第25条第2款规定："信托公司运用信托资金进行证券投资，应当采用资产组合的方式，事先制定投资比例和投资策略，采取有效措施防范风险。"由于信托公司本身即以信托财产的保存和运用为业，且须符合严格的金融监管要求，上述办法不要求信托公司所管理的证券信托财产另行托管于其他机构。因此，证券信托在法律结构上简于证券投资基金。

3. 各类资产管理计划或资产管理产品

证券资产管理亦为其他金融企业的重要业务。诸如商业银行理财计划、证券公司客户资产管理计划、基金管理公司特定资产管理计划等，皆以证券投资为主业。资产管理计划（或者资产管理产品），并非严谨的法律概念。此前各主管部门发布的规范性文件对资产管理计划的定义各不相同。号称"资管基本法"的中国人民银行、中国银行保险监督管理委员会（以下简称银保监会）、中国证监会、国家外汇管理局发布的《关于规范金融机构资产管理业务的指导意见》（银发〔2018〕106号）对各种资产管理业务采功能监管模式，意在规范金融机构资产管理业务，统一同类资管

[157] 关于证券投资基金中何人为委托人，尚有不同见解。

[158] 2016年中国基金业协会《关于发布私募投资基金合同指引的通知》仍用契约型基金的概念。

[159] 当时的相关数据参见张友、刘振盛：《证券信托受累大盘跌破面值　信托公司风险显露》，载《21世纪经济报道》2007年12月3日，第10版。

产品监管标准，有效防控金融风险。该意见所称资产管理业务，是指“银行、信托、证券、基金、期货、保险资产管理机构、金融资产投资公司等金融机构接受投资者委托，对受托的投资者财产进行投资和管理的金融服务”（第2条第1款）。对于资产管理产品，有列举而无定义，包括但不限于“人民币或外币形式的银行非保本理财产品，资金信托，证券公司、证券公司子公司、基金管理公司、基金管理子公司、期货公司、期货公司子公司、保险资产管理机构、金融资产投资公司发行的资产管理产品等”（第3条）。银保监会和证监会已分别制定规章和其他规范性文件，落实《关于规范金融机构资产管理业务的指导意见》，此即银保监会发布的《商业银行理财业务监督管理办法》（银保监会令2018年第6号）、《商业银行理财子公司管理办法》（银保监会令2018年第7号）以及证监会发布的《证券期货经营机构私募资产管理业务管理办法》（证监会令2018年第151号）、《证券期货经营机构私募资产管理计划运作管理规定》（证监会公告〔2018〕31号）。

（1）法律性质

法律关系性质的认定，取决于其内容而非名目，属于意思表示解释的范畴。根据信托法原理，一项法律关系是否构成信托，应依其实质而非名义予以认定。[160]此亦为法律行为的一般原理。[161]资产管理计划属于何种法律性质，须视当事人意欲采用何种组织形式而定，或为公司型，或为合伙型，或为信托型。至于一般所谓契约型，除当事人另有约定外，实即信托型。在契约型资产管理计划所适用之法为《信托法》《证券投资基金法》《证券法》三者之一或此三法的下位法时，定性为信托固无疑问；如其所适用之法并非上述诸法，至少应适用《关于规范金融机构资产管理业务的指导意见》，仍可从中找到信托法理，分述如下：

其一，适用《证券投资基金法》与《证券法》的情形。若依美国式的功能主义方法，证券投资基金无论其管理人为何种机构，均属1940年《投资团体法》（大体相当于我国的《证券投资基金法》）的适用对象。但在我

[160] Restatement (Third) of Trusts § 5 cmt. a (2003). 正如美国判例所示，在破产法上，当事人是否使用“信托”字样，在破产案件中认定当事人之间的实际关系时亦无决定性意义。Spinoso v. Heilman (In re Heilman), 241 B. R. 137, 159 (Bankr. D. Md. 1999)[引用Upshur v. Briscoe, 138 U. S. 365 (1891)].

[161] 我国法的立场，参见《最高人民法院关于经济合同的名称与内容不一致时如何确定管辖权问题的批复》（法复〔1996〕16号）第1条之规定：“当事人签订的经济合同虽具有明确、规范的名称，但合同约定的权利义务内容与名称不一致的，应当以该合同约定的权利义务内容确定合同的性质，从而确定合同的履行地和法院的管辖权。”英美法系的立场，例如，一项交易是否构成合伙，不取决于合同是否以合伙协议为名，亦不取决于当事人是否作为合伙人签署合同；最重要因素为协议整体表达出来的当事人之意思。Chaiken v. Employment Sec. Commission, 274 A. 2d 707 (1971).

国，受制于金融监管机构的条块分割体制，各类机构管理的资产管理产品各适用相应部门规章或其他规范性文件，并不当然适用《证券投资基金法》。但证监会制定的各类关于资产管理计划的规章或其他规范性文件，为寻找资管计划财产独立性的规范依据，趋向于以《证券投资基金法》和《证券法》作为上位法依据。此类规章或其他规范性文件，如果将《证券投资基金法》明文列为上位法依据，实质上即等同于认可所涉法律关系的信托性质。例如，证监会公布的《证券公司客户资产管理业务管理办法》第1条、《证券公司集合资产管理业务实施细则》第1条将《证券投资基金法》作为上位法，鉴于《证券投资基金法》明文规定证券投资基金具有信托性质（第2条等），证监会借由将证券公司资产管理计划[162]定性为私募投资基金，间接肯定了其信托性质。信托性质的明确，得益于《证券投资基金法》2012年修订后新增一章规定“非公开募集基金”（第10章），从而为各类金融机构管理的资管计划（大多不能公开发行）提供了法律依据。这一立场，是信托性从“隐性”转为“显性”的过程：在此之前，2003年《证券公司客户资产管理业务试行办法》所称“证券公司客户资产管理”虽未被冠以信托之名，但实质上已将其作为信托对待（该办法第13、40、49、50、52、53条）。[163]除此之外，2005年修订的《证券法》增设关于客户交易结算资金和证券独立性的规定，[164]亦为信托法理的体现。

其二，适用《关于规范金融机构资产管理业务的指导意见》的情形。《证券投资基金法》与《证券法》不适用于期货业经营机构管理的资产管

---

[162] 资产管理计划，既非公司又非合伙，因此不属于《证券投资基金法》第153条的规定范围。

[163] 2003年《证券公司客户资产管理业务试行办法》第1条所列的上位法依据并未明文列出《证券投资基金法》，而仅笼统地表述为“《证券法》和其他相关法律、行政法规”。但事实上，当时的《证券法》（1998年通过）并未明文规定证券公司的证券资产管理业务。证券公司的证券资产管理业务，是在2005年《证券法》修订时明文增设（2005年《证券法》第125条第6项）。2012年10月18日公布的《证券公司客户资产管理业务管理办法》将2003年《证券公司客户资产管理业务试行办法》废止，其上位法依据改为“《证券法》《证券公司监督管理条例》和其他相关法律、行政法规”（第1条）。2012年12月28日，修订后的《证券投资基金法》公布，新增一章规定“非公开募集基金”（第10章）。证监会于2013年6月26日修订《证券公司客户资产管理业务管理办法》，上位法依据中增加了《证券投资基金法》（第1条）。

[164] 2005年《证券法》第139条规定：“证券公司客户的交易结算资金应当存放在商业银行，以每个客户的名义单独立户管理。具体办法和实施步骤由国务院规定。（第1款）证券公司不得将客户的交易结算资金和证券归入其自有财产。禁止任何单位或者个人以任何形式挪用客户的交易结算资金和证券。证券公司破产或者清算时，客户的交易结算资金和证券不属于其破产财产或者清算财产。非因客户本身的债务或者法律规定的其他情形，不得查封、冻结、扣划或者强制执行客户的交易结算资金和证券。（第2款）”1998年《证券法》仅规定，“客户的交易结算资金必须全额存入指定的商业银行，单独立户管理。严禁挪用客户交易结算资金”（第132条第2款）。

理产品，也不适用于银行业和保险业金融机构所管理的资产管理产品。此类资产管理产品各由主管部门发布的其他规范性文件统辖。例如，商业银行个人理财计划，原先主要规范依据为《商业银行个人理财业务管理暂行办法》等。但此类文件已在不同程度上规定了资产管理计划财产的独立性，源于《信托法》规定。[165]《关于规范金融机构资产管理业务的指导意见》的发布，进一步强化了向信托法理集结的趋势。该意见虽未明定资产管理产品为信托，但要求资产管理产品分别管理，[166]相当于信托法理。以该意见为依据之一制定的《商业银行理财业务监督管理办法》与《证券期货经营机构私募资产管理业务管理办法》已废止此前的相关规章和其他规范性文件，完成了银行[167]和证券期货[168]两大系统中资管规范性文件的清理。《商业银行理财业务监督管理办法》第4条、第5条与《商业银行理财子公司管理办法》第22条规定理财产品财产的独立性，《证券期货经营机构私募资产管理业务管理办法》第6条规定资产管理计划财产的独立

[165] 例如，2017年《期货公司资产管理业务试点办法》第10条，2018年《保险资金运用管理办法》第20条、第22条第2款（其前身为2014年《保险资金运用管理暂行办法》第19条第2款），2011年《保险资产管理公司管理暂行规定》第44条，2012年《保险资金委托投资管理暂行办法》第3条，原银监会《关于规范商业银行理财业务投资运作有关问题的通知》（银监发〔2013〕8号）第2条。

[166] 该意见第13条第3款规定："金融机构开展资产管理业务，应当确保资产管理业务与其他业务相分离，资产管理产品与其代销的金融产品相分离，资产管理产品之间相分离，资产管理业务操作与其他业务操作相分离。"第15条第1款规定："金融机构应当做到每只资产管理产品的资金单独管理、单独建账、单独核算，不得开展或者参与具有滚动发行、集合运作、分离定价特征的资金池业务。"

[167] 被《商业银行理财业务监督管理办法》废止的规范性文件包括《商业银行个人理财业务管理暂行办法》（银监会令2005年第2号）、《商业银行个人理财业务风险管理指引》（银监发〔2005〕63号）、《关于商业银行开展个人理财业务风险提示的通知》（银监办发〔2006〕157号）、《关于调整商业银行个人理财业务管理有关规定的通知》（银监办发〔2007〕241号）、《关于进一步规范商业银行个人理财业务有关问题的通知》（银监办发〔2008〕47号）、《关于进一步规范商业银行个人理财业务报告管理有关问题的通知》（银监办发〔2009〕172号）、《关于进一步规范商业银行个人理财业务投资管理有关问题的通知》（银监发〔2009〕65号）、《关于规范信贷资产转让及信贷资产类理财业务有关事项的通知》（银监发〔2009〕113号）、《商业银行理财产品销售管理办法》（银监会令2011年第5号）、《关于进一步加强商业银行理财业务风险管理有关问题的通知》（银监发〔2011〕91号）、《关于规范商业银行理财业务投资运作有关问题的通知》（银监发〔2013〕8号）、《关于完善银行理财业务组织管理体系有关事项的通知》（银监发〔2014〕35号）。

[168] 被《证券期货经营机构私募资产管理业务管理办法》废止的规范性文件包括《证券公司客户资产管理业务管理办法》（证监会令第93号）、《基金管理公司特定客户资产管理业务试点办法》（证监会令第83号）、《期货公司资产管理业务试点办法》（证监会令第81号）、《证券公司集合资产管理业务实施细则》（证监会公告〔2013〕28号）、《证券公司定向资产管理业务实施细则》（证监会公告〔2012〕30号）、《关于实施〈基金管理公司特定客户资产管理业务试点办法〉有关问题的规定》（证监会公告〔2012〕23号）、《基金管理公司单一客户资产管理合同内容与格式准则》（证监会公告〔2012〕24号）、《基金管理公司特定多个客户资产管理合同内容与格式准则》（证监会公告〔2012〕25号）。

性，均明确采用信托法律关系的构成。[169]顺势而为的《全国法院民商事审判工作会议纪要》（法〔2019〕254号）第88条第2款规定："根据《关于规范金融机构资产管理业务的指导意见》的规定，其他金融机构开展的资产管理业务构成信托关系的，当事人之间的纠纷适用信托法及其他有关规定处理。"

此外，关于投资连结保险，原中国保险监督管理委员会（以下简称原保监会）的其他规范性文件虽未指明立法依据，但规定投资账户资产具有独立性，实为信托财产独立性之法理。[170]

（2）投资标的

另一个问题是，至少就信托型的资产管理计划而言，资产管理计划是否属于证券投资信托？

资产管理计划固然以投资于证券为常规，但亦可投向非证券类资产，例如，商业银行理财产品主要投向债券、存款、货币市场工具等标准化资产，也有一部分投向非标准化债权类资产。[171]此与我国现行《证券投资基金法》限定为证券投资有所不同，[172]也可以说是相关主管部门在《证券投资基金法》之外另建法制的一个客观原因。但是，从我国现行关于各种资

[169] 《中国银保监会有关部门负责人就〈商业银行理财子公司管理办法〉答记者问》，载中国银行保险监督管理委员会网2019年1月1日，http://www.cbrc.gov.cn/chinese/newShouDoc/E00BC90733364359949BB2AE9104FBB4.html；《证监会相关部门负责人就〈证券期货经营机构私募资产管理业务管理办法〉及其配套规则答记者问》，载中国证券监督管理委员会网2018年10月23日，http://www.csrc.gov.cn/pub/newsite/zjhxwfb/xwdd/201810/t20181022_345588.html。

[170] 原保监会《关于规范投资连结保险投资账户有关事项的通知》（保监发〔2015〕32号）第7条规定："投资账户资产实行单独管理，独立核算。对于投资账户的独立性，应符合以下要求：（一）具有满足投资账户单独管理、独立核算要求的投资管理系统和会计核算系统；（二）投资账户与保险公司管理的其他资产之间、投资账户之间，不得存在债权债务关系，也不得承担连带责任；（三）投资账户与保险公司的其他资产之间、投资账户之间，不得发生买卖、交易、财产转移和利益输送行为。投资账户建立初期，为建立该账户而发生的现金转移，不受此限制；（四）投资账户的管理人员不得自营或者代人经营与该投资账户同类的业务，不得从事任何损害该投资账户利益的活动，不得与该投资账户进行交易；（五）投资账户的资产应全部进行托管。资产托管机构的市场准入、资格条件、服务范围等应符合相关监管规定。"

[171] 银保监会官网显示，2017年年底，银行非保本型理财产品余额为22.17万亿元，2018年5月末余额为22.28万亿元，6月末余额为21万亿元；理财资金主要投向债券、存款、货币市场工具等标准化资产，占比约为70%；非标准化债权类资产投资占比约为15%，总体保持稳定。参见《中国银保监会有关部门负责人就〈商业银行理财业务监督管理办法（征求意见稿）〉答记者问》，载中国银行保险监督管理委员会网2018年8月4日，http://www.cbrc.gov.cn/chinese/newShouDoc/405BBC89E9ED402EBF005E37F01F1A56.html。

[172] 关于公开募集基金，《证券投资基金法》第72条规定："基金财产应当用于下列投资：（一）上市交易的股票、债券；（二）国务院证券监督管理机构规定的其他证券及其衍生品种。"关于非公开募集基金，该法第94条第2款规定："非公开募集基金财产的证券投资，包括买卖公开发行的股份有限公司股票、债券、基金份额，以及国务院证券监督管理机构规定的其他证券及其衍生品种。"

产管理计划的规章或者其他规范性文件观之，尤其是分析《关于规范金融机构资产管理业务的指导意见》及落实该意见的各部规章可见，现行资管法制仍是以主要投资于证券的资产管理计划为规范原型。否则就无从理解将资产管理业务定性为金融业务，实行特许经营并纳入金融监管，[173]也无法理解为何要求资产管理产品资产必须实行独立托管。[174]就金融性而言，以非上市公司股权为主要投资标的的创业投资基金以及以实业为主要投资标的的产业投资基金，并不属于资管规范性文件的适用范围；至于管理动产、不动产之类非证券资产的信托或其他法律形式，自亦不属于资产管理产品——此类基金或交易均非金融业务。就托管制度而言，动产、不动产、有限公司股权之类非证券资产，实行托管制既不必要又不可行，只有受托管理证券资产才有实行托管制的必要。除此之外，资产证券化业务和养老金产品均不适用资管规范性文件，进一步限定了资产管理产品的范围。[175]

从资产管理产品的投资性质观之，亦以证券投资为主。《关于规范金融机构资产管理业务的指导意见》第4条第2款规定："资产管理产品按照投资性质的不同，分为固定收益类产品、权益类产品、商品及金融衍生品类产品和混合类产品。固定收益类产品投资于存款、债券等债权类资产的比例不低于80%，权益类产品投资于股票、未上市企业股权等权益类资产的比例不低于80%，商品及金融衍生品类产品投资于商品及金融衍生品的比例不低于80%，混合类产品投资于债权类资产、权益类资产、商品及金融衍生品类资产且任一资产的投资比例未达到前三类产品标准。"此处所列举的债券、股票、金融衍生品等均属于证券。同时，该意见明令要求公募产品主要投资于标准化债权类资产以及上市公司股票，且原则上不得投资未上市企业股权（第10条第1款），近乎等同于《证券投资基金法》意义上的证券投资基金。私募产品虽可投资于其他资产（该意见第10条第2款），但如主要以未上市企业股权为投资标的，则可构成创业投资基金，不属于资管规范性文件适用范围；如主要投资于一般的动产或不动

---

[173] 《关于规范金融机构资产管理业务的指导意见》第30条第1款规定："资产管理业务作为金融业务，属于特许经营行业，必须纳入金融监管。非金融机构不得发行、销售资产管理产品，国家另有规定的除外。"

[174] 《关于规范金融机构资产管理业务的指导意见》第14条第1款规定："本意见发布后，金融机构发行的资产管理产品资产应当由具有托管资质的第三方机构独立托管，法律、行政法规另有规定的除外。"

[175] 《关于规范金融机构资产管理业务的指导意见》第3条第2句。

产，亦不属于金融业务，不应适用资管规范性文件。

证券投资信托或证券投资基金的构成，本不应以全部财产均投资于证券为要件。即便投资财产分布于证券和其他标的，但只要证券构成主要的投资标的，仍不失为证券投资信托或者证券投资基金。对此，美国1940年《投资团体法》关于投资团体的定义，颇具代表性：投资团体，是指主要从事证券投资、再投资或交易业务的发行人，或者从事证券投资、再投资、持有、交易业务且其所有或拟取得的投资证券超过其总资产价值40%的发行人。[176]该法所称“证券”，定义则极为宽泛，包括任何票据、股票、债券、期权证券、债务凭证、任何利润分享协议下的权益凭证或参与权凭证、担保信托凭证、可转换股、投资合同、表决权信托凭证、证券存管凭证、石油天然气或其他矿产权利上的不可分权益、期权、套利交易证券、其他通常被认为是“证券”的任何权益或文书，以及上述各类的认购权证等。[177]而用于定义投资团体的“投资证券”，则是指不包括政府证券、受雇人证券公司所发行证券等三类特殊证券以外的其他所有证券。[178]上述定义方法，有助于解决更深层次的证券投资基金法制架构问题，本书在第15章第3节续有论述，此处从略。

二、不动产投资信托

（一）美国的不动产投资信托

不动产投资信托，是一种集合多数投资者之资本，持有并（在大多数情况下）运营收益型（income-producing）不动产（例如，公寓、购物中心、办公楼、仓库等）的信托。[179]

不动产投资信托在美国最为发达，并引起各界的广泛关注。[180]不动产投资信托在20世纪60~70年代获得巨大发展，商业信托成为普遍的组织形

[176] 15 U.S.C. § 80a-3(a)(1)(A),(C). 该法在中文文献中常被译为“投资公司法”，有误。译法说明，详见本书第2章第4节第3目。

[177] 15 U.S.C. § 80a-2(a)(36).

[178] 15 U.S.C. § 80a-3(a)(1),(2).

[179] Peter M. Fass, Michael E. Shaff, & Donald B. Zief, *Real Estate Investment Trusts Handbook* § 1:1(2006); National Association of Real Estate Investment Trusts, *The REIT Story*, http://www.investinreits.com/learn/reitstory.cfm, Mar. 11, 2008.

[180] 经济学等学科已有研究不动产投资信托的大量文献，法学研究文献则数量较少，且多为学生编辑撰写的评论或实务工作者撰写的手册，学者著述甚少。各学科文献列示，参见Bradley T. Borden, *Rethinking the Tax-Revenue Effect of REIT Taxation*, 17 Fla. Tax Rev. 527, 536-38(2015)。

式。早先，大多数不动产投资信托采取马萨诸塞州商业信托的形式。[181]现有相当数量的公司型不动产投资信托存在，其中主要采用马里兰州投资公司的形式。

依资金投向的不同，美国的不动产投资信托分为三类：第一类，权益型不动产投资信托（equity REITs），是指直接持有、投资、管理或开发不动产并主要从不动产租金收入中获取所得的不动产投资信托；第二类，抵押型不动产投资信托（mortgage REITs），是指向其他不动产所有权人或运营者提供贷款、持有不动产抵押权或者持有抵押支持证券（mortgage-backed securities）的不动产投资信托，此类信托本质上是向不动产所有权人或运营者提供融资；第三类，混合型不动产投资信托（hybrid REITs），是指混合持有不动产所有权与抵押权的不动产投资信托。[182]

不动产投资信托的优势为传统的不动产投资所无：不动产投资信托将大额的不动产直接投资转化为证券投资，一方面使投资者可随时将受益权凭证在证券市场上流通变现，可缓解不动产变现较难的缺陷；另一方面使中小投资者亦可进入传统上仅能由大企业独占的不动产投资领域，既扩大了不动产开发与投资的资本来源，也丰富了资本市场。同时，不动产投资信托可投资于不同的不动产及股票、债券等以分散投资风险，并可借助于专家管理优势以及相对稳定的回报率，使投资者获取较高投资回报。[183]

美国的不动产投资信托主要是一个税法概念，不动产投资信托可享受税收优待。税法上的不动产投资信托须符合数项要件，其中最根本者有三：其一，信托至少须将90%的应税所得分配于受益人；其二，信托的大部分所得须来源于其持有的长期不动产；其三，信托的受益权须为公众持有。[184]详言之，依美国国会制定的《不动产投资信托法》(已被纳入《国内税收法典》)，不动产投资信托具备下列条件者，即可如同共同基金一般，

---

[181] William L. Martin，Ⅱ，*Federal Regulation of Real Estate Investment Trusts*：*A Legislative Proposal*，127 U. Pa. L. Rev. 316，316 n. 2（1978）.

[182] 关于3种不动产投资信托，参见Peter M. Fass，Michael E. Shaff，& Donald B. Zief，*Real Estate Investment Trusts Handbook* § 1：3（2006）；Bradley T. Borden，*Rethinking the Tax-Revenue Effect of REIT Taxation*，17 Fla. Tax Rev. 527，533（2015）。

[183] 我国学者对不动产投资信托优势的阐述，可参见李智：《房地产投资信托（REITs）法律制度研究》，法律出版社2008年版，第23~25页；杜筠翊、胡轩之：《不动产投资信托研究》，载《政治与法律》2000年第3期。

[184] Peter M. Fass，Michael E. Shaff，& Donald B. Zief，*Real Estate Investment Trusts Handbook* § 1：1（2006）.

无须缴纳实体所得税，仅缴纳受益人所得税：由一个或数个受托人经营管理；受益权表现为可转让的受益权凭证；既不是税法所称的金融机构也不是保险公司；受益人为100人以上；其他条件。[185]税收优待的代价为，不动产投资信托无法保留足够利润以扩大经营，获取资本增长、偿付资本费用、清偿贷款等主要依靠从资本市场上获取新的投资。[186]这也使不动产投资信托需成为公开发行受益权凭证的信托。因此，不动产投资信托是一种公开型（publicly-held）企业。以不动产投资为业的商业信托未能符合《国内税收法典》所设条件，仅导致该信托不能获得法典中相应的税收优待，并不影响成为州法上的商业信托。[187]

美国不动产投资信托的前身为马萨诸塞州商业信托。马萨诸塞州商业信托不受禁止公司持有不动产的州立法之制约，且无须缴纳实体所得税，因此成为不动产投资信托的组织形式。[188]但1935年美国联邦最高法院判例认为，商业信托已不同于纯粹属于“导管（pass-through）形态”的普通信托，而是从事积极营业的商业组织，近似于公司，因此判决商业信托应如同公司一般缴纳双重所得税。[189]不动产投资信托的优势由此削弱。鉴于此种信托有诸多优势，1960年美国国会制定《不动产投资信托法》，赋予其税收优待，不动产投资信托得以复兴。不过，该法的立法意旨仍然保留了与判例法相似的考虑——防止利用不动产投资信托之形式滥用税收优势，因此立法预设不动产投资信托须为消极实体、不动产投资信托的投资应为长期投资且不得参与他人的实业、不动产投资信托至少在某种程度上应为大众持有而不得集中企业所有权以至于成为个别持股企业。[190]由此产生不动产投资信托的诸多限制性要件，包括不动产投资信托须为商业信托而不得是公司、不动产投资信托若持有资产以用于在正常商业过程中向客户出卖则丧失税收优待、不动产投资信托的资产只能由外部

---

[185] Internal Revenue Code § 856(a).

[186] Peter M. Fass, Michael E. Shaff, & Donald B. Zief, *Real Estate Investment Trusts Handbook* § 1:1 (2006).

[187] In re Carriage House, Inc., 120 B. R. 754(Bankr. D. Vt. 1990), opinion aff'd, 146 B. R. 352(D. Vt. 1992).

[188] Peter M. Fass, Michael E. Shaff, & Donald B. Zief, *Real Estate Investment Trusts Handbook* § 1:3 (2006).

[189] Morrissey v. Commissioner of Internal Revenue, 296 U. S. 344, 56 S. Ct. 289, 80 L. Ed. 263(1935).

[190] Peter M. Fass, Michael E. Shaff, & Donald B. Zief, *Real Estate Investment Trusts Handbook* § 1:3 (2006).

的独立缔约方经营管理、不动产投资信托不得有下属机构。[191]

制定《不动产投资信托法》的另一个初衷是将不动产投资信托设定为一种被动或消极的不动产投资工具，即“导管实体”(pass-through entity)，以保护中小投资者免于遭受积极经营风险之危害。[192]因此，不动产投资信托的组织与运营须符合税法所定要件，以确保不动产投资信托的消极性质(例如，规定不动产投资信托须每年将至少90%的应税收入以红利形式分配于受益人[193])，否则将丧失不动产投资信托的税收待遇，而须承受一般公司的双重税负。

《不动产投资信托法》原先仅容许不动产投资信托以信托或社团(association)为组织形式，1976年修正时又增加公司形式。因此，实务中存在以公司形式组建的不动产投资信托(其中尤以马里兰州投资公司为多，因《马里兰州公司法》专为投资公司设有若干特别规定)，此外，有限合伙为当代不动产投资信托的常见组织形式，从而出现名不副实的情形。除有特别说明外，本书所称不动产投资信托仅指信托型不动产投资信托。

美国不动产投资信托法采取分散立法模式，除税法中对不动产投资信托专设特别规范外，不动产投资信托适用商业信托法、证券法等一般法。仅个别州有专门的不动产投资信托法。

(二)其他法域的不动产投资信托

英国法中与美国不动产投资信托功能相近的制度，称为经授权的财产单位信托(Authorised Property Unit Trusts, APUTs)。APUTs自1991年以来得到应用，但因受到相当严格的法律管制[194]和严格的先决条件限制，[195]并且缺少税收中立、交易所交易(exchange-traded)、良性监管的机制，其运用并不广泛，未能彰显不动产投资的流动性，不及美国不动

[191] Peter M. Fass, Michael E. Shaff, & Donald B. Zief, *Real Estate Investment Trusts Handbook* § 1:3 (2006). 由于此类要件过于严格，后来的立法已有所放松。Id. 尽管如此，基本立法意旨并未动摇。

[192] Charles E. Wern Ⅲ, *The Stapled REIT On Ice: Congress' 1998 Freeze on the Grandfather Exception for Stapled REITs*, 28 Cap. Univ. L. Rev. 717(2000).

[193] Internal Revenue Code § 857.

[194] 例如，只有80%的信托财产能够投资于不动产，且该不动产种类须为主管机关依据1991年《金融服务条例》[The Financial Services (Regulated Schemes) Regulations 1991]批准的种类。David Hayton, *The Uses of Trusts in the Commercial Context*, in Trusts in Prime Jurisdictions 447(Alon Kaplan ed. 2000).

[195] 作为获得主管机关授权的先决条件，财产单位信托在创设期间(initial period)内至少须向投资者募集到500万英镑。David Hayton, *The Uses of Trusts in the Commercial Context*, in Trusts in Prime Jurisdictions 447(Alon Kaplan ed. 2000).

产投资信托成功。[196]

在加拿大，不动产投资信托出现于1973年。税收优势也是不动产投资信托兴起的重要因素。依照《加拿大所得税法》之规定，具备要件的不动产投资信托，作为信托纳税。加拿大的不动产投资信托，典型的组织形式是开放式共同基金，投资标的包括房屋抵押贷款、建筑与开发贷款、出卖—回租交易中的权益、土地等。[197]

其他不少国家或地区亦积极引进不动产投资信托制度。诸如新加坡、我国香港特别行政区，均有相当活跃的不动产投资信托市场。[198]

我国十年前已有部分“准不动产投资信托”产品，例如，精瑞基金、荣丰计划、欧尚信托等。[199]此后，市场上又出现数宗具备REITs若干特征的不动产资产证券化的交易，例如，苏宁云创、中信启航、北京银泰中心等一系列“类REITs”产品。2014年6月12日中国证监会发布《关于大力推进证券投资基金行业创新发展的意见》，提出“研究推出商品期货基金、不动产投资基金、基金的基金（FOF）品种”。2015年6月8日，鹏华前海万科REITs封闭式混合型证券投资基金作为创新个案试点获批准予注册。2015年7月6日，该基金募集完成获批成立，初始募集规模30亿元，于2015年9月30日在深圳交易所上市交易，被称为国内首只公募REITs。[200]较近的案例，如兴业皖新阅嘉一期2017年度第一期房地产投资信托基金资产支持证券，于2017年2月16日在全国银行间债券市场发行。在项目操作上，采用两层SPV结构：第一层SPV是信托形式的私募投资基金；第二层SPV是ABN层面的信托计划。本案例为银行间市场首单REITs产品，之前国内的房地产投资基金项目主要应用于企业资产证券化领域。[201]不过，此类房地

---

［196］ David Hayton, *The Uses of Trusts in the Commercial Context*, in Trusts in Prime Jurisdictions 447 (Alon Kaplan ed. 2000).

［197］ Donovan W. M. Waters, Mark R. Gillen, & Lionel D. Smith, *Waters' Law of Trusts in Canada* 556 (3d ed. 2005).

［198］ 我国台湾地区信托业商业同业公会委托研究：《不动产投资信托基金市场之研究——以香港、新加坡及美国之不动产投资信托基金为例》，载信托业商业同业公会网2019年7月14日，http://www.trust.org.tw/content/index.asp?pno=47。

［199］ 简要评介参见李智：《房地产投资信托（REITs）法律制度研究》，法律出版社2008年版，第136~140页。

［200］ 中国证券投资基金业协会编著：《中国证券投资基金业年报（2015）》，中国财政经济出版社2016年版，第188页。

［201］ 参见蒋曾鸿妮整理：《兴业皖新阅嘉一期房地产投资信托基金资产支持证券案例述评》，载北京大学金融法研究中心编：《金融法苑》总第95辑，中国金融出版社2017年版。该信托基金的发行文件在上海清算所网站上披露。

产投资信托基金的信托财产并非不动产，而是私募基金份额。[202]因此尚不属于真正意义上的不动产投资信托。2020年以来，得益于《中国证监会国家发展改革委关于推进基础设施领域不动产投资信托基金（REITs）试点相关工作的通知》（证监发〔2020〕40号）、《公开募集基础设施证券投资基金指引（试行）》（中国证券监督管理委员会公告〔2020〕54号）的颁行，沪深交易所首批基础设施公募REITs于2021年6月21日上市，标志着国内公募REITs试点工作正式落地。

我国迄今尚无专项立法规定不动产投资信托的特殊税制及监管规则。原银监会曾起草《信托公司房地产投资信托计划试点管理办法（草案）》，但并未颁行。不动产投资信托在法律上的试点工作，尚处于依赖各种其他规范性文件[203]逐渐展开的过程。

三、资产证券化特殊目的信托

（一）一般情形

商业信托用于将流动性较弱的资产进行证券化的商业规划，在较早时期即已出现。1701~1702年英国法院裁判的Richmond与伦敦市之间的纠纷，[204]被认为是载入判例报告的第一个商业信托案例。[205]本案所显示

[202] 物业资产由特殊目的公司（SPV）拥有，本资产证券化信托通过持有私募基金份额而间接持有特殊目的公司的100%股权。《兴业皖新阅嘉一期房地产投资信托基金（REIT）资产支持证券募集说明书》，载上海清算所网2017年11月14日，http://www.shclearing.com/xxpl/fxpl/abs/201702/t20170209_222788.html。

[203] 2020年试点之前，《中华人民共和国国民经济和社会发展第十三个五年规划纲要》（2016年3月16日第十二届全国人民代表大会第四次会议批准）提出，开展房地产投资信托基金试点。《全国人民代表大会财政经济委员会关于第十二届全国人民代表大会第三次会议主席团交付审议的代表提出的议案审议结果的报告》中提及："39. 关于制定房地产投资信托基金法的议案1件。从我国目前法律基础和市场现状看，对房地产投资信托基金进行专项立法条件仍不成熟，建议在现有法律框架下，由相关的监管部门制定专门规定，推动房地产投资信托基金产品的发展。" 财政部、中国人民银行、中国证监会《关于规范开展政府和社会资本合作项目资产证券化有关事宜的通知》（财金〔2017〕55号）第14点提出"建立多元化、可持续的资金保障机制，推动不动产投资信托基金（REITs）发展，鼓励各类市场资金投资PPP项目资产证券化产品"。中国证监会、住房和城乡建设部《关于推进住房租赁资产证券化相关工作的通知》（证监发〔2018〕30号）提出"试点发行房地产投资信托基金（REITs）"。《国务院关于推进国家级经济技术开发区创新提升打造改革开放新高地的意见》（国发〔2019〕11号）提出，"（十六）提升产业创新能力……支持在有条件的国家级经开区开展资本项目收入结汇支付便利化、不动产投资信托基金等试点。（人民银行、证监会、外汇局等单位与地方各级人民政府按职责分工负责）"。

[204] Richmond v. City of London（1702）1 Eng. Rep. 727（HL），1 Bro. Pari. Cas. 516；City of London v. Richmond（1701）23 Eng. Rep. 870（Ch），2 Vern. 421.

[205] John Morley，*The Common Law Corporation*：*The Power of the Trust in Anglo-American Business History*，116 Colum. L. Rev. 2145，2155（2016）.

的商业模式，可谓今日之证券化信托的雏形。在本案中，伦敦市同意将城市供水设施租赁给一个名为Thomas Houghton的企业家运营，双方约定了Houghton一方投资管道建设和改良，向伦敦市支付一次性启动资金并按年度给付租金，Houghton一方有义务向监狱和其他城市公共建筑免费供水，但可获取向私人用户和企业供水的利润。Houghton设立一个商业信托以运营该项目，并提名四个受托人。Houghton将租赁契约和全部将来利润让与受托人。受托人将预期利润分割为900份股份，以每股10英镑的价格出卖给公众。Houghton和受托人各自认购了一部分股份，其余股份为公众所购得。

特拉华州商业信托判例第一案，亦为适例。1936年10月1日，Capital Retirement Plan公司作为委托人，与受托人Hamilton信托公司订立信托契约，设立一个名为trust UG-B的马萨诸塞州商业信托，委托人将一系列石油与天然气财产（包括石油开采权、石油账款、石油开采租赁权益、天然气开采权、天然气账款、天然气租赁权益以及类似权益）转让于该商业信托，受托人以此财产为基础发行单位面值为100美元、数量为1万份的受益权凭证，并按照信托契约约定的数量与方式向委托人或其名义持有人发行上述受益权凭证，作为委托人转让信托财产的对价，委托人则将所得的受益权凭证向他人发售，以取得利润。嗣后，面值为287，900美元的受益权凭证对外发售给近80个自然人或公司。[206]这一交易结构与当代的资产证券化交易已颇为相似。

资产证券化信托（asset securitization trusts或securitization trusts[207]），即资产证券化交易中作为特殊目的实体的特殊目的信托（special purpose trust）。[208]

资产证券化已成为当代最令人瞩目的金融创新之一。[209]此类交易又称为结构融资。资产证券化创始于美国，现已被包括诸多大陆法系国家

---

［206］ Commonwealth Trust Co. v. Capital Retirement Plan, Inc., 30 Del. Ch. 130, 54 A. 2d 739（Del. Ch. 1947）.

［207］ *Principles of European Trust Law* 7（D. J. Hayton, S. C. J. J. Kortmann, & H. L. E. Verhagen ed. 1999）; David Hayton, *The Uses of Trusts in the Commercial Context*, in Trusts in Prime Jurisdictions 449（Alon Kaplan ed. 2000）.

［208］ David Hayton, *The Uses of Trusts in the Commercial Context*, in Trusts in Prime Jurisdictions 447（Alon Kaplan ed. 2000）.

［209］ 参见The Committee on Bankruptcy and Corporate Reorganization of the Association of the Bar of the City of New York, *Structrued Financing Techniques*, 50 Bus. Law. 527（1995）; Joseph C. Shenker & Anthony J. Colletta, *Asset Securitization: Evolution, Current Issues and New Frontiers*, 69 Tex. L. Rev. 1369（1991）（该文第1371页称资产证券化是“以往20年间最重大的金融创新之一”）。

在内的各国普遍采用。[210]在典型的资产证券化交易中，作为发起人的公司或其他企业，将其资产分离出来，转让于专为证券化交易而设立的特殊目的实体，作为发行资产支持证券的基础。证券化资产通常是应收款(receivables)，[211]但不限于此，能够在将来产生现金流的任何资产，皆可作为证券化资产。[212]除了应收款之外，办公楼、购物中心以及其他商用不动产，或者各种租赁资产等，均可作为证券化资产。[213]资产证券化将产生稳定现金流的资产（如不动产抵押贷款、学生贷款、汽车贷款、信用卡贷款、租金、知识产权许可费）隔离于原先拥有此类资产的发起人，经由有效的隔离，发起人的破产或其他财务问题不致危及资产的安全性，证券的偿付亦可免受此种影响。

特殊目的实体是区别于发起人的独立主体，以达到“破产隔离”(bankrupt remoteness)之目的，详言之，特殊目的实体须隔断发起人的债权人对证券化资产的追索，为此，资产须归属于特殊目的实体，而不属于其他任何人。特殊目的实体可为信托、公司、有限合伙、有限责任企业等形式，商业信托为常用形式。美国的特拉华州商业信托，尤为现代结构融资交易载体中的佼佼者。特殊目的实体以证券化资产为基础发行某些种类的证券，以换取现金。资产支持证券（Asset-Backed Securities，ABS）可采用债券形式或权益(interest)形式。[214]

特殊目的信托的受托人一般仅负责简单的事务管理型事项，信托资产的经营管理，由服务商(servicer)负责。发起人通常选任服务商，用以

---

[210] [美]塔玛·弗兰科：《证券化：美国结构融资的法律制度》，潘攀译，法律出版社2009年版，第840~844页。欧洲的情况，参见[美]弗兰克·J. 法博兹、莫德·休亨瑞：《欧洲结构金融产品手册》，王松奇等译，中国金融出版社2006年版。法国和德国是大陆法系国家中资产证券化市场最活跃、最重要的国家，但二者的资产证券化交易量之和尚未达到美国交易量的平均值，而美国正是这些国家关于资产证券化的知识和经验的主要来源地。参见[立陶宛]Lina Aleknaite：《法国和德国如何试图从资产证券化中受益？》，郑阁林编译，载顾功耘主编：《公司法律评论》(2008年卷)，上海人民出版社2009年版，第280~281页。我国学者新近对于欧洲资产证券化的研究，参见王乐兵：《欧洲资产担保债券与中国资产证券化：改革、比较与借鉴》，载《法学杂志》2017年第10期。与我国情况的结合，参见李富成：《从美国到全球的证券化市场观察——对中国大陆市场起飞的启示》，载《月旦民商法研究》2006年第7期。

[211] Steven L. Schwarcz, *Structured Finance: A Guide to the Principles of Asset Securitization* § 1:1(3d ed. 2002).

[212] Neal Newman, *Enron and the Special Purpose Entities-Use or Abuse?-The Real Problem-The Real Focus*, 13 L. & Bus. Rev. Am. 97, 107-08(2007).

[213] Lynn M. LoPucki, *The Death of Liability*, 106 Yale L. J. 1, 25(1996).

[214] Neal Newman, *Enron and the Special Purpose Entities-Use or Abuse?-The Real Problem-The Real Focus*, 13 L. & Bus. Rev. Am. 97, 108(2007).

回收、管理作为证券化资产的应收款。服务商可由发起人或其关联机构担任，亦可为独立的第三方。服务商为特殊目的实体的利益行事，所收取的应收款收入归属于特殊目的实体。应收款债务人收到应收款转让通知后，应向特殊目的实体清偿债务。特殊目的实体所得清偿，用于向投资者（资产支持证券持有人）支付证券的本金或收益。

资产支持证券可在公开证券市场或非公开证券市场上交易。发起人转让证券化资产的对价，常有两种形式：发起人取得特殊目的信托的受益权；发起人取得特殊目的实体向投资者发行资产支持证券所得收入。投资者为购买资产支持证券所愿意支付的对价，取决于作为该证券之基础的证券化资产的价值。证券化资产为应收款时，债务人信用为决定应收款价值的主要因素。回收率越高的债权，投资者越可能为此支付较高价格。

资产证券化是一个多赢的交易，有“炼金术”之誉。[215]资产证券化虽在2008年国际金融危机中名声受损，然其本身效用不容抹杀，问题不在于资产证券化存在本质缺陷，而在于信息披露等问题尚待改善。在资产证券化交易中，企业将能够产生稳定现金流的资产从企业整体风险中隔离出来，然后以该资产为基础发行证券，从资本市场上获取融资，此种融资的成本低于企业的直接债务融资或股权融资。[216]资产证券化的优点包括：融资管道增加；分散融资集中度、深化资产负债管理；缓和以长支短或以短支长现象；资金筹措不受企业现行财务状况影响；可弹性调整财务结构；提升资产周转率；改善财务比例；降低资金筹措成本、账上剩余标的资产之风险；额度组合重分配；提高资本适足率；贷放业务流程标准化，更贴近国际标准；锁定银行授信风险的上限，促进风险控管；锁定标的资产业务所耗用之资本，促进银行资产组合的最适配置；成为“金融中介者”，降低风险承担程度；改善银行收入结构，提高手续费收入比重；无到期还款的压力；促使非公开发行企业更有机会进入直接金融市场筹资，取得直接金融与间接金融比重的均衡。[217]

资产证券化以往通常为财务健全的企业采用，在美国，近年来又开始受到财务困难企业的欢迎，甚至是已依照《破产法典》第11章开始重整的企业。重整资产证券化已成为现今实务界的热门主题。其中较典型的案

---

[215] Steven L. Schwarcz, *The Alchemy of Asset Securitization*, 1 Stan. J. L. Bus. & Fin. 133 (1994).

[216] Steven L. Schwarcz, *Structured Finance, A Guide to the Principles of Asset Securitization* § 1.1 (3d ed. 2002).

[217] 杨清芬、魏政祥：《从创始机构角度论资产证券化与公司理财》，载《台湾金融财务季刊》2002年第3辑第3期。

例如1990年Allied Stores公司的重整资产证券化项目。当时已进入重整程序的该公司,成功实施一项以其各商店产生的信用卡应收款资产池为基础、发行近7亿美元商业票据的结构融资交易。[218]重整资产证券化在私募与公募市场上皆有成功案例。美国实务界人士指出,其中原因在于,结构良好的特殊目的实体应能使评级机构、潜在投资者与贷款方主要关注于资产池本身所附随的信用风险而非发起企业的信用风险,由此可增强结构融资交易被信贷市场接受的可能性。因此,成功的资产证券化有助于发起企业实现显著低于其他传统融资手段的利息成本。对于重整企业而言,此种低成本融资对于重整成功至为关键,此种融资显示的经济效率,有助于说服法院直接解决重整中的诸多法律难题。[219]

(二)我国的资产证券化

《信托法》为我国的资产证券化提供基本法律框架。我国信托法仿自英美法系的普通信托法,不完全适应资产证券化的特色与需要。为应对资产证券化的特殊问题并促进资产证券化交易,我国各金融主管部门及行业协会陆续出台文件。[220]至今已形成四套资产证券化管理体制,相关具体规定虽有不同,但基本规范架构相似。

1.信贷资产证券化

中国人民银行、原银监会于2005年颁行《信贷资产证券化试点管理办法》。此后,其他中央机关陆续颁行《金融机构信贷资产证券化试点监督管理办法》《关于信贷资产证券化有关税收政策问题的通知》《信贷资产证券化试点会计处理规定》《关于个人住房抵押贷款证券化涉及的抵押权变更登记有关问题的试行通知》《资产支持证券信息披露规则》等其他规范性文件,提供配套法制支持。上述规范性文件适用于"在中国境内,银行业金融机构作为发起机构,将信贷资产信托给受托机构,由受托机构以资产支持证券的形式向投资机构发行受益证券,以该财产所产生的现金支付资产支持证券收益的结构性融资活动"(《信贷资产证券化试点管理办

[218] Robert L. Symonds, Jr., *Delaware Business Trusts: The Preferred Special Purpose Vehicle for Structured Financings by Financially Healthy Businesses and Reorganizing Companies*, http://www.securitization.net/knowledge/spv/symonds1.asp, Jun. 4, 2009.

[219] Id.

[220] 我国资产证券化的现行规范整理,参见旷涵潇、吕雅馨整理:《中国资产证券化监管规则表(截至2017年6月30日)》,载北京大学金融法研究中心编:《金融法苑》总第95辑,中国金融出版社2017年版。案例整理,参见雷昀整理:《中国资产证券化基础资产类型与典型案例表(截至2017年6月30日)》,载北京大学金融法研究中心编:《金融法苑》总第95辑,中国金融出版社2017年版。

法》第2条）。

2. 企业资产证券化

企业资产证券化是由证监会主导的资产证券化。证监会先后通过2004年《关于证券公司开展资产证券化业务试点有关问题的通知》、2009年《证券公司企业资产证券化业务试点指引（试行）》、2013年《证券公司资产证券化业务管理规定》确立基本规范架构。取代上述文件的现行主要规范性文件为《证券公司及基金管理公司子公司资产证券化业务管理规定》（中国证券监督管理委员会公告〔2014〕49号）。与之配套的文件有《证券公司及基金管理公司子公司资产证券化业务信息披露指引》《证券公司及基金管理公司子公司资产证券化业务尽职调查工作指引》。《证券公司及基金管理公司子公司资产证券化业务管理规定》所称资产证券化业务，是指以基础资产所产生的现金流为偿付支持，通过结构化等方式进行信用增级，在此基础上发行资产支持证券的业务活动（第2条第1款）；开展资产证券化业务的特殊目的载体，是指证券公司、基金管理公司子公司为开展资产证券化业务专门设立的资产支持专项计划或者中国证监会认可的其他特殊目的载体（第4条第2款）。

受制于分业经营、分业监管的体制，上述文件均未明文规定特殊目的载体采用信托形式，但通过两种途径，实质上在企业资产证券化中引入了信托的法理：其一，以基金法为上位法依据，即以《证券法》《证券投资基金法》《私募投资基金监督管理暂行办法》为上位法依据（《证券公司及基金管理公司子公司资产证券化业务管理规定》第1条）；其二，得益于《证券投资基金法》的庇护，沿袭《证券投资基金法》关于基金财产独立性的规定，明文规定证券化资产的独立性（《证券公司及基金管理公司子公司资产证券化业务管理规定》第5条）。

3. 由原保监会监管的资产支持计划

原保监会于2015年发布《资产支持计划业务管理暂行办法》（保监发〔2015〕85号），明文以《信托法》等为上位法依据（第1条），并依据信托法理规定证券化资产的独立性（第3条）。该规定所称资产支持计划业务，是指保险资产管理公司等专业管理机构作为受托人设立支持计划，以基础资产产生的现金流为偿付支持，面向保险机构等合格投资者发行受益凭证的业务活动（第2条第1款）；支持计划作为特殊目的载体，其资产具有独立性（第3条）。

4. 非金融企业资产支持票据

中国银行间市场交易商协会根据中国人民银行发布的《银行间债券

市场非金融企业债务融资工具管理办法》(中国人民银行令〔2008〕第1号)及中国银行间市场交易商协会相关自律规则,于2012年公布《非金融企业资产支持票据指引》,并于2017年修订。该指引所称资产支持票据,是指非金融企业(发起机构)为实现融资目的,采用结构化方式,通过发行载体发行的,由基础资产所产生的现金流作为收益支持的,按约定以还本付息等方式支付收益的证券化融资工具(第2条)。发行载体可以为特定目的信托、特定目的公司或交易商协会认可的其他特定目的载体,也可以为发起机构(该指引第3条)。交易商协会认可的其他主体通过资产支持票据融资,参照适用本指引(该指引第39条)。

在上述规范性文件的支持下,自2005年至今,我国已有多个资产证券化交易面世。大量以正常业务过程中所生资产为标的的证券化交易蓬勃发展,重整资产证券化在我国实务中亦有运用。[221]此外,实为资产证券化的交易已以结构化信托等各种名目广为运用。如中信信托—中信民享6号安置房应收账款流动化信托项目:苏州汾湖投资集团公司将其对吴江市政府在汾湖经济开发区城司安置房小区项目项下的应收账款(8.2亿余元)设定信托,由受托人中信信托以发售优先受益权的形式,对标的应收账款实现流动化。认购人(优先受益权持有者)获得预期优先信托利益,委托人汾湖投资(次级受益权持有者)获得优先受益权转让款及剩余信托利益。在认购款拨付至委托人前,中信信托在中国人民银行系统内进行应收账款转让公示登记。

四、资产证券化信托以外的特殊目的实体

资产证券化特殊目的实体是较受瞩目的一种特殊目的实体,但仅为特殊目的实体形态之一。在美国,特殊目的实体,是为了审慎与独立的目的而设立的实体,旨在遵从特定的商业或经济目的,一般分为三类:共同营业(joint venture);合成租赁(synthetic lease);资产证券化特殊目的实体。[222]特殊目的实体的创设,一般是为了实现较为狭窄的、明确限定的目

---

〔221〕 例如,参见《信元2006-1重整资产证券化信托发行说明书》。该证券化交易中的证券化资产是发起机构(信达资产管理公司)从中国银行收购的不良贷款中的企业贷款部分,债务人分布在广东省20个地区,涉及制造、批发与零售、房地产等20个行业。又如,东元2006-1重整资产证券化信托,参见某信托有限责任公司诉辽宁某制药有限公司借款合同纠纷案,鞍山市中级人民法院(2010)鞍民三初字第20号民事判决书。

〔222〕 Neal Newman, *Enron and the Special Purpose Entities-Use or Abuse?-The Real Problem-The Real Focus*, 13 L. & Bus. Rev. Am. 97, 99(2007).

标。[223]设立特殊目的实体的根本考虑，是缩小置于特殊目的实体之中的资产与负债的风险；通过设立特殊目的实体，潜在投资者的收益与风险将完全依特殊目的实体本身产生的绩效与风险而定，[224]而不受特殊目的实体设立人、关联人资产与负债状况的影响。特殊目的实体的组织形式有信托、公司、合伙、有限责任企业等，[225]商业信托为常用形式。特殊目的实体成功运营的关键之一在于其组织文件具有最大化的效力，其交易结构的稳定性取决于组织文件能否得到充分尊重。商业信托法的“合同至上”原则成为担当此类角色的独到优势之一。[226]

共同营业，可能是最为基本、最为直接的特殊目的实体类型。[227]在共同营业中，两个以上当事人（通常为公司、合伙等商业实体）共同参与一项独立于各自实体的营业，其典型例证是为从事海外石油开发而进行油气管道建设项目。[228]在此类项目中，共同营业全部集中于一个独立于相关当事人的特殊目的实体，由特殊目的实体持有与该项目相关的全部资产与负债，并且该特殊目的实体的目的与经营范围仅限于该项目。特殊目的实体的目的与活动范围，一般由设立文件明文限定。因此，特殊目的实体的商业目的与设立该实体的交易考虑，通常一目了然。[229]此种结构使项目风险隔绝于特殊目的实体之外，有利于吸引外部投资者。

合成租赁，是美国兴起于20世纪80年代后期的一种表外融资交易，当时不动产市场价值的严重下跌催生了此种交易形式。[230]合成租赁有利于获取会计处理和税法上的益处，降低融资成本。[231]合成租赁起源于设备

[223] IOSCO Report, Special Purpose Entities, 6(Technical Committee of the International Organization of Securities Commissions, April 2007).

[224] Neal Newman, *Enron and the Special Purpose Entities-Use or Abuse?-The Real Problem-The Real Focus*, 13 L. & Bus. Rev. Am. 97, 99(2007).

[225] 关于特殊目的实体的各种形式及交易结构，参见Basel Committee on Banking Supervision, The Joint Forum, Report on Special Purpose Entities 47-64(Bank for International Settlements, September 2009)。

[226] 关于合同至上及合同自由最大化原则，参见本书第4章。

[227] Neal Newman, *Enron and the Special Purpose Entities-Use or Abuse?-The Real Problem-The Real Focus*, 13 L. & Bus. Rev. Am. 97, 99, 100-01(2007).

[228] Bala G. Dharan, *Financial Engineering with Special Purpose Entities*, in Enron and Beyond: Technical Analysis of Accounting, Corporate Governance, and Securities Issues 103-04(Julia K. Brazelton, Janice L. Ammons eds 2002).

[229] Neal Newman, *Enron and the Special Purpose Entities-Use or Abuse?-The Real Problem-The Real Focus*, 13 L. & Bus. Rev. Am. 97, 100(2007).

[230] Alvin L. Arnold, *Real Estate Investor's Deskbook* § 9: 163(3d ed. Westlaw Database updated May 2008).

[231] Alvin L. Arnold & Marshall Tracht, 2 *Construction & Development Financing* § 7: 26(3d ed. Westlaw Database updated June 2008).

租赁，但主要用于各种不动产项目的收购与开发。合成租赁的交易结构为：相关当事人设立一个特殊目的实体（采用信托、公司等组织形式，但大多数案例中是信托[232]），专用于合成租赁，该特殊目的实体向银行借款，用于向不动产开发商购买土地或建筑物，然后出租给承租人，租期一般为3~7年，承租人定期向特殊目的实体支付租金，并向贷款银行提供担保。租金总额等于特殊目的实体所欠银行债务总额加上股权投资回报之和。承租人通常担当出租人的“建设代理人”，按照承租人的规划和要求完成建设工程，在建设过程中，出租人给予承租人建设成本的补偿。[233]租期届满时，除续租外，承租人通常有两种选择：一是以固定价格购买租赁物（购买选择权）；二是为出租人之利益，将租赁物以公平市价出卖于他人（出卖选择权），卖价低于出租人应得投资回报的，承租人有义务向出租人补足差价（称为余价担保），卖价超过出租人应得投资回报的，超出部分归属于承租人。[234]特殊目的实体为了获取融资，可以让与其租金债权，也可以以其租金债权为基础发行资产支持证券（以新收购的不动产设定抵押），因此，合成租赁也可以归入广义上的资产证券化。[235]合成租赁不同于杠杆租赁，杠杆租赁在会计处理和税法上均属于经营租赁（operating lease，区别于资本租赁），而合成租赁在会计处理上可被视作经营租赁，而在税法上被视作融资交易（mortgage），故有“合成”之名。[236]承租人是不动产的使用人，名义上不享有标的物的所有权，但保留与所有权相关的税收利益（税法上被视作资产所有者，从而可享受资产折旧和税前抵扣）与经营控制，同时在会计处理上，却不必在其资产负债表中将租金债务记载为负

[232] Nancy R. Little, *Unraveling the Synthetic Lease*, 11 Prob. & Prop. 22, 25（1997）. 其受托人通常是信托公司或银行。Id.

[233] Stuart M. Saft, 1 *Commercial Real Estate Leasing* § 26: 7（2d ed. Westlaw Database updated July 2008）.

[234] Thomas R. Fileti & Carl R. Steen, *Synthetic Lease Financing for the Acquisition and Construction of Power Generation Facilities in a Changing U. S. Energy Environment*, 24 Fordham Int' l L. J. 1083, 1102-04（2001）; Alvin L. Arnold & Marshall Tracht, 2 *Construction & Development Financing* § 7: 25（3d ed. Westlaw Database updated June 2008）.

[235] Dnald J. Weidner, *Synthetic Leases: Structured Finance, Financial Accounting and Tax Ownership*, 25 J. Corp. L. 445, 449-50（2000）.

[236] Id. at 446-47. 在会计处理上，如果一项租赁被定性为资本租赁，则承租人的租金支付义务作为长期负债载于其资产负债表中；经营租赁的租金则会被列作费用，仅反映于承租人财务会计报表的脚注之中。Id. at 447. 并可参见John C. Murray, *Synthetic Leases: "Bankruptcy Proofing" the Lessee's Option to Purchase*, 106 Com. L. J. 221（2001）。

债，也不必将租赁物记载为资产。[237]表外融资技术的大规模使用，被认为导致财务会计报表复杂化，在一定程度上背离了交易的经济实质。2001年，安然公司破产事件爆发，滥用表外融资手段的问题引起关注。2003年，美国财务会计标准委员会（Financial Accounting Standards Board）发布了关于特殊目的实体的财务会计准则的新解释，其影响波及合成租赁，削弱了合成租赁的吸引力。不过，大多数观察者认为，将表外融资的滥用归罪于合成租赁有失公允，事实上，安然公司通过特殊目的实体形式所为的表外融资交易的滥用，并未涉及合成租赁。[238]

在英国，特殊目的信托也是"专用型项目融资"（ring-fenced project finance）的常用工具。有意购入航空器或船舶等物的实业公司，因财务状况不稳定、潜在诉讼风险等原因难以从银行直接获得贷款的，可以设立一个目的信托（purpose trust）作为特殊目的载体，由信誉良好的信托公司管理。受托人向银行借款后，以所得资金购买标的物，其所有权归入信托财产，并将标的物出租于上述实业公司。特殊目的载体以受益权份额作为向银行提供的担保，特殊目的载体所得租金收入用于偿还银行本息。实业公司违约或破产时，租赁物可收回用于重新出租。[239]一般而言，特殊目的信托，可以构造为固定信托，也可以构造为自由裁量信托：固定信托中，受托人不具有自由裁量权，各方当事人可以预期受托人将完全遵照信托文件和相关交易文件的约定而行为；自由裁量信托中，受托人可以运用其裁量权实现特别的交易目的，例如，为特定类别的受益人设定权益条件，以满足税法或监管需求。[240]

在我国法上，特殊目的实体可以采用信托、公司等形式。可以作为特殊目的实体的各类资产管理计划或资产管理产品，[241]实质上均属于信托形式。

---

［237］ John C. Murray, *Off-Balance Sheet Financing: Synthetic Leases*, 32 Real Prop. Prob. & Tr. J. 193, 196（1997）.

［238］ Michael T. Madison, Jeffry R. Dwyer, & Steven W. Bender, 2 *Law of Real Estate Financing* § 8: 59（Westlaw Database updated July 2008）.

［239］ David Hayton, Paul Matthews, & Charles Mitchell, *Underhill and Hayton Law Relating to Trusts and Trustees* 65-66（18th ed. 2010）.

［240］ Geraint Thomas & Alastair Hudson, *The Law of Trust* 1387（2d ed. 2010）.

［241］ 中国人民银行、原银监会、证监会、原保监会、外汇局联合发布的《关于规范金融机构同业业务的通知》（银发〔2014〕127号）第6条关于同业投资的定义中，提及特殊目的载体的范围："六、同业投资是指金融机构购买（或委托其他金融机构购买）同业金融资产（包括但不限于金融债、次级债等在银行间市场或证券交易所市场交易的同业金融资产）或特定目的载体（包括但不限于商业银行理财产品、信托投资计划、证券投资基金、证券公司资产管理计划、基金管理公司及子公司资产管理计划、保险业资产管理机构资产管理产品等）的投资行为。"

五、破产信托与清算信托

在美国法上，破产信托属于商业信托，并应具有主体资格。普朗克教授指出，依照美国联邦《破产法典》申请破产后，破产财团即行成立，尽管该法典并未明文规定该财团为法人，但许多法院及学者将该财团归类为独立法人，其更精确、更有用的名称应当是“破产信托”(bankruptcy trust)。破产信托的概念，更精确地反映了该法典的实质与结构，因为该法典规定信托财团的创设致力于特定的用途、控制该财产的受托人之选任是为了特定人的利益、受托人有权从事范围广阔的商业活动且不承担个人责任。此类条文使破产信托具备商业信托的全部本质特征。承认破产信托的法人资格，可以回答一系列重要的破产法问题，并为解决其他重要的破产问题提供架构，同时也有助于更准确地理解“占管债务人”(debtor in possession)的法律地位。[242]

清算信托是为处理公司末期事务而设立的信托。[243]美国有破产法院认定，清算信托属于美国联邦《破产法典》所称商业信托。[244]

六、产业投资基金、创业投资基金

证券投资基金以上市公司股票、债券、金融衍生工具等金融资产为投资标的，创业投资基金则以有限责任公司股权或者未上市股份有限公司股权为主要投资标的。我国实务中所谓的风险投资基金、私募股权基金，均可归入广义上的创业投资基金的概念范畴。产业投资基金，既有投资于其他企业股权者，亦有直接投资于某种实业领域者。至于创业投资基

---

[242] Thomas E. Plank, *The Bankruptcy Trust as a Legal Person*, 35 Wake Forest L. Rev. 251(2000).“占管债务人”是美国破产法上的概念，指进入重整程序后，债务人财产原则上由债务人自行管理，此种状态下的债务人即为占管债务人。占管债务人的法律地位，在美国司法实务中存在混淆：某些法院将占管债务人等同于原债务人，但忽略了其在破产程序中的新角色；某些法院则将占管债务人归类为独立实体，而无视其法定定义。普朗克教授指出，此种混淆，并无必要，占管债务人与原债务人为同一人，但其在破产程序中的角色是破产信托的受托人。Id. at 254. 美国破产法上的重整制度(包括占管债务人)，为我国2006年《企业破产法》所借鉴。《企业破产法》第73条规定体现了占管债务人之原则：“在重整期间，经债务人申请，人民法院批准，债务人可以在管理人的监督下自行管理财产和营业事务。(第1款)有前款规定情形的，依照本法规定已接管债务人财产和营业事务的管理人应当向债务人移交财产和营业事务，本法规定的管理人的职权由债务人行使。(第2款)”因此，破产信托的概念，在我国法下亦不无意义。

[243] 关于清算信托，参见Amy Morris Hess, George Gleason Bogert, & George Taylor Bogert, *The Law of Trusts and Trustees* § 254(3d ed. 2005)。

[244] In re Cooper Properties Liquidating Trust, Inc., 61 B. R. 531, 536(Bankr. W. D. Tenn. 1986); In re Captran Creditors Trust, 53 B. R. 741, 743-44(Bankr. M. D. Fla. 1985); In re Tru Block Concrete Prods., Inc., 27 B. R. 486, 491(Bankr. S. D. Cal. 1983).

金和产业投资基金的界限，其实并不十分明确，[245]在私法上也缺乏区分的必要。[246]我国曾经尝试制定综合性的“投资基金法”，以涵括证券投资基金、产业投资基金和创业投资基金，但最终仅制定了《证券投资基金法》，对于后两者至今未制定法律，仅有若干其他规范性文件。关于信托形式的私募股权基金，有原银监会印发的《信托公司私人股权投资信托业务操作指引》(银监发〔2008〕45号)。[247]关于产业投资基金的规范性文件，主要为政府出资的基金而设。[248]实则对于产业投资基金和创业投资基金，并无单独立法之必要。适于产业投资基金和创业投资基金的主要组织形式无非3种：信托型、公司型、合伙型。对此三者，我国均已有专法。关于产业投资基金和创业投资基金的现行规范性文件大多明文以《合同法》《公司法》《合伙企业法》等法律为上位法，[249]足以表明法律供给已经足够。

我国关于产业投资基金的其他规范性文件明文规定，产业投资基金可以采用公司、合伙、契约等形式。[250]此所谓契约型基金，实即信托型基金。首先，从文件规定中可以解释出，所谓契约型基金必为信托型基金。财政部《政府投资基金暂行管理办法》(财预〔2015〕210号)在其颁布依据中仅列出《合同法》《公司法》《合伙企业法》，而未指明《信托法》，正文中亦未出现“信托”字样，但既然规定“政府应以出资额为限承担有限责任”(第13条第1款第3句)，则在契约型基金中，此种契约须采信托契约形式，方可依《信托法》规定发生资产分隔效力，而使作为出资人的政府仅负有限责任。如不订立信托契约，而订立合作契约、委托契约等，则依债法一般规则，政府并不能享受有限责任之特殊待遇。其次，从实务操作角度考

[245] 国家发展和改革委员会发布的《政府出资产业投资基金管理暂行办法》第2条规定：“本办法所称政府出资产业投资基金，是指有政府出资，主要投资于非公开交易企业股权的股权投资基金和创业投资基金。”系将产业投资基金作为创业投资基金的上位概念。

[246] 当然，出于税制、行政管理等方面的考虑，在公法上可能仍有区分的必要。

[247] 该指引所称私人股权投资信托，是指信托公司将信托计划项下资金投资于未上市企业股权、上市公司限售流通股或原银监会批准可以投资的其他股权的信托业务(第2条)。

[248] 包括财政部于2015年颁布的《政府投资基金暂行管理办法》(财预〔2015〕210号)、发展和改革委员会于2016年颁布的《政府出资产业投资基金管理暂行办法》(发改财金规〔2016〕2800号)、国家发展改革委办公厅颁布的《政府出资产业投资基金信用信息登记指引(试行)》(发改办财金规〔2017〕571号)等。《政府投资基金暂行管理办法》所称政府投资基金，是指由各级政府通过预算安排，以单独出资或与社会资本共同出资设立，采用股权投资等市场化方式，引导社会各类资本投资经济社会发展的重点领域和薄弱环节，支持相关产业和领域发展的资金(第2条)。

[249] 例如，《政府出资产业投资基金管理暂行办法》第1条。

[250] 《政府投资基金暂行管理办法》第8条、《政府出资产业投资基金管理暂行办法》第4条。此外，国家发展改革委等部委制定并经国务院批准发布的《创业投资企业管理暂行办法》第6条第1款规定：“创业投资企业可以以有限责任公司、股份有限公司或法律规定的其他企业组织形式设立。”

虑，对于上述规范性文件适用范围以外的、国家未明文要求需确保有限责任的产业投资基金或创业投资基金，如采用契约型组织形式而不订立信托契约，则基金财产不具有独立性、出资人不享有有限责任，必然严重威胁基金财产的安全性并累及出资人的其他财产，又无法便利地借助以信义义务为基础的治理结构，绝非理性之选择。

按照我国现行其他规范性文件，基于政府出资的特殊性，产业投资基金和创业投资基金虽有组织形式之差异，但仍具有若干共性，特别是借鉴了关于证券投资基金的法律规则。此类投资基金无论采用何种组织形式，均由基金管理人管理基金资产，由基金托管人托管基金资产。[251]基金管理人对基金董事会或者持有人大会负有报告义务，[252]基金托管人对基金管理人的行为有监督义务，发现基金管理人有违反法律法规、基金公司章程或基金董事会（持有人大会）决议的指令，不予执行。[253]

七、其他应用

（一）外国的情形

美国信托法权威学者斯科特教授尝有名言："信托之目的如同法律人的想象力一样无限。"[254]商业信托的用途自然亦不限于以上所列。

在美国，商业信托被广泛应用于实业经营领域。中小企业与大企业均可采用商业信托作为组织形式。[255]一个突出的例证是石油与天然气开发权信托。此类交易的典型形态是，开发油田或其他自然资源的公司，将该自然资源所有权转移于信托，由信托向公司股东发行受益权。信托将作为信托资产收益的开发收入直接分配于受益人，以此可避免公司所得税。信托受益权凭证可在股票交易所上市。[256]除以上所列各种商业信托外，用于商业用途的信托，尚有养老金信托、担保信托、土地信托、表决权信托、公司债信托等。另有某些特殊的商信托类型，也含有商业信托的若干特征。例如，朗贝恩教授所称的"合规信托"与"救济信托"：合规信托

---

[251] 《政府出资产业投资基金管理暂行办法》第5条。此外，《政府投资基金暂行管理办法》第15条规定："政府投资基金应选择在中国境内设立的商业银行进行托管。托管银行依据托管协议负责账户管理、资金清算、资产保管等事务，对投资活动实施动态监管。"

[252] 《政府出资产业投资基金管理暂行办法》第19条第2项。

[253] 《政府出资产业投资基金管理暂行办法》第21条第3项。

[254] I Austin W. Scott & William F. Fratcher, *The Law of Trusts* § 1（4th ed. 1987）.

[255] Helvering v. Combs, 296 U. S. 365, 80 L. Ed. 275, 56 Sup. Ct. 287（1935）.

[256] 关于美国的石油和天然气开发权信托，参见John H. Langbein, *The Secret Life of the Trust: The Trust as an Instrument of Commerce*, 107 Yale L. J. 165, 171-72（1997）。

(regulatory compliance trust)，其设立目的主要是履行法律规定的责任或义务，例如，环境救济信托、境外保险信托、法律事务信托账户等；救济信托(remedial trust)，是指为了和解或解决司法程序或行政程序中民事纠纷而设立的信托，例如，人身损害赔偿责任基金。[257]普通法传统上不将养老金信托、担保信托等信托归类为商业信托，但依当今的制定法，此类信托亦可登记成为"制定法商业信托"。详见本章第3节。

在英国法系，单位信托是一种极为普遍的组织形式(尽管各国监管规定有所不同)，被作为公司的一种替代形式；与公司相似的是，单位信托被用作包括投资在内的各种商业活动，而不限于证券投资。[258]

在加拿大，较早开始流行的商业信托，是石油和天然气开发权信托。石油和天然气开发权信托是单位投资信托的另一种形式。此类信托可追溯至20世纪20年代。当时矿产资源业中广泛使用辛迪加信托。在此后的历史进程中，随着大型石油公司的逐步介入，矿产信托逐渐消失。但石油和天然气开发权信托则是一个例外，此类信托在与公司的竞争中顽强地存活下来。在20世纪70年代，随着石油价格的飙升，此类信托在经济生活中重新取得如同往昔的重要地位。此种信托的典型结构是：土地所有人将其土地上的矿产资源开发权授予开发公司，开发公司将其开发权中的权益分割为信托单位，出卖给信托受益人。出卖信托单位所得价款，主要通过贷款的形式预付给开发公司。开发公司借此获得融资。信托受托人传统上由信托公司担任，现代的开发权信托采用收入信托(income trust)的结构，受托人拥有开发公司的股权。受托人受让获取开发总收入的权利，受托人从开发公司取得开发收入后，分配于受益人。信托单位如同股票一样可转让。受益人通过受益人会议行使表决权，受益人会议通常具有就信托管理事务对受托人进行指示的权力，以及解任和更换受托人的权力。

加拿大实务中，近年来，石油和天然气开发权信托的架构被扩展运用于各种营业，包括各种制造业和服务业。此类信托被称为"收入信托"或者"商业收入信托"(business income trust)。商业收入信托的架构复杂多变，难以作一般化的概括，简约版的架构与石油和天然气开发权信托的上

---

[257] John H. Langbein, *The Secret Life of the Trust: The Trust as an Instrument of Commerce*, 107 Yale L. J. 165, 174-77(1997). 法律事务信托账户，例如，律师事务所为履行保管委托人资金义务而设的信托账户，又如不动产经纪人为保管委托人资金而设立信托账户。Id. at 176-77.

[258] Kam Fan Sin, *The Legal Nature of the Unit Trust* 2(1997).

述结构相似：信托单位向公众出卖，所得价款投资于运营某一营业的实体（运营实体，operating entity）。信托受托人持有运营实体的股权或类似权益。运营实体通常是公司，因此受托人享有有限责任保护，但在某些案例中，运营实体是合伙企业或另一个信托。依信托形式募得的资金，大部分以贷款方式预付给运营实体，运营实体的收入以贷款利息的方式支付给信托。在运营实体层面，利息费用已为税收目的而减除，从而降低了运营实体的应纳税所得额。其后受托人可将其从运营实体所得收入分配于单位持有人。受托人从运营实体所得收入还可包括许可费，即受托人先取得运营实体的商号权或商标权，然后将该商号或商标许可给运营实体使用，受托人收取许可费。信托文件通常约定单位持有人（受益人）在信托中享有类似于公司股东的权利，包括对修改信托文件、出卖全部信托资产或实质上全部信托资产、解散信托等事项的表决权，受益人会议程序也类似于公司股东会会议程序。但受益人一般不直接选任运营实体的管理层；尽管受托人就运营实体的根本变化事项作出决定时一般应当经受益人同意，但受益人对运营实体的控制是间接的。对此种简约架构的一种一般化的修正是，在该信托和运营实体之间，插入一个或数个有限责任实体。该有限责任实体通常采用有限合伙形式（其普通合伙人通常是一个公司），由此，受托人持有该有限合伙权益，该有限合伙持有运营实体的股权。在某些交易中，在有限合伙和信托之间还有另一个信托。在此类交易中，存在两个信托：向公众投资者发售信托单位的信托基金，通常被称为“收入基金”（income fund），该收入基金的受托人兼为另一个信托的受益人，该另一个信托，通常被称为“运营信托”（operating trust）。运营信托的受托人持有有限合伙权益，取得源自运营实体的利息和许可费的分配。[259]

在亚洲，自新加坡2004年《商业信托法》施行以来，已有多个商业信托上市，所涉业务包括制造业等各种产业，例如造船业、医院运营和管理、基础设施建设、信息产业、商务楼运营、零售业和商业地产、环境保护基础设施建设、深水港建设等。[260]新加坡商业信托的典型结构是：商业信托由发起公司设立，由“受托人—管理人”管理（收取服务报酬）。发起公司通

［259］ 此二段关于加拿大信托的介绍，引自Donovan W. M. Waters, Mark R. Gillen, & Lionel D. Smith, *Waters' Law of Trusts in Canada* 556-560（3d ed. 2005）; Mark Gillen, *A Comparison of Business Income Trust Governance and Corporate Governance: Is There a Need for Legislation or Further Regulation?*, 51 McGill L. J. 327, 340-41（2006）。对各种商业收入信托架构的更详细的介绍，参见Mark Gillen该文第332~336页。

［260］ 参见Norman P. Ho, *A Tale of Two Cities: Business Trust Listings and Capital Markets in Singapore and Hong Kong*, 11 J. Int'l Bus. & L. 311, 320-22（2012）。

常是受托人的控股股东。发起公司向商业信托出资，并自行购买一部分受益权。其余受益权称为信托单位，向公众投资者出卖。贷款人也可能向商业信托出资。商业信托向单位持有人分配信托利益。[261]

（二）我国的情形

以我国实务而论，除投资基金、资产证券化等常规用途外，还有互助性信托、航运信托基金等用途，横跨各种事业领域。

所谓互助性信托，从裁判文书中展现出来的操作模式是：由公司或行业协会担任受托人，多个自然人或中小企业作为委托人（兼为受益人），委托人向受托人交纳出资，共同组成信托基金，以此信托基金作为担保财产，向金融机构借款用于各委托人的经营活动。此基金的受托人与贷款人之间发生担保关系，其性质一般为金钱质押，两者之间不发生信托关系。受益人与受托人内部之间并无担保关系，而是由受托人为受益人之利益管理、处分信托财产，故不属于担保信托。从广东[262]到山

[261]　此处新加坡商业信托结构的介绍，参见Id. at 319。

[262]　例如，褚雄雄诉佛山市信和投资管理有限公司信托合同纠纷案，广东省佛山市禅城区人民法院（2015）佛城法民二初字第462号民事判决书。本案中，民生银行佛山分行（甲方）与信和公司（乙方）签订了《小微企业互助合作基金业务合作协议》，约定：为支持小微企业授信融资，乙方为“佛山支行潮商小微金融商业合作社互助基金小微企业互助合作基金”（以下简称基金）的受托人，并以各基金会员委托管理的基金对全体基金会员在甲方的债务提供担保；双方立足于《中小企业促进法》《信托法》，同意乙方按《基金章程》以自己的名义将基金设定最高额质押，用以担保基会会员在甲方的债务；本合作协议所称基金是指符合授信条件的借款人以“自愿互助、风险共担、利益共享”为原则，向乙方信托的资金集合；本基金由互助保证金和风险准备金两部分构成；乙方以其受托管理的基金金额为限为其全体基金会员在甲方的授信向甲方提供质押担保，在乙方基金会员未按其与甲方签署的授信相关合同约定履行偿还本息义务的情况下，甲方有权行使质权，并在法律许可的限度内尽可按本协议约定顺序扣划乙方的风险准备金和互助保证金；乙方同意以《基金章程》为乙方与基金会员之间的基本信托文件，基金会员与乙方修改章程的，需经甲方书面同意，否则甲方有权终止本合作协议；乙方基金会员按基金章程缴纳基金和运营管理费，乙方应出具相应证明，证明格式由甲乙双方协商确认；乙方以基金会员缴纳的基金，分别按照互助保证金、风险准备金的集合在甲方开立保证金账户，用以设立对已缴纳各类资金的基金会员在甲方使用授信产生债务的最高额质押担保，基金运营管理费开立一般结算账户。民生银行佛山分行与信和公司在《基金章程》中约定：本章程所称的基金用于本基金管理人信和公司与民生银行的合作，以同意本章程的所有委托人（全体基金会员）缴纳的资金集合为所有委托人在民生银行发生的债务提供质押担保的业务；基金指委托人向基金管理人信托的资金集合，包括互助保证金和风险准备金两部分，基金管理人作为信托受托人将两类资金分别在民生银行开立专户，按信托财产管理；委托人以信托方式设立本基金，仅用于为所有基金委托人在民生银行发生的债务提供担保；申请成为基金会员应具备如下资格：自愿缴纳互助基金和基金运营管理费，并同意以互助基金向基金会员在民生银行的债务提供质押担保。本基金为开放式基金，基金会员初始会员人数不得低于50人且初始规模不得低于1000万元，否则不得与民生银行开展合作业务，基金会员也不得使用民生银行的授信；基金会员发生违约时民生银行有权直接从基金账户中扣划，无须征得基金会员或者基金管理人的同意。

西，[263]此种信托均有应用，可见其活力。

航运信托基金是指通过订立信托基金合同，发行基金份额，向不特定投资者募集资金，组成信托基金，并投资于航运业的集体投资计划。[264]

另外，信托公司设立的资金信托，广泛投资于各类实业。原保监会发布的《保险资金间接投资基础设施项目管理办法》所规定的信托，更是以基础设施项目为投资标的的商业信托。投资计划，可以采取债权、股权、物权及其他可行方式投资基础设施项目（该办法第10条）。

第二节　商业信托的历史

一、从信托法的历史长河中看商业信托的兴起

普通信托已历经数百年沧桑。[265]英国信托制度的前身——用益（Uses）——在14世纪即已被广泛应用。[266]若以*fiducia*之类欧陆法上的“类信托”制度而论，更可追溯至罗马法。商业信托的兴起，则是18世纪的法律现象。

普通信托发源于英国法，商业信托则主要在美国臻于成熟。卓越的英国法学家梅特兰之名言屡次被引用：信托为英国人在法学领域所取得的最伟大、最杰出之成就。[267]美国信托法的源头可追溯至封建时代的英国及英国衡平法院的实践，[268]但信托制度在美国受到普遍欢迎则是“二战”以后之事。[269]埃塞克斯于1929年撰文认为：美国人对信托的发展所作的最重要贡献，或许是创设了受特许的（specially chatered）、专门担任受托人职位的信托公司。[270]时隔90年之后，以今日眼光回望，这一论断已不足以描

[263] 郭志荣与临汾市副食流通商业协会、中国邮政储蓄银行股份有限公司民事信托纠纷案，山西省临汾市中级人民法院（2018）晋10民终1624号民事判决书。该案所反映的信托基金业务模式与上注所引案例大体类似。

[264] 金海：《论航运基金信托财产所有权的归属》，载《河北经贸大学学报》2018年第2期。

[265] George Gleason Bogert & George Taylor Bogert, *The Law of Trusts and Trustees* § § 2-7（1984）.

[266] 用益至少从爱德华三世在位期间（1327~1377年）即已广受欢迎。关于用益制度的历史，参见R. H. Helmholz, *The Early Enforcement of Uses*, 79 Colum. L. Rev. 1503（1979）。

[267] Frederic W. Maitland, *Collected Papers* 272（1911）.

[268] Edward C. Halbach, *The Uses and Purposes of Trusts in the United States*, in Modern International Developments in Trust Law 124（David Hayton ed. 1999）.

[269] Carly Howard, *Trust Funds in Common Law and Civil Law Systems: A Comparative Analysis*, 13 U. Miami Int' l & Comp. L. Rev. 343, 351（2006）.

[270] Nathan Isaacs, Note, *Trusteeship in Modern Business*, 42 Harv. L. Rev. 1048, 1048（1929）.

述美国信托法的最大贡献：现代商业信托的兴盛，其意义与影响远非信托公司的发达可比。在当代美国，90%以上的信托为商信托，[271]商业信托又是其中的主流。而在继受英美信托法的其他法域，商业信托一直是信托的主流形态，日本、韩国等国以及我国，无论引进信托法前后，普通信托在实务中均非常态，事实上，此类法域移植信托法的主要目的是为商业信托提供法律支持。

信托最初用于实现即时的或将来的财产转让，[272]主要在家庭财产管理与传承中发挥作用。信托从家事到商事的延伸，得益于其独特的生命力。诚如论者所言，为人数众多的受益人（其受益权可表现为可转让凭证）的商业信托，是单纯的明示信托自然发展之结果，由于立法者几乎无意规制或限制此类信托的发展，创设此类信托的文件拥有无限的可能性。[273]但商业信托的命运亦与其母体一般坎坷。

普通信托法经历了漫长的发展史。尤其自英国1535年《用益法》（Statute of Uses）以来，信托制度屡经风雨。普通信托被应用的动因之一是规避封建负担，自难免与国家管制发生紧张关系。信托制度正是在与正式的法律制度的交锋中艰难生长起来，经由数百年的发展始得壮大、成熟。商业信托的历程同样曲折，不同的是，商业信托所遭受的挑战与磨难来自其他商业组织法（尤其是公司法）的压制，而不曾与普通信托的对手交锋。从历史渊源关系看，商业信托更多的是利用了普通信托的长处，却未一并接受普通信托的历史包袱，可谓继承了普通信托的先天的优势与后天的成熟，而免遭普通信托诞生进程中的阵痛。例如，曾对普通信托发展形成重大制约的《用益法》，不适用于商业信托；[274]导致普通信托命运多舛的反永续规则，对商业信托亦无适用余地，[275]商业信托法上对此几乎从无争论。撇开信托之历史负担的商业信托，自始便以高度自治的面貌登上历史舞台。但是，高度自治的商业信托，在管制盛行的近代企业法发展期，颇显生不逢时。在自由化远未成为企业法主导思潮的大环境中，商业信托仿佛一个另类的新生儿，甚至被某些法域的不少判例视作畸形儿，遭到冷遇。这一态势持续到20世纪中期。

---

［271］ John H. Langbein, *The Secret Life of the Trust: The Trust as an Instrument of Commerce*, 107 Yale L. J. 165, 166（1997）.

［272］ John H. Langbein, *The Contractarian Basis of the Law of Trusts*, 105 Yale L. J. 625, 632-33（1995）.

［273］ Sydney R. Wrightington, *The Law of Unincorporated Associations and Similar Relations* 149（1916）.

［274］ Reffon Realty Corp. v. Adams Land & Bldg. Co., 128 Md. 656, 98 A. 199（1916）.

［275］ 详见本书第8章第4节。

二、从商业组织法的历史长河中看商业信托的兴起

(一)历史鸟瞰

在商业组织法领域,“唯公司论”或“公司主流论”长期流行。公司被认为是近现代商业组织舞台上的主角。随着非公司组织在当代的兴盛,此种传统观念已开始动摇。时任职于特拉华州大法官法院的雅各布斯法官提及:直到20世纪80年代中期,法律界的普遍观念还认为企业法仅由公司与(普通)合伙这两大组织构成;20世纪80年代之后,法律界见证了全新型商业组织的勃兴,此类组织包括有限合伙、有限责任合伙、有限责任企业与商业信托。[276]不过,商业组织法的历史面貌远比此处描述的更为复杂。有限合伙在中世纪便已崭露头角,是比公司更为古老的商业组织形式,普通合伙的历史则更为久远,合伙组织形式的当代勃兴,只是“经历了相对短暂的公司主导时期之后的复兴”。[277]而商业信托作为后起之秀,在普通法上历经300余年的发展,业已相当成熟;故此所称“全新商业组织”,至多仅指制定法商业信托(以及有限责任企业);但即便是制定法商业信托,亦非全新之物,而是对普通法商业信托的发展。相比之下,当代信托法著名学者西特科夫教授的见解更为准确:

“过去两百年间,商业组织法律与学术被一种单一的商业形式(公司)所统治。关于商业组织的法学通常称为公司法,商业律师通常称为公司律师。然而,公司统治的时代正在走向终点。20世纪的最后10年见证了诸如有限责任企业、有限责任合伙之类新型商业组织的高速发展,同样有目共睹的是,既有的商业组织形式(如有限合伙与商业信托)的灵活性业已增强。此类商业组织正推动一个‘非公司新时代’的来临。”[278]

尽管商业信托与有限责任合伙、有限责任企业等一道被置于作为“公司统治时代之终结者”的新兴商业组织之列,但商业信托与其他新兴商业组织身世各异。其他新兴商业组织之兴起,约始于20世纪80年代,盛于90年代,而开始动摇公司的统治地位。商业信托与公司之间的纠葛,则更为复杂,商业信托的演变轨迹,亦与其他新兴商业组织大不相同。西特科夫教授即指出,一般性地断言“新兴商业组织之兴起,随着传统的非公司型商业组织之复兴,可终结公司一统天下的时代”,固

---

[276] Jack B. Jacobs, *Entity Rationalization: A Judge's Perspective*, 58 Bus. Law. 1043, 1043(2003).

[277] Larry E. Ribstein, *The Rise of the Uncorporation* 6(2010).

[278] Robert H. Sitkoff, *Trust as "Uncorporation": A Research Agenda*, 2005 U. Ill. L. Rev. 31, 31-32.

然相当正确，但在与商业信托有关的这一特殊方面，则存在两点重要的误导：

“首先，将过去两百年定性为公司统治的时代，不公平地削弱了商业信托的历史性角色。在19世纪晚期至20世纪早期公司制尚未成熟的时代，普通法商业信托是公司强有力的竞争对手……其次，今日的普通法商业信托并不比往昔的普通法商业信托更为灵活。在19世纪晚期至20世纪早期，普通法商业信托的灵活性，正是其主要优点。”[279]

此言揭示出商业信托在商业史或商法史研究上长期被公司所遮蔽的角色，阐明了商业信托活跃于历史舞台的关键因素之所在——远胜于公司的灵活性。11年后莫利教授的论文更为系统地回顾了商业信托的发展史，详细阐明商业信托兼具公司的固有优势（包括有限责任、实体防护、资本锁定、可交易的股份、诉讼能力、灵活的信义义务人权限），因而成为比公司更便利、成本更低的组织形式。[280]此类特征，贯穿于商业信托发展史的全过程。

（二）英国商业信托史略

在1844年之前的英国，成立公司须经议会或国王特许（特许主义），由于获取特许的困难性，当事人通过设立自愿性的社团（associations）或企业，实现无须国家特许而发行股份之目的。在普通法上，基于缔约自由，个人可以共同出资从事营业，作成凭证以表征各自在营业中的权益，并约定此种凭证可让与他人。[281]此系普通法上的权利，并非专属于公司的特权，因此，商业信托的运用，并未利用公司的特权。[282]如1843年英国判例所言，利用企业形式筹集和移转股份，本身并非违反普通法之行为。[283]换言之，商业信托的设立并非基于任何特定的立法，而是源于自由人可得行使的缔结契约、让与财产之权利，此种权利甚至不依赖于普通法的存在，普通法仅是保护普通法上的权利而已。[284]采用信托形式，既不若设立公司之难，又不若运行合伙之繁。合伙天然地适合于小

---

[279] Robert H. Sitkoff, *Trust as "Uncorporation": A Research Agenda*, 2005 U. Ill. L. Rev. 31, 32.

[280] John Morley, *The Common Law Corporation: The Power of the Trust in Anglo-American Business History*, 116 Colum. L. Rev. 2145, 2146 (2016).

[281] H. L. Wilgus, *Corporations and Express Trusts as Business Organizations* Ⅱ, 13 Mich. L. Rev. 205, 213 (1915).

[282] Guy A. Thompson, *Business Trusts as Substitutes for Business Corporations* 23, 25 (1920).

[283] John H. Sears, *Trust Estates as Business Companies* 86 (2d ed. 1921). 该判例并谓，此种财产形态在古代法上闻所未闻。其言下之意，自无所谓违法可言。

[284] William C. Dunn, *Trusts for Business Purposes* 34 (1922).

型企业，因合伙财产归全体合伙人共有，故其移转亦须合伙人共同为之，自难适应大型企业之需，信托形式遂在实务中广被运用，以回避此类困难。[285]为商业目的的信托，也普遍被称为“普通法企业”（common law companies）。[286]

自1688年“光荣革命”之后，英国经济繁荣，大量新设企业诞生，尤其是由诸多消极投资者持股的大型企业，此类企业被称为合股企业，其中以信托形式组建者被称为非公司型企业，以公司形式组建者被称为公司型企业，这两类企业共同支持了证券市场的繁荣。[287]但因南海企业事件的爆发，1719~1720年股市崩盘。为管制股份发行行为，英国于1720年6月制定《泡沫法》（Bubble Act），该法规定，未经议会或国王特许而设立公司或社团用于发售可转让股份的行为，皆属非法。[288]在实务中，《泡沫法》几乎从未被执行，商人和律师在设立新企业时一般忽略该法的存在，该法也未能阻止商业信托的广泛应用，甚至反而间接促进了非公司企业的运用，因为议会在该法施行之后减少了公司特许状的颁发，以致商业信托成为唯一的替代品。[289]该法未能发挥其严控非公司合股企业之功能，原因之一在于，当事人可以通过组织文件的设计越出该法的适用范围。[290]司法的消极态度可能是另一个原因，至少有某些判例认为，该法所针对者，仅是那些基于恶意并严重违法之目的而发行可转让份额的非公司企业。[291]《泡沫法》在1808年时突发威力，原因是王座法院判决违反该法设立信托者应当承担责任，此项判决引发商业群体的激烈反对，议会于1825年废止了该法。废止该法的动议系由总检察长代表政府提出；废止的理由在于，普通法能够为投资者提供充分保护以免受欺诈性融资之害，而该法限制了基于公道衡平原则、

---

[285] Armand Budington DuBois, *The English Business Company after the Bubble Act：1720-1800*, at 217（1938）.

[286] William C. Dunn, *Trusts for Business Purposes* 39（1922）.

[287] John Morley, *The Common Law Corporation：The Power of the Trust in Anglo-American Business History*, 116 Colum. L. Rev. 2145, 2157-58（2016）. 如在17世纪晚期，在英国即已出现了采用信托形式的城市供水企业。Id. at 2155.

[288] Edward H. Warren, *Corporate Advantages Without Incorporation* 330（1929）.

[289] John Morley, *The Common Law Corporation：The Power of the Trust in Anglo-American Business History*, 116 Colum. L. Rev. 2145, 2158-59（2016）.

[290] C. A. Cooke, *Corporation, Trust and Company：An Essay in Legal History* 99（1951）.

[291] Guy A. Thompson, *Business Trusts as Substitutes for Business Corporations* 22（1920）. 有论著指出，尽管《泡沫法》将可转让股份定为非法，英国判例却从未加以禁止。John H. Sears, *Trust Estates as Business Companies* 105（2d ed. 1921）.

为了有益目的所为的企业设立行为，并且，该法的模糊难懂的神秘之处已和商业实况脱节。[292]

短暂的插曲未能阻断商业信托的发展。有不少英国法院判例认为，非公司企业拥有并发行可转让份额的行为，在普通法上不构成违法，因而，非公司企业在普通法上的合法性得以完全确立。[293]在1844年英国首先容许公司得不经个别特许而一般化地登记设立之前，大多数股份企业未经公司注册，而通过订立契据将企业财产置于受托人控制之下，以确保企业在法律上的有效性。[294]这是利用信托形式使企业避免触犯制定法之风险的一种安排，由此，信托将合股企业从制定法的压制之下解放出来。[295]因此，商业信托成为交易者偏爱的组织形式。有资料表明，1844年前后，英国的商业信托数量远逾公司，信托与公司大约保持10：1的比率。[296]

此种状况引起了英国议会的严重关切，议会的一个特别委员会发布报告称许多新企业是欺诈性的或者经营惨淡的，作为回应，议会通过了第一部普通公司法。[297]此即1844年《合股公司法》。[298]该法废弃了以往的特许主义，改采准则主义，容许经一般注册而设立公司，但公司受有一系列限制，包括应披露董事及认股人的姓名与公司设立文件的内容、应设审计人、应定期向登记机关提交报告；该法又规定，新设的合伙、企业或社团，只要是从事营利性活动并具有可交易的股份或25个以上成员的，均须注册为公司。[299]因此，该法同时也是对非公司型合股企业的限制。[300]但该法关于强制注册为公司的要求仅针对新设企业，因此仍为既存企业保留了选择，交易者自主选择的结果是，在882个大型商业信托中，只有4个选择

---

［292］ C. A. Cooke, *Corporation, Trust and Company: An Essay in Legal History* 105（1951）. 关于该法废止的其他分析，参见Ron Harris, *Political Economy, Interest Groups, Legal Institutions, and the Repeal of the Bubble Act in1825*, 50 The Economic History Rev. 675（1997）。

［293］ Guy A. Thompson, *Business Trusts as Substitutes for Business Corporations* 22（1920）.

［294］ Paul L. Davies, *Gower's Principles of Modern Company Law* 598（6th ed. 1997）.

［295］ Kam Fan Sin, *The Legal Nature of the Unit Trust* 13, 18（1997）.

［296］ John Morley, *The Common Law Corporation: The Power of the Trust in Anglo-American Business History*, 116 Colum. L. Rev. 2145, 2147, 2160（2016）.

［297］ Id. at 2160.

［298］ Joint Stock Companies Act 1844, 7 & 8 Vict. c. 110.

［299］ John Morley, *The Common Law Corporation: The Power of the Trust in Anglo-American Business History*, 116 Colum. L. Rev. 2145, 2161（2016）.

［300］ Jonathan Silberstein-Loeb, *The Transatlantic Origins of the Business Trust*, 36 J. Legal Hist. 192, 195-96（2015）.

改采公司形式,其余仍保留信托形式。[301]商业信托的顽强存在,证明了信托有别于公司的独特价值。

同期,公司在制定法的庇护下也在缩小与商业信托之间的差距。1855年《有限责任法》[302]规定,经注册的公司,其股东负有限责任。至此,公司在外部关系上已达到近似于商业信托的效果。7年后,议会再度立法以促进公司的发展,即《1862年公司法》。该法取代《1844年合股公司法》,仍允许既存企业保留信托形式,[303]但修改了新设企业须注册为公司的要求,该法第4条规定,任何由20人以上组成之公司、社团或合伙,于本法施行后,非经注册,不得为从事任何营业之目的而设立。在19世纪70~80年代的一系列判决中,法院将此"二十人"要件解释为是针对受托人而非受益人的人数,以致商业信托可以轻易避开该法的要求:只需将受托人保持在20人以下,即便受益人成百上千,亦无须注册为公司。[304]商业信托由此得以继续存在,并至少在19世纪80年代中期仍保持了活跃状态。[305]但由于商业公司的放开,公司的数量迅速增长,大量取代合伙、家庭企业甚至独资企业。[306]信托与公司之间也不可避免地发生了激烈竞争。

公司立法抑制了非公司商业组织的发展,立法虽不溯及既往,允许既存信托保留其原有形式,但不许新设有限责任形态的非公司商业组织,终究妨碍了非公司商业组织的自发运用。尽管普通法上仍然保留了规避制定法的通道,但判例法毕竟存在若干复杂性与不确定性。[307]英国商业信托在此之后的命运,目前尚无史家详言,唯有文献揭示了投资信托的衰落。除了原有的从事一般工商业经营的信托之外,信托还被作为一种集合投资的组织形式,被称为"投资信托"(investment trust)。投资信托作为自愿性社团的类型之一,出现于19世纪60年代的英国,乃是一种由专业人员管

[301] John Morley, *The Common Law Corporation*: *The Power of the Trust in Anglo-American Business History*, 116 Colum. L. Rev. 2145, 2147, 2161(2016).

[302] Limited Liability Act 1855, 18 & 19 Vict. c. 133.

[303] Companies Act 1862, 25 & 26 Vict. c. 89, § 180.

[304] John Morley, *The Common Law Corporation*: *The Power of the Trust in Anglo-American Business History*, 116 Colum. L. Rev. 2145, 2162(2016).

[305] Id.

[306] Ron Harris, *The Private Origins of the Private Company*: *Britain 1862-1907*, 33 Oxford J. Legal Stud. 339(2003).

[307] Jonathan Silberstein-Loeb, *The Transatlantic Origins of the Business Trust*, 36 J. Legal Hist. 192, 194(2015).

理的、持有分散化资产的非公司组织。[308]在1862年《公司法》之后，由于投资信托缺乏制定法的支持，判例法又来不及澄清许多重要问题，法律的不确定性风险抑制了交易。投资信托因其不能满足当事人将其作为集合投资工具的预期，而纷纷改组为投资公司，1880年之后，仅有一只投资信托存续，1926年11月，该信托因其最后的333份受益权凭证被赎回而自然终止。[309]虽有重要判例尝试将投资信托区别于商业信托，[310]但也未能发展出明确的原则。[311]投资信托的颓势终未挽回。投资信托可谓现代证券投资信托的前身，但由于制定法的限制，终未能发展成为现代意义上的商业信托。

（三）美国商业信托史略

尽管当代的文献将英国上述时期中作为商业组织形式的信托称为商业信托，但商业信托一词并非历史上英国信托法学说和判例中的常用术语，在很大程度上毋宁是一种以今喻古的说法。现代商业信托起源于美国马萨诸塞州，故得名“马萨诸塞州信托”（Massachusetts Trust）或“马萨

[308] Sheldon A. Jones, Laura M. Moret, & James M. Storey, *The Massachusetts Business Trust and Registered Investment Companies*, 13 Del. J. Corp. L. 421, 425（1988）[引用L. Robinson, *Investment Trust Organization and Management* 187- 207（1926）; T. Grayson, *Investment Trusts, Their Origin, Development and Operation* 1（1928）; Investment Trusts in Great Britain, Report of the Securities and Exchange Commission Pursuant to Section 30 of the Public Utility Holding Company Act of 1935（1939）].

[309] 英国这一时期投资信托和投资公司的竞争状况，详见Kam Fan Sin, *The Legal Nature of the Unit Trust* 22-27（1997）。

[310] Smith v. Anderson,（1880）15 Ch. D. 247. 涉案信托是一个投资信托。受托人认购了某电报公司总面值为40万英镑的股份作为信托基金，以此为基础作成4200份、每份面值为100英镑的受益权凭证，以90英镑的单价发行可赎回的受益权凭证，受托人以信托基金收入向受益权凭证持有人支付固定回报。受托人享有以不低于30%的价格卖出任何股份的自由裁量权，但若低于成本价出售，则须经全体受托人一致决议认为该出卖系为了受益权凭证持有人的利益；出卖所得收益用于赎回受益权凭证，除非经受托人一致决议并经受益权凭证持有人会议认可决定用于再投资股份。信托文件订定，受益人有召开会议并选任新受托人以填补受托人空缺、选任审计人等权利。其中某一受益权凭证持有人向法院起诉，理由是该信托违反1862年《公司法》第4条，请求确认该信托为非法组织并应即清算。初审法院支持原告诉请。上诉法院推翻原判，理由围绕1862年《公司法》第4条层层递进：首先，涉案信托的受益权凭证持有人之间并不构成组织关系，他们之间通常互不认识，彼此并未创设相互间的权利或义务；其次，即使受益权凭证持有人之间构成组织，也并未从事营业；再次，即使确实存在营业，营业者也是受托人（受托人是自己营业，居于本人之地位，并非受益权凭证持有人的代理人），而涉案信托的受托人并未超过20人之数；最后，该法第4条是对“从事营业”（carrying on business）的组织的限制（须注册为公司），而涉案信托并不是从事营业，而是提供信托基金的投资管理，故不在本条适用范围之内。

[311] 有学者认为，判例的上述区分是虚幻的，在此后遵从*Smith v. Anderson*案的判例中，并未产生区分“投资管理”与“营业行为”之原则。Jonathan Silberstein-Loeb, *The Transatlantic Origins of the Business Trust*, 36 J. Legal Hist. 192, 197（2015）.

诸塞州商业信托”(Massachusetts Business Trust)。包括马萨诸塞州在内的美国各州未制定类似于英国《泡沫法》之类全面禁止非公司企业的法律以及1844年《合股公司法》之类要求强制注册为公司的法律,[312]并未强行扭曲普通法的自然发展,商业信托因而得以在普通法秩序中诞生并成长壮大。根植于普通法传统,在美国,信托将其财产划分为份额(或股份,shares)之权利,早已得到判例认可。[313]创设商业信托亦被认为是基于普通法上的契约权利;且此种权利受美国宪法保护,各州立法行为亦不得剥夺之。[314]或谓,设立非公司社团以发行可转让份额,在普通法上并无障碍,不依赖于制定法的明文许可。[315]

在美国,商业信托至少在19世纪中期的马萨诸塞州判例中即已出现。[316]马萨诸塞州是美国工业发展的先锋,在该州于1851年制定公司法前后,商业信托都是一种深具吸引力的商业组织。商业信托在马萨诸塞州的兴起,有其特别的历史原因。美国各州此前陆续立法,容许不经特许即可设立公司(从州法特许主义改采类似于英国法的准则主义),而马萨诸塞州是最迟完成此项改革的州之一,公司法的滞后,成为刺激商业信托发展的一个原因。[317]

禁止公司从事不动产交易,被认为是商业信托兴起的另一大原因。马萨诸塞州1870年的立法允许公司从事农业、制造业、采矿业等特定行业,1874年立法首次采一般授权模式,允许公司为任何合法目的而设立,但不动产买卖和银行业除外。[318]马萨诸塞州立法机关的报告显示,该立法并非意使不动产买卖成为非法目的,而是意在使州保留特许的权力,因为该州对于不动产买卖业务的特许向来持保守立场,而此种立法上的禁止可能渊源于英国法。[319]信托法上不存在此种禁止。更由于马萨诸塞州主管机关极少特许公司从事不动产买卖,交易者遂不得不采用信托形式实

---

[312] H. L. Wilgus, *Corporations and Express Trusts as Business Organizations* Ⅱ, 13 Mich. L. Rev. 205, 213-24(1915); John H. Sears, *Trust Estates as Business Companies* 104(2d ed. 1921).

[313] William C. Dunn, *Trusts for Business Purposes* 103(1922).

[314] Wilber A. McCoy, *Business Trust Agreements and Declarations of Trust* 1(1922).

[315] 有马里兰州等判例明确表达了这一立场。John H. Sears, *Trust Estates as Business Companies* 88(2d ed. 1921).

[316] Atty. Gen. v. Fed. Street Meetinghouse, 3 Gray 1(Mass. 1854).

[317] Jared W. Speier, *Clarifying the Business Trust in Bankruptcy: A Proposed Restatement Test*, 43 Pepp. L. Rev. 1065, 1069(2016). 纽约州是美国最早制定一般公司法的州(1811年立法)。

[318] The Commonwealth of Massachusetts, Report of the Massachusetts Tax Commissioner on Voluntary Associations, Under Chapter 55, Resolves of 911, at 15(by William D. T. Trefry, 1912).

[319] Id. at 15-16.

现不动产交易之目的。[320]而且，早期的马萨诸塞州判例判定不动产商业信托按照信托征税，而不是按照公司或合伙征税。[321]这进一步刺激了商业信托的运用。不动产商业信托亦为这一时期马萨诸塞州与美国联邦判例关注的焦点。[322]

但商业信托的兴盛，又非限于一地一业。从以下事实即可明了。源于马萨诸塞州的商业信托，其应用在不久之后便实现了行业和地域上的双重扩展：在行业上，商业信托活跃于制造业、贸易业、控股企业、铁路建设、电力建设与石油天然气企业等多种产业，在公用事业领域尤其表现积极，许多当时赫赫有名的大企业都采用商业信托形态（各自的经营领域横跨多业，且多有资本达数千万美元的大企业）；在地域上，从马萨诸塞州发展到全美，例如，主要从事石油业的商业信托在西南地区被广泛应用。[323]另一常见的商业信托类型为投资信托。早期的投资基金多组建为马萨诸塞州商业信托而不是公司形式。[324]1924年设立于波士顿的马萨诸塞州投资者信托（Massachusetts Investors Trust），为第一个开放式投资基金，是对发源于18世纪晚期欧洲市场的投资企业的重要创新。[325]作为投资基金的马萨诸塞州商业信托，与英国早期的投资信托相似，因此，又被称为“盎格鲁–美利坚信托”。[326]信托形式也被用作大企业的联合，产生了托拉斯

[320] Id. at 18. 在提问者问及“为何不采用公司形式”时，当事人在所有案例中的回答近乎一致：“没有供我们可用的其他组织形式……为了获得信托组织形式的好处。” Id.

[321] Williams v. Inhabitants of Milton, 215 Mass. 1, 102 N. E. 355(1913).

[322] Sheldon A. Jones, Laura M. Moret, & James M. Storey, *The Massachusetts Business Trust and Registered Investment Companies*, 13 Del. J. Corp. L. 421, 427(1988).

[323] Comment, *Massachusetts Trusts*, 37 Yale L. J. 1103, 1106-08(1928).

[324] A Study of Mutual Funds—Prepared for the Securities and Exchange Commission by the Wharton School of Finance and Commerce. H. R. Rep. No. 2274, 87th Cong. , 2d Sess. 37(1962); Investment Trusts and Investment Companies, Letter from SEC Chairman, H. R. Doc. No. 70. , 76th Cong. , 1st Sess. 28-29 (1939). 转引自 Sheldon A. Jones, Laura M. Moret, & James M. Storey, *The Massachusetts Business Trust and Registered Investment Companies*, 13 Del. J. Corp. L. 421, 428(1988)。

[325] Investment Company Institute, *2019 Investment Company Fact Book* 262(59th ed. 2019).

[326] Grayson, *Investment Trusts, Their Origin, Development and Operation* 147(1928); Investment Trusts in Great Britain, Report of the Securities and Exchange Commission Pursuant to Section 30 of the Public Utility Holding Company Act of 1935(1939). 转引自Sheldon A. Jones, Laura M. Moret, & James M. Storey, *The Massachusetts Business Trust and Registered Investment Companies*, 13 Del. J. Corp. L. 421, 425(1988)。

(trust)现象。[327]糖业信托和标准石油信托,即为此类联合形式的早期例子。[328]洛克菲勒的标准石油企业(Standard Oil Company)[329]是以信托形式组建,而不是公司。作为商业组织形式的信托在这一时期的强势地位,正说明了美国何以有反托拉斯法(antitrust law)而不称为竞争法或反垄断法。[330]当然,反托拉斯法并不干预合法营业的信托。[331]

商业信托在不动产交易以外领域的广泛应用,足见其他优势的重要性。商业信托的创设,主要是为获取公司制的优势而又不必承担相应的繁重负担。[332]设立商业信托的原因无所不包,诸如规避公司税、规避对外州公司的限制性法律、在无须注册为公司的情况下获得有限责任待遇等。[333]现代商业信托虽为一种商业组织,却不必如同公司一般办理制定法要求的登记,仅凭信托文件即可成立,且不必如公司般承受双重税负,其税种亦显著少于公司,[334]故其诞生伊始,即被作为公司的替代品而应用。此外,19世纪美国不少州的公司法设定公司的最低资本与最高资本限额、要求公司登记详细的年度报告、限制分配利润、设定公司章程修改的要件、规定复杂的估价权规则、规定公司清算须经严格的法定程序,[335]而商业信托不必受制于此类法定要求。例如,商业信托可避开公司法上的法定资本限制,并避免公司法在公司是否可以拥有他种营业控股权问题上的不确定性,因为商业信托可发行数量无限制的股份,且可自由运用由多个分支机构组成的单一实体形式,以适应高效率经营之需,此

---

[327] 在这一时期,涌现出大量以托拉斯为主题的著作。例如,Henry W. Macrosty, *The Trust Movement of British Industry: A Study of Business Organization* (1907)(第388~390页附有详细的托拉斯书目); J. Morgan Rees, *Trusts in British Industry 1914-1921: A Study of Recent Developments in Business Organization* (1922)(第10~11页附有托拉斯书目)。

[328] Sydney R. Wrightington, *The Law of Unincorporated Associations and Similar Relations* 28 (1916). 标准石油的信托协议,载于Wilber A. McCoy, *Business Trust Agreements and Declarations of Trust* 6-12 (1922)。

[329] 此处的company宜译为"企业",而非"公司"。美国法上,公司通称为corporation(相当于英国现行法上的company),company是一个含义更广的概念。

[330] Robert H. Sitkoff, *Trust as "Uncorporation": A Research Agenda*, 2005 U. Ill. L. Rev. 31, 32.

[331] John H. Sears, *Trust Estates as Business Companies* 8 (2d ed. 1921).

[332] Note, *State Regulation of Foreign Business Trusts*, 41 Harv. L. Rev. 86, 86 (1927).

[333] Frederick A. Thulin, *A Survey of the Business Trust*, 56 Am. L. Rev. 177 (1922); H. L. Wilgus, *Corporations and Express Trusts as Business Organizations*, 13 Mich. L. Rev. 71, 74 (1914).

[334] 当时公司须缴纳的税收包括设立税、财产税、特许税、州和联邦股份税、州和联邦所得税等;而商业信托大多无须缴纳此类税收,例如,由于商业信托是普通法上契约权利的创造物(而非基于国家特许行为而设立),因此不缴纳特许税。Guy A. Thompson, *Business Trusts as Substitutes for Business Corporations* 38-39 (1920).

[335] Harwell Wells, *The Modernization of Corporation Law, 1920-1940*, 11 U. Pa. J. Bus. L. 573 (2009).

种信托有时也被称为“控股信托”(holding trust)或“控股社团”(holding association)。[336]又如,在公司法尚未明确规定公司可发行类别股的时期,商业信托已可自主发行类别受益权凭证。[337]限制性制定法还存在于对境外公司的规范上,而此类限制不适用于跨境营业的商业信托,因为公司是由制定法所创造,商业信托则是由契约所创造,信托从事跨境营业之权利系普通法上的权利,并受宪法保护。[338]

在美国,信托作为企业组织的支配地位一直延续到19世纪晚期,这正是各州公司法对州际公司设有诸多限制之时代,商业信托的用途因此而彰显。[339]即使在各州制定公司法之后,不少州立法机关仍继续主要通过特许行为创设公司,因此设立公司仍然是缺乏灵活性的,并且公司法的一般适用也处于不确定状态。[340]甚至不少州通过宪法手段禁止州继续以特许行为设立公司。[341]不过,更近的研究指出,在美国,商业信托至少在20世纪中期仍广受欢迎。[342]在此之后,公司在一般工商业中确实取得了统治地位。商业信托在与公司的竞争中落于下风,其中原因可归结为“此消”与“彼长”两端。一方面,20世纪以来,公司法逐渐向赋权型法律(enabling law)的方向发展,已非先前可比。公司法虽由制定法主导,但制定法上的管制逐渐减少,而制定法的优势进一步凸显:制定法有利于强化公司外部关系上的确定性,诸如明文规定公司的独立人格和股东的有限责任。另一方面,商业信托法自身遭遇若干困境。马萨诸塞州商业信托命运的波

[336] The Commonwealth of Massachusetts, Report of the Massachusetts Tax Commissioner on Voluntary Associations, Under Chapter 55, Resolves of 911, at 23-27(by William D. T. Trefry, 1912). 1912年马萨诸塞州众议院关于自愿性社团的报告建议对商业信托之类的意定组织施加管制,特别是对公用事业企业的控股行为,该州遂于1913年立法禁止公司在公用事业企业中持股10%以上,但重要的是,此项禁止不适用于商业信托等自愿性社团。Sheldon A. Jones, Laura M. Moret, & James M. Storey, *The Massachusetts Business Trust and Registered Investment Companies*, 13 Del. J. Corp. L. 421, 427(1988).

[337] H. L. Wilgus, *Corporations and Express Trusts as Business Organizations* Ⅱ, 13 Mich. L. Rev. 205, 214-15(1915). 该文列出了三个商业信托实例,其中,马萨诸塞州中央电力企业于1918年发行的信托受益权分为6500股优先股和6500股普通股,前者面额为每股100美元,后者无面额;马萨诸塞州牵引企业发行的优先股中分为优先A股和优先B股。Id. at 214.

[338] John H. Sears, *Trust Estates as Business Companies* 275-76(2d ed. 1921).

[339] Herbert Hovenkamp, *Enterprise and American Law 1836-1937*, at 241-67(1991).

[340] Jonathan Silberstein-Loeb, *The Transatlantic Origins of the Business Trust*, 36 J. Legal Hist. 192, 201(2015).

[341] H. L. Wilgus, *Corporations and Express Trusts as Business Organizations*, 13 Mich. L. Rev. 71, 90-91(1914).

[342] John Morley, *The Common Law Corporation: The Power of the Trust in Anglo-American Business History*, 116 Colum. L. Rev. 2145, 2156(2016).

折，堪称典型。马萨诸塞州商业信托在法律上的命运受制于三大要点：商业信托的主体资格、受托人与商业信托的关系、受益人与商业信托的关系。[343]商业信托的主体资格不明、受托人面临对信托债务承担个人责任的风险、受益人可能因被法院认定为控制信托经营而被判决承担个人责任（无限责任），此为商业信托在实体法上面临的困难。判例法在上述问题（尤其是受益人有限责任）上长期存在分歧，加剧了法律的不确定性。[344]20世纪早期的商业信托制定法未能及时跟进以全面解决上述问题，例如，马萨诸塞州1909~1916年的制定法未回应普通法上的争议，反而新增规定要求商业信托文件原则上须经登记。[345]尽管此种制定法并未增加更多管制，[346]却也未能提供更多助力。俄克拉何马州于1919年制定的法律承认了商业信托的有效性，并规定受托人或受益人不承担个人责任，但同时课加了商业信托设立的形式要件，除此之外对普通法几无改变。[347]情况更差的是，当时其他州应者寥寥，尚未达到马萨诸塞州与俄克拉何马州的立法水平，[348]此与公司制定法在各州的快速出台形成鲜明对比。商业信托衰势如此，致有学者声称："州立法与联邦立法已剥夺了马萨诸塞州商业信托所享有的大部分（如果不是全部的话）豁免待遇。由此导致组建此类信托的动机已经大规模消失。如今，（对）该课题（的关注）在很大程度上仅是出于历史兴趣而已。"[349]

20世纪后期以来，商业信托的应用再度回升。究其原因，首先，制定法上的豁免固然是商业信托的优势之一，但商业信托更为根本的优势在于其灵活性，恰是因为商业信托乃是合同的创造物（而非制定法的创造物），商业信托固有的优势仍非公司所能企及。其次，美国商业信托普通

---

[343] Sheldon A. Jones, Laura M. Moret, & James M. Storey, *The Massachusetts Business Trust and Registered Investment Companies*, 13 Del. J. Corp. L. 421, 429-45(1988).

[344] 当时关于受益人责任的判例法梳理，揭示了这一现象。参见Guy A. Thompson, *Business Trusts as Substitutes for Business Corporations* 28-37(1920)。

[345] Jonathan Silberstein-Loeb, *The Transatlantic Origins of the Business Trust*, 36 J. Legal Hist. 192, 208(2015).

[346] 除了对于持有公共服务公司所发行证券的商业信托之外，马萨诸塞州立法者仅要求商业信托文件的登记，并未设置更多要求。Guy A. Thompson, *Business Trusts as Substitutes for Business Corporations* 38(1920).

[347] Jonathan Silberstein-Loeb, *The Transatlantic Origins of the Business Trust*, 36 J. Legal Hist. 192, 208(2015).

[348] Guy A. Thompson, *Business Trusts as Substitutes for Business Corporations* 41(1920).

[349] 16 A Jennifer L. Berger & Carol A. Jones, *Fletcher Cyclopedia of the Law of Private Corporations* § 8232(Rev. ed. 2003). 其所引论据系发表于1959年的论文。

法上的弱点逐一被克服：其一，商业信托经历了一个从主体资格不被普遍认可到终获承认的过程；其二，早期某些判例法认为受托人是商业信托关系中的本人，应以固有财产对商业信托债权人承担责任，当代法律则一般将受托人作为商业信托管理人对待，更有制定法明文规定受托人不对商业信托债务承担责任；其三，早期判例法认定受益人对商业信托债务负有限责任，但有时运用"控制检验法"（control test）判定控制商业信托事务的受益人对商业信托债务负无限责任，当代商业信托法大规模废弃"控制检验法"。上述问题的解决，得益于制定法的发展。继20世纪60年代一批商业信托法制定后，特拉华州于1988年制定了新一代商业信托法，并成为此后各州新立法的蓝本。新的商业信托法在保留普通法商业信托的优势之余，更赋予商业信托新的优势，如系列商业信托的内部资产分隔。同时，联邦法进一步肯定商业信托的重要意义与作用，例如，1960年美国国会制定的《不动产投资信托法》即规定组建为不动产投资信托的商业信托享有重要的税收优待。商业信托得以重归繁荣，制定法商业信托的增长态势凌驾于普通法商业信托之上。许多赫赫有名的共同基金（如先锋集团、TIAA-CREF等机构发起设立的基金）都采用制定法商业信托形式；[350]制定法商业信托在资产证券化交易中亦广受欢迎。时至今日，在证券投资基金、资产证券化等极需高度灵活之组织形式的领域，商业信托处于主导地位。

马萨诸塞州商业信托法的率先抢跑以及其后美国各州商业信托法的迅速发达，奠定了美国法的领先地位，也在与英国法的竞争中抢得先手。颇有意味的是，投资信托在英国于19世纪晚期逐渐消失之后，20世纪30年代，现代形式的单位信托在英国重生，此种信托却起源于美国（马萨诸塞州商业信托），乃是从美国"进口"而来。马萨诸塞州商业信托并非植根于英国法或其他追随英国普通法的国家。经过轮回之后，单位信托在英国的重新出现，不再作为公司的替代形式，因为公司已经得到充分理解和普遍运用。但是，单位信托仍然在与公司的竞争中取得了部分成功，这归因于单位信托能够填补公司的空白：公司不能提供充分的流动性。当时，公司法上的资本维持原则已经得到充分发展，公司股份可自由转让，却不

---

[350] Robert H. Sitkoff, *Trust as "Uncorporation": A Research Agenda*, 2005 U. Ill. L. Rev. 31, 38［引用Declaration of Trust of TIAA-CREF Mutual Fund（Feb. 19, 1997）; Amendment and Declaration of Trust of Vanguard Treasury Fund（Sept. 13, 1996）］.

得赎回，而单位信托的受益权既可转让又可赎回。[351]无独有偶，商业信托在新加坡和我国香港特别行政区的兴起，也归因于公司形式所受的管制：依照两地公司法的规定，公司的分红仅限于会计利润，而商业信托在向受益人的分配上有更大的灵活性；上市公司不得采用双重类别股结构，商业信托则不受此限制，因此可以满足发起人公开筹资同时保留控制权的双重需求。[352]

美国商业信托在投资基金、资产证券化、不动产投资信托等领域的成功，不仅使商业信托回馈了英国、输入了继受英国法的其他法域，也发生了更广泛的世界性影响，前已述及。

三、历史的启示

信托是英美法系中最为灵活的制度之一，可在人类生活的几乎任何领域中扮演角色。[353]信托制度的优势之一，是能够在法律变革之前，率先用于规避过时的或存在技术性缺陷的法律规则，作为其他现有法律制度的替代选择而被运用，[354]或者作为严格法的缓冲器，避免极端化处理结果的出现。[355]由此，信托往往成为法律变革的先行者或推动者。[356]这在普通信托与商业信托的发展史中随处可见。普通信托发展之始，即被用于规避普通法所有权（legal ownership）的不利后果；现代的普通信托，又被普遍用于规避遗嘱法关于遗嘱认证等烦琐程序，从而成为继承法改革的急先锋。[357]即便是罗马法上的遗产信托，于公元前170年左右在罗马法上发

[351] 单位信托在英国重生的这一历史过程，详见Kam Fan Sin, *The Legal Nature of the Unit Trust* 27-34（1997）。

[352] Norman P. Ho, *A Tale of Two Cities: Business Trust Listings and Capital Markets in Singapore and Hong Kong*, 11 J. Int' l Bus. & L. 311, 315, 317（2012）.

[353] *The Trust: Bridge or Abyss Between Common and Civil Law Jurisdictions?* 7（Frans Sonneveldt & Harrie L. Van Mens eds 1992）.

[354] Restatement（Third）of Trusts § 25 cmt. d（2003）.

[355] 关于信托在早期普通法上的此种作用，参见David J. Seipp, *Trust and Fiduciary Duty in the Early Common Law*, 91 B. U. L. Rev. 1011（2011）。

[356] Austin W. Scott, *The Trust as an Instrument of Law Reform*, 31 Yale L. J. 457（1922）. 在此文中，斯科特教授回顾了信托早期的四个发展时期：第一个时期始于"用益"（uses）的初始与持续应用，截至15世纪之始；第二个时期始于15世纪早期，大法官首次承认"用益"；第三个时期始于1535年《用益法》的制定，并持续一个世纪之久；第四个时期始于作为消极信托的用益在17世纪的复兴。Id. at 458-64.

[357] Restatement（Third）of Trusts § 25 cmt. d（2003）; John H. Langbein, *The Nonprobate Revolution and the Future of the Law of Succession*, 97 Harv. L. Rev. 1108（1984）. 罗马法上的信托虽非英美式信托的等同物，其历史作用却颇为类似。由于罗马法上并无后位继承制度，人们发现了遗产信托，作为替代性解决办法。参见［德］马克斯·卡泽尔、罗尔夫·克努特尔：《罗马私法》，田士永译，法律出版社2018年版，第771~774页。

端之时，也是为了规避法律上关于禁止指定女儿、陌生人、流放者为继承人的规定。[358]商业信托发展之始，即作为具有资产分隔效力的商业组织，在商业公司尚未兴起之前成为大规模营利事业的载体；在商业公司兴起之后，又被用作公司的替代物，以规避早期公司法对公司的严苛限制。商业信托的自然发展，有时受到意在规制企业形态的制定法之干扰，导致信托制被禁或弱于公司制，但商业信托毕竟是判例法的产物，仍然在公司制兴起前后提供了不亚于公司的制度优势。[359]

信托相对于标准化法律机制的众多优势中，最突出的优势即为灵活性。[360]为当事人提供异乎寻常的灵活性，更是商业信托（尤其是特拉华州商业信托）的宗旨。[361]而信托制度本身又处于不断进化和扩张之中，正如学者所言：信托法的故事就是法律变革的故事。[362]更有学者断言，信托的最大优势之一是信托目的的灵活性，另一个最大优势是适用于信托的规则总体来说如同信托目的一样无远弗届。[363]

毋庸讳言，信托在法律变革方面的灵活性，亦可能引发某些不利后果。规避法律的行为虽可能有利于法律的长期发展，在短期内却可能导致法律目的落空。但是，现代法律发展至今，已日趋细密，不确定概念与弹性标准亦蔚为大观，有足够的法律工具应对信托的此种“阴暗面”。[364]进言之，如果仅因为信托可能被非法利用即彻底禁用信托，却是因噎废食的盲目做法，因为彻底禁止信托（或能够用于规避法律的其他类似制度），同时即禁绝了促进法律变革与进步的可能性。诚如美国信托法权威学者斯科特教授所言：“规避与改革之间的界限，从根本上说是难以界分的。经过长期实践被证明为成功的规避，通常就是一种改革。”[365]且因模糊性乃法律的天性、漏洞为法律所固有，此类做法并不能真正阻止规避法律。没有信托，也会有其他工具源源产生。正如在罗马法、伊斯兰法上早期皆

---

[358] H. L. Wilgus, *Corporations and Express Trusts as Business Organizations*, 13 Mich. L. Rev. 71, 83(1914).

[359] John Morley, *The Common Law Corporation*: *The Power of the Trust in Anglo-American Business History*, 116 Colum. L. Rev. 2145, 2146(2016).

[360] Nathan Isaacs, Note, *Trusteeship in Modern Business*, 42 Harv. L. Rev. 1048, 1052(1929). 斯科特教授亦谓：“信托最显著的特性即其灵活性。” Austin W. Scott, *The Importance of the Trust*, 39 U. Colo. L. Rev. 177, 179(1966).

[361] Calvin Klein Trademark Trust v. Wachner, 123 F. Supp. 2d 731, 734(S. D. N. Y., 2000).

[362] Thomas P. Gallanis, *Trusts and Estates*: *Teaching Uniform Law*, 58 St. Louis U. L. J. 671, 680(2014).

[363] A. J. Oakley, *Parker and Mellows*: *The Modern Law of Trusts* 12-13(9th ed. 2008).

[364] H. L. E. Verhagen, *Trusts in the Civil Law*: *Making Use of the Experience of "Mixed" Jurisdictions*, 3 European Rev. of Private L. 477, 484, 486(2000).

[365] Austin W. Scott, *The Trust as an Instrument of Law Reform*, 31 Yale L. J. 457, 458(1922).

已有效果类似于信托的制度，作为对实定法之严格性的回应而生成。[366]

"一刀切"的禁止性做法，还将扼杀市场内生型的法律变革机制。信托的运用，是当事人根据自身状况与特定情境作出的决策，为市场自然选择的结果，受市场机制之奖惩。同时，判例法也会对信托所产生的问题作出个别化的、渐进的回应。总体而言，判例法是一种市场驱动型的法律，与自生自发秩序更为相容，而制定法则往往是一种监管驱动型或国家主导型法律。判例法对规避制定法的行为通常保持较大程度的宽容，普通法与衡平法因而经常成为法律规避行为的庇护所。市场驱动型的法律变革，借助于市场机制的灵敏性与规训功能，在诸多方面比监管驱动型或国家主导型法律变革更有效率，后者受制于路径依赖效应、官僚主义行为、监管层的偏好与有限理性、利益集团斗争、变革动力不足、政府更迭导致短期决策、意识形态刚性、社会科学知识的局限性、对法律制度实际效果反应迟钝等各种原因，[367]难以充当法律变革的唯一力量或主要力量。尤其是当制定法被定位于管制性法律而非促进性法律时，将产生市场扭曲效应，徒增交易成本，并侵蚀判例法的柔性调适与温和矫正机能。

第三节　商业信托的定义与特性：商业信托与其他信托

一、商业信托的传统定义：普通法商业信托

本章第1节旨在具体展示商业信托的实际生态。从商业信托的各种具体类型，可略窥商业信托的抽象定义。传统意义上的商业信托，是指依信托文件设立，由受托人为受益人之利益经营管理的非公司型营利性组织。此即"普通法商业信托"。晚近制定法之发展，又催生出"制定法商业信托"，已突破商业信托的传统定义。为讨论目的及行文便利，除另有指明外，本节第1目至第4目所称商业信托，指普通法商业信托，第5目专论制定

[366]　Avisheh Avini, *The Origins of the Modern English Trust Revisited*, 70 Tul. L. Rev. 1139, 1162-63 (1996). 该文所举之例有萨利克受托人制度（Salic Salmannus）、罗马法上的遗产信托制度、伊斯兰的waqf制度。

[367]　经济学界对强制性制度变迁中"政府失灵"的研究，可供参照。Justin Y. Lin, *An Economic Theory of Institutional Change: Induced and Imposed Change*, 9 Cato J. 1 (1989)（中译本参见林毅夫：《关于制度变迁的经济学理论：诱致性变迁与强制性变迁》，胡庄君译，载［美］R. 科斯、A. 阿尔钦、D. 诺斯等：《财产权利与制度变迁——产权学派与新制度学派译文集》，上海人民出版社、上海三联书店1994年版）。更广泛的研究，参见［美］詹姆斯·M. 布坎南、戈登·塔洛克：《同意的计算：立宪民主的逻辑基础》，陈光金译，中国社会科学出版社2000年版。

法商业信托。

普通法上，商业信托的定义大同小异。据某些美国判例，商业信托是一种由受托人为受益人之利益管理与控制信托财产、受益人权益表征为可转让份额的商业组织。[368]关于受益权，常用表述是“受益权分割为数个单位”。[369]美国联邦最高法院*Hecht v. Malley*案对商业信托的定义广被引用：商业信托，系一种依据信托文件条款，将财产转移于受托人，由受托人发行证明对信托财产之受益权份额的可转让凭证，并由受托人为了随时可成为此类凭证持有人之人的利益而持有与管理信托财产的安排。[370]对于普通法商业信托而言，该判例的定义仍是现行法。[371]《美国法学·商业信托》综合*Hecht v. Malley*案及其他判例中的定义，将商业信托定义为：“商业信托，系一种依据［信托］文件设立，由受托人为了持有或将来持有证明信托财产受益权的可转让凭证之人的利益与营利，而持有并经营财产的非公司型商业组织。”[372]

不过，受益权凭证并非美国各州公认的要件。在某些州法上，信托即使未发行受益权凭证，也不丧失商业信托的性质。[373]但在另一些州，制定法所称商业信托，指发行受益权凭证的商业组织，在此情形，未发行受益权凭证的信托无法被认定为商业信托。[374]某些破产法院判例与其他判例亦认为，至少为了某些目的，不能将未发行受益权凭证的信托认定为商业信托。[375]另一些破产法院则持相反意见。[376]

---

［368］ Inside Scoop, Inc. v. Curry, 755 F. Supp. 426(D. D. C. 1989), order aff' d, 923 F. 2d 201(D. C. Cir. 1991); Goldwater v. Oltman, 210 Cal. 408, 292 P. 624, 71 A. L. R. 871(1930); In re Green Valley Financial Holdings, 32 P. 3d 643(Colo. Ct. App. 2001); Appeal of Armed Forces Co-op. Insuring Ass' n, 5 Kan. App. 2d 787, 625 P. 2d 11(1981); Peoples Bank v. D' Lo Royalties, Inc. , 235 So. 2d 257(Miss. 1970); Brown v. Bedell, 263 N. Y. 177, 188 N. E. 641(1934).

［369］ Comment, *Massachusetts Trusts*, 37 Yale L. J. 1103, 1105 n. 9(1928).

［370］ Hecht v. Malley, 265 U. S. 144, 146-47(1924).

［371］ Peter B. Oh, *Business Trusts*, in Research Handbook on Partnerships, LLCs and Alternative Forms of Business Organizations 273(Robert W. Hillman & Mark J. Lowenstein eds. , 2015).

［372］ 13 Am. Jur. 2d Business Trusts § 1(2007).

［373］ William Meade Fletcher et al. , *Fletcher Cyclopedia of the Law of Private Corporations* § 8228 (Perm. ed. 1983 Supp. 2007).

［374］ Limouze v. M. M. and P. Maritime Advancement, Training, Ed. and Safety Program, 397 F. Supp. 784(D. Md. 1975).

［375］ In re Gonic Realty Trust, 50 B. R. 710, 13 Collier Bankr. Cas. 2d(MB)131, Bankr. L. Rep.(CCH) ¶70665(Bankr. D. N. H. 1985); Denmark Cheese Assn. v. Hazard Adv. Co. , 33 A. D. 2d 761, 305 N. Y. S. 2d 1019(1st Dep' t 1969).

［376］ In re Carriage House, Inc. , 120 B. R. 754(Bankr. D. Vt. 1990).

商业信托通常又称“普通法信托”(common-law trust)。[377]商业信托由当事人的自主行为设立,纯以合同为设立依据,商业信托的有效性不取决于制定法,[378]其设立不依赖于制定法规定,亦无须依照制定法规定办理注册登记之类手续。仅依普通法即可成立,是为普通法信托。由此亦有别于普通信托,后者系产生于衡平法。商业信托既由合同创设,自适用属于普通法范畴的合同法。但普通信托可以转换为商业信托。例如,普通的不动产信托可转换为不动产投资信托,具体方式为:将信托财产的受益权分割为一组可转让的份额,并派发给受益人。[379]

商业信托的另一别名为“马萨诸塞州信托”,缘于现代商业信托起源于马萨诸塞州(麻省)并盛行于该州之故。严格而言,只有适用马萨诸塞州法的商业信托,方可称为马萨诸塞州商业信托,但由于马萨诸塞州商业信托为现代商业信托的鼻祖且其影响广泛,“马萨诸塞州信托”或“马萨诸塞州商业信托”时常被作为商业信托的同义语。依其他州法组建的商业信托,有时亦称为马萨诸塞州商业信托。[380]有的州则直接制定了名为《马萨诸塞州信托法》的法律,如田纳西州1961年的制定法。[381]

我国《信托法》未对商业信托专设定义。就商业信托而言,《信托法》中信托定义的一个缺陷是,难以适应资产证券化信托的要求。资产证券化交易成功的关键之一是实现“真实买卖”(true sale),即发起人应当将证券化资产转让于特殊目的实体、该资产应完全脱离发起人的控制。但在《信托法》下,委托人仅是将信托财产“委托给”受托人,尽管信托财产具有一定的独立性,但法律上仍将其作为委托人的财产。[382]此种情况下,在会计、税收与法律上是否足以认定信托财产已完成真实买卖,不无疑问。或许正是为了澄清此点,《信贷资产证券化试点管理办法》迈进一步,指明

[377] Matter of Trust Known as Great Northern Iron Ore Properties, 263 N. W. 2d 610(Minn. 1978), cert. denied, 439 U. S. 835, 99 S. Ct. 116, 58 L. Ed. 2d 130(1978); Brown v. Donald, 216 S. W. 2d 679(Tex. Civ. App. Fort Worth 1949).又参见12A C. J. S. Business Trusts § 1(2007)。

[378] Goldwater v. Oltman, 210 Cal. 408, 292 P. 624, 71 A. L. R. 871(1930); Morriss v. Finkelstein, 127 S. W. 2d 46(Mo. Ct. App. 1939); 13 Am. Jur. 2d Business Trusts § 3(2007).

[379] Papale-Keefe v. Altomare, 38 Mass. App. Ct. 308, 647 N. E. 2d 722(1995).

[380] Sheldon A. Jones, Laura M. Moret, & James M. Storey, *The Massachusetts Business Trust and Registered Investment Companies*, 13 Del. J. Corp. L. 421, 423 n. 6(1988).《明尼苏达州商业信托法》规定:为经营需要,商业信托可被称为普通法信托和马萨诸塞州信托。Minn. Stat. Ann. § 318.02.

[381] 关于该法,详见Wheeler A. Rosenbalm, *The Massachusetts Trust*, 31 Tenn. L. Rev. 471(1964)。

[382] 《信托法》的用语多处表明,信托财产是委托人的财产,例如,委托人有权了解其信托财产的管理运用情况(第20条)、受托人必须将不同委托人的信托财产分别管理(第29条)。但也存在其他与此矛盾的条文。详见本书第5章第3节第1目。

发起人(委托人)是将信托财产"转让"给受托人。[383]但该办法仅为其他规范性文件(中国人民银行、银监会公告〔2005〕第7号发布,并非以中国人民银行令或银监会令发布,不属于规章),难以突破上位法规定。

二、商业信托的特性:与普通信托比较

美国判例法普遍认为,商业信托的特征包括管理集中化(centralization of management)、永久存续、权益的可转让性、受益人的有限责任。[384]上述描述未详指此类特征是与何者比较得出的。商业信托与普通信托、其他商业组织相比,各具特性,宜个别而论:普通信托与商业信托原则上皆由受托人全权管理,在管理集中化方面并无根本差异。商业信托永久存续,普通信托的存续期间则受制于反永续规则、反累积规则。商业信托与普通信托受益权皆可自由转让,但普通信托受益权常受制于防止挥霍信托、自由裁量信托条款等,流通性不如商业信托受益权。受益人仅以出资额为限对商业信托债务承担责任,普通信托受益人一般不对普通信托出资,故不对信托债务担责,无所谓有限责任一说。

相比于普通信托,商业信托的特性包括有偿性、契约性、营利性与组织性。但只有后二者方可称为商业信托的本质特性。

(一)商信托的一般特性:有偿性与契约性

普通信托大多数是无偿设立的。[385]在普通信托法的世界中,信托本质为一种赠与,尽管信托与赠与有两点不同:信托不如赠与简单,且不如赠与一般完全转移财产的所有权与控制。[386]在美国法律文化中,普通信托在典型情况下是一种无偿移转财产的工具。[387]或谓普通信托通常是无偿移转。[388]无偿性体现于两方面:其一,委托人将信托受益权无偿授予受益人,委托人与受益人之间实质为一种赠与、遗赠或遗嘱继承关系;其二,委托人通过无偿移转的形式将信托财产转移于受托人以设立信托,并不从

[383] 该办法第11条规定:"信贷资产证券化发起机构是指通过设立特殊目的信托转让信贷资产的金融机构。"第12条规定:"发起机构应在全国性媒体上发布公告,将通过设立特殊目的信托转让信贷资产的事项,告知相关权利人。"

[384] Ruby Mountain Trust v. Department of Revenue of State of Montana, 2000 MT 166, 300 Mont. 297, 3 P. 3d 654(2000).

[385] Restatement(Third)of Trusts § 15 cmt. a(2003).

[386] Restatement(Third)of Trusts § 63 Reporter' s notes(2003).

[387] Uniform Statutory Trust Entity Act, Prefatory Note(2009).

[388] I Austin W. Scott & William F. Fratcher, *The Law of Trusts* § 33.4(4th ed. 1987).

受托人处取得对价或对待给付。[389]设立信托与订立合同虽有某些类似的特征，但设立信托不是订立合同，也不按合同对待。[390]自益信托中，委托人即受益人，委托人以其财产设立信托，取得受益权作为对价，但自益信托究属普通信托的例外情形，信托法多加以特别规范，使之不能享受信托法的诸多保护。

商业信托在上述两方面皆有不同：其一，委托人为自己利益设立信托，不存在无偿给予他人利益的情形；其二，委托人依有偿合同设立信托，委托人负有设立信托的义务，委托人转移信托财产，是以获取相应的信托受益权或以收取转让价款作为对价。[391]商业信托财产源于受益人的出资，受益人取得受益权作为出资的对价，以此实现商业信托的资本积累，用以从事商业活动，使受益人分享利润。受益人没有提供任何出资的，不成立商业信托。[392]普通信托的委托人一般不是信托的唯一受益人或者主要受益人，而在大多数商业信托中，委托人是主要的受益人，因为信托财产原本来源于受益人自己的出资。[393]

与有偿性相联系者，为商业信托的另一特性——契约性。美国判例认为，商业信托是一种以信托为形式的合同关系。[394]

信托关系的创设方式，是普通信托和商业信托的又一大区别：普通信托受益人的受益权来自委托人的赠与或设定，信托关系的创设，并不含有任何契约的要素；商业信托受益人（投资者）之间则缔结一种自愿的、合意的、契约性的关系。[395]英国的单位信托亦是如此。学者指出：契约性、合意性，使单位信托具有信托与契约相结合的特征，而不仅是信托；单位信

[389] Steven L. Schwarcz, *Commercial Trusts as Business Organizations: Unraveling the Mystery*, 58 Bus. Law. 559, 562 (2003).

[390] Ⅲ Austin W. Scott & William F. Fratcher, *The Law of Trusts* § 197.2 (4th ed. 1987).

[391] 也有论者认为，受益人（委托人）将财产转移给受托人，是以约定受托人按照信托协议持有并管理信托财产、将利润归属于受益人为对价。L. B. P., *Nature of Massachusetts or Business Trust*, 24 Mich. L. Rev. 599, 599 (1926).

[392] Berry v. McCourt, 1 Ohio App. 2d 172, 30 Ohio Op. 2d 203, 204 N. E. 2d 235 (10th Dist. Franklin County 1965).

[393] Herbert B. Chermside, Jr., Annotation, Modern Status of the Massachusetts or Business Trust, 88 A. L. R. 3d 704, § 5 (1978 & Supp. 2004); Myron Kove et al., *Bogert's Trusts and Trustees* § 247 (2016).

[394] Berry v. McCourt, 1 Ohio App. 2d 172, 30 Ohio Op. 2d 203, 204 N. E. 2d 235 (10th Dist. Franklin County 1965).

[395] Herbert B. Chermside, Jr., Annotation, Modern Status of the Massachusetts or Business Trust, 88 A. L. R. 3d 704, § § 2, 5 (1978 & Supp. 2004).

托的契约性质，表现为当事人之间对价的交换、对信托条款的合意、受契约约束的意思。[396]设立普通信托时，受托人的意思并不重要，普通信托的成立不以受托人同意为必要：信托文件选任的受托人如拒绝任职，得选任继任受托人，信托的成立不受影响。商业信托受托人则是信托文件的一方当事人，受托人与受益人或委托人的合意一般不可或缺。英美法上，契约（合同）、赠与分属不同范畴，各有其构成要件与法律效果：合同原则上为有偿允诺，有强制实施力（enforceability），允诺人不履行时，权利人有权请求强制履行或损害赔偿；赠与（包括以赠与形式设立信托）属于财产法范畴（与遗嘱处分同列），赠与在赠与财产移转之前原则上无强制实施力，受赠人无权请求履行或赔偿。[397]合同与赠与的解释规则亦不相同。基于无偿让与行为所发生的普通信托，除适用信托法外，补充适用财产法关于赠与、遗嘱等无偿移转的规范。[398]商业信托基于合同而设立，作为补充适用规范的自然不宜是财产法，而是合同法。

我国民法在赠与及合同的归类上采德国法模式（不同于普通法系及法国法系），赠与亦属合同的一种。尽管如此，在德国法模式下，赠与和有偿合同仍有重大区别，例如，赠与原则上以赠与财产的权属转移为真正生效时点（此前受赠人原则上无权请求强制转移赠与财产，或者赠与合同虽已生效，但赠与人在赠与财产转移之前有任意撤销权）、赠与的解释规则不同于有偿合同（对赠与人应作义务较轻的解释），可见，概念上的差异性，不足以掩饰与普通法系、法国法系在功能上的相当性。在此背景下，即使对于以合同形式设立但具有无偿性质的信托，仍应适用无偿合同的补充规范。商业信托则补充适用有偿合同规范。商业信托的契约性特质，在我国法上仍可成立。

不过，商业信托以外的其他商信托，亦具有有偿性与契约性（关于商信托，详见下一目）。例如，在担保信托中，债务人设立以债权人为受益人的信托，将担保物作为信托财产，此时，债权人取得受益权往往是以提供信贷作为对价。最能体现商业信托个性的特征，是营利性与组织性。商业信托区别于其他信托的特性，正基于此，可称为商业信托的本质特性。

（二）商业信托的本质特性之一：营利性

商业信托并非狭义上的信托或普通意义上的信托，而是一种用于从事

---

[396] Kam Fan Sin, *The Legal Nature of the Unit Trust* 4-5, 55-60（1997）.

[397] 参见Restatement（Second）of Property：Donative Transfers（1986）；Restatement（Third）of Property：Wills and Other Donative Transfers（2003）。大陆法系在此问题上与英美法系相似。

[398] 例如，美国法学会《信托法重述》对普通信托条款的解释未设特别规定，《财产法重述：遗嘱与其他无偿转让》处理此事项。

一般商业活动并分享利润的商业机制。[399]设立普通信托，一般是作为一种实现赠与或财产转移、[400]扶养受益人[401]或者保存与保护特定信托财产[402]等目的的手段。委托人与受益人之间大多互为家庭成员，因此，普通信托往往又被称为家事信托（family trust，我国现今实务中也称为家族信托）。普通信托的典型目的是保存信托财产，不鼓励受托人向第三人转让信托财产。[403]普通信托的典型信托财产为不动产。[404]

商业信托并非赠与或财产转让手段，而是一种集合多数投资者之资本用以营利的机制。[405]此为商业信托与普通信托最重要的区别。[406]不过，商业信托的营业是否积极的（active）或大规模的，不影响商业信托的构成。[407]商业信托之目的，不在于保存信托财产，而在于运用信托财产以获取盈利。美国联邦法院判定，未被授权从事营利性经营活动、其受益权不可转让且其受托人未控制（信托）财产的实体，不是商业信托。[408]州法院亦判定，未被（信托文件）授予任何从事商业活动之权限的信托，不是商业信托。[409]破产法院认定某种信托是否属于商业信托，会考虑多种标准，诸

[399] Morrissey v. Commissioner of Internal Revenue, 296 U. S. 344, 56 S. Ct. 289, 80 L. Ed. 263 (1935); Plymouth Securities Co. v. Johnson, 335 S. W. 2d 142 (Mo. 1960); Ashworth v. Hagan Estates, 165 Va. 151, 181 S. E. 381 (1935); Carey v. U. S. Industries, Inc. , 414 F. Supp. 794 (N. D. Ill. 1976); Denmark Cheese Ass'n v. Hazard Advertising Co. , 59 Misc. 2d 182, 298 N. Y. S. 2d 98 (Sup 1969), order modified on other grounds, 33 A. D. 2d 761, 305 N. Y. S. 2d 1019 (1st Dep't 1969).

[400] In re Gurney's Inn Corp. Liquidating Trust, 215 B. R. 659 (Bankr. E. D. N. Y. 1997); Plymouth Securities Co. v. Johnson, 335 S. W. 2d 142 (Mo. 1960).

[401] Matter of Walker, 79 B. R. 59 (Bankr. M. D. Fla. 1987).

[402] Inside Scoop, Inc. v. Curry, 755 F. Supp. 426 (D. D. C. 1989), order aff'd, 923 F. 2d 201 (D. C. Cir. 1991); In re Treasure Island Land Trust, 2 B. R. 332 (Bankr. M. D. Fla. 1980).

[403] Peter T. Wendel, *The Evolution of the Law of Trustee's Powers and Third Party Liability for Participating in A Breach of Trust: An Economic Analysis*, 35 Seton Hall L. Rev. 971, 983 (2005). 苏格兰的著名判例亦指出，保存信托财产，为普通信托最本质的功能。Thompson's Trustees v. Davidson, [1947] S. C. (Scotland) 654, 658.

[404] Amy Morris Hess, George Gleason Bogert, & George Taylor Bogert, *The Law of Trusts and Trustees* § 1 (3d ed. 2005).

[405] In re Gurney's Inn Corp. Liquidating Trust, 215 B. R. 659 (Bankr. E. D. N. Y. 1997); Plymouth Securities Co. v. Johnson, 335 S. W. 2d 142 (Mo. 1960).

[406] George Gleason Bogert & George Taylor Bogert, *The Law of Trusts and Trustees* § 247 (rev. 2d ed. 1993); 12A C. J. S. Business Trusts § 4 (2007). 表达此类见解的诸多美国法院判例，详见Jared W. Speier, *Clarifying the Business Trust in Bankruptcy: A Proposed Restatement Test*, 43 Pepp. L. Rev. 1065, 1096 n. 280 (2016)。

[407] George Gleason Bogert & George Taylor Bogert, *The Law of Trusts and Trustees* § 247 (rev. 2d ed. 1993).

[408] F. P. P. Enterprises v. U. S. , 830 F. 2d 114 (8th Cir. 1987).

[409] Peoples Sav. Bank v. Stoddard, 359 Mich. 297, 102 N. W. 2d 777, 83 A. L. R. 2d 344 (1960).

如该信托是否从事商业活动、信托是否以营利为目的、信托是否具有公司的某些特征、信托受益权是否可自由转让。[410]例如，在*In re Dolton Lodge Trust*案中，仅有的信托财产是一栋商务办公楼，信托的活动是租赁和管理该办公楼，法院判定该信托不是为受益人之利益保存信托财产，因此属于商业信托；[411]类似地，在*In re Star Trust*案中，将开发、维护、出租、管理财产作为活动内容并最终保留或处置财产以获得利润的信托，而不是单纯地持有并保存财产的信托，也是商业信托。[412]

另以特拉华州为例，信托传统上被作为管理与保护财产的工具，关于商业信托的传统认识为，商业信托与普通信托的区别主要在于当事人设立信托的目的。[413]《特拉华州商业信托法》即是为商业目的之信托而制定。[414]

商业信托不同于仅以营业为信托财产的信托。并非每一个从事营业的信托均为商业信托，即使该信托在税法上作为独立主体交纳所得税。[415]通过遗嘱或转让契据（deed）方式，设立以某种营业、某种企业股份或其他投资权益作为信托财产的信托，并由受托人依信托文件授权从事该营业，此种信托并不当然属于商业信托。[416]信托财产部分或全部由营业构成，本身不足以表明该信托属于商业信托。[417]企业主或投资者将其所有的企业作为信托财产设立信托，以扶养其亲属，此种信托属于普通信托，而非商业信托。[418]

商业信托亦不同于受托人以经营信托为业的信托。商业信托是为信

---

[410] John C. Murray, *The Use of Land Trusts and Business Trusts in Real Estate Transactions*, http://dirt.umkc.edu/attachments/LandTrustIII.doc, Feb. 12, 2008.

[411] In re Dolton Lodge Trust No. 35188, 22 B. R. 918, 923 (Bankr. N. D. Ill. 1982).

[412] In re Star Trust, 237 B. R. 827, 832 (Bankr. M. D. Fla. 1999).

[413] Wendell Fenton & Eric A. Mazie, *Delaware Business Trusts*, in 2 The Delaware Law of Corporations and Business Organizations § 25.1 (R. Franklin Balotti & Jesse A. Finkelstein eds Supp. 1997).

[414] 该法制定时的立法纲要明言："如同马萨诸塞州多年前之所为，本法以制定法的形式承认为商业目的而成立的普通法信托。" Senate Bill No. 355, 66 Del. Laws. Ch. 279 (1988).

[415] Matter of Trust Known as Great Northern Iron Ore Properties, 263 N. W. 2d 610 (Minn. 1978). 例如，在马萨诸塞州的一个判例中，当事人以其在某商业信托中享有的受益权设立一项遗嘱信托，上述受益权作为该遗嘱信托的主要信托财产，并订定由遗嘱信托受托人控制商业信托的运营。该遗嘱信托性质上仍属于普通信托。Richardson v. Clarke, 372 Mass. 859, 364 N. E. 2d 804 (1977).

[416] George Gleason Bogert & George Taylor Bogert, *The Law of Trusts and Trustees* § § 571-578 (rev. 2d ed. 1993).

[417] Berry v. McCourt, 204 N. E. 2d 235, 1 Ohio App. 2d 172 (1965).

[418] 以营业为信托财产、由受托人经营该营业的信托法问题，参见Jan Z. Krasnowiecki, *Existing Rules of Trust Administration: A Stranglehold on the Trustee-Controlled Business Enterprise (pts. 1-2)*, 110 U. Pa. L. Rev. 506, 816 (1962); Paul N. Frimmer, *Beneficiaries' Rights to Distributions When Business Interests Are Held in Trust*, 16 Real Prop. Prob & Tr. J. 359 (1981)。

托的营利而设立，而不是为受托人的营利而设立。换言之，信托以营利为目的者，属于商业信托；仅以受托人营利为目的者，不属于商业信托，而是所谓“营业信托”。信托目的不等于受托人的目的。

受托人以经营信托为业的信托，在日本、韩国法以及我国理论上常被称为“营业信托”。不过普通信托既可选任自然人作为受托人，亦可选任信托公司、银行信托部门等机构作为受托人——后一类情形在现代信托实践中已成常态。尽管个人受托人至今仍存，但典型的现代受托人是收取费用的、专业的、以签订和执行信托协议为业的机构。[419]在美国，绝大多数普通信托由信托公司、银行信托部门之类的大型金融机构管理。[420]同样地，商业信托可由自然人担任受托人，亦可由专门从事信托业务的机构担任受托人。普通信托受托人通常为自然人、地方银行或大银行的分支机构；公益机构、养老金、共同基金、资产证券化中的受托人常为大型银行或金融机构。[421]法律并不限定商业信托必须由营业性受托人专营。受托人身份如何，与商业信托定性无关，亦非普通信托与商业信托的区分标准。根据受托人是否以经营信托为业区分普通信托与商业信托（或者其他商信托），既无法理根据及正当性，亦无可操作性与实践意义。

商业信托更不能等同于营业受托人或信托公司。[422]对于营业性受托人，各国多设有特别规范进行管制，其性质上属于公法性的行政管理规范，基本上与民事权利义务关系无关——由营业性受托人管理的信托，仍适用普通信托的规则，无特殊性可言；个别例外情形中，以信托为业的受托人通常具有特殊技能或专业能力，故在处理信托事务时，应运用此种特

[419] John H. Langbein, *The Contractarian Basis of the Law of Trusts*, 105 Yale L. J. 625, 638（1995）. 在美国，此类受托人一般是公司受托人，即营利性企业，而且往往是在纽约股票交易所上市的公司，例如，Wells Fargo银行或北方信托公司。Id. at 639. 英联邦国家通过制定法促进公共受托人系统（Public Trustee system）的发展以补充私人的机构受托人之不足。George Gleason Bogert & George Taylor Bogert, *The Law of Trusts and Trustees* § 133（Rev. 2d ed. 1978）; C. W. Vennell, *A Century of Trust: A History of the New Zealand Public Trust Office: 1873-1973*（1973）; Public Trustee Act, 6 Edw. 7, ch. 55（1906）; W. M. Waters, *Law of Trusts in Canada* 97-99（2d ed. 1984）.

[420] Gregory S. Alexander, *A Cognitive Theory of Fiduciary Relationships*, 85 Cornell L. Rev. 767, 775（2000）. 有关美国现代信托业的历史与发展，参见*Peering into Trust Industry Archives*, 115 Tr. & Est. 452（1976）。

[421] Thomas W. Merrill & Henry E. Smith, *The Property/Contract Interface*, 101 Colum. L. Rev. 773, 844（2001）. 其他普通法系国家与此类似。例如，在新西兰，信托公司广泛担任普通信托（私人信托）和商业信托的受托人。Law Commission（New Zealand）: Review of Trust Law in New Zealand: Introductory Issues Paper 4（Law Commission Issues Paper 19, 2010）.

[422] 得克萨斯州判例明确判定，不动产投资信托作为马萨诸塞州商业信托的一种形态，既不是公司，也不是“信托企业”（trust company）。Maddox v. Flato, 423 S. W. 2d 371, Blue Sky L. Rep.（CCH）¶; 70759（Tex. Civ. App. Corpus Christi 1967）, writ refused n. r. e.,（May 1, 1968）.

殊技能或专业能力。[423]相反，有关商业信托的特别规范，以商业信托的组织、外部关系、内部关系等为适用对象，性质上属于私法规范，而与前者截然有别，不宜混淆。[424]

营利性特征，使商业信托在功能与属性上更接近于公司，而迥异于普通信托。[425]美国法上有判例更明确地指出，商业信托具有公司的特性，故而有别于传统的信托；[426]学说亦持类似见解。[427]商业信托具有与公司相似的财产权形式。[428]正因如此，美国某些州商业信托法甚至规定：商业信托法未规定的事项，适用公司法。[429]

（三）商业信托的本质特性之二：组织性

根据美国判例法的概括，商业信托具有诸多有别于普通信托的组织性特征（associational characteristics），包括集中化控制、受益权划分为等额份额、独立主体地位、责任限制、营利目的、受益人无论有无理由均可解任受托人的权限。[430]关于英国法的研究也指出，单位信托的全体当事人（受托人、管理人、全体单位持有人）通过合同（单位信托契据）组织起来：具体而言，全体单位持有人通过集合投资用于共同目的，并由受托人和管理人按照信托契据的条款管理其投入的资本而组织在一起，此种条款反映了单位持有人关于风险和收益的共同预期，就此点而言，单位信托和公司、合伙之间并无区别；单位信托契据构成了一个多方合同。[431]

简言之，商业信托的组织性，体现为两大方面：其一，在外部关系上，商业信托为一个独立于受益人、受托人和其他人的组织体或法人，普通信

---

[423] Restatement (Second) of Trusts § 174 (1959); Uniform Trust Code § 806 (3); Uniform Prudent Investor Act § 2 (f) (1994); Uniform Probate Code § 7-302 (1993).

[424] 有学者认为，营业信托受目的事业主管机关监督，非营业信托由法院监督，此亦为两者之区别。参见赖源河、王志诚：《现代信托法论》（增订3版），中国政法大学出版社2002年版，第39页。对于营业性受托人，多由特定的行政机关作为主管部门进行监督管理，此种监督不同于对信托的监督。信托法上赋予法院监督信托的权限，但此种监督在对象、目的、内容、方式、效力等各方面均有别于行政管制，两者并非同一层面上的范畴。况且，即使是由营业性受托人管理的信托，有关信托的变更、终止、受托人权力的行使、受托人的解任等，仍由法院监督、指示，行政机关只能对受托人进行监督管理，原则上无权干涉作为民事关系的信托运作事项。

[425] Hemphill v. Orloff, 48 S. Ct. 577, 277 U. S. 537, 72 L. Ed. 978 (1928).

[426] Richardson v. Clarke, 372 Mass. 859, 364 N. E. 2d 804 (1977).

[427] William Meade Fletcher et al., *Fletcher Cyclopedia of the Law of Private Corporations* § 8230 (Perm. ed. 1983 Supp. 2007).

[428] Hecht v. Malley, 265 U. S. 144, 146-47 (1924).

[429] 对此问题，详见本书第3章第3节。

[430] Jim Walter Investors v. Empire-Madison, Inc., 401 F. Supp. 425 (N. D. Ga. 1975).

[431] Kam Fan Sin, *The Legal Nature of the Unit Trust* 136 (1997).

托则非实体；其二，在内部关系上，商业信托存在多数当事人，需以组织化的机制运营及治理，普通信托通常无此机制。

商业信托从事商业活动，是为了商业信托当事人的共同利益（mutual benefit）。[432]商业信托的成立，通常由多方主体共同实施。商业信托的重要功能之一即在于集合多数人的资本以从事营业，由多数当事人共同出资设立商业信托实属常见。即使是新型的商业信托形态，亦多有数人共同设立商业信托的情形，例如，由单一发起人发起的资产证券化交易固然常见，多个发起人联合发起的证券化亦普遍存在。此种“多卖方证券化管道”（multiseller securitization conduits）中，证券化资产转让人有多人，分摊证券化交易成本，尤其适合于无力独自承担证券化成本的中小企业。[433]

共同设立信托却不是普通信托法预设的常态。由数个委托人设立的信托，称为“共同信托”（joint trust）。[434]尽管信托法针对共同信托的特殊性，有个别特殊规定，[435]但普通信托法不鼓励采用共同信托，特别是由非共有人设立共同信托，原因是共同信托通常存在信托文件起草技术低劣、各委托人之间的权限难以协调、相关信托条款易于混淆等弊病，且往往导致不利的税收后果。[436]

商业信托受益人基于投资者之地位，在不同程度上参与信托经营管理或监督；鉴于人数较多的一般现实，受益人实行多数决定制，以受益人会议或其替代形式行使权利。有共同受托人时，亦实行多数决定制。且无论商业信托文件约定实行简单多数决、绝对多数决还是一致决，受益人通常作为一个整体，通过会议方式行使共益权，即所谓集体决策。[437]商业信托法为受益人会议及受托人会议定有若干任意规范。受益人、受托人经由集体决策所为行为，属于民法上的决议行为，性质不同于单方或双方

[432] William Meade Fletcher et al., *Fletcher Cyclopedia of the Law of Private Corporations* § 8228 (Perm. ed. 1983 Supp. 2007).

[433] Steven L. Schwarcz, *The Alchemy of Asset Securitization*, 1 Stan. J. L., Bus. & Fin. 133 (1994); Steven L. Schwarcz, *The Parts Are Greater Than the Whole: How Securitization of Divisible Interests Can Revolutionize Structured Finance and Open the Capital Markets to Middle-Market Companies*, 2 Col. Bus. L. Rev. 139 (1993).

[434] Uniform Trust Code § 602 cmt.

[435] Uniform Trust Code § 602(b).

[436] Uniform Trust Code § 602 cmt. 又参见Melinda S. Merk, *Joint Revocable Trusts for Married Couples Domiciled in Common-Law Property States*, 32 Real Prop. Prob. & Tr. J. 345 (1997)。

[437] Kam Fan Sin, *The Legal Nature of the Unit Trust* 153 (1997).

法律行为。[438]普通信托在受益人、受托人决策问题上不实行少数服从多数式的组织法原则。普通信托的运作有意偏离组织法原理。普通信托纵有数受益人，受益人之间亦不通过组织化机制形成意思表示。单个受益人一般无权对信托管理采取行动，而决定信托变更、终止等事项，须由全体受益人同意并经委托人或法院同意，不适用多数决定制，除非信托文件另有订定。此种模式实与普通信托的功能与目的相适应。受益人之间大多存在利益冲突，因此不适合适用多数决定制。例如，信托本金的增长必然伴随着信托收入的减少，换言之，本金受益人的利益增长即意味着收入受益人的利益减少，反之亦然。在此情况下，实行组织化的原则难免导致多数受益人侵害少数受益人利益，同时，由于普通信托实际上不存在受益权市场，异议受益人难以通过转让受益权补救损害，主要救济渠道为诉诸司法。但司法解决又可能抵触委托人的意愿：受益人常为委托人的亲友，受益人之间通常亦有亲友关系（如不同亲等的亲属），制造诉讼动因、破坏亲友和睦，有违委托人设立信托的本意。因此，普通信托舍组织化机制而不用，而采用其他机制解决决策问题：第一，授予受托人决定绝大部分信托事务的权限，仅将极少数涉及信托根本变化的事项交由受益人与法院共同决定，以司法指导与监督机制维系利益平衡；第二，规定受托人负有公允对待不同受益人的义务，以此处理受益人之间的利益冲突，受益人对利益分配如有不满，可将矛头指向受托人，而无从向其他受益人启衅。至于受托人决策，以实行共同决定制为原则。

是否实行组织化的机制，也有效率上的原因。普通信托往往是一种一对一的法律关系。当事人人数较少，一般情况下，每一当事人都有充分表达自己意思的权利。但商业信托通常有多数当事人——受益人是由众多投资者构成的群体，固不待言，即使是受托人，因商业信托多采用共同受托人的治理结构，多数受托人亦为常态。在此结构中，如容许每一当事人均有权充分表达自己意思、参与信托管理、对商业信托运作产生影响，必然会降低商业信托运行的效率。因此，商业信托事项的决定，需要借助

[438]　决议是合伙、法人或法人内部由若干人组成的机构（如董事会）意思形成之结果。决议与合同的区别在于，一旦决议以规定方式作出，对于未对决议表示同意者亦有约束力；此外，决议不调整参与制定决议之人的个人之间的关系，而是旨在构筑他们共同的权利领域或他们所代表的法人之权利领域。参见［德］卡尔·拉伦茨：《德国民法通论》（下），王晓晔、邵建东、程建英、徐国建、谢怀栻译，法律出版社2003年版，第433页。我国2017年《民法总则》第134条明文规定决议行为，作为与单方法律行为、双方法律行为、多方法律行为并列的法律行为类型。其间的区别，详见李宇：《民法总则要义：规范释论与判解集注》，法律出版社2017年版，第435~436页。

于组织化的构造。任何组织都必须有某种集体决策机制，以便将组织成员的偏好（preferences）集中并将此种偏好转化为集体的决定。[439]商业信托也需采用此类集体决策机制：受益人意思的形成与表达，需通过受益人会议；共同受托人意思的形成与表达，需通过受托人会议或类似机制。而组织化的决策机制，常意味着采用多数决定的规则，以免商业信托的运行因少数人甚至个别人的异议而陷于僵局。另外，有时赋予持异议者充分的救济权利或责任豁免，[440]作为其因多数决定机制遭受牺牲的补偿。概言之，组织性广泛存在于商业信托各方当事人之间。[441]

商业信托的组织性派生出商业信托的一系列特殊问题。与普通信托相比，商业信托中的信息不对称问题更为严重：一面是多数的专业受托人，另一面是多数的受益人和潜在投资者，[442]由此引发复杂的治理问题——如何在顾全商业信托运营效率的同时，保障受益人适当表达其意志？如何适当考虑多数受益人决策程序中通常具有的理性冷漠（rational apathy）和“搭便车”（free-rider）困境而提供有效率的机制？[443]等等。此类问题的解决，需要商业信托法另谋出路。

三、商业信托与商信托（commercial trust）

（一）商信托的分类：传统商信托与商业信托

商业信托不同于商信托（commercial trust），[444]后者范围大于前者。根据美国信托法权威学者朗贝恩教授的界定，商信托是与无偿信托相对

---

[439] Stephen M. Bainbridge, *Participatory Management Within a Theory of the Firm*, 21 Iowa J. Corp. L. 657（1996）.

[440] 例如，异议受益人的估价权、对违反信托行为持异议的受托人的责任豁免。

[441] 美国联邦法院判例认为，商业信托的组织关系既存在于受益人与受托人之间，也存在于受益人与受益人之间。Brooklyn Trust Co. v. Commissioner of Internal Revenue, 80 F. 2d 865, 36-1 U. S. Tax Cas.（CCH）P 9049, 17 A. F. T. R.（P-H）P 133（C. C. A. 2d Cir. 1936）.

[442] Thomas W. Merrill & Henry E. Smith, *The Property/Contract Interface*, 101 Colum. L. Rev. 773, 845（2001）.

[443] 关于理性的冷漠和“搭便车”问题的一般讨论，参见Saul Levmore, *Monitors and Freeriders in Commercial and Corporate Settings*, 92 Yale L. J. 49（1982）; Jeffrey N. Gordon, *The Mandatory Structure of Corporate Law*, 89 Colum. L. Rev. 1549, 1575-76（1989）。

[444] Commercial trust，依其文义，亦不妨译为“商事信托”。但“商事信托”一词，多已被用作“营业信托”的同义语（参见赖源河、王志诚：《现代信托法论》（增订3版），中国政法大学出版社2002年版，第39页），为避免混淆，本书不采。译为“商信托”，与commercial一语在法学中的通常译法相符（如commercial code译为“商法典”）。当然，如将commercial trust译为“商用信托”“商务信托”，自亦无妨。另有论者认为commercial trust即营业信托（黄欣怡：《商业信托之研究》，中正大学法律学研究所2004年硕士学位论文，第26页），实系误解。英美法系并无营业信托这一分类；commercial trust的受托人亦不以营业性受托人为限。

的概念，包括作为交易工具的信托和作为商业组织的信托。[445]作为交易工具的信托，无组织性，因此普通信托法基本能够符合此类信托适用之需。类似地，美国学者普朗克教授认为，商信托有两种形态：一种为“用于商事目的之传统信托”（traditional trust used for commercial purposes），即“传统商信托”（traditional commercial trust）；另一种即商业信托。[446]据此，商信托是商业信托的上位概念。

商信托概念的上述用法，似已成为欧美学者的一般用法，[447]尽管不同的概念用法也仍然存在。[448]苏格兰法律委员会的信托法报告也使用了“商信托”一词，所指称的信托类型包括单位信托、保险金信托、养老金信

[445] John H. Langbein, *The Secret Life of the Trust: The Trust as an Instrument of Commerce*, 107 Yale L. J. 165, 186（1997）.

[446] Thomas E. Plank, *The Bankruptcy Trust as a Legal Person*, 35 Wake Forest L. Rev. 251, 256（2000）.

[447] 例如，美国学者史蒂文·斯瓦茨教授在其专文中，将商信托分类为下列几种：用作特殊目的载体的信托，用于分散借贷风险的信托，主信托，商业信托，债券信托，信托契据（该文所称之信托契据是指委托人为担保债务之目的将财产所有权移转于受托人），共同基金，不动产投资信托，金融资产证券化投资信托（FASITS）。Steven L. Schwarcz, *Commercial Trusts as Business Organizations: Unraveling the Mystery*, 58 Bus. Law. 559, 563-73（2003）. 该文所分类的各种信托虽有重叠，论文标题《作为商业组织的商信托》亦不准确（担保信托并不都具有组织性），但仍是将商信托用作更广义之概念。又如，欧美学者合著的《欧洲私法中的商信托》一书，也将商信托用作商业信托的上位概念。该书为国际上卓有影响的“欧洲私法共同核心”丛书（Common Core of European Private Law）中的一本。全书共分3编，除第1编“确定研究架构”、第3编“结论”外，核心部分为第2编“案例研究”，下分总论、各论，各论部分讨论四种商信托，即养老金信托、集合投资计划、多数债券持有人（债券持有人信托）、资产证券化信托。其中养老金信托、债券持有人信托属于传统商信托，集合投资计划、资产证券化信托属于商业信托。*Commercial Trusts in European Private Law*（Michele Graziadei, Ugo Mattei, & Lionel Smith eds 2005）.该书的三位编者中，Michele Graziadei时任意大利东皮埃蒙特大学比较私法学教授，Ugo Mattei时任意大利都灵大学民法学教授和美国加利福尼亚大学黑斯廷法学院阿尔弗雷德与汉纳·弗洛姆国际法与比较法讲座教授，Lionel Smith时任加拿大麦吉尔大学法学院及比较法研究所詹姆斯·麦吉尔法学教授。包括3位编者在内的该书作者共25位，均为欧美各国的作者。近期的专文也在上述意义上使用commercial trust一词。S. I. Strong, *Congress and Commercial Trusts: Dealing with Diversity Jurisdiction Post-Americold*, 69 Florida L. Rev. 1021（2017）.

[448] 加拿大信托法的权威体系书《沃特斯论加拿大信托法》对信托用途的归类别出心裁。该书第12章“信托机制的运用”将信托分为四大类：个人信托，商业信托，环境信托，国际信托。此所谓个人信托（personal trust），是指普通信托和公益信托。此所谓商业信托，是指广义上的商业信托，又分为三类：第一类是“用于实现个人目的的商业信托”，包括养老金信托、利润分享信托、注册退休储蓄计划信托、资产池投资信托（按照加拿大各省立法的授权，信托公司可将不同的信托基金组合为一个共同信托基金，作为一个基金进行投资，以此分散风险）、雇用人作为受托人为受雇人利益管理的信托、保健与福利利益信托、物业保险信托。第二类是“用于个人商业或小规模商业安排的商业信托”，此类信托的功能是作为一种持有机制（holding device），亦即设立信托以持有资产（直至特定事由的发生），或者让信托作为当事人之间的媒介，此类信托包括合伙买卖协议、股票购买协议、股票表决权信托、营业买卖信托。第三类是“用于大规模商业的商业信托”，包括狭义的商业信托（用作公司替代品的信托）、用作公司设立前融资持有载体的信托、用作担保机制的信托。此所谓狭义的商业信托，包括不动产投资、共同基金、不动产投资信托、石油和天然气开发权信托、商业收入信托。资产证券化信托则被归入用作担保机制的信托。Donovan W. M. Waters, Mark R. Gillen, & Lionel D. Smith, *Waters' Law of Trusts in Canada* 534-571（3d ed. 2005）.

托、保理和发票贴现融资协议中的信托、资产证券化信托、为合伙持有财产的信托、为公司集团持有财产的信托、商事交易中的特殊目的基金、为商事合同履行提供担保的信托等。[449]该报告所附的《信托(苏格兰)法案草案》,对商信托设有定义,是指"作为商事安排的一部分并意在实现该安排的信托",包括养老金信托、人身保险单、单位信托或任何其他以信托为基础的投资计划、依据合伙协议而设立的信托或构成合伙协议一部分的信托等。[450]

传统商信托以保存信托财产为目的,信托财产以受托人名义持有,[451]其法律结构与普通信托并无重大差异。典型的传统商信托中,受托人的主要活动为获取信托财产、保全与保存信托财产、向受益人支付信托财产收入,受托人不从事较为广泛的经营活动。[452]

(二)传统商信托的应用

1. 养老金信托(pension trust)

养老金信托为最接近于普通信托的一种商信托,其劳动者福利色彩亦有别于纯商业色彩的信托。正因如此,对养老金信托性质的认识并不一致。[453]养老金信托一般基于雇用合同而设立,以信托形式持有养老金或其他受雇人福利资产(通常由雇用人与受雇人共同缴存)。受雇人兼有委托人与受益人的双重身份,故其权利比家事信托中的受益人广泛。[454]以信托形式持有和运用养老金,可使养老金免于在雇用人破产时沦为其破产财产,保障作为受益人的受雇人之利益。

依美国1974年《受雇人退休收入保障法》,任何受雇人受益计划(employee benefit plan)项下的资产,原则上必须以信托形式持有。[455]在英国,大多数职业养老金计划以信托形式设立,雇用人与受雇人根据雇用合

---

[449] Scottish Law Commission, Report on Trust Law 30-32(Scot. Law Com. No. 239, 2014).

[450] Id. at 344.

[451] Thomas E. Plank, *The Bankruptcy Trust as a Legal Person*, 35 Wake Forest L. Rev. 251, 256(2000).

[452] Id.

[453] 美国信托法权威学者博格特教授将受雇人福利信托列为用于商业用途的信托。George Gleason Bogert & George Taylor Bogert, *The Law of Trusts and Trustees* § 255(rev. 2d ed. 1993). 英国有信托法著作将养老金信托列为用于商业用途的信托。David Hayton, Paul Matthews, & Charles Mitchell, *Underhill and Hayton Law Relating to Trusts and Trustees* 69(18th ed. 2010). 但也有学者将养老金信托与公益信托归入"用于福利用途的信托"之列,与用于商业用途的信托相对应。Alastair Hudson, *Equity and Trusts*, ch. 24, 25(2007). 另有学者将养老金信托归类为社会用途的信托,与家庭用途的信托、商业用途的信托相对应。A. J. Oakley, *Parker and Mellows*: *The Modern Law of Trusts* 7-12(9th ed. 2008).

[454] David Hayton, Paul Matthews, & Charles Mitchell, *Underhill and Hayton Law Relating to Trusts and Trustees* 70-71(18th ed. 2010).

[455] Employee Retirement Income Security Act § 403, 29 U. S. C. § 1103.

同，例行出资；[456]养老金信托和其他形式的受雇人信托享有税收优惠。[457]养老金信托充分运用信托法的灵活性优势和信托的破产隔离功能，同时，因养老金信托具有较浓厚的公共秩序色彩，立法加以特别管制，如英国1995年《养老金法》（Pension Act）规定受托人的最低义务，并禁止受托人免除投资行为中的过失责任。

养老金信托在当代社会发展迅速。在美国，1996年年末，以信托形式持有的私人养老金（非政府受雇人养老金）基金达到3万亿美元；州政府和地方政府受雇人养老金基金则达到1.6万亿美元，其中大多数以信托形式持有。[458]2014年，整个美国的养老金资产已达到24万亿美元，[459]养老金基金拥有超过1/4的股权与1/2的公司债券。[460]在英国，养老金基金信托持有的资产价值则已超过7000亿英镑，800万受雇人是职业养老金计划的受益人。[461]

在我国，近年来各界积极推行的企业年金信托、员工退休基金信托等，名虽各异，实质上均可归入养老金信托。按照我国原劳动和社会保障部发布的《企业年金试行办法》第2条之定义，企业年金，是指企业及其职工在依法参加基本养老保险的基础上，自愿建立的补充养老保险制度。该办法要求企业年金基金必须与受托人、账户管理人、投资管理人和托管人的自有资产或其他资产分开管理，不得挪作其他用途（第20条第1款）。但该办法尚未明文使用“信托”概念。随后，我国原劳动和社会保障部、原银监会、证监会、原保监会2004年联合公布的规章《企业年金基金管理试行办法》，以《信托法》《合同法》《证券投资基金法》等法律为上位法，明文采用信托架构。2011年，人力资源和社会保障部、原银监会、证监会、原保监会联合公布《企业年金基金管理办法》（2015年修订），取而代之，但企业年金基金基本架构未变。依据该办法，企业年金基金，是指根据依法制定的企业年金计划筹集的资金及其投资运营收益形成的企业

[456] David Hayton, *The Uses of Trusts in the Commercial Context*, in Trusts in Prime Jurisdictions 447 (Alon Kaplan ed. 2000).

[457] David Hayton, Paul Matthews, & Charles Mitchell, *Underhill and Hayton Law Relating to Trusts and Trustees* 69, 71 (18th ed. 2010).

[458] Pension Investment Report-1st Quarter 1997 (Employee Benefit Research Inst., Washington, D. C.), July 1997, at 29 tbl. 13. 转引自 John H. Langbein, *The Secret Life of the Trust*: *The Trust as an Instrument of Commerce*, 107 Yale L. J. 165, 168 n. 24 (1997)。

[459] S. I. Strong, *Congress and Commercial Trusts*: *Dealing with Diversity Jurisdiction Post-Americold*, 69 Florida L. Rev. 1021, 1041 n. 132 (2017).

[460] John H. Langbein, *The Secret Life of the Trust*: *The Trust as an Instrument of Commerce*, 107 Yale L. J. 165, 169 (1997).

[461] David J. Hayton, *The Law of Trusts* 2 (2003).

补充养老保险基金（第2条第2款）。建立企业年金计划的企业及其职工作为委托人，与企业年金理事会或者法人受托机构（受托人）签订受托管理合同；受托人与企业年金基金账户管理机构（账户管理人）、企业年金基金托管机构（托管人）和企业年金基金投资管理机构（投资管理人）分别签订委托管理合同。企业年金基金的财产，具有信托财产的独立性（第3~11条）。2017年12月28日，人力资源和社会保障部、财政部联合颁布规章《企业年金办法》，废止《企业年金试行办法》，维持企业年金的定义，另明文将《信托法》列为立法依据之一（第1条）。

在企业年金基金财产采用信托架构之后，对于基本养老保险基金，国务院也要求采用信托架构。国务院于2015年8月17日发布的其他规范性文件《基本养老保险基金投资管理办法》，以《社会保险法》《劳动法》《证券投资基金法》《信托法》《合同法》等法律法规和国务院有关规定为上位法依据（第1条），规定养老保险基金财产具有独立性（第5~10条）。

国务院于2016年3月10日公布的行政法规《全国社会保障基金条例》进一步将信托架构扩展适用至全国社会保障基金。该条例虽未明确提及“信托”字样，但于第15条明文规定全国社会保障基金财产的独立性：“全国社会保障基金财产应当独立于全国社会保障基金理事会、投资管理人、托管人的固有财产，独立于投资管理人投资和托管人保管的其他财产。”

2. 担保信托

担保信托，种类多样，其基本结构为：以担保财产作为信托财产，以债务人或担保人为信托受托人，以债权人为信托受益人或信托所有权人。担保信托与公司债券信托、公司资产证券化信托在功能上具有一定的相似性。[462]

英美法系国家有丰富的担保信托类型。[463]甚至在金钱上亦可成立担保信托，使受益人能够在特定情形下追及金钱，此即著名的Quistclose信托。[464]Quistclose信托在很大程度上依赖于贷款合同的设计。贷款机构向

---

[462] 担保融资与结构融资中的信托与受托人问题，参见Martin Hughes, *Selected Legal Issues for Financial Lawyers*, ch. 13（2003）。

[463] 英美法上的各种担保信托，详见Alastair Hudson, *Equity and Trusts*, ch. 21-23（2007）（Quistclose信托、抵押与担保信托）；Geraint Thomas & Alastair Hudson, *The Law of Trust*, ch. 51（2d ed. 2010）；David Hayton, Paul Matthews, & Charles Mitchell, *Underhill and Hayton Law Relating to Trusts and Trustees* 60-66（18th ed. 2010）。加拿大法上的担保信托，参见Donovan W. M. Waters, Mark R. Gillen, & Lionel D. Smith, *Waters' Law of Trusts in Canada* 560-66（3d ed. 2005）。

[464] 因*Barclays Bank Ltd. v. Quistclose Investments Ltd.*案而得名。英国上议院在本案中判决此类信托有效。Quistclose信托在加拿大普通法省亦获承认。详见Dennis R. Klinck, *The Quistclose Trust in Canada*, 23 Can. Bus. L. J. 45（1994）。

借款人出借金钱时，预先约定该笔借款仅得为特定目的使用。至特定时点，借款人为该特定目的而使用金钱后，即作为债务人对贷款人负有义务；如借款人未为该特定目的而使用金钱，则借款人将以信托形式持有该笔金钱，贷款人相当于该信托财产的受益人，由此得以优先于借款人的全体无担保债权人而受偿。[465]

在大陆法系，担保信托的渊源可追溯至罗马法。罗马法上，作为担保性让与的信托（*fiducia*），是与质押并行的物的担保方法。信托可以不移转物之占有，由此区别于质押。担保人（委托人）将要式物以要式买卖或者拟诉弃权的方式移转于债权人（受托人），因此而达成有约束力的信托简约，如果被担保债权受清偿或因其他事由而消灭，受托人应将标的物以要式回卖或者拟诉弃权的方式回复；受托人不得转让标的物或在其上设定负担。[466]现代民法典亦有明文规定担保信托者，如《巴西新民法典》。该法典规定的信托所有权仅指担保信托，即债务人为担保目的将特定物所有权移转于债权人，于债务到期前，仍由债务人管理，如债务到期未清偿，则应交付债权人或出卖信托财产以偿债。其性质类似于质押与抵押，某些事项适用关于质押与抵押的规定。[467]作为法国法与英国法之混血儿的《马耳他民法典》，专条规定担保信托（第2095E条，共14款）。日本2006年《信托法》第3条、韩国2014年修订的《信托法》第2条均明文规定，信托可为担保目的而设立。

我国《澳门商法典》第17编“担保合同”第2章规定信托让与担保。此所谓信托让与担保，是指债务人将其动产所有权为担保目的让与债权人，债务人转为该动产之持有人及受托人（第917条）。在不履行担保债务的情况下，信托让与所有人可将担保物出卖，无须拍卖、事先估价或采取其他司法或非司法措施，并得以所得价金清偿债务，但信托让与所有人仍负有清算义务；许可信托让与所有人于债务到期而不获清偿时将信托让与担保物归为己有之条款无效（第922条）。

我国《信托法》虽未明文规定担保信托，但《信托法》第3条所称“特定目的”，自可包括担保目的在内。

我国实务中亦有多种担保信托类型。我国银行等金融机构在国际贸

[465] 详见Geraint Thomas & Alastair Hudson, *The Law of Trust* 1375-1382（2d ed. 2010）。

[466] ［德］马克斯·卡泽尔、罗尔夫·克努特尔：《罗马私法》，田士永译，法律出版社2018年版，第312~314页。

[467] 《巴西新民法典》，齐云译，中国法制出版社2009年版，第1361~1368条。依据该法典，其他类型的信托由特别法规定，与特别法不抵触时，可适用民法典的相应规定（第1368条之A）。

易中经常运用的信托收据(trust receipt),即属于以信托形式实现担保目的之交易。[468]进口商为从境外进口货物,于不能备齐货款时,向银行申请短期融资服务,进口商以签署信托收据的方式,承诺货物所有权归属于银行,银行委托进口商占有、处分货物,并用所得款项清偿银行的融资款项。信托收据的效力已为我国法院裁判所认可。[469]另有某些判决认为信托收据在当事人之间不形成信托关系,[470]是对事实和法律的误解。

---

[468] 我国学者的新近研究,参见刘斌:《信托收据的权利逻辑与规范完善》,载《法律科学(西北政法大学学报)》2019年第3期。

[469] 中国建设银行股份有限公司青岛经济技术开发区支行与青岛保税区耀来国际贸易有限公司、山东青岛中外运国际物流有限公司信托纠纷上诉案,山东省青岛市中级人民法院(2013)青民四商终字第16号民事判决书。终审判决认为:"开发区建行在为耀来国际贸易公司提供融资便利的同时,持有仓单实现对货物的控制,以信托收据形式将仓单所表彰的部分财产权能委托与耀来国际贸易公司,通过耀来国际贸易公司的管理或处分行为,完成货物所有权的最终实现,符合信托法的目的。在中外运物流公司的参与下,开发区建行与耀来国际贸易公司之间设立信托关系,信托目的未违反法律、行政法规或者损害社会公共利益,信托财产确定,无导致信托无效的情形。中外运物流公司主张信托收据在开发区建行与耀来国际贸易公司之间形成质押法律关系,一方面,各方当事人均无质押意思表示;另一方面,开发区建行虽持有仓单,但已通过信托收据将货物交由耀来国际贸易公司使用、处分,并凭提货通知书办理提货与出仓、出库,不符合动产质押以转移占有为设立要件。而权利质押需以耀来国际贸易公司为仓单权利人为前提。因此有关信托收据在开发区建行与耀来国际贸易公司之间形成了质押法律关系的说法不能成立。"

[470] 肯考帝亚农产品贸易(上海)有限公司与广东富虹油品有限公司、第三人中国建设银行股份有限公司湛江市分行所有权确认纠纷案,最高人民法院(2010)民四终字第20号民事判决书,载《最高人民法院公报》2012年第1期。本案中,2008年4月18日,肯考帝亚公司、富虹公司签订《货物代理进口协议》,约定肯考帝亚公司为富虹公司代理进口阿根廷大豆,肯考帝亚公司代理进口的马卡轮项下64,000吨大豆到港后,富虹公司持马卡轮正本提单换取了提货单。2008年7月24日,富虹公司为进口系争康劲轮货物向湛江建行申请开立远期信用证,并于同日向湛江建行出具《信托收据》:"本公司同意并确认,贵行享有或自本信托收据出具之日起即取得上述文件及其代表货物的所有权。同时,本信托收据确立了贵行与本公司之间的信托法律关系。贵行为委托人与受益人,本公司为受托人,上述文件及其代表的货物为信托财产。"湛江建行于2008年7月25日签署《贸易融资融度支用通知书》,同意富虹公司支用贸易融资额度2380万美元用于开立信用证,并向富虹公司发出《开立信用证通知书》。2008年9月9日前,富虹公司从湛江建行处取得了系争康劲轮货物的全套正本提单。上海市高级人民法院一审判决认为:"信托收据作为在国际贸易中惯常使用的一种协议形式,其主要功能在于为开证申请人即进口商提供融资便利的同时,保障银行债权的安全。在我国现行法律框架下,一方面,信托收据并非在开证行与开证申请人之间建立了信托法律关系,其理由在于,根据我国《信托法》的规定,信托财产应当是委托人合法所有的财产或者财产权利,故开证行对于信用证项下单据享有财产权利是信托法律关系成立的合理性前提,而本案信托收据的约定与上述法律规定的基本逻辑相悖,故难以适用信托法的相关规定;另一方面,信托收据亦非表明在开证行与开证申请人之间形成了质押法律关系。因为我国《担保法》规定动产质押以转移占有为生效条件,而本案中开证行在取得全套海运提单后即交给开证申请人,开证行并不实际占有信用证项下单据或进口货物,故在开证行和开证申请人之间亦不存在合法有效的质押法律关系。因此,根据现行法律规定,可将信托收据视为进口商与开证行之间的一种无名合同,开证行依其与进口商之间在信托收据中的约定对信用证项下的进口货物拥有优先受偿权,但由于信托收据缺乏公示效力,故仅对进口商和开证行有约束力,任何一方不能以信托收据对抗善意第三人。"(当事人未就此争点提起上诉,因此二审对此未作处理)法院此项认定有误。开证行取得正本提单后,即具有占有标的物之效力,依据占有人推定为所有人之法理,标的物所有权推定为属于开证行,除非当事人另有相反约定。信托因之成立。

除纯正的担保信托外，证券公司融资融券业务中的信托行为，也具有担保信托之特征。国务院的行政法规、证监会的规章明确认可其信托性质。融资融券业务，是指向客户出借资金供其买入证券或者出借证券供其卖出，并收取担保物的经营活动。《证券公司监督管理条例》第4章“业务规则与风险控制”第5节“融资融券业务”第53条规定：“客户证券担保账户内的证券和客户资金担保账户内的资金为信托财产。证券公司不得违背受托义务侵占客户担保账户内的证券或者资金。除本条例第五十四条规定的情形或者证券公司和客户依法另有约定的情形外，证券公司不得动用客户担保账户内的证券或者资金。”2015年《证券公司融资融券业务管理办法》第14条第1款规定：“融资融券合同应当约定，证券公司客户信用交易担保证券账户内的证券和客户信用交易担保资金账户内的资金，为担保证券公司因融资融券所生对客户债权的信托财产。”证券公司经营融资融券业务，应当以自己的名义，在证券登记结算机构分别开立融券专用证券账户、客户信用交易担保证券账户、信用交易证券交收账户和信用交易资金交收账户。其中，客户信用交易担保证券账户用于记录客户委托证券公司持有、担保证券公司因向客户融资融券所生债权的证券（该办法第10条）。同时，证券公司经营融资融券业务，应当以自己的名义，在商业银行分别开立融资专用资金账户和客户信用交易担保资金账户，其中，客户信用交易担保资金账户用于存放客户交存的、担保证券公司因向客户融资融券所生债权的资金（该办法第11条）。该办法通过两处规定，进一步明确信托财产的独立性。其一，除下列情形外，任何人不得动用证券公司客户信用交易担保证券账户内的证券和客户信用交易担保资金账户内的资金：为客户进行融资融券交易的结算；收取客户应当归还的资金、证券；收取客户应当支付的利息、费用、税款；按照本办法的规定以及与客户的约定处分担保物；收取客户应当支付的违约金；客户提取还本付息、支付税费及违约金后的剩余证券和资金；法律、行政法规和本办法规定的其他情形（第28条）。其二，证券公司通过客户信用交易担保证券账户持有的股票不计入其自有股票（第35条第1款）。此外，该办法第32条规定：“对客户信用交易担保证券账户记录的证券，由证券公司以自己的名义，为客户的利益，行使对证券发行人的权利。证券公司行使对证券发行人的权利，应当事先征求客户的意见，并按照其意见办理。客户未表达意见的，证券公司不得行使对发行人的权利。（第1款）前款所称对证券发行人的权利，是指请求召开证券持有人会议、参加证券持有人会议、提案、表决、配售股份的认购、请求分配投资收益等因持有证券而产生的权利。（第2款）”

证券担保信托，曾一度纳入《证券法》修订草案。全国人民代表大会常务委员会于2017年4月24日审议的《证券法（修订草案）（二次审议稿）》第72条第1款规定："投资者可以向证券经营机构提交担保物，借入资金或者证券进行证券交易。证券经营机构应当按照规定开立担保账户，存放投资者交存的担保物。担保账户内的资产为信托财产。"第161条第1款规定："开立名义持有账户的，名义持有证券为信托财产。"第164条规定证券担保："为担保债权的实现，债务人或者第三人可以将其持有的证券转移于债权人，债务清偿后，证券返还于债务人或者第三人；债务不履行的，担保权人有权就该证券优先受偿。（第1款）按照前款规定设立担保的，证券的转移自证券登记结算机构办理证券变更登记时生效。转移的证券为信托财产。（第2款）"不过，2019年修订通过的《证券法》未保留上述条文。

虽未明文使用担保信托字样，但实为担保信托的法律关系，在我国现行法上亦所在多有。例如，《证券投资基金法》规定基金销售结算资金、基金份额的独立性，与信托财产独立性的规定相同，实采信托法理，意在担保此类财产的安全。[471]基金销售机构、基金销售支付机构、基金份额登记机构应当确保此类财产的安全，不得动用，故此种信托属于担保信托，而非商业信托。与之性质类似者，如集合资产管理计划销售结算资金的独立性。[472]期货交易保证金也具有近似特质，唯《期货交易管理条例》明文采"客户所有权说"，与传统的信托概念不尽吻合（但与我国《信托法》第2条关于信托的独特定义并不必然抵触），乃有学者主张解释为信托财产更为优越。[473]如采信托财产说，此亦属担保信托。

[471] 该法第100条规定："基金销售结算资金、基金份额独立于基金销售机构、基金销售支付机构或者基金份额登记机构的自有财产。基金销售机构、基金销售支付机构或者基金份额登记机构破产或者清算时，基金销售结算资金、基金份额不属于其破产财产或者清算财产。非因投资人本身的债务或者法律规定的其他情形，不得查封、冻结、扣划或者强制执行基金销售结算资金、基金份额。（第1款）基金销售机构、基金销售支付机构、基金份额登记机构应当确保基金销售结算资金、基金份额的安全、独立，禁止任何单位或者个人以任何形式挪用基金销售结算资金、基金份额。（第2款）"

[472] 中国证监会于2012年发布、2013年修订的《证券公司集合资产管理业务实施细则》第7条规定："证券公司、推广机构和份额登记机构不得将集合计划销售结算资金归入其自有资产。证券公司、推广机构和份额登记机构破产或者清算时，集合计划销售结算资金不属于其破产财产或者清算财产。任何单位和个人不得以任何形式挪用集合计划销售结算资金。（第1款）集合计划销售结算资金是指由证券公司及其推广机构归集的，在客户结算账户、集合计划份额登记机构指定的专用账户和集合计划资产托管账户之间划转的份额参与、退出、现金分红等资金。（第2款）"该实施细则的制定依据之一为《证券投资基金法》（第1条）。

[473] 樊健：《论客户期货交易保证金的信托法律构造》，载《法学》2019年第2期。

3. 公司债信托与其他债券契约信托（indenture trust）

债券契约信托，被用作对债券提供担保的一种法律机制，因此，从广义上而言，亦可认为担保信托之一种。根据美国1939年《信托契约法》，大多数债券均须由公司型受托人为债券持有人或其他债权人之利益而持有。[474]以信托形式持有企业债券，旨在保障债券持有人不受发行企业破产的影响。要求由受托人持有的债券，包括公司债券与其他企业发行的债券。后者的典型例证是资产证券化信托发行的债券（资产支持证券的形式之一）。此种交易中，发行债券的企业本身是一个商业信托（其受托人常称为owner trustee），此外需另行选任一个受托人（常称为债券契约受托人，indenture trustee），由该受托人为债券持有人之利益持有债券并掌管担保财产，由此成立另一个信托。

在某些债券交易中，受托人并不占有债券担保财产，[475]亦无积极的经营管理行为，而以保存担保财产以确保债券持有人顺利受偿为目的。而在担保财产为金融资产的某些债券交易中，受托人占有资产，并以之作为偿付债务的来源。[476]在受托人实施担保财产经营管理行为时，是否构成商业信托，即有疑问。就此领域，已有诸多富于争议的判例，详见本节下述东方航空公司担保设备重整案。

其他法域，即使不存在制定法上的一般性要求，但信托制度也为企业债所用。例如，在德国，企业向资本市场发行债券，并在其土地上设定抵押权以用作担保时，如果将抵押权分割开来由每一债券持有人享有其中的权益，显然不可行，因此选用信托的形式，称为担保权信托（Sicherungsrechte）。在此类信托中，债券持有人同意将抵押权登记于某一银行名下，由该银行作为债券持有人之受托人，为了债券持有人之利益，行使该抵押权。[477]英格兰、爱尔兰、苏格兰亦采用信托架构，担保人为受托人，投资者或债权人为受益人；意大利法律通过冲突法规则的适用，而容许采用相同的架构。[478]英国公司法对债券契约中的受托人责任有特别

---

[474]　Trust Indenture Act, 15 U. S. C. § 77aaa et seq.

[475]　John H. Langbein, *The Secret Life of the Trust: The Trust as an Instrument of Commerce*, 107 Yale L. J. 165, 173-74 (1997).

[476]　例如，Continental Ill. Nat' l Bank & Tr. Co. v. Chicago, Rock Island & Pac. Ry., 294 U. S. 648 (1935). 评级机构亦要求在某些交易中交付担保品。Standard & Poor' s Rating Services, *Legal Issues in Rating Structured Finance Transactions* 168-76 (1998).

[477]　Hein Kötz, *The Modern Development of Trust Law in Germany*, in Modern International Developments in Trust Law 55 (David Hayton ed. 1999).

[478]　*Commercial Trusts in European Private Law* 503 (Michele Graziadei, Ugo Mattei, & Lionel Smith ed. 2005).

规定。[479]

美国公司债信托的规则与实务，为我国法借鉴。我国证监会于2007年发布的《公司债券发行试点办法》要求采用信托架构；公司为债券设定担保的，债券受托管理协议应当约定担保财产为信托财产（第25条第2项）。证监会于2014年公布《公司债券发行与交易管理办法》，取而代之，但信托架构未变。2019年修订的《证券法》在第6章“投资者保护”中专设一条规定债券受托管理人制度（第92条），将其上升为法律。

4. 表决权信托

表决权信托，是指公司股东或其他企业的出资人将表决权交托给受托人，由受托人行使表决权的信托。表决权信托具有诸多实益：公司的中小股东可将其表决权统一交由受托人行使，从而缓解小股东“搭便车”困境，改善公司治理；家族企业的企业主，对于不愿或者无力经营企业的子孙，可以仅给予股份上的收益权，而将表决权交由受托人行使。

表决权信托发源于英美法系普通法，后为关于公司的制定法所承认。德国法上的企业股份管理信托（Gesellschaftsanteile），与表决权信托功能相似。无论人合企业还是资合企业，其股东均可将其股份移转于受托人，由受托人为了股东的利益行使其股权。尤其是在有限合伙中，有限合伙人有时多达数百个，由全体合伙人共同参加会议并进行投票显然不可行，因此有限合伙人可以将其合伙权益移转于一个受托人，由受托人为了有限合伙人之利益而行使其权利。[480]

我国《公司法》《信托法》虽未明文规定表决权信托，但该种信托在现行法上并无障碍。股权作为一种财产权，可以作为信托财产。表决权可从股权中分离出来，单独作为信托财产。正如我国现今实务中多有将股权中的收益权分离出来而设立的收益权信托。

5. 著作权集体管理信托

著作权人与著作权集体管理组织约定著作权中的某些权利由著作权集体管理组织代为行使，是一种行之有效的权利行使方式。最高人民法院于1993年公布的司法规范性文件确认著作权人和著作权集体管理组织

---

[479] 英国2006年《公司法》第19编（Part 19）是关于公司债的规定。其中第750条规定，信托契据或其他合同免除受托人违反信托之责任的，其约定无效；但事后免责之效力不受影响，例如，经债券持有人会议决议（须所持债券价值75%以上的持有人通过），免除受托人的责任。Companies Act 2006，§ 750(1)，(2).

[480] 德国法的状况，参见Hein Kötz, *The Modern Development of Trust Law in Germany*, in Modern International Developments in Trust Law 55-56（David Hayton ed. 1999）。

之间形成信托关系。[481]此后，法律、行政法规明文规定著作权集体管理制度，该司法规范性文件遂被废止。[482]但《著作权法》《著作权集体管理条例》并未明确著作权人和著作权集体管理组织之间的法律关系性质，仅是解决了上述司法规范性文件第二点所指的诉讼权利主体问题（2010年《著作权法》第8条第1款、《著作权集体管理条例》第2条）。解释上仍应认为双方构成信托关系。

6. 员工持股信托

各国公司法往往对有限责任公司股东设有人数上限。在特定交易中，为避开人数限制规定所造成的障碍，可以采用信托形式。我国实务中经常运用的员工持股交易形式，被法院认定为构成信托关系。[483]采用信托架构，有助于确保员工所持股权权益的安全性。

7. 土地信托

美国法上的土地信托（land trust），是指由受托人持有不动产的普

[481] 最高人民法院民事审判厅《关于中国音乐著作权协会与音乐著作权人之间几个法律问题的复函》[法民（1993）第35号]：“一、音乐著作权协会与音乐著作权人（会员）根据法律规定可就音乐作品的某些权利的管理通过合同方式建立平等主体之间的带有信托性质的民事法律关系，双方的权利与义务由合同约定，音乐著作权协会可以将双方的权利与义务等事项规定在协会章程之中。二、根据民法通则、著作权法、民事诉讼法以及双方订立的合同，音乐著作权人将其音乐作品的部分著作权委托音乐著作权协会管理后，音乐著作权协会可以自己的名义对音乐著作权人委托的权利进行管理。发生纠纷时，根据合同在委托权限范围内有权以自己的名义提起诉讼。但音乐著作权人在其著作权受到侵害而音乐著作权协会未提起诉讼或者权利人认为有必要等情况下，依法仍有权提起诉讼。”

[482] 《最高人民法院关于废止1980年1月1日至1997年6月30日期间发布的部分司法解释和司法解释性质文件（第九批）的决定》（法释〔2013〕2号）以“已被著作权法及著作权集体管理条例代替”为由，废止该文件。

[483] 颇有影响的案例，有上诉人王筱茜等7人与被上诉人中国平安人寿保险股份有限公司辽宁分公司、中国平安保险（集团）股份有限公司、林芝新豪时投资发展有限公司股东资格确认纠纷案，广东省深圳市中级人民法院（2014）深中法商终字第314-320号民事判决书。一审判决认为：“一、平安工会向新豪时公司投资的法律定性……在目前国家法律法规司法解释的制度框架内，尚未有专门规定对工会代职工持股的这种法律关系进行定位……此种法律关系应适用信托法，即员工与工会之间属于信托关系。按照信托法规定，信托是委托人基于对受托人的信任，将其财产权委托给受托人，由受托人按照委托人的意愿以自己的名义，为受益人的利益或者特定目的，进行管理或者处分的行为。在工会代员工持股的这种情况下，员工为委托人，工会为受托人，信托财产为员工的出资，受益人为员工，工会与员工之间构成信托法律关系。本案中，在1992年，平安公司为激励广大员工，经中国人民银行批准，成立合股基金公司，将员工对公司的投资以合股基金公司的名义投入公司；合股基金公司1997年改制为新豪时公司，此前以及此后平安公司投资员工的出资皆以平安工会的名义投入新豪时公司，广大投资员工作为平安工会的会员，平安工会作为新豪时公司法律意义上的股东，新豪时公司作为平安公司的发起人股东之一，从而形成了这种间接投资的投资模式，既规避了法律的规定，又实现了公司的目的。平安工会作为社会团体法人，具有民事权利能力和民事行为能力，可以独立承担民事责任，其接受平安公司广大投资员工的委托将员工的认购出资以股本金行使投入新豪时公司，符合上述有关信托关系认定的基本要素，应认定平安公司投资员工与平安工会之间成立信托关系。”深圳市中级人民法院二审判决维持原判。

通法所有权，[484]受益人享有的权益为动产，由受益人或受益人书面指定之人享有对受托人处置信托财产之排他性指示权或控制权、对信托财产管理运营出卖出租之排他性控制权、对信托财产的收益之排他性权利的信托。[485]土地信托，与英国法上的“土地上之信托”(trusts of land)并不相同。[486]土地信托为普通法之产物，其诞生可追溯至19世纪50年代铁路大发展时代，当时土地信托被用于取得铁路开发土地的手段。土地信托在美国伊利诺伊州最为发达，故又得名“伊利诺伊州土地信托”。

土地信托是一种独特的信托，因其受托人的权限与义务极为有限，但仍属于信托；适用于其他所有信托的原则，亦适用于土地信托。[487]美国某些州明文规定将土地信托排除于商业信托法之外，如1963年《印第安纳州商业信托法》规定，不发行可转让的受益权凭证且受益人少于100人的土地信托，不属于商业信托，不适用商业信托法。[488]美国某些判例在肯定商业信托为适格的破产债务人之同时，判定伊利诺伊州土地信托不属于美国联邦《破产法典》定义的“公司”(该法典定义的公司包括商业信托)。[489]土地信托通常未授予受托人积极从事商业活动的权限，破产法院由此判定，消极的土地信托不是商业信托。[490]从事商用不动产出租与管理活动的信托，则被法院认定为并非为了为受益人保存信托财产而设立，故不属于土地信托，而是商业信托。[491]土地信托的受益人实质上完全控

---

[484] Legal title，即普通法上所有权。Title不同于大陆法系的所有权概念，通常是指财产权的归属。下文就此概念不再一一说明。

[485] BA Mortg. & International Realty Corp. v. American Nat' l Bank & Trust Co., 706 F. Supp. 1364(D. Ill. 1989).

[486] 土地上之信托，是指信托财产为土地或者包括土地的信托。David Hayton, Paul Matthews, & Charles Mitchell, *Underhill and Hayton Law Relating to Trusts and Trustees* 622(18th ed. 2010). 并参见英国1996年《土地上之信托及受托人选任法》关于土地上之信托的定义。Trusts of Land and Appointment of Trustees Act 1996, § 1(1).

[487] John C. Murray, *The Use of Land Trusts and Business Trusts in Real Estate Transactions*, http://dirt.umkc.edu/attachments/LandTrustIII.doc, Feb. 18, 2008.

[488] Ind. Code § 23-5-1-2(a).

[489] Mayo v. Barnett Bank of Pensacola, 448 F. Supp. 250, 251(N. D. Fla. 1978); In re Dolton Lodge Trust No. 35188, 22 B. R. 918, 923(Bankr. N. D. Ill. 1982); In re Old Second Nat' l Bank, 7 B. R. 37, 38(Bankr. N. D. Ill. 1980).

[490] In re G-2 Realty Trust, 6 B. R. 549(Bankr. D. Mass. 1980); In re Treasure Island Land Trust, 2 B. R. 332(N. D. Fla. 1980).

[491] In re Metro Palms I Trust, 153 B. R. 922, 923-24(Bankr. M. D. Fla. 1993). 本案所涉信托的唯一商业活动是出租并管理办公楼(该信托的唯一资产)。

制受托人的行为与信托的管理，受益人不仅有权取得信托财产产生的收益，并有权任意终止信托，因此，受益人破产时，信托财产将成为破产财产。[492]

日本亦有土地信托概念，但与美国法上的土地信托颇有不同。日本的土地信托，是土地所有人（委托人兼受益人）为有效利用土地、取得收益，而将土地及其定着物信托予信托银行，由信托银行办理筹措资金、整地、兴建建筑物、募集承租人、出租建筑物并予管理或分售，并将管理运用之成果作为信托收益，分配于受益人。[493]受托人扮演积极运营之角色，而与美国土地信托的受托人消极角色大异其趣。

8. 其他应用

商信托当然亦可用于其他用途。例如，债权处置信托。此类信托在我国信贷资产处置实务中时有所见。[494]概括而言，信托的商业用途如同商人和法律人的想象力一样无限，正因信托在设立与运营上均无严格的形式要件（不同于公司），并兼具对世性的财产保护和对人关系上的灵活性，只要没有税法上的不利、没有因欠缺主体资格所致的不利，信托会被用于任何商业用途。[495]

在我国现行法上，除信托财产外，也有若干性质不明的特别财产，可被视作信托制度的功能上替代物，或曰信托法理的实质性扩张。例如，经国务院批准发布的《网络借贷信息中介机构业务活动管理暂行办法》第24条第3款规定："网络借贷信息中介机构清算时，出借人与借款人的资金分别属于出借人与借款人，不属于网络借贷信息中介机构的财产，不列入清

---

[492] Shmuel Vasser & Richard B. Levin, *The Use of a Business Trust as a Special Purpose Vehicle: Some Bankruptcy Implications*, 2004 No. 6 Norton Bankr. L. Adviser 1.

[493] 杨崇森：《从信托之功能谈信托之推广——迎接信托时代的来临》，载朱晓喆主编：《中国信托法评论》（第1卷），法律出版社2018年版，第40~43页。

[494] 例一，福州商贸大厦筹备处与福建佳盛投资发展有限公司借款纠纷案，最高人民法院（2005）民二终字第147号民事判决书。本案中，2000年6月21日，中国工商银行福建省分行与中国华融资产管理公司福州办事处签订《债权转让协议》。由福建工行将南门工行所享有的前述五笔债权及其相应的担保从债权全部转让给华融福州办。2003年6月26日，华融福州办与中信信托投资有限责任公司签订《华融资产处置财产信托合同》《信托财产委托处置协议》，将上述债权设定为信托财产。例二，中信信托有限责任公司与天津市粮油集团有限公司借款合同纠纷再审案，最高人民法院（2011）民提字第266号民事判决书。本案中，2006年6月2日，中国东方资产管理公司天津办事处与中信信托公司签署了京、津、宁三地财产信托合同，中国东方资产管理公司天津办事处将包括本案诉争债权及担保权在内的资产设立"京、津、宁三地财产信托"。中信信托公司有权向债务人及各保证人主张债权及其相关的担保债权。

[495] David Hayton, Paul Matthews, & Charles Mitchell, *Underhill and Hayton Law Relating to Trusts and Trustees* 72 (18th ed. 2010).

算财产。”出借人与借款人的金钱，已交付于网络借贷信息中介机构的，依据法理，其所有权本不再属于出借人与借款人，但据此规定，出借人与借款人应有取回权。

（三）传统商信托的特性及法律适用

有偿性、契约性，为传统商信托区别于普通信托之特性：受益人基于对价取得受益权，信托基于契约而成立。传统商信托不具有营利性与组织性。传统商信托虽与商业相关，但并非旨在集合资本以从事营利性商业活动，而大多属于服务于特定目的的交易工具，不以成立独立的营利性组织为目的。传统商信托一般不具有组织性，因此多不适用商业信托式的组织化规则。传统商信托不是实体，不过，某些担保信托或债券契约信托亦具有组织性。例如，在债权人为多数的情形，典型的担保信托协议约定实行多数决机制：在多数债权人依信贷协议中的表决条款所作指示下，担保受托人可作为担保债权人行使权利；除担保债务人行使或被指示行使权利外，每一债权人可作为担保债权人行使权利；债务人放弃关于每一债权人及担保受托人须共同参与程序的任何要求。[496]在公司债或其他债券信托中，债券持有人通常为多数，因而组成债券持有人会议，通过决议方式行使权利。我国证监会2014年发布的《公司债券发行与交易管理办法》规定，发行公司债券，应组成债券持有人会议，以多数决作出决定（第54条）；发生对债券持有人权益有重大影响的事项时，债券受托管理人应当召集债券持有人会议（第55条）。2019年修订的《证券法》第92条第1款规定，公开发行公司债券的，应当设立债券持有人会议。

依现时观点，传统商信托仍适用普通信托法。[497]但此类信托毕竟自有特点，完全适用普通信托法恐非妥当。由于传统商信托直至晚近始引发理论界关注，[498]对于传统商信托是否完全适用普通信托法，目前尚缺少专门的讨论。

本书认为，基于传统商信托的特性，其法律适用至少应有下列特殊之处：

其一，不适用反永续规则、反累积规则。反永续规则旨在防止无偿让与财产者“用死手控制活人”，反累积规则旨在防止财富过度累积，两者

---

[496] Philip R. Wood, *Comparative Law of Security Interests and Title Finance* 644 (2007).

[497] Uniform Trust Code § 102 cmt.

[498] Robert Flannigan, *Business Applications of the Express Trust*, 36 Alta. L. Rev. 630 (1998); John H. Langbein, *The Secret Life of the Trust: The Trust as an Instrument of Commerce*, 107 Yale L. J. 165 (1997).

适用范围限于无偿移转法（赠与、遗嘱法，包括无偿信托）。作为有偿交易的商信托，自应与其他有偿合同以及商业信托同理，不受反永续规则与反累积规则制约。[499]

其二，不适用防止挥霍信托中关于限制债权人权利的规则。防止挥霍信托的主要目的之一为隔断受益人之债权人对信托财产的追索以保障受益人的生计，在无偿的他益信托中有其合理性。[500]商信托为实现商业交易目的之工具，当事人旨在从中获取经济利益，不含生活保障的因素，法律不应破例以债权人利益为代价给予特殊保护，否则将造成债权人权益的过度牺牲。这也与其他商业交易法制一致。因此，传统商信托的信托文件中订定受益权不得用于清偿债务的信托条款，应为无效。[501]

此外，较之普通信托，契约性使商信托当事人有更大的自治空间。例如，商信托的契约性，甚至可以使之缓和退休金法的管制。美国《受雇人退休收入保障法》规定强行性信义义务，而非任意性信义义务。[502]基于涉及劳工利益的特别监管原因，《受雇人退休收入保障法》对信托当事人自治有重大限制。联邦最高法院将该法第404条第a款第1项第D目的规定[503]解释为，信托文件不得免除受托人依《受雇人退休收入保障法》所负义务。[504]尽管如此，法院仍然承认一些不在该法强制范围内的特定“商业”或“委托人”功能，以此保障合同自由，这包括提出、扩大或终止养老金计划的权限。[505]

四、商业信托与营业信托、商事信托

我国《信托法》第3条规定，委托人、受托人、受益人进行民事、营业、公益信托活动，适用本法。论者由此引申出“营业信托”概念。对于营业信托的概念，立法未予界定，学说与实务上并无一致认识，但大体上可概

---

[499] 关于反永续规则、反累积规则及其不适用于商业信托的理由，详见本书第8章第4节。

[500] 详见本书第10章第4节。

[501] 基于上述理由，我国《信托法》第47条关于“信托文件可以限制受益权用于清偿债务”的规定，应作目的性限缩，排除该条对商信托的适用。

[502] Thomas W. Merrill & Henry E. Smith, *The Property/Contract Interface*, 101 Colum. L. Rev. 773, 845 (2001). 该法规定，除少数例外情形外，免除信义义务人依据本部分规定所负责任或义务的协议或文件条款，因违背公共政策而无效。29 U. S. C. § 1110(a).

[503] 29 U. S. C. § 1104(a)(1)(D).

[504] Central States, Southeast & Southwest Areas Pension Fund v. Central Transp., Inc., 472 U. S. 559 (1985).

[505] John H. Langbein, *The Contractarian Basis of the Law of Trusts*, 105 Yale L. J. 625, 663 n. 200 (1995).

括为由营业性信托机构（信托公司、兼营信托业务之银行等）作为受托人的信托，又称为商事信托。[506]《全国法院民商事审判工作会议纪要》（法〔2019〕254号）对营业信托的界定大致与此相同。[507]

营业信托以及同等意义上的商事信托概念，在英美法上并不存在，疑系受日本法影响所致。在日本，受托人以营业为目的所承受的信托，称为营业信托或商事信托，营业信托适用信托业法或金融机构经营信托业务等相关法律；非以营业为目的所承受的信托，称为非营业信托或民事信托，原则上属于无偿行为，而不同于营业信托。[508]我国较早的信托法著作，亦沿用此概念。例如，史尚宽先生认为：以信托之承受为营业的信托，称为营业信托；不以信托之承受为营业的信托，称为非营业信托。营业信托，非经主管部门许可，不得经营。[509]又如赖源河、王志诚教授在合著的《现代信托法论》一书中认为：信托依受托人是否以承受信托为营业，可分为营业信托与非营业信托；营业信托又称商事信托，除应适用信托法规定外，尚应适用信托业法及其他相关特别法的规定，非营业信托又称民事信托，原则上适用信托法与民法的规定。并引用我国台湾地区“信托法”第60条第1项规定，指明营业信托的监督机关为目的事业主管机关，非营业信托的监督机关为法院，两者受不同机关的监督管理。[510]

营业信托与民事信托、公益信托划分标准混乱。公益信托是以信托目的区别于其他信托而定性，营业信托却是以受托人身份区别于其他信托

---

［506］ 王志诚：《论商事信托之功能与法制发展》，载《律师杂志》2002年第268期，第17~18页；谢哲胜：《信托法总论》，台北自版2003年版，第62页。各种观点归纳，参见朱小川：《营业信托法律制度比较研究——以受托人信用为中心》，法律出版社2007年版，第9页。

［507］ 该纪要第88条第1款规定：“信托公司根据法律法规以及金融监督管理部门的监管规定，以取得信托报酬为目的接受委托人的委托，以受托人身份处理信托事务的经营行为，属于营业信托。”

［508］ ［日］三菱日联信托银行编著：《信托法务与实务》（第5版），张军建译，中国财政经济出版社2010年版，第15页。但是，关于商事信托的概念，日本最近也有学说认为应比营业信托更为狭义，该学说将商事信托定义为“信托中受托人的作用已超越管理、保全或处分财产之范围或与之相异”。参见［日］神田秀树：《信托法研究》第22号，第49页。转引自［日］三菱日联信托银行编著：《信托法务与实务》（第5版），张军建译，中国财政经济出版社2010年版，第15~16页。

［509］ 史尚宽：《信托法论》，台湾商务印书馆股份有限公司1946年初版、1972年台一版，第10页。该书出版之时，我国尚未制定信托法，乃以日本信托法为主要参考资料。详见该书序言。

［510］ 赖源河、王志诚：《现代信托法论》（增订3版），中国政法大学出版社2002年版，第39页（该书初版为台湾五南图书出版公司1991年版）。该书将商业信托列入下一节“信托的特殊形态”，另行讨论（该书第40页）。王志诚教授新著维持此见解。参见王志诚：《信托法》，五南图书出版公司2020年版，第59、66页。谢哲胜教授认为：商事信托不等于商业信托，商业信托是一种企业经营组织，商事信托是指受托人以信托为业的信托，即营业信托；因此，民事信托和商事信托法律效果并无不同，商业信托的法律效果与民事信托则有所不同。参见谢哲胜：《信托法总论》，台北自版2003年版，第62页。

而定性，然则由信托公司担任受托人、以公益事业为目的的信托，是公益信托还是营业信托？若将法条中的营业信托解释为由信托机构担任受托人的信托，将使立法陷入自相矛盾的逻辑困境，有悖于法律解释原则。

营业信托概念的混乱，亦体现于立法资料之中。立法机关《关于〈中华人民共和国信托法（草案）〉的说明》谓："第四章规范的是信托公司的经营行为，即营业信托……草案重点调整营业信托，主要理由：一是我国目前绝大多数信托行为是营业信托；二是营业信托中存在不少问题，亟须调整和规范。同时草案也将非营业信托纳入调整范围。"[511]此所谓营业信托，显然是以受托人身份划定的类型。但《全国人大法律委员会关于〈中华人民共和国信托法（草案）〉修改情况的汇报》又依信托目的，将信托区分为3种：民事信托主要是指以个人财产为扶养、处理遗产等目的而设立的信托；营业信托主要是指个人或法人以财产增值为目的，委托营业性信托机构进行财产经营而设立的信托；公益信托主要是指以发展公益事业为目的而设立的信托。[512]卞耀武先生（时任全国人大常委会法制工作委员会副主任）见解类似，指出三种信托的主要区别在于信托目的不同。[513]依据信托目的划分信托类型，本属正确，此所称民事信托亦相当于英美法上的普通信托，唯于营业信托定义中突变为信托目的与受托人身份的双重标准，未臻精准。如依此见，由信托公司任受托人、以个人扶养或遗产处理为目的的信托（此种信托已以"家族信托"之类名目在近期实务中出现），将难以归类。

我国司法实务中，罕有裁判论及民事信托和营业信托概念的界定。其中有一例在判决理由中提及民事信托的概念，民事信托被理解为"以个

[511] 张绪武：《关于〈中华人民共和国信托法（草案）〉的说明》，载卞耀武主编：《中华人民共和国信托法释义》，法律出版社2002年版，第190页。

[512] 参见《全国人大法律委员会关于〈中华人民共和国信托法（草案）〉修改情况的汇报》，载卞耀武主编：《中华人民共和国信托法释义》，法律出版社2002年版，第217页。

[513] 卞耀武：《信托关系规范化及其现实意义》，载卞耀武主编：《中华人民共和国信托法释义》，法律出版社2002年版，第6页。但是，在立法机关工作人员撰写的《信托法》第3条的条文释义中，又彻底倒向信托目的和受托人身份的双重标准："在私益信托中，又可以按照受托人的性质和设立信托的具体目的，区分为营业信托和非营业信托，营业信托是个人或法人以财产增值为目的，委托营业性信托机构进行财产经营而设立的信托。非营业信托即民事信托，是个人为抚养、扶养、赡养、处理遗产等目的，委托受托人以非营利业务进行财产的管理而设立的信托。相对于私益信托，公益信托是出于发展公共事业的目的而设立的信托。"卞耀武主编：《中华人民共和国信托法释义》，法律出版社2002年版，第51页（该书撰稿人共6人，未注明各条释义撰稿分工）。如按此标准，个人或法人以财产增值为目的委托非信托机构而设立的信托，以及个人为抚养、处理遗产等目的委托营业性信托机构而设立的信托，将完全无法归类。

人财产为抚养、赡养、处理遗产的目的而设立的信托”。[514]类似于英美法判例学说上所称的普通信托。

普通信托、公益信托、商业信托为同位概念，而营业信托与前三者不属同一层次概念。既有自然人任受托人的普通信托，也有组织任受托人的信托；商业信托亦是如此——由信托公司、银行信托部门等法人组织任受托人的商业信托在实务中固然较为常见，由自然人或非法人组织等任受托人的商业信托也大量存在。例如，美国投资基金通常都由自然人担任受托人；投资基金常聘用的外部投资顾问，常由自然人或合伙等组织担任。清算信托也常由自然人任受托人。我国法上亦大量存在信托公司以外之人担任受托人的商业信托。例如，《保险资金间接投资基础设施项目管理办法》第25条第1款明确规定受托人得为保险资产管理公司、产业投资基金管理公司或“其他专业管理机构”，显然不以信托机构为限。2012年修订的《证券投资基金法》第12条第1款规定，非公开募集基金的管理人可为普通公司或合伙企业，亦不采特许制或专营制。

认为“营业信托包括商业信托”或“营业信托是指商业信托”之类的见解，并不确切。《信托法》第3条所谓营业信托，宜解释为商业信托，即以营利为目的的信托，民事信托则为基于私人之间无偿移转财产行为而以保存信托财产用于扶养、遗产处理目的的信托，由此方可使该法所称的

[514] 吴佩华与吉清等委托理财合同纠纷上诉案，浙江省杭州市中级人民法院(2011)浙杭商终字第89号民事判决书。杭州市滨江区人民法院一审判决认为：“一、关于本案属委托理财合同纠纷还是民事信托合同纠纷，应适用合同法还是信托法的问题。本院认为，民事信托合同纠纷是以个人财产为抚养、赡养、处理遗产等目的而设立的信托关系所发生的纠纷，是非营业信托；受托人有权以自己的名义管理处分信托财产。而本案吴佩华与吉清虽签订了《辽宁奥克化学集团有限公司股权认购及代持凭证书》，但该凭证书没有明确信托目的，没有受托人的管理或者处分权限和范围，也没有受托人的报酬等事项的明确约定，不符合民事信托法律关系的构成要件。吉清受委托为吴佩华等人认购、代持涉案股权，并根据吴佩华要求的时间、价格出售股权；吉清从吴佩华处收取的股权认购价为4.08元/股，而其从奥克公司认购的价格为4元/股，吉清辩称差价0.08元/股系认购股权的交易费用，但未能提供足够的证据予以证明。故认定吉清收取了吴佩华0.08元/股的费用，但该费用是确定的，而不是根据业绩收取报酬，更符合委托理财法律关系的构成要件，故原审认为本案应认定为委托理财合同纠纷，应适用合同法的相关规定。”杭州市中级人民法院二审维持原判，理由包括：“根据吴佩华与吉清签订的《辽宁奥克化学集团有限公司股权认购及代持凭证书》，吴佩华系股权认购人，吉清为股权代持人，从其内容看，双方约定了股权认购人的风险及权利，若股权认购人要求退出，则也是由股权认购人向股权代持人提出申请及退出价格区间，即无须吉清选择投资对象，按照相关的投资市场行情进行处置、决定从而获取投资报酬等，吉清作为股权代持人对所涉股权进行处置需得到吴佩华的指令，只是在处置时需要以其名义进行操作，故该内容实质上并没有明确的信托目的，并不符合民事信托法律关系的构成要件，吴佩华要求本案以信托法律关系来确定案由并适用《信托法》的上诉理由不能成立。”本案判决对民事信托的界定虽然无误，但以“不具有明确的信托目的”为由否定信托关系的构成，理由尚不充分；而从受托人没有管理和处分权限这一理由否定信托关系的成立，则是适用《信托法》第2条之结果。

民事信托、营业信托、公益信托成为合乎逻辑、顺应法理的同位概念。

有论者亦已提出我国信托法以民事信托与营业信托来划分信托并不确切："对于大多数学者将民事信托与营业信托放在一起解释的做法，江平教授指出，应把民事信托与公益信托放在一起作出对立的解释，即我国的民事信托相当于英美法系的私益信托，而营业信托只是以经营信托业务的机构作为受托人的一种民事信托。"[515]亦有论者认为，受托人是否具有营业性不能作为辨别民事信托或营业信托的要素，信托财产的管理目标是辨别民事信托或营业信托的唯一要素。[516]

尽管如此解释，仍有用词瑕疵——"民事""营业""公益"并列，不合法律体系，亦不符合我国实定法。

其一，"民事"与"公益"不能并列。公益类组织法、行为法，属于民事范畴，"公益"与"民事"不是并列概念。诸如公益法人、公益捐赠行为，皆在民法中法人法、合同法等民事基本领域之内。

其二，"民事"与"营业"不能并列。"民事"与"营业"，文义上即非同位概念，两者并列不符合我国民商合一体制，更何况，纵在民商分立法制下，营业行为亦非自立于"民事"之外。

其三，"营业"与"公益"不能并列。民法所称"公益"概念，一般与"营利"并称，例如法人按其目的不同，可分类为营利法人、中间法人、公益法人。以之作为信托的分类，公益信托或与私益信托并称，或与营利信托并称，绝无与营业信托并称之理。由信托公司担任受托人的公益信托（慈善信托），不仅在我国实务中存在，而且为现行法所认可。[517]

由上可见，民事、营业、公益三词，彼此均非同位概念，不能作为信托（及其他法律关系）之分类。在我国《信托法》草案征求意见过程中，有的地方和部门提出，将信托活动界定在民事、营业和公益信托三种类别，分类不太准确，建议改为"民事、商事和公益信托"这3个类别，或将其改为

---

[515] 张军建、王巍：《中国（长沙）信托国际论坛综述》，载《中南大学学报（社会科学版）》2005年第1期。

[516] 李斌全：《民事信托与营业信托的界限》，载天涯社区网2012年12月14日，http://www.tianya.cn/new/Publicforum/Content.asp?idWriter=0&Key=0&strItem=law&idArticle=64851&flag=1。

[517] 2017年，原银监会、民政部联合印发《慈善信托管理办法》（银监发〔2017〕37号），在发布说明中称"制定《办法》的基本思路是……二是坚持比较优势，充分发挥信托公司和慈善组织在慈善信托中的积极作用"。该办法第9条规定："慈善信托的受托人可以由委托人确定其信赖的慈善组织或者信托公司担任。"第52条更规定："除依法设立的信托公司或依法予以登记或认定的慈善组织外，任何单位和个人不得以'慈善信托'等名义开展活动。"

“营业、非营业和公益信托”这3个类别。[518]此类修改建议，仍然违反了概念的同一律，并不准确。

营业信托概念，不仅极具误导性，而且深具危害性。有关营业信托之论说，建设性甚微而破坏性颇强。谈论营业信托，往往得出下列结论：商事信托或商业信托应由法定的信托公司或银行信托部门之类的机构专营；法律应强化对营业信托或商业信托的管制；等等。[519]此类论断不仅欠缺法理与实证依据，而且逾越法律对机构受托人特加监管之目的与必要性界限，违反比例原则，伤及无辜——例如，可能以此为由将自然人或合伙担任受托人的商业信托或传统商信托视作违法无效。[520]

英美法上并无营业信托这一类别。信托制度在英国发展早期，受托人常由委托人的亲友、社会名流、执业律师等自然人担任。此后随着银行信托部门、信托公司等“职业受托人”的出现，由自然人和组织担任共同受托人成为常态。美国信托受托人的状况与此类似。委托人的亲友、律师、一般商人、信托公司等，均可担任受托人。[521]英美法系某些法域的金融监管类法律对信托公司、银行信托部门等机构受托人设有若干监管规定，但普通信托法及商业信托法一般皆不实行信托必须由机构受托人专营的垄断体制，信托法不因受托人有无营业性而分别适用不同的民事实体法。信托企业担任受托人，与自然人担任受托人所适用的信托法规则并无不同。[522]唯一与此有涉的规则似为：具有特殊技能或专门知识的受托人，或者因声称具有特殊技能或专门知识而被信赖并选任为受托人之人，

---

[518] 参见《各地方和中央有关部门对信托法（草案）二次审议稿的意见》，载卞耀武主编：《中华人民共和国信托法释义》，法律出版社2002年版，第261页。

[519] 例如，王志诚教授在近著中已注意到，由于商事信托与民事信托有其不同的经济需求及实质内容，故以受托人是否为信托业、兼营信托业务之专业银行或商业银行等权利主体作为区分标准，事实上并无法完全界定商事信托与民事信托之不同，理论上似应从其本质上来探讨其差异之所在，较能掌握商事信托之实质法律意义；理论上信托业法上所规定的营业信托，包括民事信托及商事信托两者在内。但该书同时却又断言“其中商事信托仅信托业始得经营”。参见王志诚：《商事信托之功能与立法》，载王志诚：《信托之基本法理》，元照出版有限公司2005年版，第239、242页。强化管制的见解，则可参见王志诚：《信托法之二面性》，载王志诚：《信托之基本法理》，元照出版有限公司2005年版，第105~108页（原则上应将信托法定位为任意法规，但对于商事信托而言，因受托人为信托业或兼营信托业务之银行始得担任，似有必要调整信托法所设定的任意法规或强行法规，对于强行法规或任意法规之界定，应与信托法有所不同）。

[520] 对此，本书将在第11章第1节第5目“受托人的资格”中详论。

[521] Austin W. Scott, *Fifty Years of Trusts*, 50 Harv. L. Rev. 60, 64-65 (1936).

[522] Amy Morris Hess, George Gleason Bogert, & George Taylor Bogert, *The Law of Trusts and Trustees* § 136 (3d ed. 2005).

有义务运用该特殊技能或专门知识。[523]但是，此项规则所称有特殊技能的受托人，不以营业受托人为限，由律师等专家无偿担任受托人的，亦适用此规则。

日本、韩国信托法与我国台湾地区“信托法”有一条关于营业信托的特殊规则：受托人为信托业者的，即使信托行为未订定报酬，亦得请求报酬。[524]此种规定，并不周全。在信托文件未订定报酬情形仍有报酬请求权的受托人，并不限于信托业者。担任商业信托受托人的自然人或组织，虽非以信托为业，亦有权请求报酬（详见本书第11章第8节第5目）。因此，该种规则并非营业信托之特殊规则。

五、商业信托概念的扩张：制定法商业信托

（一）普通法商业信托概念的局限性

任何概念皆有其界限。界限之所在，即为局限性之所在。以抽象要素界定的概念，所涵盖的范围可划分为核心层、外围层与边缘层，处于核心层的事物，本概念的要素最为充分；处于外围层的事物，所含概念要素的强度渐次减弱；至边缘层，与其他概念的区分趋于模糊。在此意义上，核心层的事物为“概念的典型”；非核心层的事物可谓“概念的非典型”，[525]对法律概念而言，即为所谓的边际案型。[526]概念的局限性，缘于现实世界复杂多样性与人类语言抽象性、人类认知能力局限性之间的固有冲突。概念或概念的要素越抽象，概念的不确定性越强。对于法律概念而言，概念的局限性不仅导致认知上的困难，更导致法律解释与适用的不确定性。商业信托亦不例外。

通常情况下，区分普通信托与使用信托之名的其他法律关系或机制

---

［523］英国信托法的规则，参见Trustee Act 2000，§ 1。美国信托法的规则，参见Uniform Trust Code § 806。

［524］关于营业信托受托人的报酬请求权，参见2006年《日本信托法》第54条第1款，2011年《韩国信托法》第47条第1款，我国台湾地区“信托法”第38条第1项。

［525］哈特将此类出现在标准情形确定中心之外的问题称为“暗区问题”；在暗区地带，演绎推理无法作为一种好的模式而满足需要。参见［英］H. L. A. 哈特：《实证主义及法律与道德的分离》，载H. L. A. 哈特：《法理学与哲学论文集》，支振锋译，法律出版社2005年版，第71页。

［526］以物权与债权这一对民法基本概念为例。通说认为，物权是对特定物直接支配和排他的权利，债权则无此种直接支配性与排他性。金钱债权为典型的债权，但经预告登记的债权，有一定程度的排他性，与金钱债权已颇有差异。至于不动产租赁权，兼具直接支配性与排他性，其属性与物权相当接近，而与金钱债权大不相同。大陆法系民法，一般仍将不动产租赁权定性为债权，普通法系则将不动产租赁权定性为财产权（property right，相当于物权）。由此可见，处于概念边缘的事物，究竟属于此概念或彼概念，有时不是一个纯靠定义或逻辑即能解决的问题。

(包括商业信托),并非难事。[527]原因之一为,其他法律往往定有一些强制性的标识要求,例如,美国1940年《投资团体法》上的投资信托,须以投资于证券为主业,且实行受益人表决制,显属商业信托。但在不少场合,法律并未为区分普通信托与其他信托提供便利的标志。普通法商业信托,为典型的商业信托。如前所述,"典型"的商业信托概念,已有诸多判例立法学说加以界定,但并不能完全克服商业信托概念的不确定性。商业信托定义的不完全性(incompleteness),在美国破产法判例上最为显著,足以充分表明问题之所在。依照美国联邦《破产法典》,各种信托之中,只有商业信托具有破产能力,其他信托不可依该法典破产。因此,法院对商业信托的辨析认定,在破产法判例中最为多见。以下首先评述其中的重要判例及类似判例,再分析当代商业信托制定法对本问题的回应、"制定法商业信托"概念的兴起及其影响。

(二)以美国破产法判例为例

1. 例证:东方航空公司担保设备信托重整案[528]

(1)交易结构

美国的东方航空公司(Eastern Airlines, Inc.)为融资5亿美元,设立一个信托,以增强担保该项融资的能力。设立本信托的文件名为"第一富达银行、契约受托人与东方航空公司之间的担保设备契约与租赁协议"。信托交易的基本结构为:信托向投资者出卖总额为5亿美元的信托凭证,以出卖所得收入购买东方航空公司的部分飞机(构成"担保资产池"),并将飞机回租于东方航空公司,由东方航空公司向信托支付同信托凭证之本金、保险费及利息等额的租金。尽管本交易名为买卖—回租,但实质上为担保融资,对此并无争议。

向投资者发售的信托凭证分为3个系列:一级优先信托凭证,本金总额为2亿美元,到期日为1993年11月15日;二级优先信托凭证,本金总额为2亿美元,到期日为1996年11月15日;三级优先信托凭证,本金总额为1亿美元,到期日为2001年11月15日。各系列信托凭证的利率各不相同。全部信托事务的总管理人为"担保财产受托人"(collateral trustee),同时,每一系列的信托凭证各有自己的"系列受托人"(series trustee)。第一富达银行任担保财产受托人,Midlantic国民银行、联合泽西银行、第一泽西国民银行(后由Shawmut银行代替)分任第一、第二、第三系列受托人。

[527] Restatement (Third) of Trusts § 5 cmt. 1 (2003).

[528] In re Secured Equipment Trust of Eastern Airlines, Inc., 38 F. 3d 86 (2d Cir. 1994).

依据信托契约，担保财产受托人的职责为收取租金并按信托契约所定优先顺序向受益人分配租金收入。信托契约进一步约定，在兑付全部信托凭证之后剩余的租金返还于东方航空公司。在东方航空公司支付全部租金后，担保资产池的所有权重新转让于东方航空公司，信托解散。如东方航空公司违约，担保财产受托人有权占有担保资产池并持有、出卖、出租各部分担保财产，以履行信托契约。

（2）案件进程

1989年3月9日，东方航空公司依《破产法典》第11章向法院申请重整，随后停止支付原先向信托定期支付的租金。各系列的受托人分别请求东方航空公司支付对担保设备信托凭证持有人所欠本金、利息等。1991年1月23日，东方航空公司的重整受托人（重整管理人）与担保财产受托人达成协议，约定东方航空公司向本信托返还部分飞机，并返还东方航空公司出卖、出租部分担保设备所得的2.3亿美元收益。

由于东方航空公司未支付租金的行为已构成违约，担保财产受托人遂行使信托契约所授权限，开始积极地开展部分担保财产的管理、维护、营销、出租、出卖工作。担保财产受托人聘用顾问、会计师协助此类工作。受托人计划在数年内完成剩余担保财产的清算。

1991年3月28日，三个持有二级、三级信托凭证的公司（LNC投资公司、Charter国民人寿保险公司与Magten资产管理公司，所持信托凭证本金总额为5420万美元）向新泽西地区破产法院申请对担保设备信托进行重整，以防其受偿不足。担保财产受托人向法院提出动议，请求驳回申请或移交案件。案件嗣后移交至纽约南区破产法院。审理中，担保财产受托人再次提出驳回重整申请的动议，作为第二系列受托人的联合泽西银行加入动议，两者主张，本担保设备信托不是《破产法典》所称“适格债务人”（eligible debtor），故不适用重整。重整申请人及作为第三系列受托人的Shawmut银行反对动议，主张本担保设备信托属于《破产法典》所称“商业信托”，因此适用破产救济。

纽约南区破产法院以本信托不具备商业信托之要件为由，驳回重整申请。[529]重整申请人遂与Shawmut银行共同上诉。担保财产受托人与第二系列受托人为被上诉人。

[529] In re Secured Equip. Trust of Eastern Air Lines, Inc., 153 B. R. 409 (Bankr. S. D. N. Y. 1993).

（3）判决理由

本案唯一争点为本担保设备信托是否属于《破产法典》所称商业信托。第二巡回法院维持原判。多数意见认为，尽管各法院针对其他种类的信托是否属于商业信托已有若干判决，然而，为了对担保融资中发行的信托凭证之兑付提供担保而设立的信托，是否属于商业信托，尚无先例可循。《破产法典》及其立法记录对商业信托皆无定义。尽管各法院对商业信托需具备哪几项要件尚有分歧，但绝大多数法院认为，商业信托与其他信托的基本区别在于，商业信托是为从事某种商业活动之目的而设立，非商业信托之目的则为保护与保存信托财产。[530]此外，尽管信托需从事商业类活动方可满足商业信托的条件，但仅从事商业活动本身，并不足以表明某信托属于商业信托。[531]换言之，从事商业活动是商业信托的必要条件而非充分条件。除上述两点一致意见之外，并不存在统一的法律，事实上，“判例的分歧几乎没有弥合的希望”。[532]判例更多的是基于个案事实，分析认定涉案信托是否属于商业信托。

上诉人主张，本案中，担保设备信托所为活动，足以证明本信托是商业信托。上诉人特别指明下列事实：东方航空公司进入破产程序后，担保财产受托人从事有关担保财产销售与租赁的商业活动，并且为此聘用律师、会计师及营销人员。

法院否定上述主张，认为本信托的设立仅是为了“为担保设备信托凭证的偿付提供担保”，而不是为了产生利润，也不是清算为产生利润所设企业的事务，因此不是商业信托。

上诉人又主张，初审法院适用的认定标准不当。上诉人认为，商业信托的种类多于破产法院认定的种类，并特地援引了3个判例，其中涉及的信托均不是为了产生利润或清算企业而设立，但仍被判定为商业信托。[533]这3个判例关注于信托对其受益人提供的利益，并未将此类利益特别限定于利润或营利。例如，系争信托之一是一个受雇人受益计划信托，法院认

[530] 例如，In re DeHoff Trust I, 114 B. R. 189, 191（Bankr. W. D. Mo. 1990）；In re Faber Trust, 113 B. R. 599, 601（Bankr. D. N. D. 1990）；In re Treasure Island Land Trust, 2 B. R. 332, 334（Bankr. M. D. Fla. 1980）。

[531] In re St. Augustine Trust, 109 B. R. 494, 496（Bankr. M. D. Fla. 1990）.

[532] Cutler v. The 65 Sec. Plan, 831 F. Supp. 1008, 1014（E. D. N. Y. 1993）.

[533] Cutler v. The 65 Sec. Plan, 831 F. Supp. 1008, 1017-18（E. D. N. Y. 1993）；In re Affiliated Food Stores, Inc. Group Benefit Trust, 134 B. R. 215, 217-18（Bankr. N. D. Tex. 1991）；In re Michigan Real Estate Ins. Trust, 87 B. R. 447, 449（E. D. Mich. 1988）.

定为商业信托。[534]

被上诉人驳称，上述判例仅代表了存在分歧的诸多判例意见中的一个方面，上述判例所涉的信托，在其他许多判例中被判定并非破产救济的适格主体。例如，不少判例否定受雇人受益计划或养老金计划信托的破产救济适格性。[535]

法院认为，无论本院对上述争议持何种见解，并非为产生利润而设立的信托仍可能被考虑认定为商业信托，本院并不认为破产法院的先例已彻底终结了此种可能性。本院不对上诉人援引的判例进行狭义解释，而是将其解释为，法院所提及的为产生利润或清算企业事务而设立的信托，仅是"为投资者利益从事商业活动"之信托的几个例子而已。而且，无论产生利润是否适于作为商业信托的构成要件，上诉人无可否认的是，众多法院判定，在认定某种信托是否商业信托时，(该信托)有无营利动机具有重要影响。[536]正如大多数公司是为产生利润而设立一样，这一因素(产生利润)也与商业信托之认定紧密相关。然而，本院并不终结这一(并非为产生利润而设立的)信托仍被考虑认定为商业信托的可能性。本案中，本信托显然不是为产生利润而设立。上诉人主张信托凭证持有人有权取得的利息构成"利润"，但本信托并非为了产生此类利息而设立。相反，设立本信托仅是为偿还东方航空公司从信托凭证持有人处取得的贷款提供担保。因此，信托目的是保存信托凭证持有人早已有权取得的利息。值得注意的是，超过信托契约约定数额的任何付款余额，返还于东方航空公司。[537]

除了不具有营利目的之外，法院亦不认为本信托的设立是为了通常

[534] In re Affiliated Food Stores, Inc. Group Benefit Trust, 134 B. R. 215, 218(Bankr. N. D. Tex. 1991).

[535] In re Consol. Welfare Fund ERISA Litig., 798 F. Supp. 125, 128, n. 4(S. D. N. Y. 1992); In re Westchester County Civil Serv. Employees Assoc., Inc. Benefit Fund, 111 B. R. 451, 456(Bankr. S. D. N. Y. 1990); In re Cahill Assocs. Pension Plan, 15 B. R. 639, 640(Bankr. E. D. Pa. 1981).

[536] 例如，In re Walker, 79 B. R. 59, 62(Bankr. M. D. Fla. 1987)。

[537] 判决意见特别指出此点，其意图似在于由"信托的盈余不归受益人享有(而返还于委托人)"这一事实进一步为本信托不是商业信托提供佐证。本书认为，本案判决并未提及信托契约是否将委托人明文约定为受益人，不能由此排除委托人兼具受益人身份的可能性。依据信托法原理，受益人可以是分享信托财产收入之人，也可以是取得剩余信托财产之人。就此而言，东方航空公司实有受益人的身份。超过信托契约所定数额的盈余可认定为"利润"，依此推理，也可说本信托具有营利目的(至少是部分具有营利目的)，认定本信托有商业信托的属性未必全无理由。

意义上的“从事商业”。[538]信托契约表明,本信托并非为了运营商业企业而设立,而仅是作为促进东方航空公司担保融资的载体。本信托将担保财产池的法律上所有权置于一个当事人(担保财产受托人)名下,从而使得数量众多的贷款人无须分别订立担保协议、进行担保登记,即可取得担保权的收益,节省了巨额交易成本。本信托现在所为的任何商业活动,均附属于本信托的唯一职责,即保护信托凭证持有人的担保权。相应地,法院认定某种信托是否属于商业信托,须着眼于信托文件与整体情形,而不应仅着眼于是否从事商业活动。[539]

对于上诉人援引的判例,法院认为说服力不足。其中某些判例系争的清算信托,是为处理公司末期事务而设立的信托。[540]本信托显然不是为此类目的而设立;本信托所为任何清算行为,仅是其实行信托凭证持有人担保权之行动的一部分。

上诉人还主张,本信托应被认定为商业信托,否则将无其他管辖法院可审理上诉人的诉讼请求。法院对此不予支持,理由是:首先,能否得到其他管辖法院审理,未必与认定某一信托是否属于商业信托相关;其次,更重要的是,上诉人并非无法诉诸其他法院或程序,上诉人可在东方航空公司破产程序中主张权利,事实上,每一个系列受托人已代表各自的信托凭证持有人在东方航空公司破产程序中提出诉讼请求及证据。而且,上诉人可在联邦或州法院主张有关受托人管理及信托分配的权利。

(4)反对意见

Kearse法官针对多数意见提出反对意见,可概括为以下3点。

第一,本信托是一个实体,其投资者购买代表相应受益权份额的信托凭证。信托凭证持有人期待获取营利性回报。根据信托契约,受托人运用由发售信托凭证募集而得的资本,向东方航空公司购买飞机;受托人将飞机回租于航空公司,租金率是为确保信托凭证持有人同意的回报率而设定。信托契约同时授予受托人相当大的权力,以便在航空公司违约时处置担保设备,包括占有飞机与工程设备等物的权限、租售设备的权限。

---

[538] 例如,有判例认为,对《破产法典》用语的理解,应着眼于其普通的、现时的、通常的含义。Pioneer Inv. Servs. Co. v. Brunswick Assocs. Ltd. Partnership, 507 U. S. 380, 113 S. Ct. 1489, 1495, 123 L. Ed. 2d 74(1993).

[539] In re St. Augustine Trust, 109 B. R. 494, 496(Bankr. M. D. Fla. 1990).

[540] In re Cooper Properties Liquidating Trust, Inc., 61 B. R. 531, 536(Bankr. W. D. Tenn. 1986); In re Captran Creditors Trust, 53 B. R. 741, 743-44(Bankr. M. D. Fla. 1985); In re Tru Block Concrete Prods., Inc., 27 B. R. 486, 491(Bankr. S. D. Cal. 1983).

自1991年1月24日以来，受托人已实际行使上述权限，积极地管理、维护、营销、出租、出卖担保设备。据此可认为受托人从事商业活动，且由于信托契约选择纽约州法律为准据法，本信托已构成纽约州法律所称商业信托。[541]

第二，《破产法典》立法史表明，本法典使用商业信托一语，意在将此类由受托人从事营业并发行表征受益权之凭证或其他文书的组织，纳入本法典的适用范围。

第三，多数意见无说服力。多数意见认为本信托仅为保存担保财产而设立，但本信托显然不是典型的、以简单保存资产为目的之信托。本信托为一个金融机构转让资金及持有担保财产的载体，且信托文件表明，无论贷款还是信托凭证持有人可得的利息，皆非独立于本信托而存在。设立本信托之目的为实施买卖—回租交易，该交易产生租金收入，构成信托凭证持有人的利润。尽管多数意见着重依赖于“买卖—回租交易的盈余返还于航空公司”这一事实，但本信托并非一个施舍性质的实体（was no eleemosynary entity）。本信托的运行，旨在产生对信托凭证持有人所作投资的回报；回报的数额虽有合同限制（约定利率），凭证持有人仍将取得、持有约定的利润。以定有利润限制为由将本信托排除于《破产法典》商业信托定义之外，实无理由。

2. 判例概观

上引案例，不过为冰山之一角。美国判例法的纷争，连绵不绝。法院在认定商业信托时，会考虑商业信托的多项特征，[542]但究竟哪几项特征足以构成商业信托，则无定论。有判例坦承，本判决的作出，并非基于这样一种一般性的前提：仅当存在某几项既定的要素时，某一信托方可被认定为商业信托。[543]言下之意是，商业信托之构成不存在既定的要件，或者不排除其他要件的存在。某些法院考察系争信托有无公司的特性，据此判断是否商业信托，理由是，《破产法典》将商业信托包含在公司的定义之中，因此假定商业信托应具备公司之特性，合乎逻辑。[544]但商业信托毕竟有别于公司，据此定彼，未必妥当。

商业信托定义之争在美国破产法中最为密集，因商业信托如何定义，

[541] 纽约州法律规定：商业信托，是指依据书面的信托文件或信托宣言从事营业、其受益权分割为由凭证代表的份额的组织。N. Y. General Associations Law，§ 2.2.

[542] In re DeHoff Trust I, 114 B. R. 189, 191（Bankr. W. D. Mo. 1990）.

[543] In re Gonic Realty Trust, 50 B. R. 710, 712-13（Bankr. D. N. H. 1985）.

[544] In re Woodsville Realty Trust, 120 B. R. 2, 3（Bankr. D. N. H. 1990）.

直接涉及美国《破产法典》适用与否。有破产法院称:相关裁判存在严重的、也许是令人绝望的分歧。[545]这一状况直至2016年,仍未改观。有学者在2016年发表的论文中指出,破产法院认定商业信托的现有各种方法,仍存在严重不足,唯一的出路是在联邦破产法层面重述一项统一的标准,该文建议的标准是,具备下列四项要素者,构成破产法上的商业信托:其一,自愿集合的资本,并划分为可自由让与的份额;其二,债权人的存在;其三,营利目的;其四,当前的商业运作。[546]然而,按照此类建议标准,"营利目的"的判断,仍然是一个高度不确定的事项,并不能根本解决现有判例中存在的问题。

在破产法以外的其他领域,商业信托的界定问题虽非如此严重,但歧见仍存。究其缘由,实因商业信托定义中所谓"营利性""商业活动"之类属于确定性较弱的法律概念,理论上貌似清晰,一遇边际案型,常窘态毕现,聚讼无已。[547]商业信托与传统商信托的界限,尤为晦暗难明。"制定法商业信托"之兴起,则为问题的解决提供新的思路。

(三)制定法商业信托的兴起

1. 制定法商业信托的定义

《特拉华州商业信托法》对商业信托作出新定义。商业信托,指符合下列两项要件的非公司组织(unincorporated association):[548]

"(1)由商业信托文件设立,依据商业信托文件条款,由受托人或商业信托文件订定的其他人为了已成为或将成为受益人之人的利益或商业信托文件订定的其他目的,现在或将来持有、经营、管理、控制、运营财产、对财产进行投资、再投资,或者从事营利性经营活动或专业活动。此类组织包括但不限于:在普通法上称为'商业信托'或'马萨诸塞州信托'的信托;符合《国内税收法典》第856条以下各条对'不动产投资信托'所设要件的信托;符合《国内税收法典》第860D条对'不动产抵押投资管道'

[545] In re Medallion Realty Tr., 103 B. R. 8, 10-11(Bankr. D. Mass. 1989), aff' d, 120 B. R. 245(D. Mass. 1990).

[546] Jared W. Speier, *Clarifying the Business Trust in Bankruptcy: A Proposed Restatement Test*, 43 Pepp. L. Rev. 1065, 1089-1098(2016). 该建议标准,与In re Joobeen, 385 B. R. 599(Bankr. E. D. Pa. 2008)一案所采标准最为相似。Id. at 1089. 本案所采标准为:其一,信托的主要目的是从事营业或商业活动;其二,信托是由多数投资者设立,投资者向该企业出资以预期取得回报;其三,该信托依照州法而设立;其四,信托的受益权须可自由转让。

[547] 类似例证,为法、德等国商法典中所称"营业""商人"之类概念,如何界定,数百年来流派纷呈,争执不休,在商业社会消亡之前,恐无穷期。

[548] Del. Code Ann. tit. 12, § 3801(g). 该定义的细节历经多次修正,此为最新文本。

(real estate mortgage investment conduit)所设要件的信托。(2)根据本法第3810条规定登记一项信托证书(certificate of trust)。”

据此，商业信托由两项要件构成：一为实体要件，二为程序要件。程序要件要求商业信托在企业登记机构登记，否则不属该法所称的商业信托，而仅为普通法商业信托。登记要件使此种商业信托染上“制定法产物”的色彩，因此此类信托被称为“制定法商业信托”(statutory business trust)，[549]以区别于普通法商业信托。特拉华式定义为康涅狄格州、马里兰州、弗吉尼亚州等最新一代商业信托制定法所采。

制定法商业信托是对普通法商业信托的扩张而非取代，更不是管制普通法商业信托的产物。此种扩张体现于下列方面。

(1)营利性经营活动不再是商业信托之要件

单纯持有信托财产，或者从事专业性活动，亦可成立商业信托。上述第一项实体性要件中，将商业信托分为3类，第一类为持有、经营、管理、控制、运营财产、对财产进行投资、再投资的信托，第二类为从事营利性经营活动的信托，第三类为从事营利性专业活动的信托。第二类为典型的普通法商业信托，第一类信托已将传统商信托甚至普通信托包罗在内，例如公司债信托、养老金信托、和解信托等。此类信托不以从事经营性营利活动为目的，而仅从事信托财产管理、投资与运营，某些信托甚至仅为消极地持有信托财产，不从事任何积极的管理或经营活动。在定义之外，该法更规定：信托目的可以为营利目的或非营利目的。[550]据此，甚至普通信托、公益信托亦可登记成为商业信托，而适用本法。[551]与该法的灵活性原则一致，该法容许取得“商业信托”资格的范围，比普通法上的更为广泛——该法容许几乎任何种类的信托安排成为商业信托，无论该安排具有公司、合伙、生前赠与信托还是商业信托的特性。[552]

此项定义为商业信托的广泛运用预留充分空间。而且，将财产性活动与非财产性活动并列，表明商业信托不再限于以持有或经营财产为目

[549] Robert H. Sitkoff, *The American Statutory Business Trust: A Research Agenda*, in Regulation of Wealth Management 17(Hans Tijo ed., National University of Singapore 2008).

[550] Del. Code Ann. tit. 12, § 3801.

[551] 本条对商业信托的定义原先为“非公司商业组织”，在后续修订中，该法进一步明文规定商业信托可以有任何目的，并相应地将定义中的“是一种非公司商业组织”的“商业”一词删除。1992 Delaware Laws Ch. 404 Section 2(S. B. 415). 商业信托法对普通信托的适用问题，详见本书第8章第3节“商业信托目的”。

[552] R. Franklin Balotti & Jesse A. Finkelstein, *The Delaware Law of Corporations & Business Organizations* § 19.2, at 19-6(3d ed. 1998).

的之活动，纯以提供服务为目的之组织，纵无任何信托财产，亦可采用商业信托形式，例如，信用评估服务企业、律师事务所、会计师事务所等。此类服务性组织虽然也需财产，但财产为提供服务的辅助工具，而不是盈利的来源。纯以专业活动为业的商业信托，已突破传统意义上的信托之范畴。《特拉华州商业信托法》这一规定，其先驱者为马萨诸塞州关于商业信托的法律之第5A条：商业信托可以作为专业服务机构的组织形式。

（2）受益人、信托财产不属于商业信托成立要件

商业信托财产可以现在由受托人持有、经营、投资，亦可在将来（will be）由受托人持有、经营、投资。依此规定，商业信托财产不必于设立商业信托时即已存在，信托财产并非商业信托成立要件，更非生效要件。商业信托成立时亦不必有现有受益人，且受益人不是商业信托要件；商业信托可为其他人之利益或其他目的而设立。这比普通信托与普通法商业信托更为灵活，因普通信托至少应有一个可确定的受益人（目的信托除外），而普通法商业信托是指为受益人利益而设立之组织。

（3）商业信托不以受托人经营管理为要件

商业信托一般被定义为由受托人经营管理之组织，并且某些州判例法上有所谓“控制检验法”，受托人管理信托之全权不得受受益人干预，否则即可能丧失商业信托地位而被定性为合伙；某些州沿用普通信托法中的“禁止转托”规则，受托人不得将裁量性权限转托于他人。与之不同，制定法商业信托不必由受托人管理。

（4）取消受益权凭证要件

商业信托受益权无须采取凭证形式。在无纸化证券盛行的当代，凭证要件已不合时宜。即使电子化受益权凭证仍属凭证，受益权凭证要件的取消，也为非属普通法商业信托的信托登记为制定法商业信托开启了方便之门。

例示规定，为特拉华州制定法商业信托定义的另一特色。普通法商业信托、不动产投资信托、不动产抵押投资管道，被明列为制定法商业信托的具体类型。例示规定进一步减少了商业信托定性问题上的潜在疑难。例示类型可能存在重合之处，例如，普通法商业信托亦可包括不动产投资信托。[553]例示规定之意义，不在于达到概念上的精确，而在于尽可能涵盖

[553] 不动产投资信托是普通法商业信托的形态之一。12A C. J. S. Business Trusts § 3(2007).

实务中易发生定性争议的商业信托类型，并扩大商业信托法的适用范围。

采纳特拉华州式定义的《康涅狄格州商业信托法》，在此三种商业信托之外，另增一种“授予人信托”（grantor trust）。授予人信托是美国联邦税法上的概念。将授予人信托明文纳入商业信托定义之中，凸显商业信托在资产证券化交易中的税收优势。资产证券化特殊目的实体亦可采用公司、合伙或有限责任企业形式，但无论公司、合伙还是有限责任企业，皆非信托，不能构成税法上的授予人信托，无法获得授予人信托的税收待遇。[554]商业信托本身即为信托，可满足授予人信托的条件。制定法明示商业信托包括授予人信托，更消除了适用上的不确定性。

《统一商业信托法》初期草案将商业信托定义为：商业信托，是指依信托文件运营并依本法登记一份信托证书的、由一个或数个受托人为一个或数个受益人持有财产的非公司组织。[555]此项定义维持受益人、受托人要件，其弹性不如《特拉华州商业信托法》关于商业信托的定义。《统一商业信托法》最终文本所采用的定义，是一种不作具体描述的定义（第102条第16项）：“商业信托，除用于指称‘域外商业信托’外，是指依照本法设立的实体。”

制定法商业信托的新定义，实体要件极宽泛，程序要件极明确，乃是以至简驭至繁，实体要件易于满足，几乎相当于无要件，登记要件满足与否，易于判定，因此足以涵盖实务中千变万化的信托形态。由此克服普通法商业信托以不确定性较强的要素界定概念之弱点。事实上，上述条文所称组织，足可包括任何类型的商业交易或非商业交易。美国统一州法全国委员会即明言：特拉华州等州的商业信托法不要求取得受益权须以支付对价为要件，且不要求商业信托须以营利为目的，由此，商业信托可在非商业环境中成为普通信托的替代品。[556]各种处于商业信托与传统商信托、普通信托边缘的信托，仅需依商业信托法登记，即可避免在商业信托定性问题上的不确定性。《特拉华州商业信托法》所定商业信托登记程序极为简便，仅需向登记机构提交一份载明商业信托名称、受托人名称及地址等必要信息的信托证书并交纳法定费用，即可完成登记；登记机关不得对提交的信托证书作实质审查，审查权仅限于最低限度的必要事项（信

［554］ Shmuel Vasser & Richard B. Levin, *The Use of a Business Trust as a Special Purpose Vehicle: Some Bankruptcy Implications*, 2004 No. 6 Norton Bankr. L. Adviser 1.

［555］ Uniform Statutory Trust Act § 102（a）（Discussion Draft, 2005）.

［556］ Uniform Statutory Trust Entity Act, Prefatory Note（2009）.

托证书是否载有名称、地址等事项)，至于信托属于何种类型、信托当事人权利义务如何，更非登记机关的审查对象。任何种类的信托均可快速设立以适用商业信托制定法，且登记费用相当低廉，[557]不致妨碍非典型商业信托选择登记。制定法商业信托概念的极度灵活性，使商业信托可吸纳普通法商业信托、普通信托、公司、合伙等组织形式或交易形式的特征及优点，当事人可选择自己所期望的安排。[558]这为当事人及其律师提供了极大的创新空间。由此不难理解，较近的文献已将作为财产持有机制的信托、作为风险管理工具的信托乃至涉及集合资产管理的养老金信托都归入商业信托的范畴。[559]

制定法商业信托的定义，亦有助于减轻法院负荷。法院在认定某种信托是否适用商业信托制定法时，仅需审查信托是否已依商业信托法登记即可，无须再耗时费力分析判断信托的各项特征，无须对照不完全精确的普通法商业信托定义。当然，如系争信托并未登记，仍需为此付出相当的认定成本，但因立法已对此类信托登记成为制定法商业信托提供充分的激励与便利，此类案件将远少于不存在制定法商业信托之时。

相比之下，新加坡2004年《商业信托法》关于商业信托的定义，过于狭窄，不能充分涵盖各种商业信托类型。该法所称商业信托，分为两类：第一类是具备法定特性的信托，当然属于商业信托，可称为“法定的商业信托”；第二类是主管机关宣告的商业信托类型，可称为“选定的商业信托”。按照该法第2条的规定，法定的商业信托，应同时具备下列特性：第一，信托的目的和效力，是使信托的单位持有人有权分享或取得来自财产管理或营业经营所产生的利润、收入或回报；第二，信托的单位持有人对财产管理不具有日常控制；第三，信托财产作为一个整体，由受托人或代表受托人之人经营管理；第四，单位持有人的出资以及对单位持有人的给付，为共同之计算；第五，满足两项条件之一，一是信托单位限于不可赎回的或者主要是不可赎回的，二是仅投资于法定的不动产及不动产相关资产。选定的商业信托，是指主管机关(新加坡货币局)在政府公报中，依照本法目的宣告的商业信托类型，但不包括本法附表中所列的信托类型。上述定义，至少有三大弊端。其一，法定的商业信托，须以受益权不可赎

---

[557] 设立登记费用为300美元。Del. Code Ann. tit. 12, § 3813.

[558] Tamar Frankel, *The Delaware Business Trust Act Failure as the New Corporate Law*, 23 Cardozo L. Rev. 325, 326 (2001).

[559] Peter B. Oh, *Business Trusts*, in Research Handbook on Partnerships, LLCs and Alternative Forms of Business Organizations 274-77 (Robert W. Hillman & Mark J. Lowenstein eds., 2015).

回或投资于法定的不动产类型为要件，徒然将发行可赎回受益权又不属于不动产投资信托的大量商业信托类型排斥在外。其二，法定的商业信托，不容许受益人对财产管理有日常控制。此种要件，不利于改善商业信托的治理。为强化商业信托的内部治理，商业信托文件可约定受益人享有各种权利，但在此定义之下，却可能逾越“受益人不具有日常控制”之雷池。何谓日常控制，不易判定，徒滋困扰。其三，在法定的商业信托类型之外，增加选定的商业信托，虽可增加一定弹性，但主管机关宣告的商业信托类型，仍应考虑该法目的，空间仍然有限；且将决定权授予主管机关而非当事人自己，行政干预过度，缺乏法理上的正当性，实际操作中又必然滞后于实践的发展。

单就文义而言，制定法商业信托，未必尽是普通法商业信托，可能是在普通法上与商业信托相去甚远的普通信托，因此，在当代商业信托制定法之下再提“商业信托”一词，或有名不副实之嫌。然而，商业信托制定法的大部分规则，依然以营利性信托（普通法商业信托）为“默认适用对象”；普通法商业信托，依然是制定法商业信托的典型。例如，关于受益人分享利润的规定、关于商业信托可设立具有不同商业目标或投资目的之系列的规定、关于受托人有权信赖关于商业信托利润与亏损之信息的规定，等等。此与其他非公司型商业组织情形相似。[560]此类规则，对传统商信托或普通信托而言，或者多余，或者不适合。制定法扩展商业信托的定义，不过是为非典型商业信托提供一条适用商业信托法的通道，借以克服边际案型法律适用的不确定性，并不是将非典型商业信托列为与典型商业信托地位同等的适用对象，更无意将非典型商业信托列为主要适用对象。现实中商业信托的主要形态，仍为从事营利性经营活动的组织。因此，在设立非营利性制定法商业信托时，自有必要详细考察商业信托法的诸项规定，以便在信托文件中变通或排除不适合非营利性信托的任意规范。

本书仍以营利性商业信托为主题，兼而论及其他类型的商业信托；凡提及商业信托或制定法商业信托之处，除另有指明外，均指营利性信托。立法中的宽泛定义无碍于商业信托的理论定义——确定概念首应着眼于

---

[560]　例如，美国有限合伙法现已取消有限合伙目的须为商业目的之要求，有限合伙可有任何合法目的。通过比较旧《统一有限合伙法》（1976年制定、1985年修订）第106条（商业目的）与新《统一有限合伙法》（2001年）第104条第b款（任何合法目的）可以见之。尽管如此，《统一有限合伙法》（2001年）诸多规定仍以营利性有限合伙为前提。Uniform Limited Partnership Act § 104 cmt.（2001）.

其本质要素与典型形态。

2.制定法商业信托相比于普通信托、普通法商业信托之优势

成立制定法商业信托，须在企业登记机关登记。设立普通法商业信托或普通信托，仅需当事人的法律行为即可，设立成本低于制定法商业信托。制定法商业信托需有足够的优于普通法商业信托与普通信托的特点，方可使交易者愿意选用。否则，仅通过设立普通法商业信托或传统商信托，即可达到商业目的，大可不必耗费额外成本设立制定法商业信托。制定法商业信托的优势在于极度灵活，同时解决了有限责任问题以及长期悬而未决的判例法分歧。[561]制定法商业信托适用制定法而不是尚存某些重要争议的普通法规则，因此具有较强的确定性，此为制定法商业信托的显著优势之一。[562]美国实务中，制定法商业信托已有超越普通法商业信托之势。具体言之，制定法商业信托的优势如下。

其一，制定法商业信托为独立主体，有法人资格，适应企业运营之需。普通信托不是实体。普通法商业信托是否独立实体，各州判例法尚有分歧。

其二，商业信托受益人仅负有限责任，受托人不对商业信托债务负个人责任，尤为适应企业运营之需。受所谓“控制检验法”遗留影响，普通法商业信托受益人在判例法上可能被判为负无限责任；受托人亦可能因适用普通信托法而负个人责任。普通信托受益人虽无承担个人责任之虞，但受托人传统上需以固有财产先行对信托债权人承担责任。

其三，得益于登记公示制，制定法商业信托可采用“系列商业信托”结构，将资产划分为各个系列，并限定各系列的资产不对其他系列的债务承担责任。普通法商业信托、普通信托欠缺公示制度，较不易获此种效果。

其四，制定法商业信托成立要件较普通法商业信托与普通信托更为宽松灵活。

其五，制定法商业信托可永久存续，且严格限制商业信托终止或解散的事由。普通法商业信托虽可永久存续，但法院基于普通法与衡平法中若干原则或适用普通信托法，可能对普通法商业信托施加司法干预，以致妨碍商业信托的存续，例如，在法院自认为信托目的不能实现或有其他充分理由时解散信托。普通信托受制于反永续规则与反累积规则，不可永久存续，更难适应企业长期经营、维护营运价值之需。

---

[561] Robert H. Sitkoff, *Trust as "Uncorporation": A Research Agenda*, 2005 U. Ill. L. Rev. 31, 33.

[562] John C. Murray, *The Use of Land Trusts and Business Trusts in Real Estate Transactions*, http://dirt.umkc.edu/attachments/LandTrustIII.doc, Feb. 18, 2008.

其六，制定法商业信托有完备的清算制度，更足确保信托债权人权益，有助于增强商业信托的债权融资能力。

其七，制定法商业信托仅承受最低限度的司法干预。普通信托在诸多事项上受制于司法指导与监督，诸如信托变更与终止、受托人权限行使等事项，处处可见法院的身影。制定法商业信托排除此类法院干预，更适合于企业环境。

最后还需提及，制定法商业信托定义的确定，能否彻底解决商业信托定性在美国破产法上的不确定性，仍属未定之数。由于美国法的特殊环境，破产法属于联邦法的专属管辖事项，而商业信托法为州法的管辖事项，联邦破产法院在适用破产法时所作认定，并不必然受州制定法对商业信托的定义之约束。换言之，制定法商业信托定义所具有的优势，在美国联邦法的特殊语境下能否充分发挥，尚存疑问。但在不存在此种特殊语境的国家或地区，采用尽可能宽松灵活的商业信托定义，则可尽展其优势。

本书在全面研究普通法商业信托与商业信托普通法的同时，将以更多笔墨研究制定法商业信托与商业信托制定法。理由有三：第一，商业信托制定法旨在完善商业信托法，[563]其原则更清晰，其规则更完备，并且在制定现代商业信托法的法域，商业信托制定法多已取代相关的普通法；第二，制定法商业信托在实践中也已开始取代普通法商业信托；[564]第三，就法律的体系性与规范的明确性而言，商业信托制定法比普通法更适于借鉴，亦更契合我国法律传统。

六、改头换面：商业信托与“制定法信托”

自2002年12月1日起，《特拉华州商业信托法》更名为《特拉华州制定法信托法》(Delaware Statutory Trust Act)，该法所称“商业信托”更名为“制定法信托”。[565]第3801条规定，“制定法信托”被视为包括2002年12月1日之前依本法设立的“商业信托”，并且，无论“商业信托”机制的使用，

---

[563] Robert H. Sitkoff, *Trust as "Uncorporation": A Research Agenda*, 2005 U. Ill. L. Rev. 31, 35.

[564] Id.

[565] 本书将statutory trust译为“制定法信托”，而不译为“法定信托”，理由在于：在现代商业信托法语境下，statutory trust是与普通法信托(common law trust)相对应的概念，指当事人自愿设立并依据制定法进行登记的信托；而中文“法定信托”一词一般用作与明示信托、默示信托相对应的概念，被用于指称依据法律规定强制成立而与委托人意愿无关的信托。参见何宝玉：《信托法原理研究》，中国政法大学出版社2005年版，第29、34页(中文“法定信托”的含义)。且“法定”一词通常与“意定”一词相对应，但制定法信托本质上仍是依意思表示而成立，并非依法律规定直接成立。

还是在2002年12月1日前签署的信托证书或信托文件中声明据此设立的信托属于或构成本法所称的特拉华州商业信托，均不得依此推定或推断据此设立的信托属于《美国法典》第11编意义上的“商业信托”。[566]此次修法，仅是改头换面，而非脱胎换骨，不过是将条文所用“商业信托”一词全文替换为“制定法信托”，该法的实质性内容（诸如制定法信托的设立、解散、合并及其外部关系与内部关系）一如其旧。

以《特拉华州商业信托法》为范本制定的康涅狄格州与怀俄明州法，各以《康涅狄格州制定法信托法》《怀俄明州制定法信托法》为名。康涅狄格州于1997年制定《制定法信托法》，自始即使用制定法信托之概念，在这一点上，还早于特拉华州法律。《马里兰州商业信托法》[567]以特拉华州法为蓝本，初始文本亦名为《商业信托法》，2010年改名为《制定法信托法》，并新增一条类似于特拉华州法的条文，规定无论“商业信托”机制的使用，还是在2010年5月31日前签署的信托证书或信托文件中声明据此设立的信托属于或构成本法所称的马里兰州商业信托，均不得依此推定或推断据此设立的信托属于《美国法典》第11编意义上的“商业信托”。[568]《统一商业信托法》在起草过程中改名为《统一制定法信托法》，后又更名为《统一制定法信托实体法》。起草委员会避免使用“商业信托”一词的理由有三：其一，本法项下的制定法信托无须具有商业或商用目的；其二，避免引发制定法信托是否构成联邦破产法所称“商业信托”之暗示；其三，受特拉华州法影响，与《特拉华州制定法信托法》的通用语保持一致。[569]

将商业信托改称为制定法信托，主旨在于规避美国《破产法典》（《美国法典》第11编）对商业信托的适用。依《破产法典》的规定，可以成为破产债务人的“人”，包括个人、合伙、公司等，不包括普通信托；[570]“公司”包括商业信托。[571]破产风险为资产证券化信托着重避免的风险。商业信托改称制定法信托，在字面上即不再属于《破产法典》所称的商业信托、不具备破产能力。但单纯改变称谓，是否即足以达此目的，不无疑问。制定法信托既然仍具有商业信托的实质且具有主体地位，则仍可构成《破产法典》中的“人”，从而成为《破产法典》的适用对象。欲避免《破产法典》

---

[566] 2002 Delaware Laws Ch. 329（S. B. 412）.

[567] Md. Code Ann.，Corps. & Ass’ns § § 12-101 to - 810.

[568] Md. Code Ann.，Corps. & Ass’ns § 12-101.1.

[569] Uniform Statutory Trust Entity Act § 101 cmt.（2009）.

[570] 11 U. S. C. § 101（41）.

[571] 11 U. S. C. § 101（9）（A）（v）.

之适用，根本出路仍在于强化商业信托的独立地位，限定可能引发破产的事由（包括限制负债、限制管理者提出破产申请），并从资产转移、治理结构等方面切断与发起人的关联。名号的改变并非必要条件，更非充分条件。况且，州法规定并不必然对联邦法有拘束力。有论者指出，莎士比亚名剧《罗密欧与朱丽叶》台词云“玫瑰易名，芳香依旧”，截至2013年，尚无任何公开的美国法院判决处理这一商业信托改名问题。[572]换言之，此种改名能否如愿，尚未经过判例法的检验。

此外，值得注意的是，《特拉华州制定法信托法》2016年修正时，将制定法信托属于独立法律实体之规定修改为任意规范：“[制定法信托]除其信托证书与信托文件另有订定外，为一个独立的法律实体（separate legal entity）。”[573]此项修正，似亦有意避开《破产法典》的适用：如果当事人约定特拉华州制定法信托不是独立法律实体，则该信托应不构成《破产法典》所称之“人”。但州法的此种规定是否能够拘束联邦法院，同样有待检验。

特拉华州和康涅狄格州的模式，并未发生普遍影响。老牌的马萨诸塞州法仍然继续使用商业信托一词。新秀之中，同样仿照特拉华州法而制定的《南达科他州商业信托法》、[574]《内华达州商业信托法》[575]与最新的《弗吉尼亚州商业信托法》[576]亦未步特拉华州与康涅狄格州之后尘，仍称商业信托。而且，“制定法信托”一词，原本即有其他含义，在英美信托法学理上以及某些法律中，亦有所谓制定法信托概念。[577]以制定法信托一

[572] Thomas E. Rutledge & Christopher E. Schaefer, *The Trust as an Entity and Diversity Jurisdiction: Is Navarro Applicable to the Modern Business Trust?*, 48 Real. Prop. Tr. & Est. L. J. 83, 94 (2013).

[573] Del. Code Ann. tit. 12, § 3806 (g).

[574] S. D. Codified Laws § § 47-14A-1 to -96.

[575] Nev. Rev. Stat. 88A. 010-. 930.

[576] Va. Code Ann. § § 13.1-1200 to -1285.

[577] 例如，美国《易腐农业商品法》上的制定法信托。该法规定，经许可出卖易腐农业商品的当事人，须以信托形式为供应方之利益持有出卖所得收益。Shepard v. K. B. Fruit & Vegetable, Inc., 868 F. Supp. 703 (E. D. Pa. 1994). 立法创设此类信托，旨在保护出卖方与供应方获得足额清偿。Andrew M. Campbell, Annotation, Statutory Trust under Perishable Agricultural Commodities Act (7 U. S. C. A. § § 499a Et Seq.), 128 A. L. R. Fed. 303 (2005). 在英国法上，清算中公司的财产或破产债务人的财产，有时也被称为就此成立制定法信托。Rizwaan Jameel Mokal, *Encumbered Assets and the Statutory Trust*, 21 Insolv. Int. 129 (2008). 制定法信托有时被混称于间接信托、非意定信托或默示信托之类直接因法律而成立的信托，此种语境下，与法定信托同义。76 Am. Jur. 2d Trusts § 128 (Updated July 2010). 有时则仅指依据制定法成立的信托，与明示信托、归复信托、推定信托系同位概念。David Hayton, Paul Matthews, & Charles Mitchell, *Underhill and Hayton Law Relating to Trusts and Trustees* 79 (18th ed. 2010); A. J. Oakley, *Parker and Mellows: The Modern Law of Trusts* 39-41 (9th ed. 2008).

词指代商业信托，有混淆之虞。

在脱离美国《破产法典》特殊背景的语境和法域中，更无必要改用制定法信托一语。制定法信托一语，易与法定信托概念相混，且在英美法系以外法域颇为陌生，不利于商业信托的推广应用。基于上述考虑，并为行文流畅起见，本书原则上不用制定法信托一词，提及特拉华州、康涅狄格州等州法及《统一制定法信托实体法》时，仍以商业信托称之；在有必要使用制定法信托一词的场合，除特别指明者外，与商业信托同义。

第四节　商业信托与其他商业组织

一、商业信托的独特性

设立商业信托，意在从事某种营利性经营活动或商业活动。[578]当一个明示信托（express trust）被运用于经营商业企业的目的之时，即被称为商业信托。[579]但在某些方面，商业信托与公司、合伙皆有密切的相似之处。[580]相比于普通信托法，商业信托法更近似于普通公司法与其他商业组织法。[581]例如，如同公司、有限合伙、有限责任企业一般，商业信托为独立实体，普通信托则否；商业信托治理结构与治理机制更接近于其他企业；商业信托的受益权一般表征为可自由转让的受益权凭证。此外，商业信托法在很大程度上变更或取代了普通信托法的规范。以致有论者认为，从整体上看，马萨诸塞州信托仅是普通法上旧有的非公司商业组织，除了带有少量的信托受托人制度的因素，作为一种商业组织，它是公司与合伙的中间道路。[582]也有美国判例称，商业信托半是合伙，半是公司。[583]但

---

［578］ In re Gurney' s Inn Corp. Liquidating Trust, 215 B. R. 659, 31 Bankr. Ct. Dec.（CRR）1020, 39 Collier Bankr. Cas. 2d（MB）325（Bankr. E. D. N. Y. 1997）; Matter of Walker, 79 B. R. 59, Bankr. L. Rep.（CCH）¶72018（Bankr. M. D. Fla. 1987）; Inside Scoop, Inc. v. Curry, 755 F. Supp. 426（D. D. C. 1989）, order aff' d, 923 F. 2d 201（D. C. Cir. 1991）.

［579］ Goldwater v. Oltman, 210 Cal. 408, 292 P. 624, 71 A. L. R. 871（1930）. 肯塔基州的旧法将商业信托定义为，依书面信托文件创设的、由受托人为受益人利益而持有并管理财产的明示信托。Ky. Rev. Stat. Ann. § 386.370（Michie 1999）. 新的《肯塔基州统一商业信托法》将商业信托简单定义为"依照本章所设立的实体"。Ky. Rev. Stat. Ann. § 386A. 1-020（32）(2012）. 但商业信托依其性质，只能是明示信托。

［580］ Oklahoma Fullers Earth Co. v. Evans, 179 Okla. 124, 64 P. 2d 899（1937）.

［581］ Uniform Statutory Trust Entity Act, Prefatory Note（2009）.

［582］ William W. Cook, *The Mysterious Massachusetts Trusts*, 9 Va. L. Register, New Series 726, 743（1924）.

［583］ Berry v. McCourt, 1 Ohio App. 2d 172, 30 Ohio Op. 2d 203, 204 N. E. 2d 235（10th Dist. Franklin County 1965）.

是，无论与任何其他种类的法律关系或组织有何相似，商业信托毕竟是一种独立的组织形式。《明尼苏达州商业信托法》即明文规定：商业信托是独立的非公司型法律实体；商业信托不是合伙、合股企业、代理或其他任何关系。[584]

尽管19世纪有判例宣称，在公司与合伙之间没有中间（组织）形态，[585]当代判例已普遍承认，商业信托作为一种混合型商业组织，既不是合伙，也不是公司。[586]美国联邦最高法院亦判定，商业信托既非公司，亦非合伙，尽管商业信托兼有公司与合伙的某些特征。[587]

二、商业信托与公司

（一）商业信托与公司的相似性

商业信托具有公司的某些特征，[588]商业信托的实践效用与公司亦有类似之处。[589]商业信托与公司相同的诸多特征中，最重要者有：投资者的有限责任、集中化控制、投资权益的自由转让、无期限存续、经营者以企业名义承担债务的权限、起诉与受诉的资格。[590]在法律结构上，商业信托财产与公司资本相对应，受托人与公司董事相对应，受益人与公司股东相对应，受益权与公司股权相对应，商业信托文件与公司章程相对应。[591]典型的股东或公司与董事之间的关系，被受托人与受益人关系所取代，在公开发行受益权凭证的商业信托中，自然人受托人承担与公司董事类似的职能。[592]早年甚至有判例将商业信托称为"准公司"（quasi-corporation）。[593]

[584] Minn. Stat. Ann. § 318.02.

[585] Ricker v. Amer. Loan & Trust Co., 140 Mass. 346, 348 (1885).

[586] Minkin v. Commissioner of Revenue, 425 Mass. 174, 680 N. E. 2d 27 (1997).

[587] Navarro Savings Ass' n v. Lee, 446 U. S. 458, 100 S. Ct. 1779, 64 L. Ed. 2d 425 (1980).

[588] In re John M. Cahill, M. D. Associates Pension Plan, 15 B. R. 639, 5 Collier Bankr. Cas. 2d (MB) 846 (Bankr. E. D. Pa. 1981); Inside Scoop, Inc. v. Curry, 755 F. Supp. 426 (D. D. C. 1989), order aff' d, 923 F. 2d 201 (D. C. Cir. 1991); Richardson v. Clarke, 372 Mass. 859, 364 N. E. 2d 804 (1977); Rice v. Rockefeller, 134 N. Y. 174, 31 N. E. 907 (1892); Roberts v. Aberdeen-Southern Pines Syndicate, 198 N. C. 381, 151 S. E. 865, 71 A. L. R. 885 (1930).

[589] Swartz v. Sher, 344 Mass. 636, 184 N. E. 2d 51 (1962).

[590] Note, *State Regulation of Foreign Business Trusts*, 41 Harv. L. Rev. 86, 88 & n. 13 (1927).

[591] Schumann-Heink v. Folsom, 328 Ill. 321, 159 N. E. 250, 58 A. L. R. 485 (1927).

[592] Jonathan A. Levin, *Business Trust Financing and Restructuring: Key Banking and Insolvency Issues*, http://www. fasken. com/Publications/Detail. aspx?publication=2050, Nov. 12, 2007.

[593] Brown v. Bedell, 263 N. Y. 177, 188 N. E. 641 (1934).

但通说认为，商业信托不是公司。[594]商业信托与公司之间存在显著的、重要的、根本的区别。[595]商业信托并非真正的公司，而是一种具有公司的某些属性（而非全部属性）的商业组织。[596]受益人与股东、受托人与董事之间的粗略对应，不足以否定商业信托的独特性。[597]

美国早期法律区分商业信托与公司等其他商业组织的某些形式上理由，于今已不复存在。例如，有判例认为，信托财产由受托人持有，受托人履职时系以本人的身份行事，相反，公司为法人，须通过代理人行事；公司代理人在授权范围内签订的合同为公司的合同，但商业信托不能自己订立合同，甚至不能选任代理人；受托人独自行动即可实施任何可影响信托权利与财产的行为，受托人不是以信托的代理人身份行事，受托人在管理信托过程中所订合同，是受托人自己的合同，受托人应以固有财产对合同债务承担责任，除非合同另有约定。[598]受托人（而不是信托）可以通过代理人实施行为。[599]美国当代法律广泛承认商业信托有与公司相同的主体地位，商业信托可持有财产、订立合同，受托人作为企业管理者不对商业信托债务承担个人责任。

由于在组织构造及商业运营等方面的相似性，有关商业信托以及其

---

[594] Page v. Arkansas Natural Gas Corp., 53 F. 2d 27（C. C. A. 8th Cir. 1931），cert. granted，285 U. S. 532，52 S. Ct. 407，76 L. Ed. 927（1932）and aff' d，286 U. S. 269，52 S. Ct. 507，76 L. Ed. 1096（1932）；Inside Scoop，Inc. v. Curry，755 F. Supp. 426（D. D. C. 1989），order aff' d，923 F. 2d 201（D. C. Cir. 1991）；Swartz v. Sher，344 Mass. 636，184 N. E. 2d 51（1962）；Michigan Trust Co. v. Herpolsheimer，256 Mich. 589，240 N. W. 6（1932）；Roberts v. Aberdeen-Southern Pines Syndicate，198 N. C. 381，151 S. E. 865，71 A. L. R. 885（1930）；State ex rel. Combs v. Hopping Inv. Co.，1954 OK 125，269 P. 2d 997（Okla. 1954）；Bank of Commerce & Trust Co. v. McCabe，164 Tenn. 591，51 S. W. 2d 850（1932）.

[595] State v. Cosgrove，36 Idaho 278，210 Pac. 393（1923）；Crocker v. Malley，249 U. S. 223（1919）；Gleason v. McKay，134 Mass. 419（1883）；Hoey v. Coleman，46 F. 221（C. C. S. D. N. Y. 1891），appeal dismissed，149 U. S. 776，13 S. Ct. 1047，37 L. Ed. 966（1893）；Roberts v. Aberdeen-Southern Pines Syndicate，198 N. C. 381，151 S. E. 865，71 A. L. R. 885（1930）；State v. Lee，288 Mo. 679，233 S. W. 20（1921）；William C. Dunn，*Business Trusts* 250，261（1922）.

[596] Gilmer v. Kansas City West Land Co.，Inc.，1 Kan. App. 2d. 509，571 P. 2d 36，40（1977）.

[597] 在英国著名的商业信托判例中，初审法院谓：如果将受益权凭证持有人称为“股东”，将受托人称为“董事”，将该种团体称为“公司”，则商业信托不过是对普通公司的一种描述，因此商业信托仅仅是一种用以规避公司法的工具。上诉法院推翻该判定，认为受托人就是受托人，其法律地位为本人，而不是董事或代理人。Smith v. Anderson，（1880）15 Ch. D. 247.

[598] Dolben v. Gleason，292 Mass. 511，198 N. E. 762（1935）；R. F. C. v. Goldberg，143 F. 2d 752（C. C. A. 7th Cir. 1944）. 相反，公司董事被认为处于公司代理人的地位。George Gleason Bogert，George Taylor Bogert，& Amy Morris Hess，*The Law of Trusts and Trustees* § 16（3d ed. 2005）.

[599] McCarthy v. Parker，243 Mass. 465，138 N. E. 8（1923）.

他非公司企业的不少问题与公司法的问题颇为相似。[600]基于此类相似性，在商业信托法不发达的时代，或者在未制定商业信托基本法的法域，法院有时会认为制定法上“公司”的定义包括商业信托，据此为了某些特定目的（如税收目的），对商业信托适用与公司相同的法律规范。[601]其方式或为援引州宪法、制定法关于公司定义的条款，或直接作出判定。[602]

（二）商业信托相比于公司的优势

商业信托在一定程度上可以替代公司，尤其是考虑到商业信托比普通信托更类似于公司。[603]相似点包括较不严格的受托人解任程序、受益人表决权以及可转让或可赎回的受益权。反之则不然：公司无法替代商业信托。商业信托的诸多优势，为公司所不具备，直至今日仍然如此。百年前即有学者总结道：商业信托比公司更为简便、确定、融贯（consistent）、灵活，能给予投资者和债权人比公司更为满意的保障。[604]与进化后的当代公司法相比，此一论断仍未过时。商业信托的优势，一方面体现为商业信托具有公司的某些长处，而不必承受公司法对公司的诸多管制；另一方面体现为商业信托具有高度的适应性、持续性与灵活性。[605]适应性，指商业信托可适应不同个案的特殊情形与特殊需求。[606]持续性，指商业信托可由信托公司、其他金融机构等组织担任受托人，既不像公司董事一样受限于人的寿命，[607]

[600] William Meade Fletcher et al., *Fletcher Cyclopedia of the Law of Private Corporations* § 8227 (Perm. ed. 1983 Supp. 2007).

[601] Rubens v. Costello, 75 Ariz. 5, 251 P. 2d 306, Blue Sky L. Rep. (CCH) ¶70195 (1952); Chapman v. Department of Revenue, 110 Ill. App. 3d 82, 65 Ill. Dec. 642, 441 N. E. 2d 1156 (1st Dist. 1982); State ex rel. Ferguson v. United Royalty Co., 188 Kan. 443, 363 P. 2d 397 (1961); Weber Engine Co. v. Alter, 120 Kan. 557, 245 P. 143, 46 A. L. R. 158 (1926); Nedeau v. United Petroleum, 251 Mich. 673, 232 N. W. 202 (1930).

[602] Hecht v. Malley, 265 U. S. 144, 44 S. Ct. 462, 68 L. Ed. 949 (1924); Burk-Waggoner Oil Association v. Hopkins, 269 U. S. 110, 46 S. Ct. 48, 70 L. Ed. 183 (1925); Hemphill v. Orloff, 277 U. S. 537, 48 S. Ct. 577, 72 L. Ed. 978 (1928); Morrissey v. Commissioner of Internal Revenue, 296 U. S. 344, 56 S. Ct. 289, 80 L. Ed. 263 (1935); In re Associated Trust, D. C., 222 F. 1012 (1912); Gallagher v. Hannigan, 5 F. 2d 171 (C. A. 1, 1925); Reilly v. Clyne, 27 Ariz. 432, 234 P. 35 (1925).

[603] Steven L. Schwarcz, *Commercial Trusts as Business Organizations: An Invitation to Comparatists*, 13 Duke J. Comp. & Int'l L. 321, 326 (2003).

[604] H. L. Wilgus, *Corporations and Express Trusts as Business Organizations* Ⅱ, 13 Mich. L. Rev. 205, 236 (1915).

[605] William Meade Fletcher et al., *Fletcher Cyclopedia of the Law of Private Corporations* § 8232 (Perm. ed. 1983 Supp. 2007).

[606] Id.

[607] 美国大多数州、德国和我国的《公司法》均要求董事须为自然人。受制于死亡、衰老、疾病等因素，自然人经营管理的稳定性难与机构管理者比拟。

又不像公司董事或高级管理人员一样较容易被替换，[608]从而保持比公司更为持久、稳定的经营管理。灵活性，表现在商业信托在组织机构及运营机制方面比公司更具弹性，且受托人从事营业比公司董事更为便捷、快速。[609]正如堪萨斯州判例所言：商业信托是一种极为便利的机制，可用于累积巨额资产以构建从事经营所需的商业声望，并可成为一种比公司或有限合伙更能适应创办人之商业项目与商业规划的组织。[610]

商业信托的另一大优势为税收优势。例如，在美国联邦税法上，商业信托可成为仅有单层税负的"授予人信托"；商业信托亦可依"勾选"条例选择合伙税收待遇或不被视为独立纳税实体的税收待遇，其灵活性远胜于公司。在州法上，公司一般须交纳州所得税或特许税，商业信托无此税负。[611]在美国早期的商业信托法上，某些判例认为，利用商业信托之类的合法形式避免或减少税负，不为非法。[612]又如，在加拿大，20世纪晚期，许多公司转向商业收入信托架构，其市值出现大幅度增长。此种现象在很大程度上可以归因于信托的税收优势。[613]

商业信托与公司的传统区别还包括，受托人一般对商业信托从事经营活动具有完全的权限，不受个别受益人干预。[614]此种模式尤其适合于以专家经营为特色的杠杆融资交易、结构融资交易、投资基金业务等，对于实业经营企业而言，亦有助于防范公司法中常见的控制股东欺压中小股东或少数股东滥用权利干扰企业经营之类的弊病，缓解"被代理人成本"问题。

商业信托相对于公司的优势，在证券投资基金中最为显著，值得专论。

[608] The Commonwealth of Massachusetts, Report of the Massachusetts Tax Commissioner on Voluntary Associations, Under Chapter 55, Resolves of 911, at 21 (by William D. T. Trefry, 1912). 公司法要求定期或按年度召开股东会会议以选任董事，有时不利于公司及股东，商业信托法则无此要求。John H. Sears, *Trust Estates as Business Companies* 12 (2d ed. 1921).

[609] The Commonwealth of Massachusetts, Report of the Massachusetts Tax Commissioner on Voluntary Associations, Under Chapter 55, Resolves of 911, at 22 (by William D. T. Trefry, 1912).

[610] Fitch v. United Royalty Co., 143 Kan. 486, 55 P. 2d 409 (1936).

[611] Sheldon A. Jones, Laura M. Moret, & James M. Storey, *The Massachusetts Business Trust and Registered Investment Companies*, 13 Del. J. Corp. L. 421, 456-57 (1988).

[612] John H. Sears, *Trust Estates as Business Companies* 14 (2d ed. 1921).

[613] Mark Gillen, *A Comparison of Business Income Trust Governance and Corporate Governance: Is There a Need for Legislation or Further Regulation?*, 51 McGill L. J. 327, 377 (2006).

[614] Hauser v. Catlett, 1946 OK 262, 197 Okla. 668, 173 P. 2d 728 (1946).

三、专论：信托型基金与公司型基金

（一）认识上的误区

依组织形式之不同，证券投资基金分为信托型基金、公司型基金、合伙型基金等。前两者居多，合伙型基金较为少见。[615]信托型基金，以往多称为契约型基金。目前我国理论界与实务界对于公司型基金之认识，多有误区。误区之一，认为公司型基金是基金业的主流，甚至认为其原因是契约型基金治理结构本身的缺陷；[616]误区之二，认为美国的投资基金主要是公司型基金、美国为公司型基金的代表性国家；[617]误区之三，认为公司型基金优于信托型基金。[618]基于以上认识，不少论者主张我国应规定或全面规定公司型基金。[619]

以上种种观点，皆属皮相之论，多因不明了两者区别或误解美国基金法律及实况所致。美国的公司型基金是以马里兰州投资公司形式组建，马里兰州公司法为投资公司设有诸多特别规定，与普通公司法大异其趣。一国如采公司型基金，必须大修其公司法，或者另行制定投资公司特别法，使之适合于投资基金，始可收效，否则无异于画饼。但为投资基金而特修公司法，又可能导致公司制不适于基金以外行业采用，得不偿失。

事实上，美国的投资基金以信托型基金为主流；信托型基金为当今最优的基金组织形式；所谓“公司型基金”名为公司，实为信托；公司法并未为投资基金提供胜过信托的优势。

（二）美国公司型基金的真相：信托型基金与公司型基金之比较

1. Investment Company Act：名实之辨

美国1940年Investment Company Act为管制投资基金的联邦基本法，是现代投资基金法的里程碑。我国不少文献将该法所称“investment

[615] 但有限合伙型基金在创业投资基金和私募股权基金中占据主流。此不属于本目论题范围。此外，在某些国家，私募证券投资基金中采用合伙组织形式者，数量不少。如在美国，20世纪60年代以来，有限合伙在对冲基金、杠杆基金、离岸基金等私募基金中得到广泛运用。3 Tamar Frankel & Ann Taylor Schwing, *The Regulation of Money Managers: Mutual Funds and Advisers* 21-19 (2d ed. 2001 & Supp. 2008).

[616] 楼晓：《我国公司型基金治理结构的构建之路——以美国共同基金治理结构为视角》，载《法学评论》2013年第6期，第86、88页。

[617] 江翔宇：《我国引入公司型基金法律制度的探讨》，载《政治与法律》2009年第7期，第30页；田静：《我国集合投资类理财产品的治理及完善》，载《证券市场导报》2017年第1期，第73页。

[618] 高岚：《日本投资信托及投资法人法律制度研究》，云南大学出版社2007年版，第199~203页。

[619] 我国2003年《证券投资基金法》仅规定信托型基金。2012年修订时增设一条，规定公司型基金和合伙型基金，未设详细规则，仅将其置于“附则”之地位。

company”误译为“投资公司”，[620]进而误以为美国投资基金以公司型为主流。实则该术语并不拘于组织形式，不以公司型为限。该法所称“company”，是指公司（corporation）、合伙、社团（association，或译为“团体”“联合体”）、合股企业（joint-stock company）、信托、基金（fund）或任何人的有组织的集合（organized group of persons）；以及上述主体的接管人、破产受托人、清算代理人。[621]该术语不包括自然人，此由本法所定义的“人”（person）是指自然人或company[622]可见。Company与自然人合称“人”，则company大致相当于“团体”，[623]investment company可译为“投资团体”，该法可译为“投资团体法”。

原则上，各种投资团体均可采用信托、公司等不同组织形式。但《投资团体法》上的“单位投资信托”，则与信托形式有直接联系。本法第4条将投资团体分为“面额凭证团体”、“单位投资信托”与“管理型团体”三类。“面额凭证团体”（face-amount certificate company），指从事或拟从事分期支付型面额凭证发行业务的投资团体，以及已从事此类业务并已发行此类凭证的投资团体。此类团体可采各种组织形式。“单位投资信托”（unit investment trust），指有下列特征的投资团体：“（A）依信托契约、托管合同、代理合同或类似文件设立；（B）不设董事会；（C）仅发行可赎回证券，每一证券表征在特定证券的单位中的不可分权益；但是，单位投资信托不包括表决权信托。”“管理型团体”（management company），指面额凭证团体与单位投资信托之外的投资团体，此类团体亦可采各种

---

[620] 例如，中国证券监督管理委员会组织编译：《美国〈1940年投资公司法〉及相关证券与交易委员会规则与规章》，法律出版社2015年版。有新近文献虽仍将Investment company术语译为“投资公司”，但已注意到该术语其实包括公司、合伙、信托等多种组织形式。参见黄辉：《资产管理的法理基础与运行模式——美国经验及对中国的启示》，载《环球法律评论》2019年第5期。

[621] 15 U.S.C. § 80a-2（a）（8）. 作为姊妹法，1940年《投资顾问法》关于“company”的定义，与《投资团体法》相同。参见15 U.S.C. § 80b-2（a）（5）。

[622] 15 U.S.C. § 80a-2（a）（28）. 但该法所称“company”，并不以具有主体资格者为限。仅在该法目的的范围内，某种“company”成为该法所称之“人”，但在其他法律上，则未必如此，例如，保险企业所建立的独立账户，在保险法上可能只是会计工具，在《投资团体法》上却可成为“人”及投资证券的“发行人”，从而可主张该法所规定的权利、负担该法所规定的义务。1 Tamar Frankel & Ann Taylor Schwing, *The Regulation of Money Managers: Mutual Funds and Advisers*, 5-19 to 5-20（2d ed. 2001 & Supp. 2008）.

[623] 《投资团体法》同时也使用“organization”一词，但主要是指称“慈善组织”（charitable organization），而该法对慈善组织未作特别定义，而是引致《美国法典》第26卷《国内税收法典》关于慈善组织的定义。15 U.S.C. § 80a-3（c）（10）（D）（iii）. 将company译为团体，免与组织相混。另外，此处的company不译为企业（此不同于本书将 limited liability “company” 译为有限责任“企业”），是因该法所称的投资团体也包括基金等形态，难以为企业概念所涵括。

组织形式。

总体上,《投资团体法》对于投资基金所作分类,系根据功能上(而非法律上)的区别,唯单位投资信托这一类别兼以法律形式为标准。[624]在立法定义中,单位投资信托虽不必然是信托形式,但依托管合同或代理合同成立的单位投资信托仅存于20世纪30年代,现今美国的单位投资信托仅有信托型。[625]

同时,《投资团体法》要求投资团体须设独立董事,此为美国投资基金法的一大特色。但同样基于功能主义的立法路径,该法所称"董事"(director),不限于公司法所称董事,其范围极广,指公司的董事或任何组织(无论公司还是非公司组织)中履行类似职能的任何人,包括以普通法信托形式设立的管理型团体的受托人会(board of trustees)中的任何自然人成员。[626]《投资团体法》的规定一体适用于各种组织形式的投资团体,例如,关于"董事"义务的规定不仅适用于公司型基金中的董事,也同等适用于信托型基金中的受托人、有限合伙型基金中的普通合伙人。[627]因此,在信托型基金的场合,为免混淆,宜称独立受托人而非独立董事,更不可望文生义,而凭"董事"一词即误认为该法所称投资团体全系公司。作为例外,单位投资信托无须设受托人会(board of trustees),其受托人一般只负担事务管理性义务。[628]

《投资团体法》的上述立场可概括为"组织形式中立"原则。此项原则是对历史和现实的尊重。在立法之前,证券与交易委员会(Securities and Exchange Commission, SEC)在调查研究中即已发现实务中存在信托型、合伙型、公司型等多种投资基金组织形式,某些基金通过合同聘用投资顾问进行管理,某些径由董事与高级管理人员进行管理。[629]尽管在独立董事制度上带有公司制的色彩,但《投资团体法》的

---

[624] 1 Tamar Frankel & Ann Taylor Schwing, *The Regulation of Money Managers: Mutual Funds and Advisers* 5-193(2d ed. 2001 & Supp. 2008).

[625] 4 Tamar Frankel & Ann Taylor Schwing, *The Regulation of Money Managers: Mutual Funds and Advisers* 29-8(2d ed. 2001 & Supp. 2008).

[626] 15 U. S. C. § 80a-2(a)(12).姊妹法1940年《投资顾问法》关于"director"的定义,与《投资团体法》基本相同。15 U. S. C. § 80b-2(a)(8).

[627] Larry D. Barnett, *The Regulation of Mutual Fund Boards of Directors: Financial Protection or Social Productivity*, 16 J. L. & Pol' y 489(2008).

[628] 1 Tamar Frankel & Ann Taylor Schwing, *The Regulation of Money Managers: Mutual Funds and Advisers*, 5-32, 5-193 to 5-194(2d ed. 2001 & Supp. 2008).

[629] 3 Tamar Frankel & Ann Taylor Schwing, *The Regulation of Money Managers: Mutual Funds and Advisers* 21-5(2d ed. 2001 & Supp. 2008).

立法记录显示，立法者无意偏好任何一种特定的组织形式，该法不试图构建投资团体的一种理想形式并强迫所有组织遵从此种理想。[630]相比于银行业法、保险业法，《投资团体法》承认当事人有选择组织形式的较大自由。[631]

2. 宏观状况

原则上，投资基金具体采何种组织形式，并非依联邦法而定，而依州法而定。信托法与商业组织法，均属于州法范畴。故投资基金的组织实况，可从州法中见之。美国的绝大多数投资基金为马萨诸塞州商业信托、特拉华州商业信托或马里兰州投资公司，即公司型基金绝大多数是以马里兰州投资公司形式组建，信托型基金绝大多数是以马萨诸塞州商业信托或特拉华州商业信托形式组建。[632]除商业信托与公司之外，共同基金亦可采有限合伙形式，[633]但现已式微。[634]由表5可见，马萨诸塞州、特拉华州两种信托型基金占共同基金总数3/4以上；马里兰州投资公司仅占比16%，不及上述任何一种信托型基金之半数。而以有限合伙等其他形式设立或在上述三州以外法域设立的共同基金仅占7%。

[630] Id.

[631] Id. 美国联邦和许多州的银行法严格限定银行的组织形式，某些州的保险法限制非公司组织成为保险企业。Id.

[632] Laurin Blumenthal Kleiman & Carla G. Teodoro, *Forming, Organizing and Operating a Mutual Fund: Legal and Practical Considerations*, 1818 PLI/Corp. 49, 61 (2010).

[633] Executive Discount Realty Co., SEC No-Action Letter, 1993 SEC No-Act. LEXIS 731, at *4 (April 1, 1993).

[634] 在1988年之前，对于不能满足《国内税收法典》为注册投资基金所设条件的基金，组建为有限合伙形式则可以获得税收优势，不承担公司式的所得税。1987年，美国国会修订《国内税收法典》（修正案于1988年生效），规定公开型合伙（包括开放式投资基金）在税收方面与公司同等对待，须承担公司层面的所得税。Internal Revenue Code § 7704. 因此，有限合伙作为共同基金的组织形式已丧失优势。Philip H. Newman, *Legal Considerations in Forming a Mutual Fund*, SL097 ALI-ABA 27, 29 (ALI-ABA Course of Study 2007). 除税收以外，有限责任问题也是有限合伙型投资基金的劣势之一。依照传统的有限合伙法，有限合伙人如控制合伙事务，则应就合伙债务负无限责任。而1940年《投资团体法》要求投资团体的某些事项须受基金份额持有人控制（例如，选任董事），则有限合伙人将因享有及行使选任权而丧失有限责任待遇。因此，学者认为有限合伙不适合于作为投资基金的组织形式。1 Tamar Frankel & Ann Taylor Schwing, *The Regulation of Money Managers: Mutual Funds and Advisers* 5-12 (2d ed. 2001 & Supp. 2008). 不过，1976年通过、1985年修订并为美国40多个州所采纳的《统一有限合伙法》已扩展了有限合伙人可得行使的权利（不致因此丧失有限责任待遇），2001年《统一有限合伙法》更是彻底地废除了“控制规则”，有限合伙在此方面的传统劣势趋于消弭。

表5　美国共同基金的组织形式[635]

（数据截至2018年年底）

基金组织形式	比例
马萨诸塞州商业信托（Massachusetts business trusts）	37%
特拉华州制定法商业信托（Delaware statutory trusts）	40%
马里兰州投资公司（Maryland corporations）	16%
其他	7%
基金总数	10，174（只）

《投资团体法》与《投资顾问法》明确承认并允许基金以商业信托的形式组建。[636]基金业发展初期，马萨诸塞州商业信托在信托型基金中独占鳌头。1962年的一项众议院报告显示，1940年《投资团体法》通过后，商业信托占新成立的投资基金的比重有所下降，原因之一为投资基金向马萨诸塞州之外的其他州扩散（某些基金甚至依据加拿大法设立），原因之二为1940年《投资团体法》第16条要求基金受托人须由受益人选任，依据某些州判例法上的"控制检验法"，选任受托人将导致商业信托被法院认定为合伙，受益人将因为对受托人实施控制而须对信托债务承担个人责任。[637]不过，上述因素后来并未成为采用商业信托组织形式的阻力，一是因为当代商业信托制定法普遍废弃了"控制检验法"；二是因为1940年《投资团体法》对投资基金资本结构和加杠杆的严格限制大幅降低了基金负债超过资产的可能性，[638]受益人甚少面临个人责任的实际风险；三是因为1940年《投资团体法》第16条的实际适用并不如其文义上显示一般严格。[639]1987年，马里兰州修改公司法，为投资公司特设规定，[640]使马里兰

［635］ 数据来源：Investment Company Institute，*2019 Investment Company Fact Book* 266（59th ed. 2019）。

［636］ Saminsky v. Abbott，41 Del. Ch. 320，194 A. 2d 549，affirmed 200 A. 2d 572，41 Del. Ch. 572，cert. Denied. 85 S. Ct. 186，379 U. S. 900，13 L. Ed. 2d 174（1963）.

［637］ A Study of Mutual Funds-Prepared for the Securities and Exchange Commission by the Wharton School of Finance and Commerce. H. R. Rep. No. 2274，87th Cong.，2d Sess. 45（1962）. 转引自 Sheldon A. Jones，Laura M. Moret，& James M. Storey，*The Massachusetts Business Trust and Registered Investment Companies*，13 Del. J. Corp. L. 421，452（1988）.

［638］ Investment Company Institute，*2019 Investment Company Fact Book* 282（59th ed. 2019）.

［639］ 1974年，Fidelity Daily Income Trust在其基金发行报告中未规定对受托人的年度选举，SEC未以此为由否定其效力，自此以后，信托型投资基金普遍略去了年会要求。Sheldon A. Jones，Laura M. Moret，& James M. Storey，*The Massachusetts Business Trust and Registered Investment Companies*，13 Del. J. Corp. L. 421，452-53（1988）.

［640］ 1987 Md. Laws ch. 242.

州投资公司在作为投资基金组织形式方面，成为马萨诸塞州商业信托强有力的竞争对手，不少投资基金以马里兰州投资公司形式组建。[641]但马里兰州投资公司并未取代马萨诸塞州商业信托的地位。20世纪80年代，在依据1940年《投资团体法》注册的投资基金中，约50%以马萨诸塞州商业信托形式组建，28%左右以马里兰州投资公司形式组建。[642]在1980~1985年，有多个公司型基金重组为马萨诸塞州商业信托，证券与交易委员会通过“不行动函”的方式对此提供了便利。[643]1988年特拉华州制定《特拉华州商业信托法》，该法在克服判例法不确定性的同时，以极具灵活性之规定，为商业信托全面复兴奠定基础，成为当代商业信托法的范本。自此，特拉华州商业信托后来居上，现已占据龙头地位。信托管理和受益人有限责任等方面的优势使特拉华商业信托成为最受欢迎的共同基金组织形式。[644]

所谓公司型基金，绝大多数为依据《马里兰州普通公司法》设立的投资公司，即马里兰州投资公司。之所以不是其他公司（包括以自由灵活著称的特拉华公司），系因《马里兰州普通公司法》专门为依照1940年《投资团体法》注册为投资团体的公司（以下统称投资公司）设有一系列特殊规定，[645]而有别于本州与其他州的普通公司。《马里兰州普通公司法》特意放松对投资公司的管制，针对投资公司，在诸多方面作出不同于一般公司法的规定，例如开放式投资公司可在章程中订定股份可赎回；[646]投资公司章程可订定不召开股东年会，除非联邦《投资团体法》对选任独立董事另有要求；[647]容许董事会而非股东决定公司股份总数的增减；[648]经董事会授权，投资公司的股份可由投资公司以信义义务人的身份为股东之利

---

[641] Sheldon A. Jones, Laura M. Moret, & James M. Storey, *The Massachusetts Business Trust and Registered Investment Companies*, 13 Del. J. Corp. L. 421, 422 n. 5（1988）.

[642] Id. at 422 n. 4 & 5（引用Information obtained from Simon' s Mutual Fund Monthly, issue 6, July 1985 through issue 35, December 1987）.

[643] 3 Tamar Frankel & Ann Taylor Schwing, *The Regulation of Money Managers: Mutual Funds and Advisers*, 21-15 to 21-16（2d ed. 2001 & Supp. 2008）.

[644] Investment Company Institute, *2019 Investment Company Fact Book* 265（59th ed. 2019）.

[645] Marcel Kahan & Ehud Kamar, *The Myth of State Competition in Corporate Law*, 55 Stan. L. Rev. 679, 721（2002）.《马里兰州普通公司法》的吸引力主要来自其中关于投资公司（依照1940年《投资团体法》注册为投资团体的公司）的特殊规定。马里兰州吸引的域外公司大多数为投资公司（而非普通公司）。Id.（引用数据）.

[646] Md. Code Ann., Corps. & Ass' ns § 2-310.1.

[647] Md. Code Ann., Corps. & Ass' ns § 2-501（b）.

[648] Md. Code Ann., Corps. & Ass' ns § 2-105.

益而持有，并由该投资公司行使表决权、红利受领权等权利；[649]在公司实施合并、权益置换、章程修改等行为时，如将该行为所涉股票价值定为每股净资产价值，则开放式投资公司的股东不享有异议股东股份回购请求权；[650]公司不得与有利害关系股东或其关联人实施商业结合形式的规定，不适用于开放式投资公司的商业结合，原则上也不适用于封闭式投资公司的商业结合；[651]关于控股股东表决权的特别规定，不适用于开放式投资公司，原则上也不适用于封闭式投资公司。[652]此类规定使马里兰州投资公司更适合于投资基金的特殊需求，亦使马里兰州投资公司更接近于商业信托，而与普通公司大相径庭。

更重要的是，尽管《马里兰州普通公司法》在投资公司方面吸收了马萨诸塞州商业信托的诸多优点，马萨诸塞州商业信托依然有公司所不及的灵活性，包括：无须发行基金份额凭证；受托人可决定解散信托或某一信托系列而无须受益人允许；受托人可自主决定对已发行的受益权份额进行反向拆分（reverse split，或称“缩股”）；对某些受益人无须发送会议通知；对商业信托合并、资产出卖、修改信托文件的表决权数量要求可低于公司法的法定要求，甚至可以完全排除表决权；受托人可变更商业信托或某一个系列的名称，而无须受益人允许。[653]而特拉华州制定法商业信托的灵活性，更胜于马里兰州投资公司。更详细的比较，详见下文。

因此，所谓公司型基金，实为借鉴商业信托的优点，通过使自身更为“信托化”而满足投资基金组织与运营之需。换言之，是商业信托相比普通公司更能适应投资基金的需求、在充当投资基金组织形式上更具优势，而非相反。有学者更指出，共同基金无论是以公司还是信托形式运作，其实质均为依州法而成立的普通法信托。[654]如其所言：采用公司形式的美国共同基金徒具公司形式而已，在实质上，此类基金是兼具少量不甚重要的

[649] Md. Code Ann., Corps. & Ass'ns § 2-310.2.

[650] Md. Code Ann., Corps. & Ass'ns § 3-202(c)(5).

[651] Md. Code Ann., Corps. & Ass'ns § 3-603(e)(1)(ⅳ),(ⅴ). 该法所称“商业结合”(business combination)，包括合并、权益置换、资产转让等交易类型。Id. § 3-601(e).

[652] Md. Code Ann., Corps. & Ass'ns § 3-702(c)(3),(4).

[653] Sheldon A. Jones, Laura M. Moret, & James M. Storey, *The Massachusetts Business Trust and Registered Investment Companies*, 13 Del. J. Corp. L. 421, 458(1988).

[654] Charles E. Rounds, Jr. & Andreas Dehio, *Publicly-Traded Open End Mutual Funds in Common Law and Civil Law Jurisdictions: A Comparison of Legal Structures*, 3 N. Y. U. J. L. & Bus. 473, 475(2007). 不过，该文认为美国信托型基金中基金资产所有权仅由受托人持有（第483、490页），未注意到美国最新一代州商业信托法规定商业信托为可以自己名义持有财产的实体，且制定法商业信托的财产由商业信托自己持有的事实。

法定公司特征的普通法信托，例如，除了不持有基金资产以外，公司型基金的董事在每一方面均是受托人，称为“董事受托人”（director-trustee）更合乎现实；“如果它走起来像鸭子，叫起来像鸭子，那么它就是一只鸭子”，披着公司外衣的信托仍然是信托；公司型基金与一般的公司相似之处甚少，它几乎没有机器和设备、绝大多数日常管理事务交由外部的代理人、几乎没有受雇人。[655]实际上，典型的公司型基金不过是一个壳。[656]投资公司唯一的真正功能，是为了投资者之利益持有基金资产；换言之，公司实体仅是一个托管受托人，或是一个名义持有人，公司的董事受托人直接对投资者负有义务。[657]

美国联邦法律的规定，也使投资公司偏离了一般公司的特征。1940年《投资团体法》对投资团体设定一系列特殊的限制与规则，使采用公司形式的共同基金具有许多不同于普通公司的特征与限制，其中包括资本制度、持续销售股份的要求、股份的赎回、常规性的红利分配、将公司运营职能和职责转托于其他企业（投资顾问）、强制设置独立董事、禁止关联交易、公司资产须托管于银行、对借贷的限制、关于表决权征集和独立会计师选任等方面的特殊要求、对投资顾问报酬和承销商佣金的特殊管制，等等。据此，有论者将共同基金称为公司的“异化形态”。[658]而上列特殊限制与规则，对世界各国的投资基金立法产生了广泛影响，可谓已成为当代投资基金法律制度的共同特征。

以上所述，由图1即可见之：在美式投资基金架构中，仅有基金份额持有人（shareholder）和董事（director，包括受托人等）可称为组织内部人，组织的其他事务均由外部人处理，其中，基金投资由投资顾问（investment advisor）负责（兼为发起人，sponsor），日常管理性事务交由管理人（administrator）处理，基金份额由承销商（underwriter）销售、由过户代理人（transfer agent）办理权利移转手续，基金财产由托管人（custodian）托管，基金财务由独立会计师（independent public accountant）审计。而普通公司内设业务、财务、行政等部门，公司财产由公司自持，两者相较，判然有别。

---

［655］ Id. at 492-93.

［656］ Tannenbaum v. Zeller，552 F. 2d 402，405（2d Cir. 1977）.

［657］ Charles E. Rounds，Jr. & Andreas Dehio，*Publicly-Traded Open End Mutual Funds in Common Law and Civil Law Jurisdictions：A Comparison of Legal Structures*，3 N. Y. U. J. L. & Bus. 473，493（2007）.

［658］ Leland E. Modesitt，*The Mutual Fund-A Corporate Anomaly*，14 UCLA L. Rev. 1252（1967）. 对上述特殊限制与规定的归纳，参见该文第1256~1257页。

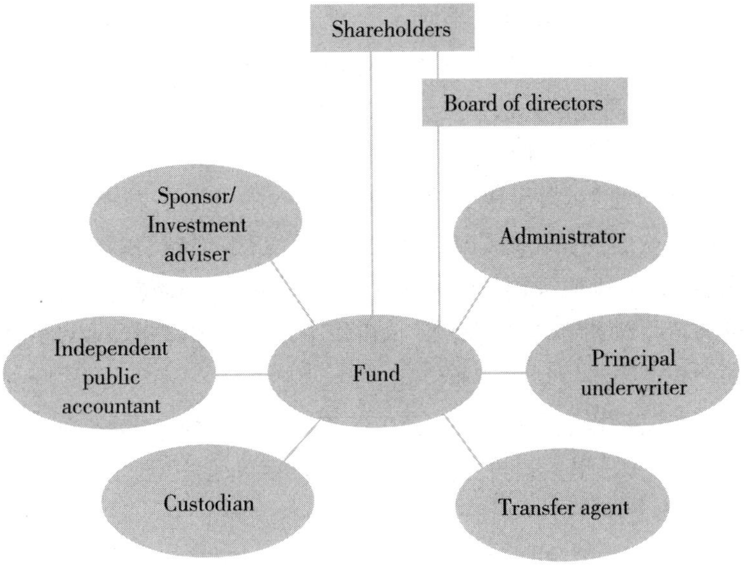

图1　美国投资基金的架构[659]

3. 微观比较

设立证券投资基金时采用何种组织形式，是交易者的自主选择。设立共同基金的总体目标是实现程序灵活性的最大化、个人责任的最小化、保持合理的成本结构、适应潜在的不同的市场需求与动机、获得基金的导管（pass-through）税收待遇。[660]在选择共同基金的形式与管辖法域、是否设立系列投资基金、是否创设多类别的基金份额、是设立传统的独立（stand-alone）结构基金还是设立主基金－支基金（master-feeder）结构的基金，[661]以及处理设立基金的诸多其他事项时，均须通盘考虑上述目标。

信托型基金与公司型基金各有长短。以往一般认为，商业信托型基金具有更强的灵活性，公司型基金在有限责任方面则较具确定性。[662]马萨诸塞州商业信托作为一种新型投资基金形式被广为运用，主要原因在于

---

［659］　图1来源：Investment Company Institute，*2019 Investment Company Fact Book* 267（59th ed. 2019）。

［660］　Philip H. Newman，*Legal Considerations in Forming a Mutual Fund*，SL097 ALI-ABA 27，29（ALI-ABA Course of Study 2007）.

［661］　关于主基金—支基金结构，参见本书第7章第1节第3目。

［662］　Philip H. Newman，*Legal Considerations in Forming a Mutual Fund*，SL097 ALI-ABA 27，29（ALI-ABA Course of Study 2007）.

其组织与运行上的简便性与灵活性。[663]马萨诸塞州判例法上“控制检验法”的存在，使受益人可能面临对商业信托债务承担无限责任之风险。不过，《特拉华州商业信托法》关于有限责任的规定已经在受益人责任方面赋予商业信托完全等同于公司的待遇，而该法在灵活性方面更甚于《马里兰州普通公司法》(以及任何法域的公司法)，因此，特拉华州商业信托已经成为最受欢迎的投资基金组织形式。在1988年《特拉华州商业信托法》通过之后，有不少原采用马里兰州投资公司形式的共同基金将其组织形式变更为特拉华州商业信托，[664]也有原采用马萨诸塞州商业信托形式的共同基金变更为特拉华州商业信托形式。[665]

以下即以投资基金设立、运营中的主要考虑事项为线索，列出马萨诸塞州商业信托、马里兰州投资公司、特拉华州商业信托之间的异同。

(1)法律适用

公司适用公司法的规定。公司法主要由制定法构成，此类制定法中强行规范较多，公司不能自由选用。商业信托主要适用商业信托文件条款，商业信托制定法整体上为一部非强行法，旨在为商业信托提供一个示范文本、补充商业信托文件之不备，或提示商业信托文件宜予订定的事项，法律仅设最低限度的极少量强行规范，正所谓“创设信托之文件即为信托之法律”。[666]基于上述原因，商业信托文件可以设置为公司法所不容

---

[663] Sheldon A. Jones, Laura M. Moret, & James M. Storey, *The Massachusetts Business Trust and Registered Investment Companies*, 13 Del. J. Corp. L. 421, 424(1988).

[664] 例如，1996年9月11日，Van Kampen American Capital基金在其发行说明中称：“将本基金从马里兰州基金重组为特拉华州商业信托，主要原因有二，第一是获取特拉华州法关于商业信托的某些优势，第二是排除马里兰州基金的年度特许税。其一，特拉华州法律规定，特拉华州商业信托的受托人可授权发行无限数量的份额。马里兰州公司法规定，公司章程应当载明可授权发行的股份数量。而且，特拉华州关于商业信托的法律，是为了适应投资团体的独特的治理需要而专门起草的，并且规定该法的原则是对特拉华州商业信托的信托文件给予最大化的合同自由。而马里兰州公司法尽管包含许多专门适用于投资团体的条文，但对于投资团体而言，其定制化程度不敷使用。其二，每一个马里兰州基金均须缴纳特许税，特拉华州商业信托无须缴纳特许税。相应地，重组为特拉华州商业信托，将可省去26,400美元的特许税。”Van Kampen American Capital Funds, Notice of Joint Annual Meeting of Shareholders 14(Sept. 11, 1996). 转引自John H. Langbein, *The Secret Life of the Trust*: *The Trust as an Instrument of Commerce*, 107 Yale L. J. 165, 187 n. 133(1997)。

[665] 1994年，富达(Fidelity)基金将其旗下的一组货币市场基金从马萨诸塞州商业信托形式变更为特拉华商业信托形式，部分原因是《特拉华州商业信托法》关于受益人会议与表决的法定要求更少。Karen Blumenthal, Fidelity Sets Vote on Scope of Investments, Wall St. J., Dec. 8, 1994, at C1. 转引自John H. Langbein, *The Secret Life of the Trust*: *The Trust as an Instrument of Commerce*, 107 Yale L. J. 165, 187 n. 133(1997).

[666] Nathan Isaacs, Note, *Trusteeship in Modern Business*, 42 Harv. L. Rev. 1048, 1052(1929).

的条款，实践中，商业信托文件通常也设有此类条款。[667]由于共同基金产品日益复杂多样，商业信托的此种灵活性已经越来越重要。[668]

本质上，商业信托避开了公司法所设管制，基于信托灵活性与合同自由的本性，商业信托天生适合作为投资基金组织形式。公司适合于投资基金的条件则是立法者后天所赋。马里兰州是通过修订公司法，为投资公司特设规定，才去除了公司成为投资基金组织形式的若干障碍。

(2)投资者与管理者的个人责任

公司股东对公司债务负有限责任，公司董事不因董事身份而对公司债务承担责任，此为各法域公认。在责任问题上，在其他法域开业的公司，一般不会遭遇法律风险。

马萨诸塞州关于商业信托的制定法未明文规定商业信托受益人负有限责任，亦未规定受托人对商业信托债务不负个人责任。判例法的规则不够确定。因此，马萨诸塞州商业信托受益人或受托人或有承担个人责任之风险。但事实上，如实务工作者所言，此种风险几乎可忽略不计，原因有四：其一，证券投资基金几乎全由资产构成，几无负债，极少出现不能偿债的情形；其二，商业信托可在商业信托文件以及同第三人所订合同中订定适当的豁免受益人与受托人个人责任之条款；其三，商业信托可在商业信托文件中订入补偿条款，载明受托人与受益人为商业信托支出的费用或偿付的债务由商业信托补偿；其四，商业信托可为受托人投保责任保险。[669]学者亦指出，无论是开放式还是封闭式基金，基金财产不足清偿债务以及基金份额持有人为基金债务承担个人责任的可能性都极低，披露此种可能性不会阻止投资者购买此类信托的受益权，因此这仅是个理论上的问题。[670]

《特拉华州商业信托法》规定商业信托受益人承担与公司股东相同的有限责任；受托人不对商业信托债务负个人责任。[671]据此，受益人、受托人和公司股东、董事享有同等待遇。但与公司法不同的是，各州商业信托

---

[667] Philip H. Newman, *Legal Considerations in Forming a Mutual Fund*, SL097 ALI-ABA 27, 30 (ALI-ABA Course of Study 2007).

[668] Id.

[669] Id. at 27, 32. 在第三人与商业信托交易较为频繁的情形，与第三人约定免除个人责任之做法具有较高的交易成本，但证券投资基金通常少有债权融资交易，因此成本可维持于适当水平。

[670] 3 Tamar Frankel & Ann Taylor Schwing, *The Regulation of Money Managers: Mutual Funds and Advisers* 21-11 (2d ed. 2001 & Supp. 2008).

[671] Del. Code Ann. tit. 12, § 3803(a),(b).

法至今差异较大，在受益人责任问题上更是如此。某些州是否承认受益人的有限责任，尚不明确。[672]因此，组建为特拉华州商业信托的投资基金在其他法域营业时，可能面临一定法律风险。不过，如上所述，证券投资基金投资者的无限责任风险，不足为患。

（3）系列基金

系列基金指同一个基金下设数个系列，各系列有独立的投资目标与投资策略。系列基金为基金家族的两大组织形式之一，另一形式是设立数个独立的基金。与单独设立多个相互独立的基金相比，系列基金在运营成本、税费成本节省等方面皆有显著优势。[673]马萨诸塞州商业信托可设立系列基金，但制定法对此未设明确规则，要件不明。《特拉华州商业信托法》明文承认商业信托可设立系列基金，在具备制定法所定的要件（保持系列财产独立性等）时，基金各系列具有责任限定效力，每个系列的债权人仅可执行本系列的资产，近似于一个商业信托旗下又设立多个子信托。此种规定将系列基金的优势发挥到极致，因此为诸多投资基金采用。《马里兰州普通公司法》未允许一般公司设立此类系列，唯对于投资公司专设规定，意在适应系列基金的特殊需要，其条文系参考《特拉华州商业信托法》上述规定。[674]

（4）运营与治理

在此方面，公司型基金均不如信托型基金灵活。以下列七种事项为例。

第一，授权发行基金份额。在实行法定资本制或折中资本制的公司法上，公司股份的发行要求较严格。公司增发股份，通常须变更公司章程、经股东会决议，并变更公司登记，交纳登记费用。[675]实行授权资本制的公司法相应要件较宽松，但也要求公司须在章程中订定授权股份（authorized share）或授权资本（authorized capital），[676]授权股份通常基于

---

[672] 美国冲突法上有“内部事务”（internal affairs）法则，内部事务即公司等企业及其投资者、管理者之间的内部关系，适用本州法律。Restatement（Second）of Conflict of Laws § 302 cmt. a（1971）. 诸如投资者对债权人的责任等，不适用内部事务法则，有可能适用其他法域之法律。Id. § 307.

[673] 详见本书第7章第1节。

[674] Md. Code Ann.，Corps. & Ass' ns § 2-208.2.

[675] 美国许多州公司法将公司登记费用与公司资本数额直接挂钩。参见Sheldon A. Jones，Laura M. Moret，& James M. Storey，*The Massachusetts Business Trust and Registered Investment Companies*，13 Del. J. Corp. L. 421，455（1988）。我国的规定更为合理，变更登记费用统一为100元（2014年《公司登记管理条例》第55条）。该条例2016年修正时，删去第55条。

[676] Model Business Corporation Act § 6.01（2016 Revision）. 以自由灵活著称的《特拉华州普通公司法》亦规定，公司发行两个类别以上股份的，公司的登记章程应载明公司被授权发行的所有类别的股份总数、每一类别的股份数量，并载明何种股份无面值、何种股份有面值及其面值，登记章程并应载明任何类别或系列股份具有的权力、权利、资格、限制等。Del. Code Ann. tit. 8，§ 102（a）(4).

公司经授权发行的股份数量。一旦公司的授权资本耗尽（已发行股份达到授权股份的数量），公司即须增加其授权资本。增加授权资本须经股东会决议，公开公司股东会会议之召开尤须经过较为冗长的程序与成本不菲的委托表决书征集。《马里兰州普通公司法》对投资公司网开一面，特别容许此类公司董事会可在不经股东决议且不修改章程的情况下增减授权股份之总数。[677]但是，马里兰州投资公司无权发行数量无限制的股份，因为马里兰州投资公司须在其章程中预先载明本公司有权发行的股份之总数（如有类别股，并应载明每一类别股份之数量）及股份面额（或声明为无面额股）。[678]而且，开放式投资公司的董事会依据上述条文增减股份总数的，应当在企业登记机关登记一份章程补充本（articles supplementary），其中须载明公司有权发行的股份总数及关于股份增减的声明等信息；章程补充本原则上自登记机关接受时起生效，在其生效后，董事会始得发行新股份，否则，其发行行为可撤销。[679]

商业信托不必修改信托文件即可增发受益权凭证，并可发行数量不受限制的受益权凭证。此为商业信托的固有优势，《马里兰州商业信托法》更有明文规定，而与该州公司法恰成对照。[680]商业信托的这一优势，对于货币市场基金（money market fund）特别具有吸引力，因为货币市场基金可以在短时期内发行数量巨大的基金份额。[681]信托型投资基金在20世纪60~70年代继续增长，商业信托进而成为货币市场基金的首选形式。[682]1972年之后开始发展的货币市场基金，是一种投资于短期债券与票据的开放式投资基金，通常保持每股1美元的净资产价值，以便满足诸如银行存款与支票结算之类的大批量的同类需求，相应地，货币市场基金便于吸引短期投资，且一般会在短时间之内经受大规模的出卖与赎回。[683]公

[677] Md. Code Ann., Corps. & Ass'ns § 2-105(c).

[678] Md. Code Ann., Corps. & Ass'ns § 2-104(a)(6).

[679] Md. Code Ann., Corps. & Ass'ns § 2-208.1.

[680] 《马里兰州商业信托法》规定，商业信托文件可以订定将受益权划分为数量固定或者数量无限制的份额或其他单位或其组合。Md. Code Ann., Corps. & Ass'ns § 12-207(b)(3).

[681] Philip H. Newman, *Legal Considerations in Forming a Mutual Fund*, SL097 ALI-ABA 27, 30 (ALI-ABA Course of Study 2007).

[682] Money Market Mutual Funds: Hearings Before the Subcommittee on Financial Institutions of the Committee on Interstate and Foreign Commerce, 96th Cong. 2d Sess. 1 (1980).

[683] Adams, *Money Market Mutual Funds: Has Class Steagall Been Cracked?*, 99 Banking L. J. 4 (1982); House Wednesday Group, *Background on Money Market Funds* (1982). 转引自 Sheldon A. Jones, Laura M. Moret, & James M. Storey, *The Massachusetts Business Trust and Registered Investment Companies*, 13 Del. J. Corp. L. 421, 454 (1988)。

司难以满足此种需要。货币市场基金若采用公司形式，将不得不频繁召开股东会议，势必造成成本耗费与时间延误。且公司法关于增资的规定多为强行规范，无法通过公司章程排除法律规定以满足特定的交易需求。

第二，凭证要求。大多数州公司法规定，每一个股东均有权请求公司签发表征股权的凭证（stock certificate）。[684]《马里兰州普通公司法》亦是如此，但有例外。[685]早期的商业信托判例将发行受益权凭证作为商业信托的特征之一。以特拉华州法为代表的当代商业信托法普遍取消凭证要件，是否发行受益权凭证，完全由商业信托文件自定。

第三，年会。美国大多数州公司法均规定公开公司股东必须召开年会。[686]《马里兰州普通公司法》亦同，唯对于投资公司，允许其章程订定不开年会。[687]信托法不要求召开受益人年会。对于公开型企业而言，召开年会成本不菲。省略年会要求，是投资基金区别于普通公司的特殊优势。而且，联邦《投资团体法》要求基金的董事（含信托型基金的受托人）须由基金份额持有人选举产生，但可通过年会或特别会议方式进行表决，并非唯有召开年会一途。[688]正因共同基金并非必须召开年会，实务中几乎从无共同基金召开年会。[689]

第四，补偿。大多数州公司法对公司向董事及高级管理人员等进行补偿的权力设有详细的实体性与程序性限制。[690]《马里兰州普通公司法》以三个条文的篇幅详细设定补偿的要件及其限制，其中核心条文长达12款（第2-418条）。[691]商业信托法对商业信托向受托人、高级管理人员、受雇人等进行补偿未设法定限制，更具弹性。[692]

---

[684] Philip H. Newman, *Legal Considerations in Forming a Mutual Fund*, SL097 ALI-ABA 27, 31 (ALI-ABA Course of Study 2007).

[685] Md. Code Ann., Corps. & Ass'ns § 2-210.

[686] Philip H. Newman, *Legal Considerations in Forming a Mutual Fund*, SL097 ALI-ABA 27, 30 (ALI-ABA Course of Study 2007). 其他主要国家或法域的公司法也大多如此。参见[德]托马斯·莱塞尔、吕迪格·法伊尔：《德国资合公司法》(上)(第6版)，高旭军等译，上海人民出版社2019年版，第297页；Companies Act 2006, § 336(英国法)；我国《公司法》第100条。

[687] Md. Code Ann., Corps. & Ass'ns § 2-501(a), (b).

[688] 15 U. S. C. § 80a-16(a).

[689] John Morley & Quinn Curtis, *Taking Exit Rights Seriously: Why Governance and Fee Litigation Don't Work in Mutual Funds*, 120 Yale L. J. 84, 93 (2010).

[690] Philip H. Newman, *Legal Considerations in Forming a Mutual Fund*, SL097 ALI-ABA 27, 31 (ALI-ABA Course of Study 2007).

[691] Md. Code Ann., Corps. & Ass'ns § § 2-416 to -419.

[692] 详见本书第11章第8节。

第五，重组。美国《投资团体法》上所称的重组（reorganization），包括合并、出卖75%以上资产、自主解散或清算、证券置换、资本重述等。[693]许多州公司法规定，公司重组须经股东决议。[694]《马里兰州普通公司法》规定，除了简易合并等少数例外，合并、股份置换等行为原则上须经股东决议，且须经股东2/3以上多数通过。[695]特拉华州等州商业信托法不要求解散、出卖资产等须经受益人决议，仅规定合并、改组须经受益人决议，但该规定为任意规范，商业信托文件可予变通。[696]

第六，重大资产转让。对于不属于正常经营过程中转让的、转让全部或实质上全部资产的行为，公司法通常规定须经股东会通过。《马里兰州普通公司法》对于一般公司亦有此要求，但例外规定投资公司在转让全部资产或实质性地转让全部资产时无须股东决议。[697]以特拉华州法为代表的最新一代美国各州商业信托法比《马里兰州普通公司法》更为宽松，除商业信托文件另有订定外，商业信托转让资产等行为，无须受益人决议；并且对封闭式基金与开放式基金不加区别对待。[698]

第七，信义义务。普通信托受托人的信义义务比公司董事的信义义务严格，但商业信托受托人的信义义务较接近于公司董事的信义义务。关于基金管理人的信义义务，信托型基金受托人的信义义务和公司型基金董事的信义义务有趋同的迹象。《特拉华州商业信托法》2016年修正时，新增一款规定："除商业信托文件另有订定外，依照1940年法注册为投资团体的商业信托，其受托人负有与依照本州普通公司法设立的私人营利公司董事所负信义义务相同的信义义务。"[699]

（5）税收与登记费

投资基金的联邦税收待遇不因基金组织形式而异。无论信托型基金还是公司型基金，符合联邦税法规定者，[700]皆可获得导管税收待遇，无须交纳实体层面的所得税。

登记费与州税，则各有不同。马里兰州投资公司须交纳100美元初始

---

[693] 15 U. S. C. § 80a-2(a)(33).

[694] Philip H. Newman, *Legal Considerations in Forming a Mutual Fund*, SL097 ALI-ABA 27, 31 (ALI-ABA Course of Study 2007).

[695] Md. Code Ann., Corps. & Ass'ns § 3-105(a), (e).

[696] Del. Code Ann. tit. 12, § 3815(a).

[697] Md. Code Ann., Corps. & Ass'ns § 3-104(a).

[698] Del. Code Ann. tit. 12, § 3806(b).

[699] Del. Code Ann. tit. 12, § 3806(l).

[700] 参见美国联邦《国内税收法典》第M分章。

登记费（公司设立登记费），并交纳“马里兰资本费”与年度报告登记费。马里兰资本费标准为：首次发行的股份，每500万美元总股本交纳390美元；后续发行的股份，每100万美元股份交纳20美元。[701]年度报告登记费为300美元。[702]马里兰州投资公司将全部净投资收入与资本所得分配于股东的，在马里兰州税法上被认定为无“应税所得”，免征公司所得税。[703]

马萨诸塞州商业信托须交纳200美元初始登记费与75美元年度报告登记费，无须缴纳所得税、特许税或受益权发行税。[704]

特拉华州商业信托须交纳300美元初始登记费，[705]法律不要求商业信托登记年度报告，自无年度报告登记费。特拉华州商业信托无须缴纳所得税、特许税或受益权发行税。[706]

更具体的比较，可见表6。

表6　美国注册投资基金组织形式比较[707]

行为	马萨诸塞州商业信托	特拉华州商业信托	马里兰州投资公司
创设新系列或类别	信托文件可授权受托人不经受益人决议创设新系列或系列中的类别	信托文件可授权受托人不经受益人决议创设新系列或系列中的类别	董事可不经股东决议创设新系列或系列中的类别
经授权的资本股份	信托文件可授权受托人发行无限量的受益权份额。州不依份额数量征收费用	信托文件可授权受托人发行无限量的受益权份额。州不依份额数量征收费用	公司章程必须确定授权发行的股份数量，并依股份数量交纳费用。公司必须指定每一系列及类别中固定的股份数量。公司必须监督已发行的股份数，并依需要增加经授权的股份数。董事通过登记章程修正案，可以不经股东决议，增加授权发行的股份数

［701］ Md. Code Ann., Corps. & Ass'ns § 1-204(c)(1).

［702］ Md. Code Ann., Corps. & Ass'ns § 1-203(b).

［703］ Philip H. Newman, *Legal Considerations in Forming a Mutual Fund*, SL097 ALI-ABA 27, 33 (ALI-ABA Course of Study 2007).

［704］ Id. at 32.

［705］ Del. Code Ann. tit. 12, § 3813(2006).

［706］ Philip H. Newman, *Legal Considerations in Forming a Mutual Fund*, SL097 ALI-ABA 27, 32 (ALI-ABA Course of Study 2007).

［707］ 表6来自Philip H. Newman, *Legal Considerations in Forming a Mutual Fund*, SL097 ALI-ABA 27, 48（ALI-ABA Course of Study 2007）一文之附录，但根据各州立法条文有所修正。

续表

行为	马萨诸塞州商业信托	特拉华州商业信托	马里兰州投资公司
无凭证份额	信托文件可容许发行无凭证份额	信托文件可容许发行无凭证份额	法律容许发行无凭证股份
基金名称变化	信托文件可授权受托人改变基金名称而无须受益人决议	信托文件可授权受托人改变基金名称而无须受益人决议	董事可不经股东决议改变公司名称或特定系列或类别的名称
年会	无年会要求	无年会要求	无年会要求
电子表决	制定法未规定，普通法不禁止。信托文件可容许电子表决	制定法容许电子表决	制定法容许电子表决
以美元为基础的表决	信托文件可订定以美元为基础的表决	信托文件可订定以美元为基础的表决	章程可订定以美元为基础的表决
基准日、基金份额持有人会议通知	制定法未规定基准日或受益人会议通知要求。信托文件可设定任何要求	制定法未规定基准日或受益人会议通知要求。信托文件可设定任何要求	为股东会议之目的，基准日应定于确定基准日之日以后，至少应早于会议日10日以前、但不得早于90日。为其他行为之目的，基准日不得早于该要求基准日之行为发生之日前90日。会议通知须不迟于会议召开前10日、不早于会议召开前90日，以书面或电子方式发送于每一个有表决权之人
无须召开会议的基金份额持有人行为	信托文件可订定受益人无须一致书面同意即可行动	信托文件可订定受益人无须一致书面同意即可行动。此种同意可用书面或电子形式	制定法容许股东以书面或电子同意方式行动，但此种同意须经全体一致

续表

行为	马萨诸塞州商业信托	特拉华州商业信托	马里兰州投资公司
无须召开会议的受托人或董事行为	信托文件可订定受托人无须一致书面同意即可行动	信托文件可订定受托人无须一致书面同意即可行动。此种同意可用书面或电子形式	制定法容许董事以书面或电子同意方式行动，但此种同意须经全体一致
基金份额持有人责任、补偿	制定法未明文规定受益人有限责任。信托文件及其他合同可约定受益人对信托债务不承担责任，并可约定对受益人的补偿	受益人的有限责任与公司股东相同。信托文件可订定对受益人的补偿	股东对公司债务不承担责任
受托人或董事责任、补偿	受托人可能对信托债务承担个人责任。信托文件或其他合同可约定受托人的有限责任及对受托人的补偿	受托人对信托债务不承担责任，但信托文件另有订定的除外。信托文件可订定对受托人的补偿	制定法定有对董事责任的限制，但对某些有限的例外。董事履职符合法定标准时，不承担责任。在遵从法定标准之前提下，公司可补偿董事
受托人或董事在派生诉讼中的独立性	为派生诉讼先诉请求之目的，不属于1940年《投资团体法》所定义"利害关系人"的受托人，将被视作独立受托人	为派生诉讼先诉请求之目的，不属于1940年《投资团体法》所定义"利害关系人"的受托人，将被视作独立受托人	为派生诉讼先诉请求之目的，不属于1940年《投资团体法》所定义"利害关系人"的董事，将被视作独立董事
组织文件的修改	信托文件可授权受托人不经受益人决议、不受限制地修改信托文件	信托文件可授权受托人不经受益人决议、不受限制地修改信托文件	修改章程须经股东决议，但某些非实质性修改除外。修改章程须经2/3股东通过

续表

行为	马萨诸塞州商业信托	特拉华州商业信托	马里兰州投资公司
重组	信托文件可授权受托人不经目标基金或收购基金的受益人决议，重组基金。马萨诸塞州法律未规定马萨诸塞州商业信托的制定法合并，因此涉及马萨诸塞州商业信托的合并方式，只能是转让资产与负债以置换股份	信托文件可授权受托人不经目标基金或收购基金的受益人决议，重组基金。特拉华州商业信托的重组方式可以是制定法合并或转让资产与负债以置换股份	合并原则上须经目标企业2/3以上已发行股份持有人通过。重组方式可以是制定法合并或转让资产与负债以置换股份
重大资产转让	信托文件可授权受托人不经受益人决议即转让全部或实质上全部资产	信托文件可授权受托人不经受益人决议即转让全部或实质上全部资产	公司可不经股东决议即转让全部或实质上全部资产

4.“公司治理范式”及其评价

如上所述，美国的公司型基金与一般公司存在重大差异，不能将公司型基金的优势等同于一般公司制度的优势，反之亦然。但不可否认的是，美式基金也带有公司制的个别特征，对此亦有讨论之必要。就法律规定而言，尽管在州法层面，信托型基金和公司型基金存在诸多区别，但无论组织形式为何，证券投资基金统一适用联邦法，而联邦1940年《投资团体法》也含有关于组织结构的强行规范，则信托型基金与公司型基金在联邦法层面确有共同点。其中与公司制特色较为接近的是董事会和独立董事制度。1940年《投资团体法》规定，投资基金的董事会须由至少40%的无利害关系人组成，[708]董事须由基金份额持有人会议选举产生。该法中的“董事”一语包括信托的受托人。设置董事会并至少含有40%的独立董事、董事由投资者会议选出，即为一体适用于全部管理型基金（该法所称管理型团体）的强行规定。依照各州商业信托法，受托人可为一人或数人，且无独立受托人要求，受托人也未必由受益人选举产生，但依此联邦法规定，信托型基金必设受托人会且须有40%以上的独立受托人，受托人须经受益人会议选举产生。而董事会与独立董事的设置并由股东选出董事，则是美国公司法的标配。在此意义上，有学者将美式共同基金称为公

[708] 15 U. S. C. § 80a-10(a).

司型基金，[709]也有学者将董事会扮演监督角色的投资基金治理模式称为"公司治理范式"（corporate governance paradigm）。为行文简便，本书亦用此称谓。当然，称为公司治理范式，并不意味着在董事会制度上公司型基金等同于一般公司：基金董事会在职权、选任等方面仍与普通公司法上的董事会制度大异其趣，尤其是并无掌控企业经营之权（另由投资顾问掌握），[710]此点不可不察。

公司治理范式是美国基金法的特色，比较法上罕有其例。即便实行信托型（或契约型）与公司型基金双轨制的国家，也只是对此两种基金各自适用信托法规和公司法规，并非将公司法规中的某些规则一体强加于信托型（或契约型）基金，从而信托型（或契约型）基金仍得完全保留自身特征，不必在治理结构上被强行"公司化"。美国法如此独树一帜之做法，既有联邦法和州法并立的原因，更与该国1940年《投资团体法》的特殊立法背景相关，而难谓基金法的普遍规律。立法背景方面有几个因素。其一，1940年《投资团体法》立法之时，有不少投资基金采用公司形式，该法虽未要求投资基金一概采用公司形式，但预想投资基金将会采用公司形式，且将监督职能外包给董事会的做法也与同时期的1933年《证券法》、1934年《证券交易法》所采立场一致。[711]尽管此后公司型基金并未成为主流，但监管架构木已成舟。其二，1940年立法当时绝大多数投资基金为封闭式基金，封闭式基金的基金份额仅可在二级市场中交易，而当时的二级市场较为窄小、欠缺流动性，因此投资者被认为处于易被管理者盘剥的特别脆弱之地位，需要独立董事与表决权加以特别保护。[712]而设立于20世纪20年代和30年代早期的那些封闭式基金往往采公司式的结构，[713]这成为立法者考虑的因素。也有学者指出，独立董事加表决制的提出，是历史偶然性和证券与交易委员会精明的政治操作的混合产物：

---

[709] Wallace Wen Yeu Wang, *Corporate Versus Contractual Mutual Funds: An Evaluation of Structure and Governance*, 69 Wash. L. Rev. 927, 930(1994).

[710] Eric D. Roiter, *Disentangling Mutual Fund Governance from Corporate Governance*, 6 Harv. Bus. L. Rev. 1, 3(2016).

[711] Alan R. Palmiter, *Mutual Fund Board: A Failed Experiment in Regulatory Outsourcing*, 1 Brook. J. Corp. Fin. & Com. L. 165, 168-69(2006).

[712] Richard M. Phillips, *Deregulation Under the Investment Company Act-A Reevaluation of the Corporate Paraphernalia of Shareholder Voting and Boards of Directors*, 37 Bus. Law. 903, 905(1982). 1940年时，美国投资基金资产总额为21亿美元，其中开放式基金（通常为信托型基金）所持资产总额仅为450万美元，其余由封闭式基金持有。Id.

[713] Larry Ribstein, *Federal Misgovernance of Mutual Funds*, 2009 Cato Sup. Ct. Rev. 301, 306(2009-2010).

此类制度在某些封闭式基金中存在，但很少有开放式基金采用，由于二者数量悬殊，当证券与交易委员会提议规定基金须选任董事会时，封闭式基金业者不持异议，开放式基金业者则极力反对，最终因证券与交易委员会同意加入针对既存基金的豁免条款，开放式基金业者放弃反对，遂成定案。[714]

上述美式基金的公司治理范式，区别于一般的信托型基金之处，即在信义义务、受益人监督等一般治理机制之外，另设董事会（尤其是独立董事）作为独特的监督机制。然则公司治理范式实效如何，迄今已有不少负面的评价。下文逐次考察美国基金董事会制度的运行实况、其功能失调的原因以及学者的改革建议。

（1）基金董事会制度的运行实况

基金董事会具有两大基本职能，其一是磋商并批准与管理企业（投资顾问）的合同，其二是监督管理企业和其他服务提供者是否遵守1940年《投资团体法》规定。[715]董事的合规职能在很大程度上是事务性的，并且许多重大交易不能仅由董事会批准而须报经证券与交易委员会批准。[716]例如，投资顾问向基金出卖证券或买受证券，原则上被禁止，但证券与交易委员会依申请而豁免者除外。[717]

就董事会制度与基金绩效之间的相关性而言，实证研究见仁见智，有的研究认为增强基金董事的独立性与更佳绩效相随，也有研究并未发现此种证据。前一类研究，例如有学者指出，基金董事会规模越小，独立董事比例越高，则基金管理费用相对较低。[718]后一类研究，例如有文献指出，基金管理费率的降低是价格竞争的结果，共同基金市场呈现出高度的

---

[714] John Morley & Quinn Curtis, *Taking Exit Rights Seriously: Why Governance and Fee Litigation Don't Work in Mutual Funds*, 120 Yale L. J. 84, 140-41 (2010).

[715] Alan R. Palmiter, *Mutual Fund Board: A Failed Experiment in Regulatory Outsourcing*, 1 Brook. J. Corp. Fin. & Com. L. 165, 171 (2006). 1940年《投资团体法》要求董事行使决策权者仅有4个领域：投票表决同意及更新基金与投资顾问之间的投资管理合同；投票表决同意及更新基金和主承销商之间的承销合同；聘用外部审计人；为缺乏可易得市价的证券确定价值。Eric D. Roiter, *Disentangling Mutual Fund Governance from Corporate Governance*, 6 Harv. Bus. L. Rev. 1, 18 (2016).

[716] Alan R. Palmiter, *Mutual Fund Board: A Failed Experiment in Regulatory Outsourcing*, 1 Brook. J. Corp. Fin. & Com. L. 165, 175 (2006).

[717] 15 U. S. C. § 80a-17 (a), (b).

[718] Peter Tufano & Matthew Sevick, *Board Structure and Fee-Setting in the U. S. Mutual Fund Industry*, 46 J. Fin. Econ. 321 (1997). 类似见解认为，基金董事会中独立董事比例越高，基金管理费用越低，董事会越有可能为投资者利益而行事。Diane Guercio et al., *Governance and Boards of Directors in Closed-End Investment Companies*, 69 J. Fin. Econ. 111 (2003).

竞争性;[719]那些主张独立董事有价值的研究,并未在董事独立性和基金绩效之间建立因果联系。[720]另有一类文献认为独立董事的效益难以判明。如追溯历史根源的论文指出,对于表决权制度和基金独立董事制度应区别对待:在基金市场结构大幅改变的情况下,强行性的表决权安排确实难以经受成本收益分析法的考验,但独立董事制度的效率则是一个更难判断的问题,即使对于流动性极强的货币市场基金,独立董事制度可能仍是有作用的。[721]美国证券与交易委员会投资管理部在其1992年的报告中认为,1940年《投资团体法》的公司式规制架构基本上是健全的,但同时也认为,当独立董事真正独立时,投资基金的治理体系会运作得最好。[722]问题恰恰在于,独立董事是否真能独立?而证券与交易委员会在2006年的文献中则承认"广泛的跨部门分析揭示出,几乎没有一致证据显示董事会的构成与基金投资者的更低费率、更高回报之间存在相关性"。[723]

关于基金董事会运作的经验证据则要明确得多。学者指出,从共同基金90余年的实践来看,共同基金投资者极少行使表决权、几乎从未发起对任何重大事项的表决,在选任董事等法律规定须经表决的场合,管理者几乎从未遭遇反对,增加管理费的议案几乎从未被否决。[724]基金投资者未能有效地选任或游说基金董事,几乎没有证据显示基金董事会在任何有意义的事项上对基金管理人(投资顾问)提出过反对。[725]即使是主张改善而非废弃独立董事制度的文献也承认,几乎没有董事有意愿终止投资顾问与基金订立的顾问合同。[726]大量的经验研究文献显示,基金董事会在协

---

[719] John C. Coates Ⅳ & R. Glenn Hubbard, *Competition in the Mutual Fund Industry: Evidence and Implications for Policy*, 33 J. Corp. L. 151(2007).

[720] Alan R. Palmiter, *Mutual Fund Board: A Failed Experiment in Regulatory Outsourcing*, 1 Brook. J. Corp. Fin. & Com. L. 165, 200(2006).

[721] Richard M. Phillips, *Deregulation Under the Investment Company Act-A Reevaluation of the Corporate Paraphernalia of Shareholder Voting and Boards of Directors*, 37 Bus. Law. 903, 910-12(1982).

[722] *Protecting Investors: A Half Century of Investment Company Regulation, Report of the Division of Investment Management, Securities and Exchange Commission* 266(May 1992), https://www.sec.gov/divisions/investment/guidance/icreg50-92.pdf, Sept. 20, 2019.

[723] John Morley & Quinn Curtis, *Taking Exit Rights Seriously: Why Governance and Fee Litigation Don't Work in Mutual Funds*, 120 Yale L. J. 84, 118-19(2010).

[724] John Morley & Quinn Curtis, *Taking Exit Rights Seriously: Why Governance and Fee Litigation Don't Work in Mutual Funds*, 120 Yale L. J. 84, 115-16(2010); John Morley, *The Separation of Funds and Managers: A Theory of Investment Fund Structure and Regulation*, 123 Yale L. J. 1228, 1252(2014).

[725] John Morley & Quinn Curtis, *Taking Exit Rights Seriously: Why Governance and Fee Litigation Don't Work in Mutual Funds*, 120 Yale L. J. 84, 118(2010).

[726] William J. Nutt, *Study of Mutual Fund Independent Directors*, 120 U. Pa. L. Rev. 179, 266(1971).

商相关契约条款、选任或续聘管理企业、降低管理费率、履行监督职能等几乎一切职责上都表现拙劣。[727]即便是有限的监督职能,也实效不佳。基金董事会不负有建立内控机构的义务,也很少成为投资顾问行为是否合规的调查者,因此董事极少发现违法违规事件,相反,违法违规事件一般是由审计人发现或者由主管机关在投资顾问内部检举揭发者的协助下发现的。[728]在2003年爆发的大规模基金丑闻中,基金董事在发现违法违规事件方面无所作为,违法违规事件是由纽约州总检察长和证券与交易委员会调查发现的。[729]在基金业丑闻之后,证券与交易委员会要求基金设立首席合规官,足以表明证券与交易委员会默认了基金董事会在合规功能上的失败。[730]

(2)基金董事会功能失调的原因

基金董事会效用不彰,存在董事选任、人员构成、实际职权等多方面的原因。

在选任和构成方面,基金董事会的最大问题是缺乏独立性。共同基金董事会以及独立董事缺乏独立性的问题,学者诟病已久。[731]独立性的欠缺,始于选任。选任问题上的症结在于"关联人挑选非关联人,需被看守之人挑选看守他们的守门犬"。[732]由于基金是由投资顾问发起设立并全程运作,没有阶段供公众投资者介入董事的选任。[733]投资顾问设立基金、持有基金的初始份额、提名董事(包括独立董事),可以说投资顾问是从基金孕育之初即已控制基金,这比一般公众公司中的发起人控制更为严重。[734]

---

[727] Alan R. Palmiter, *Mutual Fund Board: A Failed Experiment in Regulatory Outsourcing*, 1 Brook. J. Corp. Fin. & Com. L. 165, 189-95 (2006).

[728] Id. at 175.

[729] Mercer E. Bullard, *The Mutual Fund as a Firm: Frequent Trading, Fund Arbitrage and the SEC's Response to the Mutual Fund Scandal*, 42 Hous. L. Rev. 1271, 1272-73 (2006).

[730] Alan R. Palmiter, *Mutual Fund Board: A Failed Experiment in Regulatory Outsourcing*, 1 Brook. J. Corp. Fin. & Com. L. 165, 176 (2006). 证券与交易委员会2003年通过的监管规则要求每个基金和投资顾问设首席合规官(Chief Compliance Officers, CCO),负责防止本基金违反联邦证券法律。17 C. F. R. § 270.38a-1. 首席合规官通常是投资顾问的受雇人,由投资顾问支付报酬,但须至少每年向基金董事会提交报告1次。Eric D. Roiter, *Disentangling Mutual Fund Governance from Corporate Governance*, 6 Harv. Bus. L. Rev. 1, 67 (2016).

[731] William J. Nutt, *A Study of Mutual Fund Independent Directors*, 120 U. Pa. L. Rev. 179 (1971).

[732] Robert H. Mundheim et al., *The Mutual Fund Management Fee*, 115 U. Pa. L. Rev. 726, 739 (1967).

[733] Adam Cook, *Now You See It, Now You Don't: The Uncertain Fate of the SEC's Governance Rule on Mutual Fund Director Independence*, 59 Rutgers L. Rev. 603, 630 (2007).

[734] Wallace Wen Yeu Wang, *Corporate Versus Contractual Mutual Funds: An Evaluation of Structure and Governance*, 69 Wash. L. Rev. 927, 982 (1994).

一般情况下，投资顾问就是投资基金存在的理由，这表现在投资顾问设立基金并决定基金的服务者（包括事务管理人、分配人、审计人）以及初始董事，投资顾问自己的受雇人担任基金的首席合规官或其他受雇人，从而基金可被视作投资顾问用于提供投资服务的推动者（facilitator）。[735]除初始董事外，新进董事（包括独立董事）的人选亦由管理企业审核，在美国投资基金管制的60年间，被提名的董事名单从未被否决，投资者也几乎没有选择余地，而只能沦为支持管理者所提名人选的橡皮图章。[736]

在构成上，独立董事通常是证券业中的高级管理人员或其他专业人士（其企业直接或间接向共同基金提供服务），基金董事的报酬一般高于实业企业的董事报酬，关于董事任期的规则不鼓励新鲜血液进入董事会，因此大多数基金的董事会由对行业友好、享受高薪、长期任职的人士组成。[737]源于实际构成状况的社会和心理约束，事实上有损于董事的独立性——即使法律上的独立性要件已被满足。[738]而董事"一人多职"的情况在基金业中更为普遍。在美国公司实务中，董事一般在两至三个公司的董事会中担任董事（至多六七个公司），而基金实务中，独立董事在同一个投资顾问管理的数十个甚至上百个基金中担任独立董事者，并不鲜见。[739]美国投资团体协会2007年的调查报告显示，有78%的基金家族实行所谓的单一董事会制，即同一自然人在同一投资顾问所管理的基金家族内的每一个基金中担任董事。[740]此种兼职性也影响了董事作用的发挥。[741]也有学者质疑：一个75%的成员为独立董事、董事会主席亦为独立董事、每年开会一次的董事会，如何能有足够时间、精力和技能了解并监督基金资产

[735] Anita K. Krug, *Escaping Entity-Centrism in Financial Services Regulation*, 113 Colum. L. Rev. 2039, 2062(2013).

[736] Alan R. Palmiter, *Mutual Fund Board: A Failed Experiment in Regulatory Outsourcing*, 1 Brook. J. Corp. Fin. & Com. L. 165, 171(2006).

[737] Id. at 170-71.

[738] Adam Cook, *Now You See It, Now You Don't: The Uncertain Fate of the SEC's Governance Rule on Mutual Fund Director Independence*, 59 Rutgers L. Rev. 603, 631(2007).

[739] Eric D. Roiter, *Disentangling Mutual Fund Governance from Corporate Governance*, 6 Harv. Bus. L. Rev. 1, 23-24(2016).

[740] Inv. Co. Inst. & Indep. Directors Council, Overview of Fund Governance Practices(2007).转引自Eric D. Roiter, *Disentangling Mutual Fund Governance from Corporate Governance*, 6 Harv. Bus. L. Rev. 1, 24(2016).

[741] Cynthia Leigh Kahn, Note, *Direct not Derivative: Recovering Excessive Investment Advisor Fees in Mutual Funds*, 71 Geo. L. J. 1595, 1614-15(1983).

状况、投资绩效、监管要求以及其他日常事务？[742]

关于董事会职权，美国公司法上，普通公司实行董事会中心主义（或董事中心主义，director primacy）。董事会掌握公司经营管理的核心权力，是所谓“集中化管理”的科层制结构，董事会以下，首席执行官、经理等高级管理人员听命于董事会并受其监督，董事会并有聘任与解任高级管理人员之权。证券投资基金则与之截然不同，可谓是“投资顾问中心主义”（primacy of the fund adviser）。[743]基金董事会并无如此显赫的地位与广泛的权力。共同基金董事会的绝大部分时间耗费在合规事务而非投资策略上，这和一般企业的情况截然相反。[744]由于投资顾问掌控基金管理的全权，基金董事既无经理或其他工作人员可供指挥，又无其他内部管理信息来源，且基金董事并非投资顾问的内部人员，投资顾问的运作对于基金董事而言形同“黑箱”，董事行使职权遂必须依赖于投资顾问提供的信息、建议或方案，难以作出真正独立的决策，董事的监督功能难免沦为“幻象”。[745]基金董事在信息获取上甚至未必优于基金投资者，[746]在降低基金费用方面也不如投资者有效率。[747]多数情况下，基金并无受雇人，基金董事可谓“有将无兵”，共同基金和封闭式基金有时虽聘有若干高级管理人员，但从功能意义上而言，此类高级管理人员并非真是基金的受雇人，因为他们是从基金管理企业（而不是基金）收受报酬、接受指示，并免受基金之解雇（在基金与基金管理企业的合同中约定此种保护）。[748]因而基金董事仍然无兵可用，其权限自然大打折扣。

董事会治理模式的存在，还将为基金投资者维权制造额外的障碍。

---

[742] Martin E. Lybecker, *Enhanced Corporate Governance for Mutual Funds: A Flawed Concept That Deserves Serious Reconsideration*, 83 Wash. U. L. Q. 1045, 1086 (2005).

[743] Eric D. Roiter, *Disentangling Mutual Fund Governance from Corporate Governance*, 6 Harv. Bus. L. Rev. 1, 23 (2016).

[744] John Morley & Quinn Curtis, *Taking Exit Rights Seriously: Why Governance and Fee Litigation Don't Work in Mutual Funds*, 120 Yale L. J. 84, 95 (2010).

[745] Anita K. Krug, *Investment Company as Instrument: The Limitations of the Corporate Governance Regulatory Paradigm*, 86 S. Cal. L. Rev. 263, 279-81 (2013); Alan R. Palmiter, *Mutual Fund Board: A Failed Experiment in Regulatory Outsourcing*, 1 Brook. J. Corp. Fin. & Com. L. 165, 173 (2006)(并指出董事会并无真正选择新投资顾问或管理企业的机会).

[746] Wallace Wen Yeu Wang, *Corporate Versus Contractual Mutual Funds: An Evaluation of Structure and Governance*, 69 Wash. L. Rev. 927, 983 (1994).

[747] Alan R. Palmiter, *Mutual Fund Board: A Failed Experiment in Regulatory Outsourcing*, 1 Brook. J. Corp. Fin. & Com. L. 165, 200 (2006).

[748] John Morley, *The Separation of Funds and Managers: A Theory of Investment Fund Structure and Regulation*, 123 Yale L. J. 1228, 1239 (2014).

在董事会架构之下，投资者无权对基金管理人提起直接诉讼（涉案行为仅侵害个别投资者利益的情形另当别论），而只能提起派生诉讼。提起派生诉讼须经前置程序，即原告应先请求公司董事会起诉。董事会如认为原告所指控的管理人行为不违反信义义务或其他合同义务，则可作出不起诉的决策。如原告认为董事会的不起诉决策违法，亦可起诉挑战该决策的有效性，但此种决策适用商业判断规则，若不涉及利益冲突交易，法院将推定董事决策为善意且符合企业利益，从而尊重董事会的决策。美国司法实务中，联邦法院倾向于尊重关于董事终止投资者派生诉讼的州法规则，州法院倾向于尊重独立董事依据商业判断规则作出的决策。[749]结果便是投资者难以继续派生诉讼。而由于基金董事通常所具有的结构性缺陷（由管理人提名且通常是对管理人友好的群体），董事并无积极起诉基金管理人的动力。即使法院经审查认定董事会决策有误、应允许原告提起派生诉讼，但诉讼时机的延误已成定局。反观纯粹的信托型基金，因不具有董事会架构，基金管理人即为信托受托人，若其违反义务，在不承认基金为独立主体的法域，受益人有权直接起诉管理人，在承认基金为独立主体的法域，受益人虽需受制于派生诉讼规则的要求，但因管理人本身即为受托人，此时要求受益人先行向受托人提出起诉请求徒劳无用，故可豁免先诉请求，[750]结果仍是受益人可径行起诉受托人，其间畅通无阻。此外，纯粹的信托型基金一般另设基金托管人履行一定的监督职责，无论理论上认为托管人系共同受托人或不构成共同受托人的其他受托人，抑或不构成受托人，如托管人违反义务，受益人亦得径行起诉托管人，其理与起诉受托人相同。两相比较，在投资者直接监督机制上，纯粹的信托型基金之治理效率高于公司型基金或混杂了公司治理模式的信托型基金。

基金董事会的上述问题，根源在于证券投资基金的特殊性，即由管理者控制的架构。作为基金管理者的投资顾问，是基金设立与运营的实际掌控者，在董事选任、董事职权等事项上均有广泛的影响力。虽同为董事，基金董事与一般公司的董事不可同日而语。王文宇教授早年的比较研究即已认为，美式公司型基金法律关于董事会和相应的股东投票之规定，创设了一种"半科层化结构"，此种结构引发了重大的交易成本，董事会缺乏独立性和信息优势，不能有效地协商决定相关契约条款，在治理、

---

[749] Alan R. Palmiter, *Mutual Fund Board: A Failed Experiment in Regulatory Outsourcing*, 1 Brook. J. Corp. Fin. & Com. L. 165, 188 (2006).

[750] 关于受益人派生诉讼及其要件，详见本书第10章第6节。

协调与决策等方面几乎无所实益，公司化治理结构的症结在于过度依赖于董事的自由裁量权以及股东表决、董事会机制的有效性；相反，契约型基金在结构设计和原理上基本是健全的，契约型基金不固化于科层制的治理结构，而倾向于一种去中心化的治理结构，更多地依靠市场约束及受托人、托管人履行监督职能，交易成本较低。[751]华盛顿大学的克鲁格教授指出，公司治理范式存在利益冲突等诸多弱点，它们直接源于投资顾问对基金董事会的控制，这使董事很少能够提出异议，传统公司中的董事监督功能在投资基金领域并不存在，这不是因为董事是不能胜任的，而是因为在投资基金的组织架构之下此种功能不可能存在。投资基金不是一种普通的商业企业形态，其事务全部外包于外部管理者，这导致董事会技术上无法进行监督，而只能被动地对外部管理者的方案或信息作出回应。[752]维克森林大学的帕尔米特教授将基金董事会称为一场“监管外包的失败实验”，并总结道：往好处说，共同基金董事会是一个时代错误，独立董事既不独立，又不真正具有担任董事的能力，他们由基金管理企业选择、依赖于基金管理企业的信息和指示，其薪酬不是根据基金绩效而定，而是依赖于基金管理者的偏好；往坏处说，基金董事会创造了一种投资者保护的幻象，它允许基金讲述一个“董事会是守门犬”的错误故事，一个看似独立的董事会，非但不能约束基金管理企业，反而使基金管理企业更有胆量无视对投资者应负的责任——一条懒惰无能的守门犬可能比根本没有守门犬更糟糕。[753]

(3)改革建议

鉴于基金董事会的失败教训以及难以克服的结构性弊病，有不少学者主张彻底废除此项制度。废除论有不同的论证路径。

路径之一是认为证券投资基金的法律应将基金还原为“产品”，而避免削足适履地将其等同于实业企业、套用实业公司的治理架构。就性质而言，投资顾问与基金投资者之间具有更为直接的联系，投资顾问虽然是通过投资基金这一媒介间接向基金投资者提供顾问服务，但基金事实上

[751] Wallace Wen Yeu Wang, *Corporate Versus Contractual Mutual Funds: An Evaluation of Structure and Governance*, 69 Wash. L. Rev. 927, 1046-47(1994).

[752] Anita K. Krug, *Investment Company as Instrument: The Limitations of the Corporate Governance Regulatory Paradigm*, 86 S. Cal. L. Rev. 263, 268, 318(2013).

[753] Alan R. Palmiter, *Mutual Fund Board: A Failed Experiment in Regulatory Outsourcing*, 1 Brook. J. Corp. Fin. & Com. L. 165, 207-08(2006).

只是一种工具。[754]1940年《投资团体法》采用一种类似于实体企业的公司治理架构，在方法论上是根本错误的，因为适合于实体企业的公司治理机制并不适合于媒介性的金融产品。[755]美国的投资基金管制法应将投资基金区别于实业企业，使投资基金与公司治理范式脱钩，将金融服务的范式而非实业企业的治理范式作为投资基金管制的基础。[756]

"还原为产品"说对于开放式基金尤具说明价值，耶鲁大学的莫利教授等详细阐述了其中的理由，颇具代表性。在开放式基金中，任意赎回权的存在，几乎完全排除了共同基金投资者动用表决权、依靠董事会、追究管理费责任的必要性，即便专业的机构投资者也是如此（相反，机构投资者在一般企业中通常较为积极）。[757]这也使共同基金不像是普通的企业，更像是一种产品或服务：在产品或服务市场上，质次价高的产品或服务往往在一次性交易后就不再被顾客购买，这意味着买方可以方便地退出，共同基金的买方也是如此，而一般企业的股份的买方则无法做到。[758]因此，共同基金与保险单、银行储蓄、住房、健康保险计划及其他产品并无实质区别。[759]甚至可以说共同基金投资者比产品购买者拥有更大的退出自由：任意赎回权意味着投资者可随时"退货"，而产品购买者仅在特定时段（如消费者买卖中的"冷静期"）或在特定情形（出卖人根本违约）始得退货，因而仍难免相当程度的套牢之苦。这也可以解释，为何基金投资者对基金管理企业不拥有股权或控制权，正如产品购买者对生产者或销

[754] Anita K. Krug, *Investment Company as Instrument: The Limitations of the Corporate Governance Regulatory Paradigm*, 86 S. Cal. L. Rev. 263, 307(2013).

[755] Jill E. Fisch, *Rethinking the Regulation of Securities Intermediaries*, 158 U. Pa. L. Rev. 1961, 1965 (2010).

[756] Anita K. Krug, *Investment Company as Instrument: The Limitations of the Corporate Governance Regulatory Paradigm*, 86 S. Cal. L. Rev. 263, 268, 319(2013).

[757] John Morley & Quinn Curtis, *Taking Exit Rights Seriously: Why Governance and Fee Litigation Don't Work in Mutual Funds*, 120 Yale L. J. 84, 89-90 (2010). 该文指出，机构投资者的积极行为在共同基金业中闻所未闻，但在封闭式基金中则相当普遍。Id. at 107. 其他学者也指出，由于可以行使任意赎回权，经验丰富的共同基金投资者几乎没有兴趣代表全体投资者去更换基金管理者。Donald C. Langevoort, *Private Litigation to Enforce Fiduciary Duties in Mutual Funds: Derivative Suits, Disinterested Directors and the Ideology of Investor Sovereignty*, 83 Wash. U. L. Q. 1017, 1031 (2005).

[758] John Morley & Quinn Curtis, *Taking Exit Rights Seriously: Why Governance and Fee Litigation Don't Work in Mutual Funds*, 120 Yale L. J. 84, 88, 103 (2010).

[759] Donald C. Langevoort, *Private Litigation to Enforce Fiduciary Duties in Mutual Funds: Derivative Suits, Disinterested Directors and the Ideology of Investor Sovereignty*, 83 Wash. U. L. Q. 1017, 1037 (2005).

售者通常不拥有股权或控制权。[760]此种随时退货式的机制强化了“声誉罚”(reputational penalties)的威力，对于改善基金治理具有重要意义，因为管理者随时受制于寻找新投资者的压力。[761]此与经济学家的观察结论一致。如法马与詹森指出，共同基金的基金份额持有人同互助保险企业的保单持有人、互助储蓄银行的存款人一样都是客户，他们大多不参与内部决策过程，他们所享有的任意赎回权是一种特殊的控制权、是一种部分收购(takeover)或清算的形式，能够剥夺管理者对资产的控制，此种权利可以独立行使，不需要依赖于表决权征集、收购要约、资本市场机制或任何其他手段；而由于此种控制机制的存在，此类实体中董事会的重要性远低于其他企业。[762]学者因而建议，对基金的管制应当采取类似于产品管制的方式，法律规则应当无须投资者参与而直接适用，或者应当鼓励投资者能够有效退出。[763]而且，对于开放式基金和封闭式基金的管制强度应予区分：由于开放式基金的投资者拥有赎回权这一独特工具，足以应对基金与管理者分离所引起的大多数问题，故法律对开放式基金的管制应当较轻，而封闭式基金的投资者应当比开放式基金的投资者得到更强的监管保护。[764]而1940年《投资团体法》的问题恰恰在于未能根据开放式基金和封闭式基金的特性作适切的区分，该法所强加的股东—董事式治理结构严重不适合于开放式基金，它们对开放式基金而言不仅无用而且昂贵，因为投资者几乎一向是更偏好于赎回而非投票。[765]公司式治理结构与任意赎回权相冲突，任意赎回权使公司式的股东保护机制完全沦为观赏品，此类机制非但是不必要的，甚至是效果适得其反的，例如，它们产生了额外的成本，阻遏了投资顾问之间的竞争。[766]理博斯坦教授指出，立法的这一偏差，原因正是在于，1940年立法当时开放式基金仅占少数，立法者几乎没有机会分析公司式架构对开放式基金的适合性。立法者对于“开放式

[760] John Morley, *The Separation of Funds and Managers: A Theory of Investment Fund Structure and Regulation*, 123 Yale L. J. 1228, 1233(2014).

[761] Id. at 1263.

[762] Eugene F. Fama & Michael C. Jensen, *Separation of Ownership and Control*, 26 J. L. & Econ. 301, 317-18(1983).

[763] John Morley & Quinn Curtis, *Taking Exit Rights Seriously: Why Governance and Fee Litigation Don't Work in Mutual Funds*, 120 Yale L. J. 84, 142(2010).

[764] John Morley, *The Separation of Funds and Managers: A Theory of Investment Fund Structure and Regulation*, 123 Yale L. J. 1228, 1285(2014).

[765] Id. at 1286.

[766] Larry Ribstein, *Federal Misgovernance of Mutual Funds*, 2009 Cato Sup. Ct. Rev. 301, 303, 321(2009-2010).

基金应像公司一样治理”的假设是错误的，因为开放式基金欠缺“资本锁定”这一公司制的关键特质。[767]时移世易，在1940年立法之后，开放式基金迅速增长，[768]当今基于开放式基金已占据基金市场之绝对优势的大背景，自应反思当初立法抉择的妥当性。改进法律不意味着取消对开放式基金的一切管制，而是应当像对待产品市场中的市场不完备问题一样管制开放式基金。[769]

关于“还原为产品”的具体改革思路，例如，宾夕法尼亚大学的费希教授认为，规制共同基金的现行法律存在重大弱点，1940年《投资团体法》未能支持(在某些方面反而阻碍了)市场的力量，作为改进方向，应将共同基金主要视作一种金融产品而非公司(相应地将基金投资者主要视作消费者而非公司股东)，进而增强市场的约束，其途径是降低基金产品的复杂性、使个体投资者更易于理解，具体方法是对共同基金适用一种基于产品的方法，名之为“遵从或解释”(confirm or explain)，即要求监管部门从最普遍的投资产品中提取出标准版本，基金发行人或者据此发行标准产品，或者在发行内容(如投资策略、费率等)与标准产品不一致的产品时就其特异处尽到披露义务。[770]

其他学者的改革建议是，不应让投资顾问对基金的“独立”董事会负责(董事通常由投资顾问提议选任并与投资顾问存在密切关系)，而应让投资顾问对证券监管机构和投资者直接负责，即排除董事会的监督角色——这不意味着更多的管制，而只是更佳的管制。[771]

路径之二是以其他更有效率的制度取代董事会。例如，耶鲁大学的莫利教授等建议废弃董事会，其合规角色可由职业的合规监督者代之，美国证券与交易委员会新规则要求每个基金和投资顾问必设的首席合规官即可胜任此角色，他们作为全职的专业人士，具有与董事相当的独

[767] Id. at 307.

[768] Walter P. North, *Brief History of Federal Investment Company Legislation*, 44 Notre Dame L. Rev. 677, 688(1969).

[769] John Morley, *The Separation of Funds and Managers: A Theory of Investment Fund Structure and Regulation*, 123 Yale L. J. 1228, 1286(2014).

[770] Jill E. Fisch, *Rethinking the Regulation of Securities Intermediaries*, 158 U. Pa. L. Rev. 1961, 1961, 1965-66(2010).

[771] Anita K. Krug, *Investment Company as Instrument: The Limitations of the Corporate Governance Regulatory Paradigm*, 86 S. Cal. L. Rev. 263, 268, 315-16(2013). 在投资顾问直接对投资者负责的架构下，投资基金是否设董事会已无关紧要。Id. at 308.

立性，但比董事更具专业经验和工作时间。[772]另有学者认为，托管人或类似角色的受托人在监督利益冲突的职能上不亚于董事会或者比董事会更为有效，故可采用一种名为“管理型投资信托”，此种信托无董事会结构，是1940年《投资团体法》之前已经存在的单位投资信托的积极管理版。[773]

路径之三是借鉴其他国家的契约型基金的经验作为替代或者补充。王文宇教授认为，从根本上值得反思的是1940年《投资团体法》所采用的“一种结构适用于全部基金”的管制方式。[774]其他国家并非如此，它们承认更具弹性的契约型或信托型基金。不附有公司化治理模式的一般契约型基金更像是一种财产性产品，投资者基于基金管理人的信誉、技能与服务选择购买此种产品，投资者主要依赖于市场约束和绩效安排来约束基金管理人以减少代理成本，此种来自市场的外部监督可以有效取代公司型基金中来自董事会的内部监督，此外，基金托管人的监督功能也可作为董事会监督的替代。[775]

此外，有学者虽不赞同废除董事会制度的建议，但主张监管机构不应当扩展基金董事在商业判断决策中的作用、不应当削足适履地将基金董事的角色转换为公司董事的角色（后者是商业决策者而前者不是），而应当强化董事作为投资顾问合规监督者的有效性。[776]其具体理由是，证券监管与法院裁判应当实现共同基金治理问题与公司治理问题的脱钩，而不应当将共同基金视作公司对待，因为共同基金治理与公司治理存在若干根本性的区别，区别之一在于，共同基金具有“产品”与“实体”的混合特征，共同基金不仅是一个组织，而且是一种金融产品或服务，其投资者兼具组织成员与产品或服务购买者的双重身份（既是基金的股东或受益人又是客户），此为公司所不备（其股东与产品或服务购买者一般是两个不同的群体）；区别之二在于共同基金投资者享有赎回权，赎回权不仅是一种金融权利，而且是一种治理工具；区别之三在于基金的商业判断决策主

［772］ John Morley & Quinn Curtis, *Taking Exit Rights Seriously: Why Governance and Fee Litigation Don't Work in Mutual Funds*, 120 Yale L. J. 84, 133-34（2010）.

［773］ Peter J. Wallison & Robert E. Litan, *Competitive Equity: A Better Way to Organize Mutual Funds* 99-120（2007）.

［774］ Wallace Wen Yeu Wang, *Corporate Versus Contractual Mutual Funds: An Evaluation of Structure and Governance*, 69 Wash. L. Rev. 927, 1043（1994）.

［775］ Id. at 1018, 1042.

［776］ Eric D. Roiter, *Disentangling Mutual Fund Governance from Corporate Governance*, 6 Harv. Bus. L. Rev. 1, 74, 81-82（2016）.

要是由投资顾问而不是董事作出的。[777]

(4)余论

美式基金的公司治理范式,是一个独特的联邦法现象。商业组织形式原本属于州法范畴,由于州法提供了各种组织形式供当事人自选,基金的组织形式呈现一种百舸争流的局面,信托型基金的胜出,是市场选择的结果。但是,作为联邦法的1940年《投资团体法》一反常规,将立法者自认为妥当的单一治理架构一体适用于所有的管理型基金,这就扭曲了组织形式的竞争,也在一定程度上偏离了该法"组织形式中立"的初衷。正如学者对此种联邦规制模式的批评所言,单一的立法者没有足够的信息去发现"正确"的治理模式,国会、法院以及证券与交易委员会无论何等明智,也不能够创造出一种与州法市场(market for state law)相当的动态系统,因此,以联邦法定于一尊,注定是有缺陷的,"不完全的竞争好过根本没有竞争"。[778]

也正因为美国法强行要求基金须设独立董事,有学者认为难以比较不设董事会或不设独立董事的基金是否在治理绩效上更优。[779]不过,此种比较可以在另外两个维度上实现:其一是美国范围内证券投资基金和其他投资产品的绩效比较。如学者所指出的,共同基金与银行共同信托基金、期货资产管理、单独管理账户、对冲基金之类的其他集合投资计划之竞争日益激烈,其他各类集合投资计划具有组织形式设计上的极大自由,不以设独立董事为必要,共同基金特殊管制的效果已相形见绌。[780]例如,美国的集合投资信托在功能上和共同基金具有相似性,但其成本较共同基金可节省90%以上。[781]其二是美国之外的其他证券投资基金治理结构的比较。多数国家并未如美国法一般设有独立董事要求,而无须设独立

[777] Id. at 1, 4, 81. 该文认为,"产品说"过于绝对,投资者兼具组织成员与产品或服务购买者的双重身份。Id. at 4.

[778] Larry Ribstein, *Federal Misgovernance of Mutual Funds*, 2009 Cato Sup. Ct. Rev. 301, 324-26 (2009-2010).

[779] John Morley & Quinn Curtis, *Taking Exit Rights Seriously: Why Governance and Fee Litigation Don't Work in Mutual Funds*, 120 Yale L. J. 84, 119(2010).

[780] A. Joseph Warburton, *Should Mutual Funds Be Corporations? A Legal & Econometric Analysis*, 33 J. Corp. L. 745, 747(2008).

[781] The Cerulli Report, North American Institutional Markets 2017, Asset Managers: Importance of CIT Attributes by Industry Participant(2017). 转引自Legg Mason, *Understanding Collective Investment Trusts*, https://www.leggmason.com/content/dam/legg-mason/documents/en/insights-and-education/brochure/understanding-collective-investment-trusts.pdf, Feb. 25, 2020。集合投资信托由银行或信托公司作为受托人,但不向零售投资者公开发行,仅向受雇人养老金管理计划等特定种类的投资者发售。

受托人的契约型基金或信托型基金在各基金业大国广泛存在，并无证据显示此类基金在治理绩效上劣于美式基金。相反，正如学者所指出的，在欧洲、日本以及大多数其他国家，与信托型或契约型基金相比，公司型基金都居于绝对少数。[782]其中特别值得注意的是，在提供信托型基金和公司型基金两种（或更多）选择的国家，公司型基金未能在组织形式的自由竞争中胜出，则信托型基金之优势，亦已明矣。

（三）加拿大的共同基金

在加拿大，尽管共同基金的组织形式可以是信托、公司或者有限合伙，但大多数共同基金采用信托形式。[783]此类商业信托通常被称为商业收入信托或收入信托。共同基金信托，或者是依信托宣言设立，或者是依据受托人与发起人之间的信托协议设立。共同基金信托的受益人称为单位持有人。信托形式占据主导地位的原因，一是税收，二是灵活性。在受益人参与程序的条款设计方面，信托法提供了几乎无限制的灵活性，例如，不同于公司法的是，信托法并未强制要求召开受益人会议。[784]尽管加拿大各省多未制定综合性的商业信托基本法，但普通信托法提供的灵活性，仍为公司法所不及。

（四）英式基金法：单位信托VS. 开放式投资公司

1. 英国

1997年之前，英国的投资基金业是单位信托一统天下的局面。单位信托依信托法创设，不具有独立实体之地位，无须设置受托人会（board of trustees），不发行有表决权证券。单位信托资产管理由管理人（manager）负责，管理人一般是单位信托的发起人。投资者与管理人订立契约，契约要求管理人根据信托契据（trust deed）选任一位受托人。管理人与受托人之间的信托契据约定，信托契据对投资者有约束力，并可由投资者

---

［782］ Wallace Wen Yeu Wang, *Corporate Versus Contractual Mutual Funds: An Evaluation of Structure and Governance*, 69 Wash. L. Rev. 927, 931 (1994). 除本目下文所提及的加拿大、日本等国外，另可补充南美大国巴西的例证：尽管巴西允许设立公司型基金，但契约型基金仍占多数。Examination of Governance for Collective Investment Schemes, Final Report, Part I, at 33 (A Report of the Technical Committee of the International Organization of Securities Commissions, June 2006).

［783］ Robert Flannigan, *Business Applications of the Express Trust*, 36 Alta. L. Rev. 630, 633 (1998); David A. Steele, *Business Trusts: Some Key Issues for the Trust and Estate Lawyer* 6 (Law Society of Upper Canada CLE Program, Second Annual Estates and Trusts Forum, Nov. 24th and 25th, 1999); Examination of Governance for Collective Investment Schemes, Final Report, Part I, at 39 (A Report of the Technical Committee of the International Organization of Securities Commissions, June 2006).

［784］ David A. Steele, *Business Trusts: Some Key Issues for the Trust and Estate Lawyer* 6-7 (Law Society of Upper Canada CLE Program, Second Annual Estates and Trusts Forum, Nov. 24th and 25th, 1999).

强制实施，如同投资者为信托契据当事人一般。投资者与管理人之间的关系因此同时适用信托法与合同法。受托人存管与控制信托资产，并为投资者利益而持有资产；受托人负责保护投资者利益并确保管理人遵守相关法律。受托人与管理人必须相互独立。受托人与管理人均负有信托法上的信义义务。[785]投资者取得信托单位，因此一般被称为单位持有人(unitholder)。信托单位一般可由受托人赎回或回购，或者可在股票交易市场买卖。

单位信托因不必受制于英国公司法的限制而成为适合于投资基金的组织形式。英国公司法对公司回购其股份多有限制，尤其不适合于开放式基金。信托作为投资基金的组织形式，在英国可以追溯至19世纪。单位信托及其前身——投资信托在英国的兴起，正是为了避开公司法的多重限制。[786]

1997年1月6日，英国《开放式投资公司条例》施行，[787]开放式投资公司遂成为与单位信托并列的共同基金组织形式。在英国的共同基金业市场上，信托型基金与开放式投资公司各占半数，平分秋色。[788]开放式投资公司与其他公司一样属于法人、有董事会、发行有表决权股份，区别之处在于可回购本公司股份。开放式投资公司仍由外部管理人管理资产，但管理人可参加董事会，称为经授权的公司董事(authorized corporate director)。[789]开放式投资公司须召开股东年会。开放式投资公司须设董事会，但其董事无须为独立董事，故在实务中，近乎所有的开放式投资公司的董事会完全由基金管理人组成。[790]换言之，开放式投资公司的董事会并不是由独立董事组成的积极的监督者(此不同于美国的管理型基金)，董事会仅存在于纸面之上，故"开放式投资公司有董事会而单位信托无董事会"这一点区别并无实质性意义。[791]保护股东利益主要由独立的存管人

[785] Financial Services Authority, *Collective Investment Scheme Sourcebook* § 7.7.1(1)(2001).

[786] 这一历史过程，详见Kam Fan Sin, *The Legal Nature of the Unit Trust* 22-34(1997)。

[787] The Open-Ended Investment Companies(Investment Companies with Variable Capital)Regulations 1996.

[788] Charles E. Rounds, Jr. & Andreas Dehio, *Publicly-Traded Open End Mutual Funds in Common Law and Civil Law Jurisdictions: A Comparison of Legal Structures*, 3 N. Y. U. J. L. & Bus. 473, 479-80(2007).

[789] The Open-Ended Investment Company Regulations, 2001, S. I. 2001/1228, art. 15(U. K.); HM Treasury, OEICs Made Easy 2-3(1999).

[790] Alan R. Palmiter, *Mutual Fund Board: A Failed Experiment in Regulatory Outsourcing*, 1 Brook. J. Corp. Fin. & Com. L. 165, 206(2006).

[791] A. Joseph Warburton, *Trusts versus Corporations: An Empirical Analysis of Competing Organizational Forms*, 36 J. Corp. L. 183, 189(2010).

(depository)负责。[792]存管人的职责为保管公司资产、监督基金活动、保护投资者利益,类似于单位信托受托人。为履行此项监督与保护职能,存管人可出席股东会会议、取得董事会资料、出席相关董事会会议。[793]存管人应独立于管理人与开放式投资公司。[794]典型的开放式投资公司,仅有一名董事,兼为基金发起人,该董事在大多数情况下是一个公司,管理基金资产之投资,另由独立的存管银行(depository bank)持有基金资产,并负有监督董事之职责,投资公司本身并不持有基金资产。[795]

英国共同基金业现由2000年《金融服务与市场法》[796]规范。该法将对单位信托的监管权授予金融服务局(第247条第1款),将对开放式投资公司的监管权授予财政部(第262条第1款)。该法所规定的金融服务局(Financial Services Authority),已被2012年《金融服务法》改名为金融行为局(Financial Conduct Authority)。[797]

之所以在单位信托之外另创开放式投资公司,有三个原因:简化、国际化、灵活性。[798]其一,开放式投资公司的定价结构简于单位信托,仅有通用于股份出卖与买入的单一定价,不同于单位信托的分别定价。其二,开放式投资公司在欧盟市场中更具营销优势,因信托本为英美法系产物,在不熟悉信托的法域中障碍颇多,而且开放式投资公司本为适应欧盟关于"可转让证券集合投资计划"指令(UCITS)之产物,加之,欧盟该指令要求投资基金采用公司形式,而单位信托在组织形式上无法符合该指令的要求。[799]其三,与单位信托仅可发行一种类别的基金份额不同,开放式投资公司可发行一种以上类别的、定价结构各异的股份,例如为零售投资

---

[792] Investment Management Association, *Review of the Governance Arrangements of United Kingdom Authorized Collective Investment Schemes* 21-22(2005).

[793] Investment Management Association, *Review of the Governance Arrangements of United Kingdom Authorized Collective Investment Schemes* 21-22(2005); Financial Times, *Unit Trust & OEICs Yearbook 1997*, at A14(1999).

[794] The Open-Ended Investment Company Regulations, 2001, S. I. 2001/1228, art. 15, ¶ 8(f)(U. K.).

[795] Charles E. Rounds, Jr. & Andreas Dehio, *Publicly-Traded Open End Mutual Funds in Common Law and Civil Law Jurisdictions: A Comparison of Legal Structures*, 3 N. Y. U. J. L. & Bus. 473, 483-89(2007).

[796] Financial Services and Markets Act 2000(FMSA), 2000, c. 8(Eng.).

[797] Financial Services Act 2012, § 6.

[798] The Securities and Investments Board, Open Ended Investment Companies Consultative Paper 93, at 7-8(1995).

[799] A. Joseph Warburton, *Trusts versus Corporations: An Empirical Analysis of Competing Organizational Forms*, 36 J. Corp. L. 183, 190(2010). 不过,查UCITS指令,该指令所称的投资计划不拘组织形式,其在内国法上的设立依据可以是合同法、公司法或信托法(第1条第3款)。

者与机构投资者分别定做的股份。[800]

以上三点，皆为英国法之特殊情况，并无普遍意义。所谓单一定价结构，本不是公司型基金的专利，信托型基金采用此类结构不应有法律障碍。国际化固然为欧盟环境下的特殊事实，而信托型基金可能遭遇的观念障碍，亦有夸大其词之嫌疑。即使在欧盟成员国之内，法国、卢森堡、比利时、西班牙、希腊、荷兰等国皆容许非公司型基金存在，仅提供公司型基金作为组织形式者，反而仅是个别国家。而所谓公司型基金可发行多类别股份、信托型基金则否，亦为单位信托所受特殊管制。普通信托可设计各类受益权，承袭其优势的商业信托发行多类别受益权原本不受限制，远比公司灵活，在美国法中尤其如此。总而言之，英国法采用开放式投资公司，并非缘于商业信托本身优势不及公司，而是因为英国单位信托遭受不当管制，立法者片面撇开单位信托、不思改进信托法制而突破一般公司法另创新制所致，乃立法者强行改变商业信托及公司通常属性之结果，恰可反证：依其本来属性而论，商业信托比公司更适合于投资基金。

另有论者认为，单位信托与开放式投资公司之间的差别并不重要，例如，尽管英国法上开放式投资公司为实体而信托不是实体，但（对于共同基金而言）其实际法律效果并无区别。[801]类似地，有学者指出，单位信托的受托人和开放式投资公司的存管人的角色本质上是相同的，皆有保护基金资产、监督管理人活动以及确保合规之责，因此从投资者视角观之二者并无差异，只是开放式投资公司提供了一种可在欧洲大陆得到承认的投资工具，除此之外别无优势。[802]更有论者认为，英美两国的共同基金在形式与功能上均相近似，尽管英国的公司型基金（OEIC）的法律结构初看之下与美国的公司型基金颇有差异，实则本质仍属信托。[803]沃伯顿教授指出，英国金融服务局和财政部这两个监管机构采用了同一组关于基金运行和管理的规则与指南，即金融服务局《集合投资计划资料手册》（Financial Services Authority, *Collective Investment Scheme Sourcebook*），

[800] A. Joseph Warburton, *Should Mutual Funds Be Corporations? A Legal & Econometric Analysis*, 33 J. Corp. L. 745, 766（2008）.

[801] Peter J. Wallison & Robert E. Litan, *Competitive Equity: A Better Way to Organize Mutual Funds* 104（2007）; Aneel Keswani & David Stolin, *Which Money Is Smart? Mutual Fund Buys and Sells of Individual and Institutional Investors*, 63 J. Fin. 85, 88 n. 2（2008）.

[802] Alan R. Palmiter, *Mutual Fund Board: A Failed Experiment in Regulatory Outsourcing*, 1 Brook. J. Corp. Fin. & Com. L. 165, 206（2006）.

[803] Charles E. Rounds, Jr. & Andreas Dehio, *Publicly-Traded Open End Mutual Funds in Common Law and Civil Law Jurisdictions: A Comparison of Legal Structures*, 3 N. Y. U. J. L. & Bus. 473, 478-79（2007）.

因此，单位信托和开放式投资公司的监管制度在本质上是相同的；另外，在税收待遇上，只要满足收入分配的法定要求，共同基金即可获得导管税收待遇，而无论其组织形式如何，因此单位信托与开放式投资公司在税收效果上亦无差异。二者唯一的显著差别在于，在内部治理上，单位信托适用信托法，开放式投资公司适用公司法。换言之，英国共同基金市场由两种并行的组织组成，这两种组织，除了适用于基金管理者的信义义务法之外，在几乎所有方面都是相同的；信义义务标准的差异，是信托和公司之间的根本区别。[804]

职是之故，英国共同基金组织形式差异对基金绩效的影响，主要表现为管理者信义义务差异所造成的影响。普通信托法上确立的受托人义务较为严格，公司法所规定的董事义务则较为宽松灵活，二者相比，受托人的商业决策更可能在法院诉讼中受到挑战，而被判定受托人负个人责任。在英国，尚未发展出系统的商业信托法原理，单位信托的受托人义务仍主要适用普通信托法（包括2000年《受托人法》），其中不存在商业判断规则。[805]与之不同的是，在英国公司法上，法院虽未发展出如同美国一样的商业判断规则，但有功能上相似的规范方法，即对董事义务和责任采主观标准，这一标准甚至比美国法上的商业判断规则更为有效。[806]沃伯顿教授关于基金组织形式对管理行为与基金绩效影响的实证研究显示，信托法有利于减少共同基金管理人的机会主义行为，并显著降低基金管理费用，基金面临的风险也较低，但是，较严格的信义义务约束了商业决策的灵活性，降低了投资回报；信托型基金的绩效不如公司型基金，公司型基金较具商业灵活性，代理人利益冲突和实施高风险行为的可能性较大，同时带来较好的基金绩效。将实证研究中得来的数据换算成简单的示例：设若投资人在一个信托型基金中投资10万美元，与等额投资于开放式投资公司相比，他每年在代理成本方面可以节省100美元，但在基金收益方面却可能少赚1300美元。这一研究结果显示，较严格的信义义务能够通过减少代理人利益冲突、减少代理人的高风险管理行为以增强投资者保护，但其可能的代价是较低的风险管理灵活性和较差的基金绩效。换言之，信托法缓解了代理人的利益冲突，但

[804] A. Joseph Warburton, *Trusts versus Corporations: An Empirical Analysis of Competing Organizational Forms*, 36 J. Corp. L. 183, 188, 191-92（2010）.

[805] A. Joseph Warburton, *Competition in Financial Services: Evidence from British Mutual Funds*, 9 J. Empirical Legal Stud. 827, 840（2012）.

[806] Paul L. Davies, *Directors' Fiduciary Duties and Individual Shareholders*, in Commercial Aspects of Trusts and Fiduciary Obligations 85 n. 6（Ewan McKendrick ed. 1992）.

却是以对信托管理形成“过度威慑”为代价换来的。[807]

上述实证研究实际上揭示了普通信托法上受托人义务和公司法上董事义务之间差别对基金绩效的影响。不过，这一结论并不适合于美国法和加拿大法。原因之一在于，美国证券投资基金主要由投资顾问管理，1940年《投资团体法》统一规定投资顾问负有信义义务，无论基金组织形式为何。[808]原因之二在于，对于商业信托形式的证券投资基金而言，在美国法上，受托人负有何种信义义务，取决于各州法的规定以及商业信托文件条款。而某些州法明文规定商业信托受托人负有与公司董事相同的信义义务。例如，依照《怀俄明州商业信托法》及《弗吉尼亚州商业信托法》，不分商业信托的类型，受托人注意义务或信义义务标准与公司董事义务原则上相同。而《特拉华州商业信托法》专门针对投资团体规定：“除商业信托文件另有订定外，依照1940年法注册为投资团体的商业信托，其受托人负有与依照本州普通公司法设立的私人营利公司董事所负信义义务相同的信义义务。”[809]在加拿大，商业收入信托的信托文件大多复制公司董事的义务，统一法委员会起草的2008年《统一收入信托法》则明文采用公司法上的董事义务标准。[810]因此，上述实证研究的说明价值在于揭示了普通信托法上受托人义务对共同基金的影响，而不及于商业信托；就另一方面而言，该项研究恰可佐证，美国、加拿大采用类似于公司董事之信义义务的商业信托型基金，在其他要素相当的情况下，受托人义务对基金绩效的影响应与公司型基金类似。

2. 其他国家

单位信托与投资公司并存的基金法体制，在国际上不乏类似者。南非即属一例。南非共和国原先仅有单位信托，其法律依据为1981年制定并于1996年、1998年修正的《单位信托控制法》(Unit Trust Control Act)。2002年《集合投资计划控制法》废止了上述法律，改采功能主义立场，所规定的集合投资计划不拘于组织形式，包括单位信托和开放式投资公司在内(第1条)。该法对集合投资计划采统一监管架构，集合投资计划，无论系何种组织形式，均须委任外部的管理人管理基金资产、委任受托人或托管人存管基金资产、委任审计人监督基金事务，管理人、受托人或托管人等负有同一

---

[807] A. Joseph Warburton, *Trusts versus Corporations: An Empirical Analysis of Competing Organizational Forms*, 36 J. Corp. L. 183, 183-84, 187, 220 (2010). 在该文之前，尚无从组织形式差异角度对基金绩效进行经验研究的文献，该文填补了这一方面的空白。

[808] 15 U. S. C. § 80a-35 (b).

[809] Del. Code Ann. tit. 12, § 3806 (1).

[810] 详见本书第11章第4节。

的义务和责任。由此可见，开放式投资公司与一般公司大异其趣，而是一种遵从单位信托制度的特殊公司形态。

（五）其他立法例

大陆法系某些国家，也实行信托型基金和公司型基金（或者法人型基金）的双轨制。信托型基金是投资基金的基本形态，而公司型基金或法人型基金则显著区别于普通公司或一般法人。并不存在公司型基金胜过信托型基金的现象；“普通公司制度比信托制度更有利于投资基金”之说，则更不成立。兹以欧盟（以大陆法系国家为主要适用法域）、卢森堡、德国、日本投资基金法为例说明之。

1. 欧盟法

欧盟关于可转让证券集合投资计划（Undertakings for Collective Investment in Transferable Securities，UCITS）的指令，[811]是欧盟规范集合投资计划的主要法律架构，据此设立的投资基金在欧洲层面小投资者参与的集合投资产品中占75%以上的份额。[812]该指令设定了一系列最低标准，达到此类标准并依该指令获得许可的一国共同基金，可在欧盟其他成员国内发售并从事活动（第5条第1款），相当于共同基金在欧盟成员国间的护照。

该指令采功能主义立场，所称集合投资计划，不限于特定的组织形式，凡依据合同法［由管理公司经营管理的共同基金（common fund）］、信托法（单位信托）或制定法（投资公司）所设立的集合投资计划，均在本指令适用范围之内（第1条第3款）。至于具体采何种组织形式，系依据内国法确定，不依本指令而定。本指令对于单位信托有无法人格（主体地位）未置一词，而就不具有法人格的共同基金（此时该术语也包括单位信托）特别提及：在本指令要求集合投资计划实施某种行为，而该种共同基金因无法人格而无法独立行为时，本指令关于集合投资计划行为的规定适用于管理该种计划的管理公司（序言第6段、第1条第3款）。本指令的实体规范，原则上不问集合投资计划的组织形式而一体适用，关于管理人的资质与义务、存管义务、存管人资质、投资计划合并、投资策略方面的义务、主基金与支基金结构、信息披露义务等事项，皆是如此。投资公司与普通公司的区别，亦可由此见之。例如，投资公司或共同基金均应将其资产存管于一个存管人

［811］ Directive 2009/65/EC of the European Parliament and of the Council of 13 July 2009 on the coordination of laws，regulations and administrative provisions relating to undertakings for collective investment in transferable securities（UCITS）. 该指令历经2010年、2011年、2013年、2014年4次修正。

［812］ 数据源于欧盟官网：https：//ec. europa. eu/info/business-economy-euro/growth-and-investment/investment-funds_en#collective-investment-funds。

(depositary)处，存管人有义务执行管理人所作出的不违法不违约的指示、确保集合投资计划的现金流受到适当监督（第22条）。存管人不得任意将其职能转托于第三人（第22a条）。存管人须为内国的中央银行、经许可的信用机构或经内国主管部门许可的其他实体（第23条第2款）。管理公司不得兼任存管人、投资公司不得兼任存管人，各自履行职能时应诚实、公平、专业、独立行事且只能为了集合投资计划及其投资者的利益行事（第25条第1款、第2款）。投资公司不得从事证券投资活动以外的活动（第28条）。

2. 卢森堡法

卢森堡是首个实施UCITS指令的国家。卢森堡的UCITS包括契约型和公司型两种基本形态。契约型基金是一种共同基金（*fonds commun de placement*），受《卢森堡民法典》和2010年关于投资基金的法律的规范，本身不具有主体资格，而由具有主体资格的管理企业代表作为基金共有人的投资者实施行为；公司型基金是一种投资公司，首先适用2010年法律，在该法无特别规定时，适用《公司法》，公司型基金又分为两种子类型，其一是资本可变的投资公司（SICAV），其二是资本固定的投资公司（SICAF），除若干区别外，关于资本可变的投资公司的规定准用于资本固定的投资公司。资本可变的投资公司比资本固定的投资公司更为灵活（例如不适用公司法关于法定公积金的规定），是最受欢迎的公司型基金。契约型基金的投资者原则上无表决权（除非另有规定），因此原则上不开基金单位持有人会议，此不同于公司型基金，被敌意收购的风险亦低于公司型基金；契约型与公司型基金的税收待遇亦有区别。但二者在基金法上的共同点相当明显，如对于发起人、管理企业、存管人、审计人、分配人等皆有统一的规范，尤其是任何UCITS的资产均应由存管人托管，且存管人负有两方面的义务，即托管义务和监督义务。依据2010年法律，任何UCITS的存管人均负有下列监督义务：确保基金股份或单位的买卖、发行、赎回与注销符合法律与组织文件；确保在资产组合的交易中按照通常时限收回对价；确保依据组织文件分配基金所得。由于契约型基金的投资者在基金管理中的地位较为消极，以致需要额外保护，其存管人的义务比公司型基金存管人的义务更为广泛，除上列义务外，还包括下列义务：执行管理企业的指示，但该指示违反法律或监管规章的除外；确保基金单位价值的计算符合法律和监管规章的规定。[813]

---

[813] 本段关于卢森堡基金的介绍，详见Christian Szylar ed., *UCITS Handbook* 5-7, 9, 16-17, 20-27 (2012)。

3. 德国法

德国2003年12月15日制定的《投资法》(Investmentgesetz, InvG),规定投资基金(Investmentfonds)的两类组织形式:一为"特别财产"(Sondervermögen),二为"投资股份公司"(Investmentaktiengesellschaften)。特别财产,实即以日耳曼式信托(Treuhand)为基础的基金组织形式。[814]该法第31条明文规定特别财产实行信托(Treuhand)制度。特别财产中的某一具体财产,其权属名义上可归于资本投资公司或者归投资人共有(第30条第1款),但不属于资本投资公司的固有财产。不同的基金组织形式,形成了该法的主干部分。该法共6章:第1章"总则",第2章"特别财产",第3章"投资股份公司",第4章至第6章则是关于对冲基金、基金销售、罚则的规定。

依照该法总则之规定,无论是特别财产型投资基金还是公司型投资基金,均应由资本投资公司管理(该法第2条第1款),基金财产应由托管银行托管(第20条第1款)。资本投资公司和托管银行所负的义务类似于英美法系信托受托人的信义义务,资本投资公司和托管银行处于相互监督制约的法律地位(第26~29条),[815]相关制度类似于我国《证券投资基金法》中关于基金管理人和基金托管人的规定。

关于公司型基金,德国法采用"特别规定+准用信托规定"模式。该法第三章设有多条关于投资股份公司的特别规定,包括关于资本要求、股份回赎、董事、监事、记账等事项的规定。依照该法第99条第3款的规定,对于投资股份公司,本章无特别规定者,准用关于特别财产的规定(包括该法第41~65条、第83~86条、第90g~90k条、第125~129条等),此时应将相关条文中的用语作相应的替换:将"份额"替换为"股份"、将"份额购买人"替换为"股东"、将"合同条款"替换为"章程"、将"特别财产"替换为"公司财产"、将"基金份额"替换为"公司财产份额",等等。此种大规模准用规范,表明公司型基金近似于信托型基金,反而和普通的股份公司相去甚远。

该《投资法》已于2013年7月22日失效,被《资本投资法典》取而代之。德国2013年7月4日制定的《资本投资法典》(Kapitalanlagegesetzbuch, KAGB),不称投资基金,而代之以"投资财产"(Investmentvermögen)

---

[814] 关于德国的日耳曼式信托制度,参见本书第3章第2节。

[815] 德国学者称托管银行具有"守门犬"功能,类似于美国证券投资基金的独立董事(或独立受托人)以及英国开放式投资公司的存管人。Charles E. Rounds, Jr. & Andreas Dehio, *Publicly-Traded Open End Mutual Funds in Common Law and Civil Law Jurisdictions: A Comparison of Legal Structures*, 3 N. Y. U. J. L. & Bus. 473, 510(2007).

概念。[816]该法典所规定的投资财产组织形式有两大类、三小类：第一大类是“特别财产”（Sondervermögen），第二大类是“投资公司”（Investmentgesellschaften），包括“投资股份公司”和“投资有限合伙”[817]两个小类。此所谓特别财产，是指采用合同形式、由管理公司依据本法和确定管理公司与投资人之间法律关系的投资条款管理并从事投资活动的开放式投资财产（该法典第1条第10款）。开放式投资财产，则是指“有价证券集合投资团体”（Organismen für gemeinsame Anlagen in Wertpapieren, OGAW）与“另类投资基金”（Alternative Investmentfonds, AIF）。[818]据此，公募基金和私募基金均可采用特别财产的形式。此所谓投资有限合伙（Investmentkommanditgesellschaft），即有限合伙型基金，在2003年《投资法》中未设规定，是该法典新增的投资基金组织形式。

该法典尽管在立法体例上有所改变，但大体上仍然维持《投资法》按照基金组织形式分设章节的思路。该法典第1章“投资财产与管理公司总则”中的第4节、第5节，是关于投资基金的基本实体规范。本章第4节“开放式国内投资财产”（开放式基金），下设4目，第1目为“开放式国内投资财产通则”，其余三目即按照三种投资基金组织形式展开：第2目“特别财产通则”，第3目“资本可变的投资股份公司通则”，第4目“开放式投资有限合伙通则”。此所谓资本可变的投资股份公司（Investmentaktiengesellschaften mit veränderlichem Kapital），是为适应开放式基金的特殊需要而设，该法典对此类公司的股本、章程、董事、监事、清算等事项设有多条特殊规定（第108~123条），显著区别于《德国股份法》所规定的普通的股份公司。本章第5节“封闭式国内投资财产”（封闭式基金），下设三目：第1目“封闭式国内投资财产通则”，第2目“资本固定的投资股份公司通则”，第3目“封闭式投资有限合伙通则”。资本固定的投资股份公司（Investmentaktiengesellschaften mit fixem Kapital），与普通股份公司的偏离程度，虽不如资本可变的投资股份公司，但该法典仍就此类公司的股份、章程、投资运作、管理、董事、监事、记账等事项设有特别规定（第140~148条），而有别于普通的股份公司。

2003年《投资法》对投资股份公司采用准用信托型基金规范的模式，

---

[816] 但在另类投资基金等特定类型的基金中，仍使用基金概念。

[817] 有限合伙，也被译为两合公司。

[818] 国际上所谓另类投资基金，与我国的私募投资基金概念大体相似。基金份额可赎回的另类投资基金，为开放式另类投资基金。

虽然简化了投资股份公司相关章节的条文，但适用上多有不便。2013年《资本投资法典》不再延续此种模式，而是针对投资股份公司和投资有限合伙设全面、详细的规则，兼因增设新的基金类型，致法典的篇幅大幅扩张，超过旧法一倍有余。亦足见投资公司与普通公司之显著差异。

德国采证券投资基金的公司形式，是欧盟UCITS指令的实施结果。[819]从德国投资基金的实际运行状况观之，特别财产型的基金多于公司型基金。[820]

4. 日本法

日本于1951年制定《证券投资信托法》，仅规定信托型基金。1998年制定《证券投资信托与证券投资法人法》，新增证券投资法人类型（实为一种公司型基金）。2000年该法名称修改为《投资信托与投资法人法》，[821]不再限于证券投资，可涵括不动产投资信托和不动产投资法人。该法采用投资信托和投资法人的双轨制，共5编：第1编“总则”，第2编“投资信托制度”，下设三章，第1章“委托人指定型投资信托”，第2章“委托人非指定型投资信托”，第3章“外国投资信托”；第3编“投资法人制度”，下设三章，第1章“投资法人”，第2章“投资法人的业务”，第3章“外国投资法人”；第4编“杂则”；第5编“罚则”。

该法所称投资法人，是指经营以主要对特定资产投资的资产为目的而依本法设立的社团（第2条第13款）。投资法人类似于《日本公司法》所规定的股份有限公司，但具有投资基金的一系列共同特点：投资法人的营业范围限于一定范围内资产的运营，不得实施资产运营以外之行为（第63条第1款）；投资法人的一般事务、资产运营、资产保管应当分别委托给他人（称为一般事务受托人）、资产运营公司、资产保管公司（第117条、第198条、第208条）；投资法人的规约可以订定，投资人有权请求退还投资份额（第86条、第124条），以适应开放式基金的需要。为因应投资基金的特性，该法对投资法人设有诸多不同于公司的规定，其中包括全套的组织法规范、行为法规范，从投资法人的设立、投资份额与投资证券、组织机构、会计处理、规约变更、解散、合并、登记到投资法人的业务范围、业务委托、监督等事项，均有大量不同于《公司法》之规定。投资法人一编的条文总

---

［819］ 我国台湾地区证券投资信托暨顾问商业同业公会：《德国资产管理业受管制投资工具之法规与监理架构报告》，载我国台湾地区证券投资信托暨顾问商业同业公会网2019年6月11日，https://www.sitca.org.tw/ROC/MonthRpt/MR2006.aspx?PGMID=MR06。

［820］ 同上注，第5页。

［821］ 该法2009年文本的中译本，参见庄玉友译：《日本〈投资信托与投资法人法〉》，载王保树主编：《商事法论集》2009年第2卷（总第17卷），法律出版社2010年版，第183页以下。

数为163条，将近全法条文总数的2/3（全法共252条，另有附则若干条）。其中第一章“投资法人”主要是关于组织法的规则，共132条，条文细密而庞杂，又因为投资法人毕竟在不少事项上类同于股份有限公司，该法同时设有大量准用《公司法》之规范，即规定投资法人的某些事项准用《公司法》规定。此类准用规范包括第71条第10款、第73条第4款、第75条第1款与第7款、第77条第4款、第77条之二第6款、第77条之三第3款、第79条第3款与第4款、第81条之二第3款、第81条之三第2款、第84条第1款、第85条第3款、第90条第3款、第94条等。此种特别规范和准用规范并存的局面，不仅导致法律文本冗长繁杂、难以卒读，而且必然增加适用的难度。

由此可见，日本立法新增的投资法人型基金，并非普通的公司。日本不以商法上既有的公司形态引进此种基金，而以特别法上的营利社团法人形态引进，系因考虑到投资法人在出资返还、管理、营运架构等方面与既有的股份有限公司存在基本性的差异点。[822]投资法人型组织形式之所以能适合于投资基金，纯粹是因为立法的特别规定，而不是公司制本身使然。又因为投资法人无法与公司法彻底断开链接，徒增立法成本，人为地加剧了法律的复杂性，实不可取。而观此二种组织形式的实务运用状况，也不存在公司型基金压倒信托型基金的态势：在日本，投资于证券者一般采用信托型，即证券投资信托；投资于房地产者一般采用房地产投资法人型。[823]依日本投资信托协会的统计，日本的基金中属于契约型者逾99%，投资法人型仅占不到1%。[824]

（六）关于证券投资基金组织形式的再思考

1. 证券投资基金与公司制的距离

现代证券投资基金具有两项结构上的重大特征，因而有别于一般的公司制。

---

［822］ 协合国际法律事务所研究报告：《引进公司型基金制度及外国资产管理公司之必要性及影响性》（2007年8月），载我国台湾地区证券投资信托暨顾问商业同业公会网2020年1月12日，https://www. sitca. org. tw/ROC/MonthRpt/MR2006. aspx?PGMID=MR06。

［823］ 段磊：《房地产投资信托（REITs）在组织法和税法上的要件》，载《中日民商法研究会第十七届大会论文集》（中国福州，2018年9月），第236页。

［824］ 协合国际法律事务所研究报告：《引进公司型基金制度及外国资产管理公司之必要性及影响性》（2007年8月），载我国台湾地区证券投资信托暨顾问商业同业公会网2020年1月12日，https://www. sitca. org. tw/ROC/MonthRpt/MR2006. aspx?PGMID=MR06。国际证监会组织的报告亦指出，日本的契约型（信托型）基金之运用比公司型基金更为广泛。Examination of Governance for Collective Investment Schemes, Final Report, Part I, at 36（A Report of the Technical Committee of the International Organization of Securities Commissions, June 2006）.

其一，基金财产管理与保管分离。证券投资基金的财产主要由货币和证券构成，特别易于被管理者挪用、滥用，因此各国基金法律普遍要求基金财产实行托管制，即基金管理人负责经营管理基金财产，基金托管人负责保管基金财产。基金托管人的基本义务是保障基金财产的安全，避免依基金管理人违法或违约的指示动用基金。此与一般公司自行掌控公司财产、无须托管显有不同。由此需在法律上确立基金管理人和基金托管人彼此之间以及各自与基金、基金份额持有人之间的复杂权利义务关系。

其二，基金与管理者分离。基金财产管理与保管分离，可称为“基金财产的外包”，证券投资基金另有一项结构性特征，即“管理事务的外包”。基金的管理并非由基金自聘的高级管理人员或其他受雇人为之，而是外包于基金管理人（通常为机构而非自然人）。基金如有自聘的受雇人，则与受雇人之间是一种组织内部的、依指令行事的科层化关系，不同于一般契约；基金通过与外部的管理人订立基金合同或管理合同确立关系，则是一种外化于组织、并非依指令行事的一般契约关系。管理事务的外包意味着基金资产与管理资产、管理负债的分离：基金管理统一交由基金管理企业负责，基金管理企业自负盈亏、自担风险，因租赁办公场地、聘用基金经理等事务所生债务以及因购买办公资产、积累企业商誉等所取得的财产皆由此外部化（由基金管理企业负担、享有）。此为另一种形态的资产分隔，使基金资产不致受累于管理负债，学者称为“基金与管理者的分离”，2008年国际金融危机凸显了此种分离架构的重要性：许多基金管理企业破产，但并未殃及所管理的基金的资产。[825]基金设立成本和风险也均由基金管理人负担；设立失败时，由基金管理人承担向投资者返还本息的义务，投资者并不会因此损失更多成本。同时，将管理成本和管理资产剥离于基金之外，促使基金资产纯粹化，即单纯反映基金资产组合的价值，而不必掺杂办公设备等资产价值因素，因而既便于评估基金财产的价值、使基金财产更易变现和更具流动性，也使基金投资者不致被专用性资产所锁定。这对于开放式基金尤为必要：开放式基金在每个营业日皆可由投资者以净资产价值任意赎回，则净资产价值必须易于计算，若将管理资产价值计入其中，则计算难度与运作成本将无限增加。而实业企业的要求正好相反：实业企业需要投入专用性资产，如果允许任意赎回股份（相当于部分清算），将迫使实业

---

［825］ John Morley, *The Separation of Funds and Managers: A Theory of Investment Fund Structure and Regulation*, 123 Yale L. J. 1228, 1240-41, 1258（2014）.

企业动用大量现金或出卖资产，由此对持续经营造成重大成本。[826]另外，基金与管理者分离之架构对基金管理企业也有实益：基金管理企业自享其营业利润，不必由基金的众多投资者分享，而且管理者不必专为一家基金服务，同时可以服务于多个基金（正如产品生产者可以同时运行多条生产线），此种规模化经营的效益反过来有益于投资者，使他们在承受更低投资风险之余可以获得更低的管理费率、更高的投资回报。[827]此种架构的形成，不是法律强制或刻意设计的结果，而是自然选择的产物：20世纪20年代最早的一些共同基金采用的是基金与管理者混合的架构，它们有自己的高级管理人员、受雇人和其他工作人员，与实业企业类似（事实上某些投资基金原本就是从实业企业转型而来），但到60年代中期，竞争压力迫使所有的共同基金和其他类型的投资基金采用了基金和管理者分离的架构。[828]而1940年《投资团体法》制定前夕证券与交易委员会的研究报告提及，证券投资基金不自聘高级管理人员和受雇人从事投资事务而将之委由第三方机构处理，基金自身只是一个“壳”，这已经是当时的典型做法。[829]现代的证券投资基金法几乎无不以此架构为规范模型。有美国学者认为，1940年《投资团体法》的主要功能不仅在于规范特定类型的资产（证券），而且在于规范特定类型的代理关系或组织结构（与证券投资相随），即基金与管理者的分离。[830]这也是各国基金法的普遍立场。

基金与管理者分离，对于普通公司法而言属于特异现象，但在信托关系中则司空见惯。因商业信托缘起于普通信托，普通信托本无科层化的内部结构，随之而生的商业信托，也未带上科层制的特征，仍保留了极具弹性的组织形态。这使信托法无须调适即能够适应证券投资基金的需要。

除此之外，信托更具有担当开放式基金组织形式的天然优势。开放式基金中的任意赎回权，在信托制中全无梗阻，对于公司制而言则窒碍难

[826] Eugene F. Fama & Michael C. Jensen, *Agency Problems and Residual Claims*, 26 J. L. & Econ. 327, 338(1983).

[827] John Morley, *The Separation of Funds and Managers: A Theory of Investment Fund Structure and Regulation*, 123 Yale L. J. 1228, 1243, 1259(2014).

[828] John Morley, *The Separation of Funds and Managers: A Theory of Investment Fund Structure and Regulation*, 123 Yale L. J. 1228, 1245 (2014); Anita K. Krug, *Investment Company as Instrument: The Limitations of the Corporate Governance Regulatory Paradigm*, 86 S. Cal. L. Rev. 263, 269-70(2013).

[829] Eric D. Roiter, *Disentangling Mutual Fund Governance from Corporate Governance*, 6 Harv. Bus. L. Rev. 1, 17(2016).

[830] John Morley, *The Separation of Funds and Managers: A Theory of Investment Fund Structure and Regulation*, 123 Yale L. J. 1228, 1279(2014).

行。公司法限制股东任意撤资，由此形成资本锁定效应，此种效应对于维持实业企业经营至关重要，但却不适应开放式基金的特殊需要。商业信托法自始不受法定资本制度的束缚，赎回自由从来都不是问题。而若强使公司法改弦易辙、采用可任意赎回股份的制度，又势必剥夺公司作为实业企业最常用形态之优势，所得者小，所失者大。

2. 公司型基金与信托型基金区别之反思

学界常论的公司型基金与契约型基金的区别，未必是两者的真实区别。例如，有学者认为公司型基金与契约型基金有下列区别：其一，公司型基金以基金本身为中心，基金为独立实体，契约型基金将投资顾问或基金管理人置于中心地位，基金不是独立实体；其二，公司型基金中，董事会被授予相当的自由裁量权并对其商业判断负责，契约型基金更依赖于规则而非裁量，典型的基金契约由标准化条款或规则组成，仅在例外情形中容许变通或裁量，由受托人或托管人担任的消极监督者负责监督此类既定条款的执行，其监督职能较少有裁量性，例如在英国，单位信托的受托人仅在六种情形下方可撤换基金管理人；其三，当契约中未能预先作出决策时即需要表决，因此公司型基金的投资者享有多于契约型基金的表决权，例如，美国1940年《投资团体法》授予基金份额持有人的表决权甚至多于州公司法中的股东表决权，包括对选举董事、改变根本投资策略、同意初始投资顾问合同、同意投资顾问合同转让等，英国单位信托的投资者仅就四类事项享有表决权，即修改信托契约、同意管理人偏离招募说明书中载明的投资策略、撤换管理人、基金与其他基金或实体合并，德国、日本的基金投资者则根本不享有表决权。[831]

以上论断，显然与商业信托的特性无关。其一，商业信托自有实体地位或与实体地位相当之效果，[832]以基金或基金管理人为中心，依各基金实际采用的结构而异，本无一定之规。其二，所谓裁量多寡，亦非公司型与契约型基金之本质差异，因基于契约自由原则，契约型基金或信托型基金自可赋予受托人较多裁量权，此在美国商业信托法下完全不成问题，而英国单位信托受托人裁量权有限，系因法律不当管制所致，并非信托之本质使然。基金管理人的自由裁量权大小，不取决于基金是采用信托型还是公司型。在包括我国、美国在内的大多数国家的投资基金法上，法律对信

[831] A. Joseph Warburton, *Should Mutual Funds Be Corporations? A Legal & Econometric Analysis*, 33 J. Corp. L. 745, 758-60(2008).

[832] 详见本书第5章。

托型基金的管理人的裁量权并未施加特殊的限制。实务中对基金管理人的裁量权是否施加限制，属于基金合同自决的问题，也无定规，因此无所谓公司型基金中裁量权大于信托型基金一说。其三，表决权多寡，亦非公司型基金与信托型基金之本质区别。表决权多寡是否与基金治理绩效具有相关性，姑且不论，只是表决权配置多少，原非信托或公司组织形式本身所决定、美国1940年《投资团体法》授予基金份额持有人的表决权，与普通公司相去甚远，显然并非基于公司的固有属性，而是加强投资基金投资者监督的特殊考虑，而美国商业信托更可自由授予受益人对任何事项的表决权。[833]英国单位信托投资者的表决权有限，其原因仅为管制法强制之结果，并非商业信托的普遍法则，更何况英国单位信托投资者所享有的上列表决权，与美国法似无实质差异，且所谓德国、日本基金投资者无表决权，不符合两国实际，上文所引用的是过时资料。[834]

一言以蔽之，所谓契约型基金的弱势，实因法律过度管制所致，并非商业信托的固有属性；而公司型基金的优势，不过得益于法律的特殊扶植，并非普通公司的固有优势。此点在美国和欧洲的法律中均可见之。关于欧洲信托法的比较研究显示，除了某些商业组织形式不适于公开发行（如合伙）之外，主流的趋势是有两种集合投资的组织形式：共同基金和公司形式。提供这两种组织形式可供选择的法域，包括比利时、英格兰、法国、德国、希腊、爱尔兰、意大利、卢森堡、荷兰、苏格兰和西班牙；奥地利、丹麦、芬兰、葡萄牙与瑞典则主要提供共同基金形式。可用作集合投资计划组织形式的公司，通常也是经过修正后的公司形式（容许发行可变资本以适应开放式基金的需要），而与普通公司法有所不同。此类修正后的投资公司，可见于英格兰、法国、意大利、爱尔兰、卢森堡、荷兰、苏格兰等法域。总之，作为投资基金组织形式的公司形式，必须被容许对普通公司法另作修正，或另以特别的公司制度调整之。[835]

另有学者认为，契约型基金与公司型基金的两分法，从大陆法系视角观之或许有意义，但从英美法系视角观之并无助益，原因之一是在英美法

---

[833] 详见本书第10章第3节。

[834] 该文所引用的资料为*Managing Money*：*A Legal Guide to the World's Investment Fund Markets*，*Int'l. Fin. L. Rev.*（Mar. 1990），at 101-02；The Inv. Trust Ass' n of Japan，Investment Trusts in Japan 6（1990），系转引自Wallace Wen Yeu Wang，*Corporate Versus Contractual Mutual Funds*：*An Evaluation of Structure and Governance*，69 Wash. L. Rev. 927，962（1994）。

[835] *Commercial Trusts in European Private Law* 485（Michele Graziadei，Ugo Mattei，& Lionel Smith ed. 2005）.

上，基金份额持有人与受托人之间并不仅限于合同关系，持有人的权利并不仅限于合同权利，受益人的权利具有对物权性质；原因之二是可能混淆基金份额持有人的权利——在英美法系法域，股东与公司之间一般是合同关系，在大陆法系，公司股份所表征之权利则不仅限于合同权利。更为关键的是，两分法掩盖了基金的真实性质，公司型基金名为公司，实质上是披着公司外衣的信托，因此两分法将混淆、而不是澄清当事人的权利义务关系。[836]

（七）我国现行法规定应属合理

我国2003年《证券投资基金法》仅规定契约型基金（信托型基金）。[837]修法过程中，专家学者及市场人士呼吁比照公司等治理机制，丰富基金的组织形式，强化对基金管理人的监督约束。为此，修订草案“借鉴国内实践和国外经验，在基金组织形式上进行创新，增加了理事会型与无限责任型两种新的基金组织形式，给基金投资者提供更多选择。这两类基金在契约型基金的基础上，通过增加理事会这种常设机构、增加基金管理人或与其有控制关系的机构承担无限连带责任的方式，强化对基金管理人的监督，完善了基金的激励和约束机制。在法律关系上，二者是与契约型基金性质相同的信托性资金集合体，投资人均为委托人和受益人，基金管理人与托管人均为受托人或共同受托人，只是在内部运作方式上略有不同”。[838]此所谓理事会型基金和无限责任型基金，并不等同于公司型基金和有限合伙型基金。

在后续修改过程中，针对修订草案第48条将证券投资基金的组织形式规定为契约型、理事会型和无限责任型，有的部门、单位提出，理事会型和无限责任型基金属于新创设的组织形式，增加这两种组织形式是否有必要，建议再作研究。法律委员会同财政经济委员会、原国务院法制办公室、证监会共同研究后认为，理事会型和无限责任型基金仍属于契约型基金，只是在基金份额持有人大会内部机构的设置和管理人承担的责任形式上，有所不同，可以不单独作为法定的基金组织形式。据此，建议删除修订草

[836] Charles E. Rounds, Jr. & Andreas Dehio, *Publicly-Traded Open End Mutual Funds in Common Law and Civil Law Jurisdictions: A Comparison of Legal Structures*, 3 N. Y. U. J. L. & Bus. 473, 476, 478 (2007).

[837] 本法以信托原理为基础，受益人是基金份额持有人，受托人是基金管理人和基金托管人。参见李飞主编：《中华人民共和国证券投资基金法释义》，法律出版社2013年版，第4页。

[838] 《关于〈中华人民共和国证券投资基金法（修订草案）〉的说明》（2012年6月26日在第十一届全国人民代表大会常务委员会第二十七次会议上），载《全国人民代表大会常务委员会公报》2013年第一号，第25页。

案关于理事会型和无限责任型基金的规定。至于为加大对投资者利益的保护力度，在基金内部增设监督性机构等，可由基金合同作出约定。[839]

最终通过的2012年《证券投资基金法》仅规定，基金合同可以约定基金份额持有人大会可以设立日常机构，行使召集基金份额持有人大会、监督基金管理人的投资运作和基金托管人的托管活动等职权（第49条，2015年该法修正后序号变为第48条）。至于所谓无限责任型基金，该法仅在非公开募集基金一章规定："按照基金合同约定，非公开募集基金可以由部分基金份额持有人作为基金管理人负责基金的投资管理活动，并在基金财产不足以清偿其债务时对基金财产的债务承担无限连带责任。"（第94条第1款，2015年该法修正后序号变为第93条）

而关于公司型基金和合伙型基金，立法过程中，有一些地方和单位建议增加公司型基金和有限合伙型基金，[840]也有意见提出，解决我国基金在治理结构方面的问题，关键是如何切实落实信托义务和信托责任，增设新的基金组织形式并不一定是好的选择，建议在现有契约型基金的基础上对有关制度进行完善。[841]本法在附则中设一个条文规定："公开或者非公开募集资金，以进行证券投资活动为目的设立的公司或者合伙企业，资产由基金管理人或者普通合伙人管理的，其证券投资活动适用本法。"（第154条，2015年该法修正后序号变为第153条）但是该条规定，并非适合于一切基金，尤其是开放式基金；该条的主要适用对象仍是非公开募集基金。立法说明谓："由于现行基金法未规定非公开募集基金，现行的非公开募集基金主要以公司或有限合伙企业形式存在，在形式上并不属于草案规定的非公开募集基金。对此，有意见认为，不应将上述以公司或有限合伙企业形式从事证券投资活动的机构纳入本法调整范围，对这部分机构及其投资活动依据公司法、合伙企业法进行工商注册及运作即可。经研究，考虑到这些以公司、有限合伙企业名义出现的证券投资机构，虽不叫证券投资基金，但其资金募集和对外投资行为实质上仍是募集资金交由专业机构管理和投资，实践中也往往不严格按照公司法、合伙企业法运作。如果仅因其不

[839] 《全国人民代表大会法律委员会关于〈中华人民共和国证券投资基金法（修订草案）〉修改情况的汇报》（2012年10月23日在第十一届全国人民代表大会常务委员会第二十九次会议上），载《全国人民代表大会常务委员会公报》2013年第一号，第26、27页。

[840] 《地方和中央有关部门对证券投资基金法修订草案的意见（一）》，载李飞主编：《中华人民共和国证券投资基金法释义》，法律出版社2013年版，第342页。

[841] 《证券投资基金法修订草案公开征求意见情况综述》，载李飞主编：《中华人民共和国证券投资基金法释义》，法律出版社2013年版，第366页。

称‘基金’就不纳入调整范围，这将难以通过修改法律规范其募集和运作，在实践中也容易发生监管套利行为，不利于非公开募集基金行业规范发展。为此，草案第一百七十一条规定，‘公开或者非公开募集资金，设立公司或者合伙企业，其资产由第三人管理，进行证券投资活动，其资金募集、注册管理、登记备案、信息披露、监督管理等，参照适用本法’。”[842]

由上可见，现行基金法并未为公司型基金创设特别规则，但允许公司型基金、合伙型基金与信托型基金并存，不妨碍各种组织形式之间的自由竞争。此种立场，诚属正确。如欲为公司型基金创设特别规则，势须大幅修改《公司法》或《证券投资基金法》，采用类似于《马里兰州普通公司法》的立法模式，为证券投资公司新设一系列特殊规定，或如日本一般另立专法。此种立法模式，立法成本过高，立法效益为负，得不偿失，已如前述。而修法过程中上述所谓“加强对基金管理人之约束”的专家意见，在公司型基金架构下也不可能实现。公司型基金中，由董事会管理公司一般事务，基金管理人只能作为外部当事人存在(按照现行《证券投资基金法》第12条第1款规定，基金管理人只能由公司或合伙企业担任，不可能成为公司型基金的董事、经理)。基金管理人是按照管理合同约定向公司型基金承担义务。如未能在合同中约定管理人负有严格的义务，则管理人所受约束反而更弱于信托型基金。而信托型基金架构之下，基金管理人是作为信托受托人对基金负有义务，受托人义务之强度、密度、成熟度，并不弱于合同法所定义务，且因有信托法立法和法理上的现成规范可用，较之个别约定，更有规模效益。

在其他方面，公司型基金的治理机制也并不优于信托型基金。其一，在控制权配置方面，基金份额持有人的表决权在信托型基金和公司型基金中并无本质差别。关于修改基金合同、更换基金管理人等重大事项的表决权，各国基金法通常不分信托与公司，一律规定基金份额持有人享有此类表决权。至于法定表决权之外是否有必要赋予基金持有人更多的表决权，则由基金合同或基金章程自定即可，在此方面，公司型基金并无特殊的优

[842] 《关于〈中华人民共和国证券投资基金法(修订草案)〉的说明》(2012年6月26日在第十一届全国人民代表大会常务委员会第二十七次会议上)，载《全国人民代表大会常务委员会公报》2013年第一号，第25页。该条规定后被修改，理由为：“有的常委委员、部门提出，采取公司或者合伙企业形式的证券投资基金进行证券投资活动，应当适用本法而不是参照适用。法律委员会经研究，建议将这一条修改为：公开或者非公开募集资金，以进行证券投资活动为目的设立的公司或者合伙企业，资产由基金管理人或者普通合伙人管理的，其证券投资活动适用本法。”《全国人民代表大会法律委员会关于〈中华人民共和国证券投资基金法(修订草案)〉修改情况的汇报》(2012年10月23日在第十一届全国人民代表大会常务委员会第二十九次会议上)，载《全国人民代表大会常务委员会公报》2013年第一号，第27页。

势。有论者所谓公司型基金中存在“股东民主”理念而契约型基金投资主体“虚化”问题，[843]并不准确。其二，在控制权行使方面，基金份额持有人人数众多、份额相对分散的情形，在信托型基金和公司型基金中均有存在，“理性的冷漠”和“搭便车”问题并不会因为采用公司组织形式而减弱。论者所谓“有必要采取公司型基金的组织结构以便于投资者行使监督权”之类的见解，[844]流于空谈。美国基金法上投资者表决权实效不彰，可为佐证。况且，“理性的冷漠”与“搭便车”问题本身并不必然是无效率的，尤其对于开放式基金而言，因有任意赎回权的存在，表决权或控制权在很大程度上是多余的。其三，是否设独立董事或独立受托人作为监督机构，并无普遍规律。美国1940年《投资团体法》规定管理型投资团体无论采用公司、信托还是其他组织形式，均须设独立董事或独立受托人，此乃投资基金法的特殊考虑，且此种模式效用可疑，已如前述。其四，外部监督人的设置，也和组织形式无关。法律上是否有必要规定证券投资基金应设会计监察人等外部监督者，不因基金组织形式而异。纵有会计监察人制度，亦不属于公司制的固有特征。有论者称“（日本）投资法人的制度安排更有利于发挥内外部监督机制（包括会计监察人）作用”之说，[845]亦可商榷。

而某些论者以及立法机关以上立法说明所认为的“现有的非公开募集基金主要以公司或有限合伙企业形式存在”一说，并不符合事实。统计数据显示，在证券投资基金领域，契约型基金无论在数量还是资产规模上均占据绝对优势（九成以上），而公司型基金和合伙型基金合计不足一成。从组织形式看，截至2015年年末，契约型私募证券投资基金的数量和资产规模分别为9277只和8668.05亿元，占比分别为92.6%和91.0%。公司型私募证券投资基金的数量和资产规模为46只和149.82亿元，占比分别为0.5%和1.6%。合伙型私募证券投资基金的数量和资产规模为697只和709.14亿元，占比分别为7.0%和7.4%。合作制私募证券投资基金的数量和资产规

[843] 楼晓：《我国公司型基金治理结构的构建之路——以美国共同基金治理结构为视角》，载《法学评论》2013年第6期，第91页。

[844] 赵颖、折喜芳：《证券投资基金制度若干法律问题思考——兼评〈证券投资基金法（草案）〉》，载《河北法学》2004年第6期，第156页。

[845] 杨东、孙洁：《投资法人制度的导入与投资者保护——以日本法为借鉴》，载《证券市场导报》2010年第11期，第23~24页。

模为3只和2.7亿元，占比均不足0.1%。[846]

四、商业信托与其他非公司企业

对于企业创立者而言，选择何种企业组织形式，根本上是一个成本收益分析问题。公司制的成本包括：第一，公司法的许多默认规则（default rule，任意规则）不适合于闭锁型企业（closely-held firms）；第二，法院更愿意对公司适用揭开面纱法则，因为公司受较多的法定形式管制，违反此类形式要求为揭开面纱的适用依据之一；第三，公司被视作国家的创造物而不是私人合同的创造物，[847]在此种学说的阴影下，公司法至今仍被许多强行规范所占据；第四，企业形式的选择会涉及许多不同的管制性制定法（包括证券法、反雇用歧视法、工人补偿法等），一般情况下，公司所受管制多于非公司企业。[848]公司制既有诸多成本，非公司企业自有用武之地。以企业法最为发达的美国为例，自1988年以来，非公司企业蓬勃发展，[849]非公司企业诉讼也大量增加，此类诉讼主要集中于普通合伙、有限合伙与有限责任企业领域，诉讼增加的原因之一是非公司企业数量的增长。[850]在企业法领头羊特拉华州，新增的非公司企业数量早已超过新增公司。[851]与之相应，非公司企业法的研究日趋兴盛。[852]

常见的非公司企业包括独资企业、合伙、合作社、有限责任企业、商业信托。独资企业投资者不享有任何程度的资产分隔与有限责任，投资者的

---

[846] 中国证券投资基金业协会编著:《中国证券投资基金业年报(2015)》，中国财政经济出版社2016年版，第63页。2014年的数据为：从组织形式看，截至2014年年末，契约型私募证券基金的数量和资产规模分别为3505只和4492亿元，占比分别为93.7%和94%；合伙型私募证券基金的数量和资产规模为212只和246.1亿元，占比分别为5.7%和5.2%；公司型私募证券基金的数量和资产规模为24只和40.3亿元，占比分别为0.6%和0.8%。参见中国证券投资基金业协会编著:《中国证券投资基金业年报(2014)》，中国财政经济出版社2015年版，第53页。需说明的是，2017年以后的该年报未再按照基金组织形式统计数量，故未见相应数据。

[847] Larry E. Ribstein, *The Constitutional Conception of the Corporation*, 4 Sup. Ct. Econ. Rev. 95(1995).

[848] Larry E. Ribstein, *The New Choice of Entity for Entrepreneurs*, 26 Cap. U. L. Rev. 325, 333(1997).

[849] Elizabeth S. Miller & Thomas E. Rutledge, *The Duty of Finest Loyalty and Reasonable Decisions: The Business Judgment Rule in Unincorporated Business Organizations*, 30 Del. J. Corp. L. 343, 354(2005).

[850] Ann E. Conaway, *Why No Respect? The Contractual Duties of Good Faith and Fair Dealing in Delaware* 1(Widener Law School Legal Studies Research Paper No. 08-05, June 17, 2007), http://papers.ssrn.com/sol3/papers.cfm?abstract_id=994624.

[851] Brent J. Horton, *The Going-Private Freeze-Out: A Unique Danger for Investors in Delaware Non-Corporate Business Associations*, 38 Del. J. Corp. L. 53, 94(2013).

[852] 非公司企业之过去、现在与将来，渐成现今重大课题。专题研究，参见Symposium, *LLCs, LLPs and the Evolving Corporate Form*, 66 U. Colo. L. Rev. 855(1995); Symposium, *The Future of the Unincorporated Firm*, 54 Wash. & Lee L. Rev. 389(1997)。理博斯坦教授对非公司企业的历史与理论有大量研究。参见本书注96所引文献。

自有财产与企业财产浑然一体，独资企业无法人资格、投资者对企业债务负无限责任，与商业信托的区别较为显著，无须详述。合作社虽可用于商事经营，但其主攻方向仍为农业、消费等特殊领域，寓有较强的社会性色彩，与其他商业组织的差别亦较显著，通常的商业组织法论著不将合作社与其他商业组织特作比较。[853]因此本部分仅以合伙、有限责任企业作为比较对象。

受益权的可自由转让性，为商业信托区别于普通信托、普通合伙、有限合伙、有限责任企业的重要特征之一。[854]是否存在易于转让的受益权，为认定商业信托的标志之一。[855]商业信托受益权不分管理权利或经济权利，受益权转让即为受益人权利的全部转让，除非商业信托文件另有订定。普通信托的受益权事实上缺乏流通性，且常受制于防止挥霍信托条款（限制转让）。普通合伙、有限合伙、有限责任企业等均可归类为合伙型企业，其权益一般划分为管理权益和经济权益，可自由转让的仅限于后者，其流通性亦较弱。流通性差异，系因合伙多为紧密型闭锁企业，强调人合性。商业信托则不以人合型企业为默认适用对象。

合伙传统上应用于闭锁型企业。原因在于普通合伙人对合伙债务应负无限连带责任，这制约了更多投资者的加入和企业规模的扩张。现代合伙法虽增设有限合伙、有限责任合伙、有限责任有限合伙等新的合伙类型，对无限连带责任多有修正，但仍然未改变合伙主要作为闭锁型企业形态而得到应用的事实。因此，现代合伙法均以人合性企业为“默认适用对象”，各种规则均着眼于保障或体现合伙的人合性。例如，合伙权益划分为管理权利与经济权利，合伙权益的转让仅是转让其中的经济权利；合伙权益被合伙人的债权人强制执行时，债权人仅能取得其中的经济权利；合伙人有退出权；合伙权益转让时，其他合伙人有优先购买权。之所以称为“默认适用对象”，是缘于合伙法的上述规定属于默认性规则，合伙协议可以排除或变更此类规定，从而削弱乃至消除合伙的人合性，设立资合性的合伙。例如，合伙协议可以约定合伙权益的全部转让无须其他合伙人同意。

有限责任企业虽为新兴企业形态，但与合伙颇有渊源，可谓合伙的变种。实践中的有限责任企业，大多数仍为闭锁型的人合性企业。[856]有限责任企业法亦以人合性企业为默认适用对象。

[853] 在商业组织体系下对合作社的重要研究，参见Henry Hansmann, *The Ownership of Enterprise*（1996）。

[854] 13 Am. Jur. 2d Business Trusts § 26（2007）.

[855] In re Medallion Realty Trust, 103 B. R. 8（D. Bankr. Mass. 1989）, aff’ d, 120 B. R. 245（D. Mass. 1990）; State St. Trust Co. v. Hall, 311 Mass. 299, 41 N. E. 2d. 30（1942）.

[856] Revised Uniform Limited Liability Company Act § 904 cmt.（2006）.

商业信托法的默认规范模式较适于公开型企业或资合型企业。例如，商业信托受益权转让时，受益人的全部权利一并转让，转让人不保留表决权、知情权或其他参与管理权；受益权被受益人的债权人申请强制执行时，债权人取得完整的受益权，而不仅仅取得获取收益的权利。

商业信托法以公开发行受益权凭证的商业信托（公开型商业信托）为原型，与商业信托实务相对应，亦为商业信托作为非公司企业法的重要贡献。公开发行受益权凭证的商业信托在经济现实中的地位，不亚于公开公司。例如，在证券投资信托中，尽管私募基金（闭锁型商业信托）为数众多，但共同基金（公开型商业信托）的作用更为显赫；不动产投资信托本为吸引公众投资者而设，更是以公开型商业信托为主；资产证券化信托以将流动性较弱的资产转化为可充分吸引投资者的流动性较强的证券，亦以公开型商业信托为常态。

同时，采用闭锁（私募）结构的资合型企业，亦因成员权流通性及企业存续稳定性之强化而有广泛的运用空间，如大型机构主导下的合成租赁、特殊目的实体融资等交易，相较于由少数商业伙伴合伙经营中小事业之形态，实有重要区别。合伙型企业虽为闭锁型企业而设，未必适合于此类交易，商业信托则堪当此任。商业信托法不妨碍闭锁型商业信托的运用。商业信托文件可自由改变或排除上述默认规则，例如约定商业信托受益权转让时受让人仅取得请求利润分配与剩余资产分配的权利，受益人转让受益权时其他受益人有优先购买权，从而将默认性的公开型商业信托“改装”为闭锁型商业信托，以适应具体交易之需。事实上，只要当事人有此需要和兴趣，完全可将商业信托设计为普通合伙、有限合伙、有限责任合伙、有限责任有限合伙、公司或其他任何企业组织形式。

（一）商业信托与合伙

1. 概说

广义的合伙，包括普通合伙、有限合伙、有限责任合伙、有限责任有限合伙等。狭义的合伙仅指普通合伙。有限合伙、有限责任合伙、有限责任有限合伙、有限责任企业、制定法商业信托，经登记方可适用相应的制定法。普通合伙则与普通法商业信托、普通信托相似，无须登记，不依赖于制定法，纯粹依当事人之间的合同即可成立，[857]因此不具有制定法产物之

[857] Zajac v. Harris, 410 SW2d 593, 594 (Ark. 1967); Schaefer v. Bork, 413 NW2d 873, 876 (Minn. Ct. App. 1987).

特点。[858]关于普通合伙的制定法原则上仅为任意性规范(如大陆法系民法典中的合伙合同规定),在普通法系,普通合伙的制定法(如美国各州所采用的《统一合伙法》)不过是普通法规范的法典化。[859]

为认定投资者对信托债务的责任,美国早期某些判例曾将商业信托视作合伙,而无视当事人使用的术语——采用信托、商业信托的称谓或形式,不影响法院对实质性问题的判定。但是,无论商业信托与普通信托、公司、合伙存在何种相似之处,通行见解认为商业信托应为一类独立的主体,商业信托不是合伙。[860]至于商业信托是类似于公司抑或更类似于合伙,取决于商业信托文件。商业信托文件可设计出具有高度人合性的闭锁型企业,亦可设计出受益权自由流通的上市企业。决定性因素是意思表示,而不是法律规定。商业信托的合同性质,决定受益人之间当然存在合同关系,这也正是合伙型企业的优势,而美国判例法上的某些见解认为公司股东之间不存在合同关系,除非股东明示地订立合同(如表决权协议)来调整彼此之间的权利义务关系。[861]

2. 普通合伙

普通合伙是两人以上为共同从事营利性经营活动而设立的组织。[862]普通合伙乃人类社会最为古老的商业组织形式之一。[863]各国的普通合伙

---

[858] 例如,根据我国《合伙企业法》,合伙企业须经登记后方可营业。但未经登记时合伙协议并非无效。我国台湾地区“民法”亦如此:商事合伙须经登记方可营业,但登记仅为行政管理事项,并非合伙成立要件。参见邱聪智:《新订债法各论》(下),中国人民大学出版社2006年版,第13页。英美法系亦同。例如,Revised Uniform Partnership Act(1997)。

[859] Brand v. Elledge, 419 P2d 531, 539(Ariz. 1966); Chien v. Chen, 759 SW2d 484, 491(Tex. Ct. App. 1988).

[860] 13 Am. Jur. 2d Business Trusts § 3(2007); William C. Dunn, *Trusts for Business Purposes* 230-50(1922).

[861] Cogniplex, Inc. v. Hubbard Ross, L. L. C., No. 00 C 7463, 00 C 7933, 2001 WL 436210(N. D. Ill. Apr. 27, 2001).

[862] 承认普通合伙为组织乃至法人已是大势所趋,尽管在某些法域,普通合伙尚被视作单纯的契约关系。

[863] 至少已存活千年以上的普通合伙,起源于欧洲中世纪商人法上的Societas,英国普通法第一时间承认Societas制度。J. Dennis Hynes, *Agency, Partnership, and the LLC* 213(2d ed. 2001). 历经普通法与衡平法长期互动之后,1890年《合伙法》的施行将英国合伙法带入制定法时代;美国合伙法经历了类似的变迁(1914年《统一合伙法》标志着普通法向制定法的转变)。Id. 英美合伙法之比较,参见Deborah A. DeMott, *Transatlantic Perspectives on Partnership Law: Risk and Instability*, 26 J. Corp. L. 879(2001)。《统一合伙法》或其修正版被美国除路易斯安那州以外的所有州采纳。Elizabeth S. Miller, *Linkage and Delinkage: A Funny Thing Happened to Limited Partnerships When The Revised Uniform Partnership Act Came Along*, 37 Suffolk U. L. Rev. 891, 893(2004)。《统一合伙法》于1992年、1993年、1994年分别修正,1996年修正时加入关于有限责任合伙的条款,1997年再次修正,是为《修订统一合伙法》。Elizabeth S. Miller & Thomas E. Rutledge, *The Duty of Finest Loyalty and Reasonable Decisions: The Business Judgment Rule in Unincorporated Business Organizations*, 30 Del. J. Corp. L. 343, 355 n. 42(2005).

无论细节有何差别，皆有若干共同特征：其一，合伙人有平等管理合伙事务的权利，合伙不实行集中化管理，除非合伙协议另有约定；其二，合伙有较强的人合性，新合伙人入伙须经全体合伙人一致同意、重大事项须经全体合伙人一致同意，除非合伙协议另有约定；其三，合伙人对合伙债务负无限连带责任；其四，合伙不缴纳合伙所得税，仅缴纳合伙人个人所得税（合伙人为企业的，缴纳企业所得税），除非法律另有规定；其五，合伙人可以任意退伙，除非合伙协议另有约定。[864]多数情况下，合伙权益缺乏一个便于流通的市场，因此合伙通常协议约定由同一企业的其他合伙人收购合伙权益的机制。[865]

商业信托与合伙曾有一段剪不断理还乱的历史。[866]通说认为，商业信托不是合伙，相应地，受益人不是合伙人。[867]受托人也不是合伙人，即使商业信托财产由数个受托人共同持有，受托人之间亦无合伙人关系。[868]早期某些判例将商业信托定性为合伙，相应地，受益人被视作合伙人，对信托债务负无限责任。[869]判定一个商业信托是真正的信托还是合伙，其依据有：商业信托文件的语句、[870]当事人分担亏损的意思[871]等。适用最为频繁的标准是所谓的“控制检验法”：根据商业信托文件条款，受托人是否以

[864] 退伙自由程度，各国法律不尽相同。我国《合伙企业法》规定，合伙协议约定合伙期限的，合伙人只有在合伙协议约定的退伙事由出现、全体合伙人一致同意、发生合伙人难以继续参加合伙的事由、其他合伙人严重违反合伙协议约定义务四种事由，始得退伙；合伙协议未约定合伙期限的，合伙人在不给合伙事务执行造成不利影响的情况下，可以退伙（第45条、第46条）。美国合伙法上，合伙人享有任意退伙权，如为不当退伙（退伙违反合伙协议、在合伙期限届满前退伙、被除名等），退伙仍属有效，但应负赔偿责任。Revised Uniform Partnership Act § 602（1997）. 退伙自由，是对合伙人负无限连带责任的一种补偿，同时也是保护合伙人免受其他合伙人欺压的一种机制，有其合理性。

[865] J. Dennis Hynes, *Agency, Partnership, and the LLC* 200（2d ed. 2001）.

[866] 早期文献对于商业信托与其他非公司企业形式的比较，参见Sydney R. Wrightington, *The Law of Unincorporated Associations and Similar Relations* 40-61（1916）。

[867] Crocker v. Malley, 249 U. S. 223, 39 S. Ct. 270, 63 L. Ed. 573, 1 U. S. Tax Cas.（CCH）¶124, 3 A. F. T. R.（P-H）¶2998, 2 A. L. R. 1601（1919）; Schumann-Heink v. Folsom, 328 Ill. 321, 159 N. E. 250, 58 A. L. R. 485（1927）; City Bank Farmers Trust Co. v. Graves, 272 N. Y. 1, 3 N. E. 2d 612, 108 A. L. R. 333（1936）; Rhode Island Hospital Trust Co. v. Copeland, 39 R. I. 193, 98 A. 273（1916）.

[868] Stewart v. Solomon, 316 Pa. 236, 175 A. 498（1934）.

[869] Willey v. W. J. Hoggson Corp. , 90 Fla. 343, 106 So. 408（1925）; Ing v. Liberty Nat. Bank, 216 Ky. 467, 287 S. W. 960（1926）; American Nat. Bank of Shreveport v. Reclamation Oil Producing Ass' n of Louisiana, 156 La. 652, 101 So. 10（1924）; Means v. Limpia Royalties, 115 S. W. 2d 468（Tex. Civ. App. Fort Worth 1938）, writ dismissed.

[870] Betts v. Hackathorn, 159 Ark. 621, 252 S. W. 602, 31 A. L. R. 847（1923）.

[871] Goldwater v. Oltman, 210 Cal. 408, 292 P. 624, 71 A. L. R. 871（1930）; Darling v. Buddy, 318 Mo. 784, 1 S. W. 2d 163, 58 A. L. R. 493（1927）.

本人（而非代理人）的身份行事、是否不受受益人控制，决定商业信托是真正的信托还是合伙、受益人对商业信托债务负有限责任还是无限责任。“控制检验法”因其诸多弊端，已被当代商业信托制定法明文废弃，受益人有限责任已回归本来面目。[872]商业信托与合伙的分别，更见分明。

今日的商业信托，与普通合伙基本结构有异：普通合伙至少须有两个合伙人，商业信托可以仅有一个受益人，甚至可以无受益人。除此之外，两者在以上各方面互有异同：其一，商业信托通常由受托人集中化管理，受益人不参与管理，除非信托文件另有订定；其二，商业信托人合性较弱，受益人进出自由，符合商业信托文件所定受益人条件即可成为受益人，无须受托人或其他受益人同意，且受益人有无对信托管理事务的表决权，几乎完全取决于商业信托文件是否授权；其三，受益人对商业信托债务负有限责任；其四，商业信托不缴纳实体层面的所得税，仅缴纳受益人所得税，除非法律另有规定，与合伙税收待遇基本相同；[873]其五，受益人的退出自由强于合伙，受益权可自由地完全转让，且商业信托可自由回购、赎回或以其他方式取得受益权，无所谓不当退出，除非商业信托文件另有订定。

依据特拉华州等州合伙法，普通合伙为一个区别于其合伙人的独立的法律实体，但合伙存在声明或合伙认证声明及合伙协议另有订定者除外。[874]除合伙存在声明或合伙认证声明及合伙协议另有订定外，合伙取得的财产是合伙的财产而不是合伙人个人的财产。[875]换言之，法律容许合伙人不选择合伙主体地位，此时，合伙财产不属于合伙，而由合伙人共有。此与商业信托、公司、有限合伙、有限责任企业皆不相同，后几类组织不容许当事人选择不成为独立实体。但《特拉华州商业信托法》2016年修正后，已采用与其合伙法类似的模式，容许商业信托文件与信托证书另行订定商业信托不是独立法律实体。[876]如果商业信托文件和信托证书有此订定，其商业信托虽非独立法律实体，但仍然具有信托财产独立性，而与合伙财产由合伙人共有并不相同。

---

[872] 详见本书第6章第1节。

[873] 在美国税法上，商业信托与合伙的税收地位仍有若干差别，例如，商业信托可选择“授予人信托”的税收待遇，合伙则无此待遇。

[874] Del. Code Ann. tit. 6，§ 15-201(a). 原文为：A partnership is a separate legal entity which is an entity distinct from its partners unless otherwise provided in a statement of partnership existence or a statement of qualification and in a partnership agreement。

[875] Del. Code Ann. tit. 6，§ 15-203.

[876] Del. Code Ann. tit. 12，§ 3806(g).

马萨诸塞州判例认为，普通合伙中，合伙人限于因个人资质而被选定的特定主体，新合伙人入伙须经其他合伙人同意，合伙人死亡可能导致合伙解散，但上述种种特征无一适用于商业信托。[877]另有判例指出，商业信托区别于合伙的主要特征之一，在于（信托财产的）法律上所有权由受托人持有，而衡平法权益由其他人（受益人）持有。[878]但此项区别的形式意义更甚于实质意义。因为尽管财产的名义持有人颇有区别，但无论商业信托还是合伙，均发生财产所有权与控制的分离。即使合伙财产是由全体合伙人共有，执行事务的合伙人亦有权控制与处分合伙财产，此点与商业信托受托人权限并无实质区别。

3. 商业信托与有限责任合伙

有限责任合伙为现代商业组织法的创新形态之一，起源于美国得克萨斯州，[879]其兴起不过是晚近30年左右之事，但发展极速，目前美国所有州皆已颁行有限责任合伙立法。[880]英国于世纪之交制定2000年《有限责任合伙法》及2000年《有限责任合伙条例》。[881]我国于2006年修订《合伙企业法》时，参考美国法律，采纳有限责任合伙制度，但不称此名，而名为“特殊的普通合伙企业”。当前实践中，有限责任合伙在律师事务所、会计师事务所等专业服务组织领域占据统治地位，[882]尽管有限责任合伙还有更广阔的应用领域。[883]

有限责任合伙本质仍属普通合伙，除责任限定、登记要件等方面有特别规定外，其余事项适用普通合伙法的一般规范。[884]英国《有限责任合伙

---

[877] Schumann-Heink v. Folsom, 328 Ill. 321, 159 N. E. 250, 58 A. L. R. 485(1927).

[878] Willey v. W. J. Hoggson Corp., 90 Fla. 343, 106 So. 408(1925); Ing v. Liberty Nat. Bank, 216 Ky. 467, 287 S. W. 960(1926).

[879] Michael Despres, *Alternative Entities and Fiduciary Duty Waivers in Delaware*, 2015 BYU L. Rev. 1347, 1350(2016).

[880] Revised Uniform Limited Liability Company Act, Prefatory Note(2006).

[881] 前者为一框架性法律，细节事项载于后者，大多数规定仅将1985年《公司法》、1986年《破产法》、1986年《董事失格法》中的某些实体条款纳入本条例。Geoffrey Morse, *Partnerships for the 21st Century? - Limited Liability Partnerships and Partnership Law Reform in the United Kingdom*, 2002 Sing. J. Legal Stud. 455(2002); Judith Freedman, *Limited Liability Partnership in the United Kingdom-Do They Have a Role for Small Firms?*, 26 J. Corp. L. 897(2001).

[882] Revised Uniform Limited Liability Company Act, Prefatory Note(2006).

[883] M. Shaun McGaughey, *Limited Liability Partnerships: Need Only Professionals Apply?*, 30 Creighton L. Rev. 105(1996).

[884] Revised Uniform Partnership Act(1997); 我国《合伙企业法》第55条第3款。关于有限责任合伙的详细描述，参见Larry E. Ribstein, *Possible Futures for Unincorporated Firms*, 64 U. Cin. L. Rev. 319(1996)。

法》则以公司法而非合伙法为基础，尽管某些事项适用普通合伙法。[885]

普通合伙成为有限责任合伙，手续简便。依美国法，成为有限责任合伙，须经普通合伙人表决授权，表决权数量要求等于修改合伙协议的表决权数要求；获得内部授权后，须向合伙登记机构提交一份“合格声明书”（其中须载明合伙名称、合伙人数量、注册办事处信息、该合伙选择成为有限责任合伙的陈述等内容），自合格声明书登记之时起，该合伙成为有限责任合伙。[886]有限责任合伙须在其名称中标明“有限责任合伙”字样。此要求旨在警示与合伙交易的第三人。

依美国多数州法及统一法，有限责任合伙发生的债务（无论是合同债务、侵权债务还是其他债务），仅为合伙的债务；合伙人不因单纯具有合伙人身份而对上述债务直接或间接承担责任。[887]该模式称为“完全防护”（full shield）模式。少数州采纳“部分防护”模式，此模式下，普通合伙人不对因其他合伙人侵权而发生的债务负责，但对其他债务仍需负无限连带责任。[888]完全防护模式下，有限责任合伙的合伙人的有限责任与商业信托受益人、公司股东、有限责任企业成员、有限合伙之有限合伙人相同。

4. 商业信托与有限合伙

有限合伙的始祖为中世纪欧洲的康孟达（commenda）。经由近代法国而传入英美。[889]在现代，有限合伙是风险投资、私募股权基金的主要组织形式，在此领域远胜于公司、商业信托和其他任何组织形式。20世纪60年代初期，第一个风险投资基金以有限合伙形式组建。[890]现今，美国的大多数风险

---

[885] Geoffrey Morse, *Limited Liability Partnerships and Partnership Law Reform in the United Kingdom*, in The Governance of Close Corporations and Partnerships: US and European Perspectives 317, 322（Joseph A. McCahery et al. eds 2004）. 有限责任合伙的外部关系，与公司同等对待，内部关系则由合伙人自决；但是，有限责任合伙的诸多事项类似于合伙，例如，导管税收待遇。Id. at 324-25.

[886] Revised Uniform Partnership Act § 1001（1997）; Del. Code Ann. tit. 6, § 15-1001.

[887] Revised Uniform Partnership Act § 103（1997）; Del. Code Ann. tit. 6, § 15-306（c）.

[888] J. Dennis Hynes, *Agency, Partnership, and the LLC* 210（2d ed. 2001）. 我国《合伙企业法》亦采用部分防护模式，但责任限定事由有所不同：合伙人故意或重大过失造成的合伙债务，其他合伙人不负无限连带责任（第57条）。

[889] Amalia D. Kessler, *Limited Liability in Context: Lessons from the French Origins of the American Limited Partnership*, 32 J. Legal Stud. 511（2003）.

[890] Martin Kenney & Richard Florida, *Venture Capital in Silicon Valley: Fueling New Firm Formation*, in Understanding Silicon Valley: The Anatomy of an Entrepreneurial Region 110（Martin Kenney ed., 2000）.

投资基金组建为有限合伙形式。[891]在我国，超过半数的风险投资基金（也称为创业投资基金）、近80%的私募股权投资基金采用有限合伙形式。[892]

在大陆法系，有限合伙往往在商法典或特别法中有所规定，例如，《德国商法典》第2编第2章“有限合伙”。我国《合伙企业法》2006年修订时增设有限合伙企业制度，我国台湾地区于2015年制定“有限合伙法”。在英美法系，相比于英国法，美国有限合伙法已后来居上。[893]有限合伙在美国法上的发展，始于1822年，其时，第一个有限合伙依据纽约州法成立。[894]19世纪早期的纽约州（最终成为美国模式范本）、康涅狄格州、宾夕法尼亚州等以欧陆法中康孟达制度为基础制定有限合伙法。[895]随后，各州纷纷制定有限合伙法，美国统一州法全国委员会亦于1916年制定《统一有限合伙法》，该法及其后续版本1976年《统一有限合伙法》几乎为所有州采纳。[896]2001年新的《统一有限合伙法》对有限合伙法再度予以现代化。2001年《统一有限合伙法》是彻底地、综合性地重新制定新法，而不仅仅是修改与补充先前版本的《统一有限合伙法》。[897]

有限合伙至少须有一个普通合伙人与一个有限合伙人。有限合伙的特性包括：其一，普通合伙人管理合伙事务，有限合伙人不参与合伙经营管理、不控制合伙营业；换言之，实行集中化管理制。其二，普通合伙人对合伙债务负无限责任（此与普通合伙中的普通合伙人相同），有限合伙人则负有限责任。其三，有限合伙仍有相当的人合性，新有限合伙人的入伙须经全体合

[891] Bernard S. Black & Ronald J. Gilson, *Venture Capital and the Structure of Capital Markets: Banks Versus Stock Markets*, 47 J. Fin. Econ. 243, 252 (1998); Duke K. Bristow & Lee R. Petillon, *Public Venture Capital Funds: New Relief from the Investment Company Act of 1940*, 18 Ann. Rev. Banking L. 393, 395 (1999).

[892] 截至2015年年末，合伙型创业投资基金的数量和资产规模为932只和1340.24亿元，占比分别为64.4%和56.6%；合伙型私募股权投资基金的数量和资产规模为5011只和14，383.35亿元，占比分别为77.4%和80%。参见中国证券投资基金业协会编著：《中国证券投资基金业年报（2015）》，中国财政经济出版社2016年版，第73、91页。

[893] 先前有论者指出，英国现行1907年《有限合伙法》已过于陈旧，亟须改革。Saleem Sheikh, *Limited Partnerships Act 1907: Time for Reform*, Comp. Law. 2002, 23 (6), 179-184.

[894] Lawrence M. Friedman, *A History of American Law* 199-200 (2d ed. 1985).

[895] Alan R. Bromberg & Larry E. Ribstein, *Bromberg & Ribstein on Partnership* § 11.02 (a) (2003).

[896] Revised Uniform Limited Partnership Act, Table of Jurisdictions Wherein Act Has Been Adopted, 6A U. L. A. 125-26 (2003). 有限合伙立法史，参见Elizabeth S. Miller & Thomas E. Rutledge, *The Duty of Finest Loyalty and Reasonable Decisions: The Business Judgment Rule in Unincorporated Business Organizations*, 30 Del. J. Corp. L. 343, 355 n. 45 (2005)。

[897] Elizabeth S. Miller & Thomas E. Rutledge, *The Duty of Finest Loyalty and Reasonable Decisions: The Business Judgment Rule in Unincorporated Business Organizations*, 30 Del. J. Corp. L. 343, 361 n. 65 (2005).

伙人同意,修改有限合伙协议、处置有限合伙全部资产等重大事项,须全体合伙人同意,除非有限合伙协议另有约定。其四,有限合伙不缴纳实体所得税。其五,有限合伙权益(有限合伙人享有的权益)的流通性往往强于普通合伙权益:尽管法律的默认规则是有限合伙权益不能完全自由转让,但实践中常有有限合伙协议特别约定有限合伙权益可自由转让,甚至将有限合伙权益凭证化,并在全国性证券市场上交易(类似于商业信托受益权)。[898]

商业信托与有限合伙在基本结构上颇有差别:有限合伙必有普通合伙人与有限合伙人两方,普通合伙人与有限合伙人不得为同一人,商业信托受托人与受益人可为同一人,甚至商业信托可以没有受益人或受托人;有限合伙中的普通合伙人与有限合伙人均为法学意义上的组织成员、经济学意义上的企业所有者,均享有合伙权益,商业信托受托人则是纯粹的管理者,不享有受益权(至于兼备受益人身份自当别论)。除此之外,两者各有异同:其一,两者均实行集中化管理;其二,商业信托受托人不对商业信托债务承担责任,显著轻于普通合伙人的无限责任,而受益人则与有限合伙人享有同样的有限责任保护;其三,商业信托的资合性强于有限合伙,新受益人的加入不以全体受益人同意为必要,除非另有约定;其四,两者税收待遇基本相同;其五,商业信托受益权的流通性强于有限合伙权益(受益人的退出自由强于有限合伙人),无须商业信托文件另行订定,受益权即可自由转让。

5. 商业信托与有限责任有限合伙

有限责任有限合伙为合伙家族中最年幼的新生儿,发源于美国,现已有越来越多的州采纳有限责任有限合伙立法。我国《合伙企业法》尚未承认此种企业形式。

成为有限责任有限合伙的程序,与有限责任合伙相似。首先须经有限合伙协议约定的方式获得授权(如协议未约定,则须由全体普通合伙人与持有半数以上权益的有限合伙人同意),然后在有限合伙登记机构登记一份合格声明书。[899]

有限责任有限合伙与一般有限合伙的主要区别为普通合伙人的责任。根据美国统一州法全国委员会制定的《统一有限合伙法》与《特拉华州修订统一有限合伙法》,有限责任有限合伙中,普通合伙人与有限合伙人,对

---

[898] J. Dennis Hynes, *Agency, Partnership, and the LLC* 213(2d ed. 2001); David Rosenberg, *Venture Capital Limited Partnerships: A Study in Freedom of Contract*, 2002 Colum. Bus. L. Rev. 363, 377(2002); Uniform Limited Partnership Act § § 301, 403(2001).

[899] Del. Code Ann. tit. 6, § 17-214(a). 统一法规定的手续更为简便,甚至不要求合伙人批准。Uniform Limited Partnership Act § 201(a)(4)(2001).

有限合伙的债务均不承担个人责任。[900]此与商业信托、公司、有限责任企业等已完全相同。

(二)商业信托与有限责任企业

1. 有限责任企业概观

有限责任企业是美国法的创造物，不同于大陆法系公司法上所称的有限责任公司。[901]20世纪90年代见证了有限责任企业这种全新型企业形态的兴起与高速发展。[902]怀俄明州、佛罗里达州于1988年首创有限责任企业制度，随着有限责任企业的急剧增长，各州竞相立法，在几乎完全未遭到各州立法机关反对的情况下，至1996年，美国五十个州与哥伦比亚特区、美属维尔京群岛全部完成有限责任企业立法。[903]有限责任企业制度影响及于美国之外，例如，日本2005年《公司法》增设"合同公司"制度，系受美国有限责任企业制度之启发。

美国各州的有限责任企业法各不相同，其差异化程度超过合伙法。某些州法采纳美国律师协会商法部下属的合伙与非公司型商业组织委员会起草的《典型有限责任企业法》，相对较少的州采纳美国统一州法全国

---

[900] Uniform Limited Partnership Act §§ 303, 404(c)(2001); Del. Code Ann. tit. 6, § 17-214(c). 特拉华州法中，普通合伙人对有限合伙人、清算受托人或其他普通合伙人提供的报告或责任信息之善意信赖保护上，一般有限合伙与有限责任有限合伙略有区别。Del. Code Ann. tit. 6, § 17-214(c).

[901] LLC是公司和合伙之间的一种组织形式，兼取公司和合伙之长，但又不同于公司与合伙。我国不少文献中译为"有限责任公司"，并不准确。英国法上，company一般指公司。但在美国制定法术语中，公司一般称corporation，company一词的范围则远远广于公司，泛指各类实体。例如，美国1940年Investment Company Act(本书译为《投资团体法》)为管制投资基金的联邦基本法，该法所称"company"是指公司(corporation)、合伙、合股企业(joint-stock company)、信托、基金及其他任何非自然人的实体。15 U. S. C. § 80a-2(a)(8). 将LLC译为有限责任公司，将混淆此种实体与公司之间的区别，且导致将此美国法上的独特概念混淆于大陆法系公司法上普遍存在的有限责任公司。考虑在中文词汇中难以找到准确对应的术语，并且LLC毕竟是商业组织的一种(商业组织大略相当于企业)，本书译为有限责任企业。当然，该译法仍有短处，就字面意思而言，公司既属企业之一种，其股东又负有限责任，或使人误解为有限责任企业系公司等有限责任型企业组织之上位概念。倘若另译为"有限责任组织"或"有限责任团体"，则未免失之更泛，无论商业组织还是非营利组织(例如，协会、学会等社团法人)，凡其成员负有限责任者，皆不免落入其字面意思之内。另有中文文献径采音译，将LLC译为"有限责任卡芬妮"(黄安强:《论美国协议型企业体制在我国之实现》，台湾"中央"大学产业经济研究所2007年硕士论文)，亦有不够直白之瑕。故本书从权采"有限责任企业"之译法。

[902] Robert R. Keatinge et al., *The Limited Liability Company: A Study of the Emerging Entity*, 47 Bus. Law. 375(1992); Larry E. Ribstein, *The Emergence of the Limited Liability Company*, 51 Bus. Law. 1(1995). 与有限责任企业在实际交易中的迅猛势头相映的是，美国现今关于有限责任企业的研究，极尽一时之盛，不仅在非公司企业法中独占鳌头，更是大有与公司法研究争锋之势。较全面的专题论文集，参见Symposium, *Limited Liability Companies*, 73 Wash. U. L. Q. 369(1995)。

[903] Charles W. Murdock, *Limited Liability Companies in the Decade of the 1990s: Legislative and Case Law Developments and Their Implications for the Future*, 56 Bus. Law. 499, 499(2001).

委员会起草的《统一有限责任企业法》。[904]特拉华州等州的有限责任企业法则自成一体。《统一有限责任企业法》旨在实现各州有限责任企业法的统一化。《典型有限责任企业法》意在提出并讨论有限责任企业法的重要问题，而不是为尚在发展中的有限责任企业提供一个权威性的法律架构，因为起草委员会认为，有限责任企业立法的多样性正是有限责任企业的重要特征之一，此种多样性应得到加强和鼓励，故而不适合制定统一法。[905]

有限责任企业的出资人称为“成员”，其组织文件称为“有限责任企业协议”或“运营协议”，成员享有的权益称为“有限责任企业权益”或“成员权益”（membership interest）。结合公司与合伙的优势，为有限责任企业的最大特色。有限责任企业兼具公司的有限责任优势与合伙的税收优势，同时，有限责任企业法赋予当事人极大自由，容许有限责任企业协议自由约定企业经营管理的全部事项，法律仅有极少量的强行规范。有限责任企业可采用具有公司特征的组织结构与股权结构，例如，可设置董事会，可将成员权益分为优先权益与普通权益。[906]1996年《统一有限责任企业法》序言称：“将所有其他商业组织的最佳特征集于一个单一的商业组织之中，是有限责任企业独一无二的能力。”[907]该说法并不准确，因为商业信托具有同样的能力。[908]但至少可在一定程度上展示有限责任企业的特色。

尽管如此，有限责任企业本意是为闭锁持股企业所设计，总体上仍可归类于合伙型企业。所有的有限责任企业法至少在一个方面采用公司法规则（成员负有限责任），但许多有限责任企业法在此之外，几乎未再借鉴公司法规定，而是采用合伙法：无论是基本路径还是特定规则，皆用合伙

[904] Elizabeth S. Miller & Thomas E. Rutledge, *The Duty of Finest Loyalty and Reasonable Decisions: The Business Judgment Rule in Unincorporated Business Organizations*, 30 Del. J. Corp. L. 343, 364（2005）.

[905] American Bar Association' s Prototype Limited Liability Company Act, General considerations underlying the Prototype Limited Liability Company Act（1992）.

[906] Elizabeth S. Miller & Thomas E. Rutledge, *The Duty of Finest Loyalty and Reasonable Decisions: The Business Judgment Rule in Unincorporated Business Organizations*, 30 Del. J. Corp. L. 343, 377（2005）.

[907] Uniform Limited Liability Company Act, Prefatory Note（1996）.

[908] 1996年《统一有限责任企业法》制定之时，《统一商业信托法》固然尚未提上统一州法全国委员会的议程，甚至连现代商业信托本身，方始引起信托法学界关注。参见John H. Langbein, *The Secret Life of the Trust: The Trust as an Instrument of Commerce*, 107 Yale L. J. 165（1997）。2004年统一州法全国委员会开始论证商业信托的迅猛发展及制定统一法的必要性，同年提出首个《统一商业信托法》草案。2006年《修订统一有限责任企业法》即未再沿用1996年法的上述说法。

法模式。[909]例如,有限责任企业的资本结构渊源于合伙法。[910]有限责任企业法中全新的规范为数极少。[911]近乎所有的规定不是来自公司法,便是来自合伙法,在不少情况下实质上是逐字逐句照搬公司法或合伙法规范。[912]

上述特色使有限责任企业广受闭锁持股企业欢迎。统计资料显示,在美国大部分州,有限责任企业的增长率已超过公司增长率,[913]有限责任企业已成为新设小企业的统治形态。[914]在特拉华州、得克萨斯州等公司大州,有限责任企业在绝对数量上亦已超越公司。[915]以特拉华州部分年度的商业组织登记数据为例,如表7所示。[916]

表7 特拉华州商业组织[917]

单位:个

组织形式	2005年	2006年	2007年	2008年	2014年	2016年
商业公司与专业公司	298,501	276,320	300,915	295,245	291,029	306,542
有限责任企业	333,565	391,820	466,146	504,061	729,042	831,745
有限合伙	58,345	62,911	68,404	70,786	82,678	90,872
商业信托	14,164	17,208	20,821	22,526	23,157	
有限责任合伙	271	360	376	383	511	511
普通合伙	595	666	760	884		

[909] Carter G. Bishop & Daniel S. Kleinberger, *Limited Liability Companies-Tax and Business Law* ¶ 5.02(2007).

[910] Id. ¶ 5.04.

[911] Id. ¶ 5.02.

[912] Id. 立法的此种状况,对司法有重要影响。对有限责任企业法的解释,必须参考其渊源。Id. 有限责任企业法的条文既然大部分来源于合伙法或公司法,此类条文的立法目的很可能就是合伙法或公司法相应条文的立法目的,因此,法院在解释有限责任企业法的相关条文时,应当参考其渊源法条的立法目的。Id. 典型判例为*Taurus Advisory Group, Inc.*案,法院类推适用合伙法规定以解决有限责任企业的问题。Taurus Advisory Group, Inc. v. Sector Management, Inc., 1996 WL 502187(Conn. Super.).

[913] Robert R. Keatinge & Ann E. Conaway, *Keatinge and Conaway on Choice of Business Entity* App. D-6(2007).

[914] Howard M. Friedman, *The Silent LLC Revolution-The Social Cost of Academic Neglect*, 38 Creighton L. Rev. 35(2004).

[915] Robert R. Keatinge & Ann E. Conaway, *Keatinge and Conaway on Choice of Business Entity* App. D-6(2007).

[916] 另一项数据表明,2001年新设的特拉华州有限责任企业数量为43,000个,而2007年达到112,000个;同期新设公司数量则处于下降状态。Myron T. Steele, *Freedom Contract and Default Contractual Duties in Delaware Limited Partnerships and Limited Liability Companies*, 46 Am. Bus. L. J. 221, 222(2009).

[917] 资料来源:International Association of Commercial Administrators, *Annual Report of the Jurisdictions*(2006, 2008, 2014, 2016), https://www.iaca.org。本表空格处,该协会数据暂缺。该协会按年度公布美国各州的商业组织登记数量。普通合伙并非因登记而成立,故登记数不能反映出实际的普通合伙的数量。

有限合伙至少须有一个普通合伙人，有限责任企业全员负有限责任，此为选择有限责任企业的原因之一。[918]有限合伙原则上不容许有限合伙人控制合伙经营，有限责任企业正好相反，由成员自行管理，为默认规则。[919]除此之外，有限责任企业与有限合伙极为相似。事实上，作为第一部有限责任企业法的怀俄明法，即以有限合伙法为基础。[920]有限责任企业法与有限合伙法的重要区别之一在于前者并无控制规则，而是默认地规定由成员直接管理企业，同时可另行选择由经理管理企业。[921]尽管有限责任企业与有限责任合伙亦颇为相似，但由于管理结构、解散等方面的差别，两者仍将各自存在，并在不同的领域中发挥作用。[922]

2. 与商业信托的比较

各种商业组织中，有限责任企业与商业信托最为相似：投资者皆负有限责任，从而有别于普通合伙；皆可只有一个投资者，从而有别于有限合伙；在内部运营与治理方面皆有极大灵活性，远胜于公司。然而，有限责任企业的灵活性比商业信托仍逊色一筹。其中原因，部分缘于有限责任企业是为闭锁型企业所设计，立法中有相当一部分适应于闭锁型企业治理结构的强行规范，例如，关于企业解散事由的规定。

有限责任企业的基本特征包括：其一，企业管理模式分为两类：成员管理型与经理管理型。成员管理型有限责任企业的管理权由全体成员共享，类似于普通合伙；经理管理型有限责任企业实行经理集中化管理，成员不参与管理，类似于有限合伙与公司。[923]不过，特拉华州有限责任企业有一个不寻常的方面，无论企业内部结构如何，成员与经理均被推定为具有表面代理权（apparent agency authority），除非有限责任企业协议另有约定，基于此项代理权，经理管理型有限责任企业的成员仍可能负有代理人

---

[918] Susan Pace Hamill, *The Limited Liability Company: A Possible Choice for Doing Business?*, 41 Fla. L. Rev. 721, 771(1989).

[919] Larry E. Ribstein, *Fiduciary Duties and Limited Partnership Agreements*, 37 Suffolk L. Rev. 927, 932(2004).

[920] William J. Carney, *Limited Liability Companies: Origins and Antecedents*, 66 U. Colo. L. Rev. 855 (1995).

[921] Larry E. Ribstein & Robert Keatinge, *Ribstein & Keatinge on Limited Liability Companies*, app. 8-1 (2004).

[922] Larry E. Ribstein, *Possible Futures for Unincorporated Firms*, 64 U. Cin. L. Rev. 319(1996).

[923] Ann E. Conaway, *The Multi-Facets of Good Faith in Delaware: A Mistake in the Duty of Good Faith and Fair Dealing; A Different Partnership Duty of Care; Agency Good Faith and Damages; Good Faith and Trust Law*, 10 Del. L. Rev. 89, 113(2008).

的义务与责任。[924]商业信托与此不同：除另有授权外，受益人不享有代理权；除另有约定外，受益人不负有信义义务。其二，成员对企业债务负有限责任，此与商业信托受益人相同。其三，有限责任企业新成员的加入，须经全体成员同意，除非有限责任企业协议另有约定或存在合并、改组等其他法定情形，[925]此与合伙法一致。其四，企业重大事项须经成员一致同意，除非协议另有约定。其五，企业仅缴纳成员个人所得税，不必缴纳实体所得税。其六，有限责任企业权益（成员权）的流通性近似于合伙权益：成员权利可以自由转让，但成员权利转让仅转移经济权利，管理权利不转移。

有限责任企业的上述特征，使其呈现出较强的人合性，实践中，有限责任企业大多数为闭锁型企业，即使是管理权最集中化的经理管理型有限责任企业，也基本上是闭锁型企业，其成员积极参与管理，仅将事务管理性权限授予经理。[926]有限责任企业立法尽管绝大部分皆由任意规范构成，但任意规范多是针对闭锁型企业（特别是非正式的中小企业）而定。[927]此与商业信托亦有所不同。

商业信托与有限责任企业在基本结构上的差别为，商业信托可以无受益人，有限责任企业一般至少须有一个成员。[928]在上述第一方面的差异是，商业信托原则上实行集中化管理，不区分法定管理模式；在上述第三至第六方面的差异，类同于商业信托与合伙的差异，前已述及。此外，有

---

［924］ Ann E. Conaway, *The Multi-Facets of Good Faith in Delaware: A Mistake in the Duty of Good Faith and Fair Dealing; A Different Partnership Duty of Care; Agency Good Faith and Damages; Good Faith and Trust Law*, 10 Del. L. Rev. 89, 113-14 (2008).

［925］ Revised Uniform Limited Liability Company Act § 401 (2006).

［926］ Larry E. Ribstein, *An Analysis of the Revised Uniform Limited Liability Company Act*, 3 Va. L. & Bus. Rev. 35, 77 (2008).

［927］ 这正是《典型有限责任企业法》的立法思想之一：任意规范应当为了那些最有可能依赖制定法规定（而不是依赖于自己拟定的协议）的人设计。有限责任企业法的规范应当为了非正式的、小型的企业而设计，因为对于此类企业而言，起草完整的协议文本具有更大的成本，而那些大型的、复杂的企业，通常更依赖于自己起草的文本。例如，默认规则应当是，有限责任企业成员的表决权与经济权利应当按照人头配置（一人一票，而不是按出资比例配置），因为在闭锁型的、小型的企业中，成员的出资大致相当（无论出资形式是现金、实物还是劳务），而且企业可能缺乏正式的记录，以准确表明按照各成员出资额而定的权益份额。而对于大多数大型的、精通商务的企业而言，将优先选择以出资为基础的权益配置规则，对此完全可在协议中另行约定。American Bar Association's Prototype Limited Liability Company Act, General considerations underlying the Prototype Limited Liability Company Act (1992).

［928］ 早期有限责任企业法大多要求至少有两个成员，其后各州逐渐放松限制，当今大多数州都容许设立只有一个成员的有限责任企业（一人有限责任企业），弗吉尼亚州甚至规定设立时可以没有成员。将来法律发展过程中不排除彻底取消成员要件的可能性。

限责任企业因任一成员退出而解散，除非一定数量的其他成员同意企业不解散。[929]商业信托法未规定受益人的“退出”，当然更未规定受益人退出具有导致商业信托解散之效力。由此亦表明，商业信托以资合性企业为原型，特定受益人的存在与退出，对商业信托均无影响。当然，若某商业信托确有此需要，自可约定特定受益人退出为商业信托解散事由，从而将该商业信托设计为人合性企业。

有限责任企业法的发展与税法密切相关。有限责任企业通常是税法优惠之产物，有限责任企业地位的确立或改变，往往是税法变化的结果。[930]随着1997年“勾选”税收归类条例的施行，各州纷纷修订有限责任企业法。修订重点包括：排除了有限责任企业至少须有两个成员的要件，容许设立一人有限责任企业；容许一人有限责任企业订立运营协议；容许有限责任企业永久存续；加大成员退出的难度（主要通过两种方式：或是排除成员退出的权力，或是规定提前退出的成员应承担损害赔偿责任）；改变成员退出与企业解散之间的关系（主要通过两种方式：或是规定成员退出不导致企业解散，[931]或是放宽为避免成员退出导致企业解散所需的同意要件）。[932]

上述修订使有限责任企业的闭锁型企业特征有所减弱，但有限责任企业的既有属性并无实质改变。关于成员权益可自由转让性等集中体现闭锁型企业属性的规定，尚无改动。

---

[929] Carter G. Bishop & Daniel S. Kleinberger, *Limited Liability Companies-Tax and Business Law* ¶ 5.02(2007).

[930] 例如，有限责任企业在阿肯色州最初得到确认，是由该州的《小商业实体导管税收法》实现的。Small Business Entity Tax Pass Through Act. 1993 Ark. Acts 1003[codified at Ark. Code Ann. § § 4-32-101 to-1401(Repl. 1999)].

[931] 此为默认规则。运营协议可以改变该规定。

[932] Carter G. Bishop & Daniel S. Kleinberger, *Limited Liability Companies-Tax and Business Law* ¶ 5.02(2007).

第三章　商业信托法概述

第一节　商业信托法的体系

一、商业信托组织法与商业信托监管法

依规范内容之异，商业信托法可分为两大体系：商业信托组织法（organizational law）与商业信托监管法（regulatory law）。

其一，商业信托组织法。规定商业信托的组织事项，包括商业信托的设立、存续、当事人之间的权利义务、商业信托合并、改组、解散与终止等内容。如同普通信托法以及公司法、合伙法等其他商业组织法一般，商业信托组织法以非强行规范为主，属于私法。

其二，商业信托监管法。商业信托监管法主要针对公开募集型证券投资信托。证券投资基金全部或实质上全部资产由金钱与证券构成，特别容易遭到管理者滥用、挪用或盗用，公募型证券投资基金更广泛地涉及不特定的公众投资者，影响公众利益，因此各国多加以特别管制。对于公募证券投资基金的设立、运营及内部治理事项，外部监管介入程度较深，强行法色彩浓厚。相关法律以管制性规则（regulatory rule）为主，以强行法为主要手段，贯穿事前、事中、事后全程。事前监管以注册、批准等作为此类基金营业的前置程序，[933]事中、事后监管不仅配以合同无效的私法制裁，[934]而且设有行政处罚、刑罚等公法制裁，迥异于商业信托组织法。国家制定法对此类基金内部事项的强行管制，既有投资者保护与公共利益维护之考虑，亦有便利监管之动机，因对基金内部管理事项设置划一要求，便于监管机构收集分析信息。另外，如果管制不当或过度，固有妨碍交易自治及金融创新之虞，因此监管制度的拟订、监管权的设置与运用，

---

[933] 例如，1940年《投资团体法》规定，非经依法注册，投资团体不得从事买卖、赎回证券等营业。15 U. S. C. § 80a-7.

[934] 例如，1940年《投资团体法》规定，约束某人使之不遵守本法任何条文的条件、约款或条款无效；违反本法的合同，任何一方当事人可主张不可执行（unenforceable），但法院认为依情事执行该合同比不执行该合同结果更公平且执行合同不抵触本法目的的，不在此限。15 U. S. C. § 80a-46（a），（b）（1）. 1940年《投资顾问法》有类似规定。15 U. S. C. § 80b-15.

自应慎之又慎，并应适时检讨，以作调整。

证券投资基金组织形式并不限于商业信托，公司、有限合伙等其他商业组织亦可成为投资基金的组织形式，但公司、合伙等组织的法律构造事实上难以适应证券投资基金的特点与需求，商业信托遂成为各国证券投资基金的主流形态，证券投资基金监管法近乎商业信托监管法。

证券投资基金的特殊监管，有其特定的历史背景。1920年，美国出现第一家投资基金，即“海外证券公司”，其后数年之间，投资基金大量涌现（多以马萨诸塞州商业信托形式组建），至1929年已有677家投资基金，这一时期以封闭式基金为主，开放式基金仅有19家。[935]始于1929年的证券市场大危机与经济萧条中，投资基金业亦遭受沉重打击，在美国制定1933年《证券法》、1934年《证券交易法》等证券监管法并实施严格监管后，投资基金市场又重现生机，但与此同时，投资基金业中的滥用行为问题亦日益突出。美国国会银行与货币委员会的报告述称：“投资基金的问题根植于投资基金资产的特殊性。投资基金的资产由现金与证券构成，此类资产具有完全的流动性与充分的流通性，基于这一特征，此类资产的控制者特别容易侵夺或挪用基金资产、被用于管理者的私人利益而不是服务于基金份额持有人的利益；显然，缺乏监管性立法，那些品行不端的基金控制者将会继续着迷于从控制流动资产中谋取私利，而往昔的市场缺陷将一再重现。”[936]由此，美国国会于1940年制定《投资团体法》与《投资顾问法》，对投资基金进行特别监管。立法理由在于：《证券法》与《证券交易法》虽有助于纠正投资基金业中的某些滥用行为与行业缺陷，但是，此类法律仅监管一般的证券发行与交易行为，不足以纠正投资基金业中的其他不当行为；而且，投资基金的大量特殊问题，并未受到上述法律的充分关注。[937]《投资团体法》甚至开宗明义，于第1条列出五项调查结果、八项问题点（五项调查结果阐述了投资团体的特点以及联邦立法规制的必要性，八项问题点包括不实信息、利益偏离、不利条款、不当控制、不实账目、擅自重组、不当投机、资产不足），随即宣告本法的政策和目的是减少并尽力消除本条所列举的对全国性公共利益和投资者利益造成不利影响

[935] Sheldon A. Jones, Laura M. Moret, & James M. Storey, *The Massachusetts Business Trust and Registered Investment Companies*, 13 Del. J. Corp. L. 421, 446（1988）.

[936] Report of the Committee on Banking and Currency, Cong. Record（Aug. 8, 1940）, reprinted in 4 Federal Securities Laws Legislative History-1933-1982, at 3905（1983）.

[937] Id., at 3907-08. 值得提及的是，1940年《投资团体法》的立法报告并不表明大多数投资基金存在不当管理或缺陷，事实上，投资基金业的代表积极支持并参与该法的制定。Id. at 3907.

的状况，本法的解释须以此为据。[938]美国立法对公开募集型证券投资基金的特别监管，对世界各国产生广泛影响。欧洲各国对集合投资计划的监管、东亚各国对证券投资信托的特殊监管，在不同程度上参考借鉴了美国法制。

二、商业信托基本法与商业信托特别法

按照适用对象的不同，商业信托法可分为商业信托基本法（general law）与商业信托特别法（special law）。

其一，商业信托基本法，是适用于任何种类商业信托的商业信托法。商业信托基本法原则上不为特定类型的商业信托设置特别规范，而是以一套统一的规范适用于所有商业信托。目前仅有美国、新加坡等少数国家有商业信托基本法。如《特拉华州商业信托法》《统一商业信托法》。

商业信托基本法的优点是能够以较低的立法成本适应新兴商业信托的需要，满足前瞻性立法的要求。这必然要求商业信托法具有足够的灵活性，充分尊重当事人的自主约定，以免疲于应付新出现的商业信托类型。

其二，商业信托特别法，即仅适用于某一类特定商业信托的法律。如美国《马里兰州不动产投资信托法》，我国《证券投资基金法》。商业信托特别法为当世多数法域的立法模式。

单纯采取商业信托特别法模式，即“一事一法”模式，必然附随严重的立法滞后问题，难以为商业信托类型的创新提供充分的法律支持。

商业信托特别法与商业信托基本法之间并非绝对排斥的关系。即使在商业信托基本法高度发达的美国，依然存在商业信托特别法。不过，基本法的存在，已大幅度削弱了商业信托特别法的必要性与存在意义。因此，基本法与特别法并行的州，仅有个别之例。至于联邦法层面，专门监管证券投资基金的法律1940年《投资团体法》并非专用于商业信托，但其中适用于商业信托的规定，亦可归入商业信托特别法的范畴（法源层级差异暂且不论）。与之不同的是，美国联邦《不动产投资信托法》只是一部专门规范税收事项的法律。美国联邦层面关于不动产投资信托的制定法仅有税法，并无一般的实体法，而仍由各州法自行规范。依照1940年《投资团体法》第3条第c款第5项规定，本法不适用于投资于不动产或不动产抵押贷款的投资团体。不动产投资信托在管理结构、目标等方面与证券投资基金存在一定的相似性，故有美国证券与交易委员会职员曾撰文主

[938] 15 U. S. C. § 80a-1.

张，应当对不动产投资信托创设一个类似于1940年《投资团体法》的监管法制架构，[939]但迄今未成现实。

美国各州商业信托基本法几乎等同于商业信托组织法，不含监管性规范。正因各州商业信托基本法足够灵活、充分尊重合同自由，立法机关不必为新的交易形式制定综合性的法律。一个典型的例证是，英美法系国家一般不存在关于资产证券化的综合性立法，因为信托法、合同法等已足够灵活，能够支持新型交易的开展。即便少数法域偶有资产证券化专项立法，内容也极为简短，主要是为了澄清某一具体问题中的争议。例如特拉华州《资产支持证券促进法》(Asset-Backed Securities Facilitation Act)，全文仅三条：第1条本法简称，第2条立法目的，第3条澄清证券化交易中的破产隔离问题。[940]反观大陆法系不少国家或地区，为促进资产证券化交易而需制定综合性的立法，其组织法和交易法不够灵活，实为一大主因。

三、商业信托法体系与商业信托类型

（一）商业信托分类的体系意义

商业信托法体系划分，与商业信托类型有内在关联。依经济用途或经济功能的差异，现有实践中的商业信托可划分为不同类型，大致包括证券投资信托、资产证券化信托、不动产投资信托等，已如前述。对商业信托作经济分类，主旨在于便利经济操作与观念认知，对商业信托的法律效果及法律适用无实质性影响。各种商业信托可适用统一的法律规范。一部商业信托基本法，足可解决各种商业信托的组织法问题。例如，已制定商业信托法的美国各州，即不再另行制定有关不动产投资信托、证券投资信托、资产证券化信托的特别法，个别例外仅存在于商业信托税法与公募型证券投资信托监管法之中：其一，对某种商业信托给予特别的税收待遇。如美国《国内税收法典》鉴于不动产投资信托的导管性质，给予其特有的税收优惠。[941]其二，公募型证券投资信托的特别管制。

[939] William L. Martin, Ⅱ, *Federal Regulation of Real Estate Investment Trusts: A Legislative Proposal*, 127 U. Pa. L. Rev. 316 (1978).

[940] Del. Code Ann. tit. 6, § § 2701A-2703A.

[941] Internal Revenue Code, 26 U. S. C. § § 856 et seq. 1960年最初通过时的美国《不动产投资信托法》，主要适用于商业信托形式的不动产投资信托，但现今修订后的《不动产投资信托法》所称不动产投资信托的组织形式，不以商业信托为限。因此，严格而言，该法并非商业信托特别法。

其中尤为重要者，为一般商业信托与公募型证券投资信托的区分。公募型证券投资信托，是指向不特定人募集并发行受益权凭证并以投资于金钱或证券为业的商业信托。公募型证券投资信托以外的商业信托，为一般商业信托。公募型证券投资信托与其他组织形式的公募证券投资基金多受特别法规范，法律强行管制色彩浓厚，且外部监管介入程度较深，原因在于此类信托广泛涉及不特定的公众投资者，且证券资产特别易遭滥用。[942]相比之下，一般商业信托通常无涉公益，强行法管制不具正当性，绝大多数事项由当事人自决。

一般商业信托与公募型证券投资信托的区分，不仅具有实证意义，亦有规范意义。就实证角度而论，一般商业信托适用商业信托基本法，承继普通信托法之精神，以自治法为基调；公募型证券投资信托还额外适用商业信托管制法，强行规范充斥其间。一般商业信托，得以远离强行法严格管制，而安享自治法之利。就规范意义而论，一般商业信托法应坚持自治原则，管制法应严格限定于确为保护公众利益所必须且管制手段优于市场机制的范围之内。非经正当法律明文授权，公权力机关不得将管制之手伸入一般商业信托。

（二）商业信托不适用普通信托的分类：切断与遗嘱法、赠与法的链接

在英美法上，普通信托依其成立原因之不同，可分为明示信托（express trust）与默示信托（implied trust，包括归复信托[943]与推定信托[944]）。明示信托依其设立方式，又分为合同信托、遗嘱信托、生前赠与

[942] 基于这一政策考虑，此类特别管制不只专门针对证券投资信托，还应及于以证券投资为主业的其他公开型企业组织形式，如公司、合伙等。美国1940年《投资团体法》正是基于功能主义监管思路，将各种组织形态的证券投资团体统一纳入联邦法的管制之下。

[943] 有时亦称为“结果信托”（resultant trusts）或“假定信托”（presumptive trusts）。Shoemaker v. Smith, 1850, 11 Humph.（30 Tenn.）81.

[944] Amy M. Hess, George Gleason Bogert, & George Taylor Bogert, *The Law of Trusts and Trustees* § 451（3d ed. 2005）. 对于默示信托、归复信托（resulting trust）与推定信托（constructive trust）的关系，学说尚有分歧。有学者认为默示信托只包括归复信托。P. V. Baker & P. J. Langan, *Snell's Principles of Equity* 102（28th ed. 1990）. 也有学者认为默示信托与归复信托实指同一类信托。*Equity and Trusts* 80（Andrew J. Cutler ed. 18th ed. 1996）. 另有学者将默示信托与归复信托作为同义概念，而与另三种信托（制定法信托、明示信托、推定信托）并列。A. J. Oakley, *Parker and Mellows: The Modern Law of Trusts* 39-41（9th ed. 2008）. 更有学者认为，默示信托概念使用混乱、含义多端，系具有误导性的概念。David Hayton, Paul Matthews, & Charles Mitchell, *Underhill and Hayton Law Relating to Trusts and Trustees* 86（18th ed. 2010）. 关于明示信托、归复信托与推定信托之间区别的一般讨论，参见 George P. Costigan, Jr. , *The Classification of Trusts as Express, Resulting and Constructive*, 27 Harv. L. Rev. 437（1914）。判例法的解释，参见Wadlington v. Edwards, 92 So. 2d 629, 631（Fla. 1957）。中文文献，参见［英］查尔斯·米契尔主编：《推定信托与归复信托》，张淞纶译，法律出版社2018年版。

信托与宣言信托。[945]基于普通信托的此项分类，普通信托法体系事实上由两部分构成：一为通常意义上的信托法，如《信托法重述》《统一信托法典》所载的信托法；二为遗嘱法、赠与法中的若干规范，其中主要是关于遗嘱、赠与等无偿法律行为的解释规则、法律行为撤销等。《信托法重述》《统一信托法典》之类的渊源中并未阐明此类规则，而留由赠与法与遗嘱法处理。《财产法重述》关于无偿转让的部分中载有此类规则。基于无偿移转行为所设立的普通信托，亦适用此类规则。普通信托法与赠与法、遗嘱法的此种"链接"关系，在大陆法系立法例中亦有体现。例如《埃塞俄比亚民法典》第517条规定："信托可依生前赠与或遗嘱方式设立。与设立信托有关的形式与内容，可依照关于生前赠与或遗嘱的规则。"

上述分类对商业信托缺乏意义。商业信托几乎无一例外地通过合同或信托宣言（本质仍为商业信托合同）形式设立，性质上属于明示信托中的合同信托，[946]而不存在默示信托这一类别；亦无所谓遗嘱信托、生前赠与信托之别。商业信托法律与实践中尽管时常使用信托宣言一词命名商业信托文件，但与普通信托法上的宣言信托颇有区别（详见本书第8章第2节第3目第2部分"商业信托文件的称谓"）。因此，遗嘱法、赠与法等无偿移转财产之法制，不适用于商业信托。尽管某些商业信托制定法规定"本法未规定事项适用普通信托法"，但此种规定，不应解释为商业信托适用普通信托法中关于遗嘱、赠与之规范。

大陆法系中，法国法系近于英美法系模式，赠与属于和遗嘱同一体系下的制度，而区别于合同。在德国法系，赠与系合同之一种，而被安置于合同法或债法之中，但赠与合同的约束力弱于有偿合同，在规则实质上并非迥异于英美法系和法国法系。我国民法在此问题上接近德国法，赠与虽属合同，但赠与人有任意撤销权（有名合同中仅此一例）和针对忘恩负义行为的法定撤销权，彰显出赠与和一般合同的实质性差异。商业信托文件以合同为主要形态，当然适用合同法的一般规定，而此所谓合同法，原则上不包括赠与合同规范在内。而普通信托中的遗嘱信托可适用继承法规范，此与商业信托更是风马牛不相及。

---

[945] Restatement (Second) of Trusts § 17(a)(1959).

[946] 美国联邦最高法院判定商业信托属于明示信托。Navarro Sav. Ass'n v. Lee, 446 U. S. 458 (1980).

第二节 比较法纵览

一、美国商业信托法

(一)州法和联邦法

1. 概观

美国商业信托法可分为州法与联邦法两大层面。信托法及商业组织法均属于州法范畴,但基于联邦法对某些跨州事项的干预,商业信托法亦有少量联邦法规范。商业信托基本法皆为州法,州法主要是商业信托组织法。现今大多数州均已制定商业信托法,仅有少数州尚无单行的商业信托法。[947]州商业信托法以非强行规范为主,规定商业信托的设立、存续及当事人的权利义务等事项,仅有商业信托登记程序与涉及第三人保护等少数规定为强行规定。联邦法以强行法为主。

按立法时期及立法内容,美国各州商业信托立法可分为四代:第一代为早期信托立法,以马萨诸塞州与佛罗里达州的商业信托立法为代表;第二代为20世纪60年代制定的一批商业信托法,以《明尼苏达州商业信托法》为代表;第三代为20世纪80年代之后、《特拉华州商业信托法》制定之前的商业信托立法;第四代为1988年制定的《特拉华州商业信托法》以及此后其他州以特拉华州法为蓝本制定的商业信托法。[948]

就立法模式而言,各州法可分两类。第一类为商业信托基本法。此类模式中的商业信托法涵盖任何种类的商业信托,不对特定的商业信托另作规定。除马里兰州外,[949]第四代商业信托法均采此模式。第二类是商业信托特别法。特别法几乎皆为不动产投资信托法,除个别例外,几无其他关于特定商业信托的单行法(诸如证券投资信托法、资产证券化特殊目的信托法等)。这一独特现象可归结于历史原因。1960年,美国国会制定《不动产投资信托法》,其主要内容是赋予不动产投资信托特殊的税收待遇及其条件,未涉及不动产投资信托的实体法内容。各州遂应时而动,纷纷制定不动产投资信托法,明文认可不动产投资信托的实体法地位。

---

[947] 其中某些州虽未制定单行法,但在其他制定法中规定商业信托的定义等,间接认可商业信托的有效性。

[948] Robert H. Sitkoff, *Trust as "Uncorporation": A Research Agenda*, 2005 U. Ill. L. Rev. 31, 36.

[949] 马里兰州在《商业信托法》外,另有《不动产投资信托法》。两法并行主要缘于历史原因,《不动产投资信托法》制定在先,《商业信托法》制定在后(该法以《特拉华州商业信托法》为蓝本)。

至于不动产投资信托的设立、存续、终止、受托人与受益人的权利义务关系等，自然适用商业信托法的一般规范，无特别立法之必要。立法目的既然简单，立法内容即多限于此：此类立法通常篇幅较短，甚至仅有一至两个条文。

就体例位置而言，美国各州均有制定法汇编，名为"某州法典"或"某州制定法"等，按银行、商业组织、商法、财产、家庭、刑法、税法等法律部门加以分类编排。除了特拉华州等少数州以外，多数州将商业信托法编排于商业组织法而非信托或财产法之中，彰显了商业信托的商业组织性质。

2. 马萨诸塞州的商业信托法

马萨诸塞州为老牌的商业信托州，早在1909年即已制定商业信托基本法，为美国最早颁行商业信托制定法的州，甚至也是全球最早颁行商业信托制定法的法域。

马萨诸塞州的商业信托制定法，编入马萨诸塞州法典"公司"一编第182章。该法未直接使用"商业信托"一语，而径称为信托，但其含义实为商业信托。该法第1条将商业信托定义为：依据一份书面信托文件或信托宣言而运营、其受益权分割为可转让的参与凭证或份额凭证的信托；不包括纯粹为了行使公司股份或其他证券中的表决权之目的而设立的信托。[950]不同于作为制定法创造物的公司，[951]马萨诸塞州商业信托纯由契约创设，其设立不必遵循制定法所定的登记等程序，换言之，将信托文件提交州机关登记并非商业信托成立要件。[952]未经登记亦不剥夺信托文件授予商业信托受托人的权限。[953]甚至，纵然违反制定法规定，商业信托亦能有效成立。受托人不依法将信托文件提交登记的，可被处以罚金或短期监禁，[954]但不影响信托实体的存续。相反，公司未经依法登记法定文件的，在法律上不能有效成立。[955]马萨诸塞州商业信托制定法对商业信托增加资本、资本限额等同样未设任何限制。

---

[950] Mass. Gen. Laws Ann. ch. 182，§ 1.

[951] Jennifer L. Berger & Carol A. Jones，1A *Fletcher Cyclopedia of the Law of Private Corporations* § 113(Rev. ed. 2003).

[952] Mass. Gen. Laws Ann. ch. 182，§ 1.

[953] Gutelius v. Stanbon，39 F. 2d 621，623-24(D. Mass. 1929).

[954] Mass. Gen. Laws Ann. ch. 182，§ 2.

[955] 此为美国各州通例。Del. Code Ann. tit. 8，§ 103；Model Business Corporation Act § 2.03(2016 Revision)；Jennifer L. Berger & Carol A. Jones，1A *Fletcher Cyclopedia of the Law of Private Corporations* § 166(Rev. ed. 2003).

马萨诸塞州的商业信托法自1909年适用至今，以现代眼光观之，已不免显得粗略过时，较之当代商业信托法中的佼佼者亦相形见绌。但马萨诸塞州商业信托法之发达，并非仰赖于制定法，实为判例法之功。马萨诸塞州商业信托判例法之丰富，无论与任何法域相比，皆堪称首屈一指。另外，判例法亦有其不足，例如，无法主动回应尚未成讼但确系紧要的问题。制定法则可补其不足。马萨诸塞州商业信托制定法的不完备，亦有若干缺陷：其一，商业信托合并缺乏法律明文支持，以至于马萨诸塞州商业信托需通过资产买卖或股份置换的方式迂回地实现与其他企业的合并；其二，不利于外国法域承认马萨诸塞州商业信托——尽管许多国际基金与全球基金采用马萨诸塞州商业信托形式，但马萨诸塞州商业信托由判例法统治，在非判例法国家可能遭遇更多的法律风险。[956]

3.《特拉华州商业信托法》

（1）概观

包括商业信托法在内的企业法是特拉华州的名牌产品。特拉华州在企业法领域的成功可归结为多个原因，其一为现代化的、灵活的企业法，特别是在非公司企业法领域，容许当事人自行设计几乎全部的企业经营管理事项，甚至包括免除信义义务。[957]其二为富有经验的专业法院。特拉华州大法官法院与特拉华州最高法院在处理企业法案件上的经验与能力，在全美甚至全球均处于顶尖水准。其三为强大的企业法专业律师群体。其四为能够对企业法最新需求作出及时、准确反应的特拉华州立法机关。其五为高效率的企业登记机关，负责企业登记与行政管理的特拉华州务卿办事处尽可能地为各类企业提供便捷、高效的服务，例如，企业登记、信息查询等均可在线完成，相关的行政手续以及登记机关对企业的行政管理被降至最低限度。[958]

特拉华州于1988年制定商业信托法，开启了商业信托法的新时代。《特拉华州商业信托法》制定之前，商业信托已在特拉华州法律上得到普遍承认，尽管适用于商业信托的法律并不完全清晰。特拉华州法明确承

[956] 关于这两类缺陷，参见Sheldon A. Jones, Laura M. Moret, & James M. Storey, *The Massachusetts Business Trust and Registered Investment Companies*, 13 Del. J. Corp. L. 421, 456 n. 218（1988）。

[957] Kahn v. Icahn, No. CIV. A. 15916, 1998 WL 832629, *2（Del. Ch. Sept. 10, 1998）.

[958] 特拉华州公司部纯粹作为服务型组织而存在，该机构聘有专家以答复问题并协助企业登记或提交税务文件，多数文件可在线登记并迅速完成，即所谓“一小时服务”。Secretary’s Letter, Delaware Department of State Division of Corporations, http://corp.delaware.gov/corpsosbio.shtml, Jul. 4, 2012.

认商业信托地位，始于大法官法院1947年的判例。[959]在特拉华州制定法上，不少其他法律在定义性规范中规定该法所称主体包括商业信托，或者通过其他方式默认商业信托的地位，但直至1988年《特拉华州商业信托法》颁行，商业信托始确立完整的法律架构。

在特拉华州，商业信托原先主要运用于共同基金与闭锁型企业，[960]20世纪80年代以来，商业信托被大量运用于资产证券化，1988年《特拉华州商业信托法》制定之际，在美国证券与交易委员会注册、由特拉华州商业信托公开发行的抵押担保贷款证券与其他资产支持证券的数额即已达数十亿美元。[961]另有一项统计数据显示，2000年时，特拉华州有7000个积极管理的制定法商业信托，截至2007年，该数量激增至20,000个。[962]在跨国交易中，特拉华商业信托也日益受到加拿大商事律师的欢迎。[963]

《特拉华州商业信托法》于1988年7月21日通过，1988年10月1日施行。施行之前或之后设立的任何商业信托，只要依该法在登记机关登记，均可适用该法。该法仅适用于经登记的商业信托（制定法商业信托），但不对商业信托设置强制登记要求，亦不影响该法施行之前或之后设立的任何普通法商业信托。未依该法登记的商业信托在普通法上依然有效，仅是不适用该法而已。已设立或新设立的普通法商业信托仅需简便地登记一份信托证书，即可选择适用该法，无须重新拟定或修改其信托文件，因该法大部分条文皆非强行法，极少数强行规定（除登记制度外）亦为对普通法规则的重述，并未增加新的管制；商业信托不受任何与商业信托文件不一致的非强行规范之约束。

该法初始条文甚简，后经多次修正，日臻完备。特拉华州立法机关明确提出将“保持在商业信托法领域的领先地位”作为立法目标，为此定期修订商业信托法。《特拉华州商业信托法》自1988年颁行以来，迄今已经

---

[959] Commonwealth Trust Co. v. Capital Retirement Plan, Inc., 30 Del. Ch. 130, 54 A. 2d 739 (Del. Ch. 1947).

[960] Wendell Fenton & Eric A. Mazie, *Delaware Business Trusts*, in 2 The Delaware Law of Corporations and Business Organizations § 25.1 (R. Franklin Balotti & Jesse A. Finkelstein eds Supp. 1997).

[961] Id.

[962] Elizabeth Bennett, *Delaware Sees Explosion of Statutory Business Trusts*, Del. L. Wkly. 3 (Oct. 17, 2007).

[963] David A. Steele, *Business Trusts: Some Key Issues for the Trust and Estate Lawyer* 22 (Law Society of Upper Canada CLE Program, Second Annual Estates and Trusts Forum, Nov. 24th and 25th, 1999).

过十余次修正，一般每隔两年修正一次，[964]其修法频率远高于其他各州的商业信托法。因此，尽管其他第四代州商业信托法以特拉华州法为蓝本而制定，但修法频率不及，而在发展进度上落后。

（2）内容

《特拉华州商业信托法》区别于以往各州商业信托法的内容主要包括：大幅扩张商业信托的定义；明文规定以普通信托法而非公司法作为商业信托法的补充；明文规定“系列商业信托”制度；详细规定商业信托合并、改组、迁移、本地化等实体交易；明文规定以合同自由最大化与商业信托文件效力最大化为基本原则；商业信托文件可扩张、限制或免除受益人、受托人等人的义务（包括信义义务）；自由、灵活的受益人权利。除修正普通信托法规则之外，《特拉华州商业信托法》创设普通信托法不存在或不明确的新规范，为满足交易需求提供更多机会。例如，商业信托有主体资格，商业信托目的可为消极信托目的，商业信托可改组为其他商业组织，商业信托可创设“系列”。

得该法之助，特拉华州商业信托至少有四大优势。第一，极度的灵活性。第二，特拉华州商业信托为十足的破产隔离实体，可适应特殊目的实体及其他实体之需。[965]第三，税收优势，与特拉华州合伙、有限责任企业不同，特拉华州商业信托不必缴纳特许税，而且，商业信托能够获得比合伙、公司、有限责任企业更全面的税收优势：商业信托可成为美国联邦税法规定的“授予人信托”“不动产投资信托”“受监管的投资团体”“不动产抵押投资管道”“金融资产证券化信托”等形态，以享受各种税收优惠。第四，受益人有限责任，受益人可通过指示受托人而参与管理或控制商业信托的经营，而不必为此付出无限责任的代价。[966]受益人甚至可以如同普通合伙与有限责任企业一般直接管理信托。

除税收优势外，其他三大优势，可归结为两点：彻底的灵活性与彻底的资产分隔。

商业信托的首要优势是灵活性。与其他商业组织相比，灵活性可能是商业信托最大的优势。特拉华州法继承这一传统，为商业信托提供最大限度的灵活性。此与特拉华州为商业活动提供灵活性的总体目的一

---

［964］ 经常性地修正法律、保持法律的先进地位，亦为特拉华州在公司法、合伙法、有限责任企业法等商业组织法领域的理念。

［965］ Eric A. Mazie, *The Delaware Business Trust Act*, http://www.securitization.net/knowledge/spv/del_bus_trust.asp, Nov. 12, 2007.

［966］ Id.

致,[967]亦与特拉华州法的基本原则——合同自由一致。此种灵活性在《特拉华州商业信托法》中无处不在,集中体现在两大方面:其一,宽泛的商业信托定义。该法对商业信托的新定义,不仅宽于普通法商业信托,也宽于当时其他各州制定法的定义。[968]其二,大量的非强行规范。整部《特拉华州商业信托法》,绝大多数规定为非强行规范。举凡商业信托文件的订立、修改、形式、内容,商业信托当事人的权利、权力、义务与责任,商业信托的存续与解散,商业信托的合并与改组,普通信托法对商业信托的适用,法律均承认可由商业信托文件自治。

富于灵活性的规定主要解决商业信托的内部关系问题,而商业信托及商业信托文件当事人与第三人之间的关系问题,即外部关系问题,则困扰商业信托法甚久。这一问题集中于两方面:一是受益人的有限责任,二是受益人的债权人对商业信托财产的权利。《特拉华州商业信托法》对此予以正面回应,全面解决。普通信托受益人不对信托的债务承担个人责任,是信托法确定不移的原则,原因在于受益人无偿取得受益权,信托财产并非受益人提供,[969]且受益人通常为无力或无法亲自管理自己财产之人,不介入信托的管理。与之不同,商业信托受益人作为企业投资者,或多或少会介入信托的经营管理,不少法院便以此为由,长期适用"控制检验法":在商业信托文件订定受益人享有变更信托、解任受托人、选任新受托人等权利时,判定受益人须对商业信托的债务负个人责任。但何种行为构成"控制",并无明确一致的标准,致使法院时常在同类案情中得出不同结论。[970]《特拉华州商业信托法》否定受益人的个人责任,明文规定除商业信托文件另有订定外,受益人仅负与公司股东相同的有限责任。商业信托的财产是否免受受益人的债权人追索,亦为历史上颇具争议的问题。《特拉华州商业信托法》明文规定商业信托为独立实体,受益人对特定信托财产不享有权益。由此,商业信托成为破产隔离实体,实现了彻底的资产分隔。

---

[967] Wendell Fenton & Eric A. Mazie, *Delaware Business Trusts*, in 2 The Delaware Law of Corporations and Business Organizations § 25.2 (R. Franklin Balotti & Jesse A. Finkelstein eds Supp. 1997).

[968] Id.

[969] 自益信托除外。但自益信托并非普通信托的典型形态,普通信托法亦不以自益信托为主要调整对象。信托所具有的许多优势(例如信托财产独立性、防止挥霍信托对抗第三人的效力),自益信托并不具备。

[970] 有判例甚至在受益人仅对商业信托有间接控制的情形,亦判定受益人承担无限责任。George Gleason Bogert & George Taylor Bogert, *The Law of Trusts and Trustees* § 247 (rev. 2d ed. 1993).

由于兼具资产分隔方面的确定性与内部管理上的灵活性，特拉华州商业信托现已得到广泛应用，不仅大量取代普通法商业信托原先所占据的地位，而且在各类融资交易中取代了其他商业组织的位置。[971]《特拉华州商业信托法》的明确性与灵活性亦使特拉华州商业信托成为共同基金偏爱的组织形式。[972]《特拉华州商业信托法》的优势使在该州登记成立的商业信托大幅增长。统计资料显示，目前在特拉华州成立的商业信托已占据美国全国商业信托的绝大多数，遥遥领先于其余各州。[973]

（3）形式

《特拉华州商业信托法》以内容的灵活性、开放性、现代性而引领群伦，最新一代商业信托法均予借鉴，其中某些州是全盘废止旧的商业信托法，而改采特拉华州法模式，如南达科他州于2001年通过新的《南达科他州商业信托法》（共96条），同时废止共13条的旧商业信托法。“特拉华州系”的各州商业信托法，在商业信托登记制度上，结合本州企业登记制度，对《特拉华州商业信托法》的相应制度作了某些变通，除此之外的实体性规范，大多全盘沿用《特拉华州商业信托法》，仅在个别规则上略有不同。

不过，尺有所短，《特拉华州商业信托法》尽管在整体上堪称当世最先进的商业信托立法，但就具体规定而言，未必完全妥当。其他法域的商业信托法和《统一商业信托法》，或者其他商业组织法的规定，或许能够提供更优方案。对此，本书将在以下各章逐一述及。此外，该法在立法技术上有颇多不足之处。

首先，体系安排不尽合理。冠名为《特拉华州商业信托法》的法典，实际上仅适用于本州商业信托，外州或外国商业信托则适用另一部并行的法律（《特拉华州法典》第12编第38章第2分章[974]）。同时，整部法律共28条（截至2021年8月），不分章节，熔实体规范与程序规范于一炉。其中第1~9条基本上属于实体规范，但第4条又涉及诉讼送达等程序规范；第10~14条涉及商业信托登记规则，多数为程序规范；第15~25条涉及商业信托合并、派生诉讼、分摊与补偿、信息的获取与保密、其他商业实体改组为

[971] Scott E. Waxman, *Delaware Statutory Trusts*, http://www.potteranderson.com/news-publications-0-127.html, Jan. 24, 2007.

[972] Tamar Frankel, *The Delaware Business Trust Act Failure as the New Corporate Law*, 23 Cardozo L. Rev. 325, 326 (2001).

[973] Uniform Statutory Trust Entity Act, Prefatory Note (2009).

[974] 《特拉华州法典》系该州制定法之汇编。美国各州及联邦皆将其全部制定法汇编为一整部法典，前者称为某州法典或某州制定法，后者称为《美国法典》。

商业信托、商业信托改组为其他商业实体、非美国实体本土化为本州商业信托、本州商业信托的迁移与存续、商业信托分立，多为实体规范；最后各条涉及修正或废止本法的州立法权之保留、本法与商业信托文件之解释与适用、本法的简短标题，属于总则性规定。整体内容安排较为混杂，逻辑上有失严谨。在定义性规定中混杂实体性规范，即为其例。

其次，条文冗长、复杂。尽管整部法律仅26条，但至少半数以上条文各有五款以上内容，其中，包含七款以上内容的法条即达10条之多，位居前列的第25条与第6条各分为15款[975]和14款。[976]不仅如此，一款或一项条文时由多达数百字的长句构成，更增理解与适用上的不便。[977]

借鉴《特拉华州商业信托法》的某些州，意识到上述弊病，在实质性地采纳《特拉华州商业信托法》之基础上，对立法技术有不同程度的改进。2009年《统一商业信托实体法》更加不拘泥于《特拉华州商业信托法》的体系，将整部法律分为10章。第1章“总则”，第2章“设立、信托证书与其他登记、程序”，第3章“准据法、授权、存续、权限”，第4章“系列信托”，第5章“受托人与信托管理”，第6章“受益人与受益权”，第7章“改组与合并”，第8章“解散与清算”，第9章“域外商业信托”，第10章“杂则”。体例上更为清晰。

4. 其他州法

《特拉华州商业信托法》的巨大成功，使其成为各州立法竞相效仿的对象，该法已成为追随者最多的商业信托法。最新一代商业信托法以1988年《特拉华州商业信托法》为范本。迄今已有康涅狄格州、怀俄明州、马里兰州、内华达州、新罕什布尔州、南达科他州、弗吉尼亚州等州以该法为蓝本新订或重订商业信托法，可同归于“特拉华州系”或“特拉华州家族”商业信托法。其中，弗吉尼亚州法特色较浓，[978]其余各州立法与《特拉华州商业信托法》大同小异。

《弗吉尼亚州商业信托法》的总体特征为，在参考《特拉华州商业信

[975] Del. Code Ann. tit. 12，§ 3825.

[976] Del. Code Ann. tit. 12，§ 3806.

[977] 此种立法技术瑕疵，并非《特拉华州商业信托法》独具，《特拉华州普通公司法》《特拉华州有限责任企业法》中亦所在多有。此与重视条文简约化、明晰化的各种统一法、示范法形成鲜明对比。可比较特拉华上述法律与《示范商业公司法》《统一有限责任企业法》。

[978] 弗吉尼亚州原先仅有不动产投资信托法，《弗吉尼亚州商业信托法》施行时起，《弗吉尼亚州不动产投资信托法》废止，先前成立的不动产投资信托适用《弗吉尼亚州商业信托法》。Va. Code Ann. § 13.1-1284.

托法》诸多规定之余，亦较多地借鉴了本州公司法的规定。诸如商业信托登记、[979]受托人行为准则及责任、[980]受托人补偿请求权、[981]向受益人分配、[982]受益人派生诉讼、[983]商业信托解散、[984]商业信托报告与记录、[985]受益人知情权[986]等规定，多沿用公司法的规定。负责商业信托登记的机构为弗吉尼亚州公司委员会（The State Corporation Commission of Virginia）。[987]

5.《统一商业信托法》

鉴于制定法商业信托日益受到欢迎以及某些州的商业信托法不够清晰、某些州立法过时或不完整，为将分散、不足之州立法导向统一，[988]《统一商业信托法》立法被提上统一州法全国委员会的日程。委员会于2003年提出首个草案，前后易十余稿，于2009年通过最后文本，供各州采纳。[989]哥伦比亚特区与肯塔基州分别于2011年、2012年采纳该法，[990]是截至2019年7月31日仅有的两个采纳该法的法域。[991]相比于被多州采纳的其

[979] Va. Code Ann. § 13.1-1212.

[980] Va. Code Ann. § 13.1-1229.

[981] Va. Code Ann. § 13.1-1230.

[982] Va. Code Ann. § 13.1-1227.

[983] Va. Code Ann. § 13.1-1232.

[984] Va. Code Ann. § § 13.1-1234 to -1239.

[985] Va. Code Ann. § § 13.1-1278 to -1281.

[986] Va. Code Ann. § 13.1-1279.

[987] Va. Code Ann. § 13.1-1201.

[988] Uniform Statutory Trust Entity Act, Prefatory Note(2009). 该法的预备报告中指明起草背景："越来越多的共同基金以制定法商业信托为组织形式；在资产证券化与其他结构融资交易中，制定法商业信托是一种优选的特殊目的载体形式；不动产投资信托也时常采用商业信托组织形式。作为一种商业组织模式，商业信托的主要优势是：在联邦法上不缴纳实体所得税（除非该信托发行公开交易的受益权）；极度的结构上灵活性。" Uniform Statutory Trust Act, Preliminary Report 1(July 22-29, 2005).

[989] 对该法的评论，参见Thomas E. Rutledge & Ellisa O. Habbart, *The Uniform Statutory Trust Entity Act: A Review*, 65 Bus. Law. 1055(2010)。

[990] 哥伦比亚特区采纳该法时基本未作改动。D. C. Code § § 29-1201.01 to 29-1209.01.《肯塔基州统一制定法信托法》不仅在登记事项上偏离了《统一商业信托法》的登记规定，以便与《肯塔基州商业实体登记法》协调，而且在多处实体规定上不同于统一法。详见Thomas E. Rutledge, *The Kentucky Uniform Statutory Trust Act (2012): A Review*, 40 N. Ky. L. Rev. 94(2013)。肯塔基州也采纳了《统一信托法典》，因此在普通信托与商业信托领域均实现了法典化。

[991] 该法的当前状况，参见美国统一州法全国委员会网：http: //www. uniformlaws. org/Act. aspx?title=Statutory%20Trust%20Entity%20Act%20(2009)%20(Last%20Amended%202013)。

他商业组织类统一法，至少就目前而言，该法难谓成功。[992]

该法最初名为《统一商业信托法》，后改名为《统一制定法信托实体法》。起草人认为，鉴于该法规定作为商业组织形式之一的制定法信托的设立与运营，“统一制定法信托法”“统一制定法商业信托法”“统一商业信托法”可能是更佳名称，但经咨询结构融资、破产法、共同基金、遗产规划等各界专家后，起草委员会更倾向于选用“统一制定法信托实体法”之名，而之所以加上“实体”一词，一是因为本法所创者确为一实体，不同于普通信托，二是因为加上“实体”可明确区别于《统一信托法典》。[993]

《统一商业信托法》2009年文本共10章，87条。该法的实体条文以《特拉华州商业信托法》为主要参考对象，同时也参考了康涅狄格州、马里兰州、新罕什布尔州、内华达州、南达科他州、怀俄明州、弗吉尼亚州等“特拉华州系”商业信托法；将《特拉华州商业信托法》作为起草统一法的出发点，是受到实证数据的影响，数据显示，无论是新设商业信托数量还是商业信托总数，特拉华州商业信托均居于统治地位。[994]该法关于公示登记及其他程序性条文，则主要参考2001年《统一有限合伙法》及2006年《修订统一有限责任企业法》，并虑及2005年《示范商业公司法》。[995]该法的起草得益于诸多专家及顾问提供的咨询，其中包括美国银行家协会、美国律师协会、美国投资团体协会的代表。该法诸多条文是对《特拉华州商业信托法》既有条文的重新编排与完善，但也含有若干创新：集中列举不可由商业信托文件改变的强行规范；更为清晰地指明普通信托法对商业信托的可适用性；禁止具有主要赠与目的的商业信托；将“系列信托”单列一章；规定“债务负担令”，强化了对受益人的债权人之保护，此为商业信托判例法及特拉华州等州商业信托制定法之所无；系统地规定商业信托改组、合并与解散；更为清晰地指明普通信托与商业信托之关系。[996]然

[992] 例如，截至2019年7月31日，采纳2001年《修订统一有限合伙法》者有23州，采纳2006年《修订统一有限责任企业法》者有20州，采纳2007年《统一有限合作社法》者有8州。统计数据参见美国统一州法全国委员会网：http://www.uniformlaws.org。当然，《统一商业信托法》系商业组织统一法家族中的最年轻成员，假以时日，或有更多州采纳，亦未可知。

[993] Uniform Statutory Trust Entity Act § 101 cmt.(2009).

[994] Uniform Statutory Trust Entity Act, Prefatory Note(2009).该法的预备报告指出：数据显示，依据第四代商业信托法设立的商业信托，其数量大幅超过依据前三代商业信托法所设商业信托数量之总和；其中，特拉华州与康涅狄格州居于前两位，而特拉华州的数据又远逾其他各州，因此，起草委员会决定以《特拉华州商业信托法》为模板。Uniform Statutory Trust Act, Preliminary Report 2(July 22-29, 2005).

[995] Uniform Statutory Trust Entity Act, Prefatory Note(2009).

[996] Id.

而，《统一商业信托法》的上述创新，更多的是形式或立法技术上的进步，在实质性问题上，并不如《特拉华州商业信托法》自由、灵活。例如，《统一商业信托法》第104条列举的强行规范，数量及强度均甚于《特拉华州商业信托法》，而是延续了《统一有限合伙法》《统一有限责任企业法》的一贯立场。

《统一商业信托法》于2011年和2013年经历两次修正。新的变化，包括两大方面。其一，实质性修正，包括系列信托中的债权主张和分配限制（第402条第b款、第403条）、将"善意信赖"改为"合理信赖"（与《统一信托法典》第1006条规定一致）、债务负担令（重写第602条，与《统一信托法典》第504条规定一致）。这一方面的修改较少。其二，与其他商业组织法的协调型修正。此为修正的主要方面。由于美国统一州法全国委员会起草的《统一商业组织法典》于2013年初步完成，为与该法典相协调，包括《统一商业信托法》在内的各种商业组织统一法新修改了相应的共通性事项规定，除条文表述和形式上的修正外，主要包括关于登记、解散和清算、域外商业组织、根本性重组（包括合并、权益置换、改组、本地化等）的规定，以及在受益人派生诉讼中增设特别诉讼委员会制度，以便与《统一有限合伙法》第905条、《统一有限责任企业法》第805条规定保持一致，另外增设对分配的限制以及不当分配的责任（第615条、第616条）。

《统一商业信托法》前景如何，尚难逆料。其他商业组织法的经验教训，足供参考。统一法模式是否适合于特定的商业组织，不能一概而论。《统一有限合伙法》较为成功，为绝大多数州采纳；而《统一有限责任企业法》应者寥寥，截至2008年，有8个州采纳该法，其中仅有一个主要的商业州（伊利诺伊州）。[997]两者境遇之异，原因之一可能是有限合伙法发展已近百年，统一法较有经验积累，而有限责任企业法则为青春期的新生事物，二三十年生涯，不足以为划一立法奠定足够坚实的基础。就此而言，商业信托统一法亦未必适当：尽管商业信托法亦有百年历史，但开现代风气的《特拉华州商业信托法》仅有20年光景，相关制度尚在不断进化之中，难谓定型，统一法仓促上马，恐妨碍各法域的自发竞争。

统一法模式有利有弊，优势在于减少法律的不确定性、促进跨境交易

---

［997］ Larry E. Ribstein, *An Analysis of the Revised Uniform Limited Liability Company Act*, 3 Va. L. & Bus. Rev. 35, 36 (2008). 不过，截至2019年7月31日，采纳《修订统一有限责任企业法》的州增至20个，其中包括商业大州加利福尼亚州（2012年采纳），相关数据参见美国统一州法全国委员会网：https://www.uniformlaws.org/committees/community-home?CommunityKey=bbea059c-6853-4f45-b69b-7ca2e49cf740。

等，弊端之一为，在立法理念上强调统一性，会妨碍法律的自发进化。[998]《统一有限责任企业法》的经历表明，统一法未必是有限责任企业立法的妥当模式。学者认为，《统一有限责任企业法》作出许多不当的政策选择（包括采纳不适合非正式企业的规定、采用不必要的强行规范、不适当地从其他商业组织法借鉴而来的规则），同时过度受到不同利益集团的影响。[999]相比之下，更为柔性的示范法模式可能更适合于新兴商业组织立法，[1000]如美国律师协会《典型有限责任企业法》的成功度即高于《统一有限责任企业法》。

强行统一化的弊端，在《统一商业信托法》及其2011年和2013年两次修正中进一步暴露无遗：照搬其他商业组织法中的规则，导致商业信托在许多事项上丧失自身特性，削弱了各种商业组织法之间的竞争和优化机制。其中显著的例证有：对分配的限制、受益人派生诉讼中的特别诉讼委员会制度、与其他商业组织解散事由完全重复的解散事由。可以断言，《统一商业信托法》在与《特拉华州商业信托法》的竞赛中，不可能取得领先。

6. 联邦法

联邦法主要集中于三大领域：证券投资基金法、破产法与税法。

关于证券投资基金的联邦制定法，以1940年《投资团体法》与1940年《投资顾问法》为主干。两法施行60余年来，产生大量判例与条例，[1001]对商业信托法的发展深具影响。特别是1940年《投资团体法》，作为20世纪30年代对证券市场进行广泛的联邦统一监管立法的产物，是同时期制定的“证券六法”的重要成员。[1002]与1933年《证券法》和1934年《证券交易

[998] 详见Alan Schwartz & Robert E. Scott, *The Political Economy of Private Legislatures*, 143 U. Pa. L. Rev. 595 (1995); Larry E. Ribstein, *An Analysis of the Revised Uniform Limited Liability Company Act*, 3 Va. L. & Bus. Rev. 35 (2008); Edward Rubin, *Efficiency, Equity and the Proposed Revision of Articles 3 and 4*, 42 Ala. L. Rev. 551 (1991); Robert E. Scott, *The Uniformity Norm in Commercial Law: A Comparative Analysis of Common Law and Code Methodologies*, in The Jurisprudential Foundations of Corporate and Commercial Law 149-92 (Jody S. Kraus & Steven D. Walt eds., 2000)。

[999] Larry E. Ribstein, *An Analysis of the Revised Uniform Limited Liability Company Act*, 3 Va. L. & Bus. Rev. 35, 37-38 (2008).

[1000] Id. at 38.

[1001] 对于1940年以来美国证券与交易委员会所制定的投资团体规制条例之综合分析检讨，参见Tamar Frankel, *The Scope and Jurisprudence of the Investment Management Regulation*, 83 Wash. U. L. Q. 939 (2005)。

[1002] “证券六法”为1933年《证券法》、1934年《证券交易法》、1939年《信托契约法》、1935年《公用事业控股企业法》、1940年《投资团体法》、1940年《投资顾问法》。其中，随着公用事业的去管制化，1935年《公用事业控股企业法》已于2005年废止。

法》不同，该法不仅规范信息披露、发行注册等程序性事项（其证券持有人超过100人或公开发行其证券的投资团体须依该法在证券与交易委员会注册[1003]），还广泛管制投资团体的组织、治理、资本结构、重组交易、投资顾问合同、信义义务等实体事项，由此对州商业信托法（以及其他商业组织法）亦有影响。受制于联邦法对州法的优先效力，《特拉华州商业信托法》未能放松涉及注册证券投资基金之类从事公众信托业务的受托人的监管。[1004]1940年《投资团体法》对商业信托的某些重要方面设有管制规定，此类规定皆为强行法，商业信托文件条款与之抵触者无效。此类规定主要包括：证券投资基金名称的管制、利益冲突交易、受托人免责条款的有效性、对受托人决议的要求等。1940年《投资顾问法》系针对投资基金的主要管理者——投资顾问所设的管制规范，投资顾问须依该法在证券与交易委员会注册，始得使用邮件或任何州际商务手段、工具从事投资顾问业务。[1005]1933年《证券法》规范各种证券的发行行为，故投资团体除须依《投资团体法》注册本团体之外，如公开发行其证券（基金份额），并须依1933年《证券法》注册。1934年《证券交易法》规范各种证券的买卖等交易行为，涵括投资团体所发行证券（基金份额）的交易，投资团体委托承销商、经纪商等出卖、赎回其证券的行为，受该法规范（承销商等主体须依该法在证券与交易委员会注册）。

破产法是联邦的专属立法事项。美国《破产法典》将商业信托列为适格的破产主体之一，但未对商业信托作出定义。因此，破产法院围绕何种信托构成破产法上的商业信托、因而决定何种信托可享有破产救济的问题，形成大量判例，对于商业信托概念与性质界定有重要意义。

税法集中于商业信托的税收地位及税收优惠问题。商业信托与普通信托的税收待遇并不相同，国内税务署与法院在决定信托的税收问题时，对商业信托的界定问题时有涉及。同时，商业信托税制与其他商业组织税制亦有紧密联系。商业信托可运用信托或商业组织各自的税收优势。此外，不动产投资信托等特种商业信托享有特别的税收优惠。

（二）普通法与制定法

普通法曾是商业信托法的主要渊源，直至《特拉华州商业信托法》施

[1003]　15 U. S. C. § 80a-3(c)(1).

[1004]　Tamar Frankel, *The Delaware Business Trust Act Failure as the New Corporate Law*, 23 Cardozo L. Rev. 325, 346(2001).

[1005]　15 U. S. C. § 80b-3(a).《投资团体法》与《投资顾问法》在文义上均着眼于州际商务的规范，缘于此领域的联邦立法权来自美国宪法中的州际商务（interstate commerce）条款。

行之后，制定法始后来居上。第一代、第二代的商业信托制定法较为粗疏，内容多为对普通法的重述或局部改进，制定法所未涉及的大量事项，仍需由普通法处理；第三代、第四代商业信托法，亦非全面涵盖商业信托各事项的完整法典，诸如受托人信义义务、违反受托人义务之责任等重要事项，仍属普通法的领地。经由百余年的发展，普通法体系已经建立，内容涵盖商业信托各方面，其中尤以马萨诸塞州普通法最为发达，在马萨诸塞州商业信托法中仍占据统治地位。马萨诸塞州的商业信托制定法颁行于1909年，至今未作实质性修改，普通法的发展与支持实居首功。

普通法的弱点在于，一旦过时，其革新就有赖于后来的判例，因而具有随机性、偶然性。且普通法往往难以主动回应社会需求，不如制定法积极能动。以现代商业交易的视角观之，信托法上的许多普通法规则已不合时宜，并已产生诸多不确定性。[1006]此类普通法规则，既包括普通信托法的规则，亦包括关于商业信托的普通法规则。在普通法上，商业信托存在诸多潜在的不确定性。[1007]例如，某些判例不承认商业信托为独立主体，甚至否认商业信托的有效性；[1008]某些判例依据范围不确定的“控制检验法”，在某些情况下将商业信托定性为合伙，从而判定受益人应对商业信托债务承担连带责任。[1009]在此背景下，各州纷纷制定商业信托法。《特拉华州商业信托法》的主要目的，即是将关于信托之商业应用的特拉华州法律加以法典化，从而使相关的普通法现代化，并增强法律的确定性。[1010]该法的制定，旨在扩大商业信托在现代融资交易与商业交易中的运用，为此，该法明文取代了某些不利于现代商业交易与融资交易的普通法商业信托规范。[1011]由此产生一个问题：商业信托立法仅是解决了商业信托普通法上的现存问题，还是立法者借助于法典化的机会改善并革新了商业信托法？[1012]

[1006] Eric A. Mazie, *The Delaware Business Trust Act*, http://www.securitization.net/knowledge/spv/del_bus_trust.asp, Nov. 12, 2007.

[1007] Herbert B. Chermside, Jr., Annotation, Modern Status of the Massachusetts or Business Trust, 88 A. L. R. 3d 704 (1978 & Supp. 2004).

[1008] 详见本书第5章第2节第2目。

[1009] 详见本书第6章第1节。

[1010] John C. Murray, *The Use of Land Trusts and Business Trusts in Real Estate Transactions*, http://dirt.umkc.edu/attachments/LandTrustⅢ.doc, Nov. 12, 2007.

[1011] Scott E. Waxman, *Delaware Statutory Trusts*, http://www.potteranderson.com/news-publications-0-127.html, Jan. 24, 2007.

[1012] Robert H. Sitkoff, *Trust as "Uncorporation": A Research Agenda*, 2005 U. Ill. L. Rev. 31, 37.

答案应为后者。以《特拉华州商业信托法》为例，该法不仅明文规定商业信托为独立主体、受益人承担与公司股东相同的有限责任等，一举解决普通法上诸多歧见纷纭的问题，并且新增若干深具创新性的规范，已超出商业信托普通法的现有高度。例如，合同自由为主导法律解释与适用的基本原则，不履行出资义务的受益人应承担特定处罚，商业信托可创设一个或数个责任独立的系列，极为自由的受益人表决权的授予与行使规范。

就普通法与制定法的关系而言，商业信托制定法虽有制定法之名，实为对普通法的确认与强化，并非削弱或颠覆普通法。最新一代商业信托制定法中相当多的规定是沿用商业信托普通法规则，属于制度创新的规则，大多意在扩大普通法上的自由与权利。《特拉华州商业信托法》承认当事人有最大化的合同自由，不妨碍受益人与受托人自由决定其权利、权限、义务与责任，自由决定商业信托经营管理的任何事项，并可自由排除普通信托法的规范。《特拉华州商业信托法》对此种自由仅设最低限度的限制。从“法律是形成的（form）而不是制定的（make）”之见解来看，商业信托制定法实际上是为“形成”法律提供了框架，而无意就全部事项直接制成规则。因此，商业信托制定法是扩张而非限缩了自由。

《特拉华州商业信托法》第3828条第a款规定，减损普通法之制定法应作严格解释的规则，不适用于本法。减损普通法之制定法应作严格解释的规则（The rule that statutes in derogation of the common law are to be strictly construed），与普通法的性质相关。普通法规则基于事实的高度抽象化而运作，规则之间相互联结，构成一个无漏洞的网络；一项未经深思熟虑而起草的制定法可能对其他普通法规则产生难以预测及不合意旨的效果，除非狭窄解释制定法对普通法之改变。该规则的历史背景则是，往昔大多数法律皆为普通法而非制定法，法官等高度警惕制定法的侵入。在此规则下，减损普通法规则的制定法之起草者，必须完整地理解该制定法将要影响的普通法规则，并高度谨慎地起草该法。

商业信托法明文废弃此规则，并非制定法至上主义的复活，而是合同自由最大化的完整体现。制定法对普通法的此种否弃，貌似对合同自由的削弱，实为合同自由的强化。判例法相比于制定法的一大优长为造法权的分散化，即决定何为法律之权由集中的中央立法机构分散至多元的法院，以避免单一机构在信息处理上的固有弱势；但法院的处理能力仍有重大弱点。特拉华州制定法的上述规定，则是将造法权进一步分散于无数当事人自身，否弃普通法并非强化制定法，而是强化合同自由，由此，拥有最佳信息优势的当事人所拟定的合同，在当事人之间相当于法律，此种当事人自己的法律，足以在相当范围内替代判例法与制定法，以避免后两者之固有缺陷。

二、其他外国商业信托法

（一）英国法系国家

1. 英国商业信托法

英国普通信托法的历史比美国法悠久，现代商业信托法却落后于美国法。英国目前尚无商业信托基本法，关于商业信托的制定法主要集中于对证券投资信托（英国通称为单位信托）的监管。其中最主要者为2000年《金融服务与市场法》。该法的先驱1986年《金融服务法》是英国单位信托发展史上的里程碑式立法。1986年《金融服务法》是在金融市场竞争、去管制化、技术进步与全球化的背景下制定的，改革了此前英国法中的某些不当管制，促进了单位信托在英国以及欧陆各国的行销。[1013]2000年《金融服务与市场法》是对1986年《金融服务法》的取代，大幅扩充了规范容量。英国此后虽又制定多部关于金融服务的法律，[1014]但其中除2012年《金融服务法》对监管机关有所调整外，其余均未触及集合投资计划的规范。关于单位信托的规范性文件（statutory instruments），大多针对税收、电子传输等事项，[1015]少有实体法规范。

2000年《金融服务与市场法》第16编"集合投资计划"覆盖了对两种集合投资计划的监管，即单位信托和开放式投资公司。对于单位信托，该法的规定主要涉及对销售行为的监管、金融服务局的许可行为；关于单位信托的民事实体法规范较少，仅有少数关于投资计划变更、管理人变更、管理人和受托人免责条款效力等个别事项的规定。单位信托因直接向公众开展销售活动而受到立法的特别管制，例如依1986年《金融服务法》规

[1013] Kam Fan Sin, *The Legal Nature of the Unit Trust* 34-35（1997）.

[1014] 主要包括：2005年《金融服务监管（土地交易）法》[Regulation of Financial Services（Land Transactions）Act 2005]，2010年《金融服务法》（Financial Services Act 2010），2012年《金融服务法》（Financial Services Act 2012），2013年《金融服务（银行改革）法》[Financial Services（Banking Reform）Act 2013]，2016年《英格兰银行与金融服务法》（Bank of England and Financial Services Act 2016），2018年《金融指导与索赔法》（Financial Guidance and Claims Act 2018）。

[1015] 例如，2015年《未受准许的单位信托（税收）（修正）条例》[The Unauthorised Unit Trusts（Tax）（Amendment）Regulations 2015]，2009年《单位信托（电子传输）令》[The Unit Trusts（Electronic Communications）Order 2009]。

定，不得免除受托人违反信托的责任；[1016]依2000年《金融服务与市场法》第253条规定，单位信托的信托契据免除管理人或受托人未尽适当注意与勤勉所生责任的，其约款无效。[1017]但是，未依《金融服务与市场法》经金融服务局许可的单位信托，并不非法或无效，只是不得公开销售信托单位，且会蒙受税收上的不利而已。[1018]

英国对于风险投资信托、不动产投资信托亦颁布若干法规，但基本上是处理税收事项，多不涉及私法问题。[1019]其私法事项仍属于普通法之领域。

2. 加拿大商业信托法

加拿大为英联邦国家，除魁北克省之外，加拿大各省信托法与英国信托法基本相似。加拿大各普通法省关于信托的制定法包括《受托人法》等。此类法律均系借鉴英国法而制定。但受美国影响，加拿大商业信托的发展极为迅速，公开发行受益权凭证之商业信托的运用日益广泛。[1020]不过，加拿大的相关法律却较为滞后。据加拿大学者所述，至20世纪80年代初期，几乎完全不存在商业信托判例法以及相关的学术文献。[1021]原先加拿大各省并无单行的关于商业信托的制定法。

随着商业信托的迅猛发展，加拿大法律界对商业信托基本法的呼吁逐步升温。安大略省、艾伯特省、不列颠哥伦比亚省、萨斯喀彻温省等陆续通过制定法，规定收入信托的受益人负有限责任。[1022]此类立法，并非综

[1016] David Hayton, *The Uses of Trusts in the Commercial Context*, in Trusts in Prime Jurisdictions 447 (Alon Kaplan ed. 2000).

[1017] Financial Services and Markets Act 2000, § 253.

[1018] David Hayton, Paul Matthews, & Charles Mitchell, *Underhill and Hayton Law Relating to Trusts and Trustees* 68 (18th ed. 2010).

[1019] 例如，The Venture Capital Trust Regulations 1995; The Venture Capital Trust (Amendment) Regulations 2014; The Real Estate Investment Trusts (Joint Ventures) Regulations 2006; The Real Estate Investment Trusts (Joint Venture Groups) Regulations 2007; The Real Estate Investment Trusts (Financial Statements of Group Real Estate Investment Trusts) Regulations 2006; The Real Estate Investment Trusts (Breach of Conditions) Regulations 2006。

[1020] Jonathan A. Levin, *Business Trust Financing and Restructuring: Key Banking and Insolvency Issues*, http://www.fasken.com/Publications/Detail.aspx?publication=2050, Nov. 12, 2007.

[1021] Robert D. Flannigan, *The Nature and Duration of the Business Trust*, 6 Est. & Tr. Q. 181, 181 (1982-1984). 另一项研究指出，直至20世纪末，对于无担保债权人追索现代商业信托财产这一问题，加拿大法院未有任何先例。David A. Steele & Andrew G. Spence, *Enforcement Against the Assets of a Business Trust by an Unsecured Creditor*, 31 Can. Bus. L. J. 72, 97 (1999).

[1022] 详见安大略省2004年的《信托受益人责任法》(Trust Beneficiaries' Liability Act)，艾伯特省2004年的《收入信托责任法》(Income Trust Liability Act)，不列颠哥伦比亚省2006年的《收入信托责任法》，萨斯喀彻温省2006年的《收入信托责任法》。

合性的商业信托制定法。

2008年《统一收入信托法》(Income Trust Act 2008),是加拿大统一法委员会回应实务需求的阶段性成果。该法能否成为现行法,取决于各省的采纳。该法共设6个部分(parts),共49条:第1部分“解释与适用”,第2部分“单位持有人的豁免”(规定受益人的有限责任),第3部分“单位持有人的权利与救济”,第4部分“受托人的权利与义务”,第5部分“安排与强制收购”,第6部分“一般规定”(实为施行日期、旧法废止等附则规定)。

该法所称收入信托,是指其信托单位在法规规定的市场中(公开市场)交易或者通过该市场交易的信托,但不包括共同基金(该法第1条第1款及评注)。在公开市场中交易受益权的信托,涉及公众投资者利益保护,由此不难理解,该法中载有不少强行规范,而与美国各州商业信托法大异其趣。该法的适用范围仅限于收入信托及其附属信托(受收入信托控制的信托),不包括收入信托以外的私人生前信托;除第4条的个别款、项以及第7条、第9条适用于共同基金外,该法适用范围不包括共同基金(该法第5条)。因此,该法的调整对象并不完整,未涵盖各种类型的商业信托。该法的起草,仅是对公开发行受益权凭证的商业信托迅猛发展之需求的回应,并非完备形态的立法成果。对于法律界认为亟须解决的问题,也未有充分回应,例如,收入信托的主体资格问题。

在收入信托治理结构方面,《统一收入信托法》的规定主要是以《加拿大商业公司法》为模板,强调通过大量的强行规范增强对投资者和其他利益相关者之保护。[1023]在收入信托运营方面,该法规定法院有较多的干预之权。例如,在修改信托文件、转让全部或实质上全部信托资产、收入信托和其他实体之间进行权益置换时,该法规定,法院可以作出法院认为适当的中间命令或最终命令,以决定向利害关系人发送通知,或者要求受托人召集受益人会议,或者批准上述安排;上述安排于法院命令中所定之日起生效(第43条)。[1024]又如,受益人或监管机构可以诉请法院命令启动调查程序,对收入信托的事务进行调查(该法第15~20条用6个条文规定法

[1023] Paul B. Miller, *The Future for Business Trusts: A Comparative Analysis of Canadian and American Uniform Legislation*, 36 Queen's L. J. 443, 456, 458(2011).

[1024] 此项制度,是以《加拿大商业公司法》第192条为模板起草的。Uniform Income Trust Act § 43 cmt.(2008).

院的调查权、调查人的权利义务、听证程序等事项)。[1025]诚然,商业信托具有某些与公司相似的特性、适度移植公司法上的规则有其必要(如相对灵活的忠实义务和注意义务规则),但大规模使用强制性规定干预商业信托的运营和治理,则无法充分彰显商业信托的独特功能、发挥商业信托的优势。

3. 澳大利亚、新西兰信托法

澳大利亚各州、各区域有自己的信托法。各州关于信托的制定法大多以英国法(尤其是1925年《受托人法》)为蓝本,年代相近,内容相似。此类制定法以普通信托为主要适用对象,大多数已较为陈旧。较新且有代表性者有昆士兰州1973年《信托法》,该法共13个部分(parts),计123条,是以受托人为中心之法,核心内容是关于受托人的义务、权限等事项的规则,兼及公益信托。各州迄今并未制定一般性的商业信托法。

新西兰关于信托的主要制定法是1956年《受托人法》,另有1964年《永续法》、1957年《公益信托法》、1967年《受托人公司法》、1975年《受托人公司管理法》、2001年《公共信托法》等。1956年《受托人法》共89条,其内容主要是信托的管理以及法院对信托的监督,系以英国1925年《受托人法》为基础。[1026]关于商业信托,另有1960年《单位信托法》(Unit Trusts Act 1960)。该法已于2014年12月1日被《金融市场法》所废止。[1027]

4. 印度信托法

印度虽属于英国法系,但在较早时期就已将许多原属于普通法的领域转化为制定法,其中包括合同法、信托法等。[1028]在印度,信托的基本分类是私人信托和公共信托(public trusts)。[1029]1882年《印度信托法》(Indian Trusts Act 1882)是调整私人信托的基本法,共9章,96个条文。第1章"序章",第2章"信托的设立",第3章"受托人的义务与责任",第4章"受托人的权利与权限",第5章"受托人不得实施的行为",第6章"受益人的权利与责任",第7章"受托人缺位时的填充",第8章"信托的终止",第9章"信托性质中的若干义务"。该法对信托采用英国式的定义,信托是指

[1025] 此项调查制度,是以《加拿大商业公司法》第十九部分为模板起草的。Uniform Income Trust Act § 20 cmt.(2008).

[1026] Law Commission(New Zealand): Review of Trust Law in New Zealand: Introductory Issues Paper 3(Law Commission Issues Paper 19, 2010).

[1027] Financial Markets(Repeals and Amendments)Act 2013, § 4(1)(e).

[1028] 关于印度法律状况以及印度合同法,参见李来孺:《印度当代合同法》,法律出版社2015年版。

[1029] Ravinder Nath, *Trusts in India*, in Trusts in Prime Jurisdictions 303(Alon Kaplan ed. 2000).

附着于财产所有权上的一种“义务”(第3条)。在该法之外,另有1920年《公益和宗教信托法》(Charitable and Religious Trusts Act 1920)等法律调整公共信托(包括各类公益信托)。

1882年《印度信托法》制定之时,现代商业信托尚未勃兴,该法自然不可能为商业信托特制规则。现今调整商业信托的特别法,有1963年《印度单位信托法》(The Unit Trust of India Act 1963)。1963年《印度单位信托法》以证券投资信托为规范对象,称为单位信托。该法不分章,共44条。对于单位信托的治理,该法采用独特的受托人会制度,并强化受托人会的职能。单位信托事务和营业的监督、指示与管理,由受托人会负责;受托人会在履行其职能时,应当为了单位持有人的利益,依商业原则(business principles)而行事(第9条)。依照该法第10条之规定,受托人会须由下列人员组成:由储备银行选任的主席;由储备银行提名的四位受托人,其中至少三人须在商业、工业、银行、金融或投资领域具有专门知识或经验;生命保险公司提名的一位受托人;国家银行提名的一位受托人;出资机构选任的两位受托人;储备银行选任的一位执行受托人(如果主席是全职的,则不必选任执行受托人)。受托人会每年至少开会六次,并且至少每两个月开会一次(第17条第1款)。单位信托并应设执行委员会,执行委员会由受托人会主席、执行受托人和储备银行提名的另外其他两位受托人组成(第18条第1款)。至于单位信托的一般性事项,则与英国法相似。

5. 新加坡商业信托法

新加坡信托法总体上继受英国法制,但商业信托法则借鉴自美国法。新加坡的法律体系,以英格兰普通法为基础。新加坡1994年《英格兰法适用法》(Application of English Law Act 1994)第3条规定,1993年11月12日前已构成新加坡法一部分的英格兰普通法,在新加坡继续适用。

新加坡2004年《商业信托法》(Business Trust Act 2004),为一部美国以外法域罕见的商业信托基本法。2004年10月,该部《商业信托法》开始施行,并有《商业信托条例》(Business Trusts Regulations)等各项附属法规。该法规定新加坡货币局为主管机关,在新加坡上市的商业信托,须在该局注册。关于普通信托和商业信托的关系,该法第94条明文规定:“《受托人法》不适用于任何经登记的商业信托,即使该信托设立于本法施行之前。”此所谓《受托人法》(Trustee Act),系仿照英国《受托人法》所制定的关于普通信托受托人的法律。

但是,新加坡2004年《商业信托法》存在下列缺陷。其一,所适用的商业信托，定义较为狭窄，要件过于苛细。其二，将公募型证券投资信托的特种管制扩及于一般商业信托。其三，管制过于细密，不亚于公司法，例如受托人须按照主管机关所定要件及方式始得辞任（第19条第1款），受托人的解任须经受益人3/4以上表决权决议通过并按照主管机关所定程序为之（第20条）。其四，刑事制裁浮泛，整部法律共115条，其中规定犯罪或刑罚的条文共63条，占比高达54%。

证券法上亦有若干与商业信托有关的规范，例如，2001年《证券与期货法》（Securities and Futures Act 2001）中关于商业信托信息披露（第137H~137R条）、不动产投资信托信息披露（第137S~137ZC条）、商业信托投资要约（第239C~239F条）、集合投资计划（第283~309条）的规定，《2018年证券与期货（商业信托事务与实体事务）条例》[Securities and Futures (Affairs of Business Trust and Affairs of Entity) Regulations 2018]的规定，2001年《金融顾问法》（Financial Advisers Act 2001）关于金融顾问的规定等。

（二）大陆法系的信托法

1. 欧陆

（1）信托一般法

类似于普通法系信托的制度在罗马法上即已存在，包括*fiducia*（亦被译为信托）、*fideicommissum*（遗产信托）。[1030]罗马法上的信托，虽与英美法上的信托存在不少差别，但有异曲同工之妙。罗马法上的信托用途广泛，其中*fiducia*分为两种，一种是“为债权人的信托”（*fiducia cum creditore*），即为了担保之目的所为的信托式让与，另一种是“为朋友的信托”（*fiducia cum amico*），是为了其他目的之信托；[1031]*fideicommissum*则主要用于遗产继承领域。罗马信托法的发展轨迹与英国信托法亦有类似之处：罗马的信托制度发源于道德与衡平，早先被认为仅属于道德义务，不具有可诉的法律约束，当事人不能通过普通法律救济途径获得救济，后来则从个

[1030]［英］大卫·约翰斯顿：《罗马法中的信托法》，张淞纶译，法律出版社2017年版。关于罗马法上信托的若干参考资料，参见Maurizio Lupoi, *Trusts: A Comparative Study* 373 n. 18 (Simon Dix trans. 2000)。对信托自罗马法以来历史沿革的梳理，又可参见Avisheh Avini, *The Origins of the Modern English Trust Revisited*, 70 Tul. L. Rev. 1139 (1996)。

[1031] 详见肖俊：《罗马法中的信托行为与近似制度》，载朱晓喆主编：《中国信托法评论》（第1卷），法律出版社2018年版，第158~160页；史志磊：《罗马法中的信托制度研究》，法律出版社2019年版。

别情形发展出普遍承认的可诉性。[1032]时至16世纪与17世纪，秘密或者半秘密的遗产信托在欧洲亦广为人知，它们被称为*confidentia*，其渊源、结构、目的均类似于信托。[1033]欧陆各国的信托或类信托制度，与此多有渊源。[1034]

现代欧陆各国的信托法，大致分为三类模式。

第一类是制定特别法，此类国家较少，主要是列支敦士登。列支敦士登属于大陆法系国家，但于1926年制定《人与公司法》（Personen-und Gesellschaftsrecht），其中含有关于信托的专门规定。该国信托法是由一位在普通法系受过训练的法律人起草，明确采用普通法系信托法的模式、[1035]紧密追随英国1925年《受托人法》，[1036]也被称为当时欧陆民法法系国家中通过法律明确采用英美式信托制度的唯一国家。[1037]

第二类是在民法典中规定信托制度。此类立法所采用的规范模式又各有不同。其一，合同模式。1996年施行的《俄罗斯联邦民法典》第二部分"债法"将信托列为有名合同的一种，并规定了信托财产的独立性（第1018条）。[1038]法国民法上有*fiducia*概念（源于罗马法上的信托概念），是为罗马式信托。《法国民法典》2007年修正时，将*fiducia*纳入民法典之中，作为一种有名合同加以规定，位列委托合同之后（第2011~2030条）。[1039]*fiducia*虽被列为合同之一种，但兼具物权之特性，因为《法国民法典》明文规定信托财产的独立性（第2024条、第2025条）。《法国民法典》将信托制度明文化，既是对历史和本土资源的传承，[1040]也体现了对信托

[1032] [德]马克斯·卡泽尔、罗尔夫·克努特尔：《罗马私法》，田士永译，法律出版社2018年版，第767~768页。

[1033] Maurizio Lupoi, *The Civil Law Trust*, 32 Vand. J. Transnat' l L. 967, 973-75（1999）.

[1034] 相关文献，参见*Commercial Trusts in European Private Law* 7 n. 12（Michele Graziadei, Ugo Mattei, & Lionel Smith ed. 2005）。

[1035] *Commercial Trusts in European Private Law* 67, 83（Michele Graziadei, Ugo Mattei, & Lionel Smith ed. 2005）.

[1036] Maurizio Lupoi, *The Civil Law Trust*, 32 Vand. J. Transnat' l L. 967, 972（1999）.

[1037] Guido Meier, *The Trust in the Liechtenstein Law on Persons and Companies*, in Trusts in Prime Jurisdictions 349（Alon Kaplan ed. 2000）. 但其后又有其他国家采纳英美式信托制度，如匈牙利。

[1038] 以《俄罗斯联邦民法典》为主要参考对象的《独联体成员国示范民法典》关于信托的规定，其体例与内容均与之相似。参见《独联体成员国示范民法典》，张建文译，法律出版社2014年版，第200~203页。

[1039] 我国有学者将*fiducia*译为"托管"。参见《法国民法典》，罗结珍译，北京大学出版社2010年版，第472页。

[1040] 吕富强：《论法国式信托——一种对本土资源加以改造的途径》，载《比较法研究》2010年第2期；李世刚：《论〈法国民法典〉对罗马法信托概念的引入》，载《中国社会科学》2009年第4期。

制度国际化的回应。[1041]2011年新《罗马尼亚民法典》也规定了*fiducia*制度（第773~791条），主要受到法国法的影响，同时具有普通法系信托制度的若干要素。[1042]2013年新《匈牙利民法典》也将信托合同列为有名合同之一种，但该国虽属德国法系，其民法典中不少制度却颇受英美法系影响，在信托制度上有意不采法国的罗马式信托模式和德国的日耳曼式信托模式，而是继受了英美式信托制度。[1043]其二，物权模式。2003年《乌克兰民法典》将信托作为一种定限物权加以规定。[1044]其三，概括财产或独立基金模式。《意大利民法典》1975年修正时，于第1编“人与家庭”第6章“婚姻”第6节“家庭财产制”第2分节规定“家庭基金”（*Del fondo patrimoniale*）。配偶一方、双方或者第三人，可以为家庭需要，以不动产、登记动产、证券等财产设立家庭基金（第167条）。此种家庭基金，具有一定程度的资产分隔效力：债权人明知其契约非为满足家庭需要目的而订立的，不得请求以家庭基金中的财产清偿债务（第170条）。[1045]此乃一种典型的家事信托。[1046]

第三类是案例法。以德国法为典型。在德国法上，有3种制度可以满足类似于英美法系信托的需要：第一种是遗嘱执行和后位继承，第二种是财团，第三种即为Treuhand。[1047]前两种皆有制定法上的规范（《德

［1041］ James Douglas, *Trusts and Their Equivalents in Civil Law Systems*: *Why Did the French Introduce the Fiducie into the Civil Code in 2007-What Might Its Effects Be*: *The WA Lee Lecture* 2012, 13 QUT L. Rev. 19（2013）. 关于法国式信托与英美式信托的比较，参见Angelique Devaux, DeAnna Beckner, & Margaret Ryznar, *The Trust as More than a Common Law Creature*, 41 Ohio N. U. L. Rev. 91（2014）; Valerio Forti, *Comparing American Trust and French Fiducie*, 17 Columbia J. of Europe L. Online 28（2011）。

［1042］ Alexandru Florin Magureanu, *Fiducia in the New Romanian Civil Code*, 6 Contemp. Readings L. & Soc. Just. 301（2014）; Cristian Jora, *Certain Considerations regarding the Regulation of the Trust within the New Civil Code*, 5 Cogito: Multidisciplinary Res. J. 119（2013）; Luminita Gheorghe, *Fiducia in the New Civil Code*: *An Example of Vitalization by International Business Law of the Relationship between Romanian Law and Common Law*, 3 Persp. Bus. L. J. 276（2014）; Anduena Maria Ilinca Mehedinti Sandru, *The Institution of Trust under Romanias New Civil Code and Common Law System*, J. L. & Admin. Sci. 884（2015）; Liliana Marilena Lazar, *The Trust under the New Civil Code*, 9 Contemp. Readings L. & Soc. Just. 521（2017）.

［1043］ Tibor Tajti & Bobert Whitman, *Common Law Trusts in Hungary and Other Continental European Civil Law Systems*, 49 J. Marshall L. Rev. 709, 710, 718（2016）. 在继受英美信托制度时，匈牙利法亦有所变通，例如，要求信托须为书面形式（《匈牙利民法典》第6：310条第2款）、否定口头信托（意在避免不确定性），要求宣言信托须具备严格的形式要件。Id. at 720.

［1044］ Z. E. Benevolenskaya, *Prospects for Trust in Russia*: *The Perspective as Seen from 2010 and 2011 Drafts Amendments to the Russian Civil Code*, 37 Rev. Cent. & E. Eur. L. 31, 38-39（2012）.

［1045］ 条文参见《意大利民法典》，费安玲、丁玫译，中国政法大学出版社1997年版，第59页。

［1046］ Maurizio Lupoi, *The Civil Law Trust*, 32 Vand. J. Transnat'l L. 967, 972（1999）.

［1047］ Hein Kötz, *Trust und Treuhand-eine rechtsvergleichende Darstellung des angloamerikanischen Trust und funktionsverwandter Institute des deutschen Rechts* 40 et seq.（1963）.

国民法典》均有规定），唯独第三种并无基本的立法规范，如同英美式信托一样免受国家控制。而由立法者特别规范的其他制度，被称为“准Treuhand”。[1048]Treuhand作为日耳曼式信托，是一种类似于英美法系信托的制度。[1049]Treuhand纯粹是法官造法的产物，在此方面并不存在一般性的制定法，也无人要求制定这类法律，因为判例已经为实务中的问题提供了足够的解决方案；尽管某些问题仍有待改进，但并无采纳一部信托制定法之必要。[1050]日耳曼式的信托，在内部关系上采用合同的路径，受托人对受益人负有为了信托目的谨慎管理信托财产的合同义务，违反义务时，应负债务不履行的责任；在外部关系上，具有资产分隔效力，信托财产虽由委托人移转于受托人，但不属于受托人的固有财产，而构成独立的财产，受托人的债权人不得追索该财产。此种效力系由德国最高法院通过一系列判例所确立。[1051]日耳曼式信托中，法律对受益权的保护程度，实质上相当于英美信托法给予受益权的保护。[1052]日耳曼式信托除了被用于遗产规划、慈善目的之外，也被广泛用于商业用途，例如，投资团体、信托账户、担保权信托、企业出资人权益信托等。例如，在实务中极为常用的信托账户（Treuhandkonten），通常是由公证人作为受托人在银行开设专户。依照《德国民法典》规定，土地买卖之合意须经公证人公证，实务中各方当事人通常约定，买受人并不将价款直接支付给出卖人，而是支付至公证人的信托账户，由公证人作为受托人持有该账户；待买卖合同约定的条件均已成就（尤其是土地上的担保物权均已涂销、买受人完成土地移转登记已无障碍）后，公证人方可将该款项支付给出卖人。如果该账户清楚地表明为信托账户（Anderkonto），则受托人名下的该账户中的资金均属于信托财产，具有资产分隔效力：受托人的一般债权人不得追索该财产；受托人破产时，该财产不属于其破产财产；受托人的债权人在该财产上设定质权时，

[1048] Stefan Grundmann, *Trust and Treuhand at the End of the 20th Century - Key Problems and Shift of Interests*, 47 Am. J. Comp. L. 401, 423 (1999).

[1049] 德文专著，参见Martin Löhnig, *Treuhand: Interessenwahrnehmung und Interessenkonflikte* (2006); Hein Kötz, *Trust und Treuhand-eine rechtsvergleichende Darstellung des angloamerikanischen Trust und funktionsverwandter Institute des deutschen Rechts* (1963)。我国学者的介绍，参见孙静：《德国信托法探析》，载《比较法研究》2004年第1期；陈大创：《德国法上的信托资金保护——以德国司法判例为中心》，载朱晓喆主编：《中国信托法评论》(第1卷)，法律出版社2018年版，第181页以下。

[1050] Hein Kötz, *The Modern Development of Trust Law in Germany*, in Modern International Developments in Trust Law 50, 62 (David Hayton ed. 1999).

[1051] Stefan Grundmann, *Trust and Treuhand at the End of the 20th Century-Key Problems and Shift of Interests*, 47 Am. J. Comp. L. 401, 407-08 (1999).

[1052] Id. at 425.

信托受益人有权依据《德国民事诉讼法》第771条之规定，提起第三人异议之诉，以消灭该质权；账户所在银行对该账户不享有担保物权，也不得因受托人对银行负有债务，而拒绝支付该账户中的资金；受益人对受托人行使请求权时，银行不得以其对受托人的债权主张抵销。[1053]

作为欧洲私法协调新成果的《欧洲民法典草案》（DCFR）采用将信托独立成编的模式。该草案第10编“信托”，主要受到英国信托法的影响（同时存在若干含糊与不一致之处），由于未能顾及欧洲各国的信托制度、过度倾向于英国法，而被学者批评为并非欧洲层面的“最佳解决方案”。[1054]就其内容而言，总体上仍是着眼于确立信托法的一般规则，并未考虑商业信托的特殊问题。[1055]

（2）商业信托法

欧陆各国迄今尚未制定商业信托基本法，有些法域有关于某种具体商业信托类型的特别法，主要是关于证券投资基金和资产证券化的法律。

欧洲的投资基金，在19世纪晚期的德国与1926年后的意大利已有萌芽。但当时第一波的立法因范围有限，未对市场发生重大影响。第二次世界大战后，集合投资计划的发展刺激了欧洲各国的特别立法。法国于1957年通过首部关于集合投资的立法，德国于同年通过类似立法，确立了以日耳曼式信托（Treuhand）为架构的投资基金。后续立法跟进的国家包括西班牙（1964年）、意大利（1977年）等。各国的陆续立法，促成了

［1053］ 此处关于德国信托用途及信托账户的介绍，引自Hein Kötz, *The Modern Development of Trust Law in Germany*, in Modern International Developments in Trust Law 54-55（David Hayton ed. 1999）。值得注意的是，德国的日耳曼式信托的财产独立性规则，和英美法系信托法的财产独立性规则存在差异。德国的日耳曼式信托，适用“直接性原则”（Unmittelbarkeitsprinzip），据此原则，信托财产仅由委托人直接移转于受托人的财产构成，受托人为了委托人—受益人之利益而从第三人处取得的财产（包括保险金等代位物），不构成信托财产的一部分，即便受托人取得该财产是用委托人提供的资金融资所得。与此不同的是，根据英美法系信托法，受托人在履行其受托人职责过程中从第三人处取得的财产、信托财产的利润、因信托财产毁损所取得的保险金及其他代位物、基于信托财产而发生的债权等，仍属于信托财产。此种直接性原则，对委托人—受益人颇为不利，学者批评其缺乏理据，判例上承认某些例外（尤其是在设有信托账户的情形）。Id. at 57-59.

［1054］ Alexandra Braun, *Trusts in the Draft Common Frame of Reference: The Best Solution for Europe*, 70 Cambridge L. J. 327（2011）. 混合法系学者对该草案的评论，参见M. J. De Waal, *Is the DCFR Trust a Proper Trust–An Evaluation from a South African Perspective*, 2014 Acta Juridica 219（2014）。中文文献的讨论，参见吴英杰：《欧洲民事法模范草案信托编之比较研究》，载《台大法学论丛》第46卷第3期（2017年）。

［1055］ 例如，该草案规定了法院对信托的广泛干预，授予法院指定受托人、解任受托人、变更信托条款等权力。*Principles, Definitions and Model Rules of European Private Law: Draft Common Frame of Reference*, X. -1: 101 cmt. F（Christian von Bar & Eric Clive ed. Full Edition, 2009）. 广泛的司法干预，正是普通信托法而非商业信托法的一大特征。

欧洲共同体市场共同投资基金法的形成。自1985年以来，欧盟发布关于“可转让证券集合投资计划”（Undertakings for Collective Investment in Transferable Securities，UCITS）的指令，意在确立统一的监管准则和投资者保护标准，容许各成员国中满足此类标准的投资基金（可以依照各成员国国内法采取信托、公司等不同组织形式）在欧盟市场发售。但欧盟的相关指令并不取代各国的国内立法。此后欧盟各国仍有多部特别法问世，例如，奥地利《投资基金法》（Investmentfondsgesetz，InvFG），芬兰1999年《投资基金法》。[1056]

欧盟各国国内立法通常比欧盟指令更为详尽。有代表性的立法例，如德国的投资基金法律。德国的投资基金法律经多次修订、重订。2003年12月15日制定的《投资法》（Investmentgesetz，InvG），共6章，146条。修订后的该法，第1章“总则”，下设3节，第1节“通则”，第2节“资本投资公司”，第3节“托管银行”；第2章“特别财产”（Sondervermögen），下设八节，第1节“特别财产通则”，第2节“符合规范的特别财产”，第3节“不动产类特别财产”（Immobilien-Sondervermögen），第4节“混合特别财产”，第5节“养老金特别财产”，第6节“基础设施类特别财产”，第7节“其他特别财产”，第8节“专门特别财产”（Spezial-Sondervermögen）；第3章“投资股份公司”，下设5节，第1节“通则”，第2节“公开发行”，第3节“资本规定”，第4节“投资股份公司组织机构的特别规定”，第5节“记账”；第4章“附加风险的特别财产（对冲基金）”；第5章“销售规定”，下设5节，第1节“通则”，第2节“在其他欧盟成员国或与欧盟成员国签订欧洲范围经济协议的国家内的销售”，第3节“欧盟投资份额依照85/611/EGW准则规定在本法适用地域的公开销售”，第4节“国外投资份额在本法适用地域的公开销售”，第5节“销售的监管”；第6章“罚则与过渡规定”。

2003年《投资法》已于2013年7月22日失效，被《资本投资法典》取而代之。2013年7月4日制定的《资本投资法典》（Kapitalanlagegesetzbuch，KAGB），共8章，359条。第1章“投资财产与管理公司总则”，本章为全法之重心，共161条，下设5节：第1节“通则”，第2节“管理公司”，[1057]第3节

[1056] 关于欧洲投资基金及其法律状况，详见*Commercial Trusts in European Private Law* 24-26（Michele Graziadei，Ugo Mattei，& Lionel Smith ed. 2005）。

[1057] Verwaltungsgesellschaften，该法中也称为资本管理公司。管理公司是投资财产的管理者，其角色类似于美国投资基金法上的投资顾问。德国2003年《投资法》称为资本投资公司（Kapitalanlagegesellschaften）。

“托管机构”，[1058]第4节“开放式国内投资财产”，[1059]第5节“封闭式国内投资财产”。[1060]第2章“公开募集的投资财产”，条文数位居全法第二，共111条，下设4节：第1节“开放式公开募集投资财产通则”，第2节“遵照有价证券集合投资团体指令（OGAW指令）的投资财产”，第3节“开放式国内公开募集的另类投资基金”，第4节“封闭式国内公开募集的另类投资基金”。第3章“国内专门另类投资基金”（Inländische Spezial-AIF），共20条，下设3节：第1节“国内专门另类投资基金通则”，第2节“开放式国内专门另类投资基金规定”，第3节“封闭式国内专门另类投资基金规定”。第4章“投资财产的销售与报酬规定”，共44条，下设3节：第1节“投资财产的销售与报酬规定”，第2节“有价证券集合投资团体的销售广告与销售禁止”，第3节“另类投资基金销售的广告、停止与禁止”。第5章“欧洲风险资本基金”，第6章“欧洲社会企业基金”，第7章“欧洲长期投资基金”，此三章均为关于欧洲市场中特殊基金之规定，每章仅一个条文。第8章“罚则与过渡规定”。

德国的信托型基金，是以日耳曼式信托（Treuhand）为组织形式，虽与英美式信托在具体制度上有所不同，但在资产分隔与信义义务的基本面上，近似于英美式信托。德国2013年《资本投资法典》第92条第1款、第2款规定：属于特别财产的财产，按照投资条款约定，可以属于资本管理公司所有或投资人共有，特别财产应当与资本管理公司的固有财产分别管理；特别财产包括资本管理公司在特别财产所享有的权利基础上或者通过与特别财产有关的法律行为取得的财产，以及特别财产因其所享有的权利而应得的财产。《资本投资法典》明文规定特别财产的独立性：资本管理公司有权以自己的名义，依照法律规定与投资条款处分特别财产中的财产（第93条第1款）；特别财产不负担资本管理公司的义务，资本管理公司无权以投资人的名义负担义务（第93条第2款）；属于资本管理公司的债权，和属于特别财产的债权，不得相互抵销（第93条第5款）；资本管理公司破产时，特别财产不属于资本管理公司的破产财产（第99条第3款）。

在资产证券化方面，欧洲不少国家专门制定特别法调整此种交易，以消除一般法所造成的法律障碍。例如，法国于1988年制定资产证券化法规时，创设一种名为“共同债券基金”（fonds commun de créance，FCC）的

[1058] Verwahrstelle，是投资基金的托管人。德国2003年《投资法》称为托管银行。

[1059] Offene inländische Investmentvermögen，即开放式基金。

[1060] Geschlossene inländische Investmentvermögen，即封闭式基金。

新的组织形式，作为特殊目的载体。FCC并无法人资格，其目的仅限于取得应收款并发行资产支持证券。FCC由发起人设立，由管理人管理，其资产存管于托管人。某些国家采取双轨制，特殊目的载体可以是公司形式或信托基金形式，例如，卢森堡2004年法律；也有某些国家的资产证券化专项立法仅规定公司形式的特殊目的载体，例如，意大利1999年法律、希腊2003年第3156号法律。[1061]

与英美法系不同的是，大陆法系的商业信托，往往是制定法的创造物。例如，美国的共同基金是在普通法商业信托的用途扩张过程中逐渐进化而成，绝少借助于立法，现代德国、卢森堡的共同基金则是经由议会立法方始诞生：1954年之前，共同基金在德国尚不知名。[1062]欧陆各国关于资产证券化的法律亦多如此。其中原因，或可归结为欧陆各国本土式的信托制度在历史上较少用于商业用途，而制定法传统又抑制了信托制度的转型或扩张空间。

与英美法系有联系的是，现代欧陆法上的商业信托法制显著受到英美法系的影响。即便是案例法上已确立本土信托制度的德国，其投资基金立法仍受英美法系影响甚深。德国2003年《投资法》第9条第2款关于资本投资公司（投资基金管理者）义务的规定，几乎逐字逐句翻译并采纳了英美普通法上的信义义务。[1063]德国2013年《资本投资法典》第26条进一步细化了资本管理公司（投资基金管理者）所负的此类义务。不过，除了投资信托有专门的制定法之外，其他各类信托在德国仍适用民法的一般规则。[1064]

2. 拉美

拉美各国的信托法受到罗马法与美国法的双重影响。[1065]拉美诸国的信托也几乎全部为商业信托，其种类包括资产证券化信托、不动产投资信托、天然气经营信托、金融信托等。[1066]阿根廷、危地马拉等拉美诸国已制

[1061] 欧洲资产证券化法律的状况，详见*Commercial Trusts in European Private Law* 505-531（Michele Graziadei，Ugo Mattei，& Lionel Smith ed. 2005）。

[1062] Charles E. Rounds，Jr. & Andreas Dehio，*Publicly-Traded Open End Mutual Funds in Common Law and Civil Law Jurisdictions：A Comparison of Legal Structures*，3 N. Y. U. J. L. & Bus. 473，480，487-88（2007）. 据该文所载，德国、卢森堡共同基金资产规模占欧洲大陆共同基金资产的38%，占全球共同基金资产的12.64%。Id. at 480.

[1063] Id. at 488.

[1064] Hein Kötz，*The Modern Development of Trust Law in Germany*，in Modern International Developments in Trust Law 54（David Hayton ed. 1999）.

[1065] Maurizio Lupoi，*Trusts：A Comparative Study* 269（Simon Dix trans. 2000）.

[1066] Dante Figueroa，*Civil Law Trusts in Latin America：Is the Lack of Trusts an Impediment for Expanding Business Opportunities in Latin America?*，24 Ariz. J. Int' l & Comp. L. 701，744-51（2007）.

定关于资产证券化的法律。[1067]论者指出，拉美关于金融信托的法律仍然较为严格，对受托人资格、信托所持有证券之转让或信托所购买之票据的转让、委托人对受托人之指示等均有严格的限制，此外，机构受托人负担的费用较为高昂，禁止信托进行营利再投资，对信托经营的政府干预较为严重，甚至法律共同体亦缺乏关于信托应用的知识——上述种种因素皆为商业信托在拉美不够发达的原因。[1068]值得一提的是，上述障碍并非缘于信托本质与大陆法系不相符合，而主要是不当管制之产物。事实上，信托制度进入拉美法律体系，本身即大陆法系学者主张的结果。法国著名信托法学者勒鲍尔教授主张大陆法系可以容纳信托制度，并提出以“专用概括财产”理论解释信托的性质。其理论在拉丁美洲获得成功，因为其研究正赶上了拉丁美洲始于20世纪20~30年代的法律改革运动（该运动的推动力来自美国1921年作出的一项报告，该报告指出拉美的银行制度缺乏效率，原因之一是欠缺信托制度）。[1069]

3. 东亚

在东亚，日本、韩国均有单行的信托法，日本是大陆法系国家借鉴英美法上信托制度的较早尝试者，《韩国信托法》借鉴《日本信托法》甚多。但日、韩两部信托法均非为商业信托定制，而是主要以英美的普通信托法为借鉴对象，关于商业信托的规范则散见于特别法之中。

日本于1922年同时制定《信托法》与《信托业法》，体现了以营业信托为中心的立法思想。[1070]但1922年《信托法》的蓝本是英美判例法、1882年《印度信托法》与美国1872年《加利福尼亚州民法典》中关于信托的条文（原属大陆法系的西班牙法，在移植英国信托法这一点上与日本法律文化极为相似）。[1071]所继受之母法既然是普通信托法，该部《信托法》自然基本上未体现商业信托的特殊法理，且强行规范颇多。《信托业法》则是基

[1067] Id. at 744-45.

[1068] Id. at 746-47.

[1069] Maurizio Lupoi, *Trusts: A Comparative Study* 268-69 (Simon Dix trans. 2000).

[1070] [日]能见善久：《现代信托法》，赵廉慧译，中国法制出版社2011年版，第8~9页。

[1071] [日]三菱日联信托银行编著：《信托法务与实务》（第5版），张军建译，中国财政经济出版社2010年版，第24页；Makoto Arai, *The Law of Trusts and the Development of Trust Business in Japan*, in Modern International Developments in Trust Law 66 (David Hayton ed. 1999). 在起草《信托法》过程中，立法者也付出相当多的努力，避免完全采纳英国法，而是注意保持《信托法》与继受德国法的《日本民法典》之间的协调。Makoto Arai, id. at 66.

于规范信托乱象之目的而制定的，[1072]故以公法上的强行规定为主，基本上未考虑私法层面的问题。从1960年开始日本经济高速成长期之后，旧《信托法》一直无法满足开展信托业务的需要，对此问题，当时主要通过所谓“智慧”解决或者通过特别法规定解决。[1073]

20世纪晚期，关于商事信托法的研究成果开始出现，[1074]进而形成了条文化的商事信托法草案。1986年开始运行的日本商事信托研究会，于2000年起草公布了商事信托法纲要。[1075]该纲要共9章59条，从私法的角度提出立法建议，针对商事信托的成立及对抗要件、当事人、对外关系、信托合同变更、信托合并及分立、信托的终止及解除设置诸多有别于民事信托的规范。该法所称商事信托，大体上是指与营业信托的概念，同时结合了受托人的特别权限，[1076]故与商业信托有所不同。该纲要并未成为立法。

《日本信托法》于2006年全面修订，其背景是，随着时代的变迁，1922年《信托法》所体现的强烈的规制色彩在许多方面已远不能适应现代商事信托的发展，于是社会上出现修改信托法的强烈呼声，新法的基石正是“弹性化”。[1077]与旧法不同，新法不再规定公益信托，旧法中关于公益信托的规定被移出，单独制定《公益信托法》。2006年新法虽然是在日本信

[1072] 据前注所引《信托法务与实务》一书与Makoto Arai论文所载，从明治末期到大正年间，在美国被频繁用于财富增值的信托传入日本。1906年，东京信托有限公司成立，是为第一家以信托公司为名的企业。此后信托企业剧增，除了附担保公司债信托以外的信托业务，一时无任何法律约束，其结果是在从明治末期到大正十年（1921年）前后的时间里，“信托”风靡日本全国。在连“信托”概念都不太明确的背景下，许多公司纷纷设立，甚至连贷款业者、不动产中介业者等也都取名为信托公司，此类业者高达数百家（1921年时达488家），其中不乏有利用大众不明信托而实施欺诈行为者，于是日本社会出现了必须予以取缔的呼声。自1916年前后起，为取缔不良业者和培育健全的信托业务，开始步入信托法制化建设的轨道。当时一些恶性业者的胡作非为，造成严重的社会问题，为取缔该种现象，社会强烈要求制定信托业法，但为了实现取缔的目的，认为首先必须厘清信托的组织结构。由于《信托法》《信托业法》是在这一背景下出台的，因此立法的重点是受托人的监管。关于日本信托业的变迁，详见Makoto Arai, *The Law of Trusts and the Development of Trust Business in Japan*, in Modern International Developments in Trust Law 91-100（David Hayton ed. 1999）。

[1073] ［日］神田秀树：《以商事信托法路径审视日本信托法制》，杨林凯译，载《中国政法大学学报》2016年第4期，第107页。

[1074] 代表性的研究成果有［日］鸿常夫编：《商事信托法制》，有斐阁1998年版。

[1075] ［日］商事信托研究会：《商事信托法的研究——商事信托法要纲及其说明》，有斐阁2001年版。该纲要及说明的中译本，参见［日］日本商事信托研究会编著：《日本商事信托立法研究》，朱大明译，法律出版社2019年版。

[1076] ［日］日本商事信托研究会编著：《日本商事信托立法研究》，朱大明译，法律出版社2019年版，第5页。

[1077] ［日］三菱日联信托银行编著：《信托法务与实务》（第5版），张军建译，中国财政经济出版社2010年版，第22、25页。

托法学界日益重视商事信托法研究的背景下制定的，并受到美国普通信托法的深刻影响，[1078]但仍非以商业信托为原型，[1079]也未将商事信托全面纳入，而是采用了杂糅所谓民事信托和商事信托规范的折中做法，于第8章、第9章、第10章分别设“受益证券发行信托的特别规定”“限定责任信托（有限责任信托）的特别规定”“发行受益证券的限定责任信托的特别规定”，该三章规定重在为商业信托所用；第1章至第7章关于信托的一般规范中，亦有某些主要适用于商业信托的规定，如第4章“受益人等”中关于受益人会议的规定（第3节第2小节）。不过，此种对于商业信托的零星规定，并未适应实务界的需求。[1080]同时，2006年新《信托法》虽然具有将僵硬的信托法软化的一面，但是，由于没有体系性地建立与民事信托法理相异的商事信托法理，即使说“柔软（灵活）的信托法可以通用于民事信托和商事信托”，也不等于说“仅有柔软（灵活）的信托法就能解决所有问题”，因此，在2006年大规模修改信托法之后，商事信托法理的欠缺问题依旧存在。[1081]

除信托一般法之外，日本《投资信托与投资法人法》《资产流动化法》等特别法中亦有涉及商业信托的规范。[1082]《投资信托与投资法人法》所规范之投资信托，包括证券投资信托和不动产投资信托。该法最初名为《证券投资信托法》，1998年修订时改名为《证券投资信托与证券投资法人法》，新增加法人型的证券投资信托；2000年再次大规模修改，删去“证券”二字，使号称“日本版REITs”的不动产投资信托业务得以开展。《资产流动化法》是关于资产证券化的法律，也采用了信托型和公司型两种组织形式并驾齐驱的架构，该法共5编，分别为第1编“总则”、第2编“特定目的公司”、第3编“特定目的信托”、第4编“杂则”、第5编“附则”。

韩国于1961年制定《信托法》，系以1922年《日本信托法》为主要参考

［1078］［日］道垣内弘人:《日本信托法的修改》，高庆凯译，载渠涛主编:《中日民商法研究》（第6卷），北京大学出版社2007年版，第324页。

［1079］此观该法多处条文可见。例如，第99条第1款规定:“受益人得向受托人为抛弃受益权之意思表示。但受益人为信托行为当事人时，不在此限。”据此，该法并未将受益人预设为信托行为当事人，此乃普通信托的常态（除自益信托外，受益人通常并非信托行为当事人）。而商业信托受益人是通过出资、认购受益权等行为主动设立或加入商业信托法律关系，必为信托行为当事人。

［1080］［日］道垣内弘人:《日本信托法的修改》，高庆凯译，载渠涛主编:《中日民商法研究》（第6卷），北京大学出版社2007年版，第325页。

［1081］［日］神田秀树:《以商事信托法路径审视日本信托法制》，杨林凯译，载《中国政法大学学报》2016年第4期，第110~111页。

［1082］关于日本投资信托法制，参见高岚:《日本投资信托及投资法人法律制度研究》，云南大学出版社2007年版。关于日本金融资产证券化法制，参见王志诚:《金融资产证券化——立法原理与比较法制》，北京大学出版社2005年版（全书以日本法制与我国台湾地区制度之比较为主轴）。

对象，故与后者极为相似。《韩国信托法》的制定，主要也着眼于商事信托。韩国几乎不使用在英美广泛利用的家族信托、遗嘱信托、公益信托等方式，其主要原因是，此类信托形式和赠与或继承相比，在税法上并无太大的优惠。[1083]1922年《日本信托法》制定当时，基于对信托业者的不信任而设定严格的管制规范，严重限制了信托业的发展。基本继受1922年《日本信托法》的韩国旧《信托法》，存在同样问题。为了避免《信托法》《信托业法》和信托实务的脱节现象、缓解“资本市场统合法”对集团信托和纯粹管理性信托的抑制、通过商事信托扩张信托制度，[1084]韩国于2011年通过新《信托法》，增强了信托制度的任意性。新法共12章，147条，[1085]比2006年《日本信托法》简明，但许多规定与2006年《日本信托法》相似，包括专设一章规定“限定责任信托”（第11章），下设3节：第1节“限定责任信托的设立”，第2节“限定责任信托的登记”，第3节“限定责任信托的清算”。该法也未将商事信托全面纳入，而是采用了杂糅所谓民事信托和商事信托规范的折中做法。

除《信托法》之外，韩国也有若干特别法规定各种商业信托。例如，《资本市场和金融投资业法》中有涉及集合投资信托的规范，《资产流动化法》中有涉及资产证券化信托的规范。

（三）混合法系法域

英国的苏格兰、加拿大的魁北克省、南非共和国，向来被看作混合法系的代表。因受特殊历史传统的影响，此类法域的信托法兼有两大法系的特色，彼此之间则又呈现出相当程度的差异性。

苏格兰曾为独立王国，于1707年与英格兰正式合并。苏格兰法律在历史上与欧洲共同法（尤其是通过荷兰法学家的著作）有紧密联系，又受到英格兰法的影响（即使在合并之前也是如此）。[1086]因此，苏格兰兼具英美法系和大陆法系的特征，被称为混合法系。苏格兰信托法有别于英格兰和威尔士，仍保留了自己的术语和法律依据，并有若干独特的规则。在苏格兰，信托的运用可以追溯到中世纪。苏格兰第一部关于信托的制定法是1867年《信托（苏格兰）法》，后被1921年《信托（苏格兰）法》[Trusts

---

[1083] ［韩］崔埈璿：《韩国信托法的改正》，载王保树主编：《商事法论集》（第18、19合卷），法律出版社2011年版，第284页。

[1084] 同上注，第286页。

[1085] 后因另行制定《公益信托法》，于2014年删去《信托法》第10章“公益信托”（第106~113条）。

[1086] Maurizio Lupoi, *Trusts: A Comparative Study* 292（Simon Dix trans. 2000）. 关于苏格兰的大陆法系传统，参见*The Civil Law Tradition in Scotland*（Robin Evans-Jones ed. 1995）。

(Scotland) Act 1921]所取代，后者是苏格兰关于信托的主要现行法。[1087]该法共36条，是信托一般法，并非为商业信托特制，尽管至少在1921年，信托已被用于商业用途（当然信托同时也被广泛用于遗产规划）。近来，苏格兰法律委员会已于2014年提出信托法改革报告，其中基于商信托广泛运用的大背景，主张应当考虑商信托（commercial trust）的特殊问题。该报告所提及的商信托的特殊问题包括：信托文件可以将解任受托人的权力授予信托人、受托人或其他人，此种解任权在家事信托中极为少见，但在商信托中却相当普遍；受托人的免责条款是商信托的常用机制，基于相同理由，应当容许商信托对其受托人给予补偿；商信托常常可以构成私益目的信托（private purpose trust，区别于公益信托），在此类情形，经常采用宣言信托的形式（例如，资产证券化信托或为担保目的、救济目的而持有财产的信托）；限制信托存续期间的任何规则，不应适用于任何商信托；法院变更信托目的的权力，不适用于商信托。该报告附有《信托（苏格兰）法案草案》，共9章82条，虽未为商信托设置专门章节，但在相关条文中体现了商信托的上述特殊性。[1088]

加拿大魁北克省拥有法国法和英国法的双重传统。1994年施行的《魁北克民法典》融两大法系之长，是20世纪晚期具有世界性影响的民法典，早在《法国民法典》之前即已确立信托制度。《魁北克民法典》是重订1866年《下加拿大民法典》（Civil Code of Lower Canada）的产物。此前施行于加拿大魁北克省的《下加拿大民法典》，将信托定性为一种无偿让与，以生前赠与或遗嘱方式为之。此种定位严重限制了信托在商业中的应用，例如，加拿大法院的相关判例认定，不动产投资信托、股份表决权信托等只能作为合同而发生效力。[1089]《魁北克民法典》中的信托概念更为灵活，可以涵括各种用途的信托，不仅规定"信托可依有偿合同、无偿合同或者遗嘱设立"（第1262条），并且专条规定信托可为担保、投资营利等目的设立（第1263条、第1269条）。学者认为，魁北克信托可能比普通法上的信托更适合商业应用。[1090]尽管如此，《魁北克民法典》并无关于商业信托的特

[1087] 在该法之后，又有若干关于苏格兰信托的制定法，但属于对该法的零星修正，并未全面取代该法的地位。例如，《1961年信托（苏格兰）法》。

[1088] 本段关于苏格兰法律的状况，除另注明出处者外，系参考Scottish Law Commission, Report on Trust Law 10-11, 32, 38, 133, 138, 172, 225, 244, 342, 344 (Scot. Law Com. No. 239, 2014)。

[1089] Donovan W. M. Waters, Mark R. Gillen, & Lionel D. Smith, *Waters' Law of Trusts in Canada* 1367 (3d ed. 2005).

[1090] Id. at 1404.

别规定。而《魁北克民法典》上信托制度的最鲜明特色，是将信托定位为“无所有人的专项概括财产”（详见本书第5章第3节第1目），在比较法上独树一帜。

南非目前尚无商业信托基本法，但有2002年《集合投资计划控制法》（Collective Investment Schemes Control Act）、2012年《金融市场法》（Financial Markets Act）等适用于证券投资基金的法律。

（四）“国际信托”模式

以离岸法域的信托法为主角的“国际信托模式”，是信托法舞台上的新角色，大约兴起于20世纪90年代，以泽西1984年《信托法》为开端。[1091]此类法域，本身有属于大陆法系者，有属于英美法系者，但其信托法大多具有共性：专门制定信托立法；出于国际竞争和争取信托客户的动因，规定诸多有别于传统信托法的规则，诸如广泛承认目的信托、承认永久信托（不采英美法系传统上的反永续规则）、规定信托保护人（protector）。故此，其信托法既有别于英美，亦不同于一般的大陆法系国家。意大利学者Lupoi教授将其归类为与传统英国信托模式、大陆法系或混合法系信托模式相并列的第三种信托模式。[1092]此类法域包括开曼群岛、维尔京群岛、库克群岛、塞浦路斯、泽西、百慕大、巴哈马等。国际信托模式中的资产保护信托、信托保护人等问题，日益受到各国学界和信托实务界关注。[1093]此所谓国际信托模式，主要是指普通信托而言。此类法域的信托法，主要内容系关于普通信托的规则；其商业信托法规范少之又少，更缺乏国际影响。

三、我国商业信托法

（一）我国大陆

如前所论，商业信托法的体系划分，系以自治法主导型的商业信托基本法为主轴，统一适用于各类一般商业信托；以商业信托监管法为例外，特别适用于公募型证券投资信托。由各国现行商业信托法的结构，已可分辨出一般商业信托与公募型证券投资信托的明确界限。我国虽无商业信托基本法，此种界限不完全明晰，但确实存在。明确此种界限，对法律

[1091] Maurizio Lupoi, *The Civil Law Trust*, 32 Vand. J. Transnat' l L. 967, 969 (1999).

[1092] Maurizio Lupoi, *Trusts*: *A Comparative Study* ch. 4 (Simon Dix trans. 2000).

[1093] 专题研究，例如，*Symposium*: *The Rise of the International Trust*, 32 Vand. J. Transnat' l L. 519 (1999)。库克群岛的例证，参见David R. McNair, *Cook Islands Asset Protection Trust Law*, 3 J. Bus. Entrepreneurship & L. 321 (2010)。

解释与适用以及法律制定，皆有意义。

在解释论上，无特别法时，商业信托适用《信托法》。该法客串商业信托基本法的角色。《信托法》应理解为原则上属于任意法，理由如下。

其一，就文义解释与体系解释角度而言，《信托法》虽未如美国统一州法全国委员会《统一信托法典》一般明文规定其任意法性质，[1094]但《信托法》以合同与遗嘱作为设立信托的基本方式，信托合同与信托遗嘱并未变通或突破当时《合同法》与《继承法》以及现行《民法典》的体系及原则，依据合同自由原则与遗嘱自由原则，信托合同与信托遗嘱皆可自由创设当事人的权利义务，且仅受低限度的强行法管制。

其二，就目的解释角度而言，《信托法》就信托内部关系（信托当事人间的权利义务）所设的大量规定，未明确当事人可否另作约定，但并不能将此类规定当然解释为强行法。强行法与任意法的判定，应以法律规范目的为主要依据，不应拘泥于条文表述。信托当事人之间的权利义务，既然无涉第三人利益，原则上当事人自可自由设定、变更、作出偏离于法律规定的约定。信托法有关当事人权利义务之规定，主要目的在于为当事人提供一套信托文件的示范文本，以减少当事人的缔约成本；即使信托法对此未作任何规定，当事人仍可自拟信托条款达成交易，只不过交易成本升高而已。换言之，一般而言，有关信托当事人权利义务的法律规定，并非信托存在与运作的必需条件，[1095]而仅为任意规范，[1096]作为填补信托条款不完备之用。只要当事人基于具体情况与需要拟定的特殊条款无违信托法应有的强行法原理，法律应予充分肯定，而无强行干涉、以违法为由强令无效之理，否则难免导致既无效率又不公平的结果。

其三，就历史解释与比较法解释的角度而言，并无立法资料显示《信托法》大部分规定为强行法，同时，《信托法》为继受英美信托法的产物，继受法未作特别变通者，原则上应与被继受法作同一解释，否则可能导致对法律原则的偏离或体系违反，不利于法律妥当适用与法律目的实现。《信

[1094]《统一信托法典》第105条集中列举信托条款不得改变的强行规范（仅为少数规则），除此以外皆为任意规范。

[1095] 此与信托法上关系第三人利益与公共利益的规定显然不同。涉及第三人（包括债权人、受让人）利益与公共利益的规定，因不存在相关利益主体与信托当事人协商、达成协议的可能，故信托法需就此设置强行规范，以使信托能够得以存在并运作，同时避免信托当事人擅自变通、偏离而致损害第三人利益与公共利益。就经济学观点而言，此种强行规范具有控制负外部性之功能。

[1096] John H. Langbein, *The Contractarian Basis of the Law of Trusts*, 105 Yale L. J. 625（1995）; Henry Hansmann & Ugo Mattei, *The Functions of Trust Law*: *A Comparative Legal and Economic Analysis*, 73 N. Y. U. L. Rev. 434（1998）.

托法》既未明示内部关系规定的强行法性质，宜与其被继受法作同一解释。

由上可知，我国现行法下的商业信托，在基本面上仍受任意法调整；但公募型证券投资信托则同时适用以强行法主导的《证券投资基金法》。虽无证券投资基金之名、但有证券投资基金之实的各类资产管理产品，现由《关于规范金融机构资产管理业务的指导意见》及相关规章统一规范。该指导意见的主线，是将资产管理产品划分为公募产品和私募产品，区分规范强度，关于公募资管产品的监管要求近似于公募证券投资基金。相关规章亦采此模式，例如，《商业银行理财业务监督管理办法》区别公募理财产品和私募理财产品而分设规范（第8条）。此种公私有别的规范模式，实质与美国法相似。至于资产证券化信托，虽由《信贷资产证券化试点管理办法》《资产支持计划业务管理暂行办法》等以强行规范为主导的特别法调整，但究其实质，特别法重心集中于信息披露和金融机构行为监管，对信托组织事项的强行干预甚少。而美国法适用于资产证券化的强行规范，亦集中于信息披露。[1097]形式上的差异是，美国法未对资产证券化设置特殊的监管立法，[1098]是因美国证券法采用功能主义的立法模式，有较强开放性，"证券"定义包括股票、债券、金融衍生工具、受益权凭证、投资合同等具有证券功能的交易工具，资产证券化信托公开发行受益权凭证的行为，与公开公司公开发行股票的行为同样适用证券法、受证券与交易委员会监管。按照证券法的原则，凡公开发行证券的企业，无论其组织形式如何，皆适用证券法。证券法不是为特定形态企业特设之法。我国《证券法》形式主义立法色彩浓厚，[1099]资产证券化无法自动纳入《证券法》的调整范围，不得不制定特别规章和其他规范性文件。[1100]又因监管体制的分立，而形成法出多门、彼此缺乏协调性和融贯性的局面。此种现行法状况，虽对法律架构的稳定性有不利影响，[1101]但并未创设实质上异于其他

[1097] 如果当事人设立从事实业经营的公开型商业信托，则不受此类法律、规章调整。不过，由于我国《证券法》采用形式主义的立法模式，公开发行受益权凭证的商业信托如何适用《证券法》，还需求助于特别规定，或者求助于国务院认定其受益权凭证为《证券法》所称的证券。

[1098] 资产证券化中的证券发行事项，受1933年《证券法》和1934年《证券交易法》规范。James D. Cox, Robert W. Hillman, & Donald C. Langevoort, *Securities Regulation: Cases and Materials* 14-20 (1991).

[1099] 该法虽适用于"国务院依法认定的其他证券"的发行与交易（第2条），但毕竟须以国务院认定为前提，其他证券不能当然适用《证券法》。

[1100] 《证券法》2019年修订后，始对资产支持证券等有所回应，于第2条第3款规定："资产支持证券、资产管理产品发行、交易的管理办法，由国务院依照本法的原则规定。"

[1101] 对于多元监管体制的评述，参见沈朝晖：《企业资产证券化法律结构的脆弱性》，载《清华法学》2017年第6期。

企业形态的特殊规范。

实定法上既客观存在一般商业信托与公募型证券投资信托的区分，明确界定两者之区别，即有正确解释与适用现行法的实际意义。就一般商业信托发生的争议，应基于最大限度地鼓励自治、承认当事人意思表示有效之基本立场而作解释；就公募型证券投资信托发生的争议，则在尊重当事人自治的同时，基于对强行法的合目的性适用[1102]而对自治作必要干预（当然亦不可忽视强行法管制的局限性）。更具体而言，当相关法律未明确某一规定为任意法或强行法时，在适用于一般商业信托的场合，原则上应解释为任意法；在适用于公募型证券投资信托的场合，应基于相关规定的性质或目的，具体解释该规定为任意法或强行法。[1103]

在立法论上，辨明一般商业信托与公募型证券投资信托的区分，对于商业信托法立法、促进商业信托发展乃至其他商业组织法发展，均有意义。诚然，公募型证券投资信托在信托舞台上的角色较为突出，亦容易引发大众关注，但不能据此将商业信托法设计为以强行法为基调的管制法。否则，一般商业信托将难以获得生存和发展的空间。在强行规范充斥的环境下，一般商业信托相对于公司、合伙的优势无从发挥，只能求助于普通信托法。普通信托法虽倡导自治，却存在诸多不适应商业信托之处，依然无法满足商业信托的需求。而一般商业信托作为兼具资产分隔与超级灵活运营与治理机制的商业组织，其存在与发展可弥补公司、合伙及其他商业组织之不足，为交易者提供多样化选择，繁荣企业组织形式之市场。一般商业信托在我国法环境下还可能产生特别意义。现行法上，关于闭锁公司（包括有限责任公司和不公开发行的股份有限公司）的法律制度欠缺赋权性、灵活性，[1104]其他商业组织法亦有管制过度

[1102] 自治法为“目的中立”型规范，法院尊重当事人约定即可，无须考虑是否合乎特定目的；强行法或管制法的解释与适用必须符合规范的目的。

[1103] 上述结论，仍系就信托法上无关第三人利益之规定而言。凡关系到第三人利益之规定，原则上应解释为强行法（权限规范），此点无论对何种信托皆无例外。

[1104] 《公司法》2005年修订时，关于有限责任公司的规定有所放松，但不少规定仍然缺少必要的弹性，例如该法第37条第1款第1~10项关于股东会法定职权的规定、第46条第1~10项关于董事会法定职权的规定（有限责任公司在内部关系上类似于合伙，应当容许股东自主安排股东会与董事会的职权）、第39条第2款第2句关于股东会临时会议的规定。同样欠缺弹性的是，该法将另一类闭锁公司（发起设立的股份有限公司）与募集设立的股份有限公司同等对待，以强行规范为主，未充分注意到两者的重大区别：发起设立的股份有限公司不向公众发行股票，内部关系类似于有限责任公司，不宜由强行法多加干预。该法后续的修正未改变上述格局。

之弊。[1105]一旦高度自由的商业信托法登上舞台，非公开型商业信托可以为商业组织开辟新的边疆。

如同一个多样化的合同市场与产权市场一般，多样化的企业市场（乃至组织市场——包括营利性组织与非营利性组织）亦为经济发展与社会进步的必要条件。作为公共品的法律制度，同样应提供多样化、开放式的产品与服务。合同法具有充分的开放性，可提供近乎无限的合同产品；物权法虽因涉及第三人利益与公共利益，往往采用物权法定的封闭式结构，但仍然尽可能规定多样化的物权类型，以图尽量满足社会需求。[1106]同为私法重要部分的组织法，亦无理由故步自封。而商业信托法回归自治本源，更有创设新型企业形态、填补其他商业组织法之缺陷的功能。

区分一般商业信托与公募型证券投资信托的另一意义是，有助于界定强行法的边界。管制性立法，原则上不应将公募型证券投资信托以外的信托纳入调整范围。例如，资产证券化信托不以证券投资为主业，其资产的主要部分亦非证券（而是普通债权），除受制于证券法的一般监管规范之外，不宜另立管制性法律。

（二）我国台湾地区

我国台湾地区信托法制亦起步较晚。1996年制定“信托法”，2000年制定“信托业法”，奠定了信托法制的基本架构。“信托法”主要借鉴《日本信托法》《韩国信托法》及美国法学会《第二次信托法重述》，“信托业法”则多源于原有法制。[1107]

与大多数非普通法法域相似，证券投资信托充当信托先锋，为此，我

[1105] 合伙原本以灵活性见长，《合伙企业法》依然对合伙设置较多管制。例如第18条与第63条关于合伙协议必要记载事项的规定（法律既已对入伙、退伙、解散与清算作出规定，就不必要求合伙协议记载此类事项；合伙协议未作约定的，自可适用相关的任意规范），第32条对合伙人竞业行为的绝对禁止（对于不执行事务的合伙人，绝对禁止并无必要；即使对于执行事务合伙人，亦应容许合伙协议改变或排除竞业禁止的规定），第75条前半句规定有限合伙企业仅剩有限合伙人时应当解散（应为有限合伙企业留出另选普通合伙人或由有限合伙人转为普通合伙人的机会，以使企业尽量存续）。

[1106] 物权法定原则通行于德国法系，法国法系及英美法系是否一体承认该原则，尚有争议。参见 Thomas W. Merrill & Henry E. Smith, *Optimal Standardization in the Law of Property: The Numerus Clausus Principle*, 110 Yale L. J. 1（2000）。在现代社会，物权法定赖以维持的正当理由只剩交易成本上的节省，但在公示手段日益简便的现代条件下，这一点理由也难以继续立足。学者对此已有较多的分析，即使是在物权法定原则根深蒂固的德国，民法学界对于维持该原则有无必要，也已展开热烈讨论。参见苏永钦：《走入新世纪的私法自治》，中国政法大学出版社2002年版，第87页。我国台湾地区“民法”2009年最新修订后，容许依习惯创设物权，为物权法定原则在制定法上的重大缓和（第757条规定“物权除依法律或习惯外，不得创设”）。

[1107] 关于我国台湾地区信托法制之流变，参见王志诚：《信托法》，五南图书出版公司2020年版，第7~16页。

国台湾地区先制定专项法令，后基于证券投资信托业高速发展与原有法制不尽完备的形势，又制定“证券投资信托及顾问法”。该法以美国1940年《投资团体法》、1940年《投资顾问法》、英国《金融服务法》、日本《投资信托与投资法人法》为参考对象。

为因应资产证券化的发展需求，我国台湾地区于2002年制定“金融资产证券化条例”及“金融资产证券化条例实施细则”，正式确立资产证券化信托制度。该条例采用了特殊目的信托与特殊目的公司并立的法制结构，第二章专门规定特殊目的信托。另一重要法制为“不动产证券化条例”。2003年制定的“不动产证券化条例”，引进美国不动产投资信托制度，确立不动产投资信托及不动产资产信托两种架构，作为不动产证券化的载体。[1108]

（三）我国香港特别行政区

香港特别行政区采用英国法制，其信托法以判例法为主要法源，1934年制定的《受托人条例》为主要的成文信托法规，系仿照英国《1925年受托人法》而制定。香港特别行政区未制定商业信托基本法，但香港特别行政区证券及期货事务监察委员会依据《证券条例》（现为《证券及期货条例》）制定有《单位信托及互惠基金守则》《房地产投资信托基金守则》，适用于证券投资信托与不动产投资信托。守则虽不具有法律效力，但对实务有指导意义。因香港特别行政区证券及期货事务监察委员会获《证券及期货条例》授权，对集体投资计划予以认可，此类守则意在为认可行为订立指引。违反守则，并不发生法律责任，但法院裁判时，可以将守则接纳为证据，并可参照有关条文；证监会将考虑有关缺失会否意味着有关人士并非适当人选，以及有关的信托基金是否适宜继续获得认可。此类守则对受托人、管理人、关联交易等事项设有要求。

2012年8月发布、2014年3月更新的香港特别行政区交易所指引信“HKEx-GL40-12”号，明确容许商业信托上市。此项举措，是对来自新加坡商业信托法的压力之回应。新加坡参考美国法制，制定2004年《商业信托法》，确认商业信托为公司、合伙等之外的一种企业组织形式。近年李嘉诚将和黄旗下的港口业务以商业信托形式分拆到新加坡上市，总集资额达640亿港元，是新加坡历来最大的首次公开售股（IPO）。2011年年初

[1108] 关于“金融资产证券化条例”和“不动产证券化条例”，参见王志诚：《金融资产证券化——立法原理与比较法制》，北京大学出版社2005年版（第2章和第3章讨论金融资产证券化的法制基础与特殊目的信托法制，第6章讨论不动产证券化法制）；王文宇：《民商法理论与经济分析（二）》，中国政法大学出版社2003年版，第371~442页。

电盈将500亿元资产分拆，为免又一块“肥肉”流到新加坡，市场关注香港证监会是否作出妥协，认可商业信托。商业信托这种上市模式，成为与新加坡竞争IPO生意中香港特别行政区的一块软肋。[1109]香港特别行政区交易所反应可谓迅速。该指引信旨在通过列出本交易所的审批原则，及上市申请人考虑申请商业信托上市时应处理的重要事项，协助上市申请人提交申请；同时列出本交易所就商业信托执行上市规则的方针取向。该指引信指出，商业企业可以信托形式成立及由托管人—经理管理，托管人—经理负责经营业务及代表受益人持有资产的法定所有权，商业信托由信托契约成立及规范，一般具备以下特征：目的在于让单位持有人分享或收取管理商业资产或经营业务所得的利润、收益或其他分派或回报；由托管人—经理为所有单位持有人持有商业资产以及管理及经营信托业务；单位持有人对财产的管理并无日常的监督权力；信托单位不可赎回（该指引信第2项）。此处对商业信托特征的描述，近似于新加坡2004年《商业信托法》第2条关于商业信托的定义。香港特别行政区交易所及证监会均认为，上市商业信托单位持有人所得的保障水平须与上市股东所享有的水平相同，《证券及期货条例》中重要的相关条文，适用于商业信托，如同适用于上市公司一样，主要的条文包括市场操纵、内幕交易、股份权益披露等相关规定（该指引信第11项）。

（四）我国澳门特别行政区

澳门特别行政区目前无商业信托基本法，有专门适用于投资基金的《法令第83/99/M号》。澳门特别行政区金融管理局亦已准许多只外地投资基金在澳门特别行政区宣传及销售。[1110]另有适用于私法上之退休金计划与退休基金之设立、运作及取消的《法令第6/99/M号》。该法所称退休基金，采信托法原理，退休金信托结构近似于商业信托。例如，退休基金之形式得为封闭式或开放式（第13条）；[1111]退休基金无限期存续（第26条）。

此外，《澳门商法典》第917~927条有关于信托让与担保合同的规定，

[1109] 周绍基：《港推商业信托仍无期》，香港特别行政区《文汇报》2011年3月24日，B2版。

[1110] 此类基金名录，参见澳门金融管理局网：http：//www. amcm. gov. mo/funds/cfunds. htm。

[1111] 封闭式退休基金，系指有关计划仅涉及一参与法人之退休基金，又或指有关计划虽有多名创立人，但在彼等之间有一种企业、社团、职业或社会等性质之联系之退休基金，且由其提供资金之退休金计划拟接纳新参与法人时，须得到各参与法人之允许。开放式退休基金，系指不要求有关计划之各成员有任何联系之退休基金，而加入该基金仅取决于基金管理实体之接纳。封闭式退休基金系由一间企业或由企业集团、社团，尤其指社会专业领域之社团设立，又或根据雇主团体与劳工团体之协议而设立。开放式退休基金系由任何获许可管理退休基金之实体设立，而基金之总净值划分为以证明书作为凭证之出资单位。

为关于商信托之规范。

第三节　商业信托法的多维性

一、商业信托法发达史

商业信托法的发展史，是一个商业信托法逐渐彰显其自体性的过程。在漫长的法制史中，这一过程相当短暂。直至20世纪初期，学者仍然认为，适用于其他所有信托的法律，即为适用于商业信托的法律。[1112]美国的早期判例对商业信托法的特殊性也估计不足，例如伊利诺伊州判例认为："信托的新应用并不意味着（在认定受托人、受益人或与受托人交易之人的权利时）适用新的法律原则。"[1113]但随着实践的发展，旧有法律日益显得捉襟见肘。当商业信托发育成长之际，商业信托法也开始脱离普通信托法的襁褓，踏上独立发展之路。商业信托法在保留普通信托法的优良基因之余，从其他商业组织法吸收养分，同时自行发展出诸多创新的法则。商业信托法的发展，已经不受普通信托法的羁束。以美国法为例，特拉华州、马萨诸塞州、康涅狄格州等商业信托大州，其普通信托法并不占优势；而加利福尼亚州、[1114]得克萨斯州等普通信托法大州，其商业信托法又不占优势，两州均未制定商业信托基本法，仅有内容较为单薄的不动产投资信托法。[1115]

商业信托法与其他商业组织法的发展也不存在必然关系。仍以美国为例，加利福尼亚州、纽约州、宾夕法尼亚州皆为公司法大州，[1116]但其商业信托法皆不发达。加利福尼亚州法律状况，已如前述。纽约州亦未制定商业信托基本法，仅在某些制定法中提及商业信托并对商业信托有所定义。[1117]宾夕法尼亚州商业信托法总体上属于第二代，兼有第三代商业信托

[1112] Sydney R. Wrightington, *The Law of Unincorporated Associations and Business Trusts* § 37（2d ed. 1923）.

[1113] Schumann-Heink v. Folsom, 159 N. E. 250, 252（Ill. 1927）.

[1114] 加利福尼亚州调整普通信托的主要制定法——《加利福尼亚州遗嘱法典》（California Probate Code），成为美国统一州法全国委员会制定的《统一信托法典》的蓝本，《统一信托法典》的大量规则均来源于《加利福尼亚州遗嘱法典》。

[1115] California Probate Code § 23000 et seq.; Tex. Rev. Civ. Stat. Ann. Art. 6138A, 1.10 et seq.

[1116] 数据显示，加利福尼亚州与纽约州是除了特拉华州之外公司选择注册最多的州。Guhan Subramanian, *The Influence of Antitakeover Statutes on Incorporation Choice: Evidence on the "Race" Debate and Antitakeover Overreaching*, 150 U. Pa. L. Rev. 1795, 1815（2002）.

[1117] 不过，某些第三代商业信托法的草案已陆续被提交至纽约州立法机关。

法的若干特征，但又缺乏第二代法的某些特征，介于第二代与第三代商业信托法之间。[1118]而马萨诸塞州、康涅狄格州等商业信托法大州，其公司法与其他商业组织法逊色于上述各州。唯一的例外为特拉华州。特拉华州公司法、商业信托法的发达程度不仅在美国独占鳌头，而且在环球各法域中亦首屈一指。[1119]特拉华州有限责任企业法、有限合伙法也各擅胜场，在美国非公司型商业组织法中地位显赫。[1120]相当多的有限合伙与有限责任企业选择在特拉华州设立，如同在公司法领域的成功，特拉华州正在非公司企业领域获得统治地位。[1121]

尽管如此，相比于同普通信托法之间的相似性，商业信托法与公司法或非公司企业法更为相似。[1122]对于制定法商业信托而言，更是如此：与公司、有限合伙、有限责任企业类似，但不同于普通信托的是，商业信托是法人，制定法商业信托并须依登记而成立。[1123]

商业信托法既有其独立性，在其身上又能随处可见其他法律留下的影响。可以说，当代商业信托法呈现出今日的样貌，乃是诸法互动的产物。商业信托法修正或取代了普通信托法的大量原则或规则，在继承某些信托法规范之余，又从公司法与非公司企业法中吸收大量原则与规则，信托法、公司法、非公司企业法由是成为商业信托法的三大渊源。[1124]与此同时，非公司企业法本身又具有多维度的性格，含有合同法、信义义务人法(fiduciary law)、代理法、信托法等要素，[1125]诸法互动一方面使非公司企业法得以利用多种法律工具解决问题，另一方面亦为混乱与误解的根源之一。

任何一种非公司企业法皆以合同法与信义义务人法为补充法。[1126]非

[1118] 15 Pa. Cons. Stat. Ann. § 9501 et seq.

[1119] 关于特拉华州竞争力的较近探讨，参见Mark J. Roe, *Delaware's Politics*, 118 Harv. L. Rev. 2491 (2005); Mark J. Roe, *Delaware's Competition*, 117 Harv. L. Rev. 588 (2003)。

[1120] 美国有限责任企业法的权威著作之一《有限责任企业：税法与商法》，专辟一章讨论《特拉华州有限责任企业法》。Carter G. Bishop & Daniel S. Kleinberger, *Limited Liability Companies-Tax and Business Law*, ch. 14 (2003).

[1121] Andrew S. Gold, *On the Elimination of Fiduciary Duties: A Theory of Good Faith for Unincorporated Firms*, 41 Wake Forest L. Rev. 123, 125-26 (2006).

[1122] Uniform Statutory Trust Entity Act, Prefatory Note (2009).

[1123] Id.

[1124] Id.

[1125] Ann E. Conaway, *The Multi-Facets of Good Faith in Delaware: A Mistake in the Duty of Good Faith and Fair Dealing; A Different Partnership Duty of Care; Agency Good Faith and Damages; Good Faith and Trust Law*, 10 Del. L. Rev. 89, 90 (2008).

[1126] Id. at 114.

公司企业法的组织文件一般均为合同(商业信托合同、合伙合同、有限责任企业协议等),原则上适用合同法的一般规则。例如,在英国单位信托实务中,单位信托契据约定的管理人免责条款之解释与效力,是一个合同法问题。由于免责条款通常由管理人起草,在免责条款有两种以上解释时,适用不利解释规则,作不利于管理人的解释。[1127]区别于一般合同的是,企业、投资者与其管理者之间兼又存在信义关系。就信义义务人法而言,合伙法与有限责任企业以代理法为补充法,商业信托法则以普通信托法为补充法,二者存在重大差异。在内部关系上,代理人对被代理人负有忠实义务、[1128]注意义务、[1129]提供重大信息的义务[1130]以及合同约定的其他义务。[1131]在外部关系上,代理关系的另一特征是必然涉及与第三人的关系。非公司企业法的代表人对外实施法律行为,涉及代理法原理。在不采代表说的法域,更是如此。在此类方面,由于商业信托法以普通信托法为补充法,受代理法影响极小。但进一步究其本质,至少就英美法系而言,代理法上的信义义务规则也是根源于信托法,[1132]在内外关系上,二者均有共通之处。

在大陆法系,并无信义义务人法的一般概念,但功能相当的制度也普遍存在于监护、公司、委托合同等法律关系之中。就我国而言,因有《信托法》的存在,商业信托中的信义关系也以信托受托人义务规范为补充法源,除此之外,在设立、解散、清算等方面也需要考虑与《公司法》《合伙企业法》等企业法法理之协调。商业信托文件以合同为主要形式,因此也有适用《民法典》合同编的大量空间。并且,由于我国《信托法》对信托合同的各种事项未设全面规定,更有适用《民法典》的余地。例如受益人将其权利义务概括转移的行为,《信托法》并无规定,而应适用《民法典》第

[1127] Kam Fan Sin, *The Legal Nature of the Unit Trust* 215(1997). 不过,在英美法上,单位信托的信托单位(受益权凭证)属于证券,因此单位信托契据不适用1977年《不公平合同条款法》(不适用于与证券创设或移转相关的任何合同)。Id. at 329.

[1128] Restatement(Third)of Agency § § 8.02, 8.03(2006).

[1129] Restatement(Third)of Agency § 8.08(2006).

[1130] Restatement(Third)of Agency § 8.11(2006).

[1131] Restatement(Third)of Agency § 8.07(2006).

[1132] Myron T. Steele, *The Moral Underpinnings of Delaware's Modern Corporate Fiduciary Duties*, 26 Notre Dame J. L. Ethics & Pub. Pol' y 3, 14(2012).

555条之规定，须经受托人同意。[1133]唯需注意的是，商业信托文件因具有组织合同的性质，有其特殊规则，而不能机械地套用《民法典》合同编的一般规定。对此，将在第8章第2节详述。

二、普通信托法和其他商业组织法对商业信托的适用

商业信托由特别法调整，此类特别法在诸多方面不同于一般信托法。[1134]一般信托法通常将商业信托排除在适用范围之外。[1135]商业信托不适用一般信托法的基本依据在于，商业信托是一种合意性、合同性的关

[1133] 实例：华宝信托投资有限责任公司与上海岩鑫实业投资有限公司信托合同纠纷上诉案，上海市高级人民法院（2004）沪高民二（商）终字第226号民事判决书。该判决认为，《信托法》第48条规定，受益人的信托受益权可以依法继承和转让，但信托文件有限制性规定的除外。根据该条规定，只要信托合同没有限制，受益人可以转让其受益权。但受益人转让其受益权，在未取得受托人同意的情形下，不得对原信托文件作出变更，也不得给受托人附加任何义务。本案中，岩鑫公司与华宝信托之间签订的《资金信托合同》规定，该信托为自益信托、指定管理资金信托。委托人指定信托资金由受托人管理，用于竞拍望春花社会法人股并办理过户，合同存续为2年。而在岩鑫公司与致真公司签订的受益权《转让合同》中则约定，信托合同中转让方享有的委托人和受益人的所有权利、义务均转移给受让方，信托受益权全部转让完成后，信托期限为长期。《转让合同》第7条规定了受益权的再转让，受让人可以转让信托受益权，每次转让额不得少于5万元。转让人与受让人可自行确定具体转让价格，并自行处理资金交割事宜。受益人再转让信托受益权，应持转让合同和信托受益权转让申请书或其他转让申请文件与受让人共同到华宝信托处办理转让登记手续。未到华宝信托处办理转让登记手续的，不得对抗华宝信托。受益人再转让信托受益权，应当将信托项下委托人与受益人的权利和义务全部转让给受让人。两相比较，《转让合同》中对于受益权转让后受益人的权利发生了变更，原《资金信托合同》约定的信托期限由两年变为长期，并且规定了受让人可以分割转让受益权。很明显，岩鑫公司在转让信托受益权时，赋予了新的信托受益人致真公司新的权利，该条款的约定直接给受让人设立了权利，也给受托人华宝信托附加了新的义务。在2004年4月6日岩鑫公司向华宝信托发出的催办函中，岩鑫公司也明确要求华宝信托发行望春花法人股信托受益权转让的信托计划，并要求华宝信托在2004年4月8日前明确履行2004年4月5日签订的《望春花法人股信托受益权再转让合同》。根据以上事实，本院认为，岩鑫公司与致真公司之间签订的《转让合同》虽名为信托受益权转让，实为委托人的权利义务的转让行为。根据合同法的规定，当事人将自己在合同中的权利和义务一并转让给第三人的，应当经对方当事人同意。岩鑫公司在未经华宝信托确认的情况下，将其在《资金信托合同》中的全部权利和义务一并转让给致真公司，明显违反了法律规定。此外，从岩鑫公司与致真公司之间签订的合同内容来看，转让的标的不仅仅涉及受益权，也包括了以受托人名义持有的望春花法人股股权的转让。其转让价格是以每股的协议价格来计算的，其在诉讼中向华宝信托主张的也是转让的差价损失，而不仅仅限于其持有的望春花法人股上的信托利益损失。由此可见，岩鑫公司转让的不是单纯的受益权上的利益而是整个股权。而根据当时社会法人股的转让的有关规定，社会法人股转让只限于转让股数占上市公司总股本的5%以上，且仅限于法人之间“一对一”的转让，不得通过公开拍卖（司法拍卖除外）或者其他公开征集受让人的形式进行。故在此情形下，华宝信托作为信托受托人有权根据法律、法规的规定对转让受益权的内容进行审查，在确定委托人附加其新的义务时，在转让方和受让方未修改相关转让条款前，其有权拒绝办理受益权转让手续。原审认定华宝信托拒绝办理转让手续构成违约，属认定不当，应予纠正。

[1134] Matter of Trust Known as Great Northern Iron Ore Properties, 263 N. W. 2d 610（Minn. 1978）.

[1135] Ruby Mountain Trust v. Department of Revenue of State of Montana, 2000 MT 166, 300 Mont. 297, 3 P. 3d 654（2000）.

系,[1136]而一般信托法则以生前赠与信托与遗嘱信托为主要适用对象,因为普通信托通常是无偿移转。[1137]美国判例法上对此早有明确的自觉,即使未有特别法的规定,也会对商业信托适用不同于普通信托法的规则。例如,普通信托的目的是持有与保存特定的财产,信托的权限附属于此目的。[1138]商业信托的权限同其核心目的(获取营利)紧密相关。[1139]商业信托受托人的权限与义务也有别于普通信托受托人的权限与义务,比如商业信托的受托人可实施某些风险较高的投资,而此类投资若由普通信托的受托人实施,将被认定为违反谨慎义务(注意义务)。[1140]又如在受益权方面,商业信托文件中设定防止挥霍信托条款的,该条款无效;普通信托转换为商业信托时,原信托文件中的防止挥霍信托条款归于无效。[1141]

虽有制定法和判例法创设或适用的大量特别规范,由于商业信托的特别立法和判例法并未覆盖商业信托的全部事项,仍然需要概括性的法律适用规范来指明,在商业信托法无规范之处,应适用何种补充法。对此,美国第二代商业信托法多规定:商业信托法未规定的事项,适用公司法。[1142]此类规定立基于商业信托和公司的共性之上,但未免忽视了商业信托与普通信托的内在联系,且易使公司法的刚性侵蚀商业信托的灵活

[1136] Berry v. McCourt, 1 Ohio App. 2d 172, 30 Ohio Op. 2d 203, 204 N. E. 2d 235(10th Dist. Franklin County 1965).

[1137] I Austin W. Scott & William F. Fratcher, *The Law of Trusts* § 33.4(4th ed. 1987).

[1138] 13 Am. Jur. 2d Business Trusts § 7(2007); Morrissey v. Commissioner of Internal Revenue, 296 U. S. 344, 56 S. Ct. 289, 80 L. Ed. 263, 35-2 U. S. Tax Cas. (CCH) ¶9681, 36-1 U. S. Tax Cas. (CCH) ¶9020, 16 A. F. T. R. (P-H) ¶1274(1935); In re Gurney' s Inn Corp. Liquidating Trust, 215 B. R. 659, 31 Bankr. Ct. Dec. (CRR) 1020, 39 Collier Bankr. Cas. 2d (MB) 325 (Bankr. E. D. N. Y. 1997); In re Treasure Island Land Trust, 2 B. R. 332, 5 Bankr. Ct. Dec. (CRR) 1246, 1 Collier Bankr. Cas. 2d (MB) 407 (Bankr. M. D. Fla. 1980); Carey v. U. S. Industries, Inc. , 414 F. Supp. 794 (N. D. Ill. 1976); Inside Scoop, Inc. v. Curry, 755 F. Supp. 426 (D. D. C. 1989), order aff' d, 923 F. 2d 201 (D. C. Cir. 1991); Koenig v. Johnson, 71 Cal. App. 2d 739, 163 P. 2d 746 (3d Dist. 1945); Denmark Cheese Ass' n v. Hazard Advertising Co. , 59 Misc. 2d 182, 298 N. Y. S. 2d 98 (Sup. Ct. 1969), order modified on other grounds, 33 A. D. 2d 761, 305 N. Y. S. 2d 1019 (1st Dep' t 1969).

[1139] In re Treasure Island Land Trust, 2 B. R. 332 (Bankr. M. D. Fla. 1980).

[1140] Ashworth v. Hagan Estates, 165 Va. 151, 181 S. E. 381 (1935).

[1141] Papale-Keefe v. Altomare, 38 Mass. App. Ct. 308, 647 N. E. 2d 722 (1995).

[1142] 包括亚利桑那州、印第安纳州、堪萨斯州、密苏里州、蒙大拿州、俄勒冈州、田纳西州、华盛顿州与西弗吉尼亚州等州。Ariz. Rev. Stat. Ann. § 10-1879; Ind. Code § 23-5-1-9; Kan. Stat. Ann. § 17-2035; Miss. Code Ann. § 79-15-29; Mont. Code Ann. § 35-5-103; Or. Rev. Stat. § 128.580; Tenn. Code Ann. § 48-101-207; Wash. Rev. Code § 23.90.040(4); W. Va. Code § 47-9A-4(a). 印第安纳州法并规定,商业信托可通过受托人决议采用公司法中的其他条文,采用通知应在登记机关登记。Ind. Code § 23-5-1-9.1.

性。后起之秀纷纷另觅他途。《特拉华州商业信托法》第3809条规定:“除商业信托的商业信托文件另有订定与本法另有规定外,本州关于信托的法律适用于商业信托。”此种规定,上承早期判例法之余绪,下启新一代制定法之新局。早期判例法上的见解,如宣称商业信托适用合同法与信托法的一般原则。[1143]有判例明确地将《信托法重述》适用于商业信托。[1144]《特拉华州商业信托法》第3809条规定代表了最新一代商业信托制定法的普遍立场,[1145]亦为《统一商业信托法》采纳。《统一商业信托法》历次草案均采用以信托法作为补充法的模式,这一选择是基于实证研究之上。研究显示,以信托法为补充法的《特拉华州商业信托法》受市场主体欢迎的程度,远高于以公司法为补充法的各州商业信托法。[1146]这可能也从另一个侧面证明了偏向于公司法将导致商业信托不再具有独到优势。

尽管如此,明文规定以普通信托法为补充法,并未一劳永逸地解决问题,反而出现了新的问题,可归结如下。

1. 普通信托法的不适应症

普通信托法本以无偿信托为典型适用对象,补充适用普通信托法模式,无法避免普通信托法对商业信托法的不适应症。例如,基于普通信托的无偿性,普通信托法上的忠实义务与注意义务比商业组织法的相应义务更为严格,[1147]而不少现代商业信托法未作调整。康涅狄格州等商业信托法对商业信托受托人忠实义务与注意义务的内容未予规定,依法律适用规定,普通信托法的忠实义务与注意义务即自动适用于商业信托,将导致商业信托交易当事人无意间受不适当的普通信托法拘束。如欲避免此种“不合身”的结果,即有必要通过详细起草商业信托文件,定制规则。实务中商业信托文件常明文排除某些普通信托法规则的适用,以特拉华州的实务为例,常被排除的规则包括:《特拉华州法典》第12编“遗产与信托”第3533条、第3540条以及第3583条第a款;除《特拉华州商业信托法》以外的本州其他信托法规范中关于下列事项的条款:将受托人费用与负

[1143] Schumann-Heink v. Folsom, 159 N. E. 250(Ill. 1927).

[1144] Markham v. Fay, 74 F. 3d 1347, 1355(1st Cir. 1996); Schuman-Heink v. Folsom, 159 N. E. 250, 252-53(Ill. 1927).

[1145] Conn. Gen. Stat. § 34-519; Md. Code Ann., Corps. & Ass' ns § 12-102(a); Nev. Rev. Stat. 88A. 160(1); N. H. Rev. Stat. Ann. § 293-B: 10; S. D. Codified Laws § 47-14A-42; Wyo. Stat. Ann. § 17- 23-113.

[1146] Uniform Statutory Trust Act § 105 cmt.(2007 Draft).

[1147] Robert H. Sitkoff, *Trust Law, Corporate Law, and Capital Market Efficiency*, 28 J. Corp. L. 565, 572-76(2003).

担账户或列表报送法院或其他政府机构备案，对受托人、高级管理人员、代理人或受雇人提供担保书（bond）的积极要求，关于取得、持有、处分不动产或动产时须经法院或其他政府机构批准的要求，支付给受托人、高级管理人员、代理人或受雇人的报酬或其他费用，对信托的收入与支出按照本金/收益的模式进行配置，对信托投资可允许的性质、数额或集中度所设的限定或限制，对持有人名义、存管或持有信托资产的其他方式所设要求，对受托人或其他人之补偿、行为、权限所设的信义义务或其他标准、责任或限制而与本信托文件或细则对受托人及管理人员责任、权限所设限制不一致者。[1148]

2. 普通信托法的漏洞

对于某些事项，实际上普通信托法也无相应规范，而仍需寻找其他法律规范，商业信托法在此出现了“精神分裂症”。在此种场合，填补商业信托法漏洞的，不是普通信托法，而是信托法以外的法律规范。

信托法外规范之一是其他商业组织法规范。特拉华州法上即有此种例证。如在*Saminsky v. Abbott*案中，法院将公司法上关于禁止浪费公司财产的原则适用于商业信托，并认为，在此问题上，不应区别对待商业公司与商业信托。[1149]

依《特拉华州商业信托法》第3810条规定，在企业登记机构登记的信托证书及其修改证书、注销证书（均由受托人自行提交）之外，尚有关于修改或注销商业信托证书的法院判决。此类判决经登记方可发生修改或注销商业信托证书之效力。但是，修改或注销信托证书须依何种司法程序、其程序细节如何，商业信托法并未提及。法院修改、注销证书，在普通信托法上并无相应规则可循（因普通信托无须登记证书），只能是来自商业组织法中的制度。企业登记证书的司法修改或注销，系商业组织法的

[1148] Certificate of Amendment of Agreement and Declaration of Trust of Franklin Floating Rate Master Trust Article X, § 2(October 21, 2008).

[1149] Saminsky v. Abbott, 40 Del. Ch. 528, 185 A. 2d 765(1961). 参引公司法的类似案例，又如对于商业信托发起人与商业信托之间的交易，法院将以更高的审查标准，审查发起人是否违反对商业信托及其受益人的义务而从此类交易中获利，或以受益人利益为代价从交易中获利。Kotimsky v. Lubin, 62 F. Supp. 710(E. D. Ill. 1945). 法院引用公司法的法则作为法理依据。Id. at 715（引用18 C. J. S., Corporations, §§ 147.160, pp. 548 to 559; Jackson v. Smith, 254 U. S. 586, 41 S. Ct. 200, 65 L. Ed. 418; Davis v. Las Ovas Co., 227 U. S. 80, 33 S. Ct. 197, 57 L. Ed. 426; Dickerman v. Northern Trust Co., 176 U. S. 181, 20 S. Ct. 311, 44 L. Ed. 423; Tilden et al. v. Barber et al., D. C., 268 F. 587; Pepper v. Litton, 308 U. S. 295, 60 S. Ct. 238, 84 L. Ed. 281; Geddes v. Anaconda Copper Mining Co., 254 U. S. 590, 41 S. Ct. 209, 65 L. Ed. 425).

通行制度。在此，商业信托法未规定的事项，须适用商业组织法的一般规则。

《特拉华州商业信托法》又默示地承认，受益人可能负有信义义务。例如，《特拉华州商业信托法》第3806条第c款规定：依据普通法或衡平法，受托人、受益人或其他人对商业信托、其他受托人或受益人、商业信托文件的其他当事人或受商业信托文件约束的其他人负有义务（包括信义义务）的，商业信托文件可以扩张、限制或免除该义务，但商业信托文件不得排除诚实信用与公平交易的默示合同约款（implied contractual covenant）。该条意味着受益人可承担信义义务与其他义务。第3806条第d款、第e款也提及受益人可能负有信义义务。此种义务的来源是“普通法或者衡平法”。此所谓普通法或者衡平法，几乎不可能是普通信托法。在普通信托法上，受益人并不对其他受益人负有义务，也不对受托人负有义务，更不对信托负有义务（普通信托不是独立主体，无法与受益人发生法律关系）。受益人的义务，只能从普通信托法以外的法律中找寻。真正能够为受益人义务提供法律依据的，是合同法与商业组织法。受益人是商业信托文件的当事人，依据合同法，对合同其他当事人（包括商业信托与其他受益人）负有合同义务。依据公司法，公司的控股股东可能对公司或中小股东负有信义义务；依据合伙法，合伙人之间负有信义义务——尽管商业信托判例法并未明确受益人是否负有信义义务，但由于商业信托受益人与股东、合伙人地位类似，不排除其他商业组织判例法上的信义义务也被类推适用于商业信托受益人之可能。[1150]

信托法外规范之二是合同法。信托是衡平法的产物，在衡平法上自成一体；合同法传统上属于普通法范畴。尽管（普通）信托法与合同法在理念与制度上皆有诸多相通之处，但并无牵连关系，普通信托不必涉及合同法的适用。商业信托既具有合同性质、商业信托文件既为合同而非赠与，自有适用合同法之余地，尤其是商业信托文件的订立、生效、解释、当事人间的合同权利义务等商业信托法未另作规定的事项，皆应补充适用合同法，而非普通信托法。受益人义务，亦为一例。

鉴于普通信托法、其他商业组织法、合同法等均可能成为商业信托的

[1150] 例如，Twenty Seven Trust v. Realty Growth Investors, 533 F. Supp. 1028（D. Md. 1982）（公司型不动产投资信托中，法定的估价权并非异议股东的排他性救济，少数股东有权以违反信义义务为由起诉多数股东）。公司型不动产投资信托与信托型不动产投资信托在功能上的共性，可能使法院将各自法理类推适用于彼此。关于闭锁公司大股东对小股东负有信义义务的重要判例，参见Ueltzhoffer v. Fox Fire Dev. Co., 1991 WL 271584（Del. Ch. 1991）。

补充法，只选取其中某一种法律作为补充法，或者在各种补充法之间排出适用位阶，事实上都是不可能的。因为商业信托法未规定的事项类型各异，无法先验性地断定补充适用何种法律规范更为妥当，留待个案决断可能更为切合实际。对商业信托的某一事项，仅在商业信托法无规定且不与商业信托功能与性质抵触的情形下，方可适用普通信托法；甚至，商业信托法可以断开与普通信托法的链接，成为一部独立适用的法律。[1151]这就需要逐一考察商业信托的各类事项，在解释商业信托法既有规范之余，深入探究未定事项究竟适合以何种规范应对。就立法论而言，则应尽可能充实商业信托法的规范，减少法律漏洞的存在，从而降低误用漏洞填补规范的风险。这也是本书以下各章重点关注之所在。而欲解决这一问题，首先在理念上有必要提示各种商业组织法之间的互动。

三、商业组织法之间的互动

（一）各种商业组织法之间的借鉴与移植

现代法上的商业组织尽管种类多样，但彼此之间的相互借鉴已成为一个普遍趋势。例如，有限合伙法向公司法借鉴派生诉讼制度、有限责任企业法向合伙法借鉴合伙权益分类制度、商业信托法向公司法借鉴商业判断规则，等等。就此意义而言，没有一种商业组织是全新的。[1152]此种借鉴或移植在判例和立法上均有体现。

在美国判例中，法院在处理非公司企业案件时，不得不进行大量“重新发明（reinvent）规则”的工作。法院更希望将适当的“法则选择”之规则纳入制定法，以避免近乎无休止的重新发明工作。[1153]但在制定法作出明文规定之前，法院仍然会从公司法或其他非公司企业法中寻找解决问题的方案。例如，美国法院通常情况下不愿意揭开有限责任企业的面纱、否定有限责任企业成员的有限责任，这一立场与揭开公司面纱案件相似，是一种妥当的类推适用。[1154]对于另外一些问题，判例则颇有分歧。例如，当有限责任企业法未规定成员有权提起派生诉讼时，成员是否可以提起派生诉讼，纽约州法院立场不一。一类判例认为，尽管纽约州有限责任企

[1151] 详见本书第16章第1节。

[1152] 例如，即使是诞生最晚的有限责任企业，亦大量借鉴了合伙法的规则。

[1153] Jack B. Jacobs, *Entity Rationalization: A Judge's Perspective*, 58 Bus. Law. 1043, 1050 (2003).

[1154] Elizabeth S. Miller & Thomas E. Rutledge, *The Duty of Finest Loyalty and Reasonable Decisions: The Business Judgment Rule in Unincorporated Business Organizations*, 30 Del. J. Corp. L. 343, 372 n. 115 (2005).

业法未明文规定成员的派生诉讼权，成员仍然享有提起派生诉讼的普通法权利；[1155]另一类判例认为，纽约州有限责任企业法未规定派生诉讼，因此成员无权提起派生诉讼。[1156]

在立法上，不同组织法之间相互借鉴的例证，亦所在多有。例如，美国统一州法全国委员会制定的《统一合伙法》《统一有限责任企业法》《统一商业信托法》之间多有相互借鉴，美国律师协会修订其卓有影响的《典型有限责任企业法》时，亦从其他各种非公司企业中寻找资源。我国《公司法》《合伙企业法》之中有大量规范相近或相同，亦属其例。

此种趋势的一个更进一步的表现，则是《统一商业组织法典》的问世。美国得克萨斯州于2003年颁行商业组织法典，是为统一法的先声。[1157]美国统一州法全国委员会起草、供各州参考采纳的《统一商业组织法典》(Uniform Business Organizations Code)，于2015年全部起草完成。[1158]该法典设10编，第1编"总则"，第2编"实体交易"(entity transactions)，第3编"普通合伙"，第4编"有限合伙"，第5编"有限责任企业"，第6编"有限(责任)合作社"(limited cooperative associations)，第7编"非公司非营利社团"(unincorporated nonprofit associations)，第8编"制定法信托实体"(商业信托)，第9编"商业公司"，第10编"非营利公司"。第1编即为对各种商业组织法"提取公因式"的产物，第2编则是通用于各种商业组织的交易(包括同类或异类商业组织之间的合并、权益置换、改组等)。其后各编则是各种商业组织单行法的编入。

不同商业组织法之间的借鉴，既有效益，也有成本。效益之一是增强

[1155] Weber v. King, 110 F. Supp. 2d 124 (E. D. N. Y. 2000).

[1156] Schindler v. Niche Media Holdings, LLC, 772 N. Y. S. 2d 781 (N. Y. Sup. Ct. 2003).

[1157] 2003年通过的《得克萨斯州商业组织法典》，现设8编，第1编"总则"，第2编"公司"(下分"营利公司"和"非营利公司"两种子类型)，第3编"有限责任企业"，第4编"合伙"，第5编"不动产投资信托"，第6编"社团"(association，下分"合作社"和"非公司非营利社团"两种子类型)，第7编"专业实体"(professional entities，下分"专业社团""专业公司"和"专业有限责任企业"三种子类型)，第8编"杂项条款与过渡条款"。

[1158] 该法典总则编以及总则编统帅下的法典模式，已被哥伦比亚特区、华盛顿州、爱达荷州、印第安纳州四个法域采纳，相关资料参见美国统一州法全国委员会网：https://www.uniformlaws.org/committees/community-home?CommunityKey=749e5d85-8c36-47dd-8cd8-8ce88d8ba372。分则各编(或章)，各州有所不同。例如，《哥伦比亚特区商业组织法典》现设12章，第1章"总则"，第2章"实体交易"(entity transactions)，第3章"商业公司"，第4章"非营利公司"，第5章"专业公司"，第6章"普通合伙"，第7章"有限合伙"，第8章"有限责任企业"，第9章"普通合作社"，第10章"有限合作社"(limited cooperative associations)，第11章"非公司非营利社团"(unincorporated nonprofit associations)，第12章"商业信托"。

法律的确定性与可预测性，[1159]例如，公司法在商业判断规则方面已积累大量判例与学说，可为商业信托所用，并促进商业信托这一新型商业组织尽早被实务界接受。然而，借鉴亦有意想不到的危险或困难，其一，彼组织的规范可能不适合于此组织的规范，例如，公开公司组织机构的正式规范未必适合于强调内部管理灵活性的闭锁型企业。[1160]其二，被借鉴的规范甚至对于被借鉴企业而言也已是过时的、不合适的。例如，有限合伙法关于出资与分配的规则多来自公司法，对于有限合伙本身而言即已未必适当，而有限责任企业法又从有限合伙法借鉴此类规则，如此一来，不仅使有限责任企业法难以体现自身优势，甚至可能落后于作为母体的有限合伙法。[1161]

无论是法则间移植或法域间移植，法律移植皆可能导致误植之害，且由于基础环境不同，法律移植亦不可能完备。[1162]正如有学者所警示的：法律概念的逻辑自有其势头（momentum），当某一领域的某法律概念植入另一个有根本区别的领域时，不适于另一个领域之利益的概念含义与特性，将随之侵入——移植法律概念而不注意其基础环境，可能导致严重的之害；无法妥适调整以适应新法律体系之需，实为法律移植时常面临难。[1163]从其他法域或部门借鉴概念与规则，对法律事业至关重要，然当吾人如此行事时，务须对不同体系之间的差异保持极度的敏感，以使有益借鉴变异为有害的病毒传染。[1164]信义关系是一个典型的例证：管法院经常将某一种信义关系中的规则适用于另一种信义关系，但此规则类推并不总是妥当的，例如代理、信托、公司三种关系的法理基础和经济原理彼此有别，其中一种关系中的解任规则并不当然适合于他种

[1159] American Bar Association's Prototype Limited Liability Company Act, General considerations underlying the Prototype Limited Liability Company Act (1992).

[1160] Id.

[1161] Id. 例如，美国某些州早期有限责任企业法在借鉴有限合伙法的财务规则后，有限合伙法改变该规则，导致有限责任企业法反而落后。类似事例亦见于其他领域。例如，我国台湾地区1963年仿照美国的《统一动产抵押法》《统一附条件买卖法》《统一信托收据法》，制定"动产担保交易法"。但未及数年，美国即以《统一商法典》第9编废止各个统一法，代之以统一的担保交易制度，"动产担保交易法"随即过时。

[1162] Alan Watson, *Legal Transplants: An Approach to Comparative Law* (1974); Edward Rock & Michael Wachter, *Dangerous Liaisons: Corporate Law, Trust Law, and Interdoctrinal Legal Transplants*, 96 Nw. U. L. Rev. 651, 663 (2002).

[1163] Edward Rock & Michael Wachter, *Dangerous Liaisons: Corporate Law, Trust Law, and Interdoctrinal Legal Transplants*, 96 Nw. U. L. Rev. 651, 652, 671 (2002).

[1164] Id. at 652, 673.

关系。[1165]

也有学者指出，由于非公司企业具有若干在传统上为公司所具备的特征，因此存在一种危险：将公司法的法理（corporate jurisprudence）不加区别地适用于非公司企业。[1166]非公司企业法通过大量的非强制性规范，向非公司企业及其当事人提供了合同自由的广阔空间，公司法则并不具备此种程度上的灵活性。因此，将公司法的制定法规范与判例法规范“整体批发”（wholesale）给非公司企业法，将严重侵蚀非公司企业法以非强制性规范为基石的架构；妥当的做法是，将公司法的任何原则与规范适用于非公司企业法时，必须对此类原则或规范“适用于非公司企业法是否适当”进行详细审查后，方可决定适用。[1167]

就此而言，统一商业组织法典固然是一种雄心勃勃的计划，但需注意分寸，方可避免事与愿违。

除此之外，移植的效益与风险，亦存在于商业信托法与普通信托法之间。例如，受托人违反信托义务之救济，普通信托法已有大量规则，可资商业信托法借鉴，但违反信托义务处分财产后受益人对第三人的追踪
却未必适合于商业信托。

因此，在确定商业信托应有何种规范及规范体系时，仍须全面
一事项，避免作先入为主的简单判断。

（二）商业信托法不可能成为新公司法？

商业信托可吸收任何商业组织之优点，任意组建为其他商业组
态或不同于现有形式的全新商业组织形态。既然如此，商业信托是否
以取代公司、合伙或其他企业形式而独霸天下？是否仅需一部商业信托法即可，其他商业组织法已无存在必要？

当下自然不可能预言商业信托运势如何，但商业信托不可能取代公司及其他商业组织、商业信托法不可能横扫一切，已可断言。但其中原因，并非基于对商业信托或商业信托法的若干偏颇理解。2001年，美国著名信义义务法学者弗兰柯尔教授撰文认为，商业信托不适合于商业与制造业，《特拉华州商业信托法》无法成为新的公司法。该文将传统信托的目的（保存他人的金钱或不动产）称为“信托服务”（trust service），并认

[1165] Tamar Frankel, *Fiduciary Law* 68-69 (2011).

[1166] Elizabeth S. Miller & Thomas E. Rutledge, *The Duty of Finest Loyalty and Reasonable Decisions: The Business Judgment Rule in Unincorporated Business Organizations*, 30 Del. J. Corp. L. 343 (2005).

[1167] Id. at 372.

为商业信托仅被用于信托服务，并未被用于商业与制造业，甚至断言商业信托过去未用于商业与制造业，将来也不可能。[1168]另有学者有类似论断，[1169]但既无实据，又未论证，本书对之不再单独置评。以下集中评论弗兰柯尔教授该文。

商业与制造业为公司的强项，(依传统见解)却为商业信托、有限合伙之类非公司企业的弱项。若能证明商业与制造业企业不宜采用商业信托形式，则上述见解自可圆融。然而，该文并未为此见解提供任何实证证据，尽管作者注意到商业信托也用于石油、天然气开发等行业，但她认为此类行业仍可归于传统信托所涉及的不动产业中。[1170]更为重要的是，该文显然忽视了能够充分证明商业信托广泛用于商业与制造业领域的其他资料。[1171]诚然，商业信托在当代被广泛运用于证券投资基金、资产证券化、不动产投资信托、杠杆租赁等领域，然而，此类领域均为商业信托独占优势的领域，而在传统的商业或制造业领域，商业信托相对于公司、合伙、有限责任企业等商业组织形式的优势并不特别明显，但这并不表明实务中商业信托被排斥于传统行业之外，更不能证明商业信托在传统行业中全无用武之地。商业信托在投资基金、资产证券化等新型行业中的显赫优势与夺目光芒，加深了人们对商业信托的印象，另一面却也遮蔽了商业信托在传统行业中的角色。经验证据恰恰表明相反的结论。因商业信[illegible]无须公开登记，从事商业或制造业的商业信托数量究竟几何，难以[illegible]判例中已可略窥一斑。例如，在该文发表前数年，即有从事商[illegible]开发的商业信托见诸特拉华州最高法院判例，[1172]亦有涉及商

[1168] Tamar Frankel, *The Delaware Business Trust Act Failure as the New Corporate Law*, 23 Cardozo L. Rev. 325, 338, 346 (2001). 该文观点不仅针对特拉华州商业信托而发，还针对一般的商业信托。

[1169] 米勒教授认为，在某些领域的经济组织中，相比于公司，信托居于统治地位；但作为运营实体的组织形式，信托不具有竞争力。Paul B. Miller, *The Future for Business Trusts: A Comparative Analysis of Canadian and American Uniform Legislation*, 36 Queen' s L. J. 443, 499 (2011).

[1170] 弗兰柯尔教授引用的资料为William Meade Fletcher et al., *Cyclopedia of the Law of Private Corporations* § 8231, at 496 & nn. 6-7 (perm. ed. rev. vol. 1995)，其中引用3个判例：Helvering v. Combs, 296 U. S. 365, 366 (1935); Peoples Bank v. D' Lo Royalties, Inc., 235 So. 2d 257 (Miss. 1970); Wichita Royalty Co. v. City Nat' l Bank, 89 S. W. 2d 394, 396 (Tex. 1935)。但该书例示的商业信托涉足行业，仅为冰山一角而已，且该书关于商业信托之论，多以早期判例法为据，早已过时。

[1171] 详见本书第8章第3节部分引用的判例。

[1172] Haley v. Potter, 1995 WL 790980 (Del. Super. 1995).

业贷款购买与回收、[1173]银行或其他储蓄与存款机构接管与保全业务、[1174]从事特许经营融资交易并充当“合成租赁”实体、[1175]用于商标权转让交易、[1176]公用事业项目投资与融资[1177]的特拉华州商业信托见诸联邦法院与其他州法院判例。至于近期判例中出现的特拉州华商业信托，还涉及商业零售中心及相关街区开发建设、[1178]专利权收购、[1179]破产信托[1180]等营业。

该文列举了所谓商业信托不适于商业与制造业的理由。

理由之一，企业从事实际活动时，不仅受到组织法的制约，也受到非组织法的制约。例如，从事饮食服务业的企业，必须遵守关于食品卫生、消防安全等方面的法律规定，无论企业是公司、合伙还是有限责任企业。企业可以自由选择组织形式，[1181]却不能选择直接规范经营活动的非组织法。[1182]前者服务于企业设计者之需，后者适用于全体参与经营活动之人。一般而言，关于企业组织形式的法律与监管企业经营活动的法律是分离的，经营活动监管法通常与组织法无关。[1183]但是，信托法则是一个例外。作为组织法的、调整受托人与受益人关系的法律，与作为经营活动监管法的、规范受托人向受益人提供服务之行为的法律，是同一的。普通信托法

[1173] RTC Commercial Loan Trust 1995-NP1A v. Winthrop Management, 923 F. Supp. 83(E. D. Va ., 1996).

[1174] 801 Nolana, Inc. v. RTC Mortgage Trust 1994-S6, 944 S. W. 2d 751(Tex. App. -Corpus Christi, 1997); RTC Mortgage Trust 1994-N2 v. Haith, 133 F. 3d 574[C. A. 8(Mo.), 1998].

[1175] Unocal Corp. v. Kaabipour, 177 F. 3d 755[C. A. 9(Cal.), 1999].

[1176] Calvin Klein Trademark Trust v. Wachner, 123 F. Supp. 2d 731(S. D. N. Y. , 2000).

[1177] Schweizer v. Keating, 150 F. Supp. 2d 830(D. Md. , 2001).

[1178] Wang v. Wal-Mart Real Estate Business Trust, 153 Cal. App. 4th 790, 63 Cal. Rptr. 3d 575(Cal. App. 4 Dist. , 2007)(特拉华州商业信托参与沃尔玛商业零售中心及相关街区开发建设项目).

[1179] Multimedia Patent Trust v. Microsoft Corp. , Slip Copy, 2007 WL 2696675(S. D. Cal. , 2007).

[1180] In re LJM2 Co-Investment, L. P. , 866 A. 2d 762(Del. Ch. , 2004)(本案的商业信托根据法院裁定的债务人破产计划而设立，用于执行破产事务，银行债权人为该信托的唯一受益人).

[1181] 弗兰柯尔教授在此简要论述了合伙、公司、商业信托的选择性差异。合伙适合于向企业提供人力资本(通常也有财产资本)并对企业有控制权与代表权的投资者，合伙不完全地具有主体地位；公司提供了一种人力资本、财产资本、企业控制权相互分离的具有主体资格的组织形式；信托提供了一种不具有主体地位的、财产所有权与控制权归属于受托人而与受益人相分离的组织形式。Tamar Frankel, *The Delaware Business Trust Act Failure as the New Corporate Law*, 23 Cardozo L. Rev. 325, 333(2001). 这一观点仅描述了普通信托的特征，不符合商业信托的情况。商业信托有主体资格；商业信托可持有财产所有权，此与公司并无区别，以此为前提论证公司比商业信托更适合于商业或制造业，不无偏颇。

[1182] Id.

[1183] Id.

同时适用于信托的组织形式与受托人的经营活动。[1184]但是，信托之形式，适合于信托服务，但并不适合于商业与制造业经营。信托财产权属归于受托人，不便于商业与制造业企业；受托人取得补偿的权利同样不适合于商业与制造业企业。[1185]

理由之二，信托服务与商业、制造业企业存在根本区别，商业与制造业企业不采用特拉华州商业信托形式，是因为此类企业并不提供信托服务，作为提供信托服务之公共受托人的投资基金管理者或养老金信托管理者，拒绝承担商业与制造业企业管理者的角色。[1186]相当多的学者建议强化投资基金与养老金信托作为机构投资者在（商业与制造业）企业经营中的积极作用，但实务界拒绝了此类建议。[1187]在企业中拥有多数股份的投资基金或养老金信托——即使是州养老金信托这一最为积极活跃的基金，也拒绝指派董事进入企业董事会。[1188]作为股东的此类基金对企业经营不满时，会选择出卖股份，而不是用手投票；当需要行使表决权时，此类基金的管理者倾向于按照基金投资者的指示行事，而不是运用裁量权。[1189]信托基金管理者之所以拒绝"机构投资者能动主义"，原因之一是投资管理有别于公司经营，监督不同于运营，而投资管理者擅长于监督而非运营。[1190]

[1184] Id. 至于信托法为何同时包含组织法与经营活动监管法，弗兰柯尔解释道："信托的形式与信托的服务是一回事，信托服务是组织的成员——受托人与受益人之间的关系；受托人主要职能所涉及的法律规则是与组织结构法同样的规则，即受托人对受益人的义务。除此之外没有更多的职能；受托人与第三人之间的关系极为有限。" Id. at 334. 事实上，商业信托法作为组织法，不仅涉及当事人（受托人与受益人）之间的关系，还广泛涉及商业信托及其受托人、受益人与第三人之间的关系，这正是由于商业信托以从事商业活动为业，会与第三人（特别是债权人）发生较多的关系。无论从历史还是现实来看，与第三人的关系，一直是商业信托法着力解决的重大问题，其重要性完全不亚于内部组织问题：以历史视角观之，受益人是否承担对商业信托债务承担有限责任、商业信托是否以信托财产为限承担责任、受托人是否对商业信托债务承担个人责任，是困扰商业信托法的主要问题之一；以现实视角观之，包括《特拉华州商业信托法》在内的现代商业信托法的第一要务，是解决商业信托及其受益人、受托人与债权人的关系问题，确立商业信托的独立人格与受益人的有限责任，对这一问题的解决，也是《特拉华州商业信托法》的主要贡献之一。Wendell Fenton & Eric A. Mazie, *Delaware Business Trusts*, in 2 The Delaware Law of Corporations and Business Organizations § 25.1（R. Franklin Balotti & Jesse A. Finkelstein eds Supp. 1997）.

[1185] Tamar Frankel, *The Delaware Business Trust Act Failure as the New Corporate Law*, 23 Cardozo L. Rev. 325, 330（2001）.

[1186] Id. at 336-37.

[1187] Id. at 336.

[1188] Id. at 337（引用Robert C. Pozen, *Institutional Investors: The Reluctant Activists*, Harv. Bus. Rev., Jan-Feb. 1994, at 140）.

[1189] Id. at 337.

[1190] Id.

理由之三,《特拉华州商业信托法》并未为商业与制造业企业提供优势。商业与制造业企业不使用特拉华商业信托形式,是因为此类企业对适合其需要的公司、合伙、有限合伙、有限责任企业等企业形式有充分的了解,此类企业形式由州法调整,而且相当多的州会修改其法律以适应企业需求的变化。[1191]因此,新型的企业组织形式,特别是具有不确定性的、以往不曾应用于商业与制造业企业的组织形式,必须提供优越于现存组织形式的重大优势。现存的商业组织法已经为应对实际需求进行了重要的变革,如公司法、合伙法放松了管理者的信义义务、将强行规范转变为任意规范,特别是关于注意义务的规定以及取消股东年会要求(关于股东年会的法定要求,对公开公司而言成本高昂,且容易引发复杂的会议最低人数问题)。[1192]有限责任企业法容许有限责任企业成员自由设计其内部关系,以便获得导管税收的优惠待遇。因此,现有的商业组织形式不存在不适合于商业与制造业企业的缺点。《特拉华州商业信托法》可能为商业与制造业企业提供三大优势,但这三种优势实际上并无特殊优越之处:优势之一,《特拉华州商业信托法》可能便于商业与制造业企业设置一种"自我永续"型的董事会(self-perpetuating board),排除股东的表决权,以强化董事会对企业的控制,避免因强化股东控制所需耗费的巨额表决成本,因为私人信托是一种排除受益人控制的机制。但是,近年来的趋势显示,强化董事会独立性的同时,要求董事会承担更高程度的责任。采取自我永续型董事会的风险可能大于效益。优势之二,减轻管理者的责任。公司法容许减轻董事违反注意义务的责任,在维持忠实义务的强行性的同时,将关于注意义务的规定改为任意规范。新的《统一信托法典》也采用了此种模式。但是,《特拉华州商业信托法》不容许将忠实义务与注意义务整体免除。优势之三,规定企业管理者对债权人承担信义义务。关于公司董事是否应当对企业债权人负有信义义务的争论,已持续数年之久,法院则倾向于否定董事对债权人赋予信义义务,除非公司已经或即将丧失清偿能力。一般而言,债权人有必要通过在合同或债券契约中订立详尽的条款来保护自己的权益,而不是求助于董事信义义务。不过,对于具有高度杠杆性的企业(高度依赖于债权融资的企业)而言,可能有必要

[1191] Id. at 337-38. 该文引用的论据是:《特拉华州普通公司法》容许董事会可以通过远程通信手段召集、召开股东会、容许股东通过书面同意选任董事;《马里兰州普通公司法》容许作为投资基金的投资公司不召开股东年会;证券与交易委员会(SEC)的不行动函(no-action letter)将1940年《投资团体法》第32条第a款解释为:除另有规定外,该法不要求投资团体召开股东年会。Id. at 338 n. 37.

[1192] Id. at 338[引用Md. Code Ann., Corps. & Ass'ns § 2-501(b)(1999)].

赋予债权人受益权、为其提供股东式的保护，而商业信托可以满足此种需求。但是，公司法也可以满足这一要求，例如，公司可以将普通股或表决权授予其债权人，大多数公司法均具有足够的灵活性，容许公司发行此类证券。而且，还存在其他机制可以满足此类需要，例如，银行债权人希望获知企业内部事务信息以维护债权安全，为此可协商指派董事进入董事会。企业完全可以利用上述机制达到目的，而不必求助于新型企业组织形式。[1193]

《特拉华州商业信托法》非但不具有上述三种可能的优势，还具有下列弱点：弱点之一，《特拉华州商业信托法》的范围实际上并不像看上去的那么宽泛，该法的某些许可性规范已全部或部分地被联邦法取代。例如，《特拉华州商业信托法》规定商业信托文件可以订定成为受益人的条件，并订定某人符合受益人条件时即成为受益人。因此，投资者支付受益权对价后，即成为受益人并受商业信托文件约束。但是，联邦证券法要求证券发行人公开发行证券时必须披露发行文件（包括商业信托文件）。又如，商业信托法容许商业信托自由安排其内部结构，但1940年《投资团体法》等联邦法对证券投资基金的内部事项设有不少强行规定，州法不得违背。弱点之二，《特拉华州商业信托法》未提供税收优惠。弱点之三，商业信托并未在所有州得到承认，因此，商业信托的有效运用，有赖于商业信托文件选择恰当的法律适用条款；而且，商业信托为普通法系产品，难以在大陆法系国家应用。弱点之四，商业信托不是有助于获取债权融资或筹集新资本的企业形式，而获取债权融资或筹集新资本恰为商业与制造业企业（特别是新企业）所需；此外，采用信托形式的控股企业，可能受反托拉斯法管制。[1194]

理由之四，每一个创新，无论何等出色，都会遭遇抵制。由于路径依赖效应的存在，人们会自觉或不自觉地拒绝使用新的商业组织形式，即使新的商业组织形式更好、更有效率；传统与习惯使商人及其律师倾向于使用既有的商业组织形式。本质上，商业信托取代公司的成本超过了效益。[1195]

上述见解及理由，多有值得商榷之处，对应分述如下。

［1193］ 关于此三种优势，参见Id. at 339-45。

［1194］ 关于此四项弱点，参见Id. at 344［引用Harry G. Henn & John R. Alexander, *Laws of Corporations and Other Business Enterprises* § 60, at 120（3d ed. 1983）］。

［1195］ Id. at 327-28.

针对上述理由一，该文称信托之形式不适合于商业与制造业经营，但正如该文本身所称，无论任何企业从事信托服务，都会受到相应的联邦或州法管制。[1196]在此点上，关于信托业务的法律与管制其他经营活动的法律并无区别。问题在于，采用商业信托形式，可以从事任何营业，无须局限于信托业务；[1197]且设立商业信托并以商业信托形式开展活动，并不构成从事信托业务。再者，商业信托法内容不仅包括组织关系（受托人与受益人之间关系），亦包括商业信托及其受托人、受益人与第三人之关系，后者并非信托经营活动监管法的适用对象。因此，所谓信托组织法与经营活动监管法同一的论断，并无依据。此外，此项论点所用论据与商业信托法的规定不符。商业信托为独立主体，可以以自己的名义持有财产，不必由受托人持有；受托人取得补偿的权利亦类似于公司董事的此种权利（只是比后者更为灵活而已[1198]），既然如此，上述因素何以成为商业信托应用于商业与制造业的障碍，该文并未给出理由。

尽管弗兰柯尔教授认为，当传统的信托服务公开发售、传统的信托服务扩展到金融资产经营管理之后，信托组织法与受托人活动监管法依然保持紧密联系，但她同时也承认，信托服务的公开发售确实改变了受益人与受托人之间的关系，使此种关系更近似于公司而有别于普通信托：商业信托受益人比普通信托更为众多，并且与大多数普通信托不同的是，商业信托的委托人通常是受益人而非第三人，受益人需要对受托人进行控制并有权参与决定商业信托文件的修改。[1199]弗兰柯尔教授同时承认，信托组织法的变化，是基于受托人拓展业务及规避法律对公司之限制的需要。[1200]这进一步表明，不但没有证据证明商业信托不适合从事公司适于从事的行业，并且商业信托还有公司所无之优势。

由于大规模公开发售传统的信托服务涉及金融体系的稳定，联邦法律在相当多的领域取代州法的规定。[1201]弗兰柯尔教授认为联邦法在同一部法律中规定信托组织形式与信托服务，其论据有1940年《投资团体法》、1940年《投资顾问法》、《受雇人退休收入保障法》与联邦货币监理署（Comptroller

---

[1196] Id. at 330.

[1197] Del. Code Ann. tit. 12, § 3801(g).

[1198] 参见本书第11章第8节。

[1199] Tamar Frankel, *The Delaware Business Trust Act Failure as the New Corporate Law*, 23 Cardozo L. Rev. 325, 334(2001).

[1200] Id. at 334 n. 27.

[1201] Id. at 334.

of the Currency)制定的对银行信托部门担任普通信托与养老金信托受托人进行监管的法规。[1202]但是,一个不可忽视的事实是,上述法律与法规仅监管特定行业与特定的主体,只要是从事证券投资、投资顾问等业务,无论投资团体、投资顾问是采用商业信托、公司、合伙或其他组织形式,均同等受该法监管;联邦货币监理署的法规,仅监管银行信托部门从事普通信托与养老金信托业务,并不涉及商业信托。由此可见,上述监管规定并非专门针对商业信托,商业信托亦未受到比公司或其他组织更多、更不利的监管。从事证券投资、投资顾问、养老金信托以外行业的商业信托,并不比公司或其他组织处于更劣势的地位;从事上述行业的公司或其他组织,也并不比商业信托具有更多优势。如果公司以提供传统的信托服务为业并且合法地宣称本公司属于信托公司,在监管法上将被作为信托公司对待,[1203]但如商业信托不从事传统的信托服务,就不适用管制信托服务之法律;即使商业信托选择信托公司作为受托人,信托公司为商业信托从事传统信托服务以外的业务,亦不构成从事信托服务,不适用信托服务管制法,[1204]因为信托服务的定性是以业务为依据,而不是以受托人身份或企业组织形式为准。综上,以存在组织法与活动监管法合一型的法律为据,认定商业信托相比公司而言不适合从事商业或制造业,说服力不足。

针对上述理由二,基金管理者擅长信托服务,确为信托服务与商业、制造业运营的区别,但此见解并未证明商业信托何以“只”适用于信托服务。依据《特拉华州商业信托法》,商业信托完全可以从事信托服务以外业务(包括商业与制造业),同时选任信托公司或基金管理者以外之人为受托人。在此类情况下,受托人仍须履行信托法关于受托人义务的规定,但不必受到信托公司监管法的监管、不必适用投资基金或养老金信托之类的监管法,自不受该文所称的投资管理对商业、制造业企业之不适合性所困。

针对上述理由三,对于商业信托优势与弱点的上述论断,有失偏颇。商业信托并非全新的商业组织形式,有限责任企业的出现远迟于商业信

[1202]　12 C. F. R. § § 9.1-.20(2000). 该法规对银行信托部门的组织要求、业务行为等事项设置监管规定。

[1203]　Tamar Frankel, *The Delaware Business Trust Act Failure as the New Corporate Law*, 23 Cardozo L. Rev. 325, 335(2001)[引用得克萨斯州判例Carney v. Sam Houston Underwriters, Inc. , 272 S. W. 2d 942, 946(Tex. Ct. App. 1954)].

[1204]　除非信托公司监管法禁止信托公司从事传统信托服务业务以外的法律。但即使有此类规定,商业信托也可以选择信托公司以外之人作为受托人,从而彻底避免信托业务监管法的适用。包括《特拉华州商业信托法》在内的现代商业信托法并不将商业信托受托人的资格限定为信托公司、银行信托部门之类的专业受托人或特许受托人,而是容许任何人担任受托人,包括自然人、法人或其他组织。

托，有限责任企业法的不确定性未必少于商业信托法。而且，断言商业信托是以往不曾应用于商业与制造业的企业形式，亦不符合历史与现实。现有商业组织法尽管确有重要变革，但尚不足以完全适应现实需要，该文所称的公司法取消年会要求，仅涉及马里兰州投资公司之类特别适用于证券投资基金的公司形式，并未一般地扩及于所有公司。该文亦低估了商业信托的比较优势。限缩与免除信义义务以及约定对债权人负有信义义务，在商业信托法上远比公司法灵活便利，潜在法律障碍与风险亦较少（公司法受制于国家特许理论及类似障碍以及司法干预的路径依赖因素）。而所谓弱点，又未必真是商业信托的弱点。第一，在美国，商业信托虽受制于联邦证券法等法律，但商业信托法赋予企业的自治空间仍然大于公司、合伙与有限责任企业，例如，商业信托虽须公开披露发行文件，但公开披露要求并不取代商业信托文件自由设定受益人条件的权限；又如，联邦法对商业信托内部事项所设强行规定，仅适用于公募证券投资基金这一特定类型的商业信托，不及于商业与制造业信托。第二，依据特拉华州等州法，商业信托的州税优惠多于其他企业组织，而联邦税法通常一体适用于各类企业，其他类型的企业并无明显的税收优势，何况税收优势并非商业信托赖以发展的主要优势。第三，按照冲突法规范，商业组织一般适用其设立地的法律，只要商业信托文件能够适当选定准据法，则商业信托未在美国各州得到普遍承认，并不构成弱点。第四，认为商业信托不适于获取债权融资或筹集新资本，并无实证依据支持；相反，既有的案例已表明商业信托被广泛用于各种行业，殊难想象商业信托在不具备融资能力的情况下，如何能够从事此类行业？商业信托具有与公司、有限责任企业相同的独立人格与有限责任，何以断言其筹集债权资本的能力低于公司、有限责任企业？[1205] 至于受反托拉斯法制约问题，反托拉斯法适用于任何企业，更非商业信托之弱点。

商业信托相比于公司的真正优势，在于其灵活性。在成员权益安排、企业结构设计、经营管理制度（如受益人会议、受托人会议的召开等）等诸

[1205] 对此，弗兰柯尔教授亦承认，州商业信托立法可缓解商业信托融资能力的短缺，资产证券化信托即为一个证明。参见Tamar Frankel, *The Delaware Business Trust Act Failure as the New Corporate Law*, 23 Cardozo L. Rev. 325, 344-45 (2001)。不过，她同时又认为，资产证券化信托并非从其他营业中融资，而只是持有金融资产并保护此类资产免受资产转让人破产风险的影响，简言之，资产证券化信托仍然扮演了受托人的传统角色。Id.［引用1 Tamar Frankel, *Securitization: Structured Financing, Financial Assets Pools, and Asset-Backed Securities* § § 8.1 to .24 (1991)］.

多方面，商业信托比公司更为灵活，[1206]相比于合伙型企业亦不遑多让，而在确定性方面又胜合伙型企业一筹，[1207]因此，商业信托具有公司与其他商业组织所无的特殊优势，这正是商业信托长盛不衰的关键原因。

上述理由四，确实是商业信托不如公司一般运用广泛的原因。每一种新的商业组织形式或者其他法律工具，在其出现之初，难免会受到漠视或抗拒。出于传统和习惯的因素，出于路径依赖，人们会倾向于使用旧的形式和工具。不过，传统和习惯是动态的，而非静态的。传统和习惯，并不会一成不变。传统和习惯的形成，本身就是一个历史的过程；这一过程的历史性，是永恒的。公司作为一种组织形式在历史上取得统治地位，也并非自始如此，而是竞争过程的产物。公司形式在当前的统治地位，绝不必然能够千秋万代，一劳永逸。在风险投资、私募基金等领域，有限合伙成为比公司更受欢迎的组织形式，正是明证。

此外，弗兰柯尔教授认为，尽管《特拉华州商业信托法》使用了高度赋权性的条文，但该法实际上并未提供所承诺的自由。该法规定，除商业信托文件或本法另有规定外，关于普通信托的法律适用于商业信托。该规定似乎容许当事人选择公司法、合同法等其他法律以适用于该商业信托，但实际上没有任何权威资料支持此种做法，特拉华州律师界亦认为该法不容许商业信托文件完全排除信托法的原则，也不容许商业信托文件通过订定“该商业信托适用公司法、合同法等其他法律”的方式将其他法律完全纳入本商业信托的可适用之法律、致使名为信托的组织实为另一种商业组织。商业信托文件更不容许像合同法一样完全免除受托人的信义义务。信托不是合同。概言之，《特拉华州商业信托法》将普通信托法适用于商业信托、将普通信托法的原则纳入商业信托法，就此而言，该法并不是一种任意规范。[1208]

上述论断至少有两点值得商榷。第一，未详尽准确地描述《特拉华州商业信托法》的真实状况。上述论断的立论基础为：信托法原则（特别是信义义务）过于严格，不适合于商业与制造业企业组织。[1209]然而，《特拉华州商业信托法》广泛涵盖商业信托设立、生效要件、组织结构、受益权、

[1206] 弗兰柯尔前文所称公司法取消年会要求的立法例，恰恰仅存在于投资公司这一特殊行业的公司，并未扩及于所有公司。而商业信托无年会要求则适用于任何种类的商业信托。

[1207] 详见本书第2章第4节。

[1208] 本段内容，参见Tamar Frankel, *The Delaware Business Trust Act Failure as the New Corporate Law*, 23 Cardozo L. Rev. 325, 332, 336(2001)。

[1209] Id. at 336.

受益人诉讼、对第三人的责任等几乎所有信托事项，几乎已完全取代普通信托法的规范，除受托人的选任、解任、信义义务等个别事项外，普通信托法对商业信托的适用机会已相当稀少。即使对于信义义务，《特拉华州商业信托法》也明确容许商业信托文件加以扩张或限制。[1210]所谓特拉华州律师界认为不能“完全排除信托法的原则”，亦无证据支持。[1211]第二，即使不容许商业信托文件纳入公司法等其他法律作为可适用的法律，也无碍于商业信托应用于商业与制造业企业。商业信托原本即不存在固有的组织结构，商业信托既可以组织为适合于金融资产交易的、资产证券化特殊目的实体式的“空壳”企业，亦可组织为适合于工商业经营的高度层级化、正式化的内部结构。商业信托何必整体性地纳入公司法或其他法律？如确有需要，商业信托完全可从公司法、合伙法或其他法律中采摘某些适合于商业需求之规则，纳入商业信托文件。如果再注意到《特拉华州商业信托法》关于内部组织结构的规定接近于其他企业法而与普通信托大异，[1212]当事人又何必在采用商业信托形式的同时，舍弃商业信托的内部组织结构而代之以其他类型的组织结构？

弗兰柯尔教授最后认为，“某些读者可能希望商业信托成为以合同为基础的（contract-based）、由合同来规范的（contract-regulated）新型企业形式，但此种希望只能是幻想”。[1213]这一结论未免草率，姑且不提2001年以来《特拉华州商业信托法》的修正已更加凸显商业信托的合同主导性质，即使以2001年的《特拉华州商业信托法》观之，合同主导性质也已十分显著。

商业信托法之所以短时期内不能取代公司法，原因不在于弗兰柯尔上文所述（路径依赖除外）。公司和公司法的统治地位，可归因于政治因

[1210] 2006年新修正的《特拉华州商业信托法》更明文规定商业信托文件可免除信义义务，但不得排除诚实信用与公平交易的默示合同约定义务。该法将商业信托文件作为合同对待的意旨更为显著。当然，不能以此苛责弗兰柯尔于2001年发表的该文。然而，1998年的非公司企业法判例已表明特拉华州大法官法院承认信义义务可被免除。Sonet v. Timber Co.，722 A. 2d 319（Del. Ch. 1998）. 如果弗兰柯尔认为此判例仅针对合伙、不能准用于商业信托，至少应说明理由，但该文并未提及本案原则。

[1211] 弗兰柯尔教授认为，根据商业界与法律界之见解，《特拉华州商业信托法》可被解释为容许当事人放松（普通）信托法的某些规则，但不容许完全取代普通信托法。参见Tamar Frankel，*The Delaware Business Trust Act Failure as the New Corporate Law*，23 Cardozo L. Rev. 325，328（2001）。特别是关于信义义务的规定，当事人不得完全排除，因为尽管信托具有合同的某些特征（例如，需要当事人之间的合意），但信托文件毕竟不是合同，不适用合同法。Id. at 328；Tamar Frankel，*Fiduciary Law*，71 Cal. L. Rev. 795（1983）. 此说仅为弗兰柯尔教授一己之见，与特拉华州等州现行法不符。

[1212] 参见本书第10、11章。

[1213] Tamar Frankel，*The Delaware Business Trust Act Failure as the New Corporate Law*，23 Cardozo L. Rev. 325，346（2001）.

素、“网络效应”、路径依赖。

就政治因素而言，理博斯坦教授指出，公司的严格形式，使公司便于受监管，因此，偏好公司形式而不容许当市场主体轻易使用其他更灵活的商业组织形式，能够为从政者与利益集团提供更多的寻租机会；对公司实行双重税收制度，特别是对公司征收实体税，减少了股东控制公司收入的驱动；法律通过对公司管理者权限的保护，保存了相关利益集团进行政治游说的能力。[1214]但是，新的公司税收规则、不断强化的联邦法对公司治理的监管以及商业环境与商业性质的变化，可进一步促使企业利用合伙形式。[1215]

就“网络效应”（network effects）而言，如同克劳斯那、理博斯坦等学者所言，商业组织的法律规则，与电脑软件、网络社区之类具有相似的特质：用者越多，价值越大。网络效应可以解释特拉华公司法独领风骚的原因；经由长期的司法积累，特拉华州已经形成丰富的司法资源（包括判例资源、娴熟适用公司法的法院与律师），其他州可以大规模地移植特拉华公司法的条文，却无法轻易具备此类“软资源”。网络效应同样可以解释公司法占据统治地位的原因。[1216]公司作为最受人瞩目的商业组织形态，法律上已形成诸多判例、评论、解释与标准交易格式，此类资料有助于公司法的解释与适用，并减少交易成本；对于新兴商业组织而言，则缺乏较为成熟的辅助资料。合伙型企业法的判例，主要围绕闭锁型企业，距公开型企业较远；商业信托法的判例资源累积亦不足与公司法相比。因此，风险厌恶型的企业管理者可能倾向于避免采用新颖的、在税收或其他方面不确定性较大的新型企业组织形式。除管理者之外，投资者也可能倾向于采用传统的企业组织形式，直到他们相信新型企业组织法的企业治理规则、信义义务规则能够为投资者提供充分的保护。

网络效应也存在于合伙与其他商业组织的竞争之中。例如，在美国，新兴的有限责任企业已经提供了全面的有限责任和类似于有限合伙的集中管理，有限责任企业已能获得与合伙相同的税收待遇，其结构灵活性更甚于合伙——有限合伙的主要特征之一在于制定法默认的有限合伙人

[1214] Larry E. Ribstein, *Why Corporations?*, 1 Berkeley Bus. L. J. 183, 186 (2004).

[1215] Id. at 226-29.

[1216] Michael Klausner, *Corporations, Corporate Law, and Networks of Contracts*, 81 Va. L. Rev. 757 (1995); Larry E. Ribstein, *Why Corporations?*, 1 Berkeley Bus. L. J. 183, 230 (2004).

之消极地位，但有限责任企业自可选择集中化管理而与之接近。[1217]尽管如此，有限合伙并未因此退出历史舞台，相反，有限合伙在大型企业中仍然发挥令人瞩目的作用。在有限责任企业已普遍化的当下，有限合伙何以仍能保持其地位于不坠？有限合伙继续活跃的原因之一在于，有限合伙领域长期以来积累了大量的先例和交易格式，因而具有更强的可预测性。[1218]解释制定法关于普通合伙人积极管理与有限合伙人消极角色之规则的判例法，已成体系。[1219]例如，某些判例基于对有限合伙人消极性之考虑，界定普通合伙人的代理权，而由第三人部分承担普通合伙人滥用合伙资产交易之风险。[1220]有限责任企业法几无此类判例，而且此类判例亦无法类推适用于有限责任企业，因为有限责任企业经理行使的管理权远比有限合伙含糊不清（即使在集中管理的有限责任企业中）。[1221]又如，关于有限合伙中普通合伙人信义义务及放弃信义义务之条款，已形成非公司企业法中最为庞大完整的判例体系，而为有限责任企业法所不及。[1222]事实上，有特拉华州判例即明言，特拉华州法中关于放弃信义义务之规范，正是实务界选择有限合伙形式的重要原因。[1223]商业信托法的判例法资源更不足以与合伙法相比。

就路径依赖而言，对多数人而言，商业信托不是一种非常熟悉的商业组织形式，故而是一种不具有吸引力的投资工具。[1224]为当事人选择企业形式提供顾问服务的律师等专业人士，也会倾向于采纳传统的企业形式，而不愿意偏离标准企业形式，即使后者更有助于客户，因为一旦采用新的企业形式出问题，律师的风险将大于依循传统实践；此时也由于律师不能

[1217] Larry E. Ribstein, *Fiduciary Duties and Limited Partnership Agreements*, 37 Suffolk U. L. Rev. 927, 936(2004).

[1218] Larry E. Ribstein, *The Rise of the Uncorporation* 143(2010).

[1219] Larry E. Ribstein, *Fiduciary Duties and Limited Partnership Agreements*, 37 Suffolk U. L. Rev. 927, 936(2004).

[1220] Anchor Ctr. Partners, Ltd. v. Mercantile Bank, 803 S. W. 2d 23(Mo. 1991); Green River Assoc. v. Mark Twain Kan. City Bank, 808 S. W. 2d 894(Mo. App. 1991).

[1221] Larry E. Ribstein, *Fiduciary Duties and Limited Partnership Agreements*, 37 Suffolk U. L. Rev. 927, 937(2004).

[1222] Id.

[1223] Sonet v. Timber Co., Del. Ch., 722 A. 2d 319(1998).

[1224] Harry G. Henn & John R. Alexander, *Laws of Corporations and Other Business Enterprises* § 60, at 120(3d ed. 1983). 不过，该书并不认同"熟悉度将会鼓励商业与制造业企业使用商业信托形式"这一结论。Id. 同时，该书认为，商业信托能够获得的债权融资数额，受制于该信托的清偿能力，因为受益人通常不对商业信托债务承担无限责任。Id. 但是，商业信托的这一特征，与公司相同，并非商业信托的劣势。

分散其（在传统企业形式上的）人力资本投资，而发生律师同其客户之间的利益背离。[1225]

基于上述原因，公司和公司法的优势地位，至少就总体上而言，仍将长期存在。但这绝不意味着公司和公司法的垄断。在证券投资基金、资产证券化等领域，商业信托法的作用，无法被公司法所取代。同样地，有限责任合伙是律师业、会计师业等专业服务组织的首选形式，有限合伙则在风险投资（Venture Capital，VC，又称创业投资）和私募股权投资（Private Eguity，PE）领域独领风骚。[1226]因此，商业组织更为现实的图景是，公司、合伙、有限责任企业、商业信托等商业组织形式各有所长，在不同的行业与领域中各擅胜场，任何一种商业组织法都不可能通吃百业、包治百病。每一种商业组织及其组织法，于一时一地，自有此消彼长，但各种商业组织及其组织法之间的竞争态势，将永久存在。

[1225] Marcel Kahan & Michael Klausner, *Path Dependence in Corporate Contracting: Increasing Returns, Herd Behavior and Cognitive Biases*, 74 Wash. U. L. Q. 347, 353（1996）; Edward L. Rubin, *The Phenomenology of Contract: Complex Contracting in the Entertainment Industry*, 152 J. Iinst. & Theo. Econ. 123, 135（1996）. 理博斯坦教授亦指出，对新型商业组织的广泛利用，有赖于律师为管理者或投资者提供相应的法律建议或起草相关的企业组织合同。律师有足够的职业声誉激励去参与"批发"型的法律变化，但就从事零售业务（直接为个别客户提供服务）这一层面而言，律师同样需要学习了解新型商业组织所涉及的法律因素，如果律师认为新型商业组织的采用率不尽乐观，致使相应的业务收入不足以补偿律师为此类业务投入的准备成本或者律师因错误理解新型企业法可能招致的执业责任风险，律师可能倾向于建议当事人不采用新型商业组织形式。参见Larry E. Ribstein, *Why Corporations?*, 1 Berkeley Bus. L. J. 183, 231（2004）。

[1226] 此为各国实务中的普遍现象。我国的行业统计数据显示，合伙型基金在创业投资基金、私募股权投资基金中占据绝对优势。首先，就创业投资基金而言，从组织形式看，截至2015年年末，契约型创业投资基金的数量和资产规模分别为59只和238.25亿元，占比分别为4.1%和10.1%。公司型创业投资基金的数量和资产规模为434只和735.58亿元，占比分别为30%和31%。合伙型创业投资基金的数量和资产规模为932只和1340.24亿元，占比分别为64.4%和56.6%。合作制创业投资基金的数量和资产规模为23只和55.77亿元，占比分别为1.6%和2.4%。其次，就私募股权投资基金而言，从组织形式看，截至2015年年末，契约型私募股权投资基金的数量和资产规模分别为1059只和1509.08亿元，占比分别为16.5%和8.4%。公司型私募股权投资基金的数量和资产规模为381只和2051.45亿元，占比分别为5.9%和11.4%。合伙型私募股权投资基金的数量和资产规模为5011只和14，383.35亿元，占比分别为77.4%和80%。合作制私募股权投资基金的数量和资产规模为10只和35.15亿元，占比分别为0.2%和0.2%。以上数据参见中国证券投资基金业协会编著:《中国证券投资基金业年报（2015）》，中国财政经济出版社2016年版，第73、91页。

第四章　商业信托法基本问题及基本原则

第一节　商业信托的内外关系

与普通信托、其他企业组织相似，商业信托所涉私法关系，无非外部关系与内部关系两大类。外部关系指商业信托及受益人、受托人等商业信托文件当事人与第三人的关系，内部关系指商业信托、受益人、受托人等商业信托文件当事人之间的关系。详列如下。

外部关系包括：

其一，商业信托与委托人、受益人、受托人各自债权人之间的关系。在此，基于信托财产独立性以及商业信托的主体地位，商业信托不对委托人、受益人、受托人或其他人的自身债务承担责任，其他人的债权人无权向商业信托主张债权。

其二，商业信托债权人与委托人、受益人、受托人之间的关系。商业信托的债务，由商业信托以信托财产承担，委托人、受益人、受托人均不对商业信托债务承担责任。受益人如有出资，仅以出资额为限承担有限责任，与公司股东、有限合伙人等相同。

其三，商业信托及其委托人、受益人、受托人等与其他第三人之间的关系。债权人以外的第三人，在信托法上主要涉及购买信托财产之人、违反对信托所负义务之人以及参与违反信托义务之人。第三人违反对信托的义务或故意参与违反信托义务之行为的，对商业信托承担责任。

内部关系包括：

其一，委托人与商业信托及其他当事人之间的关系。委托人仅为商业信托设立人，两者的关系一般限于设立阶段，较为简单。

其二，商业信托与受益人之间的关系，即投资者与所投资企业之间的关系。

其三，受益人之间的关系，即投资者相互的关系。

其四，商业信托与受托人之间、受益人与受托人之间的关系。此为企业治理关系，为内部关系之核心。其他管理人与商业信托及其受益人的关系，与此同类。

外部关系第三点，主旨为第三人对信托的责任，本书将在第11章受托人第7节第三人责任中论及。第一、二点为债权人关系，主旨为资产分隔问题，在外部关系中最为重要，堪称基本问题。内部关系即各方当事人之间的关系，其中前三点主旨在于企业一般运营，第四点主旨为企业治理，可总括为运营与治理问题，为又一基本问题。针对两大基本问题，当代商业信托法有两大基本原则，即资产分隔最大化原则与合同自由最大化原则。

资产分隔与意思自治，本为普通信托法之灵魂，是信托相较于其他法律关系之优势所在。在外部关系上，信托财产具有独立性，委托人、受托人、受益人的债权人无权追索，反向而言，信托管理所生债务，以信托财产负担，委托人、受益人不负责任。由此，信托优于委托合同、利益第三人合同等。在内部关系上，基于委托人的处分自由，信托当事人可自由地设定权利义务，信托法仅有少量的强行规则。由此，信托又优于受强行法管制较深的公司；此外，在治理问题上，信托法对受托人课以严格的信义义务，使信托成为一种对受益人具有强大保护功能的关系。[1227]商业信托法对此加以承继并发展，以资产分隔最大化处理债权人关系，使商业信托成为独立于委托人、受益人、受托人或其他人的主体，并创设出独具一格的“系列商业信托”制度（“法人内部之法人”），实现了企业内部的资产分隔；以合同自由最大化处理运营与治理问题，其自治空间更广于普通信托、公司及其他非公司企业，是为最具自治精神与自由气质的“契约式企业”。同时，合同自由最大化原则亦在可能范围内，深入外部关系领域，为君临商业信托法全部疆域之帝王法则。就法律的功能而言，商业信托法有两大功能：一是保护当事人，主要包括受益人与受托人以及商业信托自身；二是保护债权人，主要包括商业信托的债权人、受益人的债权人。保护当事人，主要通过合同自由最大化原则，给予当事人充分的自治空间，保障当事人尽可能自由地追求利益最大化；保护债权人，主要依赖于由法律确立的资产分隔制度。至于保护社会公共利益，系一切法律的共同底线，无须特论。

［1227］ 朗贝恩教授在其著名文章中，将商信托的优势概括为四点：破产隔离，信义义务，管道税收，灵活性。John H. Langbein, *The Secret Life of the Trust*: *The Trust as an Instrument of Commerce*, 107 Yale L. J. 165（1997）. 新西兰法律委员会在信托法审查报告中亦指出，商贸信托（trading trust，大致相当于美国法上的商业信托）因其灵活性与税收优势而在中小企业中日益具有吸引力。Law Commission（New Zealand）: *Review of Trust Law in New Zealand*: *Introductory Issues Paper* 7（Law Commission Issues Paper 19, 2010）.

经由两大原则合体，商业信托在内外关系上均臻于巅峰状态，以致被学者称为企业组织的终极形态。[1228]法律所能为之事，已达极致，此后即是当事人尽展智慧与创造力之舞台。

第二节　外部关系：资产分隔及其最大化

在任何一个市场经济体制中，法律皆有各种商业组织制度，供交易者选择。典型的商业组织形态有公司、合伙与独资企业。若从功能主义视角观之，某些在传统法律观念上不被认为是组织的法律关系，在经济分析中亦可参照组织的原理，因为此类法律关系与组织在基本结构上实有重大的共同点。物权制度（或英美法上的财产权制度）自不必多言，具有类似于组织的资产分隔之效力，即使是法律上通常在合同法领域发挥作用的代理制度，亦存在资产分隔。[1229]普通信托兼具物权和债权的双重属性，甚至被当代理论认为具有组织性。[1230]因此，普通信托在传统观念上虽非法律上的组织，仍不失为组织理论分析的对象。

组织制度的核心问题为，确定债权人与组织及其成员的关系，即外部关系。债权人，包括组织的债权人与组织成员的债权人。组织的债权人是否有权追索组织成员的财产，组织成员的债权人是否有权追索组织的财产，决定了组织的基本面貌。公司、合伙、独资企业的主要区别，即在于此。至于组织的内部关系，即组织内部如何运营、组织内部如何保持成员与管理者之间的平衡，主要由组织当事人通过合同机制处理。法律对不同组织的内部事项虽有不同程度的干预，但法律在组织内部关系中的作用已然日渐淡化。其中原因有二：第一，由于现代经济理论的发展与社会科学认识能力之提升，以及财务工具、商业运行方式之进步，现代法律日趋强调组织内部的合同治理，即使是传统上对于组织内部关系干预较多的公司法，亦已放松管制；第二，由于法律对组织内部事项的管制未必符合当事人的实际需要或实际状况，当事人时常通过各种法律策略规避管制性规定的适用，或削弱管制性规定的效用，致使管制性规定在法律的真

[1228] Henry Hansmann, Reinier Kraakman, & Richard Squire, *Law and the Rise of the Firm*, 119 Harv. L. Rev. 1333, 1397(2006).

[1229] Robert B. Thompson, *Agency Law and Asset Partitioning*, 71 U. Cin. L. Rev. 1321(2003).

[1230] Robert H. Sitkoff, *An Agency Costs Theory of Trust Law*, 89 Cornell L. Rev. 621, 631-33(2004).

实生态中并不重要，甚至完全无足轻重。[1231]

当代组织法的合同性质日益明显，组织法一改往日的刻板面孔，在内部治理上赋予企业组织越来越多的自治空间，组织法中关于组织运营与治理的法律规范日趋任意化，即使在传统上深受管制的公开公司法之中，强行规范的比重也已大幅下降。就此意义上而言，组织法扮演着合同法的角色，此种角色的重要性当然毋庸置疑。[1232]但是，这并非组织法的“本质”角色，即使无组织法，合同法、代理法足可解决此类问题，相比之下，真正不可或缺者，为组织法中关于外部关系的规则，因为外部关系广泛涉及与不特定债权人或其他第三人之间的关系，无法通过合同机制解决。确立资产分隔，方为组织法的本质作用，[1233]合同法与代理法无可替代。就此而言，组织法与物权法（或英美法系的财产法）更加接近：在实际效果上，组织法近似于在企业资产上设定一个浮动担保权，担保权人是不断处于变动之中的企业债权人，至于企业成员及成员的债权人，则近似于企业财产的无担保债权人。[1234]

一、资产分隔的基本类型

新近学说将组织及其成员与债权人的关系，归结为组织法的“本质作用”，组织法关于债权人权利的模式，称为“资产分隔”（asset partitioning）。[1235]此所谓资产分隔，实即“责任财产分隔”。[1236]各国现行法中的资产分隔，可分为三大类型：正向资产分隔、反向资产分隔、内部资产分隔。商业信托法三者兼备。

[1231] Bernard Black, *Is Corporate Law Trivial?: A Political and Economic Analysis*, 84 Nw. U. L. Rev. 542(1990).

[1232] Henry Hansmann & Reinier Kraakman, *The Essential Role of Organizational Law*, 110 Yale L. J. 387, 440(2000).

[1233] Henry Hansmann & Ugo Mattei, *The Functions of Trust Law: A Comparative Legal and Economic Analysis*, 73 N. Y. U. L. Rev. 434(1998).

[1234] Henry Hansmann & Reinier Kraakman, *The Essential Role of Organizational Law*, 110 Yale L. J. 387, 440(2000). 从财产权（物权）角度分析企业组织的主要论著，参见Oliver Hart, *Firms, Contracts, and Financial Structure*(1995); Oliver Hart & John Moore, *Property Rights and the Nature of the Firm*, 98 J. Pol. Econ. 1119(1990)。

[1235] Henry Hansmann & Reinier Kraakman, *The Essential Role of Organizational Law*, 110 Yale L. J. 387 (2000); Henry Hansmann & Reinier Kraakman, *Organizational Law as Asset Partitioning*, 44 Eur. Econ. Rev. 807(2000). 对资产分隔的历史考察，参见Paul Mahoney, *Contract or Concession? An Essay on the History of Corporate Law*, 34 Ga. L. Rev. 873(2000)。

[1236] 有中文文献将asset partitioning译为资产分割。“分割”一词，在法学上常指共有财产的分割，与asset partitioning本义并不相同，为免误解，本书译为资产分隔。

(一)正向资产分隔

正向资产分隔(affirmative asset partitioning),又称"实体防护"(entity shielding),意指一种保护组织财产免受组织成员的债权人追索的规则。依分隔程度的不同,正向资产分隔分为三种形态。

其一,弱式正向资产分隔,又称弱式实体防护(weak entity shielding)。弱式实体防护组织的债权人优先于组织成员的债权人就组织财产获得清偿,换言之,组织成员的债权人可以追索组织资产,但必须在组织债权人已经就组织资产满足债权之后。[1237]任意合伙为其典型。任意合伙无确定的存续期间,合伙人可随时解散合伙,合伙人破产时,合伙人的债权人有权强制清算合伙财产以终结合伙人在合伙中的权益。[1238]

其二,强式正向资产分隔,又称强式实体防护(strong entity shielding),是在弱式实体防护之上增加"清算保护"(liquidation protection),即限制组织成员及其债权人追索组织资产或清算组织资产以变现成员权益。[1239]组织债权人获得清偿之前,组织成员不得撤回出资或清算组织财产,成员的债权人亦无权就组织财产受偿。强式实体防护的典型是公司与有限合伙:股东及其债权人不得在公司债权受偿之前清算公司财产;有限合伙人的债权人无权申请执行合伙财产,只能执行合伙人在合伙中的权益。[1240]

其三,完全正向资产分隔,又称完全实体防护(complete entity shielding),排除组织债权人以外之人的债权,组织成员及其债权人均无权追索组织财产;典型例证是非营利公司(nonprofit corporations)、市政公司(municipal corporations)、公益信托。[1241]此类公司股东或受益人的债权人无权就公司资产或信托财产受偿,甚至股东或受益人亦无权就公司财产或信托财产主张权利,因为非营利公司与公益信托并非为了特定股东或受益人的利益而设立,即使股东或受益人破产,其债权人亦无权从此类公

[1237] Henry Hansmann, Reinier Kraakman, & Richard Squire, *Law and the Rise of the Firm*, 119 Harv. L. Rev. 1333, 1338(2006).

[1238] Alan R. Bromberg & Larry E. Ribstein, *Bromberg and Ribstein on Partnership* § § 3.05(d)(3), 7.06(f)(2005).

[1239] Henry Hansmann, Reinier Kraakman, & Richard Squire, *Law and the Rise of the Firm*, 119 Harv. L. Rev. 1333, 1338(2006).

[1240] Alan R. Bromberg & Larry E. Ribstein, *Bromberg and Ribstein on Partnership* § 13.07(b)(2005).

[1241] Henry Hansmann, Reinier Kraakman, & Richard Squire, *Law and the Rise of the Firm*, 119 Harv. L. Rev. 1333, 1338(2006); Henry Hansmann & Reinier Kraakman, *The Essential Role of Organizational Law*, 110 Yale L. J. 387, 395(2000).

司或信托中分取任何权益。因此，完全正向资产分隔使组织债权人具有排他性的、而不仅仅是优先性的受偿地位。[1242]具有完全正向资产分隔效力的实体称为"超强式法律实体"。[1243]

上述三种正向资产分隔形态，可概括当代主要的组织形式。但就普通信托法而论，还需更为细化的分类，方可准确描述主要的信托类型。以信托法的一般规则而论，普通信托接近于强式正向资产分隔：委托人、受益人的债权人，不得追及信托财产，由此不同于弱式正向资产分隔；然而，普通信托法未设强制性的信托清算程序，不存在与公司法、有限合伙法、有限责任企业法相当的清算保护，因此介乎强式与弱式之间。而在特种信托的家族中，"自由裁量信托"授予受托人自由决定是否将信托利益分配于受益人以及分配数额的权限，受益人无权直接就信托财产受偿，但自由裁量信托遭滥用时（尤其是当委托人兼为受益人或委托人持有决定对己分配的裁量性权限时），债权人可申请法院增加可得的分配数额。[1244]"防止挥霍信托"隔绝受益人的债权人对信托财产的追索，但受益人仍可请求分配信托利益，就信托财产受偿。[1245]因此，自由裁量信托与防止挥霍信托又杂糅强式正向资产分隔与完全正向资产分隔的若干要素。缺乏清算保护，有损债权人利益，对此普通信托法自有对策（如受托人直接对债权人承担责任），但对于商业信托法而言，对企业组织的营运价值不无妨碍，需另寻出路。

在与普通信托法适当分界之余，商业信托法亦需预留不同于其他商业

[1242] Henry Hansmann & Reinier Kraakman, *The Essential Role of Organizational Law*, 110 Yale L. J. 387, 395 (2000). 对此类组织给予完全资产分隔效力，原因之一是出于家长主义的考虑，因为此类组织一般具有公益性；原因之二是此类组织的受益人通常不具有确定的权益，从实践可行性角度而言，受益人的可期待利益极难估价，债权人实际上无法执行此种权益。Id. at 405. 非营利组织的这一特性，导致非营利组织特殊的治理问题：作为个体的受益人缺乏对受托人等管理者进行有效监督的动因，私人机制难以充分发挥监督作用，国家监管成为替代性机制或补充性机制。新近的研究成果，参见Evelyn Brody, *The Limits of Charity Fiduciary Law*, 57 Md. L. Rev. 1400 (1999); Ilana H. Eisenstein, *Keeping Charity in Charitable Trust Law: The Barnes Foundation and the Case for Consideration of Public Interest in Administration of Charitable Trusts*, 151 U. Pa. L. Rev. 1747 (2003)。

[1243] Henry Hansmann & Reinier Kraakman, *The Essential Role of Organizational Law*, 110 Yale L. J. 387, 395 (2000).

[1244] Restatement (Third) of Trusts § 60 (2003).

[1245] 委托人设立防止挥霍信托后，放弃对信托财产的权利，使委托人的债权人无权追索信托财产，Hansmann与Kraakman在此意义上将防止挥霍信托与公益信托等并列为完全正向资产分隔的例证。Henry Hansmann & Reinier Kraakman, *The Essential Role of Organizational Law*, 110 Yale L. J. 387, 395 (2000). 不过，防止挥霍信托最重要的功能、最独特的效力，并非隔断委托人之债权人对信托财产的追索（因为在这一效力上防止挥霍信托与其他普通信托并无区别），而是隔断受益人的债权人对信托财产的追索；并且考虑到受益人是信托财产的利益享有人与剩余财产权利人，则与股东、合伙人等企业成员地位更为类似者，不是委托人，而是受益人。

组织法之特点。概括上述分类标准，正向资产分隔包括三项要素，一是债权的优先受偿顺序，二是清算保护，三是对组织成员退出权（withdrawal rights）的限制：第一项要素赋予组织债权人优先受偿的地位，第二项要素保护组织财产免受来自组织成员债权人的不利影响，第三项要素保护组织资产免受来自组织成员的不利影响。[1246]任意合伙容许合伙人自由退伙，公司限制股东撤资，体现不同程度的资产分隔。不过，资产分隔的各项要素并非不可分割、浑然一体，而是原则上可由组织法自由拆分、组装，以适应特定需要。商业信托一方面具有企业债权人优先受偿与清算保护效力，而否定自由裁量信托与防止挥霍信托之适用，有别于普通信托法；另一方面对受益人赎回受益权采自由化立场（除非商业信托文件另有订定），又有别于公司法。

（二）反向资产分隔

反向资产分隔（defensive asset partitioning），又称所有者防护（owner shielding，为免经济学意义上的所有者与法学意义上的组织成员相混淆，亦不妨称为“成员防护”），意指一种保护组织成员（经济学意义上的组织所有者）财产免受组织债权人追索的规则。[1247]反向资产分隔分为两种形态。

其一，弱式反向资产分隔。弱式反向资产分隔恰似弱式正向资产分隔的镜像，在弱式反向资产分隔的情形，组织成员的债权人优先于组织债权人就成员的财产受偿。[1248]典型例证是英国法与1978年以前美国法上的普通合伙。[1249]

其二，完全反向资产分隔。完全反向资产分隔彻底切断组织债权人就组织成员财产受偿的权利，是有限责任的同义语。[1250]公司股东的有限责任、有限合伙人的有限责任，为其典型。

（三）内部资产分隔

内部资产分隔，可称内部防护。此为商业信托法首创的新制，乃“系

［1246］ Henry Hansmann & Reinier Kraakman, *The Essential Role of Organizational Law*, 110 Yale L. J. 387, 435（2000）.

［1247］ Henry Hansmann, Reinier Kraakman, & Richard Squire, *Law and the Rise of the Firm*, 119 Harv. L. Rev. 1333, 1339（2006）.

［1248］ Id. at 1339.

［1249］ 英国普通合伙法与1978年以前的美国普通合伙法实行“双重优先”规则：对合伙人财产，合伙人的债权人优先于合伙债权人受偿；对合伙财产，合伙的债权人优先于合伙人的债权人受偿。我国《合伙企业法》规定，普通合伙不能清偿到期债务的，合伙人承担无限连带责任（第39条）。但该法未规定合伙人的债权人与合伙的债权人向合伙人自有财产求偿时，何者优先，因此对于此种情形，只能认为两类债权人具有同等的受偿顺序。

［1250］ Henry Hansmann, Reinier Kraakman, & Richard Squire, *Law and the Rise of the Firm*, 119 Harv. L. Rev. 1333, 1340（2006）.

列商业信托”的独到功能，后为有限合伙、有限责任企业效仿，为普通信托法及公司法所无。内部资产分隔有重要优势，并使商业信托的资产分隔效力更为全面。因其新颖性，迄今为止的信托法及商业组织法理论，尚缺乏足够关注，纵是晚近出世的上述资产分隔理论，亦未纳入对内部资产分隔的详细分析。本书第7章将集中讨论。

总体而论，现代商业信托的资产分隔效果，比普通信托更为彻底。就正向资产分隔而言，商业信托为独立主体。就反向资产分隔而言，受益人无须对商业信托的债务承担个人责任，而仅负担有限责任；且商业信托文件可订定受益人有权指示受托人，指示权的存在或行使，亦不影响商业信托的资产分隔。就内部资产分隔而言，更有独特的系列商业信托结构。

上列资产分隔的类型，涉及组织及其成员的资产分隔。此外，资产分隔还涉及组织管理者的资产分隔。在此方面，各种组织几乎完全一致，即确立完全的资产分隔：管理者的债权人无权就组织财产受偿，组织的债权人也无权以管理者的固有财产受偿。[1251]普通信托则独树一帜：受托人应以固有财产对信托债务承担责任，尽管受托人清偿信托债务后可就信托财产获得补偿。普通信托的上述特色渊源于普通信托的特性，与各种形态的商业组织法皆不一致，为商业信托法必须直面并解决的特殊问题。详见本书第6章第2节。

二、正向资产分隔

（一）正向资产分隔的效益

正向资产分隔是法律主体的核心属性。[1252]正向资产分隔使组织的财产独立于其他人，组织由此成为法律上的主体。

对反向资产分隔形态中的有限责任之效益，以往分析已相当充分，[1253]关于正向资产分隔的研究，尚处于门庭冷落的局面。汉斯曼、克拉

[1251] Henry Hansmann & Reinier Kraakman, *The Essential Role of Organizational Law*, 110 Yale L. J. 387, 398(2000).

[1252] Id. at 406.

[1253] Frank H. Easterbrook & Daniel R. Fischel, *Limited Liability and the Corporation*, 52 U. Chi. L. Rev. 89, 93-97(1985); Frank H. Easterbrook & Daniel R. Fischel, *The Economic Structure of Corporate Law* 40-62(1991); Paul Halpern, Michael Trebilcock, & Stuart Turnbull, *An Economic Analysis of Limited Liability in Corporation Law*, 30 U. Toronto L. J. 117, 147- 49(1980); Henry Hansmann & Reinier Kraakman, *Toward Unlimited Shareholder Liability for Corporate Torts*, 100 Yale L. J. 1879, 1919-20(1991); Susan E. Woodward, *Limited Liability in the Theory of the Firm*, 141 J. Institutional & Theoretical Econ. 601(1985).

克曼、斯盖尔教授的长文，开创新局。正向资产分隔有下列效益。

其一，减少债权人监督成本。[1254]法律确立正向资产分隔以后，企业的债权人只需关注企业本身的资产即可，而无须监督企业成员的财产及行为，因为无论成员负有多少债务，其债权人均无权追索企业财产。债权人监督成本的减少，有助于企业更为便利地获取融资，并获得较为优惠的债权融资条件。此项效用对于商业信托尤为重要，因商业信托作为营利企业，获取债权融资能力事关生存；对普通信托却意义甚微，因普通信托以管理现有财产及谨慎投资为使命，获取债权融资非其关注点。

其二，减少破产管理成本。[1255]在没有正向资产分隔的情形，企业成员的债权人可就企业资产受偿。假设投资者A是企业B的股东，当B破产时，破产法院不仅须通知B的债权人参加破产程序，还须通知A的债权人参加破产程序，因为A的债权人对B的财产有同等的受偿地位。企业的成员越多，时间的耗费、司法资源的耗费与判断错误越多，对企业债权人越不利。反之，确立正向资产分隔后，企业破产时，法院立即将企业财产分配于企业债权人即可。

其三，保护企业营运价值。企业成员的债权人无权追索企业资产，可使得企业营运免受成员债权人的影响，故这一功能或许是正向资产分隔最重要的功能，[1256]当今居于主流地位的企业形式均为强式正向资产分隔型企业，即不足为奇。[1257]历史证据表明，公司法对营运价值的维护，是19~20世纪以来公司得以成为推动经济的工具的重要原因之一。[1258]而当代各种企业法，亦日益加强对企业营运价值的维护，即使对于缺乏清算保护的任意性普通合伙，法院亦重视保护营运价值，而将强行处分合伙权益以满足合伙人债权人的债权作为一种最后的救济途径。[1259]保护营运

[1254] Henry Hansmann, Reinier Kraakman, & Richard Squire, *Law and the Rise of the Firm*, 119 Harv. L. Rev. 1333, 1344(2006). 这在公司集团中尤为显著。没有强式资产分隔，任何一个子公司的债权人均需关注母公司的财产，公司集团将难以运行。Henry Hansmann & Reinier Kraakman, *The Essential Role of Organizational Law*, 110 Yale L. J. 387, 399(2000).

[1255] Henry Hansmann, Reinier Kraakman, & Richard Squire, *Law and the Rise of the Firm*, 119 Harv. L. Rev. 1333, 1346-47(2006).

[1256] Id. at 1348.

[1257] Henry Hansmann & Reinier Kraakman, *The Essential Role of Organizational Law*, 110 Yale L. J. 387, 404(2000).

[1258] Margaret M. Blair, *Locking in Capital: What Corporate Law Achieved for Business Organizers in the Nineteenth Century*, 51 UCLA L. Rev. 387(2003).

[1259] Alan R. Bromberg & Larry E. Ribstein, *Bromberg and Ribstein on Partnership* § § 3.05(d)(3)(2005).

价值，不仅通过隔断成员的债权人对企业财产的权利而实现，而且通过限制成员撤资的权利而实现。任意撤回投资，有利于单个成员，却破坏了企业的整体价值，进而损及全体成员利益，而“清算保护”即限制企业成员在企业债权人之前先行撤回出资或对企业财产主张权利，以解决两者的冲突，其限制方式包括成员同意在特定期限内放弃撤资的权利（如定期合伙），以及经多数成员同意清算方可撤资。[1260]对撤资限制最严格者，当数公司法。公司法禁止个别股东任意撤回投资，即使撤回投资有悖于股东的个别利益，亦是如此。由此，公司具有资本锁定效应，这正是公司兴起的重要原因之一。公司的资本锁定效应，也是长久以来被忽视的公司第五项特征。[1261]布莱尔教授指出，资本锁定效应尽管偶尔也被滥用，但一般有助于公司作出长期的、具有高度专用性的投资，从而有助于保护与增进公司股东的整体利益；同时，资本锁定效应有助于保护对企业投入专用资产的其他参与者的利益（如管理者、债权人、受雇人等），此类企业参与者范围广泛，并且通常基于对企业持久存续与财务稳定性的信赖而与企业发生关系。[1262]资本锁定效应，可保护此类参与者免受个别股东的机会主义行为之害。

其四，资本累积与投资分散化。正向资产分隔使企业成员无须关注其他成员的个人财务状况，减少了成员之间相互监督的成本，从而降低了企业大规模募集资产的成本，使投资者可以不再局限于家庭成员、亲友或其他易于互相监督的群体范围，这也有助于促进投资者在不同的企业中进行投资，从而分散风险。[1263]此项功能亦有助于解释为何独资企业、任意性普通合伙通常无法成为公开型企业。

其五，可转让的成员权益。清算保护减少了成员彼此进行监督的成本、减少对成员资格进行限定的重要性（成员个人的可信度不再成为决

[1260] Henry Hansmann, Reinier Kraakman, & Richard Squire, *Law and the Rise of the Firm*, 119 Harv. L. Rev. 1333, 1348-49 (2006).

[1261] Lynn A. Stout, *On the Nature of Corporations*, 2005 U. Ill. L. Rev. 253, 253 (2005).

[1262] Margaret M. Blair, *Locking in Capital: What Corporate Law Achieved for Business Organizers in the Nineteenth Century*, 51 UCLA L. Rev. 387 (2003); Margaret M. Blair, *The Neglected Benefits of the Corporate Form: Entity Status and the Separation of Asset Ownership from Control*, in Corporate Governance and Firm Organization: Microfoundations and Structural Forms 45 (Anna Grandori ed. 2004); Margaret M. Blair, *Reforming Corporate Governance: What History Can Teach Us*, 1 Berkeley Bus. L. J. 1 (2004).

[1263] Henry Hansmann, Reinier Kraakman, & Richard Squire, *Law and the Rise of the Firm*, 119 Harv. L. Rev. 1333, 1350 (2006).

定性因素），从而促进成员权益的可转让性。[1264]同时，强式资产分隔提高了企业的稳定性、增强了企业的营运价值，反过来可增强成员权益的价值。

上述各项效用，可解释强式资产分隔对普通信托并非必需，但对于商业信托则又至关重要。首先，增强债权融资能力之功用，在商业环境下尤有意义，商业信托作为营利组织，获取债权融资的能力往往关乎组织生存或发展；对普通信托却意义甚微，因普通信托以管理现有财产及谨慎投资为使命，获取债权融资非其关注点。其次，保障组织的营运价值，亦为营利性企业的生命线，而普通信托的永久存续本为法律限制的对象（主要限制手段为反永续规则与反累积规则）。最后，吸引陌生投资者以大规模筹集资本，为企业的任务，却非普通信托的本旨，普通信托原本限于家事领域，受益人为关系紧密型群体，引入陌生者反而有损普通信托的运行；同理，增强受益权的可转让性亦与此相悖，而且，限制受益权的可转让性常与保障受益人生计之信托目的相符（防止挥霍信托的盛行即本于此旨），亦不同于商业信托尽量促进投资权益流通性之需。

商业信托于18、19世纪成为大规模融资与经营的工具，增进投资流动性及分散化，实有赖于强式正向资产分隔之功。自普通信托传承而来的信托财产独立性，加以商业信托实体化，使商业信托得以充分发挥其效益。此亦表明，强式资产分隔或资本锁定，并非公司制所独有的优势，而历史证据亦表明，公司几乎从来都不是强式正向资产分隔的唯一来源，在此方面，商业信托至少与公司一样强大。[1265]

[1264] Id. 该文认为，尽管传统观点认为有限责任是所有者（成员）权益可转让性的基石，但实际上，有限责任既不是所有者权益可转让性的必要条件，也不是充分条件：不是必要条件，是因为所有者权益的流通市场需要按份责任，只要所有者承担按份责任，即使是按份无限责任，也可以成为公开市场的交易标的，20世纪就已经有股东承担无限责任的企业进入公开资本市场；不是充分条件，是因为有限责任并未将企业所有者进行过度借贷的风险中立化（缺乏强式资产分隔，即使股东仅承担有限责任，各个股东的债权人仍可向企业资产求偿，个别股东会倾向于过度借贷，因为借贷的成本与无法偿债的风险由其他股东分担，而收益却可由实施借贷的股东独享；基于同样的驱动，其他股东也会实施类似的过度借贷行为），致使企业的营运价值遭受股东过度借贷之害。因此，股份具有可转让性的企业可以没有有限责任，但必然具有强式资产分隔效力。Id.［引用Phillip I. Blumberg, *The Law of Corporate Groups* 41-42（1987）；Henry Hansmann & Reinier Kraakman, *Toward Unlimited Shareholder Liability for Corporate Torts*, 100 Yale L. J. 1879, 1895（1991）；David W. Leebron, *Limited Liability, Tort Victims, and Creditors*, 91 Colum. L. Rev. 1565, 1574-84（1991）］.

[1265] John Morley, *The Common Law Corporation: The Power of the Trust in Anglo-American Business History*, 116 Colum. L. Rev. 2145, 2148, 2168（2016）. 该文批评了布莱尔等学者主张资本锁定系公司制度独特功能之见解。

(二)正向资产分隔的成本

如同绝大多数法律制度,资产分隔亦有成本。成本与效益一同塑造了企业法的面貌。在一定意义上,企业法的历史即为不断与企业组织成本博弈的历史。任何程度的正向资产分隔皆有的成本,包括下列成本。

其一,债务人的机会主义行为。[1266]债务人可能通过设立多个组织,利用组织资产的独立性,隔断其债权人的追索。这正是"反向揭开面纱法则"所要解决的问题。与此处于反面的问题(反向资产分隔的成本)是,成员从企业中抽逃资本,规避企业债权人的追索。此为揭开面纱法则所要解决的问题。[1267]无论何种机会主义行为,都取决于诸多因素,其中最重要的因素可能是成员的数量,[1268]成员越多,机会主义行为的实施难度越大。[1269]

其二,更高的保障机制成本。[1270]为防治债务机会主义行为,法律有必要设置一系列机制。例如,为确保企业真正拥有独立的财产,公司法设置最低注册资本制度、限制公司回购股份、限制减资等。早期企业法多运用严格的"规则",对债务人机会主义行为进行管制,此类规则较为明确,但会造成额外成本,包括不分皂白地适用于诚实者、违背企业的实际需求等,[1271]并且易于规避,反而形成管制漏洞。[1272]现代法更倾向于运用灵活的"标准"作事后管制,如揭开公司面纱、衡平居次等制度,此类制度在增进灵活性的同时,也具有诉讼结果较不确定、更易出现司法错误、法院需

[1266] Henry Hansmann, Reinier Kraakman, & Richard Squire, *Law and the Rise of the Firm*, 119 Harv. L. Rev. 1333, 1351(2006).

[1267] 反向揭开面纱法则的适用频率不如揭开面纱法则,亦未成为法律重点关注的对象,原因可能在于,相比于滥用有限责任,滥用企业人格更易管制,而否定企业人格比否定有限责任成本更高:对于滥用企业人格逃避企业成员个人债务的行为,法律未必一概需要否定企业人格或认定企业无效,通常仅需将企业成员的股权或类似权益判予债权人以偿债即可,若轻易否定企业人格,则可能损害企业营运价值与企业的其他利益相关人的权益(受雇人、顾客、无辜的其他企业成员等),得不偿失;反之,否定企业成员有限责任则无此成本,无非是使企业成员对企业债务承担个人责任或连带责任而已,不否定企业的法律存在,不至于严重破坏既存的多方面法律关系与经济关系。

[1268] Henry Hansmann, Reinier Kraakman, & Richard Squire, *Law and the Rise of the Firm*, 119 Harv. L. Rev. 1333, 1351(2006).

[1269] 法律对一人公司特加警惕,原因之一亦在于此。

[1270] Henry Hansmann, Reinier Kraakman, & Richard Squire, *Law and the Rise of the Firm*, 119 Harv. L. Rev. 1333, 1352(2006).

[1271] Id. at 1352. 例如要求企业登记其资本数额,虽可通过加强披露义务便于债权人获取信息,但成本高昂(企业资本常处于变动之中),且只能反映登记当时的资本额,反而容易误导债权人。

[1272] 传统公司法上所谓的资本三原则,即属此类。对法定资本规则的批评,参见赵旭东:《从资本信用到资产信用》,载《法学研究》2004年第2期;Luca Enriques & Jonathan R. Macey, *Creditors Versus Capital Formation: The Case Against the European Legal Capital Rules*, 86 Cornell L. Rev. 1165(2001)。

对企业资本运作等领域具有较强的把握能力等成本。[1273]事前管制与事后管制，各有成本。

其三，健全的破产制度。弱式正向资产分隔特别需要一个健全的破产制度作为支撑，强式正向资产分隔对此种破产制度的依赖程度相对较低。[1274]

除此之外，强式正向资产分隔还具有两种特有成本。

特有成本之一，投资流动性的减弱。为维持企业资产的独立性，企业成员不得任意、单方撤资，这可能妨碍成员保持个人资产流动性以投入更高回报项目的需求。[1275]尽管强式正向资产分隔决定了成员权益的流通性，但撤资限制对流动性的削弱一定程度上削减了此种优势，因此需要其他的制度增进流动性，如证券市场、投资者保护监管体制、公开型企业的披露义务等。[1276]

特有成本之二，控制者的欺压剥削行为。[1277]成员不能任意撤资，强化了企业的营运价值，但也使成员被锁定于企业之中，成员遭受管理者滥权行为之害，或者少数成员遭受居于控制地位的成员欺压剥削时，难以撤资自救。由此需借助于其他机制保障成员的正当权益，例如，管理者的信义义务、成员在遭受其他成员欺压时可请求解散企业、控股股东对其他股东负有信义义务等。反欺压救济成为公司法上的重要主题，原因在此。[1278]控制者的欺压行为在有限责任企业等非公司企业中亦有存在，少数投资者所受保护不应因新型商业组织形式的选择而被削弱，因此，对于非公司企业，法院应当实质性地适用相同的反欺压救济。[1279]

资产分隔既有如许成本，法律需形成配套机制，以纠其弊。就商业

[1273] Henry Hansmann, Reinier Kraakman, & Richard Squire, *Law and the Rise of the Firm*, 119 Harv. L. Rev. 1333, 1352(2006).

[1274] Id. at 1352.

[1275] Id. at 1353-54.

[1276] Id. at 1354.

[1277] Id.

[1278] 相关研究文献甚多，例如，Benjamin Means, *A Contractual Approach to Shareholder Oppression Law*, 79 Fordham L. Rev. 1161(2010); Benjamin Means, *A Voice-Based Framework for Evaluating Claims of Minority Shareholder Oppression in the Close Corporation*, 97 Geo. L. J. 1207(2009); Peter J. Horne, *Suppressing Minority Shareholder Oppression*, 16 Duq. Bus. L. J. 199(2013)。风险投资之类的新兴行业中也有此问题。Brannan W. Reaves, *Minority Shareholder Oppression in the Venture Capital Industry: What You Can Do to Protect Yourself*, 61 Ala. L. Rev. 649(2010).

[1279] Benjamin Means, *A Contractual Approach to Shareholder Oppression Law*, 79 Fordham L. Rev. 1161, 1209-10(2010).

信托法而言，针对一般成本，制定法商业信托有类同于其他商业组织的企业登记制度，以公示组织的法律存在；揭开面纱、诈害行为可撤销等亦适用于商业信托；商业信托为破产法上的适格债务人。针对特有成本之一，除公开型商业信托得证券市场之助外，商业信托法一反普通信托法的规则，以受益权自由转让为任意规范，同时实行自由的库藏受益权规则，商业信托可自由回购、赎回或以其他方法取得受益人的受益权，以进一步强化投资的流动性。针对特有成本之二，法律容许商业信托文件排除任何受益人的表决权，并容许商业信托文件自由设定受益人的义务或对实施特定行为之受益人的特定处罚，以抑制多数受益人的欺压行为。

普通信托之所以无须确立强式资产分隔的另一原因为，强式资产分隔对普通信托实益甚微，而负担不轻。强式资产分隔意味着组织成为独立主体，相应地需建立主体登记制度，而登记制度却可能损害普通信托的灵活性和私密性，私密性正是普通信托的重要考量。

（三）正向资产分隔无法通过合同机制建立

汉斯曼和克拉克曼教授认为，正向资产分隔须借助于法律的明确规则方能确立，而无法依靠合同机制实现。原因有二：交易成本过高；道德风险问题。在法律未确立正向资产分隔的情况下，企业成员的债权人对成员的任何资产（包括企业资产）均可受偿，此与企业债权人的受偿不分先后。如果企业债权人要获得优先受偿权，需设定担保物权，但设定担保物权在许多情况下并不可行，则只能转而通过订立合同，约定企业成员要求其每一债权人（包括现有的、将来的债权人）允诺不得以企业资产受偿或劣后于企业债权人受偿。但是，获取此种允诺在实践中几乎不可行（成本过高），而且缺乏一个有效的机制监督或保证成员是否会依约逐个获取此种允诺。即使债权人认为交易成本是值得承受的，也会受阻于道德风险。企业债权人无法确保成员会遵守约定，一旦成员未获得其债权人的允诺，企业债权人只能追究成员的违约责任，而无法对抗各成员的债权人对企业财产的追索。在企业有多个成员的情况下，交易成本与道德风险将进一步加剧，并且会出现成员之间“搭便车”的困境。[1280]另一种可能的途径是将来成为成员的债务人各自在与其债权人缔约时，预先约定如将来设立企业、成为该企业成员时，债权人不得追

［1280］ Henry Hansmann & Reinier Kraakman, *The Essential Role of Organizational Law*, 110 Yale L. J. 387, 407-08（2000）.

索企业财产。此种途径的可行性更低，因为债务人在与债权人缔约时未必有设立企业或取得企业投资权益的意愿、未必已预定将来的投资计划，且此种约定将对债权人形成不可预测、不可控制的诈害风险，难以为债权人所接受。

此外，对于法定之债的债权人而言，不可能预先与企业及其成员之间约定资产分隔。就此类债权人与企业之间的关系而言，正向资产分隔所面临的困难，不是交易成本过高，而是根本不具备交易可能性的问题。

汉斯曼和克拉克曼教授进而指出，组织法的明确规则，排除了上述困难。第一，组织法容许企业成为财产的所有者，从而使有效区分企业成员资产与企业财产成为可能。第二，组织法提供了一条区分企业成员的债权人与企业的债权人的有效途径，直接与企业缔约的债权人即为企业的债权人。第三，组织法改变了合同法或债法的一般原则，实质上是在与债权人订立的每一个合同中插入一个“默示条款”，该条款显示：企业成员已将部分财产转让于企业，企业成员的债权人不能再就该财产受偿。以此警示企业成员的债权人注意企业成员的责任财产；并且，该条款涉及对世关系，因而具有强行性，企业成员同其债权人不得更改。[1281]

就信托制度而言，法律不是直接赋予信托以组织的地位，而是通过财产须转移于受托人的要件，隔断了受益人对信托财产的所有权（或英美法上所谓普通法所有权），而仅使受益人享有受益权（或英美法上所谓衡平法所有权），从而受益人的债权人仅可追索受益权，而不能取得受益人所无的权利（信托财产的所有权）。此种法律构造，虽未明确承认信托为组织，但实有类似于组织法的效果，故晚近学者认为信托法亦具有组织法之性质。[1282]

三、反向资产分隔

（一）反向资产分隔的效益

关于反向资产分隔的效益，尤其是有限责任的效益，研究资料汗牛充栋。[1283]简言之，反向资产分隔有下列效益。

[1281] Henry Hansmann & Reinier Kraakman, *The Essential Role of Organizational Law*, 110 Yale L. J. 387, 408-09（2000）.

[1282] Robert H. Sitkoff, *An Agency Costs Theory of Trust Law*, 89 Cornell L. Rev. 621, 631-33（2004）.

[1283] 关于有限责任效率的一般讨论，参见Stephen M. Bainbridge & M. Todd Henderson, *Limited Liability: A Legal and Economic Analysis*, ch. 3（2016）; William W. Bratton & Joseph A. McCahery, *An Inquiry into the Efficiency of the Limited Liability Company: of Theory of the Firm and Regulatory Competition*, 54 Wash. & Lee L. Rev. 629（1997）。

其一，减少监督成本。正向资产分隔，减少企业债权人对企业成员个人资产与负债状况进行监督的成本，反向资产分隔，则减少企业成员的债权人对企业资产负债状况以及企业经营状况的监督。特别地，有限责任降低了成员监督管理者的成本，并使投资多样化与消极监督成为较理性的策略，进而减少企业的运作成本；有限责任也减少了成员之间互相监督的成本。[1284]

其二，增进决策效率。[1285]反向资产分隔（尤其是有限责任），使企业成员仅需承担较低的风险，由此为放松成员对企业的控制与干预、实行集中化决策提供途径。

其三，加强企业债权人对企业的监督。有限责任使企业债权人只能以企业财产为限受偿，因此债权人有足够的动力对企业及其管理者进行监督（无论发放信贷前后），在一定程度上，债权人的监督补充甚至替代成员的监督，因为债权人的利益比重可能大于成员的利益比重——此种情形在大型公开企业中尤为常见。[1286]债权人拥有不同于成员的监督手段与信息机制，[1287]由此成为参与企业治理的重要力量。[1288]

其四，增强企业投资权益的可转让性。反向资产分隔使附随于投资权益的风险大为降低，对资本市场具有促进作用。[1289]

[1284] Frank H. Easterbrook & Daniel R. Fischel, *The Economic Structure of Corporate Law* 42(1991).

[1285] Henry Hansmann & Reinier Kraakman, *The Essential Role of Organizational Law*, 110 Yale L. J. 387, 424(2000).

[1286] 例如，债券融资比重超过股权融资的公司。又如，资产支持证券采用债券形式的资产证券化信托，向外部投资者发行的债券往往超过受益人保留的剩余权益。

[1287] Henry Hansmann & Reinier Kraakman, *The Essential Role of Organizational Law*, 110 Yale L. J. 387, 423(2000).

[1288] 关于债权人在中国公司治理中的作用的实证研究，参见邓莉、张宗益、李宏胜：《银行债权的公司治理效应研究——来自中国上市公司的经验证据》，载《金融研究》2007年第1期。

[1289] Susan E. Woodward, *Limited Liability in the Theory of the Firm*, 141 J. Institutional & Theoretical Econ. 601(1985); Henry Hansmann & Reinier Kraakman, *The Essential Role of Organizational Law*, 110 Yale L. J. 387, 404(2000); Frank H. Easterbrook & Daniel R. Fischel, *The Economic Structure of Corporate Law* 42(1991). 有限责任促进投资权益可转让性、促进资本市场形成的作用最为显著，不过，弱式反向资产分隔也可以达到类似的效果。历史证据显示，股东不受有限责任保护但是只承担按份责任（而非连带责任）的公司的股份，也具有自由转让性。Peter Grossman, *The Market for Shares of Companies with Unlimited Liability: The Case of American Express*, 24 J. Legal Stud. 63, 72-75(1995); Henry Hansmann & Reinier Kraakman, *Toward Unlimited Shareholder Liability for Corporate Torts*, 100 Yale L. J. 1879, 1923-25(1991); Jonathan R. Macey & Geoffrey P. Miller, *Double Liability of Bank Shareholders: History and Implications*, 27 Wake Forest L. Rev. 31, 35-39(1992).

其五，实现最优化投资决策，并促进投资分散化。[1290]投资者可以通过多元化、分散化的投资分散风险。在无限责任模式下，分散投资只会增加风险。

非公司企业的兴盛或复兴，也得益于反向资产分隔的上述优势。随着非公司企业法广泛具备传统上仅为公司所拥有的某些优势（如有限责任），非公司企业不必再如同过去一般以成员对管理者进行较多的直接监督来减少代理成本。[1291]公司、有限合伙等企业形态为投资者提供有限责任的保护，使得投资者可以扮演较为消极的角色，不必深度介入企业的经营管理。同时，有限责任使投资权益的转让更为容易，也使投资者可以通过转让投资权益这一“用脚投票”的方式替代直接监督。上述特征使得公司、有限合伙等适合于从事大规模、高风险的营业，而普通合伙则因无限连带责任的局限，难以适用于此类营业。同理，受益人有限责任，为商业信托兴盛的主要原因之一。普通信托受益人一般不参与信托管理，不以其财产对信托债务承担责任，向无疑义。商业信托受益人作为企业投资者，需在不同程度上介入经营，美国早期商业信托判例法围绕受益人应否承担有限责任问题，虽有旷日持久之争论，但有限责任制最终完全胜出，表明商业信托法终能除其弊而兴其利，而将反向资产分隔效益最大化。

（二）反向资产分隔的成本

反向资产分隔最主要的成本，即为债务人实施机会主义行为。企业投资者可利用有限责任逃避本应以全部自有财产承担的责任。对此，公司法已发展出较为完备的揭开面纱法则，在过度控制、财产混同等情形下否定有限责任，对于非公司企业亦有适用余地。[1292]

对此，商业信托法所适用者，并非普通信托法（无此法则），而是企业

[1290] Frank H. Easterbrook & Daniel R. Fischel, *The Economic Structure of Corporate Law* 43 (1991); Frank H. Easterbrook & Daniel R. Fischel, *Limited Liability and the Corporation*, 52 U. Chi. L. Rev. 89 (1985).

[1291] Elizabeth S. Miller & Thomas E. Rutledge, *The Duty of Finest Loyalty and Reasonable Decisions: The Business Judgment Rule in Unincorporated Business Organizations*, 30 Del. J. Corp. L. 343, 370 (2005).

[1292] Sandra K. Miller, *Piercing the Corporate Veil Among Affiliated Companies in the European Community and in the U. S. : A Comparative Analysis of U. S. , German, and U. K. Veil-piercing Approaches*, 36 Am. Bus. L. J. 73 (1998); Robert B. Thompson, *Piercing the Corporate Veil: An Empirical Study*, 76 Cornell L. Rev. 1036 (1991); David Cohen, *Theories of the Corporation and the Limited Liability Company: How Should Courts and Legislatures Articulate rules for Piercing the Veil, Fiduciary Responsibility and Securities Regulation for the Limited Liability Company?*, 51 Okla. L. Rev. 427 (1998)（揭开面纱法则适用于公司与有限责任企业）.

法。不过，对于商业信托等非公司企业而言，揭开面纱法则大体虽可适用，但基于非公司企业固有的灵活性，在适用情形上多有区别，例如，资本不足或企业未遵守内部管理程式，并非揭开面纱的理由。

（三）反向资产分隔的确立

与正向资产分隔不同的是，反向资产分隔并非只有法律才能确立。当事人可以通过合同机制实现反向资产分隔，包括有限责任。[1293]例如，1844年以前的英国法，制造业企业不能一般性地采用公司形式，大型制造业企业多以"合股企业"的形式设立。1844~1855年，此类企业无须经特许即可注册为公司，但法律并未明文规定有限责任，直至1855年《有限责任法》始有明文，但这并未阻止利用合同机制实现有限责任。此类企业一般在企业名称中加入"有限"字样，并在与债权人订立的合同中明确约定企业股东仅承担有限责任。法院判定此类合同条款有效，当然，仅在企业章程中包含有限责任条款，对债权人无约束力——即使债权人已知道该条款。[1294]本书第6章第1节关于商业信托受益人有限责任的叙述，将为此提供更多的证据。

企业成员在面临反向资产分隔问题时所面临的缔约情境，也与在处理正向资产分隔问题时不同。在同债权人协商约定企业债权人仅追索企业财产而不及于成员财产时，双方均已知企业已存在或将成立，具备评估缔约条件的现实基础；反之，（潜在的）成员同其债权人预先约定债权人不追索将来所设立企业的资产，几无可能，若企业已经成立，则需要与成员约定由其各自与债权人逐一订立上述特约，亦属难能。

因此，法律规则是确立正向资产分隔的必要条件，却不是确立反向资产分隔的必要条件。甚至有学者提出，从历史的角度看，值得注意的是，今日吾人所过分强调的有限责任特征，在现代公司法的发展方面所起的作用微乎其微。[1295]然而，法律对于反向资产分隔仍有重要作用：首先，法律可减少实现反向资产分隔（尤其是有限责任）的成本。合同机制具有缔约成本与实施成本，由法律直接规定有限责任，可节省此类成本。其次，合同机制无法解决法定之债问题。对于侵权行为、不当得利之债等法定之债，企业无法通过事前协商机制与债权人缔结合同以确立有限

［1293］ Henry Hansmann & Reinier Kraakman, *The Essential Role of Organizational Law*, 110 Yale L. J. 387, 428-29（2000）.

［1294］ 此处关于英国法的情况，参见Phillip I. Blumberg, *The Law of Corporate Groups* § 1.03（1987）。

［1295］ ［美］Bayless Manning & James J. Hanks Jr. :《法律资本制度》，后向东译，载王保树主编：《商事法论集》（第12卷），法律出版社2007年版，第94页。

责任。[1296]

第三节 内部关系：运营与治理及合同自由最大化原则

一、运营与治理的一般问题

(一)组织内部关系

资产分隔主要针对组织的外部关系,运营与治理主要针对组织的内部关系。对组织内部关系的处理,一方面需有助于组织获取最佳的运营效果,另一方面需确保组织尽可能减少因所有权与控制权分离而造成的治理成本。关于组织内部关系的法律,既需适应各种组织的运营需要,又需适合于各种组织的治理结构,简言之,法律须兼顾兴利与除弊。运营问题,主要涉及组织本身的事项、组织与其成员之间的关系、成员之间的关系。组织本身事项,包括组织的设立与结构变动(如合并、分立、改组、解散等);组织与其成员之间的关系以及成员之间的关系事项,包括组织资本结构与成员权益的安排(如成员对组织财产或其收益有无分配请求权、成员权益的不同设计、成员权益的可转让性)等。治理问题,主要涉及组织及其成员与管理者之间的关系,包括组织内部机关的设置、管理者义务、成员任免权安排、成员派生诉讼等事项。尽管运营与治理问题之间同样难以确定一条精确的界限,但对两者进行大致划分仍属可行。

组织内部关系与外部关系并非泾渭分明,而是具有高度的相关性。资产分隔会决定企业具有何种治理结构,例如,具有强式资产分隔效应的企业组织(如商业公司),往往限制企业成员自由赎回股权,这削弱了成员通过用脚投票的方式对企业管理者进行制约的机制;又如,成员承担无限责任的企业组织(如普通合伙企业),成员因承担较高的风险,需要加强对企业的直接控制,以此减少代理成本。反之,运营与治理问题也对资产分隔发生影响。例如,成员对企业事务实施过度控制,可能导致成员不受有

[1296] 正因难以通过合同机制(市场自愿交易)化解有限责任的成本,对法定之债的债权人而言,有限责任具有负外部性。学者认为,有效率的安排应是将有限责任的成本内部化,由股东(或其他企业投资者)对法定之债承担无限责任。Henry Hansmann & Reinier Kraakman, *Toward Unlimited Shareholder Liability for Corporate Torts*, 100 Yale L. J. 1879 (1991); David W. Leebron, *Limited Liability, Tort Victims, and Creditors*, 91 Colum. L. Rev. 1565 (1991).

限责任保护。这在各种企业组织法中不乏其例。[1297]

运营问题在法律上的处理，主要涉及减少国家管制成本，以及合理控制被代理人成本。历史上，国家对私人组织的运营颇多管控，唯在现代法上，此种管制已趋于缓和。诸如组织当事人的资格，组织合并、转换组织形式以及各种经营行为等运营事项，本属企业组织的自身事务，除涉及第三人权益保护的事项外，运营自主权应交还企业自身，否则难免违反效率原则，企业将因疲于应对管制而影响营业，且滋生各种公权力寻租现象。[1298]就信托法而言，普通信托为纯粹的私法关系，原本无涉行政管制，我国《信托法》亦遵循此原则，但商业信托既然具有企业组织的属性，各种企业法中的既有管制可能不当渗入商业信托法，重视不足、处置不当，将危及商业信托的固有优势。而组织自主决定运营事项时的不当行为（如多数成员为排挤少数成员而决定企业合并），则涉及法律应对被代理人成本的问题。

治理问题在法律上的处理，主要涉及减少国家管制成本，以及妥当权衡代理成本和被代理人成本。原则上，组织内部治理不直接牵涉国家利益，应无强加管制之必要。各国现行法律中的强行法，多着眼于私人利益的保护，对此有必要顾及不同组织的特性。至于代理成本和被代理人成本问题，可谓组织内部关系的中心问题。以下特予详述。

（二）代理成本与被代理人成本

任何一个企业或组织，甚至任何一种合同性或非合同性的双方法律关系，[1299]只要存在所有权与控制权的分离，[1300]即面临治理问题。与普通信托及其他商业组织一样，商业信托是一种所有权与控制权分离的法律结构。受托人控制信托的经营管理，受益人享有获取收益及参与管理之权（诸如对重大行为的表决权）。在大型或公开发行受益权凭证的商业信托中，受益人人数众多，广泛存在“搭便车”与理性的冷漠问题，受益人表决权力度较弱，受

[1297] 公司法上，股东过度控制公司财产与财务，以致股东与公司人格混淆，是揭开公司面纱、否定股东有限责任的事由之一；根据有限合伙法，有限合伙人控制有限合伙的营业与事务的，将负无限责任；商业信托法上，依据普通法的传统规则，受益人对商业信托实施控制的，法院可能认定该商业信托实为合伙，受益人应负无限责任。

[1298] 典型例证为我国以往各种企业法中复杂、琐细的审核、年检等制度，此类制度缺乏成效，且往往沦为登记机关牟利的工具，而无益于交易者。近期随着“先证后照”、以年度报告取代年检等商事制度的改革，管制所生的成本已大幅降低。

[1299] 如不动产或货物代销合同、证券经纪合同中即有典型的代理成本问题，而有信义义务之适用。新近研究，参见Royce De R. Barondes & V. Carlos Slawson，Jr.，*Examining Compliance with Fiduciary Duties：A Study of Real Estate Agents*，84 Or. L. Rev. 681（2005）。

[1300] 需说明的是，此所谓所有权与控制权，皆是在经济分析的意义上使用的概念，并非法释义学意义上的所有权概念，法释义学上亦无控制权概念。

托人自然拥有更大的自主权。[1301]受益人为企业的剩余索取权(residual claim,又译为剩余请求权)人,有权取得商业信托偿付债务后的净收入分配。受益人与受托人的关系类似于公司股东与董事、有限合伙人与普通合伙人。[1302]

利之所在,弊之所伏。所有权与控制权的分离,具有重要的效率优势,为现代经济组织的动力源之一,[1303]但组织治理问题亦相伴而生。组织治理旨在减少所有权与控制权分离所生成本,此成本可分为两大类:代理成本与被代理人成本。掌握组织日常事务控制权之人,为代理人(agent),一般是组织的管理者,但如有处于控制地位的成员(如控股股东),则此种成员亦可视作代理人;组织成员(出资人等),作为组织剩余利益的归属者,为被代理人(principal)。[1304]需说明的是,在商业组织中,所有权与控制权的分离,通常并不意味着所有者一方丧失全部控制权:所有者一般至少仍保有重大事项的决策权,而只是将日常决策的控制权转移于管理者。换言之,所有权与控制权并非完全分离,称为"控制权的分享"亦无不可。在代理人与被代理人各自行使控制权的情形,即可能产生不同的成本。代理成本,是因代理人行使控制权所发生的成本;被代理人成本,是因被代理人行使控制权所发生的成本。每一大类成本又可各自划分为两种成本,即"能力成本"(competent costs)和"冲突成本"(conflict costs):能力成本,是指代理人或被代理人犯下诚实的错误所生成本,以及为避免此类错误所生成本;冲突成本,是指代理人或被代理人实施自利行为所产生的成本,以及为阻止此类行为所生成本。代理成本和被代理人成本之和,可称为"控制成本"(control costs),即因行使控制权所产生的成本。如表8所示。[1305]

[1301] 此与公开公司情形相似。尽管股东依法享有表决权(甚至是不可排除的表决权),事实上就连对重大行为的决策,股东亦难有效参与。Henry Hansmann, *The Ownership of Enterprise* 11(1996).

[1302] 关于剩余索取权的一般讨论,参见Eugene F. Fama & Michael C. Jensen, *Agency Problems and Residual Claims*, 26 J. L. & Econ. 327(1983)。

[1303] 一个经典的研究,参见Adolf A. Berle, Jr. & Gardiner C. Means, *The Modern Corporation and Private Property*(1932)。

[1304] 经济学意义上的代理人、所有者,比法学意义上的代理人、所有者更为宽泛。本书论及代理成本和被代理人成本问题时所称的代理人、被代理人、所有者、所有权、控制权等术语,是在经济学意义上使用的概念。

[1305] 关于代理成本和被代理人成本的上述定义及分类,参见Zohar Goshen & Richard Squire, *Principal Costs: A New Theory for Corporate Law and Governance*, 117 Colum. L. Rev. 767, 770, 784(2017)。表8参见该文第795页。该文的中译本,参见[美]佐哈·戈申、理查德·斯奎尔:《被代理人成本:公司法与公司治理的新理论》(上),林少伟、许瀛彪译,载《交大法学》2017年第2期;[美]佐哈·戈申、理查德·斯奎尔:《被代理人成本:公司法与公司治理的新理论》(下),林少伟、许瀛彪译,载《交大法学》2017年第3期。

表8　代理成本与被代理人成本

	能力成本	冲突成本
被代理人	技能不足 信息不足 才智不足 情绪控制弱 重复劳动 协调问题 认知短视	集体行动问题 违反允诺 理性冷漠 理性沉默 拖延 无意义投票 视角差异
代理人	技能不足 信息不足 才智不足 情绪控制弱 过度自信偏见 乐观偏见	偷懒（减少努力） 利益转移（自己交易） 期权回溯 防御 规模化合并 多元化合并 过度或低效报酬

1. 代理成本

根据传统的代理成本理论，代理成本包括三种成本：第一，监督费用（monitoring expenditures），即被代理人监督与控制代理人的成本；第二，保证费用（bonding expenditures），即代理人为保证取信于被代理人或减少被代理人监督成本而支出的成本，[1306]例如，建立信誉以彰显履约绩效的成本；[1307]第三，剩余损失（residual loss），即因代理人与被代理人利益歧异，虽采取各种措施仍不能完全避免，而最终所导致的被代理人的福利损失。[1308]上述成本均可归结为代理人冲突成本，除此之外，新近理论认为，还应加上代理人能力成本（指向代理人因技能、信息、才智等方面的不足犯下诚实的错误所导致的成本）。[1309]

[1306] 由于市场、法律、道德等多重机制的作用，代理人有自我约束与获取被代理人信任的动因。

[1307] Benjamin Klein & Keith B. Leffler, *The Role of Market Forces in Assuring Contractual Performance*, 89 J. Pol. Econ. 615（1981）.

[1308] Michael C. Jensen & William H. Meckling, *Theory of the Firm: Managerial Behavior, Agency Costs and Ownership Structure*, 3 J. Fin. Econ. 305, 308（1976）. 该文为代理经济学奠基之作。其他重要论文，参见Armen A. Alchian & Harold Demsetz, *Production, Information Costs, and Economic Organization*, 62 Am. Econ. Rev. 777（1972）；Eugene F. Fama, *Agency Problems and the Theory of the Firm*, 88 J. Pol. Econ. 288（1980）；Eugene F. Fama & Michael C. Jensen, *Agency Problems and Residual Claims*, 26 J. L. & Econ. 327（1983）；Eugene F. Fama & Michael C. Jensen, *Separation of Ownership and Control*, 26 J. L. & Econ. 301（1983）。

[1309] 戈申和斯奎尔的新近研究认为，上述传统的代理成本理论集中关注的只是代理人冲突成本（agent conflict costs），而低估了代理人能力成本（agent competence cost）。Zohar Goshen & Richard Squire, *Principal Costs: A New Theory for Corporate Law and Governance*, 117 Colum. L. Rev. 767, 771, 788（2017）。

在所有权与控制分离的任何关系中，被代理人（经济学意义上的所有者）与代理人的利益冲突，是一个固有的问题。现有学说对代理成本的讨论大多集中于公司领域，原因在于现代公司的典型特征是所有与控制相分离，而公司又是现代经济的主要组织形式。信托的核心特征是将所有权的利益与负担相分离，[1310]此与公司无本质差异，故代理成本问题同样存在于信托领域。[1311]与公司或其他企业有所不同的是，普通信托的委托人与受益人通常不是同一人，因此存在双重代理结构：受托人既是委托人的代理人，又是受益人的代理人；相应地，代理成本在公司领域仅有一种来源（股东与管理者关系），在信托领域中则有两种来源（受托人与委托人关系、受托人与受益人关系）。[1312]换言之，在普通信托中，被代理人通常有两方，而且有时彼此之间还会存在利益分歧，例如，委托人有意限制财产流动，受益人则可能希望尽多取得眼前收入或尽速变现本金。委托人与受益人两者普遍分离的现象，在商业信托领域却不存在，因此，商业信托的代理成本结构更近似于公司与其他商业组织。[1313]

另有学者对信托法的代理成本理论提出批评，认为信托法的代理成本理论如严格应用，将是根本错误的，原因除了该理论无视那些对信托法历史发展赋予活力的基本原则、未能充分理解现代遗产规划技术之外，还包括一些结构性的原因：代理成本理论关于人性的普遍性基础假定与真实世界中的委托人意图存在偏差，委托人并不都像商事关系中一样存在市场偏好（委托人设立信托的目的可能包括各种难以货币化的家事考量、

[1310] I Austin W. Scott & William F. Fratcher, *The Law of Trusts* § 1(4th ed. 1987). 普通信托也存在一个典型的委托–代理模型：所有者与控制者相分离，控制和管理信托财产的受托人对其决定并无真正的利害关系，而承受信托财产损失风险的受益人则对信托财产无控制权。T. P. Gallanis, *The Trustee's Duty to Inform*, 85 N. C. L. Rev. 1595, 1615(2007).

[1311] 与公司代理成本研究的盛况不同，关于信托法代理成本的专门研究屈指可数，主题限于普通信托或公益信托。A. I. Ogus, *The Trust as Governance Structure*, 36 U. Toronto L. J. 186(1986); Robert H. Sitkoff, *An Agency Costs Theory of Trust Law*, 89 Cornell L. Rev. 621(2004); Jonathan Klick & Robert H. Sitkoff, *Agency Costs, Charitable Trusts, and Corporate Control: Evidence From Hershey's Kiss-off*, 108 Colum. L. Rev. 749(2008). 目前罕有对商业信托代理成本的一般研究，但有关于共同基金代理成本的特别研究。例如，Mitchell L. Engler, *A Missing Piece of the Dividend Puzzle: Agency Costs of Mutual Funds*, 25 Cardozo L. Rev. 215(2003)。

[1312] Robert H. Sitkoff, *An Agency Costs Theory of Trust Law*, 89 Cornell L. Rev. 621, 624(2004).

[1313] 《信托法的代理成本理论》一文对此一笔提及："剩余索取权人数量对于代理成本控制机制问题的相关性，可以从私人信托（该文所称private trust，即普通信托——本书作者注）与制定法商业信托的比较中进而见之。这两种信托的主要差别包括，制定法商业信托提供了表决权、可转让或至少可赎回的受益权、不那么严格的受托人解任要件，此类特征使制定法商业信托看上去更像公开公司，而不像无偿信托。" Robert H. Sitkoff, *An Agency Costs Theory of Trust Law*, 89 Cornell L. Rev. 621, 681(2004).

增进社会关切甚至实现某种癖好)；信托法的代理成本理论是以信托与商业企业之间的相似性为基础的，实则高估了此种相似性而忽视了两者的根本差异；代理成本理论以当事人之间的交易或交换为原型，但信托受益人仅是消极的受赠人，并非交易的当事人，可能根本不知道信托的条款或信托的存在。[1314]代理成本理论在解释信托法的某些方面具有有限的价值，但不足以解释信托的存在、性质与功能，具言之，将代理成本理论应用于信托法，是将信托法的复杂性、独特性化约为一种单纯的商事关系，而信托法的特殊性质及信托实践显示，信托法上的利益是难以量化的、人际偏好是难以测度的。[1315]尽管该种“信托法代理成本理论反驳论”自身亦不无可商榷之处，[1316]但确实阐明了普通信托的独特性，从而源于契约法与商业组织法的代理成本理论不能机械地套用于普通信托法。同时，该驳论虽未提及商业信托，却也间接表明，普通信托的上述特殊性在商业信托中基本不存在，因而代理成本理论在应用于商业信托的场景时则较为圆融无碍。

代理人有滥用、挪用被代理人财产的动因。解决代理成本问题有多种方法，其中之一是给予或加强代理人为被代理人利益行事的经济激励，例如，将代理人的报酬与被代理人的损益挂钩，或者让代理人持有被代理人的部分权益。但此类方法仍然是不完善的，原因有二：首先，代理人与被代理人的风险容忍度可能不同，代理人的经济利益份额使其有动因按照自身的风险偏好行事；[1317]其次，代理人的利益份额永远都是有限的，不可能与被代理人利益完全重合[1318](否则代理人与被代理人的身份即完全等同，不再存在委托—代理问题)，如果代理人的行为不可察觉，任何报酬

[1314]　Lee-ford Tritt, *The Limitations of an Economic Agency Cost Theory of Trust Law*, 32 Cardozo L. Rev. 2579, 2582, 2584-85, 2592, 2607, 2614(2011). 该文并非认为代理成本理论之类的法经济学理论对于信托法的解释与塑造无所作用，而是认为将代理成本理论作为信托法的指导性原理不适合于信托法规则与遗产规划的传统目标。Id. at 2583 n. 11.

[1315]　Id. at 2584, 2640.

[1316]　例一，该文认为将委托人的目的解释为财富最大化是错误的，因为委托人可能有单一目标或多重目标，这些目标之间可能难以排序(第2599页)。不过，法经济学理论中的财富最大化并非以财产为唯一衡量指标。例二，该文认为，无差别地应用代理成本理论将导致过度关注受益人的利益(其时尚存)，而轻忽委托人的意图(通常在信托管理过程中已死亡)，从而减损委托人的处分自由(第2627页)。此处确实存在委托人与受益人的利益分野，但此为如何调适代理成本理论以回应普通信托的特殊代理成本结构，却非代理成本理论的固有缺陷所致。

[1317]　Max M. Schanzenbach & Robert H. Sitkoff, *Did Reform of Prudent Investment Laws Change Trust Portfolio Allocation?*, 50 J. L. & Econ. 681(2007).

[1318]　T. P. Gallanis, *The Trustee's Duty to Inform*, 85 N. C. L. Rev. 1595, 1616(2007).

机制皆难完全发挥作用。[1319]

另一种常见方法是强化对代理人的监督。被代理人要对作为代理人的管理者进行有效监督，面临下列成本：获取组织经营管理信息的成本；被代理人之间为交换意见与作出决策而沟通信息的成本；敦促管理者执行决策的成本。[1320]此类监督成本的高低及其对策取决于多重因素，诸如被代理人的数量、被代理人的身份、被代理人与组织的利益相关度等。例如，股东甚少拥有作出仔细决策所需的信息，即便那些通常认为更有信息与动因作出决策的大型机构股东，也会更倾向于通过选任董事之类更便利的方法影响企业治理。[1321]又如，在被代理人众多的企业中，会产生严重的“搭便车”问题，因为个别被代理人付出的监督努力对全体被代理人而言是一种公共品（public goods），无论其他被代理人是否为监督管理者作出了实际贡献，均可享受监督的成果；随着被代理人人数的递增，每一单个被代理人从有效监督中可得的利益将会递减，监督的动力亦相应减弱。[1322]当被代理人持股分散、单个被代理人权益比例较小时，也会面临同样严重的“搭便车”问题。再如，在大型企业和普通信托中，获取日常管理行为的信息，成本过高。[1323]因此，当被代理人人数众多或被代理人权益较为分散时，除了最简单的监督活动之外，若对被代理人提出过高的监督要求，会招致高昂的成本。此外，被代理人监督的有效性当然取决于监督的能力，普通信托受益人的监督能力一般较弱，因此有必要强化由法院监督的机制，以为辅助。

但是，尽管被代理人的直接监督受制于上述因素，大型企业仍不至于陷入治理绝境，因为由被代理人实施的监督或惩罚并不是监督机制的全部内容，管理者还受到其他一系列限制与激励机制的约束。[1324]其中包括管理者市场、资本市场、信誉制裁机制等非法律约束机制[1325]以及刑事处罚、行政制裁（如证券监管机构对违法的管理者发布市场禁入令）等法律制裁。组织法既不应完全依赖于此类非法律制裁或法律制裁机制，也不应过分强调加强

[1319] Robert H. Sitkoff, *An Agency Costs Theory of Trust Law*, 89 Cornell L. Rev. 621, 637(2004).

[1320] Henry Hansmann, *The Ownership of Enterprise* 36(1996).

[1321] George S. Geis, *Shareholder Derivative Litigation and the Preclusion Problem*, 100 Va. L. Rev. 261, 270(2014).

[1322] Henry Hansmann, *The Ownership of Enterprise* 36(1996); Saul Levmore, *Monitors and Freeriders in Commercial and Corporate Settings*, 92 Yale L. J. 49(1982).

[1323] Larry E. Ribstein, *Are Partners Fiduciaries?*, 2005 U. Ill. L. Rev. 209, 217.

[1324] Henry Hansmann, *The Ownership of Enterprise* 37(1996).

[1325] 非法律制裁的重要作用往往被法律研究者忽略。重要研究文献，参见David Charny, *Nonlegal Sanctions in Commercial Relationships*, 104 Harv. L. Rev. 373(1990)。

被代理人监督行为对改进企业治理的作用，对多数企业而言，随大流的、标准的治理模式足以使企业运营得相当成功。[1326]简言之，即使名义上的被代理人不具有直接监督管理者的能力，企业也不会因此遭受重大损失，只要其他机制能够发挥作用，就会使企业处于一个有效的治理系统之中；被代理人的监督不过是整个企业治理系统的一个子系统而已。况且，被代理人监督本身并非免费的午餐，它所附随的被代理人成本，未必小于代理成本。

2. 被代理人成本

相比于代理成本理论，被代理人成本理论出现较晚，戈申和斯奎尔的被代理人成本一文可谓对以往诸多学者分散研究的一种总结。[1327]除此之外，在晚近对于信托法代理成本理论的批评中，学者也指出，信托法代理成本理论忽视了（普通）信托领域存在的另一种成本——来自委托人的成本，[1328]此亦属被代理人成本。

与代理成本相似，被代理人成本同样无所不在。即使组织只有一个成员，也会存在被代理人成本问题：成员可能误信人言，将称职的经理解任；成员可能受制于信息不对称，作出严重失误的合并决议。如果组织有多个成员，被代理人成本将大幅增加，尤其是独资企业中所罕有的冲突成本。成员对组织重大事务作出决策，需借助于集体选择机制。表决制是现今通行的集体选择机制。集体选择机制本身也会产生成本，即集体决策成本。[1329]

[1326] Henry Hansmann, *The Ownership of Enterprise* 38（1996）. 众多在长期的竞争中立于不败之地的企业形式（如互助保险公司），事实上并无积极实施控制的“所有者”，许多企业甚至根本没有“所有者”。实证分析，参见Id. ch. 12-14; Eugene F. Fama & Michael C. Jensen, *Separation of Ownership and Control*, 26 J. L. & Econ. 301（1983）。公益信托同样是一种无“所有者”的形式。

[1327] Zohar Goshen & Richard Squire, *Principal Costs: A New Theory for Corporate Law and Governance*, 117 Colum. L. Rev. 767, 791-93（2017）（引用了诸多讨论投资者利益冲突、无意义投票、策略性投票等方面的研究成果）. 此外，汉斯曼教授曾在《企业所有权论》一书中提出代理成本、集体决策成本、风险承担成本三分的理论模型，前两类成本与控制权相关，第三类成本直接与剩余索取权相关。Henry Hansmann, *The Ownership of Enterprise* 35（1996）（中译本参见［美］亨利·汉斯曼：《企业所有权论》，于静译，中国政法大学出版社2001年版）. 集体决策成本主要发生在被代理人这一端。

[1328] Lee-ford Tritt, *The Limitations of an Economic Agency Cost Theory of Trust Law*, 32 Cardozo L. Rev. 2579, 2619-20（2011）.

[1329] Henry Hansmann, *The Ownership of Enterprise* 39（1996）. 其他经济学部门对集体决策问题的研究，参见［美］曼瑟尔·奥尔森：《集体行动的逻辑》，陈郁、郭宇峰、李崇新译，上海人民出版社、上海三联书店1995年版。公共选择理论有助于对集体选择机制的研究，企业内部采用的集体选择机制实质上是一种政治机制，由此产生的成本在特征与一般的政治运行机制成本区别甚微；相对于市场机制中产生的因“市场失灵”（market failure），集体选择机制的成本可称为“政治失灵”（political failure）所导致的成本。Henry Hansmann, *The Ownership of Enterprise* 40（1996）. 不同的是，集体选择机制是否采用、如何采用，可由市场主体自决，具有较强的任意规范性质，相比之下，纯粹的政治运行机制的弹性远为微弱。

集体决策成本因成员偏好的差异(组织成员因个体境遇的不同而有不同的偏好)以及成员与组织之间交易的性质差异而不同。[1330]一般而言,上述差异越大,集体决策成本越高。关于成员个别偏好的差异,例如,投资于同一家公司的养老金信托与股权型私募投资基金,前者对被投资公司实施高风险经营决定的容忍度,可能远低于后者。[1331]关于成员与组织之间交易的性质差异,例如,同一商业信托发行固定收益型受益权凭证与利润分配型受益权凭证的,前一种受益人的风险容忍度通常低于后一种受益人。普通信托法不赋予受益人控制权的原因之一在于,避免受益人支配受托人决策。当出现具有较高收益概率同时也具有较高风险的投资机会时,普通信托法对受托人的要求是,宁可放弃较高收益,也要保证信托财产的安全;宁可使风险容忍度较高的受益人之获利愿望落空,也不能牺牲风险容忍度较低的受益人之稳定收益。受益人的个体偏好,凌驾于信托整体盈利最大化目标之上,普通信托法不容许受托人为了实现信托财产的整体增值而拖着财务脆弱的受益人一起冒险。[1332]

集体决策成本基本可分两类:第一类是因决策无效率而产生的成本,决策无效率是指决策的结果没有使成员的财富最大化;第二类成本是决策过程本身产生的成本。[1333]决策无效率的成本,在多种情况下都会产生。常见情形为牺牲少数人利益满足多数人需求,例如,上市公司大股东作出同意上市公司与其进行偏向性关联交易的决定。反过来,对集体决策程序的控制权也会落入少数人之手,使其有意无意作出一些有利于己但整体无效率的决定。以上均属于成员之间的机会主义行为。[1334]无论是多数派侵害少数派,抑或相反,只要处于优势地位的决策者认为自己的利益比其他人的利益重要,即使该群体所作的决策不是有意损人利己、唯利是图,也很容易沦为高成本、低效率的决策。[1335]决策过程本身的成本也有多个来源,包括成员需耗费相当的时间与精力获取有关管理经营与其他成员偏好的信息、参加会议或其他决策活动;随着成员偏好的分布变得不均匀,可选择的表决周期的安排方式亦会相应增加,考虑到反复改变企业的

[1330] Henry Hansmann, *The Ownership of Enterprise* 39(1996).

[1331] 相应地,尽管养老金信托属于商信托,但法律对受托人行为的监管显著多于一般商业信托受托人。

[1332] Restatement(Third)of Trusts § 90 cmt. e(1)(2007).

[1333] Henry Hansmann, *The Ownership of Enterprise* 40(1996).

[1334] Larry E. Ribstein, *The Rise of the Uncorporation* 19-20(2010).

[1335] Henry Hansmann, *The Ownership of Enterprise* 41(1996).

经营政策会产生相应的交易成本，表决周期本身也会产生费用，而且表决周期的不稳定性会为有权决定表决议程之人制造相当大的权力空间，致使其有可能通过表决程序达成个人目的；成员在表决过程中的策略行为、隐藏信息行为等，都会进一步增加决策过程的成本。[1336]

代理成本的存在，往往驱使人们寄望于加强被代理人（组织成员）对代理人的监督。但是，被代理人的监督本身也有成本，特别是在大型组织中，监督成本甚至会超过代理成本。[1337]较高的监督成本本身会抑制投资。[1338]在成员众多的组织中，由于一致同意的不可行性，采用集体选择机制来监督代理人是难以避免的。由此，拥有多数表决权的成员滥权所致危害，未必小于代理人滥权的危害。强调通过强化成员的话语权来减少代理成本，反而可能是一种“引虎驱狼”的短视之策。[1339]集体决策机制不仅可能毫无成效，还会增加额外的成本与风险。

正视被代理人成本的存在，当然绝非让代理成本放任自流，而是为了阐明：决定何种治理模式为优，至少不是一项立法者能够完全胜任的任务；代理成本与被代理人成本必然因具体情势而异，由处于具体情势中的特定当事人自行权衡并自行决定采用何种治理模式以处理此类成本，方为更优的立法选择——当然，由于有限理性、风险不确定性等因素，自治机制未必能够解决一切现实问题，但仍有非法律机制、司法裁判等机制辅助，如法院事后裁判，制裁不当行为，填补合同漏洞。因为司法机制本质上仍然是一种针对个案特定情势而发挥作用的机制，如运用得当，尚不致直接窒碍将来的或其他的市场主体之自发行为，而且即使出错，也不至于对一般状况产生广泛弊害，故与自治机制仍然大体相容，而与强制性立法模式相反。

[1336]　Id. at 42（注释从略）. 将决策权转托给小型的委员会，或可减少此类成本，但也会造成新的问题，诸如委员会成员会将个人偏好强加于整体。Id. 由于集体决策过程本身的局限性，一个代议者所代表的人数越多、一个代议者欲为被代表者处理的事务越多，“代议”一词越没有意义，越不容易真实反映被代表人的意愿，而是更多地反映号称代表者自己的意愿。参见［意］布鲁诺·莱奥尼等：《自由与法律》，秋风译，吉林人民出版社2004年版，第24页。委员会的代表性随着商业信托受益人人数增多而减弱。此外，委员会成员也可能成为另一种代理人，从而产生新的代理成本。

[1337]　一个常见例证是我国的上市公司治理实践中“大股东滥权”现象。实证研究文献，参见唐宗明、蒋位：《大股东控制：中国上市公司实证研究》，上海交通大学出版社2005年版。

[1338]　Frank H. Easterbrook & Daniel R. Fischel, *The Economic Structure of Corporate Law* 42（1991）; Stephen B. Presser, *Thwarting the Killing of the Corporation: Limited Liability, Democracy, and Economics*, 87 Nw. U. L. Rev. 148, 158（1992）.

[1339]　这在投资基金治理观点中时有所见。常有论者呼吁强化基金持有人（受益人）对基金事务的干预权，以改善投资基金的治理结构。

3. 两种成本的关系及“最适治理结构”

将控制权配置给代理人，本身即是减少被代理人成本的安排。被代理人可能不愿或不能亲力亲为，而期望以代理人之能力补己之不足，从而减少被代理人的能力成本；被代理人也可能因为人数众多，为避免彼此利益冲突或协调困难而将常规决策权授予代理人，从而减少被代理人的冲突成本。

正视被代理人成本的存在及其范围，其重要意义在于揭示出如下事实：不存在一种普适性的最优企业治理结构；优化的企业治理结构必然因企业而异。如戈申和斯奎尔的研究所言，每个企业的最优治理结构是将总的控制成本最小化，不过，代理成本和被代理人成本互为替代，呈现出一种此消彼长的关系，在代理人和被代理人之间重新配置控制权，可以减少一种成本，但会增加另一种成本。此种替代率因企业而异，依赖于企业的经营策略、所在行业、投资者与管理者的个人特征等因素，因此每个企业在控制权配置上都可能存在差异，最优的企业治理结构也是如此。由于治理结构对企业的总控制成本的影响是因企业而异的（代理成本和被代理人成本的权衡具有“企业专用性”），没有任何一种特定的治理结构可被认为本质上是优是劣、是有利是无效，因为每种治理结构给出了对被代理人成本和代理成本的不同权衡，此种权衡对某一个具体企业而言是理想的，对其他企业则未必如此。这意味着法律的适当角色是允许企业选择多样化的治理结构，而不是强制采用某些治理结构并禁止采用另一些治理结构。[1340]就此而言，与其说存在“最优”治理结构，不如说只可能存在“最适”治理结构，后者是指对于具体企业的适应性和适应度，从而必然不是简单划一的。

目前的被代理人成本理论主要以公司为讨论对象。不过，这一理论在商业信托领域的拓展并无障碍。就普通信托而言，由于存在委托人和受益人的双重角色，被代理人这一端的状况与商业信托及其他商业组织大不相同。委托人可能设定过于僵化的信托条款以贯彻自己的财产处分意思，但却未能充分考虑到身后多年发生的情况变化，导致将来出生的受益人未能享有足够的财产保障，此属被代理人的能力成本；委托人意愿与受益人利益之间也可能发生冲突，或者在不同受益人之间发生利益冲突（例如，本金受益人与收入受益人的分歧），此为被代理人冲突成本。法律选择某一种治理结构，不仅会影响代理成本和被代理人成本的此消彼长，

[1340] Zohar Goshen & Richard Squire, *Principal Costs: A New Theory for Corporate Law and Governance*, 117 Colum. L. Rev. 767, 770-73, 810(2017).

也会在被代理人之间造成被代理人成本此消彼长的后果。例如，是否承认委托人死后全体受益人得一致同意变更或终止信托，英美两国信托法的规范即大相径庭：英国信托法持肯定立场，从而较有利于受益人减少成本，但对委托人意志不免有所削弱；以*Claflin*案规则为代表的美国信托法规范则较尊重委托人意思，[1341]但不免增加了受益人的成本。

相比之下，商业信托一般不存在委托人和受益人分离的现象，因此商业信托法所面临的被代理人成本问题更近似于公司法和其他商业组织法。只是商业信托法对被代理人成本问题的处理，与公司法颇异其趣，反而比公司法更契合被代理人成本理论的核心主张——法律不应强制采用某种特定的治理结构。

控制权如何在股东和管理层之间配置，是公司治理的永恒主题，与此相似，公司法上股东中心主义和董事中心主义之争也由来已久。前者主张股东应享有更多的控制权，后者则强调董事会控制权的重要地位。以被代理人成本理论视之，则两种选择共具一个不正确的假设：将所有的企业一体对待。造法者（包括立法者、法院与监管机构）应当避免“一刀切”的解决方案，而应推定在不存在市场失灵的情况下，每一企业所选择的治理结构是有效率的，造法者应当增加而不是削减治理结构菜单上的选项。[1342]不过，戈申和斯奎尔的研究结论主要是针对公司法而发，同时也适合于合伙、有限责任企业等非公司企业。他们主张，造法者应当将载明控制权配置的规则转变为默认规则（除非存在特定的市场失灵），在为新企业确立默认规则时，造法者不应简单选择赋予股东权的规则，而应当选择多数派默认规则（majoritarian default），即确立大多数企业会将其总控制成本最小化的规则。[1343]在现有的商业组织法中，唯有公司法存在最密集的默认规则（当然兼有相当数量的强行规则），合伙与有限责任企业也以默认规则为主轴（以闭锁型企业为默认适用对象），但商业信托法则展现出另一种可能性：造法者并不预设一套默认规则、并不尝试设想大多数交易者会选择何种治理结构，而是选择了以选入式规范为主导的立法模式。公司实务中的诸多热点问题，确实反映出公司法在股东控制与董事控制两端左支右绌的困境，诸如双层股权结构、公司融资中股债配置问题，均

［1341］ 详见本书第12章第1节第2目。

［1342］ Zohar Goshen & Richard Squire, *Principal Costs: A New Theory for Corporate Law and Governance*, 117 Colum. L. Rev. 767, 774（2017）.

［1343］ Id. at 828.

属其例。上述问题之所以在公司法上聚讼纷纭，一大原因是公司法的默认规范或强行规范是以某种单一的公司治理结构为造法者预想的原型，难以精准调整以适应现实之需；换言之，公司法的规范群过于庞大、僵硬，“船大难调头”，历史负担和路径依赖妨碍了法律角色的个性化。反观商业信托法，由于其与生俱来的灵活性，可容纳更多的治理结构设计。法律甚至不预设某种治理结构，而任由当事人定制。

如将企业治理方面的法律规范群比喻为计算机操作系统，公司法由于自始置备了一套颇具强制性色彩的治理结构，其后随着经济状况、产业结构等实际需求的变化不断调整，无论是缓和管制抑或增加补丁，都只能是在原有的框架上修修补补，长年累月，业已积重难返，若要重装系统、全盘格式化，代价未免过于高昂。商业信托法则是另辟蹊径，自始即尽量不安装强制使用的系统，甚至默认系统亦少至最低限度，为当事人预留最大空间，亦免去了立法者频繁调适的负担及差错风险。

二、商业信托的治理机制

（一）普通信托与商业信托治理机制的差异

信托的治理问题，关键在于如何保障受托人依据信托文件条款、为受益人利益行事。普通信托法对受托人课以忠实义务、注意义务及其他义务，相应地，赋予受益人获取信息的权利、申请法院解任受托人的权利、针对违反信托的行为请求救济的权利及其他权利。一般地，法院在普通信托管理中具有不可或缺的地位，兼具受托人的监督者和协助者之双重角色。例如，在英国，法院对普通信托的事务有广泛的管辖权，不仅包括追究受托人违反信托之责任、解任受托人，还包括对受托人作出指示、于特定情形变更或终止信托等。在美国，许多州通过制定法设定了由法院例行监督或强行监督（普通）信托之体制，《统一信托法典》虽改采特定事项处理主义，[1344]但仍然规定，即使在无实际纠纷情形，仍可触发法院的管辖权；关于信托的司法程序可以涉及信托管理的任何事项，包括要求法院作出指示或对权利作出确认。[1345]而且，关于法院对信托事务的管辖权以及

[1344] Uniform Trust Code § 201 cmt. 本条第b款规定，信托不受持续的司法监督，但法院命令监督者除外。

[1345] Uniform Trust Code § 201 & cmt. 该规定是对信托法传统的确认：衡平法院有权审理信托当事人寻求法院指示之申请，并可在对受托人权限与义务有合理疑问时作出确认判决。Id. cmt.

受益人申请法院救济的权利，具有强行法之性质，信托文件不得排除。[1346]《欧洲民法典草案》也规定了法院对信托的广泛干预，授予法院指定受托人、解任受托人、变更信托条款等权力，此类干预比合同法等私法其他领域中的司法干预（如因错误而改订合同、因合同违法而干预其效力）更为广泛，后者本质上仅具有有限的救济（limited remedial）性。[1347]

总体而言，经由法院实施的信义义务以及信托运行的司法监督，是普通信托的主要治理机制。商业信托则主要依赖于市场监督机制与受益人自力治理。相比于普通信托，商业信托的治理结构更类似于公司或者其他非公司商业组织。[1348]此种差异，根源于二者在信托结构和约束机制上的区别。

普通信托的管理权置于受托人之手，受益人属于剩余索取权人。此种安排，是为了实现委托人的意思。普通信托法有必要减少代理成本，但应当限于与委托人的事先指示一致的范围之内，换言之，委托人的意思优先于受益人的利益，受托人作为（经济学意义上的）代理人，主要向委托人负责。[1349]一般情况下，普通信托是为后代设立的，委托人在信托终止前早已去世。[1350]典型的普通信托关系通常延续至委托人死后，监督受托人的重担即落于受益人肩上。通常情况下，委托人设立信托以给予受益权，而不是将其财产完全移转于受益人，正是因为委托人不相信受益人有能力自己管理大额资产（受益人年幼或缺乏财务经验技能）。受制于未出生、无行为能力、不负责任等因素，受益人缺乏监督受托人的能力，[1351]难以判断受托人何种行为符合信托的最大利益，受益人更可能单纯信任受托人

[1346] 英国法的立场，参见David Hayton, Paul Matthews, & Charles Mitchell, *Underhill and Hayton Law Relating to Trusts and Trustees* 261, 294-97（18th ed. 2010）。美国统一州法全国委员会《统一信托法典》第105条第b款将法院的相关权限规定为强行法。

[1347] *Principles, Definitions and Model Rules of European Private Law: Draft Common Frame of Reference*, X. -1: 101 cmt. F（Christian von Bar & Eric Clive ed. Full Edition, 2009）.

[1348] 各国商业信托法所规定的商业信托治理结构，近似于其他商业组织法的治理结构，固不待言；更能说明事物之性质的是，在没有商业信托法的环境下，当事人的自主选择。例如，在加拿大，即使在那些未制定商业信托法的省，不动产投资信托、商业收入信托的信托文件通常约定公司化的治理结构，除估价救济条款和反欺压救济条款外，在很大程度上复制《加拿大商业公司法》等公司制定法所设计的治理结构，而不是沿用普通信托的治理结构。参见Donovan W. M. Waters, Mark R. Gillen, & Lionel D. Smith, *Waters' Law of Trusts in Canada* 556-557, 560（3d ed. 2005）。

[1349] Robert H. Sitkoff, *An Agency Costs Theory of Trust Law*, 89 Cornell L. Rev. 621, 624-25（2004）. 普通信托法上的传统规则，与此路径一致。Id.

[1350] Melanie Leslie, *Trusting Trustees: Fiduciary Duties and the Limits of Default Rules*, 94 Geo. L. J. 67, 84（2005）.

[1351] Robert H. Sitkoff, *An Agency Costs Theory of Trust Law*, 89 Cornell L. Rev. 621, 680（2004）.

而非密切监督受托人的行为。[1352]在此形势下,受托人能否正当行事,更多地依赖于受托人的良好信誉。在机构受托人的场合,机构受托人通过广为传播的信誉吸引委托人、保持受益人的信赖;在个人受托人的场合,委托人依据受托人的诚实、适格性及其家庭关系等因素选择受托人,以保证受托人正当履职,在严重依赖于信誉的机制中,那些不值得信赖的受托人很可能有机可乘。[1353]受托人行为,缺乏企业环境中的市场约束机制。

在所有权(以及相应的风险承担)与控制分离的法律关系中,以市场为基础的监督机制对代理成本的影响相当重要,市场监督与利益攸关者的直接监督在一定程度上可相互替代。[1354]市场对代理成本问题的反映,远比强行法律规则更为敏锐。[1355]普通信托是资本市场中的卖方而非买方,并且普通信托法将尊重委托人的意思作为至上的原则,从而限制了受益人的控制权,因此,普通信托一般缺少以市场为基础的监督机制。[1356]作为替代性的治理机制,普通信托法遂呈现出相当程度的家长主义保护色彩,[1357]表现在严格的信义义务以及法院深度介入的治理机制。普通信托与商业信托在多重市场约束机制方面的差异,导致两者在代理成本控制机制上有诸多重大区别,此种差别类似于普通信托与公司之间的差别,而商业信托与公司更为接近。[1358]

1. 资本市场

商业信托发行的受益权组成一个流通性强大的资本市场,而普通信托环境中无此市场。

商业信托之设立目的及基础功能,在于通过资本市场实现融资,为实现该目的,需设计具有高度流通性的受益权,以便新投资者能够高效地购买受益权、投入资本。公开募集的证券投资基金、不动产投资信托,当然

[1352] Melanie B. Leslie, *In Defense of the No Further Inquiry Rule: A Response to Professor John Langbein*, 47 Wm. & Mary L. Rev. 541, 550, 559(2005).

[1353] Melanie Leslie, *Trusting Trustees: Fiduciary Duties and the Limits of Default Rules*, 94 Geo. L. J. 67, 84(2005).

[1354] Robert H. Sitkoff, *Trust Law, Corporate Law, and Capital Market Efficiency*, 28 J. Corp. L. 565, 568-69, 599(2003).

[1355] Henry N. Butler & Larry E. Ribstein, *Opting Out of Fiduciary Duties: A Response to the Anti-Contractarians*, 65 Wash. L. Rev. 1, 23(1990).

[1356] Robert H. Sitkoff, *Trust Law, Corporate Law, and Capital Market Efficiency*, 28 J. Corp. L. 565, 569(2003).

[1357] Robert H. Sitkoff, *An Agency Costs Theory of Trust Law*, 89 Cornell L. Rev. 621, 638-39(2004).

[1358] Robert H. Sitkoff, *Trust Law, Corporate Law, and Capital Market Efficiency*, 28 J. Corp. L. 565, 567(2003)(普通信托与公司的此种区别).

是最典型的公开型商业信托，其受益权凭证在公开市场中发行与交易；开放式基金的受益权凭证可任意赎回，流动性更强。非公开募集的投资信托，面向合格投资者发行受益权凭证，也受制于持续的筹资压力，以保持受益权凭证的流通性为要务。资产证券化交易中的资产支持证券（Asset-Backed Securities，ABS），依各国证券市场发展之不同，或可向公众投资者发行，或仅向合格投资者发行，或在特定市场上交易，或在公开市场上交易，无不重在流通。[1359]

普通信托设立目的全然不同：委托人并不期待吸引他人的共同投资，[1360]只需受托人谨慎运用初始信托财产以保障委托人指定的受益人之所需，委托人意愿即已达成。普通信托受益权自由流通，亦非委托人所愿。尽管在普通信托法上，受益权原则上可自由转让，但受益权转让受到多重事实上的限制。其一，委托人设立普通信托的目的，通常是为了向作为亲友的受益人提供稳定、持续的收入，以保障其生活，因此通常在信托文件中设定防止挥霍信托条款（禁止受益权转让或非意定转移）。其二，受益权常为特定的受益人量身定制，具有较强的人身属性，故而难以评定市场价值，不适于成为流通证券。普通信托大多涉及不同亲属或世代子孙之间的遗产规划与安排，其受益权种类复杂多样。信托文件可根据委托人或受益人的实际需求，设定各种形态与效力的受益权，因此受益权的标准化程度较低，削弱了受益权的流通性。特别对于或然受益权（contingent beneficial interests，如终身受益权）而言，权利的发生或内容受制于个别性的、不确定的事实，其价值难以评估，实际上几乎无流通性。而且，设立普通信托的目的，通常旨在为受益人保留稳定的财产收益，受益权的流通性并非委托人的首要考虑。因此，普通信托中不存在有效率的受益权市场，也就难以通过受益权市场的价格标示机制测度信托当事

[1359] 在我国，资产证券化虽历程尚短，但资产支持证券的流通性日益增强。资产支持证券可在证券交易所挂牌转让。《上海证券交易所资产证券化业务指引》（上证发〔2014〕80号）第9条规定："资产支持证券在本所挂牌转让的，应当符合以下条件：（一）基础资产符合相关法律法规的规定，权属明确，可以产生独立、可预测的现金流；（二）资产支持证券的交易结构设置合理；（三）资产支持证券已经发行完毕并且按照相关规定完成备案；（四）资产支持证券的投资者符合本所投资者适当性管理的相关规定；（五）资产支持证券采取的风险控制措施符合本指引要求；（六）本所规定的其他条件。"2014年修订的《深圳证券交易所资产证券化业务指引》（深证会〔2014〕130号）第8条规定："资产支持证券在本所挂牌转让的，应当符合以下条件：（一）基础资产符合相关法律法规以及负面清单的规定，权属明确，可特定化，可以产生独立、可预测的现金流；（二）产品结构设计符合中国证监会以及本指引的相关要求；（三）本所规定的其他条件。"

[1360] 一旦他人（尤其是陌生的市场主体）参与出资，即成为共同委托人，其目的与意志将同样对信托的目的与运作产生支配力，将严重破坏委托人设立信托的意思。

人的行为、[1361]发挥监督受托人行为并提升信托治理效率的作用。

配合委托人的上述目的及普通信托的结构，普通信托法的许多规范，实际上形成对受益权自由转让的限制。对受益权转让的限制，是委托人“死者之手”(dead hand)控制的一种形态。美国法对“死者之手”控制的态度较为宽容，信托法容许设立防止挥霍信托，限制受益权转让。英国信托法对“死者之手”控制的反限制，严于美国信托法，[1362]即便如此，仍不存在一个易于评估受益权价格的受益权市场，因此，英国普通信托的主要治理手段依然是严格的信义义务。[1363]而且，无论英美还是他国，普通信托均不受制于从资本市场谋求融资的持续性需求，而企业主与企业管理层受制于此种需求，[1364]由此必然对普通信托与商业组织的运营模式及治理机制形成不同影响。

相反，可自由转让的受益权，是受益人参与商业信托治理的重要工具之一。对持有多数受益权份额的受益人(一般是机构投资者)而言，由于此类受益人可以通过有效行使表决权参与商业信托的治理，受益权可自由转让性的重要性尚不能充分显现；但对于中小受益人而言，由于所持有受益权份额的分散和稀少，不能形成有效的表决力量，实际上不可能对商业信托的管理者(受托人)形成有效的制约。即使受托人失职、不合格、违反义务，中小受益人也没有足够的能力削减受托人报酬、更换受托人以及追究受托人的责任。在公开型投资信托中，由于普遍存在理性的冷漠与“搭便车”现象，这一问题更为突出。此类情况下，受益人通过出卖其受益权“用脚投票”，是最具可行性、成本最低的维护自身权益的手段。用手投票与用脚投票机制具有一定程度的功能替代性，此与受益权可否自由转让休戚相关。具有充分流通性的受益权，是决定此种手段能够行之有效的关键。此外，受益权的自由转让，也使得外部投资者(包括大宗收购者)能够以较低的成本收购受益权，从而掌握对商业信托的控制权。而一个有效率的企业控制权市场，是促进公开型商业组织效率优化的重要机制。缺乏证券市场，企业所有人欲退出企业，便无法通过转让自己的权益实现，而只能求助于解散企业或由企业、企业其他成员买断自己的权

[1361] Mary Louise Fellows, *Spendthrift Trusts: Roots and Relevance for Twenty-First Century Planning*, 50 Rec. Ass’n B. City N. Y. 140, 149-64(1995).

[1362] Graham Moffat, *Trusts Law: Text and Materials* 211-24, 248-73(3d ed. 1999).

[1363] Robert H. Sitkoff, *Trust Law, Corporate Law, and Capital Market Efficiency*, 28 J. Corp. L. 565, 571(2003).

[1364] Id.

益。[1365]具备高度的可自由转让性的受益权，是有效率的资本市场与企业控制权市场的基石。

同时，持有金融资产的普通信托通常会参与资本市场，但其角色与商业信托截然相反：普通信托向资本市场提供资本，商业信托则从资本市场吸收资本、募集资本。要言之，商业信托为资本市场中的买方，普通信托则是资本市场中的卖方。[1366]

有无资本市场，会产生若干重要后果：在资本市场中，即使大多数个人投资者缺乏监督能力，亦可搭乘机构投资者的便车。[1367]信托运营或治理不当致害时，商业信托受益人（类似于股东等企业投资者）可以抛售受益权以斩断损失。而对于普通信托而言，证券市场的阙如，也意味着流通渠道的欠缺，受益人即使对受托人的行为不满，也无法通过市场便捷地出卖其受益权从而退出该信托。由于普通信托大量使用“防止挥霍信托条款”，使得受益人意定移转的通道也常被隔断。[1368]如此一来，受益人只能求助于诉讼途径，但是，诉讼具有较高的成本，仅在受托人不当行为较为明确且受益人获得救济的可能性较高时，受益人才会选择诉讼。[1369]

资本市场之有无，直接影响到被代理人的监督动因（incentive）。监督动因与诉讼动因的强弱，也与利益相关度的大小存在正相关关系。公开公司股东的利益相关度较小，体现为两个方面：一方面，在公开公司中普遍存在集体行动问题。典型的股东—公开公司模式中，由于股东可以并且有能力分散投资从而分散风险，股东在某一个特定公司中拥有的权益占其总财产或总利益的比重相对较小，而股东代表公司（实质上为全体股东）利益提起派生诉讼的成本相对较高，[1370]因此股东缺乏足够的诉讼动

[1365] Larry E. Ribstein, *Why Corporations?*, 1 Berkeley Bus. L. J. 183, 186(2004).

[1366] 这一论断得自西特科夫教授关于普通信托与公开公司有上述差别的观点。Robert H. Sitkoff, *Trust Law*, *Corporate Law*, *and Capital Market Efficiency*, 28 J. Corp. L. 565, 566, 569(2003). 公开型商业信托具有与公开公司类似的资本市场买方角色。一个特例是，共同基金在资本市场上既是买方，又是卖方：共同基金管理人必须保持良好的治理与良好的绩效，以吸引与保持资本，因此属于买方；共同基金管理人的首要任务是将基金的资本用于（资本市场）投资，因此兼具卖方的性质。Id. at 569.

[1367] Frank H. Easterbrook & Daniel R. Fischel, *The Economic Structure of Corporate Law* 96-103 (1991); Jeffrey N. Gordon, *The Mandatory Structure of Corporate Law*, 89 Colum. L. Rev. 1549, 1557-60 (1989).

[1368] Robert H. Sitkoff, *An Agency Costs Theory of Trust Law*, 89 Cornell L. Rev. 621, 674-77(2004).

[1369] Melanie Leslie, *Trusting Trustees*: *Fiduciary Duties and the Limits of Default Rules*, 94 Geo. L. J. 67, 83 n. 83(2005).

[1370] Robert H. Sitkoff, *Trust Law*, *Corporate Law*, *and Capital Market Efficiency*, 28 J. Corp. L. 565, 580(2003).

因。利益份额越小，回报的激励就越低，并且股东通常存在期待他人起诉而搭其便车之心理，因此，派生诉讼中真正具有利害关系的当事人，通常是代理原告股东的律师。[1371]在一个有效的资本市场中，股东“用脚投票”的成本通常低于对管理层进行积极监督及提起派生诉讼的成本，[1372]股东的理性行为难免倾向于前者。因此，有效的资本市场机制，在一定程度上可以作为积极监督与派生诉讼的替代机制，或者至少是补充机制。另一方面，由于公开公司股权分散，特定的某一股东所占股份相对较小，而持股越少的股东，“搭便车”心理越强，股东更会寄望于其他股东实施监督与提起诉讼。

普通信托受益人的监督与诉讼动因与此不同。这归因于受益人数量的微小[1373]及可流通的受益权市场之缺乏。与公开公司股东、商业信托受益人相比，普通信托受益人与信托的利益相关度相对较大，[1374]体现为两方面。一方面，信托受益权在受益人的总财产或总体利益中所占比重较大。由于设立普通信托的目的，一般是为生计短缺者、能力贫弱者或挥霍无度者提供生活保障，受益权一般对于受益人的正常生活、事业乃至人格发展具有重要意义，受益人对受益权的依赖程度，高于股东对股份、商业信托受益人对受益权的依赖程度（通常为投资目的）；换言之，普通信托与商业信托，一为生存目的，一为投资目的，权重之差异由此可知。

另一方面，由于普通信托受益人较为固定、有限（即使是为不确定的后代受益人而设立的普通信托，受益人数量也不可能如同公开公司股东、商业信托受益人一样成千上万），特定的某一个受益人在全部信托财产份额中所占比重较高，“搭便车”的可能性即相应降低。概言之，受益人不监督和不起诉可能产生的损害与成本，大于采取此类措施的成本。由此之故，普通信托的受益人更加依赖于信义义务。

因此，一般而言，普通信托受益人的诉讼动因强于公开公司股东、商业信托受益人的诉讼动因；这有助于解释，何以信托法契约论者仍然认

[1371] John C. Coffee, *Understanding the Plaintiff's Attorney: The Implications of Economic Theory for Private Enforcement of Law Through Class and Derivative Actions*, 86 Colum. L. Rev. 669(1986).

[1372] Robert H. Sitkoff, *Trust Law, Corporate Law, and Capital Market Efficiency*, 28 J. Corp. L. 565, 580(2003).

[1373] Id. 剩余索取权人数量越多，集体行动问题越严重，个别剩余索取权人进行监督和提起诉讼的动因将会削弱。Robert H. Sitkoff, *An Agency Costs Theory of Trust Law*, 89 Cornell L. Rev. 621, 679(2004).

[1374] Robert H. Sitkoff, *Trust Law, Corporate Law, and Capital Market Efficiency*, 28 J. Corp. L. 565, 580(2003).

为，实施信义义务的诉讼是对受托人的有效监督机制，而公司法契约论者则认为，实施信义义务的诉讼并不像人们期待的那样富有价值。[1375]另外，也可以解释，公益信托由于受益人分散，甚至受益人不确定，并且不存在有效资本市场，治理问题更为严重。[1376]

此外，商业信托受益人风险承受能力强于普通信托受益人，因为其投资一般是可自由支配的资金，而不是用于维持生活的基础资金，而且，与公开公司股东[1377]类似，商业信托受益人常通过多元化的、较为均衡的投资组合来分散风险。与此不同的是，由于流动性不足与缺乏资本市场，以及受益人因受制于委托人意思而难以将其受益权作为投资工具，普通信托受益人难以将其在信托中持有的权益多元化。[1378]一般情况下，相比于投资分散化的证券投资者，普通信托受益人更加依赖于某一个特定的信托基金——信托受益权构成了受益人财产的大部分，一旦受托人行为不当，受益人所受损害远甚于证券投资者。[1379]普通信托受益权多为受益人生计所需，受益人因此在相当程度上依赖于信托资产，[1380]此种“套牢”状态使受益人更难逃脱受托人机会主义行为之害。

2. 企业控制权市场

投资权益的高度流通性以及投资权益中所含表决权，为企业控制权市场的必要条件。作为自益信托、自律组织特性之反映，商业信托受益人一般享有对重大事项的表决权，包括决定受托人或其他管理人任免的权利、制定或采纳商业信托内部管理细则的权利、表决决定商业信托基本变化（合并、改组、解散等）的权利。正因如此，判例法会将上述权利作为商

［1375］ Id. at 581; Roberta Romano, *The Shareholder Suit: Litigation Without Foundation?*, 7 J. L. Econ. & Org. 55（1991）.

［1376］ Geoffrey A. Manne, *Agency Costs and the Oversight of Charitable Organizations*, 1999 Wis. L. Rev. 227; Ronald Chester, *Grantor Standing to Enforce Charitable Transfers Under Section 405（C）of the Uniform Trust Code and Related Law: How Important is it and How Extensive Should it be?*, 37 Real Prop. Prob. & Tr. J. 611（2003）. 正因如此，对于公益信托（以及治理问题与之类似的公益法人、其他公益组织）等内部治理，往往需要国家主管机关的介入，以补充私人治理机制之不足。

［1377］ Robert Charles Clark, *Corporate Law* § 15.7（1986）.

［1378］ Jeffrey N. Gordon, *The Puzzling Persistence of the Constrained Prudent Man Rule*, 62 N. Y. U. L. Rev. 52, 95-96（1987）.

［1379］ Melanie Leslie, *Trusting Trustees: Fiduciary Duties and the Limits of Default Rules*, 94 Geo. L. J. 67, 87（2005）.

［1380］ Melanie B. Leslie, *In Defense of the No Further Inquiry Rule: A Response to Professor John Langbein*, 47 Wm. & Mary L. Rev. 541, 563（2005）.

业信托受益人的标志。[1381]普通信托受益人一般不享有自行决定信托重大事务的权利。商业信托受益人参与信托经营管理，则属于常态。商业信托受益人对信托的参与和控制，远远强于普通信托受益人。早期马萨诸塞州商业信托的信托文件通常订定受益人有权同意信托文件的修改以及信托的终止、有权选任与解任受托人或其他管理人。[1382]这一做法绵延至今，依然通行于今日的商业信托实务——一般的实业经营型商业信托固然如此，即使是以“受益人低度参与”为特色的证券投资信托与资产证券化信托，受益人亦保有远多于普通信托受益人的控制。[1383]

商业信托可以实施合并、改组等实体交易。[1384]管理绩效低下的商业信托，其控制权可能被他人收购，新受益人入主后一般会撤换现有管理层，此种威慑力可对现任受托人形成约束。反观普通信托，因欠缺受益人对信托事务的控制权，信托的治理更加倚重于关于信义义务的法律。[1385]

此外，商业信托受益人可随时解任受托人，无须理由，亦可增进受托人市场的流动性。普通信托环境中并不存在并购市场以约束受托人。[1386]职业受托人为吸引委托人、招揽信托业务，在某种程度上会展开事前竞争（ex ante competition），但并不存在一个事后的“信托控制权市场”（ex post market for trust control），[1387]外部人无从通过敌意收购之类的手段驱走现任受托人。此外，普通信托委托人通常无意授权受益人参与管理，受益人对信托管理极少有控制权，自然难有控制权市场形成的基础。而且，受益人即使发现受托人有不当行为，亦难以与该受托人的其他客户取得联系以合力维权，因为受托人的其他客户不为其所知[1388]（受托人就每一信托

[1381] In re Independent Clearing House Co., 77 B. R. 843 (D. Utah 1987).

[1382] Williams v. Inhabitants of Milton, 215 Mass. 1, 102 N. E. 355 (1913); Ricker v. American Loan & Trust Co., 140 Mass. 346, 5 N. E. 284 (1885).

[1383] 证券投资信托法律甚至强行规定受益人对某些重大事项的表决权，即“法定表决权”。详见本书第10章第3节。资产证券化信托受益人的参与程度更低，但是信托文件仍然普遍订定了受益人对修改商业信托文件、解任受托人、解散商业信托等事项的表决权。

[1384] 关于实体交易，详见本书第13章。

[1385] John Morley, *The Separation of Funds and Managers: A Theory of Investment Fund Structure and Regulation*, 123 Yale L. J. 1228, 1272-73 (2014).

[1386] Daniel Fischel & John H. Langbein, *ERISA's Fundamental Contradiction: The Exclusive Benefit Rule*, 55 U. Chi. L. Rev. 1105, 1116 (1988).

[1387] Robert H. Sitkoff, *Trust Law, Corporate Law, and Capital Market Efficiency*, 28 J. Corp. L. 565, 571 n. 25 (2003).

[1388] Melanie Leslie, *Trusting Trustees: Fiduciary Duties and the Limits of Default Rules*, 94 Geo. L. J. 67, 82-83 (2005).

负有保密义务)。在信托文件未另作订定时,受益人仅可在受托人严重违反信托时申请法院解任受托人。求助于司法干预,遂成为更换受托人的主要途径。

3. 管理者市场

基于声誉、成就激励、内部晋升、职业发展等因素,企业经理人通常有尽力工作的动因;外部经理人市场亦可通过奖优罚劣机制引导、制约经理的行为。由此,企业内部与外部的经理人服务竞争,为控制代理成本的重要因素。[1389]例如,市场排名压力对基金经理的约束毫不逊色于法律制裁。

同时,由于商业信托在资本市场中处于买方地位,资本市场中存在潜在的市场力量,通过其对证券的定价,对商业信托管理层进行监督检查。[1390]公开发行证券企业的绩效及与此相连的管理者绩效,则通过资本市场的信息公开机制广为传播,任何一个潜在投资者及评估机构均可便捷地获取相应信息,从而具有更便利、高效的选择管理者之途径。因此,如果商业信托管理层采用较弱的内部治理体制,并由此导致管理层失职或滥用职权的机会增加,投资者为购买该商业信托受益权所愿意支付的价格将会相应地下降。[1391]

此外,劳动力市场的压力对商业信托高级管理人员与其他受雇人等人之行为有相当的制约作用。

相反,大多数普通信托的管理均处于秘密状态,仅向受益人披露,因此受托人可无须担心其不端行为将被作为整体的客户群获悉。[1392]普通信托的绩效以及与此相连的受托人投资与管理决策的绩效,并不存在一个

[1389] Roger L. Faith et al., *Managerial Rents and Outside Recruitment in the Coasian Firm*, 74 Am. Econ. Rev. 660(1984). 有论者认为经理人市场不足以制约处于职业生涯末期的经理人,但此种观点同样忽视了各种市场机制是作为一个相互补充的整体而发挥制约作用(而不是分别、孤立地起作用),即使对于职业生涯末期的经理人,企业控制权市场等机制仍有发挥作用的余地。Henry N. Butler & Larry E. Ribstein, *Opting Out of Fiduciary Duties: A Response to the Anti-Contractarians*, 65 Wash. L. Rev. 1, 27 n. 115(1990)(注释从略).

[1390] Eugene F. Fama, *Agency Problems and the Theory of the Firm*, 88 J. Pol. Econ. 288(1980).

[1391] 公开公司的情形与此类似。Robert H. Sitkoff, *Trust Law, Corporate Law, and Capital Market Efficiency*, 28 J. Corp. L. 565, 570(2003).

[1392] Melanie B. Leslie, *In Defense of the No Further Inquiry Rule: A Response to Professor John Langbein*, 47 Wm. & Mary L. Rev. 541, 550, 561-62(2005); Melanie Leslie, *Trusting Trustees: Fiduciary Duties and the Limits of Default Rules*, 94 Geo. L. J. 67, 82-83(2005).

公开披露机制。[1393]受托人无论成功抑或失败，公众往往并不知情。[1394]由于信息机制不灵敏，难以高效率地反映受托人的低劣表现，管理者市场对受托人的压力也不可能与公开型企业管理者相提并论。[1395]普通信托领域中亦不存在股价或类似物可用于评估受托人绩效、制约受托人行为，就劳动力市场而言，尽管信托企业受雇人处于保持职位的压力之下，但此种压力仍不如企业环境，因为前者缺乏一个足以快速披露受雇人劣质绩效的信息市场。[1396]

4. 信息市场

效率高于司法干预的信息市场机制，[1397]在普通信托中亦付诸阙如，绩效低劣的受托人难以被及时发现、制裁。普通信托的受益权不进入证券市场，受益权的价值不会反映于证券价格体系之中，如果受托人行为不端或绩效拙劣，难以向潜在的受益人传递信号。尽管普通信托的受托人对受益人负有提供信息与报告的义务，也有学者认为强化信息披露是现代普通信托法的趋势之一，[1398]但此种义务不足以担当信息市场的功能。信息市场的特征在于信息的共享和流通。普通信托受托人所负的信息提供义务不足以建立此种机制。原因之一在于，对受益人提供信息的义务，难以在受益人和外部人之间建立信息共享和流通机制。普通信托的存在以及信托条款往往不公开，乃有所谓“秘密信托”。[1399]作为一般规则，受托人还负有不对受益人以外之人披露信托事务信息（包括受益人身份信息）的保密义务。[1400]原因之二在于，对受益人提供信息的义务，难以在

[1393] Robert H. Sitkoff, *Trust Law, Corporate Law, and Capital Market Efficiency*, 28 J. Corp. L. 565, 582, n. 100(2003).

[1394] 刘鸣炜：《信托制度的经济结构》，汪其昌译，上海远东出版社2015年版，第56页。

[1395] Melanie Leslie, *Trusting Trustees: Fiduciary Duties and the Limits of Default Rules*, 94 Geo. L. J. 67, 83(2005).

[1396] Melanie B. Leslie, *In Defense of the No Further Inquiry Rule: A Response to Professor John Langbein*, 47 Wm. & Mary L. Rev. 541, 550, 562(2005).

[1397] Frank H. Easterbrook & Daniel R. Fischel, *The Economic Structure of Corporate Law* 99(1991).

[1398] Edward C. Halbach, Jr., *Uniform Acts, Restatements, and Trends in American Trust Law at Century's End*, 88 Cal. L. Rev. 1877, 1914-15(2000); John H. Langbein, *The Uniform Trust Code: Codification of the Law of Trusts in the United States*, 15 Tolly's Tr. L. Int'l 66, 74(2001).

[1399] 英国法上存在“秘密信托”，又分为全秘密信托（fully secret trusts）和半秘密信托（half secret trusts）：全秘密信托，是指信托的存在和信托条款均不披露的信托；半秘密信托，是指仅披露信托的存在但不披露信托条款的信托。详见A. J. Oakley, *Parker and Mellows: The Modern Law of Trusts* 122-44(9th ed. 2008)。

[1400] David Hayton, Paul Matthews, & Charles Mitchell, *Underhill and Hayton Law Relating to Trusts and Trustees* 883(18th ed. 2010).

不同受益人之间建立信息共享和流通机制。遭受受托人之害的受益人缺乏有效途径将关于受托人绩效的信息传达于其他受益人，因为普通信托一般是为不同的亲友设计的财产安排，同一信托的不同受益人之间往往互不知晓彼此的受益权情况，而且，普通信托的受益人通常跨越数代，现在的受益人不可能与尚未出生的受益人建立联系。再者，普通信托重视私密性，当代美国多个州关于普通信托的制定法甚至出现了强化信托私密性的动向，容许信托文件变更甚至排除特定受益人查阅信托信息的权利。[1401]受益人之间相互沟通的难度因之进一步增大。

在企业法领域，公示企业信息则是法律的基本要求。受益人之间以及受益人和外部人之间的信息流通，也不存在普通信托的私密性考量和受益人结构所形成的自然障碍。同时，企业领域还存在竞争性的企业信息市场，可以激励企业为吸引投资者而更为真实、准确、完整、及时地披露信息。普通信托的受益人构成具有封闭性（通常是委托人的亲属或其他关系密切之人），一般无须吸引陌生的外部人成为新的受益人，故不必披露信托文件。与此不同的是，出于吸引投资之需，公开型商业信托需在信息市场上公开其信托文件，作为信托运营与治理制度之载体的商业信托文件，由此经受市场各方交易者之评判，商业信托文件条款的信息将反映于受益权价格之中。[1402]除了商业信托文件之外，受益人会议决议等商业信托内部治理信息，也会向市场公开。[1403]闭锁型商业信托则需向潜在投资者示知信托条款，供其判断选择。市场定价机制的奖优罚劣功能，终将使治理结构良好的商业信托脱颖而出，拙劣者则难逃淘汰之命运。

（二）治理机制差异对法律规则的影响

上述差异的存在，可以解释普通信托和商业信托相关法律规则的不同。受益权不易转让，受益人不易更换受托人，这限制了受益人对信托的控制，目的在于实现委托人的偏好，从而增进无偿信托的家长式保护功能，而此种体制的代价是，对普通信托管理中的代理成本进行“以市场为

[1401] Frances H. Foster, *Privacy and the Elusive Quest for Uniformity in the Law of Trusts*, 38 Ariz. St. L. J. 713 (2006).

[1402] 类似地，股价传递关于公司章程条款的信息。Jeffrey N. Gordon, *The Mandatory Structure of Corporate Law*, 89 Colum. L. Rev. 1549, 1562-63 (1989).

[1403] 交易实例，如我国房地产投资基金信托文件约定：对于资产支持证券持有人大会形成的决议，受托人应在资产支持证券持有人大会结束后10日内报中国人民银行备案，并在中国货币网、上海清算所或者中国人民银行指定的其他全国性媒体上予以公告。《兴业皖新阅嘉一期房地产投资信托基金(REIT)资产支持证券募集说明书》，载上海清算所网2017年11月14日，http: //www. shclearing. com/xxpl/fxpl/abs/201702/t20170209_222788. html。

基础”的监督受到重大限制。[1404]作为替代机制，法院监督与严格的信义义务遂成为主要治理手段。普通信托法强化受托人的义务，并且授予法院广泛的权限，目的之一即在于保护既不选择受托人、也不选择信托财产、又不控制受托人行为的受益人。[1405]信义义务在一定程度上可替代以市场为基础的监督机制，从而使受益人、股东等可能保持消极地位。[1406]关于受托人投资义务规则的经验研究也表明，信托法上信义义务人规则的改变，对受托人行为的影响甚为显著，这正是因为信义义务诉讼的威慑是现代信托关系中减少代理成本的主要力量。[1407]以上是就信托的治理而言，而关于信托变更等运营事项，也无法纯粹依赖于受益人，只能由受托人和法院分担决策职能。

相反，法院在商业信托法中并无广泛介入的必要。法院不擅长作出商业决策；倚靠司法决定有碍商业活动的效率；商业信托领域不存在家长主义干预的必要性及正当性。委托人对受益人的家长主义式保护，在商业信托中并不存在。受益人是自主行事的投资者，其利益并非来源于委托人的给予，而是向商业信托出资所换取，因此也不存在委托人目的与受益人利益的冲突。受托人应当向受益人负责，而不是向委托人负责。对于信托的管理，日常事务由受托人负责，重大事务由受益人集体决策，如此基本分工，足以保持平衡，并无法院代入的余地。商业信托与普通信托在此方面的差异，反映于当代商业信托立法之中：美国最新一代商业信托法和《统一商业信托法》均规定信托文件可以排除普通信托法上的强行规则，包括法院干预信托事务的权力。《日本商事信托法纲要》在诸多条文中排除了法院干预（如第471条第3款规定受益人可以不经法院许可而解任受托人），呈现出有别于普通信托法的特色，其立法思想在于，在商事信托中，需要尽可能地将法院的作用最小化。[1408]

[1404] Robert H. Sitkoff, *Trust Law*, *Corporate Law*, *and Capital Market Efficiency*, 28 J. Corp. L. 565, 571 (2003).

[1405] Tamar Frankel, *The Delaware Business Trust Act Failure as the New Corporate Law*, 23 Cardozo L. Rev. 325, 326 n. 5 (2001).

[1406] Robert H. Sitkoff, *Trust Law*, *Corporate Law*, *and Capital Market Efficiency*, 28 J. Corp. L. 565, 572 (2003). 同理，某些商业关系中的监督难题及合同治理难题，可能为管制提供适当依据。Roberta Romano, *Comment on Easterbrook and Fischel*, *“Contract and Fiduciary Duty”*, 36 J. L. & Econ. 447, 449 (1993).

[1407] Max M. Schanzenbach & Robert H. Sitkoff, *Did Reform of Prudent Investment Laws Change Trust Portfolio Allocation?*, 50 J. L. & Econ. 681, 707 (2007).

[1408] [日]日本商事信托研究会编著：《日本商事信托立法研究》，朱大明译，法律出版社2019年版，第53页。

进一步而言，从组织法视角观之，“自律组织”和“他律组织”这两种组织的基本类型，已经彰显了处理运营和治理问题的两条基本路径。组织，或为人之集合，或为财产之集合。组织，有法人和非法人组织。法人，按照大陆法系的传统，分为社团法人与财团法人。社团法人为人之集合，由成员设立、成员自治，称为自律法人；财团法人为财产之集合，由捐助人依其捐助行为设立，无成员，法人之管理依章程为之，并由法院监督及协助，称为他律法人。非法人组织，亦无非为人之集合或财产之集合，相应地，有非法人社团与非法人财团。商业信托委托人与受益人合一，为受益人（成员）之集合，由受益人自治，系自律组织。公益信托，并无受益人，信托之管理依信托文件为之，与财团法人、非法人财团类同。普通信托则处于两者之间：由委托人设立，但委托人一般不是受益人，受益人一般无干预信托管理、选任受托人之权（但有救济权），信托管理由法院监督及协助，距他律组织较近、距自律组织较远。信托法判例学说通常不认为普通信托与公益信托为组织或主体，但其“他律性”与财团法人、非法人财团差相仿佛。事实上，在英美法系，公益信托在功能上接近于大陆法系的财团法人。

因此，信托法有必要一分为三，基于普通信托、商业信托、公益信托的实质性差异，以“自律”与“他律”之区别为基本出发点，发展不同的规则，以适应各自的运营和治理需要。对商业信托进行适当调整之任务，不能通过重构普通信托法来实现。从商业视角观之，普通信托法的规则过于严格、僵硬，既然如此，可否通过普通信托法规则的“软化”，使普通信托法适应商业环境？对此应作否定回答。普通信托法的规则，是在普通信托的环境中生长发展而成，与普通信托的结构相适应。普通信托基于赠与、遗赠或其他无偿移转财产行为而设立，受益权的授予，服务于扶养或其他生活保障功能，缺乏受益权自由流通的市场，受益人不是投资者，上述种种特性，决定了普通信托法必须对受托人施以严格的信义义务、赋予法院固有的衡平管辖权以强化信托治理机制、对信托期限施加法定限制、对第三人施以较为严格的查询义务、设定较为严格的善意购买人要件，等等。[1409]一旦普通信托法任意放松规范、向商业环境偏离，势必使缺乏商业化治理机制的普通信托暴露于商业环境的巨大风险之下，从而

[1409] 普通信托目的之实现，在普通信托法上有多种途径：受托人负有谨慎、注意义务以保存信托财产，受托人自己对信托债务承担责任，善意购买人规则（重在保存特定财产）。本书相应章节将一一论及。

对普通信托委托人与受益人的利益造成根本性的损害。普通信托法的使命，是调整普通信托关系、保护普通信托当事人的权益，背离这一使命，将使处于普通信托法庇护之下的普通信托失去归依而无所屏障，得不偿失。保持普通信托法与商业信托法的适当区分，令两者各司其职，本质上是由普通信托与商业信托的差异所决定的。

另一个问题是，为减少代理成本，普通信托法也在发展新的制度，信托保护人为其著例。信托保护人（trust protector）制度，在离岸信托中作用尤为显著。[1410]由于离岸信托远离委托人控制，设置独立于受托人的信托保护人即成为重要的监督机制。保护人通常被授予监督受托人、任免受托人、决定信托变更或终止等重要权限。[1411]但是，信托保护人的设置也可能进一步增加代理成本：保护人本身负有何种义务，迄今尚不十分明确；即使保护人同负有严格的信义义务，也存在保护人违反信义义务或不作为等问题。[1412]况且，此类制度未必适合于商业信托环境，非公司企业法领域并无此制。大陆法系信托法上则有信托监察人、信托管理人等制度，[1413]存在类似的问题。此类制度多为专门保护普通信托受益人而设，属于选入式规范（于信托行为订定时或选任信托监察人、信托管理人时适

[1410] 又称离岸资产保护信托。美国各州竞相允许设立资产保护信托。Amy Lynn Wagenfeld, Note, *Law for Sale: Alaska and Delaware Compete for the Asset Protection Trust Market and the Wealth that Follows*, 32 Vand. J. Transnat' l L. 831, 857-66(1999). 资产保护信托已成为美国信托法的重要主题。

[1411] 关于信托保护人的缘起、作用、权限、义务与责任，参见Richard C. Ausness, *The Role of Trust Protectors in American Trust Law*, 45 Real Prop. Tr. & Est. L. J. 319(2010)。

[1412] Stewart E. Sterk, *Trust Protectors, Agency Costs, and Fiduciary Duty*, 27 Cardozo L. Rev. 2761, 2796-800(2006). 关于信托保护人的信义义务，参见Paul B. Miller, *Regularizing the Trust Protector*, 103 Iowa L. Rev. 2097(2018)。另有学者指出，给予保护人的权限越多，越可能只是简单地将一部分代理成本从受托人一边移到了保护人一边而已。Gregory S. Alexander, *Trust Protectors: Who Will Watch the Watchmen?*, 27 Cardozo L. Rev. 2807, 2810(2006).

[1413] 例如，《法国民法典》第2017条规定，除信托合同另有约定外，信托人（法文constituant）可以随时指定第三人负责确保其在履行合同范围内的利益。2006年《日本信托法》规定，信托行为可订定，在无现存受益人时，指定信托管理人（第123条）；在有现存受益人时，指定信托监督人（第131条）。2011年《韩国信托法》规定，受益人未特定或不存在时，法院可依委托人或其他利害关系人的请求，或者依职权选任信托管理人，但依信托行为已指定管理人的，从其订定（第67条第1款）；受益人为未成年人、禁治产人或者因其他事由无法对受托人进行监督时，法院可依利害关系人的请求，或者依职权选任信托管理人，但依信托行为已指定管理人的，从其订定（第67条第2款）。我国《信托法》仅在公益信托一章中规定信托监察人，未顾及受益人尚不存在、不特定的私益信托（普通信托多属此类），且未详细规定信托监察人的资格、义务、职务终止等事项，过于简陋。2016年《慈善法》对信托监察人仅设一个条文（第49条），仍然过简。我国台湾地区“信托法”第52条第1项规定：“受益人不特定、尚未存在或其他为保护受益人之利益认有必要时，法院得因利害关系人或检察官之声请，选任一人或数人为信托监察人。但信托行为定有信托监察人或其选任方法者，从其所定。”

用)。一旦信托管理人、信托监察人等依信托行为被选任,关于其资格、权限、义务、职务终止等相应法律规则即应适用。但谁来监督信托管理人、信托监察人等,仍成问题。究其实质,此类制度是强化“他律性”的一种补充手段。对于作为自律组织的商业信托而言,法律无须采纳信托保护人、信托管理人、信托监察人之类制度。商业信托自愿选任监察人等人的,乃是私法自治的应有之义,自不待言。

三、合同自由最大化原则

(一)合同自由最大化与商业信托文件效力最大化

商业信托既受惠于多重市场约束机制,自能容纳更高程度的合同自由。对于商业信托自身运营事项和内部治理事务,主要由当事人自主意思决定。运营和治理事务,主要涉及商业信托当事人利益,原则上与第三人利益无关,因此,在不同法域,仅是合同自由的程度有所不同而已,对于这一领域原则上应由合同自由原则支配,应无疑义。

美国判例与学说的通说认为,商业信托文件为商业信托的基础。[1414]商业信托文件具有至上效力。[1415]“创设信托之文件即为信托之法律。”[1416]商业信托本身及其当事人内部关系,均受商业信托文件支配。当事人所设立组织是商业信托还是其他形式的组织,取决于信托文件的条款。[1417]亦即,商业信托的性质取决于设立文件。[1418]受托人与受益人的权利与义务等,依赖于商业信托文件的条款。[1419]商业信托文件可以决定营业的种类、投资的种类、资产与收益的区分及其运用,可以极度自由地决定情况所需的其他种种事项。[1420]法院应当尊重当事人的实际意思,不得无视表示当事人之意思的信托文件。商业信托法不妨碍设立商业信托的当事人

[1414] Bernesen v. Fish, 135 Cal. App. 588, 28 P. 2d 67(4th Dist. 1933); Brown v. Bedell, 263 N. Y. 177, 188 N. E. 641(1934).

[1415] 其他非公司企业法亦是如此。特拉华州有限责任企业判例与有限合伙法趋势一致,强调有限责任企业协议的决定性效力。Larry E. Ribstein, *The Uncorporation and Corporate Indeterminacy*, 2009 U. Ill. L. Rev. 131, 152-53(注释从略).

[1416] Nathan Isaacs, Note, *Trusteeship in Modern Business*, 42 Harv. L. Rev. 1048, 1052(1929).

[1417] Koenig v. Johnson, 71 Cal. App. 2d 739, 163 P. 2d 746(3d Dist. 1945); Brown v. Bedell, 263 N. Y. 177, 188 N. E. 641(1934); Haines v. Bankers' Petroleum & Refining Co., 273 S. W. 940(Tex. Civ. App. San Antonio 1925), writ dismissed w. o. j., (Nov. 11, 1925).

[1418] In re Associated Trust, 222 F. 1012(D. Mass. 1914).

[1419] Todd v. Ford, 92 Colo. 392, 21 P. 2d 173(1933). 又参见12A C. J. S. Business Trusts § 30(2007)(受托人的权利、权限、义务、责任依赖于商业信托文件条款)。

[1420] Nathan Isaacs, Note, *Trusteeship in Modern Business*, 42 Harv. L. Rev. 1048, 1052(1929).

自由安排其交易结构，而仅受制于市场压力与市场判断，法律对此几乎全无限制。[1421]依《特拉华州商业信托法》，商业信托文件如违反强行法，并无任何处罚后果，因此至多仅发生条款无效之后果而已。[1422]

奠基于普通法的商业信托文件至尊地位，在当代制定法上登峰造极。《特拉华州商业信托法》第3828条明文宣示："(b)本法的原则，是对合同自由原则及商业信托文件的强制实施力给予最大效力……(d)信托文件订定适用特拉华州法的，应依照其条款在特拉华州法之下适用与解释。"[1423]此规定，有两层含义：其一为合同自由最大化；其二为商业信托文件效力最大化。后者有补强商业信托文件效力之用。例如，合同自由毕竟为合同法的原则，英美合同法一般不容许约定惩罚性违约金或损害赔偿，当事人不得以合同约定改变或排除对惩罚性违约责任的限制。[1424]在此，单纯宣示合同自由最大化，尚显不足。将"商业信托文件强制实施力最大化"并列为基本原则，可济其穷，以达到最大限度承认商业信托文件效力之立法目的。为行文方便，本书统称之为合同自由最大化原则。

商业信托法的合同自由最大化原则，与其他非公司企业法一致，[1425]

[1421] Tamar Frankel, *The Delaware Business Trust Act Failure as the New Corporate Law*, 23 Cardozo L. Rev. 325, 326(2001).

[1422] 早期制定的个别州法虽有处罚规定，但由于适用范围极为狭窄，实际上对商业信托的合同自由影响甚微。例如，《明尼苏达州商业信托法》第318.06条规定：商业信托或其当事人违反本法任何条款的，处以1000美元以下罚款。由于该法主要是一部任意法、赋权法，所谓的违法处罚条款也就仅限于未经登记而从事经营活动、从事禁止经营的特种行业、未经注册登记发行证券等少数情形。兼因罚款数额较低，处罚规定的意义相当有限。

[1423] 美国第四代商业信托法大多也有此种规定。《统一商业信托法》第106条第a款有相同规定。《统一商业信托法》起草报告指出："如同特拉华州以及其他第四代法的情形，合同自由应当是基本原则。为此，起草委员会决定，除了一小撮(a handle)条文明示为强行规范外，本法的所有条文均应为默认规则。" Uniform Statutory Trust Act, Preliminary Report 2(July 22-29, 2005).

[1424] 英美法系对惩罚性违约金或约定损害赔偿向来持否定态度。大陆法系对惩罚性违约金的态度虽较宽容，但亦有立法例规定法院可在违约金过分高于损失时减少违约金数额。两者实际效果之差异不如表面差异般显著。

[1425] 《特拉华州修订统一有限合伙法》率先将合同自由最大化确立为基本原则。1990 Delaware Laws Ch. 348 § 27. 特拉华州的统一合伙法、有限责任企业法、商业信托法先后采纳。Del. Code Ann. tit. 6, § 15-103(d)(普通合伙). 又参见Elf Atochem North America, Inc. v. Jaffari, 727 A. 2d 286, 291 (Del. 1999)(特拉华州有限合伙与有限责任企业适用同样的合同自由最大化原则)；Joseph L. Lemon, *Just How Limited Is That Liability?: The Enforceability of Indemnification, Advancement, and Fiduciary Duty Modification Provisions in LP, LLP, and LLC Agreements in Delaware Law*, 8 Stan. J. L. Bus. & Fin. 289, 312(2003)(同上)。特拉华州法的此种立场，与其他州法实质相似。几乎所有州的有限责任企业法均承认有限责任企业的组织章程(articles of organization)或运营协议在构建有限责任企业内部关系上有广泛的自由。Carter G. Bishop & Daniel S. Kleinberger, *Limited Liability Companies-Tax and Business Law* ¶ 5.04(2007).

而显然不同于普通信托法与公司法。

合同自由最大化并非空泛的理念，而是具体表现于各项法律规范之中。合同自由最大化原则之下的规范结构，有两大方向：一是强行规范的最小化，二是在非强行规范之中，增大容许规范的比重，降低任意规范的比重。前者为非公司企业法的共同特色，后者则为商业信托法之个性。

法律规范分为强行规范与非强行规范，后者包括任意规范与容许规范。任意规范，又称为“默认规范”，是可由当事人变更或排除之规范。容许规范（permissive rule，或译为任选规范），是指仅提示当事人可约定某种事项或某种法律效果，如无此约定，则无此事项或无此效果。任意规范与容许规范之区别，在于前者是“选出”（opt-out）式规范，如当事人未选出该规范，该规范即应适用；后者为“选入”（opt-in）式规范，经当事人在其意思表示中选入该规范内容，始有效果，否则即不涉及该规范之适用。任意规范所指事项，在法律行为中体现为常素；容许规范所指事项，在法律行为中体现为偶素。强行规范与非强行规范之间另有中间状态，如“准强行规范”（因当事人难以规避，事实上具有强行效果）。[1426]

（二）与普通信托法之差异

私法自治原则，是贯穿于信托法的基本原则。普通信托是实现财产处分自由的工具。[1427]商业信托是实现合同自由的工具。二者同出一脉。不过，普通信托因其运营和治理机制上的特性，特别依赖于信托法规则，同时，普通信托通常采取遗嘱处分的形式，涉及数代人的财富累积和财产负担长久存在等问题，而与公序良俗有密切关系，由是之故，普通信托法上仍有不少强行规范，当事人的自治空间，尚不及商业信托法。

《特拉华州商业信托法》仅有极个别的强行规范，远少于普通信托法中的强行规范。商业信托文件可以订定不抵触法律及信托登记证书的任何事项。而信托登记证书的内容（除名称、地址等最低限度必要记载事项外）又由商业信托自决，因此商业信托享有比普通信托更广泛的自治。商业信托文件甚至可排除普通信托法规则。普通信托法的许多规范（包括某些受托人义务）为任意法。[1428]新近制定的《统一信托法典》有意凸显任意法性质，除第105条第b款集中列举的少量强行规范外，本法典的其余规定皆为任意

[1426]　例如，《统一商法典》中的合同解释规则。David V. Snyder, *Language and Formalities in Commercial Contracts: A Defense of Custom and Conduct*, 54 SMU L. Rev. 617, 648（2001）.

[1427]　Robert H. Sitkoff, *Trusts and Estates: Implementing Freedom of Disposition*, 58 St. Louis U. L. J. 643（2014）.

[1428]　Restatement（Third）of Trusts § 76 cmt. b（1）（2007）.

规范。商业信托法更进一步，连普通信托法上的强行规范亦可排除。[1429]《统一商业信托法》将强行规范集中列于一条，除此之外，商业信托文件可排除本法的所有规定。[1430]《统一商业信托法》评注指出，《统一信托法典》第105条第b款列举了普通信托法的强行规范，此类规则及普通法上关于普通信托的强行规范，于商业信托而言，皆非强行规范。[1431]

同时，《特拉华州商业信托法》广泛采用选入式规范，而任意规范甚少，并未覆盖商业信托的主要方面，仅依靠任意规范，无法处理商业信托的主要事项，这更加足以激发当事人的自治动力，商业信托文件因而成为商业信托运行的核心规范渊源，当事人有更多的自由与创意可用以安排特定的权利、权力、义务、责任，以适应各种交易的多样化需求。个别商业信托文件的此种核心地位，亦使商业信托不适于成为普通信托法的主题，[1432]因为普通信托法以默认性规则为主，各种普通信托基本规范的共性大于个性，即使信托文件不完整，甚至欠缺具体的信托条款，普通信托法亦能为普通信托的运行提供足够支持。

上述差异与信托治理机制相关，根本上仍归因于普通信托与商业信托目的、功能及构造之区别。

普通信托法上的强行规范，以《统一信托法典》第105条第b款所列举者为典型。其中包括：设立信托的要件；受托人善意行事并依照信托条款与目的以及受益人的利益行事之义务；信托及其条款是为了受益人利益，信托目的合法、不违背公共政策且有可能实现；法院依法变更或终止信托的权力；防止挥霍信托之效力及一定范围内的债权人与受让人追索信托财产之权利；法院要求、免除、变更或终止受托人担保的权力；法院调整信托条款所定不合理的过低或过高的受托人报酬之权力；受托人向受益人提供报告或其他与信托管理相关的信息之义务；免责条款的效力；受托人或受益人以外之人的权利；启动司法程序的时效期间；法院为实现正义所必需而采取行动并行使管辖权之权力；第203条与第204条规定的法院的事项管辖权及启动司法程序的管辖地。朗贝恩教授认为，上述强行规范大致可分为两类：第一类是阻却委托人意思的规则（intent-defeating

[1429] 特拉华州等州法律规定，仅在商业信托文件未另行订定的情况下，方可适用普通信托法。

[1430] Uniform Statutory Trust Entity Act, Prefatory Note（2009）.

[1431] Uniform Statutory Trust Entity Act § 104 cmt.（2009）. 为防止普通信托规避普通信托法的强行规范，《统一商业信托法》规定商业信托不得实质上具有赠与目的，以排除商业信托法对普通信托的适用。

[1432] James A. Florack & Martin I. Lubaroff, *Delaware Business Trusts*, 937 PLI/Corp. 371, 375（1996）.

rules)，旨在限制委托人的意思自治，例如，限制“死者之手”控制的规则；第二类是满足委托人意思的规则(intent-serving rules)，旨在发现并实现委托人真正的意思，包括信托成立要件的规则、受托人的善意行为义务、免责条款的效力、受托人的信息提供义务等，此类规则具有警示性(cautionary)、保护性的特点，保护委托人与受益人免遭误解或不合理要求。[1433]

在上述两方面规则，商业信托法皆不同于普通信托法。除了涉及第三人保护的规则外，《特拉华州商业信托法》未设阻却当事人意思的强制性规则。在满足当事人意思的规则方面，《特拉华州商业信托法》仅设定了一条底线：商业信托文件不得排除诚实信用与公平交易的默示合同约款，也不得限制或免除恶意违反此种默示约款所生责任。[1434]《统一商业信托法》所设的强行规范多于特拉华州法，但也远少于普通信托法。商业信托不存在委托人的“死者之手”控制问题，故无须设定阻却委托人意思的强行规范；商业信托的灵活多变性更胜于普通信托，且受益人作为合同当事人，基于自己意思而发生或加入商业信托法律关系，自治能力、自治机会均强于普通信托受益人，也无须法律特别保护、法院特别干预。充分尊重合同自由，由是成为不二法门。

此外，强行规范与任意规范在信托法中的分布，还与信托的性质有关。信托长期以来被认为是财产法(物权法)的一个分支，信托财产权的性质为对世权，受益人的权益可对抗第三人，而受托人的角色本质上是以财产为基础(property-based)，[1435]是基于财产转让(conveyance，有别于合同)而产生。[1436]此派见解可称为“财产论”。与此同时，也一直存在“契约论”，将信托定性为合同。在著名信托法学者朗贝恩教授重新掀起的当代信托性质之争中，朗贝恩直截了当地宣称“信托与利益第三人合同在功能上并无区别，信托就是合同”。[1437]财产论者主张信托法中有若干关于资产分隔的规则，诸如受托人破产隔离、防止挥霍信托(受益人破产隔离)、衡平法上

[1433] John H. Langbein, *Mandatory Rules in The Law of Trusts*, 98 Nw. U. L. Rev. 1105, 1105-06, 1107-25(2004).

[1434] Del. Code Ann. tit. 12, § 3806(c),(e).

[1435] Gregory S. Alexander, *A Cognitive Theory of Fiduciary Relationships*, 85 Cornell L. Rev. 767, 768 & n. 7(2000).

[1436] Restatement(Second) of Trusts § 197 cmt. b(1959); Restatement(Third) of Trusts § 5(i)& cmt. i(2003).

[1437] John H. Langbein, *The Contractarian Basis of the Law of Trusts*, 105 Yale L. J. 625, 627(1995).

的追踪规则等，此类规则与财产法上关于财产权对世效力（如担保权的优先受偿效力）的规则具有同等性质，均为强行规范，这才是信托法的本质作用；[1438]契约论者的基本见解是，信托法的规则基本上属于任意规范。实则两种见解并非截然对立、并非“全有全无”的关系，财产论者固然承认信托法在当事人内部关系上的规则与合同法、代理法并无本质区别（均以任意规范为主），[1439]契约论者也承认信托为财产与合同的混合物。[1440]事实上，信托法的优势正是在于同时提供财产法上的对世效力与契约法在对人关系上的灵活性。[1441]因此，单纯着眼于信托的性质，尚不足以揭示普通信托法和商业信托法在强行规范比重上的差别。在外部关系上，法律设有保护第三人利益的强行规范，这在普通信托法和商业信托法上整体差异尚不算显著；在内部关系上，普通信托法上的强行规范成分，显然多于商业信托法，原因不在于两者同属信托，而在于彼此功能与结构之不同。

（三）与公司法之差异：非公司企业法理

合同自由最大化原则更是商业信托法等非公司企业法与公司法之间的分水岭，由此衍生出独具一格的“非公司企业法理”。此种法理，其核心思想是尽可能尊重企业组织当事人之间的合同约定。随着特拉华州非公司企业之商业应用的持续增长，特拉华州的非公司判例法正在持续发展，诸如以合同改变信义义务、有限合伙中普通合伙人对合伙债权人可能负有信义义务之情形、直接诉讼与派生诉讼之区分、补偿与预付条款之解释、合同解释原则在非公司企业中的适用及其重大意义，均有若干重要判例，[1442]其中又以关于约定改变信义义务的判例最为重要。以合同自由最

[1438] Henry Hansmann & Ugo Mattei, *The Functions of Trust Law: A Comparative Legal and Economic Analysis*, 73 N. Y. U. L. Rev. 434, 471-72 (1998). 关于此类规则的列举，参见Robert H. Sitkoff, *An Agency Costs Theory of Trust Law*, 89 Cornell L. Rev. 621, 631 (2004)。

[1439] Henry Hansmann & Ugo Mattei, *The Functions of Trust Law: A Comparative Legal and Economic Analysis*, 73 N. Y. U. L. Rev. 434, 469-70 (1998).

[1440] 朗贝恩教授极力强调契约论立场，主要目的在于揭示以往被传统见解所忽略或轻视的信托法的契约基础，强调契约法原则（包括合意性的信托设立和合意性信托条款）在信托法中的重要性，而不是颠覆信托的财产法规则。John H. Langbein, *The Contractarian Basis of the Law of Trusts*, 105 Yale L. J. 625, 668-69, 671 (1995). 另外，英美法系财产法也不纯粹由对世规范构成，根据英美财产法，赠与、遗赠等无偿移转制度属于财产法范畴（亦适用于普通信托），无偿处分的意思在法律容许的限度内有最大效力，与合同自由相比不遑多让。因此，即使是在英美财产法框架内，也可以为意思自治最大化找到论据。详见本书第8章第2节关于信托文件的解释。

[1441] Thomas W. Merrill & Henry E. Smith, *The Property/Contract Interface*, 101 Colum. L. Rev. 773, 843-49 (2001).

[1442] David A. Harris, *Recent Case Law Developments Relating to Delaware's Alternative Entities*, 7 Del. L. Rev. 213 (2004).

大化原则为基础的、独立的“非公司企业法理”日渐成型。以下从商业信托的地标式判例开始，对非公司企业法理进行梳理。

1. 地标式判例：*Nakahara v. NS 1991 Am. Trust*案[1443]

（1）案件事实及当事人主张

本案原告Nakahara与Renoir系夫妻，任被告NS 1991美国信托的管理受托人（managing trustee）。NSKK公司（Nakahara任该公司董事）以Nakahara违反信义义务为由在纽约州对Nakahara与Renoir提起另一诉讼，该诉讼与NS 1991美国信托有关。Nakahara与Renoir遂依据NS 1991美国信托的信托文件中之“预付”条款，[1444]向特拉华州大法官法院起诉NS 1991美国信托，请求预付原告在纽约州法院进行诉讼的费用。NSKK以被告方参与人（Defendant-Intervenor）之身份介入本案，并向法院提出动议，其理由之一是《特拉华州商业信托法》禁止商业信托对受托人进行预付。

NSKK认为，《特拉华州商业信托法》不容许商业信托向受托人预付诉讼费用。《特拉华州商业信托法》并未明文授权商业信托可向其受托人预付费用，因此NS 1991美国信托的信托文件中的预付条款无法律约束力；预付制度是制定法的产物；法院无权通过容许制定法未纳入的请求预付权之方式对《特拉华州商业信托法》进行补充，同样，商业信托亦无权通过书面条款为受托人创设请求预付诉讼费用的权利。NSKK并援引特拉华州的判例支持其主张，该判例认定：私人不得通过协议规避立法意旨。NSKK特别辩称，《特拉华州商业信托法》第3817条明文规定商业信托文件可订定“补偿”，而未提及“预付”，制定法的沉默，体现了立法者对预付的默示禁止。根据特拉华州法律，补偿与预付为两种不同类型的权利，立法者亦早已在其他法律中明文区分补偿与预付（如《特拉华州普通公司法》第145条前四款规定补偿，第5款规定预付）。

原告驳称，《特拉华州商业信托法》在预付问题上保持沉默，并无特殊含义，不应解释为剥夺商业信托对其受托人预付诉讼费用的权限。原告

［1443］ 详见Nakahara v. NS 1991 Am. Trust, 739 A. 2d 770（Del. Ch. 1998）。下文关于该案的法官意见，均引自该案判决。

［1444］ 本信托文件第4.2条第d款订定：受托人等人在本条第a款所定的任何诉讼、程序中准备与提出抗辩而发生费用的，上述人员承诺最终认定其无权就上述费用向商业信托取得补偿时将向商业信托偿还预付款项，商业信托收到该承诺后，应在上述程序终结前向上述人员预付费用。Nakahara v. NS 1991 Am. Trust, 739 A. 2d 770, 777 n. 38（Del. Ch. 1998）. 关于预付与补偿，详见本书第11章第8节。

认为，由《特拉华州商业信托法》第3821条第b款规定[1445]可知，该法是一部容许性（permissive）的法律，是为当事人自由采用有关其相应权利义务之特定条款提供一个一般性的制定法架构。该款规定授予当事人广泛的合同自由，此种自由仅受制于特拉华州法律的一般限制与《特拉华州商业信托法》的明示禁止性规范。《特拉华州商业信托法》并未明示禁止对受托人预付诉讼费用，因此，该法默示认可商业信托具有预付的权限。

NS 1991美国信托作为本案的名义被告（nominal defendant），同意原告的上述理由。

（2）法官意见：不适用“明示其一即排除其他”法则

法院认为，对《特拉华州普通公司法》的审视，使本院注意到，立法机关在制定《特拉华州商业信托法》时，知道如何在补偿之外明文认可预付。而且，正如NSKK所称，立法机关在修正《特拉华州商业信托法》、增设第3817条关于补偿之规定的同一时期内，修正《特拉华州普通公司法》中关于预付的规定。因此，当立法者制定商业信托法中关于补偿的规定而对预付问题略而不提时，《特拉华州普通公司法》对于补偿和预付分别作出的规定在立法者心中是记忆犹新的。但是，从上述事实并不能得出“立法机关有意禁止商业信托对受托人进行预付”之结论。NSKK援引的、用以支持本案应适用“明示其一即排除其他”（*expressio unius est exclusio alterius*）法则之主张的全部判例，与《特拉华州商业信托法》补偿规定所展现的情形，皆无类似之处；相反，大多数判例涉及的是在同一部制定法的不同条文或同一制定法的不同版本之间发生冲突时如何进行解释的问题。

例如，NSKK正确地提及，当立法机关制定某一条文时，推定立法机关知道旧法中关于同一事项的条文。因此，如果新法文本中略去了旧文本中的文字，视为有意省略，即这一省略含有特定的立法意旨。如特拉华州最高法院在*Giuricich*案中对《特拉华州普通公司法》的解释。该法1949年文本授权法院有权指定公司的接管人（receiver），1967年改为法院有权指定公司的托管人（custodian），法院判定此项修正含有立法意旨。但本案情况不同。《特拉华州商业信托法》第3817条第a款并不存在这样一个旧文本，诸如规定“商业信托有权对受托人进行补偿或预付”。假设确属此种情形，则该款的现行文本意味着已排除或废止了商业信托作出预付的

[1445] 当时的第3821条第b款规定：本法的原则是对合同自由原则及商业信托文件的强制实施力给予最大化的效力。

权限，从而明确表明立法机关有意禁止商业信托进行预付。然而，这样一个规定了预付问题的旧文本并不存在，因此不能将立法机关在预付问题上的沉默解释为立法机关有意禁止预付。

在强调《特拉华州普通公司法》第145条明文规定补偿与预付的同时，NSKK亦援引适用“明示其一即排除其他”制定法解释定理之判例，以支持其下述主张：同一制定法的某一部分明示包含了某一条文而另一部分未包含该条文，即表明立法机关在另一部分中有意识地不设置该条文。但是，如欲在本案中适用该法则，则不是要求法院从同一制定法的不同条文中推理出上述结论，而是要求法院从两个不同制定法的语句中推理出上述结论。这将导致法院采纳这样一种规则，即要求立法机关对规定了商业组织补偿权或预付权的全部制定法的条款语句进行协调一致的处理。实际上立法机关仅是适度地负有知晓其所制定的法律之职责，期待立法机关对规定类似问题的全部制定法中之确切用词保持持续不断的监督检查，是一种过重的负担。而且，特拉华州法律亦未对立法机关施加此种要求。

即使在认定立法机关知晓全部现行法的情况下，在新的制定法中未拟定与旧法规定类似主题的语句相同之语句，也不足以证明立法机关意在排除旧法明文赋予的权利。特拉华州最高法院之前的判例，已否定类似于本案被告提出的理由。该案中，立法机关在关于无过错保险责任的制定法中，明文容许采用仲裁方式解决该法范围内的纠纷，而在《未保险汽车业者法》中则未明文规定类似的容许仲裁之条款，原告据此认为，上述事实表明立法机关对在未保险领域内适用仲裁方式持反对态度。最高法院否定上述主张，而认为，无过错保险责任法中规定仲裁方式，旨在设置一种专门化的仲裁机制。由于立法机关并未为未保险汽车业者设置类似机制，相关业者可依一般仲裁法自由采用仲裁方式。

本案中，NSKK试图通过立法机关未在《特拉华州商业信托法》中规定预付的事实，表明立法机关对商业信托适用预付制度持反对态度。但正如特拉华最高法院在*Graham*案[1446]中所示，更合理的解释是，立法机关未在《特拉华州商业信托法》中特别规定预付，普通法上早已存在商业组织对其受托人等人预付诉讼费用的权限，此种权限不因有无相应的制定法规定而受影响。在《特拉华州商业信托法》未明示禁止的情况下，普通

[1446] Graham v. State Farm Mutual Automobile Insurance Co., Del. Supr., 565 A. 2d 908, 911 n. 3(1989).

法中的原则适用于商业信托——立法机关的这一意旨体现在另一个例证中，即《特拉华州商业信托法》第3817条第b款规定：商业信托的信托文件未订定补偿条款的，不得解释为剥夺任一受托人、受益人或其他人依据本州其他法律享有的取得补偿之权利。

最后，NSKK援引另一类适用“明示其一即排除其他”定理之判例，此类判例认为，当某一制定法是以另一制定法为范本而制定时，若两者语句上缺乏统一性，可推断出立法意旨或含义存在差异。例如，在*Hudson Farms*案[1447]中，涉及对《特拉华州普通公司法》第383条的解释，该条是以《示范商业公司法》第117条为范本而制定，但语句上略有差异，法院据此认定两者含义及立法意旨有所不同。但与*Hudson Farms*案情形不同，《特拉华州商业信托法》并非以《特拉华州普通公司法》为范本。尽管《特拉华州商业信托法》的制定晚于《特拉华州普通公司法》，且两者皆以商业组织为主题，但两者之间的延续性也就仅限于此。假设立法机关在起草《特拉华州商业信托法》时是整体沿用《特拉华州普通公司法》的导向与总体安排，那么认为两法在补偿规定上的差异体现了立法意旨差异，或许有说服力——然而事实并非如此。当所有其他部分都相同时，单一的差异具有更多的含义。但是《特拉华州普通公司法》与《特拉华州商业信托法》之间的差异是如此之多，以至于无法认为其中的某一差异具有重大意义。因此，NSKK所提“明示其一即排除其他法则应适用于《特拉华州商业信托法》第3817条第a款之解释”的主张，不予支持。

（3）《特拉华州商业信托法》与《特拉华州普通公司法》之间的差异

法院进一步阐明，由于《特拉华州普通公司法》与《特拉华州商业信托法》之间存在众多差异，足以令人确信：《特拉华州商业信托法》未在第3817条第a款中提及预付，并不表明立法机关有意禁止商业信托进行预付。《特拉华州商业信托法》第3817条第a款的语句并非有意识地偏离《特拉华州普通公司法》第145条的语句，相反恰恰说明这一事实：《特拉华州商业信托法》与《特拉华州普通公司法》过于不同，以至于不能单纯地从两者条文的比较中得出任何结论。如上所述，《特拉华州商业信托法》并非以《特拉华州普通公司法》为范本。而且，《特拉华州商业信托法》与《特拉华州普通公司法》在适用范围、目的、路径（approach）上均有差异。《特拉华州商业信托法》旨在提供比《特拉华州普通公司法》更灵活的法律规

[1447] Hudson Farms, Inc. v. McGrellis, Del. Supr., 620 A. 2d 215(1993).

范。正如该法所称“本法的原则是对合同自由原则及商业信托文件的强制实施力给予最大化的效力”。这一具有极大容许性的语句揭示了特拉华立法机关的明确意旨：在构建内部治理机制方面赋予商业信托广泛的自由。相反，公司法典中则无此种广泛的立法指引。尽管《特拉华州普通公司法》在不少方面相当灵活，但对公司的组织仍设置了诸多限制。

第3817条第a款的容许性语句间接表明立法机关有意使《特拉华州商业信托法》的补偿规定获得灵活、宽泛的解释。《特拉华州普通公司法》第145条对于公司可以向何人、在何种特定情形下进行补偿定有明示的限制，与此不同，《特拉华州商业信托法》中补偿规定的语句是宽松、灵活的。对比两者规定：《特拉华州普通公司法》规定：“基于某人是或曾经是公司董事、高级管理人员、受雇人或代理人的原因……此人在可能的、未决的或已决的诉讼中……曾经是、现在是或可能是一方当事人的，如果此人善意行事且以其合理相信符合公司最大利益或不违背公司最大利益之方式行事……则公司可对其进行补偿。”而《特拉华州商业信托法》第3817条第a款规定：“商业信托有权对任一受托人、受益人或其他人进行费用补偿以及采取措施使上述人员免遭来自任何及全部请求或要求之害，商业信托的信托文件可对上述补偿及措施设定标准与限制。”《特拉华州商业信托法》对补偿的一般性的容许规范迫使解释者作出一种容许性的解释：该款规定的语句旨在尽可能多地对商业信托赋予权限，并且仅排除被法律明示禁止的权限。

而且，回顾特拉华州大法官法院的判决意见，表明本院早已认识到，对《特拉华州普通公司法》的解释较为严格，而对《特拉华州修订统一有限合伙法》《特拉华州商业信托法》等其他法律的解释则较为宽松。例如，《特拉华州修订统一有限合伙法》规定有限合伙有权对合伙人进行补偿，但同样未特别提及预付，且其相关条文语句与《特拉华州商业信托法》无异。在*Delphi Easter Partners Ltd. Partnership*案[1448]中，大法官法院判定，《特拉华州修订统一有限合伙法》容许在补偿之外另作预付，此点毋庸置疑。上述判例的逻辑含义表明，大法官法院已认识到《特拉华州普通公司法》与《特拉华州修订统一有限合伙法》《特拉华州商业信托法》之类法律之间的区别。法院对《特拉华州普通公司法》进行较为狭窄的解释，而立法机关意在对《特拉华州修订统一有限合伙法》《特拉华州商业信托法》

[1448] Delphi Easter Partners Ltd. Partnership v. Spectacular Partners, Inc., Del. Ch., C. A. No. 12409, Allen, Ch., 1993 WL 328079(Aug. 6, 1993).

等进行较为宽泛的解释。[1449]

考虑《特拉华州修订统一有限合伙法》与《特拉华州商业信托法》均规定该法的原则是赋予合同自由原则及合伙协议或商业信托文件最大效力,[1450]显然,立法机关有意为特拉华商业信托与有限合伙在订立商业信托文件与合伙协议时提供广阔空间。

(4)法官意见结论

法院最后认为,立法机关于1996年修正《特拉华州商业信托法》时,增设一项规定:商业信托文件可以包含任何与法律规定或信托证书所载信息不相抵触的条款。这一容许性思路明确显示,立法机关无意将《特拉华州商业信托法》视作一个穷尽性地列举了商业信托各种选择的清单(穷尽性清单意味着凡该法未提及的事项均被默示禁止)。相应地,在《特拉华州商业信托法》未明示禁止的场合,第3817条、第3821条构成一项默示授权,即容许商业信托实施与合同法一般原则不相抵触的任何行为,包括预付。

2. 作为"契约创造物"的商业信托

上述判例展现了商业信托法区别于公司法的灵活性。特拉华州商业信托法的高度灵活性,与该州关于合同自由的基本原则一致,并使特拉华州商业信托可能成为最有优势的替代性商业组织形式。[1451]商业信托法关于合同自由的基本立场,同其他非公司企业法一致。

现代非公司企业法的基本结构是由私人之间的合同自治秩序来主导

[1449] 关于《特拉华州统一有限合伙法》第17-108条(该条与《特拉华州商业信托法》第3817条相似),艾伦大法官在上述判例中阐述道:"第17-108条比适用于公司的补偿规定(《特拉华州普通公司法》第145条)更为宽泛——实际上,第17-108条完全尊重合同当事人自己创设关于费用补偿与预付的权利义务。" Delphi Easter Partners Ltd. Partnership v. Spectacular Partners, Inc., Del. Ch., C. A. No. 12409, Allen, Ch., 1993 WL 328079(Aug. 6, 1993). 又参见In re Cencom Cable Income Partners, L. P. Litig., Del. Ch., C. A. No. 14634, Steele, V. C., at 10-11, 1996 WL 74726(Feb. 15, 1996)(宣示《有限合伙法》中的自由解释原则); James River-Pennington, Inc. v. CRSS Capital, Inc., Del. Ch., C. A. No. 13870, Steele, V. C., 1995 WL 106554(Mar. 6, 1995)(同上)。

[1450] 如同某些论者解释的,《特拉华州商业信托法》第3821条第b款不仅阐明该法的原则是给予当事人广泛的合同自由,而且容许当事人"选择排除"该法众多条文。4 Ernest L. Folk, Ⅲ et al., *Folk on the Delaware General Corporation Law* § 3821.1, at § 3821: 1(3d ed. 1996). 该书甚至认为,根据此种路径,即使《特拉华州商业信托法》第3817条不容许商业信托进行预付,依照该法第3821条,商业信托文件起草者仍有权选出该条文,推翻法律的禁止性规定,并通过合同方式约定预付。但法院认为既然第3817条并未禁止预付,自无须求助于此种解释。不过,本书认为,合同自由仍需受制于明示的禁止性规定,上述论断似有不妥。

[1451] Wendell Fenton & Eric A. Mazie, *Delaware Business Trusts*, in 2 R. Franklin Balotti & Jesse A. Finkelstein, Delaware Law of Corporations & Business Organizations § 19.1(3d ed. Supp. 2005).

企业的内部事项。[1452]集中于合同法则，堪称非公司企业法的心脏。[1453]此种立场，根植于非公司企业的本质，即非公司企业本身是合同的创造物。就普通合伙这种最古老的商业组织形式而言，它原本就是合伙人之间的合同，而有限合伙、有限责任企业等作为普通合伙的变体，自然承继了合伙的此种固有特征。[1454]商业信托虽非合伙的变体、并非渊源于合伙而是渊源于信托，但同样是合同的创造物：信托的设立行为无非是遗嘱、合同和信托宣言，商业信托主要是依合同设立。晚近发展起来的制定法商业信托，不过是以是否依制定法登记作为法律适用的分界线，终未改变其合同性质。类似地，有限合伙与有限责任企业虽与制定法有不可分离之联系，仍无损其合同创造物之性质。与公司一样，有限合伙与有限责任企业经登记始可成立，因此被称为制定法的创造物，在普通法上并不存在。[1455]但其成立的真正基础，仍在于私人之间的合意（合伙协议、有限责任企业运营协议）。在制定法商业信托的疆域内，立法机关的立法政策胜过普通法原则，即使是已被最清晰地界定的普通法原则。[1456]然而，另一面更为重要：创设有限合伙、有限责任企业等组织的根本依据仍为合同，因此两者仍属于合同的创造物。[1457]类似地，制定法商业信托仅在登记程序上体现立法机关的意志、仅在这一层面上可以说是制定法的创造物。关键在于，非公司企业法制定法之目标与功能，与管制全然无关。特拉华州制定法的基本思路是向非公司企业成员提供起草协议的宽泛的自主权，并在成员协议沉默之处提供默认条款。[1458]

［1452］ Jack B. Jacobs, *Entity Rationalization: A Judge's Perspective*, 58 Bus. Law. 1043, 1043（2003）.

［1453］ Larry E. Ribstein, *The Battle for the Heart of Delaware Uncorporation Continues*（May 9, 2008）, http://busmovie.typepad.com/ideoblog/2008/05/the-battle-for.html, Jul. 4, 2008.

［1454］ 理博斯坦教授将非公司企业"对合同的依赖"归结为此类企业的一个固有特征，其根源在于合伙的遗产（合伙是合同）。Larry E. Ribstein, *The Rise of the Uncorporation* 6（2010）.

［1455］ Myron T. Steele, *Judicial Scrutiny of Fiduciary Duties in Delaware Limited Partnerships and Limited Liability Companies*, 32 Del. J. Corp. L. 1, 5（2007）. 另有学者认为，有限责任企业系合同创造物、制定法创造物及衡平法创造物之混合体。Mohsen Manesh, *Creatures of Contract: A Half-Truth about LLCs*, 42 Del. J. Corp. L. 391（2018）; Mohsen Manesh, *Equity in LLC Law?*, 44 Fla. St. U. L. Rev. 93（2016）.

［1456］ Myron T. Steele, *Judicial Scrutiny of Fiduciary Duties in Delaware Limited Partnerships and Limited Liability Companies*, 32 Del. J. Corp. L. 1, 5（2007）.

［1457］ Poore v. Fox Hollow Enters., No. CA 93A-09-005, 1994 WL 150872（Del. Super. Ct., Mar. 29, 1994）（有限责任企业很大程度上是合同的创造物）.

［1458］ Elf Atochem North America, Inc. v. Jaffari, 727 A. 2d 286, 291（Del. 1999）. 又参见Bernstein v. Tractmanager, Inc., C. A. No. 2763-VCL, 2007 WL 4179088, at *4（Del. Ch. Nov. 20, 2007）（有限责任企业与公司在重要思路上皆有不同）。

职是之故，商业信托制定法的绝大部分规定，均为非强行规范，此与公司法形成鲜明对比。即使在特拉华州公司法这样的堪称最自由的公司法，依然存在大量的强行规范。[1459]与特拉华州公司法不同，特拉华州非公司企业法对企业及其成员、管理者的权利、义务、责任设置了极少的制定法条文，在此种制定法架构之下，当事人拥有极为广泛的裁量权和自治空间，几乎可以拟定任何适合企业需要的协议。商业信托法奉行的是"合同至上"原则："商业信托文件就是上帝。"这也是所有非公司企业的共同特征。[1460]有限责任企业判例的论断同样适用于商业信托："有限责任企业既不是普通公司，也不是普通合伙或有限合伙，而是一种特殊的实体形式……关于合伙法的判例已经被连篇累牍地阐述，但此类判例在有限责任企业法中效用有限。在有限责任企业中，特定的（有限责任企业）书面协议必须被赋予效力，甚至连制定法本身，亦有赖于对组织文件至上性的承认。"[1461]

由此，在美国非公司企业法上形成"非公司企业法理"：法院裁判非公司企业争议（尤其是内部关系争议），应当以非公司企业的组织协议为基准；相关制定法的解释，也应当在合同自由最大化与非公司企业组织协议效力最大化原则之下为之。非公司企业法中的合同自由区别于公司法中较为有限的自由。[1462]

非公司企业法理，也意味着不能随意向公司法借用规则。此种立场，贯穿于商业信托法、有限合伙法等各种非公司企业法之中。正如特拉华州法院关于有限合伙的判例所言，由于公司法与《特拉华州修订统一有限合伙法》的概念基础有别，法院在将特拉华州公司法之要求引入有限合伙环境时应持警惕态度。《特拉华州普通公司法》第242条第b款第4项与《特拉华州修订统一有限合伙法》第17-211条第b款有重大差别。后者为一项任意规范，仅适用于有限合伙协议对合并表决权要求未作约定之情形。相反，《特拉华州普通公司法》上述条文积极地要求，修改或废除公司设立

[1459] Jeffrey N. Gordon, *The Mandatory Structure of Corporate Law*, 89 Colum. L. Rev. 1549 (1989).

[1460] Elizabeth S. Miller & Thomas E. Rutledge, *The Duty of Finest Loyalty and Reasonable Decisions: The Business Judgment Rule in Unincorporated Business Organizations*, 30 Del. J. Corp. L. 343, 380 (2005).

[1461] In re Lake Country Investments, Nos. 99-20287 & 00-6064, 2001 Bankr. LEXIS 1033 (Bankr. D. Idaho Mar. 19, 2001).

[1462] Sutherland v. Sutherland, No. 2399, 2009 WL 857468, at *4 (Del. Ch. Mar. 23, 2009).

证书载明的超级多数表决要件，应经相同的超级多数同意。[1463]此种积极要件并未出现于《特拉华州修订统一有限合伙法》之中，推论有限合伙法中有此要件，亦毫无根据。[1464]此种裁判立场，与前述*Nakahara v. NS 1991 Am. Trust*案同理。

（四）与其他非公司企业法之差异：契约式实体

商业信托与其他非公司企业同其本质，但商业信托法亦自有个性，有限合伙、有限责任企业等莫不如此。"非公司企业法理"并不意味着抹平各种非公司企业组织形式之间的差别。

个性化是商业组织法必须遵循的一项立法与司法原则。无论任何企业，只要存在所有权与控制权的分离，必然会发生类似的运营与治理问题。因此，各种企业组织形式之间出现一些相似原则或规则，不足为奇。上述事实当然不能掩盖各类企业组织形式之间的重要差异。就司法而言，诚如特拉华州最高法院在*Nixon v. Blackwell*案中所言，每一种商业组织均自有其具体的制定法架构，此类制定法架构在各自的领域中居于至高无上的地位，将一类制定法架构中的权利与救济输入到另一类制定法架构中，不仅会与"独立法律意义原则"（the doctrine of independent legal significance）之精神背道而驰、侵蚀各类商业组织法的独立意义，而且会造成"司法立法"（judicial legislation）的不当后果。[1465]

就立法而言，每种商业组织法皆体现一类企业的标准化形式，立法者在确定强行规范及任意规范时，应注意其他各类商业组织法的语境，而特定的商业组织形式，系由历史及企业组织的市场塑造而成。[1466]

商业信托的契约式实体特性，为商业信托区别于其他企业组织形式的个性之所在。定有成员的有限责任，但并未为企业内部关系定有标准条款的这一类企业法，被理博斯坦教授称为"契约式实体法"（contractual

[1463]《特拉华州普通公司法》第242条第b款第4项规定，公司登记证书要求某一行动须经持有有表决权股份或其他证券之人更高票数赞成的，无此种票数的，不得改动、修改或废除要求此种票数的公司登记证书的条款。《特拉华州修订统一有限合伙法》第211条第b款规定：有限合伙合并，须经全体普通合伙人及持有过半数权益的有限合伙人允许。

[1464] Twin Bridges Ltd. P' ship v. Draper, No. Civ. A. 2351-VCP, 2007 WL 2744609 (Del. Ch. Sept. 14, 2007).

[1465] Nixon v. Blackwell, 626 A. 2d 1366, 1380-81 (Del. 1993). 该案拒绝将特拉华州法关于闭锁公司（close corporation）小股东特殊保护规则类推适用于闭锁持股型公司（closely-held corporation）。

[1466] Larry E. Ribstein, *Fiduciary Duties and Limited Partnership Agreements*, 37 Suffolk U. L. Rev. 927, 931 (2004).

entity statute)。[1467]公司法为公开型企业和闭锁型企业提供了大量的任意规范和强行规范；合伙法与有限责任企业法为闭锁型企业量身定做，有较多任意规范因应其需，与理博斯坦所称的契约式实体尚有距离。[1468]在各种企业中，唯商业信托始足当之。

契约式实体的特色有二：一方面，与公司法相比，商业信托法中的强行规范趋于最小化，此为非公司企业法之共性；另一方面，与非强行规范最大化的其他非公司企业法相比，非强行规范中的任意规范在商业信托法中趋于最小化，选入式规范成为主导规范，商业信托由此成为独具一格的“空白授权式”企业。

《特拉华州商业信托法》在商业信托经营管理方面定有广泛的选入式规范。诸如受益人会议与召开、表决、会议议事规则等事项，皆由商业信托文件自定，法律甚至连任意规范亦不设置，堪称将合同自由的理念发挥到极致。《特拉华州商业信托法》第3806条第b款以长达10项之篇幅，例示了商业信托文件可订定的事项——“在与本法规定或要求不相抵触的前提下，商业信托文件可包含任何有关商业信托营业与事务经营管理、有关受托人、受益人和其他人的权利、义务、债务的条款，且不限于下列各项：(1)可订定各种类别(class)、群组(group)或系列的受托人、受益人或受益权依商业信托文件具有相应的权利、权限和义务，可订定将来依商业信托文件所定方式，随时追加创设具有相应权利、权限和义务的类别、群组或系列的受托人、受益人或受益权。该类别、群组或系列的受托人、受益人或受益权所具有的权利、权限和义务可优先于或劣后于现有类别、群组或系列的受托人、受益人或受益权；(2)可以建立或订定建立受托人、受益人或受益权的特定系列，该系列对商业信托的特定财产或债务，或者与特定财产或债务有关的利润或亏损具有独立的权利、权限与义务……(3)可订定无须任一特定受托人、受益人或特定类别、群组或系列受托人、受益人表决或同意，即可实施修改商业信托文件、合并、选任受托人、解散商业信托等行为；(4)可

[1467] Larry E. Ribstein, *Limited Liability Unlimited*, 24 Del. J. Corp. L. 407, 435-46(1999).

[1468] 合伙协议、有限责任企业协议与商业信托文件角色类似。例如，有判例明确将有限责任企业协议称为有限责任企业的“基石”或“宪章性(章程性)协议”。Elf Atochem North America, Inc. v. Jaffari, 727 A. 2d 286, 291(Del. 1999); Haley v. Talcott, 864 A. 2d 86, 94(Del. Ch. 2004). 有限责任企业成员的权利“始于有限责任企业协议、止于有限责任企业协议”。Walker v. Resource Dev. Co. Ltd., L. L. C.(DE), No. CIV. A. 1843-S, 2000 WL 1336720, at *12(Del. Ch. Aug. 29, 2000). 详细讨论，参见Carter G. Bishop & Daniel S. Kleinberger, *Limited Liability Companies-Tax and Business Law* ¶ 14.02[1](2007).

对全部或部分受托人、受益人或特定类别、群组、系列的受托人、受益人授予针对任一事项的表决权或撤销该表决权……表决权可按人头、数量、经济利益、类别、群组、系列或其他根据计算；(5)在商业信托文件授予表决权的范围内，可以确立有关下列事项的条款：为表决任一事项召开会议的时间、地点与目的的通知，表决权人放弃获取通知的权利，不召开会议而同意实施行为……(6)可订定现在或将来创设一个以上商业信托，并可将现有商业信托的全部或部分资产、负债、利润或亏损转移于新创设的商业信托……(7)可订定高级管理人员、受雇人、经理或其他人员的选任、选举或任职……上述人员可以作为商业信托的代理人、独立缔约人或受托人的受转托人而被选任、选举或任职；(8)可订定任何人(包括商业信托文件当事人以外的人)的权利；(9)可订定商业信托文件的修改方式，包括需经商业信托文件当事人以外之人同意或需满足某种条件……(10)可订定要求特定的受托人、一定人数的受托人或最低比例的受托人进行表决以实施任何考虑由受托人允许(approve)实施的行为；但是，如果商业信托文件对此种特定的受托人、一定人数的受托人或最低比例的受托人未设要求，则除本章另有规定或商业信托文件另有订定外，经受托人多数决(或者，在实施上述行为须经特定类别、群组或系列受托人允许的情形，经该类别、群组或系列受托人多数决)，即应足以允许上述行为。”

《统一商业信托法》在明文列举强行规范的同时，又列举选入式规范(第103条)。对选入式规范的列举，正与下一条对强行规范的列举相呼应，所不同者，对选入式规范为非穷尽性列举，对强行规范为穷尽性列举。对选入式规范的列举，来源于《特拉华州商业信托法》第3806条第b款。

既然商业信托法已明文宣示合同自由最大化为基本原则，何以又不厌其烦地详列商业信托文件可定事项？列举模式绝非多余。法律明文规定商业信托文件可纳入的特定条款，有助于形成明确预期，一方面便于商业信托交易规划者预知法律内容，节省缔约成本；另一方面有助于第三人了解商业信托文件可能包含的主要内容，为进一步与商业信托交易提供指引[1469]——在制定法明示认可此类条款之前，交易实践中时常会发生关于此类条款是否有效的疑问。[1470]例如，商业信托是否可随时创设新的受益权类别、新的受益权能否优先于已发行受益权凭证，若法无明文规定，

[1469] Uniform Statutory Trust Entity Act § 103 cmt.(2009).

[1470] Uniform Statutory Trust Entity Act § 103 cmt.(2009).基于同样的理由，《统一信托法典》采类似做法：第815条规定受托人的一般权力，紧接着在第816条中例示受托人的各项特定权力。

即可能产生疑惑。对公开型商业信托而言,例示规定还有助于指引投资者(特别是机构投资者)与中介组织等评估商业信托文件条款,更充分地发挥资本市场“筛选”更适型商业信托治理模式的功能(商业信托的治理架构取决于商业信托文件内容)。此外,对于商业信托法及商业信托应用尚不发达的法域而言,详细例示商业信托文件的容许条款,有助于增进交易者对商业信托的了解,并减少司法上的效力争议。

同时,之所以不设大量的任意规范,原因之一可能在于,普通法对商业信托内部管理事项向来少有干预,而制定法商业信托又处于不断发展之中,与其以任意规范将某种立法者认为妥当的做法凝固下来,不如由商业实践自行探索、发展更为合适。立法者认为最优的规则,未必是民事主体认为最优的规则;尽管商业信托文件可以改变任意规范,但任意规范一旦形成、被载入制定法文本,便容易陷入僵化,日后发现有更优规则时,受制于立法程序、路径依赖效应及制约立法的各种因素,难以迅速作出灵活调整。并且制定法上设置的任意规范,可能强化起草者的依赖或偷懒心理,即在起草信托文件时,对商业信托法已有规定的事项不再考虑,而直接搬用法律规定或干脆留白不填,放任任意规范的径行适用,从而疏于考虑本企业的特殊情况与个别需要,以量身定制更为适合的商业信托文件条款——在由律师、注册代理机构等代理人代为起草文件时,受代理成本影响,此种情形更趋严重。考虑到商业信托多为机构所采用,律师起草为普遍现象,少设任意规范更显重要。[1471]

商业信托法的合同自由最大化原则,一方面反映了商业信托所需的法律结构,另一方面体现了立法者应有的自我克制。合同自由最大化原则以及选入式规范的广泛采用,实际上表明立法者放弃了形成商业信托规范的垄断权,使市场成为塑造商业信托规范的主要力量。立法者的放权,在商业信托法领域尤有必要,原因之一在于,商业信托是一个由市场力量充分主导的世界,真正熟悉商业信托的不是立法者,不是法官,甚至也不是商业律师,而是商人。资产证券化信托、不动产投资信托等各种新型商业信托,是投资顾问、财务专家、评估机构等商人群体的发明,律师则担当了助手一角。法院在现代商业信托创新过程中的作用最为微弱:出于周密的事前设计以及市场机制、非法律纠纷解决机制等多方面原因,关

[1471] 与之相映成趣的是,普通合伙、有限责任企业法中有较多任意规范,恰可因应闭锁型企业之需,此类企业的文件常由成员自己起草。考虑到此种现实,《典型有限责任企业法》有意为自己起草协议的当事人尽量提供合适的任意规范。

于商业信托组织、运营等方面的纠纷极少被诉之于法院，[1472]由此显著地削弱了法院的影响。立法者的作用则在于为商人的创新提供法律保障，及时以法律规范的形式确认新的交易实践，或者为制度创新预留充分的法律空间。在此方面，特拉华州立法机关堪称典范。[1473]

原因之二在于，商业信托本身仍处于不断发展变化之中，商业信托诞生至今虽已历数百年，但其间迭经变迁，自普通信托衍生为普通法商业信托，是为一变，自普通法商业信托演变为制定法商业信托，又为一变，今日的特拉华商业信托，与百年前的马萨诸塞州商业信托，在形式与内容上均已不可同日而语。唯有富于弹性的商业信托法，最能适应其发展。而商业信托未来将呈现何种面貌，很大程度上仍将依赖于商业界的需求与灵感，非立法者所能预料。在此大环境下，若由立法者基于某些先验的逻辑或教条，设置强行规范以防止“立法者所预想的”可能出现的弊端，实为不智之举。

商业信托法的空白授权模式，并不必然造成商业设计的困难。只要有必要，商业信托可自由选入其他商业组织法中适合于己的规则，而不必从头设计全新规则。例如，富兰克林浮动利率主信托的信托宣言订定：对于受益人与受托人会议的各种事项（包括会议在册基准日、会议通知、受托人的提名与选任、受益人委托表决的效力、会议最低人数要求、会期、会议延期、会议检查人等），本信托宣言、细则未订定、订定不明或特拉华州商业信托法未规定、规定不明的，适用《特拉华州普通公司法》及相应的判例解释，如同本信托是特拉华州公司、受益人是特拉华州公司股东、受托人是特拉华州公司董事一般。[1474]

通往自由的法律之途，不仅要有大量的任意规范，还需要大量的选入式规范。二者各有优势。粗略喻之，任意规范犹如选择题，选入式规范恰似填空题题 。选择题固然提供了现成的方案，却可能有碍更宽广的思考；填空题可能让人无从下手，但也昭示了无限多样的构想空间。两者既然

[1472] 显著例证是，自1988年《特拉华州商业信托法》颁布至今二十余年间，特拉华州法院裁判的以商业信托法适用为争点的纠纷仅有个位数。

[1473] 其中原因自然可归结为多个方面，诸如州际竞争的压力、吸引投资的考虑。立法机制本身亦为原因之一。特拉华州商业组织立法向来由实务界广泛参与，合伙法、有限合伙法等法律草案均出自实务界人士之手。律师协会在特拉华州商业组织立法中一贯发挥重要作用。上述因素使立法机关能够最大程度地贴近市场状况与实践需求。

[1474] Certificate of Amendment of Agreement and Declaration of Trust of Franklin Floating Rate Master Trust Article X，§ 2（October 21，2008）.

各有长短，法律就有必要展示以各类规范为主导的组织形态，以供交易者视其具体需求自选，殊不必自认何种模式为优，以至于人为造成“组织形式的垄断”。

经由数百年的发展演变，公司法已达到各项制度较为齐全细致的境地，但这同时也是局限性的开始。现实世界永恒的复杂多样性，决定了法律永远只能是“不完备法律”，即使是在组织法中最称完备的公司法，亦难全然适应不断演变的社会现实与商业需求，如何能够期望其他商业组织法能够解决公司法无力解决的永恒难题？公司法发展过程中的种种缺憾，正是非公司企业法应吸取的教训。[1475]在此情势下，与其让其他商业组织法重蹈公司法的旧途，不如另辟蹊径，设定一部由合同扮演主角、以空白授权规范为基本架构的企业法。

形成此种“空白授权式企业”的任务，何以落在商业信托（而非其他企业形态）头上？历史与传统因素或可提供解释。公司受制于历史负担与传统观念，其合同性质混淆难明；合伙在定义上至少需有两个投资者，此种先天限定堵塞了通向一人企业或无成员企业之路，且合伙本为闭锁型企业而设，如弃置任意规范，将难以担负其本来使命。有限责任企业貌似全新型企业形态，实为合伙的变体，至少目前尚未脱离一套合伙式任意规范。传统上用于遗产规划的信托，基于其无偿移转之法律性质，自始即有极高的自由度，商业信托从普通信托法中孕育而生，又摆脱了普通信托法中诸多不适合于商业组织交易之任意规范，实为“空白授权式企业”提供了绝佳的法律架构。

各类商业组织法之中，与商业信托法风格差异最大的，当数公司法。以艺术喻之，公司法恰似一幅工笔园林画，结构谨严，细节精巧，宏观微观，皆具匠心。商业信托法则如一幅泼墨山水画，笔意纵横，不拘形迹，线条粗犷，处处留白，点到即止。作曲者可以于无声处表意，作画者亦可于不着笔墨处而传神。又以哲学喻之，公司法堪称儒家之法，积极践行济世之举，刻意建构理想秩序，详订规矩（强行法），力推教化（任意法）；商业信托法则为道家之法，以国之无为，还民之有为，放任自发秩序，取法自然，顺天应时。至于合伙法、有限责任企业法等，则处于两端之间。

另一个问题是，商业信托法中的选入式规范最大化，究竟为美国法的特别现象，还是有普遍意义的应然选择？在此问题上，任何法域皆不能置

[1475] Jonathan R. Macey, *The Limited Liability Company: Lessons for Corporate Law*, 73 Wash. U. L. Q. 433 (1995).

"商业组织法个性化"原则于不顾。鉴于各国公司法、合伙法等现有企业法的结构大同小异，由强行法或任意法主导的企业皆已齐备，所欠缺者为选入式规范最大化的企业形态（"契约式组织"），因此以选入式规范最大化为特色的商业信托法，在各法域亦有存在之必要。

（五）合同自由最大化原则的意义

1. 交易形态的创新

我辈无法预见今后还会出现何种新的交易形式，正如数世纪前的先人无法预见证券投资基金、百年前的前贤无法预见资产证券化一样。但可预见的是，如果今日的法律不能为交易形态或商业机制的创新预留充分的制度空间，明日仍将重蹈覆辙。

坚守合同自由最大化原则，有助于商业信托法保持足够的开放性与灵活性，以便适应其他法律规范或商业惯例的发展。随着新型交易的发达，民商事实体法以外的其他法律或规范也会相应进化。举例而言，资产证券化交易的兴起，对税法、证券法、会计等提出新的任务，税法、证券法、财务会计准则发展出相应规范，如财务会计准则规定，资产证券化特殊目的实体须符合一定条件方可满足会计要求。最大程度的灵活性，对于资产证券化的特定要求而言尤为重要。[1476]例如，资产证券化当事人需要授予第三人（诸如贷款人、债权人）一定的权利，同时需避免第三人因此成为企业成员或管理者。[1477]又如，合格特殊目的实体的权限受到严格限制，诸如银行、保险公司、养老金信托、投资基金之类的实体难以成为合格特殊目的实体。[1478]许多证券化交易中，资产转让于特殊目的信托后，特殊目的信托持有资产的普通法所有权，但不得不受约束地处置该资产。[1479]合格的特殊目的信托的活动仅限于执行商业信托文件的条款，对信托活动进行此种限制的重要目的之一，是防止特殊目的信托受到证券化资产转让人的破产风险的影响。[1480]

再如，资产证券化交易中，受托人和服务商（服务机构）等相关主体的权利义务划分，与传统交易形态大不相同，尤其需要法律对合同约定的充

[1476] Scott E. Waxman, Eric N. Feldman, Nicholas I. Froio, & Ross Antonacci, *Delaware: The Jurisdiction of Choice in Securitisation*, http://library.findlaw.com/2004/May/19/133435.html, Feb. 25, 2007.

[1477] Id.

[1478] FAS 140 ¶ 37.

[1479] FAS 140 ¶ 171.

[1480] FAS 140 ¶ 171.

分尊重，以适应复杂多变的交易环境。诚如金融主管部门专家援引评级机构的观点时指出，资产证券化交易架构之设计，是资产支持证券信用评级的重要因素。一般而言，特殊目的信托的信托契约均载明受托人的免责事由，包括受托人得信赖文件之真实性，投资人不得授权受托人行使其权利，受托人的固有财产不承担责任，违约事件发生时受托人始负谨慎人标准之责任；同时，受托人的操作标准，也有积极、消极的差别，视受托人能力差异及交易的需求而为不同的约定。如果不切实际地加重受托人责任，反而会使投资人忽略其他更重要的评估因素，因为资产证券化交易在很大程度上依赖于创始机构及服务机构企业模式和财务能力的稳定性，此外，现金流量的压力测试应将服务费的情境测试、交易完成日后的履约状况、服务机构的财务健全性等因素包括在内，这些比改变受托人地位（增加受托人报酬、加重受托人责任）更为重要。[1481]

因此，商业信托法必须足够灵活，才能给予当事人创设交易结构的充分空间，以适应相关规范之要求，获得当事人期望的税收待遇、证券法待遇与会计处理结果。

2. 企业组织的创新

纵观商业信托的历史，放眼商业信托的现实，可以发现，盛行于实务中的商业信托，是一种样貌奇特、风格怪异的企业组织形式，既有资产纯由现金与证券构成、几乎不产生负债的证券投资基金，也有将利润大量用于分配、几乎不留存企业资本的不动产投资信托，更有实质上将业务全部外包、本身仅担当消极角色的资产证券化信托。凡此种种，均与法律界耳熟能详的一般工商业企业形态大异其趣，并且在传统的商业组织法律制度中也难以找到栖身之所。这同时也意味着，适应于传统企业的组织形式，未必能够适应“另类”企业类型的需要，而商业信托法必须依靠极具个性化的企业结构，方可充分满足新兴企业的需求。

合同自由最大化原则对于企业组织创新的意义，可从微观和宏观两个层面观察。

在微观层面，合同自由对于企业组织治理具有重要意义。非公司企业组织的创新，无疑是当今组织法中最为活跃的现象。在外部关系方面，由于资产分隔效力上的趋同，有限合伙、有限责任企业、商业信托等非公司企业与公司之间的差别已所剩无几；非公司企业的生命力，更多地

[1481] 参见刘万基:《金融资产证券化条例受托机构地位之分析》，载《台湾金融财务季刊》2003年第4辑第4期，第47、48页。

体现于内部关系上。对于企业治理这一核心问题的解决，非公司企业正在提供更具竞争力的补充性或替代性方案。正如学者所指出的，私募股权基金、风险投资基金、对冲基金之类显著区别于传统合伙形态的现代版本，是以解决代理成本问题的新技术为基础的，科尔伯格与克拉维斯（Kohlberg，Kravis）的Henry Kravis、黑石集团的Stephen Schwarzman等创新者所发展的此类技术之所以取得成功，在某种程度上依赖于法律架构，法律架构的典型便是特拉华州立法机关关于合同自由的立法条文以及特拉华州法院依照此类立法条文实施选出信义义务约定之意愿。[1482]合同自由主导下的治理结构，也有助于使企业组织摆脱公司制下僵化的治理结构（如强行法支配下的董事会等治理工具），使管理者能够直面市场的激励和约束：既给予管理者高强度的激励，也迫使管理者直面市场的压力——此种有别于公司的治理结构，已经在近年来金融危机的考验中展现出了非公司企业相比于公司的独特优势。[1483]进而言之，甚至在公司法领域，合同自由的兼容度也超过传统见解所设想的程度。近年来关于公司法的实证研究认为，实证数据并不支持契约主义的见解。该文的理由是，契约主义意味着上市公司章程会充满富于创新和定制化的条款，但实务中IPO章程中基本上没有出现什么创新和定制化条款。[1484]但此种对契约主义的理解本身即是偏颇的。契约自由并不仅仅意味着定制化；契约自由包含定制化的自由和格式化的自由以及对减少强行法管制的强调。如果流行的条款或者法律的任意规范是有效率的，当事人尽可“随大流”，而不必非得为了创新而创新。如果市场上流行的章程条款内容趋同，这正是此类条款有效率的一个证据，正如在债券市场以及金融衍生品市场中，债券契约、金融衍生品合约条款趋向于标准化，这并不表明此类市场中不受契约主义支配，而恰恰表明此乃市场主体基于契约原则自由选择的结果。况且，该研究的材料仅是指向上市公司，而封闭公司和非公司企业的组织文件包含了比上市公司章程更丰富的定制化内容。

就宏观层面而言，灵活的企业组织以及灵活的企业组织法，为一国法律制度竞争力的重要组成部分，亦为一国企业竞争力的要素。[1485]企业组

[1482] Larry E. Ribstein, *The Rise of the Uncorporation* 235（2010）.

[1483] Id. at 207-46, 249.

[1484] Michael Klausner, *Fact and Fiction in Corporate Law and Governance*, 65 Stan. L. Rev. 1325, 1329（2013）.

[1485] 法律市场的竞争，参见Erin Ann O’ Hara & Larry E. Ribstein, *Corporations and the Market for Law*, 2008 U. Ill. L. Rev. 661。

织法尽管与产品、技术、资源等分属于不同领域，但同样对企业实力至关重要。一国有无灵活、先进、高效的企业组织法，对企业发展与创新深具影响。以有限合伙为例：现代有限合伙肇始于美国法，在有限合伙兴起之初，各州即竞相完善各自的有限合伙立法，统一州法全国委员会亦紧握时机，制定了《统一有限合伙法》，并据形势变化适时修正。美国有限合伙法的进化，为有限合伙快速发展奠定了法律基础。我国1997年制定《合伙企业法》之时，已意识到有限合伙制度对于风险投资业的重要作用，但囿于“目前尚无此类企业的实践与需求”等理由，最终将草案中关于有限合伙的规定悉数删除。这一保守举措，成为此后近十年间风险投资业裹足不前的重要原因之一。尽管中央立法陷于停滞，但实务需求并未消失，地方文件仍积极回应风险投资业发展之需。[1486]但此类规范性文件效力层次过低，作用有限，效果并不理想。[1487]直至2006年《合伙企业法》全面修订、确立有限合伙制，一时引起风险投资、私募股权投资等有限合伙常用行业的极大激情，此类行业至此始跨入正常发展期。但立法滞后所致经济发展受阻之后果，却已沦为无法挽回的损失。

若再放眼全球企业市场，则可发现组织法的落后，将导致企业在全球市场中亦陷于竞争劣势。各国在风险投资、投资基金、资产证券化等领域皆落后于美国，可见一斑。在经济全球化、投资全球化与资本自由流动的当代环境下，一国不仅在资源、技术、人才等要素上与他国展开竞赛，而且法律制度上也竞争激烈。而企业组织法无疑是“法律制度全球竞争”的重要环节之一。在此种竞争态势下，消极回应型的立法模式自是捉襟见肘、不敷应用。其中原因，一是在于他国法律会抢先发展，二是在于组织法本身的特点。组织法广泛涉及第三人法律关系，因此无法完全放任合同自治。若无法制容许或保障，市场主体难以自由创造并充分运用新型组织形式。在组织法领域，法律如不事先确认或容许，交易者自创新型组织形式将面临重大法律风险，新企业组织形式不仅在法律上可能被认定为无效，而且在企业登记等事项上将遭遇无法克服的困难。大陆法系流行所谓法人形态法定主义，非依法律不得创设法人。英美法系虽无法人形态法定

[1486] 有限合伙制早在1994年的《深圳经济特区合伙条例》中得到认可。此后数年之间，不少地方性法规、规章纷纷出现，如2000年北京市人大常委会制定的《中关村科技园区条例》、2001年北京市人民政府制定的《有限合伙管理办法》、2001年《杭州市有限合伙管理暂行办法》、2001年《珠海市科技创业投资暂行规定》等。

[1487] 全国人大财政经济委员会副主任委员严义埙：《关于〈中华人民共和国合伙企业法（修订草案）〉的说明》（2006年4月25日）。

之说，但制定法对企业创设仍有相当程度之控制，未经制定法明文认可的企业形式，难以办理企业登记，或无法完全实现当事人的目的。现代美国法尽管在组织法中（尤其是非公司企业法）尊崇合同自由原则，但合同自由主要适用于企业内部事项，并不必然意味着当事人可凭借合同自由任意创设全新企业形式。类似情况也见于物权法（或普通法系的财产法）：物权事涉第三人利益，因此以物权法定原则加以制约，不许当事人自由创设类型或内容不同于法定物权的新型物权，[1488]而与合同法适成对照。[1489]

基于上述原因，组织法必须保持足够的前瞻性、创新性、主动性、开放性、灵活性与实践敏感性，始能适应实务发展。坐等经验积累到位后再行立法，不无理由，但真实世界的局面恰恰是，没有先行的立法，就不可能有足够的实践。“经验型立法”由此陷入怪圈。此点由我国《合伙企业法》的立法实践亦清晰可见：2006年该法增设有限合伙与有限责任合伙制，[1490]此项大幅度修订并非以实务经验为根基，而是主要借鉴美国有限合伙法制，因此，十年的立法空白，并无积极作用，反而是一种停滞，到头来仍然免不了受形势所迫，不得不重走老路，既然如此，何不当初即采纳前瞻性立法？更为可叹的是，新法虽于2006年修订，但仍未充分利用后发优势，不仅普通合伙制改进甚微，而且有限合伙与有限责任合伙制亦未能充分参考国际上的最新立法成果。[1491]

法律的发展，往往出人意料。公司法限制、禁止股东自由赎回股份，在早期公司法上被视为理所当然，及至投资基金时代，却成为基金制度发展的绊脚石；董事主导模式，在19世纪曾经成为公司效率提升的重要因

[1488] 德国法系多坚持物权法定原则。我国《民法典》第116条定有明文。法国法系与英美法系虽无明确的物权法定原则，但在对世财产权创设上亦有较多限制，有别于合同自由原则。参见Henry Hansmann & Reinier Kraakman, *Property, Contract, and Verification: The Numerus Clausus Problem and the Divisibility of Rights*, 31 J. Legal Stud. 373 (2002); Thomas W. Merrill & Henry E. Smith, *Optimal Standardization in the Law of Property: The Numerus Clausus Principle*, 110 Yale L. J. 1 (2000)。

[1489] 立法者在规定新型合同上完全可保持消极无为，是因只要无违强行法或公序良俗，无论有名合同还是无名合同，皆属有效。

[1490] 该法并未采用有限责任合伙一词，而采用“特殊的普通合伙”一词，其理由是“有限责任合伙”与“有限合伙”容易混淆，公众难以区分；既然有限责任合伙实质上是一种特殊的普通合伙，将其称为“特殊的普通合伙企业”，公众会更明白。参见《全国人大法律委员会关于〈中华人民共和国合伙企业法（修订草案）〉审议结果的报告》（2006年8月22日）。但这一用语也存在文义上的瑕疵：“普通”与“特殊”原本即为反义词，用以界定同一个概念，似不完全妥当。

[1491] 例如，美国2001年《统一有限合伙法》废除“控制规则”，并采用有限合伙法独立立法模式，不再将有限合伙法与普通合伙法挂钩，使得有限合伙法更为清晰、简明、完备。详见本书第16章第1节。又如，《特拉华州修订统一有限合伙法》于2004年修正时，明文允许有限合伙协议免除合伙人的信义义务，更能适应风险投资等有限合伙的特殊需要。

素，以资产证券化交易的当代观点视之，却成为特殊目的实体运营的障碍。此类例证，不胜枚举。以史为鉴，可以知得失。现代证券投资基金、资产证券化何以首创于美国而非他国？美国法中预留了商业信托这一高度灵活型企业形态，实为不可忽视的原因。在19~20世纪初期国家特许理论尚未退场的时代背景下，强行法管制在企业法中四处弥漫，若使公司法横扫天下独霸市场、将公司法规则扩及于其他商业组织，则组织变革与交易创新难获源头活水；法律变革亦势必落于人后，唯他国马首是瞻。商业信托在严格法的时代中艰难图存，才为某些新型交易的诞生保留了血脉。缺乏商业信托或商业信托式契约型组织的法域，终于未能成为投资基金之类新型交易的发源地。[1492]如同琼斯等人所言："马萨诸塞州商业信托的灵活性，可适应吾人现在无法预见的共同基金业的未来状况。"[1493]证券投资基金、资产证券化在美国盛行之后，各国始大力建构相关法制，但从全球视野观之，已瞠乎其后。此种被动型、临事定制型的法律模式，至多只能回应业已出现的市场需要，却无法引领将来发展，终究难逃与实务脱节之命运，亦无法应对法律全球化背景下的制度竞争。以中国经验而论，我国若非于2001年制定《信托法》在先，资产证券化必不可行。但可惜《信托法》日渐被各种行政管制方面的规章和其他规范性文件架空，以致新型交易在封闭性的规章和其他规范性文件架构下难以展开，该法提供的制度优势正在流失。

3. 市场回应型法制

合同自由最大化原则的深层次意义，在于破除"法律中心主义"的迷思和幻觉，形成一种市场回应型法律制度，原则上由市场的激励和约束机制规范民事主体的行为。这对于商事交易和商事组织尤为重要。创新难免伴随着风险和弊害。但是，民事主体的行为，受有市场机制和其他各种非法律机制的多重约束。此类机制包括但不限于：组织形式的选择，资本市场压力下的合同条款竞争，资本结构的选定，表决权设计和企业控制权市场，管理层结构的选择，管理者报酬合同的多样化，经理人市场，营业范围的约束，税法、财务会计准则、信用评级标准等各种非组织法规范（"周边规范"）的约束，声誉机制等非法律制裁，各种司法和司法外争议解决机

[1492] 英国的经历即为典型：在公司法尚不发达的时代，英国的商业信托曾经是大型企业的主要组织形式，但其后因制定法的干扰归于衰落，以致落后于和美国法的竞争。

[1493] Sheldon A. Jones, Laura M. Moret, & James M. Storey, *The Massachusetts Business Trust and Registered Investment Companies*, 13 Del. J. Corp. L. 421, 458（1988）.

制的竞争，法域的竞争。此类法律外机制，可以在相当程度上补充法律机制的作用。特别是在商事交易和商事组织领域，此类法律外机制，甚至可以替代法律机制。[1494]而且，市场机制不仅仅是在企业运营与治理这一内部关系方面发挥作用，而且在债权人保护这一外部关系层面上也日益重要。关于公司法的比较研究指出，债权人在自我保护方面对合同和市场机制的依赖，超过对法律机制的依赖，尤其是小公司的债权人可以借助信用评级机构和股东个人担保来保护自己的利益。[1495]

当然，上述种种机制，皆不可能完美，不足以控制合同自由最大化的所有可能弊害。然而，上述机制并非足以控制自治之弊的全部机制。吾人现时所能认知者，不过是其中一部分而已。人类理性有其限度，理性所不及者（non-rational），并不等于无理性。[1496]自生自发秩序中自有诸多人类尚不能认识的机制在维续其运行。不能因为吾人现时尚不能充分认知，即认定所有能起作用的机制皆已穷尽。退一万步而言，即使现时所能认知的各种机制皆已失灵，法律上提供一种另类选择，在市场竞争机制作用下，如果此种组织不能胜过其他选择（如因投资绩效被他种组织超越，或者各种已知及未知的机制皆不能控制其弊），自遭淘汰之命运，何须强行法杞人忧天，预先关闭市场进入之门。

更根本的问题是，纵然放开商业信托（或其他新事物）有千般风险，相比于以国家强制力事先管制与禁止，何者危害更深？诚然，另类选择可能造成不可预测之损害。但是，不容许试错就不可能有发展。不容许犯错正是最大的错误。指望不付出代价即可获得完美的组织治理模式，纯属幻想。且不论管制与禁止政策本身是否健全（如管制能否建立于准确完整的信息判断、公平妥当的利益权衡、趋于最优的效率考量之基础上），单就动辄干预、管制的习惯思维而论，即有莫大危害。包括政府在内的任何特定之人，皆非全知全能，皆不可能平地起高楼、不经犯错即建立起完美的制度，而普适于不特定之人。国家或政府同样会犯错，乃是不争的事实，既然如此，吾人何能期望法律或管制提供的选择，就能够使人们免予

［1494］ 关于法律外机制的详细讨论，参见Henry N. Butler & Larry E. Ribstein, *Opting Out of Fiduciary Duties: A Response to the Anti-Contractarians*, 65 Wash. L. Rev. 1（1990）；李宇：《私法自治之复兴》，中国社会科学院研究生院2013年博士学位论文，第326~358页。

［1495］ ［美］莱纳·克拉克曼等：《公司法剖析：比较与功能的视角》，刘俊海等译，北京大学出版社2007年版，第119页。

［1496］ ［英］弗里德里希·冯·哈耶克：《法律、立法与自由》（第1卷），邓正来、张守东、李静冰译，中国大百科全书出版社2000年版，第6页。

错误的风险或灾难？何能期望法律管制有意所为错误之害，就小于市场自发自为错误之害？与其创造政府犯错的机会，何如留下市场试错的空间？须知政府之错，具有强制性与外部性，[1497]市场之错，不过影响特定之人，管制之错远甚于自治之错。再者，政府出错时，受制于利益集团影响、缺乏信号机制或信号机制不灵敏、激励不足等因素，纠错能力及纠错效率低下，市场则受价格机制及其他信号机制引导，反应敏锐，信息便利，且当事者皆为利益攸关者，其纠错能力亦强于管制。

至于新制度所发生之弊病，市场可自主调适、矫治（例如，以信誉制裁等非法律机制制约不当行为者）。在许多情形，市场的要求更高于法律的要求，市场的标准比法律的标准更严格，而交易者受市场的约束力度，亦比受制于法律更为直接、切身。凡此种种，皆表明市场制裁不弱于法律制裁。除此之外，法律亦可发展出事后制约机制，并非以事前管制为首要选择。既有现成资源可用（例如，从公司法或合伙法中适当寻找法理以惩治受托人的不当行为），又加上法院或立法者干预市场、强加管制的天然冲动，何愁法律机制失灵？“创新未动，管制先行”，为立法者、法院、法学者对待新事物时的常用思维，实为法律进步之大忌，更是社会发展之大弊。所生弊害，实较自生自发秩序更深重、更久远、更不易认知、更难于控制。动用强力，岂可不慎？

“法律中心主义”对法律机制作用的过分强调、对法律外机制作用的轻视，往往缺乏经验证据的支持。合同自由最大化原则支配之下的非公司企业法制，却已经受住市场的检验。美国和加拿大商业信托法的对比，正是一个例证。

米勒教授在其比较评析加拿大和美国统一商业信托立法的文章中认为，加拿大统一法委员会起草的2008年《统一收入信托法》采用固定的、公司式的组织结构和治理机制，反映了该法起草者对立法者能力的信赖：相信立法者有能力发展出一种能够适当平衡不同利益相关者之利益的新的组织形式。相反，美国统一州法全国委员会起草的2009年《统一商业信托法》展示的图景是，对于商业信托这种实体，最佳的立法是几乎不提供固定的组织特征，而提供近乎白纸的适应弹性，在组织结构上近乎不设要求，在治理结构上仅作最低限度的强制。这反映了起草人对市场的信赖：

[1497] 国家或政府行为，实为经济学上典型的外部行为，其行为之后果无须相对人或第三人同意即可强加于人。

相信市场是组织形式的主要推动力。[1498]该文本身对美国统一州法全国委员会《统一商业信托法》的此种模式持怀疑态度，认为不利于商业信托的治理。

然而，尽管这两部统一法接踵问世，但美国统一州法全国委员会《统一商业信托法》并非凭空设计，其背后是上百年的美国判例法尊重商业信托灵活性的传统，尤其是自1988年以来强调合同自由最大化原则的“特拉华系”商业信托法传统。在这一历史传统中，商业信托并未因其灵活性而表现出劣于公司的治理绩效。与法律强制在公司法中的突出作用相比，市场机制在商业信托治理中的表现从来不落下风。相反，《加拿大统一收入信托法》的强行法模式并无根基。以往加拿大商业收入信托的迅猛发展所赖以为基者，是普通信托法所容许的意思自治；尽管实务中的商业信托文件经常复制公司法的条文，但这纯粹是出于当事人的自主选择，并非法律强制的结果，并且主要依赖于信托法的灵活性。[1499]《统一收入信托法》将之异化为法律的强制，则根本未经实践的检验，乃是起草人空想的产物。[1500]而且，该法的模式也偏离了实务中收入信托的实况。加拿大多伦多大学的阿纳德和艾克布斯教授基于对在多伦多股票交易所上市的187个收入信托的实证研究指出，信托文件在某些领域（例如，会议条款）复制公司法规定，但在其他领域（例如，救济条款）显著不同于公司法的规定，且此种显著偏离是普遍现象。[1501]其文进而认为，信托与公司的区别应予考虑，司法上若单纯地将公司法规则纳入收入信托领域，将会侵蚀收入信托文件的确定性以及赖以运行的收入信托市场的确定性。[1502]维多利亚大学吉伦教授指出，实务中的商业收入信托文件有意复制公司法中的许多条款，却不选入公司法所规定的估价救济、股东提案条款，也不照搬公司

[1498] Paul B. Miller, *The Future for Business Trusts: A Comparative Analysis of Canadian and American Uniform Legislation*, 36 Queen's L. J. 443, 474 (2011).

[1499] 在加拿大，不动产投资信托、商业收入信托的信托文件通常约定公司化的治理结构，除估价救济条款和反欺压救济条款外，在很大程度上复制《加拿大商业公司法》等公司制定法的治理结构。Donovan W. M. Waters, Mark R. Gillen, & Lionel D. Smith, *Waters' Law of Trusts in Canada* 556-557, 560 (3d ed. 2005). 由于信托法具有足够的弹性，信托文件可以复制公司法所规定的大多数的股东权利，并且尽管在信托文件中复制股东权利是可行的，但信托法在此问题上，并不含有任何强制性。Mark Gillen, *A Comparison of Business Income Trust Governance and Corporate Governance: Is There a Need for Legislation or Further Regulation?*, 51 McGill L. J. 327, 338 (2006).

[1500] 新加坡2004年《商业信托法》的此种弊端，比加拿大统一法更为严重。

[1501] Anita Anand & Edward Iacobucci, *The Boundaries of Corporate Law and Trust Law: An Analysis of Locking v. McCowan*, 62 McGill L. J. 577, 585, 587 (2016).

[1502] Id. at 577.

法所规定的派生诉讼或欺压救济(oppression remedy,即小股东因受大股东欺压而诉请的救济)。如果不选择某些类型的公司股东权利救济是“力争下游”(race to the bottom)之表现,则商业收入信托立法应当将公司法上的此类权利与救济设为强行规定;但如果制定法完全复制公司法,将会导致商业收入信托和公司在治理上完全混同,这两种组织之间的差别,就只剩下税收政策问题。然而,如果不选择某些类型的公司股东权利与救济更多的是一种“力争上游”(race to the top)的结果(因为此类权利与救济减少了投资权益的价值),那就不应当在制定法中强制规定此类权利与救济,致使投资者状况更趋恶化。如果此类权利与救济减少了投资权益的价值,则检讨其效率,正当其时。换言之,如果某些股东权利与救济因其减少价值而被回避,则问题的焦点应当是公司法的修正,而不是为商业收入信托创造一种特别的管制。[1503]

加拿大统一法的起草人并未举出足够的证据,证明该国现行的信托法模式严重不利于商业收入信托的治理,以至于应当代之以法律的强行管制。所幸,在大规模移植《加拿大商业公司法》多项制度的同时,《统一收入信托法》在此问题上仍然保持了一定的克制,顺应了加拿大商业收入信托的实践。对于反欺压之诉(反欺压救济)、受益人代表诉讼(派生诉讼)、异议受益人估价权三项重要制度,《统一收入信托法》虽有详细规定,但均设计为容许规范(选入式规范),仅当收入信托文件约定有此类制度时,始得适用。[1504]立法理由谓:“反欺压救济在公众持股公司中成本效益如何,从来缺乏明确的分析,因此,尽管本法以《加拿大商业公司法》第241条为模板起草了本条关于反欺压救济的规定,但无意将之作为适用于收入信托的强行规范。同时,在实务中,收入信托将其大部分或全部应税收入支付出去,对受托人在经营管理上的自主权形成了重大限制,并使信托的管理高度依赖于市场以获取增资。再者,为了满足共同基金信托的法定条件,受益人通常享有赎回权(退出权),尽管此种权利在实务中甚少行使,但此种权利却是公司法中所缺少的(除了公司型共同基金或发行可赎回优先股的其他形态公司)。除此之外,在此领域还有其他选择性的机制提供保障。信托单位的承销人以及最终购买人能够自己决定,对本收入信托而言,反欺压救济究竟是优是劣。如果信托单位持有人选择约

[1503] Mark Gillen, *A Comparison of Business Income Trust Governance and Corporate Governance: Is There a Need for Legislation or Further Regulation?*, 51 McGill L. J. 327, 382-83(2006).

[1504] Uniform Income Trust Act § § 23, 24(1), 26(1)(2008).

定反欺压救济，他们自可向法院寻求类似于公司股东所享有的救济。本法为此种救济创设了制定法架构，但采用此种救济对于特定的收入信托而言是增加价值还是减少价值，则留由市场决定。”[1505]基于类似的立法理由，尽管该法以《加拿大商业公司法》第239条与第240条为模版起草了关于受益人代表诉讼的条文、以《加拿大商业公司法》第190条为模板起草了关于异议受益人估价权的条文，但均由收入信托自行选用。[1506]

[1505] Uniform Income Trust Act § 23 cmt.(2008).不过，该法所未明确的问题是，关于反欺压救济的条文，是否可以约定改变。换言之，信托文件可否仅选用反欺压救济条文中的一部分规定而弃用其他规定，或者改变其内容。按照任由市场决定的立法理由，似应采肯定说。

[1506] Uniform Income Trust Act § § 25, 26 cmt.(2008).

第五章　正向资产分隔：商业信托的法人资格

第一节　商业信托的法人资格

一、商业信托法对普通信托法的发展

商业信托的法人资格，为商业信托强式正向资产分隔的自然结果，比之普通信托的信托财产独立性，资产分隔效力更为彻底。

传统见解认为，普通信托不是一个独立于委托人、受托人、受益人的法律实体。信托财产以受托人名义持有，[1507]信托财产的交易以受托人名义为之，[1508]因信托管理发生的诉讼，由受托人起诉或受诉。[1509]信托本身并无享有财产权、缔结合同或进行交易、起诉或受诉的能力。英美法系与大陆法系信托法皆持此种立场。美国普通信托法的新近发展过程中，普通信托虽已显现独立主体的某些迹象，[1510]但实体法多未明确认可普通信托为独立主体。例如，某些法律（如税法）将遗嘱信托、生前赠与信托作为独立实体对待，但出于公共政策等原因，此类信托不得参与企业合并、改组、权益置换、本地化等实体交易（entity transaction），因此被排除于实体交易法之外；而马萨诸塞州信托、不动产投资信托、伊利诺伊州土地信托以及其他从事商业活动的普通法信托或制定法信托，则与公司、有限合伙等同属实体。[1511]

相反，美国商业信托发展早期，即有判例法认为商业信托是独立的法

[1507] Restatement(Third)of Trusts § 2(2003).

[1508] Uniform Trust Code § 816.

[1509] Morrison v. Lennett, 616 N. E. 2d 92, 94(Mass. 1993); Restatement(Second)of Trusts § § 177-78(1959); Uniform Trust Code § § 811, 816.

[1510] 例如,《第三次信托法重述》认为，现代普通法与制定法上的概念与术语隐然承认（普通）信托是一法律“实体”，由信托财产与附随的受托人、受益人之间的信义关系组成；这一动向体现于语词与法则中，语词上的体现如受托人“对信托”负有义务或责任，法则上的体现如区分受托人的个人身份与作为信义义务人或代表人之身份。Restatement(Third)of Trusts § 2 cmt. a(2003).

[1511] Model Entity Transactions Act § 102 cmt.(2007).

律实体。[1512]在制定法限制公司取得并持有特定种类财产或股份的时代，商业信托借由不受此限制之优势，被广泛用于持有各类财产，[1513]意味着商业信托有此权利能力。当代商业信托制定法更普遍认可商业信托为独立于委托人、受托人、受益人的法律主体。

商业信托的主体资格，在美国各州商业信托法中有全面表述。其一，在定义中指明商业信托为"实体"。其二，明定商业信托为"独立于其受托人与受益人的实体"，[1514]或称之为"法人"(juridical person)。[1515]其三，详列实体法上的权利能力，包括以自己名义取得与持有财产、[1516]缔结合同、发行证券[1517]等，除商业信托文件另有订定外，商业信托财产的"法律所有权"(legal title)既可以商业信托名义持有，亦可以受托人名义持有，两种持有方式有同等效力。[1518]其四，明定诉讼法上的当事人能力：商业信托可以自己名义起诉、[1519]受诉，[1520]向受托人之一进行诉讼送达即为已足；作为上述规定的具体化，商业信托可因受托人或其适当授权的代理人在依商业信托文件履行相关义务过程中引起的人身或财产损害而受诉。[1521]作为美国第二代商业信托法之翘楚的《明尼苏达州商业信托法》规定得尤为详尽："商业信托可以自己名义行使下列权限：(1)作为商业信托，在信托文件或其修正案

[1512] Peterson v. Hopson, 306 Mass. 597, 29 N. E. 2d 140, 132 A. L. R. 1(1940); Lorimer v. McGreevy, 229 Mo. App. 970, 84 S. W. 2d 667(1935); Forgan v. Mackie, 232 Mich. 476, 205 N. W. 600(1925).

[1513] Hodgkiss v. Northland Petroleum Consol., 104 Mont. 328, 67 P. 2d 811(1937); State ex rel. Combs v. Hopping Inv. Co., 1954 OK 125, 269 P. 2d 997(Okla. 1954); Flynn v. Commissioner of Dept. of Public Utilities, 302 Mass. 131, 18 N. E. 2d 538(1939).

[1514] Conn. Gen. Stat. § 34-502; Del. Code Ann. tit. 12, § 3801.

[1515] Uniform Statutory Trust Entity Act § 102 cmt.(2009).

[1516] Columbia Realty Venture v. District of Columbia, 433 A. 2d 1075(D. C. 1981).

[1517] 华盛顿州判例认定，依马萨诸塞州法律设立的商业信托作为独立主体，可在华盛顿州发行证券，只要该商业信托遵守华盛顿州的相关法律。Pacific Am. Realty Trust v. Lonctot, 381 P. 2d 123(Wash. 1963).

[1518] Conn. Gen. Stat. § 34-523; Del. Code Ann. tit. 12, § 3805(f). 信托文件亦常明文订定：信托财产由信托以自己名义持有，但当其他法域的准据法要求信托财产由受托人持有时，信托财产应被视为由受托人持有。GE Dealer Floorplan Master Noted Trust, Amended and Restated Trust Agreement § 2.8(2004).

[1519] Ariz. Rev. Stat. Ann. § 10-1879; Conn. Gen. Stat. Ann. § 34-502b; Del. Code Ann. tit. 12, § 3804(a); N. C. Gen. Stat. § § 39-45; Ohio Rev. Code Ann. § 1746.09(A)(7).

[1520] Ala. Code § 19-3-66(1997); Ariz. Rev. Stat. Ann. § 10-1879; Conn. Gen. Stat. Ann. § 34-502b; Del. Code Ann. tit. 12, § 3804(a); Mass. Gen. Laws Ann. ch. 182, § 6; Minn. Stat. Ann. § 318.02.3(2); N. C. Gen. Stat. § § 39-45; Ohio Rev. Code Ann. § 1746.09(A)(7).

[1521] Del. Code Ann. tit. 12, § 3804(a). 此项规定在马萨诸塞州法律上可见渊源。马萨诸塞州法律规定，商业信托可因下列事项受诉：商业信托受托人、代理人或高级管理人员在依信托文件履职过程中经授权订立的合同债务或责任；该受托人、代理人或高级管理人员在履职过程中因过失而致他人人身或财产损害。Mass. Gen. Laws Ann. ch. 182, § 6.

所定期限内存续，未定期限者，永久存续；(2)起诉与受诉；(3)采用、使用、变更商业信托印章，但未用印章不影响任何文件之有效性，商业信托有权自由改变其印章；(4)在本州及其他地区从事经营活动、订立合同、实施商业交易所需和附随于商业交易之任何行为、实施便于实现信托文件或其修正案所载目的之任何行为；(5)依照信托文件或其修正案所定方式，在本州或州外取得、购买、出卖、持有、出租、以设定担保或其他方式处分不动产或动产。上述行为经由商业信托的高级管理人员、代理人或受托人为之。如同公司一般，以商业信托名义签署或取得的任何契据、合同、担保权及其他任何法律文件，无论是否在有关机关登记，与商业信托高级管理人员、代理人、受托人以相应身份签署或登记上述文件具有同等效力。”[1522]

美国联邦制定法亦广泛承认商业信托的主体资格。其中最重要者，为《破产法典》。商业信托作为独立主体，可以成为破产法所称的债务人，普通信托则无此资格。《破产法典》规定：只有“人”或市政机构方可成为破产债务人，[1523]“人”包括个人、合伙、公司等，不包括普通信托；[1524]“公司”包括商业信托。[1525]美国破产法1898年的初始版本，并未提及商业信托，该法1926年修正时，将商业信托纳入“公司”的定义之中，即“由受托人经营的、其受益权表现为凭证或其他书面凭据的营业”，现行《破产法典》排除了“凭证或书面凭据”要件，因为这一要件不适当地夸大了证据形式性的意义。这意味着即使未发行受益权凭证或书面凭据的商业信托，亦可成为破产法上的债务人，但美国国会参议院与众议院的报告表明，上述修正无意扩大法定定义中的商业信托范围，因此，某些破产法院依然将发行受益权凭证作为商业信托适用破产法的要件。[1526]

美国联邦《银行控股企业法》所称“银行控股企业”，包括商业信托。[1527]旨在监管金融业的《格拉斯—斯蒂格尔法》将商业信托作为独立主体纳入适用范围。[1528]《公平劳动基准法》所称的“人”，包括商业信

[1522] Minn. Stat. Ann. § 318.02.

[1523] 11 U. S. C. § § 101(13), 109(a).

[1524] 11 U. S. C. § 101(41).

[1525] 11 U. S. C. § 101(9)(A)(v). 破产法上的另一类判例，参见In re Vento Dev. Corp., 560 F. 2d 2, 4-5(1st Cir. 1977)(依波多黎各法律设立的商业信托为独立主体，可作为债权人申请其债务人破产)。

[1526] Takemi Ueno, *Defining a "Business Trust": Proposed Amendment of Section 101(9) of the Bankruptcy Code*, 30 Harv. J. on Legis. 499, 501(1993).

[1527] Bank Holding Company Act, 12 U. S. C. § 1841(a)(1).

[1528] Banking(Glass-Steagall)Act of 1933, 12 U. S. C. § § 377, 378.

托。[1529] 1933年《证券法》所称的“人”，包括信托，但此处所称信托，仅包括其受益人的权益由证券所表彰（evidenced by a security）之信托。[1530] 受益权由证券所表彰之信托，一般为商业信托，而非普通信托。

联邦判例法亦同。如联邦最高法院判定，受托人代表商业信托行事时，可以商业信托名义起诉，亦可以受托人名义起诉。[1531]

实务部门亦将商业信托作为独立主体对待。这方面尤为重要的是资产证券化交易。资产证券化交易的成功，取决于多种因素，必须综合考虑法律、税务、会计、监管等各方面的要求。在美国，资产证券化财务会计准则由独立会计师的专门组织——财务会计标准委员会（Financial Accounting Standards Board）制定。该委员会于2000年9月制定新的《第140号财务会计准则》，以替代原先的《第125号财务会计准则》。[1532] 颁布新准则的原因是，第125号准则中存在不少需要解决与澄清的问题，其中之一是，符合何种条件的实体可以构成“合格的特殊目的实体”，从而不必与证券化资产转让人的会计报表合并。[1533] 向合格的特殊目的实体转让资产的，可以满足真实买卖（true sale）的会计要求。[1534] 根据《第140号财务会计准则》的要求，合格的特殊目的实体（Qualifying SPE），是指符合下列全部条件的信托或其他法律实体：“a. 该实体明显区别于证券化资产转让人；b. 容许该实体实施的行为受到重大限制；容许该实体实施的行为完全由设立该实体的法律文件或创设对该实体所持有资产的受益权的法律文件所确定；未经至少多数以上受益权持有人（必须是证券化资产转让人、证券化资产转让人的关联人及证券化资产转让人的代理人以外的人）允许，不得对容许该实体实施的行为作出重大改变；c. 该实体仅可持有下列资产：（1）消极持有证券化资产转让人转让的资产；（2）有关于（pertain to）向证券化资产转让人、证券化资产转让人的关联人与证券化资产转让人的代理人以

[1529] Fair Labor Standards Act, 29 U. S. C. § 203(a).

[1530] Securities Act of 1933, 15 U. S. C. § 77b(a)(2).

[1531] Navarro Sav. Assoc. v. Lee, 446 U. S. 458(1980). 其他类似判例，参见Eastern Enter. v. Apfel, 524 U. S. 498(1998); Mercer Int' l v. United States Fidelity & Guar. Co. , No. CV-96- 00824-WTM, 1999 WL 594813(9th Cir. Aug. 6, 1999); Franklin High Yield Tax-Free Income Fund v. County of Martin, 152 F. 3d 736(8th Cir. 1998)（马萨诸塞州信托）; United States v. Hughes, 191 F. 3d 1317(10th Cir. 1999); DeRosier v. 5931 Business Trust, 870 F. Supp. 941(D. Minn. 1994)。

[1532] 由于美国资产证券化制度的广泛影响，包括该《第140号财务会计准则》在内的美国资产证券化财务会计准则，也影响其他国家和地区的资产证券化会计实践。参见黄金泽：《金融资产证券化之会计处理》，载《台湾金融财务季刊》2003年第4辑第4期。

[1533] FAS 140 ¶ 8.

[1534] FAS 140 ¶ 172.

外之人发行或出卖的受益权的衍生金融工具（不得是其他衍生金融工具）；（3）当其他人不能对该实体受让的金融资产提供服务或不能清偿对该实体所负的债务时，可用于补偿该实体的金融资产，例如，被保证人的权利或担保权；（4）与该实体持有的金融资产有关的获得服务的权利（servicing rights）；（5）暂时持有的、与收取该实体持有的金融资产有关的非金融资产；（6）为收取该实体持有的资产所取得的现金，以及在向受益权持有人进行现金分配之前为适于分配的目的而以该现金换取的投资（投资于货币市场或其他相对无风险的、非期权的、到期日不迟于预定分配日期的工具）；资产证券化信托的受益人仍有权改变该信托的权限，但是，如果该信托权限的改变导致该信托不再成为'合格特殊目的实体'，则证券化资产将被置于证券化资产转让人的控制之下，致使证券化交易失败，除非依然符合资产证券化财务会计准则关于真实买卖的规定要件。"[1535]

以上各项要件中，商业信托的独立实体地位是关键。作为资产证券化交易必备环节的信用评级，亦特别关注商业信托的独立实体地位。在资产证券化等领域中居于权威地位的标准普尔评级机构阐明，达到标准普尔对破产隔离型特殊目的实体所定标准的商业信托，即成为破产隔离型特殊目的实体。[1536]

由上可见，商业信托在美国法上的法人地位已十分明确。但我国有学者认为，美国法上是确认商业信托为非法人团体，且美国学者Sitkoff在其有关论文中也指出商业信托为非法人团体，而任何非法人团体在法律上均绝不可能作为法人存在。[1537]此类观点，是因对美国法上有关概念的误解所致。以《特拉华州商业信托法》为例，该法虽将商业信托定义为一种unincorporated association，[1538]但在紧接定义之后的实体性条文中明确规定商业信托是一种"独立的法律实体"（separate legal entity）。[1539]何谓"法律实体"？依《布莱克法律词典》的解释，法律实体，是指自然人以外的、可以实施法律上行为、起诉或受诉并可通过代理人作出决定的组织体，典型的例子是公司。[1540]英美制定法条文上一般不称法人为juridical

[1535] FAS 140 ¶ 38.

[1536] Standard & Poor's, *Legal Criteria for U. S. Structured Finance Transactions* 50-52（2006）; Standard & Poor's Rating Services, *Legal Issues in Rating Structured Finance Transactions* 37（1998）.

[1537] 张淳：《信托法哲学初论》，法律出版社2014年版，第344页。

[1538] Del. Code Ann. tit. 12, § 3801（g）.

[1539] Del. Code Ann. tit. 12, § 3801（g）.

[1540] *Black's Law Dictionary* 976（9th ed. 2009）.

person、juristic person或legal person，而称为legal entity或者entity。[1541]《布莱克法律词典》将juridical person、juristic person、legal person三词及拟制人（artificial person）、虚拟人（ficticious person）、道德人（moral person）解释为同义，乃是指“法律所创设并给予一定的人之法律上权利及义务的实体（entity），例如公司，是一种实在的或想象的存在，为法律推理之目的，而被或多或少作为人类对待”，并将legal entity一词与上述各词相互参引。[1542]在英文文献中，上述各词通常在同一意义上使用。[1543]相应地，将unincorporated association一概认作“非法人团体”，也不准确。在美国法上，制定法及学术文献中的unincorporated association概念，更多地是在与公司（corporation）对应的意义上使用的，译为“非公司团体”应更贴近其本义。而将美国学者所用的uncorporation一词[1544]认作“非法人团体”，则更属望文生义。Uncorporation并非法定概念（《布莱克法律词典》亦未收录此词），乃是学理概念，Sitkoff教授等学者用此概念，是在与公司相反的意义上使用的，意指“非公司”。[1545]

此外值得注意的是加拿大法的变化。尽管在加拿大关于信托的制定法上，收入信托（类似于美国的商业信托）的主体资格尚未获得明文承认，但加拿大《破产与支付不能法》经修正后，已明文规定收入信托有破产能力。该法所称的收入信托是指在加拿大有资产且符合下列情形之一的信托：信托的单位（unit）于破产事由发生日已在规定的股票交易所上市；该信托的多数单位由另一信托持有，而另一信托于破产事由发生日已在规定的股票交易所上市（第2条）。依照该法第2条的定义性规定，该法所称公司包括收入信托，所称董事包括收入信托的受托人，所称股权性权益包括收入信托的单位，所称股东包括收入信托的单位持有人。[1546]承认收入信托有破产能力，已在一定程度上突破了普通信托法的理论，因为无论将

［1541］ 例如，2006年《统一有限责任企业法》第108条第a款规定：“有限责任企业是独立于其成员的实体。”又如，2007年《统一有限合作社法》第104条第a款规定：“有限合作社（limited cooperative association）是独立于其成员的实体。”

［1542］ *Black's Law Dictionary* 1258（9th ed. 2009）; *Black's Law Dictionary* 2616, 3619（8th ed. 2004）.

［1543］ 在德国联邦司法部官方网站上公布的《德国民法典》英译本，将法人译为legal persons。《俄罗斯联邦民法典》英译本将法人译为legal entities。

［1544］ 误解者所引的美国学者相关论文即Robert H. Sitkoff, *Trust as "Uncorporation": A Research Agenda*, 2005 U. Ill. L. Rev. 31。

［1545］ 近年来更有以此为题的专著，专论合伙、有限责任企业等非公司组织。Larry E. Ribstein, *The Rise of the Uncorporation*（2010）.

［1546］ Bankruptcy and Insolvency Act, R. S. C. , 1985, c. B-3.

普通信托解释为一种衡平法义务抑或一种法律关系，皆不具有破产能力：义务或法律关系是不能破产的。[1547]

二、作为法人的商业信托之法律结构

商业信托依商业信托文件而成立，商业信托文件在商业信托中的地位，正如合伙协议在合伙中的地位、公司章程在公司中的地位。[1548]商业信托文件本质上属于合同，对商业信托、受托人、受益人均有约束力。[1549]

商业信托为受益人的利益而存在，受益人依各自持有的受益权，按比例分享商业信托的利润、分担商业信托的亏损。受益人一般不直接管理信托，而由受托人负责经营管理。受托人为商业信托的代表人，因其职务行为所生债务，是商业信托的债务。受益人通常享有决议选任或解任受托人、商业信托合并、改组、解散等重大事项的权利。受托人对商业信托及其受益人负有义务，包括忠实义务、注意义务等信义义务（fiduciary duty）与一般合同义务。受托人违反义务、直接侵害受益人的个别权益时（如拒绝特定受益人查阅商业信托营业与财务信息），受益人有权提起直接诉讼，其诉讼利益归于该受益人。受托人违反对商业信托的义务，其他受托人有权代表商业信托对之提起诉讼，如怠于起诉，受益人有权为商业信托之利益提起派生诉讼，诉讼利益归属于商业信托。由此形成类似于其他企业的内部治理结构。

受托人可选任受雇人、经理或其他人（诸如资产证券化信托的服务商、投资基金的投资顾问）管理商业信托的营业或事务。此类受雇人系商业信托的受雇人，而非受托人的受雇人，其他管理人系与商业信托发生法律关系，而非受托人的合同相对人。由此区别于普通信托：受托人为管理普通信托而聘用的受雇人或其他管理人，仅为受托人的合同相对人。

三、商业信托主体资格与正向资产分隔

商业信托有主体资格，意味着具有实体法及程序法上的权利能力，自不待言。从资产分隔角度而论，商业信托的主体资格有两层含义：第一，商业信托的债务，以商业信托的财产清偿，商业信托的债权人可直接申请执行商业信托财产；第二，商业信托仅对自己的债务承担责任，商业信托

[1547] Lionel Smith, Trust and Patrimony, 28 *Est. Tr. & Pensions J.* 332, 349（2009）（法律关系不能破产）.

[1548] 美国判例对各种商业组织文件的地位相似性多有提及。Froelich v. Erickson, 96 F. Supp. 2d 507（D. Md. 2000）.

[1549] Del. Code Ann. tit. 12, § 3801（c）.

受益人、受托人、委托人或其他人的债权人无权申请执行商业信托财产。

（一）商业信托的债务以商业信托的财产清偿

商业信托的债务，以商业信托的财产清偿。受托人或其他管理人因履行职务所生债务，为商业信托的债务，无论为合同之债、侵权之债还是其他债务。受托人在授权范围内为商业信托订立的合同，对商业信托财产有约束力。[1550]与此相应，依美国制定法及判例法，商业信托财产如同公司财产一般适用保全、强制执行等程序。[1551]此与普通信托法规则有所不同。由于普通信托法的一般规则为受托人对处理信托事务所生债务负个人责任，债权人一般不能直接追索信托财产。受托人处理信托事务过程中所生债务，其债权人不得在针对受托人的普通法诉讼中追索信托财产；债权人可通过衡平法诉讼追索信托财产，但仅限于有限的情形，包括受托人对信托债务负个人责任但受托人的财产不足清偿、信托文件允许债权人通过衡平法诉讼追索信托财产、受托人与债权人所订合同约定债权人只能对信托财产提出主张而受托人对该债务不负个人责任。[1552]此种责任承担方式，与普通信托"保全与保存信托财产"之特性相适应。

早期某些美国判例将普通信托法的上述规则适用于商业信托：除制定法另有规定、商业信托文件另有订定或合同另有约定外，与受托人交易的第三人无权通过诉讼程序追索商业信托财产；在受托人对商业信托债务负个人责任的情形，债权人不得通过诉讼或执行程序就商业信托财产优先受偿。[1553]受托人与债权人在合同中约定受托人不负个人责任、债权人只应追索商业信托财产的，债权人有权直接就商业信托财产受偿。[1554]当代法未再沿用普通信托法规则。传统规则为普通信托而定，商业信托

［1550］ McCallen v. Mogul Producing & Refining Co. , 257 S. W. 918（Tex. Civ. App. Galveston 1923）, writ dismissed w. o. j. ,（Feb. 6, 1924）.

［1551］ 制定法如Mass. Gen. Laws Ann. ch. 182, § 6; Del. Code Ann. tit. 12, § 3804（a）［商业信托的财产如同公司一般应适用扣押和强制执行，并受《特拉华州法典》第10编第3502条限制］。判例法如Tyler v. Boot & Shoe Workers' Union, 285 Mass. 54, 188 N. E. 509（Mass. 1933）; Dolben v. Gleason, 292 Mass. 511, 198 N. E. 762（Mass. 1935）; Ballentine v. Eaton, 297 Mass. 389, 8 N. E. 2d 808（Mass. 1937）; Mulloney v. United States, 79 F. 2d 566（C. A. 1, 1935）; Bomeisler v. M. Jacobson & Sons Trust, 118 F. 2d 261（C. A. 1, 1941）。对商业信托财产实施诉前保全的判例，参见In re Rainbow Trust, 207 B. R. 70（Bankr. D. Vt. 1997）。

［1552］ Restatement（Second）of Trusts § § 266-271（1959）.

［1553］ Hussey v. Arnold, 185 Mass. 202, 70 N. E. 87（1904）; Bartley v. Andrews, 208 A. D. 702, 202 N. Y. S. 227（2d Dep' t 1923）. 在此情形，不能因为商业信托从受托人与第三人的交易之中获益，而默示认定商业信托财产应对第三人的请求承担责任。Austin v. Parker, 317 Ill. 348, 148 N. E. 19（1925）.

［1554］ Industrial Lumber Co. v. Texas Pine Land Ass' n, 31 Tex. Civ. App. 375, 72 S. W. 875（1903）, writ refused.

不以保存信托财产、避免债权人追索为主要目的，而以营业为主要目标，债权人的正常期待亦是可直接追索信托财产，又因商业信托法规定受托人不对商业信托债务负个人责任，限制债权人追索信托财产已无前提，因此商业信托财产应如同公司或其他商业组织财产一般直接承受债权人的追索。

（二）商业信托仅对信托债务承担责任

信托财产仅供清偿信托债务，其他人的债权人不得追索商业信托财产。此项规则，大体承自普通信托法，但又有区别。

1. 委托人的债权人

在普通信托法上，委托人设立信托，信托财产转移于受托人，不再属于委托人的财产，委托人的债权人因此无权追索信托财产。委托人可成为受益人或不成为受益人。如委托人成为受益人，其受益权即为委托人的财产，债权人有权追索；如委托人不成为受益人，其债权人无可追索，但若委托人设立信托的行为构成诈害债权人之行为（例如，无偿设立信托致自有财产不足偿债），债权人可主张信托无效，进而追索用于设立信托的财产。[1555]

商业信托法的规则与此相似，[1556]不同之处为，即使委托人转让信托财产的行为构成诈害债权人之行为，债权人不能主张商业信托无效，而可主张委托人转移财产的行为无效（或可撤销）。

在资产证券化交易中，隔断发起人（信托委托人）的债权人对特殊目的实体财产（证券化资产）的追索、使发起人破产的风险最小化，是交易安全性的首要考虑。

资产证券化的最大优点之一即为使资产支持证券的风险集中于资产本身，而无论发起企业本身的财务状况如何，皆不影响证券的偿付。因此，如何使特殊目的实体成为隔离于发起企业的独立实体，即为资产证券化所要解决的首要问题。在此方面，《特拉华州商业信托法》的规定最为周全。实务界人士指出，特拉华州商业信托可通过下列途径将此风险最小化：其一，较低的特殊目的实体合并风险。商业信托为独立实体，其内部运营与治理规则为商业信托文件约定的规则，法律对此几乎无任何形式要求，因此满足法定要求极为容易。此种特征有助于保持特殊目的实体独立于发起企业，由此减少破产法院依“实质合并”法则将特殊目的实

[1555] Restatement (Second) of Trusts § 29 cmt. d (2003).

[1556] 参与设立商业信托之人的债权人不得追索商业信托财产。Guaranty Sec. Corporation v. Northway Motors Corporation, 260 Mass. 169, 156 N. E. 861 (1927).

体与发起企业的资产与负债合并之风险。其二，对特殊目的实体资产的更多保护。受益人的债权人不享有任何占有商业信托财产或对商业信托财产主张法定救济或衡平救济之权利。除商业信托文件另有订定外，受益人对特定的商业信托财产不享有权利。资产证券化交易中，发起人往往作为剩余受益人，在特殊目的实体中保留一定份额的受益权，上述规定有助于隔断发起企业债权人对商业信托财产的追索。其三，特殊目的实体终止风险较低。商业信托的解散事由仅限于商业信托文件所定解散事由。因此，一项仔细起草的商业信托文件可显著减少破产的发起人、受益人或破产管理人提前终止特殊目的实体并追及其资产之风险。[1557]

2. 受益人的债权人

普通信托中，信托财产所有权在名义上属于受托人，受益人享有信托财产的受益权，不直接享有所有权，因此，受益人的债权人可追索受益权，但无权追索信托财产。[1558]信托法的一项原则为，如果追索信托财产会妨害其他受益人的权利，则某一受益人的债权人无权直接追索信托财产以实现债权。但在受益人仅有一人，或者委托人为唯一受益人时，能否同样得出这一结论，则并不明确。[1559]而且，在符合法定条件的若干情况下，受益人有权终止信托并分割信托财产。对此，至少有两个特拉华州判例判定：委托人为唯一受益人的，有权废止(revoke)信托，即使信托文件订定该信托不可废止。[1560]此外，美国某些法院判定受益人的债权人可承继受益人之法律地位(stand in the shoes of the beneficiary)，从而行使受益人要求受托人交付信托财产的任何权利。[1561]上述判例的政策基础是，兼为受益人的委托人不得在享有信托财产之实质性利益的同时，使信托财产免

[1557] Robert L. Symonds, Jr. , *Delaware Business Trusts: The Preferred Special Purpose Vehicle for Structured Financings by Financially Healthy Businesses and Reorganizing Companies*, http://www.securitization.net/knowledge/spv/symonds1.asp, Jun. 4, 2009.

[1558] 信托法的这一功能，并非信托法的独特贡献，当事人可通过第三人合同机制创设效果类似的法律关系。Henry Hansmann & Ugo Mattei, *The Functions of Trust Law: A Comparative Legal and Economic Analysis*, 73 N. Y. U. L. Rev. 434, 453(1998).

[1559] Wendell Fenton & Eric A. Mazie, *Delaware Business Trusts*, in 2 The Delaware Law of Corporations and Business Organizations § 25.4(R. Franklin Balotti & Jesse A. Finkelstein eds Supp. 1997).

[1560] Weymouth v. Delaware Trust Company, 45 A. 2d 427(Del. Ch. 1946); Security Trust Co. v. Sharp, 77 A. 2d 543(Del. Ch. 1950). 信托的废止，涉及可废止信托(revocable trust)问题，详见本书第14章第1节第1目。

[1561] Vanderbilt Credit Corp. v. Chase Manhattan Bank, 473 N. Y. S. 2d 242(1984). 本案判定委托人(兼为受益人)的债权人可以追索受托人根据信托条款能够向委托人支付的最大利益。《统一信托法典》明定此规则。Uniform Trust Code § 505(a)(2).

受其债权人的追索。[1562]

对于商业信托，美国判例法早已阐明，个别受益人的债权人不得直接追索商业信托财产。[1563]强制执行受益人的受益权，效力不及于商业信托财产。[1564]信托财产为商业信托的财产，受益人同样对信托财产不享有权益。受益人不得先于债权人对信托财产主张权益：在受托人完成商业信托清算之前（即使信托存续期间已届满），商业信托财产不归属于受益人。[1565]此即"清算保护"效力，为普通信托法未予明确之问题。

尽管有美国个别早期判例认为，如同普通信托法一般，受益人对商业信托财产享有衡平法权益，[1566]但其他判例多认为，受益人对商业信托财产无直接支配的权利，例如，作为信托财产的不动产因他人侵权而遭受损害时，无论商业信托尚处于存续期间内还是存续期间已届满，受益人均无权提起侵权诉讼。[1567]受益人亦无权就处分商业信托财产订立合同，除非商业信托文件明确授予受益人此种权限。[1568]早在商业信托主体资格尚未得到明确承认的早期马萨诸塞州法上，法院即已判定，受益人对特定的商业信托财产不享有权利，亦无任何分割商业信托财产的权利。[1569]实务中，商业信托文件常明定受益人无权分割商业信托财产，[1570]但纵然无此订定，受益人亦无分割权。[1571]此项规则明确表明，商业信托财产不是受益人的共有财产。

《特拉华州商业信托法》进一步明文澄清此类问题。该法首先规定商业信托为独立于受益人的实体。作为独立主体的一个逻辑结果，受益人的债权人无权就信托财产主张任何权利。该法进而规定：受益人的债权人无权取得对商业信托财产的占有，亦无权对商业信托财产行使普通法

[1562] Security Trust Co. v. Sharp, 77 A. 2d 543 (Del. Ch. 1950).

[1563] 13 Am. Jur. 2d Business Trusts § 74 (2007).

[1564] In re Pittsburg Wagon Works' Estate, 204 Pa. 432, 54 A. 316 (1903).

[1565] In re Mullendore's Estate, 1956 OK 81, 297 P. 2d 1094 (Okla. 1956).

[1566] R. F. C. v. Goldberg, 143 F. 2d 752 (C. C. A. 7th Cir. 1944), cert. denied, 323 U. S. 770, 65 S. Ct. 117, 89 L. Ed. 616 (1944), reh'g denied, 323 U. S. 817, 65 S. Ct. 266, 89 L. Ed. 649 (1944).

[1567] Kountze v. Smith, 135 Tex. 543, 144 S. W. 2d 261 (Comm'n App. 1940).

[1568] Spotswood v. Morris, 12 Idaho 360, 85 P. 1094 (1906).

[1569] Commissioner of Corporations and Taxation v. City of Springfield, 321 Mass. 31, 71 N. E. 2d 593 (1947).

[1570] State Street Trust Co. v. Hall, 311 Mass. 299, 41 N. E. 2d 30, 156 A. L. R. 13 (1942)（信托文件订定，信托财产的权属不归于任何受益人；任何受益人无权分割商业信托财产）. 又参见 Aig Series Trust, Declaration of Trust, Article Ⅳ, § 5 (December 31, 2003); Western Investment Real Estate Trust, Amended and Restated Declaration of Trust § 2.2 (May 14, 1998)。

[1571] Aronson v. Olsen, 348 Ill. 26, 180 N. E. 565 (1932).

或衡平法上的救济权；除商业信托文件另有订定外，受益人对特定的商业信托财产不享有权益。[1572]商业信托不因受益人死亡、丧失行为能力、破产而终止或解散。由此避免了受益人丧失主体资格时，受益人的继承人、遗产管理人、遗嘱执行人、监护人、清算人、破产管理人之类主体接管商业信托财产，并将信托财产用于清偿受益人或委托人的债务，或用于其他用途。除此之外，商业信托法将商业信托解散事由限定于商业信托文件所定事由，默认排除受益人解散或终止商业信托之权利，更是商业信托法确保商业信托作为主体独立存续的独特构造。

经由上述一系列规定，该法有效切断了受益人的债权人对商业信托财产的直接追索。此项原则有助于适应商业信托实际需求。因为任何相反的规则都将严重削弱商业信托为商业目的进行融资的能力。[1573]且商业信托投资者众多，若商业信托财产的命运受制于任一受益人的负债状况，信托财产将陷于极度脆弱、不稳定之境。几乎每一个涉及商业信托的现代融资交易，均要求商业信托在法律上被视为一个“破产隔离实体”（bankruptcy remote entity）。[1574]资产证券化更是如此。实务研究指出，受益人对特定信托财产的权利或终止信托的权利，严重危及破产隔离。例如，依普通信托法，无论信托文件有无相反订定，唯一受益人一般有权任意终止信托。此种权利的存在，有碍破产隔离实体的存续，因为依据破产法原则，破产债权人（经由管理人）可行使破产债务人的权利（a creditor stands in the shoes of its debtor）。由此，若受益人有权终止商业信托并对特定的商业信托财产主张权利，当该受益人破产时，其债权人亦可行使上述权利而追索信托财产，从而破坏了商业信托的独立存续。同理，受益人因其他事由享有解散权时，亦有此风险。[1575]

即使在委托人为唯一受益人的情形，亦不应允许受益人的债权人直索信托财产，致否定商业信托财产的独立地位。一是因为，独资商业信托通常有特定的商业目的，并非委托人试图借此安享利益而逃避债务。典型例证为资产证券化信托。资产证券化信托由发起人（委托人）设立，发

[1572] Del. Code Ann. tit. 12, § 3805(b),(c). 美国最新一代商业信托法以及《统一商业信托法》均有此规定。新加坡2004年《商业信托法》第34条规定类似。

[1573] Wendell Fenton & Eric A. Mazie, *Delaware Business Trusts*, in 2 The Delaware Law of Corporations and Business Organizations § 25.4(R. Franklin Balotti & Jesse A. Finkelstein eds Supp. 1997).

[1574] Scott E. Waxman, *Delaware Statutory Trusts*, http://www.potteranderson.com/news-publications-0-127.html, Jan. 24, 2007.

[1575] Id.

起人往往兼为初始受益人，在受益权凭证发行或转让之前，为唯一受益人。发行受益权凭证有一段时间的准备期，以进行向证券监管机构注册、信息披露等工作，若允许委托人的债权人或受益人的债权人追索信托财产，委托人如在此期间不能偿债，债权人即可追夺证券化资产受偿，交易将遭彻底破坏。证券投资信托的情形与此类似：基金份额发行之前，保留基金份额的委托人（通常兼任受托人）为唯一受益人，基金份额的发行同样需要一段时间的准备期。二是因为，即使发生委托人企图利用商业信托获利逃债的情形，适用《特拉华州商业信托法》式的规则无碍债权人保护：债权人可请求法院强制执行委托人即受益人的受益权，债权人相应地成为受益人，债权人虽无权解散、终止信托，且不得直接对信托财产主张权利，但可行使或处分受益权以实现债权。

另需提及，《特拉华州商业信托法》式的对受益人的债权人权利之限制，有别于"防止挥霍信托"对受益人的债权人权利之限制。防止挥霍信托为普通信托法的特有制度：信托文件中依法设有防止挥霍信托条款时，受益权不得用于清偿债务，受益人的债权人无权申请执行受益权。《特拉华州商业信托法》对债权人权利的限制仅在于限制其追索信托财产，并不限制对受益权的追索；防止挥霍信托则在限制债权人追索信托财产之外，进一步切断了债权人对受益权的追索。

受益人无权终止或解散商业信托之规则，为商业信托的债权人与其他利害关系人提供了有力保护，使之免受商业信托财产被分割或者商业信托因受益人死亡、破产等而提前终止的影响，其保护力度强于普通法信托。[1576]此种规则对于维护企业的营运价值、保障企业资产不受个别企业投资者信用状况的影响尤为必要。反观我国《信托法》，对来自受益人方面的威胁显然考虑不周，尤其是过于强调委托人的权利。该法第15条第2句规定，委托人死亡或解散、被撤销、被宣告破产时，委托人为唯一受益人的，信托终止，信托财产作为其遗产或清算财产。此句规定增大了某些交易的障碍。委托人为唯一受益人时，关于商业信托财产仍可能存有其他人的权益，因委托人主体消灭而自动终止信托，难免致害他人。

3. 受托人的债权人

根据普通信托法，信托财产不负担受托人的个人债务，即使受托人破

[1576] John C. Murray, *The Use of Land Trusts and Business Trusts in Real Estate Transactions*, http://dirt.umkc.edu/attachments/LandTrustIII.doc, Feb. 12, 2008.

产亦然。[1577]受托人破产尽管不常发生，但却是当事人最为担忧的事件，信托法的此种“破产保护”功能，为信托法最关键的贡献之一；[1578]相比于大陆法系类似的财产管理机制，保护信托财产免受受托人个人债务的影响，被称为英美法系信托法最重要的特征。[1579]此项规则具有重要优点，能使信托财产免受受托人个人信用风险的影响，符合当事人的交易目的。[1580]其理论基础为，受托人仅取得信托财产的名义所有权，不包括所有权的利益，债权人对受托人仅有对人的请求权（personal claim）；[1581]受益人为信托财产的真正所有人，[1582]相应地，受托人的债权人不能取得信托财产的利益。信托财产以受托人名义持有却不属于受托人的固有财产，这可能会误导受托人的债权人，致债权人对受托人的财产状况产生不准确的预期而受损。为补救债权人，信托法对受托人课以区分与标明信托财产的义务，使受托人可用一种简便的会计手段向债权人发出信号，债权人可依此识别受托人的固有财产，据而调整信贷条件以准确反映实际可得的担保价值。[1583]如受托人未发出信号，就可能误导债权人，此时，英美信托法

[1577] Uniform Trust Code § 507；我国《信托法》第16条。在美国法上，受托人破产时，破产受托人（相当于破产管理人）不是信托财产的善意购买人，不能取得信托财产；受托人个人的债权人对信托财产申请强制执行的，也不得取得信托财产，即使该债权人不知道信托的存在。Restatement（Second）of Trusts § § 307，308（1959）.

[1578] John H. Langbein, *The Secret Life of the Trust: The Trust as an Instrument of Commerce*, 107 Yale L. J. 165，179（1997）.

[1579] Uniform Trust Code § 507 cmt.《关于信托承认与法律适用的海牙公约》的主要目标之一即是在大陆法系法域保护英美法系信托所为交易。在欧陆法中，一般规则是：管理人是财产的所有人，受益人仅与其他债权人一般对管理人享有债权，因此当管理人破产时，管理财产即被纳入管理人的破产财产，由管理人的全体债权人分享，而非仅归受益人。Henry Hansmann & Ugo Mattei, *The Functions of Trust Law: A Comparative Legal and Economic Analysis*, 73 N. Y. U. L. Rev. 434，456（1998）. 如果没有信托法，在理论上，管理人可以在其与每个债权人所订合同中约定债权人不对管理财产主张权利，但此种机制由于交易成本过高而不可行；因此，在缺乏信托式制度的大陆法系国家，不是通过合同机制来达到与信托类似的效果，而是通过选任银行之类破产可能性较小的大型稳健的机构担任管理人——尽管此种安排仍然劣于信托制度。Id. at 458.

[1580] Henry Hansmann & Ugo Mattei, *The Functions of Trust Law: A Comparative Legal and Economic Analysis*, 73 N. Y. U. L. Rev. 434，455（1998）.

[1581] Restatement（Third）of Trusts § 5 cmt. k（2003）；Restatement（Second）of Trusts § 12 cmt. a（1959）.

[1582] John H. Langbein, *The Secret Life of the Trust: The Trust as an Instrument of Commerce*, 107 Yale L. J. 165，180（1997）.

[1583] Henry Hansmann & Ugo Mattei, *The Functions of Trust Law: A Comparative Legal and Economic Analysis*, 73 N. Y. U. L. Rev. 434，455（1998）. 区分与标明信托财产，为受托人的一种忠实义务。违反忠实义务的责任能够驱使受托人履行此项义务。尽管信托文件可免除此项义务，但是，如果允许受托人将信托财产混入固有财产，会对受益人形成重大风险，信托文件不可能随意采取此类自杀式行动。

仍可能保护信托财产免受受托人的债权人追索，法律显然假定债权人处于比受益人更有利的地位以照顾自身利益，债权人是能够以较低的代价避免成本之人。[1584]

商业信托法沿袭了上述规则。《特拉华州商业信托法》规定：对受托人的债权，如因受托人个人身份而发生且与商业信托无关，受托人的债权人无权取得对商业信托财产的占有，亦无权对商业信托财产行使普通法或衡平法上的救济权。[1585]《统一商业信托法》更直截了当地规定：受托人的债权人无权取得对商业信托财产的占有，亦无权对商业信托财产行使普通法或衡平法上的救济权。[1586]

第二节　承认商业信托法人资格的理据

一、商业信托具备法人的要件

（一）商业信托的组织性

承认商业信托的主体资格，有充分的理论依据。商业信托是依信托合同而成立的组织体。商业信托的组织性体现为两大方面：其一，在外部关系上，商业信托基于独立的责任财产而存在，并与第三人发生法律关系，此与普通信托无根本差异；其二，在内部关系上，商业信托通常是集合多数人的财产而成立或存在，并由多数人依组织法原则参与运营，此为普通信托所无。是故，商业信托的组织性更强于普通信托。

在成立方面，商业信托从事商业活动，是为了商业信托当事人的共同利益（mutual benefit）。[1587]商业信托的成立，通常由多方主体共同为之。商业信托的重要功能之一即在于集合多数人的资本以从事营业，常由多数当事人共同出资设立商业信托，典型例证为证券投资基金，又如由多个

［1584］ Id.

［1585］ Del. Code Ann. tit. 12，§ 3805(g).

［1586］ Uniform Statutory Trust Entity Act § 305(2009). 该规定优于《特拉华州商业信托法》，因“受托人的债权人”一词本身即意味着该债权非因受托人身份而发生。而且，《特拉华州商业信托法》要求不得向信托财产主张的债权必须是因受托人个人身份而发生且与商业信托无关，易于诱发受托人的机会主义行为（受托人以个人身份引发的、但与商业信托有关的债权，仍得由商业信托负责；并且，何谓“与商业信托无关”，解释上过于不确定）。

［1587］ William Meade Fletcher et al.，*Fletcher Cyclopedia of the Law of Private Corporations* § 8228 (Perm. ed. 1983 Supp. 2007).

发起人联合发起的资产证券化，[1588]而共同设立信托却不是普通信托法预设的常态。[1589]

在运营方面，商业信托受益人基于投资者之地位，在不同程度上参与信托的经营管理或监督。受益权凭证通常向多数受益人发行。受益人实行多数决定制，以受益人会议或其替代形式行使权利。有共同受托人时，亦实行多数决定制。商业信托法为受益人会议及受托人会议定有若干规则。受益人、受托人经由集体决策所为行为，属于民法上的决议行为，性质不同于单方或双方法律行为。受益人的权利，由自益权与共益权构成，具有社员权（或称成员权）之性质。[1590]

我国现行法上几种主要的商业信托，均具有上列特征。

1. 信托型证券投资基金

《证券投资基金法》所称基金，原先仅限于信托型基金。[1591]基金财产即信托财产，基金份额持有人即受益人，基金管理人、托管人即受托人。依该法规定，基金财产独立于基金管理人、基金托管人的固有财产，基金管理人、基金托管人因解散、被撤销或破产等原因进行清算的，基金财产不属于其清算财产（第5条第1款、第4款）；基金财产的债权不得与基金管理人、基金托管人固有财产的债务相抵销，不同基金财产的债权债务不得相互抵销（第6条）；非因基金财产本身承担的债务，不得对基金财产强制执行（第7条）。在内部关系上，基金份额持有人通过基金份额持有人大会这一组织机构，决定基金扩募或延长基金合同期限、调整基金管理人或基金托管人报酬标准、更换基金管理人或基金托管人等重大事项（第48条）。大会就审议事项作出决定，采简单多数决，但转换基金运作方式、更换基金管理人或基金托管人、提前终止基金合同、与其他基金合并，采绝对多数决（2/3以上）（第86条第3款）。该法关于基金份额持有人大会的召集（第

[1588] Steven L. Schwarcz, *The Parts Are Greater Than the Whole: How Securitization of Divisible Interests Can Revolutionize Structured Finance and Open the Capital Markets to Middle-Market Companies*, 2 Col. Bus. L. Rev. 139（1993）.

[1589] Uniform Trust Code, § 602 cmt.

[1590] 社员权通常分为共益权与自益权，前者为社员参与社团目的事业之权利，后者系基于社员之私益而享有之权利。参见姚瑞光：《民法总则论》，中国政法大学出版社2011年版，第116页。谢怀栻先生谓，社员权是一种复合的权利，其中既有具经济性质者，也有具非经济性质者，前者称为自益权，后者称为共益权。参见谢怀栻：《民法总则讲要》，北京大学出版社2007年版，第68页。关于成员权的专题研究，参见任中秀：《德国团体法中的成员权研究》，法律出版社2016年版。

[1591] 该法2012年修订后于附则中增设“公开或者非公开募集资金，以进行证券投资活动为目的设立的公司或者合伙企业，资产由基金管理人或者普通合伙人管理的，其证券投资活动适用本法”（第154条，2015年修正后序号变为第153条）。

84条)、召开(第85条、第86条第1款)、表决(第86条第2款)等规定,充分体现基金的组织性,与《公司法》关于股东大会的规则并无本质区别。该法第46条列举基金份额持有人的诸项权利,其中分享基金财产收益、参与分配清算后的剩余基金财产、转让或申请赎回基金份额、查阅或复制基金信息资料、对基金管理人等损害其权益的行为提起诉讼之权利,系基于受益人私益而享有的权利,具有自益权之性质;要求召开基金份额持有人大会之权利、对基金份额持有人大会审议事项的表决权,系为受益人参与信托目的事业的权利,具有共益权之性质。与社团法人社员享有的社员权,在内容与性质上并无本质区别。

2. 资产证券化特定目的信托

依主管部门或机构之不同,我国现有四套关于资产证券化的规范。各套规范均体现了特殊目的实体的组织性。

依中国人民银行《信贷资产证券化试点管理办法》的规定,信贷资产证券化是银行业金融机构作为发起机构,将信贷资产信托给特定目的信托的受托机构,由受托机构以资产支持证券的形式向投资机构发行受益证券,以该财产所产生的现金支付资产支持证券收益的结构性融资活动(第2条第1款、第3条第1款)。受托机构因承诺信托而取得的信贷资产是信托财产,独立于发起机构、受托机构、贷款服务机构、资金保管机构、证券登记托管机构及其他为证券化交易提供服务的机构的固有财产,发起机构等因解散、被撤销或破产等原因进行清算的,信托财产不属于其清算财产(第6条)。受托机构管理运用、处分信托财产所生的债权,不得与发起机构等机构的固有财产所生的债务相抵销;受托机构管理运用、处分不同信托财产所生的债权债务,不得相互抵销(第7条)。在内部关系上,作为受益人的资产支持证券持有人通过资产支持证券持有人大会这一组织机构行使更换受托人等权利(第53条)。关于资产支持证券持有人大会的召集(第54条)、召开(第55条、第56条第1款)、表决(第56条第2款)等规定,以及资产支持证券持有人诸项自益权与共益权的规定(第52条),与《证券投资基金法》的规定类似。

证监会《证券公司企业资产证券化业务试点指引(试行)》(证监会机构部函〔2009〕224号)未明文采用信托字样,有意避免与原银监会的信托监管权发生冲突,但实质上采纳了信托法理。该指引第5条规定证券化资产的独立性,第48条规定受益凭证持有人大会。虽然该指引已被废止,但上述基本规范仍在后续规定中延续至今。现行《证券公司及基金管理公司子公司资产证券化业务管理规定》沿用了上述规定。

原保监会发布的《资产支持计划业务管理暂行办法》第3条规定资产支持计划资产的独立性，同时规定保持资产独立性是受托人的义务，[1592]第29条第4项规定受益人有权参加受益凭证持有人会议，第35条第1款规定应由受益凭证持有人会议审议决定的重大事项。

中国银行间市场交易商协会公布的《非金融企业资产支持票据指引》第3条规定发行载体可以为特定目的信托等组织形式。当发行载体为特定目的信托时，自然具有信托财产独立性。[1593]该指引第33条第4项规定投资者享有按照规定要求召开资产支持票据持有人会议的权利，第36条规定应召开资产支持票据持有人会议的七种情形。

3. 集合资金信托计划

依《信托公司集合资金信托计划管理办法》规定，集合资金信托计划是指由信托公司担任受托人，按照委托人意愿，为受益人的利益，将两个以上委托人交付的资金进行集中管理、运用或处分的资金信托业务活动（第2条）。该办法明文规定信托财产独立性（第3条），并于第七章专章规定受益人大会的组成、职权、召集、召开、表决等事项。受益人大会有权决定提前终止信托合同或延长信托期限、改变信托财产运用方式、更换受托人、提高受托人报酬标准及信托计划文件约定需要召开受益人大会的其他事项（第42条）。受益人大会采绝对多数决（2/3以上通过），但更换受托人、改变信托财产运用方式、提前终止信托合同，采全体一致制（第46条第1款）。

4. 保险资金间接投资基础设施项目信托

为加强对保险资金间接投资基础设施项目的管理，防范和控制管理运营风险，确保保险资金安全，维护保险人、被保险人和各方当事人的合法权益，原保监会于2006年制定《保险资金间接投资基础设施项目试点管理办法》（2016年8月1日起被《保险资金间接投资基础设施项目管理办法》替代），采纳信托法理。2016年该办法规定，保险资金间接投资基础设施项目，是指委托人将其保险资金委托给受托人，由受托人按委托人意愿以自己的名义设立投资计划，投资基础设施项目，为受益人利益或者特定目的，进行管理或者处分的行为（第2条）。关于投资计划财产独立性之规定，与上列各种关于信托财产独立性的规定实质相同（第5条、第6条）。投

[1592] 《资产支持计划业务管理暂行办法》第33条规定："受托人应当为支持计划单独记账、独立核算，不同的支持计划在账户设置、资金划拨、账簿记录等方面应当相互独立。"

[1593] 该指引另有关于开设独立账户的规定，即第23条："发行载体由发起机构担任的，发起机构应在资金监管机构开立独立的资金监管账户，明确约定基础资产的未来现金流进入资金监管账户，优先用于支付资产支持票据收益。"

资计划受益人为两人以上的，应设立受益人大会（第38条第1句）。受益人享有分享投资计划收益、参与分配清算后的剩余投资计划财产、向投资计划有关当事人了解投资计划管理及项目建设和运营信息等自益权，以及按规定要求召开或者召集受益人大会、按其持有投资计划受益凭证份额或者投资计划约定行使表决权等共益权（第37条）。

至于英国、新加坡、德国、日本[1594]及我国台湾地区[1595]等国家或地区现有的商业信托，在组织性上亦多类同，立法虽未明确承认商业信托有法律人格，仍不足以遮蔽其组织性的存在。限于篇幅，不再一一举例。商业信托既属一种组织，随之而来的问题为，此种组织是否属于法人？

（二）商业信托合乎法人的本质

法人制度产生之理由何在？这涉及法人本质问题。关于法人的本质，19世纪曾有法人拟制说、法人否定说、法人实在说之争。拟制说与实在说虽承认法人为权利主体，然未能阐明法人制度之实质理由。[1596]否认说以法人制度之实质理由立论，但与实定法不符，且否认说中的管理者主体说、受益者主体说，均不能说明法人财产实不同于管理者、受益者固有财产以及管理者、受益者人格确不同于法人人格（管理者、受益者死亡、终止或变动不影响法人存续）。否定说中的目的财产说，切中法人之本质，但失之于认财产为无主，与实定法抵触，功亏一篑。

人类社会创设法人制度，旨在使一定的目的事业免受发起人或成员生死聚散、增减变更之影响，以确保其管理上的永续性。唯法人与自然人不同，并无伦理性，纯凭财产而存在。财团法人固属如此，社团法人虽系人的集合，但仍须具有由成员出资（私法人）或国家拨款（公法人）构成之财产，否则无以从事目的事业和无以形成法人的活动基础。为使法人财产免受成员变动及财产状况影响，自有必要以法律特别规定法人财产独立于成员财产，遂使原来源于成员财产的法人财产不再属于成员的责任财产，成员个人的债权人无权追索法人财产。此即正向资产分隔，乃是法

[1594] 例如，日本2006年新《信托法》第106~122条规定了受益人大会的召集、召开、决议等事项，2009年《投资信托与投资法人法》第17条规定了受益人决议等事项。此前的《日本商事信托法纲要》即有此类规定，但亦未承认信托财产为独立的法律主体。参见［日］日本商事信托研究会编著：《日本商事信托立法研究》，朱大明译，法律出版社2019年版，第23页。

[1595] 主要包括证券投资信托、资产证券化特殊目的信托等，其受益人均依组织法原则行事，例如，我国台湾地区的“证券投资信托及顾问法”第38条、第39条，“证券投资信托基金受益人会议准则”第2条以下，“金融资产证券化条例”第23条，“不动产证券化条例”第9条第2款、第32条第2款。

[1596] 黄立：《民法总则》，中国政法大学出版社2002年版，第109~110页；郑玉波：《民法总则》，中国政法大学出版社2003年版，第173页。

人法的本质功能之所在，本书前章已详述。法人的权利能力由此产生：权利能力亦被定义为“充当财产载体的能力”。[1597]可见法人人格与财产之关系。至于法人成员的有限责任，反而不是法人法的根本贡献，因为经由私人协议或其他安排亦可实现此种效果，不过交易成本甚高而已。

法人财产的独立，使法人存续、运行与成员个人风险隔离开来，但欲使相对人能够专注于法人本身状况而不必虑及成员状况，尚需满足另一条件，即防止法人人格与其成员混同。为此需确立法人自身的治理结构，辅之以法人人格否认等制度，以免成员不当控制法人运行、导致法人“形骸化”。同时，治理机制亦为保护成员利益所必需。成员出资之财产因受益与控制的分离而发生经济学上经典的委托—代理问题，法人治理机制正是降低代理成本与被代理人成本的必备手段。

信托财产独立性为信托的本质属性，信托财产仅是信托债务的责任财产，不受信托当事人的债权人追索，其正向资产分隔效力接近于法人。此种性质不仅使信托成为个人与家庭财产规划的绝佳工具（普通信托），而且完全契合大规模营利事业（商业信托）及公益事业（公益信托）之需。商业信托在公司尚未兴起的年代独占鳌头，此亦为缘由之一：信托财产独立性原则的确立，大约在15世纪中期，远早于商业公司的兴起，商业公司则最早出现于16世纪中期（此前公司被用于慈善目的）。[1598]无论以何种法人学说检验商业信托，均可发现商业信托具备法人之本质。而在治理机制方面，商业信托亦以法人化方式运行，受益人自主参与管理取代了普通信托中由法院监督受托人的机制，另辅之以信托制度另一大优势——信义义务及责任，足以因应法人的治理需求，不逊于任何法人组织形式。

法律承认自然人具有（平等）人格，乃是伦理上的必然。与此不同，法人人格的承认，在根本上是一个合目的性与必要性的问题，并非事物之本质或法律逻辑上的必然。人类社会各种有组织有目的之团体，倘有成为权利主体之必要者，即应赋予其权利能力。[1599]合伙的法人资格渐获承认，德国法上无权利能力社团的法律地位日益接近有权利能力社团，[1600]均为实际需要驱动之结果。唯法律制度之创设，不应纯受目的律支配，尚应遵守逻辑与体系，否则立法与司法必将流于恣意。对于可成为法人的组织，

[1597]　[德]迪特尔·梅迪库斯：《德国民法总论》，邵建东译，法律出版社2000年版，第857页。

[1598]　John Morley, *The Common Law Corporation: The Power of the Trust in Anglo-American Business History*, 116 Colum. L. Rev. 2145, 2154, 2157 (2016).

[1599]　史尚宽：《民法总论》，中国政法大学出版社2000年版，第139页。

[1600]　[德]卡尔·拉伦茨：《德国民法通论》（上），王晓晔、邵建东等译，法律出版社2003年版，第237页。

法律上应设定一定的基准，俾使私主体能据之进行选择、公主体应据之进行判断，此即法人的要件。如下文所述，商业信托具备法人的要件，并且承认商业信托的法人资格，确有实际需要。

（三）商业信托具备实定法上的法人要件

商业信托不仅具备法律主体的要件，而且具备法人的要件。依《民法通则》第37条，法人有四项要件：依法成立，有必要的财产或经费，有自己的名称、组织机构和场所，能够独立承担民事责任。第一项为程序要件，后三项为实体要件。前三项要件为2017年《民法总则》及2020年《民法典》所保留。关于某类组织应具备何种实体要件始得成为法人，虽有各种立法与学说，但大抵不脱独立的财产、独立的责任、[1601]独立的组织机构、有自己的章程或组织规章[1602]等范围。即便是在未明定商业信托为主体的法域，商业信托亦具备实体要件。

1. 商业信托有独立的财产

就经济功能与法律关系而言，委托人相当于法人的设立人，受益人相当于法人的成员，受托人相当于法人的执行机构。信托财产独立于委托人、受益人、受托人的财产。信托财产虽可以以受托人名义持有，但严格区别于受托人的固有财产。信托财产不对委托人、受益人、受托人的债务承担责任，委托人、受益人、受托人各自的债权人均无权申请执行信托财产。

2. 商业信托有自己的名称、组织机构和场所

名称要件，旨在使法人区别于其发起人、成员等主体。实务中，出于增强信用、便利交易等目的的考虑，商业信托一般使用自己的名称进行民事活动。例如，证券投资基金各有自己独立的名称，区别于受托人的名称；为防止名称混淆、避免误导投资者，法律特别对投资基金的名称进行管制——此种管制类同于对其他法人名称的管制。[1603]我国证券投资基金实务中普遍使用基金自己的名称，《证券投资基金法》第52条第1项对此有明

[1601] 德国学说认为，法人的权利能力仅要求，法人须能对其行为独立承担法律责任；而依现行法，任何组织仅在独立拥有财产时，方能以自己的财产独立承担责任。参见[德]托马斯·莱塞尔、吕迪格·法伊尔：《德国资合公司法》（上）（第6版），高旭军等译，上海人民出版社2019年版，第16页。

[1602] 梁慧星主编：《中国民法典草案建议稿附理由·总则编》，法律出版社2004年版，第89页。

[1603] 如德国2003年《投资法》（Investmentgesetz）第4条第1款规定："投资基金或者投资股份公司的名称不得产生歧义。"第30条第3款规定："资本投资公司（投资基金的管理者——本书作者注）可以设立多个特别财产；特别财产应具有不同的名称，并应分别管理。"取代该法的德国2013年《资本投资法典》维持此类规定，仅改变了相关概念的称谓。该法典第4条第1款规定："特别财产、投资股份公司或者投资两合公司的名称不得产生歧义。"第92条第3款规定："资本管理公司（投资基金的管理者——本书作者注）可以设立多个特别财产；特别财产应具有不同的名称，并应分别管理。"

文要求。其他商业信托亦多如此。例如,《保险资金间接投资基础设施项目管理办法》第13条第1款第2项规定当事人应约定投资计划名称。又如,《证券期货经营机构私募资产管理计划运作管理规定》第12条规定,资产管理计划应当按照规定开立资金账户、证券账户、期货账户和其他账户,资金账户名称应当是“资产管理计划名称”,集合资产管理计划的证券账户、期货账户名称应当是“证券期货经营机构名称—托管人名称—资产管理计划名称”,单一资产管理计划的证券账户、期货账户名称应当是“证券期货经营机构名称—投资者名称—资产管理计划名称”。[1604]再如,关于资产证券化信托,《信贷资产证券化试点管理办法》第37条明定,资产支持证券名称应与发起机构、受托机构等机构名称有显著区别。此项名称要求虽非直接针对信托本身,立法技术上不无瑕疵,但其立法宗旨,仍是旨在使信托区别于他人。解释上仍应认为是对信托名称的要求,因为证券无所谓名称。

商业信托有自己的组织机构。商业信托以其受托人为执行机构。受托人可为受益人或其他人。受托人为一个机关、一种职位(office)。[1605]作为信托机关的受托人,不同于担当受托人的自然人或法人。受托人为执行信托事务时所为意思表示,不同于以其私人身份、为其自己利益行事时所为意思表示。此与董事会、理事会作为社团法人执行机构并无不同。受益人会议,为商业信托的意思机关或权力机构,有权决定商业信托文件订定或法律规定由受益人决定的重大事项。受益人经由决议形成商业信托意思。此类意思区别于受益人的个人意思,系一种表示组织行为的“团体意思”。此与社团成员决议形成社团的意思亦无不同。

商业信托有自己的场所或住所。商业信托从事信托财产的管理、投资、运营等活动,依托于特定的场所。鉴于特殊目的公司等新型企业未必有经营场所,现代企业法弃场所要件而取住所要件。[1606]有立法明定商业信托的住所。[1607]商业信托的场所或住所纵与其受托人(如基金管理人)场所或住所重合,亦无碍于法人性质的承认。[1608]

[1604] 此前的旧法已有此种规定,如2013年《证券公司集合资产管理业务实施细则》第29条规定,应为每个集合计划开立专门的资金账户,资金账户名称应当是“集合资产管理计划名称”,证券账户名称应当是“证券公司名称—资产托管机构名称—集合资产管理计划名称”。

[1605] Bernard Rudden, *Things as Thing and Things as Wealth*, 14 Oxford J. Legal Stud. 81, 88(1994).

[1606] 我国《公司法》第23条第5项、第76条第6项规定以住所而非场所为公司成立要件。

[1607] 例如,我国澳门特别行政区关于投资基金的专门法律“法令第83/99/M号”第6条规定,投资基金之住所被视为设于投资基金管理规章内所指地点;在本地区设立之投资基金,其住所必须设于本地区。

[1608] 民法不禁止两个以上民事主体的住所或场所重合。例如,父母与未成年子女同住时,住所重合;小公司股东以公司经营场所为经常居住地的,股东个人的住所可与公司住所重合。

3. 商业信托独立承担民事责任

信托财产构成商业信托的责任财产。因商业信托经营管理所生债务，以信托财产负担。我国《信托法》第37条第1款规定："受托人因处理信托事务所支出的费用、对第三人所负债务，以信托财产承担。"委托人、受益人、受托人均不对信托的债务承担责任。较之其他法人成员不对法人债务承担责任，实质相同。责任承担的独立性，实际上是财产独立性的自然后果。责任法意义上的所有权，正与责任财产相联系：所有权属于某人之物，即为某人的责任财产，须为某人之债务承担责任。比较法上，多数实定法将信托财产所有权归于受托人，但信托财产所有权在责任法上具有独特意义，并不等同于通常意义上的所有权：信托财产并不是受托人自己债务的责任财产。我国《信托法》固然未将信托财产明确规定为属于受托人所有，但此种责任法意义上的独特性与各国实定法并无本质区别。

4. 商业信托有自己的组织文件

商业信托文件为商业信托设立与运营的法律行为依据，类似于法人章程。

上列诸要件中，能够独立承担民事责任事实上并非法人成立要件，而是法人的主要特征，是获得法人资格的结果，2017年《民法总则》第58条不再规定独立承担责任为法人的要件，即反映了此种认识上的发展。商业信托已有此项特征。同时，商业信托亦具备法人的其他特征。学说上认为，"具有法人性质的团体"之特征是组织本身相对于成员而言具有高度独立性，此种独立性通常表现为四方面：不存在与成员相关的解散事由（诸如某一成员死亡、破产或终止）；成员可以更换；对于决议，适用多数决原则；由机关负责对外代表（机关成员可以是法人成员以外之人）。[1609]其中，商业信托受益人可因转让受益权而更换，商业信托自有解散或终止事由，其余两项特征前已述及。此外，有论者认为有限责任为法人之要件。且无论其说本身妥当与否，[1610]信托债务以信托财产清偿，受益人不负责任，并不逊于股东有限责任。

至于程序要件，营利法人的设立原则上须经登记。国家为具备法人实体要件者设定程序要件，寓有国家控制法人之意，本质上属立法政策问

[1609] [德]迪特尔·梅迪库斯：《德国民法总论》，邵建东译，法律出版社2000年版，第818页。

[1610] 批评意见参见[德]托马斯·莱塞尔：《德国民法中的法人制度》，张双根译，载《中外法学》2001年第1期。法人人格所针对的问题，是组织不为其成员的债务承担责任，即组织成员的债权人无权追索组织财产；有限责任所针对的问题，则是组织成员不为组织的债务承担责任，即组织的债权人无权追索成员的财产。两者系相反的问题。

题。我国现行法上，各类商业信托之成立，其程序要件或者严于公司的成立要件，或者与公司的成立要件相当。[1611]创设商业信托登记制度，并无法理障碍，亦不致对商业信托额外增加不合理的负担。

（四）商业信托实际上已独立从事多种民事活动

商业信托不仅在应然层面具备法人的要件，而且在实然层面早已以独立主体身份从事民事活动。在我国，证券投资基金即是以自己名义持有基金财产（股票、债券或其他证券），在基金持有股票的场合，基金即以自己名义作为股东行事，包括行使表决权等；在持有债券的场合，基金即以自己名义享有债权。事实上，各类信托产品、资产管理计划、银行理财产品等均独立开立证券账户，从而独立行使股权、债权等权利，已成为普遍的现实。[1612]各种信托财产专户、资管计划所持有的财产，也包括上市公司股票。[1613]资产证券化信托方面也有独立开户的规定。《信贷资产证券化试

[1611] 例一，2012年修订前的《证券投资基金法》规定，募集基金，应当经国务院证券监督管理机构核准。该法于2012年修订后改核准制为注册制。例二，依我国《信贷资产证券化试点管理办法》第33条的规定，发行资产支持证券，须经中国人民银行核准。中国人民银行公告〔2015〕第7号开始推行注册制。例三，对于产业投资基金，《政府出资产业投资基金管理暂行办法》（发改财金规［2016］2800号）规定，国家发展和改革委员会建立全国政府出资产业投资基金信用信息登记系统，并指导地方发展改革部门建立本区域政府出资产业投资基金信用信息登记子系统。中央各部门及其直属机构出资设立的产业投资基金募集完毕后20个工作日内，应在全国政府出资产业投资基金信用信息登记系统登记。地方政府或所属部门、直属机构出资设立的产业投资基金募集完毕后20个工作日内，应在本区域政府出资产业投资基金信用信息登记子系统登记。发展改革部门应于报送材料齐备后五个工作日内予以登记。国家发展改革委办公厅发布的《政府出资产业投资基金信用信息登记指引（试行）》（发改办财金规〔2017〕571号）第7条规定，登记系统登记信息包括基金信息、基金管理人信息、基金股东或合伙人信息、基金托管人信息、投资信息等。该指引详细规定了投资基金的初始登记、变更登记、注册登记等事项，与企业登记类似。例四，《关于规范金融机构资产管理业务的指导意见》要求资产管理产品办理登记备案或者注册手续（第8条第2款第2项），具有类似于商事主体登记的公示作用。与之配套的《商业银行理财业务监督管理办法》和《证券期货经营机构私募资产管理业务管理办法》均有此规定。

[1612] 相关文件，例如，中国证券登记结算有限责任公司发布的《关于保险资产管理公司资产管理产品开户与结算有关问题的通知》《关于信托产品开户与结算有关问题的通知》《关于保险资产管理公司资产管理产品开户与结算有关问题的通知》《关于期货公司单一客户资产管理计划开户有关问题的通知》《关于上市公司员工持股计划开户有关问题的通知》《关于商业银行理财产品开立证券账户有关事项的通知》。国债登记机构更是直接采用概括式规范。2014年《中央国债登记结算有限责任公司非法人产品账户管理规程》规定，证券投资基金、全国社会保障基金、信托计划、企业年金基金、保险产品、证券公司资产管理计划、基金公司特定资产管理组合、商业银行理财产品（统称“非法人产品”）可独立开户。

[1613] 实例：安徽新华传媒股份有限公司的前十大股东中，包括“新华集团—国泰君安—16皖新EB担保及信托财产专户”“全国社保基金四零一组合”“中国建设银行—华夏红利混合型开放式证券投资基金”“新华人寿保险股份有限公司—分红—个人分红—018L—FH002沪”“全国社保基金一一八组合”等。《兴业皖新阅嘉一期房地产投资信托基金（REIT）资产支持证券募集说明书》，载上海清算所网2017年11月14日，http://www.shclearing.com/xxpl/fxpl/abs/201702/t20170209_222788.html。

点管理办法》第29条第1款第2项规定:"以信贷资产证券化特定目的信托名义开设信托财产的资金账户……"新近有规章明文规定信托可以持股。《商业银行股权管理暂行办法》(中国银行业监督管理委员会令2018年第1号)第25条第1款规定,金融产品可以持有上市商业银行股份。《信托公司股权管理暂行办法》(银监会令2020年第4号)第15条第1款规定,金融产品可以持有上市信托公司股份。由该办法第33条、第34条等条文可知,该办法所称金融产品包括信托。该办法第15条第3款规定了自然人持股。将金融产品与自然人并列为(信托)公司股东,客观上含有承认信托具有权利能力之意。

我国法律、某些规范性文件中已经隐含了对商业信托主体资格的承认。《信托法》第28条第1款规定:"受托人不得将其固有财产与信托财产进行交易或者将不同委托人的信托财产进行相互交易,但信托文件另有规定或者经委托人或者受益人同意,并以公平的市场价格进行交易的除外。"其他例证,如中国证监会2016年颁布的《基金管理公司子公司管理规定》(证监会公告〔2016〕29号)第18条第2款规定:"基金管理公司管理的投资组合与子公司管理的投资组合之间,不得违反有关规定进行交易。"不同的信托财产或投资组合可以相互交易,此种独特的规定,非以"独立主体说"或者至少以"独立概括财产(separate patrimony)说"解释之,无法说通。

(五)商业信托应属于社团法人

社团法人和财团法人为私法人的基本分类。社团法人是以社员为其成立基础的法人,财团法人是以捐助财产为其成立基础的法人。社团法人必有社员,为组织体之构成分子(成员,也称"构成员");财团法人依捐助人的捐助行为而设立,但捐助人并非财团的构成分子,故财团法人无社员、无成员。社团法人以社员总会为意思机关,财团法人无社员总会,其意思由董事决定。社团法人得因社员总会的决议,变更其组织章程或解散其社团,故社团法人为自律法人;财团法人应受捐助人所订章程、所立遗嘱或者法院变更组织之处分拘束,故财团法人为他律法人。[1614]传统上,社团法人必有成员二人以上,故设立行为,必为合同行为(多方法律行为、共同行为),而不可能

[1614] 关于社团法人与财团法人的区别,详见史尚宽:《民法总论》,中国政法大学出版社2000年版,第142~143页;王伯琦:《民法总则》(第8版),正中书局1979年印行,第70页;姚瑞光:《民法总则论》,中国政法大学出版社2011年版,第66页;黄立:《民法总则》,中国政法大学出版社2002年版,第113页。王伯琦先生指出:"实则任何团体,无不须人力物力二方面之配合,任何社团,均须有财产,故社员有出资之义务;任何财团,亦无不有董事等职员。唯社团集合之对象为人,财团集合之对象为财产耳。"同上书,第70页。

为遗嘱。财团法人可由一人设立，其生前捐助行为或遗嘱，均为单方法律行为（单独行为）。晚近因一人公司的出现，社团法人亦可由一人设立，其设立行为为单方法律行为，但社团法人有成员之本质，并未因此而改变。

商业信托具备社团法人之特性。商业信托以受益人为成立基础。商业信托依信托合同而设立，不存在委托人的捐助行为。商业信托合同，或为受益人之间的合同（多方法律行为、共同行为），或为受益人与受托人之间的合同（双方法律行为、契约）。[1615]在一人设立商业信托的情形，其设立行为为单方法律行为，但一般也不可能是遗嘱。受益人是商业信托的成员，受益人组成受益人会议或受益人大会，即社员总会，其性质为意思机关。商业信托之重大事项，一般由受益人会议决定。商业信托不必受委托人（设立人）意思拘束，而可自主决定变更其组织文件，且并无由法院于设立人意思不备时代行变更、解散之余地。

商业信托的以上特性，显然区别于普通信托。普通信托，依信托合同、信托遗嘱或信托宣言而设立。信托遗嘱、信托宣言，均为单方法律行为。除委托人兼为受益人的情形外，受益人并不实施设立行为。受益人既非社员，又不组成社员总会，普通信托中不存在意思机关。受益人并无变更信托之权，终止信托则须经信托当事人协商同意。[1616]在此类特征上，普通信托与财团法人、非法人财团更为接近。

另需说明的是，以上所论，是就社团法人和财团法人的一般理论而言。当代某些商业信托制定法，未必拘泥于一般理论。依照《特拉华州商业信托法》关于商业信托的新定义，商业信托也可以不为了受益人之利益、而为了其他目的而设立。换言之，传统上的目的信托或公益信托，也可以登记成为特拉华制定法商业信托。并且，商业信托可以为了将来成为受益人之人而设立，即信托设立时不必有现存的受益人。不过，非为受益人利益而设立的信托，究非商业信托之典型形态，不足以因特例而否定一般。

二、对商业信托主体资格否认论之反思

（一）商业信托实体化：历史回顾

英国法上，关于公司的制定法虽多次对信托等非公司企业施加管制，

[1615] 合同行为与合同、契约系不同概念。按照传统理论，合同行为，与多方法律行为、共同行为同义。契约，系双方法律行为。我国现行法上所称的合同，并不完全等同于契约，也包括合同行为（如基金合同）。概念辨析，详见李宇：《民法总则要义：规范释论与判解集注》，法律出版社2017年版，第432~434页。

[1616] 例如，我国《信托法》第53条第4项。

但普通法对商业信托向来相当宽容，19世纪即有诸多判例认可商业信托作为一种商业组织形式的独特地位，而非轻易将其认定为合伙或其他组织形式。[1617]美国法上，对商业信托主体资格的承认，曾有曲折历程。总体而论，对于商业信托的主体资格，早期判例法曾有肯定论与否定论两大阵营，否定论终被历史潮流逐渐淹没。否定论并非援引普通信托无主体资格为论据，而是以公司与合伙之间不许有中间状态为由，否定商业信托为独立主体。

或许出于诉讼便利的实用主义考虑，美国诉讼法上对商业信托主体资格的态度自始较为宽容。早在制定法明确承认商业信托主体资格之前，判例法即已认可受托人可以商业信托的名义（可以是商业信托的商号）代表商业信托起诉。[1618]某些州至今尚未制定商业信托法，但在其民事诉讼法等程序法上早已认可商业信托的主体资格，如得克萨斯州。[1619]某些判例直接肯定商业信托具有当事人资格，[1620]亦有判例基于某些制定法对商业信托法人地位的设定或承认而重申肯定的态度。[1621]另有判例则持否定态度。[1622]但是，即使在未承认商业信托主体资格的时代，通行规则为，商业信托得以自己的名义受诉。[1623]而且，判例法通过各种技术缓和对商业信托诉讼主体资格的敌意。例如，商业信托以自己名义起诉时，推定其有起诉资格；主张商业信托无权以自己名义起诉之人应当对此承担举证责任。[1624]多数州现已完整肯定商业信托的诉讼主体资格。[1625]

［1617］ 对英国判例该立场的简述，参见H. L. Wilgus, *Corporations and Express Trusts as Business Organizations* Ⅱ, 13 Mich. L. Rev. 205, 230-31（1915）。

［1618］ Stevens v. Sharpe, 183 Okla. 312, 82 P. 2d 672（1938）; Grenco Real Estate Inv. Trust v. Brooker, 215 Va. 413, 211 S. E. 2d 33（1975）. 2002年制定的《弗吉尼亚州商业信托法》已全面规定商业信托的主体资格。Va. Code Ann. § 13.1-1210.

［1619］ Graham v. Omar Gasoline Co., 253 S. W. 896（Tex. Civ. App. Fort Worth 1923）.

［1620］ In re Vento Development Corp., 560 F. 2d 2（1st Cir. 1977）; Lafayette Bank & Trust Co. v. Branchini & Sons Const. Co., Inc., 32 Conn. Supp. 124, 342 A. 2d 916（Super. Ct. 1975）; Madigan v. Buehr, 125 Ill. App. 2d 8, 260 N. E. 2d 431（1st Dist. 1970）; Hemphill v. Orloff, 238 Mich. 508, 213 N. W. 867, 58 A. L. R. 507（1927）, aff' d, 277 U. S. 537, 48 S. Ct. 577, 72 L. Ed. 978（1928）.

［1621］ Edwards v. Belknap, 66 Idaho 639, 166 P. 2d 451（1946）; American Ry. Exp. Co. v. Asher, 218 Ky. 172, 291 S. W. 21（1927）; Williams v. Schulte, 103 S. W. 2d 543（Mo. Ct. App. 1937）.

［1622］ Manufacturers' Finance Trust v. Collins, 227 Mo. App. 1120, 58 S. W. 2d 1004（1933）; Gordon Campbell Petroleum Co. v. Gordon Campbell-Kevin Syndicate, 75 Mont. 261, 242 P. 540（1926）.

［1623］ 12A C. J. S. Business Trusts § 56（2007）.

［1624］ General American Oil Co. v. Wagoner Oil & Gas Co., 1925 OK 821, 118 Okla. 183, 247 P. 99（1926）.

［1625］ Madigan v. Buehr, 125 Ill. App. 2d 8, 260 N. E. 2d 431（1st Dist. 1970）; In re Medallion Realty Trust, 120 B. R. 245（D. Mass. 1990）; 12A C. J. S. Business Trusts § 50（2007）.

肯定论与否定论的分歧，主要集中于商业信托的实体法上的主体资格。某些法域虽未制定商业信托法，但判例承认商业信托是区别于其成员的实体。[1626]伊利诺伊州、堪萨斯州等州判例认定，即使在法律上未被承认主体资格的商业信托，如使用商号，仍可以自己名义订立合同。[1627]蒙大拿州判例判定，财产转让协议仅将商业信托列为受让人而未提及受托人之名的，仍为有效，商业信托仍可据此取得信托财产。[1628]嗣后跟进的制定法开始明定商业信托的主体资格。如第二代商业信托法之翘楚——《明尼苏达州商业信托法》规定商业信托为非公司型法律主体，可独立起诉或受诉、实施交易、取得或处分财产。[1629]

否定论较多地出现于马萨诸塞州判例。该州最高法院曾将商业信托定性为合伙，认为在公司与合伙之间不存在中间形态的（商业）组织。[1630]但该法院在五年后的另一判例中，则肯定商业信托为一种不同于合伙的实体，受益人不因信托文件的存在而成为合伙人。[1631]1913年的*Williams*案法院持同样立场。[1632]虽有上述判例，但该州制定法与判例法当时并未承认商业信托在任何目的上皆为独立主体，仅认可商业信托可作为主体受诉。[1633]同时期的该州法院亦不承认合伙有主体资格。该州最高法院于1933年重申，“一般而言，商业信托不具有主体资格”，仅在例外情形中方可起诉或受诉、享有债权或承担债务。[1634]

值得注意的是，法院会运用禁反言原则或禁止恶意抗辩原则，避免商业信托主体资格模糊可能产生的某些弊端。例如，根据爱达荷州等州判例，已与商业信托订立合同并取得对价的交易相对人，不得以商业信托无

［1626］　如哥伦比亚特区、纽约州，参见Columbia Realty Venture v. District of Columbia，433 A. 2d 1075（D. C. 1981）；Brown v. Bedell，263 N. Y. 177，188 N. E. 641（1934）。哥伦比亚特区于2011年采纳《统一商业信托法》，规定商业信托是独立实体。District of Columbia Official Code § 29-1203.02.

［1627］　Beilin v. Krenn & Dato，350 Ill. 284，183 N. E. 330（1932）；Hamilton v. Young，116 Kan. 128，225 P. 1045，35 A. L. R. 496（1924）.

［1628］　Hodgkiss v. Northland Petroleum Consol.，104 Mont. 328，67 P. 2d 811（1937）.

［1629］　Minn. Stat. § 318.02（1987）.

［1630］　Ricker v. American Loan & Trust Co.，140 Mass. 346，5 N. E. 284（1885）. 如果商业信托被视为合伙，则其成员的权利取决于合伙法的规则。Horgan v. Morgan，233 Mass. 381，124 N. E. 32（1919）. 该组织的利润在合伙人之间进行分配。12A C. J. S. Business Trusts § 23（2007）. 如果商业信托被认定为真正的信托，则其收入归属于商业信托。Williams v. Inhabitants of Milton，215 Mass. 1，102 N. E. 355（1913）.

［1631］　Mayo v. Moritz，151 Mass. 481，24 N. E. 1083（1890）.

［1632］　Williams v. Inhabitants of Milton，215 Mass. 1，102 N. E. 355（1913）.

［1633］　Commissioner of Corporations and Taxation v. City of Springfield，321 Mass. 31，71 N. E. 2d 593（1947）.

［1634］　Larson v. Sylvester，282 Mass. 352，185 N. E. 44（1933）.

主体资格、无缔约能力为由否认合同的有效性。[1635]伊利诺伊州判例判定，当受托人以信托的名义并使用信托的虚拟名称订立出卖信托财产的合同时，相对人不得以真实出卖人为受托人、合同未披露本人为由否认合同的效力。[1636]

(二)否认商业信托主体资格的理由

拒绝承认商业信托主体资格的理论障碍，源于对公司制度遭受破坏的担忧。美国早期判例多以商业信托违反公司法或公共政策为由否认其主体资格。[1637]如某些州法院判决认为，通过商业信托的形式谋取公司的优势而免于承担相应的义务(接受公司法管制)，构成违反公共政策行为及非法行为。[1638]另有判决持相反见解。[1639]

否定论的立论基础为，公司是一种拟制人(artificial person)，只是国家主权之创造，逾此范围即无公司之存在。[1640]作为制定法的创造物，法律承认公司为法人，法人地位被认为是国家特许及主权让步之产物，此即所谓“特许理论”(concession theory)。此种理论可以溯源至中世纪的观念，正所谓“公司是且必须是国家的创造物”。或曰：“除了国王，无人能创设公司。”[1641]商业信托试图篡夺其利益而规避其负担，故为公共政策所不容。

上述理由拘泥于历史遗迹，已不符合现代法律思潮与实践。制定法明文承认商业信托的法人地位，明确否定先前曾有过的判定商业信托违反州公司法、信托法或公共政策的任何判例。[1642]美国统一州法全国委员会阐明，担心商业信托会被用于规避对公司所设的管制，已是过时之观念。[1643]公司特许理论已然式微，法人地位与特许理论不再具有必然联

[1635] Edwards v. Belknap, 66 Idaho 639, 166 P. 2d 451(1946).

[1636] Beilin v. Krenn & Dato, 350 Ill. 284, 183 N. E. 330(1932).

[1637] Leland S. Duxbury, *Business Trusts and Blue Sky Laws*, 8 Minn. L. Rev. 465, 473-76(1923); Robert C. Brown, *Common Law Trusts as Business Enterprises*, 3 Ind. L. J. 595, 597-98(1928); Note, *The Massachusetts Trust Act of 1959*, 34 Wash. L. Rev. & St. B. J. 305, 305-06(1959).

[1638] McCamey v. Hollister, 274 S. W. 562(Tex. 1925).

[1639] Palmer v. Taylor, 168 Ark. 127, 269 S. W. 996(1925); Erisman v. McCarty, 77 Colo. 289, 236 Pac. 777(1925).

[1640] Guy A. Thompson, *Business Trusts as Substitutes for Business Corporations* 10(1920).

[1641] H. L. Wilgus, *Corporations and Express Trusts as Business Organizations*, 13 Mich. L. Rev. 71, 80-81(1914).

[1642] Uniform Statutory Trust Entity Act § 303 cmt.(2009).

[1643] Uniform Statutory Trust Entity Act § 301 cmt.(Discussion draft, spring 2008).

系。[1644]是否经由制定法创造，与法人地位亦无因果关系。普通法商业信托的法人地位不断获得承认，足以为证。即使坚持制定法创造物说，在商业组织法普遍法典化的今天，为商业信托披上制定法的外衣，亦为轻而易举之事——正如特拉华州、康涅狄格州等州之所为。

除历史原因之外，否定论既不合逻辑，亦缺乏实质性理由的支撑。

其一，某种企业是否属于独立主体，依赖于是否承认该企业具有独立主体的法律特征；而不是依赖于某些柏拉图式的含义[1645]——诸如“合伙与公司之间无中间形态”之类。商业信托实行集中化管理，区别于受益人、受托人个人的意志，有独立的财产，具有强式正向资产分隔效力，凡此种种，与公司并无本质区别；强认其为合伙，与法律的形式推理亦不相符，遑论实质正当性之欠缺。即使纯就逻辑而论，公司与合伙不是非此即彼的概念；公司与非公司方可并列为穷尽性概念，非公司并不限于合伙一种，所谓“公司与合伙之间无中间形态”一说，纯属臆断。

其二，强认商业信托为合伙，有损企业债权人的权益。既为合伙，受益人的债权人亦有权追索信托财产，商业信托的资产分隔效力将大为削弱，势必牺牲信托债权人的利益。以实质效益损失为代价，维护国家特许管制时代之遗物，诚属不智。

其三，关键问题是，禁止非公司组织取得与公司相同的法人地位，实为“法人市场”中垄断思维之反映，而公司的发展，不可能依靠排挤、限制甚至禁止其他商业组织之手段得以实现。如同普通的产品市场，公司作为法律所制造的产品之一，唯有在同各种商业组织的充分竞争中，方可实现品质的提升。垄断导致僵化与退化的普遍规律，同样适用于“法律制度市场”。公司作为一种最正式[1646]的商业组织，在拥有法律精心设计和确认之规范优势时，亦不可避免地产生过于僵化之弊。公司形式对风险投资基金、证券投资基金等新型企业的适应力较弱，即为明证。其他商业组织正是在公司的压力下求生与成长，并在与公司的竞争与协作中催生出各种商业组织共生共赢的良性发展模式。美国法上有限合伙、有限责任合伙、有限责任企业以及制定法商业信托的兴起，便是此种模式的典型例证。制定法承认有限合伙、有限责任合伙、有限责任企业等非公司组织的

[1644] 对特许理论的现代剖析，详见Paul Mahoney, *Contract or Concession? An Essay on the History of Corporate Law*, 34 Ga. L. Rev. 873(2000)。

[1645] Larry E. Ribstein, *A Critique of the Uniform Limited Liability Company Act*, 25 Stetson L. Rev. 311, 339(1995).

[1646] 所谓最正式，意指受正式的法律规范(legal norms)塑造程度最深。

法人地位，为商业组织的进化提供动力，乃顺应时势之举。

况且，对法人市场的管制，实际上既不必要，亦无效率。除法律明文承认的法人之外，诸如商业信托、合股企业之类的法律机制早已存在，此类法律机制纵无法人之名，亦有法人之实，法律即使不承认其法人地位，亦无碍于其资产分隔效力；依法登记也不必是此类法律机制的必要条件——只要法律另有替代性的债权人保护机制。因此，法人市场事实上难以被法律明确冠名的"正式法人"所垄断。即使法院欲配合或执行此种垄断而否认他种组织的法人地位，也必将面临困境：无法准确识别规避垄断的行为是否具有正当性。[1647]尤其就商业信托而论，纵然在不承认商业信托法人地位的某些法域，商业信托承袭自普通信托以及通过合同构建的正向资产分隔效力，仍然不容否认，依信托财产独立性法则，受托人、受益人的债权人仍无权追索信托财产，此种资产分隔效力与公司法人相比不遑多让。而合伙主体资格的确立，更加证明否定论已失其基础。承认商业信托法人地位，无非正名而已，一来有益，二来无害，何乐不为？

（三）旁证：普通合伙与非公司社团的主体资格

1. 普通合伙的主体资格

就商业组织之本质而论，合伙实与公司或社团等有诸多相似之处。实体说终能取代集合说成为合伙法之统治者，为全面承认合伙组织本质之反映。虽其理有别，却与商业信托主体资格之演进相映成趣。由于普通合伙人的自有财产亦可能成为合伙债务的责任财产，在普通合伙中，企业财产与合伙人财产的边界并不清晰。[1648]但商业信托并无此种情形，信托财产及受益人财产彼此分离，不对彼此的债权人承担责任。举轻以明重，普通合伙尚且有主体资格，当然更有理由承认商业信托的主体资格。

美国法上，对普通合伙的定性，历来有两种主要见解：集合说与实体说。集合说认为，合伙是合伙人的集合，合伙财产为合伙人的共有财产，合伙不是独立主体。实体说认为，合伙是一独立于合伙人的实体，不是合伙人的集合，合伙财产是合伙的财产而非合伙人的共有财产。合伙的性质，直接影响合伙关系中实质性权利义务，因此曾是合伙法的中心

[1647] 论者指出，美国早期某些州判例在区分信托与合伙问题上的真正困难是，一端是司法应尊重商人的诚实意图，另一端是类推适用其他法律（如公司法）的必要性，这两端之间的冲突难以妥善解决。Sydney R. Wrightington, *The Law of Unincorporated Associations and Similar Relations* 58（1916）.

[1648] Alan R. Bromberg & Larry E. Ribstein, *Bromberg and Ribstein on Partnership* § 3.02（2005）.

问题。[1649]早期普通法认可集合说，因此对合伙适用关于共有财产的规范。[1650]但现实中，合伙财产显然有别于共有财产，合伙财产是为合伙人的共同目标与共同事业而集合运用的财产，如果适用关于共有财产的规则将导致不符合合伙人期待的结果，例如将自由转让份额、自由分割共有财产的规则适用于合伙，会严重影响合伙财产之稳定性与合伙目的之实现。[1651]集合说对合伙的组织性与营运性缺乏充分考虑。集合说的致命缺陷是，机械地将民法中关于非组织关系的现成概念套用于合伙法，而未考虑此类概念在合伙环境中的适应性，导致过分强调合伙人的个体权利（individual rights）而忽视合伙人的集体权利（collective rights）。[1652]实体说则克服了上述缺点。作为对两种学说的妥协，美国统一州法全国委员会起草的1914年《统一合伙法》在采纳集合说或实体说上模棱两可。[1653]第6条对合伙的定义体现集合说："合伙，是指数人以共有人身份组成的从事营利性商业活动的团体。"该法的其他规定又折射出实体说的痕迹，例如依第8条的规定，合伙得以合伙的名义取得与转让不动产。《统一合伙法》的模糊立场亦招致诸多批评，实体说于20世纪中期跃居统治地位。[1654]1997年《修订统一合伙法》最终明定"合伙为独立于合伙人的实体"。[1655]

德国法理论通常将资合组织与人合组织之间的区别同法人与财产共有之间的差异联系起来，传统见解认为，无限公司（更准确的中文译法应为普通商事合伙）、两合公司（更准确的中文译法应为有限合伙或有限商事合伙）与合伙（民法典所规定的合伙，Gesellschaft，又可译为民事合伙）属于共有关系而非法人，但对法律适用而言，此种分类已无任何意义，因此是过时的——由于《商法典》第124条、第161条第2款和《自由职业者合伙法》第7条第2款的规定，无限公司、两合公司与合伙也已拥有自己足

[1649] 关于此两说，参见Gary S. Rosin, *The Entity-Aggregate Dispute: Conceptualism and Functionalism in Partnership Law*, 42 Ark. L. Rev. 395, 396（1989）。

[1650] William Draper Lewis, *The Uniform Partnership Act*, 24 Yale. L. J. 617, 639（1915）.

[1651] Larry E. Ribstein, *An Analysis of Georgia's New Partnership Law*, 36 Mercer L. Rev. 443, 483（1985）.

[1652] Gary S. Rosin, *The Entity-Aggregate Dispute: Conceptualism and Functionalism in Partnership Law*, 42 Ark. L. Rev. 395, 397（1989）.

[1653] 如《统一合伙法》的主要起草人Lewis院长所言，"（合伙的性质）在法律与实务上处于令人绝望的混乱之中"。William Draper Lewis, *The Uniform Partnership Act-A Reply to Mr. Crane's Criticism*, 29 Harv. L. Rev. 158（1916）.

[1654] Allan R. Bromberg, *Crane and Bromberg on Partnership* § 3（1968）.

[1655] Revised Uniform Partnership Act § 201（1997）. 尽管该法仍然维持了1914年《统一合伙法》对合伙的定义。Id. § 101.

够的权利，并承担相应的义务，因而在权利能力方面，与法人已无任何区别。[1656]起源于公司法的新学说，承认某些合伙具有与公司一般的部分权利能力，德国联邦最高法院已实质性地采纳此类新学说，[1657]认定以合伙名义所为法律行为应由合伙本身而非合伙人享有权利承担义务，且合伙债务首先应由合伙承担，合伙人之连带责任仅是“附带的”。[1658]2001年1月29日，德国联邦法院以基尔克和弗卢梅教授的学说为依据的判决，推翻了此前近百年的学说和判决，承认民事合伙的权利能力，并因《德国民法典》第54条的规定（无权利能力的社团适用关于民事合伙的规定），无权利能力社团的权利能力亦获承认，由此终结了“民事合伙法的30年战争”，迈出了合伙法发展史上革命性的一步，解决了民事合伙在实体法和程序法上的一系列难题。[1659]已解决的问题包括：合伙人更替不影响与合伙相关的法律关系的存续；合伙具备完全的诉讼当事人能力；合伙具有签发票据等权利能力。[1660]

法国法亦已确认合伙具有主体资格。[1661]大陆法系民法中立场明确的立法例，有2003年《柬埔寨民法典》，该法典规定社团法人包括有限责任社团法人和无限责任社团法人（第101~109条）。2013年《匈牙利新民法典》第3：89条明文规定普通合伙、有限合伙为法人，是大陆法系承认合伙法人资格的最新例证之一。

我国台湾地区“民法”规定，合伙仅为有名合同的一种，并非规定于组织法之中，且合伙财产为公同共有（共同共有），并非合伙的独立财产，但实务上仍承认合伙有当事人能力。事实上，早在20世纪20年代，我国法院即已承认合伙具有当事人能力，行之已近百年。[1662]学者亦持肯定见解，

[1656] [德]托马斯·莱塞尔、吕迪格·法伊尔:《德国资合公司法》(上)(第6版)，高旭军等译，上海人民出版社2019年版，第15页。

[1657] [德]迪特尔·梅迪库斯:《德国债法分论》，杜景林、卢谌译，法律出版社2007年版，第390页及其所引用的文献。

[1658] [德]迪特尔·施瓦布:《民法导论》，郑冲译，法律出版社2006年版，第106~107页。

[1659] 张学哲:《学术视角下中德法律的同与异——以德国民事合伙权利能力制度的发展为切入点》，载王洪亮等主编:《中德私法研究》(第13卷)，北京大学出版社2016年版，第219~220页。对合伙的主体资格和人合团体性质的论证，参见[德]维尔纳·弗卢梅:《合伙与合手》，金晶译，载王洪亮等主编:《中德私法研究》(第14卷)，北京大学出版社2016年版，第65~91页。

[1660] [德]迪特尔·梅迪库斯:《德国债法分论》，杜景林、卢谌译，法律出版社2007年版，第390页。

[1661] [德]托马斯·莱塞尔、吕迪格·法伊尔:《德国资合公司法》(上)(第6版)，高旭军等译，上海人民出版社2019年版，第15页。

[1662] 邱聪智:《新订债法各论》(下)，中国人民大学出版社2006年版，第64页(引用民国时期最高法院1929年上字一八四四号判例)。

理由大致有：基于共同共有关系，诉讼必须合一确定，对于合伙人的起诉或受诉，将不胜其烦；尤其是，合伙无须登记，合伙人亦恐时有变动，合伙的债权人难以尽悉，偶有不慎，当事人适格即有问题而面临驳回命运，这对债权人亦不公平。[1663]

我国1986年《民法通则》在“自然人”一章中规定了个人合伙，但一方面规定个人合伙可以起字号（第33条），另一方面规定个人合伙享有名称权（第99条第2款），这表明个人合伙在一定程度上可以成为权利主体。1997年《合伙企业法》创立的合伙企业形态，成为一种法人以外的其他组织。2017年《民法总则》将非法人组织并列为自然人与法人之外的第三类民事主体，并将合伙企业明文纳入非法人组织范围（第102条第2款）。2020年《民法典》在合同编中规定合伙合同，刻意淡化合伙合同法规范的组织性，意在维持与《合伙企业法》之间的体系分工，但事实上无法否定未登记为企业的合伙亦可能具备组织性。

合伙的主体化表明各种经济组织形式之间的内在固有差异已越来越小；只要承认无限公司、两合公司与合伙在法律交往中具有独立的法律主体资格，就必须承认它们具有独立的法人人格。[1664]所谓有限责任为法人之要件的旧有见解，并不妥当。[1665]何况商业信托受益人仅负有限责任，比合伙更接近于公司。

与商业信托的法人化相似，对合伙的主体资格的承认，对于缓和法人法定主义也有重大意义。合伙法具有比公司法更大的自治空间，强行法规在合伙法中的比重远少于公司法。承认合伙具有主体资格，即承认了当事人在创设组织方面拥有更大的自由。

2. 非公司社团的法人地位

关于非公司社团，美国法上的非公司型非营利社团与德国法上的无权利能力社团，正是适例。

非公司型非营利社团有无法人地位，美国法上历经长期争论。非公司型非营利社团，是指公益信托、非营利公司、依法成立的其他非营利组织之外的非营利团体，因此是一种默认组织（default organization）或“兜底

[1663] 邱聪智：《新订债法各论》（下），中国人民大学出版社2006年版，第64页及所引注解。

[1664] ［德］托马斯·莱塞尔、吕迪格·法伊尔：《德国资合公司法》（上）（第6版），高旭军等译，上海人民出版社2019年版，第15~16页。

[1665] ［德］托马斯·莱塞尔：《德国民法中的法人制度》，张双根译，载《中外法学》2001年第1期，第30、34页。

组织”，正如合伙是营利性组织中的默认组织一般。[1666]依据普通法的传统规则，非公司社团不是法人，20世纪初期，美国某些州制定法承认非公司社团得以自己的名义起诉或受诉，承认一定程度上的正向资产分隔，但社团成员仍须对社团债务负无限责任。这一问题促进了《统一非公司型非营利社团法》的制定。该法重申正向资产分隔，规定非公司型非营利社团是独立于其成员与经理的实体，可永久存续，具有与自然人相同的权利能力，并进一步规定成员的有限责任。[1667]其法人性质更无争议。[1668]

《德国民法典》规定无权利能力社团，原先基于控制私法社团之考虑，因此不承认其权利能力，仅适用合伙之规定（第54条第1句）。判例与学说普遍认为，此种对无权利能力社团的亏待并不适当，因合伙规定对于团体性质的结构体极不合适，由此，无权利能力社团在诸多关系中得到类似于有权利能力社团之对待，如名称的保护、当事人能力、社团债务责任等。[1669]尤其是德国联邦最高法院认可合伙的权利能力与当事人能力之裁判，使无权利能力社团可因适用合伙规定，而具有权利能力与当事人能力。[1670]

3. 经济利益联合组织

经济利益联合组织，为法国法的独特之作，而为欧盟法所采。此类组织是指在尊重参加者（成员）独立法律地位之基础上，另外成立的可供参加者共同使用生产手段、更有效率、成本更低地发展商事活动的联合组织。判例原先倾向于否认经济利益联合组织的法人资格，主要理由是组织成员须对共同债务承担无限连带责任，据此认为组织本身的人格难以区别于成员人格。然而，该论据并非无懈可击，因为此类组织亦有自己的债务。成员并非此种债务的共同债务人，仅在联合组织不能或不愿清偿其债务时，成员为该债务的保证人。判例的其他论据亦欠缺说服力。立法上则明定联合组织具有法人资格，其地位比协会及“契约式合作”更为有利，近似于商事公司，而其灵活性又胜出一筹，例如，不要求成员必须出

[1666] Revised Uniform Unincorporated Nonprofit Association Act, Prefatory Note (2008).

[1667] Revised Uniform Unincorporated Nonprofit Association Act § 5 (2008).

[1668] 相关论述，参见Kimberly A. Davison, Note, *Cox v. Thee Evergreen Church: Liability Issues of the Unincorporated Association, Is It Time for the Legislature To Step In?*, 46 Baylor L. Rev. 231, 235-36 (1994); Henry Hansmann & Reinier Kraakman, *The Essential Role of Organizational Law*, 110 Yale L. J. 387, 413 n. 36 (2000)。

[1669] ［德］迪特尔·施瓦布：《民法导论》，郑冲译，法律出版社2006年版，第110~111页。

[1670] 同上，第110页。

资，其设立文件不称章程而称设立合同或联合组织合同。[1671]

4. 小结

无论任何企业，只要存在所有权与控制的分离，必然会发生不同程度的主体化之要求。例如，无论各国法律是否一致地将合伙定性为法人，合伙可以自己的名义实施一定的法律行为，乃是不争的事实。事实上，如果不赋予企业一定的主体性（无论程度如何），企业投资者将事必躬亲，设立企业即毫无优势可言，这显然有悖于企业法的目的。承认合伙、非公司社团等为组织，距离法人已仅剩一步之遥。而承认合伙等组织为法人，既有诸多实际优势，又无实际弊端，仅面临理论上的障碍而已。而所谓的理论障碍，大多为未经验证的，甚至是无法证伪（同时也无法证实）的假说。

回顾19世纪晚期，德国法学界曾深入探讨法人理论，其影响绵延至今。[1672]关于法人之本质，有法人拟制说、法人实在说、人格化的目的财产说等。权衡诸说，内容或有仁智之别，识见实无高下之分。[1673]不过，尽管萨维尼、布林兹（Brinz）等学者认为，法人的本质特性是独立的责任财产，[1674]传统的法人理论仍多将注意力集中于团体意志的性质、国家权限与私人团体权限之类的问题，此类问题对于揭示法人性质确有重要意义，然而也容易陷入玄学式争论，因为对于"法人的意志"之类问题，论据往往因人而异，甚至作为讨论基点的概念亦莫衷一是，致难以达成共识。与责任财产说遥相呼应的资产分隔理论，是从债权人权利安排的角度，为法人理论作一更简约、更清晰、更具有功能主义特性的解释。[1675]从资产分隔

[1671] 本段关于经济利益联合组织的内容，详见[法]伊夫·居荣：《法国商法》（第1卷），罗结珍、赵海峰译，法律出版社2004年版，第584~597页。

[1672] Katsuhito Iwai, *Persons, Things and Corporations: The Corporate Personality Controversy and Comparative Corporate Governance*, 47 Am. J. Comp. L. 583 (1999); William G. Bratton, Jr., *The New Economic Theory of the Firm: Critical Perspectives from History*, 41 Stan. L. Rev. 1471 (1989); Mark Hager, *Bodies Politic: The Progressive History of Organizational "Real Entity" Theory*, 50 U. Pitt. L. Rev. 575 (1989); Michael J. Phillips, *Reappraising the Real Entity Theory of the Corporation*, 21 Fla. St. U. L. Rev. 1061 (1994); Gregory A. Mark, *The Personification of the Business Corporation in American Law*, 54 U. Chi. L. Rev. 1441 (1987).

[1673] 诸说各有长短。详见[德]卡尔·拉伦茨：《德国民法通论》（上），王晓晔、邵建东、程建英、徐国建、谢怀栻译，法律出版社2003年版，第179~182页；[德]托马斯·莱塞尔：《德国民法中的法人制度》，张双根译，载《中外法学》2001年第1期，第28~29页。

[1674] Arthur Machen, Jr., *Corporate Personality*, 24 Harv. L. Rev. 253, 255-57 (1911); Martin Wolff, *On the Nature of Legal Persons*, 54 Law Q. Rev. 494, 496-97 (1938).

[1675] Henry Hansmann & Reinier Kraakman, *The Essential Role of Organizational Law*, 110 Yale L. J. 387, 439 (2000).

理论出发，商业信托、合伙、非公司社团，与公司之间皆有共性，足可支撑法人的构成。

三、法人理论的限度

不过，值得注意的是，实体说或法人论并不能用于应对一切问题。商业信托为法人，仅在指称外部关系（特别是与债权人关系）时，方为物尽其用，至于内部关系，则以合同自由为原则。尤其对于商业信托、有限合伙等非公司企业而言，原本基于信托合同或合伙合同而成立，当然适用合同自由原则。正如学者所言，将合伙认定为实体，依然是一种法律的拟制，难脱概念主义的本质，实体说并不足以完全揭示合伙的真实性质；现实中的合伙与公司存在诸多差异，单纯地将合伙定性为法人或实体，不足以解释此类区别；因此，必须采用功能主义的方法，方可把握合伙的真实性质。[1676]这正是实体说之界限。正如在公司研究领域，法人理论同样不足以完全揭示公司的本质。长期以来，公司法学界将法人理论作为解释公司本质的唯一模式。[1677]现代学者越来越不满足于此种概念化的解释，而发现运用"解构"（decompose）方法[1678]或着眼于企业的经济现实之方法，[1679]更有助于揭示企业的本质。例如，合同链理论认为，公司或其他企业实为一种将股东、债权人等参与者连接起来的合同之链（nexus of contracts）。[1680]又如从团队生产理论入手，解释团队生产架构为公司之本质。[1681]

就更广泛的层面而言，法律概念不过为服务于特定目的之手段，一旦手段越出特定目的的范围，概念即可能显示出局限性。法人地位仅用于

[1676] Gary S. Rosin, *The Entity-Aggregate Dispute: Conceptualism and Functionalism in Partnership Law*, 42 Ark. L. Rev. 395 (1989).

[1677] Harry G. Henn & John R. Alexander, *Laws of Corporations* 144-47 (3rd ed. 1983).

[1678] 此种方法将企业还原为各种参与者，并将研究焦点置于参与者之间的实际关系。Michael C. Jensen & William H. Meckling, *Theory of the Firm: Managerial Behavior, Agency Costs and Ownership Structure*, 3 J. Fin. Econ. 305 (1976).

[1679] 此种方法尽量避免将"公司人格"之类的形而上的概念作为分析工具。Phillip Blumberg, *The Law of Corporate Groups* 23-25 (1983).

[1680] Michael C. Jensen & William H. Meckling, *Theory of the Firm: Managerial Behavior, Agency Costs and Ownership Structure*, 3 J. Fin. Econ. 305 (1976); Steven N. S. Cheung, *The Contractual Nature of the Firm*, 26 J. L. & Econ. 1 (1983); Frank H. Easterbrook & Daniel R. Fischel, *The Corporate Contract*, 89 Colum. L. Rev. 1416 (1989).

[1681] Armen A. Alchian & Harold Demsetz, *Production, Information Costs, and Economic Organization*, 62 Am. Econ. Rev. 777 (1972); Margaret M. Blair & Lynn A. Stout, *A Team Production Theory of Corporate Law*, 85 Va. L. Rev. 247 (1999).

解说商业信托的外部关系，至于内部关系，法人理论往往无济于事，甚或成事不足、败事有余。例如，法人理论中常有国家干预主义之残留，而企业内部关系应为合同本质，此时法人理论即可能妨碍基于契约主义原则对企业组织文件的自由解释。[1682]尽管晚近以来，又有学者强调法人理论对企业运营与治理的重要性，如“法人系统论”或“资本锁定论”，[1683]然而，此类理论多以公司为论据，流于片面，对合伙等非公司企业在历史上的真实作用、在现实中的真实功能未予重视，事实上，以合同为基础架构的非公司企业，即使在法律不承认企业法人地位的条件下，亦可利用合同机制实现类似的系统效应或资本锁定效应。[1684]商业信托文件等作为组织合同，个别当事人本无权任意解除或终止（除非另有约定），合同并可约定个别当事人不得退出企业，或约定个别当事人退出企业不影响其他当事人之间的关系。

第三节　承认商业信托法人资格的实益

单纯从理论角度而言，承认普通信托为独立主体，并非无稽之谈。信托制度中原本即有法人的基因，诚如梅特兰教授所言，信托与法人的联系“极为古老”。[1685]在国家对法人深度管制的时代，信托常扮演法人的功能

[1682] 例如，法国法上有一种条件反射般的观念：法律人往往将“法人”与“强行规范”两个术语联系在一起。乃有新型组织形态之出现，以缓解公司法的严格性，例如前文提及的经济利益联合组织，即兼具契约与法人之优长。参见[法]伊夫·居荣：《法国商法》（第1卷），罗结珍、赵海峰译，法律出版社2004年版，第586页。

[1683] 此类理论认为，由法律确认的主体资格以及与此相随的独立治理，使公司参与者能够做到的事情，比参与者通过一系列的合同、交易或项目所能做到的更多：凭借法人地位，得以建立一个持久存续的主体，不受个别人的支配，个别参与者无法通过单方面的意志决定公司的存续，由此抑制了个别参与者实施机会主义行为、以其他参与者利益为代价谋取自己利益的可能性；主体资格不容许投资者随意撤资，由此具有资本锁定效应，使企业资产能够投资于长期项目、专用项目、需要特定知识与投入的项目，或者投资于商誉，或者用于维系长期关系，而不受个别投资者退出的影响；反过来，具有主体资格的企业能够为企业参与者带来长期的利益，此种利益多于参与者通过分别、独立的一系列合同所能获得的利益。Margaret M. Blair, *Locking in Capital: What Corporate Law Achieved for Business Organizers in the Nineteenth Century*, 51 UCLA L. Rev. 387 (2003). 公司为各种参与者提供了一个结合各自技能与资源的系统，此种系统能够创造出比单个参与者简单相加之和更大的能量。Id. at 454 [引用Naomi R. Lamoreaux, *Partnerships, Corporations and the Limits on Contractual Freedom in the U. S. History: An Essay in Economics, Law, and Culture* 69 n. 82 (unpublished manuscript)].

[1684] 对“资本锁定说”的批评，详见Larry E. Ribstein, *Should History Lock in Lock-in?*, 41 Tulsa L. Rev. 523 (2006); Larry E. Ribstein, *The Rise of the Uncorporation* 76 (2010)。

[1685] Frederic Maitland, *Trust and Corporation*, in 3 H. A. L. Fisher, The Collected Papers of Frederic William Maitland 321, 395 (1911).

上替代物之角色。[1686]信托财产的独立性使信托具有与法人相差无几的资产分隔功能,比普通合伙更接近于法人。商业信托资产分隔效力之强化,有赖于此基因。也有学者指出,信托形式的运用,成为一种复杂但有效的获取“事实上法人格”(de facto legal personality)之方法。[1687]大陆法系某些国家凭借“目的财产”“独立概括财产”或者“特别财产”理论构造证券投资基金或资产证券化特殊目的信托等商业信托,[1688]亦属资产分隔的一种形态,与法人化有异曲同工之妙。

美国普通信托法的晚近发展,进一步彰显出信托的资产分隔性质,甚至有学者认为,现代信托法实质上已将受托人分裂为两个不同的法律主体,其一是代表他自己行为之人,其二是代表受益人行为之人;当代美国的(普通)信托在功能上(尽管并非在法律形式上)已经是一个实体。[1689]西特科夫教授进而认为,普通信托的现代运用日益接近于其他组织形式的运用(这归因于遗嘱自由的解放、土地转让方面封建束缚的解除、现代财富从土地向其他形态的转移等),信托研究应更趋近于其他组织形式的研究,而基于信托的资产分隔效力,将普通信托法作为组织法的一种,分析其代理成本问题,也符合经济学的逻辑。[1690]关于欧洲商信托法的比较研究所见略同:将一定的资产从个人的概括财产(patrimony)中分离

[1686] Frederic Maitland, *Trust and Corporation*, in 3 H. A. L. Fisher, The Collected Papers of Frederic William Maitland 321, 395-97(1911).

[1687] Jonathan Silberstein-Loeb, *The Transatlantic Origins of the Business Trust*, 36 J. Legal Hist. 192, 193(2015).

[1688] 例如,希腊、西班牙、荷兰。详见*Towards an EU Directive on Protected Funds* 146, 155, 281, 292, 334(S. C. J. J. Kortmann et al. ed. 2009)。荷兰《金融监管法》明文规定,投资基金的财产仅可用于清偿基金管理与处分所生债务以及向基金受益人支付(第4:45条)。基金管理与处分所生债务的清偿,优先于向受益人的支付。Id. at 335.《法国民法典》关于*fiducia*的定义,采独立概括财产说(第2011条)。德国投资基金法律上的特别财产,本书第3章第2节关于德国法的部分已述及。

[1689] Robert H. Sitkoff, *Trust Law as Fiduciary Governance Plus Asset Partitioning*, in The Worlds of the Trust 436(Lionel Smith ed. 2013).

[1690] Robert H. Sitkoff, *An Agency Costs Theory of Trust Law*, 89 Cornell L. Rev. 621, 631-34(2004). 西特科夫教授该文综合此前朗贝恩教授、汉斯曼教授与马太教授、克拉克曼教授的研究思路[John H. Langbein, *The Contractarian Basis of the Law of Trusts*, 105 Yale L. J. 625(1995); Henry Hansmann & Ugo Mattei, *The Functions of Trust Law: A Comparative Legal and Economic Analysis*, 73 N. Y. U. L. Rev. 434(1998); Henry Hansmann & Reinier Kraakman, *The Essential Role of Organizational Law*, 110 Yale L. J. 387(2000)],提出从契约法、财产法、组织法三个维度理解信托。受此类研究思路影响的中文文献,也从这三个维度认为应当正视我国法律下信托财产的主体性。王文宇:《信托法的分析架构及可行的发展方向——以台湾地区法制为例》,载《北大法律评论》(第9卷第2辑),北京大学出版社2008年版,第297~300页;王文宇:《民商法理论与经济分析(二)》,中国政法大学出版社2003年版(第3篇“信托法应如何定位三位一体之信托法律关系”、第12篇“信托财产之独立性与主体性”)。

出来用于特定目的——信托的此种构造，最终会导向“信托是一个法人”这样一种观念，尽管普通法法域的通常观念仍然是避免将信托混同于法人。[1691]意大利学者Lupoi教授亦指出：说信托不是法人，可能是不得要领的，因为“信托是法人”或许是信托财产独立性的不可避免的结果——如果信托的客体区别于受托人的其他财产，实际上它就属于另一主体，这便是信托的“机构化”（institutionalization）。[1692]

既然如此，何以普通信托迄今未获法人地位，而商业信托反其道而行之？

制约普通信托获得主体资格之因素，未必全在于传统理论上的障碍，亦有现实需求的考虑。商业信托因有实际效用驱动，而早获主体资格。此类实益，本书第4章第2节关于“正向资产分隔的效益”部分已经论及，本节增议其他实益。此外，商业信托的实体化，既有助于解决关于信托本质之理论争议，又无增加民法理论负担之虞，且不致产生削弱债权人保护等不良后果，可谓有益无害之选择。但是，对于普通信托而言，承认法人资格可能不仅无益，而且有害。所谓无益，是指商业信托法人化的各类实益，对普通信托而言多不足道，且信托制度因其本身构造，不存在人合组织获取法人资格之必要。[1693]所谓有害，其害至少有三。第一，如果承认普通信托有法人资格，可能面临登记公示问题，以致与委托人的意愿背道而驰，即会因为法人信息的公示而破坏信托安排的私密性：出于保护家庭私密、不欲特定受益人知晓有信托存在以免滋长其挥霍心理等原因，委托人常有意隐蔽信托的存在和信托的条款。而私密性本身即为普通信托的重要考量之一。[1694]第二，法人化意味着作为法人管理者的受托人不必对信托债权人先行承担责任，这会破坏普通信托法上独特的约束机制，诱发受托人的冒险行为，从而危害普通信托受益人的利益。依照普通信托法的传统规则，受托人作为信托财产所有人，应先对信托债权人承担个人责任，而后可从信托财产中获得补偿。此种规则有助于尽可能确保普通信

[1691] *Commercial Trusts in European Private Law* 9（Michele Graziadei，Ugo Mattei，& Lionel Smith ed. 2005）.

[1692] Maurizio Lupoi，*Trusts*：*A Comparative Study* 271（Simon Dix trans. 2000）.

[1693] 人合组织如无法人资格，则需以成员之名义参与法律交往，或其法律交往之后果只能归属于成员，成员越多，变动越频繁，则越加麻烦，因此有必要使人合组织独立于其成员。参见［德］迪特尔·梅迪库斯：《德国民法总论》，邵建东译，法律出版社2000年版，第814页。信托是以受托人名义持有财产权、参与法律交往，受托人通常人数较少且稳定，获取法人资格之必要性因而减弱。

[1694] Frances H. Foster，*Trust Privacy*，93 Cornell L. Rev. 555（2008）.

托的谨慎管理，避免受托人从事高风险行为（对此详见本书第6章第2节）。《欧洲民法典草案》在第10编关于信托的定义性规定的评注中也称：信托可有多种定义方法，信托可以被定义为一种实体（并将受托人和信托标的当作其组成部分），或者将信托基金本身视作实体，但本草案不倾向于此类方法，信托不被当作独立于受托人的法人（否则受托人会被降至类似于董事会成员的地位），信托基金本身也不被授予法律人格（此种等同会制造太多问题）。[1695]第三，破坏信托制度的独特性。英美法系学者指出，信托不是法人的下位概念，不是合同，也不是任何其他事物；将信托视作一种法人，会威胁信托作为一种基本制度的地位，信托将不再是一种根本性的法律制度而沦为法人法的一部分，因为历史经验显示，信托制度在多个时期、以多种形式产生，是因为人们希望实现不能通过合同或法人实现的合法目的，信托的"实体化"将是信托法的末日。[1696]

一、理论意义与观念意义

（一）澄清理论争议

1. 大陆法系语境下的信托性质之辨

承认商业信托的主体资格，有助于化解关于信托性质的诸多争议，对大陆法系法域而言，更有为移植、运用信托制度扫除观念障碍之意义。

关于信托的概念，概括各国的立法或判例法，主要有三说：关系说，义务说，行为说。关系说，即认为信托是一种基于信托财产的信义关系或法律关系。美国法学会《信托法重述》将信托定义为一种信义关系，[1697]《关于信托承认与法律适用的海牙公约》第2条、《韩国信托法》第2条、我国台湾地区"信托法"第2条将信托定义为一种法律关系。义务说，系英国信托法上判例学说之通说，认为信托是一种衡平法义务（equitable obligation）。[1698]行为说，即认为信托是一种行为，我国《信托法》第2条采此定义。义务说，是英国法的特殊历史传统之产物，单纯就义务一端而言，侧重于受托人一面，尚不足以概括信托之全貌。行为说，则与信托行

［1695］ *Principles, Definitions and Model Rules of European Private Law: Draft Common Frame of Reference*, X. -1: 201 cmt. A（Christian von Bar & Eric Clive ed. Full Edition, 2009）.

［1696］ Lionel Smith, *Trust and Patrimony*, 28 Est. Tr. & Pensions J. 332, 349-50, 353-54（2009）.

［1697］ Restatement（Third）of Trusts § 2（2003）.

［1698］ David Hayton, Paul Matthews, & Charles Mitchell, *Underhill and Hayton Law Relating to Trusts and Trustees* 2（18th ed. 2010）; Geraint Thomas & Alastair Hudson, *The Law of Trusts* 11（2d ed. 2010）; A. J. Oakley, *Parker and Mellows: The Modern Law of Trusts* 14, 18（9th ed. 2008）.

为概念混淆：信托，系依信托行为（遗嘱、信托合同等）所创设，信托乃信托行为的法律效果，如仍将信托定位为行为，必然陷入“行为创设行为”的概念错误。关系说则无此弊：信托乃是依信托行为所创设的法律关系。进一步的问题是，此种法律关系的性质为何？

信托的本质为何，可谓世界性的难题。英国信托法权威学者海顿教授有言：“信托犹如大象，易于认知，难于描述。”[1699]英美法上，信托具有“双重所有权”结构，受托人的普通法所有权与受益人的衡平法所有权并存于信托财产之上。此种结构，在区分普通法与衡平法的英美财产法上顺理成章。但是，著名的英国比较法学家卢登教授指出，此种正统的解释，仅是一种历史的解释，而不是理性的解释：第一，未能解释苏格兰信托；第二，普通法管辖权和衡平法管辖权在英格兰早已融合；第三，普通法所有权和衡平法所有权的分裂反映了“作为物之物”和“作为财富之物”的分裂。[1700]因此，英美法系学者关于信托性质的探讨，并未因此历史解释而终结。早先的信托性质争议，集中于财产论与契约论之争，即信托究竟为一种契约关系，抑或是一种财产关系（英美法上的财产法，大致相当于大陆法系的物权法，是指对世性的法律关系）。财产论、契约论之争，从梅特兰时代到斯科特时代，胜负未分；在当代，争论重起。契约论以朗贝恩教授为代表，其重要论文《信托法的契约基础》论证信托就是契约。[1701]汉斯曼与马太教授合著的论文《信托法的功能：比较法律经济学分析》则认为，信托法确立财产对世效力的规则，才是信托法的本质作用，因此信托属于财产法上的制度。[1702]

信托一旦进入大陆法系的民法语境，更面临如影随形的理论困扰。信托与传统理论之间的紧张关系，在大陆法系语境下比英美法系更为显著。其中原因多端：其一，英美私法遵行“救济思路”（remedial approach），强调“无救济即无权利”，侧重于结果论思维，信托的起源亦足以证明：信

[1699] 引自H. L. E. Verhagen, *Trusts in the Civil Law: Making Use of the Experience of "Mixed" Jurisdictions*, 3 European Rev. of Private L. 477, 498 (2000).

[1700] Bernard Rudden, *Things as Thing and Things as Wealth*, 14 Oxford J. Legal Stud. 81, 89 (1994). 当然，在英国法上，尽管衡平法权益已经被所有的法院认可、从而也可以看作一种“普通法的”（legal，法定的）权益，但这并不意味着普通法权益和衡平法权益的区分不再重要，普通法权益和衡平法权益之间仍然存在着现实的、实质性的区别。David Hayton, Paul Matthews, & Charles Mitchell, *Underhill and Hayton Law Relating to Trusts and Trustees* 73-74 (18th ed. 2010).

[1701] John H. Langbein, *The Contractarian Basis of the Law of Trusts*, 105 Yale L. J. 625 (1995).

[1702] Henry Hansmann & Ugo Mattei, *The Functions of Trust Law: A Comparative Legal and Economic Analysis*, 73 N. Y. U. L. Rev. 434 (1998).

托制度正是衡平法院为救济被背信受托人所害的受益人而生。而大陆法系学理上的思维方式侧重于“权利思路”，非抽象化不足以竟其功。大陆法系学者自然不能满足于英美式的救济思路和低强度的概念结构。[1703]其二，尽管大陆法系亦有衡平法式的制度（如一般恶意抗辩、诚信原则），并有严法与衡平对立的观念，但毕竟欠缺英美式的普通法与衡平法并立的传统。其三，大陆法系物权法奉行一物一权原则及绝对所有权观念，英美式的双重所有权理论更难有立足之地。大陆法系学者为解释信托关系或信托上权利之性质、调和英美法系另类制度与大陆法系传统观念之歧异，提出物权说、债权说、物权债权并存说、财产权机能说、特殊权利说等诸多见解，[1704]但均难免方枘圆凿，格格不入。此类见解，或失之于不能完整概括信托财产权或受益权的特征（物权说、债权说），[1705]或流于生造概念、混淆体系（财产权机能说、特殊权利说），更难以解释商业信托的性质，例如商业信托受益权具有成员权性质，非物权说或债权说可解。而且，物权说仅能针对信托财产为物的场合，如信托财产为债权、知识产权、股权等物权以外之财产权，则既无物权存在，物权说更无用武之地。实则信托财产并非特定意义上的财产，而是概括意义上的财产：信托财产具有代位性，其具体财产形态可以变动不居，但不失其作为信托财产的同一性。[1706]由此不难理解，大陆法系信托制定法或案例法背后的主导性理论，并非物

[1703] Maurizio Lupoi, *The Civil Law Trust*, 32 Vand. J. Transnat' l L. 967, 978 (1999).

[1704] 此类观点的综述，参见赖源河、王志诚：《现代信托法论》（增订3版），中国政法大学出版社2002年版，第28~31页；何宝玉：《信托法原理研究》（第2版），中国法制出版社2015年版，第52~57页。

[1705] 受益人对受托人享有债权（请求给付信托利益等），但在对第三人关系上，又可能因法律规定或判例法规则而具有物权的效力。英国信托法判例学说即认为受益权兼具对人权和对物权的性质。David Hayton, Paul Matthews, & Charles Mitchell, *Underhill and Hayton Law Relating to Trusts and Trustees* 76-79 (18th ed. 2010). 故受益权的性质非单一的物权说或债权说可解。信托财产上的对物权既然为受益人所分享，对于信托财产权，自难断言属于传统的物权类型。《欧洲信托法原则》采取务实的立场，于第1条“信托的主要特征”第4款中规定：“对于独立的信托基金，受益人享有对人权，并且在信托基金被不当移转的情形，也可以具有针对受托人和第三人的对物权。”该款的评注指出，对人权是受益人“必然”具有的，而对于对物权，本条之所以使用“可以”，仅是表明在不同的法域可能有不同的法律状况。*Principles of European Trust Law* 41 (D. J. Hayton, S. C. J. J. Kortmann, & H. L. E. Verhagen ed. 1999).

[1706] 我国《信托法》第14条第2款规定：“受托人因信托财产的管理运用、处分或者其他情形而取得的财产，也归入信托财产。”对此，判决解说谓：“信托运作过程中，在委托人向受托人交付了信托资金后，由于客观上后续信托财产可能包括以信托财产的代位物、信托财产的收益、信托财产的损害赔偿等形式存在……”淮南市诚信隆淮南商贸中心与长安国际信托股份有限公司、淮南市鑫诚房地产开发有限公司及中国银行股份有限公司淮南市分行信托合同纠纷案，陕西省高级人民法院（2016）陕民终179号民事判决书。英美学说上有认为信托财产是一种“基金”，基金之特征在于作为构成分子之个别财产可以随时变动，但一旦进入基金之范围，即具有基金财产的同一性。Bernard Rudden, *Things as Thing and Things as Wealth*, 14 Oxford J. Legal Stud. 81 (1994).

权说或债权说，而是概括财产说或其近亲。此类理论，各有其不足，但都隐然指向了法人说之方向。分述如下。

其一，概括财产说。法国、意大利等国学理上长期存在概括财产理论。[1707]概括财产是人格的外部流露，由此归纳出四项原则：首先，只有人才能拥有概括财产，不可能存在"没有人作为依托"的概括财产；其次，任何人都必然有一份概括财产；再次，概括财产与人格的存续共始终，故在人的生前不能转移；最后，一人仅有一份概括财产（一人一财团），此即概括财产的"单一性原则"。一人以其概括财产对其债务承担责任。概括财产构成一个法律上的整体，作为其组成部分的个别财产可以发生改变，但不影响财产整体之存在：进入概括财产的个别财产替代从中移出的个别财产，此即"物上代位"。[1708]在此一般原则之外，立法者也对某些财产聚合体制定特别规则，即承认在不同的领域还存在其他的概括财产（包括夫妻共同财产、继承财产、海商概括财产、商事营业资产等），它们或多或少脱离了概括财产的经典概念，此外更有所谓"专用概括财产"（或译为专项概括财产，法文为*patrimoine d' affectation*，英文为patrimony by appropriation）。[1709]法国学者勒鲍尔提出可用"专用概括财产"理论解释信托的性质，即信托是受托人名下的专用概括财产，区别于受托人的固有财产（个人概括财产）。[1710]据此理论，受托人名下有两项概括财产，一是其个人财产（固有财产），二是信托财产；受托人的债权人仅可就受托人的个人财产受偿，无权追索信托财产，信托的债务则以信托财产承担。个别信托财产被转让时，亦适用物上代位规则，所得财产归入信托财团（概括财产）。[1711]专用概括财产，涉及对物关系，故须遵循类型法定（*numerus clausus*）原则。[1712]设立专用概括财产而非独立的法人或非法人组织，以发

[1707]　此所谓概括财产，法文为patrimoine，英文为patrimony。又可译为财团，其例有破产财团、遗产财团等，但不同于财团法人意义上的财团（法文为fondation，德文为Stiftungen）。单纯译为财产，则难免与property混淆。也有将概括财产等同于"广义财产"的用法，即指一人的全部资产与负债。

[1708]　关于概括财产的四项原则及物上代位，参见［法］弗朗索瓦·泰雷、菲利普·森勒尔：《法国财产法》（上），罗结珍译，中国法制出版社2008年版，第35~36页。

[1709]　［法］弗朗索瓦·泰雷、菲利普·森勒尔：《法国财产法》（上），罗结珍译，中国法制出版社2008年版，第37~42页。

[1710]　Pierre Lepaulle, *Traité théorique et pratique des trusts en droit interne, en droit fiscal et en droit international*（1932）.

[1711]　Lionel Smith, *Unauthorized Dispositions of Trust Property: Tracing in Quebec Law*, 58 McGill L. J. 795, 809（2013）（引用法国学说）.

[1712]　例如，《意大利民法典》第2740条规定："债务人以现有和未来的全部财产承担履行债务的责任。（第1款）非依法律规定，不得对财产的责任予以限制。（第2款）"

挥资产分隔的功能，是欧陆国家实务上的一种常用手段，相比于设立法人或非法人组织，各有长短。[1713]专用概括财产，并非独立主体，但其资产具有独立性，受托人的债权人不得请求以专用概括财产中的财产受偿。受托人虽为单一主体，却可拥有两个以上的概括财产，可谓“一人一概括财产”原则的例外，也被称为“双重概括财产说”(dual patrimony theory)。概括财产理论在大陆法系尤其是法国法系的信托理论中颇具影响力。1932年墨西哥起草信托制定法时应用了此理论。[1714]2007年《法国民法典》明文承认信托制度，即是以专用概括财产理论为基础。苏格兰的学者以此理论解释本法域的信托；[1715]苏格兰法律委员会的咨询报告认为，对信托赋予独立法律人格意义甚微，运用并(如有必要)进一步发展“双重概括财产说”，足以解决诸如信托财产移转等问题。[1716]《欧洲民法典草案》关于信托的定义(第10编第1:201条)，称信托是指受托人有义务按照信托条款、为了受益人的利益或者实现公益目的而管理或处分信托财产的法律关系，并在“信托的特殊法律效果”一条中规定：信托基金是概括财产，独立于受托人的个人概括财产以及受托人持有或管理的任何其他概括财产(第10编第1:202条第1款)。条文评注称为特殊概括财产(special patrimony)、[1717]独立概括财产(separate patrimony)。[1718]该草案也有条文直接使用“信托概括财产(trust patrimony)”一词(第10编第10:102条第1款第e项)。在未明文承认信托制度的法域，专用概括财产被用作一种有效的替代制度。例如，《意大利民法典》于2003年在第5编“劳动”第5章“公司”第5节“股份公司”之中增设第11分节，名为“以专项事务为目的的财产”(*Dei patrimoni destinati ad uno specifico affare*)，共9条(第2447条之一至第2447条之九)。该分节规定，股份公司可将其10%的财产分隔于一般资产之外，专用于特定目的，享有与该目的相关的债权的债权人(特殊债

[1713] 详细的比较，参见Giacomo Rojas Elgueta, *Divergences and Convergences of Common Law and Civil Law Traditions on Asset Partitioning: A Functional Analysis*, 12 U. Pa. J. Bus. L. 517(2010)。

[1714] Roberto Molina Pasquel, *The Mexican Fideicomiso: The Reception, Evolution and Present Status of the Common Law Trust in a Civil Law Country*, 8 Colum. J. Transnat'l L. 54(1969).

[1715] George L. Gretton, *Trusts Without Equity*, 49 Int'l & Comp. L. Q. 599(2000).

[1716] Scottish Law Commission, Discussion Paper on the Nature and the Constitution of Trust 17(Discussion Paper No. 133, October 2006).

[1717] *Principles, Definitions and Model Rules of European Private Law: Draft Common Frame of Reference*, X. -1: 201 cmt. B(Christian von Bar & Eric Clive ed. Full Edition, 2009).

[1718] *Principles, Definitions and Model Rules of European Private Law: Draft Common Frame of Reference*, X. -1: 202 cmt.(Christian von Bar & Eric Clive ed. Full Edition, 2009).

权人）可以该财产受偿，该公司的一般债权人则无权追索该财产，此即正向资产分隔；不属于该财产的公司其他财产，则仅供公司的一般债权人受偿，特殊债权人无权追索，此即反向资产分隔。[1719]此外，依据意大利的其他法律规定亦可设定目的财产，并可依照《意大利民法典》的规定，经登记而发生对抗第三人的效力。[1720]甚至委托（委任）合同中亦有涉及概括财产独立性的规定，例如，《意大利民法典》第1707条规定，隐名受托人以自己名义、为本人所持有的财产，受托人的债权人不得对之主张权利。[1721]

其二，无所有人之财产。《魁北克民法典》为此说之代表，新《捷克民法典》受其影响。该法典相关规定以概括财产说为理论基础，但采用“无所有人”的特别表述，又有别于概括财产说。作为矗立于普通法海洋中的大陆法孤岛，《魁北克民法典》的信托制度来源于英国信托法，但并未将英国信托法整体纳入，亦未采用英国信托法上的双重所有权理论。[1722]《魁北克民法典》对信托的定位独具匠心，该法典第4编“财产”（相当于物权编）第1261条规定：“信托概括财产由移转于信托的财产组成，构成专项的、独立的并区别于委托人、受托人、受益人概括财产的概括财产，上列人对信托概括财产不享有任何物权。”[1723]在此延续法国法传统并受

［1719］ Giacomo Rojas Elgueta, *Divergences and Convergences of Common Law and Civil Law Traditions on Asset Partitioning: A Functional Analysis*, 12 U. Pa. J. Bus. L. 517, 534（2010）.

［1720］ 《意大利民法典》第2645条之三，题为“为了实现无行为能力人、公共管理或其他团体和自然人重要利益的保护所为的目的行为的登记”，本条主要内容：为了实现无行为能力人、公共管理或者其他团体和自然人依第1322条（契约自治）所获的重要利益的保护，可以以公示方式，将不动产或动产的用途（目的）在公共登记机关进行登记；登记期间不得超过90年或者受益的自然人的生存期间；登记可以发生对抗第三人的效力；所涉之物及其孳息仅可被用于实现登记的用途并成为执行的客体，第2915条第1款（限制处分扣押财产的行为）另有规定的除外。

［1721］ Maurizio Lupoi, *The Civil Law Trust*, 32 Vand. J. Transnat' l L. 967, 978-79（1999）.

［1722］ Peter E. Graham, *Evolution of Quebec Trust Law: Common Law Influence Seen from 1962 to 1992 Is Likely to Continue in Relation to the New Civil Code of Quebec*, 96 Rev. Notariat 474, 483, 487（1994）. 《魁北克民法典》施行前，曾有判例认为信托财产属于受托人。法典改变了此种立场。Id. at 488. 早先也有观点认为信托财产所有权属于受益人。William E. Stavert, *The Quebec Law of Trust*, 21 Est. Tr. & Pensions J. 130, 130（2002）.

［1723］ 《魁北克民法典》有法文和英文两种正式文本。法文本第1261条原文：“Le patrimoine fiduciaire, formé des biens transférés en fiducie, constitue un patrimoine d' affectation autonome et distinct de celui du constituant, du fiduciaire ou du bénéficiaire, sur lequel aucun d' entre eux n' a de droit réel.”英文本第1261条原文：“The trust patrimony, consisting of the property transferred in trust, constitutes a patrimony by appropriation, autonomous and distinct from that of the settlor, trustee or beneficiary and in which none of them has any real right.”法文本所称“patrimoine d' affectation”与英文本所称“patrimony by appropriation”系同义词。2012年新《捷克民法典》第1448条第3款规定，信托财产所生权利由受托人以自己名义、为信托之计算而行使，但信托财产不归属于管理人或设立人，亦不归属于有权取得信托利益之人。

到英美法系影响的混合法域，此种信托定义采用法国法系理论上的概括财产说，[1724]但将信托财产定性为“无所有人之财产”，并规定于物法，则既不同于《法国民法典》将信托规定于债法（作为有名合同之一种），又不同于法国法学理上的“一人名下之特别概括财产”理论，更不同于英美法系的双重所有权说。此种信托定义，明文采用“专用概括财产”概念，既未将信托定位为法律主体，又未将信托当事人定位为信托财产的归属者。受托人仅享有信托财产的管理权，不对信托财产享有任何物权，有助于解释受托人自己的债权人无权追索信托财产的问题，但又产生新的问题。一方面，依照包括法国在内的某些大陆法系国家的理论，一人只能有一项概括财产。如果承认信托财产是一项独立的概括财产，则意味着受托人拥有两项（或更多）概括财产，由此与“一人一概括财产”原则相冲突。[1725]不过，此点尚非根本性的困难，因为“一人一概括财产”原则并不妨碍立法者通过制定法创设例外，专用概括财产即是其一。实际上，《魁北克民法典》在第1编第1题（title one）即已明文规定一人一概括财产原则及其例外，[1726]信托正是例外之一。另一方面，如加拿大信托法的权威体系书《沃特斯论加拿大信托法》所言，在民法法系的债法理论中，债之关系必有债务人和债权人。在《魁北克民法典》的体系中，受益人有取得信托收入的权利，他对信托财产不具有物权，但他至少就信托收入享有债权，受益人是债权人无疑。但是，谁是债务人？由此产生的问题是，受益人起诉何人以主张信托收入？一个解决办法是，规定信托是一个法人。若如此，问题就变得简单：信托财产归该法人所有，该法人对受益人负有债务。但是法人说在该法典之下缺乏基础。《魁北克民法典》规定法律人格由法律授予，并且在关于基金会的条文中规定，基金会或者为信托，或者为法人（第1257条），足见信托和法人是相互排斥的。[1727]加拿大

[1724] 学者指出，魁北克民法对于信托的定位，部分受到勒鲍尔思想的影响。Tony Honoré, *Trusts: The Inessentials*, in Rationalizing Property, Equity and Trusts: Essays in Honour of Edward Burn 13（Joshua Getzler ed. 2003）.

[1725] *Commercial Trusts in European Private Law* 19（Michele Graziadei, Ugo Mattei, & Lionel Smith ed. 2005）.

[1726] 《魁北克民法典》第2条规定：“每一人有一概括财产。（第1款）概括财产可以被分割或设定为某一目的专用，但仅以法律有规定者为限。（第2款）”法文本原文：“Toute personne est titulaire d' un patrimoine. Celui-ci peut faire l' objet d' une division ou d' une affectation, mais dans la seule mesure prévue par la loi.”英文本原文：“Every person is the holder of a patrimony. It may be the subject of a division or of an appropriation to a purpose, but only to the extent provided by law.”

[1727] Donovan W. M. Waters, Mark R. Gillen, & Lionel D. Smith, *Waters' Law of Trusts in Canada* 1353（3d ed. 2005）.

麦吉尔大学的史密斯教授也指出，《魁北克民法典》的规定受到勒鲍尔理论的启发，但按照勒鲍尔的理论，受托人仅是他人财产的管理人，则何人是债务人？如果不是受托人，就只能是信托本身，此种解释可能性符合勒鲍尔的初始命题，他认为受益人的权利是针对信托（而不是受托人）的权利、受托人是对信托（而非受益人）负义务，但同时他又拒绝承认信托是法人，这导致其理论出现若干分析上的困难。[1728]此种困难亦是魁北克法的解释论难题。魁北克的此种法律状况，也导致加拿大统一法委员会起草的2008年《统一收入信托法》未能规定收入信托为法人，错失更优的解决方案。加拿大统一法委员会民法部的《加拿大商业组织形式报告》指出："认可商业信托为独立法人是高度可取的，并且，商业信托如被承认为独立实体，在税法上并不会发生消极后果，因为加拿大早已将信托作为单独的纳税人对待。认可商业信托为独立法人，是解决诸多法律问题的关键……但是，在魁北克，这可能和信托法的基础［独立于主体而存在的概括财产（patrimony）］相抵触，从而可能标志着返回前魁北克民法典时代，在那个时代，关于魁北克信托所有权的性质，存在重大混淆。"[1729]因此，尽管承认商业信托法人资格具有诸多实益，但为顾及现行法律状况，《统一收入信托法》第4条明文规定："除任何其他立法另有规定外，信托或共同基金不是公司实体或其他法人。"此种立场，已与实务脱节。如实践中绝大多数不动产投资信托在其信托文件中一致订定，受托人对本信托及其受益人同时负有信义义务。[1730]加拿大良好治理联盟（Canadian Coalition for Good Governance）推出的《示范信托文件条款》也推荐在商业信托中采用类似条款。[1731]约定受托人对信托负有义务，隐含了对信托主体资格的需求。

其三，公平说与特别财产说。在德国，判例所确认的日耳曼式信托制度，在功能上类似于英美式的信托，也具有近似于信托的资产分隔效力：委托人将其财产移转于受托人，受托人享有所有权，同时对受益人负有合同义务，但该财产不属于受托人的固有财产，受托人的债权人无权追索。此种财产独立性规则，是由法院在欠缺任何制定法基础的情

［1728］ Lionel Smith, *Trust and Patrimony*, 28 Est. Tr. & Pensions J. 332, 350 (2009).

［1729］ Uniform Law Conference of Canada, Civil Law Section, Report on Forms of Business Associations in Canada 25 (April 21, 2005).

［1730］ Anita Anand & Edward Iacobucci, *The Boundaries of Corporate Law and Trust Law: An Analysis of Locking v. McCowan*, 62 McGill L. J. 577, 586 (2016).

［1731］ Id. at 597.

况下所创设，与德国民法的基本原则相抵触：德国民法严格区分债权物权，在物权法定原则之下，受益人仅对受托人享有债权，如何能够对抗第三人？为了将通过判例发展出来的信托财产独立性规则圆满融入法律体系，德国案例法可谓艰辛备尝，而最终诉诸公平作为正当化根据。德国帝国法院在多个判决中明确表达了此种观念：信托财产的所有权移转于受托人，“是在法律意义上，而非经济观念上，”“仅是一种形式，”“仅是从形式上和法律意义上移转，而不是从实质上和经济观念上移转”，因此，“根据事物之本质，”信托财产仍属于委托人—受益人。现代的判例则干脆忽略此种推理，而将信托财产独立性规则简单描述为法官造法所形成的法律规则。[1732]然而，诉诸公平观念，不过是一种权宜之计。公平概念过于模糊，不足以为具体的法律制度提供充分的正当化理由，尤其是此种物权效力和责任财产的分隔问题。信托制度和物权法之间的体系上的紧张，并未消除。在学说上，存在各种解释路径。一说延续案例法的思路，将之解说为所有权相对性的一种情形：作为例外地体现所有权“相对性”的一种情形，信托式的让与，在德国物权法上被认为“经济的”所有权与“法律的”所有权之间的分离，其特征是，受托人对外是完全的所有权人，但在对信托人的内部关系上，受托人负有只能按照约定方式行使其受托人权利（其“信托所有权”）的债法义务。[1733]另一说即特别财产说，认为信托财产实际上是一种特别财产，此种学说可溯源至19世纪德国民法学上的目的财产说。德国民法理论上存在财产与“特别财产”概念，原则上，一人只有一财产，但法律另有规定的除外。此与法国法系的“一人一财团”原则及其例外相似，但德国法上的财产，仅指积极财产（资产，包括物和权利），而不包括消极财产（负债、债务）。[1734]特别财产取决于法律的特别规定（例如，破产财团、夫妻特有财产和保留财产），对此并不存在一般性的规则。[1735]就信托法而言，法律对特别财产有规定者，如德国《投资法》及《资本投

[1732] 此处的德国案例法状况，参见Hein Kötz, *The Modern Development of Trust Law in Germany*, in Modern International Developments in Trust Law 57（David Hayton ed. 1999）。

[1733] [德]鲍尔·施蒂尔纳：《德国物权法》（上），张双根译，法律出版社2004年版，第41页。

[1734] 《德国民法典》上并无关于财产的一般规定。涉及财产的规定，例如第1922条关于被继承人财产（Vermögen）概括转移于继承人的规定。

[1735] 关于财产与特别财产，参见[德]迪特尔·梅迪库斯：《德国民法总论》，邵建东译，法律出版社2000年版，第889页；[德]卡尔·拉伦茨：《德国民法通论》（上），王晓晔、邵建东等译，法律出版社2003年版，第417~422页。

资法典》规定的投资财产（相当于信托型基金），其定性为“特别财产”（Sondervermögen），是以Treuhand制度为根基，而以制定法形式设置明文（详见本书第2章第4节第3目）。既有法律之明文，作为一般原则的例外自无疑问，但一般意义上的信托，因欠缺此种明文规定，其基础难免不够牢固。

观念上的争端会妨碍信托制度的借鉴和运用，这已被未以立法或案例法形式确立信托制度的大陆法系诸国的实际情形所证明。但即使在日本、韩国这些已明文确立信托法制的法域，对信托性质的认识分歧依然难解，我国亦是如此。英美法系“双重所有权”中的“所有权”概念，本不同于大陆法系的所有权概念，以后者解释前者，难免南辕北辙。概括财产理论，在法国法系自有其深厚传统，且不失为在没有衡平法的法域中尝试解决信托定性问题的可选项，[1736]对于我国而言则颇为陌生。特别财产、目的财产或独立财产之类的现象，在我国现行法上亦有其例（例如，限定继承的财产），相关概念为我国学者所论及，[1737]但也欠缺深入研究及共识，多限于对既有法律规定的描述，难以满足司法实务与交易运用之需。相比于法人理论，较不为法律人及一般公众所熟悉。晚近亦有学者运用概括财产理论解释普通信托的性质，[1738]但对于概括财产说与信托固有原理之间的龃龉，则未尽注意。而对于商业信托而言，法人说之实益，则为特殊财产说所不备。

概括财产理论的更大弱点在于难以解释普通法上的信托。其中最重要者是关于受托人责任的规则。概括财产不仅意味着财产（资产）的独立，也意味着债务（负债）的独立：概括财产所生债务，以概括财产受偿，债权人无权追索受托人的个人财产。概括财产是财产和债务所构成的整体。但是，至少在英国信托法上，受托人以其个人财产对信托债务承担责任，尽管受托人在对债权人清偿后可以就信托财产求偿，但他将承受信托财产不足清偿或缺乏流通性的风险。[1739]信托债务是受托人自己的责

[1736] George L. Gretton, *Trusts Without Equity*, 49 Int'l & Comp. L. Q. 599(2000).

[1737] 王泽鉴：《民法总则》（增订版），中国政法大学出版社2001年版，第234页；梁慧星：《民法总论》（第5版），法律出版社2017年版，第161~162页。

[1738] Kai Lyu, *Re-Clarifying China's Trust Law: Characteristics and New Conceptual Basis*, 36 Loy. L. A. Int'l & Comp. L. Rev. 447, 478-85(2015).

[1739] Remus Valsan, *The Trust as Patrimony: An Introduction*, in Trusts and Patrimonies 9(Remus Valsan ed. 2015).

任。[1740]换言之，在英国信托法上，信托财产区别于受托人的个人财产，信托债务则并不区别于受托人的个人债务，受托人的一切债务都以其个人财产为责任财产。[1741]依史密斯教授的说法，就普通法信托而言，信托所持有的仅是资产而不是负债，因此信托不是概括财产。[1742]马修斯教授径称，将概括财产理论用于解释普通法上的信托是“方枘圆凿”(square peg, round hole)，因为概括财产说不能对现行信托法上的若干规则给出更好的解释、在阐述信托的理论基础时并无实益；主张信托是概括财产，可能仅是一种类比，也就是“问：信托是什么？答：它像一种概括财产”。[1743]财团法人说或非法人财团说也存在同样的困难；如将普通信托定性为财团法人或非法人财团(非法人组织之一种)，则受托人作为组织的管理者，亦不对组织债务承担责任。当然，如果某一法域的信托法不采此种规则，而规定受托人不承担个人责任、债权人直接由信托财产受偿，[1744]则在此点上与概括财产理论或财团理论尚无背离。不过，问题在于，此种受托人不承担个人责任的规则，对于普通信托而言，存在严重缺陷(详见本书第6章第2节第2目的论述)。概括财产说或特别财产说的另一缺陷是，概括财产或特别财产在功能上近乎等同于主体，且历史显示概括财产或特别财产趋向于变为主体(法人)。[1745]而如果将普通信托法人化，恰恰可能导致其制度优势的根本丧失。

将商业信托明确定性为法人，则信托财产归属于商业信托，受托人的地位为法人的执行机构，受益人的权利为成员权，系含有请求权、参与管理权等内容的权利。[1746]如此不仅可圆满解释商业信托的性质，无须付出迂回规避、甚至突破民法理论体系的代价，理解与适用上亦较为便利。法人说比概括财产说或特别财产说更为彻底，而概括财产说或特别财产说

[1740] Paul Matthews, *Square Peg, Round Hole?: Patrimony and the Common Law Trust*, in Trusts and Patrimonies 73 (Remus Valsan ed. 2015). 苏格兰信托法上也实行类似规则，故该文认为概括财产说不仅不足以成为英格兰信托法的概念基础，也不足以成为苏格兰信托法的概念基础。Id. at 79-80.

[1741] Rebecca Lee, *Conceptualizing the Chinese Trust*, 58 Int'l & Comp. L. Q. 655, 659 (2009).

[1742] Lionel Smith, *Trust and Patrimony*, 28 Est. Tr. & Pensions J. 332, 346-47 (2009). 此与普通法上遗产的法律地位不同：遗产的管理人不对遗产债务承担个人责任，因此遗产才可谓是一种概括财产。Id. at 346.

[1743] Paul Matthews, *Square Peg, Round Hole?: Patrimony and the Common Law Trust*, in Trusts and Patrimonies 81-82 (Remus Valsan ed. 2015).

[1744] 例如，美国《统一信托法典》第1010条，我国《信托法》第37条。

[1745] George L. Gretton, *Trusts Without Equity*, 49 Int'l & Comp. L. Q. 599, 617 (2000).

[1746] 依大陆法系民法理论，参与管理权既非支配权，亦非债权，而是一种与支配权、债权等并列的权利。参见[德]卡尔·拉伦茨：《德国民法通论》(上)，王晓晔、邵建东等译，法律出版社2003年版，第288页。普通信托受益人通常无权参与信托管理，故无须将其权利解释为参与管理权。

应用于普通信托时的弱点，对于商业信托而言则不成问题。

就重要性而论，大陆法系移植信托制度，主要服务于商业目的，即无论是单行的信托法还是民法典或其他法律中的信托制度，主要是为了解决对商业信托或商事信托的调整需要而制定的。[1747]因此，商业信托定性问题的解决，实无异于了结信托性质问题的绝大部分或实质性部分。普通信托性质所遗留争议，为患已轻。况且，将普通信托解释为非法人团体，亦非理论上不可能之事，本节之首所引学者见解已多有论及。实定法上亦有此例，如《埃塞俄比亚民法典》规定信托属于财团（财团法人）的一种。[1748]真正的障碍似在于实务意义，即定性为实体反而可能不利于普通信托，本节之首亦已论及。

2. 我国法的特殊情形

大陆法系关于信托性质的上述争议，在我国法语境下依然存在。除此之外，对于我国而言，承认商业信托主体资格另有一层意义。不同于英美法系及大陆法系其他国家和地区（信托因委托人移转财产于受托人而设立），我国《信托法》别出心裁，将信托定义为因委托人将财产委托给受托人而设立（第2条）。“委托给”一语作何解释、信托财产究竟是否移转于受托人，未见于法条、立法解释及立法理由，判决与学说理解不一。

有法院认定，资产管理公司将包括债权及担保权在内的资产设立财产信托后，信托公司有权向债务人及保证人主张债权。[1749]类似地，在资产证券化案例中，法院判决认为受托人可以主张作为信托财产的债

[1747] 赖源河、王志诚：《现代信托法论》（增订3版），中国政法大学出版社2002年版，第32页；*Commercial Trusts in European Private Law*（Michele Graziadei, Ugo Mattei, & Lionel Smith eds 2005）；［日］能见善久：《日本新信托法的理论课题》，赵廉慧译，载《比较法研究》2008年第5期；［日］能见善久：《现代信托法》，赵廉慧译，中国法制出版社2011年版，第8页。

[1748] 《埃塞俄比亚民法典》第1编“人”第3题“社团和财团”第3章“财团”设3节，第1节“基金会”，第2节“委员会”，第3节“信托”。第516条规定信托的定义：信托，是将特定财产组成一个由受托人依信托人的指示进行管理的自主的实体。《埃塞俄比亚民法典》出自比较法大家勒内·达维德（René David）的手笔，其信托制度大量参考了英国信托法的规则。Maurizio Lupoi, *Trusts: A Comparative Study* 276（Simon Dix trans. 2000）.

[1749] 中信信托有限责任公司与天津市粮油集团有限公司借款合同纠纷案，天津市高级人民法院（2009）津高民二终字第0053号民事判决书、天津市第一中级人民法院（2008）一中民二初字第111号民事判决书、最高人民法院（2011）民提字第266号民事判决书。

权。[1750]但上述判决仅言及受托人有权主张债权，尚未阐明债权是否已让与。单纯依《信托法》第2条的规定，受托人是以自己名义“管理或者处分”信托财产，该句并未言明财产归属；受托人主张属于信托财产的债权，亦可谓受托人以自己名义“管理或者处分”信托财产之行为。更明确的见解体现于下列判决中：“信托法律关系的特点，要求委托人向受托人移交财产权……”[1751]依据资产转让协议（作为不良资产证券化试点项目的具体运作），信托公司“取得了”债权权益。[1752]有法院更进一步认为，受托资

[1750] 裁判见解：“本案系因通用汽车金融公司将其对被告享有的个人汽车抵押贷款债权信托于原告并予以证券化后，被告不能按约还款而引发的纠纷。本案的主要焦点在于原告作为受托人是否有权以自己的名义直接向被告主张本案的系争贷款债权；若华宝信托有限责任公司为本案适格原告，其是否有权对抵押权人登记为通用汽车金融公司的系争车辆行使抵押权。对于第一个审理焦点……本案原告系基于与案外人通用汽车金融公司的信托合同主张系争贷款债权。所谓信托法律关系是指委托人基于对受托人的信任，将其财产权委托给受托人，为受益人的利益或者特定目的，进行管理和处分过程中所形成的法律关系。信托关系成立后，受托人依法可以自己的名义向债务人主张债权。本案中，通用汽车金融公司与被告陈碰兴签订的汽车贷款合同以及汽车抵押合同系双方当事人的真实意思表示，依法有效，双方均应恪守。通用汽车金融公司和原告签订的通元2008年第一期个人汽车抵押贷款证券化信托合同亦系当事人的真实意思表示，并获得了中国人民银行和原银监会的批准，合法有效；同时，通用汽车金融公司和原告之间的《通元2008年第一期个人汽车抵押贷款证券化信托公告》以及《通元2008年第一期个人汽车抵押贷款证券化信托成立公告》依法在中国债券信息网、中国货币网的全国性媒体进行了刊登，符合信托法等规范性法律文件对于通过设立特定目的信托转让相关资产应依法进行公告的有关规定，故本案中，原告与通用汽车金融公司就本案贷款债权构成信托法律关系，受托人原告受委托人通用汽车金融公司的信任，基于信托合同关系，可以自己的名义为通用汽车金融公司的利益对该贷款债权进行管理或者处分。因此，原告以自己的名义向被告主张通用汽车金融公司的贷款债权，于法不悖，且不损害作为债务人被告的合法权益，故合法有效。现通用汽车金融公司已经依约履行了放贷义务，对被告享有贷款债权，被告亦应按约履行偿还贷款本息义务。因被告未按汽车贷款合同履行还款义务，根据汽车贷款合同和汽车抵押合同的约定已经构成严重违约，故原告有权以自己的名义宣布被告贷款立即到期，并要求被告立即清偿贷款合同项下的所有未付款项。对于第二个审理焦点……鉴于：(1)本案中原告根据与通用汽车金融公司信托法律关系，依法以自己的名义向被告主张贷款主债权，而抵押权作为贷款主债权的从权利，根据主、从债权关系的基本法理，原告亦可以自己的名义主张从债权（抵押权）；(2)从我国物权法的规定来看，汽车作为特殊动产，抵押权自抵押合同生效时设立，动产抵押登记的效能是未经登记不得对抗善意第三人，而并未强制规定抵押权人变更后必须重新办理抵押登记手续或变更登记手续，故由拥有系争贷款主债权的原告主张主债权的从权利（抵押权）于法无悖，并且亦不损害被告作为债务人的合法权益；(3)本案中被告逾期欠款情况只是大批量汽车抵押贷款合同中的少数个例，若要求每个抵押贷款合同转让抵押权必须重新办理抵押登记手续或抵押权人变更手续，在实际操作中经济成本较高并可能因抵押人拒绝合作或者怠于协助而使抵押登记的变更手续难以顺利完成，不利于保护债权人的合法权益。因此，原告作为信托关系的受托人在主张贷款主债权的同时，可以自己的名义直接向债务人主张抵押权。”华宝信托有限责任公司诉陈碰兴抵押贷款证券化信托合同纠纷案，上海市浦东新区人民法院(2009)浦民二（商）初字第1700号民事判决书，载《人民司法·案例》2009年第12期。

[1751] 陈金龙诉无锡二十一世纪集团有限责任公司股东知情权案，载怀效锋主编：《中国最新公司法典型案例评析》，法律出版社2007年版。

[1752] 辽宁纳可佳生物制药有限公司与中诚信托有限责任公司等金融借款合同纠纷上诉案，辽宁省高级人民法院(2009)辽民二终字第209号民事判决书。

金不发生转移，因此不构成信托关系。[1753]

持相反见解的判决认为信托财产所有权仍由委托人享有，其判决理由谓："《信托法》第2条中'财产权'当然包括财产所有权。委托人在设立信托时是将信托财产权'委托'给受托人，而不是'移转'给受托人。同时，《信托法》第28条、第29条中'委托人的信托财产'这一术语亦佐证了委托人对信托财产享有所有权的立法态度。"[1754]确实，《信托法》多处条文使用"委托人的信托财产"之表述（除该判决所引第28条、第29条外，尚有第18条第2款），或者"委托人……其信托财产"的类似表述（第20条）。然而，《信托法》第14条第1款、第2款却也规定，受托人因承诺信托及因信托财产的管理运用等情形而"取得"的财产，为信托财产。据此，信托财产似应已移转于受托人。故上述裁判见解，难谓圆满。但此非裁判错误所致，实应归咎于立法上的犹疑不决。

在交易实务中，某些信托采用委托人将信托财产转移给受托人的做法，以避免相关法律风险。例如，在股权信托中，委托人将股权过户登记给受托人。[1755]又如在林木信托中，委托人将林木过户至信托公司名下。[1756]有判决认为，此种转让，意在实现信托目的，并不等同于财产权的

[1753] 湖北安琪酵母股份有限公司诉友源资产管理有限公司等资产委托管理合同案，湖北省高级人民法院（2006）鄂民二终字第31号判决书。湖北省宜昌市人民法院一审判决认为："安琪公司与友源公司订立的合同不是融资或信托投资合同。融资或信托投资行为之基本特征在于资金应在融资合同当事人或信托当事人之间发生转移。本案中，安琪公司虽授权友源公司使用其账户上的资金从事证券投资，但安琪公司账户上的资金并不转移至友源公司……因此，安琪公司与友源公司之间的资产委托管理合同，并非融资合同或信托合同，也非单一的委托合同，而是具有委托与投资双重性质的混合合同。"

[1754] 北京海淀科技发展有限公司诉深圳市新华锦源投资发展有限公司等财产权属纠纷案，重庆市高级人民法院（2006）渝高法民初字第14号民事判决书。上述判决见解可能受到本案事实的影响。涉案《信托合同》约定了委托人为股权（信托财产）实际所有人；受托人也明确表示，委托人为信托财产所有人。

[1755] 崔璀与徐俊股权转让纠纷上诉案，湖南省邵阳市中级人民法院（2011）邵中民二终字第24号民事判决书。本案中，2006年原告徐俊与湖南省信托有限公司签订了股权信托合同，将其持有的湖南山江技术开发有限公司5.2%的股权和湖南阳光电化有限公司5.95%的股权委托湖南信托公司持有，并办理了股权过户手续。

[1756] 甲投资公司诉乙科技公司等营业信托纠纷案，上海市第一中级人民法院（2008）沪一中民五（商）初字第268号民事判决书。

完全转让。[1757]但是，也有当事人约定信托财产仍归属于委托人，委托人有处置权。[1758]

信托财产是否转移给受托人，取决于信托财产的性质。信托财产如为金钱，则自交付受托人时，其所有权移转于受托人。信托财产如为金钱以外的动产，亦同。信托财产为应登记的不动产或知识产权时，因我国至今未建立信托财产登记制度，信托财产无从移转于受托人。

学者对“委托给”一语多有批评，认为其有违信托本质，且与其他条文矛盾，对资产证券化等信托实务亦有妨碍。[1759]另有论者认为“委托给”应理解为“委托+给”，其仍有转移财产的含义，与信托法理并无矛盾。[1760]立法机关人士的见解为：大陆法系国家引入信托制度，需考虑本国社会经济文化背景，使信托制度便于人们理解接受；如将信托表述为委托人一旦将财产设立信托，即丧失财产所有权，可能会使一些人接受起来颇

[1757] 杨正文与杨永知确认合同无效纠纷上诉案，重庆市第四中级人民法院(2012)渝四中法民终字第01215号民事判决书。判决认为：“各方对杨永知在2008年11月28日签订《股权转让协议》前具有重庆弘扬建材(集团)有限公司股东资格并无异议。本案二审中双方争议的焦点是杨永知是否因2008年11月28日签订《股权转让协议》而丧失了重庆弘扬建材(集团)有限公司股东资格。虽然杨永知在2008年11月28日签订《股权转让协议》将其自有股份出让给重庆国际信托有限公司，并进行了股权工商过户登记，但杨永知同日与重庆国际信托有限公司签订的《股权信托合同之补充协议》，该协议明确约定‘双方所签订的《股权转让协议》是为了《股权信托合同》项下信托财产的交付而签订，并不意味着双方具有股权转让的意思表示和实质交易’，此约定表明双方所签的《股权转让协议》只是为了信托财产的交付，并不是实质上的股权转让，事实上此后杨永知也仍然在对公司进行实际管理和经营。杨永知并不因在2008年11月28日签订《股权转让协议》而丧失其在重庆弘扬建材(集团)有限公司的股权和股东身份。至于杨正文提出的其出让股份时，杨永知已不是工商登记的股东，其在签订《股权内部转让协议书》时不具备股东资格的主张，根据公司法的规定，工商登记只是确认股东身份的表面证据，在本质上属于证权性登记，并无创设股东资格的效力，工商登记的主要效力在于公司及其股东不得否定登记而对抗公司及股东以外的债权人等第三人的效力，因此，不能仅以有无工商登记而确认或否定某人是否具有股东身份。杨正文作为重庆弘扬建材(集团)有限公司的原股东，仅以杨永知在签订《股权内部转让协议书》时工商登记不是股东而否定其实质上是公司股东这一主张缺乏事实依据，本院对其该主张不予支持。综上，杨永知作为重庆弘扬建材(集团)有限公司的股东，其在2009年5月18日签订《股权内部转让协议书》，受让杨正文等人的股权并不违反法律的规定，该行为合法有效。”

[1758] 福州商贸大厦筹备处与福建佳盛投资发展有限公司借款纠纷案，最高人民法院(2005)民二终字第147号民事判决书。本案中，2000年6月21日，中国工商银行福建省分行与中国华融资产管理公司福州办事处签订《债权转让协议》。由福建工行将南门工行所享有的前述五笔债权及其相应的担保从债权全部转让给华融福州办。2003年6月26日，华融福州办与中信信托投资有限责任公司签订《华融资产处置财产信托合同》《信托财产委托处置协议》，将上述债权设定为信托财产，华融福州办仍有权处置上述财产。华融福州办在管理上述债权期间，多次通过报纸公告或邮寄送达等方式向筹备处及相应保证人催收。2004年11月，华融福州办将上述已设定为信托财产的五笔债权全部转让给佳盛公司。

[1759] 于海纯：《SPT法律架构中信托财产权的法律属性辨析》，载《大连理工大学学报(社会科学版)》2005年第3期。

[1760] 耿利航：《信托财产与中国信托法》，载《政法论坛》2004年第1期。

费思量，用“委托”较符合大众心理。[1761]由于信托定义的模糊性，信托财产归属于何人，亦成为争议焦点。[1762]

或许正是为了克服《信托法》上信托定义对资产证券化的障碍，[1763]《信贷资产证券化试点管理办法》先是在第2条关于适用范围的规定中弃用“委托给”一词而改称“信托给”，又于第11条、第12条中指明发起人是将信托财产“转让”给受托人。但该办法的法源层级较低，仅属其他规范性文件，难以突破上位法的规定。

“转移于受托人”与“委托给受托人”之表述，各具理由，各有利弊，如果承认商业信托主体资格，则可摆脱此种两难困境。委托人设立商业信托，无须将财产转移于受托人，而只是将财产转移于一个新成立的实体，信托财产归属于商业信托，受益人取得相应的投资者权益，此与投资于公司或合伙企业并无二致，对于大众理解与接受商业信托毫无窒碍，并可解决信托定义的含混与不确定性问题。当然，普通信托仍受制于《信托法》的信托定义，但鉴于商业信托为我国信托实务的主流形态，将商业信托从该定义中解脱出来，足以实质性地缓解其定义困境。

（二）破除观念误区

将商业化运用的各种信托理解为一种金融活动、而不是一种商业组织形式，是信托业及金融业诸多乱象的观念根源之一，其原因在于立法上的模糊与学说上的误区。《信托法》第3条划分了民事信托、营业信托、公益信托，但除于第六章专设公益信托的特别规定外，并未对民事信托及营业信托作任何界定及区分。学说上常参考日本、我国台湾地区的营业信托概念，将营业信托定义为其受托人以经营信托为业的信托，又称商事信托；非由经营信托业务者任受托人的信托，为民事信托。由此得出结论，民事信托适用信托法，商事信托除适用信托法外尚应受专门机构监管并适用特别规范。[1764]现行金融法与此理论声气相通。现行法将信托业定位为与银行业、保险业、证券业并列的四大金融行业之一，实行分业经营、分

[1761] 卞耀武主编：《中华人民共和国信托法释义》，法律出版社2002年版，第3~4页。

[1762] 于海涌：《论信托财产的所有权归属》，载《中山大学学报（社会科学版）》2010年第2期（认为信托财产应归属于受托人）；张淳：《我国信托财产所有权归属的态度及其法理审视》，载《甘肃政法学院学报》2007年第5期（认为信托财产归属于委托人）；温世扬、冯兴俊：《论信托财产所有权——兼论我国相关立法的完善》，载《武汉大学学报（哲学社会科学版）》2005年第2期（认为信托财产应归属于受益人）。

[1763] 按照资产证券化关于“破产隔离”与“真实买卖”的基本要求，发起人（资产证券化信托的委托人）应将证券化资产转让于特殊目的实体、该资产应完全脱离发起人之控制。

[1764] 何宝玉：《信托法原理研究》（第2版），中国法制出版社2015年版，第26页。

业管理体制(《证券法》第6条等),对信托公司的监管适用《银行业监督管理法》。

上述做法在认识上存在重大误区。根本不存在一个与银行业、保险业、证券业并列的信托业。信托本属一种财产管理或处分的方式,并不必然构成金融活动;信托财产可以是金融资产、实物资产或任何其他资产;信托行为人人皆可为之,并非某一行业或某类机构的专营业务。将信托业归类为金融业,难免形成不当管制,抑制信托的运用。这已经为错误定位信托业的国家的实践所证明。[1765]

观念影响实践。分业体制虽然压制了信托的运用空间,但无法禁绝各类商业信托的发展。银行推出理财产品,证券公司推出资产管理计划,保险公司推出投资连结保险、万能保险等理财产品并日益深入地涉足资产管理业务,皆属明证。信托的固有优势(财产独立、信义义务、灵活性),正是各类资产管理计划趋向于信托结构的根本原因。但为规避风险,相关规章或其他规范性文件大多在行文及制定依据中刻意回避"信托""信托法"字样,却又在财产独立、管理人义务上移花接木,借用甚至照抄《信托法》《证券投资基金法》之规定。关于委托、托管资产独立性的规定,遍布于各种资产管理法规、规章、其他规范性文件之中,早已超出了信托业范围。[1766]也有地方性法规对于集合资金业务采纳信托法理,而回避信托

[1765] 例如,韩国于2009年开始实施《资本市场和金融投资业法》,即所谓"资本市场统合法"。该法废除了《证券交易法》《期货交易法》《信托业法》等与资本市场有关的六部法律,将信托业作为金融投资业的一部分,并禁止金钱信托的统合运用,从而严格区分了信托和集合投资,这从根本上封锁了信托的集团性财产管理功能,阻止了集团信托的发展。同时将信托业归入金融投资业,又忽略了不动产管理信托、公务员白纸信托、遗嘱信托等不具有投资性的纯粹管理型信托,使信托业无法向多种类型发展。参见[韩]崔埈璿:《韩国信托法的改正》,载王保树主编:《商事法论集》(第18、19合卷),法律出版社2011年版,第286页。

[1766] 例如,2008年《证券公司监督管理条例》第59条,2012年《基金管理公司特定客户资产管理业务试点办法》第4条,2013年《证券公司客户资产管理业务管理办法》第41条、第42条、第46条,2013年《证券公司集合资产管理业务实施细则》第6条,2017年《期货公司资产管理业务试点办法》第10条,2018年《保险资金运用管理办法》第20条、第22条第2款(其前身为2014年《保险资金运用管理暂行办法》第19条第2款),2011年《保险资产管理公司管理暂行规定》第44条,2012年《保险资金委托投资管理暂行办法》第3条,2020年《保险资产管理产品管理暂行办法》第8条。对于商业银行理财业务,原银监会早已明文要求理财资产的独立化。原银监会《关于规范商业银行理财业务投资运作有关问题的通知》(银监发〔2013〕8号)第2条第1款规定:商业银行应实现每个理财产品与所投资资产(标的物)的对应,做到每个产品单独管理、建账和核算。单独管理指对每个理财产品进行独立的投资管理;单独建账指为每个理财产品建立投资明细账,确保投资资产逐项清晰明确;单独核算指对每个理财产品单独进行会计账务处理,确保每个理财产品都有资产负债表、利润表、现金流量表等财务报表。取而代之的《商业银行理财业务监督管理办法》第4条、第5条明文规定理财产品财产的独立性。

字样。[1767]此种做法，不仅徒增理论上的争议（例如，委托理财的性质在学界与司法界长期存在争论），且在实践中产生无穷后患。一方面，同时引发监管冲突及监管漏洞，因分割监管的体制原因人为造成竞争环境的不公平，妨碍了金融创新；另一方面，导致投资人的权益得不到应有的保护。依《立法法》及《民法典》等民事基本法的规定，规章等其他规范性文件不属于我国民法法源，无权规定民事制度。规章和其他规范性文件中关于理财产品、资产管理计划财产独立性的规定，不具有民法上的规范效力，法院无适用之义务，因而在司法实务中，此类规定未必能确保投资者的利益。当债权人申请保全、执行资产管理计划项下的财产时，此类规定并不足以对抗债权人。[1768]除此之外，大量私募性质的“类信托产品”“类基金产品”游离于金融监管体制之外。受制于“营业信托由有法定业务资质者专营”的观念及相关法律风险，此类行为大多不敢或不愿表明其信托性质，致使当事人难获信托法之保护。直至2018年《关于规范金融机构资产管理业务的指导意见》及其后相关规章《商业银行理财业务监督管理办法》《证券期货经营机构私募资产管理业务管理办法》的颁行，方始有望纳入统一的信托法律关系构成之下。[1769]

回复商业信托作为一种商业组织形式的本来面目，进而明文规定商

[1767] 如浙江省人大常委会制定的《温州民间融资管理条例》第25条规定了定向集合资金及其收益的独立性：“定向集合资金及其收益应当独立于民间资金管理企业的自有财产。民间资金管理企业自有财产应当承担的债务，不得由定向集合资金及其收益承担。（第1款）各期定向集合资金财产实行独立核算，各自承担风险。（第2款）”《温州市民间融资管理条例实施细则》（温州市人民政府令2014年第141号）第28条规定：“定向集合资金托管人应当将受托管理的定向集合资金与民间资金管理企业的自有资产严格分开，并对各期不同的定向集合资金分别实行专项管理，专款专用。”

[1768] 例如，此前监管层虽有意推动券商信贷资产证券化，并容许券商代替信托作为特殊目的载体，但因法律并未明确规定券商资管账户可以进行资产隔离，业者疑虑甚多（参见张宇哲：《再推信贷资产证券化》，载《新世纪周刊》2013年第34期）。一个新近的案例是，民间金融公司推出的首只信贷类资产证券化产品“东证资管—阿里巴巴专项资产管理计划”在上报证监会过程中，监管层认为，如贷款方不能还款甚至破产时，证券化资产需与贷款方其他资产作出明确分割，但对于资管专项计划而言，上述资产分割并无法律依据。由此造成增信成本的增加。对于不具类似实力的企业而言，无力负担此种额外增信成本，故此种模式难以复制（参见张冰、李小晓、郑斐：《阿里抢滩资产证券化》，载《新世纪周刊》2013年第27期）。尽管国务院颁布的《证券公司监督管理条例》第59条明确规定了券商客户资产的独立性，但根据《立法法》第9条的规定，行政法规非经立法机关特别授权，无权规定民事基本制度，故该类规定的效力仍然存疑。

[1769] 《中国银保监会有关部门负责人就〈商业银行理财子公司管理办法〉答记者问》，载中国银行保险监督管理委员会网2019年1月1日，http://www.cbrc.gov.cn/chinese/newShouDoc/E00BC90733364359949BB2AE9104FBB4.html；《证监会相关部门负责人就〈证券期货经营机构私募资产管理业务管理办法〉及其配套规则答记者问》，载中国证券监督管理委员会网2018年10月23日，http://www.csrc.gov.cn/pub/newsite/zjhxwfb/xwdd/201810/t20181022_345588.html。

业信托的主体资格，则便于正本清源，澄清误解。商业信托既属与公司、合伙并列的组织形式，人人皆可用之，绝非专营范畴。凡以营利为目的，非因委托人无偿移转信托财产而设立的信托，均可归类为商业信托，而无论其受托人有无特定资格。依受托人是否以信托为业来划分民事信托与营业信托，并将此两种信托与公益信托（系以信托目的为界定标准）并列，违反了概念分类的同一性标准，在理论上具有误导性，在实务上具有危害性。此种意义上的营业信托概念，弊大于利，有不如无。由此，各种资产管理交易可在统一的商业信托法下实现“名实相符”，享有独立人格及法人治理机制的保护。此种民法上的体系统一，也便于金融法上针对资产管理产品确立功能监管体制。扫清观念上的误解并消除与此相应的立法障碍，才能真正迎来一个各类机构同台竞技、力争上游的“大信托时代”和“大资管时代”。[1770]在实务中，各种商业信托的受托人也早已不限于营业性信托机构。资产管理领域的分业经营体制事实上已开始走向崩溃。但需说明的是，对资产管理业务实行功能监管或统一监管，并不意味着否定银行业、证券业、保险业分业经营体制。有学者将资管业务的统一监管问题和银行业、证券业、保险业分业经营体制联系起来，[1771]未尽准确。银行业、证券业、保险业，具有各自特有的金融业属性，实行分业经营或混业经营体制，是另一个问题，与资产管理业务的信托定性无关；否定信托业的独立性，也并不意味着否定银行业、证券业、保险业的分业经营体制。在英美法系某些国家，实行银行业、证券业、保险业的分业经营体制，不意味着存在一个与此三者并立的信托业。[1772]

二、实务意义

（一）可省略专门的信托登记制度，解决信托“登记难”问题

信托登记制度向来被认为是信托实务最疑难的问题之一。我国《信托法》第10条采登记生效主义，该条规定，法律、行政法规规定应当办理登记手续的信托财产，未依法办理信托登记的，信托不生效力。但该法施行二十年来，并无任何法律、行政法规规定信托登记，且何种信托财产属于本条所称“应当办理登记手续的”财产，条文语焉不详，理解颇多歧见，

[1770] 当下我国财富管理市场的崛起，契合了我国金融业改组的需要，银行、信托、证券、基金、保险五大机构都在运用信托关系进行财富管理，金融机构走向全面资产管理的“大资管时代”。参见张宇哲：《大资管混战》，载《新世纪周刊》2013年第15期。

[1771] 参见王涌：《让资产管理行业回归大信托的格局》，载《清华金融评论》2018年第1期。

[1772] 进一步的讨论，参见本书第11章第1节第5目。

因此严重困扰了信托实务的发展。相比于日本、韩国信托法及我国台湾地区“信托法”采登记对抗主义，尚为信托的成立留有余地，[1773]在登记生效主义之下，若无法办理信托登记，信托即无从发生效力。现有信托绝大多数以资金、证券等动产为信托财产，不动产信托、知识产权信托等无由发达，其根源实在于此。[1774]作为变通之策所设立的各种资产收益权信托，在法理依据、法律效果与具体操作上均存在诸多困难，且容易引发法律风险。[1775]所谓资产收益权的法律性质为何（独立的权利或仅为物权、股权、知识产权之权能），能否与基础资产分离转让，如何以信托为担保物权人设定担保，如何办理抵押登记，等等，均为交易实务中无法绕开的难题。

2006年上海信托登记中心、2016 年中国信托登记有限责任公司的成立，即旨在尝试解决信托公示难问题，但该登记机构并非法律规定的登记机构，所为登记由于欠缺法律依据，登记效力存疑。原银监会于2017年发布的其他规范性文件《信托登记管理办法》（银监发〔2017〕47号），受制于其较低的法源层级（并非规章，仅为其他规范性文件），并未规定信托登记的效力。同时，上述登记的定位是信托产品的登记，并非信托财产的登记，与民法意义上的信托登记尚有相当距离。中国人民银行征信中心的动产融资统一登记系统虽提供动产信托登记服务，但也欠缺上位法依据；受制于其权限，更无法解决不动产信托登记问题。

现行法上以登记为生效要件或对抗要件的财产权，包括不动产物权、特殊动产物权、专利权、注册商标专用权、股权等，种类庞杂、法出多门，欲在众多涉及财产权登记的法律、法规和规章中周到地增设信托登记制度，谈何容易。有不少论者主张应仿日本、韩国等国立法例，改采信托登记对抗主义。[1776]但即便将《信托法》第10条改为登记对抗主义，亦不能从

[1773] 例如，我国台湾地区“信托法”第4条规定信托登记对抗主义，对此，多数学者认为，未经公示的信托财产，仍可主张信托财产独立性，而排除受托人债权人的强制执行。参见谢哲胜：《信托的公示与债权人的保护》（下），载《集保结算所月刊》2006年6月第151期。

[1774] 实务界人士指出，登记机构经常以没有登记规则为由拒绝为一些信托财产办理登记，影响到许多新业务的开展，并在很大程度上增加了信托业务的风险，如房产信托无法登记，许多信托合同只好采取变通方式（例如，设立房产收益权信托）。参见张文博：《信托业务若干法律问题探析》，载中国信托业协会编：《我看信托这十年征文集》，中国信托业协会2011年印行，第69页。

[1775] 近年来颇具影响力的案件，有安信信托投资股份有限公司、昆山纯高投资开发有限公司、戴海峰、戴小平、嘉兴纯高投资开发有限公司营业信托纠纷案，上海市高级人民法院（2013）沪高民五（商）终字第11号民事判决书。涉案信托采用以基础资产收益权设立信托的方式，为建设项目筹集资金。判决认可信托合同的效力，但并不等同于认可资产收益权信托本身的效力。

[1776] 参见孟强：《信托登记制度研究》，中国人民大学出版社2012年版，第3章第3节；赵廉慧：《信托法解释论》，中国法制出版社2015年版，第249页。

根本上解决问题，因为“应登记财产的范围不明”及“没有信托登记制度”两大难题，不因改采登记对抗主义而缓解，市场交易者也绝不会满足于不办理登记而甘冒不具对抗效力之风险。

承认商业信托的法人资格，至少可在商业信托领域解决信托公示问题，而不必付出大范围修订各种财产登记制度的高昂代价。作为法人的商业信托，如同公司、合伙一般，经企业登记机关登记而成立。此种登记属于主体登记。在完成登记之后，委托人向商业信托缴纳出资，无论出资为不动产、专利权还是其他登记财产，只须依现行法办理转让登记即可，与向公司、合伙企业出资无异，财产登记“各依各法”，无须特办一种现行法上所无的“信托登记”。

（二）进一步彰显信托财产独立性

不承认信托为独立主体，则信托财产须登记于受托人名下，或以受托人名义占有、控制（如以受托人名义开设资金账户）。此时，信托财产即可能被误认为受托人的固有财产。当此种误认是来源于法院之时，对信托财产的威胁更大。尽管信托财产独立性在20年前的《信托法》上即已明文确立，但不知信托及信托法者所在多有。“法官知法”仅仅是一种法学理想上的推定，在真实世界中，包括法官在内的任何法律人皆不可能通晓一国任何法律，况且信托法在民商法诸多法律中相当小众，甚至未被列入国家司法考试及法律职业资格考试的范围。在受托人负担自身债务的案件中错误保全或执行信托财产的案例，实务中不乏其例，自是事出有因，以致最高人民法院特意明文重申不得错误保全信托财产（2019年《全国法院民商事审判工作会议纪要》第95条）。虽有此文件，错误保全或执行信托财产的案例并未杜绝。例如在金融机构因自身负债而被强制执行的案件中，法院直接将金融机构名下的资管产品中的资金或证券予以冻结、扣划。金融机构虽可诉诸执行救济，但如因债权人受领上述财产后将之耗尽且无资力等原因导致无法执行回转，信托受益人自不免遭受损失，且此种损失并非受托人违反义务所致，难以向受托人请求赔偿，若欲诉诸国家赔偿，则又困难重重。反之，如果确认商业信托具有法人资格，则信托财产以商业信托名义登记、占有、控制，发生误认的可能性将大为降低。

（三）降低商业信托的运作成本

承认商业信托的主体资格，受益权凭证即可由商业信托发行。否则，受益权凭证需由受托人发行，[1777]因证券发行人无法为自然人，纯由自然人担任受托人的可能性即因此消失，无端压缩了当事人的自治空间。此外，一旦受托人因终止、辞任、被解任等事由发生变动时，即须依法变更发行人，徒增成本。同理，商业信托独立享有财产权，可降低信托的运作成本，例如，依原《证券法》第166条第2款的规定，只有自然人与法人方可开立证券账户。实务中，私募股权投资基金因不具备法人资格而难以进行证券开户、产权登记和交易、企业股权上市等基本业务，正常投资活动和市场退出途径受到限制。[1778]《证券法》2019年修订后新允许合伙企业开立账户（第157条第2款），但仍采列举模式，未放开更多类型主体的开户资格。又如，当受托人变动时，无须办理信托财产变更登记。受托人有数人时，问题更为突出：信托财产由受托人共同持有，任一受托人的更换，可能引起财产登记变动，多有不便。[1779]信托财产权属变动不居，对其流通亦颇有不利。承认商业信托的主体资格，合同及其他交易即可以以商业信托的名义缔结，合同关系不因受托人变动而变动。反之，受托人变动将引起合同权利义务关系的转移，不仅增加交易成本，且可能导致法律关系复杂化。此外，当商业信托涉讼时，如不承认商业信托为主体，则作为诉讼当事人的受托人一旦终止，即会导致诉讼中止等不必要的迟延。以上种种，波及商业信托、证券监管机构、登记机构、法院等各方，承认商业信托的主

[1777] 美国法上，在商业信托主体资格尚未明确的时期，由受托人发行受益权凭证。Atty. Gen. v. Fed. Street Meetinghouse, 3 Gray 1（Mass. 1854）. 我国亦同，如《信贷资产证券化试点管理办法》规定受托人为发行机构。证券投资基金的基金份额由作为受托人的基金管理公司发行。我国台湾地区"信托法"第37条规定："信托行为订定对于受益权得发行有价证券者，受托人得依有关法律之规定，发行有价证券。"日本、韩国新信托法新增"受益证券发行信托"之形态，但因未承认信托的主体资格，只能由受托人发行受益证券。2011年《韩国信托法》还新增一章"信托公司债"，容许同时具备受益证券发行信托与限定责任信托之全部要件的信托发行公司债，同样因为发行人只能是受托人，此种信托的受托人须为商法典所规定的股份公司或依照其他法律可以发行公司债的组织（第87条第1款）。

[1778] 吴晓灵：《完善投资基金法的指导思想》，载吴晓灵主编：《投资基金法的理论与实践》，上海三联书店2011年版，第3~4页。中国证券登记结算有限责任公司曾一度放开私募基金的开户（2014年《关于私募投资基金开户和结算有关问题的通知》），但仅时隔两年，因私募基金监管政策突变，为配合中国基金业协会实施《私募投资基金管理人登记和基金备案办法（试行）》（第14条规定，"经备案的私募基金可以申请开立证券相关账户"）、《关于进一步规范私募基金管理人登记若干事项的公告》等规定，于2016年发布《关于私募基金管理人开立证券账户有关事项的通知》，对于应在基金业协会登记的管理人，仅容许已办理管理人登记者始得开户。此类为落实一时性管制政策而任意限制民事资格、权利的做法，有违法治原则，实非长久之计。

[1779] 在苏格兰，1921年《信托法》第20条规定，某一受托人辞任时，其对信托财产的权利自动丧失，而归其他受托人享有，无须辞任的受托人实施让与行为。不过，问题并未彻底解决，如学者所言，若全体受托人死亡或辞任，又当如何？Kenneth G. C. Reid, *Patrimony not Equity: The Trust in Scotland*, in Trusts and Patrimonies 118（Remus Valsan ed. 2015）.

体资格，可产生多赢效应。

承认信托主体资格对于缓解受托人变动问题的效用，在商业信托环境中比普通信托更为突出。商业信托受托人比普通信托受托人更易变动。原因之一，普通信托受托人职能一般简于商业信托受托人，前者仅需谨慎管理信托财产、保存与保护信托财产，后者负有积极的经营管理职能，需积极运用信托财产从事商业活动以求利润最大化，因此受托人绩效更易招致受益人不满而引发解任，无论是被受益人直接解任还是因业绩下滑致商业信托被他人收购进而更换受托人。原因之二，普通信托受托人解任要件严于商业信托受托人，仅在受托人有严重违反信托义务等重大情形时，方可申请法院解任受托人；[1780]商业信托受托人的解任无须经过司法程序，无须理由，[1781]且商业信托常处于企业控制权市场之中，并购交易频繁，受托人职位常受影响。原因之三，普通信托受托人人数较少，通常采用单一受托人制；商业信托采用共同受托人制更为常见。

（四）减少商业信托与第三人之间的交易成本

承认商业信托为独立主体，商业信托得以自己名义持有财产、开展交易，由此可降低第三人与商业信托的交易成本。例如，第三人向商业信托出卖财产时，简单地将财产移转于商业信托即可。反之，在商业信托主体资格未由法律明文确认的场合，第三人将财产移转于受托人时，需作额外调查，以确定财产不是移转于受托人个人，而是转移于代表信托行事的受托人；为确保交易安全、防止争议，[1782]上述行为另需经受益人或委托人确认。[1783]

此外，由于存在上述交易成本与风险，第三人可能不愿选择与采取商业信托形式的组织进行交易，致商业信托丧失潜在的交易机会。例如，实务中因私募基金不是独立主体，其融资渠道受到相当大的限制。

（五）凸显或强化商业信托的信用

不承认商业信托的主体资格，商业信托须以受托人名义对外交易，商业信托的信用在外观上可能混同于受托人的信用。受托人若有不当行为，有祸及商业信托商誉之虞。受托人如身负大额债务，则因资产（包括受托

[1780] Restatement (Third) of Trusts § 37 (2003); Uniform Trust Code § 706.

[1781] 受益人可无理由解任受托人，为商业信托的组织化特征之一。Jim Walter Investors v. Empire-Madison, Inc., 401 F. Supp. 425 (N. D. Ga. 1975).

[1782] 第三人与受托人交易时，如违反义务，可能构成帮助或教唆违反信托义务之责任。Restatement (Second) of Trusts § § 321-326 (1959).

[1783] 美国普通信托实务中即如此操作。Joyce Palomar, 2 *Patton and Palomar on Land Titles* § 415 (3d ed. 2008).

人自有资产与信托资产)与负债同在一人名下,[1784]对信托财产独立性无充分认知的交易相对人,难免心存疑虑,信托虽无重大负债,却因此受累于受托人。至少,债权人为谨慎起见,需详加分辨受托人名下的固有财产与信托财产、受托人自身的信用与信托的信用,不免增加交易成本。[1785]反之,承认商业信托的主体资格,则受托人仅具经营者之外观,以商业信托名义行事,受托人并非当事人。受托人的个人身份与商业信托的自身形象不致混淆,交易相对人关注商业信托本身的信用与资产状况,即为已足。[1786]

凸显信托主体资格以增强信托信用,对于普通信托而言,需求不如商业信托迫切。商业信托为营业而生,外部交易频率一般高于普通信托,以融资为目的的商业信托,更是如此。同时,普通信托并非成分复杂的商业组织,其信用基本上取决于信托财产的价值,商业信托则远为复杂,信用由信托财产、受托人的经营能力、管理团队能力、信托的商誉、客户关系网络及其他无形资产等多种因素构成,以独立主体的面目彰显信用以便吸引投资者与债权人,更有必要。再者,普通信托较不易受累于受托人信用。普通信托发展早期,受托人常由信誉卓著的人士担任,现代普通信托多由银行、信托公司之类的机构受托人管理,而普通信托财产以个人资产与家庭资产为主,规模较有限,受托人的信用常大于信托的信用。在此情形,普通信托仅由受托人出面交易即可,无须以信托实体的资格行事。

(六)便于商业信托适用破产法,保护商业信托及其债权人利益

承认商业信托的主体资格,商业信托即为可适用破产法的企业,破产

[1784]　受托人虽有分账管理义务,但信托财产的名义权利人仍为受托人。

[1785]　为避免信用混淆而设的现行法规定,例如,《信贷资产证券化试点管理办法》第47条规定:“受托机构应在发行说明书的显著位置提示投资机构:资产支持证券仅代表特定目的的信托受益权的相应份额,不是信贷资产证券化发起机构、特定目的的信托受托机构或任何其他机构的负债,投资机构的追索权仅限于信托财产。”又如,《金融机构信贷资产证券化试点监督管理办法》第22条规定:“发起机构应当确保受托机构在资产支持证券发行说明书的显著位置提示投资机构:资产支持证券不代表发起机构的负债,资产支持证券投资机构的追索权仅限于信托财产。发起机构除了承担在信托合同和可能在贷款服务合同等信贷资产证券化相关法律文件中所承诺的义务和责任外,不对信贷资产证券化业务活动中可能产生的其他损失承担义务和责任。”再如,《信托公司集合资金信托计划管理办法》第14条规定:“信托合同应当在首页右上方用醒目字体载明下列文字:信托公司管理信托财产应恪尽职守,履行诚实、信用、谨慎、有效管理的义务。信托公司依据本信托合同约定管理信托财产所产生的风险,由信托财产承担。信托公司因违背本信托合同、处理信托事务不当而造成信托财产损失的,由信托公司以固有财产赔偿;不足赔偿时,由投资者自担。”

[1786]　类似例证之一是隐名合伙。隐名合伙无主体资格。习惯上,第三人仅知道经理管理人,不知经理管理人是在为合伙的利益行事,因此,经理管理人须具有无可争议的支付能力,才能吸引第三人的信任。如果持久经营,隐名合伙难以运作,此时即有必要运用“有自己的总财产与代表机关”的法人形式。参见[法]伊夫·居荣:《法国商法》(第1卷),罗结珍、赵海峰译,法律出版社2004年版,第575页。

清算、重整、和解制度自可适用，有助于保障商业信托及其债权人利益。在商业信托陷入财务困境、行将丧失清偿能力时，可借助重整，冻结债权人的请求，避免信托财产被瓜分殆尽，换取信托复兴重生之机。如不承认主体资格，商业信托无法适用破产法，此时只能听凭债权人争相执行其财产，而各债权人均所得甚微，商业信托与债权人皆受其害。在商业信托不能清偿到期债务时，如适用破产法，债权人可申请商业信托破产，由法院启动破产清算，各债权人须依破产程序主张债权，商业信托对个别债权人的清偿无效。此类程序可保各债权人获得公平清偿。如不能适用破产清算程序，则依民事诉讼法或强制执行法，实行“先下手为强”原则（《最高人民法院关于人民法院执行工作若干问题的规定（试行）》第55条），采取执行措施在先者可获清偿，受制于信息弱势或法院执行效率低下等客观因素的债权人，将所得无几甚至血本无归。此项规则将驱使各债权人竞夺商业信托财产，同时，难遏债务人对个别债权人的偏颇性清偿，由此，任一债权人均无把握获得公平清偿，债权能否实现，受制于大量的偶然因素。

上述实益，在现今信托实务中已初见需求。随着市场规模的快速扩大与行情的变化，尤其自2008年国际金融危机以来，“零收益”乃至负收益的理财产品、结构化产品或信托计划时有出现。[1787]证券投资类商业信托固然较少发生大量债权，以发行固定本息类受益凭证（实质相当于债券）为常用手段的资产证券化信托，则往往涉及债权交易。以权益分层设计为主要特征的结构化信托，更容易发生债权人、出资人竞夺信托财产问题。在信托财产资不抵债的情形，债权人及受益人之间的公平分配尤显必要。

普通信托虽不具有主体资格，但无碍于信托与债权人保护。因普通信托不以经营为业，通常不发生大量的债务关系，众多债权人竞逐信托财产的可能性较小；并且，受制于普通信托之目的（保护与保存信托财产）及其配套机制，[1788]亦难发生大量债务。商业信托作为商业组织，发生债权债务乃是常态，尤其对于作为融资工具的商业信托，更是常依杠杆作用获取债权融资，因此自有适用破产法之必要。合伙等其他商业组织需适用

[1787] 2004年金新信托在上海发售的乳品信托计划无法偿付，成为首个失败的信托案例，一度引发业内震荡。而今，失败交易已不再鲜见。实际涉讼案例，如高美琴诉广东发展银行股份有限公司杭州庆春支行委托合同纠纷案，浙江省杭州市江干区人民法院（2009）杭江商初字第116号民事判决书（银信合作产品亏损）。

[1788] 诸如因信托管理发生的债务由受托人承担、受托人负有谨慎义务等。

破产法，其理相同。[1789]

当然，权利能力与破产能力并无必然关系。某种概括财产，虽无主体资格，破产法亦不妨规定此类财产可以破产。此在比较法上不乏其例，比如规定遗产破产、信托财产破产。如果破产法规定信托财产有破产能力，是否承认信托的主体资格，在此方面差别不大。但至少就我国法而论，现行法只承认企业法人有破产能力，农民专业合作社、合伙企业、个人独资企业等亦可适用或类推适用破产法规定，[1790]但仅止于此；并无特别财产破产的规则。故承认商业信托的破产能力，仍具有特别的实益。再者，现行法关于破产能力的规定虽然零散，但已体现出"商事组织具有破产能力"的自身逻辑，商业信托同具商事组织的属性，承认商业信托的破产能力正是贯彻这一逻辑的需要。

（七）强化对受托人债权人的保护

普通财产非属受托人的固有财产，受托人的债权人无权追索。但因信托财产名义上显示为受托人的财产，受托人的债权人可能因误信其债权可就受托人名下的全部财产受偿，而蒙受不测之害，这可能是大陆法系传统上反对信托的原因之一。[1791]

如承认商业信托的主体资格，商业信托可以自己名义持有财产，无须以受托人名义持有，受托人的债权人不致遭受误导。以商业信托名义持有财产，亦可降低受托人的债权人的信息收集成本：以受托人名义持有信托财产，虽可借助受托人区分与标明信托财产的机制，警示债权人，但债权人仍需分辨受托人的固有财产与信托财产。鉴于区分与标明方法复杂多样，[1792]

[1789] 我国2006年新修订的《合伙企业法》承认合伙企业可适用破产程序（第92条），其立法理由为：合伙企业按企业破产法处理，有一些有利之处，一是可使所有债权人按比例受偿，有利于兼顾各债权人的利益；二是可对企业宣告破产前一年内违法转移财产的行为予以撤销，追回所转移的财产，增加破产财产，有利于保护债权人利益。参见全国人大法律委员会副主任委员洪虎：《全国人大法律委员会关于〈中华人民共和国合伙企业法（修订草案）〉修改情况的汇报》（2006年6月24日在第十届全国人民代表大会常务委员会第二十二次会议上），载《全国人民代表大会常务委员会公报》2006年第7期。

[1790] 现行法梳理，参见李宇：《民法总则要义：规范释论与判解集注》，法律出版社2017年版，第198~199、310~311页。

[1791] Philip R. Wood, *Principles of International Insolvency* 36 (1995).

[1792] Restatement (Third) of Trusts § 84 cmt. d (2007).

债权人的辨明在实际操作上并非易事。[1793]当然，商业信托法仍容许商业信托财产以受托人名义持有，但终属例外。[1794]相比于一律要求信托财产以受托人名义持有的普通信托，[1795]债权人所受保护程度自然较高，保护成本则较低。

（八）强化商业信托自主权

主体资格意味着商业信托有权自主决定其经营管理事务，不受第三人控制，商业信托可自主决定排除他人的控制。组织的独立性，对于组织成员及组织债权人的保护，皆有实益。例如，马萨诸塞州*Richardson v. Clarke*案中，[1796]当事人以其在某一商业信托中享有的受益权设立一项遗嘱信托，此受益权作为遗嘱信托的主要信托财产，遗嘱信托条款订定由遗嘱信托受托人控制商业信托之运营。该商业信托后来修改商业信托设立文件，排除上述遗嘱信托受托人控制本商业信托运营的权限与义务，引发争讼。法院判定修改有效，相应地，该商业信托的受托人依多数决原则所为行为（而非遗嘱信托受托人的行为）对商业信托有约束力。

（九）优化商业信托治理机制

普通信托不是主体，信托关系存于受益人与受托人之间，受托人直接对受益人负有义务。受托人违反义务时，任一受益人皆有权起诉。普通信托受益人一般较少，此种结构尚不致危及信托运作。但若将此结构套用于商业信托，将使企业营运陷入困境。商业信托受益人众多，尤其在公

[1793] 区分与标明信托财产的要求，在一定程度上使承认普通信托的主体资格不再必要，因此是一种信托主体化的替代机制。John H. Langbein, *The Secret Life of the Trust: The Trust as an Instrument of Commerce*, 107 Yale L. J. 165, 180（1997）. 区分与标明信托财产之要求，对于主体化需求不强烈的普通信托而言，确有减少设立与运作成本之效用。但对于以经营为业的商业信托，此项要求的效用，通常不如直接由商业信托以自己名义持有信托财产。实务例证，如依特拉华州法成立的共同基金、资产证券化特殊目的信托等商业信托，多由商业信托以自己名义持有信托财产，尽管该法明定以受托人名义持有财产与商业信托以自己名义持有财产具有同等效力。资产证券化的实例，参见Household Affinity Credit Card Master Note Trust I, Trust Agreement § 2.07（February 14, 2003）[全部信托财产的法律上所有权，应由作为一个独立法律实体的本信托持有。但任何法域的准据法要求信托财产任何部分的所有权应由受托人持有者，不在此限；在此情形，法律上所有权应被视为由所有者受托人（owner trustee）、一名共同受托人及/或一名各别受托人持有，视情形而定]。共同基金的实例，参见Munder Series Trust, Declaration of Trust, Art. I § 2(t)（February 3, 2003）（信托财产是指本信托所有、持有或为本信托而计算的任何财产）。

[1794] 商业信托法容许以受托人名义持有信托财产，主要是为了便于商业信托在不承认商业信托主体资格的法域开业。Uniform Statutory Trust Entity Act § 307 cmt.（2009）.

[1795] 信托财产以受托人名义持有，为普通信托的本质特征之一，以此区别于代理、寄托、质押、遗产管理、破产管理等法律关系。Restatement（Third）of Trusts § 5（2003）；George Gleason Bogert & George Taylor Bogert, *The Law of Trusts and Trustees* § § 11-16（rev. 2d ed. 1993）.

[1796] Richardson v. Clarke, 372 Mass. 859, 364 N. E. 2d 804（1977）.

开发行受益权凭证的信托中，作为公众投资者的受益人成千上万，如依普通信托之法理，其中任何一人均对受托人直接享有权利、可针对受托人行为提起争讼，将严重威胁受托人的正常履职。更有甚者，商业信托或受益人、受托人的竞争对手或其他敌意第三人可在公开市场上轻易购买受益权、取得受益人身份，寻隙挑起针对受托人的诉讼，滋扰商业信托或受托人，以达到不正当目的。承认商业信托的主体资格，可在受托人与受益人之间建立一道“过滤网”，防阻受益人滥诉。

企业法控制滥诉的主要机制，为派生诉讼。派生诉讼为独立主体型商业组织的配套制度。[1797]企业成员提起派生诉讼，须具备法定条件或经过前置程序。商业信托主体资格，为受益人派生诉讼之前提。受托人为商业信托的代表人，受托人对商业信托负有义务，受托人违反义务时，应由商业信托起诉，受益人无权直接起诉受托人。即应先行穷尽商业信托执行机构、监督机构中的内部救济手段，唯有内部救济手段失灵时，始由受益人介入。商业信托另有受托人或监察人等监督机构时，由其他受托人或监察人等起诉涉事的受托人。如未设其他受托人、监察人等或其职能失灵（例如，其他受托人怠于起诉同僚）时，由受益人行使派生于商业信托的诉权，即顺理成章。

承认商业信托的主体资格，继而确立受益人的派生诉讼制度，一方面可抑制受益人滥诉，另一方面又为受益人适当介入商业信托管理提供适当管道。依信托法，信托并非主体，受托人处理信托事务而与第三人（相对人）所订立的合同，以受托人为当事人，相对人违约时，受托人有权请求相对人承担违约责任；第三人实施侵害信托财产之行为时，受托人有权请求第三人承担侵权责任。受益人对第三人并无请求权，亦无诉权。[1798]如受托人怠于起诉第三人，不免有害于受益人利益。当然，受托人对第三人享有的债权，本身即属于信托财产。但此信托财产之利益实现，仍然有赖

[1797] 凡承认某种商业组织为独立实体的法律，皆有或应有派生诉讼制度。如公司法、美国的有限合伙法、有限责任企业法。Daniel S. Kleinberger, *Direct Versus Derivative and the Law of Limited Liability Companies*, 58 Baylor L. Rev. 63 (2006). 德国法有类似法理，合伙人一般不得直接要求其他合伙人履行合伙合同义务，而须通过合伙请求其他合伙人履行义务（参见［德］迪特尔·梅迪库斯：《德国债法分论》，杜景林、卢谌译，法律出版社2007年版，第387页）。此亦为合伙组织性之结果。我国《公司法》第151条明文规定了股东派生诉讼。《合伙企业法》第68条第2款第7项规定了有限合伙人的派生诉权。解释性的裁判，参见世欣荣和投资管理股份有限公司与长安国际信托股份有限公司等信托合同纠纷案，最高人民法院（2016）最高法民终19号民事判决书，载《最高人民法院公报》2016年第12期。

[1798] 此不同于下列情形：第三人是协助受托人违反信托之人，或者于受托人违反信托时恶意受让信托财产的，受益人有权直接起诉第三人。

于受托人主张权利的行为。[1799]

但如商业信托具备法人资格，则借助派生诉讼，受益人可在受托人怠于履职或与第三人之间存在利益关联时，及时代表商业信托主张权利，即如同我国《公司法》第151条第3款、《合伙企业法》第68条第2款第7项规定一般对他人提起派生诉讼。简言之，商业信托法人资格及相应的派生诉讼制度，适当地界定了受托人与受益人在商业信托治理机制中的角色分工。商业信托的日常营运由受托人负责，当“受托人失灵”时，则由受益人介入管理。

此种制度安排，较之我国现行信托法规更能有效应对实践问题。例如，资产证券化信托成立后，发现发起人转让于信托的资产上已有第三人的权利，因第三人追夺致商业信托无法取得完整权利，若不承认商业信托的主体资格，只有受托人方可对发起人主张权利，[1800]受益人无权起诉发起人，只能坐待受托人向发起人主张权利。如受托人怠于主张，[1801]受益人的选择无非是起诉受托人迫其履职，或者撤换受托人再等待新受托人行动。两种途径均会耗费相当的诉讼成本或集体决策成本，且最终仍受制于受托人的态度。受托人因逃匿、歇业等原因不能行使权利时，受益人将面临同样的困境。受益人亦难以依赖债权人代位权制度，因代位权由债权人享有，受益人是否属于受托人的债权人，颇有疑问。[1802]反之，承认商业信托的主体资格，则受益人有派生诉权，受托人怠于履职时，受益人可为商业信托之利益起诉第三人，此种途径显然更为便捷有效。

第三人侵害商业信托利益的其他情形，亦同。现有实务中更常见的问题为，基金管理人的股东、实际控制人利用关联交易等行为，损害基金利益而自利。基金管理人一方面负有对基金份额持有人的忠实义务，另一方面又须追求其股东利益最大化，故利益冲突可谓基金管理中的固有现象。我国原《证券投资基金法》对基金管理人的关联人缺乏规范，以致实务中关联交易、利益输送等不当行为泛滥成灾，成为基金业的一大顽疾，严重损害了投资者利益及行业声誉。鉴于此，2012年《证券投资基金

[1799] 英美法系普通信托法上，亦有学说裁判认为，例外情况下，受益人可以提起派生诉讼，但对此尚存争议。David Hayton, Paul Matthews, & Charles Mitchell, *Underhill and Hayton Law Relating to Trusts and Trustees* 970-75（18th ed. 2010）. 例如，受托人系公司时，其董事违反对该公司的信义义务，导致受托人违反信托，此时，受益人是否有权对公司受托人的董事提起派生诉讼？允许提起派生诉讼，在公司受托人破产的场合，有其意义。Id. at 974. 此种情形中的所谓派生诉讼，更像是代位权。

[1800] 如《信贷资产证券化试点管理办法》第14条规定，受托人发现作为信托财产的信贷资产在入库起算日不符合信托合同约定的，应要求发起人赎回或置换。该条涵盖了发起人的信托财产瑕疵担保义务。

[1801] 在发起人控制资产证券化计划（如受托人为发起人的关联企业）时，更有可能发生此种情形。

[1802] 通行见解仅承认在受益人有权取得既定的分配时，居于债权人的地位。参见本书第10章第3节第2目。

法》修订时，增设对公募基金的基金管理人的股东、实际控制人的监管规定，禁止其实施擅自干预基金经营活动、要求基金管理人利用基金财产为自己或他人牟利等行为，并定有监管措施及行政制裁。同时，2015年修正后的该法第145条第1款还概括地规定，“违反本法规定，给基金财产、基金份额持有人或者投资人造成损害”者应负赔偿责任。基金管理人的股东、实际控制人当然亦在其列。然而，上述有关民事责任的规定，却因诉权配置错误而难以真正落实。尽管规定了基金管理人“代表基金份额持有人利益行使诉讼权利”，但是依据该法第46条第1款第6项的规定，基金份额持有人的法定诉权却仅限于对“基金管理人、基金托管人、基金服务机构损害其合法权益的行为”提起诉讼。据此，除非基金合同另有约定，基金份额持有人无权起诉基金管理人的股东、实际控制人，而只能寄望于基金管理人起诉自己的股东、实际控制人，此无异于与虎谋皮。我国证券市场过度依赖于行政监管，而抑制投资者的民事诉讼，致各种违法行为得不到有效遏制。受制于行政监管的固有缺陷及监管机构与被监管机构之间的利益关联，公共执法体制长期以来成效不彰。基金法如不能保障私人的诉权，难免重蹈覆辙。反之，如承认商业信托的法人资格，受益人派生诉讼可成为基金份额持有人遏制形形色色的第三人侵害行为之利器，避免因法律规则设计不当而人为造成的“治理机制失灵”。

另一个例子是公司债信托中的常见案型：受托人怠于对债券发行人或担保人行使权利。如不承认公司债信托可有主体资格又不直接明文规定债券持有人（受益人）有权对第三人主张权利，则债券持有人唯有通过召开会议撤换受托人，而此种途径不免费时费力，甚至难以实行。

在既不承认商业信托主体资格又不规定派生诉讼的情况下，唯有通过当事人自主约定作出安排。但此种安排往往有其局限性。例如，有信托文件约定：“资产支持证券持有人大会选任的人，可以代表资产支持证券持有人，为全体资产支持证券持有人利益进行有关信托的诉讼上或诉讼外的行为。”[1803]如果受益人大会选任的人怠于履职，其他受益人则不能当然代表本信托提起诉讼，仍难免陷入治理困境。如果受益人大会未能有效召开或作成选任决议，问题将更严重。

（十）便利于证券投资基金的设立

承认商业信托的法人资格，特别有利于证券投资基金的成立。证券

［1803］《杭州公积金2016年第一期个人住房贷款资产支持证券发行说明书》，载上海清算所网2017年11月14日，http://www.shclearing.com/xxpl/fxpl/abs/201603/t20160307_134706.html。

投资基金通常由基金管理人发起设立，设立手续由基金管理人一手办理，基金成立时，基金管理人即成受托人。基金管理人事实上兼任委托人与受托人。但在不承认商业信托主体资格的法律环境下，不得不采取迂回的法律结构。如《证券投资基金法》将委托人定位为基金份额持有人，基金管理人纯为受托人，由此，必须有人认购基金份额，基金方可成立。此种定位的后果之一是，如果认购未达到规定数额或未满足其他要件，基金不生效，受托人须向认购人返还价款及相应利息（该法第60条）。欲再发行，只能新设基金，原基金设立成本付之东流。而且，持有人事实上并未实施设立行为，不符合信托法关于委托人的固有含义，存在法理瑕疵。反之，如果认可商业信托是法人，则无须认购人参与，单凭基金管理人即可使信托成立，即使因认购不足等原因不能运行，亦可重择时机再次发行，不致浪费设立成本。且即使受益人全部退回或解除认购，亦不影响基金的存续。

如不承认商业信托的法人资格，则只有承认宣言信托制度，始能避免采用上述迂回处理方式。中、日、韩信托法原则上不承认宣言信托，[1804]一是担心委托人同时作为受托人持有财产，信托财产与其固有财产难以区分，管理上可能产生问题（例如，利用宣言信托逃避债务）；二是认为与信托定义不符，因设立信托须有财产权的转移或其他处分，但宣言信托并无财产权转移。[1805]采纳宣言信托制度，弊大于利。仍以承认商业信托法人资格为较优选择。

三、承认商业信托主体资格不致造成不良后果

（一）承认商业信托法人资格不致影响商业信托的灵活性

商业信托的灵活性，主要体现在内部关系上。法人资格问题，所针对的是组织的外部关系，与组织的内部关系并无必然联系。法律承认某种组织为法人，即赋予其独立承担民事责任之效果（资产分隔），并无理由由此增加对内部关系的干预。承认法人资格，可能增加第三人的风险，因此往往需设立公示制度，同时，为防止法人资格被滥用，法人应保障其财产的独立性，法人成员不得实施人格混同等行为，否则应对法人债务承担连

[1804] 《日本信托法》2006年修订后，改为承认宣言信托（第3条第3项）。我国台湾地区“信托法”允许法人设立公益性宣言信托。

[1805] 参见赖源河、王志诚：《现代信托法论》（增订3版），中国政法大学出版社2002年版，第52页；何宝玉：《信托法原理研究》，中国政法大学出版社2005年版，第86页（引用徐国香：《信托法研究》，五南图书出版公司1988年版，第38页）。

带责任。此类规则均为涉及外部关系的规则。在内部治理上，法人成员只要注意避免实施上述有害第三人之行为，即为已足。至于成员之间的关系如何处理、成员与管理者之间的关系如何处理，一般对第三人不发生影响，自可由当事人自治。法律承认商业信托为法人，并无理由由此增加对商业信托内部关系的干预。正如法律承认合伙的主体资格无损其灵活性一样。

当然，在某些外部关系事项上，信托与公司相比也具有更大的灵活性。例如，信托财产规则的灵活性，即大于传统公司法上的公司资本制度。这恰恰是信托法的“镜鉴作用”之体现，即信托法可以被用作反照、反观和反思其他组织法效用之镜子。此种作用，不应当因商业信托的法人化而被削弱。另外，公司法上的相关制度也正处于不断弹性化的趋势之中。越来越多的研究表明，传统的公司资本制度对于保护第三人而言效果甚微，却对公司形成不适当的负担，得不偿失。法律依靠“揭开法人面纱”之类的事后规范手段，比采用事前管制手段更为有效。在此大趋势下，当然更不能将公司法或者传统法人制度上的过时规则、陈旧理念搬运至商业信托法。

另需说明的是，即便法律承认商业信托为法人，也并不意味着当事人必须设立法人形态的商业信托。尽管法人化有诸多实益，但在实际个例中，获得法人资格未必符合当事人的意愿。因此，是否成为法人，仍应由当事人自主决定。[1806]由于普通信托法的存在，当事人的选择自由仍得保存。如果当事人不愿受到商业信托登记制度或其他商业信托法规则的拘束，自可选择不登记为制定法商业信托，则其所设立的信托适用普通信托法，而仍然享有普通信托法下的自治空间，同时又受到信托财产独立性规则之保护。这正是信托制度的特性之所在；反观其他法人，如果当事人不愿选择设立为法人，则当事人之间唯余纯粹的合同关系，无从发生资产分隔效力。

[1806]　另一个例子是《德国民法典》关于无权利能力社团的规定。《德国民法典》第54条规定，关于合伙的规定，适用于无权利能力社团；为无权利能力社团实施法律行为的人，应负个人责任。此种规定意在促使社团取得权利能力。但该规定并未达到预期目标。许多社团宁愿舍弃权利能力，也不愿接受当局的监督控制。这主要得益于依《民法典》第54条第1句应予适用的合伙法在很大程度上是任意法，因此社团章程可以取代合伙法的规定，为社团设计一个法人性质的规范基础。除此之外，另有一些富于想象力的辅助手段来弥补缺乏权利能力之不足。上述德国法的状况，参见[德]迪特尔·梅迪库斯：《德国民法总论》，邵建东译，法律出版社2001年版，第853~854页。当然，法律对法人制度供给的“吝啬”、对组织法的不当管制，增加了交易成本（组织设计的成本）和司法裁判的不确定性。

这也意味着，商业信托法不应带有较多的管制色彩。如果商业信托法将“增加对信托内部关系的干预”作为承认商业信托法人资格的代价，也难免被当事人频繁地“选择排除”(opt out)，当事人宁可不登记为商业信托而选用普通信托法作为“准据法”。此种商业信托法，立之何用？

(二)承认主体资格不对商业信托形成不合理的登记负担

承认主体资格，尤其是承认法人资格，即面临商业信托的登记问题。法人的成立须经登记(公法人等特殊法人除外)，为大陆法系通例，[1807]商业信托如欲获得法人资格，亦应具备登记要件。然而，法人的登记要件，主要目的在于公示，使第三人能够知晓具有独立的责任财产的实体之存在，以免遭受不测之损害。现代民法上的法人登记，旧有的管理色彩已日趋淡化，虽由国家设立的登记机关办理，但本质上属于民事制度，与物权登记之宗旨相似，具有“服务行政”的性质，与行政管理权的行使无关，更不容许异化为一种“权力”并用于牟利。[1808]为此目的，法人登记制度已大为简化，并将更趋简化，不致对企业造成额外的不合理负担。[1809]况且，法人登记制度以保护第三人为宗旨，有助于降低与信托交易的第三人的风险防范或信息搜寻等成本，增进交易安全、提升交易效率，反过来亦有益于商业信托自身。事实上，我国新近的工商登记制度改革已经为商业信托等组织的登记预留空间。2014年国务院《关于印发注册资本登记制度改革方案的通知》明确提出“积极研究探索新型市场主体的工商登记”。

(三)承认商业信托主体资格不削弱对债权人的保护

正向资产分隔效力，将信托财产隔离于债权人的追索，致信托可能沦为诈害债权人的工具。对此，英美法系普通信托法的对策为，诈害债权人的信托，因信托目的非法而无效。[1810]

商业信托既有主体资格，无效制度即不能当然适用。民法(包括信托法)上的无效制度，系针对法律行为，一般不针对主体。主体有成立、消灭问题，而无所谓有效无效问题。由此产生的问题为，承认商业信托为独立

[1807] 英美法系与此有别。普通合伙、普通法商业信托等，无须登记即有法人资格。

[1808] 参见梁慧星：《〈物权法〉若干问题》，载《浙江工商大学学报》2008年第1期。

[1809] 例如，美国法上，公司仅须登记章程即可成立。有限合伙、有限责任企业、制定法商业信托等非公司企业的设立登记要件更为宽松，仅须登记一份有限合伙证书、有限责任企业证书或信托证书即可成立，证书仅须载明企业名称、地址等寥寥几项必要记载事项。Del. Code Ann. tit. 6，§§ 17-201，18-201.

[1810] Restatement (Third) of Trusts § 29 cmt. d (2003). 我国《信托法》第12条规定：委托人设立信托损害其债权人利益的，债权人有权申请法院撤销信托。其立法目的近似于英美信托法，但保护力度低于英美信托法。详见本书第552、572页。

主体，是否方便了委托人、受益人等将其财产转移至商业信托之中以逃避债务？

答案是否定的。商业信托的主体化并不削弱对债权人的保护。设立商业信托不以转移信托财产为要件。只须商业信托证书登记完成，商业信托即告成立。委托人向商业信托转让财产，并非设立行为的一部分，而是委托人与商业信托之间的合同。委托人无偿或以明显不合理低价向商业信托转让财产以逃债的，债权人虽无权请求法院宣告商业信托无效，却可依关于反诈害性转让的一般法律撤销转让行为。[1811]委托人如将自有财产转让于商业信托，并保留受益权，委托人的债权人可如同执行委托人其他财产一般执行受益权。受托人或受益人有类似的诈害行为，其债权人亦可依上述途径获得救济。

马萨诸塞州1917年*Cunningham v. Bright*案，可对此提供注解。[1812]本案可能是迄今唯一涉及诈害债权人的商业信托判例。本案中，Wainwright买入土地用于住房开发，并设立一个以开发与处分土地为目的的商业信托，自任受托人，此人的四个朋友以受益人身份签署信托协议并认购5000美元，但四人未实际支付认购款，亦未参与信托事务（除了将其受益权凭证背书转让于Wainwright）。信托财产所有权以Wainwright名义持有；信托协议约定受托人对土地有完全控制权，且受托人不负个人责任。土地开发项目最后失败。Wainwright的债权人申请查封土地。法院认为，债务人不得利用任何商业形式掩藏自有财产以逃避债务，本案中的商业信托不过是受托人Wainwright的化名，Wainwright为土地支付了全部对价，并且是商业信托的唯一受益人，Wainwright实为土地的绝对所有权人。信托仅是一个形式，真正的利害关系人只有Wainwright；至多仅存在一个赤裸的（naked）信托，Wainwright有权随时为自己的利益终止信托并将其普通法所有权与受益权合为一体，无论使用多少协议、信托宣言或文件，皆不能改变此后果。因此，查封有效。

本案并未提及商业信托是否为主体的问题。在承认商业信托主体资格的当代商业信托法上处理本案，债权人可获同样救济：Wainwright的债权人虽不能直接查封与执行属于商业信托的财产，却可冻结Wainwright在

[1811]　反诈害性转让法律为各国法制通例，分为破产法中的反诈害性转让制度与破产法外的反诈害性转让制度。后者在大陆法系体现为民法典（如《法国民法典》第1167条）或特别法（如德国《破产程序外的债务人法律行为撤销法》）中的债权人撤销权，在英美法系体现为“诈害性转让法”（如美国统一州法全国委员会《统一诈害性转让法》）。我国民法对破产程序外的债权人撤销权和破产撤销权均有规定。

[1812]　Cunningham v. Bright, 228 Mass. 385, 117 N. E. 909 (1917).

商业信托中的全部权利，直至申请执行此类权利而受偿，实际效果与上述判决结果无异。

（四）承认主体资格并不必然引发税法上的不利后果

承认商业信托的主体资格，是否会造成税收方面的不利后果？信托的一大优势即是信托本身无税负。而实体可能承受双重税负：实体缴纳实体所得税（或法人所得税、企业所得税等），投资者另须就其投资收益缴纳所得税。加拿大统一法委员会起草的《统一收入信托法》未规定收入信托具有独立主体资格，起草工作组的一个担心是，规定主体资格可能危及收入信托的税收地位，至少在加拿大现行税法改变之前，不宜承认收入信托是法人。[1813]

然而，某类企业在组织法或民事法、私法上属于实体，与税法上是否会被归类为实体（从而缴纳实体所得税），并无必然联系。税法上的实体与民事法上的实体有重大区别，不能因税法上是实体而认为在民事法上亦是实体，反之亦然。税法往往基于公共政策等考量，而对法律关系另作处理，与私法的路径未必一致。税法上的条件不能决定民法归类，[1814]反之亦然。

以美国法为例。采纳《修订统一合伙法》的各州承认普通合伙为独立实体，但其一贯的单层税负不受破坏，合伙无须缴纳实体所得税；[1815]普通信托在信托法上并非实体，在税法上却可成为实体；公司在组织法上具有法人地位，但若满足《国内税收法典》第S分章的条件（成为"S公司"），公司可以不作为独立的纳税主体被征税。[1816]国内税务署1997年"勾选"条例施行后，某种非公司组织是否享有合伙的税收待遇，更与该组织在民事法上是否属于实体无关，而是主要取决于该组织的自主选择，有两个以上成员或受益人的有限责任企业、商业信托等非公司企业，均可选择合伙税收地位（单层税负）或公司税收地位（双层税负）。[1817]有限责任企业法的经历，亦可表明上述顾虑已属多余。有限责任企业享有合伙的税收地位。

[1813] Uniform Law Conference of Canada, Civil Law Section, The Uniform Income Trusts Act: Closing the Gap Between Traditional Trust Law and Current Governance Expectations: Report of the Uniform Income Trusts Act Working Group to the Uniform Law Conference of Canada, Civil Law Section 15 (2006).

[1814] 参见［德］鲍尔·施蒂尔纳：《德国物权法》（下），申卫星、王洪亮译，法律出版社2006年版，第324页（关于融资租赁的例子）。

[1815] Internal Revenue Code § 701.

[1816] Internal Revenue Code § 1363(a). 关于《国内税收法典》第S分章的背景与功能，参见Larry E. Ribstein, *The Rise of the Uncorporation* 112-113 (2010)。

[1817] 26 C. F. R. § 301.7701-3(a).

美国律师协会1992年起草的《典型有限责任企业法》，虽规定有限责任企业可自己持有财产、起诉受诉，但并未明示有限责任企业属于实体，原因正是起草人认为明确地将有限责任企业归类为实体会危及有限责任企业的合伙税收地位。[1818]其后此问题日益澄清，统一州法全国委员会起草的1996年《统一有限责任企业法》以及特拉华州、伊利诺伊州、加利福尼亚州等州有限责任企业法皆承认有限责任企业为实体，未影响其税收地位。

以我国法而论，1988年《私营企业所得税暂行条例》、1993年《企业所得税暂行条例》均要求无法人资格的独资企业、合伙企业、私营企业等缴纳企业所得税，其投资人并须缴纳个人所得税，其双重税负与公司无异。直至2000年，“为公平税负，支持和鼓励个人投资兴办企业，促进国民经济持续、快速、健康发展”，国务院《关于个人独资企业和合伙企业征收所得税问题的通知》（国发〔2000〕16号），决定对个人独资企业和合伙企业停止征收企业所得税，其投资者的生产经营所得，比照个体工商户的生产、经营所得征收个人所得税。随后财政部、国家税务总局印发《关于个人独资企业和合伙企业投资者征收个人所得税的规定》（财税〔2000〕91号），并制定了实施细则。2007年《企业所得税法》则进一步将个人独资企业、合伙企业排除于该法适用范围之外，对其不课征企业所得税。但该法所称个人独资企业、合伙企业，仅指依中国法成立者，依外国（地区）法律成立的企业，无论组织形式为何，仍属该法适用范围，由此足见法人资格与税收待遇无必然联系。

第四节　商业信托在法人体系中的角色

在承认商业信托的法人资格问题上，需要回答的是，既有公司法人，何须再有商业信托法人？确实，商业信托因其营利性与组织性，更近于公司及其他非公司商业组织。商业信托具有公司的某些特征，诸如投资者的有限责任、集中化的控制、投资权益的自由转让。[1819]商业信托的实践效用与公司亦有类似之处。[1820]但论者也普遍认为，商业信托与公司之间存

[1818] American Bar Association’s Prototype Limited Liability Company Act, General considerations underlying the Prototype Limited Liability Company Act (1992).

[1819] Note, *State Regulation of Foreign Business Trusts*, 41 Harv. L. Rev. 86, 88 (1927).

[1820] Swartz v. Sher, 344 Mass. 636, 184 N. E. 2d 51 (1962).

在显著的、重要的、根本的区别。[1821]商业信托的优势，一方面体现为商业信托具有公司的某些长处而不必承受公司法对公司的诸多管制；另一方面体现为商业信托具有高度的适应性、持续性与灵活性。[1822]本书第2章第4节已述及。

商业信托的另一优势为税收优势，信托的一大优势即是信托本身无税负。承认商业信托为法人，并不必然导致商业信托如同公司一般承受双重税负，已如前述。

商业信托与公司的传统区别还包括，受托人一般对商业信托从事经营活动具有完全的权限，不受个别受益人干预。[1823]此种模式尤其适合于以专家经营为特色的杠杆融资交易、结构融资交易、投资基金业务等，对于实业经营企业而言，亦有助于防范公司法中常见的控制股东欺压中小股东或少数股东滥用权利干扰企业经营之类的弊病。

商业信托相对于公司的优势，在投资基金与资产证券化等新兴交易中最为显著。商业信托具有若干特别适合投资基金的特征，因而胜于公司。例如，公司通常应设股东会、董事会等法定组织机构，公司增减资本须经股东会授权，公司股东享有若干固有权。商业信托则无此类限制，组织机构设置自由，增减信托财产、增发受益权凭证等均可由受托人决定，因此尤为适合于基金份额（受益权）处于可赎回状态、随时需增发和注销基金份额、内部管理高度灵活的投资基金。资产证券化特殊目的实体本身不从事经营，法定组织机构徒增成本，且该实体需随时增发各种类别、系列的资产支持证券（信用卡债权证券化等循环债权证券化交易即为典型[1824]），公司制在此亦是束手缚脚，商业信托则最擅胜场。

商业信托的灵活性，也超过其他非公司商业组织。合伙在历史上和现实中均是公司的重要对手，灵活性即为其竞争优势之一，商业信托则更胜一筹。合伙须有两个以上合伙人；普通合伙具有较强的人合性，法律规范甚多；有限合伙则受困于“控制规则”，[1825]有限合伙人的权利界限存在不确

[1821] State v. Cosgrove, 36 Idaho 278, 210 Pac. 393（1923）; Crocker v. Malley, 249 U. S. 223（1919）; State v. Lee, 288 Mo. 679, 233 S. W. 20（1921）.

[1822] William Meade Fletcher et al., *Fletcher Cyclopedia of the Law of Private Corporations* § 8232（1983, Supp. 2007）.

[1823] Hauser v. Catlett, 1946 OK 262, 197 Okla. 668, 173 P. 2d 728（1946）. 我国《证券投资基金法》第49条对此明文规定：“基金份额持有人大会及其日常机构不得直接参与或者干涉基金的投资管理活动。”

[1824] 关于信用卡债权证券化，参见陈文达、李阿乙、廖咸兴：《资产证券化——理论与实务》，中国人民大学出版社2004年版，第248~268页。

[1825] 此系美国法上传统规则，我国《合伙企业法》实质上采此规则。

定性。此外，合伙在公开发行权益上存在传统障碍，直至晚近随着美国法上“公开交易合伙”的出现始有突破。[1826]与其相比，商业信托的优势体现在以下三个方面：一是受益人无限制；二是内部关系上的法律规范甚少，以当事人意思自治为主导；三是商业信托向来被用于公开发行受益权凭证。

由于信托法以非强行规范为主，商业信托更有一种其他商业组织难以企及的优势。当事人在信托文件的设计上拥有极大自由，只要当事人有需要和兴趣，完全可设计出一种内容全新的商业组织形式，亦可将商业信托设计为普通合伙、有限合伙、公司或其他任何企业形式。商业信托也可自由选入其他组织法中适合于己的规则，而不必从头开始设计全新的规则。[1827]

商业信托法并不像公司法那样为公开型企业设有详细的强行规范或任意规范，也不像合伙法、有限责任企业法那样设有适合闭锁型企业的详细规则。事实上，商业信托法的任意规范远少于其他企业法，属于一种“空白授权”模式。在现有的各种组织法中，商业信托法最接近学者所称的“契约式组织法”。[1828]契约式组织在外部关系上具有独立人格与成员有限责任，在内部关系上极度灵活，融合了组织法与契约法的最大优势。

由此可见，商业信托实际上可在法人体系或企业体系中扮演一种“兜底角色”(residual role)。“公司—合伙”的分类不是一种非此即彼的二分法，并未穷尽营利法人或企业的类型，因此，在营利法人或企业体系版图中存在空白地带。实务状况与法律构造正相呼应：公司在一般实业企业领域应用最广，有限合伙在风险投资领域独占鳌头。商业信托这种独具“契约式组织”特质的组织形式，恰可成为填补此种空白的绝佳候选。无此，则法人体系有如女士的衣橱一般，永远有“少一件”之憾。[1829]

[1826] 作为私募股权基金行业中最负盛名者之一的“黑石”即采有限合伙形式，现已上市。

[1827] 例如，以特拉华州商业信托形式组建的某信托契约约定：“对于受益人与受托人会议的各种事项，本契约未约定、约定不明或《特拉华州商业信托法》未规定、规定不明者，适用特拉华州普通公司法及相应的判例解释，如同本信托是特拉华公司、受益人是特拉华州公司股东、受托人是特拉华州公司董事一般。” Certificate of Amendment of Agreement and Declaration of Trust of Franklin Floating Rate Master Trust Article X, § 2 (October 21, 2008). 我国《证券投资基金法》于2012年修订时在第94条第1款新增规定：“按照基金合同约定，非公开募集基金可以由部分基金份额持有人作为基金管理人负责基金的投资管理活动，并在基金财产不足以清偿其债务时对基金财产的债务承担无限连带责任。”（2015年修正时序号变为第93条）此为明文容许商业信托合同可采用有限合伙式架构。但纵然法无明文，亦不妨碍此类约定之效力。

[1828] Larry E. Ribstein, *Limited Liability Unlimited*, 24 Del. J. Corp. L. 407, 435-446 (1999).

[1829] 苏永钦教授以此为喻检讨物权法定主义［参见苏永钦：《从以房养老看物权的自由化——再谈民法作为自治与管制的工具》，载苏永钦：《寻找新民法》（增订版），北京大学出版社2014年版，第226页］。法人法定主义与之同理。

概括本章结论，商业信托具备法人的要件，承认商业信托的法人性质，在信托法与商业组织法这两个方向上均有重要意义。通过修订我国《信托法》或制定《商业信托法》明确商业信托的法人资格，可在不突破现有民法理论体系、不对现行法制作较大范围改动的前提下，改变由各种规章零散规定个别类型商业信托的“碎片化”格局，提升民事规范层级以符合《立法法》要求，满足信托实务的各种需求，破解信托制度、基金制度运行中的诸多疑难问题，保护信托当事人与第三人利益。同时，增加一种新的法人类型，将为社会提供更多选择，优化“法人市场”的竞争结构。商业信托法已成为最具灵活性的商业组织法，无论公司法还是合伙法、有限责任企业法等非公司企业法，均不能与之比肩。一国的商业组织法是一个有机的系统，各种商业组织各有长短，应形成互相补充、良性竞争的格局。公司法以拥有诸多强行规范与任意规范为特色，并积累了大量学说与判例，可为当事人节省缔约成本与纠纷解决成本；合伙以独特的所有权结构和激励约束机制见长；商业信托则凭借极度的灵活性成为许多新型交易的优选。我国《公司法》《合伙企业法》经近年改革，灵活性大增，但距离实务需求仍有相当距离。在此形势下，商业信托的法人化，更具有填补组织法之缺漏、增强企业组织制度竞争力的重大意义。[1830]正如物权法定原则下立法者仍有义务适时增设新的物权类型一样，法人法定原则不应成为法人市场发展的桎梏。将具备法人要件的组织明文规定为法人，在形式上无违法人法定原则之宗旨，在实质上又可缓解法人法定原则的僵化效应。

[1830] 此种竞争的一个新例证是，近年李嘉诚将和黄旗下的港口业务以商业信托形式分拆到新加坡上市，总集资额达640亿港元，是新加坡历来最大的IPO，商业信托这种上市模式，成为与新加坡竞争IPO生意中香港特别行政区的一块软肋（参见周绍基：《港推商业信托仍无期》，载《香港文汇报》2011年3月24日，B2版）。作为对此种竞争压力的回应，2012年8月发布、2014年3月更新的香港特别行政区交易所指引信“HKEx-GL40-12”号，明确容许商业信托上市。随着国际制度竞争的深入，我国内地也将面临类似的竞争压力。

第六章 反向资产分隔：商业信托受益人的有限责任及受托人的责任豁免

第一节 商业信托受益人的有限责任

一、普通信托受益人对信托债务不承担责任

因信托管理所生债务，无论是合同债务、侵权债务还是财产所有人所负债务（如财产税），受益人均不负个人责任（personal liability），即不以自有财产清偿。[1831]此项一般规则，罕有例外。[1832]普通信托受益人的此种责任，不宜称为“有限责任”，因有限责任一般是指（组织成员）仅以出资额为限（对组织债务）承担责任，而普通信托受益人通常不对信托出资。

普通信托受益人不对信托债务负个人责任，可作多个层面的解释。从历史原因观之，在中世纪的英国，典型的家事信托中，信托财产主要是土地而不是营业，受托人通常为受益人利益持有土地上的权益，不从事积极的营业，故甚少发生需由受益人分担的债务。[1833]从法律与经济结构观之，所有权与控制的分离在普通信托中较为彻底。普通信托受益人一般不参与信托管理，受托人在信托事务的各方面行使较大的自由裁量权。除信托文件另有授权外，仅在受托人违反信托时，受益人方可干预信托管理，即使在此情形，受益人亦无权直接决定信托事务的处理，而是经由申请法院指示、追究受托人责任、撤换受托人等方式介入。如果信托管理遭遇难题或者僵局，受托人无须向受益人或委托人求助，而应向法院寻求司法指导（judicial instruction）。信托文件虽可订定受益人有权参与控制，但关于法院监督权的规定属于强行法，[1834]受益人纵有再强大的权利、再积

[1831] Restatement (Second) of Trusts §§ 274-77 (1959).

[1832] Restatement (Second) of Trusts §§ 278, 279 (1959).

[1833] John Morley, *The Common Law Corporation: The Power of the Trust in Anglo-American Business History*, 116 Colum. L. Rev. 2145, 2175 (2016).

[1834] Uniform Trust Code § 105 (b).

极的角色，亦不得取代法院的地位。普通信托法之所以未一般性地授予受益人直接参与信托管理的权力，而由法院充当监督者的角色，理由在于，普通信托受益人多为无能力处理信托事务者，介入信托管理不利于发挥信托的优势，亦不符合委托人的期待。受益人如管理不当，反而可能招致责任。在信托发生管理障碍时，由法院干预似更妥当，因为法院在处断信托事务上具有长期累积的经验。[1835]受益人既然不参与经营管理，法律上自无使之为信托管理所生债务承担责任的理由。

除受益人外，普通信托委托人亦不对信托管理所生债务承担责任。委托人设立信托，须移转信托财产，信托设立后，委托人脱离信托关系。委托人既非信托财产控制者，又非信托利益享有者，自然更不应对信托债务承担责任。当然，信托法容许委托人为自己保留特定的权力（power），[1836]但此种权力是具有监督性质的权力，应为受益人利益而行使，而非控制信托管理为自己谋利的权力，因此原则上也不引发委托人的责任。此外，信托法容许委托人为自己保留信托利益，[1837]此时委托人具有受益人的身份，适用关于受益人的规则，已如前述。

二、商业信托受益人的有限责任

（一）演变

1. 背景

受益人不对信托管理所生债务承担责任，效果相当于公司制度中的股东有限责任，甚至比后者具有更强的“反向资产分隔”效力，因后者尚有因人格混同、过度控制等事由而被认定承担无限责任的可能性（揭开公司面纱），而普通信托受益人无此问题。正因如此，商业信托在兴起之初，即已借此普通信托法所固有的教义，而能够成为集聚大众资本、分散投资风险以从事大规模事业的工具，取得不亚于公司的优势。但因商业信托在目的与功能上均有别于普通信托，随着信托在商业中的大举运用，普通信托法上所无须讨论的受益人责任，开始成为问题。

商业信托的经济结构有别于普通信托。受益人为积极投资者，而非消极的利益受赠者，信托财产由其自有投资构成，受益权为投资的对价。

[1835] 信托原为衡平法院的创造物，且法院在处理信托事务上经常扮演家长式角色。David J. Hayton, *The Law of Trusts*, ch. 8（2003）.

[1836] 不同于权利（right）。享有权力，与是否享有法律上的利益无关。

[1837] Restatement（Third）of Trusts § 43 cmt. a（2003）.

信托运营直接牵涉受益人的固有利益。受益人对商业信托运营的介入程度，自然高于普通信托。公开型商业信托受益人多为分散的公众投资者，对商业信托的直接控制较为薄弱，而由资本市场发挥控制功能，但非公开型商业信托因代理成本控制机制的差异，需要受益人在相当程度上参与商业信托管理，此与闭锁公司（closely-held corporation）相似。又因商业信托受益人一般为商人或投资者，自我保护能力与交涉判断能力充足，法院不必施以高强度的干预，且法院对商业经营事务的判断和决策，未必优于商人自己。因此商业信托法容许受益人行使经营监督权。

问题随之而生：受益人对商业信托的控制，是否会损及债权人利益？受益人能实质性地掌控商业信托经营，同时又仅负有限责任，这是否会导致受益人将商业信托作为逃避个人责任、损害债权人利益的工具？受益人控制商业信托经营时，是否仍负有限责任，系商业信托早期历程中引发诸多立法分歧、司法困境和理论争议的重大问题，甚至一度影响了商业信托的命运。在英美，大约在19世纪20年代，出现了判例立场的转向，有部分法院开始将非公司企业认定为合伙，即使当事人并无成立合伙的意思表示，其结果之一即是受益人应负与合伙人同一责任（无限责任）。[1838]

否定受益人有限责任的论据源于两端。第一类基于严格的国家管制立场，拒绝承认商业信托为商业组织独立类型，将其归类于合伙。第二类从法律关系实质入手，以“控制检验法”为标尺，对商业信托进行定性。前者因流于僵化，无力阻挡新型商业组织兴起而告衰微，后者生命力较顽强，实务中更显重要。美国某些州判例采此准则，受益人控制商业信托的，对信托债务负个人责任（无限责任）。

现代商业信托制定法废弃“控制检验法”，受益人仅负与公司股东相同的有限责任。此与有限合伙法的发展殊途同归。

2. 早期普通法的立场

受益人是否负有限责任，依赖于商业信托的定性。除部分州法院态度不明或其判例未指明相关规则外，[1839]早期美国各州主要有三种做法。

[1838] John Morley, *The Common Law Corporation: The Power of the Trust in Anglo-American Business History*, 116 Colum. L. Rev. 2145, 2176 (2016).

[1839] 例如，Roberts v. Aberdeen-Southern Pines Syndicate, 151 S. E. 865, 198 N. C. 321, 71 A. L. R. 885 (1930); Douglass v. Safe Deposit & Trust Co., 150 A. 37, 159 Md. 81 (1930); Small v. Smith, 143 A. 786, 294 Pa. 163 (1929); State ex rel. Knox v. Edward Hines Lumber Co., 115 So. 598, 150 Miss. 1 (1928)。在路易斯安那州，信托仅可依制定法而设立，而该州法律对商业信托式的企业组织并无授权。Amer. Nat. Bank v. Reclamation Oil Producing Ass'ny 156 La. 652, 101 So. 10 (1924).

其一，一律将商业信托认定为合伙。以得克萨斯州为代表，其主导性判例的理由谓，制定法仅授予公司、有限合伙有限责任待遇，据此，制定法默示禁止以信托方式规避合伙人无限责任。[1840]嗣后判例更认为，受益人分享利润的事实，足以使受益人被纳入合伙人的定义，即使受益人未保留对信托的控制。[1841]佛罗里达州、印第安纳州、肯塔基州、加利福尼亚州、堪萨斯州[1842]等州某些判例有类似见解。华盛顿州最高法院走得更远，依州宪法条款判定，非经成立公司，不得适用有限责任，且设立商业信托享受公司有限责任待遇的企图为非法，应受法律制裁。[1843]此类判例后被制定法改变。其后，各州判例对商业信托的敌视渐趋缓和。[1844]

其二，将商业信托归类为公司。理由为，州宪法所用“公司”一词，包括合伙之外的所有社团或合股企业。[1845]

其三，尊重商业信托文件条款，以“控制检验法”衡量是信托或合伙。以马萨诸塞州为代表。依商业信托文件，受益人之间存在联合关系且受益人保留对受托人之控制的，认定为合伙，受益人之间即为合伙人之间的联合关系，信托财产为受益人的财产，受益人与受托人之间为本人与代理人的关系；无联合关系且未保留控制的，为真正的信托或“纯粹信托”(pure trust)，受益人之间无联合关系，信托财产属于受托人，受托人为本人，受益人有权使受托人为受益人之利益管理财产，但无权自行管理，亦无权指示受托人如何管理。[1846]此规则的理论基础恰与第一类相反，认为

[1840] Thompson v. Schmitt, 115 Tex. 53, 274 S. W. 554(1925). 本案商业信托文件明示授予受托人经营管理之全权，受益人仅保有账簿查阅权、红利分配权以及以3/4多数同意受托人关于终止信托之提案的权利。该文件另有一广被使用的个人责任豁免条款，即规定债权人仅可追索信托财产，且受托人不具有可约束受益人的代理权。初审时原被告均承认明知受托人未行使除信托文件授权之外的任何权限。法院据此认定该信托为合伙，尽管依马萨诸塞州法律之标准，仍属真正信托。商业信托在石油大州得克萨斯州原本数量甚巨，经此一案而受重挫。得克萨斯州一名证券与交易委员会委员称：在本案判决之前，虽无途径能够获知本州商业信托的确切数量，但极可能数以千计，但从本案判决后，实务中开始抛弃商业信托。Comment, *Massachusetts Trusts*, 37 Yale L. J. 1103, 1106 n. 19(1928).

[1841] Houston Finance Corp. v. Stewart, Tex. Civ. App., 7 S. W. 2d 644(1928).

[1842] Weber Engine Co. v. Alter, 120 Kan. 557, 245 Pac. 143(1926)(涉案的商业信托类似于有限合伙，但未遵守有限合伙制定法，因此属于普通合伙).

[1843] State ex rel. Range v. Hinkle, 219 P. 41, 126 Wash. 581(1923); State ex rel. Colvin v. Paine, 243 P. 2, 247 P. 476, 137 Wash. 566, 46 A. L. R. 165(1926).

[1844] George Gleason Bogert & George Taylor Bogert, *The Law of Trusts and Trustees* § 247(rev. 2d ed. 1993).

[1845] Comment, *Massachusetts Trusts*, 37 Yale L. J. 1103, 1111(1928).

[1846] Williams v. Inhabitants of Milton, 215 Mass. 1, 102 N. E. 355(Mass. 1913); Comment, *Massachusetts Trusts*, 37 Yale L. J. 1103, 1111(1928).

容许企业主不遵守公司法或有限合伙法而获取有限责任的保护，并不违反公共政策或立法目的。采此规则者，有阿肯色州、加利福尼亚州、伊利诺伊州、密苏里州、纽约州、罗得岛州等州判例及俄克拉何马州等州制定法。爱达荷州、新泽西州、西弗吉尼亚州、威斯康星州等州则以其他语言表明同样见解。

第一、第二种做法，拘泥于制定法规定，忽视了公司与合伙之外另有第三、第四种商业组织形式之存在，对普通法的发展具有抑制效应，可谓公司特许理论的余音。有限责任本非制定法之产物，早在公司法制草创前后，即有有限责任的自发创造，遑论有限合伙之始祖——康孟达——在中世纪自发秩序中的蓬勃发展。[1847]将商业信托强行归入公司之定义，尚对商业信托与公司之共性有所顾及，不致过度背离经济实况；而强定商业信托为合伙，则完全无视商业信托的信托本质，是连商业信托原本可依普通信托法所得待遇也一并剥夺，显属管制过度。无论从法律的形式推理还是实质推理言之，皆缺乏正当性，故并非判例法主流。真正成问题者，为"控制检验法"。因其为商业信托大州马萨诸塞州所倡，影响深远。

3. 普通法上的"控制检验法"

一般情况下，普通信托受托人依信托条款行事，不受委托人或受益人控制，委托人、受益人不对受托人行为及信托管理所生债务承担责任。信托关系由此区别于代理及合伙。（意定）代理关系的要素之一为代理人在被代理人（本人）控制之下行事，[1848]代理人行为的后果（包括债务）由本人承受。信托受托人则不是代理人，而是本人，即作为财产所有人，以本人身份与第三人为法律行为；只是受托人负有衡平法上的义务。[1849]

"控制检验法"的内在逻辑是，如受益人（投资者）对商业信托的经营保留控制，则该商业信托根本不是一个真正的信托，仅为一个合伙或合股社团（joint stock association）；受托人并非真正的受托人，而不过是投资者的代理人。[1850]不过，"控制检验法"的适用范围，仅限于受益人对信托债权人的责任，不及于其他事项：即使商业信托在某些方面被认定为合伙，在仅涉及商业信托当事人利益的情形，法院依然充分尊重商业信托文件

[1847] 学者指出，有限责任应被视作私人协议的产物，而不是国家授予的特权。Larry E. Ribstein, *Limited Liability and Theories of the Corporation*, 50 Md. L. Rev. 80, 130(1991).

[1848] Restatement (Third) of Agency § 1.01(2006).

[1849] Smith v. Anderson, (1880) 15 Ch. D. 247.

[1850] Williams v. Inhabitants of Milton, 215 Mass. 1, 102 N. E. 355(Mass. 1913); Restatement (Second) of Agency § 14B(1958).

的效力，尽量赋予商业信托文件当事人所期待的法律效果。[1851]

在马萨诸塞州，“控制检验法”的本意，并非加强对商业信托的管制，而仅是要求商业信托实行与公司制相当的管理集中化，即采用类似于董事会中心主义的治理结构：日常经营管理由受托人掌握，受益人仍可保有选任受托人等权利，正如公司股东不会因此权利而丧失有限责任待遇一般。[1852]然而，就实践操作而言，此中界限并不清晰明了。何谓“控制”或所谓“最终控制”(ultimate control)，本身即无检验标准。笼统而言，受益人参与商业信托事务的权限越多，商业信托越可能被认定为合伙。[1853]抽象的标准是：当事人之间的关系是本人与代理人的关系还是受托人与受益人的关系，以及受益人是否从对商业信托财产与事务的直接权益、所有权及控制权中分离出来。[1854]具体考量时，法院通常会审查下列权限：终止信托的权限；修改信托文件的权限；解任受托人并选任新受托人的权限；按年度选任受托人或填补受托人空缺的权限。[1855]而问题的焦点与难点在于，何种权利足以构成“控制”，何种权利则否。

受益人修改信托文件的权利、选任及解任受托人的权利，是商业信托实务中通常会订明的受益人权利。此类权利的存在是否构成“控制”，各州判例见解即宽严各异。偏向于宽松立场者，如罗得岛州判例认为，受益人享有以2/3多数随时终止信托、修改信托文件且以简单多数任免受托人的权利的，该信托仍属信托。[1856]稍严格的判例认为，仅有受益人有权同意修改商业信托文件、终止信托、选任受托人或继任受托人等事实，而商业信托文件的其他条款表示由受托人控制商业信托经营管理的，不足以将商业信托认定为合伙。[1857]持严格立场者，如俄亥俄州、阿肯色州判例认为，受益人有权修改商业信托文件、解任受托人并选任新受托人，足以

[1851] Hossack v. Ottawa Development Assoc., 244 Ill. 274(1910).

[1852] John Morley, *The Common Law Corporation: The Power of the Trust in Anglo-American Business History*, 116 Colum. L. Rev. 2145, 2178-79(2016).

[1853] In re Medallion Realty Trust, 120 B. R. 245(D. Mass. 1990).

[1854] Neville v. Gifford, 242 Mass. 124, 136 N. E. 160(1922).

[1855] Comment, *Massachusetts Trusts*, 37 Yale L. J. 1103, 1112(1928).

[1856] Rhode Island Trust Co. v. Copeland, 39 R. I. 193, 98 Atl. 273(1916).

[1857] Gutelius v. Stanbon, 39 F. 2d 621(D. Mass. 1929); Levy v. Nellis, 284 Ill. App. 228, 1 N. E. 2d 251(1st Dist. 1936); Goldwater v. Oltman, 210 Cal. 408, 292 P. 624, 71 A. L. R. 871(1930); Levy v. Nellis, 284 Ill. App. 228, 1 N. E. 2d 251(1st Dist. 1936); Gutelius v. Stanbon, 39 F. 2d 621(D. Mass. 1929); Goldwater v. Oltman, 210 Cal. 408, 292 P. 624, 71 A. L. R. 871(1930).

导致商业信托被定性为合伙。[1858]上述权利亦为公司实务中章程通常会载明的股东权利，尚且有如此争议，其他权利自更易引发争议。例如，俄亥俄州判例认为，商业信托文件订定受托人依受益人指示行事的，无论受益人是否实际行使指示权，商业信托均被认定为合伙。[1859]学者亦指出，马萨诸塞州（及追随其后的加利福尼亚等州）实行与公司制相当的受益人有限责任原则，但该原则的主要弱点在于未能在全国各州一体适用，包括佛罗里达州、肯塔基州、路易斯安那州、得克萨斯州等州在内的许多南方诸州拒绝遵从马萨诸塞州法的原则。[1860]但即便是适用马萨诸塞州法的判例，其立场亦不尽一致，例如有判例认为，信托文件及其细则订定受益人经2/3以上多数同意可随时无理由解任受托人并选任新受托人、随时提前终止信托、修改信托文件及其细则，此类条款足以表明该团体系合伙而非信托。[1861]而此类权利并不超过公司股东通常所享有的权利。另有判决认为，足以认定为合伙的因素包括：受益人对转让商业信托的营业资产有第一位的否决权；受托人未经受益人同意不得实施任何行为。[1862]更有判例甚至认为，在制定法明文规定受益人对商业信托债务不负个人责任的情形，仍可适用“控制检验法”。[1863]

与判例法的混乱状况相映的是，当时学说上关于判定受益人责任的标准，聚讼纷纭，未有通说。[1864]

“控制检验法”具有诸多缺陷。

（1）从教义分析视角而论，“控制检验法”首要的缺陷为过于不确定，缺乏一以贯之的法理

首先，“控制检验法”之适用，因商业信托文件对受益人授权多寡而异。然而，极少有信托文件仅订定一种权限，因此不可能通过定量分析认

［1858］ Goubeaux v. Krickenberger, 126 Ohio St. 302, 185 N. E. 201（1933）. 又参见Haskell v. Patterson, 165 Ark. 65, 262 S. W. 1002（1924）（受益人有权修改信托文件、无理由解任受托人并代之以新受托人、决定信托存续或终止、要求受托人提供信托交易的报账陈述，法院据此将该信托认定为合伙）。

［1859］ Goubeaux v. Krickenberger, 126 Ohio St. 302, 185 N. E. 201（1933）.

［1860］ John Morley, *The Common Law Corporation*: *The Power of the Trust in Anglo-American Business History*, 116 Colum. L. Rev. 2145, 2179（2016）.

［1861］ Frost v. Thompson, 219 Mass. 360, 106 N. E. 1009（1914）.

［1862］ In re Medallion Realty Trust, 120 B. R. 245（D. Mass. 1990）.

［1863］ First Nat. Bank of New Bedford v. Chartier, 305 Mass. 316, 25 N. E. 2d 733（1940）.

［1864］ 观点综述，参见Comment, *Massachusetts Trusts*, 37 Yale L. J. 1103（1928）。对控制检验法的详细探讨，亦可参见William Meade Fletcher et al. , *Fletcher Cyclopedia of the Law of Private Corporations* § 8230（Perm. ed. 1983 Supp. 2007）。

定何种权限足以或不足以构成“控制”。[1865]“控制检验法”本身亦不合理。通行的见解认为,“控制”的认定,是依商业信托文件条款,而非受益人实际控制的程度,只要信托文件授予足以构成控制的权限,无论是否实际行使,均构成控制。[1866]对此,当事人可以不在信托文件中保留权限而间接行使控制权,规避“控制检验法”;相反情形为,信托文件虽授予受益人权利,但受益人事实上仅在极例外情形行使此类权利,反需承担被认定为合伙的后果。法律关系之定性仅因某种用词即截然相反,此种做法难谓合理。[1867]何种权利构成“控制”,判例与学说既难得出一致结论,制定法又不可能明确界定,必然不能满足以确定性与可预测性为重要价值的商法之要求。[1868]

其次,以所谓“联合”关系作为认定标准之一,亦未尽妥当。何种程度的行为构成“联合”,同样不可能有衡量标准,例如,“联合”意味着受益人可召开会议,但一个不行使“控制”的会议几乎毫无意义,因此,订定联合却又不涉及控制(除了分红与获取信息之外)的条款,亦近乎荒谬。[1869]

再次,即使就形式逻辑而论,“控制检验法”亦偏执一端而不顾其余。商业信托本身具有迥异于合伙的若干特征,“控制检验法”却将此一概抹杀。对此,马萨诸塞州的*State Street Trust Co. v. Hall*案判决,有正本清源之见。商业信托文件订定受益人有权解任并撤换受托人、有权指示受托人、有权修改信托文件,原告据此主张构成合伙,但法院认为,本案中商业信托的一系列特征表明本信托并非合伙:第一,企业成员资格的取得方式不同,普通合伙的本质特征之一是,合伙人的选定基于全体合伙人的同意,并且是依据合伙人的个人能力、品格、资质或其他适于从事共同事业的条件,而本商业信托文件明文订定取得受益权凭证者即自动成为受益人、受商业信托文件约束,且商业信托文件对受益权转让未设任何限制,使成员(受益人)资格完全取决于权益份额的所有权,而非其他成员的选任;第二,合伙人的身份对合伙存续有重要影响,特定合伙人死亡通常导

[1865] Comment, *Massachusetts Trusts*, 37 Yale L. J. 1103, 1112(1928).

[1866] Simson v. Klipstein, 262 F. 823(D. N. J. 1920); Goubeaux v. Krickenberger, 126 Ohio St. 302, 185 N. E. 201(1933); Marchulonis v. Adams, 97 W. Va. 517, 125 S. E. 340(1924).

[1867] Comment, *Massachusetts Trusts*, 37 Yale L. J. 1103, 1113(1928).

[1868] 法律确定性对商法具有特别重要的价值。James J. White, *Reforming Article 9 Priorities in Light of Old Ignorance and New Filing Rules*, 79 Minn. L. Rev. 529, 533(1995).

[1869] Comment, *Massachusetts Trusts*, 37 Yale L. J. 1103, 1113(1928).

致合伙解散，但本信托文件明文订定商业信托不因受益人死亡而终止；商业信托更近似于公司，因为实行集中化管理、存续不受个别受益人死亡影响、受益权可自由便捷地转让。[1870]

最后，"控制检验法"在公司法与信托法间造成体系违反。"控制检验法"的逻辑起点可追溯至代理法的观念：受本人控制之人，为代理人。然而，若谓企业投资者掌握选任管理者、修改组织文件、决定企业解散等权利构成"控制"之标志，从而在商业信托场合足以使受益人被定性为本人而须承担个人责任，何以此种逻辑不能在公司法中一以贯之？公司股东掌握同样权利，何以无须作为本人而承担个人责任？

（2）从经济分析视角而论，"控制检验法"违反经济逻辑，不能适应商业需求与经济实情

判例所谓控制行为，包括任免受托人、修改信托文件等，大多属于企业治理所需的常规行为。非公开型商业信托无公开的受益权市场可供依赖，在商业信托经营不利或受托人违反义务时，受益人难以出卖受益权以减损；受益权公开市场的阙如，导致企业控制权交易市场亦难形成。非公开型商业信托需另寻代理成本控制机制。受益人因而有必要参与经营。因非公开型商业信托受益人通常较少，参与经营不致大幅提高经营成本，故又有其合理性。公开型商业信托虽无须由受益人介入经营，但受益人对受托人变动、商业信托文件修改等重大事项，仍需保留决定或参与，否则可能导致监督威慑力的丧失和所有权与控制权分离机制的崩溃。此外，商业信托的发展路径及经济结构与普通信托大不相同，商业信托法不是一个法院主导的领域，法院在处理商业信托事务上缺乏经验与能力，运营与治理更有赖于当事人自力实施。以"控制检验法"遏制受益人权利，反可能使渎职的受托人坐收渔利。就此而言，纵然"控制检验法"能够明确构成要件，也将因适用范围过宽而生弊害。诸如修改组织文件、更换管理者等权利，属于投资者参与企业运营与治理的权利，在公司中甚为常见；在有限合伙中，虽然有限合伙人一般不参与经营，以换取有限责任优惠，但有限合伙人就修改合伙协议、改变有限合伙性质、普通合伙人或有限合伙人入伙或除名、同意或否决利益冲突交易、有限合伙解散、清算、处分全部财产或有关有限合伙经营的其他事宜进行表决的，并不构成有限合伙人对有限合伙经营的控制，不足以否定有限合伙人的有限责任。[1871]然则

［1870］ State Street Trust Co. v. Hall, 311 Mass. 299, 41 N. E. 2d 30, 156 A. L. R. 13(1942).

［1871］ Revised Uniform Limited Partnership Act § 303(1985).

法律何以厚此薄彼？何以使商业信托受益人的经营监督与有限责任不可兼得？事实上，对于有限责任制度的潜在危害，已有揭开面纱法则加以防免，而揭开面纱法则为有限责任制度之例外，要件严格，适用上更为审慎。相比之下，“控制检验法”如此宽泛，处于常规而非例外之地位，实已逾越保护债权人的正当界限。

4. 实务变通与立法因应

面对无限责任的威胁，美国实务界积极运用各种变通方法。此处例示数种。

其一，在商业信托与第三人订立的合同中约定受益人不对商业信托债务负个人责任。[1872]将此种条款印制于商业信托信笺背面，为通常做法。[1873]实务中也常有商业信托文件订定：受托人在对外缔约时，有义务在每一书面合同中订入免除受益人个人责任的条款及债权人仅能追索商业信托财产的条款。[1874]至少在20世纪初期，此种做法在马萨诸塞州的实务中已极为普遍。[1875]受托人违反义务，致受益人对债权人负个人责任的，受托人应赔偿受益人的损失。此种责任风险促使受托人在对外合同中订入受益人不负无限责任的条款。

其二，通过商业信托文件明确订定受益人仅负有限责任，亦为习惯做法。[1876]例如，1962年一份不动产投资信托招募说明书中载有下列风险披露条款：“本信托文件订定，受益人不应对本信托的行为或债务承担任何个人责任，并且本信托签订的任何书面允诺均应含有该允诺对受益人个人不具有约束力的条款……本信托文件订定（如因任何或然事件导致受益人负个人责任）受益人有权从信托财产中获得补偿。本信托有意投保受托人认为足够的保险，以（保护受益人）免受可预见的侵权债务之风

[1872] George Gleason Bogert & George Taylor Bogert, *The Law of Trusts and Trustees* § 247（Rev. 2d ed. 1993）.

[1873] Sheldon A. Jones, Laura M. Moret, & James M. Storey, *The Massachusetts Business Trust and Registered Investment Companies*, 13 Del. J. Corp. L. 421, 443（1988）.

[1874] Downey Co. v. 282 Beacon St. Trust, 292 Mass. 175, 197 N. E. 643（1935）; Goldwater v. Oltman, 210 Cal. 408, 292 P. 624, 71 A. L. R. 871（1930）; Review Printing & Stationery Co. v. McCoy, 291 Ill. App. 524, 10 N. E. 2d 506（2d Dist. 1937）; McClaren v. Dawes Electric Sign & Mfg. Co. , 86 Ind. App. 196, 156 N. E. 584（1927）.

[1875] The Commonwealth of Massachusetts, Report of the Massachusetts Tax Commissioner on Voluntary Associations, Under Chapter 55, Resolves of 911, at 7（by William D. T. Trefry, 1912）.

[1876] Comment, *Massachusetts Trusts*, 37 Yale L. J. 1103, 1104（1928）.

险。”[1877]同时期的证券投资信托通常也在招募说明书中包含类似的条款，但因证券投资信托早在20世纪20年代即已进入业界，按照一般交易观念，很少有人会认为基金投资者应对基金债务负个人责任。因此，不曾有过债权人成功地迫使受益人对商业信托债务负个人责任的案例。[1878]对于此种做法，判例的态度是：在仅涉及受益人及受托人之间的内部关系时，法院倾向于给予商业信托文件最大限度的效力。[1879]在商业信托文件当事人之间，免除受益人个人责任的条款有效，对受益人、受托人及经理等均有约束力。[1880]

其三，通过受益人之间的分摊减轻其无限责任。某一受益人清偿商业信托债务后，可请求其他受益人分摊。[1881]其他受益人按各自受益权份额分担债务。[1882]受益人投资风险因而降低；受益人的人数越多，风险越低。

上述经验证据证明，有限责任可通过合同机制实现，并不是非借助于法律规定不可。[1883]但合同机制毕竟需要相当的成本。例如，需与每一债权人协商受益人不负无限责任。法定有限责任则可减少此类缔约成本。而法定有限责任如仅依赖于判例法，则往往受不确定性所困扰。从历史实况观察，有限责任方面的不确定性在早期并未成为商业信托的劣势，因为同期的公司法也尚未普遍明文承认公司股东的有限责任，从而商业信

[1877] The prospectus of Continental Mortgage Investors, dated March 21, 1962, at 4. 转引自 Sheldon A. Jones, Laura M. Moret, & James M. Storey, *The Massachusetts Business Trust and Registered Investment Companies*, 13 Del. J. Corp. L. 421, 441(1988)。

[1878] Sheldon A. Jones, Laura M. Moret, & James M. Storey, *The Massachusetts Business Trust and Registered Investment Companies*, 13 Del. J. Corp. L. 421, 443(1988).

[1879] Hossack v. Ottawa Development Ass’n, 244 Ill. 274, 91 N. E. 439(1910).

[1880] Oden v. Bone, 263 S. W. 640(Tex. Civ. App. San Antonio 1924); George v. Hall, 262 S. W. 174(Tex. Civ. App. San Antonio 1924); Barnett v. Cisco Banking Co. , 253 S. W. 339(Tex. Civ. App. El Paso 1923), writ refused, (Oct. 17, 1923).

[1881] Phillips v. Blatchford, 137 Mass. 510, 1884 WL 10641(1884). 请求分摊或追偿的权利受制于衡平原则。13 Am. Jur. 2d Business Trusts § 42(2007). 例如，债务的发生如为请求分摊者的过错所致，请求分摊者无权请求分摊。Mims v. Stephens County-Ranger Oil Co. , 268 S. W. 1014(Tex. Civ. App. Fort Worth 1924).

[1882] Carl v. Shore, 299 S. W. 860(Tex. Comm’n App. 1927), opinion corrected on denial of reh’g, 4 S. W. 2d 965(Tex. Comm’n App. 1928).

[1883] 类似的旁证是德国法上的无权利能力社团。《德国民法典》规定此类社团适用合伙的规定，如今实务中已受到类似于有权利能力社团的对待，通常做法是由社团章程订定，理事会仅有权实施对社团财产具有效力之行为，致成员的责任仅限于社团财产；即使章程未明示包含此种规定，判例亦推定，责任以社团财产为限是“默示”的意思。参见［德］迪特尔·施瓦布：《民法导论》，郑冲译，法律出版社2006年版，第111页。

托在整个18世纪都在有限责任方面强于公司。[1884]然而，以制定法形式明文规定股东有限责任，成为此后公司法的潮流，也是公司形式后来居上的一大原因。

鉴于判例法在此方面的不确定性，20世纪中叶以来，美国各州制定法多在容许受益人参与商业信托经营之余，明文规定受益人仅负有限责任。如肯塔基州原先的法律规定：不得作不利于受益人权益的任何估价（assessment），且受益人不对受托人或商业信托引发的债务负任何个人责任。[1885]《明尼苏达州商业信托法》规定：受益人、受托人或信托文件的任何当事人不对商业信托的债务负个人责任。[1886]《特拉华州商业信托法》规定：除商业信托文件另有订定外，受益人享有与《特拉华州普通公司法》上营利性私人公司（private corporations for profit）股东相同的个人责任限制。[1887]《怀俄明州商业信托法》规定：受益人享有与公司股东、有限责任企业成员相同的有限责任保护。[1888]

在加拿大，判例法上虽未发展出如同美国法一样的"控制检验法"，但由于商业信托和普通信托之不同，商业信托投资者仍然面临无限责任的可能威胁。为促进商业信托之运用，加拿大某些省已通过立法，明文规定商业信托受益人仅负有限责任。[1889]

制定法对公司、有限合伙等有限责任型商业组织，多设有登记制，以保障第三人能够借助于公示信息知晓商业组织的属性，免受误导。现代商业信托制定法对商业信托同样实行登记制，否定受益人有限责任的做法，更无理由。登记制对商业信托既有成本，亦有效益：登记信息显示本组织为受益人仅负有限责任的商业信托，可为债权人提供便捷的信息获取渠道，免去逐一谈判责任限制之累。

5. 旁证：有限合伙法"控制规则"之衰亡

废除"控制检验法"，进一步强化商业信托的反向资产分隔功能，体现

[1884] John Morley, *The Common Law Corporation: The Power of the Trust in Anglo-American Business History*, 116 Colum. L. Rev. 2145, 2179-80 (2016).

[1885] Ky. Rev. Stat. Ann. § 386.400 (Michie 1999). 肯塔基州于2012年采纳《统一商业信托法》，其中关于受益人有限责任的规定近似于《特拉华州商业信托法》。Ky. Rev. Stat. Ann. § 386A. 3-040 (3) (2012).

[1886] Minn. Stat. Ann. § 318.02.

[1887] Del. Code Ann. tit. 12, § 3803 (a). 商业信托文件可授予受益人关于任何事项的表决权以及指示受托人或其他管理人的权力。Id. § 3806 (a), (b). 此类权利或权力的存在，不影响有限责任。

[1888] Wyo. Stat. Ann. § 17-23-105 (a).

[1889] Donovan W. M. Waters, Mark R. Gillen, & Lionel D. Smith, *Waters' Law of Trusts in Canada* 1405 (3d ed. 2005).

了商业组织法的发展趋势。类似规则在有限合伙法上的命运，从另一侧面再现“控制检验法”的不合理性。有限合伙法的“控制规则”（control rule），可溯源至1916年《统一有限合伙法》：有限合伙人对有限合伙债务不负责任，但有限合伙人参与对合伙事务的控制除外。[1890]1976年《统一有限合伙法》从之，但认识到“认定某一行为是否逾越控制规则是一个艰难的任务”，故设立了一项安全港规则，规定某些行为不构成控制，并将控制规则的适用范围限于与有限合伙交易的、实际知道该有限合伙人参与控制合伙事务之人，但又规定，如有限合伙人对有限合伙事务的控制“实质上等同于”行使普通合伙人的权限，仍应负个人责任。[1891]“实质上等同”标准，在可操作性层面上颇为复杂，该法1985年修正案予以废除，同时扩大安全港范围，规定有限合伙人的某些行为不构成控制，包括但不限于就有限合伙经营管理与普通合伙人商议或向普通合伙人提出建议、要求召集合伙人会议或参加合伙人会议、对有限合伙某些事务进行表决（包括有限合伙解散、修改有限合伙协议、改变有限合伙的营业性质、合伙人入伙或除名、决定利益冲突交易、有限合伙协议约定的须由有限合伙人同意的其他事宜）等。[1892]各州有限合伙法普遍采纳安全港规则，唯具体事项有所不同而已。[1893]

控制规则逐渐遭受侵蚀的历程，显示该规则在经济现实面前左支右绌，难以为继。2001年大规模修订《统一有限合伙法》时，起草人认为，在一个充斥着有限责任合伙、有限责任企业，特别是有限责任有限合伙的世界里，控制规则已不合时宜。新法彻底废弃控制规则，明文规定即使有限合伙人参与有限合伙的经营管理与控制，亦不对有限合伙的债务负个人责任，安全港规则也因丧失存在意义而被一并废除。[1894]截至2019年7月31日，已有包括加利福尼亚州、佛罗里达州等州在内的23个州采纳该法。[1895]佐治亚州等虽非采纳该法，亦已废弃控制规则。[1896]有限合伙大州特拉华州目前虽未废止

［1890］ Uniform Limited Partnership Act § 7(1916).

［1891］ Uniform Limited Partnership Act § 303(1976).

［1892］ Uniform Limited Partnership Act § 303(1985). 相关背景与争议，参见Joseph J. Basile, Jr., *Limited Liability for Limited Partners: An Argument for the Abolition of the Control Rule*, 38 Vand. L. Rev. 1199(1985)。

［1893］ Del. Code Ann. tit. 6, § 17-303.

［1894］ Uniform Limited Partnership Act § 303(2001). 当然，本条规定不影响有限合伙人因其自身行为发生的责任，以及有限合伙人违反出资义务的责任、接受不当分配的责任。Id. § 303 cmt.

［1895］ 相关数据参见美国统一州法全国委员会网：https://www.uniformlaws.org/committees/community-home?CommunityKey=d9036976-6c90-4951-ba81-1046c90da035。

［1896］ Ga. Code Ann. § 14-9-303(West 2003).

控制规则，但已多次放宽安全港规则，几已涵盖有限合伙人在合伙运营过程中的任何重要行为，[1897]控制规则已名存实亡，在不久的将来，恐亦难逃彻底退出历史舞台之命运。况且，有限合伙已可用多种方式实现与有限责任企业相同的效果。设立有限责任有限合伙，即可限制普通合伙人的责任。[1898]另一方法为，普通合伙人可采用公司形式，以获得实质上的有限责任。[1899]

6. 否定受益人有限责任的其他做法

除上述做法外，普通法有时也因其他理由否定商业信托的效力，或者否定受益人的有限责任。受益人被选任为受托人的，不影响商业信托的有效性。[1900]但全部受托人均为受益人的，商业信托不生效或者无效，至少在受益人个人责任豁免方面应为无效，[1901]换言之，受益人须负无限责任。此种情况下，受益人完全掌控信托财产的经营与收益，信托财产与其自有财产并未真正分离，因此不具有有限责任待遇。此与普通信托法相同。[1902]

单纯以受益人与受托人合一为由即认为受益人财产与信托财产尚未分离、进而认定受益人应负无限责任，难以成立。此种情况下，受益人应否负无限责任，应取决于是否真正实现受益人财产和信托财产的分离，而非仅以受益人与受托人合一为据。当代商业信托制定法关于受益人有限责任的规定，实已否定上述判例。

（二）受益人有限责任之例外

1. 受益人因揭开信托面纱或其他个人行为负无限责任

受益人的有限责任，意指受益人不因具有受益人身份而对商业信托债务承担责任。[1903]受益人对其自身行为所引起的债务承担责任，不受影响。例如，受益人为商业信托的债务提供担保，自应以自有财产对商业信托债务承担责任；又如受益人滥用有限责任，致商业信托与受益人混同，损害债权人利益时，则受益人对债权人负无限责任，即适用揭开面纱

［1897］ Del. Code Ann. tit. 6，§ 17-303（b）.

［1898］ Alan R. Bromberg & Larry E. Ribstein, *Bromberg & Ribstein on LLPs*, *RUPA and Uniform Limited Partnership Act*, ch. 5（2003）.

［1899］ Larry E. Ribstein, *An Applied Theory of Limited Partnership*, 37 Emory L. J. 837, 868-71（1988）.

［1900］ Commercial Cas. Ins. Co. v. North, 320 Ill. App. 221, 50 N. E. 2d 434（2d Dist. 1943）; Darling v. Buddy, 318 Mo. 784, 1 S. W. 2d 163, 58 A. L. R. 493（1927）.

［1901］ Enochs & Flowers v. Roell, 170 Miss. 44, 154 So. 299（1934）.

［1902］ 13 Am. Jur. 2d Business Trusts § 5（2007）.

［1903］ 此种表述不妨碍受益人应履行出资义务或其他义务。有限责任有时表述为"以出资额为限承担责任"，此种表述在商业信托法（及某些其他非公司企业法）中未臻精确，因受益人并非必须出资。

法则。[1904]

各国制定法未规定揭开商业信托面纱法则，相关判例甚少。南非最高法院有判决检视了揭开公司面纱法则得否延伸适用于家事信托与商业信托的问题，在受益人代替受托人行事而违反信托文件订定、实施诈害行为时，有适用类似于揭开公司面纱法则的可能。[1905]商业信托受益人与公司股东同样享有有限责任保护，在受益人滥用有限责任损害债权人利益时，没有理由不适用揭开面纱法则，以致给予商业信托受益人偏颇的优待。[1906]其他非公司企业亦是如此。[1907]但基于非公司企业与公司的重大差别，具体适用事由不同。

其一，公司资本不足，为揭开公司面纱法则的适用考量因素之一，但商业信托法无资本要求，因此不得以资本（或商业信托财产）不足为由否定受益人的有限责任。至于商业信托债权人在商业信托财产不足以清偿债务时，代位行使商业信托对不履行出资义务之受益人享有的请求权，当然不受影响。

其二，“无视公司形式要求”（disregard of corporate formalities），为揭

[1904] 学说上又称法人人格否认。但此称谓有混淆之虞，因其效果仅是法人成员不受有限责任保护而已，法人人格依然存在。

[1905] Land and Agricultural Bank of South Africa v. Parker, 2005（2）S. A. 77（Sup. Ct.（SA））（South Africa）. 相关评论参见Leonie Stander, *Piercing the Veneer of the Trust in South African Trust Law*: *Liability of Trustees of a Business Trust for Fraudulent Trading*, 17 International Insolvency Rev. 165（2008）。

[1906] 有限责任企业法有类似问题。在面对有限责任企业成员应否对企业债务负个人责任的问题时，美国许多州采用公司法的分析方法。Carol R. Goforth, *The Series LLC*, *and a Series of Difficult Questions*, 60 Ark. L. Rev. 385, 399（2007）.《特拉华州有限责任企业法》第18-1104条规定：本法未规定的情形，应适用普通法与衡平法规则。揭开面纱法则属于衡平法规则，自可适用于有限责任企业。Carter G. Bishop & Daniel S. Kleinberger, *Limited Liability Companies-Tax and Business Law* ¶ 14.06（2007）.《特拉华州商业信托法》无此规定，而是规定：本法未规定的情形，适用普通信托法。不过，普通信托法并无揭开面纱法则，但基于商业信托与公司、其他非公司企业的类似性，可类推适用其他企业法的揭开面纱法则。普通信托法亦存在与揭开面纱法则有类似法理根据的制度，例如，当委托人为唯一受益人时，不得以限制受益权转让的信托条款对抗债权人；信托可由委托人随时终止的，委托人的债权人有权追索信托财产。此类规则表明，信托法同样不许当事人利用信托实施欺诈或其他不当损害债权人权益的行为。

[1907] 非公司企业法中揭开面纱法则之适用，亦为晚近学说热议的课题。专门讨论，参见Robert B. Thompson, *The Limits of Liability in the New Limited Liability Entities*, 32 Wake Forest L. Rev. 1（1997）; Eric Fox, Note, *Piercing the Veil of Limited Liability Companies*, 62 Geo. Wash. L. Rev. 1143（1994）; Shawn M. Klein, Comment, *Piercing the Veil of the Limited Liability Company*, *From Sure Bet to Long Shot*: *Gallinger v. North Star Hospital Mutual Assurance*, *Ltd.* , 22 J. Corp. L. 131（1996）。

开公司面纱的重要因素之一。[1908]由于普通信托债权人保护模式不同于商业信托债权人保护模式，有论者主张，对于商业信托债权人的权利，适用类似于保护公司债权人的规则，以补充普通信托法之规则。但此种见解是否妥当，仍有疑问。[1909]特别是，商业信托作为非公司企业，内部灵活性正是其本质特性之一，在公司法上可以因公司管理不遵守形式要求而揭开公司面纱，对非公司企业却不宜适用此种规则。因为企业组建、结构、运营上的非要式性、非程式性（informality），正是非公司企业的普遍情形，且为非公司企业法的基本立法目的之一。[1910]鉴于此，《典型有限责任企业法》虽明文规定有限责任企业应保存成员名单、所得税与财务报告等信息，但未依法保存记录或信息，不构成成员或经理对有限责任企业债务承担责任的理由。[1911]《修订统一有限责任企业法》规定更明确："有限责任企业未遵循有关行使其权力或管理其活动的任何特定的形式要求，不是成员或经理对有限责任企业债务承担责任的理由。"[1912]经验研究显示，有限责任企业成员被判定对企业债务负个人责任的可能性，小于闭锁公司股东被判定对公司债务负个人责任的可能性。[1913]商业信托同属非公司企业，其理相同。例如，商业信托文件订定，订立某项合同须由受益人召开特别会议决定，但受益人未开会即作出决定，不因此负无限责任。

上述因素不构成揭开面纱的理由，并未排除揭开面纱的其他因素。非公司企业是不同于其成员的实体，出资人应与实体保持独立，避免财产、业务、人事的全面混同，此为有限责任之前提，对此，非公司企业法未设例外。

[1908] 依多数见解，不遵守公司形式要求，本身尚不足以成为揭开面纱的因素。Robert W. Hamilton, *The Corporate Entity*, 49 Tex. L. Rev. 979, 988-91（1971）. 不遵守形式要求，通常是与其他因素结合，引发揭开面纱。Heating and Supply Co. v. Scherb, 432 P. 2d 237, 239（Colo. 1967）; Revere Press, Inc. v. Blumberg, 246 A. 2d 407, 411（Pa. 1968）.

[1909] George Gleason Bogert & George Taylor Bogert, *The Law of Trusts and Trustees* § 247（rev. 2d ed. 1993）.

[1910] Revised Uniform Limited Liability Company Act § 304 cmt.（2006）. 有限责任企业法极少要求有限责任企业遵循特定的形式；某些州容许有限责任企业无须保存任何记录即可成立与运行。Jeffrey K. Vandervoort, *Piercing the Veil of Limited Liability Companies: The Need for a Better Standard*, 3 DePaul Bus. & Com. L. J. 51, 71（2004）.

[1911] American Bar Association's Prototype Limited Liability Company Act § 405（1992）.

[1912] Revised Uniform Limited Liability Company Act § 304（b）（2006）.

[1913] Geoffrey C. Rapp, *Preserving LLC Veil Piercing: A Response to Bainbridge*, 31 J. Corp. L. 1063, 1071-72（2006）.

需附带说明的是，公司法上尚有“反向揭开面纱”法则。在反向揭开面纱之诉中，原告应证明债务人控制或利用企业实体以逃避个人债务、实施欺诈或犯罪、实施非正义行为或谋取不公平优势。[1914]非公司企业亦适用反向揭开面纱法则。[1915]

2. 商业信托文件订定受益人无限责任

受益人有限责任，为任意规范，商业信托文件可作相反订定，创设出类似于普通合伙或有限合伙的组织形态，以适应特定的交易需要。例如，为增强商业信托的信用或获取特定的借款，订定由资力雄厚或信用良好的受益人对商业信托债务负无限责任。又如，为防止受益人滥用权利，订定因受益人的不当行为致商业信托对他人承担债务的，该受益人对该债务负无限责任。再如，可订定承担管理职能的受益人，对商业信托债务负无限责任，以此加强对该受益人的约束，降低代理成本。[1916]

商业信托法不妨碍商业信托文件自由订定受益人负无限责任，比某些公司法更为灵活：公司章程可订定股东应在特定范围内及在特定条件下对公司债务负个人责任。[1917]商业信托受益人无限责任可不限于“特定范围”或“特定条件”。

第二节　受托人对商业信托债务的责任

商业信托反向资产分隔所涉另一问题，为受托人对信托债务的责任。此为商业信托以外商业组织所无的问题（管理者不对组织债务负个人责任），原因在于信托法上传统规则的影响。商业信托与普通信托功能、目的有别，普通信托受托人个人责任规则（或称受托人无限责任规则），并不能适应商业信托的需要，商业信托实务中发展出若干变通做法，实际上侵

[1914] C. F. Trust, Inc. v. First Flight L. P., 266 Va. 3, 580 S. E. 2d 806, 2 A. L. R. 6th 719 (2003).

[1915] C. F. Trust, Inc. v. First Flight L. P., 266 Va. 3, 580 S. E. 2d 806, 2 A. L. R. 6th 719 (2003)（有限合伙）; Litchfield Asset Management Corp. v. Howell, 70 Conn. App. 133, 799 A. 2d 298 (2002)（有限责任企业）.

[1916] 交易实例：期货投资信托的受益人分为两类，一类为管理受益人，另一类为有限受益人，管理受益人负责信托经营管理，对商业信托债务负无限责任；有限受益人为纯粹的投资者，只接受分配，不参与管理。受托人则仅负责处理注册登记类事务。此种组织结构类似于有限合伙。DB Multi-Sector Commodity Trust, Amended & Restated Declaration of Trust & Trust Agreement (2006).

[1917] Del. Code Ann. tit. 8, § 102 (b)(6); Model Business Corporation Act § 2.02 (b)(2)(v)(2016 Revision). 我国《公司法》无此限定，亦未明示章程可否排除股东有限责任。基于私法自治原则，应作肯定解释。

蚀了上述规则。晚近普通信托法与商业信托法对上述规则均已有所改变，两者彻底分道扬镳。以下依次考察受托人个人责任规则的法理基础、该规则在早期商业信托法上的变通及在现代法上的变迁。

一、商业信托受托人不对信托债务负个人责任

（一）受托人个人责任规则对于普通信托的意义

依照英美普通信托法的传统规则，信托管理过程中对第三人所生债务，由受托人承担个人责任，即以自己的财产负与无信托情形同一的责任。[1918]第三人不能以受托人的固有财产获得清偿时，可通过衡平法诉讼，代位主张受托人针对信托财产享有的请求权，从而追索信托财产以实现债权。[1919]受托人针对信托财产享有的请求权，包括受托人的报酬请求权、费用补偿请求权等。债权人只能在受托人上述权利范围内行使代位权。受托人的报酬请求权、费用补偿请求权，会因受托人有不当行为而全部或部分丧失。关于报酬，受托人违反信托时，法院可依自由裁量而拒绝受托人请求全部报酬、减少其报酬或允准全部报酬。[1920]关于补偿，受托人可就信托财产中取得的补偿，是其在信托管理中适当发生的费用；对于非适当发生的费用，原则上受托人无权请求补偿。[1921]此种“适当发生”与“非适当发生”的二分基准，亦适用于受托人在信托管理中所生契约之债、侵权行为之债以及基于信托财产所有人身份所生之债。[1922]据此，受托人所负债务如系不适当发生，将彻底以固有财产负担，其债权人亦将一无所获。

普通信托财产以受托人名义持有，受托人在与第三人发生法律交往时，以自己名义行事。信托不是代理，受托人不是代理人，而是本人。因此，一个合乎逻辑的结论是，因信托管理所生债务，由受托人承担责任，且普通信托不是独立主体，并无权利能力，由受托人清偿债务顺理成章。此外更有实质上的理由。

其一，受托人个人责任规则，符合普通信托之目的。普通信托旨在保

[1918] Restatement (Second) of Trusts § 261 (1959). 在受托人所负债务为契约之债时，如受托人与相对人约定受托人不承担个人责任，则从其约定。是为上述规则之例外。但在此情形，如受托人违反信托，而信托财产不足以清偿契约债务时，对于不足部分，受托人仍应承担个人责任。Id. § 263. 受托人所负债务为侵权行为之债时，无此例外。Id. § 264. 受托人所负债务非因契约或侵权行为所生、而系基于财产所有人之身份所生时，受托人负个人责任，但以信托财产足以补偿的范围为限。Id. § 265.

[1919] Restatement (Second) of Trusts § 268 (1959).

[1920] Restatement (Second) of Trusts § 243 (1959).

[1921] Restatement (Second) of Trusts § 245 (1959).

[1922] Restatement (Second) of Trusts § § 246-248 (1959).

存与保护信托财产，维护受益人的生存或生活利益，要求受托人谨慎行事，不得将信托财产用于高风险投资之类活动。普通信托法的诸多制度，皆为保障这一目的而形成，诸如受托人的谨慎义务、取得信托财产的第三人受制于善意购买人规则，等等。受托人个人责任亦为其中之一。个人责任可抑制受托人从事机会主义行为的动因，促使受托人将信托债务控制在合理范围内，否则受托人将以固有财产偿债。尽管依照信托法规则，受托人以固有财产清偿信托债务后，可从信托财产中取得补偿，但若信托财产数额低于受托人负债数额，受托人终将赔上固有财产，将债务尽量控制在低于信托财产数额的范围，方为受托人的理性选择。[1923]而且，即便在合同之债的情形，受托人可与债权人特别约定受托人不负个人责任，但如该债务是"不适当发生"者，受托人仍无权请求以信托财产补偿，即债权人仍将承受受托人违反信托及不能清偿之风险。

其二，受托人个人责任规则，兼具保护信托债权人的功能。受托人为信托财产所有人，与受托人交易的第三人无从知晓受托人是以固有财产或信托财产作为责任财产，如免去受托人个人责任，债权人可能被受托人名下责任财产状况所误导，受托人甚至可能借此实施欺诈行为。例如，受托人A名下有100万元资产，其中70万元为固有财产，30万元为信托财产。A欲向B融资，B在了解A资产有100万元后，提供贷款80万元。随后A违约，B追讨，但A以该借款是信托债务为由抗辩。信托法如不规定受托人对信托债务负个人责任，B仅能以30万元资产受偿。[1924]

（二）受托人个人责任规则在商业信托法上的变迁

受托人个人责任规则，不适合商业信托之目的。商业信托需激励受托人从事收益较高的投资与经营活动，个人责任规则恰成障碍。而且，受托人个人责任规则也和利益与负担的配置不匹配。如Hildebrank 教授所

[1923] 管理者负无限责任，具有抑制组织对外负债之作用，有限合伙亦为佐证。例如，2000年数据显示，80%的有限合伙从事融资、保险、不动产、租赁行业，有限责任企业与普通合伙的相应比例则为50%。Larry E. Ribstein, *Fiduciary Duties and Limited Partnership Agreements*, 37 Suffolk U. L. Rev. 927, 934（2004）[引用Bill Pratt, Partnership Returns, in Statistics of Income 50, at Table F（Fall 2002）]. 典型有限合伙的"持股企业性质"，意味着此类企业不大可能对外部债权人负有重大债务，企业主要依赖于从有限合伙人的权益出资中获取融资，而不引发侵权行为之债或合同之债，而有限合伙之所以可能主要用于持有资产而非经营实业，普通合伙人无限责任所附随的成本正是其原因之一。Id. at 935.

[1924] 或有论者认为，债权人应当知道信托的存在意味着受托人不以固有财产清偿债务，因为信托法明文规定信托财产区别于受托人的固有财产，"任何人不得以不知国法为由提出抗辩"。但现实状况是，信托与信托法对于大部分人而言仍属生疏概念，甚至职业法律人亦未必熟谙。处此环境，要求市场主体充分了解信托的法律效力，未免过苛。贸然以"任何人均应知晓法律"为由放任对第三人不利的结果出现，恐怕是一种忽视法律之现实性与局限性的武断做法。

言，商业信托受托人之所得，不过是与其实际提供的服务相对应的合理劳务报酬，不超过他们作为合股企业代理人从事同样工作所得报酬，何以衡平法院就对受托人课以保险人的责任（且在不付通常保险费的情况之下）？而实质上作为企业主、享有营业利益的受益人，却不承受营业之负担？因此，至少对于受托人适当执行信托事务所生债务，应以信托财产或由受益人清偿。[1925]而普通信托受托人（传统上）不收取报酬，其责任之所以如此之重，至少因下列事实而缓和：大多数普通信托的目的之实现，无须信托债务超过信托财产，大多数受托人亦不将信托基金投资于高风险营业。[1926]

受托人个人责任规则对商业信托的契合度，从英美两国的对比中即可见之。在今日英国，尽管也有作为公司之替代形式的“商贸信托”（trading trust），但实务中缺乏吸引力，主要原因即是受托人须就信托债务先承担个人责任。[1927]英国判例法和制定法又未发展出类似美国商业信托法的规则。反之，商业信托在美国的发展因素之一，即为受托人个人责任规则的去除。

受托人个人责任规则在美国早期商业信托法上即未得到完全坚持。一方面，有不少早期判例将普通信托法的传统规则适用于商业信托，认为受托人应就商业信托债务负个人责任。[1928]在程序上，因信托管理所生债务，债权人通过普通法诉讼起诉受托人，其胜诉判决之执行是针对受托人

[1925] Ira P. Hildebrank, *Liability of the Trustees, Property, and Shareholders of a Massachusetts Trust*, 59 Am. L. Rev. 17, 47-48（1925）.

[1926] Id. at 48.

[1927] David Hayton, Paul Matthews, & Charles Mitchell, *Underhill and Hayton Law Relating to Trusts and Trustees* 66-67（18th ed. 2010）. 此外，在英国法上，商贸信托也缺乏特殊的税收待遇。Id. at 67.

[1928] Betts v. Hackathorn, 159 Ark. 621, 252 S. W. 602, 31 A. L. R. 847（1923）; Goldwater v. Oltman, 210 Cal. 408, 292 P. 624, 71 A. L. R. 871（1930）; Slatt v. Thomas, 95 Colo. 382, 36 P. 2d 459（1934）; Schumann-Heink v. Folsom, 328 Ill. 321, 159 N. E. 250, 58 A. L. R. 485（1927）; McClaren v. Dawes Electric Sign & Mfg. Co. , 86 Ind. App. 196, 156 N. E. 584（1927）; Linn v. Houston, 123 Kan. 409, 255 P. 1105（1927）; Apahouser Lock and Sec. Corp. v. Carvelli, 26 Mass. App. Ct. 385, 528 N. E. 2d 133（1988）, review denied, 403 Mass. 1104, 530 N. E. 2d 797（1988）. 判定受托人负个人责任的依据还在于，受托人实质性地控制商业信托财产与营业，故具有本人（principal）的地位，应对商业信托债务负个人责任。12A C. J. S. Business Trusts § 27（2007）. 受托人个人责任不以商业信托财产为限，另有约定除外。James Stewart & Co. v. National Shawmut Bank of Boston, 75 F. 2d 148（C. C. A. 1st Cir. 1935）, cert. denied, 294 U. S. 722, 55 S. Ct. 549, 79 L. Ed. 1254（1935）（适用马萨诸塞州法）. 受托人应负个人责任的债务包括合同债务与侵权债务。Marchulonis v. Adams, 97 W. Va. 517, 125 S. E. 340（1924）. 但如受益人保留对商业信托的控制，致商业信托被认定为合伙而非真正的信托，则受托人仅为商业信托代理人，对商业信托的侵权行为不承担责任，受托人兼为受益人除外。Marchulonis v. Adams, 97 W. Va. 517, 125 S. E. 340（1924）.

的固有财产，而非信托财产；如债权人意欲追索信托财产或受益人财产，则应提起衡平法诉讼、将受益人列为被告，并诉称受托人破产或受托人不是境内居民（否则，债权人对受托人主张普通法救济被视为已足）。[1929]另一方面，也有判例判定商业信托经营活动中所生债务直接由商业信托承担责任，[1930]或者容许债权人择一请求。[1931]

同时，美国实务界又通过各种变通做法解脱受托人的个人责任。

其一，广泛使用免责条款，包括对外合同与商业信托文件中的免责条款。受托人可在与第三人的合同中特约豁免其个人责任，或约定第三人仅可追索商业信托财产。[1932]此类约定不违反法律与公共政策，[1933]对债权人有约束力。[1934]此种约定既可为明示形式，亦可从与该合同有关的外部证据或周边情形中推断而得。[1935]例如，合同用语表明受托人以受托人身份受合同约束，有时即足以免除个人责任。[1936]在商业信托文件中订定受托人不对商业信托债务负个人责任，为习惯性做法。[1937]此类条款合法有效，[1938]但有判例认为此种条款除非订入合同，否则不能阻却受托人对债

[1929] Ira P. Hildebrank, *Liability of the Trustees, Property, and Shareholders of a Massachusetts Trust*, 59 Am. L. Rev. 17, 33 (1925).

[1930] Carpenter v. Elmer R. Sly Co., 293 P. 162 (Cal. Dist. Ct. App. 1930).

[1931] 如马萨诸塞州判例判定，商业信托应负责偿付信托管理费用，因此受托人在管理信托过程中所生债务以信托财产清偿，尽管债权人亦可直接对受托人主张救济。Dunbar v. Broomfield, 247 Mass. 372, 142 N. E. 148 (1924); Frost v. Thompson, 219 Mass. 360, 106 N. E. 1009 (1914).

[1932] Town of Hull v. Tong, 14 Mass. App. Ct. 710, 442 N. E. 2d 427 (1982); Shelton v. Montoya Oil & Gas Co., 292 S. W. 165 (Tex. Comm'n App. 1927).

[1933] Pennsylvania Co. for Insurances on Lives and Granting Annuities v. Wallace, 346 Pa. 532, 31 A. 2d 71, 156 A. L. R. 1 (1943); Shelton v. Montoya Oil & Gas Co., 292 S. W. 165 (Tex. Comm'n App. 1927).

[1934] Taylor v. Mayo, 110 U. S. 330, 4 S. Ct. 147, 28 L. Ed. 163 (1884); Goldwater v. Oltman, 210 Cal. 408, 292 P. 624, 71 A. L. R. 871 (1930); Wm. Lindeke Land Co. v. Kalman, 190 Minn. 601, 252 N. W. 650, 93 A. L. R. 1393 (1934); Dolben v. Gleason, 292 Mass. 511, 198 N. E. 762 (1935); Pennsylvania Co. for Insurances on Lives and Granting Annuities v. Wallace, 346 Pa. 532, 31 A. 2d 71, 156 A. L. R. 1 (1943).

[1935] Hamilton v. Young, 116 Kan. 128, 225 P. 1045, 35 A. L. R. 496 (1924); Wm. Lindeke Land Co. v. Kalman, 190 Minn. 601, 252 N. W. 650, 93 A. L. R. 1393 (1934); In re Winter's Estate, 133 N. J. Eq. 245, 31 A. 2d 769 (Prerog. Ct. 1943), decree aff'd by, 136 N. J. Eq. 112, 40 A. 2d 648 (Ct. Err. & App. 1945).

[1936] Schumann-Heink v. Folsom, 328 Ill. 321, 159 N. E. 250, 58 A. L. R. 485 (1927). 另有判例持相反见解。John H. Sears, *Trust Estates as Business Companies* 54 (2d ed. 1921).

[1937] Comment, *Massachusetts Trusts*, 37 Yale L. J. 1103, 1104 (1928).

[1938] Carpenter v. Elmer R. Sly Co., 109 Cal. App. 539, 293 P. 162 (3d Dist. 1930); Schumann-Heink v. Folsom, 328 Ill. 321, 159 N. E. 250, 58 A. L. R. 485 (1927).

权人的责任，[1939]另有判例则认为此种条款不得对抗不知情的债权人。[1940]因而商业信托文件通常订定受托人对外缔约时，有义务在合同中加入受托人不负个人责任的条款，违反此义务的，受托人可能丧失其权利（如请求商业信托补偿已付费用的权利）。[1941]受托人清偿信托债务后，有权从信托财产中获得补偿。[1942]即使商业信托文件未订定补偿条款，法院也判定，为商业信托的利益清偿债务后，受托人享有从信托财产中获得补偿的衡平法权利。[1943]另有判例认定，如果商业信托文件订定受托人免于承担商业信托的合同债务且商业信托文件已登记，受托人在与第三人交易时，向第三人出示由受托人签名的信托证明（其中载明商业信托文件已登记），视为第三人知晓商业信托文件的上述条款，不得请求受托人负个人责任。[1944]

其二，区分受托人的职务行为与个人行为，并认定受托人不对职务行为负个人责任。受托人明确地以商业信托代表人身份签署合同或其他债务文件的，不负个人责任。[1945]受托人以商业信托名义签署票据的，足以表明其代表人身份。[1946]或者，受托人签署票据时注明“作为受托人而非个人允诺付款”，法院认定受托人不承担个人责任。[1947]

其三，认定继任受托人对前任受托人在控制商业信托营业期间发生

[1939] Ira P. Hildebrank, *Liability of the Trustees, Property, and Shareholders of a Massachusetts Trust*, 59 Am. L. Rev. 17, 23 (1925).

[1940] Dickinson v. Butt, 169 Ark. 1211, 278 S. W. 19 (1925); Review Printing & Stationery Co. v. McCoy, 276 Ill. App. 580, 1934 WL 2949 (2d Dist. 1934); Linn v. Houston, 123 Kan. 409, 255 P. 1105 (1927); Walker v. Hatfield, 17 S. W. 2d 357 (Mo. Ct. App. 1929).

[1941] Downey Co. v. 282 Beacon St. Trust, 292 Mass. 175, 197 N. E. 643 (1935).

[1942] Dolben v. Gleason, 292 Mass. 511, 198 N. E. 762 (1935); Sheldon A. Jones, Laura M. Moret, & James M. Storey, *The Massachusetts Business Trust and Registered Investment Companies*, 13 Del. J. Corp. L. 421, 434 (1988).

[1943] Sheldon A. Jones, Laura M. Moret, & James M. Storey, *The Massachusetts Business Trust and Registered Investment Companies*, 13 Del. J. Corp. L. 421, 434 (1988).

[1944] Roy v. First Eastern Bank, 781 F. Supp. 821 (D. Mass. 1992).

[1945] Pennsylvania Co. for Insurances on Lives and Granting Annuities v. Wallace, 346 Pa. 532, 31 A. 2d 71, 156 A. L. R. 1 (1943).

[1946] Tebaldi Supply Co. v. Macmillan, 292 Mass. 384, 198 N. E. 651 (1935); Plum v. Siekmann, 135 Neb. 101, 280 N. W. 264 (1938). 第三人知道受托人以商业信托代表人身份签发票据，未要求受托人对票据债务提供个人保证，法院判定受托人不负个人责任，第三人依揭开公司面纱法则主张受托人应负个人责任，亦被驳回。Inside Scoop, Inc. v. Curry, 755 F. Supp. 426 (D. D. C. 1989), order aff' d, 923 F. 2d 201 (D. C. Cir. 1991).

[1947] H. L. Wilgus, *Corporations and Express Trusts as Business Organizations* Ⅱ, 13 Mich. L. Rev. 205, 226 (1915).

的债务不负个人责任。[1948]

变通做法于一定程度上缓解了受托人个人责任规则的缺陷，但仍有诸多困难。困难之一为增加了缔约成本。尤其是有判例要求受托人在商业信托文件中订入免除或限制个人责任的条款，须经全体受影响的当事人（受益人及其他受托人）知情并同意。[1949]困难之二是判决标准不一。例如，对于第一类变通做法，有判例认为商业信托文件中的免责条款不得对抗第三人，但也有判例认为，与受托人订立合同的第三人，知道商业信托文件订定豁免受托人个人责任的，不得请求受托人负个人责任。[1950]关于何为"知情"，亦颇有分歧。仅在商业信托文件中设有免责条款，并不必然足以推定债权人知情；即使商业信托文件已登记，亦未必足以推定债权人知情。[1951]又如，对于第二类变通做法，在蒙大拿州判例中，受托人以商业信托的名义、以信托高级管理人员身份签约，法院判定其不得免于个人责任；[1952]而在宾夕法尼亚州一判例中，受托人以商业信托名义、以信托总裁身份签约，法院认为，依商业惯例，此种做法意味着签署人是以正式的职务身份而非个人身份签署，因此不负个人责任。[1953]困难之三是此种特约无法解脱侵权责任，故不得不在信托文件中特设条款，授权受托人以信托财产投保责任保险。[1954]

制定法的明确规定由此得以从判例法的迷雾中胜出。尽管受托人的个人责任规则并未成为商业信托在与公司竞争中处于劣势的原因（因为18世纪以及19世纪早期，在英美两国，公司董事经常被判定对公

[1948] Downey Co. v. Whistler, 284 Mass. 461, 188 N. E. 243(1933).

[1949] Goldwater v. Oltman, 210 Cal. 408, 292 P. 624, 71 A. L. R. 871(1930).

[1950] Commercial Cas. Ins. Co. v. North, 320 Ill. App. 221, 50 N. E. 2d 434(2d Dist. 1943); Dunning v. Gibbs, 213 Ky. 81, 280 S. W. 483(1926); State v. Thomas, 209 N. C. 722, 184 S. E. 529(1936).

[1951] Goldwater v. Oltman, 210 Cal. 408, 292 P. 624, 71 A. L. R. 871(1930); Hunter v. Winter, 268 Ill. App. 487, 1932 WL 2664(1st Dist. 1932). 相反判例如State v. Thomas, 209 N. C. 722, 184 S. E. 529(1936)（在合同中指明已登记的商业信托文件中含有免责条款，对债权人具有推定通知的效力）；Downey Co. v. Whistler, 284 Mass. 461, 188 N. E. 243(1933)[已登记的商业信托文件订定受托人的权限范围与限制的，通过受托人与商业信托订立合同的第三人，应查询（put on inquiry）该商业信托文件，否则视为知道该商业信托文件中订定的受托人权限范围及限制]。

[1952] Bragg v. Specialty Shoe Machinery Co., 225 Mo. App. 902, 34 S. W. 2d 184(1930).

[1953] Pennsylvania Co. for Insurances on Lives and Granting Annuities v. Wallace, 346 Pa. 532, 31 A. 2d 71, 156 A. L. R. 1(1943).

[1954] Ira P. Hildebrank, *Liability of the Trustees, Property, and Shareholders of a Massachusetts Trust*, 59 Am. L. Rev. 17, 23(1925).

司债务承担个人责任，与受托人类似），[1955]但判例法在此方面终究不如制定法更具确定性。较早的马萨诸塞州制定法规定，第三人可直接对商业信托财产提起诉讼，而非起诉受托人。[1956]以《特拉华州商业信托法》为代表的最新一代商业信托法完全废弃受托人个人责任规则：除商业信托文件另有订定外，受托人在以受托人身份行事时，就商业信托或其受托人的作为、不作为或债务，不对商业信托或受益人以外之人负个人责任。[1957]

彻底抛弃受托人个人责任规则，既同商业信托目的一致，亦吻合商业信托的法律结构与保护信托债权人之需。商业信托为区别于受托人与受益人的独立实体，信托财产以商业信托名义持有、受托人以商业信托名义对外交易，受托人自担商业信托债务，已无逻辑上的理由；债权人亦有理由预知相对人为商业信托而非受托人个人。去除个人责任，可强化对受托人的激励，使其行为模式趋近于受益人的目标：受托人原属"风险厌恶型"主体，而受益人多为"风险容忍型"主体，个人责任规则更刺激受托人采取保守立场，倾向于作出风险较低的商业决策，较低的风险意味着较低的营利机会，由此与营利目的发生冲突。[1958]

需附带论及的是，与受托人个人责任豁免相随的问题，为其他管理人的个人责任豁免。商业信托可由受托人以外之人经营管理，包括高级管理人员、受雇人、管理人等。此类人作为纯粹的管理者，亦不应对企业债务负个人责任。[1959]

二、商业信托法规则仍不同于普通信托法的新规则

（一）普通信托受托人责任规则的变化

美国最新一代商业信托制定法的规定，也不同于普通信托法的相应变革。后者的新例证，如美国统一州法全国委员会《统一信托法典》规定：除合同另有约定外，受托人在管理信托过程中以其信义义务人身份

[1955] John Morley, *The Common Law Corporation*: *The Power of the Trust in Anglo-American Business History*, 116 Colum. L. Rev. 2145, 2180(2016).

[1956] Mass Gen. Laws Ann. Ch. 182, § 6.

[1957] Del. Code Ann. tit. 12, § 3803(b).

[1958] 商业信托法另有其他规则发挥协同作用，诸如保护受托人适当冒险决策的商业判断规则、受托人获得补偿或预付的权利。

[1959] Del. Code Ann. tit. 12, § 3803(c)(除商业信托文件另有订定外，高级管理人员、受雇人、管理人或其他被指定处理商业信托营业或事务之人，在以此身份行事时，就商业信托或其受托人的作为、不作为或债务，不对商业信托或受益人以外之人负个人责任).

适当订立合同并已在合同中披露其受托人身份的，不对该合同负个人责任；[1960]对于管理信托过程中发生的侵权行为，或因持有或控制信托财产所生义务（包括违反环境法的责任），受托人仅在有过错时始负个人责任。[1961]美国法学会《第三次信托法重述》也有意偏离《第二次信托法重述》的传统立场，改采类似于《统一信托法典》上述规定的规则。[1962]此种规则有利于受托人，但是否符合委托人及受益人利益，尚有疑问。受托人责任风险的减少，将增大受托人冒险行为的动因，不利于普通信托的受益人。日本2006年新《信托法》增设“限定责任信托”，也引发类似的疑虑。[1963]正如信托法的代理成本理论所指出的，改变信托的外部关系规则，也会对内部关系造成影响。[1964]受托人对第三人责任规则的改变，其代价是增大了受托人的代理成本。相比之下，对于普通信托而言，传统的立场更为妥当。美国某些州和美国以外的普通法系其他国家仍然维持传统立场。[1965]这一立场亦为《欧洲民法典草案》所遵循（第10编第10：201条）。

不过，相比于商业信托法彻底免除个人责任，《统一信托法典》的上

[1960] Uniform Trust Code § 1010(a). 马萨诸塞州普通信托制定法有类似规定，但对债权人保护较其严密：除合同另有约定外，受托人对于在管理信托过程中以受托人身份适当订立的合同不负个人责任，但受托人在该合同中未披露受托人作为代表人的身份且未指明信托财产的除外。Mass. Gen. Laws Ann. Ch. 203, § 14A. “指明信托财产”之要件，便于债权人识别风险，免受受托人责任财产状况的误导。

[1961] Uniform Trust Code § 1010(b). 马萨诸塞州普通信托制定法规定类似。Mass. Gen. Laws Ann. Ch. 203, § 14A.

[1962] Restatement (Third) of Trusts § 106 (2012).

[1963] 所谓限定责任信托（又译为有限责任信托），是指全部信托债务非由受托人以其固有财产承担责任，而是仅以信托财产为限度承担责任的信托（该法第216条第1款）。学者指出，在传统的信托中，受托人之所以用固有财产承担个人责任，其原因包括：由于受托人以固有财产承担责任，因信托治理规则的灵活性而产生的风险就能被包括在内，对于考虑要承担此类责任的受托人而言，就有了抑制以不适当的方式处理信托事务从而导致信托债务发生的效果；对于侵权行为而言，这一问题就更为严重，如果受托人在处理信托事务时，因侵权行为对第三人造成损害，若不让受托人以个人财产承担责任，就将引发受托人的道德风险。参见[日]能见善久：《日本新信托法的理论课题》，赵廉慧译，载《比较法研究》2008年第5期。就此而言，日本2006年新《信托法》的此处修正可谓顾此失彼：顺应了商事信托的需求，却削弱了对普通信托受益人的保护。

[1964] Robert H. Sitkoff, *An Agency Costs Theory of Trust Law*, 89 Cornell L. Rev. 621, 671-77 (2004)（并讨论了普通信托法上受益人追踪权、防止挥霍信托规则变化对代理成本的影响）.

[1965] Restatement (Third) of Trusts § 106 Reporter's Note (2012). 在英国法上，受托人为信托的债务（包括合同之债和侵权行为之债等）承担个人责任。受托人承担责任后，仅可就合理发生的债务请求以信托财产补偿。并且，法律委员会曾经尝试审查关于债权人对受托人与信托财产权利的相关法律，但在2011年宣布，根据同政府部门讨论的结果，该项目不具有足够的优先性，因此不构成法律修正日程的一部分。参见[英]格雷厄姆·弗戈：《衡平法与信托的原理》（下），葛伟军、李攀、方懿译，法律出版社2018年版，第766~768页；David Hayton, Paul Matthews, & Charles Mitchell, *Underhill and Hayton Law Relating to Trusts and Trustees* 605-06, 610, 1066 (18th ed. 2010)。

述规定至少在债权人保护方面仍保持了必要的审慎：尽管豁免受托人对合同债务的个人责任，却以披露受托人身份、适当订立合同（不违反信托义务）等为要件，使第三人能预知受托人以固有财产或信托财产为责任财产，据以采取相应措施，故尚未根本削弱对合同债权人的保护。此种要件之设，或与普通信托不存在商业信托登记之类能够显示信托存在的制度有关，而代之以受托人披露要件，具有一定程度的公示功能。对于非合同债务，则另设受托人过错要件，禁止受托人将自己的过错转嫁于信托。[1966]

（二）新旧之间：我国《信托法》的问题

我国《信托法》关于受托人责任的规定有别于英美普通法，并未明文规定受托人对信托管理所生债务负无限责任，引发学理上的争议。[1967]因解释理由和立场之不同，可能得出接近于普通法传统立场或制定法新立场的两端结论，可谓在新旧规则之间摇摆不定的立法。就法律逻辑而言，受托人在信托事务处理过程中订立合同的，自己为合同当事人，应自负合同义务；受托人实施侵权行为的，应自负侵权责任；受托人为信托财产名义权利人的，针对财产权人所生债务（如税费）由受托人负担。但是，因有《信托法》专条的存在，易生歧义：受托人因处理信托事务对第三人所负债务，以信托财产承担；受托人以其固有财产先行支付的，对信托财产享有优先受偿的权利；受托人违背管理职责或处理信托事务不当对第三人所负债务，以其固有财产承担（第37条）。该条规定可作两种解释：第一种解释是，"以信托财产承担" 指向受托人和其他信托当事人的外部关系，即受托人对外承担有限责任，"受托人以其固有财产先行支付" 指的是受托人主动 "代为" 清偿信托债务的情形，债权人请求清偿的，则只能以信托财产受偿；第二种解释是，受托人对外承担无限责任，"以信托财产承担" 仅指向受托人和其他信托当事人的内部关系，"受托人以其固有财产先行支付" 包括受托人主动 "代为" 清偿信托债务和债权人请求清偿两种情形。

[1966] 商业信托法的相应规则不设过错要件，而一律将受托人履行职责所生债务归由商业信托承担，这一方面有利于保护债权人，另一方面可归因于商业信托的特性：为保持对受托人行为的激励，需对受托人行为适用商业判断规则，并不强调对受托人一切过错的追究，即不要求受托人为一般过失承担责任。详见本书第11章第4节。

[1967] 认为现行法没有明确规定受托人对外责任的见解，参见姜雪莲：《信托制度中受托人对外责任的比较研究》，载《江苏大学学报（社会科学版）》2014年第3期；认为《信托法》第37条第1款所规定的受托人责任确定无疑地属于有限责任的见解，参见张淳：《对我国信托法关于信托债务清偿责任的规定的修改》，载《社会科学家》2014年第2期；认为现行法可以解释出受托人无限责任的见解，参见赵廉慧：《信托受托人对第三人责任机理研究》，载《广东社会科学》2016年第4期。上述三文在立法论上均主张以受托人无限责任为原则。

该法同时又规定，共同受托人处理信托事务对第三人所负债务，应当承担连带清偿责任（第32条第1款第1句）。此句究竟是指共同受托人以信托财产和固有财产一并承担连带责任，抑或以信托财产为限承担连带责任，文义并不明确。立法机关工作人员所撰写的释义书解释为，在受托人没有过错的情况下，对第三人所负债务不应牵连其固有财产，应仅以信托财产为限承担责任。[1968]如将此作为历史解释的参考，则关于共同受托人责任的上述特别规定尚不足以证成受托人无限责任的存在。但若将该句解为受托人有限责任，又可能与第37条产生矛盾。第37条既已规定受托人因处理信托事务对第三人所负债务以信托财产承担，则第32条第1款第1句所谓“共同受托人承担连带责任”，只有理解为共同受托人以各自持有的信托财产承担连带责任，始不致与第37条抵触；但是，信托法并未要求每个共同受托人均持有信托财产，在仅有部分受托人持有信托财产的情形，不持有信托财产的受托人亦应依照该句承担连带责任（此时必须以固有财产承担责任），此时适用第32条与第37条即会出现自相矛盾的结果。

该法第37条的一般性规定，对于商业信托与普通信托各有不足。对于商业信托而言，将受托人以固有财产承担责任的要件定为“违背管理职责或者处理信托事务不当”，过于宽泛，不符合商业信托法通过商业判断规则或类似规则激励兼约束受托人行为的法理。对于普通信托而言，一方面不规定受托人承担无限责任，难以约束受托人的冒险行为，不利于受益人保护；另一方面又有不利于第三人保护之处。是否违背职责或处理信托事务有无不当，乃信托内部事项，非第三人（债权人）所知，以此决定受托人是否自担责任，对第三人不利。同时，未设“披露受托人身份”之类要件，更易使第三人遭受不测之损害。将来修法方向，应是区别普通信托与商业信托分设不同规定：对于普通信托，应以受托人负无限责任为原则；对于商业信托，应以受托人不承担个人责任为原则。

[1968]　参见卞耀武主编：《中华人民共和国信托法释义》，法律出版社2002年版，第107页。

第七章　内部资产分隔：系列商业信托

第一节　系列商业信托的一般问题

一、系列商业信托的概念

如同公司可发行类别股份（优先股与普通股等）、普通信托可设定类别受益权（本金受益权与收入受益权等），商业信托亦可发行不同类别的受益权凭证，例如，资产证券化信托发行的资产支持证券通常划分为优先级证券、普通级证券或更多类别。至此为止，商业信托与公司、普通信托并无不同。商业信托的独特之处，即在于能创设不同的"系列"，不同系列不仅可有不同的受益人、受托人与受益权，可有单独的经营目的或投资目标，并且可发生独到的"内部资产分隔效力"或"责任限定效力"。

系列商业信托或系列信托（series trust），指设有一个或多个具有责任限定效力之系列的商业信托。责任限定效力，指具备法定要件时，就每个系列的债务，仅可执行本系列的资产，不得执行本信托其他系列的资产或商业信托的一般资产，并且就其他系列的资产或商业信托的一般资产发生的债务，不得执行该系列的资产。某一系列的债务不是其他系列的债务，亦不是商业信托的整体债务。此种法律效果，称为"内部资产分隔"或"内部防护"（internal shields），[1969]而与实体防护及成员防护（所谓所有者防护）相呼应。美国统一州法全国委员会《统一受保护系列法》的评注称之为"垂直防护"（horizontal shield），区别于"水平防护"（vertical shield），后者即是指企业成员的有限责任（防护成员的财产，使之免受企业债权人的追索）。[1970]系列的本质为"分隔性"。[1971]有责任限定效力的系列，可单独解散、终止、清算，不影响其他系列或整个商业信托的存续，亦不影响其他系列的责任限定。

系列商业信托本身，可称为"主信托"（master trust，也译为统合信托、

[1969] Revised Uniform Limited Liability Company Act, Prefatory Note(2006).

[1970] Uniform Protected Series Act, Prefatory Note, Part 1(2017).

[1971] Ann E. Conaway, *A Business Review of the Delaware Series: Good Business for the Informed*, 1677 PLI/Corp. 645, 670(2008).

总合信托)，主信托为一独立实体。也有美国判例形象地称为“伞形实体”(umbrella entity)。[1972]

主信托内所设每个系列，在民事责任承担上互相独立，但并非独立实体。系列商业信托与企业集团或母子公司(对多个子公司控股的母公司)在责任承担上有近似之处，但亦有区别。首要区别在于，系列商业信托为独立实体，系列不是独立实体；母子公司均为独立实体。其他区别有：主信托并不必然在下属各系列中持有权益，母公司则持有子公司股权；母子公司或企业集团各成员公司各有资产，而系列信托可有“全部资产分属于各系列，信托本身无一般资产”之情形。

同一企业或个人拥有多个营业或财产的情形，屡见不鲜。企业或个人通常希望将不同的营业或财产相互隔离，以免某一营业的失败、某一财产的风险、某一营业或财产遭遇的诉讼或诉讼外权利主张殃及其他营业或财产。设立数个互相独立的企业，分别持有营业或财产，以区分资产、隔离责任，为资产隔离的传统方法。但此种安排会随着营业增长或财产增加而变得日益复杂及成本高昂，[1973]而随着企业数量与企业资产的增长，复杂性、费用与时间耗费将发生近乎指数式的增加。[1974]

系列信托为此提供了另类思路：在同一主信托下创设多个系列，由此在单一实体的架构下获得同样的资产分隔与责任限定待遇，从而减少运营成本。此种“法人内部的‘法人’”“实体内部的‘实体’”式结构，堪称商业组织法的重大创新。

我国虽早有系列基金的实践，[1975]但因欠缺法律规定，[1976]未能充分发挥系列商业信托制度的优势。近年来，伞形信托、伞形资产管理计划(实为系列信托)在实务中的运用日益广泛，并出现若干乱象，引发管理层的关注。例如，证监会于2015年9月17日发布的《关于继续做好清理整顿违

[1972] Hartsel v. Vanguard Group, Inc., No. 5394-VCP. 2011 WL 2421003, *1(Del. Ch. June 15, 2011).

[1973] Jonathan B. Alper, *New Asset Protection Tools-Delaware Series LLC*, http://www.alperlaw.com/delaware_series_llc.html, May 28, 2008.

[1974] Francis G. X. Pileggi, *The Delaware Series LLC*, http://www.delawarebusinessincorporators.com/s.nl/sc.2/category.92/.f, May 28, 2008.

[1975] 早在《证券投资基金法》施行之前，即已有数个系列基金发行，如招商安泰系列基金、融通通利系列证券投资基金、国泰金龙系列证券投资基金等。

[1976] 我国现行《信托法》及信托规章并未规定系列信托或系列基金。深圳证券交易所、中国证券登记结算有限责任公司《上市开放式基金业务指引》(2005年修订稿)在附则中提及，关于中国结算公司收费标准中向基金管理人收取的认购登记结算费等费用，系列基金收费视同单只基金。

法从事证券业务活动的通知》第1条规定:“一、各证监局应当督促证券公司根据19号公告的要求,仔细甄别、确认涉嫌场外配资的相关账户。信托产品账户清理的范围:一是在证券投资信托委托人份额账户下设子账户、分账户、虚拟账户的信托产品账户;二是伞形信托不同的子伞委托人(或其关联方)分别实施投资决策,共用同一信托产品证券账户的信托产品账户;三是优先级委托人享受固定收益,劣后级委托人以投资顾问等形式直接执行投资指令的股票市场场外配资。”中国证监会2016年发布的《证券期货经营机构私募资产管理业务运作管理暂行规定》(中国证券监督管理委员会公告〔2016〕13号)第7条规定:“证券期货经营机构开展私募资产管理业务,不得从事违法证券期货业务活动或者为违法证券期货业务活动提供交易便利,包括但不限于以下情形:……(四)设立伞形资产管理计划,子伞委托人(或其关联方)分别实施投资决策,共用同一资产管理计划的证券、期货账户。”由此可见,伞形信托或者伞形资产管理计划,并非为现行法一概禁止。监管机构的监管,着眼于禁止财产混同(共用同一账户),以保护投资者权益、维护证券市场秩序。现行法对于伞形信托、伞形资产管理计划的规范仍较为零散,且规范层级不高,大多为其他规范性文件。在欠缺上位法依据的情况下,此类文件也无权禁止伞形信托或伞形资产管理计划。司法实务中,法院倾向于认定伞形信托有效。[1977]

[1977] 陈品元与西藏信托有限公司营业信托纠纷案,西藏自治区高级人民法院(2017)藏民终25号民事判决书。陈品元上诉理由包括:“本案诉争的伞形信托合同系无效合同。(1)伞形信托的实质是融资融券业务,属于跨界混业经营的严重违法行为,根据《信托法》第二条、《证券法》第六条、《关于适用〈中华人民共和国合同法〉若干问题的解释(一)》第十条规定,伞形信托合同应属无效。(2)信托公司在账户下设立子账户,由劣后级委托人利用母账户进行交易,违反证券法律法规关于账户实名制的强制性规定,根据《合同法》第五十二条的规定,应属无效。(3)伞形信托违反《证券公司融资融券业务管理办法》、《信托公司证券投资信托业务操作指引》的强制性规定,以合法形式掩盖非法目的应属无效。”一审法院判决认为,本案所涉的信托合同完全符合《信托法》规定的信托法律关系特征、成立要件,未违反我国现行法律法规的规定,属自愿、真实、有效的信托关系。二审法院判决认为:“(1)陈品元与西藏信托签订的《西藏信托有限公司鸿禧成长2号伞形证券投资集合资金信托计划资金信托合同》,系双方当事人真实意思表示,且不违反法律法规效力性禁止性规定,属有效合同,双方当事人均应依约全面履行合同义务;(2)根据中国银行业监督管理委员会《信托公司管理办法》《信托公司证券投资信托业务操作指引》等规范性文件,信托公司可以开展证券投资信托业务,将集合信托计划或者单独管理的信托产品项下资金投资于依法公开发行并在符合法律规定的交易场所公开交易的证券;(3)虽然中国证券监督管理委员会于2015年7月12日发布了《关于清理整顿违法从事证券业务活动的意见》,要求清理、整顿违规从事证券业务的行为,但该意见并非法律和行政法规,仅是管理性规范而非效力性规范。综上,陈品元关于案涉合同无效的上诉理由不能成立,本院不予采信。”认定伞形证券投资集合资金信托合同有效的其他案例,参见西藏信托有限公司与黄伟强营业信托纠纷案,西藏自治区高级人民法院(2016)藏民初9号民事判决书。

鉴于美国商业信托法在此方面积有最丰富的立法与实务经验，而其他法域的相关法制或者尚付阙如，或者较为简略，[1978]或者仅就特种交易设有规定而无一般规范，[1979]本章以研究美国法制与实务为重点，以供参考。又鉴于系列商业信托别具一格，与民商法上既有制度面貌迥异，其性质与基础如何，甚具理论价值，系列信托虽早已为实务界所重用，迄今尚未引起理论界的重视，[1980]亦有必要加以法理上的探讨。

本章结合立法、判例、学说与交易实例，首先概述系列信托并回顾其简史，例示系列信托的若干实际应用形态，在此经验认识基础上，讨论系列信托的法律构造，并分析其法理问题及若干前沿争点。

二、系列制度简史；系列商业信托的“兄弟连”

企业资产分隔的实务，常比法律先行一步。商业信托系列责任限定的实践，早存在于马萨诸塞州的实务中，尽管马萨诸塞州商业信托制定法并无明文规定。[1981]制定法上的系列制度，则为《特拉华州商业信托法》首创，旨在容许交易者借此区隔不同资产或类似资产。[1982]

[1978] 例如，德国2013年《资本投资法典》对伞形基金设有一款规定：投资策略或其他发行特征不同的数个特别财产（基金——本书作者注）可以合而为一，成为一种伞形结构（Umbrella-Konstruktion）；个别特别财产的债务仅由本财产负担（第96条第2款）。

[1979] 例如，在意大利，关于共同基金的法律容许同一个基金中设立次级基金（sub-funds），各个次级基金的财产仅用于清偿对其债权人所负债务，不对基金的一般债权人承担责任；关于资产证券化的特别法——1999年4月30日的第130号法律，规定特殊目的实体可以设立多个资产池。Giacomo Rojas Elgueta, *Divergences and Convergences of Common Law and Civil Law Traditions on Asset Partitioning: A Functional Analysis*, 12 U. Pa. J. Bus. L. 517, 540-41, 547（2010）. 又如，欧盟关于可转让证券集合投资计划的指令第8章规定主基金—支基金结构（其结构与系列基金不尽相同）。Directive 2009/65/EC of the European Parliament and of the Council of 13 July 2009 on the coordination of laws, regulations and administrative provisions relating to undertakings for collective investment in transferable securities（UCITS）, Chapter Ⅷ Master-Feeder Structure. 再如，卢森堡关于证券投资基金的2010年法律特别允许设立伞形基金，伞形基金是在同一基金内部分设多个分隔区间（compartments），每个分隔区间各有其投资组合、投资策略、费率，各分隔区间的财产相互独立，各自的债权人仅可追索本分隔区间的财产，是所谓“分离原则”（segregation principle）。Christian Szylar ed., *UCITS Handbook* 9-10（2012）.

[1980] 美国关于系列信托的学术论文屈指可数，近年来探讨系列制度的文章多属实务探讨范畴。本书作者所撰《法人内部的“法人”：系列商业信托之研究》一文（载《为民法而斗争：梁慧星先生七秩华诞祝寿文集》，法律出版社2014年版），似为我国第一篇专门研究本主题的论文。

[1981] 例如，系列基金在其信笺中印制下列免责条款：“本信托是一个发行一个或多个系列基金份额的马萨诸塞州商业信托。与本信托交易的任何人，为执行其对本信托某一系列的债权，只能就该系列的资产求偿。” Sheldon A. Jones, Laura M. Moret, & James M. Storey, *The Massachusetts Business Trust and Registered Investment Companies*, 13 Del. J. Corp. L. 421, 443 n. 120（1988）.

[1982] Ann E. Conaway, *A Business Review of the Delaware Series: Good Business for the Informed*, 1677 PLI/Corp. 645, 652（2008）.

早在商业信托确立系列制度之前，公司法已有系列股份制度，但其内容与系列商业信托颇有区别，其广度与深度亦不可与商业信托相提并论。例如，《特拉华州普通公司法》规定：公司可发行一个或数个类别的股份，或在同一类别的股份中发行一个或多个系列的股份；各系列的股份可具有不同的权利、限定性条件等。[1983]据此，公司法所称"系列"，为"类别"的下位概念。商业信托法所称"系列"，为"类别"的同位概念，商业信托实务中的系列，则为类别的上位概念。《特拉华州商业信托法》早期文本规定，商业信托文件可创设一个或数个类别、系列。所称系列，宽于公司法的系列，不仅用于受益权，亦用于受益人与受托人。但仅此尚未体现出与公司系列的本质区别。[1984]直至1990年，修正后的《特拉华州商业信托法》规定，在具备法定要件时，商业信托的系列可发生资产分隔效力，但此规定仅适用于符合《投资团体法》所定义之"投资团体"的商业信托。[1985]1994年修正时，扩展适用于所有的商业信托。[1986]

现行《特拉华州商业信托法》第3804条第a款规定："商业信托可以起诉或受诉……作为上述规定的具体化，商业信托可以为受托人或其正当授权的代理人在依信托文件履行其相关义务过程中缔约或引起的人身或财产损害而受诉。商业信托的财产如同公司一般应适用扣押和强制执行，并受[《特拉华州法典》]第10编第3502条限制。虽有本条前述规定，如果商业信托（包括属于1940年《投资团体法》所称'注册投资团体'的商业信托）的商业信托文件设有一个或数个本法第3806条第b款第2项规定的系列，并且如果按该系列分别、独立地（separate and distinct）保存记录，与该系列相联系的资产根据分别、独立的记录而持有（无论直接持有或间接持有，包括通过名义人或其他人而持有），分别、独立的记录表明该系列的资产独立于该商业信托的其他资产或其他系列的资产，并且如果商业信托文件有此订定，且信托证书中含有本句规定的限制某一系列之责任

[1983] Del. Code Ann. tit. 8, § 151.《示范商业公司法》有类似规定。Model Business Corporation Act § 6.02（2016 Revision）.

[1984] 成员权益划分为类别或系列，在有限责任企业中亦普遍存在，近似于公司法。某些州有限责任企业法明文规定有限责任企业可创设不同类别、系列的成员权益，如明尼苏达州法。Minn. Stat. Ann. § 322B. 40, subds. 5-7. 其他州则默示容许有限责任企业创设此类权益。如得克萨斯州法。Tex. Rev. Civ. Stat. Ann. art. 1528n, § 2：13（A）. 即使有限责任企业法完全未提及此类事项，有限责任企业的组织章程或运营协议亦可创设此类权益。Carter G. Bishop & Daniel S. Kleinberger, *Limited Liability Companies-Tax and Business Law* ¶ 5.04（2007）.

[1985] 1990 Delaware Laws Ch. 297, § 18.

[1986] 1994 Delaware Laws Ch. 265, § 2（S. B. 343）.

的通知，则因某一特定系列引起、缔结或基于其他原因而存在的债务、责任、义务或费用仅可执行该系列的资产，不得执行该商业信托的一般资产或其他系列的资产，并且，除商业信托文件另有订定外，因该商业信托的一般资产或其他系列的资产引起、缔结或基于其他原因而存在的债务、责任、义务或费用，不得执行该特定系列的资产……在本章中，系列的资产，包括与系列相关联的资产；与系列相关联的资产，包括系列的资产。除商业信托的商业信托文件另有订定外，依照本款规定设立系列的商业信托，可以以某个系列的名义订立合同、享有财产所有权（包括不动产、动产与无形财产）、设定留置权与担保权益、起诉与受诉。”

《特拉华州商业信托法》关于系列的规定，为美国第四代州商业信托法所采，并成为《统一商业信托法》的模板。《统一商业信托法》专列一章规定系列信托，是为第一部规定系列实体的统一法。该法所称系列，专指在同一信托内的财产分离或分隔（segregation or partitioning）。[1987]所定义之“系列信托”（series trust），是指有依本法第401条创设的一个或数个系列的商业信托。[1988]

《特拉华州商业信托法》之规定，亦为本州与其他州的其他非公司企业法群相仿效。系列商业信托、系列有限合伙、系列有限责任企业三兄弟，同气连枝，已成为企业法之新锐。《特拉华州修订统一有限合伙法》明文规定系列有限合伙。[1989]《特拉华州有限责任企业法》为第一部规定系列有限责任企业之法，[1990]其后又有多州随之，包括艾奥瓦州、内华达州、俄克拉何马州、田纳西州、犹他州、伊利诺伊州、印第安纳州等。[1991]艾奥瓦州等州几乎全盘仿效特拉华州法。《伊利诺伊州有限责任企业法》关于系列有限责任企业的规定，总体结构采用特拉华州法，但有若干显著差别，主要是伊利诺伊州法明文容许有限责任企业协议可约定系列为独立实体。

[1987] Uniform Statutory Trust Entity Act, Prefatory Note (2009).

[1988] Uniform Statutory Trust Entity Act § 102 (13) (2009).

[1989] Del. Code Ann. tit. 6, § 17-218. 与系列商业信托及系列有限责任企业的盛况相比，特拉华州的系列有限合伙制度，几无追随者，相关讨论亦如凤毛麟角。参见Thomas M. Stephens & Marc L. Schultz, *Segregating Assets Within a Single Partnership: Delaware Series Partnerships and LLCs*, reprinted in Tax Planning for Domestic & Foreign Partnerships, LLCs, Joint Ventures & Other Strategic Alliances PLI 2005。实务中，很少有特拉华州有限合伙设有系列。参见Uniform Protected Series Act, Prefatory Note, Part 1 n. 3 (2017)。关于系列信托与系列有限责任企业的共同问题，亦与系列有限合伙相通。

[1990] Del. Code Ann. tit. 6, § 18-215.

[1991] Iowa Code Ann. § 490A. 305; Nev. Rev. Stat. § 86.1255; Okla. Stat. Ann. tit. 18, § 2054.4; Tenn. Code Ann. § 48-249-309; Utah Code Ann. § 48-2c-606; 805 Ill. Comp. Stat. Ann. 180/37-40; Ind. Code 23-18.1-1-1.

《印第安纳州有限责任企业法》2016年修订时更增设专编规定系列有限责任企业，[1992]是现今美国各州中最为详细的系列有限责任企业立法例之一。据美国统一州法全国委员会的统计，截至2017年9月17日，已有13个州及哥伦比亚特区、波多黎各规定了系列有限责任企业。[1993]由于有限责任企业的迅猛发展，系列有限责任企业的应用正日益广泛，[1994]亦成为理论界与实务界热烈讨论之课题。[1995]此种情势，催生了统一法的需求。美国统一州法全国委员会在起草2006年《修订统一有限责任企业法》之际以时机不成熟、多个问题未决为由拒绝规定系列有限责任企业，但终究于2017年起草完成《统一受保护系列法》，[1996]采用直接规定和类推相结合的规范方法，[1997]详细给出了系列制度多个相关问题上的解决方案，旨在向公众提供更透明的规则并更加确定地澄清因系列概念所生的大量法律问题，[1998]是在系列制度上迄今最全面的制定法。该法之所以使用“受保护系列”术语，是考虑到“系列”一词在不同语境中的含义大相径庭，为避免混淆而改用此语。[1999]本书仍统一称为“系列”。该法仅为有限责任企

[1992] 该编编名“系列有限责任企业”，共7章：第1章“适用”，第2章“定义”，第3章“系列有限责任地位”，第4章“设立”，第5章“责任限定”，第6章“登记要件、费用及其他行政管理条款”，第7章“域外系列有限责任企业”。

[1993] Uniform Protected Series Act, Prefatory Note, Part 1 (2017).

[1994] Mark A. Sargent & Walter D. Schwidetzky, *Limited Liability Company Handbook* § 3:84(2007). 关于系列有限责任企业的数量，据《统一受保护系列法》评注所言，因特拉华州等州法律不要求每一个系列均须登记，故难以统计其确切数量，据该法起草委员会顾问估计，依特拉华州法律成立的系列有限责任企业约有1500个；《伊利诺伊州有限责任企业法》则要求设立每一个系列均须登记，截至2017年1月1日，已有超过27,000个系列依据伊利诺伊州法律运行。Uniform Protected Series Act, Prefatory Note, Part 4 (2017).

[1995] 其中又以税收问题为热点。Steven Frost, *Musings on Series LLCs*, *Passthrough Finance Technique Corner*, J. Passthrough Entities, May-June 2007 (CCH); Bruce P. Ely & Michael W. McGlouhlin, *The Series LLC Raises Serious Questions But Few Answers Are Yet Available*, 16 J. of Multistate Tax' n and Incentives 6 (2007); Terence Cuff, *Series LLCs and the Abolition of the Tax System*, 2 Bus. Entities 26 (Jan/Feb 2000); Charles T. Terry & Derek D. Samz, *An Initial Inquiry into the Federal Tax Classification of Series Limited Liability Companies*, 110 Tax Notes 1093 (2006). 并请参见本章第2节所引文献。

[1996] 短短两年间，已有6个州采纳该法（2018年有内布拉斯加州，2019年有艾奥瓦州、康涅狄格州、弗吉尼亚州、田纳西州、阿肯色州）。参见美国统一州法全国委员会网2019年8月27日，https://www. uniformlaws. org/committees/community-home?CommunityKey=11843f3f-6ba5-4010-be96-8c2125fe7d31。

[1997] 该法采用的规范方法主要有两大类：一类是直接规定，如规定系列的要件；另一类是类推方法，即将系列类比为独立主体。Uniform Protected Series Act, Prefatory Note, Part 6 (2017).

[1998] Uniform Protected Series Act, Prefatory Note, Part 10 (2017). 该法评注版附有本法与特拉华州、伊利诺伊州、得克萨斯州关于系列有限责任企业之规定的对比表。Id.

[1999] Uniform Protected Series Act, Prefatory Note, Part 2 (2017).

业而制定，但对商业信托亦有参考意义。

特拉华州式的系列制度，在公司法上偶有出现。《马里兰州普通公司法》于2003年增订条文，规定依照1940年《投资团体法》注册为投资团体（投资基金）的公司可以设立具有责任限定效力的类别或系列，其内容与《特拉华州商业信托法》的上述规定相似。[2000]此系为公司型投资基金专设的规定，不具有公司法上的一般意义。

本章所论系列制度，指具有责任限定效力的系列商业信托、系列有限责任企业或系列有限合伙制度。规定商业信托或有限责任企业可发行不同类别或系列的受益权或成员权益、但未规定系列有责任限定效力的立法，在美国各州为数不少，[2001]此类系列，并无在本章特别讨论之必要。

三、系列商业信托的应用

（一）系列基金

1. 基金家族与系列基金

由一个主信托和多个系列组成的系列商业信托，在证券投资基金业中的应用特别广泛。假如仅提供单一的共同基金产品，当代基金市场将难以实现繁荣。[2002]美国基金市场上，“基金家族”或“基金群”早已风靡多年，并为投资者熟知。投资者习惯投资于同一基金家族中的不同基金产品，以实现投资多元化，灵活应对预期发生或实际发生的市场状况与经济条件之变化。几乎所有的基金家族提供的交易优势在于，将不同的基金产品集合于一个统一、完整的组合之中，其规模可达到相当惊人的程度，例如，1999年时最大的基金集合“富达基金”拥有259个基金。[2003]基金家族有两种形式：其一，设立数个独立的基金，[2004]各个基金各有投资目

［2000］ Md. Code Ann., Corps. & Ass'ns § 2-208.2.

［2001］ 例如，佛罗里达州、明尼苏达州、密西西比州、北达科他州、威斯康星州有限责任企业法。Mark A. Sargent & Walter D. Schwidetzky, *Limited Liability Company Handbook* § 3:84（2007）.

［2002］ Philip H. Newman, *Legal Considerations in Forming a Mutual Fund*, SL097 ALI-ABA 27, 36（ALI-ABA Course of Study 2007）.

［2003］ 4 Tamar Frankel & Ann Taylor Schwing, *The Regulation of Money Managers: Mutual Funds and Advisers* 31-93（2d ed. 2001 & Supp. 2008）.

［2004］ 在独立主体组合型基金群中，每个基金均为独立主体，各有信托文件（或公司章程）、受托人会（或董事）、受益权（或股权）。Donald W. Glazer, *A Study of Mutual Fund Complexes*, 119 U. Pa. L. Rev. 205, 209（1970）. 此种结构中，基金群实为个别运营的公司或信托之集合。Id. 由单一的投资顾问管理多个基金，一般情况下，每个基金均与投资顾问单独订立投资顾问合同或订立信托协议。SEC, Public Policy Implications of Investment Company Growth, H. R. Rep. No. 2337, 89th Cong., 2d Sess. 108（1966）; Donald W. Glazer, *A Study of Mutual Fund Complexes*, 119 U. Pa. L. Rev. 205, 209（1970）.

标和资产组合；其二，设立一个拥有多个系列或多个投资组合的“系列基金”。[2005]第一种为传统模式，第二种主要为系列信托。

系列基金，指组建为单一商业信托形式、由一群各有自己投资目标与投资政策的不同基金组成的基金。其基金份额划分为一个或数个系列，每个系列表征在一个独立的、投资目标与其他系列或整个基金不同的投资组合中的权益。每个系列的投资者不分享其他系列的投资所得，不对其他系列的资产享有权利，仅按比例享有自己所在系列的资产与收入。整个基金有时由同一个受托人会管理，只选任一个投资顾问、只订立一个投资顾问合同，只订立一个承销合同，无须就每个系列分别订立多个合同。[2006]不同的系列亦可由不同的投资顾问管理，但各个系列通常共用同一个分销商、托管人、过户代理人与其他服务提供者。[2007]系列基金通常在招募说明书中首先列明各系列的关键特征，再在其余部分说明各系列的统一信息，或者公告一份招募说明书，另就每个系列单独发布附加信息。

系列基金亦有别于“主—支基金”（master-feeder funds）。主—支基金又称为“核心与分支基金”（core and feeder funds）或“中心辐射型基金”（hub and spoke funds），主基金（或称核心基金、中心基金）与分支基金各为独立组织，主基金应有自己的董事会（或信托型基金的受托人会），投资决策是在主基金层面作出，收益分配则是从分支基金层面为之；分支基金将其全部资产投资于主基金。主—支基金结构的设计意在克服不同的份额持有人承担不同销售负担与费用之障碍。[2008]

系列基金于20世纪70年代开始盛行。[2009]1940年《投资团体法》规定的三大类投资团体（面额凭证团体、单位投资信托、管理型团体），皆可采用系列基金结构。[2010]基金家族采用设立数个独立基金之模式的，一般允

［2005］ 美国1940年《投资团体法》上又称为“系列团体”（series company）或“系列投资团体”（series investment company）。

［2006］ 例如，United Funds, Inc., Prospectus（July 3, 1969）。

［2007］ Laurin Blumenthal Kleiman & Carla G. Teodoro, *Forming, Organizing and Operating a Mutual Fund: Legal and Practical Considerations*, 1818 PLI/Corp. 49, 63（2010）.

［2008］ 本段关于主—支基金的介绍，参见4 Tamar Frankel & Ann Taylor Schwing, *The Regulation of Money Managers: Mutual Funds and Advisers* 31-22（2d ed. 2001 & Supp. 2008）。

［2009］ Sheldon A. Jones, Laura M. Moret, & James M. Storey, *The Massachusetts Business Trust and Registered Investment Companies*, 13 Del. J. Corp. L. 421, 457（1988）.

［2010］ 采用系列信托结构的单位投资信托实例，参见Delaware-Voyageur Unit Investment Trust Series 10 and Certain Subsequent Series, Standard Terms and Conditions of Trust（May 22, 1997）。

许投资者将基金家族中某一基金中的份额置换为另一个基金的份额，而无须支付销售费用，因而既可发挥规模经济的优势，又可使小投资者能够选择适合自己的投资。[2011]此类优势亦为系列基金所具备，除此之外，与设立多个独立的基金相比，设立系列基金另有重大的管理优势、经济优势与市场优势，可大幅减少设立新基金的时间与成本，并可避免重复的法律与监管要求，因而成为广受实务界欢迎的基金形式。[2012]基金设立新系列的，在其证券发行声明中加入关于系列的条款即可，无须解散原基金再设新基金。[2013]税法的改革也进一步促进了系列基金的应用。1984年之前，系列基金按照单一纳税实体对待，各系列实际上独立运作，致系列基金在确定纳税额时，须逐一计算各系列中投资组合的利润与亏损，颇为不便。[2014]自1984年始，系列基金中的各系列按照独立纳税实体处理。依国内税务署之意见，基金系列按独立纳税主体处理的规定，仅适用于信托制投资基金，不适用于公司。[2015]不过，1986年税法改革后，投资基金的税收待遇一体适用于各种组织形式的基金，[2016]商业信托型基金在税收方面不再有特殊优势。

2. 交易实例

（1）先锋指数基金

全球基金业巨头先锋基金旗下的各个基金，多采系列基金结构。以“先锋指数基金”为例。该基金以特拉华商业信托形式组建，于2005年4月29日发行时，下设9个系列，皆为跟踪美国股票指数的基金，但投资方向各不相同，分别为：“先锋整体股市指数基金”，跟踪整体股市（道琼斯Wilshire 5000组合指数，覆盖在纽约股票交易所、美国股票交易所与纳斯达克场外交易市场中常规交易的美国所有普通股），其全部资产投资于目标指数中1300个最大股票（覆盖该指数总盘面的近95%）以及有代表性的其余股票；“先锋扩展市场指数基金”，跟踪中盘与小盘股指数（道琼斯

[2011] 4 Tamar Frankel & Ann Taylor Schwing, *The Regulation of Money Managers: Mutual Funds and Advisers* 31-92（2d ed. 2001 & Supp. 2008）.

[2012] Philip H. Newman, *Legal Considerations in Forming a Mutual Fund*, SL097 ALI-ABA 27, 36（ALI-ABA Course of Study 2007）; Sheldon A. Jones, Laura M. Moret, & James M. Storey, *The Massachusetts Business Trust and Registered Investment Companies*, 13 Del. J. Corp. L. 421, 457（1988）.

[2013] Sheldon A. Jones, Laura M. Moret, & James M. Storey, *The Massachusetts Business Trust and Registered Investment Companies*, 13 Del. J. Corp. L. 421, 457（1988）.

[2014] Rev. Rul. 56-246, 1956-2 C. B. 316; Union Trusteed Funds, Inc. v. Commissioner, 8 T. C. 1133（1947）.

[2015] Priv. Ltr. Ruling 85-06-065（Nov. 13, 1985）.

[2016] Sheldon A. Jones, Laura M. Moret, & James M. Storey, *The Massachusetts Business Trust and Registered Investment Companies*, 13 Del. J. Corp. L. 421, 457（1988）.

Wilshire4500完全指数，一个美国中小盘股的多元化指数，覆盖在纽约股票交易所、美国股票交易所与纳斯达克场外交易市场中常规交易的、除包括在标准普尔500指数以外的美国所有普通股），其全部资产投资于目标指数中1200个最大股票（覆盖该指数总盘面的近80%）以及有代表性的其余股票；"先锋大盘股指基金"，跟踪大盘股指数（摩根斯坦利资本国际美国主要市场750指数，一个主要由美国大型企业股份组成的多元化指数）；"先锋中盘股指基金"，跟踪中盘股指数（摩根斯坦利资本国际美国中盘450指数，一个由中型企业股份组成的多元化指数）；"先锋小盘股指基金"，跟踪小盘股指数（摩根斯坦利资本国际美国小盘1750指数，一个由小型企业股份组成的多元化指数）；"先锋价值指数基金"，跟踪大盘价值股指数（摩根斯坦利美国主要市场价值指数，一个主要由大型企业价值股组成的多元化指数）；"先锋小盘价值指数基金"，跟踪小盘价值股指数（摩根斯坦利美国小盘价值指数，一个由小型企业价值股组成的多元化指数）；"先锋成长指数基金"，跟踪大盘成长股指数（摩根斯坦利美国主要市场成长指数，一个主要由大型企业成长股组成的多元化指数）；"先锋小盘成长指数基金"，跟踪小盘成长股指数（摩根斯坦利美国小盘成长指数，一个由小型企业成长股组成的多元化指数）。后七个以摩根斯坦利资本国际指数为跟踪对象的系列，采用复制指数的投资结构，各自的全部或近乎全部资产，按照与相应指数构成相同的比例，投资于各指数中的所有股票。

九个系列由同一投资顾问管理，但投资目标、投资政策、投资风险、绩效信息、风险信息、费用构成、净资产等各不相同，分配方式亦有差异（其中有五个系列实行年末分配，另四个系列实行红利季度分配、资本所得年末分配）。[2017]受托人有权随时将基金份额划分为不同的系列，并将系列划分为不同的类别，系列与类别的数量不受限制。基金可以设定权利及优先顺序各不相同的系列。系列的设置与决定应由受托人决定。受托人有权随时将一个系列中的基金份额分割为更小数量的份额或者归并为更大数量的份额，只要此种分合不会对该份额对本系列资产所具有之受益权造成重大改变，或者不会对其他系列中的份额权益造成重大改变。每个系列中的基金份额持有人有权接受本系列的红利分配。同一系列中不同类别的基金份额彼此之间不具有优先性，系列的分配应按照在基准日持有本系列基金份额的受益人的各自持有比例分配。基金份额持有人对信

[2017] Vanguard U. S. Stock Index Funds, Prospectus 1-37 (April 29, 2005).

托或任一系列新发行的基金份额，无优先认购权或其他权利。[2018]

基金份额应在本信托或本信托的过户代理人（或类似代理人）处登记，该账簿应为不同系列分别设账。登记簿册的记载，应作为每个系列中的基金份额持有人之身份及每个系列之基金份额数量的结论性证据。投资者可选择所投资的系列或类别。受托人有权随时确定来自投资者之投资的时间、条款与对价。每一笔投资应以已完全偿付的基金份额之形式记入投资者所选系列（或类别）的账户，在接受投资后，依据本系列的资产确定每个份额的净资产价值；但是，受托人可以决定对投资附加销售费用或补偿费用，受托人对此有唯一的自由裁量权。[2019]

（2）Munder系列信托

Munder系列信托2003年4月8日发行时，下设31个系列基金，每个系列各分为一到五个不等的类别。其中，各设A、B、C、K、Y五个类别者，共20个系列：Munder平衡基金、Munder债券基金、Munder现金投资基金、Munder新兴市场基金、Munder保健基金、Munder中期债券基金、Munder国际债券基金、Munder国际股权基金、Munder国际成长基金、Munder大盘价值基金、Munder密歇根免税债券基金、Munder中盘股权基金、Munder多季节成长基金、Munder净基金、Munder不动产股权投资基金、Munder小盘价值基金、Munder小企业成长基金、Munder免税债券基金、Munder免税中短期债券基金、Munder美国政府收入基金；各设A、B、Ⅱ、K、Y五个类别者，共三个系列：Munder期货技术基金、Munder中盘精选基金、Munder加权基金；设A、B、K、Y四个类别者，有一个系列，即Munder500指数基金；各设A、K、Y三个类别者，共两个系列：Munder免税货币市场基金、Munder财政货币市场基金；各设K、Y两个类别者，共两个系列：Munder标准普尔中盘指数股权基金、Munder标准普尔小盘指数股权基金；各设K、Y、优先Y-2、Y-3四个类别者，共两个系列：Munder机构政府货币市场基金、Munder机构货币市场基金；仅设一个类别（L）的系列仅有一个，即流动货币市场基金。[2020]

Munder系列信托的结构，如图2所示（因本信托系列、类别较多，本图仅列出部分系列与类别）。

[2018] Vanguard Index Funds, Amended and Restated Agreement and Declaration of Trust, Art. Ⅲ, § 1 (2008).

[2019] Vanguard Index Funds, Amended and Restated Agreement and Declaration of Trust, Art. Ⅲ § 3 (2008).

[2020] Munder Series Trust, Declaration of Trust, Schedule A (April 8, 2003).

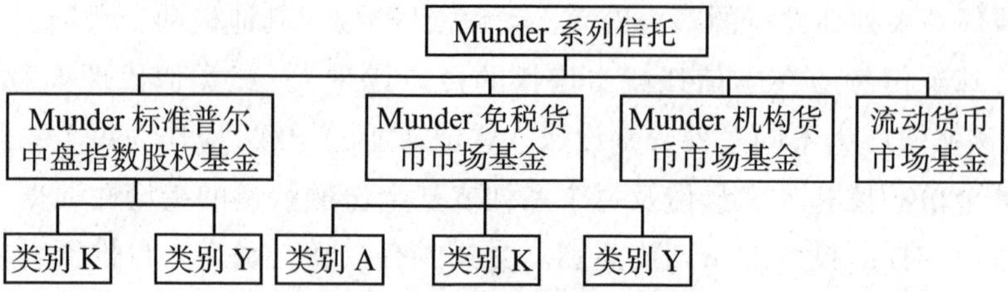

图2　Munder系列信托的结构

（二）系列基金以外的系列投资信托

系列信托可有效隔离投资风险，因此亦多为证券投资信托以外的投资信托采用。DB系列信托，即为适例。

本信托采用“主信托—支信托”结构。支信托是指PowerShares DB多部门期货信托，主信托是指DB多部门期货主信托。两个信托皆不是受1940年《投资团体法》管制的投资团体。并且，为避免丧失管制豁免的地位，两个信托的信托文件均订定：一旦本信托成为1940年《投资团体法》所称之“投资团体”，本信托即行终止。

PowerShares DB多部门期货信托，为一个下设七个系列的特拉华州商业信托，每个系列又称为基金。每个基金各发行要约销售总价为5000万美元的“受益权普通单位”（common units of beneficial interest），受益权普通单位又称为份额，仅代表对每个系列资产的受益权，每个系列的受益权分别发行，与其他系列无涉。本信托的受益权份额在Amex交易所上市，仅向一定的合格金融机构（称为“经授权的参与方”）打包发售，购买起点为20万个份额。合格参与方可将买入的受益权通过美国证券交易所再出卖给投资者。

上述每个系列分别投资于“DB多部门期货主信托”相应系列的受益权发行收益。DB多部门期货主信托也是一个下设七个系列的特拉华州商业信托，每个系列称为主基金（其受益权不在Amex交易所上市），分别对应于PowerShares DB多部门期货信托的七个基金。支基金及其每一系列的目的仅限于取得、持有与赎回相对应的主信托或其主基金的受益权，以及实施旨在促进上述活动或上述活动所附属的合法行为；支信托及其系列不得从事其他任何营业或活动、不得取得或持有其他任何资产。[2021]主基金通过期货经纪商投资于各个期货部门，其七个基金分别投资于不同的期货部门：PowerShares DB能源基金（以下简称DBE），投资于

[2021]　DB Multi-Sector Commodity Master Trust, Amended and Restated Declaration of Trust and Trust Agreement § 1.5（2006）. 信托文件第4.4条进一步特别禁止支信托及其系列从事借款、设定担保等行为。

能源期货指数；PowerShares DB原油基金（以下简称DBO），投资于原油期货；PowerShares DB贵金属基金（以下简称DBP），投资于贵金属期货；PowerShares DB黄金基金（以下简称DGL），投资于黄金期货；PowerShares DB白银基金（以下简称DBS），投资于白银期货；PowerShares DB贱金属基金（以下简称DBB），投资于贱金属期货；PowerShares DB农产品基金（以下简称DBA），投资于农产品期货。负责管理信托的"管理受益人"有权随时创设新的系列，并有权在创设任一系列的文件中修改或删除关于该系列中受益权内容、责任限定等事项的条款。[2022]

本信托的受托人仅负责商业信托登记事务及接受传票送达，支信托与主信托的经营管理权转托于由DB期货服务有限责任企业担任的"管理受益人"，该企业同时担负每个基金与主基金的期货资产池运营商、期货交易顾问之责。管理受益人将细务管理性事项与红利分配事项转托于事务管理商与分配商。整体交易结构如图3所示。

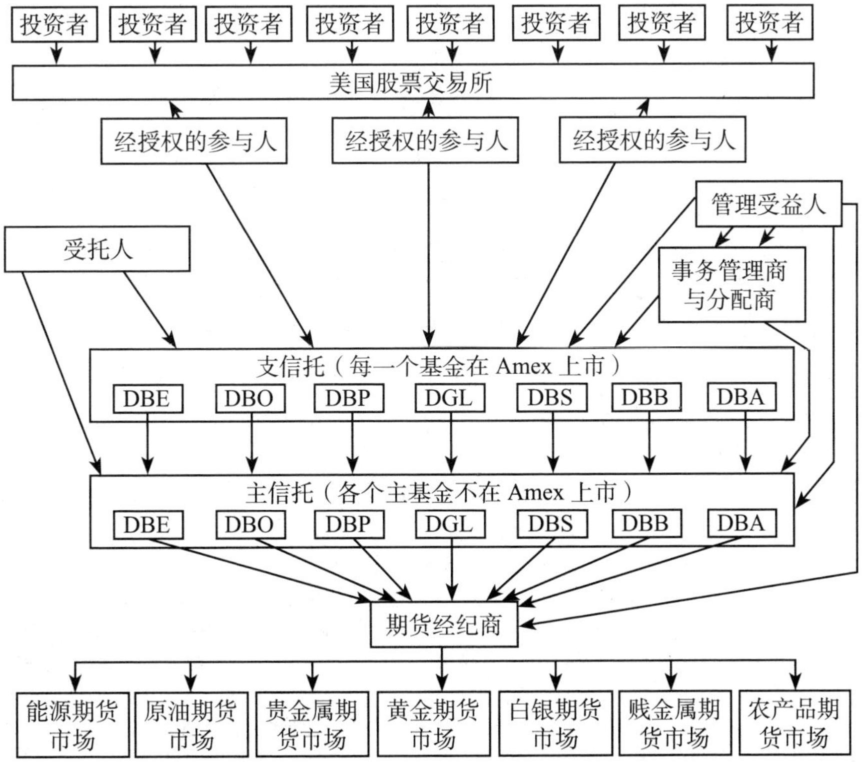

图3　POWERSHARES DB 多部门期货信托的结构

[2022] DB Multi-Sector Commodity Master Trust, Amended and Restated Declaration of Trust and Trust Agreement § 3.2 (2006).

上述系列信托结构，有效隔离了各基金之间的法律风险，对于具有高度风险性的期货投资营业而言，尤具优势。

（三）资产证券化“主信托”

1. 信用卡贷款证券化主信托[2023]

许多循环型债权均可利用主信托实施证券化交易，例如，信用卡债权、住宅权益贷款（Home Equity Loans，HEL）、资产支持商业票据（Assets Backed Commercial Papers，ABCP）、担保债券凭证（Collateralized Bonds Obligation，CBO）、担保贷款凭证（Collateralized Loans Obligation，CLO）等。信用卡债权证券化为其中的典型。信用卡债权与住宅抵押贷款、汽车贷款等还本型贷款皆有不同，信用卡债权证券化的技巧与住宅抵押贷款证券化、车贷证券化等有明显差异。信用卡债权属于循环型债权，其债权有一最高限额，在预设的还本付息时间表内，债务人可以一次清偿全部债务，或选择只归还最低缴款额与预支的信用额度。因此，信用卡债权的现金流量波动幅度很大，为使证券化后所发行的证券能够得到稳定的现金流量，对债权组合中的现金流量必须重新规划，证券化发起人在出卖债券后必须将收到的本金与财务费用分开，并以收到的本金购买新债权以确保未来的现金流量。同时，信用卡债权证券化亦不可能以传统的转付证券之形式发行，否则投资者收到的现金流量一定是时多时少、不可预测。信用卡债权证券化为使其证券的现金流量稳定，便以其资产组合所收到的还本重复补充债权，以维持债权的面额。此种为了保持资产组合与面额或弥补因违约而剔除账户的特殊作业，必须以另一套会计与税收原则处理，同时，为配合此种必须随时补充债权的循环型架构，[2024]信用卡债券的发行亦与其他资产证券化不同。主信托即为适应信用卡债权证券

[2023] 除末句引用储蓉论文外，本部分四段内容，主要参考陈文达、李阿乙、廖咸兴：《资产证券化理论与实务》，中国人民大学出版社2004年版，第255~258、331~332页。

[2024] 正常情况下，信用卡资产支持证券的生命周期划分为两个时期：循环期与摊还期。在循环期内，投资者仅获得利息还款（固定收益）。在循环期末，摊还期开始，归集的本金被用于向投资者进行偿付。在信用表现不佳、服务商陷入财务困境等情形下，资产支持证券可能发生提前摊还。证券化交易文件通常明确订定各种提前摊还启动事件，此类事件一般包括三方面的事件：一是关于出卖人、服务商的问题，包括不能支付必需的存款或还款、不能在必要时将应收款转移于信托、违反陈述或保证、出卖人或服务商违约或破产事件；二是关于担保物表现的问题，包括3个月期平均超额利差下降至零以下、出卖人权益下降至最低水平以下、担保品组合的余额下降至投资额以下；三是法律问题，如信托被归类为1940年《投资团体法》定义的“投资团体”。某一提前摊还事件发生时，处于循环期的证券会终止循环，并立即开始将归集的本金传递给投资者。一种可用于保护投资者的结构性增级，能够使本金通过不受控制的摊还被传递给投资者。这一机制将原本应付给出卖人的本金转用于支付证券还款，以使投资者能够更迅速地得到偿付。

化特殊需要而发展出来的信托架构。

早期的信用卡证券发行结构为单一信托（stand-alone trust）。出卖人将债权出卖于一个信托，由该信托发行多个类别的证券，售予投资者。其后，出卖人若欲发行新的证券，必须设立新的信托。自1991年起，债权出卖人以主信托的方式发行债券。自2000年以来，最新的信用卡资产证券化结构已演变为主票券信托（master note trust）或者主所有者信托（master owner trust）。

两种信托的差别主要在于，主信托能够以同一个信托于不同时期吸纳债权组合，然后发行新的证券系列，其发行时间可有先后，而单一信托不容许出卖人以同一个信托再发行新的证券系列。主信托的优点显而易见：不仅使信用卡证券的发行更有弹性，也能够降低成本。主信托容许在原有的信托结构下纳入新的信用卡证券系列。每一系列证券是指以同一时间加入主信托的信用卡债权为基础所共同发行的多级证券。复杂的主信托，在系列之上可能还有"群组"（group）的层级——主信托内可能有不同的几个群组，每一群组内又有一个或数个系列的证券。主信托每一系列的证券有不同的本金差额与利率。各系列各有账户、信用增级手段、信用增级机构、系列担保物、提前摊还事件等。

较之单一信托只能在组建新信托的情况下发行新证券，主信托不论在发行成本与发行时效上，皆较具优势。主信托的证券为多系列，以较为广泛、庞大的资产组合来相互担保，成为另一种形式的信用增级。因此，其背后的资产规模远大于单一信托的资产规模，可以达到较佳的风险分散效果，并且可以避免地域集中与季节性波动之影响。此外，以同一信托发行多系列证券显然较为省事、省成本，且合乎经济效率。主信托特别适合于具有循环结构的资产，由于循环资产往往具有量大、重复及再生性，因此主信托提供一个机制：发起人可以根据同一信托契约，在不同时间出卖多类别证券，省去了每次发行时必须成立新信托的麻烦，因而大大节省了发行成本；此外，由于主信托下债权群组较大，较不易受季节因素或区域过度集中等问题影响，在信用评级上也较为有利。[2025]

2. 交易实例：非信用卡债权类的主信托

系列信托架构经常为信用卡贷款证券化所用，但并不限于此。一般

[2025] 参见储蓉：《信用卡应收账款证券化》，载《台湾金融财务季刊》2002年第3辑第3期。

的资产证券化，当然也可采用系列信托架构。实例如下。

SWIFT汽车应收款主信托（以下简称主信托），系一个双重特殊目的实体结构（双SPV结构）中的主信托。[2026]GMAC是一个以从事资产支持信贷、设备融资、结构融资发票贴现服务、商业与住宅抵押融资、保险服务等金融服务为主业的有限责任企业。担任存管商的WHOLESALE汽车应收款有限责任企业，为GMAC设立的全资子企业，亦是一个特殊目的实体，其目的限定于从GMAC购买应收款、将此类应收款转让于第三人、设立信托并从事相关活动。该企业有权将应收款转让于主信托，并可持有信托受益权凭证。为降低应收款回收成本，GMAC转让应收款后，主信托选任GMAC为存管人，以主信托的代理人之身份，持有关于应收款的文件。主信托将票券首先发行给存管人，存管人再将之出卖于承销商，由承销商出卖于投资者。为使应收款转让发生对抗第三人的效力，GMAC应依美国《统一商法典》之规定向担保交易登记机构登记“融资声明”。主信托将其用于清偿票券的资产设定担保权，由债券契约受托人代票券持有人行使担保权；[2027]为使应收款担保权取得对抗第三人的效力，主信托亦应依《统一商法典》之规定向担保交易登记机构登记“融资声明”。

主信托的资产是GMAC与从通用汽车公司取得特许经营权的一组汽车零售商之间的汽车交易应收款，各种应收款循环发生，构成资产池。信托财产分别配置于各种账户中，诸如应收款回收账户、超额基金账户、现金担保账户、为每一系列分设的分配账户等。

主信托采用群组—系列—类别三重结构。每一群组下有若干系列，每一系列下有若干类别。每一系列的证券持有人仅有权从配置于本系列的信托财产中受偿；在特定情况下，某一群组中的某些“共用资产”（诸如超额利息、重新配置利息收入等），亦可由本群组中的各系列分享。票券由信托的全部或部分资产作担保并从此类资产中受偿。信托资产分为各个部分，分别配置于不同的账户，供各系列的票券受偿，各部分的资产依据可适用于本系列的“投资者百分比”划分之，而某一系列的投资者百分比以本系列的净投资数额为依据算定。债券契约受托人为不同的系列分

[2026] 以下关于该信托的介绍，均来源于其招募说明书。详见SWIFT Master Auto Receivables Trust, Prospectus（October 9, 2007）。

[2027] 资产证券化信托发行债券时，常需在信托财产上设定担保权，以担保债券持有人利益的实现。另参见GE Dealer Floorplan Master Noted Trust, Amended and Restated Trust Agreement § 2.8（2004）。

别设立账户，除特定的共用账户资产外，各系列票券或受益权凭证仅可就属于本系列的账户受偿。同一系列中有不同类别的，各类别的优先顺序依招募说明书增补本规定。基本顺序为，A类票券受偿顺序优先于B类，B类优先于C类，依此类推。

主信托的系列，有非过度集中系列与过度集中系列之分。非过度集中系列中的票券，表征非过度集中权益。非过度集中权益，指由非过度集中资产池余额（pool balance）代表的部分信托资产，包括依据债券契约或契约增补本配置于本系列的资产数额。过度集中系列中的票券，表征过度集中权益。过度集中权益，指由过度集中资产池余额代表的部分信托资产，包括依据债券契约或契约增补本配置于本系列的资产数额。资产池余额是指属于信托的所有合格本金应收款之总数。

在过度集中权益与非过度集中权益之间的资产配置，在招募说明书中只能作一般描述，此类资产配置一般是一个可变的权益，而不是将特定的资产作固定配置。配置于此类系列的资产或应收款回收额，常以计算公式描述之。信托配置于票券的各部分资产，受制于一定的集中度限制。为保持应收款来源的多样性以分散风险，与任何一个单一的交易商（应收款债务人）相关的、供票券受偿的总本金应收款，不得超过一定的门槛；相似地，由汽车担保的属于信托的总本金应收款，不得超过一定的门槛。为保持此类门槛，信托的每一项应收款的一部分（为可变值，可能从0到100%），将被配置于信托的一项独立的权益，即过度集中权益。每一项应收款的剩余部分，被配置于非过度集中权益。只有非过度集中权益项下的应收款收入，方可供非过度集中系列的票券受偿。

主信托的交易结构，如图4所示。

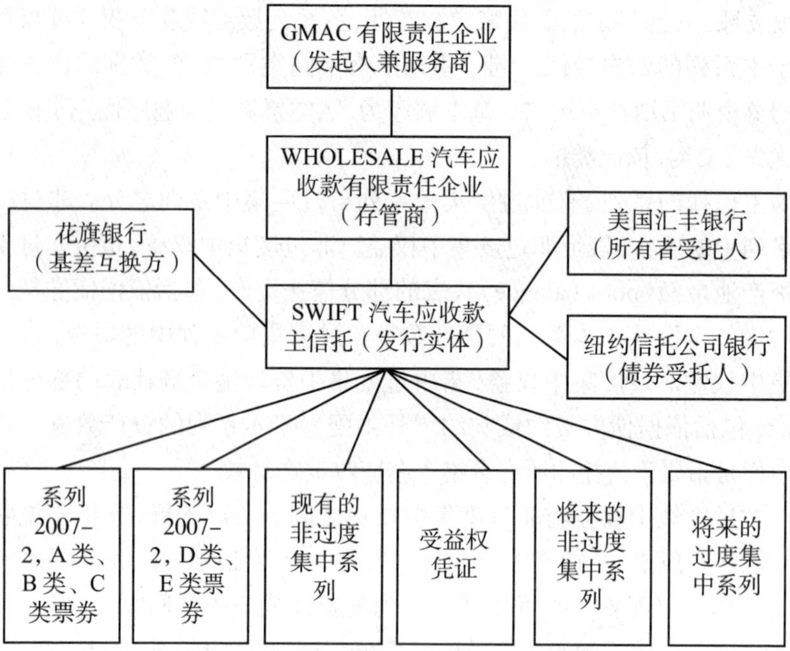

图4 SWIFT汽车应收款主信托的交易结构

3. 群组

资产证券化主信托，时常使用“群组”结构。相比于单一信托，主信托的优势在于，可根据同一信托契约，在不同时间多次发行证券，其用以作为担保的群组资产可随时增加、更换，但重要的是，无论群组资产的内容数量如何改变，必须维持同样水平的信用评级，以保障投资人权利。[2028]例如，SWIFT汽车应收款主信托2007年10月9日发行时有三个群组，分别为超额利率分享群组（分享超额利息收入）、利率重新分配群组（组合并重新配置利息收入与本群组中各系列中的类似收入数额）、本金分享群组（分享超额本金收入）。[2029]

群组，为一种用于帮助分配现金流的结构设计。信用卡主信托在任何时点皆可能包含大量的未偿系列。因此，现金流的分配可能会十分复杂。主信托现金流分配的关键要素包括三种：群组；融资费用分配；本金归集。[2030]

［2028］ 参见储蓉：《信用卡应收账款证券化》，载《台湾金融财务季刊》2002年第3辑第3期。

［2029］ SWIFT Master Auto Receivables Trust, Prospectus 3 (October 9, 2007).

［2030］ John N. McElravey, *Credit Card ABS*, in The Handbook of Financial Instruments (Frank J. Fabozzi ed. 2002).

在主信托层次，可创设一个或多个群组，每个面向投资者发行的证券系列将被分配到某一群组之中；在主信托的最高层次，按比例在投资者利益与出卖人利益之间分配现金流；在群组层次，按比例对投资者利益作进一步的分割。[2031]系列之下，可再分割为类别。有时在类别之下，尚有次类别（sub-class）。[2032]由此，主信托形成三至五个层次的结构：主信托、群组、系列、类别、次类别。

许多主信托仅有一个群组，该群组含有已发行的全部系列；其他信托可能会有两个或更多群组。在多群组信托中，具有相似特征的系列可被组合在一起。例如，含两个群组的主信托可将所有的固定利率息票系列归类为一个群组，并将所有的浮动利率息票归类为第二个群组；超额归集的本金或融资费用的共担（如果主信托结构有此要求）将在群组层次确定。[2033]

（四）养老金与其他受雇人利益计划主信托

严格而言，养老金信托以及类似的为受雇人利益而设立的信托，不属于传统意义上的商业信托，但依照特拉华州等州商业信托法，可注册成为制定法商业信托。主信托在此类信托领域中的应用已日益受到广泛欢迎，且被美国大多数最大型的公司所采用。[2034]

用于养老金或其他受雇人利益计划的主信托，包含大量的不同的受雇人利益计划，各个受雇人利益计划由单一雇用人或处于共同控制之下的一群雇用人发起设立，由一个银行或信托公司之类的金融机构担任受托人或托管人，不同的受雇人利益计划可由多个投资经理管理。[2035]

一个企业设置多个部门的情况遍地皆是。此类企业也可以将不同的部门设计为不同的信托系列。在系列商业信托的结构中，可将某一系列中的受益权授予本系列中选任的受雇人，用于实施受雇人报酬、受雇人持股之类的计划，由此将各系列的受雇人利益与该系列的绩效挂钩，并使各系列中的受雇人权益免受其他系列或整个企业的业绩、财务状况等的影响，为受雇人及企业提供更稳定的保障，例如，为生产部门受雇人设置的

[2031] Id.

[2032] SWIFT Master Auto Receivables Trust, Trust Sale and Servicing Agreement（2007）.

[2033] John N. McElravey, *Credit Card ABS*, in The Handbook of Financial Instruments（Frank J. Fabozzi ed. 2002）.

[2034] Jeffrey D. Mamorsky, 1 *Employee Benefits Handbook* § 12: 112（2007）.

[2035] Id. ; 2 *Employment Coordinator Benefits* § 36: 59（2007）.

系列可防止该系列的受雇人受其他部门业绩下滑之影响，反之亦然。[2036]

（五）其他应用

1. 若干例证

系列制度特别适合于构建投资基金与设计复杂的融资安排。[2037]在一般工商业领域，系列信托亦有用武之地。例如，可用于在不同地域从事特许经营业，[2038]将每个特许经营点设计为系列，以此隔断某一店铺经营失败对其他经营点的风险。

系列商业信托亦可在跨境经营或多种资产经营的企业领域中发挥作用。如果一个企业持有不同种类的资产或不同种类的营业，或在不同法域持有不同资产或营业，将会产生特殊问题。例如，一个同时持有现金或营业投资的企业，可能担心因营业而发生的债务危及现金资产的安全，因而期望其现金资产能与其他投资实现风险隔离，或者希望将位于不同法域的营业的风险隔离开来，此类企业即可通过设立系列商业信托实现上述目的，对此，仅需拟定一份企业组织文件、设立一个企业，较之设立多个企业，可显著降低成本。[2039]

系列商业信托还可能用作持股企业或控股企业的替代物。公司法或企业法常有对持股企业或控股企业的管制。运用系列商业信托的形式，可免受此类限制。例如，在一个商业信托中设五个系列，其中四个系列以从事实业经营为业，另一个系列则持有对其他四个系列的利润分配权与事务表决权。因各个系列皆非独立主体，对持股公司的限制不适用于此。

迄今，美国法上关于系列的裁判尚不多见。但至少有一个案例表明，系列有限责任企业被用于持有快艇等资产。[2040]此外，纽约州法院于2000

［2036］ 对此，已有实务界人士探讨将系列有限责任企业用于该领域的问题。Richard M. Colombik & Linda Godfrey, *The Series Limited Liability Company: Illinois and Delaware*, http://colombik. com/The_Series_LLC. doc, Jul. 12, 2008（引用 C. M. Riser, Series LLC, Offshore Today, September 22, 2000）.

［2037］ Revised Uniform Limited Liability Company Act, Prefatory Note（2006）. 至于系列有限责任企业，不动产持股企业是最常见的用途。Franchise Tax Board, *March/April 2006 Tax News*, http://www. ftb. ca. gov/professionals/taxnews/tn_ 06/03&uscore; 04.shtml, May 20, 2008.一个有限责任企业创设多个系列，分别持有各种不动产，诸如办公楼和商场等。

［2038］ Nick Marsico, *Current Status of the Series LLC: Illinois Series LLC Improves Upon Delaware Series LLC but Many Open Issues Remain*, 9 J. Passthrough Entities 35, 50（2006）（系列有限责任企业的类似用途）.

［2039］ Helen Gunnarsson, *Are Series LLCs Right for Your Clients?*, 93 Ill. B. J. 562（2005）（对系列有限责任企业的讨论）.

［2040］ GNG Management LLC v. Young Brothers and Co., Inc., 2007 WL 551761（D. Mo. 2007）.

年判决的*Calvin Klein Trademark Trust v. Wachner*案，[2041]展现了系列信托在贸易及知识产权领域的潜在用途。本案中，世界著名时装品牌Calvin Klein公司，与特拉华州著名的信托公司——威明顿信托公司订立信托协议，依据《特拉华州商业信托法》设立“Calvin Klein商标信托”，Calvin Klein公司随后将其拥有的四个商标（Calvin Klein、CK/Calvin Klein、CK/Calvin Klein Jeans、CK）转让于Calvin Klein信托，取得的对价是分为三个类别的Calvin Klein信托的受益权凭证：B类受益权凭证（Class B）代表在女式服装类产品领域使用上述商标的权益；C类受益权凭证代表在男式内衣类产品领域使用上述商标的权益；A类受益权凭证代表在其他任何产品领域使用上述商标的权益。在此交易结构下，Calvin Klein积极开展上述商标的融资与交易活动，先与Warnaco公司订立“收购协议”，将B类与C类受益权凭证出卖给Warnaco公司，获得价款5850万美元，又与Warnaco公司订立“男装配件许可协议”，将在男式皮带与男装配件生产、分销与营销领域中使用上述商标的排他许可权授予Warnaco公司。Calvin Klein信托、Calvin Klein公司并与Warnaco公司订立“质量保证协议”（确保对商标价值的维护）与“管理协议”（确保其他上述协议的履行）。

Calvin Klein信托是否采用多系列结构，本案判决书并未提及。但对于本案中展示的交易以及其他类似交易，完全可采用系列商业信托结构。采用系列商业信托的益处是可将各系列的财产加以分隔，进一步降低各系列受益人的风险。如在本案中，可依照不同的产品领域将商标使用权划分为不同系列，如女装产品领域的商标使用权为X系列，男装产品领域的商标使用权为Y系列，非服装类其他产品领域的商标使用权为Z系列，并依此发行不同系列的受益权凭证，只要确保各系列的财产不混淆，即可使任一系列免受其他系列的债务之影响。

在我国判决书中，亦可一窥系列商业信托在投资基金以外领域中的运用。例如，将系列信托用于中小企业发展基金。[2042]本案中，2012年12月17日，金谷信托公司作为甲方、浙江优选公司作为乙方、台州市首信担保投资有限公司作为丙方、温州众志融资担保有限公司作为丁方、台州元融担保有限公司作为戊方、中国信达资产管理股份有限公司浙江省分公司作为己方共同签订《合作框架协议》，其中第2.1条约定：甲方拟发

[2041] Calvin Klein Trademark Trust v. Wachner, 123 F. Supp. 2d 731 (S. D. N. Y., 2000).

[2042] 原告中国金谷国际信托有限责任公司与被告浙江优选中小企业投资管理有限公司营业信托纠纷案，北京市第二中级人民法院（2014）二中民（商）初字第11032号民事判决书。

行金谷·向日葵15号中小企业发展基金信托计划，计划发行总规模不超过50，000万元，信托总期限3年，分期发行，每期单独开设信托专户，独立核算。每期信托规模不低于5000万元，期限1年，每期到期一次性分配信托收益。信托资金用于向浙江省内信用良好、资金用途合法明确、还款来源可靠的中小企业发放信托贷款，信托计划设计结构分层，优先级信托受益权由甲方负责募集，次级信托受益权由乙方以自有资金认购，在每期信托计划中，优先级信托单位与次级信托单位的比例不高于8：2。第2.4条约定：甲方在信托计划项下向中小企业发放贷款时，由丙方、丁方、戊方任一方对贷款本息提供保证，具体事宜由甲方与担保机构另行签订担保合同。第2.5条约定：本信托计划下的各期期限届满时，甲方将本信托计划下的各期终止时的信托财产（扣除各项信托税费）以现金形式向对应各期优先级受益人分配信托利益。若届时现金形式的某期信托财产无法足额偿付，则甲方有权自行决定该期信托计划期限顺延。顺延期间由担保公司履行承诺先行偿付贷款本息，若优先级信托本益及应付未付的信托费用（含信托报酬）仍未得到足额支付，由乙方承担差额补足义务。第3.2条“乙方权利义务”约定：按期足额认缴本信托计划分期发行的每期信托计划的次级信托资金，认购本信托计划的次级信托份额，并享有信托计划的次级受益权；协助甲方进行本信托计划项下发放贷款的后期管理工作；有权为信托资金的债权投资遴选、推荐合格的目标企业作为借款人，供甲方选择；协助甲方复核借款人资格情况；在丙、丁、戊方已向甲方承担担保责任的情形下，协助丙、丁、戊方对借款人的经营情况、财务情况等进行后续跟踪，并在借款人违约的情形下，协助并促进丙、丁、戊方追偿债权及变现反担保物（如有）；协助甲方对借款人及担保机构实现债权；定期向甲方提供项目管理报告，至少应包含借款企业经营情况、还本付息情况等。

2. 展望

系列商业信托（或系列有限责任企业等）作为极具创新色彩的企业结构，尚有更广阔的运用前景，具体运用领域能达到何种广度，似非目前的理论家或实务家所能划定边界；受现时认知能力之限，至多只能例示某些潜在用途。在较近一篇集中讨论系列有限责任企业的论文中，戈福斯教授提及系列有限责任企业的四种用途：第一，用于从事多样化或分散化的营业。例如，某一商人计划从事研发、制造、分销、零售等不同营业，可创设不同系列分担不同的营业职能，类似于持股公司设立多个下属公司的结构。第二，遗产规划。客户可通过设立多个系列，分别持有分散化、多样化的资产，仅需订立一个文件。第三，在不同法域提供服务的专业经营。例如，在不同法域开业的大型律师事务所、会计师事务所、建筑师事务所、诊所等专业机构，可分设多个系列，以免因个别从业人员的侵权责任而殃及整个机构。第四，限定侵权责任。例如，出租车经营企业可以设立数个系列，每个系列仅拥有少量的出租车，由此可避免因个别出租车发生责任事故而殃及其他出租车资产。此亦为公司领域常用的限制责任的策略。[2043]

实务界人士亦撰文展示系列有限责任企业在不动产投资领域的潜在用途，例如，某一企业欲从事两个不动产开发项目，此时即可分别针对每一项目设立系列，以适应不同成员之需并设定不同的利润与亏损配置，[2044]同时可节约登记费用，并且由于仅需为整个企业登记一份年度报告，相关的登记费用亦可节省。当数个投资项目中某一项目的风险远高于其他项目时，采用系列有限责任企业尤为有用。[2045]

或因投资基金与资产证券化领域已被商业信托占领之故，系列有限责任企业目前甚少涉足投资基金与证券化等复杂交易领域，系列有限责任企业的应用与系列商业信托相比，尚处初阶。[2046]以上两段例示的系列有限责任企业之用途，自然也是系列商业信托可显身手的舞台。只要投资者拥有多项资产或营业，或者不同投资者需在企业的不同部分中享有不同地位或权益，系列商业信托即有应用空间。

四、系列商业信托的优势

系列商业信托的优势包括资产保护、成本节省与设计灵活性。

系列商业信托的主要优势在于责任限定效力（资产保护效力）。使用

[2043] Carol R. Goforth, *The Series LLC, and a Series of Difficult Questions*, 60 Ark. L. Rev. 385, 393-95 (2007). 有律师认为，系列有限责任企业还可用于遗产规划，为个人提供更为灵活有效的遗产安排。Helen Gunnarsson, *Are Series LLCs Right for Your Clients?*, 93 Ill. B. J. 562 (2005). 不过，戈福斯教授所称的第四类用途，可能实际意义有限，因为关于揭开公司面纱的判例基于保护法定之债的债权人之考虑，多已否定此类策略的有效性，采用系列结构亦难避免揭开面纱法则的适用。

[2044] Mark A. Sargent & Walter D. Schwidetzky, *Limited Liability Company Handbook* § 3:84 (2007).

[2045] Michael Cramarosso, *Illinois Construction Law Manual* § 2:9 (2007-2008 ed.).

[2046] 系列有限责任企业的弱点是几乎没有判例，亦无多少权威意见可供依赖。Brian R. Fons, *Serious About Series Llcs*, 21-APR CBA Rec. 46 (2007). 越来越多的律师和其他实务界人士开始讨论系列有限责任企业的最佳使用方式，目前较为一致的观点是，如果将系列有限责任企业应用于单一"所有者"（成员）或"所有者"较少并且各系列的"所有者"结构较为近似的有限责任企业，有限责任企业会运作良好；如果各系列各有其"所有者"和管理者结构、各系列的经营范围差异较大，系列有限责任企业的运用即较为复杂，尽管法律不限制设立各种各样的系列有限责任企业，但对于此种复杂结构，律师可能难以依赖足够的意见为客户提供指导。Id.

系列商业信托的主要意思之一即是将资产与责任或者商业项目分隔开来。企业可通过不同手段实现同样的目标，例如，某一个或多个当事人可设立多个独立的信托，分别持有资产或运作业务。采用系列信托形式而非设立多个独立信托，自有效率上的优势，已在当前实务中显现。就此而言，系列信托中的系列，有别于“类别”，亦有别于传统的系列。由于系列商业信托能够在内部进行资产分隔，因此其资产保护效力甚至优于设立多个信托。[2047]

在一定情形，相比于设立多个独立的信托，系列商业信托还可减少法律费用、会计费用及事务管理费用，[2048]此为规模优势所带来的成本节省。成本节省体现于下列方面。

其一，较低的费用。设立多个商业信托，应分别缴纳登记费，设立一个多系列商业信托，仅须缴纳一笔登记费。由于现代商业信托法实行较低的登记费率，登记费用在信托设立成本中比例甚低，登记费用的节省不足产生重大经济利益。[2049]不过，当系列商业信托公开发行受益权凭证时，费用优势较为显著。公开发行证券，应依证券法披露多种信息、向证券监管机构提交并向公众公告多种文件，其成本并非小数目，且随信托数量而增。设立一个系列信托，则可避免费用的成倍增加。这或许可以解释，为何系列商业信托特别盛行于共同基金行业。

其二，较低的事务处理成本。设立多个信托，需起草多个文件，设立一个系列信托，仅须起草一份文件，可节省相应的律师费用与其他成本。系列商业信托可随时创设新系列，不必另行登记信托证书或修改信托证书，甚至不必修改商业信托文件。[2050]未设系列的一般商业信托，可通过修改信托证书或重述信托证书而成为系列商业信托。相比之下，新设一个或数个商业信托则须登记新的信托证书、另备商业信托文件，费用与手续的耗费均多于系列信托，在商业信托需创设多系列的情形（例如，货币市

[2047] 关于系列有限责任企业的类似观点，参见Julia Gold, *Series Limited Liability Companies-Too Good to Be True?*, 12 Nev. Law. 18（July, 2004）。

[2048] Id.（讨论系列有限责任企业的类似优势）.该文同时指出，尤其在加利福尼亚州这样对有限责任企业征收较高的特许税（最低为每年800美元）的州，系列有限责任企业的费用节省功能更为突出。

[2049] 有限责任企业的情况则有所不同。每个有限责任企业须缴纳州特许税、年度登记费用等。利用系列有限责任企业形式每年仅须缴纳一笔上述费用。美国各州最新一代商业信托法一般未要求信托缴纳上述费用或税收，因此这一费用节约优势并不突出。

[2050] 系列商业信托往往在其信托文件中明确订定，受托人有权随时创设新的系列，无须受益人同意或修改商业信托文件。AIG Series Trust, Declaration of Trust, Art. Ⅲ, § 1（December 31, 2003）.

场基金），差距尤为显著。[2051]

其三，较低的运营成本。相比分别运作多个独立企业而言，在同一企业中运作不同系列，成本较低。

其四，较低的许可证成本。政府部门颁发的某种营业许可，是以一主体为单位，故一个系列企业获得的许可证，可供其下多个系列使用。[2052]

其五，较低的税负。在同一商业信托各系列之间处分财产时，因不属独立主体间转让，还可避免财产转让税。[2053]

仅以系列基金为例，可见一斑。较之由多个独立基金组成的基金家族形式，采用系列基金结构的基金家族形式，可节省多项组建成本与运营成本：系列基金无须置备多份招募说明书、受益人报告、表决权代理声明；系列基金一般仅设一个受托人会，可大幅减少受托人费用、受托人会议成本、记录制作与保存成本；律师费、注册登记费、计算机系统费用等其他管理成本，亦低于独立基金。[2054]对于发行规模较大的商业信托而言，证券发行注册费数额不菲。例如，DB多部门期货信托2006年6月发行要约销售总价为3.5亿美元的受益权，注册费达37，450美元。[2055]

系列商业信托在运营上具有高度的灵活性。通过系列之间的资本结构配置，系列商业信托能够实现更加灵活的、资产专用型的融资。[2056]某一系列的解散，不影响其他系列或整个商业信托的存续，亦不影响其他系列的受益人权益。因系列非独立主体，其解散与终止无须注销登记，亦简于多个独立信托的情形。[2057]

系列的上述优势，纵在系列的主体色彩更浓的立法之下，仍显而易见。以伊利诺伊州系列有限责任企业为例，有限责任企业的系列可被视

[2051] 针对有限责任企业法的同类问题，实务界会计师亦指出，设立多个独立实体往往较为复杂，亦是一项纸面工作繁重的事务，并且其复杂与繁重程度会随着企业扩张或繁荣而相应增加，系列有限责任企业则可解决上述问题。Richard M. Colombik & Linda Godfrey, *The Series Limited Liability Company: Illinois and Delaware*, http://colombik. com/The_Series_LLC. doc, Dec. 7, 2008.

[2052] Uniform Protected Series Act, Prefatory Note, Part 4 (2017).

[2053] Julia Gold, *Series Limited Liability Companies-Too Good to Be True?*, 12 Nev. Law. 18 (July, 2004)（系列有限责任企业的类似优势）；Jonathan B. Alper, *New Asset Protection Tools - Delaware Series LLC*, http://www. alperlaw. com/delaware_series_llc. html, Dec. 7, 2008.

[2054] Joseph R. Fleming, *Regulation of Series Investment Companies under the Investment Company Act of 1940*, 44 Bus. Law. 1179, 1183 n. 23 (1989).

[2055] PowerShares DB Multi-Sector Commodity Trust, Final Prospectus (2006).

[2056] Edward M. Iacobucci & George G. Triantis, *Economic and Legal Boundaries of Firms*, 93 Va. L. Rev. 515, 570 (2007).

[2057] 商业信托解散并完成清算后，须登记一份注销证书，并支付相应登记费用。

作独立实体，但其优势仍为设立多个独立企业所无。优势之一为登记费用节省。该法虽规定每个系列均应登记，但登记费较低：一个系列的登记费为50美元，新设一个有限责任企业的登记费为500美元。[2058]优势之二为管理成本节省。例如，系列有限责任企业仅需提交一份年度报告、保持一个注册代理人。[2059]

采用系列结构，本身并无额外的不利后果。系列信托常在招募说明书等公开文件中特别说明：采用系列信托结构旨在提高管理效率；选择系列信托还是单一信托，对投资者并无实质性后果的影响。[2060]

五、系列的外部关系：系列的责任限定

（一）系列责任限定的效力

1. 法律规定

系列的责任限定，具有正向与反向双重效力。

其一，正向责任限定（资产分隔）。除商业信托文件另有订定外，因商业信托的一般资产或其他系列的资产所生债务，不得执行特定系列的资产。

其二，反向责任限定（资产分隔）。因某一特定系列所生债务，仅可执行该系列的资产，不得执行商业信托的一般资产或其他系列的资产。

在此双重限定之下，系列略似于公司集团中的各成员公司：就其他成员公司的债务，不得执行特定公司的资产；反之，就特定公司的债务，不得执行其他公司的资产。不同之处在于，系列商业信托尚有一般资产的概念，即一般服务于商业信托整体目的或各系列共用的资产，如用于登记、聘用共用会计师的预留资金。

设有责任限定之系列的商业信托，各系列具有相对独立存续之地位，即系列可单独终止、解散或清算，无须解散商业信托或任何其他系列。系列的责任限定，不受商业信托或其他系列解散、终止或清算之影响，商业信托文件另有订定除外。[2061]此种规定，强化内部资产分隔的稳定性，有利于作为第三人的债权人。

[2058] 805 ILCS 180/50-10(b).

[2059] Brian R. Fons, *Serious About Series LLCs*, 21-APR CBA Rec. 46(2007).

[2060] PowerShares DB Multi-Sector Commodity Trust, Final Prospectus(2006).

[2061] Del. Code Ann. tit. 12, § 3808(f).

2. 实务做法

实务中，系列信托常将法律规定细化，并为系列之间资产与负债之配置设定机制，以进一步增强责任限定的确定性与灵活性。同时，商业信托文件必然需要将一定的财产或债务配置于特定的系列，并就特定系列确定受益人、受托人及受益人的利润分享与亏损分担，[2062]此项步骤虽非系列责任限定之要件，却为系列实际运行所不可或缺的前提性步骤。

信托文件常载明系列资产及债务之范围。例如，系列受益权发行所得对价及其所有收益，“属于”该系列。[2063]又如，系列基金契约约定：信托发行或销售某一系列的基金份额所得对价、收益等财产，应不可撤回地由本系列持有，并应依此记入信托的账簿。此类资产称为“由本系列持有的、本系列相关资产”。不易识别为系列相关资产的资产，则称为“一般资产”。受托人应以其认为公平与衡平的方式、依据，在各系列之间配置一般资产，受托人对此有唯一的自由裁量权。配置于特定系列的一般资产，即成为系列相关资产。除非有明显错误，受托人的配置应当是终局性的，且为所有目的、对所有系列的基金份额持有人有约束力。[2064]

类似约定也针对系列的债务：系列相关资产应承受本信托中与本系列相关的负债以及可归于本系列的所有费用、成本、负担与备用金。此类负债被定义为“系列相关负债”。不易识别为系列相关负债的负债，则称为“一般负债”。受托人应以其认为公平与衡平的方式、依据，在各系列之间配置一般负债，受托人对此有唯一的自由裁量权。配置于特定系列的一般负债，即成为系列相关负债。除非有明显错误，受托人的配置应当是终局性的，且为所有目的、对所有系列的基金份额持有人有约束力。[2065]

向特定系列提供信贷或就特定系列订立合同的债权人，仅可执行该系列的资产。此种责任限定效力，来源于法律规定，而不是法律行为。即使商业信托与债权人之间并未作出上述责任限定的明示约定，债权人仍受

[2062] Ann E. Conaway, *A Business Review of the Delaware Series*: *Good Business for the Informed*, 1677 PLI/Corp. 645, 655(2008).

[2063] DB US Dollar Index Master Trust, Amended and Restated Declaration of Trust and Trust Agreement § 3.6(2006).

[2064] Vanguard Index Funds, Amended and Restated Agreement and Declaration of Trust, Art. Ⅲ, § 6(2008); Munder Series Trust, Declaration of Trust, Art. Ⅲ, § 6(February 3, 2003). 类似条款，参见PowerShares DB Multi-Sector Commodity Trust, Amended and Restated Declaration of Trust and Trust Agreement § 3.7(a)(2006)。

[2065] Vanguard Index Funds, Amended and Restated Agreement and Declaration of Trust, Art. Ⅲ, § 6(2008); Munder Series Trust, Declaration of Trust, Art. Ⅲ, § 6(February 3, 2003).

上述限定之拘束。受制于系列的责任限定之债权，既包括外部债权人的债权，亦包括受益人、受托人、管理人等对系列享有的债权。有信托协议明文约定：受托人、管理人等对特定系列的债权，不得以信托或其他系列的资产受偿；受托人、管理人在管理信托或其他系列过程中所得财产，应以信托方式持有并立即将该财产返还于信托或该其他系列，不得用于清偿或抵销特定系列对自己的债务。[2066]受益人的债权，主要为就可接受之分配所享有的债权。[2067]受益人对商业信托之债权同受制于系列责任限定，对于投资基金等企业，尤有实益：每个系列可根据本系列的财务状况对其受益人进行分配，无须受制于其他系列或整个商业信托的财务状况。[2068]

关于系列责任限定的规定，系任意法。商业信托文件可另行订定系列的资产对其他系列的债务或商业信托的一般债务承担责任。[2069]此与约定放弃企业有限责任的一般情形无异。

（二）系列责任限定的要件

1. 法定要件

系列发生责任限定效力，有三项要件。

其一，按各系列分别、独立地保存记录，与特定系列相联系的资产根据分别、独立的记录而持有，此种记录表明特定系列的资产独立于商业信托的其他资产或其他系列的资产。

其二，商业信托文件订定系列的责任限定。

［2066］ PowerShares DB Multi-Sector Commodity Trust, Amended and Restated Declaration of Trust and Trust Agreement § 3.7(b)(2006).

［2067］ 交易实例：向某一系列的基金份额持有人进行分配（无论是信托或系列终止时的分配或因赎回、回购而分配），不得影响其他系列的资产，每个系列的基金份额持有人对其他系列的资产无任何权利。受托人有权决定何种项目（items）应作为收益、何种项目应作为资本处理，受托人对此有完全的自由裁量权；除有明显错误外，受托人的决定与配置是终局性的，且对基金份额持有人有约束力。Vanguard Index Funds, Amended and Restated Agreement and Declaration of Trust, Art. Ⅲ, § 6(2008); Munder Series Trust, Declaration of Trust, Art. Ⅲ, § 6(February 3, 2003).

［2068］ 系列基金对受益人分配的保障不仅更为安全，且更为自由。有限合伙、有限责任企业虽可创设系列，但有一特殊之处：有限合伙、有限责任企业法普遍对企业的分配设有限制，此类限制同样适用于特定的系列——某一特定系列的负债超过资产的公允价值时，不得对系列的合伙人或成员进行分配。Del. Code Ann. tit. 6, § § 17-218(j), 18-215(i). 商业信托法对企业分配不作任何法定限制，无此问题。

［2069］ 《特拉华州商业信托法》2016年修正时，在系列的责任限定规则之后新增一句规定（第3804条第a款），明确系列责任限定的任意法性质："上述规定，或者据此在信托文件或信托证书中载明的任何条款，均不：(i)限制商业信托为其系列而在信托文件或其他行为中订定，因该商业信托整体或其他系列而发生、缔结或基于其他原因而存在的任何或全部负债、责任、债务或费用，可执行该特定系列的资产；或者(ii)限制商业信托在信托文件或其他行为中订定，因某一系列而发生、缔结或基于其他原因而存在的任何或全部负债、责任、债务或费用，可执行该商业信托的一般资产。"

其三，信托证书载有限定某一系列之责任的通知。信托证书，系商业信托在企业登记机关登记的公开记录，供公众查询。系列责任限定通知的交易实例，如信托证书载明："依《特拉华州商业信托法》第3806条第b款规定，本信托发行一个或数个系列的受益权，其权利与优先性由信托文件订定，并可由信托文件随时修改。依《特拉华州商业信托法》第3804条规定，每一系列的责任限定于：(a)因某一特定系列引起、缔结或因其他原因存在于该系列的债务、负债、义务与费用，仅可执行该系列的资产，不及于本信托的一般资产或任何其他系列的资产；(b)因本信托一般地引起、缔结或因其他原因存在于本信托的债务、负债、义务与费用以及任何其他系列引起、缔结或因其他原因存在于任何其他系列的债务、负债、义务与费用，不得执行该系列的资产。"[2070]

保存独立记录及载明于商业信托文件，可称为指明要件（earmarking requirement）；登记于信托证书，为公示要件。指明要件，明确界定某一系列资产同其他系列或商业信托一般资产之间的界限，旨在保护第三人，同时，通过在商业信托的公开登记记录中载明系列的责任限定，进一步保护第三人利益。[2071]指明要件亦有避免财产混同以保护受益人之功用。[2072]

系列商业信托欠缺上列要件时，不发生内部资产分隔效力，各系列的资产与整个信托的资产仍为一体，如同普通的组织一般，以全部财产清偿债务。[2073]某一系列欠缺上列要件时，本系列的资产即混同于商业信托一

[2070] PowerShares DB Multi-Sector Commodity Trust, Amended and Restated Declaration of Trust and Trust Agreement, Exhibit A, Certificate of Trust of PowerShares DB Multi-Sector Commodity Trust(2006).

[2071] Uniform Statutory Trust Entity Act § 401 cmt.(2009).

[2072] 投资基金交易实例：基金份额应在本信托或本信托的过户代理人（或类似代理人）处登记，该账簿应为不同系列分别设账。登记簿册的记载应作为每个系列中的基金份额持有人之身份及每个系列之基金份额数量的结论性证据。投资者可选择所投资的系列或类别。受托人有权随时确定来自投资者之投资的时间、条款与对价。每一笔投资应以已完全偿付的基金份额之形式记入投资者所选系列（或类别）的账户，在接受投资后，依据本系列的资产确定每个份额的净资产价值；但是，受托人可以决定对投资附加销售费用或补偿费用，受托人对此有唯一的自由裁量权。Vanguard Index Funds, Amended and Restated Agreement and Declaration of Trust, Art. Ⅲ, § 3(2008).

[2073] 《统一有限责任企业法》修订过程中提出的系列有限责任企业草案，对此规定有误。草案第210条第b款规定，系列有限责任企业未满足资产分隔条件的，有限责任企业及其每个系列对有限责任企业及其系列的债务负连带责任。ULLCA Ⅱ, *Series Draft*, http://www.law.upenn.edu/bll/archives/ulc/ullca/2006FebSerDraft.htm, Nov. 7, 2007. 连带责任的前提为各责任人系独立主体，但该草案并未规定系列当然属于主体，仅授权有限责任企业协议可约定系列为主体，且同条第p款规定系列不得独立于有限责任企业进行合并、改组等实体交易，表明系列不具有完全的主体资格。

般资产，但具备要件的其他系列之责任限定不受影响。[2074]

作为保护第三人之规则，指明要件与公示要件属强行法。此类要件仅为保护第三人利益所必需，无意强加不必要的限制。例如，法律不要求披露系列受益人或受托人的信息；此与非公司企业法一致（普遍不要求披露成员信息），有利于保护商业上的私密性，并避免成员频繁变动所造成的披露负担。

美国学者戈福斯教授认为，保存记录之要件可能降低效率。法律要求系列分别保存记录，但未具体限定记录的种类、适当形式、具体内容，因非公司企业法并未强行要求企业保存任何形式的记录，要求对系列资产保存记录可能增加企业运营成本。[2075]不过，为系列保存记录未必真正形成额外负担。法律不要求企业保存一般记录，但出于会计、统计、健全内部管理、向受益人或受托人提供信息、符合监管要求等需要，真实世界中的商业信托，不可能不保存适当的记录，公开型企业尤其如此。况且，法律如对系列记录保存的具体方式定有明确规则（详如下述），更不成问题。

戈福斯教授又认为，将系列的责任限定通知债权人之要求似乎过低，因为法律不要求登记证书载明系列的名称，不要求系列具有易于区别的名称，而且，如系列名称同其所在企业的名称差异相当大，将系列的名称载入登记证书将相当困难。[2076]此论断恐有过虑之处，亦不合实务需求。其一，无须成立新实体，可应商业需要随时创设新系列，正是系列信托的优势之一。要求自始载明系列的名称，未免强人所难，无异于扼杀嗣后新设系列的可能性。其二，低估了债权人的自我保护能力。登记证书载明系列受有责任限制的信息，本身足以警示理性债权人注意与之交易的系列的资产及其他状况，不致在不了解特定系列的情况下仓促交易；强加登记系列名称的要求，对保护债权人无甚必要，反而徒增登记成本。其三，要求系列具有易于区别的名称，亦无必要。易于区别的名称无非为便于第三人识别之用。第三人交易前自会了解哪个系列是交易相对方，只要信托证书提示该企业下设系列，第三人将循此线索进一步了解系列的具

[2074] Ann E. Conaway, *A Business Review of the Delaware Series*: *Good Business for the Informed*, 1677 PLI/Corp. 645, 696 (2008).

[2075] Carol R. Goforth, *The Series LLC, and a Series of Difficult Questions*, 60 Ark. L. Rev. 385, 400-01 (2007)（针对系列有限责任企业的评论）. 与商业信托法类似，美国各州有限责任企业法不要求有限责任企业保存任何特定的记录。记录保存要求的非正式性，为非公司企业相对于公司的一大优势。

[2076] Id. at 403.

体情况，这符合通常的交易实践；有无易于分别的名称，乃至有无名称，不致成为第三人的交易障碍。况且，即使对于数个独立企业，法律也并不一律要求各企业须有易于区别的名称——法律固然要求有限责任实体须使用区别于其他有限责任实体的名称，但若同名实体同意使用其名称，并无不许。属于同一集团或彼此有其他关联关系的数个企业使用同一名称或类似名称，实务中更是屡见不鲜。既然如此，有何理由厚此薄彼、歧视对待系列企业？其四，系列的名称不同于主企业的名称，在登记上并无操作困难可言。

2. 效果的补强

除在登记证书与商业信托文件中披露系列的责任限定之外，法律不再要求以其他方式对第三人进行通知或公示。不过，在合同或其他文件中向商业信托债权人进一步明示系列的责任限定，或者向每个债权人实际提供关于存在互相分离的各系列之信息，更能促进对系列责任限定效力的尊重，是更好的商业实践。[2077]例如，商业信托可要求对外签发的文件载明系列责任限定，以强化对第三人（包括潜在受益人）的公示效果。有信托协议约定：代表某一系列作出或签发的每个书面协议、文件或其他允诺，应含有一项关于系列及其资产责任限定的陈述；信托或其任一系列、管理人代表信托或其任一系列订立的任何协议（包括但不限于与每个受益人签订的受益权认购协议），应含有与信托协议中关于系列责任限定之条款语句类似的条款。[2078]

此外，法律不要求必须在登记记录中载明特定的系列，但在登记记录中载明特定的系列及其责任限定，不失为良好的实务做法。[2079]

3. 维持责任限定的内部机制

受托人负责商业信托的经营管理，并负责信托证书登记，故有义务保存系列的独立记录、在信托证书中载明系列责任限定。未履行义务致系列资产受其他系列或整个商业信托的债权人追索，受托人应负责任。[2080]商业信托文件可将经营管理权自由授予受托人以外之人。此时，维持责

[2077] Julia Gold, *Series Limited Liability Companies-Too Good to Be True?*, 12 Nev. Law. 18 (July, 2004)（讨论系列有限责任企业的类似问题）.

[2078] PowerShares DB Multi-Sector Commodity Trust, Amended and Restated Declaration of Trust and Trust Agreement § 3.7(a), (c) (2006).

[2079] Ann E. Conaway, *A Business Review of the Delaware Series: Good Business for the Informed*, 1677 PLI/Corp. 645, 671 (2008).

[2080] Uniform Statutory Trust Entity Act § 305A (Discussion draft, spring 2008).

任限定之义务随之易手。负责登记事务的当事人有义务将系列的责任限定载入信托证书。[2081]

商业信托文件亦可采取其他措施保持内部资产分隔，例如，信托文件订定商业信托或其任何系列无权实施任何有悖于系列责任限定之法定要件的行为。[2082]

4. 最新修法：指明要件与公示要件的进一步完善

系列应在何种程度上方可具备指明要件？系列资产应否以系列的名义持有，还是仅在企业的记录中将资产在各系列之间进行分隔即可？法律并不十分明确。实务中具体应如何操作，或令交易者困扰不已。非公司企业主或已习惯于以非正式方式运营企业，此种非正式性可能使企业无法满足指明要件。[2083]或许正是为缓解此种困难，《特拉华州有限责任企业法》《特拉华州修订统一有限合伙法》2007年修正时，修改了指明及公示要件，并增订指明要件的“安全港”规定。[2084]

其一，新法首先简化指明要件及公示要件之表述：为系列保存的记录表明，与该系列相联系的资产独立于本企业的其他资产或本企业其他系列的资产；有限责任企业协议或有限合伙协议有此约定；关于系列的责任限定之通知，载于企业登记证书。

其二，与某系列相联系的资产，可直接持有或间接持有，间接持有时，可通过名义持有人或其他方法，包括以系列的名义、以有限责任企业或有限合伙的名义而持有。

其三，为系列企业设定“安全港”。以能够合理地识别该系列的资产之方法为该系列保存记录的，视为为该系列保存的记录已表明与该系列相联系的资产独立于商业信托的其他资产或其他系列的资产。此类方法包括：以特定列表、种类或数量、计算或分配公式、计算或分配程序（包括以资产的比例或份额）等根据，指明系列的资产，或者以可客观地确定特定资产的其他方法，指明系列的资产。

其四，企业登记证书已记载限定系列之责任，无论记载时是否已创

[2081] DB US Dollar Index Master Trust, Amended and Restated Declaration of Trust and Trust Agreement § 3.7(b)(2006)(约定负责经营管理的“管理受益人”负有此义务).

[2082] DB Multi-Sector Commodity Master Trust, Amended and Restated Declaration of Trust and Trust Agreement § 4.4(f)(2006).

[2083] Carol R. Goforth, *The Series LLC, and a Series of Difficult Questions*, 60 Ark. L. Rev. 385, 400 (2007).

[2084] Del. Code Ann. tit. 6, § § 17-215(b), 18-218(b)(2007).

设系列，即具备公示要件；不要求企业登记证书的此项记载列明特定的系列。

据此，法律不要求系列企业披露关于某一特定系列的特定信息，亦无须在设立证书中载明何种资产或营业与某一个特定系列相关。《特拉华州商业信托法》虽无此规定，但其空白即意味着未设此限制。

本次修正，强调记录指明不同资产的功能，而非记录的性质或特征，[2085]在确保第三人利益之同时更增灵活性。此种规定，和美国《统一商法典》第9编“担保交易”中关于担保财产指明要件的规定一致。后者允许以特定列表、种类、数量、计算公式等各种可客观确定担保财产的方法指明担保财产。[2086]尽管担保法与组织法在此问题上的目标有异，[2087]但服务于财产权公示目的之本质则一。新订规定有望吸引更多类型的交易采用系列责任限定结构。例如，资产证券化系列信托以往常以分别设置多个独立账户之形式或以百分比形式，区隔各系列的资产，而非在信托文件或信托证书中载明责任限定。明文容许以资产比例等方法指明系列的资产，将使法定的责任限定系列信托形式更多地运用于资产证券化之中，例如，可采用此种系列结构统一安排本金归集，[2088]无须分设账户，便于合并使用资产。

《特拉华州有限责任企业法》与《特拉华州修订统一有限合伙法》的最新修正，亦为商业信托同类问题提示了方向。《统一商业信托法》业已

[2085] Ann E. Conaway, *A Business Review of the Delaware Series*: *Good Business for the Informed*, 1677 PLI/Corp. 645, 670 (2008).

[2086] Uniform Commercial Code § 9-108(b)(2010).

[2087] Uniform Protected Series Act § 301 cmt.(2017).

[2088] 本金归集，为主信托现金流分配的关键要素之一。本金归集共享，是一种确保资产支持证券投资者按时获得本金偿付的结构性增级机制。无须用于偿付投资者的本金被再投资于新的应收款。归集的本金，按照系列的投资额大小，按比例分配至同一群组中的每个系列。每个系列的本金分配，取决于其在资产支持证券生命周期中所处阶段。处于循环期的系列，不获得任何归集的本金，其本金归集额可被重新分配，或由其他正在摊还的系列共享。处于摊还期或累积期的系列，获得的本金分配将用于向投资者进行偿付。本金分配取决于系列在其循环期末的投资额大小。尽管证券正在获得摊还，但系列获得的分配比例是基于原始投资额的一个固定比例。假设信用卡资产支持证券在12个月的时期内累积本金或摊还，该系列的1/12的本金额将被支付给该系列。根据信托的结构，超过摊还所需金额的本金归集，可由同一群组中的其他系列在需要实施其摊还计划时共享，否则超额本金将被用于收购额外的应收款。详见John N. McElravey, *Credit Card ABS*, in The Handbook of Financial Instruments (Frank J. Fabozzi ed., 2002)。

采此最新规定。[2089]不过,《特拉华州商业信托法》2010年修正时,却未改动关于系列之条文。《特拉华州商业信托法》2016年修正时,在关于系列的条文中增设三句规定,进一步明确了系列的责任限定效力为任意规范,并规定可以以系列的名义实施行为,但并未参照增订《特拉华州修订统一有限合伙法》《特拉华州有限责任企业法》2007年增设的上述规定。其中原因或在于,系列商业信托在实务中运作多年,其不确定性不如系列有限合伙及系列有限责任企业突出。

5. 内部资产分隔的否定:揭开系列面纱?

商业信托系列有资产分隔效力,以遵守分别、独立运营之要求为要件。受此约束,系列事实上有类似于独立主体之地位;至少在责任限定方面,系列与独立主体区别甚微。既然如此,"揭开面纱"法则是否适用于系列?在系列信托、系列有限责任企业及系列有限合伙领域,迄今尚无判例澄清该问题。

理博斯坦教授认为,关于系列的资产分隔要件之规定,一个重要的法理基础在于,只要当事人依照明确的制定法规定起草、设计其交易文件,即可建立一个"安全港",不适用揭开面纱的判例法规范。[2090]

判例法上的揭开面纱规范存在较大的不确定性。[2091]商业信托法关于系列责任限定之法定要件,事实上已将揭开面纱法则部分予以法典化。此种规范模式,有助于缓解揭开面纱规范的不确定性,但是否因此而一概不适用揭开面纱规范,尚有待斟酌。对此问题,或可从揭开面纱的不同适用事由入手观察之。英美公司法判例上,揭开面纱的适用情形包括财产混同、资本不足、过度控制等。[2092]如商业信托任一系列与其他系列发生财

[2089] Uniform Statutory Trust Entity Act § 401(a)(2009). 此外,《统一受保护系列法》亦采之,并增补基准,要求系列的记录中对系列资产的描述须足够明确,以使一个无利害关系的理性人能够:(1)识别该资产并将其区分于本系列的其他资产、本企业的资产和本企业其他系列的资产;(2)认定该系列何时、从何人处取得该资产或该资产以何种方式成为该系列的资产;(3)认定取得该资产的对价、对价的给付人和被给付人,若该系列是从本企业或本企业的其他系列取得该资产。Uniform Protected Series Act § 301(b)(2017).

[2090] Larry E. Ribstein, *An Analysis of the Revised Uniform Limited Liability Company Act*, 3 Va. L. & Bus. Rev. 35, 43(2008).

[2091] 揭开公司面纱法则的适用是罕见的、无原则的、随意的,并且完全缺乏法院将在何时揭开公司面纱的明确规则,因此有学者建议废除揭开面纱法则,代之以发生特定情形时直接追究股东个人责任的规则。Stephen M. Bainbridge, *Abolishing Veil Piercing*, 26 J. Corp. L. 479, 515, 535(2001).

[2092] 英美判例法上的认定标准,为我国法院实务所采。成文的表述,例如,上海市高级人民法院民二庭《关于审理公司法人人格否认案件的若干意见》(2009年6月25日)第6条、2019年《全国法院民商事审判工作会议纪要》第10~12条。

产混同，即不具备责任限定的法定要件，可径依商业信托法规定，认定该系列无责任限定效力。如系列有所谓“资本不足”情形，则不足成为否定责任限定的理由，因商业信托的系列如同商业信托本身一样，并无资本要件。如系列存在被过度控制的情形（某一系列受其他系列或整个商业信托的过度控制），以致系列“形骸化”，则形式上虽具备财产分隔的法定要件，似仍有否定该系列的责任限定之余地。但判断过度控制的标准，不应严于揭开本企业面纱的相应规则。尤其是不能仅因存在“人事连锁”而认定过度控制，即以各系列受托人或其他管理人系同一人为由认定存在过度控制。原因在于，由同一受托人或其他管理人经营管理，正是系列制度的优势，以此为由认定过度控制，无异于否定系列的应用。如各系列确实独立运行，则不应对系列适用揭开面纱或类似规则。对系列适用比揭开独立主体面纱更严苛的标准，并无正当性。[2093]《统一受保护系列法》的针对性规定，可供参考。[2094]

（三）系列商业信托及其系列责任限定的法理依据

系列信托虽为法律世界中的新生事物（甚至堪称“异端”），但仍可从悠久的法律传统中找到基因。关于系列的法律规范，界定了系列债权人与其他债权人之间的受偿顺序，属于组织法的范畴，并具备物权法的特征。组织法与物权法存在共通之处。满足一定的公示要求，可发生资产分隔效力。当事人依物权法在其特定财产上设定担保物权，并依法登记，担保物权人就该财产取得优先受偿权（特别担保）；当事人以特定财产设立企业，并依法登记，企业的债权人即可就该企业资产获得受偿权（一般担保），出资人仅可取得清偿债务后的剩余财产，即其顺序劣后于企业债权人。除了担保物权设定于特定财产之上、企业组织的财产随时变动之外，两者的经济效果有实质相似性。如果进一步考虑新型担保物权的发展，担保物权与企业组织之间的界限更趋模糊。担保财产、担保债权与担

［2093］ 对特拉华州有限责任企业法类似问题的分析，参见Carter G. Bishop & Daniel S. Kleinberger, *Limited Liability Companies-Tax and Business Law* ¶ 14.06（2007）。

［2094］《统一受保护系列法》一方面规定揭开面纱等涉及债权人保护的普通法和衡平法规则适用于有限责任企业的系列，另一方面仿照《修订统一有限责任企业法》第304条第b款规定：“有限责任企业或其系列未遵循有关行使其权力或管理其活动与事务的形式要求，不是无视第401条第a款所定限制的理由，但可以是无视第401条第b款所定限制的理由。” Uniform Protected Series Act § 402（2017）. 该条评注称，对于本法所规定的水平防护［本法第401条第a款所指情形］，本条适用与《修订统一有限责任企业法》第304条第b款相同的方法；但对于本法所规定的垂直防护［本法第401条第b款所指情形］，不适用同一方法，否则会削弱依照本法第301条、第404条保持良好记录的动因。Id. § 402 cmt.

保当事人均处于浮动状态的担保物权,[2095]与企业组织之间,可能仅有法律形式上的差异。[2096]商业信托的发展更凸显此种趋势:商业信托不仅可用作传统型企业组织,亦可成为纯粹为实现资产分隔目的而构建的法律机制,[2097]例如,用于担保融资或债券融资中单纯持有财产的特殊目的实体。

由上可见,公示要件是资产分隔的必要条件,甚至是充分条件。系列制度的正当性即在于此:法律对系列独立持有财产、对系列的责任限定进行公示的强行要求,相当于独立企业的资产分隔要件及物权公示要件,系列据此发生资产分隔效力,合乎法理。法律虽不要求系列企业在登记证书中披露关于某一特定系列的特定信息,亦不要求在登记证书中载明何种资产或营业与某一个特定系列相联系,但其公示与记录要件并不比独立企业更为松懈——法律对独立企业的要求亦不过是保存独立的资产、并在登记证书中说明该企业为有限责任型企业而已。

六、系列的创设、变更、废止、内部关系

(一)完全自治原则

关于系列商业信托的法律规定,唯有责任限定之要件为强行规范,其余皆为任意规范或选入式规范。至于系列的创设、变更、废止,系列内部的受益人、受托人等当事人之间关系,系列与整个商业信托之间以及系列之间的关系(如费用分摊),完全由商业信托文件自治,法律甚至未提供任意规范,商业信托得以保留最大限度的灵活性,此与商业信托法整体模式一致。[2098]

(二)系列的创设

系列的设定时间、条件与方式,悉由商业信托文件自定。例如,系列基金的信托协议约定:受托人有权随时将基金份额划分为不同的系列,并

[2095] Henry Hansmann & Reinier Kraakman, *The Essential Role of Organizational Law*, 110 Yale L. J. 387, 423(2000).

[2096] 商业组织、信托、担保权之间的实质联系,参见George G. Triantis, *Organizations as Internal Capital Markets: The Legal Boundaries of Firms, Collateral, and Trusts in Commercial and Charitable Enterprises*, 117 Harv. L. Rev. 1102(2004)。

[2097] Henry Hansmann & Reinier Kraakman, *The Essential Role of Organizational Law*, 110 Yale L. J. 387, 423(2000).

[2098] 不同的是,有限合伙法与有限责任企业法为系列有限合伙、系列有限责任企业设有较多的默认规则(此亦同其整体模式一致)。例如,《特拉华州有限责任企业法》规定:除协议另有约定外,有限责任企业的系列由与本系列相联系的成员经营管理。Del. Code Ann. tit. 6, § 18-215(g). 又如,《特拉华州修订统一有限合伙法》规定:某系列的有限合伙人的退出,本身不导致该有限合伙人退出其他系列或本有限合伙。Id. § 17-218(g).

将系列划分为不同的类别，系列与类别的数量不受限制；基金可以设定权利及优先顺序各不相同的系列；系列的设置与决定应由受托人决定，自多数受托人作出载明系列（或类别）的设定以及系列（或类别）的相应权利与优先顺序的决议之时起，系列的设定发生效力。[2099]

系列之下，可以创设类别。在美国，系列基金可在同一个系列中发行不同类别的基金份额，[2100]不过可能须依1940年《投资团体法》第18条的规定向证券与交易委员会取得豁免。[2101]不同类别的费用构成与投资绩效通常各不相同。[2102]某些基金专设机构受益权，以适合大额投资者之需。[2103]不受1940年《投资团体法》规制的其他商业信托在创设类别上更为自由。[2104]

商业信托文件可订定，将来依商业信托文件所定方式，随时追加创设具有相应权利、权限和义务的类别、群组或系列的受托人、受益人或受益权，类别、群组或系列的受托人、受益人或受益权所具有的权利、权限与义务可优先于或劣后于现有类别、群组或系列的受托人、受益人或受益权。[2105]商业信托亦可将新发行的证券纳入已发行的系列（或类别、群组）之中。[2106]创设新系列（或类别、群组）并不必然影响现有系列（或类别、群组）的权益，故一般无须现有系列（或类别、群组）受益人或债券持有人同

[2099] Vanguard Index Funds, Amended and Restated Agreement and Declaration of Trust, Art. Ⅲ, § 6(2008); Munder Series Trust, Declaration of Trust, Art. Ⅲ, § 6(February 3, 2003). 系列亦可由其他管理人设定。DB Multi-Sector Commodity Master Trust, Amended and Restated Declaration of Trust and Trust Agreement § 3.2(2006)(管理受益人通过签署载明系列的设定以及系列的相应权利与优先顺序的文件，以创设新系列).

[2100] 例如，先锋基金将基金份额分类为“投资者份额”与“海军上将份额”，前者认购起点为3000美元，后者为25万美元。投资者的账户余额达到一定标准后，“投资者份额”可转为“海军上将份额”；“海军上将份额”亦可因投资者失格而转为“投资者份额”。

[2101] Fidelity Special Situations Fund, Investment Company Act Release Nos. 15, 258(Aug. 15, 1986) and 15, 301(Sept. 10, 1986).

[2102] 例如，参见Vanguard Index Funds, Prospectus(Feb. 28, 2005)。

[2103] 例如，先锋指数基金的机构基金份额（Institutional Shares）为1000万美元以上。Vanguard Index Funds, Prospectus(Feb. 28, 2005).

[2104] 交易实例：受托人或其他管理人可通过签署文件，将任一系列划分为不同的类别或次类别(sub-class)，同一系列中各类别或次类别的权利与优先顺序可以有所区别（受托人或其他管理人对此种区别是否适当有决定权），只要此种区别在创设类别或次类别的文件中预先载明。DB Multi-Sector Commodity Master Trust, Amended and Restated Declaration of Trust and Trust Agreement § 3.3(2006).

[2105] Del. Code Ann. tit. 12, § 3806(b)(1).

[2106] 基金交易实例：一般情况下，受托人会有权决定修改信托文件，但是，基金份额发行后，修改信托文件将对任何系列（或类别）中基金份额的权利与优先顺序产生重大不利影响的，或增减任何系列（或类别）的基金份额的每股价值的，该修改须经份额持有人表决批准。Vanguard Index Funds, Amended and Restated Agreement and Declaration of Trust, Art. Ⅲ, § 5(2008). 资产证券化实例，参见SWIFT Master Auto Receivables Trust, Prospectus(October 9, 2007)。

意，亦无须通知此类人，商业信托文件另有订定除外（通常订定某些重大行为须经同意）。[2107]

此种灵活性，胜于公司法[2108]及某些有限责任企业法，[2109]尤其有利于需随时发行新基金份额的证券投资基金以及随时增发资产支持证券的资产证券化信托。[2110]在受益人众多的商业信托中，取得先前受益人同意，近乎不可能。至于受托人等是否滥用权利损害先前受益权，亦无须过虑，因受制于经济法则，商业信托出于维持其受益权价格及保持与吸引投资之需，一般不可能为此自绝行为，反而会通过各种机制保障已发行系列的利益不受影响。例如，资产证券化服务商会在资产池服务协议中允诺保持资产池中各应收款符合订定条件，仅在不保持应收款符合订定条件不会对已发行系列的票券持有人产生重大不利影响时，始有例外。[2111]此类约定目的之一即为保护已发行系列之权益不受影响。纵有受托人滥用权限以不当损害先前受益权为代价增发系列之极端案型，受益人亦可通过信义义务等途径主张救济。与企业法的诸多主题一般，在此，显然不宜因可能性甚低的潜在风险，而扼杀压倒性的现实效益。

新设系列（或类别、群组）可优先于或劣后于已发行系列，亦有实益。将其他系列（或类别、群组）的证券顺序置于某一系列（或类别、群组）证券之后，即是该系列（或类别、群组）证券信用增级的常用手段之一。[2112]

[2107] 但依美国证券法，证券持有人有权获得依据证券格式Form 10-D载明的信息。对此，均在招募说明书中予以明示。系列基金通常在招募说明书中首先列明各系列的关键特征，再在其余部分说明各系列的统一信息。资产证券化信托发行新系列有时须经发起人指示。SWIFT Master Auto Receivables Trust, Prospectus (October 9, 2007). 如为系列基金，可能须依1940年《投资团体法》第18条从SEC取得豁免。Fidelity Special Situations Fund, Investment Company Act Release Nos. 15,258 (Aug. 15, 1986) and 15,301 (Sept. 10, 1986). 系列基金创设新系列时，可按照1933年《证券法》第485号规则（Rule 485）登记一份嗣后生效的修正案；此种登记在75日内自动生效。Philip H. Newman, *Legal Considerations in Forming a Mutual Fund*, SL097 ALI-ABA 27, 39 (ALI-ABA Course of Study 2007).

[2108] 公司法多规定公司创设新系列须经股东表决同意。Philip H. Newman, *Legal Considerations in Forming a Mutual Fund*, SL097 ALI-ABA 27, 30 (ALI-ABA Course of Study 2007).《马里兰州普通公司法》为适应投资基金之需，特别规定投资公司创设新系列，无须股东决议。属于公司法的另类。

[2109] 《统一受保护系列法》规定，有限责任企业创设系列，须经全体成员同意。Uniform Protected Series Act § 201 (a)(2017).

[2110] 例如，信用卡主信托、学生贷款主信托等，随时有新的应收款加入资产池，构成增发证券之基础。

[2111] SWIFT Master Auto Receivables Trust, Prospectus (October 9, 2007).

[2112] SWIFT Master Auto Receivables Trust, Trust Sale and Servicing Agreement, Appendix (2007). 信用增级的其他手段还包括设置备用基金、累积期限备用账户、现金担保账户或现金保证、信用证或其他信用促进手段、保函或保险单、担保投资合同或担保利率协议、利率或基本率、超额利差等。SWIFT Master Auto Receivables Trust, Prospectus 3 (October 9, 2007).

商业信托法对系列的种类与数量未设限制。一个商业信托可创设无限量的系列。[2113]各个系列既可包含同种资产、经营同种营业，亦可包含不同资产、经营不同营业。当然，创设过多的系列可能遭遇经济上的限制。受制于边际效益递减效应，一个信托所设系列过多，达到一定的点之后，多系列可能不再有规模优势，甚至转向消极效果。[2114]

系列仅须满足商业信托文件设定的要件，即告成立。美国现行各州商业信托法均未规定系列以登记为成立要件。此与某些有限责任企业法不同，后者将系列视为实体，故规定以登记为系列的成立要件，与有限责任企业相同。[2115]

（三）系列的变更

出于节省管理成本之需，商业信托文件常约定系列的归并或分割。例如，受托人有权不经任何系列的受益人允许，将两个以上系列的资产与负债归并为一个系列的资产与负债。[2116]受托人有权随时将一个系列中的基金份额分割为更小数量的份额或者归并为更大数量的份额，只要此种分合不会对该份额对本系列资产所具有之受益权造成重大改变，或者不会对其他系列中的份额权益造成重大改变。

（四）系列的废止

系列的废止，又称系列的排除，多发生于系列的受益权消灭之时，其决定权常被授予受托人或其他管理人。[2117]系列的增减，无须引发商业信托本身的变动，亦不必为此设立新的商业信托。设定与废止系列的文件

[2113] 实务中，商业信托创设的系列少则数个，多则数十个。少者如1999年发行时的先锋海军上将基金，有4个系列。Vanguard Admiral Funds, Prospectus (May 21, 1999). 多者如富达精选组合系列基金，有30多个系列。Fidelity Select Portfolios Registration Statement, Form N-1A (File No. 2-69, 972). 转引自Joseph R. Fleming, *Regulation of Series Investment Companies under the Investment Company Act of 1940*, 44 Bus. Law. 1179, 1180 n. 3 (1989)。

[2114] Joseph R. Fleming, *Regulation of Series Investment Companies under the Investment Company Act of 1940*, 44 Bus. Law. 1179, 1183 n. 25 (1989).

[2115] Uniform Protected Series Act § 201 (c) (2017).

[2116] Vanguard Index Funds, Amended and Restated Agreement and Declaration of Trust, Art. Ⅲ, § 6 (2008); Munder Series Trust, Declaration of Trust, Art. Ⅲ, § 6 (February 3, 2003).

[2117] 交易实例：任一系列（或类别）没有已发行的基金份额时，受托人有权废止该系列（或类别）。Vanguard Index Funds, Amended and Restated Agreement and Declaration of Trust, Art. Ⅲ, § 6 (2008); Munder Series Trust, Declaration of Trust, Art. Ⅲ, § 6 (February 3, 2003). 任一系列没有已发行的受益权时，管理受益人可以签署一份文件废止该系列。DB Multi-Sector Commodity Master Trust, Amended and Restated Declaration of Trust and Trust Agreement § 3.2 (2006).

构成对信托协议的修改。[2118]类别或次类别的废止，亦同。[2119]

（五）系列的内部关系

系列的内部关系可由商业信托文件统一订定，亦可由设定系列的特定文件个别订定。无个别订定时，可参照统一订定。例如，基金协议约定：除设定系列的受托人决议另有订定外，系列的权利与优先顺序适用信托协议的统一约定。[2120]商业信托文件亦可通过援引条款处理该问题。[2121]

按照商业信托文件条款，受益人或受托人可以仅在某一个或数个系列中享有权利义务；受益人可以仅享有某一个或数个系列的利润、仅负担该系列的亏损；各系列的利润分享与亏损分担比例可各不相同。受益人可以仅对某一个或数个系列出资，而不对其他系列或整个商业信托出资。在交易实务中，一般情况下，每个系列的受益权代表一类对独立的投资组合的受益权。每个系列的受益人不介入其他系列的投资结果或经营成果，关于大多数事项（包括赎回、清算、收益与资本增值等），每个系列的受益人只能指向各自的系列。[2122]此为信托文件自主安排的结果。至于受益人、受托人的一般权利或权限，若商业信托文件未另作安排，原则上及于本信托之全部，而不限于特定系列。例如，每一系列的受益人有权获取的信息，及于本信托的全部事务；本信托的受托人，未被选任为特定系列的受托人的，有权管理本信托的全部事务。此为解释商业信托法关于受益人、受托人权利、权限一般规范可得的结论，无须专设明文规定。[2123]

商业信托文件可对特定系列的受托人、受益人授予针对任一事项的表决权或撤销该表决权；表决权可为单独表决权，亦可结合于任一或全部

[2118] DB Multi-Sector Commodity Master Trust, Amended and Restated Declaration of Trust and Trust Agreement § 3.2（2006）; Vanguard Index Funds, Amended and Restated Agreement and Declaration of Trust, Art. Ⅲ, § 6（2008）; Munder Series Trust, Declaration of Trust, Art. Ⅲ, § 6（February 3, 2003）.

[2119] 交易实例：任一类别或次类别没有已发行的受益权时，受托人或其他管理人可以签署一份文件废止该类别或次类别；设定与废止类别或次类别的文件构成对信托协议的修改。DB Multi-Sector Commodity Master Trust, Amended and Restated Declaration of Trust and Trust Agreement § 3.2（2006）.

[2120] Vanguard Admiral Funds, Amended and Restated Agreement and Declaration of Trust, Art. Ⅲ, § 6（2007）.

[2121] 例如，信托协议约定：本协议当事人意在使本协议关于受益人、受益权转让与赎回、账簿与报告、财务年度等条款，也适用于每个系列，如同每个系列是一个独立的商业信托；在为实现上述意思所必需的范围内，视上下文需要，上述条款提及的“信托”一词，应被视为单独指代每个系列；“信托”“系列”等术语的使用无意改变依《特拉华州商业信托法》享有的责任限定之待遇。PowerShares DB Multi-Sector Commodity Trust, Amended and Restated Declaration of Trust and Trust Agreement § 1.9（2006）.

[2122] Joseph R. Fleming, *Regulation of Series Investment Companies under the Investment Company Act of 1940*, 44 Bus. Law. 1179, 1180（1989）.

[2123] 明文规定的立法例，参见Uniform Protected Series Act § 305（2017）。

其他系列的受托人、受益人的表决权，表决权可按人数、数量、经济利益、类别、群组、系列或其他根据计算。[2124]法律不设任何必须表决的事项，而明文确认，商业信托文件可订定无须某系列的受托人、受益人表决或同意，即可实施修改商业信托文件、合并或改组、选任受托人、处分商业信托或商业信托任一系列的全部或部分资产、解散商业信托、根据商业信托文件的订定创设先前不存在的某种类别、群组或系列的受益权等各种行为。[2125]同一系列一般实行“同股同权”式规则，例如，同一系列中每一基金份额表征对本系列相关资产的同等比例的受益权，同一系列中的每一份额彼此相等。[2126]为适应货币市场基金等交易的特殊需求，基金协议可约定：系列中的基金份额按照“一美元（以每一份额的净资产价值计）一票”的依据进行表决，不得因系列不同而区别对待；但是，如果某一待表决事项仅影响部分系列（或系列的类别）之利益，则仅受影响的系列（或类别）的基金份额持有人对该事项有表决权。[2127]

系列信托可自由采用各种治理结构。既可由同一受托人负责全部系列的经营管理，亦可为每一系列分设系列受托人，同时设总受托人负责整个信托之经营管理。[2128]多个系列使用单一的受托人会，是系列基金的一项重要优势。但为防止利益冲突等需要，系列基金可为各系列分设受托人。1940年《投资团体法》不限制投资基金将其受托人划分为不同类别，只要商业信托文件有此订定。[2129]在州商业信托法上，设置不同类别、群组、系列受托人的做法更被广为认可。在各系列各有受托人的情形，此类受托人的选任与解任，当然只能由本系列的受益人表决。[2130]各个系列的受托人，可以仅考虑本系列的利益。《统一商业信托法》规定：“如果系列信托至少有一个受托人，在履行其职责时有义务考虑到信

［2124］ Del. Code Ann. tit. 12, § 3806(b)(4).

［2125］ Del. Code Ann. tit. 12, § 3806(b)(3).

［2126］ Vanguard Index Funds, Amended and Restated Agreement and Declaration of Trust, Art. Ⅲ, § 6 (2008); Munder Series Trust, Declaration of Trust, Art. Ⅲ, § 6(February 3, 2003).

［2127］ Vanguard Index Funds, Amended and Restated Agreement and Declaration of Trust, Art. Ⅲ, § 6 (2008); Munder Series Trust, Declaration of Trust, Art. Ⅲ, § 6(February 3, 2003).

［2128］ 此类治理结构亦可见于其他法律关系。例如，《澳门民法典》第1329条将分层建筑物的管理制度分为两种，一为简单管理制，一为综合管理制。前者是由单一机关管理全部建筑物，后者在分层建筑物的每一子部分分设其所有人大会与管理机关，同时就分层建筑物之整体设有所有人大会及各子部分管理机关组成之联合管理机关（但上述大会选择采用一个独立管理机关者除外）。

［2129］ 15 U. S. C. § 80a-16(a).

［2130］ Joseph R. Fleming, *Regulation of Series Investment Companies under the Investment Company Act of 1940*, 44 Bus. Law. 1179, 1192 n. 76(1989).

托及其所有系列的利益，则信托文件可以订定一个或更多的其他受托人在履行其职责时可以仅考虑信托或其中一个或数个系列的利益。”[2131]美国基金实务中的“多管理人系列信托”(multi-manager series trust)，即属其例。此种信托是由不担任管理人的发起人设立，为每个系列分设管理人，各管理人无须考虑系列基金的共同事项（诸如选任一般事务管理人、主承销商、托管人、审计人等），也无须耗时费力监督上述服务提供者，而得以专注于本系列的经营管理，从而比单一管理人管理的基金更具效率优势。[2132]

系列的受益权可以分割。分割后的份额具有整个受益权中的相应权利义务（包括表决权、获得分配权、赎回权等）。[2133]

（六）系列之间关系

1. 系列间交易

各系列的受益权可相互交易。例如，受托人有权订定，任何系列的基金份额持有人有权将其份额与其他一个或数个系列中的基金份额进行交易；受托人有权设定交易的条件与程序。[2134]

各系列的资产亦可相互交易。此处可能引发是否适用或类推适用诈害行为法律规范的问题。对此，特拉华州一系的商业信托法未有明文规定。《统一商业信托法》规定：“商业信托或其一个系列的财产与该信托或信托其他系列之间的组合、分离或重新组合，包括通过第7章规定的改组或合并的方式，视为[《统一诈害转让法》或其他规范诈害转让的州制定法]规定的不同人之间的转让。”[2135]该款规定，意在避免当事人滥用系列制度（通过在同一信托的各个系列之间或者某一系列和本信托之间分、合财产以逃避债务），给予系列的债权人不弱于针对不同主体之间诈害转让

[2131] Uniform Statutory Trust Entity Act § 403(2009).不过，该法将该条规定设为强行规范（详见该法第104条第4项），并不妥当。商业信托并非必须由受托人管理，故可能存在整个信托由投资顾问等其他人管理、而某一个或数个系列另行指定受托人管理本系列事务的情形，在此类情形，商业信托文件订定某一受托人仅须考虑本系列的利益，并不需要以“至少有一个受托人考虑本信托及其所有系列之利益”为前提条件。

[2132] Anita K. Krug, *Investors' Paradox*, 43 J. Corp. L. 245, 264-65(2018).

[2133] Vanguard Index Funds, Amended and Restated Agreement and Declaration of Trust, Art. Ⅲ, § 6 (2008); Munder Series Trust, Declaration of Trust, Art. Ⅲ, § 6(February 3, 2003).

[2134] AIG Series Trust, Declaration of Trust, Art. IV, § 6(vi)(December 31, 2003); Vanguard Index Funds, Amended and Restated Agreement and Declaration of Trust, Art. Ⅲ, § 6(2008); Munder Series Trust, Declaration of Trust, Art. Ⅲ, § 6(February 3, 2003).

[2135] Uniform Statutory Trust Entity Act § 402(b)(2009).

行为所享有的保护。[2136]《统一受保护系列法》规定，该系列是从本企业或本企业的其他系列取得该资产的，系列的记录中对系列资产的描述须足够明确，以使一个无利害关系的理性人能够认定取得该资产的对价、对价的给付人和被给付人。[2137]此项规定，意在使系列间交易透明化，达到类似的保护债权人之目的。

2. 费用分摊：资产证券化主信托的例证

《统一商业信托法》草案曾新增一条关于系列中费用分摊的规定，试图确立各系列间费用分摊的任意规范。不过，此条规定在后一次草案中即告消失。原因或在于，费用分摊在系列信托实务中复杂多变，未必能够拟定出具有普遍意义的任意规范。资产证券化主信托即为适例。[2138]

主信托是同一信托于不同时间发行多系列证券，而此类证券背后有一群共同的信用卡债权为基础。既然此类不同系列的证券局部地分享同一群债权带来的现金流量与管理费用，整个主信托必然要有一些分享收入与分摊费用的规范。[2139]依据此类规范，可将主信托分为两类：分摊型信托（socialized trust）与非分摊型信托（nonsocialized trust）。分摊型信托与非分摊型信托在坏账的分摊方面是相同的，都是以证券所占份额来分担坏账。两者的主要差异在于财务收入的分摊与成本分摊（不同系列的证券如何分摊整个主信托的成本费用与收入）。

（1）非分摊型信托

根据系列投资额的大小按比例分配融资费用的信托，称为非分摊型信托。非分摊型信托无论在群组的层面（group level）还是群组内（within group）的各系列之间，其费用分摊与收入分配，皆以各系列证券份额的比

[2136] Uniform Statutory Trust Entity Act § 402 cmt.（2009）.

[2137] Uniform Protected Series Act § 301（b）（3）（2017）.

[2138] 本部分关于资产证券化主信托的费用分摊问题，部分内容系参考陈文达、李阿乙、廖咸兴：《资产证券化理论与实务》，中国人民大学出版社2004年版，第257~261页；John N. McElravey, *Credit Card ABS*, in The Handbook of Financial Instruments（Frank J. Fabozzi ed. 2002）。

[2139] 大多数主信托均根据每个系列的未偿投资额按比例分配其收取的融资费用（融资费用包括基于账户余额的月利息、年费或逾期费、在应收款坏账上收取的金额、交换费和折价应收款）。交换费是一种向发行信用卡的银行支付的费用，该费用为银行承担的信用风险和准予宽限期提供补偿。当银行在信用卡交易中扣减向商户支付的金额时，即产生交换费。交换费由商户所在银行、信用卡发行银行和交易结算机构分担。根据主信托的结构，同一群组中的系列可能会共担融资费用，也可能不会。某些主信托（如Discover信用卡主信托）使用一种固定的融资费用分配机制。在此种结构中，分配至某个特定的系列的比例在循环期末是固定的，并且是根据系列的原始本金余额确定的。此种结构使更大比例的融资费用额能够被用于摊还系列。在提前摊还中，出卖人的一部分融资费用能够在信用卡组合遭受压力时被重新分配于投资者，以弥补任何可能的短缺。

例为基础(pro rata based on size);简言之,各系列证券各自负责自己的经营成本,除非经营结果产生盈余,否则不分摊其他系列的成本。每个系列都可用融资费用抵充分配于该系列的坏账核销和服务费用,并每月向投资者支付息票(coupon)。某些非分摊型信托不共担超额融资费用,而在其他非分摊型信托中,一旦全部费用得到抵充,同一群组所包含的系列将可共担超额融资费用。如果超额融资费用由一个群组中的各系列共担,则将被按需分配于其他系列。所有剩余的超额融资费用都被归为超额利差。超额利差是信用增级的重要要素之一,可能是信用卡主信托的健康状况的最重要的测度。[2140]它是一个关键的提前摊还启动事件,并且是防止损失的第一道防线。超额利差是每月在投资者息票、服务费用和坏账被分配到所有系列后剩余的现金流。假如非分摊型主信托的某个特定系列的3个月期移动平均超额利差下降至零以下,就会引发该系列的提前摊还事件。此时,系列的资产分隔可以防止该系列的提前摊还以及由此引发的债权人追索波及于其他系列。

非分摊型信托的优势是,提前摊还(amortization)的风险可以在系列的层次被隔离。劣势是如果融资费用归集额有短缺,高息票系列将面临相对较高的提前摊还风险。超额融资费用的共担,有助于缓解这一风险,但不能将其消除。大多数主信托(如Sears信用卡主信托Ⅱ)被设计为容许共担超额融资费用的非分摊型信托。

系列的资产分隔效力可以为非分摊型信托提供更安全的保障。某一系列不必分摊其他系列的费用,意味着其他系列费用的相应债权人不能以这一系列的财产为责任财产。在系列制度的保障下,即使其他系列的资产不足以清偿其他系列的融资费用,也不会危及这一系列的资产安全,更不至于引发这一系列的提前摊还。

(2)分摊型信托

分摊型信托中,费用的分摊与非分摊型信托相同,收入的分配在群组的层面也是以所占份额的比例为基础,但是在群组内各系列间分配财务收入时,应先扣除投资者依其份额比例所分配到的收入,各系列间的财务收入分配则是以各系列的需求为基础(based on need,也就是以各系列成本费用为基础),以期各系列的收入皆能充裕地支付其费用。因此,在分

[2140] 为了使信用卡资产支持证券能够获得投资级评级,需要通过信用增级吸收损失。早期的信用卡证券附有商业银行的保函作为信用增级手段,现今内部信用增级已成为标准做法。内部信用增级机制包括超额利差、现金担保账户、担保品投资额等。

摊型信托中，在群组内各系列会有一致的收支情形：所有系列都收支平衡或皆有盈余，否则就是所有系列皆收支不足。[2141]

分摊型信托，为少数信用卡资产支持证券发行人所采用（如花旗银行信用卡主信托I号和Household Affinity主信托）。在此种结构中，融资费用被按需分配于一个群组中的各系列。需求取决于每个系列的成本（息票、服务费用和分配于该系列的坏账）。根据系列在群组中的规模大小，坏账被按比例分配至各系列。群组的费用为每个系列的费用的加权平均。具有更高利息成本的系列获得较高比例的融资费用分配。分摊型信托的优势在于，融资费用归集额被组合起来，以协助支持成本较高的系列，从而有助于避免提前摊还。劣势在于，各个系列的命运被联系在一起，一个群组中的全部系列或者都按期支付还款，或者一起开始提前摊还，“一荣俱荣、一损俱损。”

七、系列的独立实体地位

系列因其资产分隔效力不逊于独立实体，其性质如何，自然成为问题。系列是否属于实体之内的实体，现已成为非公司企业市场中的热门话题，但并无立法记录显示特拉华州商业信托、有限合伙、有限责任企业法中的系列一词意指实体内的“小实体”。[2142]涉及这一问题的美国法院判决，迄今极为少见，但都倾向于认定系列不是独立法律实体。[2143]特拉华州等州商业信托法对此未设明文，但默示地认为系列并非独立实体。《统一商业信托法》明文规定系列不是实体，以澄清潜在的争议。[2144]

商业信托系列无实体地位，须以商业信托的名义为法律行为。不过，有限合伙法与有限责任企业法的最新变化，已影响商业信托法。《特拉华州修订统一有限合伙法》与《特拉华州有限责任企业法》原有规定与本州商业信托法类似。缅因州2007年有判例认定，特拉华州系列有限责任企业中的系列不是独立实体，系列能否独立起诉或受诉，并不清楚；即使违约请求权所涉标的物的名义所有权是由系列有限责任企业的某一系列持

[2141] 分摊型信托中，同一群组的全部系列的超额利差相等，因为这些超额利差基于群组的加权平均成本共担了归集的融资费用。因此，因超额利差下降而发生的提前摊还启动事件会影响到群组中的全部系列。

[2142] Ann E. Conaway, *A Business Review of the Delaware Series*: *Good Business for the Informed*, 1677 PLI/Corp. 645, 655(2008).

[2143] Betra v. Investors Research Corp., 1192 WL 278688 *1(W. D. Mo. 1991).

[2144] Uniform Statutory Trust Entity Act § 401(b)(2009).

有，有限责任企业亦有权提起违约之诉，并以真正有利害关系的当事人(real party in interest)之身份主张相关的请求权。[2145]

2007年7月10日通过、8月1日施行的《特拉华州修订统一有限合伙法》与《特拉华州有限责任企业法》修正案，回应了上述判例，明文规定：除有限合伙协议或有限责任企业协议另有约定外，系列有权以自己名义订立合同、持有资产(包括不动产、动产与无形财产)、设定担保权益、起诉或受诉。[2146]这一步的跨出，与系列的主体化已相距不远，但仍未明文规定系列为主体。[2147]《特拉华州商业信托法》2010年修正时，关于系列的条文未作改动，2016年修正时，于第3804条第a款新增一句规定："除商业信托的商业信托文件另有订定外，依照本款规定设立系列的商业信托，可以以某个系列的名义订立合同、享有财产所有权(包括不动产、动产与无形财产)、设定留置权与担保权益、起诉与受诉。"

然而，依据现行规定，系列并非实体。可供参照的是，《特拉华州有限责任企业法》第18-215条第a款规定"系列……对有限责任企业的特定财产或债务具有不同的权利……"特拉华州学者认为，该款的合理解释应为企业财产仍属有限责任企业所有，企业财产仅为配置于系列以实现责任限定之目的，系列的创设仅可被视作将企业的资产配置于各个"细胞"或"单元"、仅为分隔资产以达到资产分隔效果，并非设立一个独立实体。[2148]虽经2007年修法，有限合伙、有限责任企业系列可以自己名义持有财产、订立合同、起诉受诉，但仍然只是作为有限合伙或有限责任企业的系列而行事，其"人格"仅是从有限合伙或有限责任企业中衍生而来，不构成能够独立存在的实体，持有财产、订立合同等行为仅能以衍生方式为之，换言之，仅为便利之目的，系列可被视作一个"人"，但仍非独立的法律实体。[2149]系列亦不得成为实体交易之主体，即不得单独与其他商业组织合并，或改组为

[2145] GxG Mgmt. LLC v. Young Bros. & Co., No. 05-162-B-K, 2007 WL 551761 (D. Me. Feb. 21, 2007). 依美国2007年《联邦民事诉讼规则》第17条第a款，只有真正有利害关系的当事人方有权提起诉讼。

[2146] Del. Code Ann. tit. 6, § 18-215(c). 该款并规定，系列可以从事银行业务以外的任何合法活动。

[2147] 在近代法早期，公司能够以自己名义起诉、受诉，被视作公司的特征之一。1 William Blackstone, *Commentaries on the Laws of England* 475 (9th ed. 1783). 以现代眼光观之，诉讼能力与权利能力则属于不同的概念，具备诉讼能力者，并不当然具有权利能力。

[2148] Ann E. Conaway, *A Business Review of the Delaware Series: Good Business for the Informed*, 1677 PLI/Corp. 645, 700 (2008).

[2149] Id. at 701.

其他商业组织。[2150]再者，如果有限合伙、有限责任企业终止，系列显然不可能单独存在。甚至如《伊利诺伊州有限责任企业法》，至多也仅规定系列"应被作为独立实体对待"(shall be treated as a separate entity)，[2151]2012年《肯塔基州统一商业信托法》关于系列的规定，与伊利诺伊州该法类似，而不同于其母法《统一商业信托法》。[2152]2017年《统一受保护系列法》除规定系列具有以自己名义起诉与受诉的能力、具有与本有限责任企业相同的权限与目的之外，[2153]更明确地规定，系列是区别于本有限责任企业、本有限责任企业中其他系列、本有限责任企业成员的一个"人"；[2154]在适用本法某些规定时，系列视为一个独立于系列有限责任企业的有限责任企业。[2155]然而，系列终究不同于真正的独立实体，例如不能脱离有限责任企业而存在。即便是明定系列是"人"的《统一受保护系列法》，也在下列方面体现出系列并不等同于独立实体：第一，系列不能独自存在，因而系列并非完全独立于所赖以存在的系列有限责任企业，[2156]本企业解散时，系列即随之解散；[2157]第二，系列的权限与目的和本有限责任企业相同，法律对有限责任企业的权限设有限制的，该限制适用于每个系列，运营协议不得约定系列的权限超越本有限责任企业的权限；[2158]第三，系列不能成为本企业

[2150]《特拉华州商业信托法》《特拉华州修订统一有限合伙法》《特拉华州有限责任企业法》规定的合并、改组的主体限于公司、商业信托、合伙、有限责任企业等，不包括企业中的系列。Del. Code Ann. tit. 6，§ § 17-211(a)，-217(a)，18-209(a)，-214(a).

[2151]《伊利诺伊州有限责任企业法》在系列主体地位上独树一帜：在有限责任企业设立证书订定的范围内，具有有限责任的系列，应被作为一个独立实体对待。具有有限责任的系列可以自己名义订立合同、持有资产、设定担保权益、起诉、受诉、以其他方式从事营业并行使一个有限责任企业在本法上的权限。有限责任企业及其任一系列可在税法容许范围内选择将各自的运营合并为一个单一纳税人，可选择协作运营，可选择共同缔约或选择作为一个单一的营业，以满足在本州或其他州获准营业之目的。此类选择不影响本条所定的责任限定，但系列在合同中特别承诺承担连带责任者除外。805 Ill. Comp. Stat. Ann. 180/37-40(b).《伊利诺伊州有限责任企业法》整体以《统一有限责任企业法》为蓝本，但采用特拉华式系列制度(统一法不采系列制度)。印第安纳州有限责任企业法2016年修订后增加的系列制度有类似于伊利诺伊州法之规定，并且规定，每一系列应有区别于其他系列的名称，该名称应包含"系列"字样及所在的主有限责任企业的完整名称。Ind. Code § § 23-18.1-4-4，23-18.1-6-7.

[2152] Ky. Rev. Stat. Ann. § 386A. 4-010(2)，(4)(2012)；Thomas E. Rutledge, *The Kentucky Uniform Statutory Trust Act(2012)：A Review*，40 N. Ky. L. Rev. 94，120-21(2013).

[2153] Uniform Protected Series Act § 104(a)，(b)(2017).

[2154] Uniform Protected Series Act § 103(2017).

[2155] Uniform Protected Series Act § 108(a)(1)(2017).

[2156] Uniform Protected Series Act § 103 cmt.(2017). 该法第104条第c款规定，系列终止存续之时，不迟于系列有限责任企业完成清算之时。

[2157] Uniform Protected Series Act § 501(1)(2017).

[2158] Uniform Protected Series Act § § 104(b)，106(b)，107(a)(4)(2017).

的成员、不能再设立系列；[2159]第四，系列的名称须包含“某有限责任企业某系列”字样；[2160]第五，有限责任企业的成员为某一系列的成员的，该成员退出本企业时，即不再具有该系列成员资格；[2161]第六，系列不得从事收购、合并、改组、本地化等实体交易，不得成为与合并、权益置换、改组或本地化实质上类似交易的当事人。[2162]因此，该法在概念描述上，也仅是称系列是一种存在于实体内部的“准独立法人”。[2163]

由上可见，系列对于所属企业，仍具有依附性，并不具备独立的法律人格。此外，特拉华州法的上述规定将系列可否以自己名义行事交由协议自决，既体现由当事人视具体情势自行判断的一贯理念，[2164]亦反映出系列不同于真正实体之处。再者，就实质上理由而言，将系列视作实体，会导致法律关系过度复杂化，[2165]亦不足取。

第二节　关于系列的若干争议

一、概观

系列信托主要为商业信托组织法的制度，同时广泛涉及税法、破产法等非组织法。关于系列商业信托的非组织法问题，目前罕有争议，而源出同一法理的系列有限责任企业已引发不少论争，以此为镜，可见系列信托的同类问题。

《特拉华州有限责任企业法》采纳与商业信托法相似的系列制度。美国统一州法全国委员会统一有限责任企业法起草委员会于修订1996年《统一有限责任企业法》时，特别讨论了特拉华州法的系列有限责任企业制度，于2006年2月提出一项关于系列有限责任企业的建议案，但终未采纳，其理由

[2159] Uniform Protected Series Act § 104(d)(2017).

[2160] Uniform Protected Series Act § 202(b)(2017).

[2161] Uniform Protected Series Act § 302(c)(2017).

[2162] Uniform Protected Series Act § 602(2017).限制系列从事实体交易的立法理由之一是，允许系列从事实体交易将导致法律关系复杂化。Id. § 602 cmt.

[2163] Uniform Protected Series Act, Prefatory Note, Part 3(2017).

[2164] 甚至可以想见，即使将来明文规定系列为独立实体，也不会抛弃任意法模式——协议可约定系列非实体，以保持系列制度的灵活性。

[2165] 例如，《统一受保护系列法》不阻止系列成为本有限责任企业或该企业其他系列的经理或代理人。Uniform Protected Series Act § 104 cmt.(2017).又如，系列无成员时，该系列的成员权益由本企业持有（该法第303条第b款）；本企业亦可通过让与而取得本企业某一系列的成员权益（第303条第c款）。如此，将出现有限责任企业成为自身某一系列之成员的怪异情形。

有二：其一，系列有限责任企业制度存在诸多尚未解决的问题；其二，替代性的结构足以发挥系列有限责任企业的功能，例如，组建多个一人有限责任企业、组建由持股有限责任企业与附属有限责任企业组成的有限责任企业集团。

所谓尚未解决的问题，包括：[2166]

其一，概念问题。如果系列仅为另一法人的一部分，如何期待系列能够成为一个独立的法人——无论是为了责任承担之目的还是其他目的？

其二，破产问题。破产法并未承认系列是一个独立法人。某一系列破产时，整个有限责任企业与其他系列是否成为破产程序的一部分？破产法院是否会将不同系列的资产与债务合并？

其三，冲突法。涉及系列的内部防护在其他州法院中的效力。在有限责任企业制定法尚未承认系列制度的州，法院是否会承认系列的内部防护效力？大多数有限责任企业法规定域外有限责任企业成员的责任适用域外法，但此类规定不适用于系列问题，因为上述规定事关成员对有限责任企业债务的责任，而系列有限责任企业的关键问题与此完全不同——有限责任企业的某些资产应当豁免于有限责任企业的某些债权人之追索。

其四，税收待遇。联邦国内税务署以及州税务机关是否将系列作为独立实体对待？系列是否应登记独立的收入？某一系列可否选择归类为公司税制而其他系列则不作此选择？

其五，证券法。当有限责任企业成员权益构成证券法所称的证券、因而须适用证券法时，必须作出何种类型的信息披露？

针对上述理由，理博斯坦教授批评道："关于第一个理由，所谓的不确定性，为何足以阻止统一法委员会对一种已被数个州采纳的法律机制中的重要问题作出界定？并没有提供清楚的回答。统一法委员会应当澄清此类问题，而不是掩耳盗铃、避之不顾。而且，系列的大多数问题发生于非组织法领域，统一法委员会根本无须涉及。联邦法能够适应州法的发展，正如联邦税收归类规则最终适应有限责任企业之发展一般。企业在决定采用系列制度之时，自然会权衡此类不确定性。关于第二个理由，替代性结构并不能完全取代系列有限责任企业。实际上，法院将关联实体视作同一实体的不同部分，是一种风险，此种风险正是采用系列有限责任企业的重要原因之一……尽管法院保留了控制欺诈之权力，但是关于系

[2166] 关于此五个问题，参见Revised Uniform Limited Liability Company Act，Prefatory Note（2006）。

列有限责任企业的制定法能够提供一个明确的规则，有助于企业区分法律上可接受的实务做法与不可接受的实务做法。”[2167]

理博斯坦教授的上述批评意见切中肯綮，确实，作为组织法的各种统一企业法，本不必以“彻底解决相关非组织法问题”为前提。统一州法全国委员会2017年起草完成的《统一受保护系列法》验证了理博斯坦教授的判断。该法专为补救2006年《统一有限责任企业法》未规定系列制度的缺憾而制定，[2168]该法并未正面回应破产法、税法、证券法等非组织法问题，而这并不影响该法正面处理系列在组织法上的诸多问题。

对于商业信托而言，上述五个问题及学者回应意见虽是在有限责任企业法框架下所发，亦可适用于系列商业信托环境之中。但在商业信托法上，不少问题已有较为确定的解决方案，并不如《统一有限责任企业法》起草者所顾虑的那般严重。或许正因如此，系列商业信托的运用虽已至少长达大半个世纪，远早于系列有限责任企业的十余年生涯，却甚少引起争论。鉴于其他法域如采系列信托制度，仍可能引发类似争论，本节逐一讨论上述五大问题。

二、概念问题

就概念问题而言，同一主体拥有数宗独立的财产，在民法或信托法上并非新鲜事物。

民法所称财产系依一定目的而结合，依财产与他财产之区别，非因其主体不同，实其目的有所差异；一人既可有数个目的，数人亦可共有一个目的，故一人拥有数个财产者有之，一财产同时属于数人者亦有之；依目的划分，有所谓独立财产，即依独立之目的而结合，自一般财产独立管理之财产。[2169]

依信托法原理，受托人有信托财产所有权，但信托财产与受托人固有

[2167] Larry E. Ribstein, *An Analysis of the Revised Uniform Limited Liability Company Act*, 3 Va. L. & Bus. Rev. 35, 43-44 (2008). 至于为何设立多个独立企业风险更大，则是因为关于系列的制定法提供了一个“安全港”，只要恰当地设计与起草系列条款，即可保持系列的资产分隔效力，相比之下，适用于独立主体之间资产分隔的“揭开面纱”法则仍然是判例法规则，不确定性较大，因此具有开放性的司法风险。1 Larry E. Ribstein & Robert R. Keatinge, *Ribstein and Keatinge on Limited Liability Companies* § 4: 17 (2007).

[2168] 该法起草者的设想是，各州采纳该法时，将之作为本州有限责任企业法的组成部分。Uniform Protected Series Act, Prefatory Note, Part 5 (2017).

[2169] 梁慧星：《民法总论》(第5版)，法律出版社2017年版，第161~162页。

财产互相独立。此时，同一主体即有数项相互独立的责任财产。[2170]在受托人管理数个信托的情形中更为明显：受托人为多个信托财产的所有人，但各信托财产之间、各信托财产与受托人固有财产之间皆相互独立。因此，同一商业信托创设数个系列，并无不可克服的概念障碍或理论障碍。即便商业信托未被明文承认为独立实体，亦是如此。例如，在英国法上，法律并未规定单位信托是独立实体，但并不妨碍单位信托创设“伞形信托”（与系列基金类似）之架构，即依一份信托契据设立多个信托，其信托财产相互独立，投资组合或目标各不相同，但由同一受托人与管理人共同管理；依信托契据之约定，受益人享有在同一伞形信托下各个信托之间转换的权利。[2171]

信托的各部分可以分别终止，亦为普通信托法已有的法理。普通信托法有信托的“部分终止”（partial termination）制度。信托的某一部分可以独立于整个信托而终止，此时，与该部分相应的信托财产可由受托人处分并分配于受益人，受托人可行使清算该部分所需的权限，信托的其余部分不因此而终止，其余信托财产仍保留于信托之中。[2172]

三、破产问题

（一）系列的破产

美国破产法属联邦法，作为州法的商业信托法，并不能决定性地约束联邦破产法院的判断。有论者认为，直至系列的责任限定在破产法上得到承认，系列的责任限定方可真正发挥作用。[2173]

迄今尚无判例涉及系列信托（以及系列有限合伙与系列有限责任企业）的破产法地位问题。系列若非实体或破产法所称的“人”，[2174]自然难以成为破产债务人。有联邦破产法院法官曾非正式地表示，只有整个有限责任企业可申请破产，个别系列不得申请破产。[2175]有学者亦认为，州法仅基于某些商业目的认可系列可以系列的名义订立合同、起诉受诉，但并未回答在联邦破产法上有无人格的问题，且系列仅在责任限定这一点上

[2170] 依据大陆法系民法原理，可解释为同一主体拥有多个概括财产（patrimony）。George L. Gretton, *Trusts Without Equity*, 49 Int'l & Comp. L. Q. 599, 612-14（2000）.

[2171] Kam Fan Sin, *The Legal Nature of the Unit Trust* 262（1997）.

[2172] Restatement（Third）of Trusts § 89 cmt. f（2007）.

[2173] Nick Marsico, *Current Status of the Series LLC: Illinois Series LLC Improves Upon Delaware Series LLC but Many Open Issues Remain*, 9 J. Passthrough Entities 35, 54（2006）.

[2174] 11 U. S. C. § 109（a）.

[2175] Mark A. Sargent & Walter D. Schwidetzky, *Limited Liability Company Handbook* § 3:84（2007）.

与破产法所称“公司”有共同特征，而不及其余，因此，未经制定法授权，系列不得申请破产。[2176]不过，不能成为破产债务人，未必对系列有实质性损害，商业信托可自设机制，解决系列债权人的公平受偿问题。[2177]不能成为破产债务人，亦不影响责任限定，普通信托正是一个旁证：普通信托不能破产，但具有责任限定效力。

（二）实质合并

破产法可能对系列信托形成威胁的是“实质合并”（substantive consolidation）法则。实质合并是一项衡平法法则，据此，数个单独的实体在破产程序中可被合并为同一实体，使其中某一实体的债权人可对合并后的整个实体主张其债权，从而扩大破产财产的范围，以防止欺诈。[2178]真正独立运行的企业，不适用实质合并法则，但当数个实体因某些因素更近于同一实体时，法院可运用衡平法权限对其适用实质合并法则，此类因素包括：资产与营业混淆、债权人发放信贷是依赖于整个集团企业的信用、依据合并为一的财务报表报告运营情况、数个实体之间存在贷款担保或其他财务联系、各实体之间未遵守交易形式而转让资产、数个实体有共同的成员或管理者、某一实体的管理者不是独立行事而是听命于另一实体的指示、某一实体支付其他实体的费用、某一实体将其他实体视为自身的一个部分或部门。[2179]

系列在内部责任限定效力上类似于独立实体，因此也可能涉及实质合并法则的适用问题。[2180]但是，系列信托责任限定的法定要件，已有防范若干上述因素之意，例如，防止财产混同。对于未涉及的因素（如管理者不独立行事而受他人支配），适用于不同实体间的实质合并法则，亦可适用于不同系列；因此，具备州法所定责任限定要件的系列，仍可能在破产法上遭受实质合并法则之打击。不过，不同系列的实质合并与

[2176] Ann E. Conaway, *A Business Review of the Delaware Series*: *Good Business for the Informed*, 1677 PLI/Corp. 645, 698（2008）.

[2177] 例如，在商业信托文件中订定，系列资产不足清偿债务时，可由债权人共同指定接管人或管理人，统一处理清算问题；并订定，经全体债权人或独立第三方同意方可修改此类条款。

[2178] 关于实质合并，详见William H. Widen, *Corporate Form and Substantive Consolidation*, 75 Geo. Wash. L. Rev. 237（2007）。关于商业信托的实质合并问题，详见本书第15章第4节。

[2179] Fish v. East, CA-10, 114 F. 2d 177, 191（1940）.

[2180] 关于系列有限责任企业的实质合并问题的简要讨论，参见Jennifer Ivey-Crickenberger & Michelle M. Harner, *Mitigating the Impact of a Counterparty LLC's Financial Distress*, in Research Handbook on Partnerships, LLCs and Alternative Forms of Business Organizations 127-28（Robert W. Hillman & Mark J. Lowenstein eds. , 2015）。

不同实体的实质合并，其适用标准不应有别，系列信托并未遭受比独立实体制更严重的风险。有论者在肯定此点的同时，又提出问题：破产法院是否更可能对系列有限责任企业（该文主题为系列有限责任企业）适用实质合并法则，换言之，破产法院是否会将应用系列有限责任企业这一事实本身作为适用实质合并法则的一个因素？在该问题未解决之前，系列有限责任企业仍面临破产法院忽略责任限定之风险。[2181]本书认为，立法明文确认交易者运用系列信托（或其他系列企业）之自由，同时已在相关条文设有防控系列信托被滥用的法律机制。此类机制与实体独立性的传统要求一致，因此，应用系列本身，不应作为可适用实质合并法则的新因素。

四、冲突法问题

在美国，目前承认系列信托的州仍属少数。美国以外的法域承认系列制度者亦不多见。因此，跨法域经营的系列商业信托，可能遭遇系列的责任限定不被其他法域认可之风险，特别是当冲突法规则转致适用设立地以外法域之法律时。[2182]对此，美国各州的规则不一致。一类做法为，商业组织的内部事项，适用设立地法，商业组织与第三人的关系则可能适用本州法。另一类做法为，无论内部事项还是成员或管理者的责任，均适用设立地法。[2183]大多数法域在商业组织法方面，通常对域外商业组织适用设立地法，依此原则，系列问题亦应适用商业信托设立地法。[2184]但在未采上述冲突法规则的法域，需更为谨慎地考虑系列问题。[2185]

然而，冲突法规则的不一致，不宜成为不承认系列制度的因素。在已有相当数量法域承认系列制度之既定前提下，不承认系列企业，不仅无法回避问题，反而造成不可避免的冲突法问题：如果域外的系列企业

[2181] Nick Marsico, *Current Status of the Series LLC: Illinois Series LLC Improves Upon Delaware Series LLC but Many Open Issues Remain*, 9 J. Passthrough Entities 35, 55(2006).

[2182] 《伊利诺伊州有限责任企业法》甚至容许不在域外营业的系列有限责任企业，其某一系列可以自行在域外营业，如同自己是一个有限责任企业一般。805 Ill. Comp. Stat. Ann. 180/37-40(n).

[2183] 如加利福尼亚州法。California Corporations Code § 17450.

[2184] 有限责任企业法有类似问题。有学者认为，尽管许多（可能是大多数）州法规定，域外有限责任企业成员的责任问题，适用设立地法，但这一结论不适用于特拉华州式的有限责任企业内部资产分隔问题，因为后者是“完全不同的问题”。Carter G. Bishop & Daniel S. Kleinberger, *Limited Liability Companies-Tax and Business Law* ¶ 14.06(2007). 然而，该书并未为其观点提供充分理由。Id.

[2185] 对系列的冲突法问题的初步探讨，详见Thomas E. Rutledge, *Again, for the Want of a Theory: The Challenge of the "Series" to Business Organization Law*, 46 Am. Bus. L. J. 311, 328-38(2009)。

在本法域开业，如何解决系列的责任限定问题，将是一个棘手的法律问题。[2186]

五、系列的税收地位

（一）基本规则

系列的税收问题，主要是系列是否作为独立纳税主体纳税的问题，即系列商业信托作为单一主体纳税，还是每个系列以及整个商业信托作为分别、独立的主体纳税。在美国，系列商业信托的所得税问题，自20世纪40年代以来，即已由判例、制定法及联邦税务署的规则明确解决，而优于系列有限责任企业的处境，[2187]后者仍在争议的泥淖中挣扎，[2188]最近或有突破。[2189]

税务法院1949年判例[2190]与联邦国内税务署的Rev. Rul. 55-416规则[2191]均认定，系列信托的系列属于独立纳税实体。国内税务署在嗣后多

［2186］ Larry E. Ribstein, *An Analysis of the Revised Uniform Limited Liability Company Act*, 3 Va. L. & Bus. Rev. 35, 44-45 (2008).

［2187］ 系列有限责任企业的税收地位早先缺乏此类权威意见，致有论者认为，由于缺乏联邦所得税法上的明确标准，系列有限责任企业的优势在很大程度上依然是理论性的、未经验证的。Jonathan B. Alper, *New Asset Protection Tools - Delaware Series LLC*, http://www.alperlaw.com/delaware_series_llc.html, May 28, 2008。

［2188］ 有学者认为，系列商业信托的税收待遇类推适用于系列有限责任企业。Ann E. Conaway & Robert R. Keatinge, *Keatinge and Conaway on Choice of Business Entity: Selecting form and Structure* § 15:51 (2006). 另有论者抱怨判例法与监管法远未能提供一个充分的分析框架，以认定一个系列有限责任企业是单一纳税实体还是数个纳税实体。Terence Floyd Cuff, *Series LLCs and the Abolition of the Tax System*, 703 PLI Tax Law and Estate Planning Course Handbook Series 351, 358 (2006).

［2189］ 最近的发展是，尽管有限责任企业最初是预设被作为一个单一纳税实体对待，但国内税务署与个别州税务机关已明确将系列分别作为独立纳税实体对待。Robert R. Keatinge & Ann E. Conaway, *Keatinge and Conaway on Choice of Business Entity* § 16:52 (2008) [引用 Priv. Ltr. Rul. 200803004 (Oct. 15, 2007); Mass. Dept. of Rev. Letter Ruling 08-2 (Feb. 15, 2008)]. 加利福尼亚州特许税委员会认定，为征收本州特许税之目的，在本州注册或营业的特拉华州系列有限责任企业的每个系列被视为一个独立实体，须各自提交纳税表格并分别缴纳有限责任企业年度税。Franchise Tax Board, *March/April* 2006 *Tax News*, http://www.ftb.ca.gov/professionals/taxnews/tn_ 06/03&uscore; 04.shtml, May 20, 2008.《伊利诺伊州有限责任企业法》明文规定，有限责任企业及其任一系列可在税法容许范围内选择将各自的运营合并为一个单一纳税人，可选择协作运营，可选择共同缔约或选择作为一个单一的营业，以满足在本州或其他州获准营业之目的。805 Ill. Comp. Stat. Ann. 180/37-40 (b). 条文语句意在导出一个合乎逻辑的结论：系列是独立于其母企业的商业实体，在联邦税法上亦应如此对待。Charles T. Terry & Derek D. Samz, *An Initial Inquiry Into the Federal Tax Classification of Series Limited Liability Companies*, 110 Tax Notes 1093 (2006)（作者Terry系《伊利诺伊州有限责任企业法》的共同起草人之一）. 但州法规定并不必然约束联邦法，因此税收地位仍属未定之数。

［2190］ National Securities Series v. Commissioner, 13 T. C. 884 (1949).

［2191］ Rev. Rul. 55-416, 1955-1 C. B. 416.

个私函裁令（private letter rulings）中反复重申此见解。[2192]上述裁令中，使系列被归类为独立纳税实体的共同要素包括：其一，发生赎回、清算或终止时，系列受益人的权益仅限于本系列的资产；其二，系列的受益人仅享有本系列的收入；其三，系列的责任限定于本系列的资产；其四，每个系列有自己的投资目标；其五，某一系列中每个受益人的权益取决于在本系列中的资本账户，而与其他系列中的资本账户无关。[2193]系列被归类为独立纳税实体的，系列之间发生的财产转让，即被视作独立实体之间的转让，不能免税。系列被视为独立纳税主体的，每个系列须获取一个单独的纳税登记号。[2194]

系列既然被归类为独立纳税实体，自可适用“勾选”条例。[2195]依此条例，某一系列可能被归类为合伙，或者不被归类为实体；系列也可选择被归类为公司。按照任意规范，系列未选择其税收归类时，如系列有两个以上受益人，该系列被归类为合伙；如系列仅有一个受益人，该系列不被归类为实体。[2196]在上述两种情形，系列均不必缴纳实体所得税，仅须缴纳受益人个人所得税。依此方法，每个系列亦可方便地申请作为公司纳税。

在制定法上，《国内税收法典》第M分章明文规定，受监管的投资团体中的每一系列，为税法之目的，作为独立实体对待；[2197]大多数投资团体均按照该法典第M分章的规定获得转付税收待遇。[2198]系列基金中，某一系列的受益人将本系列的受益权换购为其他系列的受益权的，应缴纳财产转让税。[2199]

［2192］ Nick Marsico, *Current Status of the Series LLC: Illinois Series LLC Improves Upon Delaware Series LLC but Many Open Issues Remain*, 9 J. Passthrough Entities 35, 53 (2006) [LTR 200303017, LTR 00303018, and LTR 200303019 (Sep. 30, 2002); LTR. 9847013 (Aug. 20, 1998); LTR 9819002 to LTR 9819012 and LTR 9819014 to LTR 9835015 (Jan. 27, 1998); LTR 9435015 (June 3, 1994)].

［2193］ Nick Marsico, *Current Status of the Series LLC: Illinois Series LLC Improves Upon Delaware Series LLC but Many Open Issues Remain*, 9 J. Passthrough Entities 35, 53 (2006).

［2194］ Carter G. Bishop & Daniel S. Kleinberger, *Limited Liability Companies-Tax and Business Law* ¶ 14.03 (2007).

［2195］ 关于“勾选”条例，详见本书第15章第2节。

［2196］ Carter G. Bishop & Daniel S. Kleinberger, *Limited Liability Companies-Tax and Business Law* ¶ 14.03 (2007)（有限责任企业法的类似分析）.

［2197］ Internal Revenue Code § 851 (g).

［2198］ Internal Revenue Code § 851 (g); Philip H. Newman, *Legal Considerations in Forming a Mutual Fund*, SL097 ALI-ABA 27, 40 (ALI-ABA Course of Study 2007).

［2199］ Philip H. Newman, *Legal Considerations in Forming a Mutual Fund*, SL097 ALI-ABA 27, 40 (ALI-ABA Course of Study 2007).

（二）案例

1994年9435015号私函裁令所依据的事实：[2200]涉案信托为一个特拉华州商业信托，拟依1940年《投资团体法》注册为开放式投资基金。本信托设有多个分别发行受益权凭证的系列，每个系列有独立的投资目标，并投资于其他系列不涉足的证券组合；每个投资者可投资于一个或多个系列，其在每个系列中的权益取决于在该系列中的资本账户，与其他系列中的资本账户无关；投资于某系列的受益人的权益仅限于该系列的净资产，不能扩及于其他系列的资产；每个系列中的受益人之权利限于赎回、清算或终止本系列的资产；受益人在某个系列中的投资额升降，是通过该受益人的资本账户差额之调整来实现，而非通过转让该系列的资产或在不同受益人之间转让资本账户。

国内税务署认为，本信托的系列构成独立纳税实体；依《国内税收法典》第7701条第a款第2项之规定，为征收联邦所得税之目的，系列应被归类为合伙，且不应被归类于《国内税收法典》第7704条所称的公开交易型合伙，因此免征双重所得税。

（三）未决问题

不过，系列的税收仍有许多未决问题。例如，可否由某一系列选择归类为公司税收而其他系列保留合伙的税收归类？系列之间配置亏损的行为，在税法上如何对待？跨州经营的系列如何在各州确定其所得比例？[2201]此类问题的答案，尚有赖于实务的进一步发展。但未决税法问题的存在，不足以成为组织法不采系列制度的理由。

六、证券法问题

有限责任企业多为闭锁型企业，避免将成员权益设计为证券，以免受证券法管制。此为有限责任企业实务的重点考虑因素之一。尽管如此，成员权益仍可能构成美国联邦或州证券法定义的证券。[2202]故《统一有限责任企业法》起草者会对系列有限责任企业信息披露如何操作发出疑问。

[2200] Priv. Ltr. Rul. 9435015 (June 3, 1994).

[2201] Carol R. Goforth, *The Series LLC, and a Series of Difficult Questions*, 60 Ark. L. Rev. 385, 401 (2007).

[2202] Carol R. Goforth, *Why Limited Liability Company Membership Interests Should Not be Treated as Securities and Possible Steps to Encourage this Result*, 45 Hastings L. J. 1223 (1994); Elaine A. Welle, *Limited Liability Company Interests as Securities: An Analysis of Federal and State Actions against Limited Liability Companies under the Securities Laws*, 73 Denv. U. L. Rev. 425 (1996).

商业信托多用于公开型企业，受益权凭证构成证券，事属常见。系列商业信托的证券法信息披露，亦行之多年，并无争议。

以系列基金实务为例，系列基金公开披露的招募说明书或注册声明通常分为两大部分，一部分披露关于基金整体状况之信息（如名称、承销商、会计师等事项），另一部分分别披露各系列的特有情况，诸如系列的投资目标、投资政策、主要投资风险、绩效或风险信息、年度总回报、费用、红利与资本所得、净资产、最低初始投资、投资顾问等。[2203]

再以资产证券化信托为例。信托可发行招募说明书中尚未提及的系列，此时往往披露招募说明书增补本。招募说明书及其增补本也会载明本信托之前已发行的系列或类别及其主要特征。[2204]增补本载明适用于各系列的特定条款。系列增补本可修改发行契约，修改条款仅适用于本系列。契约约定较为充分的信息披露义务，如约定系列增补本应载明下列事项：特定系列的名称（该名称应区别于其他系列的名称）、本系列的本金总额、利率、服务费计算比例、本系列信用增级提供者及信用增级条款、本信托的最后到期日、债券契约允许的其他事项。[2205]

事实上，系列既然有独立投资目标或资产组合，商业信托的意思自然是使投资者分别了解各系列的情况，即使法律无此要求，实务上的考虑亦足以使商业信托公开各系列的信息。证券法问题不足为虑。至于实体监管问题，关于系列基金亦有若干规范，详见本章第3节。

七、小结：制度市场与自由竞争

系列商业信托制度，因其独特的构造，而具备独到的优势。各国实务中系列基金应用广泛，原因正在于此。然而，系列商业信托的应用，虽能基于合同自由原则在一定范围内由当事人自治解决，但因系列制度的关键在于责任限定效力，事关第三人利益，无法纯粹由合同解决，而需依靠法律规定。在欠缺法律明文规定的情况下，我国现有的系列基金实践，唯

［2203］ Vanguard Index Funds, Prospectus (March 22, 1999); Vanguard Index Funds, Prospectus (Feb. 28, 2005).

［2204］ SWIFT Master Auto Receivables Trust, Prospectus (October 9, 2007).

［2205］ Volkswagen Credit Auto Master Owner Trust, Amended and Restated Indenture § 2.1 (c) (August 11, 2005).

有依赖于基金合同的自行约定，[2206]但因限制第三人权利之约定对第三人不生效力，故不可能完全获得系列基金的应有效果。又鉴于系列商业信托在基金以外的其他领域亦有广泛运用余地，有待法律明文规定的支持，且实务中频繁出现伞形信托、伞形资产管理计划运用之乱象，亦需法律确立基本规范。[2207]将来修订《信托法》或制定商业信托法时，有必要考虑增订关于系列信托之规定。其意义不仅在于因应现实，亦在于拓展未来，体现立法上必要的前瞻性，为组织形式创新和金融创新预留空间。

系列商业信托貌似奇异，实则并非与现行法制全不兼容。在未明文承认商业信托具有法人资格的法域，并不妨碍规定系列的责任限定效力，正如有信托法的法域，可以不承认信托为法人，但不妨规定信托财产独立性。

系列制度尚在不断成型过程之中。特拉华州法采渐进立场，可称稳妥。《伊利诺伊州有限责任企业法》试图毕其功于一役，以激进方式将系列实体化，虽部分解决了破产法、税法等方面的确定性问题，但却是以牺牲系列制度的若干优势为代价，[2208]同时又产生新的难题，[2209]难谓有效率之立法。有学者对系列有限责任企业的税务、破产等问题多作否定评价：

[2206] 例如，《国泰金龙系列证券投资基金基金合同》(2003年10月)第1条约定："本系列基金由国泰金龙债券证券投资基金、国泰金龙行业精选证券投资基金和将来经批准纳入本系列基金管理的其他基金组成。本系列基金使用同一个招募说明书、基金合同，由同一基金管理人管理，同一基金托管人托管。不同的基金具有不同的投资政策，独立核算，分账管理，分别进行注册登记。投资者根据持有不同基金的基金份额享受收益和承担风险。"第9条第4款约定："本系列基金旗下一个基金的终止，不影响本系列基金和本系列基金旗下其他基金的存续。但当本系列基金旗下所有基金均宣布终止时，本系列基金自然终止。若本系列基金旗下仅有一只基金存续，且在一年内没有新增的基金，则本系列基金终止，剩余的基金作为单独的基金存续。"第11条约定："本系列基金的基金份额持有人可以将其持有的一个基金的基金份额转换为本系列基金另一基金的基金份额。"第17条第4款约定："本系列基金各基金资产独立于基金管理人及基金托管人的资产，并由基金托管人托管。本系列基金各基金资产相互独立。基金管理人、基金托管人以其自有资产承担法律责任，其债权人不得对本系列基金任一基金资产行使请求冻结、扣押和其他权利。除依《暂行办法》《试点办法》《基金合同》及其他有关规定处分外，基金资产不得被处分。"第19条第2款约定："计提原则：本系列基金旗下各基金发生的各项费用由各基金资产分别承担。各基金共同发生的费用，按相关协议约定或按各基金的基金资产净值占本系列基金总的基金资产净值的比例分摊。"第21条第1款约定："本系列基金各基金独立建账、独立核算。"

[2207] 如本章第1节第1目所述，中国证监会2016年发布的《证券期货经营机构私募资产管理业务运作管理暂行规定》第7条规定，禁止伞形资产管理计划中的"子伞委托人（或其关联方）分别实施投资决策，共用同一资产管理计划的证券、期货账户"。法律上确立系列信托的内部资产分隔规范，自有必要。

[2208] Carol R. Goforth, *The Series LLC, and a Series of Difficult Questions*, 60 Ark. L. Rev. 385, 405 (2007).

[2209] 例如，如果系列为独立实体，系列与本企业的关系即成难题。一个实体（有限责任企业）中如何能够拥有多个独立实体？恐不易解。

系列有限责任企业是一种有趣的、具有潜在价值的商业选择，但却是一个生不逢时或生不逢地的创新。[2210]此种断言，实为一种回避问题的思路。系列制度必须先诞生、运用，方有可能促进破产法与税法等问题的解决；假如系列制度未投入实践，怎能显示出需要解决的相关法律问题，又何来解决相关法律问题的动力与需求？假如组织法不率先放开系列信托的运用，而是指望组织法与破产法、税法等非组织法一起行动、一步到位地解决系列的全部法律问题，则问题的最终解决将更加遥遥无期。法律界应正视实务需求，努力探求问题的解决之道。

系列制度确有其未决问题，然而其实益亦不容否定。[2211]且采纳系列制度，未必有何弊端。如果系列的责任限定效力未获承认，最差结果是如同商业信托从未设置过系列一般（与一般的商业信托无异）。[2212]关键在于，因系列制度有潜在问题即不予认可或强行禁止，则属不智，甚至沦于“理性的僭妄”。法律先发制人、强加管制，其有意、无意或潜意识的前提，无非是特定人（立法者或法官）所定之法律干预优于市场竞争、法律管制为最正确甚至唯一正确之判断决策。此种前提之悖谬，自不值一驳。对系列企业与非系列企业自由竞争不加妨碍，交易者自会权衡利弊，不符合实际需求、不具备经济效率者，终遭自然淘汰，何需法律强制，何须劳烦立法者或法院动用有限之国家资源，徒行无益之事前干预。立法应尽之责、司法应履之职，是建立开放的模式，以保障制度竞争的开展。于此自生自发秩序中，好制度、好机制终能脱颖而出；法律之真正贡献，正在于此。

第三节　系列基金的特殊问题

美国各州法关于系列商业信托之规定，由非强行法主导。联邦法上，1940年《投资团体法》及证券与交易委员会依该法授权而颁行的条例，对系列投资基金设有个别管制性规定，此类规定多为强行规范。1940年《投

[2210]　Carol R. Goforth, *The Series LLC, and a Series of Difficult Questions*, 60 Ark. L. Rev. 385, 405 (2007).

[2211]　尽管存在种种不确定性，使用系列有限责任企业仍有多方面的好处；追随先进法域的立法、谋求法域竞争优势，亦为确立系列制度的一大动因。例如，内华达州立法规定系列有限责任企业，目的之一是继续发展本州作为“商业导向型”州的声誉，并与其他商业友好型的州（如特拉华州）保持同步。Julia Gold, *Series Limited Liability Companies-Too Good to Be True?*, 12 Nev. Law. 18, 18 (July, 2004).

[2212]　关于系列有限责任企业的类似观点，参见Mark A. Sargent & Walter D. Schwidetzky, *Limited Liability Company Handbook* § 3:84 (2007)。

资团体法》及相应条例对系列投资基金的监管，是基于证券投资基金的特殊问题及美国证券投资基金运作的实际经验教训而制定，相比于其他法域，较为完善。鉴于证券投资基金的问题在各国有一定的共性，美国联邦法对系列投资基金监管规定之得失，不无可资参酌之处。我国现今实务中，系列基金、分级基金、伞形信托等工具的滥用现象已有出现，但相关研究尚不充分；关于证券投资基金、证券信托或资产管理计划的规定，是否一体适用于系列基金、伞形信托或伞形资产管理计划，[2213]也有待探讨。本节对此深入探究，并针对其中若干问题提出见解。

1940年《投资团体法》的系列基金相关规定可分两类，一类明文规定与系列基金有关的事项，另一类未直接规定系列基金，但适用中涉及系列基金的法律地位问题。

一、直接针对系列基金的规定

（一）概述

1940年《投资团体法》制定之前，已有相当数量的系列基金存在。[2214]该法第18条第f款第2项认可此现实。[2215]鉴于系列基金中一度存在滥用现象，证券与交易委员会于1966年向美国国会提交报告，建议国会立法禁止现存的基金再创设新系列，并禁止新的系列基金再依1940年《投资团体法》获得注册，证券与交易委员会指出的滥用现象包括：依1940年《投资团体法》第13条第a款，每个系列的投资政策之改变，均应提交整个基金的基金份额持有人，并经该系列基金的全体基金份额持有人的多数允许，上述持有人包括其他系列的持有人，而那些持有人在这一系列中并无权益，这就极可能导致拥有大量有表决权持有人的系列能够控制整个基金，并对其他系列的持有人造成不利后果。[2216]

[2213] 此处仅举一例。我国现行法关于投资比例限制的规定，文义上一般只是针对整个基金或资产管理计划，例如，《关于规范金融机构资产管理业务的指导意见》第16条第2款第1项规定："单只公募资产管理产品投资单只证券或者单只证券投资基金的市值不得超过该资产管理产品净资产的10%。"但如资产管理产品采用伞形结构，同一产品内部设多个系列，则该10%的投资比例限制是适用于整个产品还是每一个系列？

[2214] H. R. Rep. No. 2639, 76th Cong., 3d Sess.（1940）; S. Rep. No. 1775, 76th Cong., 3d Sess.（1940）.

[2215] Joseph R. Fleming, *Regulation of Series Investment Companies under the Investment Company Act of 1940*, 44 Bus. Law. 1179, 1182（1989）. 弗莱明此文部分内容形成于作者任职于证券与交易委员会投资管理部首席顾问办公室律师期间，但不必然代表证券与交易委员会的观点。

[2216] SEC, Public Policy Implications of Investment Company Growth, H. R. Rep. No. 2337, 89th Cong., 2d Sess. 330-31（1966）.

证券与交易委员会将上述建议纳入其起草的1940年《投资团体法》修正议案，于1967年提交至美国国会。[2217]但未被国会采纳。[2218]证券与交易委员会建议的对策不无因噎废食之嫌，国会乃改采另一种方法以解决系列基金所遇问题，于直接涉及系列基金的规范（1940年《投资团体法》第18条）中，授权证券与交易委员会基于保障公平对待每个系列（或类别）的已发行投资基金份额之目的，可通过规则、条例或指令，要求必须向该基金已发行的有表决权证券持有人提交表决的任何事项，须经受该事项影响的每个系列（或类别）中的一定比例（不超过多数）的已发行证券持有人允许，方可生效。[2219]换言之，国会无意禁止系列本身，而是授权监管机关制定规章加以规范。

（二）优先系列证券的界定

1940年《投资团体法》第18条规定投资基金的资本结构，对封闭式基金与开放式基金发行优先证券设置重要限制。本条第f款第1项原则上禁止已注册的开放式团体发行任何类别的优先证券或者出卖自己发行的任何优先证券，满足下列条件者除外：该团体获准从银行借款，在借款之后该团体全部借款的资产担保率立即达到300%，且一旦资产担保率降至300%以下，该团体将在3日内（不包括星期日与节假日）或在证券与交易委员会规定的更长时间内减少其借款数额，直至借款的资产担保率回升至300%时为止。[2220]

同款第2项对“优先证券”之定义，排除符合一定条件的证券：“对于已注册的开放式团体，“优先证券”不包括有一个或数个类别、系列的优先受益权（或优先股）或特别受益权（或特别股），此类受益权对于特别配置于此类类别、系列的资产具有优先于其他所有受益权的权益，条件是：（A）该团体没有已发行的、与其他所有受益权相比不享有优先权益的任何类别、系列的受益权；或（B）该团体已发行的其他类别的受益权全部由普通受益权组成，此类普通受益权无权分配红利（清算后红利除外），且普通受益权总额不超过该团体已发行的有表决权证券的0.5%。”[2221]

据此，只要投资基金发行的优先证券符合上述（A）、（B）句所列条件之一，即可不受300%这一严格的资产担保率要求之约束。条件（A），旨

[2217] S. 1659, § 10, 90th Cong., 1st Sess.(1967).

[2218] Pub. L. No. 91-547, 84 Stat. 1413(1970-1971).

[2219] 15 U. S. C. § 80a-18(f)(2).

[2220] 15 U. S. C. § 80a-18(f)(1).

[2221] 15 U. S. C. § 80a-18(f)(2).

在限制投资团体嗣后发行新的优先系列证券，致使损害已发行在先的证券持有人之利益。条件（B）之目的与此相似，由于非优先证券数量甚微，新发行优先证券一般不致对非优先证券的持有人造成损害。如投资团体发行的优先证券不符合这两项条件，该优先证券即属第f款第1项所称优先证券，发行人须符合300%资产担保率的要求。有300%资产担保率的优先证券，对基金投资者造成损害或损害威胁的可能性甚小，不是法律的主要监管对象。法律所关注的，是不受300%资产担保率约束的优先系列证券。此类证券也是州商业信托法的适用对象。依州法，商业信托的系列只要具备资产分隔的法定要件，其资产即仅可用于清偿本系列的债务（包括受益人有权享有的利润分配[2222]），换言之，对于本系列的资产，本系列的受益权优先于其他系列的受益权。本系列的受益权，即成为1940年《投资团体法》第18条第f款第2项所称优先系列证券。

1940年《投资团体法》对投资基金的资本结构设定上述管制，是对20世纪20年代和30年代共同基金资本结构实践的回应：1940年前设立的共同基金，大多数采用复杂的资本结构，发行多类别的证券（普通证券劣后于债务和优先证券之后），致使许多公众投资者无法理解自己所购买的证券是否合适，或者无法理解杠杆率对自己投资的影响，同时，公众投资者所购买的普通证券所受担保额过低。此类复杂的资本结构的大规模采用，促使美国国会制定特别规则，以保护投资者免于优先证券的潜在不利影响。从1940年《投资团体法》第1条第b款所述的立法目的观之，立法者无意禁止杠杆，而是反对过度的杠杆。[2223]

（三）分别表决原则

1. 原则

鉴于某些系列基金发生的滥用行为，1940年《投资团体法》第18条第f款第2项又授权证券与交易委员会基于保证公平对待每个系列（或类别）的已发行证券之目的，以规则、条例或指令规定，须向该基金已发行的有

[2222] 在受益人有权接受分配之时，关于该分配，受益人具有与商业信托债权人相同的地位，有权主张商业信托债权人所享有的全部救济。Del. Code Ann. tit. 12，§ 3805（e）.

[2223] 此处立法背景，详见A. Joseph Warburton，*Mutual Fund Capital Structure*，100 Marq. L. Rev. 671，683-85（2017）。该文对1940年《投资团体法》关于资本结构的规定作了全面研究。1940年《投资团体法》第1条第b款所述与此相关的立法政策包括防止投资团体未能保护已发行证券的持有人之利益；防止投资团体举债过多或发行过量的优先证券，以致所发行的普通证券具有过高的投机性；防止投资团体在没有足够的资产或准备金的情况下经营。15 U. S. C. § 80a-1（b）（3），（7），（8）.

表决权证券持有人提交表决的任何事项，须经受该事项影响的每个系列（或类别）中的一定比例（不超过多数）的已发行证券持有人通过，方可生效。

证券与交易委员会据此授权，于1972年8月8日制定《第18f-2号规则》（Rule 18f-2），[2224]对发行优先证券的系列基金进行监管。本规则所称系列基金，指依1940年《投资团体法》第18条第f款第2项之规定，发行两个以上系列（或类别）之优先证券的已注册开放式团体。[2225]

《第18f-2号规则》的一般原则是“分别表决原则”：依1940年《投资团体法》、可适用的州法之规定或其他文件之订定应向系列基金中已发行的有表决权证券的持有人提交表决的任何事项，须经受该事项影响的每个系列（或类别）的已发行的有表决权证券之持有人多数决议通过。[2226]下一款界定“受到影响的事项”：1940年《投资团体法》、州法规定或其他文件订定应提交表决的事项，视为对某一个类别、系列有影响，但有下列情形之一者除外：其一，每个系列（或类别）在该事项中的权益实质上相同；其二，该事项并未影响该系列（或类别）的任何权益。[2227]

分别表决原则，旨在保障每个系列（或类别）的证券（特别是非优先系列证券）持有人能对影响其权益的事项充分行使表决权。例如，某基金有三个投资目标各异的系列X、Y、Z，其中X系列受益人的表决权权重占整个基金的80%，Y、Z受益人表决权权重各占20%。商业信托文件订定，信托文件的修改需2/3以上表决权同意。对仅与Y系列相关的商业信托文件条款进行修改时，如果不实行分别表决原则，则即使Y系列的受益人全部反对修改，X系列的受益人亦可能决定修改，这显然可能严重损害Y系列受益人的利益，背离授予表决权之目的。

当然，应分别表决的事项仅限于证券持有人享有表决权的事项，有三类：其一，1940年《投资团体法》要求由证券持有人表决的事项，主要包括订立投资顾问合同、[2228]改变投资政策、[2229]选聘独立会计师、[2230]订立

［2224］ Investment Company Act Release No. 7276（Aug. 8, 1972）, 37 Fed. Reg. 17, 386. 该规则编入17 C. F. R. 270.18f-2。

［2225］ 17 C. F. R. § 270.18f-2（a）.

［2226］ 17 C. F. R. § 270.18f-2（a）.

［2227］ 17 C. F. R. § 270.18f-2（b）.

［2228］ 15 U. S. C. § 80a-15（a）.

［2229］ 15 U. S. C. § 80a-13.

［2230］ 15 U. S. C. § 80a-31（a）.

主承销合同、[2231]选任受托人。[2232]其二，州法要求由证券持有人表决的事项，此类事项为数甚少，主要是商业信托合并。其三，投资基金组织文件（商业信托文件、信托证书、投资公司章程等）订定应由证券持有人表决的事项，商业信托文件可授予受益人对任何事项的表决权。

2. 变通与例外

分别表决原则有两种变通、三种例外。

两种变通，涉及订立投资顾问合同与改变投资政策，适用“单独表决即可生效”规则。1940年《投资团体法》第15条第a款规定，投资顾问合同须符合法定条件，并须经投资团体已发行的有表决权证券持有人的多数允许。《第18f-2号规则》规定，如某一个系列（或类别）已发行的有表决权证券持有人的多数已表决允许投资顾问合同，该投资顾问合同即对该系列发生效力，无论整个系列基金或该基金其他系列的已发行的有表决权证券持有人是否已表决允许该投资顾问合同。[2233]其他系列的表决权人未决议允许该合同的，该合同对该系列不发生约束力。同样地，如某系列（或类别）的证券持有人以多数决允许投资政策的改变，其改变即对本系列（或类别）生效，无论整个基金或者其他系列的证券持有人是否允许这一改变。[2234]

但是，州法另行规定或商业信托文件另行订定，订立投资顾问合同或改变投资政策须经全体受益人之多数允许方可生效的，从其规定或订定，不适用单独表决即可生效的规则。[2235]

“单独表决即可生效”规则的合理性在于：各系列独立运作投资事业，选任投资顾问与改变投资政策纯属关系个别系列的事项，且各系列（或类别）受益人在该事项中的利益未必一致，若要求这两类事项也须由全部系列的受益人多数表决，将导致某一系列的投资事务受制于其他系列之受益人，降低投资事务处理效率；况且，各系列的受益人仅有权分配本系列的投资收益而无权享有其他系列的收益、仅承担本系列的投资风险而不

[2231] 15 U.S.C. § 80a-15(b).

[2232] 15 U.S.C. § 80a-16(a).

[2233] 17 C.F.R. § 270.18f-2(c)(1). 如基金任何系列（或类别）的证券持有人未能依规定允许投资顾问合同，在新投资顾问接任之前，该投资顾问可以本基金投资顾问之身份处理过渡期事项；就过渡期内提供的服务，该投资顾问有权收取顾问报酬，报酬数额等于投资顾问为本基金提供投资顾问服务所发生的实际成本或该投资顾问依据该投资顾问合同将会取得的报酬，以两者之中数额较低者为准。Id. § 270.18f-2(c)(2).

[2234] 17 C.F.R. § 270.18f-2(d).

[2235] 17 C.F.R. § 270.18f-2(c),(d).

承担其他系列的风险，故若使某一系列的投资事务受制于其他系列的受益人，势必导致某一个或数个系列的受益人可决定（或参与决定）事关其他系列受益人切身利益之事项，却不必承担决策成本与风险，这是一种产生负外部性的无效率安排。

三种例外，指选任独立会计师、订立主承销合同、选任基金受托人三种事项，无须遵循分别表决要求。[2236]此三类事项与全体受益人相关，各系列（或类别）受益人对此不存在利益不一致，选任合格的独立会计师、选择合格的承销服务、选任合格的受托人属于整个基金的“公共服务”，不因各系列（或类别）而异，如要求分别表决，则徒增运营成本。

3. 多数决的含义

适用《第18f-2号规则》时，本规则所称“已发行的有表决权证券的多数”（majority of the outstanding voting securities）一语，有多层含义。

其一，本术语用于1940年《投资团体法》要求提交系列基金已发行的有表决权证券表决的任何事项之时，与1940年《投资团体法》第2条第a款第42项所称“团体的已发行的有表决权证券的多数”同义。[2237]后者意指：“在该团体适当召开的证券持有人年会或特别会议上，（A）50%以上已发行的有表决权证券的持有人出席会议或委托他人出席会议的，其中67%以上有表决权证券的表决；或（B）该团体50%以上已发行的有表决权证券的表决；两者不一致的，以较低者为准。”[2238]所谓“《投资团体法》要求提交系列基金已发行的有表决权证券表决的事项”，是指前述改变投资政策、选任投资顾问与主承销商、选任独立会计师等事项。

其二，本术语用于1940年《投资团体法》以外法律（州法）或其他文件（商业信托文件）要求提交系列基金的已发行的有表决权证券表决的事项之时，是指下列两种最低表决票数之一，两者不一致时，以较低者为准：“（i）州法或其他文件要求的最低票数；或（ii）《投资团体法》第2条第a款第42项要求的最低票数；但州法规定此类事项须由某一特定系列（或类别）证券的特定比例表决的，从其规定。”[2239]不过，美国第四代商业信托法迄今尚无要求特定比例受益权表决的规定。

[2236] 17 C. F. R. § 270.18f-2(e)-(g).

[2237] 17 C. F. R. § 270.18f-2(h).

[2238] 15 U. S. C. § 80a-2(a)(42).

[2239] 17 C. F. R. § 270.18f-2(h).

二、非直接针对系列基金的规定

（一）总体思路

1940年《投资团体法》对投资基金的几乎所有重要方面皆设有监管规定，形成一个综合性的制定法架构。[2240]除第18条外，未直接涉及系列基金的其他方面。遗留问题是：对系列基金适用该法时，何时应将整个系列基金视作同一实体、何时应将各系列视作分别的实体？

证券与交易委员会对此未提供充分的规范、指引与解释，致实务界解释各异，现行做法是，证券与交易委员会在适用该法时，原则上将每个系列作为一个独立的投资基金对待，但有诸多重要例外。[2241]

论者认为，对于该法及其条例的何种规定应针对各系列分别适用（将各个系列作为独立主体对待）、何种规定应针对整个基金适用，有必要审视该法的基本结构与立法目的、综合考虑该法确立的监管架构。[2242]弗兰柯尔教授则谓，系列团体可被视作多个同类投资团体的集合，这些团体一次性设立，并且为了注册与报告之目的，被视作一个团体；关于系列中权益持有人的权利，每个系列事实上表现为既区别于所有其他系列又不同于外部人的独立实体，因而某一系列中的权益持有人可能与其他系列中的权益持有人发生利益冲突。[2243]概略而言，一个基本的结论是：在适用基金法的实体规定时，原则上将各系列作为独立主体对待；在适用基金法的程序规定时，原则上将整个系列基金作为单一主体对待。

（二）程序性规定

1. 注册

1940年《投资团体法》规定，投资基金须经注册，方可从事本法所列举的买卖证券、州际商务等营业。[2244]注册的方式通常是向证券与交易委员会

[2240] 美国联邦证券法体系六大制定法（《证券法》《证券交易法》《投资团体法》《投资顾问法》《信托契约法》《公用事业持股企业法》）中，《投资团体法》中的实体规定最多。

[2241] Joseph R. Fleming, *Regulation of Series Investment Companies under the Investment Company Act of 1940*, 44 Bus. Law. 1179, 1180（1989）; Philip H. Newman, *Legal Considerations in Forming a Mutual Fund*, SL097 ALI-ABA 27, 39（ALI-ABA Course of Study 2007）.

[2242] Joseph R. Fleming, *Regulation of Series Investment Companies under the Investment Company Act of 1940*, 44 Bus. Law. 1179, 1205（1989）.

[2243] 4 Tamar Frankel & Ann Taylor Schwing, *The Regulation of Money Managers: Mutual Funds and Advisers* 31-13（2d ed. 2001 & Supp. 2008）.

[2244] 15 U. S. C. § § 80a-7, 8. 非公开发行的投资基金，不适用《投资团体法》。立法目的在于，此类基金无涉公共利益，加以监管，并不妥当。Hearings on H. R. 10, 065 Before a Subcommission of the House Commission on Interstate and Foreign Commerce, 76th Cong. , 3d Sess.（1940）.

登记一份注册声明(registration statement),声明须符合证券与交易委员会规定的有利于保护公共利益与投资者权益之形式。[2245]投资基金公开发行基金份额,另须依《证券法》注册。对于1940年《投资团体法》规定的注册,系列基金可作为一个单一的基金注册,不必按各系列分别注册;对于《证券法》规定的注册,系列基金仅须登记一份注册声明,其中可指明全部系列。[2246]

此外,该法容许开放式管理型团体、单位投资信托与面额凭证团体在证券与交易委员会注册一份注册声明,以发行无限量的基金份额。[2247]为此目的,基金应向证券与交易委员会交纳一定数额的年度注册费。计算注册费时,可将各系列作为独立实体分摊。[2248]

投资基金应在注册声明中载明其投资政策。[2249]因各系列各有投资目标与投资政策,应分别载明。[2250]

2. 招募说明书

各系列可共用一份招募说明书,亦可各用招募说明书。[2251]证券与交易委员会职员之见解是:依联邦证券法律,使用共同招募说明书的每个系列,可能对因该招募说明书引发的任何责任负责。[2252]本书认为,一般而言,各系列对共同招募说明书中的整体性事项(与每个系列有关的事项,如承销商、会计师信息)的真实性、准确性应当负责,但对仅同个别系列有关的内容,不应承担责任,因各系列实为分别运营的基金,招募说明书中关于各系列的单独说明,与其他系列无涉。投资者分别阅读关于各系列的说明,亦可自由认购某一系列的基金而不选择其他。选购某系列基金

[2245] 15 U. S. C. § 80a-8(a).

[2246] Joseph R. Fleming, *Regulation of Series Investment Companies under the Investment Company Act of 1940*, 44 Bus. Law. 1179, 1183(1989); Philip H. Newman, *Legal Considerations in Forming a Mutual Fund*, SL097 ALI-ABA 27, 38(ALI-ABA Course of Study 2007). 在证券与交易委员会建议禁止新设系列基金的立法过程中,共同基金业强烈反对将《投资团体法》修改为要求各系列分别注册,因为这将严重妨碍系列基金的应用。经与投资团体协会协商,证券与交易委员会同意将原先建议的修正案改为现行《投资团体法》第18条第f款第2项之版本。Hearings on H. R. 9510 and H. R. 9511 Before the Subcommission on Commerce and Finance of the House Commission on Interstate and Foreign Commerce, 90th Cong., 1st Sess., pt. 1, at 85(1967).

[2247] 15 U. S. C. § 80a-24(f).

[2248] Philip H. Newman, *Legal Considerations in Forming a Mutual Fund*, SL097 ALI-ABA 27, 38(ALI-ABA Course of Study 2007).

[2249] 15 U. S. C. § 80a-8(b).

[2250] Philip H. Newman, *Legal Considerations in Forming a Mutual Fund*, SL097 ALI-ABA 27, 38(ALI-ABA Course of Study 2007).

[2251] Id.

[2252] Id.

份额的投资者因信赖本系列的说明书内容而作出投资决定，即使关于其他系列的说明内容有虚假陈述，投资者也并未信赖其他系列的陈述。要求其他系列对某系列的个别内容负责，意即该系列的投资者可因本系列的错误而向其他系列寻求赔偿，这对其他系列有失公允，且易诱发投资者的机会主义行为。就潜在效应而言，系列基金慑于责任风险，将不敢采用共同招募说明书的形式，徒然牺牲效率而已。

3. 资本要求

1940年《投资团体法》规定，每个投资基金须有至少10万美元的资本净值，方可公开出卖基金份额。[2253]最低资本净值要件，仅适用于整个基金这一层面，已达到要求的系列基金，无须在每次创设新系列、发行新系列基金份额之前追加资本；每个新系列无须具备10万美元的资本净值。[2254]在初始注册声明中，基金发起人可任意将至少10万美元的资本配置于任何一个或多个系列中。[2255]实务中，在各系列之间配置的初始资本比例，一般对应于各系列分担的基金设立费用比例。[2256]

4. 财务事项

依S-X条例，系列基金应分别提交每个系列的财务数据；如某一系列的财务信息受到其他系列影响，该情况必须披露。[2257]分别提交财务信息的合理性在于，各系列独立核算，以确保系列资产的独立性；分别提交财务信息，亦为避免误导投资者所需。

（三）实体性规定

1. 投资团体的分类与活动

（1）面额凭证团体、单位投资信托与管理型团体

1940年《投资团体法》规定，基金向证券与交易委员会提交的声明，应载明本基金属于本法第4条、第5条规定的何种投资团体。[2258]

[2253] 15 U.S.C. § 80a-14(a). 10万美元资本净值之要求，无须于出卖基金份额时满足；如果投资基金以往曾公开出卖证券且当时资本净值达到至少10万美元，或投资基金已订定有关条款，可确保在法定期间内达到10万美元的最低资本净值要求，亦为合法。Id.

[2254] Philip H. Newman, *Legal Considerations in Forming a Mutual Fund*, SL097 ALI-ABA 27, 38 (ALI-ABA Course of Study 2007); Joseph R. Fleming, *Regulation of Series Investment Companies under the Investment Company Act of 1940*, 44 Bus. Law. 1179, 1203 (1989).

[2255] Joseph R. Fleming, *Regulation of Series Investment Companies under the Investment Company Act of 1940*, 44 Bus. Law. 1179, 1203 (1989).

[2256] Id.

[2257] Philip H. Newman, *Legal Considerations in Forming a Mutual Fund*, SL097 ALI-ABA 27, 38 (ALI-ABA Course of Study 2007). 同一系列基金的各个系列可以有不同的财务年度起止时间。Id.

[2258] 15 U.S.C. § 80a-8(b)(1).

该法第4条将投资团体分为“面额凭证团体”“单位投资信托”“管理型团体”三类。[2259]本条的分类有重要意义，因为该法对每类投资团体所设监管规定，差异重大，且每类投资团体的基本文件在内容与设计上皆有重要区别。[2260]

系列基金根据同一组文件设立与运营，而各类投资团体适用不同的监管架构，因此将各系列作为独立团体对待，既不可行，亦无正当性，否则将导致同一基金的结构过于复杂，给投资者造成重大混淆。[2261]同一系列基金的各系列，均应为同一类基金，不得同时存在性质分属单位投资信托与管理型团体的系列。[2262]就实务角度而言，单位投资信托投资于固定投资组合，投资职能较为简单，管理者滥用权限之风险较小，因此不设受托人会，亦不聘外部投资顾问，其投资职能由唯一受托人履行；[2263]管理型团体投资于非固定投资组合，投资风险与管理权滥用风险较大，法定监管要求严格，对受托人会（或公司型基金的董事会）之设置、投资顾问之监管等事项均设有严密规范。若同一系列基金中，某一个或数个系列采单位投资信托形式，另一个或数个系列采管理型团体形式，仍须依法对单位投资信托与管理型团体的不同要求备置不同种类的文件、设置不同种类的组织机构与管理程序，并不能实质性节省管理与运作成本，故采用系列基金形式本身并无明显的效率优势。即使法律或条例未禁止设立结合各种投资团体形式的混合系列基金，事实上的限制，亦使设立此类混合型基金缺乏可行性。

（2）封闭式基金与开放式基金

上述理由亦适用于封闭式基金与开放式基金。

1940年《投资团体法》第5条第a款以是否发行可赎回的证券（基金份额）为标准，将管理型投资团体进一步分为封闭式团体与开放式团体。“开放式团体”（open-end company），即开放式基金，是指要约销售或已发行自己发行之可赎回证券的管理型团体；开放式团体之外的管理型团

[2259] 参见本书第2章第4节第3目。

[2260] Joseph R. Fleming, *Regulation of Series Investment Companies under the Investment Company Act of 1940*, 44 Bus. Law. 1179, 1186 (1989). 证券与交易委员会对单位投资信托与管理型团体、封闭式团体与开放式团体，定有不同的注册声明格式。

[2261] Id.

[2262] Philip H. Newman, *Legal Considerations in Forming a Mutual Fund*, SL097 ALI-ABA 27, 39 (ALI-ABA Course of Study 2007).

[2263] 详见Thomas S. Harman, *Emerging Alternatives to Mutual Funds: Unit Investment Trusts and Other Fixed Portfolio Investment Vehicles*, 1987 Duke L. J. 1045。

体，为“封闭式团体”（closed-end company），即封闭式基金。该法对封闭式团体与开放式团体设有多处不同规定，包括：对开放式团体与封闭式团体的承销商定义不同；[2264]该法特别规定的“商业开发团体”（business development company），只能是封闭式团体；[2265]作为商业开发团体的封闭式团体，可豁免适用1940年《投资团体法》；[2266]对开放式团体与封闭式团体取得其他投资团体所发行证券之行为，设不同限制；[2267]对封闭式团体与开放式团体的资本结构、发行优先证券等行为，设置不同条件；[2268]特别限制封闭式团体以劳务或现金、证券以外其他财产为对价发行证券，特别限制封闭式团体折价发行普通证券、回购证券；[2269]对封闭式团体的关联人在财务报告方面的义务与责任，设置特别规定；[2270]豁免封闭式团体主承销商的保存记录之义务。[2271]

既有上列诸多实质差别，基于同样理由，同一系列基金应为纯粹的封闭式基金或开放式基金，不得同时存在封闭式系列与开放式系列。[2272]

（3）多元化基金与非多元化基金

1940年《投资团体法》第5条第b款将管理型团体进一步分为多元化团体与非多元化团体。“多元化团体”（diversified company），即多元化基金，指符合下列要求的管理型团体：团体资产总值的75%以上为现金与现金科目（cash item，包括应收款）、政府证券、其他投资团体的证券与其他证券（每个发行人发行的此类证券不超过此类投资团体资产总值的5%，且不超过该发行人已发行的有表决权证券的10%）。“非多元化团体”（non-diversified company），指多元化团体之外的管理型团体，即非多元化基金。

［2264］ 15 U. S. C. § 80a-2（a）（29）.

［2265］ 15 U. S. C. § 80a-2（a）（48）. 关于商业开发团体的特别规定，参见Id. § § 80a-53-64。专门讨论，参见Reginald L. Thomas & Paul F. Roye, *Regulation of Business Development Companies under the Investment Company Act*, 55 S. Cal. L. Rev. 895（1982）. 1940年《投资顾问法》的商业开发团体定义与《投资团体法》有所不同，不限于封闭式团体。Id. § 80b-2（a）（22）（B）. 此为《投资顾问法》关于封闭式团体的唯一特殊规定。

［2266］ 15 U. S. C. § 80a-6（f）.

［2267］ 15 U. S. C. § 80a-12（d）（1）（B），（C）.

［2268］ 15 U. S. C. § 80a-18.

［2269］ 15 U. S. C. § 80a-23.

［2270］ 15 U. S. C. § 80a-29（h）.

［2271］ 15 U. S. C. § 80a-30（a）（1）.

［2272］ Philip H. Newman, *Legal Considerations in Forming a Mutual Fund*, SL097 ALI-ABA 27, 39（ALI-ABA Course of Study 2007）.

证券与交易委员会不限制同一系列基金各系列同时为多元化系列与非多元化系列。[2273]理由在于：该法对多元化团体与非多元化团体的分类，主要目的是促使投资者能在知情基础上作出投资决策；一旦投资者已被告知某一系列是多元化投资或非多元化投资，且已被告知相应的投资风险，整个系列基金名为多元化团体或非多元化团体已然不再重要。[2274]证券与交易委员会指出，该法对多元化团体与非多元化团体的分类，主旨在于提示功能，亦与该法对多元化团体与非多元化团体的监管架构一致：该法对多元化团体的特殊监管规定极为个别，仅有两处：禁止多元化团体作出证券总值超过其资产总值25%的承销承诺；[2275]多元化团体转换为非多元化团体，须经本团体已发行的有表决权证券的多数表决通过。[2276]

证券与交易委员会的上述意见附有若干条件，包括系列基金在注册声明中指明各系列的投资组合为多元化投资或非多元化投资、披露非多元化投资组合所附随的投资风险、删除关于整个系列基金为多元化团体或非多元化团体的陈述，[2277]以免误导投资者。

在法律上，1940年《投资团体法》第8条规定，投资团体的注册声明中应说明本团体属于多元化团体或非多元化团体，未要求说明各系列的投资类型或投资政策。[2278]然而，就实务操作角度而言，有必要说明并提示每个系列的投资类型。就投资目的而言，每个系列实为单独的基金，其投资者仅取得本系列的权益，无权获取其他系列的投资回报，仅在整个系列基金的总声明中说明本基金的投资类型、而不说明各系列，可能误导投资者，[2279]引发基金的法律责任。

另一问题涉及多元化团体的投资比例限制。在定义性规定中，1940年《投资团体法》对多元化团体设有持股投资比例限制。投资比例限制适用于系列基金时，是按整个基金的持股数计算，还是按各系列的持股数分

[2273] Id.; Paine Webber Series Trust, SEC No-Action Letter (Dec. 14, 1987) (LEXIS, FedSEC library, NoAct file).

[2274] Paine Webber Series Trust, SEC No-Action Letter (Dec. 14, 1987) (LEXIS, FedSEC library, NoAct file).

[2275] 15 U.S.C. § 80a-12(c). 此项禁止，与多元化团体法定分类中对单个发行人证券投资比例之限制，立法目的一致。

[2276] 15 U.S.C. § 80a-13(a)(1).

[2277] Joseph R. Fleming, *Regulation of Series Investment Companies under the Investment Company Act of 1940*, 44 Bus. Law. 1179, 1187 (1989).

[2278] 15 U.S.C. § 80a-8(b).

[2279] Joseph R. Fleming, *Regulation of Series Investment Companies under the Investment Company Act of 1940*, 44 Bus. Law. 1179, 1188 (1989).

别计算，证券与交易委员会对此尚无正式规定。[2280]

该投资比例限制的立法目的在于保护投资者。[2281]时任证券与交易委员会投资信托研究部首席顾问的David Schenker在1940年《投资团体法》制定前国会参议院的立法听证报告中陈述道："多元化投资团体应分散持有不同发行人发行的证券，且不得实施将会使基金对被投资团体形成控制地位的投资行为。"[2282]弗莱明据此认为，如按各系列分别计算投资比例限制，可能出现有悖于上述立法目的之结果，"例如，某一系列基金设有10个系列，每个系列均投资于同一公司发行的股票，每个系列对该股投资额度各占该股总额10%，此时整个基金可取得对该公司100%的控制权，同时依然符合该法对多元化团体的投资比例限制"；只要各系列由同一投资顾问与受托人会经营管理，整个基金即能完全控制被投资公司——此种结果是否符合立法目的，颇有疑问。[2283]

本书认为，应按系列计算投资比例限制，不应按整个基金计算投资比例限制。

理由之一，按照各系列分别计算投资比例，不会导致投资风险集中。在与投资有关的事项上，各系列分别运行，系列受益人仅享有本系列投资收益，并负担本系列投资亏损；各系列分列资产与负债，既是法定要件，又是广为采用的实务做法。既然如此，按照系列分别计算投资比例，不会导致投资风险的集中化。以弗莱明所举之例而论，整个基金对被投资公司的投资集中度极高，但因各系列投资收益与风险相互隔离，不致相互"感染"风险。[2284]反之，不按照各系列计算投资比例、而按整个基金计算，反会造成不当后果。首先，假设A基金有两个系列，分别为X、Y，A基金的资产总值为1亿元，其中X、Y系列的资产总值各为5000万元。A基金决定投资于B公司股票，由X系列购买400万元的B公司股票、由Y系列购买100万元的B公司股票。此时基金整体依然符合多元化团体的要件，但其X系列却并未实行投资多元化（B公司股票已超过系列资产总值的5%），系列的

[2280] Id. at 1187.

[2281] Id. at 1188.

[2282] Hearings on S. 3580 Before a Subcommission of the Senate Commission on Banking and Currency, 76th Cong., 3d Sess., pt. 2, at 178(1940).

[2283] Joseph R. Fleming, *Regulation of Series Investment Companies under the Investment Company Act of 1940*, 44 Bus. Law. 1179, 1188(1989).

[2284] 或有论者认为，系列基金由同一投资顾问管理，对被投资公司股票的判断失误，会殃及各系列。但此问题与系列基金本身并无必然关系，同一投资顾问管理多个独立基金的，同样有此风险。

投资者承受投资集中化的风险，A基金作为“多元化团体”，名不副实。此类结果，无疑与该法立法目的背道而驰。其次，按整个基金计算投资比例，还会压缩各系列的投资空间、妨碍基金的正常运营，因每个系列在决定投资于某一公司时，需事先了解本基金其他系列对该公司的投资比例，以免本系列投资与其他系列所作投资之累加违反法定限制。由此将严重增加投资与管理成本，导致系列基金的运营成本甚至超过独立基金（独立基金无此顾虑）。更何况，就实践情况而言，因系列的投资目标与投资政策一般各不相同，各系列并行投资于同一团体所发行证券的可能性极小，对此弗莱明亦予承认。[2285]

理由之二，就前述另一立法目的——防止基金控制被投资团体——而言，按各系列分别计算还是按整个基金计算投资比例，与此并无必然关系。由同一投资顾问或受托人会管理数个基金的做法，不仅存在于系列基金，也普遍存在于独立基金。[2286]如果投资顾问有意控制某个公司，无论利用系列基金还是独立基金，均可达到目的。仍以弗莱明所举之例说明问题：投资顾问A管理10个独立的基金，A欲控制B公司，遂决定每个基金均购买10%的B公司股票，此时既不违法，又可达到控制目的。

进一步而言，防止基金控制团体是否确实是1940年《投资团体法》立法目的，或者应当是该法的立法目的，本身即颇值商榷。投资比例限制的根本目的，应是分散投资风险，不应是防止投资基金控制被投资团体。从实然层面而言，弗莱明仅引用证券与交易委员会职员在立法听证报告中的陈述，以证明国会有此立法目的，论据尚嫌不足。就应然层面而言，即使国会当初确以此为立法目的，于今已不合时宜。晚近研究表明，“分散持股”之类政策，不利于公司治理的改善：法律对银行、保险公司、养老金基金、共同基金等机构投资者取得其他企业股权之行为，设有各种形式的投资比例限制或禁止，致机构投资者无法取得足够的表决权，以有效监督或制衡被投资公司。公开公司原本存在股东理性冷漠与“搭便车”等治理问题，近年兴起的机构投资者能动主义（institutional investor activism）正

[2285] Joseph R. Fleming, *Regulation of Series Investment Companies under the Investment Company Act of 1940*, 44 Bus. Law. 1179, 1188 n. 49（1989）.

[2286] 由同一投资顾问管理“基金家族”中的不同基金，为美国基金业的普遍实践。基金家族一般采用两种结构，一种由数个系列组成一个基金家族，另一种由各个独立基金组成基金家族。已如前述。而同一受托人（或董事）兼任多个基金的受托人（或董事），亦是常见的实务做法。

是对策之一，[2287]但限制机构投资者控制被投资公司的政策，却抑制了机构投资者作用之发挥，致绩效低下的被投资公司管理者可安坐权位而无被撤换之虞。强制机构投资者分散持股，就某一方面而言，固然可避免机构投资者因孤注一掷损及机构投资者之受益人的利益，但此种立法政策，似嫌消极，因此种立法政策的前提似认为如被投资公司经营不善，机构投资者唯有抛售股份，别无他法；殊不知，除抛售股份的消极选择之外，机构投资者亦可积极行使表决权，撤换不适任管理者、改选称职管理者以改善公司经营。[2288]分散持股的规定，是政治上利益团体游说的结果：此类政治上有影响力之人，往往是企业的实际经营者或者与其有密切关系者，此类利益团体操控立法，表面上以分散投资风险为立法理由，防止在任管理者的职位受到机构投资者的影响。[2289]据此，为有效减少代理成本、改善公司治理，甚至应从根本上废除分散持股的不当规定。[2290]

2. 对其他投资团体的投资

1940年《投资团体法》原则上禁止投资基金及其控制的团体对其他投资团体的投资达到一定比例。第12条第d款第1项第A目规定：

"某一已注册的投资团体（'收购团体'）及受其控制的团体，以购买或其他方式取得其他投资团体（'被收购团体'）发行的任何证券，以及某一投资团体（'收购团体'）及受其控制的团体，以购买或其他方式取得其他已注册的投资团体（'被收购团体'）发行的任何证券，有下列情形之一的，构成违法：

（i）在购买或收购之后，收购团体及受其控制团体总共持有被收购团体3%以上已发行的有表决权证券；

（ii）在购买或收购之后，收购团体及受其控制团体总共持有的被收购团体的证券之总值，超过收购团体资产总值的5%；

［2287］ 关于机构投资者的作用，参见Edward B. Rock, *The Logic and (Uncertain) Significance of Institutional Shareholder Activism*, 79 Geo. L. J. 445 (1991); Roberta Romano, *Public Pension Fund Activism in Corporate Governance Reconsidered*, 93 Colum. L. Rev. 795 (1993); Stewart J. Schwab & Randall S. Thomas, *Realigning Corporate Governance: Shareholder Activism by Labor Unions*, 96 Mich. L. Rev. 1018 (1998); Ronald J. Gilson & Jeffrey N. Gordon, *The Agency Costs of Agency Capitalism: Activist Investors and the Revaluation of Governance Rights*, 113 Colum. L. Rev. 863 (2013)。

［2288］ 刘连煜：《公司法理论与判决研究》，法律出版社2002年版，第10页。

［2289］ Joseph A. Grundfest, *Subordination of American Capital*, 27 J. Fin. Econ. 89 (1990). Burrough与Helyar的重要著作将经营绩效低于一般水准之公司的管理者称为"野蛮人"(barbarians)，并研究野蛮人行为的管制问题。Bryan Burrough & John Helyar, *Barbarians at the Gate: The Fall of RJR Nabisco* (1990).

［2290］ Joseph A. Grundfest, *Subordination of American Capital*, 27 J. Fin. Econ. 89 (1990).

（iii）在购买或收购之后，收购团体及受其控制团体总共持有的被收购团体及所有其他投资团体的证券（不包括收购团体的库藏股）之总值，超过收购团体资产总值的10%。"

同项第B目反向禁止开放式投资团体将其发行的证券向其他投资团体的出卖达到一定比例，第C目禁止在封闭式投资团体中达到一定比例的收购行为。[2291]

依证券与交易委员会之见，适用上述规定时，同一基金各系列应作为独立的投资团体对待。[2292]其依据为，上述规定意在个别地适用于不同的投资团体，且证券与交易委员会长期以来的立场是一般应将各系列作为不同的投资团体对待。[2293]

3. 对证券相关行业的投资

1940年《投资团体法》禁止投资团体以购买或其他方式取得证券相关行业从业者发行的证券，此类从业者包括经纪商、自营商、承销商、投资顾问。[2294]依本条制定的第12d3-1号规则，为本条设置例外，对投资团体取得证券相关行业从业者的证券设定若干投资比例限制。本规则将同一系列基金的不同系列作为独立基金对待。[2295]其合理性在于：该法上述禁止性规定的立法目的为防止投资团体将其全部或大部分资产置于证券相关行业的风险之中，[2296]证券与交易委员会规则施加的投资比例限制亦为此目的；因此，将投资比例限制分别适用于每个系列，可防止每个系列的主要

［2291］ 15 U. S. C. § 80a-12（d）（1）（B），（C）. 该款第A目至第C目的例外情形，参见Id. § 80a-12（d）（1）（D）-（F）。上述禁止性规定旨在除去四种潜在的滥用行为：（1）某一投资团体取得另一投资团体的控制性表决权，从而以此企业的投资政策取代另一投资团体的投资政策；（2）层层转嫁（layering of）基金的销售费用、律师费与管理成本；（3）大量持有其他投资团体之证券的投资团体，可通过以大量赎回相威胁的手段，对另一投资团体的管理施加不当影响，同时，为应对潜在的大量赎回，需保持大量的现金头寸，以致扰乱基金的正常管理；（4）交叉收购行为过于频繁、复杂，致基金持股企业（fund holding companies）过于复杂或无效率，误导投资者或造成投资者对投资工具的认识混淆。SEC，Public Policy Implications of Investment Company Growth，H. R. Rep. No. 2337，89th Cong.，2d Sess. 316-20（1966）.

［2292］ Mutual Series Fund，Inc.，SEC no-action letter（Nov. 7，1995）. 例如，A基金有三个系列X、Y、Z，A基金收购B基金的基金份额，收购之后，X系列持有B基金2%的基金份额，Y系列持有B基金2.5%的基金份额，不违反规定。

［2293］ Philip H. Newman，*Legal Considerations in Forming a Mutual Fund*，SL097 ALI-ABA 27，39（ALI-ABA Course of Study 2007）.

［2294］ 15 U. S. C. § 80a-12（d）（3）.

［2295］ 17 C. F. R. § 270.12d3-1（d）（9）；Investment Company Act Release No. 14，036（July 13，1984），49 Fed. Reg. 29，362；Philip H. Newman，*Legal Considerations in Forming a Mutual Fund*，SL097 ALI-ABA 27，39（ALI-ABA Course of Study 2007）.

［2296］ Hearings on S. 3580 Before a Subcommission of the Senate Commission on Banking and Currency，76th Cong.，3d Sess.，pt. 2，at 243（1940）.

资产被置于任何一个证券相关从业团体之中，[2297]以保护各系列的利益。

4. 关联交易

关联交易系1940年《投资团体法》重点监管的行为之一。该法原则上禁止关联人以本人身份与投资团体实施出卖或买受财产、出借或介入款项等行为；[2298]但可向证券与交易委员会申请豁免令。[2299]某人的“关联人”是指下列六类人：直接或间接拥有、控制或持有某人的5%以上已发行的有表决权证券之人；被某人直接或间接拥有、控制或持有5%以上已发行的有表决权证券之人；直接或间接控制某人、直接或间接受某人控制或者与某人受到共同控制的任何人；某人的任何高级管理人员、董事、合伙人、共同合伙人或受雇人；某人是投资团体的，该投资团体的任何投资顾问或顾问委员会的任何成员；某人是不设受托人会（或董事会）的投资团体的，该投资团体的托管人（depositor）。[2300]

该定义未明示系列基金各系列是否互为关联人。受到共同控制的各团体，互为关联人。该法将“控制”定义为“对团体的经营管理或政策具有支配性影响之权力”；[2301]以“控制”为由认定关联人，须考虑一系列因素，包括：各团体聘用连锁（interlock）董事、高级管理人员或要职人员；各团体聘用共同的投资顾问或承销商。[2302]因“团体”一词包括“公司、合伙、社团、合股企业、信托、基金或任何人的有组织的集合，无论是否注册为公司”，[2303]故证券与交易委员会认为，由同一投资顾问、高级管理人员与受托人（或董事）控制的各系列，互为关联人。[2304]1981年修正的《投资团体法条例》第17a-7条，将同一基金不同系列之间的某些交易纳入关联交易监管范畴。为该法第17条第a、d款及相关条例（Rule 17d-1）之目的，系列

[2297] Hearings on S. 3580 Before a Subcommission of the Senate Commission on Banking and Currency, 76th Cong., 3d Sess., pt. 2, at 243 (1940); Joseph R. Fleming, *Regulation of Series Investment Companies under the Investment Company Act of 1940*, 44 Bus. Law. 1179, 1203 n. 133 (1989).

[2298] 15 U. S. C. § 80a-17(a).

[2299] 有证据证明拟从事的交易合理公平、符合每个相关投资团体的已备案的策略（policy）并符合本法的一般目的的，证券与交易委员会应签发豁免令。15 U. S. C. § 80a-17(b).

[2300] 15 U. S. C. § 80a-2(a)(3).

[2301] 15 U. S. C. § 80a-2(a)(9).

[2302] In re Steadman Security Corp., Investment Company Act Release No. 9830, [1977-1978 Transfer Binder] Fed. Sec. L. Rep. (CCH) ¶ 81, 243, at 88, 339-18 n. 81 (June 29, 1977); First Australia Fund, SEC No-Action Letter, [1987-1988 Transfer Binder] Fed. Sec. L. Rep. (CCH) ¶ 78, 551, at 77, 791 (Oct. 8, 1987).

[2303] 15 U. S. C. § 80a-2(a)(8).

[2304] Investment Company Act Release No. 11676 (March 10, 1981).

基金各系列互有关联关系。[2305]

5. 同份额同表决权规则

1940年《投资团体法》第18条第i款规定同份额同表决权规则：除本条第a款另有规定或其他法律另有要求外，任何已注册的管理型团体（第16条第c款所称普通法信托除外）发行的证券须为有表决权证券，且每一证券的表决权必须相同。据此，系列基金可就每个系列（或类别）发行一股一表决权的证券，无论各系列（或类别）的每股净资产价值是否相同。[2306]

上述规定适用于系列基金时，可能产生不当后果。该款立法意旨何在，美国国会立法资料中似未明确说明。证券与交易委员会在涉及表决选任基金受托人的事项上，曾推断该款之目的：依该款规定，选任基金受托人时，整个基金的全体受益人应作为一个整体进行表决，每一份额有相同的表决权，此规则能够保证每个受益人享有与其他受益人平等的表决权；本质上，如果容许每个系列享有复数表决权，将使民主程序落空。[2307]这一推断亦可适用于选任受托人以外事项。[2308]

然而，纯以份额（股份）数决定表决权，在系列基金中并不能真正符合民主原则。因各系列各有投资组合，各系列的不同证券一般对应于不同的净资产价值，代表不同的经济利益。[2309]如实行同份额同表决权规则，代表较少经济利益的证券，即有与代表较多经济利益的证券同等的表决权。例如，某基金有两个系列，系列A每股净资产价值1元，已发行证券为10万股；系列B每股净资产价值10元，已发行证券为3万股。依此规则，系列A证券总价值10万元，表决票数为10万，系列B证券总价值30万元，表决票数仅为3万，系列A在经济利益上比重远小于系列B，但在表决结果上将占绝对优势，显然不符公平与效率要求。

为防此弊，能否将同份额同表决权解释为表决权分配可与每股代表的经济利益挂钩？尚有疑问。[2310]况且，该法此规定属于强行规范，商业

[2305] Philip H. Newman, *Legal Considerations in Forming a Mutual Fund*, SL097 ALI-ABA 27, 38 (ALI-ABA Course of Study 2007).

[2306] Id. at 37.

[2307] Depositors Investment Trust, SEC No-Action Letter, [1984 Transfer Binder] Fed. Sec. L. Rep. (CCH) ¶ 77, 659, at 78, 986 (May 7, 1984).

[2308] Joseph R. Fleming, *Regulation of Series Investment Companies under the Investment Company Act of 1940*, 44 Bus. Law. 1179, 1192-93 (1989).

[2309] Id. at 1194.

[2310] Id. at 1195.

信托文件无法以不同或相反订定作出更有效率的安排，因此有必要修改此规定。[2311]证券与交易委员会现已明确认可以币值为基础确定表决权的做法：系列基金可设定以币值为基础的表决权（dollar-weighted voting rights），每一系列的每个证券持有人按照每股净资产值中的美元数行使表决权，每一美元代表一表决权。[2312]这一做法有助于缓解该法规定的不合理性。

6. 救济

投资顾问等违反对特定系列的义务，其他受益人可否行使救济权，法无明文。至少有一个判决认为系列不是该法所称实体，因此，某系列的份额持有人，有权以本基金其他系列的投资顾问费过度为由，提起第36条第b款之诉。[2313]此种意见似有不妥，因各系列独立运营，某系列受益人无权干预另一系列中与其无关之事项，除非商业信托文件另有订定。

三、本节小结

系列商业信托因其独特的法律结构，容易产生个别系列的受益人和商业信托全体受益人的冲突问题。在一般的商业信托中，各个系列和商业信托整体之间的利益协调，由其商业信托文件自行设置解决机制即可，法律没有必要特别干预。公开募集的证券投资基金，因广泛涉及公众投资者利益，而有法律适当干预的空间。美国法关于系列基金规范经验的启示，主要在于"问题导向"的监管思路和"区分规范"的总体方法。此所谓问题导向，即不是由立法者或独立监管机构先验性地设想问题，而是围绕现实发生的问题制定有针对性的监管规范。系列基金作为新兴组织形态，在问题尚未实际发生之前，不宜纯粹基于理论设想而设计管制规范，以免妨碍市场自发秩序的形成；仅当问题实际发生且被证明有法律管制之必要性时，方可适时地制定切实可行而不致产生副作用的规范。美国系列基金运作中发生的问题，当然未必一一对应于我国现实，因此美国

[2311] Id.

[2312] 交易实例：Vanguard Index Funds, Amended and Restated Agreement and Declaration of Trust, Art. Ⅲ, § 6(2008); Munder Series Trust, Declaration of Trust, Art. Ⅲ, § 6(February 3, 2003)。以"一美元（以每一份额的净资产价值计）一票"为依据表决，不得因系列不同而区别对待；但如某一待表决事项仅影响部分系列（或系列的类别）之利益，仅受影响的系列（或类别）的基金份额持有人对该事项有表决权。Id.

[2313] Batra v. Investors Research Corp., CCH Fed Sec. L. Rep. ¶96, 982(D. Mo. Oct. 4, 1991). 1940年《投资团体法》第36条第b款规定投资顾问关于顾问费负有信义义务，尤为重要。

法上具体的规范经验，自不能照抄照搬。但区别对待系列基金专有的问题和非属系列基金专有的问题、区别对待程序性规范和实体性规范的监管方法，则与系列基金本身的特质相适应，兼顾法律对待系列基金的兴利除弊立场，更具参考价值。

第八章　商业信托的成立、存续、登记

第一节　商业信托的成立方式与要件

一、成立方式

普通信托的成立方式包括：委托人通过赠与等生前行为将财产转移于受托人；委托人通过遗嘱或其他死因行为将财产转移于受托人；财产权人通过信托宣言（declaration of trust）宣称自己以受托人身份持有可识别的财产；为受托人行使指定权（power of appointment）。[2314]以信托宣言或指定权方式设立信托，甚少见于大陆法系信托法。

商业信托依有偿合同设立，不适用赠与法、遗嘱法或继承法；指定权制度属于财产法范畴，多与无偿处分法相关，亦不适用。即使是以信托宣言方式设立商业信托，其法律结构与普通信托亦有所不同。除此之外，制定法商业信托的成立另须依法登记。

商业信托由当事人的自主行为设立，[2315]设立商业信托无须特定形式或用语，[2316]比公司法远为宽松。[2317]使用“信托”或“商业信托”字样，并非商业信托成立与否的决定因素，判例法与制定法亦不要求在名称中采用商业信托、信托或受托人等字样。当事人的协议或其他文件中虽未使用“信托”“受托人”等字样，但根据对文件的整体解释，能够发现当事人设立商业信托的意思，商业信托仍有效成立。[2318]此与普通信托成立的判断基准一致。对于继受信托法的法域而言，此点尤为重要。一方面，就一

［2314］ Uniform Trust Code § 401.

［2315］ Michigan Trust Co. v. Herpolsheimer, 256 Mich. 589, 240 N. W. 6（1932）.

［2316］ 13 Am. Jur. 2d Business Trusts § 13（2007）. 只要财产的普通法所有人表示由另一方当事人成为该财产的受益所有人之意思，即为已足。Walker v. Close, 98 Fla. 1103, 125 So. 521（1929）.

［2317］ 公司的成立，一般须以遵守制定法规定为前提。William Meade Fletcher et al. , *Fletcher Cyclopedia of the Law of Private Corporations* § 166（Perm. ed. 1983 Supp. 2007）.

［2318］ Darling v. Buddy, 318 Mo. 784, 1 S. W. 2d 163, 58 A. L. R. 493（1927）. 设立协议未包含“信托”或“受托人”字样，本身不能决定协议是否构成信托文件或设立的组织是否构成商业信托；同理，设立协议使用“经理”“管理人”之类字样，不足以认定所设组织不是商业信托。Brown v. Bedell, 263 N. Y. 177, 188 N. E. 641（1934）.

般的信托而言，许多法律适用者对信托概念较为陌生，拘泥于涉案意思表示所用词句，在当事人未使用信托字样的情形，不将实为信托的涉案法律关系认定为信托。另一方面，商业信托的应用虽渐趋广泛，但因法出多门，各种法规、规章所用称谓与当事人所用称谓纷繁多变，如客户资产管理、理财计划等，不一而足，亦容易遮蔽法律适用者的判断。此类法律关系有信托之实、无信托之名。对于内容符合信托特征的法律关系，对其性质与效力的判定，即应遵循意思表示解释与法律行为性质认定的原则：径认定当事人之间构成信托关系，既不应无视当事人的真意，[2319]亦不必借助所谓“事实上信托”之概念而徒增蛇足。[2320]（意定）信托乃法律行为之一种，无有“事实合同”或“事实信托”一说。

设立文件即使不符合商业信托法所定要件，亦非无效，仍可认定当事人设立了其他形式的组织。[2321]现代商业信托法极度放宽商业信托成立要件，不符合法定要件的可能性已微乎其微。

［2319］ 尊重当事人真意而认定信托关系的实例，如李某1、钦某某等遗嘱继承纠纷案，上海市第二中级人民法院（2019）沪02民终1307号民事判决书。本案中，李某4于2015年8月1日写下亲笔遗嘱一份（案涉遗嘱），内容包括将其房屋和其他资产约1400万元成立“李某4家族基金会”管理，并指定其配偶与兄弟姐妹担任管理人。另李某4曾于2014年11月23日写下自书遗嘱一份，其中提及设立“李某4家族信托基金”。一审判决认为：“从遗嘱的内容来看，李某4表达的意思是不对遗产进行分割，而是要将遗产作为一个整体，通过一个第三方进行管理，这个第三方李某4命名为‘李某4家族基金会’，组成人员为钦某某、李某 5、李某6、李某7，管理方式为共同负责管理。李某4还指定了部分财产的用途，指定了受益人，明确了管理人的报酬，并进一步在购买房屋一事上阐明其目的——‘只传承给下一代，永久不得出售’，也就是要求实现所有权和收益权的分离。上述李某4的意思表示，符合信托的法律特征，应当识别为李某4希望通过遗嘱的方式设立信托，实现家族财富的传承。李某4在2014年11月23日自书遗嘱中也明确表示了‘信托’二字，与2015年8月1日遗嘱可相互印证。因此，该份遗嘱的效力，应当根据继承法和信托法进行认定……从遗嘱的上下文来看，李某4指定的管理人即为遗嘱执行人和信托受托人。”二审判决认为：“关于对行为人实施的无相对人的意思表示行为作解释，不能单纯拘泥于行为人使用的词句，而应当结合有关文本相关条款、行为人行为的性质和目的、生活习惯以及诚实信用原则来判定行为人的真实意思。本案中，李某4于2015年8月1日所订立的涉案遗嘱属单方民事法律行为，系无相对人的意思表示行为……尽管涉案遗嘱中部分文字表述不尽严谨与规范，但一审法院通过对涉案遗嘱通篇内容的把握与解释，将立遗嘱人在遗嘱中的财产安排定性为信托，符合该遗嘱的整体意思与实质内容。故对钦某某、李某2关于李某4实际系欲成立基金会，一审判决对遗嘱的理解及处理背离被继承人本意的意见本院不予采纳。”

［2320］ 有判决在当事人未使用信托字样的情形，正确地认定信托关系的存在，但同时使用了事实上信托合同的措辞。王国初、山东荣城建筑集团有限公司工会与山东荣城建筑集团有限公司信托合同纠纷案，山东省威海市中级人民法院（2018）鲁10民终2663号民事判决书（“本案中荣建公司仅成立了工会，未设立职工持股会。因此荣建工会也应当发挥职工持股会的职能。从荣成市建筑工程有限公司工会或者荣建工会在公司章程及股东会决议等文件签名处盖章，以及荣建工会以社团法人资格代职工出资三千余万元，并成为荣建公司工商登记第一大股东的事实来看，荣建工会与持股职工之间虽未签订持股会章程等内部约定文件，但双方之间已经形成了事实上的信托合同关系”）。

［2321］ In re Carriage House，Inc.，146 B. R. 352（D. Vt. 1992）.

二、成立要件

美国早期判例认为，信托依信托文件而成立，信托文件须具备普通信托法的法定要件。[2322]依普通信托法的传统规则，信托成立有“三确定”要件：信托财产确定、受益人确定、信托目的确定。商业信托法尽弃此三要件。当代商业信托法奉行设立自由原则，法定要件已降至最低限度，比普通信托法更为自由。

以《特拉华州商业信托法》为例。商业信托设立要件极为简单，设立程序极为便利，足以满足投资者从事对时间要求极为敏感之交易（例如，结构融资或杠杆融资）的需求。任何非公司组织有三要件，即可设立为制定法商业信托：其一，依法登记一份信托证书，其中仅须载明最低限度的必要记载事项。其二，特拉华州受托人（Delaware Trustee）。任何商业信托至少应有一名特拉华受托人（住所位于特拉华州的受托人，不必是信托成立后实际经营信托之人），以方便诉讼送达，并确保特拉华法院对商业信托的管辖权以及《特拉华州商业信托法》的适用。其三，有商业信托文件。

（一）无信托财产要件

1. 信托财产之有无

普通信托为基于财产而发生的信义关系，重在对现有财产的保存。信托财产为信托成立要件之一。信托设立时须信托财产已经存在并可确定，否则信托不成立；欠缺信托财产的，至多仅有信托文件，或一项设立信托的计划或允诺，设立信托的允诺有无强制实施力，则取决于是否具备合同成立要件。[2323]除委托人自任受托人的情形外，为设立信托，委托人须以信托契据或交付等方式将信托财产移转于受托人。[2324]信托契据主要用于不动产转让，与一般的不动产转让契据无实质区别。以将来财产设立信托，尤其可能不符合信托财产确定性要件。仅是在将来取得财产的期待或希望，或尚不存在的财产，不能成为信托财产。[2325]美国通说认为，根据已存在的合同可于将来取得的权利，可作为信托财产有效转让；但是，转让一个根据尚不存在的合同、可能在将来产生的权利，仅构成一项转让财

[2322] Hecht v. Malley, 265 U. S. 144, 44 S. Ct. 462, 68 L. Ed. 949, 1 U. S. Tax Cas.(CCH)¶93, 4 A. F. T. R.(P-H)¶3976(1924); Goldwater v. Oltman, 210 Cal. 408, 292 P. 624, 71 A. L. R. 871(1930).

[2323] Restatement(Third)of Trusts § 2 cmt. i(2003).

[2324] Jessie Dukeminier & Stanley M. Johanson, *Wills, Trusts, and Estates* 559(6th ed. 2000).

[2325] Restatement(Third)of Trusts § 41(2003).

产的允诺，不发生财产转让的效力。[2326]

上述规则与普通信托的性质相契合。普通信托是当事人所创设的一种对世性财产法律关系，若无现实的财产权移转，自无从发生此种对世效力。商业信托则是当事人所创设的一种商业组织，商业组织不以设立时即拥有财产为成立要件。同时，商业信托更重视信托资产的将来营利能力。将来财产能否成为信托财产，对资产证券化信托等尤为重要。证券化资产以应收款为主，尤其是将来应收款，大多尚无基础合同（如发起人银行将未来的全部信用卡应收款作为证券化资产），依上述规则，难以作为信托财产。普通信托法虽有其他规则可资适用，但毕竟需依赖于合同法或财产法的其他规则。[2327]有鉴于信托法在此领域的不确定性，美国商业信托法彻底抛弃信托财产要件。判例法认为，商业信托的设立，不以受托人在信托设立时取得信托财产为要件。[2328]制定法将商业信托定义为受托人为受益人等人利益管理现有或“将来”财产或从事专业性活动之组织，[2329]亦表明不以信托财产为商业信托成立要件。

当然，欲确保资产证券化交易的有效性，实现破产隔离，尚须建立与完善将来财产转移与公示制度，使信托的设立与将来财产的转移能对抗第三人（包括资产证券化发起人的债权人、破产管理人、证券化资产的重复受让人等）。[2330]美国《统一商法典》第9编“担保交易”设有中央性的动产担保交易登记制，买卖将来债权或在将来债权上设定担保权的交易（包括资产证券化交易）可在州登记机关登记，以取得对抗第三人之效力。该制度为各国仿效，是资产证券化重要的制度条件。我国现行法上存在的问题是，债权让与和应收账款质押实行双轨制。债权让与缺乏登记公示制度，仅凭债权让与合同生效即可发生内部效力和外部效力（对第三人亦生效力），对交易安全颇有妨害。应收账款质押虽有电子化的全国统一登记公示制度（《物权法》第228条第1款、中国人民银行《应收账款质押登记办法》），但应收账款质押并不能为资产证券化所用，因为资产证券化交

[2326]　Austin W. Scott & William F. Fratcher, *The Law of Trusts* § 86.2 (4th ed. 1987).

[2327]　如果某种将来收益权或合同权利的完全转让是有效的，以该权利设立信托亦为有效。Austin W. Scott & William F. Fratcher, *The Law of Trusts* § 86.2 (4th ed. 1987). 据此，如果财产法或合同法容许转让基础合同尚不存在的将来债权，则以此类债权作为信托财产亦属有效。

[2328]　13 Am. Jur. 2d Business Trusts § 12 (2007).

[2329]　Del. Code Ann. tit. 12, § 3801 (g).

[2330]　Steven L. Schwarcz, *Towards A Centralized Perfection System for Cross-Border Receivables Financing*, 20 U. Pa. J. Int' l Econ. L. 455 (1999).

易要求实现“真实买卖”(true sale),质押情况下,作为出资人的发起人对应收账款仍有控制权,不能满足真实买卖的标准。2017年10月25日修订发布的《应收账款质押登记办法》在“附则”中增加一条规定:“权利人在登记公示系统办理以融资为目的的应收账款转让登记,参照本办法的规定。”2019年新发布的该规章维持此规定(第34条)。但因欠缺上位法依据,该规章并未规定应收账款转让登记的效力。民法典本应确立一般性的债权让与登记公示制度。[2331]但《民法典》最终仅在“保理合同”一章规定了应收账款转让登记,非因保理合同而发生的应收账款转让登记,只能类推适用该法第768条规定。应收账款以外的债权转让,尚难受惠于登记制度。至于主管部门所考虑的抵押权批量转移登记(变更登记)问题,反而根本不是问题。资产证券化通常涉及大宗债权转让,在债权附有抵押权担保的情形,逐一办理抵押权转移登记,显然不可行。对此,原建设部2005年5月16日发布的《关于个人住房抵押贷款证券化涉及的抵押权变更登记有关问题的试行通知》(建住房〔2005〕77号)容许批量办理个人住房抵押权变更登记。[2332]但其实办理抵押权变更登记并无必要。《合同法》第81条规定,债权转让的,受让人取得与债权有关的从权利。《物权法》第192条第2句规定,债权转让的,担保该债权的抵押权一并转让。《民法典》第547条第2款进一步明确自动转移规则。抵押权既然随债权转让自动移转,再去办理变更登记,徒耗登记费用而已。

商业信托既然不以信托财产为成立要件,商业信托文件自然无须载明信托财产。况且商业信托财产可能随时变动,若法律要求信托财产须载明于信托合同,徒增交易成本。例如,证券化信托在首次发行之前,通常没有资产与负债,用于发行资产支持证券的资产需于信托成立后陆续转让于信托,只要符合评级机构的条件,证券化信托取得其他资产无须受益人或其他人同意,存管人等可依据销售与服务协议约定之条件,随时在资产池中加入新的应收款账户,存管人对此有完全的自由裁量权。[2333]美国判例法确认,商业信托取得某些财产时,虽未在信托文件中提及,但并

[2331] 详见李宇:《债权让与的优先顺序与公示制度》,载《法学研究》2012年第6期。

[2332] 该通知第2条规定:“金融机构与依法设立的信托投资公司或中国银监会批准的其他机构按照有关规定,以个人住房抵押贷款证券化为目的设立信托时,需要将金融机构发放或持有的个人住房抵押贷款债权及相应的住房抵押权批量转让给受托机构的,或者前述特定目的的信托存续期间,金融机构根据合同的约定进行债权回购,或受托机构发生更换的,可以按照本通知的规定,批量办理个人住房抵押权变更登记。”

[2333] SWIFT Master Auto Receivables Trust, Prospectus (October 9, 2007).

不影响该财产成为信托财产。[2334]

2. 无资本要求：与公司法比较

无信托财产要件，与其他非公司企业法无资本要件相通，为非公司企业优于公司的特征之一。作为公司法的产物，资本要件（尤其是法律资本制度）弊端丛生。法律资本制度要求公司成立时须有一定资本（此外尚有出资、分配等一系列规则，以下各章将相应论及）。英美式的授权资本制与大陆法系的法定资本制均为其形态，不过宽严有别而已。研究表明，法律资本制度是19世纪法制史之产物，事实上并未为债权人提供多少明显的保护。现实世界中债权人所处的地位与法律资本制度假定其所处的地位截然相反，普通债权人主要依靠对债务人保持警惕、对债务及债务人的状况保持持续关注，同时借助于市场化的信用评估机制、信用情报网络、税法手段以及借款人要保持信用的强烈愿望等，尽管此类措施并非总是有效，但可以肯定的是，债权人对于不良交易的保护措施，并不会依赖于公司法确立的法律资本制度，而是以合同机制等更为直接、有效的方式解决问题，诸如多边银行贷款协议等合同机制可发挥比制定法更为有效的作用。在现代公司财务日趋复杂的情况下，适用法律资本制度将得不偿失。[2335]这已为各国公司法资本制度的实践与改革所证实。[2336]非公司企业的另辟蹊径，更证明法律资本制度的无效率性。

3. 信托财产的瑕疵

附随于信托财产要件的问题是，信托财产瑕疵对信托成立或生效的影响。普通信托以信托财产移转为成立要件之一，委托人向受托人移转信托财产，系无偿行为。因此，信托财产的瑕疵，由受托人承继。我国台湾地区“信托法”第33条规定：“受托人关于信托财产之占有，承继委托人

[2334] Hodgkiss v. Northland Petroleum Consol.，104 Mont. 328，67 P. 2d 811（1937）.

[2335] 对法律资本制度的详尽批评，参见［美］Bayless Manning & James J. Hanks Jr.：《法律资本制度》，后向东译，载王保树主编：《商事法论集》（第12卷），法律出版社2007年版，第165~182页。

[2336] 我国《公司法》在2013年修正时，再次大幅度缓和公司资本制度的严格性。学者指出，2013年改革前的公司出资制度在债权人保护方面的收益甚微，同时其成本很高，实际上是一个非常低效的债权人保护机制。2013年改革在一定程度上削弱了公司资本制度的债权人保护功能，但是这并不意味着债权人保护的整体水平下降。债权人保护是一个跨学科的系统性课题，公司资本制度并不是唯一的债权人保护机制。实际上，除了公司资本制度之外，还存在很多其他的债权人保护机制，主要可以分为两大类，一类是基础性的保护机制，包括公司资本制度和合同法或合同机制；另一类是特殊性的保护机制，包括担保和保险机制、看门人机制和信息披露机制，以及公司法人格否认制度、董事义务制度和破产法中的衡平居次制度等。实证数据表明，我国已经存在公司资本制度之外的其他债权人保护机制，并且总体运行良好，因此，法律改革的技术成本大为降低。参见黄辉：《公司资本制度改革的正当性：基于债权人保护功能的法经济学分析》，载《中国法学》2015年第6期。

占有之瑕疵。前项规定于金钱、其他代替物或有价证券为给付标的之有价证券之占有，准用之。”本条规定的理由在于，受托人虽基于信托行为而完全取得信托财产，但受托人既然非因该财产享有利益，故不存在使其较委托人享有更佳保护之必要；本条可防止恶意的委托人将财产信托于善意的受托人，而侵害真正权利人，从中使自己或他人收受不当利益。[2337]

普通信托的无偿性，可能产生两种不利后果：

其一，不构成善意取得。委托人设立信托时，将财产权（英美法系称普通法所有权）无偿移转于受托人，同时将信托财产的受益权（或英美法系所称衡平法所有权）无偿移转于受益人。因属无偿移转，故在无权处分时，不构成善意取得。[2338]

其二，易构成诈害行为。不构成善意取得，信托财产将遭受真正权利人的追夺；构成诈害行为，信托财产将遭受债权人的追索。委托人设立信托、转让信托财产，损害其债权人利益时，其债权人有权撤销转让。此为各国民法通例。[2339]我国《信托法》亦有类似规则，尽管该规则对债权人的保护力度不及《民法典》的一般规定。[2340]

商业信托取得信托财产，一般为有偿行为。委托人因转让财产成为

[2337] 赖源河、王志诚：《现代信托法论》（增订3版），中国政法大学出版社2002年版，第92页。

[2338] 英美法系有“善意购买人”制度，从无处分权人处取得财产者，须支付合理对价方可对抗真正的权利人。George Gleason Bogert & George Taylor Bogert, *The Law of Trusts and Trustees* § 881 (rev. 2d ed. 1993). 我国《民法典》第311条将“以合理的价格转让”定为善意取得的要件之一，此点近似于英美法系。

[2339] 大陆法系将该项权利规定为债权人的撤销权。例如，德国《破产程序以外的债务人法律行为撤销法》。英美法系有与此相似的“诈害性转让”（fraudulent conveyances, fraudulent transfer）制度，参见Garrard Glenn, *Fraudulent Conveyances and Preferences* (Rev. ed. 1940)。债务人基于妨碍、迟延或欺诈其债权人的实际意图而转让财产的，为诈害性转让。Uniform Fraudulent Transfer Act § 4(a)(1). 特别地，损害债权人利益的信托，无效；设立信托构成诈害性转让的，同样无效。Restatement (Third) of Trusts § 29 cmt. d (2003). 委托人于设立信托后破产的，其所为无偿让与或不合理低价让与以及偏颇行为，均可能被破产法院撤销或宣告无效。英国1986年《破产法》对此设有明文。David Hayton, Paul Matthews, & Charles Mitchell, *Underhill and Hayton Law Relating to Trusts and Trustees* 394-98 (18th ed. 2010).

[2340] 我国《信托法》第12条规定：“委托人设立信托损害其债权人利益的，债权人有权申请人民法院撤销该信托。（第1款）人民法院依照前款规定撤销信托的，不影响善意受益人已经取得的信托利益。（第2款）”该规定是债权人撤销权在信托法领域中的特别化，但是，该条规定不适当地削弱了对债权人的保护。按照该条规定的字面意思，善意受益人即使无偿取得信托利益，亦受该条保护，显然有悖于《合同法》第74条不保护无偿受益之第三人的一般原则（《民法典》第538条同此原则）；而且，并不存在无偿取得利益的信托受益人比非信托情形的无偿受益人更值得保护的正当理由。为实现债权人撤销权制度的目的，似可采用目的性限缩方法，将该条规定中所称的“受益人”解为仅指有偿取得信托利益的受益人。

受益人的(出资),受益权为其转让财产的对价;委托人不成为受益人的,商业信托向委托人给付金钱或非金钱利益作为对价。例如,资产证券化信托发起人(委托人)将用于证券化的资产让与商业信托,商业信托以受益权凭证为对价,或将出卖受益权凭证所得收入作为对价给予发起人。

商业信托取得信托财产既属有偿行为,自可构成善意取得。退一步而言,纵为无偿移转,因商业信托的成立不以信托财产存在为要件,商业信托的成立或有效性不受影响。委托人对信托财产无处分权,仅发生委托人对商业信托负违约责任之后果。[2341]

此外,委托人对信托财产的瑕疵担保责任,因信托是否有偿而异。普通信托委托人无偿移转信托财产,故应类推适用赠与人的瑕疵担保责任;[2342]商业信托委托人有偿移转信托财产,故应类推适用出卖人的瑕疵担保责任。后者重于前者。

4. 信托财产的流通性要求

信托财产须为可流通财产。依其他法律、商业组织章程或私人协议等不可转让的财产,不得通过设立信托进行处分。[2343]商业信托法要求作为出资的财产须移转于商业信托,这一问题更为明确,即适用财产法的一般规则,信托法无须明文。至于信托财产具体形态如何,在所不问。我国实务中常见的以各种收益权作为信托财产,无论其权利性质为债权、用益物权或其他权利,只要其可让与性不为法律所禁,皆无不可。

(二)无受益人要件

普通信托法强行规定,信托及其条款必须为了受益人的利益。[2344]普通信托设立时须有确定的或可确定的(identifiable)受益人,否则信托不成立;信托成立后,不再有确定的或可确定的受益人时,信托终止。[2345]此即“受益人要件”。[2346]

[2341] 美国早期曾有判例将委托人享有信托财产处分权作为商业信托文件生效的要件,有欠妥当。Walker v. Close, 98 Fla. 1103, 125 So. 521(1929).

[2342] 赠与财产有瑕疵的,赠与人不承担责任;赠与人故意不告知瑕疵或者保证无瑕疵,造成受赠人损失的,应承担损害赔偿责任(我国《民法典》第662条)。比较法类似,例如,《德国民法典》第523条、第524条。

[2343] Restatement(Third)of Trusts § 40 cmt. d(2003);我国《信托法》第14条。

[2344] Uniform Trust Code § 105(b)(3).

[2345] 所谓可确定的受益人,是指在信托设立时或在反永续规则容许的期限内,能够确定受益人。Restatement(Third)of Trusts § 44(2003).

[2346] 受益人要件不适用于公益信托,却是私益信托要件之一。是故,普通信托法传统上不容许设立“目的信托”,诸如以维护私人墓地、照顾动物为目的之信托。晚近信托法放松了此类限制,但取消受益人要件,尚未成为一般规则。Uniform Trust Code § § 408, 409.

尽管某些判例仍墨守成规，[2347]当代制定法已普遍采用更灵活的规则，不要求商业信托有受益人，更不以受益人确定或可确定作为商业信托成立要件。《特拉华州商业信托法》将商业信托定义为由受托人为已成为或"将成为"受益人之人的利益而从事活动的组织，2002年修正时进一步取消受益人要件：商业信托是受托人为受益人的利益"或商业信托文件订定的其他目的"从事活动的非公司组织。[2348]此项修正，旨在确认本条所容许的灵活性。[2349]据此，商业信托可用于无受益人之目的，包括公益目的；商业信托成立时无须有受益人。《统一商业信托法》草案原采相同定义，后续版本虽删除商业信托的详细定义，但也未规定受益人要件，依然保持了与《特拉华州商业信托法》相近的灵活性。

不要求商业信托有受益人，可适应复杂多变的商业需求，降低争议发生的可能性，且无害公益。例如，投资基金完成设立准备之后，发现最佳发行时机已过，可于基金成立之后，另择良机，重启发行，此时虽无受益人，并不影响信托成立及存续。

商业信托可以无受益人。此种灵活性在各种商业组织法中，似唯有有限责任企业可与之匹敌。合伙不可能脱离合伙人而存在，否则名不副实；公司法似亦不容许无股东的商业公司存在。有限责任企业法则正在经历"须有两个以上成员→须至少有一个成员→设立时可以无成员"三大阶段的转变。[2350]

商业信托法对受益人人数从无强行要求。[2351]在此方面，商业信托法比公司法、合伙法与有限责任企业法走得更早更远。合伙法天然地要求至少有两个以上当事人；公司法与有限责任企业法早先不许设立一人公

[2347] In re Haworth, 253 B. R. 478 (Bankr. D. Wyo. 2000), subsequently aff'd, 13 Fed. Appx. 826 (10th Cir. 2001)（设立商业信托仍应遵循设立普通信托的一般规则，诸如受益人须为可确定的）. 即使商业信托法未取消受益人要件，基于商业信托与普通信托的性质差异，亦应灵活解释受益人要件：信托文件定有取得受益人资格的条件、方法、标准或程序的，足以认定受益人可确定；即使商业信托文件对此未作订定，亦应认为，商业信托文件已包括一项默示条款，即商业信托的利润向谁分配或亏损由谁分担，谁就是受益人。由于商业信托必然存在利润分配或亏损分担问题，故商业信托的受益人始终是可确定的。

[2348] 2002 Delaware Laws Ch. 328, § 1 (S. B. 411).

[2349] 2002 Delaware Laws Ch. 328, Synopsis (S. B. 411).

[2350] 目前，包括特拉华州在内的大多数州有限责任企业法以及《统一有限责任企业法》均要求有限责任企业至少有一个成员。Larry E. Ribstein & Robert Keatinge, *Ribstein & Keatinge on Limited Liability Companies* § 4:3 (2d ed. 2004).《弗吉尼亚州有限责任企业法》允许设立时无成员。Va. Code Ann. § 13.1-1038.1 (A)(3).

[2351] 当事人人数不影响商业信托的性质。Swanson v. Commissioner of Internal Revenue, 296 U. S. 362, 56 S. Ct. 283, 80 L. Ed. 273, 35-2 U. S. Tax Cas. (CCH) ¶9682, 36-1 U. S. Tax Cas. (CCH) ¶9021, 16 A. F. T. R. (P-H) ¶1268 (1935).

司或一人有限责任企业，晚近始逐渐取消人数限制。

（三）无信托目的确定性要件

普通信托为一个或数个确定之人或可确定之人的利益而设立，故又称私人信托（private trust）。普通信托的条款与管理必须是为了受益人的利益，方为有效；信托的管理性条款与其他任何条款不得有使信托财产的运用偏离上述目的之效果。[2352]商业信托法未将“条款须与目的相符”作为信托生效要件，比普通信托法更为灵活。例如，《特拉华州商业信托法》原先规定商业信托是为受益人的利益而设立的非公司组织，2002年修正为商业信托可为受益人利益或其他目的而设立。[2353]

信托目的不能或不确定，为普通信托丧失强制实施力（enforceability）的事由之一。[2354]信托目的不可能实现时，信托终止。[2355]但依特拉华州等州商业信托法，信托目的是否可能或确定，不影响商业信托的效力或存续；商业信托终止的事由限于解散或因合并、分立而终止，解散的唯一事由为商业信托文件所定解散事由。目的不能实现并非法定解散事由，更不影响商业信托的有效性。

（四）我国现行法

不将受益人要件、财产或资本要件作为商业信托设立条件，为减少企业组建成本、加速资本运行所必需。从此项立法目的出发，可发现我国现行法仍有不少值得改进之处。

我国《信托法》依循普通信托法之原理，将受益人和信托财产作为普通信托成立之要件，固然未考虑到商业信托之特别需求，而关于商业信托的特别法，非但未予缓和此类要件，更有进一步的管制。《证券投资基金法》对基金成立设有资本要求：基金募集期限届满，封闭式基金募集的基金份额总额达到准予注册规模的80%以上，开放式基金募集的基金份额总额超过准予注册的最低募集份额总额，并且基金份额持有人人数符合国务院证券监督管理机构规定的，基金管理人方可向国务院证券监督管理机构提交验资报告，办理基金备案手续，而使基金合同生效（第58条；第60条第1款规定备案为基金合同生效要件），基金始得成立。最低限额及受益人人数的规定，显著的不利后果为，基金未能募集到最低资本限额或受

[2352] Restatement (Third) of Trusts § 27 cmt. b (2003).

[2353] 2002 Delaware Laws Ch. 328 § 1 (S. B. 411).

[2354] Restatement (Third) of Trusts § 30 (2003).

[2355] Restatement (Third) of Trusts § 30 cmt. a (2003).

益人不足时，基金合同不生效，已收价款须返还于认购人。[2356]

此种规定，存在两大弊端。第一，对认购人保护不周。基金管理人若在认购款返还完毕之前破产，此时基金尚未成立，认购人的返还请求权不过属于普通债权，认购人与基金管理人的其他普通债权人处于同等清偿顺序；反之，商业信托成立如不以信托财产、受益人为要件或无资本限额，此种情形基金仍可成立，认购款构成独立的信托财产，认购人成为受益人，可另选基金管理人或决定解散基金以分配剩余财产，而不受基金管理人破产之害。[2357]第二，已支出的设立费用及其他成本一概沦为沉没成本，经济资源被无端浪费。不设最低限额及受益人要件，基金可先行成立，于市场时机适当之时再次发行，而无基金设立失败之虞。[2358]而且，强行要求基金份额募集至最低限额、受益人人数符合行政规定，不能服务于任何有益且必要的立法目的，[2359]为典型的有害无益之过度管制。

第二节　商业信托文件

一、商业信托文件的含义与性质

（一）含义

商业信托文件为商业信托法的核心概念，贯穿于商业信托法体系中。商业信托文件在商业信托中的地位，正如合伙协议在合伙中的地位、公司

[2356] 《证券投资基金法》第60条第2款规定："基金募集期限届满，不能满足本法第五十八条规定的条件的，基金管理人应当承担下列责任：(一)以其固有财产承担因募集行为而产生的债务和费用；(二)在基金募集期限届满后三十日内返还投资人已交纳的款项，并加计银行同期存款利息。"

[2357] 我国《信托法》如能引入归复信托、推定信托制度，亦有助于解决此种问题，但鉴于法律继受自有成本，毕竟不如直接取消商业信托资本要件便利。替代方法为规定认购人有优先受偿权，但现行民法既无优先权的一般规定，理论与立法障碍更大。

[2358] 商业信托成立后何时发行受益权、确定受益人、何时开业，仅关乎当事人的自身利益，不应由国家强行干预。美国商业信托法对此并无限制，概由商业信托文件自决。交易实例：开业与发行初始受益权的时间由负责经营管理的"管理受益人"决定。PowerShares DB Multi-Sector Commodity Trust, Amended and Restated Declaration of Trust and Trust Agreement § 1.10(2006). 我国《公司法》对开业时间设有限制并施以严厉处罚，第211条规定，公司成立后无正当理由超过6个月未开业或开业后自行停业连续6个月以上的，可由公司登记机关吊销营业执照。此类规定适用要件模糊，易为寻租活动留下空间，且缺乏公权力干预的法理基础，并无技术上的操作性与法理上的正当性。不足为商业信托法效法。《合伙企业法》无此规定，堪称妥当。

[2359] 投资基金极少发生债务，无维持足够注册资本以供债权人清偿之必要，且债权人保护亦不依赖于基金成立当时是否募得足够资金。

章程在公司中的地位、有限责任企业协议在有限责任企业中的地位。[2360]商业信托法本质上为一部非强行法，绝大部分规范附有“除商业信托文件另有订定外”、“在商业信托文件订定的范围内”或“由商业信托文件订定”之类的语句；商业信托文件有改变或排除商业信托法大部分规范之效力。此种地位，与普通信托文件相当。普通信托法上虽有更多的强行规范与法院干预信托管理的权力，但大多数规范仍属任意法，[2361]信托文件仍居于核心地位。不过，商业信托文件与普通信托文件在定义、性质、内容、解释等方面皆有区别。

普通信托法所称信托文件，是指委托人签署的载有信托条款之文件。[2362]“信托条款”（terms of the trust），是指信托文件明示或可在司法程序中通过其他证据确定的委托人关于信托各项条文的意思表示。[2363]上述定义体现普通信托的无偿本质，作为无偿移转财产行为的遗嘱及赠与，取决于转让人的意思，受赠人等仅是单纯地接受而不能决定赠与或遗嘱条款。正因如此，在英美法系[2364]与法国法系，[2365]赠与和遗嘱法同列，而与合同分列。合同为双方合意，赠与及遗嘱决定于一方的意志。

《特拉华州商业信托法》第3801条第c款规定：商业信托文件是指设立商业信托或订定商业信托事务治理与经营活动的任何文件，无论采用信托协议、信托宣言或其他称谓。[2366]其他州法与此类似。由此定义可见，商业信托文件不决定于委托人意思，一般为受托人与受益人的合意，体现商业信托文件的合同本质。

［2360］ 判例对各种商业组织文件的地位相似性多有提及。例如，Froelich v. Erickson，96 F. Supp. 2d 507（D. Md. 2000）。

［2361］ Uniform Trust Code § 105；Restatement（Third）of Trusts § 4 cmt. a（1）（2003）.

［2362］ Uniform Trust Code § 102.

［2363］ Uniform Trust Code § 103；Restatement（Third）of Trusts § 4（2003）.

［2364］ 遗嘱、赠与等无偿处分财产制度属于财产法（property law）范畴，不属于合同法。在美国法，赠与、遗嘱等无偿处分制度，编入《财产法重述》，而非《合同法重述》。Restatement（Second）of Property：Donative Transfers（1981）；Restatement（Third）of Property：Wills and Other Donative Transfers（2003）.

［2365］《法国民法典》第3编“取得财产的各种方式”第2章“无偿处分财产”，包括生前赠与及遗嘱处分，第3章“契约总则”，第6~15章为各种契约。又参见《意大利民法典》第769~809条（赠与被列入继承编）。

［2366］《统一商业信托法》第102条第18项规定：“信托文件是指信托证书以外的订定商业信托事务治理与经营活动的记录，包括信托协议、信托宣言和章程细则。”设立商业信托的文件通常与订定商业信托事务治理与经营活动的文件为同一文件，或为后者之组成部分。例如，GE Dealer Floorplan Master Noted Trust，Amended and Restated Trust Agreement（2004）；SWIFT Master Auto Receivables Trust，Trust Agreement（2007）。因此特拉华州法与统一法无实质差异。

（二）性质

1. 信义合同

商业信托文件主要订定商业信托及其受益人、受托人之间的关系。受托人对商业信托及受益人负有信义义务，系上述关系的核心内容，因此商业信托文件不同于买卖、租赁等一般合同，而具有信义合同之性质，与委托合同、合伙合同等同类。

商业信托文件中亦含有一般合同关系，如受益人之间的关系、其他管理人与商业信托之间的关系等。商业信托文件可将一般的合同关系转化为信义合同关系，例如，订定信托财产托管人[2367]对商业信托负有忠实义务，订定受益人对商业信托或其他受益人负有忠实义务。[2368]

2006年修正后的《特拉华州商业信托法》，明文容许商业信托文件免除信义义务，据此，商业信托文件可将信义关系完全转化为一般的合同关系。此种规定使商业信托文件的合同本质更为明确，为信托法的重大发展。

2. 组织合同（团体契约）

不同于一般合同的另一特性是，商业信托文件属于“组织合同”或“团体契约”（organizational contract）。一般合同（契约）所确立的是利益相向、意思表示对立的双方当事人之间的权利义务关系；组织合同所确立的是组织内部当事人（包括组织成员与管理者）之间及组织内部当事人与组织之间的法律关系。[2369]组织合同的法理与一般合同多有不同之处，一般合同法的法理与规范不完全适用于组织合同，例如，组织成员不履行出资义务时，一般不适用双务合同的同时履行抗辩权、不安抗辩权；[2370]组织合同原则上

[2367] 托管人一般不是受托人，亦非信义义务人，除非法律另有规定。我国《证券投资基金法》明文规定托管人为受托人（第3条第2款）。《信贷资产证券化试点管理办法》未规定托管人为受托人。

[2368] 美国有限合伙法已有此类判例，例如，有限合伙协议可约定不参与管理的有限合伙人负有忠实义务。Cantor Fitzgerald, L. P. v. Cantor, No. 16297, 2000 WL 307370（Del. Ch., Mar. 13, 2000）. 可类推适用于有限责任企业。Carter G. Bishop & Daniel S. Kleinberger, *Limited Liability Companies-Tax and Business Law* ¶ 14.02[2]（2007）.

[2369] 传统民法另有“合同行为”概念，意指由同一内容的多个意思表示的一致而成立的法律行为，如社团法人的设立行为；合同行为不过是多方行为的另一称谓，不能混淆于合同。参见梁慧星：《民法总论》（第5版），法律出版社2017年版，第166页。社团法人的设立行为并不必然是组织合同。

[2370] 合伙合同亦非一般合同法意义上的双务合同，一般不适用同时履行抗辩权：任一合伙人不得以其他合伙人未履行出资义务为由拒绝履行自己的出资义务。参见［德］迪特尔·梅迪库斯：《德国债法分论》，杜景林、卢谌译，法律出版社2007年版，第386页。《德国民法典》第320条以下各条适用于一般双务合同，此类规定仅在必要时且附加极大限制时方可适用于合伙合同。同上书，第387页。组织合同特殊法理的宗旨之一是维护组织的内部秩序，类似于社会个别成员违反基本义务时，他人不能以竞相拒绝履行自己的基本义务予以抗辩。

不适用情势变更规则；组织合同原则上不得由个别人解除；组织合同原则上不适用合同无效与可撤销规定；[2371]组织合同终止时有清算程序。组织合同并不依赖于组织法规定，即使组织未依组织法为设立登记、未取得主体资格，亦应适用组织合同法理，普通合伙[2372]与普通法商业信托，即为适例。

二、商业信托文件当事人及商业信托文件的约束力

商业信托文件当事人，可分为法定当事人与意定当事人。法定当事人指商业信托、受益人、受托人。商业信托法为商业信托、受益人、受托人定有权利义务，并明文规定商业信托文件对商业信托、受益人、受托人当然具有约束力。

《特拉华州商业信托法》规定："不要求商业信托签署其商业信托文件。商业信托无论是否签署其商业信托文件，该商业信托文件对之均有约束力。受益人或受托人无论是否签署商业信托文件，该商业信托文件对之均有约束力。"[2373]上述规定更能适应实际情况，商业信托文件常由委托人与受托人订立，然后向潜在受益人发行受益权凭证，不以受益人一一签署商业信托文件为必要，尤其对于公开型商业信托而言，受益权在资本

[2371] 例如，法国1966年《商业公司法》第360条明文规定，公司不因某一股东无能力而无效。法国学者指出，公司的设立以合同为基础，但为保护公司存续价值及第三人利益之需，公司法须在保护无能力人与商务活动安全之间谋求平衡，因此不因个别股东无能力而否定公司合同的有效性，同时规定无能力人在认购股份于己不利时可退出公司，其他股东应购回该股东的股份。参见［法］伊夫·居荣：《法国商法》（第1卷），罗结珍、赵海峰译，法律出版社2004年版，第6页。

[2372] 合伙协议亦属组织合同。我国台湾地区"民法"虽将合伙作为有名契约列于债编第2章"各种之债"，而非规定于总则编第2章"人"，但相关规定，多处体现合伙的团体性。学说亦认为，合伙的团体性，指合伙所具有的类似于法人，乃至公司等团体法制内容的性质；合伙虽本为合同，但因合伙人经营共同事业，须有一定的组织、财产及活动管理机制，以为维系，因此，合伙契约一节的规定，诸多情形与法人等团体法的规定内容相似，亦即合伙于契约之外，亦同时表现团体法的性质，是为合伙的团体性。归纳法律及实务，合伙的团体性主要有下列七项：(1)合伙有合伙财产的机制，合伙财产为公同共有（共同共有），且关于合伙财产设有禁止分割、抵销及限制转让之保全规定（第682~684条），以维护合伙财产的独立性；(2)合伙有资本充足原则，合伙人履行不能的，除退伙外，负有补充履行的责任；(3)合伙人对于合伙有损益分担、利益分配及结算决算机制（第676条、第677条、第689条），不同于一般合同的相互请求对待给付；(4)合伙有代表、决议及执行事务的机制，合伙事务执行，原则上须经全体合伙人决议（第670条、第671条）；(5)合伙的主观变更，原则上适用入伙、退伙，不同于一般合同适用解除、终止；(6)合伙的消灭，适用解散、清算，与法人或公司的消灭，情形相同；(7)合伙有当事人能力，合伙人仅为代表人；对合伙所作判决，效力及于全体合伙人，合伙财产不足清偿的，可依该判决执行合伙人的财产，从而，不得对合伙人重行起诉（一事不再理）。参见邱聪智：《新订债法各论》（下），中国人民大学出版社2006年版，第14~15页。正因合伙具有团体性，合伙一语，于合同本质之外，同时表征其团体性，故民法所称的合伙，有时可能指合伙合同，多数情形则指合伙团体或合伙事业；我国台湾地区"商业登记法"径称为合伙事业（第10条）。同上书，第16页。

[2373] Del. Code Ann. tit. 12，§ 3801（c）. 该句规定为2002年修法时新增。2002 Delaware Laws Ch. 328，§ 5（S. B. 411）.

市场公开交易，投资者散布各地，以受益人签名或盖章为受信托文件约束的要件，不具可行性。上述规定免除了频繁签署的不必要负担，并可避免受托人或受益人在情势不利于己时以未签署为由否认商业信托文件对己约束力的背信行为。另外，不以签署为要件不致发生不利后果。成为受托人与受益人的条件载明于商业信托文件并通过交易行为表现于外，可供潜在受益人预先了解并据以决定交易。受益人被认为知道（are charged with notice）商业信托文件的条款；受益人自购买受益权之时起即受商业信托文件的约束。[2374]

上述规则对我国法尤有必要。我国《民法典》第490条第1款第1句规定："当事人采用合同书形式订立合同的，自当事人均签名、盖章或者按指印时合同成立。"《信托法》第8条第1款规定设立信托应采用书面形式。据此，未签署商业信托文件的受益人或受托人是否受商业信托文件约束，即不无疑问。此处亦反映出组织合同与一般合同的区别；组织合同不宜当然适用一般合同的规则。

除商业信托、受益人、受托人之外，商业信托法未提及商业信托文件当事人的范围，其他任何人是否成为商业信托文件当事人，取决于商业信托文件条款，故可称为"意定当事人"。商业信托聘用投资顾问、服务商等时，可订定顾问合同、服务协议等文件构成商业信托文件一部分，投资顾问、服务商等据此成为商业信托文件的当事人。关于商业信托文件当事人与普通信托当事人的区别，以及委托人的当事人地位，见本书第9章第1节。

商业信托文件当事人以外之人，为第三人。非经第三人同意，商业信托文件不得为其设定义务。商业信托文件可为第三人设定权利，[2375]就权利之行使等事项，第三人受商业信托文件约束，即属《特拉华州商业信托法》所称"受商业信托文件约束的其他人"。[2376]

三、商业信托文件的形式

（一）书面形式

依据英美信托法，普通信托的信托条款可为委托人的书面意思表示、

［2374］ George v. Hall, 262 S. W. 174(Tex. Civ. App. San Antonio 1924).

［2375］ 特拉华州法2002年修订时增加该规定："［商业信托文件］可订定商业信托文件当事人以外之人的权利。" 2002 Delaware Laws Ch. 328, § 9(S. B. 411). 2004年修法时重述为："［商业信托文件］可订定任何人（包括商业信托文件当事人以外的人）的权利。2004 Delaware Laws Ch. 353 § 3(H. B. 463).

［2376］ 该法多处提及"商业信托文件其他当事人或受商业信托文件约束的其他人"，意指第三人亦可能受商业信托文件约束。Del. Code Ann. tit. 12, § 3806.

口头意思表示或默示意思表示。除非信托财产为不动产，一般不要求书面形式。[2377]信托文件的明示条款不明时，作为对信托文件空白的填补，制定法的规定或法院裁判的内容，亦可成为信托条款。[2378]尤其是某些由制定法创设的普通信托或其他信托（如养老金信托、公共土地信托、学校土地信托等），其信托条款直接由制定法规定，或者依信托法一般规则确定。[2379]关于普通信托文件形式要件的宽松立场，与信托法的起源与目的颇有联系。信托是衡平法的创造物，衡平法为缓解普通法在法律行为形式要件等方面的严苛要求、补救严法所致不公平后果而生。

美国各州法一般要求商业信托文件应采书面形式。肯塔基州旧的商业信托法明文规定书面形式要件：商业信托是指依书面信托文件创设之明示信托。[2380]取而代之的《肯塔基州统一商业信托法》规定商业信托文件须为"记录"（record）形式，[2381]而所谓"记录"，包含文本形式和电子形式，[2382]即广义上的书面形式。《特拉华州商业信托法》仅提及商业信托文件可由一个或数个协议、文件或其他文书（writings）组成，[2383]可从中解释出应为书面形式。企业组织文件须采用书面形式，原因之一是非书面形式的企业组织文件易滋争端，甚至沦为"诉讼律师

[2377] David Hayton, Paul Matthews, & Charles Mitchell, *Underhill and Hayton Law Relating to Trusts and Trustees* 316-17（18th ed. 2010）.

[2378] Restatement（Third）of Trusts § 4 cmt. a, d, f, g（2003）.《统一信托法典》评注称："书面信托文件中的条款，几乎永远是最重要的信托条款，尽管如此，本法对信托条款的定义，不限于此。口头陈述、受益人的处境、信托目的、对信托进行管理所处的情境……均可成为确定信托条款含义之依据。" Uniform Trust Code § 103 cmt.

[2379] Restatement（Third）of Trusts § 4 cmt. g（2003）.

[2380] Ky. Rev. Stat. Ann. § 386.370（1）（Michie 1999）.

[2381] Ky. Rev. Stat. Ann. § 386A. 1-030（3）（2012）.

[2382] Ky. Rev. Stat. Ann. § 386A. 1-020（27）（2012）.

[2383] Del. Code Ann. tit. 12, § 3801（c）（2）. 特拉华州有限合伙与有限责任企业法有所不同。《特拉华州修订统一有限合伙法》明文规定有限合伙协议可为书面、口头或默示形式。Id. tit. 6, § § 17-101（12）, 18-101（7）.《修订统一有限责任企业法》容许有限责任企业运营协议采非书面形式，但实际上因适用反欺诈法，仍应采书面形式。依反欺诈法，履行期限一年以上的合同，应采书面形式，而有限责任企业协议履行期几乎均逾一年；反欺诈法又规定，涉及不动产转让的合同，应采书面形式，因此，企业财产含有不动产的有限责任企业，其协议应采书面形式。Revised Uniform Limited Liability Company Act § 102 cmt.（2006）.《特拉华州有限责任企业法》2010年修正，明文规定有限责任企业协议不适用反欺诈法。Del. Code Ann. tit. 6, § 18-101（7）.《典型有限责任企业法》容许有限责任企业协议采口头形式，理由之一为，有限责任企业多为小企业，其运行较不正式，完全要求协议采书面形式可能使成员的合法期待落空，但即使如此，对于变更成员修改书面有限责任企业协议的表决权、变更利润分配规则、对有限责任企业权益可转让性的约定等重要事项，仍应采书面形式。American Bar Association' s Prototype Limited Liability Company Act, General considerations underlying the Prototype Limited Liability Company Act & § § 403, 503, 704（1992）.

的致富手段”。[2384]

商业信托文件可由一个或数个协议或文件组成。[2385]例如，商业信托文件可以包括或纳入细则（bylaws），细则含有关于商业信托之营业、事务活动或权利、权限，或者受托人、受益人、代理人或受雇人之权利或权限的条款。[2386]组成商业信托文件的各文件之间有位阶关系。[2387]

我国《信托法》对一切信托行为均规定为要式行为（第8条第1款）。这虽符合商业信托的需要，但对于普通信托而言，似过于严格。

（二）商业信托文件的称谓

商业信托法尊重当事人真意，不以商业信托文件使用何种称谓、采用何种形式为依据分设不同规则。无论名为“信托协议”（trust agreement）、“信托宣言”（declaration of trust）还是其他，一概属于法律所称的商业信托文件。[2388]称谓不影响商业信托文件的性质与效力。

商业信托法的上述规则，有利于避免当事人因不谙法律用语致意思落空，与普通信托法的灵活立场同其旨趣。普通信托法采用“效果导向”的定义，一项法律关系或财产安排是否属于信托，取决于有无法律认可的信托之特征。符合信托的法定要件者，虽无“信托”或“受托人”之类用语，或者当事人完全不熟悉信托概念，亦可构成信托；反之，使用“信托”或“受托人”之类用语者，未必构成信托。[2389]

（三）宣言信托

美国实务中，商业信托文件常名为“信托宣言”（共同基金常用此名）。美国商业信托法并不禁止以宣言信托方式成立商业信托。但依宣言信托形式成立的商业信托，与普通信托法的宣言信托仍有区别。

[2384] 语出Carter G. Bishop & Daniel S. Kleinberger, *Limited Liability Companies-Tax and Business Law* ¶ 5.06[3][c][ii]（2007）。

[2385] Del. Code Ann. tit. 12，§ 3801（c）. 又参见Hodgkiss v. Northland Petroleum Consol.，104 Mont. 328，67 P. 2d 811（1937）（信托的全部条款不必载于同一个文件）。

[2386] 细则通常用于订定商业信托的细节性事务。Spotswood v. Morris，12 Idaho 360，85 P. 1094（1906）；First Nat. Bank of New Bedford v. Chartier，305 Mass. 316，25 N. E. 2d 733（1940）. 在共同基金、不动产投资信托中，往往在信托文件之外另行制定信托细则。

[2387] 例如，商业信托文件对限制受益权转让已有明确订定，受托人不得再以管理细则（bylaws）等方式作出不同的、更严格的限制。Fogelin v. Nordblom，402 Mass. 218，521 N. E. 2d 1007（1988）.

[2388] Del. Code Ann. tit. 12，§ 3801（c）.《特拉华州有限责任企业法》采同样的定义方法。实务中的有限责任企业协议称谓五花八门，但无论名为有限责任企业协议、运营协议还是其他，皆属该法所称有限责任企业协议。Carter G. Bishop & Daniel S. Kleinberger, *Limited Liability Companies-Tax and Business Law* ¶ 14.02[1]（2007）.

[2389] Restatement（Third）of Trusts § 5 cmt. a（2003）.

首先，商业信托法所称信托宣言，往往泛指商业信托文件。此种用法在判例法与制定法上均随处可见。例如，《明尼苏达州商业信托法》规定的“信托宣言”，含义与信托文件相当，是指“商业信托据以成立的信托宣言、信托文件、信托契约、托管合同或其他文件”。[2390]而普通信托法的信托宣言，一般是与信托合同等相并列的概念。

其次，就纯正的宣言信托而言，其法律结构在普通信托法与商业信托法上亦不相同。普通信托法上的宣言信托，是指委托人依其信托宣言而设立的信托。信托宣言为委托人的单方法律行为，并非合同。商业信托法上纵然使用信托宣言术语，其法律性质仍属合同，信托宣言即使仅有一个委托人（兼任受托人）签署，其当事人至少包括两方，即委托人与商业信托，因商业信托系独立主体，且法律明文规定无论商业信托是否签署信托文件，均受该文件约束。因此，名为信托宣言，实与信托合同无本质区别，仍可依合同法解释之。美国实务中常将单一的商业信托文件命名为“信托宣言与协议”，[2391]亦为佐证。

在商业信托法上，其实并无承认宣言信托之必要。首先，商业信托是独立于受托人、委托人的主体，委托人宣告自己为受托人成立商业信托时，用于设立信托的财产归属于商业信托，不再归属于委托人，委托人与商业信托之间有财产转移行为，此不同于纯正的宣言信托；如委托人的财产与商业信托财产未予区分，委托人仍负有将相应财产转移于商业信托之义务，商业信托债权人可代位行使对委托人的请求权。其次，商业信托不以信托财产为成立要件，无信托财产不影响委托人宣告自任受托人成立商业信托。最后，即使采用宣言信托方式设立商业信托，其本质仍属合同，并非单方行为。

四、商业信托文件的内容

（一）内容自由最大化

商业信托文件可订定商业信托的权限、权利、目的，订定受益人、受

[2390] Minn. Stat. Ann. § 318.02. 判例法上的同一称谓，参见Herbert B. Chermside, Jr. , Annotation, *Modern Status of the Massachusetts or Business Trust*, 88 A. L. R. 3d 704（1978 & Supp. 2004）。

[2391] 例如，JP Morgan Series Trust Ⅱ, Agreement and Declaration of Trust（2004）；Pioneer Series Trust I, Amended and Restated Agreement and Declaration of Trust（September 8, 2003）。

托人的权利、权限、义务与责任，[2392]亦可订定商业信托财产权的性质与效力。[2393]

特拉华州等当代商业信托法在许多条文中明确提及商业信托文件可订定的事项，绝大部分条文属于选入式规范。这绝不意味着，法律未明文提及可由商业信托文件订定的事项不得纳入商业信托文件。相反，商业信托法实行“法无明文禁止即许可”原则，不适用“明示其一即排除其他”法则（the doctrine of expressio unius est exclusio alterius）。[2394]《特拉华州商业信托法》第3801条第c款规定，商业信托文件可包含任何与法律或信托证书所载信息不相抵触的条款。由于商业信托具有如此强大的自治力，设立商业信托需考虑的，是如何“裁剪”法律规定以适应所需的商业安排，而不是相反（削足适履地扭曲商业需要以适应法律结构）。[2395]不过，设计商业信托结构需注意其他法律后果与经济后果，例如税法或会计后果。

商业信托文件在确定商业信托内部事务方面具有广阔的自治空间。以特拉华为代表的美国最新一代商业信托法，除了在一般容许性条文中规定

[2392] 交易实例：“通用电气交易者floorplan主票券信托”之信托协议的内容包括：第1章“定义”；第2章“组建”，约定信托的名称、营业地、目的与权限、受托人的指定、信托财产的初始出资、信托宣示、受益人的责任、信托财产的权属、信托的住所、[证券化资产]转让人的陈述与保证；第3章“受益权”，约定初始受益权、转让人受益权凭证、对转让的限制、补充受益权凭证的发行；第4章“受托人的行动”，约定就某些事项向转让受益权凭证持有人作出通知、转让人受益权凭证持有人就某些事项作出行动、转让人受益权凭证持有人就破产作出行动、权力的限制；第5章“受托人的权力与义务”，约定基本权力、基本义务、须经指示的行动、非依本协议约定或非受指示受托人不负义务、非依特定的文件或指示受托人不得采取行动、限制、税收回报；第6章“与受托人有关的事项”，约定受托人接受信托及义务、提供文件、陈述与保证、受托人对特定信息的信赖、顾问的建议、受托人不以个人身份行事、受托人不就票券或[作为证券化资产的]应收款承担责任、受托人不得拥有本信托发行的票券；第7章“受托人的报酬”，约定受托人的费用、对受托人的补偿、对受托人的支付；第8章“信托协议的终止”；第9章“继任受托人与附加受托人”，约定受托人的资格要求、受托人的辞任与解任、继任受托人、受托人的合并、共同受托人或单独受托人的指定；第10章“杂项条款”，约定本协议的修正与增补、证券法注册、适用法律等。GE Dealer Floorplan Master Noted Trust, Amended and Restated Trust Agreement（2004）.

[2393] 认定商业信托财产权的性质与效力，需解释商业信托文件条款。Hart v. Seymour, 147 Ill. 598, 35 N. E. 246（1893）.

[2394] 《特拉华州修订统一有限合伙法》《特拉华州有限责任企业法》与此相同。该州关于有限责任企业的判例可作注解。《特拉华州有限责任企业法》第18-109条第d款规定：有限责任企业协议可以约定有限责任企业受特拉华法院专属管辖或受其他法域的法院非专属管辖。法院认为，立法者使用“可以”一词，表明只是为当事人提供一种自愿性选择，而非强制性或排他性选择；该规定体现该法中合同自由最大化的基本原则，虽未明文规定当事人可否选择受域外法院专属管辖，但显然未要求当事人必须选择法条列出的选项；如果立法机关有意禁止当事人选择域外法院专属管辖，自会明确禁止此种选择。Elf Atochem N. Am., Inc. v. Jaffari, 727 A. 2d 286（Del. 1999）.

[2395] Carter G. Bishop & Daniel S. Kleinberger, *Limited Liability Companies-Tax and Business Law* ¶ 14.02[2]（2007）（有限责任企业的类似问题）.

商业信托文件可订定的事项外，还在其他特别条文中规定商业信托文件可包含的事项。前者可称为一般选入式规范，后者可称为特别选入式规范。特别选入式规范所涉及的事项可分为四大方面：第一，主体类事项，包括受益人、受托人的资格或条件等；第二，治理类事项，包括商业信托的管理结构（集中管理、受益人直接管理或其他人管理）、受益人及受托人的表决、受托人与受益人的义务与责任、管理人员的义务与责任等；第三，财务类事项，包括受益人出资的形式、违反出资义务的后果、对不同投资主体受偿顺序的安排等；第四，解散类事项，包括商业信托解散事由、撤销解散的主体与程序等。

（二）不要求必要记载事项

美国早期判例认为，信托文件必须载有设立商业信托的全部要件，包括：设立信托的明确意思表示；确定由被选任的受托人持有信托财产的意思表示；商业信托的营业；受托人权限与义务的架构；受托人的任期与选任；受益权凭证的发行与转让；受益人分配商业信托利润的权利。[2396]尽管在实务中，商业信托文件几乎都会订定上述事项，[2397]但上述事项未必为决定商业信托成立或有效性的要件。当代制定法对商业信托文件条款更持极为宽松、灵活的立场，无任何关于商业信托文件必要记载事项之规定。

东亚各法域的信托法往往规定信托文件必要记载事项。例如，新加坡2004年《商业信托法》第28条第1款规定的信托契据必要记载事项包括：足以确定商业信托业务范围以及披露信托单位的结构与性质的相关细节，受托人的权限，受益权转让的条件，以信托财产所付受托人报酬和其他任何费用的全部细节，主管机关所规定的任何其他事项，等等。我国《信托法》第9条所定必要记载事项包括信托目的，委托人、受托人的姓名或名称、住所，受益人或受益人范围，信托财产的范围、种类及状况，受益人取得信托利益的形式与方法。证券投资基金、资产证券化等方面的法律、规章和其他规范性文件规定的必要记载事项更为细密。[2398]在不熟悉信托制度的法域，向当事人提示信托文件内容，本是出于好意，但强定为必要记载事项，

[2396] 13 Am. Jur. 2d Business Trusts § 13(2007).

[2397] George Gleason Bogert & George Taylor Bogert, *The Law of Trusts and Trustees* § § 1162, 1163, 1166, 1167, 1168, 1171(rev. 3d ed. 2006).

[2398] 《证券投资基金法》第52条规定的基金合同必要记载事项多达17项。《信托公司管理办法》第32条第1款规定的信托合同必要记载事项有16项。《信托公司集合资金信托计划管理办法》第13条规定的信托合同必要记载事项有15项。我国台湾地区的相应规定亦不遑多让，如“证券投资信托及顾问法”第12条（13项必要记载事项）、“金融资产证券化条例”第13条（13项信托契约必要记载事项）。

则未免管制过度，违背民法潮流，[2399]何况未记载必要记载事项的后果不明，按照民法的一般规定，既不影响合同的成立（除非欠缺合同成立之要素），又不影响合同的生效，因此易沦为空文，徒然损害法律的权威而已。

五、商业信托文件的成立与生效

（一）成立与生效要件

商业信托文件的成立与生效须经何人同意，各国商业信托法未作明文规定。依普通信托法，信托文件由委托人签署即可生效，无须受益人或受托人同意；信托文件生效时起，信托文件确定的受益人自动取得受益权，无须受益人作出任何积极行为。普通信托为无偿财产转让，信托条款如何设计，无损受益人的固有利益。但商业信托文件为有偿合同，受益人需以自有财产向商业信托出资并以此承担投资风险，商业信托文件的条款如何，对受益人有根本影响。因此不能套用普通信托法，适当的做法是适用合同法。商业信托文件只能在同意本文件的当事人之间成立，对于未同意者不生效力。实务中，商业信托文件可能由委托人与受托人订立（多见于资产证券化信托），可能由委托人、受托人、受益人三方订立，也可能由受益人协商订立。无论何种情形，不同意商业信托文件者不能成为当事人。[2400]后两种情形，受益人存在合意，确定无疑。前一种情形，通常会在信托文件中订定“受让受益权者即视为同意信托文件”，并将受益权认购书或受益权凭证格式作为信托文件的附件，而受益权认购书或受益权凭证格式通常载明类似条款。据此，投资者在成为当事人之前，有机会了解合同条款，其认购受益权的行为，可构成默示同意。

（二）商业信托合同为诺成合同

在普通信托法上，信托合同为诺成合同还是实践合同，在大陆法系国家和地区存在争论。对于无偿信托而言，定性为诺成合同还是实践合同，实际差异不大。在无偿信托的情形，委托人将其财产移转于受托人、向受

［2399］ 我国法上的例证为，1995年《担保法》规定抵押合同、质押合同应包括抵押物/质押物范围、质量、担保范围等事项（第35条、第65条），2007年《物权法》改为任意条款（第185条、第210条）。《民法典》第400条、第427条进一步简化抵押合同、质押合同内容。

［2400］ 其他商业组织法与此类似。合伙协议须经合伙人一致同意；未对合伙协议表示同意者，不成为合伙人。美国所有州的有限责任企业法均要求订立有限责任企业协议采一致同意规则，即使在少数州，一致同意规则是一项任意规范（容许有限责任企业协议或登记证书改变一致同意要求），事实上亦无可操作性，因为合乎逻辑的结论是，只有在有限责任企业协议订立并生效之后，才可能改变任意规范。Carter G. Bishop & Daniel S. Kleinberger, *Limited Liability Companies-Tax and Business Law* ¶ 5.06［3］［a］(2007).

益人给予受益权，并不取得对价，即便定性为诺成合同，也可类推适用关于赠与合同的规则，委托人有任意撤销权，与实践合同的后果并无实质差别。就我国法而论，诺成合同为一般规则，实践合同属于例外，须有法律特别规定或当事人特别约定。如法律并未规定某种合同以标的物交付为成立要件，则适用关于合同成立时间的一般规定，即《合同法》第25条："承诺生效时合同成立。"《民法典》第483条规定："承诺生效时合同成立，但是法律另有规定或者当事人另有约定的除外。"另在当事人采用合同书形式订立合同的情形，自当事人均签名或者盖章时合同成立（《民法典》第490条第1款第1句）。法律并未规定信托合同自信托财产交付时成立，故信托合同属于诺成合同。[2401]但在合同拘束力问题上，无偿信托合同和赠与合同最相类似，故可参照适用关于赠与合同的规定（《合同法》第124条、《民法典》第467条第1款），委托人在信托财产移转之前，可以随时撤销信托合同（参照适用《合同法》第186条第1款、《民法典》第658条第1款）。此与英美法系的处理模式结果相似。英美普通信托法上，无偿设立的信托，原则上于信托财产移转之时起成立；信托未能成立的，受益人并不当然享有合同法上的救济。[2402]此外，在我国法上，赠与人基于赠与合同的无偿性而享有的"穷困抗辩权"（《合同法》第195条、《民法典》第666条），亦可类推适用于无偿信托的委托人，即无偿信托合同的委托人经济状况显著恶化，严重影响其生产经营或者家庭生活的，可以不再履行转移信托财产的义务。

对于商业信托而言，信托合同一般为有偿合同，既属于诺成合同，又不存在类推适用赠与合同规定而由委托人任意撤销的余地，委托人更无穷困抗辩权可言。

六、商业信托文件的效力

（一）不适用普通信托或合同无效、撤销的规则

1. 普通信托法的规则

信托文件维系信托的生命。信托文件无效或撤销的，信托自始不存在。在英美信托法，普通信托文件一般是遗嘱、赠与契据或合同。信托目的非法或违反公共政策的，信托无效。至于信托文件可撤销或可改订

[2401]《信托法》第10条规定，法律、行政法规规定应当办理登记手续的信托财产，未办理信托登记手续且不补办的，该信托不产生效力。其法律效果为信托不生效力，而非信托合同不生效。信托合同系原因行为、负担行为，区别于信托的成立与生效（物权变动或其他财产权变动）。

[2402] A. J. Oakley, *Parker and Mellows*: *The Modern Law of Trusts* 176-90（9th ed. 2008）.

(reformation)[2403]的事由,信托法并未规定,而适用合同法、财产法的一般规则。信托文件无对价支持的,适用遗嘱法与赠与法的可撤销或改订事由;有对价支持的,适用合同法的可撤销事由。[2404]遗嘱及赠与的可撤销与改订事由包括欺诈、胁迫、不当影响、错误等,[2405]与合同可撤销的事由大同小异,但适用效果有如下重要区别。

其一,赠与或遗嘱的撤销或改订,仅以委托人(转让人)一方存在错误或受到不当影响为要件,受托人或受益人是否知道或有理由知道存在可撤销、可改订事由,在所不问;合同(有对价)中,仅委托人一方存在错误或受到不当影响等事由,不足以构成撤销的理由。[2406]

其二,赠与或遗嘱的改订,须以探求委托人的意思为宗旨,合同的改订以符合双方当事人意思为宗旨。

我国《信托法》特别规定信托的无效事由,对可撤销事由未作规定(第12条规定的债权人撤销权不属之),应适用《民法典》民事法律行为一章的规定,实际效果近于英美法。

2. 商业信托法的规则

商业信托文件属于合同,因此不适用遗嘱或赠与法上的撤销与改订规则。

依美国判例之见解,关于信托与合同合法性、有效性的一般法律原则,适用于商业信托。[2407]尽管如此,与合伙协议、有限责任企业协议一般,商业信托文件具有组织合同性质,不能简单套用以双方合同为原型的一般合同法。组织一经成立,即不应以组织合同意思表示有瑕疵为由撤销合同或以非法为由宣告合同无效。

[2403] 英美信托法所称信托的改订,不同于信托的变更(modification),亦不同于合同的更新(innovation,或称债的更改)。信托的改订,是指存在错误等事由时,法院使用解释手段确定委托人在初始信托文件中应有的法律上有效的意思;变更是指由法院或受益人改变真实有效的初始信托文件。Restatement (Third) of Trusts § 62 Reporter's notes (2003). "改订"一词,略近于我国《民法通则》《合同法》所称可撤销可变更民事行为(合同)中的"变更"一语。我国《信托法》未规定此制度。为示区别,本书使用"改订"一词。

[2404] Restatement (Third) of Trusts § 62 cmt. a (2003).

[2405] 例如,即使信托文件不存在歧义或模糊之处,当有清晰且令人信服的证据证明事实上的错误影响了信托条款,且能证明委托人的意思时,法院有权改订信托。Restatement (Third) of Property: Wills and Other Donative Transfers § 12.1 (2003).《统一信托法典》将因欺诈、胁迫、不当影响而设立的信托规定为无效信托。Uniform Trust Code § 406. 此种后果偏离普通法的合理规则,偏离私法的一般规则,对此,该法典并未说明理由,有失妥当。

[2406] Restatement (Third) of Trusts § 12 cmt. b, c (2003).

[2407] 13 Am. Jur. 2d Business Trusts § 5 (2007). 法院认定商业信托的有效性时,一般不考虑当事人设立信托的动机;即使设立商业信托的明确目的是为节税或避税,商业信托也并不因此无效或违法。Id.

组织合同的特殊性在于：首先，就形式上的原因而言，民法的无效与可撤销制度以法律行为为适用对象；组织合同所创设者，不止于一般的法律关系，而是一独立法律主体，主体的运营与存亡，不完全由合同法（或法律行为制度）调整，而受组织法与合同法的双重调整；组织合同无效或撤销将导致主体消灭，不能单纯适用合同法（行为法）的一般规定。其次，就实质上的原因而言，组织成立后，以独立主体身份开展活动，与外部第三人（债权人、受雇人等）发生广泛关系，而不仅仅涉及组织合同当事人的利益。第三人难以知晓是否存在无效或可撤销事由，如因个别当事人意思表示瑕疵而否定整个组织合同的效力，对第三人利益及既存的交易关系破坏过大，既有违公平，又有损效率。即使因组织合同非法而无效，亦应经过法定解散及清算程序，以确保无辜的第三人权益得到妥善安排，而不能纯依合同法宣告无效、恢复原状了事。[2408]

形式上与实质上的考虑因素，在普通信托法中并不存在。是信托无效或撤销，还是信托文件无效或撤销，普通信托法并不区分。普通信托通常由一个委托人设立，纵有数个委托人，一般也只是作为财产共有人共同设立信托，而受益人无偿取得受益权，彼此之间不存在组织关系，信托本身不构成独立组织，而由受托人对外为法律行为。委托人的意思表示如有瑕疵或信托存在无效事由，撤销信托或宣告信托无效通常不致损害第三人利益与交易安全。

基于以上原因，公司法与非公司企业法普遍偏离合同法的一般规则。例如，大陆法系公司法对公司成立设有较多要件，以致设立缺陷可能性甚大，尽管如此，撤销公司或宣告公司无效并不是一种通常的救济。[2409]普通

[2408] 正因如此，法律上会动用其他手段控制无效结果的发生。如美国的早期判例认定，基于禁反言原则，受益人以及知道商业信托效力有瑕疵而仍与商业信托交易的人，不得主张商业信托无效。General American Oil Co. v. Wagoner Oil & Gas Co. , 118 Okla. 183, 247 P. 99（1926）; Haynes v. Central Business Property Co. , 140 Wash. 596, 249 P. 1057（1926）.

[2409] 以德国公司法为例：如果设立前阶段，批准公司章程方面有错误，应首先按照民法的一般规定处理；公司成立后，则必须按照公司法的规则处理——一旦公司登记成立，法律就对已经存在的公司提供了较好的保护，此时，法律状态已经发生了根本的变化，股东不得以缺乏合意为由要求撤销登记，除非缺乏合意是解散公司的事由之一。只有章程未依法订定资本数额与经营范围时，方可依公司法规定提起撤销之诉，法院作出的撤销判决并不立即生效，但判决作出后，必须解散公司；如果章程个别条款无效，可以因补正而有效。参见［德］托马斯·莱塞尔、吕迪格·法伊尔：《德国资合公司法》（上）（第6版），高旭军等译，上海人民出版社2019年版，第120页。条文详见德国《股份法》第275~277条；德国《有限责任公司法》第75~77条。公司被撤销（宣告无效）不影响以公司名义实施的法律行为的有效性。参见德国《股份法》第277条、德国《有限责任公司法》第77条。在公司合并、分立、变更形式等交易中，合并合同、分立决议或变更决议中的缺陷不影响已经进行的合并、分立或形式变更的效力。同上书，第120页。

法系公司法不存在无效或撤销公司之诉，若公司通过欺诈手段获取章程或持续逾越或滥用法律所授权力，可由检察总长等法定机构向法院提起解散公司之诉。[2410]合伙法与有限责任企业法亦是如此，况且由于非公司企业属于合同型企业，设立手续与成立要件极为简便，实务中几乎不可能发生设立无效的情形。在合伙人或有限责任企业成员在订立协议时存在意思表示瑕疵等情形，合伙人或有限责任企业成员可通过退伙或退出、解散等方式获得救济，但不得撤销合伙协议或有限责任企业协议。我国《公司法》《合伙企业法》的思路与此相同。

（二）我国《信托法》的特殊问题

《信托法》第11条列举信托无效的六种情形：其一，信托目的违反法律、行政法规或损害社会公共利益；其二，信托财产不能确定；其三，委托人以非法财产或禁止流通物设立信托；其四，专以诉讼或讨债为目的设立信托；其五，受益人或受益人范围不能确定；其六，法律、行政法规规定的其他情形。

上述第2项、第5项事由专门针对普通信托，实际上，普通信托既以受益人确定与信托财产确定为成立要件，则不具备该要件的法律后果应为信托不成立，而非信托无效。而商业信托不应以信托财产与受益人确定为要件，此种无效或不成立事由规定更不适用于商业信托。

第3项规定，纵然在普通信托环境下亦无意义，在商业信托法上更是如此：首先，信托财产是否存在，并非商业信托成立或存续的要件；其次，我国信托法即使以信托财产为商业信托成立要件，上述规定亦不尽合适。委托人若以非法财产或禁止流通物设立信托，将不能完成财产转让，此类财产不可能成为信托财产，如果此时受益人或其他委托人已经向商业信托交付合法财产，再因个别委托人以非法财产设立信托为由否定整个信托的有效性，岂不打击面过宽、法律制裁违反比例原则？假设全体委托人与受益人提供的信托财产均为非法财产，则因非法财产不能有效转让，信托将因无信托财产而不能成立，自然也没有宣告无效的必要。再就普通信托而言，普通信托的成立须由委托人将信托财产名义上的所有权转让于受托人，不能有效转让的财产自然无法使信托成立。在此意义上，该项规定实为赘文。不过，或许正因为《信托法》背离了信托法原则，并不要求信托财产转让于受托人（而只是采用了“委托给受托人”的模糊用语），该项规定才有存在的余地。

[2410] Model Business Corporation Act § 14.30（2016 Revision）; Del. Code Ann. tit. 8, § 284.

第4项规定禁止诉讼信托，系照录日、韩信托法的规定，[2411]既缺乏正当理由与法理基础，也缺乏实效性（转让诉权或代行诉权之行为可通过其他法律机制轻易规避），应予废除。学者对禁止诉讼信托之规定已有充分的批评。[2412]司法裁判虽谓法律禁止诉讼信托是为了防止出现滥诉现象云云，但一般避免轻易将涉案信托定性为诉讼信托。[2413]单以商业信托而论，诉讼信托一般不可能成为商业信托，此类规定自无适用于商业信托的必要。需注意的是，资产证券化信托，并非诉讼信托或讨债信托。此已为我国法院裁判所确认。[2414]

[2411] 日本2006年新《信托法》第10条、韩国2011年新《信托法》第6条仍禁止诉讼信托。

[2412] 我国台湾地区学者朱柏松教授在考察诉讼信托的渊源后认为：禁止诉讼信托之规定，当为《日本信托法》（第11条）首创，而为在此之前其他法例所未曾一见；韩国和我国台湾地区的禁止诉讼信托之规定，皆多因受《日本信托法》影响所致。在“大正民主”时期民主与法治要求高昂的特殊时空环境下，《日本信托法》第11条之所以成立，完全系在于防止讼棍回避《日本民事诉讼法》第79条关于律师辩护主义之规定，以达到防止滥诉的目的，同时亦在于透过本条减少财产所有人（信托委托人）动辄以进行诉讼为目的使他人（受托人）去管理、追回或经营其财产之类的社会现象。由于我国台湾地区并未实行律师辩护主义而采任意主义，也就没有日本立法排斥非律师介入诉讼的意义，从法治的内涵和国民的基本人权出发，建议删除关于禁止诉讼信托的规定。参见朱柏松：《诉讼信托无效之规定的适法性探讨》，载《月旦法学杂志》2001年总第75期。类似见解，参见张淳：《中国信托法特色论》，法律出版社2013年版，第184页（《日本信托法》禁止设立诉讼信托的法律背景与社会背景在我国均不存在）。另有学者认为，禁止诉讼信托并非世界通行做法，诉讼信托本身具有防范滥诉的机制，诉讼信托有诉讼代理不可取代的存在价值，诉讼信托无效的规定不符合我国国情，因此我国应当认可诉讼信托的合法地位，应在信托法、诉讼法、环境保护法、消费者法等特别法层面确立诉讼信托的正当地位。参见徐卫：《论诉讼信托》，载《河北法学》2006年第9期。

[2413] 例如，冯隆陆与中国金谷国际信托有限责任公司信托纠纷案，北京市第二中级人民法院（2019）京02民终989号民事判决书。

[2414] 辽宁纳可佳生物制药有限公司与中诚信托有限责任公司等金融借款合同纠纷上诉案，辽宁省高级人民法院（2009）辽民二终字第209号民事判决书。辽宁省高级人民法院判决认为：东方公司与中诚信托间开展东元2006-1不良资产证券化试点项目经过了中国人民银行和原银监会的批准，应为合法有效。该项目是以东方公司持有的可疑类不良贷款账面本息91.6亿元为基础资产，在银行间债券市场发行资产支持债券，并非是上诉人纳可佳公司主张的“专以诉讼或者讨债为目的设立的信托”。2006年12月21日，东方公司大连办事处与中诚信托签订的“资产转让协议”是对东元2006-1不良资产证券化试点项目的具体运作，是双方当事人的真实意思表示，亦应合法有效，依据该“资产转让协议”，中诚信托取得了本案争议的债权权益。根据最高人民法院2009年4月3日下发的《关于审理涉及金融不良债权转让案件工作座谈会纪要》的规定精神，国有企业债务人有权以不良债权转让行为损害国有资产为由提出不良债权转让合同无效的抗辩，本案受让人中诚信托是经中国人民银行批准成立的全国性金融机构，国务院持有32.35%的股权，因此，本案争议的不良债权转让合同（资产转让协议）不存在损害国有资产的可能。虽然2006年12月21日，中诚信托投资有限责任公司与东方公司大连办事处签订了一份授权委托书，授权东方公司大连办事处以东方公司大连办事处自己的名义对本案争议的债权管理、处置、诉讼及执行活动等，但2010年2月22日东方公司大连办事处给我院的《情况说明》中明确了中诚信托是本案争议债权的唯一权利人，因此，中诚信托具备本案的诉讼主体资格。综上，上诉人纳可佳公司关于东方公司大连办事处与中诚信托间的“资产转让协议”违反了《关于审理涉及金融不良债权转让案件工作座谈会纪要》中有关规定，“资产转让协议”无效；东方公司与中诚信托间的信托是以诉讼和讨债为目的，信托无效；本案争议的不良债权仍属东方公司，中诚信托作为诉讼主体不适格；不良债权受让日之后的利息不应保护等上诉理由缺乏事实和法律依据。

第1项、第6项事由实为同一类事由，即信托非法。对此，商业信托法上也有禁止非法信托的规范，只不过非法商业信托应通过商业组织法特有的行政解散（或撤销登记）或司法解散程序予以消灭，而不是简单地诉诸法律行为无效制度。

《信托法》第12条规定了债权人撤销"诈害信托"的权利。姑且不论该条规定本身是否合理，[2415]就该规定的适用范围而论，也只能及于以无偿移转为本质的普通信托。委托人无偿设立信托，信托财产因获得独立性而免受委托人的债权人之追索，法律自有干预的必要。在商业信托中，委托人向信托提供财产，若以取得受益权为对价，并非损害债权人利益的行为，债权人可执行该受益权而受偿；若以金钱或其他财产为对价且对价并非明显不合理，也无害债权人利益，则债权人无撤销权；若未收取对价或对价明显不合理，债权人完全可以依民法一般规定撤销该转让行为，无须《信托法》另设特别规定。

《信托法》未作明文规定，实务中常出现的信托合同效力案型，有保底条款效力争议。有判决认定信托合同中的保底条款无效。例如，上海里奥高新技术投资有限公司诉庆泰信托投资有限责任公司信托合同纠纷案判决认为："双方当事人在《补充协议》中另约定了原告应收取被告支付的固定的信托利益，该条款属保底性质，因违反信托法律关系应当遵循的公平原则，故确定为无效条款。原告据此已经取得的人民币50万元应在原告诉请的信托财产本金中予以抵销。综上，依照《信托法》第5条、第22条、第43条、第54条、第58条、《合同法》第8条、第107条之规定，判决……"[2416]

上述案件所引用的《信托法》条文，均非直接针对保底条款效力之规定，判决适用法律显然错误。也有判决空言保底条款"违反有关法律规定"，但未指明违反哪一条法律规定。[2417]《全国法院民商事审判工作会议纪要》（法〔2019〕254号）第92条规定，信托公司、商业银行等金融机构作

[2415] 该条规定既弱于我国《合同法》及《民法典》对债权人的一般保护（已如前注2340所述），也弱于英美信托法对债权人的保护力度。在英美信托法上，欺诈债权人的信托，属于信托目的非法，后果为信托无效。Restatement (Third) of Trusts § 29 cmt. d (2003).

[2416] 上海里奥高新技术投资有限公司诉庆泰信托投资有限责任公司信托合同纠纷案，上海市第一中级人民法院（2004）沪一中民三（商）初字第97号民事判决书。

[2417] 上海浦北燃气有限公司与海通证券股份有限公司上海天平路证券营业部等委托合同纠纷案，上海市高级人民法院（2011）沪高民五（商）终字第2号民事判决书。上海市第一中级人民法院一审判决认为："浦北燃气与庆泰信托签订的《委托国债投资管理合同》应属有效。双方签订的《补充协议》约定保证委托方本金不受损失并获取固定收益，该约定违反了有关信托公司不得承诺信托财产不受损失或保证最低收益的法律规定，应属无效。"

为资产管理产品的受托人与受益人订立的保底或者刚兑条款无效，但并未言明法律依据何在。

保底条款，如为证券公司订立，则因违反法律的效力性强制规定而无效。[2418]证券公司以外的其他金融机构订立的保底条款，是否可类推适用《证券法》的上述规定，不无商榷余地。虽有规章和其他规范性文件禁止包括信托公司在内的某些金融机构订立保底条款[2419]或禁止所谓的“刚性兑付”，[2420]但采取一概严厉禁止的态度，是否具有足够的实质正当性，不无商榷余地；[2421]而就形式正当性而言，规章和其他规范性文件的强制性规定并非判定法律行为效力的依据。除此之外，非金融机构的其他组织之间、此类组织与自然人之间以及自然人之间订立载有保底条款的投资协议（通常称委托理财协议或投资咨询协议之类的名目），不受任何法律、行政法规、规章禁止。需特别说明的是，以显失公平或违反公平原则判决此类条款无效，其依据并不充分。如欠缺主观要件，显然不能单纯因为存在保底条款即认为显失公平，且保底条款内容简单，无论给付资金一方为自然人还是组织，均易于理解，难以认定为存在欠缺判断能力、无经验等要素。同时，给付资金一方意在获取利润，亦无处于危困状态之情事。至于以违反公平原则为由，则是向一般条款逃避，在法律适用上显然错误。对于客观上双方权利义务明显不公平的法律行为，尚且需要同时具备“一方利用对方处于危困状态、缺乏判断能力”之主观要件，方可发生可撤销之法律后果（《民法典》第151条），法院又岂能弃显失公平法律行为具体规则于不顾，仅认为客观上不公平即认定为无效？两相比较，法律评价显失轻重。况且，若一律认为无效，则资金占用方仅以支付银行同期存款利率的利息为代价，即可享有对方资金的用益，反而会发生不公平之结果。

不违反法律、行政法规效力性强制性规定的保底条款，并非无效，亦不能单纯据此认为当事人所实施的该种法律行为不构成信托关系而构成

[2418] 《证券法》第135条规定：“证券公司不得对客户证券买卖的收益或者赔偿证券买卖的损失作出承诺。”

[2419] 例如，《信托公司管理办法》第34条规定：“信托公司开展信托业务，不得有下列行为：……（三）承诺信托财产不受损失或者保证最低收益……”

[2420] 例如，《关于规范金融机构资产管理业务的指导意见》第19条。

[2421] 有学者指出，刚性兑付的行为固然增加了金融机构的风险，但是也必须认识到其存在的合理性以及刚性兑付的行为在保护信托产品投资人、促进信托投资产品发展的问题上具有的积极意义。参见朱大明：《论信托投资产品刚性兑付的法律规制》，载《法学》2019年第4期。

借贷关系。依此种信托合同当事人之间的约定，受益人毕竟仍享有受益权，包括查阅财务资料的权利、撤销受托人违反信托义务之行为的权利等，与借款关系仍有不同。附有回购义务条款的信托合同，亦是如此：即使因回购义务的存在而具备一定程度上的融资特征，仍不能简单化地认定为借款合同。[2422]

除此之外，我国关于资管计划的各种规章、其他规范性文件设有通道业务限制、场外配置与杠杆比例限制、资金池业务禁止、禁售期限制等管制规定。此类规定均非法律、行政法规的强制性规定，是否关乎公序良俗，亦存疑义，故不应成为认定信托合同无效之依据，亦不应任意"借道"《民法典》第153条第2款、以"违背公序良俗"为由认定违反行为无效。[2423]司法实务中，多有裁判亦持此立场。例如，有判决认为："对集合资金信托计划的投资人数进行限制性规定的《集合资金信托管理办法》系中国银行业监督管理委员会发布，在效力层级上并非法律或行政法规，诉争信托合同是否构成变相突破投资人数限制亦应当由监管机构进行认定且其后果为行政责任，与合同效力无涉。"[2424]

七、商业信托文件的解释

（一）商业信托文件解释原则上适用合同解释规范

普通信托文件由委托人的意思主导，受托人与受益人的意思均不构成信托文件的内容，不得作为解释普通信托文件的依据。普通信托文件解释的任务，为探究委托人的意思。"委托人意思即信托之法律。"[2425]

委托人意思居于主导地位，缘于普通信托的性质。生前赠与信托及遗嘱信托是普通信托的主流形态，均基于无偿移转财产行为而设立。至于宣言信托，不过是遗嘱信托的一种变通形式，并未改变无偿处分的本

[2422] 裁判见解如："借款合同是借款人向贷款人借款，到期返还借款并支付利息的合同。本案中，《3-5期转让及回购合同》虽然约定了信托受益权转让人朱建文在730天后的正常回购义务及相应的收益，具有融资的某些特征，但在信托受益权转让期间，受让人华宝信托（代表月月增利集合资金信托计划）享有信托项下的信托权益，这是借款合同所不能涵盖的。同时，《3-5期转让及回购合同》的上述约定并不违反法律禁止性规定，是双方真实意思的表示，双方理应按照合同的约定来履行。"朱建文、肖智勇与华宝信托有限责任公司营业信托合同纠纷案，上海市第一中级人民法院（2018）沪01民终10601号民事判决书。

[2423] 关于此类管制规定对合同效力的影响，参见叶名怡：《结构化资管计划的私法规制——以"宝万之争"为例》，载《法学》2018年第3期，第33~41页。

[2424] 宋雅与中国对外经济贸易信托有限公司、招商银行股份有限公司营业信托纠纷案，北京市第二中级人民法院（2018）京02民终12501号民事判决书。

[2425] "The intention of the settler is the law of trust".参见Ⅰ Austin W. Scott & William F. Fratcher, *The Law of Trusts* § 59（4th ed. 1987）。

质。普通信托文件的解释，适用无偿移转财产法的一般规范。基于无偿移转财产行为与合同的区别，英美法系对无偿移转财产文件解释与合同解释区别适用不同的原则与规则。[2426]合同解释的基本原则为探究合同当事人的共同意思。无偿移转财产文件解释的基本原则为探究处分人（遗嘱人、赠与人）的意思。处分人的意思控制处分文件的含义，无偿移转财产法的基本原则之一是在法律容许的限度内给予处分人意思最大效力。[2427]在解释遗嘱或赠与文件时，遗嘱人或赠与人的真实意思优先；遗嘱人或赠与人无不同意思的，适用解释优先规则。解释优先规则是指在解释时应予优先考虑的某些原则，包括尽量使文件有效、考虑家庭成员利益优先于考虑非家庭成员利益、考虑近亲属利益优先于考虑非近亲属利益、遗嘱人或赠与人的整体财产处分规划、更优的税收后果、与遗嘱人或赠与人的合同义务或公共政策一致。[2428]无偿移转财产法的另一项基本原则是，关于无偿移转财产行为的事项发生疑问时，应作有利于处分人的解释。[2429]遗嘱解释原则与规则，当然适用于遗嘱信托文件的解释；遗嘱信托解释规则与原则，亦适用于生前赠与信托（包括可废止信托与不可废止信托）。[2430]

由上可见，遗嘱及赠与文件的解释，在某些方面与合同解释一致，如尽量使行为有效、探究真实意思、容许考虑外部证据，但在解释对象与解释优先规则方面有实质区别。遗嘱及赠与的解释优先规则，均着眼于遗嘱及赠与作为实现个人财产规划、为家庭成员提供利益的工具这一典型特征，显然不适用于合同解释。商业信托文件非遗嘱，非赠与，而是由对价支持的商事合同。商业信托文件确立商业信托的组织结构与运营事务，为商业信托受托人、受益人、管理人员等据以活动的总章程。委托人将财

[2426] Kent Greenawalt, *A Pluralist Approach to Interpretation*: *Wills and Contracts*, 42 San Diego L. Rev. 533(2005).

[2427] Restatement(Third) of Property: Wills and Other Donative Transfers § 10.1(2003). 为确定处分人的意思，可结合遗嘱或赠与文件与外部证据，但不可偏移的原则是，必须探求赠与或遗嘱人的真实意思(actual intention)。Id. § 10.2 & cmt. a.

[2428] Restatement(Third) of Property: Wills and Other Donative Transfers § 11.3(c)(1)-(6)(2003).

[2429] Restatement(Third) of Trusts § 63 cmt. b(2003).

[2430] Restatement(Third) of Trusts § 25 cmt. e(1)(2003).《统一信托法典》明文规定：遗嘱解释规则与依遗嘱进行财产处分的解释规则，适用于信托条款解释。Uniform Trust Code § 112. 关于普通信托文件解释的详细论述，参见George Gleason Bogert & George Taylor Bogert, *The Law of Trusts and Trustees* § § 45-51(rev. 2d ed. 1984)。关于遗嘱及赠与文件解释的一般论述，参见2 Richard B. Powell, *Real Property* ¶ 316(1950); 5 *American Law of Property* § 21.2(James Casner ed. 1956); Mary Louise Fellows, *In Search of Donative Intent*, 73 Iowa L. Rev. 611(1988); Edward C. Halback, Jr., *Stare Decisis and Rules of Construction in Wills and Trusts*, 52 Cal. L. Rev. 92(1964)。

产转让于商业信托，意在获取受益权或其他对价，而不是无偿向受益人提供利益；受益人成为商业信托文件的当事人，是基于出资换取投资权益的交易行为，受益人并非消极接受委托人赋予的受益权，而是主动选择、自愿购买受益权，受益人成为商业信托文件的当事人，建立于同意商业信托文件的基础之上；受托人往往是参与商业信托文件拟定及信托设立之人。商业信托文件还可包括经营管理协议、信托财产托管协议等约定商业信托具体事务的文件，此类文件一般由受托人与管理人、托管人等人签订，受托人的意思是确定其含义的重要依据。商业信托文件由当事人合意形成，其解释应探求各方当事人的共同意思。委托人意思在商业信托文件解释中则无足轻重。原因如下：

其一，委托人并非商业信托成立与存在的主要贡献者，商业信托成立与存续依赖于受益人投资、受托人与委托人协力办理设立事务、受托人致力于经营管理，委托人地位并不比受益人、受托人更为重要。

其二，商业信托一旦成立，委托人的使命即告结束、委托人身份即行终止，委托人与商业信托已无利害关系，商业信托如何运营，与委托人无关。受托人仅需为商业信托及其受益人利益行事，无须依委托人意思行事。委托人成为受益人的，不得再以委托人身份行事；委托人不成为受益人的，即自动脱离商业信托，商业信托已通过支付设立行为报酬、信托财产对价等方式使委托人获得报偿，再无使委托人意思干预商业信托事务的正当性。

其三，商业信托得以生存的命脉，是受益人的投资信心。尽量吸引作为现有受益人与潜在受益人的投资者，乃是商业信托的第一要务。受益人权益保护，亦为商业信托法的根本目的所在。委托人意思与受益人意思相抵触时，应优先考虑受益人意思。商业信托文件条款有疑义时，应探究受益人的真实意思，充分考虑受益人的合理预期。否则，在经济效果上，将削弱投资者对商业信托的信心，在法律规范上，可能动摇“成为受益人者视为同意商业信托文件”之规则的正当性——该规则维系商业信托文件的合同性质，组成商业信托法的基石，一旦基础动摇，将危及商业信托法采用非强行法模式的理据。

商业信托文件既属合同，原则上应适用合同解释的一般规则。[2431]仅

[2431] 对此，美国法上商业信托法的判例较少。合伙协议、有限责任企业与商业信托文件性质相似，已有较多判例将合同解释一般规则适用于合伙协议与有限责任企业协议的解释。Carter G. Bishop & Daniel S. Kleinberger, *Limited Liability Companies-Tax and Business Law* ¶ 5.06[3][f](2007).

举两例。

一是不利解释规则。较为常见的是，商业信托文件条款由受托人提供或由委托人与受托人拟定，成为受益人的公众投资者不参与条款起草与协商，就商业信托文件条款的通常理解发生争议时，应作不利于受托人或委托人的解释。不利解释规则，并不局限于格式条款的解释。格式条款法中的不利解释规则，是其更上位规则“疑义条款作不利于起草人之解释”规则的一种具体情形。[2432]我国《合同法》及《民法典》合同编仅就格式条款规定不利解释规则，失之过窄，但不利解释之一般规则，已为我国裁判所认可。[2433]商业信托合同，系个别拟定，并非格式合同。但通常由受托人或委托人起草，仍不影响适用不利解释规则。

二是通常解释规则。解释商业信托文件时，商业信托文件中表示的当事人意思居于主导地位。[2434]商业信托文件所用词句，依其通常、一般、普通的含义解释；词句的含义以平实语言的含义为准，即使文件的拟定人可作不同解释。[2435]换言之，依据拟定人的意思作出的解释与通常解释发生抵触时，以通常解释为准。理由在于，商业信托通常作为募集大众资金以从事特定事业的机制而被运用，主要的受益人是嗣后投入资金的外部投资者。由于专业能力及信息渠道的限制，受益人难以对商业信托文件作出如同委托人或受托人一样的理解。投资者购买受益权的决策，是基于对商业信托文件的通常理解而非专业理解之上。

（二）解释规则的自治性

法律容许商业信托文件自定解释规则。例如，可订定受托人对商业信托文件有解释权，受托人的解释具有最终的、结论性的约束力。[2436]受托人行使解释权，同样受制于忠实义务与注意义务，不得作有利于受托人而不利于商业信托或其受益人的解释。

[2432] 一方当事人提供的合同条款含义不清的，应作对其不利的解释。如《国际商事合同通则》第4.6条。适用不利解释规则的有限责任企业法判例，参见KSI Rockville，LLC v. Eichengrun，760 N. Y. S. 2d 520（N. Y. App. Div. 2d Dep’t 2003）（对由担任经理的有限责任企业成员起草的条款作出不利于起草人而有利于其他成员的解释）。

[2433] 例如，广东省高级人民法院判决谓：“依法理原则，对有争议的文句，其解释应有利于非书写方。”申诉人肖德明与被申诉人梁仕元债务纠纷案，广东省高级人民法院（2012）粤高法审监民提字第236号民事判决书。

[2434] In re Carriage House，Inc.，120 B. R. 754（Bankr. D. Vt. 1990）；Thomle v. Soundview Pulp Co.，181 Wash. 1，42 P. 2d 19（1935）.

[2435] Wisconsin Real Estate Inv. Trust v. Weinstein，712 F. 2d 1095（7th Cir. 1983），related reference，781 F. 2d 589（7th Cir. 1986）.

[2436] Lambach v. Anderson，228 Iowa 1173，293 N. W. 505（1940）.

第三节　商业信托目的

一、商业信托的营利与非营利目的

（一）营利目的及其实例

普通信托法未限定信托目的须为非营利或非商业目的，但实务中设立普通信托的通常目的包括：规避遗嘱认证程序；为不能、不愿或不应自行管理财产者提供财产管理；为数代人提供限定的、连续的财产收益；节税；将信托财产隔绝于受益人的债权人之追索。[2437]

营利目的自是商业信托目的之典型。具体营业种类，近乎无限。除制定法另有规定或商业信托文件另有订定外，商业信托的营业范围不受限制。[2438]商业信托目的不属商业信托的必要登记事项，因此难以获得商业信托所涉行业的统计资料。不过，从丰富的商业信托判例中，已可窥见商业信托在各行各业中的广泛应用。[2439]在英国商业信托兴起的时代，判例报告中显示的商业信托目的至少包括从事船坞业、剧院、共济组织、铁路业、造船业、酿酒业、土地开发、保险业、银行业等业务。[2440]就美国实务而言，马萨诸塞州商业信托的最初用途一般为不动产交易，但在20世纪初期，其数量即已大增，被广泛应用于几乎所有种类的工业与商业活动。[2441]《美国法学·商业信托》一书例示了若干判例，商业信托目的多样性由此可见一斑。其中包括公寓运营与管理，[2442]石油开发，[2443]高尔夫球场建设与运营，[2444]不动产经

[2437] Restatement（Third）of Trusts § 27 cmt. b（2003）.

[2438] Thomas E. Plank, *The Bankruptcy Trust as a Legal Person*, 35 Wake Forest L. Rev. 251, 258-59（2000）.

[2439] 从事各种产业的商业信托的示范文本，参见4A Am. Jur. Legal Forms 2d Business Trusts § § 51：18-24（2007）。

[2440] John Morley, *The Common Law Corporation*：*The Power of the Trust in Anglo-American Business History*, 116 Colum. L. Rev. 2145, 2147（2016）.

[2441] State Street Trust Co. v. Hall, 311 Mass. 299, 41 N. E. 2d 30, 156 A. L. R. 13（1942）.

[2442] Helvering v. Coleman-Gilbert Associates, 296 U. S. 369, 56 S. Ct. 285, 80 L. Ed. 278, 35-2 U. S. Tax Cas.（CCH）¶9683, 36-1 U. S. Tax Cas.（CCH）¶9022, 16 A. F. T. R.（P-H）¶1270（1935）.

[2443] Helvering v. Combs, 296 U. S. 365, 80 L. Ed. 275, 56 Sup. Ct. 287（I935）.

[2444] Morrissey v. Commissioner of Internal Revenue, 296 U. S. 344, 56 S. Ct. 289, 80 L. Ed. 263, 35-2 U. S. Tax Cas.（CCH）¶9681, 36-1 U. S. Tax Cas.（CCH）¶9020, 16 A. F. T. R.（P-H）¶1274（1935）; O' Neill v. U. S. , 410 F. 2d 888, 22 Ohio Misc. 212, 49 Ohio Op. 2d 33, 51 Ohio Op. 2d 360, 69-1 U. S. Tax Cas.（CCH）¶9372, 23 A. F. T. R. 2d（P-H）¶69-1247（6th Cir. 1969）.

营，[2445]土地与建筑物购置、修缮、持有、销售及商用建筑物运营，[2446]公司清算业务，[2447]制造业，[2448]电影制片，[2449]矿产开发，[2450]道路建设，[2451]担保贷款与信用贷款业务，[2452]商业票据业务，[2453]饭店业，[2454]铁路收购与运营，[2455]公墓业，[2456]城市规划与建设，[2457]报纸出版。[2458]

希尔斯在其《作为商业企业的信托财产》一书中搜集了大量商业信托判例，所显示的信托目的包括棉产品制造与销售、海底电缆企业股份的持有、不动产买卖与改良、铁路货车车皮工厂的运营、一般商贸业运营、种植园运营、家具与食盐业等。[2459]

美国其他判例涉及的商业信托所从事的行业还包括：石油与天然气开采权交易，[2460]石油开采，[2461]公寓建设与运营，[2462]证券交易与动产交易，[2463]商品制造、生产与销售，[2464]商用不动产及车库运营，[2465]办公楼及

[2445] Crocker v. Malley, 249 U. S. 223, 39 S. Ct. 270, 63 L. Ed. 573, 1 U. S. Tax Cas.(CCH)¶24, 3 A. F. T. R.(P-H)¶2998, 2 A. L. R. 1601(1919); Sherman v. C. I. R. , 146 F. 2d 219, 45-1 U. S. Tax Cas.(CCH)¶9105, 33 A. F. T. R.(P-H)¶365(C. C. A. 6th Cir. 1944); Title Insurance & Trust Co. v. Commissioner of Internal Revenue, 100 F. 2d 482, 39-1 U. S. Tax Cas.(CCH)¶9222, 22 A. F. T. R.(P-H)¶132(C. C. A. 9th Cir. 1938); Vischer v. Dow Jones & Co. , 325 Ill. App. 104, 59 N. E. 2d 884(1st Dist. 1945).

[2446] Eliot v. Freeman, 220 U. S. 178, 31 S. Ct. 360, 55 L. Ed. 424, 3 A. F. T. R.(P-H)¶2852(1911).

[2447] White v. Hornblower, 27 F. 2d 777, 1 U. S. Tax Cas.(CCH)¶322, 6 A. F. T. R.(P-H)¶7938(C. C. A. 1st Cir. 1928).

[2448] Palmer v. Taylor, 168 Ark. 127, 269 S. W. 996(1925).

[2449] Goldwater v. Oltman, 210 Cal. 408, 292 P. 624, 71 A. L. R. 871(1930).

[2450] Wimer & Co. v. Downs, Inc. , 77 Colo. 377, 237 P. 155(1925).

[2451] Weber Engine Co. v. Alter, 120 Kan. 557, 245 P. 143, 46 A. L. R. 158(1926).

[2452] Schwartz v. Abbott Motors, Inc. , 344 Mass. 28, 181 N. E. 2d 334(1962).

[2453] Hemphill v. Orloff, 238 Mich. 508, 213 N. W. 867, 58 A. L. R. 507(1927), aff' d, 277 U. S. 537, 48 S. Ct. 577, 72 L. Ed. 978(1928).

[2454] Wm. Lindeke Land Co. v. Kalman, 190 Minn. 601, 252 N. W. 650, 93 A. L. R. 1393(1934).

[2455] Darling v. Buddy, 318 Mo. 784, 1 S. W. 2d 163, 58 A. L. R. 493(1927).

[2456] Memorial Park v. Vaughn, 191 Okla. 50, 126 P. 2d 711(1942).

[2457] Yeaman v. Galveston City Co. , 106 Tex. 389, 167 S. W. 710(1914).

[2458] Lowman v. Guie, 130 Wash. 606, 228 P. 845(1924).

[2459] John H. Sears, *Trust Estates as Business Companies* 371-72(2d ed. 1921).

[2460] Wichita Royalty Co. v. City Nat. Bank of Wichita Falls, 306 U. S. 103(1939).

[2461] Kotimsky v. Lubin, 62 F. Supp. 710(E. D. Ill. 1945)(依据罗得岛州法律设立的、从事石油业经营的商业信托，发行50万份、面值达215万美元的受益权份额及利息债券).

[2462] Swanson v. Commissioner of Internal Revenue, 296 U. S. 362, 56 S. Ct. 283, 80 L. Ed. 273, 35-2 U. S. Tax Cas.(CCH)P 9682, 36-1 U. S. Tax Cas.(CCH)P 9021, 16 A. F. T. R.(P-H)P 1268(1935).

[2463] Morrissey v. Commissioner, 296 U. S. 344, . 56 S. Ct. 289, 80 L. Ed. 263(1935).

[2464] Morrissey v. Commissioner, 296 U. S. 344, . 56 S. Ct. 289, 80 L. Ed. 263(1935).

[2465] State Street Trust Co. v. Hall, 311 Mass. 299, 41 N. E. 2d 30, 156 A. L. R. 13(1942). 该案中的商业信托为经营商用不动产的信托，共发行7200份、每份面值为100美元的受益权凭证。

商店运营，[2466]办公楼出租与管理，[2467]专利权持有、经营管理与处分，[2468]不动产开发，[2469]采矿业，[2470]制瓶业，[2471]铁路业，[2472]煤矿运营，[2473]农场经营，[2474]为受雇人及其家庭提供保健利益，[2475]保险信托，[2476]工厂租赁，[2477]汽车旅馆销售与租赁，[2478]等等。

有论者认为特拉华州商业信托仅被用于共同基金与资产证券化信托，但事实上特拉华商业信托活跃于各行业，单以最近20余年判例显示的用途而论，至少包括商用不动产开发、[2479]商业贷款购买与回收、[2480]银行或其他储蓄及存款机构接管与保全业务、[2481]从事特许经营融资交易并充当“合成租赁”实体、[2482]商标权转让交易、[2483]公用事业项目投资与融资、[2484]商业零售中心及相关街区开发建设、[2485]专利权收购、[2486]破产信托。[2487]

商业信托在加拿大亦横跨多个领域，除证券投资信托、不动产投资信托等商业信托占据统治地位的行业外，还遍布于石油天然气业与其他自然资源业、不动产业、园艺业、食品加工业、支票印制、电信业、制冰业、海关报关、海洋产品加工、公用事业、运输业等多种行业，近来又进入版权、

[2466] Hecht v. Malley, 265 U. S. 144, 44 S. Ct. 462, 68 L. Ed. 949(1924).

[2467] In re Metro Palms I Trust, 153 B. R. 922(Bankr. M. D. Fla. 1993).

[2468] Mayo v. Moritz, 151 Mass. 481, 24 N. E. 1083(1890).

[2469] Baker v. Commissioners, 253 Mass. 130, 148 N. E. 593(1925).

[2470] Marchulonis v. Adams, 97 W. Va. 517, 125 S. E. 340(1924).

[2471] Liquid Carbonic Co. v. Sullivan, 103 Okla. 78, 229 Pac. 561(1924).

[2472] Darling v. Buddy, 1 S. W.(2d)163(Mo. 1928).

[2473] Eastern Enter. v. Apfel, 524 U. S. 498(1998).

[2474] In re Lemley Estate Bus. Trust, 65 B. R. 185(Bankr. N. D. Tex. 1996).

[2475] In re Affiliated Food Stores, Inc. Group Benefit Trust, 134 B. R. 215(Bankr. N. D. Tex. 1991).

[2476] Carr. v. Michigan Real Estate Ins. Trust(In re Michigan Real Estate Ins. Trust), 87 B. R. 447(Bankr. E. D. Mich. 1988).

[2477] In re Gonic Realty Trust, 50 B. R. 710(Bankr. D. N. H. 1985).

[2478] In re Dreske Greenway Trust, 14 B. R. 618(Bankr. E. D. Wis. 1981).

[2479] Haley v. Potter, 1995 WL 790980(Del. Super. 1995).

[2480] RTC Commercial Loan Trust 1995-NP1A v. Winthrop Management, 923 F. Supp. 83(E. D. Va., 1996).

[2481] 801 Nolana, Inc. v. RTC Mortgage Trust 1994-S6, 944 S. W. 2d 751(Tex. App. -Corpus Christi, 1997); RTC Mortgage Trust 1994-N2 v. Haith, 133 F. 3d 574[C. A. 8(Mo.), 1998].

[2482] Unocal Corp. v. Kaabipour, 177 F. 3d 755[C. A. 9(Cal.), 1999].

[2483] Calvin Klein Trademark Trust v. Wachner, 123 F. Supp. 2d 731(S. D. N. Y., 2000).

[2484] Schweizer v. Keating, 150 F. Supp. 2d 830(D. Md., 2001).

[2485] Wang v. Wal-Mart Real Estate Business Trust, 153 Cal. App. 4th 790, 63 Cal. Rptr. 3d 575(Cal. App. 4 Dist., 2007)(特拉华州商业信托参与沃尔玛商业零售中心及相关街区开发建设项目).

[2486] Multimedia Patent Trust v. Microsoft Corp., Slip Copy, 2007 WL 2696675(S. D. Cal., 2007).

[2487] In re LJM2 Co-Investment, L. P., 866 A. 2d 762(Del. Ch., 2004)(商业信托根据法院裁定的债务人破产计划而设立，用于执行破产事务，银行债权人为本信托的唯一受益人).

商标、特许等行业，更被用于政府财产的运营。[2488]

在我国实务中，除证券投资信托专用于证券投资外，信托公司设立的资金信托计划以及证券公司设立的资产管理计划，均广泛投资于各种实业，成为房地产及其他产业中获取银行融资以外投融资的一条重要途径。单纯从我国法院裁判文书中即可见一斑。例如，当事人设立资产收益权信托，用于房地产项目建设；[2489]又如，当事人设立资金信托，用于体育场馆及配套设施建设；[2490]再如，科技公司将林地、林木信托给信托公司，由信托公司进行管理和处分。[2491]

（二）不再限于营利目的

《特拉华州商业信托法》第3801条规定："商业信托的组建，可以是为了从事任何合法营业或活动，无论是否具有营利目的。"[2492]取消营利目的要件，为制定法商业信托的新发展之一。

[2488] Jonathan A. Levin, *Business Trust Financing and Restructuring: Key Banking and Insolvency Issues*, http://www.fasken.com/Publications/Detail.aspx?publication=2050, Nov. 12, 2007. Jonathan A. Levin & Donald E. Milner, *Restructuring Issues Relevant to Business Trusts*, http://www.fasken.com/Publications/Detail.aspx?publication=2346, Nov. 12, 2007.

[2489] 安信信托投资股份有限公司、昆山纯高投资开发有限公司、戴海峰、戴小平、嘉兴纯高投资开发有限公司营业信托纠纷案，上海市高级人民法院（2013）沪高民五（商）终字第11号民事判决书。

[2490] 成都银行股份有限公司西安分行诉中体产业集团股份有限公司借款合同纠纷案，陕西省高级人民法院（2014）陕民二初字第00007号民事判决书。

[2491] 甲投资公司诉乙科技公司等营业信托纠纷案，上海市第一中级人民法院（2008）沪一中民五（商）初字第268号民事判决书。本案中，2004年1月12日，乙科技公司与D信托公司签订编号为（2004）SHKJ001号《速生杨林木财产信托合同》一份，约定乙科技公司将其持有的林某某项下的93，340亩林地、合计784.1万株速生杨林木财产信托给D信托公司，信托林木于合同签订时的价值为人民币4.25亿元。D信托公司应按乙科技公司的约定或要求，对其所设置的信托权益/信托财产进行管理运用和处分，为受益人获取约定的信托处分利益和预期的信托管理利益。乙科技公司依法将信托的速生杨林木过户至D信托公司名下，以便实现信托目的。信托期限为3年，自2004年1月12日至2007年1月11日。信托存续期内，乙科技公司无法或不得再次行使除合同约定外的对林木财产的处分权。D信托公司将全部信托权益按其价值等额分割为4.25万等份，每份价格为人民币1万元。乙科技公司或其指定的受益人获得D信托公司设置的全部信托权益。D信托公司根据信托处分和管理运用的需要，对全部信托权益按一定的比例设置为优先信托权益和剩余信托权益，优先信托权益共有1.7万份信托权益。优先信托权益可按合同约定由受益人通过D信托公司进行转让、质押、继承和回购等信托处分；D信托公司对优先信托权益进行信托处分的基本依据为受益人证明。乙科技公司委托D信托公司以D信托公司的名义与受让人签订"优先信托权益转让协议"，并按转让协议的约定办理转让手续。受让人须将受让金汇入D信托公司的信托账户。对于乙科技公司转让的优先信托权益，乙科技公司向D信托公司承诺，若经优先信托权益受益人于每个信托年度期满前3个月向D信托公司提出回购申请，乙科技公司可以回购。根据信托林木财产（权）实际和合法存在的状况，根据合同约定，D信托公司同意由乙科技公司代为经营管理信托财产，并由双方签署《委托经营管理协议》。乙科技公司转让优先信托权益所得的价款，除去各种费用后，由乙科技公司委托D信托公司进行资金信托，投资乙科技公司指定的公司股权，投资后的股权由D信托公司代持，但由乙科技公司实际行使公司各项权利。

[2492] Del. Code Ann. tit. 12, § 3801(g).

尽管实务中将商业信托用于非营利目的意义有限，[2493]但是，不将商业信托目的限定为营利目的，至少有下列实益：

其一，适应商业信托的灵活需要。实务中的商业信托可能从事公益捐赠等非营利活动，此有益于商业信托及其受益人的长远利益。若商业信托仅可从事营利活动，此类行为的效力将遭质疑，于商业信托及社会公益均有妨害。不要求营利目的，养老金信托、公司债信托等传统上不被认为有营利目的之信托，亦可登记为商业信托，能够为受益人提供更多保护。

其二，避免法律适用的不确定性。如前所述，营利目的与非营利目的在理论上颇易区分，实际操作时难以明辨。此种不确定性毫无必要：一者易妨害商业信托及相关当事人的权益，二者无助于实现有益的法律目的或公共政策。

取消营利目的要件，是现代商业组织法的发展趋势。例如，美国普通合伙法早先将合伙定义为“为营利而设立的合伙”，[2494]现已逐渐扩张至可为非营利目的。[2495]有限合伙法、有限责任企业法也容许有限合伙或有限责任企业为任何合法目的而成立，否定普通合伙法要求。[2496]美国实务中，非营利的或者公益性的有限责任企业已日益增多。[2497]即使是以营利为目的的商业公司，现代法亦容许从事某些非营利活动。[2498]

因此，不要求以营利为目的，虽可能出现商业信托名不副实之情形，但相比于其实益，语义瑕疵可忽略不计。

二、消极目的、名义信托

（一）积极信托与消极信托

《特拉华州商业信托法》规定：商业信托目的包括但不限于以积极身份或托管人身份持有或取得所有权；[2499]除商业信托文件另有订定外，受

[2493] 美国各州法另有为非营利组织量身定做的组织形式，诸如非营利公司与非公司型非营利社团，此类组织形式比商业信托等非公司企业更适合于非营利组织。

[2494] Uniform Partnership Act § 6(1914); Revised Uniform Partnership Act § 101(6)(1997).

[2495] 例如，《特拉华州统一合伙法》。Del. Code Ann. tit. 6, § 15-202(a).

[2496] Uniform Limited Partnership Act § 104(b)(2001); Uniform Limited Liability Company Act § 112(a)(1996); Revised Uniform Limited Liability Company Act § 104(2006).

[2497] Cassady V. Cass Brewer, *Nonprofit and Charitable Uses of LLCs*, in Research Handbook on Partnerships, LLCs and Alternative Forms of Business Organizations 227-51(Robert W. Hillman & Mark J. Lowenstein eds., 2015).

[2498] The American Law Institute, Principles of Corporate Governance: Analysis and Recommendations § 2.01(1994).

[2499] Del. Code Ann. tit. 12, § 3801(g).

益人对特定的商业信托财产不享有权益。[2500]《统一商业信托法》进一步点明商业信托可以是消极信托："商业信托可以自己的名义或者以受托人的名义持有或取得财产所有权，无论是积极、消极或者以托管人身份持有或取得。"[2501]

上述规定明确排除消极信托的特殊效力，使消极信托与积极信托之区分在商业信托法中不复存在。

积极信托（active trust），是指受托人依信托文件负有积极履行之义务的信托；消极信托（passive trust），是指受托人的唯一义务是不干扰受益人享有信托财产利益（不作为的义务）的信托。[2502]消极信托受托人职能限于持有或取得信托财产所有权。

积极信托与消极信托的划分，与用益法颇有渊源。英国于1535年制定《用益法》（The Statute of Uses），施行数百年，直至为1925年《财产法》废除。但用益法在美国不少州仍以不同形式存在。[2503]在《用益法》之前，"用益"是指以土地为信托财产设立的消极信托。[2504]《用益法》规定，当某人以用益或信托为另一人持有财产时，此人的财产所有权消灭，另一人成为所有权人。[2505]换言之，该法的适用效果为，受益人成为信托财产所有人、取得对信托财产的占有，信托财产上的双重财产权关系消灭，如同未设立信托一般。《用益法》不适用于下列情形：积极信托、动产信托、双重用益或信托、遗嘱中有相反意思表示、为其他人设立的无偿性宣言信托、归复信托、推定信托。[2506]其中，对现代信托法律与实务发展最具影响者，是积极信托例外。[2507]

《用益法》旨在防止私人借用益或信托形式规避封建租税。[2508]以土地为信托财产设立的消极信托，为《用益法》的主要打击对象。当年的用益，

[2500] Del. Code Ann. tit. 12, § 3805(c).

[2501] Uniform Statutory Trust Entity Act § 307(2009).

[2502] Restatement(Third) of Trusts § 6(2003).

[2503] Restatement(Third) of Trusts § 6 cmt. a(2003); George Taylor Bogert, *Trusts* § 46(6th ed. 1987). 关于《用益法》，详见George Taylor Bogert, *Trusts* § § 2-5(6th ed. 1987)。

[2504] Restatement(Third) of Trusts § 6 cmt. a(2003). 用益与信托亦有若干微妙区别，参见N. G. Jones, *Uses and "Automatic" Resulting Trusts of Freehold*, 72 Cambridge L. J. 91, 103-12(2013)。

[2505] Restatement(Third) of Trusts § 6 cmt. a(2003).

[2506] Restatement(Third) of Trusts § 6 cmt. a(2003); Restatement(Second) of Trusts § § 68-71, 73 (1959); 4 William S. Holdsworth, *A History of English Law* 468(1937).

[2507] Restatement(Third) of Trusts § 6 cmt. a(2003).

[2508] Cornelius J. Moynihan, *Introduction to the Law of Real Property* § 12(1962); William M. McGovern, Jr., Sheldon F. Kurtz & Jan Ellen Rein, *Wills, Trusts and Estates (Including Taxation and Future Interests)* § 3.2(Hornbook 1988).

其结构与今日的消极信托类似，受托人均为信托财产的消极持有人。[2509]

对消极信托的敌意，在现代信托法中已大幅削弱。在不适用《用益法》的情形，消极信托并非当然无效，普通信托法的规则为：消极信托的受益人有权请求受托人转让信托财产，受托人收到请求后，有义务将信托财产转让于受益人，受益人可诉请法院强制履行此义务。[2510]此为消极信托在现代信托法上的主要特殊之处。除信托条款另有订定外，积极信托受益人无此权利。

商业信托法同等对待积极信托与消极信托，排除受益人对特定信托财产的权利，因此消极信托受益人无权主张取得特定的信托财产。由此不仅可满足资产证券化等交易的需求，[2511]有利于保全商业信托的营运价值、使企业免受个别投资者的滋扰，且可避免法律解释与适用成本。积极信托与消极信托的区分，在法律上并非易事。积极义务包括收取租金或收益的义务、从事信托投资的义务、对信托财产为一般管理的义务等。[2512]受托人完全不负积极义务，固然构成消极信托，但即使受托人负有向受益人分配信托利益的“纯粹事务管理性的义务”（purely ministerial duty），或者在分配信托利益前负有保管义务，亦不影响本信托构成消极信托。[2513]但如受益人尚未满足取得信托利益的条件（例如，尚未达到信托文件要求的年龄），受托人保存信托财产的义务，则属积极义务。[2514]权威学者的论断虽有益于揭示消极信托与积极信托的区别，[2515]但在具体适用标准上仍多有分歧。[2516]商业信托法将区分积极信托与消极信托的困难彻底排除，

[2509] George Taylor Bogert, *Trusts* § 46（6th ed. 1987）.

[2510] Restatement（Third）of Trusts § 6（2）& cmt. e（2003）.

[2511] 资产证券化信托须消极（被动）持有资产，方可成为合格的特殊目的实体。何为“消极”（passive）持有资产，美国关于资产证券化的财务会计准则有详细界定：证券化资产为金融资产或衍生金融工具的，除在此类资产的服务工作中固有的决定之外，特殊目的信托不享有作出其他决定的权限；证券化资产为股权类权益的，特殊目的信托不享有表决权且不享有选择如何表决的权限；证券化资产为投资工具的，特殊目的信托或任何相关实体（证券化资产转让人或其关联人、代理人等）不享有对被投资人进行控制或施加重大影响的能力。FAS 140 ¶ 39.

[2512] Restatement（Third）of Trusts § 6 cmt. c（2003）.

[2513] Restatement（Third）of Trusts § 6 cmt. c（2003）.

[2514] Restatement（Third）of Trusts § 6 cmt. d（2003）.

[2515] 消极信托是受托人不负义务或仅有义务为“机械性、形式性行为”（mechanical or formal act）而非“裁量行为”（discretionary act）的信托。George Taylor Bogert, *Trusts* § 46（6th ed. 1987）.

[2516] Restatement（Third）of Trusts § 6 Reporter's Notes on cmt. c & d（2003）. 对积极信托与消极信托进行区分的诸多判例，参见Carrier v. Crestar Bank, 316 Md. 700, 561 A. 2d 227（1989）; Odum v. Henry, 254 Ga. 739, 334 S. E. 2d 304（1985）; Matter of Gagliardi's Estate, 55 N. Y. 2d 109, 447 N. Y. S. 2d 902, 432 N. E. 2d 774（1982）; Tate v. Schoonover, 462 S. W. 2d 792（Mo. 1971）; Van Syckel's Trust, 319 Pa. 347, 179 A. 721（1935）; Bunker v. Bunker, 130 Me. 103, 154 A. 73（1931）; Gamble v. Brooks, 170 Ga. 662, 153 S. E. 759（1930）; Kathman v. Sheehan, 332 Ill. 280, 163 N. E. 692（1928）; Rosenthal v. Miller, 148 Md. 226, 129 A. 28（1925）。

可避免在此对商业组织法意义甚微的问题上无谓耗费司法资源。

我国《信托法》并未明文禁止消极信托，但第2条将信托定义为“由受托人……进行管理或者处分的行为”，似以受托人的积极管理和处分为信托之要件。换言之，受托人仅消极持有信托财产，似不符合该法关于信托的定义。故有判决以此否定消极信托的存在。[2517]但另有判决认可消极信托（被动信托）的效力。[2518]无论如何，本条规定，甚有重新检讨的余地。其一，所谓“管理”，本身并不等同于积极管理，受托人持有信托财产并代为管账、代办分配等事宜，亦不失为“管理”。对此，比较法资料亦可作为解释的参考。《欧洲民法典草案》关于信托的定义性规定亦称受托人有义务管理或处分信托财产，其所称“管理”，包括单纯持有信托财产所有权、保持信托财产的安全以及将信托基金用于投资；换言之，所有指向信托财产保值或增值的行为，均可谓“管理”。[2519]可见，管理之概念，原不以积极管理为限。其二，此种定义本身已显过时，原采此种定义的《日本信托法》《韩国信托法》均已相继修改信托之定义。[2520]源自日本、韩国信托法的本

[2517] 吴佩华与吉清等委托理财合同纠纷上诉案，浙江省杭州市中级人民法院（2011）浙杭商终字第89号民事判决书。杭州市滨江区人民法院一审判决认为：“一、关于本案属委托理财合同纠纷还是民事信托合同纠纷，应适用合同法还是信托法的问题……民事信托合同……受托人有权以自己的名义管理处分信托财产。而本案吴佩华与吉清虽签订了《辽宁奥克化学集团有限公司股权认购及代持凭证书》，但该凭证书没有明确信托目的，没有受托人的管理或者处分权限和范围，也没有受托人的报酬等事项的明确约定，不符合民事信托法律关系的构成要件。吉清受委托为吴佩华等人认购、代持涉案股权，并根据吴佩华要求的时间、价格出售股权；吉清从吴佩华处收取的股权认购价为4.08元/股，而其从奥克公司认购的价格为4元/股，吉清辩称差价0.08元/股系认购股权的交易费用，但未能提供足够的证据予以证明。故认定吉清收取了吴佩华0.08元/股的费用，但该费用是确定的，而不是根据业绩收取报酬，更符合委托理财法律关系的构成要件，故原审认为本案应认定为委托理财合同纠纷，应适用合同法的相关规定。”杭州市中级人民法院二审维持原判。

[2518] 最高人民法院裁判认为：“信托法并未区分主动信托与被动信托。本案中，吉林建苑与四川信托签订有书面的《信托合同》，合同明确约定受托人根据委托人指定管理并运用信托资金，按照信托目的持有、管理信托财产，直到信托终止。四川信托亦依照合同约定以自己名义与众诚公司签订并履行《信托贷款合同》，双方交易符合信托法律关系的特点。一、二审判决认定案涉法律关系为信托关系，并无不当。吉林建苑认为其与四川信托系‘居间+委托代理’关系，而非信托关系，依据不足。”吉林省建苑设计集团有限公司与四川信托有限公司信托纠纷案，最高人民法院（2017）最高法民申5004号民事裁定书。

[2519] *Principles, Definitions and Model Rules of European Private Law: Draft Common Frame of Reference*, X. -1: 201 cmt. B (Christian von Bar & Eric Clive ed. Full Edition, 2009).

[2520] 日本民间团体起草的《商事信托法纲要》第411条规定，以促进资产流动为目的的信托，可以通过信托合同不赋予受托人管理及处分信托财产的权限。参见［日］日本商事信托研究会编著：《日本商事信托立法研究》，朱大明译，法律出版社2019年版，第16~17页。2006年《日本信托法》第2条第1款规定了信托的定义：信托是指特定人基于一定的目的，为财产管理、处分或者其他为达成该目的所必要之行为者。2011年《韩国信托法》第2条规定了信托的定义：信托是指基于设立信托者（委托人）和接受信托者（受托人）之间的信任关系，委托人向受托人转移特定财产、设定担保权或者为其他处分，使受托人可以为了特定人的利益或特定的目的实施财产的管理、处分、运营、开发以及其他实现信托目的之必要行为的法律关系。

条规定，其解释亦应弹性化。其三，此种信托定义上的限制，在商业信托环境下并无必要。

事实上，我国信托交易实务并未受此定义规定所拘。当前信托公司广泛从事的“通道业务”，即可归入消极信托范畴：信托公司并不积极从事信托财产管理，而仅作为名义持有人持有信托财产，收取数额相对固定的管理费或所谓“通道费”；信托财产投资决策，通常由兼为委托人的受益人（在结构化信托中，一般是享有劣后受益权的受益人）或者投资顾问负责。对于为融资目的而设立的、近似于借贷的信托，法院仍认可其信托属性。[2521]对于此类信托，不宜认为非信托关系而属于委托关系或其他法律关系。《信托法》并不禁止委托人、受益人兼任受托人或其他管理人，也不禁止委托人或其他人享有指示受托人之权利或权限。受托人不受委托

[2521] 上诉人广西有色金属集团有限公司与被上诉人五矿国际信托有限公司营业信托纠纷案，最高人民法院（2016）最高法民终233号民事判决书。信托公司系以其与有色金属公司存在信托合同纠纷提起本案诉讼，但有色金属公司以本案名为信托实为借贷为由抗辩。青海省高级人民法院一审认为：“就本案合同约定而言，有色金属公司将其所拥有的特定资产收益权转让给信托公司，信托公司取得该资产收益权后，有色金属公司按照合同约定对该资产收益权进行回购。该合同存在两种法律关系。其一，是受让方和转让方基于信托合同的条款安排转让特定资产收益权所形成的信托法律关系。其二，转让方（回购方）和受让方之间基于收益权的回购合同形成的回购法律关系。双方当事人均有设立信托的意思表示。之后双方当事人又签订了《还款协议》《还款协议之补充协议》，《还款协议》虽系独立的合同，但其交易结构、还款方式等主要内容均与《特定资产收益权转让暨回购合同》一致，其与通常意义的还款不同，应视为依附于《特定资产收益权转让暨回购合同》而产生，因此，本案属于营业信托纠纷，而非借贷纠纷。”有色金属公司上诉认为本案所涉基础关系属于借贷关系，理由之一是“真正的信托关系中，受托人负有管理信托财产、处理信托事务、每年定期将信托财产的管理运用、处分及收支情况报告委托人的义务，而在本案中，信托公司自始至终都未履行有上述义务”。最高人民法院二审认为：“信托公司成立‘信托公司-有色1号集合资金信托计划’后，与案外的信托计划委托人签订《信托公司-有色1号集合资金信托计划信托合同》。信托计划委托人将资金汇入信托公司的信托专户，由信托公司作为信托计划的受托人管理信托专户中的信托资金。该合同相对方之间形成了信托法律关系。为履行该份合同，管理受托的信托资金，信托公司与有色金属公司签订《特定资产收益权转让暨回购合同》，约定信托公司以受让并定期返售特定资产收益权的方式，向有色金属公司支付8亿元信托资金，用于购买有色金属公司持有的有色金属公司办公大楼及东盟文化交流中心的收益权，到期后有色金属公司再以回购该资产收益权的方式，向信托公司返还8亿元信托资金及12.8%的回购溢价款。该双方之间形成了收益权返售回购法律关系。根据《信托公司管理办法》《信托公司集合资金信托计划管理办法》等信托业监管规定，在具体的信托计划项下，信托公司可以采用‘买入返售’等信托资金管理模式。信托公司采用资产收益权转让暨回购的方式管理信托资金，并发行相应的信托计划，与信托贷款业务存在区别。《特定资产收益权转让暨回购合同》第2.1条规定：‘信托公司取得的特定资产收益权及其产生的全部收益归入信托财产。’该约定说明，在信托公司取得特定资产收益权期间内，特定资产产生的任何收益均属于信托公司所有。因此，信托公司的收益不是固定收益，回购价格应为最低收益。该合同约定的业务内容属于信托公司正常的业务经营活动。信托监管机构对相关信托计划进行监管时，也认可收益权转让和回购业务是不同于信托贷款的业务模式。本案《特定资产收益权转让暨回购合同》签订后，信托公司已向其监管单位青海省银监局履行了报备手续，青海省银监局并未提出整改意见。原审法院认定本案合同性质为营业信托性质，并无不当。”

人或其他人指示、控制，并非信托的本质特征。[2522]有学者以受托人“通道化”、委托人对受托人具有控制力等为由认为此类资产管理计划不是信托而是委托，[2523]均属脱离信托法理之论。况且，信托与委托在法律效果上存在重大区别，关键之处在于外部关系上信托具有资产分隔效力（信托财产独立性），而为委托之所无；相比于委托，信托更有利于保护受益人（投资者）。[2524]当事人既有创设信托之明示，自不可在欠缺明确法律依据的情况下，违背其意思强行解释为委托，而导致其确保信托财产独立性的意思落空。

（二）名义信托

与一般的消极信托相近者，为名义信托，尤其是不动产名义信托（real estate nominee trust）。不动产名义信托，是一种由受托人根据信托文件为隐名受益人持有信托财产所有权的信托。[2525]名义信托是不动产所有权的一种形式，在马萨诸塞州，名义信托一般作为财产权持有机制（title-holding device）而使用。[2526]在典型的名义信托中，信托文件订定：受益人之名存档于受托人处，不作公开披露；受托人可为受益人；受托人须依受益人的指示处分信托财产；第三人可信赖依书面文件处分信托财产之行为，无论该处分是否遵守信托条款；受益人有权随时终止信托并以共有人身份取得信托财产所有权。[2527]

在普通法上，名义信托不是虚假信托，因此，受托人的债权人无权追索信托财产。[2528]商业信托法更不必轻率禁止名义信托，以免发生阻碍信托制度创新的后果。不动产名义信托正是不动产商业信托的发展来源

[2522] 英美信托法上即有关于其他人对受托人的指示权的规则，详见本书第11章第8节“受托人的权力与权利”第4目“对受托人的指示”。

[2523] 缪因知：《资产管理内部法律关系之定性：回顾与前瞻》，载《法学家》2018年第3期。

[2524] 信托财产独立性的承认与确保，取决于法律规定。在不具备法律依据的情况下，即使委托关系中受托人将委托财产独立存管，亦不能发生委托财产独立性的效力。

[2525] Robert L. Birnbaum & James F. Monahan, *The Nominee Trust in Massachusetts Real Estate Practice*, 60 Mass. L. Q. 364（1976）; Penta v. Concord Auto Auction, Inc. , 24 Mass. App. Ct. 635, 639, 511 N. E. 2d 642, 645（1987）.

[2526] Robert L. Birnbaum & James F. Monahan, *The Nominee Trust in Massachusetts Real Estate Practice*, 60 Mass. L. Q. 364, 364（1976）.

[2527] Id. at 364-65.

[2528] Shamrock, Inc. v. Fdic, 629 N. E. 2d 344（Mass. App. Ct 1994）. 该判决指出，本案中名义信托的设立，并非出于逃避任何一项特定债务之目的。

之一。[2529]

三、商业信托目的之法定限制

（一）营业种类限制

美国的早期判例认为，除制定法另有限定外，商业信托有权从事自然人、合伙、公司可从事的任何合法营业；换言之，商业信托并不存在任何固有的特征，足以阻碍其从事其他主体所能从事的任何营业。[2530]合同可为任何合法目的而缔结，而商业信托本质上为合同关系，故商业信托可以为任何合法目的而设立。[2531]州制定法不得对商业信托的活动设置区别于传统信托的、不合理的歧视性规定。[2532]且制定法之管制，原则上不影响私法行为的效力。未依制定法规定获得许可而从事某种营业的，合同并不当然无效。[2533]

当代商业信托法已极少对商业信托目的或营业范围设置差别待遇或歧视规定。例如，《特拉华州商业信托法》第3801条规定："商业信托的组建，可以是为了从事任何合法营业或活动……也可以是为了任何本条第g款第1项所指目的……"所谓"第g款第1项所指目的"，是指商业信托定义中所称的持有、经营、管理、控制、运营财产、对财产进行投资、再投资，或者从事营利性经营活动或专业活动（business or professional activities for profit）。[2534]康涅狄格州、弗吉尼亚州、南达科他州等州商业信托法及《统一商业信托法》亦同。与之形成对比的是，美国各州有限责任企业法均限制有限责任企业从事特定种类的营业，典型者有银行与保险业务、律师会计师等专业服务、农业。[2535]纵是特拉华州，亦禁止有限责任企业从事银行业务。[2536]这一对比揭示出有限责任企业主要用于小企业组织形式的现实

［2529］ Sheldon A. Jones, Laura M. Moret, & James M. Storey, *The Massachusetts Business Trust and Registered Investment Companies*, 13 Del. J. Corp. L. 421, 426 n. 30（1988）.

［2530］ Weber Engine Co. v. Alter, 120 Kan. 557, 245 P. 143, 46 A. L. R. 158（1926）; Wagoner Oil & Gas Co. v. Marlow, 1929 OK 150, 137 Okla. 116, 278 P. 294（1929）.

［2531］ Goldwater v. Oltman, 210 Cal. 408, 420, 292 P. 624（1930）.

［2532］ Ex parte Girard, 186 Cal. 718, 200 P. 593（1921）.

［2533］ IHS Acquisition XV, Inc. v. Kings Harbor Care Center, No. 98 Civ. 7621（LBS）, 1999 WL 223152 at 5（SDNY Apr. 16, 1999）.

［2534］ Del. Code Ann. tit. 12, § 3801（g）.

［2535］ Carter G. Bishop & Daniel S. Kleinberger, *Limited Liability Companies-Tax and Business Law* ¶ 5.03［1］,［2］（2007）.

［2536］ Del. Code Ann. tit. 6, § 18-106. 特拉华州对有限合伙有同样的限制。Del. Code Ann. tit. 6, § 17-106.

以及有限责任企业法为小企业定做的意旨。

美国最新一代商业信托法中，怀俄明州与马里兰州或许是仅有的例外。《怀俄明州商业信托法》规定：商业信托可以为了任何合法目的而设立，但商业信托不得作为《怀俄明州法典》第26-1-102条第a款第xvi项规定的保险人或《怀俄明州法典》第13-1-101条第a款第ix项规定的金融机构。[2537]《马里兰州商业信托法》禁止商业信托从事保险与银行业务。[2538]属于第二代的《明尼苏达州商业信托法》第318.01条规定：商业信托不得经营除该州法典第60A. 06条规定以外的保险业务以及银行业务与保证担保业务。而公司则有权经营上述业务。此类个别做法，是早期法律对商业信托敌视态度的一种延续，也体现特定法域金融监管体制的一种路径依赖。然而，商业信托与公司同属企业组织形式，且具有相同的有限责任、独立人格、集中管理、永久存续特性，并不必然具有高于公司的风险，歧视规定欠缺正当性，有侵害营业自由之嫌，甚至存在违宪问题。美国法早期即有判例认为，立法强制特定营业（如银行、保险）须采取公司形式，是对个人权利的侵害，因为选择信托（或其他形式）从事营业、获取财产的权利，乃是宪法所保障的自由及追求幸福的权利，此类立法违反宪法。[2539]

（二）禁止无偿移转目的——禁止“普通信托向商业信托法逃避”

1. 禁止无偿移转目的

基于歧视性立法政策而管制商业信托目的，在现代法上已日薄西山。与其他商业组织一样，只须目的合法即可。独有的问题为，商业信托法应否禁止具有无偿移转目的之信托，换言之，应否禁止普通信托登记为商业信托，以及如何禁止。

普通信托法设有诸多强行规范，基于公共政策或保护受益人等原因，对普通信托加以限制。强行规范包括：受托人善意行事的义务、依照信托

［2537］ Wyo. Stat. Ann. § 17- 23-103.《怀俄明州有限责任企业法》同样禁止有限责任企业从事银行与保险业务。Id. § 17- 15-103.

［2538］ Md. Code Ann.，Corps. & Ass' ns § 12-201（b）.

［2539］ William C. Dunn, *Trusts for Business Purposes* 362-413（1922）. 具有典型性的*State v. Scougal*案（3 S. D. 55，51 N. W. 858）判决谓：“‘享有并守护生命与自由、取得并保护财产以及追求幸福’的权利，包含追求任何合法事业、职业和营业的权利，以及选择取得财产和追求幸福方法（在不抵触宪法条文或他人权利的范围内）的权利。宪法所称‘自由’一语，不仅仅意味着免于拘捕或管制的自由，而是意味着更广泛和更全面意义上的自由。它意味着行动自由，选择营业、事业或职业的自由，控制并使用某人财产（在其用途不侵害社群、不侵害他人权利的范围内）的自由，行使普遍属于本国公民之权利、特权与豁免的自由，追求他自选的任何合法营业或事业的自由。”Id. at 405-06.

条款与目的及受益人的利益行事的义务；信托成立要件（信托及其条款应当为了一个或数个可确定的受益人之利益，信托目的不违反法律、公共政策且可能实现）；法院变更或终止信托的权力；防止挥霍信托条款的效力以及委托人的债权人、受益人的债权人、受让人追索信托财产的权利；法院调整受托人报酬的权力；法院在受托人严重违反信托时解任受托人的权力；受托人向受益人提供信息与信托管理报告的义务；限制、免除受托人对受益人所负责任条款之效力；与信托交易的、受托人与受益人以外之人的权利；反永续规则、反累积规则、反限制转让权规则；法院认为为实现正义所必需时采取措施或行使管辖权的权力。[2540]

上列强行规范已被商业信托法的特殊规则广为取代或更改。整体而言，商业信托法比普通信托法更灵活、具有更强的任意法性质。当事人可能利用商业信托形式实施遗产规划或其他无偿移转财产行为，规避普通信托法的强行规范，例如，将生前赠与信托登记为商业信托，以免受反永续规则的限制。因此有必要禁止普通信托登记为商业信托。此种禁止旨在防止信托当事人规避公共政策，并有保护信托当事人的功能。

其一，维护公共政策。反永续规则、反累积规则、反限制转让权规则等旨在维护公共政策。

其二，保护受益人与委托人。例如，商业信托法的取向之一是维护商业信托的营运价值，需防止个别受益人的不当行为损害商业信托的整体利益，因而对受益人获取信息的权利定有限制，并以派生诉讼制度防阻受益人滥诉。普通信托登记为商业信托后，即受此类规定约束，受益人依普通信托法所享保护将大幅缩水。又如，商业信托法基于与普通信托法不同的定位，意在为风险偏好或风险中立型投资者创造利润，故激励受托人从事较具风险性的商业决策行为，并保障其免受过重的责任追究。例如，商业信托受托人决策适用商业判断规则。普通信托旨在为受益人保存与保护信托财产，其受益人一般为风险厌恶型，因此不鼓励风险较高的投资与管理行为，为达此目的，普通法对受托人束之以谨慎投资人规则，并严格限制受托人免责条款之效力。如容许普通信托登记为商业信托，受托人将不受普通信托法较为严格的义务之约束，仅负商业信托法较为宽松的义务与责任，难免损害委托人及受益人利益。诚然，理论上，委托人自可在信托文件中约定更为严格的义务，排除商业信托法较宽松义务的适

[2540] Uniform Statutory Trust Entity Act § 302 cmt.(2009).

用,但现实中,信托条款拟定常有受托人(尤其是专业受托人)参与,受托人自然倾向于选择有利于己的条款而尽量排斥相反条款,委托人面临额外的缔约成本。更何况委托人未必能通晓商业信托法关于受托人义务、责任及报酬等规定的意义与目的,未必有能力事先考虑周详、拟定足以有效防控上述风险的条款。

其三,禁止普通信托登记为商业信托,亦寓有保护受托人的功能。例如,信托目的不能实现时,普通信托法容许受托人申请法院终止信托。商业信托法排除此种终止事由,受托人遇有信托目的不能实现等情形时,将进退两难。受托人虽可辞任以摆脱负荷,但辞任可能损及声誉(尤其是专业受托人)而使受托人惮于为之。

就法律体系协调与维护法律整体目的之角度而言,商业信托法亦不应成为逃离普通信托法的避风港,否则有普通信托法目的落空之虞。

2. 如何禁止普通信托向商业信托法逃避

下一问题为,商业信托法应通过何种途径防止普通信托向商业信托法逃避?

特拉华州等州商业信托法未设明文。《统一商业信托法》规定:商业信托可具有任何合法目的,但不得以无偿移转为主要目的。[2541]以无偿移转为主要目的之信托,即为普通信托。

上述条文立意良苦,但实效性或有不足。第一,"以无偿移转为主要目的"是一项高度抽象的"标准",适用时易滋争议。第二,具有无偿移转目的之信托提交登记时,登记机关是否有权以目的违法为由拒绝登记?若答案为肯定,由登记机关判断信托属于普通信托还是商业信托,不足胜任,即使登记机关有能力准确认定,则须实行实质审查制,违背准则主义的企业设立原则,行政机构权柄过大,有侵蚀司法权之虞。第三,无偿移转目的信托已登记为商业信托的,后果如何?仅为登记无效、该信托应适用普通信托法而不适用商业信托法,抑或信托无效?若为信托无效,制裁过重,与违法性不相称,违反比例原则,逾越立法目的;若为登记无效,何人有权主张登记无效?登记机关可依职权撤销登记,抑或须经他人申请方可撤销登记,还是由法院判决登记无效?若赋予登记机关撤销登记权,则又将信托目的判断权交给登记机关;由法院决定登记无效,则应将无效宣告请求权赋予何人?仅授予当事人显然不足实现立法目的(意图规避

[2541] Uniform Statutory Trust Entity Act § 303(b)(2009).

法律者自不可能主张信托无效），但若第三人有权主张无效，甚至法院可依职权宣告无效，又有外部人随意干扰信托存续甚至滥用权利之风险。

《统一商业信托法》采用“目的排除法”，另有节约立法成本之意旨。一概禁止无偿移转目的，即不必再为以无偿移转为目的之商业信托全面规定强行规范——这样一个强行规范的列表，意味着需将普通信托法的强行规范复制到商业信托法之中，而在普通信托法强行规范日益复杂多样（特别是自益信托委托人的债权人之权利以及反永续规则对信托权益的适用问题）的当代，这是一个难以完成的任务。[2542]然而，“目的排除法”虽可减少立法成本，却因适用上的困难而可能引发高昂的执法与司法成本，未必具有优势。

因此有必要另寻解决方法。商业信托法大多数规则为商业信托定制，并不适合普通信托，但因其多属非强行规范，当事人可予变通以使之适应普通信托。如在商业信托法适当设置若干适合于商业信托而不适合于或不利于普通信托的强行规范，可在实际效果上迫使普通信托当事人不选择登记为商业信托。此为“规则控制型”思路，即以具体规则控制向商业信托法逃避，目的排除法则是一种“标准控制型”思路。一般而言，“规则”的实施效率高于“标准”。[2543]

例如，普通信托法容许设置“防止挥霍信托条款”，此类条款可阻止受益人的债权人追索信托财产，系普通信托的主要优势之一，为普通信托普遍使用。但此条款不适合商业信托。对此，商业信托法可通过债务负担令之类的制度强行削减此类信托条款的效力，[2544]进而抑制向商业信托法逃避的动因。

又如，取消第三人的查询义务以及受益人追踪权。保存与保护信托财产，为普通信托的宗旨，普通信托法为维护信托财产的安全与受益人的利益，定有严格的善意购买人要件。从受托人之手受让信托财产的第三人，知道受托人处分信托财产的行为违反信托义务的，不属于“善意购买

[2542] Uniform Statutory Trust Entity Act § 303 cmt.(2009).

[2543] 关于规则与标准的分析，参见Louis Kaplow, *Rules Versus Standards: An Economic Analysis*, 42 Duke L. J. 557(1992); Kathleen M. Sullivan, *The Supreme Court, 1991 Term--Foreword: The Justices of Rules and Standards*, 106 Harv. L. Rev. 22(1992); Margaret J. Radin, *Reconsidering the Rule of Law*, 69 B. U. L. Rev. 781(1989); Carol M. Rose, *Crystals and Mud in Property Law*, 40 Stan. L. Rev. 577(1988); Pierre Schlag, *Rules and Standards*, 33 UCLA L. Rev. 379(1985); Isaac Ehrlich & Richard A. Posner, *An Economic Analysis of Legal Rulemaking*, 3 J. Legal Stud. 257(1974)。

[2544] 关于防止挥霍信托条款与债务负担令，详见本书第10章第4节。

人”，受益人有权追夺该财产，此即受益人追踪权。并且，比一般财产法的善意购买人[2545]要件更为严格的是，受让信托财产的第三人负有“查询义务”，即查询受托人的行为是否违反信托文件条款。未尽查询义务者，不能成为善意购买人。受益人追踪权与第三人查询义务却不适合商业信托。不采此制，符合商业信托特性，而对于试图利用商业信托形式设立无偿信托者而言，却会严重削弱对信托财产与受益人的保护。第三人查询义务与受益人追踪权，属于为第三人设定义务的强行规范，不能由信托文件设定。普通信托当事人不能既设立商业信托，同时又在商业信托文件中订定第三人有查询义务、受益人有追踪权，借以享受商业信托法之便利而逃避普通信托法之负担。

再如，规定受益人负有出资义务或其他合同义务。普通信托受益人是接受信托利益而不负义务的“纯粹受益”人，在信托关系中处于消极地位。商业信托受益人则是积极的投资者，系合同一方当事人，因此负有出资义务或其他合同义务，至少不得损害商业信托与其他受益人利益、应遵守公平合理的商业准则行事。违反义务可能引发对商业信托或其他受益人的赔偿责任。对于无偿移转而言，此类义务与责任是额外的负担，[2546]可抑制委托人利用商业信托形式设立无偿信托。

四、商业信托目的之约定限制

(一)商业信托目的限制对第三人的效力

商业信托文件或商业信托证书可对商业信托目的自设限制，其限制对第三人与当事人具有不同效力。

商业信托必须经由代表人行事，作为代表人的受托人无权逾越目的行事。一旦逾越信托目的，商业信托除追究受托人违反义务之责外，可否对第三人主张该行为无效？类似问题为，受托人虽未逾越信托目的、但违反商业信托文件或法律的授权之行为，对第三人的效力如何？这两个问题可归结为一个问题，即受托人越权行为对第三人之效力，其处理原则亦相似，此处一并讨论。

企业交易中的惯常做法是，与企业订立重要合同的第三人事先查阅

[2545] 善意购买人规则为英美财产法概念，类似大陆法系民法善意取得制度。

[2546] 正是在此意义上，合伙合同不是无偿合同；即使合伙人无偿入伙，每一合伙人仍有义务促进合伙目的的实现。参见[德]迪特尔·梅迪库斯：《德国债法分论》，杜景林、卢谌译，法律出版社2007年版，第146页。

该企业的登记证书及组织文件，以了解其中所载对企业目的或权力之限制。[2547]但登记证书或组织文件对企业目的之限制对第三人有何效力，商业信托法未予明示。在此不应采纳公司法曾有的“越权无效”(ultra vires)法则，即不应认为越权行为当然无效。越权无效法则下，企业逾越其目的之行为无效，这就将监督企业代表人行为是否逾越企业目的之负担加诸第三人，而此种负担由企业当事人承受更符合公平与效率，因为当事人能以较低成本防避越权行为，且当事人本是企业目的的确定者。[2548]

当然，第三人实际知道登记证书或组织文件对企业目的或代表人权限之限制的，企业有权主张越权行为无效。第三人被推定为善意；欲推翻推定者对第三人的实际知情负举证责任。此与民法不保护恶意者的一般原则相符。问题在于，可否以信托证书或信托文件已载明目的限制为由认为第三人应当知道该限制？换言之，登记证书或信托文件的记载对第三人有无“推定知情”效力？仍应作否定回答。信托文件为私人间协议，第三人无应知之理，且认为有推定知情效力，可能诱发商业信托的策略行为，于第三人保护殊为不利。至于登记证书，如认为目的限制有推定知情效力，则实际效果无异于适用越权无效法则，悖于现代组织法的通行原则，亦有违在组织当事人与第三人之间合理分配风险的效率原则。[2549]对此，信托证书登记采强制登记信息与任意登记信息两分法，信托目的既属于任意登记信息，自不发生推定知情效力，前已述及。

我国法的处理路径，与此类似。如果承认商业信托为法人，则适用《民法典》的相关规定。受托人为商业信托的法定代表人。如适用《民法典》第61条第3款的规定，商业信托文件或者受益人会议决议对受托人代表权的限制，不得对抗善意相对人。如适用《民法典》第65条规定，商业信托的实际情况与登记的事项不一致的，不得对抗善意相对人。

（二）商业信托目的限制对当事人的效力

商业信托目的限制，是商业信托文件条款的一部分，商业信托文件

[2547] Carter G. Bishop & Daniel S. Kleinberger, *Limited Liability Companies-Tax and Business Law* ¶ 5.03[3][b][i](2007).

[2548] 合伙型企业法的问题与此相似。鉴于合伙法的传统规则是每一合伙人的行为均对合伙有约束力，第三人有理由相信合伙人的行为在合伙授权范围之内，越权无效法则更无合理性。Carter G. Bishop & Daniel S. Kleinberger, *Limited Liability Companies-Tax and Business Law* ¶ 5.03[3][b][i](2007).

[2549] 其他非公司企业法的类似结论，参见Carter G. Bishop & Daniel S. Kleinberger, *Limited Liability Companies-Tax and Business Law* ¶¶ 5.03[3][b][i], 7.06[2][b][iv], 7.06[3][d], 7.06[4][d](2007)。

当事人有权执行目的限制条款。信托证书所载目的限制，效力亦同，因信托证书虽同时服务于保护第三人等其他目的，但其条款仍具有合同性质。[2550]违反商业信托目的限制，为受托人越权行为之一种，与受托人其他越权行为的后果类似：商业信托有权请求禁止该行为及赔偿损失。[2551]

受托人知道商业信托文件条款，因此，违反商业信托目的限制之行为本身即属故意，权利人无须另行证明受托人有故意或过失。此与其他商业组织法、代理法一致。[2552]

第四节　商业信托的存续

一、商业信托的存续期间

商业信托的存续可为一段确定的期间，[2553]亦可以不确定事由作为终止事由，或为两者的混合。[2554]美国实务中，商业信托文件一般订定商业信托永久存续，除非经受益人决议提前解散。[2555]信托文件定有商业信托终止日期时，信托文件可订定受益人有权提前终止商业信托[2556]或延长商业信托的存续期间。[2557]依照特拉华州等州商业信托法之规定，商业信托文件未订定受益人有终止权或解散权时，受益人不享有与公司股东一样决议解散或终止企业的权利；商业信托的唯一解散事由为商业信托文件订

[2550]　其他非公司企业法的类似见解，参见Carter G. Bishop & Daniel S. Kleinberger, *Limited Liability Companies-Tax and Business Law* ¶ 5.03 [3][b][ii](2007)。《统一商业信托法》将商业信托文件定义为信托文件与信托证书之和，同此宗旨。Uniform Statutory Trust Entity Act § 102(6)(2009).

[2551]　依据普通法，当赔偿不足以弥补损失时或未发生损害时，可以适用禁令。请求损害赔偿的诉讼为派生诉讼，请求法院发布禁令的诉讼可以是直接诉讼。Carter G. Bishop & Daniel S. Kleinberger, *Limited Liability Companies-Tax and Business Law* ¶ 5.03 [3][b][ii](2007).

[2552]　Id.

[2553]　Commonwealth Trust Co. v. Capital Retirement Plan, Inc., 30 Del. Ch. 130, 54 A. 2d 739(Del. Ch. 1947)(20年). 美国证券投资基金实务中，投资于长期债券的单位投资信托可以预先确定20~30年的存续期间。Investment Company Institute, *2019 Investment Company Fact Book* 48(59th ed. 2019).

[2554]　State Street Trust Co. v. Hall, 311 Mass. 299, 41 N. E. 2d 30, 156 A. L. R. 13(1942)(商业信托自两个特定的人死亡后满20年时解散).

[2555]　Sheldon A. Jones, Laura M. Moret, & James M. Storey, *The Massachusetts Business Trust and Registered Investment Companies*, 13 Del. J. Corp. L. 421, 445(1988).

[2556]　Dimanno v. Dimanno, 332 Mass. 709, 127 N. E. 2d 486(1955).

[2557]　Kountze v. Smith, 135 Tex. 543, 144 S. W. 2d 261(Comm' n App. 1940). 商业信托文件订定受托人或受益人可延长商业信托的存续期间，但未订定特殊的延期方法，受托人为实现信托目的而实施行为的，视为商业信托已延长存续期间。Peoples Bank v. D' Lo Royalties, Inc., 235 So. 2d 257(Miss. 1970).

定的解散事由。

美国各州商业信托法大多规定，商业信托文件未定存续期间时，商业信托永久存续。[2558]永续性有助于保持商业信托的营运价值，于私人和社会均有益无害，亦为承认商业信托独立人格的合乎逻辑之结果。

我国商业信托特别法虽未明文规定以永久存续为默认规则，但大多容许当事人自行约定信托的存续期间。例如，中国证监会2013年修订的《证券公司客户资产管理业务管理办法》第24条第1款规定："证券公司设立集合资产管理计划，可以对计划存续期间做出规定，也可以不做规定。"现行《证券期货经营机构私募资产管理计划运作管理规定》第20条规定："证券期货经营机构应当加强资产管理计划的久期管理，不得设立不设存续期限的资产管理计划。封闭式资产管理计划的期限不得低于90天。"

二、不适用反永续规则、反累积规则、反限制转让规则

（一）不适用性及其理由

美国各州商业信托法的永久存续规则，明确否定普通信托法的反永续规则、反累积规则、反限制转让规则（也称反限制转让权规则）对商业信托的可适用性。另有立法从其他角度表述此类规则的不适用性。美国肯塔基州旧法明文规定，不得因违反反永续规则或反限制转让权之法律（the law against suspension of the powers of alienation）而使商业信托无效。[2559]此外，新加坡2004年《商业信托法》第95条明文规定："关于永续、累积和财产不可让与性的法律规则，不适用于任何经登记的商业信托，即使该商业信托设立于本法生效之前。"

允许企业永久存续，不仅是公司法的立场，亦为现代有限合伙法与有限责任企业法的共同趋势。[2560]此与普通信托显然不同。商业信托虽与普

[2558] Minn. Stat. Ann. § 318.02（信托文件可订定商业信托永久存续，亦可限定存续期间，未限定期间的，永久存续）；Del. Code Ann. tit. 12，§ 3808（a）（除商业信托文件另有订定外，商业信托应永久存续）. 肯塔基州旧法律规定，商业信托可在为实现其设立目的所必需的期限内存续；商业信托文件可订定商业信托因受托人之行为或持有特定数量权益的受益人之表决而随时终止。Ky. Rev. Stat. Ann. § 386.430（Michie 1999）. 新法改为原则上永久存续。Ky. Rev. Stat. Ann. § 386A. 3-050（1）（2012）.

[2559] Ky. Rev. Stat. Ann. § 386.430（Michie 1999）. 因该州2012年采纳《统一商业信托法》，明文规定商业信托以永久存续为原则，故旧法条文已不再必要。

[2560] 依传统规则，合伙人退伙可导致合伙解散与终止。现代有限合伙法明确规定有限合伙永久存续，有限合伙协议另有约定除外。例如，Uniform Limited Partnership Act § 104（c）（2001）。有限责任企业渊源于合伙法，但亦明文规定有限责任企业永久存续，以切断有限责任企业成员退出与企业解散之间的联系。Revised Uniform Limited Liability Company Act § 104 cmt.（2006）.

通信托共享许多法律原则，但上列规则并不适用于商业信托，因此，即便在商业信托发展早期，普通信托法的上列规则也并未成为商业信托的障碍。[2561]

普通信托作为实施私人遗产规划的工具，信托之设计通常贯彻委托人为数代子孙预作财产安排的意思，其中会涉及诸多未出生者的受益权安排。出生为不确定的法律事实，受益权可能属于或然权益（contingent interests）。若信托存续期间过长，将导致受益权过于遥远、不确定，有碍财产有效利用与流通。为避免此类弊端，英美法系中有反永续规则（rule against perpetuities）：任何或然权益在法定的永续期限内不能转为既定权益（vested interests）者，无效。[2562]英国现行法规定的反永续期限为125年，原则上自信托文件生效时起算。[2563]反永续规则属于强行规范。[2564]反永续规则是一种死因处分法上的通行规则，旨在防止财产处分人通过信托、遗嘱或其他方法，凭借“死者之手”对财产进行长久控制，以维护当代人以遗嘱处分财产的意愿和后代人不受限制地处分财产之间的合理平衡。[2565]对“死者之手”控制的法律限制，在大陆法系也有功能类似的规则，此类规则或规定于继承法，[2566]或规定于近似信托的制度中。[2567]而继受英美信托制度的国家，则有明文规定反永续期限者，如2013年新《匈牙利民法典》第6：326条第3款规定，信托合同未定期限或所定期限逾五十年者，应于满五十年时终止；相反约定无效。而且早在罗马法上，由于罗马法上的信托

[2561] 学者指出，虽因信托法上存在反永续规则，使公司形式（在永久存续问题上）貌似比信托形式更为简单明了，然而，即便按照该规则，商业信托也能获得比一般公司长久得多的存续期间。H. L. Wilgus, *Corporations and Express Trusts as Business Organizations* Ⅱ, 13 Mich. L. Rev. 205, 219（1915）.

[2562] Restatement（Second）of Property: Donative Transfers § 2.1（1981）; Austin W. Scott & William F. Fratcher, *The Law of Trusts* § 62.10（4th ed. 1987）; George Gleason Bogert & George Taylor Bogert, *The Law of Trusts and Trustees* § § 213, 214（rev. 2d ed. 1993）. 关于反永续规则的先导性专著，参见John Chipman Gray, *The Rule Against Perpetuities*（2d ed. 1906）。

[2563] Perpetuities and Accumulations Act 2009, § § 5-6.

[2564] Restatement（Third）of Property: Wills and Other Donative Transfers § 10.1 cmt. c（2003）.

[2565] Thomas P. Gallanis, *The New Direction of American Trust Law*, 97 Iowa L. Rev. 215, 231（2011）.

[2566] 例如，在德国法上，遗嘱人可在遗嘱中为受益人设定负担，并指定遗嘱执行人为相应的管理行为，此类措施以及其他类似措施在时间上以30年为限，或者以一个自然人的有生之年为限（《德国民法典》第2210条），超过该期限后，“死者对生者的统治”就应一劳永逸地结束，生者应根据其自己的意思行事。而财团法人则旨在提供使一个人的意思“永垂不朽”的可能性。参见［德］迪特尔·梅迪库斯：《德国民法总论》，邵建东译，法律出版社2001年版，第865页。

[2567] 修正后的《法国民法典》、2011年新的《罗马尼亚民法典》规定与信托相似的*fiducia*。《法国民法典》第2018条第2项规定，基于*fiducia*所为的财产移转，其期限不得超过99年。《罗马尼亚民法典》第779条规定，基于*fiducia*所为的财产移转，其期限不得超过33年。Alexandru Florin Magureanu, *Fiducia in the New Romanian Civil Code*, 6 Contemp. Readings L. & Soc. Just. 301, 304（2014）.

主要用于遗产继承领域，此类信托也适用反永续规则，只是规则内容与现代法有别而已。[2568]

此外，为防止当事人利用信托世代累积财产、形成财富垄断，以致影响资源有效利用与经济运行，英美法系中有反累积规则（rule against accumulations）：仅在法定期限内，信托的收入方可累积与加入本金，超额的累积一旦逾越法定永续期限或法定累积期限，即为无效。英美法上另有“反限制转让规则”（rule against restraints on alienation）。据此规则，限制不动产转让且其限制转让的期限逾越法定永续期限的条款，违背“土地所有人得自由处分其财产”的公共政策，因而无效。[2569]反限制转让规则在英国法上的发展，有其历史原因：对财产的限制，与封建负担有关，因此与近代工商业中强调财产流通的需要相抵触。[2570]

商业信托功能迥异于普通信托，作为投资与营利工具，其受益权自始即为既定权益，不存在设定或然权益之必要。因或然权益难以估价，缺乏流通性，不能适应投资权益自由流通的商业需要。既无或然权益，反永续规则自然失去适用对象。此外，反永续规则所针对的权益，通常是未来权益。而商业信托中并不存在未来权益，反永续规则亦无从适用。[2571]因受益人设立或参与商业信托之目的，在于通过商业经营获取投资回报，故约定数年、十余年、数十年乃至上百年不分配信托收益而累积信托财产之情形几无可能，[2572]反累积规则无适用余地。商业信托重在资产的流动性，无论信托财产还是受益权，均有可转让性，反限制转让规则亦不适用。

美国马萨诸塞州最高法院详述商业信托不适用反永续规则、反累积规则、反限制转让规则的诸多理由，其中包括：商业信托的收入一般分配于受益人而不进行长期累积；商业信托财产的出卖依据商业信托的意思、并且不附有信托负担（因此是一种完整转让）；商业信托财产的衡平法所有权一经产生即成为由受益人持有的既定权益；衡平法权益的既定，不取决于任何其他人的意思或权限，亦不受制于信托文件设定的限制；整个受益权从来不是为了一个不确定或不既定的时点（a moment uncertain or

[2568] [英]大卫·约翰斯顿：《罗马法中的信托法》，张淞纶译，法律出版社2017年版，第81~123页。

[2569] A. J. Oakley, *Parker and Mellows*: *The Modern Law of Trusts* 269-70（9th ed. 2008）.

[2570] A. I. Ogus, *The Trust as Governance Structure*, 36 U. Toronto. L. J. 186, 216-17（1986）.

[2571] Robert D. Flannigan, *The Nature and Duration of the Business Trust*, 6 Est. & Tr. Q. 181, 201（1982-1984）.

[2572] George Gleason Bogert & George Taylor Bogert, *The Law of Trusts and Trustees* § 247（rev. 2d ed. 1993）.

unvested）而设定，并且，每一受益人可随时自由处分其权利，受益人的债权人也就可以随时在普通的诉讼程序中强制转让受益人的权利；商业信托可随时因受益人的意愿而终止。[2573]

美国各州其他判例也认为，商业信托的存续期间不受法定限制，法律上也不存在限制商业信托存续期间的必要性；无限期存续的商业信托，既不违反反永续规则，又不违反反限制转让规则（rule against restraints on alienation）。[2574]理由相似：反永续规则之目的仅是反对权益确定过于遥远，反限制转让规则之目的仅是反对转让权的中止或取消，而商业信托中的权益在信托成立之初即已确定，并可由权利人自由转让。[2575]美国联邦法院的判例亦认为，商业信托文件订定受益人有权随时终止信托并对信托财产按比例享有绝对权益，足以阻止反永续规则与反限制转让规则的适用。[2576]另有判例从制定法的意旨出发，判定制定法商业信托可永久存续，[2577]其他判例则运用目的解释方法，更准确地认定：商业信托永久存续与制定法有无相应规定无关，普通法商业信托同样可永久存续，不涉及反永续规则的适用。[2578]

商业信托不适用反永续规则、反累积规则、反限制转让规则，也是英美法系学说上的共识。关于美国法，学者认为：在商业信托的场合，“并不存在死者在其生前对财产设定负担、约束后代生存者判断之问题。商业信托是一种将财产用作更有用、更能产生利润之用途的一种商业设计，很难说此处存在一种否定此种商业安排的公共政策，因为公共政策容许通过设立公司以实现实质上相同的结果。事实上，商业信托的受益人凭证本身是一种新的财产形式，与股票极为相似。只要此类凭证是可自由转让的，就不存在限制商业的问题”。[2579]

[2573] Howe v. Morse, 174 Mass. 491, 55 N. E. 213(1899). 该判例见解在马萨诸塞州被广为引用，未见批评；伊利诺伊州亦有判例持类似见解。详见Sydney R. Wrightington, *The Law of Unincorporated Associations and Similar Relations* 32(1916)。

[2574] 13 Am. Jur. 2d Business Trusts § 20(2007); Baker v. Stern, 194 Wis. 233, 216 N. W. 147, 58 A. L. R. 462(1927).

[2575] Hart v. Seymour, 147 Ill. 598, 35 N. E. 246(1893); Baker v. Stern, 194 Wis. 233, 216 N. W. 147, 58 A. L. R. 462(1927); Hodgkiss v. Northland Petroleum Consol., 104 Mont. 328, 67 P. 2d 811(1937).

[2576] Liberty Nat. Bank & Trust Co. in New York v. New England Investors Shares, 25 F. 2d 493(D. Mass. 1928).

[2577] Reilly v. Clyne, 27 Ariz. 432, 234 P. 35, 40 A. L. R. 1005(1925).

[2578] Grenco Real Estate Inv. Trust v. Brooker, 215 Va. 413, 211 S. E. 2d 33(1975).

[2579] Joseph P. Morray, *The Rule Against Prolonged Indestructibility of Private Trusts*, 44 Ill. L. Rev. 467, 485(1949).

关于加拿大法，有学者认为，反限制转让规则所针对的限制让与条款，是即使在财产权益变为既定权益后仍然阻止其所有人以特定方式处分该财产或将该财产处分给特定人，此类条款因而违反公共政策。而典型的商业信托并不违反限制转让规则，因为其法定权益和衡平权益均是可自由转让的，并且商业信托既不是目的信托（purpose trust），也不涉及推迟信托关系中财产权益的享有，因而在任何意义上均不存在对转让的限制。关于反累积规则，商业信托中的衡平法权益是现时权益，且已绝对既定，因此不可能发生累积问题。只要商业信托中的权益是可自由转让的、现时的、绝对既定的，商业信托即可永久存续，因为并不违反反永续规则、反累积规则之类的规则；商业信托协议约定的累积权有效且不受限制，因为它们并不受普通法和制定法上反累积规则之约束。[2580]

关于英国法，学者Sin认为：无论从法律技术分析还是政策正当性而言，此类规则均不适用于商业信托。就法律技术而言，商业信托中的受益权是既定的，根本不存在永续期限之外权益尚未既定的问题，并且正如英国判例所指出的，反永续规则是财产法上的规则，而非合同法上的规则，单位信托因其合同性质，根本不适用反永续规则；类似地，如英国判例所言，单位信托的合同性质，排斥了反累积规则的适用；反限制转让规则亦属财产法上的规则，如果依合同约定对转让的限制，则此类限制性约定如同其他合同条款一样，仅在合同内容本身因违反公共政策或非法而无效时，其效力方可被否定，而英国判定此类约定有效。就政策正当性而言，上述三大规则旨在反对“死者之手”的控制、反对财产权利人通过遗产规划将资本抽离于商业流通。而单位信托正是一种鼓励资本流通的机制。[2581]另有学者基于类似理由指出，没有必要对单位信托课加反永续规则期限的限制，限制信托永续的规则不适用于单位信托，而关于反累积问题，由于许多单位信托并无累积收入的条款，反累积法根本无适用余地。[2582]

此外，苏格兰法律委员会关于信托法改革的报告也指出：限制信托存续期间的任何规则，不应适用于任何商信托，对此应有明文的制定法规定，以彻底消除此领域的不确定性，确认当事人有完全的自由以商定最能

[2580] Robert D. Flannigan, *The Nature and Duration of the Business Trust*, 6 Est. & Tr. Q. 181, 201, 204（1982-1984）. 该文认为，反限制转让规则所针对的是受益权的让与限制。对受托人转让信托财产的权力设定限制，并不属于反限制转让规则的适用范围。Id. at 201-02.

[2581] Kam Fan Sin, *The Legal Nature of the Unit Trust* 106-114（1997）.

[2582] H. A. J. Ford, *Unit Trust*, 23 Modern L. Rev. 129, 138-39（1960）.

够适应其商业目的的安排。[2583]

关于新西兰法，新西兰法律委员会在信托法审查报告中指出，适用于传统信托（用于遗产处分之信托）的某些规则并不适合于商信托，其中之一便是反永续规则，该规则在商业环境下并无一席之地。[2584]

（二）反永续规则与反累积规则的新动向：商业信托与普通信托存续期限差别是否已消失？

反永续规则本身亦处于变化之中。对于反永续规则，英美法系发展出各种改革方案，其中既有以制定法规定某一刚性、固定年限的做法（如英国制定法规定的125年），也有软化普通法的弹性计算方法，其中之一是“即时改订”（immediately available reformation）规则，另一种规则是“推迟改订”（deferred reformation）规则，又称为“等等看”（wait-and-see）规则。[2585]釜底抽薪的是，美国某些州已废除反永续规则。[2586]特拉华州法律区分动产和不动产而部分废除了反永续规则：信托持有不动产的，在该不动产上所创设的权益，不因普通法上的反永续规则或限制非公益目的信托存续期间的任何普通法规则而无效，但信托不能持有某一不动产逾110年，逾期则须将该不动产分配给受益人等人；信托持有动产的，既不因普通法上的反永续规则、限制非公益目的信托存续期间的任何其他普通法规则或者任何其他规则而无效，又不受此110年期限的限制。[2587]

反永续规则的废除，产生所谓“永续信托”（perpetual trust）或“王朝信托”（dynasty trust，亦可译为“世代信托”）[2588]现象，即普通信托的存续

［2583］ Scottish Law Commission，Report on Trust Law 225（Scot. Law Com. No. 239，2014）.

［2584］ Law Commission（New Zealand）：Review of Trust Law in New Zealand：Introductory Issues Paper 25-26（Law Commission Issues Paper 19，2010）.

［2585］ “即时改订”规则容许法院一经发现无偿转让的初始条款违背反永续规则时，即可改订该转让。T. P. Gallanis，*The Future of Future Interests*，60 Wash. & Lee L. Rev. 513，551（2003）. “推迟改订”规则放松了将来权益的确定性要件——不要求将来权益在创设之初即为确定，而是容许法院在认定将来权益的既定是否过于遥远时，考虑将来权益创设之后发生的事件；如果在考虑此类事件之后，该将来权益仍然因违背反永续规则而无效，法院即有权改订赠与条款。Id. 在美国，“推迟改订规则”获得最为广泛的接受——尽管该规则在美国各州并不完全一致，并且学者对于何种规则是最优规则有激烈论争。Id. 在英国，2009年《永续和累积法》（Perpetuities and Accumulations Act 2009）第7条规定了“等等看”规则。

［2586］ Stewart E. Sterk，*Jurisdictional Competition to Abolish the Rule Against Perpetuities*：*R. I. P. for the R. A. P.*，24 Cardozo L. Rev. 2097（2003）；Joel C. Dobris，*The Death of the Rule Against Perpetuities，or the RAP Has No Friends-An Essay*，35 Real Prop. Prob. & Tr. J. 601（2000）.

［2587］ Del. Code Ann. tit. 25，§ 503（a），（b）. 此项110年期限的限制，不适用于下列四种信托：为公益组织利益而设立的信托、雇用人为受雇人利益而设立的信托、商业信托、为永久照看墓地而设立的信托。Id. § 503（b）.

［2588］ Note，*Dynasty Trusts and the Rule Against Perpetuities*，116 Harv. L. Rev. 2588（2003）.

期间不再受反永续规则的限制。但是,美国这些州废除反永续规则,主要出于税收方面的考虑[2589]及吸引信托与银行业务以刺激经济的竞争压力,[2590]而忽视了反永续规则在信托法上的重要价值,学者多对此持批评态度。[2591]有学者认为,要达到税收方面的目的,无须废除反永续规则,以致付出公共政策的代价;[2592]另有学者建议改革反永续规则,使之适应新世纪的需要。[2593]永续信托甚至存在违宪问题。[2594]

至于反累积规则,现今美国某些州法也已有限缩其适用范围的动向。[2595]有些州甚至彻底废除了该规则,例如,特拉华州。[2596]反累积规则似乎正在丧失说服力,[2597]是否会遭受如同反永续规则一般的命运,尚不得而知。

反永续规则的废除,将产生一系列不良后果。其一,使"死者之手"丧失法律上的必要限制,破坏了当代人和后代人在财产处分自由上的平

[2589] Robert H. Sitkoff & Max M. Schanzenbach, *Jurisdictional Competition for Trust Funds: An Empirical Analysis of Perpetuities and Taxes*, 115 Yale L. J. 356(2005); Robert H. Sitkoff & Max Schanzenbach, *Perpetuities or Taxes? Explaining the Rise of the Perpetual Trust*, 27 Cardozo L. Rev. 2465(2006).

[2590] Stewart E. Sterk, *Jurisdictional Competition to Abolish the Rule Against Perpetuities: R. I. P. for the R. A. P.*, 24 Cardozo L. Rev. 2097, 2101-05(2003). 另有学者指出,设立王朝信托对于银行和其他金融服务机构尤为有利,它们可以从中赚取巨额的服务费用。Ray D. Madoff, *Immortality and the Law: The Rising Power of the American Dead* 82(2010).

[2591] Joel C. Dobris, *Undoing Repeal of the Rule Against Perpetuities: Federal and State Tools for Breaking Dynasty Trusts*, 27 Cardozo L. Rev. 2537, 2538 n. 3(2006)[引用Eric Rakowski, *The Future Reach of the Disembodied Will*, 4 Pol. Phil. & Econ. 91(2005); Angela M. Vallario, *Death by a Thousand Cuts: The Rule Against Perpetuities*, 25 J. Legis. 141(1999); John G. Shively, Note, *The Death of the Life in Being—The Required Federal Response to State Abolition of the Rule Against Perpetuities*, 78 Wash. U. L. Q. 371(2000)]. 较近的评述,参见Robert H. Sitkoff, *Top-Down versus Bottom-Up Law Reform in Trusts and Estates: Future Interests and Perpetuities*, JOTWELL(Nov. 22, 2010)。

[2592] Joel C. Dobris, *Undoing Repeal of the Rule Against Perpetuities: Federal and State Tools for Breaking Dynasty Trusts*, 27 Cardozo L. Rev. 2537(2006).

[2593] Frederick R. Schneider, *A Rule Against Perpetuities for the Twenty-First Century*, 41 Real Prop. Prob. & Tr. J. 743(2007).

[2594] Steven J. Horowitz & Robert H. Sitkoff, *Unconstitutional Perpetual Trusts*, 67 Vand. L. Rev. 1769(2014).

[2595] George Gleason Bogert & George Taylor Bogert, *The Law of Trusts and Trustees* § 216(rev. 2d ed. 1993).

[2596] Del. Code Ann. tit. 25, § 506. 该条规定:"指示或授权累积信托收入的条款,不因之无效。"该州在信托持有不动产的情形仍保留了反永续规则,与此不同的是,对于反累积规则的废除,则是不分信托财产类型的彻底废除。

[2597] Robert H. Sitkoff, *The Lurking Rule Against Accumulations of Income*, 100 Nw. U. L. Rev. 501(2006).

衡关系。正如美国法学会在《第三次财产法重述》中表达的立场所述：“依美国法学会之判断，近来的立法运动容许设立永久信托或跨越数世纪的信托，这是有欠考虑的。废除反永续规则的运动，并不是立足于‘去除该规则对死者之手的过度控制’这一点之上。在各州立法中，并没有认真讨论与容许永久信托或近乎永久信托相关的政策问题。[此类立法的]推动力是试图和其他州竞争信托业务（金融服务）……抑制死者之手过度控制的规则，深植于本国的历史与传统之中，并具有正当理由。一个设立于2010年、存续期间为360年的信托，可以持续至2370年，彼时其受益人将超过10万人。一个设立于2010年、其存续期间为1000年的信托，将于3010年终止，彼时将拥有数百万受益人。没有转让人拥有足够的智慧，能够在如此巨大的时间跨度内为如此遥远且数量巨大的受益人作出正确的财产处分……”[2598]

其二，将对普通信托的治理产生不可测、不可控的影响。当责任规则成为监督代理成本的主要机制时，组织所能支撑的剩余索取权人之数量即存在实践上的限制。[2599]剩余索取权人越多，集体行动问题越严重，剩余索取权人监督及起诉管理者的激励，因之削弱。[2600]普通信托的治理主要依赖于责任规则，受益人越多，越可能陷入集体行动困境。[2601]存续期间过长的永续信托，必有享有大量剩余受益权的未出生受益人，剩余受益人过多有损监督机制的效率。任何一个信托的信托利益终究有限，剩余受益人的权益份额越大，对受托人拥有最近控制力的其他受益人的权益份额越小，监督受托人之激励难免相应降低。废除反永续规则，可能使受益人数量失控而在无限度的时段中剧增，最终将推动普通信托治理模式向商业信托治理模式的方向发展。但是，由于普通信托受益权的流通性无法达到商业信托受益权的流通性程度，无法发展出一个有效资本市场，因此对于受益人增加所致集体行动困境，缺少替代性机制予以缓解。诚然，委托人可事前在信托文件中限定受益人数量以控制代理成本，但值得怀疑

[2598] Restatement (Third) of Property: Wills and Other Donative Transfers, Ch. 27, Scope, Reporter's Note (2011).

[2599] Robert H. Sitkoff, *Trust Law, Corporate Law, and Capital Market Efficiency*, 28 J. Corp. L. 565, 580 (2003).

[2600] Jeffrey N. Gordon, *The Puzzling Persistence of the Constrained Prudent Man Rule*, 62 N. Y. U. L. Rev. 52, 76-78 (1987).

[2601] T. P. Gallanis, *The Trustee's Duty to Inform*, 85 N. C. L. Rev. 1595, 1626 (2007). 关于集体行动问题，参见Douglas G. Baird et al., *Game Theory and the Law*, ch. 6 (1994)。

的是，一般情况下的委托人（包括得到顾问协助的委托人）对信托治理结构之深层基础有无足够理解，足以在一种信托法上不存在且无法有效调整的、异类的信托中提前设计卓有成效的治理机制？因此，出于某些短期目的仓促废除反永续规则，极可能对普通信托治理效率及受益人权益造成深远损害。

鉴于法律仍有必要限制“死者之手的控制”，美国法学会《第三次财产法重述》并未废弃反永续规则，而是重新表述了这一规则，其第8编的编名即为“对死者之手控制的公共政策限制：反永续规则”。[2602]学者亦指出，认为“反永续规则已经死亡”，显然是言过其实。[2603]而英国法仍然坚持反永续规则，并通过制定法的形式予以巩固。[2604]

（三）反永续规则、反累积规则、反限制转让规则与我国法

我国《信托法》未规定信托期限有无限制，是否意味反永续规则在我国信托法上无适用余地，不无疑问。我国《信托法》虽借鉴英美法系的普通信托法，但以规范商业信托为主要立法旨趣，并未通盘考虑普通信托的特殊问题。普通信托因其在遗产规划方面的特殊性，容易与一国固有的继承法制发生冲突。信托法上若不对此特加限制，难免使信托的“阴暗面”有展露之机，发生“死手控制”、规避扶养义务、破坏男女平等等种种弊端。在普通信托不发达的年代，这一点自然长期为我国立法者、实务界和学界所忽视。但随着家庭财富传承问题的日益突出、所谓“家事信托”（或家族信托，大致相当于英美法系的普通信托）日益受到重视，[2605]普通信托的各种弊端即有可能成为现实，[2606]《信托法》在实务上的运用将可能因此而有所回应。作为此种回应之一，依法律解释及法律漏洞补充方法，不排除在我国信托法上适用反永续规则的可能。

[2602] Restatement (Third) of Property: Wills and Other Donative Transfers, Division VIII- Public-Policy Limitation on Dead-Hand Control: The Rules Against Perpetuities (2011).

[2603] Thomas P. Gallanis, *The New Direction of American Trust Law*, 97 Iowa L. Rev. 215, 233 (2011).

[2604] 迄今最新的制定法是2009年《永续和累积法》。

[2605] 家事信托已成为我国当前实务中的热门话题。随着老龄化社会趋势的迫近，家事信托亦在我国台湾地区升温。新近研究，参见王志诚：《信托制度在高龄化社会之运用及发展趋势》，载《月旦法学杂志》2018年总第 276 期（对长期照护服务预收款信托、逆向抵押贷款与信托之结合、高龄者赡养信托、赡养公益信托、赡养型家族信托等各种信托的研究）。

[2606] 十余年前，美国华盛顿大学的福斯特教授即已研究了中国《信托法》对继承法的影响。Frances H. Foster, *The Dark Side of Trusts: Challenges to Chinese Inheritance Law*, 2 Wash. U. Global Stud. L. Rev. 151 (2003). 根据福斯特教授的研究，中国继承法制具有若干优势（值得美国借鉴），但《信托法》却可能破坏继承法制的若干优势。福斯特教授关于中国继承法制的研究，参见Frances H. Foster, *Towards a Behavior-Based Model of Inheritance: The Chinese Experiment*, 32 U. C. Davis L. Rev. 77 (1998)。

依据法律解释方法，如信托约定存续期间过长，致过度妨害财产利用及流通，或可解释为信托期限约定违反公序良俗，因而部分无效。《日本信托法》、我国台湾地区“信托法”同样未规定类似于英美法系的反永续规则、反累积规则，但学者对此亦有论及。日本学说认为，如永久信托的设定有妨害物之利用者，应可解释为违反公序良俗而无效；永久管理信托，如致受益人无法确定时，可解释为因受益人无法确定而导致无效。[2607]2006年《日本信托法》增设规定，其旨趣颇类似于反永续规则。[2608]我国台湾地区学者认为，理论上或可综合衡量信托目的、信托财产的价值或种类及受益人人数等因素，以判断信托的存续期间是否过长，而有无违反公序良俗。[2609]

另一途径为法律漏洞补充。信托法为民法的特别法，依大陆法系公认的民法适用原则，制定法未规定者，依习惯；无习惯者，依法理。大陆法系民法典凡设有法源规范者，大多规定三个层次的民法法源。1907年《瑞士民法典》第1条规定了三层次的民法法源，其一为制定法，其二为习惯法，其三为法官自居于立法者地位应创设的规则；法官适用这三个层次之法时，应参照公认的学理和实务惯例。[2610]该条规定的影响力及于许多立法例，其中包括1929年施行的《中华民国民法》总则编第1条：“民事，法律所未规定者，依习惯，无习惯者，依法理。”[2611]我国《民法典》第10条关于民法法源的规定，仅规定第一层次法源“法律”和第二层次法源“习惯”，未规定第三层次法源“法理”。但运用法理裁判案件的案例，在我国司法实务中并不鲜见。[2612]更有判决明确指出：“人民法院在审理民事案件时，

[2607] 陈春山：《信托及信托业法专论》，第54页引文。转引自谢哲胜：《信托法总论》，台北自版2003年版，第164~165页。

[2608] 该法第91条规定：订定于受益人死亡时其受益权消灭，而由其他人重新取得受益权的信托，自信托时起，经过30年后，现存的受益人已依该订定取得受益权的，在该受益人死亡前，或该受益权消灭前，该信托有效力。

[2609] 赖源河、王志诚：《现代信托法论》（修订3版），中国政法大学出版社2002年版，第186页。该书并指出，英美信托法上所确立的反永续原则、反累积原则，形式上虽与信托存续期间的长短息息相关，但实质上与租税政策密不可分，而按照我国台湾地区的现行信托税制，即使不采纳英美法上的类似原则，亦不至于发生利用设定长期信托的方式，以规避相关税负的弊端。因此，不论就立法论还是解释论而言，是否有必要引进此类原则的法治理念，有再议余地。同上书，第186页。不过，我国大陆尚未确立如同台湾地区信托之特别税制，尚不足以避免设定永久信托以规避税负之弊端。

[2610] 我国学者关于该条规定的研究，详见李敏：《瑞士民法典“著名的”第一条——基于法思想、方法论和司法实务的研究》，载《比较法研究》2015年第4期。

[2611] 类似者又如《韩国民法典》第1条：“民事，法律无规定者，依习惯法；无习惯法者，依法理。”

[2612] 详见李宇：《民法总则要义：规范释论与判解集注》，法律出版社2017年版，第65~67页。

在有法律明文规定的情况下应当依照法律来审理，在没有法律规定的情况下，可依照民事习惯来审理；在没有可予适用的法律和民事习惯的情况下，可以适用法理。”[2613]某些判决虽未提及学说、原理或理论，但实际上运用了民法原理。[2614]外国立法例或判例学说，得视为法理而适用。[2615]反永续规则在英美法上原由普通法确立，为普通信托法的重要规范，晚近又纳入制定法。[2616]反永续规则背后蕴有深厚的法理基础（已如上述），得视为信托法法理之一。鉴于反永续规则所欲保护之公共利益，为各国共通问题，我国信托法未虑及此，可认为存在法律漏洞，有适用法理之余地。且我国信托法既继受英美信托法，采用母法法理填补本国法律漏洞，亦有所据——比较法具有填补法律漏洞之功能。

依上述方法，在解释时可根据不同信托的特性得出结论。对于普通信托，应解释为有期限限制，对于商业信托，则应解释为无期限限制，因商业信托具有营运性，稳定存续是商业信托的重要价值，亦有助于增进社会利益，至少是避免经济资源的浪费。基于上述理由，讨论反永续规则问题在我国信托法环境下并非多余。至于反累积规则、反限制转让规则，其理相同。尤其是反限制让与问题，我国《民法典》合同编一般性地容许当事人约定排除债权的可让与性（第545条第1款第2项），商业信托文件既属于合同，受益权作为由合同创设的权利，其可让与性自得依合同约定排除之。且基于合同自由原则，不应以“合理性”之类理由限制此种特约的效力。

第五节　商业信托登记

一、商业信托登记制度的意义与目的

普通信托设立、变更与消灭，无须登记。在信托财产为不动产、知识

[2613] 广州市穗航实业有限公司与香港友祥发展有限公司（Max Champion Development Limited）侵权纠纷上诉案，广东省高级人民法院（2003）粤高法民四终字第116号民事判决书。

[2614] 例如浙江蓝天鹤舞控股有限公司与杭州炬日电器有限公司企业借贷纠纷、民间借贷纠纷案一审判决书，运用表见让与原理，分析本案债务人是否应免责：“表见让与的要件有：一、债权让与未成立或未生效；二、对债务人做出了有效的让与通知；三、债务人为善意，即不知债权让与未生效力。”杭州市萧山区人民法院（2012）杭萧义商初字第410号民事判决书。

[2615] 王泽鉴：《比较法与法律之解释适用》，载王泽鉴：《民法学说与判例研究》（第2册），中国政法大学出版社1998年版，第7页。

[2616] Lawrence W. Waggoner, *The Uniform Statutory Rule Against Perpetuities*, 21 Real Prop. Prob. & Tr. J. 569（1986）.

产权等以登记为公示方式的财产时，委托人应将信托财产转让于受托人并完成登记，受托人对信托财产的权利始得对抗第三人；未登记的，从委托人手中取得信托财产的善意受让人不受信托关系影响，即受益人无权请求受让人返还信托财产。[2617]但财产转移登记并非信托本身的登记。

普通法商业信托的成立亦无须登记。马萨诸塞州法要求商业信托在州登记机关登记，但登记并非商业信托成立要件，[2618]未登记至多仅发生行政处罚后果，该信托仍属普通法商业信托。制定法商业信托的成立，须在企业登记机关[2619]登记，[2620]否则不适用制定法，仅属普通法商业信托。登记要件普遍存在于公司法、有限合伙法、有限责任合伙法、有限责任有限合伙法、有限责任企业法等各种有限责任实体法之中。[2621]登记要件具有“通知功能”（notice function），即警示利害关系人注意新的有限责任法人已成立与存在的事实。[2622]

此外，商业信托从事法定的特殊业务，须另行依法注册登记，但此种登记并非信托设立登记。典型者如美国1940年《投资团体法》规定，除享有法定豁免外，公开发行证券的基金应在证券与交易委员会注册，[2623]方可开展特定的业务活动，否则构成违法。

普通信托作为个人之间的财产安排，多发生于家事领域。信托设立与运作，无公示之必要。[2624]如要求信托公示，将使私人财产安排公之于世，任何第三人皆可发现信托的存在，甚至能查知信托条款的细节，有害于当事人的私密信息。不仅如此，受托人还负有保护信托信息的私密性、

[2617] George Taylor Bogert, *Trusts* § 23（6th ed. 1987）.

[2618] Gutelius v. Stanbon, 39 F. 2d 621, 623-24（D. Mass. 1929）.

[2619] 美国各州的商业信托登记机关，一般为州务卿办事处（the office of the secretary of state），通常也是公司、合伙和其他商业组织的登记机关。Model Business Corporation Act § 1.20（2016 Revision）; Revised Uniform Partnership Act § 105（1997）.

[2620] Conn. Gen. Stat. § 34-503; Del. Code Ann. tit. 12, § 3810.

[2621] Model Business Corporation Act § 1.20（2016 Revision）; Uniform Limited Partnership Act § 201（2001）; Revised Uniform Partnership Act § 1001（1997）; Revised Uniform Limited Liability Company Act § 201（2006）.

[2622] Uniform Statutory Trust Entity Act § 201 cmt.（2009）.

[2623] 15 U. S. C. § 80a-8.

[2624] 美国法的遗嘱认证（probate）程序要求将遗嘱列入公开记录事项，其效果略近于登记。A. James Casner, *Estate Planning-Avoidance of Probate*, 60 Colum. L. Rev. 108, 123（1960）. 但遗嘱认证程序费用高昂、手续烦琐、时间迟缓、运行低效，委托人常以设立生前信托（living trust）之方式予以规避。晚近发展已趋向于简化认证程序，并容许以其他替代机制回避认证程序。John H. Langbein, *The Nonprobate Revolution and the Future of the Law of Succession*, 97 Harv. L. Rev. 1108（1984）.

使之免受第三人知悉的义务。[2625]此外，普通信托以保存信托财产为目的，因信托财产管理所生交易关系较为有限，一般仅涉及范围较特定的第三人，不公示无损第三人利益。且普通信托并不对外募集投资，不需通过披露信托本身状况吸引投资者。法律仅要求委托人将信托财产转移于受托人并完成财产变动的一般公示手续，即足以保护第三人。办理此种公示，无须表明信托的名义（如信托财产为不动产时，不必采用“信托登记”的形式，仅办理一般的不动产转让登记即可），只要表明受托人对信托财产享有处分权，第三人即不致因信托的存在而遭受不测之害。当然，受托人亦可在信托财产登记记录中注明“以信托方式持有”，以对抗受托人的债权人申请执行信托财产。[2626]至于信托当事人之间的关系，自然受信托文件约束。信托文件登记与否，对信托关系内部效力并无影响，自无公示的必要，以免徒增公示成本。

商业信托纯属交易关系，与保护隐私无关。[2627]同时，商业信托广泛涉及陌生人之间的交易，无论是向潜在投资者发行受益权凭证，还是与他人缔结合同、发生债权债务关系，皆属常事。第三人欲与商业信托交易，需有便捷渠道了解商业信托的基本信息与法律状态。登记制度之目的是公示商业信托的主体资格，公示商业信托与其成员（受益人）之间的资产分隔状态，以保护第三人利益，维护交易安全。登记是减少资产分隔成本的途径。强式正向资产分隔有多种效益，但同时也可能助长债务人（企业投资者）的机会主义行为。经由登记制度，作为第三方的债权人可获知债务人同债务人所设立企业之间的资产分隔状态，免受误导。登记制度对反向资产分隔亦有一定意义。[2628]普通合伙的任意性较强，两人以上以营利为目的的共同经营事业即可能构成合伙，合伙人对合伙债务负无限连带责任，债权人利益不因合伙主体资格彰显而受影响，因此法律不必要求合伙登记。而有限合伙、公司、商业信托等企业投资者负有限责任，对债权人

[2625] 美国信托法上的保密义务，参见Restatement（Third）of Trusts § 78 cmt. i（2007）。英国信托法上的保密义务，参见David Hayton，Paul Matthews，& Charles Mitchell，*Underhill and Hayton Law Relating to Trusts and Trustees* 883（18th ed. 2010）。

[2626] Thomas W. Merrill & Henry E. Smith，*The Property/Contract Interface*，101 Colum. L. Rev. 773，846（2001）.

[2627] 当然，商业信托自有其商业秘密，但登记制度不要求事无巨细皆须登记，不影响商业秘密的保护。

[2628] 从历史证据的角度看，有早期判例认为，如果商业信托文件试图在未经债权人知情或同意的情况下限制受益人对债权人的责任，法院可能在此方面不承认商业信托的有效性，即不承认受益人仅负有限责任。McClaren v. Dawes Electric Sign & Mfg. Co.，86 Ind. App. 196，156 N. E. 584（1927）；West Side Oil Co. v. McDorman，244 S. W. 167（Tex. Civ. App. Amarillo 1922）. 此种见解与早期商业信托法缺乏商业信托登记制度不无关系。登记制的确立，使商业信托能将受益人有限责任公示于第三人。

利益影响重大，自应事前向债权人披露基本信息，俾使债权人有机会在知情基础上作出选择，登记即为通知债权人的便利途径。[2629]就此而言，登记制度是作为资产分隔的配套制度而存在。由此也不难理解，日本、韩国新信托法所规定的限定责任信托，虽不必然是商业信托，但也实行登记制度，并且，限定责任信托应当在其名称中使用限定责任信托的字样，任何人均不得于非限定责任信托之名称或商号中使用有令人误认为限定责任信托之虞的字样。[2630]

此外，商业信托运营过程中，随时可能发生合并、分立、改组、解散等，若此类实体变动事项不经公示即可发生对抗第三人的效力，将危及交易安全，为当事人恶意损害投资者或债权人利益大开方便之门。

在实际运作中，商业信托登记制度亦有其他功能。例如，为商业信托提供信用增级的便利手段。受益人对商业信托的债务负有限责任，但受益人可为商业信托债务提供个人担保，增强商业信托的融资能力。[2631]由一个或数个受益人提供额外担保的条款，可载入登记证书，以便潜在债权人便捷地了解附加担保机制。如无登记制度，则难有成本较低、效率较高的公示机制，商业信托需在寻求融资时，向每一潜在债权人出示载有附加担保条款的商业信托文件，交易成本由此上升，交易机会亦可能流失，因为商业信托不可能完全了解潜在债权人的范围。而普通信托一般不存在较多的融资需求，登记制度意义甚微。

就此而言，即便不承认商业信托为独立主体，商业信托登记制度亦有意义。

二、商业信托登记的性质

商业信托登记的性质为企业登记。企业登记虽由国家设立的登记机关办理，但本质上属于民事制度，与物权登记之宗旨相似，具有“服务行政”的性质。登记制度寓有制约行政监管权力之意：除法律另有规定外，

[2629] 公开登记记录的查询成本较低。Larry E. Ribstein, *An Analysis of the Revised Uniform Limited Liability Company Act*, 3 Va. L. & Bus. Rev. 35, 59(2008).

[2630] 《日本信托法》第216条第1款、第218条、第232条，《韩国信托法》第114条第1款、第115条、第126条。

[2631] 企业成员为企业债务提供个人担保，为闭锁型企业的常用方法。例如，闭锁公司股东或管理者，通常向公司债权人提供还款承诺或还款担保，债权人通常也以股东提供个人承诺或担保作为贷款给公司的条件。Susan E. Woodward, *Limited Liability in the Theory of the Firm*, 141 J. Institutional & Theoretical Econ. 601(1985).

行政部门仅能就登记信息进行审查与决定，不得要求商业信托提供法定登记信息以外的信息。

商业信托登记作为商业组织登记或企业登记的一种，与公司登记、合伙登记、独资企业登记等并无本质区别。若制定统一商业组织法典、企业法典或单行的商业登记法，可将此内容并入企业登记的统一规定之中。美国《得克萨斯州商业组织法典》第1编“总则”第4章“登记”以及《哥伦比亚特区商业组织法典》第1章“总则”第2分章“登记”，均统一规定各种商业组织的登记事项。《日本信托法》《韩国信托法》所规定的限定责任信托，虽非商业组织，但其登记程序和登记事项，准用商业登记法的规定（《日本信托法》第247条、《韩国信托法》第131条）。

三、商业信托登记制度的原则

现代化的登记制度应尽最大可能降低登记成本。登记制度的复杂化、行政管理化，不仅损害企业利益，也影响第三人的利益：低效率的登记制度严重削弱第三人查询登记的积极性或掌握信息的效率，妨害交易安全。一个积极服务于第三人的登记制度最终将破坏登记的公示功能，登记制度也就丧失意义——公示功能是登记制度的生命线。而且，降低登记成本、登记查询成本，可提高当事人、第三人利用登记信息的效率，将趋于摊薄国家为维持登记系统的成本。[2632]

最新一代商业信托法确立了一套较为完备的商业信托登记制度。登

[2632] 进一步而言，登记系统是否必须由国家垄断，也是一个值得反思的问题。因政府运营固有的低效率，国家垄断登记系统（不仅是企业登记，也包括物权登记等），往往造成登记系统的成本居高不下。且因系统成本由全体纳税人负担，对于那些终其一生都无缘利用登记信息之人而言，由他们分担成本未必妥当——考虑到现实社会中相当一部分人一辈子与诉讼、开办企业、担保融资等事无涉，登记系统这种所谓的“公共品”与教育、医疗之类“真正的公共品”实有重要差别（当然，公共性因登记系统的不同而异，例如，不动产登记信息的利用率可能高于动产抵押登记信息的利用率）。以市场竞争机制为基础的、受利润法则（用较低成本提供较好服务）支配的由私人机构提供登记信息，未尝不是更优的制度选择。对此，美国的《统一商法典》第9编在20世纪90年代修订过程中，已有较多讨论。如Edward S. Adams，Steve H. Nickles，Susan Sande，& William R. Shiefelbein，*A Revised Filing System*：*Recommendations and Innovations*，79 Minn. L. Rev. 877（1995）；James W. Bowers，*Of Bureaucrats' Brothers-in-Law and Bankruptcy Taxes*：*Article 9 Filing Systems and the Market for Information*，79 Minn. L. Rev. 721（1995）；Peter A. Alces，*Abolish the Article 9 Filing System*，79 Minn. L. Rev. 679（1995）。该编1998年修正案虽未采纳登记系统“去国家垄断化”的方案，但新增规定“登记机关应至少每周一次，非独占地向公众大宗（in bulk）出卖或许可使用登记于其处的所有记录之副本”（第9-523条第f款），向打破垄断迈出第一步。而在美国不动产交易实务中卓有成效的“产权保险企业”（title insurance companies），则是以私人企业提供不动产权利信息收集、保存与查询服务，与德国等大陆法系国家不动产登记系统由国家垄断的制度大异其趣，是另一佐证。关于产权保险，参见D. Barlow Burke，Jr.，*Law of Title Insurance*（2d ed. 1993）。

记要求最小化原则为其基本原则，体现为三个方面。

其一，登记内容要求最小化。对应于设立登记、变更登记、注销登记、更正登记等不同的登记程序，当事人应在登记机关登记信托证书及其修改证书、注销证书、更正证书等。各类证书仅须记载最低限度的强制登记信息。例如用于设立商业信托的“信托证书”，仅有两项强制登记信息：一是商业信托的名称；二是至少一个受托人的名称或姓名、地址。商业信托文件无须登记，通常也不登记。[2633]对强制登记信息的极度简化，是对早期法律的革新。

其二，登记程序要求最小化。登记程序要求最小化贯穿于登记申请程序、登记程序、登记查询程序之全程。例如，在登记申请程序中，信托证书、修改证书等每一类应登记的证书，应由受托人签署，但不必由受益人签署。

其三，登记费用最小化。各类登记费数额极低，仅为维持登记系统及登记服务所必需。[2634]例如，特拉华州商业信托设立登记费为300美元；[2635]弗吉尼亚州商业信托设立登记费为100美元、修改信托证书的登记费为25美元，[2636]内华达州商业信托设立登记费仅75美元。[2637]

登记要求最小化，极大地减轻了商业信托及其受托人、受益人的负担，降低了登记成本及登记错误之风险，并具有遏制登记机关擅自扩权、谋取私利的功能。登记要求最小化原则反映了现代企业法理念：企业登记的唯一功能为公示功能，企业登记机关的唯一职能是服务，而不是管理，更不是管制。企业登记机关更不得利用法律关于企业登记的强制性要求为己谋取利益、特权或权限。企业登记法的经验显示，有效率的立法应将强制性的形式要件降至最低限度，因为复杂的披露要求会增加无意中违规之风险，且额外的披露要求对于保护与企业交易的第三人并无裨益；而当制定法对违反披露要求的后果未设限制时，无意中违规更会导致极为令人困扰的后果：法院会以不符合形式要求为由否定有限责任（揭开企业面纱），此种惩罚几乎必然与违反形式要求所致危害不成比例。[2638]

[2633] Uniform Statutory Trust Entity Act § 102 cmt.(2009).

[2634] 怀俄明州法明文规定，登记机关提供登记、复制等服务所收费用不得超过该服务的成本。Wyo. Stat. Ann. § 17-23-117.

[2635] Del. Code Ann. tit. 12, § 3813(a)(2).

[2636] Va. Code Ann. § 13.1-1204.

[2637] Nev. Rev. Stat. 88A. 900.

[2638] American Bar Association's Prototype Limited Liability Company Act, General considerations underlying the Prototype Limited Liability Company Act(1992).

登记要求最小化对信托法另有特别意义；成立信托原本即无须登记（不是财产转移登记意义上的登记），之所以要求制定法商业信托须登记，不过是为对第三人提供必要的通知，换言之，登记制度旨在公示商业信托这一主体的存在。在商业信托登记制度上附加管理目的，一来会将主体资格管制的固有弊端引入信托法，二来会削弱乃至剥夺商业信托的优势。普通信托不须登记，商业信托却应登记，已为商业信托课加成本，如果登记变得繁重、昂贵，将会抵销商业信托的优势，当事人宁可选用普通信托而弃商业信托，致整个商业信托法沦为空文。制度的细节可能毁掉整个制度，这在法律进化史上屡见不鲜。商业信托法自应避免重蹈覆辙。

四、商业信托登记的内容及效力

（一）信托证书登记与商业信托文件登记

1. 信托证书登记制

登记内容及效力的演进轨迹，是从商业信托文件登记制演变为信托证书登记制。商业信托文件登记制见于某些美国第一代、第二代商业信托法。如马萨诸塞州规定：受托人应在州务卿办事处及通常营业地所在市或镇机关登记设立商业信托的信托文件之副本；商业信托文件修改后，受托人应于修正案通过之日起30日内进行同样的登记。[2639]《明尼苏达州商业信托法》规定：商业信托在本州营业之前，应在州务卿办事处登记一份真实、准确的信托文件副本。[2640]此外，马萨诸塞州还实行年度报告登记制。[2641]而印第安纳州规定商业信托除应向登记机关提交商业信托文件

[2639] Mass. Gen. Laws Ann. ch. 182，§ 2. 违反规定的，对受托人处以500美元以下罚金或3个月以下监禁。Id. 对于拥有或控制某些公用事业的商业信托，该法除要求登记之外，并要求依法向主管部门提供相应报告及信息；主管部门有权对其进行调查。此类规定同样适用于公司、合伙等其他组织的公用事业活动。Id. § § 7-10.

[2640] Minn. Stat. Ann. § 318.02. 副本应载明商业信托代理人（应为依据《明尼苏达州法典》第543.08条设置的诉讼送达代理人）的完整姓名及其在本州的地址，并应载有一项声明：真实、准确的本信托文件副本已依本法在本州州务卿办事处登记。Id.

[2641] 马萨诸塞州关于商业信托的制定法第12条规定，商业信托应于每年6月前向州务卿办事处提交年度报告。年度报告由受托人签署，载明下列事项：商业信托名称、商业信托在本州或其他地区的主要办事机构所在地地址、已发行的可转让信托凭证数量、受托人名称与地址。年度报告签署不实或记载不实的，对受托人处以伪证罪。第13条规定，州务卿应检验年度报告，发现符合本法规定的，应在其上批注认可。商业信托依本法交纳相关费用后，州务卿应将年度报告在登记簿中归档并编制便利的索引，供公众查阅。第14条规定，商业信托未在法定期限内登记年度报告的，州务卿应邮寄送达“不履行通知”。商业信托收到不履行通知30日内仍未登记年度报告的，州务卿应对其处以每日5美元以上10美元以下的滞纳金，直至不履行状态终了。州务卿可以以本州名义或州总检察长名义向法院诉请支付滞纳金。经请求，法院可发布禁令，限制商业信托继续营业，直至交清滞纳金及其利息与费用并依法登记年度报告为止。

外，并应提交经独立会计师签署的资产负债表，此外还应提交半年度报告。[2642]但即使在此类法域，亦不如公司法一般实行登记要件制，商业信托及其受托人、受益人等不负有提交登记的义务，商业信托文件不因未登记而无效。[2643]

经制定法授权的登记，对与商业信托交易的第三人有“推定知情”(constructive notice)效力。[2644]如制定法并未规定商业信托文件应当登记，又未规定商业信托文件可以登记，则信托文件纵已登记，亦无推定知情效力。[2645]马萨诸塞州判例认为，制定法关于商业信托文件及年度报告登记的规定，为公众提供了一个获取信托信息的合理途径，商业信托文件的登记，足以将信托文件条款置于交易相对人可知范围之内。[2646]

上述问题的关键不在于法律是否明文规定应当登记或能够登记，而在于是否明文规定登记的效力。如果法律对登记与否的效力未设明文，第三人即无从知晓登记的法律意义。此时令第三人承担不知晓且不能知晓的不利法律后果，显然不公。即使法律规定商业信托应当或可以登记其信托文件，但未同时规定登记效力，亦不能据此认为已登记的信托条款足以发生推定知情效力。其理亦同：只要法律未规定登记的效力(登记对第三人可能产生不利效果)，即不足以警示第三人注意登记并据此采取相应的自我保护措施，则不应对其径行课加不利后果。

另外，要求商业信托文件登记，便于第三人了解相关信息，又有不利之处。商业信托文件订定商业信托营业与事务，要求商业信托文件公开登记，难免不合理地暴露商业信托的经营情况、商业秘密、企业结构的独创性设计、当事人权利义务的独创性安排等重大信息，例如，管理协议所载管理人薪酬安排；此类内部信息大多无关交易安全及第三人保护，一概

[2642] Ind. Code § § 23-5-1-4(a), 23-5-1-10(b).

[2643] Swartz v. Sher, 344 Mass. 636, 184 N. E. 2d 51(1962); In re Carriage House, Inc., 120 B. R. 754(Bankr. D. Vt. 1990), opinion aff' d, 146 B. R. 352(D. Vt. 1992).

[2644] Roy v. First Eastern Bank, 781 F. Supp. 821(D. Mass. 1992)(适用马萨诸塞州法).《明尼苏达州商业信托法》亦规定，信托文件或其修正案已登记的，构成商业信托目的与经营方式的公示。Minn. Stat. Ann. § 318.02. 受托人不当地以自己名义取得信托财产(土地)所有权，并以个人身份与第三人实施以该土地为标的物的交易。信托文件对受托人此类行为设有限制。法院判定信托文件对第三人无推定知情效力，但信托文件已在土地所在地县级机关登记者除外。Oil Fields Corp. v. Dashko, 173 Ark. 533, 294 S. W. 25(1927), cert. denied, 275 U. S. 548, 48 S. Ct. 85, 72 L. Ed. 419(1927), motion denied, 48 S. Ct. 206, 72 L. Ed. 1016(U. S. 1928).

[2645] Goldwater v. Oltman, 210 Cal. 408, 292 P. 624(1930); Hunter v. Winter, 268 Ill. App. 487, 1932 WL 2664(1st Dist. 1932).

[2646] Swartz v. Sher, 344 Mass. 636, 184 N. E. 2d 51(1962).

置于公开登记记录之中，亦增加第三人查询与知情成本，徒然妨碍交易效率。

有鉴于此，美国最新一代商业信托法舍弃商业信托文件登记制，而采信托证书登记制，并将证书登记信息一分为二。

(1)强制登记信息

限于商业信托名称、受托人名称（姓名）与地址。信托证书不在登记之时起生效的，其将来生效日期或时间亦为强制登记信息；信托设有系列的，系列的责任限定亦为强制登记信息。遗漏强制登记信息的证书将被拒绝登记。此类信息登记后，有推定知情效力，即推定任何人知道此类信息。

(2)任意登记信息

即强制登记信息以外的任何信息，其登记与否由商业信托自决。任意登记信息无论登记与否，均不生任何法定效力。不登记任意登记信息的，对商业信托无任何不利后果；已登记任意登记信息的，对第三人无推定知情效力，商业信托无权以之对抗第三人。之所以不赋予推定知情效力，原因在于：法律一旦规定任意登记信息的登记具有推定知情效力，势将迫使第三人非查询登记不可，以免遭受不测之损害（如因信托证书限制受托人权限，致越权行为对商业信托无约束力），而任意登记信息由商业信托自选，其种类与内容可能无限繁杂多样，将陷第三人于繁重的登记查询负担之中。更因信托证书由当事人拟定，第三人纵然查询而得，未必能确知其真意，据此而作交易决策，难免有所偏差，易滋纠纷。再者，第三人与商业信托发生远程交易乃至跨国交易时，查询登记记录颇为不便，有碍交易效率。法律之所以设置登记要件，主旨在于为第三人提供获取信息的合理途径，而非强迫第三人使用此种途径。通过查询登记记录获取信息，在立法者看来固然便利，但第三人可能基于查询延误、登记机关不称职等原因，宁选其他途径获取信息。对此应由第三人自决，不必由法律越俎代庖。强迫查询，不仅有失公平、有碍效率，亦不合交易实践。[2647]

关于任意登记信息，《特拉华州商业信托法》的条文表述不当。第3812条第f款规定：信托证书已登记的事实，构成关于下列事项的通知：与信托证书相关的实体，是依据本州法律成立的商业信托；按照法律规定应当在信托证书中载明的全部其他事实；依据商业信托法容许设立的商业

[2647] 公司登记制度早已广为推行，但除若干重大交易外，第三人于交易前查询公司登记并未成为习惯做法，即与效率原因相关。可为旁证。

信托某一个或数个系列的责任限定。[2648]简言之，强制登记信息有推定知情效力，任何人不得以不知为由提出请求或抗辩。然而，第3810条第a款第1项规定应当在信托证书中载明的事实，包括“受托人决定载入的其他信息”，即任意登记信息。因此，第3812条第f款的文义无异于将受托人决定载入的任何信息皆归为强制登记信息，显有逻辑矛盾，且欠缺合理性。《特拉华州修订统一有限合伙法》与《特拉华州有限责任企业法》的表述可称允当。有限合伙证书应载明下列事项：第一，有限合伙名称；第二，注册办事处与注册代理人；第三，普通合伙人名称与地址；第四，合伙人决定载入的其他信息。前三项信息的登记，有推定知情效力，第四项信息则无。[2649]《特拉华州有限责任企业法》与之相似。[2650]

2.商业信托文件登记制的其他功能

商业信托文件登记制在早期尚担负其他功能。但在现代法下已无必要。

美国某些州判例认定商业信托文件属于产权登记文件中应登记文件的范围（尤其是在信托财产为不动产的情况下），其他州则不要求此种登记。[2651]现代商业信托法中，商业信托文件与不动产登记文件分离，受益人以不动产出资的，仅需将受益人向商业信托转让不动产的合同进行登记即可，无须登记商业信托文件。若欲限制受托人处分不动产之权力，可在商业信托名下的不动产登记文件中载入处分权限制。[2652]

加利福尼亚州曾有判例认为，商业信托有义务在发行受益权凭证之

［2648］ 南达科他州、马里兰州商业信托法规定相同。S. D. Codified Laws § 47-14A-56; Md. Code Ann., Corps. & Ass’ns § 12-205(d).

［2649］ 有限合伙证书的登记，构成关于下列事项的通知：本合伙是一个有限合伙；有限合伙证书中的强制登记信息（有限合伙名称、注册办事处与注册代理人、普通合伙人名称与地址）；关于有限合伙清算人的信息；有限合伙系列的责任限定。Del. Code Ann. tit. 6, § 17-208. 其中所谓清算人信息，指有限合伙解散后、注销前，如果普通合伙人不是清算人，或全体普通合伙人已退伙，应登记关于清算人的信息。Id. § 17-202(f).《统一有限合伙法》亦规定，有限合伙的登记，只能构成对几类特定事项（本组织是有限合伙、证书中载明的普通合伙人是普通合伙人、有限合伙合并、改组等）的推定通知，不构成对其他事实的通知。Uniform Limited Partnership Act § 103(2001). 普通合伙亦可登记一份“合伙授权声明”，其中可对合伙人代表合伙进行交易或处理其他事务的授权或授权之限制作出声明，但该声明对第三人不产生推定通知效力。Revised Uniform Partnership Act § 303(1997). 其作用主要是关于合伙名下的不动产交易。Id.

［2650］ Del. Code Ann. tit. 6, § 18-207.

［2651］ William Meade Fletcher et al., *Fletcher Cyclopedia of the Law of Private Corporations* § 8237 (Perm. ed. 1983 Supp. 2007).

［2652］ 合伙法上有明文规则。Revised Uniform Partnership Act § 303 cmt.(1997).

前登记其商业信托文件。[2653]课加此种义务，旨在将商业信托文件登记作为信息披露的一种方法。但现代证券法已有更为便捷、有效的信息披露方法，即通过公共媒体了解信息，这比赴登记机关查阅商业信托文件更为便利、成本更为低廉，因此要求登记商业信托文件已无必要。

3. 旁证：从交易登记制向通知登记制变迁看信托证书登记制的合理性

商业信托法的登记要求的变迁，与担保权益登记要求的变迁颇为相似。担保权法原先通行的登记制度是“交易登记制”（transaction filing system）：担保权经登记而成立，登记的内容是担保合同。随着现代担保交易的发达（特别是存货担保、应收款担保等现代动产与权利担保形式），登记担保合同要求披露详尽的交易细节，将使当事人的信贷需求与财务状况易于查知，有损其商业机密，且导致登记申请成本与审查成本居高不下。由此使得动产担保登记利用率低下，妨碍动产担保交易的发展。因此，美国统一州法全国委员会制定的《统一信托收据法》首创“通知登记制”（notice filing system），后为《统一商法典》第9编“担保交易”编沿用。依据通知登记制，不要求当事人登记担保合同或有关担保交易的细节事项，而仅需登记一份“融资声明”（financing statement），其中载明转让人名称、受让人或其代表人名称、指明担保财产即为有效。登记的功能，并不在于使第三人能够借此获知有关该担保交易的全部信息，而只是发挥“通知”作用，即通知第三人在融资声明项下的担保财产上可能存在他人的担保权益，并指示第三人可向何人查询进一步的信息。故称为通知登记制。需要了解更多情况的查询者，可向担保权人询问；由此，担保权人可以拒绝恶意查询者，登记申请成本、审查成本、登记错误风险、登记费用亦大幅度减少。

通知登记制的实质，是改变了公共机关作为权利信息这一公共品的专门提供者的垄断地位，而由私人分流了一部分信息供应职能。这种更具市场化色彩的双轨信息机制，对交易各方的利益需求和成本承担作出了更为细致准确的划分，更能切合市场的实际需要，制度的总体收益大于成本，比交易登记制更有效率。同时，通知登记制并未恶化任何一方的地位，也贯彻了制度的公平性。基于上述优势，通知登记制自《统一商法典》于20世纪50年代起施行以来，大获成功，使得登记制度作为第9编的“心脏”，[2654]

[2653] Christy v. Oakland Title Ins. & Guaranty Co., 132 Cal. App. 315, 22 P. 2d 737 (1st Dist. 1933).

[2654] Permanent Editorial Bd. for the Uniform Commercial Code, PEB Study Group Uniform Commercial Code Article 9: Report 139 (1992).

开风气之先，树立了现代担保登记制度的典范，成为各国竞相仿效与借鉴的对象，并对一系列国际公约和示范法的制定产生深远影响。[2655]

（二）不登记的法律后果

在商业信托文件登记制下，对于未依法登记商业信托文件的后果，各法域做法虽有不同，但均不以登记与否作为影响私法交易效力之因素。美国某些判例认为商业信托文件未依法登记，并不当然影响受托人依商业信托文件授权行事的权限。[2656]受托人代表商业信托与第三人订立的合同，不因此无效。但是，受托人或受益人可能因此承担个人责任。[2657]马萨诸塞州等法域的法律则认为不登记的唯一后果是对商业信托进行行政处罚，而不是由受托人个人承担民事责任。[2658]

在信托证书登记制下，有宽松主义与严格主义两种取向。宽松主义如《特拉华州商业信托法》《统一商业信托法》：不登记导致制定法商业信托不成立，但不妨碍普通法商业信托的成立及运营。

严格主义如《怀俄明州商业信托法》《弗吉尼亚州商业信托法》。前者规定：在商业信托成立证书登记之前，商业信托不得从事营业或发生债务，但该营业或债务附随于商业信托组建活动的除外。[2659]后者规定，未登记为商业信托者，以商业信托身份在本州从事营业或为从事营业发布广告、发出要约的，均为非法，以犯罪论处。[2660]

严格主义意图建立制定法商业信托垄断地位，排除普通法商业信托

[2655] 加拿大各省自20世纪80年代起陆续全盘继受美国的《统一商法典》第9编，至1998年，全部普通法省均已采纳以第9编为蓝本的登记制。Ross Buckley, *Personal Property Security Law in Canada: The Revolution Is Nearly Complete*, 72 Austl. L. J. 918 (1998); Personal Property Security Act, S. N. L. 1998, c. P-7.1 (Newfoundland and Labrador). 新西兰已经改变原先的英国式制度，采用通知登记制。Personal Property Securities Act 1999. 英国官方与学术界提出的借鉴第9编登记制的计划（包括改交易登记制为通知登记制）已提上议事日程。English Law Commission Consultation Paper No. 164, Registration of Security Interests (July 2002). 欧洲复兴开发银行于1994年制定《示范担保交易法》，供转型国家采用，其中的担保登记制度深受第9编影响。The European Bank for Reconstruction and Development, *The European Bank's Model Law on Secured Transactions*, Art. 8 & Part 5 (1994). 2009年《欧洲民法典草案》（"共同参考框架草案"，DCFR）第9编"担保交易"采用《统一商法典》式的统一动产担保物权制度。联合国国际贸易法委员会2016年《担保交易示范法》亦采用通知登记制。我国自《物权法》施行以来的应收账款质押登记制度，亦采通知登记制，现已扩展为更广泛的动产与权利担保登记系统。

[2656] Gutelius v. Stanbon, 39 F. 2d 621 (D. Mass. 1929); Hausam v. Ticor Title Ins. Co., 99 Or. App. 533, 783 P. 2d 39 (1989).

[2657] 13 Am. Jur. 2d Business Trusts § 33 (2007); 12A C. J. S. Business Trusts § 39 (2007).

[2658] Inside Scoop, Inc. v. Curry, 755 F. Supp. 426 (D. D. C. 1989), order aff'd, 923 F. 2d 201 (D. C. Cir. 1991).

[2659] Wyo. Stat. Ann. § 17-23-116 (e).

[2660] Va. Code Ann. § 13.1-1206.

在普通法上的固有效力，过分侵入私法自治，实属公司法“特许理论”之流毒，有悖现代企业法的发展潮流，比商业信托文件登记制更为严苛。宽松主义秉持“制定法仅为普通法之补充或完善”的理念，于动用立法权时谨守谦抑立场，合乎维护商业组织间竞争（包括普通法商业信托与制定法商业信托的竞争）之自然法则，优于严格主义。

（三）信托证书与商业信托文件不一致

商业信托文件是商业信托设立与运行的依据，信托证书是制定法商业信托成立的形式要件。信托证书可载入商业信托文件全部或大部分内容，但此种情形极少，原因之一是出于保护交易私密性的考虑，[2661]也可能意在避免因商业信托文件随时可能发生的修改而增加相应修改信托证书之负担。由此可能出现商业信托文件与信托证书登记信息不一致。[2662]如何处理此种问题，有不同的解决方案。

《特拉华州商业信托法》规定：商业信托文件可以包含任何与法律规定或信托证书所载信息不相抵触的条款。[2663]依文义解释，商业信托文件条款与信托证书记载的信息不一致的，以后者为准。

《统一商业信托法》草案提供另一种方案：商业信托文件的任何条款与登记信息不一致时，在信托当事人（受托人与受益人）之间，商业信托文件的条款优于登记信息；对合理地信赖登记信息的信托当事人以外之人而言，登记信息优于商业信托条款。[2664]《统一有限责任企业法》等统一法规定，仅对于“合理信赖”登记信息的第三人，登记信息效力优先。

两种方案各有利弊。

第一种方案简洁明了，只要商业信托文件的条款与登记信息相互抵触，无须区分抵触的条款是否涉及第三人，即认定以信托证书记载为准，有助于减少认定成本。因为明知信托文件条款与信托证书记载不一致的当事人，不会再向法院提起争讼以求认定该商业信托文件条款优先（尽管

[2661] Carter G. Bishop & Daniel S. Kleinberger, *Limited Liability Companies-Tax and Business Law* ¶ 5.06[1][b], [2][c](2007)(有限责任企业的类似情形).

[2662] 从文义看，不一致是指登记记录与信托文件均有某一信息而存在差异；登记记录中有某项信息而商业信托文件中无此信息，或者商业信托文件中有某项信息而登记记录中无此信息，不当然构成“不一致”。但基于同样的立法政策与立法目的，“不一致”也应包括上述情形。Revised Uniform Limited Liability Company Act § 112 cmt.(2006)(有限责任企业的相同问题).

[2663] Del. Code Ann. tit. 12, § 3801(c).

[2664] 最终文本已改为与《特拉华州商业信托法》相同的方案：“登记的信托证书……优于不一致的信托文件之条款”。Uniform Statutory Trust Entity Act § 201(e)(2009). 该法2013年修正案未改动此规定。Uniform Statutory Trust Entity Act § 201(e)(2013).

该方当事人认为该条款对自己有利)。同时,该规则有助于激励受托人在信托条款变动后及时修改登记信息,以保证登记信息的正确性与信托条款的有效性。[2665]不利之处首先在于,在此种规则下,受托人会倾向于在登记证书中记载尽可能少的信息,以便减少随着商业信托文件的变动而须及时修改(有时可能须频繁修改)信托登记证书的麻烦与成本。因为登记信息越少,与信托条款发生抵触的可能性越小。此种倾向对第三人不利:登记信息的减少,使第三人获取必要的交易信息的成本增大。第二点不利之处在于,可能诱发策略行为。例如,某商业信托登记证书中载明:受托人免于承担重大过失责任。此后,由于情况变化,受益人决议修改信托文件,订定受托人的重大过失责任不得免除,但因客观原因,未能及时更改登记信息。某一受托人在管理信托过程中因重大过失违反信托义务,该受托人即可以"信托登记信息为准"为由逃避应承担的责任。

第二种方案正好相反,一方面可能增加认定成本,另一方面可缓解受托人披露较多信息的后顾之忧,更有利于第三人。更重要的是,可遏制机会主义行为,以保护信托当事人。再就登记制度的意义与功能而言,登记信息旨在为第三人提供公示手段、旨在保护第三人,在不涉及第三人保护问题时,以商业信托文件与登记信息抵触为由一概否定商业信托文件相应内容的优先性,并无必要,并且损害了当事人的真正意思,因为相比与其他文件而言,商业信托文件能够最准确地体现当事人的意思。[2666]

权衡利弊,第二种方案对当事人与第三人的利益均大于第一种方案,所不及者仅为认定成本。但认定成本是由当事人承担——如果某一方当事人认为抵触条款对己有利而提起诉讼,一般是基于诉讼所得收益大于成本的考虑,认定收益与成本皆由其承受,亦符合效率原则。综合考虑,以采用第二种方案为宜。[2667]

不过,在第二种方案中,第三人欲寻求基于登记信息的保护,必须证

[2665] 执行信托条款,是受托人的基本义务。受托人应当尽合理的谨慎与注意,保障信托条款的有效存在与实施,避免信托条款沦为无效,是该义务的应有之义。

[2666] 有限责任企业法学者的类似观点,参见Carter G. Bishop & Daniel S. Kleinberger, *Limited Liability Companies-Tax and Business Law* ¶ 5.06[2][c](2007)。合同法的原则是,尽量使合同条款有效,除非该条款损害了非缔约方的权益,诸如公共利益、第三人权益等。

[2667] 美国有限责任企业法上也存在这一问题。各州的解决方案还有:不规定是登记信息优先还是有限责任企业约定优先,但容许有限责任企业协议约定何种信息优先。此种解决方案不确定性过大,且因有限责任协议并非登记文件,容易损害第三人利益,不如前述的两种方案。对有限责任企业法解决方案的描述,参见Carter G. Bishop & Daniel S. Kleinberger, *Limited Liability Companies-Tax and Business Law* ¶ 5.06[2][c](2007)。

明第三人“合理信赖”该登记信息，而合理信赖必然要求证明第三人实际知道该登记信息，[2668]例如，出示第三人查询登记的证据。除此之外，还需提供何种证据，方可证明“合理信赖”，则缺乏标准。对此设置更高的证明要求，对第三人未免过于苛刻。不如将举证责任课加于商业信托及其当事人，更为便利，即规定：对于第三人，商业信托证书记载的信息效力优先，但能够证明第三人知道或应当知道商业信托文件的条款的，商业信托文件的条款效力优先。

就实际情况而言，由商业信托证明第三人对商业信托文件的条款知情，是一项较为明确、较具有可操作性的“规则”，相比于由第三人证明自己“合理信赖”这一较为抽象、不明确的“标准”，更符合效率原则；由于商业信托文件条款与登记信息的不一致的原因归于商业信托而非第三人，由商业信托自行承担举证成本，亦较为公平。此外，“合理信赖”标准还会产生另一个操作上的难题：当有证据证明第三人同时知道登记信息与商业信托文件条款时，[2669]是否可以认定第三人对登记信息不具有合理信赖，因而商业信托文件条款效力优先？若为肯定答案，则第三人将无所适从，因为按照一般人的通常理解，登记信息由国家机关提供，其公信力一般高于私人文件，[2670]而法律上的处理结果却与此相反，有悖于守法主体的合理预期，即形成“打击好人”的不良效应；若答案为否定，则恶意第三人可利用登记信息与商业信托文件条款的误差谋取不当利益，形成“保护恶人”的效应。“商业信托举证知情”模式则可避免因法律规范模糊性而产生的上述难题。此外，“合理信赖”模式还会发生“了解成本”：当第三人查询到的登记信息与收到的商业信托文件条款不一致时，在“合理信赖”模式下，谨慎的第三人会向商业信托了解何种信息优先，因为单凭法律规定并不能得出明确的结论，假设商业信托愿意积极答复，第三人还需保存商业信托的书面答复，以便于在潜在的诉讼中证明有利于己的主张；而在“商业信托举证知情”模式下，第三人无须询问商业信托即可知答案。

[2668] Revised Uniform Limited Liability Company Act § 112 cmt.(2006).

[2669] 例如，第三人出示查询登记的证据，而商业信托出示第三人知道商业信托文件的证据。

[2670] 法律并未规定登记信息效力当然高于商业信托文件，而附加以“合理信赖”条件，何为合理信赖，并无确切含义，即使是立法者与司法者亦难准确把握，更难以期望非法律职业者会有准确的理解。

五、商业信托登记程序

（一）各类信托证书

1. 信托证书

设立与注销登记，为制定法商业信托成立与消灭要件。[2671]制定法商业信托于信托证书生效之时成立，于信托证书被注销之时消灭。信托证书（certificate of trust）应载明下列事项：商业信托的名称；至少一个受托人的名称或姓名、地址。信托证书推迟生效的，应记载将来生效日期或时间，该日期或时间应为确定的日期或时间。[2672]要求登记受托人的地址，是因受托人为接受送达的法定主体。[2673]

如果制定法商业信托已实质性地遵守上述要求，则商业信托自信托证书登记之时起成立；信托证书订定较晚生效日期或时间的，商业信托自该日期或时间届至之时起成立。[2674]"实质性遵守"意指信托证书不因所载信息的微小错误（例如，受托人名称存在单纯的文字错误）而无效。[2675]旨在最大限度地挽救登记的效力。

信托证书在州务卿办事处登记的，无须再登记其他文件。[2676]

2. 修改证书

修改信托证书的方式，是登记一份修改证书（certificate of amendment）。商业信托法对登记修改证书不作强行要求，法律另有规定除外。但是，不登记修改证书，可能引发不利后果。法律规定商业信托文件不得记载与信托证书不一致的条款，否则以信托证书记载为准或不得对抗第三人。

[2671] 美国商业信托登记机关与公司、有限合伙、有限责任企业等商业组织登记机关同一，一般为州务卿办事处。

[2672] Del. Code Ann. tit. 12，§ 3810（a）（1）.

[2673] Del. Code Ann. tit. 12，§ 3804（b）. 对接受送达的主体，各州规定不一。《怀俄明州商业信托法》实行选择性规则：与商业信托有关的诉讼文书，可向受托人送达，亦可向注册代理人送达。Wyo. Stat. Ann. § 17- 23-106（a）. 法律未要求登记商业信托的住所，实务中商业信托出于便利的考虑，多会通过招募说明书等途径公开披露信托的住所。例如，PowerShares DB Multi-Sector Commodity Trust，Final Prospectus（2006）。

[2674] Del. Code Ann. tit. 12，§ 3810（a）（2）.

[2675] 《统一商法典》有类似规定。担保权登记信息实质上满足法定要求的，即使内容有微小错误或遗漏，仍为有效。Uniform Commercial Code § 9-506（2010）.

[2676] 例如，《特拉华州商业信托法》规定，信托证书已登记的，无须再登记《特拉华州法典》第6编第31章规定的其他文件。Del. Code Ann. tit. 12，§ 3810（a）（1）.《特拉华州法典》第6编第31章规定适用于所有个人、企业与社团的商号之管制。Del. Code Ann. tit. 8，§ § 3101-3107.

3. 重述的信托证书

信托证书可能经过多次修改。修改证书份数过多，查询者欲了解信托证书的最后修改信息，需一次检索全部信托证书及其修改证书，增加查询成本，对商业信托及其受益人、受托人等当事人理解信托证书亦有不便。为此，法律设有信托证书的重述程序。将一次或多次修改生效后的信托证书的全部条款重新整合为一个单一的文件，即可对信托证书进行重述。对信托证书进行重述后，查询者仅需查询一个单一的文件，即可了解信托证书的内容。重述时，既可纯粹整合现有的信托证书与修改证书，亦可通过重述的信托证书对现有的信托证书及其修改证书进行再修改。[2677]

重述的修改证书应当在其标题中特别指明该证书是重述的信托证书，以提醒查询者仅需了解该证书即可。受托人知道重述的信托证书中的内容在记载时发生错误，或者内容中的任何事项发生变化致使重述的证书在任何重要方面发生错误之后，应立即登记一项修改证书或者重述的信托证书。

4. 注销证书

商业信托法对注销登记设有强行要求。商业信托解散并完成清算后，应登记一份注销证书（certificate of cancellation）。[2678]受托人是必须签署各类证书之人，因此可以认为，受托人有义务办理注销登记。

因合并、迁移、改组等事由致商业信托不再存续或成为域外企业的，应依法登记合并证书等相应证书，相应的主体变动事项已在其他证书中载明，因此法律不再要求登记注销证书。[2679]

5. 更正证书

已登记的证书对相关事实记载不准确或证书的签署存在缺陷或错误的，可登记一份该证书的更正证书（certificate of correction）。商业信托亦可不登记更正证书，而代之以登记一份更正后的证书，对原证书进行更正。

更正后的证书自被更正的证书最初登记之日起生效，即具有溯及力。但是，对于因更正受到重大不利影响之人，更正后的证书自该证书登记之时生效，[2680]以保护信赖登记者的合理预期。

商业信托法对更正登记未设强行要求，但如查询登记者因误信登记

[2677] Del. Code Ann. tit. 12, § 3810(c)(1).

[2678] Del. Code Ann. tit. 12, § 3810(d).

[2679] Del. Code Ann. tit. 12, § 3810(d).

[2680] Del. Code Ann. tit. 12, § 3810(e). 类似规定，参见Uniform Statutory Trust Entity Act § 210(d)(2013)。

信息而受损失，商业信托则负赔偿责任。

6. 终止或修改证书

《特拉华州商业信托法》设有“终止或修改证书”制度。已登记的证书订定了将来生效日期或时间，该日期或时间届至之前，交易发生变更或终止，致将来生效日期或时间发生变化的，应登记一份终止或修改证书（certificate of termination or amendment），以终止或修改原证书。[2681]终止或修改证书按照该法规定签署与登记，并应当在原证书订定的将来生效日期或时间届至前登记。可使用终止或修改证书的交易，主要是合并、改组等“实体交易”。商业信托与其他企业合并或者改组为其他企业时，可预先登记合并证书或改组证书。一旦放弃或修改合并、改组交易，可登记终止与修改证书，取消或更改先前登记记录。

7. 其他证书

上述证书为常用证书，规定于登记一般规则之中。商业信托发生合并、改组、迁移至其他法域、改组为境外商业实体等主体事项变动的事由时，另应为相应登记。此类登记，规定于合并、改组等相应条文中。见本书第13章。

8. 修改或注销信托证书的判决

信托证书发生错误，受托人不履行登记修改证书的义务，或商业信托解散并完成清算后，受托人不履行登记注销证书的义务时，法院据此作出的修改或注销信托证书之判决，也应向企业登记机关提交登记，否则不生效力。[2682]《特拉华州商业信托法》第3824条第a款另规定，商业信托滥用或误用其权限、特权或存在时，依总检察长动议，大法官法院对于注销其信托证书有管辖权。

（二）信托证书的签署

《特拉华州商业信托法》规定信托证书应由全体受托人签署。《统一商业信托法》的规定更为灵活，信托证书、注销证书等，仅须由一名受托人签署。

为确保各类登记证书内容的真实性，商业信托法对受托人课以法律责任，甚至包括刑事责任。如《特拉华州商业信托法》规定：受托人一旦签署证书，构成以下宣誓或确认：受托人以其最佳的知识与确信，确认该证书陈述的内容属实。违反该宣誓或确认，该证书陈述内容失实的，对受

[2681] Del. Code Ann. tit. 12, § 3810(f).

[2682] Del. Code Ann. tit. 12, § 3812(a).

托人处以三等伪证罪。[2683]《弗吉尼亚州商业信托法》的规定类似。[2684]

除商业信托文件另有订定外，任何人可由律师或其他代理人签署任何证书或其修改证书；代理签署上述证书的授权，无须采取书面形式，无须宣誓、认证或认可；但如采书面形式，应由商业信托、受托人或经授权管理商业信托营业与事务的其他人保存书面授权文件。[2685]《特拉华州商业信托法》更进一步简化了登记程序：以代理人或信义义务人身份代为签署证书者，在登记时无须出示授权证明；企业登记机关不得将出示授权证明作为登记要件。[2686]当然，如代为签署证书者为无权代理，自应负相应责任，由受托人自行追究或诉诸司法，不必由登记机关干预。

（三）登记机关的义务与权限

登记机关收到提交登记的证书后，应予审查。登记审查为形式审查，且为最低限度的形式审查，[2687]仅限于证书是否已载明强制登记信息、是否依法指明相应内容（例如，重述的信托证书是否指明其为重述的信托证书）、是否依法签署。登记机关无权审查信息的真实性。

登记机关未发现证书不符合法律规定，且已收到足额登记费用的，应立即登记。除证书形式不符合法律规定及未足额缴纳法定登记费用两大理由之外，不得以任何理由拒绝登记。[2688]

以《特拉华州商业信托法》为例，登记机关的登记义务包括：在证书（或任何有关证书修改或注销的判决）上批注"已登记"字样及登记日期与时间，确认该证书（或判决）已经在企业登记机关登记；将已批注的证书（或判决）归档并编制索引；将一份经过同样批注的已登记证书（或判决）副本交还登记申请人或其代表人，并确认该副本与正本一致；将该证书中州务卿认为合适的信息载入州务卿办事处的特拉华公司信息系统（Delaware Corporation Information System）或其替代系统，并应当将此类信息作为公开记录予以永久保存，每一份证书的副本应以适当媒介永久

[2683] Del. Code Ann. tit. 12, § 3811(c).

[2684] Va. Code Ann. § 13.1-1205.

[2685] Del. Code Ann. tit. 12, § 3811(b).

[2686] Del. Code Ann. tit. 12, § 3812(a).

[2687] Del. Code Ann. tit. 12, § 3812(a).

[2688] 对登记机关拒绝登记权的严格限制，为确保登记机关服务功能的重要环节之一。在其他登记制度中亦有体现。如依《统一商法典》，担保权登记机关不得以法律已作明文规定以外的事由拒绝登记。Uniform Commercial Code § 9-520(2010).

保存。[2689]

（四）登记费用

商业信托登记费用，以法律明文规定，而不付诸下位法，更不任意容许登记机关自定。[2690]以法律形式明文规定登记费用，可防止下位法（通常由主管部门制定或起草，易成为谋取部门利益的工具）或主管机关任意扩大收费权限，侵害公民权益。

未按照法律规定缴纳登记费用的，相应的登记文件不生效。登记费用数额，各法域规定不一，但总体原则是登记费用尽量低廉，[2691]以减少当事人负担、促进商业信托登记。

第六节　商业信托名称

一、商业信托名称的要求与内容

普通信托不是独立主体，无须具备名称，即使实务中为便于识别（如受托人管理多个信托时），为信托取名，其名称亦无法律意义。在美国法上，商业信托系独立主体，须有自己的名称，制定法商业信托的名称并应登记。此与公司、有限合伙、有限责任企业等商业组织一致。

商业信托名称可为集体性的商号，[2692]亦可以以受托人或受益人之名命名。商业信托文件可授权由受托人为商业信托命名。[2693]商业信托可使用商号或虚拟名称（assumed name）。[2694]采用虚拟名称而非受托人或受益

［2689］ Del. Code Ann. tit. 12，§ 3812（a）.特拉华州法之前州法的商业信托登记制度较简，但对登记机关义务有类似规定，如《明尼苏达州商业信托法》。Minn. Stat. Ann. § 318.02（信托文件登记并交纳登记费后，州务卿应签发一项证书，表明该商业信托已适当登记。信托文件可以同样的方式进行修正。修正案自登记时起生效）.

［2690］ 此与美国其他商业组织法及财产权登记制度的做法一致。Del. Code Ann. tit. 8，§ 391（公司登记费）；Model Business Corporation Act § 1.22（2016 Revision）（公司登记费）；Del. Code Ann. tit. 6，§ 17-1107（合伙登记费）；Del. Code Ann. tit. 6，§ 18-1105（有限责任企业登记费）；Uniform Commercial Code § 9-525（担保权益登记费）.

［2691］ 即使在实行商业信托文件登记制的明尼苏达州，设立登记费仅为150美元。Minn. Stat. Ann. § 318.02.

［2692］ General American Oil Co. v. Wagoner Oil & Gas Co.，1925 OK 821，118 Okla. 183，247 P. 99（1926）.

［2693］ Beilin v. Krenn & Dato，350 Ill. 284，183 N. E. 330（1932）.

［2694］ Hamilton v. Young，116 Kan. 128，225 P. 1045，35 A. L. R. 496（1924）；Rand v. Farquhar，226 Mass. 91，115 N. E. 286（1917）；Hodgkiss v. Northland Petroleum Consol.，104 Mont. 328，67 P. 2d 811（1937）.

人名称，可凸现商业信托的身份，以防混淆。

美国各州商业信托制定法多规定商业信托名称须在登记机关登记，信托证书未记载商业信托名称或名称不符合法定要求的，将被拒绝登记，致制定法商业信托不成立。但名称是否登记，不影响商业信托在普通法上的效力，[2695]商业信托作为独立实体的成立、存在、权力或法律地位，以及受托人的权力、法律地位等，不受影响。[2696]

为防止误导第三人及利用名称相似性实施不正当竞争或虚假陈述行为，根据企业名称独立性与特定性原则，商业信托在其信托证书中载明的名称，应区别于已在企业登记机关登记的其他企业之名称或者预留名称的其他企业之名称，其他企业指公司、合伙、有限合伙、其他商业信托或有限责任企业，以及符合条件或经登记的域外公司、合伙、有限合伙、商业信托、有限责任企业；但是，经其他企业书面同意，并向企业登记机关提交该书面同意文件的，商业信托可登记与其他企业的名称不相区别的名称。[2697]

法律要求公司、有限合伙、有限责任企业在其名称中标明组织形式。但特拉华州、怀俄明州等州商业信托法不要求商业信托名称中须载明“商业信托”或类似字样，仅规定商业信托名称可含有“企业”“团体”“俱乐部”“财团”“基金”“机构”“社团”“联合会”“辛迪加”“有限”“信托”等字样或类似含义之缩写，[2698]并可包含受益人、受托人或任何其他人之名。[2699]

《康涅狄格州商业信托法》独树一帜，规定商业信托名称中应含有下列字样：“制定法信托”（statutory trust）、“有限责任信托”（limited liability

［2695］ William Meade Fletcher et al., *Fletcher Cyclopedia of the Law of Private Corporations* § 8233（Perm. ed. 1983 Supp. 2007）.

［2696］ Plum v. Siekmann, 135 Neb. 101, 280 N. W. 264（1938）.

［2697］ Del. Code Ann. tit. 12, § 3814（a）. 马萨诸塞州的规定类似：商业信托不得采用其设立时在本州营业的任何公司、企业、团体或其他信托、自然人的名称或姓名相同或相似但可能造成误导的名称，但经上述主体书面同意并预先登记于州务卿办事处的除外。违反上述规定的，州务卿办事处应拒绝登记该商业信托的信托文件。商业信托违反上述规定的，即使商业信托文件已登记，利害关系人或受影响的人可以诉请法院禁止该商业信托以违法名称从事经营活动。Mass. Gen. Laws Ann. ch. 182, § 2A.

［2698］ Del. Code Ann. tit. 12, § 3814（c）. 马萨诸塞州、纽约州等州对商业信托名称亦持灵活立场，容许商业信托使用“company”之类名称，无须标明“信托”字样，如First General Resources Company、Federated Development Company。参见Toronto-Dominion Bank v. Osceola Shoe Co., Inc., 1988 WL 62795（Del. Ch.）, 14 Del. J. Corp. L. 436（1988）; In re MAXXAM, INC., 659 A. 2d 760（Del. Ch., 1995）。

［2699］ Del. Code Ann. tit. 12, § 3814（b）.

trust）或其缩写“LLT”或“L. L. T.”，或者“有限”或其缩写“Ltd.”。[2700] 此项规定要求披露商业信托的法律性质，更有利于发挥商业信托名称的公示功能。

除组织法外，商业信托监管法亦有关于商业信托名称的规定。如美国1940年《投资团体法》第34条禁止已注册投资团体在企业名称或所发行证券之名称中，使用证券与交易委员会认定具有重大欺骗性或误导性的字样。

与商业信托有自己名称相对应的是，商业信托可使用印章（seal），[2701] 并可任意变更其印章。[2702]

二、商业信托名称的预留

如同公司、合伙等商业组织法一般，美国商业信托法定有商业信托名称预留制度，以便当事人于设立商业信托前预留名称。意图设立商业信托并使用名称的任何人，或已登记的准备改变其名称的任何商业信托，可预留排他使用该名称的权利。[2703]

名称预留制度仍遵循登记要求最小化原则，同时赋予商业信托最大自由，包括容许续展对名称的预留（确保不因交易计划改变或延误等原因丧失预留名称的排他使用权）、转让预留名称的使用权、注销名称的预留。[2704]

[2700] Conn. Gen. Stat. § 34-506（c）.

[2701] Spotswood v. Morris, 12 Idaho 360, 85 P. 1094（1906）; Superior Oil & Refining Syndicate v. Handley, 99 Or. 146, 195 P. 159（1921）.

[2702] Mass. Gen. Laws Ann. ch. 182, § 6.

[2703] Del. Code Ann. tit. 12, § 3814（d）.

[2704] 详见Del. Code Ann. tit. 12, § 3814（e）。

第九章 商业信托委托人

第一节 委托人的地位与资格

一、委托人的信托当事人地位

商业信托法上的当事人，包括商业信托、受益人与受托人。当事人的称谓与范围，在普通信托与商业信托法上颇有差异。

在称谓上，普通信托为一种法律关系，无主体资格，其当事人称"信托当事人"自无不妥。商业信托系独立主体，"商业信托当事人"一词不合逻辑，美国各州商业信托法大多称"商业信托文件当事人"，因商业信托文件本质为合同，商业信托文件当事人即合同当事人。

在范围上，商业信托文件当事人包括法定当事人与意定当事人，法定当事人是指商业信托、受益人与受托人，前章已述。在普通信托法上，依信托法一般原理，信托当事人指具有信托权利义务关系之人，包括受托人与受益人，而普通信托非独立主体，不可能成为当事人。

在信托当事人问题上，比较法差异最显著者，为委托人的当事人地位。英美法上，普通信托委托人仅为设立信托之人，一般情况下，委托人以赠与、遗嘱或其他无偿移转财产行为方式设立普通信托，因此不负有设立信托的义务，受托人或受益人无权强制委托人设立信托，[2705]故信托成立前，委托人与受托人、受益人之间无法律关系可言。信托一经成立，委托人即脱离信托关系，但如信托文件或法律为委托人特别保留某些权利，则委托人成为信托法律关系的当事人。只有受益人方可执行信托并就违反信托之行为主张救济。[2706]因此，普通信托当事人为受益人与受托人，属一般情形。

依照日本、韩国以及我国的信托法，委托人属于信托当事人。日本继

[2705] 但委托人对受益人作出具有强制实施力的设立信托之承诺时除外。此为例外情形，因大多数普通信托是无偿的，而有强制实施力的允诺须有对价支持或须为盖印契约。I Austin W. Scott & William F. Fratcher, *The Law of Trusts* § 33.4(4th ed. 1987).

[2706] Restatement(Second)of Trusts § 200(1959).

受英美信托法时，独树一帜，强化委托人地位，赋予其较多法定权利，使之成为信托当事人之一。韩国、我国信托法沿袭之。我国现行法明文规定信托当事人为委托人、受托人与受益人，均为法定当事人。主要问题为，将委托人规定为法定当事人，是否适合于商业信托？商业信托法应否排除委托人的法定当事人地位？

二、委托人的定义

委托人是指设立信托之人。[2707]普通信托法又称为信托人(trustor)。[2708]税法有时称为“授予人”(grantor)。[2709]商业信托法多称为发起人(promoter)、[2710]设立人(creator)、信托人(trustor)[2711]或组建人(organizers)。[2712]值得注意者，资产证券化发起人未必是信托委托人。为尽可能实现破产隔离之目的，证券化交易有时采用“双特殊目的实体”结构，即由发起人设立一个全资子企业(常为公司或有限责任企业，通常称为存管人)，再由存管人设立商业信托，此时存管人始相当于普通信托法所称的委托人。[2713]

我国各种商业信托特别法一般不使用委托人一语，而称为发起人[2714]等。如无特别指明，本书所用委托人、发起人、设立人、信托人等术语，含义相同。

在数人签署信托文件或提供信托财产的情形，确定委托人的身份或有困难。对此，《统一信托法典》规定：设立信托或向信托出资之人有数人的，每人是按其出资比例确定的相应信托财产份额的委托人。[2715]信托条款载明某人为委托人，并不当然是决定性的，例如，签署信托文件之人可

[2707] Restatement(Third) of Trusts § 3(1)(2003). 一个信托可以有多个委托人。Id. cmt. a.《统一信托法典》的委托人定义与普通法略有不同：委托人是指设立信托或向信托出资之人，包括遗嘱人。Uniform Trust Code § 103(15). 将向信托出资之人明确纳入委托人概念并未实质性改变普通法定义，因为信托文件的签署与信托财产的出资通常由同一人完成。Uniform Trust Code § 103 cmt.

[2708] George Gleason Bogert & George Taylor Bogert, *The Law of Trusts and Trustees* § 1(rev. 2d ed. 1993).

[2709] Restatement(Third) of Trusts § 3 cmt. a(2003).

[2710] Kotimsky v. Lubin, 62 F. Supp. 710(E. D. Ill. 1945).

[2711] Commonwealth Trust Co. v. Capital Retirement Plan, Inc., 30 Del. Ch. 130, 54 A. 2d 739(Del. Ch. 1947).

[2712] Morriss v. Finkelstein, 127 S. W. 2d 46(Mo. Ct. App. 1939).

[2713] SWIFT Master Auto Receivables Trust, Prospectus(October 9, 2007).

[2714]《信贷资产证券化试点管理办法》称为发起机构(第2条)。

[2715] Uniform Trust Code § 103(15).

能不提供信托财产，而是提供信托财产的另一人的代理人，此时，委托人为提供信托财产之人，而非签署信托文件之人。[2716]商业信托法上的标准与之类似：每一个初始出资之人，均可被视作委托人。[2717]

确定委托人的身份在普通信托法上具有重要的法律意义。在可废止信托的情形，委托人有权随时废止或变更信托；[2718]委托人的债权人可完全追索信托财产；[2719]受托人对委托人负有信义义务；受益人的权利服从于委托人的控制；委托人死亡是主张可废止信托无效之诉的诉讼时效起算点之一。[2720]在不可废止信托的情形，委托人的债权人有权追索分配于委托人或为委托人利益可得分配的最大数额；[2721]经委托人与全体受益人同意，可以变更或终止非公益信托；[2722]委托人有权请求法院解任受托人。[2723]

此外，委托人的意思，为解释普通信托文件的两大依据之一，与受益人利益居于同等重要地位，对于普通信托的变更和终止也有决定性影响。[2724]

然而，委托人在商业信托法中难觅踪迹。美国商业信托判例法固然甚少涉及委托人，商业信托制定法甚至全未提及委托人、设立人或发起人之类术语，委托人在制定法舞台上彻底消失，甚至比其他商业组织法更为彻底。[2725]

这是否意味着，依“商业信托法无规定则适用普通信托法”的原则，普通信托法关于委托人的上述规则自动适用于商业信托？未必如此。因为普通信托法的上述规则，已被商业信托法替代。商业信托法不存在可废止信托，受益人与其他人皆无权废止信托，[2726]“其他人”当然包括委托

[2716] Uniform Trust Code § 103 cmt.

[2717] Comment, *The Nature of Massachusetts Business Trusts*, 27 Yale L. J. 677, 680(1918).

[2718] Uniform Trust Code § 602.

[2719] Uniform Trust Code § 505(a).

[2720] Uniform Trust Code § 604(a).

[2721] Uniform Trust Code § 505(a)(2).

[2722] Uniform Trust Code § 411(a).

[2723] Uniform Trust Code § 706(a).

[2724] Uniform Trust Code § 401.

[2725] 公司法、有限责任企业法尚有关于设立人的明文规定。如《统一有限责任企业法》称设立人为“组建人”(organizer)，指依该法第201条设立有限责任企业之人。Revised Uniform Liability Company Act § 102(14)(2006). 组建人可以不是成员。组建人为有限责任企业初始成员的代理人，代理初始成员实施设立行为；组建人的唯一职能为签署组织证书并将组织证书提交登记，不在有限责任企业中享有任何权利或权限，不负任何义务或责任。组建人与初始成员之间仅有代理法或合同法上的法律关系，组建人越权的，应依代理法对初始成员承担责任。Id. cmt.

[2726] Del. Code Ann. tit. 12, § 3808(a).

人；商业信托不对受益人、受托人或任何其他人的债务承担责任；商业信托的终止事由，限于商业信托文件所定事由，当然排除委托人对商业信托终止的干预；全体受益人有权修改商业信托文件，委托人无权参与修改；商业信托文件解释，不适用普通信托文件、赠与或遗嘱解释规则，而适用合同解释规则。由此可见，委托人本身在商业信托法上无重要意义。甚至有学者认为，在英国的单位信托中，并不存在委托人。单位信托是由受托人和管理人创设的，其设立需要两个步骤：第一步，受托人和管理人签订单位信托契据；第二步，投资者认购信托单位。信托契据的当事人是受托人和管理人，这两方当事人的意思是依照法规规定或信托契据约定各自担任受托人和管理人，无人有担任委托人的意思。而且，委托人的欠缺，并不新颖，在合股公司、合伙、俱乐部、社团等组织中，也无必要将任何人称为委托人；即使是在信托的定义中，法官与学者也不将委托人作为信托制度的要素，因为信托是一种使受托人为保护受益人利益（而非委托人利益）而负有义务的衡平法制度，赠与一旦完成，委托人即消失。如果根本不涉及赠与，将某一方当事人称为委托人，即完全是一种人为的多余概念。由此可理解，委托人的欠缺，正足以否定单位信托的赠与性质；委托人的欠缺，也否定了信托意思的单方性。[2727]

委托人在商业信托法律上无特殊意义，并不意味着在实务上无足轻重。委托人的功能为设立信托，真正主导商业信托运行的，则为受益人与受托人。受益人为商业信托提供资本基础，系经济学意义上的企业“所有者”；受托人掌管商业信托的经营管理，为信托的控制者、管理者。委托人在组建商业信托之后，即功成身退。但若没有委托人的努力，商业信托也无由产生。尤其在资产证券化交易中，委托人常主导整个交易，包括参与拟定商业信托文件、服务协议等文书，选择初始受托人。[2728]委托人的地位

[2727] Kam Fan Sin, *The Legal Nature of the Unit Trust* 50, 55(1997). 该书提及有判例将管理人称为委托人，对此，该书认为：如果仅是在设立人的意义上称委托人，则其描述并无错误；但单位信托的管理人并不移转财产以设立信托，显然不同于普通信托的委托人。Id. at 51.

[2728] 例如，信用卡债权证券化的债权出卖人（委托人）一般同时担任服务商（信托的实际管理者），出卖人须维持高度参与，以确保证券化的顺利运行。出卖人的参与，以承购证券化信托受益权的方式为之，信托发行的债券则由投资者承购。出卖人的参与有多项作用，诸如吸收信用卡刷卡额度的季节性波动，吸收所有退款与信用卡欺诈所致损失。出卖人的受益权安排在债券票息、抵押品服务费、注销坏账与支付信托其他费用之后，可促使出卖人认真经营，并维持证券化的良好财务状况。出卖人的参与增加了证券化成功的机会，一般地，如果出卖人的参与低于7%，则将引发提前到期（early amortization），致证券化失败。参见陈文达、李阿乙、廖咸兴：《资产证券化理论与实务》，中国人民大学出版社2004年版，第256页。

尽管重要，却不依赖于商业信托法。委托人的权利、权限、义务、责任依合同而定，此类合同并无信托法意义上的特殊性，适用合同法或民法的一般规则即可。由此不难理解，相当数量的证券化信托依《特拉华州商业信托法》设立、本信托适用特拉华州法，其债券发行契约、资产池与服务协议、信用增级协议等与委托人有切身联系的其他协议，却约定适用纽约州法。纽约为颇受欢迎的合同法与商法大州，其商业信托法却并不出色。

在此背景之下，委托人的确定，即非难题。商业信托委托人，即商业信托设立者。是否出资，不是认定委托人的标准，因为委托人的出资不是商业信托的成立要件，委托人亦无向商业信托出资的义务——商业信托法规定的出资义务人仅有受益人。委托人不必为受益人。商业信托设立协议的当事人不负有认购受益权的义务，但同意认购的除外。[2729]委托人可以仅为设立行为而不向商业信托转让财产。如果委托人有意向商业信托转让财产以成为受益人，其身份即为受益人，该财产构成受益人的“出资”；如果委托人向商业信托转让财产，但无意成为受益人，此人与商业信托之间的转让，适用合同法一般规则。

委托人在普通信托法与商业信托法上存在如此显著的差异，原因何在？商业信托法缘何无须对委托人作出特别规定？本章将发掘其中的法理基础，并检讨现行法的得失。

委托人可为受托人或受益人。委托人兼有受托人或受益人身份的，其权力、权利、义务与责任适用关于受托人或受益人的法律，自不待言。值得特别讨论的是委托人特有的权力、权利、义务与责任。

三、委托人的资格

（一）不限制资格原则

普通信托法对委托人资格无特别限制，凡具有转让自己财产之行为能力的自然人、法人或非法人组织，均可为委托人。[2730]我国《信托法》亦是如此（第19条）。美国商业信托法的立场相同。早期判例法即未对商业信托委托人资格施加额外限制，任何完全行为能力人均可设立商业信托。[2731]大多数现代商业信托制定法甚至根本未提及委托人，遑论对其资

［2729］ Dunbar v. Broomfield, 247 Mass. 372, 142 N. E. 148 (1924).

［2730］ David Hayton, Paul Matthews, & Charles Mitchell, *Underhill and Hayton Law Relating to Trusts and Trustees* 361 (18th ed. 2010).

［2731］ Helvering v. Coleman-Gilbert Associates, 296 U. S. 369, 56 Sup. Ct. 285, 80 L. Ed. 278 (1936); Christy v. Oakland Title Ins. & Guaranty Co., 132 Cal. App. 315, 22 P. 2d 737 (1st Dist. 1933).

格进行限制。实务中，由自然人、公司或合伙等组织设立商业信托均不乏其例。

（二）限制委托人资格的弊端

另有一类立法限制委托人资格。如《明尼苏达州商业信托法》规定：两个以上自然人（无论是否本州居民）或两个以上公司（须为本州公司、全国性银行或取得本州营业授权的外州或外国公司），可依据本法设立商业信托。[2732]此种人数及州籍限制，于商业信托运营与治理无益，更有地方性垄断之嫌。法国信托法原先对委托人资格采严格管制立场，受到学界和实务界的普遍诟病，近年来已大幅放松管制。[2733]我国《证券投资基金法》及某些商业信托规章和其他规范性文件中对委托人资格有特别限制。[2734]

对委托人资格设置特别限制，不仅无益，而且有害。

1. 无益

委托人在商业信托法上的唯一功能，为设立信托。一旦商业信托成立，委托人使命即告结束。委托人完成设立商业信托的法定手续，即已履行全部职责。至于商业信托能否妥善运营、信托财产能否妥善管理、受益人能否得到妥善保护，则取决于受托人行为与其他因素，与委托人无涉。商业信托设立的法定手续极为简单。当然，商业信托实际运营，需取得信托财产、选定受托人等，但此类事项均非商业信托成立要件，完全可在商业信托成立后为之，且无须由委托人办理；即使设立协议约定由委托人处理，此类事务的完成，一般依赖于委托人的相关技能与交易经验，与委托人有无特殊资质无关。专门从事信托设立业务的服务机构，即使其组织形式不过是小型的普通合伙，也足以胜任设立任务。委托人签订设立商业信托的协议，但设立协议能否履行，与委托人有无特别资质，并无必然

[2732] Minn. Stat. Ann. § 318.01.

[2733] 详见叶朋：《法国信托法近年来的修改及对我国的启示》，载《安徽大学学报（哲学社会科学版）》2014年第1期。

[2734] 例如，《证券投资基金法》对作为基金发起人的基金管理人资格有严格限制（第13条）。基金管理人的主要角色为受托人，但因基金须由基金管理人募集，即属法律强制担任的委托人，则对基金管理人资格的限制即为对委托人资格的限制。《金融机构信贷资产证券化试点监督管理办法》对委托人资格的限制更为严厉（第7条）：“银行业金融机构作为信贷资产证券化发起机构，通过设立特定目的的信托转让信贷资产，应当具备以下条件：（一）具有良好的社会信誉和经营业绩，最近三年内没有重大违法、违规行为；（二）具有良好的公司治理、风险管理体系和内部控制；（三）对开办信贷资产证券化业务具有合理的目标定位和明确的战略规划，并且符合其总体经营目标和发展战略；（四）具有适当的特定目的的信托受托机构选任标准和程序；（五）具有开办信贷资产证券化业务所需要的专业人员、业务处理系统、会计核算系统、管理信息系统以及风险管理和内部控制制度；（六）最近三年内没有从事信贷资产证券化业务的不良记录；（七）银监会规定的其他审慎性条件。”

关系。委托人资本是否雄厚、信用是否良好、治理结构是否完善等,无关紧要。以证券投资基金为例。投资基金运营成败的关键,在于管理者(受托人或其他管理人),而非发起人。资信良好的发起人,于基金募集阶段自有招徕投资者之作用,但投资者最为关切者,仍系管理者。又如,资产证券化是以发起人转让于特殊目的载体的资产(通常为金钱债权)为基础发行资产支持证券,证券能否得到足额偿付、受益人利益能否实现,主要取决于资产池(债权)的质量(以债务人的信用为基础),而不是委托人(债权让与人)的品质。换言之,资产支持证券的信用来自作为担保的资产,既不是来自发行人(特殊目的载体)的信用,[2735]更不是来自发起人的信用。大型银行持有的不良贷款债权,其证券化价值远低于中小型生产企业持有的、债务人为零售业巨头的货款债权。对资产证券化信托的投资价值具有决定性影响的,是证券化资产的品质,而不是证券化资产转让人的资质。[2736]

或有论者认为,我国《信托法》赋予委托人较多参与信托治理的权利,要求委托人具有较好资质,可保障委托人有足够能力参与信托管理。此种理由同样不能成立。第一,《信托法》赋予委托人参与信托治理的权利,本身并不妥当。详见本章第2节。第二,即使依《信托法》操作,亦无法指望委托人会积极行使《信托法》所定权利以维护受益人利益。因委托人既不享有信托利益,履行监督受托人的义务又无报酬,难有自费人力物力财力维护受益人利益的动因。

2. 有害

(1)妨害市场竞争

严格限定委托人资格,提高市场进入门槛,对于信托市场有效竞争的实现,为害匪浅。较高的市场进入壁垒,使得商业信托沦为极少数大型企业才有权享受的奢侈品、沦为极少数玩家才够格参与的高端游戏,而将为数众多的融资需求迫切且拥有优质资产的中小企业、发展初期的高成长性企业与高新技术企业以及拥有专业优势的服务性企业等排斥在外。例如,中小企业由于信用等级有限,通常难以从银行获得信贷,更难以从资

[2735] 詹聪哲、王文杰:《论大陆地区不良贷款证券化》,载龙卫球、王文杰主编:《两岸民商法前沿——当前民法典编纂推进及分则问题》(第7辑),中国法制出版社2018年版,第964页。

[2736] 大型企业控制应收款风险的机制或较完备,但企业资质与企业应收款质量并无必然联系。大型商业银行受累于巨额不良贷款的情形比比皆是。2008年次贷危机即为适例。

本市场获得股权融资，资产证券化则是极为有效率的融资手段。[2737]

同样不可忽视的另一个弊病是，对委托人资格的严格限制，导致信托产品单一化，恶化信托产品的竞争环境。甚至由于委托人法定资格过严，致立法机关有意推出的某种特殊信托制度无法推行。我国台湾地区的都市更新投资信托，即为一例。我国台湾地区的都市更新推动已久，但一直绩效不彰，1998年“都市更新条例”与相关子规定相继通过，但因制度设计上的若干问题，都市更新投资信托窒碍难行，施行数年间仍无任何都市更新投资信托公司成立，其中问题之一即为都市更新投资信托公司门槛过高。作为都市更新信托发起及募集机构的都市更新投资信托公司，以股份有限公司组织为限，最低实收资本总额为新台币3亿元，其发起人须有境外办理相同业务的基金法人或有办理不动产投资的金融保险业机构占20%股权，才能申请设立，且发起人的条件之一是“最近一年投资信托业务平均市值在新台币500亿元以上”。以上门槛条件太高，致台湾地区投资信托业完全跨不到门槛，而美国REIT也只有27家超过此门槛。[2738]

（2）浪费监管资源

严格的市场进入，须辅之以相应的审查与执法机制。但是，任何国家、任何机构，监管资源都是有限的。在监管机构人力、物力、财力本已相当紧张的情势下，再将监管资源耗费在缺少价值的委托人资格监管上，显属浪费，同时挤占本可用于处理其他必要事务（如受托人行为监管、执法）的资源。

（3）诱发腐败行为

现行法对委托人所设置的资格条件中，不少属于裁量性条件。[2739]此类条件缺乏可操作的认定标准，属于“灰色规范”，一方面损害了法律规范的确定性及市场主体的合理预期，另一方面也为监管机关遗留了大量寻租空间。灰色规范是灰色收入的温床。符合硬性条件的市场主体为进

[2737] 资产证券化是结构复杂的融资方式，虽有较高的组织与交易成本，数量众多的中小企业仍可联合组建“多卖方证券化管道”（Multiseller securitization conduits），集中资源而分散成本，这正是资产证券化胜过传统融资方式的优势之一。Steven L. Schwarcz, *The Alchemy of Asset Securitization*, 1 Stan. J. L. , Bus. & Fin. 133（1994）；Steven L. Schwarcz, *The Parts Are Greater Than the Whole: How Securitization of Divisible Interests Can Revolutionize Structured Finance and Open the Capital Markets to Middle-Market Companies*, 2 Col. Bus. L. Rev. 139（1993）.

[2738] 此处关于台湾地区都市更新信托的问题，详见陈明吉：《都市更新投资信托可行性之研议及其对房地产参与角色的影响》，载《台湾金融财务季刊》2002年第3辑第2期。

[2739] 例如，《金融机构信贷资产证券化试点监督管理办法》第7条中兜底条款“银监会规定的其他审慎性条件”。

一步满足此类含糊条件，难免通过向监管人员输送非法利益等不正当手段获取市场进入资格，从而严重妨害了公平竞争与国家机构的廉洁公正。

(4)误导利害关系人

委托人既不为受益人利益的实现提供担保，也不对信托经营管理的效果承担责任，此时强调委托人具有特别资质，反而可能对潜在受益人或其他利害关系人产生误导作用。这在资产证券化交易中尤为明显。受益权是否能够依约实现，取决于作为证券化资产的应收款能否得到完全偿付，而与委托人资质无关。委托人只需保证转让于特殊目的信托的应收款上不存在权利瑕疵，而不对债务人的履行提供保证。一旦债务人不能履行、应收款成为坏账，委托人自身资信再强，对受益人亦无益处。要求委托人具有特别资质，可能使投资者(特别是不熟悉证券化的公众投资者)将委托人的信用混淆于特殊目的信托的信用，或者误认为委托人对信托利益的实现具有某种担保功能，以致作出错误判断。[2740]

或有不同意见认为，在商业信托较为成熟的国家，市场具有充分竞争的条件，投资者的风险识别与风险分散能力较强，自然可以放松市场进入资格，但我国现阶段资本市场未尽完善，资产证券化、不动产投资信托等作为新型金融工具，加强其市场进入管制，为保护投资者与市场健全发展所必需。但是，问题在于，首先，严格的市场进入管制本身未必有利于市场发展与投资者保护(反而可能有害)；其次，此种见解忽略了监管的路径依赖效应。严格的监管制度一旦形成，此后再作修改或废弃即非易事，既得利益者必然倾向于阻碍制度的变革。此类既得利益者，既包括已经获取监管权力(以及现实或潜在的寻租受益)的监管机构，也包括从现行监管体制中获取垄断性利润的被监管者。除此之外，考虑到监管松动或监管转型可能产生的不利后果，监管者往往需要进行耗时费力而又成效不彰的事前研究论证(监管效果的评估通常难以量化，也难以取得较为准确的结论)。上述因素将进一步加剧路径依赖效应。而监管改革能否最终成

[2740] 对市场主体进入资质进行事前管制的负面效果，也已被公司法的法律资本制度所证明。公司的清偿能力，取决于运营过程中的实际资产与筹资能力，而与设立时的注册资本无关。对注册资本的严格要求，反而可能误导债权人或其他利害关系人。因此，现代大陆法系公司法大幅度放宽注册资本制度。英美公司法上原先普遍流行对股票面值与声明资本的要求，与大陆法系公司法的法定注册资本有类似的政策考虑，但实务从业者与学者很早以前就意识到，以往深入人心的认为“面值”与“声明资本”是构成公司法之基础的观点，在今天已经不能实现保护债权人与优先证券持有人利益的初衷，甚至会使证券持有人相信该制度具有某种保护功能，从而产生误导。美国律师协会《示范商业公司法》正式废除了面值与声明资本的概念。[美]Bayless Manning & James J. Hanks Jr.:《法律资本制度》，后向东译，载王保树主编:《商事法论集》(第12卷)，法律出版社2007年版，第243页。

功，将取决于市场需要与受监管压制者同既得利益者的博弈，更加增大了改革成本。再就经验证据而论，严格的行政管制乃是经济创新的大敌。

放松甚至废除市场进入管制或资格监管，并不意味着监管机构放手不管，而是强调监管重点应从"资格监管"转向"行为监管"：对市场门槛不设限制或仅设置较宽松的限制，但进入市场者，必须遵守严格的行为规则；监管者对实施违法行为之人须同等对待、严格执法。例如，资产证券化发起人虚假宣传、夸大宣传，误导投资者的，应依证券法的规定予以严惩。

（三）另一种误区：限定委托人必须是受托人

某些现行商业信托法中关于委托人制度的另一大缺陷是，限定委托人必须是受托人。典型的是我国《证券投资基金法》。依据该法第19条第1项、第57条第1款等规定，基金只能由基金管理人募集（担任发起人），此项限制绝无必要。尽管在当世各国的共同基金实务中，由基金管理人（或美国法上实际角色相当的投资顾问）募集基金的乃通行做法，但以法律强制为此，则无正当性可言，亦为基金业发达国家（美国、英国等）所不采。不能排除其他设立方式的可能性与合理性，否则将扼杀基金创新的应有空间。[2741]

第二节　委托人的权利、义务与责任

一、委托人权利

（一）委托人法定权利模式

英美法上，除信托文件另有订定或法律另有规定[2742]外，委托人设立信托后，即脱离信托关系，再无权利。换言之，委托人的权利，原则上依当事人意思而定，非由法律设定。

日本、韩国继受信托法制时改弦易辙，赋予委托人广泛的权利，[2743]可称为"委托人法定权利模式"。日本2006年新《信托法》仍规定委托人享

［2741］ 国内亦有论者认为，基金法的重大弊端之一即为部门利益突出，行业垄断，由于基金发起人和管理人为同一人，选择某种基金同时意味着必须接受它所提供的基金管理服务，即便它有多么难以接受的地方，也必须无条件接受，否则只有放弃，在有限的基金品种和特定的管理人中间，《证券投资基金法》又能如何保护基金投资人的权益不受侵犯？参见张志越：《基金业立法：美国的经验》，载《经济社会体制比较》2005年第6期。

［2742］ 此为个别情形，例如变更信托须经委托人同意。

［2743］ 我国以及日本、韩国的信托法往往未明确区分权利与权限，所称委托人权利也包括权限。

有诸多权利，包括请求受托人报告信托事务处理状况、信托财产与信托财产负担债务状况之权利（第36条），与受益人依合意随时解任受托人之权利（第58条第1款），于有重要事由时申请法院解任受托人之权利（第58条第4款），与受益人依合意选任新受托人之权利（第62条第1款），变更受益人之权利（第90条第1款），于情势变更时申请法院变更信托之权利（第150条第1款），于情势变更时申请法院终止信托之权利（第165条第1款）。特别与商业信托有关的是，受益证券发行信托的委托人有权向受托人请求查阅、抄录受益权原簿（第190条第2款）。2011年《韩国信托法》也仍规定委托人有诸多权利，包括与受益人依合意随时解任受托人之权利（第16条第1款），于有重要事由时申请法院解任受托人之权利（第16条第3款），与受益人依合意选任新受托人之权利（第21条第1款），向受托人或信托财产权利人请求查阅、复制信托事务处理账簿与其他资料之权利（第40条第1款），遗嘱代用信托的委托人有变更受益人之权利（第59条第1款），受益证券发行信托的委托人向受托人或受益人名册管理人请求查阅、复制受益人名册之权利（第79条第6款），与受益人依合意变更信托之权利（第88条第1款），于情势变更时申请法院变更信托之权利（第88条第3款），与受益人依合意终止信托之权利（第99条第1款），于情势变更时申请法院终止信托之权利（第100条）。

我国台湾地区1996年“信托法”亦采此模式。[2744]我国2001年《信托法》与之类似，赋予委托人等于甚至多于受益人的权利，包括信息获取权，即了解信托财产管理运用、处分及收支情况并要求受托人说明的权利，查阅、抄录、复制与其信托财产有关的信托账目及其他信托事务文件的权利（第20条）；信托财产管理方法调整权，即因设立信托时未能预见的特别事由致信托财产管理方法不利于实现信托目的或不符合受益人利益时，要求受托人调整该管理方法的权利（第21条）；申请撤销权与救济权，即于受托人违反信托目的处分信托财产或因违背管理职责、处理信托事务不当致信托财产受损失时，申请法院撤销该处分行为及要求受托人恢复信托财产原状或予以赔偿的权利（第22条）；解任权，即于受托人违反信托目的处分信托财产或管理运用、处分信托财产有重大过失时依信托文件规定解任受托人或申请法院解任受托人的权利（第23条）；同意受托人利益冲突交易的权利，即同意受托人将其固有财产与信托财产进行交易或将不

[2744] 详见该法第3条、第15条、第16条、第23条、第32条、第35条、第36条、第45条、第52条、第57~59条、第63条、第64条。

同委托人的信托财产进行交易(第28条第1款);共同受托人意见不一致时的决定权(第31条第3款);同意增减受托人报酬的权利(第35条第2款);同意受托人辞任的权利(第38条第1款);选任新受托人的权利(第40条);认可受托人于职责终止后所作事务处理报告的权利(第41条第2款);解除信托权,即在委托人是唯一受益人时解除信托的权利(第50条),以及于受益人对委托人有重大侵权行为时解除信托的权利(第51条第2款);变更受益人或处分受益人之信托受益权的权利,即于受益人对委托人或其他共同受益人有重大侵权行为时变更受益人或者处分受益人之信托受益权的权利(第51条第1款)。

(二)委托人法定权利模式的弊端

1. 总评

赋予委托人如此广泛的权利,意在强化对受托人的监督机制,对普通信托或有必要。鉴于普通信托受益人监督力量薄弱,由法院或委托人补充监督力之不足,有其意义。英美信托法基于其衡平法传统及普通信托之特性,向来由法院主导对受托人的监督。东亚国家继受信托法时无此传统支持,委托人遂在相当程度上替代了法院的角色。此外,强化委托人的权利,亦符合委托人意思在信托关系中的定位与功能,因此,即使在法院主导模式下的英美法系,晚近亦强调委托人监督角色的强化。[2745]甚至有通晓中文的美国学者基于对中国法的研究认为,中国《信托法》在移植英美信托法之余,有意拒绝美国信托法不赋予委托人法定权利的立场,而规定委托人享有诸多法定权利,此种模式值得美国信托法借鉴(继受法国家"反哺"被继受国家),因为美国信托法存在系统性的缺陷——对受托人的约束过于薄弱,受益人能力有限,无法有效监督受托人。[2746]当然,东亚诸法域信托法以委托人监督代替法院监督的模式,亦有其不足之处:遗嘱信托委托人死后,若无法院监督加以补救,易生漏洞,对此问题,我国以及日本、韩国的信托法尚缺乏足够考虑。

尽管如此,委托人法定权利模式,却与商业信托的性质不符,妨害商

[2745] Edward C. Halbach, Jr., *Standing to Enforce Trusts: Renewing and Expanding Professor Gaubatz's 1984 Discussion of Settlor Enforcement*, 62 U. Miami L. Rev. 713(2008); John T. Gaubatz, *Grantor Enforcement of Trusts: Standing in One Private Law Setting*, 62 N. C. L. Rev. 905(1984).

[2746] Frances H. Foster, *American Trust Law in a Chinese Mirror*, 94 Minn. L. Rev. 602(2010). 值得一提的是,此文在方法论上颇有新意。传统的比较法研究一般关注法律输出国对输入国(继受国)的影响、意义,是一种单向度的研究。此文则集中关注输入国经验对输出国法律的借鉴意义,尤其是注意到那些被输入国"拒绝"(而不是"采纳")的输出国法律规则及其意义。

业信托的正常运行。其中若干权利，危害尤巨，容后论及。此处先作总体批评。以资产证券化为例。发起人在将财产让与特定目的信托后，即应脱离对信托财产与信托事务的控制，以便满足“破产隔离”（bankrupt remoteness）与“真实买卖”（true sale）之要求。[2747]如委托人有权干预特定目的信托事务，委托人将被认定为对信托财产保有控制，信托财产仍属委托人财产，致证券化交易失败。[2748]

委托人法定权利模式在证券投资信托中亦有严重问题。证券投资信托一般由基金管理公司、投资顾问之类的机构设立，此类机构一身而兼两任：委托人兼受托人。委托人法定权利模式将在逻辑上、法理上与实质效果上产生荒谬结果：基金公司等以受托人身份全面掌管信托经营管理，又能以委托人身份决定调整信托文件既定的信托财产管理方法，甚至处分受益权、变更受益人；同时将出现受托人自己监督自己的局面。我国《证券投资基金法》将基金份额持有人（受益人）定位为委托人，将基金管理人定位为纯粹的受托人，[2749]仍不足以解此难题。基金持有人在基金设立阶段，仅认购基金份额，并不实施基金设立行为，[2750]不符合委托人定义；即使将认购基金份额勉强解释为设立行为，亦无法否定基金管理人同为设立信托之人，无法否定其委托人身份。

2. 各评

（1）信托财产管理方法调整权

在商业信托语境中，委托人的信托财产管理方法调整权，有悖私法基本原则，有损商事交易确定性。

首先，普通信托受益人一般无偿接受受益权，委托人即使任意行使信托财产管理方法调整权，一般无损受益人的固有利益。且委托人设立信

[2747] Committee on Bankr. & Corp. Reorganization, Ass' n of the Bar of the City of New York, *Structured Financing Techniques*, 50 Bus. Law. 527, 542-43 (1995).

[2748] 资产证券化实务中，有时在商业信托文件中订定委托人有一定权限，如受托人认为商业信托文件条款存在模糊、矛盾等瑕疵时，可请求委托人给予指示，委托人有权就此类事项指示受托人。因委托人参与拟定商业信托文件条款，了解条款含义，此类权限为解决合同解释等问题而设，范围极有限，一般不构成对信托事务的控制。

[2749] 这就明显区别于我国台湾地区与日本的证券投资信托规定。我国台湾地区“证券投资信托及顾问法”规定的模式是：证券投资信托契约，是指由证券投资信托事业为委托人，基金保管机构为受托人所签订，用以规范证券投资信托事业、基金保管机构及受益人间权利义务之信托契约（第5条）。而该规定所称证券投资信托事业，是指经主管机关许可，以经营证券投资信托为业之机构（第3条第2项），相当于大陆地区《证券投资基金法》所称的基金管理人。

[2750] 认购基金份额的行为并非基金设立行为，正如公司股东认购股份的行为并非公司设立行为，认购人不因认购而成为公司发起人。

托之目的，即在于向受益人赠与财产并使之获益，非为自己谋利，因此有足够动因考虑受益人利益，其所为“因设立信托时未能预见的特别事由致信托财产管理方法不符合受益人利益”的判断，较能契合受益人的利益需求。商业信托受益人则是以自己财产为对价有偿取得受益权，委托人所要求的调整，未必符合受益人自己的判断。委托人与受益人之间不存在类似于普通信托委托人与受益人之间的亲友或其他亲密关系，受益人对有关自身利益之事项，即应享有完全的决定权，岂能以委托人的判断取而代之？委托人在商业信托中并不享有利益，却可对事关他人利益之事项指手画脚，自己不负责任，[2751]而由他人承受风险，这显然有悖于法律原则与经济效率。[2752]且委托人设立商业信托，旨在募集投资或获取融资，以实现自身利益、满足自己需求，受益人利益并非其首要考虑对象。[2753]这迥然不同于普通信托。

其次，委托人信托财产管理方法调整权的要件中，所谓“因设立信托时未能预见的特别事由，致使信托财产的管理方法不利于实现信托目的或者不符合受益人的利益”，含义模糊，委托人有较大的自由判断和定夺空间，[2754]投资者难免因慑于委托人不当行使权利的风险，不敢轻易购买受益权，反而有损委托人的利益。

最后，信托财产管理方法调整权削弱了商业信托的特有价值。委托人认为最优的管理方法由此可取代受托人的管理方法，无异于以委托人的判断代替受托人的判断。这将严重破坏商业信托的存在价值，以及其他委托人、受益人的合理预期。信托之所以区别于其他制度而存在，并乐于为当事人所用，原因之一在于能够发挥受托人的专业优势，由受托人发挥他人无法取代的专家理财功能。委托人设立商业信托、受益人购买受益权，无非基于对受托人专业优势的预期与信赖。若个别委托人可以左右信托财产管理方法，此种优势将大打折扣。

[2751]　若受托人应委托人之要求调整管理方法后，被证明不符合信托目的或受益人利益，委托人并不为此承担责任，因其属于行使权利的行为，除非构成权利滥用。

[2752]　依《信托法》第49条，受益人亦有信托财产管理方法调整权，受益人行使该权利，与委托人意见不一致时，可申请法院裁定。可见仍未赋予受益人完全决定权。

[2753]　尽管从市场机能角度而言，受益人权益有无充分保障，事关商业信托受益权有无投资价值、能否吸引潜在受益人，进而增进委托人自身之利益，但终究不足以令委托人将受益人利益凌驾于自己利益之上。

[2754]　就这一点而言，普通法上将情势变更时变更信托的决定权交由法院行使，有其理由。此举有助于防止委托人的恣意判断。但何种情况构成情势变更、法院有权作出何种调整或变更，仍有较大的不确定性，故在商业信托法上应由受益人自己决定，方能最大程度地切合受益人的利益和预期。

（2）委托人变更受益人与处分受益权的权利

依《信托法》第51条第1款，受益人对委托人或其他共同受益人有重大侵权行为的，委托人可以变更受益人或处分受益人的信托受益权。依第2款，受益人对委托人有重大侵权行为的，委托人可以解除信托。

此规定为普通信托特设，背后的公共政策理由是，受益人为无偿受让人，且委托人与受益人之间通常有亲友关系，如受益人对委托人或其他受益人有侵权行为，委托人应有权变更或剥夺该受益人的受益权，始符合“社会正义和伦理道德”。[2755]且受益人既属无偿取得，即使剥夺其受益权，亦不损及其固有财产。从民法大背景观之，上述规定无非是无偿移转财产法（赠与及遗嘱继承、遗赠）一般原理在信托法的具体适用。赠与及遗嘱继承、遗赠性质为“恩惠行为”，具有恩义性。以恶报恩，国法不容。受赠人、遗嘱继承人、受遗赠人对移转人或其关系密切者的侵权行为或其他违反法定义务的行为，属于忘恩负义行为。移转人在受赠人、遗嘱继承人、受遗赠人有忘恩负义行为时有权废弃移转行为，为大陆法系民法通例。[2756]英美法系有功能相当的制度。[2757]另需说明的是，对照赠与、继承的有关规定可见，《信托法》尚存漏洞，即在受益人的侵权行为致委托人死亡时，其受益权应自动丧失，或应由委托人的继承人行使变更或处分受益权之权利，但《信托法》对此未设规定。解释上应可类推适用赠与、继承的有关规定。

委托人的上述权利既然根源于普通信托的无偿移转本质，即不能适用于商业信托。商业信托受益人以自己的出资换取受益权，并非从委托人手中无偿取得，委托人无权处分受益人的受益权。受益人对委托人如有侵权行为，应依侵权行为法的一般规则处理，受益人对委托人

[2755] 何宝玉：《信托法原理研究》，中国政法大学出版社2005年版，第134页。

[2756] 如《法国民法典》第955条、《德国民法典》第530条、《魁北克民法典》第1836条。我国《民法典》第663条规定，受赠人严重侵害赠与人或其近亲属、受赠人不履行对赠与人的扶养义务的，赠与人可以撤销赠与。同理，我国《民法典》第1125条第1款规定，继承人故意杀害被继承人、为争夺遗产而杀害其他继承人、遗弃或虐待被继承人情节严重的，丧失继承权。人身保险合同受益人通常无偿取得受益权。我国《保险法》第43条规定，人身保险合同受益人故意造成被保险人死亡、伤残、疾病，或故意杀害被保险人未遂的，丧失受益权。

[2757] 英美法上，遗嘱人可随时撤回遗嘱，无论遗嘱中是否保留撤回权；在生前赠与情形，赠与财产交付前，赠与人可撤回赠与，赠与财产已交付的，不得撤回，但受赠人有不当行为除外。William M. McGovern, Jr., Sheldon F. Kurtz & Jan Ellen Rein, *Wills, Trusts and Estates* § 5.5（1988）. 此外，容许基于“默示条件”（implied condition）撤回赠与，例如，父母对子女的赠与，是基于一项默示条件，即子女会履行对父母的赡养义务；不履行赡养义务的，默示条件不成就，父母有权撤回赠与，即使赠与并未附加明示条件或根本未提及受赠人义务。Id.

负赔偿责任或其他民事责任，而不能赋予委托人直接处分受益权之权利，[2758]否则无异于承认委托人有权强制剥夺他人之固有财产，有悖民法原则。[2759]

退一步而言，单就《信托法》的规定本身而论，在商业信托法上也会产生难以控制的不良后果。将受益人有"重大侵权行为"作为委托人变更或处分权的要件，相当模糊。何为"重大侵权行为"，是依所侵害的客体是人身权或财产权而定、是依侵权后果严重程度而定，还是依侵权手段恶劣性、侵权行为人过错程度而定，又或是综合考虑诸因素，难有明确答案。要件的模糊性，在普通信托法尚无重大弊端，即使委托人苛责受益人（将其轻微侵权行为作为处分其受益权的理由），亦无损受益人的固有利益。但在商业信托环境中，却为委托人滥用或误用权利遗留极大空间，严重危及受益人权益的稳定性与安全性。

（3）其他权利

委托人的信息获取权，同样可能损害商业信托及其受益人的利益。委托人设立商业信托后，在商业信托中已无特殊利益，竟有权了解信托运用、收支情况并查阅、复制信托账目及其他文件，信托的商业秘密流失机会因之增大。

受托人将其固有财产与信托财产进行交易以及受托人从信托财产中获取报酬，均涉及利益冲突交易。赋予委托人对此类交易的同意权，更易诱发利益冲突。商业信托受托人常由委托人选任，或者与委托人存在关联关系。委托人极有可能滥用权利，使受托人以信托利益为代价获利。

委托人申请法院撤销受托人处分财产行为并要求相应救济的权利，以及申请法院解任受托人的权利，对商业信托受益人的威胁更大。当委托人不是受益人、又与受益人不存在利益同质性时，委托人关于受托人违反义务或受托人应被解任的判断，难与受益人的判断一致。在受益人不认为受托人行为不端的情形，容许委托人依一己之意起诉，商业信托经营管理将受干扰，即使受托人最终被判定不承担责任，诉讼成本已由全体受益人一体承受。委托人选任新受托人的权利，更是不妥。委托人依其单方意思即

[2758] 此与公司法、合伙法等商业组织法相同。即使股东、合伙人等对其他股东或合伙人有侵权行为，受害人亦无权处分加害人的股权或合伙权益。

[2759] 当然，如商业信托文件明文订定受益人对委托人或其他人有侵权行为时应被强制出卖或强制消灭其受益权，则属受益人自愿承受失权后果，自应有效。商业信托文件可设定对受益人违反义务行为的特定处罚或特定后果。Del. Code Ann. tit. 12，§ 3806(j)(2010).

可选任关联人或其他与已有利益输送关系者为新受托人，将危及受益人利益。

受托人职责终止时应作出处理信托事务的报告，经委托人认可即可免除责任（《信托法》第41条第2款）。此种规定使受托人可在委托人庇护下逃脱责任，更滋长利益冲突的机会。

另一困难是，受益人行使权利与委托人意见不一致时，任何一方意见均不能优先实现，而交由法院裁定（《信托法》第49条第1款）。且不论商业信托受益人是最终的风险承受者，将其意思与委托人相提并论已然不妥，单就该规定本身而论，即使适用于普通信托，亦无可操作性。法院裁定时，依何标准判定何方意见优先？按照受托人有义务为受益人最大利益服务的原则，似应判定受益人优先，然而基于信托财产是委托人所贡献、信托解释应尊重委托人意愿的原则，似又应以委托人意见优先。不明确的司法标准将造成更多的不确定性，在商业环境下更为显著。

3. 弊病之根源

总而言之，之所以普通信托委托人可被赋予诸多法定权利或权力，对商业信托委托人则不可为此，本质上仍归因于普通信托与商业信托性质之别。普通信托为遗产规划与无偿移转财产的工具，委托人一般选定其配偶、子女或其他亲友为受益人；委托人设立信托，一般基于利他的动机。受益人常为无力妥善照顾自己事务之人或委托人认为无力妥善照顾自己事务之人，委托人有“受益人之守护者”的角色，虽于信托成立后退出，但其意志仍透过信托条款由法院执行。相应地，法律赋予委托人较多权利或权力，增加监督受托人的途径，有利于维护受益人利益，且因委托人信托行为的利他性，委托人通常不致滥用权利或权力。而规定委托人对某些行为的同意权（受托人辞任等须经委托人与受益人同意），则旨在保障委托人意思的实现，此与赠与法、遗嘱法充分尊重财产处分人意思的基本原则一致，又无损受益人的固有利益。概言之，赋予普通信托委托人较多法定权利或权力，积极而言，有助于增进受益人利益；消极而言，无害于受益人利益。

商业信托的情形迥然有别。商业信托受益人为从事商事活动的投资者，无须仰赖于委托人之保护。且商业信托为委托人从事特定事业的工具，委托人设立商业信托是基于利己的动机（追求自身的经济利益），尽管委托人目的之实现，有赖于交易的互惠性，但优先维护受益人利益毕竟不是委托人的根本目的。如果委托人在商业信托成立后选择成为受益人、继续享有信托利益，自然有动机有权利监督受托人、参与信托管理，但此为受益人的权利，并非委托人法定权利模式之功；如果委托人选择不成为受益人，则信托成立后即功成身退，继续监督受托人、参与信托事务对委托人未必有利益可言，而行使委托人权利需付出时间、财物、人力等，在成本与效益严重不成比例的商业环境中，理性的委托人不可能有足够动因积极维护受益人的利益，委托人法定权利恐形同虚设。第三人因收购、合并等而取得对委托人的控制权时，委托人与商业信托的利益联系更趋淡薄。

以上是针对委托人与受益人不存在利益冲突的情形而论。当委托人与受益人存在利益冲突时，[2760]委托人极可能将自身利益凌驾于受益人利益之上。利益冲突的固有危险，因委托人享有强大、广泛的法定权利而进一步放大，对商业信托及其受益人形成了又一种被代理人成本。委托人权利可能发生转让、继承，更易因此落入利益冲突方之手。[2761]一言以蔽之，委托人与受益人之间无利益冲突时，委托人法定权利模式无益；委托人与受益人之间有利益冲突时，委托人法定权利模式有害。

（三）商业信托法不应采纳委托人法定权利模式

1. 能否以自愿弃权的方式补救委托人法定权利模式之弊？

或有论者认为，委托人自可抛弃信托法所赋权利，以适应商业信托的特殊需要。但信托法关于此类权利的规定是否属于任意法，诚有疑问。

如认为上述规定系任意法，可能动摇普通信托的存在基础。因赋予委托人权利的上述规定，与赋予受益人同样权利的规定[2762]具有同等性质，如前者为任意法，后者亦应作如是解，据此，信托文件限制或抛弃上述权利，亦为有效。如此解释，将使委托人、受益人对受托人的监督权尽皆落空，使受托人处于无人监督的自由地位。委托人或受益人的权利对应于受托人的义务，自受托人角度而言，受托人不受信托法义务之约束，得以任意处置信托财产，免受委托人或受益人干预。此结论与信托设立之

[2760]　利益冲突在实务中千姿百态。例如，委托人与其所设立的资产证券化信托订立服务协议，由委托人或其关联人担任服务商，并收取高额的服务费用；若受托人代表受益人利益要求降低费用，委托人即可以行使解任受托人、减少受托人报酬等权利相威胁，迫其屈服。又如，委托人于设立A信托后退出，后见A信托盈利可观，遂设立经营同类业务的B信托，委托人为谋求竞争优势，乃利用在A信托中的权利，干扰A信托受托人的管理行为。

[2761]　关于委托人权利是否具有专属性、得否为继承之标的，参见我国台湾地区信托业商业同业公会委托研究:《委托人权利继承相关问题之研究》(2017年7月26日)，载我国台湾地区信托业商业同业公会网2019年8月10日，http://www.trust.org.tw/content/index.asp?pno=47。

[2762]　《信托法》第49条规定，受益人可行使本法第20~23条规定的委托人享有的权利。

目的背道而驰，效果与以非信托方式完全转让财产权无异。[2763]鉴于普通信托特别依赖于此种权利义务的保护，因此，关于上述权利的规定具有强行法性质，[2764]当事人不得排除。

尽管日本民间的商事信托法纲要草案建议不规定委托人享有法定权利（默认无权），[2765]但未为立法机关所采，日本2006年新《信托法》第145条第1款规定："信托行为可订定，委托人不享有本法所定权利之全部或一部。"韩国2011年新《信托法》第9条第1款规定："全体或部分委托人可通过信托行为作出不享有本法规定的属于委托人的全部或部分权利的意思表示。"明文规定委托人法定权利系任意规范（默认有权），可适应商业信托的灵活需求，但可能损及普通信托，规定于统一适用于普通信托及商业信托的信托法典，并不妥当；且仍默认委托人有法定权利，商业信托如欲排除，另增缔约成本——现实缔约并非如此简单：在信托契约中写入一句"委托人不享有信托法所定全部权利"。非经利益交换或谈判博弈，委托人自舍法定权利，几无可能。

2. 能否增加委托人义务以补救委托人法定权利模式之弊？

赋予委托人大量权利，却未对委托人课加义务，为委托人法定权利模式的又一重大弊病。委托人不必对行使权利的行为负责，委托人既不如受托人一般负有忠实义务、注意义务与其他信义义务，甚至也不负有合同义务，因普通信托文件未必是合同，纵为合同，委托人主导信托文件拟定，一般不可能自设义务自缚手脚。如此一来，除受制于诚实信用原则、禁止权利滥用原则等原则外，委托人行使权利时几近为所欲为。无偿信托的委托人尚能为受益人利益行事。当委托人与受益人同为商业交易当事方、设立或参与信托各为其经济目的之时，其弊端即暴露无遗。

[2763] 特拉华州判例即指出：此种受托人不受法律义务约束的"信托"，不过徒具信托之名而已。McNeil v. McNeil, 798 A. 2d 503, 509 (Del. 2002). 英国判例认为，受托人对受益人所负义务有一个不可减损的核心，此乃信托概念之根本；如果受益人对受托人不享有权利，就不存在信托。Armitage v. Nurse [1998] Ch. 241 at 253. 英国学说认为，如果委托人有意为受益人设立信托，则信托文件中订定受益人对受托人不享有权利或者受托人不对受益人负责的条款无效。David Hayton, Paul Matthews, & Charles Mitchell, *Underhill and Hayton Law Relating to Trusts and Trustees* 296 (18th ed. 2010).

[2764] Uniform Trust Code § 105(b).

[2765] 该纲要第311条规定："委托人在信托合同中没有进行特别规定的情况下，信托成立后不享有任何与信托相关的权利义务。"该条是基于"信托成立后不要求委托人参与"这一商事信托的特性，也是对英美传统的信托法进行整合的产物。参见[日]日本商事信托研究会编著：《日本商事信托立法研究》，朱大明译，法律出版社2019年版，第12、14、53页。

诚实信用原则为高度抽象的一般条款，适用不易，滥用权利的要件又极为严格（行使权利系以损害他人为目的或行使权利所得利益微小而使他人遭受重大损害），[2766]难以涵摄委托人行使法定权利不当的各种情形；且民法基本原则不得直接适用于个案。规定委托人于行使法定权利时对信托及其受益人负有额外义务，虽然可能，却欠缺法理上的正当性，且会造成更多问题，无异于增加一种受托人、增加一层代理环节，代理成本递增，诉讼成本与潜在的争议风险亦进一步增大。[2767]委托人法定权利模式的益处，是否足以抵偿此类成本与风险，值得怀疑。

3. 彻底抛弃委托人法定权利模式

由此可见，委托人法定权利模式对商业信托的不适应性，无法经由法律解释或增加义务之类的方式得以克服。另一替代方案为委托人地位法定移转。日本《资产流动化法》第176条规定，取得受益证券之人，即依比例取得该受益证券所表征的有关受益权的原持份，并继受特定目的信托契约委托人的地位；但原委托人依特定目的信托契约所生义务，除特定目的信托契约另有约定外，不在此限。[2768]我国台湾地区“金融资产证券化条例”第21条仿之：“受益证券之受让人，依该受益证券所表彰受益权之本金持分数，承受特殊目的信托契约委托人之权利及义务。但特殊目的信托契约就委托人之义务另有约定者，不在此限。”相当规定，亦见之于我国台湾地区“不动产证券化条例”第40条：“受益证券之受让人，依该受益证券所表彰受益权之种类、内容及顺位，承受不动产投资信托或不动产资产信托契约委托人之权利及义务。但不动产资产信托契约就委托人之义务另有约定者，不在此限。”

此种特别规定，意在以受益人地位吸收委托人地位，避免两者的权利冲突，并排除委托人之控制，但因其不彻底性，仍不足以解决问题。在特定目的信托设立之后、受益证券对外发行完毕之前，无人能够完全取代委托人之地位，则委托人仍有干预信托事务的权利，不足以避免未实现破产隔离与真实买卖的风险。在已发行部分受益权凭证的情形，部分受益人继受委托人地位，而原委托人尚未被完全取代，更引发委托人与受益人共享委托人法定权利及权利冲突的复杂问题，难以妥善解决。另一实际问

[2766] 梁慧星主编：《中国民法典草案建议稿附理由·总则编》，法律出版社2004年版，第14页。

[2767] 例如，委托人决定变更某一受益人或处分其受益权时，不服决定的该受益人不免以委托人违反义务为由尽力抗争。

[2768] 王志诚：《金融资产证券化——立法原理与比较法制》，北京大学出版社2005年版，第78页。日本《投资信托与投资法人法》第51条亦规定受益人对委托人地位的承受。

题为，如果信托合同是由证券化委托人主导拟定或参与拟定（此为证券化交易的常态），并授予委托人就信托条款的解释对受托人作出指示之权，依上述规定，指示权一并移转于受益人。但受益人不过是受益证券的投资者，信托条款非其拟定，受托人如何能从受益人处得到较为准确及符合交易目的之解释？授予指示权的信托条款将因此落空，有悖当事人预期、有损交易效益。况且受益人人数众多，原先统一完整的委托人权利散落于数人之手，如何行使，权利人间冲突如何解决，亦属难题。

至于委托人地位的意定移转模式，也不足以解决上述问题。此种立法例，如《日本信托法》第146条第1款规定："委托人的地位，经受托人及受益人同意，或依信托行为中订定的方法，可以移转于第三人。"《韩国信托法》第10条规定："依信托行为所订定的方法，可将委托人的地位移转于第三人。（第1款）未订定第一款规定的移转方法时，经受托人与受益人同意，可将委托人的地位移转于第三人。委托人有数人的，并应取得其他委托人同意。（第2款）"意定移转，取决于各方当事人的一致同意，交易成本甚高，且难以防范策略行为。

此外，《日本信托法》第215条规定，受益证券发行信托中的若干委托人权利，受益人得行使之。此种规定，并未排斥委托人的权利、避免委托人与受益人的权利冲突，仍不足以解决问题。

因此，较为彻底的解决之道应为：委托人不对商业信托及其受益人享有任何权利，商业信托文件另有约定除外；商业信托成立时，委托人身份消灭。

此种方案，与商业信托委托人的实际角色相吻合，既可适应资产证券化等商业信托交易的特殊需要，亦无碍于当事人视情境赋予委托人特别权利。此外，也不影响委托人在兼具受益人身份时享有受益人参与商业信托治理的权利。例如，在资产证券化交易中，委托人可能因保留卖方权益或兼任服务商而与商业信托继续发生关系，[2769]也可能负担特定的其他义务。在某些实例中，委托人对于资产池负有持续性的义务，比如于资产池中的资产价格跌落至特定价值以下时有义务增加或替换资

[2769] 委托人（发起人）向商业信托或受托人出卖资产，有时需保留一定份额的卖方权益。卖方权益，代表整个资产群组减去投资人权益的差额，此类凭证因不公开发售，故不需接受信用评级，其存在具有两个作用：一是应收债权的现金流量在过程中有相当波动时，作为调节现金流量之用，二是当应收债权变成呆账、导致合格应收债权不足额时的弥补机制；此外，当委托人也兼任服务商时，卖方权益的设计，也会使得委托人对服务较能尽心尽力。不过，卖方权益并不算是正式的信用增级，信用增级另需第三人如投资银行等担任之。参见储蓉：《信用卡应收账款证券化》，载《台湾金融财务季刊》2002年第3辑第3期。

产；在其他实例中，一旦交易成立，委托人就和资产池再无关系。[2770]委托人与商业信托之间发生此类特别关系，显然取决于信托文件的特别约定。[2771]

2011年《韩国信托法》部分解决了这一问题，而未完全步日本法之后尘。《韩国信托法》第85条第5款规定，受益证券发行信托的委托人不得行使下列权利：受托人解任权或选任权，请求法院选任信托管理人之权利，于情势变更时请求法院变更与终止信托之权利，查阅或复制信托资料之权利。但仍有某些权利并未被排除，例如信托的变更，除法定变更事由外，须委托人与受托人、受益人合意，除非信托行为另有订定（第88条第1款）。同时，对于不发行受益证券的商业信托，并不适用上述规定。

顺便提及，取消委托人的法定权利，不仅适合于商业信托，而且适合于传统商信托。传统商信托一般基于双方合同而成立，类似于买卖、租赁等一般合同（契约行为），信托当事人之间处于利益对立的地位。赋予一方当事人（委托人）对另一方当事人自有利益的控制权或干预权，更不妥当。例如，担保信托由债务人或担保人作为委托人设立，债权人为受益人，担保财产为信托财产，如赋予委托人调整信托管理方法、变更受益人或处分受益权等法定权利，将严重危及担保财产的安全性，有损受益人的根本利益。

二、委托人义务

依普通信托法，委托人一般不负有设立信托的义务。在英美法系，普通信托一般依生前赠与或遗嘱设立。以生前赠与方式设立信托，委托人设立信托的意思表示无对价支持，不属合同，无强制实施力（enforceability），委托人不负有设立信托、转让信托财产之义务，受托人或受益人无权请求委托人设立信托、转让信托财产。信托财产移转前，赠与不生效，委托人死亡前，遗嘱不生效，委托人可随时决定不设立。例外情形为，如果委托人对受益人允诺设立信托，受益人为此支付对价，或允诺因具备特定形式要件而具有强制实施力，则委托人负有设立信托的义务，受益人有权请求委托人设立信托。

[2770] American Bankers Association, Corporate Trust Committee, The Trustee's Role in Asset-Backed Securities 5 (March 12, 2003).

[2771] 交易实例：资产证券化交易文件约定，委托人应按照信托合同的约定赎回不合格基础资产。《杭州公积金2016年第一期个人住房贷款资产支持证券发行说明书》，载上海清算所网2017年11月14日，http://www.shclearing.com/xxpl/fxpl/abs/201603/t20160307_134706.html。

德国法系虽将赠与规定为合同，仍有别于有偿合同，结论与英美法系并无本质区别。无论大陆法系还是英美法系，赠与应具备要式性或要物性，即以移转赠与财产或符合特定形式（通常为公证）为生效要件。[2772]有偿合同一般为诺成合同。之所以如此，是因无偿行为义务人容易后悔，亦容易出现错误、欺诈、胁迫等瑕疵，为免纠纷产生，法律限制其效力，使义务人如后悔，即可免责，而无偿行为权利人未付对价，在其取得标的物前排除其强制履行的权利，不影响权利人从事其他有益经济活动的动机，而法律若已规定清楚，权利人亦无期待利益可言。[2773]

相反，商业信托委托人一般负有义务。委托人义务并非源于商业信托法，而是依一般合同法而定。商业信托委托人负有义务，包括下列常见情形。

其一，数个委托人约定设立信托，并约定各负出资义务，此种设立协议有对价支持，委托人不履行出资义务时，其他委托人有权请求强制履行。此类设立方式通常见之于闭锁型商业信托，数个委托人兼为受益人，与闭锁公司相似。我国现有的投资基金亦属此类：认购初始募集的受益权、交纳初始出资的投资者为委托人（通常为数人），各自负有出资义务。此类情况下，商业信托法关于受益人出资义务的规定，当然适用于委托人，无须对委托人另设规定。

其二，数个委托人约定设立信托，但未约定出资义务。委托人无意成为受益人，但设立合同仍属有强制实施力的合同，因委托人负有为成立商业信托而协作或实施其他行为的义务。在有民法典或合同法典的法域，设立信托的合同为无名合同，参照最相类似的有名合同之规定并适用合

[2772] [美]詹姆斯·戈德雷:《私法的基础：财产、侵权、合同和不当得利》，张家勇译，法律出版社2007年版，第582~586页。我国《民法典》第658条规定，赠与人在赠与财产的权利转移前可以撤销赠与，但依法不得撤销的具有公益、道德义务性质的赠与合同或经公证的赠与合同除外。我国台湾地区“民法”第408条的规定相似：赠与物之权利未移转前，赠与人得撤销其赠与……前项规定，于经公证之赠与，或为履行道德上义务而为赠与者，不适用之。此类立法将赠与规定为诺成合同，但因任意撤销权的存在，效果近似于要物合同。对此类规范模式的批评，参见谢哲胜:《赠与的生效要件》，载谢哲胜:《财产法专题研究（二）》，中国人民大学出版社2004年版，第107~108页（“虽赠与人可撤销赠与，但这无疑课予不欲履行赠与的赠与人额外的作为义务，如赠与人不知适用撤销赠与的规定，则该条规定可能为将来赠与诉讼留下一扇大门，不如藉着要式性和要物性的规定，使除经公证的赠与或为履行道德义务所为赠与，在赠与人未履行前，均不生效，使赠与的给付义务系于赠与人的自动履行，即可消弭大多数赠与诉讼于无形”）。

[2773] 谢哲胜:《赠与的生效要件》，载谢哲胜:《财产法专题研究（二）》，中国人民大学出版社2004年版，第98~99页。

同总则，[2774]界定委托人的权利义务。

其三，委托人单独设立商业信托。委托人以信托宣言方式设立信托的，委托人未向他人允诺设立信托，亦无受益人为此支付对价，此时委托人无设立商业信托的义务。[2775]委托人以信托协议方式设立信托的，一般与受托人订立协议，协议约定商业信托或受托人将发行受益权凭证所得收入支付给委托人，或者向委托人发行受益权凭证。此种协议有强制实施力。[2776]常见于单一发起人的资产证券化信托或其他类型商业信托。[2777]我国现有的资产证券化信托亦属此类：具有委托人身份的发起人，与受托人订立信托合同，再由发起人将证券化资产转移于受托人，受托人给予受益权凭证或买卖价款，作为委托人转让资产的对价（实为信托向委托人支付对价，受托人仅代表信托行事而已），因此委托人与受托人之间成立有偿合同。[2778]对此，适用一般合同法即已足够。发起人未转让合同约定的资产或转让资产不符合合同约定时，应负违约责任。此类义务并非基于委托人身份所生，即使证券化发起人无委托人地位，亦不影响其义务。即使关于资产证券化的法律、规章和其他规范性文件不加规定，亦不影响依《民法典》合同编判定委托人的义务与责任；特别法不过是《民法典》一般规则的重复。委托人转让资产的合同，准用关于买卖合同的一般规定，例如委托人负有权利瑕疵担保义务。[2779]

原委托人在商业信托成立后仍可能为商业信托提供服务并收取报酬，但其与商业信托仅为一般的合同关系而已，并无特异之处，原委托人不履

[2774] 我国《民法典》第467条第1款。与商业信托设立合同最相类似的有名合同，为合伙合同。公司发起人协议一般也依关于合伙协议的规则，另有约定者除外。Robert W. Hamilton, *The Law of Corporations* § 5.7（5th ed. 2000）.

[2775] 针对有限责任企业的类似情形，《特拉华州有限责任企业法》特别规定：仅有一个成员的有限责任企业的有限责任企业协议，不因仅有一个当事人而不可实施。Del. Code Ann. tit. 6, § 18-101（7）.

[2776] 委托人可能负有转让财产以外的义务。在转让人（常为委托人）主导的资产证券化信托中，有时约定转让人有义务代为办理商业信托的证券发行注册、证券发行信息披露等手续。例如，GE Dealer Floorplan Master Noted Trust, Amended and Restated Trust Agreement § 10.14（2004）。

[2777] 美国交易实例：银行资产证券化信托契约约定，存管人（委托人）有义务将其抵押贷款债权不附追索权地移转于受托人，并将附随文件交付于受托人。Bear Stearns ARM Grantor Trust 2005-2, Grantor Trust Agreement § 2.01（February 28, 2005）. 美国判例：Commonwealth Trust Co. v. Capital Retirement Plan, Inc., 30 Del. Ch. 130, 54 A. 2d 739（Del. Ch. 1947）。

[2778] 例如，《2006年第一期开元信贷资产支持证券发行说明书》（特殊目的信托发行受益权凭证所得收入支付于发起人作为对价）。

[2779] 我国《民法典》未将买卖明文限定为买卖有形财产的合同，但条文使用“标的物”一词，似可认为仅指买卖有形财产。《民法典》合同编第646条规定，其他有偿合同参照适用买卖合同规定。故买卖应收款之类无形财产的合同，准用买卖合同规定。

行义务时，商业信托有权拒付相应报酬，商业信托的抗辩权亦可对抗委托人报酬请求权的受让人。[2780]对此适用一般的合同法规则。

委托人亦可能对商业信托或其受益人负有信义义务，诸如不得挪用受益人出资财产、不得利用交易优势地位损害商业信托或其受益人利益。[2781]此为普通信托法罕有的问题，却类似于公司发起人对股份认购人及公司负有信义义务。[2782]信义义务因委托人控制受益人所付认购款或商业信托财产等事实而发生，并非基于委托人身份当然发生，只是因委托人与商业信托的紧密联系，更易触发信义义务而已。此与其他人的信义义务发生原因并无本质区别，纵为商业信托当事人以外之人，如处于控制商业信托财产、交易机会等地位，亦可能负有信义义务。因此不属商业信托法的特有规则。大陆法系虽无如同普通法系的一般化信义义务概念，对此类情形可适用代理人义务或委托合同受托人义务等规则。

有美国与德国学者合撰的文章认为，普通法系与大陆法系共同基金的核心实质性区别不在于结构上的差异，而是基金发起人是否对投资者负有信义义务或类似于信义义务之义务：英美法系中，基金发起人一般对投资者直接负有信义义务，大陆法系中的发起人则无此义务，因此，普通

[2780] Commonwealth Trust Co. v. Capital Retirement Plan, Inc., 30 Del. Ch. 130, 54 A. 2d 739(Del. Ch. 1947).

[2781] 典型判例为Kotimsky v. Lubin, 62 F. Supp. 710(E. D. Ill. 1945)。商业信托文件订定，出卖数额超过信托总收入40%的信托资产，应经2/3受益人授权。商业信托发起人操控商业信托经营（指定受托人及信托委员会、积极参与商业信托的全部事务、向商业信托受雇人发出指示、决定商业信托的经营政策，甚至签署商业信托的信函、印制商业信托的广告材料；发起人甚至称本信托为“我的孩子”“希望看到它成长”）。发起人及其关联人与商业信托实施多项数额较大的交易，某些交易未向商业信托支付对价，某些交易仅向商业信托提供无价值的允诺或仅有微小的投机性价值的资产作为对价；此类交易既未依照商业信托文件经受益人授权，亦未告知受益人。受益人起诉发起人要求撤销交易，并起诉受托人及信托委员会成员。法院认为，对于商业信托发起人与商业信托之间的交易，法院将以更高的审查标准，审查发起人是否违反对商业信托及其受益人的义务而从此类交易中获利，或以受益人利益为代价从交易中获利。发起人及其关联人与商业信托的交易，并非当然无效或可撤销。本案中，Lubin一手设立本信托，本信托发行的证券由Lubin的经纪企业担任承销商，交易不因此事实而当然无效。但是，商业信托信义义务人（包括发起人、受托人等）与商业信托之间的交易，须建立于对等、公平基础之上，并且对标的物应作客观的、非个人化的估价；此类交易对于商业信托及其受益人须公平、透明，否则商业信托或受益人可撤销该交易。法院援引关于公司发起人信义义务的判例作为法理依据，判定发起人违反信义义务，据此撤销交易，并判令发起人与其他共同被告向商业信托报账并返还相应利益，发起人不得就此类交易向商业信托请求给付佣金及偿还费用。

[2782] Yeiser v. U. S. Board & Paper Co., 107 F. 340(C. C. A. 6th Cir. 1901); American Forging & Socket Co. v. Wiley, 206 Mich. 664, 173 N. W. 515(1919). 关于美国商业信托判例法上发起人的信义义务，详见Herbert B. Chermside, Jr., Annotation, Modern Status of the Massachusetts or Business Trust, 88 A. L. R. 3d 704, § 42(1978 & Supp. 2004)。

法系中的投资者对发起人享有违反信义义务之直接或派生的私法诉权，而大陆法系，由于发起人既不对投资者负有信义义务，发起人与投资者之间又无合同关系，投资者只能求助于监管机构以制裁发起人的不当行为；同时，在共同基金有数个信义义务人的场合，普通法系中关于共同信义义务人之原则将发挥私人的制衡体系之功能，信义义务人之间相互监督，以保障投资者利益，此种机制亦为大陆法系所无。[2783]但是，至少在我国《证券投资基金法》上，基金发起人和受益人之间存在基金合同关系，并且基金发起人通常即为基金管理人，因此，基金发起人受有合同义务和信托义务的双重约束，无须代之以监管机构的制裁。

三、委托人责任

委托人不履行义务致其他委托人受损失时，应负违约责任。此时适用合同法的一般规则。商业信托设立失败时的财产返还与责任承担问题，依合同法、侵权行为法、不当得利法足以解决，无须商业信托法特别规定。依合同法原理，商业信托不能成立的，设立合同之目的即无法实现，当事人可解除该合同，收取财产（如设立费用）的一方当事人有义务将该财产返还于提供财产的当事人。商业信托设立失败如因某一委托人违反义务所致，该委托人应对其他当事人负违约责任。数个设立人之间存在合伙关系，因此，因设立行为对他人所负债务，各人负连带责任。[2784]因委托人在设立过程中的过失，致商业信托受损害的，依侵权行为法的一般规定，委托人负损害赔偿责任，与第三人侵害商业信托时的法律适用无本质区别，无须特则。如设立过程中已发行受益权凭证，最终商业信托未能成立的，认购合同目的不能实现（认购人无法取得受益权），认购人有权解除合同并请求返还价款；如商业信托如愿成立，委托人另有不当行为致受益人等人受损害的，委托人自应负侵权责任或违约责任。

商业信托委托人责任问题，与公司发起人责任问题颇为相似。如我国《公司法》第94条明文规定股份公司发起人的责任：公司不能成立时，对设立行为所生债务和费用负连带责任；公司不能成立时，对认股人已缴股款，负返还股款并加算银行同期存款利息的连带责任；在公司设立过程

[2783] Charles E. Rounds, Jr. & Andreas Dehio, *Publicly-Traded Open End Mutual Funds in Common Law and Civil Law Jurisdictions: A Comparison of Legal Structures*, 3 N. Y. U. J. L. & Bus. 473, 481-82(2007).

[2784] 美国判例判定，如设立商业信托的意思未能实现，即商业信托最终未能成立，则设立人之间为合伙关系。Hollis v. O. A. Steiner Tire Co., 1926 OK 291, 122 Okla. 190, 247 P. 66(1926). 我国民法上亦作此解。

中，因发起人过失致公司利益受损害的，对公司承担赔偿责任。如前所述，上述三种责任均可依合同法、侵权行为法的一般规则解决，特别法并非必要。[2785]现代商业信托法多未提及委托人的责任，而特拉华判例早在尚未制定商业信托法的时代，已依一般合同法解决此类问题，[2786]即为佐证。

商业信托委托人的责任，有别于普通信托委托人的情形。这不仅是因商业信托的设立事务比普通信托复杂，致商业信托委托人可能面临更多债务与责任，更重要的原因为，普通信托一般基于无偿移转财产行为而设立，受益人无偿取得受益权，委托人不能设立信托的，受益人本无损害，委托人自然无责任可言，亦无所谓向受益人返还对价。如委托人因收取受益人的对价而负有设立信托的合同义务，自可依合同法处理，亦无信托法专设规则之必要。

四、委托人角色的退场

纵观委托人的定义、资格、权利、权限、义务、责任之后，或可理解现代商业信托法何以未为委托人留出特别的位置。既然不享有特殊的权利或权限、不承担特殊的义务或责任，委托人在商业信托法上就是一个可有可无的角色。

以《特拉华州商业信托法》为代表的美国最新一代商业信托法各处规定：在商业信托文件所定范围内，“某人”有权指示受托人；商业信托文件可订定“任何人”（包括商业信托文件当事人以外之人）的权利；受托人、受益人或“其他人”对商业信托等负有义务；等等。这为商业信托文件其他当事人或第三人预留位置，但并非为委托人专设。商业信托法仅为商业信托、受益人、受托人三大法定当事人备有专门规则，包括委托人在内的其他人如需参与商业信托营业与事务，取决于商业信托文件是否将其纳入当事人范围。此种模式契合商业信托的特性，同时便于因应具体交易之需，加入任何所需的当事人并设定相应权利义务。

不过，我国商业信托法仍有必要为委托人特留一席之地，即关于委托人资格的规定。为防止各种下位法任意设置对委托人资格的管制，有必

[2785] 一个例证是，我国《公司法》未规定有限责任公司中的相应责任，不影响有限责任公司同类纠纷的处理。

[2786] Commonwealth Trust Co. v. Capital Retirement Plan, Inc., 30 Del. Ch. 130, 54 A. 2d 739 (Del. Ch. 1947).

要明文规定：委托人可为具有完全行为能力的自然人，亦可为法人或非法人组织。另可在法律上将商业信托委托人改称为“设立人”，以防将商业信托法的委托人混淆于普通信托法的委托人，致使将普通信托法关于委托人的规则错误地类推适用于商业信托，并可彰显两者之区别。

第十章 商业信托受益人

第一节 受益人的地位与资格

一、受益人的地位与资格

依英美法系普通信托法，受益人是指委托人表示给予其受益权之人；仅意外地（incidentally）从信托的履行中受益之人，不是受益人。[2787]普通信托的无偿移转性质于此表露无遗：受益权的给予与受益人资格的确定，取决于委托人的意思表示。

商业信托并非委托人单方意思表示的产物，受益权来源于商业信托文件各方当事人（包括受益人自己）的合意，因此上述定义不适合于商业信托。依据特拉华州等州商业信托法的定义，商业信托受益人是指商业信托受益权的所有人（owner）。[2788]

普通信托法对受益人资格几无限制。商业信托法同此立场。[2789]受益人可为任何自然人、法人或非法人组织。受托人可成为受益人，[2790]商业信托文件可明文订定受托人可取得受益权，[2791]以强化对受托人的激励。[2792]商业信托文件可订定成为受益人的条件；可订定某人在符合商业信托文件或其他书面文件所设成为受益人的条件时，应成为受益人。[2793]其他文件如受益权认购协议。某人可通过授权代理人成为受益人，授权可用口头方式、书面方式或其他方式，例如，支付受益权的对价。[2794]

［2787］ Restatement（Third）of Trusts § 48（2003）.

［2788］ Del. Code Ann. tit. 12， § 3801（a）.

［2789］ 13 Am. Jur. 2d Business Trusts § 30（2007）.

［2790］ Henry G. Taussig Co. v. Poindexter，224 Mo. App. 580，30 S. W. 2d 635（1930）.

［2791］ Rhode Island Hospital Trust Co. v. Copeland，39 R. I. 193，98 A. 273（1916）.

［2792］ 在闭锁公司、有限合伙、有限责任企业等中小型企业中，企业成员兼任管理者为普遍现象，由成员直接参与经营管理，能够减少代理成本以及企业营运成本，具有经济上的合理性。Frank H. Easterbrook & Daniel R. Fischel，*Close Corporations and Agency Costs*，38 Stan. L. Rev. 271（1986）. 商业信托亦可为此。

［2793］ Del. Code Ann. tit. 12， § 3801（c）.

［2794］ Del. Code Ann. tit. 12， § 3801（c）.

我国《信托法》《证券投资基金法》亦未对受益人资格设定限制。关于某些信托的规章和其他规范性文件对受益人设有限制，主要是针对合格投资者的规定。但此类规定不影响信托合同的效力，受益人虽不符合此类规定，但在民法上取得受益权，并不受影响。例如，在江苏倍力工程机械有限公司诉上海国际信托有限公司信托纠纷案中，针对上诉人倍力公司提出的系争信托计划优先类受益人的资质问题，二审法院判决认为，《信托公司集合资金信托计划管理办法》中有关信托计划投资人适格问题的规范，属于行政规章的管理性规定，不影响合同效力，也与本案争议的信托计划分配结果无关。[2795]

实务中，普通信托作为遗产规划或家庭财产规划工具，其受益人一般是自然人。商业信托受益人远为复杂，既有广泛存在理性冷漠与“搭便车”现象的公众投资者，又有技能熟练、经验老到、力量雄厚的机构投资者。

普通信托受益人一般有权利、无义务。商业信托受益人不仅享有内容更丰富的受益权（如赎回权、估价权等，均为适于商事环境而为普通信托法所无的权利），同时亦负有义务，其中最重要者为出资义务。

受益人是商业信托的出资人，通常也是剩余索取权人，享有商业信托的利润，承受商业信托的最终风险。因此，商业信托重大事项的决定权往往操于受益人之手。为发挥专业管理优势，降低集体决策成本和受益人的能力成本，受益人通常不参与日常经营管理。商业信托营业与事务由受托人管理，受托人对商业信托负责，最终是对受益人负责。受益人通常作为一个整体对受托人行使共益权。

受益人较多时，不妨通过日常机构行使权利，或者任用他人协助行使权利。对此，美国各州商业信托法未设规范，纯由商业信托文件自决。《日本商事信托法纲要》设有受益人代表与信托管理人制度，明文允许受益人选任受益人代表并委托后者行使某些权利；在不选任受益人的前提下，可以在信托合同中设置信托管理人，后者能够以自己名义、为受益人利益行使受益人的权利或者实施相关行为，此系参考《资产流动化法》信托管理人制度所设的规定。[2796]

我国《信托法》未规定受益人代表或信托管理人制度，仅对于公益信托要求设信托监察人。商业信托特别法上有涉及此类制度的零星规定。

[2795] 江苏倍力工程机械有限公司诉上海国际信托有限公司信托纠纷案，上海市第二中级人民法院（2015）沪二中民六（商）终字第303号民事判决书。

[2796] [日]日本商事信托研究会编著：《日本商事信托立法研究》，朱大明译，法律出版社2019年版，第88~91页。

例如，2012年修订后的我国《证券投资基金法》第49条（2015年修正后序号变为第48条）规定，按照基金合同约定，基金份额持有人大会可以设立日常机构，行使召集基金份额持有人大会、提请更换基金管理人和基金托管人、监督基金管理人的投资运作和基金托管人的托管活动、提请调整基金管理人和基金托管人的报酬标准等职权以及基金合同约定的其他职权；日常机构由基金份额持有人大会选举产生的人员组成，其议事规则由基金合同约定。又如原保监会于2016年发布的《保险资金间接投资基础设施项目管理办法》规定，受益人应当聘请独立监督人监督投资计划管理运营的情况（第3条第2句）。独立监督人，是指根据投资计划约定，由受益人聘请，为维护受益人利益，对受托人管理投资计划和融资主体具体运营情况进行监督的专业管理机构（第50条第1款）。[2797]

依私法自治原则，受益人代表或信托管理人、信托监督人之类，自得由商业信托文件订定或由受益人选任，无须在法律上设一般性规定。选任此类主体，固然便利于受益人行使权利，但也会增加新的代理成本，并非当然能够优化信托治理，故法律设置强制性规定，显非妥适；明文允许选任此类主体，又不过是宣示当然之理，如为此增设任意性规定（如规定受益人代表等主体的权利义务），则难以创设出具有普适意义的默认规范，徒增当事人特约排除的成本。故不若彻底不加规定。至于规章基于防范风险或保护投资者目的而对特种商业信托加以规范，可视作个别领域内的一种合规控制，不宜上升为法律的一般规范。

二、受益人不是债权人

典型商业信托（conventional business trust）的受益人之地位，类似于

[2797] 依照该办法，一个投资计划选择一个独立监督人，项目建设期和运营期可以分别聘请独立监督人，投资计划另有约定的除外；独立监督人与受托人、融资主体不得为同一人，不得具有关联关系（第50条第2款）。独立监督人可由下列主体担任：投资计划受益人；最近1年国内评级在AA级以上的金融机构；国家有关部门已经颁发相关业务许可证的专业机构；原保监会认可的其他机构（第51条）。独立监督人的职责，包括监督受托人管理投资计划以及履行法定、投资计划约定职责的情况，跟踪监测融资主体管理的基础设施项目情况，发现融资主体财务状况严重恶化、担保方不能继续提供有效担保等重大情况，应当及时向有关当事人以及原保监会和有关监管部门报告，分析项目建设及运营风险，及时提出防范和化解建议，了解、获取投资计划管理及项目运营的有关信息并要求受托人、融资主体作出说明，列席受益人大会等（第53条）。独立监督人按照投资计划约定取得报酬；独立监督人因监督不力造成投资计划财产损失的，应当承担赔偿责任（第54条）。独立监督人职责终止的，应由受益人大会委任新的独立监督人；独立监督人依法解散、被依法撤销、被依法接管或者被依法宣告破产的，受益人大会可以指定临时独立监督人负责相关独立监督事宜（第56条）。

公司股东，[2798]但两者仍有区别：股东通常通过董事会控制公司营业，受益人并不控制受托人的行为，且通常情况下，受益人之间无权利义务。[2799]

受益人不是商业信托的债权人。[2800]但不影响受益人就其特定权利的行使而具有债权人的地位。例如，特拉华州等州法规定：除商业信托文件另有订定外，在受益人有权接受分配之时，关于该分配，受益人有商业信托债权人之地位，并有权主张商业信托债权人享有的全部救济。[2801]

有时，因企业交易的复杂性，受益人可能与债权人难以区分，致发生税法、会计或其他规范上的不同后果，正如公司股东有时可能混淆于公司债权人。辨别受益人与债权人的身份，取决于当事人的意思表示。例如，商业信托有时会发行“完全偿付型优先受益权凭证”（full-paid preferd certificate），并在商业信托文件中订定此种凭证持有人有权请求商业信托偿付利息而不参与商业信托的利润分配，也不享有表决权。此种受益权凭证持有人仍属受益人，而非债权人。[2802]信托文件未明示某类主体为受益人时，则视其法律关系内容而定性。某类投资者如对受托人或其他管理人的任免不享有表决权、不参与制定或采纳商业信托内部管理细则、不参与决定商业信托的根本变动（fundamental changes）且无权查阅商业信托账簿与记录，则为债权人而非受益人。[2803]

第二节　商业信托受益权的性质、形式与分类

一、受益权的性质

商业信托受益权的性质更近似于公司股权与其他企业中的成员权，

［2798］ Selected Inv. Corp. v. Duncan, 260 F. 2d 918（10th Cir. 1958）, cert. denied, 359 U. S. 914, 79 S. Ct. 584, 3 L. Ed. 2d 576（1959）; Bryan v. Welsh, 72 F. 2d 618（C. C. A. 10th Cir. 1934）.

［2799］ Krensky v. De Swarte, 335 Ill. App. 435, 82 N. E. 2d 168（1st Dist. 1948）. 自20世纪50年代《统一商法典》陆续被各州采纳以来，美国合同法确立一般诚信义务，作为合同当事人的商业信托受益人之间亦不能免此义务。但也仅限于此义务。至于商业信托文件另行约定受益人负有其他义务，或受益人因兼任信托管理人而以管理人身份对商业信托及其他受益人负有义务的，自当别论。Regas v. Danigeles, 54 Ill. App. 2d 271, 203 N. E. 2d 730（1st Dist. 1964）.

［2800］ Selected Inv. Corp. v. Duncan, 260 F. 2d 918（10th Cir. 1958）, cert. denied, 359 U. S. 914, 79 S. Ct. 584, 3 L. Ed. 2d 576（1959）.

［2801］ Del. Code Ann. tit. 12, § 3805（e）.

［2802］ Wineinger v. Farmers' & Stockmen's Loan & Investment Ass'n, 278 S. W. 932（Tex. Civ. App. Amarillo 1925）, writ granted,（Feb. 24, 1926）and aff'd, 287 S. W. 1091（Tex. Comm'n App. 1926）.

［2803］ In re Independent Clearing House Co., 77 B. R. 843（D. Utah 1987）.

有别于普通信托受益权。[2804]在英美法上，无论商业信托财产为不动产还是动产，受益权均属动产。[2805]此与普通信托法传统规则不同。后者依信托财产确定其受益权性质：信托财产为动产的，受益权属于动产；信托财产为不动产的，受益权属于不动产，但受益权期限受有限制，导致其如为法定权益时将属于动产的除外。[2806]

从大陆法系民法理论的视角观之，受益权是一种复合型的权利，既有债权性质的利润分配请求权及剩余资产分配请求权，亦有包括表决权在内的"参与管理权"。[2807]因此，商业信托受益权不能简单归入债权或物权范畴，而应属于社员权（或成员权）之范畴。

二、受益权的形式

受益权的决定与证明，依商业信托文件的条款，可以是登记、受益权凭证或其他形式。[2808]

登记主要是指登记于商业信托置备的受益人名册。受益权如已采用登记形式，即不必采用受益权凭证形式。如资产证券化信托多用电子登记结算［在美国，通常由美国结算信托公司（DTC）或其下设机构成员方提供登记结算服务］，不发行有形凭证；证券持有人通过登记结算机构间接行使权利。[2809]

更常见的形式为受益权凭证。[2810]在美国实务中，受益权凭证称谓各异，有份额（share）、股份（stock share）、凭证（certificate）、收据（receipt）

［2804］ In re John M. Cahill, M. D. Associates Pension Plan, 15 B. R. 639 (Bankr. E. D. Pa. 1981).

［2805］ Parker v. Mona-Marie Trust, 278 S. W. 321 (Tex. Civ. App. Fort Worth 1925); Del. Code Ann. tit. 12, § 3805 (c). 英美法系所称动产，包括有体动产与无体动产，类似于法国法系，广于德国法系的动产概念（仅指有体动产）。我国法所称的动产亦仅指有体动产，因此受益权非物，而属于权利。

［2806］ Restatement (Second) of Trusts § 130 (1959). 另有衡平法转换制度（equitable conversion）为其例外。Id. § 131.《第三次信托法重述》未沿用此分类。Restatement (Third) of Trusts, Pt. 4 Introductory Note (2003).

［2807］ 依德国民法理论，参与管理权是指参与公司或团体的意思形成及参加团体活动之权利，基于股东或成员的地位而发生，且与此地位不可分。此种权利使权利人通过自己的法律行为的意思对其他权利人产生影响或参与此种影响的实施，因而近似于形成权，但与形成权不同的是，参与管理权不是一种纯粹利己的权利，而是一种"组织性的权利"；不是通过权利人单独形成某种法律关系，而是通过权利人的共同影响使形成一个共同的意思成为可能。参见［德］卡尔·拉伦茨：《德国民法通论》（上），王晓晔、邵建东、程建英、徐国建、谢怀栻译，法律出版社2003年版，第288页。

［2808］ Del. Code Ann. tit. 12, § 3801 (a).

［2809］ 例如，SWIFT Master Auto Receivables Trust, Prospectus (October 9, 2007)。

［2810］ In re John M. Cahill, M. D. Associates Pension Plan, 15 B. R. 639 (Bankr. E. D. Pa. 1981).

等。[2811]受益权凭证的性质、发行方式类似于公司股票。[2812]各种受益权凭证的格式类似于同类型的公司股票的格式。[2813]受益权凭证仅为证明受益权的证据,[2814]未发行受益权凭证不影响受益权的取得。[2815]受益权凭证既非有形动产(chattels),亦非所有权单证(documents of title,包括提单、仓单等),[2816]而是无体财产权(intangible rights)的证据,此种无体财产权在普通法上属于诉取财产(choses in action)。受益权凭证可构成美国《统一商法典》第8编"投资证券"所称"证券"。[2817]依据大陆法系与我国民商法理论,受益权凭证类似于股票,系有价证券的一种,其性质为证权证券,而非设权证券。

受益权凭证可以构成证券法上的证券。在美国,受益权凭证可以是1933年《证券法》、1934年《证券交易法》所称"证券",在证券交易所交易。[2818]在此意义上,可称为"受益权证券化"。[2819]我国台湾地区"金融资产证券化条例"径称为受益证券。《日本商事信托法纲要》设有受益证券的专章规定(第6章)。2006年《日本信托法》专设一章"受益证券发行信托之特别规定"(第8章)。2011年《韩国信托法》于第5章"受益人的权利和义务"中专设一节"受益证券"(第7节),规定受益证券发行信托。

受益权证券化意在实现商业信托及其受益权的经济功能。商业信托受益权为投资权益,重在流通价值,流通性亦为商业信托治理机制的重要

[2811] Goldwater v. Oltman, 210 Cal. 408, 292 P. 624, 71 A. L. R. 871(1930); Schumann-Heink v. Folsom, 328 Ill. 321, 159 N. E. 250, 58 A. L. R. 485(1927).

[2812] Limouze v. M. M. and P. Maritime Advancement, Training, ed. and Safety Program, 397 F. Supp. 784(D. Md. 1975).

[2813] 4A Am. Jur. Legal Forms 2d, Business Trusts § 51:126(2007).

[2814] Parker v. Mona-Marie Trust, 278 S. W. 321(Tex. Civ. App. Fort Worth 1925).

[2815] In re Carriage House, Inc., 120 B. R. 754(Bankr. D. Vt. 1990), opinion aff'd, 146 B. R. 352(D. Vt. 1992).美国某些早期制定法所称商业信托,是指发行受益权凭证的商业组织。据此,未发行受益权凭证的信托,不属商业信托。Limouze v. M. M. and P. Maritime Advancement, Training, ed. and Safety Program, 397 F. Supp. 784(D. Md. 1975).某些联邦法院与破产法院的判例亦认为,至少为了某些目的,不能将未发行受益权凭证的信托认定为商业信托。In re Gonic Realty Trust, 50 B. R. 710, 13 Collier Bankr. Cas. 2d(MB) 131, Bankr. L. Rep.(CCH) ¶70665(Bankr. D. N. H. 1985); Denmark Cheese Assn. v. Hazard Adv. Co., 33 A. D. 2d 761, 305 N. Y. S. 2d 1019(1st Dep't 1969).另一些联邦破产法院持相反意见。In re Carriage House, Inc., 120 B. R. 754(Bankr. D. Vt. 1990), opinion aff'd, 146 B. R. 352(D. Vt. 1992).

[2816] Goodhue v. State St. Trust Co., 267 Mass. 28, 165 N. E. 701(1929).

[2817] Uniform Commercial Code § 8-103(a).

[2818] Reffon Realty Corp. v. Adams Land & Bldg. Co., 128 Md. 656, 98 A. 199(1916).在此情形,商业信托与公司等其他商业组织一样,同受证券法之规范。州法上有明文规定者,如印第安纳州法:关于证券发行与转让等事项,适用于公司的法律规定,亦适用于商业信托及其受益权凭证。Ind. Code § 23-5-1-9.

[2819] 此处所谓受益权证券化,并非指资产证券化意义上的"证券化"(securitization)。

因素。证券化正应此需，并有保护受托人（作为给付义务人）之功能。因流通频繁，受益权多次易手后，受托人仅需向证券持有人清偿即可，免去调查请求分配的证券持有人是否为真正权利人之成本。普通信托受益权不采证券形式，且无证券化之必要。普通信托受益权的流通性较弱，流通于市亦不合委托人设立信托之目的，同时，受益权证券化可能导致信托适用证券法而须公开披露信托信息，有悖委托人之意，损及信托私密性。受益人资格依信托文件确定，受托人依信托条款即可确定向何人清偿。

商业信托受益权凭证另有重要的提示与说明功能，亦可简化信息披露，商业信托文件关于受益权的重要条款，常在受益权凭证中载明。[2820]为发挥特别提示作用，受益权凭证通常注明："自接受本受益权凭证之日起，持有人即为对本商业信托文件作出承诺并受本商业信托文件约束。"[2821]至于受益权凭证的记载事项，属于私法自治范畴，应由商业信托自决，法律无须干预。[2822]

受益权采用凭证形式的，通常需在商业信托文件中订定凭证遗失、被盗、毁损、灭失时，受益人有适当的救济。[2823]美国判例法的规则为：受益权凭证毁损、灭失，受益人有权请求商业信托补发，但须证明其为受益人且经合理努力无法补救或寻回的事实，不能提交证据的，商业信托无义务补发，即使商业信托文件订定可重复发行受益权凭证。[2824]在大陆法系，不妨将受益权凭证与股票等同视之，允许适用公示催告程序。

三、受益权的分类

（一）不同类别、群组、系列的受益人或受益权

1. 分类自由

商业信托发行不同类别（class，或称层级）受益权凭证的做法，早期

[2820] 商业信托文件或招募说明书通常长达数十页、上百页，非专业投资者未必有兴趣或能力加以关注了解。短短一两页、三四页的受益权凭证可真正发挥信息披露功能；非专业投资者所希望了解的信息往往也限于重要条款。

[2821] 美国判例：State Street Trust Co. v. Hall, 311 Mass. 299, 41 N. E. 2d 30, 156 A. L. R. 13（1942）。交易实例：DB Multi-Sector Commodity Master Trust, Amended and Restated Declaration of Trust and Trust Agreement, Exhibit A（2006）；CMS Energy X-TRAS Pass Through Trust I, Amended and Restated Pass Through Trust Agreement, Exhibit A（1998）。

[2822] 强制规定受益证券必要记载事项的立法例，如《日本信托法》第209条第1款，《韩国信托法》第78条第5款。

[2823] 交易实例：National City Credit Card Master Note Trust, Amended and Restated Trust Agreement § 10.03（August 23, 2005）。

[2824] Davis v. Fraser, 307 N. Y. 433, 121 N. E. 2d 406（1954）.

即已有之，此乃基于契约自由，[2825]不依赖于制定法。英美判例法普遍予以认可。[2826]例如，商业信托可同时创设优先受益权与普通受益权，[2827]可将每种类型（type）的受益权再细分为不同类别，可创设不等额的受益权份额（no-par shares），各种受益权的特性及条件通常由商业信托文件订定。[2828]从事石油生产业的商业信托有时在一般受益权之外，附加发行“参与协议书”（participating agreements），参与协议书的持有人有权享有已产出石油的约定份额。[2829]“参与协议书”本质上仍属一种受益权，持有人未在诉状或其他文件中称其为受益权或受益权凭证，不影响其依据有关商业信托受益权的法律规定主张权利。[2830]

发行不同类别的投资权益，在公司实践中亦颇为常见。美国现代商业信托制定法继承了判例法的精神，对类别受益人的规定比公司法更为灵活，对此未设任何法定限制。例如，公司法或监管机构对公司采用双重类别股（dual class stock）有诸多限制，远不如商业信托法灵活（商业信托法对此无限制）。[2831]此外，商业信托法明文容许商业信托文件对受益权作出各种安排。受益权的分类亦从类别扩展到群组（group）与系列（series）。以《特拉华州商业信托法》中典范式的第3806条第b款规定为例，商业信托可订定的事项包括但不限于：“（1）创设各种类别、群组、系列的受托人、受益人或受益权；将来依商业信托文件所定方式，随时追加创设具有相应权利、权限和义务的类别、群组、系列的受托人、受益人或受益权，该类

[2825] John H. Sears, *Trust Estates as Business Companies* 392(2d ed. 1921).

[2826] Morrissey v. Commissioner of Internal Revenue, 296 U. S. 344, 56 S. Ct. 289, 80 L. Ed. 263, 35-2 U. S. Tax Cas.(CCH)¶9681, 36-1 U. S. Tax Cas.(CCH)¶9020, 16 A. F. T. R.(P-H)¶1274(1935); Bouchard v. First People' s Trust, 253 Mass. 351, 148 N. E. 895(1925); People v. Clum, 213 Mich. 651, 182 N. W. 136, 15 A. L. R. 253(1921).

[2827] Peterson v. Hopson, 306 Mass. 597, 29 N. E. 2d 140, 132 A. L. R. 1(1940); Fogelin v. Nordblom, 402 Mass. 218, 521 N. E. 2d 1007(1988)(商业信托文件可特别订定普通受益人与优先受益人有不同权利).

[2828] People v. Clum, 213 Mich. 651, 182 N. W. 136, 15 A. L. R. 253(1921).

[2829] Schiffman v. Richfield Oil Co. of Cal., 8 Cal. 2d 211, 64 P. 2d 1081(1937).

[2830] Schiffman v. Richfield Oil Co. of Cal., 8 Cal. 2d 211, 64 P. 2d 1081(1937).

[2831] 双重类别股结构，有利于企业创始人保留对企业的控制（以免企业的长期战略受到外部投资者的左右），同时能够通过公开市场筹集股份。Google公司即为著例。采用双重类别股结构的美国上市公司，通常将其股票分为A股和B股两类，其股东分别享有不同的表决权，例如，A股股东每一股有五票表决权，B股股东每一股有一票表决权，A股股票保留于公司管理层之手，B股股票向公众投资者出卖。商业信托在分拆企业上市和分配红利灵活性上，均比美国的双重类别股公司更为灵活。相关论述，详见Norman P. Ho, *A Tale of Two Cities: Business Trust Listings and Capital Markets in Singapore and Hong Kong*, 11 J. Int' l Bus. & L. 311, 329-30(2012)。

别、群组、系列的受托人、受益人或受益权所具有的权利、权限和义务可优先于或劣后于现有类别、群组、系列的受托人、受益人或受益权;(2)不同类别、群组与系列的受益人或受益权依商业信托文件的条款具有相应的权利、权限和义务;(3)无须任一特定类别、群组、系列的受托人、受益人的表决或同意,即可实施下列行为:修改商业信托文件,实施吸收合并、新设合并、改组,选任一个或数个受托人,对商业信托或商业信托任一系列的全部或部分资产进行出卖、出租、置换、转让、出质或其他处分,解散商业信托,根据商业信托文件的条款创设先前不存在的某种类别、群组、系列的受益权,其他行为;(4)可以对特定类别、群组、系列的受托人、受益人授予针对任一事项的表决权或取消(withhold from)该表决权。表决权可以是单独表决权,亦可结合于任一或全部其他类别、群组、系列的受托人、受益人的表决权。表决权可按人头、数量、经济利益(financial interest)、类别、群组、系列或其他根据计算。”

将商业信托受益人或受益权划分为不同类别、群组、系列,在各种商业信托中均有广泛的应用余地。例如,证券投资信托经常将受益权分为优先级、普通级。由表9可见,美国共同基金所发行的份额类别数量基本上逐年增长,截至2018年,共同基金类别数量约为共同基金数量的三倍,平均每个基金有三个类别。投资基金实务中的“多类别基金”(multiple-class funds),乃是在同一投资基金中划分出数个类别,其销售负担与费率互不相同,可以向投资者提供不同选择并创造规模经济效益,相比于“主—支基金”之类设立多个投资基金的架构,节省了成本。[2832]另有“双重基金”(dual fund),系杠杆基金之一种(1967年从英国引入美国),发行两种类别的基金份额,其一为“收入份额”,赋予持有人针对扣除成本后全部基金收入之权利,其二为“本金份额”,赋予持有人针对基金资产所生全部本金所得之权利,收入按年度分配于收入份额持有人,本金所得一般用于再投资,因而各个类别互有杠杆作用。[2833]又如,资产证券化信托中,类别受益权更是一般形态,受益权凭证划分为优先级、普通级等不同

[2832] 4 Tamar Frankel & Ann Taylor Schwing, *The Regulation of Money Managers: Mutual Funds and Advisers* 31-22 to 31-23(2d ed. 2001 & Supp. 2008). 例如,美国共同基金平均费率的下降,得益于“无销售费用份额类别”(no-load share classes)的盛行,投资者无须经由金融机构协助或无须单独支付中间费用即可购买此种类别的基金份额,从而节省了销售费用。Investment Company Institute, *2019 Investment Company Fact Book* 116, 127(59th ed. 2019).

[2833] 关于双重基金,详见4 Tamar Frankel & Ann Taylor Schwing, *The Regulation of Money Managers: Mutual Funds and Advisers*, 31-72.12 to 31-72.13(2d ed. 2001 & Supp. 2008)。

层次，优先级受益权凭证持有人有权优先取得分配，普通级受益权须在优先级受益权获得分配之后方可取得分配，余者类推。资产证券化也因此被称为结构融资。

表9　美国共同基金的总净资产、基金数量和基金份额类别的数量[2834]

年度	总净资产（10亿美元）	基金数量（只）	基金份额类别的数量（个）
1940	0.45	68	—
1945	1.28	73	—
1950	2.53	98	—
1955	7.84	125	—
1960	17.03	161	—
1965	35.22	170	—
1970	47.62	361	—
1975	45.87	426	—
1976	51.28	452	—
1977	48.94	477	—
1978	55.84	505	—
1979	94.51	526	—
1980	134.76	564	—
1981	241.37	665	—
1982	296.68	857	—
1983	292.99	1026	—
1984	370.68	1243	1243
1985	495.39	1528	1528
1986	715.67	1835	1835
1987	769.17	2312	2312
1988	809.37	2737	2737
1989	980.67	2935	2935
1990	1064.34	3078	3176
1991	1392.17	3402	3586

［2834］ 来源：Investment Company Institute，*2019 Investment Company Fact Book* 192（59th ed. 2019）。

续表

年度	总净资产（10亿美元）	基金数量（只）	基金份额类别的数量（个）
1992	1641.58	3823	4207
1993	2068.94	4533	5561
1994	2153.69	5324	7696
1995	2807.61	5724	9006
1996	3520.29	6246	10,350
1997	4461.17	6675	11,988
1998	5516.07	7308	13,707
1999	6833.75	7758	15,209
2000	6955.94	8134	16,687
2001	6969.00	8268	17,967
2002	6380.19	8223	18,947
2003	7398.75	8107	19,290
2004	8093.27	8039	20,025
2005	8888.70	7967	20,534
2006	10,395.24	8106	21,231
2007	11,995.19	8019	21,569
2008	9618.69	8022	22,233
2009	11,108.97	7651	21,621
2010	11,831.06	7546	21,894
2011	11,630.37	7581	22,277
2012	13,053.59	7596	22,659
2013	15,048.93	7721	23,413
2014	15,876.62	7934	24,251
2015	15,657.87	8121	25,078
2016	16,353.46	8073	25,134
2017	18,763.96	7965	25,132
2018	17,706.87	8078	25,024

只要有需要，商业信托可创设任何种类的受益权，以满足财务会计、税收、证券法等方面的各种要求。例如，尽管商业信托组织法未提及企业

债券的概念，但商业信托法容许商业信托在资本结构安排上享有充分的自主权，商业信托可以自行创建类似于公司债券的权益、类似于公司债券持有人的概念。商业信托文件可以创设无表决权的优先受益权、对部分事项有表决权的优先受益权、有表决权的优先受益权、无表决权的普通受益权、对部分事项有表决权的普通受益权、有表决权的普通受益权等各种受益权。商业信托文件完全可以创设无表决权的、仅有权收取固定本金与利息而无权分配利润的受益权，从而获取公司债券般的优势。

商业信托法关于受益权类别的高度灵活立场，与其他非公司企业法一致。例如，美国所有州的有限责任企业法均为有限责任企业设计各种各样的成员权益提供了极大的灵活性。[2835]《特拉华州修订统一有限合伙法》《特拉华州有限责任企业法》授予有限合伙协议、有限责任企业协议近乎无限制的设定合伙人或成员类别权益的权力。

我国《信托法》并未限制受益权的分类，为实务发展留下空间。这也是我国信托相比于公司的优势。关于公司，我国现行法仅对于股份有限公司有条件地容许发行优先股，限制较为严格。而《信托法》对类别受益权不设限制。设有不同类别受益权的信托，被称为结构化信托。信托监管部门明文认可结构化信托。原银监会2010年发布的其他规范性文件《关于加强信托公司结构化信托业务监管有关问题的通知》(银监通〔2010〕2号)将结构化信托界定为："结构化信托业务是指信托公司根据投资者不同的风险偏好对信托受益权进行分层配置，按照分层配置中的优先与劣后安排进行收益分配，使具有不同风险承担能力和意愿的投资者通过投资不同层级的受益权来获取不同的收益并承担相应风险的集合资金信托业务……享有优先受益权的信托产品投资者称为优先受益人，享有劣后受益权的信托产品投资者称为劣后受益人。(第1条)"

类别受益权或结构化信托的约定在我国商业信托实务中广泛存在。例如在证券投资基金领域，与美式"多类别基金"类似的证券投资基金架构，在我国实务中常称为分级基金。分级基金(structured fund)，又称"结构型基金""结构化基金"，是指在一个投资组合下，通过对基金收益或净资产的分解，形成风险收益表现有一定差异化的两级(或多级)基金份额的基金品种。分级基金的主要特点是将基金产品分为两类或多类份额，并分别给予不同的收益分配。其具体设计则繁复多样，视交易需求

[2835]　Carter G. Bishop & Daniel S. Kleinberger, *Limited Liability Companies-Tax and Business Law* ¶ 14.03(2007).

而异。[2836]上海证券交易所经中国证监会批准于2016年11月25日发布、自2017年5月1日施行的《上海证券交易所分级基金业务管理指引》在“附件：分级基金投资风险揭示书必备条款”中将分级基金描述为：“分级基金通过基金合同约定的风险收益分配方式，将基金份额分为预期风险收益不同的子份额，其中全部或者部分类别份额在交易所上市交易或者申赎，大部分分级基金基础份额和子份额之间可以通过分拆、合并进行配对转换。其中，分级基金基础份额也称为‘母份额’，预期风险收益较低的子份额称为‘A类份额’或‘稳健份额’并获取约定收益，预期风险收益较高的子份额称为‘B类份额’或‘进取份额’并获取剩余损益。”在我国证券投资基金实务中，分级基金发展迅速。[2837]

证券公司、基金管理公司、期货公司等机构管理的资产管理计划，本质上亦属商业信托，实即投资基金。结构化的资产管理计划，在实务中亦相当普遍，以致中国证监会专门发布监管规定。依照中国证监会2016年发布的《证券期货经营机构私募资产管理业务运作管理暂行规定》（中国证券监督管理委员会公告〔2016〕13号）第14条第1项之规定，结构化资产管理计划，是指存在一级份额以上的份额为其他级份额提供一定的风险补偿，收益分配不按份额比例计算，由资产管理合同另行约定的资产管理计划；资产管理合同约定，由资产管理人以自有资金提供有限风险补偿，且不参与收益分配或不获得高于按份额比例计算的收益的资产管理计划，

[2836] 其中一种分类是股票型分级基金和债券型分级基金。从设计形式上看，债券型分级基金和股票型分级基金的差异较为明显。募集方式上，债券型分级基金主要以分开募集为主，而股票型分级基金主要以合并募集为主。由于募集形式的不同，高低份额的配比也存在差异。以分开形式募集的分级基金一般对份额的配比没有严格的比例，而是给定一定的范围，原因在于分开募集很难保证投资人对低风险份额和高风险份额的认购始终保持一定的比例。股票型分级基金和债券型分级基金募集形式的不同主要在于两类分级基金存在意义的差异性。股票型分级基金的进取份额主要作为一种博取反弹的有效工具，通常来说高风险份额的投资人对于支付给A类份额的利息敏感程度较低。相反，债券型产品由于价格波动较小，高风险份额对支付给A类份额的利息比较敏感。对A类份额支付过高的利息会很大程度上侵蚀高风险份额的收益，失去了高风险份额向低风险份额融资的目的。债券型分级基金的A类份额对利息的要求与期限有直接的关系，期限越长要求的收益越高，期限越短要求的收益也就越低。为了保证高风险份额用较低的利息实现向低风险份额的融资，办法就是缩短低风险份额的期限。在债券型分级基金的设计形式上就是低风险份额实现较短期限的定期开放。分开募集的封闭式债券型分级基金对A类份额均实行定期开放，保证了高风险份额能够以较低利率向A类份额融资。对于合并募集的债券分级基金而言，通常会设计成交易所上市交易的方式，A类份额持有人可通过二级市场实现退出。参见中国证券投资基金业协会编著：《中国证券投资基金业年报（2013）》，中国财政经济出版社2014年版，第49～50页。

[2837] 截至2012年12月31日，分级基金资产净值规模达895.43亿元，较2011年提升257.57亿元，同比增长40.4%，分级基金资产净值占市场的比例为3.12%。参见中国证券投资基金业协会编著：《中国证券投资基金业年报（2013）》，中国财政经济出版社2014年版，第48页。该年报2014年版、2015年版未对分级基金作单独统计。

不属于本规定规范的结构化资产管理计划。《关于规范金融机构资产管理业务的指导意见》对分级资产管理产品沿用了上述定义性规定：分级资产管理产品是指“存在一级份额以上的份额为其他级份额提供一定的风险补偿，收益分配不按份额比例计算，由资产管理合同另行约定的产品”（第21条第4款）。[2838]

在我国的资产证券化交易领域，受益权分类化处理，作为资产证券化信用增级的一种常用手段，为部门规章所明文认可。[2839]

除证券投资基金、资产证券化等常规商业信托交易之外，我国实务中，亦有在中小企业发展基金信托计划中分层设计受益权的实例。[2840]

我国司法实务中广泛认可各种类别受益权或结构化信托的约定，其直接法律依据有《信托法》第45条关于共同受益人的规定。[2841]在2015年上半年股市大好的市场环境下，结构化信托作为配资和杠杆投资工具被

[2838] 在治理资管乱象、强化金融监管的背景下，该指导意见及以该指导意见为依据之一制定的规章强化了对于分级产品的管制。详见该指导意见第21条、《商业银行理财业务监督管理办法》第42条、《商业银行理财子公司管理办法》第31条、《证券期货经营机构私募资产管理业务管理办法》第22条、《证券期货经营机构私募资产管理计划运作管理规定》第30条。

[2839] 原银监会发布的《金融机构信贷资产证券化监督管理办法》第30条规定：“信用增级可以采用内部信用增级和/或外部信用增级的方式提供。内部信用增级包括但不限于超额抵押、资产支持证券分层结构、现金抵押账户和利差账户等方式。外部信用增级包括但不限于备用信用证、担保和保险等方式。”第86条第2项规定：“‘资产支持证券分层结构’是指在信贷资产证券化交易中，将资产支持证券按照受偿顺序分为不同档次证券的一种内部信用增级方式。在这一分层结构中，较高档次的证券比较低档次的证券在本息支付上享有优先权，因此具有较高的信用评级；较低档次的证券先于较高档次的证券承担损失，以此为较高档次的证券提供信用保护。”证监会发布的《证券公司及基金管理公司子公司资产证券化业务管理规定》第31条第2款规定：“同一专项计划发行的资产支持证券可以划分为不同种类。同一种类的资产支持证券，享有同等权益，承担同等风险。”与原保监会发布的《资产支持计划业务管理暂行办法》第28条的规定类似：“受益凭证是持有人享有支持计划权益的证明。同一支持计划的受益凭证按照风险和收益特征的不同，可以划分为不同种类，同一种类的受益凭证持有人，享有同等权益，承担同等风险。”

[2840] 原告中国金谷国际信托有限责任公司与被告浙江优选中小企业投资管理有限公司营业信托纠纷案，北京市第二中级人民法院（2014）二中民（商）初字第11032号民事判决书。信托公司发行金谷·向日葵15号中小企业发展基金信托计划，信托资金用于向浙江省内信用良好、资金用途合法明确、还款来源可靠的中小企业发放信托贷款，信托计划设计结构分层，优先级信托受益权由信托公司负责募集，次级信托受益权由浙江优选中小企业投资管理有限公司以自有资金认购，在每期信托计划中，优先级信托单位与次级信托单位的比例不高于8∶2。

[2841] 裁判见解：“《信托法》规定：共同受益人按照信托文件的规定享受信托利益。根据本案相关信托文件的约定，将受益人区分为优先受益人与一般受益人。优先受益人指持有优先信托单位的投资者。一般受益人指持有一般信托单位的投资者及本案原告倍力公司。受益人享有的受益权区分为优先受益权与一般受益权两种类别；根据认购信托单位的金额不同，优先受益权进一步区分为优先A类、优先B类受益权。受托人以信托财产净值为限向受益人分配信托利益。全体优先受益人信托利益未得到足额分配之前，不得向一般受益人分配任何信托利益。上述信托利益分配的规定于法不悖。”江苏倍力工程机械有限公司与上海国际信托有限公司营业信托纠纷案，上海市黄浦区人民法院（2015）黄浦民五（商）初字第909号民事判决书。

广泛运用，2015年6月后股市出现普遍下挫，引发大量民事纠纷，证券监管机构开始厉行管制。但即使在此背景下，法院仍不轻易认定结构化信托合同无效，而是通过更为妥当的处理方法解决纠纷，例如判决信托公司承担违反信托合同的责任。[2842]结构化信托客观上具有一定的融资功能，但并不因此而违反法律、行政法规的强制性规定，此种信托合同约定不因此而无效。[2843]

2. 法律管制不必要

一般而言，对受益权分类施加法律管制，缺少意义，亦缺乏正当性。即使商业信托设计出看似奇形怪状的受益权，背后也必然蕴含特有的经济考虑，立法者或法院不能轻易否定其效力。在可容许与不可容许的受益权分类之间不可能划出一般性的界线。法律应管制、能管制者，只能是已经发生重大弊害且具有典型性的分类方式。例如，美国的1940年《投资团体法》鉴于已经发生的弊病，对设有多类别受益权的商业信托施加特别

[2842] 例如，黄聪与四川信托有限公司信托纠纷案，四川省高级人民法院（2016）川民终1144号民事判决书（判决信托公司对原告的部分损失承担违约责任）。

[2843] 裁判见解，如一审判决谓："案涉信托合同围绕该信托计划的运行设置了双方权利义务，并就信托收益权分层设置、信托收益分配的先后顺序、平仓控制、各类委托人的投资风险及一般委托人追加信托资金等方面作出了明确约定，体现了信托计划运行的商事性，是缔约双方真实意思表示，且未违反法律和行政法规的强制性规定，故应属合法有效。关于李相红辩称本案信托合同违反了中国银监会颁布的《信托公司集合资金信托管理办法》第8条第1款、中国证监会颁布的《证券期货经营机构私募资产管理业务运作管理暂行规定》第4条以及《信托法》第11条的禁止性规定……李相红并未提供证据证明本案信托计划存在《信托法》第11条规定的信托无效的具体情形；且《信托公司集合资金信托管理办法》及《证券期货经营机构私募资产管理业务运作管理暂行规定》属于部门规章，并非法律和行政法规；其中，《信托公司集合资金信托管理办法》第8条第1款规定'信托公司推介信托计划时不得有以下行为：（一）以任何方式承诺信托资金不受损失，或者以任何方式承诺信托资金的最低收益……'，该内容系对信托公司承诺信托资金最低收益的限制，而在本案信托计划中，仅有李相红作为一般委托人作出了保证优先受益人的本金及理论收益的承诺，四川信托公司其并无相关承诺，故本案信托计划并未违反上述《信托公司集合资金信托管理办法》第8条第1款的禁止性规定；而《证券期货经营机构私募资产管理业务运作管理暂行规定》第4条规定的内容系对证券期货经营机构设立结构化资产管理计划过程中的行为规制，与本案的信托计划无关……"二审判决谓："李相红主张四川信托公司通过向其个人提供信贷资金的方式进入股票市场，实质为信托公司擅自经营股票市场融资业务的违规行为，即通常所称的'场外配资'，根据证监会发布的《关于继续做好清理整顿违法从事证券业务活动的通知》的规定，信托公司擅自经营股票市场融资业务属于违规行为，而如前所述，本案的信托计划属于结构化信托，在结构化信托中，优先级委托人提供资金并享受固定收益，劣后级委托人可以用较少的资金配资，从而利用杠杆在二级市场博取高收益。结构化信托的融资功能，是其结构化形式所产生的附随效果，但这种融资功能并不属于证券法所规制的融资融券行为。根据《证券法》第142条的规定：'证券公司为客户买卖证券提供融资融券服务，应当按照国务院的规定并经国务院证券监督管理机构批准。'该规定规范的主体为证券公司，而非信托公司。而其他法律法规中，亦未明文禁止此种融资形式。因此不能因案涉信托计划存在融资功能而推定其非法。"李相红与四川信托有限公司信托纠纷案，四川省成都市中级人民法院（2017）川01民终4451号民事判决书。

管制。又如，我国《关于规范金融机构资产管理业务的指导意见》基于维护金融秩序的考量而对分级产品的管制。[2844]

又如，不同类别受益人的待遇可以各不相同；但是，对同一类别的受益人，商业信托应依受益人持有受益权的比例向各受益人分配利润，不得偏颇或歧视，此即"不歧视规则"，除非商业信托文件另有订定。"不歧视规则"不仅适用于分配的数额，也适用于分配的形式。[2845]此项规则既可从公司法中找到渊源，亦可解释为信托法上公允对待不同受益人的义务之要求。

（二）不存在一般分类

商业信托受益权近似于公司股权，与合伙型企业中的成员权益颇有差异。合伙权益（合伙人的成员权益）一般分为管理权利与经济权利两大类。管理权利是参与合伙经营管理之权，经济权利是分配合伙利润或剩余资产之权。前者不可自由转让，以维持合伙人之间的紧密型联系；后者可自由转让，以实现合伙人的经济利益。无论普通合伙、有限合伙、有限责任合伙、有限责任有限合伙，皆是如此。作为合伙型企业新进成员的有限责任企业亦同。典型情况下，有限责任企业的成员权利[2846]由管理权利与经济权利两大权利组成：管理权利是指参与有限责任企业管理及事务的权利；经济权利是指有限责任企业的成员接受有限责任企业利润与损失的分摊，及接受该有限责任企业资产分配的权利。[2847]上述分类的另一种称谓是积极成员权益（active membership interest）与消极成员权益（passive membership interest）。积极成员权益持有人有权参与企业运营、收取管理费用、分配利润，消极成员权益持有人有权分配利润但无权参与

[2844] 依照该意见第21条规定，公募产品和开放式私募产品不得进行份额分级。分级私募产品的总资产不得超过该产品净资产的140%。分级私募产品应当根据所投资资产的风险程度设定分级比例（优先级份额/劣后级份额，中间级份额计入优先级份额）。固定收益类产品的分级比例不得超过3∶1，权益类产品的分级比例不得超过1∶1，商品及金融衍生品类产品、混合类产品的分级比例不得超过2∶1。发行分级资产管理产品的金融机构应当对该资产管理产品进行自主管理，不得转委托给劣后级投资者。分级资产管理产品不得直接或者间接对优先级份额认购者提供保本保收益安排。

[2845] Twenty Seven Trust v. Realty Growth Investors, 533 F. Supp. 1028（D. Md. 1982）（不歧视规则为适用于公司红利分配的规则，尽管不动产投资信托中的分配严格而言并非红利，但有充分理由将不歧视规则类推适用于商业信托）.

[2846] 特拉华州等州法称为"有限责任企业权益"（limited liability company interest）。

[2847] Carter G. Bishop & Daniel S. Kleinberger, *Limited Liability Companies-Tax and Business Law* ¶ 14.03（2007）. 美国所有州的有限责任企业法以及《统一有限责任企业法》《修订统一有限责任企业法》均有此区分。这一区分来源于合伙法。Id. 与有限合伙法的规定尤为类似。Del. Code Ann. tit. 6，§ 17-702.

运营等。[2848]一般情况下，成员权益的转让仅转让消极成员权益，换言之，受让人仅取得获得分配的权利，无权参与经营管理，除非经全体成员同意。[2849]经济权利可自由转让，管理权利则否。两种权利可分别授予或转让。某人可以成为有限责任企业的成员，而不取得经济权利，亦可成为成员而不取得管理权利。[2850]管理权利与经济权利的划分，贯穿于有限责任企业法之中，是理解有限责任企业立法与判例的关键点之一。[2851]在处理关于成员权利转让的案例时，注意两种权利的划分尤为重要。[2852]

商业信托受益权不存在上述分类，除非商业信托文件另有订定。受益权一旦转让，即为完全转让，受让人取得包括分配权、表决权在内的全部权利。这表明美国各州商业信托法不以人合型企业作为默认适用对象。[2853]当然，基于合同自由最大化原则，商业信托文件可自由创设如同合伙型企业一般的受益权形态，以适应人合型企业之需。

第三节　商业信托受益权的内容

一、总体模式：高度自治

受益人的权利与权限取决于商业信托文件条款。[2854]早期有美国判例认为，认定受益人权利时，法院在衡平规则容许的范围内，类推适用股东

[2848] Carter G. Bishop & Daniel S. Kleinberger, *Limited Liability Companies-Tax and Business Law* ¶ 5.04(2007). 相关判例，参见Fraser v. Major League Soccer, L. L. C., 97 F. Supp. 2d 130(D. Mass. 2000)。消极成员权益与无表决权股份类似。消极成员权益的存在，具有实际的法律意义，例如，可以避免反垄断法的适用。Carter G. Bishop & Daniel S. Kleinberger, Id.

[2849] Revised Uniform Liability Company Act § 502(2006); Del. Code Ann. tit. 6, § 18-702.

[2850] Carter G. Bishop & Daniel S. Kleinberger, *Limited Liability Companies-Tax and Business Law* ¶ 14.03(2007). 例如，《特拉华州有限责任企业法》明文容许有限责任企业协议可约定任一成员或任一类别、全体的成员不享有表决权。Del. Code Ann. tit. 6, § 18-402.

[2851] Carter G. Bishop & Daniel S. Kleinberger, *Limited Liability Companies-Tax and Business Law* ¶ 14.03(2007).

[2852] Lusk v. Elliott, No. Civ. A. 16326, 1999 WL 644739(Del. Ch., Aug. 13, 1999).

[2853] 唯一的例外为《怀俄明州商业信托法》。该法采纳合伙型企业法模式：受益权的转让仅赋予受让人分配收益的权利；未经其他受益人一致同意，受让人不得参与商业信托的事务，除非商业信托文件另有订定。Wyo. Stat. Ann. § 17-23-107(d).

[2854] Todd v. Ford, 92 Colo. 392, 21 P. 2d 173(1933); Wimer & Co. v. Downs, Inc., 77 Colo. 377, 237 P. 155(1925); Hardee v. Adams Oil Ass'n, 254 S. W. 602(Tex. Civ. App. Galveston 1923); State Street Trust Co. v. Hall, 311 Mass. 299, 41 N. E. 2d 30, 156 A. L. R. 13(1942).

权利的相关法律。[2855]此种做法，对信托法与公司法的差别重视不足，不宜为当代法律所采。证券投资信托、资产证券化信托等商业信托的受益人对信托的干预权往往小于公司股东，实业经营型商业信托受益人的权利则与股东权大体相当。[2856]当然更不宜将合伙人或有限责任企业成员权利类推适用于商业信托受益人权利，因其差异更为显著：普通合伙人有直接控制合伙经营之权限，有限责任企业法亦以任意规范形式授予成员深度参与企业经营的权限。

商业信托法与其他企业法在投资者权利、权限方面的关键差别在于，公司法、合伙型企业法为股东、合伙人的权利与权限设有较多的任意规范甚至强行规范，而商业信托法极少规定受益人的权利与权限，几乎完全由商业信托文件自治。受益人法定权利仅有接受分配权、获取信息权、诉权、允许实施合并与改组等实体交易之权等，诸如决定经营方针与投资计划、选任管理者、审议管理者报告、决定增减资本等事项的权利[2857]直至表决权本身，受益人均不当然享有。甚至上列法定权利规定亦属任意法，可由商业信托文件限制或排除。当然，从另一面而言，基于商业信托法的极度自由，商业信托文件完全可赋予受益人与股东、合伙人相当或多于股东、合伙人的权利。概而观之，在剩余索取权人权益配置上，一端为合伙法（赋予合伙人较强的控制权），另一端为普通信托（受益人的控制权极少），公司法处于中间状态（股东控制权少于合伙人而多于普通信托受益人），各种预设模式皆对应于各自的典型形态。商业信托法与此皆不相同：并不预设任何一种权益配置模式为最优或最适，而近乎彻底由当事人自决，即再一次持“价值中立”“立法判断中立”的立场，这也意味着商业信托并无任何一种特定的典型形态，法律亦不以任何一种典型形态为预想的适用对象，[2858]以便敏捷地适应任何一种组织形态之需，而无须受制于任意规范或强行规范之障碍，减少当事人选择排除任意规范的成本与法院适用任意规范的成本。

[2855] Wineinger v. Farmers' & Stockmen's Loan & Investment Ass'n, 278 S. W. 932 (Tex. Civ. App. Amarillo 1925), writ granted, (Feb. 24, 1926) and aff'd, 287 S. W. 1091 (Tex. Comm'n App. 1926).

[2856] George Gleason Bogert & George Taylor Bogert, *The Law of Trusts and Trustees* § 1163 (3d ed. 2005).

[2857] 如我国《公司法》第37条第1款、第99条。《证券投资基金法》《信贷资产证券化试点管理办法》等商业信托特别法并未规定受益人有如此宽泛的权利。

[2858] 尽管商业信托不将受益权一般性地分类为管理权利与经济权利，因而偏向于资合组织，但也仅限于此而已。

商业信托受益人与公司股东不仅在权限、权利范围方面大相径庭，而且在授权规范弹性上也迥异其趣。关于股东权的法律规范传统上被认为属于强行法，股东权分为固有权与非固有权，章程不得排除股东的固有权利。现代公司法虽趋灵活，但历史影响仍萦绕其间。而脱胎于普通信托的商业信托从来不曾担负此种历史包袱。

商业信托法的上述立场，部分得益于其血脉中的普通信托基因。信托作为一种财产规划工具，优势之一即在于授予受托人广泛权限以代受益人管理财产，受益人基本上不介入信托运作，仅在受托人违反信义义务时方出面控制其行为。受益人的权利取决于委托人的意思表示。在参与管理方面，本无所谓受益人固有权或非固有权之说。[2859]商业信托文件即使全部排除受益人参与商业信托营业与事务之权，亦不背离信托之特质，不应认为无效。商业信托法在延续普通信托法少设默认权利的同时，又排除普通信托法的法院干预特征，“空白授权”模式由此形成。而且，在受益权范围方面，商业信托法也比普通信托法更为自由。普通信托法规则为，受益权范围无须在信托设立时即行确定，只需受益权范围在反永续规则的期限内能够确定，即为有效。[2860]商业信托法不适用反永续规则，受益权不因范围未确定而无效。

以下讨论几种常见的受益人权利。受益人有无其他权利，取决于商业信托文件条款。至于受益人诉权，本章第6节专作讨论。

二、利润分配权

（一）商业信托法的规则

除商业信托文件另有订定外，受益人对商业信托财产享有不可分的受益权（undivided beneficial interest），并按其受益权比例（以百分比表示）分享商业信托利润、分担商业信托亏损。[2861]

是否分配利润、用于分配的利润额，属于商业判断事项，由受托人决定，商业信托文件另有订定除外。商业信托文件可订定，受托人对红利的分配与支付有裁量权，此种情形，除受托人滥用裁量权外，受益人无权请

［2859］“如果受托人诚信行事，受益人唯一的权利即为使受托人为受益人利益管理商业信托，以及在商业信托存续期间分享利润、在商业信托解散时分配剩余财产。”12A C. J. S. Business Trusts § 23 (2007).

［2860］ Restatement (Third) of Trusts § 49 cmt. b (2003).

［2861］ Del. Code Ann. tit. 12, § 3805 (a).

求分配红利。[2862]即使商业信托文件无此明示授权，亦是如此，因为受托人一般负责商业信托的经营管理。

商业信托文件可订定商业信托分配的基准日之确定。[2863]凡在基准日列入受益人名册之人，为有权获得分配的受益人。此为公开型商业信托确定有权接受分配之受益人的常用方法。

除商业信托文件另有订定外，在受益人有权接受分配之时，关于该分配，受益人有商业信托债权人之地位，并有权主张商业信托债权人享有的全部救济。[2864]这一规定指受益人在分配事项上与商业信托之间具有债权债务关系，详言之，商业信托不履行给付分配物义务的，受益人可如同债权人一般主张强制履行、损害赔偿等权利；受益人接受分配的请求权与商业信托的其他债权处于平等地位，除非另有协议约定受益人受偿顺序劣后或其他债权为有担保债权。[2865]

受益权转让的，受让人一并取得对未宣告及未分配利润的权利。美国法上，转让合同当事人对红利的权利等事项，适用《统一商法典》第8编“投资证券”之规定。[2866]

（二）分配比例及提前分配：与普通信托法的差异

普通信托有数个受益人时，各受益人的分配比例依信托文件条款；信托文件未订定的，分配比例均等。[2867]普通信托受益人无偿接受信托利益，故在信托文件无规定时对分配比例作均分划一的处理，无害其利益，同时兼顾纠纷处理的便利，以杜争议，系一项兼具公平与效率性的规则。与之不同的是，商业信托受益权实为受益人出资的对价，一般对应于出资。如果套用普通信托法规则，则既不公平亦无效率。谁投资谁受益、投资多少受益多少，合乎自然正义与商业惯例。信托文件未订定分配比例且受益

[2862] Friedman v. Gorin, 359 Mass. 745, 269 N. E. 2d 246(1971).

[2863] Del. Code Ann. tit. 12, § 3805(e).

[2864] Del. Code Ann. tit. 12, § 3805(e). 美国最新一代商业信托法以及《统一商业信托法》均有此规定。新加坡2004年《商业信托法》第35条第1款的规定类似。

[2865] 其他商业组织法有类似规则。如公司法规定：因分配所生的公司对股东的债务，与公司对其无担保债权人的债务具有同等地位，另有协议约定该债务劣后于无担保债权人者除外。Model Business Corporation Act § 6.40(f)(2016 Revision). 有限合伙法、有限责任企业法等亦同。Revised Uniform Liability Company Act § 405(2006); Uniform Limited Partnership Act § 508(2001).

[2866] New England Merchants Nat. Bank of Boston v. Old Colony Trust Co., 385 Mass. 24, 429 N. E. 2d 1143, 32 U. C. C. Rep. Serv. 1592, 21 A. L. R. 4th 873(1982). 大陆法系的规则与之类似。例如，参见[德]托马斯·莱塞尔、吕迪格·法伊尔：《德国资合公司法》（下）（第6版），高旭军等译，上海人民出版社2019年版，第571页。

[2867] 如我国《信托法》第45条。

权比例不明时，应依受益人出资比例决定分配比例。

普通信托受益人有权依照信托条款获得信托本金或收入分配；此外，信托条款所定受益人有权请求分配的日期届满之前，法院亦可准许或指示受托人将信托财产本金或其他不可分配的收入分配于受益人，用于扶养、照顾受益人或满足受益人的其他需求，只要此种分配不损害其他受益人或信托的利益。[2868]提前分配规则，正合乎普通信托作为满足受益人生计需要之工具的特性。在商业信托法中，受益人分配完全由商业信托文件决定，受益人是否有权请求提前分配，取决于商业信托文件条款，受托人无权申请法院指示，法院亦无权决定提前分配。

（三）自由的分配权：与其他商业组织的差异

1. 分配限制

关于分配权及分配比例的规则均属任意法。商业信托文件可灵活设计各类受益权，诸如无权接受分配但有表决权的受益权，或分配权与表决权完全不成比例的受益权。此类受益权可有效用于各种用途，诸如用作打破受益人会议僵局的机制。例如授予某一受益人（可由外部律师担任）数倍于一般受益人的表决权、但仅在发生受益人会议僵局时始得动用的超级表决权。[2869]

与公司、有限合伙、有限责任合伙、有限责任企业不同的是，商业信托法秉持普通信托法的自由立场，并未规定对分配的限制以及非法分配的责任。例如美国《示范商业公司法》规定："公司进行分配后将发生下列后果的，不得分配：（1）公司将无法清偿通常经营过程中的到期债务；（2）公司总资产将少于公司总负债与公司所需金额之和……董事会可以基于财务报告、公平估价或在当时情况下合理的其他方法，决定对股东的分配不违反上述规定，该财务报告应依当时情况下合理的会计实践和会计原则制定。"[2870]美国各州有限合伙法、有限责任合伙法、有限责任企业法等多有类似规定。[2871]

相形之下，无论马萨诸塞州、明尼苏达州、特拉华州等州商业信托法或《统一商业信托法》2009年文本，均对分配之限制及非法分配之责任未

［2868］ Restatement（Third）of Trusts § 49 cmt. c（1）（2003）.

［2869］ 公司法的重要判例，参见Lehrman v. Cohen，222 A. 2d 800（Del. Sup. Ct. 1966）。

［2870］ Model Business Corporation Act § 6.40（c），（d）（2016 Revision）. 董事违法作出分配的，须对其差额负个人责任。Id. § 8.33；Del. Code Ann. tit. 8，§ 174.

［2871］ Uniform Limited Partnership Act § 508（2001）；Revised Uniform Liability Company Act § 405（2006）；Del. Code Ann. tit. 6，§ § 15-309，17-607，18-607.

置一辞。包括我国法在内的其他法域的商业信托法也大多如此。商业信托法不设分配之限制，并非无意的疏漏，[2872]而寓有商业信托法的特殊考虑。在共同基金、资产证券化等现代商业信托运用最为广泛的诸领域，受益人常需随时赎回其受益权——受益权的自由赎回，正是商业信托最具特色与独到功能的制度之一，商业信托受益权因而成为具有高度流通性与变现能力的金融工具。受益权的自由赎回和高度变现能力，需要配以灵活的分配制度，假设商业信托法同样设有分配程序限制与非法分配之责任，难免妨碍受益权的快速变现。以开放式基金为例，在每次受益人提出赎回之时，如受托人需启动财务程序以评估负债是否超过资产，以定是否准予赎回，将严重减损开放式基金的价值与效率。

在实业经营领域，分配上的灵活性也是一大优势。新加坡的经验亦足以说明。新加坡商业信托和我国香港特别行政区商业信托相比于公司的优势之一在于，公司的分配限于会计利润，商业信托则只要有现金即可分配，这有助于克服经济学上所谓的自由现金流问题，并且可以解释新加坡、我国香港特别行政区的商业信托被用于现金收入丰沛的行业（诸如我国香港特别行政区的电讯盈科），以及商业信托尤其适合于那些关注现金分配更胜于保留企业控制权的投资者。[2873]

商业信托法不设分配之限制，更是对过时的法律资本制度的又一例革新。关于盈余分配限制的法律如同公司法律资本制度中的许多其他细节一样，缺陷众多，极易被公司及其股东规避。[2874]在债权人或破产管理人向股东追偿不当财产分配方面，尚未出现成功案例，原因可能在于公司股东及其律师可任意设计出合法的财产分配方案，也可能是因为债权人运用此种法律救济过于复杂，收益低于成本，但无论如何，有一点是清楚的，

[2872] 提交美国统一州法全国委员会统一商业信托法起草委员会2005年12月会议讨论的《统一商业信托法》2005年12月草案，曾参照《示范商业公司法》第6.40条及《统一有限合伙法》第508条，单设一条，规定对受益人分配的限制。起草委员会否定该规定的必要性，此后各草案中未再出现。2009年该法正式文本未采此规则。但是，在2013年，为因应美国统一州法全国委员会《统一商业组织法典》的整合需要，该委员会对包括《统一商业信托法》在内的各种非公司组织法作了协调修正，在《统一商业信托法》2013年修正文本中增设了对受益人分配限制之规定，系沿用《示范商业公司法》第6.40条规定。Uniform Statutory Trust Entity Act § 615 (Last Amended 2013). 此种不顾商业信托法的独特性、照搬照抄公司法规定的做法，有欠考虑。该第615条评注亦未就此规定之增设说明充分理由，仅以“关于非公司实体的其他统一法包含类似条文”为由一笔带过。Id. § 615 cmt.

[2873] Norman P. Ho, *A Tale of Two Cities: Business Trust Listings and Capital Markets in Singapore and Hong Kong*, 11 J. Int'l Bus. & L. 311, 330 (2012).

[2874] [美] Bayless Manning & James J. Hanks Jr.:《法律资本制度》，后向东译，载王保树主编：《商事法论集》(第12卷)，法律出版社2007年版，第167页。

即公司法律资本制度并没有在债权人的武器库中占据重要地位。[2875]分配限制法并未向企业债权人提供比诈害性转让法更多的保护。[2876]企业在丧失清偿能力时向投资者分配，亦属诈害性转让行为，债权人有撤销权。债权人在实务中更多地依赖于详订合同条款以保护自己。[2877]分配限制法还给企业增加了过度的负担：何谓“合理”或“当时情况下合理”的会计实践或会计原则，难以明确；分配问题上的形式要求也会逼得即使是小型、非正式的企业也必须聘用法律与会计专家安排其日常融资行为。[2878]因此，英国有学者建议采纳任意性分配限制规则，但也有反对意见认为，债权人在具体交易中为限制分配所选合同条款受制于财务状况、交易目标等各种变量，无法设计出通用性的一般任意规范。[2879]有鉴于此，弃而不用不失为一种解决之道。法律资本制度曾经如日中天，现已临近日薄西山之时。分配限制或许是法律资本制度在企业法广袤原野上投射的最后一抹余晖。商业信托法的意义在于，彻底抹去这一历史痕迹，展现一片新的天空。

另外，对分配不设法定限制，至少在理论上可能使债权人认为商业信托对债权人的保护稍逊于设有分配限制的公司或其他商业组织，尤其是对于不强调受益权赎回性与变现能力的商业信托（如以实业经营为主业的商业信托）而言。商业信托完全可在信托文件中自定对分配的限制及违反约定分配时应对受损债权人承担责任，实现与法定分配限制相当的效果。[2880]为免债权人担心商业信托可嗣后修改或删除分配限制条款，可附加订定，非经一定比例的债权人或全体债权人同意，不得修改或删除限

[2875] 同上注，第173页。该文指出（第184~185页）：经验丰富的律师通过同经验丰富的会计师协作，（在不存在清偿不能的情况下）总是能够围绕法律资本的限制设计出合法的程序，以调整资产负债表，使得对股东的财产分配满足法定要求，这一事实并不意味着欺诈或欺骗行为，它表明的仅是法律资本制度的虚幻。当公司未陷入清偿困境时，决定公司红利政策的真正因素主要是现金是否充沛、管理层对待利润再投资的态度、预期的投资机会、红利政策对股票价格的影响、对股东税收考虑的遵从以及借款协议中的相关约束；而法律资本制度对限制公司分配行为的实际影响微乎其微。

[2876] Larry E. Ribstein, *A Critique of the Uniform Limited Liability Company Act*, 25 Stetson L. Rev. 311, 354 (1995).

[2877] 葛伟军：《公司资本制度和债权人保护的相关法律问题》，法律出版社2007年版，第165~175页。

[2878] Larry E. Ribstein, *A Critique of the Uniform Limited Liability Company Act*, 25 Stetson L. Rev. 311, 354 (1995). 该文对《统一有限责任企业法》分配限制制度的批评，可适用于有此制度的其他企业法。该文同时指出，美国律师协会起草的《典型有限责任企业法》以及大多数州的有限责任合伙法未设分配限制，可佐证州立法未必将分配限制作为有限责任的捆绑条件。Id.

[2879] 葛伟军：《公司资本制度和债权人保护的相关法律问题》，法律出版社2007年版，第175页所引资料。

[2880] 商业信托文件可订定第三人的权利。

制分配的条款。

在商业信托丧失清偿能力的情形，如商业信托以诈害债权人为目的任由受益人行使赎回权且赎回价格为不合理的低价，债权人可依撤销权等规定主张救济。

2. 分配形式

《统一商业信托法》对分配形式设有一定限制：除商业信托文件另有订定外，受益人无权请求或取得非现金形式的分配。[2881]此限制仿自有限合伙法与有限责任企业法。非现金分配的缺点是易对受分配人造成不公，因实物资产可能欠缺流动性、其价值可能不易确定，而流动性强、易定价则为现金分配的优点。现金分配的缺点在于可能引发受分配人的税负，[2882]同时企业为完成分配必须变现实物资产、致成本上升，等价的非现金分配则无此顾虑。为谋求两者之平衡，美国所有州的有限责任企业法以及不少州的有限合伙法均以任意规范的形式对成员接受现金或非现金分配的权利义务设置限制。[2883]但此种任意规范是否有效率，仍有疑问。[2884]既然现金分配与非现金分配各有利弊，并且立法者提供的任意规范是否优于当事人决定的规则仍属未定之数，[2885]商业信托法索性提供一种完全由当事人自决的模式，似更有益于商业信托的独特竞争优势。特拉华于其有限合伙法、有限责任企业法中限制分配形式，其商业信托法却无此限制（与《统一商业信托法》不同），合理性在此。

我国各种信托法律、规章等对分配形式亦未设强行性的限制。

三、剩余财产分配权

商业信托解散后，应清算其营业与事务，并应清偿其债务。清偿债务

[2881] Uniform Statutory Trust Entity Act § 604(b)(2009).

[2882] Larry E. Ribstein & Robert Keatinge, *Ribstein & Keatinge on Limited Liability Companies* § 17: 2(2d ed. 2004).

[2883] Id.; Revised Uniform Limited Liability Company Act § 404(2006).如《特拉华州有限责任企业法》规定：除有限责任企业协议另有约定外，成员无权要求与接受非现金分配；除有限责任企业协议另有约定外，成员接受分配资产的比例超出该成员应得分配资产比例的，不得强制成员接受非现金分配；除有限责任企业协议另有约定外，成员接受分配资产的比例等于该成员应得分配资产比例的，可以强制成员接受非现金分配。Del. Code Ann. tit. 6, § 18-605.有限合伙法规定相同。Del. Code Ann. tit. 6, § 17-605.

[2884] Larry E. Ribstein, *A Critique of the Uniform Limited Liability Company Act*, 25 Stetson L. Rev. 311, 354(1995).

[2885] 商业信托文件未另作订定的，分配形式由受托人决定。难说受托人的判断必定劣于立法者的判断。如进一步考虑受托人时时经受着市场机制的约束、受到绩效评估的压力，相比于身居庙堂之上、不知江湖之险、又与具体的受益人并无切身利害关系的立法者，受托人的决定可能更符合受益人利益。

后的剩余资产，除商业信托文件另有订定外，应分配于受益人。[2886]此项法律规则，无非经济现实的反映：受益人为商业信托的出资人，剩余资产自然应复归于受益人。与之不同，普通信托受益人并不当然享有剩余财产分配请求权；只有信托文件订定的剩余受益人才可能取得剩余财产。[2887]

四、赎回权

（一）任意赎回（自由赎回）

受益权任意赎回制度，隐含于美国各州商业信托法关于库藏受益权（treasury interests）的规则之中：除商业信托文件另有订定外，商业信托可通过购买、赎回或其他方式取得本商业信托受益人的任何受益权。[2888]此与判例法的自由立场一致：商业信托可与受益人订立受益权回购协议，当事人的权利义务取决于回购协议约定，[2889]法律不作强制。

我国《信托法》未禁止受益权的赎回。《证券投资基金法》明文容许赎回（第6章）。信托文件对受益权的赎回有足够的自由约定空间。关于资产管理计划的规范性文件，也容许自由约定受益人（或投资人）的退出。[2890]此所谓退出，实即赎回的另一种形式。

商业信托受益权的任意赎回，意指受托人有自由决定赎回之权力（或者称为权限，power），即受托人有权决定是否赎回商业信托受益权，除非商业信托文件另有订定。在任意赎回制度下，受益人并不当然享有赎回权（right），即不享有形成权性质的赎回权。赎回的实施，需要双方形成合意，即受益人向商业信托或其受托人表示赎回的意思（要约），由商业信托受托人表示同意赎回（承诺）。商业信托文件亦可授予受益人赎回权，此时受益人得单方决定赎回，受托人有配合办理相关手续、给付赎回款项的

［2886］ Del. Code Ann. tit. 12，§ 3808.

［2887］ Restatement（Second）of Trusts § § 345，347（1959）.

［2888］ Del. Code Ann. tit. 12，§ 3818.

［2889］ Taber v. Breck，192 Mass. 355，78 N. E. 472（1906）. 其他人亦可作为回购协议当事人。Britton v. Baxley，252 S. W. 880（Tex. Civ. App. San Antonio 1923），writ refused，(Oct. 31，1923)（回购协议约定对受益权将来回购价格预先作出保证的，应作有利于保证人的严格解释）.

［2890］ 例如，2013年修订的《证券公司集合资产管理业务实施细则》第39条规定："证券公司可以设立存续期间不办理计划份额参与和退出的集合计划。根据集合计划的类型、特点和客户需求，集合计划需要设立开放期的，集合资产管理合同应当对客户参与、退出集合计划的时间、次数、程序及其限制等事项作出明确约定。" 又如2012年《基金管理公司特定客户资产管理业务试点办法》第25条第1款规定："资产管理合同存续期间，资产管理人可以根据合同的约定，办理特定客户参与和退出资产管理计划的手续，由此发生的合理费用可以由资产委托人承担。"

义务。

任意赎回制盛行于投资基金领域。19世纪英国单位信托实务已有受益权赎回的做法，尽管是以信托财产直接赎回，非由管理人以购买受益权的方式赎回，因而与现代赎回制度颇有区别。[2891]由管理人行使商业信托赎回权，出现于20世纪30年代的美国商业信托实务，并为英国法系借鉴。[2892]当代的投资基金更多地采用受益权任意赎回的架构，且随着市场流动性的增强，基金份额的赎回日趋便利。美国的共同基金依法应在投资者提出赎回后7日内赎回之，但实务中几乎全部基金都实行当日赎回，而对冲基金一般实行每月或每季度赎回。[2893]

普通信托法无赎回权制度，亦无确立此制之必要。普通信托受益人一般无偿取得受益权，无所谓赎回一说；在委托人兼为受益人的情形，委托人为单独受益人（唯一受益人）的，委托人可终止信托，达到与赎回相同的目的；委托人为共同受益人的，如有赎回权，因委托人一般为全部信托财产的提供者，一旦赎回，信托将无以存在，受益人的利益将尽数落空，故法律不赋予其赎回权。在委托人为共同受益人的情形，信托法禁止委托人单方终止或变更信托（我国《信托法》第50条），其理相同。

任意赎回亦为商业信托法区别于其他商业组织法的特色制度之一。传统公司法奉行严格的资本制度，股东一般不得以赎回或其他方式抽回出资。现代公司法对公司赎回股份已予缓和，但与毫无限制的商业信托赎回权相比，仍弹性有限。[2894]合伙、有限责任企业等非公司企业的资本制度虽比公司灵活，任意赎回却未成为通行制度。[2895]公司法、合伙法、有限责任企业法普遍实行分配限制、禁止非法分配，赎回属于分配形式之一，

[2891] Walker, *Unincorporated Investment Trusts in the Nineteenth Century*, 15 Economic History 341 (1940). 转引自 Kam Fan Sin, *The Legal Nature of the Unit Trust* 313（1997）。商业信托史上名案*Smith v. Anderson*案中，涉案信托即为发行可赎回股份的投资信托。

[2892] Kam Fan Sin, *The Legal Nature of the Unit Trust* 313（1997）.

[2893] John Morley, *The Separation of Funds and Managers: A Theory of Investment Fund Structure and Regulation*, 123 Yale L. J. 1228, 1235, 1247（2014）.

[2894] 以《特拉华州普通公司法》为例，公司赎回、回购股份将导致资本减少时，不得赎回或回购股份，除非依法办理减资手续。Del. Code Ann. tit. 8, § 160.

[2895] 《特拉华州修订统一有限合伙法》《特拉华州有限责任企业法》规定了与《特拉华州商业信托法》相同的赎回权。Del. Code Ann. tit. 6, § 17-702（d）[有限合伙法；该款为1994年修法时新增，参见1994 Delaware Laws Ch. 258 § 40（S. B. 310）]；Del. Code Ann. tit. 6, § 18-702（e）[有限责任企业法；该款为1994年修法时新增，参见1994 Delaware Laws Ch. 260 § 31（S. B. 312）]. 但自由赎回制度并未成为其他各法域合伙法与有限责任企业法的通例，如《统一有限合伙法》与《统一有限责任企业法》皆未采纳。而《统一商业信托法》明确规定了自由赎回权。

故受制于分配限制。商业信托法根本不存在分配限制，在自由分配制配合之下，始有真正的任意赎回。

(二)任意赎回的意义

任意赎回使商业信托最适合作为投资基金的组织形式。任意赎回权为开放式投资基金不可或缺的构成要素。此外，在资产证券化交易中，交易合同有时约定清仓回购条款，也属于受益权赎回的范畴。“清仓回购”，是指在全部偿还资产池资产或者资产支持证券之前，赎回证券化风险暴露的一种选择权；清仓回购的通常做法是在资产池或者资产支持证券余额降至一定的水平之后，赎回剩余的证券化风险暴露（原银监会发布的《金融机构信贷资产证券化监督管理办法》第86条第6项）。[2896]

受益权赎回制度的实际效果是，商业信托为其投资者提供了一个快速变现受益权的市场，为本组织提供了一个回购并重新出卖受益权的市场。[2897]该市场系内部市场，不依赖于外部的资本市场，商业信托受益权由此获得强于上市公司股权的流通性，后者仰赖于外部证券市场的存在。按照交易文件的设计，受益权既可在二级市场上自由转让，又可在一级市场上任意赎回。[2898]并且，赎回比转让另多一层优势：证券转让事实上受制于多种因素，证券持有人能否充分实现转让权，取决于资本市场价格机制能否正常运作，转让可能遭受内幕交易、操纵价格等各种不当因素的干扰。相反，赎回价格一般按照信托财产的净资产价值确定，更少受到多种非市场因素的干扰，更能贴近受益权的真实价值。

任意赎回，是商业信托治理结构中的重要环节。在公开公司中，可在资本市场上自由流通的股票，加上法律强行规定的高度正式化的组织机构和治理机制，大体可满足公开公司治理之需。在闭锁公司中，尽管股份无法进入资本市场自由转让，但通过股东广泛介入公司管理、直接监督管理者或自己兼任管理者，亦可应对治理要求。在普通合伙中，合伙人承担

[2896]《金融机构信贷资产证券化监督管理办法》第68条规定：“如果信贷资产证券化交易合同中含有清仓回购条款，在符合下列条件的情况下，发起机构可以不为其计提资本：(一)发起机构有权决定是否进行清仓回购，清仓回购的行使无论在形式还是实质上都不是强制性的；(二)清仓回购安排不会免除信用增级机构或者资产支持证券投资机构理应承担的损失，或者被用来提供信用增级；(三)只有在资产池或者以该资产池为基础发行的资产支持证券余额降至10%或者10%以下时，才能进行清仓回购。(第1款)在上述任何一项条件不符合的情况下，发起机构都应当按照资产证券化前的资本要求计提资本。(第2款)”

[2897] Gram-ham Australia Pty. Ltd. v. Corporate West Management Pty. Ltd.(1990) 1 A. C. S. R. 682.

[2898] 交易型开放式指数基金(Exchange Traded Fund)，即为基金份额既可赎回又可在二级市场上交易的证券投资基金，兼具封闭式与开放式基金之长，具有交易成本低、交易效率高等优点。

无限责任，合伙人因此有较强的监督激励，且由于合伙的人合性，合伙人通常自己参与经营管理或者直接监督管理者。在有限合伙中，通过普通合伙人在无限责任压力下的经营激励与有限合伙人在一定程度上参与经营管理，可以满足治理需要。在有限责任企业中，若为成员经营型企业，成员直接经营管理，治理问题较易解决；若为经理经营型公司，成员可在较大程度上监督经理。闭锁公司、普通合伙、有限合伙、有限责任企业等均为人合性较强的企业，投资者人数较少，通常不存在严重的理性冷漠与搭便车问题，因此投资者能够较为有效地应对治理问题。商业信托的情形与上述企业又有区别。出于保持商业信托灵活性的需要，法律不对商业信托设置大量强行规范，尤其在内部治理方面，容许商业信托采用极为灵活的治理结构。在闭锁型商业信托中，可采用类似于闭锁公司、普通合伙或有限责任企业的治理结构，实现对代理成本的较优控制，但在公开型商业信托中，无法采用闭锁型企业的治理机制，兼因受益人高度分散，在缺乏公开公司式高度正式化的治理机制之环境中，需以有效的替代性机制填补治理工具之短缺。任意赎回正有此功能。任意赎回使受益人“用脚投票”更为简便易行，以此对经营管理不善的管理者形成更大压力。并且，赎回权的行使比转让权更具杀伤力：商业信托受益权份额减少，将导致信托财产总体规模减少，受托人收取的报酬也将相应减少；[2899]当商业信托经营管理绩效极度低下，受益人大量赎回受益权达到一定比例时（商业信托文件所定比例），可能触发商业信托解散事由，或者受托人被自动撤换，从而在对受托人形成高强度压力之余，导致受托人的职业声誉遭受根本性的损害。而行使转让权时，即使证券价格一跌再跌，一般也不可能导致企业解散。诚如学者所言，成员从企业中取回现金的权利，是降低管理者与成员之间代理成本的一种重要机制。[2900]任意赎回权，正是一种最便于行使的从企业中取回现金的权利。任意赎回反过来又有助于缓解商业信托治理结构自由化可能带来的弊端，进而为商业信托法的合同自由最大化原则巩固基础。

（三）赎回后的受益权处理

美国早期的判例法认为，商业信托为注销商业信托受益权而回购受益权适当、合法。[2901]当代商业信托制定法未限定回购受益权之目的，商业

[2899]　例如，投资基金受托人收取的管理报酬往往按照信托财产的一定比例计算。

[2900]　Larry E. Ribstein, *The Rise of the Uncorporation* 23（2010）.

[2901]　Cohen v. U. S. Trust Securities Corp., 311 Mass. 152, 40 N. E. 2d 282（1942）.

信托回购受益权可以是为了注销受益权、再次发行受益权凭证或其他目的。[2902]赎回受益权亦适用同样原则。商业信托赎回受益权后，可注销该受益权，亦可保留该受益权，以备再次发行或其他用途。[2903]除商业信托文件另有订定外，受益权被商业信托取得后，应被视为已注销。[2904]

（四）赎回自由的限制或排除

任意赎回特别适合于金融投资企业，但可能不利于实业经营企业。前者对外部信贷依赖程度较低，后者较多依赖于来自银行、供应商等债权人的各种债权融资，因此企业资产数额及资本稳定性弥足重要，如企业可任意赎回投资权益，其资产随时可能减少，危及债权融资能力。实业经营型商业信托可限制或排除赎回自由以应对之，例如在商业信托文件中订定受益人不享有赎回权或订定受益人仅可于清偿债务后的利润中取得赎回的对价，并订定上述条款的修改须经一定比例（或全部）的现存债权人同意。商业信托文件可订定第三人的权利，此类条款自属有效。用于特定目的的信托，亦可能有保持信托财产稳定的需要。我国实务中的互助性信托，通常在合同中约定非经贷款人同意，信托基金的受益权不得赎回，法院认定此类条款有效。[2905]

[2902] Del. Code Ann. tit. 12，§ 3818.

[2903] 英国关于投资信托的条例对此有明文规定。The Financial Services (Regulated Schemes) Regulations 1991, reg. 4.10; Kam Fan Sin, *The Legal Nature of the Unit Trust* 313 (1997).

[2904] Del. Code Ann. tit. 12，§ 3818.

[2905] 郭志荣与临汾市副食流通商业协会、中国邮政储蓄银行股份有限公司民事信托纠纷案，山西省临汾市中级人民法院（2018）晋10民终1624号民事判决书。本案中，2014年7月31日被告临汾市副食流通商业协会与被告邮储银行临汾分行签订了《中国邮政储蓄银行小额互助担保贷款业务合同协议》，主要约定："（1）由被告副食流通协会（乙方）以自己的名义将基金设定最高额抵押，用以担保基金会员在被告邮储银行临汾分行（甲方）的债务；（2）小额互助担保基金一般由互助保证金构成，为防控风险考虑，甲方有权要求乙方基金成员缴纳风险准备金作为本基金的有效构成部分；（3）乙方以基金会员缴纳的基金，分别按照互助保证金、风险准备金的集合在甲方开立保证金账户，用以设立对已缴纳各类资金的基金会员在甲方使用授信产生债务的最高额抵押担保。基金运营管理费开立一般结算账户；（4）根据乙方基金会员实际情况，为担保乙方基金会员履行互助基金贷款项下义务，甲方有权要求该基金会员在互助基金贷款发放前提供担保或在互助基金贷款存续期间追加担保。"2014年9月29日，原告郭志荣与被告临汾市副食流通商业协会签订了《中国邮政储蓄银行小额互助担保基金信托合同》，同日原告向被告缴纳61，000元互助保证金。合同第7条约定："委托人参与基金期限已满2年，其经营规模快速成长，中国邮政储蓄银行该信贷产品授信金额已不能满足其需要或中国邮政储蓄银行需主动退出的风险客户，委托人可申请赎回信托受益权。委托人提出赎回申请的，经基金成员大会表决同意、中国邮政储蓄银行同意，且该委托人已结清基金项下全部自有债务，可允许其赎回信托受益权。受益权的赎回体现为委托人交付的互助保证金余额的退回，交付的风险准备金不予退还。委托人赎回信托受益权后，视为退出基金。"由于部分临汾市副食流通商业协会会员贷款逾期，所有委托人的互助保证金已被扣划。原告诉请退还该61，000元及利息。法院认为，因郭志荣缴纳基金所担保的债权未能全额清偿，依据《中国邮政储蓄银行小额互助担保基金信托合同》约定，信托基金尚未终止并清算，退还互助保证金的条件尚未成就，故驳回其诉请。

五、表决权

（一）表决权的意义

1. 经济意义

参与管理为受益人的主要权利之一，包括表决权、指示权等，其范围与行使方式，通常由商业信托文件订定。[2906]

从经济观念看来，最终控制企业活动的权利，应归属于有权获得企业剩余收入之人。所谓剩余收入，即企业清偿债务后余留的收入。将控制权赋予剩余索取权人，可将监督企业管理者的权利与控制失职、浪费等行为的权利置于那些对行使此类权利有最大动因的人之手。[2907]剩余收入索取权人是企业经营风险的最终承担者，有最大动因行使上述权利。受益人是商业信托的剩余索取权人。表决权是受益人控制商业信托事务的事前机制与事中机制，与受益人诉讼这一事后机制各有利弊，又相辅相成。

2. 法律意义

表决权意味着受益人以集体方式参与管理，并实行多数决。由此区别于普通信托。

普通信托受益人享有同意受托人利益冲突交易、同意信托变更与终止等权利。受益人有数人时，依民法的一般原理，受益人的上述权利属于其个人权利，任一受益人均可自由行使，而所谓受益人同意，指全体受益人同意，即全体受益人实施共同行为（我国《民法典》第134条第1款所称的多方法律行为），缺一不可。只要有一个受益人不同意，即不能发生受益人同意之效力；其他受益人的同意对不同意的受益人无约束力。法律上并无正当理由要求受益人集体行使权利。普通信托受益人各自的受益权往往内容各异，且存在冲突（例如，相继受益人之间），而受益权流动性甚弱，受益人欠缺有效率的退出机制，故多数决定制将严重危害少数受益人。又因普通信托受益人较少，任一受益人自由行使其权利，无碍信托的有效运作。

商业信托意在募集众多投资者之资产，从事营利活动，公开型投资信托更向公众募集，受益人人数之众多、范围之广泛、构成之复杂，不亚于公

［2906］ 13 Am. Jur. 2d Business Trusts § 31（2007）. 商业信托文件可以适当地授权受益人就商业信托财产的处分对受托人作出指示的权限，亦可订定指示权须经受益人的多数同意方可行使。12A C. J. S. Business Trusts § 23（2007）.

［2907］ Armen A. Alchian & Harold Demsetz, *Production, Information Costs, and Economic Organization*, 62 Am. Econ. Rev. 777（1972）；Robert Charles Clark, *Corporate Law* § 9.5（1986）.

开公司，若套用普通信托法规则，即以共同行为为必要，实行全体一致同意规则，将导致不利后果。其一，干扰商业信托运营、增加商业信托经营成本。任一受益人，不论其受益权多寡，皆可凭一己之意左右商业信托法律行为之效力。数受益人如自行其是，有效率的交易将受妨碍，例如有益于商业信托的受托人自己交易，因个别受益人的不同意而无法进行。其二，削弱商业信托的特有价值。若任一受益人均有权干预受托人的决策，个别受益人的意志即可左右受托人的判断，将破坏商业信托的存在价值与其他受益人的合理预期。同时，个别受益人便于实施敲竹杠式行为，谋求额外利益。一致同意规则总有难以缓解的成本。[2908]而商业信托受益权的可转让性显著强于普遍信托受益权，集体决策机制的成本因而缓解。

因此，商业信托受益人以集体行使参与商业信托管理之权利为原则，一般不用共同行为，而用决议行为（我国《民法典》第134条第2款），即以行使表决权的方式作出决策。此为大多数法域的商业信托法明文规定。[2909]我国《信托法》未考虑到商业信托问题，未规定受益人表决及受益人会议。但关于商业信托的法律及规章则普遍规定了受益人会议或受益人大会制度及相应的表决问题。观察各种特别法规定，并结合民法的一般规定可知，受益人会议是商业信托的权力机构，受益人会议所作决议，是法律行为，其成立和效力，适用《民法典》关于法律行为效力的一般规定。《民法总则》颁布前，《民法通则》并未提及决议行为，实践中对决议行为是否属于法律行为存在分歧。有法院错误地认为，只有在法律规定决议可诉的情形，始得诉请确认决议无效或撤销决议。此种见解的害处在于，由于民事法律明文规定决议可诉性的情形寥寥无几（仅有《公司法》第22条关于股东会、董事会决议无效和撤销的规定，《物权法》第63条第2款关于集体经济组织、村民委员会决定可撤销等），将导致大量其他法人、

［2908］ 即使在闭锁型的、成员较少的有限责任企业中，要求一致同意亦成本高昂。American Bar Association's Prototype Limited Liability Company Act § 403 cmt.（1992）.

［2909］ 大陆关于此规定，详见本书第5章第2节第1目“商业信托具备法人的要件”中“商业信托的组织性”；另，我国台湾地区“证券投资信托及顾问法”第38条（受益人权利之行使，应经受益人会议决议为之，但仅为受益人自身利益之行为，不在此限）。美国法，如Uniform Statutory Trust Entity Act § 602（1）（2009）（受益人依受益权多数决行事）。2006年《日本信托法》以全体受益人一致决定作为默认规则，但信托行为中另有订定时从其订定（第105条第1款），且在该法第4章“受益人等”第3节“二人以上受益人为意思决定方法之特别规定”之下专设第2目“受益人会议”，作为选入式规范，供当事人选入，尤其适合于商业信托。另于第214条规定，受益人为二人以上的受益证券发行信托，除信托行为另有订定外，受益人的意思决定，视为依照第4章第3节第2目之规定，由受益人会议之多数决定。2011年《韩国信托法》的规定类似（第71条至第74条以及第85条第4款）。

非法人组织内部的决议乃至非组织的决议有瑕疵的情形难以获得司法救济，信托受益人会议的决议正是一例。正确的做法，是将法人或非法人组织的决议乃至非组织的决议，均可认定为属于法律行为，《民法总则》民事法律行为一章明文将决议行为纳入法律行为范畴，意义在此。[2910]

另需注意的是，商业信托受益人的表决权，不同于普通信托法中的受益人代表制。一般情况下，普通信托受益人包括未成年受益人、无行为能力受益人、未出生受益人或未确定的受益人。[2911]此类受益人无法参与诉讼程序或其他行为，普通法为之提供了两种方法，一是由监护人代行权利，二是可由在特定问题或争议上具有实质上同类权益的另一人代表与约束。[2912]代表人的行为依法律规定而对被代表人发生约束力。商业信托受益人表决形成的决议，作为法律行为而对全体受益人发生约束力。

（二）表决权的授予与内容

1. 表决权安排自由化

在美国法上，适用“控制检验法”的早期判例认为，商业信托受益人有使受托人管理信托的权利、取得信托收入的权利以及于信托终止时取得剩余财产的权利，但受益人自己无权管理信托，亦无权指示受托人。[2913]伴随着“控制检验法”之衰亡，美国各州最新一代商业信托法不再对受益

[2910]《民法总则》通过之前关于受益人大会决议效力的诉讼，例如原告徐惠民、徐泯穗、孙晖、严富源、王东榕与被告上海信达立人投资管理有限公司、海南建信投资管理股份有限公司、杜莹、宁波信达中建置业有限公司、上海国际信托有限公司、第三人瑞富投资有限公司信托合同纠纷案，上海市黄浦区人民法院（2013）黄浦民五（商）初字第6305号民事判决书。法院判决认为：“原告等是信托合约的受益人，享有信托计划项下的各项权利。在受益人大会对讼争事项表决时，原告等并未表示异议，及至股权划转，争议股权未按比例分配，而归入海南建信名下，原告等亦未持异议。此时，受益人大会通知与表决事项对回购条件的表述是明确的；如果原告等对此存有疑虑，当可积极查询，弄明缘由，没有证据显示，原告等的信息查询受到限制。本案中，被告虽未告知股权回购义务的原由，但这并未影响原告对股权回购义务的判断；而时隔近2年，原告等以此为由主张受益人大会的部分决议无效，理由无法令人信服。原告等称，交易时公示中未含有回购内容，所交易股权均为完全权利。对此，本院采纳国际信托的答辩意见；回购条件是受益人之间的约定，是对所受让股权的处分，而非出让股权的限制。至于原告诉称之关联交易，证据所示，此关联关系已在交易中披露，原告亦未能提出股权回购不真实的证据。”据此，法院对原告等关于所涉信托计划第四次受益人大会第4项和第5项关于海南建信向信托计划支付500万元、定向获得广州立成8.33%股权的内容应为无效等主张，不予支持。本案对信托受益人大会的决议效力进行司法审查，自属正确，但关于法律适用，则有可议之处。

[2911] Uniform Trust Code § 111 cmt.

[2912] Martin D. Begleiter, *The Guardian Ad Litem in Estate Proceedings*, 20 Willamette L. Rev. 643 (1984); Martin D. Begleiter, *Serve the Cheerleader-Serve the World: Representation in Estate and Trust Proceedings and under the Uniform Trust Code and other Modern Trust Codes*, 43 Real Prop. Tr. & Est. L. J. 311 (2008).

[2913] Williams v. Inhabitants of Milton, 215 Mass. 1, 102 N. E. 355 (1913).

人表决权（及指示权）设任何限制，呈现不同于其他企业法传统规则的特色，一是容许就任何事项授予或排除表决权，二是几乎完全不规定对何种事项有表决权。商业信托文件可对全体或部分受益人或特定类别、群组、系列的受益人授予针对任何事项的表决权或撤销该表决权。[2914]受益人不享有任何强行性的或固有的表决权，受益人会议并非商业信托的法定内部机构（不同于公司应有股东会）。除极个别情形外，商业信托法未规定应由受益人表决或同意的任何事项。个别例外指合并、改组等实体交易须受益人与受托人全体同意，[2915]但仍属任意法。据此，商业信托任何事务均可排除受益人参与管理。从另一面而言，商业信托文件可授予受益人对任何事项的表决权。

表决权规则的自由化态势，在我国法上也有出现。原保监会2006年发布的《保险资金间接投资基础设施项目试点管理办法》对受益人大会的召集、召开、决议等事项设有详细规定，受益人大会采简单多数决，但作出转换投资计划管理方式、更换受托人、托管人及独立监督人、提前终止或延期投资计划的决议，采绝对多数决（2/3以上通过）。取而代之的2016年《保险资金间接投资基础设施项目管理办法》不再对此类事项作出规定，而仅规定“受益人大会召开、提交议题和审议表决等事项按照受益人大会章程和有关规定执行”（第39条第2款），放松了管制，值得肯定。关于资产证券化的其他规范性文件，在资产支持证券持有人表决权问题上更为自由。[2916]证监会制定的关于资产管理计划的其他规范性文件，大多未对投资者的表决权设强制性规定或任意性规定，当事人对此有更广泛的设计自由。

因此，商业信托制定法的规定，远比其他企业法更为灵活：《特拉华州商业信托法》容许扩张、限制或排除受益人以及关于任何事项的表决权，提供了比其他商业组织和普通法信托更大的灵活性，后者时常受制于各种强行规范。[2917]修改组织文件、合并、改组、处置重大资产等事项，属于企业的重大变化，传统的企业组织法要求企业成员绝对多数决方可通过。

［2914］ Del. Code Ann. tit. 12，§ 3806(b).

［2915］ 详见本书第13章。

［2916］ 例如，原保监会发布的《资产支持计划业务管理暂行办法》第35条将此类事项留由当事人自决，第2款规定：“支持计划募集说明书应当约定持有人会议召集程序及会议规则，明确受益凭证持有人通过持有人会议行使权利的范围、程序、表决机制和其他重要事项。”《信贷资产证券化试点管理办法》规定应当通过召开资产支持证券持有人大会审议决定的法定事项仅有“更换特定目的信托受托机构”一项，其余应审议事项均由信托合同约定（第53条）。

［2917］ Eric A. Mazie，*The Delaware Business Trust Act*，http://www.securitization.net/knowledge/spv/del_bus_trust.asp，Nov. 12，2007.

此种强行要求现今渐趋宽松，但历史的重负仍随处可见。[2918]商业信托法得益于普通信托“受托人全权管理信托而受益人基本不干预”之固有优势，无历史包袱之牵绊，容许无须受益人同意即可实施信托的重大行为，并进一步放宽普通信托法规则，去除委托人同意要件。

不过，历史原因尚不足以完全解释商业信托法与其他企业法在此方面的差异。商业信托法的极度灵活模式，根本上仍是基于提供更具竞争性的企业模式之缘由。

表决权自有成本和风险。以任意规范规定投资者对特定事项有表决权，或规定对特定事项的表决权不可排除，常有三类弊端相随，一是效率损失，二是表决权滥用，三是表决权落入意外之人之手。此外，对于特定类型的商业信托而言，表决权并非必要。

其一，要求重大变化等特定事项经企业投资者多数同意，固然有防止相关决策过于草率之用，但同时也难免付出效率损失的代价。此种效率损失不可轻视。例如企业并购交易中，交易时机极为重要，往往成为占据竞争优势、获取交易成功的关键；而投资者表决程序耗时费日，待得召开会议、进行表决、决议通过，可能早已被其他竞争对手抢得先机。因此，传统的企业组织法所提供的模式未必是最优模式。商业信托法的另类规定，对此提供了新的可能，使企业可以选择由管理者直接决定与实施特定事项。或有论者认为，此种高度灵活的模式，将会导致受托人滥用决定权、不能充分保障受益人利益之弊端。然而，依据信托法的一般原则，受托人在行使任何权限时，均受制于信义义务。详言之，受托人作出任何企业合并、改组、处置重大资产等决策，应遵守忠实义务及注意义务，为商业信托的最大利益行事。

其二，被代理人成本是表决权制度的固有成本。基于“少数服从多数”的性质，表决权机制尤其容易产生少数成员与多数成员之间的利益冲突。依其多数票控制决议及组织行为的多数成员，可能作出错误的决策（例如，选任不适格的管理者）或者损人利己的决策（例如，决定利益输送），增加被代理人成本。[2919]多数人滥用表决权损害少数人的利益，是表决制的固有风险，管理者滥用权限的问题未必比多数投资者滥用权利的

[2918]　Edward Rock, Hideki Kanda & Reinier Kraakman, *Significant Corporate Actions*, in The Anatomy of Corporate Law: A Comparative and Functional Approach (Reinier R. Kraakman et al. eds 2004).

[2919]　Zohar Goshen & Richard Squire, *Principal Costs: A New Theory for Corporate Law and Governance*, 117 Colum. L. Rev. 767, 800-01 (2017).

问题更为严重。[2920]另外，少数成员也可能利用表决权实施钳制行为（“敲竹杠”），妨碍组织作出有效率的决策。而在无法形成多数决时，更可能形成治理僵局，影响组织的正常运行。

其三，受益人因破产、死亡等丧失主体资格或其受益权被用于偿债时，受益权将落入继承人、债权人等人之手，由此类外部主体掌握表决权，可能违背商业信托的期待或利益。例如，资产证券化交易中，发起人取得受益权时，如发起人破产，其债权人极可能获得表决权并为其自身利益而行使表决权，解散信托或出卖信托财产以尽早获得清偿，此种表决权行使即可能违背资产支持证券其他持有人的利益。

其四，商业信托受益权可划分为不同类别、系列、群组。对于仅与某一类别、系列、群组受益人利益相关而对其他类别、系列、群组受益人并无不利影响的事项，仅约定该类别、系列、群组受益人享有表决权即可，并无必要对其他类别、系列、群组受益人赋予表决权。[2921]

其五，在开放式投资信托（开放式基金）等特定的商业信托类型中，由

[2920] 在一定意义上，投资者在遭遇多数投资者滥用权利之时，甚至比在遭遇管理者滥用权限之时更难得到救济。原因在于，管理者负有信义义务，早已为法律认可，并且有较为确定、清晰的法律规范，而多数投资者是否负有信义义务、以及在多大程度上负有信义义务、负有何种信义义务，远未达成共识，更无成熟的规范可循。关于公司股东的信义义务之争，参见James M. Van Vliet, Jr. & Mark D. Snider, *The Evolving Fiduciary Duty Solution for Shareholders Caught in a Closely Held Corporation Trap*, 18 N. Ill. U. L. Rev. 239（1998）。

[2921] 交易实例，如房地产投资信托文件规定：当物业评估价值小于等于优先A级资产支持证券在表决权基准日的未偿本金余额时，仅需由优先A级资产支持证券持有人大会以特别决议的方式予以批准；当物业评估价值大于优先B级资产支持证券在表决权基准日的未偿本金余额时，仅需由优先B级资产支持证券持有人大会以特别决议的方式予以批准。另对于保留事项，需由每一类别的资产支持证券持有人组成的资产支持证券持有人大会以特别决议的方式予以批准后方可生效。如果不同类别资产支持证券持有人大会就同一事项所作的决议不同，或存在冲突，应按照如下规则确定各类别资产支持证券持有人大会决议的效力：如果优先A级资产支持证券本息尚未清偿完毕，应以优先A级资产支持证券持有人组成的资产支持证券持有人大会的决议为准；当全部优先A级资产支持证券本息已清偿完毕，应以优先B级资产支持证券持有人组成的资产支持证券持有人大会的决议为准。参见《兴业皖新阅嘉一期房地产投资信托基金（REIT）资产支持证券募集说明书》，载上海清算所网2017年11月14日，http://www.shclearing.com/xxpl/fxpl/abs/201702/t20170209_222788.html。而对于不同类别的受益人会议决议之间存在利益冲突的情形，信托文件也可另行约定决议的承认。例如有信托文件约定：“如果任一类别资产支持证券持有人组成的资产支持证券持有人大会的决议损害其他类别的资产支持证券持有人的权利，则其决议应经权利被损害的其他类别的资产支持证券持有人组成的资产支持证券持有人大会的决议的承认……决议的承认，必须经单独或合计持有本类别资产支持证券未偿本金余额75%以上的资产支持证券持有人出席，且经出席资产支持证券持有人大会表决权总数75%以上的同意。就除资产支持证券持有人以外的第三方而言，未经该第三方书面同意，资产支持证券持有人大会形成的决议不得损害该第三方依据信托合同及其他交易文件在信托项下享有的权利、权益或利益。”参见《杭州公积金2016年第一期个人住房贷款资产支持证券发行说明书》，载上海清算所网2017年11月14日，http://www.shclearing.com/xxpl/fxpl/abs/201603/t20160307_134706.html。

于替代性机制的存在，表决权的必要性进一步降低。一般而言，组织治理的规律是：成员退出机制越不顺畅，成员的参与度越高。依据退出机制与参与度的关系，可将各种组织（或类组织关系）列成一个光谱，光谱的一端是婚姻、建筑物区分所有权人团体、普通合伙等。由于身份关系的存在，或者由于缺乏成员权的流通市场，此类组织的成员退出难度较大，为防止部分成员滥用对方被组织“锁定”的机会剥削或欺压对方，法律往往规定组织实施重大行为须经成员一致同意。[2922]光谱的另一端是商业信托（无表决权商业信托）。排除表决权通常以给予其他补偿为代价，补偿之一即为强大的退出权，例如开放式证券投资信托受益人可随时赎回受益权，任意赎回的成本不但低于表决权，也低于转让权，在此情况下，赋予表决权完全可能是多此一举。处于两端之间中间地带的，则是闭锁公司、有限合伙、有限责任企业、闭锁型商业信托等。此类组织的成员权益的财产性更强，但由于不能进入（或很少进入）资本市场，其流通性仍然不足，成员对组织的参与较为紧密。

此外，某些类型的投资信托因其性质，更近似于某种“产品”，而非某种需要投资者发挥积极治理作用的“组织”。例如，美国的单位投资信托，既发行可赎回证券（基金份额），又一般以固定投资组合为投资对象（通常包含交易所指数的成分股），其受托人无须享有投资决策的自由裁量权，投资者直接监督的必要性因而进一步降低。单位投资信托中，资产组合一旦选定，其成分仅在极为有限的情形中始得改变，[2923]故此种信托的特征是“几乎无管理”，[2924]风险显著小于管理型团体，监管要求相应简化。单位投资信托无须设受托人会，其受托人不行使投资裁量权、无权改变投资组合中的成分，一般只负担事务管理性义务。[2925]故此，尽管美国1940年《投资团体法》关于管理型团体份额持有人的表决权法定配置多于各州商业信托法，但对于单位投资信托，则不要求其份额持有人享有表

[2922]　例如，夫妻一方处分重要财产，不适用家事代理权，而须由双方共同决定；建筑物的重大改良行为，须全体所有权人一致同意或绝对多数同意；处分合伙的重要财产、决定合伙的重要事务，通常须全体合伙人一致同意。

[2923]　Investment Company Institute, *2019 Investment Company Fact Book* 48（59th ed. 2019）.

[2924]　4 Tamar Frankel & Ann Taylor Schwing, *The Regulation of Money Managers*: *Mutual Funds and Advisers* 29-3（2d ed. 2001 & Supp. 2008）.

[2925]　1 Tamar Frankel & Ann Taylor Schwing, *The Regulation of Money Managers*: *Mutual Funds and Advisers*, 5-32, 5-193 to 5-194（2d ed. 2001 & Supp. 2008）. 现今的单位投资信托主要持有债务证券，此类标的不要求积极管理。Id. at 5-195.

决权。[2926]

总体而言，投资者表决权并非企业治理的绝对必需手段。借助于表决权加强投资者对企业事务的控制，并不当然能发挥有效抑制代理成本的作用。[2927]在特定情形下限制或排除受益人表决权，并非无益。限制或排除受益人表决权，一方面可能降低受益人对受托人的控制力，导致来自受托人的代理成本上升；另一方面也具有实益，包括容易获得更优的税收地位，[2928]或者降低来自受益人的被代理人成本。就此而言，亦难以得出传统模式优于商业信托法模式的结论。而理论上的担忧未必真会成为普遍现实——基于经济理性考虑，完全排除或完全放弃作为资本提供者和剩余享有者的受益人的表决权，绝非普遍实践；即使确有此类情形，一般也是交易者权衡利害和理性计算的结果，无须法律强行干预。在商业组织领域发挥主导作用的，是经济需求，而不是法律规则。经济规律的制约自然会将交易者导向理性的选择，法律强加干预，徒然损害此类选择的有效性与确定性而已。例如，尽管商业信托法容许完全排除受益人表决权，但是就实务操作角度而言，完全排除受益人表决权的做法可能引发不良后果。最重要的后果之一就是受益权的市场价值下降。[2929]表决权的排除，意味着受益人对商业信托进行积极控制的能力严重下降，可能会对潜在受益人造成利益保障机制严重削弱的印象，从而降低潜在受益人的认购预期。因此，除了发行固定收益型受益权凭证的信托等少数特殊类型之外，实践中罕有完全排除受益人表决权的做法——尽管商业信托文件往往排除受益人对一般管理事项的表决权，但通常会授予受益人对重大事项的表决权，诸如修改商业信托文件、决定解散等。

商业信托法容许限制或排除受益人表决权，在此问题上实行完全的

[2926] 4 Tamar Frankel & Ann Taylor Schwing, *The Regulation of Money Managers: Mutual Funds and Advisers* 29-10(2d ed. 2001 & Supp. 2008).

[2927] 例如，一度被视作公司治理的新法宝的机构投资者股东能动主义，其实际作用并不如一般期望得那么大：机构投资者只有在采取股东能动主义模式的效益大于成本时，才会采取股东能动主义行动，否则同样会与管理者沆瀣一气。Robert C. Pozen, *Institutional Investors: The Reluctant Activists*, Harv. Bus. Rev., Jan-Feb. 1994, at 140. 关于对冲基金能动主义的实证研究也发现，能动主义有利有弊。Zohar Goshen & Richard Squire, *Principal Costs: A New Theory for Corporate Law and Governance*, 117 Colum. L. Rev. 767, 821-22(2017).

[2928] 例如，依据美国联邦税法，受益人对信托事务不享有控制权，是某种信托（包括商业信托）在税法上被归类为信托的要素之一。26 C. F. R. § 301.7701-4(c)(如果信托文件授予受益人改变投资的权限，此种安排不能归类为信托).

[2929] 公司法上的类似结论，参见The American Law Institute, Principles of Corporate Governance: Analysis and Recommendations § 7.21 cmt. c(1994)。

意思自治，有助于确保表决权安排获得最大限度的司法尊重。相比之下，某些国家信托法的规定则显得过于僵化。此类立法或者将受益人表决权规则设定为强行规范（如新加坡《商业信托法》第56条），或者在大量授予受益人表决权的同时，未能明确关于表决权的规定是否属于强行规范。法院对后一类条文进行法律解释时，受制于传统观念影响，可能倾向于认定其为强行规范，这将削弱商业信托的灵活性优势。此类立法或解释仅考虑到了受益人表决权的积极意义，对受益人表决权的成本、风险与弊端重视不足。更为关键的是，由谁来决定对表决权效益与成本的权衡，从而决定表决权安排？任意规范模式或强行规范模式将此决定权收于立法者之手，而美国最新一代的商业信托法以选入式规范形式将决定权归还于当事人自己，其背后的理念仍是：作为利益攸关者，当事人自己可能是能够作出最优权衡和最佳选择的主体。

2. 公募证券投资基金的特别规定

美国各州法对受益人表决权的规定极为宽松，联邦立法则以强行规范规定基金份额持有人的某些表决权，集中见于1940年《投资团体法》，显系出于公募证券投资基金投资者保护的特殊考虑。法定表决权主要包括对下列事项的表决权。

其一，选任受托人。基金的受托人须经受益人选举产生。[2930]

其二，改变投资政策。包括四类行为，须经证券投资基金已发行的有表决权证券持有人多数通过：第一类，开放式基金变更为封闭式基金、封闭式基金变更为开放式基金或多元化团体变更为非多元化团体；第二类，借款、发行优先证券、承销他人发行的证券、买卖不动产或期货、贷款给他人，但此类行为与详述于本基金注册声明中的基金政策一致的除外；第三类，偏离基金在注册声明中载明的集中投资于某一特定行业或某一组特定行业的基金政策、偏离只能经基金份额持有人表决通过方可改变的投资政策，或者偏离依本法第8条第b款第3项制作的注册声明中载明的任何政策；第四类，改变基金的营业性质，致基金不再成为投资团体。[2931]

其三，允许投资顾问合同。投资基金份额持有人逐年允许投资顾问合同续期的权利、终止投资顾问合同的权利、逐年允许主承销合同续期的权利，属于法定权利。本法第15条规定投资顾问合同应具备四项实体要

[2930] 15 U.S.C. § 80a-16(a).

[2931] 15 U.S.C. § 80a-13.

件并具备程序要件始得生效。实体要件之一为投资顾问合同有效期自签订之日起持续两年以上，但续期须至少每年经基金受托人会（或董事会）或已发行的有表决权证券持有人多数表决通过。[2932]实体要件之二为投资顾问合同须约定合同可由基金受托人会（或董事会）决定终止，亦可由已发行的有表决权证券的持有人决议终止。[2933]任何人在投资顾问合同不具备上述要件时担任投资顾问的，属违法行为。[2934]

其四，允许基金主承销合同。已注册的开放式投资基金的主承销商，只有在其承销合同符合两项实体要件时，始得从事该基金所发行之证券的要约销售、销售与交割业务。实体要件之一为合同有效期自签订之日起持续两年以上，但续期须至少每年经基金受托人会（或董事会）或已发行的有表决权证券持有人多数表决通过。[2935]

其五，某些受益权发行行为。已注册的封闭式投资基金，须符合若干条件方可发行优先证券，条件之一为投资基金应订定，对此类优先证券有不利影响的重组计划须经此类证券持有人多数表决通过。[2936]已注册的封闭式投资基金，须符合一定条件，始得以低于扣除分销佣金或折扣之后的普通证券净资产价值的价格出卖本基金发行的普通证券，条件之一为经普通证券持有人多数同意。[2937]

其六，聘用会计师。已注册的管理型团体或面额凭证团体的已发行的有表决权证券持有人，有权以多数决终止对独立会计师的聘用，无须支付任何违约金。[2938]

美国1940年《投资团体法》关于表决权的强行规定，有其特殊的立法背景。1940年立法当时，美国投资基金的主力军是封闭式基金（当时主要采用公司形式），开放式基金（主要采用信托形式）仅占一小部分，因此立法者仿造公司的典型治理结构规定了诸多法定表决权。[2939]但此后开放式基金（共同基金）迅猛发展，体量已远远超过封闭式基金。共同基金的基金份额高度分散，份额持有人之间缺乏身份同一性（货币市场基金尤其如

[2932] 15 U. S. C. § 80a-15(a)(2).

[2933] 15 U. S. C. § 80a-15(a)(3).

[2934] 15 U. S. C. § 80a-15(a).

[2935] 15 U. S. C. § 80a-15(b)(1).

[2936] 15 U. S. C. § 80a-18(a)(2)(D).

[2937] 15 U. S. C. § 80a-23(b)(2).

[2938] 15 U. S. C. § 80a-32(a)(3).

[2939] Richard M. Phillips, *Deregulation Under the Investment Company Act--A Reevaluation of the Corporate Paraphernalia of Shareholder Voting and Boards of Directors*, 37 Bus. Law. 903, 905-06(1982).

此),再加上基金份额可任意赎回,这使得法定表决权几乎沦为摆设,美国证券与交易委员会也质疑表决权的有用性;从基金实务看,数十年间,基金份额持有人的表决权几乎从来没有在基金管理中发挥过重大作用,也没有案例表明基金份额持有人能够成功否决诸如改变投资政策之类的法定决议事项,因此法定的表决要求已成为共同基金管理中的重大负担。[2940]

我国《证券投资基金法》亦赋予公募证券投资基金受益人较多的法定表决权,主要有两类:其一,决定更换受托人人选及调整其报酬;其二,决定信托的某些重大变化,例如,基金扩募或者延长基金合同期限、修改基金合同的重要内容(第47条)。其他法域的证券投资信托法或基金法多有类似规定。鉴于开放式基金中任意赎回权具有远胜于表决权的效率优势,是否应当维持强行性的表决权结构,不无检讨之余地。

(三)表决权的计算或分配

关于受益人表决权的计算或分配,美国商业信托法的规定极为灵活。《特拉华州商业信托法》等最新一代商业信托法规定,表决权可为单独表决权,亦可结合于任一或全部其他类别、群组或系列的受益人的表决权;表决权可按人数、数量、经济利益、类别、群组、系列或其他根据计算。[2941]此类规定采用了选入式规范而非默认性规范的形式。

《统一商业信托法》在此问题上摇摆不定。该法早期各次草案,均未对受益人表决权计算问题作出规定,其评注中所述理由为,商业信托形态多样,表决权计算或分配规则必然是因具体交易需求与状况而异,因此确定一项可适用于所有情况的默认性规则并不可行。[2942]2007年7月草案首次规定:受益人人数为计算表决权的默认规则。该条的评注特别提及《修订统一合伙法》第401条第f款规定("每一个合伙人在合伙经营管理与活动中享有平等的权利")。[2943]这不仅同其评注其他部分的内容矛盾,而且采用典型形态与商业信托颇有差异的合伙类企业法规则,甚为不妥。[2944]该法

[2940] Id. at 908-09.

[2941] Del. Code Ann. tit. 12, § 3806(b).

[2942] Uniform Statutory Trust Entity Act § 506 cmt.(Discussing draft, 2007).

[2943] Uniform Statutory Trust Entity Act § 506 cmt.(Discussing draft, 2007).

[2944] 合伙型企业多采用按人计票的通常规则。按人计票在出资不划分为等份的企业中尤为适合。例如,尽管许多州的有限责任企业法实行按出资比例分配表决权的规则,但《典型有限责任企业法》决定将按人数计算表决权作为默认规则,理由是:认定出资份额会产生潜在的困难(特别是在可能采纳默认规则的非正式企业中),例如,在每次表决前需确定成员的相应出资,而且成员尚未履行的出资承诺是否应被考虑在内,也是不清楚的。American Bar Association's Prototype Limited Liability Company Act § 403 cmt.(1992).

最终文本又改弦易辙，规定“受益人依其受益权的多数决行事”(第602条第1项)，即以受益权数为表决权计算和分配的默认规则。然而此前的评注见解却未作相应调整，仍称“实务中的典型做法是根据受益人的出资数额或其他以受益人资本份额为基础的方法分配表决权，有建议认为应将此种规则纳入本法作为默认规则，但是，本起草委员会拒绝此项建议，因为此类规则必然是因交易而异的，因此确定一项默认规则并不可行”。[2945]由此出现了条文与评注之间的自相矛盾：条文设定了实质上以受益权份额为基础的表决权默认规则，评注却表明起草委员会明确拒绝此类默认规则，且无意设定默认规则。该法2013年修正时，第602条序号变为第603条，但其条文和评注内容并无变化。相比之下，《特拉华州商业信托法》和《统一商业信托法》该条评注的立场，更符合“契约式实体之法”的定位。

加拿大统一法委员会起草的2008年《统一收入信托法》采用以受益权数计算和分配表决权的任意规范：“除信托文件另有订定外，每一信托单位在单位持有人会议上使持有人有一票表决权。”(第10条第2款)

我国某些商业信托特别法规定以受益权数作为表决权计算和分配的依据。例如，《证券投资基金法》第85条第2款规定，每一基金份额具有一票表决权。《信托公司集合资金信托计划管理办法》第45条第2款规定，每一信托单位具有一票表决权。

一般而言，投资者的表决权应同其剩余利益的份额成比例，否则，在监督和执行企业经营的权力与激励之间就会失调。[2946]但出于特定需求，与收益权不成比例的表决权也有特有功效，常见例子是设计不具有收益分配权的“超级表决权”，用于作为打破受益人会议僵局的一种机制。

(四)表决权的行使

美国商业信托法对受益人会议的召集、通知、会议人数、决议票数等未设要求，概由当事人自决。[2947]与其他非公司企业法同出于扩大灵活性

[2945] Uniform Statutory Trust Entity Act § 602 cmt.(2009).

[2946] Frank H. Easterbrook & Daniel R. Fischel, *Voting in Corporate Law*, 26 J. L. & Econ. 395, 408-10(1983); Robert Charles Clark, *Corporate Law* § 9.5(1986).

[2947] State Street Trust Co. v. Hall, 311 Mass. 299, 41 N. E. 2d 30, 156 A. L. R. 13(1942)(商业信托文件订定受益人有权要求受托人召开受益人会议).

之立法宗旨，[2948]但不同于其他企业法上常设任意规范的模式。[2949]此亦不同于《日本信托法》《韩国信托法》为受益人会议设置大量任意规范的模式。[2950]

无论美国还是我国，商业信托相比于公司的一大优势是，法律不要求召开受益人年会。早期马萨诸塞州商业信托即有取消受益人年会要求的做法。[2951]以《特拉华州商业信托法》为代表的最新一代美国商业信托法，未设年会要求。我国《信托法》未考虑到商业信托的特性，因此根本未规定受益人会议和受益人表决权，这反而为商业信托自主约定留下广阔空间；而关于商业信托的法律、规章和其他规范性文件，虽对某些类型的商业信托规定有受益人会议的召集、决议票数等事项，但一般不规定受益人须召开年会。不设年会要求，不仅有利于降低一般商业信托的运营成本，而且特别适合于投资基金等新型商业组织。此种立法模式，显然优于规定必须召开受益人年会的立法，例如，新加坡2004年《商业信托法》(该法第53条规定受益人应召开年会，且年会的间隔不得超过15个月)。

受益人会议可通过电话会议或其他通讯方式举行。特拉华州等州商业信托法对此设有明文规定。[2952]我国《证券投资基金法》第85条第1款亦有此规定，关于其他商业信托的规章对此纵无明文规定，依私法自治原

[2948] 例如，鉴于有限责任企业的非正式性并为保持其灵活性，并且鉴于有限责任企业协议通常会约定详细的表决制，有限责任企业立法未具体规定表决、会议与会议人数要求。American Bar Association's Prototype Limited Liability Company Act § 403 cmt.(1992). 更为困难的问题是，默认规则应将哪些事项规定为须经一致同意（或绝对多数同意）的事项？对此几乎无法确立能够适应各个企业需要的规则，故《典型有限责任企业法》仅设极个别的默认规则。Id. 一般认为，修改组织文件、合并、分立、解散等重大行为应实行一致同意或绝对多数同意制，但重大行为是否仅限于此？例如，出卖重要资产是否属于此列？如果是，重要资产又如何定义？与其以一般规则限定此类事项，不如尽可能少地规定此类事项，或完全交由企业自决，更有效率。

[2949] 公司法与合伙法一般以简单多数决为原则，特定事项采绝对多数决或一致同意决。有限责任企业法也多采用简单多数决，如《典型有限责任企业法》规定：经过半数成员同意，可决定有限责任企业的任何事项，但下列事项须经全体成员一致同意，书面的有限责任企业协议另有约定除外：修改书面的有限责任企业协议；授权成员或经理为了有限责任企业而实施违背有限责任企业协议的行为。American Bar Association's Prototype Limited Liability Company Act § 403(1992).

[2950] 《日本信托法》第4章"受益人等"第3节"二人以上受益人为意思决定方法之特别规定"，于第106~122条详细规定受益人会议的召集、通知、表决权的行使、受托人的出席、费用负担等事项。《韩国信托法》第5章"受益人的权利和义务"第5节"受益人为数人时的意思决定"，于第72~74条规定受益人会议的召集、决议等事项，较日本法规定简明。

[2951] Williams v. Inhabitants of Milton, 215 Mass. 1, 102 N. E. 355(1913).

[2952] 如《特拉华州商业信托法》第3806条第(c)款规定：除商业信托文件另有订定外，受益人会议的召开可采取电话会议方式或确保全部与会者能够听见彼此发言的其他通讯方式，参加符合本款规定的会议应构成亲自出席会议。

则，当然可由信托文件自行约定。[2953]

受益人可以书面同意替代会议与表决。以同意取代决议，已成为现代组织法的一项通行规则，有助于避免会议成本。《特拉华州商业信托法》规定，除商业信托文件另有订定外，对于受益人表决的任一事项，持有不少于以会议（全体对该事项有表决权的商业信托权益均已出席会议并进行表决）形式授权实施某一行为所必需的最低表决权数量的受益人，已签署书面文件同意实施该行为的，无须召开会议、无须预先通知、无须进行表决，即可实施该行为。[2954]此种规定，未尽合理。通过会议进行表决自有其不可替代的功能，少数派在会议上有机会以理服人，说服多数派改变投票意愿。在不召开会议而个别征求意见、表达意愿的情况下，则无此种机会。因此，以全体同意代替决议更为合适。我国《公司法》第37条第2款即是如此。

受益人可亲自表决或授权他人代理表决，其授权可采取书面形式、电子形式或法律容许的其他形式，[2955]但为商业信托保存记录之需要，应不允许采口头形式，除非信托文件另有订定。

六、获取信息权

（一）受益人获取信息权：商业信托法与普通信托法的差别

1. 差别

受益人获取信息权，是指受益人获取与信托有关信息的权利，亦可称

［2953］ 交易实例，如有交易文件约定："资产支持证券持有人大会可以采取现场或通讯方式进行，资产支持证券持有人可以以现场方式或通讯方式行使表决权。以通讯方式行使表决权的资产支持证券持有人，视为亲自出席资产支持证券持有人大会。资产支持证券持有人以通讯方式行使表决权的，其行使表决权的意思表示，应于资产支持证券持有人大会开会3个工作日前送达受托人。资产支持证券持有人先后送达两份以上意思表示的，以后送达者为准，但后送达的意思表示不符合前述时间要求的除外。资产支持证券持有人以通讯方式行使表决权后，打算亲自出席资产支持证券持有人大会的，至迟应于资产支持证券持有人大会开会前1个工作日，以与行使表决权相同之方式，撤销前项行使表决权之意思表示；逾期撤销者，以通讯方式行使之表决权为准。资产支持证券持有人以通讯方式行使表决权，同时委托代理人出席资产支持证券持有人大会的，以委托代理人出席行使表决权为准。"《兴业皖新阅嘉一期房地产投资信托基金（REIT）资产支持证券募集说明书》，载上海清算所网2017年11月14日，http://www. shclearing. com/xxpl/fxpl/abs/201702/t20170209_222788. html。类似约定，参见《杭州公积金2016年第一期个人住房贷款资产支持证券发行说明书》，载上海清算所网2017年11月14日，http://www. shclearing. com/xxpl/fxpl/abs/201603/t20160307_134706. html。

［2954］ Del. Code Ann. tit. 12，§ 3806（f）.

［2955］ Del. Code Ann. tit. 12，§ 3806（f）. 早期马萨诸塞州判例认为：商业信托文件订定受益人可授权他人代为表决的条款，合法有效；授权表决的商业习惯已存在多年，不违反任何公共政策。Comstock v. Dewey，323 Mass. 583，83 N. E. 2d 257（1949）.

为知情权。普通信托法上，获取信息权是信托受益人的一项基本权利，不容当事人任意变更或放弃。[2956]其法理基础在于：受益人是信托财产的衡平法所有人，受托人仅是代表人，其职能是保护信托财产的安全并以信托文件所定方式使受益人获得收益，委托人设立信托、由此使受益人间接地对委托人的财产享有权益的事实，并不意味着受益人对信托的存在、信托财产的性质、信托的管理细节保持在无知的状态。[2957]受托人对受益人的义务是信托的心脏；如果不存在一种能够确保受托人适当履行义务的机制，则受托人可以任意违反信托义务而不受制约与惩治，这将不再有“信托”可言。[2958]受益人获取信息权正是这一机制的关键部分。[2959]从经济分析角度而言，获取信息权正是旨在减少代理人的隐藏行为，[2960]是降低代理成本的手段之一。

根据普通信托法，受益人有权获知与信托管理有关的信息和为保护受益人利益所必须的重要事实。受益人要求提供与信托管理有关的信息时，受托人应毫不迟延地回复，除非依具体情形毫不迟延地回复是不合理的。[2961]对于受益人获取信息的方式，普通信托法未作限定，换言之，受益人只需提出请求，受托人即应提供一切与信托管理有关的信息。我国《信托法》第20条、第49条规定委托人和受益人的获取信息权，其权利内容与英美信托法相似。

获取信息权在商业信托法上居于类似的地位。美国制定法规定受益人享有获取信息权。但获取信息权并非制定法所赋予的权利，而是普通法上的权利，并受制定法保障，制定法的相关规定是宣示性（而非创设性）

[2956] Uniform Trust Code § 105(b)(8),(9); Restatement(Second) of Trusts § 173(1959). 受益人获取信息权由1818年英国的主导性判例确立。Walker v. Symonds, (1818) 3 Swanst. 1, 36 Eng. Rep. 751 (Ch.). 每一个受益人均享有知情权，其中包括享有未来权益的受益人，无论其权益是属于既定权益还是或然权益。早期的信托法即已确立这一规则。Austin W. Scott, *The Law of Trusts* § 173 (1939).

[2957] George Gleason Bogert & George Taylor Bogert, *The Law of Trusts and Trustees* § 961(rev. 2d ed. 1993).

[2958] Jonathan Hilliard, *The Rights to Information of an Object of a Fiduciary Mere Power*, 10 J. of Int' l Trust & Corp. Planning 209, 218(2003); T. P. Gallanis, *The Trustee's Duty to Inform*, 85 N. C. L. Rev. 1595, 1617(2007).

[2959] Jonathan Hilliard, *The Rights to Information of an Object of a Fiduciary Mere Power*, 10 J. of In' l Trust & Corp. Planning 209, 218(2003).

[2960] T. P. Gallanis, *The Trustee's Duty to Inform*, 85 N. C. L. Rev. 1595, 1616(2007).

[2961] Uniform Trust Code § 813(a).

的。[2962]判例法认为，明示契约信托的任何受益人均有权请求受托人报账，有权随时获取关于信托管理的信息。[2963]即使商业信托文件未订定相应内容，受益人仍享有知情权，[2964]查阅的信息包括全部受益人的名称（或姓名）与地址。[2965]不同的是，美国法律对获取信息权的范围及其行使均设有一定限制，由此呈现出与普通信托法的重要差别。此种差别在其他法域的商业信托法上亦有不同程度的体现。

受益人的权利对应于受托人的义务。受益人获取信息权的另一面，即为受托人提供信息、报告等义务。与商业信托法不同的是，普通信托受益人的获取信息权，在规则表述上是以受托人向受益人提供信息、保存记录、提供报告之义务的形式出现。历次《信托法重述》与《统一信托法典》均在"受托人义务"的章节中规定受托人提供信息、保存记录、提供报告之义务，而不在受益人的有关章节中规定受益人获取信息权。这一区别不仅是形式上的差异，而且体现出普通信托与商业信托相应规则的内容差别。总体而言，普通信托受益人的获取信息权比商业信托受益人享有的获取信息权更为宽泛，体现在下列方面。

（1）普通信托受托人提供信息的义务更为积极

普通信托受托人应当向受益人提供关于信托存在、受益人地位、受益人获取进一步信息的权利、受托人职位的信息；受托人应当向受益人通知受益人地位的重大变化；受托人应当使受益人知晓受托人职位的变动以及与信托及与信托管理有关的重大发展变化，特别是使受益人知晓为保护受益人权利所需的重要信息。[2966]上述信息无须受益人请求，受托人应当主动提供。此为受托人的一项积极义务（affirmative duty）。不过，上述信息不包括信托的财务会计报告或账目。受益人须经请求方可获取财务会计信息。

商业信托受托人不负有主动提供信息的义务，除非商业信托文件另有订定。

（2）普通信托法对受益人查询不设特殊要求

在美国普通信托法上，一般情况下，任何受益人均有权在合理的时间与间隔，请求查询信托条款、信托财产以及与信托管理有关的其他情

[2962] John H. Sears, *Trust Estates as Business Companies* 294（2d ed. 1921）.

[2963] William C. Dunn, *Trusts for Business Purposes* 164（1922）.

[2964] Regas v. Danigeles, 54 Ill. App. 2d 271, 203 N. E. 2d 730（1st Dist. 1964）.

[2965] Wallace v. Malooly, 4 Ill. 2d 86, 122 N. E. 2d 275（1954）.

[2966] Restatement（Third）of Trusts § 82（1）（2007）.

况。[2967]特别与商业信托不同的是，普通受益人有权查询信托的财务会计信息；只要受益人遵循了“合理间隔”的要求，受托人应当向受益人提供关于信托财产与信托管理的报告与会计账目。[2968]尽管法律设置了合理间隔要求，但这并不是要求受益人的查询应当具有正当目的，亦未要求受益人在请求查询时说明查询目的，更未赋予受托人以受益人目的不适当为由拒绝查询的权利；[2969]实际上仅指受益人须在合理时间、场合以合理的频率进行查询，不得进行骚扰。[2970]当某一个或数个受益人的查询频率过高或范围过宽时，经受托人或其他受益人申请，法院在对查询受益人之权益的遥远性、重要性与过度查询对信托管理的干扰、负担及对信托隐私的影响进行平衡衡量之后，可以限制受益人查询的频率与范围。[2971]法律并未赋予受托人自行决定查询是否适当[2972]以及自行拒绝查询或限制查询的权力。

与此不同的是，依据特拉华州等州商业信托法之规定，商业信托的每一个受益人，“出于任何与该受益人以受益人身份享有的权益有合理联系的目的，经合理要求，”方可从该商业信托取得相关文件；受益人提出的要求，应当采取书面形式，并说明提出要求的目的。[2973]判例法也认为，基于“正当目的”，受益人有权查阅商业信托的账簿与其他记录。[2974]

合理要求与合理目的，是对受益人获取信息权行使方式的重要限制。受托人有权拒绝目的不合理的查询要求。同时，受益人在获取信息时，须依照可由受托人设定的合理标准（包括订定何种信息、何种文件在何时、何地提供以及由何人付费的标准）。[2975]

[2967] Restatement (Third) of Trusts § 83 cmt. a (2007).

[2968] Restatement (Third) of Trusts § 83 (2007).

[2969] Restatement (Third) of Trusts § 83 (2007).

[2970] George G. Bogert & George T. Bogert, *The Law of Trusts and Trustees* § 961 (rev. 2d ed. 1983).

[2971] Restatement (Third) of Trusts § 82 cmt. e (2007).

[2972] 仅在受益人请求查询的信息包括其他受益人的敏感的私人信息时，法律才要求受托人履行提供信息义务时平衡相互冲突的利益，要求受托人在满足受益人知情需求与保护他人隐私与秘密之间进行折中。Restatement (Third) of Trusts § 82 cmt. f (2007).

[2973] Del. Code Ann. tit. 12, § 3819. 要求获取信息须有书面形式请求并说明提出请求的目的，是否为强行规范，该法未予明确。依目的解释，宜解释为任意规范，即商业信托文件可豁免书面形式要求及说明目的要求。商业信托文件可以具体界定何谓合理目的。交易实例：信托协议约定，获取信息用于出卖、获取信息用于和受益人参与信托管理无关的商业用途等，皆属于与受益人权益无合理联系的目的。DB Multi-Sector Commodity Master Trust, Amended and Restated Declaration of Trust and Trust Agreement § 8.2 (a) (2006).

[2974] Wallace v. Malooly, 4 Ill. 2d 86, 122 N. E. 2d 275 (1954).

[2975] Del. Code Ann. tit. 12, § 3819.

美国个别州的商业信托法还从受益人资格上对获取信息权设定限制。仿照《特拉华州商业信托法》而制定的《内华达州商业信托法》，在受益人获取信息权上，有不同于特拉华法的规定：有权要求获取商业信托经营信息的受益人，限于在提出要求之前至少持有本商业信托受益权6个月以上或者持有本商业信托5%以上受益权之受益人。[2976]《日本商事信托法纲要》则对请求查阅者设有3%的持有受益权比例（第511条第1款）。[2977]

（3）普通信托法并未严格地区别对待容许受益人查询的信息

原则上，对于有关信托管理的任何信息，经受益人合理请求，受托人均应提供。

商业信托法容许商业信托文件自行限定受益人有权获取的信息。一般地，依照美国最新一代商业信托法的规定，受益人有权获取的信息包括：商业信托文件副本、信托证书及其修改证书副本，以及据以签署商业信托文件、信托证书及其修改证书的律师书面授权文件的副本；载明每一个受益人和受托人的姓名或名称，以及已知的其当前营业地址、居住地址或邮寄地址的列表；关于商业信托营业与财务状况的信息；其他关于商业信托事务的正当合理的信息。[2978]依照新加坡2004年《商业信托法》第69条第1款、第2款的规定，受益人有权请求受托人免费提供的信息，包括本商业信托每一受益人的姓名与地址，本商业信托每一受益人持有受益权的范围，每一受益人姓名或名称登载于登记簿的日期，任何人丧失受益人身份的日期。由于上述信息对商业信托的意义各不相同（例如，商业信托文件副本的秘密性通常低于财务信息的秘密性），商业信托文件可对秘密性更强的信息设定更严格的查询要求。我国现行法对此虽无明文规定，但依私法自治原则，当然可由信托文件自行约定。

（4）商业信托受托人有保密权

普通信托的受托人负有保密义务（duty of confidentiality）。保密义务要求受托人保守信托信息的秘密与隐私、不向第三人披露该秘密与隐私，除非根据法律规定必须披露或为适当管理信托必须披露或适于披露。[2979]保密义务是忠实义务的一项附属义务。[2980]保密义务要求保护信托信息免

[2976] Nev. Rev. Stat. 88A. 350.1.

[2977] [日]日本商事信托研究会编著：《日本商事信托立法研究》，朱大明译，法律出版社2019年版，第59页。

[2978] Del. Code Ann. tit. 12，§ 3819. 获知其他受益人信息，便于联合维权。

[2979] Restatement (Third) of Trusts § 78 cmt. i (2007).

[2980] Restatement (Third) of Trusts § 78 cmt. i (2007).

受第三人知晓，因此保密义务一般不适用于受托人向受益人披露信托信息。[2981]诚然，作为例外情形，法律要求受托人在向受益人履行披露义务时，仍应保持足够的敏感性，并在可行的情况下，适当考虑保守秘密与适当管理信托的要求。[2982]但即使在此种情况下，法律仍未赋予受托人拒绝查询或限制受益人获取信息权的权力。

《特拉华州商业信托法》规定，除商业信托文件另有订定外，商业信托的受托人有权在其认为合理的期间内，就下列信息对受益人保密：受托人合理地认为具有商业秘密性质的任何信息，受托人善意地认为披露该信息不符合商业信托的最大利益或有损于商业信托或其营业的信息，按照法律或与第三人的协议要求该商业信托保密的信息。[2983]受托人保密权的存在，表明向受益人提供信息并不纯粹是受托人的义务，受托人也有不提供信息的权限。我国关于商业信托的其他规范性文件中也有类似的规定，尽管表述角度有所不同。例如，原银监会《关于信托投资公司集合资金信托业务信息披露有关问题的通知》第10条规定："信托投资公司集合信托计划受益人有权向信托投资公司查询与其信托财产有关的任何信息，信托投资公司应在合理的时限内和不损害对其他受益人保密义务的前提下，准确、完整地提供相关信息，不得拒绝、推诿。"

另需提及的是，普通信托法关于受托人保存报告的义务，也与商业信托法有所不同。普通信托法容许受托人保存非正式记录与报告。普通信托及其受托人种类多样，既有资产较庞大的财团信托，亦有小额的家庭信托；既有运营结构健全的信托公司，亦有非专业的亲友受托人。一律要求受托人保存、置备正式的会计记录、账簿等，既不可行，又会不适当地增加信托的负担。因此，受托人保存非正式的报告，亦可满足相关义务的要求，只要该报告能够显示信托的资产与负债、收入与负担、涉及信托财产的其他交易以及受托人报酬的根据与数额。[2984]信托文件亦可免除受托人保存正式报告的要求。[2985]

商业信托是企业，受会计法的约束。会计法对企业财务会计一般有正式要求。无论受托人是否专业受托人，均须依会计法的规定保存、置备

[2981] Restatement (Third) of Trusts § 78 cmt. i (2007).

[2982] Restatement (Third) of Trusts § 78 cmt. i (2007).

[2983] Del. Code Ann. tit. 12, § 3819 (c).

[2984] Restatement (Third) of Trusts § 83 cmt. b (2007). 对于信托财产，必须以该财产在会计核算日的相应市场价值（经必要的善意评估）列明。Id.

[2985] Wood v. Honeyman, 178 Or. 484, 566, 169 P. 2d 131, 166 (1946).

正式的财务会计报告,除非依据会计法对小企业的豁免规定,可以免除正式报告要求。受托人未遵守会计法要求的,即为违反信义义务,应当对商业信托承担责任,例如赔偿因遭受财务会计主管机构处罚所致损失。

2. 差别背后的原因

普通信托与商业信托受益人获取信息权的上述差别,深受彼此经济结构差异的影响。

普通信托的受托人负有主动通知受益人基本信息的义务,是因为普通信托的设立由委托人一手操办,受益人多数为被动地接受受益权。受益人是否同意、是否知情、是否表示接受受益权,与信托的设立与生效以及受益权的取得全无关系。受益人完全可能在不知信托已设立、不知信托内容如何、不知受托人为何人、不知受益权数额多少或内容如何时,即已成为受益人。[2986]此时,受托人主动提供信息,不仅是受益人主张救济的条件,更是信托得以运行的前提。商业信托的受益人与商业信托之间本质上是一种合同关系,并且受益人取得受益权的根据是合同,取得受益权是受益人自愿的、主动的投资行为,因此基本上不存在受益人无意间成为受益人的情形;受益权既然基于合同而取得,受益人在此之前即有充分的机会了解商业信托的存在与具体情况,要求受托人负有通知商业信托存在等信息的义务,无此必要。至于公开型商业信托应当主动披露相关信息,是根据证券法的规定;这一信息披露行为是所有公开型企业同等负有的义务,并非对商业信托的特殊要求,其法律依据也不是普通信托法。而且,证券市场能够统一反映信息,这也减少了受托人向每一个受益人主动报告的必要性。

对受益人获取信息权的限制,则反映了商业信托法在平衡受益人利益与商业信托利益这一问题上的特殊考虑,此为普通信托法通常无须面对的问题。

法律是平衡的艺术。关于获取信息权的规则,必须建立于对两种利益的平衡之上。商业信托尽管是集合受益人的资本而成立,但商业信托的利益与个别受益人的利益未必一致。利益天平的一端是受益人获得信息的需求,另一端是受托人保护秘密商业信息的需求。对这两种利益的平衡,必须在信义义务的环境下加以通盘考虑。对于那些其秘密性对于商业信托具有重要意义的信息,以及不适于传播、散发的信息,受托人负有保护此类信息的义务。同时,受托人又负有向受益人提供合理信息的义务。

[2986] 对于信托设立时尚未出生的将来受益人而言,更是如此。

普通信托具有封闭性，即使受益人的获取信息权扩张到极致，也不至于造成外部效应。换言之，即使受益人有权查阅关于信托事务的任何信息，也不至于对其他人造成损害。赋予受益人无限的查阅权，无疑会增大受托人的管理成本，但受托人有足够的能力与条件将这一成本转嫁到受益人头上，如增加受托人报酬或信托管理费用；在信托有多名受益人的情形下，成本的增加将损害其他受益人的利益。但即使赋予受益人无限制的查阅权，也不至于造成外部效应。原因如下。

（1）受益人退出机制的封闭性可制约受益人滥用查阅权

无限制地行使查阅权，会给查询者带来成本，同时对其他受益人造成成本。但是，由于博弈机制的作用，受益人不大可能倾向于无限制地行使查阅权。若某一受益人无限制地行使查阅权，尽管他此时只须承担一部分成本，而将其余成本转嫁于其他受益人，然而，其他受益人也完全可以、可能无限制地行使查阅权，由此将成倍放大受益人的成本，最终使此受益人亦无利可图。简言之，个别受益人尽管可以享受滥用查阅权的收益，但同时也承受其他受益人滥用查阅权的成本。滥用查阅权的收益与成本总体上发生相互抵销的效果。更为重要的是，普通信托中存在“锁定”效应：由于不存在一个受益权自由流通的市场，普通信托受益人难以通过出卖受益权而退出信托关系、从而将成本由转嫁于其他受益人承担。

（2）普通信托进入机制的封闭性，可制约查阅权滥用行为

普通信托受益人通常由委托人在信托文件中明确指定，或者指定受益人范围（如“后代子孙”“××的直系亲属”），信托受益人处于委托人可控的范围之内，完全与信托无关或与委托人期待无关的第三人，一般不可能成为受益人。简言之，普通信托的进入机制具有封闭性。因此，不怀好意的第三人一般没有机会获取受益人资格，以达到滥用查阅权、干扰信托管理之目的。

进入机制与退出机制的封闭性，使全体受益人的利益从根本上而言趋向于一致。尽管受益人之间在短期利益方面可能存在冲突，但就维护信托的整体利益这一点而言，受益人之间的利益一致。受益人之间可能的利益冲突，源于在信托利益总和相对恒定之前提下的分配问题。[2987]而

[2987] 正因信托利益内部分配方面存在利益不一致，信托法才对受托人课以公平对待全体受益人的义务。在面对各个受益人就即期利益分配这一方面，受托人必须进行平衡和妥协；但在积极管理和经营信托以谋取长期利益这一方面，受托人则不必对受益人作出妥协。换言之，在“如何分配蛋糕”问题上，受托人必须妥善化解冲突；在“如何将蛋糕做大”问题上，则无妥协的必要。

对于信托利益总和的增长，全体受益人的利益指向是一致的。受益人滥用查阅权，无助于增进其个体福利，反而在损害其他受益人整体利益的同时损害其自身利益。因此，受益人缺乏滥用查阅权的动因。

但在商业信托领域，则又是另外一幅图景。商业信托存在一个受益权流通市场，受益权可随时易手，受益人的进出机制并不具有封闭性。出于尽可能扩大融资的需要，商业信托还会尽量将受益权发售给外部投资者。如果不对受益人的获取信息权设定限制，商业信托的竞争对手或有意损害商业信托利益的第三人，可以通过在公开市场上购买受益权的方式轻易取得受益人资格，进而以行使获取信息权为幌子，干扰商业信托的正常经营管理，甚至获取商业信托的秘密信息并加以不法披露或利用。此类不正当目的一旦实现，恶意者又可轻易地转让受益权而逃避成本与制裁。[2988]

上述情况同样存在于其他商业组织之中，这正是公司法、有限合伙法、有限责任企业法普遍对股东获取信息权、有限合伙人获取信息权、成员获取信息权设定限制的原因。[2989]而普通合伙法对合伙人获取信息权的限制较少，也无非是因为普通合伙人进入机制往往具有封闭性，并且合伙人通常直接参与合伙事务。[2990]在此问题上，商业信托法近于其他商业组织法而异于普通信托法，自不足为奇，不过各种商业组织法之间在此事项

[2988] 尽管恶意损害商业信托利益者可能承担侵权责任，但此类责任可以轻易规避，例如由资力较低的自然人出面购买受益权。何况，事后通过诉讼途径追究恶意者的责任，也面临较高的成本与风险。

[2989] 公司法要求股东行使查阅权必须出于善意目的或正当目的。Model Business Corporation Act § 16.02（c）（2016 Revision）；我国《公司法》第33条。合伙法、有限责任企业法的要求与此类似。Del. Code Ann. tit. 6，§ § 17-305，18-305. 实务中，公司章程有时会明确订定公司应向“重要投资者”（指持有股份达到一定比例以上的投资者）发送有关营业与财务的信息，前提是公司董事经合理认定，确认该投资者不是公司的竞争对手；投资者承诺不得披露、散播或为了监督其对公司的投资以外的其他任何目的使用此类信息，除非该信息为公众知悉信息、投资者独立获得的信息或第三人在不违反对公司保密义务的前提下向投资者公开或披露的信息。The National Venture Capital Association，Model Venture Capital Financing Documents，Amended and Restated Investor’s Rights Agreement § § 3.1，3.5（2007）.

[2990] 我国《合伙企业法》未对有限合伙人获取信息权设定不同于普通合伙人的限制，存在法律漏洞。我国台湾地区相关制度对此有所考虑。我国台湾地区“民法”上的隐名合伙，与有限合伙颇有相似之处。隐名合伙人向合伙提供出资而不执行合伙事务，此点大致相当于有限合伙人。隐名合伙人有权于每届事务年度终了时查阅合伙账簿并检查合伙事务及财产状况；除此之外，如有重大事由，经法院准许，可以随时行使查阅权与检查权。而普通合伙中，合伙人可随时行使查阅权与检查权，并无重大事由之限制，亦无须申请法院为之，两者相较，隐名合伙人的获取信息权显然受限较多，之所以如此，可能是考虑到相比于出名合伙人（相当于普通合伙人），隐名合伙人对于合伙事务更为间接，为使合伙营业免受不必要的干扰，而加以实质上与程度上的严格限制，“民法”于隐名合伙人的获取信息权特设规定而不准用普通合伙，其意或在于此。参见邱聪智：《新订债法各论》（下），中国人民大学出版社2006年版，第133页。

上仍有若干具体差异而已。[2991]

当然，就限制的手段而言，限定为“为合理目的”“以合理间隔”之类的查询要求，比限定受益人资格更为合理。从持股时间或持股比例上限制出资人的查询资格，过于僵化，限制过度，有悖比例原则，有害少数成员权益。法律没有理由预先将持股比例较低的出资人排除在查阅权主体之外。至于商业信托文件自定限制，则属私法自治的范畴，与法律强制系属两事，自不待言。

3. 获取信息权规则的强行性或任意性

与绝大多数受益人权利一样，受益人获取信息权亦可由信托文件加以限制或改变。但在容许改变的程度上，普通信托法与商业信托法亦有差异。

（1）普通信托法

在美国普通信托法上，判例法的立场是，信托条款可以改变关于受益人获取信息权（反面而言即为受托人提供信息义务）的法律规则。信托条款可以改变受益人有权获取的信息的数量、有权获取信息之人的资格、获取信息的频率、获取信息的条件等。普通信托法容许对获取信息权作出限制或改变，是基于尊重普通信托委托人的特殊考虑或特殊需要。此类特殊考虑一般是防止不必要或不适当地暴露信托安排私密性导致的风险，或者防止知晓信托安排可能对那些心理或责任感尚不够健全的年轻受益人产生不利后果。[2992]但是，此类条款须满足一系列实体性与程序性要件，方为有效：其一，信托条款不得排除受益人获取为阻止、补救违反信托义务及行使受益人的其他信托权利合理所需的信息。[2993]其二，信托条款不得完全免除受托人主动提供基本信息的义务，也不得在一定程度上或一定时间内限制上述义务、致使不当妨碍获取信息权的根本目的或实效性。[2994]其三，变

[2991] 全面继受《特拉华州商业信托法》的六个州中，马里兰州、南达科他州的商业信托法采用了特拉华州模式。Md. Code Ann., Corps. & Ass' ns § 12-305; S. D. Codified Laws § 47-14A-80.康涅狄格州、怀俄明州、新罕什布尔州三州商业信托法未规定受益人获取信息权，因此其效果是直接适用普通信托受益人获取信息权的规定，有所不妥。《弗吉尼亚州商业信托法》规定的获取信息权与特拉华州法差异较大，近似于公司法的股东获取信息权模式，此种规则过于僵硬，与商业信托特性不尽相符。《统一商业信托法》对受益人获取信息权的规定虽以《特拉华州商业信托法》的相应规定为渊源，但内容极为简略；“受益人有权获取与行使受益人权利合理相关的、关于商业信托事务的信息。”Uniform Statutory Trust Entity Act § 503(2009). 此种模糊的标准既未例示信息种类以便于指导当事人，又未明确规定受托人的保密义务，可操作性弱于特拉华州法。总体而言，特拉华州法规定较优。

[2992] Restatement (Third) of Trusts § 82 cmt. e (2007).

[2993] Restatement (Third) of Trusts § 82 cmt. a (2) (2007); Jones v. Hagans, 634 A. 2d 1219, 1222 (D. C. 1993).

[2994] Restatement (Third) of Trusts § 82 cmt. a (2) (2007).

更受托人信息提供义务的信托条款所用词句必须清晰。[2995]

英国法系普通信托法的立场更为严格。依据英格兰、加拿大、新西兰的判例，限制特定受益人查账权或者限制查账权客体的信托条款，因违背公共政策而无效，换言之，受托人必须对全体受益人负责。[2996]

普通信托法对变更受托人信息提供义务之信托条款的限制，是基于下列共识之上：容许无限制地免除或变更受托人的信息提供义务，有悖于信托的本质，且违反公共政策。对此，英美判例所见略同。美国判例谓：委托人设立一个受托人无须负责的信托是自相矛盾的；一个信托，必然授予受益人实施信托的权利。[2997]英国判例谓：如果受益人对受托人不享有权利，就不存在信托。[2998]容许任意排除或变更受益人的获取信息权，将使受益人对受托人是否适当履行义务处于茫然无知的境地，无异于免除受托人的可问责性。特别是，免除受托人报账义务的信托条款，体现了剥夺受益人实施信托的权利、剥夺法院的衡平管辖权之企图，亦有损于重要的社会价值，因此违反公共政策，应为无效。[2999]

由上可见，在美国法上，关于获取信息权的法律规范具有任意法色彩。但是，由于获取信息权的关键地位，普通信托法不容许信托文件完全排除或不合理地限制受益人获取信息权，因此关于获取信息权的规定至多只是一种"准任意规范"（quasi-default rule）。[3000]而在英国信托法上，受托人提供信息的义务本质上是强行规范。[3001]

然而，美国制定法的晚近发展，呈现出有别于判例法的色彩，在更大程度上缓和了规则的严格性。此种动向在《统一信托法典》为各州采纳的过程中表现得尤为显著。对于委托人可以在何种程度上放弃受托人披露信息的要求，是《统一信托法典》起草与批准过程中最有争议的问题。[3002]该法

[2995] Restatement (Third) of Trusts § 82 cmt. d (2007).

[2996] David Hayton, Paul Matthews, & Charles Mitchell, *Underhill and Hayton Law Relating to Trusts and Trustees* 878 (18th ed. 2010).

[2997] Jacob v. Davis, 128 Md. App. 433, at 450-451, 738 A. 2d 904, at 912-913 (1999).

[2998] Armitage v. Nurse, [1998] Ch. 241, at 253.

[2999] 美国判例所阐述的上述理由，参见Briggs v. Crowley, 352 Mass. 194, 224 N. E. 2d 417 (1967); Wood v. Honeyman, 178 Or. 484, 559, 169 P. 2d 131, 163 (1946)。英国判例有类似见解，参见David Hayton, Paul Matthews, & Charles Mitchell, *Underhill and Hayton Law Relating to Trusts and Trustees* 878 (18th ed. 2010)。

[3000] Uniform Statutory Trust Entity Act § 503 cmt. (Discussion draft, spring 2008).

[3001] David Hayton, *The Irreducible Core Content of Trusteeship*, in Trends in Contemporary Trust Law 47, 49-56 (A. J. Oakley ed. 1996).

[3002] David M. English, *The Uniform Trust Code (2000): Significant Provisions and Policy Issues*, 67 Mo. L. Rev. 143, 202 (2002). 该文作者为《统一信托法典》报告人。

典第813条规定了受托人报告信息的义务，并在第105条的强行规则列表中将第813条所定义务列入，但同时又表示第813条是否应被列为强行规则，任由各州自选。[3003]从各州采纳该法典的情况看，本条规定可谓各州差异最大的条文之一，许多州在不同程度上改变了该条文，容许信托条款改变或在一定范围内免除信息提供义务，以致该条文实际上丧失了统一性。[3004]在2006年时即已有十余个州将受托人提供信息义务从《统一信托法典》第105条第b款的强行规范列表中删去，将其设为完全的任意规范。[3005]

缓和信息提供义务规则强行性的立法运动，与美国各州意图强化信托私密性的动因相关，即容许委托人在保留信托私密性上享有更大的自由。学者则对此种运动持批评态度，认为信托的私密性利弊共存，过度强调信托的私密性，不仅与遗嘱公示要求形成体系违反，而且有害于信托当事人和第三人。[3006]

（2）商业信托法

基于与普通信托法同样的理由，《统一商业信托法》不容许商业信托文件限制或排除受益人获取信息权，但商业信托文件可以设定标准，以评价某一标准是否与受益人行使权利具有合理的相关性——只要此类标准不是明显不合理。[3007]然而，所谓的明显不合理标准，是一个过于模糊的标准。《特拉华州商业信托法》则沿袭商业信托普通法上的先例，[3008]将获取信息权设置为完全的任意规范，即明文允许商业信托文件排除受益人的获取信息权。《日本信托法》第243条第1款、《韩国信托法》第85条第6款在此问题上的规定可谓殊途同归：受益证券发行信托的信托行为中可以订定，查阅或复制请求权等权利限于持有全部受益人表决权3%以上比例（或信托行为订定的更低比例）受益权的受益人始得行使。这实际上意味着低

[3003] Uniform Trust Code § 105(b)(8),(9).

[3004] Frances H. Foster, *Privacy and the Elusive Quest for Uniformity in the Law of Trusts*, 38 Ariz. St. L. J. 713, 756-60(2006).

[3005] Id. at 760 n. 317. 例如，北卡罗来纳州。N. C. Gen. Stat. § 36C-1-105(b).

[3006] Frances H. Foster, *Trust Privacy*, 93 Cornell L. Rev. 555(2008). 遗嘱须开示、认证、登记或备案，而作为“遗嘱的功能上替代物”的信托（尤其是可废止信托），则不必如此，故有历史上“秘密遗嘱”所生的种种弊端。Id. at 557-58. 福斯特教授指出，信托私密性的益处包括：增进委托人对其身份、名誉、财产的控制；保护受益人免受外部世界之害、免于彼此互相伤害、免于自己不谨慎行为之害；为第三人提供精神或经济利益。信托的私密性也有阴暗面：导致地位脆弱的委托人丧失财产或尊严；导致受托人遭遇不必要的责任，引发受托人与受益人的冲突；导致受益人被不负责任的受托人所坑害；妨碍第三人及其他家庭成员取得原本有权获得的利益。Id. at 613-14.

[3007] Uniform Statutory Trust Entity Act § 104(13)(Last Amended 2013).

[3008] Small v. Smith, 294 Pa. 163, 143 A. 786(1928).

于该比例的受益人的获取信息权可被排除。我国商业信托特别法对此虽无划一的规定，但某些文件的相关条文表述则为当事人自主约定留出了相当的空间，例如，《证券投资基金法》对于非公开募集资金的信息提供采灵活的立场，基金合同虽应当包含基金信息提供的内容、方式（第92条第1款第7项），但具体如何约定听任基金合同自治；基金管理人、基金托管人按照基金合同约定向基金份额持有人提供基金信息（第95条）。又如，中国银行间市场交易商协会《非金融企业资产支持票据指引》第33条第6项规定："投资者依照相关法律文件规定和交易文件的约定，享有以下权利……（六）查阅或者复制基础资产和资产支持票据相关信息资料……"

完全排除受益人的获取信息权，看似不合情理，却有实际的经济合理性。商业信托文件可排除受益人获取信息权，对系列商业信托尤有意义。各系列单独运营，系列受益人原则上仅在本系列中享有权利义务，获知其他系列的内部运营情况（如获利比例等）对保护本系列受益人利益并非必要，反而可能损及其他系列的利益，因此限制或排除系列受益人对其他系列事务的获取信息权，自有效率。另一例证为固定收益型受益权或债券型受益权。一般而言，受益人的地位与公司股东类似：有权分配企业利润，但无权享有固定的收益。享有固定收益的，为债权人（包括公司债券持有人）。正因为股东仅能获取公司的剩余利益，且股东利益与公司盈利息息相关，股东应有途径获知公司利润状况，而债权人由于可收取固定本息且其受偿顺序优先于股东，法律已经对其提供较强保护，不再有赋予获取信息权的必要，[3009]由此亦可彻底排除获取信息权存在与行使的潜在成本与风险。[3010]商业信托组织法上不存在债券的概念，受益权即为分配商业信托利润的权利。但法律对受益权的这一定性属于任意规范，商业信托可设计出类似于公司债券的、仅收取固定收益的受益权。此种设计可获得税法、破产法等方面的优势。相应地，借由固定收益与优先受偿顺序的保护，此类受益权的持有人已不必再借助于获取信息权。固定收益型

［3009］ 当然，公司法容许章程特别对债券持有人赋予获取信息权（或表决权等其他股东享有的权利）。Del. Code Ann. tit. 8，§ 221. 这同样是为了给予当事人充分实现商业目标的机会。

［3010］ 查询信息时的"正当目的"或"合理目的"究竟为何物，在此问题上已经产生了大量的诉讼，并且很可能永远也得不出明确的规则。确定持股价值、确定利润下降的原因、确定是否存在不当经营等，属于适当的目的，但即使是意在骚扰的股东，也可以轻易地在形式上显示出上述各种目的。目的的不当性往往需要到股东获取信息之后的实际行为阶段才能显现出来，而此时后果已经发生，对获取信息权的事前限制已经丧失了意义。这正是获取信息权制度的悖论。在此意义上，设计得再完善的获取信息权限制，也无法根本解决问题。

或债券型受益人，在资产证券化交易中已经有较多的应用。容许排除此类受益人的获取信息权，更能满足实际需要。就此而言，《特拉华州商业信托法》的规定亦优于《统一商业信托法》。[3011]

此外，获取信息权在普通信托与商业信托环境中的重要性亦不相同。普通信托法的逻辑是，只有受益人才既有经济激励、又有法律权利去行使监督与执行职能，因此受托人应对受益人承担强制性的提供信息义务。[3012]但是，在商业信托领域，有经济激励和法律权利的监督者，并非仅有受益人，证券市场的各方参与者，都会在不同程度上成为监督者。潜在投资者有足够的激励考察商业信托营业与财务状况，而会计师事务所、律师事务所、证券评级机构等中介组织会通过各种途径（包括与商业信托约定获取信息的权利）获取商业信托的营业与财务信息，以服务于投资者；而且，负责发行受益权凭证的证券承销商也有充分的动机了解商业信托信息（攸关承销的成败）。上述各类主体的行为构成了一个整体有效率的信息市场，[3013]此种信息市场，在普通信托领域并不存在。此种信息市场作为日常发挥作用的主战场，甚至比个别受益人行使获取信息权更有效率——行使获取信息权的商业信托涉讼案例甚为少见，缘由之一或正在于此。

况且，法律容许排除受益人获取信息权，并不必然导致实践中出现任意排除受益人获取信息权的情形。鉴于受益人获取信息权的重要地位，商业信托文件在作出排除获取信息权之规定时，当事人自会慎重考虑排除的后果。如果完全排除全体受益人的获取信息权，将丧失对受托人进行监督的基本途径。难以想象当事人会选择此种条款；实践中几乎见不到此种条款，也证明了任意法模式并无想象中的危害性——“容许当事人做就意味着当事人实际会去做”，这一观点忽略了法律规则与人类行为之间的现实差异，高估了法律对人类行为的影响而低估了经济因素对经济行为的影响，[3014]应

[3011]　《统一商业信托法》对受益人获取信息权的规定内容极为简略，留给商业信托文件订定的空间似乎更大；但是，该法将获取信息权设置为半强行规范，仅容许商业信托文件确立评价何种信息与受益人权利合理相关的标准，除此之外不得改变有关获取信息权的规定。考虑特拉华州法尽管较为详细地规定了获取信息权的行使，但性质上仍属于任意规范，实质上比统一法的规定更为灵活。

[3012]　T. P. Gallanis, *The Trustee's Duty to Inform*, 85 N. C. L. Rev. 1595, 1621（2007）.

[3013]　诚然，商业信托可能与中介组织恶意串通，以虚假信息欺诈投资者，但虚假陈述的法律责任、市场信誉机制、各类组织之间的制约机制等制度，可事先降低大规模串通的概率。

[3014]　在商业世界中，支配人类行为的最重要规则是经济规律而不是法律规则。及时、准确地反映经济现实与当事人的行为模式，而不是试图改变人的行为模式，才是任意性法律规范的首要任务。行为科学对法律的影响，可参见Christine Jolls, Cass Sunstein, & Richard Thaler, *A Behavioral Approach to Law and Economics*, 50 Stan. L. Rev. 1471（1998）。

属多虑。

法律明文容许对获取信息权完全另作约定的另一项实益，亦可由此见之：法律对于获取信息权的排除尚且容许，则无论商业信托文件对获取信息权作何种个性化的安排，法院均应当予以尊重，而不是以某种自认为“不公平”或者“不合理”之类的理由审查、否定获取信息权约定之效力。这便是任意法的信号功能。

（二）受益人获取信息权与其他商业组织出资人获取信息权的差别

商业信托受益人的获取信息权，与其他商业组织成员的类似权利，法律应否保留一定区别？新加坡《商业信托法》关于受益人获取信息权的规定，与公司股东的权利类似。《日本商事信托法纲要》关于会计账簿的置备、查阅、披露等制度，是在参考股份公司相关法律制度的基础上起草的，关于查阅者持有受益权比例的规定更是照抄股份公司的相关规定。[3015]但从美国各州有代表性的立法模式观之，商业信托法关于受益人获取信息权之规定，堪称各种商业组织法中最自由、最灵活者。

公司法对股东获取信息权多采两分法；对于公司章程、股东会会议记录、董事与高级管理人员名单等信息，股东无须满足提出合理要求、具备正当目的等要件即可查阅；对于董事会会议记录、公司财务记录、股东名册等信息，则须满足有正当目的、说明查阅目的等要件方可查阅。[3016]两分法采取了将股东有权获取的信息进行明确列表的方法，是一种“规则”主导型立法模式。此种模式保持了法律的确定性，但同时也减损了灵活性。规则式列表（rule-based schedule）必然导致涵摄过度（例如，将无关紧要的会议记录也列入股东有权获取的信息）或涵摄不足（股东获取立法明确列举的信息以外的信息缺乏法律依据），相比之下，规定受益人有权获取“合理相关的信息”是更为健全、灵活的模式。[3017]除此之外，股东获取信息权的规定属于强行规范，[3018]其灵活性亦逊于商业信托法。

合伙法与有限责任企业法等非公司企业法关于有限合伙人或有限责任企业成员获取信息权的规定，近似于商业信托法。但是，法律仅容许有

［3015］［日］日本商事信托研究会编著：《日本商事信托立法研究》，朱大明译，法律出版社2019年版，第60~62页。

［3016］ Model Business Corporation Act § 16.02（2016 Revision）. 我国《公司法》第33条规定类似。

［3017］ Uniform Statutory Trust Entity Act § 503 cmt.（Discussion draft, spring 2008）.《统一商业信托法》起草委员会拒绝了规则列表式的模式。Id.《特拉华州商业信托法》中作为兜底规定的“其他与商业信托事务有关的正当合理的信息”，也是一种“标准主导型”的立法模式。

［3018］ Model Business Corporation Act § 16.02（f）（2016 Revision）.

限合伙协议或有限责任企业协议设定关于获取何种信息、在何时何地获取、由何人付费的合理标准，而不容许协议排除获取信息权。[3019]这也反映了法律将有限合伙与有限责任企业定位为闭锁型企业的初衷——资本市场的缺乏，使得获取信息权成为有限合伙人或成员获取信息的必需手段。

各种商业组织虽具有共通性，但毕竟不同类型的商业组织之间互有差异，遑论某一类型中各个具体组织之间的差别。商业组织法除某些最低限度的事项可以趋同（例如，登记程序）外，实不必、也不宜作“一刀切”的规定。尤其是在组织内部关系上，因涉及治理机制，更是因组织而异。任何一部商业组织法关于成员获取信息权的规则，均不足谓尽善尽美，与其将某一种商业组织法的规定作为典范套用于其他类型的商业组织，不如在各种商业组织法中保留个性化的规范模式，既为当事人预留选择余地，也为商业组织间的竞争容纳更多空间。

（三）获取信息权的救济

获取信息权受侵害时，受益人可主张约定或法定救济。信托文件可订定相关的责任。例如，信托协议约定，管理受益人（实际行使受托人权限之人）拒绝或因过失未提供信息的，应当偿付有限受益人为强制获取信息的费用（包括合理的律师费），并应赔偿有限受益人由此遭受的实际损失。[3020]就法定救济而言，受益人主张账簿查阅权的诉讼，在普通法上被称为报账之诉（action for an accounting，accounting action）。在适当情形下，受益人有权对受托人提起报账之诉。[3021]法院可以强制受托人提供账簿以供受益人查阅。报账之诉赖以存在的当事人之间的实体权利、义务、责任，取决于商业信托文件的条款。[3022]

依据普通法，在报账之诉中，受托人对其在履行职责过程中已行使合

[3019] Del. Code Ann. tit. 6，§ § 17-305，18-305.《典型有限责任企业法》也明文列举了有限责任企业应保存的各类信息，包括成员名单、年度所得税与财务报告、成员出资记录等。American Bar Association's Prototype Limited Liability Company Act § 405（1992）.

[3020] DB Multi-Sector Commodity Master Trust，Amended and Restated Declaration of Trust and Trust Agreement § 8.2（a）（2006）.该信托的治理结构较为特殊，受益人分为两类：一类是管理受益人，负责商业信托的经营管理；另一类是有限受益人，不负责商业信托的经营管理，仅承担有限责任。

[3021] Haskell v. Patterson，165 Ark. 65，262 S. W. 1002（1924）；Hawkins v. Smith，153 Kan. 542，111 P. 2d 1108（1941）；Ashley v. Winkley，209 Mass. 509，95 N. E. 932（1911）；Bingham v. Graham，220 S. W. 105（Tex. Civ. App. Amarillo 1920）.

[3022] 13 Am. Jur. 2d Business Trusts § 108（2007）.例如，仅当查阅是出于明确、有益的目的时，法院方可命令受托人提供账簿以供查阅。Bryan v. Seiffert，185 Okla. 496，94 P. 2d 526（1939）.

理注意、谨慎与判断负有举证责任。[3023]如果商业信托文件订定受托人对管理商业信托的财产与营业具有绝对的权限，并订定受益人无权请求报账，而受益人未证明受托人滥用权限、未实施不当行为或未滥用商业信托财产的，不得提起报账之诉。[3024]

七、优先认购权

商业信托文件可订定受益人有权优先认购新发行的受益权。普通信托受益权一般不是受益人购买而得，自无所谓优先认购权。公司法将优先认购权定为闭锁公司的任意规范。[3025]优先认购权可满足公司保持闭锁持股状态之需，并可防止现有股东的股份被稀释，故常用于闭锁公司。如果有较多股东的公司急需资金并且只能通过迅速向银行或证券承销商发行股份来获得融资，或者公司考虑到在不久的将来需通过发行股份以对外融资或试图收购其他公司股份或财产，则满足股东的优先认购权往往代价昂贵、费时且不可行；并且，如果股份是公开交易的，优先认购权在任何情况下均无甚意义，因为额外的股份可在公开市场买入卖出。[3026]因此，公开公司股东无优先认购权，章程另有订定除外。[3027]

商业信托法将优先认购权定为选入式规范，近于公开公司。《特拉华州商业信托法》规定：除商业信托文件另有订定或其他协议另有约定外，受益人无权优先认购商业信托新发行的受益权或其他权益。[3028]其规定比公司法简洁灵活，[3029]为商业信托因特殊需要而另作安排预留广泛余地，诸如可订定某一类别、系列的受益人有优先认购权，或订定受益人对某一类别或系列受益权有优先认购权；并可订定行使优先认购权的程序，例如发行新受益权时应通知现有受益人，受益人在相当期限内未表示认购即

[3023] Cohen v. U. S. Trust Securities Corp. , 311 Mass. 152, 40 N. E. 2d 282 (1942); Ashley v. Winkley, 209 Mass. 509, 95 N. E. 932 (1911).

[3024] Small v. Smith, 294 Pa. 163, 143 A. 786 (1928).

[3025] 如我国《公司法》规定，有限责任公司新增资本时，股东有权优先认缴出资（第34条）。

[3026] Robert W. Hamilton, *The Law of Corporations* § 7.18 (5th ed. 2000).

[3027] Model Business Corporation Act § 6.30 (a)(2016 Revision). 我国《公司法》未赋予股份公司股东优先认购权，亦未提及章程可否赋予优先认购权。依私法自治原则，应作肯定解释。

[3028] Del. Code Ann. tit. 12, § 3805 (i).

[3029] 英美公司法对优先认购权的行使、抛弃、例外等设有详细规则，而判例法对优先认购权的态度经历了一个不断变化的过程，且该领域的规则仍然颇不一致。详见Robert W. Hamilton, *The Law of Corporations* § 7.18 (5th ed. 2000)（例如，优先认购权不适用于下列股份：已获授权但未发行的股份、库存股、以财产或劳务而非现金为对价而发行的股份、为满足转换或期权而发行的股份、与合并有关的股份等）; Model Business Corporation Act § 6.30 (b)-(c)(2016 Revision)。

视为同意。此类事项纯属合同自由范畴。

我国《信托法》及关于商业信托的各种特别法均未规定受益人自动享有优先认购权。此与美国商业信托法相似。

八、估价权

（一）估价权的含义与法理

估价权（appraisal right），指表决反对商业信托特定行为的受益人请求商业信托以公平价格回购其受益权的权利。所谓特定行为，企业法通常规定为根本性变化（fundmental change），如企业合并、改组、修改组织文件、出卖全部资产等。

估价权早见于马萨诸塞州判例。[3030]《特拉华州商业信托法》规定："非依商业信托文件、吸收合并或新设合并协议或分立计划订定，在发生下列事由时不具有关于商业信托受益权或其他权益的估价权：对商业信托文件的任何修改，商业信托参与的任何吸收合并或新设合并，商业信托分立，或商业信托出卖全部资产或实质上出卖全部资产。大法官法院对审理、裁判与商业信托文件、吸收合并或新设合并协议或分立计划订定的任何估价有关的事项具有管辖权。"[3031]据此，估价权属于选入式规范，须有商业信托文件授权。此与判例法一致。[3032]如商业信托文件未赋予估价权，表决反对合并或其他重组的少数受益人除转让其受益权外，似别无他法，但实际上仍有以受托人违反信义义务或交易不公平为由寻求救济的机会。[3033]

加拿大统一法委员会起草的2008年《统一收入信托法》第26条（共18款）详细规定估价权的行使与司法救济，但仍然采用选入式规范模式，仅在信托文件赋予受益人估价权且受托人会议决议将受益人估价权适用于特定交易之时，受益人始有估价权（参见第26条第1款）。

采相反规范模式者，有日本《资产流动化法》第210条、我国台湾地区

［3030］　商业信托文件订定，受益人死亡或收回受益权时，受托人应对该受益人的受益权进行及时估价，作为取回受益权的基础；受托人未依商业信托文件估价时，法院有权认定该受益权的真实价格。Dooley v. Resnik，256 Mass. 205，152 N. E. 231（1926）.

［3031］　Del. Code Ann. tit. 12，§ 3815（h）. 特拉华州合伙法、有限合伙法、有限责任企业法有类似规定，其中容许赋予估价权的情形，尚有改组、本地化、迁移等。Del. Code Ann. tit. 6，§ § 15-120，17-212，18-210.《特拉华州商业信托法》目前未作相同修订。但无碍于商业信托文件自行订定受益人在商业信托改组、迁移时有估价权。

［3032］　除信托文件另有订定外，商业信托重组时，受益人不享有估价权。Equity Corporation v. Brickley，237 F. 2d 839（1st Cir. 1956），cert. denied，352 U. S. 989，77 S. Ct. 387，1 L. Ed. 2d 368（1957）.

［3033］　Landy v. Amsterdam，815 F. 2d 925，Fed. Sec. L. Rep.（CCH）¶93216（3d Cir. 1987）.

“金融资产证券化条例”第44条。二者均规定，反对特殊目的信托契约变更的受益人，在一定条件下，可请求受托人以公平价格买回其受益权。[3034]上述条文未明示信托契约得排除此项权利。

我国《信托法》未充分考虑商业信托的特性，且估价权在当时的《公司法》上尚且付诸阙如（系2005年修订时增设），因此2001年《信托法》并未规定估价权。现行各种商业信托特别法中亦无规定。但基于私法自治原则，商业信托文件当然可以自行约定估价权。我国《信托法》不规定估价权，符合普通信托的特质。《信托法》与商业信托特别法不规定估价权，但也不妨碍商业信托文件自行约定估价权，预留了充分的灵活性，相比于强行规定估价权的立法例，是更优越的模式。反观2006年《日本信托法》与2011年《韩国信托法》，不注意区分普通信托和商业信托，而一概规定受益人的估价权，[3035]并且禁止信托行为限制受益人的估价权，[3036]既混淆了普通信托和商业信托的法律构造，[3037]又强加了不当管制，无端限制信托行为的自由，殊不可采。

估价权的法理基础在于：现代商业信托通常实行多数决，在商业信托文件授权范围内，多数受益人可决定重大事项，此类行为可能严重改变少数受益人的投资预期。多数决的合理性在于确保组织的顺畅运转，因多数决可避免因少数成员反对而无法从事更高收益的活动，并可防止仅享有少数权益的成员实施机会主义行为、要挟多数成员以谋取不当利

[3034] 王志诚：《金融资产证券化——立法原理与比较法制》，北京大学出版社2005年版，第85、86页。

[3035] 《日本信托法》第103条、第104条，《韩国信托法》第89条、第91条第3款、第95条第3款。

[3036] 《日本信托法》第92条第18项，《韩国信托法》第61条第8项。估价权的强制性，在《日本商事信托法纲要》中已现端倪。参见[日]日本商事信托研究会编著：《日本商事信托立法研究》，朱大明译，法律出版社2019年版，第87页。

[3037] 《日本信托法》《韩国信托法》的大部分规定，总体上是以普通信托为原型。《日本信托法》规定，信托的变更、合并、分割，原则上须委托人、受托人与受益人合意（第149条第1款、第151条第1款、第155条第1款、第159条第1款）。既须全体受益人合意，自无所谓少数异议受益人估价权。此项须受益人一致同意原则，存在例外，在例外情形，亦无赋予异议受益人估价权之必要。例外之一，信托行为另有订定时，从其订定（《日本信托法》第149条第4款、第151条第3款、第155条第3款、第159条第3款）。信托行为如订定采多数决，则对少数受益人可自主设定保护措施（例如赋予估价权），如未设定，委托人或有特殊考虑，无须法律干涉。例外之二，信托的变更、合并、分割明显未违反信托目的且符合受益人利益时，经受托人通知委托人与受益人，即可为之（《日本信托法》第149条第2款、第151条第2款、第155条第2款、第159条第2款）。在此情形，信托的变更、合并、分割以符合受益人利益为要件。不符合受益人利益的变更、合并、分割行为，应不生效力，此时无适用受益人估价权之余地。例外之三，发生情势变更致信托行为所定信托事务处理方法已不符合受益人利益时，法院得依委托人、受托人或受益人之申请，命令变更信托（《日本信托法》第150条）。在此情形，法院命令变更信托，须符合受益人利益。否则，受益人得诉诸诉讼上之救济。《韩国信托法》的规定，与《日本信托法》的上述规定大体类似（第88条第1款与第3款、第91条第2款、第95条第2款）。

益。如果不对少数成员提供适当救济，少数成员可能遭受多数成员滥用表决权之害。受益人之间的利益并不必然一致。多数受益人可能为独占利润或其他目的排挤少数受益人，例如，决议允许一项以不公平低价迫使少数受益人出卖其受益权的合并，对商业信托文件作出不利于少数受益人的修改，将商业信托主要资产出卖于多数受益人的关联人。为了在商业信托经营所必需的灵活性与保护少数受益人之间保持平衡，商业信托文件可订定估价权，以便异议受益人变现投资权益，退出商业信托。

英美普通信托法上不存在估价权。原因之一在于，受益人无偿取得受益权，自无权要求回购其受益权。纵在委托人保留受益权的场合（委托人有偿取得受益权），通常也不可能将信托结构设计为与受益人同等享有表决权，以致委托人有异议时需求助于回购受益权。原因之二在于，普通信托受益人并不实行多数决定制。在要求受益人同意的场合，个别受益人的不同意，即足以阻却受益人同意的构成。多数受益人的意思不足以凌驾于少数受益人之上而贯彻于信托的管理之中，因此法律并无赋予少数受益人估价权之必要（信托文件另有订定时自当别论）。

（二）商业信托受益人估价权的特色

公司法上的估价权为人熟知。公司法赋予异议股东于法定情形以公平价格请求公司回购其股份的权利，又称异议股东股份收购请求权等。19世纪至20世纪早期，公司法将某些股东权规定为“既定”（vested）的权利，不容许多数股东决议处分之，亦不得以章程或其他方式剥夺之。此种模式下，股东决定实行全体一致同意原则，但因不能适应公司经营的实际需要，现今在几乎所有法域均被抛弃。[3038]公司法发展出几乎不加限制的多数股东控制公司的制度。[3039]估价权的产生，实际上是作为对公司根本性变化须经股东一致同意之规则的替代。[3040]

［3038］ Model Business Corporation Act § 10.01（b）（2016 Revision）（股东不享有任何源于公司章程条款的既定的财产权利）.《弗吉尼亚州商业信托法》仿公司法而规定：受益人不享有源于商业信托证书的任何既定的财产权利。Va. Code Ann. § 13.1-1226，F.

［3039］ The American Law Institute，Principles of Corporate Governance：Analysis and Recommendations，ch. 4 Introduction（1994）. 例如，纽约州早在1896年即已容许股东经绝对多数同意即可允许公司合并，其后不少州公司法又改采简单多数制。

［3040］ Hideki Kanda & Saul Levmore，*The Appraisal Remedy and the Goals of Corporate Law*，32 UCLA L. Rev. 429，430（1985）.

公司法普遍规定估价权制度。[3041]商业信托法与其他非公司企业法的估价权出自同一法理，但有不同于公司法上股东估价权的特色：商业信托法的估价权系一种“合同性估价权”(contractual appraisal rights)，即意定估价权。

股东估价权具有法定性，体现于三方面：第一，估价权发生的法定性。估价权原则上是一种法定的权利，当事人不得排除；只要发生公司合并、全部资产出卖、公司章程的特定修改、强制换股等法定情形，股东即有估价权。第二，估价权适用事由的法定性。[3042]第三，估价权行使的法定性。估价权的行使方式与程序由法律强行规定，[3043]基本上不存在公司、公司股东、董事会自行决定的自由。其中更为明显的是，为贯彻估价权行使的法定性，以维护股东与公司之间的利益平衡，公司法规定：公司认为股东有或可能有估价权时，公司发送给股东的会议通知与估价权通知中必须附有关于估价权的法律条文。[3044]股东违反法定程序的，可能导致估价权丧失，公司违反法定程序的，可能导致股东可直接提起诉讼，并可能导致公司承担诉讼费用。[3045]

商业信托受益人估价权在上述三个方面均不同于公司股东估价权。第一，估价权来源于商业信托文件条款(或合并协议等法律行为)，其有无取决于商业信托文件有无订定。[3046]第二，制定法列举的估价权适用事由，包括商业信托合并、商业信托文件修改、商业信托出卖全部资产或实质上

[3041] The American Law Institute, Principles of Corporate Governance: Analysis and Recommendations § 7.21 cmt. a(1994). 我国《公司法》2005年修订时增设估价权制度(现为第74条、第142条)。

[3042] 估价权的适用事由，各法域立法不尽一致。例如，美国各州立法普遍将合并作为股东享有估价权的适用事由，大多数州规定公司出卖全部资产或实质性出卖全部资产时股东享有估价权。The American Law Institute, Principles of Corporate Governance: Analysis and Recommendations, ch. 4 Introduction(1994).《特拉华州普通公司法》的规定较为灵活，该法规定的公司股东估价权法定适用事由较少，仅适用于公司合并；此外，公司章程可以订定在公司章程修改、公司出卖全部资产或实质上出卖全部资产时，股东享有估价权。Del. Code Ann. tit. 8, § 262(c). 我国《公司法》规定的有限责任公司股东估价权适用事由为合并、分立、转让主要财产、连续五年不分配利润、公司解散事由出现而章程修改使公司存续(第74条第1款)，股份有限公司股东估价权适用事由为公司合并、分立(第142条第1款第4项)。上述条文均未提及公司章程可限制、扩张估价权的适用事由，是否属于强行规范，存在争议。

[3043] Model Business Corporation Act § § 13.20-13.26(2016 Revision). 即使是较自由的特拉华州公司法，关于估价权行使方式的规定亦为强行规范。Del. Code Ann. tit. 8, § 262(d).

[3044] Model Business Corporation Act § § 13.20(a), 13.22(b)(3)(2016 Revision); Del. Code Ann. tit. 8, § 262(d).

[3045] Model Business Corporation Act § 13.31(b)(2016 Revision).

[3046] 美国法上早期曾有个别判例采纳强行性估价权：商业信托重组时，应当赋予异议受益人赎回受益权的选择权，否则不得将该受益人在原商业信托中的受益权强制转换为新商业信托的受益权。Hauser v. Catlett, 197 Okla. 668, 173 P. 2d 728(1946).

出卖全部资产。但该列举既不禁止商业信托文件排除其中任何一项或数项适用事由，亦不禁止商业信托文件另行订定更为广泛的适用事由，包括商业信托改组、强制换发受益权等。第三，制定法并未规定估价权行使的程序或方式，任由商业信托文件自行订定。

商业信托法采用意定估价权而非法定估价权，可归结为多种原因。

其一，商业信托受益权原本具有可自由赎回性，如果部分受益人不满商业信托的合并、出卖全部资产等行为，可随时赎回其受益权而退出该商业信托，无须通过特别的估价救济程序实现其目的。正常的赎回比估价程序更为简便。法律设置强制性的估价制度意义有限。正因如此，美国共同基金受益人一般不享有估价权（在共同基金实施改组前，其受益人可以净资产价值赎回其受益权）。[3047]对于封闭式基金而言，估价权的授予，既然有正反两方面效果，[3048]由当事人自决更为适宜。

其二，估价权以表决权为前提。估价权旨在保护异议成员免受多数成员滥用权利之害。如成员对组织的某种行为本无表决权，自无权反对，估价权失其依据。[3049]公司法赋予股东若干不得以章程排除的固有权利，即使在股东固有权利已被大幅削弱的现代公司法中，股东对公司的根本性变化仍有不可排除的同意权，如《特拉华州普通公司法》规定公司合并须经股东过半数同意，仅有若干例外。[3050]法定估价权正是法定表决权的对应物与配套机制。而商业信托受益人可有任何表决权，亦可无任何表决权，受益人不享有任何不可排除的表决权。法律不设强行要求，正是对商业信托实务的反映。既然如此，法定估价权亦不合商业信托实务。由商业信托自主依其表决权结构安排估价权，更为妥当。

其三，商业信托多为公开型商业信托，其受益权在公开市场上发行与交易。对商业信托进行合并、商业信托文件修改、出卖资产等行为持异议

[3047] Uniform Statutory Trust Entity Act § 703 cmt.(2009).

[3048] 关于法律是否应当规定异议受益人的收购请求权，我国学者指出：对于开放式基金的受益证券，无规范之必要；就封闭式基金而论，因其设计的本质即以基金得为长期使用为目的，故明定基金存续期间投资人不得请求受托人买回其持有的受益证券，且受托人也不得追加发行、交付或卖出受益证券的基金，故如允许受益人得享有收购请求权，基金规模恐因投资者要求买回其受益证券而减缩，进而有解散之虞，此恐不利于不动产之长期投资。但受益人的收购请求权，仅适用于涉及信托契约内容变更之时，如此，明定封闭式基金受益人得享有收购请求权，反有助于使特殊目的信托欲变更信托契约内容时，得更谨慎行事。参见李成、卓俊雄：《资产证券化中反对受益人收买请求权之探讨》，载《台湾金融财务季刊》2004年第5辑第1期，第28页。

[3049] Del. Code Ann. tit. 8, § 262(b).

[3050] Del. Code Ann. tit. 8, § 251.

的受益人，可以出卖其受益权退出该商业信托，而市场机制比程序复杂、成本高昂的估价权救济更为有效、便利；同时，相比于法院，市场对商业信托及其受益权价值的评估通常更为准确，评估成本也更低。这也正是某些公司法规定上市公司股东不享有估价权[3051]的原因。在加拿大，不存在统一的商业信托法制。在未制定商业信托法的各省，商业信托的法律关系由信托文件自定，而信托文件尽管时常复制公司的治理结构，却并未普遍订定公司股东享有的估价权。[3052]学者指出，对于公开发行受益权凭证单位的商业收入信托而言，欠缺估价救济并非短处，受益人通过出卖受益权即可达到与估价权相同的效果。相比于程序复杂的估价权机制，在市场上出卖受益权远为简便、成本低廉。[3053]至于那些不在公开市场中发行与买卖受益权凭证的商业信托，自可根据实际需要，通过商业信托文件订定估价权。

其四，公司法上股东有法定估价权的若干情形，是某些商业信托的常规经营行为，不宜适用估价权。例如，出卖全部资产或实质上出卖全部资产并非公司经营中的常规活动，适用法定估价权有其合理性，否则，股东如对公司的常规经营行为有估价权，公司不仅因不时面对估价请求而受到严重干扰，并且频繁的、不可预见或控制的估价与回购将严重影响公司现金流的运用及公司资产的稳定，危及债权人利益。但出卖资产恰是证券投资信托的常规经营活动，证券投资信托以证券为主要资产，以买卖证券为主业，大量出卖资产为常用手段。估价权法定化有估价常态化之虞，兼因法院在认定出卖多少资产构成“实质上出卖全部资产”方面具有较大不确定性，将严重妨碍此类商业信托的运营。

其五，不规定估价权，亦有助于避免估价权制度固有的弊端。估价权制度是平衡两种对立利益的产物，有诸多局限性。股东估价权在保护少数股东权益方面的实际作用一直是争论的焦点，法律界对估价权促进公司治理的作用亦多存疑虑。批评意见包括：公开公司股东处于“理性的冷漠”状态，股东很少愿意耗时费力通过诉讼或说服其他股东一起投票反

[3051] 公司法称之为“市场排除”(market out)规则。典型的规定，参见Model Business Corporation Act § 13.02(b)(1)(2016 Revision)；Del. Code Ann. tit. 8，§ 262(b)(1)。

[3052] 据统计，在2005~2014年，有2/3的商业信托在其信托文件中为其单位持有人订定了类似于公司法的估价权。Anita Anand & Edward Iacobucci，*The Boundaries of Corporate Law and Trust Law：An Analysis of Locking v. McCowan*，62 McGill L. J. 577，587(2016).

[3053] Mark Gillen，*A Comparison of Business Income Trust Governance and Corporate Governance：Is There a Need for Legislation or Further Regulation?*，51 McGill L. J. 327，378(2006).

对公司的行为(大多数公司法规定股东须明示反对某一公司行为始得进入估价救济程序);法院用于评估异议股东股份价值的方法不当,时常低估股份价值;估价救济程序复杂冗长(许多诉讼持续数年甚至近20年),对大多数股东而言皆为一种不堪忍受的负担,且估价救济程序成本很高,结果却很不确定;估价救济具有排他性,选择估价救济的股东难以诉诸其他救济。[3054]关于何谓股权的“公平价值”,更存在重大分歧。[3055]估价权也会对公司和股东造成伤害:倘若股东退股的现金要求过高,进而毁掉一项本可增加公司价值的行为,反而有可能损害股东利益。[3056]公司法致力改进,[3057]但又会造成其他不良后果,例如,过分简化的估价程序会导致许多无价值的诉讼;将估价救济作为排他性救济的理由在于,排他性既可减少成本高昂的重复诉讼,又可防止有效率的公司合并因股份估价上的争议而延误或失败,取消排他性则失此益处。[3058]立法者与法院为完善股东估价权行使程序殚精竭虑,但无论如何,法定程序无法实现普适于各种企业的尽善。与其如此,商业信托法不如另辟蹊径,让市场智慧发挥更大作用,以弥补立法者与司法者的认识能力之局限。商业信托法不规定强行性或排他性估价权,可为商业信托预留更多选择余地与创新空间,有利于商业信托探索发展更有效率的救济方法。

[3054] The American Law Institute, Principles of Corporate Governance: Analysis and Recommendations, pt. 7, ch. 4 Introduction (1994); Robert W. Hamilton, *The Law of Corporations* § 20.12 (5th ed. 2000); Joseph M. Coleman, *The Appraisal Remedy in Corporate Freeze-Outs: Questions of Valuation and Exclusivity*, 38 Sw. L. J. 775 (1984); Elliott J. Weiss, *The Law of Take Out Mergers: A Historical Perspective*, 56 N. Y. U. L. Rev. 624 (1981). 例如,在美国大多数州,估价救济程序不仅非常技术化,而且相当烦琐,经常为被排挤的股东设下陷阱;股东须至少完成五个步骤始得主张估价救济:第一,在表决日之前将要求就其股份获得公平补偿的意思通知于公司;第二,该股东未就相关交易投赞成票;第三,在表决之后要求就其股份的公平价值获得补偿;第四,试图与公司管理者协商确定股份的公平价值;第五,将所持股份交存公司或予以登记。在每一步骤上的疏忽均可能导致丧失估价权并引发诉讼。The American Law Institute, Principles of Corporate Governance: Analysis and Recommendations § 7.23 cmt. c (1994); Robert W. Hamilton, *The Law of Corporations* § 20.12 (5th ed. 2000).

[3055] Douglas K. Moll, *Shareholder Oppression and "Fair Value": Of Discounts, Dates, and Dastardly Deeds in the Close Corporation*, 54 Duke L. J. 293, 310 (2004).

[3056] [美]莱纳·克拉克曼等:《公司法剖析:比较与功能的视角》,刘俊海等译,北京大学出版社2007年版,第169页。

[3057] 诸如简化估价程序,在特定情形容许异议股东寻求其他救济以缓和估价救济的排他性。例如,Weinberger v. UOP, Inc., 457 A. 2d 701, 714 (Del. 1983)(估价救济在某些案件中不足以保护股东,尤其是在欺诈、虚假陈述、自己交易、故意浪费公司资产、重大且显著越权等情形,在此情形,大法官有权授予适当的衡平或金钱救济,包括撤销交易)。

[3058] The American Law Institute, Principles of Corporate Governance: Analysis and Recommendations, pt. 7, ch. 4 Introduction (1994).

将估价权设置为选入式规范的理由，在加拿大统一法委员会起草的2008年《统一收入信托法》的立法理由中亦有阐明："对于异议股东而言，估价权一般是一种昂贵的救济，尤其是在存在充分的市场替代机制的情况下。因此，对于某些类型的广泛持股或具有高度流动性的公开发行人而言，估价权对投资者来说是虚幻的。但同时，估价权的存在，可以用作对某些根本变化（企业合并、增资等）的灵活性之限制……决定何种事由可以触发估价权，尤其困难……如同反欺压救济和派生诉讼一样，这可以让市场自行发展。与此种定制化的路径（customized approach）一致，适当的触发事由，可由信托文件约定。"[3059]

（三）意定估价权的意义

商业信托法不将估价权定为法定权利，并不意味着估价权无关紧要。对于排除受益人赎回权的商业信托而言，在商业信托文件中订定受益人估价权尤具保护少数受益人的作用。

估价权的意义不限于事后救济，而有实现控制代理成本、创造机制使投资价值最大化等功能。[3060]估价权的存在，也有利于推进商业信托合并等交易的顺利完成，如无估价权，当受益人认为相关交易损害其权益时，往往诉请法院禁止交易或判予损害赔偿，虽未必胜诉，但诉讼的可能性与成本将会增加，延误交易的完成；相比于一个合理的估价救济程序，此类禁令救济或损害赔偿救济成本更高，甚至可能使某些有效率的交易根本无法进行。[3061]权衡利弊后，如估价救济程序成本更低，商业信托文件自有必要订定估价救济条款，并可酌情约定，估价救济为排他性的救济。

第四节　商业信托受益权的变动

一、受益权的原始取得

（一）取得方式

普通信托受益人原始取得受益权，无须作出意思表示，自信托设立之

[3059] Uniform Income Trust Act § 26 cmt.（2008）.

[3060] Frank H. Easterbrook & Daniel R. Fischel, *The Economic Structure of Corporate Law* 145-49（1991）.

[3061] 公司法上的相关讨论，参见The American Law Institute, Principles of Corporate Governance: Analysis and Recommendations § 7.21 cmt. d（1994）。

日起，信托条款中指定的受益人即可取得受益权，除非信托条款另有订定。但受益人无义务接受受益权，而可以抛弃受益权。[3062]

商业信托受益权的取得，则是合同的效果，需由受益人通过认购、订立商业信托文件等途径作出意思表示。除了订立信托文件以外，受益权的原始取得，一般是通过认购。商业信托设立协议的当事人不负有认购受益权的义务，但同意认购的除外。当事人一旦同意认购受益权，有义务就认购的受益权份额支付相应的对价，[3063]此种义务即出资义务。美国商业信托制定法对受益权的认购未设置特别规定。认购受益权的合同一般适用合同法规则；[3064]但商业信托公开发行受益权凭证、投资者认购受益权的行为，还适用证券法的一般规定。美国某些州虽未制定商业信托法，但对公司、企业、团体发行股份或份额设定一定要件的法律规则，也适用于商业信托，例如密歇根州法。[3065]此一领域非普通信托涉足之地。

我国《信托法》关于受益权原始取得的规定为："受益人自信托生效之日起享有信托受益权。信托文件另有规定的，从其规定。"该条规定简洁明了，其任意规范（信托生效之日起享有受益权）虽非为商业信托特制，但任由信托文件另作规定，再加上《合同法》的一般规定，足以应对商业信托的特殊情形。

《证券投资基金法》2012年修订后，于第67条（2015年修正后序号变为第66条）新增两款规定："投资人交付申购款项，申购成立；基金份额登记机构确认基金份额时，申购生效。（第2款）基金份额持有人递交赎回申请，赎回成立；基金份额登记机构确认赎回时，赎回生效。（第3款）"此两款规定，混淆民法基本概念，背离民法一般规则，全无必要。基金份额的申购，性质为双方法律行为（合同）。投资人向基金管理人或其代理人发出的申购基金份额的意思表示，为要约；基金管理人或其代理人同意申购

[3062] David Hayton, Paul Matthews, & Charles Mitchell, *Underhill and Hayton Law Relating to Trusts and Trustees* 955 (18th ed. 2010).

[3063] Dunbar v. Broomfield, 247 Mass. 372, 142 N. E. 148 (1924).

[3064] Blomgren v. Cowley, 282 Ill. App. 166 (1st Dist. 1935).

[3065] People v. Clum, 213 Mich. 651, 182 N. W. 136, 15 A. L. R. 253 (1921).

的意思表示，为承诺。[3066]承诺生效时，申购合同成立。此合同属于负担行为（或者原因行为）。申购目的之实现，尚需实施处分行为（或者履行行为、权利变动行为）。现今公开募集基金的实务中，基金份额采电子化形式，无须如同纸面凭证一样须经交付方可完成处分（基金份额的取得）。基金份额登记机构以电子介质登记的数据，是基金份额持有人权利归属的根据（2015年修正后的《证券投资基金法》第102条第1款第1句）。基金份额登记机构确认投资人的基金份额时，投资人取得基金份额，处分行为发生效力。在权利取得效力上，此与出质登记类似。[3067]投资人交付申购款项，则为投资人履行申购合同义务的行为。《证券投资基金法》第66条第2款将负担行为与处分行为、合同成立与合同履行混为一谈，[3068]理论上缺乏根据，实务中徒增混乱。如果投资人向基金管理人表示愿意申购基金份额，管理人亦表同意，则按此规定，申购尚不成立；如若投资人已交付申购款项，但基金份额登记机构未予确认基金份额，则据此规定，申购并不生效，投资人无权请求基金份额登记机构确认基金份额（无权请求履行申购合同）。岂不荒谬？

至于基金实务中的未知价原则，并不影响合同法一般原理和规则的适用。基金的申购赎回业务遵循未知价原则，投资人在基金合同约定的时间申购的，按当日交易价格确认，在约定时间之外申购的，按下一交易日的价格确认。[3069]价款并非合同成立的必备条款，尤其是可依一定方法确定价款的情形，此时纵未明文约定价款，合同亦可成立。投资者发出认购要约，基金管理人确认时，合同即成立，认购价格依双方约定确定，双方

[3066] 基金份额登记机构是基金管理人的代理人或履行辅助人。《证券投资基金法》第101条规定："基金管理人可以委托基金服务机构代为办理基金的份额登记、核算、估值、投资顾问等事项，基金托管人可以委托基金服务机构代为办理基金的核算、估值、复核等事项，但基金管理人、基金托管人依法应当承担的责任不因委托而免除。"《证券投资基金法》所称的基金服务机构，包括基金份额登记机构。该法第97条规定："从事公开募集基金的销售、销售支付、份额登记、估值、投资顾问、评价、信息技术系统服务等基金服务业务的机构，应当按照国务院证券监督管理机构的规定进行注册或者备案。"

[3067] 《证券投资基金法》第102条第1款第2句规定："基金份额持有人以基金份额出质的，质权自基金份额登记机构办理出质登记时设立。"

[3068] 我国民法是否承认处分行为概念，当前学说上尚有争论。如承认处分行为，则谓"负担行为和处分行为之区分"。如不承认处分行为，则谓"原因行为和权利变动之区分"。抛开概念之争不谈，无论如何，意在取得权利的合同与权利取得行为本身应予区分，自《物权法》第15条确立原因行为与物权变动区分原则、《专利法》等其他法律区分原因行为与权利变动以来，早已成为我国财产法的结构性原则。《民法典》删除《合同法》第51条，并规定无权处分不影响合同效力，进一步彰显负担行为和处分行为的区分。

[3069] 李飞主编：《中华人民共和国证券投资基金法释义》，法律出版社2013年版，第192页。

无约定时，依交易习惯确定。实务中普遍遵行的未知价原则构成交易习惯。

基金份额的赎回，亦属合同，与上同理。[3070]无非权利变动方向相反而已。《证券投资基金法》第66条第3款之误，除以上所述类似申购者外，还会给基金管理人一方带来额外的风险。“赎回成立”究指何意？赎回成立之后、生效之前，基金管理人以及作为其代理人或履行辅助人的基金份额登记机构，是否负有“及时确认赎回”义务之类的某种义务？基金管理人或者基金份额登记机构未及时确认赎回，是否可能发生缔约过失责任？类似于批准生效合同在成立之后生效之前的状态？[3071]如果可能发生此种义务或责任，必然有损基金管理人的自主管理权，甚至危及基金的整体利益。例如，开放式投资基金运营过程中可能出现巨额赎回的状况，巨额赎回的通常处理方式是：当基金出现巨额赎回时，基金管理人可以根据基金当时的资产组合状况决定全额赎回、部分延期赎回或者暂停赎回。[3072]出于维护基金整体利益的考虑，基金管理人应有决定赎回与否的自由，即是否对赎回的要约作出承诺之自由。赎回的要约，只有经基金管理人一方承诺，方可使赎回合同成立。法律不应恣意规定基金份额持有人申请

[3070] 基金份额的赎回，与典权关系中出典人的回赎权以及买卖合同中的卖回权、买回权，均不相同。回赎权、卖回权、买回权，均属于形成权。基金份额的赎回，须经双方合意，除非基金合同约定基金份额持有人有赎回权。

[3071] 《最高人民法院关于适用〈中华人民共和国合同法〉若干问题的解释（二）》第8条规定：“依照法律、行政法规的规定经批准或者登记才能生效的合同成立后，有义务办理申请批准或者申请登记等手续的一方当事人未按照法律规定或者合同约定办理申请批准或者未申请登记的，属于合同法第四十二条第（三）项规定的‘其他违背诚实信用原则的行为’，人民法院可以根据案件的具体情况和相对人的请求，判决相对人自己办理有关手续；对方当事人对由此产生的费用和给相对人造成的实际损失，应当承担损害赔偿责任。”

[3072] 我国《证券投资基金法》对此未作规定。中国证监会2014年《公开募集证券投资基金运作管理办法》第23条规定：“开放式基金单个开放日净赎回申请超过基金总份额的百分之十的，为巨额赎回，但中国证监会规定的特殊基金品种除外。（第1款）开放式基金发生巨额赎回的，基金管理人当日办理的赎回份额不得低于基金总份额的百分之十，对其余赎回申请可以延期办理。（第2款）”第26条规定：“开放式基金连续发生巨额赎回，基金管理人可按基金合同的约定和招募说明书的规定，暂停接受赎回申请；已经接受的赎回申请可以延缓支付赎回款项，但延缓期限不得超过二十个工作日，并应当在指定媒介上予以公告。”关于资管产品的其他规章有类似规定。如《商业银行理财业务监督管理办法》第47条规定：“在确保投资者得到公平对待的前提下，商业银行可以按照法律、行政法规和理财产品销售文件约定，综合运用设置赎回上限、延期办理巨额赎回申请、暂停接受赎回申请、收取短期赎回费等方式，作为压力情景下开放式公募理财产品流动性风险管理的辅助措施。商业银行应当按照理财产品销售文件中约定的信息披露方式，在3个交易日内通知投资者相关处理措施。（第3款）本办法所称巨额赎回是指商业银行开放式公募理财产品单个开放日净赎回申请超过理财产品总份额的10%的赎回行为，国务院银行业监督管理机构另有规定的除外。（第4款）”

赎回的单方意思表示即可导致赎回成立。

《证券投资基金法》第66条第2款、第3款不仅错误，而且无益。此由我国《公司法》与2003年旧《证券投资基金法》的立法经验可鉴。与基金份额的申购及赎回相似者，有募集设立的股份有限公司股份的认购与回购。我国《公司法》并未特别规定股份认购与回购的成立生效时间，依照《合同法》或《民法典》关于合同成立与生效的一般规定处理足矣。《公司法》仅规定："发起人向社会公开募集股份，必须公告招股说明书，并制作认股书。认股书应当载明本法第八十六条所列事项，由认股人填写认购股数、金额、住所，并签名、盖章。认股人按照所认购股数缴纳股款。"（第85条）认股人填写认股书并签名盖章后，即完成认购股份之意思表示，该意思表示性质为要约。发起人一方同意认购，即为承诺。认股人按照所认购股数缴纳股款，为合同履行行为。待公司成立后，向股东正式交付股票（处分行为），[3073]认股人即取得相应股份，权利变动完成。《公司法》的上述规定，清晰明白，且合乎法理。除此之外，2003年《证券投资基金法》并未设有申购、赎回成立与生效之特别规定，纯依《合同法》的一般规定处理，实务中行之多年，未见有何弊端。由此可见，2012年修法增订此两款规定，纯属画蛇添足。

《证券投资基金法》第66条第2款、第3款规定，也与现今实务相背离。证券投资基金实务，受制于该法规定，故基金合同在关于申购和赎回的约定上往往照抄《证券投资基金法》该两款规定。但资产证券化、不动产投资信托等其他商业信托中信托文件的约定，则不受限于此，而采用一般合同法的原理。例如，《兴业皖新阅嘉一期房地产投资信托基金（REIT）资产支持证券申购和配售办法说明》载明：投资者认购资产支持证券，应填写"资产支持证券申购要约"（以下简称申购订单），在规定的时间将申购订单及相关资料传真至簿记管理人指定的传真号码，申购要约一经到达簿记管理人处，即不得撤回或撤销；簿记建档结束后，发行人与主承销商根据簿记结果协商一致，确定本期优先级资产支持证券的票面利率和预期收益率；簿记管理人将根据有效申购要约的数量，按照申购配售办法说明所述配售办法，在与发行人协商一致后，对所有有效订单进行配售，主承销商与投资者签署分销协议或向投资者发送缴款通知书，约定双方的权利义务，明确获得配售的投资者的获配证券金额和须缴纳的认购款金

[3073]《公司法》第132条规定："股份有限公司成立后，即向股东正式交付股票。公司成立前不得向股东交付股票。"

额、付款日期、收款账户等；获得配售的投资者应按分销协议或缴款通知书的要求，按时足额将该认购款项划至主承销商指定账户，同时传真划款凭证；获得配售的有效订单的投资者，如果未能在规定时间内向主承销商指定账户划付认购款项，将被视为违约申购，应承担违约责任。[3074]以上流程，清晰表明合同订立和履行的过程：投资者发出申购订单，属于要约，主承销商对此有承诺的自由；主承销商向投资者发送缴款通知书的，该缴款通知书为承诺，于到达时生效；主承销商不发送缴款通知书，而是与投资者签署分销协议的，是以合同书形式订立合同，签署之日合同成立；投资者按时足额缴款，是履行合同义务的行为。

（二）受益权认购适用合同法、证券法一般规则

美国商业信托制定法对受益权的取得未详予规定。关于受益权认购的美国判例，大多与欺诈有关。认购人受欺诈而订立认购协议的，有权撤销该认购协议，并请求返还认购价款，或请求损害赔偿。[3075]受益权发行人对受益权认购人作出虚假陈述，声称发行人是公司（而非商业信托）、发行的证券是公司股票，并且该陈述对认购人作出认购决定具有重大影响的，构成欺诈。[3076]商业信托文件中订定受益人无权分割商业信托资产、决定商业信托分立、解散商业信托或查询商业信托账目，不构成欺诈。[3077]商业信托文件对商业信托的经营、分配等事项进行各种安排的，也不构成欺诈。例如，商业信托文件订定受益权发行收入的30%用于支付受益权发行费用，不构成欺诈。[3078]商业信托或其受托人善意地、根据适格的律师建议就法律事项（a matter of law）明确提出意见，不足以构成欺诈。[3079]商业信托在向州主管机关申请开业、发售受益权过程中，就发起人认购受益权的价款的支付方式作出不一致的陈述，也不足以构成欺诈。[3080]

[3074] 《兴业皖新阅嘉一期房地产投资信托基金（REIT）资产支持证券申购和配售办法说明》，载上海清算所网2017年11月14日，http://www.shclearing.com/xxpl/fxpl/abs/201702/t20170209_222788.html。

[3075] Wineinger v. Farmers' & Stockmen's Loan & Investment Ass'n, 287 S. W. 1091（Tex. Comm'n App. 1926）; Gloeser v. Moore, 283 Mich. 425, 278 N. W. 72（1938）.

[3076] Erisman v. McCarty, 77 Colo. 289, 236 P. 777（1925）.

[3077] Palmer v. Taylor, 168 Ark. 127, 269 S. W. 996（1925）. 分割商业信托资产、决定商业信托合并、分立、解散等原本不是受益人的不可剥夺的法定权利，商业信托文件订定与否，属于法律容许的自治范畴。

[3078] Palmer v. Taylor, 168 Ark. 127, 269 S. W. 996（1925）.

[3079] Means v. Limpia Royalties, 88 S. W. 2d 1080（Tex. Civ. App. El Paso 1935）.

[3080] Palmer v. Taylor, 168 Ark. 127, 269 S. W. 996（1925）.

商业信托的委托人与受托人欺诈性地严重夸大委托人转让于商业信托的财产的价值(信托财产价值),受益人可诉请撤销该转让,也可撤销认购合同。[3081]但在商业信托成立之后,受托人不当挪用信托财产的,不构成欺诈,[3082]受益人有权以违反信义义务为由追究受托人的责任。

与合同法的一般规则相同,认购人须在知道欺诈事由后的合理期限内行使撤销权。[3083]但受益人不得从事机会主义行为,即等待真实事件披露后再决定是否撤销合同,从而逃避本应承担的投资风险。[3084]

按照合同法的一般规则,认购人撤销合同的权利可因某些事实而消灭。有判例认为,认购人选择请求损害赔偿的,排除其撤销认购合同的权利。[3085]认购人也可放弃主张欺诈的权利,从而追认认购合同的效力,[3086]即放弃撤销权及损害赔偿请求权。但此种放弃须在认购人已经知道或应当知道自己受欺诈之后作出,方为有效。在未知情之前行使受益权的行为(如接受分配),不应认定为弃权。认购人在发现欺诈后授权他人代行表决权的,构成弃权。[3087]

不存在欺诈的,受益人无权请求委托人赔偿纯粹因商业信托项目失败而造成的损失。[3088]商业信托违反州证券法的规定,诱使认购人订立认购合同的,商业信托不得强制实施该商业信托与认购人订立的认购合同,认购人有权撤销认购合同并请求返还认购价款。[3089]但是,如果某一制定法规定商业信托非经注册登记不得营业(此种情况大多是:外州商业信托未经本州准许的,不得在本州营业),则商业信托发售受益权的行为本身即构成违法,受益权及受益权的发售行为均为无效,受托人不得请求受益人支付受益权的对价。[3090]即使受益人已追认认购合同,仍可主张认

[3081] Webb v. Shea, 149 Ark. 406, 232 S. W. 602(1921).

[3082] Palmer v. Taylor, 168 Ark. 127, 269 S. W. 996(1925).

[3083] Cleaves v. Thompson, 122 Kan. 43, 251 P. 429(1926).

[3084] Moran v. Union Bank of Chicago, 266 Ill. App. 315, 1932 WL 2818(1st Dist. 1932), aff' d, 352 Ill. 503, 186 N. E. 182(1933).

[3085] Cleaves v. Thompson, 122 Kan. 43, 251 P. 429(1926).

[3086] Cleaves v. Thompson, 122 Kan. 43, 251 P. 429(1926); Gloeser v. Moore, 283 Mich. 425, 278 N. W. 72(1938).

[3087] Cleaves v. Thompson, 122 Kan. 43, 251 P. 429(1926).

[3088] McCrea v. Day, 113 Neb. 538, 204 N. W. 56(1925).

[3089] Reilly v. Clyne, 27 Ariz. 432, 234 P. 35, 40 A. L. R. 1005(1925); Landwehr v. Lingenfelder, 249 S. W. 723(Mo. Ct. App. 1923).

[3090] Reilly v. Clyne, 27 Ariz. 432, 234 P. 35, 40 A. L. R. 1005(1925); Rubens v. Costello, 75 Ariz. 5, 251 P. 2d 306, Blue Sky L. Rep.(CCH)¶70195(1952).

购合同无效，因为无效合同并不适用追认，在此也不得适用禁反言原则(estoppel)，即不得以受益人已通过行为事实上认可受益人身份等为由，否定受益人提出合同无效的主张。[3091]

由以上美国判例可见，受益权认购中的问题，均处于合同法、证券法的一般规则范围之内。不存在专属于商业信托的特殊法律问题。美国各州商业信托法大多未对此设特别规定。依据我国《民法总则》、《合同法》或《民法典》等一般法，亦足以处理以上问题。故我国商业信托法亦不必就此设特别规则。

二、受益权移转及设定担保：一般问题

(一)自由转让原则

商业信托受益权可自由转让，商业信托文件另有订定除外。[3092]此与普通信托法相似(美国某些州制定法除外)，但限制受益权转让条款之效力如何，两法大相径庭。本部分首先讨论商业信托受益权的一般转让问题，然后讨论信托文件限制受益权转让之条款的效力。

受益权为受益人的财产，受益权转让不以受托人同意或通知受托人为要件，信托文件另有订定除外；[3093]但未通知受托人，可能发生对受让人不利的法律后果。受托人未收到转让通知而向转让人分配商业信托利润或剩余资产的，不对受让人承担责任，受让人只能请求转让人返还不当得利。受托人实际知道受益权转让而向转让人分配红利的，仍对受让人负有分配义务。[3094]此为类推适用债权让与规则的当然结果。受益人就关

[3091] Reilly v. Clyne, 27 Ariz. 432, 234 P. 35, 40 A. L. R. 1005(1925).

[3092] 我国《信托法》及大多数其他规范性文件均规定以受益权可转让为原则。但也偶有采相反规定者。中国证监会2013年修订的《证券公司客户资产管理业务管理办法》(中国证券监督管理委员会令第93号)第24条第3款规定："参与集合资产管理计划的客户不得转让其所拥有的份额；但是法律、行政法规和中国证监会另有规定的除外。"此种禁止转让的规定，缺乏理由，也与证监会颁布的其他文件不相一致。同为证券公司的资管计划，2013年修订后的《证券公司集合资产管理业务实施细则》第37条第1款规定："集合计划存续期间，证券公司、代理推广机构的客户之间可以通过证券交易所等中国证监会认可的交易平台转让集合计划份额。"基金管理公司管理的资管计划也以可转让为原则。中国证监会2012年发布的《基金管理公司特定客户资产管理业务试点办法》(中国证券监督管理委员会令第83号)第25条第3款规定："资产委托人可以通过交易所交易平台向符合条件的特定客户转让其持有的资产管理计划份额。"取而代之的《证券期货经营机构私募资产管理业务管理办法》改而规定："投资者可以通过证券交易所以及中国证监会认可的其他方式，向合格投资者转让其持有的集合资产管理计划份额，并按规定办理份额变更登记手续。"(第35条第1款第1句)

[3093] Restatement(Third)of Trusts § 51 cmt. d(2003).

[3094] Baar v. Fidelity & Columbia Trust Co., 302 Ky. 91, 193 S. W. 2d 1011(1946).

于分配的事项，处于商业信托债权人的地位、享有债权人的权利；就接受分配的权利而言，受益人与商业信托之间存在债权债务关系，适用债法。依据债法，关于债权让与的规定，准用于其他权利的转让。《德国民法典》第413条有此明文。我国台湾地区“民法”虽未设相同规定，但“信托法”第20条对此另有明文规定：“‘民法’第二百九十四条至第二百九十九条之规定，于受益权之让与，准用之。”[3095]2006年《日本信托法》、2011年《韩国信托法》不采准用规范，径行重述民法典中关于债权让与的规定：受益权的让与，未通知受托人或未得受托人同意时，不得对抗受托人或其他第三人。[3096]

采用凭证形式的受益权，转让方式类似于公司股票或其他证券。[3097]或有论者认为，商业信托与普通信托在受益权转让方面存在区别：商业信托受益权属于证券化的权利，其转让遵守证券转让的一般规则，无须通知义务人（商业信托或受托人）；普通信托受益权转让则需类推适用债权让与的规则，非经通知义务人（受托人），对受托人不发生效力。然而，证券持有人须在基准日载入本企业或证券登记结算机构置备的证券持有人名册或类似记录，方可受领分配或行使表决权，而登记在册事实上是通知企业或其管理者的一种方式。证券转让不完成此类手续，受让人并不能直接对企业主张权利。[3098]因此，受益权的转让必须通知信托或受托人方可对信托或受托人发生效力，在商业信托与普通信托中其理相同，仅在通知方式上有所区别而已。但无记名受益权证券的转让，适用关于动产的规定，于交付时发生效力。

商业信托受益权转让为不要式行为。受益人的名称或姓名并非强制登记事项，故受益权转让无须在登记机关为变更登记。除本身构成证券的受益权凭证（例如，公开募集基金的基金份额）外，受益人转让其受益权，不受制于信息披露义务，更不以信息披露为受益权变动的要件，即使

[3095] 我国台湾地区“民法”第294~299条规定，即关于债权让与之规定。

[3096] 《日本信托法》第94条，《韩国信托法》第65条第1款、第2款。

[3097] Ky. Rev. Stat. Ann. § 386.400（Michie 1999）（商业信托受益权凭证应以与可转让的公司股票相同之方式转让）；U. S. Fidelity & Guaranty Co. v. Ramey，261 S. W. 503（Tex. Civ. App. Amarillo 1924）（受益权凭证可以如同其他有价证券一般背书转让；受益人将其受益权凭证设定空白背书、签名后提示给商业信托的，商业信托有义务为其办理转让手续，并应其要求签发新受益权凭证）.

[3098] 体现此种法理的立法例，如我国台湾地区“不动产证券化条例”第39条第1款规定：“受益证券应为记名式，其转让并应以背书方式为之；且非将受让人之姓名或名称、住所通知受托机构，不得对抗受托机构。”

信托财产为股权，亦然。[3099]商业信托文件可自由订定受益权转让方式、程序与条件。[3100]商业信托文件通常定有受益权转让生效的方式，此类条款对受让人有约束力。[3101]受益权转让不符合商业信托文件关于转让程序之条款的，对于受益权转让的效力有何影响？依美国判例，有两种立场，可称为生效主义和对抗主义。采生效主义立场的判例认为，未遵守商业信托文件所定的受益权转让程序（例如，须载入受托人备置的记录或登记簿方可生效），受益权不发生变动。[3102]采对抗主义立场的判例认为，转让程序完成与否，不影响转让在转让人与受让人之间的效力。[3103]但受托人有权在转让合同当事人完成转让程序之前暂停向受让人分配红利。[3104]我国信托法及法院裁判对这一问题未予回应。恰当的立场似乎是：信托文件约定违反转让程序之后果的，从其约定；信托文件未约定违反后果的，不影响受益权在转让人和受让人之间的转移，但其转让不得对抗商业信托及其受托人。即受托人或商业信托可以拒绝向受让人履行义务。理由在于，商业信托文件约定转让程序且明示违反后果的，基于私法自治原则，当然应尊重当事人的自主决定；但如商业信托文件虽定有转让程序而未约定违反后果，解释当事人的可能意思，应是在于避免商业信托及其受托

[3099]　上海般诺电子科技有限公司等诉上海易融企业发展有限公司所有权确认纠纷案，上海市第一中级人民法院（2008）沪一中民三（商）初字第25号民事判决书。该判决认为："关于受益权转让是否以信息披露为必要条件的问题，本院认为，中融信托公司受让中孚实业股权时，曾依据《上市公司股东持股变动信息披露管理办法》（以下简称《披露办法》）的相关规定进行了法定的信息披露，除中融信托公司此次受让河南中孚公司14.21%股权的行为外，还披露了上述股权系信托财产，易融公司是信托财产唯一受益人等内容。上述《披露办法》的规定系针对上市公司股东持股变动的情况，本案中孚实业股权登记在信托受托人中融信托公司名下，尽管信托财产的受益人发生了变动，但持有中孚实业股权的仍是中融信托公司，在中融信托公司持股比例没有变动的情况下，并不产生证券法律关系项下的信息披露义务。而易融公司与般诺公司间的信托受益权转让属信托法律关系，我国《信托法》及相关法律规范没有规定信息披露是变更信托受益人的生效要件，故信息披露不是易融公司与般诺公司间受益权转让协议生效和受益权转让完成的要件，受益权转让协议没有进行信息披露的事实不影响受益权已经有效转让的法律效力。易融公司认为受益权转让协议签订后须经公告方能生效的观点，缺乏法律依据，本院不予采纳。"

[3100]　12A C. J. S. Business Trusts § 19（2007）.

[3101]　Wimer & Co. v. Downs, Inc., 77 Colo. 377, 237 P. 155（1925）; New England Merchants Nat. Bank of Boston v. Old Colony Trust Co., 385 Mass. 24, 429 N. E. 2d 1143, 32 U. C. C. Rep. Serv.（CBC）1592, 21 A. L. R. 4th 873（1982）; Peoples Bank v. D' Lo Royalties, Inc., 235 So. 2d 257（Miss. 1970）.

[3102]　Peoples Bank v. D' Lo Royalties, Inc., 235 So. 2d 257（Miss. 1970）.

[3103]　Baar v. Fidelity & Columbia Trust Co., 302 Ky. 91, 193 S. W. 2d 1011（1946）.

[3104]　Baar v. Fidelity & Columbia Trust Co., 302 Ky. 91, 193 S. W. 2d 1011（1946）; New England Merchants Nat. Bank of Boston v. Old Colony Trust Co., 385 Mass. 24, 429 N. E. 2d 1143, 32 U. C. C. Rep. Serv.（CBC）1592, 21 A. L. R. 4th 873（1982）.

人不因受益人随意转让受益权而遭受不利(例如,避免不合格投资者成为受益人而使商业信托遭受行政处罚),而无意干涉转让人和受让人之间的合同效力。

商业信托文件关于受益权转让程序的约定,还涉及受托人的义务。受托人的义务中包含了为受益人利益行事的要求。因此,商业信托文件订定转让的生效程序,且未授予受托人拒绝转让的裁量权的,受托人有义务配合完成转让程序(但对转让协议是否有效不负有审查义务[3105]),并收回、注销旧受益权凭证,应受益人的要求签发新受益权凭证;[3106]受益人有权请求强制履行上述义务。[3107]

商业信托可以自行设定受益权转让的要件。美国实务中的常见做法为,为防止受益权易手对商业信托造成管理上的不便或法律风险,商业信托设有受益权的登记人(registrar)或存管人(depositary),由受托人或证券交易登记结算机构之类的第三人担任。受益人转让受益权应向登记人或存管人提出申请,登记人或存管人接受申请(不作实质审查)并登记于受益人登记册或名册后,转让生效。在完成上述转让手续之前,为了任何目的,受托人应当仅将载于登记册或名册的受益人作为受益人对待;受益人或受让人作出相反通知的,对受托人或受益人名册登记人、支付代理人等不发生影响。此类登记一般不收费,除非受托人依法代扣代缴转让税。[3108]我国信托实务中有类似做法。例如,信托文件载明,受益人可以转让其享有的受益权,受益人与转让人应签订转让协议,办理转让登记手续。[3109]资产支持证券等受益权凭证,往往在登记人(例如,上海清算所)

[3105] 梁正与金建中股权确认和股权转让纠纷上诉案,广东省高级人民法院(2011)粤高法民二终字第52号民事判决书。深圳市中级人民法院一审判决认为:"依据信托合同的规定,国际信托公司只按委托人代表发出的书面指令管理本信托财产,因此,国际信托公司对于王亚俊与梁正签订的转让协议是否有效不负有审查的义务,其依据王亚俊的书面指令办理信托受益权的转让事宜和股份过户变更登记,并没有违背其管理职责;此外,国际信托公司也没有利用其受托人的地位谋取不当利益或者将信托财产挪用于非信托合同规定的信托目的的用途,故金建中要求国际信托公司承担连带责任没有合同依据,也不符合信托法的规定,本院不予支持。"二审判决认为一审判决认定诉争转让协议无效,最终实体处理错误,遂予纠正,但对于上述理由并未否定。

[3106] U. S. Fidelity & Guaranty Co. v. Ramey, 261 S. W. 503 (Tex. Civ. App. Amarillo 1924).

[3107] Wimer & Co. v. Downs, Inc., 77 Colo. 377, 237 P. 155 (1925).

[3108] CMS Energy X-TRAS Pass Through Trust I, Amended and Restated Pass Through Trust Agreement § § 3.04, 3.08 (1998).

[3109] 参见刘云祥与被告金典控股股份公司、厦门国际信托有限公司营业信托纠纷案,福建省厦门市思明区人民法院(2014)思民初字第9070号民事判决书。

或存管人处登记。[3110]

商业信托受益权转让自由原则，为法律上之原则。受益权在事实上是否真正能够自由流通，则有赖于建立方便转让的登记系统。这已成为我国信托制度的改进方向之一。2013年国务院办公厅发布的《关于加强影子银行监管有关问题的通知》提出："建立完善信托产品登记信息系统，探索信托受益权流转。"2014年《中国（上海）自由贸易试验区条例》第31条规定："支持在区内建立完善信托登记平台，探索信托受益权流转机制。"据此，上海自贸区管委会于2014年发布《信托登记试行办法》。该办法所称信托登记，是指信托受益权登记。该办法规定受益权登记的各种程序性事项，并规定"信托受益权在登记机构登记后，具有公示力"。此所谓"公示力"，究竟为何种效力，并不明确。此乃受上位法限制使然。现行《信托法》并未规定受益权登记，因此受益权登记并非受益权转让的生效要件或对抗要件。作为其他规范性文件的自贸区信托登记办法，也只能含糊处理了事。类似地，其他文件也未能解决此问题。原银监会2017年发布《信托登记管理办法》（银监发〔2017〕47号），建立了信托登记的基本框架。该办法所称信托登记，是指中国信托登记有限责任公司（信托登记公司）对信托机构的信托产品及其受益权信息、国务院银行业监督管理机构规定的其他信息及其变动情况予以记录的行为（第2条第1款）。该办法所称信托机构，是指依法设立的信托公司和国务院银行业监督管理机构认可的其他机构（第2条第2款）。信托登记信息包括信托产品名称、信托类别、信托目的、信托期限、信托当事人、信托财产、信托利益分配等信托产品及其受益权信息和变动情况（第9条）。根据委托人或者受益人的自愿申请，信托登记公司为受益人开立信托受益权账户，即记载其信托受益权及其变动情况的簿记账户（第22条）。不过，该办法仍属其他规范性文件，并未规定信托登记在民法上的效力。

实务中，商业信托受益权通过各种现有的交易系统进行转让，从而适用与其他有价证券相同的规则。例如，证监会《证券公司及基金管理公司子公司资产证券化业务管理规定》第38条第1款规定："资产支持证券可以按照规定在证券交易所、全国中小企业股份转让系统、机构间私募产品报价与服务系统、证券公司柜台市场以及中国证监会认可的其他证券交易

[3110] 交易实例：《兴业皖新阅嘉一期房地产投资信托基金（REIT）资产支持证券募集说明书》，载上海清算所网2017年11月14日，http://www.shclearing.com/xxpl/fxpl/abs/201702/t20170209_222788.html。

场所进行挂牌、转让。”原保监会发布的《资产支持计划业务管理暂行办法》第25条规定：“受益凭证可按规定在保险资产登记交易平台发行、登记和转让，实现受益凭证的登记存管和交易流通。保险资产登记交易平台对受益凭证发行、登记和转让及相关信息披露进行自律管理，并与中国保监会建立信息共享机制。”

（二）设定担保

依美国商业信托判例法，受益人可以将其受益权设定质权或其他担保权益。[3111]受益权无论是否表彰为证券或份额，均可作为担保财产，此乃判例法上一贯的立场，[3112]不受制定法未设规定之影响。2006年《日本信托法》第96条、第97条与2011年《韩国信托法》第66条明文规定受益权的质押。

我国《信托法》未规定受益权的质押。我国民事法律仅就基金份额质押设有明文（《物权法》第223条第4项），其他商业信托受益权的质押亦无禁止之理。其他规范性文件明文规定受益权可以质押的，其可质押性更无疑问。[3113]但《物权法》在此问题上存在两处漏洞。

其一，《物权法》关于权利质权标的范围的规定中，兜底规定为“法律、行政法规规定可以出质的其他财产权利”（第223条第7项），意即该条未列举的财产权利能否质押，取决于其他法律、行政法规的许可规定。但《信托法》及其他法律、行政法规均未规定信托受益权可以质押。此与《担保法》关于可质押权利的兜底规定有所不同。《担保法》第75条第4项规定为“依法可以质押的其他权利”。此所谓“依法”，含义广于“依照法律、行政法规”，依照地方性法规、规章和其他规范性文件，乃至最高人民法院司法解释，也均属于“依法”。[3114]在《担保法》规范模式之下，尚可通过最高人民法院司法解释乃至指导性案例确认其他财产权利的可质押性，但《物权法》第178条既已明文规定担保法与本法规定不一致者适用本法，则在《物权法》规范模式之下，唯有借助于当然解释或者目的性扩张方法，为信托受益权质押寻找依据。[3115]详言之，按照当然解释方法（举重

[3111] Lawn Sav. & Loan Ass' n v. Quinn, 81 Ill. App. 2d 304, 225 N. E. 2d 683 (1st Dist. 1967).

[3112] John H. Sears, *Trust Estates as Business Companies* 322 (2d ed. 1921).

[3113] 例如，证监会《证券公司及基金管理公司子公司资产证券化业务管理规定》第28条第1款第1句规定：“资产支持证券是投资者享有专项计划权益的证明，可以依法继承、交易、转让或出质。”原保监会发布的《资产支持计划业务管理暂行办法》第29条第1项规定受益凭证可以依法继承、转让或者质押。

[3114] 关于我国现行民事法律中“依法”一词的理解，详见李宇：《民法总则要义：规范释论与判解集注》，法律出版社2017年版，第53~54页。

[3115] 我国台湾地区“信托法”虽未明文规定受益权可以出质，而仅规定受益权可转让，但“民法”规定，凡可让与的债权或其他权利均可作为质权之标的（第900条），故受益权可以出质，并无问题。

以明轻），信托受益权的转让，将使受益人丧失受益权，而信托受益权的质押，仅是在受益权上设定负担，并不必然导致受益人丧失受益权，只要不发生主债务人不履行到期债务或质押合同约定的实现质权之情形，或者有人代为清偿主债务人的债务，受益权即不致因折价、变卖、拍卖而丧失。受益权转让对受益人的后果远比受益权质押严重，对于受益权转让，法律尚且明文容许，则对于后果较轻的受益权质押，更应容许。按照目的性扩张方法，依据民法原理，可转让的财产权即可出质。[3116]原因在于，质权是以质押财产作为债权的担保，于债务人不履行到期债务或发生约定情形时，将质押财产折价、变卖或拍卖以优先受偿的权利，即质权的实现，往往是通过转让质押财产的方式为之。则不可转让的财产，自不可出质；可转让的财产，自无不许出质之理。《物权法》第223条第7项条文文义范围过窄，按照质押财产范围之立法目的，有必要作适度扩张，使之涵盖可转让的其他财产权利。我国司法实务中，有从合同效力角度判定信托受益权质押合同有效的案例，[3117]结论自属妥当，但并非聚焦于信托受益权质权是否有效设定。根据原因行为与物权变动区分原则（《物权法》第15条，并可类推适用于动产物权和权利质权），质押合同有效，并不等同于质权已设定。

其二，现行法律、行政法规亦未规定信托受益权质权的设定要件或对抗要件。现行法律、行政法规对于证券投资基金份额以外的信托受益权质权既漏未规定，自然不可能规定其设定要件或者对抗要件。权利质权若不能对抗第三人，则无异于无牙之虎。但此问题，也不难通过法学方法

[3116] 有立法例对此设有明文规定。例如，《瑞士民法典》第899条第1款规定："债权或者其他权利，可让与者，可设定质权。"我国《澳门民法典》第676条规定："仅在权利之标的为动产及权利为可移转时，方可就有关权利设定质权。"我国《物权法》关于可质押权利范围之规定，不采此种概括主义而采列举主义，致生种种问题，挂一漏万，立法技术上实有严重缺陷。

[3117] 吴某与陆某、何某等确认合同无效纠纷案，浙江省杭州市中级人民法院（2015）浙杭商终字第845号民事判决书。吴某主张，《物权法》第223条并未规定信托权可以出质，故陆某以信托权设定质押是无效的。原审判决认为："《物权法》第二百二十三条第（七）项规定法律、行政法规规定可以出质的其他财产权利可以出质。《信托法》第四十七条、第四十八条规定受益人不能清偿到期债务的，其信托受益权可以用于清偿债务；信托受益权可以依法转让和继承。且诚如前述，物权行为与债权行为应予区分，合同的效力与合同设定的质押是否有效、能否履行并非同一概念，故对吴某的该主张亦不予采纳。"终审判决认为："根据《物权法》第二百二十三条第（七）项'法律、行政法规规定可以出质的其他财产权利可以出质'以及《信托法》第四十七条、第四十八条'受益人不能清偿到期债务的，其信托受益权可以用于清偿债务，但法律、行政法规以及信托文件有限制性规定的除外''受益人的信托受益权可以依法转让和继承，但信托文件有限制性规定的除外'之规定，集合资金信托计划的受益权属于信托受益权的一种，归属于财产权的范畴，案涉协议或条款并不存在无效的法定情形。"

解决。物权的设定要件或对抗要件，取决于其公示方法。权利质权的设定，除关于权利质权的章节有特别规定外，并应依照关于该种权利让与的规定为之。换言之，该种权利让与须采用何种公示方法，则权利质押亦应采用该种公示方法。此乃民法的一般原理及立法通例（例如，《德国民法典》第1274条、《瑞士民法典》第900条第3款、我国台湾地区“民法”第902条、我国《澳门民法典》第677条第1款均有此类规定）。信托受益权的质押，应当采用与信托受益权转让相同的方式。[3118]

《物权法》上述规定，在编入《民法典》时并未改动，故以上解释不因《民法典》施行而异。

（三）受益权的重复转让

受益人向两个以上受让人重复转让同一受益权时，如何决定各个受让人之间的优先顺序，在普通信托法上缺乏统一的规则。由于信托受益权转让和债权让与具有相似的性质，受益权重复转让规则也与债权重复转让的规则密切相关。《第三次信托法重述》的规则是，先受让的人取得受益权，除非后受让人依据禁反言原则（principles of estoppel）取得受益权。详言之，如果先受让人的行为使得后受让人相信之前未发生转让，后受让人已支付受让对价且不知道先前的转让，则后受让人的权利优先于先受让人。[3119]如果前次转让是可撤回或可撤销的，则后一次转让构成对前次转让的默示撤回或撤销，后受让人的权利优先于前受让。[3120]上述规则近似于美国合同法上关于债权重复转让的判例法规则。美国某些州与英国法则实行“通知在先、权利在先”规则，即先将转让事实通知受托人

[3118] 我国司法实务中，有判决认为，信托受益权质押，得以相关凭证之交付为公示方法。参见原告华夏银行股份有限公司温州分行与被告温州市一家体育商城有限公司、温州市弗斯特建筑材料有限公司、温州民丰控股集团有限公司、施乐平、施深秋、李志澄、李慧珠金融借款合同纠纷案，温州市鹿城区人民法院（2014）温鹿藤商初字第36号民事判决书。当事人以信托受益权设定质押。法院判决认为：“被告一家体育公司主张与原告签订的《最高额质押合同》未经登记，尚未生效，即使生效，双方合同约定‘原告在行使质权时……也有权单方对质押财产进行拍卖、变卖以所得价款优先受偿’违反法律规定，应属无效，原告划收行为不合法律规定。本院认为根据《物权法》《担保法》的规定，对于信托受益权并未要求办理登记手续，故该合同自一家体育公司向原告交付相关凭证起生效。同时，双方合同约定‘原告在行使质权时……也有权单方对质押财产进行拍卖、变卖以所得价款优先受偿。’并不违反法律规定，考虑到涉案质押财产实质为金钱，原告直接予以划收亦属合理。退一步讲，即使该质押合同无效，原告与被告一家体育公司在《流动资金借款合同》中约定原告可以在从一家体育公司在原告所有营业机构开立的账户中直接划收应还未还款项，原告划收相关款项的行为符合双方约定，且有利于减轻被告一家体育公司债务负担，故本院对于原告划收行为不予调整。”

[3119] Restatement（Third）of Trusts § 54 & cmt. b（2003）.

[3120] Restatement（Third）of Trusts § 54 cmt. c（2003）.

的受让人，优先于通知在后或未通知的受让人。[3121]不过，由于美国全部州皆已采纳《统一商法典》，判例法规则已日益丧失重要性。《统一商法典》第九编统一调整各种有形动产与无形动产的担保交易以及应收款、本票、付款无形财产（payment intangible）的买卖。信托受益权如果是一种受托人向受益人支付金钱的权利，可归入《统一商法典》定义的“付款无形财产”，其买卖与设定担保权的行为均可适用《统一商法典》。依该法典的规则，处理重复转让（包括重复设定担保权）的基本规则是“登记在先、权利在先”规则：已在法定登记机构（通常为州务卿办事处）登记担保或买卖的权利人，优先于未登记者；先登记者优先于后登记者。[3122]不过，不以金钱支付为内容的受益权的转让（除设定担保以外），以及以金钱支付为内容的受益权的无偿转让，不在该法典适用范围之内，仍须诉诸判例法规则。

各国商业信托法大多未对受益权重复转让问题作出规定，但由于商业信托受益权与股权、合伙权益等成员权具有更大的相似性，重复转让规则也就需要更多地考虑成员权的相关规则。成员权，采用有价证券形式表征者，适用有价证券转让的一般原理：无记名证券，依交付而转移；指定式证券，背书转让；记名证券，适用关于普通债权转让的规定；电子化的有价证券，在证券登记结算机构的登记系统中登记，于转移登记完成时，权利转移。成员权，非采用有价证券形式表征者，除当事人另有约定外，类推适用债权让与的规定，自让与合同生效时，权利转移，但非经通知给付义务人（企业或其管理者），不得对抗给付义务人（例如，请求分配利润）。实务中，商业信托文件通常将登记于受益人名册或受益权转让登记册之类的要件作为受益权发生转让的要件，可有效避免重复转让的发生；对于重复设定担保，则可依据登记顺序决定担保权的优先顺序。公开交易的受益权凭证，转让顺序易于确定。[3123]

（四）受益权的非意定移转：用于清偿受益人的债务

受益权可用于清偿受益人的债务。经由强制执行程序或破产程序移

［3121］ Restatement（Third）of Trusts § 54 Reporter’s notes（2003）.

［3122］ Uniform Commercial Code § 9-322（2010）.

［3123］ 例如，2014年修订的《深圳证券交易所资产证券化业务指引》（深证会〔2014〕130号）第33条第1款第1句规定：“本所按照时间先后顺序对资产支持证券转让申报进行实时成交确认。”又如《上海证券交易所资产证券化业务指引》（上证发〔2014〕80号）第17条规定：“资产支持证券在本所挂牌转让的，本所按照申报时间先后顺序对资产支持证券转让进行确认，对导致资产支持证券持有人数超过200人的转让不予确认。”

转受益权的，即为非意定移转。

由于普通信托大多为受益人的生活需要而设立，受益人的债权人虽可追索受益权，但债权人的权利受有多项法律限制：其一，债权人须首先执行受益人的普通法权益，[3124]仅当执行普通法权益不足以清偿债务或不可能成功时，始得执行受益权；[3125]其二，受益权可能构成“豁免财产”(exemption)，免受执行；[3126]其三，执行裁量性受益权时，不得强制出卖受益权，仅可扣押受益权或在受益权上设定负担以用于清偿。[3127]此外，法院执行受益权时，可命令受托人仅向债权人支付部分信托收益，而将其余部分按受益人及其家属的实际需要留给受益人，法院对此享有广泛的“衡平裁量权”。[3128]

商业信托受益权属于企业投资权益，不应受上述限制。对受益权的执行应适用与一般财产相同的执行程序。

债权人经强制执行等途径取得受益权，即成为受益人，受商业信托文件约束。例如，开放式证券投资基金合同有时约定限制巨额赎回受益权，以防巨额赎回妨碍基金的稳健运营，此类条款对继受原受益人地位的债权人同样具有约束力。

三、对受益权移转的限制

（一）防止挥霍信托

1. 防止挥霍信托的效力与正当性

普通信托受益权可自由移转，即使受益权是或然性的未来权益(contingent future interest)亦然。[3129]例外情形，是所谓“防止挥霍信托”(spendthrift trust)[3130]与“自由裁量信托”(discretionary trust)。

防止挥霍信托的主要效力，即为受益权的不可移转性。所谓移转，包括意定移转与非意定移转。意定移转包括买卖、赠与等，设定担保权可视作部分移转的一种变形。非意定移转是指受益人的债权人通过强制执行

[3124] Legal interest，相对于衡平法权益而言；信托受益权属于衡平法权益。

[3125] Restatement (Third) of Trusts § 56 cmt. e (2003).

[3126] 破产法与民事执行法所称豁免财产，通常指债务人生活所必需的财产。

[3127] Restatement (Third) of Trusts § 60 cmt. c (2003).

[3128] Restatement (Third) of Trusts § 56 cmt. d & Reporter's notes (2003).

[3129] Restatement (Third) of Trusts § 51 cmt. b (2003).

[3130] 又译为“浪费者信托”“挥霍信托”“节省信托”等。中文文献，参见洪政杰：《节省信托之研究》，东吴大学法律学系2008年硕士学位论文；徐卫：《挥霍信托与我国信托制度完善：挥霍问题的私人治理》，载《上海交通大学学报（哲学社会科学版）》2013年第5期。

程序或破产程序取得受益权，诸如司法拍卖、变卖等。防止挥霍信托条款仅在同时限制受益人权益的意定与非意定移转时，始为有效。[3131]信托条款订定受益人权益受制于“防止挥霍信托”或使用类似含义之用词的，即满足设立防止挥霍信托的要求。[3132]受益人转让受益权的，转让并非当然无效，而是可由受益人任意撤回。[3133]受益人不能清偿到期债务的，其债权人（包括破产债权人）无权追索受益权。[3134]

防止挥霍信托是美国信托法在总体继受英国信托法背景下的一大创新，是其有别于英国信托法的独特制度之一。[3135]美国各州普遍承认防止挥霍信托的效力。[3136]实务中，普通信托文本中通常含有防止挥霍信托条款。[3137]律师起草信托条款时，通常在信托文件中插入防止挥霍信托条款，作为一种样板条款（boilerplate），很少或根本不与委托人讨论。[3138]与此信托实务相应，纽约州、蒙大拿州、密歇根州等州法律甚至将防止挥霍信托定为默认规则：除信托文件另有订定外，信托受益权不得移转。[3139]鉴于防止挥霍信托条款在实务中的普遍应用与纽约州的普通信托大州地位，防止挥霍信托实为普通信托的主流形态。

英国法不承认防止挥霍信托，仅承认与其功能相当的“保护信托”（protective trust）与自由裁量信托。[3140]

我国《信托法》认可防止挥霍信托的效力，不同之处在于分别规定意定移转与非意定移转，即容许信托条款可以仅限制意定移转、仅限制非意

[3131] Uniform Trust Code § 502(a).

[3132] Uniform Trust Code § 502(b).

[3133] Restatement (Third) of Trusts § 58 cmt. d (2003).

[3134] Bankruptcy Code, 11 U. S. C. § 541(c)(2); Restatement (Third) of Trusts § 58 (2003); Restatement (Second) of Trusts § § 152-53 (1959); Uniform Trust Code § 502.

[3135] 关于美国信托法继受英国法过程中的创新（包括防止挥霍信托等制度）及其经济社会背景，详见Joshua Getzler, *Transplantation and Mutation in Anglo-American Trust Law*, 10 Theoretical Inq. L. 355 (2009)。

[3136] Jesse Dukeminier, Stanley M. Johanson, James Lindgren, & Robert H. Sitkoff, *Wills, Trusts, and Estates* 632 (7th ed. 2005).

[3137] Adam J. Hirsch, *Spendthrift Trusts and Public Policy: Economic and Cognitive Perspectives*, 73 Wash. U. L. Q. 1, 3 & n. 7 (1995).

[3138] Mary Louise Fellows & Gregory S. Alexander, *Forty Years of Codification of Estates and Trusts Law: Lessons for the Next Generation*, 40 Ga. L. Rev. 1049, 1081 n. 113 (2006).

[3139] N. Y. Est. Powers & Trusts Law § 7-1.5. Restatement (Third) of Trusts § 51 Reporter's notes (2003); Jeffrey A. Schoenblum, 2009 *Multistate Guide to Estate Planning* Table 9.05, Part 1, Column 2.

[3140] Graham Moffat et al., *Trusts Law: Texts and Materials* 211-24 (3d ed. 1999). 关于保护信托的立法条文，参见新西兰《1956年受托人法》(Trustee Act 1956)第42条。

定移转或同时限制意定移转与非意定移转：受益人不能清偿到期债务的，其信托受益权可以用于清偿债务，但法律、行政法规以及信托文件有限制性规定的除外（第47条）；受益人的信托受益权可以依法转让和继承，但信托文件有限制性规定的除外（第48条）。

防止挥霍信托的功能在于为无行为能力人、限制行为能力人、挥霍成性者、酗酒者等无力照顾自己财产或事务者保留适当的财产（信托受益权），防止其任意处分自有财产或遭受他人之欺骗、掠夺，以保障其生计。防止挥霍信托赋予委托人限制受益权可移转性的极大自由。对防止挥霍信托的认可，是法律在平衡信托当事人利益与债权人利益时，对当事人所作的重大倾斜。防止挥霍信托条款仅为信托当事人的意思表示，信托法竟赋予直接约束第三人的效力，难免引发对其正当性的疑问。防止挥霍信托使委托人可以在死后仍可约束信托受益权的可让与性，形成“死者之手”控制现象，因而发生与财产权处分自由原则的冲突。[3141]就经济学角度而言，当事人的行为可能对第三人强加成本，发生负外部性，因而悖于效率原则。对于受让人而言，问题的严重性尚不显著，因为潜在受让人在决定受让之前，有充分机会了解关于受益权的情况（包括其可转让性），此亦为交易上通常应有的注意。如受让人已知信托文件设有防止挥霍信托条款，仍决意受让，属于自担风险，无特别保护的必要；如受让人因未尽交易上的必要注意而不知有防止挥霍信托条款，致不能取得受益权，乃咎由自取，更不在法律特别保护之列。对于与受益人发生合同之债的债权人而言，情形相似：债权人在订立合同前有机会了解受益人的责任财产状况，如知道受益权被限制转让仍与受益人缔约，属自担风险；如不知而缔约，则该债权人本未将受益权纳入预估的受益人责任财产，债务发生后不能执行受益权，难谓不公。然而，因扶养关系、侵权行为、非给付不当得利等原因对受益人享有债权的法定之债的债权人（“非自愿债权人”），不可能事先了解受益权可否转让，受益人如无其他财产可供清偿，却仍可安享信托利益，债权人则求偿无门，显然不妥。[3142]

[3141] 关于“死者之手”控制相关规则的历史沿革与政策争议，详见Gregory S. Alexander, *The Dead Hand and the Law of Trusts in the Nineteenth Century*, 37 Stan. L. Rev. 1189（1985）。

[3142] 鉴于此，美国法将扶养之债、为保护信托受益权提供劳务或财物所生之债等列为防止挥霍信托的例外，此类债权人可追索信托受益权。Restatement (Third) of Trusts §59 (2003). 另有美国某些判例将侵权损害赔偿债权列为防止挥霍信托效力的例外之一，防止挥霍信托条款不得对抗侵权债权人。但尚难称为一般规则。相关论述，参见 Edward C. Halbach, Jr., *Uniform Acts, Restatements, and Trends in American Trust Law at Century's End*, 88 Cal. L. Rev. 1881, 1893-95（2000）。

既然如此，法律何以坚持承认防止挥霍信托条款？究其正当性，在于普通信托的性质与防止挥霍信托的社会功能。普通信托系家庭遗产规划工具，旨在为亲友保存财产，防止挥霍信托则为实现该目的之重要手段。防止挥霍信托系以私人的力量，解决某类欠缺自我照顾能力者的生存需要与生活保障，有补充正式的、公共性的社会保障制度之效用。无论社会保障与商业保险体制何等发达，任何一个国家均难以完全凭借国家与社会的力量实现对社会成员的普遍保障，何况国家垄断社会保障实有严重弊端，故而防止挥霍信托自有其他制度无可替代的合理性。英国信托法以及大陆法系亦有功能近似的制度，[3143]可说是基于类似的正当化理由。

2. 限制受益权移转条款在商业信托法中的效力：一般问题

商业信托受益权以可自由移转为原则。美国实务中，商业信托文件通常明文订定受益权可移转，[3144]排除普通信托法规则的适用。即使在规定普通信托受益权原则上不可移转的州，此种条款亦属有效。[3145]但关于商业信托受益权可自由移转的规定属于任意法，信托文件可作相反订定。[3146]问题由此而生：限制移转的条款是否一律有效？

特拉华州最高法院认定，本州关于防止挥霍信托的法律规定，[3147]仅适

[3143] 法国、德国等大陆法系民法典上的禁治产制度（以及准禁治产制度），在宗旨上与防止挥霍信托制度有共通之处。尽管该制度同样对第三人有所不利（禁治产通常须经法院宣告方可发生对世效力，但相对人在与禁治产人交易之前不大可能去实际查询有无禁治产宣告），仍因深具社会价值而被保留，可说是出于同样的考虑。不少国家的禁治产制度近年来虽已被改革乃至废弃，但成年监护、保佐、辅助等制度仍是着眼于无行为能力或能力耗弱者之保护，旨趣相近。除此之外，更有实质上与防止挥霍信托相当的制度。例如，《法国民法典》第900-1条规定："订定赠与的财产或遗赠的财产不得转让的条款，仅在其属于临时性条款并且有重大的正当利益证明其属于必要时，始为有效……" 此项制度，是财产处分自由原则之例外，意在协调契约自由、遗嘱自由与财产流通自由两项原则之间相互对立的要求。此所谓正当利益，也包括财产取得人的正当利益，即财产处分人为防止财产取得人挥霍浪费或者轻率从事，可在一定期限内限制其转让所得财产。违反此种条款而转让财产的，转让行为无效，但不得对抗善意第三人。在财产为不动产时，禁止转让的条款可在登记机构公告，此时第三人即极难构成善意。即此种条款具有物权性的限制处分之效力。关于法国法的此项制度，详见［法］弗朗索瓦·泰雷、菲利普·森勒尔：《法国财产法》（上），罗结珍译，中国法制出版社2008年版，第194~209页。

[3144] Hossack v. Ottawa Development Ass'n, 244 Ill. 274, 91 N. E. 439 (1910); Swartz v. Sher, 344 Mass. 636, 184 N. E. 2d 51 (1962); Peoples Bank v. D'Lo Royalties, Inc., 235 So. 2d 257 (Miss. 1970). 早期判例认为，即使商业信托被认定为合伙，规定受益权可自由转让的商业信托文件条款依然有效。Spotswood v. Morris, 12 Idaho 360, 85 P. 1094 (1906).

[3145] George Gleason Bogert & George Taylor Bogert, *The Law of Trusts and Trustees* § 219 (rev. 2d ed. 1993).

[3146] Del. Code Ann. tit. 12, § 3805 (d).

[3147] Del. Code Ann. tit. 12, § 3536.

用于性质为“赠与”的信托，[3148]即普通信托。美国其他判例认为：禁止或限制信托受益权移转的普通信托法规则，不适用于商业信托。[3149]商业信托文件中的防止挥霍信托条款无效；普通信托转换为商业信托时，原信托文件中的防止挥霍信托条款无效。[3150]但也有相反判例。[3151]《特拉华州商业信托法》并未对限制移转条款设定限制，似不论何种限制移转条款均属有效。《统一商业信托法》则对限制移转条款特设债务负担令程序，限制此种条款的效力。

何种规则适合商业信托？对此，可从意定移转与非意定移转的不同法理基础展开分析。

3. 非意定移转：限制受益权用于清偿债务的条款

（1）对限制非意定移转条款的否定

信托文件可否限制受益权的非意定移转？回答是否定的。理由在于，商业信托与普通信托的性质差异，决定了防止挥霍信托的规定不可适用于商业信托。防止挥霍信托的法理基础，在商业信托中并不存在。对于非意定移转而言，商业信托受益人作为为自己利益而行事的投资者，法律不容许其在享受投资收益的同时规避应承担的债务或责任。公司、合伙等机构受益人固不待言，即使是个人受益人，也与普通信托中的受益人存在本质区别，并不处于比商业信托的债权人更值得保护的地位。如果容许信托文件限制受益权非意定移转，将为滥设损害债权人的自益信托大开方便之门。

即使在普通信托法上，亦不容许委托人设立有防止挥霍信托条款的自益信托来隔断债权人的追索。

美国普通法的立场是：对委托人保留的受益权之意定移转或非意定移转进行限制的条款，无效。[3152]这一规则是基于信托法的传统法则：委托人同为受益人时，法律不容许委托人利用信托形式隔断其债权人的权利。[3153]鉴于这一传统规则反映了健全的公共政策，《统一信托法典》以不同的表述予以重申：如果信托为可废止信托（委托人为实质上的受益人），委托人的债权人可追索信托财产；如果信托为不可废止信托，委托人的债

[3148] Tracy v. Franklin, 67 A. 2d 56 (Del. Supr. 1949).

[3149] Baker v. Stern, 194 Wis. 233, 216 N. W. 147, 58 A. L. R. 462 (1927)(适用马萨诸塞州法).

[3150] Papale-Keefe v. Altomare, 38 Mass. App. Ct. 308, 647 N. E. 2d 722 (1995).

[3151] Dooley v. Resnik, 256 Mass. 205, 152 N. E. 231 (1926).

[3152] Restatement (Third) of Trusts § 58 (2)(2003).

[3153] Erwin N. Griswold, *Spendthrift Trusts* § § 474-475 (2d ed. 1947).

权人或受让人有权追索委托人有权获得分配的最大数额。[3154]由此明确拒绝了离岸法域与阿拉斯加州、特拉华州等州的规则。[3155]为委托人的受益权设定移转限制之条款，当然无效，委托人通过信托形式转移财产是否构成对债权人的欺诈，或者委托人是否保留废止权，在所不论。[3156]当然，此类条款无效不影响其他人的权益（不具有委托人身份的受益人，不受影响）。[3157]

对此，特拉华州、康涅狄格州、马里兰州等州的商业信托法并未对限制受益权非意定移转的条款设定"反限制"，在法条文义上，限制受益权的非意定移转似无不可。由此可能导致普通信托当事人利用商业信托形式，规避普通信托法对自益信托防止挥霍信托条款的禁止，从而"向商业信托法逃避"。况且，普通信托法关于限制委托人受益权非意定移转的条款无效的规则，不能解决上述问题，因为商业信托并不必然是自益信托，商业信托受益人也未必是委托人。在信托成立后向信托出资、成为受益人之人，并非委托人，上述禁止性规范对其不能适用。[3158]

《统一商业信托法》则已明确意识到这一问题，特设"债务负担令"（charging order）制度，作为解决方案。该法第606条规定："(a)如受益人不可自由移转其受益权以使受让人取得转让人的全部权利，受益人的判决债权人仅可依照本条规定以受益人的受益权清偿其债权。(b)依受益人的判决债权人之申请，[适格的法院]可发布将受益人受商业信托分配

[3154] Uniform Trust Code § 505.

[3155] Uniform Trust Code § 505 cmt. 开曼群岛等离岸法域的信托法规定，保留受益权的委托人可以免受债权人的追索。此种规则使得离岸法域成为"资产保护信托"（asset-protection trust）的天堂。阿拉斯加州、特拉华州等州为加强与离岸法域的竞争，也开始容许保留受益权的委托人可以免受债权人追索。John E. Sullivan, Ⅲ, *Gutting the Rule Against Self-Settled Trusts: How the Delaware Trust Law Competes with Offshore Trusts*, 23 Del. J. Corp. L. 423 (1998). 离岸资产保护信托正在引发越来越多的争议，亦已成为当今国际信托法的前沿课题之一。目前的主流观点对容许保留受益权的委托人免受债权人追索持否定态度，有学者称资产保护信托是"（民事）责任的送葬者"。Henry J. Lischer, Jr., *Domestic Asset Protection Trusts: Pallbearers to Liability*, 35 Real Prop. Prob. & Tr. J. 479 (2000). 另有学者称特拉华州、阿拉斯加州与离岸法域的竞争是"探底竞争"，即争当最差者的竞争。Stewart E. Sterk, *Asset Protection Trusts: Trust Law's Race to the Bottom*, 85 Cornell L. Rev. 1035 (2000).

[3156] Restatement (Third) of Trusts § 58 cmt. e (2003).

[3157] Restatement (Third) of Trusts § 58 cmt. e (2003).

[3158] 《统一信托法典》改变普通法上的委托人定义，将向信托出资的人也定义为委托人。如果商业信托法采用此种定义，利用商业信托法规避普通信托法的问题似可迎刃而解。然而，将出资人定义为委托人，在商业信托法上可能得不偿失。如此一来，绝大多数受益人都成为委托人，受益人享有表决权、接受分配权等权利将被视为委托人保留了对信托的控制，在破产法、税法等法律上产生不利后果。对于特别强调委托人须脱离控制的资产证券化信托而言，更是如此。

的权利用于清偿未履行部分判决债务的债务负担令，并且（1）指定一名遵守债务负担令的接管人，接管人有权执行受益人受分配的权利；（2）制发为实现债务负担令效力所需的其他命令。（c）依b款发布的债务负担令是一项设定于受益人受分配的权利之上的担保权，商业信托应将原向受益人支付的分配支付于判决债权人，直至判决履行完毕时止。（d）商业信托或未承受依b款发布的债务负担令的受益人，可向判决债权人支付判决担保权项下的全额到期债务，以取得判决债权人的权利，包括债务负担令。（e）本法不剥夺受益人或受益人的受让人享有的适用于该受益权的豁免（exemption）。”由于取得债务负担令的权利涉及作为第三人的债权人，商业信托文件不得限制第606条规定的受益人的判决债权人申请债务负担令的权利（该法第104条第10项）。

债务负担令起源于英国。[3159]1838年与1840年《判决法》规定债权人可在股票或其他证券之类的金融权益上设定担保权，[3160]1890年《合伙法》进一步将债务负担令的适用范围从金融权益扩展至合伙权益。[3161]在此之前，法院准许为清偿合伙人的个人债务而执行合伙财产，即使该债务与合伙无关。[3162]当时的合伙法仍受“集合说”之统治，依集合说之见解，合伙并非法人，不具有区别于其成员的法律地位，无权以自己名义持有财产，合伙财产由全体合伙人共有，合伙人之债权人有权追索合伙财产，[3163]此种见解对合伙营业影响至巨。1890年《合伙法》为英国第一部对合伙进行法典化的制定法，其中第23条关于债务负担令之规定，意在保护合伙营业免因个别合伙人的债权人行使债权而被中断。[3164]债务负担令在英国取得成功后，美国的《统一合伙法》《统一有限合伙法》即复制此项创新，[3165]

[3159] 关于债务负担令的一般讨论，参见J. Gordon Gose, *The Charging Order Under The Uniform Partnership Act*, 28 Wash. L. Rev. 1（1953）；Elliot Axelrod, *The Charging Order-Rights of a Partner's Creditor*, 36 Ark. L. Rev. 81（1982）。

[3160] Judgments Act, 1838, 1 & 2 Vict., c. 110; Judgments Act, 1840, 3 & 4 Vict., c. 82.

[3161] Partnership Act, 1890, 53 & 54 Vict. c. 39.

[3162] Brown, Janson & Co. v. A. Hutchinson & Co.（1895）1 Q. B. 737.

[3163] Daniel S. Kleinberger, Carter G. Bishop, & Thomas Earl Geu, *Charging Orders and the New Uniform Limited Partnership Act Dispelling Rumors of Disaster*, 18-AUG Prob. & Prop. 30, 31（2004）.

[3164] Id.

[3165] Uniform Partnership Act § 28（1914）; Uniform Limited Partnership Act § 22（1916）.

各州合伙法、有限合伙法及有限责任企业法亦相继普遍采纳该制度。[3166]《统一合伙法》与《统一有限合伙法》关于债务负担令之条文在逻辑上被同样对待，因为两者的目的皆旨在平衡合伙正常运营之利益与债权人应受保护之利益。[3167]2001年《统一有限合伙法》尽管在表述上有所不同，但仅使条文用语现代化，其实质一如既往。[3168]

债务负担令本质为一项司法救济，有判例称此救济具有强制令之性质，因其指令一方当事人（合伙）履行支付义务。[3169]有学者认为，债务负担令是一种对合伙将来分配的商业扣押（business garnishment），是对债权人其他救济手段的补充。[3170]债务负担令的基本目的为满足合伙人的债权，同时使对合伙运营的干扰最小化。[3171]持有债务负担令的债权人，至多仅享有合伙权益受让人之权利，仅有权受领合伙作出的分配，无权参与合伙经营管理，包括无权表决、无权获取关于合伙交易的信息、无权查阅合

[3166] 以《统一合伙法》为例。1997年《统一合伙法》第504条规定："(a)经合伙人的判决债权人或合伙人受让人的判决债权人之申请，有管辖权法院可在判决债务人的可转让权益上设定负担，以执行判决。法院可指定一个接管人接管合伙中到期或将到期的分配份额，并可视判决债务人可能采取的措施或案件情形之需而作出所有其他命令、指示、报账或查询。(b)债务负担令构成对判决债务人在合伙中的可转让权益上的担保权。法院可随时命令终结受制于债务负担令的权益。在终结销售中购买权益之人，享有受让人的权利。(c)在终结前的任何时间内，下列人可赎回受制于债务负担令的权益：(1)判决债务人；(2)由一个或数个其他合伙人以合伙财产以外的财产赎回；(3)经其权益为设定负担的全体合伙人同意，由一个或数个其他合伙人以合伙财产赎回。(d)本法不剥夺合伙人依豁免法享有该合伙中合伙权益之权利。(e)合伙人的判决债权人或合伙人受让人的判决债权人可就判决债务人在合伙中的可转让权益执行判决的，仅限于本条规定的救济。"第504条沿用《统一合伙法》第28条所定基本规则，但有四项修改：其一，判例法认定债务负担令构成合伙权益上的担保权，本条予以法典化；其二，明示规定法院可随时终结债务负担令；其三，明示债务负担令为排他救济；其四，容许经终结债务负担令取得合伙权益之人主张解散合伙之救济。相关讨论，详见Robert W. Hillman, Allan W. Vestal, & Donald J. Weidner, *The Revised Uniform Partnership Act Section 504*（2008 ed.）。债务负担令制度为有限合伙法与有限责任企业法普遍采用。Thomas E. Rutledge, *Charging Orders*: *Some of What You Ought to Know*（*Part* Ⅰ）, J. Passthrough Entities, Mar./Apr. 2006; Thomas E. Rutledge, *Charging Orders*: *Some of What You Ought to Know*（*Part* Ⅱ）, J. Passthrough Entities, July/Aug. 2006; Thomas E. Rutledge, Carter G. Bishop, & Thomas Earl Geu, *Foreclosure and Dissolution Rights of a Member's Creditors*: *No Cause for Alarm*, Prob. & Prop., May/June 2007.

[3167] Madison Hills Ltd. Partnership Ⅱ v. Madison Hills, Inc., 644 A. 2d 363, 369（Conn. App. Ct. 1994）.

[3168] Daniel S. Kleinberger, Carter G. Bishop, & Thomas Earl Geu, *Charging Orders and the New Uniform Limited Partnership Act Dispelling Rumors of Disaster*, 18-AUG Prob. & Prop. 30, 31, 34（2004）.

[3169] Keeler v. Academy of American Franciscan History, Inc., 178 Md. App. 648, 943 A. 2d 630（2008）.

[3170] Marc Light & Arasto Farsad, *Utilizing the Charging Order*, 35 Lincoln L. Rev. 27, 28（2007-2008）.

[3171] Robert W. Hillman, Allan W. Vestal, & Donald J. Weidner, *The Revised Uniform Partnership Act Section 504*（2008 ed.）.

伙的账簿或记录。[3172]对合伙运营损害最小化，既有利于合伙，亦有利于合伙的债权人。[3173]债务负担令的创设，是作为一种“合伙实体资产保护”工具，而非合伙人资产保护工具。[3174]如美国加利福尼亚州判例所称，在不存在需要保护的合伙或其剩余合伙人之合法利益的场合，债务负担令并不保护作为债务人的合伙人免于其债权人之请求。[3175]

在合伙法与有限责任企业法上，由于合伙与有限责任企业多为人合性较强的企业，成员或合伙人对企业需有较强的参与、控制，并且企业的良好运营，有赖于成员或合伙人之间的紧密协作。如果因成员或合伙人不能清偿自身债务，而致债权人强制执行其成员权益或合伙权益，势必导致企业的参与或控制权落入第三方债权人之手，有悖于其他成员或合伙人的目的与期待。债务负担令制度一方面使成员或合伙人无法在逃避债务的同时安享盈利，另一方面也不至于因债权人意外取得参与管理权而干扰企业经营，从而实现了债权人利益与企业利益的平衡——对债权人而言，最重要的是能够获得财产清偿，介入企业经营非其目的，反而可能带来不必要的负担（对于银行债权人等尤其如此）。商业信托也可能有类似的考虑，即通过限制受益权的非意定移转，防止企业管理权落入外人之手，此时，债务负担令即可发挥其平衡作用，以最大限度地实现各方主体的交易目的，比之于认定限制受益权非意定移转条款完全无效，显然更胜一筹。

商业信托中既不容许设立防止挥霍信托，则与防止挥霍信托相关的一系列规则（设立要件、效力、例外[3176]），无适用余地。

（2）我国《信托法》的规定

《信托法》第47条容许信托文件禁止、限制受益权用于清偿债务，但未对此设置例外规定，对于保护债权人利益极为不利，极有可能使信托成为逃避债务的利器。查立法资料，亦未见对防止挥霍信托条款的应有例外有所研究，甚至立法机关工作人员撰写的释义书还对本条作狭窄的解释：

[3172] California Corporations Code § 16503(a)(2)(2006).

[3173] Robert W. Hillman, Allan W. Vestal, & Donald J. Weidner, *The Revised Uniform Partnership Act Section 504*(2008 ed.).

[3174] Daniel S. Kleinberger, Carter G. Bishop, & Thomas Earl Geu, *Charging Orders and the New Uniform Limited Partnership Act Dispelling Rumors of Disaster*, 18-AUG Prob. & Prop. 30, 31(2004).

[3175] Taylor v. S & M Lamp Co., 12 Cal. Rptr. 323, 328(Cal. Ct. App. 1961).

[3176] 为保护某些特殊的债权人，防止挥霍信托条款不得对抗下列债权人的请求：受益人的子女、配偶或已经法院判决确定有权要求受益人扶养的其他人；已经为保护受益人的信托利益提供服务的胜诉债权人；税收债权人等。Uniform Trust Code § 503; Restatement(Third) of Trusts § 59(2003).

受益权用于清偿债务，不是以受益权本身清偿债务，而只是受益人以因享有信托受益权而获得的信托财产收益来清偿债务，受益人并不因此而丧失其受益人地位；受益人以信托受益权清偿债务，受益人的债权人并不能直接要求受托人支付信托财产的收益，受托人对此请求可以拒绝。[3177]此种解释，是将该条之本文理解为类同于合伙企业中合伙人权益不可直接用于偿债的效果，更有利于普通信托受益人的保护（无须特约即可使受益权免受债权人追索），唯与条文文义不尽相符。而对防止挥霍信托之例外全未考虑，可认为存在法律漏洞。如果实务中确实发生交易者利用该条规定逃避债务的案件，似可通过目的论限缩的解释学方法，认定防止挥霍信托因具有特定的生活保障目的，故不适用于商业信托和商信托。

我国台湾地区"信托法"虽无类似于《信托法》第47条之规定，但有论者认为商业信托不得成立防止挥霍信托（该文称为节省信托），立论理由有所不同："商业信托是指以信托的方式成立企业体，为受益人从事商业，谋取利润。在此信托关系中，受益人可能为供给信托财产之出资人，也有可能为自出资人处受让受益权之受让人，故基于节省信托委托人不得与受托人为同一人及受益权之取得不得为有偿之法理，商业信托不得成立节省信托。"[3178]上述理由尚嫌不足，所称委托人不得与受托人为同一人及受益权之取得不得为有偿之法理，不能涵盖既不出资又非从出资人处受让受益权的商业信托受益人，故不足以解释何以此种受益权不适用防止挥霍信托条款。且所谓"受益权之取得不得为有偿之法理"，亦缺乏理据。

不过，在我国这样继受信托法的国家，信托法立法、理论与司法均远未成熟，[3179]对于防止挥霍信托制度的认识相当有限，《信托法》虽规定了这一制度的实质内容，但并未使用"防止挥霍信托"或类似字样，试图依靠法官从简约的立法条文中解读其立法目的，进而主动、准确地运用目的性限缩方法去正确适用法律，其可靠性与确定性皆难保障。在商业信托法中予以明文规定，效果更优。我国《合伙企业法》第42条规定："合伙人的自有财产不足清偿其与合伙企业无关的债务的，该合伙人可以以其从合伙企业中分取的收益用于清偿；债权人也可以依法请求人民法院强制

[3177] 参见卞耀武主编：《中华人民共和国信托法释义》，法律出版社2002年版，第129页。

[3178] 洪政杰：《节省信托之研究》，东吴大学法律学系2008年硕士学位论文，第38页。

[3179] 《信托法》以日本、韩国的《信托法》及我国台湾地区"信托法"为蓝本，其条文十之八九源出于此。

执行该合伙人在合伙企业中的财产份额用于清偿。（第1款）人民法院强制执行合伙人的财产份额时，应当通知全体合伙人，其他合伙人有优先购买权；其他合伙人未购买，又不同意将该财产份额转让给他人的，依照本法第五十一条的规定为该合伙人办理退伙结算，或者办理削减该合伙人相应财产份额的结算。（第2款）”该条规定的立法宗旨与内容，与美国合伙法上的债务负担令制度有相似之处，在解释论上有类推适用于商业信托之余地，在立法论上可供我国商业信托法借鉴。

4. 限制受益权意定移转的条款

（1）限制意定移转条款的合理性

商业信托文件能否限制受益权的意定移转？原则上应作肯定回答。限制受益权的意定移转，虽然可能削弱受益权的流通性，但也具有重要的经济意义与法律意义。受益权转让限制条款具有多种功能。

其一，促进信托治理。例如，受益人兼任受托人职务或者负责商业信托经营管理的，为加强对受益人的约束与激励，可以订定此类受益人在商业信托存续期间不得转让受益权；或者订定一旦受益权发生转让，受益人的管理权即消灭。[3180]为实现此类目的，甚至完全禁止受益权转让也是合理的。此与财产法的传统观念似有不合，但可以更为灵活地满足企业治理的需求，缓解商业信托法的根本问题。

其二，保持监管要求或税负的豁免。例如，对于私募信托而言，受益权不得公开发行，或者只能向合格投资者发行。如果受益人将受益权转让于非合格投资者，可能导致私募信托成为公开型信托，而须接受强力监管，履行信息披露等手续。对转让设定限制，则可避免增大信托运营成本或背离信托目的。

其三，便于将受益权作为担保或信用增级工具。这在资产证券化交易中尤为常见。证券化信托的受益权证券通常划分为不同类别，优先级证券向投资者发售，次级证券由发起人持有，次级证券仅在优先级证券得到足额偿付后方可得到偿付，次级证券由此成为优先级证券的担保手段或信用增级手段。在此结构中，信托文件通常订定次级证券不得转让，或者只能转让于承受发起人地位之人（如兼并发起人企业的企业），或者只

[3180] 交易实例：DB Multi-Sector Commodity Master Trust, Amended and Restated Declaration of Trust and Trust Agreement § 5.2（2006）。

能转让于信托文件严格限定的"合格投资者"。[3181]通过上述机制，可将发起人"锁定"于交易结构中，使担保手段稳定化。其他信托交易当然也可采用此种结构，以防范受益人从事机会主义行为的道德风险。例如，我国实务中，有中小企业发展基金信托合同约定，优先级受益权可以转让，但仅可以向符合本合同约定和有关规定的合格投资者转让；次级受益权不得转让。[3182]

容许限制受益权的意定移转，一般不至于引发对受益权转让滥设限制的情形。可转让性受限的受益权，其市场价值必将随之下降，对商业信托吸引融资或投资有消极影响，商业信托自会慎重考虑受益权转让限制条款的合理限度。对第三人而言，也不至于妨碍交易安全。受益权的受让人将成为新的受益人，按照一般交易习惯，理应了解商业信托文件的相关内容、了解所购买的受益权的基本情况。受让受益权，应被视作知道商业信托文件的条款。[3183]反之，如果适用普通信托法的规则（限制委托人受益权意定移转的条款对受让人无效），势必使不诚信的转让人（如资产证券化发起人）与受让人有隙可乘，进而使商业信托文件设定转让限制的目的落空，破坏交易结构与其他受益人的合理预期。因此，普通信托法的规则不足采纳。唯在第三人为法定之债的债权人（指受益人的债权人）时，债权人虽可通过法院强制执行取得受益权，但因受制于受益权的不可转让性，事实上无法变价受偿。则此时将发生类似于限制受益权非意定移转情形的负外部性，故对此情形，仍有必要采用类似于"债务负担令"的规则。前引《统一商业信托法》第606条即涵盖此种情形。

限制受益权意定移转具有交易上的合理性，这也可以从其他商业组织法中得到印证。在公司法上，传统见解基于财产权自由的抽象原则，倾向于对限制股份转让的条款作严格解释。在普通法上，对限制股份转让

[3181] 交易实例：CMS Energy X-TRAS Pass Through Trust I, Amended and Restated Pass Through Trust Agreement § 3.05(b)(1998)。

[3182] 原告中国金谷国际信托有限责任公司与被告浙江优选中小企业投资管理有限公司营业信托纠纷案，北京市第二中级人民法院(2014)二中民(商)初字第11032号民事判决书。

[3183] 为防止限制转让条款落空，实务中通常订定：受让人接受受益权的行为，即为承认商业信托文件对受益权转让所定限制，并同意将来再转让时遵照信托文件的订定。CMS Energy X-TRAS Pass Through Trust I, Amended and Restated Pass Through Trust Agreement § 3.06(d)(1998). 当然，按照商业信托法的其他规定，也可以得出相同结论："受益人受商业信托文件约束"，此处的受益人当然包括加入的新受益人。这一法理亦在其他商业组织法上得到确认。如《特拉华州修订统一有限合伙法》《特拉华州有限责任企业法》规定，合伙权益或有限责任企业权益的受让人（assignee，并不当然成为新合伙人或有限责任企业成员），也受有限合伙协议或有限责任企业协议约束。Del. Code Ann. tit. 6, § § 17-101, 18-101.

之条款效力的判断标准是“没有不合理地限制或禁止流通”，在此标准下，绝对禁止股份转让将被认定为无效。现代法认识到限制转让条款有其积极意义，故而逐渐放松立场。例如，美国《示范商业公司法》规定，仅在为下列目的限制股份转让的，该限制始得为之：当公司地位依赖于股东数量或身份时，为了维持公司的地位；为了保有联邦证券法或州证券法的豁免；为了其他任何合理的目的。[3184]该规定虽仍采用列举主义模式，但所谓“合理目的”，已是相当宽泛的授权规定——尽管总体而言，灵活程度仍不如商业信托法。[3185]该规定来源于《特拉华州普通公司法》。[3186]至于合伙法与有限责任企业法，限制合伙权益或成员权益的自由转让原本即为默认规则，限制性条款的作用更为显然。

（2）限制的条件或方式：合同自由最大化原则

对于限制受益权意定移转之条款的目的、条件、方式等，美国各州大多数商业信托法及《统一商业信托法》均未加限定或列举，[3187]而任由商业信托自选自定。[3188]商业信托文件可以订定受益权完全不可转让，[3189]或者只能转让于其他受益人，[3190]或转让须经其他受益人或多数受益人同意，[3191]或者商业信托有优先受让或回购权——商业信托文件可订定受益人向第三人转让受益权之前，应当先向受托人发出要约，受托人未选择购

[3184] Model Business Corporation Act § 6.27(c)(2016 Revision).

[3185] 限制性条款只能禁止向特定人或特定类别的人转让受限制的股份（如果此种禁止并非明显不合理），而不能概括性地禁止股份转让。Model Business Corporation Act § 6.27(d)(2016 Revision).

[3186] Del. Code Ann. tit. 8, § 202.

[3187] 例如，《特拉华州商业信托法》规定，除商业信托文件另有订定外，受益权可自由转让。Del. Code Ann. tit. 12, § 3805(d). 又如，《统一商业信托法》规定受益权可自由转让，但此为任意性规范，允许另作相反约定。Uniform Statutory Trust Entity Act § 601(a)(2009). 再如，1963年《印第安纳州商业信托法》在商业信托的定义条款中规定商业信托可发行可转让性受有限制或不受限制的受益权凭证。Ind. Code § 23-5-1-2(a).

[3188] 《弗吉尼亚州商业信托法》似为唯一的例外。该法将容许对受益权转让进行限制的目的予以明文列举，显然是仿照公司法规定（与该法在诸多事项上仿照公司法的总体倾向一致）：“商业信托文件可以为下列目的限制受益权的可转让性：当商业信托的地位依赖于受益人的数量或身份时，为维持该地位；保持商业信托依据联邦证券法或州证券法规定的豁免；其他目的。” Va. Code Ann. § 13.1-1219 (Michie 1999 & Supp. 2004). 以“其他目的”兜底，实际上并未限定目的。

[3189] Dooley v. Resnik, 256 Mass. 205, 152 N. E. 231(1926).

[3190] Irwin v. West End Development Co., 342 F. Supp. 687, 16 Fed. R. Serv. 2d 89(D. Colo. 1972), judgment aff'd in part, rev'd in part on other grounds, 481 F. 2d 34(10th Cir. 1973).

[3191] Douglass v. Safe Deposit & Trust Co. of Baltimore, 159 Md. 81, 150 A. 37(1930); Reilly v. Clyne, 27 Ariz. 432, 234 P. 35, 40 A. L. R. 1005(1925).

买受益权的,受益人可转让受益权。[3192]

这比公司法更加自由灵活。限制公司股份转让的条款,不仅须满足前述的实体要件,还须满足法定的程序性条件(诸如,限制性条款必须在股票中载明或包含于法定的信息披露之中),方可对股份受让人发生效力。[3193]

美国各州商业信托法与《统一商业信托法》虽然容许商业信托文件限制受益权意定移转,但对违反商业信托文件条款而转让受益权之行为的效力,未予明确。实务中,商业信托文件通常订定,违反限制而发生的受益权转让对商业信托不发生效力,或者负责办理转让手续的存管人、登记人等应当拒绝办理转让手续。[3194]《日本信托法》第93条第2款规定,信托行为对受益权的可让与性另有订定时,该订定不得对抗善意第三人。《韩国信托法》第64条第2款的规定相同。此所谓善意第三人,系指善意受让人,不包括受托人。[3195]此种规定,与民法中关于禁止债权让与特约的效力之规定一致,乃是"其他权利让与准用债权让与规定"法理之体现。我国《信托法》对此未作规定。《民法典》第545条第2款规定:"当事人约定非金钱债权不得转让的,不得对抗善意第三人。当事人约定金钱债权不得转让的,不得对抗第三人。"信托受益权并非金钱债权,故可类推适用非金钱债权转让的规定。

5. 附论:防止挥霍信托在其他商信托中的效力

商业信托以外的其他商信托(如担保信托),亦可能发生信托文件限制受益权移转之情形。限制受益权意定移转之条款,自有其经济效益,且受让人为自愿交易者,有能力预防风险,因此无理由否定其效力。至于限制受益权非意定移转之条款,则因其他商信托设立与运行、受益权的设定仍服务于商业目的,并无保障生计等特殊功能,法律无须特殊照顾;同时,其他商信托不具有组织性,不存在保护意外第三人成为信托成员的问题,因此,法律应规定,其他商信托的信托条款禁止或限制受益权用于清偿受

[3192] Hecht v. Malley, 265 U. S. 144, 44 S. Ct. 462, 68 L. Ed. 949, 1 U. S. Tax Cas.(CCH)¶93, 4 A. F. T. R.(P-H)¶3976(1924); Fairfield Holding Corporation v. Southern, 258 Mass. 540, 155 N. E. 639 (1927). 此种安排可适应闭锁型企业或以受托人人力资本为核心资产的商业信托之经营与控制需要。

[3193] Model Business Corporation Act § 6.27(b)(2016 Revision).

[3194] CMS Energy X-TRAS Pass Through Trust I, Amended and Restated Pass Through Trust Agreement § 3.06(1998).

[3195] 此不同于下一条规定。《日本信托法》第94条规定:"受益权的让与,让与人未通知受托人或未得受托人同意时,该让与不得对抗受托人或其他第三人。(第1款)前款通知及同意,非以附有确定日期的证书,不得对抗受托人以外的第三人。(第2款)"《韩国信托法》第65条第1款、第2款类似。

益人债务的,该条款无效。[3196]

唯一的例外是养老金信托。养老金信托虽基于对价而设立,形式上属于交易行为,但其信托目的在于保障养老金的安全性,养老金事关劳动者的基本福利,寓有强烈的社会福利意义,是当代各国法律重点关注及保护对象。况且劳动者为自然人,容许对养老金信托受益权清偿债务作出限制,一般不致严重损害劳动者债权人的权益,亦不违背社会一般观念。这方面典型的立法是美国法。基于保护受雇人养老金这一能够为社会普遍接受的立法目的,美国《受雇人退休收入保障法》第206条以制定法的形式强制设定防止挥霍信托条款:任何养老金计划必须规定养老金计划中的权益不可移转。但对养老金信托的特殊保护并不庇护欺诈债权人之行为:即便在养老金信托中,如果受益人保留过多的权利与控制,防止挥霍信托条款不得对抗受益人的破产债权人。[3197]

(二)自由裁量信托

普通信托法上尚有自由裁量信托,有限制受益人的债权人或受让人权利的效果。自由裁量信托的受托人对于是否分配信托利益、如何或何时分配信托利益等事项有广泛的自由裁量权。自由裁量信托中,受托人有权决定某类受益人中具体哪一个受益人有权享受信托财产分配,也有权决定某一个受益人获得多少信托利益。[3198]受益人一般无权要求受托人分配信托利益,也无权挑战受托人的自由裁量,但受托人实施欺诈行为等除外。[3199]自由裁量信托特别适合于为无行为能力人、浪费者、酗酒者等无能力管理自己财产者之利益而设立,其常用方法为:信托文件订定当受益人试图转让受益权、受益人的债权人追索受益权或受益人破产时,受益权自动转化为自由裁量性权益。[3200]因此具有间接限制移转的效果。[3201]

自由裁量信托只能适用于未设定防止挥霍信托条款的信托之中。在

[3196] 有论者认为商事信托中可成立防止挥霍信托(该文称为节省信托),理由是防止挥霍信托并不因受托人是否为信托业者而不能成立或无效(该文所称商事信托系指受托人为信托业者之信托,又称为营业信托)。参见洪政杰:《节省信托之研究》,东吴大学法律学系2008年硕士学位论文,第38页。

[3197] In re Lichstrahl, 750 F. 2d 1488(11th Cir. 1985).

[3198] *The Trust: Bridge or Abyss Between Common and Civil Law Jurisdictions?* 11(Frans Sonneveldt & Harrie L. Van Mens eds 1992).

[3199] Paul Matthews, *The New Trust: Obligations Without Rights?*, in Trends In Contemporary Trust Law 1, 26(A. J. Oakley, ed. 1996).

[3200] Restatement(Third)of Trusts § 58(2003). 信托文件亦可订定,一旦发生上述事由,信托立即终止。Id. 此时,因受益人已不享有受益权,自然也就隔断了其债权人的追索。

[3201] Restatement(Third)of Trusts, ch. 12, Introductory Note(2003).

美国，由于防止挥霍信托条款的盛行，自由裁量信托的意义已经相当有限。但在英国和加拿大等国，自由裁量信托仍然特别受到欢迎，即便在遗嘱信托中也是如此，因为自由裁量信托给受托人预留恰当的位置，使受托人能够在漫长的信托管理过程中考虑到法律和税收的变化，并能够使受托人在税率最为优惠时将信托利益分配于合适的受益人。[3202]

一般而言，只要自由裁量信托的受益人无权强制受托人分配信托利益，该受益人的债权人或受让人也不能强制受托人进行分配。因此，受益人不能清偿债务时，债权人虽可扣押其受益权，却不能强制受托人进行分配，几乎仍是一无所获。但是，依据受益人的情况、自由裁量权条款以及信托目的，受益人如此缺乏权限的情形实际上极为罕见。[3203]受托人行使自由裁量权或者不行使自由裁量权，恒受制于司法审查：法院有权干预受托人滥用裁量权的行为。[3204]特别是当委托人兼为受益人或委托人保有决定对己分配的裁量性权限之时，可以增加债权人可得的分配数额——尽管在其他情况下（受益人有扶养、保健、教育等需要）可削减债权人可得数额。[3205]

关于自由裁量信托的上述规则，在商业信托法中无适用余地。法律之所以对自由裁量信托进行上述干预，是因为普通信托法上，受益人的债权人不能申请法院强制出卖受益权，也就无法控制或干预受托人的决定，必须由法院出面进行干预，以免自由裁量信托沦为逃避债务的工具。但是，商业信托受益权可以被强制出卖，债权人可以通过执行程序取得受益权、成为受益人，并动用受益人的各种权利（表决权、估价权、转让权、派生诉讼权）对受托人进行制约与干预，以维护自身权益。而且，无论对于商业信托还是公司、合伙等其他企业，法律都将决定企业利润分配的权限授予企业管理者，而排除法院的干预（除了个别极为例外的情形，如非法分配），因为决定利润分配不是法院擅长处理的领域，如果容许法院介入，可能严重损害企业的营运价值。

一个类似的问题是，普通信托法上有关于"逾期分配"（overdue distribution）的规则。无论信托文件中是否包含防止挥霍信托条款，如果受托人在指定的分配日期届满之后一段合理的期间内仍未向受益人分配，

[3202] Donovan W. M. Waters, *The Uses of the Trust in Canada Today*, in Modern International Developments in Trust Law 107 (David Hayton ed. 1999).

[3203] Restatement (Third) of Trusts § 60 cmt. e (2003).

[3204] Restatement (Third) of Trusts § 60 cmt. e (2003).

[3205] Restatement (Third) of Trusts § 60 (2003).

受益人的债权人或受让人有权强制要求受托人进行分配。[3206]该规则仍然旨在维持债权人与受益人之间的平衡。在容许债权人通过执行程序强制取得受益权的商业信托法环境下，不具有特殊意义。

（三）对受益权转让的其他限制

2006年《日本信托法》第93条第1款规定："受益人得让与其受益权。但其性质不许让与时，不在此限。"2011年《韩国信托法》第64条第1款的规定相同。我国《信托法》未设此规定。

所谓依其性质不得让与之权利，系沿用债权让与之成例。债权让与，以让与自由为原则，各国民法多规定"依其性质不得让与"为此项原则的例外之一。[3207]依其性质不得让与的债权，例如当事人间有特殊信任关系的债权。在普通信托中，也可能存在依其性质而不得让与的受益权，例如为扶养受益人之目的所设定的受益权。但在商业信托中，一般并不存在此种特殊性质。且何谓"依其性质不得让与"，解释上颇多不确定性，未必适合于商业交易。故商业信托法律上无须有此限制。如当事人特别需要维护其特殊信任关系，则可通过商业信托文件，以特约设定对受益权转让的限制。

四、受益权的继承

普通信托多属赠与或遗嘱处分，具有人身性，通常情况下，信托文件将受益权设计为随受益人死亡而消灭，包括将受益权设计为终身受益权（interest for life）或以受益人生存为条件的将来权益（future interest）。[3208]因此，普通信托较少发生受益权继承问题。

商业信托受益权属于投资权益，一般无人身性，自有继承问题。美国判例认定，受益人死后，其受益权由继承人或遗产的其他受益人继承，受益权亦可被遗赠。[3209]

我国《信托法》第48条规定，除信托文件有限制性规定外，受益权可以继承。本条以"受益权可继承"为默认规则，符合商业信托的实际情况，但继承人死亡后无人继承且无人受遗赠的，依《民法典》继承编第1160条的规定，受益权归国家所有。如此处理不适合商业组织法的情况。

[3206] Uniform Trust Code § 506; Restatement (Third) of Trusts § 58 cmt. d (2) (2003).

[3207] 例如，《瑞士债务法》第164条第1款，我国台湾地区"民法"第294条第2款第1项，我国《民法典》合同编第545条第1款第1项。《德国民法典》第399条规定："向原债权人以外之人为给付将变更债权之内容……者，债权不得让与。"

[3208] Restatement (Third) of Trusts § 55 cmt. a (2003).

[3209] Taber v. Breck, 192 Mass. 355, 78 N. E. 472 (1906); 13 Am. Jur. 2d Business Trusts § 28 (2007).

由国家取得无人继承的受益权（或股权、合伙权益等类似投资权益），一般不符合商业组织及其当事人的意愿与期待，且国家因之成为投资主体，介入企业运营，易发生操作上的困难，缺乏可行性。合理的规则为：受益人无继承人、受遗赠人或权利承受人的，其受益权注销。直接注销受益权，其后果是其他受益人的受益权份额随之增大，绝产的利益归于其他受益人而非国家，更符合继承法与组织法之宗旨与原则。

此外，受益人如为法人或非法人组织，其终止后受益权归于承受其权利义务之人，自不待言。

五、受益权的抛弃

受益人可抛弃受益权。美国各州商业信托法对此未设明文规定，应属当然之理。《日本信托法》第99条、《韩国信托法》第57条明文规定，受益权可抛弃，抛弃受益权的，视为自始不享有受益权，但不得损害第三人的权利。我国台湾地区“信托法”第17条第2项规定：“受益人得抛弃其享有信托利益之权利。”

我国《信托法》第46条规定：“受益人可以放弃信托受益权。（第1款）全体受益人放弃信托受益权的，信托终止。（第2款）部分受益人放弃信托受益权的，被放弃的信托受益权按下列顺序确定归属：（一）信托文件规定的人；（二）其他受益人；（三）委托人或者其继承人。（第3款）”该规定体现了普通信托的特性。普通信托有受益人要件，全体受益人放弃受益权，信托已无受益人，因而终止。将委托人或其继承人列为归属人，是因信托财产源于委托人的赠与或其他处分，受益人既然弃权，信托利益复归于委托人，合乎当事人的默认意思。

商业信托法不采受益人要件，已如前述。因此，全体受益人弃权，不应导致商业信托终止，商业信托可在适当机会出现时重新发行受益权凭证、招募投资者；法律强令终止，徒损营运价值而已。部分受益人弃权的，因信托财产来源于受益人出资而非委托人，规定被弃的受益权归属于委托人，缺乏正当性。此外，商业信托法的特有问题为，受益人负有出资义务或其他义务，受益人不得抛弃受益权以逃避义务。因此，商业信托法的规则应为：除商业信托文件另有订定外，受益人放弃受益权的，其受益权注销；[3210]全体受益人放弃受益权的，商业信托不因此而解散或终止。受

［3210］ 注销受益权的实际效果为，其他受益人的受益权份额相应增加，被弃的信托利益归于其他受益人。与《信托法》规定（被放弃的受益权归属于其他受益人）的效果相当。

益人放弃受益权，不影响该受益人对商业信托或其他人的义务或责任。

第五节　受益人的义务

一、出资义务

（一）出资与出资义务的发生

受益人的出资，是指某人为成为受益人而向商业信托提供的任何利益以及某人以受益人身份向商业信托提供的任何利益。[3211]例如，信托的委托人向信托转让资产，但无意成为受益人，该资产不属于出资。又如，受益人与商业信托订立买卖合同，受益人向信托出卖办公设备，因其并非基于受益人身份而缔约，合同目的并非增加出资，故标的物不属于出资。出资的情境包括：商业信托成立之时，初始受益人的出资，即初始出资；商业信托成立之后，受益人以受益人身份为购买受益权而再次出资，即增加出资。

普通信托的信托财产来源于委托人的赠与或其他处分，受益人无出资义务可言。商业信托存续与运营仰赖于受益人出资。因此，商业信托法有必要明文规定受益人的出资义务及责任。

出资义务因出资承诺而发生。除商业信托文件另有订定外，受益人对商业信托负有履行提供现金、财产、劳务之承诺的义务。[3212]出资承诺通常载于受益权认购合同、商业信托文件、受益权转让合同等文件中，但不以采用书面形式或任何其他特殊形式为要件。[3213]出资义务的履行、不履行及不履行的救济，适用合同的一般规则；同时基于组织合同的特殊性，出资义务在商业信托法上又有特别的处理。例如，某一受益人不履行出

[3211] 特拉华州等州商业信托法以及《统一商业信托法》对“出资”均无定义。《统一有限合伙法》与《统一有限责任企业法》对出资定义较完整。Uniform Limited Partnership Act § 102(2)(2001); Revised Uniform Limited Liability Company Act § 102(2)(2006).

[3212] Del. Code Ann. tit. 12, § 3802(b). 商业信托设立协议的当事人不负有认购受益权的义务，但同意认购的除外。当事人同意认购受益权的，应支付相应对价；逾期支付的，应支付利息。Dunbar v. Broomfield, 247 Mass. 372, 142 N. E. 148(1924).

[3213] 《弗吉尼亚州商业信托法》较为罕见地要求受益人关于出资义务的承诺应为书面形式并由受益人签字，否则无强制实施力。Va. Code Ann. § 13.1-1224. 此要件易使受益人逃避出资义务，不尽可取。其他非公司企业法亦以非要式化为趋势。例如，有限合伙法传统上要求有限合伙人出资承诺采书面形式。Revised Uniform Limited Partnership Act § 502(1985). 新的《统一有限合伙法》废除书面要件。Uniform Limited Partnership Act § 502(2001).

资义务时，其他受益人不得行使同时履行抗辩权。[3214]又如，违反出资义务可引发特别处罚或后果。

受益权的取得可以无对价，即不以受益人缴纳出资或负有出资义务为要件。[3215]此种做法在现有的商业实践中应用广泛。[3216]例如，商业信托向现有受益人派发新受益权以替代现金分配。又如，设计一种表决权与收益权不成比例的受益权，用于特定用途，诸如授予某一受益人数倍于一般受益人的表决权，但该受益人无权接受分配，当发生受益人会议僵局时，由受益人动用此种“超级受益权”打破僵局，平时不得动用。[3217]此种受益权既然不含分配权或仅有象征性的分配权，要求以出资为对价即毫无必要。

（二）出资形式

美国法对商业信托的出资形式未作限制。现金、不动产、动产、其他财产权利（包括知识产权、股权、受益权、债权等），乃至劳务（包括已提供的劳务与承诺提供的劳务），均可作为出资。[3218]其他企业法趋势与此一致。[3219]

[3214] 合伙法上可得出同样结论。例如，我国台湾地区“民法”虽将合伙规定于“各种之债”一章，但学者多认为，合伙人针对其他合伙人不履行出资义务之行为，不得行使债编通则规定的同时履行抗辩权。邱聪智：《新订债法各论》（下），中国人民大学出版社2006年版，第21页及所引注释。

[3215] Del. Code Ann. tit. 12, § 3802（a）.《特拉华州修订统一有限合伙法》与《特拉华州有限责任企业法》有相似规定：未向有限合伙、有限责任企业出资或未承担出资义务的人，可获准（be admitted to）成为合伙人、有限责任企业成员；除有限合伙协议、有限责任企业协议另有约定外，不取得合伙权益、有限责任企业权益的人，可获准成为合伙人、有限责任企业成员。Del. Code Ann. tit. 6, § § 17-301（d）, 18-301（d）.

[3216] Uniform Statutory Trust Entity Act § 603 cmt.（2009）.

[3217] 是否容许设计此类权益，在公司法上曾有疑虑，现已认可。重要判例为Lehrman v. Cohen, 222 A. 2d 800（Del. Sup. Ct. 1966）。

[3218] Del. Code Ann. tit. 12, § 3802（a）(受益人对商业信托的出资，可以是现金、已提供的财产或劳务、本票或提供现金、财产、劳务的其他义务）. 我国商业信托特别法未限定出资形式，普通信托法容许的信托财产范围大于公司法，并无“可用货币估价”之类限定。

[3219] Model Business Corporation Act § 6.21（2016 Revision）; Del. Code Ann. tit. 8, § 152; Del. Code Ann. tit. 6, § 18-501. 大陆法系某些法域的公司法对出资形式尚有限制。我国《公司法》第27条第1款明文容许股东可以用货币或可用货币估价并可转让的非货币财产出资，依文义解释，似不许以劳务出资。但有地方性文件予以突破，如《上海市浦东新区人力资本出资试行办法》规定：“在浦东新区范围内登记注册的有限责任公司和股份有限公司（不含外商投资企业），属于以金融为核心的现代服务业、以高新技术为主导的先进制造业、以自主知识产权为特征的创新创意产业的，可以人力资本作价投资入股。以人力资本作价出资的金额不得超过公司注册资本的百分之三十五。”该项政策自2005年3月实施至当年11月，已核准“人力资本出资”开业企业37户，注册资本总额1.95亿元，其中人力资本出资3094万元，占注册资本总额的15.84%。参见2005年浦东新区“年检申报备案”等三项政策试点情况，载浦东新区政府门户网2007年8月26日，http: //www. pudong. gov. cn/website/understandPudong/infoContent. jsp?sj_dir=understandPudong_bt2005&ct_id=61768。

现金与其他财产可作出资，固无疑问。劳务是否适宜作为出资，夙有争议。传统公司法不容许劳务出资，现代公司法改采灵活立场，容许以已提供或未提供的劳务作为出资。非公司企业法则自始未设限制。容许劳务出资，拓展了企业资产的运用空间，尤其有利于专业服务组织（如会计师事务所、评估机构）及创意产业。出资形式自由并不意味着放任劳务出资人滥用劳务出资损害企业或企业债权人的利益；法律上自有防控机制。

其一，商业信托法定有严格的出资义务，无论现金出资还是非现金出资义务，不得因受益人死亡、丧失行为能力等原因而免除。不履行非现金出资义务的，受益人应向商业信托支付与非现金出资等额的金钱。尽管劳务具有人身性，不得强制履行，且因出资人死亡、丧失行为能力而不能履行，但受益人支付等额现金的义务并不因之免除，不影响商业信托资产的充实。

其二，商业信托文件有极大的自治空间，可采取限制劳务出资受益权之转让或分配、将劳务出资受益权交由第三方存管、强化劳务出资人违反出资义务之责任等防范手段。[3220]

商业信托法关于非现金出资的基本立场，根植于市场本位的立法理念：决定何种出资较优，市场机制比法律管制更有效率。现金出资、现物出资成为出资的首选形式与主流形态，正是市场作用的结果，并非法律强制之功。此类出资在可评估性、可转让性、可使用性、可变现性等方面具有优势，故在市场上广受欢迎。同理，即使法律对劳务出资完全持自由放任态度，亦不致出现劳务出资遍地的情形，因劳务出资自有其局限，全部资本或主要资本由劳务出资构成的企业，在内部运营与吸引外部投资者、融资者各方面均有障碍，其应用行业有其限度。概言之，市场制约的作用比法律管制更适合现实情形与实际需要，并可避免管制的成本（包括建立管制、维持管制、执行管制等成本）。

（三）出资缴纳与出资估价

出资缴纳依商业信托文件条款。公司法受法定资本制、授权资本制

[3220] 公司法设有此类措施，典型者为《示范商业公司法》第6.21条第e款：对于以将来劳务、利益、本票为对价而发行的股份，公司可将此类股份交由第三人存管或者可作出限制该股份转让的其他安排，并可将该股份项下可得分配计为认购价格的负债，直至已提供该劳务、已收到该利益或已支付该本票为止；如果未提供劳务、未收到利益或未支付本票，公司可全部或部分注销此类股份。但此规定仍非强行规范，为其他措施预留余地。鉴于劳务出资在公司实务中相对新颖，其配套机制尚未定型，立法者设计的制度未经实务充分检验，难以认为是完善的制度，若设置为强行规范，反易陷于僵化，并增加公司的成本，抑制劳务出资的运用。

或折中资本制的束缚，对出资缴纳多有限制。[3221]信托法本无任何资本制度，委托人移转信托财产的方式灵活多样，商业信托法承此优势，对出资缴纳方式不设限制，一次缴纳、分期缴纳，均无不可。商业信托法的灵活立场亦与非公司企业法一致。[3222]

商业信托法对出资估价或验资亦无要求，与其他非公司企业法一致。[3223]商业信托文件可订定由受益人共同对出资进行估价，或由受托人估价，或委托外部评估机构估价。不设强制估价要求，既有助于商业信托提高运营效率，[3224]亦无害于债权人保护。且不论实务中基于确定分配份额等需要，商业信托会自行要求出资估价，即使商业信托未设估价要求，受益人若虚报出资价值，将构成欺诈或违反瑕疵担保义务，应负补缴出资的责任及损害赔偿责任；商业信托债权人亦可代位追究其责。且出资估价仅可反映静态资产，不足为债权人所信赖。

（四）违反出资义务的责任

1. 法定后果

受益人违反出资义务的责任为严格责任，与有偿合同的归责原则一致，有别于赠与、借用等无偿合同。基于衡平原则，法律在若干方面减轻赠与人等无偿移转人的责任。例如，赠与人因故意或重大过失造成赠与财产毁损、灭失，始负损害赔偿责任。以瑕疵担保义务为例。受益人以财产出资的，负瑕疵担保义务；违反该义务，无论有无过错，皆应负违约责

[3221] 如我国1993年《公司法》实行实缴制，要求于公司设立时一次缴清。2005年修订时有所放宽，但仍保留不少强行要求。直至2013年修正时始大幅放开。

[3222] Del. Code Ann. tit. 6，§§ 17-501，18-501；Uniform Limited Partnership Act § 501（2001）；Revised Uniform Limited Liability Company Act § 402（2006）. 我国《合伙企业法》对此不设限制，仅规定“合伙人应当按照合伙协议约定的出资方式、数额和缴付期限，履行出资义务”（第17条第1款）；“以非货币财产出资的，依照法律、行政法规的规定，需要办理财产权转移手续的，应当依法办理”（第17条第2款）；“有限合伙人应当按照合伙协议的约定按期足额缴纳出资；未按期足额缴纳的，应当承担补缴义务，并对其他合伙人承担违约责任”（第65条）。第17条第1款、第65条无非是合同法规则的复述，第17条第2款是对物权法或其他财产权法规则的复述，均无特殊意义。依物权法或其他财产权法的一般规则，若合伙人未办理法定的财产转移手续，拟出资财产当然不成为合伙财产，自然不能构成“出资”。

[3223] 例如，我国《合伙企业法》不要求验资，出资估价由当事人自为（第16条）。又参见Del. Code Ann. tit. 6，§§ 17-501，18-501；Uniform Limited Partnership Act §§ 501，502（2001）；Revised Uniform Limited Liability Company Act §§ 402，403（2006）。公司法对验资或出资估价有强行规定，现代公司法趋于缓和。

[3224] 对比公司法的强制估价要求可知，出资财产种类多样，许多财产性质简单，价值无争议或争议可能性甚微，一律要求估价，“徒增投资成本而已”。施天涛：《公司法论》（第2版），法律出版社2006年版，第176页。

任。[3225]重于普通信托委托人的相应义务。委托人一般基于赠与或无偿处分行为设立普通信托，仅负较轻的瑕疵担保义务，在此类推适用关于赠与的规定。

受益人违反出资义务的责任甚至比一般合同违约责任更严格。依合同法的一般规则，合同履行不能或不可行时，债务人可免责。[3226]但受益人对商业信托的履行出资承诺之义务，即使因其死亡、丧失行为能力或任何其他原因不能履行，亦不得免责，商业信托文件另有订定除外。[3227]此为非公司企业法之通例。[3228]非同一般的严格责任，有利于保护企业及其债权人。

此外，为保护企业资产，有法律特别规定不履行非现金出资义务的责任："受益人未按要求提供财产或劳务出资的，受益人应依商业信托之选择，支付与其未出资部分的约定价值（载于商业信托的记录）相等的现金。商业信托的上述选择权附加于商业信托依商业信托文件订定或法律规定对受益人享有的其他权利，如强制履行请求权，而非取代其他权利。"[3229]该规定设定一项预定损害赔偿条款，赔偿额依出资的约定价值而定，以预先确保非现金出资的确定性。例如，受益人A以不动产作为出资，约定出资价值为500万元。该不动产过户于商业信托前，因A欠债而以400万元价格被司法拍卖。商业信托有权主张约定的500万元出资价值，而非该财产的实际价值。

请求支付与约定价值相等的现金，为商业信托的选择权，商业信托无

[3225] 出资合同为有偿合同，准用买卖合同规定。受益人负有出卖人的瑕疵担保义务。我国现行法依据见我国《民法典》合同编第646条。

[3226] 因不可抗力不能履行合同，债务人可免责，为各国法与国际实体法公认。如《国际商事合同通则》第7.1.7条；《欧洲合同法通则》第8：108条；我国《民法典》合同编第590条。履行不可行（impracticability）为英美法系制度，异于履行不能（impossibility）。Restatement (Second) of Contracts §§261, 262 (1981).

[3227] Del. Code Ann. tit. 12, §3802(b). 受益人死亡的，出资义务应由其继承人在遗产范围内继续履行。法律未特别指明法人或非法人组织终止是否属于免责事由，但依文义解释，应属于所称"任何其他原因"。作为受益人的组织终止的，出资义务构成该组织的债务。

[3228] Uniform Limited Partnership Act §502 (2001); Del. Code Ann. tit. 6, §§17-502, 18-502.

[3229] Del. Code Ann. tit. 12, §3802(b). 有限合伙法与有限责任企业法的相同规定，参见Del. Code Ann. tit. 6, §§17-502(a)(1), 18-502(a)。受益人非现金出资的价值通常由受益人与商业信托约定，载于商业信托的记录（如受益人登记记录、商业信托保存的受益权认购合同或出资合同等）。《统一商业信托法》第603条第b款第2句规定："受益人未按要求提供现金、财产或劳务出资的，应依商业信托之选择，提供与未出资部分相等的现金。"该句规定不以约定价值为基准，而以客观价值为基准，固不禁止商业信托文件另定以约定价值为准，但徒增缔约成本；又规定对不履行现金出资义务之行为亦可代之以现金，显属逻辑错误。

义务行使此项权利，不履行出资义务的受益人更无权选择支付现金而不负其他责任。[3230]受益人支付现金作为财产或劳务出资的临时替代，不免除缴纳财产出资或劳务出资的义务，以防受益人任意以现金出资替代财产出资或劳务出资，因双方既约定财产出资或劳务出资，此类出资对商业信托自有特殊价值，不许任意替换。

不履行出资义务之责任，由受托人追究；受托人怠于追究的，其他受益人可提起派生诉讼。受托人通常有权出卖受益权并收取认购受益权的对价。[3231]商业信托债权人有权诉请受托人收取未依认购协议约定支付的对价，或诉请受益人支付对价。[3232]英美法上的依据在于，在商业信托丧失清偿能力时，由认购人对商业信托的出资所构成的资产，是一项为清偿商业信托债务而存在的信托基金。[3233]债权人为该信托基金的直接受益人。受益人对剩余资产的分配请求权劣后于债权人的债权，因此信托财产资不抵债时，债权人实已取代受益人成为该财产的权利人。依大陆法系民法，债权人可主张代位权，效果类似。

2. 约定后果

（1）规则及其法理

依据《特拉华州商业信托法》，商业信托文件可订定，负有出资义务的受益人不履行出资义务的，其权益应承受特定处罚或特定后果。特定

［3230］ 仍以上述案例为例：如该不动产的拍卖价格为600万元，则商业信托无义务行使上述选择权、无义务仅主张该出资的约定价值，而有权以违反出资义务为由主张损害赔偿、请求受益人支付600万元赔偿金（商业信托的损失额）。

［3231］ Yeaman v. Galveston City Co. , 106 Tex. 389, 167 S. W. 710（1914）.

［3232］ Dunbar v. Broomfield, 247 Mass. 372, 142 N. E. 148（1924）. 此请求权的时效期间自债权人知道或应当知道因受益人不履行出资义务致债权受损害之时起计算。Bartelt v. Lehmann, 207 S. W. 2d 131, 11 A. L. R. 2d 1374（Tex. Civ. App. Austin 1947）, writ refused（认购人签发票据，载明其未付清的认购价款。债权人诉请支付余款时，票据时效期间已届满，但不影响债权人主张支付出资款的诉讼请求，因其诉由并非基于证明出资义务的票据，而是基于认购人“持续性的”支付约定认购款之义务，该义务的时效期间并未届满）.

［3233］ Bartelt v. Lehmann, 207 S. W. 2d 131, 11 A. L. R. 2d 1374（Tex. Civ. App. Austin 1947）, writ refused. 此与公司法上所谓“信托基金”法则同源。由股东出资构成的公司资本为一项为公司债权人利益而存在的信托基金，如股份认购人不履行出资义务，债权人有权强制实施该信托以追缴出资。Camden v. Stuart, 144 U. S. 104, 12 S. Ct. 585, 36 L. Ed. 363（1892）. 同时，债权人有权信赖关于公司资本的陈述并推定股东的认购额已缴纳于公司，如果公司资本不到位，公司的财务健全性即被虚假陈述，债权人有权获得救济；债权人如不能通过针对公司的普通法诉讼获得充分救济，则有权通过衡平法诉讼代位追缴股东出资。Amy Morris Hess, George Gleason Bogert & George Taylor Bogert, *The Law of Trusts and Trustees* § 16（3d ed. 2007）. 但“信托基金”一词未臻精确，因为债权人与公司的关系不能同受益人与信托的关系相提并论。Amy Morris Hess, George Gleason Bogert & George Taylor Bogert, *The Law of Trusts and Trustees* § 16（3d ed. 2007）.

处罚或后果可采取下列形式：减少或排除不履行出资义务受益人在商业信托中的权益份额；使不履行出资义务受益人的受益权劣后于已履行出资义务受益人的受益权；强制出卖其受益权；强制终止其受益权；向其他受益人借贷必要数额的金钱以实现该受益人的出资承诺；根据评估或根据一定的公式确定其受益权的价值并以该价值赎回或出卖该受益权；其他处罚或后果。[3234]

此款规定是对先前实务做法的确认与细化。如百年前有判例判定：在商业信托文件有订定时，受益人不履行出资义务的，受托人可对该受益人的受益权进行估价，并出卖该受益权。[3235]我国各种企业法虽无此规定，但在私募基金实务中，为防投资者不依约出资，协议会约定未履行出资义务者将承受丧失表决权、丧失追加投资权等后果。传统法律对民事主体之间的惩罚向来持敌视立场，合同处罚条款有效与否，颇有争议，商业信托法明文否定此种敌视立场，关于处罚条款有效性的疑问遂迎刃而解。[3236]

对私人之间的民事处罚，各法系中普遍存在敌视态度，唯领域不同、程度有别而已。英美合同法向来对惩罚性违约金持怀疑乃至否定态度，大陆法系侵权行为法传统上否定惩罚性赔偿。然而，对民事惩罚从来就不存在完全的禁止。与合同法相反，英美法系明确允许侵权的惩罚性赔偿，恶意侵权行为人负惩罚性赔偿责任。[3237]大陆法系则又是相反的图景，对合同法的惩罚性民事责任较为宽容，虽允许法院于违约金过高时应当事人之请求酌情减少，但并不禁止惩罚性违约金。[3238]除一般私法的上述规则外，各法域的特别法中均有关于惩罚性民事责任的规定。[3239]

惩罚性民事责任的顽强存活，表明此类责任确有其他法律责任无法替代的功能，诸如在避免行政成本的前提下通过私人实现威慑与预防功

[3234] Del. Code Ann. tit. 12, § 3802(c).

[3235] Joseph v. Davenport, 116 Iowa 268, 89 N. W. 1081(1902).

[3236] Uniform Statutory Trust Entity Act § 501cmt.(Dsicussing draft, April 2007).

[3237] Model Punitive Damages Act § 5(1996).

[3238] Ugo Mattei, *The Comparative Law and Economics of Penalty Clauses in Contracts*, 43 Am. J. Comp. L. 427, 441-43(1995).

[3239] 例如，美国《谢尔曼法》规定对垄断行为可处以3倍损害赔偿金。我国台湾地区“消费者保护法”第51条规定：因企业经营者之故意所致之损害，消费者得请求损害额3倍以下之惩罚性赔偿金；但因过失所致之损害，得请求损害额1倍以下之惩罚性赔偿金。我国现行法上关于惩罚性赔偿的法律规定，详见李宇：《民法总则要义：规范释论与判解集注》，法律出版社2017年版，第863~864页。

能。[3240]但仅靠一般私法上的惩罚性民事责任，不足以解决出资责任问题。商业信托文件虽可设定违约金条款以威慑受益人履行出资义务，但违约金功效有限：若受益人有意不履行出资义务（而不是因一时资金筹措困难等非故意原因），课以违约金仍无法迫其履行；若出资形式为现金，不履行出资义务的受益人可轻易请求法院减少违约金数额，因为金钱债务不履行所致损失一般限于利息损失；若受益人濒于丧失清偿能力，违约金即无用处，而此时受益人仍可享有受益权，[3241]权利义务显失平衡，有损商业信托及其他受益人利益。侵权行为法上的惩罚性赔偿更难发挥作用，不履行出资义务固然难以认定为侵权行为，即使认定为侵权行为，惩罚性赔偿须以行为人故意或恶意侵害商业信托的权益为要件，且惩罚性赔偿同样受制于丧失清偿能力的风险。

事实上，对惩罚性违约责任的敌视，未必合理。英美法系认为合同救济的核心目标是补偿而非惩罚；当事人不得自由约定违约惩罚。[3242]合同可预定损害赔偿数额，但限于对权利人预期损失或实际损失的合理估值。[3243]其逻辑基础是当事人有正当理由获得对履行的金钱替代，但无正当理由获得超过该期待的赔偿。[3244]但即使在一般合同法的环境中，此种基础亦有误导性：[3245]首先，由于损害估值的困难性、信息弱势以及法院无力在复杂的商业交易中理解合同条款所保护的期待，法院执行此项“禁止惩罚金”规则往往是不准确的，导致法律规则实际上容许当事人实施策略行为，且导致精于商业的当事人倾向于不使用预定赔偿条款——尽管此类条款本有优势；其次，“当事人使用惩罚金条款没有正当理由”之见解本身就是错误的，相反，惩罚金条款使当事人能在信息不对称环境中作出有

[3240] 深入的研究，参见Mitchell Polinsky & Steven Shavell, *Punitive Damages: An Economic Analysis*, 111 Harv. L. Rev. 869（1998）。

[3241] 该受益人如请求分配利润，商业信托自可主张同时履行抗辩权，但受益人行使表决权等其他权利，未必可抗辩。

[3242] Restatement（Second）of Contracts § 356 cmt. a（1981）.

[3243] Uniform Commercial Code § 2-718（1）（2003）.

[3244] Alan Schwartz & Robert E. Scott, *Contract Theory and the Limits of Contract Law*, 113 Yale L. J. 541, 616（2003）.

[3245] Id. at 616-17.

效率的关系专用型的投资(relation-specific investments)。[3246]关系专用型投资重在持续性的营运价值,其维持特别有赖于具有事前威慑功能的制约机制——事后赔偿对于一次性交易或许属于适当的补救机制,然而在关系专用型投资遭破坏的场合往往为时过晚或补救不足。鉴于商业信托文件是不同于一般合同的、关系专用型投资更为密集的组织合同,[3247]承认惩罚性违约责任更具合理性。经济分析亦表明,惩罚金可发挥刺激当事人采取措施预防违约、在估价不确切或信息不对称条件下制约另一方当事人的机会主义行为、减少违约率等积极作用。[3248]

鉴于此,跳出一般合同法与侵权行为法的局限,始能寻求更适当的救济之道。出发点便是充分重视商业信托文件的组织合同性质。合同责任的根本意义,在于保障合同目的之实现。组织合同旨在确保组织顺利存续与运行,以实现组织成员的利益或其他目的。更为多样化的惩罚性责任即成为实现其目的的必要手段。开除成员、限制权益等救济方法,在一般合同中或无适用之必要,却特别适合组织合同的履行。[3249]商业信托法的上述规定,正是为保障组织合同履行所下的对症之药。[3250]

(2)解释与适用

关于违反出资义务之特定处罚或特定后果的规定,属于选入式规范,而非任意规范。商业信托文件无订定时,不适用此类特定处罚或特定后果,仅可依一般合同法主张强制履行或损害赔偿。定为选入式规范有其合理性:特定处罚与特定后果,大多比一般违约责任严厉,有必要依明示条款始生效力,以便受益人有机会在缔约前了解行为后果,从而自主作出决定。

[3246] Id. 对一般合同中的关系专用型投资之分析,参见Id. at 559-61, 617。关系专用型投资的一般性研究显示,企业的经济效率在很大程度上取决于能否将资产置于具有合理治理结构的组织之中,以减少相关当事人机会主义行为所致成本;如果涉及此类资产的经济行为不能合力于同一企业之中,某方当事人即可能从关系专用型投资中独吞盈余。Oliver E. Williamson, *Markets and Hierarchies* 82-105 (1975); Oliver E. Williamson, *The Logic of Economic Organization*, 4 J. L. Econ. & Org. 65, 76-83 (1988); Oliver E. Williamson, *The Vertical Integration of Production: Market Failure Considerations*, 61 Am. Econ. Rev. 112, 115-17 (1971).

[3247] 公司理论业已揭示,股权投资者会加强关系专用型投资,以约束管理者的机会主义行为。Mark Roe, *Strong Managers, Weak Owners: The Political Roots of American Corporate Finance* 248 (1996).

[3248] Aaron S. Edlin &Alan Schwartz, *Optimal Penalties in Contracts*, 78 Chi. -Kent L. Rev. 33 (2003).

[3249] 德国法则从社团法的角度认可特定处罚的正当性,即社团罚。参见[德]卡尔·拉伦茨:《德国民法通论》(上),王晓晔、邵建东、程建英、徐国建、谢怀栻译,法律出版社2003年版,第228~232页。

[3250] 同理,有限合伙法、有限责任企业法等其他组织法亦有此类规定,如Del. Code Ann. tit. 6, § § 17-502 (c), 18-502 (c)。

在此问题上，迄今尚无商业信托法判例。解释适用特拉华州合伙法类似规定的判例，可资参照。在该案中，Cole作为普通合伙的合伙人，未履行出资义务。其他合伙人采取救济措施，决定将合伙与一个有限责任企业合并，以排挤出Cole。Cole遂起诉主张合并无法律依据，且排挤性收购价格不公平。合伙协议未约定合伙人不履行出资义务的特定处罚或后果。被告辩称，原告有不当行为，依"净手"(clean hands)原则，无权主张救济。法院否定被告抗辩，认为："原告确实违反出资义务，但这不足以禁止其在衡平法上寻求救济。合伙协议未约定合伙人不履行出资义务的后果为完全终结其合伙权益。支持被告的抗辩，将容许其他合伙人以其决定的任何方式对待Cole，无论该方式是何等不公平，同时Cole却得不到任何法律救助。此种不公平的结果，乃是恣意适用净手原则，而净手原则之目的正是确保公平。在合伙协议未约定此种后果之情形，适用净手原则填补协议漏洞，将导致不正当的严苛结果。诚然，原告须为其不负责任的行为支付代价，但在本案情形中终结其合伙权益，则是一项过高的代价。"被告又主张，原告的合伙权益应予削减，以便与其实际出资额相对应。法院予以驳回，理由为："将削减原告的合伙权益作为救济手段……无合伙协议依据，在特拉华州制定法或判例法上亦无依据。法院在欠缺任何法律依据的情况下，重订合伙协议以改变某一合伙人的所有权，显属越权。"[3251]

(五)受益权转让与出资义务

受益权转让对出资义务有何影响，商业信托法无明文规定。[3252]普通信托受益人无出资义务，故此问题无法依赖普通信托法解决。依合同法一般规则，受益权转让仅为权利让与，不涉及义务，而义务转移须经权利人(商业信托)同意。出资义务不因受益权转让而转移。但若采此解释，

[3251] Cole v. Kershaw, No. Civ. A. 13904, 2000 WL 1206672(Del. Ch., Aug. 15, 2000).

[3252] 美国公司法、有限合伙法、有限责任企业法有此类规定。股份受让人在受让时善意地、不知道或未收到股份对价尚未完全支付的通知的，对该股份中尚未支付的部分不承担责任；上述规定不影响转让人的责任。Del. Code Ann. tit. 8, § 162. 合伙人转让合伙权益的，不免除出资义务；受让人对转让人未履行的出资义务负有责任，但受让人于成为有限合伙人时不知转让人负有该义务且依据合伙协议也不能确定转让人负有该义务的除外。Del. Code Ann. tit. 6, § 17-704(b),(c). 有限责任企业法规定，参见Id. tit. 6, § 18-704(b),(c)。我国《公司法》《合伙企业法》未设此种规定，但《最高人民法院关于适用〈中华人民共和国公司法〉若干问题的规定(三)》采类似规则，第19条规定："有限责任公司的股东未履行或者未全面履行出资义务即转让股权，受让人对此知道或者应当知道，公司请求该股东履行出资义务、受让人对此承担连带责任的，人民法院应予支持；公司债权人依照本规定第十三条第二款向该股东提起诉讼，同时请求前述受让人对此承担连带责任的，人民法院应予支持。(第1款)受让人根据前款规定承担责任后，向该未履行或者未全面履行出资义务的股东追偿的，人民法院应予支持。但是，当事人另有约定的除外。(第2款)"

受益权受让人无出资义务，将导致不利后果：一方面，不履行出资义务的受益人可轻易通过转让受益权逃避出资义务，因受益权可自由转让，且转让之后，商业信托难再联系受益人，欲事后追究其责，障碍不小；另一方面，商业信托对受让人有实际的制约力（可拒绝分配以抗辩或依约处分不履行出资义务的受益人的受益权），却因受让人不负出资义务而束手无策。因此，合理的规则为类推其他商业组织法，即在不影响转让人出资义务的同时，受让人亦有缴纳剩余出资的义务，但受让人不知情的除外。此种规则既可保障出资义务的切实履行，又不致妨碍受益权流通。

（六）出资义务的减轻或免除

出资义务虽严，但仍可依商业信托文件减轻或免除。容许免除出资义务，或令人产生有损债权人的疑虑。法律如何应对，有限合伙法与有限责任企业法的教训可供参考。

美国某些有限合伙法规定，全体合伙人可协议对有限合伙人的出资义务作出让步（削减或免除），但信赖原出资义务的债权人仍有权强制履行合伙人的原出资义务。[3253]部分有限责任企业法从之。[3254]此种规定产生于有限合伙发展早期，当时有限责任仅被视作一种例外，有限责任不受信任，支撑债权人信赖出资义务的条文充斥于法，诸如限制出资形式、要求在企业登记信息中披露出资情况等。[3255]此类理由，今日已难以立足。诚如对《统一有限责任企业法》的批评所言，“债权人确实可以信赖投资者的出资义务，但更可能信赖企业的总资产、盈利能力或担保。由于有限责任企业法不要求企业登记信息中披露出资额，不要求保存出资记录，并容许任何形式的出资（包括对债权人担保力较弱的将来劳务出资），债权人更不可能信赖特定投资者的出资……上述规则以严重妨碍企业的财务灵活性为代价，却未能为大多数债权人换来补偿利益”。[3256]且上述规则为强行规定，更显僵化。何况即使企业法无此规定，亦未必有损债权人；诈害性转让或债权人撤销权制度足以为债权人提供应有保护：减轻或免除

［3253］ Uniform Limited Partnership Act § 502(2001); Del. Code Ann. tit. 6, § 17-502(b).

［3254］ 例如，1996年《统一有限责任企业法》规定，经全体成员同意，可对某一成员的出资义务作出让步处理；但让步处理一般仅在成员之间生效，企业债权人信赖成员的出资义务且不知让步处理而向企业提供信贷或实施其他行为的，有权强制履行成员原有的出资义务。Uniform Limited Liability Company Act §§ 402, 404(1996). 又参见Del. Code Ann. tit. 6, § 18-502(b)。

［3255］ Larry E. Ribstein, *A Critique of the Uniform Limited Liability Company Act*, 25 Stetson L. Rev. 311, 350(1995).

［3256］ Id.

出资义务，即为商业信托放弃债权，由此影响商业信托债权人的债权实现的，债权人有权撤销放弃债权行为。[3257]

商业信托法在出资制度上的灵活性与有限合伙法、有限责任企业法不相上下，其理相通。特拉华州在有限合伙、有限责任企业法中规定减免出资义务不得对抗信赖出资的债权人，对商业信托却完全容许减免出资义务，或许正是出于对限制减免规则的效率性之疑虑，而在商业信托法中保留一片自由的天地、一种另类的选择。

二、其他义务

(一)受益人其他义务的来源

出资义务为受益人的主要义务。商业信托法多未明文规定受益人的其他义务。《特拉华州商业信托法》仅规定，商业信托文件可扩张、限缩或免除受益人对商业信托、受托人、其他受益人、商业信托文件的其他当事人或受商业信托文件约束的其他人所负义务。[3258]但并未规定受益人具体负有何种义务。按照美国判例法，受益人的其他义务，可分三类。

其一，依普通法所负义务。主要为默示合同义务。商业信托文件属于合同，受益人与受托人之间、受益人与受益人之间、受益人与商业信托之间均有合同关系。任何合同当事人负有诚实信用与公平交易义务，[3259]商业信托文件亦不例外。据此，受益人不得违背诚实信用与公平交易的商业准则，损害商业信托与其他受益人的利益。

其二，依衡平法所负义务。主要为信义义务。受益人对商业信托或其他受益人一般不负信义义务。[3260]受益人有参与商业信托经营管理之权利，不应将此类有经营裁量权的受益人视作对其他受益人负有信义义务

[3257] 《典型有限责任企业法》仅规定，除有限责任企业协议另有约定外，减免成员的出资义务须经全体成员一致同意。American Bar Association's Prototype Limited Liability Company Act § 502(D)(1992). 该法未规定在此情形下债权人的权利，而是将保护债权人之任务留由诈害性转让法承担，因为有限责任企业登记信息中并不要求记载出资信息或资本信息，债权人不可能因信赖登记信息中的出资或资本声明而向有限责任企业提供信贷，此与公司债权人不同。Id. § 502 cmt.

[3258] 依普通法或衡平法，受托人、受益人或其他人对商业信托、其他受托人或受益人、商业信托文件的其他当事人或受商业信托文件约束的其他人负有义务(包括信义义务)的，商业信托文件可扩张、限制或排除该义务，但商业信托文件不得排除诚实信用与公平交易的默示合同约款。Del. Code Ann. tit. 12, § 3806(c).

[3259] 美国合同法的诚实信用是指"事实上的诚实及对公平交易之合理商业准则的遵守"。Uniform Commercial Code § 1-201(b)(20).

[3260] Krensky v. De Swarte, 335 Ill. App. 435, 82 N. E. 2d 168(1st Dist. 1948).

之人。[3261]但受益人可能因其行为发生对其他受益人的信义义务。[3262]此与商业信托的经济结构一致：一般情况下，受益人为消极的投资者，即使参与经营管理，亦仅通过正常的行使表决权行为；受益人一般不具有能以自己行为控制或决定商业信托或其他受益人利益的权限，一般不可能触发信义义务。但在部分受益人占据控制地位等情形，该受益人不得滥用优势地位实施欺压其他受益人、挪用或浪费商业信托财产等不当行为，否则即可能构成违反信义义务。依据衡平法关于信义义务的一般法理，当法律关系一方对另一方形成控制地位并有滥用控制地位以不当侵害另一方权益之虞时，控制方对受控制方负有信义义务。不过，迄今罕有判定受益人违反信义义务的判例。[3263]

其三，商业信托文件所定受益人义务。基于合同自由原则，商业信托文件可订定受益人义务，亦可将上列普通法义务或衡平法义务明示纳入商业信托文件。因诚实信用与公平交易义务、信义义务等法定义务内容较不确定，以明示形式具体化，自有实益。商业信托文件亦可明文订定受益人之间无信义义务，[3264]或作出相反订定以吸引中小投资者。

商业信托法的上述规则与其他非公司企业法相通，[3265]而区别于普通信托法。普通信托受益人不对其他受益人负有义务，因其并非信托文件订立者，信托文件无须受益人同意即可生效，信托文件原则上不得为受益人设定义务。普通信托的信托文件，也不是受益人之间的合同。也正因如此，普通信托的概念难以解释商业信托受益人之间的关系。[3266]

[3261] R. Franklin Balotti & Jesse A. Finkelstein, *The Delaware Law of Corporations and Business Organizations* § 19.3(Supp. 2005).

[3262] 例如，某一受益人长期对其他受益人封锁有关商业信托营业的信息，并单方终止与其他受益人商定的合作经营方法，法院判定该受益人对其他受益人负有信义义务。Regas v. Danigeles, 54 Ill. App. 2d 271, 203 N. E. 2d 730(1st Dist. 1964).

[3263] 此类义务在其他商业组织法上有所体现。如控股股东在特定情形中负有信义义务。Amy Morris Hess, George Gleason Bogert & George Taylor Bogert, *The Law of Trusts and Trustees* § 16(3d ed. 2007).《修订统一有限责任企业法》将控制成员实施欺压行为列为企业解散事由之一，暗示着占控制地位的成员负有不得欺压其他成员的义务。Revised Uniform Limited Liability Company Act § 701 cmt. (2006).

[3264] Krensky v. De Swarte, 335 Ill. App. 435, 82 N. E. 2d 168(1st Dist. 1948).

[3265] 例如，经理管理型有限责任企业的成员不因具有成员身份而对企业或其他成员负有义务。American Bar Association's Prototype Limited Liability Company Act § 402(C)(1992). 但这不表示成员不负有诚实信用的一般合同义务，例如，成员以不当获取另一成员之权益为唯一目的或主要目的而排挤另一成员的，则违背诚实信用义务；此外亦不影响处于控制地位的成员负有信义义务，或者成员负有不得盗用或挪用企业财产之义务。Id. § 402 cmt.

[3266] Kam Fan Sin, *The Legal Nature of the Unit Trust* 83(1997).

《特拉华州商业信托法》的上述规定，再度体现出合同至上的一贯思想。立法不规定受益人负有信义义务或其他义务，而是留由合同、普通法与衡平法处理，而自治机制又居于主要地位。较之公司与合伙实务，受益人控制商业信托问题尚不显著。作为当代商业信托显赫形态的证券投资信托、资产证券化信托之类，受益人控制权较少，且常为分散的受益权结构，少有个别受益人在较长时间内处于控制地位的情形，受益人滥用控制地位问题更未成型。因此，与其在制定法中预先作出"一刀切"的刚性规定，预增法律风险（将滋生复杂多变的法条解释问题），不如由当事人与法院个别解决更为妥当，更有效率。[3267]

（二）受益人违反其他义务的后果

受益人违反其他义务，依法承担违约责任或侵权责任。商业信托文件可另定责任。《特拉华州商业信托法》明文规定："商业信托文件可订定：（1）受益人未依商业信托文件的条款与条件履行义务的，应承受特定处罚或特定后果；（2）在商业信托文件订定的特定事由发生时，受益人应承受特定处罚或特定后果；且（3）前两项所称特定处罚或特定后果可包括本法第3802条第c款所定的任何处罚或后果。"[3268]第3802条第c款所称任何处罚或后果，即为违反出资义务的特定处罚或后果，包括减少或排除不履行义务受益人在商业信托中的权益份额、强制终止其受益权等。较优的惩罚性条款有必要设定执行此类责任的正当程序，例如终止受益权，应提前通知受处罚的受益人。[3269]

上列责任属惩罚性违约责任。亦有学者认为，其性质更近似于"约定救济"（agreed upon remedies）而非违约处罚。[3270]不过，上述规定也在相当程度上突破了合同的一般规则——将发生"特定事件"与违反义务并列为惩罚性后果的适用事由。该规定有助于缓解责任认定的不确定性，降低归责成本。例如，受益人兼任受托人或其他管理人时，认定该受益人是否

[3267]　提交美国统一州法全国委员会统一商业信托法起草委员会2005年12月会议讨论的《统一商业信托法》2005年12月草案第405条评注，曾列出受益人与商业信托交易时和受益人对受托人行使指示权时可能涉及的控制受益人问题，但最终未纳入法案正文及评注，而留由当事人与法院解决。

[3268]　Del. Code Ann. tit. 12，§ 3806(j). 此前已有此类判例。Waters v. Sundstrom，386 So. 2d 54（Fla. Dist. Ct. App. 2d Dist. 1980）（商业信托文件可订定由受益人分摊商业信托的费用或债务，受益人拒绝履行所分摊的债务时，即在该受益人的受益权上设定担保权，并由受托人实行担保权）.

[3269]　有限责任企业法有此判例见解。In re Avalon Hotel Partners，LLC，302 B. R. 377（Bankr. D. Colo. 2003）.

[3270]　Carter G. Bishop & Daniel S. Kleinberger，*Limited Liability Companies-Tax and Business Law* ¶ 5.06[6][a]（2007）（针对有限责任企业法中的相同规定）.

违反义务、违反义务与商业信托所受损失之间有无因果关系或原因力比例，常成为实务难题。对此，商业信托文件可订定信托财产损失超过一定额度或业绩未达到特定要求时管理受益人即应承受特定处罚，以便于特定事由发生时直接追究责任。

此种规定特别有助于应对商业信托法的某些开放性问题，例如，受益人信义义务问题。商业信托文件授予受益人表决权的，可能发生多数受益人滥用控制权的问题。衡平法虽可提供救济途径，但毕竟尚无先例可循。当事人可事先通过合同机制加以控制。组织成员滥用控制地位行为，亦为代理成本的一大来源。商业信托文件如设有遏制受益人不当行为的有效机制，自有吸引投资者之功效。

法律明文规定商业信托文件可设定受益人的义务与责任，在无普通法与衡平法传统的法域，更具意义。此种规定，为商业信托利用自治优势缓解制定法之局限、弥补无普通法与衡平法之不足，预留了充分空间。例如，在日本、韩国以及我国现行信托法架构下，衡平法传统的阙如，使对滥用控制地位的受益人课加信义义务成为难题，合同法的诚实信用义务不敷应用，因诚实信用义务强度不及信义义务，而一般合同法所容许的违约责任体系又无法容纳商业信托式的惩罚性责任。

第六节　受益人诉讼

一、直接诉讼与派生诉讼的区分

普通信托并非独立主体，因此无所谓派生诉讼制度。受托人违反义务的，受益人可直接起诉，但基于受托人管理信托之权限，在对第三人诉讼上，英美法系有类似于派生诉讼的规则：受托人有权起诉第三人；受托人不当拒绝起诉第三人或怠于起诉的，受益人有权起诉受托人与第三人。[3271]商业信托受益人派生诉讼制度早已有之，[3272]当今更为美国各州商业信托法所普遍承认。[3273]

［3271］ Restatement（Second）of Trusts § 282（1959）.

［3272］ 参见马萨诸塞州法院在20世纪初期的判例，Peterson v. Hopson，306 Mass. 597，29 N. E. 2d 140（1940）。

［3273］ 对于证券投资基金等受联邦法规制的商业信托，在直接诉讼与派生诉讼及其区分等事项上，由于1940年《投资团体法》未设特别规定，仍适用州法。适用马萨诸塞州商业信托判例法的联邦法院证券投资基金判例，如Lapidus v. Hecht，232 F. 3d 679（9th Cir. 2000）。

另就合同法原理而言，普通合同的任何一方当事人在对方违约时，均有权直接起诉。但组织合同当事人并不当然享有直接诉权。仅有一方当事人违约的事实，尚不足以构成提起直接诉讼的理由；违约行为须特别侵害其他当事人的权益，而不是或不仅是侵害组织的权益，其他当事人始有权提起直接诉讼。这正是组织独立化的结果。组织合同创设了有主体资格的组织，组织合同当事人的违约行为，可能侵害组织或其成员的权益。组织的损失，最终归结于组织成员的损失，但组织法特别规定，违反义务的行为仅侵害组织权益而未侵害特定成员的个别权益时，组织有权起诉，而组织成员无权提起直接诉讼，仅当组织怠于起诉时，成员可提起派生诉讼。对组织成员诉权的限制，意在防止成员滥诉。组织成员提起直接诉讼，应证明所受损失独立于组织所受损失，换言之，成员所受损失并非纯因组织受损失所致。此种派生诉讼与直接诉讼的区分，有别于一般合同，而是公司法、有限合伙法、有限责任企业法、商业信托法的共通制度，并非公司法的专利。[3274]某种组织如有独立人格，其管理者即对组织负有义务。违反此义务，组织可主张救济。与组织交易的第三人违约或第三人对组织有侵权行为的，组织（由管理者代为行事）可主张救济；组织成员不得越过组织直接主张救济（除非该行为侵害成员的个别权利），但当管理者怠于履职时，有必要赋予成员代表组织起诉的权利，以免组织权益沦于无人维护的境地，致成员权利最终落空。

二、受益人直接诉讼

受益人直接诉讼，是受益人以自己名义、为自己利益而提起的诉讼，其诉讼利益归属于起诉的受益人，不属商业信托或其他受益人。

《统一商业信托法》第609条第a款规定受益人直接诉讼。特拉华州、康涅狄格州、弗吉尼亚州等州商业信托法则无明文规定。但受益人既然享有实体权利，当然享有直接诉讼权。

定性为直接诉讼还是派生诉讼，法律后果有别：其一，派生诉讼的诉权本属于商业信托，受益人不过是代行诉权，故派生诉讼原告所能主张的实体权利，不得大于商业信托的权利；直接诉讼原告的诉权与实体权利不

[3274] Uniform Limited Partnership Act § 1001 cmt.(2001)(在合伙人直接诉权方面，有限合伙协议区别于普通合同)；Carter G. Bishop & Daniel S. Kleinberger, *Limited Liability Companies-Tax and Business Law* ¶ 14.02[8][a][ii](2007). 合伙型企业法的直接诉讼与派生诉讼制度，与公司法、商业信托法类似。Daniel S. Kleinberger, *Direct Versus Derivative and the Law of Limited Liability Companies*, 58 Baylor L. Rev. 63(2006).

受制于商业信托诉权与实体权利。其二，派生诉讼程序比直接诉讼复杂，对原告资格的限制严于直接诉讼。其三，派生诉讼原告的胜诉利益归于商业信托，间接归于全体受益人，直接诉讼原告的胜诉利益归于原告。其四，派生诉讼原告胜诉时，有权请求商业信托支付合理的律师费，直接诉讼原告则自行负担律师费。

一项请求权适用直接诉讼还是派生诉讼，取决于请求权人所受损害的性质。[3275]在某一诉讼中，如果受益人无须证明商业信托的利益受损或他人违反对商业信托的义务即可胜诉，本诉讼即为直接诉讼；换言之，受益人仅证明商业信托的利益受损或他人违反对商业信托的义务的，无权提起直接诉讼或在直接诉讼中胜诉，因受益人所受损害是商业信托所受损害间接造成，具有派生性。公司法上的标准为系争行为“对每个股东的侵害是否属于相同性质”，如果是，即属派生诉讼，相应请求权属于公司。[3276]此项标准，可资参考。

具体而言，直接诉讼包括但不限于下列诉讼：请求分配利润或剩余财产之诉；行使受益人获取信息权之诉；行使或保护表决权之诉，诸如要求召开受益人会议、禁止不当表决、宣告表决或代替表决的书面同意无效、不当削弱表决权之诉；保护受益人优先认购权之诉；禁止意在损害特定受益人的行为之诉，诸如多数受益人以书面同意代替会议决议，作出不利于少数受益人的决定并向少数受益人隐瞒决定内容；禁止以合并、分立、资本调整、赎回或其他类似行为不公平地排挤受益人或损害受益人权益之诉，诸如受托人违反公允对待受益人之义务，以优惠价格赎回部分受益人的受益权而拒绝赎回其他受益人的同类受益权；禁止为不正当目的（例如，为保障管理层对商业信托的控制，妨碍受益人对商业信托事务的参与）启动商业信托机制（例如，操纵商业信托组织机构，强化现任管理层的地位或作用）或发行新受益权之诉；违反证券法对投资者保护规定之诉，例如因商业信托发行受益权凭证过程中有虚假陈述而主张救济。[3277]

当事人或第三人的行为可能同时侵害商业信托与特定受益人的权益。例如，商业信托文件订定受托人利益冲突交易须经受益人表决，受托人未经特定受益人表决即实施交易。又如，受托人拒绝受益人正当的查

［3275］ Litman v. Prudential-Bache Properties, Inc., 611 A. 2d 12 (Del. Ch. 1992).

［3276］ In Re Nuveen Fund Litigation, 855 F. Supp. 950, 954 (N. D. Ill. 1994). 本案所涉基金系在明尼苏达州设立的公司型基金，其股东对投资顾问等提起直接诉讼。法院认定该诉讼系派生诉讼，予以驳回。

［3277］ 美国公司法判例已予类型化，有参考意义。The American Law Institute, Principles of Corporate Governance: Analysis and Recommendations § 7.01 cmt. c & Reporter's note (1994).

阅信托信息的请求，侵害受益人获取信息权，并可能违反受托人的信义义务。[3278]对此，受益人可选择提起直接诉讼或派生诉讼，亦可同时提起两种诉讼。在后一种情形，不法行为虽为同一行为，但对不同主体造成不同损害，故无重复赔偿问题，法院不得以此为由驳回诉讼。但如受托人或其他管理人单纯违反对商业信托所负信义义务、未侵害特定受益人的利益，则属派生诉讼。[3279]

三、受益人派生诉讼

（一）派生诉讼的法理

商业信托的基本结构是受托人为受益人利益经营管理信托，商业信托一般事务的决策权操于受托人之手，包括当他人行为损害商业信托权益时是否对之提起诉讼的决策权。当行为人是受托人或其关联人时，受托人难免会作出不起诉的决策。为防止商业信托决策机制因此失灵，法律赋予受益人派生诉讼权。

对于商业信托而言，派生诉讼或有更重要的意义。公司股东派生诉讼被作为一种保护少数股东利益的重要手段，因少数股东难以通过表决机制有效干预管理者行为。商业信托文件可自由排除任何表决权，即使是多数受益人亦未必能够依赖表决机制监督受托人，例如，证券投资信托、资产证券化信托受益人多属仅对少数事项有表决权的消极投资者（就另一面而言，受益人干预度较低、受托人自主权较大，又正是商业信托在此类交易中相对于公司的优势所在），派生诉讼制度的功能可能更为突出。

派生诉讼又是一柄“双刃剑”。既然派生诉讼旨在维护商业信托的整体利益，而非个别受益人利益，如何防止个别受益人滥用派生诉权，即为派生诉讼制度面对的另一主题。派生诉讼制度的宗旨，是在容许受益人代行商业信托权利以维护商业信托权益与防止受益人滥用派生诉权谋取私利这两端之间保持平衡。一方面，在各种控制代理成本的机制中，某些情况下，派生诉讼可能是性价比最佳的威慑机制，对于一次性（one shot）或隐蔽性的行为尤其如此，因为资本市场或受益人表决机制往往不能对此类

［3278］ George S. Geis, *Shareholder Derivative Litigation and the Preclusion Problem*, 100 Va. L. Rev. 261, 272（2014）.

［3279］ 4 Tamar Frankel & Ann Taylor Schwing, *The Regulation of Money Managers*: *Mutual Funds and Advisers* 34-92（2d ed. 2001 & Supp. 2008）.

行为进行及时有效的惩戒；[3280]另一方面，派生诉讼可能引发大量成本，往往超过诉讼各方（律师除外）所得利益。[3281]为此，美国商业信托法在赋予受益人派生诉权的同时，设有若干规则以防受益人提起“侵扰诉讼”（strike suits）、损害商业信托利益，包括诉讼前置程序、适格原告要件等。此类规则通行于其他组织法派生诉讼制度，但与公司法不同的是，受益人派生诉讼制度大幅简化，不采公司法的诉讼委员会制度、应董事会或诉讼委员会之请求驳回派生诉讼或中止派生诉讼制度等。简化的合理性，一者在于商业信托对派生诉讼制度的特殊需求，二者在于公司法的上述制度，[3282]未必适合于商业信托等非公司企业，且此类制度本身自有弊端。股东派生诉讼规则已发展至高度详尽与复杂的程度，但详尽不等于完善，对于其中诸多规则是否确能有效实现派生诉讼制度之目的，尚无一致的肯定意见。派生诉讼的具体规则在各法域差异较大，亦显示出，尚无证据表明何种派生诉讼制度为最优。

以委员会程序与中止派生诉讼程序为例。在美国公司法上，股东派生诉讼的惯例为，董事会收到派生诉讼的诉状后，有权通过独立董事或由独立董事组成的委员会调查和决定派生诉讼是否符合公司最大利益，亦可申请法院指定由独立人员组成的委员会以决定继续进行派生诉讼是否符合公司最大利益；法院在收到董事会或诉讼委员会提交的评估派生诉讼及其对公司之影响的报告前，中止证据开示程序，证据开示程序可推迟至法院认定诉讼不应被驳回或以其他方式终止之时。[3283]但对于此类程序的实效，判例学说颇有分歧。有判例显示，委员会程序与中止证据开示程序已使派生诉讼误入歧途，委员会完成职责以及原告等待机会进行对抗至少需两年时间。[3284]另有实证研究揭示，特别诉讼委员会几乎无一例外

[3280] James D. Cox, *Compensation, Deterrence and the Market as Boundaries for Derivative Suit Procedures*, 52 Geo. Wash. L. Rev. 745（1984）.

[3281] Daniel R. Fischel & Michael Bradley, *The Role of Liability Rules and the Derivative Suit in Corporate Law: A Theoretical and Empirical Analysis*, 71 Cornell L. Rev. 261, 271-74（1986）.

[3282] 加拿大、澳大利亚等其他普通法国家受英国法影响，传统上对股东派生诉讼限制较严，对股东的诉讼救济较为狭窄，20世纪后期以来，始逐步改善派生诉讼制度。The American Law Institute, Principles of Corporate Governance: Analysis and Recommendations, Part Ⅶ, Introductory Note, Reporter's Note 4（1994）. 至于商业信托法的派生诉讼制度，上述各法域的立法与判例普遍匮乏。因此，本目所论派生诉讼制度主要以较为成熟的美国法为比较对象。

[3283] The American Law Institute, Principles of Corporate Governance: Analysis and Recommendations § 7.06 cmt. c（1994）.

[3284] Kaplan v. Wyatt, 484 A. 2d 501, 511-12（Del. Ch. 1984）, aff'd, 499 A. 2d 1184（Del. 1985）.

地建议驳回对所有被告的起诉。[3285]研究结果还指出：以简易程序驳回派生诉讼的实务中，利用"独立"诉讼委员会已成为普遍做法，以致引发继续使用此种程序之疑虑，立法应予注意。[3286]此外，考虑到通过特别诉讼委员会终止派生诉讼是近30年才发展出来的实践，[3287]此种效果不尽如人意的新生规则，能否真正实现节省诉讼成本、促进公平便捷地解决纠纷的本来目的以及能否有助于实现派生诉讼制度的整体目的，令人怀疑。[3288]与公司法恰成对照的是，美国各种非公司企业法大多未采特别诉讼委员会制度。《修订统一有限责任企业法》新增特别诉讼委员会制度（尽管是简化版），[3289]则遭到批评。理博斯坦教授认为："该制度会对企业形成额外的负担与形式要求；尽管该法只是容许建立诉讼委员会而不作强行要求，但该法建议此种程序机制适合于有限责任企业。法院可能采纳该建议，并据此认为，大多数成员未建立诉讼委员会即拒绝起诉的行为是错误的。"[3290]商业信托法弃之不用，堪称明智。基于合同自由原则，商业信托自愿选择此类程序的，自属有效。[3291]

不过，对于诉讼机制并不发达、权利意识不彰、派生诉讼制度尚未发挥应有作用的我国，过于强调派生诉讼的成本似为时过早，而以派生诉讼成本高昂为由动用强行规范对派生诉讼滥设限制则，更为不妥。

（二）原告资格的要件

1. 当时持股规则

特拉华州、康涅狄格州等当代商业信托法与《统一商业信托法》均沿用公司法上传统的"当时持股"规则：派生诉讼原告在起诉时须为受益

[3285] James Cox, *Searching for the Corporation's Voice in Derivative Suit Litigation: A Critique of Zapata and the ALI Project*, 1982 Duke L. J. 959, 963. 但也有对1993~2006年状况的实证研究指出，有将近40%的特别委员会建议提起派生诉讼或进行和解。Minor Myers, *The Decisions of the Corporate Special Litigation Committees: An Empirical Investigation*, 84 Ind. L. J. 1309, 1320–21 (2009).

[3286] Harry G. Henn & John R. Alexander, *Laws of Corporations and Other Business Enterprises* § 367 (3d ed. 1983).

[3287] Robert W. Hamilton, *The Law of Corporations* § 16.5 (5th ed. 2000).

[3288] Kenneth B. Davis, *Structural Bias, Special Litigation Committees, and the Vagaries of Director Independence*, 90 Iowa L. Rev. 1305 (2005).

[3289] Revised Uniform Limited Liability Company Act § 905 (2006).

[3290] Larry E. Ribstein, *An Analysis of the Revised Uniform Limited Liability Company Act*, 3 Va. L. & Bus. Rev. 35, 78 (2008). 这也反映了任意规范的缺陷。

[3291] 例如，主信托协议约定：为实施派生诉讼之目的，受托人会可指定一个其多数委员由独立受托人组成的特别委员会，以考虑受益人的先诉请求。Certificate of Amendment of Agreement and Declaration of Trust of Franklin Floating Rate Master Trust, Article, Ⅶ, § 4 (October 21, 2008).

人，并且在所争议的交易之时是受益人，或者其受益人地位是依法或依商业信托文件从系争交易发生时即为受益人之人处转移而得。[3292]

传统的当时持股规则要求提起派生诉讼的股东在系争交易发生时持有公司股份，以防有人在知晓不法行为后取得股份或“购买诉讼”以谋取不当得利。[3293]但传统规则排除面过广，超出合法的政策目标，发生“管制过度”效应；在不法行为发生后购买股份的股东仍可能深受其害，例如，不法行为被公开披露前，其影响一般不可能反映于股价，潜在股东无从知晓，不可能享受到适当折价。[3294]鉴于此，某些法域修正传统规则，采“继续的不法行为”规则：[3295]在不法行为继续进行期间买入股票的股东，符合当时持股规则的要求。但该规则仍失于含糊，美国法学会《公司治理准则》遂改采“公开披露与知情”规则，即派生诉讼原告须在系争不法行为的实质性事实被公开披露之前，或在知道或被特别告知系争不法行为的实质性事实之前已取得股份。[3296]其中，“知道或被特别告知”标准主要适用于闭锁公司，因为闭锁公司不存在公开披露机制。上述规则对否定原告资格设定严格的限制：“知道”意指实际知道；“特别告知”指仅当故意或轻率忽视已告知的信息时才会丧失原告资格。[3297]

即便是此类再作调整的规则，仍难解决问题。管理层不法行为的披露导致证券价格下跌，相当时间之后，证券价格完全可能因其他因素回升原价或涨至更高价格，据此价格买入证券的投资者发现管理者此前曾有不法行为或管理者不法行为的消极后果再度显现致证券价格再跌时，投资者欲加追究，却无原告资格。当时持股规则的根本缺陷，由此可见。

首先，该规则的立论前提为，原告是派生诉讼获益者。这一前提似不符法律与事实。派生诉讼胜诉所得利益归属于企业而非原告，原告仅间接部分受益并有权获得合理的诉讼成本补偿，即使原告明知不法行为

[3292] Del. Code Ann. tit. 12，§ 3816(b)；Conn. Gen. Stat. § 34-522(b)；Uniform Statutory Trust Entity Act § 609(c). 美国不少州公司法采此规则。Robert Charles Clark，*Corporate Law* § 15.4(1986).

[3293] Robert W. Hamilton，*The Law of Corporations* § 16.6(5th ed. 2000). 该规则肇始于百年前的美国判例Home Fire Insurance Co. v. Barber，67 Neb. 644，93 N. W. 1024(1903)(对明知存在不法行为而以公平折价购买股份的股东给予间接救济，无异于给予其不当得利)。

[3294] The American Law Institute，Principles of Corporate Governance：Analysis and Recommendations § 7.02 cmt. c(1994).

[3295] Robert Charles Clark，*Corporate Law* § 15.4(1986).

[3296] The American Law Institute，Principles of Corporate Governance：Analysis and Recommendations § 7.02(a)(1)(A)(1994).

[3297] The American Law Institute，Principles of Corporate Governance：Analysis and Recommendations § 7.02(a)(1) & cmt. c(1994).

已发生而购入证券并提起派生诉讼，亦无从获取不当得利，纵有间接得利，直接利益仍归企业而由全体投资者共享。管理者的不法行为损害企业利益，投资者仅为间接受害人，企业作为受害人而享有的诉权原本不应受投资者知情与否的影响。若企业本身怠于追究不法行为，已使企业利益处于乏人维护的境地，此时又排除投资者的原告资格，无异于放任损害扩大。诚然，符合当时持股规则要求的其他投资者仍有权提起派生诉讼，但其诉讼激励未必强于不合当时持股规则要求的投资者，在其不愿起诉时，适用当时持股规则的后果即是无人起诉不法行为人，有悖派生诉讼制度之目的。反之，如无当时持股规则，明知不法行为发生而购入证券投资者亦有原告资格，既然原告不能获得不当利益，其起诉动机即受有适当抑制，废弃当时持股规则，未必导致滥诉。

其次，当时持股规则假定证券价格能够充分反映管理者不法行为的影响，以致嗣后买入证券的投资者能够享受折价。但此假定可能不完全符合现实。某些不法行为的后果是显著的、一次性的（例如，挪用企业财产），某些不法行为的后果则是隐蔽的或在较长时期内方可被市场充分认识与评估（例如，管理层设计结构复杂的貌似合理、实则构成隐形掠夺的期权报酬激励计划）。如证券价格未必能及时、准确反映不法行为的影响，即不因之折价，不当得利无从发生。

因此，废弃当时持股规则，既不致投资者获得不当得利或滥用派生诉权，又可防止不法行为人逍遥法外，更有效率。有学者径称该规则是一个错误。[3298]《加拿大商业公司法》予以废止，[3299]可为佐证。非公司组织法亦有类似动向，更值得注意。1985年《修订统一有限合伙法》、2001年《统一有限合伙法》均采传统的当时持股规则。《统一有限责任企业法》与之一脉相承，但2006年修订时废弃当时持股规则，其理由谓：基于大多数有限责任企业的闭锁持股性质，无须当时持股规则的保护，对成为有限责任企业成员之人施加此种制定法限制，亦无必要。[3300]而1940年《投资团体法》更加侧重保护投资者利益，对于投资团体的份额持有人的派生诉讼亦不设当时持股要件，并为判例所明确肯认。[3301]我国《公司法》《合伙企业

［3298］ Franklin A. Gevurtz, *Corporation Law* 396-399（2000）.

［3299］ Canada Business Corporations Act § 239（2011）. 该法甚至规定，派生诉讼原告包括股东、董事以及法院依其自由裁量认为适于提起派生诉讼的其他任何人。Id. § 238.

［3300］ Revised Uniform Limited Liability Company Act § 903 & cmt.（2006）.

［3301］ 4 Tamar Frankel & Ann Taylor Schwing, *The Regulation of Money Managers: Mutual Funds and Advisers* 34-106（2d ed. 2001 & Supp. 2008）.

法》均未设此规则。《全国法院民商事审判工作会议纪要》(法〔2019〕254号)第24条明文否定此规则。

2. 其他要件

《康涅狄格州商业信托法》及《肯塔基州统一商业信托法》规定,受益人在实施商业信托的权利时公平与充分地代表商业信托的利益,为提起派生诉讼的要件之一。[3302]类似于对股东派生诉讼原告的“公平与充分代表”要件。特拉华州、马里兰州等其他州商业信托法及《统一商业信托法》未规定该要件,原因或许在于,该要件过于模糊而不确定,有悖于商业信托法的整体原则。

此外,1940年《投资团体法》于1970年增订第36条第b款关于派生诉讼的规定时,其众议院草案规定原告应为诚信行事并具有正当原因的证券持有人,但参议院草案未采此要件,成为定案。[3303]此种要件同样过于模糊。

(三)派生诉讼的提起

美国判例法认为,一般情况下,向受托人请求提起诉讼而受托人拒绝起诉,是受益人提起派生诉讼的前置要件,但情事表明该请求将遭拒绝,[3304]或请求是无用的(useless),[3305]或受托人积极实施不当行为的,[3306]无须先行提出请求。未事先提出请求且未依法豁免请求要件的,法院可驳回派生诉讼。[3307]制定法沿袭之。如《特拉华州商业信托法》规定:如果有权提起诉讼的受托人拒绝提起诉讼或促使受托人提起诉讼的努力不可能成功,则受益人可以代行商业信托的权利、为商业信托的利益,向大法官法院(court of chancery)提起诉讼。[3308]何谓“促使受托人提起诉讼的努力不可能成功”,商业信托文件可自行界定。例如,若受托人

[3302] Conn. Gen. Stat. § 34-522(b); Ky. Rev. Stat. Ann. § 386A. 6-110(5)(a)(2012).

[3303] 4 Tamar Frankel & Ann Taylor Schwing, *The Regulation of Money Managers: Mutual Funds and Advisers* 34-106(2d ed. 2001 & Supp. 2008).

[3304] Clairdale Enterprises, Inc. v. C. I. Realty Investors, 423 F. Supp. 257(S. D. N. Y. 1976); Greer Inv. Co. v. Booth, 62 F. 2d 321(C. C. A. 10th Cir. 1932); Greenspun v. Lindley, 36 N. Y. 2d 473, 369 N. Y. S. 2d 123, 330 N. E. 2d 79, 88 A. L. R. 3d 697(1975).

[3305] Greer Inv. Co. v. Booth, 62 F. 2d 321(C. C. A. 10th Cir. 1932); Kotimsky v. Lubin, 62 F. Supp. 710(E. D. Ill. 1945)(发起人及其关联人与商业信托交易,违反信义义务,受托人对此保持沉默。受益人起诉发起人,并声称向受托人请求起诉徒劳无用。法院受理受益人的起诉并判决予以支持).

[3306] Greenspun v. Lindley, 36 N. Y. 2d 473, 369 N. Y. S. 2d 123, 330 N. E. 2d 79, 88 A. L. R. 3d 697(1975).

[3307] Rottenberg v. Pfeiffer, 59 A. D. 2d 756, 398 N. Y. S. 2d 703(2d Dep' t 1977).

[3308] Del. Code Ann. tit. 12, § 3816(a).

会(board of trustees)或为考虑派生诉讼适当性而专设的受托人委员会中的多数受托人不是《特拉华州商业信托法》所称的“独立受托人”,对该委员会提出先诉请求即可视为“不可能成功”。[3309]此即“请求规则”(the demand rule),可豁免请求的情形称为“徒劳例外”(futility exception),为各种企业法普遍采纳。

先诉请求作为派生诉讼的前置程序,体现“用尽内部救济”的思想。其理由包括:其一,商业信托的经营管理由受托人负责,是否起诉属于受托人的商业判断,请求规则使受托人有机会决定是否寻求救济,促使受托人考虑争议事项,并实施在其他情况下可能会被忽视的商业决策,例如,修订投资策略说明、改进管理薪酬机制等,就此而言,即使受托人拒绝起诉而法院最终准许原告起诉,请求规则仍有积极作用;其二,请求规则有利于节省司法成本,通过商业信托自行救济即可纠正不当行为时,无须再借助司法程序;其三,请求规则可防止商业信托经营活动遭受好讼受益人的不当干扰,此类受益人即使对正常的商业决策可能也要指手画脚,例如,证券投资基金受益人在基金业绩下滑时对受托人的投资决策动辄兴讼;其四,请求规则有助于抑制受益人及其律师提起恶意诉讼。[3310]

另外,“徒劳例外”免去了在先诉请求显然无用的情况下原告起诉的负担。如原告诉状所列事实及证据足以初步证明受托人与系争决策事项有利害关系,或受托人有意促成损害商业信托利益的行为,或损害商业信托权益的第三人是受托人的关联人,或被告是唯一受托人且本信托另无监督机构,足以认定为提出请求徒劳无用。此类情形,纵然向受托人提出请求,受托人难免倾向于拒绝请求或置之不理,因此豁免请求要件,可避免诉讼的无益拖延,并减轻原告负担。[3311]但仅将全体受托人列为被告(而无事实与证据证明全体受托人均有上述情形)或指称受托人行为出于重大过失,尚不足以证明请求徒劳无用、据而豁免请求要件。[3312]否则,原告

[3309] Certificate of Amendment of Agreement and Declaration of Trust of Franklin Floating Rate Master Trust, Article Ⅶ, § 4(October 21, 2008).

[3310] 此与股东派生诉讼请求规则之理由类似。参见Robert Charles Clark, *Corporate Law* § 15.2(1986); The American Law Institute, Principles of Corporate Governance: Analysis and Recommendations § 7.03 cmt. c(1994)。

[3311] 从美国公司法的情况来看,出于各种原因,知情的股东几乎从来不会请求董事会提起诉讼,而是坚持认为提起请求徒劳无用,从而,请求是否徒劳,往往成为派生诉讼的争议焦点。George S. Geis, *Shareholder Derivative Litigation and the Preclusion Problem*, 100 Va. L. Rev. 261, 273-74(2014).

[3312] In re Mortgage and Realty Trust Securities Litigation, 787 F. Supp. 84(E. D. Pa. 1991), related reference, 1991 WL 255699(E. D. Pa. 1991), appeal dismissed, 977 F. 2d 568(3d Cir. 1992).

可在诉状中将全体受托人列为被告，从而轻易规避请求规则，以致“例外吞没规则”。[3313]

原告提起派生诉讼时，应在诉状中特别说明原告为促使受托人起诉所作的努力，或原告未作努力的原因。[3314]原告应提出请求而未提出又不能说明可豁免请求的，法院应不予受理或驳回起诉，但不影响原告再次起诉。仅因原告的程序性错误即永久剥夺其诉权，缺乏正当性。[3315]

我国《公司法》第151条亦设有先诉请求规则，虽未明文采用“徒劳例外”，但以“收到请求后三十日内未起诉”和“情况紧急需立即起诉”两种事由作为补充。《合伙企业法》第68条第2款第7项规定了有限合伙人的派生诉权，虽未明文规定先诉请求，但以“执行事务合伙人怠于行使权利”为派生诉讼起诉要件，隐含了类似要求。最高人民法院公报案例以“催告—未起诉”作为“怠于行使权利”（《合伙企业法》未作具体规定）的解释标准，系参照《公司法》关于股东派生诉讼的规则，尽管该判决并未明示。[3316]《全国法院民商事审判工作会议纪要》（法〔2019〕254号）第25条补充了此处的法律漏洞：在公司有关机关根本不存在提起诉讼的可能性的情形，人民法院不应当以原告未履行前置程序为由驳回起诉。

（四）和解与撤诉

公司法实务表明，绝大多数股东派生诉讼以和解而非判决结案。[3317]派

[3313] The American Law Institute, Principles of Corporate Governance: Analysis and Recommendations § 7.03 cmt. d (1994).

[3314] Del. Code Ann. tit. 12, § 3816 (c).

[3315] 参照美国公司法判例。Elfenbein v. Gulf & Western Industries, Inc., 590 F. 2d 445, 450 (2d Cir. 1978).

[3316] 世欣荣和投资管理股份有限公司与长安国际信托股份有限公司等信托合同纠纷案，最高人民法院（2016）最高法民终19号民事判决书，载《最高人民法院公报》2016年第12期。裁判摘要：“一、有限合伙企业中，如果执行合伙事务合伙人怠于行使诉讼权利时，不执行合伙事务的有限合伙人可以为了合伙企业的利益以自己的名义提起诉讼……”陕西省高级人民法院判决认为：“世欣荣和公司有权提起诉讼。根据《合伙企业法》第六十八条之规定，执行事务合伙人怠于行使权利时，有限合伙人可以督促其行使权利或者为了本企业的利益以自己的名义提起诉讼。世欣荣和公司在认为合伙企业东方高圣的权利被侵犯时，已经就相关问题向东方高圣及执行事务合伙人发函催告，要求东方高圣向人民法院提起民事诉讼，维护东方高圣的民事权利，东方高圣虽予以响应，但未依法提起民事诉讼，世欣荣和公司遂选择以自己的名义提起诉讼并无不妥，符合法律规定。长安信托关于东方高圣未怠于行使权利，世欣荣和公司以自己的名义提起诉讼的条件并未成就的抗辩理由不符合法律规定……”

[3317] Robert W. Hamilton, *The Law of Corporations* § 16.4 (5th ed. 2000); Roberta Romano, *The Shareholder Suit: Litigation Without Foundation?*, 7 J. L., Eco. & Org. 55 (1991).

生诉讼原告与原告律师可能存在利益冲突，[3318]原告最关心诉讼结果对股价的影响，原告律师可能希望尽快和解而非判决，因和解风险低于判决，一旦败诉，将难以获得期望的律师费；被告在败诉的威胁之下，也有充分的动因接受和解，因此，派生诉讼的和解通常存在一种危险：原告律师与被告以牺牲公司利益为代价各自从和解中获利，甚至串通和解。[3319]原告撤诉的，有类似危险。现代公司法对派生诉讼和解及撤诉加以控制，以防止上述危险。[3320]除《康涅狄格州商业信托法》及《统一商业信托法》外，当代商业信托法大多未明文规定对派生诉讼和解与撤诉的控制，但和解与撤诉的危险同样存在于受益人派生诉讼之中，因此仍有必要予以适当控制。

其一，非经法院准许，不得和解或撤诉。[3321]和解方案或撤诉符合商业信托的最大利益时，法院始有权准许。提出和解或撤诉的当事人应证明和解方案或撤诉符合商业信托的最大利益。[3322]和解方案中提出的对商业信托的救济可为金钱救济与非金钱救济，但因非金钱救济比金钱救济更易高估，评估非金钱救济时应考虑该救济对商业信托的实质性利益。[3323]

其二，为保证和解或撤诉不影响未参加诉讼的其他受益人，法院有义务通知受影响的受益人，并应为其他受益人提供参与和解或撤诉程序及提出异议的机会，包括举行听证或听审等。通知的内容应包括和解或撤诉的理由、和解或撤诉的目的、和解的主要内容、原告律师费数额及负担

[3318] 实证研究，参见John C. Coffee，Jr.，*The Unfaithful Champion：The Plaintiff as Monitor in Shareholder Litigation*，48 Law & Contemp. Probs. 5，26-33（1985）；Bryant G. Garth，Ilene H. Nagel，& Sheldon J. Plager，*The Role of Empirical Research in Assessing the Efficacy of the Shareholders' Derivative Suit：Promise and Potential*，48 Law & Contemp. Probs. 137，146-47（1985）。

[3319] 深入分析，参见Robert Charles Clark，*Corporate Law* § 15.7（1986）；Jonathan R. Macey & Geoffrey P. Miller，*The Plaintiffs' Attorney's Role in Class Action and Derivative Litigation：Economic Analysis and Recommendations for Reform*，58 U. Chi. L. Rev. 1，45（1991）（律师亦可同意一个不适当低价、不论是非的和解，以便与被告交换明示或默示的承诺，承诺容许律师延长无风险的额外服务时间以赚取更多律师费）。

[3320] 如Model Business Corporation Act § 7.45（2016 Revision）（未经法院准许，派生诉讼不得撤回或和解）。我国《公司法》未作规定。但实务界予以认可，参见《全国法院民商事审判工作会议纪要》（法〔2019〕254号）第27条（人民法院应当审查调解协议是否为公司的意思，只有在调解协议经公司股东会、董事会决议通过后，人民法院才能出具调解书予以确认）；上海市高级人民法院发布的《关于审理股东代表诉讼纠纷案件的若干意见》（2007年）第6条（对当事人达成的调解协议，人民法院应审查是否侵害公司和其他股东的利益。如果侵害公司和其他股东利益的，不予准许）。

[3321] Conn. Gen. Stat. § 34-522（f）；Uniform Statutory Trust Entity Act § 609（g）.

[3322] 美国公司法的成熟做法，参见Desimone v. Industrial Bio-Test Laboratories，Inc.，83 F. R. D. 615，618-19（S. D. N. Y. 1979）。

[3323] 公司法的类似问题，参见The American Law Institute，Principles of Corporate Governance：Analysis and Recommendations § 7.14 cmt. e & Reporter's note（1994）。

等事项。[3324]通知原则上应直接送达登记在册的每一受益人，但受益人过多致直接送达费用过高的，可随机抽取受益人进行送达并附加适用公告送达。[3325]受益人分为不同类别、群组或系列的，应从每一个类别、群组或系列的受益人中随机确定。

（五）派生诉讼利益归属

派生诉讼为受益人代表商业信托提起的诉讼，因此，商业信托是诉讼结果的真正归属人，因被告败诉、和解等原因应由被告支付的赔偿金或其他诉讼所得利益，归属于商业信托，间接由全体受益人享有，不直接归属于受益人。[3326]任一受益人对之均无优先权，[3327]商业信托文件另有订定的除外。约定给予起诉受益人优先利益的，可发挥诉讼的激励作用。原告仅有权取得依法可以取得的诉讼费用补偿。

原告取得诉讼利益的，负有将关于诉讼利益的情况向商业信托作出说明并将该利益返还于商业信托的义务。[3328]原告未如实说明的，对商业信托负损害赔偿责任。

诉讼利益归属于商业信托，为一般规则。可能发生的例外为，派生诉讼被告为多数受益人，或作为被告的受托人是在多数受益人授意、指示或协助下违反义务时，将诉讼利益判归商业信托，将发生行为人因自己不当行为而获得赔偿的情形，因此可能更适合于按比例将诉讼利益直接判归原告。但此例外可能引发其他问题，例如减少商业信托的责任财产，影响

[3324] 美国公司法实务显示，法院仔细审查并推翻和解协议的，少之又少。Jonathan R. Macey & Geoffrey P. Miller, *The Plaintiffs' Attorney's Role in Class Action and Derivative Litigation*: *Economic Analysis and Recommendations for Reform*, 58 U. Chi. L. Rev. 1, 44-48 (1991). 鉴于此，确保当事人在和解程序中的充分参与，尤为重要。

[3325] 商业信托法尚无成熟做法可循。公司法上，美国联邦判例法要求向登记在册的每一股东邮寄通知。Boggess v. Hogan, 410 F. Supp. 433, 442 (N. D. Ill. 1975). 少数判决认可公告通知，但此种通知大多流于形式。Blau v. Allen, 171 F. Supp. 669 (S. D. N. Y. 1959). 从经济性角度考虑，可以仅向随机数量的股东发出通知。7A C. Wright & A. Miller, *Federal Practice and Procedure* § 1839 (1977). 但此种做法也会遗漏相当多的股东。因此宜结合使用两种方法。在我国，借助于企业登记信息公示系统的建立，可将送达文件同时在该系统中公示，效果应优于通过法院公告栏或媒体公告送达。

[3326] 《肯塔基州统一商业信托法》对此有明文规定。Ky. Rev. Stat. Ann. § 386A. 6-110 (6) (a) (2012). 此为企业法的一般规则。我国《公司法》《合伙企业法》等未作规定，《最高人民法院关于适用〈中华人民共和国公司法〉若干问题的规定（四）》第25条规定："股东依据公司法第一百五十一条第二款、第三款规定直接提起诉讼的案件，胜诉利益归属于公司。股东请求被告直接向其承担民事责任的，人民法院不予支持。"

[3327] Booth v. Greer Inv. Co., 7 F. Supp. 576 (N. D. Okla. 1934); Peterson v. Hopson, 306 Mass. 597, 29 N. E. 2d 140, 132 A. L. R. 1 (1940).

[3328] Uniform Statutory Trust Entity Act § 609 (e) (2). 商业信托制定法未明文规定说明义务。该义务在美国州公司法上已成既定规则。例如，N. Y. Bus. Corp. Law § 626 (e)。

商业信托债权人的利益。有关此例外的司法实务正处于发展之中，尚无较为成熟的规则。[3329]

（六）派生诉讼费用承担

一般诉讼中，当事人各自负担律师费。诉讼费用由败诉方负担。但派生诉讼原告胜诉的，有权请求商业信托负担合理的律师费。原因在于，派生诉讼利益归属于商业信托，如由原告负担律师费，有损其诉讼动因，并鼓励其他受益人的“搭便车”行为：未提起派生诉讼的受益人可共享派生诉讼利益，却不必分摊成本。

《特拉华州商业信托法》规定：“如果派生诉讼全部或部分胜诉，或商业信托因该诉讼的判决或和解而获得利益，法院可判决向原告支付合理的费用，包括合理的律师费。如果上述利益为原告获得，法院应判决从该收益中向原告支付上述费用，并指令原告将所得收益的余额支付给该商业信托，如果所得收益不足以补偿原告的合理费用，法院可指令由该商业信托向原告支付全部或部分上述费用。”[3330]我国公司法司法解释有类似规定。[3331]此类规定为派生诉讼的通行规则，但若以实质性利益为判付诉讼费用的要件，似更妥当：原告胜诉或和解致商业信托从派生诉讼中获得实质性利益，为原告请求商业信托支付诉讼费用的要件。要求“实质性利益”，旨在防止仅通过象征性救济而寻求和解结案，致商业信托向原告支付的律师费远超过信托实际所得利益，产生鼓励律师促成此类和解的不良效应。[3332]

被告败诉的，诉讼费用自然由被告负担，不应由商业信托负担。

［3329］ 商业信托法尚无此类判例。美国公司法判例如Norte & Co. v. Huffines, 288 F. Supp. 855（S. D. N. Y. 1968）。

［3330］ Del. Code Ann. tit. 12，§ 3816（d）.

［3331］《最高人民法院关于适用〈中华人民共和国公司法〉若干问题的规定（四）》第26条规定：“股东依据公司法第一百五十一条第二款、第三款规定直接提起诉讼的案件，其诉讼请求部分或者全部得到人民法院支持的，公司应当承担股东因参加诉讼支付的合理费用。”此前，我国地方法院司法指导性文件已有类似规则。例如，山东省高级人民法院发布的《关于审理公司纠纷案件若干问题的意见（试行）》（鲁高法发〔2007〕3号）第78条规定：“股东代表诉讼中，人民法院支持原告诉讼请求的，应将诉讼请求的利益判归公司。上述情形，股东因为诉讼所支出的合理费用，除判令由被告承担的外，可以向公司主张承担。”

［3332］ 公司法领域的实证研究表明，派生诉讼中非金钱救济的作用经常被高估，派生诉讼和解往往极少涉及或不涉及对公司的金钱救济，甚至在某些案例中，仅有的救济就是律师费。Roberta Romano, *The Shareholder Suit：Litigation Without Foundation?*，7 J. L.，Eco. & Org. 55，61（1991）；Bryant G. Garth，Ilene H. Nagel，& Sheldon J. Plager，*The Role of Empirical Research in Assessing the Efficacy of the Shareholders' Derivative Suit：Promise and Potential*，48 Law & Contemp. Probs. 137，146（1985）.

（七）派生诉讼规则的强行性与任意性

派生诉讼可谓受益人维护权利的最后手段。关于派生诉讼的规定属于强行规范。受益人就内部事务提起诉讼之权利不得抛弃，但如商业信托文件约定以仲裁为争议解决方式，关于诉权之规定自无适用余地。[3333]

另一例外，依照特拉华州等州商业信托法之规定，商业信托文件可对受益人提起派生诉讼的权利设定某些附加标准及限制，包括但不限于要求参与提起派生诉讼的受益人应在本商业信托中持有某一特定的受益权。[3334]法律对受益人诉权强加人数要件或持股比例要件，[3335]无异于对少数受益人权益的强行剥夺，欠缺正当性，但商业信托文件自行限制诉权，则属私法自治，法律无须干涉。商业信托文件的限制方法可为限定原告应持有受益权的数量，亦可限定有权起诉的受益人类型，或附加其他限定性条件。如有信托契约约定，提出先诉请求须有持有10%以上已发行受益权凭证份额的受益人参加，如果派生诉讼仅与特定系列或类别相关，则为持有该系列或类别中10%以上受益权的受益人；除先诉请求可被豁免之情形外，应给予受托人合理期限以考虑受益人的先诉请求并调查该诉讼请求的根据；受托人在考虑先诉请求的适当性时，有权获取法律顾问或其他顾问的意见，并应要求提出先诉请求的受益人承诺"当受托人会决定

[3333] Ann E. Conaway, *A Business Review of the Delaware Series: Good Business for the Informed*, 1677 PLI/Corp. 645, 660 (2008). 美国弗吉尼亚州有判例对有限责任企业协议中的仲裁条款作狭窄解释，认为某一成员对另一成员提起派生请求，不受仲裁条款约束，因派生请求权属于作为独立实体的有限责任企业。Mission Residential, LLC v. Triple Net Properties, LLC, 654 S. E. 2d 888, 891 (Va. 2008). 该判例显然忽略了有限责任企业同为有限责任企业协议的一方当事人、同受有限责任企业协议约束的基本法理。其他批评意见，参见Ideoblog, LLC Derivative Suits and Arbitration Clauses: Thoughts on Drafting and the Nature of LLCs, http://busmovie.typepad.com/ideoblog/2008/03/llc-derivative.html (Mar. 22, 2008)。特拉华州判例指出，有限责任企业法的基本路径是为成员提供广泛的拟定有限责任企业协议并执行协议条款的自主权。Elf Atochem North America, Inc. v. Jaffari, 727 A. 2d 286, 291 (Del. 1999). 所谓执行协议条款，包括争议解决方式的选择。商业信托法同此宗旨。

[3334] Del. Code Ann. tit. 12, § 3817(e).《日本信托法》第243条第1款、第4款与《韩国信托法》第85条第6款在此问题上的规定可谓殊途同归：受益证券发行信托的信托行为中可以订定，撤销权等权利限于持有全部受益人表决权3%以上比例（或信托行为订定的更低比例）受益权的受益人始得行使；受益证券发行信托的信托行为亦可订定，请求受托人停止违反信托义务之行为的请求权，限于持有受益权达六个月以上（或者信托行为订定的更低期间）的受益人始得行使。

[3335] 我国《公司法》第151条第1款设有"百分之一"的持股比例要件，对于上市公司而言，足以将绝大多数小股东排除在外。类似例证，如《日本商事信托法纲要》对受益人申请法院解任受托人、受益人获取信托信息等情形设有申请人须持有受益权3%的要件（第471条第4款、第511条第1款）。[日]日本商事信托研究会编著：《日本商事信托立法研究》，朱大明译，法律出版社2019年版，第52、59页。该纲要未承认商事信托为独立主体，自未采用受益人派生诉讼的构成，但问题实质相似。

不提起派生诉讼时，该受益人应向本信托补偿上述顾问费用”。[3336]

容许当事人对派生诉权附设标准或限制，比公司法更为灵活。公司法不许章程设定此类条款。商业信托法采自治模式，可归因于商业信托与公司之异及派生诉讼的固有风险。派生诉讼虽有监督管理者的正面功效，却也可能干扰企业的正常经营，因此在两者之间保持平衡，为派生诉讼法制的重中之重。无论是限定原告要件（例如，最低持股比例要求、持续持股规则、当时持股规则）还是限定起诉程序（例如，先诉请求规则），均属平衡手段。先诉请求规则是其中的主要手段之一，但该规则在商业信托领域的作用可能远小于在公司领域的作用，原因在于，公司通常设有董事会，某一董事如被指控违反义务，原告可向其他董事提出先诉请求，由其他董事发挥“诉讼过滤器”之作用；但商业信托往往仅有一个受托人（尤其在信托公司担任受托人的情形），一旦受托人被指控违反义务，先诉请求规则即形同虚设——请求被指控者起诉自己诚属荒谬。法律为派生诉讼所设过滤机制可能彻底落空。在此背景下，进一步考虑到派生诉讼有其不容忽视的风险，[3337]容许商业信托文件自行设定派生诉讼要件，实有增加派生诉讼的替代性控制方法之功用。[3338]在此，商业信托法的民间法哲学再次凸显：由谁提供的规则能对派生诉讼中的不同利益作较有效率的平衡——国家，还是当事人自己？商业信托法再次将选择权留给了

[3336] Certificate of Amendment of Agreement and Declaration of Trust of Franklin Floating Rate Master Trust, Article Ⅶ, § 4（October 21, 2008）.

[3337] 公司法领域已积累相当多的实证研究，例如，Daniel R. Fischel & Michael Bradley, *The Role of Liability Rules and the Derivative Suit in Corporate Law: A Theoretical and Empirical Analysis*, 71 Cornell L. Rev. 261, 268-70（1986）（派生诉讼本身不应成为立法鼓励的目标。派生诉讼的成本可能相当高昂，不仅表现为诉讼费与律师费之类的直接成本，还包括对管理者正常履职时间之占用、对管理者与公司之间有价值的长期关系之干扰等间接成本）；John C. Coffee, Jr., *Understanding the Plaintiff's Attorney: The Implications of Economic Theory for Private Enforcement of Law Through Class and Derivative Actions*, 86 Colum. L. Rev. 669, 698-700（1986）（经验观察：股东派生诉讼对原告几无诉讼上的胜利）；Randall S. Thomas & Robert G. Hansen, *Auctioning Class Action and Derivative Lawsuits: A Critical Analysis*, 87 Nw. U. L. Rev. 423, 428（1992）（股东诉讼是一个作用微弱的公司治理工具，如果不是完全无效果）；Susanna M. Kim, *Conflicting Ideologies of Group Litigation: Who May Challenge Settlement in Class Actions and Derivative Suits?*, 66 Tenn. L. Rev. 81, 105-106（1998）（骚扰式诉讼无益于投资者，并且从公司角度而言，派生诉讼的危害甚至大于效益）。

[3338] 《统一商业信托法》亦采此自治机制，但与特拉华州、康涅狄格州等州法不同的是，另增限制性要求：对受益人诉权所设附加标准或限制，不得“明显不合理”。Uniform Statutory Trust Entity Act § 104（12）.何谓“明显不合理”，法律未予明确（也不可能明确），实务中如何判断，绝非易事。更关键的是，设定“明显不合理”要件，实际上是将替代性控制措施之选择权交给法院，有悖于商业信托法承认当事人自设标准的立法意旨及合同自由最大化的基本原则，且增大了法律适用的不确定性，并非较优的立法方案。

当事人自己。

（八）其他问题

1. 法律适用条款与派生诉讼

商业信托文件可订定本商业信托适用域外法。此种法律适用条款及于派生诉讼。受益人派生诉讼适用该准据法，无论本商业信托与法院地法域有无密切联系。[3339]

2. 程序事项

商业信托法对受益人诉讼未予明文规定的事项，特别是程序性事项，自然适用民事诉讼法的一般规则。例如，在美国联邦法院提起派生诉讼，程序性事项适用《联邦民事诉讼规则》。[3340]民事诉讼法无派生诉讼一般规则的，则不应完全类推适用公司法或其他组织法的相应规则，而应本于商业信托文件的意图，并考虑受益人派生诉讼制度之目的及商业信托法的整体原则，填补当事人意思与法律规定之不备，尤其应注意保持商业信托法的灵活性。

四、公共诉讼：受益人诉讼的补充机制

受益人诉讼制度旨在以私人机制处理商业信托治理问题，同时排斥行政管制。但在公募证券投资信托领域，可能另有辅助机制。鉴于证券投资基金几乎全部资产由货币与证券构成，被滥用的概率较高、后果较严重，对投资者利益、证券市场安全以及公共秩序的危害远甚于一般企业，故各国大多创设其他监管机制。美国投资基金法上的证券监管机构诉权，即为补充私人诉讼的重要制度。

美国1940年《投资团体法》确立私人诉讼与公共诉讼双轨制。《投资团体法》第36条第a款规定：针对投资团体的高级管理人员、董事或受托人、顾问委员会成员、投资顾问或托管人涉及个人不当行为的违反信义义务之行为，证券与交易委员会有权向法院提起民事诉讼；证券与交易委员会的诉请成立的，法院基于对保护投资者利益以及实现本法第1条所定政策之适当考虑，有权永久或暂时禁止上述人员以上述各种身份行事，并发布当时情况下合理且适当的禁令或其他救济。同条第b款特别规定与报酬有关的诉讼：就关于投资顾问或其关联人向已注册投资团体或其证券持

［3339］ Skolnik v. Rose，55 N. Y. 2d 964，449 N. Y. S. 2d 182，434 N. E. 2d 251（1982）.

［3340］ Federal Rules of Civil Procedure Rule 23.1；In re Mortgage and Realty Trust Securities Litigation，787 F. Supp. 84（E. D. Pa. 1991）.

有人收取服务报酬或具有重要性质的支付，投资顾问负有信义义务；在与上述报酬或支付有关的事项上负有信义义务的投资顾问、投资顾问的关联人或本条第a款列举的其他人，在收取上述报酬或支付时违反信义义务的，证券持有人有权代表投资团体提起诉讼，证券与交易委员会也有权提起诉讼。对于此种诉讼，原告无须证明被告实施了个人不当行为，但须证明被告有违反信义义务的行为。此种诉讼只能针对收取上述报酬或支付的人提起或维持，也只能判决收取报酬或支付的人作出损害赔偿或其他救济。对起诉前一年以前的损害，不能判予赔偿。损害赔偿数额以因违反信义义务而发生的实际损失为限，并且在任何情况下都不得超过该投资团体或证券持有人付给被告的报酬或支付的数额。

关于1940年《投资团体法》私人诉讼和证券与交易委员会诉讼双轨制的实施成效，有论者基于案例研究指出：宣称“1940年《投资团体法》正在死亡或变得无关紧要”，为时过早，以往数十年的案例表明，该法所确立的架构是动态而富有活力的，有助于制约基金管理人各种违反信义义务的行为。[3341]

[3341] H. Norman Knickle, *The Investment Company Act of 1940: SEC Enforcement and Private Actions*, 23 Ann. Rev. Banking & Fin. L. 777 (2004).

第十一章 商业信托受托人与其他管理人

第一节 受托人的地位与资格

一、受托人的定义

按照英美信托法的定义，普通信托的受托人是指持有信托财产之人。[3342]美国早期某些商业信托判例沿用此定义，认为受托人是商业信托的法律上所有权的归属者（legal title owners）。[3343]美国现代商业信托法承认商业信托是可以自己名义持有财产的法人，沿用普通信托法的受托人定义不再确切。纵在尚未普遍承认商业信托主体地位的时代，美国判例法亦认为，商业信托财产的法律上所有权亦可由受托人以外之人持有，[3344]如银行之类的信托财产托管人。信托财产名义上由何人持有，并非认定受托人的标准。

据此，受托人在商业信托法上有新的定义。《特拉华州商业信托法》所称受托人，是指依照商业信托文件被选任为受托人之人；受托人可以包括受益人。[3345]此定义隐含商业信托法与普通信托法的两项重要区别。

其一，商业信托的受托人仅可依据商业信托文件选任，法院无权指定受托人，除非商业信托文件有此授权。而普通信托法上，法院于特定情形有指定受托人的权力，即使信托文件无此授权。这正是包括商业信托在内的商业组织法之特征：企业管理者由投资者等人依企业组织文件选任，法院无权干预。[3346]

[3342] Restatement (Third) of Trusts § 3(3)(2003).

[3343] H. Kempner v. Welker, 36 Ariz. 128, 283 P. 284(1929). 由受托人持有信托财产之法律上所有权，在当时实务中亦颇为常见。Reffon Realty Corp. v. Adams Land & Bldg. Co., 128 Md. 656, 98 A. 199 (1916); Morriss v. Finkelstein, 127 S. W. 2d 46(Mo. Ct. App. 1939).

[3344] American Ry. Exp. Co. v. Asher, 218 Ky. 172, 291 S. W. 21(1927).

[3345] Del. Code Ann. tit. 12, § 3801(h).

[3346] 相比之下，《统一商业信托法》的定义未切中要害。该法将受托人定义为依照商业信托文件或"可适用之法律"被提名、指定或选举为受托人之人。Uniform Statutory Trust Entity Act § 102(19) (2009). 法院仍可依可适用的普通信托法规则，在商业信托文件未授权之情形指定受托人。

其二，商业信托财产不必由受托人持有。商业信托与其他商业组织的区别，由此缩小。信义义务人是否持有受托的财产，传统上是普通信托与商业组织的区分标准之一：公司董事、普通合伙或有限合伙中的普通合伙人、有限责任企业经理，对企业负有类似于受托人的信义义务，但不持有企业财产，故非受托人。[3347]

二、受托人的地位

（一）商业信托法的规则

在普通信托法上，受托人的角色可分为三大部分：管理、分配、投资。[3348]在美国商业信托法上，关于受托人地位的一般规则为：除商业信托文件另有订定外，商业信托营业与事务应由受托人经营管理或在受托人指示之下经营管理。[3349]受托人为商业信托的代表人，不是受益人的代理人（agents）或代表人（representatives）。[3350]受托人可称为总裁、首席执行官等。[3351]

商业信托文件多授予受托人经营管理商业信托的总括性或排他性权限。[3352]但因实际需求之异，亦常授权于受托人以外之人，主要情形有两类。

其一，由高级管理人员、管理人等人经营管理。例如，美国证券投资基金由投资顾问管理。投资顾问一般为独立于基金的主体，其组织形式多为公开公司、闭锁公司或合伙。[3353]又如，典型的资产证券化特殊目的信托是一个“空壳企业”，不从事积极营业，应收款收取、管理、处置等

[3347] Restatement (Third) of Trusts § 5 cmt. g (2003).

[3348] John H. Langbein, *The Uniform Prudent Investor Act and the Future of Trust Investing*, 81 Iowa L. Rev. 641, 665-66 (1996).

[3349] Del. Code Ann. tit. 12, § 3806(a). 这一规则比判例法更为宽松、自由。依判例法，受托人负有管理与控制商业信托营业的义务，受托人不得自己放弃该义务，例如，通过任命总经理并委以控制商业信托事务的全权，以致排除受托人对商业信托的控制。Phoenix Oil Co. v. McLarren, 244 S. W. 830 (Tex. Civ. App. Fort Worth 1922).

[3350] Loring v. U. S., 80 F. Supp. 781, 37 A. F. T. R. (P-H) ¶725 (D. Mass. 1948); Palmer v. Taylor, 168 Ark. 127, 269 S. W. 996 (1925). 在商业信托独立主体地位未获承认的美国早期的某些判例法上，受托人在从事商业信托经营管理、为商业信托持有或管理财产、订立合同等活动时，作为本人（principals）而行事，而不是受益人的代理人。Id. 美国早期的判例法上，如果商业信托被定性为合伙，受托人即为合伙人的代理人，而非本人。Thompson v. Schmitt, 115 Tex. 53, 274 S. W. 554 (1925).

[3351] Beebe v. Pacific Realty Trust, 578 F. Supp. 1128 (D. Or. 1984).

[3352] Hecht v. Malley, 265 U. S. 144, 44 S. Ct. 462, 68 L. Ed. 949 (1924).

[3353] SEC, Public Policy Implications of Investment Company Growth, H. R. Rep. No. 2337, 89th Cong., 2d Sess. 46 (1966).

主要业务由作为外部主体的服务商负责；而签发资产支持证券等事务，常授权于高级管理人员执行。[3354]受托人一般仅承担事务管理性的义务(ministerial duties)，受托人的角色是作为资产托管人、资产分析统计服务提供者、账户托管人、付款及计算代理人、持有资产的受托人，不要求也不允许受托人核实、调查或监督证券化资产出卖人或服务商的行为；受托人和其他参与方并不希望受托人行使裁量权，因此交易文件中通常约定不要求也不允许受托人行使裁量权。[3355]

商业信托可委托或聘用其他管理人代行受托人职责，或与受托人共同履职。此类做法在我国实务中亦广泛存在。例如，某信托计划载明，信托计划的受托人与投资顾问联合设立专门的投资决策委员会，是负责信托财产管理和运用的最高决策机构。[3356]

关于其他管理人之任用，商业信托法纯采选入式规范，有别于公司法强行要求设经理或以任意规范规定公司设经理。

其二，由受益人经营管理。受益人经营管理，就利用受托人专业技能而言有所牺牲，但有助于减少代理成本，在某些情形，另可使商业信托获得合伙的税收待遇，减轻税负。由受益人经营管理的商业信托，与闭锁公司相似，但获得闭锁公司地位，通常须遵循法定程序或满足法定条件，[3357]

[3354] Volkswagen Credit Auto Master Owner Trust, Amended and Restated Indenture § 2.1(b)(August 11, 2005).

[3355] American Bankers Association, Corporate Trust Committee, The Trustee's Role in Asset-Backed Securities 7-8(March 12, 2003).

[3356] 信托计划文件并载明：针对投资顾问可能存在利用关联交易等方式进行利益输送的风险，将采用以下措施防范：投资顾问提交拟投资项目时，投资顾问除了提供该项目相关基础信息及价值分析外，还应以书面形式提供该项目与投资顾问及其关联方的关联关系、同类或同业项目最新市场参照价位，力争每笔投资都透明化管理；若在特殊情况下经投资决策委员会会议通过决定从事关联交易的，投资前受托人将聘请相关资质的评估机构对拟投资的标的股权进行评价，最终的投资金额不高于该评估价。并且，对于房地产企业的股权投资，如根据法律法规的有关规定需要通过产权交易招拍挂的方式进行，应根据相关规定执行。详见原告徐惠民、徐泯穗、孙晖、严富源、王东榕与被告上海信达立人投资管理有限公司、海南建信投资管理股份有限公司、杜莹、宁波信达中建置业有限公司、上海国际信托有限公司、第三人瑞富投资有限公司信托合同纠纷案，上海市黄浦区人民法院(2013)黄浦民五(商)初字第6305号民事判决书。

[3357] 以美国法而论，闭锁公司法的适用条件可分四种类型：(1)仅适用于符合"闭锁公司"法定定义的公司(例如，北卡罗来纳州公司法)，此类定义通常是指下列要素的组合：股东人数(例如，不得超过35人)、股份非公开发行或未在证券交易所上市、对股份转让设定限制；(2)仅适用于选择成为闭锁公司的公司(例如，马里兰州公司法、得克萨斯州公司法)；(3)仅适用于同时符合闭锁公司法定定义并选择成为闭锁公司的公司(例如，特拉华州公司法)；(4)适用于混合了上述第2类、第3类要件的公司(例如，闭锁公司示范法)，换言之，只需选择成为闭锁公司即可适用闭锁公司法，但之前已符合闭锁公司法定定义者除外。Larry E. Ribstein, *Linking Statutory Forms*, 58 Law & Contemp. Probs. 187, 219 n. 202(1995).

且在闭锁公司转为公开公司时，须遵循法定程序（例如，不设董事会的公司须设置董事会），而公开型商业信托转换为非公开型商业信托（或者相反），仅需修改商业信托文件，不受法定要件之累。

此外，商业信托可由委托人经营管理，委托人可收取相应报酬。[3358]不过，委托人控制信托财产，可能被认定为关联人交易，或者被认定为商业信托财产未真正隔离于委托人资产，发生信托财产独立性被否定的不利法律后果。

加拿大统一法委员会起草的2008年《统一收入信托法》与美国法有所不同。该法规定受托人对商业信托的管理或对商业信托管理的监督，是强制性的，并且受托人无义务遵守受益人的指示（第32条）。对受托人的管理权或管理监督权采用强制性规则，其原因之一在于加拿大收入信托的独特结构。与大多数公众公司不同，加拿大的大多数收入信托并不是直接的运营实体，相反，典型的收入信托仅是持有财产，其财产由股份、债权、不动产、知识产权或能够产生收入的其他资产构成。[3359]因此，这一强行规范的模式并不具有普遍性。况且，即便针对单纯持有型的商业信托，也并不必然以强行规范模式为唯一选择或最优选择。正如该法关于下一条规定的评注所言，收入信托在管理安排上的变化多样性，远胜于公众公司，因此其管理安排趋向于高度定制化的安排，以适应特定信托的情势。[3360]

（二）与早先判例法及公司法的差异

某些早期判例中有所谓“控制检验法”，要求商业信托经营管理权应排他性地置于受托人之手，受益人不得干预；同时，依当时普通信托法，受托人可将非裁量性的事务管理性权力转托于他人（包括受益人），但裁量权不得假手于人。[3361]

［3358］ Commonwealth Trust Co. v. Capital Retirement Plan, Inc., 30 Del. Ch. 130, 54 A. 2d 739 (Del. Ch. 1947). 在涉案交易中，“不同寻常的（但并非绝无仅有）是”（判词原文），该商业信托的投资组合由委托人管理与控制，委托人在认为相信有益于受益权凭证持有人且符合受益权凭证持有人最大利益的情形，有权随时替换、处置商业信托财产，委托人还承担通常由受托人承担的某些职能，如监管信托财产、赎回受益权凭证等。受托人的职能基本上限于办理受益权凭证登记与过户、依信托契约收取与分配信托所得。商业信托管理的实质性职能虽由委托人而非受托人承担，商业信托并不因此而非法或无效。

［3359］ Uniform Income Trust Act § 32 cmt. (2008).

［3360］ Uniform Income Trust Act § 33 cmt. (2008).

［3361］ 但在实务中区分裁量性与非裁量性之界限，实非易事。Note, *The Business Trust as an Organization for Practicing Law*, 39 Ind. L. J. 329, 347 (1964).

上述规则作用之下的商业信托受托人地位，实则类似于公司法“董事中心主义”模式。时至今日，“控制检验法”及受托人转托之限制皆已成为历史遗迹，受托人与其他人的权力划分纯由合同自由支配，再无任何法定限制。董事中心主义式的严格结构，已被彻底摒弃。此种变革，意义重大。

“董事中心主义”(director primacy)，被称为公司治理模式最重要的特征，[3362]包括四大要素：[3363]

其一，董事在经营管理决策方面(包括日常运营、管理层报酬、向股东分配等)与启动公司的重大决定方面(包括修改章程、公司合并、解散、出卖重大资产等)皆有广泛权限。

其二，股东缺乏在经营管理决策方面与启动公司重大决定方面的权限，股东的权限限于对重大决定作出表决、选任与解任董事，因此，董事不是股东的代理人——传统意义上的代理人受本人直接监督与控制。

其三，董事与股东的上述权限平衡，不能被相反的约定推翻。这可能是董事中心主义模式中最重要的一点。一方面，公司不得任意剥夺董事会的权限。公司法长久以来实行的一项原则是，公司不得“虚化”(sterilize)董事会，即不得严重损害董事会的基本职能。尽管公司法规定章程可限制董事的法定权限，但章程可在何种程度上改变董事的法定权限，并不明确，公司法仅在关于闭锁公司的规定中明文容许章程减少或排除董事会的职能。[3364]另一方面，公司不得剥夺股东的法定权限。以《特拉华州普通公司法》为例，关于股东有权修改章程、[3365]决定合并、[3366]决定重大资产出卖、出租或置换、[3367]解散公司[3368]的法定权限，均为强行规范。我国《公司法》是否采用董事中心主义模式，未可定论，但同样不许公司章程改变关于股东会与董事会权限的法定划分，尽管该法对股东会

[3362] 一般参见Stephen M. Bainbridge, *Corporation Law and Economics*, ch. 5(2002)。

[3363] 以下四段关于公司法董事中心主义的四大要素，除所引法条与涉及我国法内容外，详见Larry E. Ribstein, *Why Corporations?*, 1 Berkeley Bus. L. J. 183, 197-98(2004)。

[3364] 以特拉华州法为例，如果对《特拉华州普通公司法》作宽泛的解释，容许公开公司排除或稀释董事会的权限，会得出不妥当的结论，因为这与该法对闭锁公司与公开公司的明确区分以及限制在董事会权限方面的合同自由这一原则相抵触。Larry E. Ribstein, *Why Corporations?*, 1 Berkeley Bus. L. J. 183, 197 n. 63(2004).

[3365] Del. Code Ann. tit. 8, § 242.

[3366] Del. Code Ann. tit. 8, § 251(c).

[3367] Del. Code Ann. tit. 8, § 271(a).

[3368] Del. Code Ann. tit. 8, § 275(b).

与董事会权限的具体配置与域外公司法有所不同。[3369]

其四，董事权限主要由信义义务制约。当就有关公司治理的事项发生诉讼时，由法院填补董事义务方面的空白，换言之，董事权限的界限，由法院决定，非由合同（公司章程）决定。公司法规定章程可包含关于董事"权限"的条款，但未明确容许章程限制或免除董事的义务：除容许章程在一定程度上免除董事违反注意义务的金钱赔偿责任之外，章程在订定董事义务及责任方面的自由空间相当有限。

商业信托的治理模式在上述第一、二点上略近于董事中心主义模式，在第三、四点上有重大区别。

其一，商业信托受托人有广泛的权限。各国商业信托法大多规定，商业信托应由受托人经营管理或在受托人指示之下经营管理。商业信托法授予受托人的上述权限，与公司法授予董事的权限范围相当。

其二，商业信托受益人的权限相当有限。商业信托法默认授予受益人的权限，仅有允许实施商业信托合并、改组等实体交易之权，同时因补充适用普通信托法，尚有修改商业信托文件等。受益人无经营管理决策的固有权限。受益人的默认权限甚至小于公司股东，依据美国、加拿大等国的商业信托法，受益人并无决定解散商业信托、决定商业信托重大资产处置的固有权限，而完全取决于商业信托文件授权。

其三，商业信托法关于受托人权限与受益人权限的配置，纯属非强行规范，商业信托文件可自由改变或排除受托人、受益人的法定权限；甚至，商业信托不必为受益人利益而存在，或者根本无受托人。此为商业信托法与公司法在治理模式上最重要的区别之一。

其四，商业信托法容许以合同机制调整受托人义务、为受托人权限划定界限。据信托法的一般原则，受托人负有信义义务，信义义务同样是由法院主导实施的机制。然而，作为合同的商业信托文件可调整信义义务，

[3369]　该法所定股东会权限包括决定公司经营方针与投资计划、选举和更换董事、对公司合并分立解散等事项作出决议、修改章程等职权以及"公司章程的其他职权"，董事会的权限包括决定公司的经营计划和投资方案、制定公司利润分配方案、制定公司合并分立解散等事项的方案等职权以及"公司章程规定的其他职权"（第37条第1款、第46条、第99条、第108条第4款）。据此，章程可规定法定列举职权以外的职权，但不得改变法定职权。显著区别于该法对经理职权的规定。第50条列举经理的八项法定职权，随之规定"公司章程对经理职权另有规定的，从其规定"，表明公司章程可改变经理的法定职权。此项区别并非偶然，而是反映了立法者眼中股东会与董事会、经理之间的实质性差别：董事与股东及公司的关系，并非单纯的合同关系，而是主要由公司法调整的特殊关系，股东会与董事会的权限划分，涉及公司制度的基本结构，以法定主义为原则；经理本质上不过是公司的代理人，且并非公司必设职位，故原则上可由合同法调整。

并可对受托人另设合同义务。不同于公司法明文限制章程内容，商业信托法宽泛地承认商业信托文件可订定关于受益人、受托人或其他人权利、权限、义务或责任的任何事项。特别地，《特拉华州商业信托法》明文容许商业信托文件扩张、限制或免除受托人义务（包括信义义务）。因此，合同机制为制约受托人的主要机制。

董事中心主义模式自有其正当性，[3370]但弊端难免，有时可能危及公司或股东利益，[3371]且不能适应企业的灵活发展。董事中心主义模式较适合于传统的公开型企业。商业信托法的模式，可灵活调整以应闭锁型企业或新型公开型企业之需。企业治理的本质要求是在授予权限与课加责任之间保持平衡。没有一种治理模式放之四海而皆准、可通用于任何企业形态；甚至在同一类企业中，亦不可能有一种包打天下、包治百病的治理模式。在此类企业中强化投资者权限所增加的被代理人成本，可能超过由此减少的代理成本；在彼类企业中的效果可能正好相反。例如，在股权集于少数的机构投资者之手时，加强股东监督可能有助于降低代理成本，而在股权高度分散的证券投资基金中，将管理权集中配置于管理者或更有益。因此，更好的对策，应是用一种“企业专用型治理合同”（firm-specific governance contracts）应对问题，而不是简单地实行严格的公司式结构。[3372]尤其在当今情势下，公开型企业与闭锁型企业的环境皆有重大变化，工业经济时代通行天下的古典企业模式已捉襟见肘，所有权与控制严格分离、企业层级制固定化的传统组织结构弊端日益凸显。新技术与新市场环境的发展，减少了企业对集中化管理模式与固定型资产（fixed assets）的依赖。[3373]公司治理的最大问题之一，不在于将管理权集中配置于管理者之手，而是过于严格地锁定管理者的权限：公司法严格限定章程配置管理者权限义务的自由，公司管理者的权限虽非至高无上，但公司董事的权限主要受法院强加的信义义务制约，而不是“企业专用型”的合同

[3370] Stephen M. Bainbridge, *Director Primacy and Shareholder Disempowerment*, 119 Harv. L. Rev. 1735 (2006); Stephen M. Bainbridge, *Director Primacy: The Means and Ends of Corporate Governance*, 97 Nw. U. L. Rev. 547 (2003).

[3371] 例如，在敌意收购中，董事决定权过大即可能削弱企业控制权市场的功效。Stephen M. Bainbridge, *Unocal at 20: Director Primacy in Corporate Takeovers*, 31 Del. J. Corp. L. 769 (2006).

[3372] Larry E. Ribstein, *Why Corporations?*, 1 Berkeley Bus. L. J. 183, 201 (2004).

[3373] Naomi R. Lamoreaux et al., *Beyond Markets and Hierarchies: Toward a New Synthesis of American Business History*, 108 Am. Hist. 404 (2003); John Micklethwait & Adrian Wooldridge, *The Company: A Short History of a Revolutionary Idea* (2003).

安排,[3374]公司缺乏对法定信义义务进行量体裁衣的、“定制”的自由。对于企业专用型治理合同而言,不仅需尽可能削减强行法,亦需重新考虑任意法的角色。在不少情形,选入式规范更胜一筹,因为当事人在选入式规范下有更大的自由,可免去任意规范中仍难避免的公权力干扰及司法裁判中的所谓公平性考量。商业信托法主要依赖选入式规范处理受益人、其他管理人之间的权力架构,其理在此。

三、欠缺受托人不影响信托的效力

“信托不因欠缺受托人而失效”,为衡平法定理之一。依信托法的一般原理,未选任受托人或被提名为受托人之人不接受职位、死亡、丧失行为能力、停止履行受托人职责的,不影响信托的存续,更不会导致信托无效。[3375]如欠缺受托人,法院可在必要且适当之时指定受托人。唯一例外为,委托人表示信托设立或存续依赖于某个特定之人担任受托人的,信托因欠缺该受托人而不成立或终止;法院无权指定替代的受托人。[3376]此项例外是极为有限的案型,在现代社会中更难觅踪影。[3377]并且,为最大限度地维持信托的效力,适用此项例外时,须委托人实际有此意思表示,不能通过优先解释推论而得。[3378]简言之,除委托人另有表示外,受托人不具有人身性。学理上称之为受托人不具有人身性而具有职位性(official),此为信托与合同的本质区别之一。

上述原则亦适用于商业信托。[3379]而且,组织管理者的职位性更为显著,管理者缺位不影响组织的成立或存续,更是组织法的通则。

[3374] Larry E. Ribstein, *Why Corporations?*, 1 Berkeley Bus. L. J. 183, 201(2004). 该文认为,将管理权集中配置于管理者之手,有利于公司广泛应用于资本密集型企业(特别是公开型企业),同时又是公司对现代企业环境的不适应性之所在,成为公司结构的弱点。公司的权力结构不能任意改变,且投资者易锁定于公司之中,此为公司应用于闭锁型企业的重大弱势,而灵活性正是合伙的主要优势。Id. at 206. 商业信托的灵活性不逊于合伙。

[3375] Restatement (Third) of Trusts § 31(2003).

[3376] Restatement (Third) of Trusts § 31 cmt. b(2003).

[3377] Austin W. Scott & William F. Fratcher, *The Law of Trusts* § 101.1(4th ed. 1987).

[3378] Restatement (Third) of Trusts § 31 Reporter' s notes(2003).

[3379] 《特拉华州商业信托法》要求制定法商业信托成立证书须由受托人签署,因此制定法商业信托如无受托人,实际上不可能成立;但至少欠缺受托人不影响信托的存续,且此项要件与管制无关。

我国《信托法》大致体现了上述原理。[3380]但关于商业信托的某些规章和其他规范性文件曾有与此不符的规定。例如,《证券公司客户资产管理业务管理办法》第60条规定,由证券公司担任受托人的资产管理业务中,证券公司因违法违规经营或有关财务指标不符合证监会的规定,被证监会取消客户资产管理业务资格的,应停止资产管理活动,资产管理合同应终止并进行结算。上述规定既违背信托法原理,更导致资源浪费,且由受益人为受托人的过错承担成本。受托人因违法或失格而被终止职责的,仅需撤换受托人即可,终止信托纯属不必要的代价。废止该办法的《证券期货经营机构私募资产管理业务管理办法》改而规定“证券期货经营机构被依法撤销资产管理业务资格或者依法解散、被撤销、被宣告破产,且在六个月内没有新的管理人承接”的,资产管理计划终止(第55条第1款第2项)。此所谓6个月期限,应是来源于《证券投资基金法》第80条第3项规定。是否妥当,不无斟酌余地。

四、受托人的类别、群组或系列

商业信托文件可创设各种类别、群组或系列的受托人。各国商业信托法对此一般未设限制。类别、群组、系列受托人常作为类别、群组、系列受益人或受益权的配套机制。在设有多个类别、群组、系列受益人或受益权的商业信托中,各类别、群组、系列受益人之间,各类别、群组、系列受益人与整个商业信托之间,或有利益冲突,此时,整个商业信托的受托人(总受托人)未必能充分考虑个别类别、群组、系列受益人之利益,为保公平,商业信托可为每个类别、群组、系列受益人选任受托人。对应于各类别、群组、系列的受益人或受益权,各类别、群组、系列受托人的权限、权利、义务亦可各不相同。例如,优先受益人的收益较为固定,因此对商业信托经营管理参与度无须、亦不宜过高,代表此类受益人的受托人可以具有较小权限、承担较轻责任;普通受益人分配顺序在后,为亏损风险的主要承担者,故需较多参与经营管理,代表其利益的受托人宜有较大权限。

无一受托人拥有固有的、绝对不可排除的表决权;授予某一受托人或某一类别、群组、系列受托人何种权限,取决于商业信托文件,商业信托有

[3380] 依该法第39条,受托人职责终止不影响信托存续。依第13条,遗嘱指定的人拒绝担任受托人,不影响遗嘱信托成立。但第8条规定,采取信托合同形式设立信托的,信托合同签订时,信托成立;采取其他书面形式设立信托的,受托人承诺信托时,信托成立。第13条与第8条在信托成立要件上区别对待,第8条违背信托法原理,宜作有利于信托成立的解释。

极度的自由，足可回应任何情境的市场需求。

五、受托人的资格

（一）积极资格：比较法立场

英美普通信托法对受托人的积极资格几乎不设限制，有行为能力的自然人，或法人、非法人组织，皆可担任受托人；[3381]仅有的个别限制是关于居住地或国籍要求，但此类要求属于例外情形。[3382]与普通信托法相似，英美法系商业信托法未特别限定受托人的积极资格。受托人可以为有完全行为能力的自然人，亦可为法人或非法人组织。[3383]以特拉华州为代表的美国各州商业信托法规定，受托人可为任何"人"（person），包括自然人、合伙、有限责任企业、社团、公司等。[3384]受托人可为一人或数人。[3385]《特拉华州商业信托法》对商业信托受托人资格的唯一限制为，商业信托在其存续期间内，至少须有一个受托人应为本州居民（自然人受托人）或主营业地位于本州（其他受托人）。[3386]此项要求旨在方便诉讼送达，并保持商业信托与特拉华州的合理联系，以确保特拉华法院对该商业信托的管辖权及《特拉华州商业信托法》的适用，[3387]不含有任何管制目的。要

［3381］ David Hayton, Paul Matthews, & Charles Mitchell, *Underhill and Hayton Law Relating to Trusts and Trustees* 361（18th ed. 2010）.

［3382］ Dante Figueroa, *Civil Law Trusts in Latin America: Is the Lack of Trusts an Impediment for Expanding Business Opportunities in Latin America?*, 24 Ariz. J. Int' l & Comp. L. 701, 713（2007）.

［3383］ 除制定法或公司章程另有限制外，公司或银行可担任商业信托受托人。James Stewart & Co. v. National Shawmut Bank of Boston, 69 F. 2d 694（C. C. A. 1st Cir. 1934）（适用马萨诸塞州法）; Baker v. Stern, 194 Wis. 233, 216 N. W. 147, 58 A. L. R. 462（1927）; Hossack v. Ottawa Development Ass' n, 244 Ill. 274, 91 N. E. 439（1910）. 另参见Third Ave. Trust v. Suntrust Bank, 163 F. Supp. 2d 215（S. D. N. Y. , 2001）（由自然人担任受托人的特拉华州商业信托）。美国共同基金受托人通常为自然人。

［3384］ Del. Code Ann. tit. 12, § 3801.

［3385］ 商业信托文件可订定受托人最高人数或最低人数，可订定受托人有权在最高人数范围内指定补充受托人。Lambach v. Anderson, 228 Iowa 1173, 293 N. W. 505（1940）.

［3386］ 特拉华州受托人要件存在例外。如商业信托是1940年《投资团体法》所称投资团体、成为此类投资团体或在首次发行受益权180日之前或之内将成为投资团体，其受托人不必为特拉华州受托人。但该信托应在信托证书中载明是、成为或将成为投资团体的通知，并应在特拉华州持续设置一个注册办事处（可以是位于特拉华州的营业场所），同时应在特拉华州持续设置一名负责接受诉讼送达的注册代理人，该代理人可为特拉华州居民（其营业办事处须与本信托的注册办事处相同），亦可为本州公司、有限合伙、有限责任企业、商业信托或准予在特拉华州营业的域外公司、有限合伙、有限责任企业、商业信托（其营业办事处须与本信托的注册办事处相同）。Del. Code Ann. tit. 12, § 3807（b）.

［3387］ James A. Florack & Martin I. Lubaroff, *Delaware Business Trusts*, 937 PLI/Corp. 371, 374（1996）; Wendell Fenton & Eric A. Mazie, *Delaware Business Trusts*, in 2 The Delaware Law of Corporations and Business Organizations § 25.6（R. Franklin Balotti & Jesse A. Finkelstein eds Supp. 1997）.

求有特拉华州受托人仅为此目的，因此，商业信托文件可授予特拉华州受托人任何权力，或排除受托人任何权力。[3388]其他多数州法则根本无此要求。至于对受托人资格的意定限制，乃私法自治的应有之义，自不待言。[3389]唯在联邦法上，基于公募证券投资基金的特殊性与保护公众投资者的特别立法政策，1940年《投资团体法》对某些受托人的资格有所限制：单位投资信托的受托人须为银行，其资本、盈余及未分配利润之总值不低于50万美元。[3390]此系例外规定。

在加拿大，自然人与法人皆可担任受托人；公募商业信托受托人通常由自然人担任，当然亦可由公司担任。[3391]《魁北克民法典》第1274条明文规定，任何完全行为能力的自然人，以及法人，均可担任受托人。加拿大统一法委员会起草的2008年《统一收入信托法》规定，收入信托的受托人限于完全行为能力且未破产的自然人以及信托企业（第27条、第28条），但仍在若干方面缓和此种限制：首先，只要各省证券监管机构另有豁免，收入信托有权选任普通的商业公司为受托人，而不限于信托企业；其次，收入信托所控制的附属信托，可以选任普通的商业公司为受托人；最后，该法不过是一部统一法，是否生效，取决于各省的采用，因此，该法评注明示，为了在公司受托人的选任问题上增进灵活性，各省立法可以明文容许普通的商业公司担任收入信托的受托人，本法无意取代各省立法。[3392]

在印度，1882年《印度信托法》明文规定，任何具备持有财产资格之人，均可担任受托人（第10条）。即便对于商业信托，1963年《印度单位信托法》特别规定受托人选任和提名的要求以及对受托人资格的消极限制，[3393]但并不排除受托人可为自然人。

［3388］ 交易实例：由威明顿信托公司担任的特拉华州受托人，仅负责商业信托证书登记事项（为此收取固定费用），不承担任何管理职责；管理职责另由管理受益人承担。DB Multi-Sector Commodity Master Trust, Amended and Restated Declaration of Trust and Trust Agreement (2006).

［3389］《特拉华州商业信托法》对此亦有宣示："商业信托文件可订定成为受托人的条件。商业信托文件可订定某人在符合商业信托文件或其他书面文件设定的成为受托人之条件时，应成为受托人。" Del. Code Ann. tit. 12, § 3801 (c).

［3390］ 15 U. S. C. § 80a-26 (a)(1).

［3391］ Jonathan A. Levin, *Business Trust Financing and Restructuring: Key Banking and Insolvency Issues*, http://www.fasken.com/Publications/Detail.aspx?publication=2050, Nov. 12, 2007; Jonathan A. Levin & Donald E. Milner, *Restructuring Issues Relevant to Business Trusts*, http://www.fasken.com/Publications/Detail.aspx?publication=2346, Nov. 12, 2007.

［3392］ Uniform Income Trust Act § 30 cmt. (2008).

［3393］ 依照该法第12条规定，破产人、无行为能力人等不得担任受托人。

在列支敦士登，任何具有行为能力的自然人或者法人均可担任列支敦士登信托的受托人，无论其国籍或营业地为何，但其中至少应有一个受托人的居所地或营业地位于列支敦士登。[3394]

法国信托法原先对受托人资格等事项采严格管制立场，受到学界和实务界的普遍诟病，近年来已大幅缓和管制。[3395]

法律要求不同于商业考虑。尽管许多法律对受托人资格未作限定，但由法人或非法人组织担任受托人，特别适合于证券投资信托、不动产投资信托等。由于事务的专业性，此类信托常由投资顾问等专业机构负责经营管理。受托人可由法人或非法人组织担任，比公司法更为灵活：主要法域的公司法多规定董事限于自然人。[3396]

不过，也有立法例对商业信托受托人资格设有严格限制。新加坡2004年《商业信托法》第6条规定，经注册的商业信托的受托人—管理人（trustee-manager）须为公司；经注册的商业信托的业务，仅可由受托人—管理人管理与运营；经注册的商业信托的受托人—管理人，仅可从事经注册的商业信托的管理与运营，不得从事任何其他业务；违反上述规定，将以犯罪论处。此种立场与该法的基调一致，乃是信托法版图中的异类。

（二）积极资格：我国法

在我国法上，基于私法自治原则，当事人自可对受托人资格设定意定限制，自无疑问，唯受托人资格是否存在法定限制、违反该法定限制后果如何，则颇有争议。法律的含糊立场，导致司法实务见解存在严重对立，亟待统一裁判路径。我国《信托法》关于受托人资格的规定颇为含糊，文义上不无矛盾之处，有待解释厘清。特别法则设有诸多强行要求，管制色彩浓厚，值得检讨。《证券法》等法律将信托业与证券业等并列，规定实行分业经营，更促成了“信托业是金融业”的认识误区。

1. 关于受托人资格的裁判分歧

信托受托人是否具备法定资格，在公法与私法层面均可发生影响。在公法上，受托人不具备法定资格而从事信托活动，将可能引发行政处

[3394] Guido Meier, *The Trust in the Liechtenstein Law on Persons and Companies*, in Trusts in Prime Jurisdictions 356（Alon Kaplan ed. 2000）.

[3395] 详见叶朋：《法国信托法近年来的修改及对我国的启示》，载《安徽大学学报（哲学社会科学版）》2014年第1期。

[3396] 我国《公司法》未明文限定董事须为自然人，但实务中未见非自然人董事。我国台湾地区“公司法”容许组织担任董事：政府或法人为股东时，得当选为董事（第27条）。

罚；在私法上，无法定资格的受托人所订立的信托合同，将可能因违法而无效。不过，查中国裁判文书网，迄今尚未见因信托受托人资格欠缺而遭受行政处罚并引发行政诉讼的案件，但涉及受托人资格的民事案件，则已有多起。

依我国现行法，违法合同之效力，须经规范位阶和规范类型的双重评价，即首先应考察所违反的规范是否属于法律、行政法规的强制性规定，其次应考察所违反的规定是否属于效力性强制性规定。在信托受托人资格对信托合同效力的影响上，具体考察路径即为先检视法律、行政法规有无限制受托人资格的强制性规定，在有此规定的情况下，再检视该规定是否为足以导致信托合同无效的效力性强制性规定。又依法律行为有效性推定的原理，原则上法律行为自成立时起即生效（《民法典》第136条第1款）。欲否定法律行为效力者，应负证明或论证责任。故此，不否定信托合同效力的判决，无须说明理由。

与此对应的司法裁判状况是，在信托合同是否无效问题上，肯定说和否定说两种裁判结论截然对立；在信托合同无效的论证上，否定说裁判的说理论证严重不足。

肯定说的裁判在数量上居于优势。此类判决涉及各类非信托机构的受托人类型，其中包括下列主体。其一，无信托机构资质的一般公司。有判决不认为无信托营业资质的公司所订信托合同无效。[3397]其二，社会团体法人。对于由工会担任受托人的股权信托合同[3398]以及由商业协会担任受托人的互助担保基金信托合同，[3399]法院判决肯定其效力。其三，自

[3397] 褚雄雄诉佛山市信和投资管理有限公司信托合同纠纷案，广东省佛山市禅城区人民法院（2015）佛城法民二初字第462号民事判决书。本案中，民生银行佛山分行与佛山市信和投资管理有限公司签订了一份《小微企业互助合作基金业务合作协议》，约定：为支持小微企业授信融资，佛山市信和投资管理有限公司为“佛山支行潮商小微金融商业合作社互助基金小微企业互助合作基金”的受托人，并以各基金会员委托管理的基金对全体基金会员在甲方债务提供担保。佛山市信和投资管理有限公司虽无法定的信托业务资质，法院并未因此认定合同无效。

[3398] 王筱茜等7人与中国平安人寿保险股份有限公司辽宁分公司、中国平安保险（集团）股份有限公司、林芝新豪时投资发展有限公司股东资格确认纠纷七案，广东省深圳市中级人民法院（2014）深中法商终字第314-320号民事判决书；王国初、山东荣城建筑集团有限公司工会与山东荣城建筑集团有限公司信托合同纠纷案，山东省威海市中级人民法院（2018）鲁10民终2663号民事判决书。

[3399] 郭志荣与临汾市副食流通商业协会、中国邮政储蓄银行股份有限公司民事信托纠纷案，山西省临汾市中级人民法院（2018）晋10民终1624号民事判决书。

然人。对于由自然人担任受托人的信托，既有判决不否定其效力，[3400]更有判决明确认可其效力，其中有资金信托，[3401]也有股权信托，[3402]更有不动产信托。[3403]信托有效的理由是“不违反法律规定”。例如，原告李国与被告丁彪签订信托合同，双方约定委托人李国将委托资金165，000元直接交给受托人丁彪并以丁彪名义交联合经营集体（简称636车队）经营客运车，李国投入的资金按联合经营集体规定的扩股股本以每股16，500元计算，享有股份为10股，委托投资的期限从投资日起至联合经营集体经营终止之日止。法院判决认为：“双方设立的信托有双方自愿签订的《信托合同》为凭，原告李国作为委托人自愿将本人合法资金交给受托人即被告丁彪管理使用，并明确受益人为原告李国，双方系完全民事行为能力人，所签订的信托合同系双方真实意思表示，没有违反相关法律规定，信托关系依法成立，具有法律效力，本院予以确认。”[3404]又如，罗忠沛与高建设民事信托纠纷案一审判决认为，原告等61名自然人与被告签订一份信托持股协议，将其持有的共赢公司股权信托给被告进行管理，该协议约定的内容符合《信托法》的相关规定，不违反法律及行政法规的相关规定，应属有效股权信托。二审判决未改变上述认定。甚至在当事人明确主张信托合同因受托人欠缺法定资质而无效的情况下，法院仍未认定合同无

[3400] 王登杰与中国水利水电第七工程局成都水电建设工程有限公司等信托合同纠纷上诉案，四川省成都市中级人民法院（2013）成民终字第4119号民事判决书。本案中，王登杰与李向东签订《信托合同》，合同第1条约定：委托人以本合同约定之财产设立财产信托，用于“中水七局成水有限责任公司”股权投资，并由受益人根据本合同之约定间接享受在该公司的资本收益。合同第6条第6款约定：鉴于受托人同时代表若干其他委托人，并在公司中是以自然人股东身份出现，公司年度分配红利时，委托人有权直接从公司领取利润分配。2008年4月28日，李向东在未取得王登杰书面授权的情况下，自行与水电七局签订《股权转让协议书》，该合同中明确李向东与成都水电公司138名职工已分别于2004年12月24日签署《信托合同》，李向东代该138名职工持有成都水电公司的部分股权。

[3401] 张某甲、沈某与齐某、张某乙等法定继承纠纷再审复查与审判监督案，山东省烟台市中级人民法院（2013）烟民申字第235号民事裁定书。

[3402] 罗忠沛与高建设民事信托纠纷案，宁夏回族自治区银川市中级人民法院（2016）宁01民终1435号民事判决书。

[3403] 李某1、钦某某等遗嘱继承纠纷案，上海市第二中级人民法院（2019）沪02民终1307号 民事判决书。

[3404] 李国诉丁彪、李宛静民事信托纠纷案，广东省信宜市人民法院（2016）粤0983民初2048号民事判决书。

效。[3405]不过，该判决并未正面回应为何无资质不影响信托合同效力，客观上反映出立法模糊所导致的司法尴尬。

持否定说的裁判在说理路径上，大致分为以下类型。其一，径以无资质为由认定合同无效，而未指明法律依据，如法院判决认为，无证据证明瑞安市隆祥投资有限公司具有营业信托资质，因而，原告与瑞安市隆祥投资有限公司订立的《委托资产管理协议》无效。[3406]其二，虽列出判定无效的法律依据，但存在错误援引的情形，如依照《合同法》第56条、第58条判决。[3407]《合同法》第56条是关于合同部分无效不导致全部无效的规定，第58条是合同无效后果的规定，均不能作为直接判定合同无效的依据。合同主体应具备法定资质而不具备，属于违法合同问题，须以违反法律、行政法规的强制性规定为合同无效的法律依据。本案判决并未指明此种强制性规定。其三，笼统地从法律引到其他规范性文件作为认定合同无效的依据，而对其间的规范差异与法源顺位不加分辨。例如，有判决在罗列《信托法》第2条、第4条、第24条、国务院办公厅发布的《关于〈中华人民共和国信托法〉公布执行后有关问题的通知》（国办发〔2001〕101号）及《信托公司管理办法》第7条后，径认为"设立有效信托的生效法律要件中包含关于信托当事人主体资格的生效要件，同时，营业信托的受托人必须是持有金融许可证的信托机构"，判决基金管理公司与客户订立的信托合同无效。[3408]

上述路径在法律适用上均有重大不足，应予检讨。而欲厘清问题，则

[3405] 原告田建翔、田建全诉被告张克检及第三人平顶山市绿城环保有限公司信托合同纠纷案，平顶山市湛河区人民法院（2013）湛民二初字第340号民事判决书。本案中，绿城公司成立时，股东众多，为规避当时公司法关于有限公司股东人数的限制性规定，绿城公司的发起人采用了信托协议的形式，把多数股东的出资信托给少数股东。田建翔、田建全与股东张克俭签订《信托协议》，就是为了上述目的。被告辩称原告不是信托机构，只是个人，信托合同无效；第三人辩称，该《信托协议》违反了信托法的强制性规定，根据《信托法》第4条，受托人采用信托机构形式从事信托活动，而本案张克俭并不是信托机构，也不是有资质信托机构的内部职工，而是个人。但法院并未认定合同无效，而只是认为，田建翔、田建全已向绿城公司出资，应当认定田建翔、田建全是绿城公司的隐名股东。

[3406] 陈贤为与吕剑东、阮莘如、赵海静、赵伟诚、赵志伟营业信托纠纷案，浙江省瑞安市人民法院（2014）温瑞商初字第3936号民事判决书。

[3407] 开封正大有限公司诉上海帮盈油脂有限公司信托合同纠纷案，上海市第一中级人民法院（2004）沪一中民三（商）初字第145号民事判决书。该判决将原、被告签订的大豆期货代理协议认定为信托法律关系，但认为被告并非专业信托机构，不具备签署信托合同的签约资格，本案所涉协议应为无效，并依照《合同法》第56条、第58条判决被告向原告返还大豆交易本金及利息。

[3408] 林玉芳与洪范基金管理有限公司吉林省分公司、洪范基金管理有限公司、长春市洪范今宇投资管理部（有限合伙）、兴业银行股份有限公司长春分行、吉林省恺丰典当有限公司信托纠纷案，吉林省长春市朝阳区人民法院（2018）吉0104民初3782号民事判决书。

需全盘检视与信托受托人资格有关的整个法律体系中的规范。

2. 关于受托人资格的实定法分析

（1）法律未设一般性的强制规定

《信托法》第24条规定："受托人应当是具有完全行为能力的自然人、法人。（第1款）法律、行政法规对受托人的条件另有规定的，从其规定。（第2款）" 但第4条又规定："受托人采取信托机构形式从事信托活动，其组织和管理由国务院制定具体办法。" 第4条似将受托人限定为信托机构，但如此解释，将导致第24条沦为具文，有悖于法律解释原则——法律解释应当尽量对法律条文作有效、有意义的解释，且不得造成法律内在体系违反。合理的解释是，第4条仅是一条授权立法规范，而不是行为规范，即如果受托人采取信托机构形式从事信托活动，则其组织和管理由国务院制定具体办法；如果受托人并未采取信托机构形式从事信托活动，则不受本条规范的约束。如此解释，也可与该法第24条第2款的规定相协调，从而合乎体系解释方法。据立法机关人士的著述，《信托法》第24条第2款旨在为今后制定信托业法或者相应的行政法规时明确信托经营机构应具备的条件留下空间。[3409]二者均有授权立法之意，其中第24条较为宽泛，既可理解为法律、行政法规对自然人、法人作为受托人的条件另作限缩，又可理解为法律、行政法规可以规定自然人、法人以外的主体担任受托人；而第4条则是较为狭窄的授权立法规范，仅授权国务院制定信托机构组织和管理的具体办法，而不涉及其他类型的受托人。

对于《信托法》的上述条文，并无正式的立法资料阐明其义，但立法机关工作人员所撰释义书亦将第4条解说为对信托机构管理规范的授权规定，其中并无将受托人限定于信托机构之意。[3410]而该书对第24条的释义，则明确指出受托人可以是自然人，也可以是法人；自然人受托人仅需有完全民事行为能力即为已足，法人受托人则应当是依法设立并取得法人资格，可以在核准登记的范围内从事民事活动的民事主体。[3411]此处并未将法人受托人解说为信托机构，但同时又言及："法人的权利能力和行为能力应受法人设立的目的、任务和业务范围等条件的限制，应当以在登记范围内从事业务活动为原则。因此，法人为受托人的，受托人应当具备依法设立并且可以在核准登记的范围内从事管理、处分信托财产活动的

[3409]　何宝玉：《信托法原理研究》（第2版），中国法制出版社2015年版，第271页。

[3410]　卞耀武主编：《中华人民共和国信托法释义》，法律出版社2002年版，第52~53页。

[3411]　同上书，第95页。

资格。”[3412]此所谓“从事管理、处分信托财产活动的资格”，结合该书对第4条的释义观之，并非泛指从事任何信托活动的资格，而应指管理、处分某种信托财产是否属于该法人的经营范围。例如，管理、处分不动产、一般动产或有限责任公司股权，并不逾越通常的经营范围，一般法人既可受让、行使动产所有权或有限责任公司股权，则取得动产或有限责任公司股权并作为信托财产加以管理、处分，同样不超越经营范围。如信托财产为证券等依法实行特许经营的特殊资产，则不具有该种资产经营资格的一般法人同样受有经营范围的特别限制。更重要的是，对于管理、处分某种信托财产超出某法人受托人的经营范围是否一概导致信托合同无效，今昔相比，判断基准已大为不同。在《信托法》制定之时，法律上尚有“法人应当在核准登记的经营范围内从事活动”之规定(《民法通则》第42条、《公司法》第11条)，故释义书的上述说法有其依据。超越经营范围将构成违反强制性规定，存在合同因违法而无效的可能性。但2005年修订《公司法》、2017年制定《民法总则》之后，此种规定相继废除。将经营范围视作法人权利能力或行为能力的限制，再无基础；一般的经营范围作为行为禁令的意义亦不复存在，从而，超越一般的经营范围并不构成违法行为，对合同效力根本不生影响。[3413]强制性规定仅限于法律、行政法规关于限制经营、禁止经营、特许经营的特别规定。故经营证券等法定特殊资产，无论以买卖还是信托等方式为之，仍受特别规定的管制。其中最重要者，系《证券投资基金法》的规定。

2005年《证券法》将证券资产管理列为证券公司的经营范围之一(第125条第6项)。2019年该法修订后，证券公司经营范围中删除证券资产管理一项，另增一款规定(第120条第3款)：“证券公司经营证券资产管理业务的，应当符合《中华人民共和国证券投资基金法》等法律、行政法规的规定。”此项修改，使《证券法》规定能与《证券投资基金法》相衔接。《证券投资基金法》一方面将公开募集基金列为限制经营范围(须经注册)，另一方面规定基金管理公司等可经营公开募集基金业务、公司及合伙企业可经营非公开募集基金业务，故证券资产管理已非证券公司专营的业务。《证券投资基金法》对证券投资基金实行分类管制，私募证券投资基金的管理人可以是一般公司或合伙企业，公募证券投资基金的管理人限于基

[3412] 卞耀武主编：《中华人民共和国信托法释义》，法律出版社2002年版，第95页。

[3413] 具体讨论，参见李宇：《民法总则要义：规范释论与判解集注》，法律出版社2017年版，第689~691页。

金管理公司或者经证监会按照规定核准的其他机构（该法第12条）。对于基金管理公司和基金托管人，则实行严格的批准制市场准入。[3414]

（2）行政法规未及更新

迄今，《信托法》第24条第2款所称的法律对受托人条件的另行规定，仅有《证券投资基金法》对基金管理人与托管人的资格限定，行政法规尚付阙如。《信托法》第4条所授权国务院制定的“信托机构组织和管理的具体办法”，至今未颁布。与日本、韩国和我国台湾地区不同，我国大陆并未制定专门的信托业法，立法计划亦未纳入信托业法。在一定程度上类似于信托业法的“信托公司条例”，尚处于草拟阶段，未见有草案公开征求意见。特别提及信托活动的行政法规有两部，均系在《信托法》前颁行。其中，1998年《非法金融机构和非法金融业务活动取缔办法》所欲取缔的非法金融机构，包括未经中国人民银行批准，擅自设立从事或者主要从事信托投资等金融业务活动的机构（第3条第1款）；非法金融业务活动，包括未经中国人民银行批准，擅自从事的非法信托投资等活动（第4条第1款第3项）。1999年《金融违法行为处罚办法》可视作《非法金融机构和非法金融业务活动取缔办法》的配套法规。《金融违法行为处罚办法》第28条第1款规定：“信托投资公司不得以办理委托、信托业务名义吸收公众存款、发放贷款，不得违反国家规定办理委托、信托业务。”上述两办法，均为1997年亚洲金融危机之后强化金融管制、防范金融风险的政策性举措。此种规定，在2001年《信托法》施行后，已有抵触上位法的嫌疑，因为《信托法》并未以强制性规定的形式要求受托人必须采用信托机构形式，且并未将信托活动划为金融业务活动。况且，上述行政法规中的强制性规定在司法实务中被理解为管理性强制性规定，不影响合同效力。有最高人民法院公报刊载的最高人民法院判决明确认为，《金融违法行为处罚办法》中的规定与合同效力无关，违反处罚规定不影响合同

[3414]《证券投资基金法》第13条规定：“设立管理公开募集基金的基金管理公司，应当具备下列条件，并经国务院证券监督管理机构批准：（一）有符合本法和《中华人民共和国公司法》规定的章程；（二）注册资本不低于一亿元人民币，且必须为实缴货币资本；（三）主要股东应当具有经营金融业务或者管理金融机构的良好业绩、良好的财务状况和社会信誉，资产规模达到国务院规定的标准，最近三年没有违法记录；（四）取得基金从业资格的人员达到法定人数；（五）董事、监事、高级管理人员具备相应的任职条件；（六）有符合要求的营业场所、安全防范设施和与基金管理业务有关的其他设施；（七）有良好的内部治理结构、完善的内部稽核监督制度、风险控制制度；（八）法律、行政法规规定的和经国务院批准的国务院证券监督管理机构规定的其他条件。”关于基金托管人的条件，参见该法第32条、第33条。

效力。[3415]该案判决虽非针对信托投资行为，但对于所谓非法信托经营行为，亦有参照意义。2021年5月1日起施行的《防范和处置非法集资条例》废止了《非法金融机构和非法金融业务活动取缔办法》，该条例未明确提及信托。

国务院办公厅《关于〈中华人民共和国信托法〉公布执行后有关问题的通知》称："在国务院制定《信托机构管理条例》之前，按人民银行、证监会依据《信托法》制定的有关管理办法执行。人民银行、证监会分别负责对信托投资公司、证券投资基金管理公司等机构从事营业性信托活动的监督管理。未经人民银行、证监会批准，任何法人机构一律不得以各种形式从事营业性信托活动，任何自然人一律不得以任何名义从事各种形式的营业性信托活动。"该通知体现了"营业信托由信托机构专营"的观念，可谓《非法金融机构和非法金融业务活动取缔办法》及《金融违法行为处罚办法》两部行政法规之余绪。该通知系其他规范性文件，不属行政法规，内容与《信托法》抵触，且未界定所谓"营业性信托活动"，亦无违反上述通知的法律后果，既无上位法依据，又不具可操作性。而营业性信托活动，应不包括非属营业行为的信托活动（例如，《信托法》第3条所称民事信托），故该通知亦不能被视作一体适用于所有信托活动的依据。但即使对于营业性信托活动，此后的法律发展显示，该通知事实上已被部门规章和其他规范性文件架空，详如下述。

（3）部门规章各据立场

在规章和其他规范性文件层面，原银监会等部门制定的规章和其他规范性文件对某些种类信托的受托人资格设定额外限制，如信贷资产证券化类规章和其他规范性文件。[3416]房地产投资信托类规章草案也曾尝试

［3415］ 西安市商业银行与健桥证券股份有限公司、西部信用担保有限公司借款担保合同纠纷案，载《最高人民法院公报》2006年第9期。

［3416］《信贷资产证券化试点管理办法》第16条规定："受托机构由依法设立的信托投资公司或中国银监会批准的其他机构担任。"《金融机构信贷资产证券化监督管理办法》第9条规定："信托投资公司担任特定目的信托受托机构，应当具备以下条件：（一）根据国家有关规定完成重新登记三年以上；（二）注册资本不低于五亿元人民币，并且最近三年年末的净资产不低于五亿元人民币；（三）自营业务资产状况和流动性良好，符合有关监管要求；（四）原有存款性负债业务全部清理完毕，没有发生新的存款性负债或者以信托等业务名义办理的变相负债业务；（五）具有良好的社会信誉和经营业绩，到期信托项目全部按合同约定顺利完成，没有挪用信托财产的不良记录，并且最近三年内没有重大违法、违规行为；（六）具有良好的公司治理、信托业务操作流程、风险管理体系和内部控制；（七）具有履行特定目的信托受托机构职责所需要的专业人员、业务处理系统、会计核算系统、管理信息系统以及风险管理和内部控制制度；（八）已按照规定披露公司年度报告；（九）银监会规定的其他审慎性条件。"

设置类似的限制。[3417]原银监会另有全面管制信托公司主体资格、经营范围、经营规则的规章，即《信托公司管理办法》，但并未一般性地禁止非营业机构担任受托人。《信托公司管理办法》的前身是2002年《信托投资公司管理办法》。《信托投资公司管理办法》第62条规定："未经中国人民银行批准……擅自经营信托业务的，按照《非法金融机构和非法金融业务活动取缔办法》，予以取缔，并予以处罚。"该办法所称"信托业务"，是指"信托投资公司以营业和收取报酬为目的，以受托人身份承诺信托和处理信托事务的经营行为"（第4条）。设立信托并由自然人或法人担任受托人，是否属于"信托业务"，不无疑问。就文义解释而言，所谓"业务"，类同于商法上的"营业"概念，须具备重复性，一次两次交易，不足以构成"业务"。替代《信托投资公司管理办法》的2007年《信托公司管理办法》仍维持信托业务的定义并规定："未经中国银行业监督管理委员会批准，任何单位和个人不得经营信托业务，任何经营单位不得在其名称中使用'信托公司'字样。法律法规另有规定的除外。"（第7条第2款）但新办法未再沿用旧办法上述关于罚则的条文，对于未经批准经营信托业务的行为未设任何处罚规定，似表明了管制立场的转变。作为2002年《信托投资公司管理办法》上述处罚规定之上位法依据的《非法金融机构和非法金融业务活动取缔办法》与《金融违法行为处罚办法》虽未作相应修订，但在2001年《信托法》施行后已有抵触上位法之嫌，不足以继续成为管制信托业务的依据。

《信托投资公司管理办法》与《信托公司管理办法》的上述规定，其立法依据似来自国务院办公厅《关于〈中华人民共和国信托法〉公布执行后有关问题的通知》。但此两规章与国务院办公厅《关于〈中华人民共和国信托法〉公布执行后有关问题的通知》相比，事实上并未成为非银行业系

[3417]《信托投资公司房地产信托业务管理暂行办法》（征求意见稿）第31条规定："信托投资公司开办不受信托合同份数限制的房地产信托业务，应事先取得中国银监会的业务许可，并具备下列条件：（一）公司提足各项准备金后，净资产不低于人民币5亿元；（二）从事信托业务的员工占员工总数的三分之二以上，其中具有房地产专业知识和背景的信托经理不少于4人；（三）具备完善的公司治理结构、房地产信托业务操作流程、风险控制机制和风险管理信息系统，且执行良好；（四）董事会应设立独立的风险控制委员会、包括有外部人士参加并由外部人士担任主席的审计委员会；（五）过去两年连续盈利且信托业务收入占公司总收入的60%以上；（六）过去两年办理的信托业务中，没有损害委托人或受益人利益的不良记录；（七）公司已累计发行房地产集合信托计划3次以上，且信托计划已经结束并实现预期收益；（八）最近两年没有受到金融监管部门的行政处罚；（九）中国银监会要求的其他条件。"第32条规定："信托投资公司依前条规定取得的业务许可两年内有效，每隔两年应向中国银监会重新申请。"该办法虽未颁行，但从我国金融监管的一贯思路来看，最终文本如能出台，仍难脱严格管制模式。

统发展营业信托的阻碍。例如，原保监会2006年发布的《保险资金间接投资基础设施项目试点管理办法》确立以信托形式运用保险资金的方式，与中国人民银行、证监会均无干系。又如，人力资源和社会保障部、财政部联合颁布的规章《企业年金办法》规定，企业年金应采用信托架构，并规定企业年金受托人可以是符合国家规定的法人受托机构，也可以是企业按照国家有关规定成立的企业年金理事会（第5条）。除了此类明文突破该通知限制的规章之外，另有关于资产管理的多部规章或其他规范性文件采取了“名非信托、实为信托”的规范设计，[3418]针对商业银行理财产品以及证券公司、期货公司等机构所管理的资产管理计划确立了借自《信托法》的财产独立性、信义义务等规定，成为在《信托法》体外运转的实质上的信托法制，实质意义上的营业信托的受托人因之扩至几乎所有类型的主要金融机构或其资产管理公司。此种体外运转现象直至依据《关于规范金融机构资产管理业务的指导意见》制定的《商业银行理财业务监督管理办法》与《证券期货经营机构私募资产管理业务管理办法》施行始近终结，这两部规章均明确采用信托法律关系的构成。至此，信托公司管理规章以及国务院办公厅《关于〈中华人民共和国信托法〉公布执行后有关问题的通知》的限制意义几乎丧失殆尽。

（4）实定法分析结论

受托人不具备信托机构资质，不影响信托合同的效力。我国现行法上并无法律、行政法规的强制性规定禁止信托机构以外的民事主体担任信托受托人。自然人、法人如仅在某一个或数个信托中担任受托人，而并未以此为业，则不构成“从事信托业务”，连行政违法亦不构成。未经批准从事信托业务的，受托人至多仅违反《非法金融机构和非法金融业务活动取缔办法》，但因该办法与《信托法》相抵触，至少不应作为确认合同无效的依据。仅在信托财产为证券等法律、行政法规规定限制经营或特许经营的财产的限度内，依信托合同约定经营（而非单纯持有或偶然处分）该种财产，其合同始构成违反法律的强制性规定。但即便在此情形下，确认合同无效亦非最佳解决方法。信托法的思路与合同法有所不同，在信托法原理之下，欠缺受托人不影响信托的效力，即不合格的受托人可以更换之，而不必以宣告信托无效为代价。尤其是在信托运营多时的情形，仅使不合格的受托人辞任或解任即足以满足规范要求，若确认信托无效，不

［3418］ 有学者称为“行信托之实，否信托之名，逃信托之法”。参见王涌：《让资产管理行业回归大信托的格局》，载《清华金融评论》2018年第1期。

仅徒令受益人利益落空，且有害交易安全，是对于违法行为课以过度之制裁，有违比例原则。

当然，即便与合同效力无关，纯粹从行政管理或公法制裁角度限定受托人须有特殊资质，亦欠缺正当性。就此而言，国务院办公厅《关于〈中华人民共和国信托法〉公布执行后有关问题的通知》等文件以及现行法关于公募证券投资基金的管理人、资产证券化信托的受托人的特殊资格规定，均有值得检讨的余地。

3. 关于受托人资格的深层次观念检讨

规定受托人须具备特殊资格的规范性文件，至少存在两大误区：第一，认为信托业是信托机构专营的领域；第二，严格管制信托受托人的市场进入。

（1）“信托机构专营信托业”论之谬误

信托业由信托机构专营的观念，背后是将信托业作为金融业对待的观念。此类观念实为错误理解信托本质之产物。信托法具有行为法和组织法的双重面向。从行为法视角观之，信托不过是财产管理的一种方式，以信托形式管理财产，与以委托等方式管理财产同列；从组织法视角观之，商业信托不过是商业组织的一种形态，与公司、合伙等并无本质区别。营业信托如以非金融资产（如不动产、一般动产、有限责任公司股权）作为信托财产，则信托活动更不属于金融业务。何以信托业务须归入金融业、须受金融监管？真正需要特别管制的，是以资金与证券为主要投资范围的公募证券投资基金，其业务属于广义上的证券业范畴，但基金法并非为信托专设，无论公募基金采信托、公司还是其他组织形式，均一体受制。至于其他种类的信托（包括资产证券化信托），只要不公开发行受益权凭证，均应回归于一般私法的调整机制；即使涉及公开发行，也只是如同上市公司一般适用证券法关于信息披露、内幕交易等特定事项的监管，而不是针对信托专设一套管制规定。尤具说明价值者，私募基金以证券资产管理为业，但因不具有公开募集的性质，无涉不特定人利益，故法律不列入限制经营或特许经营之范围，仅须向行业协会登记即可（《证券投资基金法》第89条），然则同以证券资产管理为业甚或不以证券资产管理为业的私募信托，法律法规若加以更强程度的管制，必然造成评价矛盾。例如，基金管理公司与客户订立资金信托合同，约定以此资金投资于房地产，本与金融活动无涉，但有判决以“洪范基金吉林分公司虽可以从事证券投资基金业务，但证券投资基金业务是特殊类型的信托业务，洪范基金吉林分公司仍不具备从事一般信托业务和其他类型信托业务的受托人资格”为由，认定该信托合同无效。[3419]

各种金融业，均有其应受特别管制的原因。银行业的本质业务为吸收公众存款、保险业的本质业务为经营公众的保险资金与经营射幸业务、证券业的本质业务为证券承销、保荐等确保证券市场整体性声誉的业务，[3420]均广泛牵涉公众利益与金融安全，故各国大多并列为金融业，加以特别监管。信托则不在此列。溯其起源，信托发端于以土地为主要信托财产形态的家事信托，与金融无涉；现代的信托虽大量涉及金融资产，但信托仍是一种普适于任何财产形态的一般化法律工具，不具有金融业的核心特征。

作为信托法母国的英美法系诸国，并无与银行业、保险业、证券业相提并论的信托业，更不存在针对所谓“信托业务”的一般性进入管制（或从业管制），所管制者，仅为信托公司及银行信托部门而已。例如，美国各州与联邦法对信托公司及从事信托业务的银行，从资本结构、内部治理到投资、贷款、使用票据、运用信托账户等多设有若干管制，[3421]并禁止一般公司在其名称中使用“信托”字样（除非依法获得授权或接受银行业监管机构监管）。[3422]美国法不容许非银行组织在其名称中使用“银行”字样，[3423]但没有任何特定的法律禁止当事人在商业组织（一般公司除外）名称中使用“信托”字样。[3424]而对信托公司的管制，主要作用在于保障信托公司的品牌声誉以使受益人或委托人便于选择受托人，同时避免不具有良好资质之机构以“信托公司”之名误导公众，绝非禁止其他组织或自然人担任受托人。此与银行业、保险业、证券业等显然不同。

[3419] 林玉芳与洪范基金管理有限公司吉林省分公司、洪范基金管理有限公司、长春市洪范今宇投资管理部（有限合伙）、兴业银行股份有限公司长春分行、吉林省恺丰典当有限公司信托纠纷案，吉林省长春市朝阳区人民法院（2018）吉0104民初3782号民事判决书。

[3420] 相比于银行业和保险业的稳定性，证券业的核心业务较具变动性。以我国而论，2019年《证券法》特别缓和了证券业的管制。2005年《证券法》规定的证券公司专营业务，包括证券经纪、证券投资咨询、与证券交易和证券投资活动有关的财务顾问、证券承销与保荐、证券自营、证券资产管理、其他证券业务（第125条）；未经国务院证券监督管理机构批准，任何单位和个人不得经营证券业务（第122条第2句）。2019年《证券法》增加列举证券融资融券、证券做市交易两种业务范围，但缩减了证券公司专营的业务，仅限于证券承销、证券保荐、证券经纪和证券融资融券业务（第120条第4款），至于其他业务，非证券公司的主体可以经营，只是未经国务院证券监督管理机构批准，不得以证券公司名义开展证券业务活动而已（第118条第2款）。

[3421] 例如，特拉华州法，Del. Code Ann. tit. 5，§ § 901-940。

[3422] 例如，特拉华州法，Del. Code Ann. tit. 8，§ 395。

[3423] 例如，纽约州法，N. Y. Banking Law § 669。

[3424] Tamar Frankel, *The Delaware Business Trust Act Failure as the New Corporate Law*, 23 Cardozo L. Rev. 325, 336（2001）.

即便就金融业而言，金融监管并非为某一商业组织形式专设，以证券投资为主业的公司或合伙，虽无证券投资信托之名，亦归入基金业而受同等监管。概言之，金融监管是依“行为”而定，非依“主体”而定。反观我国金融监管法制，依组织形式而分割条块，凡营业信托（商事信托），因有信托之名，无论其是否从事货币、证券等金融业务（即使是房地产信托、一般动产信托、股权信托、知识产权信托），依《非法金融机构和非法金融业务活动取缔办法》以及国务院办公厅《关于〈中华人民共和国信托法〉公布执行后有关问题的通知》，皆落入金融监管范围之内；而以证券投资为主业之公司（如名目繁多的投资咨询公司、投资管理公司之类），却可逍遥于金融监管体制之外。体系违反，甚为显然。

信托业由信托机构专营之类的观念，不仅有害于其他主体，而且有害于信托公司本身。首先，与管制性垄断相伴的条块分割，必然影响金融产品的相互激发与创新，并妨碍投资流通。[3425]其次，信托业由信托公司专营的观念（通常与信托公司应受严格监管的观念紧密联系）乃是一种形式化的管制思维，在此思维支配下，信托业不允许信托公司以外的其他主体涉足，然而，虽无信托之名却有信托之实的诸多营业，却可游离于信托业之外，诸如银行个人理财业务、证券公司客户资产管理业务、基金公司专户理财业务或资产管理业务等，实质上均为营业信托，却不必如同信托公司的信托业务一般受监管，且因多头监管体制下部门利益的分野及监管上的“探底竞争”（race to the bottom），受证监会等非信托业监管机构监管的信托业务，其监管力度往往低于对信托公司的监管，[3426]致信托公司实际

[3425] 例如，西南财经大学信托与理财研究所的报告指出，信托业是投资渠道最为广泛的行业，但信托公司的集合产品过于集中在一个领域，一方面反映出信托公司采用的投资渠道集中，另一方面反映出信托公司在其他领域的投资方式创新力度不足。张友、刘振盛：《证券信托受累大盘跌破面值 信托公司风险显露》，载《21世纪经济报道》2007年12月3日，第10版。

[3426] 典型例证为，中国证监会《证券公司客户资产管理业务试行办法》对证券公司资产管理业务的发行对象人数未作出限制，据此，证券公司办理“集合资产管理计划”时，可以向特定对象发行资产管理计划累计超过200人。而中国人民银行《信托投资公司资金信托管理暂行办法》第6条规定，信托公司的资金信托合同不得超过200份。200份之限意在确保信托计划募集行为不构成公开发行，但证监会的上述规章却未基于相同法律目的对证券公司资产管理计划公开发行设必要限制。尽管2005年《证券法》已明文规定向特定对象发行证券累计超过200人即构成公开发行（第10条），但因证券公司资产管理计划并非《证券法》所定义的证券，至少在形式上《证券法》并不能约束证券公司公开发售资产管理计划的行为。中国证监会2012年发布的《证券公司客户资产管理业务管理办法》废止前述《证券公司客户资产管理业务试行办法》，但仍未规定投资者人数限制，直至2013年修订后的该办法，始规定“集合资产管理计划应当面向合格投资者推广，合格投资者累计不得超过200人”（第26条第2款）。原银监会2007年发布的《信托公司集合资金信托计划管理办法》废除200份之限，但新增“委托人必须是合格投资者、单个信托计划的自然人人数不得超过50人”等限制；2009年修改后又有所缓和。

上处于比其他同业机构更不利的地位，有违公正监管原则。以《关于规范金融机构资产管理业务的指导意见》为代表的资管法制改革，有望改变原有观念，但“业法”的统合迄今尚未完成。

信托本是得为人人所用、其利益得由人人所享的一般性法律与经济工具，信托制度之所以能够不断发展，正是得益于无数个体（个人与各种组织）在自由竞争环境中的具体实践。将信托业务限定由金融机构专营，必将使信托沦为受政府特许之金融机构垄断的奢侈品，于信托运用发展绝无裨益，亦非国民之福。即便是对专业信托机构而言，垄断地位亦难免使其丧失发展创新的能力，最终导向一个全盘皆输的结局。

此外，在自然人任受托人的情形，信托业专营的观念更不应成为障碍。自然人在组织中任职，并非营业行为，而是职业行为。职业行为事关自然人的基本自由与生存保障，应受国家更强保护，非有正当事由，不得限制。自然人既得为公司的管理人（董事、经理等），亦得为合伙企业的合伙人，何以不能成为信托的管理人？即使一个自然人在多个信托中任受托人（正如一人兼任数家公司的董事），亦不构成营业行为。此处，尤其不能将“营业信托”与“职业信托”混为一谈。

（2）对受托人资格不应设垄断性管制

在某些领域，现行规定对受托人资格的严格管制，依然延续了传统的市场准入资格管制模式，客观上形成了少数机构瓜分市场的垄断格局。此种模式甚具检讨余地。

对受托人资格的高强度管制，首数公募证券投资基金业，其理由可归因于证券投资业的特殊性：公募基金面向公众投资者发行证券，涉及广泛的投资者利益乃至公众利益，故有特殊管制之必要。这也是各国公募证券投资基金业的普遍做法。不过，公募证券投资基金的特殊性，并不意味着必须采用全体受托人资格特殊管制的路径。公募证券投资基金普遍实行托管制。由于基金资产的特殊性（由货币与证券构成，特别易于挪用），法律强制实行管理和保管的分离，即由基金管理人负责资产的经营管理、由基金托管人负责保管资产。依各国法律的不同，基金托管人在不同程度上负有监督职责，对于基金管理人违反基金合同或违反法律的指示，有义务不予执行。此种托管制有别于一般公司和其他商业组织的做法，有效降低了证券投资基金运作的特殊风险。在此制度下，资质管制的重点在于托管人。托管人资质事关基金资产的基本安全，故各国法律大多要求由银行或类似机构担任，相比之下，对于管理人则不必如此严格。就管理人而言，从准入阶段对受托人加以事前管制，并非唯一途径；更有效的途径是事中、事后监管，即对受托人行为的监管。基金业最发达的美国法即采此路径。在美国法上，在管理型基金中，实际担当基金管理人角色的不是信托型基金的受托人（主要承担监督职能），而是作为外部当事人与基金缔约的投资顾问，但无论对于受托人抑或投资顾问，规范基金业的主要法律1940年《投资团体法》与1940年《投资顾问法》均未限定其积极资格，而是采取注册制和行为监管相结合的监管路径。原则上，任何人（包括自然人、法人等）均可从事投资顾问业务，但非经注册，不得经营投资顾问业务。[3427]为申请注册，申请人应向证券与交易委员会提交申请材料，载明其个人或组织状况、履历、业务性质、是否具有法定的不合格事由等，并应附具由独立的公共会计师签署的资产负债表和其他财务报表。[3428]证券与交易委员会经审查，认为不存在法定的不合格事由的，即应准予注册。[3429]法定的不合格事由，指向消极资格，包括以欺诈手段获取注册、曾有特定种类的犯罪行为、曾有故意违反证券类法律法规之行为、被处以市场禁入等。[3430]注册后证券与交易委员会发现有上述事由的，有权中止或撤销其注册。[3431]除注册条款外，1940年《投资顾问法》的条文偏重于对投资顾问的行为监管，诸如报告义务、[3432]禁止滥用非公开信息、[3433]禁止实施欺诈性交易行为和自己交易[3434]等。某些州证券法设有与联邦法类似的注册制与行为监管规定。[3435]

除公募证券投资基金的管理人外，我国法对资产证券化的受托人资格亦有严格限定。此种限定的正当性更弱于公募证券投资基金业，此归因于两种受托人职能之不同。资产证券化的受托人的职能一般限于持有特殊目的信托的资产，并不为信托从事积极的经营活动，而资产证券化交易文件禁止特殊目的信托从事特定目的以外的活动，以免招致额外经营风险，故特殊目的信托的活动主要限于将资产池（通常为金钱债权）中的本金与收入偿付投资者，但即便是收取债权、分配投资回报这些活动，亦委由服务商等其他主体处理，而无须受托人经手。对于仅承担如此有限

[3427] 15 U. S. C. § 80b-3(a).

[3428] 15 U. S. C. § 80b-3(c)(1).

[3429] 15 U. S. C. § 80b-3(c)(2).

[3430] 15 U. S. C. § 80b-3(e).

[3431] 15 U. S. C. § 80b-3(e).

[3432] 15 U. S. C. § 80b-4.

[3433] 15 U. S. C. § 80b-4a.

[3434] 15 U. S. C. § 80b-6.

[3435] 例如，特拉华州法，Del. Code Ann. tit. 6，§ § 73-301 to -305。

角色的受托人,实无必要课以过高的积极条件。

对某些行业的进入资格施加高强度管制(尤其是金融业),一种常见理由为,在转型期国家或相关行业尚处初阶的国家,相关市场尚未成熟,故有必要强化资格管制。此种认识易于陷入一种无法解开的认识论死结:市场如何才能成熟?国家过度管制下,市场难以充分发育。市场成熟系一种不断试错之过程,付出代价不可避免。正如疾病治疗方法依赖于人体自身的免疫系统,免疫系统需在与各种疾病斗争的过程中发育,不可能在真空环境中长成。又如,父母如欲使孩童学步,必须放手任其自为,若以其不够成熟为由而束之于怀抱,则孩童成长终生无望。更何况,政府之于市场,尚难与监护人相比——市场本身不够成熟完善,并不当然表明管制更为成熟完善。实际情况往往相反,在一个市场不够成熟的法域,政府管制由于缺乏必要的实践经验与制度准备,往往比市场本身更不成熟。

市场机制与国家管制的运行机理存在根本区别:市场机制由无数为自己利益最大化而行事、自己投入成本并自行承担风险的直接利害关系人驱动,国家管制者既不为其决策直接承担风险,又不为相关的市场行为投入成本,因此其反应机制通常比市场机制迟钝、不准确、效率低下——一个品德败坏的受托人可能耗尽受益人的毕生积蓄,却不影响监管官员安享薪金;一个技能拙劣的受托人可能使机构投资者血本无归,相关政府部门却不会因此倒闭。断言监管机制必然能够弥补市场机制之不足,依据何在?

而且,"市场不成熟论"忽视了以管制代替市场的现实后果:在既得利益群体控制与路径依赖等多重作用下,管制一旦形成,即不可能轻易消除;市场门槛一旦抬高,就不可能轻易降低。我国《证券投资基金法》的修法历程即为例证。[3436]再者,监管者本身亦为理性经济人,其自身利益目

[3436] 降低基金管理人门槛,在《证券投资基金法》修订前已为论者所主张。时任中国证监会副主席的桂敏杰表示,该法的部分内容已不再完全适应当前基金业发展和市场监管的需要,比如,过高的市场进入门槛,不利于形成更充分的市场化竞争;过严的投资限制局限了基金管理人的运作空间。参见商文:《箭在弦上 基金业"变法"思路隐现》,载《上海证券报》2008年1月21日,C1版。在修法过程中,有的单位提出,基金管理公司是投资服务机构,规定其主要发起股东具有金融业务背景,既没有必要,又会加强实践中证券公司、商业银行等金融机构对设立基金管理公司的垄断,不利于竞争,建议删去该限制条件。参见《地方和中央有关部门对证券投资基金法修订草案的意见(一)》,载李飞主编:《中华人民共和国证券投资基金法释义》,法律出版社2013年版,第337页。有的协会提出,对主要发起股东具有金融业务背景的限制,除可能导致垄断外,金融机构运作基金注重短期获利,而不注重对优质上市公司的长期战略投资,不利于相关产业的健康发展,故建议在设置合理准入门槛基础上,允许其他行业的主体成为基金管理公司的主要发起股东,打破金融行业的垄断。参见《中央有关部门和行业协会对证券投资基金法修订草案的意见》,载李飞主编:《中华人民共和国证券投资基金法释义》,法律出版社2013年版,第357页。但2012年修法时,并无实质性改观。

标与法律为监管设定的正当目标未必一致，轻易动用监管机制的弊端更为突出。[3437]在严格的资格管制体制下，事实上形成一种高强度的行政性垄断，有效竞争无法展开，市场何以发展？由此将堕入恶性循环的怪圈：市场越不成熟，越要强化进入管制；管制越强，市场越难成熟。

高强度行政管制模式的一个前提为，监管机构的判断力与责任心胜过市场主体。这一前提难以成立。法律不对受托人资格设置强制性要求，并不意味着资质低劣的受托人就会在市场之中大行其道。与受托人资格具有最密切利害关系的受益人，当然会倾向于选择资质较优的受托人。以美国市场为例，尽管法律未限定受托人资格，委托人也会在信托文件中自行设定受托人的条件。而对于证券投资基金，无论是作为监督者的受托人还是作为管理者的投资顾问，法律并未设置积极资格限制，而是对投资顾问实行注册制管理，依靠信息披露的法定要求促进管理者市场的竞争。优良的管理者群体，不可能在严格的法定门槛与密集的行政干预之下形成，而必须依靠充分的市场竞争。英美信托法的实践已为此提供充分证据——立法垄断受托人资格，从未成为普遍现象，受托人资质的不断优化乃是市场竞争之产物。美国联邦与州政府有时对机构受托人施加管制压力，但此类管制系对普通信托欠缺市场治理机制之回应，并不足以替代市场。[3438]管制本身亦有诸多缺陷。诚如学者所指出的，缺乏市场约束或为政府对（普通信托）机构受托人加强管制的原因，但基于执行标准、执行力度不一等原因，行政管制不足以替代市场约束，其效用有限；[3439]管制的严格程度与执行力因地而异，并且仅着眼于管制受托人的特定行为；对管制者的恐惧并不足以阻吓受托人之中试图通过一次性自己交易获利的机会主义者；[3440]因相关市场已被管制排斥，当受托人管制规范不能抑制机会主义行为时，更无市场能够填补其

[3437] 公共选择理论对此问题已有深入研究。参见［美］詹姆斯·M.布坎南、戈登·塔洛克：《同意的计算——立宪民主的逻辑基础》，陈光金译，中国社会科学出版社2000年版；Mancur Olsen, *The Logic of Collective Action*（1965）；Sam Peltzman, *Toward a More General Theory of Regulation*, 19 J. L. & Econ. 211（1976）。

[3438] Melanie B. Leslie, *In Defense of the No Further Inquiry Rule*: *A Response to Professor John Langbein*, 47 Wm. & Mary L. Rev. 541, 562 n. 105（2005）.

[3439] Melanie Leslie, *Trusting Trustees*: *Fiduciary Duties and the Limits of Default Rules*, 94 Geo. L. J. 67, 83 n. 85（2005）.

[3440] Melanie B. Leslie, *In Defense of the No Further Inquiry Rule*: *A Response to Professor John Langbein*, 47 Wm. & Mary L. Rev. 541, 562 n. 105（2005）.

漏洞。[3441]

综上,有效率的法律制度,应将受托人资格之类的问题,主要交由"最密切利害关系人"处理。如此,即使某个信托的受益人判断失察、遇人不淑,受害者亦仅限于这一个信托、这一群受益人。反之,将关键抉择交由监管机构作出,实质上是由广大市场主体承受监管机构判断失误与纠错滞后的成本、[3442]承受因"监管垄断"或行政性垄断所导致的效率损失与公平扭曲。信托法设定受托人积极资格的法定限制,实无必要。现行法关于特殊类型受托人的规定,应以确立消极资格之底线和侧重于行为监管为改进方向。

(3)对受托人资格不应设歧视性管制

《信托法》第24条第1款规定受托人应为具有完全民事行为能力的自然人、法人,这对于自然人受托人和法人受托人固然足够宽松,但未列出非法人组织(当时法律称为其他组织),仍有缺漏。对此立法空白,解释可能性有二:一是立法者疏未列举非法人组织,构成法律漏洞,应予填补;二是意指非法人组织不得担任受托人,乃是立法者有计划地不作规定,因而不构成法律漏洞。鉴于《信托法》在提及委托人、受益人资格时均将自然人、法人与其他组织并列(第19条、第43条第1款),在受托人资格条文中不提其他组织,似有排除其受托人资格之意;但同时又无立法资料显示立法者确有此意。就实质上理由而言,排除非法人组织的受托人资格,并无正当性。非法人组织信用未必弱于法人,不存在普遍化的证据足以证明非法人组织不适合担任受托人。且我国民商法普遍认可非法人组织的权利能力与行为能力,尤其是2017年《民法总则》专章规定非法人组织、体系化地提升其地位之后,若将上述规定理解为歧视性待遇,有悖于民法的平等原则。《证券投资基金法》的改进,更为合理。该法原先规定,基金管理人须为基金管理公司(第12条第1款),2012年修订时增加合伙企业或其他机构可担任基金管理人的规定(第12条)。因此,在立法论上,将来应修改《信托法》的本款规定,明文增补非法人组织;在解释论上,应认为法律并未对非法人组织设有禁止性或强制性规定,非法人组织在证券投资基金以外的信托中担任受托人

[3441] Robert H. Sitkoff, *Trust Law, Corporate Law, and Capital Market Efficiency*, 28 J. Corp. L. 565, 570-71(2003).

[3442] 管制错误、管制低效之类不致对监管机构自身利益发生重大损害,机构中诸多具体办事者更不致承担实质性成本。

的，信托或信托文件的效力不受影响，亦不构成该受托人应被解任的理由。

4. 小结

信托业务须由信托机构专营、信托业属于金融业之类的观念，误解了信托的本质，不应成为解释论和立法论的依据。信托业务由信托公司专营的观念，在现行法上可溯源至1998年《非法金融机构和非法金融业务活动取缔办法》，但2001年《信托法》并未体现此种观念。《信托法》第4条的含糊之处，可通过增加一个“的”字予以消除，即该条真意实为“受托人采取信托机构形式从事信托活动的，其组织和管理由国务院制定具体办法。”《信托法》未限定受托人的资格，比旧法更为合理，应作为下位法之圭臬。即便将来制定信托公司管理条例，亦不应规定信托业务由信托公司专营。《证券投资基金法》等特别法关于特种信托受托人资格的管制，宜调整至更具效益的监管规范，其违反效果不应是合同无效，而应作为受托人更换的事由。

（三）消极资格

信托受托人资格未受到公司董事般的限制。我国《公司法》对董事、监事、高级管理人员消极资格有明确限定，[3443]旨在对曾有或可能有不当行为者施加市场进入限制与惩戒。信托法上，凡完全行为能力人皆可担任受托人。信托法之所以不必采纳类似于公司董事资格限定的制度，原因至少有三。

其一，灵活性为非公司企业相对于公司的根本优势之一。除非有必要理由及实质上的相似性，不宜照搬公司法规定。对董事资格作出特别限定，缘于公司法发展过程中不适格董事滥用公司制的特定历史背景。信托法无此背景，且商业信托本身即作为与公司并行的商业组织产品而投入制度市场，有必要保持一定的差异性，以适应不同类型企业的多样化

[3443]《公司法》第146条第1款规定：“有下列情形之一的，不得担任公司的董事、监事、高级管理人员：(一)无民事行为能力或者限制民事行为能力；(二)因贪污、贿赂、侵占财产、挪用财产或者破坏社会主义市场经济秩序，被判处刑罚，执行期满未逾五年，或者因犯罪被剥夺政治权利，执行期满未逾五年；(三)担任破产清算的公司、企业的董事或者厂长、经理，对该公司、企业的破产负有个人责任的，自该公司、企业破产清算完结之日起未逾三年；(四)担任因违法被吊销营业执照、责令关闭的公司、企业的法定代表人，并负有个人责任的，自该公司、企业被吊销营业执照之日起未逾三年；(五)个人所负数额较大的债务到期未清偿。”类似立法，参见Company Directors Disqualification Act 1986(英国法)；我国台湾地区“公司法”(第192条准用第30条)。

需要，因此缺乏强制干预的必要性与正当性。[3444]

其二，公司董事须由自然人担任，对董事资格作出法定限制似乎更显重要。现代商业信托时常由法人或非法人组织担任，沿用公司法模式缺乏基础。

其三，董事资格法定限制制度本身具有若干缺陷。商业信托法不必重蹈覆辙。

缺陷之一，失格的要件过于模糊。董事个人因经营或消费而负债实乃常事，何谓个人所负“数额较大的债务”，难有明确标准，易滋争讼。[3445]对董事不满的个别股东，得以利用此种模糊规定挑起关于董事资格的诉讼，扰乱公司运营、谋取不当利益。[3446]公司的合同相对人因合同于己不利而欲毁约，亦可利用法律主张董事选任无效（从而董事代表公司所订合同亦无效）以逃避义务。此种策略虽未必能够成功，但风险不可忽略。

缺陷之二，失格的后果难以操作。《公司法》第146条第2款规定：公司违反规定选举、委派董事、监事或者聘任高级管理人员，选举、委派或者聘任无效；董事、监事、高级管理人员在任职期间出现丧失资格的情形的，公

[3444] 合伙法未采纳类似于董事资格限制规则，有相似考虑。我国《合伙企业法》修订过程中，修订草案参照《公司法》关于担任公司董事、监事、高级管理人员的消极资格的规定，在第26条第3款对受托执行合伙事务人员的消极资格作出规定，即因经济犯罪执行刑罚期满未逾5年的、因个人责任造成企业破产或违法被注销营业执照未逾3年的，都不得受托执行合伙企业事务。2006年6月法律委员会关于本法修订草案二次审议稿的汇报中提及，有的常委委员、专家提出：“修订草案的规定过于严格。根据合伙企业法的基本原理，普通合伙人都有权执行合伙事务，如果禁止其中一些合伙人受托执行合伙事务，就意味着这些人不能成为普通合伙人。对于有犯罪或违法前科的人员，接受处罚或刑满释放后自谋出路组建合伙形式的小企业，应与其他公民享有同等的权利，不宜限制其成为普通合伙人。此外，合伙企业毕竟与公司形式的企业不同，多为中小企业，具有很强的人合性，哪些人可以受托执行合伙事务应由合伙人自己决定，法律不宜限制过多。”全国人大法律委员会副主任委员洪虎：《全国人大法律委员会关于中华人民共和国合伙企业法（修订草案）修改情况的汇报》（2006年6月24日在第十届全国人民代表大会常务委员会第二十二次会议上），载《全国人民代表大会常务委员会公报》2006年第7期。三次审议稿删去该规定，理由谓：“许多常委委员提出，草案对受托执行合伙企业事务的合伙人所规定的消极资格过于严格，既不符合合伙企业人合性很强的特征，也不适应扩大就业的需要，在这个问题上不宜照搬公司法的有关规定。法律委员会经研究，建议将这一款删去。”全国人大法律委员会副主任委员洪虎：《全国人大法律委员会关于〈中华人民共和国合伙企业法（修订草案）〉审议结果的报告》（2006年8月22日在第十届全国人民代表大会常务委员会第二十三次会议上），载《全国人民代表大会常务委员会公报》2006年第7期。

[3445] 所谓数额较大，是相对于董事个人资产而言，还是相对于公司资产而言？即使能够择定其一，仍将面临下列问题：董事资产或债务系动态数额，随时可能变动，是否以选任时点为判断基准？如答案为是，则选任后发生较大债务，同样存在危险，却可逃离管制，岂不悖于董事失格制度之目的？如答案为否，则在董事任期内任何时点，只要出现负债较大之情形，他人即有可能趁虚而入，主张董事失格。

[3446] 例如，公司为求快速解决争议，免因董事缠讼而致公司运营受损，而通过和解等途径向股东妥协。

司应当解除其职务。此类规定，颇多疑义：第一，无效是自动无效还是须经法院判决确认？如须经法院裁判，何人有权提起无效之诉？第二，公司有义务解除失格董事之职，但不履行此项义务之后果如何？法无明文，且难以制定妥当的解决方案。[3447]

缺陷之三，失格的效力有害交易安全与交易效率。公司违规选举、委派无效，致董事身份无效。董事已代表公司所为行为如因之无效，将危及交易安全。[3448]此外，将为公司实施机会主义行为大开方便之门。[3449]即使为保护第三人，解释为"董事选举无效不得对抗第三人"，至少董事对内行为应为无效，难免影响公司运营、引发资源浪费，例如，董事制定的公司制度无效、董事会决议无效等。

概言之，董事消极资格制度，一方面易沦为空文，另一方面易遭滥用，发生意外之害。法定的消极资格制度，反映出一种家长主义思维。董事资格密切关系投资者利益，投资者自身有足够动机与能力选择适格董事，由投资者、董事自律组织、管理者市场评估机制、证券交易所等要素构成的市场机制有能力自行解决这一问题，[3450]无须强行法管制。非公司企业法无此传统，更不必援用。至于公募证券投资基金监管法对特定人员的市场禁入，[3451]因涉及公众利益保护，在政策上有一定合理性，乃是一种例外。

[3447]　为避免此义务沦为空文，可行的对策似不外乎下列几种：规定股东有权申请宣告董事选举无效或请求公司履行解职义务；规定债权人等利害关系人有权申请宣告董事选举无效或请求公司履行解职义务；规定公司登记机关有权责令改正。第一种方案易生个别股东敲诈公司或董事之弊，第二种方案给予第三人干预公司内部运营的机会与权限，不合现代公司治理结构的权限配置，且有第三人滥权风险；第三种方案赋予公权力机关过大权限，且登记机关本身缺乏积极介入公司内部事务的动因。

[3448]　第三人难知董事有无法定资格，在现实交易中一般也不可能深入探究董事资格（查究交易伙伴的董事资格会被理解为不友好的举动，有碍合作）。

[3449]　例如，公司董事与相对人订立合同后，因合同履行于己不利，即制造丧失行为能力的医学证据或个人大额负债的证据，以董事选举无效为由否定合同效力。

[3450]　例如，理性的股东不可能将公司经营管理大权交给资信记录恶劣之人。选任董事前，股东有足够动因与能力了解、判断董事的资格。董事如隐瞒犯罪经历或不良信用状况，股东可解任董事，并以欺诈为由追究其民事责任。

[3451]　例如，美国1940年《投资团体法》禁止特定人担任投资团体的受雇人、高级管理人员、董事、顾问委员会成员、投资顾问（包括履行投资顾问职能的公司制受托人或其他受托人）、存管人、主承销商，相关禁入规定包括法定禁入、行政禁入、司法禁入。15 U. S. C. § 80a-9（a），（b），（g）. 我国《证券投资基金法》对基金管理人与基金托管人的董事、监事等从业人员设有禁入规定（第15条、第34条）。

第二节　受托人的职位

一、总体特色

关于受托人任免、任期、共同受托人等受托人职位事项，美国商业信托法采取完全自治立场，不仅未设强行规范，甚至罕有任意规范与选入式规范。在商业信托法空白之处，虽有补充适用普通信托法之余地，但商业信托的判例法和交易习惯已在相当程度上取代了普通信托法相关规则的地位。商业信托法的此种总体状态，较之普通信托法与公司法上常有强行规范，远为自由，其自治精神，与其他非公司企业法一致，而合伙法、有限责任企业法设有任意规范，[3452]商业信托法则应之以近乎纯粹空白的"立法无为"之道，规范模式上更趋宽松。非公司企业法的立法思想在于，此类事项由企业组织文件自行处理最为适当。法律难以（如果不是不可能）设计出各种企业在各种情形皆能接受的任意规范。[3453]而对于小型企业而言，尽量取消法定要求尤为重要，因为管理者年度会议之类成本过高。[3454]

加拿大统一法委员会起草的2008年《统一收入信托法》规定，收入信托的受托人由受益人会议选任（第11条），受益人会议经简单多数决即可解任受托人（第12条）。此为一种组织化的选任机制，类似于公司。虽然该法采用较详细的任意规范的形式（该法第11条设九款规定受托人的选任），而有别于美国最新一代商业信托法的选入式规范模式，但同样彰显出商业信托与普通信托在受托人选任问题上的差别。

二、受托人的选任

（一）一般情形

关于受托人的选任，商业信托法与普通信托法有所区别。

其一，普通信托受托人的选任常有提名与接受选任等多个环节。[3455]

[3452] 合伙法与有限责任企业法多未详定普通合伙人、经理的任免。《典型有限责任企业法》仅规定，除有限责任企业协议另有约定外，经理任免与更换由全体成员过半数决定。至于任免的具体条件与程序，法无细文，普通合伙人或经理可无限期任职，可有限期任职，可由投资者通过年度会议任免或依其他事由任免。

[3453] American Bar Association's Prototype Limited Liability Company Act § 401 cmt.(1992).

[3454] American Bar Association's Prototype Limited Liability Company Act § 401 cmt.(1992).

[3455] 详见Uniform Trust Code § 701。

与此不同，商业信托由合同创设，受托人一般作为合同一方当事人缔约，且制定法商业信托成立证书须由受托人签署，兼因受托人本身定义即为商业信托文件选任为受托人之人，事实上难以发生先提名受托人、次由受托人接受提名或发生受托人不接受职位时重新提名受托人等复杂问题。商业信托法因此无须就初任受托人选任事项详作规定。关于受托人选任的普通信托法规则，多不适用。

其二，普通信托文件未选任受托人的，法院有权指定受托人。[3456]受益人选任受托人之权被严格限定。[3457]其原因无非是法院基于衡平法传统，有权干预信托运作。又因普通信托多为遗产规划，委托人去世后，倘发生提名为受托人之人不接受职位、死亡、丧失行为能力等事由，实无恰当人选可担选任受托人之责（受益人本为被照顾者，在委托人之期待中无此能力与权力），法院堪当其任。作为投资者的商业信托受益人，地位迥异于普通信托受益人，且通常是剩余索取权人，系经济学意义上的企业"所有者"，选择管理者之权由受益人享有，顺理成章，无须法院介入。因此，商业信托受托人不由法院指定，法院无指定受托人之权，除非商业信托文件订定特定情况下可向法院申请指定受托人。[3458]

关于选任权人，实务中，普通信托受托人一般由委托人选任或在信托文件中载明选任方法。商业信托法一般无强行要求。[3459]因剩余索取权人为受益人，委托人仅为设立人，商业信托通常将选任、解任受托人之权授予受益人，并订定相应的受益人会议（年度会议或特别会议）程序。[3460]资产证券化稍显特异：委托人通常为交易的整体安排者，故初始受托人常由委托人选任，但继任受托人仍由受益人选任。决定性的因素不是法律要求，而是经济考虑，除非有特别的强行法要求。[3461]

关于受托人的任期，概由商业信托文件自定。可设任期限制，可为永

[3456] Restatement (Third) of Trusts § 34 (2003).

[3457] 受益人如依普通信托文件条款享有终止或变更受托人之权，纵无信托文件另行授权，亦有权指定受托人以填补受托人缺位或解任受托人；在其他情形，非经信托文件授权，受益人无权选任受托人。Restatement (Third) of Trusts § 34 cmt. c (1) (2003).

[3458] 当然，对受托人之指定存在合法性争议时，可诉讼解决。Lambach v. Anderson, 228 Iowa 1173, 293 N. W. 505 (1940).

[3459] 商业信托文件可订定受托人与受益人享有并行的受托人指定权。此时，任何一方先行指定新受托人补缺的，即排除另一方行使指定权。Lambach v. Anderson, 228 Iowa 1173, 293 N. W. 505 (1940).

[3460] Hecht v. Malley, 265 U. S. 144, 44 S. Ct. 462, 68 L. Ed. 949 (1924); State Street Trust Co. v. Hall, 311 Mass. 299, 41 N. E. 2d 30, 156 A. L. R. 13 (1942).

[3461] 例如，美国1940年《投资团体法》要求基金受托人原则上须由多数受益人选举产生。15 U. S. C. § 80a-10.

久任职；可为确定期限，亦可为不确定期限，如任职至死亡、丧失行为能力或辞任止，[3462]远比公司法自由。公司法往往对董事设有任期限制，[3463]其目的在于防止董事职位永久化，但同时亦造成董事职位不稳定，影响企业运营。利弊权衡，并非易事，立法方案，未必最优。商业信托法放任当事人自决，与其他非公司企业法的灵活立场一致。

关于违规选任之后果，依美国判例法，违反商业信托文件关于受托人选任或选任的实体或程序条款的，选任无效。[3464]但违反程序的微小瑕疵，如无损于受益人权益，则未必导致选任无效。例如，商业信托文件订定，选任受托人应通知受益人的，通知受益人并非受托人任职资格的前提条件，因为未获取通知并不损害任何受益人的权利。[3465]受托人的选任不因未通知受益人或其他受托人而无效。[3466]

（二）继任受托人的选任

1. 受托人缺位

受托人辞任、死亡、丧失资格等事由发生时，受托人缺位，[3467]发生选任继任受托人问题。继任受托人承受初始受托人的法律地位。[3468]

依普通信托法，共同受托人之一缺位但至少有一个受托人在位时，除信托文件另有订定外，法律不要求补缺。[3469]但不影响法院在认为增补受托人将促进信托管理更优化之时，运用固有的衡平法权力指定增补受托人（additional trustee）或特别信义义务人（special fiduciary）。[3470]此项法院权力过于自由，可能妨碍商业确定性，且商业信托通常设有自治机制解决未能预见之问题，故商业信托法无须采纳。

[3462] Oklahoma Fullers Earth Co. v. Evans, 179 Okla. 124, 64 P. 2d 899(1937).

[3463] 我国《公司法》(第45条第1款、第108条第3款)与我国台湾地区“公司法”(第195条)限定董事任期为3年。

[3464] Oklahoma Fullers Earth Co. v. Evans, 1937 OK 79, 179 Okla. 124, 64 P. 2d 899(1937); In re Carriage House, Inc. , 120 B. R. 754(Bankr. D. Vt. 1990), opinion aff' d, 146 B. R. 352(D. Vt. 1992); Looney v. Wing, 195 S. W. 2d 557(Tex. Civ. App. Fort Worth 1946)(未获商业信托文件授权而指定继任受托人的，无效).

[3465] Oklahoma Fullers Earth Co. v. Evans, 1937 OK 79, 179 Okla. 124, 64 P. 2d 899(1937).

[3466] 860 Lake Shore Drive Trust v. Gerber, 19 Ill. App. 2d 1, 153 N. E. 2d 253(1st Dist. 1958).

[3467] Stewart v. Solomon, 316 Pa. 236, 175 A. 498(1934)(受托人死亡时，职务终止).

[3468] 例如，原受托人对信托财产存在瑕疵的知情，及于继任受托人。Bisbee v. Mackey, 215 Mass. 21, 102 N. E. 327(1913).

[3469] Uniform Trust Code § 704(b).

[3470] Restatement(Third)of Trusts § 34 cmt. e(2003); Restatement(Second)of Trusts § 108 cmt. e(1959); Uniform Trust Code § 704(e)& cmt.

商业信托监管法对公募型证券投资信托受托人设有最低人数要求的，在共同受托人之一缺位致受托人人数不能满足法定要求时，受益人会议应补选受托人；在此之前，受托人应有义务补选临时受托人。

法律未设受托人最低人数要求的，受托人缺位时，应依商业信托文件补缺。[3471]商业信托文件未订定补缺程序的，适当的默认规则为，选任继任受托人适用选任初任受托人的条款；商业信托文件未订定初任受托人选任的，由受益人决议选任继任受托人。受益人为剩余索取权人，由其掌握选任继任受托人的权利，符合经济法则，多为实际交易所取。[3472]为避免在选任继任受托人问题上出现僵局或发生滥用权利情形，商业信托文件亦可对选任继任受托人的条件或程序设定限制。[3473]

2. 选任继任受托人的顺序

英美普通信托法上，继任受托人的顺序为：信托条款选任之人；全体合格受益人一致同意选任之人；法院指定之人。[3474]法院指定继任受托人时考虑的因素包括：委托人的目标与可能的意愿以及信托条款提供的指引；受益人的利益与期望；促进信托的适当管理。[3475]上述规则不适于商业信托：其一，合格受益人为普通信托法的概念，商业信托法无此概念；其二，要求受益人一致决定过于僵化；其三，由法院当然享有指定受托人之权，不合商业信托的本质；其四，即使商业信托文件订定继任受托人由法院指定，法院指定继任受托人时应以信托文件各方当事人共同目的为考虑因素，委托人目标与可能的意愿并非单独考虑因素或主要考虑因素。

我国《信托法》第40条规定选任新受托人的顺序依次为：信托文件规定；委托人选任；受益人选任。该规定赋予委托人优先于受益人的权利，

[3471] Lambach v. Anderson, 228 Iowa 1173, 293 N. W. 505(1940).

[3472] 例如，Looney v. Wing, 195 S. W. 2d 557(Tex. Civ. App. Fort Worth 1946)。即使在证券化交易中，发起人对受托人的选任有发言权，关键的决定权通常仍被赋予受益人。交易实例，参见CMS Energy X-TRAS Pass Through Trust I, Amended and Restated Pass Through Trust Agreement § 7.09(f)(1998)(受托人缺位时，发起人应立即选任继任受托人；受托人辞任后1年内，多数受益人可向发起人发出选任新受托人的指示，由发起人认可，但发起人不得不合理地拒绝认可)。

[3473] 交易实例，如有信托协议约定："依本协议约定方式未能选出继任受托人的，持有受益权凭证6个月以上的善意持有人，可代表处于类似地位的其他受益人，申请法院指定继任受托人。" CMS Energy X-TRAS Pass Through Trust I, Amended and Restated Pass Through Trust Agreement § 7.09(f)(1998). 又如，信托协议约定：管理受益人(信托交易的实际设计人)60日内未选任继任受托人的，辞任的受托人可申请法院指定继任受托人。DB Multi-Sector Commodity Master Trust, Amended and Restated Declaration of Trust and Trust Agreement § 2.1(2006).

[3474] Uniform Trust Code § 704(c).

[3475] Restatement(Third) of Trusts § 34 cmt. f(1)(2003).

与商业信托委托人的实际地位与功能不符，不适合商业信托。受益人作为与受托人任免具有最密切利害关系之人，应对选任新受托人享有关键的决定权。

(三)不要求受托人的履职担保

依普通信托法，在制定法、信托条款或法院命令有要求时，受托人应提供履职担保(performance bond)。[3476]法院有权决定担保的条款、责任、担保金数额，亦有权随时变更、终止担保或代之以另一种担保。[3477]提供担保的费用通常从信托财产中支出。[3478]

履职担保旨在为普通信托提供特殊保护。商业交易当事人应自担风险，不必由制定法或法院命令特设履职担保加以保护。因此履职担保规则不适用于商业信托，各州商业信托法亦无此要求。

三、受托人的辞任

(一)辞任的条件与程序

普通法上，普通信托受托人一旦接受受托人职位并签署信托文件，不得辞任，仅在有下列情形之一时，始得辞任：依信托条款订定；经全体受益人同意；经法院准许。[3479]

要求辞任须经全体受益人同意，实际上缺乏意义，因绝大多数普通信托将受益权授予未出生、无行为能力或尚未确定的受益人，[3480]以致只要信托条款未订定辞任，关于辞任的争议就将涌向法院。[3481]为减少讼累，并鉴于信托条款的通行起草实务是放宽受托人的辞任条件，默认规则应反映标准化的起草实务，《统一信托法典》改采伊利诺伊州、密西西比州等多州制定法的规则，规定："受托人有下列情形之一时，可随时辞任：(1)提前三十日通知合格受益人、在世委托人与其他共同受托人；(2)经法

[3476] Restatement(Third) of Trusts § 34(2003).

[3477] Uniform Trust Code § 702. 法院决定担保事项之权限，属强行规定。Id. § 105.

[3478] Restatement(Third) of Trusts § 34 cmt. a(1)(2003).

[3479] David Hayton, Paul Matthews, & Charles Mitchell, *Underhill and Hayton Law Relating to Trusts and Trustees* 980(18th ed. 2010)(英国法)；Restatement(Third) of Trusts § 36(2003)(美国法). 同意要件因情形而异：在委托人保留废止权的信托中，经委托人同意，受托人可辞任。Restatement(Third) of Trusts § 36 cmt. b(2003).

[3480] Restatement(Third) of Trusts § 36 Reporter' s notes(2003).

[3481] 法院准许受托人辞任的标准并不清晰，充满不确定性。Restatement(Third) of Trusts § 36 Reporter' s notes(2003).

院准许。”[3482]

商业信托文件可授予受托人辞任权。[3483]商业信托实务更倾向于容许受托人随时辞任。对于特殊的商业信托，有立法明文规定限制辞任的时间。[3484]辞任的自由化，有实质性的正当基础：受益人与受托人之间的最大信任为信托的基础，受托人如对继续履职已丧失信心或意愿，却又无法取得全体受益人同意，无非有两种选择：一是诉诸法院，二是勉强留任。前者增加讼累，后者不利于信托及其受益人。[3485]

不过，商业信托法关于辞任的默认规则，应有别于普通信托法：“受托人辞任时，应提前通知商业信托文件约定有权选任受托人之人；商业信托文件未约定选任权人的，应通知受益人。有其他共同受托人的，并应通知其他共同受托人。辞任无须通知委托人。”要求通知有权选任受托人之人，旨在确保受托人选任的顺利衔接；要求通知其他共同受托人，旨在确保共同受托人照料其职；不要求通知委托人，系因委托人并非商业信托文件的当事人。

商业信托文件可视实际需要变通辞任条件或程序。在某些特定交易中，受托人辞任可能影响到为商业信托提供服务的外部人，或者因受益人过于分散而难以通知，可设置适合具体情境的辞任程序。[3486]

我国《信托法》采纳类似于美国普通法的规则，辞任须经委托人与受益人同意（第38条第1款）。此种规定不符合信任关系的本质。妥当的默认规则应为容许受托人随时辞任，但应提前通知受益人与其他共同受托人。

（二）辞任与受托人义务

辞任权为受托人的权限（power pf resignation）。[3487]与受托人其他权

[3482] Uniform Trust Code § 705 & cmt. 在可废止信托情形，辞任须通知委托人，无须通知受益人。Id.

[3483] 13 Am. Jur. 2d Business Trusts § 48（2007）.

[3484] 关于单位投资信托，美国1940年《投资团体法》规定，受托人（或托管人）仅在下列两种情形之一发生时始得辞任：其一，基金完成清算，且清算所得已分配于基金份额持有人；其二，符合法定资格的继任受托人（或托管人）已被选任并已就任。15 U. S. C. § 80a-26（a）（3）.

[3485] 即使普通信托法也意识到此问题。法院准许受托人辞任时，对确定辞任的条件有自由裁量权。裁量权之目的，非为强迫受托人提供服务，而是为保护受益人之利益并确保信托管理的持续性与效率性。Restatement（Third）of Trusts § 36 cmt. c（2003）.

[3486] 交易实例：证券化信托协议约定，受托人可随时辞任，但应提前书面通知发起人、授权代理人（authorized agents）与债券契约受托人。CMS Energy X-TRAS Pass Through Trust I, Amended and Restated Pass Through Trust Agreement § 7.09（b）（1998）.

[3487] Restatement（Third）of Trusts § 36 cmt. a（2003）.

限一般，受托人不得利用辞任权违反信义义务，例如，利用辞任促成或忽略其他剩余受托人违反信义义务之行为，或者不向受益人、委托人或法院披露对信托不利或有害的情形而逃避职责。[3488]

辞任的受托人负有下列义务：报告义务，即向受益人报告账目与处理信托事务的其他情况；[3489]在新受托人接管前管理与保存信托财产的义务；[3490]向新受托人移转信托财产的义务，除非信托条款订定、制定法或法院命令规定信托财产自动归于新受托人。[3491]辞任不影响受托人在辞任前或辞任时因违反义务所生责任。[3492]

上述规则大体适用于商业信托。但商业信托财产如由商业信托持有，此时辞任受托人自无移转信托财产之义务。

四、受托人的解任

(一)无理由解任权

商业信托文件可订定受托人的解任。[3493]在英美法上，即使商业信托文件未订定受益人有权解任受托人，法院亦有权在有证据证明受托人存在欺诈或其他不适格情形时，解任受托人。[3494]上述种种，并无特异。商业信托区别于普通信托之处，在于无理由解任权。

美国普通信托法对解任受托人定有较为严格的要件，须有下列情形之一：依据信托条款解任受托人；法院因一定的理由解任受托人。[3495]受益人不得无故解任受托人，除非信托条款另有订定或全体受益人同意变更或终止信托。[3496]法院可依受益人、其他共同受托人或其他利害关系人之

[3488] Ream v. Frey, 107 F. 3d 147(3rd Cir. 1997).

[3489] 我国《信托法》第41条；Restatement(Third) of Trusts § 36 cmt. d(2003)；California Probate Code § 16062。

[3490] Restatement(Third) of Trusts § 36 cmt. d(2003)；California Probate Code § 15644.

[3491] Restatement(Third) of Trusts § 36 cmt. d(2003).

[3492] Restatement(Third) of Trusts § 36 cmt. d(2003)；Uniform Trust Code § 705(c)；California Probate Code § 15641.

[3493] Douglass v. Safe Deposit & Trust Co. of Baltimore, 159 Md. 81, 150 A. 37(1930).

[3494] Phoenix Oil Co. v. McLarren, 244 S. W. 830(Tex. Civ. App. Fort Worth 1922)；Burnett v. Smith, 240 S. W. 1007(Tex. Civ. App. Fort Worth 1922). 对更多判决的整理，参见John H. Sears, *Trust Estates as Business Companies* 162-64(2d ed. 1921)。

[3495] Restatement(Third) of Trusts § 37(2003).

[3496] Restatement(Third) of Trusts § 37 cmt. b(2003).《统一信托法典》规定不可废止信托的委托人也有权申请法院解任受托人。与判例法有重大差异。Uniform Trust Code § 706(a).

申请，或依职权解任受托人。[3497]实务中，除非受托人严重违反信托，法院通常不会判决解任受托人。[3498]英国普通信托法规则与之大体类似。[3499]另依照英国1996年《土地上信托及受托人选任法》，普通信托的全体受益人可以一致指示解任受托人，但该规定仅适用于受托人因心神错乱而不能行使受托人职责的情形，并非无理由解任权。[3500]

美国商业信托法基本不采上述规则。与商业信托委托人地位相对应，除商业信托文件另有订定外，委托人无权解任受托人；更重要的是，除商业信托文件另有订定外，受益人有权解任受托人，无须理由。[3501]

无理由解任权适应商业信托的治理结构。法院为普通信托的监督者，普通信托法鉴于受益人力量薄弱的现实，特授予法院广泛的监督权，以制约受托人，解任权即为重要一环；由法院把关，亦可防止部分受益人擅自行动，将成本强加于其他受益人（受益人缺乏退出机制）。提高解任受托人的门槛，对受益人有所不利，却也是尊重委托人意志的法律安排。[3502]初始受托人是由委托人选任，通常最了解委托人的意思，部分受益人解任受托人可能妨碍信托目的的实现，未必符合委托人意愿，例如，受益人为了获取眼前收益，以威胁解任受托人为手段迫使受托人分配收益。[3503]商业信托则主要依靠市场及受益人自己的行动解决治理问题。在解任管理者

[3497]　Restatement (Third) of Trusts § 37 cmt. d (2003).

[3498]　John R. Price, *Price on Contemporary Estate Planning* § 10.43.6 (2d ed. 2000). 依特拉华州判例法，受托人违反信托，受益人方可诉请法院解任受托人，例如受托人违反注意义务或忠实义务；但受托人过失违反义务，且非因欠缺能力、诚信或忠实而危及信托财产的，不得解任。Smith v. Biggs Boiler Works. Co., 91 A. 2d 193 (Del. Ch., 1952); In re Catell's Estate, 28 Del. Ch. 115, 38 A. 2d 466 (1944).

[3499]　David Hayton, Paul Matthews, & Charles Mitchell, *Underhill and Hayton Law Relating to Trusts and Trustees* 980-81 (18th ed. 2010).

[3500]　Trusts of Land and Appointment of Trustees Act 1996, § § 19, 20.

[3501]　Jim Walter Investors v. Empire-Madison, Inc., 401 F. Supp. 425 (N. D. Ga. 1975)（受益人无论有无理由均有权解任受托人，为商业信托的特征之一）. 特拉华州、康涅狄格州等州商业信托制定法未明文规定无理由解任。但实务中的商业信托文件往往明文订定多数受益人可随时或无理由解任受托人。例如，CMS Energy X-TRAS Pass Through Trust I, Amended and Restated Pass Through Trust Agreement § 7.09 (c) (1998)（适用特拉华州法）。

[3502]　Robert H. Sitkoff, *An Agency Costs Theory of Trust Law*, 89 Cornell L. Rev. 621, 663-64 (2004).

[3503]　Lee-ford Tritt, *The Limitations of an Economic Agency Cost Theory of Trust Law*, 32 Cardozo L. Rev. 2579, 2631-32 (2011).

方面,商业信托与其他商业组织更为近似。[3504]受托人市场是降低受托人代理成本的重要机制之一。借助于无理由解任权,受益人能以较低成本撤换受托人,增进受托人市场的流动性。尽管受益人未必时时行使此权,但被解任之可能性宛如悬于受托人头上的"达摩克利斯之剑",成为促使受托人恪尽职守的重要机制之一。[3505]同时,商业信托中不存在委托人意愿与受益人利益分歧的情形,在法律上设置较高的受托人解任门槛亦无必要。

受托人无理由解任,与商业信托的契约性质并非不能兼容。在合同法上,对于当事人之间具有特殊信任关系的合同类型,也有赋予任意解除权之例,例如,委托合同中的任意解除权(如《瑞士债务法》第404条第1款、我国《民法典》第933条)。又由于商业信托文件本质上是多方当事人之间缔结的组织合同,不因某一方当事人的退出而消灭,故受托人被解任并不影响商业信托文件的存续。

无理由解任权属于默认规则。商业信托文件可另行订定受益人解任受托人须有理由,可订定受益人无权解任受托人,[3506]亦可订定解任受托人的方式。在此情形,受益人或其他受托人均不得违反商业信托文件解任受托人。[3507]限制解任权并不排除其他控制代理成本的机制:在受托人滥用职权,绩效拙劣时,更易引发外部收购,收购者可提出新的商业信托

[3504] 其他商业组织法亦多规定无理由解任权。例如,Revised Uniform Limited Liability Company Act § 407(2006)。《典型有限责任企业法》未明确规定无理由解任权,部分原因是认为经理既然是有限责任企业的代理人,成员当然有权无理由解任经理,有相反约定除外;即使经理是基于有固定期限的雇用合同而成为经理,成员亦有权解任——尽管可能对经理承担提前解约的赔偿责任。American Bar Association's Prototype Limited Liability Company Act § 401 cmt.(1992).

[3505] Frank H. Easterbrook & Daniel R. Fischel, *The Economic Structure of Corporate Law* 76-77(1991)(分析公司法的类似问题,并指出在公司法领域处于领先地位的特拉华州,向来以董事职位最不稳固而著称). 无理由解任权在各种商业组织法中随处可见。例如,Model Business Corporation Act § 8.08(a)(2016 Revision); Del. Code Ann. tit. 8, § 141(k)。我国1993年《公司法》规定,董事任期届满前,股东会不得无故解除其职务(第47条、第115条)。2005年新《公司法》删除该规定。

[3506] 例如,《特拉华州商业信托法》容许商业信托文件撤销任何受益人的表决权。Del. Code Ann. tit. 12, § 3806(b). 比公司法更为灵活。公司法容许章程排除股东的无理由解任权,但仅明文允许可以另订为有理由解任董事。Model Business Corporation Act § 8.08(a)(2016 Revision); Del. Code Ann. tit. 8, § 141(k).

[3507] Myers v. Oklahoma Oil & Gas Royalty Co., 1942 OK 121, 192 Okla. 620, 138 P. 2d 109(1942); Douglass v. Safe Deposit & Trust Co. of Baltimore, 159 Md. 81, 150 A. 37(1930); Oklahoma Fullers Earth Co. v. Evans, 1937 OK 79, 179 Okla. 124, 64 P. 2d 899(1937).

文件，订定解任受托人的条件，通过并购撤换现任受托人。[3508]同时，对解任权自定限制，亦有若干实益。

其一，限制解任权虽可能增加代理成本，但却可减少被代理人成本(包括受益人集体决策成本及能力成本，诸如错误解任)，减少多数受益人控制受托人所致风险。另可强化受托人的确定性与职位稳定性，以适应特定交易需求，如资产证券化。对于以长期营业为主要活动的商业信托而言，保持受托人职位的稳定性，更有特别的利益。例如，新加坡商业信托架构所遭遇的一个批评是，解任受托人过于困难。依照新加坡2004年《商业信托法》的规定，受益人解任受托人，须达到75%以上多数决(第20条)。有学者对此批评的回应是：该项批评的假设是“受益人有意解任受托人”，这一假设在真实世界中并不完全正确。商业信托不过是市场上众多投资产品中的一种，愿意在企业治理中扮演更积极角色的、想要获取管理层解任权的投资者，完全可以选择其他组织形式。而投资于商业信托的投资者，更多的是无意积极行使控制权、较看重现金回报的投资者。新加坡现有的上市的商业信托中，大多数从事基础设施建设、造船业、不动产运营开发等长期性的营业活动，此类营业需要受托人长期稳定经营、专业技能投入以及自主判断，因此解任受托人的困难性反而有利于交易。[3509]

其二，限制解任权有助于防止第三人恶意侵扰。商业信托受益权多在公开市场流通，敌意第三人可临时购买受益权成为受益人，发动解任受托人之行动、扰乱商业信托经营。限制解任权不失为防范手段之一。例如，在美国商业信托实务中，有信托协议约定：(除多数受益人可随时解任受托人外)仅有发起人与持有受益权凭证6个月以上的善意持有人，方可申请法院解任受托人并指定新受托人，且解任原因限于三种情形(如经发起人或持有受益权凭证6个月以上的善意持有人要求，受托人未能遵守1939年《信托契约法》规定)。[3510]

但需注意的是，对解任权设定限制，应贯彻私法自治原则，由当事人

[3508] 撤换管理者的能力在企业并购战中极为重要，如在公司收购中，获得多数股东而新入主的股东通常对现任管理层进行大换血。Frank H. Easterbrook & Daniel R. Fischel, *The Economic Structure of Corporate Law* 76(1991).

[3509] Norman P. Ho, *A Tale of Two Cities: Business Trust Listings and Capital Markets in Singapore and Hong Kong*, 11 J. Int'l Bus. & L. 311, 323(2012).

[3510] CMS Energy X-TRAS Pass Through Trust I, Amended and Restated Pass Through Trust Agreement § 7.09(d)(1998).

自行为之。法律不必设定特殊的解任限制规则。新加坡《商业信托法》对受托人解任设此75%以上多数决的高门槛，固然适应了该国现有的商业信托营业活动之需要，但未必适合于从事其他营业的商业信托。由各种商业信托依其需要自定解任规则，更符合实际。

（二）我国《信托法》的规定

《信托法》对受托人解任限制较严：受托人违反信托目的处分信托财产或管理运用、处分信托财产有重大过失的，受益人有权依照信托文件规定解任受托人，或者申请法院解任受托人（第23条、第49条）。该条规定总体上适应普通信托的治理需要，但同时也存在下列问题：其一，解任事由过狭，未涵盖受托人不适格等情形，不利于保护受益人；[3511]其二，依法条文义，似乎信托文件关于解任受托人的规定也必须以受托人违反信托目的或有重大过失为前提；信托文件可否规定不同的解任事由（包括可否规定无理由解任权），存在疑问。虽依目的解释，在信托内部关系上应贯彻意思自治原则，不应否定信托文件另作规定，但本来能以明文规则解决的事项，却因不必要的模糊规定，致不得不求助于目的解释之类的方法，徒增法律适用的不确定性。商业信托特别法，除沿用或照抄《信托法》规定者外，另有额外要求说明解任理由的规定，[3512]徒增治理障碍，并不可取。

因此，就普通信托而言，《信托法》的上述规定应作适当修改："受托人严重违反其义务或者丧失管理信托事务能力的，受益人有权申请法院解任受托人；信托文件对受托人解任事由另有规定的，从其规定。"对于商业信托而言，则应另定规则："经受益人会议决议，可以随时解任受托人，但商业信托文件另有约定的除外；受托人严重违反义务或者丧失管理信托事务能力的，受益人或者其他共同受托人有权申请法院解任受托人。"

至于日本、韩国信托法关于受托人解任的规定，在普通信托和商业信托之间定位错乱，不足效法。2006年《日本信托法》规定，委托人及受益人可以随时依合意解任受托人（第58条第1款）；委托人与受益人于不利于受托人的时期解任受托人时，委托人与受益人应赔偿受托人的损害，但有不得已事由的除外（第58条第2款）；现无委托人时，上述两款规定不适

[3511] 就此而言，即使对于普通信托，该条亦不足实现立法目的。普通信托法授予法院对解任受托人的裁量权，旨在于委托人难以监督受托人时，由法院发挥信托监督者的作用。狭窄的解任事由限缩了司法机制的保护功能。

[3512] 《证券公司及基金管理公司子公司资产证券化业务管理规定》第20条第1款规定："专项计划变更管理人，应当充分说明理由，并向中国基金业协会报告，同时抄送变更前后对管理人有辖区监管权的中国证监会派出机构。"

用（第58条第8款）。此种不彻底的、附有损害赔偿风险的任意解除权，不适应商业信托的治理结构，且赋予委托人任意解除权，也和委托人在商业信托中的地位不相符合。“现无委托人时”，受益人不能依合意解任受托人，此种规则适合于普通信托（确保委托人意思不被受益人破坏），但不适合商业信托（商业信托受益人享有社员权，有决定商业信托重大事务的权利）。2011年《韩国信托法》第16条第2款规定与《日本信托法》第58条第2款规定相同。《韩国信托法》第16条第1款规定：“经委托人与受益人合意，或无委托人时，受益人单独表示，可随时解任受托人。但信托行为另有订定的，从其订定。”该款与日本法的不同之处在于，无委托人时，受益人可以随时解任受托人，对于商业信托而言，此点优于日本法。

五、共同受托人

（一）共同受托人要求

普通信托受托人为一人或数人，概由委托人自决，法律不加干预。实务中，由共同受托人管理的信托并非常态，选任三个以上受托人者，尤为罕见。[3513]纵采共同受托人制，美国实务中通常采下列结构：由一个或数个自然人受托人与一个公司制受托人组成共同受托人，自然人受托人一般为委托人的配偶或其他家庭成员，投资、记录保存及其他事务管理性事项一般由公司制受托人处理，自然人受托人则承担某些自由裁量职能（诸如本金与收入分配）；此种结构有双重功效，既确保家庭成员参与信托管理，又便于公司制受托人运用特殊技能、保持信托管理持续性。[3514]英国信托实务中，信托公司的应用不如美国普遍，但专业人士起草的信托文件通常设定共同受托人条款，共同受托人由律师或会计师与家庭成员组成。[3515]

一般商业信托仅设一名受托人，事属常见。但在公募证券投资信托中，基于投资基金的特殊法律构造和保护公众投资者之考虑，往往需有两个以上受托人，法律甚至施加强行要求。例如，英国单位信托一般须有一名受托人与一名管理人，前者负责持有信托财产和信托文件，后者负责管理信托财产、依信托文件行使自由裁量权以及其他受托人权力，学者将前

[3513] George Taylor Bogert, *Trusts* § 91（6th ed. 1987）；John H. Langbein, *Questioning the Trust Law Duty of Loyalty: Sole Interest or Best Interest?*, 114 Yale L. J. 929, 961（2005）.

[3514] George Gleason Bogert & George Taylor Bogert, *The Law of Trusts and Trustees* § 121（rev. 2d ed. 1984）.

[3515] John H. Langbein, *Questioning the Trust Law Duty of Loyalty: Sole Interest or Best Interest?*, 114 Yale L. J. 929, 961 n. 160（2005）.

者称为保管受托人、将后者称为管理受托人。[3516]美国1940年《投资团体法》要求每一注册投资团体须将其证券或类似投资存放于托管人处，[3517]托管人不被该法定性为受托人，但其角色类似于英国单位信托中的保管受托人；投资团体的投资决策权由投资顾问享有，该法将投资顾问定位为与投资团体缔约的外部相对人，而非受托人，但其角色实质上相当于英国单位信托中的管理人。托管人通常不负有监督投资顾问的义务，投资顾问的监督者另由受托人（或公司型基金中的董事）担当。该法规定管理型团体须采董事会（在信托型基金中即为受托人会，board of trustees）制，其中至少40%的董事须为独立董事（在信托型基金中即为独立受托人）。唯单位投资信托因投资于固定投资组合，风险较低，该法不要求设受托人会，其受托人的职责类似于托管人，且基金资产可由托管人或受托人占有。[3518]我国《证券投资基金法》规定，公开募集证券投资基金须设基金管理人与基金托管人，两者均为受托人。基金托管人在一定范围内负有监督基金管理人的义务，例如，应当拒绝执行基金管理人违法或违反约定的投资指令（《证券投资基金法》第37条）；基金管理人运用基金财产从事重大关联交易的，须事先经基金托管人同意（《公开募集证券投资基金运作管理办法》第33条）。此外，我国关于资产证券化的其他规范性文件也普遍采用托管制，管理人和托管人并存。[3519]

共同受托人旨在为强化对管理受托人或其他管理人的监督而设。监督者有不同形式：其一，由某一受托人专门担负监督职责，从外部监督管理人；其二，由不同的受托人共同承担相同职责，以达到内部制衡效果。除原则上由信托文件自决外，英国单位信托法采第一种形式。美国1940年《投资团体法》近似于兼采两种：受托人会作为一个整体，不直接从事

[3516] David J. Hayton, *The Law of Trusts* 162-63（2003）.

[3517] 托管人（custidian），须为符合下列条件之一者：具有单位投资信托受托人资格的银行；1934年《证券交易法》定义的全国性证券交易所的会员组织；遵守证券与交易委员会保护投资者方面的条例或命令的投资团体。15 U. S. C. § 80a-17（f）（1）.

[3518] 《投资团体法》关于单位投资信托的专条规定，将受托人与托管人并列。15 U. S. C. § 80a-26.

[3519] 例如，《资产支持计划业务管理暂行办法》第2条第2款规定："支持计划业务应当建立托管机制。"第16条第1款规定："托管人为受益凭证持有人的利益，保管支持计划资产。托管人应当具有保险资金托管资格。"《证券公司及基金管理公司子公司资产证券化业务管理规定》第6条规定："管理人是指为资产支持证券持有人之利益，对专项计划进行管理及履行其他法定及约定职责的证券公司、基金管理公司子公司。（第2款）托管人是指为资产支持证券持有人之利益，按照规定或约定对专项计划相关资产进行保管，并监督专项计划运作的商业银行或其他机构。（第3款）"第8条规定："专项计划资产应当由具有相关业务资格的商业银行、中国证券登记结算有限责任公司、具有托管业务资格的证券公司或者中国证监会认可的其他资产托管机构托管。"

经营，而承担监督投资顾问（实质上相当于管理受托人）之责；受托人会由多数受托人组成，构成受托人的内部监督机制。我国《证券投资基金法》在实质上近似于英国法模式。

（二）共同受托人的决策

1. 共同受托人多数决定制

在英国信托法上，共同受托人负有共同行为的义务，例外情形限于：信托文件另有表示；法院另有指示；收取收入的行为；依法可以转托的行为。[3520]在美国信托法上，普通信托受托人形成一个整体，以集体受托人（collective trustee）身份履职，受托人应共同行使权限，即应一致作出决定，[3521]信托文件另有订定除外。

美国早期判例将此规则沿用于商业信托。[3522]商业信托有数个受托人时，除商业信托文件另有订定外，受托人须以受托人会的形式行事，不得单独行事。[3523]但共同行事的要求可能有碍效率，因此判例同时承认，商业信托文件可订定多数受托人或某一特定人数的受托人有权为某些行为。[3524]商业信托文件亦可订定某一受托人在其他受托人缺席时代为行事。[3525]商业信托文件订定受托人须共同行事，而某一受托人单独行事的，其他受托人可通过共同行为追认之；其他受托人知晓相关事实而未反对，推定为追认。[3526]

关于程序法事项，每一共同受托人均有参与诉讼的权限。向共同受托人之一进行诉讼送达即为足够。[3527]

不过，普通信托即使任用共同受托人，人数亦较少，且普通信托以谨慎决策为原则，适用上述规则有其合理性。正如奥古斯教授所言，一致决定规则比多数决规则更能促进受托人谨慎行事。首先，普通信托的受托

[3520] David Hayton, Paul Matthews, & Charles Mitchell, *Underhill and Hayton Law Relating to Trusts and Trustees* 838(18th ed. 2010).

[3521] Restatement(Second)of Trusts § 194(1959). 传统上，多数决仅适用于公益信托。Restatement(Third)of Trusts § 39 cmt. a(2003).

[3522] Loring v. U. S., 80 F. Supp. 781, 37 A. F. T. R.(P-H)¶725(D. Mass. 1948); Williard v. Campbell Oil Co., 77 Mont. 30, 248 P. 219(1926); Brown v. Donald, 216 S. W. 2d 679(Tex. Civ. App. Fort Worth 1949).

[3523] Williard v. Campbell Oil Co., 77 Mont. 30, 248 P. 219(1926).

[3524] Home Lumber Co. v. Hopkins, 107 Kan. 153, 190 P. 601, 10 A. L. R. 879(1920); Richardson v. Clarke, 372 Mass. 859, 364 N. E. 2d 804(1977).

[3525] Horowitz v. State St. Trust Co., 283 Mass. 53, 186 N. E. 74(1933).

[3526] Bomeisler v. M. Jacobson & Sons Trust, 118 F. 2d 261(C. C. A. 1st Cir. 1941).

[3527] Mass. Gen. Laws Ann. ch. 182, § 6.

人有别于其他团体中的决策人(例如,公司董事或股东),一方面,受托人的报酬独立于其绩效,承受风险并无收益可言;另一方面,受托人应当为其他受托人违反信托的行为承担责任,相应地,每一个受托人有动力否决涉及违反信托之风险的决策,而在多数决规则之下,少数受托人即使反对,亦无济于事。其次,在处理涉及违反信托行为的道德风险问题上,一致决定规则是成本最低的方法。就普通信托管理中所发生的合法费用,以及对第三人所承担的责任,受托人有权从信托财产中取得补偿。一致决定规则为共同受托人提供了一种相互监督的手段。[3528]尽管共同决定制会增大发生信托治理僵局的可能性,但普通信托法上并不缺少解决僵局的法律手段,[3529]并且诉诸司法以打破僵局,对于普通信托而言并不是一种不可忍受的负担。就此而言,当代某些普通信托法改采多数决规则,[3530]不符合普通信托的功能与需求,难谓妥当。

商业信托环境则又有不同。基于商业信托之目的,受托人时常需要实施有风险的决策行为。强求一致同意,难免影响效率,甚至陷入经营僵局,对于追求商机的商业信托而言,依靠司法程序打破僵局,往往不切实际。因此,美国最新一代商业信托制定法规定,除商业信托文件另有订定外,商业信托共同受托人实行多数决。《统一商业信托法》定有明文,[3531]亦有其他商业组织法验证。[3532]《特拉华州商业信托法》修正后,亦采多数决。该法第3806条第b款第10项规定:"[商业信托文件]可以订定要求特定的受托人、一定人数的受托人或最低比例的受托人进行表决以实施任何考虑由受托人允许(approve)实施的行为;但是,如果商业信托文件对此种特定的

[3528] A. I. Ogus, *The Trust as Governance Structure*, 36 U. Toronto L. J. 186, 210(1986).

[3529] 依普通信托法,共同受托人出现僵局时,经任一受托人或受益人申请,法院可以为打破僵局采取适当措施,包括指定临时性或永久性的第三受托人、由法院提供解决问题的建议、法院确定能够协助受托人达成一致的指南。Restatement(Third)of Trusts § 39 cmt. e & Reporter's notes(2003).

[3530] 《统一信托法典》与《第三次信托法重述》改采多数决,其理由谓,为促进健全而有效率的信托管理,通行的信托条款起草实务与越来越多的州制定法新规定,皆显示出多数决定制的流行。Uniform Trust Code § 703(a)& cmt.; Restatement(Third)of Trusts § 39(2003). 不过,如信托仅有两名受托人,受托人须共同作出决定,除非发生紧急情况或一名受托人已适当地将其职责转托于另一受托人。Restatement(Third)of Trusts § 39(2003). 2006年《日本信托法》规定,除信托行为另有订定外,受托人有二人以上的信托,信托事务的处理,由受托人过半数决定,但保存行为得由各受托人单独决定(第80条第1款、第2款、第6款)。2011年《韩国信托法》在此问题上并未步日本法之后尘:除信托行为另有订定外,信托事务处理,由受托人共同决定,但保存行为可由各受托人单独决定(第50条第3款)。

[3531] Uniform Statutory Trust Entity Act § 503(1)(2009).

[3532] 例如,Model Business Corporation Act § 8.24(c)(2016 Revision); Uniform Limited Liability Company Act § 404(a),(b)(1996); Uniform Partnership Act § 401(j)(1997)。

受托人、一定人数的受托人或最低比例的受托人未设要求，则除本章另有规定或商业信托文件另有订定外，经受托人多数决（或者，在实施上述行为须经特定类别、群组或系列受托人允许的情形，经该类别、群组或系列受托人多数决），即应足以允许上述行为。”多数决仍要求全体受托人参与商业信托经营管理，受托人不得以实行多数决为由推卸职责。[3533]

需说明的是，受托人实行多数决定制的前提为，商业信托文件授予受托人表决权或者共同受托人具有处理同一事务的权限。商业信托虽有共同受托人，但共同受托人各自承担不同职责的，不适用多数决，例如，证券投资基金的管理受托人与托管受托人，职责不同，无须合议。因此，适当的规则应为：除商业信托文件另有订定外，依商业信托文件须由受托人表决的事项，经出席受托人会议的受托人所持表决权过半数表决决定。

我国《信托法》第31条第2款规定，共同受托人应共同处理信托事务，但信托文件规定对某些具体事务由受托人分别处理的，从其规定。该款未明确是否采一致决定制，依文义解释，共同处理要求一致决定。[3534]同条第3款规定，共同受托人共同处理信托事务，意见不一致时，按信托文件规定处理；信托文件未规定的，由委托人、受益人或者其利害关系人决定。该款规定未尽妥当。

首先，条文本身存在缺陷：第一，所谓“信托文件未规定的，由委托人、受益人或者其利害关系人决定”，决定权顺序如何？各方意见不一致时，又如何处理？不具可操作性。第二，所谓“利害关系人”的范围如何？是指委托人、受益人的近亲属、债权人抑或其他？无法明确。[3535]第三，利害关系人与委托人、受益人的利益未必一致，且对信托并无任何投入，竟赋予其对信托事务的决定权，显无正当性，极易损害其他委托人或受益人的权益。

其次，该规定难以适应商业信托运作的实际需要，亦不符信托法宗旨。委托人、受益人通常不参与信托的日常管理，对于信托事务的现实状况、待决事务对其他信托事务乃至信托整体利益的影响等因素的认知、考

[3533] Richardson v. Clarke, 372 Mass. 859, 364 N. E. 2d 804 (1977).

[3534] 该规定与我国台湾地区“信托法”第28条相同。我国台湾地区学说认为，共同处理要求采一致决定制。参见赖源河、王志诚：《现代信托法论》（增订3版），中国政法大学出版社2002年版，第119页。我国《信托法》释义书认为，所谓共同处理信托事务，是指两个以上受托人没有先后顺序、没有主从关系、没有份额关系，类似于普通合伙人中的共同共有、共同执行业务的关系，当然也不反对共同受托人之间经过平等协商的工作分工。参见卞耀武主编：《中华人民共和国信托法释义》，法律出版社2002年版，第105页。

[3535] 释义书认为，利害关系人包括“监护人、近亲属以及有其他民事上或商事上的重大利害关系的人”（卞耀武主编：《中华人民共和国信托法释义》，法律出版社2002年版，第105页），无异于以问答问。

虑及判断，皆相当有限，何以指望他们能作出优于受托人的决策？信托法之所以将信托财产管理经营权授予受托人，旨在充分发挥受托人的专业优势。由委托人、受益人甚至其利害关系人代替受托人决策，并不明智。同时，商业信托事务繁复多样，商业机遇瞬息万变，以金融投资为业的商业信托，更要求受托人当机立断，若须报请委托人或受益人决定，必然贻误商机；受益人、委托人众多时，由其决策不仅严重妨碍效率，也在本质上欠缺可行性。而且，赋予委托人决定本应由受托人决定的事务之权限，有悖于商业信托的权利分配与产权结构，难免造成法律上或经济上的不良后果，本书已在委托人一章述及。

2. 共同受托人决策程序；受托人会议

与商业信托总原则一致，关于受托人决策程序的法律极具灵活性。《特拉华州商业信托法》《统一商业信托法》等未要求共同受托人须召开会议，仅规定：除商业信托文件另有订定外，受托人会议的召开可以采取电话会议方式或确保全部与会者能够听见彼此发言的其他通讯方式，参加符合本款规定的会议应构成亲自出席会议；受托人可亲自表决或委托他人表决，委托可采取书面形式、电子形式或法律容许的其他形式。[3536]基于效率考虑，商业信托文件尽可简化或取消会议要求，而商业信托法亦规定：受托人书面同意可替代会议决议：除商业信托文件另有订定外，对于受托人表决的任一事项，满足最低表决权数量的受托人，已签署书面文件同意实施某一行为的，受托人无须召开会议、无须预先通知、无须进行表决，即可实施该行为。[3537]为确保每一受托人的获取信息权及参与决策权，《统一商业信托法》另规定，作出书面同意时应毫不迟延地通知未表示同意的受托人。[3538]

受托人与被表决事项有利害关系而参与表决的，决议无效，除非足够数量的无利害关系受托人作出决议加以追认。[3539]

作为组织法的一项共同原则，异议决策者应受保护。依多数受托人决议或书面同意参与实施行为的共同受托人，在行为前或行为时表示异议并已将异议通知其他受托人的，不对该行为承担责任；该行为严重违反受托人义务的，参与实施该行为的异议受托人仍应承担责任。[3540]

[3536] Del. Code Ann. tit. 12, § 3806(g).

[3537] Del. Code Ann. tit. 12, § 3806(g). 除商业信托文件另有订定外，以电子形式表示同意，视为以书面形式表示同意。Id.

[3538] Uniform Statutory Trust Entity Act § 503(2)(2009).

[3539] Williard v. Campbell Oil Co., 77 Mont. 30, 248 P. 219(1926).

[3540] Restatement(Third) of Trusts § 39 cmt. a(2003); Uniform Trust Code § 703(h).

（三）共同受托人之间的权利义务

1. 共同受托人权利义务的基本划分

共同受托人之间的权利义务，几乎完全由商业信托文件自定。实务做法较为一致的领域为证券投资基金。

英国实务中，单位信托由管理受托人负责经营管理、投资决策，托管受托人应依管理受托人指示行事，但托管受托人知道管理受托人的指示违反信托义务的除外。托管受托人不对管理受托人的行为承担责任。[3541]一种例外情形为，托管受托人应尽合理注意确保管理受托人的行为符合集合投资计划条例（Regulations for Collective Investment Schemes）。此种管理受托人与托管受托人的职能划分，亦为各国信托型基金或契约型基金的普遍形态，唯美国法独树一帜，美国法不将托管人定位为受托人，亦不将投资顾问（相当于基金管理人）定位为受托人，而是信托的外部缔约相对人，另设独立董事（独立受托人）作为主要的内部监督机制。独立受托人最重要的职责包括允许基金投资顾问协议、处理基金与投资顾问以及其他内部人之间的关系；独立受托人的职责还包括管理基金投资活动、允许基金忠诚保证（fidelity bond）的范围、审查基金经纪业务安排与关联经纪交易、监督基金的合规程序、对无法得到市场价格的投资进行评估、设定开放式基金每日份额定价的时间、管理为基金提供的其他服务的质量与成本。[3542]投资顾问负责管理基金资产，并按照基金注册说明书所定投资目标与投资策略从事投资活动，投资顾问可承担某些事务管理性职责，投资顾问或其关联人可作为基金份额的分配人。[3543]

2. 积极参与、亲自参与信托管理的义务

关于共同受托人的义务，商业信托制定法无特别规定，可参照普通信托法的相应规则。商业信托有数个受托人时，每一受托人均负有信义义务。每一受托人均有义务、有权利全方位参与信托管理。此项义务的基础为共同受托人的合理协作义务（duty of reasonable cooperation）。[3544]该义务属任意法，信托文件可改变任一共同受托人的义务，亦可在共同受托人之间对义务作特定配置，例如，订定不同的受托人负责不同种类的事务，或者选任一个特殊受托人专门处理特定事务，并免除该受托人对其他

［3541］ Public Trustee Act 1906，§ 4（2）.

［3542］ Victoria E. Schonfeld & Thomas M. J. Kerwin，*Organization of a Mutual Fund*，49 Bus. Law. 107，122（1993）.

［3543］ Id. at 127.

［3544］ Restatement（Third）of Trusts § 81 cmt. c（2007）.

事务的责任，或者订定某一个受托人在受托人之间出现僵局时有最终决定权，甚至可授予特定的受托人否决多数受托人决定的权限。[3545]

受托人负有积极参与、亲自参与信托管理的义务，当然意味着受托人有义务获取关于信托管理的合理信息。受托人对信托事务不闻不问，将违反信义义务。与公司董事义务类似。[3546]即使信托文件订定共同受托人分别负责不同事务，并订定某一受托人不必对其他受托人负责的事务承担责任，受托人仍有权获取关于其他受托人所负责的信托事务的信息；受托人仍有义务尽合理注意阻止其他共同受托人违反信托的行为。[3547]“合理的注意”，必然要求受托人获取其他受托人履行职责的相关信息，不能埋头于一己之责而对同僚行为不闻不问，因此获取必要的信息既是受托人的权力，又是受托人的义务。

受托人负有全方位参与信托管理的义务，并非要求每一受托人作出同等程度的努力或采取同等水平的行动；相应地，该义务不禁止共同受托人在彼此之间分配职责，例如决定由某一个或数个受托人承担较多职责，但共同受托人不得以信托文件未授权的方式“分解”受托人职位或受托人职能。[3548]

3. 共同受托人之间的转托

共同受托人负有共同参与信托管理的义务，不影响某一受托人向其他共同受托人转托（delegate）职责或权限。受托人可将部分职责转托于其他受托人，[3549]可推选某一受托人为总裁（president）或总经理（general manager）并授予其实施某些管理行为的权限。[3550]美国早期的判例法认为，只要商业信托文件授予受托人以其认为适当的方式、不受受益人干涉地处理商业信托事务的裁量权，受托人即有权将商业信托事务的经营管理转托于本信托其他受托人。[3551]

向共同受托人转托，与向代理人或其他人转托，信托法予以不同对待。对于后者，信托法持较为宽松的态度，特别是对于大量非专业受托人

[3545] Restatement (Third) of Trusts § 81 cmt. b (2007).

[3546] 董事有义务积极参与公司管理，如果董事未获取在当时情况下应获得的信息而作出决策，不受商业判断规则的保护，构成违反义务。Model Business Corporation Act § 8.31 (a)(2)(ii)(2016 Revision).

[3547] Restatement (Third) of Trusts § 81 cmt. b (2007).

[3548] Restatement (Third) of Trusts § 81 cmt. c (2007).

[3549] Martin v. Security Nat. Bank of Dallas, 257 S. W. 645 (Tex. Civ. App. Dallas 1923).

[3550] Martin v. Security Nat. Bank of Dallas, 257 S. W. 645 (Tex. Civ. App. Dallas 1923).

[3551] De Witt v. Cabanne, 2 F. 2d 322 (C. C. A. 3d Cir. 1924).

而言，信托法鼓励其向合格的其他人转托职能。[3552]对于前者，信托法加以区别：一般而言，单纯的事务管理性的职能（例如，保管信托财产、执行共同受托人的决定）以及依具体情形不能合理预期共同受托人亲自履行的职能，可转托于其他共同受托人；[3553]但是，向共同受托人转托上述职能在成本或效率上不适当的，不得转托，[3554]并且，委托人合理地期待受托人共同履行受托人职能的，受托人不得将该职能转托于其他共同受托人。[3555]此项规则的根据为，委托人选任共同受托人，一般基于特殊的原因，此种原因应决定共同受托人可转托的职能之范围。[3556]在具体案件中，受托人有权向其他共同受托人转托的职能之范围，因委托人选任共同受托人的原因而异，为避免不确定性，在信托文件中界定共同受托人之间的职能配置，是更优的方法。[3557]不过，对于商业信托而言，委托人的意愿不再居于主导地位，选任共同受托人的特殊原因，应从商业信托文件中表示的受益人的共同意思中认定。

除关于转托的意思表示该转托不可撤销外，受托人可随时撤销转托。[3558]

4. 阻止与补救其他共同受托人违反信托的义务

每一受托人有义务尽合理注意阻止其他共同受托人违反信托，当其他共同受托人违反信托时，受托人有义务采取合理的补救措施。[3559]

5. 共同受托人对其他受托人违反义务行为的责任

英美信托法上，一受托人不对其他共同受托人违反信托的行为承担责任，但有下列情形之一的除外：受托人参与、默许其他共同受托人违反义务的行为，或隐瞒其他共同受托人违反义务的行为；不适当地将自己的职责转托于其他共同受托人；未尽合理注意，致其他共同受托人实施违反信托的行为。[3560]在共同受托人决策时对多数受托人决定持异议的受托人，已将

[3552] Uniform Trust Code § 703 cmt.

[3553] Restatement (Third) of Trusts § 81 cmt. c(1)(2007).

[3554] Restatement (Third) of Trusts § 81 cmt. c(1)(2007).

[3555] Uniform Trust Code § 703(e).

[3556] Uniform Trust Code § 703 cmt.

[3557] Uniform Trust Code § 703 cmt.

[3558] Uniform Trust Code § 703(e).

[3559] Restatement (Third) of Trusts § 81 (2007); Ⅱ A Austin W. Scott & William F. Fratcher, *The Law of Trusts* § 184 (4th ed. 1987).《统一信托法典》对受托人的该项义务有所放松，受托人有义务阻止或补救其他共同受托人“严重违反”信托义务的行为。Uniform Trust Code § 703(g).《信托法重述》无此限定。

[3560] Restatement (Third) of Trusts § 81 cmt. e (2007).

其异议通知其他共同受托人，该受托人随后合理地参与执行该决定的，不对该决定承担责任，但异议受托人知道该决定违反信托者除外。[3561]

美国商业信托法的规则与此相似。商业信托受托人未参与、未同意且未帮助其他共同受托人的活动或不当行为，且未因过失促成上述行为发生的，不对其他共同受托人的行为承担责任。[3562]同时，商业信托受托人应积极参与管理，不得怠于履行职责，如其他受托人的行为是由于该受托人的过失促成、由于该受托人未了解不当行为人代表商业信托所为各种交易，或是由于该受托人放弃对商业信托事务的控制而将控制权交给其他共同受托人或处于支配地位的受益人，该受托人不得免责。[3563]

我国信托法上共同受托人的责任，重于英美信托法。《信托法》第32条第2款规定，共同受托人之一违反信托义务的，其他受托人负连带责任。与我国台湾地区“信托法”第29条、日本旧《信托法》第25条相仿。连带责任貌似有利于受益人，实则对共同受托人过苛，受托人纵已对其他共同受托人的行为或决定表示异议，或者已尽合理努力阻止或补救其他共同受托人违反义务之行为，仍不免连带负责。此种规则不仅对异议受托人的保护欠周（共同受托人决策不可能完全一致，存在异议受托人为实务常态），且可能抑制受托人阻止其他共同受托人违反义务行为之动因，妨碍受托人的责任感、信任度与积极性。再就商业信托或受益人的意思而言，选任共同受托人之目的在于发挥受托人的专业分工优势与分权制衡功能，责任规则过严，一方面，迫使受托人相互间倾向于实施过分严密的监督，[3564]有碍受托人之间应有的良好协作，并增大内部监督与运行成本；另一方面，法律不分皂白地对共同受托人课以连带责任，在长远效应上将使潜在受托人不愿担任共同受托人，致共同受托人机制的优势无从发挥。进言之，考虑到在商业信托环境中，尤需发挥共同受托人分工优势以及受托人创新与风险承担精神，且商业信托的市场机制可在监督受托人行为、降低代理成本方面发挥比严厉的法律规则更有效之功能，严格的连带责任规则更是弊大于利。

相比之下，《证券投资基金法》的规范模式更为合理。该法第145条

[3561] Restatement（Third）of Trusts § 81 cmt. e（2007）.《统一信托法典》有类似规定，但对受托人的责任有所减轻，仅在异议受托人知道多数受托人的决定“严重违反”信托义务时才承担责任。Uniform Trust Code § 703（h）.

[3562] Ashley v. Winkley, 209 Mass. 509, 95 N. E. 932（1911）.

[3563] Ashley v. Winkley, 209 Mass. 509, 95 N. E. 932（1911）.

[3564] 另一种更危险的可能性是，在严苛的“连坐”式规则下，受托人合谋实施危害信托利益的行为，并互相包庇以逃避责任。

第2款规定："基金管理人、基金托管人在履行各自职责的过程中，违反本法规定或者基金合同约定，给基金财产或者基金份额持有人造成损害的，应当分别对各自的行为依法承担赔偿责任；因共同行为给基金财产或者基金份额持有人造成损害的，应当承担连带赔偿责任。"类似规定，如国务院印发的《基本养老保险基金投资管理办法》(国发〔2015〕48号)第65条规定："托管机构、投资管理机构违反本办法规定，给养老基金资产或者委托人造成损失的，应当分别对各自的行为依法承担赔偿责任；因共同行为给养老基金资产或者委托人造成损失的，应当承担连带赔偿责任……"另有学者主张基金托管人并不与基金管理人构成共同受托人。[3565]但鉴于《信托法》所规定的共同受托人本不以处理同一事务者为限，同一信托凡有两个以上受托人的，即为共同受托人，[3566]故难谓基金管理人与基金托管人并非共同受托人，而可认为《证券投资基金法》等特别法已就共同受托人责任另设特别规定，排除《信托法》一般规定之适用。既有应予优先适用的《证券投资基金法》的特别规定，《信托法》一般规定所造成的过重责任风险即因之排除，至少对于基金托管人而言，定位为共同受托人已无实害。

六、独立受托人

(一)美国基金法上的独立受托人制度

法律不要求商业信托必设独立受托人，美国投资基金法为一例外。美国法上，独立董事(包括独立受托人)[3567]作为投资基金的"守门犬"

[3565] 洪艳蓉:《论基金托管人的治理功能与独立责任》，载《中国法学》2019年第6期(托管人在基金治理上被赋予补充管理人信用和制衡管理人滥权的功能，具有独立于管理人的法律地位和不同于管理人"管理"职责的"保管"和"监督"职责，因此不应与管理人构成《信托法》下的"共同受托人"承担连带责任，而应根据过错原则独立追究其未能履行托管职责的法律责任)。不过，基金托管人违反托管协议所定义务，应依《合同法》或《民法典》规定负严格责任。

[3566] 卞耀武主编:《中华人民共和国信托法释义》，法律出版社2002年版，第104~105页；李飞主编:《中华人民共和国证券投资基金法释义》，法律出版社2013年版，第78页(基金托管人与基金管理人是共同受托人)。修法过程中，对于是否应当将基金托管人规定为共同受托人，有不同意见，反对说的主要理由是，基金托管人的责任与《信托法》规定的共同受托人的责任并不相同，基金托管人难以实现对基金管理人的完全监督和控制，基金管理费率远高于托管费率，规定基金托管人为共同受托人有失公平，也不利于商业银行的风险控制。参见《地方和中央有关部门对证券投资基金法修订草案的意见(一)》，载李飞主编:《中华人民共和国证券投资基金法释义》，法律出版社2013年版，第342页。

[3567] 1940年《投资团体法》所用术语为"独立董事"。但该法所称"董事"(director)，不限于公司法所称董事，其范围极广，指公司的董事或任何组织(无论公司或非公司组织)中履行类似职能的任何人，包括以普通法信托形式设立的管理型团体的受托人会中的任何自然人成员。15 U. S. C. § 80a-2(a)(12).

(watchdog),保护投资者免受投资顾问及其他处于从基金中非法获利之地位者的滥用行为之害。[3568]美国证券与交易委员会认定“独立董事须投入时间与精力,致力于贯彻1940年《投资团体法》与基金设立地的州公司法或信托法之原则”。[3569]

1940年《投资团体法》规定,投资基金(投资团体)的董事会(包括信托型基金的受托人会)须由至少40%的无利害关系人组成。[3570]“利害关系人”包括:投资基金的关联人;关联自然人的直系家庭成员;与投资基金的投资顾问或主承销商有利害关系者;过去两年内曾担任投资基金法律顾问的任何人;与投资基金或其关联人有一定关系的某些经纪人或交易商;证券与交易委员会认为因过去两年内与该投资基金有重要联系或职业联系而有利害关系的任何人。[3571]实务中,判断董事独立性的依据为董事与投资顾问之间关系的实质,而非形式。基于基金监管的特殊考虑,投资基金法的独立董事的范围宽于公司法的独立董事,符合公司法独立董事条件者,并不必然符合基金法上的独立董事条件。[3572]

基金业界将董事的独立性作为推销基金的一项卖点。出于市场考虑,业界极力推荐共同基金保持绝对多数的独立董事,无论法律有无强行要求。[3573]证券与交易委员会持续地强化独立董事在基金治理中的角色,尤其是在2003年基金丑闻之后。[3574]2001年证券与交易委员会要求独立董事至少须占多数,且独立董事须由其他独立董事提名或选举;[3575]2003年基金丑闻后,证券与交易委员会又于2004年要求独立董事应占75%以上,且董事

[3568] 5 Thomas Lee Hazen, *Law of Securities Regulation* § 20.6(5th ed. 2006)[引用S. Rep. No. 184, 91st Cong., 1st Sess. 32(1969); Diane E. Ambler, *Roundtable on the Role of Independent Investment Company Directors: Issues for Independent Directors of Bank-Related Funds, Variable Insurance Product Funds, and Closed-End Funds*, 55 Bus. Law. 205(1999); Note, *Solving the Shortcomings of the Independent Director Response to Advisory Self-Dealing Through the Use of the Undue Influence Standard*, 98 Colum. L. Rev. 474(1998)].

[3569] Investment Company Governance, Inv. Co. Act Rel. No. IC-26520, 2004 WL 1672374(SEC 2004).

[3570] 15 U. S. C. § 80a-10(a).

[3571] 15 U. S. C. § 80a-2(a)(19)(A)(i)-(vi).

[3572] 5 Thomas Lee Hazen, *Law of Securities Regulation* § 20.6(5th ed. 2006).

[3573] Victoria E. Schonfeld & Thomas M. J. Kerwin, *Organization of a Mutual Fund*, 49 Bus. Law. 107(1993).

[3574] 5 Thomas Lee Hazen, *Law of Securities Regulation* § 20.6(5th ed. 2006).

[3575] Role of Independent Directors of Investment Companies, Securities Act Release No. 7932, Exchange Act Release No. 43, 786, Investment Company Act Release No. 24, 816, 66 Fed. Reg. 3734(Jan. 16, 2001)(codified at 17 C. F. R. pts. 239-40, 270, 274).美国证券与交易委员会并非直接施加此项要求,而是将其与投资基金的几项重要豁免挂钩。

会主席须为独立董事。[3576]新规则实际上吸收了业界推荐并已开始实践的做法。[3577]新规则的理由为:“欲真正发挥作用,基金的董事会须成为基金事务中的独立力量,而不是与基金管理有消极关系之人。独立董事在评估基金管理层及其计划与建议时,须将一种高度严格与充满怀疑精神的客观性带入委员会,尤其是评估利益冲突时。”[3578]但上述新规则颇受质疑。证券与交易委员会中有两位委员不同意批准新规则,理由包括此种新规则无助于基金投资者利益,且对基金增加不必要的成本,如此修改规则是贸然行事,而关于独立董事主席规则,并无资料支持“有独立董事担任董事会主席的基金可能比无独立董事主席的基金获得更高投资回报”之观点。[3579]联邦法院更是于2004年、2006年两度否定新规则,法院认为,董事独立性要求的提高,未能评估新规则的成本及对竞争之后果,因此命令证券与交易委员会重新考虑。[3580]在2004年第一案之后,证券与交易委员会作了一个删节版的、未向社会公开的成本收益分析,以收益高于成本为由,以3∶2的委员会决议票数重新批准了该规则。在第二案中,法院认定证券与交易委员会在程序上存在致命的违规性,包括依赖于未载于规则制定公开记录之中的数据、未重新开放公开评论以使利益相关者有机会提交意见。在第二案之后,证券与交易委员会未再试图恢复采用独立董事主席规则。[3581]学界对新规则亦有负面评价,论者批评此项修法欠缺正当性,且效果存疑。[3582]

独立董事属联邦法制,州法亦有个别回应型规定。《特拉华州商业信托法》规定:“独立受托人,是指依1940年《投资团体法》注册成为投资团体的商业信托中,不属于该商业信托之‘利害关系人’的受托人;受托人作为该信托的独立受托人收取报酬,同时在由同一投资顾问或该投资顾问的关联人管理的一个以上其他投资团体中担任独立受托人并收取报酬的,不影响

[3576] Investment Company Governance, Investment Company Act Release No. 26, 520, 83 SEC Docket 1384(July 27, 2004).

[3577] Alan R. Palmiter, *Mutual Fund Board: A Failed Experiment in Regulatory Outsourcing*, 1 Brook. J. Corp. Fin. & Com. L. 165, 183-84(2006).

[3578] Investment Company Governance, Inv. Co. Act Rel. No. IC-26520, 2004 WL 1672374(SEC 2004).

[3579] Eric D. Roiter, *Disentangling Mutual Fund Governance from Corporate Governance*, 6 Harv. Bus. L. Rev. 1, 50(2016).

[3580] Chamber of Commerce v. SEC, 412 F. 3d 133, 136-37(D. C. Cir. 2005); Chamber of Commerce v. SEC, 443 F. 3d 890, 893-94(D. C. Cir. 2006).

[3581] 对该两案裁判及证券与交易委员会的反应之回顾,参见Eric D. Roiter, *Disentangling Mutual Fund Governance from Corporate Governance*, 6 Harv. Bus. L. Rev. 1, 51-52(2016)。

[3582] Martin E. Lybecker, *Enhanced Corporate Governance for Mutual Funds: A Flawed Concept That Deserves Serious Reconsideration*, 83 Wash. U. L. Q. 1045(2005).

该受托人依本法规定所具有的独立受托人之地位。为任何目的，本款定义的独立受托人应被视为独立的与无利害关系的。为本定义之目的，‘关联人’与‘利害关系人’术语具有1940年《投资团体法》或相应条例所定含义。”[3583]

某一受托人（或董事）同时在数个共同基金的受托人会（或董事会）中任职，颇为普遍。上述规定正是对此类情况的回应，其导火索为1998年*Strougo*案判决。[3584]本案中，原告以顾问费过高为由对投资顾问提起派生诉讼，主张涉案董事在同一基金家族（由同一投资顾问管理）的数个董事会中任职，因此与投资顾问具有密切的经济联系，属于有利害关系董事，故原告未在起诉前向董事提出起诉请求，而径行提起派生诉讼。法院判定，基金董事在同一基金家族的数个董事会中任职并收取报酬，不再独立于投资顾问，因此派生诉讼的先诉请求要件可因“徒劳”而被豁免，原告可以免于提出先诉请求。本案适用马里兰州法律。本判决严重威胁了通行的实务做法。马里兰州同年修改《马里兰州普通公司法》，否定本判决，规定凡依1940年《投资团体法》不构成“利害关系人”的董事，在马里兰州公司法上亦被视为独立董事。[3585]马萨诸塞州[3586]与特拉华州分别于1999年、2000年施行类似规定。随着占据共同基金统治地位的这三大州相继立法，《统一商业信托法》亦予采纳，仅在措辞上略有变通。[3587]

（二）我国法不必采纳独立受托人制度

我国《证券投资基金法》未设独立受托人要求。实务中的类似做法是强化基金管理公司独立董事的作用，制约基金管理公司的滥用行为。但是，独立董事不过是基金管理公司的董事，仍需从基金管理公司领取报酬，独立董事仅对基金管理公司负有义务。独立董事不可能成为基金的独立董事、完全代表基金利益。独立董事事实上无法实现独立监督基金管理人的目标。如特别规定基金管理公司独立董事应为基金份额持有人的最大利益行事，则又严重抵触公司法原则。因此，基金的独立受托人机

[3583] Del. Code Ann. tit. 12，§ 3801（d）.

[3584] Strougo v. Bassini, 1 F. Supp. 2d 268（S. D. N. Y. 1998）.

[3585] Md. Code Ann., Corps. & Ass' ns § 2-405.3. 马里兰州上诉法院于2000年认定该修正案违宪，理由是该修正案违反本州宪法上的“单一事项”要求，立法机关随后重新颁行该修正法。4 Tamar Frankel & Ann Taylor Schwing, *The Regulation of Money Managers: Mutual Funds and Advisers* 31-98（2d ed. 2001 & Supp. 2008）.

[3586] 马萨诸塞州法律规定：“投资团体信托”（investment company trust）受托人不是1940年《投资团体法》定义的“利害关系人”（interested person）；在其以受托人身份作出任何决定或实施任何行为时，应被视为独立、无利害关系人。投资团体信托，是指1940年《投资团体法》定义的并依该法在美国证券与交易委员会注册的“投资团体”。Mass. Gen. Laws Ann. ch. 182，§ 2B.

[3587] Uniform Statutory Trust Entity Act § 512（2009）.

制，较之基金管理公司独立董事机制，法理上更为顺畅。但立法应否强制所有基金必设独立受托人，仍有待深入研究。

独立受托人制度并未被各国普遍采行，是否为基金治理必不可少之制度、是否确有实效，尚有疑问。纵在美国法上，虽然不乏肯定基金独立董事（及独立受托人）制度积极效用的研究文献，但批评基金独立董事制成本大于效益的见解，更所在多有。美国1940年《投资团体法》为“证券六法”之中对私法干预程度最深的一部法律。其重要内容，即是对各种组织形式的投资基金（单位投资信托除外）强行设置独立董事加基金份额持有人表决权之要求。独立董事被认为是1940年《投资团体法》控制投资顾问不当管理的主要武器。此种结构行之数十年，唯晚近已引起诸多批评。本书第2章第4节第3目已有提及，此处再补充一论。沃伯顿教授撰文指出，批评之一指称独立董事既不独立，亦无能力，又徒增成本，批评之二指称基金份额持有人表决制则因受制于集体行动困境、基金顾问操控表决权运作等因素，实效不彰，且多有直接成本与间接成本。凡此两者，难谓有效率之制度，其价值应被重估。近年来，鉴于共同基金与银行共同信托基金、期货资产管理、单独管理账户、对冲基金之类的其他集合投资计划之竞争日益激烈，相比于其他集合投资计划拥有组织形式设计上的极大自由，共同基金的特殊管制更显其弊。如果共同基金的组织形式仅是为了满足法定要件，则此类要件只能代表共同基金及其投资者的无谓损失而已。[3588]与基金份额持有人表决选举制相配套的基金独立董事制度有其特殊的立法背景，乃是基于1940年立法当时封闭式基金占主流的实况。然而，时移世易，当今开放式基金已取代封闭式基金而占据绝对霸主地位，且封闭式基金份额的流动性亦因二级市场的发展而与半世纪前不可同日而语。[3589]流动性的增强，使基金份额持有人通过“用脚投票”方式更能有效应对不当管理行为，至少比行使法定表决权（用手投票）更有效率。

基金独立受托人之设，自有诸多运行成本与监管成本，以强行法形式确立此制，使其成本强加并固化于各类基金，尤需慎重考量。再者，我国基金治理机制尚未真正发挥作用，例如基金托管人的监督、基金份额持有人诉讼、受托人信义义务等制度功能尚未充分展现，放松对此类机制的司法与行政抑制，或比强定独立受托人制更为经济。对照公司法之经验教训，

［3588］ A. Joseph Warburton, *Should Mutual Funds Be Corporations? A Legal & Econometric Analysis*, 33 J. Corp. L. 745, 747(2008).

［3589］ Id. at 749.

独立董事制度成效不彰，有目共睹，[3590]在约束与激励机制无实质性差异的条件下，恐难期望基金独立受托人能够摆脱公司独立董事的困境。简言之，在充分证明有必要强行设置独立受托人之前，仍应以当事人自治为原则。

第三节　受托人义务总论

一、受托人义务的渊源

受托人依商业信托文件订定或法律规定对商业信托或受益人负有义务。商业信托是合同的创造物，受托人义务的本质为合同义务，法定义务的性质不过是默认的约款，在合同（商业信托文件）未另作明示约定时适用。法定义务有两类：一为法定信义义务；二为诚实信用义务。合同明示义务放任当事人自由约定，无须详论；本节至第6节讨论法定信义义务；诚实信用义务将在本章第10节中讨论。

英美法上，商业信托法的信义义务，目前基本上是判例法的天下，制定法极少设有明文规定。例如，《特拉华州商业信托法》除了在投资团体领域明文提及受托人义务外，[3591]未明文规定受托人的一般注意义务与忠实义

[3590] Sanjai Bhagat & Bernard Black, *The Uncertain Relationship Between Board Composition and Firm Performance*, 54 Bus. Law. 921, 940-50（1999）（证明，独立董事占多数的董事会，其绩效并不优于无此类董事会的企业）; April Klein, *Firm Performance and Board Committee Structure*, 41 J. L. & Econ. 275, 287-96（1998）（企业绩效与董事会构成之间并无正相关关系）; Ronald J. Gilson & Reinier Kraakman, *Reinventing the Outside Director*: *An Agenda for Institutional Investors*, 43 Stan. L. Rev. 863, 874-75（1991）（外部董事的监督作用很少是充分有效的）. 又参见Jill E. Fisch, *Corporate Governance*: *Taking Boards Seriously*, 19 Cardozo L. Rev. 265, 276-78（1997）（关于外部董事净绩效的正反两方面经验证据）; Laura Lin, *The Effectiveness of Outside Directors as a Corporate Governance Mechanism*: *Theories and Evidence*, 90 Nw. U. L. Rev. 898, 921-39（1996）（同上）。关于中国情形的研究，参见Donald C. Clarke, *The Independent Director in Chinese Corporate Governance*, 31 Del. J. Corp. L. 125（2006）。我国学者对独立董事制度也已有大量的实证分析，例如，姚伟峰：《独立董事制度，真的有效吗?——基于上市公司行业数据的实证研究》，载《管理评论》2011年第10期（发现当前的独立董事制度对企业效率的提高作用并不明显）；郑春美、李文耀：《基于会计监管的中国独立董事制度有效性实证研究》，载《管理世界》2011年第3期（独立董事起到了一定的监督作用，但因独立董事势单力薄，仅拥有某些象征性职权，独立董事制度的作用有限）；卢溢洪、宋增基：《中国上市公司独立董事制度运行效率实证研究》，载《生产力研究》2008年第11期（目前在上市公司中独立董事并没起到显著的改善公司治理从而提高公司绩效的作用）；张华伦、王海茸、杨曦、王磊：《独立董事、审计委员会有效性的实证研究》，载《统计与决策》2007年第23期（数据表明独立董事对盈余管理并没有发挥应有的监督和抑制作用）。

[3591] 2016年8月1日生效的《特拉华州商业信托法》修正案，新增一款规定："除商业信托文件另有订定外，依照1940年法（1940年《投资团体法》——本书作者注）注册为投资团体的商业信托，其受托人负有与依照本州普通公司法设立的私人营利公司董事所负信义义务相同的信义义务。" Del. Code Ann. tit. 12，§ 3806（1）. 但该款规定仍非对信义义务的直接表述，而《特拉华州普通公司法》本身也并未详细规定董事的信义义务，而是依普通法处理。

务，仅涉及信义义务的个别方面。至于一般性的信义义务，留由普通法或衡平法处理。该法第3806条第c款规定：根据普通法或衡平法，受托人、受益人或其他人对商业信托、其他受托人或受益人、商业信托文件的其他当事人或受商业信托文件约束的其他人负有义务（包括信义义务）的，商业信托文件可以扩张、限制或免除该义务。据此，信义义务的依据仍然是普通法或衡平法。[3592]其他各州商业信托法的情形相似。鉴于商业信托的性质，信义义务的具体内容，首先应适用商业信托判例法，而非径行跳跃至普通信托法。

《统一商业信托法》在此方面偏离了《特拉华州商业信托法》之模式，于第505条“受托人的行为标准”规定：“（a）在不影响第403条规定的情况下，在行使受托人权力时，受托人应当善意行事，并以其合理地相信符合商业信托最大利益的方式行事。（b）受托人履行义务时，应尽处于相似位置之人在相似情况下合理地相信为适当的注意。”该条的来源为《示范商业公司法》第8.30条，分两款分别规定了受托人的忠实义务和注意义务，即a款规定忠实义务，b款规定注意义务。本条采用公司法上的信义义务，而非较为严格的信托法上的信义义务，立法理由在于：“商业信托主要被用作商业组织的一种模式，不同于信托法上的信义义务（涉及无偿移转财产的环境），公司法上信义义务服务于商业当事人的需求……在决定偏离《特拉华州商业信托法》模式时，本法起草委员会受到了来自特拉华州的顾问和观察者所提供之委员会报告的影响，该报告指出，特拉华州商业信托的通常实践，是推翻默认的信托法上信义义务，而倾向于选用类似于公司的信义义务。因此，本条规定与特拉华州商业信托的实践一致。”[3593]此种明文规定，优于《特拉华州商业信托法》的模式。

[3592] 事实上，除《特拉华州普通公司法》第102条第b款第7项之外，特拉华州关于公司、合伙、商业信托、有限责任企业的制定法均未具体界定信义义务。Myron T. Steele, *Judicial Scrutiny of Fiduciary Duties in Delaware Limited Partnerships and Limited Liability Companies*, 32 Del. J. Corp. L. 1, 5（2007）. 判例法确认，普通合伙人对有限合伙及其有限合伙人负有忠实义务与注意义务。Gotham Partners L. P. v. Hallwood Realty Partners, L. P. , 817 A. 2d 160, 170（Del. 2002）; Boxer v. Husky Oil Co. , 429 A. 2d 995, 997（Del. Ch. 1981）, aff' d 483 A. 2d 633（Del. 1984）. 关于有限责任企业的判例认为，注意义务与忠实义务的存在，不证自明。VGS, Inc. v. Castiel, No. C. A. 17995, 2000 WL 1277372（Del. Ch. , Aug. 31, 2000）, aff' d, 781 A. 2d 696（Del. 2001）; Grace v. Morgan, No. CIV. A. 03C05260JEB, 2004 WL 26858（Del. Super. Jan. 6, 2004）. 学者认为，《特拉华州有限责任企业法》的大量规定渊源于《特拉华州修订统一有限合伙法》，有限责任企业又是合伙与公司的混合物，而合伙人与公司董事的忠实义务与注意义务在特拉华州法上确立已久，因此有限责任企业法上存在忠实义务与注意义务应无疑问。Carter G. Bishop & Daniel S. Kleinberger, *Limited Liability Companies-Tax and Business Law* ¶ 14.06（2007）.

[3593] Uniform Statutory Trust Entity Act § 505（2009）.

二、信义义务的内容

(一)信义义务不同于诚信义务

信义义务不同于诚信义务(duty of good faith)。二者在义务内容与历史渊源上均有重大区别。

就义务内容而言,私法(包括合同法)的一般原则为,民事主体可以自由追求自身利益,只要不以损害他人利益或公共利益为代价;任何一方当事人无义务放弃或抑制自身利益而服务于他人利益。易言之,在私法上,人人负有不侵害他人利益之义务(消极义务),但不负有增进他人利益之义务(积极义务)。合同法上的诚实信用义务的要求,亦仅限于此。信义义务的标准高于诚信义务。信义义务要求一方当事人(信义义务人)在信义关系中应为另一方的最大利益行事,非经权利人同意或法律容许,不得利用信义关系为自己谋取利益。乃有美国判例称信义义务为最大诚信义务,[3594]此种表述虽不无误导性,但信义义务与诚信义务之差异,仍可见之。

就历史渊源而言,至少在英美信托法上,信义义务并非脱胎于诚信义务。[3595]信义义务与信托法相伴而生,在英国法上由来已久。但英国法向来不认可一般的诚信义务。在许多大陆法系国家适用于一切合同的诚实信用义务,在英国法上仅适用于保险合同等极为个别的合同类型。[3596]英国法仅以若干特定化的法则保障公平交易,不承认一般化的诚实信用原则。[3597]虽有鲍威尔、萨默斯等学者于20世纪50~60年代主张英国法有必要引入诚实信用义务,[3598]但英国法至今拒绝承认一般的诚实信用义务。法院明确否定诚实信用义务在英国法上的存在。在1992年的一个重要判例中,英国上议院明确否定诚实信用的观念,认为诚实信用概念在实践中是

[3594] Mkt. Street Assoc. Ltd. P' ship v. Frey, 941 F. 2d 588, 595(7th Cir. 1991).美国有限合伙法判例也用最大诚信一词描述普通合伙人的信义义务:普通合伙人有义务尽最大诚信、公平与忠实。Boxer v. Husky Oil Co., 429 A. 2d 995, 997(Del. Ch. 1981), aff' d 483 A. 2d 633(Del. 1984).

[3595] 罗马法上的信托(*fiducia*)制度与诚信之关系,有所不同。在罗马法上,诚信审判(*bonae fidei iudicia*)非常重要,诚信审判所涵盖的债,包括买卖、使用租赁、信托、监护等。在此种审判中,法官判断被告有义务基于诚实信用向原告为给付。参见[德]马克斯·卡泽尔、罗尔夫·克努特尔:《罗马私法》,田士永译,法律出版社2018年版,第345页。不过,在罗马法上,对受托人的行为要求比一般的诚信更高。参见史志磊:《论信托之诉》,载朱晓喆主编:《中国信托法评论》(第1卷),法律出版社2018年版,第180页。

[3596] P. S. Atiyah & Stephen A. Smith, *Atiyah's Introduction to the Law of Contract* 7(6th ed. 2005).

[3597] Roger Brownsword et al., *Good Faith in Contract: Concept and Context*, in Good Faith in Contract: Concept and Context 1(Roger Brownsword et al. eds., 1999).

[3598] Reshma Korde, *Good Faith and Freedom of Contract*, 7 UCL Juris. Rev. 142(2000).

无法操作的，在原则上有悖于合同自由的伦理前提。[3599]不少学者在详细考量诚实信用义务与合同自由原则等合同法制度的关系之后，认为引入一般诚信义务不仅没有必要，而且是有害的。其理由包括：诚实信用定义不清（ill defined），依据一般诚信义务判断案件将会产生负面作用或事与愿违的结果（counter-productive）；法院通过适用虚假陈述、错误、胁迫以及不当影响（undue influence）等规则足以处理违背诚信的行为，无须借助于一般诚信义务，事实上，法院已经有效地处理当事人背信的具体案件，而不必求助于一种未经自然进化的商业标准，也不必求助于要求相互协作的交易概念之发展。[3600]一般诚信义务所潜藏的合作、忠诚等价值是与确定性、交易安全等古典价值背道而驰的，将诚实信用这一过于抽象的道德价值转化为法律规则，会严重破坏法律的安定性与可预测性，并且无助于道德价值的实现。[3601]英国商法学大家古德教授称，英国法很难采用诚实信用的一般概念，人们不知诚实信用这一一般概念究竟有何含义。[3602]除此之外，诚实信用义务所隐含的当事人互相协作与忠诚的价值，意味着合同当事人必须考虑彼此的利益、彼此依赖，此与英国法上早已被接受的伦理观念大相径庭，因此，诚实信用制度在英国不可能有很多支持者。[3603]

美国法上的信义义务法来源于英国法，亦与诚信义务无干。唯与英国法不同的是，美国于20世纪中期以后经由《统一商法典》在各州的传播而引入诚实信用义务（卢埃林在该法典中创设诚实信用义务，受到德国法的影响）。《第二次合同法重述》沿用之：合同每一方当事人在合同履行与执行中负有诚实信用与公平交易义务。[3604]诚信义务的确立，远远迟于信义义务。而且，诚信义务对信义义务并无影响。甚至诚信义务自身在美国法上的实际状况，亦不及诚信义务（或诚信原则）在大陆法系的盛况。经过半个世纪的适用，卢埃林在诚实信用（以及显失公平）等规定上的创新并未达到预期目标，诚实信用等模糊的标准至今未成为一种可信赖的分析法。[3605]美国判例的发展趋势是限制诚实信用义务的适用范围，即使

[3599] Walford v. Miles, [1992] 1 All. ER. 453.

[3600] Reshma Korde, *Good Faith and Freedom of Contract*, 7 UCL Juris. Rev. 142, 162 (2000).

[3601] Id. at 159, 162-63.

[3602] Roy Goode, *The Concept of "Good Faith" in English Law* (Rome, 1992).

[3603] Reshma Korde, *Good Faith and Freedom of Contract*, 7 UCL Juris. Rev. 142, 150 (2000).

[3604] Restatement (Second) of Contracts § 205 (1981).

[3605] John E. Murray, Jr., *Contract Theories and the Rise of Neoformalism*, 71 Fordham L. Rev. 869, 889 (2002).

是在课加了该义务的场合，法院也趋向于拒绝认定存在违反诚信的行为，而学说上对何种行为构成违反诚信也有巨大分歧，造成的结果便是诚实信用义务的适用颇不一致。[3606]美国某些法域拒绝采纳一般化的诚实信用义务，如在北达科他州，诚实信用与公平交易默示约定仅适用于保险合同。[3607]俄勒冈州最高法院实质上已排除了合同履行与执行中的诚实信用义务。[3608]即使在适用诚实信用义务的场合，美国判例法关于诚实信用义务的立场（详见本章第10节），亦表明此种诚实信用义务有别于某些大陆法系国家或地区用以限制合同自由乃至更一般化地管制权利行使与义务履行的、基本原则意义上的诚实信用原则。

在大陆法系不少国家，诚信原则被认为是民法或债法的基本原则之一，据此，当事人在行使权利、履行义务时，应恪守诚实信用。大陆法系立法或判例上亦有实质上的信义义务。诸如在罗马式信托或日耳曼式信托之类的制度中，受托人也负有信义义务，且此类信托关系通常基于合同而发生，或者被法律视作一种合同关系，从而信义义务被理解为一种合同义务。尽管如此，通行见解认为，信义义务不同于诚信行为的一般义务。[3609]即信义义务显然有别于各种合同当事人所负有的一般化诚信义务。

（二）信义义务包含忠实义务和注意义务两项基本义务

忠实义务与注意义务，为信义义务的两大基本类型。除此之外，尚有若干次级义务（sub-duties），次级义务或从属于忠实义务，或从属于注意义务，或兼具两者性质，或为两者之补充。[3610]

信义义务原则的一般要求为，控制他人财产之人，未经明示或默示协议容许，不得故意将该财产用于有利于控制人而不利于财产或受益人之

[3606] Richard E. Speidel, *The Characteristics and Challenges of Relational Contracts*, 94 Nw. U. L. Rev. 823, 840-41（2000）[引用Richard E. Speidel, *The "Duty" of Good Faith in Contract Performance and Enforcement*, 46 J. Legal Educ. 537（1996）].

[3607] WFND, LLC v. Fargo Marc, LLC, 2007 ND 67, 730 N. W. 2d 841（N. D. 2007）.

[3608] James A. Webster, Comment, *A Pound of Flesh: The Oregon Supreme Court Virtually Eliminates the Duty to Perform & Enforce Contracts in Good Faith*, 75 Or. L. Rev. 493, 508（1996）.

[3609] 德国法上的见解，参见Stefan Grundmann, *Trust and Treuhand at the End of the 20th Century-Key Problems and Shift of Interests*, 47 Am. J. Comp. L. 401, 417 n. 69（1999）[引用Alfred Hueck, *Der Treuegedanke im modernen Privatrecht* 12, 15-19（1947）; Marcus Lutter, *Theorie der Mitgliedschaft-Prolegomena zu einem Allgemeinen Teil des Korporationsrechts*, AcP 180（1980）84（103-105, 122）; Ernst-Joachim Mestmäcker, Verwaltung, *Konzerngewalt und Rechte der Aktionäre-eine rechtsvergleichende Untersuchung nach deutschem Aktienrecht und dem Recht der Corporations in den Vereinigten Staaten*（1958）, p. 214 seq.]。

[3610] 关于其他义务，参见Robert H. Sitkoff, *Other Fiduciary Duties: Implementing Loyalty and Care*, in The Oxford Handbook of Fiduciary Law（Evan J. Criddle, Paul B. Miller & Robert H. Sitkoff eds., 2019）。

用途。[3611]忠实义务要求受托人仅为商业信托及其受益人的利益行事，不得利用受托人职位谋取自己或他人利益，受托人有义务将商业信托的利益置于自身利益之上；[3612]注意义务要求受托人善尽注意、技能与勤勉，为商业信托及其受益人的最大利益行事。立法与司法上关于忠实义务的要求较为严格，关于注意义务的要求较具弹性。关于忠实义务，有较多的次级规则对受托人行为详加控制，关于注意义务，法律仅以概括的标准与抽象的责任准则一笔带过。判定违反忠实义务的判例所在多有，判定违反注意义务者则较为少见。忠实义务与注意义务的基本分界线为利益冲突。在涉及利益冲突时，为认定受托人是否以商业信托的利益为代价而获利，法院可详细审查受托人所为交易。[3613]但受托人为受益人最大利益行事且不涉及利益冲突交易或类似动机的，其决策不受司法干预。[3614]

此种差异，自是因为两者有若干重要区别。其一，从不当行为中获益越大，相应的责任机制就越重要，对民事责任的恐惧，可有助于遏制一次性的严重违法行为。[3615]忠实义务以利益冲突为规范对象，针对义务人的一次性盗用或挪用行为，此类行为后果严重，行为人常有“捞一把就走”的心态，事后的市场惩罚措施远为不足，[3616]兼因较为隐蔽，市场的事前或事中监督作用亦难以尽展，这正是商业判断规则不保护违反忠实义务之行为的原因。其二，忠实义务所欲禁止或限制的行为大多对权利人有害无益，严加控制自有必要，注意义务针对信义义务人的正常决策行为，管制过严反有损于权利人利益。其三，相对于不注意行为，法院较易识别不忠实行为，[3617]裁判成本与裁判错误风险较低。

三、信义关系的类型

（一）信义关系从信托法向其他领域的扩张

受托人为信义义务人的典型。信义义务人（fiduciary），是指许诺为另

[3611] In re USACafes, L. P. Litig, 600 A. 2d 43, 48(Del. Ch 1991).

[3612] Greer Inv. Co. v. Booth, 62 F. 2d 321(C. C. A. 10th Cir. 1932).

[3613] Kotimsky v. Lubin, 62 F. Supp. 710(E. D. Ill. 1945).

[3614] Beebe v. Pacific Realty Trust, 578 F. Supp. 1128(D. Or. 1984). 本案涉及受托人、高级管理人员等实施商业信托并购交易，受托人等建议的受益权出卖价格等于甚至高于其市场价格，且受托人等不存在欺诈、恶意、操纵、自己交易等行为，法院判决驳回少收受益人提起的欺诈之诉。

[3615] Frank H. Easterbrook & Daniel R. Fischel, *The Economic Structure of Corporate Law* 98(1991).

[3616] Id. at 103.

[3617] Id.

一人的利益行事之人。[3618]信义义务人与另一人(泛称为受益人)之间的法律关系,为信义关系(fiduciary relationship)。

信托法代表了英美法系信义义务最早、最完整的表达,但衡平法院已在各种广泛的情境中适当扩张信托法上的信义义务,以实现实质正义。[3619]从历史视角观之,信义义务为信托法的主要贡献之一。经由数百年的发展积累而成的信义义务传统,为代理法、公司法、合伙法等提供了坚实的支撑,即使后者已经形成各自的信义义务体系之后,信托法的痕迹依然随处可见。例如,公司法的判例还时常将董事称为公司的"受托人"。现代法上的信义关系和信义义务更已成为一个贯穿诸法的概念,在行政法、宪法上,亦存在信义关系。[3620]就法技术而言,法院在认定某种关系为信义关系时,常用方法有二:其一,适用信义关系的原则;其二,适用传统信义关系的相似性。[3621]第一种方法类似于大陆法系法学方法论上所称的"整体类推",第二种方法类似于"个别类推"。

尽管信义关系扩张力甚强,但信义关系或信义义务总体上居于例外的地位。除某些特定类型的意定关系(如委托合同、合伙合同等)或法定关系(如监护)之外,如无特别约定,一般当事人之间不负信义义务。[3622]依英美法系之见解,在有限的、不寻常的情形中,某些特殊的因素可以使商事合同当事人之间产生信义义务,诸如一方当事人处于重大优势地位或者拥有获取秘密信息的重大优势,以至于另一方当事人必须对该方当事人寄予信托与信赖。[3623]信义义务本为保护处于信息、技能、经验、谈判力等弱势一方当事人之利益而设,但其用处并不仅限于此:当事人本可自由追求或优先考虑自身利益,在商事领域适用信义义务,可抑制当事人的

[3618] Austin W. Scott, *The Fiduciary Principle*, 37 Cal. L. Rev. 539, 540(1949).

[3619] In re USACafes, L. P. Litig., 600 A. 2d 43, 48(Del. Ch. 1991).

[3620] 关于公法上的信义义务,参见Paul B. Miller & Andrew S. Gold, *Fiduciary Governance*, 57 Wm. & Mary L. Rev. 513(2015); Andrew S. Gold, *Reflections on the State as Fiduciary*, 63 U. Toronto L. J. 655(2013)。甚至在家庭法上,父母子女之间亦有信义关系:父母对子女负有信义义务。Elizabeth S. Scott & Robert E. Scott, *Parents as Fiduciaries*, 81 Va. L. Rev. 2401(1995).

[3621] Tamar Frankel, *Fiduciary Law* 62-68(2011).

[3622] Northeast Gen. Corp. v. Wellington Adver., Inc., 82 N. Y. 2d 158, 604 N. Y. S. 2d 1, 624 N. E. 2d 129(1993); Mia Shoes, Inc. v. Republic Factors Corp., 1997 WL 525401(S. D. N. Y. Aug. 21, 1997).

[3623] Calvin Klein Trademark Trust v. Wachner, 123 F. Supp. 2d 731(S. D. N. Y., 2000)[引用Feigen v. Advance Capital Management Corp., 150 A. D. 2d 281, 541 N. Y. S. 2d 797(1st Dep't, 1989); ADT Operations v. Chase Manhattan Bank, N. A., 173 Misc. 2d 959, 662 N. Y. S. 2d 190(N. Y. Sup. Ct., New York County, 1997); BBS Power Mod, Inc. v. Prestolite Electric, Inc., 71 F. Supp. 2d 194(W. D. N. Y. 1999)].

自利行为，信义义务亦可用于保护富于经验的当事人。[3624]

（二）商业信托中信义关系与信托法、企业法的亲缘性

在英美法上，信义关系已被大量地类型化。在已类型化的法律关系中，当事人之间可推定为存在信义关系。典型者如企业管理者与企业及其成员、律师与客户、受雇人与雇用人等。与商业信托血缘最近者，自然是普通信托及其他企业。

企业管理者所负信义义务，其历史根源为信托法与代理法的信义义务。[3625]受托人、董事、普通合伙人皆基于其身份而当然负有信义义务。有限责任企业的情形则稍显复杂。负责经营有限责任企业的成员、经理或其他人对有限责任企业及其成员负有信义义务。[3626]

信义义务的内容因基础关系不同而异，正如实际合同因市场而异；信义关系的合同视角隐含着不同类型信义关系之差异。[3627]不同类型的信义关系中，信义义务的内容也反映了经济因素的差异。[3628]商业信托因具有营利性及组织性，其中的信义关系更近似于其他企业法中的信义关系。正因企业法内在机理上的相通性，如果当事人未能在协议中清晰约定管理者的义务标准，法院可能类推适用其他企业法的相关标准。例如，由于有限责任企业领域对此主题缺少判例，法院可参考关于与此相似的公司或合伙制定法的解释。[3629]又如，有判例认为，有限合伙领域与有限责任企业领域中的信义义务是极为相似的（如果不是完全相同），因此，适用于有限合伙领域的判例法可能同等适用于有限责任企业法，反之亦然。[3630]相比于公司、合伙法，商业信托信义义务的判例较少，不排除类推适用公司

[3624] Deborah A. DeMott, *Breach of Fiduciary Duty: On Justifiable Expectations of Loyalty and Their Consequences*, 48 Ariz. L. Rev. 925, 926 (2006).

[3625] Mary Szto, *Limited Liability Company Morality: Fiduciary Duties in Historical Context*, 23 Quinnipiac L. Rev. 61 (2004).

[3626] Blackmore Partners, L. P. v. Link Energy LLC, 864 A. 2d 80 (Del. Ch. 2004). 根据特拉华州普通法，控制有限责任企业及其财产之人，对有限责任企业及其成员负有信义义务，无论该有限责任企业采用何种管理结构。Paul M. Altman & Srinivas M. Raju, *Fiduciary Duties in Delaware Alternative Entities*, 1486 PLI/Corp. 383, 390 (2005).《统一有限责任企业法》依据管理结构设定信义义务：在成员管理型有限责任企业中，成员负有信义义务，在经理管理型有限责任企业中，经理负有信义义务。

[3627] Frank H. Easterbrook & Daniel R. Fischel, *Contract and Fiduciary Duty*, 36 J. L. & Econ. 425, 427, 432 (1993); Jerry W. Markham, *Fiduciary Duties Under the Commodity Exchange Act*, 68 Notre Dame L. Rev. 199 (1992); Evan J. Criddle, *Fiduciary Foundations of Administrative Law*, 54 UCLA L. Rev. 117 (2006).

[3628] Robert H. Sitkoff, *The Economic Structure of Fiduciary Law*, 91 B. U. L. Rev. 1039 (2011).

[3629] Travel Centers of America, LLC v. Brog, No. 3S16-CC, 2008 WL 1746987 (Del. Ch. Apr. 3, 2008).

[3630] Paul M. Altman & Srinivas M. Raju, *Fiduciary Duties in Delaware Alternative Entities*, 1486 PLI/Corp. 383, 390-91 (2005).

或合伙法的可能性。但此处值得重申的是，公司法的信义义务，不能“批发”给非公司企业法。[3631]合同自由最大化原则与灵活性本质使非公司企业法别具一格，立法者与法院均需时时注意此项特性。

至于普通信托法的信义义务，反而与商业信托法相距较远，根本原因自然并非商业信托法“数典忘祖”，实是因为商业信托的运营目标及治理机制与其他企业同属一类，而迥异于普通信托。普通信托领域，由于市场型约束机制较为软弱，严格的信义义务规则便成为替代机制。[3632]商业信托情况恰恰相反。普通信托法信义义务的整体风貌为：忠实义务极度严格，原则上不分皂白地禁止一切利益冲突交易；注意义务亦由法院详加监督，受托人承担过失责任；特约限缩信义义务或责任受严格限制，不容许特约免除信义义务。公司法的整体风貌则为：忠实义务方面，经无利害关系股东或董事决议或在被告证明交易对公司公平时，利益冲突交易有效；注意义务方面，董事决策受商业判断规则保护，法院无权干预，董事仅就重大过失或故意不当行为承担责任；章程可免除违反注意义务之责任。非公司企业法的整体风貌为：忠实义务及注意义务方面与公司法类似，但组织合同可限缩或免除信义义务，自由度最高。

鉴于此，20世纪90年代初期曾有特拉华州有限合伙判例将普通信托法信义义务类推适用于有限合伙中普通合伙人的信义义务，[3633]后来的判例则认为此种类推显属异常，应类推适用公司法。[3634]学者亦认为普通信托法的信义义务系服务于保存信托财产、避免将信托财产置于营利性事业的风险之下，因此其严格程度与归责标准皆高于商业组织法，并不适于作为商业组织管理者的义务，将普通信托法类推适用于有限合伙，未能考虑此种扩张适用的意外后果，有欠妥当。[3635]

选用企业法上的信义义务而非普通信托法的信义义务，也是商业信

[3631] Ann E. Conaway, *The Multi-Facets of Good Faith in Delaware: A Mistake in the Duty of Good Faith and Fair Dealing; A Different Partnership Duty of Care; Agency Good Faith and Damages; Good Faith and Trust Law*, 10 Del. L. Rev. 89, 90 (2008).

[3632] Frank H. Easterbrook & Daniel R. Fischel, *Contract and Fiduciary Duty*, 36 J. L. & Econ. 425, 437 (1993).

[3633] In re USACafes, L. P. Litigation, 600 A. 2d 43 (Del. Ch. 1991).

[3634] Gotham Partners, L. P. v. Hallwood Realty Partners, L. P. (Gotham I), No. Civ. A. 15754, 2000 WL 1476663 (Del. Ch. Sept. 27, 2000).

[3635] Ann E. Conaway, *The Multi-Facets of Good Faith in Delaware: A Mistake in the Duty of Good Faith and Fair Dealing; A Different Partnership Duty of Care; Agency Good Faith and Damages; Good Faith and Trust Law*, 10 Del. L. Rev. 89, 119-20 (2008).

托实务中的常见做法。例如，特拉华州商业信托实务中，商业信托文件通常约定选用公司法上的信义义务（而非普通信托法上的信义义务），《统一商业信托法》顺应此种实践，明文规定类似于公司董事信义义务的商业信托受托人义务，已在本节第1目中述及。又如，在加拿大的实务中，商业收入信托的信托文件一般约定受托人负有与公司董事相同的信义义务，以此取代较为严格的（普通）信托受托人义务，信托文件中的利益冲突条款也一般照搬公司法关于利益冲突交易的条文。[3636]加拿大统一法委员会起草的2008年《统一收入信托法》在收入信托受托人义务上径以公司董事义务为模板，并在评注中明确指出："作为一项基本原则，本法在受托人职能、义务、责任与豁免问题上，与公司董事保持一致。投资界将从一致性和易于理解性上受益。公司董事和信托受托人受益于实质上相同或相似的角色与义务、同样的责任风险以及同样的补偿权利。"[3637]

四、我国法上的信义义务

信义义务为英美法上的基础概念之一，但其实质内容非其专有。信义关系的社会经济基础可归结为分工与信任：一方具有专业化优势，另一方将其财产或事务托付之，双方之间存在相互信任；因受托付者拥有决定或改变托付方财产状态、事务状态的权限，自然产生了对受托付者课加法律义务的需要。[3638]与其说信义法是英美法系的特色，毋宁说信义法体现了事物之本质。因此，信义法可追溯至更为久远且普遍的法律传统。有学者认为，信义义务源于基督教会的财产观念和罗马法上的法律形式。[3639]弗兰柯尔教授的信义法近著更是专章梳理了自《汉谟拉比法典》、伊斯兰法、罗马法、中世纪法直至近代法中的信义法渊源。[3640]在现代大陆法系的法律中，信义法的实质内容亦属常见。例如，依据大陆法系立法、判例与学说，受雇人对雇用人负有注意义务和忠实义务，[3641]合伙人之间互负注意义务与忠实义务，[3642]委托合同中的受托人对委托人负有忠实义

[3636] Mark Gillen, *A Comparison of Business Income Trust Governance and Corporate Governance: Is There a Need for Legislation or Further Regulation?*, 51 McGill L. J. 327, 356-57(2006).

[3637] Uniform Income Trust Act § 32 cmt.(2008).

[3638] Tamar Frankel, *Fiduciary Law* 6-20(2011).

[3639] Mary Szto, *Limited Liability Company Morality: Fiduciary Duties in Historical Context*, 23 Quinnipiac L. Rev. 61, 61(2004).

[3640] Tamar Frankel, *Fiduciary Law* 80-99(2011).

[3641] 例如，《瑞士债务法》第321a条。

[3642] 史尚宽：《债法各论》，中国政法大学出版社2000年版，第694、719页。

务和注意义务。[3643]罗马式信托与日耳曼式信托中，受托人所负义务实质上类似于英美式信托的受托人信义义务。[3644]弗兰柯尔教授认为，英美法系和大陆法系的信义法是经由不同的路径获得类似的结果：英美法上的信义义务根植于财产法，而大陆法系的信义原理渊源于契约法。[3645]而作为两大法系汇流之产物的《马耳他民法典》在"债之通则"中设名为"信义之债"(fiduciary obligations)的专节(第1124A~1124B条)，系统规定信义之债的发生根据、信义义务的内容、信义义务人所有权的效力，则是将信义义务在民法典中予以体系化的一种尝试。

在我国立法上，《信托法》《公司法》《合伙企业法》已在不同程度上引入英美法系的信义义务，尽管并未明确使用该术语。2006年6月29日《刑法修正案(六)》增设"背信运用受托财产罪"："商业银行、证券交易所、期货交易所、证券公司、期货经纪公司、保险公司或者其他金融机构，违背受托义务，擅自运用客户资金或者其他委托、信托的财产，情节严重的，对单位判处罚金，并对其直接负责的主管人员和其他直接责任人员，处三年以下有期徒刑或者拘役，并处三万元以上三十万元以下罚金；情节特别严重的，处三年以上十年以下有期徒刑，并处五万元以上五十万元以下罚金。"(第185条之一第1款)此所谓受托义务，实质上近于信义义务，唯该罪主体仅限于金融机构。大陆法系刑法上多设有类似的背信罪。[3646]

我国司法实务中，信义义务已经成为"活的法律"。查中国裁判文书网，在裁判理由中提及"信义义务"一词的裁判文书有51件(检索日期2018年6月17日)；查北大法律信息网，提及"信义义务"一词的裁判文书有64件(检索日期2018年6月17日)。信义义务在司法裁判中的用法，大致可归纳为下列类型。

其一，对法律规定的解释。例如，将下列义务解释为信义义务：《公司

[3643] 关于受雇人注意义务和忠实义务的立法例，如《瑞士债务法》第398条第2款规定。学说和判例上的例证，如[德]雷蒙德·瓦尔特曼：《德国劳动法》，沈建峰译，法律出版社2014年版，第152~155页；[德]沃尔夫冈·多伊普勒：《德国劳动法》(第11版)，王倩译，上海人民出版社2016年版，第160~161页。

[3644] 例如，有德国学者认为，日耳曼信托中受托人的忠实义务，无论在效果抑或概念上，均与英美信托法上的忠实义务几乎相同。Stefan Grundmann, *Trust and Treuhand at the End of the 20th Century - Key Problems and Shift of Interests*, 47 Am. J. Comp. L. 401, 427(1999).

[3645] Tamar Frankel, *Toward Universal Fiduciary Principles*, 39 Queen's L. J. 391(2014). 该文尝试提出一种跨越两大法系的、普遍性的信义原理。

[3646] 德国立法例，参见高尚：《德国判例使用情况分析——以〈德国刑法典〉第266条"背信罪"为对象》，载《环球法律评论》2017年第6期。

法》所规定的董事和高级管理人员义务、[3647]《证券法》所规定的上市公司控股股东对公司所负义务、[3648]《信托法》所规定的受托人义务、[3649]委托合同中受托人的义务、[3650]合伙协议中执行事务合伙人所负义务。[3651]甚至有判决引用英美法系资料对信义义务作出解释。[3652]

其二，填补法律漏洞。例如，认为公司大股东对小股东负有信义义

[3647] 陆群宏与北京无线天利移动信息技术股份有限公司、钱永耀证券虚假陈述责任纠纷案，北京市第一中级人民法院（2017）京01民初116号民事判决书；上海圆融典当有限公司与宋继红损害公司利益责任纠纷案，上海市第二中级人民法院（2015）沪二中民六（商）终字第32号民事判决书。

[3648] 上海兴盛实业发展（集团）有限公司诉王斌忠、黄长印及第三人上海新梅置业股份有限公司证券欺诈责任纠纷案，上海市第一中级人民法院（2015）沪一中民六（商）初字第66号民事判决书。

[3649] 田智强与长安国际信托股份有限公司营业信托纠纷案，陕西省西安市中级人民法院（2016）陕01民终6896号民事判决书。

[3650] 马琳与何欢、四川华通投资有限公司、四川腾中重工机械有限公司民间借贷纠纷案，四川省高级人民法院（2016）川民终690号民事判决书。

[3651] 李青林与张廷江合同纠纷案，最高人民法院（2016）最高法民申656号民事裁定书。本案中，李青林与张廷江、霍世财、黎强四人签订《合作协议》，约定共同注册房地产开发公司，按所占的实际股份比例分配利润，实质上达成了共同出资成立公司开发项目的共同意思表示。但在协议的实际履行中，并未按照《合作协议》之约定成立房地产开发公司，亦未进行具体的项目开发事宜，各方出资均交由李青林运作。四人之间虽不构成公司与股东之间的权利义务关系，但实际上构成合伙关系，李青林实为执行事务合伙人。

[3652] 原告鑫邦自动化测试设备（深圳）有限公司诉被告Jiang Jiening公司证照返还纠纷案，广东省深圳前海合作区人民法院（2016）粤0391民初1016号民事判决书。判决理由谓："高管对于公司的'勤勉义务'与'忠实义务'均来源于英美法系的信义义务。根据《布莱克法律词典》中的解释：信义义务是一种由受信人对受益人承担的具有最大诚信、忠诚、信任和正直的义务，如律师对其客户、公司管理人对股东等。该义务要求义务人须具备绝对诚实、忠诚以及为受益人的最大利益做出奉献的高标准品质。普遍观点认为，信义义务包含忠实义务和勤勉义务。'忠实义务'倾向于是一种道德层面的要求，其要求公司董事、监事、高管人员对公司忠诚、正直，此义务实则也是民法中诚实信用基本原则的延伸。'勤勉义务'本身更倾向于是一种职业要求，其要求公司董事、监事、高管人员在从事公司经营管理活动时应当恪尽职守，敬业精进，尽到普通谨慎的同行在同类公司、同类职务、同类相关情形中所应具有的经营管理水平。该义务设立目的在于阻却董事、监事、高管人员怠于履行职责，制约董事、监事、高管人员因权力膨胀而形成的内部人控制现象，对公司而言，更是一种弥补损失的方式，同时也是对于公司及公司股东利益的一种重要保障，体现了民法中禁止权利滥用原则的精神。本案原告鑫邦公司为取回公司公章、法人章、发票章、财务章等物品，先是通过其股东SHK公司作为诉讼主体于2016年2月22日在本院向被告Jiang Jiening提起公司证照之诉，因主体不适格被本院驳回，现鑫邦公司作为原告提起同样之诉，符合法律规定。因被告Jiang Jiening之原因，公司缺乏各项证照和印章逾年有余，已对原告鑫邦公司的运营产生不良影响。被告Jiang Jiening作为一名职业经理人，应当勤勉忠诚，履行职责，即便与原告鑫邦公司存在其他争纷，应当通过合法途径维护自身权利，而不应占有公司证照至今不还；被告Jiang Jiening长期违法占有原告鑫邦公司的证照和印章已经影响了原告鑫邦公司的经营，其行为已经违反了作为公司高管的'勤勉义务'与'忠实义务'。因此，原告鑫邦公司提起本案诉讼要求诉请被告Jiang Jiening归还公章、法人章、发票章、财务章、营业执照、组织机构代码证、税务登记证、银行三个账户的Ukey和密码于法有据，应予以支持。"不过，该判决将信义义务和诚实信用原则、禁止滥用权利原则联系起来，并不准确：其一，诚信义务是对合同当事人的普遍要求，而信义义务则仅适用于特定类型的法律关系；其二，董事、高级管理人员的管理系"权限"而非"权利"，信义义务是对权限的制约，而非对权利的制约，故二者根本无关。

务，[3653]或者公司控股股东对少数股东负有信义义务。[3654]另有判决虽未明确使用信义义务概念，实际上以此法理为判决理由。例如，沈阳玻璃钢风机厂与戴有羽借款合同纠纷上诉案裁判要旨谓："处于一种信任关系（比如受托人和受益人，董事、高级管理人员和公司、合伙人之间等）中的受信任者对另一方负有忠实义务，不得利用其地位使其职责和个人利益相冲突，对其违反信义义务所获的利益，权利人享有返还请求权，该请求权性质上属物权，不受诉讼时效的规制。"终审判决认为："本案中戴有羽作为分管技术的副厂长与风机厂之间形成受信任关系，戴有羽对风机厂负有忠实义务，即不得处于其职责和个人利益相冲突地位，利用其受信任人地位从厂里获取利益，因而，其对取得的购房款系为风机厂所代为持有的。即戴有羽是该笔款项名义上的使用人，风机厂是该笔款项实质上的权利人，由于该款项已用于购房（已由金钱转化为房产），因此戴有羽对该房屋负有返还义务，亦即风机厂可对该房产主张返还的物权性权利，该权利不受诉讼时效限制。由于风机厂诉讼中仅主张当时购房款的价额17万余元，本院对此予以准许。同样理由，本案中争议的5万元款项系戴有羽出差从单位所借，其用途系用于单位出差这一特定目的的，故该款项仍然是戴有羽为单位所代为持有，戴有羽虽是该款项名义上的使用人，但实质上该款项仍为风机厂所有，其应为金钱（货币）所有与占有相一致规则之例外，而戴有羽至今不能举证证明其系为该特定目的之所用，风机厂据此享有返还款项的物上请求权，故戴有羽关于借款已过时效的抗辩理由不能成立。"[3655]

我国司法实务关于信义义务的法律漏洞补充作业，乃是事物之性质使然。一方当事人控制、管理他方当事人之财产或事务时，法律有必要对该方当事人课加信义义务，以免发生道德风险。唯我国现行立法关于信义义务的规定均过于简略，有待于裁判和学说的补充。尽管信义义务概

[3653] 日照发达实业有限公司诉山东重工集团有限公司等损害股东利益责任纠纷案，山东省高级人民法院（2014）鲁民提字第262号民事判决书；洛阳钼都矿冶有限公司等诉郝大科损害股东利益责任纠纷案，河南省洛阳市中级人民法院（2017）豫03民终952号民事判决书；董力诉上海致达建设发展有限公司等滥用股东权侵权赔偿纠纷案，上海市静安区人民法院（2006）静民二（商）初字第755号民事判决书；金国忠与义乌市国有资本运营中心等公司决议效力确认纠纷上诉案，浙江省金华市中级人民法院（2015）浙金商终字第2590号民事判决书；陈怡与科达斯特恩（常州）汽车塑件系统有限公司等确认合同无效纠纷上诉案，江苏省常州市中级人民法院（2015）常商终字第512号民事判决书。

[3654] 周旭光诉卢晓云等损害股东利益责任纠纷案，浙江省宁波市中级人民法院（2017）浙02民终1621号民事判决书。

[3655] 辽宁省沈阳市中级人民法院（2008）沈中民三终第1445号民事判决书。主审法官撰写的评析，参见陈林：《违反信义义务所获利益应予返还》，载《人民司法·案例》2009年第6期。

念源于英美法系的衡平法传统，但只要能够作出详尽的定义，信义义务理论的衡平法特性并不会真正阻碍其转化为我国的法律概念。[3656]当然，应当避免信义义务概念的滥用，尤其是将一般合同中的义务混淆为信义义务。[3657]信义义务自有其独特的法理基础，并非从属于诚信义务，无须且不应援引诚信原则作为其理论基础，否则，徒然混淆二者，并将助长司法实务中的误解误用。

五、信义关系的结构

信义关系至少涉及双方当事人：一方对他方负有信义义务。受托人与受益人之间有信义关系、受托人对受益人负有信义义务，是信托法根深蒂固的基本原则。商业信托自然传承此项原则。依英美早期法律，无论商业信托在外部关系上被定性为真正信托还是合伙，在内部关系上，受托人与受益人之间皆为信义关系；[3658]受托人的根本义务是为增进受益人利益行事。[3659]

随着商业信托主体地位的普遍承认，英美当代判例法认为，受托人对商业信托负有信义义务。[3660]由此，商业信托受托人义务的基本内容与普通信托受托人的义务相似，但法律关系结构有所差别，而类同于公司和其他非公司企业的情形：管理者既对组织负有信义义务，也对组织成员负有信义义务。换言之，在具有法律人格的组织中，信义关系结构具有复合性，例如，公司董事、经理对公司及其股东负有信义义务，[3661]有限合伙的普通合伙人对有限合伙及有限合伙人均负有信义义务。[3662]

［3656］ 李颖芝：《衡平法外的受信义务——析董事于新〈公司法〉下之“忠实义务”》，载《北大法律评论》编委会编：《北大法律评论》第9卷第2辑，北京大学出版社2008年版。

［3657］ 误认为买卖合同当事人负有信义义务的判决，如邓美华诉上海永达鑫悦汽车销售服务有限公司买卖合同纠纷案，上海市第一中级人民法院（2017）沪01民终7144号民事判决书。

［3658］ Haskell v. Patterson, 165 Ark. 65, 262 S. W. 1002（1924）; In re Dean’s Trust, 47 Haw. 629, 394 P. 2d 432（1964）; Wallace v. Malooly, 4 Ill. 2d 86, 122 N. E. 2d 275（1954）; Fogelin v. Nordblom, 402 Mass. 218, 521 N. E. 2d 1007（1988）; Matter of Trust Known as Great Northern Iron Ore Properties, 263 N. W. 2d 610（Minn. 1978）, cert. denied, 439 U. S. 835, 99 S. Ct. 116, 58 L. Ed. 2d 130（1978）; Powel v. Rogers, 202 Okla. 525, 216 P. 2d 283（1950）; Culp v. Robey, 299 S. W. 846（Tex. Comm’n App. 1927）.

［3659］ Page v. Natural Gas & Fuel Co., 35 F. 2d 462（C. C. A. 8th Cir. 1929）.

［3660］ In re Mortgage & Realty Trust, 195 B. R. 740（Bankr. C. D. Cal. 1996）.

［3661］ Cinerama, Inc. v. Technicolor, Inc., 663 A. 2d 1156（Del. Supr. 1995）. 董事与经理的信义义务人地位，有深厚的法理基础。Lyman P. Q. Johnson & David Millon, *Recalling Why Corporate Officers Are Fiduciaries*, 46 Wm. & Mary L. Rev. 1597（2005）.

［3662］ Boxer v. Husky Oil Co., 429 A. 2d 995, 997（Del. Ch. 1981）.

普通信托不是独立主体，受托人直接对受益人负担义务。商业信托为独立主体，因此受托人对商业信托负有义务。受托人违反义务时，商业信托有权追究其责，商业信托的事务由受托人执行，故应由其他受托人代表商业信托追究违反义务受托人的责任。除非单独侵害受益人利益，否则受益人不得直接通过诉讼途径追究受托人责任；仅在商业信托不能追究或拒绝追究受托人责任时，方可提起受益人派生诉讼。在仅涉及受益人个体权益的事项上（例如，个别受益人的接受利润分配权、表决权、获取信息权），受托人对受益人负有信义义务。商业信托受托人与受益人的关系类似于公司董事与股东的关系，但具有信任度更高之特性（a more confidential character）。[3663]

除此之外，商业信托的受托人为法人或非法人组织时，可能发生双重利益冲突问题。例如，基金管理公司履行受托人义务的实际行为人是其董事、监事、高级管理人员等。基金管理公司的董事、监事、高级管理人员，对本公司负有信义义务［我国《公司法》所规定者包括忠实义务和勤勉义务（注意义务）］。董事、监事、高级管理人员可能为了本公司利益而损害基金持有人的利益，例如谋取不合理的基金管理人报酬。基金管理公司的股东也可能为此行为。由此发生利益冲突。对此，新加坡2004年《商业信托法》第11条第1款规定：经注册的商业信托的受托人—管理人，在全体单位持有人的整体利益与受托人—管理人的利益相冲突时，受托人—管理人的董事应当优先考虑全体单位持有人的整体利益。我国2012年修订后的《证券投资基金法》第21条第3款规定，与之类似："公开募集基金的基金管理人的股东、董事、监事和高级管理人员在行使权利或者履行职责时，应当遵循基金份额持有人利益优先的原则。"

上述规定所体现的解决方案，给人一种"双重信义义务"的印象：基金管理公司的董事、监事、高级管理人员既要考虑本公司的利益（对本公司负有信义义务），又要考虑基金份额持有人利益（对基金份额持有人负有信义义务），并且后者优先。但事实上，此种解决方案纯属画蛇添足，并无必要。所谓双重信义义务论或者类似理论，也无根据。基金管理人的股东、董事、监事和高级管理人员，与基金份额持有人之间并不存在直接的法律关系；对基金份额持有人负有信义义务者，是基金管理人，而非基金管理人的成员和内部管理者。《证券投资基金法》的上述规定，只不过

［3663］ Gordon Campbell Petroleum Co. v. Gordon Campbell-Kevin Syndicate, 75 Mont. 261, 242 P. 540 (1926).

是一条原则性的宣示规定，难以构成请求权基础。如果基金管理人的股东、董事、监事和高级管理人员未遵循所谓基金份额持有人利益优先的原则，基金份额持有人难以对其主张权利，因为双方之间既不存在合同关系，也不存在其他法律关系。但即便不设此种规定，问题也不难解决。基金管理人的股东、董事、监事、高级管理人员与基金合同履行相关的行为，即为基金管理人履行信义义务的行为，如果基金管理人的董事、监事、高级管理人员为了追求本公司利益而实施损害基金份额持有人利益之行为，必然构成基金管理人违反义务的行为，基金份额持有人有权请求基金管理人承担违约责任。如果基金管理公司的董事、监事、高级管理人员直接实施侵权行为（例如，挪用基金财产），基金份额持有人也可以选择请求基金管理人承担侵权责任（《民法典》第1191条规定的用人单位责任）；如果基金管理公司的股东直接实施侵权行为，基金份额持有人则有权直接请求该股东承担侵权责任（《民法典》第1165条关于过错侵权责任的一般规定）。现行民法规范中关于违约责任和侵权责任的一般规则，足以解决此种利益冲突问题。另一个旁证是，合伙企业的普通合伙人为法人或非法人组织时，也可能发生普通合伙人的股东、董事、监事、高级管理人员等为谋取普通合伙人利益而损害合伙企业利益的问题。对此，我国《合伙企业法》未设特别规定，并未发生难以解决的问题。

第四节　受托人之注意义务

一、商业信托受托人的注意义务与商业判断规则

（一）商业信托法的规则

1. 受托人商业决策适用商业判断规则

依信托法的一般原理，受托人对受益人负有注意义务，在管理信托过程中，受托人应如一个普通谨慎之人管理自有财产一般尽到注意、运用技能。[3664]有美国判例将此要求适用于商业信托，[3665]作为一项“行为基准”。但是，对于受托人违反注意义务之行为应负之责任，适用商业判断规则，即“责任基准”或“裁判基准”，在适用效果上迥异于普通信托。在注意义

[3664] Restatement (Second) of Trusts § 174 (1959).

[3665] Loring v. U. S., 80 F. Supp. 781, 37 A. F. T. R. (P-H) ¶725 (D. Mass. 1948); Friedman v. Gorin, 359 Mass. 745, 269 N. E. 2d 246 (1971).

务上，商业信托法存在行为准则与责任准则的分离，有如公司法上注意义务与商业判断规则之关系、行为准则与司法审查标准之区分。[3666]

商业信托受托人的责任是一种过失责任。非因受托人故意或过失所致损失，受托人不担责任。[3667]受托人并非保险人。但受托人受到商业判断规则的保护，不承担轻过失责任，此为区别于普通信托受托人注意义务及相应责任的关键。在此问题上，受托人的义务与责任类似于公司法与非公司企业法。美国法上，判定公司管理者违反注意义务的判例近乎于无，普通信托受托人违反注意义务的判例却为数不少。[3668]商业信托受托人被判违反注意义务者，亦属罕见。普通信托受托人未尽注意义务即构成过失，应就此过失承担责任，[3669]即使违反注意义务仅构成轻过失。商业信托受托人违反注意义务的行为，不当然发生责任，仅当受托人基于故意或重大过失违反义务时，始应承担责任——商业判断规则不保护故意不当行为。受托人对其善意地为商业信托行事所致损失不承担责任，除非其行为违反商业信托文件的明确条款及授予受托人的一般权限，而构成越权行为，特别是在商业信托文件对可主张善意的情形设有特定限制之时。[3670]对于故意违反信托义务[3671]或将信托财产用于商业信托目的以外之目的[3672]所致损失，受托人应承担责任。是否承担轻过失责任，系是否适用商业判断规则的最显著区别。[3673]当然，商业判断规则适用范围限于商业决策，诸如存管商业信托财产之行为，未必是商业判断，可能不适

[3666] Melvin Aron Eisenberg, *The Divergence of Standards of Conduct and Standards of Review in Corporate Law*, 62 Fordham L. Rev. 437(1993).

[3667] Beedle v. Campbell, 100 F. 2d 798(C. C. A. 8th Cir. 1939), cert. denied, 307 U. S. 631, 59 S. Ct. 835, 83 L. Ed. 1514(1939). 英国信托法的规则与美国法类似，受托人须对其过失承担责任。Steel v. Wellcome Custodian Trustees, [1988] 1 W. L. R. 167(Ch.).

[3668] Robert H. Sitkoff, *Trust Law, Corporate Law, and Capital Market Efficiency*, 28 J. Corp. L. 565, 575(2003); Stephen M. Bainbridge, *Corporation Law and Economics* § § 6.2, 6.4(2002).

[3669] Semler v. CoreStates Bank, 693 A. 2d 1198, 1208(N. J. Super. Ct. App. Div. 1997); In re Trusteeship of Williams, 591 N. W. 2d 743, 747-48(Minn. Ct. App. 1999).

[3670] Wisconsin Real Estate Inv. Trust v. Weinstein, 712 F. 2d 1095(7th Cir. 1983).

[3671] Digney v. Blanchard, 226 Mass. 335, 115 N. E. 424(1917).

[3672] Wichita Royalty Co. v. City Nat. Bank of Wichita Falls, 127 Tex. 158, 89 S. W. 2d 394(1935), reh' g denied, 127 Tex. 158, 93 S. W. 2d 143(1936).

[3673] 受托人以外的商业信托管理人，亦可适用商业判断规则，两者无实质性差异。除个别之处外，本书不再特别提及。

用商业判断规则。[3674]

尽管《第三次信托法重述》提及，信托管理涉及受托人“运用商业判断或行使信义裁量”（application of business judgment or exercise of fiduciary discretion），[3675]但并未由此确立商业判断规则或类似规则，亦未由此放松对受托人行为的司法审查。普通信托法从未发展出与商业判断规则类似的规则。判例阐明，普通信托受托人的主要目的应为保存信托财产，而不是为受益人谋求利润，因此，受托人应对高风险投资承担责任。[3676]即使信托文件有意放松受托人责任，法院亦倾向于严格解释免责条款；不顾免责条款的存在而依然判定受托人应承担责任，为一般规则，而非例外。[3677]

商业信托受托人的决策适用商业判断规则，在美国制定法与判例法中均有体现，亦多为实务所采。此外，加拿大统一法委员会起草的2008年《统一收入信托法》关于受托人义务的规定，以公司法为模板，采用与公司董事相同的义务规范（第34条），顺应了加拿大商业收入信托的实务：实务中的商业收入信托文件一般采用《加拿大商业公司法》所规定的董事忠实义务和注意义务标准，而不是普通信托受托人的义务标准（比公司董事义务严格）；本法采用公司董事义务的规定，是因为起草人认为，收入信托的受托人意在承受商业风险（类似于公司董事），而不是单纯保存信托财产，因此公司法上的标准更适合于收入信托。[3678]加拿大良好治理联盟（Canadian Coalition for Good Governance）推出的《示范信托文件条款》以及实务界编写的《加拿大不动产投资信托手册》也推荐在商业信托中采用

[3674] Cargill, Inc. v. JWH Special Circumstance LLC, 959 A. 2d 1096（Del. Ch. 2008）. 在受托人仅承担事务管理型事项、较少涉及商业判断的资产证券化信托中，信托文件往往明确约定受托人负过失责任。交易实例：Household Affinity Credit Card Master Note Trust I, Trust Agreement § 6.01（Household Affinity Funding Corporation Iii, Transferor and Wilmington Trust Company, Owner Trustee, Dated as of February 14, 2003）。

[3675] Restatement（Third）of Trusts § 78 cmt. b（2007）.

[3676] In re Newhoff, 486 N. Y. S. 2d 956, 958, 963（App. Div. 1985）.

[3677] Melanie Leslie, *Trusting Trustees: Fiduciary Duties and the Limits of Default Rules*, 94 Geo. L. J. 67, 74（2005）（引证判例）.

[3678] Uniform Income Trust Act § 34 cmt.（2008）.

类似于公开公司董事义务条款的受托人义务条款。[3679]

我国《信托法》《证券投资基金法》关于受托人注意义务的规定，甚为简略。《信托法》第25条第2款规定："受托人管理信托财产，必须恪尽职守，履行诚实、信用、谨慎、有效管理的义务。"受托人违反信托目的处分信托财产，或者因违背管理职责、处理信托事务不当致使信托财产受到损失的，应当承担赔偿责任（第22条第1款）。《证券投资基金法》第9条规定："基金管理人、基金托管人管理、运用基金财产，基金服务机构从事基金服务活动，应当恪尽职守，履行诚实信用、谨慎勤勉的义务。（第1款）基金管理人运用基金财产进行证券投资，应当遵守审慎经营规则，制定科学合理的投资策略和风险管理制度，有效防范和控制风险。（第2款）"第145条第1款规定："违反本法规定，给基金财产、基金份额持有人或者投资人造成损害的，依法承担赔偿责任。"违反谨慎勤勉义务的归责事由为何，规定不明。下位法规定，则大多照抄上位法。《全国法院民商事审判工作会议纪要》（法〔2019〕254号）统一规定了举证责任倒置，[3680]未区分信托目的。只要是营业信托，无论其目的为家事还是为商业，均适用此严格规则，其正当性颇存疑问。

不过，在委托管理资产合同（实质上为信托合同）纠纷中，最高人民法院判决运用了类似于商业判断规则的裁判规则。[3681]受托人在作出商业决策时，就属于商业判断范围内的事项，仅承担"明显过错"的责任；不属于商业判断范围的事务，违反义务即应承担责任。"西能科技公司诉国泰君安证券公司委托管理资产合同纠纷案"中，裁判摘要谓："资产管理人根据资产管理委托协议，在股市证券买卖交易中，基于商业判断而作出的正常投资行为，只要尽到了善良管理义务，不存在明显的过错，

[3679] Anita Anand & Edward Iacobucci, *The Boundaries of Corporate Law and Trust Law: An Analysis of Locking v. McCowan*, 62 McGill L. J. 577, 597 (2016). 加拿大实务中有收入信托文件约定，受托人应为了本信托的最大利益诚信行事，并尽到一个理性的谨慎之人在类似情形下应有的注意、勤勉与技能，受托人的注意义务程度类似且不重于公司董事的注意义务。Id. at 580. 示范信托文件相关条款，参见Canadian Coalition for Good Governance, *Model Declaration of Trust Provisions* 50-56 (November 2015), https://ccgg.ca/wp-content/uploads/2019/03/Governance-of-Canadian-REITs-and-Other-Public-Income-Trusts-1-1.pdf, Feb. 22, 2020。

[3680] 该纪要第94条规定："资产管理产品的委托人以受托人未履行勤勉尽责、公平对待客户等义务损害其合法权益为由，请求受托人承担损害赔偿责任的，应当由受托人举证证明其已经履行了义务。受托人不能举证证明，委托人请求其承担相应赔偿责任的，人民法院依法予以支持。"

[3681] 此与我国公司纠纷中采纳商业判断规则的案例相似。详见本目下文。

就不应承担交易损失的后果。”[3682]此外，我国非公司企业法上有类似于商业判断规则实质性内容的规定。《合伙企业法》第35条规定：“被聘任的合伙企业的经营管理人员应当在合伙企业授权范围内履行职务。（第

[3682] 西能科技公司诉国泰君安证券公司委托管理资产合同纠纷案，最高人民法院（2003）民二终字第182号民事判决书，载《最高人民法院公报》2004年第8期。本案中，双方当事人签订的《资产管理委托协议书》约定：国泰君安公司接受委托，提供资产管理服务，委托资金共计1亿元，存入专用账户，委托资产项下各项投资的收入和变现资金只能在该资金专用账户中运作，不得挪作他用；国泰君安公司须本着应有的谨慎和勤勉，运用专业知识和技能进行服务，并以委托资产的安全及稳定收益作为资产管理目标；如国泰君安公司未尽义务导致委托方的委托资产损失，应对该损失予以赔偿，赔偿范围以足以弥补委托资产总额为限；国泰君安公司在委托期限内定期（每月、年度和委托期限终止时）向委托人提供资产管理报告。双方当事人后又签订《延期协议》，约定“国泰君安公司同意在原协议期满到期后1日内，按委托资金的6%向西能公司支付委托投资收益”。在原协议和《延期协议》履行期间，国泰君安公司未按约定期向西能公司提供资产管理报告。委托期限到期后，经原审法院核对，委托资金交易损失人民币19，301，451.03元。西能公司请求判令国泰君安公司返还委托管理资金本金1亿元和逾期付款滞纳金360万元、支付违约金500万元。上海市高级人民法院一审判决认为：“西能公司与国泰君安公司在《延期协议》中约定了关于损失的赔偿条款，约定国泰君安公司在未尽勤勉、谨慎义务的情形下，应给予西能公司资金本金损失的赔偿。但该条款适用的前提是西能公司必须证明国泰君安公司有违反谨慎、勤勉的管理人的义务，故在没有证据证明国泰君安公司有违反管理人义务的情况下，西能公司依该条款要求国泰君安公司补偿资金本金损失没有事实依据。就委托证券交易本身而言，委托人应当对受托人为其从事交易的结果直接承担交易风险和交易损失，除非受托人有故意违反委托人交易指令损害委托人利益的行为存在，否则受托人不应承担交易损失的后果。本案中，国泰君安公司除了部分违约外，西能公司并没有证据证明国泰君安公司在证券交易过程中有违反法律规定的行为存在，其经营股票的交易损失也属在股市行情处于低迷的环境下的正常市场风险损失，在此方面，国泰君安公司没有明显过错，其不应对此交易带来的损失承担责任，国泰君安公司只应按委托期限终止之日的应予变现的证券市值承担返还之责，并以此为基数按约计算逾期付款的违约金支付给西能公司。故对西能公司要求国泰君安公司赔偿委托资金本金损失的请求，本院不予支持……由于合同对国泰君安公司定期向西能公司提供资产管理报告义务的履行未设立任何前提，属国泰君安公司应当信守的义务，也是西能公司享有的独立权利之一。即使西能公司可以采取积极措施获取相关资产管理信息，也不能免除国泰君安公司主动履行该项义务。尽管国泰君安公司不履行提供报告的义务没有造成西能公司损失，但支付违约金与赔偿损失并无必然联系，国泰君安公司的不作为行为致使西能公司获取报告的权利未能实现，故对于西能公司请求判令国泰君安公司支付违约金的诉请，本院予以支持，国泰君安公司应根据合同的约定承担违约责任，向西能公司支付违约金人民币500万元。”最高人民法院二审维持原判，判决认为：“西能公司举证称国泰君安公司在资产管理中有两笔存在高买低卖、低卖高买、转移西能公司账户盈利、虚构收益的情形，构成对西能公司的欺诈。但西能公司没有证据证明国泰君安公司在证券交易过程中存在违反法律的行为以及在证券交易中存在明显过错和转移西能公司账户盈利的事实。在股市证券买卖操作中，国泰君安公司基于商业判断而作出的正常投资行为，即使出现投资判断失误，但其只要尽到了合同约定的谨慎、勤勉的管理人义务，不存在明显过错，就不能以受托人当时的商业判断与市场后来的事实发展相悖为由，要求其承担赔偿责任。且本案经营股票交易的损失也属于股市行情处于低迷情况下的正常风险损失。因此在长期的大额股票交易中西能公司仅以存在两笔高买低卖的情形，主张国泰君安公司在委托理财过程中违反了善良管理义务，构成对西能公司欺诈，显然证据不足……双方在委托协议中区分了谨慎、勤勉管理人义务与提供资产管理报告义务，国泰君安公司向西能公司提交资产管理报告的义务，并不属于双方协议第6条第2款第1项约定的‘谨慎与勤勉地进行资产管理’的范畴。一审判决认定西能公司的委托资产损失是股市行情处于低迷环境下的正常风险损失、国泰君安公司在受托管理过程中不存在明显过错，并无不当。”

1款)被聘任的合伙企业的经营管理人员,超越合伙企业授权范围履行职务,或者在履行职务过程中因故意或者重大过失给合伙企业造成损失的,依法承担赔偿责任。(第2款)”该条第2款所定责任,越权行为,负过错责任;[3683]其他履行职务行为,仅负故意和重大过失责任。此种限于故意或重大过失的责任,颇类似于美国非公司企业法上所表述的商业判断规则。此种规则体现企业法的一般法理,应有类推适用于商业信托之余地。

2. 美国制定法及交易实例中的受托人商业判断规则

《怀俄明州商业信托法》规定:对受托人的行为,不得适用比公司董事更为严格的注意义务标准。[3684]《弗吉尼亚州商业信托法》规定,受托人履行职责时,应遵守与弗吉尼亚州公司董事相同的行为准则;[3685]商业信托受托人或高级管理人员不应承担比本州公司董事或高级管理人员更重的责任。[3686]上述规定意指,适用于董事的商业判断规则亦适用于受托人。《内华达州商业信托法》规定:“除信托证书或商业信托文件另有订定外,商业信托的受托人、高级管理人员、受雇人、代理人或管理人,或者管理商业信托营业与事务的其他人,就其违反信义义务的行为,不因该身份而对商业信托或受益人承担损害赔偿责任,但涉及故意不当行为、欺诈或明知违法的作为或不作为的除外。”[3687]此种规定是从反面界定商业信托受托人等管理人的义务,即规定受托人等管理人不承担过失责任,实质内容与商业判断规则相当。《统一商业信托法》明文采纳《示范商业公司法》中的董事行为准则,作为受托人的行为准则。[3688]

《特拉华州商业信托法》虽未明言受托人行为适用商业判断规则,但2006年修正案明文容许商业信托文件可以“扩张、限制或免除”受托人义务(包括注意义务)。实务中的特拉华州商业信托往往采纳商业判断规则的实质性内容,例如以特拉华州商业信托形式组建的某共同基金契约约定:“受托人负有与特拉华州公司董事相同的信义义务,如同本信托是特拉华州公司、受益人是股东、受托人是董事,上述经变更的义务应取代受托人在其他情况下所负义务;受托人的行为应依据商业判断规则评价之,

[3683] 合伙人明知或应知其授权范围,故超越授权履行职务,实际上不可能无过错。

[3684] Wyo. Stat. Ann. § 17-23-105(b).

[3685] Va. Code Ann. § 13.1-1229, A.

[3686] Va. Code Ann. § 13.1-1229, C.

[3687] Nev. Rev. Stat. 88A. 900.4.

[3688] Uniform Statutory Trust Entity Act § 505 & cmt.(2009).

如同该行为是特拉华州公司董事所为一般。"[3689]

不过,《特拉华州商业信托法》2006年修正,是否暗示着商业信托受托人的归责标准已从过失标准变为重大过失标准,尚不得而知。鉴于普通信托法仍为商业信托法的补充法,即使商业信托文件已明文免除信义义务,法院仍可能找寻其他方法迂回地谋求法院所谓的衡平。特拉华州的企业法学者认为,此种状况已将商业信托法置于复杂难明的境地,《特拉华州商业信托法》在此问题上可能处于最艰难的位置,亟须进一步的研究加以澄清,特拉华州信托律师协会亦有必要考虑用其他的默认规则替代源于普通信托法的默认规则,以澄清这一具有潜在冲突性的问题。[3690]在不久的将来,特拉华州法或将明文弃普通信托法默认规则而不用。2016年8月1日施行的《特拉华州商业信托法》修正案,新增一款规定,至少在证券投资基金领域解决了这一问题:"除商业信托文件另有订定外,依照1940年法注册为投资团体的商业信托,其受托人负有与依照本州普通公司法设立的私人营利公司董事所负信义义务相同的信义义务。"[3691]

3. 适用商业判断规则的具体例证

(1)一般商业信托判例

美国判例法综述指出,受托人在商业信托财产交易或合并交易中对商业信托负有信义义务,但可受商业判断规则保护。[3692]受托人依其最佳判断善意行事,纵在有疑义的事项上犯了某些微小的错误,亦应受保护。[3693]受托人如无故意不当行为等,不就其商业判断所致损失承担责

[3689] Certificate of Amendment of Agreement and Declaration of Trust of Franklin Floating Rate Master Trust Article Ⅳ, § 3(a)(October 21, 2008).

[3690] Ann E. Conaway, *The Multi-Facets of Good Faith in Delaware: A Mistake in the Duty of Good Faith and Fair Dealing; A Different Partnership Duty of Care; Agency Good Faith and Damages; Good Faith and Trust Law*, 10 Del. L. Rev. 89, 120(2008).

[3691] Del. Code Ann. tit. 12, § 3806(1).

[3692] 12A C. J. S. Business Trusts § 10(2007).

[3693] Downey Co. v. 282 Beacon St. Trust, 292 Mass. 175, 197 N. E. 643(1935)(引用Root v. Yeomans, 15 Pick. 488, 495; Anderson v. Bean, 272 Mass. 432, 447, 172 N. E. 647, 72 A. L. R. 959; Taylor v. Davis, 110 U. S. 330, 335, 4 S. Ct. 147, 28 L. Ed. 163; Hardoon v. Belilios[1901]A. C. 118, 124, 125).

任。[3694]忠实义务为商业判断规则的边界。受托人为受益人最大利益行事且不涉及自己交易或类似动机的，其决策不受司法干预。[3695]

(2)不动产投资信托判例

判例法确认受托人的决策适用商业判断规则，早于制定法。诸多判例中，纽约南区联邦地区法院*Terrydale Liquidating Trust v. Barness*案[3696]较为完整地阐述了商业判断规则对受托人行为的适用及其理由。

本案基本事实如下：原告Terrydale清算信托，是Terrydale不动产信托(依密苏里州商业信托法成立的不动产投资信托)的权益承继人。1981年1月9日，名为"BCG协会"的纽约州有限合伙向Terrydale不动产信托发出敌意收购要约，意图以每股33.5美元的价格收购16万股Terrydale的受益权份额(占该信托已发行受益权凭证份额的34.7%)；该收购要约意在取得Terrydale不动产信托的控制权并挫败对信托文件的修正案。要约终止期限为1981年2月10日。1月19日，Terrydale不动产信托的受托人开会讨论收购要约，在考虑一系列问题之后，受托人最终决定继续另行寻求该要约的替代方案。根据此后的受托人会议决议，Terrydale不动产信托开始接触其他七个收购者，寻求收购本信托全部或部分受益权份额的要约或收购信托资产的要约。受托人同时试图说服BCG将其收购要约修改为收购Terrydale不动产信托的全部受益权，但未获成功。在此期间，名为"旧金山不动产投资者公司"的不动产投资信托(下称旧金山公司)表示有兴趣收购Terrydale不动产信托的全部受益权，双方接洽后，旧金山公司提出的最终方案是收购Terrydale不动产信托近80%的资产(位于科罗拉多州丹佛市的四栋办公楼)。2月2日，Terrydale不动产信托受托人开会讨论旧金山公司的方案，同时审查数个其他第三方提出的替代方案。2月5日，"独立受托人"(当时Terrydale不动产信托受托人共五人，其中两人为Gramlich

[3694] 发起人滥用信义义务人地位与商业信托交易，受益人除起诉发起人要求撤销交易外，并起诉受托人及信托委员会成员。法院判决认为，尽管受托人在处理交易对价时不够谨慎，其拙劣的商业判断致商业信托遭受重大损失(在涉案交易被撤销前，信托账簿1943年9月至1944年5月31日显示的亏损为1,486,385.38美元，信托月收入从81,068.42美元剧减至32,308.39美元)，但此种证据尚不足以证明受托人有欺诈行为，信托委员会成员并非不诚实地行事，其错误的商业判断乃因信任发起人所致。案发前三年间，信托经营管理之所以陷入不健全的财务状态，发起人的欺骗与操纵实为罪魁祸首，而非受托人、信托委员会成员等其他被告故意不当行为所致；某些情形虽足怀疑，但证据不足以证明受托人或信托委员会成员有欺诈行为，故此类被告不承担责任。Kotimsky v. Lubin, 62 F. Supp. 710, 719-20(E. D. Ill. 1945).

[3695] Beebe v. Pacific Realty Trust, 578 F. Supp. 1128(D. Or. 1984). 本案中，受托人、高级管理人员等实施商业信托并购交易，受托人等建议的受益权出卖价格等于甚至高于其市场价格，且受托人等不存在欺诈、恶意、操纵、自己交易等行为，法院判决驳回少数受益人提起的欺诈之诉。

[3696] Terrydale Liquidating Trust v. Barness, 611 F. Supp. 1006(S. D. N. Y. 1984).

家族成员，持有本信托近30%的受益权。独立受托人为另外三人）召开特别会议，决定将位于丹佛市的物业出卖于旧金山公司符合Terrydale不动产信托全体受益人的最大利益。次日，该决议经全体受托人一致同意，此外，受托人制订并披露了一项对Terrydale不动产信托进行清算、将清算收益（剩余资产）分配于受益人的计划。受托人同时宣布，将于2月23日向全体受益人分配每股24美元的清算红利。计划宣布后，BCG将其收购要约期限延长至2月19日，同时，为了将每股24美元的清算红利考虑在内而将收购价格调整为每股9.5美元。BCG随后根据该要约收购了80，884股受益权，此时Terrydale不动产信托已发行的受益权尚有近38%。在1981年间，BCG通过一系列公开市场收购行为继续收购。至1982年1月，BCG正好收购了50%的已发行受益权凭证。1982年1月12日，BCG向受益人支付了每股9.5美元的清算红利。同年1月28日，Terrydale不动产信托的受益人同意设立Terrydale清算信托，并选任BCG指名之人为该清算信托的受托人。Terrydale清算信托随后对旧金山公司与Terrydale不动产信托的受托人提起诉讼，指控受托人出卖与清算信托财产时有利益冲突交易并近乎以跳楼价甩卖（fire sale）资产，违反信义义务；旧金山公司知道并实质性地协助受托人的上述行为，应一并承担责任。

受托人是否违反信义义务，为本案的首要焦点。法院判决认为，对商业信托受托人的行为，应适用“商业判断规则或忠实义务”分析法。依据该分析法，[3697]商业信托受托人善意行事、以符合商业信托最大利益之方式决策，[3698]法院不予审查或干预；换言之，此时受托人行为受商业判断规则保护，法院不得判定受托人违反注意义务，除非原告能证明受托人恶意行为或未以符合商业信托最大利益之方式行事。但如原告的初步证据能证明受托人在交易中存在利益冲突，即涉及忠实义务问题（“忠实义务胜过了注意义务”），举证责任转移至受托人一方，受托人不能证明其未违反忠实义务的，应承担责任。商业判断规则不保护违反忠实义务的行为。

依该判决之见，适用商业判断规则或忠实义务分析法的理由如下。

其一，有较多的先例将商业判断规则适用于商业信托受托人行为。

[3697] 对该分析法的一般描述，在本案判决中并未详细提及，而见诸本案的上诉审判决与其他判决。Terrydale Liquidating Trust v. Barness，642 F. Supp. 917（S. D. N. Y. 1986），judgment aff’d，846 F. 2d 845（2d Cir. 1988）；Hanson Trust PLC v. ML SCM Acquisition，Inc.，781 F. 2d 264（2d Cir. 1986）.

[3698] 也有判例表述为：受托人善意行事、为了合法地实现商业信托目的而为诚实的判断。Norlin Corp. v. Rooney，Pace Inc.，744 F. 2d 255，264（2d Cir. 1984）[Auerbach v. Bennett，47 N. Y. 2d 619，629，419 N. Y. S. 2d 920，926，393 N. E. 2d 994，999（1979）].

其二，商业信托受托人在功能上更近似于公司董事，而不是普通信托受托人。普通信托受托人的职责是保存信托财产并保守地将信托财产用于投资。商业信托受托人以获取盈利为职责，这不可避免地要求受托人行使类似于公司董事的商业判断。商业信托与公司在功能上的相似性、在特征上的共通性（集中化管理、采用份额形式的可转让的投资权益、永久存续、独立人格、营利目的、章程式的权利义务宣告）久已得到承认。尤其对于不动产投资信托而言，在所有方面（除税收待遇外）与公司毫无功能上的区别。

其三，Terrydale信托文件的订定，与适用商业判断规则或忠实义务分析法并无抵触。信托文件授予受托人的裁量权，与公司董事的权限具有实质上的相似性；此外，关于受托人责任的条款，也类似于商业判断规则的内容。信托文件订定："受托人不因善意行事时的判断错误或其他行为承担责任，但受托人的恶意行为、故意的不当行为、放任不顾其职责的行为或重大过失行为，不受本文件保护。"此与密苏里州法上的商业判断规则一致。尽管该信托文件与密苏里州法皆表明商业信托不是公司，但商业信托与公司在法律地位上的区别，与对受托人行为适用何种审查标准，并不相干。

其四，本案中受托人受指控的行为，与公司董事在应对敌意收购时的行为更为相似，而不同于受托人违反义务的经典案例——诸如受托人在自利动机驱使下、以不公平的条款与信托交易。

其五，适用于受托人与公司董事的行为准则在实务中的相似性，亦已得到承认。受托人的决策不涉及利益冲突交易时，适用商业判断规则。

除上述*Terrydale Liquidating Trust v. Barness*案之外，在较近一判例中，某不动产投资信托与一个有限合伙合并为一个公司，该信托成立一个由无利害关系的受托人组成的委员会，评估合并交易。受益人指控受托人在合并中为自己交易，但未能提出实质性主张及证据。法院判定受托人行为受商业判断规则保护。[3699]

（3）证券投资信托判例

美国证券投资基金实务中，在基金受托人与投资顾问不是同一人之情形，受托人不承担投资职责，其职责主要限定于监督与指示投资顾问。

［3699］ Kimeldorf v. First Union Real Estate Equity and Mortgage Investments, 309 A. D. 2d 151, 764 N. Y. S. 2d 73 (1st Dep't 2003). 原告提出，作为被告的受托人在合并后新设的公司中持有普通股。法院判定，仅凭持有合并后企业的股份之事实，不足以认定管理者的行为构成利益冲突交易。

履行此类职责时，适用商业判断规则。例如，证券投资基金受托人（或董事）对投资顾问是否与基金之间存在利益冲突、是否履行忠实义务进行审查的行为，适用商业判断规则，法院不愿以其判断取代受托人（或董事）的商业判断。[3700]即使在将适用于银行董事的、更高标准的注意义务适用于共同基金董事或受托人，法院也仅在极为严重的案件中才会判定受托人（或董事）行为的不法性。[3701]投资顾问履行注意义务的行为同样适用商业判断规则，投资顾问在履行职责时可依其裁量作商业判断。[3702]

美国证券与交易委员会亦认为，商业判断规则适用于投资顾问与基金受托人（或董事）。[3703]

（4）其他领域的发展

商业判断规则在证券投资信托、不动产投资信托以及商业信托一般领域的展开，固已无疑，即使在资产证券化信托这一管理者传统角色较消极的领域，商业判断规则亦有适用余地。早期的证券化产品中，受托人及服务商多限于资产池保值等消极职能。近年来的证券化新产品与早期产品已有相当差异，且更趋复杂，主动经营的成分亦有增加。[3704]例如，资产支持商业票据的发行结构，除沿用其他证券化的几种基本结构之外，更从被动的经营引导至主动的管理，也因此，资产抵押票券的回报率，需仰赖资产管理机构的经验与效率；又如，在担保债券凭证（Collateralized Bonds Obligation，CBO）、担保贷款凭证（Collateralized Loans Obligation，CLO）证券化中，资产管理机构的主要职责之一为处理不良资产，但在套利型的架构里可以以资产市值作为管理目标，亦即适当地买卖组合中的资产，以

［3700］ Donald W. Glazer, *A Study of Mutual Fund Complexes*, 119 U. Pa. L. Rev. 205, 215（1970）. 适用商业判断规则的其他实例，参见Eric D. Roiter, *Disentangling Mutual Fund Governance from Corporate Governance*, 6 Harv. Bus. L. Rev. 1, 38-44（2016）。

［3701］ Donald W. Glazer, *A Study of Mutual Fund Complexes*, 119 U. Pa. L. Rev. 205, 215（1970）. 公司法早期有判例认为，银行和其他金融机构的董事注意义务标准高于一般公司的董事。现今，银行与其他金融机构已经是复杂的经济实体，其业务远远超出存款，以金融公司与实业公司作为区分注意义务的标准已不尽合理、不合时宜。Jon Canfield, *The Evolution of a More Stringent Business Judgment Rule in Banking: The Minimilization of Director Deference*, 6 U. C. Davis Bus. L. J. 17（2006）.

［3702］ Donald W. Glazer, *A Study of Mutual Fund Complexes*, 119 U. Pa. L. Rev. 205, 225（1970）. 例如，投资基金买入或卖出证券由投资顾问指令，投资顾问在作出指令、监督证券经纪商等人执行指令时，负有以最有利于基金的方式行事的信义义务，此时投资顾问的行为适用商业判断规则。Id. at 242.

［3703］ Letter of SEC General Counsel Philip A. Loomis, Securities Exchange Act Release No. 8746（Nov. 10, 1969）.

［3704］ 陈文达、李阿乙、廖咸兴：《资产证券化理论与实务》，中国人民大学出版社2004年版，第302、315、319页。

配合所发行的CBO/CLO的应付本金与利息的时间表，资产管理机构由此负有另一重要职责：定期评估资产组合，以达到套利的发行目标。[3705]

商业型不动产抵押贷款证券化、CBO/CLO证券化、资产支持商业本票证券化，与早期房贷、车贷证券化的显著区别之一在于，上述新标的资产不像房贷般齐质，在资产组合中任一个资产的价值占整个资产组合的比例也较重，这意味着只要有任何一个资产发生违约，对整个证券化营运的冲击将相当严重；更重要的是，早期房贷证券化在平时以转款方式处理业务，在面临违约时，依照既定法律程序从事强制执行之消极经营模式，已不足以应付新标的资产证券化的需求。以商业性不动产抵押贷款证券化为例，业务相当单纯，除一般服务商外，还需要一个特别服务商，以便在债权资产发生违约时出面，利用其本身在不动产管理与融资方面的专业能力解决问题，其主动经营的意味已经出现。近年来CBO/CLO和资产支持商业本票证券化业务在营运时，经常需要交易或抽换资产，因此主动经营意味十分浓厚，和原来房贷证券化时单纯转款已不可同日而语，原有的证券化架构已不敷使用，结构式投资机制（Structured Investment Vehicle，SIV）于是产生。SIV除需具备一般证券化的破产风险隔离和节税功能之外，还须具有经营管理其资产的能力，因此也有一般公司经营的特色。其管理人最重要的职务有两项：投资与融资，包括利用票据融资取得较为长期且高回报的资产。[3706]此外，即使在新颖度较低的车贷证券化等业务中，将应收款收入用于积极投资与再投资，亦有常例。[3707]

在此情势下，商业判断规则的适用更有必要。事实上，对于负责证券化信托经营管理的服务商，信托契约常设有适用效果类似于商业判断规则的安全港条款。[3708]

商业信托法原为普通信托法的延伸，何以弃普通信托法注意义务而改采企业法制？上列判例虽已提示若干理由，但尚有深入探讨余地。对此，有必要充分比较普通信托法、公司法、其他非公司企业法上的注意义

[3705] 陈文达、李阿乙、廖咸兴：《资产证券化理论与实务》，中国人民大学出版社2004年版，第302、315、319页。

[3706] 此处关于结构式投资机制的内容，详见李阿乙：《从特殊目的工具看证券化演进——并兼论美国与台湾制度之异同》，载《台湾金融财务季刊》2002年第3辑第4期。

[3707] 交易实例：SWIFT Master Auto Receivables Trust，Prospectus（October 9，2007）。投资与再投资须限定于合格投资项目。Id.

[3708] 例如，服务商虽须因故意、过失行为承担责任，但不因单纯的判断错误承担责任；或者，服务商不因诚信地行使自由裁量权或遵循其既定的服务程序而承担责任。例如，SWIFT Master Auto Receivables Trust，Prospectus（October 9，2007）。

务及责任法则，再探究深层理由所在。其中重点又是，企业管理者注意义务原本起源于普通信托受托人的注意义务，何以发展至今，已有云泥之别？商业信托法及其他非公司企业法衍生出商业判断规则，其缘由亦可从公司法变迁中窥得一二。以下逐一探讨实定法制、历史变迁及法理基础。

（二）普通信托受托人的注意义务

1. 基本注意义务

注意义务并非一项独特的信义义务，许多非信义关系中，一方当事人基于合同或法律，也可能对他方当事人负有注意义务（如机动车保有人对行人的注意义务）。[3709]注意义务对信义义务人施加一项要求：应避免不合理的风险。普通信托受托人的主要目标为确保信托资产的安全性，不得将信托资产置于危及其完整性的风险之下。[3710]不过，在不同信义关系中，风险程度不同，法律要求因之而异。[3711]

普通信托受托人注意义务，又称谨慎义务（duty of prudence）。公司法与其他商业组织法通常称为注意义务，普通信托法通常称为谨慎义务。[3712]用语差别，实为两者原理与政策差异之体现。《第三次信托法重述》第77条规定了基本的注意义务："（1）受托人应如同一个谨慎之人一般管理信托，并应考虑信托之目的、条款与其他情形。（2）谨慎义务要求受托人尽合理的注意、技能与审慎。（3）受托人拥有特殊的能力、设施或超过普通谨慎之人的更高技能，或受托人因声称拥有特殊的能力、设施而被选任为受托人的，有义务运用此类能力、设施或技能。"

谨慎的要素有三项，即"注意"、"技能"与"审慎"。[3713]普通信托受托人的注意义务以谨慎为原则，《第二次信托法重述》规定，除信托文件明文授权外，将信托财产用于从事贸易或商业活动构成"当然不谨慎"（per se

[3709] Deborah A. DeMott, *Beyond Metaphor*: *An Analysis of Fiduciary Obligation*, 1988 Duke L. J. 879, 915（1988）.

[3710] Wilmington Trust Co. v. Coulter, 200 A. 2d 441（Del. 1964）.

[3711] Robert Cooter & Bradley J. Freedman, *The Fiduciary Relationship*: *Its Economic Character and Legal Consequences*, 66 N. Y. U. L. Rev. 1045, 1062（1991）.

[3712] Restatement（Third）of Trusts § 77（2007）.

[3713] 《第三次信托法重述》第77条的前身——《第二次信托法重述》第174条正文未提及"审慎"，第三次重述新增。关于特拉华州法，《特拉华州法典》第3302条第a款规定受托人注意义务。相关判例，参见In re Estate of Cook, 171 A. 730（Del. Ch. 1934）; Wilmington Trust Co. v. Coulter, 200 A. 2d 441（Del. 1964）。

imprudent),[3714]违反了注意义务。有判例将适用于普通信托受托人的注意义务称为“谨慎保存者”(prudent conservator)规则,要求受托人进行信托投资时以一个谨慎程度中等之人的标准行事,投资行为应远离一般的商业风险,而不是获取商业机会。[3715]

商业信托以从事商业活动为天职,上述规则自然不适用。然而,以《第二次信托法重述》为代表的上述规则,自20世纪90年代以来已广泛地被以1992年《第三次信托法重述:谨慎投资人规则》为代表的“谨慎投资人规则”取代,从事商业活动不再构成当然不谨慎。其他法域的信托法也发生类似变化,例如,英国2000年《受托人法》采纳近似于美国法的规则,[3716]新西兰1956年《受托人法》将第2编“投资”中的条文全部删去,增订体现新规则的17个新条文。[3717]由此而生的问题是,谨慎投资人规则是否适用于商业信托?

2. 谨慎投资人规则

当信托事务涉及将信托财产用于投资时(受托人履行投资职能),谨慎义务表现为“谨慎投资人规则”。对于大多数信托,信托投资为谨慎义务最重要的适用领域。[3718]谨慎投资义务,为受托人义务的重中之重。《第三次信托法重述》第90条关于谨慎投资义务的一般规定(其前身为1992年《第三次信托法重述:谨慎投资人规则》第227条),条文、评注、报告人注释的总篇幅,达第77条(谨慎义务一般规定)条文、评注、报告人注释总篇幅的11倍以上,谨慎投资义务之复杂性与重要性可见一斑。就内容而言,谨慎义务一般规则,自诞生至今较为稳定,谨慎投资义务则一波三折,不断经受各种时代思潮与监管理念变迁之冲刷,晚近更深受现代金融理论影响,[3719]已

[3714] Restatement (Second) of Trusts § 227 cmt. f (1959).

[3715] Bartlett v. Dumaine, 523 A. 2d 1 (N. H. 1986) [引用Miller v. Pender, 93 N. H. 1, 34 A. 2d 663 (1943)].

[3716] Penelope Reed & Richard Wilson, *The Trustee Act 2000: A Practical Guide* (2001).

[3717] Trustee Act 1956, § § 13A-13Q.

[3718] Restatement (Third) of Trusts § 77 cmt. b (2007).《第三次信托法重述》将谨慎投资义务单列一章。Id. § § 90-92. 相应地,第77条主要适用于投资以外的信托管理事务。

[3719] 就学术意义而言,信托投资法堪称最早受到现代经济学方法影响的信托法研究领域,20世纪70年代即已出现这一类的重要研究文献(例如,John H. Langbein & Richard A. Posner, *Market Funds and Trust-Investment Law*, 1976 Am. B. Found. Res. J. 1; John H. Langbein & Richard A. Posner, *Market Funds and Trust-Investment Law*: Ⅱ, 1977 Am. B. Found. Res. J. 1.),经济分析方法应用的广度与深度远胜于信托法其他领域。除20世纪80年代两篇论文[A. I. Ogus, *The Trust as Governance Structure*, 36 U. Toronto L. J. 186 (1986); Jonathan R. Macey, *Private Trusts for the Provision of Private Goods*, 37 Emory L. J. 295 (1988)]外,信托法其他领域仅在新千年之交始逐步进入经济分析方法的视野。

有剧烈变革，专题研究文献与实务探讨文章汗牛充栋，[3720]堪居信托法各领域之首。

18世纪晚期，英国普通法法院将保障信托本金安全置于中心位置，受托人几乎仅可投资于政府背书的证券；此种风险厌恶立场，部分归因于1719~1720年“南海泡沫事件”引发的投资大崩溃。[3721]保存信托财产的本金为信托的主要目标，此种态势延续至19世纪及20世纪早期，法律严厉禁止受托人从事投机：法院要求受托人首先关注投资的安全性，立法上，美国大多数州采制定法列表制（statutory list，又称法定列表，legal list），逐项限定受托人可投资的范围，制定法容许的投资通常包括政府债券、优先顺位抵押（first mortgages）、优先股，严格限制投资于普通股。[3722]

1830年马萨诸塞州法院于*Amory*案首倡“谨慎人”（prudent man）规则，[3723]旨在突破法定列表规则，代之以投资的自由化，但仍然禁止“为投机目的”而投资，继续强调安全性，以保存信托财产为主要目标。[3724]20世纪30~60年代，多数州以谨慎人规则取代制定法列表制，但受托人仍继续维持保守投资者之角色，委托人虽可授予受托人决定投资的自由裁量权，法院却对许可投资的范围作严格、狭窄解释（判定委托人不得授权投机性的投资）。[3725]法院是依事后之见判断投资，因此易于认定投资具有投机性。[3726]

20世纪晚期，谨慎人规则招致广泛批评，被指僵化地理解投资、不能

[3720] 除前注所列文献外，另参见Bevis Longstreth, *Modern Investment Management and the Prudent Man Rule*（1986）; Robert A. Levy, *The Prudent Investor Rule: Theories and Evidence*, 1 Geo. Mason L. Rev. 1（1994）; Robert J. Aalberts & Percy S. Poon, *The New Prudent Investor Rule and the Modern Portfolio Theory: A New Direction for Fiduciaries*, 34 Am. Bus. L. J. 39（1996）; Richard M. Todd, *The Prudent Investor: New Trust Management Rules*, 22 Colo. Law. 281（1993）; Note, *Trustee Investment Powers: Imprudent Application of the Prudent Man Rule*, 50 Notre Dame L. Rev. 519（1975）; Harvey E. Bines, *Modern Portfolio Theory and Investment Management Law: Refinement of Legal Doctrine*, 76 Colum. L. Rev. 721（1976）。

[3721] Mayo Adams Shattuck, *The Development of the Prudent Man Rule for Fiduciary Investment in the United States in Twentieth Century*, 12 Ohio St. L. J. 491, 492（1951）.

[3722] Jeffrey N. Gordon, *The Puzzling Persistence of the Constrained Prudent Man Rule*, 62 N. Y. U. L. Rev. 52, 87（1987）; Jesse Dukeminier & James E. Krier, *The Rise of the Perpetual Trust*, 50 UCLA L. Rev. 1303, 1336（2003）.

[3723] Harvard College v. Amory, 26 Mass.（9 Pick. ）446（1830）.

[3724] Paul G. Haskell, *The Prudent Person Rule for Trustee Investment and Modern Portfolio Theory*, 69 N. C. L. Rev. 87, 93（1990）.

[3725] Jesse Dukeminier & James E. Krier, *The Rise of the Perpetual Trust*, 50 UCLA L. Rev. 1303, 1336（2003）.

[3726] Id.

抗御通货膨胀、随意限制有技能的受托人之健全判断、不当抑制受托人服务于受益人的最大利益等。[3727]谨慎投资人规则成为时代新宠。美国法学会《第三次信托法重述》1992年版率先问世，将《第二次信托法重述》第227条修订为现代版的谨慎投资人规则。1991年，美国统一州法全国委员会开始起草《统一谨慎投资人法》，1994年公布最终文本，美国律师协会于1995年批准该文本。[3728]该法以制定法形式确立谨慎投资人规则，陆续为各州采纳。[3729]2000年，该法被整体移入《统一信托法典》，作为第九章。由于《第三次信托法重述》与《统一谨慎投资人法》的广泛影响，现今美国全部州均已废弃旧的谨慎人规则，而采纳现代的谨慎投资人规则。[3730]

新规则的发端有其宏观背景。早期信托到现代信托发生了两重转向：早期的信托，其信托财产以家庭不动产为主，现代的信托主要持有金融资产，包括股票、债券、共同基金份额、保险契约、养老金和年金权益、银行账户等，在少数情况下，信托财产还包含企业资产，这就需要受托人从事更积极的管理；早期的受托人，一般是不收取报酬的熟人（诸如家庭成员、社会贤达），现代的受托人，典型情况下是收取报酬的职业受托人。[3731]

新规则以现代投资组合理论为根据，使受托人选择投资之自由度大为提高，但其自由度仍立足于传统的注意、技能与审慎之基础上。[3732]在谨慎投资人规则下，受托人可将各种投资项目列入多元化的投资组合，其中可包含风险度高于谨慎人规则所容许程度的投机性项目；评估投资绩效系针对整体投资，而非其中的特定投资。[3733]"投机"一词不再现身于谨慎

[3727] Jeffrey N. Gordon, *The Puzzling Persistence of the Constrained Prudent Man Rule*, 62 N. Y. U. L. Rev. 52（1987）; Edward C. Halbach, Jr., *Trust Investment Law in the Third Restatement*, 27 Real Prop. Prob. & Tr. J. 407（1992）; Stephen P. Johnson, Note, *Trustee Investment: The Prudent Person Rule or Modern Portfolio Theory, You Make the Choice*, 44 Syracuse L. Rev. 1175（1993）.

[3728] 关于《统一谨慎投资人法》的详细介绍，参见John H. Langbein, *The Uniform Prudent Investor Act and the Future of Trust Investing*, 81 Iowa L. Rev. 641（1996）。朗贝恩教授为该法的报告人（reporter）。

[3729] 不过，各州在采纳该法时，除极个别州（科罗拉多州）对之只字未易外，均在不同程度上作出了修改。详见Trent S. Kiziah, *Remaining Heterogeneity in Trust Investment Law after Twenty-Five Years of Reform*, 37 ACTEC L. J. 317（2011）。

[3730] Max M. Schanzenbach & Robert H. Sitkoff, *Did Reform of Prudent Investment Laws Change Trust Portfolio Allocation?*, 50 J. L. & Econ. 681, 686（2007）.

[3731] John H. Langbein, Renee Lettow Lerner, & Bruce P. Smith, *History of the Common Law: The Development of Anglo-American Legal Institutions* 309（2009）. 梅特兰尝言：当时"几乎每一个成功人士都是受托人"。Id.

[3732] Jesse Dukeminier & James E. Krier, *The Rise of the Perpetual Trust*, 50 UCLA L. Rev. 1303, 1336（2003）.

[3733] Restatement（Third）of Trusts § § 227 cmt. i, 232 cmt. c（1992）.

投资人规则之中，不再有任何一种投资被认为本身具有投机性。论者期望受托人投资的自由化将增进信托本金的总回报，迄今为止的经验研究亦显示，谨慎投资人规则确能提升投资效益。[3734]

谨慎投资人规则的基本要求为：受托人应考虑信托的目的、条款、分配要求及其他情形，如同一个谨慎投资人一般投资与管理信托资产；受托人关于单项资产的投资与管理决策，不得被孤立地评估，而须在作为整体的信托投资组合之环境中、作为整体投资策略（其风险与回报目标合理地符合信托之要求）的一部分进行评估；受托人在投资与管理信托资产时，应考虑与信托或其受益人有关的各种事项，包括通货膨胀或通货紧缩的可能影响、投资决策或投资策略的预期税收后果、每项投资或行为在整体信托投资组合中的作用、来自收入与资本增值的预期总回报、受益人的其他资源等。[3735]

尽管迄今尚无一种已被普遍认可的金融理论，并且现有的各种投资理论仍然存在一定的彼此冲突之处，但依然可归纳出谨慎投资的几条基本原则：其一，谨慎与否，应将任何投资作为整体投资组合中的一部分加以衡量，而非孤立地考虑个别投资，废止对特定投资种类的限制；其二，健全的多元化投资（分散投资）是风险管理的基本要求，因此受托人一般应进行多元化投资；其三，风险与回报直接相关，因此受托人有义务就适合于信托目的、分配要求与其他情形的风险程度进行分析并作出慎重的决策；其四，受托人有义务避免对信托投资项目的需求与现实目标而言不具正当性的费用、交易成本与其他支出；其五，大多数信托所要求的受托人公允对待不同受益人之义务，要求受托人（至少根据传统的本金—收入规则）在产生当前收入与保护购买力之间求得回报的平衡；其六，受托人有义务亦有权限作出一个谨慎投资人将会作出的转托，普通法系原先的不

[3734] Max M. Schanzenbach & Robert H. Sitkoff, *The Prudent Investor Rule and Market Risk: An Empirical Analysis*, 14 J. Empirical Legal Stud. 129 (2017); Max M. Schanzenbach & Robert H. Sitkoff, *Did Reform of Prudent Trust Investment Laws Change Trust Portfolio Allocation?*, 50 J. L. & Econ. 681 (2007); Martin D. Begleiter, *Does the Prudent Investor Need the Uniform Prudent Investor Act-An Empirical Study of Trust Investment Practices*, 51 Me. L. Rev. 27 (1999). 但另有学者认为，谨慎投资人规则之下，受托人会过度投资于股权性财产，而该规则几乎不能保护受益人免遭此种代理成本；该文进而主张以兼具受托人投资"安全港"的规范取代现行的基于"标准"(standard)的制度，以给予受托人更多指导，同时更好地保护受益人抗御过度的市场风险。Stewart E. Sterk, *Rethinking Trust Law Reform: How Prudent is Modern Prudent Investor Doctrine*, 95 Cornell L. Rev. 851 (2010).

[3735] Uniform Prudent Investor Act § 2 (1994).

可转托规则被废除。[3736]

谨慎投资人规则对传统的受托人投资注意义务作出重大变革，但并未改变投资注意义务的基本要求。注意义务要求受托人在实施与监督投资时应尽合理的注意、勤勉，应注意信托目的，[3737]并应尽一个谨慎投资人为类似目的、在类似情形下管理类似信托基金所具有的审慎。[3738]“审慎”要求受托人在投资时同时考虑（信托）资本之安全[3739]与保障获取合理回报。[3740]审慎义务并非要求受托人避免风险，而是要求受托人谨慎地管理风险，风险管理要求受托人仔细注意某一特定信托的风险容忍度，风险容忍度可能受到某一个或数个受益人个别需求的影响。[3741]投资风险分为可分散风险（diversifiable risk）与不可分散风险（nondiversifiable risk），前者又称为非市场风险（nonmarket risk），后者又称为市场风险（market risk）或系统性风险（systemic risk，或 systematic risk）。审慎义务要求受托人运用合理的注意与技能，将可分散风险最小化或至少是减少可分散风险。[3742]投资组合可适当减少市场风险，在确定投资组合时，受托人须尽合理的谨慎。在处理系统性风险时，受托人的义务与目标不如处理可分散风险时突出，因为在处理系统性风险时不可避免地涉及较多的主观判断，但是，受托人仍须遵守谨慎投资人规则之审慎义务内在的保守主义行为要求。[3743]对系统性风险的谨慎处理，只有在对信托目的以及信托与受益人的全部情形加以深思熟虑之后方可作出。[3744]由于在多数普通信托中，风险容忍度会随时变化，受托人的投资决定须保持足够的灵活性，但谨慎投资、保守投资依然是贯穿其中的一项基本要求。[3745]

[3736] 此六项原则，参见Restatement（Third）of Trusts，ch. 17 Introductory Note（2007）；Uniform Prudent Investor Act，Prefatory Note（1994）。

[3737] Restatement（Third）of Trusts § 90 cmt. d（2007）.

[3738] Restatement（Third）of Trusts § 90 cmt. e（2007）.

[3739] 资本的安全不仅要求保护信托财产的“名义价值”免遭损失风险，而且要求保全信托财产的“真实价值”，即避免或减少因通货膨胀导致信托财产购买力的损失。Restatement（Third）of Trusts § 90 cmt. e（2007）.

[3740] “合理回报”是指总回报，包括资本增值与信托账面收入（trust-accouting income）。因此回报的目标与资本安全性具有相关性。Restatement（Third）of Trusts § 90 cmt. e（2007）.

[3741] Restatement（Third）of Trusts § 90 cmt. e（1）（2007）.

[3742] Restatement（Third）of Trusts § 90 cmt. e（1）（2007）.

[3743] Restatement（Third）of Trusts § 90 cmt. e（1）（2007）. 系统性风险的控制，参见Steven L. Schwarcz，*Systemic Risk*，97 Geo. L. J. 193（2008）。

[3744] Restatement（Third）of Trusts § 90 cmt. e（1）（2007）.

[3745] Restatement（Third）of Trusts § 90 cmt. e（1）（2007）. “在从事信托基金的投资时，受托人的战略必须将保全信托财产作为一项重大考虑。” Id.

审慎义务的内在要求，是保守主义投资要求。[3746]要求“投资须考虑信托目的”有时失于抽象，确定具体的、细节化的、足以为设定具体的信托投资目标提供清晰指引的信托目的，比抽象要求更为困难，这需要受托人更灵活地考虑实际情况并作出决策，但是，基本的要求依然是保守。[3747]信托法规定受托人负有分散投资之义务，是因健全、合理的投资分散化对风险管理具有基本意义，[3748]集中投资反而可能违反保守投资之要求，因此多元化投资或分散投资义务与保守投资或谨慎投资并不矛盾。

保守投资的义务，是普通信托法的一项基本要求。正如《第三次信托法重述》所称：“在信托投资法的各个发展阶段中，受托人一直被视为信义义务人，有职责保卫那些需要经济保护之人的经济利益，而不是被视为从事具有较高风险之实业的企业家。普通信托的设立，一般是为满足财产保护之需，即使在某些信托中有时并无此种需要（例如，主要或纯粹为了税收安排考虑而设立的信托），但纵然在此情形，受益人家庭可能仍拥有其他财产资源，以用于追求更激进的财务收益，而不是将信托财产用于此类投资。因此，现代普通信托法所处的时代环境与经济条件虽已变化，保守的天性继续在信托投资中占据优势地位，这是合理、适当的。某些委托人可能有不同的目的，某些信托或受益人的情况、需要与目标可能有别于一般情况，因而需要保守程度较低的信托投资策略，但即使在此类情形，管理他人财产的谨慎义务，依然要求受托人在为满足更高回报之需求而实施较高风险的投资项目时谨慎行事。”[3749]

在谨慎投资人规则确立之前，法院通常审查每一项个别投资，以确定每一个投资项目是否谨慎。[3750]谨慎投资人规则摒弃分别审查各项投资的做法，但仍授予法院审查个别投资的权力，不同之处仅在于要求法院应将个别投资与整个投资组合结合审查、将个别投资项目置于整个投资组合的环境中进行审查，以确定个别投资是否谨慎，而不是孤立、分别地审查

[3746] Restatement (Third) of Trusts § 90 cmt. e(1)(2007).

[3747] Restatement (Third) of Trusts § 90 cmt. e(1)(2007).

[3748] Restatement (Third) of Trusts § 90 cmt. e(1)(2007).

[3749] Restatement (Third) of Trusts § 90 Reporter's notes (2007).

[3750] 例如，在*First Alabama Bank v. Martin*案中，法院认定受托人在最低价位或接近于最低的价位抛售信托财产中的股票，且将信托财产投资于市场排名较低的不动产投资信托，违反了谨慎义务。First Alabama Bank v. Martin, 425 So. 2d 415 (Ala. 1982), cert. denied, 461 U. S. 938, 103 S. Ct. 2109, 77 L. Ed. 2d 313 (1983).

个别投资。[3751]

由此可见，谨慎投资人规则并未否定传统信托法的注意义务，而是将注意义务的内容调整至更灵活、更适合现代投资理论之方向。谨慎投资人规则并未放松受托人的注意义务，实则反而提高了注意义务的要求。在法定列表制下，受托人相当机械地投资于被制定法或判例法认定为“安全”或“谨慎”的投资种类，且避免投资于被制定法或判例法认定为“不谨慎”的投资种类，可保无虞；而谨慎投资人规则要求受托人综合考虑经济状况、通货膨胀或通货紧缩、受益人需求、信托情势等多种因素，确定投资组合之构成，对受托人注意、技能与审慎要求更高。当然，法定列表规则并非一无是处。谨慎投资人规则，实质上是一项“标准”，实施此类抽象标准，具有实质性的交易成本和不确定性，对于风险厌恶型的受托人和受益人，尤其如此。[3752]

灵活性既增，投资决策难度随之增加，对受托人的水平与履职能力更具挑战性。如果受托人选择投资组合不符合谨慎要求，致投资表现低劣，受托人须对投资损失承担责任。[3753]法院有权深入审查受托人的具体投资行为与具体投资决策，[3754]受托人亦不享有商业判断规则式的保护。

基于上述原因，谨慎投资人规则仍不适合商业信托。在判例对商业信托受托人明示适用商业判断规则之余，另有某些判例隐含地指出，谨慎

[3751] Uniform Prudent Investor Act § 2(b)(1994). 美国判例，如Meyer v. Berkshire Life Insurance Co., 250 F. Supp. 2d 544(D. Md. 2003), aff' d, 372 F. 3d 261(4th Cir. 2004); In re Estate of Rowe, 274 App. Div. 2d 87, 712 N. Y. S. 2d 662(2000)。英国判例，如Nestle v. National Westminster Bank PLC, Ch. Div., 1984 N. No. 1897(June 29, 1988)。某些较早判例亦持此见解，参见United States Nat. Bank v. First Nat. Bank, 172 Or. 683, 142 P. 2d 785(1943)。

[3752] A. I. Ogus, *The Trust as Governance Structure*, 36 U. Toronto. L. J. 186, 211-13(1986). 因此，英国法兼采两种方法，一方面，在判例法上确立谨慎投资的一般义务；另一方面，在制定法上采纳类似于法定列表式的规则(例如,《1961年受托人投资法》)。Id. at 211-12.

[3753] Restatement(Third)of Trusts § 90 cmt. e(1)(2007).

[3754] Restatement(Third)of Trusts § 90 cmt. e(1)(2007). 在第90条评注的示例12中，W设立遗嘱信托，以其夫为终生受益人，其夫亲属为剩余受益人，选任T为受托人。T是一名成功的投资人，在进行信托投资时，T将大宗信托财产投资于三只经过精心分析与选择的、具有高成长性的公司股票。这一行为未尽合理审慎，构成违反信托，受托人应对投资损失承担责任。该示例的评注进一步指出，尽管谨慎投资人规则在保守投资问题上采取相当灵活的态度，但依然认为此类高风险高回报投资策略不具有正当性，因而不予支持。Id.

投资人规则或类似规则不适用于商业信托。[3755]

我国《信托法》仅规定受托人“必须恪尽职守，履行诚实、信用、谨慎、有效管理的义务”（第25条第2款），并未明确具体的行为标准，更未采纳现代投资组合理论或谨慎投资人规则。其立法模式，近于日本法，而对国际上最新立法成果注意不足；[3756]作为普通信托法的规则尚且不能胜任，更不宜适用于商业信托。

（三）公司董事的注意义务与商业判断规则：变迁及镜鉴

1. 董事的注意义务及商业判断规则

公司法的信义义务几乎完全关注董事的忠实义务，因为一般认为注意义务并不是一项可以独立实施的义务。[3757]注意义务，有时也称勤勉义务，其含义是，公司董事应以一个合理之人在类似情形下应有之注意履行职责。[3758]该义务在文义上与受托人注意义务无实质区别，[3759]关键差别在于，公司董事决策适用商业判断规则。注意义务与商业判断规则的关系，即为违反注意义务的责任问题。[3760]注意义务，是期待董事在其决策过程中遵循的“行为基准”（standard of conduct），商业判断规则，为法院在认定

［3755］ 如*Bartlett v. Dumaine*案。涉案的Dumaine信托是一个奇特的信托。该信托是一个为委托人的子孙之利益而设立的普通信托，但授予受托人从事商业活动的权限。据此，该信托是一个拥有信托与公司双重特征的独特信托，由于受托人被授予从事商业活动的权限，谨慎投资人规则不能适用于此；受托人可较自由地承接商业风险。Bartlett v. Dumaine, 523 A. 2d 1（N. H. 1986）. 由此推论，依照“举轻以明重”之解释原则，此种信托尚且不适用谨慎投资人规则，“纯正的”商业信托自然更不适用谨慎投资人规则。

［3756］《日本信托法》制定于1922年，至2006年始作大修，此前早已落后于现代信托法理论、立法与实践。继受法常因继受不当而发生原创法域所无的新问题，未必能做到青出于蓝。受托人的注意义务，不过其中一例而已。2006年新《日本信托法》所规定的受托人注意义务（第29条），仍然极为简略：“受托人应依信托之本旨处理信托事务。（第1款）受托人处理信托事务时，应尽善良管理人的注意义务，但信托行为另有订定者，从其订定之注意义务为之。（第2款）”东亚诸法域信托法对《日本信托法》仿效之处甚多。2011年《韩国信托法》第32条规定的受托人注意义务与2006年《日本信托法》第29条第2款相同。我国台湾地区“信托法”及《中华人民共和国信托法》分别于1996年、2001年通过，立法准备工作始于20世纪90年代初，当时现代信托法已然大体完备，上述法律未能充分利用后发优势。

［3757］ Elizabeth S. Miller & Thomas E. Rutledge, *The Duty of Finest Loyalty and Reasonable Decisions: The Business Judgment Rule in Unincorporated Business Organizations*, 30 Del. J. Corp. L. 343, 358（2005）.

［3758］ Model Business Corporation Act § 8.30（b）（2016 Revision）.

［3759］ 适用于普通信托的《特拉华州法典》第3302条第a款，规定继承与信托关系中信义义务人的谨慎人标准。信义义务人在为他人利益而投资、再投资、购买、取得、置换、保留、出卖与经营财产时，应尽一个有类似身份、熟悉该事务的谨慎之人在该情形下所具有的注意、技能、谨慎与勤勉。谨慎人标准类似于公司法的注意义务。3 Edward P. Welch, Andrew J. Turezyn, & Robert S. Saunders, *Folk on the General Corporation Law* § 12-3806.2.1（Supp. 2007）.

［3760］ Edward Rock & Michael Wachter, *Dangerous Liaisons: Corporate Law, Trust Law, and Interdoctrinal Legal Transplants*, 96 Nw. U. L. Rev. 651, 661（2002）.

董事应否就其决策承担责任的"审查基准"(standard of review)。[3761]注意义务具有指导董事行为之功能,但本身不是司法审查及判定责任的基准,单纯违反注意义务的行为(例如,未尽一个合理之人在类似情况下应有的注意),不引发责任;商业判断规则指导法院判定董事应否承担责任。行为基准与审查基准的分离,亦可称为行为基准与责任基准的分离。此种分离,在普通信托法中并不存在。[3762]受托人违反注意义务(行为基准),即应承担责任,不存在隔离责任之余地。

只要董事善意行事、为公司最大利益行事且不存在利益冲突,董事不承担责任。只要董事未违反忠实义务,即可依赖于商业判断规则隔断违反注意义务的责任。[3763]商业判断规则是一项推定,即推定董事在进行商业决策时,是基于知情的基础之上、善意行事、不涉及利益冲突且诚实地相信该行为符合公司最大利益。[3764]若原告能够证明下列事实之一,即可推翻该推定:董事未作决策、[3765]董事的决策建立于不知情的基础之上、[3766]董事作出决策时与决策事项有利害关系、[3767]董事有重大过失。[3768]原告证明上述事实后,举证责任即转移至被告,被告董事应证明该

[3761] Elizabeth S. Miller & Thomas E. Rutledge, *The Duty of Finest Loyalty and Reasonable Decisions: The Business Judgment Rule in Unincorporated Business Organizations*, 30 Del. J. Corp. L. 343, 352(2005); William T. Allen, Jack B. Jacobs, & Leo E. Strine, Jr., *Function Over Form: A Reassessment of Standards of Review in Delaware Corporation Law*, 26 Del. J. Corp. L. 859, 867-69(2001).

[3762] Edward Rock & Michael Wachter, *Dangerous Liaisons: Corporate Law, Trust Law, and Interdoctrinal Legal Transplants*, 96 Nw. U. L. Rev. 651, 662(2002).

[3763] Continuing Creditors' Committee of Star Telecommunications, Inc. v. Edgecomb, 385 F. Supp. 2d 449(D. Del. 2004).

[3764] Aronson v. Lewis, 473 A. 2d 805, 812(Del. 1984); Krim v. ProNet, Inc., 744 A. 2d 523(Del. Ch. 1999); Continuing Creditors' Committee of Star Telecommunications, Inc. v. Edgecomb, 385 F. Supp. 2d 449(D. Del. 2004); In re Tower Air, Inc., 416 F. 3d 229(3d Cir. 2005).

[3765] Kaplan v. Centex Corp., 284 A. 2d 119(Del. Ch. 1971).

[3766] Smith v. Van Gorkom, 488 A. 2d 858(Del. 1985); Aronson v. Lewis, 473 A. 2d 805(Del. 1984); In re Walt Disney Co. Derivative Litig., 825 A. 2d 275(Del. Ch. 2003). 原告证明董事基于非理性的过程而决策,或者董事未建立合理地为提供更优化管理、公司遵守法律和商业绩效所需的信息与报告系统,可推翻"董事在知情基础上行事"之推定。In re Tower Air, Inc., 416 F. 3d 229(3d Cir. 2005).

[3767] Aronson v. Lewis, 473 A. 2d 805(Del. 1984). 为推翻商业判断规则中的推定,原告需证明对于涉案的自己交易,没有一个拥有一般健全的商业判断之人会认为董事从公司所获利益是一项公平的对价交换,以致该交易是非理性的或者近乎于浪费公司资产。Solomon v. Armstrong, 747 A. 2d 1098(Del. Ch. 1999).

[3768] Aronson v. Lewis, 473 A. 2d 805(Del. 1984). 原告主张董事有重大过失的,需证明董事履行职责时仅依赖如此之少的信息,以至于其决策是轻率无知的(unintelligent and unadvised)或是鲁莽放任的且逾越理性之限度。Stanziale v. Nachtomi, 330 B. R. 56(D. Del. 2004). 有重大过失的决策过程,包括未考虑能够合理地获取的所有重要事实。Brehm v. Eisner, 746 A. 2d 244(Del. Supr. 2000).

交易“完全公平”，方可免于担责。[3769]此即“商业判断规则/忠实义务分析法”，或称“商业判断规则/完全公平分析法”。

在适用商业判断规则时，如董事的决策是“理性的”（rational），即使该决策是“不合理的”（unreasonable），董事亦不承担责任；换言之，商业判断规则所考虑的是董事决策的理性（rationality），而不是合理性（reasonableness）。[3770]

商业判断规则在董事决策与司法干预之间树起一道隔离墙，法院不得随意逾越。商业判断规则的精髓，在于着重考察董事作出决策的程序与机制，而不对决策是否明智进行事后审查。[3771]适用商业判断规则时，不查究管理者行为是否尽到实体性正当注意。[3772]

商业判断规则在美国法上得到明确承认。英国法虽未在名义上承认商业判断规则，但采纳实质上类似的规则。[3773]大陆法系法域也有认可商业判断规则的动向，例如，德国、[3774]日本。[3775]我国《公司法》仅规定董事、监事、高级管理人员负有忠实义务和“勤勉义务”（第147条第1款），但并未规定对于违反勤勉义务的行为，适用何种责任基准。我国的司法实践中，则已采纳类似于美国法的商业判断规则。裁判见解认为，属于商业

[3769] McMullin v. Beran, 765 A. 2d 910 (Del. 2000); Aronson v. Lewis, 473 A. 2d 805 (Del. 1984). 联邦判例与此类似，参见FDIC v. Jackson, 133 F. 3d 694 (9th Cir. 1998)。《示范商业公司法》亦复如是：原告证明董事有重大过失的，可推翻商业判断规则的推定，导致举证责任转移至作为被告的董事，但董事可通过证明该交易是公平的而免于承担责任。Model Business Corporation Act § 8.31(b), (c) (2016 Revision). 美国法学会《公司治理准则》与特拉华州模式略有不同。根据特拉华州公司法，董事无利害关系、董事对决策知情、董事相信决策符合公司最大利益等因素，为董事受保护的“推定”，可被反证推翻；《公司治理准则》则将此类因素作为“安全港”，董事符合上述条件的，即完全受保护。Douglas M. Branson, *The Rule That Isn't a Rule-The Business Judgment Rule*, 36 Val. U. L. Rev. 631, 635-36 (2002). 关于《公司治理准则》中的商业判断规则，参见Charles Hansen, *The Duty of Care, the Business Judgment Rule, and The American Law Institute Corporate Governance Project*, 48 Bus. Law. 1355 (1993)。

[3770] William T. Allen, Jack B. Jacobs, & Leo E. Strine, Jr., *Function Over Form: A Reassessment of Standards of Review in Delaware Corporation Law*, 26 Del. J. Corp. L. 859, 868 (2001).

[3771] Elizabeth S. Miller & Thomas E. Rutledge, *The Duty of Finest Loyalty and Reasonable Decisions: The Business Judgment Rule in Unincorporated Business Organizations*, 30 Del. J. Corp. L. 343, 346 (2005).

[3772] Brehm v. Eisner, 746 A. 2d 244 (Del. 2000).

[3773] Brian R. Cheffins, *Company Law: Theory, Structure, and Operation* 313 (1997).

[3774] 德国联邦最高法院1997年作出的判决引入商业判断规则，立法者接受学者建议，于2005年将商业判断规则纳入《股份法》第93条第1款第2句。参见[德]托马斯·莱塞尔、吕迪格·法伊尔：《德国资合公司法》（上）（第6版），高旭军等译，上海人民出版社2019年版，第210页。

[3775] 日本公司法判例已承认商业判断法理。参见梁爽：《董事信义义务结构重组及对中国模式的反思——以美、日商业判断规则的运用为借镜》，载《中外法学》2016年第1期。

判断范围内的决策事项，董事、高级管理人员仅承担故意或重大过失责任。[3776]从事后观点看决策是否成功，不是认定过错的基准，[3777]不属于商业判断范围内的事项，不适用故意和重大过失的责任标准。[3778]董事、高级管理人员与决策事项是否存在利害关系，是商业判断规则适用与否之间的分界线。[3779]明文引入商业判断规则，亦为学者所倡议。[3780]我国台湾地区“公司法”对商业判断规则亦无规定，但司法实务上有关商业判断规则

[3776] 例如，法院判决认为：“润晖公司提供的证据不足以证明给予创世纪公司8个版面返点优惠不符合润晖公司销售政策、给公司造成765，893元的损失，亦未提供证据证明谷春宁、范加飞在该业务往来中违反商业判断规则，存在损害润晖公司利益的故意或重大过失，故润晖公司上诉请求没有法律及事实依据，本院不予支持。”上诉人南京润晖文化传媒有限公司与被上诉人谷春宁、范加飞损害公司利益责任纠纷案，江苏省南京市中级人民法院（2016）苏01民终3047号民事判决书。又如，法院判决认为：“董事会作出前述设立分公司的决议，应属于公司董事会的商业判断范畴，根据珠峰商贸公司2004年10月18日、10月20日的董事会决议关于‘经过近一个月调查论证，对于公司在石棉投资建厂诸方面条件及黄磷厂建成后原材料及产品的购销业务、利润等均有一定把握’等内容及黄启人等董事提交的相关技术研究机构出具的可行性研究报告可以看出，董事会作出设立分公司的决议经过了考察论证，本案现有证据不能证明时任董事作出前述决议时存在主观恶意或重大过失，也不能证明其违反了董事的忠实义务和勤勉义务。”袁敏、潘晖、彭玲、姜玉霞与黄启人、黄薇、舒韬、仲智中、徐幼明、雅安珠峰商贸有限责任公司损害公司利益责任纠纷案，四川省高级人民法院（2016）川民终950号民事判决书。

[3777] 法院判决认为：“对于经营内容主要为投资的中民公司，其未举证证明公司股东会或董事会曾制订过投资计划或方案，公司章程亦未对总经理在经营管理过程中，对于何类、何金额投资须在股东会或董事会制订计划或方案后方能实施作出规定。在此情况下，作为经营内容主要为投资的中民公司的总经理，其具体的投资决定，包括通过借款对外投资，属于公司高级管理人员根据其商业判断所作出的正常的经营管理活动。至于投资后的收益或亏损，不能作为其是否存在过错的判断标准。”上海中民资产管理有限公司与朱震华损害公司利益责任纠纷案，上海市黄浦区人民法院（2014）黄浦民二（商）初字第1058号民事判决书。

[3778] 法院判决认为：“被告刘永好在上述资金移转期间，属于红电公司董事，其理应遵守红电公司章程及公司法的规定，对红电公司负有忠实和勤勉义务，将红电公司资金大额无偿借与他人并不属于红电公司日常经营范围内事项，亦非其职务范围内、符合一般情理上的商业判断，系涉及公司经营方针、投资计划的重大事务。在公司章程未明确授权情形下，应当经股东会或董事会同意，其擅自决定将公司资金借贷给孙中乔，违反了公司法第一百四十八条第一款第（三）项之规定，对给红电公司造成的损失，理应承担赔偿责任。”原告四川省港航开发有限责任公司与被告刘永好、四川巴鼎能源开发有限公司、孙中乔第三人四川省南部红岩子电力有限责任公司损害公司利益责任纠纷案，四川省南部县人民法院（2015）南民初字第3723号民事判决书。

[3779] 法院判决认为：“本案既无证据显示作出案涉浮选设备系公司闲置设备这一商业判断的时任董事与拆除案涉浮选设备之间存在利害关系，也无证据显示时任董事做出上述判断存在主观恶意或重大过失。综合本案现有证据，慧能公司时任董事根据所掌握的公司的实际运营情况、公司未来运营计划及负债情况等信息，做出案涉浮选设备系公司闲置设备这一判断并未背离一般经营者的通常决策水平，不存在明显的不合理，未违反董事的忠实义务和勤勉义务。”四川慧能有色金属股份有限公司与李世全等损害公司利益责任纠纷案，四川省高级人民法院（2014）川民终字第667号民事判决书。

[3780] 近期见解，参见叶金强：《董事违反勤勉义务判断标准的具体化》，载《比较法研究》2018年第6期。

之判决有日益增加之趋势。[3781]

公司法上适用商业判断规则的原因，至少有下列数端。[3782]

其一，决策错误是不可避免的，适用较为宽松的行为基准乃吸引和保持潜在董事之需，商业判断规则可鼓励适格之人担任董事而不必患得患失。

其二，鼓励董事有效率地接受风险；董事的管理决策涉及各种风险，而公司体系的运作依赖于对风险的自愿接受。[3783]股东追求利润最大化的目标决定了董事不可避免地作出高风险的商业决策。商业判断规则鼓励董事作出可能获取高额回报的决策，因为回报较高的项目一般风险较高；[3784]严苛的责任威胁势必迫使董事在决策时谨小慎微、[3785]尽量采取保守决策以规避风险，在避免投资高风险的同时，也流失高回报的机会，这并不符合股东设立公司之目的，最终受损的是公司与股东利益。法律若不能为董事提供适当的激励，有违投资者利益。[3786]让董事在正常决策中承担较为宽松的责任，符合股东的合理预期。股东不能容忍、社会规范不能容忍者，系董事违背忠实义务的行为，相比之下，董事不因善意决策而担责，并不背离商业世界的观念。

其三，保护公司决策程序免受法院的干扰；在绝大多数情形，董事在作出商业决策方面比法官更为合格。[3787]社会观念准确地认识到，商人拥有法官所无的商业决策方面的技能、信息与判断力，并且将经济资源、投资风险配置于有此技能、信息与判断力的商人，可产生巨大的社会效益；

[3781] 郭大维：《论商业判断原则于董事责任法制下之运用——检视、比较与省思》，载《月旦民商法杂志》2020年第68期；周振锋：《商业判断法则于台湾地区公司法制适用之若干问题》，载龙卫球、王文杰主编：《两岸民商法前沿——当前民法典编纂推进及分则问题》，中国法制出版社2018年版，第977~978页。

[3782] 更详细的讨论，参见S. Samuel Arsht, *The Business Judgment Rule Revisited*, 8 Hofstra L. Rev. 93 (1979); Stephen M. Bainbridge, *Corporation Law and Economics*, ch. 6 (2002)。关于商业判断规则功能的研究，参见Stephen M. Bainbridge, *The Business Judgment Rule as Abstention Doctrine*, 57 Vand. L. Rev. 83 (2004)。

[3783] Air Line Pilots Ass' n v. UAL Corp., 717 F. Supp. 575 (N. D. Ⅲ. 1989), aff' d, 897 F. 2d 1394 (7th Cir. 1990); Stephen M. Bainbridge, *The Business Judgment Rule as Abstention Doctrine*, 57 Vand. L. Rev. 83, 110-17 (2004).

[3784] Joy v. North, 692 F. 2d 880, 886 (2d Cir. 1982).

[3785] Leo Herzel & Leo Katz, *Smith v. Van Gorkom*: *The Business of Judging Business Judgment*, 41 Bus. Law 1187, 1189 (1986).

[3786] Joy v. North, 692 F. 2d 880, 886 (2d Cir. 1982).

[3787] FDIC v. Stahl, 89 F. 3d 1510 (11th Cir. 1996); In re J. P. Stevens & Co. S' holders Litig., 542 A. 2d 770 (Del. Ch. 1988).

职是之故，法院向来不愿对董事决策作事后诸葛亮式的审查。[3788]之所以区分行为基准与审查基准、区分理性与合理性，正是因为董事决策是在信息不完全的环境下作出，而法院审查决策的合理性时却可依赖于更为完整的、然而却是事后得来的信息。[3789]退一步言，即使法官拥有作出合格商业决策的能力，仍然需要商业判断规则隔断司法干预，因为不同法官作出的商业决策必然各不相同，一旦容许法官介入商业决策，企业环境将被司法不确定性所困扰，公司及其股东更将面临双重决策困境，由于决策主体的模糊化，最终陷入无人为决策负责的局面。

其四，保护董事对公司的经营管理权；公司的集中化管理模式（公司经营管理权配置于董事而非个别股东），系公司制长期发展演化之结果，系符合市场预期的有效率安排。如赋予个别股东过大的、通过司法途径干预公司内部经营管理的权利，实际效果即是将公司的经营管理决策权转移于个别股东，此类个别股东的利益可能不符合大部分股东的利益，而商业判断规则正是一种限制司法干预、进而间接限制个别股东干预的有效机制，此种机制保存了集中化管理的价值，同时也保存了与大多数股东的预期相一致的、免受个别股东不正当干预的价值。[3790]因此，尽管习惯上认为，商业判断规则保护董事，但更为重要的功能是保护了公司与股东。[3791]

其五，对董事决策不满的股东可经由组织内部决策程序撤换董事，此种自力治理比法院干预更有效率。

2. 董事注意义务的移植与变迁

公司董事注意义务起源于信托法与代理法。[3792]公司法发展之初，信托法与代理法已相当发达，又因公司、信托、代理结构相似——所有权与控制权（或管理权）分离、由一方为他方管理财产，公司法移植信托法与代理法，顺乎自然。英美法上均有其例。将公司董事径称为公司“受托人”的判例，

[3788] FDIC v. Stahl, 89 F. 3d 1510 (11th Cir. 1996); In re J. P. Stevens & Co. S' holders Litig., 542 A. 2d 770 (Del. Ch. 1988).

[3789] William T. Allen, Jack B. Jacobs, & Leo E. Strine, Jr., *Function Over Form: A Reassessment of Standards of Review in Delaware Corporation Law*, 26 Del. J. Corp. L. 859, 868 (2001).

[3790] Michael P. Dooley & E. Norman Veasey, *The Role of the Board in Derivative Litigation: Delaware Law and the Current ALI Proposals Compared*, 44 Bus. Law. 503 (1989).

[3791] Id.; In re Consumers Power Co. Derivative Litig., 132 F. R. D. 455 (E. D. Mich. 1990).

[3792] 在英美法上，代理人的注意义务及相应责任与普通信托受托人相似。代理人违反注意义务，应对被代理人承担责任。此种责任为过失责任。Restatement (Third) of Agency § 8.08 (2006); Restatement (Second) of Agency § § 399, 401 (1958). 代理人亦不享有商业判断规则的保护。

所在多有。受托人的注意义务，几乎原封不动进入早期公司法。但在另一面，商业判断规则的确立，却使注意义务在公司法中的命运完全改观。

普通信托法与代理法上，受托人、代理人被法院判定违反注意义务并承担责任的判例为数众多，但公司法上，董事违反注意义务并承担责任的判例，历来罕见。[3793]在公司法领导者特拉华州，董事因违反注意义务而被判担责的判例仅有空前绝后的一例，即*Smith v. Van Gorkom*案。[3794]法院以公司管理层在信息不足情况下（未仔细研究亦未咨询外部专家）作出并购决定（尽管并购价格显著高于陌生者之间同类交易价格）为由，判定管理层应负赔偿责任。

本案判决一出，反响巨大：董事与高级管理人员责任保险危机爆发，保险公司不愿更新保单，保险金飙升，企业忧心于难以聘得优质董事。[3795]一年半之后，议会于1986年6月18日在《特拉华州普通公司法》第102条第b款增订第7项，规定公司章程可免除或限制董事违反注意义务之责任。新法一经通过，数以千计的特拉华州公司迅速修改章程，免除董事违反注意义务之责任，各公司的股东压倒性地通过此类修改。[3796]自20世纪80年代以来，美国几乎全部州均已容许公司章程限制或免除公司董事违反注意义务的责任。[3797]鉴于当时正是机构投资者能动主义（institutional investor activism）勃兴的时代（机构股东更能积极表达股东意志），股份已集中于机构投资者之手，上述举动正是司法强制实施董事注意义务不利于股东利益的有力证据，至少明智、成熟的投资者，并不认为此种规则符合股东最大利益。[3798]当下的状况与立法相呼应：公众公司在章程中订入

[3793] Stuart R. Cohn, *Demise of the Director's Duty of Care: Judicial Avoidance of Standards and Sanctions Through the Business Judgment Rule*, 62 Tex. L. Rev. 591 (1983).

[3794] 488 A. 2d 858 (Del. 1985).

[3795] Edward Rock & Michael Wachter, *Dangerous Liaisons: Corporate Law, Trust Law, and Interdoctrinal Legal Transplants*, 96 Nw. U. L. Rev. 651, 659 (2002) [引用H. Lee Murphy, Firms Fortifying Board Defenses, Crain's Chi. Bus., Apr. 20, 1987, at 1; Frederick D. Lipman, Directors' Liabilities: Legislature Lends a Helping Hand, Focus (Pa.), May 13, 1987, at 78]. 特拉华州法官对本案的检讨，参见William T. Allen, Jack B. Jacobs, & Leo E. Strine, Jr., *Realigning the Standard of Review of Director Due Care with Delaware Public Policy: A Critique of Van Gorkom and Its Progeny as a Standard of Review Problem*, 96 Nw. U. L. Rev. 449 (2002)。

[3796] Edward Rock & Michael Wachter, *Dangerous Liaisons: Corporate Law, Trust Law, and Interdoctrinal Legal Transplants*, 96 Nw. U. L. Rev. 651, 659-660 (2002).

[3797] William T. Allen & Reinier Kraakman, *Commentaries and Cases on the Law of Business Organization* 229-30, 246 (5th ed. 2016).

[3798] Edward Rock & Michael Wachter, *Dangerous Liaisons: Corporate Law, Trust Law, and Interdoctrinal Legal Transplants*, 96 Nw. U. L. Rev. 651, 660 (2002).

此种免责条款，已成为一种常规性的做法。[3799]以特拉华州法为代表的此类允许免责规定，并非关于注意义务及商业判断规则的完整规范，而主要是一种回应个案的权宜之计，立法未涉事项，仍留由判例法处理。

《示范商业公司法》上的注意义务及相应责任规则亦多经斟酌，最终形成“董事行为基准”与“董事责任基准”之区分。[3800]第8.30条规定“行为基准”：董事应善意行事、为公司最大利益行事，并应尽合理之人在类似情形下应有之注意。本条确立的董事的注意义务，与信托受托人的注意义务相似，旨在向董事示知其所负义务。第8.31条规定“责任基准”：除非主张董事应承担责任一方证明有下列情形之一，董事不承担责任：董事未能依据章程或法律规定免责，且有恶意行事、不能合理地认为其决策符合公司最大利益、违反忠实义务、存在利益冲突等情形之一。本条旨在向法院提供判定董事责任的基准。本条表明，董事违反第8.30条并非承担责任的充分要件，董事仅在有第8.31条各项情形之一时，始承担责任。

上述规定仍未将商业判断规则整体予以法典化，理由在于，该规则的要件及适用情形仍处于司法实务的持续发展和不断完善之中，通过制定法将相关概念凝固化，并不可取；该规定仅体现了商业判断规则的若干主要要件。[3801]但经由区分行为基准与责任基准，《示范商业公司法》取得与特拉华州公司法（通过判例法的商业判断规则与制定法的董事免责条款）相似的效果，[3802]而区别于普通信托法。如同特拉华州公司法一样，《示范商业公司法》的此项改革，明示注意义务非属可由司法强制实施的法律义务，而重在对义务人提供行为指导。

比特拉华州更彻底的立场是内华达州2001年的修法。依现行文本，《内华达州公司法》第78.138条第3款规定，董事与高级管理人员在决定商业事务时，被推定为善意、在知情基础上为了公司利益而行为。第7款规定，除法律或者公司章程另行规定更重责任外，董事或者高级管理人员不因其行为而对公司、股东或者债权人承担个人责任，但有下列情形的除外：第3款的推定被推翻，且有证据证明该董事或者高级管理人员的行为

[3799] Holger Spamann, *Monetary Liability for Breach of the Duty of Care?*, 8 J. Legal Analysis 337, 338(2016).

[3800] 此种区分采纳埃森博格教授的分析。Melvin Aron Eisenberg, *The Divergence of Standards of Conduct and Standards of Review in Corporate Law*, 62 Fordham L. Rev. 437(1993).

[3801] Model Business Corporation Act § 8.31 cmt.(2016 Revision).

[3802] Edward Rock & Michael Wachter, *Dangerous Liaisons: Corporate Law, Trust Law, and Interdoctrinal Legal Transplants*, 96 Nw. U. L. Rev. 651, 662(2002).

构成违反信义义务，该违反并涉及故意不当行为、欺诈或明知违法。[3803]该规定以默认规则的形式直接排除了董事和高级管理人员违反注意义务的责任，且其适用主体既包括董事又包括高级管理人员，也比《特拉华州普通公司法》的规定更为宽泛。从该规则的实际效果观之，已表现出有别于特拉华州法的独特竞争优势。[3804]

3. 理论阐释

关于公司法信义义务的变迁，洛克与沃希特教授专文加以阐释，并发掘公司法与信托法、代理法在此问题上存在差异的深层次原因，对于理解普通信托与商业信托的差异，亦具有参考价值。[3805]

公司法的注意义务与忠实义务移植于信托法与代理法。商业判断规则，阻断了将信托法与代理法上的注意义务套用于公司法。[3806]注意义务与忠实义务从信托法、代理法植入公司法，实质是从市场环境（market context）植入企业环境（firm context），[3807]市场与企业之分界再次具有关键意义——此种分界意味着对治理结构的选择、在市场交易的第三方司法力量实施与企业内部非法律自力治理机制之间的选择。

典型的普通信托关系本质上是一种市场关系，在范围与时间上得以较好的界定与限制，并且仅涉及相对较少的交易，因此，委托人能够为指定的受益人设立信托，为保护受益人而限定投资种类。司法干预尚不致失灵。委托人通常不会时时围在受托人身边以监督其履职，受益人通常又无力实施信托条款，在此情势下，法律自然扮演关键角色。当委托人从信托关系中缺席后，即可能发生棘手的黏性问题。例如，因不可预见的通货膨胀，信托条款限定投资的政府债券已不适于达成委托人的目标，受托人欲增加灵活性，但因无法重新协商，只能求助于法院指示或试图获取全体受益人的一致同意——后者在受益人包含未出生者等情形时又难于实行，法院指示遂成主要解决方法。

但交易一旦从市场环境带入企业环境，情况即大不相同。市场环境

[3803] Nev. Rev. Stat. § 78.138(3),(7).

[3804] Michal Barzuza, *Market Segmentation: The Rise of Nevada as a Liability-Free Jurisdiction*, 98 Va. L. Rev. 935(2012).

[3805] 本部分以下六段理论阐释见解，概引自Edward Rock & Michael Wachter, *Dangerous Liaisons: Corporate Law, Trust Law, and Interdoctrinal Legal Transplants*, 96 Nw. U. L. Rev. 651, 652-68(2002)。

[3806] 该文所称的信托法，是指普通信托法。——本书作者注

[3807] 此处所称市场，是指与企业相对应的概念，并非指与政府或国家相对应的市场概念。科斯在其经典论文《企业的性质》中指出企业与市场的区别。Ronald H. Coase, *The Nature of the Firm*, 4 Economica 386(1937)。——本书作者注

在价格体系支配下运行，通过司法机制协助实施合同。而司法机制能够提供足够救济，依赖于市场准确、充分的机会成本数据。然而，当投入或产出的专用性增强，涉及此类专用投入或产出的交易数量更大且更复杂，或交易活动更趋复杂并相互关联，市场环境可能趋于低效；在缺乏足够数量的买方与卖方时，价格体系的可依赖性减弱。专用型交易数量越大、关联度越强、越复杂，订立与实施一般合同的成本越高。当交易成本足够高时，交易即从市场带入企业，企业内部权力结构取代外部市场的供求结构而起作用。企业依科层决策者的指令而行事。

因此，公司处于一个不同于普通信托的环境；时间与范围上有开放性，交易广泛，时常涉及流动性较弱且难以估价的有形资产。因此，公司董事需要多于普通信托受托人的灵活性，以处理各类事件。法院在提供此类灵活性上已勉为其难，因此只能退处边缘位置。普通信托与公司的差异，彰显出企业内部治理与市场治理存在根本区别。通过市场订立合同时，关键的治理结构由合同之司法实施机制提供。企业内部治理的依赖者主要不是司法机制，而是自力治理机制［一种激励相容型合同机制（incentive compatible contracting）］。当一方当事人无法通过转换事后报偿之分配而实施机会主义行为（因为如此行事将自我挫败）之时，治理结构即为自力治理型。此种治理结构附有自力驱动型的惩罚机制，以约束代理人随时可能实施的机会主义行为；当此类惩罚不可得或保护过度时，自力治理结构容许采用自力救济。某些交易在外部市场中的高昂交易成本，为充分发展自力治理结构奠定了坚实基础。当事人之间长期的、高交易频率的关系，为各方当事人提供了奖优罚劣的激励：重复交易使投资于良好信誉可获得较高回报。

将交易带入企业内部，应理解为对治理结构之选择。当事人选择市场环境时，合同接近于完备合同，法院实施此类合同、填补合同中的微小空白；当合同的不完全性达到一定程度，致使被带入企业环境，当事人所期待的，即为非司法实施机制：或者是自力实施，或者是通过非法律手段实施（如信誉制裁）。在后一种环境中，法院应有的立场是“克制”，放任当事人自主行事。

在此意义上，市场与企业的分界，即为司法权管辖之分界。公司法上，维护此司法权管辖界限之完整性者，即为商业判断规则——该规则禁止法院任意逾越企业边界。信息的分布使第三方（法院）无法令人信服地认定当事人有无过失；企业管理者的决策难免招致某些人不满，如果容许某些人任意诉诸法院等第三方以推翻决策或对其他企业当事人强加成本，企业的内部平衡将被打破。更糟的是，制约当事人依内部机制治理的结构，亦将遭到破坏——个别当事人的行为将侵蚀既定的对市场与企业环境之选择，其他当事人无法再诉诸原先选定的非法律治理机制。司法机制越界侵入企业内部治理结构的弊病，在*Smith v. Van Gorkom*案中暴露无遗。作为对本案之回应的《特拉华州普通公司法》第102条第b款第7项修正，则是对企业治理机制的维护。

（四）其他非公司企业法的注意义务与商业判断规则

1. 概观

与公司法相似，合伙法、有限责任企业法的案例多集中于忠实义务，判定违反注意义务的判例极为罕见。[3808]总体而言，非公司企业管理者的注意义务类同于公司法，例如，注意义务要求董事在作出商业决策之前获知能够合理地取得的所有重要信息。[3809]该要求亦适用于有限合伙的普通合伙人、有限责任企业的经理与处于控制地位的成员。[3810]同时，非公司企业法普遍在形式上或实质上确立商业判断规则。[3811]“商业判断规则/完全公平”分析法适用于非公司企业。如非公司企业领域相关判例所示，商业判断规则推定管理者决定是基于知情基础作出、是管理者诚实地相信其行为符合企业最大利益而作出。[3812]欲推翻推定，举证责任在原告一方。[3813]原告推翻推定时，举证责任转移至被告一方，被告应证明其行为符

［3808］ Elizabeth S. Miller & Thomas E. Rutledge, *The Duty of Finest Loyalty and Reasonable Decisions: The Business Judgment Rule in Unincorporated Business Organizations*, 30 Del. J. Corp. L. 343, 370 (2005). 关于非公司企业法注意义务的研究，相对较少。主要文献，参见Id.［该文作者之一Miller教授时任美国律师协会商法部（Section of Business Law）合伙与非公司型商业组织委员会主席］; Norwood P. Beveridge, Jr., *Duty of Care: The Partnership Cases*, 15 Okla. City U. L. Rev. 753 (1990); Michael L. Keeley, *Whose Partnership Is It Anyway?: Revising the Revised Uniform Partnership Act's Duty-of-Care Term*, 63 Fordham L. Rev. 609 (1994); Gerard C. Martin, *Duties of Care under the Revised Uniform Partnership Act*, 65 U. Chi. L. Rev. 1307 (1998); Sandra K. Miller, *The Duty of Care in the LLC: Maintaining Accountability While Minimizing Judicial Interference*, 87 Neb. L. Rev. 125 (2008)。

［3809］ Aronson v. Lewis, 473 A. 2d 805 (Del. 1988). 董事仅须保持合理的知情；不要求知晓每一事实。In re Walt Disney Co. Derivative Litig., 731 A. 2d 342 (Del. Ch. 1998), aff' d in part, rev' d in part on other grounds sub nom, Brehm v. Eisner, Del. Supr., 746 A. 2d 244 (2000).

［3810］ Paul M. Altman & Srinivas M. Raju, *Fiduciary Duties in Delaware Alternative Entities*, 1486 PLI/Corp. 383, 392 (2005).

［3811］ 尽管有个别判例认为，商业判断规则为公司法独有。Henkels & McCoy, Inc. v. Adochio, 138 F. 3d 491 (3d Cir. 1998).

［3812］ 例如，有限合伙人请求普通合伙人提起诉讼，普通合伙人在知情基础上善意行事、拒绝起诉的，普通合伙人的决策受商业判断规则保护。Seaford Funding Ltd. P' ship v. M&M Assocs. Ⅱ, L. P., 672 A. 2d 66 (Del. Ch. 1995).

［3813］ Cede & Co. v. Technicolor, Inc., 634 A. 2d 345 (Del. 1993).

合“完全公平”(entire fairness)标准。[3814]

商业判断规则仅适用于注意义务案件，不保护违反一般合同义务的行为。例如，合伙法上，合伙人违反合伙协议的行为，不受商业判断规则保护。[3815]此外，管理者行为如与企业的营业完全无关，不受商业判断规则保护。[3816]由于商业判断规则各要件中多为不确定概念，当事人可依合同明确约定管理者义务，以限定或排除商业判断规则之适用，降低其不确定性。

不同之处为，商业判断规则在非公司企业法上的角色，不如在公司法上的角色清晰，原因之一在于非公司企业的结构及功能，与公司颇有差别。

2. 普通合伙与有限合伙法

合伙法总体趋势是对合伙人的注意义务适用类似于公司董事的注意义务。

在《统一合伙法》时代，普通合伙法的一般趋势为，合伙人注意义务标准低于忠实义务，合伙人仅有一般过失的，法院通常不判定有责。[3817]《修订统一合伙法》进而规定合伙人不得有重大过失行为、不计后果的放任行为、故意的不当行为、有意违法行为。[3818]合伙人的注意义务仅限于此，且合伙协议可缩减注意义务，只要此种缩减并非不合理。[3819]该法并未明确承认采纳商业判断规则，但该法关于注意义务条文的正式评注中特别提及在合伙法中适用商业判断规则的*Rosenthal v. Rosenthal*案判例，[3820]

[3814] In Re Boston Celtics Ltd. Partnership Shareholders Litigation, C. A. No. 16511(Del. Ch. Aug. 6, 1999)(有限合伙); Solar Cells, Inc. v. True North Partners, LLC, C. A. No. 19477(Del. Ch. Apr. 25, 2002)(有限责任企业).

[3815] Elizabeth S. Miller & Thomas E. Rutledge, *The Duty of Finest Loyalty and Reasonable Decisions: The Business Judgment Rule in Unincorporated Business Organizations*, 30 Del. J. Corp. L. 343, 375 n. 134 (2005). 相关判例，参见Fisher v. Hampton, 118 Cal. Rptr. 811(Cal. Ct. App. 1975); Roper v. Thomas, 298 S. E. 2d 424(N. C. Ct. App. 1982), rev. denied, 302 S. E. 2d 244(N. C. 1983); Shinn v. Thrust IV, Inc., 786 P. 2d 285(Wash. Ct. App. 1990)。

[3816] Carson v. Lynch Multimedia Corp., 123 F. Supp. 2d 1254(D. Kan. 2000)(有限责任企业).

[3817] Elizabeth S. Miller & Thomas E. Rutledge, *The Duty of Finest Loyalty and Reasonable Decisions: The Business Judgment Rule in Unincorporated Business Organizations*, 30 Del. J. Corp. L. 343, 358-59 (2005).

[3818] Revised Uniform Partnership Act § 404(1997).

[3819] Revised Uniform Partnership Act § 103(b)(4)(1997).

[3820] Rosenthal v. Rosenthal, 543 A. 2d 348(Me. 1988).

据此可认为该法已采商业判断规则。[3821]而且，考虑其标准为“重大过失”标准，等同于商业判断规则下的司法审查标准，因此，无须重复适用商业判断规则，或者足可认为该法含有商业判断规则——尽管就另一方面而言，由于商业判断规则区分行为基准与审查基准，故认为该法已采商业判断规则，似又不合，因该法关于注意义务的条文并未明确区分行为基准与审查基准。[3822]2001年《统一有限合伙法》关于普通合伙人注意义务的表述，与《修订统一合伙法》一致，且同样未明文规定商业判断规则。与《修订统一合伙法》一般，2001年《统一有限合伙法》的变革，使合伙人注意义务更加接近于公司法。[3823]

在各州法上，传统上，法院对合伙人的行为适用合理注意标准（reasonable care standard）或善意标准（good faith standard）：[3824]根据合理注意标准，合伙人的行为不合理时，应对合伙或其他合伙人承担责任。因实务中普遍误用合理注意标准，善意标准开始成为判断违反注意义务之责任的新标准，依善意标准，合伙人善意行事且不存在欺诈与放任的，不对合伙或其他合伙人承担责任，适用此标准时，无须考虑合伙人是否已尽一般注意；合伙人善意行事时所作判断，纵有错误，亦无责任，仅在合伙人有重大过失、放任不顾合伙事务等情形时始应担责。[3825]

晚近判例中，某些法院适用《修订统一合伙法》与2001年《统一有限合伙法》所定注意义务，但相当多的法院直接适用商业判断规则。[3826]例如，在著名的*Rosenthal v. Rosenthal*案中，缅因州最高法院详尽论证何以对合伙适用商业判断规则，其理由类似于公司法适用商业判断规则的理由。[3827]

与大多数法域一致，特拉华州对公司董事的注意义务适用重大过失标准，此标准同样适用于合伙法中普通合伙人的注意义务。[3828]特拉华州

[3821] Elizabeth S. Miller & Thomas E. Rutledge, *The Duty of Finest Loyalty and Reasonable Decisions: The Business Judgment Rule in Unincorporated Business Organizations*, 30 Del. J. Corp. L. 343, 360 (2005).

[3822] Id. at 361, 376.

[3823] Id. at 363.

[3824] J. William Callison & Maureen A. Sullivan, *Partnership Law and Practice: General and Limited Partnerships* § 12.02 (2004).

[3825] Id.

[3826] Elizabeth S. Miller & Thomas E. Rutledge, *The Duty of Finest Loyalty and Reasonable Decisions: The Business Judgment Rule in Unincorporated Business Organizations*, 30 Del. J. Corp. L. 343, 373 (2005); Kuznik v. Bees Ferry Assocs., 538 S. E. 2d 15 (S. C. Ct. App. 2000); Jackson v. Marshall, 537 S. E. 2d 232 (N. C. App. 2000).

[3827] Rosenthal v. Rosenthal, 543 A. 2d 348 (Me. 1988).

[3828] Gotham Partners, L. P. v. Hallwood Realty Partners, L. P., 817 A. 2d 160 (Del. 2002).

法院判定普通合伙人同样适用公平标准与商业判断规则;普通合伙人违反忠实义务、实施利益冲突交易,不受商业判断规则保护。[3829]

得克萨斯州合伙法明文规定商业判断规则:"……(c)注意。合伙人对合伙与其他合伙人所负注意义务,是在从事合伙营业与清算营业过程中,尽到一般谨慎之人在类似情形中会尽到的注意。判断错误(error in judgment),本身不构成违反注意义务。合伙人在知情的基础上行事,且遵循d款规定的,推定为已履行注意义务。(d)履行的方法。合伙人在依本法或合伙协议履行对合伙与合伙人的义务、在从事合伙营业或清算合伙营业过程中行使任何权利与权限时,应遵循下列规定:(1)善意行事;(2)以该合伙人合理地相信符合合伙最大利益之方式行事。"[3830]

综上,尽管适用于合伙人注意义务及相应责任的法律规范有善意标准、重大过失标准、商业判断规则等名目,但效果上并无实质差别。不少统一法及州法规定的是重大过失标准,其适用效果与商业判断规则相当,因为重大过失可排除商业判断规则之类较宽松的审查基准之适用。[3831]《修订统一合伙法》将重大过失标准同时适用于行为基准与责任基准,因此不必再适用单独的商业判断规则。[3832]重大过失标准也好,商业判断规则也罢,最终效果均是在无重大过失或类似程度不当行为之情形,避免对管理者课加责任,因此彼此之间更多的是理论差异,而非实践区别。[3833]

3. 有限责任企业法

有限责任企业制定法上的注意义务,各州有别,可分几类:《典型有限责任企业法》模式;《统一有限责任企业法》模式;《示范商业公司法》模式;未明文规定注意义务,但规定在无重大过失、故意不当行为等行为时不承担责任——法律对注意义务表述虽有不同,但实质内容相似。[3834]

《典型有限责任企业法》规定,有限责任企业成员或经理除非有重大过失或故意不当行为,不就其行为对有限责任企业承担责任。[3835]其评注

[3829] Boxer v. Husky Oil Co., 429 A. 2d 995(Del. 1981).

[3830] Tex. Rev. Civ. Stat. Ann. art. 6132b-4.04(Vernon Supp. 2008).

[3831] Elizabeth S. Miller & Thomas E. Rutledge, *The Duty of Finest Loyalty and Reasonable Decisions: The Business Judgment Rule in Unincorporated Business Organizations*, 30 Del. J. Corp. L. 343, 379(2005).

[3832] Gerard C. Martin, *Duties of Care Under the Revised Uniform Partnership Act*, 65 U. Chi. L. Rev. 1307, 1329-30(1998).

[3833] Elizabeth S. Miller & Thomas E. Rutledge, *The Duty of Finest Loyalty and Reasonable Decisions: The Business Judgment Rule in Unincorporated Business Organizations*, 30 Del. J. Corp. L. 343, 386 n. 169(2005).

[3834] Id. at 366-68, 369.

[3835] American Bar Association's Prototype Limited Liability Company Act § 402(A)(1992).

称：本条确立的重大过失准则，与适用于公司董事、普通合伙的执行事务合伙人、有限合伙的普通合伙人的准则相似；只要不为利益冲突行为及重大过失行为，管理者行为即受商业判断规则保护。[3836]

《统一有限责任企业法》所定注意义务，与《修订统一有限合伙法》相同。[3837]《统一有限责任企业法》的报告人亦认为，公司董事或普通合伙人注意义务受制于重大过失标准；没有理由对有限责任企业适用不同的标准。[3838]但2006年全面修正的新法废弃重大过失标准，明文采用商业判断规则。该法基于新近的研究成果认为，重大过失标准在很大程度上未经检验，之所以被订入统一合伙法与《统一有限责任企业法》，乃因潜移默化之起草观念所致。[3839]据此，该法借鉴《示范商业公司法》，区分有限责任企业管理者的行为基准与责任基准：成员经营型有限责任企业的成员或者经理经营型有限责任企业的经理，于履行职责时，应尽处于类似位置之人在类似情形下将会合理尽到的注意，并应以该成员或经理合理地相信为了企业最大利益的方式行事；上述义务受制于商业判断规则（第409条）。与公司法略有不同的是，公司法在一定程度上是依行为人职位的正式性来区分适用注意义务标准，例如，区分董事的注意义务与高级管理人员的注意义务，但有限责任企业法不能追随这一路径，因为企业结构的灵活性正是有限责任企业的标志之一。[3840]

有限责任企业法领域的判例也肯定商业判断规则的适用。例如，适用特拉华州与堪萨斯州法的判例均判定商业判断规则适用于有限责任企业；[3841]弗吉尼亚州判例将商业判断与利益冲突之界分适用于有限责任企业：有限责任企业成员在决策时为自己利益行事的，不受商业判断规则保护。[3842]

（五）注意义务与商业判断规则在企业法中的共性

就法律的实质角度而言，仅因企业具有不同的组织形式即认为商业

[3836] American Bar Association's Prototype Limited Liability Company Act § 402(A) cmt. (1992).

[3837] Uniform Limited Liability Company Act §§ 409(c), (h)(2), 103(b)(3)(1996).

[3838] Carter G. Bishop & Daniel S. Kleinberger, *Limited Liability Companies-Tax and Business Law* ¶ 14.06(2007).

[3839] Revised Uniform Limited Liability Company Act § 409 cmt. (2006).

[3840] Revised Uniform Limited Liability Company Act § 409 cmt. (2006).

[3841] VGS, Inc. v. Castiel, No. 17, 995, 2000 Del. Ch. LEXIS 122(Del. Ch. Aug. 31, 2000), aff'd, 781 A. 2d 696(Del. 2001); Carson v. Lynch Multimedia Corp., 123 F. Supp. 2d 1254, 1260(D. Kan. 2000). 相关评论，参见Paul M. Altman & Srinivas M. Raju, *Fiduciary Duties in Delaware Alternative Entities*, 1486 PLI/Corp. 383, 393(2005)。

[3842] Flippo v. CSC Assocs. Ⅲ, L. L. C., 547 S. E. 2d 216(Va. 2001).

判断规则只适用于某类企业，显然忽略了商业判断规则之目的与功能以及不同企业组织的实质共通性。诚如《修订统一有限责任企业法》评注所言："在不同的企业组织法上，商业判断规则的适用是相似的。因此，商业判断规则具有足够的广泛性与概念涵摄力，使该规则的适用更主要地依赖于被指控行为的性质以及行为人的责任与授权，而不是依赖于企业组织的形式。"[3843]

至于立法上如何规定注意义务内容及商业判断规则，则不必在各种企业法中强求一致。非公司企业法现时似仍以概括表述注意义务及重大过失标准为宜，而不必试图完整表达商业判断规则。在合同自由最大化原则与非公司企业法理下，此问题最好留由当事人自治解决。商业判断规则为一项仍处于进化之中的规则，现实已证明，该规则的轮廓及适用，尤难形成确切的表述。[3844]《示范商业公司法》修订过程中，为确切表达董事的注意义务，汇集一流公司法专家的美国律师协会公司法委员会曾陷于长达三年之久的争论，在十易其稿之后，仍然放弃试图在新条文中完整阐述商业判断规则各要件、界定董事注意义务之努力，而留待判例法的进一步发展。[3845]各种示范法、统一法之所以大多未在条文中正式提及商业判断规则，原因或在于商业判断规则难由制定法完整表达，宁可采用更为简洁的重大过失标准。而且，《示范商业公司法》已明确表述的商业判断规则某些要件中，仍不免采不确定概念，未必能增进适用上的便利。

不必详定注意义务的具体内容，理由正如《典型有限责任企业法》所言：本法无意界定注意义务的具体内容，理由为，尽管各种企业法对管理者注意义务的表述相似，但因各种企业存在重要区别，致注意义务的一般准则在适用时会有各种变化：普通合伙人负有较低的注意义务，原因在于，普通合伙人对合伙债务负无限连带责任，执行事务合伙人固然会谨慎地履行义务，其他合伙人也会较为积极地监督合伙经营管理；在光谱的另一端，公开公司的股东与有限合伙的有限合伙人一般不参与企业的经营管理，此类投资者需更多地依赖于董事或普通合伙人的注意义务；有限责任企业的成员虽负有限责任，但成员的管理权缺乏自由转让性，因此有限责任企业性质为闭锁型企业，介于普通合伙与公开公司之间，而且，各种

[3843] Revised Uniform Limited Liability Company Act § 409 cmt.(2006).

[3844] Elizabeth S. Miller & Thomas E. Rutledge, *The Duty of Finest Loyalty and Reasonable Decisions*: *The Business Judgment Rule in Unincorporated Business Organizations*, 30 Del. J. Corp. L. 343, 387(2005).

[3845] Bayless Manning, *The Business Judgment Rule and the Director's Duty of Attention*: *Time for Reality*, 39 Bus. Law. 1477, 1478-79(1984).

有限责任企业有不同特点，因此，由判例法与有限责任企业协议界定注意义务的具体内容，比制定法界定更为适当。[3846]

(六)适用商业判断规则之理由总结

1. 企业法为何适用商业判断规则

企业法适用商业判断规则的理由，除前文所述理由外，还包括下列理由。

其一，市场力量的约束作用。市场压力迫使企业管理者尽合理的注意，法律规则因而成为多余。管理者的绩效在很大程度上取决于重复交易的可能性：重复交易的可能性越大，管理者越有激励去赢取良好的市场表现，在长期关系中，每一方都能通过与其他当事人的未来交易而获益，这就产生了重要的激励。[3847]企业管理者在下列方面都体现为重复交易者：首先，管理者必须不断筹集资本，这就使其行为须持续接受资本市场的审查；其次，管理者市场(劳动力市场)亦有同样的审查机制，绩效差的管理者难以谋取更佳职位。[3848]即使有时候当事人并非处于重复交易关系之中，信息市场也会敦促当事人以身处重复交易关系中的方式行事——其中，资本市场反映信息的功能超越任何其他市场，这使管理者业绩不佳的行为的成本最终由管理者承担。[3849]此外，管理者会因决策失败而遭撤换，这是一项比法院干预更为有效率的救济。[3850]商业判断规则的深层次意义在于，划定法律与市场的界限，法律不必干预市场能够自行解决或者比法律解决得更好的问题。

其二，管理者违反注意义务收益甚小。违反注意义务的行为很少使管理者自己获益，由此，管理者自行承担成本(如声誉损失)而无须依靠法律，即足以应对此类情形。[3851]

其三，由法院强制实施注意义务收益甚低。法院在评估管理者决策绩效问题上不具优势。商业决策涉及一系列复杂的因素，包括关于特定

[3846] American Bar Association's Prototype Limited Liability Company Act § 402 cmt.(1992).

[3847] Frank H. Easterbrook & Daniel R. Fischel, *The Economic Structure of Corporate Law* 95(1991). 企业与企业管理者之间的交易系一种长期交易，即"关系合同"，与一次性买卖、赠与等大有差别。

[3848] Id.

[3849] Id. at 96.

[3850] Elizabeth S. Miller & Thomas E. Rutledge, *The Duty of Finest Loyalty and Reasonable Decisions: The Business Judgment Rule in Unincorporated Business Organizations*, 30 Del. J. Corp. L. 343, 350(2005); S. Samuel Arsht, *The Business Judgment Rule Revisited*, 8 Hofstra L. Rev. 93(1979).

[3851] Frank H. Easterbrook & Daniel R. Fischel, *The Economic Structure of Corporate Law* 98(1991); Melanie Leslie, *Trusting Trustees: Fiduciary Duties and the Limits of Default Rules*, 94 Geo. L. J. 67, 97(2005).

营业、市场、机构的知识，管理者通常须快速作出决策，而无充足时间去深思熟虑。[3852]市场自然会判断何为最佳决策，而竞争自然会淘汰欠佳的商业决策，市场的“事后惩罚机制”，比法院机制更具优势。[3853]

其四，由法院强制实施注意义务成本甚高。严格执行注意义务会强化管理者的风险厌恶特性，尽量回避风险较高的商业决策，企业投资者的利润最大化的目标将随之受损——投资者是最终的受害者。同时，不适当地增大管理者的责任风险，将诱发更多的派生诉讼，消耗大量的企业资源。[3854]在多重市场机制的作用下，管理者有尽力作出良好表现的激励，而法官却无此激励。[3855]此外，公司管理者通常是团队作业（董事会等），法院如欲评定某一管理者的绩效，须详细审查其在决策过程中的努力程度及其效果，这无疑会造成极高的成本，且其准确性极为可疑。[3856]就更深层意义而言，由法院干预此种“团队生产”过程，破坏了企业组织的根本架构。[3857]

其五，商业判断规则吻合商业组织的风险结构。当事人风险偏好程度之差别，可部分解释信托受托人注意义务与企业管理者注意义务存在差异的原因。[3858]企业投资者在资本市场上通常拥有多种投资渠道，或多或少了解现代投资组合理论的资本市场投资者，能够、也理应将投资多样

[3852] Melanie Leslie, *Trusting Trustees: Fiduciary Duties and the Limits of Default Rules*, 94 Geo. L. J. 67, 97（2005）. 只有对所有结果及其可能性详加分析，法院才可能判断某一商业决策是否明知，而因商业决策失败本身并不必然表明当时的决定有错误，法院也往往缺乏足够的信息对此作出认定。Frank H. Easterbrook & Daniel R. Fischel, *The Economic Structure of Corporate Law* 98-99（1991）.

[3853] Frank H. Easterbrook & Daniel R. Fischel, *The Economic Structure of Corporate Law* 99（1991）.

[3854] Melanie Leslie, *Trusting Trustees: Fiduciary Duties and the Limits of Default Rules*, 94 Geo. L. J. 67, 98（2005）.

[3855] 法官被选任并非因其有正确的商业决策能力，法官也不会因为错误地评估商业决策的正确性而被降薪或免职，相反，管理者却会因为低劣的商业决策而被市场淘汰出局；让管理者的商业决策接受市场的检验，比之于接受那些不经受市场压力的法官之裁判，更为妥当。Frank H. Easterbrook & Daniel R. Fischel, *The Economic Structure of Corporate Law* 100（1991）（该书作者之一伊斯特布鲁克为美国联邦第七上诉法院法官）.

[3856] Frank H. Easterbrook & Daniel R. Fischel, *The Economic Structure of Corporate Law* 99（1991）.

[3857] 企业组织是一种“团队生产”架构，此种架构具有内在的均衡性。Armen A. Alchian & Harold Demsetz, *Production, Information Costs, and Economic Organization*, 62 Am. Econ. Rev. 777（1972）; Margaret M. Blair & Lynn A. Stout, *A Team Production Theory of Corporate Law*, 85 Va. L. Rev. 247（1999）.

[3858] Robert H. Sitkoff, *Trust Law, Corporate Law, and Capital Market Efficiency*, 28 J. Corp. L. 565, 574（2003）; Jeffrey N. Gordon, *The Puzzling Persistence of the Constrained Prudent Man Rule*, 62 N. Y. U. L. Rev. 52, 94-96（1987）.

化、分散化。[3859]但是,企业管理者投入企业的资产,为一种有相当规模的企业专用化人力资本,即经济学所称的“专用性资产”。人力资本的深度投入,通常会产生“锁定”效应,即管理者的经济利益紧密捆绑于企业之中(tied up in the firm)。投资者因易于实现投资多样化而趋向于风险中立或风险偏好,管理者因难于实现投资多样化而趋向于风险厌恶,此为典型的公开型企业范式。[3860]闭锁型企业中,投资者往往自营其他业务,或者深度参与本企业的经营管理,亦有投资分散渠道。商业判断规则排除了管理者对正常商业决策的法律责任,有助于免除管理者的后顾之忧、改变管理者规避风险的动机,敢作出风险中立型或风险偏好型的商业决策(相应地具有较高的盈利可能性),使管理行为与投资者利益及预期相一致。[3861]

2. 普通信托为何不适用商业判断规则

对比企业法适用商业判断规则的原因,普通信托法不适用商业判断规则的原因即一目了然。

其一,相对而言,迫使受托人尽合理注意的市场压力较小,[3862]因而较倚重法律规则。信托财产并非从资本市场募集而来,而是得自委托人的个别转让。“受托人不必面对筹资压力、不必操心于维持或提高证券价格,也不必担心遭遇敌意收购而丢失职位……不存在一个能够反映受托人过失行为的信息市场,事实上,受益人根本难以发现受托人的过失行为;即使受益人获悉受托人的过失行为,通常也不可能将此信息传达于该受托人的其他客户或潜在客户(尚未与该受托人缔约的委托人或受益人),因为此类客户非其所知。”[3863]典型的信托委托人并非重复交易者,在经历受托人对本信托的管理绩效之前,委托人一般已去世。[3864]受益人亦难以便利地撤换绩效不佳的受托人。

其二,法院实施注意义务的成本较低。普通信托的典型目的为保

[3859] Robert H. Sitkoff, *Trust Law, Corporate Law, and Capital Market Efficiency*, 28 J. Corp. L. 565, 574(2003); Frank H. Easterbrook & Daniel R. Fischel, *The Economic Structure of Corporate Law* 32, 112(1991).

[3860] Frank H. Easterbrook & Daniel R. Fischel, *The Economic Structure of Corporate Law* 29-30(1991).

[3861] Peter V. Letsou, *Implications of Shareholder Diversification on Corporate Law and Organization: The Case of the Business Judgment Rule*, 77 Chi. -Kent L. Rev. 179(2001).

[3862] Melanie Leslie, *Trusting Trustees: Fiduciary Duties and the Limits of Default Rules*, 94 Geo. L. J. 67, 99(2005).

[3863] Id. 尽管信托公司的受雇人可能遭受劳动力市场的压力,但此种压力相对小于企业管理者市场。Id.

[3864] John H. Langbein, *Questioning the Trust Law Duty of Loyalty: Sole Interest or Best Interest?*, 114 Yale L. J. 929, 937(2005).

存信托财产，[3865]相比于涉及多种因素、在信息不完整条件下快速作出的企业决策，普通信托管理决策更为直截了当：受托人一般不必在时间压力下决策；投资决策所涉及的考虑因素相对简单；信托条款为受托人及法院决定某一项特定投资是否适当提供指南；受托人通常仅有一至两人，认定哪一个受托人决策有误不致过于困难。[3866]相比于公司管理者，判定受托人是否违反注意义务的成本较低、发生错误的可能性较小。[3867]认定受托人是否实现信托目标，比起认定公开公司董事和高级管理人员所为每一行为是否在其促进企业利润最大化的权限之内，显然更为容易。[3868]

其三，诉讼风险较低。因严格执行注意义务而诱发恶意诉讼的风险，在普通信托领域远低于企业领域。在企业领域，竞争者可购买少量证券而成为成员，从而挑起恶意诉讼干扰企业经营；此外，随着成员的增多，个别好讼的成员提起骚扰诉讼的风险相应增加。普通信托一般仅有少数受益人，每一受益人的受益权权重较大，这会抑制好讼受益人的诉讼动机（一旦受托人胜诉，诉讼成本最终将由包括该受益人在内的全体受益人分摊）。[3869]普通信托受益权的流通性较弱，亦在相当程度上堵塞了外部干扰者的进入通道。

其四，普通信托的风险结构与企业大体相反。由于不存在受益权市场，普通信托受益人难以实现投资的多样化。[3870]标准的经济学理论表明，难以分散风险之人，趋向于厌恶风险。[3871]风险厌恶型投资者优先考

[3865] Peter T. Wendel, *The Evolution of the Law of Trustee's Powers and Third Party Liability for Participating in A Breach of Trust: An Economic Analysis*, 35 Seton Hall L. Rev. 971, 983 (2005).

[3866] Melanie Leslie, *Trusting Trustees: Fiduciary Duties and the Limits of Default Rules*, 94 Geo. L. J. 67, 100 (2005).

[3867] Robert H. Sitkoff, *Trust Law, Corporate Law, and Capital Market Efficiency*, 28 J. Corp. L. 565, 577 (2003).

[3868] Jonathan R. Macey, *Private Trusts for the Provision of Private Goods*, 37 Emory L. J. 295, 317 (1988).

[3869] Melanie Leslie, *Trusting Trustees: Fiduciary Duties and the Limits of Default Rules*, 94 Geo. L. J. 67, 100 (2005).

[3870] Robert H. Sitkoff, *Trust Law, Corporate Law, and Capital Market Efficiency*, 28 J. Corp. L. 565, 574 (2003); Robert H. Sitkoff, *An Agency Costs Theory of Trust Law*, 89 Cornell L. Rev. 621, 657 (2004).

[3871] Kathleen M. Eisenhardt, *Agency Theory: An Assessment and Review*, 14 Acad. Mgmt. Rev. 57, 60-61 (1989); Nicholas Barberis & Ming Huang, *Mental Accounting, Loss Aversion, and Individual Stock Returns*, 56 J. Fin. 1247, 1254 (2001).

虑期待回报较低的投资行为(投资风险相应较低)。[3872]普通信托受托人投入个别普通信托的人力资本专用化程度较低。[3873]原因在于,信托财产同质性较高,通常为不动产及金融资产,使受托人对特定信托财产的运用不必过于专注或投入过多的专用技能、知识与经验,由于资产专用性较弱,受托人能够较好地分散风险。而现代信托实务中典型的受托人是信托律师、金融机构等职业化的受托人,其风险容忍程度高于典型的受益人。[3874]因此,如无注意义务的约束,受托人的风险厌恶程度将远低于受益人,[3875]有动机实施冒险行为。而鼓励受托人承受风险是没有理由的;受托人作合理的、审慎的判断,是受托人职责的本质要求,[3876]也与普通信托之目的、受益人之状况及需求相适应——受益人对信托财产安全的倚重,更甚于企业投资者。法律鼓励公司董事承受风险,但要求信托受托人保守、谨慎地管理信托资产。[3877]实证研究表明,受托人在实务中均趋于保守、谨慎,向来是风险厌恶型、保守型的投资者,[3878]这正与委托人的预期一致,也反映了注意义务对受托人冒险行为的遏制功能。[3879]

3. 商业信托为何适用商业判断规则

商业信托的情形更近于其他商业组织。商业信托受制于市场约束机制,有不断从市场获取投资或融资之需,必须不断经受各种市场力量的考验;基于商业信托的营利性,司法实施注意义务的成本甚高而收益甚低;商业信托的风险结构亦类似于其他商业组织,受益人以投资获利为目的,受托人则为深度投入专用资产的交易者,适当的风险激励正是商

[3872] Robert H. Sitkoff, *Trust Law, Corporate Law, and Capital Market Efficiency*, 28 J. Corp. L. 565, 574(2003).

[3873] Robert H. Sitkoff, *Trust Law, Corporate Law, and Capital Market Efficiency*, 28 J. Corp. L. 565, 574(2003).

[3874] Robert H. Sitkoff, *An Agency Costs Theory of Trust Law*, 89 Cornell L. Rev. 621, 655(2004).

[3875] Robert H. Sitkoff, *Trust Law, Corporate Law, and Capital Market Efficiency*, 28 J. Corp. L. 565, 574(2003).

[3876] Melanie Leslie, *Trusting Trustees: Fiduciary Duties and the Limits of Default Rules*, 94 Geo. L. J. 67, 99(2005).

[3877] Robert Cooter & Bradley J. Freedman, *The Fiduciary Relationship: Its Economic Character and Legal Consequences*, 66 N. Y. U. L. Rev. 1045, 1062(1991).

[3878] Jesse Dukeminier & James A. Krier, *The Rise of the Perpetual Trust*, 50 UCLA L. Rev. 1303, 1335(2003).

[3879] Robert H. Sitkoff, *Trust Law, Corporate Law, and Capital Market Efficiency*, 28 J. Corp. L. 565, 575(2003).

业信托的生存之道。正如学者在单位信托的专题研究著作中所言，信托制度的商业利用，目的在于积极地产出财富，这已偏离了信托的传统用途（消极地保存资产或其价值），这就要求信托资产的管理者承受风险而不是避免风险。[3880]

当然，商业信托法上的商业判断规则仍属任意法。对市场有效性心存疑虑的投资者，可在商业信托文件中设定更为严格的注意义务及责任，以便在其认为市场机制失灵时依靠司法机制防治受托人违反注意义务之行为。

二、对信息的信赖与注意义务及商业判断规则

商业信托受托人善意信赖特定人提供的信息而决策的，不因此类信息有误而承担责任。《特拉华州商业信托法》第3806条分两款规定“善意信赖”规则，为现行法中最为完备者。

第3806条第d款规定：“除商业信托文件另有订定外，受托人、受益人或其他人因善意地信赖商业信托文件条款而违反信义义务的，对商业信托、其他受托人或受益人、商业信托文件的其他当事人或受商业信托文件约束的其他人不承担责任。”

第3806条第k款规定：“如果受托人、受益人或高级管理人员、受雇人、经理或其他根据本条第b款第7项选任之人善意地信赖商业信托的记录，以及由其他受托人、受益人或高级管理人员、受雇人、经理或其他根据本条第b款第7项选任的人提交的信息、意见、报告或陈述，或由任何其他人就被该受托人、受益人或高级管理人员、受雇人、经理或其他依据本条第b款第7项选任之人合理相信属于其职业或专业资质（expert competence）范围内的事项提交的信息、意见、报告或陈述，则该受托人、受益人或高级管理人员、受雇人、经理或其他依据本条第b款第7项选任之人应受充分保护。上述信息、意见、报告或陈述的内容包括：商业信托资产、负债、利润或亏损的价值及数额，足以清偿商业信托债务或为清偿此类债务制定合理条款的备用金或合同、协议或其他承诺的价值及数额，或关于可用作对受益人进行适当分配或对债权人进行适当偿付的资产的存在及数额的任

[3880] Kam Fan Sin, *The Legal Nature of the Unit Trust* 186(1997).

何其他事实。”[3881]

上述规则为《统一商业信托法》所采纳。[3882]《统一商业信托法》2013年修正时，将此所谓“善意信赖”改为“合理信赖”（reasonable reliance），意在强调此为一项客观标准，而非主观标准。[3883]客观标准，较之“善意”之主观标准，更易判断，为更优方案。

上述规定为普通信托法所无，但在公司、有限合伙与有限责任企业法等商业组织法上有类似版本。[3884]善意信赖规则，旨在保护管理者依据合理的信息来源进行商业判断。善意信赖之抗辩，仅适用于协议条款模糊不清的情形。[3885]与善意信赖相反的“恶意”，要求具有“侵权性的意思状态”（tortious state of mind）。[3886]善意信赖不保护盗用企业资产之行为。[3887]受托人有权信赖的信息，分为两种。

一类信息为来自商业信托内部的信息，包括商业信托的记录和其他受托人、受益人、管理人提交的信息。对于此类信息，受托人仅需善意信赖即可。信赖的标准为“善意”信赖，而非盲目信赖；“善意”要求某些情况下，受托人或有权信赖的其他人有义务进行合理调查（duty to make reasonable inquiry）。[3888]

另一类信息为来自商业信托外部的信息，即律师、会计师等专业人员提供的信息。对于此类信息，受托人须在选择时已尽合理注意，且能够合理地相信此类信息属于相应专业人员的职业或专业资质范围，方可信赖此类信息；否则，受托人基于错误信息所作决策违反受托人义务时，应承担责任。合理的注意、合理的相信属于注意义务范畴，并适用商业判断规则。例如，受托人选任与商业信托存在利益冲突的律师（如受托人的关联

[3881] “应受充分保护”意味着可免予承担任何个人责任，例如，律师协助受托人违反义务之责任。Ann E. Conaway, *A Business Review of the Delaware Series: Good Business for the Informed*, 1677 PLI/Corp. 645, 665（2008）.

[3882] 新加坡2004年《商业信托法》第9条设有类似规定。

[3883] Uniform Statutory Trust Entity Act § 506 cmt.（Last Amended 2013）.

[3884] Del. Code Ann. tit. 8, § 141（e）; Del. Code Ann. tit. 6, § § 17-407, 18-406.

[3885] Cont'l Ins. Co. v. Rutledge & Co., 750 A. 2d 1219, 1240（Del. Ch. 2000）.

[3886] Desert Equities, Inc. v. Morgan Stanley Leveraged Equity Fund, Ⅱ, L. P., 624 A. 2d 1199, 1208（Del. 1993）.

[3887] Walker v. Resource Dev. Co., 791 A. 2d 799, 817（Del. Ch. 2000）.

[3888] 特拉华州最高法院在公司法判例中有此界定。Smith v. Van Gorkom, 488 A. 2d 858（Del. 1985）. 公司法此项规则与商业信托法无异，因此上述认定标准可同样适用于商业信托。有限责任企业法亦适用该标准。Carter G. Bishop & Daniel S. Kleinberger, *Limited Liability Companies-Tax and Business Law* ¶ 14.06（2007）.

人)为商业信托法律顾问的,不受商业判断规则保护,不得因信赖该律师所提供信息而免责。

善意信赖规则可否由商业信托文件排除,法无明文规定。学者认为善意信赖为任意法,商业信托文件可改变善意信赖不担责之规定。[3889]考虑善意信赖系保护受托人等人之规则,应解释为任意法。

三、亲自履职义务与受托人转托

(一)亲自履职义务

作为对传统法律的五大变革之一,[3890]谨慎投资人规则改变了普通法传统上的禁止转托规则。商业信托法更进一步,比谨慎投资人规则更为自由。

依信托法的传统规则,受托人应亲自履行职责,不得将职责或权限转托他人,除非该职责属于事务管理性(administrative)职责,或受托人无合理替代方法而不得不将其职责转托他人。[3891]信托法严格区分事务管理性权限与裁量性权限(discretionary powers),禁止受托人转托裁量性权限。[3892]裁量性权限主要包括选择信托投资项目、确定投资策略、决定信托收益分配等。信托法尤其禁止受托人将选择投资的权限转托于他人。[3893]

我国《信托法》第30条规定亲自履职义务与禁止转托规则:"受托人应当自己处理信托事务,但信托文件另有规定或者有不得已事由的,可以委托他人代为处理。受托人依法将信托事务委托他人代理的,应当对他人处理信托事务的行为承担责任。"本条规定原则上不许受托人委托他人处理信托事务,仅"信托文件另有规定或者有不得已事由"两种情形例外。另需注意的是,本条所用术语为"委托",依中文习惯,委托合同一方当事人亦称受托人,则受托人委托他人处理事务中的"他人",法律称谓亦为"受托人",不免出现"受托人的受托人"或"受托人委托受托人"之

[3889] Ann E. Conaway, *A Business Review of the Delaware Series*: *Good Business for the Informed*, 1677 PLI/Corp. 645, 664(2008).

[3890] 五大变革为:其一,适用谨慎标准时,将所有投资作为整体投资组合的一部分,而非将个别投资孤立看待;其二,在风险与回报之间权衡所有投资,被确定为信义义务人的核心考虑;其三,废止对投资种类的类型化限制;其四,将多元化投资义务纳入谨慎投资的定义之中;其五,推翻不可转托规则。Uniform Prudent Investor Act, Prefatory Note(1994).

[3891] Restatement(Second)of Trusts § 171 cmt. d(1959).

[3892] Meck v. Behrens, 141 Wash. 676, 252 P. 91(1927).

[3893] Restatement(Second)of Trusts § 171 cmt. h(1959).

类的用语瑕疵。为免混淆，以改用“转托”一语为宜。

(二)转托的含义

接受受托人转托之人，称为受转托人(delegatee)。在商业信托为独立主体的情况下，受转托人为商业信托的代理人；受转托人不是受托人的代理人，受转托人对商业信托直接负有义务与责任。当然，受托人仅可选任自己的代理人或商业信托的代理人。未经受益人同意，受托人不得选任受益人的代理人，但受益人可予追认。[3894]

受转托人代理信托行事，并非为受托人行事。因此，公司受托人或机构受托人通过其董事、经理、受雇人等履行职责的，其董事、经理、受雇人等不是受转托人，[3895]不适用信托法关于转托的规则。当然，如果上述人员不以受托人之受雇人的身份被受托人委以管理信托的职责(例如，作为独立的财务顾问与受托人订立服务合同)，则可以成为信托的受转托人。

受转托人不完全等同于商业信托的高级管理人员、经理、受雇人或受托人依据商业信托文件选任的其他管理人。受转托人的权限与职责来源于受托人，是受托人权限与职责的一部分。上述其他管理人的权限与职责来源于商业信托文件的直接订定，其他管理人既可以受转托人身份任职，亦可以独立缔约人或商业信托代理人之身份任职，在后一种情形，其他管理人与受托人的权限及职责不存在包含关系，尽管其他管理人在受托人指示与监督之下履行职责、行使权限，但其权限与职责独立于受托人的权限与职责。正因如此，在商业信托有共同受托人之情形，除商业信托文件另有订定外，受转托人由个别受托人自己选定，无须经其他共同受托人同意；其他管理人则由商业信托聘任或雇用，须由能够代表商业信托的共同受托人决议选任。此外，商业信托法关于受转托人与其他管理人的规则亦有所不同：关于其他管理人选任的规则为选入式规范，商业信托是否有权聘用其他管理人，取决于商业信托文件有无相应条款；关于转托的规则为默认性规范，[3896]除非商业信托文件另有订定，受托人可转托其权限或职责。这一区分，正是因为其他管理人的权限与职责不同于受托人的权限与职责，其他管理人的选任自应由商业信托文件明文授权；转托仅

[3894] Hines v. U. S., 90 F. 2d 957, 37-2 U. S. Tax Cas. (CCH) ¶9392, 19 A. F. T. R. (P-H) ¶977 (C. C. A. 7th Cir. 1937), cert. denied, 302 U. S. 756, 58 S. Ct. 283, 82 L. Ed. 584 (1937).

[3895] Restatement (Third) of Trusts § 80 cmt. d (2007).

[3896] Del. Code Ann. tit. 12, § 3806 (i).

为受托人既有权限与职责的分派，自可由受托人自行决定，无须商业信托文件明文授权。

（三）亲自履职义务的缓和；受托人转托的自由化

现代普通信托法对受托人转托作出重大变革。[3897]现代经济环境下，纵为机构受托人或专业受托人，亦难单凭一己之力，妥当履行信托管理的全部职责，例如，即使是专业的信托公司，亦无法包揽投资证券的清算、交割、信用评级等业务。旧式规则不足以因应时势发展，禁止转托规则由是消亡。依新规则，受托人有义务亲自履职，但在一个有同等技能的谨慎之人会将该职责转托他人的情形，受托人可转托其职责，而无须亲自履职。[3898]可转托的受托人职责与权限不再限于事务管理性行为（ministerial acts），在适当情形，受托人可转托关于信托投资的职责与权限，例如，转托他人选择信托投资项目、管理特定的投资项目或者从事涉及重大判断（significant judgment）的信托管理行为。[3899]自然人受托人与机构受托人或专业受托人均可转托其职责。[3900]

早期商业信托法判例近似于普通信托法。一般而言，受托人应亲自履职，但在必要情形，受托人可将事务管理性、非裁量性（ministerial and nondiscretionary）义务转托于他人，并可任用代理人或受雇人实施此类性

［3897］ 变革历程概观：美国法上，受托人转托规则经历了一个逐步自由化与审慎创新的过程。1964年《统一受托人权限法》温和地放松了严格限制受托人转托的规则。Uniform Trustees' Powers Act § 3（a），（c）（24）（1964）.《第三次信托法重述：谨慎投资人规则》正式确立宽松灵活的转托规则。Restatement（Third）of Trusts：Prudent Investor Rule § 227 cmt. j（1992）.《统一谨慎投资人法》沿用之。Uniform Prudent Investor Act § 9（1994）.《第三次信托法重述：谨慎投资人规则》规则现被编入《第三次信托法重述》（完整版）第90条，并扩展为适用于受托人一切职责的一般性规则。Restatement（Third）of Trusts § § 80，90 cmt. j（2007）.《统一信托法典》亦将此确立为一般性规则。Uniform Trust Code § 807. 对美国法规则发展历程的详细研究，参见John H. Langbein，*Reversing the Nondelegation Rule of Trust-Investment Law*，59 Mo. L. Rev. 105（1994）。英国法上，1925年《受托人法》对受托人转托设有较为宽松的规定（第23条），但适用中的结果并非如此，判例法倾向于严格限制转托，与改革前的美国法相似。例如，Green v. Whitehead，46 T. L. R. 11（1929）。个别判例容许受托人将投资权较为广泛地转托于他人。Steel v. Wellcome Custodian Trustees，［1988］1 W. L. R. 167（Ch. ）. 受美国法影响，1999年《受托人转托法》与2000年《受托人法》大幅缓和了关于转托的规则。Trustee Delegation Act 1999，§ 5；Trustee Act 2000，§ § 11-27.《日本信托法》原先规定，原则上受托人须自己处理信托事务（第26条）。2006年新的《日本信托法》缓和了转托规则：信托行为虽未订定信托事务可转托第三人处理，但依信托目的可认为适当时，受托人可将信托事务转托于第三人；信托行为虽订定不得将信托事务转托第三人处理，但依信托目的，有不得不将信托事务转托第三人处理之事由时，受托人可将信托事务转托于第三人（第28条第2项、第3项）。2011年《韩国信托法》关于转托的规定仍较为严格（第42条）。

［3898］ Restatement（Third）of Trusts § 80（1）（2007）.

［3899］ Restatement（Third）of Trusts § 80 cmt. e（2007）.

［3900］ Restatement（Third）of Trusts § 80 cmt. d（2007）.

质之行为。[3901]此种情况下，可通过商业信托文件条款扩张受托人权限，例如，受托人可被授权设立一个董事会或执行委员会（executive committee），以行使受托人一定范围内的管理商业信托事务之权限。[3902]在商业信托文件容许的范围内，受托人可选任高级管理人员与代理人，以行使受托人的部分职责或受托人依据商业信托文件设定的其他职责。[3903]商业信托文件未授予受托人上述选任权的，非经受益人事先同意或事后追认，受托人不得选任高级管理人员或代理人。[3904]

当代商业信托制定法与此有别：受托人选任高级管理人员、代理人、受雇人等，仍须有商业信托文件的授权条款，但与判例法不同的是，此类选任不再以有无裁量权为前提，受益人也并不当然享有同意或追认选任的权限。《特拉华州商业信托法》规定："除商业信托文件另有订定外，商业信托的受托人有权将其管理与控制商业信托营业与事务的权利与权限，转托于一个或数个其他人，包括转托于受托人的代理人、高级管理人员、受雇人或商业信托的代理人、高级管理人员、受雇人，通过订立经营管理协议、其他协议或其他方式转托于其他人。除商业信托文件另有订定外，商业信托的受托人所为转托载明其为不可撤销的，该转托不可撤销。除商业信托文件另有订定外，受托人的转托不导致受托人身份丧失，也不导致受转托人成为商业信托受托人。"[3905]《统一商业信托法》规定："受托人可以转托其义务与权力。"[3906]

上述规则比判例法规则更为灵活，并可避免在认定有无裁量权问题上的不确定性，与现代商业信托实务相呼应。经营现代商业信托所需的诸多专门知识与技能，往往超出任何一个公司受托人的专业范围，即使大型的信托公司，也难以独当大任。[3907]例如，资产证券化信托中，由信托公司担任的受托人仅负责处理信托日常运作与存续事项，证券化的实质性工作——证券化资产管理与回收、信用评级、信用增级等，均由外部的专业机构另行负责。不动产投资信托受托人将经营管理任务交由外部的缔

[3901] Byrnes v. Chase Nat. Bank, 225 A. D. 102, 232 N. Y. S. 224(1st Dep't 1928), aff'd, 251 N. Y. 551, 168 N. E. 423(1929).

[3902] Peterson v. Hopson, 306 Mass. 597, 29 N. E. 2d 140, 132 A. L. R. 1(1940).

[3903] De Witt v. Cabanne, 2 F. 2d 322(C. C. A. 3d Cir. 1924).

[3904] Hines v. U. S., 90 F. 2d 957(C. C. A. 7th Cir. 1937).

[3905] Del. Code Ann. tit. 12, § 3806(i).

[3906] Uniform Statutory Trust Entity Act § 511(a)(2009).

[3907] Scott E. Waxman, *Delaware Statutory Trusts*, http://www.potteranderson.com/news-publications-0-127.html, Jan. 24, 2007.

约方(如专业的不动产经营机构),亦属常见。[3908]

(四)容许转托的职责或权限

现代普通信托法虽已放松对转托的限制,但可转托的权限仍较为有限。以普通信托受托人常见权限为例,说明如下。

其一,与投资职能有关的权限。由于现代投资的复杂性和某些信托对投资的复杂要求,受托人不必亲自从事一切与投资有关的活动,即使对于机构受托人或专业受托人亦是如此;法律亦难精确界定容许受托人转托的投资权限。[3909]但是,受托人至少应当亲自确定信托的投资目标、亲自确定或同意信托的投资策略与投资项目。[3910]

其二,分配信托收益的自由裁量权。信托文件订定受托人对决定向受益人中的何人分配信托收益或对分配信托收益的数额享有自由裁量权的,此种裁量权不得转托;类似地,信托文件订定某一受益人有权取得特定数额的信托收益,同时又订定受托人对减少该数额、停止对该受益人的分配或将该受益人可得收益分配于其他受益人享有自由裁量权的,此种裁量权不得转托。[3911]

相比之下,对于以买卖、租赁或以其他方式管理信托财产的权限,转托的限制较为宽松,[3912]原因或在于,相比于复杂的投资职能而言,此类活动较为简单,审查受转托人的行为是否适当、受托人的转托是否适当较为便利,放宽对受托人转托的限制,危险较小。

商业信托法对容许转托的权限未设具体限制,比普通信托法更为自由。凡受托人权限,皆可转托。唯一限制是不得将全部权限转托。商业信托应由受托人经营管理或在受托人指导之下经营管理。此规定意味着受托人不得将管理信托的全部职责转托他人,但商业信托文件另有订定的除外。[3913]

近乎完全自由的转托权,缘于商业信托与普通信托的差异,亦是回应

[3908] J. B. Riggs Parker, *REIT Trustees and the "Independent Contractor"*, 48 Va. L. Rev. 1048(1962).

[3909] Restatement(Third)of Trusts § 80 cmt. f(1)(2007).

[3910] Restatement(Third)of Trusts § 80 cmt. f(1)(2007).

[3911] Restatement(Third)of Trusts § 80 cmt. f(3)(2007). 当然,在受托人作出分配决定之后,具体的分配事务可转托他人执行。Id.

[3912] 受托人可选任代理人买卖、出租信托财产等。Restatement(Third)of Trusts § 80 cmt. f(2)(2007).

[3913] 此点与普通信托法一致。非经信托文件许可,普通信托受托人不得将全部职责转托于代理人或其他人。Restatement(Third)of Trusts § 80 cmt. c(2007). 但这不禁止受托人在因合理事由(例如,患病、境外旅行)不能履职的合理期间内将其全部职责转托他人。Id.

商业信托实务的需要。证券投资信托、资产证券化信托、实业经营信托等不同种类的商业信托，其受托人职责与权限颇有区别。例如，证券投资信托的专业受托人，通常须承担实质性的投资职能；资产证券化信托受托人的职责远为简单；某些实业经营信托的受托人之职能类似于公司董事，限于宏观的监督职能。商业信托法如对转托加以详细、严格的限制，难以适应各种商业信托的实际情况，亦不利于新型商业信托的发展。普通信托功能较为典型化，区分不同的受托人权限并施加不同的限制，具有可行性，又鉴于普通信托的功能在于保存与保护信托财产、维护受益人的生存性利益，对容许转托的权限设定较为细化的限制，有利于实现普通信托的功能。

（五）受托人在转托时的义务与责任

在英美普通信托法上，关于转托的决定，属于受托人行使信义义务人判断与裁量的事项（matters of fiduciary judgment and discretion）。[3914]因此，转托权的行使，受制于忠实义务与注意义务。受托人转托行为违反注意义务、忠实义务或遵守信托条款的义务的，构成裁量权滥用，法院有权进行司法审查。[3915]受托人在选任受转托人、确定转托的范围与条款、监督受转托人时已行使合理注意、技能与审慎的，[3916]不因受转托人的行为对信托及其受益人承担责任。[3917]受托人将不得转托的事项转托于他人的，对由此造成的不利后果承担责任，此时，受托人处于“保险人”的地位。[3918]

在商业信托法上，受托人不因转托而丧失受托人身份。[3919]此与普通信托无异。因此，受托人的义务，不因转托而免除。另外，对于受转托人，受托人亦负有一定的义务。对此，《统一商业信托法》设有专条规定，基本上沿用《统一信托法典》第807条规定：“（a）受托人可以转托义务和权力。受托人实施下列行为时，应尽处于相似地位之人在相似情形下合

［3914］ Restatement（Third）of Trusts § 80 cmt. d（2007）.

［3915］ Restatement（Third）of Trusts § 80 cmt. e（2007）.

［3916］ 包括对受转托人违反义务的行为采取合理补救措施。Restatement（Third）of Trusts § 80 cmt. g（2007）.

［3917］ Uniform Trust Code § 807（c）.

［3918］ Harvey H. Heilman, *Liability of the Trustee for the Acts of His Delegate*, 52 Dickinson L. Rev. 255（1948）. 转托对信托造成不利后果的，即使受转托人所为行为并非不合理，受托人亦不得免责，否则，将破坏委托人或受益人的合理预期，并使信托文件限制或禁止转托的条款无法执行、受益人无法对受托人违反信托条款的行为采取救济措施。Jerome J. Curtis, Jr. , *The Transmogrification of the American Trust*, 31 Real Prop. , Probate & Trust J. 251, 276（1996）.

［3919］ Del. Code Ann. tit. 12, § 3806（i）.

理地相信为适当的注意:(1)选择代理人;(2)确定转托的范围和条款;及(3)定期检查代理人的行为,以监督代理人的履行情况及遵守转托条款的情况。……(d)受托人遵守a款规定的,不因受托人的代理人关于转托职能的作为或不作为而对受益人或商业信托承担责任。"[3920]《特拉华州商业信托法》则是将受托人就受转托人与其他管理人行为的义务与责任作一体化处理,详见本章第9节第2目。

不过,商业信托受托人与普通信托受托人的注意义务及责任仍有差异,因此判定转托是否违反注意义务的标准亦有所不同。商业信托受托人的转托行为适用商业判断规则,兼因商业信托法对转托的规定更为宽松、灵活,应适用较为宽松的标准:除非受托人存在故意违反义务、放任不顾职责或重大过失之情形,受托人不应对其转托行为承担责任。对普通信托受托人的转托行为,则与受托人的其他行为一般,适用过失标准,较为严格。

关于受托人的选任和监督义务,大陆法系的信托法有类似规定。例如《日本信托法》第35条、《韩国信托法》第42条均规定受托人对受转托人有选任和监督义务。

我国《信托法》规定,受托人应对受转托人处理信托事务的行为承担责任(第30条第2款),不论受托人有无过失。文义上显示为一种无过失责任。受托人转托是为信托之利益,不同于为本人利益而委托,令其一律为受转托人行为担责,有失平衡,且可能产生"管制过度"效应:受托人纵已履行选任、监督受转托人等义务,仍需承担责任,将使受托人不敢将适于转托的事务转托他人,有碍信托管理效率,反而不利于受益人。与民法关于代理人和委托合同受托人的转委托责任相比,课予信托受托人的责任亦过重,在评价上不无矛盾:依照《民法典》总则编第169条、合同编第923条规定,经本人同意或紧急情形的转委托,代理人或受托人仅就第三人的选任及对第三人的指示承担责任;信托文件授权转委托或受托人因有不得已事由而转委托的,与本人同意或紧急情形相当,何以受托人责任不以选任及指示为限?当然,《信托法》第30条第2款规定应属于任意规范,信托文件特约限制或免除受托人的无过失责任,应为有效。

(六)受转托人的责任

《特拉华州商业信托法》规定,受转托人不因接受受托人的转托而成为商业信托受托人。[3921]此项规定非指受转托人不对商业信托承担任何义

[3920] Uniform Statutory Trust Entity Act § 511(2009).

[3921] Del. Code Ann. tit. 12, § 3806(i).

务或责任。《特拉华州商业信托法》在关于其他管理人的条文中规定，包括受转托人在内的其他管理人应当遵守选任、选举、聘用或转托的范围与条款，并且除商业信托文件或该选任、选举、聘用、转托的条款另有订定外，应当按照商业信托文件或依照本法规定所要求的受托人的注意标准行使权利与权力、履行义务；未如此行为的，应当承担责任。[3922]据此，受转托人的法定注意义务原则上与受托人相同，同时负有转托条款所订定的义务。此外，依照普通信托法，受托人将其职能转托于代理人时，代理人成为信托的信义义务人（fiduciary），受转托的代理人对信托及其受益人负有遵守转托协议条款及转托指示、并以合理注意行事的义务。[3923]普通信托法的此种规则，并未被商业信托法明确排除。

四、不适用谨慎投资人规则的特别要求

谨慎投资人规则的一般要求固然不适合于商业信托，其特别要求亦是如此，除非商业信托文件另行选用。特别要求包括：多元化投资义务；考虑受益人个别情况的义务。

（一）多元化投资义务

对于金融证券投资而言，投资多元化常为确保投资安全性的重要手段。但对于营利性事业而言，投资多元化或失之于谨慎过度，或失之于冒险过度，并非合适规则。谨慎过度体现于，多元化虽可分散风险，但低风险度的另一面即为低收益率，通常不符合营利性企业及其投资者的目的；冒险过度则为诸多经营失败案例反复证明——不少企业盲目扩张投资、在不同产业领域（往往是自身不够熟悉或彼此缺乏互补性的产业）四面出击，最终沦入资金链断裂、企业整体崩盘之绝境——多元化投资并非企业的最佳经营战略，更谈不上是通行的成功实践。

即使是对于营利性的证券投资事业，多元化投资亦未必符合投资者之目的。正因如此，美国1940年《投资团体法》将投资团体分为“多元化团体”与“非多元化团体”。[3924]两者并列，并非原则与例外之关系。表明投资基金法中不存在通用于投资基金的、关于多元化投资义务的一般性默认规则，多元化投资义务至多在多元化基金中堪称一般义务，而多元化基金不过为投资基金类型之一而已（并非基本类型）。由此可见，虽然同

[3922] Del. Code Ann. tit. 12, § 3806(n). 该款规定系2018年修法时新增。81 Del. Laws, c. 352, § 10.

[3923] Restatement (Third) of Trusts § 80 cmt. g (2007); Uniform Trust Code § 807(b).

[3924] 15 U. S. C. § 80a-5(b).

样以证券投资为主业，投资基金法的规则亦不同于普通信托法。我国《证券投资基金法》第71条规定公开募集基金的投资以多元化投资为原则：“基金管理人运用基金财产进行证券投资，除国务院证券监督管理机构另有规定外，应当采用资产组合的方式。（第1款）资产组合的具体方式和投资比例，依照本法和国务院证券监督管理机构的规定在基金合同中约定。（第2款）”容许证监会另设例外规定，仍有一定弹性空间。同时需注意的是，非公开募集基金，并不受制于此种规则。之所以对公开募集基金要求采取多元化投资方式，仍是基于保护公众投资者之特别目的。[3925]

非证券投资信托亦未必存在多元化投资的一般义务，特别是以投资于高风险品种为业的商业信托，如期货投资信托。[3926]

（二）考虑受益人个别情况的义务

普通信托以照顾受益人生计利益为宗旨。《统一谨慎投资人法》第2条第3款明文规定：受托人在投资与管理信托财产过程中，应考虑“受益人的其他收入来源”及“某一资产与信托目的或一个或数个受益人之间存在的特殊联系，或者某一资产对信托目的或一个或数个受益人所具有的特殊价值。”本条评注称：“回报与风险紧密相关。风险容忍度因投资者经济状况及其他状况之异而千差万别——在信托的情形，因信托目的与受益人相关状况之异而千差万别。一个为赡养性情平和的老年寡妇而设立的信托，其风险容忍度低于一个旨在积累年轻贵族后裔既有之巨额财富的信托。”

依上述要求及普通信托的一般目的，受托人须考虑受益人个体的风险容忍程度，为其定制投资策略。

企业法的注意义务基于不同的前提：典型的投资者是易于分散风险的投资者，[3927]各投资者的风险容忍类型及程度不存在实质性的差异。而且，由于公开型企业投资者数量众多，要求管理者对个别投资者的风险容忍度进行个别考虑，完全不切实际。[3928]商业信托自不例外。因此，普通信托法的上述义务，不适用于商业信托受托人。

［3925］ 证监会具体规定资产组合比例的实践，例如，2014年《公开募集证券投资基金运作管理办法》第32条。此外，《商业银行理财业务监督管理办法》第39条、第40条以及《证券期货经营机构私募资产管理计划运作管理规定》第15条、第16条对于特定资产的投资比例设有要求。

［3926］ 交易实例：PowerShares DB Multi-Sector Commodity Trust, Final Prospectus（2006）（高度集中投资于少数品种的期货指数）。

［3927］ Robert H. Sitkoff, *Trust Law, Corporate Law, and Capital Market Efficiency*, 28 J. Corp. L. 565, 576（2003）.

［3928］ Id.

诚然，不同的商业信托亦有不同风险容忍类型的受益人，例如，投资基金业中有面向风险偏好型受益人的成长型基金、面向风险中立型的稳健型基金等不同类型基金，但仍与普通信托有重大差别。

1. 同一商业信托受托人无义务考虑个别受益人的风险容忍度

同一普通信托的个别受益人风险容忍度因收入来源、个人需求等因素而异，例如，以身体残障、缺乏收入来源之子女为第一顺序受益人，以生活较稳定的远亲为后续顺序受益人，受托人有义务考虑其差异。同一商业信托各受益人的风险容忍度趋于一致，例如，成长型基金的各受益人既已选择投资于该基金，当然表明其属于风险偏好型投资者。[3929]余者类推。纵然个别受益人风险容忍度与其他受益人有异，亦不构成实质性差异，不在受托人有义务考虑的因素之列，不具有法律意义，否则投资基金运作成本与风险将高到难以承受的地步。

在受益人分为多个类别、群组、系列的情形，同一基金下有数个投资类型各异的子基金或分基金，或者风险容忍度各异的不同类别受益人（如优先受益人风险容忍度低于普通受益人），但同一系列或类别的受益人，仍为风险容忍度趋于一致的群体，其间个别受益人风险容忍度之差异（如有）仍可忽略不计。实务中，每一类别、群组、系列的受益人有时专有其受托人，系列受托人通常无须考虑本系列与其他系列投资目标之差异，也就不存在“风险裁量”问题。由于系列、类别、群组数量更为有限（受制于效率因素，商业信托不可能设置特别多或数量不固定的系列或类别），即使总受托人须考虑不同系列、类别、群组受益人之间的风险容忍度差异，此种差异亦远小于普通信托的情形（类别受益人的差异终究小于个别受益人的差异）。

2. 商业信托受益人的“风险容忍度平均差异”小于普通信托受益人

商业信托受益人总体上、本质上属于同一风险容忍类型：受益人为资本投资者，一般不属于风险厌恶型；况且受益人自主选择商业信托投资，足以表明对较高回报的主动追求和对较高风险的自觉承受。普通信托受益人则大不相同。就受益权流通性较弱而言，受益人难以分散风险，因而趋于风险厌恶，但若受益人另有较为充裕的其他收入来源，对信托投资的态度即可能倾向于风险偏好。此外，普通信托受益人系无偿取得受益权，在其原有财产上无偿增加额外财产，可能改变权利人的风险容忍度。而且，普通信托受益人风险容忍度受制于特定信托财产与该受益人的特殊

[3929] 成长型、稳健型等基本投资类型，属于法律要求或商业信托文件载明的信息披露事项，一旦投资者购买基金份额从而成为受益人，即视为已知晓并同意此类投资类型。

联系等诸多复杂因素（受托人均有义务加以考虑），而商业信托受托人对受益人风险容忍度的测算与评估无须纳入此类因素。[3930]因此，普通信托受益人的风险容忍度更为多样化。

第五节　受托人之忠实义务

一、基本忠实义务

（一）概观

忠实义务旨在规范利益冲突并禁止受托人从信托关系中获利。利益冲突为所有权与控制分离关系中常见，企业制受托人更面临"一仆二主"式的利益冲突。例如，共同基金中，作为公司的受托人应为本公司股东利益行事，同时又应为基金及其受益人利益行事，两者难免冲突。[3931]信托法上，忠实义务首先限制或禁止受托人或其关联人与信托交易（包括禁止夺取信托机会、竞业禁止等），其次禁止受托人在对受益人具有优势或不当影响的情形与受益人交易，即使此种交易与信托财产或信托关系无关。此外尚有区分与标明信托财产义务、公允对待不同受益人义务等次级义务。

在组织法上，忠实义务也普遍存在。忠实义务的精确标准因情境而异，[3932]但经由长久的实务发展，忠实义务在很大程度上已被类型化。常见的忠实义务类型不外乎对利益冲突交易的限制、不得从事与本企业相竞争的营业、不得谋取本企业的商业机会等。[3933]各类型有时存在一些重

[3930]　具有法律意义的风险容忍度，实为受托人有义务加以考虑的风险容忍度。

[3931]　Interpretive Matters Concerning Independent Directors of Investment Companies, Investment Company Act Release No. 24, 083, 70 SEC Docket 2017（Oct. 14, 1999）（codified at 17 C. F. R. pt. 271）. 因此，确保投资基金不被内部人用作谋取私利之工具，为1940年《投资团体法》立法目的之一。Sheldon A. Jones, Laura M. Moret, & James M. Storey, *The Massachusetts Business Trust and Registered Investment Companies*, 13 Del. J. Corp. L. 421, 450（1988）.

[3932]　Guth v. Loft, Inc., 23 Del. Ch. 255, 5 A. 2d 503, 510（1939）.

[3933]　公司法规则，例如，我国《公司法》第148条、德国公司法判例与学说〔参见［德］托马斯·莱塞尔、吕迪格·法伊尔：《德国资合公司法》（上）（第6版），高旭军等译，上海人民出版社2019年版，第221~222页；该书下册第678页〕。关于合伙人的忠实义务，合伙法公认的原则为：合伙人不得直接或间接地利用合伙财产为自己谋取利益；合伙人在从事合伙的营业时，不得秘密为自己获取利润；合伙人不得为私人利益从事合伙的营业；合伙人不得从事与本合伙存在竞争的营业；合伙人不得利用属于合伙的信息或机会。Latta v. Kilbourn, 150 U. S. 524（1893）. 判例法确认的有限责任企业法的忠实义务与此类似。有限责任企业经理或负责执行事务的成员对有限责任企业负有忠实义务，包括不得从事与有限责任企业相竞争的业务、不得谋取有限责任企业的商业机会等。Credentials Plus, LLC v. Claderone, 230 F. Supp. 2d 890（N. D. Ind. 2002）（竞业禁止）；Jundt v. Jurassic Res. Dev., N. Am., L. L. C., 656 N. W. 2d 15（N. D. 2003）（商业机会）.

叠的成分，这并非法律规范的浪费，而是服务于重要的目的：尽量使忠实义务能够覆盖各类不正当行为，减少法律漏洞。为此目的，即使法律规范重叠，亦为值得承受的成本。忠实义务的类型化，既便于裁判运用，亦便于其法典化。法典化的例证在其他企业法上业已司空见惯，[3934]在商业信托法上则尚属少见。从美国初代商业信托制定法至特拉华州的商业信托制定法及《统一商业信托法》，均未详细列举忠实义务，而《肯塔基州统一商业信托法》则专条列举了基本忠实义务规范，其中包括为商业信托或其系列之计算的义务，为商业信托或其系列而持有信托行为、清算或财产使用中所得财产、利润或利益的义务（包括不得利用商业信托的机会），不得与商业信托实施利益相反交易的义务，不得在商业信托解散前的营业行为中与商业信托或其系列相竞争的义务；通过关联人实施上述行为的，视同本人直接所为。[3935]

在美国、加拿大商业信托法上，商业信托受托人的忠实义务相对宽松灵活，接近于公司法与其他非公司企业法，距极度严格的普通信托忠实义务较远，与后者之差异主要有：其一，采“商业判断规则/完全公平”分析法，承认公平的利益冲突交易有效，不沿用普通信托法不分皂白一概否定利益冲突交易的“无须深究”规则；其二，商业信托文件可高度自由地对涉及忠实义务的行为自定标准，包括实体标准与程序标准；其三，商业信托文件可自由限制甚至免除忠实义务。

（二）对比：普通信托受托人的基本忠实义务

1. 唯一利益规则与无须深究规则

受托人的忠实义务，是保护受益人的主要机制。[3936]相比于其他信义关系，普通信托受托人的忠实义务极为严格。[3937]忠实义务的根本规则为，

[3934] 如《统一有限合伙法》《统一有限责任企业法》均列举了几种常见的忠实义务类型。得克萨斯州合伙法规定的合伙人忠实义务包括：合伙人应为合伙的利益而持有、计算合伙经营与清算过程中获得的任何财产，合伙人不得从事与合伙利益相冲突的交易，合伙人不得从事与合伙利益相冲突的竞争。Tex. Rev. Civ. Stat. Ann. art. 6132b-4.04 (Vernon Supp. 2008).

[3935] Ky. Rev. Stat. Ann. § 386A. 5-070(1), (2)(2012).

[3936] Joseph Kartiganer & Raymond H. Young, *The Uniform Trust Code: Help for Beneficiaries and Their Attorneys*, Prob. & Prop., Mar. /Apr. 2003, at 18, 20.

[3937] Restatement (Third) of Trusts § 78 cmt. a (2007).

受托人管理信托，须完全为受益人利益行事。[3938]称为“唯一利益规则”(sole interest rule)，被认为是信托法最为根本的规则。[3939]此规则绝对禁止受托人从信托管理中获得任何利益、与受益人利益形成或可能形成任何冲突。[3940]受托人所为利益冲突交易，受益人即有权撤销，受托人是否善意行事、受托人是否支付公平对价、交易对受益人是否公平，在所不问。[3941]法院不必作进一步调查，即可认定受托人违反信托，换言之，只论利益冲突交易之有无、不论利益冲突交易之是非，即所谓“无须查究规则”(no inquiry rule)或“无须深究规则”(no further inquiry rule)。[3942]法律禁止利益冲突交易，不是因为它是欺诈的，而是因为它可能欺诈。[3943]受益人仅须证明受托人在交易中有个人利益，此项事实本身即足以使受托人承担责任，即使该交易对信托并无损害。[3944]即使受托人是在公开拍卖中以最高出价取得信托财产，亦违反忠实义务，否则，如放开这一禁止，受托人将不会尽最大努力获取最高价格与最优交易条件。[3945]受托人的抗辩事由极为有限，包括法院事先授权自己交易、委托人在信托文件中授权自己交易或受益人在完全知情之前提下同意自己交易。[3946]即使在此类情形，受托人仍须善意行事，且该交易在客观上须公平合理。[3947]

[3938] Restatement (Third) of Trusts § 78(1)(2007); Uniform Trust Code § 802(a); IIA Austin W. Scott & William F. Fratcher, *The Law of Trusts* § 170 (4th ed. 1987); George Gleason Bogert & George Taylor Bogert, *The Law of Trusts and Trustees* § 543 (rev. 2d ed. 1993). 以下关于普通信托法上忠实义务的原则和例外，以美国法为主要比较资料。英国法在此方面的规则，与美国法大同小异，不再赘述。详见David Hayton, Paul Matthews, & Charles Mitchell, *Underhill and Hayton Law Relating to Trusts and Trustees* 856-57 (18th ed. 2010)。英国的主导性判例，参见Keech v. Sandford, (1726) Sel. Cas. Ch. 61, 2 Eq. Cas. Abr. 741。

[3939] George Gleason Bogert & George Taylor Bogert, *The Law of Trusts and Trustees* § 543 (rev. 2d ed. 1993); IIA Austin W. Scott & William F. Fratcher, *The Law of Trusts* § 170 (4th ed. 1987).

[3940] 例如，特拉华州判例阐明，除有权收取的费用与报酬之外，受托人不得从信托财产中获取任何利益；受托人必须避免处于个人利益与信托利益发生冲突的任何情境、避免从事个人利益与信托利益发生冲突的任何交易。Dupont v. Delaware Trust Co., 320 A. 2d 694 (Del. Supr., 1974); In re Thomas, 295 A. 2d 757 (Del. Ch., 1972).

[3941] 例如，Marshall v. Carson, 38 N. J. Eq. 250, 256 (1884)。

[3942] Restatement (Second) of Trusts § 170 cmt. b (1959); Uniform Trust Code § 802 cmt.

[3943] Piatt v. Longworth's Devisees, 27 Ohio St. 159, 195-96 (1875).

[3944] George Gleason Bogert & George Taylor Bogert, *The Law of Trusts and Trustees* § 543 (rev. 2d ed. 1993).

[3945] Restatement (Third) of Trusts § 78 cmt. b (2007).

[3946] Restatement (Second) of Trusts § § 170(1) cmt. t, 216(1)(1959); George Gleason Bogert & George Taylor Bogert, *The Law of Trusts and Trustees* § 543 (rev. 2d ed. 1993).

[3947] Restatement (Second) of Trusts § § 170(2) cmt. t, 216(3)(1959).

忠实义务禁止范围包括受托人自己交易与其他利益冲突交易。受托人自己交易(self-dealing),指向受托人以固有财产与信托财产交易的行为以及受托人与信托之间的其他利益冲突交易,包括受托人购买信托财产、将固有财产售于信托、向信托借款等。[3948]其他利益冲突交易范围极为宽泛,典型者为关联人交易,即受托人以信托受托人身份与关联人交易。关联人具体范围如何,普通法未作穷尽式定义,以免挂一漏万。[3949]关联人包括受托人的家庭成员、代理人、董事或高级管理人员,受托人在其中享有实质性权益的公司或其他商业组织,受托人的股东或其他企业投资者,可能发生利益冲突的其他第三人。[3950]即使与受托人无关的第三人,受托人以个人身份或以受托人身份与之交易的,如该交易会使受托人处于自有利益与信托利益发生冲突之位置或有可预见的利益冲突之风险,亦在禁止之列。典型者为受托人利用属于信托的交易机会,[3951]或受托人从事与信托之营业存在竞争关系的业务,而与第三人实施交易。作为一项一般法则,对信义义务人获取交易机会的限制,宽于对信义义务人滥用或盗用属于他人之信息或财产的一般限制,[3952]就此而言,禁止夺取信托机会法则实有兜底条款之地位。

唯一利益规则要求受托人不得为自己或其关联人的利益行事,亦不

[3948] 自己交易的两个经典判例为Hosey v. Burgess, 319 Ark. 183, 890 S. W. 2d 262(1995); Quinn v. Central, 104 F. 2d 450(9th Cir. 1939)。特拉华州判例法阐明,受托人将固有财产出卖给信托,或者购买信托财产的,均构成违反信托。Woodlen v. Brodnax, et al., 30 Del. Ch. 227, 57 A. 2d 752(1948); Wilmington Trust Co. v. Coulter, 41 Del. Ch. 548, 200 A. 2d 441(1964); Vredenburgh v. Jones, 349 A. 2d 22(Del. Ch., 1975); Delaware Trust Co. v. DuPont, 28 Del. Ch. 166, 194 A. 31(1937); Delaware Trust Co. v. Bradford, 30 Del. Ch. 277, 59 A. 2d 212(1948); DuPont v. Delaware Trust Co., 320 A. 2d 694(Del. Supr., 1974); In re Thomas, 295 A. 2d 757(Del. Ch., 1972).

[3949] "关联人的含义与内容因目的而异、因时代而异,因此本条无意作出定义。" Restatement (Third) of Trusts § 78 Reporter's notes(2007).

[3950] Restatement(Third) of Trusts § 78 cmt. e-e(2)(2007).

[3951] Uniform Trust Code § 802 cmt. e. 英国判例,参见Boardman v. Phipps, [1967] 2 A. C. 46(H. L.)。我国《信托法》未予规定。解释上应有肯定结论,并可类推适用我国《公司法》第148条第1款第5项关于禁止谋取公司机会之规定。公司机会法则为董事忠实义务的组成部分之一,与信托机会法则相似。Yiannatsis v. Stephanis, 653 A. 2d 275(Del. 1995). 依此法则,董事或其他信义义务人不得夺取属于公司的交易机会。公司机会法则亦适用于公司控股股东。如果某一商业机会属于公司经营范围、对公司有实用性,并且公司有利用该机会的经济能力,则公司大股东不得利用该机会。David J. Greene & Co. v. Dunhill Intern., Inc., 249 A. 2d 427(Del. Ch. 1968). 公司机会法则之诞生,系作为一种在具有潜在的利益冲突之场合中用于划定信义义务的方式。Broz v. Cellular Info. Sys., 673 A. 2d 148(Del. 1996).

[3952] Cellular Info. Sys., Inc. v. Broz, 663 A. 2d 1180, 1185(Del. Ch. 1995), rev'd on other grounds, 673 A. 2d 148(Del. 1996).

得为第三人利益行事或为信托目的以外之目的行事。[3953]此项要求，明确否定所谓“社会投资”理论。[3954]

我国《信托法》原则上要求受托人应为受益人“最大利益”行事(第25条第1款)，但实则采用唯一利益规则。第26条、第27条禁止受托人取得报酬以外的任何利益。第28条采无须深究规则，但未涉及关联人交易：“受托人不得将其固有财产与信托财产进行交易或者将不同委托人的信托财产进行相互交易，但信托文件另有规定或者经委托人或者受益人同意，并以公平的市场价格进行交易的除外。”亦属“同意要件与公平要件并存时自己交易始为有效”的规范模式。

2. 一般禁止的例外

无须深究规则的一般禁止，有两类例外。

第一类例外涉及对受托人行为的授权，包括三项：法院准许、信托文件授权、受益人同意。[3955]

其一，法院准许。法院仅在利益冲突交易有利于受益人最大利益时，始得准许该交易。[3956]有其他愿以同等价格购买信托财产的买受人时，法院一般不准受托人购买信托财产。[3957]

其二，信托文件授权。基于私法自治原则，信托文件可授权受托人实施利益冲突交易。信托文件允许利益冲突行为时，主张利益冲突行为无效的一方负举证责任。[3958]但是，信托文件不得完全免除受托人的根本性信义义务——为受益人利益管理信托的义务与谨慎管理信托的义务；相应地，无论信托文件的授权条款何等宽泛，均不得改变或免除受托人善意行事与公平行事的义务，受托人恶意行事或不公平行事的，仍构成违反忠

[3953] Restatement(Third)of Trusts § 78 cmt. f(2007). 主导性判例指出，受托人的忠实义务是一项至高无上的标准，该义务禁止受托人追求信托受益人利益之外的利益。City Bank Farmers Trust Co. v. Cannon, 291 N. Y. 125, 51 N. E. 2d 674(1943), 157 A. L. R. 1423, rehearing denied, 293 N. Y. 858, 59 N. E. 2d 445(1944).

[3954] Uniform Prudent Investor Act § 5(1994).

[3955] Restatement(Third)of Trusts § 78 cmt. c-c(8)(2007).

[3956] Restatement(Third)of Trusts § 78 cmt. c(1)(2007); Restatement(Second)of Trusts § 170 cmt. f(1959). 法院拒绝准许受托人从事利益冲突交易的新近判例，如In re Trust Created by Inman v. Tremaine, 269 Neb. 376, 693 N. W. 2d 514(2005)。

[3957] Restatement(Second)of Trusts § 170 cmt. f(1959).

[3958] Dick v. Peoples Mid-Illinois Corp., 242 Ill. App. 3d 297, 182 Ill. Dec. 463, 609 N. E. 2d 997, 1002(Ill. App. 1993).

实义务。[3959]就此而言，忠实义务并非纯粹的任意法；法律对委托人的私法自治设定限制，以保护法律承认的信托关系之根本性信义性质。[3960]

其三，全体受益人同意。仅部分受益人同意该行为的，受托人仍违反信托，尽管受托人不对已同意该行为的受益人承担责任。[3961]换言之，受益人的同意仅可约束自身，不能约束其他受益人。此与普通信托法原则一致：凡涉及受益人同意的事项，不适用多数决，而适用全体一致同意原则。

第二类例外涉及特定类型的交易或行为，考虑到信托管理效率与促进受益人利益之需，并且鉴于此类交易或行为所含风险一般极小或是可控的，受托人实施此类交易或行为，无须法院或当事人授权。第二类例外包括五项：受托人报酬；特定的自我雇用行为；特定的对信托借款或存放货币类信托财产的行为；与其他信托交易；在适当的共同基金中收取报酬。[3962]其中，前四类例外由普通法确立；最后一类是制定法规则，为美国多数州立法所采。

上述例外仅针对忠实义务，不影响受托人公平行事、善意行事及为受益人利益行事的义务。[3963]公平行事、善意行事及为受益人利益行事，系最低限度的受托人义务，即使受托人获准从事利益冲突交易，亦不得损害受益人利益。同时，受托人仍须履行提供信息的义务，将有关交易的所有重大事实告知受益人。受托人注意义务亦不受影响。

（三）商业信托受托人的基本忠实义务

1. 不采无须深究规则，采纳完全公平标准

美国某些商业信托判例承袭普通信托法的唯一利益原则，受托人不得以受益人利益为代价，从任何与商业信托财产有关的交易中获利。[3964]

[3959] Restatement（Third）of Trusts § 78 cmt. c（2）（2007）. “公平” 的标准可由信托文件设定，例如，信托文件允许受托人以某一固定价格购买信托财产的，即使该价格后来低于公平市价，受托人以该价格购买，不违反忠实义务。Id. 信托文件容许利益冲突行为的，受托人不就该行为承担责任，除非受托人的行为违背诚实或善意，或者受托人滥用其裁量权。Dick v. Peoples Mid-Illinois Corp. , 242 Ill. App. 3d 297, 182 Ill. Dec. 463, 609 N. E. 2d 997, 1002（Ill. App. 1993）.

[3960] Restatement（Third）of Trusts § 78 cmt. c（2）（2007）.

[3961] Restatement（Third）of Trusts § 78 cmt. c（2007）. 如果部分受益人符合实质代表的要求（requiremnets of virtual representation），该部分受益人的同意可以约束其他受益人。Estate of Lange, 75 N. J. 464, 383 A. 2d 1130（1978）; Uniform Trust Code § 304.

[3962] Restatement（Third）of Trusts § 78 cmt. c（4）-c（8）（2007）.

[3963] Restatement（Third）of Trusts § 78 cmt. c（2007）.《统一信托法典》的表述略有不同，未提及公平行事义务。Uniform Trust Code § 105（b）.

[3964] Winn v. Shugart, 112 F. 2d 617（C. C. A. 10th Cir. 1940）.

除合法报酬外，受托人不得从商业信托中获取任何利益。[3965]另有判例采最大利益原则：受托人应为受益人最大利益行使其权利与权限。[3966]

具体案型包括商业信托受托人不得为自己的利益处置、[3967]使用信托财产，[3968]将信托财产用于投机行为。[3969]受托人不得将商业信托财产浪费于未经授权的目的。[3970]受托人所为与受益人最大利益相抵触的行为，系可撤销行为。[3971]受益人有权撤销不正当的交易。[3972]受托人应避免自己处于与受益人的利益相抵触的位置、避免参与同受益人利益抵触的法律关系。[3973]早期判例认为，无论受托人是否善意，皆不得代表商业信托参与任何与该受托人有利害关系的事项。[3974]受托人在商业信托的某项特定交易中具有间接经济利益，该事实本身并不导致该受托人违反忠实义务，但若受托人受到个人考虑或个人利益的影响，而此种考虑或利益不能为商业信托所获取，则足以表明受托人违反忠实义务。[3975]此类规则涵摄的情形

[3965] Beedle v. Campbell, 100 F. 2d 798(C. C. A. 8th Cir. 1939), cert. denied, 307 U. S. 631, 59 S. Ct. 835, 83 L. Ed. 1514(1939).

[3966] Page v. Natural Gas & Fuel Co., 35 F. 2d 462(C. C. A. 8th Cir. 1929)(未涉及作为独立主体的商业信托).

[3967] Haskell v. Patterson, 165 Ark. 65, 262 S. W. 1002(1924); Fourth Nat. Bank v. Memorial Park, 181 Okla. 574, 75 P. 2d 887(1937).

[3968] Wichita Royalty Co. v. City Nat. Bank of Wichita Falls, 127 Tex. 158, 89 S. W. 2d 394(1935), reh' g denied, 127 Tex. 158, 93 S. W. 2d 143(1936). 受益人不知道受托人挪用商业信托财产的，无义务监督受托人运用信托财产的行为。Wichita Royalty Co. v. City Nat. Bank of Wichita Falls, 127 Tex. 158, 89 S. W. 2d 394(1935).

[3969] Vestal v. Moore, 167 Ark. 192, 266 S. W. 948(1924).

[3970] Digney v. Blanchard, 226 Mass. 335, 115 N. E. 424(1917). 受托人将商业信托财产耗费于未经授权的目的，构成浪费信托财产，应以固有财产对该耗费承担责任。Id. 商业信托有权请求受托人返还与被浪费的价值相当的金额。Wichita Royalty Co. v. City Nat. Bank of Wichita Falls, 127 Tex. 158, 89 S. W. 2d 394(1935). 受托人负有不得浪费商业信托财产的义务，并不意味着受托人在处置每项信托财产、进行每项投资时，均须获取明确的回报。在特定情形，受托人对某一信托财产的处分，虽构成商业信托的负担而无明确价值的回报，仍可能为正当。Thomle v. Soundview Pulp Co., 181 Wash. 1, 42 P. 2d 19(1935). 在此类情形，认定标准仍为商业判断规则与完全公平标准。

[3971] Siedletz v. Griffith, 18 Cal. 2d 227, 114 P. 2d 598(1941).

[3972] Kotimsky v. Lubin, 62 F. Supp. 710(E. D. Ill. 1945); Webb v. Shea, 149 Ark. 406, 232 S. W. 602(1921).

[3973] Booth v. Greer Inv. Co., 52 F. 2d 857(N. D. Okla. 1931), aff' d, 62 F. 2d 321(C. C. A. 10th Cir. 1932).

[3974] Booth v. Greer Inv. Co., 52 F. 2d 857(N. D. Okla. 1931), aff' d, 62 F. 2d 321(C. C. A. 10th Cir. 1932).

[3975] Terrydale Liquidating Trust v. Barness, 611 F. Supp. 1006(S. D. N. Y. 1984).

包括受托人不得谋取商业信托机会为己所用[3976]以及受托人负有与不得夺取信托机会义务有紧密联系的竞业禁止义务。[3977]

与此同时,商业信托判例法与制定法多未沿用无须深究规则,而采纳类似于其他企业法的完全公平标准。判例法认为,为确定商业信托受托人的义务与责任,对受托人的行为适用与公司董事及高级管理人员[3978]或合伙人[3979]相同的规则与标准,其中包括对受托人适用与公司董事相当的商业判断/完全公平分析法。[3980]法院将公司法关于利益冲突的规则类推适用于受托人的利益冲突交易(如交易对公司而言公平合理,无论该交易是否已向公司披露,皆不得撤销)。[3981]受托人利益冲突交易适用公平标准:判例基于适用于受托人与公司董事的行为基准在实务中的相似性,对受托人行为适用类似于公司董事的审查基准,因此,当受托人实施自己交易或涉及利益冲突的其他交易时,受托人须证明该交易的公平性与合理性,方可维持该交易有效;法院将审查受托人是否独立行事并基于彻底的诚实信用行事,如果不是,则需进一步审查交易是否公平合理。[3982]

制定法上,《特拉华州商业信托法》及其他州法有略涉忠实义务的规定,《统一商业信托法》则明文否弃无须深究规则,采纳完全公平标准。《特拉华州商业信托法》规定:"除商业信托文件另有订定外,受益人、受托人、高级管理人员、受雇人或经理可以借款给商业信托、向商业信托借

[3976] Tracy v. Curtis, 10 Mass. App. Ct. 10, 405 N. E. 2d 656(1980).至于不得夺取信托机会义务应否依公开型或非公开型商业信托而区别适用,尚难定论,应由商业信托文件自决为妥。公司机会法则对闭锁公司与公开公司应否区别适用,有不同见解。肯定说,参见Robert Charles Clark, *Corporate Law* § § 7.4-7.9(1986)。否定说,参见Matthew R. Salzwedel, *A Contractual Theory of Corporate Opportunity and a Proposed Statute*, 23 Pace L. Rev. 83(2003)。

[3977] 当普通信托的财产由营业构成时,受托人有义务经营该营业,据此负有不得自营或为他人经营与信托同类的业务。Restatement (Third) of Trusts § 78 cmt. e (2007). 但受托人的竞业禁止也就仅限于此。当信托财产不涉及营业时,受托人的竞业禁止义务便无从发生,竞业禁止不能扩及于保护财产与保存财产的行为,受托人从事与某一信托事务类似的其他信托之事务,不构成违反竞业禁止义务。商业信托本身即属商业组织,经营营业为其主业,受托人负有竞业禁止义务即为受托人义务的常态。

[3978] Terrydale Liquidating Trust v. Barness, 611 F. Supp. 1006(S. D. N. Y. 1984).

[3979] Haskell v. Patterson, 165 Ark. 65, 262 S. W. 1002(1924).

[3980] Terrydale Liquidating Trust v. Barness, 611 F. Supp. 1006(S. D. N. Y. 1984).

[3981] Beebe v. Pacific Realty Trust, 578 F. Supp. 1128, 1146(D. Or. 1984).另有判决认为,受益人知情并同意受托人购买信托财产,且已付充分价金时,受托人虽可因此获取大额利润,受益人亦不得撤销该契约。William C. Dunn, *Trusts for Business Purposes* 168(1922).该判决近似于普通信托法上的规则。

[3982] Terrydale Liquidating Trust v. Barness, 611 F. Supp. 1006(S. D. N. Y. 1984).

款、充当商业信托的保证人或背书人、充当商业信托的被保证人、承担商业信托的一项或数项债务，向商业信托提供担保财产、与商业信托进行其他商业交易，并且除其他法律另有规定外，关于上述事项享有与受益人、受托人、高级管理人员、受雇人或经理以外之人相同的权利与义务。"[3983]有学者认为，该规定推翻了传统的无须深究规则。[3984]不过，该规定貌似为意在同等对待利益冲突交易与非利益冲突交易，实则并非如此，因此徒具误导性，新的立法未采此种规定。[3985]

《统一商业信托法》在维持《特拉华州商业信托法》上述规定的基础上，明文采纳完全公平标准："商业信托有权撤销利益冲突交易，但相关当事人证明该交易对信托是公平的除外。"[3986]公平标准为任意法，其目的在于否定无须深究规则，而不是使所有的自己交易变为有效。[3987]同时，该法第505条第a款规定以"最大利益"作为受托人忠实义务的基准：受托人行使权力时，应以其合理地相信符合商业信托最大利益的方式行事。

在完全公平标准之下，利益冲突交易并非当然无效，而取决于交易对商业信托是否公平。受托人与商业信托订立的任何合同均须建立于公平对等的交易基础之上（on an arm' s length basis），并应对标的作客观的、非个人化的估价；此类交易对商业信托及其受益人须公平、透明，否则商业信托或受益人有权撤销该交易。[3988]受托人在与商业信托进行的非公平对等交易中谋取个人利益的，即违反信义义务。[3989]商业信托或受益人应证

［3983］ Del. Code Ann. tit. 12，§ 3806（h）.

［3984］ Adam S. Hofri-Winogradow，*Contract*，*Trust*，*and Corporation*：*From Contrast to Convergence*，102 Iowa L. Rev. 1691，1713（2017）.

［3985］《统一有限责任企业法》原先沿用此规定，但2006年修正时废除。新法的评注全面阐述废除理由：该规定源于合伙法。有限合伙法与有限责任企业法中亦有类似条款。此规定之缘起，意在反对合伙法的传统观点：合伙人对合伙的债权，劣后于不具有合伙人身份的债权人对合伙的债权。但是，有限责任企业法上从来就不存在此种观点，因此，保留此种规定对现代化的有限责任企业法而言并无必要。并且，该规定还会产生混淆：首先，该规定看上去似乎削弱（undercut）了忠实义务，但实际上并非如此；其次，将目光投向破产法与诈害性转让法，破产法与诈害性转让法对于企业与其内部人的交易已有统一的处理。基于上述原因，废止此项既不合时宜又具有混淆性之规定。Revised Uniform Limited Liability Company Act § 409 cmt.（2006）.

［3986］ Uniform Statutory Trust Entity Act § 507（b），（c）.

［3987］ Uniform Statutory Trust Entity Act § 507 cmt.

［3988］ Kotimsky v. Lubin，62 F. Supp. 710（E. D. Ill. 1945）. 又参见Flynn v. La Salle Nat. Bank，9 Ill. 2d 129，137 N. E. 2d 71（1956）；Beebe v. Pacific Realty Trust，578 F. Supp. 1128（D. Or. 1984）。商业信托授予受托人"结论性"的估价权，不影响法院核查信托财产的出卖是否公平、是否出于不正当的动机或者是否牵涉受托人自身利益以致违反信托义务。Terrydale Liquidating Trust v. Barness，611 F. Supp. 1006（S. D. N. Y. 1984）.

［3989］ Kotimsky v. Lubin，62 F. Supp. 710（E. D. Ill. 1945）.

明受托人有违反忠实义务之行为，[3990]嗣后举证责任由受托人承担。[3991]

在加拿大，普通信托法上受托人忠实义务的严格程度，类似于美国普通信托法。[3992]在涉及利益冲突时，受托人纵为善意，亦须承担严格责任。[3993]但对于收入信托，《统一收入信托法》在利益冲突交易上则采用类似于公司法的条文（第36条）。《日本商事信托法纲要》在受托人利益冲突交易上亦采用类似于公司法的条文，尤其是允许受托人实施虽与受益人有利益冲突但系公正的行为（第434条第2款第3项）。[3994]

2. 对照及参考

公平、正当地与公司和股东交往，亦为董事的主要义务。[3995]公司法、合伙法等对利益冲突交易的界定与普通信托法相似。[3996]但其处理原则为：利益冲突交易并非当然无效或可撤销，法院不会对每一个严重不当行为都适用撤销的救济，也不会自动撤销或不撤销，而是有赖于法院的具体判断。[3997]在符合法定要件时，交易不因存在利益冲突而无效。法定

[3990] 对受托人提起派生诉讼的少数受益人，对受托人挪用或不当管理商业信托财产行为以及此类行为可能对商业信托造成损害负有举证责任。Tracy v. Curtis，10 Mass. App. Ct. 10，405 N. E. 2d 656（1980），appeal after remand，16 Mass. App. Ct. 910，449 N. E. 2d 701（1983），review denied，389 Mass. 1105，452 N. E. 2d 1158（1983）. 有判例甚至认为，少数受益人以受托人从事自己交易、违反忠实义务为由起诉的，负有初步证明该交易不公平的举证责任。Landy v. Amsterdam，815 F. 2d 925，Fed. Sec. L. Rep.（CCH）¶93216（3d Cir. 1987）.

[3991] Kotimsky v. Lubin，62 F. Supp. 710（E. D. Ill. 1945）（受托人不得为自己利益购买商业信托财产，受益人主张此类行为无效时，受托人对行为的有效性负举证责任）.

[3992] Paul B. Miller，*The Future for Business Trusts*：*A Comparative Analysis of Canadian and American Uniform Legislation*，36 Queen' s L. J. 443，466（2011）.

[3993] A. H. Oosterhoff et al.，*Oosterhoff on Trusts*：*Text*，*Commentary and Materials* 1043（6th ed. 2004）.

[3994] ［日］日本商事信托研究会编著：《日本商事信托立法研究》，朱大明译，法律出版社2019年版，第39页。

[3995] Condec. Corporation v. Lunkenheimer Company，Del. Ch.，230 A. 2d 769（1967）. 公司董事的忠实义务，参见Stephen M. Bainbridge，*Corporation Law and Economics*，ch. 7（2002）。

[3996] 利益冲突，不仅限于董事作为交易一方当事人的情形，亦包括董事从交易中获取任何经济利益又未移交于公司或股东的情形。Stanziale v. Nachtomi，330 B. R. 56（D. Del. 2004）.

[3997] Gaffin v. Teledyne，Inc.，1990 WL 195914（Del. Ch. ），at *16，aff' d in part and rev' d in part on other grounds，611 A. 2d 467（Del. 1992）. 例如，在*Gotham Partners L. P. v. Hallwood Realty Partners*，*L. P.* 案中，普通合伙人实施利益冲突交易（有限合伙权益的再出卖等）。有限合伙的某个有限合伙人，诉请撤销利益冲突交易并赔偿损失。法院未支持撤销交易的请求，理由是有限合伙人无正当理由地在交易发生后将近两年后才针对交易提出异议，并且是在作为交易对象的有限合伙权益市场价值明显升高后才起诉，初审本案的特拉华大法官法院还认为，普通合伙人从事该交易并非有意增强自己在有限合伙中的控制地位，亦非为了不适当地使该普通合伙人的母公司获益。Gotham Partners L. P. v. Hallwood Realty Partners，L. P.，817 A. 2d 160，170（Del. 2002）. 关于最后一点判断，最高法院在上诉审程序中予以撤销，理由是尽管普通合伙人无此意图，但却有不适当地使其母公司获益的实际效果，因此初审法院滥用了裁量权。Id. at 177.

要件有两大类:同意要件及公平要件。[3998]同意要件指无利害关系股东或董事过半数同意利益冲突交易。股东或董事的同意须在知情前提下作出始为有效;实施利益冲突交易的董事负有披露义务。[3999]此类同意与普通信托受益人允许利益冲突交易属于同类,唯前者基于组织法原则,实行多数决。某些非公司企业法以任意法形式规定同意要件,[4000]某些则未设明文,留由企业组织合同自定。

值得细究者为公平要件,即"完全公平"标准。[4001]完全公平标准适用于制定法规定的同意要件未得到满足的场合。[4002]股东有权要求撤销不公平的利益冲突交易;撤销不可行时,股东有权请求损害赔偿。[4003]公平标准使得公司法对利益冲突交易的限制比普通信托法宽松;即使是在普通法上,股东有权要求撤销利益冲突交易,但法院会将交易对价是否公平作为决定撤销交易的一个考虑因素。[4004]此为普通信托法与商业组织法的主要差异点之一。

[3998] 典型规定为《特拉华州普通公司法》第144条(股东批准、独立董事批准与交易本身公平)、《示范商业公司法》第8.61条(与特拉华州法大同小异)。满足《特拉华州普通公司法》第144条所定三要件之一并非使利益冲突交易有效的仅有途径。Marciano v. Nakash, 535 A. 2d 400(Del. 1987). 在判例法上,如果股东完全知道利益冲突交易的所有重要事实而保持沉默,亦不影响交易效力。Robert A. Wachsler, Inc. v. Florafax Intern., Inc., 778 F. 2d 547(10th Cir. 1985).

[3999] 证明董事未披露自己交易的证据,本身即足以推翻商业判断规则的假定,进而适用完全公平标准。HMG/Courtland Properties, Inc. v. Gray, 749 A. 2d 94(Del. 1999). 遵守制定法规定的利益冲突交易披露要求,并不必然导致不适用完全公平标准而适用商业判断规则,因为普通法上的完全公平标准依然适用。Benihana of Tokyo, Inc. v. Benihana, Inc., 891 A. 2d 150(Del. Ch. 2005).

[4000] 如《典型有限责任企业法》关于忠实义务的规定(基本参照《统一合伙法》):未经过半数的无利害关系经理或成员同意,任一成员或经理从下列活动中获得利益的,均应向有限责任企业报账并以有限责任企业之受托人的身份持有该利益:(1)与该有限责任企业营业或清算有关的交易;(2)使用有限责任企业的财产(包括秘密信息或财产性信息)。American Bar Association's Prototype Limited Liability Company Act § 402(B)(1992).

[4001] 某些公司法的措辞为"正当合理"(如加利福尼亚州),另一些则为"公平合理"(如纽约州),但其核心皆为完全公平。Edward Brodsky & M. Patricia Adamski, *Law of Corporate Officers and Directors: Rights, Duties and Liabilities* § 3:5(2007). "公平""完整公平""内在公平"各种用词之间并无差别。Norwood P. Beveridge, Jr., *The Corporate Director's Fiduciary Duty of Loyalty: Understanding the Self-Interested Director Transaction*, 41 De Paul L. Rev. 655, 681(1992).

[4002] 例如,因股东会会议僵局或股东会被利害关系董事控制而不能由股东会批准交易。Marciano v. Nakash, 535 A. 2d 400(Del. 1987).

[4003] Oberly v. Kirby, 592 A. 2d 445(Del. 1991).

[4004] Oberly v. Kirby, 592 A. 2d 445(Del. 1991).

完全公平标准，通行于合伙法、[4005]有限责任企业法[4006]乃至非营利企业法，[4007]但以公司法判例最为丰富，可供参考。尽管鉴于非公司与公司的重大区别，在许多事项上不宜移花接木，但完全公平标准可能是公司法与非公司法拥有最多共同话语之处，因为忠实义务不因非公司企业的非正式性而打折扣。[4008]

如何认定交易是否公平，一项常用标准为美国联邦最高法院确立的标准：公平标准的本质为，综合考虑当时情形，利益冲突交易是否具备一项公平、对等、合理交易（an arm' s length bargain）的特征。[4009]公平、对等、合理交易的标准要求法院审查该交易在谈判力量基本对等的双方当事人之间是否可接受，该标准主要是一项程序公平的标准。[4010]与此相似的另一项标准是，假定在董事会完全独立的情况下该交易是否可接受。[4011]

再一项标准是由并购名案*Weinberger v. UOP, Inc.*案全面阐明的"公平价格"与"公平交易"双重标准，要求法院对公平价格与公平交易进行

[4005] In Re Boston Celtics Ltd. Partnership Shareholders Litigation, C. A. No. 16511(Del. Ch. Aug. 6, 1999)(有限合伙).

[4006] Solar Cells, Inc. v. True North Partners, LLC, C. A. No. 19477(Del. Ch. Apr. 25, 2002). 制定法，如《修订统一有限责任企业法》规定：有限责任企业或其成员主张成员或经理实施利益冲突交易的，被告可以"该交易对有限责任企业是公平的"为由抗辩。Revised Uniform Limited Liability Company Act § 409(e)(2006).

[4007] 完全公平标准，亦适用于非营利公司。对于未经非营利公司的独立董事批准且州检察长认为不利于公司的利益冲突交易，州检察长有权限、有义务申请法院审查该交易的公平性；在适当情形下，州检察长亦可为受益人的利益有效地追认该交易。Oberly v. Kirby, 592 A. 2d 445(Del. 1991).

[4008] American Bar Association' s Prototype Limited Liability Company Act § 402 cmt.(1992). 特拉华州最高法院在判定普通合伙人的忠实义务时，恰当地阐明："有限合伙的普通合伙人有义务尽最大诚信、公平及忠诚；此项义务与公司董事的义务相互印证……普通合伙人所负关于公平交易的信义义务不低于公司董事的同类义务。企业形式（之差异）并不削弱那些控制他人投资之人所承担的公平交易义务。" Boxer v. Husky Oil Co., 429 A. 2d 995(Del. 1981).

[4009] Pepper v. Litton, 308 U. S. 295, 306, 60 S. Ct. 238, 84 L. Ed. 281(1939). 特拉华州的类似判例：董事贷款给公司，法院认定该交易对公司公平，因为董事并未剥夺公司的商业机会，反而向公司提供了无法从别处获得的利益。原告认为，被告在两个根本方面未能证明贷款交易的公平性：借贷成本与借款用途，但法院判决认为，被告提供的借款条件仅为一个第三方银行在公平对等交易下借款条件的翻版，因此有利于公司。Marciano v. Nakash, 535 A. 2d 400(Del. 1987).

[4010] Edward Brodsky & M. Patricia Adamski, *Law of Corporate Officers and Directors: Rights, Duties and Liabilities* § 3:5(2007); Lawrence E. Mitchell, *Fairness and Trust in Corporate Law*, 43 Duke L. J. 425, 427(1993).

[4011] Fliegler v. Lawrence, 361 A. 2d 218, 224(Del. 1976).

审核。完全公平包括两大要素：公平交易与公平价格。[4012]公平交易（fair dealing）主要为一项程序性标准，强调交易过程中的诸问题，诸如何时实施交易，如何发起、构建、协商交易以及向董事会披露交易、如何获得董事会及股东的同意；[4013]公平价格（fair price）涉及交易的经济与财务考虑，包括资产、市场价值、回报、前景等所有相关因素。[4014]尽管价格为衡量公平的主要因素，但并非决定性因素，法院需考虑与交易相关的所有事实。[4015]至于此类事实的具体范围何在，显然不是能够轻易确定的标准。不同意见则认为，（即使是在采纳*Weinberger v. UOP, Inc.*案所称"完整公平"标准的马里兰州法上）认定交易公平与否时，价格是居于统治地位的因素。[4016]

除上述实体标准外，某些公司法对利益冲突交易施加特别的证明要求。例如，怀俄明州法要求董事证明利益冲突已经获得董事、股东允许或者交易本身公平时，需满足"清楚且令人信服"（clear and convincing）的证明标准，高于一般民事诉讼证明标准（"优势证据"标准）。[4017]

交易是否公平，一般属于事实问题而非法律问题。[4018]

[4012] Weinberger v. UOP, Inc., 457 A. 2d 701, 711 (Del. 1983). 又参见Unitrin, Inc. v. American Gen. Corp., 651 A. 2d 1361 (Del. Supr. Ct. 1995)。

[4013] 关于公平交易的判例：利益冲突交易条款未经为了公司利益的谈判以及交易条款没有独立法律意见或财务意见支持，皆为不符合公平交易标准的因素。Boyer v. Wilmington Materials, Inc., 754 A. 2d 881 (Del. Ch. 1999). 董事按照法律、章程召开董事会会议，仅此尚不足以证明董事已履行公平交易义务。Boyer v. Wilmington Materials, Inc., 754 A. 2d 881 (Del. Ch. 1999).

[4014] 关于公平价格的判例：某公司向董事控制之下的另一个公司出租财产，租金低于公平市场价格，董事有义务补足差价。Lewis v. S. L. & E., Inc., 629 F. 2d 764 (2d Cir. 1980). 实质上出卖公司全部资产时，应将公司作为一个营运中的企业对待，出卖价格应包含对公司潜在盈利能力的适当考虑，而不是使用仅对公司有形资产进行评估的方法，否则该价格不符合公平价格要求。Boyer v. Wilmington Materials, Inc., 754 A. 2d 881 (Del. Ch. 1999).

[4015] Edward Brodsky & M. Patricia Adamski, *Law of Corporate Officers and Directors: Rights, Duties and Liabilities* § 3:5 (2007). 例如，密歇根州最高法院的判例中，某公司与董事控制之下的另一公司之间订立一份长期的租赁合同。法院判定，董事不仅对交易价格公平负有举证责任，而且应证明交易符合公司利益。本案中，证据证明公司正处于财务困难状态，并且之前已经接到应反对过度扩张的警告，因此董事不能证明此项合同符合公司利益。此项交易对公司目的没有任何促进，法院据此判定交易不公平。Fill Bldgs., Inc. v. Alexander Hamilton Life Ins. Co. of America, 396 Mich. 453, 461 n. 7, 241 N. W. 2d 466, 469 n. 7 (1976). 学说上亦有不同见解，例如，交易须在合理范围之内，并且就公司经营范围而言对公司有特别的价值。Alan R. Palmiter, *Reshaping the Corporate Fiduciary Model: A Director's Duty of Independence*, 67 Tex. L. Rev. 1351, 1401 (1989).

[4016] Pittsburgh Terminal Corp. v. Baltimore & Ohio R. R., 875 F. 2d 549 (6th Cir. 1989).

[4017] Cannon Oil & Gas Well Service, Inc. v. Evertson, 836 F. 2d 1252, 1255, 9 Fed. R. Serv. 3d 1128 (10th Cir. 1987).

[4018] Efron v. Kalmanovitz, 249 Cal. App. 2d 187, 57 Cal. Rptr. 248, 251 (2d Dist. 1967).

公平标准固有的模糊性，注定了认定公平不可能是一项易于完成的任务，[4019]事实上，由于公平与否不是一个规则，法律亦不要求法院在公平问题上寻求完美的答案，而只是要求初级法院仔细地分析事实情况、适用平衡标准以得出结论。[4020]公平与否的认定，通常需考虑一系列事实，对认定公平与否有重要意义的因素包括：公司是否从交易中获得充足的对价、交易是否符合公司利益、公司是否有需要且有能力实施该交易、有利害关系董事是否擅取公司所得、董事是否作出充分披露。[4021]

3. 合同自定规范

作为一般禁止的另一例外，商业信托文件可容许实施自己交易。[4022]公平标准毕竟为一项事后标准，不能替代事前约定；在如何裁剪忠实义务以处理利益冲突交易问题上，当事人处于比立法者与法院更好的位置。同时，鉴于公平标准内在的不确定性，当事人协议限定或排除此项标准而另采其他规则或标准，应不受妨碍，因此公平标准仍属于任意法。《修订统一有限责任企业法》采纳公平标准抗辩，系基于下列认识：公平抗辩是判例法确立已久之原则；而且，尽管本法容许有限责任企业协议许可利益冲突交易，但公平抗辩作为一种关于事后公平的正当理由，不同于事前协议变更，如果没有事后公平，可能产生混淆。[4023]根据上述立法评注，并且鉴于该法并未一般地承认有限责任企业协议可自由改变或免除信义义务，起草者似是将事后公平作为事前协议变更的一种替代机制，但正如批评者所指出的："此项抗辩将如何适用或者应如何适用，并不清楚，而起草者的评注也不够明晰……事后公平与事前协议变更极为不同；在决定如何限制信义义务时，当事人处于比法院更好的位置，而且，当事人需要知道相关行为（利益冲突交易）实施时受何种规则指导，而非不得不等到行为

[4019] 《示范商业公司法》起草者采取一种界限明确（bright-line）的制定法方法，意在消除以往判例法与制定法上利益冲突交易规范中的不确定性。Peter E. Kay, Comment, *Director Conflicts of Interest Under the Model Business Corporation Act: A Model for All States?*, 69 Wash. L. Rev. 207, 208（1994）. 但学者评论道，尽管起草者试图使《示范商业公司法》的规则尽可能清晰，但制定法的用语永远无法免于模糊性。James D. Cox, *Managing and Monitoring Conflicts of Interest: Empowering the Outside Directors with Independent Counsel*, 48 Vill. L. Rev. 1077, 1081（2003）.

[4020] Cinerama, Inc. v. Technicolor, Inc., 663 A. 2d 1156（Del. 1995）.

[4021] Edward Brodsky & M. Patricia Adamski, *Law of Corporate Officers and Directors: Rights, Duties and Liabilities* § 3:5（2007）[引用Shlensky v. South Parkway Bldg. Corp., 19 Ill. 2d 268, 166 N. E. 2d 793, 801-802（1960）].

[4022] Oil Fields Corp. v. Dashko, 173 Ark. 533, 294 S. W. 25（1927）.

[4023] Revised Uniform Limited Liability Company Act § 409 cmt.（2006）.

涉诉时方能确知其后果。”[4024]

在非公司企业法中，企业组织文件在设定企业管理者行为基准方面具有广泛的灵活性。[4025]非公司企业既可选择排除实体公平标准，亦可选择排除程序公平标准。[4026]特拉华州判例对合同自由与防止机会主义行为目的之间的权衡，鼓励当事人及其律师设计符合特定企业具体需求的实体或程序保护标准。[4027]

在非公司企业法中，通过建立一定的程序机制来处理利益冲突交易问题，是特别有用的做法。[4028]商业信托文件可预先设置利益冲突交易防控机制。如*Richardson v. Clarke*案中，不动产投资信托文件订定，受托人在其中有直接或间接利益的任何交易，须经多数受托人允许，包括与信托财产管理人无关联关系的多数受托人允许。该信托有受托人五人，其中两人在涉案交易（出卖该信托的资产）中有间接利益。依照商业信托文件订定，该交易须经其他三个受托人允许。[4029]

特拉华州判例法更表明，在通过建立程序机制处理利益冲突交易问题上，非公司企业的组织文件拥有广阔的空间，此类程序可以使企业管理者免于承担“利益冲突交易在实体上是完全公平”的证明负担，常用做法是建立一种通过一个独立委员会来考察或审查利益冲突交易的程序。[4030]在非公司企业的合同自由最大化框架下，企业组织文件可自由设定使用独立委员会的程序、独立委员会决议的效力等事项，因此，在非公司企业中使用独立委员会机制，甚至可能比在公司领域使用此种机制更有用。[4031]例如，在公司法中，特别委员会（如独立董事组成的委员会）决议的效力依赖于特别委员会考虑的交易的类型：大多数情况下，特别委员会对利益冲突交易的允许，可以使该交易免受完全公平标准的审查，而仅适

[4024] Larry E. Ribstein, *An Analysis of the Revised Uniform Limited Liability Company Act*, 3 Va. L. & Bus. Rev. 35, 64 (2008).

[4025] Paul M. Altman & Srinivas M. Raju, *Fiduciary Duties in Delaware Alternative Entities*, 1486 PLI/Corp. 383, 403 (2005).

[4026] Larry E. Ribstein, *Fiduciary Duties and Limited Partnership Agreements*, 37 Suffolk U. L. Rev. 927, 960 (2004).

[4027] Id.

[4028] Paul M. Altman & Srinivas M. Raju, *Fiduciary Duties in Delaware Alternative Entities*, 1486 PLI/Corp. 383, 401 (2005).

[4029] Richardson v. Clarke, 372 Mass. 859, 364 N. E. 2d 804 (1977).

[4030] Paul M. Altman & Srinivas M. Raju, *Fiduciary Duties in Delaware Alternative Entities*, 1486 PLI/Corp. 383, 402-03 (2005).

[4031] Id. at 403.

用商业判断规则；但是，在母子公司合并交易中，即使该交易经特别委员会允许，也不能使该交易免受完全公平标准的审查，而仅是将举证责任转移至挑战该交易的一方（证明该交易并非完全公平）。[4032]

（四）忠实义务的法理基础

1. 为何无须深究

普通法对普通信托受托人的忠实义务实行唯一利益规则和“无须深究”规则，并且拒绝轻易创设该规则的例外，自有实质性的理由。学者指出，此类规则具有无妥协余地的严格性（uncompromising rigidity），这并非一种枯燥的形式主义，而恰恰是该规则有效运行的本质要求。[4033]严格的忠实义务，其法理基础包括下列方面。

其一，利益冲突交易会扭曲受托人的判断。“正如每个人不能充当自己案件的法官，受托人在涉及自身利益的事项中无法运用最佳、最客观和最公允的判断……此乃人类天性使然，不限于信托法，在代理法和公职事务中也可类比……”[4034]为应对此种情况，唯一利益规则可抑制受托人实施自己交易的动因。[4035]

其二，违反忠实义务的行为具有高度隐蔽性，法院难以察觉，唯一利益规则可解决证明困难问题。[4036]普通信托受益人通常欠缺财务专业能力或商业常识，或高度依赖于受托人的知识，并非有力的监督者，难以发现受托人违反忠实义务之行为。[4037]在普通信托中处于消极地位的受益人固然难以获知受托人不忠实的信息，纵然是法院，也面临调查与定性的诸多困难。[4038]而且，受托人的许多决策属于涉及诸多因素的判断，从法社会学

[4032] Id［引用Kahn v. Lynch，638 A. 2d 1110，1116-17（Del. 1994）］. 又参见Citron v. E. I. Dupont de Nemours & Co.，Del. Ch.，584 A. 2d 490（1990）（由子公司独立董事委员会谈判母子公司之间的合并项目，不能改变对合并交易适用完全公平标准）。

[4033] Robert W. Hallgring, *The Uniform Trustees' Powers Act and the Basic Principles of Fiduciary Responsibility*, 41 Wash. L. Rev. 801, 808（1966）.

[4034] Id. at 809.

[4035] Robert H. Sitkoff, *Trust Law, Corporate Law, and Capital Market Efficiency*, 28 J. Corp. L. 565, 573-74（2003）.

[4036] Robert Cooter & Bradley J. Freedman, *The Fiduciary Relationship: Its Economic Character and Legal Consequences*, 66 N. Y. U. L. Rev. 1045, 1055（1991）.

[4037] Melanie Leslie, *Trusting Trustees: Fiduciary Duties and the Limits of Default Rules*, 94 Geo. L. J. 67, 113 & n. 214（2005）.

[4038] Robert W. Hallgring, *The Uniform Trustees' Powers Act and the Basic Principles of Fiduciary Responsibility*, 41 Wash. L. Rev. 801, 810-11（1966）.

的视角观之，信托可视作一种关系合同（relational contract），[4039]受托人义务的履行不是一次性的、短期性的，而是处于一种长期的、持续性的履行态势之中，法院不可能事后审查受托人的每一个履行行为，因为此种事后审查必然流于主观，且不可行。诚如《第三次信托法重述》的评注所言：“受托人掌控信托日常管理，并掌控信托的记录与信息，这使欲追究受托人违反忠实义务之行为的外部人难以获取及时的信息，相关证据亦易湮没，由此进一步增加受托人隐蔽其不当行为的机会，亦增加法院审查的难度。就受益人角度而言，可预见的结果是，试图发现或阻止受托人实际所为不当行为之努力，将是无效率的，或者根本就是无效果的：此类努力或是由于费用之高昂、时间之浪费或信息之短缺，或是由于受益人缺乏如受托人一般的履历以及对信托事务的了解，或者是由于受益人缺乏监督受托人行为并起诉以揭发其行径的必要资源。”[4040]欲保障受托人忠实行事，行之有效的最佳办法莫过于事先将可能导致受托人产生不当动机的一切因素彻底排除。[4041]唯一利益规则矫正了受益人在评估受托人是否涉足利益冲突交易上的无能力，并使受益人无须具备与受托人相当的知识与技能以确定受托人是否实施不公平交易。[4042]

其三，在普通信托关系中，自己交易对受托人与受益人具有共同价值的情形，极为少见。[4043]此与普通信托的目标不无关系。由此可以解释，衡平法认为彻底禁止受托人不忠实行为更为可取，而不是通过容许受托人

[4039] 关于关系合同，参见Charles J. Goetz & Robert E. Scott, *Principles of Relational Contracts*, 67 Va. L. Rev. 1089（1981）；Symposium, *Incomplete Contracts：Judicial Responses, Transactional Planning, and Litigation Strategies*, 56 Case W. Res. L. Rev. 135（2005）。麦克尼尔教授是关系合同理论的开创者。详见Ian Macneil, *The Many Futures of Contracts*, 47 S. Cal. L. Rev. 691（1974）；Ian R. Macneil, *Contracts：Adjustment of Long-Term Economic Relations Under Classical, Neo-Classical, and Relational Contract Law*, 72 Nw. U. L. Rev. 854（1978）；Ian Macneil, *The New Social Contract*（1980）；Ian R. Macneil, *Values in Contract：Internal and External*, 78 Nw. U. L. Rev. 340（1983）；Ian R. Macneil, *Relational Contract：What We Do and Do Not Know*, 1985 Wis. L. Rev. 483；*The Relational Theory of Contract：Selected Works of Ian Macneil*（David Campbell ed.，2001）。企业组织文件、建筑物团体自治章程皆属关系合同，甚至婚姻亦可理解为关系合同。Elizabeth S. Scott & Robert E. Scott, *Marriage as Relational Contract*, 84 Va. L. Rev. 1225（1998）.

[4040] Restatement（Third）of Trusts § 78 cmt. b（2007）. 特别是对于剩余受益人（remainder beneficiaries）而言，此类受益人的受益权实现时间较迟，与受托人的距离相对遥远、对信托管理的介入程度较低，因此上述问题尤为严重。Id.

[4041] Restatement（Third）of Trusts § 78 cmt. b（2007）.

[4042] Melanie B. Leslie, *In Defense of the No Further Inquiry Rule：A Response to Professor John Langbein*, 47 Wm. & Mary L. Rev. 541, 564（2005）.

[4043] Robert H. Sitkoff, *Trust Law, Corporate Law, and Capital Market Efficiency*, 28 J. Corp. L. 565, 573（2003）.

证明代表两种利益而试图区分无害行为与有害行为。[4044]

其四，普通信托欠缺市场机制，受益人监督受托人行为的手段较为薄弱，既不能自由转让受益权以退出信托关系，又不能轻易选择排除受托人。[4045]此点与公司股东、商业信托受益人等大不相同。这进一步恶化了受益人的处境。而无须深究规则为无力自我保护的受益人提供了保护。[4046]市场机制的欠缺正是忠实义务趋于严格的原因之一。[4047]市场机制可以补充甚至取代"一刀切"的严格监督，使对管理者行为的监督和约束趋于精密化。但在欠缺市场机制的环境下，一律禁止利益冲突交易，其成本低于个案审查的成本。[4048]一律禁止自己交易是一种"规则"(rule)，基于公平性对利益冲突交易作个案审查则是一种"标准"(standard)。一般而言，规则易于适用，其不足之处则是容易发生"涵摄过度"或"涵摄不足"。[4049]但对于无力实施精细化监督的普通信托而言，与其不足，不如过度，一禁了之，反而效益最优。换言之，如果不存在足以支援(back up)监督行动的有效资本市场，则可以得出理性的结论：一律禁止任何自己交易，比在个案基础上逐一处理自己交易更为便利、有效。[4050]

基于上述原因，严格的忠实义务遂成为普通信托法的根本内容，此项义务不容削弱、打折，亦不容被过多的例外所侵蚀[4051](忠实义务的例外情形向来受到严格控制)。忠实义务不能确保受托人行为增进受益人最大利益，但至少可保障受托人行为无害于受益人利益。

[4044] George Gleason Bogert & George Taylor Bogert, *The Law of Trusts and Trustees* § 543(rev. 2d ed. 1993).

[4045] Restatement(Third) of Trusts § 78 cmt. b(2007).

[4046] Melanie Leslie, *Trusting Trustees: Fiduciary Duties and the Limits of Default Rules*, 94 Geo. L. J. 67, 113(2005).

[4047] 基于类似原因，普通信托管理的信义义务人标准亦适用于遗产管理，例如，唯一利益规则适用于遗嘱执行人。Uniform Probate Code § § 3- 703(a), 3-712 to -713(1990). 养老金信托虽为商信托，亦欠缺此类市场机制，因此无须深究规则适用于其受托人。Donald T. Bogan & Benjamin Fu, *ERISA: No Further Inquiry into Conflicted Plan Administrator Claim Denials*, 58 Okla. L. Rev. 637(2006).

[4048] Robert H. Sitkoff, *Trust Law, Corporate Law, and Capital Market Efficiency*, 28 J. Corp. L. 565, 573-74(2003).

[4049] 关于规则与标准的分析，参见Louis Kaplow, *Rules Versus Standards: An Economic Analysis*, 42 Duke L. J. 557 (1992); Duncan Kennedy, *Form and Substance in Private Law Adjudication*, 89 Harv. L. Rev. 1685(1976)。

[4050] Robert H. Sitkoff, *Trust Law, Corporate Law, and Capital Market Efficiency*, 28 J. Corp. L. 565, 573(2003).

[4051] Restatement(Third) of Trusts § 78 cmt. c(2007).

2. 企业法上的忠实义务：坚守与变通

利益冲突对管理者公允行事的负面影响，企业组织当然不能幸免。前述第一点理由于此仍可成立。然而其余各点理由所针对之情况，在企业环境中各有不同。因此，企业法一方面有必要维持普通信托法忠实义务的宗旨与核心规范，另一方面又需充分注意企业环境之特性。

与注意义务之命运不同，忠实义务在商业信托与其他企业法中的移植远为成功，其变化仅是普通信托法上的严格规则演变为灵活规则。此种演进历程，在公司法中最为显著，最能演示其间的法理脉络。商业信托法与其他非公司企业法多是直接采择了公司法的成果，而非逐步踏过此途。

审查利益冲突交易时，法院不仅审查被告董事的动机，亦审查该交易对公司与股东的实际效果。[4052]相比于注意义务情境下，商业判断规则不问动机、只重程序的原则，对忠实义务何以容许如此深入的司法审查？一个明显的答案是，利益冲突交易对正常的、可被社会接受的企业内部约束形成挑战，司法权所干预者仅为盗用、欺诈等严重违背市场与社会伦理之行为，同时企业内部的软约束机制以及外部市场约束机制难以充分遏制此类行为，事后的市场惩罚措施亦相当不足，[4053]因此司法权尚未逾越管辖界限。[4054]放任利益冲突交易将对企业利益形成严重威胁，社会效益不高，而管理者却可从利益冲突交易中获利甚巨。审查利益冲突交易所涉信息，其困难小于商业决策审查，法院大体尚可胜任。

然而，为何企业法不维持信托法上的严格忠实义务？

首要原因为严格限制利益冲突交易在商业组织环境中往往并不可取。公司法上利益冲突交易规则的演变，为此提供了经验证据。公司法上的利益冲突交易规则，历经四个发展阶段：第一阶段，绝对禁止一般自己交易；第二阶段，容许公平的并经无利害关系的多数董事同意的一般自己交易；第三阶段，容许法院认为公平的自己交易；第四阶段，容许公平的或经充分知情的多数股东同意的一般自己交易。[4055]在19世纪至20世纪早期资

[4052] Potter v. Sanitary Co. of America, Del. Ch., 194 A. 87(1937).

[4053] Frank H. Easterbrook & Daniel R. Fischel, *The Economic Structure of Corporate Law* 103(1991).

[4054] Edward Rock & Michael Wachter, *Dangerous Liaisons: Corporate Law, Trust Law, and Interdoctrinal Legal Transplants*, 96 Nw. U. L. Rev. 651, 670, 672(2002).

[4055] Robert Charles Clark, *Corporate Law* § 5.1(1986).

本市场尚不发达的时代，公司法对待利益冲突交易的态度同样严格。[4056]早期普通法的一般规则为，公司与董事之间的交易为可撤销，无论该交易是否公平。[4057]此种严格规则为普通信托法唯一利益规则之延续：遏制董事与公司交易的任何企图，从而确保董事不能利用优势地位侵害公司利益。[4058]同时，法院认为，法院的实体性司法审查比股东自决更能发现有问题的交易。[4059]但随着公司形式的应用日益增长，法院正面临数量与形态日益复杂的自己交易，各界亦认识到一定的自己交易不仅是正常的、几乎不可避免的，且确实有利于公司，[4060]并且交叉董事制日益普及，[4061]在此背景下，严格的可撤销规则逐步放松。公司法的趋势是适用更具选择性的规则，容许发生未被滥用的自己交易。[4062]各法域纷纷通过制定法更改普通法的严格规则。[4063]20世纪初期，公司法已容许无利害关系董事允许扮演与股东允许相当的角色：经知情的无利害关系董事多数允许，且交易本身对公司公平者，利益冲突交易有效。[4064]信托法规则终被抛弃，转而适用更为灵活的规则。[4065]1967年《特拉华州普通公司法》第144条更明文推翻信托法规则。[4066]此项“完全公平”标准即为特拉华公司法关于利益冲

[4056] Harold Marsh, Jr., *Are Directors Trustees?: Conflicts of Interest and Corporate Morality*, 22 Bus. Law. 35, 36-53 (1966); Alison Grey Anderson, *Conflicts of Interests: Efficiency, Fairness and Corporate Structure*, 25 UCLA L. Rev. 738 (1978).

[4057] Harold Marsh, Jr., *Are Directors Trustees? Conflict of Interest and Corporate Morality*, 22 Bus. Law. 35, 36-39 (1966).

[4058] Wardell v. Union Pac. R. Co., 103 U. S. 651, 658, 26 L. Ed. 509 (1880).

[4059] Deborah A. DeMott, *The Figure in the Landscape: A Comparative Sketch of Directors' Self-Interested Transactions*, 62 Law & Contemp. Prob. 243, 252-53 (Summer 1999).

[4060] Robert Charles Clark, *Corporate Law* § 5.1 (1986); Lawrence E. Mitchell, *Fairness and Trust in Corporate Law*, 43 Duke L. J. 425, 427 (1993).

[4061] Edward Brodsky & M. Patricia Adamski, *Law of Corporate Officers and Directors: Rights, Duties and Liabilities* § 3:1 (2007).

[4062] Robert Charles Clark, *Corporate Law* § 5.1 (1986).

[4063] Richard M. Buxbaum, *Conflict-of-Interests Statutes and the Need for a Demand on Directors in Derivative Actions*, 68 Cal. L. Rev. 1122, 1124 (1980).

[4064] Harold Marsh, Jr., *Are Directors Trustees? Conflicts of Interest and Corporate Morality*, 22 Bus. Law. 35, 39-40 (1960).

[4065] Harold Marsh, Jr., *Are Directors Trustees?: Conflict of Interest and Corporate Morality*, 22 Bus. Law. 35 (1966); Norwood P. Beveridge, Jr., *The Corporate Director's Fiduciary Duty of Loyalty: Understanding the Self-Interested Director Transaction*, 41 DePaul L. Rev. 655 (1992).

[4066] S. Samuel Arsht & Walter K. Stapleton, *Delaware's New General Corporation Law: Substantive Changes*, 23 Bus. Law. 75, 75 (1967).《特拉华州普通公司法》第144条否定了普通法上“利益冲突交易当然可撤销”之原则。Marciano v. Nakash, 535 A. 2d 400 (Del. 1987).

突交易之基本法则。[4067]

放宽限制，首先是因为在商业活动中，某些利益冲突交易具有积极的价值。适当的利益冲突交易可产生交易成本节余和生产成本节余，增进商业组织的利益，例如，在融资条件恶劣的情况下，由内部人向本企业提供借款，又如，允许企业管理者从事自己交易，有助于促进企业新商机之发现。[4068]在企业组织内部，利益相关者的交易可以成为一种“内部资本市场”，提供比外部融资有利的条件。相比于无须深究规则的事前禁止模式，公平标准的事后规范模式更适合企业之需。相反，普通信托法上严格的忠实义务，则特意为信托内部的资本流动设置了严于商业组织的障碍。[4069]

其次，市场约束机制与自力治理机制的存在，使企业的治理能力强于普通信托。就市场外部机制而言，持有受益权的机构投资者自不必言，即使是非专业投资者，亦可依赖于评级机构、承销商、审计事务所等资本市场参与者或中介机构提供监督服务，其监督能力与信息透明度自非普通信托受益人足可比肩。商业信托受益权市场、受托人市场、企业控制权市场等机制，更可使受托人持续地受制于市场压力，而不致任意妄为。就企业内部机制而言，作为缓解偷懒、搭便车等团队生产中常见问题的手段，企业内部自有约束机制，包括绩效薪酬、奖惩机制、权限配置机制等（此类机制构成自力执行机制的环节之一），此类机制不仅适用于受雇人，亦适用于管理层。某些商业信托设有独立受托人（如美国证券投资基金），某些商业信托通过严格限定受托人权力以排除利益冲突之机会或使管理者行为受外部机构的严格监督（例如，资产证券化信托中使服务商受制于发起人、信用评级机构等人的监督）。更何况商业信托得合同自由之便，可兼采各种企业之长，[4070]以因应利益冲突。

[4067] Cooke v. Oolie, No. 11134, 1997 Del. Ch. LEXIS 92（Del. Ch. June 23, 1997）.

[4068] Frank H. Easterbrook & Daniel R. Fischel, *Contract and Fiduciary Duty*, 36 J. L. & Econ. 425, 437（1993）.

[4069] George G. Triantis, *Organizations as Internal Capital Markets: The Legal Boundaries of Firms, Collateral, and Trusts in Commercial and Charitable Enterprises*, 117 Harv. L. Rev. 1102, 1144（2004）.

[4070] 例如，以公司为借镜，公司多有而信托所无的一大制度特色为，董事会与独立决策者。在处理利益冲突交易时，无利害关系董事即处于监督者的位置，如同董事监督经理层一般。Edward Rock & Michael Wachter, *Dangerous Liaisons: Corporate Law, Trust Law, and Interdoctrinal Legal Transplants*, 96 Nw. U. L. Rev. 651, 671（2002）. 无利害关系董事决策制约机制可部分代行司法审查之职能，以减轻利益冲突交易之威胁，同时容许法院采纳灵活的判断规则而无须发生过多的成本。Id. 无利害关系董事之批准可将司法资源集中于程序性审查上，以节省实质性审查的成本与困难。此外，不少公司受益于拥有身具供应商、客户、广告合作伙伴等身份的多元化董事结构，此类董事为企业带来极为重要的知识（与交易资源）。Id. at 670.

上述因素，再加上公平标准自有效率上的优势，[4071]使企业法的忠实义务之天平趋向新的均衡。公平标准具有节省交易成本之功效。以商业信托而论，使有效率的自己交易发挥作用，各种途径皆有短处：事前约定不可能预见一切问题，求诸法院不合企业之性质，受益人同意机制又成本较高——受益人同意的自主性建立于充分知情的基础之上，为此要求受托人在交易前向受益人披露所有相关重要事实，包括该交易与可供选择的非自己交易的效益之对比等。普通信托受托人的主要职责为谨慎保存信托财产，并不积极谋求信托财产的快速变现与增值。面临自己交易的效益高于非自己交易的情形时，受托人常有较为充裕的时间获取受益人授权，而不致错失交易机会。商业信托则不然。受托人需敏锐、迅捷地捕捉并把握商业机会，以实现利润最大化。商业环境中，交易机会稍纵即逝，要求交易之前获得受益人授权，难免有碍交易效率。尤其在公开型信托中，要求众多受益人开会评议决定某一自己交易的效益是否高于非自己交易，事实上缺乏可行性：受益人会议通常程序复杂、手续烦琐、过程迟缓，且受制于理性冷漠与搭便车问题，难以作出有效率的决策。待受益人决策后，非自己交易机会中的交易条件可能早已恶化，导致交易成本升高或交易机会丧失，或者受托人已将自己或关联人所能提供的交易优惠给予他人。[4072]容许受托人不经受益人授权而实施符合商业信托最大利益的、公平的交易，有助于缓解受益人授权机制的局限性。而且，对自己交易的有效要件作此放宽，并不当然导致自己交易泛滥。在未经受益人同意而进行自己交易时，一旦商业信托或受益人对该交易有效性提出异议，受托人对证明该交易是公平的负举证责任。据此，受托人在决定自己交易之前，自会考虑证明不能的风险，而充分注意该交易对信托的公平性。

另有学者认为，除自己交易的益处逐渐被认识之外，企业法忠实义务的转向还有下列原因：法院与立法者被那些意欲从事利益冲突交易的管理层所俘获；朝向更灵活规则的总体社会趋向。[4073]该学者又认为，与闭锁公司情形不同，自己交易对公开公司甚少实益，不如完全禁绝。[4074]但反对

[4071] 公平标准的法经济学分析，详见Steven M. Bainbridge, *Corporation Law and Economics* § 7.2 (2002)。

[4072] 忠实义务只是要求受托人在履行受托人职责时完全为了受益人利益，并不禁止受托人在不利用受托人地位的情况下追求自身利益。且受托人并无将自己的优惠的交易机会专门提供给信托的义务。Restatement (Third) of Trusts § 78 cmt. b (2007).

[4073] Robert Charles Clark, *Corporate Law* 161-66 (1986).

[4074] Id. at 180-89.

见解认为，企业内部交易与外部市场交易之间的区别以及公司与（普通）信托在制度结构上的根本差异所决定的成本收益平衡，仍将公司（包括公开公司）推向一种更灵活的规则。[4075]本书认为，对于合同自由主导、自生自发秩序本位的非公司企业法而言，当事人广泛地自主选择宽泛灵活的利益冲突规范，恐非"俘获理论"所能解释；而所谓公开型企业应接受更强管制之主张，亦无实证依据证明其必要性，闭锁型企业与公开型企业各有其治理结构与治理机制，孰优孰劣，难以断定，更不宜以未经充分验证的强行法一举定夺其命运。

（五）普通信托忠实义务的放松：通途抑或歧途？

1. 一般争论

当代著名信托法学者朗贝恩教授新近撰文认为，在普通信托法上唯一利益原则已不合时宜，应改为"最大利益规则"，改革建议为：受托人有义务为受益人的最大利益管理信托；受托人未仅为受益人利益管理信托的，推定为未为受益人最大利益管理信托。[4076]此种方案将利益冲突交易无效的推定从结论性的改为可推翻的，以容许深究代替无须深究，容许受托人将为受益人最大利益而实施利益冲突交易作为违反忠实义务的抗辩事由。

朗贝恩教授的论据归结为五大方面。其一，利益冲突无处不在，家庭与个人生活、非信托的商业服务提供、经委托人授权的利益冲突交易、受托人报酬、遗产管理等诸领域，皆有利益冲突，利益冲突未必不利于受益人，不分皂白地禁止利益冲突弊大于利，当利益冲突有利于信托受益人或守法成本过高时，禁止利益冲突即成本过高，并非所有的利益冲突应以禁止方式加以处理，禁止或容许利益冲突应以成本收益分析权衡之。其二，禁止利益冲突的另一原因是担心难以发现或证明受托人的不当行为，对此，衡平法事实调查程序与手段之进步、信义义务人记录保存之发展、受托人披露义务之扩张，足以化解此种担忧。其三，严格规则缘于衡平法院认为仅有此种规则方可消除受托人为自身利益行事的动机，但此种规则亦造成抑制过度（overdeterrence）之效应，使受托人放弃有利润的交易而不是获取事先授权。其四，监督能力问题，普通信托受益人因未出生、无

[4075] Edward Rock & Michael Wachter, *Dangerous Liaisons: Corporate Law, Trust Law, and Interdoctrinal Legal Transplants*, 96 Nw. U. L. Rev. 651, 670 (2002).

[4076] John H. Langbein, *Questioning the Trust Law Duty of Loyalty: Sole Interest or Best Interest?*, 114 Yale L. J. 929, 982 (2005).

能力、无责任心或欠缺必要的专业知识而无法有效监督受托人，对此，朗贝恩教授认为受益人监督困难可说明忠实义务的重要性，但不能证明无须深究规则的正确，受益人在监督注意义务方面亦有同样困难，但法律在此并未课加类似于无须深究规则的规则。其五，公司法的比较启示，公司法废弃信托法的唯一利益规则而改采最大利益规则，尽管信托法与公司法有诸多不同，但信托法与公司法在历史上关系密切，均涉及所有权与控制分离的结构，且两者在许多用途上相互竞争，因此公司法否定唯一利益规则的经历对信托法深具启示性，以公司法经验为借镜，信托法应控制受托人的利益冲突而非禁止利益冲突。[4077]

朗贝恩教授的上述见解如能成立，则普通信托法将向商业信托法靠拢，两者将混而为一，再谈论两者之区别即毫无意义。然而，上述见解皆可质疑，[4078]亦未为2007年《第三次信托法重述》所采。

其一，朗贝恩教授对信托当事人关系与家庭成员关系、服务提供者与客户关系、公司信义义务人与股东关系之间的差异估计不足，未注意到后三种关系中制约不忠行为的因素在信托环境中较为微弱或者根本不存在：在后三种关系中，一方当事人对另一方有较强的监督能力，并且在另一方不可信任时有能力退出，同时存在社会性否定评价、市场力量等外部压力；而在信托关系中，受益人通常为无行为能力人或浪费人，监督能力薄弱；且由于受益权流通性较弱，亦缺乏自由退出能力，同时极少有市场压力足以迫使受托人忠实行事。[4079]普通信托的受益人通常包括未出生者，他们无法对利益冲突交易表达意愿；而且，当普通信托受益人人数众多或彼此之间存在冲突时，由其中某些人或者其他人同意利益冲突交易，将对少数受益人造成不利。[4080]外部约束机制的欠缺，更加恶化了少数受益人的此种处境。无须深究规则正是上述约束机制的替代，用以补充受益人监督能力、退出能力、外部压力之不足，若以最大利益规则取代唯一利益

[4077] John H. Langbein, *Questioning the Trust Law Duty of Loyalty: Sole Interest or Best Interest?*, 114 Yale L. J. 929, 934-62 (2005).

[4078] 针对朗贝恩教授论文的商榷文章，参见Melanie B. Leslie, *In Defense of the No Further Inquiry Rule: A Response to Professor John Langbein*, 47 Wm. & Mary L. Rev. 541 (2005); Melanie B. Leslie, *Trusting Trustees: Fiduciary Duties and the Limits of Default Rules*, 94 Geo. L. J. 67 (2005); Robert Flannigan, *The Strict Character of Fiduciary Liability*, [2006] New Zealand L. Rev. 209。专著中的批评意见，参见Tamar Frankel, *Fiduciary Law* 151-52 (2011)。

[4079] Melanie B. Leslie, *In Defense of the No Further Inquiry Rule: A Response to Professor John Langbein*, 47 Wm. & Mary L. Rev. 541, 554-63 (2005).

[4080] Tamar Frankel, *Fiduciary Law* 151 (2011).

规则，将增加委托人或受益人的监督成本。[4081]唯一利益规则并未阻碍委托人目标的实现，亦无碍当事人自为成本收益权衡，因为委托人可事先在信托文件中订入容许自己交易的条款。

其二，诉讼调查及信息披露的发展，并不足以完全克服利益冲突行为的隐蔽性。而且，无须深究规则具有减少调查与证明成本之优势，为克服证明上的困难，法律干脆推断涉及自己交易的行为即为盗用信托财产的行为。[4082]并无证据证明普通信托受托人利益冲突的效益已经胜过调查与证明成本，以致值得付出此类成本。更何况，朗贝恩教授亦承认，不可夸大记录保存的重要性，因其本身仍有诸多缺陷。[4083]

其三，朗贝恩教授高估了无须深究规则的抑制过度效应：当自己交易的收益大于获取受益人同意之成本时，受托人自会寻求受益人授权，由于获取受益人同意的成本一般无足轻重，因此无须深究规则仅禁止对信托利润甚微的交易而已。[4084]

其四，受益人监督能力弱，并不必须使注意义务达到与忠实义务相同的严格程度，一是因为违反忠实义务之后果比违反注意义务更为严重，二是因为受托人违反忠实义务获利更多、违反动机更强，而违反注意义务对受托人自身未必有重要收益，三是因为严格禁止违反忠实义务对信托管理几乎有益无害，而在注意义务事项上对受托人要求过于严格将导致不当吓阻受托人、抑制受托人作出有效率的决策，四是因为违反注意义务之行为往往直接导致信托管理绩效滑坡，较易观察及监督，违反忠实义务则远为隐蔽——因此两种情境中监督力度虽然相当，但监督之必要性却大有差异。

其五，公司为商业组织，其营运目标与普通信托迥异其趣，且公司治理受制于市场约束机制，可在相当程度上替代严格的忠实义务。普通信托欠缺市场机制，严格的信义义务人法，正是弱势的私人约束或市场约束

[4081] Melanie B. Leslie, *In Defense of the No Further Inquiry Rule: A Response to Professor John Langbein*, 47 Wm. & Mary L. Rev. 541, 555(2005).

[4082] Robert Cooter & Bradley J. Freedman, *The Fiduciary Relationship: Its Economic Character and Legal Consequences*, 66 N. Y. U. L. Rev. 1045, 1055(1991).

[4083] John H. Langbein, *Questioning the Trust Law Duty of Loyalty: Sole Interest or Best Interest?*, 114 Yale L. J. 929, 949(2005).

[4084] Melanie B. Leslie, *In Defense of the No Further Inquiry Rule: A Response to Professor John Langbein*, 47 Wm. & Mary L. Rev. 541, 550-54(2005).

的替代品。[4085]朗贝恩教授亦承认，公司法之所以重新选用更具灵活性的规则，有三大原因：第一，自己交易在公司运营环境中有积极的价值；第二，公司董事会通常有多人组成，且有相对公允的决策者决定自己交易，内部监督机制较强，相反，选任共同受托人并非普通信托实务的通常形态；第三，公司环境中的退出机制强于普通信托，后者缺乏信托控制权市场，对管理不当的受托人并无收购机制约束，信托受益权通常不可转让（基于法律限制或估价与流通的实践障碍），解任受托人须有理由，退出信托的上列困难使信托法的忠实义务与注意义务更具保护性。[4086]然而，朗贝恩教授虽认识到市场力量在公司法进化中的作用，却并未认真对待公司法与（普通）信托法的上述区别。[4087]一言以蔽之，忠实义务应被理解为法律试图创设一种使信义义务人为受益人最大利益行事的激励结构。[4088]此种激励结构必须考虑适用场景之特性，始能达到有效率状态，否则难免南橘北枳，谬之千里。

莱斯利教授又批评道，朗贝恩教授亦忽略了受益人监督受托人所面临的诸多实际障碍：为发现自己交易，受益人需知晓机构受托人的其他持股状况或权益状况（例如，受托人的母公司名称及母公司的其他子公司名称、受托人投资的其他企业），为认定自己交易是否符合信托最大利益，受益人需对其他投资选择作出比较分析（受托人所选者是否优于其他市场选择？），受益人需认定受托人所得是否代表公平市价或受托人所获利润不高于受益人向无利害关系交易方应付利润——简言之，为适当监督受托人行为，受益人需要具备与受托人相当的市场知识、财务经验及信息，这将导致信托的根本目的失效（委托人旨在使受益人免于承受管理资产之负荷），期待受益人监督受托人的制度架构，无异于由受益人履行受托人职责。[4089]

[4085] Daniel Fischel & John H. Langbein, *ERISA's Fundamental Contradiction*: *The Exclusive Benefit Rule*, 55 U. Chi. L. Rev. 1105, 1116(1988); Melanie B. Leslie, *In Defense of the No Further Inquiry Rule*: *A Response to Professor John Langbein*, 47 Wm. & Mary L. Rev. 541, 565(2005)(唯一利益规则是受益权流通市场的替代品).

[4086] John H. Langbein, *Questioning the Trust Law Duty of Loyalty*: *Sole Interest or Best Interest?*, 114 Yale L. J. 929, 959-62(2005).

[4087] Melanie B. Leslie, *In Defense of the No Further Inquiry Rule*: *A Response to Professor John Langbein*, 47 Wm. & Mary L. Rev. 541, 563(2005).

[4088] Robert Cooter & Bradley J. Freedman, *The Fiduciary Relationship*: *Its Economic Character and Legal Consequences*, 66 N. Y. U. L. Rev. 1045, 1074(1991).

[4089] Melanie B. Leslie, *In Defense of the No Further Inquiry Rule*: *A Response to Professor John Langbein*, 47 Wm. & Mary L. Rev. 541, 559-60(2005).

2. 排除与例外

朗贝恩教授又列举了无须深究规则的诸多排除与例外，排除包括信托文件授权、法院准许等情形，例外包括受托人金融服务中的自我存款、集合投资工具，专业受托人可收取报酬、忠实义务对受托人关联人适用的减弱等，此类情形不适用无须深究或唯一利益规则。[4090]朗贝恩教授认为，排除与例外正日益增长，其地位日益重要，应成为一般规则。[4091]

反对见解认为，唯一利益规则的例外与排除，亦非该规则不合理之证据。某项压倒性的政策目标在个案中的重要性，并不意味着主要规则应予完全废除。[4092]当例外与规则发生冲突时，有两种可能：一是规则有误，二是例外有误；唯一利益规则的某些例外本身并不妥当。[4093]正是唯一利益规则及其例外的共同作用，为受益人创造价值、使监督问题最小化。[4094]朗贝恩教授引以为据的《统一信托法典》关于忠实义务之某些规定，恰恰对普通信托特有的治理环境未予重视，以致为机构受托人逃避无须深究规则制造了空间，并非妥当之立法。[4095]《统一信托法典》的此类规定有其渊源，即美国统一州法全国委员会于20世纪60年代起草的《统一受托人权力法》。彼时早有学者对《统一受托人权力法》放松信义义务的规定提出过批评。[4096]

综上，唯一利益规则及无须深究规则并未丧失正当性。而最大利益规则自有缺陷。最大利益系一模糊概念。最大利益抗辩将增加诉讼成本，降低诉讼机制对普通信托受益人的吸引力与保护力，因为受益人不得不预测法院将会如何裁断受托人行为是否符合最大利益。[4097]普通信托法与商业信托法在忠实义务上的区别，仍应存在。

[4090] John H. Langbein, *Questioning the Trust Law Duty of Loyalty: Sole Interest or Best Interest?*, 114 Yale L. J. 929, 968-79 (2005).

[4091] Id. at 938.

[4092] Melanie B. Leslie, *In Defense of the No Further Inquiry Rule: A Response to Professor John Langbein*, 47 Wm. & Mary L. Rev. 541, 567 (2005).

[4093] Id. at 568. 该文着重批评《统一信托法典》第802条第c、f款，认为此两款规定对忠实义务侵蚀过甚，缺乏正当性。Id. at 571-82.

[4094] Melanie B. Leslie, *In Defense of the No Further Inquiry Rule: A Response to Professor John Langbein*, 47 Wm. & Mary L. Rev. 541, 564 (2005).

[4095] Melanie Leslie, *Trusting Trustees: Fiduciary Duties and the Limits of Default Rules*, 94 Geo. L. J. 67, 119 (2005).

[4096] Robert W. Hallgring, *The Uniform Trustees' Powers Act and the Basic Principles of Fiduciary Responsibility*, 41 Wash. L. Rev. 801 (1966).

[4097] Melanie B. Leslie, *In Defense of the No Further Inquiry Rule: A Response to Professor John Langbein*, 47 Wm. & Mary L. Rev. 541, 565 (2005).

二、受托人与受益人交易时的忠实义务

在英美法上，普通信托法并不一般禁止受托人与受益人交易，但禁止受托人在对受益人具有优势或不当影响的情形中与受益人交易，即使此种交易与信托财产或信托关系无关。[4098]鉴于受益人的脆弱性，受托人在与受益人交易时，无论是以受托人身份还是以个人身份，均应保证交易是公平的，并已向受益人披露与交易有关的所有重大事实。[4099]此项义务比一般合同义务更为严格，因为合同当事人一般无义务将关于交易的重大事实告知对方当事人。同时，受托人应遵循信义义务的其他要求，包括谨慎义务、公允对待不同受益人的义务、不得与信托目的冲突的义务[4100]及不得违反信托条款的义务。[4101]受托人在与受益人的交易中获取不公平优势的，无论是由于未给付足够对价还是其他原因，受益人均有权撤销该交易。[4102]另有判例认为，尽管法律的一般原则是不将受托人与受益人的交易推定为存在欺诈或不当影响（undue influence），但在受托人对受益人具有支配性影响力的情形，将放松上述原则：如果占据优势地位的当事人可能从交易中获益，法律推定该交易可撤销，优势一方当事人对该交易的公平性、善意性和效力完整性负举证责任。[4103]

一般情况下，受托人对商业信托负有忠实义务，受益人作为一个整体成为忠实义务的对应权利人。商业信托受益人一般不具有普通信托受益人的脆弱性，因此受托人与受益人之间交易不适用忠实义务，仅为一般合同关系。受托人从受益人处购买受益权，不属于受托人与商业信托的交易，不违反忠实义务。[4104]此种合同除因存在欺诈等一般事由可被撤销外，不因其当事人为受托人与受益人而可撤销。[4105]但在符合信义关系构成要件的特定情

[4098] Restatement (Third) of Trusts § 78 cmt. a (2007). 加利福尼亚州的制定法明文规定，如受托人利用受托人优势地位而与受益人订立合同，推定为违反受托人的信义义务。California Probate Code § 16004 (c). 此处所述均为美国法的规则，但英国信托法的规则与之大同小异，详见David Hayton, Paul Matthews, & Charles Mitchell, *Underhill and Hayton Law Relating to Trusts and Trustees* 856-57, 870-71 (18th ed. 2010)。

[4099] Restatement (Third) of Trusts § 78 (3) (2007). 如交易是公平的，且受托人已披露交易的重要事实，则受托人与受益人之间的交易有效。Gross v. Gross, 625 S. W. 2d 655 (Mo. App. 1981).

[4100] 例如，在扶养信托中，受托人不得购买受益人赖以保障生计的重要财产。

[4101] Restatement (Third) of Trusts § 78 cmt. g (2007).

[4102] BGJ Assocs., LLC v. Wilson, 113 Cal. App. 4th 1217, 7 Cal. Rptr. 3d 140 (2003).

[4103] Murphy v. Wakelee, 247 Conn. 396, 721 A. 2d 1181 (1998).

[4104] Donnelly v. Consolidated Inv. Trust, 99 F. 2d 185 (C. C. A. 1st Cir. 1938).

[4105] William C. Dunn, *Trusts for Business Purposes* 78-79 (1922).

形，受托人亦可能对个别受益人负有忠实义务，尽管此种情形并不常见。[4106]

三、区分与标明信托财产的义务

将信托财产与受托人固有财产、其他信托的财产区别开来，并标明信托财产，至少有两项意义。首先，信托财产与受托人的固有财产和其他信托的财产保持区分，是司法实务中识别信托财产的方法或证据，甚至被理解为保持信托财产独立性、排除债权人之追索的要件。此亦为我国司法实务所确认：委托人账户中的存款，[4107]或者受托人其他账户中的存款，[4108]

[4106] 较早一个判例接近于此类案型。某证券经纪商协助某一投资信托的受托人从事该信托基金的投机行为，并对受益人提供关于该信托的财务稳定性的虚假信息，被判定对受益人承担自己违反信义义务及帮助、串通受托人违反信义义务的责任。Vestal v. Moore, 167 Ark. 192, 266 S. W. 948(1924).

[4107] 例如，上海浦东发展银行股份有限公司宁波余姚支行与浙江赛日新材料科技有限公司等信托纠纷执行案，浙江省余姚市人民法院(2014)甬余执异字第23号民事裁定书，浙江省宁波市中级人民法院(2014)浙甬执复字第19号民事裁定书。本案裁判要旨："信托财产应当按照信托法有关规定依法认定，以委托人名义设立账户中的存款即使依照约定受信托人监管，也不能认定为信托财产。委托人作为被执行人时，法院可以依法执行以委托人名义设立的监管账户中的存款。"余姚市人民法院经审查后认为："根据《中国人民银行关于信托投资公司人民币银行结算账户开立和使用有关事项的通知》规定，信托投资公司对受托的信托财产，应在商业银行设置专用存款账户。信托财产专户的存款人名称应为信托投资公司全称，不同的信托财产应开立不同的专户，并对应不同的账号。本案中冻结扣划的账号存款人为被执行人赛日公司，而非本案中异议人华融公司，该账户设立不符合信托财产专户的要求。异议人认为通过资金流向，异议人将1亿元分两次打入被执行人赛日公司×××9账户，赛日公司通过上述账户将1亿元陆续汇入宁波维远国际贸易有限公司，宁波维远国际贸易有限公司将1亿元打入执行人赛日公司×××7账户中，最终赛日公司×××7账户中的款项仍然系华融公司的信托资金于法无据。综上，本案被执行人赛日公司×××7账户中的财产非信托财产，法院强制执行并无不妥。"遂裁定驳回异议人华融公司的异议。华融公司不服执行裁定书，向浙江省宁波市中级人民法院提出复议申请。宁波市中级人民法院裁定认为，被执行人赛日公司×××7账户中的款项系根据贷款合同汇入的已完成贷款资金划付后的款项，华融公司提出该账户中的款项仍系信托资金于法无据，余姚市法院强制扣划并无不当。

[4108] 中诚信托有限责任公司与北京中创科技大厦有限公司执行行为异议案，北京市第二中级人民法院(2014)二中执异字第00105号执行裁定书。法院裁定认为："中诚信托公司未履行本院裁定确定的义务，本院依法冻结该公司在银行的存款合法有据。中诚信托公司所持异议理由均不能成立，现分述如下：一、关于中诚信托公司所称的本院所冻结账户中的存款为理财贰号单一资金信托项下的信托财产的异议理由。本院认为，根据中诚信托公司与中国人民人寿保险公司所签合同约定，该信托计划的信托专户为建设银行北京安华支行账号为×××的账户，而本院冻结的账户为中诚信托公司在招商银行东四环支行账号为×××的账户中的存款，招商银行东四环支行账户并非信托专户，故该异议理由本院不予支持。二、关于中诚信托公司所称本院在执行案件中分配给中诚信托公司的案款，实际上是对中诚信托公司所管理的046号单一信托的分配，法院错误分配产生的债务属于046号单一信托项下的负债，应由046号单一信托项下的信托财产承担的异议理由。本院认为，最高人民法院函件明确要求本院纠正向中诚信托公司分配案款中的错误，本院向中诚信托公司追回案款合法有据。中诚信托公司所持的该异议理由不属于执行异议审查范围，应通过其他法律途径解决，故该异议理由本院不予审查。"对本案的评论，参见楼建波：《信托财产分别管理与信托财产独立性的关系——兼论〈信托法〉第29条的理解和适用》，载《广东社会科学》2016年第4期。

不在信托账户之中，不属于信托财产。其次，区别管理是防止利益冲突、确保受托人为每一信托履职之所需。因此，区分与标明信托财产的义务，为忠实义务的附属要求与衍生义务之一。[4109]

商业信托是独立主体，可以自己名义持有财产。由商业信托以自己名义持有信托财产，更为安全有效。此种情形，受托人标明与区分信托财产义务的适用，与普通信托法有所不同。但在特殊情形，仍需以受托人名义持有信托财产（如在不承认商业信托主体资格的法域开业），此时，普通信托法标明与区分信托财产义务，原样适用于商业信托。

区分与标明信托财产的义务包括三项内容：受托人有义务标明信托财产；受托人有义务将信托财产与固有财产保持区分；受托人有义务将不同信托的信托财产保持区分。[4110]标明信托财产的方法因财产种类而异。[4111]

区分与标明信托财产的义务属任意法，信托文件可容许受托人将信托财产混合于固有财产，或容许受托人持有信托财产时，无须指明特定的信托，甚至无须指明该财产为信托财产；该义务亦可默示排除，即依交易习惯或信托及信托财产的特性，受托人可混合不同财产，例如在分别持有不同信托财产不可行的情形。[4112]当然，受益人可能因此承受信托财产丧失独立性的法律风险，自不待言。

四、公允对待不同受益人的义务

（一）一般问题

受托人负有公允对待不同受益人的义务（duty of impartiality）。《统一信托法典》第803条规定："信托有两个以上受益人的，受托人投资、管理与分配信托财产时应当公允行事，对不同受益人的相应权益给予适当关注。"《第三次信托法重述》第79条规定："（1）受托人有义务以公允对待不同受

[4109]　公司董事负有与受托人类似的义务，例如，董事应将公司资产区隔于其他财产。McGlynn v. Schultz, 218 A. 2d 408（N. J. Super. Ct. Ch. Div. 1966）, aff' d, 231 A. 2d 386（N. J. Super. Ct. App. Div. 1967）.

[4110]　Restatement（Third）of Trusts § 84（2007）. 我国《信托法》第29条有误：受托人应将"不同委托人"的信托财产分别管理、分别记账。正确的区分标准应为"不同信托"，而非不同委托人。受托人有义务保持不同信托的信托财产相互区分，无论不同信托是否由同一委托人设立。Restatement（Third）of Trusts § 84 cmt. c（2007）. 反之亦然：数个委托人共同设立一项信托的，受托人应统一管理，而非分别管理。

[4111]　Restatement（Third）of Trusts § 84 cmt. d（2007）.

[4112]　Restatement（Third）of Trusts § 84 cmt. e（2007）.

益人的方式管理信托，该义务要求：a.于投资、保护、分配信托财产及履行其他管理职能时，受托人须公允行事，并适当顾及信托条款创设的不同受益权；b.于咨询受益人及与受益人为其他交流时，受托人须以公平反映受益人的不同考虑及受益权的方式为之。(2)信托是为两个以上的相继受益人或相继目的而设立，且任一受益人的权利或慈善目的的费用被限定于指向信托收入的，受托人的公允对待义务包括下述义务：对信托进行投资与管理，或对本金与收入进行计算，使信托财产产生合理地适合于信托目的、适合于信托受益人各别现时及将来权益之收入。”2006年《日本信托法》第33条规定：“有二人以上受益人的信托，受托人应为受益人利益公允执行职务。”2011年《韩国信托法》第35条规定：“受益人为数人的，受托人应为了各受益人公允处理信托事务，但信托行为另有订定的，从其订定。”

公允对待义务，是忠实义务的一个重要方面，[4113]要求受托人在管理、投资与分配信托财产时公允行事，考虑每一受益人的相应利益。[4114]数受益人之间可能产生利益冲突，例如，在本金受益人（有权取得信托财产本金分配的受益人）与收入受益人（有权取得信托财产收入分配的受益人）之间，如受托人积极从事高收益高风险的投资项目，较有利于收入受益人，但可能严重危及本金安全。受益人之间的利益冲突，既可能发生于享有相继受益权的受益人之间（例如，终身受益人与剩余受益人），又可能发生于享有同时受益权的受益人之间（例如，同一顺序受益人）。[4115]既然受托人对每一受益人均负有忠实义务，即应适当考虑每一受益人的利益，不得偏私。

商业信托受托人亦有此义务，商业信托法未另作规定。[4116]但适用上有若干差异。

在普通信托法领域，公允对待义务所涉的主要问题是，受托人在信托本金（principal）与信托收入（income）的分配方面公允考虑不同受益人的利益，因为本金受益人与收入受益人之间的利益冲突是普通信托的常见

[4113] Uniform Trust Code § 803 cmt.

[4114] ⅡA Austin W. Scott & William F. Fratcher, *The Law of Trusts* § 183 (4th ed. 1987); George Gleason Bogert & George Taylor Bogert, *The Law of Trusts and Trustees* § 541 (rev. 2d ed. 1993); David Hayton, Paul Matthews, & Charles Mitchell, *Underhill and Hayton Law Relating to Trusts and Trustees* 705-25 (18th ed. 2010).

[4115] Uniform Prudent Investor Act § 6 cmt. (1994).

[4116] 美国相关判例：受托人已赎回某一受益人的受益权的，不得拒绝赎回其他受益人的受益权。Papale-Keefe v. Altomare, 38 Mass. App. Ct. 308, 647 N. E. 2d 722 (1995). 收购受益权时，对部分受益人提出的要约条件如优惠于对其他受益人所提条件，后者可以提起非法歧视受益人之诉。Twenty Seven Trust v. Realty Growth Investors, 533 F. Supp. 1028, Fed. Sec. L. Rep. (CCH) ¶98614 (D. Md. 1982).

现象。[4117]公允对待义务并不要求受托人平等地(equally)对待不同受益人,而是要求受托人根据信托目的与信托条款公平地(equitably)对待不同受益人。委托人在信托条款中订定对某一受益人赋予多于其他受益人的权益,可为受托人如何对待不同受益人提供有益指导。[4118]此外,由于普通信托通常为保障受益人生存利益或生活利益而设立,受益人个体差异较大,每一受益人各有自身特点与特殊需要,此类差异存在于不同顺序及同一顺序受益人之间,例如,遗嘱人设立遗嘱信托,以其配偶为第一顺序的终身受益人,以子女为第二顺序的终身受益人,以孙子女为剩余受益人——即使是在此类最简单常见的信托安排中,受益人之间亦有重要的个体差异,同为同一顺序受益人,其特点与需要也可能各不相同(例如,子女之中,其子奢靡成性,其女勤俭持家),受托人即应考虑受益人个别需要而妥善处理信托事务。相应地,公允对待义务的内容与方式较为复杂,其复杂性在于个别性。[4119]

在商业信托,履行公允对待义务的主要问题为,公允对待不同系列、类别或群体的受益人[4120]以及公允对待多数受益人与少数受益人。[4121]商业信托中通常不存在本金受益人与收入受益人概念,且受益人之间个体差异不是受托人的考虑对象。受托人仅需考虑受益人之间的群体差异即可,例如,商业信托发行优先级、次优先级、普通级受益权凭证,则受托人仅须考虑三类受益人群体之间对商业信托利润分配与亏损承担的差异、公允对待不同类别受益人即可,无义务更进一步考虑任一类别中个别受益人之间的个体差异(例如,不同的投资回报需求)。换言之,商业信托受托人所应考虑者,系不同顺序受益人之间的利益差异,一般无须考虑同一顺序不同受益人之

[4117] Uniform Prudent Investor Act § 6 cmt.(1994); Uniform Trust Code § 803 cmt.

[4118] Restatement(Second)of Trusts § 183 cmt. a(1959).

[4119] 《第三次信托法重述》关于公允对待义务的评注与报告人注释列举各种具体规则及其解释,其篇幅与关于基本忠实义务的规定相当,而大幅度超过关于受托人其他数种义务的规定。Restatement(Third)of Trusts § 79(2007).

[4120] 美国判例:受托人不得歧视对待不同类别的受益人。Fogelin v. Nordblom, 402 Mass. 218, 521 N. E. 2d 1007(1988).

[4121] 美国判例:多数受益人希望通过名义人购买商业信托财产,少数受益人以交易不公平等因素为由反对,受托人允许此项交易,并授予多数受益人之名义人以第三人更高要约价格(优先)购买信托财产之权利,法院认为,受托人违反受托人公允对待不同受益人之义务以及努力确保信托财产以最高可得价格出卖之义务(因为此种权利足以阻碍第三人的求购激励及竞争性报价,致信托财产无法以最高可得价格出卖)。Flynn v. La Salle Nat. Bank, 9 Ill. 2d 129, 137 N. E. 2d 71(1956).

间的利益差异。[4122]就此而言，商业信托受托人的公允对待义务，比普通信托有所简化。但商业信托受托人的公允对待义务又有其特殊的复杂性。此种复杂性因受益人的参与管理权而强化：普通信托受益人通常不享有表决权之类的权利参与信托的具体管理，而商业信托受益人则不然，当受益人通过表决或指示对受托人形成约束时，不同受益人之间的利益冲突将更为严重，由此引发普通信托环境所无的被代理人成本问题。

复杂性的具体表现之一是商业目的会引发不同类别受益人之间更为剧烈的利益冲突，受托人的义务履行需引入商业判断的因素。不同类别的受益人虽可通过表决机制来处理冲突，但无论征集表决权抑或处理相互冲突的受益人指示，均有实践上的困难，而此类困难无法事前通过合同约定解决。[4123]斯瓦茨教授指出，对于无偿信托（普通信托）而言，受托人仅需履行公允对待义务即为已足，因为受托人可以通过实现委托人意思来解决冲突，而仅保存信托财产的价值通常即可满足全体受益人的合理期待（这也合乎委托人的意思），但公允对待义务对于商业信托而言不能提供充分的实践指导，因为商业信托中不存在委托人的上述角色，而且受托人的义务是使信托财产价值最大化而不仅是保值，这必然使信托财产面临更大的风险。[4124]斯瓦茨教授建议，实现优先受益人和次级受益人利益平衡的途径是在不损害优先受益人的前提下增进次级受益人的价值，同时适用商业判断规则以解决受托人对不同受益人所负信义义务的冲突，但商业判断规则本身不界定为谁利益进行判断，这一问题首先应依合同决定，合同无约定时，适用平衡受益人利益冲突的规则，即在信义义务冲突的大多数情形，受托人应优先考虑次级受益人而非优先受益人的利益，因为这一方法虽不适合于无偿行为，但在商业和金融环境下具有意义，能够为全体受益人实现价值最大化。[4125]

复杂性的具体表现之二是多数受益人与少数受益人之间的利益冲突对受托人的挑战，此为普通信托罕有的新问题。普通信托受益人一般无权参与管理信托，企业投资者则因参与或控制而常有多数与少数之利益

[4122] 当然，同一顺序受益人的受益权比例不同，但此种差异一般不足以成为受托人需运用裁量权加以考虑的因素，受托人依受益权比例分配即可，分配行为仅为简单的事务管理性事项，与公允对待义务针对的受托人裁量行为颇有差别。受托人如未依受益权比例分配，即直接违反商业信托文件中关于分配的订定，无须涉及公允对待义务。

[4123] Steven L. Schwarcz, *Fiduciaries with Conflicting Obligations*, 94 Minn. L. Rev. 1867, 1867(2010).

[4124] Id. at 1881.

[4125] Id. at 1882, 1911-12.

冲突。[4126]受托人有义务公允处理此类冲突。

（二）我国现行规定

我国现行法并未规定信托受托人公允对待不同受益人的义务。[4127]某些法律、规章或其他规范性文件所规定的公平对待不同信托或不同基金的义务，并非公允对待（同一信托中）不同受益人的义务。[4128]所谓公平对待不同信托的义务，法理依据及正当性何在，颇有疑义。信托法对受托人课以公允对待不同受益人的义务，是因同一信托中的不同受益人共享信托利益，容易发生利益冲突。受托人管理数个信托的，各个信托的受益人并不共享信托利益，也不受共同的信托文件约束，彼此既无法律关系，又无所谓利益冲突可言。受托人如果对其中一个信托的管理尽心尽力，而对另一信托疏于管理，将违反对另一信托的受益人所负的义务，此乃另一信托的受益人依据信托法和本信托文件有权要求受托人履行的义务，与受托人是否管理其他信托、如何管理其他信托无关。因此，除了极个别规定或有解释出公允对待义务的空间外，[4129]我国现行法在公允对待不同

[4126] 美国判例：多数受益人与少数受益人存在利益冲突，因多数受益人欲出价购买商业信托财产，购买如成功，商业信托即终止，据此，实质上，多数受益人并非购买信托财产，而是买断少数受益人的权益，双方由此处于完全对立状态：少数受益人一方试图以最高价出卖其权益，多数受益人一方试图以最低价购入少数受益人之权益。Flynn v. La Salle Nat. Bank, 9 Ill. 2d 129, 137 N. E. 2d 71（1956）.

[4127] 我国台湾地区“信托法”亦未规定此项义务，但特别法中有所规定。例如，我国台湾地区“保险业经营保险金信托业务审核及管理办法”第13条第9款规定：“信托如有二人以上之受益人，保险业应依信托本旨，尽力以公平原则处理保险金信托之运用、管理与分配事宜。”

[4128] 例如《证券投资基金法》第20条第2项规定：“公开募集基金的基金管理人及其董事、监事、高级管理人员和其他从业人员不得有下列行为：……（二）不公平地对待其管理的不同基金财产……”又如原保监会2004年发布、经保监发〔2011〕19号文调整的《保险资产管理公司管理暂行规定》第34条规定：“保险资产管理公司管理下列资金，应当公平对待、分别记账并由不同投资人员管理：（一）自有资金和受托管理资金；（二）受托管理同一委托人不同性质的资金。”《商业银行理财业务监督管理办法》第24条第2款第2项规定：“商业银行的董事、监事、高级管理人员和其他理财业务人员不得……不公平地对待所管理的不同理财产品财产……”《证券期货经营机构私募资产管理业务管理办法》第64条第1款规定：“证券期货经营机构应当建立公平交易制度及异常交易监督机制，公平对待所管理的不同资产，对投资交易行为进行监督、分析、评估、核查，监督投资交易的过程和结果，保证公平交易原则的实现，不得开展可能导致不公平交易和利益输送的交易行为。”

[4129] 《商业银行理财业务监督管理办法》第43条第1款规定：“商业银行应当建立健全理财业务流动性风险管理制度，加强理财产品及其所投资资产期限管理，专业审慎、勤勉尽责地管理理财产品流动性风险，确保投资者的合法权益不受损害并得到公平对待。”第47条第3款规定：“在确保投资者得到公平对待的前提下，商业银行可以按照法律、行政法规和理财产品销售文件约定，综合运用设置赎回上限、延期办理巨额赎回申请、暂停接受赎回申请、收取短期赎回费等方式，作为压力情景下开放式公募理财产品流动性风险管理的辅助措施。商业银行应当按照理财产品销售文件中约定的信息披露方式，在3个交易日内通知投资者相关处理措施。”上述“公平对待”条款，未明确以不同理财产品为适用对象，有解释为管理人对同一理财产品中不同投资者所负义务之余地。

受益人的义务问题上，存在真正的法律漏洞。对此，在解释论上，可参照法理填补漏洞，认定受托人负有公允对待同一信托中不同受益人的义务。在立法论上，有必要明文规定受托人应当公允对待不同受益人。

第六节　受托人之其他信义义务

一、次级义务的概括化

普通信托法关于受托人义务的规则，较多地采用"次级规则"（sub-rules）或"次级义务"（sub-duties）模式。普通信托功能较为单一，各种普通信托在管理方面的共性远远超过各种公司管理之间的共性。[4130]因此，以更为细化的模式对管理行为进行事前调整，在普通信托法中更为容易。[4131]例如，普通信托法详定受托人负有不得自己交易的义务、[4132]取得与控制信托财产的义务、[4133]保存信托财产的义务、[4134]通过诉讼强制实现信托财产中的债权之义务、[4135]在诉讼程序中进行抗辩的义务、[4136]区分与标明信托财产的义务、[4137]开设银行账户并合理选择适当银行的义务、[4138]使信托财产具有合理的产出能力之义务、[4139]支出合理的信托管理成本之义务[4140]等。此类次级规则或次级义务有助于降低判断成本，使受益人能以较低成本控制受托人行为；受托人行为被大幅度类型化、明细化之后，更难实施策略性的"钻法律空子"的行为，受托人违反义务的案件更易处理，[4141]因为"规则"的优势正在于提高法律适用过程的效率与增强法律适用结果的明确性。每一项次级义务都对受托人施加了"行使合理的技

[4130] Robert H. Sitkoff, *Trust Law*, *Corporate Law*, *and Capital Market Efficiency*, 28 J. Corp. L. 565, 577-78（2003）.

[4131] Id. at 578.

[4132] Uniform Trust Code § 802.

[4133] Restatement（Second）of Trusts § 175（1959）; Uniform Trust Code § 809.

[4134] Restatement（Second）of Trusts § 176（1959）; Uniform Trust Code § 809.

[4135] Restatement（Second）of Trusts § 177（1959）. 信托财产中含有债权的，受托人应通过诉讼程序实现该债权。Uniform Trust Code § 811（2005）.

[4136] Restatement（Second）of Trusts § 178（1959）; Uniform Trust Code § 811.

[4137] Restatement（Second）of Trusts § 179（1959）; Uniform Trust Code § 810.

[4138] Restatement（Second）of Trusts § 180（1959）.

[4139] Restatement（Second）of Trusts § 181（1959）.

[4140] Restatement（Second）of Trusts § 188（1959）; Uniform Trust Code § 805.

[4141] Robert H. Sitkoff, *Trust Law*, *Corporate Law*, *and Capital Market Efficiency*, 28 J. Corp. L. 565, 578（2003）.

能或尽合理的注意”之类要求，法院可直接审查受托人的个别行为。[4142]对于次级义务规则所未涵括的行为，则可适用忠实义务或注意义务一般规范。而关于忠实义务和注意义务的一般规范，具有较大弹性和模糊性，属于“标准”（standard）而非“规则”（rule）。“标准”的优点在于可以防止规避行为。此种基本义务和次级义务相结合的规范模式，兼具规则和标准的优势：既能降低裁判成本，又可避免挂一漏万。[4143]

与其他法律作对比，普通信托法的上述特点更为清晰。代理法与律师职业责任规范中，次级规则或次级义务亦普遍存在。[4144]代理法所覆盖的代理关系之种类远广于信托关系的种类，但各种代理关系中的代理成本基本模式却具有高度一致性。[4145]公司法不存在此种次级规则充斥的情形（尽管仍有公司机会准则之类的少量次级规则），正是因为公司管理行为模式及其代理成本模式远比普通信托及代理变化多端，不适于进行详尽、类型化的事前调整。[4146]合伙、有限责任企业等商业组织法与公司法相似。[4147]在此显示出规则和标准的不同组合模式。规则的长处在于明确性，同时也存在“涵摄不足”的短处；标准的长处在于模糊性，其短处在于可能“涵摄过度”。规则具有足够的可预测性，符合法治要求，但却也因此而容易被规避；标准较为模糊，处于灰色状态，使人难以预控违法风险甚至可能成为“秘密之法”（secret law）。[4148]如何组合最优，并不能一概而论，应视法律的领域而定。[4149]

商业信托法应向普通信托法靠拢，还是与其他商业组织法同道而行？

迄今美国各州关于商业信托的制定法，未详定关于受托人义务的次

[4142] 关于上述各种义务，各有大量判例，详见前引《信托法重述》各条文评注及报告人注解。

[4143] Robert H. Sitkoff, *An Economic Theory of Fiduciary Law*, in Philosophical Foundations of Fiduciary Law 203（Andrew S. Gold & Paul B. Miller eds 2014）.

[4144] Restatement（Third）of Agency §§ 8.01-.12（2006）; American Bar Association, Model Rules of Professional Conduct Rules 1.1-.11（2004）. 我国法与此类似。如《律师法》第38~40条。

[4145] Robert H. Sitkoff, *Trust Law, Corporate Law, and Capital Market Efficiency*, 28 J. Corp. L. 565, 578 n. 78（2003）.

[4146] Id. at 578.

[4147] 例如，美国合伙法与有限责任企业法在对外关系上均沿用代理法规则，但其信义义务模式则与代理法颇有差异。合伙法与有限责任企业法仅确立信义义务的一般架构，至多只是将忠实义务具体化。比较Restatement（Third）of Agency § 8.08 & cmt.（2006）与Revised Uniform Partnership Act § 404（1997）; Uniform Limited Partnership Act § 408（2001）; Revised Uniform Limited Liability Company Act § 409（2006）。

[4148] Tamar Frankel, *Fiduciary Law* 105（2011）.

[4149] 弗兰柯尔教授指出，对于刑法和税法，采用狭窄明确的规则，具有正当理由，因为人们面对的是强大的公权力。但此种模式在信义法领域则正当性减弱，因为相对于信义义务人而言，托付者（entrustors）更为无助。Tamar Frankel, *Fiduciary Law* 105（2011）.

级规则。依照法律适用的规定，普通信托法关于受托人的各项次级义务，也适用于商业信托。普通信托法关于受托人义务的次级规则，大多属于受托人注意义务的细化。区分与标明信托财产的义务可归入忠实义务。由上文对注意义务的广泛分析，已可得出商业信托法不应一概采纳普通信托的次级义务模式之结论。商业信托法应在总体上采纳公司法与其他商业组织法的模式，同时可吸收普通信托法中适合于商业信托的部分次级义务。具体而言，在普通信托法已予类型化、明细化的各种受托人次级义务中，商业信托法不必明文规定受托人有取得与控制财产的义务、保存信托财产的义务、强制实现信托债权的义务、在诉讼程序中进行抗辩的义务、开设银行账户及选择适当银行的义务、使信托财产具有产出能力的义务、支出合理的信托管理成本的义务等，但可规定受托人区分与标明信托财产的义务。理由大体可分两大方面。

（1）普通信托与商业信托目的与功能及其管理行为模式的差异

商业信托的管理行为模式及其代理成本模式更近于公司、合伙、有限责任企业等商业组织，而与普通信托存在重大差异。普通信托的功能一般是保存信托财产，不要求受托人实现利润最大化，设立目的主要在于为受益人提供生活保障，信托管理目标较为单纯、明确。对管理行为的要求也就易于固定、细化、类型化，由受益人经由监测与控制受托人的管理行为，即成为妥当的机制。诸如取得、控制、保存信托财产的义务、使信托财产具有产出能力的义务、强制实现信托债权与积极抗辩等义务，无不适合于普通信托的目的与功能。从受托人角度言之，各种法定受托人次级义务，提供了一幅较为完整的路线图：受托人通常按图索骥，践行法律明指示的诸项义务，即可“一路畅行”。

商业信托的目的与功能远为复杂多样：一般的商业信托以利润最大化为目的，信托财产不过为盈利手段，“保存信托财产”未必符合信托目标；特殊目的信托旨在实现破产隔离并成为发行受益权凭证的便利工具，保护信托财产不受发起人或其他关联人破产风险之影响，不要求受托人积极管理信托财产，“使信托财产具有产出能力的义务”即不适合；以提供专业服务为业的商业信托，信托财产不过是开展营业的工具，并非信托管理的中心，“取得与控制信托财产的义务”未必合适。因此，即使商业信托法提供了一份次级义务的明细清单，对于特定的商业信托亦无多少指导意义，反可能衍生弊端：每一种次级义务均可为法院干预提供入口，而法院未必具备充分认知并理解目的各异、功能变幻、与时俱新的各类商业信托之能力。

（2）普通信托与商业信托代理成本控制机制的差异

采用商业组织法模式，商业信托法不再细化注意义务，此类行为均纳入一般注意义务、适用商业判断规则。商业信托受托人的注意义务，受制于多重市场力量，市场机制比司法机制更适合作为主要调整机制，前文关于一般注意义务的部分已经论及，其中的论断与证据，亦适用于注意义务的具体场景。

此处需再作针对性说明的是，由于普通信托的目标与功能较为单纯，对注意义务进行细分既有可能，亦有效率，相应地，由法院依细分后的注意义务分别审查，一般不致发生无效率结果。商业信托的目标蕴含较为复杂的管理要求，受托人每一管理行为，应置于整个企业运营的大环境中方可得到准确判断，而法院并非能够胜任这一任务的适当角色。举例而言，受益人以受托人支出的信托管理成本超过合理限度为由起诉，在普通信托案件中，受托人的主要任务为财产保值，涉及信托管理成本的案件一般均为信托财产修理、改良、借款、聘用代理人或顾问等事项，[4150]与常规民事纠纷无本质差异，法院处理此类案件游刃有余，且仅审查费用支付涉案事项即可；而在商业信托案件中，成本支出一般包含了对企业整体需求的考虑与市场状况的把握，单纯审查费用支出事项通常远远不够，例如，为基金营销投入巨额广告费用的行为，如不能通盘考虑广告市场的供求状况，同业竞争态势、证券市场整体形势，本信托进入基金市场的时间与业绩，基金目标客户群体等因素，法院可能得出费用过高的轻率结论。简言之，商业判断具有系统性、整体性，单项商业判断不可与其他因素割裂，（在不涉及忠实义务与利益冲突的情况下）由法律细分调整，进而由法院分别适用，不具可行性。退一步言，即使法院确能作出正确的商业决策，当事人与法院也必将耗费高昂的调查、证明、审议成本，这对于企业是一种不能承受之重。

司法机制的缺陷，还表现在法院思维模式与商人思维模式存在重要差异，决定了法院不习惯用商人的立场与视角看待、处理商业事务。以强制实现信托债权义务为例。受托人负有采取合理步骤实现作为信托财产的债权之义务。合理步骤一般指诉讼途径，当然亦可为和解或仲裁。当第三人对信托负有合同债务并违约时，受托人未起诉第三人的，受益人可能以违反信义义务为由起诉受托人，此时认定受托人实现债权的途径是否合理，取决于对胜诉可得的补救与诉讼、执行成本进行衡量所得出的结论。[4151]在衡量诉讼成

［4150］ Restatement（Third）of Trusts § 88 cmt. b-d.（2007）.

［4151］ Uniform Trust Code § 811 cmt.

本时，法官受制于职业倾向，通常仅从法律成本的角度考虑诉讼成本，考虑因素多限于诉讼费、律师费、胜诉可能性、债务人有无足够财产、有无异地执行障碍等因素。但是，商人世界对诉讼成本的视角可能迥然不同：诉讼会断送既存的合同关系，导致已付出的履约成本成为沉没成本；诉讼会堵塞其他补救途径，诸如协商解决、行业协会调解或当事人自选仲裁人的非机构仲裁；诉讼会造成企业人力、物力、时间等多方面难以估量的隐性成本，绝不限于诉讼费、律师费等显性开支；即使在本次交易中胜诉，却可能因此丢失重要客户或长期合作伙伴，甚至在商业圈中留下不良名声（诸如好讼、计较小利等），遗患于将来。法学、社会学、经济学的实证研究已充分表明，真实世界中的合同关系更多地依赖于非法律机制与非法律制裁，鉴于诉讼机制的巨大成本，商人极少将此作为解决合同纠纷的首要机制，[4152]法院的作用，乃至合同法的作用一直以来被法律界与古典经济学者过分夸大。但实际情况并非如此。在许多交易领域，甚至称“契约法已死”亦不为过。[4153]在普通信托的世界里，法院思维模式尚不致产生严重弊端，因普通信托不以交易为使命，不动产管理与证券投资为受托人的典型职能，受托人较少订立长期商业合同，普通信托亦非企业，不存在保持商业声誉的压力。商业信托则与其他企业一般面临上述种种商业考虑；受托人在遭遇交易伙伴违约时，也会以不同视角考虑诉讼成本。关键在于，受益人选择的企业决策者是受托人，而非法院。

综上，与其在商业信托法中将注意义务的各种形态类型化，以致发生多种次级义务是否适合特定的商业信托或是否适用商业判断规则的复杂问题，[4154]不如代之以概括的注意义务与商业判断规则，以隔离法院对受

[4152] 威廉姆森在其名著《资本主义经济制度》一书中，将那些认为诉讼机制是解决合同纠纷的最佳方式之观点，称为“法律至上论”。法律至上论一贯被法律界与古典经济学所推重，然而，商人更青睐私下解决机制。Oliver E. Williamson, *The Economic Institutions of Capitalism: Firms, Markets, Relational Contracting*, chs. 3, 7 (1985). 在法学界，卢埃林较早论及诉讼机制的局限性。Karl N. Llewellyn, *What Price Contract?-An Essay in Perspective*, 40 Yale L. J. 704 (1930). 关于商业合同在真实世界中对法律机制依赖较少以及商人偏重于非正式机制之立场与考虑，麦考利教授在其经典论文中提供了经验证据。Stewart Macaulay, *Non-Contractual Relations in Business: A Preliminary Study*, 28 Am. Soc. Rev. 55 (1963). 对合同实施之非法律机制的进一步研究，参见Stewart Macaulay, *Elegant Models, Empirical Pictures, and the Complexities of Contract*, 11 *Law & Soc'y Rev.* 507 (1977)。

[4153] 当代著名合同法学者罗伯特·斯科特教授甚至提出“合同法的死亡”。Robert E. Scott, *The Death of Contract Law*, 54 U. Toronto L. J. 369 (2004).

[4154] 将各种次级义务类型化，同时又规定关于此类义务也适用商业判断规则，将造成立法资源的浪费，因为次级义务类型化的本来意义之一即为提供明晰的裁判规则，附以商业判断规则，规则明确化的功能便大为减弱。但如规定了类型化的次级义务而不同时规定此类义务也适用商业判断规则，又会产生法院绕过一般注意义务与商业判断规则、直接对各种具体管理行为进行过度审查之危险。

托人各种具体商业决策的不必要审查或无效率审查。[4155]当然，不在商业信托法中明文规定各种次级义务，绝不意味着受托人可为所欲为，诸如对商业信托被诉不闻不问之类的重大过失行为，不受商业判断规则保护。至于忠实义务的具体内容及次级义务，亦不妨明文规定，因该领域的司法审查，无违忠实义务之本身要求及经济基础。

二、管理信托的义务

管理信托的义务（duty to administer the trust）为受托人的首要义务，要求受托人勤勉行事、善意行事，同时遵照信托条款、信托目的、受益人利益及相关法律规范（信托法强行规范与未被信托条款改变或排除的任意规范）。[4156]此项义务还要求受托人在合适地点管理信托，即受托人应在适合于信托目的、适合于信托的有效管理、适合于受益人利益的地点管理信托。[4157]这一要求对于离岸信托具有特别重要的意义。[4158]

具体而言，受托人管理信托的职责主要包括：其一，确定受托人的义务与权限、确定受益人、确定信托目的。[4159]其二，获取与保存信托财产。[4160]受托人应采取合理措施取得信托财产，将其置于受托人的集中管理之下。获取与保存信托财产还包括采取合理措施，通过诉讼途径主张属于信托财产的权利、在可能对信托财产造成损害的诉讼中应诉。[4161]其三，管理信托财产，向受益人提供回报或其他利益。[4162]其四，在信托存续

[4155] 例如，管理者是否采用诉讼方式主张对第三人的请求权，即属商业判断范畴。公司法上，尽管股东可在董事怠于起诉侵害公司权利之第三人时，提起派生诉讼，但董事就是否起诉所作商业决策，仍适用商业判断规则。商业信托与之同理。

[4156] Uniform Trust Code § 801; Restatement (Third) of Trusts § 76(1) & cmt. b(2007). 当然，遵守信托条款的义务不适用于因违法或违反公共政策而无效的信托条款。Restatement (Third) of Trusts § 76 cmt. b(1)(2007). 英国信托法著作将遵从信托条款称为最重要的受托人义务。David Hayton, Paul Matthews, & Charles Mitchell, *Underhill and Hayton Law Relating to Trusts and Trustees* 661 (18th ed. 2010). 就其基础性而言，确实如此。

[4157] Restatement (Third) of Trusts § 76 cmt. b(2)(2007).

[4158] 离岸信托主要是为了利用离岸法域的信托税收优势、隔绝债权人对信托财产的追索等优势，离岸法域的信托法与传统的信托法规则颇有区别。因此，任意改变离岸信托管理地点，可能严重妨碍信托目的与受益人利益的实现。

[4159] Restatement (Third) of Trusts § 76(2)(a)(2007).

[4160] Restatement (Third) of Trusts § 76(2)(b)(2007).

[4161] Restatement (Third) of Trusts § 76 cmt. d(2007). 合理措施包括上诉、和解、合理地放弃诉讼请求等。Id. 又参见Uniform Trust Code § § 811-812。

[4162] Restatement (Third) of Trusts § 76(2)(c)(2007).

期间和信托终止时运用与分配信托本金及收入。[4163]

商业信托与普通信托环境有异，法律结构有别，管理信托的义务在商业信托法似无单列之必要。理由有三。

其一，就义务定位而论，管理信托的义务对于商业信托而言，实质无非是依照合同履行义务。商业信托文件条款、商业信托目的，皆属合同内容，受托人当然有依约行事的义务。合同法一般原则与规则足为依据。或谓一般合同仅要求不得损人利己，不要求一方须为另一方之利益行事。但是，商业信托法另有忠实义务与注意义务，援引一般合同法无碍于信义合同之性质、无碍于受益人之保护。普通信托法之所以有必要单列按照信托条款及目的管理信托之义务，原因之一在于信托法不认为普通信托文件为合同，无法援引合同法的一般原理而得出此义务。受托人管理信托的义务不是合同义务。[4164]

其二，就具体要求而论，管理信托义务中的多数内容，属于商业判断规则的适用范围。例如，决定信托管理地点、如何管理信托财产、向受益人分配盈利等事项，无非是商业决策的具体展开。在普通信托法的环境中，管理信托义务的细化是以司法实施为后盾，为监督受托人行为所需，其理与受托人其他次级义务之细化相同。但在商业信托环境中，此种细化至多仅有指导义务人之意义，本身不应成为司法审查标准，商业信托法亦无必要特设此规则。

况且，管理信托的义务中诸多内容，并不适合于商业信托。例如，将信托财产纳入受托人名下的要求，不适用于商业信托以自己名义持有财产之情形。又如，对商业信托而言，所谓向受益人分配本金与收入，亦无意义。信托财产本金与收入的区分，在普通信托法上具有重要意义，因为普通信托以保全与保护信托财产为主要目的，本金的保全至关重要，信托财产本金是本金受益人利益之所系，并且本金与收入之配置在遗产规划中尤为紧要。[4165]但本金与收入的区分不适用于商业信托，因商业信托的全部财产均服务于营利目的，商业信托财产的经营，以整体效益最大化为原则，不注重某一特定类型的财产与保障某一特定类型受益人利益之关系，因此除商业信托文件另有订定外，普通信托法关于本金与收入的规

［4163］ Restatement (Third) of Trusts § 76(2)(d)(2007).

［4164］ Ⅲ Austin W. Scott & William F. Fratcher, *The Law of Trusts* § 197.2(4th ed. 1987).

［4165］ 关于本金与收入的规则，是普通信托判例法与制定法的重要主题。参见Uniform Principal and Income Act (1997); Restatement (Third) of Trusts § 79(2007)。

则，不适用于商业信托。

其三，就概括要求而论，管理信托的义务要求受托人勤勉、善意（good faith）行事。此处所谓善意，含义如何？是类同于合同法的诚实信用与公平交易义务（duty of good faith and fair dealing），还是公司法的善意义务（duty of good faith）？[4166]不无疑义。合同法的诚实信用义务仅要求各方追求自己利益不以损害对方利益为代价，不属于信义义务；公司法的善意义务则要求董事应追求公司利益而不得自利，性质上为信义义务。鉴于普通信托的信义关系性质，"善意"一词似以与公司法的善意作同一解释为妥。不过，特拉华普通信托法将受托人的"善意"定义为事实上的诚实及对公平交易之合理标准的遵守。[4167]但是，姑且不论善意义务本身内涵不确定，公司法在已有忠实义务与注意义务的前提下，所谓善意义务是否为一项独立义务、应否成为一项独立义务，诚值商榷。[4168]特拉华州往昔无

[4166] 与信托法一样，公司法信义义务，向来由忠实义务与注意义务两大义务构成。宣称善意义务属于同忠实义务、注意义务鼎足而立的三大信义义务之一，是晚近的特拉华州某些判例所为。特拉华州最高法院稍早的判决认为善意义务为与忠实义务、注意义务并列的一项独立义务。Cede & Co. v. Technicolor Inc.，634 A. 2d 345，361（Del. 1993）. 同旨参见Emerald Partners v. Berlin，787 A. 2d 85，90（Del. 2001）。特拉华州大法官法院则认为所谓"善意"不过为忠实义务的附属要求，并非独立义务。Stone ex rel. AmSouth Bancorporation v. Ritter，911 A. 2d 362，369（Del. 2006）. 但在不支持善意义务为独立义务的斯蒂尔法官于2004年接任特拉华州最高法院首席大法官之后，最高法院的观点重归传统。斯蒂尔法官的见解，参见Myron T. Steele，*Sarbanes-Oxley*：*The Delaware Perspective*，52 N. Y. L. Sch. L. Rev. 503（2007-2008）；Myron T. Steele，*Judicial Scrutiny of Fiduciary Duties in Delaware Limited Partnerships and Limited Liability Companies*，32 Del. J. Corp. L. 1，14，30（2007）。

[4167] Del. Code Ann. tit. 12，§ 3580.

[4168] 美国晚近学说判例，对此争议甚烈。新近研究参见Andrew S. Gold，*The New Concept of Loyalty in Corporate Law*，43 U. C. Davis L. Rev. 457（2009）；Elizabeth A. Nowicki，*A Director's Good Faith*，55 Buff. L. Rev. 457（2007）；Melvin A. Eisenberg，*The Duty of Good Faith in Corporate Law*，31 Del. J. Corp. L. 1（2006）；Tara L. Dunn，*The Developing Theory of Good Faith in Director Conduct*：*Are Delaware Courts Ready to Force Corporate Directors to Go Out-of-Pocket after Disney IV?*，83 Denv. U. L. Rev. 531（2005）；Thomas Rivers，Student Author，*How To Be Good*：*The Emphasis on Corporate Directors' Good Faith in the Post-Enron Era*，58 Vand. L. Rev. 631（2005）；Robert Baker，Student Author，*In re Walt Disney*：*What It Means to the Definition of Good Faith*，*Exculpatory Clauses*，*and the Nature of Executive Compensation*，4 Fla. St. U. Bus. Rev. 261（2005）；Hillary A. Sale，*Delaware's Good Faith*，89 Cornell L. Rev. 456（2004）；Jaclyn J. Janssen，Student Author，*In re Walt Disney Company Derivative Litigation*：*Why Stockholders Should Not Put Too Much Faith in the Duty of Good Faith to Enhance Director Accountability*，2004 Wis. L. Rev. 1573（2004）；David Rosenberg，*Making Sense of Good Faith in Delaware Corporate Fiduciary Law*：*A Contractarian Approach*，29 Del. J. Corp. L. 491（2004）；Karolyn Knaack Steves，Student Author，*Directors' Duty to Protect the Corporation from Harm*：*Good Faith in Board Oversight after Caremark*，35 Tex. J. Bus. L. 32（1998）。稍早的研究，参见Deborah A. DeMott，*Puzzles and Parables*：*Defining Good Faith in the MBO Context*，25 Wake Forest L. Rev. 15（1990）；Claire Moore Dickerson，*From Behind the Looking Glass*：*Good Faith*，*Fiduciary Duty and Permitted Harm*，22 Fla. St. U. L. Rev. 955（1995）；Timothy J. Keenan，*Board of Directors Approval Clauses in Corporate Contracts*：*The Duty of Good Faith*，9 J. Corp. L. 931（1984）。

此独立义务一说，当今其他法域亦无此独立义务，适用中未见有何弊端。况且特拉华州也已回归传统立场。[4169]学理上将善意义务列为忠实义务下的一项次级义务。[4170]就此而言，单列语义不确定的善意义务，并无必要。

三、提供信息与报告的义务

受托人有义务向受益人提供信息与报告。此为受托人的善意、忠实、注意义务一般要求下的一项次级要求。[4171]受托人应保存关于信托财产与信托管理的清晰、完整、准确的记录，包括详细列明信托财产性质与数额以及受托人对信托财产的管理。[4172]考虑到信托与受托人的多样性，普通信托法对记录保存义务总体上持灵活态度：受托人以一种简单的、通常的形式保存记录、以一种能够使全体受益人决定信托是否得到适当管理的可理解之方式披露信息的，即为履行了记录保存义务；[4173]同时，法律容许信托文件免除或限制保存或提供记录或会计信息的正式要求。[4174]其他企业法亦有同类义务。[4175]

商业信托法沿用灵活立场，比公司法更为灵活。[4176]商业信托文件可依实际需要与证券法、会计等其他规则之要求（如证券法、会计、税法），订定受托人有义务加以保存的记录，包括受益人名册、受益人会议决议、受托人会议决议、受益人表决授权书、会议记录、会计账册等。在适当情形，受托人有义务向受益人提供信息与记录。此义务对应于受益人获取信息的权利，本书已在前一章“受益人获取信息权”一目中提及。

[4169] 我国学者基于对美国公司法相关学说、判例的综述指出，对善意义务的独立地位以及善意义务、注意义务、忠实义务三分法的否定，已成为美国公司法学界的通说，而三分法的始作俑者特拉华州最高法院也已抛弃三分法而回归传统的注意义务和忠实义务二分法。参见梁爽：《董事信义义务结构重组及对中国模式的反思——以美、日商业判断规则的运用为借镜》，载《中外法学》2016年第1期。

[4170] Tamar Frankel, *Fiduciary Law* 106 (2011).

[4171] In re Marriage of Petrie, 19 P. 3d 443, 105 Wash. App. 268 (2001).

[4172] Restatement (Third) of Trusts § 83 & cmt. a (2007). 我国《信托法》第33条有原则性规定。

[4173] Restatement (Third) of Trusts § 83 cmt. a (2007); George Gleason Bogert & George Taylor Bogert, *The Law of Trusts and Trustees* § 962 (rev. 2d ed. 1993).

[4174] Restatement (Third) of Trusts § 83 cmt. d (2007). 但信托文件不得免除以合理形式保存报告的义务，否则违反公共政策。Id.; Charles E. Rounds, Jr., *Loring: A Trustee's Handbook* § 6.1.5.2 (8th ed. 2006).

[4175] 依特拉华州公司法，董事无义务向股东提交年度报告，但当董事向股东提交关于公司营业状况的陈述时，董事应诚实披露所有重要事实。Hall v. John S. Isaacs & Sons Farms, Inc., 146 A. 2d 602 (Del. Ch. 1958).

[4176] 公司法大多具体规定公司应当保存的各种记录，尽管现代公司法的趋势是尽量避免让公司承担不合理的记录保管义务。Robert W. Hamilton, *The Law of Corporations* § 19.3 (5th ed. 2000).

第七节　违反受托人义务的责任及第三人的责任

一、受托人违反义务的责任

（一）责任性质

受托人超越权限或违反对受益人所负信义义务，构成违反信托（breach of trust）。[4177]“信托”可成为被违反的对象，源于信托的属性：信托在本质上是一种衡平法“义务”。[4178]商业信托为一组织而非义务，“违反信托”一词不适于商业信托语境，称为“违反信托义务”或“违反信义义务”，更为妥帖。

违反信义义务的责任有多种方式，但究其性质，仍不脱违约责任（或者债务不履行责任）、侵权责任两大范畴，此外尚有返还不当得利或物权性的救济。同一违反信义义务之行为，亦可能构成责任竞合。美国法学会《第二次侵权法重述》明文规定，与他人存在信义关系之人，因违反信义义务对他人造成损害的，应负侵权责任。[4179]违反信义义务之侵权行为，可为故意侵权行为或过失侵权行为。[4180]在信义义务人恶意违反信义义务等情形，受益人可主张惩罚性赔偿。[4181]受益人主张侵权损害赔偿时，对损害负有证明责任，但在英美法上，受益人可主张不以证明损害为要件的其他补充救济，如返还信义义务人因违反信义义务所获利润。[4182]返还利润的救济，在大陆法系则可以不当得利作为请求权基础。受托人违反义务

[4177] Restatement (Second) of Trusts § 201 (1959).

[4178] 英国法对信托的经典定义为：信托的本质，是对财产的普通法所有人（受托人）施加的衡平法义务，要求受托人须为受益人或其他目的而行为。Geraint Thomas & Alastair Hudson, *The Law of Trusts* 11 (2d ed. 2010).

[4179] Restatement (Second) of Torts § 874 (1979). 本条所在章名为“杂项规则”。

[4180] Deborah A. DeMott, *Breach of Fiduciary Duty: On Justifiable Expectations of Loyalty and Their Consequences*, 48 Ariz. L. Rev. 925, 931-32 (2006).

[4181] 依普通法，惩罚性赔偿不适用于违反信托的救济，但现代制定法不排斥惩罚性赔偿的适用。Uniform Trust Code § 1001 cmt. 至20世纪70年代中期，信托领域的惩罚性赔偿尚不多见，但自此之后，惩罚性赔偿已在许多州蔓延开来。John H. Langbein, *Questioning the Trust Law Duty of Loyalty: Sole Interest or Best Interest?*, 114 Yale L. J. 929, 975 n. 242 (2005) [引用Mertens v. Hewitt Associates, 508 U. S. 248, 257 n. 7, 270- 72 & n. 6 (1993); Jay M. Zitter, Annotation, *Punitive Damages: Power of Equity Court To Award*, 58 A. L. R. 4th 844 (1987 & Supp. 2004)].

[4182] Restatement (Second) of Torts § 874 cmt. b (1979). 受益人有权请求受托人偿付为恢复信托财产价值以及假设未违反信义义务时受益人应得分配的价值所需金额，或者受托人因违反信托所获利润。两者不一致时，以金额较高者为准。Uniform Trust Code § 1002 (a).

所得利益,属于"权益侵害型不当得利",应向受益人返还。[4183]当然,信义义务与侵权行为法之间的此种联系,并不意味着信义法是侵权行为法的一部分,二者分属不同的范畴:侵权行为是法定之债,而信义关系本质上是一种合意性的关系。[4184]

基于商业信托文件的合同性质,信义义务亦属合同义务的一部分。对违反信义义务的行为,既可援引信托法关于违反信托的默认规则追究其责,亦可援引合同法关于违约责任之规则。[4185]如将信义义务定性为基于任意规范而发生的默示契约义务,则违反信义义务之责任仍不失为违约责任的一种形态;责任方式或赔偿范围的若干差异,尚不足构成责任性质的根本区别。至于受托人违反商业信托文件明示条款的责任,即为一般的违约责任,适用合同法的一般规则。

信托目的之实现,不在于一味加重受托人责任,而有赖于在课加责任与保持管理灵活性之间维持平衡。《统一信托法典》的宗旨是尽可能最大化地实现委托人意思,同时也保护受托人免于承担不经意的责任(inadvertent liability)。[4186]普通信托法并不重视受托人的意思,更未将受托人的意思提高到与委托人意思同等的地位。保护受托人免于承担不经意的责任通过下列途径实现:规定受托人在不知道委托人有废止权、合理信赖信托条款等情形下,不承担违反信托的责任。[4187]

(二)责任方式或救济方式

受托人的责任方式,部分对应于受益人的救济方式,后者范围更广。依普通信托法,为对已发生或可能发生的违反信托之行为作出救济,法院可采取下列措施:强制受托人履行职责;禁止受托人违反信托;强制受托人以支付金钱、返还财产或其他方式对违反信托的行为作出补救;命令受托人报账;指定一名特别信义义务人(special fiduciary)[4188]接管信托财产

[4183] 关于权益侵害型不当得利,详见王泽鉴:《不当得利》(第2版),北京大学出版社2015年版,第138~193页。权益侵害型不当得利,亦为我国司法实践所认可。相关裁判,详见李宇:《民法总则要义:规范释论与判解集注》,法律出版社2017年版,第382~384页。2006年《日本信托法》规定,受托人实施违反忠实义务等行为,使受托人或其利害关系人获得利益的,推定受托人因其行为而致信托财产发生同额的损失(第40条第3款)。此种规定,徒然混淆了损害赔偿与不当得利。

[4184] Tamar Frankel, *Fiduciary Law* 241(2011).

[4185] 美国合伙法判例明确提及此观点。R. J. Associates, Inc. v. Health Payors' Organization Ltd. Partnership, HPA, Inc., No. 16873, 1999 WL 550350(Del. Ch., July 16, 1999).

[4186] Uniform Trust Code § 602 cmt.

[4187] Uniform Trust Code § 602 cmt.

[4188] 所谓"特别信义义务人",又称接管人。Restatement(Second) of Trusts § 199(d)(1959).

并管理信托；中止受托人职务；解任受托人；减少或拒付受托人报酬；撤销受托人行为，对信托财产强加担保权或推定信托，[4189]或追踪已被不当处分的信托财产并回复该财产或其收益；其他适当的救济。[4190]

此外，无论受托人是否违反信托，均有义务向受益人报账说明受托人在信托管理过程中产生的任何利润。[4191]

商业信托法对上述救济未予限定或排除。普通信托法关于救济的丰富判例资源，足以满足商业信托之需，商业信托法无须再付出额外的立法成本。除商业信托文件另有订定外，上述救济亦可适用于商业信托。

基于企业经营之需，对违反忠实义务行为可得的救济，更甚于违反注意义务。[4192]美国既有的商业信托判例表明，受益人可诉请法院发布禁令，禁止受托人实施浪费、破坏、耗散商业信托财产等行为，[4193]禁止利益冲突交易，[4194]或限制受托人自愿缴纳联邦税务机关非法确定的税收。[4195]受托人违反对信托所负义务而获任何财产的，成立一项以该财产为信托财产、以商业信托为受益人的推定信托。[4196]成立推定信托，使其信托财产得以独立于债权人之追索，确保受益人获得救济，具有类似于大陆法系上物权救济的效果，优于对人救济（债权救济）。我国立法虽未明文规定推定信

[4189] 依据《第二次信托法重述》，受托人不当处分信托财产并获得其他财产的，受益人有权选择下列救济："（1）请求强制实施一项以受托人获得的财产为信托财产的推定信托；（2）请求针对该财产实施一项衡平法担保权，以担保针对受托人违反信托义务之请求权的实现。" Restatement (Second) of Trusts § 202 (1959).

[4190] Uniform Trust Code § 1001 (b); Restatement (Second) of Trusts § § 199, 202, 205 (1959). 详见Austin W. Scott, William F. Fratcher & Mark L. Ascher, *Scott and Ascher on Trusts* § 24.9 (5th ed. 2007)。

[4191] Uniform Trust Code § 1003; Restatement (Second) of Trusts § 203 (1959). 多数情形，受托人因违反信托而获利润，但亦有相反情形。受托人因在管理信托中的行为或表现，从第三人之手取得佣金或奖金，即为适例。Restatement (Second) of Trusts § 203 cmt. a (1959).

[4192] 美国公司法与合伙法上，对于违反忠实义务的行为，除当事人另有约定外，法院也将适用更为严格的规则，采用何种救济亦不会停留在狭窄范围内，因为依（特拉华州）法律，严厉的惩罚旨在遏制不忠实行为。Cantor Fitzgerald, L. P. v. Cantor, 2001 WL 536911 (Del. Ch.). 只要法院认为适当，法院有完全的、极为宽泛的权限决定采用任何形式的衡平救济与金钱赔偿。Weinberger v. UOP, Inc. , Del. Supr. , 457 A. 2d 701 (1983); Int' l Telecharge, Inc. v. Bomarko, Inc. , 766 A. 2d 437 (Del. 2000).

[4193] Woodward v. Smith, 253 S. W. 847 (Tex. Civ. App. Austin 1923).

[4194] 少数受益人以多数受益人、受托人为被告提起集团诉讼，诉称因受托人违反公允对待不同受益人之义务、允许多数受益人以不公平条件购买商业信托财产，请求法院发布禁令，禁止实施该交易。Flynn v. La Salle Nat. Bank, 9 Ill. 2d 129, 137 N. E. 2d 71 (1956).

[4195] Woodward v. Smith, 253 S. W. 847 (Tex. Civ. App. Austin 1923).

[4196] Beedle v. Campbell, 100 F. 2d 798 (C. C. A. 8th Cir. 1939); Oil Fields Corp. v. Dashko, 173 Ark. 533, 294 S. W. 25 (1927).

托，但有功能类似的制度，即信托财产的归入。《信托法》第26条第2款规定："受托人违反前款规定，利用信托财产为自己谋取利益的，所得利益归入信托财产。"《证券投资基金法》第123条第2款规定："基金管理人、基金托管人及其董事、监事、高级管理人员和其他从业人员侵占、挪用基金财产而取得的财产和收益，归入基金财产。但是，法律、行政法规另有规定的，依照其规定。"第129条有类似规定："基金管理人、基金托管人有本法第七十三条第一款第一项至第五项和第七项所列行为之一，或者违反本法第七十三条第二款规定的……运用基金财产而取得的财产和收益，归入基金财产。但是，法律、行政法规另有规定的，依照其规定。"规章或其他规范性文件中亦有类似规定。例如，原保监会发布的《保险资产管理公司管理暂行规定》第35条第2款规定："除依照合同约定取得报酬外，保险资产管理公司利用受托管理的保险资金为自己谋取利益的，所得利益归入受托管理的保险资金。"

如合同已约定违反信义义务的救济，其约定不得被视为排除其他救济，除非合同明示排除其他救济。[4197]例如，合同特别约定损害赔偿，此种约定不影响禁令等其他救济。[4198]

（三）请求权人

依普通信托法，只有受益人或代表受益人之人，方有权起诉受托人以追究其违反信托之责任；代表受益人之人通常是其他共同受托人与继任受托人。[4199]

受托人违反信义义务，系侵害商业信托全体受益人之行为，非对个别受益人造成特定损害，应由作为独立主体的商业信托追究责任；在商业信托怠于追究受托人责任而符合特定条件时，受益人可提起派生诉讼。受托人违反对特定受益人所负义务致其遭受特别损害时，该受益人可提起直接诉讼。

受益人享有救济权，但并不当然附有相应义务。受益人无义务检查受托人行为是否违反信托文件；受益人有权信赖受托人诚信行事。[4200]

[4197] Oliver B. Cannon & Son, Inc. v. Dorr-Oliver, Inc., 336 A. 2d 211, 214 (Del. 1975).

[4198] Massachusetts Indem. & Life Ins. Co. v. Dresser, 269 Md. 364, 306 A. 2d 213, 217 (1973).

[4199] Restatement (Second) of Trusts § 200 (1959); Uniform Trust Code § 1001 cmt.

[4200] Wichita Royalty Co. v. City Nat. Bank of Wichita Falls, 127 Tex. 158, 89 S. W. 2d 394 (1935).

二、第三人的责任

（一）善意购买人规则及受益人追踪权

1. 基本规范

受托人违反信托，可能牵涉第三人。受托人与第三人均可受诉。第三人涉及违反信托的情形繁杂多样。首先，最常见者为受托人违反信托义务向第三人转让财产。[4201]第三人知道受托人处分信托财产之行为违反信托，仍与受托人交易的，因参与违反信托义务而承担责任。[4202]其次，尚有第三人帮助及教唆违反信托义务之情形。最后，特定情形下，第三人可能对商业信托负有信义义务，违反该义务即应承担责任，例如，指示权人对商业信托负有信义义务，或者控制受托人或其他管理人之人因行使控制而对商业信托负有信义义务。

在英美法上，受托人违反信托，将信托财产转让于第三人或在信托财产上为第三人设定财产权益，第三人给付对价且不知道受托人违反信托、不知情地参与一项违法交易的，第三人可保有受让的财产或设定的权益，不对受益人承担责任。[4203]"知道"是指实际知道或应当知道；第三人对受托人是否违反信托未作合理调查的，构成"应当知道"。[4204]具备上述要件的第三人称为"善意购买人"。受益人有权请求不属于善意购买人的第三人将财产返还于信托，财产已被处分的，应返还其价值（如处分所得收益）。[4205]返还财产不足补救损失的，受益人并可请求赔偿。[4206]受益人向

[4201] Ⅳ Austin W. Scott & William F. Fratcher, *The Law of Trusts* § 279A(4th ed. 1987).

[4202] Irwin & Leighton v. W. M. Anderson Company, 532 A. 2d 983(Del. Ch., 1987); Gilbert v. El Paso Co., 490 A. 2d 1050(Del. Ch., 1984).

[4203] Restatement(Second)of Trusts § 284(1959).

[4204] Restatement(Second)of Trusts § 297(1959). 合理调查义务，视情形而异：信托是依遗嘱或者登记文件所创设的，受让人需检视该文件的条款，方可构成"已尽合理勤勉"；信托是依非登记的书面文件所创设的，受让人需采取合理措施并检视该文件的条款，方可构成"已尽合理勤勉"；如果受让人知道信托的存在，但不知道或没有理由知道任何含有信托条款之书面文件的存在，或者事实上并不存在此种书面文件，则受让人的调查范围应视情事而定，受让人至少应当询问转让人，如果转让人告知受让人信托条款并无书面文件证明，则受让人应当采取当时情形下合理的进一步调查措施。Restatement(Second)of Trusts § 297 cmt. g, h, i(1959).

[4205] Restatement(Second)of Trusts § 291(1959). 法律对此有不同表述，例如，受益人的权利"附着"(attach)于所转让的信托财产及其收益之上。Henry Hansmann & Ugo Mattei, *The Functions of Trust Law: A Comparative Legal and Economic Analysis*, 73 N. Y. U. L. Rev. 434, 440(1998). 受益人并可强制实施一项针对该财产或其收益的衡平法担保权，以担保请求权的实现。Restatement (Second) of Trusts § 291(1959).

[4206] Restatement(Second)of Trusts § § 205, 291, 292, 295(1959); George Gleason Bogert & George Taylor Bogert, *The Law of Trusts and Trustees* § § 861, 871, 868, 901(rev. 2d ed. 1995).

第三人追索信托财产的权利，称为“追踪权”（tracing）。追踪权表明受益人对信托财产享有对物权，可对抗第三人；其权利基础在于，受益人为信托财产的衡平法所有人，对信托财产享有衡平法所有权。英国信托法更将（不可废止）信托视作受益人的财产，而不是委托人的财产。[4207]

追踪权旨在对受益人提供特殊保护，强于其他类似法律关系的保护力度。如代理关系中，被代理人可主张无权代理行为对己无约束力，但并无相当于受益人追踪权的权利。此亦为信托制度的独特贡献之一：大陆法系民法上其他各种制度所能提供的救济，弱于信托法提供给受益人的救济。[4208]此种保护具有效率上的理由：相比于那些缺乏照顾自己事务之能力的普通信托受益人，第三人能以较低成本监督受托人违反信托之行为，[4209]因此由其承担受托人违反信托的成本是合适的。

德国的日耳曼式信托制度中，也存在类似于英美信托法上受益人追踪权的救济方法，但二者有所差异。按照德国学说和实务通说，在日耳曼式信托中，委托人将其财产所有权移转于受托人，受托人对委托人负有合同义务。受托人对信托财产的所有权受制于信托目的，但此种限制仅属于债法上的限制，不具有物权法上的效力。受托人处分信托财产如超越信托目的或违反受托人义务，受托人应负违约责任，但该处分系有权处分，在物权法上的效力不受影响。从受托人处受让信托财产的第三人，取得该财产所有权，即使第三人知道或依情形可得而知该财产属于信托财产且受托人所为处分违反受托人义务。但如第三人明知受托人违反义务且与受托人通谋实施该行为以损害委托人，则构成故意违背善良风俗的侵权行为（《德国民法典》第826条），委托人—受益人有权请求第三人承担侵权责任，责任方式包括恢复原状，即请求第三人返还该财产（《德国民法典》第249条）；受托人与第三人之间的契约，也会因违背善良风俗而无效（《德国民法典》第138条第1款）。构成背俗侵权行为和背俗契约，均以第三人具有侵害委托人之恶意为要件；第三人仅有过失乃至重大过失，仍受保护。与此不同，英美信托法对受益人的保护更为宽泛，受托人违反信托义务而处分信托财产时，明知该事实的第三人固应返还财产，“推定知道”（依情事可得而知）受托人违反信托的第三人，亦应返还财产。德国不少学

[4207] Jesse Dukeminier, Stanley M. Johanson, James Lindgren & Robert H. Sitkoff, *Wills, Trusts, and Estates* 573（7th ed. 2005）.

[4208] Henry Hansmann & Ugo Mattei, *The Functions of Trust Law: A Comparative Legal and Economic Analysis*, 73 N. Y. U. L. Rev. 434, 464（1998）.

[4209] Id.

者认为，德国法上也应采用类似于英美信托法的解决方案，具体方法是将判例所承认的代理权滥用规则类推适用于处分信托财产的情形：依据代理权滥用规则，与代理人缔结契约的第三人，知道或可得而知代理人滥用其代理权（违背被代理人的指示或以其他方法侵害被代理人的利益）的，不能取得契约上之权利。判例上拒绝将代理权滥用规则类推适用于违反信托的情形，理由在于，代理人是以被代理人的名义实施法律行为，而受托人是以自己名义实施法律行为。但克茨教授指出，此种理由不具有说服力。首先，遗嘱执行人，类似于受托人，也是以自己名义实施法律行为，但判例早已承认，遗嘱执行人滥用其权限而与第三人缔结契约时，如第三人可得而知遗嘱执行人滥用其权限，则不得取得契约上之权利。其次，代理人滥用其代理权与受托人滥用其权限，在利益关系上并无不同，在此二种情形，可得而知滥用代理权或违反信托的第三人，均不值得保护。[4210]

东亚法域继受信托法时，将受益人追踪权改造为撤销权。2006年《日本信托法》延续1922年旧信托法之立场，于第27条第1款规定，受托人为信托财产所为的行为不在其权限内，且相对人明知该行为是为信托财产所为，或者相对人明知、因重大过失而不知该行为不在受托人权限内的，受益人可以撤销该行为。2011年《韩国信托法》第75条第1款规定："受托人违反信托目的实施与信托财产有关的法律行为时，以相对人或转得人于行为时知道或因重大过失而不知受托人违反信托目的为限，受益人有权撤销该法律行为。"我国《信托法》第22条第1款、第49条第1款规定，受托人违反信托目的处分信托财产或者因违背管理职责、处理信托事务不当致使信托财产受到损失的，委托人、受益人有权申请人民法院撤销该处分行为，并有权要求受托人恢复信托财产原状或者予以赔偿；该信托财产的受让人明知是违反信托目的而接受该财产的，应当予以返还或者予以赔偿。我国台湾地区"信托法"第18条规定，受托人违反信托本旨处分信托财产时，受益人得申请法院撤销其处分，该撤销权之行使，以有下列情形之一者为限，始得为之：信托财产为已办理信托登记之应登记或注册之财产权；信托财产为已依目的事业主管机关规定于证券上或其他表彰权利之文件上载明其为信托财产之有价证券；信托财产为其他财产权，而相对

［4210］　此处关于德国法的状况及学者的批评意见，详见Hein Kötz, *Modern Development of Trust Law in Germany*, in Modern International Developments in Trust Law 60-62（David Hayton ed. 1999）; Stefan Grundmann, *Trust and Treuhand at the End of the 20th Century - Key Problems and Shift of Interests*, 47 Am. J. Comp. L. 401, 409（1999）。

人及转得人明知或因重大过失不知受托人之处分违反信托本旨。各立法例所规定的受益人撤销权，均限于相对人或转得人有恶意的情形，唯关于恶意之界定有别而已。

受益人的救济权在法教义学上构造如何，不无争议。一说将此解释为受益人享有物权。[4211]此系采类似于英美法系的构造，既有信托法之明文规定，亦不抵触物权法定原则，唯不必称为双重所有权。但关于受益人可追及第三人之救济，我国信托法受日本信托法影响，未采英美法上受益人享有衡平法所有权（物权）之构造，而采撤销权之构造。不过，此种撤销权已脱离传统债权人撤销权的主观与客观要件，与我国既有法律体系不尽相符，故学者指出，对于受托人违反信托之限制而处分信托财产时的处理，应借鉴我国法上具机关身份者违反对独立财产营运时所加限制时的处理方式，即应当比照民法关于法人机关越权处分原则上无效的规定，处理如下：受托人违反信托限制处分信托财产时，其处分行为无效，但不得对抗善意有偿第三人。[4212]进言之，信托目的或受托人义务对信托财产处分的限制，性质上属于对信托财产处分权的法定限制。违反此限制而处分者，构成无权处分，处分行为效力待定。受益人追认的，处分行为发生效力；受益人拒绝追认的，处分行为不发生效力，但第三人具备善意取得要件者，取得该信托财产。

2. 规范变迁

早期普通法的一般规则为，参与违反信托的第三人，承担相当严格的责任。[4213]第三人负有宽泛的调查义务——第三人需在交易前调查受托人行为是否违反信托，一旦受托人违反信托，第三人难脱干系。上述规则是财产法传统法则之体现："一人不能转让他所无之物。"[4214]该法则以绝对保护所有权之理念为基础，在交易尚不发达的传统社会中有其合理性；大多数交易是个人交易，买卖双方通常毗邻而居，买卖为面对面交易，法律期望买方认识卖方或了解卖方有无出卖权，进而由买方承担相应风险，合

[4211] Charles Zhen Qu, *The Doctrinal Basis of the Trust Principles in China's Trust Law*, 38 Real Prop. Prob. & Tr. J. 345, 373-74(2003).

[4212] 吴英杰:《论受托人违反信托本旨而为信托财产之处分：救济方法暨其法理基础》，载《台大法学论丛》第44卷第2期（2015年），第449~451页。此问题无关乎受益权之性质，亦无牵涉受益人撤销权之必要，而是从信托为特别财产的视角切入。同注，第450页。

[4213] Peter T. Wendel, *The Evolution of the Law of Trustee's Powers and Third Party Liability for Participating in A Breach of Trust: An Economic Analysis*, 35 Seton Hall L. Rev. 971, 976-77(2005).

[4214] Id. at 976. 受托人虽有信托财产所有权，但违反信托而处分信托财产时，其所有权即不再"纯净"，第三人也就无法获得纯净的财产权。

乎情理。[4215]上述规则为受益人提供最大限度的保护，同时，当时的信托财产以不动产为主，[4216]在购买不动产之前进行较为详尽的调查，亦符合交易习惯，不致对买方造成过重负担。随着市场经济的发达，面对面交易方式逐渐被远程交易、陌生人交易取代，诸如“善意购买人”法则之类的商法原则逐渐替代普通法的传统原则。[4217]但由于普通信托的特殊性质（以保存信托财产为目的，不鼓励受托人积极交易信托财产），法院并未将商法原则深入贯彻于信托法之中。[4218]普通法对第三人课以严格的责任，旨在造成一种“寒蝉效应”（chilling effect），以阻遏第三人参与违反信托的行为，此项原则与普通信托的性质及目的一致。[4219]

20世纪以来，证券等金融资产渐成普通信托财产的又一主流，[4220]普通信托的投资功能强化，证券类资产对交易便捷性的要求亦高于不动产。信托法传统规则似已不合时宜。《统一受托人权限法》《统一信托法典》等制定法遂放松普通法上严格的第三人责任规则，限缩宽泛的调查义务。[4221]《统一信托法典》规定：受益人以外之人善意地协助受托人，或善意地与受托人交易并给付对价，不知道受托人超越受托人权力或者不当行使受托人权力的，不承担责任，如同受托人已适当行使权力；受益人以外之人善意地与受托人交易，不要求其查询受托人的权力范围及其权力行使的适当性。[4222]《第三次信托法重述》采纳类似规则。该重述第108条“第三人责任的限制”谓：“（1）与违反信托的受托人进行交易的第三人或协助该受托人的第三人，不知道或无理由知道该受托人行为不当的，该第三人应受保护，不承担责任。（2）第三人通过违反信托行为取得信托财产中的权益，在该第三人作为善意购买人（bona fide purchaser）受保护的范

[4215] Id. at 977; Grant Gilmore, *The Commercial Doctrine of Good Faith Purchase*, 63 Yale L. J. 1057, 1057（1954）.

[4216] Amy Morris Hess, George Gleason Bogert, & George Taylor Bogert, *The Law of Trusts and Trustees* § 1（3d ed. 2005）; John H. Langbein, *Questioning the Trust Law Duty of Loyalty: Sole Interest or Best Interest?*, 114 Yale L. J. 929, 940（2005）（美国信托法发展于大多数财富是以土地形式持有之时期）.

[4217] William D. Warren, *Cutting Off Claims of Ownership Under the Uniform Commercial Code*, 30 U. Chi. L. Rev. 469（1963）; Grant Gilmore, *The Commercial Doctrine of Good Faith Purchase*, 63 Yale L. J. 1057（1954）.

[4218] Peter T. Wendel, *The Evolution of the Law of Trustee's Powers and Third Party Liability for Participating in A Breach of Trust: An Economic Analysis*, 35 Seton Hall L. Rev. 971, 983（2005）.

[4219] Id. at 983 n. 82.

[4220] John H. Langbein, *The Contractarian Basis of the Law of Trusts*, 105 Yale L. J. 625, 638（1995）.

[4221] Uniform Trustees' Powers Act § 7（1964）.

[4222] Uniform Trust Code § 1012（a），（b）.

围内，该第三人有权保留或执行该权益。(3)在与受托人交易时，第三人无须：(a)查询受托人权力的范围或其权力行使的适当性；或(b)保证转移给受托人的资产被适当用于信托目的。"《统一信托法典》该条的立法目的在于，将受托人所为交易与其他一般商业交易同等对待。[4223]《第三次信托法重述》又称："在现代法上，第三人通常有权推定与自己交易的受托人的行为是适当的。"[4224]有学者认为，强迫第三人监督信义义务人的行为并使第三人为未作此种监督而承担责任，看来是不适当的。[4225]

上述规则与理念诚然在一定程度上适应了现代信托的若干现实，但似乎矫枉过正。普通信托受益人既不选任受托人，亦不控制受托人，与代理关系或商事关系实有重大区别(被代理人选任代理人、监督与指示代理人，并可随时撤回代理权)。[4226]既然如此，将信托与一般商事交易同等对待、由地位较为弱势的受益人(而非第三人)承担注意受托人违反信托的成本与风险，即过度削弱对受益人的保护。[4227]在信托财产为不动产的情形，缓和乃至废除第三人调查义务，尤非妥适。值得注意的是，不同于美国上述统一法的规定，英国信托法上关于第三人负有合理调查义务的规则，并未发生根本改变。[4228]而美国某些州法对不动产信托中的此类事项另有特别规定，大体维系传统规则，并非一律照搬《统一信托法典》的规定。[4229]

3. 商业信托法的特殊性

无论如何，受益人追踪权并未彻底消失，受益人依然保有对信托财产

[4223] Uniform Trust Code § 1012 cmt.《第三次信托法重述》本条的评注中也提及类似的思想：善意购买人法则对受托人与第三人交易的适用，与该法则对于其他环境下交易的适用，同等对待。Restatement (Third) of Trusts § 108 cmt. c (2012).

[4224] Restatement (Third) of Trusts § 108 cmt. d (2012).

[4225] Austin W. Scott, William F. Fratcher, & Mark L. Ascher, *Scott and Ascher on Trusts* § 30.6.6 (5th ed. 2008).

[4226] Peter T. Wendel, *The Evolution of the Law of Trustee's Powers and Third Party Liability for Participating in A Breach of Trust: An Economic Analysis*, 35 Seton Hall L. Rev. 971, 1007 (2005).

[4227] 除此之外，学者亦对《统一信托法典》相关规定本身提出批评，例如采用"善意"标准，过于抽象，增大了潜在的诉讼成本。Id. at 1021-26.

[4228] [英]格雷厄姆·弗戈：《衡平法与信托的原理》(下册)，葛伟军、李攀、方懿译，法律出版社2018年版，第903页。

[4229] [日]能见善久：《强化违反信托时对受益人的保护》，载朱晓喆主编：《中国信托法评论》(第2卷)，法律出版社2020年版，第137~139页。

的衡平法权利。早期有商业信托判例采此立场。[4230]然而，受益人享有此种对物权，对于商业信托实无必要。保存信托财产并非商业信托之主旨，交易便捷与交易安全则为商业信托对外交易的更重要考虑。如同其他商业组织法并未授予投资者"追踪权"一般，商业信托法上亦难觅授予此种权利的理由。不仅如此，如果受益人享有追踪权，反不利于商业信托：第三人慑于财产被追索或承担责任之风险，与商业信托交易的顾虑将会增加，致商业信托流失正常的交易机会，使商业信托在与无追踪权的其他商业组织之竞争中处于劣势。另一后果为，商业信托受益权通常在开放市场中流通，竞争对手等对商业信托怀有敌意者可便易地取得受益权成为受益人，据而行使追踪权，挑战商业信托与第三人的交易，干扰商业信托的正常经营（即使因追踪权的行使不符合要件而败诉，商业信托的应诉成本仍在所难免）。此外，受益人不清偿债务，致其债权人行使代位权，债权人亦可能得以行使该受益人的追踪权，或在受益人破产时，承受其权利的破产管理人可行使追踪权，难免危及商业信托的正常交易。基于上述原因，对商业信托实施与其他商业交易一视同仁的立法政策，反倒是真正切合实际。由此不难解释，当代商业信托制定法原则上排除受益人追踪权：除商业信托文件另有订定外，受益人对特定的商业信托财产不享有权益。[4231]受益人对特定商业信托财产既不享有权益，自无权追及特定财产。

商业信托既为独立主体，信托财产自然归属于商业信托，无须再为受益人保留财产权益。上述规定的逻辑在此。而将维护信托财产安全的权利交由商业信托集中行使，亦为商业信托组织性之体现：由分散的众多受益人各自享有撤销交易、追踪信托财产的权利，受益人可能各行其是，扰乱商业信托与第三人的交易秩序。受托人处分信托财产的行为违反信托义务时，宜以商业信托的组织化机制处理，包括由其他受托人代表商业信托，追究该受托人的责任或以该受托人越权且第三人恶意为由主张交易对商业信托不发生效力；其他受托人不履行职责或无其他受托人时，再由受益人提起派生诉讼主张上列救济。

上述规定并不意味着受益人不受保护或无所作为。首先，追究受托

[4230] 取得信托财产的第三人，知道该财产受制于信托且其转让违反受托人义务的，受益人或受托人有权请求返还该财产。Wichita Royalty Co. v. City Nat. Bank of Wichita Falls，127 Tex. 158，89 S. W. 2d 394（1935）. 伊利诺伊州早期有判例认为，商业信托受托人违反信托义务，不当处分信托财产时，受益人可依据普通信托法行使信托财产追踪权，撤销处分该信托财产的交易，并从第三人之手追回该信托财产。Wallace v. Malooly，4 Ill. 2d 86，122 N. E. 2d 275（1954）.

[4231] Del. Code Ann. tit. 12，§ 3805（c）.

人违反信托义务及第三人责任的权利并未消失，只是由商业信托集中行使，而且，受托人违反商业信托文件处分财产之行为，并非当然对商业信托发生效力，此类行为仍构成越权行为，恶意的第三人仍须承担返还财产等责任。至于第三人善意恶意的判断，则与其他法人或非法人组织同视，适用组织法之一般规则即可。其次，商业信托文件可对受托人处分权设定额外限制，[4232]以强化受益人保护。

（二）帮助或教唆违反信义义务

第三人虽非信托财产受让人，但知道受托人违反信托义务而参与其中或提供帮助者，亦对受益人承担责任。[4233]例如受托人挪用信托财产用于清偿其个人债务，受托人的债权人知而受偿的，可作为受托人不当行为的参与者而受诉。[4234]公司法与合伙法亦有类似的帮助与教唆违反信义义务规则。主张帮助与教唆信义义务的请求权有四项要件：其一，存在信义关系；其二，信义义务人违反信义义务；其三，信义义务人以外之人知道违反信义义务之行为而参与其中；其四，原告因信义义务人与非信义义务人的行为遭受损害。[4235]商业信托法较有可能发生的情形是，担任受托人的信托公司在其董事或控股股东参与、指示下违反信义义务。[4236]

第三人应负的义务或责任，包括返还不当得利及与过错相应的损害赔偿等。[4237]

［4232］ 商业信托文件对受托人出卖权设有限制的，可对抗信托财产买受人。Page v. Natural Gas & Fuel Co.，35 F. 2d 462（C. C. A. 8th Cir. 1929）. 依现代商业信托法，商业信托文件无须登记，登记亦无推定知情效力，但对受托人权限之限制，仍可对抗实际知道该限制的第三人。

［4233］ Restatement（Second）of Trusts § § 321-326（1959）.

［4234］ Wichita Royalty Co. v. City Nat. Bank of Wichita Falls，127 Tex. 158，89 S. W. 2d 394（1935）（将此项普通信托法规则适用于商业信托）. 本案中，第三人（银行）被推定知道受托人将信托基金用于授权以外用途，而仍然接受基金支付，当受益人或商业信托起诉第三人时，第三人对于该支付是否符合信托文件授权负有证明责任。

［4235］ Globis Partners，L. P. v. Plumtree Software，Inc.，2007 WL 4292024，at *15（Del. Ch. Nov. 30，2007）；Fitzgerald v. Cantor，No. 16297-NC，1999 WL. 182573（Del. Ch. Mar. 25，1999）.

［4236］ 其他商业组织法多有此类判例。例如，普通合伙人的董事与母公司明知该普通合伙人违反对另一有限合伙的信义义务而参与其中，被判承担连带责任。Gotham Partners L. P. v. Hallwood Realty Partners，L. P.，817 A. 2d 160（Del. 2002）.

［4237］ 相关判例：受托人将商业信托账户中的资金转移至个人账户，并开具以受托人及银行（受托人对该银行负有个人债务）为收款人的支票，银行在受托人清偿个人债务时接受了混同后的部分信托资金，银行应对受托人提取信托资金用于未经信托授权之行为承担责任。责任数额为，混同信托资金后受托人个人账户存款总额，减去银行能够证明的、从该账户中提取的用于经授权的信托目的之数额。Wichita Royalty Co. v. City Nat. Bank of Wichita Falls，127 Tex. 158，89 S. W. 2d 394（1935）.

（三）新近判例：*Cargill, Inc. v. JWH Special Circumstance LLC*案

特拉华州大法官法院新近判决的重要案例，主旨即为第三人违反信义义务之责任及第三人帮助与教唆违反信义义务之责任。本案概要为：商业信托的代表人起诉本信托的管理受益人及管理受益人的母公司与祖公司（母公司之母公司），理由为管理受益人违反信义义务，母公司与祖公司对管理受益人实施控制并直接或间接地帮助管理受益人违反信义义务，亦应承担责任。管理受益人及其母公司与祖公司提起请求确认判决之诉，请求法院确认其无责任。本信托在此确认之诉中提起反诉。母公司与祖公司提出驳回本信托反诉之动议，被法院驳回。[4238]

1. 案件事实

（1）当事人及相关主体

以特拉华州商业信托形式组建的JWH全球信托（以下简称本信托），成立于1996年，为从事外汇期货、能源期货、金属期货等多种期货业务的公募型注册期货资产池。本信托有13，500名投资者（称为单位持有人）。反诉原告JWH是一个特拉华州有限责任企业，由本信托全资设立，其目的是代表本信托主张、出卖债权或实施和解行为。

本案反诉被告有二。其一为Cargill公司，其二为Cargill投资者服务公司（以下简称CIS），是Cargill公司的全资子公司，以金融服务为业。CIS全资设立CIS投资公司（以下简称CISI），CISI担任本信托的管理受益人。威明顿信托公司担任本信托的受托人。信托协议将受托人管理信托营业与事务之权力及义务转托于管理受益人。1996年至2005年8月31日，CISI担任本信托的管理受益人。CISI为签署信托协议的当事人，Cargill与CIS并非信托协议当事人。

CIS同时担任本信托的期货经纪商。Cargill的另一全资子公司CIS金融服务公司（以下简称CISFS），担任本信托的外汇与贵金属经纪商。CISFS与本信托订有Forex协议，约定本信托的某些账户存管于CISFS。

CISI的受雇人皆为Cargill公司或CIS的受雇人，本身无其他受雇人，CISI的董事、高级管理人员等皆从Cargill或CIS领取薪酬，不从CISI领薪。Cargill公司或CIS监督CISI的董事及高级管理人员并考评其绩效。

（2）系争交易：Refco协议

2005年7月21日，Cargill公司与Refco公司订立协议，Cargill公司将其

［4238］ Cargill, Inc. v. JWH Special Circumstance LLC, 959 A. 2d 1096（Del. Ch. 2008）. 下文关于该案的事实、当事人主张、法官意见，均引自该案判决。

部分金融服务业务出卖于后者，对价为40亿美元的付款及承担负债。作为本交易之一部分，Cargill同意将CIS的资产（包括对CISI的控制权）出卖于Refco。本项交易后，本信托的期货账户从CIS转移至Refco。

2005年，Refco公开宣告其账上有4.3亿美元的欺诈性应收款，Refco及其旗下接任本信托外国交易经纪商的RCM公司，挪用客户资产，终于无法维系局面，而于2005年10月17日申请破产重整，后被破产清算。RCM持有的本信托账户原先的56，544，205美元资产中，本信托仅追回20，870，466美元，致本信托亦于2006年10月12日申请破产重整。本信托于2006年12月1日设立JWH有限责任企业，后者以代为主张、出卖、和解本信托之债权为唯一目的。

反诉原告JWH主张Refco经营史上有诸多不良记录：1994年，Refco因挪用客户资金偿还其子公司债务，被美国商品期货交易委员会罚款120万美元，1996年又因不履行分隔账户之义务被罚款近百万美元，1999年更因违反指令与记录保存义务而被罚款700万美元，2005年2月，Refco自聘的审计师发现该公司财务报告内部控制方面存在重大缺陷，此项缺陷被注明于该公司2005年7月提交于证券与交易委员会的招募说明书中。

2. 当事人的主张

JWH主张，依本信托协议及信托法的一般原则，CISI、Cargill与CIS皆对本信托负有信义义务，且已违反此类义务；Cargill与CIS通过全资持股及交叉管理层对CISI实施控制。JWH主张，Cargill及CIS未经本信托受益人同意，将管理受益人CISI的控制权出卖于Refco，系规避信托协议之行为，违反了信义义务。在出卖控制权之前，Cargill及CIS亦动用其对CISI的控制，使CISI同意将本信托资产作为Refco交易的一部分转移至Refco的关联企业，以增进其自身利益，而不考虑本信托的利益。Cargill与CIS“指示并引起”CISI同意将本信托的现金及其他投资资产从CISFS手中较为安全的信托账户转移至欺诈性的、丧失清偿能力的、几乎在接手后立即挪用资产的Refco之手。CISI同意将Forex协议转让于Refco关联企业，未依信托协议及信托法要求的注意、忠实与善意行事，亦违反了信义义务。在与Refco的交易中，Cargill与CIS对CISI实施控制，因此对本信托负有类似的信义义务，并已违反此类义务。

JWH并指控Cargill及CIS帮助并教唆CISI违反信义义务；就此而言，即使Cargill及CIS对本信托不负信义义务，亦因知晓CISI负有信义义务并参与CISI违反信义义务之行为而须承担责任。

JWH同时对Cargill及CIS提起一般过失之诉，理由为被告将信托控制权及信托资产出卖于Refco时，疏于注意Refco将会劫掠信托资产。

Cargill及CIS否认对本信托损失之责任。Cargill及CIS虽承认管理受益人CISI对本信托负有信义义务，但不认为Cargill或CIS对本信托负有任何义务。即使Cargill及CIS对本信托负有信义义务，JWH亦未能列出足以推断出Cargill等违反义务的事实。Cargill等亦否认帮助与教唆违反义务之指控，理由为CISI并未违反义务，Cargill及CIS亦不知晓或参与此种违反。

3. 争点及结论

基于上述事实与下述理由，法院驳回Cargill及CIS之动议。

（1）争点之一：Cargill及CIS将CISI控制权出卖于Refco之行为是否违反信义义务？

JWH诉称，本信托协议约定，变更管理受益人、变更信托结构、变更信托的投资政策应经受益人允许，Cargill及CIS的行为不适当地规避信托协议的保护性约定，因而违反自己的信义义务，并且帮助与教唆CISI违反信义义务。

法院认为，JWH此项主张难以成立。其一，Cargill及CIS并非信托协议当事人，JWH并未主张Cargill及CIS直接违反义务。其二，关于帮助与教唆违反义务之请求，JWH应说明，作为信托协议当事人的CISI何以能在仍然担任管理受益人时因允许出卖自己的控制权而违反信义义务。CIS将其持有的CISI的股权以及管理权出卖于Refco，CISI的主体地位并未变动。公司永久存续，其身份不因股东变动而变动，为公司法的基本原理。因此管理受益人控制权的变动，并不触发受益人允许要件。至于所谓不适当地规避协议约定，法官认为，信托协议起草人原可便易地将“控制权变更”条款订入信托协议，但并未为此。“当合同能够便易地明示订入某项合同保护措施时，对于以默示方式推断出合同保护条款，法院应抱以最大的审慎。”[4239]JWH的主张未能显示当事人有意订入此种条款。

（2）争点之二：Cargill及CIS直接违反信义义务

JWH主张Cargill及CIS直接对本信托承担违反信义义务之责任，依据为*In re USACafes, L. P. Litigation*案主导下的一系列判例。[4240]此类判例确

［4239］ Allied Capital Corp. v. GC-Sun Holdings, L. P., 910 A. 2d 1020, 1035 (Del. Ch. 2006).

［4240］ In re USACafes, L. P. Litigation, 600 A. 2d 43 (Del. Ch. 1991). 后续判例包括：James River-Pennington, Inc. v. CRSS Capital, Inc., 1995 WL 106554 (Del. Ch. Mar. 6, 1995); Wallace v. Wood, 752 A. 2d 1175 (Del. Ch. 1999); Bigelow/Diversified Secondary P'ship Fund 1990 v. Damson/Birtcher Partners, 2001 WL 1641239 (Del. Ch. Dec. 4, 2001); In re Primedia Inc. Deriv. Litig., 910 A. 2d 248 (Del. Ch. 2006)。典型情形为，有限合伙的普通合伙人以公司形式组建，该公司的母公司因实施对普通合伙人的控制，而对有限合伙或有限合伙人负有信义义务。

认，基础实体（underlying entity）的信义义务人受另一人控制的，控制人对该实体亦负有信义义务；特别地，信义义务人实施以基础实体利益为代价、使信义义务人母公司受益的交易，信义义务人的母公司就该交易对信义义务人实施控制的，母公司就该交易直接对基础实体负有信义义务。JWH认为法院应对商业信托适用同样原则，因为上述判例正是明示依赖于源自信托法的理论。JWH认为，依上述判例，Cargill及CIS至少对本信托负有忠实义务，因为Cargill及CIS使CISI同意将Forex协议转让于Refco，该行为为其自身牟利而以牺牲信托利益为代价。

Cargill及CIS辩称，*USACafes*判例不适用于商业信托，尤其是因《特拉华州商业信托法》已优先适用于该领域；本法创设了一种独特、自成一类的实体，本法或普通法事实上几乎未为此种实体设定默认义务，因此，在信托协议未明示约定信义义务人母公司负有信义义务之情形，母公司对信托不负有任何义务。

法院认为，Cargill及CIS的上述理由不能成立。本法并未完全占据信托法领域，亦未完全取代传统的信义义务默认规则之适用。本法第3809条明文规定除商业信托文件另有订定外，关于信托的法律适用于商业信托。Cargill及CIS并引用汉斯曼等人的论文见解“商业信托代表的是，关于创设一种强式实体的法律要求最小化，其余事项留由合同决定……对于大多数基本结构要素，《特拉华州商业信托法》甚至未提供默认条款”。[4241]法院认为，本法确实提供了最小化的强行规范，但同时亦提供了一般默认条款，即第3809条。汉斯曼等人所撰此文并未将第3809条之影响纳入分析，因此不足以指导本案面临之问题。

在*USACafes*案中，法院判决，有限合伙中，公司制普通合伙人的董事控制有限合伙，应就违反对有限合伙之信义义务承担责任。该案中，Allen大法官几乎完全依赖于源自信托法传统默认规则的信义义务，即公司制受托人的母公司对信托受益人有信义义务。本案亦可得出类似结论。首先应予解决的是第3809条显示的门槛问题，即信托协议或本法是否已否定信托法的适用。

其一，信托协议是否优先适用于Cargill及CIS对本信托所负默认义务？

本法不禁止商业信托文件改变传统的信义义务及违反信义义务之责

[4241] Henry Hansmann, Reinier Kraakman, & Richard Squire, *Law and the Rise of the Firm*, 119 Harv. L. Rev. 1333, 1397 (2006).

任。但本法并未规定忠实义务或注意义务，而仅是预设忠实义务与注意义务在普通法上的存在。信托的信义义务人负有与公司的信义义务人相似的注意义务，但违反注意义务的责任，在信托法与公司法中却大不相同。就注意义务而言，受托人的角色为谨慎地管理信托资产，经典的受托人之职，本质上并非一种承担风险的事业，而是一种承担注意的事业，因此，受托人负过失责任，公司董事仅在有重大过失时始可被认为违反注意义务。类似地，特拉华州法院亦认识到，信托法的忠实义务亦严于公司法。[4242]受托人未能忠于信托文件所设要求，本身即构成违反忠实义务。[4243]然而，《特拉华州商业信托法》并未规定违反注意义务以过失责任为准则，亦未规定未忠于信托协议在任何情形中皆导致违反忠实义务。

《特拉华州商业信托法》的立法意旨为，容许当事人依商业信托用途之变化，议定高于或低于传统受托人责任标准的责任标准。商业信托之用途已超出信托的传统用途（诸如促进财富的无偿转让）。《特拉华州商业信托法》最初文本的立法纲要称："本法案对基于商业目的而设立的普通法信托予以制定法上的承认，如同马萨诸塞州多年前所为者一般。商业信托为货币市场共同基金、不动产投资信托及涉及证券化的其他投资实体所偏爱的实体形式。"[4244]相似地，现行法意使商业信托当事人改变信义义务人的义务，以便最佳地适应特定种类的商业事业。

本信托协议第18条第a款以"管理受益人的责任准则"为题约定："管理受益人及其关联人善意地认定其行为符合本信托的最大利益，且该行为不构成管理受益人或其关联人的过失或不当行为（misconduct）的，管理受益人及其关联人对本信托因管理受益人或其关联人的行为所受损失不承担责任。"第18条为一项免责条款，并不能由此得出管理受益人或其关联人对信托不负义务之结论。该条第a款并未提及Cargill及CIS是否对本信托负有任何信义义务。未能免除某一实体违反义务之责任，并不必然意味着该实体不负义务。因此，本信托协议并未免除Cargill及CIS依信托法而对本信托所负的所有义务。

其二，本法是否已取代Cargill及CIS依信托法所负义务？

Cargill及CIS认为，《特拉华州商业信托法》第3806条第a款已免除

［4242］ 特拉华州法院早在19911年即已承认公司法的忠实义务比信托法忠实义务宽松。Stegemeier v. Magness，728 A. 2d 557，562 n. 22（Del. 1999）［引用Eberhardt v. Christiana Window Glass Co.，81 A. 774，778（Del. Ch. 1911）］.

［4243］ Cinerama，Inc. v. Technicolor，Inc.，663 A. 2d 1134，1148（1994）.

［4244］ Substitute No. 1 for S. 355，134th Gen. Assembly 7，66 Del. Laws c. 279，§ 1（1988）.

Cargill或CIS的责任。法院认为，第3806条第a款第4句规定："在商业信托文件订定的范围内，指示权人不因指示权的存在或行使而对商业信托或受益人承担义务（包括信义义务）或责任。"该句规定为容许规范，本信托文件未订定指示权人不负信义义务。据此，本法并未排除普通法上默认信义义务的适用。

（3）争点之三：JWH提出的事实是否足以支持合理的推论——Cargill及CIS对本信托负有信义义务且已违反信义义务？

法院援引*USACafes*诸判例，肯定Cargill及CIS对本信托负有信义义务，但未采信JWH援引NASAA指南作为判定信义义务的依据。

公司因控制普通合伙人而对该普通合伙人所管理的合伙负有忠实义务。[4245]更一般地，控制普通合伙人的各种"上游"（upstream）实体，对有限合伙或有限合伙人负有信义义务。[4246]在*Bigelow*案中，法院阐明可能引发此类信义义务的案型：单纯对普通合伙人持有股权（无论直接持有还是间接持有），不引发信义义务；对普通合伙人财产实施控制的普通合伙人之关联人，可能对有限合伙及其有限合伙人皆负有信义义务。[4247]在*Primedia*案中，法院判定，某私募股权集团虽非某公司控股股东，仍对该公司其他股东负有信义义务，因为该集团通过一个由多个中介实体组成的复杂结构控制该公司。[4248]在此情形，为证明该集团对该公司负有信义义务，原告应证明该集团对该公司所为系争行为有实际控制。[4249]

源自信托法、为*USACafes*诸案承认的信义义务，可适用于本案，因为信托协议与商业信托法皆未排除其适用。Cargill及CIS未能提供有说服力的依据，用以论证受托人的母公司、普通合伙人的母公司或董事、*USACafes*案及其后继者中处理的类似主体之间有何重要区别。

本信托协议将受托人职能转托于管理受益人，管理受益人由此对信托负有信义义务。本信托协议进一步约定："除本协议另有约定或招募说明书另有揭示外，在任何情形下皆不得视为受益人已约定选择排除管理

[4245] James River-Pennington, Inc. v. CRSS Capital, Inc., 1995 WL 106554, at *11 (Del. Ch. Mar. 6, 1995); Wallace v. Wood, 752 A. 2d 1175, 1182 (Del. Ch. 1999).

[4246] Bigelow/Diversified Secondary P' ship Fund 1990 v. Damson/Birtcher Partners, 2001 WL 1641239, at **1-2, 8-9 (Del. Ch. Dec. 4, 2001).

[4247] Bigelow/Diversified Secondary P' ship Fund 1990 v. Damson/Birtcher Partners, 2001 WL 1641239, at *8 (Del. Ch. Dec. 4, 2001).

[4248] In re Primedia Inc. Deriv. Litig., 910 A. 2d 248, 258 n. 26 (Del. Ch. 2006) [引用Wallace v. Wood, 752 A. 2d 1175, 1175 (Del. Ch. 1999)].

[4249] In re Primedia Inc. Deriv. Litig., 910 A. 2d 248, 257 (Del. Ch. 2006).

受益人依普通法对受益人所负之信义义务。”基于*USACafes*诸判例所述的信义义务，可认定Cargill及CIS对本信托负有信义义务，此种义务依赖于Refco交易的性质、Cargill及CIS对CISI同意向Refco的关联人转让外汇交易协议之决策实施控制的种类及参与的程度。

JWH又主张，依据北美证券管理者协会制定的期货资产池运营者注册指南（North American Securities Administrators Association Guidelines for Registration of Commodities Pool Operators，NASAA指南），Cargill及CIS为本信托的发起人，对本信托负有忠实义务。依据该指南第Ⅶ条第A款规定，发起人负有安全保护信托基金与资产的不可免除的信义责任，除非完全为了信托的利益，不得使用或允许他人使用此类基金或资产。该指南所定义的发起人，包括对信托设立起直接或间接作用之人以及满足“管理受益人之关联人”定义之人。Cargill及CIS符合上述定义及要求。

法院未采纳上述意见。不同于已采纳本指南的20个州或非正式地沿用本指南的另外13个州，特拉华州并未采纳本指南；更重要的是，本信托协议并未显示当事人有意将本指南关于发起人信义责任的条款订入协议，事实上，本信托协议仅采纳并订入本指南的少量条款。本指南关于发起人的定义被订入本协议第22条，但发起人一词在协议其他条款中再无踪影。而且，第22条序文明示：本协议订入的NASAA指南定义，并非在任何情形下皆与本协议有关。因此，推断Cargill及CIS负有本指南中的信义义务，并无根据。

JWH主张Cargill及CIS对本信托负有忠实义务、注意义务、坦诚义务（duty of candor）、披露义务、保护信托资产安全义务、不得使CISI投资违反其对本信托所负信义义务之义务。在预审阶段，当事人并未就此义务的确切范围作出说明，因此本案仅讨论忠实义务，同时不排除其他信义义务的存在。

*USACafes*案并未明确界定母公司信义义务的完整范围，但已提及，此项义务当然涉及不得利用对合伙财产的控制为公司董事牟利而以合伙利益为代价。[4250]适用同样的原则，Cargill及CIS不得利用对信托的控制以信托为代价为己牟利。JWH应提出足以得出下列两点合理推论的特定事实：第一，Cargill及CIS在Refco交易中对信托或信托资产实施控制；第二，实施控制是为己牟利而牺牲信托的利益。

[4250]　In re USACafes, L. P. Litig., 600 A. 2d 43, 49 (Del. Ch. 1991).

第一，Cargill及CIS是否实施控制？

法院认定Cargill及CIS控制了CISI同意转让Forex协议的决策，足以合理推断出Cargill及CIS控制本信托及其资产以促进Refco交易之完成。

第二，Cargill或CIS的控制是否为己牟利而以本信托为代价？

CISI副总裁及本项交易律师承担利益冲突角色、对CISI终止Forex协议能力之限制、对本交易的同意未经独立的风险收益评估，上列事实足以推断CISI之同意是由为Cargill及CIS牟利的动机所驱使。Cargill经出卖Forex协议而获得40亿美元对价，显然从中获利，CIS亦从将CISI控制权出卖于Refco以及Forex协议相关转让中获利。

转让交易不利于本信托，亦见于下列事实：本信托的公开披露信息文件已向投资者提示，受益人面对的最重要的风险之一为CISFS可能不能依据Forex协议履行。从Refco的一贯经历来看，该公司经营方式的风险远高于CISFS。转让方并未为本信托补偿此种风险，Refco因以较低价格获得本信托的账户而获利。Refco可能为此利益向Cargill支付对价，但并未向本信托支付对价。对此甚至无须细究，因为Cargill从Forex协议之出卖中已通过多种显而易见之方式获利，而本信托最终因此遭受3000万美元以上损失，Forex协议若不转让，将不致如此。上述事实足以表明，Cargill及CIS控制CISI，并使CISI为他们自己利益、出于对本信托并无可见利益的原因而同意转让Forex协议。

（4）争点之四：帮助与教唆管理受益人违反信义义务之主张能否成立？

主张帮助与教唆信义义务的请求权有四项要件：存在信义关系；信义义务人违反信义义务；信义义务人以外之人知晓该违反信义义务之行为而参与其中；原告因信义义务人与非信义义务人的相关行为遭受损害。[4251]

要件一，管理受益人的信义义务。涉案信托协议明文约定管理受益人的信义义务："管理受益人负有为本信托最大利益处理信托事务之信义义务。不得迫使管理受益人代表本信托实施任何不利于管理受益人对之负有类似信义义务的其他期货资产池之行为……管理受益人的信义义务包括保护信托全部基金及资产的安全，并为信托的利益使用此类基金及资产。信托的基金不得混入任何其他人或实体的基金（将基金存管于期

[4251] Globis Partners, L. P. v. Plumtree Software, Inc., 2007 WL 4292024, at *15 (Del. Ch. Nov. 30, 2007).

货或证券经纪商、结算交易商不应被视为混入)。关于信托财产，管理受益人不得实施对信托无利益的行为。管理受益人任何时候皆应正直、诚信行事，并应在与信托经营活动及解决利益冲突有关的全部活动中尽适当的勤勉义务。"[4252]法院认为，本信托协议描述管理受益人信义义务之用词，体现了传统信义义务的概念。尽适当勤勉的义务相当于传统的注意义务，为信托最大利益管理信托以及不得实施对信托无利益之行为的义务，则为忠实义务之替身。为向单位持有人说明管理受益人的职能，本信托在招募说明书中特别提及管理受益人在功能上相当于有限合伙的普通合伙人。[4253]JWH主张上列条款并未取代管理受益人的普通法信义义务，对此，法院认为，对于帮助与教唆违反信义义务之请求，基础违反行为是基于普通法信义义务还是约定信义义务，并不相干，换言之，此种请求不依赖于信义义务的来源。[4254]

要件二，管理受益人违反信义义务。JWH主张CISI作为管理受益人已违反信义义务。理由之一为，CISI明知本信托的主要信用风险为CISFS不能依Forex协议履行义务(招募说明书中已披露此风险)。CISFS处理Forex项目时，几乎为存管于CISFS的信托基金创设了一个无风险的情境，因为CISFS对信托的现金投资谨遵保守原则，订立期货合同亦仅选择资本良好的机构；由于CISFS存管的较低风险，本信托得以获得类似于美国政府证券的近似无风险之利率。相反，Refco以风险远高于CISFS之方式运营Forex项目，例如，动用一个不受监管的百慕大实体从事业务(不受美国关于要求分隔客户资产之条例的监管)，Refco的关联企业RCM作为新任管理受益人，亦未能与资本良好的机构订立合同，以致增加信托的风险。此外，鉴于Refco一贯的不良记录，Cargill及CIS至少应调查注意Refco的背信行为以及将信托资产移交Refco及RCM控制之风险。在此情形下，具有同意或不同意转让Forex协议之权力的管理受益人CISI，应察看RCM是否适合于保护信托资产的安全。

另一事实亦可进一步支持调查Refco适格性的正当理由。在向Refco出卖Forex协议之前，基于Refco在行业中的负面声誉以及反复违反监管法规之行为，CISI的受雇人已表示对此项交易的不信任与忧虑。Refco

[4252] JWH Global Trust, The Declaration and Agreement of Trust § 9(b).

[4253] Cargill, Inc. v. JWH Special Circumstance LLC, 959 A. 2d 1096, 1126(Del. Ch. 2008)(引用Aug. 2005 Prospectus at 71).

[4254] Fitzgerald v. Cantor, 1999 WL 182573, at *1(Del. Ch. Mar. 25, 1999).

的某些违法行为并非时过境迁，而是尚在眼前，并且确已引起CISI受雇人的负面反应，因此更足以合理推断CISI注意到RCM可能并非适当的交易者。在此，CISI至少违反了对本信托的注意义务及保护信托资产安全之义务。

Cargill及CIS援引*Terrydale*案判例试图脱责。该案对不动产投资信托受托人适用商业判断规则，而非严格的传统信托法标准。[4255]本案法官认为，*Terrydale*案的争点为特定的商业信托受托人的营利职责，而非本案中受托人的传统职责：保存信托财产。在此，JWH的主张近于未能如同存管人一般保存信托财产，而非CISI因商业判断导致信托资产减少之请求。

法院认为，CIS与CISI受雇人明知Refco信誉不良，仍未采取审慎措施以保护信托资产安全，类似地，没有明显的理由足以使人相信，将Forex协议转让于Refco将使本信托受益，由此可推断无人考虑本信托的最大利益。反诉进一步指出，CISI并未进行任何独立的法律或财务评估。事实上，可以合理地推断出，尽管CISI知道将信托资产交由Refco处理之危险，但对Refco及RCM根本未作任何调查。其他事实亦显示，CISI主要是为了结束Forex协议项下的业务，而非注意本信托的最大利益。因此，CISI同意将Forex协议转让于Refco的关联人RCM，违反对本信托的注意义务与忠实义务。

要件三，Cargill及CIS知情而参与违反信义义务。Cargill及CIS知道CISI对本信托负有信义义务。CIS的受雇人（兼任CISI的首席执行官）指令CISI应实施为转让Forex协议所必需的任何行为，这表明Cargill及CIS参与到系争行为之中。而且，兼为CIS受雇人的CISI副总裁完成了对转让交易的同意。特定的事实足以合理支持下述推断：CISI同意转让Forex协议，此项交易是为Cargill及CIS之利益而不考虑本信托的利益，Cargill及CIS由此知道CISI违反信义义务。

要件四，Cargill及CIS、CISI的相关行为致本信托遭受损害。若无CISI的同意行为以及Cargill及CIS的帮助与教唆行为，本信托将不致遭受如此巨大的损失。

（5）争点之五：一般过失之请求

JWH并引用*Harris v. Carter*案主张一般过失之请求。该判例的法

[4255] Terrydale Liquidating Trust v. Barness, 611 F. Supp. 1006, 1016(S. D. N. Y. 1984).

则为，当出卖某一实体、且情况足以警示一个合理谨慎之人注意到买受人将会损害基础实体之风险时，控制该实体之人对该实体的组成方（constituents）负有尽适当勤勉之义务。[4256]Cargill及CIS注意到Refco将会劫掠本信托的资产而将本信托的控制权及资产出卖于Refco，因此应依上述一般过失理论承担责任。

Cargill及CIS辩称，其一，本信托协议第18条已否定一般过失之请求。其二，JWH不能说明任何基础义务之存在，因为*Harris*案及两个类似判例仅涉及控制股东之义务，而非信义义务人的母公司之义务。其三，JWH亦未提出证据足以表明Cargill及CIS已受到Refco不诚信的风险警示。

法院认为，本信托协议第18条并未否定Cargill及CIS之责任，前已提及，因此第一项辩解理由不能成立。Cargill及CIS的受雇人已注意到与Refco相关的风险，前已述及，因此第三项辩解理由，不足采信。第二项理由涉及Cargill及CIS在本案情形下的责任标准。基础实体信义义务人的母公司与祖公司义务以及可适用的责任标准或审查标准之精确性质，尚未得到充分发展，此种现象部分归因于商业信托法领域的先例不多，以及在动议审理阶段事实与法律分析尚未充分展开。法院在本案中仍驳回该Cargill及CIS之动议。

第八节 受托人的权力与权利

一、权力与权利

受托人权力或权限（power），与受托人权利（right）系不同概念。

其一，受托人权限非为受托人自己利益而享有，而是为他人（商业信托或受益人）利益或其他目的（公益目的或其他目的）而享有。受托人权利为受托人自己利益而享有。

其二，受托人可自由决定放弃权利，但不得自由决定放弃权限。受托人权限的行使或不行使，须遵守受托人信义义务，换言之，受托人权限的行使与不行使、放弃与否，须依是否有利于商业信托或受益人利益而定。

其三，受托人权力附属于受托人职位，非属受托人固有财产，受托人

[4256] Harris v. Carter, 582 A. 2d 222, 235 (Del. Ch. 1990).

离职后，不再享有受托人权力。受托人权利一般属于受托人固有财产，受制于受托人债权人的权利，受托人的债权人可申请执行、可代位行使受托人权利（报酬请求权、补偿请求权等），[4257]但不得代位行使受托人权力。受托人权利不因受托人离职而消灭。

其四，权利人不因行使权利而对他人负有合同义务或其他义务，亦不因行使权利而引发责任，[4258]除非构成滥用权利。滥用权利为法律严格限制的例外情形，滥用权利行为受法律禁止或限制，以致不能发生行使权利的效力。但是，行使权限，常有可能构成违反义务，并引发责任；同时，行使权限即使构成违反义务且引发责任，仍可发生行使权限的效力。[4259]

其五，违反义务可阻却权利之行使，但不当然阻却权力之行使。受托人违反信托义务的，不得行使其报酬请求权，或其报酬应予减少。但受托人违反信托条款，将信托基金支付于第三人时，受托人仍有权力为信托之利益请求第三人返还财产；受托人有权撤销自己或其前任受托人所为欺诈商业信托之交易。[4260]

我国《信托法》及其他法律法规对受托人权力基本未作规定。英美信托法上的相应规则及理念，可作为解释适用我国法的参考。

二、受托人的权力

（一）受托人的权力范围

一般情况下，商业信托受托人掌握经营管理之全权，包括有权持有、处置商业信托财产、对商业信托财产进行投资与再投资或转投资；受托人独立行使权力，无须征求受益人意见或经受益人同意。[4261]

传统上，对商业信托受托人权力条款的解释，不同于偏重于保守倾

[4257] Downey Co. v. 282 Beacon St. Trust, 292 Mass. 175, 197 N. E. 643(1935).

[4258] Wesley Newcomb Hohfeld, *Fundamental Legal Conceptions* 36(1919).

[4259] 例如，被代理人有指示代理人的权限，如其指示违反被代理人与代理人之间的合同，代理人有权请求被代理人承担违约责任，但仍应服从被代理人的指示。Restatement (Third) of Agency § 8.13 cmt. b(2006); Restatement (Second) of Agency § 432 cmt. b(1958). 又如，公司股东有解任董事之权力，但行使权限行为可能违反公司的合同义务，如董事聘用合同约定公司无正当理由不得提前解任董事，否则应负赔偿责任；此时董事可请求公司承担违约责任，但仍应服从股东行使权力之行为，无权请求恢复董事职位。信托关系亦同此理。

[4260] Wichita Royalty Co. v. City Nat. Bank of Wichita Falls, 127 Tex. 158, 89 S. W. 2d 394(1935). 该判例的另一理由为，追回因对信托实施欺诈而被处分的财产，既为受托人的权利，亦为受托人的义务；受托人的个人权利同其代表受益人之权力相互分离。

[4261] Thomle v. Soundview Pulp Co., 181 Wash. 1, 42 P. 2d 19(1935).

向的普通信托法解释原则；例如后者对受托人的权限范围传统上作严格解释。[4262]按照普通信托法的传统规则，受托人权限限于信托条款所授权限。[4263]《第二次信托法重述》具体列举了受托人出卖信托财产、借款、以信托财产设定担保等各种权限并划定不同的限制。[4264]早期的普通信托法对受托人的明示权限（信托文件明确授予的权限）作严格的解释，对于从信托条款中探求受托人的默示权限，极为勉强。[4265]

普通信托法关于受托人权力的立场，与普通信托的历史及功能有关。从历史上看，自中世纪晚期至20世纪早期，无偿受托人的主要职责是单纯持有家庭财产，并将其转移给委托人的后代。[4266]土地是当时信托财产的主要类型，不需要受托人享有广泛的投资权限。从功能上看，普通信托以保存与保护信托财产为宗旨，受托人权限越广，越易危及信托财产安全性及受益人利益，因此受托人权限与受益人利益往往处于此消彼长的紧张关系之中，传统信托法正是基于此种理由而对受托人权限扩张深怀警惕。

但对商业信托而言，上述规则与理念不够灵活，难应商业经营之需。商业信托的首要目标在于积极运用信托财产以谋求较高利润回报，而不以信托财产安全为首要目的。相应地，受托人角色更为积极，既然如此，非授予其较为广泛的权限，不足以充分发挥其专业优势与创新精神。由于普通信托法关于受托人的规则仅为任意性规范，故在实践中对商业信托的发展几乎没有发生影响。[4267]商业信托文件通常在订定商业信托目的与经营范围之后，详列受托人各方面的权限与义务。[4268]商业信托文件特

［4262］ Bomeisler v. M. Jacobson & Sons Trust, 118 F. 2d 261（C. C. A. 1st Cir. 1941）, cert. denied, 314 U. S. 630, 62 S. Ct. 61, 86 L. Ed. 505（1941）. 早期的普通信托法对受托人权限作严格的解释。William F. Fratcher, *Trustees' Powers Legislation*, 37 N. Y. U. L. Rev. 627, 658（1962）.

［4263］ Restatement（Third）of Trusts § 85 cmt. a（2007）; Uniform Trust Code § 815 cmt.

［4264］ Restatement（Second）of Trusts § § 188-193（1959）. 根据特拉华州判例法，受托人有下列权限：作出投资决策；为主张信托的权利而起诉；支付信托管理所需费用；将管理信托的某些职能转托于他人；在担保充分的条件下出卖信托财产等。Wilmington Trust Co. v. Coulter, 41 Del. Ch. 548, 200 A. 2d 441（1964）; Bankers Trust Company v. Duffy, 295 A. 2d 725（Del. Supr., 1972）; Delaware Trust Co. v. DuPont, 28 Del. Ch. 166, 194 A. 31（1937）.

［4265］ William F. Fratcher, *Trustees' Powers Legislation*, 37 N. Y. U. L. Rev. 627, 658（1962）.

［4266］ John Morley, *The Common Law Corporation: The Power of the Trust in Anglo-American Business History*, 116 Colum. L. Rev. 2145, 2195（2016）.

［4267］ Id. at 2196.

［4268］ Rhode Island Hospital Trust Co. v. Copeland, 39 R. I. 193, 98 A. 273（1916）; Reeves v. Powell, 267 S. W. 328（Tex. Civ. App. Austin 1924）, writ dismissed w. o. j.,（Jan. 14, 1925）; Gutelius v. Stanbon, 39 F. 2d 621（D. Mass. 1929）.

别订定受托人权限与义务的，受托人仅有此种权限，[4269]但法院往往对此种信托条款作出较为宽泛的解释，[4270]常见理由为受托人权限可由商业信托文件明示订定，亦可从商业信托文件的其他条款中默示认定。[4271]

当代实务中，商业信托文件通常在详细列举受托人各种权限之后，以概括授权条款加以补充，诸如"其他为实现商业信托目的所必要或便于实现商业信托目的之权限"。概括授权条款事实上废弃了普通信托法的传统规则，亦为《统一商业信托法》明文确认。此与组织法的一般规则相当。

当然，基于合同自由原则，商业信托文件可约定受托人仅具有极有限的权力。例如，资产证券化交易中，受托人一般仅承担事务管理性的角色（ministerial role），信托契约自会严格限定其权力。

不过，随着现代经济条件与市场环境变化以及信托事业的发展，对受托人作列举式授权并分别设定不同限制的做法，在普通信托法上已然有所改变。《统一信托法典》已倾向于从宽认定受托人权限。[4272]《第三次信托法重述》不再详细列举各种受托人权限，而仅以一个条文确立受托人的权限，对于受托人的各种具体权限，则在条文评注中指明受托人行使相应权限时的行为准则。除非信托文件另有订定、制定法另有规定或法院另有指示，受托人享有广泛的权限，包括出卖信托财产、出租信托财产、借款、以信托财产设定担保、设立公司或其他组织以处理信托事务、抛弃信托财产等。[4273]在此方面，普通信托法和商业信托法上默认规则的差距正

[4269] Greer Inv. Co. v. Booth, 62 F. 2d 321 (C. C. A. 10th Cir. 1932).

[4270] Lambach v. Anderson, 228 Iowa 1173, 293 N. W. 505 (1940); Bomeisler v. M. Jacobson & Sons Trust, 118 F. 2d 261 (C. C. A. 1st Cir. 1941), cert. denied, 314 U. S. 630, 62 S. Ct. 61, 86 L. Ed. 505 (1941).

[4271] Gutelius v. Stanbon, 39 F. 2d 621 (D. Mass. 1929); Walker v. Close, 98 Fla. 1103, 125 So. 521 (1929), reh' g denied, 98 Fla. 1103, 126 So. 289 (1930); Jesseph v. Carroll, 126 Wash. 661, 219 P. 429 (1923). 受托人可在授权范围内，在商业信托财产上设定抵押权等担保权，以担保信托债务的履行，判例法甚至认可受托人可以在信托文件默示授权的情况下设定担保权。Industrial Lumber Co. v. Texas Pine Land Ass' n, 31 Tex. Civ. App. 375, 72 S. W. 875 (1903), writ refused.

[4272] Uniform Trust Code § § 815-816.

[4273] Restatement (Third) of Trusts § 86 cmt. c-f (2007). 以借款权为例，普通信托法原先对受托人的借款权持较为严格的态度，鉴于当时对借款行为风险性的认识，在信托文件未明文授予受托人借款权时，法院不会确认受托人有借款权，甚至在为促进信托的有效率管理而有必要借款的情况下亦是如此。ⅡA Austin W. Scott & William F. Fratcher, *The Law of Trusts* § 164 (4th ed. 1987). 此后，各州立法与信托业实务越来越多地强化受托人的借款权，立法者与法院意识到，比之清理或出卖信托财产用以满足信托的需要，谨慎的借款更有优势；面对处于不断变化之中的特定信托的具体情势、考量与机会，以及变化无常的基本经济状况、金融概念与金融实践、与时俱进的税收规则，受托人借款权是一种能够回应上述情况的、深具价值的手段。基于此种认识，现代信托法大幅改变对借款权的传统态度，给予借款权与其他权限平等的待遇。放宽借款权的立法，参见George Gleason Bogert & George Taylor Bogert, *The Law of Trusts and Trustees* § 763 (rev. 2d ed. 1993)。

在缩小。但是，倾向于概括式权限的新规则是否过度削弱对普通信托（尤其是管理不动产的信托）受益人的保护，仍有检讨余地。[4274]

（二）行使权限与遵守信义义务

受托人享有广泛权限，绝不意味着受托人可随意行使权限。依据英美普通信托法，受托人在决定是否行使权限与如何行使权限时，应尽信义义务。[4275]加利福尼亚州关于普通信托的主要制定法《加利福尼亚州遗嘱法典》明文规定："信托文件、制定法或法院对受托人授予权限之事实本身，不意味着要求或容许受托人行使该权限。受托人行使其权限须服从于该受托人的信义义务。"[4276]受托人行使任何权限时，信义义务均如影随形，须臾不可分离。

商业信托法、非公司企业法与此一致。[4277]美国有判例认为，即使受托人被授予经营管理商业信托的排他性权力，亦不得为自身利益使用商业信托财产（遵循忠实义务）。[4278]《特拉华州商业信托法》等州法未明文规定上述规则，应适用普通信托法。但因普通信托受托人信义义务与商业信托受托人信义义务不尽一致，此项规则虽然在普通信托法与商业信托法上表述一致，但是适用有异。

《第三次信托法重述》详细例示受托人行使几种主要权限时的行为基准。[4279]普通信托法不区分受托人行为基准与责任基准，受托人未遵守此类行为基准，均可能构成违反信义义务。商业信托受托人行为适用商业判断规则，法院审查基准宽于普通信托法。以受托人出租权为例，普通信托受托人出租信托财产时，在选择承租人、确定租金数额、确定租赁期限、确定出租人与承租人的权利义务的事项中，应尽合理注意、技能与审慎，并应考虑出租财产的性质、条件，以及相关不动产市场的习惯做法与有关情形。[4280]受益人认为受托人在上述各环节中未适当履行义务的（例如，受

［4274］　批评意见，参见［日］能见善久：《强化违反信托时对受益人的保护》，载朱晓喆主编：《中国信托法评论》（第2卷），法律出版社2020年版，第131~132页。

［4275］　Restatement（Third）of Trusts § 86（2007）.

［4276］　California Probate Code § 16202.

［4277］　例如，有限合伙协议授予普通合伙人解释权的，普通合伙人在解释合伙协议条款时，仍负有忠实义务与注意义务。如普通合伙人解释合伙协议关于普通合伙人解任的条款时，须为有限合伙的最大利益进行解释，不得作出片面有利于己的解释，否则即违反信义义务。Alpine Inv. Partners v. LJM2 Capital Mgmt.，L. P.，794 A. 2d 1276（Del. Ch. 2002）.

［4278］　Wichita Royalty Co. v. City Nat. Bank of Wichita Falls，127 Tex. 158，89 S. W. 2d 394（1935）.

［4279］　Restatement（Third）of Trusts § 86 cmt. c-f（2007）.

［4280］　Restatement（Third）of Trusts § 86 cmt. c（1）（2007）.

托人未尽足够谨慎义务)，可诉至法院，受托人的上述具体行为均可能成为法院的审查对象。但商业信托受托人的决策适用商业判断规则，且受托人谨慎义务不如普通信托法严格，受益人或商业信托仅证明受托人未尽足够谨慎，尚不足以触发对受托人行为的司法审查，更不足以判定受托人违反义务；如果受托人不存在故意违法、重大过失、利益冲突之类情形，法院不审查、也无权审查受托人的商业决策。受托人不因正当行使权限而承担责任。[4281]

此外，受托人在行使权限时的考虑因素不尽相同。例如，普通信托受托人在确定租赁期限时，应着重考虑两大事项：第一，作为信托投资项目之一的租赁，必须实现风险与回报的平衡；第二，必须保障剩余受益人在信托终止时能够得到无负担的信托财产。[4282]商业信托受托人出租信托财产，则无义务考虑特定受益人的利益需求，因为商业信托任一受益人对特定的信托财产不享有权益，受托人亦无特别考虑受益人个别需求之义务。

(三)越权行为

受托人的越权行为，与商业信托超越其目的的行为，虽有关联，但不等同。除信托文件另有订定外，受托人的行为不得超越信托目的，因此，受托人超越信托目的而行为，一般属于越权行为；但受托人越权行为，未必超越信托目的。[4283]

依美国判例法，受托人须在其权限范围内行事，方可对商业信托发生约束力。[4284]与受托人交易且知道其受托人身份的第三人，应确认受托人的权限范围；[4285]与某一受托人交易的第三人，知道该受托人是代表其他受托人行事的，应了解该受托人的授权范围。[4286]第三人与受托人交易且知其并非完全所有人而仅系受托人，当受托人以所有人身份且为其自己的特殊利益处分并使用信托财产时，第三人在法律上有义务了解受托人

[4281] 例如，在科罗拉多州的判例中，商业信托的前任受雇人通过违反信义义务、使用保密信息的手段购买受益权，受托人拒绝办理转让手续，购买人因而诉请强制转让，被法院驳回。Wimer & Co. v. Downs, Inc., 77 Colo. 377, 237 P. 155(1925).

[4282] Restatement(Third) of Trusts § 86 cmt. c, c(1)(2007).

[4283] 例如，信托目的仅限于从事特定营业，同时信托文件限定受托人在该营业范围内所作重大决定，应经受益人同意，此时受托人未经受益人同意而作出该决定，即构成越权行为，但并不违反信托目的。

[4284] Sykes v. Parker, 250 Ill. App. 299, 1928 WL 4146(1st Dist. 1928), cert. denied; West Side Oil Co. v. McDorman, 244 S. W. 167(Tex. Civ. App. Amarillo 1922).

[4285] De Witt v. Cabanne, 2 F. 2d 322(C. C. A. 3d Cir. 1924); Downey Co. v. Whistler, 284 Mass. 461, 188 N. E. 243(1933).

[4286] Horowitz v. State St. Trust Co., 283 Mass. 53, 186 N. E. 74(1933).

的行为是否越权。[4287]第三人知道受托人的实际权限的，不得依赖受托人的外观权限。[4288]

上述规则，与代理法及组织法规则在本质上是一致的：与代理人或代表人交易的第三人，知道或应当知道代理人或代表人欠缺授权的，不受表见代理或表见代表规则的保护；第三人被推定为善意，但如证明其实际知道越权或有过失不知越权的，不得对抗本人。此为美国各种商业组织法上的共通规则。[4289]我国法的立场类似，例如，《民法典》合同编第504条、《民法典》总则编第61条第3款关于越权代表行为的规定以及第172条关于表见代理的规定。

代理法、公司法、合伙法、有限责任企业法在越权问题上之所以大同小异，一个重要的原因是，没有理由让公司的债权人承受比有限责任企业的债权人更重的负担，[4290]余者类推。如果法律规定越权行为对企业绝对有约束力，将导致恶意第三人同受保护，显然有悖于法律不保护恶意者的基本精神；而若规定越权行为对企业一律无约束力，又可能严重危及交易安全，使善意第三人遭受无端损失，而企业更有能力、也更有动力防止企业管理者实施越权行为——企业能够以更低成本防止损害，因此由企业（而不是善意第三人）承担越权行为的后果，是有效率的。如果某类商业组织法对企业保护过度，此类商业组织就会因遭受潜在交易相对人的疏远而在交易中遭遇劣势，这会驱使各种商业组织法都倾向于实施折中型

[4287] Wichita Royalty Co. v. City Nat. Bank of Wichita Falls, 127 Tex. 158, 89 S. W. 2d 394 (1935).

[4288] Rand v. Farquhar, 226 Mass. 91, 115 N. E. 286 (1917).

[4289] 在有限合伙中，普通合伙人为有限合伙的代理人，普通合伙人在执行有限合伙事务的常规过程中的行为，对有限合伙有约束力，但普通合伙人对特定事项未经授权且与普通合伙人交易之人知道普通合伙人无授权的除外；普通合伙人未在常规过程中处理有限合伙事务的，其行为须经全体其他合伙人授权才对有限合伙有约束力。Uniform Limited Partnership Act § 402 (2001). 因普通合伙人在从事有限合伙活动的常规过程中的行为或者经有限合伙授权的行为而发生的债务，由有限合伙承担责任。Id. § 403. 在有限责任企业对外关系上，有限责任企业法与普通合伙法一般，适用代理法的原则。在成员管理型有限责任企业中，每一个成员都是企业的代理人，成员以企业名义实施的行为或者以通常方法处理企业营业或事务时的行为，对有限责任企业有约束力，除非与成员交易的第三人知道该成员未获授权；在经理管理型有限责任企业中，成员不是企业的代理人，每一个经理是企业的代理人，经理以企业名义实施的行为或者在处理企业营业或事务时的行为，对有限责任企业有约束力，除非与经理交易的第三人知道经理未获授权。American Bar Association's Prototype Limited Liability Company Act § 301 (A), (B) (1992). 成员或经理非以通常方法处理企业营业或事务的行为，对有限责任企业无约束力，但已经依照有限责任企业协议获得授权的除外。Prototype Limited Liability Company Act § 301 (C). 成员或经理实施越权行为，而第三人知道对授权的限制的，该行为对有限责任企业无约束力。Prototype Limited Liability Company Act § 301 (D).

[4290] American Bar Association's Prototype Limited Liability Company Act § 301 (C) (1992).

的规则。至于第三人应尽交易上必要的注意，否则可能因被证明为知情而成为恶意第三人，此种要求亦未逾越正当界限，且与交易习惯或通常做法相符。[4291]

三、受托人获取信息权

获取关于商业信托营业与事务的信息，为受托人正常履职的前提。《特拉华州商业信托法》规定：除商业信托文件另有订定外，每一受托人基于同其受托人职位有合理联系的任何目的，有权查阅下列全部信息：商业信托文件副本、信托证书及其修改证书副本以及据以签署商业信托文件、信托证书及其修改证书的律师书面授权文件的副本；载明每一受益人与受托人姓名或名称，以及已知的其当前营业地址、居住地址或邮寄地址的列表；关于商业信托营业与财务状况的信息；其他关于商业信托事务的正当合理的信息。[4292]

《特拉华州商业信托法》对受托人获取信息权的限制，宽于对受益人获取信息权的限制。前者仅受制于“与受托人职位有联系的合理目的”，后者则受制于“任何与该受益人以受益人身份享有的权益有合理联系的目的、经合理要求”，且受托人可设定受益人获取信息的合理标准（包括订定何种信息、何种文件在何时、何地提供以及由何人付费的标准）。[4293]此外，受托人对特定秘密信息的保密权，可对抗受益人获取信息权。区别的原因在于，受托人负责商业信托的经营管理，知晓与商业信托营业及事务有关的信息，为履行受托人职责所必需；同时，受托人获取商业信托信息，一般不存在以竞争对手或其他敌意者身份获取秘密信息的威胁。[4294]

受托人有权获取的信息，限于与其职责有合理联系的信息。例如，证券投资信托的托管受托人，无权查阅关于信托基金营销渠道的信息，因为此类信息与托管人职责无关。普通信托法无此限制。究其原因，在于普通信托关于共同受托人的规则，是以共同受托人共同行事为预设前提（实务

[4291] 例如，在重要的交易中，债权人几乎毫无例外地会获取关于企业管理者授权的书面证据。American Bar Association's Prototype Limited Liability Company Act § 301 cmt.(1992).

[4292] Del. Code Ann. tit. 12, § 3819(a),(b). 该条称受托人有获取信息的“权利”(right)，用词有误，因获取信息权仅为受托人履行职责而存在，非为受托人的个人利益，其性质应为受托人权力。

[4293] Del. Code Ann. tit. 12, § 3819(a).

[4294] 商业信托法关于受托人获取信息权的规定，与公司董事获取信息权相似。董事获取信息权具有宽于股东获取信息权的特点，其法理基础不同于股东获取信息权。Robert W. Hamilton, *The Law of Corporations* § 19.1(5th ed. 2000).

常态亦是如此)，共同受托人大多同等程度地管理信托，因此原则上无须限制受托人获取信息权。商业信托受托人的分工程度更为细化，不同受托人分别管理特定的信托事务属于常态，遂有必要限制受托人的获取信息权。

《特拉华州商业信托法》规定，受托人提出查阅信息之要求，应采取书面形式，并说明提出要求之目的。[4295]此项义务是否属于任意规范，法律未予明确。此事项无关公共秩序，以解释为任意法为妥。

四、对受托人的指示

受托人并非在任何情形皆自主行使权力，在特定情形，受托人行使权力、履行职责，须服从他人指示。指示分为法院指示与其他人指示。法院指示权基于法律规定，其他人指示权取决于信托文件条款。

(一)法院的指示

关于普通信托，《第三次信托法重述》第71条规定：对于受托人的权力义务或信托条款的适当解释存在合理疑问的，受托人或受益人可申请适当的法院就信托的管理或分配作出指示。《统一遗嘱法典》有类似规定："法院对利害关系人提起的关于信托内部事项的程序有专属管辖权……本条所定程序包括……信托文件的解释……对受托人的指示……"[4296]

之所以赋予信托当事人申请法院指示的权利和法院进行指示的权力，《第三次信托法重述》所述的理由为，受托人不仅会因过失或不当行为而违反信托，还可能因为错误理解法律或信托文件所定受托人权力义务而违反信托。为避此风险，受托人在对信托条款或受托人权力义务发生合理疑问时，可申请法院指示。法院对受托人进行指示的权力，是法院对信托的衡平法管辖权之固有内容，久已得到历次《信托法重述》与各州制定法认可。[4297]同理，为保护受托人免于招致错误理解所引发的责任，受益人亦可申请法院指示。委托人一般无此权利。[4298]法院有权给予受托人指示与建议。[4299]法院的指示一般通过确认判决(declaratory judgment)的形式作出。[4300]适于指示的事项可以是关于信托法律的事项或关于信托文件的

[4295] Del. Code Ann. tit. 12, § 3819(e).

[4296] Uniform Probate Code § 7-201(a)(3)(Last Amended or Revised in 2008).

[4297] Restatement (Third) of Trusts § 71 & Reporter's notes (2007).

[4298] Restatement (Third) of Trusts § 71 cmt. a (2007).

[4299] George Gleason Bogert & George Taylor Bogert, *The Law of Trusts and Trustees* § 559 (rev. 2d ed. 1993).

[4300] Uniform Declaratory Judgments Act (1935).

事项，例如，受益人身份、受益人权益性质与范围、在本金与收入之间适当分配所得或分摊支出、信托终止时受托人进行分配的计划等。[4301]关于法院指示的规定，属于强行规范。

关于法院指示权的上述规则，不适用于商业信托。授予法院指示权，实质是由法院与受托人分享管理信托的权限。商业信托法规定：除商业信托文件另有订定外，商业信托的营业与事务应由受托人经营管理或在受托人指示之下经营管理。[4302]该规定授予受托人经营管理信托之全权，默示地排除法院指示受托人经营决策的权限。以默认规则的形式授予法院指示权，之所以不适合商业信托，至少有下列原因。

其一，法院指示权的初衷，是为保护受托人免因错误理解信托条款而违反信托。普通信托条款系委托人单方意思表示，有必要保护受托人因此蒙受不利。商业信托文件性质为合同，受托人一般作为合同当事人参与缔约，对合同条款理应有充分理解，纵然理解有误，亦应自担风险，与其他合同当事人无异，自不得以不明合同条款为由向法院寻求指示。否则乃是以他人利益之代价转嫁诉讼成本与交易风险。

其二，法院指示将使商业信托经营管理权责不清。当事人选任受托人作为经营管理者，自是因为信赖受托人之决策，同时，经营管理权归于受托人，受托人即须为其决策负责。由法院分享决策权，势必导致归责不明。若法院指示有误致商业信托受重大损失，能否向法院索赔？受托人可否免责？且不论法院须为此负责在法律上能否成立，纵然法律特别授予索赔权，实际行使此权利亦多有不便，加上受托人在此情势下的责任扯皮问题，更将扭曲企业的正常权责配置机制。在摒绝司法指示的情况下，管理行为成败与否，责任尽在受托人，法院指示的介入，却使决策权的主体由受托人一方增加为受托人与法院两方，受托人完全可利用商业判断事务固有的不确定性、利用法院处理此类问题的弱势，将可能引发争议的事项推给法院决定，转嫁责任或逃避责任，或者从事不负责任的行为。

其三，法院缺乏作出更优指示的能力。授予法院指示权，其隐含前提为，法院的决策能力优于受托人。此前提在商业信托领域难以成立。尽管依普通信托法规则，如某一事项属于受托人健全的自由裁量权之范畴，或是属于商业判断的事项，法院一般不会就如何行使裁量权或判断问题

[4301] Restatement (Third) of Trusts § 71 cmt. c (2007).

[4302] Del. Code Ann. tit. 12, § 3806 (a).

对受托人作出指示。[4303]但是，在商业信托环境中，何种事项属于自由裁量，并无明确规则或标准可循，[4304]法院亦欠缺明智判断商业事务的能力。尽管法院在处理普通信托事项中具有丰富经验，但在商业领域无此优势，这正是法院在公司与其他商业组织法领域一向保持高度审慎的原因。

其四，法院缺乏作出更优指示的激励与保障机制。对于受托人决策错误的风险，商业信托领域已有防范与化解机制。受托人市场、资本市场、企业控制权市场的存在，可抑制或制裁受托人的劣质决策。市场机制可为受托人提供作出良好决策的充分激励，并确保即使授予受托人处理信托事务的全权亦不致发生重大弊端。相反，法院决策一般无市场力量制约，即使法院指示不符合商业信托的最大利益，亦无惩戒机制——虽然法院判决受制于上诉审程序，但上诉审法院同样不受市场力量制约，更何况诉讼程序固有的昂贵、费时等弊端，对商业交易时常造成不堪忍受的后果，足以使怀有一线救济希望的当事人望而却步。[4305]法院作出良好决策的动因与保障机制，远不及受托人。

其五，普通信托法容许在信托管理某一问题不够明确、又无适用该问题的法律之时，受托人可向法院申请指示。[4306]这可能抑制受托人创新的动力。追求创新可为信托带来较大利益，但同时附随更高风险。在潜在的风险压力下，受托人的理性选择为不求无功但求无过，“有疑问，找法院”，换言之，受托人属于风险厌恶型主体。这符合普通信托的谨慎与保守要求，却与商业信托受益人谋求利润最大化的目标相偏离。为此，商业信托法通过一系列制度为受托人从事风险较高的商业经营行为提供激励，

[4303]　Restatement（Third）of Trusts § 71 cmt. d（2007）.

[4304]　此方面的典型判例为Estate of Carwithen, 327 Pa. 490, 194 A. 743（1937）。本案受托人依信托文件授权，具有投资于法定投资以外投资种类的自由裁量权。受托人对投资于普通股（当时不在法定投资种类之内）是否属于自由裁量权许可的范围产生疑问，申请法院指示。法院拒绝作出指示，判定该问题涉及受托人的裁量性判断，此类判断属于法院无权先于受托人作出决定，而只能进行事后审查的事项。但是，斯科特教授对此提出批评，认为该案受托人申请法院指示的事项属于对受托人权力的界定，此类界定依赖于对信托文件的解释，而该法院拒绝对受托人的申请予以协助，有悖于已获认可的衡平法管辖权之原则。Austin W. Scott & William F. Fratcher, *The Law of Trusts* § 259（4th ed. 1987）.

[4305]　另一重要事实为，受托人市场、资本市场、企业控制权市场等属于汇集全体市场主体行为的自发机制，市场机制发挥作用，无须特定案件中的当事人实施个别行为、付出额外成本。而诉讼程序（包括认为法院指示不当而启动的上诉审程序）需由特定当事人（受益人）发起，救济成本需由主张权利的特定当事人承担。因诉讼成本由个别当事人承担，而诉讼收益归于商业信托（间接地归于全体受益人），基于“搭便车”与理性冷漠心理，个别受益人往往缺乏求助于诉讼途径的动力。其后果是，对法院指示权的制约力量被进一步削弱。

[4306]　George Taylor Bogert, *Trusts* § 153（6th ed. 1987）.

包括商业判断规则、容许免除违反注意义务的责任等。取消受托人向法院寻求指示的权限,有助于进一步促使受托人行为模式接近受益人与商业信托的总体目标。

其六,寻求法院指示所致成本与风险,亦可能违背商业信托及其受益人的合理预期。为申请法院指示所支出的费用(包括律师费、诉讼费等)是否从信托财产中支付,取决于法院的裁量权,法院会考虑申请人的行为是否合理、是否有益于信托财产。[4307]通常情况下,受托人为申请法院指示所支出的费用,从信托财产中支付,但受托人申请指示显无正当理由或对申请指示的事项不存在合理疑问者除外。[4308]受益人申请指示的费用从信托财产中支付。[4309]因上述规则所生成本,商业信托及其受益人难以预测。商业信托确定给予受托人的报酬中,通常已含有关于受托人决策成本的考虑。容许受托人向法院寻求指示,无异于受托人可将属于自己的决策权(部分)转移于法院,却仍可全额享有报酬;而将部分决策成本转由商业信托承担,未必符合商业信托及其受益人的合理预期。

(二)其他人的指示

1. 指示权的授予

信托文件对他人授予指示权,在普通信托法上久已有之,[4310]尽管其用途与商业信托不尽相同。近年来,随着离岸资产保护信托的兴起,信托保护人或信托顾问的运用日渐广泛。在远离本国的离岸法域,委托人对信托管理往往鞭长莫及,而本国法院也难以担当监督受托人的任务。在离岸地设置信托保护人或信托顾问以监督受托人,遂蔚然成风。信托保护人或信托顾问通常被赋予广泛的权限,诸如对受托人的指示权、变更或终止信托的权限等。此外,在普通法系国内信托的实务中,信托保护人或信托顾问之类的角色亦日见重要,相关立法有所回应,乃至出现了统一法的需要。美国统一州法全国委员会2017年《统一受指示信托法》,即是该领域的集大成者。作为该领域首部综合性的制定法,该法的起草背景即

[4307] George Gleason Bogert & George Taylor Bogert, *The Law of Trusts and Trustees* § 554(Rev. 2d ed. 1993).

[4308] Restatement(Third)of Trusts § 71 cmt. e(2007).

[4309] Restatement(Third)of Trusts § 71 cmt. e(2007). 申请指示的事项部分含混不清、部分清晰确定的,法院可判决部分费用从信托财产中支付。Baum v. Continental Illinois National Bank & Trust Co., 230 F. 2d 115(7th Cir. 1956).

[4310] George Taylor Bogert, *Trusts* § 145(6th ed. 1987).

为“受指示信托”在遗产规划与资产管理中日益普遍的应用。[4311]由于实务术语不一，做法各异，相关法律规范缺乏确定性，该法统一采“信托指示人”(trust director)概念，以涵括“信托保护人”“信托顾问”等多种术语，意指按照信托条款被授予指示权、但不担任受托人之人；信托条款是否称其为信托指示人、该人是否同时为委托人或受益人，在所不问。[4312]相应地，授予指示权的信托，称为“受指示信托”(directed trust)；受制于信托指示人之指示权的受托人，称为“受指示受托人”(directed trustee)，而无论其在实务中被称为“管理受托人”(administrative trustee)抑或受指示受托人。[4313]“指示权”亦具有宽泛的含义，系指信托条款授予非担任受托人之人的、可对信托行使的权限，包括针对信托财产的投资、管理、分配或其他信托管理事项的权限，但不包括指定权(power of appointment)、选任或解任受托人或信托指示人之权限、委托人废止(revoke)信托之权限等特定类型的权限。[4314]信托指示人的接受选任、提供履职担保、合理报酬、辞任、解任、缺位与继任等事项，适用关于受托人的相应规则，但信托条款另有订定的除外。[4315]

信托指示人在普通信托中的盛行，可归因于普通信托治理机制的特性。普通信托以他益信托居多，受益人通常不具有自律治理的能力或机会，同时又缺乏多重市场机制的有力约束，将受托人权限适当分出，另设一重内部监督机制，不失为一种有效率的分权制衡治理结构。商业信托具有自益信托和自律法人的双重特性，由作为投资者的受益人自力治理，兼有多重市场机制的约束，对非受益人的信托指示人的需求并不强烈。实务中纵有某些商业信托设此角色，亦与普通信托颇异其趣。相应地，关于指示权的法律规范亦有所不同。

依照特拉华州等州商业信托法的规定，商业信托文件可自由授予某人就商业信托经营管理指示受托人或其他人的权限。[4316]受指示人为受托

[4311] Uniform Directed Trust Act, Prefatory Note(2017).

[4312] Uniform Directed Trust Act, Prefatory Note & § 2(9)(2017).

[4313] Uniform Directed Trust Act § 2(2), (3) & cmt.(2017).

[4314] Uniform Directed Trust Act § § 2(5), 5(b)(2017).

[4315] Uniform Directed Trust Act § 16(2017). 此为《统一受指示信托法》的四大创新之一。其余创新，参见John D. Morley & Robert H. Sitkoff, *Making Directed Trusts Work: The Uniform Directed Trust Act*, 44 ACTEC L. J. 3, 7-9(2019)。该文作者Morley教授系该法的报告人，Sitkoff教授系该法起草委员会主席。

[4316] Del. Code Ann. tit. 12, § 3806(a)(在商业信托文件订定的范围内，某人包括受益人，有权就商业信托的经营管理对受托人或其他人作出指示).

人或其他人。[4317]其他人通常为受托人以外经营管理信托之人，如资产证券化服务商。指示权人可为受益人或其他人。作为商业信托的剩余索取权人，受益人享有指示权自属常见，[4318]而由其他人享有指示权，亦可满足特定的交易需要。例如，资产证券化交易的特征，决定在某些情况下授予发起人指示权有其合理性。就发起人方面而言，资产证券化的最终风险承担者常为发起人（通常保留一定比例的劣后受益权或普通受益权），证券化交易的主导者常为发起人（证券化信托协议等交易文件常由发起人主导起草）；就受益人方面而言，作为外部投资者的受益人，其受益权多是接受固定本息分配的权利，兼因得资本市场之助，此类受益人欠缺足够动力过问信托的日常运营；就受托人方面而言，为维护证券化信托的消极特征以获取税收或会计优惠，受托人通常仅承担事务管理性职责，在此情形，授予发起人一定范围内的指示权，既可解决信托管理中的困难，又可避免破坏既定的受托人权力结构。此外，资产证券化信托的受托人一般无权自行决定申请该信托破产，而须遵从其他人的指示。[4319]

2. 指示权人的地位与指示权的行使

依照特拉华州等州商业信托法的规定，除商业信托文件另有订定外，指示权人不因指示权的存在或行使而成为受托人。[4320]此项规定，旨在避免因指示权的授予而破坏既定的信托权力结构，例如，避免使证券化发起人成为受托人。

受托人与信托指示人互负提供信息的义务，因信赖对方提供的信息而违反信托的，不承担责任，但如此行为构成故意不当行为的除外。[4321]此种信息提供义务，系为保障受托人和信托指示人各自履职所必需。

依普通信托法，普通信托的受托人应遵循指示权人的指示行事，否则应对由此所致损失承担责任，但是，该指示违反信托文件条款，或者受托人知道或有理由相信该指示将严重违反指示权人对受益人所负信义义务

[4317] 与此有所差别的是，普通信托法上的立法规定或判例法规则一般仅提及对受托人的指示，未涉及对其他人的指示。应系普通信托较少由其他人管理、而以受托人管理为主之故。

[4318] 除一般企业中常见的投资者对重大事项享有指示权的情形外，还有针对特定需要而授予指示权。交易实例：资产证券化发起人为证券化提供担保机制的，须保持对发起人的控制权不发生转移，一旦控制权改变，每一受益人均有权指示受托人要求发起人按照订定价格回购该发起人持有的受益权。CMS Energy X-TRAS Pass Through Trust I, Amended and Restated Pass Through Trust Agreement § 5.03 (1998).

[4319] Uniform Statutory Trust Entity Act § 510 cmt.(2009).

[4320] Del. Code Ann. tit. 12，§ 3806(a).

[4321] Uniform Directed Trust Act § 10(2017).

的除外。[4322]对此，特拉华州等州商业信托法未另作规定，而补充适用普通信托法的规则。《统一商业信托法》则明文重申了普通信托法的上述规则，但与上述规则有所差异：受托人或其他人应遵循指示权人的指示行事，但该指示明显违反信托文件条款，或者受托人知道或有理由知道该指示将严重违反受托人所负信义义务的除外。[4323]《统一商业信托法》的该规定来源于《统一信托法典》第808条规定，但不同之处在于，除外情形中，前者是指受托人知道该指示违反"受托人"所负信义义务，后者是指受托人知道该指示违反"指示权人"所负信义义务。何以作此区别，《统一商业信托法》评注并未说明理由。推测其合理性，似在于在商业信托语境中，受托人只需关注该指示是否违反自己所负信义义务，而不必关注该指示是否违反指示权人所负信义义务；在普通信托语境中，受托人更需关注指示权人所负信义义务的内容及该指示是否违反指示权人的该种义务。相较之下，普通信托的受托人义务更重（判断他人义务内容难于判断自己义务内容），这也体现了受托人角色在两种信托中的差异，即普通信托比商业信托更倚重于受托人的义务。

3. 指示权人的义务与责任

依普通信托法，指示权人对受益人负有信义义务，但信托文件另有订定除外。[4324]此种信义义务类似于受托人的信义义务。[4325]但即使指示权的授予完全是为了指示权人的利益（此时指示权人无信义义务），当指示权的行使与意图给予指示权人的利益之间不具有合理相关性时，指示权人不得以有害于其他受益人之利益或放任不顾其他受益人之利益的方式滥用指示权。[4326]指示权人负有信义义务，属于"推定"，可以推翻。[4327]

上述规则亦适用于商业信托。商业信托文件授予他人指示权，用途之一在于发挥他人对受托人行为的监督作用或满足特定交易需要。信义

[4322] Uniform Trust Code § 808(b); Restatement (Third) of Trusts § 75 (2007).

[4323] Uniform Statutory Trust Entity Act § 510(c)(2009).

[4324] Restatement (Third) of Trusts § 75 cmt. c (2007). 授予指示权可以完全为了指示权人利益、可以为了某一个或几个受益人的利益，也可以为了受益人以外之人的利益，当然亦可为上述目的之组合。在此类情形，指示权人并不一般地对受益人负有信义义务。Id.《统一信托法典》的规则有所不同：受益人以外之人被授予指示权的，指示权人才负有信义义务。Uniform Trust Code § 808(d).《统一受指示信托法》第8条规定信托指示人负有与受托人相同的信义义务和责任，近似于《第三次信托法重述》，而不同于《统一信托法典》。

[4325] Restatement (Third) of Trusts § 75 cmt. f (2007).

[4326] Restatement (Third) of Trusts § 75 cmt. d (2007).

[4327] Uniform Trust Code § 808(d).

义务的存在，可能使第三人慑于信义义务的严格适用而不敢动用指示权，致授予指示权丧失意义。如商业信托文件另作安排，应无不许之理。《特拉华州商业信托法》1998年修正时，在第3806条第a款增设一句："在商业信托文件订定的范围内，指示权人不因指示权的存在或行使对商业信托或受益人承担义务（包括信义义务）或责任。"[4328]

纽约州法院2000年判决的*Calvin Klein Trademark Trust v. Wachner*案，涉及《特拉华州商业信托法》此句规定的适用。[4329]Calvin Klein公司与威明顿信托公司依据《特拉华州商业信托法》设立"Calvin Klein商标信托"，Calvin Klein公司为受益人，后将其部分受益权凭证出卖给Warnaco公司。此后，Calvin Klein信托、Calvin Klein公司作为共同原告对Warnaco集团公司、Warnaco公司及其主要管理者Wachner提起诉讼，诉称被告实施欺诈、重大虚假陈述等行为。原告提出多项理由，其中之一为，Warnaco公司作为在Calvin Klein信托中对受托人享有指示权的受益人，违反所负信义义务。原告认为，《特拉华州商业信托法》规定，"……在商业信托文件订定的范围内，指示权人不因指示权的存在或行使对商业信托或受益人承担义务（包括信义义务）或责任"，该条文隐含的默认规则为：如商业信托文件未另作订定，指示权人对商业信托或受益人负有信义义务。

特拉华州大法官法院认为："对于该句规定，难以单纯地从逻辑上确定其含义，该规定可能仅是授予当事人一项权限，使其能够彻底排除法院对当事人课加特殊义务或责任的风险，而此类风险有悖于当事人意愿……诚如原告所言，该句规定不否认可能存在一条关于信义义务的默认规则。但亦未肯定默认规则的存在，而是对是否存在默认规则保持了沉默。在没有明确的特拉华州权威依据支持之情况下，本院不会从一项沉默中推断出肯定的结论，以至于对力量对等的商业当事人（arms' length commercial parties）课加信义义务——仅是因为他们采用了特拉华州商业信托这样一种便利的机制来实现对商标权使用之分享。"该判决忽视了《特拉华州商业信托法》关于法律适用的规定与普通信托法关于指示权人负有信义义务的默认规则：商业信托法虽无"指示权人负有信义义务"的默认规则，但普通信托法关于指示权人负有信义义务的默认规则，[4330]应适用于本案。不

[4328] 1998 Delaware Laws Ch. 335 § 5（S. B. 308）.

[4329] Calvin Klein Trademark Trust v. Wachner, 123 F. Supp. 2d 731（S. D. N. Y. , 2000）.

[4330] 除上述普通法规则外，特拉华州制定法规定，除信托文件另有订定外，指示权人负有信义义务。Del. Code Ann. tit. 12, § 3313.

过该判决对商业理由的阐发，也从另一个侧面表明，普通信托法的规则未必适合于商业信托。

特拉华州大法官法院晚近判决的JWH全球信托案，[4331]对《特拉华州商业信托法》本句规定有全面准确之诠释。本信托由管理受益人管理，管理受益人负有与受托人相当之义务。Cargill及CIS两公司为管理受益人之关联人，因对管理受益人发出指示而被本信托起诉，诉请理由之一为Cargill及CIS违反指示权人所负义务。依《特拉华州商业信托法》第3809条，除商业信托文件另有订定或本法另有规定外，法院应适用本州关于信托的制定法与普通法。Cargill及CIS认为，本法已排除Cargill或CIS的责任。理由为："在商业信托文件订定的范围内，指示权人不因指示权的存在或行使而对商业信托或受益人承担义务（包括信义义务）或责任。"此句意为，除商业信托文件另有订定外，某一实体行使对商业信托管理者的权力，并不创设该实体与信托之间的信义关系。本法表明，某一实体行使对信托管理的权力，本身并未使该实体负有受托人的信义义务，因此，完全基于"管理受益人效果上作为其母公司的代理人而行事"之事实，对管理受益人的母公司提起之诉请，在本案中应予排除。

法院认为，Cargill及CIS的上述意见严重错误。本法第3806条第a款共有四句："（1）除商业信托文件另有订定外，商业信托的营业与事务应由受托人经营管理或在受托人指示之下经营管理。（2）在商业信托文件订定的范围内，某人（包括受益人）有权就商业信托的经营管理对受托人或其他人进行指示。（3）除商业信托文件另有订定外，指示权人不因指示权的存在或行使而成为受托人。（4）在商业信托文件订定的范围内，指示权人不因指示权的存在或行使而对商业信托或受益人承担义务（包括信义义务）或责任。"不同于第3句以"除商业信托文件另有订定外"开头，第4句开头为"在商业信托文件订定的范围内"。因此，第3句确立的默认规则为，控制受托人或其他人之人，不被视为受托人。本信托协议未约定Cargill及CIS被视为受托人，因此Cargill及CIS不应被视为受托人。第4句有重大差别，因为该句要求信托文件须订有免除义务之条款，始能否定控制管理者之人依信托法所负信义义务。本案当事人未能指明信托协议中有任何条款约定控制管理受益人之人不负信义义务。1998年新增第4句的本法修正案立法纲要亦提及，本句规定意在确认，商业信托文件可订定有权指示受托人或其他人

[4331]　Cargill, Inc. v. JWH Special Circumstance LLC, 959 A. 2d 1096 (Del. Ch. 2008). 本案详见本章第7节第2目。

之人对商业信托或其受益人不承担义务或责任。[4332]

Cargill及CIS又援引《弗吉尼亚州商业信托法》相应规定为据。该款规定,"除商业信托文件另有订定外,指示受托人或其他人的权力,或任何人(包括受益人)行使该指示权,不应导致此人对商业信托或受益人发生义务(包括信义义务)或责任,亦不导致此人成为受托人"。[4333]法院认为,此项援引显无说服力,因为弗吉尼亚州法的该句规定以"除商业信托文件另有订定外"开头,与《特拉华州商业信托法》正好相反。

Cargill及CIS再援引纽约南区联邦法院判决的前引*Calvin Klein Trademark Trust v. Wachner*案作为论据,亦遭法官否定,因该案的原告未能引证足够的特拉华州判例以说服法院存在默示的信义义务,其情形不同于本案。

五、受托人的权利

受托人权利的法律结构,在普通信托法与商业信托法中有所不同。普通信托受托人直接对受益人享有权利;商业信托受托人对商业信托享有权利,商业信托(而非受益人)对受托人负有支付报酬、补偿等义务。除商业信托文件另有订定外,受益人对受托人不负义务。

受托人权利主要包括报酬请求权、补偿请求权、预付请求权。补偿请求权为受托人就管理信托费用支出取得补偿的权利。其他管理人等亦可成为补偿权利人。本目一并讨论。

(一)受托人报酬

1. 形态与性质

受托人报酬,是受托人处理信托事务的对价。受托人报酬,通常由商业信托文件订定。[4334]报酬可采用分成、佣金等各种形式。商业信托文件订定将商业信托利润的一定比例作为受托人报酬的,不影响受托人的身份,[4335]不导致受托人由此成为受益人。在商业信托文件有订定的情况下,

[4332] Cargill, Inc. v. JWH Special Circumstance LLC, 959 A. 2d 1096, 1117(Del. Ch. 2008)[引用S. 308 as amended by S. Amendment 1, 139th Gen. Assembly 16, 71 Del. Laws, c. 335 § 5(1998)].

[4333] Va. Code Ann. § 13.1-1228(B).

[4334] 13 Am. Jur. 2d Business Trusts § 46(2007).

[4335] Walker v. Close, 98 Fla. 1103, 125 So. 521(1929), reh' g denied, 98 Fla. 1103, 126 So. 289(1930). 受托人兼为受益人的事实,不影响报酬请求权。Trust No. 5522 and Trust No. 5644, Bellehurst Syndicate v. Commissioner of Internal Revenue, 83 F. 2d 801, 36-1 U. S. Tax Cas.(CCH)¶9291, 17 A. F. T. R.(P-H)¶1192(C. C. A. 9th Cir. 1936).

受托人可因推销、承销、发售商业信托受益权而收取佣金作为报酬。[4336]

受托人报酬不属于工资或劳动报酬，不进行社会保障费用分摊，因受托人并非商业信托的受雇人，除非受托人额外负有受雇人的义务。[4337]

相应地，受托人报酬请求权为普通债权。商业信托文件订定受托人有权收取报酬的，不等于授予受托人优先受偿权；受托人无权就其报酬优先于商业信托的其他债权人受偿。[4338]

报酬支付义务人由商业信托文件自定，可以不是商业信托。例如，某些资产证券化信托中，受托人从证券化资产转让人处获得报酬。[4339]

2. 普通信托法关于受托人报酬的规则

普通信托法上，受托人有无权利就管理信托财产收取报酬，各国规则颇不一致。依美国信托法，除信托文件另有订定外，受托人可收取合理的报酬。[4340]信托文件订定的报酬不合理（过高或过低）或受托人的义务与信托设立时预定的义务有实质性不同时，法院可调整报酬。[4341]英国信托法传统上采取相反做法：除存在信托文件另有订定、受托人与受益人另行订立协议、法院另有授权等情形外，一般的受托人（不包括公共受托人、托管受托人、养老金计划的独立受托人）不得收取报酬。[4342]即以“无权收取报酬”为默认规则。不过，2000年《受托人法》已在一定程度上改变该规则：信托文件未订定报酬的，有下列情形之一时，受托人有权取得合理的报酬：“（1）受托人是信托公司并且不是公益信托受托人；（2）受托人是以专业身份行事并且不是信托公司、公益信托的受托人之一或单一受托人，同时其他受托人均已书面同意收取报酬。”[4343]第一种情形相当于以“营业信托受托人有权收取报酬”为默认规则。日本、韩国信托法及我国台湾地区“信托法”规定营业信托受托人在信托文件未定有报酬时亦享有报酬请求权（以营业信托受托人有权收取报酬为默认规则），并规定法院有调整报

[4336] Todd v. Ford, 92 Colo. 392, 21 P. 2d 173(1933).

[4337] Loring v. U. S., 80 F. Supp. 781, 37 A. F. T. R.(P-H)¶725(D. Mass. 1948).

[4338] Warburton v. Perkins, 150 Md. 304, 133 A. 141(1926).

[4339] GE Dealer Floorplan Master Noted Trust, Amended and Restated Trust Agreement § 7.1(2004).

[4340] California Probate Code § 15681; Restatement(Third)of Trusts § 38(2003); Restatement(Second) of Trusts § 242(1959). 报酬请求权，同等适用于家庭成员、亲友之类的个人受托人与信托公司之类的专业受托人。Restatement(Third)of Trusts § 38 cmt. a(2003). 但是，受托人的履历、技能、能力与设施，是决定报酬合理性的考虑因素之一。

[4341] Uniform Trust Code § 708(b).

[4342] David J. Hayton, *Underhill and Hayton Law Relating to Trusts and Trustees* 651(16th ed. 2003).

[4343] Trustee Act 2000, § 29; N. Le Poievin, *A New Trustee Act for England*, 5 The Chase Journal: Insights on Tr. & Est. Plng. 31(No. 1, 2001).

酬的权限。[4344]我国《信托法》第35条规定:“受托人有权依照信托文件的约定取得报酬。信托文件未作事先约定的,经信托当事人协商同意,可以作出补充约定;未作事先约定和补充约定的,不得收取报酬。约定的报酬经信托当事人协商同意,可以增减其数额。”该法未规定营业信托受托人当然享有报酬请求权,也未规定法院的调整报酬之权。

无论采何种规则,对受托人报酬一般不作进一步的管制。原则上受托人报酬由当事人自由议定,法律并不干预,仅在特定情况下方可由法院调整已订定的报酬数额。法院对受托人报酬事项虽拥有固有的衡平法管辖权,但此种权限的行使应限于例外情形。[4345]

上述规则不完全适用于商业信托法。

3. 商业信托文件未订定受托人报酬的情形

受托人无报酬的默认规则,与普通信托的历史渊源有关。早期的信托多由亲戚友朋、绅士名流、社会贤达之类的自然人担任,受托人职位的家事色彩或荣誉色彩浓于商业色彩,“无特约无报酬”的规则与社会观念相吻合。衡平法院将信托视作荣誉,将信托视作对受托人荣誉与良心的担当,而不是基于商业目的的承诺。[4346]但此种规则与商业信托法环境颇有不合。尽管许多商业信托文件会拟定关于受托人报酬的条款,但仍有商业信托文件并不具体订定报酬,留由与受托人之间单独协议约定。如果此种单独协议不构成商业信托文件的一部分,或者受托人已先行履职而事后未能达成补充协议,受托人收取报酬即可能遭遇障碍。而商业信托受托人收取报酬符合一般交易习惯。因此,更适合作为商业信托法默认规则的是:商业信托文件未订定受托人报酬的,受托人有权取得合理的报酬,在此情形,法院通常认为存在一个向受托人支付合理报酬的默示约定,因为根据商业信托的性质,期望受托人在毫无报酬的情况下为商业信托提供服务,不符合一般人的合理预期。[4347]此为美国判例法上的见解。有权收取报酬的受托人,并不以营业性受托人为限。《日本商事信托法纲要》对此亦以受托人有权

[4344] 关于营业信托受托人的报酬请求权,参见2006年《日本信托法》第54条第1款,2011年《韩国信托法》第47条第1款,我国台湾地区“信托法”第38条第1项。关于法院的调整权,例如,我国台湾地区“信托法”第38条第2项规定,约定的报酬,依当时情形或情势变更显失公平的,法院得因委托人、受托人、受益人或同一信托的其他受托人之请求增减其数额。

[4345] David J. Hayton, *Underhill and Hayton Law Relating to Trusts and Trustees* 651(16th ed. 2003).

[4346] Francis Williams Sanders, *An Essay on the Nature and Laws of Uses and Trusts* 256(London, E. & R. Brooke 1791)。转引自 John H. Langbein, *Questioning the Trust Law Duty of Loyalty: Sole Interest or Best Interest?*, 114 Yale L. J. 929, 940(2005)。

[4347] Oklahoma Fullers Earth Co. v. Evans, 1937 OK 79, 179 Okla. 124, 64 P. 2d 899(1937).

收取报酬为默认规则，第421条第1款规定："信托合同如无另行约定，受托人享有收取报酬的权利。"其立法理由在于，《信托法》第35条虽已规定以营业为目的接受信托的情形，受托人有权收取报酬，但商事信托并不都是营业信托，因此本条明确规定原则上受托人享有收取报酬的权利。[4348]

但即便如此，普通信托法的规则依然不尽适合于商业信托。受托人有权请求合理的报酬，报酬数额由谁决定？按照普通信托法的规则，如受益人与受托人未就报酬数额达成一致，受托人即可诉诸法院，由法院决定报酬数额。但是，由法院径行决定商业信托受托人的报酬数额，却有架空组织的自力治理机制之虞。适当的规则是由受益人决议决定受托人报酬的数额。鉴于出资人为企业成本的最终承担者，而且是经济意义上的企业"所有者"，由其决定管理者报酬，合乎经济法则及企业法通例。[4349]如受益人怠于召开会议作出决议，受托人可起诉请求就已提供的服务给付合理报酬，以此作为补充的救济手段。

4. 商业信托文件已订定受托人报酬的情形

在订定报酬的情形下，商业信托法上仍有若干控制手段。

（1）受托人收取报酬的行为受制于忠实义务

根据普通信托法，忠实义务规范中对于利益冲突交易的严格禁止，不适用于受托人收取合理报酬的行为。[4350]受托人有权收取合理报酬，为受托人忠实义务的一项例外。[4351]

商业信托法与之有别。美国1940年《投资团体法》特别规定，基金的投资顾问视为负有关于服务报酬事项的信义义务（包括忠实义务），证券与交易委员会或者为了本投资团体利益的份额持有人可以对投资顾问或其管理人等提起违反该信义义务的诉讼；提起此种诉讼不以主张或证明被告实施个人不当行为为要件，但原告负有证明违反信义义务的举证责

[4348]　[日]日本商事信托研究会编著：《日本商事信托立法研究》，朱大明译，法律出版社2019年版，第25页。

[4349]　股东会中心主义的公司法多规定由股东会决定董事报酬。如我国《公司法》第37条第1款第2项、第99条。董事会中心主义的公司法将董事报酬决定权授予董事会，公司章程或细则另有订定除外。如Model Business Corporation Act § 8.11（2016 Revision）；Del. Code Ann. tit. 8，§ 141（h）。

[4350]　Restatement（Third）of Trusts § 78 cmt. c（4）（2007）.

[4351]　Matter of Nathan Trust, 618 N. E. 2d 1343（Ind. App. 1993）（信托终止时，虽有受益人反对，受托人为实现报酬请求权，可出卖信托财产）.

任。[4352]此处所称投资顾问，包括履行投资顾问职能的公司制受托人或其他受托人。[4353]此项规定明文取代普通信托法的上述规则，向来是诉讼频发的战场，投资顾问被判担责者不在少数。与其他自己交易类似，经基金份额持有人（受益人）或独立董事（独立受托人）授权，系法院认可报酬安排的因素。[4354]1940年《投资团体法》对费用的管制比州法更为严格，即便投资团体的无利害关系董事在知情的情况下允许顾问费的，仍受上述条文约束，而不适用商业判断规则。[4355]在一般商业信托领域，判例认为，在一般情形，法院对商业信托文件中的受托人报酬条款不作干预，但若受托人报酬过高或不合理，构成受托人对信托财产的破坏或浪费（违反忠实义务），法院有权进行司法审查。[4356]此种干预并不依赖于1940年《投资团体法》的上述规定。如在*Saminsky v. Abbott*案中，其时1940年《投资团体法》第36条第b款尚未颁行，商业信托型投资基金的受益人，以收取过高报酬为由起诉受托人。特拉华州法院认为，较之普通信托，商业信托与公司更为相似，因此，公司法上禁止向管理者支付相当于浪费公司财产的过高报酬之规则，适用于商业信托；此种规则渊源于衡平法，法院没有理由区别对待从事营业的公司和信托。[4357]

另有法院判定，受托人违反商业信托文件条款的，无权请求报酬。[4358]

[4352] 15 U. S. C. § 80a-35(b). 此与本条第a款所定诉讼不同，后者指向信义义务人涉及个人不当行为的义务违反。此外，为避免投资顾问责任过重导致服务投资激励不足，设有法定赔偿限额，即违反关于报酬的信义义务之损害赔偿，在任何情形下皆不得超过实际收取的报酬数额。Id. § 80a-35(b)(3).

[4353] 15 U. S. C. § 80a-35(c).

[4354] 1940年《投资团体法》规定：投资顾问合同应准确详尽地描述合同项下应付的全部报酬，并载明合同展期须每年经过受托人会或已发行的有表决权证券持有人（基金受益人）多数允许；合同须经基金的已发行的有表决权证券持有人多数允许；投资顾问合同不符合上述条件的，担任投资顾问的行为违法。15 U. S. C. § 80a-15(a). 该法并规定，在证券与交易委员会或份额持有人代表投资团体提起的、关于投资顾问因收取报酬事项而违反信义义务的诉讼中，董事会（包括信托型基金的受托人会）对报酬、订定此类报酬的合同或其他安排的同意以及份额持有人对报酬、订定此类报酬的合同或其他安排的批准或同意，根据全部案情加以考虑是适当的，法院应予考虑。15 U. S. C. § 80a-35(b)(2). 此与利益冲突交易的一般例外近似。

[4355] 2 Tamar Frankel & Ann Taylor Schwing, *The Regulation of Money Managers: Mutual Funds and Advisers* 9-124(2d ed. 2001 & Supp. 2008).

[4356] Saminsky v. Abbott, 40 Del. Ch. 528, 185 A. 2d 765(1961). 公司管理者报酬安排，不得逾越合理限度，致构成浪费公司资产。Rogers v. Hill, 289 U. S. 582, 591-92, 53 S. Ct. 731, 735, 77 L. Ed. 1385(1933); Fogelson v. American Woolen Co., 170 F. 2d 660(2d Cir. 1948); Teren v. Howard, 322 F. 2d 949, 953(9th Cir. 1963); Bergstein v. Texas International Co., 453 A. 2d 467(Del. Ch. 1982).

[4357] Saminsky v. Abbott, 40 Del. Ch. 528(Del. Ch. 1961).

[4358] Oklahoma Fullers Earth Co. v. Evans, 1937 OK 79, 179 Okla. 124, 64 P. 2d 899(1937).

对于最终使受托人自己受益而不是使受益人或商业信托受益的活动(违反忠实义务),受托人亦无权就此主张佣金[4359]或其他报酬。在商业信托文件订定受托人为唯一管理者的情形,受托人未参与商业信托经营管理或未提供商业信托文件要求的服务的,无权取得商业信托文件所定报酬。[4360]

概言之,商业信托法的一般规则为:除商业信托文件另有订定外,受托人收取自己报酬的行为构成自己交易,受制于忠实义务,应依照商业信托文件订定或法律规定取得授权后或在符合公平要件时,方可为之;商业信托文件授权受托人决定其他受托人报酬的,受托人行使该项权限时,仍须遵守信义义务。[4361]此与公司法的规则近似。[4362]

受托人报酬与忠实义务有不同关系,源于普通信托与商业信托实际情形之差异。普通信托受托人报酬多由委托人事先确定。普通信托受托人报酬的确定通常有三种方式:第一,由委托人与受托人为特定的某一信托个别协商确定;第二,按银行(或信托公司)公布的费率表收费(通常按信托财产总值以固定的百分比计算);第三,按信托法上的任意性法律规范确定。[4363]个别协商具有较高的谈判成本,按照信托法规定则具有较多的不确定因素。因此,专业受托人会坚持按其费率表收取报酬,委托人在起草信托文件之前即已了解这一点,也很少与受托人讨价还价。[4364]实质上仍由委托人决定。正因如此,虽然此类费率表须与其他报酬计算方法一样受制于合理性标准,但法院一般维持其有效性。[4365]而且,在信托管理过程中,因管理目标相对恒定,受托人报酬变动较小,不致普遍发生受托人事后自调报酬的情形;纵需变动,因无受托人会之类的机制,受托人多寻求法院指示或受益人允许,或在情势变更时寻求依法变更信托,而非单方决定报酬,因此多不发生自己交易。

相比之下,商业信托(尤其是证券投资信托)时常由受托人主导设立,

[4359] Kotimsky v. Lubin, 62 F. Supp. 710(E. D. Ill. 1945).

[4360] Commonwealth Trust Co. v. Capital Retirement Plan, 30 Del. Ch. 130, 54 A. 2d 739(1947).

[4361] 受托人行使任何权限时,均负有信义义务。

[4362] 董事或高级管理人员向公司收取过度的薪酬,构成自己交易,董事或高级管理人员对该行为的公平性负举证责任。Skouras v. Admiralty Enterprises, Inc., 386 A. 2d 674(Del. Ch. 1978).

[4363] John H. Langbein, *The Contractarian Basis of the Law of Trusts*, 105 Yale L. J. 625, 639(1995).

[4364] Id. at 651.

[4365] Uniform Trust Code § 708 cmt.

受托人报酬由受托人预先决定，[4366]且基于商业活动之特性，报酬变动亦为常事（如改用激励型报酬机制[4367]），而在设有受托人会等情况下，报酬决定或调整权又常操于受托人之手，此时，实为受托人自己与商业信托发生交易。受托人自定报酬，构成利益冲突。受托人有动机与机会确定过高报酬以谋取私利。虽有市场机制制约此种利益冲突，但完全放任受托人免受忠实义务约束，毕竟过于冒险。作为平衡，同时，法律不必禁止商业信托文件豁免此类忠实义务，以便商业信托遇受托人对报酬影响力较小等情形时灵活应对，不致对受托人强加额外负担——例如，资产证券化信托或受益人自行管理的商业信托中，受托人仅负担极少量事务管理性职责，不操控经营，多实行固定报酬制，自无必要对之施加忠实义务。[4368]

（2）受益人会议对受托人报酬的调整权

在受托人自定报酬之行为构成利益冲突交易的情形，并不必然需由法院直接调整受托人报酬；受托人报酬受制于忠实义务，并不等于沿用普通信托法之规则。其间的区别包括：其一，在商业信托法上，仅在原告证明受托人收取报酬之行为违反忠实义务，法院始得审查受托人应否承担

[4366] 如美国投资基金多由投资顾问设立、经营，投资顾问直接担任受托人时，几近于单方决定其报酬；投资顾问不担任受托人的，投资顾问实际掌控基金经营管理，实质性角色与其他情形中的受托人相似，投资顾问的报酬虽由受托人会决定，但投资顾问对受托人会的构成仍有相当的控制力，投资基金的受托人会的独立性易受影响，未必能胜任投资基金“守门犬”之角色。有判例即据此认为，投资基金与投资顾问之间关于投资顾问报酬的协议并非对等交易。Gartenberg v. Merrill Lynch Asset Management, 694 F. 2d 923 (2d Cir. 1982). 我国的投资基金实务亦与此相似，基金大多由作为受托人的基金管理公司筹办设立。

[4367] 公司通常采用激励型报酬机制。管理者报酬通常与管理绩效或公司业绩挂钩，远不如普通信托般固定。不同的公司有不同的报酬确定方法，甚至同一公司在不同时期也有不同的报酬确定方法，一般而言，确定管理者报酬时，倾向于试图将管理者利益与剩余索取权人利益更紧密地联系起来。Tod Perry & Marc Zenner, *CEO Compensation in the 1990s: Shareholder Alignment or Shareholder Expropriation?*, 35 Wake Forest L. Rev. 123 (2000). 此种做法蕴含经济理性：将管理者利益与剩余索取权人利益捆绑，可使管理者事实上居于剩余索取权人的地位，减少代理成本，并可激励原本风险容忍度较小的管理者从事风险偏好型投资行为，最大化地实现剩余索取权人的利益。不过，此种做法在实务中是否成功，尚未达成一致意见。Lucian Arye Bebchuk et al., *Managerial Power and Rent Extraction in the Design of Executive Compensation*, 69 U. Chi. L. Rev. 751 (2002); Tod Perry & Marc Zenner, *CEO Compensation in the 1990s: Shareholder Alignment or Shareholder Expropriation?*, 35 Wake Forest L. Rev. 123 (2000). 合伙、有限责任企业采用另一种报酬机制：报酬直接与（经济学意义上的）企业所有权挂钩，管理者兼为企业“所有者”（普通合伙人/成员）。此种报酬机制在许多情况下比公司的激励型报酬更有效率。商业信托可自由选用任何报酬机制。

[4368] 证券化信托契约常约定，受托人仅负有信托契约明示约定的义务。而关于报酬的忠实义务多不列入明示义务中。

责任；此时受托人亦可以以报酬对商业信托不公为由或主张其他抗辩事由来维持报酬条款的有效性。在普通信托法上，受托人报酬过高，法院即有权调整，受托人无抗辩事由。其二，在商业信托法上，受托人自定报酬之行为如违反忠实义务，首先应由商业信托追究，受益人仅在符合法定要件时始可经由派生诉讼代为主张权利；在普通信托法上，任一受益人甚至其他当事人均有权申请法院调整报酬，因法院有直接调整报酬之权。

如授予法院直接调整报酬条款的权力，将背离商业信托的治理机制。授予法院调整报酬的权限，立法宗旨无非是保障受托人不滥用确定报酬条款的权限，此种权限在普通信托环境下有其合理性，因普通信托受益人一般不参与信托管理，亦不介入受托人报酬决定事项，只是消极地收取信托利益，最能决定报酬事项的委托人在信托存续过程中可能早已仙去多年，法院因而成为受托人的主要监督者，由其干预受托人报酬较为适当。但商业信托是组织化的企业，组织治理事项完全可以、也应当通过由当事人主导的组织机制与契约机制处理，而不必、也不宜直接诉诸法院。个别受益人如认为受托人报酬不合理，自可通过征集投票书等手段启动受益人会议，解任受托人或以解任受托人相威胁，如多数受益人未予响应，可表明多数受益人对现行报酬制并无异议，或者至少表明多数受益人认为动用解任权经成本收益权衡后不值得为之。此种局面，不致严重偏离商业信托的整体利益。反之，如果采纳普通信托法的规则，即使一两个受益人亦有权启动诉讼程序，迫使受托人应诉，从而不顾其他受益人的意愿将诉讼成本强加于多数受益人头上。此种不先行给予全体受益人（或作为全体受益人之集合体的商业信托）表达意志的机会就直接由少数人引起成本的做法，与商业组织法“自力治理”（self-governing）之法理背道而驰。同理，在其他商业组织法上，亦不宜将报酬调整权直接授予法院。一般而言，法院不愿认定管理层报酬过高，其理由正如纽约州权威判例所言：“确实，法院有权减少管理层报酬，然而吾人必须承认，此种减少是主观的、人为的，而不是分析的、科学的。……法院无能力处理、甚至把握此类复杂的经济问题。此类问题的解决方法超出司法权管辖范围。法院所关注者，乃是董事在遵循法律的基本要求之情况下诚实公平地经营公司，而报酬是否合理的问题，则主要由股东处理。”[4369]相应地，由受益人享有报酬调整权并通过受益人会议行使之，较符合法理。

［4369］ Heller v. Boylan, 29 N. Y. S. 2d 653 (N. Y. Sup. Ct.), aff'd, 32 N. Y. S. 2d 131 (N. Y. App. Div. 1941).

排除法院对受托人报酬的专门控制权，其结果是受托人报酬与受托人的其他利益冲突交易一般，同受忠实义务制约。不对受托人报酬特设要求，有其合理性：报酬问题的严重性尚不足以与其他利益冲突交易相比，因为企业管理者一般可以不实施其他类型的利益冲突交易，而报酬问题则在所有企业中皆不可免；报酬问题在公开型企业中有足够的重复发生频率且有良好的公开性，因此有较大机会对报酬安排加以比较评估，且对过度的报酬有威慑功能。[4370]实则无论对于闭锁型还是公开型企业而言，报酬为管理者市场竞争的一大主要因素，亦常为企业控制权争夺或交易的焦点，市场机制的制约较为充分，而其他利益冲突交易多属管理者的私害行为，管理者市场或其他市场对之往往无能为力。[4371]就此而论，对报酬的控制之严格程度，甚至不如对其他类型利益冲突交易的控制。[4372]而且，鉴于管理者报酬实为价格信号的重要因素，灵敏畅通的价格机制又为健全的企业治理与制度竞争所必需，以法律形式对受托人报酬施加额外干预或过度干涉，即可能扭曲价格机制，导致不可预测或难以控制的长远效率损失。

此外，在商业信托受托人未违反忠实义务的情形，亦不宜授权法院直接调整信托文件的报酬条款。如遇有情势变更的情形，需要修改商业信托文件，也应由受益人会议决议调整，此亦为企业的自力治理机制和司法机制的合理分工，与商业信托文件的其他修改问题同类（详见本书第12章）。我国《证券投资基金法》规定，调整基金管理人、基金托管人的报酬标准，属于基金份额持有人大会的职权范围（第47条第4项）。《保险资金间接投资基础设施项目管理办法》规定，决定调整受托人、托管人以及投资计划的其他当事人报酬标准，是受益人大会的职权（第38条第5项）。此类规定即体现了自力治理机制的优先性。

另外，受益人的报酬调整权宜定为默认规则，即商业信托文件可另作约定。默认规则的实益包括下列方面。其一，在许多交易中，受托人报酬并非从商业信托财产中支付，亦不由受益人支付，在此情形，受益人本不

［4370］ The American Law Institute，Principles of Corporate Governance：Analysis and Recommendations § 5.03 cmt. c（1994）（针对公司法同类问题的讨论）. 此外，在大型公开公司中已形成的独立决策的机构化程序（如由独立董事组成的薪酬委员会），减少了企业因不合理报酬而遭受损失之可能性。Id.

［4371］ 正因如此，忠实义务普遍严于注意义务。

［4372］ 纵然在管理者报酬向来易成焦点问题的公司法上，亦持此种立场。The American Law Institute，Principles of Corporate Governance：Analysis and Recommendations § 5.03 cmt. c（1994）. 有限责任企业法判例，参见Bio-Septic Sys.，LLC v. Weiss，60 P. 3d 943（Mont. 2002）（有限责任企业成员以独立的合同相对人之身份从本企业取得报酬，不违反忠实义务）。

因受托人报酬而承受负担，由受益人掌握受托人报酬的调整权，缺乏经济理性。例如，资产证券化交易中，受托人报酬有时由发起人支付。其二，默认授予受益人报酬调整权，另有弊端。由受益人掌控受托人报酬数额，多数受益人可利用表决权优势，控制受托人为己所用，借以欺压、排挤少数受益人或侵害少数受益人权益。如此一来，“受托人控制”所致代理成本问题或有缓解，因“多数受益人控制”所生的被代理人成本问题却又浮出水面，亦非商业信托及其受益人之福。在此情势之下，排除受益人对受托人报酬的调整权，反倒有助于使受托人保持较为公允的立场。而在合同自由原则之下，商业信托亦可另行辅以其他制约机制（例如，设置专管报酬事务的独立受托人会或将报酬评估及调整权授予外部专业机构），以应不时之需。

（3）行政管制不必要

尤需审慎对待的是对受托人报酬设行政管制。授予法院直接调整报酬之权，已有不妥，以强行法引入行政干预，更不足取。如我国2003年原《证券投资基金法》规定，基金管理人发售基金份额、募集基金，应向证券监督管理机构提交基金合同（应包括基金管理人、基金托管人报酬的管理费、托管费提取、支付方式与比例等内容），经证券监督管理机构核准（第36条、第37条）。[4373]

报酬是受托人服务的对价，真正有利于商业信托及其受益人的是市场定价机制。行政管制不仅易于规避，实效不彰，[4374]且行政机构并无定价能力与定价信息优势，法律强行管制报酬，无异于国家垄断定价，难免扭曲市场体制及价格机制，致优质服务不能脱颖而出、劣等服务却可鱼目混珠，为害匪浅。行政管制手段天然存在低效率、易生腐败等弊害，因此除非市场机制确已出现重大弊病且仅有行政管制手段始能解决市场弊病

[4373]　2012年修法后改采注册制。

[4374]　针对受托人报酬的行政管制，通过委任外部管理人、受托人仅承担象征性角色之形式，即可规避。此种操作方法，我国实务中亦所在多有（未必是出于规避报酬管制之目的，但此种方法可用于此种目的）。例如，2007年4月6日，湖南信托发行的“湖南信托—深圳达晨信托产品系列之创业投资一号集合资金信托计划”中，信托的实际管理人为担任投资管理顾问的深圳市达晨财信创业投资管理有限公司。投资管理报酬远高于信托报酬：信托报酬按信托资金的1%/年从信托财产中提取；投资管理费在投资期内，按信托资金的2.5%/年从信托财产中提取，投资期后，按照投资净额的2.5%/年从信托财产中提取；保管费按实际托管金额的0.6%从信托财产中提取。信托报酬、投资管理费均在信托计划每满1年时从信托财产中提取，不足1年的，按照实际天数进行折算。保管费自信托成立之日的10个工作日内支付给银行。参见《湖南信托：创业投资一号集合资金信托计划》，载和讯理财网2008年1月23日，http://data.money.hexun.com/3372_2152301A.shtml。

时，方可采用行政管制。无论在商业信托发展较成熟或较不成熟的法域，均无此前提，因此不应引入行政管制。[4375]

（二）补偿

1. 补偿的意义

补偿（indemnification），指商业信托对受托人、受益人或其他人为管理信托所支付之费用的补偿。广义的补偿，还包括商业信托为了使受托人、受益人或其他人免受来自任何第三人或其他人所提出请求或权利主张之损害而采取的措施，如为受托人等投保责任保险。

受托人、其他管理人因负责商业信托的经营管理，最有可能代付费用或被第三人主张权利（包括起诉）。受益人一般不为商业信托支付费用，但在受益人参与经营等特殊情形，亦有此可能。补偿的费用包括诉讼开支（包括诉讼费、合理的律师费等）与其他费用。

补偿的意义在于，受托人、受益人、其他人为管理信托所付费用，本应由商业信托负担，若由受托人等自担管理信托所生费用，有损管理职位的吸引力，同时，补偿使无辜的受托人、其他管理人免受不合理负担，并可抑制受益人的恶意诉讼。

商业信托法普遍认可补偿制度。如《特拉华州商业信托法》规定：商业信托有权对任一受托人、受益人或其他人进行费用补偿以及采取措施，使之免受来自任何请求或要求的损害，商业信托文件可对补偿及措施设定标准与限制。[4376]商业信托法规定的补偿，主要是对受托人的补偿。代理人、受雇人、经理或其他高级管理人员等人为商业信托垫付费用的，依关于委托合同、雇用合同的法律，有权取得补偿，即使商业信托文件未作订定。此外，受托人、受益人或其他人代位清偿商业信托债务的，有权依合同或债法求偿。因此，《特拉华州商业信托法》规定，商业信托文件未订定补偿条款的，不得解释为剥夺任一受托人、受益人或其他人依其他法律享有的取得补偿之权利。[4377]《统一商业信托法》有类似规定。[4378]加拿大统一法委员会起草的2008年《统一收入信托法》不仅规定对受托人的补

[4375] 公司法的实践为此提供良好的注解。例如，英美公司法实行董事会中心主义，除非章程另有订定，董事报酬由董事会决定。董事会决定报酬的行为虽构成利益冲突交易，但并无行政监管程序，而且法院对此类行为的审查也持远为审慎的态度。The American Law Institute，Principles of Corporate Governance：Analysis and Recommendations § 5.03 cmt. c（1994）.

[4376] Del. Code Ann. tit. 12，§ 3817（a）.

[4377] Del. Code Ann. tit. 12，§ 3817（b）.

[4378] Uniform Statutory Trust Entity Act § 509（2009）.

偿,并且规定受托人可以投保责任保险(类似于董事责任保险)。[4379]我国《信托法》《证券投资基金法》及各种规章虽未明文规定补偿,但此系商业信托的自主权,如无法律明文禁止,即当然享有。

2. 补偿请求权的普通信托法渊源

普通信托受托人以固有财产支付管理信托事务过程中适当发生(properly incurred)的费用的,有权请求补偿。[4380]补偿权对于受托人而言极为重要,因为普通信托并非法律实体,受托人因管理信托对外所生债务,只能先由受托人自行负担,而后始得请求从信托财产中补偿。[4381]普通信托受益人以违反信义义务为由起诉受托人,受托人胜诉的,受托人为应诉所付合理的律师费可从信托财产中取得补偿;受托人被判定违反信义义务的,一般不予补偿。[4382]与普通信托受托人严格的注意义务相对应,普通信托法限制受托人在执行信托事务过程中可得的补偿。[4383]

商业信托法关于补偿的规则,既是对普通信托法规则的继承,又基于商业组织法的特点有所发展。其一,明文容许商业信托在补偿之外可采取其他措施。为责任保险等措施预留空间。其二,明文容许受托人以外之人可取得补偿。普通信托受益人一般不参与信托管理,极少为信托垫付费用;普通信托非主体,无法选任其他管理人,只能由受托人选任,因此一般也不发生补偿其他管理人的情形。

3. 补偿的要件与程序

商业信托法关于补偿的规定极为灵活,对补偿的要件与程序等未作限制,亦未区分许可补偿与强制补偿。此种合同自由模式,既承继普通信托法的精神,[4384]又与非公司企业法一致,[4385]而有别于公司法,公司法将

[4379] Uniform Income Trust Act § § 39-41(2008).

[4380] 英国普通信托法的规则,参见Trustee Act 2000, § 31。美国普通信托法的规则,与此相似,参见Restatement(Third)of Trusts § 38(2)(2003)。

[4381] David Hayton, Paul Matthews, & Charles Mitchell, *Underhill and Hayton Law Relating to Trusts and Trustees* 1066(18th ed. 2010).

[4382] Restatement(Third)of Trusts § 88 cmt. d(2007).

[4383] Scott E. Waxman, *Delaware Statutory Trusts*, http://www. potteranderson. com/news-publications-0-127. html, Jan. 24, 2007。例如,受托人不适当地转托对信托事务的裁量权的,可能对所致损失负个人责任,且无权就此损失请求补偿。Id.

[4384] 普通信托法未详细限定补偿标准与程序。Restatement(Third)of Trusts § 38(2003); Uniform Trust Code § 709.

[4385] 有限合伙法、有限责任企业法原则性容许补偿,而未设详细限制,例如,Revised Uniform Limited Liability Company Act § 408(2006); Del. Code Ann. tit. 6, § § 17-108, 18-108。

补偿分为许可补偿与强制补偿，[4386]并详细规定补偿要件与程序。[4387]合同自由模式为实务发展预留充分空间。商业信托受托人、受益人、其他管理人的角色比公司董事、股东、高级管理人员的角色更具弹性，更复杂多样，因此不可能、不必要创设出能够普适于各种商业信托、各种实际情形的任意规范，遑论强行规范。此外，商业信托法未认可裁判补偿。裁判补偿指法院在其认为公平合理的情形，经董事或高级管理人员之申请而判令给予补偿与预付。[4388]此制度授予法院的自由裁量权过大，易遭滥用，不宜采纳。

商业信托在补偿要件与程序方面享有广泛的自治权，并不必然导致受托人为所欲为，因为受托人引起费用、行使补偿决定权，均受制于信义义务，不得违背商业信托的最大利益。在补偿条件上，可补偿的费用或损失须为受托人善意地、以通常注意行事而发生。[4389]受托人违反商业信托文件条款所生损失或费用，不予补偿。[4390]对于不得免责之行为，自然不得补偿，[4391]已作出的补偿无效，获取补偿者应将所得款项返还于商业信托。在补偿程序上，受托人须提出补偿费用的确定数额及费用的构成。[4392]

补偿涉及受托人等人与商业信托之间的利益冲突，受补偿人可能借此谋取不当利益，商业信托文件自可另设防控程序。例如，须经多数受托人同意、[4393]须经两个以上独立受托人同意、经独立法律顾问同意或经受益人决议；请求补偿之人应向商业信托出具承诺书，承诺请求补偿的费用数额系真实发生的合理费用。

4. 补偿请求权的受偿顺序

补偿请求权是一种债权，以信托财产为责任财产。补偿请求权受偿顺序如何，各国商业信托法普遍未作规定，可能因此适用普通信托法的规则。首先，应予检讨的是，在普通信托法上，何种规则较为妥当。其次，即

[4386] Model Business Corporation Act § § 8.51, 8.52(2016 Revision).

[4387] 如《特拉华州普通公司法》规定，董事善意且以合理地相信符合公司最大利益的方式行事的，有权获得补偿；公司对董事进行补偿的决定，应由非当事方董事多数决定或股东会等决定。Del. Code Ann. tit. 8, § 145.

[4388] Model Business Corporation Act § 8.54(a)(3)(2016 Revision).

[4389] Austin v. Parker, 317 Ill. 348, 148 N. E. 19(1925).

[4390] McFadden v. Leeka, 48 Ohio St. 513, 28 N. E. 874(1891).

[4391] 例如，《统一商业信托法》规定下列行为引起的费用不得补偿：恶意行为；故意实施的不当行为；放任不顾商业信托利益的行为。Uniform Statutory Trust Entity Act § 509(a)(2009).

[4392] Consolidated American Royalty Corp. v. Taliaferro, 78 F. 2d 802(C. C. A. 10th Cir. 1935)(适用俄克拉何马州法).

[4393] Oklahoma Fullers Earth Co. v. Evans, 1937 OK 79, 179 Okla. 124, 64 P. 2d 899(1937).

便在普通信托法上妥当的规则，是否适合于商业信托。

在普通信托法上，各国规则有所不同。依照英国普通法，受托人的补偿请求权优先于受益人在信托中的权利，在此意义上是一种“衡平法担保权”（equitable lien），即当信托财产不足以偿付对受托人的补偿债权和受益人的信托利益给付请求权时，受托人权利优先于受益人（无论初始受益人还是受益权的受让人、受益权上的担保权人）。[4394]美国普通法似未明示该债权有优先受偿效力；[4395]《统一信托法典》则规定受托人为保护信托而垫付款项的，对信托财产享有担保权（lien），以担保垫付款及其合理利息的清偿，[4396]但此种担保权与信托财产上其他担保权之间顺位如何，并不明确。日本1922年《信托法》第36条所规定的具有优先受偿效力的补偿请求权范围较宽：受托人就信托财产所负担的租税和其他费用，或为了处理信托事务、非因自己过失所受损失，优先于其他权利。2006年新《信托法》限缩了优先受偿的债权之范围。新法第49条第6款规定，受托人为各债权人的共同利益，为信托财产的保存、清算或分配支出费用，而请求补偿之权利，在强制执行或实行担保权程序中，优先于其他债权人，其顺位与《民法》第307条第1款规定的先取特权为同一顺位。同条第7款规定，受托人为保存信托财产所支出的金额，或其他为维持信托财产价值而认为有必要的金额，以及为改良信托财产所支出的金额或其他认为有益于增加信托财产价值的金额，优先于其他债权人的权利。2011年《韩国信托法》第48条第1款规定，受托人对于为信托财产的保存、计量而支出的必要费用或有益费用，享有优先受偿的权利。

我国《信托法》第37条第1款规定：“受托人因处理信托事务所支出的费用、对第三人所负债务，以信托财产承担。受托人以其固有财产先行支付的，对信托财产享有优先受偿的权利。”此与我国台湾地区“信托法”第39条规定类似。[4397]究其来源，似均受日本旧《信托法》之影响。据此规定，受托人具有优先受偿效力的债权范围较大，不限于必要费用和有益费用。

[4394] David Hayton, Paul Matthews, & Charles Mitchell, *Underhill and Hayton Law Relating to Trusts and Trustees* 1063, 1073 (18th ed. 2010).

[4395] Restatement (Third) of Trusts § 38 (2003).

[4396] Uniform Trust Code § 709 (b).

[4397] 我国台湾地区“信托法”第39条规定：“受托人就信托财产或处理信托事务所支出之税捐、费用或负担之债务，得以信托财产充之。（第1项）前项费用，受托人有优先于无担保债权人受偿之权。（第2项）第一项权利之行使不符信托目的时，不得为之。（第3项）”

受托人的债权优先于受益人的信托利益给付请求权，理所当然；应否优先于信托的其他债权人，则颇有疑问。

担保权包括意定担保权、法定担保权与裁判担保权。法定担保权（包括法定抵押权、优先权、留置权等）优先于普通债权与意定担保权。法律创设法定担保权，向来持谨慎、严格的立场，须有充分的法理依据与正当理由。[4398]受托人为保存信托财产而支付必要费用或有益费用的，此项费用有利于全体债权人之利益，就此赋予受托人法定担保权，符合民法关于优先权或留置权的一般规则和法理。但对除此之外的费用补偿请求权一律赋予优先于其他债权的顺位，理由并不充分。

首先，受托人为处理信托事务而垫付的费用，未必比信托的其他债务更为重要。例如，证券投资信托为应对基金赎回而向第三人借入短期融资款，对于信托运营的重要性，绝不弱于受托人为管理信托而垫付的费用。

其次，相比于作为外部债权人的第三人，受托人处于内部债权人之地位，垫付费用的发生及数额，受托人便于操纵，赋予其优先受偿权，易诱发机会主义行为，例如，在信托财产不足清偿全部债务时（优先受偿权的作用真正显现于一般财产不足以清偿全部债务时），增加债权数额，抢先获得充分清偿。清偿能力不足的信托犹如遭遇海难的大船，优先受偿权相当于救生艇，内部债权人相当于船员，外部债权人相当于乘客。在救生艇数量不足以挽救全体船员与乘客的情形，公平分配救生艇的条件与程序，即为决定逃难制度（清算）公平性的关键因素之一。将救生艇配置于内部债权人，内部债权人将倾向于尽可能扩大其债权数额、尽可能将其无担保债权（如受托人报酬请求权）转化为担保债权，增加逃难机会。因内部债权人掌控企业事务，实施自利行为并非难事，外部债权人一般不可能有此机会，风险便极可能转嫁于外部债权人。

最后，法定担保权一般不具有公示性，其他债权人难以预知，易遭不测之害；附法定优先受偿效力的补偿请求权一旦超出必要费用和有益费用的范围，难免有损其他债权人的利益，具有负外部性，且有失公平。补偿请求权人欲保障其债权，自可设定意定担保权（须经公示），并无法律障碍。

英美普通法并未一般性地认可受托人费用偿还请求权具有优先于信

[4398] 各国民法上的优先权或法定担保权，均有强大的政策理由。常见者有丧葬费用优先权、承揽人报酬优先权、工资优先权、人身伤亡赔偿金优先权、农业优先权等。参见《法国民法典》第2331条、第2374条；《荷兰民法典》第3：284~289条；《魁北克民法典》第2651条。

托其他债权受偿的效力。即使是《统一信托法典》，也仅将优先受偿范围限定于为“保护信托”垫付的费用，不及于管理信托所发生的全部正当费用。为保护信托而垫付的费用，具有时间上的紧迫性与功能上的必要性，若无此垫付，信托将受损，不免殃及信托的外部债权人，授予优先受偿权尚有理由。对其他内部债权赋予优先受偿效力，则已逾越必要限度。

我国台湾地区“信托法”制定于1996年，关于优先受偿的规定在英美信托法上查无来源，应系借鉴日本旧《信托法》所致。学者解释其理由，认为系“本于公平原理，为免受托人置于过于不利的地位”。[4399]仅顾及对受托人之公平，忽视对其他债权人之公平，未免偏颇。观察日本《信托法》上述规定之变迁可见，日本已认识到其原有规定失之过宽。我国《信托法》第37条陈陈相因，但立法机关人士所撰释义书认为该条所称费用应作较严格的限定，[4400]亦已显示出该种规定之缺陷。

因此，在普通信托法上，至多仅应规定，受托人就其为保存、清算信托财产所支出的必要费用和有益费用始有优先受偿权。规定清算费用债权具有优先受偿效力，是与破产法上关于清算费用优先受偿的规定相照应，而普通信托一般不具有破产能力，不适用破产法。

至于商业组织法，通常未规定补偿请求权有优先受偿效力。商业信托并不重在财产的保存，且商业信托可以适用或类推适用破产法的规则，无论是否由受托人清算，清算费用均可优先受偿。因此，商业信托法无须沿用普通信托法的规则，而应依循商业组织法模式。受托人的补偿请求权不具有法定优先受偿效力。

（三）预付

1. 法理与立法

在受托人等人为被告的诉讼终结、受托人等人得到补偿之前，可能发生不菲的前期费用（包括诉讼费及律师费），如果不对受托人等人预先支付上述费用，可能导致受托人等人缺乏财务支持而无法保障正当权益。因此商业信托文件可订定向受托人等人预付可予补偿的费用。

［4399］ 赖源河、王志诚：《现代信托法论》（增订3版），中国政法大学出版社2002年版，第138~139页。

［4400］ 卞耀武主编：《中华人民共和国信托法释义》，法律出版社2002年版，第113~114页：“相对于对第三人所负债务来说，受托人因处理信托事务所垫付的费用，如果受托人享有优先受偿权，无疑对第三人是不利的，所以，这里的费用应该作较为严格的限定，一是确是与处理信托财产有关；二是仅限于受托人为处理信托事务所支出的劳务、人工等方面的费用；三是要有独立、清楚的处理信托事务等方面的记载，便于查阅核对。而信托文件或信托当事人允许信托财产与受托人的固有财产发生交易，受托人因此与信托财产形成的债务关系，受托人对信托财产没有优先受偿的权利。”

预付实为可补偿费用的提前偿付，其主体、要件、程序、限制，原则上与补偿相同。特殊之处在于，请求预付者，应向商业信托书面承诺在最终确定此人无权取得补偿之时，应将所得款项返还于商业信托。

《特拉华州商业信托法》及美国其他第四代州商业信托法未明文规定预付，但基于合同自由的基本原则，判例认为《特拉华州商业信托法》默示容许商业信托文件可订定预付。[4401]美国统一州法全国委员会《统一商业信托法》、加拿大统一法委员会《统一收入信托法》明文规定预付。[4402]《统一商业信托法》第509条第b款规定："受托人、受益人或其他因其与商业信托的关系而被提起诉讼或提出主张之人所生费用，包括合理的律师费和诉讼费，可以在诉请或主张被终决之前由信托预先支付，只要该人承诺，如果该人被最终认定无权依第a款取得补偿，则将预付费用返还于信托。"加拿大统一法委员会起草的《统一收入信托法》规定类似。2006年《日本信托法》将预付作为信托法的一般规则加以规定（第48条第2款至第5款）。

我国台湾地区"信托法"第40条第2项规定："信托行为订有受托人得先对受益人请求补偿或清偿所负之债务或要求提供担保者，从其所定。"我国《信托法》未规定预付，但依私法自治原则，当然可由信托文件自行规定。

预付制度为商业组织法通例，[4403]而不是普通信托法之通例。普通信托并非独立主体，受托人为信托财产所有权人，受托人因信托事务被他人起诉时，可自行从信托财产中支付前期费用，不存在向信托请求预付的必

[4401] Nakahara v. NS 1991 Am. Trust, 739 A. 2d 770（Del. Ch. 1998）.《特拉华州修订统一有限合伙法》《特拉华州有限责任企业法》关于补偿的条文（第17-108条、第18-108条）与之类似，有限责任企业判例亦认为"补偿与保持无害"（indemnify and hold harmless）术语并不包含费用预付。Majkowski v. Am. Imaging Mgt. Servs.，LLC，913 A. 2d 572，2006 Del. Ch. LEXIS 204（Dec. 6，2006）. 但判例认为第18-108条的授权仍然含有对预付的授权。Senior Tour Players 207 Mgt. Co.，LLC v. Golftown 207 Holding Co.，LLC，853 A. 2d 124（Del. Ch. 2004）；Majkowski v. Am. Imaging Mgt. Servs.，LLC，913 A. 2d 572，2006 Del. Ch. LEXIS 204（Dec. 6，2006）（支持预付的公共政策根植于合同自由的基本架构）. 有限合伙判例认为，有限合伙协议未约定补偿时，应解释为协议有意为合伙人提供补偿保护或容许预付。Active Asset Recovery，Inc. v. Real Estate Asset Recovery Servs.，1999 Del. Ch. LEXIS 179（Del. Ch. Sept. 10，1999）.

[4402] Uniform Statutory Trust Entity Act § 509（2009）；Uniform Income Trust Act § 40（3）（2008）.

[4403] Del. Code Ann. tit. 8，§ 145（e）；Model Business Corporation Act § 8.53（2016 Revision）.《修订统一有限责任企业法》未明文规定预付，但其评注称本法不禁止运营协议约定预付。Revised Uniform Limited Liability Company Act § 408 cmt.（2006）.

要性与可行性。[4404]

2. 判例见解

与补偿一般，商业信托文件对预付可自定限制，例如预付须经独立法律顾问审核，并经第三方同意。[4405]商业信托文件未定限制时，忠实义务与注意义务的一般限制即予适用，例如，基于故意不当行为所生费用，不得请求预付。

特拉华州*Nakahara v. NS 1991 Am. Trust*案为典型判例。原告Nakahara与Renoir系夫妻，任被告NS 1991美国信托的管理受托人（managing trustee）。NSKK公司（Nakahara任该公司董事）以Nakahara违反信义义务为由在纽约州对Nakahara与Renoir提起另一诉讼，该诉讼与NS 1991美国信托有关。Nakahara与Renoir遂依据NS 1991美国信托的信托文件中之“预付”条款，[4406]向特拉华州大法官法院起诉NS 1991美国信托，请求预付原告在纽约州法院进行诉讼的费用。NSKK以被告方参与人（defendant-intervenor）之身份介入本案，并向法院提出动议，其理由之一是《特拉华州商业信托法》禁止商业信托对受托人进行预付。法院认为《特拉华州商业信托法》默示容许预付，但依衡平法判决原告败诉。

原告在纽约等地被诉后，以实施自助为名，分两次从NS 1991美国信托的账户中抽走90万美元。NSKK指称原告恶意违反暂停偿付协议（standstill agreement）[4407]及Isle of Man法院的命令，属于不公平行为，因此无权获得衡平法救济。法院查明：1995年12月12日的暂停偿付协议约定：“未经作为NS 1991美国信托受托人的Abacus信托公司事先书面同意，Nakahara与Renoir不得从事NS 1991美国信托的任何交易。”1997年7月、8月，Nakahara与Renoir将NS 1991美国信托的账户中总计90万美元的资金转移至另一账户，不仅事先未经Abacus信托公司同意，且迟至资金抽调、转移之后才通知该信托公司。信托公司收到通知后立即要求Nakahara与Renoir返还资金，但为时已晚。

［4404］ 当然，这并不意味着受托人可以任意拨付费用用于预付；受托人在管理信托过程中不得引起不合理的费用。Restatement（Third）of Trusts § 88（2007）.

［4405］ 独立性的核心标准是无利益冲突，商业信托文件可订定独立性的认定标准；无订定时，法院依“独立性”的一般观念判定。法院会借鉴公司董事独立性标准与律师职业规范，认定法律顾问的独立性。Nakahara v. NS 1991 Am. Trust，739 A. 2d 770（Del. Ch. 1998）.

［4406］ 本信托文件第4.2条第d款订定预付的条件：“独立法律顾问基于对现时可得的事实之审核，出具书面意见认定有理由相信受托人等人最终将会被判定有权取得补偿。”

［4407］ 该协议的订立，旨在保证中立性的前提下使原告Nakahara保持NS 1991美国信托受托人的职位。

独立法律顾问Swanson证明原告抽调资金的行为构成背信的自己交易，且恶意违反暂停偿付协议。NS 1991美国信托的顾问亦反对原告的所谓“自助”主张，指称原告的行为完全不当且出于恶意。原告则辩称，抽调资金的行为并未对NS 1991美国信托造成损害，且独立法律顾问已认为原告有权取得预付。

特拉华州大法官法院认为，“求助于衡平法者自身必须清白”为衡平法基本原则之一，因此，实施了与争议事项有关的应受谴责之行为的当事人，无权请求法院听审其主张。尽管原告在技术上满足信托文件第4.2条关于预付的条件，似可由此得出原告有权取得预付的结论，但这不能改变原告违反暂停偿付协议的事实。需要证明NS 1991美国信托受到损害，并非本案关键所在。原告是向衡平法院寻求衡平法救济，但是，原告未经许可，不正当地、不可告人地抽走资金，衡平法院不会动用其衡平权限去宽恕此种行为。衡平法不救济不公平行事之人，纵然并无实际损害。正如最高法院百年前即已阐明的：衡平法院仅当良心要求时才采取行动，如果原告违背自然正义，则无论其有何种权利、无论其在普通法法院可如何运用此类权利，衡平法院不予救济。据此，驳回原告之请求。

法院的上述意见引用衡平法理，固属正确，唯依信托法规则，仍可得出同一结论。未经授权，受托人不得实施利益冲突交易。违反忠实义务之行为，不以造成损害为要件。受托人Nakahara之行为，违反暂停偿付协议在先。此项暂停偿付协议条款既然旨在约束Nakahara作为受托人之行为，属商业信托文件的一部分(《特拉华州商业信托法》规定“商业信托文件可由数个文件组成”)，受托人的行为，亦已违反商业信托文件。即使就信托文件本身规定而言，受托人的行为为故意不当行为，[4408]技术上亦不合规定，无权获得补偿，亦无权获得预付。

第九节　商业信托的其他管理人

一、其他管理人的法律地位

通常情况下，商业信托由受托人经营管理，但有时由受托人以外的自

[4408] 根据本信托文件第4.2条第a款和第b款，满足订定条件的受托人有权取得强制性补偿(商业信托有义务补偿)，但确定判决或和解书认定受托人有故意不当行为或恶意、重大过失或轻率地忽略受托人职责的，不予补偿。

然人或组织经营管理，后者称谓不一，如经理、委员会等。[4409]受益人亦可任其他管理人。[4410]商业信托由受托人以外之人经营管理的做法，早期即已有之，美国判例法不否定其效力。《特拉华州商业信托法》对此有完整规定："商业信托文件可订定高级管理人员、受雇人、管理人或其他人的选任、选举或任职（engagement），上述人员可以管理商业信托的营业与事务，可以具有商业信托文件订定的相关权利、权限与义务。上述人员可作为商业信托的代理人、独立缔约人或受托人的受转托人（delegatees）而被选任、选举或任职。"[4411]

现代商业信托形态日益多样，由受托人经营信托这一传统模式日益被其他模式补充甚至取代。不动产投资信托常由不动产专业经营商管理。资产证券化信托更为典型。为适应破产法、税收或会计等方面要求，此类信托通常只是一个"空壳"组织，受托人仅有向受益人进行分配等极为有限的职能与权限（或者更少），大部分经营管理职能与权限由作为独立缔约人的外部人行使（服务商等）。如美国关于资产证券化的财务会计准则规定，特殊目的载体须具备四要件，方可满足资产证券化的会计要求，要件之一为，除可能暂时持有与应收款相关的非应收款资产以外，特殊目的载体必须"消极"地持有从发起人处受让的资产，"消极"意指除与应收款服务（与应收款的回收有关）有关的决定外，特殊目的载体不参与其他事务的决定。[4412]这就要求特殊目的信托将大部分职能交于外部人。[4413]

普通信托受托人亦可任用代理人、受雇人等，法律结构上有所不同的是，此类人是受托人的代理人、受雇人，受托人为其委托人或雇用人，代理人、受雇人授权范围内的行为由受托人承担责任（尽管此类费用可从信托财产中获得补偿）。商业信托既是独立主体，商业信托即为委托人、雇用人。

根据商业信托文件选任的高级管理人员或代理人的行为，对商业信

[4409] American Ry. Exp. Co. v. Asher, 218 Ky. 172, 291 S. W. 21 (1927).

[4410] 管理人兼为受益人的事实，不影响报酬请求权。Trust No. 5522 and Trust No. 5644, Bellehurst Syndicate v. Commissioner of Internal Revenue, 83 F. 2d 801, 36-1 U. S. Tax Cas. (CCH) ¶9291, 17 A. F. T. R. (P-H) ¶1192 (C. C. A. 9th Cir. 1936); Todd v. Ford, 92 Colo. 392, 21 P. 2d 173 (1933).

[4411] Del. Code Ann. tit. 12, § 3806(b)(7).

[4412] FAS 140 ¶ 39.

[4413] 对此，法律或规章甚至设有强行要求，如要求资产证券化信托应将资金保管职能交于外部的资金保管机构。参见我国《信贷资产证券化试点管理办法》第28条。

托有约束力。[4414]代理人越权行为，商业信托可予追认。[4415]此时适用代理法的一般规则。

二、受托人的注意义务

在任用其他管理人的情况下，受托人并非彻底置身事外。《统一商业信托法》仅规定转托情形下受托人选任、监督受转托人的义务，未规定受转托人以外的其他管理人。[4416]《特拉华州商业信托法》对于商业信托选任其他管理人的情形和受托人转托的情形，就受托人的义务与责任，设有同一的规定。

《特拉华州商业信托法》原先规定："除商业信托文件另有订定外，受托人应当选择并监督此类高级管理人员、管理人、受雇人或其他人。"[4417]此所谓其他人等，包括但不限于受转托人。2018年修法时，该句被删除，另增一款："除商业信托文件另有订定外，有下列情形之一的，对于高级管理人员、受雇人、管理人、其他依照第3806条第b款第7项规定行为之人或依照第3806条第i款行为的受转托人的选任、监督、解任、决策、行为、行使权利或权力、履行义务，受托人不承担义务或责任：(i)该人的选任、选举、聘用或转托，是按照信托文件或由此设定的另一协议中的明示条款所为；(ii)该人的选任、选举、聘用或转托，是信托文件或由此设定的另一协议中的明示条款要求受托人所为，且不是依据受托人的自由裁量权；(iii)受托人依照第3806条第i款作出一项不可撤销的转托并且是依据受托人的自由裁量权所为，但受托人在作出选任该人并确定转托范围与条款的决策时应符合信托文件或本分章（本法。——本书作者注）规定所要求的注意标准的除外；或(iv)所有其他情形，但受托人在作出选任该人、确定转托范围与条款、审查该人行为以监督该人履职并遵守转托范围与条款的决策时应符合信托文件或本分章规定所要求的注意标准的除外。"[4418]该款规定，意在从正反两面明确受托人就其他管理人之行为承担责任的情形。

[4414] U. S. v. Crescent-Kelvan Co. , 164 F. 2d 582（C. C. A. 3d Cir. 1948）.

[4415] C. J. S. , Agency § 51 et seq.（2007）.

[4416] Uniform Statutory Trust Entity Act § 511（2009）.

[4417] Del. Code Ann. tit. 12, § 3806（b）（7）. 其他非公司企业法有类似规则。田纳西州新近关于有限责任企业的判例中，有限责任企业总经理将企业的全部财务事项转托于另一自然人，未采取任何合理措施监督受转托人适当履行职责，被判违反对有限责任企业所负信义义务。Shell v. King, No. E2003-02124-COA-R3-CV, 2004 Tenn. App. LEXIS 507（Tenn. Ct. App. Aug. 5, 2004）.

[4418] Del. Code Ann. tit. 12, § 3806（m）.

作为任意性规范，其他管理人非由受托人选任的，或者虽由受托人选任但受托人仅为依约行事而未行使自由裁量权的，受托人不就其他管理人之行为承担责任；在其他情形，受托人应否就其他管理人之行为承担责任，取决于是否违反受托人的注意标准。因此，修正后的条文，对受托人的义务与责任作更为具体的描述，仍使受托人受制于注意义务，并非免其义务；至于在其他管理人非由受托人选任或受托人仅依约选任而非自主选任的情形，不要求受托人负注意义务，其理由似在于，此类情形既非由受托人做主，自不应由其负责，另外也可顾及交易实际。例如，许多资产证券化交易是由发起人主导，服务商等其他管理人由发起人选任，受托人的职责极为有限，一般不享有裁量权。

受托人的上述义务，与受托人的基本职责一致：商业信托应由受托人经营管理或者在受托人指示之下经营管理，受托人的履职行为，恒受制于注意义务。基于合同自由最大化原则，商业信托文件可约定免除此义务。义务的免除常见于另有其他管理人全权负责商业信托经营管理的情形，如由管理受益人全权管理的期货投资信托。

三、其他管理人的权限、权利与义务

为控制经营风险，商业信托文件可自由设定其他管理人的任职、行为准则等。例如，高级管理人员、经理等人对外订立特定合同须经受益人同意，[4419]或者，商业信托对外承担的费用、债务等超过一定数额的，须经受托人同意；但此类条款不得对抗善意第三人。[4420]又如，商业信托与其他管理人订立的经营管理合同可约定，其他管理人应公正地为商业信托及其全体受益人管理事务；在此情形，受托人不得选任与商业信托及其全体受益人存在利益冲突之人担任其他管理人。[4421]

其他管理人的权利义务，原则上取决于合同约定。例如，美国投资基金一般由受托人会（或董事会）授权投资顾问行使被投资公司股票的表决权，投资顾问行使表决权时，应代表投资基金行事，并遵守投资基金受托人会（或董事会）指定的行动准则。[4422]投资顾问可被称为基金“管理人”

［4419］ Terrydale Liquidating Trust v. Barness, 611 F. Supp. 1006（S. D. N. Y. 1984）.

［4420］ Stitzinger v. Truitt, 81 Cal. App. 502, 253 P. 971（1st Dist. 1927）.

［4421］ Flynn v. La Salle Nat. Bank, 9 Ill. 2d 129, 137 N. E. 2d 71（1956）.

［4422］ Joseph R. Fleming, *Regulation of Series Investment Companies under the Investment Company Act of 1940*, 44 Bus. Law. 1179, 1188 n. 50（1989）.

(manager),投资顾问可保留一个或数个次级投资顾问(subadvisers)。[4423]又如,资产证券化信托的服务商对资产池的管理有充分自主权,服务商依其专业要求对应收款进行各种处置(包括设定与债务人就逾期清偿进行接触的方式与时点、处理担保物、通过诉讼或其他程序回收应收款),无须经信托、受托人或其他任何人同意。为保持证券化资产池管理的稳定性,服务协议可约定服务商不得辞任,除非服务商履行义务之行为不再符合法定要求。在新服务商继任之前,债券契约受托人将承担服务商的义务。服务商因故意、过失行为承担责任,但不因单纯的判断错误承担责任;或者,服务商不因善意地行使自由裁量权或遵循其既定的服务程序而承担责任。[4424]

除另有约定外,其他管理人于管理信托时负有类似于受托人的信义义务。例如,依美国商业信托判例法之见解,依据管理合同管理信托财产之人,应独立行事、公允对待不同受益人,衡平法不容许管理人实施有利于多数受益人而敌视少数受益人之行为。[4425]《特拉华州商业信托法》新修正条文明文规定:"任何高级管理人员、受雇人、管理人、其他依照第3806条第b款第7项规定行为之人或依照第3806条第i款行为的受转托人,应当遵守选任、选举、聘用或转托的范围与条款,并且除商业信托文件或该选任、选举、聘用、转托的条款另有订定外,应当(i)按照商业信托文件或依照本分章(本法。——本书作者注)规定所要求的受托人的注意标准行使权利与权力、履行义务;(ii)承担未如此行为的责任。"[4426]该款规定对其他管理人课以类似于受托人的注意义务。

美国实务上常见案型有证券投资信托、清算信托与期货投资信托。此类信托的受托人多承担监督职能,具体经营或管理职能由投资顾问或信托经理[4427]等人负责。在此情形,仅受托人负有信义义务,即有局限。商业信托法遂将信义义务扩张适用于实际管理人。

例如,证券投资基金的实质性事务由投资顾问处理,投资顾问或被信

[4423] Victoria E. Schonfeld & Thomas M. J. Kerwin, *Organization of a Mutual Fund*, 49 Bus. Law. 107, 127(1993).

[4424] 此处关于资产证券化服务商的条款实例,引自SWIFT Master Auto Receivables Trust, Prospectus (October 9, 2007)。

[4425] Flynn v. La Salle Nat. Bank, 9 Ill. 2d 129, 137 N. E. 2d 71(1956).

[4426] Del. Code Ann. tit. 12, § 3806(n).

[4427] 不同于信托公司经理。清算信托的信托经理,受雇于信托;信托公司经理则受雇于作为受托人的信托公司。

托文件直接选任为受托人，或被受托人聘用为投资顾问。[4428]前种情形，投资顾问自然负有信义义务；后一情形，投资顾问并无受托人义务。美国1940年《投资团体法》第36条明文规定投资顾问负有信义义务，特别是就报酬事项负有信义义务。[4429]不设受托人会的投资团体，托管人的董事适用1940年《投资团体法》关于受托人的规定。[4430]美国联邦最高法院亦判定，投资顾问与投资团体的关系为信义关系。[4431]管理人使用"人工智能投资顾问"执行管理事务的，因人工智能投资顾问并非独立主体，尚不可谓人工智能投资顾问负有信义义务，而应由其使用者、运营者承担义务与责任。[4432]

又如，清算信托（liquidation trust）的信托经理，与受托人一样对受益人负有信义义务，[4433]包括不得实施有利于部分受益人而不利于其他受益人的行为，[4434]不得不当参与信托财产的拍卖，[4435]不得购买本信托

[4428] SEC, Public Policy Implications of Investment Company Growth, H. R. Rep. No. 2337, 89th Cong., 2d Sess. 46 (1966); Wharton School of Finance and Commerce, A Study of Mutual Funds, H. R. Rep. No. 2274, 87th Cong., 2d Sess. 49-51.

[4429] 早在国会正式修订1940年《投资团体法》之前，证券与交易委员会即已倾向于扩大投资顾问在基金管理费方面的信义义务人地位。Consumer-Investor Planning Corp., SEC Securities Exchange Act Release No. 8542 (Feb. 20, 1969). 在1940年《投资团体法》修正之前，尽管没有直接涉及这一问题的判例，但认为投资顾问属于信义义务人的观点仍居支配地位。Donald W. Glazer, *A Study of Mutual Fund Complexes*, 119 U. Pa. L. Rev. 205, 214 (1970).

[4430] 15 U. S. C. § 80a-10 (h).

[4431] SEC v. Capital Gains Research Bureau, Inc., 375 U. S. 180, 191 (1963).

[4432] 人工智能投资顾问渐成热门研究课题。较近的文献，例如，John Lightbourne, *Algorithms & Fiduciaries: Existing and Proposed Regulatory Approaches to Artificially Intelligent Financial Planners*, 67 Duke L. J. 651 (2017)。我国学者的新近研究，参见高丝敏：《智能投资顾问模式中的主体识别和义务设定》，载《法学研究》2018年第5期；郑佳宁：《论智能投顾运营者的民事责任——以信义义务为中心的展开》，载《法学杂志》2018年第10期；郭雳：《智能投顾开展的制度去障与法律助推》，载《政法论坛》2019年第3期。我国《关于规范金融机构资产管理业务的指导意见》对人工智能投资顾问问题有所回应。依照该意见第23条规定，运用人工智能技术开展投资顾问业务应当取得投资顾问资质，非金融机构不得借助智能投资顾问超范围经营或者变相开展资产管理业务；金融机构应当为投资者单独设立智能管理账户，充分提示人工智能算法的固有缺陷和使用风险，明晰交易流程，强化留痕管理，严格监督智能管理账户的交易头寸、风险限额、交易种类、价格权限等；金融机构因违法违规或者管理不当造成投资者损失的，应当依法承担损害赔偿责任。

[4433] Wallace v. Malooly, 4 Ill. 2d 86, 122 N. E. 2d 275 (1954). 不过，受限于信托目的，较之投资顾问，清算信托的经理仅具有相当有限的权利。Savit v. Chicago Title & Trust Co., 329 Ill. App. 277, 68 N. E. 2d 472 (1st Dist. 1946).

[4434] Flynn v. La Salle Nat. Bank, 9 Ill. 2d 129, 137 N. E. 2d 71 (1956).

[4435] Flynn v. La Salle Nat. Bank, 9 Ill. 2d 129, 137 N. E. 2d 71 (1956).

受益权。[4436]

再如，期货投资信托。期货投资信托的常用结构为，受托人仅有登记等程序性职能，经营管理职责由管理受益人承担，管理受益人即负有信义义务。[4437]

第十节　受托人等义务或责任的扩张、限制、免除

一、问题与背景：契约主义与反契约主义

信托文件可否限制甚至免除受托人的信义义务或其他义务，以及违反此类义务的责任？限制或免除受托人义务或责任有无底线、底线何在？换言之，信义义务属于任意法还是强行法？信义义务或其他义务既有收益，亦有成本，既可保护受益人，亦可能阻遏创新、诱发公权力的不当干扰。变通此类义务，自有需求。决定是否变通的主导权应留于何人之手？上述问题在理论与实务上皆有重大意义。信义义务是否为任意规范，更是当代企业法的中心问题之一。

自由与灵活性为信托法之生命。普通信托法以任意法为基调，但信义义务有程度不等的强行法色彩。《信托法重述》称，信托文件可授权受托人从事利益冲突交易，就此而言，即使是极其重要的忠实义务，亦属于任意规范；但是，信托文件不得完全免除受托人的根本性信义义务——为受益人利益管理信托的义务与谨慎管理信托的义务；相应地，无论信托文件的授权条款何等宽泛，均不得改变或免除受托人善意行事与公平行事的义务，受托人恶意行事或不公平行事的，仍构成违反忠实义务，就此而言，忠实义务并非纯正的任意法；法律对委托人的私法自治设定限制，以保护法律承认的信托关系之根本性信义性质（fundamental fiduciary character）。[4438]《统一信托法典》的立场类似：信托条款虽可改变乃至免除受托人的信义义务，但不得免除受托人善意行事并依照信托目的行事之义务。[4439]特拉华州关于普通信托的法律规定，普通信托文件可扩张、限制

［4436］ Victor v. Hillebrecht, 405 Ill. 264, 90 N. E. 2d 751（1950）（信托经理违反自己交易义务购买受益权的，受损害的受益人有权撤销交易）.

［4437］ Cargill, Inc. v. JWH Special Circumstance LLC, 959 A. 2d 1096（Del. Ch. 2008）.本案详见本章第7节第2目。

［4438］ Restatement（Third）of Trusts § 78 cmt. c（2）（2007）.

［4439］ Uniform Trust Code 105（b）（2）（2005）.

或免除受托人的注意义务。[4440]但并未容许免除忠实义务。

晚近有学者主张，普通信托受托人的信义义务性质属于任意法，信托文件可自由改变、放弃(waive)信义义务。[4441]当代信托法之任意法论，受到公司法契约主义(契约论)影响。公司契约论的核心论点为，公司董事、高级管理人员等管理者对公司或其股东所负信义义务，性质为任意规范，可由章程自由改变甚至免除，以灵活回应代理成本；信义义务并非特殊的规则，而是如同私法的大多数规则一般，属于法律提供给当事人的默示合同条款，当事人之间的明示合同条款自可取而代之。[4442]与之对立的反契约主义论，并非否定公司法整体具有自治法性质，而是认为信义义务为强行规范。[4443]信义义务的性质，是为契约主义与反契约主义的主要分歧点之一。

契约主义与反契约主义之争，亦见之于其他非公司企业法。相比于契约主义在公司法上的重重纷争，契约主义在非公司企业法中较为畅行，并已成为特拉华州等州的现行法。其基础正是非公司企业与公司存在诸多差异：非公司企业不是制定法的创造物，也没有特许理论束缚非公司企业的自由化；[4444]而公司法的传统理论认为，公司为国家特许之产物，国家不容许当事人任意免除居于强行法核心地位的信义义务。

从大背景看，契约主义已扩张至私法乃至公法的各个领域。在历经

[4440] Del. Code Ann. tit. 12, § 3302.

[4441] John H. Langbein, *The Contractarian Basis of the Law of Trusts*, 105 Yale L. J. 625, 659(1995). 稍早时候的信托法权威学者斯科特教授亦持信义义务的契约说立场。Austin W. Scott, *The Fiduciary Principle*, 37 Cal. L. Rev. 539, 540(1949).

[4442] Frank H. Easterbrook & Daniel R. Fischel, *The Economic Structure of Corporate Law* 91-93 (1991); Frank H. Easterbrook & Daniel R. Fischel, *Contract and Fiduciary Duty*, 36 J. L. & Econ. 425, 427(1993); Henry N. Butler & Larry E. Ribstein, *Opting Out of Fiduciary Duties: A Response to the Anti-Contractarians*, 65 Wash. L. Rev. 1(1990).

[4443] 认为信义义务法为强行法的主要文献，参见John C. Coffee, *The Mandatory/Enabling Balance in Corporate Law: An Essay on the Judicial Role*, 89 Colum. L. Rev. 1618(1989); Deborah A. DeMott, *Beyond Metaphor: An Analysis of Fiduciary Obligation*, 1988 Duke L. J. 879(1988); Claire Moore Dickerson, *From Behind the Looking Glass: Good Faith, Fiduciary Duty & Permitted Harm*, 22 Fla. St. U. L. Rev. 955(1995); Melvin Aron Eisenberg, *The Structure of Corporation Law*, 89 Colum. L. Rev. 1461, 1462(1989); Melvin Aron Eisenberg, *The Limits of Cognition and the Limits of Contract*, 47 Stan. L. Rev. 211(1995); Scott FitzGibbon, *Fiduciary Relationships are Not Contracts*, 82 Marq. L. Rev. 303(1999); Lawrence E. Mitchell, *The Death of Fiduciary Duty in Close Corporations*, 138 U. Pa. L. Rev. 1675(1990)。

[4444] Larry E. Ribstein, *Fiduciary Duty Contracts in Unincorporated Firms*, 54 Wash. & Lee L. Rev. 537, 540(1997).

现代民法中管制思潮的兴衰之后,[4445]契约主义之复兴时代已经到来,除合同法这一传统疆域外,契约主义思想在物权法、家庭法、企业法等诸领域中皆攻城略地,势不可当。尤其在企业法领域,契约自由不仅在契约传统根深蒂固的非公司企业法中进一步强化,更深入至向来由国家管制把持的公司法。但基于路径依赖、既得利益等因素,契约自由目前在公司法中尚不彻底。信托法中契约主义与反契约主义之争,亦为此一宏大法律背景下的具象之一。而基于普通信托与商业信托经济结构之差异,契约主义在商业信托法中的表达,尚需更为细致的考量。扼要而言,商业信托法信义义务的位置,与其他非公司企业法处于同一端,秉持完全的契约主义之立场,而不同于处于光谱另一端的、具有半强行法性质的普通信托法和公司法信义义务。

二、商业信托法上信义义务的扩张、限制与免除

(一)母法:普通信托信义义务及责任的限制或免除

1. 现行法

在美国法上,普通信托文件虽可在一定程度上改变或免除信义义务的特定内容,但不得免除善意行事及公平行事义务,已如前述。普通信托文件可改变信托法关于信义义务的规范,以适应委托人的特殊需求,但信义义务并非一种完全的任意规范。莱斯利教授指出,即使契约主义者,亦承认不得完全免除受托人的信义义务。[4446]实务中,没有法院会支持完全免除受托人忠实义务的信托条款,而就注意义务而论,不少法域通过制定法或判例法限制当事人免除受托人因过失或重大过失引起的

[4445] 以财产权的社会化、合同自由之限制、过错责任原则之修正为代表的现代民法之勃兴,与管制国的兴起具有内在关联;现代民法日益倚重国家强制,不是依普通法,而是依立法者基于管制思想而频繁拟定的制定法,规制人民日常的权利义务关系。以兼顾公益或者利益平衡之类为旗号的现代民法,目的或有正当,手段不无偏颇,往往将破坏市场机制自然均衡的沉重代价强加于原本处于自治状态的无数私权主体,甚至沦为利益集团之工具,而同其初衷南辕北辙。以古典自由主义为精神内核的近代民法虽为现代民法所侵蚀,但并不表明后者优于前者,相反,在回应现代社会诸多新问题上,现代民法捉襟见肘,目的中立、价值中立、以自生自发秩序为本位的近代民法,反而更具现代性,有能力以简约的规则应对日益复杂的世界。有力的说明,参见[英]弗里德里希·冯·哈耶克:《法律、立法与自由》,邓正来、张守东、李静冰译,中国大百科全书出版社2000年版;Richard A. Epstein, *Simple Rules for a Complex World*(1995)(中译本参见[美]理查德·爱泼斯坦:《简约法律的力量》,刘星译,中国政法大学出版社2004年版)。一个全景式的研究,请参见李宇:《私法自治之复兴》,中国社会科学院研究生院2013年博士学位论文。

[4446] Melanie Leslie, *Trusting Trustees*: *Fiduciary Duties and the Limits of Default Rules*, 94 Geo. L. J. 67, 69(2005).

责任。[4447]

对于限制或免除违反信义义务的责任，普通信托法的立场似更严格。《统一信托法典》规定："(a)免除受托人违反信托之责任的信托条款，在下列规定范围内无强制实施力：(1)免除受托人恶意违反信托的责任或轻率不顾信托目的或受益人利益而违反信托的责任；或(2)受托人滥用与委托人之间的信义关系或信任关系而订入免责条款。(b)由受托人起草或由受托人促成起草的免责条款，因受托人滥用信义关系或信任关系而无效，但受托人证明在具体情形中免责条款是公平的，并已就免责条款的存在及其内容同委托人充分沟通的，不在此限。"[4448]纽约州法更为严格：免除遗嘱信托或生前信托受托人未尽合理注意、勤勉与谨慎的责任之条款，违反公共政策，该条款无效。[4449]另一普通信托大州加利福尼亚州不容许信托条款免除受托人的重大过失责任。[4450]

在美国信托法上，尽管多数法院例行公事式地宣称免责条款有强制实施力，但现实中，法院倾向于仅在四种情形下认可免责条款可免除受托人的责任：其一，受托人已尽合理注意；其二，受托人为非职业受托人，或受托人无报酬；其三，委托人指示受托人持有特定的高风险资产，免责条款与此指示直接相关，而受益人试图请求受托人就处理此类投资承担责任；其四，有其他证据证明委托人掌握完整信息。[4451]

在英国信托法上，2000年《受托人法》明文容许免除受托人的注意义

[4447] Id. at 69, 99-107(注释从略).莱斯利教授撰文认为，即使《信托法重述》所引案例显示法院时而认可免除义务之条款，充其量只能说明法院仅在涉及特殊情形的案例中如此行事，并不能为一般化提供依据。Id. at 75. 该文发现，尽管《信托法重述》宣称法院经常认定免除信义义务之条款有效并引用此类判例，但详细考察此类判例，事实上不足以支持上述一般性主张，大多数法院仅在下列情形中认可此类条款的效力：其一，认定受托人的行为根本不构成过失之后；其二，受托人为委托人的亲友；其三，委托人或受益人明确认可受托人的行为并从中获利；其四，涉案信托并非典型的私人信托，而是用于投资或商业安排的信托；其五，免责条款并非宽泛地免除受托人的过失责任，而是狭窄地裁剪、针对特定交易，并且受托人的行为正当地处于免责条款保护范围之内。Id.

[4448] Uniform Trust Code § 1008(2005).《信托法重述》的立场与此类似：如免责条款订入信托文件时并非基于滥用行为，则此类条款可免除受托人违反信托之责任，除非受托人恶意、故意违反信托或轻率不顾受益人利益而违反信托。Restatement (Second) of Trusts § 222 cmt. a (1959).《统一信托法典》第1008条仍有缺陷，诸如"披露"要求既缺乏可操作性，对于健全的实务做法而言又属多余。Melanie Leslie, *Trusting Trustees: Fiduciary Duties and the Limits of Default Rules*, 94 Geo. L. J. 67, 108-09(2005).

[4449] N. Y. Estates, Powers & Trusts Law § 11-1.7.

[4450] California Probate Code § 16461(b).加利福尼亚州拒绝采纳故意与轻率规则。

[4451] Melanie Leslie, *Trusting Trustees: Fiduciary Duties and the Limits of Default Rules*, 94 Geo. L. J. 67, 106-07 (2005)(引证判例).此外，当受托人明显有过失时，法院常判定免责条款不保护受托人的过失行为。In re Trusteeship of Williams, 591 N. W. 2d 743, 747-48 (Minn. Ct. App. 1999); Jewett v. Capital Nat'l Bank, 618 S. W. 2d 109, 112 (Tex. Ct. App. 1981).

务，但并未为免除受托人忠实义务留出空间。[4452]英国关于受托人免责条款效力的主导性判例认为，受托人对受益人所负义务有一个不可减损的核心（irreducible core），此乃信托概念之根本；此所谓核心义务，不包括运用技能、注意、审慎与勤勉的义务，因此信托文件中免除受托人非因欺诈所生损害责任的条款有效。[4453]此外，信托文件中免除受托人违反信托之责任的条款，不扩及于故意违反信托的责任。[4454]

其他法域的普通信托法亦未见有容许完全免除信义义务之立场。

2. 法理基础

普通信托法与合同法各有演进历史与理论体系，两者并非在同一道路上发展而来。信托法属于衡平法的范畴，合同法则主要属于普通法的范畴。英美法上，信托的定义是，信托为一种信义关系。学说上认为，信义关系是信托的本质，并非（按照当事人的意思）可有可无之物，由于信义关系的存在，信托关系不完全等同于合同关系，亦不适于完全适用合同机制。[4455]在信义关系的发生上，某些信义关系基于法律而发生，并不依赖于合同；遗嘱信托等信托关系，也是如此。在信义关系的效果上，信义义务人对相对人负有提供事务管理信息的义务，违反信义义务者，除承担损害赔偿责任外，还应返还利润。此与一般合同关系有别，有学者据此指出，信义义务是一种独立的法律类型。[4456]就信托法而言，普通信托受托人拥有掌控受益人事务的强大权限，受托人与受益人有一种特别亲密（intimate）的关系，而不是一种普通的商业关系，受托人必须以严格的诚实与真诚（candor）、完全为受益人利益履行职责。[4457]

然而，信义关系之存在，本身并不足以证明信义义务必然是强行法。即便认可信义关系为独立法律类型的学者，也无法否认信义关系与合同关系之间存在相似性，即二者均是基于当事人的合意，在当事人间未有合意的情形，单纯的信任并不能发生信义关系。[4458]无论信义义务何等重要

［4452］ Trustee Act 2000，Schedule 1，§ 7.

［4453］ Armitage v. Nurse，［1998］Ch. 241，at 253.

［4454］ David Hayton，Paul Matthews，& Charles Mitchell，*Underhill and Hayton Law Relating to Trusts and Trustees* 780-81（18th ed. 2010）.

［4455］ Melanie Leslie，*Trusting Trustees*：*Fiduciary Duties and the Limits of Default Rules*，94 Geo. L. J. 67，70，73 n. 34（2005）.

［4456］ Tamar Frankel，*Fiduciary Law* 235-40（2011）.

［4457］ George Taylor Bogert，*Trusts* § 1（6th ed. 1987）.

［4458］ Tamar Frankel，*Fiduciary Law* 235（2011）. 该书此处并未提及法定信义关系，但此种关系与合同关系的差别显而易见，自不待言。

或如何居于核心地位，仍不足以说明当事人何以不能自行免除信义义务；如果当事人约定免除信义义务，表明当事人自有比维持信义义务更为重要的考虑，法律何必干预？因此，所谓信义义务为信托之本质、信义义务性质特别之类的说法，尚嫌不足。普通信托法有必要维持强行性信义义务的原因，还需从经济因素中探求，始能全面说明其正当性基础。而上述说法，实为对实质性原因的一种隐喻。信义义务在功能上无非是受托人行为的诸多监督机制之一，旨在减少信托管理中的代理成本。委托人监督、受益人监督、法院监督、外部市场等，皆为代理成本控制机制。不同的信义关系中，信义义务之强弱随市场力量的强弱而变化。[4459]

普通信托受托人的信义义务有别于公司管理者。[4460]莱斯利教授指出，近乎完全缺乏市场约束机制（如二级市场、机构投资者）以及缺乏所有权与控制的结合（不同于闭锁公司，受益人缺乏控制权），使强行规范对普通信托的重要性甚至超过公司；市场监督机制的存在，对于将信义义务视作任意法具有关键意义，但普通信托欠缺此类监督机制，委托人或受益人并非能力充足的监督者。[4461]委托人通常在信托终止前去世，而受益人亦非有力的监督者，委托人之所以以信托形式将受益权赠与受益人而非将信托财产完全赠与受益人，正是基于对受益人理财能力的疑虑，受益人通常为未成年人、无行为能力人或欠缺理财经验者，不能充分发现并制裁受托人的机会主义行为。[4462]此外，由于信息市场的短缺，信托文件中订入免除信义义务之条款，未必能表明委托人了解此类条款可促进受益人利益最大化，委托人可能缺乏对免除义务条款进行理解与定价所需的信息，例如，委托人可能不知此类条款的存在，或者委托人无法预见根据其死后发生之事件将如何解释此类条款。[4463]此为典型的信息不对称：职业受托人得益于规模经济，可了解信托条款的性质及效果。[4464]信息短缺甚至会诱

[4459] Roberta Romano, *Comment on Easterbrook and Fischel, "Contract and Fiduciary Duty"*, 36 J. L. & Econ. 447, 449 (1993).

[4460] Id. at 450.

[4461] Melanie Leslie, *Trusting Trustees: Fiduciary Duties and the Limits of Default Rules*, 94 Geo. L. J. 67, 82, 113 (2005).

[4462] Id. at 84-85.

[4463] Id. at 85. 并可参见 Henry Hansmann & Ugo Mattei, *The Functions of Trust Law: A Comparative Legal and Economic Analysis*, 73 N. Y. U. L. Rev. 434, 448-49 (1998); John H. Langbein, *Mandatory Rules in The Law of Trusts*, 98 Nw. U. L. Rev. 1105, 1124 (2004)。

[4464] Melanie Leslie, *Trusting Trustees: Fiduciary Duties and the Limits of Default Rules*, 94 Geo. L. J. 67, 86 (2005).

导委托人在免除义务条款减损信托价值之情形下仍然同意此类条款。[4465]缺乏市场定价机制之助，使委托人仅能依靠一己之力评估免除义务条款，其偏差与误导在所难免。资本市场与信息市场的持续监督，则可缓解企业的预见难题。将公司契约理论套用于普通信托法并不妥当，因为公司领域存在足以有效约束董事行为的市场力量，普通信托领域则无；同时，委托人与受托人之间的信息不对称，也使弃权或免责条款不能反映委托人关于价值最大化的判断。[4466]鉴于此，有学者认为，法院仅可执行免除特定种类信义义务之普通信托条款，或者有证据证明委托人拥有完整信息时将会订立的免除信义义务之条款，不应支持宽泛地免除信义义务之条款，尤其是机构受托人管理的普通信托。[4467]

(二)商业信托现行法

1. 判例与立法

对不属于典型的私人信托，而是用于投资或商业安排的信托中免除信义义务的条款，美国法早期即有判例持宽泛解释的立场，[4468]彰显商业信托与普通信托之差别。迄今，《特拉华州商业信托法》的立场最为明确，即彻底的契约主义。此与特拉华州其他非公司企业法一致，为特拉华州商业组织法保持全美乃至全球领先地位的诀窍之一。[4469]特拉华州法院早已将非公司企业法中的信义义务视作任意规范。[4470]特拉华州式契约主义为堪萨斯州、俄克拉何马州、宾夕法尼亚州、犹他州、弗吉尼亚州等州效仿。[4471]康涅狄格州、马里兰州等“特拉华州系”商业信托法亦秉持此种立场。

[4465] Id. at 85-88. 例如，委托人同意免除义务条款之时，可能假定受托人将依其过往及现有实践与信誉行事，而无法充分考虑放弃信义义务之条款将如何改变受托人的将来行为，亦无法预见此类条款能否应付委托人死后数代之间的新情势。Id. at 87-88.

[4466] Id. at 70 .

[4467] Id.

[4468] Gardner v. Squire, 49 N. E. 2d 587(Ohio Ct. App. 1942). 另有判例持较严格态度：免除受托人违反信托之责任的，该信托条款无强制实施力。Chabot v. Empire Trust Co. , 301 F. 2d 458(2d Cir. 1962).

[4469] 特拉华州法院正在日益频繁地处理非公司企业中的新问题，以及考虑对非公司企业应适用合同及诚实信用默示约款还是传统的公司法信义义务；确定无疑的是，得益于两百余年处理复杂的公司争端之经验，特拉华州法院同样可能保持在非公司企业争端领域的优先审理地之位置。Francis G. X. Pileggi & Sophia Siddiqui, *Benefits of Being a Delaware Company and Recent Developments in the Governance of LLCs* 8, http://www.delawarelitigation.com/uploads/file/int98.PDF, Jun. 4, 2009.

[4470] Cont'l Ins. Co. v. Rutledge, 750 A. 2d 1219, 1235(Del. Ch. 2000).

[4471] Ann E. Conaway, *Why No Respect? The Contractual Duties of Good Faith and Fair Dealing in Delaware* 2(Widener Law School Legal Studies Research Paper No. 08-05, June 17, 2007), http://papers.ssrn.com/sol3/papers.cfm?abstract_id=994624.

美国加利福尼亚州模式代表另一种模式，此种模式未以制定法形式明文宣示合同自由原则，免除信义义务之条款可能由此因违反公共政策而被宣告无效。[4472]比加利福尼亚州模式更为严格的是日本信托法模式，不仅不容许发行受益证券的商业信托免除受托人义务，也不容许减轻或限制一定的受托人义务。2006年《日本信托法》对一般信托和受益证券发行信托采取倒置的立场。关于一般信托的受托人义务，信托行为有较多的自由：受托人处理信托事务时，应尽善良管理人的注意义务，但信托行为另有订定者，从其订定的注意义务为之（第29条第2款）；受托人转托第三人处理信托事务时，负有适当选任义务、监督义务等义务，但信托行为另有订定时，从其订定（第35条）。但对于受益证券发行信托的受托人义务，则无此自由：受益证券发行信托不得在其信托行为中订定减轻受托人的注意义务，也不容许对转托行为中的受托人义务另作订定（第212条）。

在立法上，《特拉华州商业信托法》原先分两款规定本主题。第3806条第c款规定受托人义务与责任的扩张、限制："根据法律或衡平，在受托人对商业信托或受益人负有义务（包括信义义务）与相应责任的范围内：（1）受托人依据商业信托文件行事并善意地信赖商业信托文件的条款的，对商业信托或受益人不承担责任；且（2）商业信托文件的条款可扩张或限制受托人的义务与责任。"同条第d款规定其他管理人义务或责任的扩张、限制："根据法律或衡平，在高级管理人员、受雇人、经理或其他依据本条第b款第7项选任之人对商业信托、受益人或受托人负有义务（包括信义义务）与相应责任的范围内：（1）高级管理人员、受雇人、经理或其他人依据商业信托文件行事并善意地信赖商业信托文件的条款的，对商业信托、受益人或受托人不承担责任；且（2）商业信托文件的条款可扩张或限制高级管理人员、受雇人、经理或其他依据本条第b款第7项选任之人的责任。"

2006年修正案废止第c、d两款，将其内容纳入新的第3806条第c款至第e款。

新的第c款规定义务的扩张、限制或免除："根据法律或衡平，受托人、受益人或其他人对商业信托、其他受托人或受益人、商业信托文件的其他当事人或受商业信托文件约束的其他人负有义务（包括信义义务）的，商业信托文件可扩张、限制或免除该义务，但商业信托文件不得排除诚实信

[4472] Id. at 2-3.

用与公平交易的默示合同约款(implied contractual covenant)。”

新的第d款规定善意信赖商业信托文件条款可免责:“除商业信托文件另有订定外,受托人,受益人或其他人因善意地信赖商业信托文件条款而违反信义义务的,对商业信托、其他受托人或受益人、商业信托文件的其他当事人或受商业信托文件约束的其他人不承担责任。”

新的第e款规定责任的限制或免除:“商业信托文件可以限制或免除受托人、受益人或其他人因违反合同和违反义务(包括信义义务)而对商业信托、其他受托人或受益人、商业信托文件的其他当事人或受商业信托文件约束的其他人应承担的任何责任;但是,对于因构成恶意违反诚实信用与公平交易的默示合同约款之作为或不作为而引起的责任,商业信托文件不得限制或免除。”

第3806条第c款与第e款并不相同。免责条款,仅涉及违反信义义务所生责任,不涉及信义义务的免除或限制。[4473]商业信托文件可完全免除信义义务及责任,亦可保留信义义务而仅免除违反信义义务之责任。此外,企业法中存在行为基准与责任基准之分离,违反义务并不当然引发责任。特拉华州信义义务法下,企业中的信义义务人负有不得过失行事之义务,但仅为重大过失承担责任。[4474]

2006年修正案有下列三方面的重要发展,进一步凸显与普通信托法之差异:其一,明文容许商业信托文件免除义务或责任,仅以诚实信用与公平交易的默示契约义务为底线,信义义务分析法由此更明确地转为合同分析法;其二,义务或责任主体扩展至受益人与其他人,不再限于受托人与其他管理人,商业信托文件自决空间更广;其三,权利主体新纳入其他受托人、商业信托文件的其他当事人或受商业信托文件约束的其他人,合同自由进一步拓宽。

以上是州法、商业信托组织法层面的规定。在联邦法、商业信托(及其他证券投资基金)监管法层面,美国1940年《投资团体法》特别规定了投资顾问等主体关于服务报酬的信义义务,同时规定违反本法的任何条款均无效,故当事人免除此种特定信义义务的条款无效。但其他信义义

[4473] Elizabeth S. Miller & Thomas E. Rutledge, *The Duty of Finest Loyalty and Reasonable Decisions: The Business Judgment Rule in Unincorporated Business Organizations*, 30 Del. J. Corp. L. 343, 353(2005).

[4474] Cargill, Inc. v. JWH Special Circumstance LLC, 959 A. 2d 1096, 1112(Del. Ch. 2008). 特拉华州法院适用注意义务时,裁判基准(或责任基准)与行为基准的分离,是一项有意确立且运行良好的法则。William T. Allen, Jack B. Jacobs, & Leo E. Strine, Jr., *Function Over Form: A Reassessment of Standards of Review in Delaware Corporation Law*, 26 Del. J. Corp. L. 859, 871-74(2001).

务得否免除，该法并不涉及。同时，该法规定，注册投资团体的章程、公司章程、社团章程、信托契约或章程细则不得免除任何董事（包括信托型基金的受托人）、高级管理人员、投资顾问、主承销商因其故意不当行为、恶意、重大过失或轻率不顾（reckless disregard）职责所发生的对本投资团体或其证券持有人的责任。[4475]此系为保护公募证券投资基金投资者利益所设的特别规定，属于一种例外。

2. 立法史

《特拉华州商业信托法》的上述规定，系追随《特拉华州修订统一有限合伙法》与《特拉华州有限责任企业法》而作出的修正。

Gotham Partners L. P. 案为引发免除信义义务之修正案的导火索。本案中，一个采用有限合伙形式的公募型对冲基金在合伙协议中约定利益冲突处理机制。该协议第7.05条约定：本合伙可与普通合伙人或其关联人实施交易，只要此类交易的条款实质上等同于本合伙可从无关联关系的第三方处得到的相应条款。第7.10条约定：普通合伙人应设立一个审计委员会，审计委员会应由普通合伙人的两名无关联关系董事组成，[4476]审计委员会的职能为审查与批准下列事项：（1）本合伙对普通合伙人或其关联人的费用补偿与报酬；（2）本合伙与普通合伙人或其关联人的交易。法院认为，上述约定确立了"合同性信义义务"，系以合同形式对法定的完全公平标准作出界定，其中，第7.05条实质为"公平价格标准"，体现完全公平标准的实体一面；第7.10条实质为"公平交易标准"，体现完全公平标准的程序一面。本案中，有限合伙发出关于"odd lot"单位的公开要约，此种单位将显著提高在普通合伙人的母公司中的所有者权益份额。此项交易已构成利益冲突交易。普通合伙人未遵从上述约定程序，被判定违反信义义务。普通合伙人的母公司、普通合伙人的两名董事，因协助普通合伙人违反信义义务，被判决负连带责任。

基于当时《特拉华州修订统一有限合伙法》中关于"赋予合同自由原则最大效力"及"合伙协议可扩张或限制合伙人义务"之规定，特拉华州大法官法院对该条款作整体解释，并认为，合伙协议可以强化、改变甚至免除信义义务；合伙协议限制合伙人义务之权力，亦包括免除一项或数项

[4475]　15 U. S. C. § 80a-17(h),(i).

[4476]　该普通合伙人是一个公司，此处所称的无关联关系董事是指与该普通合伙人或其关联人不存在关联关系（董事关系除外）的董事。

从公司法中类推而来的传统信义义务。[4477]尽管精确的“免除”一词并未出现于当时的法条之中，但法院的上述意见完全符合该法的基本原则与合同分析法。[4478]相同见解亦出现于该法院的另一个判例中。[4479]

当事人未就此问题提起上诉，但特拉华州最高法院认为有必要对此作出澄清，因为大法官法院的这一见解会在将来案件中被作为正确的法律规则而适用。特拉华州最高法院Veasey首席大法官撰写的判决意见认为，《特拉华州修订统一有限合伙法》仅规定合伙协议可限制或扩张信义义务，并未提及可免除信义义务；而且，对于信义义务人（无论是公司董事、高级管理人员还是其他类型的受托人）试图逃避信义义务的现象，特拉华州法院有史以来一直以谨慎的立场详加审查。因此，最高法院否定了大法官法院的上述见解。[4480]

论者认为，特拉华州最高法院的意见或许仅为对“限制”一词作狭义解释，然而，如果接受此种狭义解释，则必然忽略已明确宣示的立法目的，即本法应作宽泛解释、本法废除普通法某些规则、本法受合同自由指导；最高法院的意见，在认定当事人义务及责任的司法审查方法上，诉诸公司治理的普通法原则而非基本的合同原则，既未促进立法政策，亦未准确理解当事人关系之合同本质。[4481]评论者指出这一问题上的不确定性：尽管法律容许有限合伙协议扩张或限制信义义务，并且对扩张或限制信义义务之协议条款未设限定，但是，一项限制条款能否完全免除全部信义义务，并不清楚。[4482]

特拉华州立法机关作出回应，[4483]修正《特拉华州修订统一有限合伙

[4477] Gotham Partners, L. P. v. Hallwood Realty Partners, L. P. , 795 A. 2d 1, 31 (Del. Ch. 2001).

[4478] Gotham Partners, L. P. v. Hallwood Realty Partners, L. P. , No. 15, 754-NC, 2000 Del. Ch. LEXIS 146, at *34 (Del. Ch. Sept. 27, 2000) (revised Oct. 4, 2000), reprinted in 27 Del. J. Corp. L. 247, 263 (2002).

[4479] Sonet v. Timber Co. , 722 A. 2d 319, 323 (Del. Ch. 1998).

[4480] Gotham Partners, L. P. v. Hallwood Realty Partners, L. P. , 817 A. 2d 160 (Del. Supr. , October 11, 2002).

[4481] Myron T. Steele, *Judicial Scrutiny of Fiduciary Duties in Delaware Limited Partnerships and Limited Liability Companies*, 32 Del. J. Corp. L. 1, 21, 22 (2007).

[4482] Gotham Partners L. P. v. Hallwood Realty Partners, L. P. , 817 A. 2d 160, 167 (Del. 2002) [引用 Martin I. Lubaroff and Paul M. Altman, *Delaware Limited Partnerships* § 13.1.2 (2002 Supp.)].

[4483] Allan G. Donn, *Contractual Modification of Fiduciary Duties for Delaware Unincorporated Business Entities*, 7 J. Passthrough Entities 21 (Nov. /Dec. 2004); Paul M. Altman et al. , *Contractually Defining Duties of General Partners in Delaware Limited Partnerships*, 19 Pubogram Newsletter (ABA Section of Business Law) 8 (July 2002).

法》与《特拉华州有限责任企业法》，明文规定：有限合伙协议或有限责任企业协议可免除信义义务，但不得排除诚实信用与公平交易的默示合同约款；有限合伙协议或有限责任企业协议可限制或免除普通合伙人或有限责任企业经理的任何责任，但不得免除恶意违反诚实信用与公平交易的默示合同约款之责任。修正案于2004年8月1日施行。两年后，《特拉华州商业信托法》作出表述与之一致的修正。修正案确认大法官法院在以往判例中表达的合同至上立场，以纠正特拉华州最高法院对立法意旨之误解。2004年取代Veasey接任首席大法官的Steele撰文批评前任之见解，认为特拉华州最高法院未能认识到明示立法意旨为"承认当事人可基于对价的自由交换，协商拟定不受普通法信义义务原则束缚的权利义务条款"；特拉华州最高法院似难以舍弃下列观念：对有限责任型非公司实体治理结构的争端进行司法监督，必须一成不变地从若干借用自公司治理普通法的、独立存在且不可放弃的衡平原则之视角出发。[4484]此种观念应转变为完整的合同分析法。上述立法演进，亦展示出非公司企业法的内在共性与联动效应。基于同样的立法，有理由相信各种非公司企业法在此问题上的判例将立足于同样的法理。

特拉华州法院目前尚无关于商业信托受托人或其他人义务免除的判例，何种约定可视作免除信义义务、诚实信用与公平交易的默示约款含义如何等问题，均有待于判例进一步明晰化。对此，特拉华州已有不少有限合伙、有限责任企业法的相应判例，因制定法规则与法理相同，此类判例对商业信托法自有参照意义。以下关于特拉华州法的分析，将以此类判例为主要材料。

（三）非公司企业法的一致性

非公司企业法最初借用公司法的规则。[4485]美国法院（尤其是特拉华州法院）逐渐倾向于采用合同分析法处理非公司企业案件，并认识到非公司企业实为合同的创造物，非公司企业制定法不过是提供任意规范而已，[4486]而登记制度仅限于最低限度的公示功能，并不寓有国家创设权利或资格的意义，当然更与行政管理或管制无关。

[4484] Myron T. Steele, *Judicial Scrutiny of Fiduciary Duties in Delaware Limited Partnerships and Limited Liability Companies*, 32 Del. J. Corp. L. 1, 12 (2007).

[4485] Ann E. Conaway, *Why No Respect? The Contractual Duties of Good Faith and Fair Dealing in Delaware* 9 (Widener Law School Legal Studies Research Paper No. 08-05, June 17, 2007), http://papers.ssrn.com/sol3/papers.cfm?abstract_id=994624.

[4486] Id.

《典型有限责任企业法》为企业法契约主义的先行者。该法明文容许有限责任企业协议限制或免除成员、经理因违反信义义务而发生的赔偿责任。[4487]非公司企业组织合同可免除信义义务的判例，在美国联邦法院与各州法院均屡见不鲜。[4488]合同约定可替代信义义务，当然更可就特定事项设置“安全港”条款。[4489]随着《特拉华州修订统一有限合伙法》《特拉华州有限责任企业法》相继明文容许免除信义义务或相应责任，非公司企业法在此问题上正趋于一致。

（四）对照：公司法的情形

美国法上，传统见解认为，公司结构的基本要素具有强行性。[4490]基于此种传统，制定法与判例法皆严格控制信义义务的限制或免除。公司法仅容许狭窄地免除董事信义义务。[4491]加利福尼亚州判例认为，宽泛地免除信义义务之公司章程条款，因违反公共政策而无效。[4492]特拉华州判例认为，特拉华州公司法上的董事信义义务不可放弃、[4493]不可违背，[4494]著名的《特拉华州普通公司法》第102条第b款第7项涉及的，仅为违反信义义务的责任，并不涉及对信义义务（包括注意义务）的修正、变更或免

[4487] American Bar Association's Prototype Limited Liability Company Act § 404(1992).

[4488] Lynch Multimedia Corp. v. Carson Commc'ns, L. L. C., 102 F. Supp. 2d 1261(D. Kan. 2000)（协议许可管理者与企业竞争）; McConnell v. Hunt Sport Enters., 725 N. E. 2d 1193(Ohio App. 1999)（有限责任企业协议可允许成员从事与有限责任企业相竞争的业务）; Jundt v. Jurassic Res. Dev., N. Am., L. L. C., 656 N. W. 2d 15(N. D. 2003)（有限责任企业协议可允许成员取得有限责任企业的商业机会）; Kahn v. Icahn, No. CIV. A. 15916, 1998 WL 832629(Del. Ch. 1998)（协议许可管理者取得企业的商业机会）; Sonet v. Timber Co., 722 A. 2d 319(Del. Ch. 1998)（协议许可自己交易）; Exxon Corp. v. Burglin, 4 F. 3d 1294(5th Cir. 1993)（协议限制披露义务）. 亦有判例持相反见解。TIC Holdings, LLC v. HR Software Acquisitions Group, Inc., 750 N. Y. S. 2d 425(N. Y. Sup. 2002), aff'd, 755 N. Y. S. 2d 19(N. Y. A. D. 1 Dept. 2003)（有限责任企业协议不得免除违反忠实义务的责任）.

[4489] Wilmington Leasing, Inc. v. Parrish Leasing Co., Civ. A. No. 15202, 1996 WL 752364, at *14(Del. Ch. 1996)（遵守合伙协议的相关约定可满足信义义务要求）; In re Cencom Cable Income Partners, No. Civ. A. 14634, 1996 WL 74726 at *4(Del. Ch. Feb. 15, 1996)（有限合伙协议可设置“安全港”条款，授权实施某些在其他情形下不得实施或审查标准更严格的行为）.

[4490] Larry E. Ribstein, *Unlimited Contracting in the Delaware Limited Partnership and Its Implications for Corporate Law*, 16 J. Corp. L. 299, 301(1991).

[4491] Model Business Corporation Act §§ 2.02(b)(4),(6), 7.32(a)(2016 Revision).

[4492] Neubauer v. Goldfarb, 133 Cal. Rptr. 2d 218, 223-25(Cal. Ct. App. 2003).

[4493] Omnicare, Inc. v. NCS Healthcare, Inc., 818 A. 2d 914, 938(Del. 2003).

[4494] McMullin v. Beran, 765 A. 2d 910, 920(Del. 2000).

除。[4495]而且，该项规定仅容许免除违反注意义务的金钱赔偿责任。注意义务仍然在特拉华州公司法的各个方面发挥重要作用，例如，董事的选任、辞任、解任、代理表决权争夺以及禁令、恢复原状等其他救济的适用。[4496]公司章程可改变董事与高级管理人员的责任标准，[4497]但不得完全免除违反信义义务之责任。其他法院或者不承认选出信义义务条款的效力，或者仅给予此种条款有限的效力，或者对此类条款加以狭窄解释。[4498]例如，信义义务免责条款仅发生转移举证责任之效力。[4499]

另据某些学者见解，公司法信义义务的强行性，甚至强于普通信托法的信义义务。在内容上，尽管某些方面的信托受托人信义义务比公司董事的义务更为严格，但信托法上信义义务与公司法上信义义务的一个关键区别在于，信托法上的信义义务一般是可改变的，而制定法所规定的公司法信义义务是不可改变的。[4500]

此外，对于其他人义务或责任的限制或免除，公司法应对不足。例如，特拉华州公司法容许章程订立的免责条款仅限于董事责任，而不及于公司顾问、投资顾问之类的其他人。[4501]

不过，值得注意的是，美国公司法上新近已出现容许免除部分忠实义务之动向，即容许预先排除公司机会法则的适用。《特拉华州普通公司法》2000年修正案规定，对于向公司或其高级管理人员、董事、股东提出

[4495] E. Norman Veasey et al., *Delaware Supports Directors With a Three-Legged Stool of Limited Liability, Indemnification, and Insurance*, 42 Bus. Law. 399, 403 (1987).《特拉华州普通公司法》第102条第b款第7项规定不许免除或限制董事的下列责任：违反忠实义务的责任；因违背诚实信用的行为、故意的不当行为（intentional misconduct）或明知违法行为（knowing violation of law）而应承担的责任；实施违法分配应承担的责任；因董事可从中取得不正当个人利益的交易而应承担的责任。类似规定，参见《示范商业公司法》第2.02条第b款第4项。

[4496] Martin I. Lubaroff & Paul M. Altman, *Lubaroff & Altman on Delaware Limited Partnerships* § 11.2.4 (2005). 特拉华州立法机关关于普通公司法上述规定的立法资料亦指出，该条不影响违反信义义务可主张的衡平法救济（包括禁令、恢复原状等）。E. Norman Veasey, et al., *Delaware Supports Directors With a Three-Legged Stool of Limited Liability, Indemnification, and Insurance*, 42 Bus. Law. 399, 403 (1987).

[4497] Md. Code Ann., Corps. & Ass'ns §§ 2-104 (b) (8); 2-405.2 (Supp. 2000).

[4498] Larry E. Ribstein, *Unlimited Contracting in the Delaware Limited Partnership and Its Implications for Corporate Law*, 16 J. Corp. L. 299, 301 (1991).

[4499] Spiegel v. Beacon Participations, Inc., 297 Mass. 398, 417, 8 N. E. 2d 895, 907 (1937).

[4500] Mark Gillen, *A Comparison of Business Income Trust Governance and Corporate Governance: Is There a Need for Legislation or Further Regulation?*, 51 McGill L. J. 327, 356 (2006).

[4501] Ann E. Conaway, *The Multi-Facets of Good Faith in Delaware: A Mistake in the Duty of Good Faith and Fair Dealing; A Different Partnership Duty of Care; Agency Good Faith and Damages; Good Faith and Trust Law*, 10 Del. L. Rev. 89, 119 n. 98 (2008).

(present)的特定的商业机会或者特定类别或种类的商业机会，公司有权通过章程或董事会决议放弃在此类商业机会中的任何权益或期待。[4502]该项修正，旨在消除公司是否有权预先抛弃商业机会问题上的不确定性。[4503]继特拉华州之后，又有俄克拉何马州、密苏里州、堪萨斯州、得克萨斯州、内华达州、新泽西州、马里兰州、华盛顿州八州修改公司法，采纳类似规则。[4504]美国律师协会《示范商业公司法》亦已修正，明文容许公司章程预先限制或免除董事及其他人提出公司商业机会之义务。[4505]当然，此项规定并不意味着容许限制或免除董事、经理等不得未经授权使用公司财产、信息之义务以及竞业限制义务。[4506]相比于商业信托法等非公司企业法，此种修正是一种具体化、特定化的免除规则。

三、合同分析法

(一)合同分析法的意义

1. 含义

如果《特拉华州商业信托法》未明文宣示合同自由最大化原则、未明文提及商业信托文件可“免除”信义义务的字样，则信义义务能否免除，合同法原则与信义义务孰先孰后，实属未定之数。特拉华州非公司企业法的上述修正，具有历史意义，“合同分析法”由此在制定法上明文确立：明示容许企业关系完全适用传统合同法，企业可以存在于无信义关系的环境之中，任何剩余义务皆可从强调自由的一般合同法中寻求。契约式实体(商业信托、有限责任合伙、有限责任企业之类)可自由地通过合同采纳或拒绝任何信义义务，法院应当承认当事人的合同自由，当事人在其企业组织合同中拒绝此种信义义务治理机制时，法院不得将普通法信义义务或与之相随的司法审查强加于当事人。[4507]

合同分析法为合同自由最大化原则之产物。在合同自由原则下，公司法规则的类推(包括商业判断规则、完全公平标准)，将让位于合同分

[4502] Del. Code Ann. tit. 8, § 122(17).

[4503] 72 Del. Laws 619(2000).

[4504] Gabriel Rauterberg & Eric Talley, *Contracting Out of the Fiduciary Duty of Loyalty: An Empirical Analysis of Corporate Opportunity Waivers*, 117 Colum. L. Rev. 1075, 1148(2017).

[4505] Model Business Corporation Act § 2.02(b)(6)(2016 Revision).

[4506] Model Business Corporation Act § 2.02 cmt. 3. G(2016 Revision).

[4507] Myron T. Steele, *Judicial Scrutiny of Fiduciary Duties in Delaware Limited Partnerships and Limited Liability Companies*, 32 Del. J. Corp. L. 1, 4(2007).

析。[4508]当事人明确表示合同法原则优先于信义义务人法原则时，优先适用合同法原则。[4509]法院首先应依据企业组织合同的约定认定当事人负有何种义务，仅在合同未明示或默示约定免除信义义务时，方可适用关于信义义务的任意规范，当某一信义义务在商业信托法上内容不明时，方可从信托法或公司法等邻接法中寻求参考。时任特拉华州最高法院首席大法官的斯蒂尔（Steele）提出法院在新法下的审理思路：在2004年后的有限合伙法与有限责任企业法以及2006年后的商业信托法下，法院的思路应当为：首先，检视有限合伙协议、有限责任企业协议或商业信托文件，以认定被指控的行为是否已获得制定法或协议授权。如已获得授权，法院应当继续探究，该合法行为的实施是否要求衡平干预并施加救济。此时，法院应当察看协议以认定约定的当事人义务及责任——协议是否对传统的信义义务保持缄默、但却创设了与传统的信义义务一致的信义关系，因此容许法院以默认方式推导出此类义务？协议是否扩张、限制或免除一项或多项传统的信义义务？创设此类义务及责任的合同用语是否与普通法信义义务原则如此不一致，以致足以认定当事人有意以可见的形式变更此类义务？若确实如此，当事人变更了何种义务并在哪一方面变更了此类义务？最后，不考虑公司治理普通法下审查基准的传统重叠，当事人是否违反诚实信用与公平交易的默示约款？[4510]

合同分析法的确立，对于厘清非公司企业法与公司法的界限亦有重要意义。公司法关于董事信义义务的规范原本即借用代理法、信托法、合伙法中的相应概念。[4511]一种新的商业组织法从类似的其他商业组织中寻求资源，似乎是应被接受的见解，尽管也可能有另一种选择：对于此类新的商业组织法而言，应当发展独立的信义义务规范，作为一个全新的法律体系，从而承认每一个商业组织信义义务人都是自有一套法律的独立群体。后一种选择对于拥有丰富的公司法资源的特拉华州而言，是不可能、不明智的。[4512]特拉华州法院将公司法规范类推适用于有限合伙、有限责

[4508] Ann E. Conaway, *Why No Respect? The Contractual Duties of Good Faith and Fair Dealing in Delaware* 10（Widener Law School Legal Studies Research Paper No. 08-05, June 17, 2007）, http://papers.ssrn.com/sol3/papers.cfm?abstract_id=994624.

[4509] Sonet v. Timber Co., L. P., 722 A. 2d 319（Del. Ch. 1998）（有限合伙）.

[4510] Myron T. Steele, *Judicial Scrutiny of Fiduciary Duties in Delaware Limited Partnerships and Limited Liability Companies*, 32 Del. J. Corp. L. 1, 14, 25（2007）.

[4511] Joseph T. Walsh, *The Fiduciary Foundation of Corporate Law*, 27 J. Corp. L. 333, 333-34（2002）.

[4512] Myron T. Steele, *Judicial Scrutiny of Fiduciary Duties in Delaware Limited Partnerships and Limited Liability Companies*, 32 Del. J. Corp. L. 1, 8（2007）.

任企业，其意亦在于此。但是，另一个极端亦应避免：随着非公司企业的迅速增加与持续进化，错误类推适用公司法的危险也随之增长——错误类推源于各种原因：对问题缺乏适当的关注、希望实现特定目的或结果、希望授予信义义务人权限以使其能够有效行事同时阻止其实现自己的冲突利益。[4513]合同分析法将有助于避免法院动辄援引公司法规范填补非公司企业法的漏洞，而是在目光投向公司法之前，优先适用合同法原理。

2. 演进

在合同分析法兴起之前，特拉华州法院不认可当事人（即使是充分知情的当事人）可以在商业组织设立文件中约定免除全部或某些信义义务，也不容许免除基于道德的信义义务（包括忠实义务与善意义务在内）。[4514]公司法传统，是此种立场的一大背景因素。源于公司法法理的诸多判例法，无疑对非公司企业法深具影响。[4515]法院所担心的是，容许合同约定免除信义义务，将会限制法院运用衡平法救济手段对信义义务人的不公平行为进行制约的能力，特别是在衡平法传统下，法院拥有在适当情况下运用任何衡平救济与金钱救济的“完全”（complete）权限。[4516]不过，采用合同分析法的判例，在20世纪90年代即已滋长。

20世纪90年代，特拉华州大法官法院一般不加解释地将公司法原则适用于有限合伙。[4517]1996年的一个有限合伙判例中，时任特拉华州法院大法官的斯蒂尔推翻上述趋向，该判决拒绝将公司法判例法或《特拉华州普通公司法》第144条适用于有限合伙，而是认为，有限合伙人与普通合伙人的关系之主要性质为合同关系，因此更近似于公司同其优先股股东的关系。[4518]特拉华州在非公司企业法上的合同自由进程，由此揭开

[4513] Id. at 8-9. 该文指出，有论者认为法院仅应在必要时始得运用类推方法界定当事人的义务及违反该义务的责任。Id. at 13. 但所谓“必要时”标准，仍然过于宽泛。

[4514] Id. at 5-12.

[4515] Id. at 12［引用Gotham Partners, L. P. v. Hallwood Realty Partners, L. P., 817 A. 2d 160, 176（Del. 2002）］.

[4516] Gotham Partners, L. P. v. Hallwood Realty Partners, L. P., 817 A. 2d 160, 176（Del. 2002）.

[4517] Myron T. Steele, *Judicial Scrutiny of Fiduciary Duties in Delaware Limited Partnerships and Limited Liability Companies*, 32 Del. J. Corp. L. 1, 2（2007）（Foreword by Ann. E. Conaway）. 这一方法反映了传统的法律方法：法院与立法者基于法律推理，会将某一领域中的信义义务加诸另一个类似的领域。Id. at 7.

[4518] In re Cencom Cable Income Partners, L. P. Litigation, No. 14, 634, 1996 Del. Ch. LEXIS 17（Del. Ch. Feb. 15, 1996）.

序幕。[4519]

2004年、2006年立法修正发生于后安然时代。在经历大规模的公司丑闻之后，明文容许免除企业管理者的信义义务，似乎令人惊诧，但特拉华州的此项抉择实为市场所期望。[4520]尤其是，当年为应对安然丑闻，迫于压力而仓促出台的SOX法（Sarbanes-Oxley Act），日益显示出高强度、高密度的强行法管制并非良策。[4521]当此之际，非公司企业法向合同自由的回归，在提示另类选择之同时，更具有方向性的意义。事实上，已有诸多论者认为公司法亦应迈向更宽泛的合同自由路径。[4522]而此前早有学者在深入比较有限合伙与公司后认为，公司的治理机制多样化程度尚且超过有限合伙，而有限合伙法的合同自由远胜于公司；有限合伙法容许协议免除信义义务的规则，应扩展适用于公司法，拒绝此举，不具有理论正当性。[4523]

3. 判例

早在2004年立法修正之前，特拉华州法院已在诸多判例中明确承认有限合伙协议、有限责任企业协议可以约定取代信义义务：合同不仅可限制信义义务，且可免除信义义务。以下略举数个典型判例。

（1）*Sonet v. Timber Co.* 案[4524]

涉案有限合伙协议约定，普通合伙人对于经营管理近乎全部合伙事务有自由裁量权，其中，关于日常事务，普通合伙人的自由裁量权受制于“其行为对合伙公平且合理”之要求；关于合并之类的超常行为，普通合伙人具有唯一的自由裁量权，但此类交易须经有限合伙人绝对多数允许，有限合伙人在表决时有否决权。原告作为有限合伙人之一，诉称有限合伙的合并交易构成普通合伙人与有限合伙之间的自己交易及利益冲突交易，因此应适用完全公平标准。法院认为，有限合伙协议已设置足以有效替

［4519］ Myron T. Steele, *Judicial Scrutiny of Fiduciary Duties in Delaware Limited Partnerships and Limited Liability Companies*, 32 Del. J. Corp. L. 1, 2-3（2007）（Foreword by Ann. E. Conaway）.

［4520］ Andrew S. Gold, *On the Elimination of Fiduciary Duties: A Theory of Good Faith for Unincorporated Firms*, 41 Wake Forest L. Rev. 123, 123（2006）.

［4521］ 对SOX法的评论，参见Roberta Romano, *The Sarbanes-Oxley Act and the Making of Quack Corporate Governance*, 114 Yale L. J. 1521（2005）; Larry E. Ribstein, *Market vs. Regulatory Responses to Corporate Fraud: A Critique of the Sarbanes-Oxley Act of 2002*, 28 J. Corp. L. 1（2002）。

［4522］ 新近关于特拉华州普通公司法应强化自治的主题研讨，参见Symposium, *The Delaware General Corporation Law for the 21st Century*, 33 Del. J. Corp. L. 611（2008）。

［4523］ Larry E. Ribstein, *Unlimited Contracting in the Delaware Limited Partnership and Its Implications for Corporate Law*, 16 J. Corp. L. 299（1991）.

［4524］ Sonet v. Timber Co., Del. Ch., 722 A. 2d 319（1998）.

代默认信义义务之结构，原告主张并无依据；在此明示条款之下，（只要已经有限合伙人绝对多数允许）不要求普通合伙人在解决利益冲突时考虑有限合伙人的利益。法院并阐明，《特拉华州修订统一有限合伙法》为强化、变通甚至免除信义义务提供了广泛的许可。《特拉华州修订统一有限合伙法》坚守合同自由最大化原则，该原则鼓励当事人有意选择特拉华有限合伙形式，鉴于此，法院不倾向于移用公司法中关于公平的一般原则，而是按照有限合伙协议条款进行分析判断。仅当有限合伙协议未约定信义义务或约定不明时，或者涉及衡平原则时，法院才会开始从制定法上的任意规范、信义义务的传统概念或其他外部证据中寻求指南。

（2）*R. S. M. Inc. v. Alliance Capital Mgmt. Holdings L. P.* 案[4525]

特拉华州大法官法院在本案中认为，当适用信义义务的任意规范会侵入有限合伙协议中普通合伙人的合同权利或期待，或者会使建立于对价基础上的合同机制沦于无意义时，法院将避免适用信义义务，而集中于纯粹的合同关系分析；换言之，当有限合伙协议的条款与传统的普通法信义义务不一致时，此种不一致本身就表明当事人的意思是限制、免除或者至少是变更普通法上关于信义义务的任意规范。

（3）*Brickell Partners v. Wise*案[4526]

本案中，有限合伙收购一个与普通合伙人有关联关系的实体，一个有限合伙人就此提起派生诉讼，诉称普通合伙人的行为导致本合伙为此交易支付过高对价，其溢价增进的是普通合伙人之利益。普通合伙人辩称，有限合伙协议的约定已取代默认的信义义务。有限合伙协议约定："在普通合伙人或其关联人与有限合伙存在利益冲突的情形中，如果普通合伙人的行为按照合伙协议之约定被视为公平合理，则普通合伙人的行为不构成违约；普通合伙人有权寻求由'特别允许'程序解决利益冲突问题；在符合下列条件之一时，普通合伙人的利益冲突行为应被结论性地视为公平合理：（1）经特别允许；（2）从整体上进行比较，利益冲突交易的条款没有比无关联关系的第三方提供的交易条款或能够从无关联关系的第三方获得的交易条款对合伙更为不利；（3）综合考虑所涉各方当事人关系的整体性（包括可能对合伙特别有利的其他交易）后，该交易对合伙是公平的。在认定交易是否公平合理时，普通合伙人（包括负责特别允许的'利益冲突暨审计委员会'成员）有权考虑下列事实：（1）在此类冲突、协议、

［4525］ R. S. M. Inc. v. Alliance Capital Mgmt. Holdings L. P.，790 A. 2d 478（Del. Ch. 2001）.

［4526］ Brickell Partners v. Wise，794 A. 2d 1（Del. Ch. 2001）.

交易或情势中各方当事人的相关利益，以及与该利益有关的收益与成本；（2）任何已成惯例或已被接受的行业实践，以及与某一特定之人的习惯交易与先前交易；（3）可适用的公认会计、工程原则或实践；（4）普通合伙人或委员会成员认为在当时情况下相关、合理或适当的其他因素，普通合伙人或委员会成员对认定此类事实有专有的自由裁量权。在普通合伙人没有违背诚实信用的情况下，作出上述决定不应构成普通合伙人的违约或违反其他义务。所谓'特别允许'，是指利益冲突暨审计委员会成员过半数允许。"

法院认为，有限合伙协议的上述约定，已经取代传统的信义义务。协议清楚地表明，当事人意在通过自治机制解决利益冲突问题。

本案中，普通合伙人确实按照上述约定取得委员会的特别允许，但作为有限合伙人的原告主张，有限合伙协议的上述约定属于约定不明，不能使被告的行为有效，因为协议并未对利益冲突暨审计委员会成员的资格作出确切限定。法院认为，使用特别委员会机制，足以使一个合理的投资者认为委员会成员应为不担任管理职责之人；协议未作确切定义，并不妨碍对协议条款作出合理的解释。原告又主张，利益冲突暨审计委员会程序存在瑕疵，因为该委员会的两名成员为普通合伙人（公司制）的现任董事，存在利益冲突。法院查明，此二人并非普通合伙人的现任管理层成员，且原告亦未主张委员会程序被欺诈或其他事由"玷污"。法院据此认定，以信义义务原则为由审查本交易的有效性，并无根据。

（4）*Gelfman v. Weeden Investors, L. P.* 案[4527]

本案中，身为有限合伙人的原告，诉称普通合伙人意在将作为外部投资者的有限合伙人之控制权转移于普通合伙人的关联人，此行为构成利益冲突交易，因而违反完全公平标准。法院不同意此项主张，理由为：有限合伙协议明示约定"只要普通合伙人的行为或决策不构成重大过失或故意的不当行为，且不足以使普通合伙人合理地相信与合伙之整体目的相抵触，即不违反义务"。此项约定已取代传统的信义义务。

（5）*Miller v. American Real Estate Partners, L. P.* 案[4528]

本案中，法院认为：限制信义义务的条款应清晰、确定无疑，而不应隐蔽处理；虽然合伙协议授予普通合伙人完整、排他、完全的裁量权（授权

[4527] Gelfman v. Weeden Investors, L. P., No. Civ. A. 18519, 792 A. 2d 977 (Del. Ch. Aug. 23, 2001).

[4528] Miller v. American Real Estate Partners, L. P., No. CIV. A. 16788, 2001 WL 1045643 (Del. Ch. Sept. 6, 2001).

普通合伙人可以仅考虑该合伙人选择的某些因素，而无义务考虑其他因素)，但合伙协议不仅未明示排除默认信义义务的适用，[4529]反而肯定地揭示了将此类义务包括在合同之内的意思，因为当事人在使用常用格式的同时删除“明示义务优先于默认信义义务”的合同用语，免除信义义务而适用的条款因此不具有*Sonet*案所要求的明确性。尽管如此，判决仍再次强调协议的重要性：“……《特拉华州修订统一有限合伙法》已明确提示合伙协议可改变信义义务，因此投资者应当在购买合伙权益之前注意阅读合伙协议。《特拉华州修订统一有限合伙法》反映了买者自慎法则(caveat emptor)，此种立场适合于有限合伙的投资者，因为另有风险更低和/或法律保护更多的近乎无限多的其他投资机会供他们选择(而他们仍然选择了有限合伙)，例如，期望获得传统的信义义务保护的投资者，总能选择投资于公司股票……(但是，)正如投资者应尽适当的注意一样，期望取代传统信义义务的合伙协议起草人亦须如此行事。考虑到现实情况是起草人具有极大自由以及多数公募型有限合伙的协议纯由初始的普通合伙人起草，期待对信义义务加以限制的条款应被置于明确无疑的条款之中，是合乎公平的。一个如此重要的主题不应被含糊其词地处理。”

*Miller*案表明特拉华州法院在此问题上有两条主线：其一，对明示的协议应依照其条款执行；其二，当协议未明示免除默认的信义义务时，法院将视“默认信义义务是否与协议条款一致”而决定是否适用默认信义义务。[4530]

两大主线使当事人有足够的激励在协议中清晰阐明其权利义务，并由此排除司法干预之必要性。[4531]相反，在公司案件中，当事人的权利义务

[4529] 本案中，普通合伙人主张有限合伙协议已排除公司法信义义务的适用。有限合伙协议第6.13条第d款约定：(i)当本协议授权或要求普通合伙人依其“唯一的自由裁量权”或“裁量权”或“绝对的自由裁量权”或类似权力而作出决定时，普通合伙人有权只考虑他认为应予考虑的利益及因素，且无义务考虑任何影响本合伙或其有限合伙人的利益或因素；(ii)当本协议授权或要求普通合伙人依“诚实信用”或另一明示标准作出决定时，普通合伙人有义务依照此类明示标准行事，且无须受制于本协议或其他协议课加的任何其他标准或不同标准。判决认为，上述条款并未明示说明，当普通合伙人依唯一裁量权标准行事时的能力受阻于法律的默示条文之时，法律的默认条文应当让路；上述约定仅说明，本合伙协议的其他标准为唯一裁量权标准让路，该约定本身并未提及，当唯一裁量权标准适用时应将法律的默认原则置于其后。Miller v. American Real Estate Partners, L. P. , No. CIV. A. 16788, 2001 WL 1045643(Del. Ch. Sept. 6, 2001).

[4530] Larry E. Ribstein, *The Uncorporation and Corporate Indeterminacy*, 2009 U. Ill. L. Rev. 131, 150; Paul M. Altman & Srinivas M. Raju, *Fiduciary Duties in Delaware Alternative Entities*, 1486 PLI/Corp. 383, 412(2005).

[4531] Larry E. Ribstein, *The Uncorporation and Corporate Indeterminacy*, 2009 U. Ill. L. Rev. 131, 150.

几乎完全取决于法定信义义务原则的适用，法院必须谋求凭此原则适应不断变化的公司需求。[4532]

（6）小结

归纳相关判例，其中所展现的思想是，有限合伙的当事人有权在一个“私人自治的环境”（an environment of private ordering）下，按照有限合伙协议之约定，设立与运行有限合伙。[4533]《特拉华州修订统一有限合伙法》的基本路径是，容许当事人在拟定有限合伙协议方面享有最广泛的自主权，并且仅在当事人未在合伙协议中明示约定或明示约定与法律强行规定相抵触的情况下，才由法律提供答案。在上述情况下，法院将从制定法的任意规范、传统的信义义务概念或其他外部证据中寻求指导。[4534]但是，如果有限合伙协议明确约定了信义义务，关于违反信义义务的指控，必须在有限合伙协议条款的框架下进行分析。[4535]此时，认定某行为是否违反信义义务，取决于是否违反合伙协议的约定，再无适用普通法信义义务的余地，因为合伙协议的约定已取代普通法信义义务，成为保护有限合伙人的唯一渊源。[4536]

上述原则，亦适用于商业信托与有限责任企业。2004年修法之后的判例，自是更为鲜明地贯彻了合同分析法。由于商业信托组织形式多为公开型企业所用，有限合伙、有限责任企业组织形式用于大型的公开型企业的情形也日益增多，合同分析法在企业治理中的地位更加显著。特拉华州最高法院判决的*Wood v. Baum*案，即为适例。涉案的MME是一个从事房贷资产证券化等业务的有限责任企业，其设立与运营协议约定免除董事的任何责任，但董事实施欺诈或不法行为的除外。原告主张董事违反信义义务，其中包括未能适当地组织、运营、保持适当的会计与报告控制程序，招致证券与交易委员会的调查，并导致本企业在金融市场上遭受重大损失。法院认为，在此协议免责条款之下，董事仅就其欺诈行为、不法行为和《特拉华州有限责任企业法》所规定的恶意违反诚实信用和公平

[4532] Id.[引用Sinclair Oil Corp. v. Levien, 280 A. 2d 717, 720 (Del. 1971)].

[4533] Elf Atochem North America, Inc. v. Jaffari, 727 A. 2d 286, 287 (Del. 1999).

[4534] Gotham Partners L. P. v. Hallwood Realty Partners, L. P., 817 A. 2d 160 (Del. 2002); Sonet v. Timber Co., Del. Ch., 722 A. 2d 319 (1998); Elf Atochem North America, Inc. v. Jaffari, 727 A. 2d 286 (Del. 1999).

[4535] Sonet v. Timber Co., Del. Ch., 722 A. 2d 319 (1998).

[4536] Gotham Partners L. P. v. Hallwood Realty Partners, L. P., 817 A. 2d 160, 170 (Del. 2002)[引用Gotham Partners, L. P. v. Hallwood Realty Partners, L. P., Del. Ch., C. A. No. 15754, 2000 WL 1476663 (Sept. 27, 2000); Gotham Partners, L. P. v. Hallwood Realty Partners, L. P., 795 A. 2d 1 (Del. Ch. 2001)].

交易默示约款之行为承担责任。但原告未能证明被告有欺诈行为、不法行为，而诚实信用和公平交易的默示约款是合同的产物，此种默示约款的功能在于保护投资者对于企业和其董事会能够适当履行合同义务的期待，但原告在本案中并未主张此种义务违反的责任。[4537]

4. 实益

特拉华州法院立足于非公司企业组织合同本身，由此使当事人可借助于仔细起草合同，而避免公司法信义义务法理下所固有的不稳定性与不确定性。[4538]

特拉华州法官指出，含有诸多有争议的“披露”“真诚”等次级规则的普通法忠实义务以及实行重大过失之行为标准的普通法注意义务，虽有合理的清晰度且经常涉讼，但并不适合于有限责任合伙与有限责任企业的大多数治理纠纷。[4539]来自普通法信义义务的一系列义务及责任，审查层次存在复杂的重叠，此类审查标准的重叠，充满不必要的复杂性、教义之间的不一致性以及程序上的繁杂性，法院应当承认，当事人在合同中订明义务及责任时，合同当事人并未将此类义务及责任强加于其关系之中。[4540]当事人在合同中约定义务及责任时，法院执行合同即足以解决争议，法院应当拒绝在此类合同义务上再强加类推自公司法的普通法信义义务原则。[4541]由此可见，采用合同分析法而非强加普通法信义义务，更有效率，与当事人关于如何处理管理者—投资者治理问题所作的商业判断更为协调一致，并合乎任何适当的公共政策之理性观念。[4542]

合同分析法究竟能到达何种程度，仍有待于将来的发展。Strine大法官在*Miller*案中劝诫律师们勿将免除信义义务之条款处理得“含糊其词”。[4543]这可能导致协议起草成本的升高，甚至导致信义义务实质上成为

[4537] Wood v. Baum, 953 A. 2d 136(Del. 2008).

[4538] Larry E. Ribstein, *The Uncorporation and Corporate Indeterminacy*, 2009 U. Ill. L. Rev. 131, 163.

[4539] Myron T. Steele, *Judicial Scrutiny of Fiduciary Duties in Delaware Limited Partnerships and Limited Liability Companies*, 32 Del. J. Corp. L. 1, 28(2007).

[4540] Id. at 23[引用Charles Henry Still, *A Handbook on Corporate Governance: All the Issues in One Place* 72(2005); William T. Allen, Jack B. Jacobs, & Leo E. Strine, Jr., *Function Over Form: A Reassessment of Standards of Review in Delaware Corporation Law*, 26 Del. J. Corp. L. 859(2001)].

[4541] Myron T. Steele, *Judicial Scrutiny of Fiduciary Duties in Delaware Limited Partnerships and Limited Liability Companies*, 32 Del. J. Corp. L. 1, 23-24(2007).

[4542] Id. at 5-6.

[4543] Miller v. American Real Estate Partners, L. P., No. CIV. A. 16788, 2001 WL 1045643, at *8(Del. Ch. Sept. 6, 2001).

强行法。[4544]换言之,为降低不确定性之类的诉讼成本,可能需向律师支付更高的费用,由此可能使非公司企业的合同自由路径特别适合于大型的、富于经验的企业。[4545]尽管有此代价,但合同分析法的根本贡献在于,将权衡利弊的自由交还给当事人自己,当事人可自主衡量诉讼成本、交易设计费用及其他成本,以选择最适合于己的合同内容。即便因此而增加合同设计成本,但由当事人自担成本,仍不失为成本内部化的有效率选择。

(二)合同分析法的法理基础:信义义务的契约本质

关于信义义务的正当性依据,有诸种学说。其一为许诺说,其二为托付说(entrusting theories),其三为描述性的学说,又包括信义义务人滥权说、工具主义说等,各有长短。[4546]权衡诸说,对于商业信托而言,以许诺说最贴近事物的性质。信义义务人是指许诺(undertakes)为另一人的利益行事之人,此种许诺是否采用合同形式或是否无偿,无关紧要。[4547]信义义务人许诺处于为他人利益行事之地位,因此课以信义义务,乃是解释当事人意思表示的自然结果,从而具有正当性。许诺说之弱点在于无法解释推定信托的受托人义务、控制股东信义义务、缔约前信义义务等非因意思表示而发生的信义义务,但无疑能够解释意定信托、代理之类的信义关系。[4548]

关于信义关系及信义义务的性质,亦众说纷纭,诸如不当得利说、信赖说、财产说、不平等关系说、权力与裁量说。[4549]而就信义义务与意思自治关系而言,又可归结为有两种不同的解释。一种解释认为,信义义务本质为合同义务,是法律用于填补合同漏洞的任意规范,其逻辑结果是当事人可以协议改变甚至免除信义义务,如同改变或免除其他合同义务一样。另一种解释认为,信义义务含有道德与伦理原则,一定程度上体现了某种身份关系,因此是一种强行规范。

循此路径,特拉华州的商业组织信义义务法存在两种倾向:身份关系模式与契约关系模式。大体而言,特拉华州最高法院倾向于身份关系模

[4544] Larry E. Ribstein, *The Uncorporation and Corporate Indeterminacy*, 2009 U. Ill. L. Rev. 131, 165.

[4545] Id.

[4546] Deborah A. DeMott, *Beyond Metaphor: An Analysis of Fiduciary Obligation*, 1988 Duke L. J. 879, 912-15(1988).

[4547] Austin W. Scott, *The Fiduciary Principle*, 37 Cal. L. Rev. 539, 540(1949).

[4548] Deborah A. DeMott, *Beyond Metaphor: An Analysis of Fiduciary Obligation*, 1988 Duke L. J. 879, 910-11(1988).

[4549] J. C. Shepherd, *The Law of Fiduciaries* 51-91(1981).

式，特拉华州大法官法院与立法机关倾向于契约关系模式。[4550]身份关系模式是将企业组织协议当事人之间的关系视作一种依赖关系，即受益人与受托人或本人与代理人之间的关系。倾向于身份关系模式的特拉华州最高法院认为，当事人的协议不得免除普通法信义义务中的忠实义务与善意义务；按照契约关系模式的见解，则容许免除。但两者至少在下列见解上存在共识：当事人未在书面协议中自选规则时，适用基于普通法信义义务的法院干预。[4551]

信义关系存在于广泛的类型之中。对于法定监护关系等非基于合意而发生的信义关系，解释为合同关系未免牵强，且未必合乎保护受益者之目的。但是，在商业信托之类的交易关系中，契约说比非契约说更具正当性与效率性。即就合意所生之关系而言，契约说较其他诸说更能说明信义关系及相关法则之本质。[4552]甚至有学者认为，信义关系的传统意义上的独特性已遭受侵蚀，以致信义关系不再具有根本不同于合同关系的特性，甚至可以说是信托法已开始汇流于公司法，这在商业信托制定法的发展中体现得尤为显著：无论在制定法条文还是信托文件中，关于信义关系的表述从以往理论中的“亲密性、长期性”关系逐渐变迁为一种“对等交易”(arm’s-length transaction)。[4553]

具言之，至少对于合意性的信义关系而言，关于合同条款及救济的一般经济分析，亦适用于信义关系；信义义务并非特殊的义务，并无特殊的道德根基，与其他合同义务并无不同。[4554]尽管信义义务的法律效果与一般的违约救济有所差异，但尚不足以据此否认其契约性。信义义务人因违反忠实义务所得利润，应全部交还(disgorgement)，无论受益人是否

[4550] Myron T. Steele, *Judicial Scrutiny of Fiduciary Duties in Delaware Limited Partnerships and Limited Liability Companies*, 32 Del. J. Corp. L. 1, 9(2007). 2004年，斯蒂尔就任特拉华州最高法院首席大法官，特拉华州最高法院的立场进一步转变。斯蒂尔意识到特拉华州法官试图将非公司企业法“公司化”的倾向，告诫他们切勿为此：法院应当着眼于当事人的协议，并适用合同分析法，而非类推适用公司治理的传统观念；法院不应无视合同而适用默认的信义义务(身份主义方法)，而应从当事人合同的用语与结构开始分析。Id. at 25.

[4551] Id. at 9.

[4552] Frank H. Easterbrook & Daniel R. Fischel, *Contract and Fiduciary Duty*, 36 J. L. & Econ. 425, 435-37(1993)(对诸学说的评析).

[4553] Adam S. Hofri-Winogradow, *Contract, Trust, and Corporation: From Contrast to Convergence*, 102 Iowa L. Rev. 1691(2017).

[4554] Frank H. Easterbrook & Daniel R. Fischel, *Contract and Fiduciary Duty*, 36 J. L. & Econ. 425, 427(1993)(注释从略).

遭受损失。[4555]此项义务貌似与合同性质不相吻合，因合同法默认的救济为赔偿权利人的损失。对此，有学者认为，忠实义务仍可解释为合同性质。[4556]委托或代理关系的情形与此相似。在英美法系，代理法一般为合同法所涵盖，尽管代理人违反义务时，本人可得救济大于一般合同法上的救济，[4557]但不影响代理关系的合同性质。在大陆法系，结论与之类似：尽管在严格区分代理与委托的法域，关于代理的规定无涉基础关系，但在作为基础关系的委托合同或商事代理合同之中，受托人或商事代理人对委托人负有注意义务与忠实义务，[4558]其内容类似于英美代理法，可说是事物之本质使然。

作为合同义务的信义义务，并非任何合同关系尽皆有之，而仅存在于特种类型的合同之中。特定类型的合同当事人为何需要信义义务？因为他们将财产交由另一方当事人控制，但无法事先订立面面俱到的合同条款加以约束。从经济分析视角观之，信义关系是一种特定化成本与监督成本高于通常情形的合同，在信义关系中，忠实义务取代细节化的合同条款，忠实义务实施时界定的内容为，在交易成本较低且所有承诺完全执行情况下当事人偏好的内容。[4559]信义关系与其他合同一样，旨在增进当事人的共同福利，此种目标召唤法院以填补其他合同之漏洞的相同方式，填补信义关系中的漏洞；主题或有不同，目标及过程无异。[4560]信义义务便是法院用于补充当事人明示约定之不备的工具，是一种应对“不完全合同”

[4555] Restatement (Third) of Trust § 100 (2012).

[4556] Cooter与Freedman在其著名论文中论述道，违反注意义务的损害一般表现为受益人的损失，而违反忠实义务的行为则难以发现，因此其惩罚必须是特定情形的损失之倍数。例如，一个每次盗窃100元、盗窃三次被逮到一次的盗贼，至少应处以300元罚款或必须交还预期利润。忠实义务禁止对象为各种盗窃行为，因此对违反忠实义务的最优制裁应超过受托人所得利润，仅返还利润本身不足以成为充分的救济。由于估算倍数极为困难，法律不采乘数方法，而采用怀疑原则：违反忠实义务的表象本身即被认定为不当行为，由此增强违反忠实义务行为被发现的可能性，并在发现此类行为时减少以乘数法则计算利润的必要性。严格义务与交还救济皆为当事人在无交易成本之世界中将会订立的合同条款。详见Robert Cooter & Bradley J. Freedman, *The Fiduciary Relationship: Its Economic Character and Legal Consequences*, 66 N. Y. U. L. Rev. 1045, 1071-72 (1991)。

[4557] 本人有权以不当得利为由请求返还代理人因此所得利益，无论本人是否遭受实际损失。Restatement (Third) of Agency § 8.01 cmt. d (1) (2006). 代理人未经授权使用本人财产所得利益，应向本人报账并归属于本人，本人无须证明所受损害。Id.

[4558] 关于委托合同中受托人的义务，参见《瑞士债务法》第398条第2款。关于商事代理人义务的立法例，参见《德国商法典》第86条、第90条、第90a条，《瑞士债务法》第418c条、第418d条。

[4559] Frank H. Easterbrook & Daniel R. Fischel, *Contract and Fiduciary Duty*, 36 J. L. & Econ. 425, 427 (1993).

[4560] Id. at 429.

(incomplete contract)现象的法律机制。因此,如无特殊情形,关于信义义务的合同条款应当受到与关于其他事项的合同条款相同的待遇。[4561]既然信义义务本质上不过是默认的合同条款,遇有明示约定变更或免除信义义务的情形,也应当依合同法的一般原则认定此种约定的效力,而不是另设标准、另眼相待。

合同凝结了当事人之间的交易条件,信义义务(或其他类似义务)不过为交易条件中的一项而已。限制或免除信义义务条款的效率性,只有通过分析整个合同(而不是孤立地看待减免条款本身)方可得到完整的评估。[4562]企业组织合同的各项条款系当事人基于自身利益考虑及对价交换而拟定,在缺乏清晰且令人信服之相反证据的情况下,法院应当推定,缔约过程已经是权衡费用安排及投资成本后所作对价交换之产物,[4563]因此,法院不得再以公平之类的理由干涉合同效力,否则反而会破坏合同安排的均衡。企业希望国家保障实施它们所拟定的合同,而不是国家基于公平考虑以其判断优先于当事人拟定的合同。[4564]减免信义义务的条款可能给法院一种实质上不公平的初步印象,引发司法干预的动因。然而,所谓实质公平理论,假设存在一个(用以衡量合同效力的)客观的公平标准,此种客观公平事实上并不存在,终究难免流于主观臆断;强行性的公平标准既不能提供有意义的准则,亦不能产生可预测的结果。[4565]

需补充说明的是,当事人约定放弃信义义务,并不必然意味着排除司法干预,相反,当非公司企业协议以合同条款取代信义义务时,当事人所期望的是法院能够尊重合同用语并实施合同条款。[4566]司法干预的范围,应受制于合同约定。如合同已确定以诚信义务或其他义务(而非信义义务)为基准,法院即不得自作主张逾越界限。

[4561] J. Dennis Hynes, *Freedom of Contract, Fiduciary Duties, and Partnerships: The Bargain Principle and the Law of Agency*, 54 Wash. & Lee L. Rev. 439, 441(1997).

[4562] Larry E. Ribstein, *Fiduciary Duty Contracts in Unincorporated Firms*, 54 Wash. & Lee L. Rev. 537, 546(1997).

[4563] Myron T. Steele, *Judicial Scrutiny of Fiduciary Duties in Delaware Limited Partnerships and Limited Liability Companies*, 32 Del. J. Corp. L. 1, 6(2007). 由于消极的投资者一般不处于监督信义义务人的位置,法律必须假定,消极的投资者已经(与信义义务人)协商确定了一种服务于其最大利益的权限分享关系。Id. at 9.

[4564] Alan Schwartz & Robert E. Scott, *Contract Theory and the Limits of Contract Law*, 113 Yale L. J. 541, 618(2003).

[4565] Randy E. Barnett, *A Consent Theory of Contract*, 86 Colum L. Rev. 269, 285(1986).

[4566] Andrew S. Gold, *On the Elimination of Fiduciary Duties: A Theory of Good Faith for Unincorporated Firms*, 41 Wake Forest L. Rev. 123, 158(2006).

(三)合同分析法的底线:诚实信用与公平交易的默示契约义务

1. 诚实信用与公平交易的默示义务的含义及适用

诚实信用与公平交易的默示合同义务,对管理者的不当行为仍有限制,诸如欺诈、挪用资产、浪费资产等行为仍被禁止,但与信义义务相比,强行法的限制已趋于最小化。[4567]如果当事人约定免除信义义务,实际上意味着他们选择了以更为自由的合同法作为各方行为的约束,即以一般合同法而非信义关系法作为"准据法"。

非公司企业法中的诚实信用义务颇为复杂,此种复杂性源于代理法、信托法、信义义务人法诸法之间的互动,诸法各有不同的公共政策。[4568]这一问题又因诚实信用一词在公司法中扮演的不同角色而加剧。[4569]不过,非公司企业制定法既已明文规定诚实信用与公平交易的默示"契约约定",则分析的起点自然应是合同法。至于信托法、信义义务人法、公司法,原本即与合同法有不同的基础,不能"一刀切"地适用于此。

合同的任何当事人有一项默示的约定,即合理行事以实现合同当事人的意思,此种默示约定旨在促进合同的精神,并保护一方当事人免于因另一方当事人的诡诈手段而被剥夺合同交易中的可得利益。[4570]换言之,默示约定之目的为,当发生合同未明示约定的事件时,执行当事人的合理预期。[4571]诚实信用与公平交易默示义务即源出于此。依照美国判例法与制定法的立场,合同每一方当事人在合同履行与执行中负有诚实信用与公平交易义务。[4572]诚实信用与公平交易的默示义务存在于每个合同之

[4567] Id. at 187.

[4568] Ann E. Conaway, *The Multi-Facets of Good Faith in Delaware: A Mistake in the Duty of Good Faith and Fair Dealing; A Different Partnership Duty of Care; Agency Good Faith and Damages; Good Faith and Trust Law*, 10 Del. L. Rev. 89, 121(2008).

[4569] Id. 例如,《特拉华州普通公司法》多处提及诚实信用一词,如第144条中的善意地批准利益冲突交易、第102条规定不得免除恶意行事而发生的责任。Id.

[4570] Kelly v. McKesson HBOC, Inc., C. A. No. 99C-09-265 WCC, 2002 Del. Super. LEXIS 39(Del. Super. Jan. 17, 2002).

[4571] Paul M. Altman & Srinivas M. Raju, *Delaware Alternative Entities and the Implied Contractual Covenant of Good Faith and Fair Dealing Under Delaware Law*, 60 Bus. Law. 1469, 1478(2005).

[4572] Restatement(Second) of Contracts § 205(1981).《统一商法典》将诚实信用定义为"事实上的诚实及对公平交易的合理商业准则的遵守"。Uniform Commercial Code § 1-201(b)(20). 特拉华州法院认为,尽管默示约定为判例法的概念,但亦可类推适用《统一商法典》中的诚实信用定义。E. I. DuPont de Nemours & Co. v. Pressman, 679 A. 2d 436, 443(Del. 1996).

中。[4573]即每个合同皆有诚实信用与公平交易的默示约定，此项约定应被理解为关注当事人的意思与合理预期。[4574]诚信义务的确立，意义在于补充明示意思之不备，正如美国判例所言："如果每个合同的当事人都必须明确地描述并禁止每一项可能剥夺协议成果的行为，那么合同很快就会变得像税法典一样冗长、难以理解，同时也（像税法典一样）仍然包含不计其数的漏洞……更好的方法是将合同当作合同对待……并执行当事人客观上合理的预期……诚实信用法则并不是法院所创造的一项新的实质性条款，而只是法律在每一个合同中所默示的条款，该项条款使当事人通过其合同创设的合法预期得以实现。"[4575]基于普通法的此项义务，旨在阻止一方当事人以另一方当事人利益为代价获取不公平利益。[4576]诚实信用义务要求合同当事人不得实施任意或不合理的、具有阻碍另一方当事人获得交易成果或合同利益之效果的行为，该原则强调任何一方当事人均应忠实于合同的共同目的及其与其他当事人的正当期待的一致性，当事人在合同成立时的合理预期，决定受指控的行为的合理性。[4577]诚实信用与公平交易义务之默示条款旨在保护合同的明示条款或允诺，而不是保护一般的公共利益。[4578]

诚实信用与公平交易默示义务的适用范围，仅限于既存的合同条款之履行与执行，[4579]因此当事人并无义务实施合同未明确要求的积极行

[4573] Wilgus v. Salt Pond Inv. Co., 498 A. 2d 151, 159(Del. Ch. 1985). 英美法系传统上不承认一般化的诚实信用义务，以防侵蚀合同自由。有相当多的法域至今仍秉持此种立场，如在北达科他州，诚实信用与公平交易默示约定仅适用于保险合同。WFND, LLC v. Fargo Marc, LLC, 2007 ND 67, 730 N. W. 2d 841(N. D. 2007). 英国法仅以若干特定化的法则保障公平交易，不承认一般化的诚实信用原则。Roger Brownsword et al., *Good Faith in Contract*: *Concept and Context*, in Good Faith in Contract: Concept and Context 1(Roger Brownsword et al. eds 1999).

[4574] Steven J. Burton & Eric G. Andersen, *The World of a Contract*, 75 Iowa L. Rev. 861, 869(1990). 又参见E. I. DuPont de Nemours & Co. v. Pressman, 679 A. 2d 436(Del. 1996)(此项义务最好被理解为保护合同当事人合理预期的方法之一)。

[4575] Or. RSA No. 6, Inc. v. Castle Rock Cellular Ltd. P' ship, 840 F. Supp. 770, 776-78(D. Or. 1993).

[4576] Coca-Cola Bottling Co. of Elizabethtown, Inc. v. The Coca-Cola Co., 668 F. Supp. 906, 918(D. Del. 1987).

[4577] Continental Ins. Co. v. Rutledge & Co., Inc., 750 A. 2d 1219(Del. Ch. 2000); Breakaway Solutions, Inc. v. Morgan Stanley & Co., No. 19, 522, 2004 Del. Ch. LEXIS 125, at *49-50(Del. Ch. Aug. 27, 2004). 同旨参见Hill v. Medlantic Health Care Group, 933 A. 2d 314(D. C. 2007); McGrann v. First Albany Corp., 424 F. 3d 743(8th Cir. 2005)(适用纽约州法); Wade v. Kessler Institute, 172 N. J. 327, 798 A. 2d 1251(2002)。

[4578] Foley v. Interactive Data Corp., 765 P. 2d 373, 394(Cal. 1988).

[4579] Restatement(Second)of Contracts § 205(1981); Uniform Commercial Code § 1-203.

为。[4580]与承认先合同义务或后合同义务的某些大陆法系法域不同，美国法上的诚信义务仅适用于合同履行过程，并不扩及于缔约阶段与合同终止后阶段。[4581]诚实信用与公平交易的合同义务既未创设新的义务，亦不构成独立的违约诉因，换言之，违反诚信义务即表明违反基础合同义务。[4582]

基于合同自由原则，特拉华州对默示条款向来持谨慎态度，仅在狭窄的案型中适用诚实信用的默示约定。[4583]特拉华州法院认为，基于诚实信用原则而推导出默示义务，是一项"审慎的作业"。[4584]重订合同或为书面合同提供缺漏条款，并非法院的适当任务，此为一项确立已久的合同法基本原则；诚信义务系一项相当于改订合同的救济（quasi reformation remedy），应在极为例外的情形中推导得出，并须高度依赖于个案事实，仅当存在压倒性的维护公平之必要时，法院方可在当事人的合同中加入诚实信用的默示条款。[4585]

主张违反诚实信用与公平交易的默示合同义务之责任时，原告应当指明特定的默示合同义务。[4586]欲成立违反默示约定的责任，须证明义务人有可非难的心理状态。[4587]违反诚信义务之行为必须含有欺诈、欺瞒或虚假陈述的内容，原告对此负举证责任。[4588]在此类要件下，原告应证明义务人有

[4580] Froelich v. Erickson, 96 F. Supp. 2d 507, 522 (D. Md. 2000); Enfield Equipment Co. v. John Deere Co., 64 F. Supp. 2d 483 (D. Md. 1999); Parker v. Columbia Bank, 91 Md. App. 346, 604 A. 2d 521 (Md. Spec. App. 1992).

[4581] In re Student Finance Corp. v. Royal. Indemnity Co., 2004 WL 609329 at *7 (D. Del., March 23, 2004). 在不存在有强制实施力之合同时，不存在诚实信用与公平交易的默示约定。GRB Farm v. Christman Ranch, Inc., 2005 MT 59, 326 Mont. 236, 108 P. 3d 507 (2005).

[4582] Froelich v. Erickson, 96 F. Supp. 2d 507, 522 (D. Md. 2000).

[4583] Chamison v. Health Trust Inc. -Hospital Co., 735 A. 2d 912, 921 (Del. Ch. 1999).

[4584] Cincinnati SMSA Ltd. P' ship v. Cincinnati Bell Cellular Sys. Co. 708 A. 2d 989, 992 (Del. 1998); Wilmington Trust Co. v. Keith, No. C. A. 00C-11-016, 2002 WL 1748622, at *2 (Del. Super. Ct. June 26, 2002).

[4585] Cincinnati SMSA Ltd. Partnership v. Cincinnati Bell Cellular Sys. Co., 708 A. 2d 989 (Del. 1998); Continental Ins. Co. v. Rutledge & Co., Inc., 750 A. 2d 1219 (Del. Ch. 2000).

[4586] Kelly v. McKesson HBOC, Inc., C. A. No. 99C-09-265 WCC, 2002 Del. Super. LEXIS 39 (Del. Super. Jan. 17, 2002).

[4587] Cincinnati SMSA Ltd. P' Ship v. Cincinnati Bell Cellular Sys. Co., 708 A. 2d 989 (Del. 1998).

[4588] Merrill v. Crothall-American, Inc., 606 A. 2d 96, 101 (Del. 1992); Cantor Fitzgerald, L. P. v. Cantor, No. 16297, 2000 WL 307370, at *15, n. 51 (Del. Ch. Mar. 13, 2000); Cincinnati SMSA Ltd. P' ship v. Cincinnati Bell Cellular Sys. Co. 708 A. 2d 989, 992-93 (Del. 1998); Cont' l Ins. Co. v. Rutledge & Co., 750 A. 2d 1219, 1234 (Del. Ch. 2000).

不正当意图。[4589]是否违反诚实信用默示约定的认定基准为，假设当事人在订立合同时议及嗣后被指责为违反默示约定之行为，他们是否显然会约定禁止该行为。[4590]1996年的*Schwartzberg*案则认为*Katz*案的基准似乎过高，因而改采“更高可能性”基准：是否违反诚实信用默示约定的认定基准为，假设当事人在订立合同时议及嗣后被指责为违反默示约定之行为，他们约定禁止该行为之可能性是否高于不约定禁止之可能性。[4591]

明示条款为当事人围绕真实交易条件而当场拟定的条款，默示条款终究不过是法院根据假设交易情境事后拟制之条款，因此实际合同条款总是优于默示合同条款。[4592]在当事人早已预见问题并已明示约定解决方案时，默示约定对于保护当事人合理预期而言并非必要。[4593]诚实信用之默示标准不得推翻合同字面上的条款。[4594]在解释诚实信用义务时，合同的明示条款处于决定性地位。诚实信用与公平交易义务作为合同漏洞补充机制而存在，因此法院不得借此推演出与合同的明示条款相抵触的默示义务。[4595]合同对于某一事项已明示纳入或有意保持沉默时，不适用诚

[4589] Paul M. Altman & Srinivas M. Raju, *Delaware Alternative Entities and the Implied Contractual Covenant of Good Faith and Fair Dealing Under Delaware Law*, 60 Bus. Law. 1469, 1478 (2005)[引用 Corporate Prop. Assocs. 6 v. Hallwood Group, Inc. , 792 A. 2d 993, 1004-05 (Del. Ch. 2002), rev' d on other grounds, 817 A. 2d 777 (Del. 2003); Continental Ins. Co. v. Rutledge & Co. , 750 A. 2d 1219, 1234 (Del. Ch. 2000); Williams Natural Gas Co. v. Amoco Prod. Co. , Civ. A. No. 11040, 1991 WL 58387, at *11-12 (Del. Ch. Apr. 16, 1991)(不正当意图为基于诚实信用默示约定所提出之请求的要件)].

[4590] Katz v. Oak Indus. Inc. , 508 A. 2d 873, 880 (Del. Ch. 1986). 采纳该基准之判例如Dave Greytak Enterprises, Inc. v. Mazda Motors of Am. , Inc. , 622 A. 2d 14, 22-23 (Del. Ch. 1992), aff' d, 609 A. 2d 668 (Del. 1992)(Table); Williams Natural Gas Co. v. Amoco Prod. Co. , Civ. A. No. 11040, 1991 WL 58387, at *11 n. 15 (Del. Ch. Apr. 16, 1991); Cincinnati SMSA Ltd. Partnership v. Cincinnati Bell Cellular Sys. Co. , 708 A. 2d 989, 992 (Del. 1998)。

[4591] Schwartzberg v. CRITEF Assocs. Ltd. P' ship, 685 A. 2d 365, 375 (Del. Ch. 1996). 采纳该基准的判例为In re Marriott Hotel Properties II Ltd. P' ship, No. Civ. A. 14961, 2000 WL 128875, at *16 (Del. Ch. Jan. 24, 2000)。本案中，有限合伙人主张普通合伙人在要约收购有限合伙权益之行为违反有限合伙协议时，未与有限合伙人公平交易。

[4592] Frank H. Easterbrook & Daniel R. Fischel, *Contract and Fiduciary Duty*, 36 J. L. & Econ. 425, 427 (1993).

[4593] Paul M. Altman & Srinivas M. Raju, *Delaware Alternative Entities and the Implied Contractual Covenant of Good Faith and Fair Dealing Under Delaware Law*, 60 Bus. Law. 1469, 1480 (2005).

[4594] Gilbert v. El Paso Co. , 575 A. 2d 1131, 1143 (Del. 1990).

[4595] Gilbert v. El Paso Co. , 490 A. 2d 1050 (Del. Ch. 1984), aff' d, 575 A. 2d 1131 (Del. 1990). 同旨参见联邦判例。L. A. P. D. , Inc. v. Gen. Elec. Corp. , 132 F. 3d 402, 404 (7th Cir. 1997); Times Mirror Magazines, Inc. v. Field & Stream Licenses Co. , 294 F. 3d 383 (2d Cir. 2002)(诚实信用与公平交易义务不得与合同的明示约定相抵触).

实信用默示义务。[4596]合同已明示约定某一事项但并未约定义务时，法院不得认定关于该事项存在默示的合同义务。[4597]当合同明示容许一方实施在其他情况下可能违反诚实信用默示义务之行为时，明示条款优先于默示条款。[4598]诚实信用与公平交易之默示合同约定，不得被用于规避当事人议定的交易条件，亦不得据以创设独立的合同义务。[4599]法院更不得利用默示约定捏造一份超出书面合同范围的新协议。[4600]特拉华州法院对默示条款与明示条款之关系有精到的概括：

“法律会默示推导出合同条款，由当事人履行为实现合同目的而依据理性与正义应为之事，然而，仅在能够正确地假定当事人若注意到此事项时即会拟定此种条款之场合，始得默示推导出此类允诺。除非合同的（明示）条款必然隐含着一项允诺，不得推导出默示的允诺。默示条款之所以被推导而得，并非因为此类条款的合理性，而是因为其必然性——合同关系必然涉及此类条款，以致当事人必然有意为此，之所以未予明示，仅是因为此类条款过于显而易见、理所当然而无须明示。此类条款被默示推导得出，仅是因为当事人作为公道与理性之人订立合同时必然同意此类条款，一旦相关情境的可能性实际发生，当事人将会明示此类条款。”[4601]

诚实信用义务并非对合同自由的限制，相反，诚实信用义务必须在合同自由的语境下加以理解：在合同自由原则之下，诚实信用的功能是作为一项解释法则，而不是一种强行性义务的来源；诚实信用不是商业行为的

[4596] Dave Greytak Enterprises, Inc. v. Mazda Motors of Am., Inc., 622 A. 2d 14, 23 (Del. Ch. 1992).

[4597] Moore Business Forms, Inc. v. Cordant Holdings Corp, No. Civ. A. 13911, 1995 WL 662685, at *8 (Del. Ch. Nov. 2, 1995).

[4598] Insurance Co. of the State of Pennsylvania v. Pan Am. Energy LLC, No. Civ. A. 19629-NC, 2003 WL 1432419, at *6 n. 42 (Del. Ch. Mar. 19, 2003); Sanders v. Devine, No. Civ. A. 14679, 1997 WL 599539, at *6 (Del. Ch. Sept. 24, 1997).

[4599] Dunlap v. State Farm Fire & Cas. Co., 878 A. 2d 434 (Del. 2005). 此为普通法上通例，详见13 *Williston on Contracts* § 38: 11 (4th ed. Supp. 2009)（引用Farm Credit Services of America v. Dougan, 704 N. W. 2d 24, 2005 SD 94 (2005)（诚实信用默示约定并非一个无限量的义务储藏库，不得由此衍生出独立于明示条款的其他条款）; McAdams v. Massachusetts Mut. Life Ins. Co., 391 F. 3d 287 (1st Cir. 2004)（默示约定不得用于增加当事人的合同义务））; Dalan v. Paracelsus Healthcare Corp. of North Dakota, Inc., 2002 ND 46 (N. D., 2002)（诚实信用默示义务不要求当事人接受合同条款的重大变更，亦不在合同中新增任何实质性条款）; Moreau v. Air France, 356 F. 3d 942 (9th Cir. 2004)（诚实信用与公平交易默示约定不得超出合同明示条款的范围而增加任何实质性义务或限制）。

[4600] Chamison v. Health Trust Inc.-Hospital Co., 735 A. 2d 912, 921 (Del. Ch. 1999).

[4601] Danby v. Osteopathic Hosp. Ass'n of Delaware, 101 A. 2d 308, 313-14 (Del. Ch. 1953), aff'd, 104 A. 2d 903 (Del. 1954).

强行标准，而是隐藏在合同的明示条款背后的默示条款。[4602]更审慎的原则为，诚实信用与公平交易之契约义务的正确适用，应限于用于解释当事人已约定的合同条款，不得用于推导出合同条款。[4603]亦有判例认为，诚实信用与公平交易默示约款属于合同解释规则，而非独立的义务，合同条款无歧义时，不适用此项约款。[4604]

尽管诚实信用默示义务不得放弃，但此项义务仅适用于合同并未明示约定的事项，因此，期望限定诚实信用默示义务之适用的合同起草者，有充分的动力详细拟定明示、清晰的关于当事人权利义务之合同条款，以减少被认定为违反诚实信用默示义务的法律风险。[4605]

2. 诚实信用与公平交易的默示义务在一般合同法与企业组织法中的差异

特拉华州在公司法信义义务领域已发展出颇为完备的判例法体系，但在诚实信用与公平交易之合同义务领域几无判例，仅有的判例几乎完全集中于雇用合同领域，而在商业组织法领域，迄今尚无关于诚实信用与公平交易之合同义务的判例。[4606]有学者认为，一般合同法与买卖法中的诚实信用与公平交易义务更为强大。[4607]在此需注意的是，在雇用合同、商业合同或保险合同中适用的诚实信用与公平交易义务，未必适合于企业治理结构，因企业治理与一般合同治理各有法度。企业合理结构拥有组织化的机制，企业内部机关的决议、科层化的指令以及组织内部的约束与制裁，在企业运营与治理上比一般合同机制更有效率。换言之，企业治理的工具比一般合同关系更为多样化。作为不得已手段的诚实信用义务，在企业组织合同中的适用应处于更谦抑的地位。

[4602] David Rosenberg, *Making Sense of Good Faith in Delaware Corporate Fiduciary Law: A Contractarian Approach*, 29 Del. J. Corp. L. 491, 499-500(2004).

[4603] Ann E. Conaway, *The Multi-Facets of Good Faith in Delaware: A Mistake in the Duty of Good Faith and Fair Dealing; A Different Partnership Duty of Care; Agency Good Faith and Damages; Good Faith and Trust Law*, 10 Del. L. Rev. 89, 122(2008).

[4604] In re Kmart Corp., 434 F. 3d 536(7th Cir. 2006). 学者的类似见解，参见Larry E. Ribstein, *Are Partners Fiduciaries?*, 2005 U. Ill. L. Rev. 209, 223(诚实信用是一项解释规则，而不是特定的默认条款)。

[4605] Paul M. Altman & Srinivas M. Raju, *Delaware Alternative Entities and the Implied Contractual Covenant of Good Faith and Fair Dealing Under Delaware Law*, 60 Bus. Law. 1469, 1480, 1485(2005).

[4606] Myron T. Steele, *Judicial Scrutiny of Fiduciary Duties in Delaware Limited Partnerships and Limited Liability Companies*, 32 Del. J. Corp. L. 1, 14, 15(2007). 关于合伙法上诚实信用与公平交易义务的一般讨论，参见Elisa Feldman, *Your Partner's Keeper: The Duty of Good Faith and Fair Dealing under the Revised Uniform Partnership Act*, 48 SMU L. Rev. 1931(1995)。

[4607] Deborah A. DeMott, *Fiduciary Preludes: Likely Issues for LLCs*, 66 U. Colo. L. Rev. 1043, 1059(1995).

3. 信义义务与诚实信用默示契约义务的区别

如本章第3节第2目所述，信义义务不同于诚信义务。诚实信用的合同义务既不能混淆于信义义务人的注意义务，更不能混同于判断信义义务人是否履行忠实义务的完全公平标准。[4608]诚实信用与公平交易义务体现的是市场道德要求，即容许当事人追求自己的利益，其界限仅是不许以损害对方当事人利益为代价追求自己利益。诚信义务仅要求一方当事人不滥用（权利而损害另一方），但不要求为另一方利益而行事。[4609]与此不同的是，信义义务人负有比市场道德更为严格的义务。[4610]信义义务要求信义义务人为受益人之利益尽最大诚信，并忠实行事，居于光谱的一端，诚信义务处于中间位置，另一端则是最低限度的不得实施欺诈之义务。[4611]

但信义义务与诚信义务又有共通点。契约上诚信义务同样用于防治机会主义行为，因此不可避免地与信义义务存在重合之处。信义义务的某些部分能够通过实施诚实信用义务得以保留。[4612]例如，盗用企业资产之行为，信义义务与诚信义务均予禁止。

另外在方法论上，二者亦有若干差异。总体而言，诚信义务较具不确定性。信义义务有若干次级规则，对特定情形下的行为要求有所界定，诚信义务则为一项无特定内容的更抽象之义务。二者皆属填补合同漏洞的默认规范，相异之处在于，信义义务为经裁剪的默认规范，具有诸多较为特定化的次级规则，为当事人在信义关系下将会拟定的规则，即法院推定大多数交易者会采用的规则；诚实信用的契约义务为未经裁剪的默认规范，本身为空白授权式规范，无特定化内容，用于授权法院根据个案情形确定合同条款。[4613]

关于诚信义务的含义，言人人殊，但无论诚信一词如何界定，某些行为无疑属于违反诚信之行为，例如，故意阻碍另一方当事人履约、行使自

[4608] Ann E. Conaway, *Why No Respect? The Contractual Duties of Good Faith and Fair Dealing in Delaware* 1 (Widener Law School Legal Studies Research Paper No. 08-05, June 17, 2007), http://papers.ssrn.com/sol3/papers.cfm?abstract_id=994624.

[4609] Deborah A. DeMott, *Beyond Metaphor: An Analysis of Fiduciary Obligation*, 1988 Duke L. J. 879, 900 (1988). 在诚实信用与公平交易默示约定下，每一方当事人默示地允诺不得故意损害另一方当事人取得合同利益之权利。Eggert v. Wasatch Energy Corp., 2004 UT 28, 2004 WL 817727 (Utah 2004).

[4610] Meinhard v. Salmon, 164 N. E. 545 (N. Y. 1928).

[4611] Mkt. Street Assocs. Ltd. P'ship v. Frey, 941 F. 2d 588, 595 (7th Cir. 1991).

[4612] Andrew S. Gold, *On the Elimination of Fiduciary Duties: A Theory of Good Faith for Unincorporated Firms*, 41 Wake Forest L. Rev. 123, 126 (2006).

[4613] Mariana Pargendler, *Modes of Gap Filling: Good Faith and Fiduciary Duties Reconsidered*, 82 Tul. L. Rev. 1315 (2008).

由裁量权时实施欺诈之类，在各种诚信理论下，其处理结果并无二致。诚信义务无确切边界，既属弱点，又是优长。诚信义务此项特点，使诚信义务适用时充满不确定性；放弃信义义务之条款何时取代默示义务，同样充满不确定性，两者恰恰互为镜像。[4614]

立法意义上的合同自由最大化原则与司法意义上的合同分析法，也意味着给予当事人应对司法不确定性的自主空间。选出信义义务的条款越特定化，越容易获得确定性。某些案例中，当事人偏好于以模糊标准约束各方行为（如诚实信用），同时仍选择免除信义义务；另一些案例中，当事人期望订立无遗漏的合同，免除信义义务并授予管理者绝对的自由裁量权；中间状态则为仅针对特定交易免除信义义务，而保留其他事项中的信义义务。[4615]界定诚信义务的条款也是如此。一项足够清晰的取代信义义务之合同条款，同样可清晰到足以取代诚信义务之程度。[4616]尽管诚信义务不可彻底免除，但将其转化为更为具体的特约，应无不可。

4. 形同意不同的good faith：诚实信用与公平交易的默示义务与信义义务人善意义务之区别

商业信托法以诚实信用与公平交易的“默示契约”义务作为底线，显然不同于公司法中的善意（good faith）标准。两者虽共用good faith一词，但有实质性区别。公司法上的good faith，有几重含义：其一，董事注意义务中的一项一般行为准则；其二，商业判断规则适用条件中的假设之一。公司法以“善意”行事为免责标准，[4617]此处所谓善意，含义倾向于法定信义义务中的善意，[4618]而非合同法语境下的诚信。善意义务的前提为要求义务人为他人利益行事，诚实信用与公平交易之合同义务不排斥义务人在不损人前提下的利己行为，义务人可以为自己的利益行使自由裁量权，只要行使权力不违背合同约定。[4619]因此，合同上诚实信用义务不能与信

[4614] Andrew S. Gold, *On the Elimination of Fiduciary Duties: A Theory of Good Faith for Unincorporated Firms*, 41 Wake Forest L. Rev. 123, 153 (2006).

[4615] Id. at 153-54.

[4616] Id. at 153.

[4617] Del. Code Ann. tit. 8, § 102(b)(7).

[4618] Melvin A. Eisenberg, *The Duty of Good Faith in Corporate Law*, 31 Del. J. Corp. L. 1 (2006).

[4619] Andrew S. Gold, *On the Elimination of Fiduciary Duties: A Theory of Good Faith for Unincorporated Firms*, 41 Wake Forest L. Rev. 123, 135 (2006); Deborah A. DeMott, *Beyond Metaphor: An Analysis of Fiduciary Obligation*, 1988 Duke L. J. 879, 900 (1988). 合同上诚实信用义务与信义义务人善意义务之区别，参见John C. Coffee, *The Mandatory/Enabling Balance in Corporate Law: An Essay on the Judicial Role*, 89 Colum. L. Rev. 1618, 1658 (1989); Deborah A. DeMott, *Beyond Metaphor: An Analysis of Fiduciary Obligation*, 1988 Duke L. J. 879, 892-901 (1988)。

义义务人的善意义务混为一谈。[4620]

至于成为新近公司法上热门话题的善意义务(或译为诚实信用义务),更与诚实信用及公平交易的默示义务相去甚远。善意义务是特拉华州判例法近年来发展出来的一个概念。诚实信用与公平交易义务一词,来自合同法,而与公司法上的善意义务有实质区别。合同法上的诚实信用与公平交易义务,仅要求一方当事人在追求自身利益时不损害对方当事人利益,[4621]而公司法上的善意义务则要求一方当事人为对方当事人的利益行事。另一个差别是,合同法的诚实信用义务具有双向性,当事人互负该义务;[4622]公司法上的善意义务则为单向:只是董事等信义义务人对股东等负有善意义务,股东等对董事等并无信义义务。普通信托法上受托人依信托文件"善意"管理信托之义务,近似于公司法上的善意义务,同样有别于诚实信用的合同义务。

自安然事件以来的一系列公司丑闻,促使关于公司法上善意义务的研究持续升温,学者纷纷试图勘定善意义务的法理边界,讨论善意义务地位及内容的特拉华州判例之增长,亦引人瞩目。[4623]早期的特拉华州判例并未将善意义务提升为一项独立的信义义务,仅在涉及恶意(相当于欺诈、欠缺理性或"决策逾越了合理判断之界限")时提及善意一词。[4624]特拉华州法院最初在公司法上将善意义务作为一项独立的信义义务,是在 *Cede & Co. v. Technicolor Inc.* 一案。[4625]本案中,特拉华州最高法院认为,

---

[4620] Andrew S. Gold, *On the Elimination of Fiduciary Duties: A Theory of Good Faith for Unincorporated Firms*, 41 Wake Forest L. Rev. 123, 149(2006).

[4621] 企业法中与此相关的一项规定为:普通合伙人不仅仅因其行为增进自身利益之行为而违反本法或合伙协议项下之义务。Revised Uniform Partnership Act § 404(e)(1997); Uniform Limited Partnership Act § 408(e)(2001). 此项规则或许意味着普通合伙人在不以信义义务人身份行事时,可追求自身利益,但当普通合伙人以信义义务人身份行事时,此项规则究竟有何意义、应如何适用,将陷于混乱。Larry E. Ribstein, *Fiduciary Duties and Limited Partnership Agreements*, 37 Suffolk U. L. Rev. 927, 963(2004). 此项规定不免蛇足之累。因此为《修订统一有限责任企业法》所弃。商业信托法更不必采纳。

[4622] 诚实信用与公平交易默示约定为一项双务允诺。Knucklehead Land Co., Inc. v. Accutitle, Inc., 2007 MT 301, 340 Mont. 62, 172 P. 3d 116(2007).

[4623] 例如, In re Walt Disney Co. Derivative Litig., 825 A. 2d 275(Del. Ch. 2003); Official Comm. of Unsecured Creditors of Integrated Health Servs. v. Elkins, No. 20, 228-NC, 2004 Del. Ch. LEXIS 122(Del. Ch. Aug. 24, 2004)。

[4624] Myron T. Steele, *Judicial Scrutiny of Fiduciary Duties in Delaware Limited Partnerships and Limited Liability Companies*, 32 Del. J. Corp. L. 1, 29(2007)[引用Gimbel v. Signal Cos., 316 A. 2d 599, 610(Del. Ch. 1974); In re RJR Nabisco, Inc. S' holders Litig., No. 10, 389, 1989 Del. Ch. LEXIS 9, at *54(Del. Ch. Jan. 31, 1989)].

[4625] Cede & Co. v. Technicolor Inc., 634 A. 2d 345, 361(Del. 1993).

董事应当善意地并以一种不明知违法或违背公共政策的方式行事。但该案并未提供将善意义务作为一项独立的信义义务的理由。此后更有判决将善意义务擢升至更高层次——信义义务有三大分支:忠实义务、注意义务与善意义务。[4626]也有判例将善意义务归为忠实义务的内容之一,恶意行事属于违反忠实义务。[4627]依照此类判例的见解,忠实义务涉及的不仅是管理者从企业中获取经济利益,还包括未善意地为企业的最大利益行事。[4628]

关于善意义务,学界与实务界争论甚烈。善意义务因其含糊性及对既有信义义务体系的冲击而受到批判。一个不容忽视的背景是,特拉华州公司法上的善意义务具有较大的不确定性,相比之下,合同法上的诚实信用与公平交易义务更为清晰;尽管特拉华州判例法在这两种义务上都缺少案例,但至少诚实信用的合同义务较有可操作性,而公司法的善意义务既未在判例法中得以明确界定,亦未能作为一项可预期的、清晰的、一致的行为标准而被运用。[4629]甚至是那些主张强化公司法善意义务的学者,也未能提出一个具有可操作性的定义。[4630]

善意义务的一个危险是,法院可能以此为工具对当事人事前无法预测的事件进行事后诸葛亮式的审查,此类审查不可避免地带有极强的主观色彩,法院也可能认为"善意"不过是一个无用的标签工具,一块用于掩盖正确结论然而本身无实质性内容的魔术毯,而不是一项能够导出可预测结果(鼓励好的治理实践、阻止坏的治理实践)的行为标准。[4631]企业

[4626] Emerald Partners v. Berlin, 787 A. 2d 85, 90 (Del. 2001).

[4627] Stone ex rel. AmSouth Bancorporation v. Ritter, 911 A. 2d 362, 369 (Del. 2006).

[4628] Stone ex rel. AmSouth Bancorporation v. Ritter, 911 A. 2d 362, 370 (Del. 2006). 传统上,当董事涉及利益冲突时,始触发忠实义务,*Stone v. Ritter*案判决董事恶意行事亦可能违反忠实义务,因而,纵未涉及利益冲突、甚至董事有意使公司受益之时,亦可能违反忠实义务。忠实义务的此种扩张,自然引发激烈论争。肯定论者认为此种扩张并非与现行法不兼容,忠实义务不仅要求董事为公司最大利益行事,且要求董事诚实对待股东并遵守实定法;忠实义务的新概念虽造成新的风险,但也能产生净收益,包括降低信息成本,给予董事更佳指导,简化协同,发挥重要的表示功能,提升公司行为人、股东、与公司交易者之间的信任水平。Andrew S. Gold, *The New Concept of Loyalty in Corporate Law*, 43 U. C. Davis L. Rev. 457 (2009).

[4629] Myron T. Steele, *Judicial Scrutiny of Fiduciary Duties in Delaware Limited Partnerships and Limited Liability Companies*, 32 Del. J. Corp. L. 1, 14, 29 (2007).

[4630] Hillary A. Sale, *Delaware's Good Faith*, 89 Cornell L. Rev. 456, 482 (2004).

[4631] Myron T. Steele, *Judicial Scrutiny of Fiduciary Duties in Delaware Limited Partnerships and Limited Liability Companies*, 32 Del. J. Corp. L. 1, 30 (2007). 善意或许仍将继续作为一项修辞工具而起作用。Id [引用Sean J. Griffith, *Good Faith Business Judgment: A Theory of Rhetoric in Corporate Law Jurisprudence*, 55 Duke L. J. 1, 34-53 (2005)].

法的可预测性将由此再遭破坏。正因如此，2004年新任特拉华州最高法院首席大法官斯蒂尔认为，在这片问题远多于答案的领地（例如，信义义务人的善意义务），法院应当注目于制定法，并在填补当事人明示意思间之漏洞时，遵循制定法要求适用诚实信用与公平交易的默示约定之指示，而不是遵循难以理解、莫名其妙的普通法信义义务人的善意义务；沿此路径，方可更好地服务于当事人、公众及法院本身。[4632]特拉华州法院唯一当为之事，即是废除善意义务与忠实义务、注意义务三分概念，因为创制一种与忠实义务、注意义务具有同等重要性的独立的善意义务，从无解释上或分析上的依据，有意义者仅有忠实义务与注意义务两大基本义务，董事履行忠实义务与注意义务时应善意行事，仅此而已。[4633]新创善意义务，非法院所应为；法院应谨慎从事，不得提出特定案例情境中未显现之问题，以致将判例扩张至事实之外；超越事实而探讨吾人应当如何作为，应留给学者解决。[4634]特拉华州的立法原则是，驱使法院着眼于当事人商定的协议，而非普通法信义义务；驱使法院依赖于更清晰、更一致、更灵活的合同判例法，而不是偏好于公司判例法中最近出现的善意概念。[4635]关于公司治理的普通法必须让位于非公司企业法的制定法明示的原则，法院不应将公司法领域的不确定性、不一致性、不可预测性带入合意的世界。[4636]

（四）诚实信用默示义务之局限性；文本主义方法

正如诚信原则在大陆法系上为一项不确定条款，美国法上的契约诚信义务为一项标准而非界限分明的规则。该义务如何界定，历来歧见迭出。[4637]默示条款的内容因个案而异，不可能有确定不移的内容。在适用

［4632］ Myron T. Steele, *Judicial Scrutiny of Fiduciary Duties in Delaware Limited Partnerships and Limited Liability Companies*, 32 Del. J. Corp. L. 1, 32（2007）.

［4633］ Myron T. Steele, *Sarbanes-Oxley: The Delaware Perspective*, 52 N. Y. L. Sch. L. Rev. 503, 513（2007-2008）.

［4634］ Id. at 513-14.

［4635］ Myron T. Steele, *Judicial Scrutiny of Fiduciary Duties in Delaware Limited Partnerships and Limited Liability Companies*, 32 Del. J. Corp. L. 1, 31（2007）.

［4636］ Id. at 31-32.

［4637］ 关于诚实信用与公平交易义务的理论与司法解说，参见Steven J. Burton, *Breach of Contract and the Common Law Duty to Perform in Good Faith*, 94 Harv. L. Rev. 369（1980）；Robert S. Summers, *The General Duty of Good Faith-Its Recognition and Conceptualization*, 67 Cornell L. Rev. 810（1982）；Robert S. Summers, *"Good Faith" in General Contract Law and the Sales Provisions of the Uniform Commercial Code*, 54 Va. L. Rev. 195（1968）；Thomas A. Diamond & Howard Foss, *Proposed Standards for Evaluating When the Covenant of Good Faith and Fair Dealing Has Been Violated: A Framework for Resolving the Mystery*, 47 Hastings L. J. 585（1996）；Emily M. S. Houh, *Critical Interventions: Toward an Expansive Equality Approach to the Implied Doctrine of Good Faith in Contract Law*, 88 Cornell L. Rev. 1025（2003）。

诚实信用与公平交易的默示合同义务时，法院一般是将此项义务作为合同漏洞填补手段，如果合同对争议事项未作约定，法院即适用“假设交易”(hypothetical bargains)分析法，认定默示条款的内容。[4638]所谓“假设交易”分析法，即创设与解释当事人假设考虑到相关情形后将会协商拟定的条款。在涉及默示约定的诉讼中，法院应当从合同明示条款中推导出合同的精神，并认定当事人在预见争议发生之情形下将会谈判拟定的条款。[4639]

然而，对于假设交易条款的内容，却聚讼纷纭，在免除信义义务案件中以此为准并非良策。何谓假设交易条款，不可避免地掺杂认定者的主观判断，当事人难以预测，而默示义务的范围，对于非公司企业组织合同的起草者恰恰尤为重要。[4640]

此外，对商法而言，以假设交易方法填补合同漏洞，比依据诚实信用推导出合同条款更为危险，因为所谓的合同漏洞完全有可能是当事人有意保留，[4641]以留待将来进一步协商或以其他机制解决，贸然以假设交易为据代之以法院认为适当的合同条款，难免破坏当事人的真实意愿。特拉华州学者康纳维教授指出，假设交易方法至多不过是法院基于案件的其他考虑而改订合同的一个借口而已；合同自由最大化及企业组织协议的效力最大化，为非公司企业法之基本原则，如果法院使用一般合同法的合同默示(implication)技术，依当事人的身份，以法官假想的条款改订合同，势必增加非公司企业的交易成本、降低法律的可预测性，而特拉华州非公司企业法的灵活性与吸引力正是在于能够将各种企业结构作灵活的裁剪以适应客户的特定需求或特定交易的需求，且法院将忠实地

[4638] Andrew S. Gold, *On the Elimination of Fiduciary Duties: A Theory of Good Faith for Unincorporated Firms*, 41 Wake Forest L. Rev. 123, 166(2006)[引用DuPont v. Pressman, 679 A. 2d 436, 443(Del. 1996); PAMI-LEMB I Inc. v. EMB-NHC, L. L. C., 857 A. 2d 998, 1016(Del. Ch. 2004)].

[4639] Kelly v. McKesson HBOC, Inc., C. A. No. 99C-09-265 WCC, 2002 Del. Super. LEXIS 39(Del. Super. Jan. 17, 2002).

[4640] Paul M. Altman & Srinivas M. Raju, *Delaware Alternative Entities and the Implied Contractual Covenant of Good Faith and Fair Dealing Under Delaware Law*, 60 Bus. Law. 1469, 1470(2005).

[4641] Ann E. Conaway, *The Multi-Facets of Good Faith in Delaware: A Mistake in the Duty of Good Faith and Fair Dealing; A Different Partnership Duty of Care; Agency Good Faith and Damages; Good Faith and Trust Law*, 10 Del. L. Rev. 89, 94(2008). 尽管判例认为合同对于某一事项有意保持沉默时，不适用诚实信用默示义务[Dave Greytak Enterprises, Inc. v. Mazda Motors of Am., Inc., 622 A. 2d 14, 23(Del. Ch. 1992)]，但如何认定合同有意保持沉默，仍非易事。

执行企业组织协议。[4642]

因此，以文本主义方法处理此类案件，比诚实信用与公平交易的默示义务更具确定性。对取代信义义务之合同条款进行解释的适当方法，为文本主义方法。[4643]文本主义原先主要应用于制定法解释语境，意指对制定法的正确解释，为一个合理、适格的语言使用者所理解的制定法之客观含义。[4644]文本主义方法亦可推及于合同解释。[4645]文本主义解释应为商业合同解释的任意规范，要求法院坚持合同条款的通常含义、适用严格的口头证据规则、尊重归并条款（merger clauses，当事人意在使其书面合同被解释为完全合同）。[4646]在文本主义方法下，合同解释应依照明示合同用语的客观含义，此种含义基于一个适格阅读者的合理理解之上。[4647]文本主义以客观解释为宗旨，是威利斯顿式的解释。[4648]威利斯顿式的合同解释思路，截断法院用以解释合同的主观性证据，具有减少司法成本及错误风险之效果，并可激励当事人仔细起草合同：在此种模式下，法院主要考虑合同的文本，因此当事人可通过以法院用语或主流商业用语仔细起草合

[4642] Ann E. Conaway, *The Multi-Facets of Good Faith in Delaware: A Mistake in the Duty of Good Faith and Fair Dealing; A Different Partnership Duty of Care; Agency Good Faith and Damages; Good Faith and Trust Law*, 10 Del. L. Rev. 89, 94 (2008).

[4643] Andrew S. Gold, *On the Elimination of Fiduciary Duties: A Theory of Good Faith for Unincorporated Firms*, 41 Wake Forest L. Rev. 123, 156 (2006).

[4644] Caleb Nelson, *What is Textualism?*, 91 Va. L. Rev. 347 (2005); John F. Manning, *The Absurdity Doctrine*, 116 Harv. L. Rev. 2387, 2456-67 (2003); Antonin Scalia, *A Matter of Interpretation* 17 (1997); William N. Eskridge, Jr., *The New Textualism*, 37 UCLA L. Rev. 621 (1990); Frank H. Easterbrook, *Statutes' Domains*, 50 U. Chi. L. Rev. 533 (1983).

[4645] Alan Schwartz & Robert E. Scott, *Contract Theory and the Limits of Contract Law*, 113 Yale L. J. 541, 568 (2003).

[4646] Id. at 547. 在口头证据规则与归并条款之下，最终合同文本为解释合同之依据，缔约过程中的谈判资料等不得作为解释合同之依据。详细探讨，参见Eric A. Posner, *The Parol Evidence Rule, the Plain Meaning Rule, and the Principles of Contractual Interpretation*, 146 U. Pa. L. Rev. 533 (1998)。英美合同法上的口头证据规则（parol evidence rule），限制使用缔约过程中的口头协商成果、信件、电报、备忘录和初步草案等外部证据（extrinsic evidence）来排除、甚至补充书面文件中的内容。E. Allan Farnsworth, *Contracts* § 7.3 (4th ed. 2004).

[4647] Andrew S. Gold, *On the Elimination of Fiduciary Duties: A Theory of Good Faith for Unincorporated Firms*, 41 Wake Forest L. Rev. 123, 157 (2006).

[4648] 威利斯顿的合同法体系书《威利斯顿论合同》及威利斯顿担任报告人的《第一次合同法重述》，为古典合同法之代表，风格与理念异于科宾主导时代的合同法（主观解释为其特征之一），后者以科宾所著合同法体系书《科宾论合同》及较受科宾思想影响的《第二次合同法重述》为代表。一个比较综述，参见Daniel J. Klau, *What Price Certainty? Corbin, Williston, and the Restatement of Contracts*, 70 B. U. L. Rev. 511 (1990)。

同，避免解释错误。[4649]客观解释不仅有利于保障交易安全，更与私法自治存在不可分割之联系，[4650]而拒绝以诚信原则为理由（或借口）进行扩张解释。诚信原则的扩张型角色，对于保护大多数约定选出信义义务的当事人并无必要；法院应当严格执行有限合伙协议、有限责任企业协议等非公司企业协议，按照合同文本严格执行，将使当事人保留更多的免于司法审查之自由，多于在传统的信义义务法则之下可得的自由。[4651]至少对商事合同而言，文本主义为最佳的默认解释规则。

文本主义已在法院实务中兴起，除非合同明示条款另有指示，法院倾向于拒绝适用默示条款。[4652]就非公司企业法而言，1998年一个重要判例中，特拉华州最高法院拒绝以诚实信用与公平交易的默示义务为据推导出合同条款，并进一步拒绝采用假设交易理论以调整合伙协议。[4653]在此类案件中，诚实信用的默示契约义务仍然扮演一定角色，明示合同条款有时亦以默示的行为标准为基础，但文本主义方法不去寻求适用默示条款，除非合同用语本身有意为此。[4654]

文本主义方法并不使诚信义务欲加禁止的行为变为有效，"荒谬法则"（absurdity doctrine）是对自由解释合同条款的限制，可避免对合同条款作出含义荒谬的解释，诸如盗用企业资产、浪费企业资产等明显的不当行为，显然与合同之通常理解相抵触，因此不被容许。[4655]

文本主义方法有诸多益处：其一，文本主义方法视合同条款已组成完备合同，无须求助于默示条款理论，该方法可限制法院借由默示条款理论于事后重订合同，将未经当事人同意的条款强加于当事人，并可实际接近当事人的事前偏好；其二，文本主义可减少法院以不可预测之方式解释合

[4649] Alan Schwartz & Robert E. Scott, *Contract Theory and the Limits of Contract Law*, 113 Yale L. J. 541, 572（2003）.

[4650] Lon Fuller, *Consideration and Form*, 41 Colum. L. Rev. 799, 808（1941）.

[4651] Andrew S. Gold, *On the Elimination of Fiduciary Duties: A Theory of Good Faith for Unincorporated Firms*, 41 Wake Forest L. Rev. 123, 129（2006）.

[4652] Id. at 157［引用Michael P. Van Alstine, *Of Textualism, Party Autonomy, and Good Faith*, 40 Wm. & Mary L. Rev. 1223, 1224（1999）］.

[4653] Cincinnati SMSA Ltd. Partnership v. Cincinnati Bell Cellular Sys. Co., 708 A. 2d 989（Del. 1998）.

[4654] Andrew S. Gold, *On the Elimination of Fiduciary Duties: A Theory of Good Faith for Unincorporated Firms*, 41 Wake Forest L. Rev. 123, 158（2006）.

[4655] Id. at 172-74; Andrew S. Gold, *Absurd Results, Scrivener's Errors, and Statutory Interpretation*, 75 U. Cin. L. Rev. 25（2006）. 商业信托判例：信托文件不得解释为免除受托人侵占或挪用信托财产的责任。Palmer v. Taylor, 168 Ark. 127, 269 S. W. 996（1925）; Digney v. Blanchard, 226 Mass. 335, 115 N. E. 424（1917）.

同的可能性，由此便于当事人避免其真实意思被法院的解释挫败（因当事人可预测其协议将被如何解释），并可激励当事人起草明确的合同条款；其三，可促进标准化合同条款的使用，进而有助于预测法院对合同的解释，在法律共同体内发展合同条款的熟知性；其四，第三人权益亦支持文本主义方法。[4656]上述益处中尤值强调的是，严格适用普通法上的浅白用语规则及口头证据规则，将使合同解释可预测，对商业交易尤具价值，并可鼓励当事人审慎选用含义明确的条款。[4657]尤其对于企业而言，企业组织合同具有开放式特征，新投资者基于对原有合同条款的预期而加入企业，对于此类新投资者作出投资决定之前围绕企业组织合同谈判与拟定的证据，新投资者显然不可能全部掌握，[4658]解释组织合同应采用客观解释准则及口头证据规则，始合乎各方之合意。

此外，文本主义方法可在相当程度上避免司法机制的缺陷。

缺陷之一，填补合同漏洞并非法院的优长。当事人常常能够有效防阻机会主义行为，法院却不能。[4659]除非存在欺诈、胁迫等情形，法院在重订合同条款或提供遗漏的合同条款方面无法扮演适当的角色。[4660]

缺陷之二，法院可能在误认为存在合同漏洞之场合误用或滥用权力。诚信义务或类似的其他机制的另一缺陷是，此类机制可能被滥用于不存在合同漏洞或不需要以法律机制填补合同漏洞的情形。在此类情形，法院可能误认为存在漏洞或须由法院填补的漏洞，而不当干涉合同安排。世事复杂无限，人类能力有涯，因此合同当事人无法通过明示合同条款解决大量的或然事件。[4661]然而，有时不能以"当事人无法预见将来每一事件"为由而认为合同不完全，预见能力的局限性并不必然意味着当事人不能达成有效率的合同安排。诸如唯一的自由裁量权条款、采用特定的

[4656] Andrew S. Gold, *On the Elimination of Fiduciary Duties: A Theory of Good Faith for Unincorporated Firms*, 41 Wake Forest L. Rev. 123, 170, 176-78, 184-85(2006)(注释从略). 与企业交易的第三人，常借由企业组织合同了解重要的交易信息（诸如管理者之签约权），法院充分尊重并严格执行合同条款，亦可增加合同对于第三人的可预测性。

[4657] Robert E. Scott, *The Case for Formalism in Relational Contract*, 94 Nw. U. L. Rev. 847, 866(2000).

[4658] Andrew S. Gold, *On the Elimination of Fiduciary Duties: A Theory of Good Faith for Unincorporated Firms*, 41 Wake Forest L. Rev. 123, 170 n. 249(2006).

[4659] Eric A. Posner, *A Theory of Contract Law Under Conditions of Radical Judicial Error*, 94 Nw. U. L. Rev. 749, 758(2000).

[4660] Cincinnati SMSA Ltd. P' ship v. Cincinnati Bell Cellular Sys., 708 A. 2d 989, 992(Del. 1998).

[4661] Robert E. Scott, *A Theory of Self-Enforcing Indefinite Agreements*, 103 Colum. L. Rev. 1641, 1641(2003).

治理结构，[4662]皆为解决开放式合同问题的对策。如果法院轻易否定此类条款或安排的效力，将破坏当事人事前约定的解决机制，而强行取而代之的司法机制又未必是解决问题之良方。为解决商业决策问题而采用合同治理机制，当事人之意在于将合同履行中所遇的或然事件置于该治理机制范围之内。在此意义上，称公司合同存在“遗漏”（missing）或“省略”（ommited），实属用语错误，尽管因实际情势变化，合同中或有错漏，但公司章程自有其任意规范：除非另有规定，由董事会决定一切（特定情况下可能受制于股东认可）。[4663]有限合伙、有限责任企业、商业信托亦复如是。换言之，企业组织文件授予组织机构针对将来的不确定事件作出决定之权，因此企业组织合同并无条款遗漏问题，亦不存在合同漏洞之困境，[4664]无司法任意插手的余地。

创设假设的合同并非易事，法官掌握的信息少于当事人，法官亦欠缺利害关系，因此以真实价格达成的真实交易，为更优选择。[4665]许多法律规则具有促使当事人缔结交易之功能，诸如对违反忠实义务的惩罚、授予禁令或判令强制履行、信息披露要求、超过补偿性的损害赔偿等，此类规则皆可将当事人送回谈判桌以启动真实的交易。[4666]当最优方法难以知晓时，当司法评估流于任意时，当事后交易成本较低时，合同主导的救济具有优越性，可使私人与社会福利最大化；交易开端时，或有事件的范围过广、信息过于分散，以致难以有效率地缔约，但在履行过程中，标的逐渐具体化，选择逐渐特定化：企业应否开发新产品？应否授权管理者另设企业以利用商业机会？对于此类问题，自主交易优于司法推测，迫使交易的救济（transaction-forcing remedies）可促进此类问题之解决。[4667]当事人已实际达成合同时，法院执行合同；实际缔约可行时，法院促使当事人协商缔约；交易成本过于高昂而阻碍实际缔约时，法院适用使当事人共同福利最

［4662］ 关于各种治理结构及其经济法则，参见［美］奥利弗·E. 威廉姆森：《资本主义经济制度》，段毅才、王伟译，商务印书馆2004年版。

［4663］ John C. Coffee, *The Mandatory/Enabling Balance in Corporate Law: An Essay on the Judicial Role*, 89 Colum. L. Rev. 1618, 1682(1989).

［4664］ Andrew S. Gold, *On the Elimination of Fiduciary Duties: A Theory of Good Faith for Unincorporated Firms*, 41 Wake Forest L. Rev. 123, 126(2006).

［4665］ Frank H. Easterbrook & Daniel R. Fischel, *Contract and Fiduciary Duty*, 36 J. L. & Econ. 425, 445(1993).

［4666］ Id.

［4667］ Id.

大化的任意规范。[4668]

采用文本主义方法，意味着尊重当事人的约定，容许当事人不选择诚信义务或信义义务。容许当事人自主选择，至少还有两大原因。

其一，信义义务及诚信义务多为不确定标准，其不确定性既是优点，亦为弊端所在；诚信义务或信义义务有诸多成本，甚至足以抵销其效益。为防止各式各样的机会主义行为，信义义务与诚信义务必然是模糊的、开放式的，适用于范围广泛的各类关系与事实情境，法院有时即会误解此类关系或情境。[4669]此种不确定性使企业难以预见法律后果。基于特定的成本收益权衡，企业对此类标准自作裁剪，有其效率。司法审查会干涉企业的内部关系，例如，对团队生产的破坏性后果。[4670]司法错误的风险亦为商业规划中不可轻视的重大风险。法院能否作为合同意思的可信解释者，日益遭到越来越多的怀疑，没有证据显示法院能够可信地认定当事人的意思。[4671]

其二，合同当事人通常能够防止机会主义行为而无须求助于司法机制。[4672]当事人可获得各种替代机制之助，免除信义义务的成本由此进一步降低。经济激励、信誉维持等，皆为非法律机制的重要因素。[4673]

（五）自由裁量权条款

与合同分析法、诚实信用默示义务及文本主义方法相关的另一常见问题为自由裁量权条款。普通信托文件有时授予受托人“绝对的”、“唯一且不受控制的”或“有约束力”的自由裁量权。法院不会对此种极度宽泛的授权条款进行自由解释，不会完全认可此类条款的效力。即使存在此

［4668］ Id. at 446.

［4669］ J. Dennis Hynes, *Freedom of Contract, Fiduciary Duties, and Partnerships: The Bargain Principle and the Law of Agency*, 54 Wash. & Lee L. Rev. 439, 447（1997）.

［4670］ Stephen M. Bainbridge, *The Business Judgment Rule as Abstention Doctrine*, 57 Vand. L. Rev. 83, 124-27（2004）; Andrew S. Gold, *On the Elimination of Fiduciary Duties: A Theory of Good Faith for Unincorporated Firms*, 41 Wake Forest L. Rev. 123, 160（2006）.

［4671］ Eric A. Posner, *A Theory of Contract Law Under Conditions of Radical Judicial Error*, 94 Nw. U. L. Rev. 749, 770（2000）. 法律体系中的许多要素，正是对法院能力怀疑主义之反映，例如，公司法的商业判断规则以及合同法中的诸多规则，旨在阻止法院对当事人的意思或行为作事后判断。Id. at 758.

［4672］ Andrew S. Gold, *On the Elimination of Fiduciary Duties: A Theory of Good Faith for Unincorporated Firms*, 41 Wake Forest L. Rev. 123, 163（2006）.

［4673］ 对此，关于风险投资有限合伙的研究尤为充分。信誉激励为有限合伙治理的核心因素，其重要性甚至超过法律机制。D. Gordon Smith, *Team Production in Venture Capital Investing*, 24 J. Corp. L. 949, 969-72（1999）.

类条款,法院也不会免除受托人违背诚信行事或恶意行事的责任。[4674]绝对自由裁量权条款不排除对裁量权的信义义务约束,但在此类条款下,法院仅在极端情形中方可干预。[4675]

在企业法中,企业组织文件授予管理者处理某些事项的"自由裁量权",此种自由裁量权是否受诚实信用与公平交易的默示合同义务之约束?特拉华州法院作出肯定的回答:自由裁量权的行使须符合诚实信用要求,并与当事人的合理预期一致。[4676]即使协议授予管理者"唯一的、绝对的自由裁量权"(sole and absolute discretion),法院一般不会对该权限进行司法审查,但如果该管理者行使裁量权的行为违背诚实信用,依然可能被认定为违反默示合同义务。[4677]合同法对非信义义务人的自由裁量权也设有若干强行限制,尤其是禁止极端案型,例如,显失公平、欺诈、滥用资产。[4678]

上述判例未必妥当。当事人在其合同中订入唯一自由裁量权条款,期望此类条款得以执行,亦为当事人的合理预期,要求此类裁量权必须"合理地"行使,反而有悖于当事人的合理预期。[4679]当事人约定一方对某些事项具有绝对的、无限制的裁量权,此种条款在某些情形确实符合当事人的最大利益。[4680]授予管理者绝对的自由裁量权,是某些企业的理性选择,风险投资企业更是如此。[4681]商业信托中亦有扩大自由裁量权的现实需要——信托文件可以扩大受托人的自由裁量权,以便其充分考虑和

[4674] Restatement (Third) of Trusts § 50 cmt. c (2003).

[4675] Andrew S. Gold, *On the Elimination of Fiduciary Duties: A Theory of Good Faith for Unincorporated Firms*, 41 Wake Forest L. Rev. 123, 156 (2006).

[4676] Paul M. Altman & Srinivas M. Raju, *Fiduciary Duties in Delaware Alternative Entities*, 1486 PLI/Corp. 383, 408 (2005). 其他法域的判例同此宗旨。例如,State Street Bank and Trust Co. v. Inversiones Errazuriz Limitada, 374 F. 3d 158 (2d Cir. 2004), cert. denied, 125 S. Ct. 1309 (U. S. 2005)(诚实信用与公平交易默示约款含有不得肆意或非理性地行使自由裁量权之允诺)。

[4677] Arvida/JMB Partners, L. P. v. Vanderbilt Income & Growth Assocs., L. L. C., 1997 WL 294440 (Del. Ch. May 23, 1997). 其背后的理由可能是,管理者的此种行为将会对当事人的合理预期形成重大改变。Paul M. Altman & Srinivas M. Raju, *Fiduciary Duties in Delaware Alternative Entities*, 1486 PLI/Corp. 383, 409 (2005).

[4678] Andrew S. Gold, *On the Elimination of Fiduciary Duties: A Theory of Good Faith for Unincorporated Firms*, 41 Wake Forest L. Rev. 123, 128 (2006).

[4679] Paul M. Altman & Srinivas M. Raju, *Delaware Alternative Entities and the Implied Contractual Covenant of Good Faith and Fair Dealing Under Delaware Law*, 60 Bus. Law. 1469, 1484 (2005).

[4680] Michael P. Van Alstine, *Of Textualism, Party Autonomy, and Good Faith*, 40 Wm. & Mary L. Rev. 1223, 1287 (1999).

[4681] David Rosenberg, *Venture Capital Limited Partnerships: A Study in Freedom of Contract*, 2002 Colum. Bus. L. Rev. 363, 370 (2002).

应对未预见到和不能预见到的情况。[4682]特别是在期货投资信托之类高度专业化的信托中，确保受托人或其他管理人不受责任威胁的裁量权尤为重要。对自由裁量权条款施以“合理行使”“诚实信用”“极端案型”等限制，其初衷自然无可厚非，然而此类限制皆为不确定概念，在个案中亦未必有确切标准。当事人授予管理者自由裁量权，其目的之一便是防止不确定的责任风险对管理者商业决策的威胁或者诉讼成本对企业运营的负担，[4683]宽泛的标准可能损及当事人经过成本收益权衡后作出的自愿安排。合同法的基本原则是鼓励当事人自主缔约、自主议定利益归属与风险负担，交易的主要风险或全部风险由哪一方当事人负担，由当事人自由决定，在此意义上，“完全裁量权”之类的条款已经含有当事人的风险与收益考虑。[4684]

学者进而指出，企业组织合同授予管理者绝对的裁量权，此种条款的履行并不违背合同的精神，因此亦不违反诚信义务：合同的精神正如当事人所协商议定者；尽管裁量权可能以自利于管理者的方式行使，但当事人在缔约时皆知晓此种情形，如果缔约过程中存在欺诈、胁迫、错误等情形，合同法将提供救济，如果当事人未选择绝对裁量权条款，则适用默认的信义义务；但因法院要求管理者行使裁量权时应为企业的最大利益而诚信行事，则诚实信用与公平交易的合同义务不过是信义义务的模仿而已，并无独立的契约生命。[4685]诚实信用义务将由此沦为空文，显然不合于法律之目的。再者，绝对的自由裁量权不受强行规范约束，并不等于不受任何约束，经营绩效压力、管理者声誉、管理者撤换机制等市场约束或非法律约束机制，更能敏锐、准确地反映自由裁量权条款的效率并发挥优胜劣汰之作用。

因此，在自由裁量权条款效力问题上，妥当的原则应是从信义义务人法回归一般合同法，并且不适用强行性的诚实信用义务。当事人将享有更大的自主权。企业组织文件可授予管理者绝对的自由裁量权，法院应当在审查自由裁量权行使问题上弃权，即使此类裁量权的行使涉及重大

［4682］ Nathan Isaacs, Note, *Trusteeship in Modern Business*, 42 Harv. L. Rev. 1048, 1053（1929）.

［4683］ 法院亦承认，唯一自由裁量权条款有助于排除普通合伙人于争议发生时证明正当原因的负担。Fitzgerald v. Cantor, No. Civ. A. 16297-NC, 1999 WL 182571（Del. Ch. Mar. 23, 1999）.

［4684］ Ann E. Conaway, *The Multi-Facets of Good Faith in Delaware*: *A Mistake in the Duty of Good Faith and Fair Dealing*; *A Different Partnership Duty of Care*; *Agency Good Faith and Damages*; *Good Faith and Trust Law*, 10 Del. L. Rev. 89, 102（2008）.

［4685］ Id. at 105.

过失或自己交易。[4686]投资者期望司法弃权保持于此种水平，有足够的理由：司法错误、道德风险、对过度保守之商业决策的疑惧，皆可支持宽泛地选出信义义务。[4687]

进一步而言，容许对自由裁量权条款加以强行性的司法审查，其言下之意是宁可将自由裁量权授予法院而非当事人自己。此种预设亦无正当性。在法律的许多领域，法院事实上享有唯一的自由裁量权。例如，依衡平原则决定精神损害赔偿金的数额、特定情形下决定过失责任分担、决定何谓行使合同解除权的合理期限，等等。此类情形中，往往是制定法明文授予法院自由裁量权。然则社会何以放心让法院独享自由裁量权？一是因为别无更优选择，二是因为另有其他机制防控此种权力的滥用。经验法则、常理常情、公平正义的一般社会观念等，构成对法官判断的制约，公众舆论、职业群体之评论、同业协会之惩戒、职业声誉之压力等，则为制约法官滥权的程序性机制。法律将此类唯一的自由裁量权授予法官，乃是期望法官可在诸多非法律的约束机制下正常行事。既然如此，依照同样逻辑，合同当事人将仅关乎当事人自身利益的事项交由受托人自由裁量，法律又有何理由另眼相待？受制于其他各种约束的自由裁量权条款，并非必须由法院把关，司法审查更不是更优的把关机制。当事人在拟定或接受唯一的自由裁量权条款时，可自作权衡，此类条款已经蕴含了当事人的信赖与判断。当事人愿意信赖特定一方当事人更甚于信赖法院，其信赖有误的后果由其自负，法律没有理由否定此种意愿，或者，法律没有理由强制当事人必须更信赖法院。在此类条款不具备合同无效的一般事由之情况下，再由未曾参与缔约的法院基于未经考量的证据或辩论意见而横加干涉，实无理由。

四、容许改变、免除信义义务的理由

（一）约定改变、免除信义义务的实益

1. 责任风险的合理化配置

改变、免除义务或责任的条款，本质上是一种对责任风险的分配机制。此类条款具有内在的经济规律。正如苏格兰法律委员会的信托法报告所言，在商信托中，免责条款可以被看作一种在商业主体之间配置过失

［4686］ Andrew S. Gold, *On the Elimination of Fiduciary Duties: A Theory of Good Faith for Unincorporated Firms*, 41 Wake Forest L. Rev. 123, 186(2006).

［4687］ Id. at 186-87.

风险的手段，就此而言，它并不比其他风险转移机制（例如，约定免除货物瑕疵的责任）更应当被反对；而且管理大型信托基金的机构受托人不大可能获得成本合理的责任保险，因此免责条款提供了一种必要的保护。[4688]

2. 适应特定的交易需求

在资产证券化交易中，受托人一般不承担实质性管理职责，信托文件免除受托人的信义义务，将尽可能缓解不确定性，使受托人免受责任苛重之风险，更契合于经济现实与交易需求。此外，证券化资产一般是应收账款，往往无须作积极的经营管理，自不必动用信义义务（用以约束自由裁量权）。实务中，资产证券化信托合同常约定：受托人的义务仅限于本协议约定的义务。

资产证券化交易应予重点考虑减缩或免除的受托人义务，是受托人选任、监督受转托人的义务。承担资产池管理职责者，主要是服务商（servicer）。在法律结构上，服务商对商业信托负责，是基于受托人的选任而担当此职。但在交易实质上，服务商通常在交易之初就由发起人（特殊目的信托的委托人）选定，或由发起人兼任，受托人并未介入选任。[4689]因此，在美国特拉华州等州商业信托法上，选任、监督义务可由特约改变或免除，固无疑义。[4690]即便是日本、我国台湾地区等语境下，学者亦指出，选任监督责任之范围是否可依契约调整，以反映经济实质，非无讨论空间，受托人所应负义务，并非不得由信托当事人扩大、减免或变更，理论上如任意法规或强行法规不明时，以法律规范目的为最重要的判断标准。信托实务上，依各种不同的信托目的，受托人的裁量权有或大或小的变化，例如，特定金钱信托的受托人不具有运用决定权，不动产信托的受托人则保留一定裁量权，据此，可依受托人裁量权限之大小，组成光谱之序列。[4691]

此外，特殊目的实体本身基于与资产池信用无关的原因申请破产，为资产证券化交易应予避免的法律风险。当事人必须限制特殊目的实体申请自愿破产的能力，即实现“特殊目的实体破产风险最小化”。《特拉华州商业信托法》提供的宽泛的合同自由，容许将决定申请破产的职责授予适当的决策者，诸如受托人或商业信托文件选任的其他管理人，或者第三人

[4688] Scottish Law Commission, Report on Trust Law 133 (Scot. Law Com. No. 239, 2014).

[4689] 参见刘万基：《金融资产证券化条例受托机构地位之分析》，载《台湾金融财务季刊》2003年第4辑第4期，第51页。

[4690] Del. Code Ann. tit. 12, § 3806 (b)(7).

[4691] 参见刘万基：《金融资产证券化条例受托机构地位之分析》，载《台湾金融财务季刊》2003年第4辑第4期，第51页。

（如证券化评级机构）。此类决策者对商业信托或其受益人的义务（包括信义义务）可由商业信托文件限缩或免除。限缩或免除义务，亦包括限缩或免除与申请破产有关事项的义务。信义义务人未申请商业信托破产，在法律上可能引发违反信义义务之责任，容许限缩或免除信义义务则可显著降低乃至排除此种责任风险。[4692]在此方面，特拉华州商业信托具有公司型特殊目的实体所不及的重要优势。公司法上的信义义务无此灵活性。公司发起人或股东有权迫使公司型特殊目的实体的信义义务人（董事等）表决申请破产。[4693]

商业信托文件可免除受托人或其他人的信义义务，对系列商业信托尤有意义。各系列单独运营，系列受托人原则上仅对本系列受益人负有义务，如适用信托法的一般原则，则每一个系列受托人皆对本信托全体受益人负信义义务，由此可能造成严重的利益冲突：要求某系列受托人在追求本系列受益人利益时，并应以其他系列受益人利益最大化为原则，难免导致不同系列受托人之间的权责混淆，反而损及每一系列受益人的合理预期与正当利益。反之，商业信托文件可自由订定系列受托人对其他系列受益人不负信义义务，上述问题即可迎刃而解。

3. 留出当事人自行回应立法或司法错误风险之机会

立法错误与司法错误乃是强行规范不可避免的副产品。禁止当事人选择排除信义义务，即意味着禁绝当事人回应立法错误或司法错误之风险的自由与合法机会。防治法院基于事后之明所生的偏见（hindsight bias），是不少法律制度的目标。商业判断规则为其中之一，[4694]免除信义义务则为另一途径。非公司企业法可协议排除商业判断规则的保护，而代之以合同义务。作为一项较为宽松的审查准则，商业判断规则的目的无非是避免非故意不当行为之外的行为引发的责任。在商业判断规则下，管理者不就轻过失承担责任，但须就重大过失负责。然而“过失”与“重大过失”之间究竟有无区别、区别何在，长久以来争论不已。[4695]容许免

[4692] Robert L. Symonds, Jr., *Delaware Business Trusts: The Preferred Special Purpose Vehicle for Structured Financings by Financially Healthy Businesses and Reorganizing Companies*, http://www.securitization.net/knowledge/spv/symonds1.asp, Jun. 4, 2009.

[4693] Id.

[4694] Jeffrey J. Rachlinski, *A Positive Psychological Theory of Judging in Hindsight*, 65 U. Chi. L. Rev. 571, 619 (1998).

[4695] Edward Rock & Michael Wachter, *Dangerous Liaisons: Corporate Law, Trust Law, and Interdoctrinal Legal Transplants*, 96 Nw. U. L. Rev. 651, 658 n. 56, 672 (2002).

除重大过失的责任，将进一步放宽审查准则，使审查标准比一般意义上的商业判断规则的审查标准更为宽松，以进一步降低不确定性。[4696]这可能适应更为复杂的非公司企业之需。有特拉华州判例明言，特拉华州法中关于放弃信义义务之规范，正是实务界选择有限合伙形式的重要原因。[4697]

免除信义义务的实益，业已得到相关实证研究的验证。新近关于忠实义务中公司机会法则的实证研究发现，预先排除公司机会法则的适用，已成为公众公司普遍、广泛的做法，且在法律承认此种自由的情况下，公众公司有约定“裁剪”忠实义务的强烈意愿；市场对排除公司机会法则之约款（以下简称排除约款）的反应也是积极的（在承认此种约款效力的美国九个州中均有此情形），发布排除约款信息的公司股价均有一定幅度的上涨，表明排除约款有助于提升公司市值。[4698]同时，采用排除约款者是相对健康的公司，现金流状况良好、成长性可观、收入模式健全，并能够为股东带来较高回报，这表明此种约款的采用是提升公司治理结构效用的重要助力；如果不允许此种约款，许多种类的创新型投资和融资结构将变得不可能。[4699]从理论上加以分析，预先免除公司机会义务的实益包括：可以事前对资源和风险作出分配，其成本一般低于事后磋商；可以显著扩大议价空间（尤其是以新兴商业前景的形式），从而使公司获得更便宜的融资，或者使公司吸引外部管理人员、外部董事的服务以及风险资本家的专业投入等；公司管理者因长期为公司服务而形成专用型技能与能力，发生管理者被公司“钳制”（hold-up，敲竹杠）问题，预先免除公司机会义务则有助于缓解此种钳制问题；排除约款是一种当事人自己依合同设计的“规则”，以取代复杂、模糊的信义义务“标准”，可减少因机会主义行为或诚实地犯错而导致的诉讼成本。[4700]基于上述实证研究，学者认为，至少对于某些忠实义务，应有实质性的缓和空间，允许公司有更多的自由去定制其

[4696] Elizabeth S. Miller & Thomas E. Rutledge, *The Duty of Finest Loyalty and Reasonable Decisions: The Business Judgment Rule in Unincorporated Business Organizations*, 30 Del. J. Corp. L. 343, 379-80 (2005). 免除信义义务改动了管理者的行为标准，事实上扩大了商业判断规则的范围。Andrew S. Gold, *On the Elimination of Fiduciary Duties: A Theory of Good Faith for Unincorporated Firms*, 41 Wake Forest L. Rev. 123, 128 (2006).

[4697] Sonet v. Timber Co., Del. Ch., 722 A. 2d 319 (1998).

[4698] Gabriel Rauterberg & Eric Talley, *Contracting Out of the Fiduciary Duty of Loyalty: An Empirical Analysis of Corporate Opportunity Waivers*, 117 Colum. L. Rev. 1075, 1079, 1120-21 (2017).

[4699] Id. at 1132, 1139, 1141.

[4700] Id. at 1113, 1115-17.

治理安排，以更好地适应自身需求与能力。[4701]

（二）信义义务的成本与收益

除了上述可见的实益之外，免除信义义务的规范模式，还有助于当事人对信义义务的成本收益作更为灵活的权衡取舍。信义义务的成本与收益因组织而异。信义义务固然有甚多实益，但也具有诸多成本，有时甚至足以抵销其收益。

其一，信义义务的实施成本。信义义务的成本高昂，不仅是因为此类义务本身有潜在的破坏性影响，而且缘于实施此类义务的成本，包括诉讼的直接成本与扰乱双方关系的间接成本。[4702]信义义务之诉往往旷日持久，牵扯各方大量的时间和精力，影响企业运营；个别投资者更可能以起诉相威胁，挫败企业的交易，以致实质上否定多数决的优势。[4703]例如，为防止注意义务破坏商业决策以促进投资者利益最大化，企业法以商业判断规则隔断管理者因商业决策所生责任；但商业判断规则并不总能恰当地满足投资者的关切，尤其是当商业判断规则容许法院对商业决策作事后判断之时，如果商业判断规则被视作一项责任标准，而不是一项“弃权法则”（abstention doctrine），司法干预即容易成为常规而非例外，因此商业判断规则的基础实为司法谦抑。[4704]信义义务的实施成本亦可见于其他实例。[4705]容许特约改变甚至免除信义义务，则有助于减少诉讼成本和缔约成本等成本。[4706]原因在于，信义义务在很大程度上是一种“标准”，其模糊性既是长处又是短处，改变信义义务的约定，则是用当事人自己设计的

[4701] Id. at 1147.

[4702] Henry N. Butler & Larry E. Ribstein, *Opting Out of Fiduciary Duties: A Response to the Anti-Contractarians*, 65 Wash. L. Rev. 1, 29 (1990); Kenneth B. Davis, Jr., *Judicial Review of Fiduciary Decisionmaking-Some Theoretical Perspectives*, 80 Nw. U. L. Rev. 1, 27-29 (1985); Daniel R. Fischel & Michael Bradley, *The Role of Liability Rules and the Derivative Suit in Corporate Law: A Theoretical and Empirical Analysis*, 71 Cornell L. Rev. 261, 262-63 (1986); Larry E. Ribstein, *Fiduciary Duty Contracts in Unincorporated Firms*, 54 Wash. & Lee L. Rev. 537, 550 (1997); Myron T. Steele, *Freedom Contract and Default Contractual Duties in Delaware Limited Partnerships and Limited Liability Companies*, 46 Am. Bus. L. J. 221, 224 (2009).

[4703] Larry E. Ribstein & Peter V. Letson, *Business Associations* 430 (3rd ed. 1996).

[4704] Stephen M. Bainbridge, *The Business Judgment Rule as Abstention Doctrine*, 57 Vand. L. Rev. 83, 127 (2004). 特拉华州最高法院判决的Cede & Co. v. Technicolor, Inc., 634 A. 2d 345 (Del. 1993)一案因违背司法谦抑之原则而备受争议。Id.

[4705] 又如，高昂的执行成本有助于解释，合伙法历史上仅在综合（一揽子）解决合伙事务纠纷过程中才容许合伙人之间提起信义义务诉讼。Saul Levmore, *Love It or Leave It: Property Rules, Liability Rules, and Exclusivity of Remedies in Partnership and Marriage*, 58 Law & Contemp. Probs. 221, 242-43 (Spring 1995).

[4706] Larry E. Ribstein, *Are Partners Fiduciaries?*, 2005 U. Ill. L. Rev. 209, 213.

“规则”取代“标准”，一般而言，规则比标准更为清晰，有助于给予当事人更为明确的预期，这已为关于免除公司机会法则的实证研究所证实。[4707]

其二，内部人交易的成本可能低于外部交易，而信义义务可能阻碍有效率的内部交易。内部交易成本较低的原因包括：企业与内部人之间彼此较为了解，内部交易的信息成本低于外部交易，由此可降低信用风险；企业能够更便利地制裁内部人行为（相比于制裁外部人）；企业可能需要仅有内部人才能提供的资本或服务（尤其是当企业陷于困境时）。[4708]

其三，禁止免除信义义务可能阻碍有效率的报酬安排。[4709]将企业整体利润的一部分奖励给信义义务人，可能不足以激励信义义务人付出企业所希望的特定努力，例如，会计师事务所之类的专业人员企业可能通过允许其成员保留来自他们“自己”的客户的收入（包括对客户的投入）来激励成员，或者企业可以允许管理者利用其自己努力获取的信息，或保留管理者在为企业行事过程中发现的商业机会，而禁止此类合同将迫使企业另寻次优的激励方法。[4710]

其四，信义义务人放弃企业外机会具有不同的成本。[4711]一方面，严格限制利益冲突与获取企业机会的规则，对房地产企业组合（syndicator）之类的信义义务人尤为成本高昂——此类信义义务人必须权衡广泛的企业外部利益，而严格规则会限制考虑范围；另一方面，在受益人因企业活动之性质而特别难以监督信义义务人的企业中，信义义务的必要性较高。[4712]

其五，信义义务会加深“管理者风险厌恶”，以致妨碍投资者目标的实现。企业的优势之一是经由所有权与控制的分离，将投资风险配置于

［4707］ Gabriel Rauterberg & Eric Talley, *Contracting Out of the Fiduciary Duty of Loyalty: An Empirical Analysis of Corporate Opportunity Waivers*, 117 Colum. L. Rev. 1075, 1117-18（2017）.

［4708］ Larry E. Ribstein, *Fiduciary Duty Contracts in Unincorporated Firms*, 54 Wash. & Lee L. Rev. 537, 548-49（1997）; Jonathan Macey, *The Nature of Conflicts of Interest Within the Firm*, 31 J. Corp. L. 613, 614（2006）. 实例参见Oberly v. Kirby, 592 A. 2d 445, 467（Del. 1991）（利益冲突交易并非当然不利于企业）。

［4709］ Larry E. Ribstein, *Fiduciary Duty Contracts in Unincorporated Firms*, 54 Wash. & Lee L. Rev. 537, 549（1997）.

［4710］ Id［引用Henry G. Manne, *Insider Trading and the Stock Market* 138-41（1966）; Dennis W. Carlton & Daniel R. Fischel, *The Regulation of Insider Trading*, 35 Stan. L. Rev. 857, 858（1983）］. 实例参见Singer v. Singer, 634 P. 2d 766（Okla. Ct. App. 1981）（合伙协议可允许合伙人为自己利益从事任何营业，即使此种营业与合伙的营业有竞争关系）。容许竞业条款有助于普通合伙人分散投资风险，以免因既承担无限责任又将投资集中于一个企业而蒙受过高风险。

［4711］ Larry E. Ribstein, *Fiduciary Duty Contracts in Unincorporated Firms*, 54 Wash. & Lee L. Rev. 537, 548（1997）.

［4712］ Id.

能够最有效率地承担风险的一方当事人(拥有多元化投资组合的消极投资者),同时由投入特定人力资本的管理者进行日常控制。在模糊不清、不可预测的责任规范(这正是信义义务法的固有特性)下,管理者难以有效率地分散商业决策的风险,由此,法律上可执行的信义义务会使管理者在决策时更趋向于风险厌恶,而投资者却不希望如此。[4713]受托人(义务人)更倾向于寻求法院的指示,而不是自己做出判断,或者,受托人也可能愿意自主决策,但会要求更高的服务报酬。[4714]信义义务发生于受益人将自由裁量权托付于义务人的情形,但信义义务及与之相随的责任威胁却可能妨碍自由裁量权的行使,致使受益人任用义务人的主要目标失败。[4715]不容许消解对自由裁量权的信义义务束缚,反而可能损害受益人的预期利益。例如期货投资、风险投资等行业中,宽泛的管理者自由裁量权尤为重要,此类企业会希望排除自由运用商业判断之障碍。[4716]

其六,信义义务中有不少不确定的标准,此类标准一方面增加了法院解释与适用成本,另一方面使某些义务人有动机实施机会主义行为。[4717]现实世界中的交易者是否愿意将国家创设的任意规范纳入其交易,值得怀疑;法律标准越模糊,越可能被当事人加以利用而实施机会主义行为。[4718]禁止排斥某些特定的规则,将为个别人预留实施机会主义行为的动因。绝对禁止某些行为的严格规则,或者以合同限定或排除不确定标准,皆可减少乃至避免此种风险,前者为普通信托法的无须深究规则,后者则为非公司企业法采纳。绝对禁止型规则虽适合于普通信托,但毕竟与商业交易难以兼容,商业信托法选择后者即不足为奇。

其七,信义义务可能诱发无效率的诉讼。边界清晰的信义义务,则有助于减少诉讼的必要性,避免义务人暴露于机会主义式诉讼(opportunistic litigation)的风险之中,就此类诉讼而言,义务人和权利人之间处于不对称

[4713] Larry E. Ribstein & Peter V. Letson, *Business Associations* 430(3rd ed. 1996).

[4714] Id.

[4715] Larry E. Ribstein, *Fiduciary Duties and Limited Partnership Agreements*, 37 Suffolk U. L. Rev. 927, 937(2004).

[4716] Andrew S. Gold, *On the Elimination of Fiduciary Duties: A Theory of Good Faith for Unincorporated Firms*, 41 Wake Forest L. Rev. 123, 160(2006); David Rosenberg, *The Two "Cycles" of Venture Capital*, 28 J. Corp. L. 419, 439(2003).

[4717] Robert W. Hillman, *Business Partners As Fiduciaries: Reflections on the Limits of the Doctrine*, 22 Cardozo L. Rev. 51, 59-60(2000).

[4718] Andrew S. Gold, *On the Elimination of Fiduciary Duties: A Theory of Good Faith for Unincorporated Firms*, 41 Wake Forest L. Rev. 123, 161(2006).

状态，因此诉权可能制造道德风险。[4719]

其八，信义义务可能妨碍交易安全。在违反信义义务之诉中，救济方式包括禁令、撤销交易等。第三人会因为担心交易被禁止或撤销而不愿与某些企业交易，或者不会在风险未得到补偿的情况下发生交易。[4720]

其九，信义义务可能破坏其他约束机制。信任、自愿合作之类的法律外约束，其重要性非法律所能替代。信义义务的约束有时可以补强法律外机制，但也会弱化法律外机制，甚至破坏自愿合作。[4721]在信义义务与其他约束机制之间进行选择时，当事人会考虑信义义务的成本与收益：就收益而言，由于非司法救济机制本身并不完善，当事人会认为有必要选入信义义务以填补非司法机制留下的合同漏洞；但是，当事人也可能认为信义义务的成本超出其收益。非司法机制固然不尽完善，司法救济同样不可能是完善的。[4722]当事人对是否选入非强行规范的成本收益权衡，比法院更为敏锐，而强行干预却会破坏此种权衡机制。如果合同当事人认为他们控制机会主义管理行为的能力超过法院（换言之，司法监督的成本超过收益），信义义务即成为当事人达成目的的潜在障碍。[4723]

其十，禁止免除信义义务将产生额外的规避成本。禁止免除信义义务的强行规范，实际上未必真有强行性。当事人可通过其他途径间接限制或免除信义义务，包括选择准据法、选择企业形式、选择义务人身份（不堪承受信义义务的当事人，可选择无信义义务人身份的关系，诸如特许经营合同、服务外包合同关系）。[4724]背离实际需求的强行规范，不过是徒增交易成本而已。

其十一，忠实义务中的"交还救济（剥夺得利的救济）"或以利润为基础的救济，并非总能适应具体的交易情境，可能抑制有益的交易，而相比于根绝某类交易，承受适度的不合常规的交易风险可能会使当事人处于

[4719] Larry E. Ribstein, *Are Partners Fiduciaries?*, 2005 U. Ill. L. Rev. 209, 235.

[4720] William J. Carney, *Section 4.01 of the American Law Institute Corporate Governance Project: Restatement or Misstatement?*, 66 Wash. U. L. Q. 239, 291 (1988).

[4721] Larry E. Ribstein, *Are Partners Fiduciaries?*, 2005 U. Ill. L. Rev. 209, 234（注释从略）.

[4722] Henry N. Butler & Larry E. Ribstein, *Opting Out of Fiduciary Duties: A Response to the Anti-Contractarians*, 65 Wash. L. Rev. 1, 29 (1990).

[4723] Andrew S. Gold, *On the Elimination of Fiduciary Duties: A Theory of Good Faith for Unincorporated Firms*, 41 Wake Forest L. Rev. 123, 123 (2006).

[4724] Larry E. Ribstein, *Fiduciary Duty Contracts in Unincorporated Firms*, 54 Wash. & Lee L. Rev. 537, 588, 590-91 (1997).

更好的境地。[4725]因此商业信托文件自可变更或排除此类救济。高收益与高风险常为一枚硬币之两面。从事期货投资等特殊行业的商业信托更因其高风险特质，多约定受托人或其他管理人仅就重大过失或故意不当行为负责。[4726]

其十二，信义义务在契约式组织中的适用会导致过于宽泛及无效率之结果。[4727]信义义务的宽泛性既是其优势又是其弱点。商业组织的内部结构和外部关系比单纯的一般契约关系更为复杂，因有信义义务的存在，交易者不必事先起草详尽无遗的治理契约以应对将来情境，故信义义务填补合同漏洞的功能在商业组织的环境中更为显著。但是，商业组织环境的复杂性因组织而异：传统意义上的公司（例如，从事工商业生产经营的公司）所处的内外环境可能最为复杂，扁平式结构的投资公司、有限合伙就未必如此。经济学和法学上常将“组织”和“契约”当作并行或对立的概念，但二者实际上并非泾渭分明，与其说组织和契约是两个截然不同的概念，不如说二者只是光谱上的两片模糊区间：光谱的一端是组织性最强的、高度科层化的传统公司，另一端是双方当事人之间单纯为特定给付的契约（如买卖、赠与），二者之间存在广阔的中间地带；而契约式组织的诞生，更加模糊了组织与契约的界限。从组织和契约对立的观念上看，信义义务概念是“全有全无”式的：一般契约关系中原则上不存在信义义务，公司关系中则当然存在信义义务。信义义务要么不适用，要么全部适用；在全部适用的法律关系类型中（如普通信托、公司），当事人至多仅可特约排除个别内容，而不得排除其核心部分或将其全部排除。但在从组织到契约的多色光谱中，更合适的是“或强或弱”“或浓或淡”的信义义务。一体适用信义义务的全套规则，难免无法适应中间形态组织的治理需求，法律自有必要为当事人预留“裁剪”信义义务规范的空间。实际上，信义义务更适于被理解为一种情境专用型的法律制度。对于公开公司与其董事关系、普通信托受益人与受托人关系之类的关系，信义义务是

[4725] 尤其是在公司法中，交还全部利润可能破坏不少互惠的交易（如管理层收购、公司受雇人在创造发明时可分享利润之计划），因此公司法通常将救济限于以损失为基础的方法，甚至当管理者从系争交易中获取实质性利益时亦是如此。Frank H. Easterbrook & Daniel R. Fischel, *Contract and Fiduciary Duty*, 36 J. L. & Econ. 425, 442（1993）. 有不少判例亦支持上述见解，详见Id. at 443-44。

[4726] Cargill, Inc. v. JWH Special Circumstance LLC, 959 A. 2d 1096, 1127（Del. Ch. 2008）[引用JWH Global Trust, The Declaration and Agreement of Trust § 2（f）].

[4727] Ann E. Conaway, *The Multi-Facets of Good Faith in Delaware: A Mistake in the Duty of Good Faith and Fair Dealing; A Different Partnership Duty of Care; Agency Good Faith and Damages; Good Faith and Trust Law*, 10 Del. L. Rev. 89, 119 n. 98（2008）.

适当的，在此类关系中，一方控制他方财产，他方处于消极地位。但在各方均处于积极管理状态的组织之中（例如，普通合伙、成员管理型的有限责任企业、受益人直接管理的商业信托），信义义务可能多余。[4728]特拉华州最高法院前任首席大法官斯蒂尔甚至认为，有限责任企业法中不应存在作为默认规则的信义义务，换言之，仅当有限责任企业协议明文约定信义义务时，法院始得适用信义义务。[4729]而《特拉华州有限责任企业法》关于有限责任企业协议可免除"义务（包括信义义务）"及违反义务之责任的措辞，[4730]似又隐含了有限责任企业成员或经理负有信义义务之意。之所以有此分歧，也缘于有限责任企业的组织性弱于公司、契约性强于公司，且其组织性与契约性之强弱，又因个别企业而异，不能一概而论。

总而言之，信义义务应被适用于其收益超过成本之情形，成本与收益权衡应考虑低成本的约束机制之可得性，例如，可将信义义务人的任务充分明确化，使信义义务人的不当行为具有足够的可预见性，或者以特定化的约定（而不是开放式的不得自利义务）充分约束信义义务人的行为。[4731]关键在于，成本收益的权衡应由当事人自主决定。契约自由的真义即在于此。

（三）信义义务与其他替代性机制

有论者认为，特拉华州式的"极度契约主义原则"（ultra-contractarian policy）是一柄"双刃剑"：一方面给予企业主极大的设计企业的自由，另一方面，仅依靠最低限度的诚实信用与公平交易义务能否有效遏制企业管理者的不当行为以及企业成员之间的不公平行为、欺压行为，仍有待检验。[4732]然而，此项论断有失偏颇：遏制管理者或成员不当行为的法律机制，绝非仅有诚实信用与公平交易义务；市场机制及其他非法律制裁机制的广泛存在，实有不可忽视之功效。如果有其他机制足以确保当事人之间的信任，信义义务即可能不再必要。信义义务的价值可能因其他各种约束机制的变化而变化。此类约束机制包括如下各种。

[4728] Larry E. Ribstein, *Are Partners Fiduciaries?*, 2005 U. Ill. L. Rev. 209, 212. 该文将信义义务所涉关系划分为四种类型。Id. at 223-32.

[4729] Myron T. Steele, *Freedom Contract and Default Contractual Duties in Delaware Limited Partnerships and Limited Liability Companies*, 46 Am. Bus. L. J. 221（2009）.

[4730] Del. Code Ann. tit. 6, § 18-1101（c），（e）.

[4731] Larry E. Ribstein, *Fiduciary Duties and Limited Partnership Agreements*, 37 Suffolk U. L. Rev. 927, 937（2004）.

[4732] Carter G. Bishop & Daniel S. Kleinberger, *Limited Liability Companies-Tax and Business Law* ¶ 14.02[1]（2007）. 这一论断是有限责任企业法学者作出的，但亦能指向商业信托法。

其一，授权范围限定。授予义务人的自由裁量权越少，防止义务人实施自利行为之义务范围越狭窄。[4733]例如，资产证券化信托受托人仅被授予极为有限的权限（几乎完全限于事务管理型权限），受托人谋私机会甚少，忠实义务的范围即可大幅削减。美国实务中的证券化信托文件大多订定受托人“仅负有本文件明示订定的义务”，由此排除默示的法定信义义务。[4734]

其二，权利人可通过监督与限制义务人可为的交易范围来减少代理成本。在成员分散、消极从而难以积极监督的大型企业中，信义义务可能是适当的，但在闭锁型企业之类的企业中，成员有能力也有需要去积极监督管理者，信义义务在此类情况下即会产生不必要的成本。[4735]如果投资者积极参与经营管理，以法律义务与责任来限制管理者行动，其必要性即相应减弱。[4736]

其三，为特定类型企业或关系而设计的合同条款，能够更好地约束义务人的行为，此类条款包括禁止义务人实施一定类型的、有潜在危害的活动，以使义务人的激励与受益人利益一致。[4737]容许免除信义义务的显著优势是，当事人可以灵活设计专用型合同条款，而不必担心合同条款无效之风险。

其四，成员可通过退出权制约义务人。[4738]理博斯坦教授指出，以转让或赎回投资权益等方式退出，虽难补救先前发生的不当行为，却可剥夺义务人从交易关系中可得的将来收益；退出权不必实际行使，退出权的存在本身就具有威慑作用，尽管实际退出可能尚不足以阻止义务人获取一次性大收益，但此种威慑却可使义务人有动因避免偷懒行为。退出权有时完全有效，而违反信义义务的责任（即使是刑事责任）却未必完全有

[4733] Larry E. Ribstein, *Fiduciary Duty Contracts in Unincorporated Firms*, 54 Wash. & Lee L. Rev. 537, 546(1997).

[4734] American Bankers Association, Corporate Trust Committee, The Trustee's Role in Asset-Backed Securities 7-10(March 12, 2003).

[4735] Larry E. Ribstein, *Fiduciary Duty Contracts in Unincorporated Firms*, 54 Wash. & Lee L. Rev. 537, 547(1997).

[4736] Larry E. Ribstein, *Unlimited Contracting in the Delaware Limited Partnership and Its Implications for Corporate Law*, 16 J. Corp. L. 299, 307(1991). 据此，对普通合伙中的普通合伙人设置强行性的信义义务，是值得质疑的。

[4737] Larry E. Ribstein, *Fiduciary Duty Contracts in Unincorporated Firms*, 54 Wash. & Lee L. Rev. 537, 547(1997).

[4738] Id.

效。[4739]其中一大原因在于，通过司法程序追究违反信义义务责任，并非权利人自己所能掌控，而须取决于律师、法官以及与被告的博弈，成本高昂而结果难测；威胁行使或实际行使退出权则仅凭权利人一己之力，权衡其性价比，可能远比执行信义义务划算。

其五，权利人能够撤换义务人。撤换义务人的影响力依赖于义务人在本企业或关系中投入了多少人力资本或其他资本（义务人投入资本越高，套牢效应越显著，约束力越强），丧失人力资本投资的风险可有力地抑制义务人的行为。[4740]相反，一次性合同缺少此种“自力执行”机制，[4741]更需依赖法律的干预。

其六，信誉制裁（声誉约束）等法律外机制。义务人受制于为受益人利益而行事的名誉激励。[4742]银行受托人、不动产融资的发起人、风险投资或其他类型之投资联合的发起人，凭其在以往交易中的记录而在后续交易中接受考验。[4743]因此，即使义务人欺瞒某一企业而未受法律制裁，其拙劣绩效亦将降低此人在其他交易中的服务价格，[4744]甚至因此丧失交易机会。声誉约束机制对控制机会主义行为的重要意义，早已为经济学界所认识。[4745]风险投资业是一个突出例证：风险投资业务具有“循环”特征，投资者视资本管理者的以往表现而决定下一轮投资及其规模。[4746]随着信誉机制对管理者约束作用的日益增强，通过合同约束管理者行为的必要性正日渐削弱。[4747]

其七，成员可选择第三方监督机制，例如，法律或合同规则限制管理者在重大交易上约束企业的代理权（诸如重大交易须经成员允许或独立受托人允许，否则由行为人自负其责），此类重大交易往往涉及自己交易

[4739] Id.

[4740] Id.

[4741] Robert E. Scott, *A Theory of Self-Enforcing Indefinite Agreements*, 103 Colum. L. Rev. 1641 (2003).

[4742] Larry E. Ribstein, *Fiduciary Duty Contracts in Unincorporated Firms*, 54 Wash. & Lee L. Rev. 537, 547 (1997).

[4743] Id.

[4744] Id.

[4745] Benjamin Klein & Keith B. Leffler, *The Role of Market Forces in Assuring Contractual Performance*, 89 J. Pol. Econ. 615 (1981); Benjamin Klein et al., *Vertical Integration, Appropriable Rents, and the Competitive Contracting Process*, 21 J. L. & Econ. 297 (1978); Oliver E. Williamson, *Credible Commitments: Using Hostages to Support Exchange*, 73 Am. Econ. Rev. 519 (1983).

[4746] David Rosenberg, *The Two "Cycles" of Venture Capital*, 28 J. Corp. L. 419 (2003).

[4747] Paul Gompers & Josh Lerner, *The Use of Covenants: An Empirical Analysis of Venture Partnership Agreements*, 39 J. L. & Econ. 463, 473 (1996).

（例如，为管理者的关联人提供贷款担保），此类规则迫使精于商务的贷款人在信赖企业信用之前认定本交易是否有害于企业成员。[4748]

其八，成员可利用中介组织监督管理者。会计师、审计师、个人信用评估机构等皆可为成员所用，以检查管理者履职情形或绩效表现。[4749]

以上各种约束机制通常为各种企业共有，公开型企业还有另外几种约束机制，包括证券市场及其中的承销商、评级商等参与机构等。例如，在美国，商业信托受益人的消极性，意味着基于适用联邦或州证券法之目的，受益权更可能被认定为“证券”，无论此类权益是否公开交易。[4750]商业信托由此可借助于资本市场增强治理机制之力量。即使此类证券可豁免适用证券监管法，此种豁免亦至少要求作简易披露，而证券法的反欺诈条款仍可适用，此类法律有助于确保重要合同条款（包括放弃信义义务之条款）的披露。[4751]改变信义义务之合同条款是否有效，根本上不过是一个价格问题：企业合同对管理者义务的处理同潜在的管理者不当行为之差距，会从此类企业的证券价格中得到反映，有效率的资本市场定价对最优合同条款之发展形成压力，包括形塑对法律制约（信义义务是其中之一）的最优信赖。[4752]证券法或交易所规则之类的规范要求披露利益冲突，此种机制亦为普通信托所无。[4753]对于公开发行或公开交易受益权凭证的

[4748] Larry E. Ribstein, *Fiduciary Duty Contracts in Unincorporated Firms*, 54 Wash. & Lee L. Rev. 537, 547（1997）[引用Deborah A. DeMott, *Our Partners' Keepers? Agency Dimensions of Partnership Relationships*, 58 Law & Contemp. Probs. 109, 131-34（Spring 1995）].

[4749] 各国实践中，闭锁公司较少采用审计制，而公开公司、投资基金等往往受制于法定或交易所规定的审计制，亦可表明审计制有补充、甚至在一定程度上替代成员日常积极监督之功能。

[4750] Alan R. Bromberg & Larry E. Ribstein, *Bromberg & Ribstein on Partnership* § 12.14（2003）.

[4751] Larry E. Ribstein, *Fiduciary Duties and Limited Partnership Agreements*, 37 Suffolk U. L. Rev. 927, 935（2004）.

[4752] Henry N. Butler & Larry E. Ribstein, *Opting Out of Fiduciary Duties: A Response to the Anti-Contractarians*, 65 Wash. L. Rev. 1, 6（1990）.

[4753] 相关判例：KKR公司与Pactrust（依俄勒冈州法成立的不动产投资信托）发生杠杆收购交易。俄勒冈州公共机构受雇人退休系统为KKR公司管理的股票资产管理产品的参与方。被告之一Wyse为“Stoel, Rives合伙”的合伙人，该合伙同时代表Pactrust与俄勒冈州公共机构受雇人退休系统，Wyse则兼任Pactrust的受托人、高级管理人员及律师以及俄勒冈州公共机构受雇人退休系统的律师。原告发现，Wyse担当与KKR进行谈判之角色，存在利益冲突，理由为Wyse同时代表作为买方的俄勒冈州公共机构受雇人退休系统与作为卖方的Pactrust，而表决权代理声明中未披露此项利益冲突，违反证券法。法院认定，在Wyse与其他受托人表决批准交易协议时，Wyse并不知道俄勒冈州公共机构受雇人退休系统涉足Pactrust与KKR之间的收购交易，Wyse及其合伙事务所虽为该退休系统承担多项不动产交易工作（主要处理退休基金担保贷款），但此类工作同Pactrust及KKR之间的收购交易并无关联。Wyse出卖其在Pactrust中的受益权与其他受益人相同，并未从收购交易中获得任何特殊利益，因此不存在利益冲突，无须依证券法予以披露。Beebe v. Pacific Realty Trust, 578 F. Supp. 1128, 1145（D. Or. 1984）.

商业信托而言，商业信托文件所自行约定的治理结构，还会受到证券交易所或证券监管机构的制约。例如，在加拿大，并不存在统一的商业信托法制，商业收入信托的信托单位通常在多伦多股票交易所上市，因此商业收入信托受制于证券监管机构和证券交易所的监督。无论证券监管机构还是证券交易所均可要求商业收入信托复制标准的公司治理特征，对于那些不约定单位持有人权利的商业信托，证券监管机构可运用其旨在保护公众利益的自由裁量权，拒绝接受其招股说明书；证券交易所可以不同意此类商业信托上市。[4754]上市是依交易所与发行人之间的上市协议而定的自主行为，由交易所个别地检视发行人的组织契约并由双方达成合意，较之法律课加预先的、一般性的强制，更具效率。

是否选择排除信义义务，也是一个是否限制或排除法院（对特定交易）干预的问题。是否允许限制、免除信义义务，本质上是一个应当由“谁”以及“何时”来设计、决定企业法和企业治理安排的问题：是立法者、法院，还是当事人自己？[4755]是事前设计还是事后干预？鉴于司法机制与非法律机制各有成本及收益，由当事人权衡利弊、自主选择，始为最有效率的安排。即使是实行完全、绝对的自由裁量权，或彻底免除信义义务，对于某些特定的当事人而言，仍为理性、明智之选择。[4756]换一个角度考虑，以当事人有时选择市场机制而不是法律机制为由，断言当事人应被迫服从强行性法律规则，显然是不合逻辑的；而且，当事人选择以市场机制制约管理者的机会主义行为，不应受强行的信义义务规则之阻碍。[4757]

同时，改变信义义务之条款是否有效，持续地受到外部竞争的制约。未经恰当权衡而任意免除信义义务的企业，在企业间的竞争中可能陷入劣势；在优胜劣汰的竞争机制下，妥当安排信义义务（以及其他义务）的企业可增加收益。

［4754］ 此处关于加拿大的情形，详见Mark Gillen, *A Comparison of Business Income Trust Governance and Corporate Governance*: *Is There a Need for Legislation or Further Regulation?*, 51 McGill L. J. 327, 338-39（2006）。对于在安大略省公开交易并在多伦多证券交易所上市的商业收入信托，安大略省证券委员会（多伦多证券交易所的证券监管机构，多伦多是安大略省省会）制定有相关法规，确立与公司相当的治理要求。Id. 不过，以法规形式将公司治理结构“一刀切”地推行于商业信托，则有过于刚性之虞。

［4755］ Gabriel Rauterberg & Eric Talley, *Contracting Out of the Fiduciary Duty of Loyalty*: *An Empirical Analysis of Corporate Opportunity Waivers*, 117 Colum. L. Rev. 1075, 1079, 1120-21（2017）.

［4756］ Andrew S. Gold, *On the Elimination of Fiduciary Duties*: *A Theory of Good Faith for Unincorporated Firms*, 41 Wake Forest L. Rev. 123, 165-66（2006）.

［4757］ Henry N. Butler & Larry E. Ribstein, *Opting Out of Fiduciary Duties*: *A Response to the Anti-Contractarians*, 65 Wash. L. Rev. 1, 16（1990）.

最后需注意的是利益因素的制约功能。免除信义义务的条款是对强有力的信义义务任意规范一种声名狼藉的偏离,[4758]本身就容易引起特别的关注,投资者与市场自有动力加以详细审视。

另有论者认为,在不存在一项强健的诚实信用默示义务情况下,如果有限合伙协议或有限责任企业协议完全免除信义义务,投资者与管理者之间的关系将近似于赠与关系,因为管理者可依其认为合适之用途自由使用投资者的财产,而将有限合伙或有限责任企业理解为赠与显然是难以置信的。[4759]此种见解亦有忽视市场约束之嫌:即使没有法律规则约束,也并不能使管理者任意滥用投资者资产的行为正当化;商业伦理与社会规范不会容许此类行为,管理者的行为并非全无约束。这显然不同于赠与:后者不仅使受赠人在法律上取得财产,而且在自由支配受赠财产时亦受社会规范认可。再者,不依赖于信义义务或诚实信用默示义务,而依据文本主义方法解释合同条款,同样可以避免荒谬结果的出现:企业组织合同难以解释为当事人之间有赠与的意思,"荒谬法则"不支持此种解释结论。更何况,如果协议确实约定一种类似于赠与的关系,仍不失为当事人的自由选择,于合同法及物权法并无违背。

以上所述,主要是指信义义务的内部功能,即保护和警示功能,信义义务另有外部分类功能,在外部功能方面,信义义务的强制性有助于清晰界定财产安排的类型,以减少第三人的信息成本。[4760]具言之,信义义务的存在,有助于第三人辨明当事人之间的法律关系是信托关系而非其他法律关系。此种功能最能解释普通信托之类没有公示登记制度的信义关系,但对于公司、有限责任企业之类的登记实体,其解释力较弱,因为实体的登记同样能够向第三人提供通知。[4761]兼因此类实体的当事人通常是经验丰富并知情的主体,相关法律中的信义义务也就更具弹性。[4762]制定法商业信托亦有登记制度可用,对强制性信义义务的功能需求因而进一步减少。

[4758] Larry E. Ribstein, *Fiduciary Duty Contracts in Unincorporated Firms*, 54 Wash. & Lee L. Rev. 537, 568(1997).

[4759] Deborah A. DeMott, *Fiduciary Preludes: Likely Issues for LLCs*, 66 U. Colo. L. Rev. 1043, 1061(1995).

[4760] Robert H. Sitkoff, *The Economic Structure of Fiduciary Law*, 91 B. U. L. Rev. 1039, 1046-47(2011).

[4761] Id. at 1047.

[4762] Id. at 1047-48.

(四)强行性的义务对于保护商业信托受益人并非必不可少

强行规范的理据有三类:一是阻止外部性;二是缓解信息披露机制无法补救的市场失灵,诸如对消费者合同的管制;三是基于家长主义的理由。[4763]就信义义务而言,前两类理据与此无关。信义义务处理的是当事人之间的内部关系,一般不生外部性问题;通过强制性信息披露以矫正市场失灵,也不是信义义务的任务。具有相关性的主要是家长主义的考虑。但此种家长主义保护,对于商事交易中的受益人而言,并非不可替代,同时,其副作用亦不可忽视。

强行规范会迫使当事人进行无效率的交易。[4764]强行禁止免除信义义务,同样不可避免其他强行规范固有的错误,即无视实际生活中不同当事人的不同情况与需求,"一刀切"地禁绝了确有需要免除信义义务的当事人选择价值最大化交易之可能性。举例而言,私募基金、股权投资信托、向特定对象募集的资产证券化信托、期货投资信托等,多为大型机构之间的交易,并由专业律师起草与审核合同文本,无须强行法保护,强行规范的过度抑制效应即会损害此类交易的创新空间与自由缔约过程。[4765]正如理博斯坦教授所论,2001年《统一有限合伙法》在信义义务问题上犯有类似的错误。该法错误地理解有限合伙的特殊性质及功能,即使限制当事人选出信义义务在某些环境中有其合理性,此类限制显然不适合于有限合伙,因为有限合伙多为经验丰富的企业而设,此类企业通常希望限制普通合伙人之信义义务,以激发更多的经营者的创造力并谋取更高利润。

[4763] Alan Schwartz & Robert E. Scott, *Contract Theory and the Limits of Contract Law*, 113 Yale L. J. 541, 609-10(2003).

[4764] Frank H. Easterbrook & Daniel R. Fischel, *Contract and Fiduciary Duty*, 36 J. L. & Econ. 425, 431(1993). 各种会被强行规范阻遏的有效率的交易,详见Larry E. Ribstein, *The Revised Uniform Partnership Act: Not Ready for Prime Time*, 49 Bus. Law. 45, 58(1993)。

[4765] 其他非公司企业亦有类似情形。有限合伙至少有四项特征,对于决定信义义务的范围与合同性质至关重要。Larry E. Ribstein, *Fiduciary Duties and Limited Partnership Agreements*, 37 Suffolk U. L. Rev. 927, 934-35(2004). 对放弃信义义务之条款施加限制,对于有限合伙之类其投资者有能力采取其他保护机制的企业形式而言,所得收益小于普通合伙之类专业化程度较低的企业形态。Id. at 962. 况且,即使是在典型的(普通)合伙中,各合伙人参与合伙的经营管理、各合伙人对合伙债务负有同等的责任,合伙人有动机、有权限监督合伙的营业,在此情况下,适用诚实信用标准较为合适。Susan Saab Fortney, *Professional Responsibility and Liability Issues Related to Limited Liability Law Partnerships*, 39 S. Tex. L. Rev. 399, 419-22(1998); Susan Saab Fortney, *Seeking Shelter in the Minefield of Unintended Consequences-The Traps of Limited Liability Law Firms*, 54 Wash. & Lee L. Rev. 717, 751-52(1997). 而且,合伙协议通常由有技能的当事人在对等基础上协商而成,极少有必要以强行法保护那些不自慎的当事人。Larry E. Ribstein, *A Mid-Term Assessment of the Project to Revise The Uniform Partnership Act*, 46 Bus. Law. 111, 138(1990).

即使有必要以信义义务保护有限合伙人免受普通合伙人不当行为之害，对放弃信义义务之条款施加法定限制，亦应平衡放弃条款的成本与收益。《统一合伙法》及特拉华州法为法院实施此种平衡留下充分空间，相反，《修订统一合伙法》与2001年《统一有限合伙法》中粗糙且恣意的思路，却排除了此种平衡。[4766]

尽管并非每一个投资者皆为精明老练的投资者，但商业信托的性质可缓解投资者保护问题。对一般交易者而言，商业信托是一种较新颖的企业形式，当事人有足够的动因在事前获取法律建议。公开型企业得益于公开市场，可形成较优的合同条款；闭锁型企业一般存在投资者真实缔约过程，而且，当投资者试图达成限制或免除信义义务的条款时，自有足够的激励去衡量具体的权利义务。[4767]受制于信息及激励等劣势，立法者与法官却不可能作出接近精确的权衡，因此其决策必然与真实的合同相去甚远，不应成为当事人权利义务之决定性依据。

再者，一般私法中有不少手段可以控制不当行为、补救可能的弊端。例如，依据合同解释规则，减免信义义务之条款应清楚无疑、免除特定信义义务之条款不得解释为免除其他信义义务。如*Solar Cells, Inc.*案中，法院认定：尽管运营协议免除了管理者从事利益冲突交易的责任，但并不意味着已免除全部信义义务；况且，协议明文约定管理者必须诚信行事。[4768]

又如，不利解释规则亦可适用：当限制或免除信义义务之条款是由管理者提出时，该条款如有疑义，应作对管理者不利的解释。[4769]特拉华州法院较为自由地适用不利解释规则，对企业组织合同中的模糊条款作不利

[4766] Larry E. Ribstein, *Fiduciary Duties and Limited Partnership Agreements*, 37 Suffolk U. L. Rev. 927(2004).

[4767] Andrew S. Gold, *On the Elimination of Fiduciary Duties: A Theory of Good Faith for Unincorporated Firms*, 41 Wake Forest L. Rev. 123, 179(2006). 选出信义义务的过程，包含数个决策。当事人选择一种特定的企业组织形式，为全过程的起点：选择设立商业信托、有限合伙之类的非公司企业，即意味着选择了一种有别于公司的、合同自由最大化原则支配下的企业形式。Id. 然后，鉴于信义义务的重要性及敏感性，提出限制或免除信义义务的一方当事人，其倡议更易引发争议，而需提出强有力的理由，由此引起的警示、谈判与协商亦可取得信息披露与征求同意之效。Id. at 180.

[4768] Solar Cells, Inc. v. Truth North Partners, LLC, No. CIV. A. 19477, 2002 WL 749163(Del. Ch. Apr. 25, 2002). 有学者认为上述判例系采纳严格解释方法，但也承认，严格解释并不反对明示合同条款。Carter G. Bishop & Daniel S. Kleinberger, *Limited Liability Companies-Tax and Business Law* ¶ 14.06(2007). 又参见Blackmore Partners, L. P. v. Link Energy LLC, 864 A. 2d 80(Del. Ch. 2004)(有限责任企业协议中排除经理违反注意义务之责任的条款，不保护经理的不忠实行为或故意的不当行为)。

[4769] Paul M. Altman & Srinivas M. Raju, *Fiduciary Duties in Delaware Alternative Entities*, 1486 PLI/Corp. 383, 412 n. 4(2005).

于控制方当事人的解释。[4770]

再如，法院可以以保护企业及其投资者之方式解释合同条款。[4771]

此外，作为合同法一般法则的显失公平，或可适用于优势一方滥用缔约地位而欺压另一方投资者之情形。[4772]

（五）反对“信义义务可免除”的论辩

“信义义务可免除”立场的批评者，另有若干其他角度的意见。此类意见，亦不无商榷的余地。

1. 对受益人的事后损害

否认免除信义义务条款之效力的理由之一是，受益人会遭受信义义务人行为之害。对此，理博斯坦教授认为，此种论点显然有误，与下列见解并无二致：仅因为合同的最终结果有利于一方当事人、不利于另一方当事人，就可以拒绝执行该合同。如同其他合同一样，当事人根据自己对潜在结果的期待，就合同条款（包括价格）进行事先协商，因此，由于受益人能预料到信义义务人可能渎职，信义义务人可能需放弃补偿、压缩权限或给予受益人退出权、监督权等，作为受益人放弃信义义务救济的对价，并以此取信于受益人。每一方当事人的允诺对另一方当事人均有价值（至少推定如此）。对于决定如何对特定关系中的代理成本作最优的处理，当事人自己处于最佳位置，而事后的第三方法律决策会扭曲当事人将来作出此种安排的激励。[4773]同时，也会损害现有安排的安定性。

[4770] SI Management L. P. v. Wininger, 707 A. 2d 37, 42-43 (Del. 1998); Arvida/JMB Partners, L. P. v. Vanderbilt Income & Growth Assocs. L. L. C., No. Civ. A. 15238, 1997 WL 33177187, at *6 (Del. Ch. June 12, 1997).

[4771] 相关判例：某家事信托的受托人设立一个家族有限合伙，家族成员Hillman担任唯一的普通合伙人，具有作出商业决策的唯一裁量权。Hillman不谨慎地、自利地将合伙的资金移至他设立的一家已丧失清偿能力的公司，该交易条款对合伙严重不公平。有限合伙人遂以违反忠实义务为由起诉普通合伙人。被告辩称，合伙协议中的免责条款应予适用，协议意在涵盖传统信义义务的默认原则，协议约定普通合伙人不因判断错误承担责任，只要普通合伙人善意行事且无重大过失、故意不当行为或肆意的不当行为。原告驳称，免除信义义务默认规则的约定应当清晰，其本协议中的免责条款至多仅适用于关于正当注意（义务）的请求权。法院判定，有限合伙人应当以免责条款的明示约定为依据追究普通合伙人之责任，即普通合伙人仅在恶意行事或有重大过失、故意不当行为、肆意不当行为时始有责任。被告掏空合伙资产的极端行为，不受上述免责条款保护；对此自己交易行为，适用完全公平标准。Venhill Ltd. P' ship v. Hillman, C. A. 1866-VCS, 2008 WL 2270488 (Del. Ch. June 3, 2008).

[4772] 对此尚有争论。肯定说，参见J. Dennis Hynes, *Fiduciary Duties and RUPA: An Inquiry into Freedom of Contract*, 58 Law & Contemp. Probs. 29, 45 (Spring 1995)；否定说，参见Allan W. Vestal, *Advancing the Search for Compromise: A Response to Professor Hynes*, 58 Law & Contemp. Probs. 55, 74 (Spring 1995)。

[4773] Larry E. Ribstein, *Fiduciary Duty Contracts in Unincorporated Firms*, 54 Wash. & Lee L. Rev. 537, 551 (1997).

认定合同的效力，不能秉持“事后”视角。不执行免除信义义务之条款必须基于合同订立时的情势，而不能仅基于合同结果如何。

2. 不可知或不可预见的损失；认知与理性之局限

反契约主义者的常见论点之一为，信义义务以长期关系为规范对象，当事人会面临诸多事前不可预见的风险或损害，容许免除信义义务将使受益人丧失应对此类风险的机制。此种论点同样存在问题：第一，高估了投资者的无知。[4774]投资者可得到多种关于信义义务人行为的信号之帮助，包括信义义务人的声誉及前述的诸多约束机制。对公开型企业而言，资本市场更可发挥强大的信息传递功能，纵为单个的小额投资者，亦可因“搭便车”而受惠于其他知情投资者收集的信息。[4775]第二，信息不对称问题并非仅存在于信义义务合同中。信息必然是有成本的，无知的可能性遍及每一个合同之中，无知的可能性程度依赖于当事人愿意为获取信息付出多少成本。[4776]双方当事人不可能处于同等的无知状态，因此信息不对称在所难免；此种状况同样存在于商业组织的报酬、治理、退出或其他条款之中。[4777]为何对其他治理、退出等其他问题宽松对待，却对信义义务免除条款另眼相待？商业组织合同以外的其他长期合同（例如，特许经营合同、长期供货合同）亦有同类问题，却何以不见强行法的深度干涉、甚至根本不存在信义义务？[4778]第三，该论点如应用于信义义务本身，反契约主义即会陷入自相矛盾的困境：信义义务的成本在整个关系的过程中会如何发展变化，也是不可知的，[4779]当事人同样须面对难以预测信义义务

[4774] Id. at 553.

[4775] Frank H. Easterbrook & Daniel R. Fischel, *The Economic Structure of Corporate Law* 96-103（1991）; Jeffrey N. Gordon, *The Mandatory Structure of Corporate Law*, 89 Colum. L. Rev. 1549, 1557-60（1989）.

[4776] Larry E. Ribstein, *Fiduciary Duty Contracts in Unincorporated Firms*, 54 Wash. & Lee L. Rev. 537, 552（1997）[引用George J. Stigler, *The Economics of Information*, 69 J. Pol. Econ. 213（1961）].

[4777] Id.

[4778] 例如，美国法的主流规则是，特许人与受特许人之间不存在信义关系。Frank J. Cavico, *The Covenant of Good Faith and Fair Dealing in the Franchise Business Relationship*, 6 Barry L. Rev. 61, 79（2006）[引用Broussard v. Meineke Discount Muffler Shops, Inc., 155 F. 3d 331, 347（4th Cir. 1998）（rejected on other grounds by, Waste Mgt. Holdings, Inc. v. Mowbray, 208 F. 3d 288（1st Cir. 2000）; Amoco Oil Co. v. Gomez, 125 F. Supp. 2d 492, 509（S. D. Fla. 2000）; 62B Am. Jur. 2d Private Franchise Contracts § 20（2005）; William L. Killion, Existence of Fiduciary Duty Between Franchisor and Franchisee, 52 A. L. R. 5th 613（2005）; Michael J. Lockerby, et al., *Franchising（& Distribution）Currents*, 24 Franchise L. J. 261, 271（2005）].

[4779] Larry E. Ribstein, *Fiduciary Duty Contracts in Unincorporated Firms*, 54 Wash. & Lee L. Rev. 537, 552（1997）.

如何适用之风险，诸如诉讼成本及扰乱正常经营等。[4780]市场、当事人与法院、立法者之间的信息不对称，比市场之内、当事人之间的信息不对称更为严重。第四，最重要的是，信息不对称论本身并无说服力，因为下述问题并不清楚：当事人为何不能根据或不根据其信息成本与缺陷而订立合同？[4781]面对免除信义义务的风险时，当事人会据此对相关条款进行定价或拟定更为特定化的条款，其行为基础正是有限理性——人们能够在（并且确实在）考虑到受限制的条件下行事。[4782]正常的当事人在订立合同时不可能假定自己是全知全能的，他们当然知道自己受制于信息与理性之局限。上述原则有助于解释作为任意规范的信义义务。（经济学意义上的）被代理人将控制权授予代理人，正因其自知缺乏专门化的信息，故选择信义义务以便在信息不对称条件下保护自身；被代理人既然充分知道进入此类交易（选入信义义务），意味着被代理人亦充分知道在适当情势下对此类交易作其他处理，包括变更或选出此类交易。[4783]

"不可预见论"赖以立足的基础见解是，由于认识能力的限制，容许一般地放弃信义义务并不妥当，认识能力之局限为施加一定的强行性信义义务提供了正当性。[4784]此类主张背后有更一般化的见解，即以认识有限或理性有限为由为家长主义式干预合同进行辩护。[4785]受制于有限理性，受益人不可能预见指明放弃信义义务条款将适用的所有将来情势，而且，受益人可能过度乐观，指望受托人在无信义义务约束时仍能公平行事，合同订立时受益人与管理者关系良好，此种关系是生动的、具体的，不同于管理者在将来某些时点剥夺受益人利益时的一般、抽象情形。[4786]

[4780] 不可测的强行性信义义务正是公司法不确定性的最大来源之一。非公司企业法在此方面显现出重大优势。Larry E. Ribstein, *The Uncorporation and Corporate Indeterminacy*, 2009 U. Ill. L. Rev. 131.

[4781] Larry E. Ribstein, *Fiduciary Duty Contracts in Unincorporated Firms*, 54 Wash. & Lee L. Rev. 537, 553 (1997).

[4782] Id[引用Herbert A. Simon, *A Behavioral Model of Rational Choice*, 69 Q. J. Econ. 99, 101 (1955)]. 此类限制包括缺乏信息、缺乏能力或推理有误等。Kenneth E. Scott, *Bounded Rationality and Social Norms*, 150 J. Institutional & Theoretical Econ. 315, 315 (1994).

[4783] Larry E. Ribstein, *Fiduciary Duty Contracts in Unincorporated Firms*, 54 Wash. & Lee L. Rev. 537, 553 (1997)[引用Richard A. Posner, *Economic Analysis of Law* 113 (4th ed. 1992)].

[4784] Melvin Aron Eisenberg, *The Limits of Cognition and the Limits of Contract*, 47 Stan. L. Rev. 211 (1995).

[4785] Paul Burrows, *Analyzing Legal Paternalism*, 15 Int'l Rev. L. & Econ. 489 (1995); Anthony T. Kronman, *Paternalism and the Law of Contracts*, 92 Yale L. J. 763 (1983).

[4786] Melvin Aron Eisenberg, *The Limits of Cognition and the Limits of Contract*, 47 Stan. L. Rev. 211, 249 (1995).

上述见解同样值得商榷。第一，正如经济学家指出的，理性有其局限性，常被错误地解释为没有理性或不讲理性。[4787]信息不完整并不必然意味着人们就是非理性行事，实际情况可能正好相反：人们是在信息有限或有成本的条件下理性行事；决策前不去获取信息未必是因信息不可得，而是因获取信息的成本超过收益而不值得获取信息而已（例如，小额证券投资者不值得去亲自获取与该证券相关的所有信息）。[4788]

第二，即使个体是非理性的，也并不意味着整个市场是非理性的。[4789]即使某些投资者非理性地低估了风险，义务人在投资竞争的环境下，为吸引投资，也会抑制提出无效率的放弃信义义务之条款。[4790]当事人之间的重复交易亦有助于达成均衡状态。[4791]

第三，理性与认识问题不能为拒绝执行长期合同提供正当性：若仅因为一方当事人不能清楚、客观地预见未来或不能确切地预见特定的结果，即可宣告合同无效，则任何待履行合同（executory contract）均处于危险之中——包括关于表决、退出、报酬的合同规则，而法院通常都会执行此类合同，且反契约主义者也不主张此类合同一般无效。[4792]

第四，上述论断将约束受托人的机制局限于信义义务一种，且忽视市场机制在合同履行全程中对管理者的持续监督作用。

第五，有限理性问题的存在，会使当事人趋向于依赖任意规范，但有限理性不能为强行废弃私人协议提供正当性，而且，拒绝私人协议只会提高商业规划的难度。[4793]合同当事人的理性有限度，本身不足以证明对合同的强制性权限干预就是正当、理性的。有限理性恰恰表明立法者或法院等公权力机关同样受有限理性支配，并且由于集体行动、权力寻租等问题的存在，其局限性更甚于交易者自身的局限性。同样作为普通人的立

[4787] Oliver E. Williamson, *The Economic Institutions of Capitalism: Firms, Markets, Relational Contracting* 46 (1985).

[4788] Larry E. Ribstein, *Fiduciary Duty Contracts in Unincorporated Firms*, 54 Wash. & Lee L. Rev. 537, 554 (1997).

[4789] Gary S. Becker, *Irrational Behavior and Economic Theory*, 70 J. Pol. Econ. 1 (1962).

[4790] Larry E. Ribstein, *Fiduciary Duty Contracts in Unincorporated Firms*, 54 Wash. & Lee L. Rev. 537, 554-555 (1997).

[4791] Vincent P. Crawford, *Introduction to Experimental Game Theory*, 104 J. Econ. Theory 1, 3 n. 8 (2002).

[4792] Larry E. Ribstein, *Fiduciary Duty Contracts in Unincorporated Firms*, 54 Wash. & Lee L. Rev. 537, 555 (1997).

[4793] Henry N. Butler & Larry E. Ribstein, *Opting Out of Fiduciary Duties: A Response to the Anti-Contractarians*, 65 Wash. L. Rev. 1, 34 n. 139 (1990).

法者与法官,又如何能够摆脱有限理性之局限?当事人虽可能错误估计或计算将来的风险,但是,强行规范的错误估计或错误计算之风险更甚于此,因为它试图以一种单一的规则管制许多不同类型的合同。[4794]

3. 外部性

反契约主义者又主张容许免除信义义务可能引发外部性,例如,容许免除信义义务会引诱大部分乃至所有商人免除信义义务,从而侵蚀作为社会规范的信义义务。[4795]鉴于(普通信托的)信义义务具有道德色彩,宽泛地承认放弃信义义务之条款的效力,不仅损及委托人或受益人的利益,亦可能侵蚀作为社会规范的信义义务,产生外部性。[4796]社会规范被侵蚀将对全体潜在的委托人与受益人产生重大的外部成本,此种成本可分为两大部分:第一,致命的机会主义行为会鼓励受托人不断拓展可容许行为的界限;第二,造成信义义务内容方面的不确定性,从而对全体委托人造成交易成本。[4797]

上述论断,即使在普通信托语境下亦难成立。免除信义义务并不影响作为既定的信义义务之内容,只不过使此项内容既定的信义义务不适用于此信托而已,未免除信义义务的彼信托仍受制于此义务,因此无所谓产生外部性。信义义务内容亦不致产生不确定性,因为法院仅需依照合同条款执行即可,这反而增强了确定性。普通信托法上的信义义务不可完全免除,原因不在于免除具有外部性,而是为了保护居于特殊脆弱地位的受益人。至于在商业组织环境下,市场力量与竞争机制自有维系社会规范、抑制不当行为的积极作用。市场可甄别各种变通信义义务之条款,某企业若滥用免除信义义务之条款,可能遭遇被交易者抛弃或压低出价之命运。所谓"法律容许免除信义义务即会诱使大量交易者实际免除信义义务"一说,纯属推测,因为没有理由显示确实会发生此种情形,事实上,在容许免除信义义务的现行法下,并无证据显示真有大规模选出信义

[4794] Larry E. Ribstein, *Fiduciary Duty Contracts in Unincorporated Firms*, 54 Wash. & Lee L. Rev. 537, 558(1997).

[4795] Melvin A. Eisenberg, *Corporate Law and Social Norms*, 99 Colum. L. Rev. 1253(1999); Claire Moore Dickerson, *Cycles and Pendulums: Good Faith, Norms, and the Commons*, 54 Wash. & Lee L. Rev. 399, 401(1997).

[4796] Melanie Leslie, *Trusting Trustees: Fiduciary Duties and the Limits of Default Rules*, 94 Geo. L. J. 67, 88-94(2005)[引用Melvin A. Eisenberg, *Corporate Law and Social Norms*, 99 Colum. L. Rev. 1253(1999)].

[4797] Id. at 70.

义务的情况发生。[4798]此种推测将法律因素视作人类行为的决定性因素，忽视了非法律机制与经济因素对人类行为的制约，实为唯法律思维或法律中心论的一种体现。

4. 非经济考量

另一类反契约主义见解是所谓非经济见解，即认为当事人选出信义义务会对受益人产生不公平或不公正的结果。[4799]理博斯坦教授认为，此种见解的言下之意是，受益人可因合同的事后结果不合己意而悔约、推翻事前约定，而法院亦可据此为当事人重订合同（代之以法院或立法者认为“公平”“公正”的条款）或干脆宣告合同无效。此类见解实质上是重弹“缔约非理性”“信息不对称”之类的老调，不过是经济见解之翻版，而且，非经济见解还会给社会带来真正的成本，而不能还以相称的收益。[4800]

有学者又认为强行规范具有伦理性质，是道德化的法律规范，可迫使管理者实施适当或正确的行为、遵守被普遍接受的商业规范。[4801]将信义义务称为“任意规范”会削弱信义义务的道德内容，当信义义务同时作为法律规则与道德规范起作用时，信义义务最有效率。[4802]与此类似的思路是，如果立法对商业信托内部的权力分配不设强行规范，就无法满足“良好治理”（good governance）的最低标准。[4803]

确实，至少就其起源而言，信义义务具有丰富的道德基础。即使是主张在非公司企业法中将合同自由最大化原则贯彻到底的特拉华州最高法院前任首席大法官斯蒂尔，也主张在特拉华州公司法中从道德原则角度理解信义义务，但是，这至少归因于公司法并不像非公司企业法一样具有鲜明的合同性质；既然非公司企业法已经特别彰显出有别于公司法的合同性，当然不能将两者等同视之——在公司法中强调道德性、在非公司企

[4798] Larry E. Ribstein, *Fiduciary Duty Contracts in Unincorporated Firms*, 54 Wash. & Lee L. Rev. 537, 558-59（1997）.

[4799] Allan W. Vestal, *Advancing the Search for Compromise: A Response to Professor Hynes*, 58 Law & Contemp. Probs. 55, 70-72（Spring 1995）.

[4800] Larry E. Ribstein, *Fiduciary Duty Contracts in Unincorporated Firms*, 54 Wash. & Lee L. Rev. 537, 559-60（1997）.

[4801] Donald J. Weidner, *RUPA and Fiduciary Duty: The Texture of Relationship*, 58 Law & Contemp. Probs. 81, 104（Spring 1995）; Allan W. Vestal, *"Assume A Rather Large Boat . . . ": The Mess We have Made of Partnership Law*, 54 Wash. & Lee L. Rev. 487（1997）.

[4802] Melanie Leslie, *Trusting Trustees: Fiduciary Duties and the Limits of Default Rules*, 94 Geo. L. J. 67, 70（2005）.

[4803] Paul B. Miller, *The Future for Business Trusts: A Comparative Analysis of Canadian and American Uniform Legislation*, 36 Queen' s L. J. 443, 494（2011）.

业法中尊重更大限度的合同自由，恰恰可以通过向投资者提供更为广阔的选择空间，强化商业组织的多样性和社会价值。[4804]

而就道德基础本身而言，则面临如何处理道德与法律之间关系的难题。何谓"适当"或"正确"的行为，并不清楚。海恩斯教授质疑道，谁来决定何为适当、公平、正确之类的"集体之善"(collective good)？私人信义关系的双方当事人为他们自身利益而协商定价，合意决定合乎己意的公平，他们对"集体之善"并无兴趣，甚至全不了解，对当事人强加外部的、模糊的标准，究竟能获得何种公平？[4805]学者自己的答案整体上流于主观（某一规范对某人而言为最优合作规范，对另一人而言却可能造成违背意愿的财富转移）；法官对信义义务的描述（如同卡多佐法官在*Meinhard*案的著名判词[4806]）亦不可靠，法官在确认何谓适当的商业行为方面未必是专家，而且会运用有色语言以提升自身声誉，或者自负居于道德优越地位而对商人行为横加指责，或者适用较高的标准以便为法院带来更多的商业争端（为法院"创收"）。[4807]即使法官能够正确地解释在法院之外自生自发的商业规范，亦不能确保此类规范在任何意义上均具有客观的正确性。[4808]商业组织法则不是为了迎合某些"正确""良好"的抽象标准（是否存在此类客观标准言人人殊），而是着眼于当事人在具体情境下自主的选择。[4809]

退一步而言，即使能够清楚地假定何种规范为正确规范，也并不意味

[4804] Myron T. Steele, *The Moral Underpinnings of Delaware's Modern Corporate Fiduciary Duties*, 26 Notre Dame J. L. Ethics & Pub. Pol' y 3, 22-23 (2012). 该文指出，信义义务的道德性至今仍在影响着特拉华的现代公司法实践，尽管法经济学影响力日增（法经济学者往往被称为契约论者）。Id. at 5.

[4805] J. Dennis Hynes, *Freedom of Contract, Fiduciary Duties, and Partnerships: The Bargain Principle and the Law of Agency*, 54 Wash. & Lee L. Rev. 439, 464 (1997).

[4806] Meinhard v. Salmon, 164 N. E. 545, 546 (N. Y. 1928) (Cardozo, J.). 本案被称为卡多佐法官道德主义判决意见中最为著名者。Richard A. Posner, *Cardozo: A Study in Reputation* 104 (1990).

[4807] Larry E. Ribstein, *Fiduciary Duty Contracts in Unincorporated Firms*, 54 Wash. & Lee L. Rev. 537, 560 (1997); Larry E. Ribstein, *The Mandatory Nature of the ALI Code*, 61 Geo. Wash. L. Rev. 984, 1031-32 (1993).

[4808] Larry E. Ribstein, *Fiduciary Duty Contracts in Unincorporated Firms*, 54 Wash. & Lee L. Rev. 537, 560 (1997) [引用Eric A. Posner, *Law, Economics, and Inefficient Norms*, 144 U. Pa. L. Rev. 1697, 1711-24 (1996)]. 理博斯坦随后以判例详细例证之。Id.

[4809] 特拉华州法院在此问题上正保持了法律应有的谦抑。有限责任企业成员主张企业管理细则(bylaw)不符合"良好的公司治理实践"，法院否定此项主张，认为特拉华州并未在法律上要求有限责任企业起草管理细则时须符合"良好的公司治理"之类的抽象见解；相反，有限责任企业为合同的创造物，旨在求得最大限度的合同自由、私人自治与灵活性。Travel Centers of America, LLC v. Brog, No. 3S16-CC, 2008 WL 1746987 (Del. Ch. Apr. 3, 2008).

着此类规范应由法院执行。[4810]为不少判例重述的*Meinhard*案之卡多佐判词，至多不过是表述了一项商人应追求的标准（而不是一项具有法律执行力的规则），或者不过是以道德术语对法律规则作过度表述以促进其遵守而已。[4811]尽管所谓的“正确”行为会在*Meinhard*案之类的案件中合流，但并不意味着道德标准均应具有法律执行力。[4812]合同当事人会认同商业规范，但可能不同意此类规范由法律执行。[4813]此中诸多原因包括：诉讼有其成本且对商业关系具有破坏性，诉讼依赖于无法客观核实的事实。[4814]事实上，法律执行会实际削弱或颠覆商业规范，法律会破坏那些容许互惠合作规范发展的社会条件。[4815]复制商业规范的法律规则一般会侵蚀自治。[4816]例如，对贪得无厌或好讼的交易者授予宽泛的法律救济，无助于促进商业关系中的信任与合作，反而是给了不合作当事方一个反对其他当事人的俱乐部，它将会迫使当事人不信任其合作者，转而采取下列措施：拟定削弱诉讼的特别协议、避免进入本类型的企业或关系、直接选出此种商业规范——由此使此种规范甚至根本无从适用于其旨在适用的案型（如果规则是强行性的、当事人无法回避其适用，当事人可能被迫整个回避此种法律关系）。[4817]易言之，法律规则无法迫使当事人彼此信任或合作，却能够削弱信任或合作。[4818]

学者进而指出，即使商业规范是适当的且应由法律执行，该规范是否必须体现为强行规范或者对合同限制应有多宽，依然不清楚，例如，如果确实存在“合伙不得排挤特定合伙人以维护合伙整体”之类的规范，也不

[4810] Larry E. Ribstein, *Fiduciary Duty Contracts in Unincorporated Firms*, 54 Wash. & Lee L. Rev. 537, 562（1997）.

[4811] Id. at 562-63.

[4812] John H. Langbein, *The Contractarian Basis of the Law of Trusts*, 105 Yale L. J. 625, 658（1995）.

[4813] Stewart Macaulay, *Non-Contractual Relations in Business*: *A Preliminary Study*, 28 Am. Soc. Rev. 555（1963）.

[4814] Lisa Bernstein, *Merchant Law in a Merchant Court*: *Rethinking the Code's Search for Immanent Business Norms*, 144 U. Pa. L. Rev. 1765, 1787-95（1996）.

[4815] Richard H. Pildes, *The Destruction of Social Capital Through Law*, 144 U. Pa. L. Rev. 2055, 2060-76（1996）.

[4816] Eric A. Posner, *The Regulation of Groups*: *The Influence of Legal and Nonlegal Sanctions on Collective Action*, 63 U. Chi. L. Rev. 133, 136（1996）.

[4817] Larry E. Ribstein, *Fiduciary Duty Contracts in Unincorporated Firms*, 54 Wash. & Lee L. Rev. 537, 563-64（1997）.

[4818] Id. at 564. 一般商法上的实证研究亦表明，适用《统一商法典》中的法定商业规范会败坏商业关系。Lisa Bernstein, *Merchant Law in a Merchant Court*: *Rethinking the Code's Search for Immanent Business Norms*, 144 U. Pa. L. Rev. 1765（1996）.

能证明为何所有的合伙皆必须遵守此项规范。当事人自己何以没有能力决定“在法律规则有助于促进合作与信任时采纳该规则、在法律规则可被用于促进浪费性诉讼时拒绝该规则”之类的事务？[4819]处于信息不对称条件下的立法者或法院又何以有此能力？

概言之，立法者或法院无法决定何谓“正确”的规范；即使确有“正确”的规范，也并不必须表现为法律形式；即使正确的规范可表现为法律形式，也并不必须表现为强行规范；即使须表现为强行规范，也必须权衡其成本（包括考虑同等重要的其他“经济外”价值）。强制性信义义务的所谓“非经济”考虑之收益，也必须与潜在成本进行权衡，此类成本包括：阻碍新规范的进化、威胁到有效益的法律关系的成立、妨害至少同等重要的非经济价值（例如，人类自治之需要、人类自主理性之尊严）。[4820]经详细权衡得出确定无疑的结论之前，立法与司法仍以保持克制与谦抑为宜。

又有论者认为信义义务事关公共利益，且无论此种见解有何依据（维护自治同样是一种公共利益），至少并不能证明“为何关注公共利益就不应促进私人合同的实现”。[4821]

5. 实定法的支持

反契约主义的一大缺陷是缺乏实定法支持。契约主义者有时被视作“契约主义极端分子”（contractarian extremists），但事实上，在非公司企业法领域，美国各州的制定法与法院近乎普遍地认可免除信义义务之条款的效力；试图通过《统一合伙法》与《统一有限责任企业法》改变法律之人，才是极端主义者。[4822]规范分析应当立足现实，关注容许减免条款可能引起的特定问题，而不是作出关于无效率或不公平的粗略断言；仅有通过分析大量案例而得出的结论（而不是散乱、随意的断论）才可能接近适当的规则。[4823]

[4819] Larry E. Ribstein, *Fiduciary Duty Contracts in Unincorporated Firms*, 54 Wash. & Lee L. Rev. 537, 564 (1997).

[4820] Id.

[4821] Henry N. Butler & Larry E. Ribstein, *Opting Out of Fiduciary Duties: A Response to the Anti-Contractarians*, 65 Wash. L. Rev. 1, 29 (1990). 一个类似的问题是，公用事业、医疗服务、教育、资源开发等行业事关公共利益，但这并不意味着必须由政府或公共机构运营，相反，私人营运的效率通常高于政府经营。

[4822] 关于自己交易、竞业禁止、企业交易机会、管理者报酬、披露义务、救济等信义义务的各种内容，均有大量制定法与判例法支持免除信义义务之条款。详见Larry E. Ribstein, *Fiduciary Duty Contracts in Unincorporated Firms*, 54 Wash. & Lee L. Rev. 537, 571-93 (1997)。

[4823] Id. at 594 (1997).

（六）替代性的法律对策是否可行

退言之，即使确有必要以强行规范形式实施信义义务或决定限制、免除信义义务条款是否有效，至少必须有可操作的规则，然而，信义义务所涉的合同类型是如此广泛，以致无法为减免信义义务条款划出一条明确的界线，以决定其有效或无效。[4824]现有的方案均有其不足。

1. 特定免除而非概括免除

美国统一州法全国委员会起草的《统一合伙法》《统一有限合伙法》《统一有限责任企业法》等采用另一种模式，即“特定免除而非概括免除”模式。[4825]在此类模式下，当事人有效限制忠实义务有两条途径：指明特定种类的行为不违反义务；由合伙人表决授权或允许特定行为。[4826]改变或放弃合伙人的信义义务，必须在知情的基础上作出同意，并且必须是按个案情形作出，[4827]不得概括地改变或放弃。然而，当事人不能代之以其他标准（例如，公平对等标准），亦不能约定一般种类的行为不违反义务（例如，从事竞业活动），即使其他标准并非“明显不合理”。[4828]

此种模式的理由为，针对特定交易放弃信义义务，能够使当事人在事前作出更优的评估与判断。[4829]

然而，此种模式缺乏可操作性。首先，统一法的此类规定语义模糊且自相矛盾，其确切含义如何，遗留许多难解之题。[4830]有论者认为，统一法仅禁止完全免除信义义务。[4831]但条文中的模糊用语赋予司法解释过宽的

[4824] Id. at 564, 584.

[4825] Uniform Limited Liability Company Act § § 409(c),(h)(2), 103(b)(3)(1996).《修订统一有限责任企业法》不许排除或限制成员或经理的下列责任：因接受无权接受的经济利益所负责任；因故意损害企业所负责任；决定违法分配的责任；故意违反刑法的行为而应承担的责任；因违反忠实义务的行为所负责任。Revised Uniform Limited Liability Company Act § 110(g)(2006).

[4826] Uniform Limited Partnership Act § 110(b)(5)(2001).

[4827] Claire Moore Dickerson, *Is It Appropriate to Appropriate Corporate Concepts: Fiduciary Duties and the Revised Uniform Partnership Act*, 64 U. Colo. L. Rev. 111(1993).

[4828] Larry E. Ribstein, *Fiduciary Duties and Limited Partnership Agreements*, 37 Suffolk U. L. Rev. 927, 962-63(2004).

[4829] John C. Coffee, Jr., *The Mandatory/Enabling Balance in Corporate Law: An Essay on the Judicial Role*, 89 Colum. L. Rev. 1618, 1668-69(1989).

[4830] Larry E. Ribstein, *Fiduciary Duty Contracts in Unincorporated Firms*, 54 Wash. & Lee L. Rev. 537, 593(1997).

[4831] Allan W. Vestal, *Advancing the Search for Compromise: A Response to Professor Hynes*, 58 Law & Contemp. Probs. 55, 64(Spring 1995).

空间，既有悖于政策考虑，亦抵触各州的现行法。[4832]其次，仅容许免除特定种类的信义义务，会产生新的问题：当事人可否逐项免除各种信义义务、从而将信义义务免除殆尽？难有明确一致的解释。最后，2001年《统一有限合伙法》容许有限合伙协议约定，一定人数或比例的合伙人有权允许（在向全体合伙人披露所有重大事实后）那些原本在其他情况下将违反忠实义务的特定行为。[4833]学者指出，此项规则意味着普通合伙人可授权此类行为，从而在实际效果上放弃对选出忠实义务之限制，但此类条文迂回冗赘之语句，却会引发复杂的解释问题（例如，协议可否对披露要件作出变通约定），而且，条文的复杂化导致信义义务混杂不清，限制放弃信义义务之条文，原本旨在保护经验欠缺之企业，结果反而无法发挥其功能。[4834]

学者指出，特拉华州方法的功能在于，鼓励富于经验的律师利用其技能起草能够提供灵活性并考虑有限合伙人利益的协议，而2001年《统一有限合伙法》似乎意在适应无律师协助者之需，但实际效果却可能对各种有限合伙均不适合：鉴于该法关于限制放弃信义义务之条文收益低、成本高，依据该法设立有限合伙的法律建议通常将高度可疑，甚至可能构成律师职业过失的侵权责任。[4835]因而，容许合同选出信义义务的一般规则，加上个案的司法审查与适用，实为更优方案。[4836]

2. “明显不合理”标准

与“区分特定免除与概括免除”这种看似精细化的模式相比，以合理性标准决定免除条款是否有效，则是粗糙化的模式。

《统一商业信托法》第104条第5项沿用《统一有限合伙法》《统一有限责任企业法》某些条文的模式，规定：“商业信托文件不得改变第505条规定的受托人的行为标准，但商业信托文件可以订定善意的标准、商业信托最大利益的标准及在相似情况下处于相似地位之人合理相信为适当的注意标准，如果该标准并非明显不合理。”[4837]此所谓“明显不合理”

[4832] Larry E. Ribstein, *Fiduciary Duty Contracts in Unincorporated Firms*, 54 Wash. & Lee L. Rev. 537, 593 (1997). 例如，所谓“特定类型或种类的活动”可被解释为要求描述特定的行为（如取得财产）而不仅是不当行为之类型（如自己交易），这就与*Singer v. Singer*案之类的判例抵触。Id.

[4833] Uniform Limited Partnership Act § 110(b)(5)(B)(2001).

[4834] Larry E. Ribstein, *Fiduciary Duties and Limited Partnership Agreements*, 37 Suffolk U. L. Rev. 927, 963 (2004).

[4835] Id. at 963-64.

[4836] Id.

[4837] Uniform Statutory Trust Entity Act § 104(5)(2009).

(manifestly unreasonable)标准，是由《修订统一合伙法》借鉴自《统一商法典》，[4838]随后被其他商业组织统一法采纳。此类规定是将界定减免条款有无效力(减免条款是否合理)的权限交给法院。但是，美国法院迄今为止的判例，并未能准确界定何为“明显不合理”，而只是在用词典释义徒作同义反复而已。[4839]此种标准的糟糕绩效，印证了学者的批评意见：法院并不能摆脱固有的局限性，此类规则不过是“天堂之谬误”的又一表现而已；对于在特定情势下决定减免条款的成本与收益，外部决策者并不处于比当事人自己更好的位置。[4840]理由有三。

首先，法院可能缺乏为评估信义义务成本收益所必需的信息。[4841]作此种评估需了解当事人在不同类型的替代安排中所作的具体取舍，法院必须根据对特定关系之要素及周边情势的熟知，评估信义义务替代约束机制的有效性；法院还必须有能力根据替代性治理结构评估减免条款(包括在表决、退出信义义务等之间的得失权衡)，而许多法官缺乏作出此类决定所必须的专门技能。[4842]

其次，(诉讼时所面临的)看似糟糕的结果并不是决定性的，真正相关的问题是应以当事人达成交易之时的见解看待交易，但法院缺乏根据当时的见解来评估当事人所作选择之成本收益所必需的信息与熟练技能，而往往流于后见之明，换言之，法院的不当判定可能将受益人置于比没有减免信义义务时更坏的地位。[4843]“不合理标准”甚至比信义义务的任意规范更不确定。

最后，正如当事人可能因动机不良或认知缺陷而实施“坏”的交易，法官同样会因动机不良或认知缺陷而作出不当的裁判。[4844]一个尚未引起充分重视的因素是，法院往往受制于“样本偏见”(sample bias)。法院面临是否承认减免条款之效力时，为求得界定何种条款有效、何种条款无

[4838] Uniform Commercial Code § 1-302(b)(2005).

[4839] Thomas E. Rutledge & Ellisa O. Habbart, *The Uniform Statutory Trust Entity Act*: *A Review*, 65 Bus. Law. 1055, 1080 n. 166(2010). 不过，至少可以确定的是，“明显不合理”并不等同于“显失公平”。Id.

[4840] Larry E. Ribstein, *Fiduciary Duty Contracts in Unincorporated Firms*, 54 Wash. & Lee L. Rev. 537, 565(1997).

[4841] Id.

[4842] Id. 例如，合伙人不得谋取合伙机会之义务是否适合于特定的合伙，依赖于各种因素，包括合伙人放弃的机会之价值。合伙人对合伙所作经济许诺之价值。是否存在对合伙人裁量权的其他约束。合伙人在合伙中的权益份额。Id.

[4843] Id. at 565-66.

[4844] Id. at 566.

效的现实标准，需检视减免条款的整体情况。法院由此所见的“坏”案例（其结果有利于义务人），仅是正常分布状况的一部分。但是，法院只能看到受益人起诉（因交易有利于义务人而起）的信义义务减免案例。此种失衡的、一面倒的见解，暗示着减免条款系统性地有利于义务人，由此推导出减免条款应为无效的结论。由于可得性问题与代表性问题，法院亦可能倾向于假定将来的案件类似于当前案件，以致更有可能得出将会阻遏此类行为的判决，并促成将未来案例引向类似结果的规则。[4845]

一言以蔽之，“明显不合理”标准的不合理之处在于：为何决定不合理的权力操于法院之手，而当事人自己却不能决定？[4846]

此外，对免除信义义务条款之“合理性”进行司法审查，在私法上欠缺依据。依据私法的一般原则与规则，“不合理”并非合同无效事由。再者，要求当事人界定“并非明显不合理”的诚实信用标准，不仅极度模糊，而且有悖于诚实信用的一般概念。[4847]

3. 其他方案

至于法律可能采取的其他对策（诸如显失公平规则、合格投资者规则、无义务条款等），亦各具难以克服的缺陷，不适于作为强行反对免除信义义务条款之依据。[4848]

例如，显失公平法则不宜当然适用于免除信义义务之条款。首先，显失公平法则适用于一次性合同，或许有其正当性，却不适于长期合作合同，[4849]原因之一在于长期合同通常存在由类似法院的中立第三方或其他人裁断特定事项之机制，可替代对合同事项公平性的司法审查。其次，合同法并不要求交易必须公平。[4850]即使有显失公平法则，其救济对象亦仅

[4845] 关于样本偏见的上述见解，参见Id.。

[4846] Larry E. Ribstein, *An Analysis of the Revised Uniform Limited Liability Company Act*, 3 Va. L. & Bus. Rev. 35, 69（2008）.

[4847] Larry E. Ribstein, *Fiduciary Duty Contracts in Unincorporated Firms*, 54 Wash. & Lee L. Rev. 537, 593（1997）.

[4848] Id. at 566-70.

[4849] Donald J. Weidner, *RUPA and Fiduciary Duty: The Texture of Relationship*, 58 Law & Contemp. Probs. 81, 95 n. 65（Spring 1995）.

[4850] Ann E. Conaway, *Why No Respect? The Contractual Duties of Good Faith and Fair Dealing in Delaware* 8（Widener Law School Legal Studies Research Paper No. 08-05, June 17, 2007）, http://papers.ssrn.com/sol3/papers.cfm?abstract_id=994624.

限于合同订立时显然不公平之行为，究属例外。[4851]再次，显失公平的构成，须有主观要件和客观要件。主观要件是指一方利用他方陷于危困状态、欠缺判断能力等事由，客观要件是指给付和对待给付明显不均衡。单纯因免除信义义务条款的存在，并不能证明具有主观要件。最后，显失公平法则可能引导法官过于注重公平而忽视效率，这在商事纠纷解决中未必合适。创制公平但无效率的合同法规则，仅是浪费交易成本以及特约排除任意规范或迂回规避强行规范的成本而已。[4852]

[4851] 美国合同法上的显失公平法则，仅适用于依合同订立时的情形认定合同是否显失公平，对于合同订立后的情形，合同法留由当事人自行协商。Ann E. Conaway, *The Multi-Facets of Good Faith in Delaware: A Mistake in the Duty of Good Faith and Fair Dealing; A Different Partnership Duty of Care; Agency Good Faith and Damages; Good Faith and Trust Law*, 10 Del. L. Rev. 89, 103 (2008). 此与德国、我国的显失公平法律行为规则相当。

[4852] Alan Schwartz, *The Law and Economics Approach to Contract Theory* (Columbia Law and Economics Working Paper No. 123).

第十二章　商业信托的结构变动：总论

第一节　结构变动的一般问题

一、概念与体系

商业信托的结构变动（restructuring），包括商业信托文件修改，商业信托合并、分立、权益置换、改组、迁移与本地化等“实体交易”，商业信托解散或终止。此类法律事实样态各异，但皆在不同程度上改变了商业信托的主体结构状态，因此可归入“结构变动”之列，其变动强度大致呈逐次加强之势：商业信托文件修改是在不改变商业信托主体状态的情况下调整结构，实体交易是转变商业信托的存在状态，[4853]解散与终止是商业信托主体地位的彻底消灭。学理上也有将组织文件修改、合并、解散等统称为“根本变动”（fundamental changes）。[4854]

在此领域，商业信托法的法理、制度与普通信托法大相径庭，而与其他商业组织法处于同一体系。首见于术语差异。首先，普通信托法用“信托的变更”（modification of trust）一词指称信托条款的变动，商业信托法称之为“信托文件的修改”（amendment of the trust instrument）；[4855]其次，商业信托与另一商业信托或其他组织结合为同一组织，称为合并（merger or consolidation），两个以上普通信托合而为一，称为归并（combination）；最后，商业信托因解散（dissolution）而消灭，因有组织性，故称解散，普通信

[4853] 合并、分立使商业信托整体结构发生变动或在法律上分合为新组织，在经济实质上商业信托仍然存续（其营运价值并未消灭）；权益置换是改变商业信托的所有权结构；改组是改变商业信托的组织形式；迁移是境内法人变为境外法人，本地化是境外法人变为境内法人。

[4854] Joan MacLeod Heminway, *Fundamental Changes in the LLC: A Study in Path-divergence and Convergence*, in Research Handbook on Partnerships, LLCs and Alternative Forms of Business Organizations 189-205 (Robert W. Hillman & Mark J. Lowenstein eds., 2015).

[4855] 我国法律对组织文件用“修改”一词（如《合伙企业法》第19条、《公司法》第37条第1款第10项、第43条第2款、第103条第2款、《证券投资基金法》第47条第2项关于基金合同的修改），对一般合同用“变更”一词（如《民法典》第543条、《劳动合同法》第35条）。

托不称解散，径称终止。[4856]

次见于规范体例。商业信托的文件修改、合并、解散等各种行为，虽在引发结构变动这一点上有其共性，但各有目的与理念，个性更大于共性。商业信托法分设不同规则，且分列于不同条文或章节。因此分章讨论其细节更为适宜。普通信托各种结构变动的共性大于个性，普通信托法将变更、归并、分割与终止纳入同一条或同一组规范之中。[4857]本章讨论信托结构变动的一般问题，着重揭示商业信托法与普通信托法的总体区别及其法理基础。后两章讨论各制度之个性。“商业信托文件的修改”内容较简，单列一章过于单薄，因此本章附带论及。

二、法院对信托结构变动的干预

（一）一般问题

1. 法院对普通信托结构变动的广泛干预

法院对普通信托变更、归并、分割与终止有广泛的干预权。[4858]此为英美法系信托法之共性。英国信托法上，经全体受益人同意，可以变更或终止信托；全体受益人未能合意时，依申请，法院有权变更或终止信托。[4859]并且，依照1958年《信托变更法》之规定，法院可以为了四类受益人之利益，准许变更或终止信托。四类受益人包括：不能为同意表示的无行为能力人；在将来某一日期或者因某一事件的发生而可取得受益权的人；未出生者；在保护信托中持有自由裁量权益的人。[4860]英国的学说判例指出，该法意在使法院能够代那些不能自行同意之人表示同意，是对同意原则的一种法定扩张。[4861]

[4856] 类似例证为普通合伙，例如，我国台湾地区“民法”上普通合伙虽仅为契约之一种，其解散性质上为终止契约，但因具有团体性，而称为解散；隐名合伙无团体性，因此其关系终了，称为终止。参见王泽鉴：《民法概要》，中国政法大学出版社2003年版，第425页；黄立主编：《民法债编各论》（下），中国政法大学出版社2003年版，第725页。

[4857] 例如，《第三次信托法重述》第13章名为“信托的变更与终止”，涵盖信托的终止（termination）、废止（revocation）、取消（rescission）、改订（reformation）、变更（modification）、混同（merger）、归并（combing）、分割（dividing）等。

[4858] 除特别指明者外，本章所称普通信托，均指非公益性的不可废止信托（noncharitable irrevocable trust）。公益信托的变更或终止另有特别规则。Uniform Trust Code § 413. 可废止信托可由委托人任意变更与终止，亦属特例。Id. § § 602-603. 关于可废止信托，详见本书第14章第1节第1目。

[4859] A. J. Oakley, *Parker and Mellows: The Modern Law of Trusts* 843（9th ed. 2008）.

[4860] Variation of Trusts Act 1958, § 1.

[4861] David Hayton, Paul Matthews, & Charles Mitchell, *Underhill and Hayton Law Relating to Trusts and Trustees* 670（18th ed. 2010）.

相比于英国法，美国信托法更强调对委托人意思的尊重。依美国信托法，委托人与全体受益人协商一致，可以变更或终止信托，经法院准许，委托人的同意权可由监护人或保护人行使。[4862]经全体受益人协商一致且法院认定信托的存续非实现信托的任何实质性目的（material purpose）所必需时，可以终止信托；经全体受益人协商一致且法院认定变更不与信托的实质性目的相抵触时，可以变更信托。[4863]全体受益人不能就信托变更或终止达成一致的，法院在符合下列条件时，可准许信托变更或终止：假设在全体受益人已同意的情形，能依前述规定变更或终止信托，且不同意变更或终止的受益人之权益将得到充分保护。[4864]因委托人不可预见的情势变更，致变更或终止信托能够促进信托目的实现的，法院可以变更或终止信托。[4865]依现存的信托条款存续将使信托不可行（impracticable）、不经济（wasteful）或危及信托管理时，法院可以变更信托的事务管理性条款（administrative terms）。[4866]对于小额信托，法院认定信托财产不足以维持信托管理成本时，可以变更或终止信托。[4867]为实现委托人的税收目标，法院得以不违背委托人可能的意愿之方式变更信托条款；且法院可规定该项变更具有溯及力。[4868]某些州制定法规定，法院有权决定信托的分割；[4869]在缺乏此类制定法的场合，判例法亦支持法院有决定信托归并或分割的权力。[4870]法院变更或终止信托的上述权力属于强行法，信托条款

[4862] Uniform Trust Code § 411(a).

[4863] Claflin v. Claflin, 149 Mass. 19, 20 N. E. 454(1889); Restatement(Third) of Trusts § 65(2003); Uniform Trust Code § 411(b); IV Austin W. Scott & William F. Fratcher, *The Law of Trusts* § § 337-340.2(4th ed. 1987). 关于Claflin规则及其社会背景，参见[美]劳伦斯·M. 弗里德曼：《遗嘱、信托与继承法的社会史》，沈朝晖译，法律出版社2017年版，第160~166页。

[4864] Uniform Trust Code § 411(e). 一致同意不可行的原因包括部分受益人反对、无法获得全体受益人同意、不确定的受益人无人代表。Id. § 411 cmt.

[4865] Restatement(Third) of Trusts § 66(1)(2003); Restatement(Second) of Trusts § 167(1)(1959); Uniform Trust Code § 412(a); IIA Austin W. Scott & William F. Fratcher, *The Law of Trusts* § § 167-167.2(4th ed. 1987).

[4866] Uniform Trust Code § 412(b).

[4867] Uniform Trust Code § 414(b).

[4868] Uniform Trust Code § 416; Restatement(Third) of Property: Wills & Other Donative Transfers § 12.2(2003).

[4869] California Probate Code § 15412; Ga. Code Ann. § 53-12-152; Md. Code Ann. Est. & Trusts § 14-106; Mont. Code Ann. § 72-33-416; 20 Pa. Cons. Stat. § 7191; R. I. Gen. Laws § 18-4-25; S. C. Code Ann. § 62-7-211; Tenn. Code Ann. § 35-50-117.

[4870] In re Will of Marcus, 552 N. Y. S. 2d 546(Surr. Ct. 1990); BankBoston v. Marlow, 701 N. E. 2d 304(Mass. 1998).

不得偏离或排除适用。[4871]

英美法系法院对普通信托变更与终止的广泛介入，渊源于信托法传统。信托作为衡平法的创造物，向来深受法院衡平干预的影响。但是，历史原因并不足以完整解释法院为何采用家长主义方式广泛干预普通信托。至少可从下列几项功能中，发现法院干预的实质性理由。

其一，保障委托人意愿的实现。普通信托基于委托人无偿移转其财产的行为而设立，保障委托人的意愿为普通信托法的根本宗旨之一。委托人意愿与受益人意愿未必一致。普通信托大多为遗产规划的工具，委托人过世后，[4872]纵然全体受益人同意变更或终止信托，仍可能与委托人意愿相抵触。[4873]而受托人虽有义务遵守信托条款、尽力实现信托目的，但同时须以受益人利益为宗旨，在受益人利益与委托人意愿抵触或受益人改变信托条款之情形，可能左右为难。作为中立方，法院更适宜确保委托人意愿在信托管理的全程中得到尊重。

其二，补全普通信托运营结构之不足。受益人通常并非主动参与信托关系，对信托与信托法多无充分认知，且多为欠缺事务或财务管理能力者，对于是否需要、何时及如何变更、分合或终止信托之类的问题，往往欠缺判断能力。而受托人虽熟悉信托事务，但若将变更或终止信托之权完全托付于受托人，又会造成授权过大的局面，且因欠缺有效的资本市场等制约，受托人极有可能滥用此权。而法院在处理普通信托事务上富有经验，足以胜任，又因其利害关系比受托人遥远，较能作出公正判断。此外，普通信托作为遗产规划的工具，其受益人往往包括未出生者，此类受益人无从参与信托变动之决断，若因信托定有未出生受益人又不能得其同意，而无法实施信托变更与终止，难免妨碍信托运营、有害于现有受益人之利益。法院作为此类受益人之“代表”作出变更或终止信托的决定，可以视作对信托运营的一种必要补充机制。

其三，保护少数异议受益人免受多数的欺压。信托变更或终止以受

[4871] Uniform Trust Code § 105(b)(4).

[4872] 遗嘱信托生效之时，委托人已去世。即使是生前赠与信托，因普通信托一般涉及多个后代的财产安排，信托期限跨越数代，委托人于信托存续期间去世，事属常见。此时，法院即成为委托人意愿的维护者。委托人在世时，委托人与全体受益人可自由决定信托变更或终止；委托人去世的，则由法院经由执行信托条款实现委托人的意愿。

[4873] 例如，委托人意图在保障受益人生计之余资助公益事业，因此在信托文件中订定：信托受益人为A、B、C，任一受益人死亡时，其受益权对应的信托财产应被用于某种公益目的。A、B、C认为投资于此项公益事业无益，遂一致决定将信托财产改作他用，或者A、B、C为扩大各自可得财产额，一致决定将任一受益人死后的相应信托财产转由剩余受益人享用。

益人一致同意为原则，然而一致同意往往难于达成，强求一致难免影响效率，但如法律容许部分受益人决定变更或终止信托，因普通信托受益权流通性弱，异议受益人难以“用脚投票”，将陷于受欺压或排挤之危险。此时由法院把关，以充分保护异议受益人之权益为条件准许变更或终止信托，不失为平衡之道。

法院干预虽有上列优势，但若其成本或风险超过优势，亦无正当性可言。幸而普通信托的管理尚在法院力所能及范围之内，信托所涉交易频率、难度相对较低，尚不致因法院干预而严重妨碍信托的运行效率。

2. 商业信托结构变动：原则上排除法院干预

商业信托结构变动无须法院广泛干预。商业信托文件修改或商业信托解散，取决于商业信托文件条款，法院并无修改或解散的固有权限，甚至受益人也不当然有此权限。例如《特拉华州商业信托法》明文规定：除根据商业信托文件条款外，受益人或其他人无权终止或废止商业信托。[4874]早年的美国判例指出，非经受益人一致同意，法院无权重订商业信托合同。[4875]至于合并、改组等，更是纯由商业信托自决。美国1940年《投资团体法》规定，非经多数受益人表决同意，投资团体不得变更投资团体类型、偏离投资政策或终止。[4876]苏格兰法律委员会的信托法报告及其所附的信托法草案亦提出，法院变更信托目的之权力不适用于商信托。[4877]

商业信托环境中，法院干预不仅无必要，而且有害。

(1)无必要性

其一，商业信托为受益人与受托人之间的合同安排，不同于普通信托的无偿行为性质，委托人意愿不具有根本的重要性，自然无须法院担当委托人意愿的捍卫者。

其二，商业信托为商人之间交易的产物，受益人基于主动的投资行为加入信托，一般对商业信托运营事项有足够的判断力。商业环境变化多端，受益人作为置身其中的利益攸关者，为自身利益的最佳判断者，不必由法院越俎代庖。同时，商业信托并非为遗产规划而设立，一般不设定未来受益权，不存在须为未出生受益人设置特别规则之必要。

其三，有受益权市场之助，异议受益人寻求“用脚投票”式的救济较

[4874] Del. Code Ann. tit. 12, § 3808(a).

[4875] Hood v. James, 256 F. 2d 895(5th Cir. 1958).

[4876] 15 U. S. C. § 80a-13.

[4877] Scottish Law Commission, Report on Trust Law 244, 342-44(Scot. Law Com. No. 239, 2014).

为便利。商业信托文件亦可授予受益人估价权，以填补异议受益人因结构变动所受损害。由法院出面保护少数受益人并非必要。

苏格兰法律委员会的信托法报告认为，法院变更信托目的的权力不适用于商信托，理由有二：其一，商信托源于合同，法院变更信托目的的权力并不适合于合同安排，信托当事人当然可以自由改变其合同安排；其二，商信托的信托文件通常含有将来变更信托目的的条款，如果当事人认为变更信托目的是可取的，他们自然会依约行事。[4878]

（2）有害之处

其一，商业信托合并、解散、信托文件修改等行为往往涉及复杂的经济考虑，有关交易具体情势的信息或知识大多超出法院所能掌握的范围，交易频率与普通信托亦不可同日而语；且法院与商人所处立场有本质区别，法院在商业事务判断与决策上的技能不能与商人相提并论，由法院广泛介入不具备效率优势。同时，法院保有变更或终止信托的固有权力，将损害信托交易的可预期性，进而削弱受益权的投资价值。因法院变更或终止信托的情形大多属于不确定事由（如情势变更、不可行、不经济），且法院将以何种方式变动信托，非受益人所能预知；法院不当行使变更或终止权的风险，更危及受益权投资的安全性与稳定性。

其二，依民事法的一般原则，法院干预一般不能由法院依职权启动，须依当事人的申请而启动。商业信托一经成立运营，即有独立的营运价值，涉及全体受益人的整体利益，不同于受益人的个别利益。由法院依个别受益人申请终止或变更信托，极有可能扰乱商业信托的正常经营；且因受益权市场的开放性，恶意第三人购买受益权以滥用诉讼机制的机会将大幅增加。[4879]

基于上列理由，商业信托的结构变动，由商业信托文件自决。当然，因商业信托文件常授权受益人依多数决行事，受益人会议就信托结构变动所作决议亦非某一特定受益人所能预知，受益人仍需面对他人决策的风险。但此种风险属于投资者理应承受的正常商业风险。受益人会议决议系受益人的集体意思，由处于相似地位、具有相似利益之人作出，不致过度偏离个别受益人之意，迥异于法官的决定；受益人之间纵有控制、排挤等情事，异议受益人亦可通过估价权等机制获得补偿。反之，法院决定

[4878] Scottish Law Commission, Report on Trust Law 225 (Scot. Law Com. No. 239, 2014).

[4879] 商业信托法对受益人获取信息权的限制以及派生诉讼制度，同为防范此类风险的机制。本书第10章已论。这也是普通信托一般不会遭遇的危险。

模式不存在功能相当的补偿机制。因此，受益人决定模式优于法院决定模式。

其他商业组织法广泛排除或限制法院修改企业组织文件或决定合并、解散的权限，可说是基于类似理由。而且，商业信托法对司法机制的限定，比其他商业组织法更为彻底。详见本书第14章第1节、第2节关于终止与解散事由之讨论。

此外，鉴于委托人意思在普通信托存续的全过程中居于支配地位，普通信托的特殊性还体现为，信托变更或终止须与委托人可能的意思一致。但在商业信托中，除信托文件另有订定外，委托人的角色仅限于充当设立人而已，无论受托人还是受益人，在修改商业信托文件时，均无须考虑委托人意思。

3. 我国信托法制

我国《信托法》未授予法院干预信托变更与终止的权力，而由委托人自为，虽无法院决定模式之弊，但授予委托人如此宽泛的权利，亦不适于商业信托的实情，前已述及。[4880]《证券投资基金法》第47条第2项规定修改基金合同的重要内容与提前终止基金合同由基金份额持有人大会决议，合乎商业信托法理，但因适用范围所限，尚不足以解决商业信托的一般问题。《信贷资产证券化试点管理办法》对信托的变更与终止未设规定，更有局限。

（二）情势变更规则

1. 普通信托法的情势变更规则

依普通信托法，因发生委托人不可预见的情势变更（unanticipated change of circumstances），需变更或终止信托且变更或终止信托有助于实现信托目的时，法院有权变更信托条款或终止信托，亦可指示或准许受托人偏离信托条款；在可行范围内，变更信托条款须与委托人可能的意愿一致。[4881]此项法则，称为“衡平偏离”（equitable deviation），其目的并非否定委托人的目的或意愿，相反，是为更好地实现委托人的意愿或目的。[4882]因

[4880] 而就普通信托本身而论，该法未提及法院的干预权，或有法律漏洞，不足以应对委托人死后之情势。此外，该法未规定信托因情势变更、不可行、不经济而变更或终止。此种状况，在该法适用于商业信托时固然有益，却不能满足调整普通信托之需，未免顾此失彼。

[4881] Restatement（Third）of Trusts § 66（1）（2003）; Uniform Trust Code § 412（a）. 受托人知道或应当知道不可预见的情势变更，且该情势变更将会对信托或其受益人造成实质性损害的，有义务申请法院变更信托或偏离信托条款。Restatement（Third）of Trusts § 66（2）（2003）.

[4882] Uniform Trust Code § 412 cmt.

此，即使委托人在信托文件中明示禁止法院变更信托，情势变更规则也预设，委托人并非真正想要禁止法院的变更，相反，如果委托人知道情势变更的事实之后，会授权法院变更信托条款。[4883]在此意义上，情势变更规则具有强行法性质。

普通信托法的情势变更规则，类似于合同法上的情势变更规则。[4884]普通信托法授予法院强行干预的权限，究其缘由，至少有三。

其一，普通信托法与一般合同法缺乏足以有效解决情势变更问题的自治机制。普通信托变更、终止与信托的实质性目的不一致时，原则上须经全体受益人一致同意并经法院准许；如委托人与全体受益人一致同意变更或终止信托，即使变更、终止与信托的实质性目的不一致，亦可变更或终止信托，无须法院准许。[4885]一旦发生不可预见的情势变更，受托人如依现有信托条款处理信托事务，可能违反义务（受托人有义务实现信托目的），但受托人与受益人均无权单独变更信托，当事人难以通过内部机制解决问题——信托变更或终止难免调整或削减现有受益人利益，在信托变更需受益人一致同意的规则下，只要个别受益人有异议，即无法变更信托。类似地，合同变更须双方当事人合意，因情势变更需变更或解除合同，必然导致双方利益的重新分配，任一当事人不同意变更或解除，合同调整即陷僵局。概言之，在一致同意规则下，当事人实施要挟或钳制行为（hold-up）的动机大为增强。[4886]此时，若无中立、公正的第三方出面，难免造成不公平或无效率的结果，而握有强制干预权的法院，可能是最适宜（至少是最便于选定）的第三方。这也符合委托人的正常期待。

其二，相比于合同，普通信托在自主调整机制上另有难处，这归因于普通信托有别于合同的特殊性。普通信托受益人往往跨越数代，其中涉及大量的未出生受益人。他们无从参与特定时间段内的信托管理，无法参与信托变更或终止的决策，通常需要其他人为其代言，诸如信托保护人、信托监察人等。法院则是上述人等缺位时的最终协助者。就此而言，普通信托具有显著的“他律性”。一旦发生情势变更，受托人极有可能根

[4883] Austin W. Scott & William F. Fratcher, *The Law of Trusts* § 167(4th ed. 1987).

[4884] 发生情势变更时，合同当事人可请求重新协商合同条款，并可诉请法院变更或解除合同。如《国际商事合同通则》第6.2.3条、《欧洲合同法通则》第6：111条。

[4885] Uniform Trust Code § 411.

[4886] 由此可产生经济学所称“双边垄断”问题。相关研究，参见Oliver E. Williamson, *The Economic Institutions of Capitalism*: *Firms*, *Markets*, *Relational Contracting* 63(1985)。

本无法和全体受益人协商，信托管理陷入僵局的可能性远远大于一般合同的情形。情势变更规则作为一种打破僵局的机制，在普通信托法上的必要性更甚于合同法。

其三，上述两点原因，表明在普通信托法与合同法中有必要实行情势变更规则，[4887]但若此类规则将会导致公权力过度侵入或不当干预私法自治秩序，则仍无正当性。不过，在普通信托法中似无此危险。普通信托以保存与保护特定财产为目的，一般不置身于复杂的商业环境，信托管理情势剧变的机会较有限，情势变更终究不失为例外，授予法院强制变更或终止信托的权限，尚不致损害信托的自治管理。

2. 商业信托法：排除情势变更规则

反观企业法，情势变更规则并无容身之所。公司章程修改由股东会自决，未给予法院插手余地；合伙法、有限责任企业法类似。公司法至多在发生公司僵局时，授予法院解散公司的权限。

其一，企业是自律组织，拥有组织化的内部机制，足以应对情势变更。股东会、合伙人会议、有限责任企业成员会议之类的组织机构，依多数决修改组织文件或解散组织，僵局可能性大幅降低，自然减少甚至排除了第三方干预的必要性。企业法创设了一种“自力治理”（self-governing）机制，[4888]使组织内的自治能力比一般交易市场中的自治能力更为强大。[4889]企业成员的合理预期是，在发生情势变动时，不由外部第三方（包括法院）横加干预，而是由自治机制解决问题。此种自治机制，在普通信托法中却不宜建立，因多数决之类的组织化机制，需辅以顺畅的组织成员退出机制，以合理制约多数欺压少数之行为，资本市场及合同机制均属此类，普通信托则因欠缺受益权流通市场及受益人缔约自由，多数决定制或者窒碍难行，或者充满危险。同时，大量未来受益权的设定，也制约了集体决策机制的确立或运行。

其二，企业以商业环境为其安身立命之所，以从事经营为其存续发

[4887]　在大陆法系，财团法人等他律组织也有申请法院依照情势变更或类似规定修改章程的规则。

[4888]　Edward B. Rock & Michael L. Wachter, *Islands of Conscious Power: Law, Norms, and the Self-Governing Corporation*, 149 U. Pa. L. Rev. 1619（2001）.

[4889]　科斯在其经典论文《企业的性质》中指出企业与市场的区别，企业组织在执行定价、进行决策等方面拥有比市场机制（狭义上的市场机制）更强大的自主权这一事实，已经得到正视。Ronald H. Coase, *The Nature of the Firm*, 4 Economica 386（1937）. 其他学者的后续研究，更进一步深化了对企业与市场关系的认识。市场失灵（或者“合同失灵”）可由组织机制加以补救，或者说，组织机制具有市场机制所不具备的优势。参见Oliver E. Williamson, *The Economic Institutions of Capitalism: Firms, Markets, Relational Contracting*（1985）。

展之本。企业环境与经营活动复杂多变，普通信托或一般合同难以比拟。在普通信托或一般合同环境中“不可预见”的情势变化，在企业环境中完全可能是司空见惯的市场变动。即使企业严重亏损，亦未必构成企业终止的充分理由，而是应由当事人整体决定如何处理的商业风险。容许个别当事人以情势变更为由开启诉讼之门，企业或其成员将动辄涉讼，遗患无穷。情势变更法则的要件及效果尽属不确定概念或标准，易为不满企业经营决策的个别成员提供诱因，使之轻易兴讼。纵然判决有利于企业，但应诉成本在所难免。因企业环境变幻无常，情势变更规则一旦进入企业法疆域，可能成为常态而非例外，将侵蚀企业的自治秩序。鉴于法院在商业事务处理能力及应对市场环境的技能、激励、信息等方面远逊于企业，让法院在修改组织文件、终止企业等攸关企业命运之重大事务上拥有最终决策权，更为危险，以致有使自律组织异化为他律组织之虞。就当事人意思而言，选择企业治理结构而非一般市场契约治理结构，本身即含有依靠企业内部自力治理而非依靠外部司法干预之考虑。[4890]法院对此保持谦抑，正是对市场与企业自治机制的应有尊重、对司法局限性及司法权界限的自知之明。

基于上述原因，商业信托法同样无须采纳强行性的情势变更规则，而应承认商业信托文件自定修改或终止之全权。商业信托法更有必要明文排除法院以情势变更或其他事由为由修改商业信托文件或终止信托之权限。原因在于，商业信托本质上为一种信托、商业信托文件本质上为一种合同，如不明文排除情势变更规则，可能滋生“无约定时补充适用情势变更规则”的歧义，徒增法律解释与适用的不确定性。[4891]

3. 我国《信托法》的规定

我国《信托法》未规定信托文件变更。第5章“信托的变更与终止”规定委托人有权变更受益人或处分受益人的受益权，未提及信托文件变更。变更受益人或处分受益权，与信托文件变更并无必然联系，受益人变动或者受益权被处分，并不必然导致信托文件变更。因此，信托法所称的信托文件或信托条款变更，应是指信托的管理性条款或裁量性条款的变更，一般不包括受益人的变更或对受益权的处分。但不意味着在我

[4890] Edward Rock & Michael Wachter, *Corporate Law as a Facilitator of Self Governance*, 34 Ga. L. Rev. 529(2000).

[4891] 公司法上原本即不存在情势变更规则，且公司章程是否属于合同，亦无定论，因此公司法是否明文排除情势变更规则，其紧迫性尚不显著。

国信托法上，信托文件无法变更。[4892]信托文件采信托合同形式的，可适用《合同法》或《民法典》相关规定：合同当事人协商一致，可以变更合同。《信托法》所称信托当事人为委托人、受托人与受益人，据此，经委托人、受托人与受益人一致同意，可以变更信托。发生情势变更时，可依照关于合同情势变更的相关规定处理。信托文件采遗嘱形式的，遗嘱人在世时，可随时变更、撤回遗嘱。效果与英美信托法类似。不过，遗嘱人死亡后，则不再有变更信托的途径。一旦发生委托人生前不可预见的情势变更，将欠缺变更信托的法律依据；除非类推适用合同法的情势变更规则或采法律漏洞填补方法，难以解决遗嘱信托的上述问题。由此可见，《信托法》关于信托变更的规定，有进一步调整的必要。但总体而言，我国信托法的实际适用效果并无特异，以上关于普通信托法与商业信托法差异的分析，仍可适用。

第二节　附论：商业信托文件的修改

一、修改权

商业信托文件的修改，常为适应情事变化与促进信托管理效率所需，法律对此持极为宽松灵活的立场。在判例法上，何人有修改（amend）信托文件或改变（change）信托条款的权限，取决于商业信托文件条款。[4893]特拉华州等州法规定：商业信托文件可订定，无须任一特定受托人、受益人或特定类别、群组、系列的受托人或受益人表决或同意，即可修改商业信托文件。[4894]依此规定，商业信托文件可自由配置修改权。商业信托文件通常订定受托人或受益人有权修改信托文件，或者受托人经受益人同意有权修改商业信托文件。[4895]实务中，一般按照修改内容的重要性配置不同的修改权，以提升决策效率，兼顾受益人利益。常用条款有：无须受益人同意，受托人有权作出对受益人利益无重

［4892］《信托法》第53条规定，经信托当事人协商同意，信托终止。如采目的解释与当然解释方法，似可认为：信托变更轻于信托终止，法律尚且容许当事人协商同意终止信托，当然更容许当事人协商同意变更信托。不过，委托人去世后，“信托当事人”三去其一，纯由受益人与受托人协商同意，是否足以发生“信托当事人协商同意”的效力，仍有疑问。

［4893］Richardson v. Clarke, 372 Mass. 859, 364 N. E. 2d 804（1977）.

［4894］Del. Code Ann. tit. 12, § 3806（b）（3）. 康涅狄格州、弗吉尼亚州等州悉数采纳上述规定。

［4895］13 Am. Jur. 2d Business Trusts § 16（2007）.

大不利影响的修改;经受益人过半数同意,可对商业信托文件作出任何修改,而某些对受益人利益有根本影响的修改,须经绝对多数或全体受益人同意。[4896]

商业信托文件可授权受托人修改商业信托文件,无须经受益人同意。此种极为灵活的规定可能使人产生疑虑,即担心出于便利的考虑,商业信托文件会普遍倾向于排除受益人的修改权;担心受托人会任意修改商业信托文件,加入不利于受益人的条款。但是,信义义务的存在及经济活动的内在规律,自可抑制此类不良倾向。受托人在行使任何权限时,均受制于信义义务,修改权亦不例外。[4897]受托人须恪守忠实义务的基本要求,不得作不利于受益人而有利于受托人或其他人的修改;受托人负有公允对待不同受益人之义务,不得对商业信托文件作有利于某一类别受益人而有损其他类别受益人的修改;受托人负有注意义务,不得恣意改变外部服务机构聘用程序以致违反风险控制的基本要求;等等。实际上,信义义务为极富弹性的法律规范,受托人与其受制于适用信义义务所生的不确定性,倒不如宁愿采用某些程序性要求,以防止受托人独享修改权所潜藏的法律风险,例如,规定"受托人所作修改须经受益人决议始得生效"、"受托人所作修改须经某一类别受益人同意"或"修改须经全体独立受托人决议"——遵循此类程序所作修改,一般无须再经受以信义义务为基准的司法审查。

因此,商业信托法容许商业信托自由配置修改权,并不必然出现任意将修改权集中于极少数人之手的情形。更为关键的原因在于,决定修改权如何配置的,是市场规律与经济需求,而非法律规定。受益人为商业信托出资人与剩余索取权人,信托运营需以受益人为依归,完全排除受益人修改权,或将置受益人于险境,难以为市场接受。因此,法律虽容许完全排除受益人修改权,但真正排除修改权的做法在实务中极为罕见。

在修改商业信托文件由受益人决议时,多数受益人亦不得滥用修改权,即不得违反诚实信用与公平交易义务,例如,不得滥用确定合同条款的权限损害其他当事人的权益。商业信托法迄今虽无判例涉此,但其他

[4896] 交易实例:Household Affinity Credit Card Master Note Trust I, Trust Agreement § 10.01 (February 14, 2003)。

[4897] 其他商业组织法与此类似。例如,某些州有限责任企业法容许经理修改有限责任企业协议或由成员与经理分享修改权,经理行使修改权时负有与实施其他行为时相同的义务,包括信义义务。Carter G. Bishop & Daniel S. Kleinberger, *Limited Liability Companies-Tax and Business Law* ¶ 5.06[4][a][ii](2007).

非公司企业法的同类判例可供参考。[4898]

二、默认规则：全体一致或多数决

（一）与普通信托法的差异

1. 美国法

美国马萨诸塞州等州判例认为，商业信托文件未订定修改权时，非经全体当事人同意，不得修改或变更（modify）商业信托文件。[4899]特拉华州等州制定法容许商业信托文件将修改权授予受托人、受益人甚至第三人，但对于商业信托文件未另作安排的情形，原先并未提供默认规则，普通信托法的规则将可能因此成为补充适用的规范，其结果是信托条款的变更须经委托人与全体受益人一致同意。此种对委托人意思的尊重，是普通信托特质使然，却与商业信托特质相抵触。近年来美国商业信托制定法上出现的变化，则已倾向于取代普通信托法的规则。

《统一商业信托法》对此规定：商业信托文件未另行订定时，经全体受益人一致同意，可修改商业信托文件。[4900]《特拉华州商业信托法》2012年修正时增设规定："除商业信托文件另有订定外，一项超级多数决修改条款（supermajority amendment provision）仅应适用于在信托文件中明示载入的信托文件条款。作为在本条中使用的术语，'超级多数决修改条款'是指信托文件中载明的关于任何修改的条款，该条款要求，对信托文件中某一条款的修改如欲得到通过，其所需表决票数或同意应不少于依该项拟被修改条款实施行为所需表决票数或同意。如果信托文件未订定修改本文件的方式，经全体受益人与受托人允许（approval），或者依法律容许的其他方式（包括本章第3815条第f款规定容许的方式），可以修改信托文件。"[4901]据此，只要全体受益人与受托人一致同意，即可修改商业信托文件。此种规定，虽有别于《统一商业信托法》未提及受托人同意，但在无须委托人同意这一点上，二者不分轩轾。同时

[4898]《特拉华州修订统一有限合伙法》《特拉华州有限责任企业法》中有与商业信托法相同的诚实信用与公平交易义务。Del. Code Ann. tit. 6，§§ 17-1101，18-1101. 特拉华州法院的一个重要判例中，部分成员依有限责任企业协议作出修改有限责任企业协议的决定，对其他成员的权利与权限进行重大削减。法院以违反诚实信用与公平交易义务为由判决修改不生效力。VGS，Inc. v. Castiel，No. C. A. 17995，2000 WL 1277372（Del. Ch.，Aug. 31，2000），aff'd，781 A. 2d 696（Del. 2001）（Table）.

[4899] Dunbar v. Redfield，7 Cal. 2d 515，61 P. 2d 744（1936）；Fogelin v. Nordblom，402 Mass. 218，521 N. E. 2d 1007（1988）.

[4900] Uniform Statutory Trust Entity Act § 103（d）（2009）.

[4901] Del. Code Ann. tit. 12，§ 3806（b）（9）；78 Del. Laws，c. 280，§ 4.

需注意的是，统一法与特拉华州法的上述规定，仅是“容许”经全体受益人（和受托人）同意即可修改商业信托文件，而不是“要求”修改商业信托文件须经全体受益人（和受托人）同意。“经受益人一致同意即可修改”，与“须经受益人一致同意方可修改”，并不相同：前者并不排斥其他修改方法。

无论何种规定，均已脱离了普通信托法的轨道。统一法与特拉华州法的规定均排除了委托人的同意，由此区别于普通信托法；特拉华州法另附加受托人同意，更是普通信托法之所无。

另需说明的是，交易实务中，商业信托文件对修改方法多有特别订定。《统一商业信托法》的评注指出，当前的主流实践是，在大多数情况下，信托文件订定，信托文件的修改采用受益人一致同意以外的其他方式。[4902]因此，经全体受益人（或全体受益人与受托人）一致同意修改商业信托文件，实际机会不多。

2. 我国法

我国关于商业信托的特别法，某些并未规定信托合同的修改，[4903]自不必论；但凡规定信托合同修改方法者，大多规定商业信托合同的修改（或变更）由受益人多数决，但也偶有关于一致同意的规定。例如，公开募集基金的基金合同重要内容的修改，由基金份额持有人大会决定，须经参加大会的基金份额持有人所持表决权的1/2以上通过（《证券投资基金法》第47条第2项、第86条第3款）。此外，《信托公司集合资金信托计划管理办法》未单独规定信托合同的修改，但规定延长信托期限、改变信托财产运用方式、提高受托人的报酬标准等事项由受益人大会决定（第42条），此类行为均涉及信托合同的变更，须经参加大会的受益人所持表决权的2/3以上通过，但改变信托财产运用方式等，须经参加大会的受益人全体通过（第46条第1款）。我国商业信托特别法的主流规定，已经偏离了须委托人和其他信托当事人一致同意方可变更信托合同的规则，亦体现出与普通信托法的差别。

（二）默认规则的设计：全体受益人一致同意 vs. 受益人多数决

商业信托法规定“全体受益人一致同意可修改信托文件”，抑或“全体受益人和受托人一致同意可修改信托文件”，又或者“多数受益人同意

[4902] Uniform Statutory Trust Entity Act § 103 & cmt.（2009）.

[4903] 例如，《信贷资产证券化试点管理办法》。《保险资金间接投资基础设施项目管理办法》未规定受益人大会的表决方式，任由当事人自行约定。

可修改信托文件”，似各有理由。

规定多数决，较为切合某些类型商业组织的实务做法。按照普通信托法，信托变更原则上须全体受益人同意。普通信托不存在受益权市场，少数受益人难以通过转让受益权（“用脚投票”）的方式与多数受益人制衡，全体一致同意规则对于保护少数受益人免遭多数受益人的压迫确有必要。此与组织法的原理一致：凡是成员退出机制较不畅通的组织，多实行全体一致同意规则；成员退出机制较为畅通的组织，多采用多数决规则。全体一致同意规则的优点在于保障每个组织成员的决策权，避免“多数人的暴政”，较适合于人合性较强的闭锁型组织，如合伙法、有限责任企业法大多规定合伙协议、有限责任企业协议的修改须经全体一致同意，除非协议另有约定。[4904]该规则的副作用在于会增加集体决策成本、增加决策僵局出现的概率，并诱发个别参与决策者的策略行为（利用对决策结果的定夺权，实施“敲竹杠”行为）。上述副作用随组织成员数量的增加而加重。由此不难理解，对于人合性较强的闭锁型组织，仍有立场不同的立法例存在。[4905]即使法律以一致同意为默认规则，也自有当事人特约采用多数决。[4906]

[4904] 我国《合伙企业法》第19条；Revised Uniform Partnership Act § 401（1997）。美国大多数州的有限责任企业法将全体一致同意作为修改有限责任企业协议的默认规范：其中某些州法明文规定全体一致同意规则，某些州法通过适用合同法，默示地达到上述结果。Carter G. Bishop & Daniel S. Kleinberger, *Limited Liability Companies-Tax and Business Law* ¶ 5.06[4][a][i]（2007）（注释从略）.《典型有限责任企业法》规定，修改书面的有限责任企业协议，须经全体成员一致同意，但书面协议另有约定的除外。American Bar Association’s Prototype Limited Liability Company Act § 402 cmt.（1992）.《统一有限责任企业法》规定相似：有限责任企业修改有限责任企业协议须经全体成员一致同意。Revised Uniform Liability Company Act § 407（2006）. 1997年，阿拉斯加州、俄勒冈州等州将原先的多数同意规则修改为一致同意规则，似有加强人合性的趋势。普通合伙法多实行一致同意制，如特拉华州普通合伙法规定：合伙协议未约定修改方式的，全体合伙人可以修改合伙协议。Del. Code Ann. tit. 6, § 15-407（e）. 依美国的合伙判例法，即使合伙协议约定修改协议实行多数决，基于某些目的，非经全体一致同意，不得进行某些修改（例如，根本改变合伙营业的性质、根本改变合伙人的权利等），其法理基础是，合伙协议约定实行多数决，实际上是每一个合伙人放弃了对修改协议进行逐个、个别同意的权利（每一个合伙人原本依据合同法享有此种权利），但此种弃权不及于根本变化，决定根本变化的权利是不可放弃的权利。Carter G. Bishop & Daniel S. Kleinberger, *Limited Liability Companies-Tax and Business Law* ¶ 5.06[4][b][引用McCallum v. Asbury, 393 P2d 774（Or. 1964）].

[4905] 在有限责任企业这样以闭锁型企业为默认适用对象的企业，特拉华州法将过半数决定作为默认规则。Del. Code Ann. tit. 6, § § 18-209, 213. 但决议解散有限责任企业的，须持有2/3以上权益成员通过。Id. § 18-801.

[4906] 美国实务中，即使是人合性最强的普通合伙，合伙协议约定修改合伙协议实行多数决，也相当常见。Carter G. Bishop & Daniel S. Kleinberger, *Limited Liability Companies-Tax and Business Law* ¶ 5.06[4][b]（2007）.

多数决之利弊，与一致同意制往往正好相反。多数决可能效率较高，但会诱发多数成员对少数成员的欺压行为。对于成员权欠缺流通性的组织而言，未必是最优选择。

多数决和一致同意制的对峙，属于典型的“被代理人成本问题”。对于被代理人成本的权衡，最佳选择者仍是交易者自己，并不存在通用于各种组织的最优选择；问题是，法律上的何种默认规则较有利于促进交易者的选择？如果法律规定了多数决，较有利于多数成员，他们不必再与少数成员进行协商、订立特约，即可坐享其成，法定的修改权已稳操其手，少数成员则难以争得相反的特约；但如果法律规定的是一致同意制，则任何人（包括多数成员）如欲取得更大权重，须与其他成员商定特约，每一个成员因此而有自主选择修改方法之机会、有更大的议价空间，如他们不愿意接受多数决，自可选择不订立信托文件（或不认购受益权凭证而免受现存信托文件之约束）。质言之，一致同意制对议价力不对等的回应更周到，且更符合私法自治之宗旨。

再就商业信托法而言，因未规定法定的异议受益人估价权作为多数决之配套，以一致同意制为默认规则，亦更符合自身体系。

（三）默认规则的设计：全体受益人一致同意 vs. 全体受益人与受托人一致同意

至于在全体受益人同意之外，是否附加全体受托人一致同意之要件，可从规范体系、事物性质、规范目的三方面分析。

就规范体系而言，《统一商业信托法》与《特拉华州商业信托法》的规定对立，似与两法各自的其他条文有关。《特拉华州商业信托法》以受托人为商业信托成立之要件，制定法商业信托于信托证书登记之日起成立，而信托证书须载明受托人；[4907]制定法商业信托在任何时间均须保持至少一个本州受托人（居所或主营业地位于本州的受托人）。[4908]此项要求，意在便利于法院送达，并使商业信托受本州法院之管辖。本州受托人既属必设，则在修改商业信托文件这一重大事项上，以受托人同意为默认规则，有其理由。在商业信托合并等事项上，该法亦以全体受益人与受托人同意为默认规则，[4909]应与类似理由相关。《统一商业信托法》则与其他统一商业组织法保持一致，设“注册代理人”角色代之，制定法商业信托

[4907] Del. Code Ann. tit. 12, § 3810(a)(1).

[4908] Del. Code Ann. tit. 12, § 3807(a).

[4909] Del. Code Ann. tit. 12, § 3815(a).

于信托证书中应载明者，不是受托人，而是注册代理人。[4910]受托人既非必设，即无须设类同于特拉华州法的规定。统一法关于经全体受益人同意可修改信托文件之规定，系其自创，并非来源于特拉华州法（2009年时特拉华州法尚无此规定）。但在合并等事项上，则沿用特拉华州法，以全体受益人与受托人同意为默认规则，[4911]体系上存在不一致。《肯塔基州统一商业信托法》的规定在体系上较为融贯。该法规定，须由全体受益人表决的事项有六项，包括信托文件的修改、就受益人出资义务达成和解、商业信托的改组、商业信托的合并、延长商业信托的原定期限、商业信托的解散，其余事项由受益人多数决；上述表决要求为任意规范。[4912]另一个需从体系上考虑的问题是，如果承认经受益人会议决议可以无理由解任受托人的规则，则"受益人一致同意即可修改"的规则更具合理性，因为若附加受托人一致同意要件，受益人会议亦可先开会将受托人解任、去除修改信托文件的障碍，则附加受托人同意要件，不过徒增交易成本而已。

就事物性质而言，两种规则各有侧重。"全体受益人一致同意可修改"侧重于组织性，"全体受益人和受托人一致同意可修改"侧重于契约性。商业信托文件具有组织契约的性质。受托人既是组织的管理者，又是契约的当事人。就组织的（经济意义上的）所有者与管理者的角度而言，所有者是组织的剩余索取权人、剩余利益归属者，对于组织的重大变动有最终决定权，亦应有权决定组织文件的修改，而无须取决于管理者的意思。就合同视角而言，合同变更须全体当事人一致同意，不能置受托人意思于不顾。两种视角，各自着眼于事物之一端，不能尽其全貌，因此无论采何种规则，难以两全。

就规范目的而言，将修改权部分配置给受托人，可能引发代理成本。例如，因受托人公司内部管理混乱，受益人会议拟决议增设一名共同受托人以监督履职，需对信托文件作相应修改，而现任受托人拒绝同意，阻挠修改。默认受托人有决定修改商业信托文件的权限，是使受托人无须协商即可坐享其成，省略了受托人为争取修改权而与受益人讨价还价的过程。默认规则若不规定受托人有参与决定商业信托文件修改之权，则可迫使意欲参与决定修改的受托人与受益人协商，订立受托人与受益人共同同意始可修改信托文件的特约，有助于双方当事人更有效率地处理潜

[4910] Uniform Statutory Trust Entity Act § 201(b)(2009).

[4911] Uniform Statutory Trust Entity Act § 707(a)(2009).

[4912] Ky. Rev. Stat. Ann. § 386A. 6-020(1),(2)(2012).

在的代理成本问题。

综合权衡，以受益人一致同意可修改商业信托文件为默认规则，更为得当。

三、修改条件与程序

在美国商业信托法上，商业信托文件可自由订定修改条件与程序。2004年，《特拉华州商业信托法》新增一项规定：商业信托文件“可订定商业信托文件的修改方式，包括经商业信托文件当事人以外之人同意或满足某种条件。在商业信托文件定有修改方式的情形，可订定商业信托文件仅可通过该方式或法律容许的其他方式进行修改。可订定有权同意修改的人可放弃同意权，亦可订定意欲通过设定上述条件使之受益的人可放弃该条件”。[4913]此项规定可满足商业信托的多种需要。例如，商业信托为增强融资能力、对债权人的吸引力，可以在商业信托文件中订定：“如果商业信托的年收入未超过一定比例，则商业信托不得向受益人进行分配或者向受益人进行的分配不得超过一定比例或一定数额；关于分配限制的条款，未经债权人书面同意，不得修改。”

依照美国判例法的见解，商业信托文件明文订定修改条件或方法的，修改权的行使应予遵守，违者无效。[4914]此外，修改应遵守某些最低限度的正当程序，如表决权回避等。马萨诸塞州判例判定，有利于兼任受托人的某一受益人的修正案，须经其他受益人同意。[4915]又如，受托人或其他管理人向受益人会议提交商业信托文件修正案时，有义务完整、公平地披露全部相关事实，[4916]即修改权人作出赞成或否决修改之决定所需事实。

综上可见，关于商业信托文件修改的规则，不仅与普通信托法有异，更不同于公司法关于章程修改的刚性规定。例如，我国《公司法》规定修改章程的决议须经代表2/3以上表决权的股东通过。[4917]素以自由著称的《特拉华州普通公司法》，要求章程须经股东过半数通过，且对章程修改程序设有强行规定。[4918]美国律师协会《示范商业公司法》对章程的一般修

[4913] 2004 Delaware Laws Ch. 353 § 3(H. B. 463).

[4914] Fogelin v. Nordblom, 402 Mass. 218, 521 N. E. 2d 1007(1988)(受益权的托管人未经受益人授权而同意修改).

[4915] Fogelin v. Nordblom, 402 Mass. 218, 521 N. E. 2d 1007(1988).

[4916] Shapiro v. Chicago Title & Trust Co., 328 Ill. App. 650, 66 N. E. 2d 731(1st Dist. 1946).

[4917] 《公司法》第43条第2款、第103条第2款。

[4918] Del. Code Ann. tit. 8, § 242.

改与技术性修改分别设置要求、分别规定程序，前者由股东会决定，后者可由董事会决定。[4919]商业信托法则遵循一贯的自由化原则，完全由当事人自治，与合伙法、有限责任企业法等其他非公司企业法理念一致。

[4919] Model Business Corporation Act § § 10.03, 10.05(2016 Revision).

第十三章　商业信托合并、分立、权益置换、改组及其他实体交易

第一节　实体交易总论

一、商业信托的实体交易

商业信托可与另一商业信托或其他商业组织合并，可分立为两个以上商业信托或其他商业组织，可与另一商业信托或其他组织实施权益置换，可改组为其他商业组织，可迁移至成立地以外的另一法域（相对地，域外商业信托可迁入本法域，从本法域角度而言，称为“本地化”）。以上种种行为，皆为商业信托或其他商业组织在实体层面发生的行为、皆导致实体本身的法律状态发生一定变动，显然不同于实体与他人所为的、不影响实体法律地位的一般交易（如买卖货物、提供服务等），故称为“实体交易”（entity transaction）、“跨实体（cross-entity）交易”、“多实体（multi-entity）交易”、“实体间（inter-entity）交易”等。[4920]

在实体交易相当发达的美国市场，商业信托实体交易虽不如公司并购般引人瞩目，其规模亦相当可观。基金并购最为常见。商业信托并购也多见于不动产投资信托领域。随着不动产投资信托的兴起与不动产市场的整合，大规模并购（包括自愿并购和非自愿并购）势所难免。[4921]

实体交易制度系各种商业组织法的共通制度，却为普通信托法所无。普通信托不是独立实体，无法成为实体交易之标的，逻辑上不可能有实体交易。实体交易另有重要的经济意义，为改善企业治理、转变经营形式的重要手段，对于不以营业为目的的普通信托而言，功能上无此必要。

［4920］ Robert C. Art, *Conversion and Mergers of Disparate Business Entities*, 76 Wash. L. Rev. 349, 351 (2001). “交易”一词，不无瑕疵，通常意义上的交易，指双方行为，而分立、改组等系实体的单方行为。但一时似无更佳称谓。本书通称为实体交易。

［4921］ David M. Einhorn, Adam O. Emmerich, & Robin Panovka, *REIT M&A Transactions-Peculiarities and Complications*, 55 Bus. Law. 693, 698 (2000).

二、实体交易法的统一化

（一）美国《示范实体交易法》

各种商业组织法一般均有同类商业组织合并的规范，但立法明文容许不同类型的商业组织合并与改组，尚属较为晚近之举，此类立法的出现，实为新型商业组织（尤其是有限合伙与有限责任企业）发达的自然结果。[4922]由于各类商业组织的实体交易实质上具有相同的经济功能与法律效果，各种商业组织法中的实体交易制度正趋向于一致，乃至统一。2003年，《得克萨斯州商业组织法典》在第10章中规定了统一适用于各种企业的合并、权益置换、改组与资产出卖制度，成为统一法的先声。美国统一州法全国委员会与美国律师协会联合起草并通过的2007年《示范实体交易法》则为此后本领域最全面的立法成果。[4923]该法统一调整商业公司、非营利公司、合伙、合作社、有限责任企业、商业信托、非营利性非公司社团等各类营利与非营利组织的合并、改组、权益置换、本地化等实体交易。

美国统一州法全国委员会历年起草的各种统一法及美国律师协会起草的《示范商业公司法》之中，已普遍含有不同类型商业组织合并与改组的规定，但仅适用于相应的企业，且彼此规定颇不一致，又未涵盖所有的实体交易形态。鉴于用一部统一适用于各种组织、各种实体交易的制定法取代现行各法之中的分散规定，为更佳方法，[4924]《示范实体交易法》遂将各种商业组织实体交易规则熔于一炉。该法分六章及两个附录：第1章“总则”，第2章“合并”，第3章“权益置换”，第4章“改组”，第5章“本地化”、第6章“附则”；附录一为关于实体交易登记程序的规定，附录二为对《示范商业公司法》《统一合伙法》等各种单行统一法、示范法相应内容的修正或废止。美国统一州法全国委员会起草的《统一商业组织法典》已于2015年全部起草完成，《统一实体交易法》被纳入该法典作为第二编，成为适用于各种商业组织的通则性规定。

《示范实体交易法》开宗明义，宣示其立法背景：公司、普通合伙等传统型企业的实体交易虽然早已为制定法确认，但20世纪90年代以来，有限责任企业、有限责任合伙与有限责任有限合伙这三种新型企业得到广泛

［4922］ Robert C. Art, Conversion and Mergers of Disparate Business Entities, 76 *Wash. L. Rev.* 349, 351 (2001).

［4923］ 截至2019年8月21日，已有包括宾夕法尼亚州、堪萨斯州等州在内的8个州和哥伦比亚特区采纳该法。相关数据参见美国统一州法全国委员会网https://www.uniformlaws.org。

［4924］ Model Entity Transactions Act, Prefatory Note (2007).

运用；一度衰落的企业形式也获得新的统治地位，商业信托与合作社即属此类。过去10余年，各类实体之间的重组交易日趋频繁，但因大多数州缺乏统一适用于各种实体交易的制定法规范，往往不得不通过多个步骤迂回完成交易目标，而无法在一个单一的交易中一步到位。[4925]例如，某公司欲同某商业信托合并，在法律无明文规定时，公司可先将全部资产转让于商业信托，并取得商业信托的受益权作为对价，然后解散公司，并将所取得的商业信托受益权作为清算资产分配于公司股东，公司股东随即成为商业信托受益人。类似地，某公司欲改组为商业信托，但法律无规定，此时公司可先设立一个商业信托，再将全部公司资产转让于商业信托，并取得信托受益权作为对价，随后解散公司并将所得受益权分配于股东。由此可见，法律不规定各类商业组织间的合并与改组，并不能阻止具有同等效果的企业交易，只不过徒增交易成本而已，并且，法律增加此种交易成本，并不能增进其他人的利益，因此并不具有正当理由与积极效果。[4926]

因此有必要统一立法。此类立法应遵循下列原则：合并与改组不得损害债权人或其他第三人的既有利益，避免使合并与改组成为逃避义务的手段；关于企业财产与成员权益转移的规定应当清晰明确；保障企业成员在合并与改组中得到充分的保护；合并与改组的登记程序应当有效率，避免造成不适当的费用或延误。[4927]

（二）其他法域及我国法

统一规定各种实体交易的法律在比较法上虽有出现，[4928]唯商业信托的实体交易，在美国以外的其他法域多缺少统一的法制，至多仅就特种商业信托设有规定。[4929]其中原因自有多端，一者商业信托实体交易尚不发达，二者缺乏商业信托的一般性规则，三者商业信托尚未被确认为独立的

[4925] Model Entity Transactions Act, Prefatory Note (2007).

[4926] Robert C. Art, *Conversion and Mergers of Disparate Business Entities*, 76 Wash. L. Rev. 349, 352-53 (2001).

[4927] Id.

[4928] 例如，德国1995年施行的《变更法》涵括合并、分立、资产转让、法律形式变更四种行为，是对所有变更法规的完整编纂，改变了此前由五部法律分别规范企业形式变更、合并等行为的状况。详见[德]托马斯·莱塞尔、吕迪格·法伊尔：《德国资合公司法》（下）（第6版），高旭军等译，上海人民出版社2019年版，第985~989页。

[4929] 例如，日本、我国香港特别行政区、新加坡关于不动产投资信托合并的规定。参见我国台湾地区信托业商业同业公会委托研究：《不动产投资信托基金合并之研究》，载信托业商业同业公会网2019年7月14日，http://www.trust.org.tw/content/index.asp?pno=47。

企业实体，与其他企业法缺乏互通。[4930]我国法的状况类似：商业信托实体交易制度在我国各种商业信托特别法上尚付阙如，《信托法》更未提及。因商业信托尚未被确认为独立的企业组织形式，我国《公司法》《合伙企业法》中亦未涉及商业信托。基于私法自治原则，商业信托本身的合并与分立不存在法律障碍。但商业信托改组为其他企业，或者其他企业改组为商业信托，则受其他企业登记制度的阻碍而难以实行。我国台湾地区2002年“企业并购法”涵盖的实体交易种类有合并、股份置换与分立（该法称分割），初具实体交易统一法之雏形，唯该法名为“企业并购法”，适用对象却仅限于公司。[4931]与现代化的实体交易法尚有距离。

实体交易实务不发达亦是现状。我国目前商业信托实体交易，主要限于基金合并及分拆行为（分立）。证监会对基金分拆有尚未定型的管制性规定。[4932]《证券投资基金法》2012年修订后增设关于基金合并的规定（第78条、第86条第3款）。此外，关于产业投资基金的其他规范性文件中规定了基金合并、分立的登记。[4933]

第二节　合并与分立

一、意义及区别

（一）合并与分立的意义

商业信托可与一个或数个商业信托或其他企业合并。[4934]参与合并的

[4930]　即使在信托法发达的英国，亦是如此。关于英国企业合并法，参见Charies Bankes & Morven Hadden, *UK Merger Control: Law & Practice*（2006）。2006年《日本信托法》第6章第2节、第3节与2011年《韩国信托法》第90~97条规定了信托的合并与分割，适用于各种信托，但并不涉及信托与其他组织的合并。

[4931]　参见王志诚：《企业组织重组法制》，北京大学出版社2008年版。

[4932]　基金拆分审核原先实行审核制。中国证监会基金监管部2008年4月发布通知，基金拆分不必再报证监会事前审核，仅需于公告日报证监会派出机构备案即可。依此通知，符合以下三个条件的基金可拆分，变为1元净值/份：成立时间1年以上；最近1年未作拆分；今后基金单位净值在1元以上。基金公司在通过基金拆分手段进行持续营销时，须履行必要的提示义务（提示在基金拆分为净值1元/份后，基金并未发生任何实质性变化，1元基金同样具有跌破1元净值的风险）。

[4933]　国家发展改革委办公厅发布的《政府出资产业投资基金信用信息登记指引（试行）》（发改办财金规〔2017〕571号）规定了政府出资产业投资基金的统一登记制度。基金发生分立或者合并时，应办理变更登记（该指引第16条第8项）。

[4934]　Page v. Arkansas Natural Gas Corp., 53 F. 2d 27（C. C. A. 8th Cir. 1931）, cert. granted, 285 U. S. 532, 52 S. Ct. 407, 76 L. Ed. 927（1932）and aff'd, 286 U. S. 269, 52 S. Ct. 507, 76 L. Ed. 1096（1932）.

企业可为域内或域外企业。[4935]

合并在商业组织法上意义重大，对企业运营与治理有重要作用。就组织运营而言，合并是实现规模经济、优化经营结构、促进创新[4936]的重要工具。例如，不动产投资信托基金的合并扩增，可降低基金相关营运费用比例，并使投资标的多元化，有助于分散风险，融资举债额度亦可随资产规模扩张而提高，借此提高基金财务运作及选择投资标的时的灵活度，有助于基金弹性调度资金作更有效的统筹运用，进而达到降低营运成本、提高经营绩效、增加投资人回报等规模经济效益。[4937]在组织治理方面，合并为企业控制权交易的主要形式之一，系改善企业治理的重要机制。经营不善的企业，易成为目标企业，他人经由合并入主目标企业，撤换绩效不佳的现任管理者，并向原企业的受益人、股东、合伙人等成员支付较高溢价，以换取其同意合并。实证研究表明，合并对促进目标企业与并购企业及其成员的权益均有积极作用，同时具有重新整合商业失败企业、发挥资本市场自我惩治与矫正不当行为之功能。[4938]当然，基于商业分析错误、合并各方难以磨合等原因，合并未必能够圆满实现目标，但正如任何商业行为都不可能彻底避免错误与失败一样，这不足以成为法律限制、管制乃至禁止合并的理由。兼因合并为各类实体交易中最常见的形式，合并成为实体交易法最重要的适用对象。

合并的反面是分立，即商业信托分立为两个以上商业信托或其他企业。除《特拉华州商业信托法》于2020年增订关于商业信托分立的专条

[4935] 如《特拉华州商业信托法》规定：依据吸收合并或新设合并协议，一个商业信托可与一个或数个依据本州法律、美国其他州法律、其他国家或法域的法律成立的商业信托或其他商业实体进行吸收合并或新设合并，并按协议约定成为吸收合并或新设合并后存续或新设的商业信托或其他商业实体。Del. Code Ann. tit. 12，§ 3815(a). "其他商业实体"，指公司、合伙（无论普通合伙还是有限合伙）、有限责任企业、普通法信托、域外商业信托或除商业信托以外的任何其他非公司企业。Id. § 3801(c). "域外商业信托"，指依外州、外国或其他国外法域（other foreign jurisdiction）法律设立并受其法律支配（dominated）的商业信托或制定法信托。Id. § 3801(b). 其他法律规定类似。例如，Model Entity Transactions Act § 201(2007)。判例：Kimeldorf v. First Union Real Estate Equity and Mortgage Investments, 309 A. D. 2d 151, 764 N. Y. S. 2d 73(1st Dep' t 2003)（一个依据俄亥俄州法律成立的不动产投资信托与一个特拉华州有限合伙合并，新设一个特拉华公司）。早期判例，参见Page v. Arkansas Natural Gas Corp. , 53 F. 2d 27(C. C. A. 8th Cir. 1931), cert. granted, 285 U. S. 532, 52 S. Ct. 407, 76 L. Ed. 927(1932) and aff' d, 286 U. S. 269, 52 S. Ct. 507, 76 L. Ed. 1096(1932)。

[4936] Michael L. Katz & Howard A. Shelanski, *Mergers and Innovation*, 74 Antitrust L. J. 1(2007).

[4937] 我国台湾地区信托业商业同业公会委托研究：《不动产投资信托基金合并之研究》，载信托业商业同业公会网2019年7月14日，http://www. trust. org. tw/content/index. asp?pno=47。

[4938] Frank H. Easterbrook & Daniel R. Fischel, *The Economic Structure of Corporate Law* 191-205(1991). 企业合并的经济分析，参见Stephen M. Bainbridge, *Corporation Law and Economics*, ch. 12(2002)。

（第3825条）外，美国各州法及统一法未明文规定商业信托分立，公司法、合伙法、有限责任企业法亦是如此。[4939]但企业仍可利用关于资产转让的法律及税法达到事实上分立之目的。[4940]《统一商业组织法典》之前身——《综合商业组织法典》第5编第F章明文规定实体分立。商业信托分立，具有对资产或营业进行重组或重新分割、实现企业经营专门化（如剥离传统营业或次要营业以开辟新业务或集中主业）、减少被管制的成本（如为避免反垄断法的适用而拆分企业）、缓解成员矛盾或减少内部摩擦等功能。

（二）与普通信托法的区别

1. 普通信托的归并与分割

商业信托的合并与分立，与普通信托的归并与分割（combining and divding），表面上颇有相似之处。受托人可将两个以上普通信托归并为一个信托，亦可将一个信托分割为两个以上信托，只要归并或分割不致对受益人权利或信托目的之实现发生不利影响。[4941]受托人实施归并或分割，无须经法院准许，但应告知受益人。

普通信托的归并，通常旨在促进信托的有效管理、减少信托管理费用，有时也充作终止不经济信托的一种替代手段。[4942]归并一般发生于由同一家庭的不同成员设立且信托条款仅存在细节差异的不同信托之间；各信托的条款差异越大，归并越有可能损害受益人的权益，因此，可归并的情形较为少见。[4943]归并的典型案例为：W将其遗产分设为两个信托，第一个信托（信托S－1）以W之子S及S的家庭成员为受益人，第二个信托（信托D－1）以W之女D及D的家庭成员为受益人。两个信托均由受托人T管理。W之夫H亡故多年，H的遗产亦分设为两个信托（信托S－2、信托D－2），分别以S、D及各自家庭成员为受益人，并同样由T管理。在此情形，T可将信托S－1与信托S－2归并、将信托D－1与信托D－2归并。[4944]

[4939] 在美国，仅有少数州明文规定分立。Omnibus Business Organizations Code § 551（Discussion draft 2007）. 大陆法系公司法多规定公司分立。如意大利《民法典》第5编第5章第8节；欧盟公司法指令第6号。

[4940] 商业信托法尚无商业信托分立的判例。有限合伙判例可供参考。R. S. M. Inc. v. Alliance Capital Mgmt. Holdings L. P.，790 A. 2d 478（Del. Ch. 2001）（普通合伙人将一个公募型有限合伙分立为一个私募型实体和一个公募型实体，以获取特殊的税收优惠）.

[4941] Restatement（Third）of Trusts § 68（2003）；Uniform Trust Code § 417.

[4942] Uniform Trust Code § 417 cmt. 如《统一信托法典》第414条规定，信托财产低于法定数额或法院判定信托财产不足以支付管理费用的，可以终止或变更信托。

[4943] Uniform Trust Code § 414 cmt.

[4944] Restatement（Third）of Trusts § 68 cmt. b（2003）.

相比于归并，普通信托分割较为常见。[4945]普通信托分割，通常是为税收目的，即最大限度地获取代际财产转移税（generation-skipping tax）之豁免。[4946]由于分割可获取节税效益，受托人未予分割的，在某些情形甚至可能构成违反信托。[4947]

2. 区别

商业信托的合并与分立，同普通信托的归并与分割在功能、运作、制度构造等方面有实质差异。因此，形式相似的行为，在商业信托法上称为合并（merger，consolidation）与分立（division），在普通信托法上称为归并与分割。

其一，与普通信托归并及分割相反，实务运用上，商业信托合并较常见，分立较少。

其二，与普通信托归并及分割之目的不同，商业信托合并旨在实现规模优势或取得目标企业的控制权；分立旨在重组资产或实现其他经营目的，通常非为节税目的，因实体一分为二，反可能增加实体所得税；即使商业信托无实体所得税税负，受益人数量不因分立而减少，受益人所得税亦未减少。

其三，普通信托归并、分割程序极为简便，无须受益人同意，无须登记；商业信托合并、分立原则上须经受益人同意，制定法商业信托合并、分立并应在企业登记机构登记法定信息，始得生效。

其四，商业信托的合并、分立，可赋予异议受益人估价权；普通信托无估价权之适用余地。

其五，商业信托的合并较少受合并各方信托文件差异、成员结构差异等因素影响。

二、合并

（一）合并方式

尽量促进合并、减少合并交易成本，为合并制度的总体目的。法律对商业信托合并方式概无限制。诸如吸收合并、新设合并、现金合并、权益置换合并、简易合并、三角合并等合并方式，均属有效。

[4945] Uniform Trust Code § 414 cmt.

[4946] Uniform Trust Code § 414 cmt. 相关判例参见BankBoston v. Marlow，428 Mass. 283，701 N. E. 2d 304（1998）；税法对普通信托分割的具体影响，参见Restatement（Third）of Trusts § 68 Reporter’s notes（2003）。

[4947] Uniform Trust Code § 414 cmt.

1. 吸收合并与新设合并

商业信托与他人合并，该商业信托可在合并后存续（吸收合并），亦可随同合并各方一同终止，而纳入新设企业（新设合并），新设企业可为商业信托或其他企业。《特拉华州商业信托法》明文区分吸收合并（merger）与新设合并（consolidation），但基本上未分设不同规则。[4948]《统一商业信托法》与《示范实体交易法》不区分吸收合并与新设合并，统称为“merger”。[4949]

2. 现金合并与权益置换合并

根据合并对价形式的不同，合并可分为现金合并与权益置换合并。《特拉华州商业信托法》明文规定合并对价可为合并后企业的成员权益（权益置换合并），亦可为现金（现金合并）或其他财产：在吸收合并或新设合并中，参与吸收合并或新设合并的商业信托或其他商业实体中的权利、证券或权益，可置换或转化为现金或其他财产，或存续或新设的商业信托或其他商业实体中的现金、财产、权利、证券或权益；或者作为附加或作为替代，可置换或转化为存续或新设的商业信托或其他商业实体以外实体中的现金、财产、权利、证券或权益，亦可注销。[4950]

现金合并可成为企业重组资本结构的有效途径，但也可能成为多数成员排挤少数成员的方法，即所谓的“权益洗牌”（equity shuffle）——通过现金并购的方式买断少数成员的权益。而且，非公司企业法普遍未赋予强制性的法定估价权，[4951]少数成员可能无法获得公平对价。但估价权并非法律提供的唯一救济，少数成员可行使下列权利以对抗不公平的合并交易：否决合并；撤回投资或退出企业，从而获得权益的公平对价；企业管理者对企业成员负有信义义务与其他合同义务，企业成员之间互负合同义务，少数成员可以排挤行为违反义务为由追究行为人的责任。[4952]此外，商业信托法容许商业信托文件排除受益人的表决权，以杜绝多数受益人欺压、排挤少数受益人的机会。

［4948］ 唯一例外为，吸收合并时，因合并需改变存续的商业信托的名称，应在合并证书中载明相应的修改。Del. Code Ann. tit. 12，§ 3815（b）（4）.

［4949］ Uniform Statutory Trust Entity Act § 706（2009）；Model Entity Transactions Act § 201（2007）.

［4950］ Del. Code Ann. tit. 12，§ 3815（a）. 判例：Landy v. Amsterdam，815 F. 2d 925，Fed. Sec. L. Rep.（CCH）¶93216（3d Cir. 1987）（商业信托与公司合并为公司，信托受益权置换为股份）。

［4951］ Model Entity Transactions Act § 109（2007）.

［4952］ Uniform Statutory Trust Entity Act § 706 cmt.（2009）；Model Entity Transactions Act § 202 cmt. 3（2007）. 正因法定估价权并非保护少数成员的最优手段，公司法也发展出保护少数股东的其他方法，例如控制股东对其他股东负有信义义务。

3. 简易合并、小规模合并

公司合并须经股东会决议，简易合并、小规模合并则属例外。持有子公司一定比例（如80%~90%）股权的母公司与子公司之间的合并，为简易合并，无须子公司董事会或股东会决议。[4953]小规模合并不会使股东权利受到实质性影响，无须股东会决议。[4954]此类合并对股东权益无实质影响或股东表决结果事前即可预见，排除表决程序可避免无谓的效率损失。商业信托法持更为自由灵活的立场，不分合并规模与形态，一概容许商业信托文件订定合并无须受益人或受托人同意。

4. 三角合并（triangular merger）

三角合并在公司合并中颇为常用。三角合并是指发生于目标公司与收购公司的子公司之间（而不是直接发生于目标公司与收购公司之间）的合并。三角合并可利用合并的税收优势与其他优势、可保留目标公司的存续，同时免去债务自动承继、股东行使表决权与估价权等负担。[4955]商业信托法亦明确容许三角合并。判例法认可经商业信托文件授权，受托人可创设辅助信托（subsidiary trust）或附属信托（auxiliary trust），[4956]此类信托为实施三角合并的必要工具。《特拉华州商业信托法》规定："商业信托文件可订定现在或将来创设一个以上商业信托，并可将现有商业信托的全部或部分资产、负债、利润或亏损转移于新创设的商业信托，亦可将现有商业信托或其某一系列中的受益权转化为其他商业信托或其某一系列中的受益权"；[4957]"参与吸收合并或新设合并的商业信托或其他商业实体中的权利、证券或权益，可以置换或转化为……存续或新设的商业信托或其他商业实体以外的实体中的现金、财产、权利、证券或权益……"[4958]"存续或新设的商业信托或其他商业实体以外的实体"，包括三角合并中收购企业的子企业（可以是专门为收购而成立的企业）。

[4953] Model Business Corporation Act § 11.05（a）（2016 Revision）.

[4954] Model Business Corporation Act § 11.04（h）（2016 Revision）.

[4955] 施天涛：《公司法论》（第2版），法律出版社2006年版，第522~524页。

[4956] Beilin v. Krenn & Dato，350 Ill. 284，183 N. E. 330（1932）.

[4957] Del. Code Ann. tit. 12，§ 3806（b）.

[4958] Del. Code Ann. tit. 12，§ 3815（a）.

（二）合并程序

1. 订立合并协议

（1）合并的意思

商业信托合并应遵守商业信托文件条款。[4959]商业信托文件可订定商业信托不具有合并之权力。[4960]在特定情况下，约定禁止商业信托合并，具有保护受益人权益之功能。例如，美国证券交易实务中，有商业信托文件约定：只要尚有受益权凭证发行在外，商业信托不得与他人合并，不得向他人出卖、出租或以其他方式移转全部财产或者实质上的全部财产。[4961]

在美国判例法上，若合并（或重组）导致商业信托财产转移、营业范围或经营方法变更违反商业信托文件，异议受益人有权撤销，并有权请求将所转让财产返还于商业信托。[4962]如撤销权受到限制（例如，因保护善意第三人而维持交易的有效性），异议受益人有权行使估价权，估价计算可依受益权凭证的票面价值并附加法定利率的利息。[4963]但如商业信托合并成为新的商业信托，则该合并仅为受益人与商业信托之间的一项合同而已，受益人取得等价的、新商业信托的受益权，因而不发生估价权。[4964]

商业信托合并，须订立合并协议。合并协议须经相关当事人允许。关于合并允许的人数要求，《特拉华州商业信托法》规定，除商业信托文件另有订定外，吸收合并或新设合并须经参与吸收合并或新设合并的商业信托的全体受托人与全体受益人允许（approve）；依1940年《投资团体法》为注册投资团体的商业信托，其合并须经全体受托人和过半数受益人允许。[4965]

［4959］　Thomle v. Soundview Pulp Co., 181 Wash. 1, 42 P. 2d 19（1935）. 资产证券化交易文件有时严格限定信托合并的条件，例如，合并不引起资产支持证券违约事件、专业顾问出具意见认为合并不引发不利的税收后果、证券评级不应合并而降低等。例如，SWIFT Master Auto Receivables Trust, Prospectus（October 9, 2007）。

［4960］　Del. Code Ann. tit. 12, § 3815（i）.

［4961］　CMS Energy Corp., et al., Instruments Defining the Rights of Security Holders, Exhibit 4（b）Sixth Supplemental Indenture § 4.02（1998）.

［4962］　Greer Inv. Co. v. Booth, 62 F. 2d 321（C. C. A. 10th Cir. 1932）. 合并条款已充分通知受益人，受益人同意合并的，不得再对合并提出异议。Cohen v. U. S. Trust Securities Corp., 311 Mass. 152, 40 N. E. 2d 282（1942）.

［4963］　Memorial Park v. Vaughn, 1942 OK 147, 191 Okla. 50, 126 P. 2d 711（1942）.

［4964］　Kimeldorf v. First Union Real Estate Equity and Mortgage Investments, 309 A. D. 2d 151, 764 N. Y. S. 2d 73（1st Dep't 2003）.

［4965］　Del. Code Ann. tit. 12, § 3815（a）. 特拉华州有限合伙、有限责任企业的合并，则以多数决为默认规则。Del. Code Ann. tit. 6, § 17-211（b）（有限合伙合并，须经全体普通合伙人及持有过半数权益的有限合伙人同意，有限合伙协议另有约定除外）；Del. Code Ann. tit. 6, § 18-209（b）（有限责任企业合并须经持有过半数权益的成员同意，有限责任企业协议另有约定除外）.

由于合并涉及商业信托的整体变动，甚至导致商业信托终止，商业信托法罕见地规定一致同意规则。较缓和的立法例有《马里兰州商业信托法》，该法规定，除商业信托文件另有订定外，合并须经受托人简单多数表决同意和受益人2/3以上多数票同意。[4966]但规定合并须经受托人一致同意，虽有侧重强调商业信托契约性的一面，但似有不妥，将对敌意并购造成甚大障碍，因为合并通常导致现任管理层被撤换，受托人有足够的动力拒绝同意合并，妨碍有利于受益人的合并交易。此种对管理者同意机制之偏好，亦缺乏效率。[4967]况且，即使在强调个别受益人保护的普通信托法上，变更或终止信托之类的重大事项，亦仅要求全体受益人同意，无须受托人同意。

不过，依照特拉华州等州商业信托法的上述规定，无论受托人同意还是受益人同意之要件，均属于任意性规范。此不同于公司法，而与非公司企业法趋同。此种弹性规则，更有利于当事人权衡利弊，作出更为精细灵活的安排。[4968]商业信托文件既可订定受益人实行多数决，亦可授权受托人单独决定合并，特别是小规模合并，以节省受益人的决议成本。当然，决定合并的权限与受托人的任何其他权限一般，受制于信义义务。多数受益人亦不得滥用决定合并之权，损害少数受益人权益。[4969]商业信托文件可订定合并须经某一类别或比例的受益人或受托人同意，以保护特定群体的权益。

《特拉华州商业信托法》规定，其他实体参与合并的，须经当事人允许参与合并，但该法未提及其他实体允许合并的方式。其他实体如为域外实体，当然须依该实体据以成立的法律允许合并，如为依据特拉华州法成立的实体，而该实体据以成立的法律未规定该实体可否与特拉华州商业信托合并，

[4966] Md. Code Ann., Corps. & Ass'ns § 12-602(a).

[4967] 有研究表明，在企业控制权转移的行为中，市场机制（并购交易等）比表决机制更有效率，关于公司控制权交易的法律应进一步改善，而特拉华州法院在控制权转移案中对表决机制的偏好超过对市场机制的支持，缺乏正当理由（当公司现任管理者反对收购时，特拉华州判例法使要约收购难以成为收购企业的方法）。Ronald J. Gilson & Alan Schwartz, *Sales and Elections as Methods for Transferring Corporate Control*, 2 Theoretical Inquiries L. 783(2001).

[4968] 公司法领域的实证研究表明，被提交表决的合并计划，近乎全部以极高的同意率获得通过，且高同意率与股东获得的溢价并无相关性。进而言之，公司合并要求股东批准，有利有弊：正面作用在于，股东批准之要件可作为防止潜在董事滥用职权的保护措施；负面效果包括耗时较长、机会成本较高、容易导致交易机会流失。Matteo Gatti, *Reconsidering the Merger Process: Approval Patterns, Timeline, and Shareholders' Role*, 69 Hastings L. J. 835(2018).

[4969] 合并主要是制定法上的制度，但在英美法系，合并及其他实体交易中的决定权之行使，不仅适用制定法，普通法关于企业管理者与多数成员的信义义务，也一体适用。Model Entity Transactions Act § 203 cmt. 1(2007).

则依据《特拉华州商业信托法》,该实体可与特拉华州商业信托合并。[4970]

(2)合并协议的形式与内容

《特拉华州商业信托法》基于合同自由最大化原则,对合并协议内容与形式不作限制。《统一商业信托法》沿袭各种商业组织统一法的模式,要求合并计划[4971]应为书面形式,并应包含下列内容:每一参与合并的组织的名称与组织形式;合并后存续组织的名称与组织形式,如为新设组织,并应载明该组织为新设组织的陈述;合并的条款与条件,包括将参与合并的每一组织的权益转化或置换为现金、存续组织的权益或其他对价的方式与依据;合并后组织为新设组织的,载明该组织的组织文件;合并后组织为存续组织的,对该组织的组织文件的修改。[4972]

合并当事人的名称、合并后存续或新设实体的名称等事项,应予公示,以免第三人受不测之损害,但合并证书的登记,足以实现目的。至于当事人之间愿意在合并协议中约定何种内容,付诸自治即可。对合并协议的内容设置法定要求并无必要,且易引起混淆。[4973]《统一商业信托法》关于书面形式及必要记载事项的规定虽使用"应当"字样,却又并未将之列入强行规定,徒增困扰。

[4970] 判例依据为Cole v. Kershaw, No. CIV. A. 13904, 2000 WL 1206672 (Del. Ch., Aug. 15, 2000)。本案中,某特拉华州普通合伙与某特拉华州有限责任企业合并,某一合伙人反对合并,理由为:合伙协议与特拉华州普通合伙法均未授权普通合伙与有限责任企业合并,尽管《特拉华州有限责任企业法》第18-209条容许有限责任企业与普通合伙合并,但这一事实并不能得出相反的结论,即容许合伙与有限责任企业合并,因为合伙不在有限责任企业法的适用范围之内。法院对此予以否定:如果《特拉华州有限责任企业法》第18-209条是有意义的,立法机关自然须认为有限责任企业可与合伙合并,反之亦然;普通合伙法对此保持沉默并非关键,因为有限责任企业法并未保持沉默,而是表明了立法者容许合伙与有限责任企业合并的意图。本判例的理由,亦可适用于特拉华州商业信托与其他特拉华州实体的合并,因为《特拉华州商业信托法》与《特拉华州有限责任企业法》关于合并的规定无实质区别。不过,本案未提及此种情况下合并须由多少合伙人同意方可获得授权。学者认为,除合伙协议另有约定外,合并须经全体合伙人同意。Carter G. Bishop & Daniel S. Kleinberger, *Limited Liability Companies-Tax and Business Law* ¶ 14.08[2][b](2007). 就一般状况而言,以全体合伙人同意为合并的默认规则,诚属允当,唯有时制定法另有规定,例如特拉华州法采多数决。

[4971] 该法所用术语为"合并计划"(plan of merger)。该术语为各种示范法、统一法普遍采用。例如,Model Entity Transactions Act § 202(2007); Uniform Limited Partnership Act § 1106(2001)。

[4972] Uniform Statutory Trust Entity Act § 706(b)(2009).《示范实体交易法》的规定相似,区别之一是要求合并计划载明参与合并的每一实体的所属法域,并载明法律或合并实体的组织文件要求载明的内容;区别之二是不要求载明将参与合并的实体的权益转化或置换为现金、存续实体的权益或其他对价的"依据"。Model Entity Transactions Act § 202(2007). 对合并协议形式与内容设置法定限制,与公司法的合并制度相似。Model Entity Transactions Act § 202 cmt.(2007).

[4973] Larry E. Ribstein, *A Critique of the Uniform Limited Liability Company Act*, 25 Stetson L. Rev. 311, 381(1995). 欠缺必要条款是否影响合并协议之效力,即易滋歧义。

(3)合并协议的修改或废弃

在合并生效之前,可修改或废弃(abandon)合并协议。对此,诸法规定有所不同。

《示范实体交易法》规定,合并计划可以修改,修改分为两种情形。第一种情形:合并计划已订定修改方式的,应依该方式修改,但是,修改方案改变合并企业权益(成员权)持有人所得对价的方式或数额、修改方案改变合并后存续企业或新设企业组织文件的条款,或者修改方案改变合并计划的其他条款或条件并在任何重大方面对合并企业权益持有人有不利影响的,有权对通过合并计划进行表决的权益持有人,也有权对修改合并计划进行表决。第二种情形:合并计划未订定修改方式的,可依通过合并计划的方式,由企业管理者或成员修改。[4974]在合并计划通过之后、合并证书生效之前,可以以下列方式废弃合并计划:合并计划订定的方式;与通过合并计划相同的方式,但合并计划禁止废弃的除外。[4975]该法容许合并证书另定将来生效日期或时间。在合并证书登记之后、将来生效日期或时间届至之前废弃合并计划的,合并企业应在将来生效日期或时间届至之前登记一份"废弃声明"(statement of abandonment),废弃声明应由合并企业签署,并应载明下列事项:每一合并企业或存续企业的名称;合并证书登记日期;声明合并已依本条规定被废弃。[4976]该法对登记修改声明未作要求。但如合并计划生效时间被修改,按照公司法、有限合伙法等各类组织法的规定,仍应修改登记信息。

《特拉华州商业信托法》的规定较简明:吸收合并或新设合并协议虽已获准,但依该协议中关于废弃或修改的约定,仍可废弃或修改该协议。[4977]至于合并协议未约定修改或废弃事项时,可否予以修改或废弃,法无明文。但依合同自由最大化的基本原则,采用目的解释方法,不应否定合并当事人以与订立合并协议相同的方式修改或废弃合并协议。《特拉华州商业信托法》同样容许合并证书另定将来生效日期或时间,并特设"终止与修改证书"制度,要求在将来生效日期或时间届至之前登记一份终止或修改合并交易的证书。

[4974] Model Entity Transactions Act § 204(a)(2)(2007).

[4975] Model Entity Transactions Act § 204(b)(2007).

[4976] Model Entity Transactions Act § 204(c)(2007).废弃声明自登记时起生效,合并即不再生效。Id.

[4977] Del. Code Ann. tit. 12, § 3815(a).

2. 登记合并证书

普通法商业信托的合并，不以登记为生效要件。若商业信托文件授予受托人以任何形式对商业信托进行合并或重组的权力，则自受托人将其对商业信托的控制转移于另一商业信托的经营者并将各信托的营业与事务混合之时起，合并生效。[4978]

制定法商业信托的成立与终止，以登记为要件，合并涉及商业信托主体状态的变动，亦须登记。《特拉华州商业信托法》规定，吸收合并或新设合并后存续或新设的商业信托或其他商业实体应在企业登记机关登记一份吸收合并或新设合并证书。[4979]吸收合并或新设合并证书应载明下列事项："（1）参与吸收合并或新设合并的每一个商业信托或其他商业实体的名称及其设立地所属法域；（2）参与吸收合并或新设合并的每一个商业信托或其他商业实体已允许并签署吸收合并或新设合并协议；（3）存续或新设的商业信托或其他商业实体的名称；（4）如果吸收合并后新设的实体是商业信托，且因吸收合并或新设合并需要改变名称的，应当载明对该商业信托的信托证书的修改；（5）（吸收合并或新设合并证书不在登记时生效的，）吸收合并或新设合并的将来生效日期或时间，该日期或时间应为确定的日期或时间；（6）签署后的吸收合并或新设合并协议已在存续或新设的商业信托或其他商业实体的主营业地登记，并应载明登记地址；（7）经参与吸收合并或新设合并的商业信托的受益人或其他商业实体的权益持有人请求，存续或新设的商业信托或其他商业实体应免费向前者提供一份吸收合并或新设合并协议的副本；（8）存续或新设的实体不是依据特拉华州法律成立、组建的商业信托或其他商业实体的，应载明下列陈述：该存续或新设的其他商业实体同意，在为请求参与吸收合并或新设合并的商业信托履行其债务而提起的任何诉讼或程序中，可在本州对该其他商业实体送达传票，该其他商业实体不可撤销地指定本州州务卿为其接受传票送达的代理人，并指明州务卿向该商业实体邮寄传票副本的地址。在传票送达州务卿的情形，诉讼或程序的原告应向州务卿提供吸收合并或新设合并中载明的地址以及原告可以选择提供的任何其他地址，并同时应州务卿的要求提供传票的副本。州务卿应通过附回执的信函等

[4978] Page v. Arkansas Natural Gas Corp., 53 F. 2d 27（C. C. A. 8th Cir. 1931）, aff' d, 286 U. S. 269, 52 S. Ct. 507, 76 L. Ed. 1096（1932）.

[4979] Del. Code Ann. tit. 12, § 3815（b）. 基于对普通法商业信托效力之尊重，该法关于合并证书登记的规定无溯及力：在1990年7月5日之前生效的吸收合并或新设合并，未登记吸收合并或新设合并证书的，不影响此类吸收合并或新设合并的有效性或效力。Id. § 3815（c）.

方式，将原告提供的上述全部地址通知给该存续或新设的其他商业实体。此类信函应包含传票与向州务卿送达的其他文书的副本。在州务卿提供一式两份的送达传票与其他文书的服务时，原告有义务通知州务卿传票是依据本款规定进行送达，并向州务卿支付50美元费用（州专用）。原告嗣后胜诉的，该费用纳入诉讼费用进行征税。州务卿应保存一份按字母顺序排列的送达传票的记录，其中载明：原告与被告的姓名或名称，相关诉讼的案名、案号与案件性质，送达回证日期，送达日期与时间。州务卿应自收到传票送达之日起五年内保存上述信息。”[4980]

上述第6项、第7项意在保护受益人的信息获取权，第8项意在保护商业信托的债权人或其他权利人免于因该商业信托合并为域外企业而无法通过诉讼程序主张权利。

对于在吸收合并或新设合并中不是存续或新设实体的商业信托，吸收合并或新设合并证书具有注销证书的效力，商业信托无须另行登记注销证书；吸收合并或新设合并证书已依法载明相关修改的，视为已修改信托证书，商业信托无须另行修改信托证书。[4981]

商业信托亦可不登记合并证书，而代之以直接登记合并协议。在法律要求登记吸收合并或新设合并证书的情形，登记一份吸收合并或新设合并协议，且该协议含有法律规定应载于吸收合并或新设合并证书的信息的，视为符合登记吸收合并或新设合并证书的要求。[4982]

马萨诸塞州的规定较为简略：合并后不再存续的商业信托，应由受托人在该商业信托通常营业地所在市或镇机关登记一份合并证书副本，并应在州务卿办事处登记一份合并证书副本；但合并交易的其他当事人已在合并交易生效后30日内进行上述登记的除外。[4983]

（三）合并的生效

吸收合并或新设合并自吸收合并或新设合并证书登记之时起生效，但吸收合并或新设合并证书中定有将来生效日期或时间的，合并自该日期或时间届至之时起生效。[4984]

[4980] Del. Code Ann. tit. 12，§ 3815(b). 其他法律的规定大体相似。Model Entity Transactions Act § 205(2007).

[4981] Del. Code Ann. tit. 12，§ 3815(e).

[4982] Del. Code Ann. tit. 12，§ 3815(e).

[4983] Mass. Gen. Laws Ann. ch. 182，§ 2.

[4984] Del. Code Ann. tit. 12，§ 3815(d).《示范实体交易法》的规定与此相似，但对将来生效日期设有限制，不得迟于登记后90日（第205条）。该限制来源于《示范商业公司法》第1.23条第a款第4项。

合并生效后，未成为存续实体的商业信托或其他企业终止，但不构成解散，因此无须清算，[4985]无须清偿债务或分配资产。合并各方的一切权利、义务与责任均归于合并后存续企业或新设企业。[4986]合并企业的一切财产自动归于（automatically vested in）存续企业或新设企业，而不构成合并企业与存续企业或新设企业之间的"转让"，因此，即使是不具有可转让性的合同（例如，出资合同）权利，也因合并归于存续企业或新设企业，该合同另有约定除外。[4987]

在新设合并的情形，新设商业信托的商业信托文件经有权同意合并的受益人或受托人同意后，方可生效。

（四）对原有商业信托文件的处理

《特拉华州商业信托法》第3815条第f款规定：

"按照本条第a款规定获准的吸收合并或新设合并协议可以：

（1）发生修改商业信托文件的效力；或

（2）对于在吸收合并或新设合并后存续或新设的商业信托，发生采用（adoption）新的商业信托文件的效力。

依据前句规定作出的对商业信托文件的修改或新的商业信托文件的采用，自吸收合并或新设合并生效日期或时间届至之时起生效，且无论商业信托文件中有何关于修改商业信托文件或采用新的商业信托文件的条款，均应生效。本款规定不得解释为限制通过商业信托文件或其他协议中订定的任何其他方式或法律容许的其他方式完成吸收合并或新设合并，或者完成吸收合并或新设合并中的任何事项，包括参与吸收合并或新设合并的任一商业信托（为了完成吸收合并或新设合并而成立的商业信托）

[4985] 商业信托解散的，应予清算。Del. Code Ann. tit. 12，§ 3808. 我国《公司法》规定合并属解散事由之一，但纯属形式意义上的规定，因为基于合并而消灭的公司无须清算，此处所谓解散不同于通常意义上的解散。参见施天涛：《公司法论》（第2版），法律出版社2006年版，第520页。

[4986] 特拉华州法规定：吸收合并或新设合并生效之时，为本州法律的所有目的，已吸收合并或新设合并的商业信托与其他商业实体的全部权利、特权或权限，上述商业信托与其他商业实体的全部财产（包括不动产、动产与混合财产）与债权以及上述商业信托与其他商业实体的其他所有物与诉权，均应归属于存续或新设的商业信托或其他商业实体。通过契据或其他方式归属于上述商业信托与其他商业实体的不动产，不得因本法规定而遭受损害或恢复原状；但是，对上述商业信托与其他商业实体的任何债权与在上述商业信托与其他商业实体的任何财产上设定的担保权应当不受损害，上述商业信托与其他商业实体的全部债务、责任与义务归于存续或新设的商业信托或其他商业实体并可对其强制执行，如同上述债务、责任或义务是由存续或新设的商业信托或其他商业实体发生或缔结的一般。Del. Code Ann. tit. 12，§ 3815（g）. 统一法、示范法规定类似。Uniform Statutory Trust Entity Act § 709（2009）；Model Entity Transactions Act § 206（2007）.

[4987] Model Entity Transactions Act § 206 cmt. 2（2007）.

的商业信托文件应当成为存续或新设商业信托的商业信托文件。”

该款规定在各州商业信托法中颇具特色，亦为《统一商业信托法》及《示范实体交易法》所无。[4988]该规定具有促进合并积极作用之功能。企业的现任管理层，往往会在企业组织文件中加入若干反并购措施，意图挫败于己不利的并购计划。[4989]此类反并购措施可巩固现任管理层的职位，削弱并购改善企业治理的功能，致代理成本增加，故其合法性与效率性素有争议。论者认为，有益于股东、公司与社会的法律规则应为禁止对并购行为进行抵制，公司管理层应听任股东与并购出价者进行自由博弈。[4990]但基于自利动机，管理层显然不会束手待毙，即使企业组织文件最初禁用反并购措施，管理层也会积极谋求修改此种禁止性条款。管理层实际上掌控企业的决策权（特别是公开型企业），管理层“偷换”此类条款并非难事。《特拉华州商业信托法》的上述规定，实际上赋予并购方提出“竞争性商业信托文件”的能力，详言之，发出并购要约的第三方可一并抛出更有利于目标信托及其受益人的商业信托文件文本，增强该项合并对目标信托受益人的吸引力，以求获准，并由此削弱反并购措施的效用——作为一种“反反收购措施”，并购方提出作为新商业信托文件的合并协议，将引发与目标信托之间的“商业信托文件大战”，更有利于目标信托及其受益人的商业信托文件，将最终胜出。

（五）信义义务在合并中的适用

放松企业合并的法律管制，为现代企业合并法的总趋势。商业信托法亦是如此。放松管制并不意味着放任内部人利用合并损害他人利益。放松管制尤其表现为管制手段的变化，以往大量用硬性的“规则”来管制合并，现代法偏向于运用灵活的“标准”，同时更倚重市场机制的力量。例如，早期法律以严格的规则限制现金合并，现代法多已取消此类限制；早期法律一律要求合并需经企业投资者全体或多数同意，现代法容许变通此要件。商业信托甚至可取消受益人同意要件。但是，受托人（特定情形下亦包括占控制地位的多数受益人）在决定合并及合并条款的全过程中，均负有信义义务。弹性化的信义义务，为现代企业合并法控制合并的主要手段。例如，现金合并中，容许重新安排商业信托受益权，即对现有

[4988] 《特拉华州修订统一有限合伙法》《特拉华州有限责任企业法》有相应规定。Del. Code Ann. tit. 6, § § 17-211(g), 18-209(f).

[4989] 受托人可在并购中采取白衣骑士等反收购措施。Beebe v. Pacific Realty Trust, 578 F. Supp. 1128(D. Or. 1984).

[4990] Frank H. Easterbrook & Daniel R. Fischel, *The Economic Structure of Corporate Law* 174(1991).

权益进行“洗牌”；又如法律不强制要求涉及不同类别的合并实行类别表决，受托人可区别对待不同类别受益权。然而，凡此种种行为，均须服从信义义务：受托人应公允对待不同受益人，且不得利用合并实施利益冲突交易。

目前关于商业信托合并的判例较少，但原理与其他企业判例相通。[4991]特拉华州作为企业合并法最为发达的法域，已累积大量在企业合并案中适用信义义务的判例，公司判例尤为突出，可相互参酌。[4992]

当合并不涉及利益冲突时，受托人的行为受商业判断规则保护，法院不会对合并进行详细审查，但当合并涉及利益冲突时，则适用“完全公平”(entire fairness)标准，被告对合并交易的公平性负举证责任，法院须详细审查系争交易。依公司合并的经典判例*Weinberger v. UOP, Inc.* 案之裁判见解，完全公平包括两大要素：公平交易与公平价格。公平交易包括下列问题：何时实施交易，如何发起、构建、协商交易，以及向董事会披露交易、如何获得董事会及股东的同意；公平价格涉及合并交易的经济与财务考虑，包括资产、市场价值、回报、前景以及公司股票内在价值的所有相关因素。[4993]本案涉及的是大型公开公司的合并，为确保合并公平性所要求的合并程序，未必完全适用于小型的闭锁企业，但正如特拉华州大法官法院在合伙合并案件中所述，某些“公平程序”是根本性的、不容打折的，无论何种企业皆不能例外，其中包括实施合并应事先通知受不利影响的企业权益持有人、企业成员的权益之估价不得由存在利益冲突的管理者在缺乏独立或无利害关系的估价建议之情况下单方决定。[4994]

受托人违反信义义务的，法院可酌情授予各种救济，诸如禁止实施合

[4991]　受托人在合并交易中对商业信托负有信义义务，但其决策适用商业判断规则。12A C. J. S. Business Trusts § 10(2007). 在宾夕法尼亚州的判例中，某一不动产投资信托与一公司合并，合并经已表决的93%以上表决权数同意(其中74%以上为无关联关系的少数受益人)，但有少数受益人以交易不公平为由起诉。受托人辩称其合并决策是信赖财务顾问的独立意见(合并条款对少数受益人公平)而作出，法院支持此抗辩。法院在判定合并有效时，也考虑了下列因素：合并交易的条款是公平的，受益人委托表决书中已经披露合并的税收后果以及受益人将在新设公司中取得的各类股份。Landy v. Amsterdam, 815 F. 2d 925, Fed. Sec. L. Rep.(CCH)¶93216(3d Cir. 1987).

[4992]　合伙与有限责任企业领域已有判例表明，公司合并判例中的完全公平标准与商业判断规则，适用于合伙或有限责任企业。Cole v. Kershaw, No. Civ. A. 13904, 2000 WL 1206672 (Del. Ch., Aug. 15, 2000)(合伙)；Solar Cells, Inc. v. Truth North Partners, LLC, No. CIV. A. 19477, 2002 WL 749163 (Del. Ch. Apr. 25, 2002)(有限责任企业)；VGS, Inc. v. Castiel, No. C. A. 17995, 2000 WL 1277372(Del. Ch., Aug. 31, 2000), aff' d, 781 A. 2d 696(Del. 2001)(Table)(有限责任企业).

[4993]　Weinberger v. UOP, Inc., 457 A. 2d 701, 711(Del. 1983).

[4994]　Cole v. Kershaw, No. Civ. A. 13904, 2000 WL 1206672 at *8(Del. Ch., Aug. 15, 2000).

并、宣告已发生的合并无效、判令受托人负损害赔偿责任、授予受害的受益人估价权等。[4995]

三、分立

分立可采用单纯分立或分立合并等方式。单纯分立指一个企业分立为两个以上企业的行为，包括存续分立与解散分立；分立合并指企业因分立而再与一个或数个现存企业合并的行为。

分立程序与合并程序大体一致，包括订立分立计划、[4996]登记分立证书等。分立的商业信托的任何权利、权限、财产，依分立计划的订定自动归于分立后存续或新设的企业。商业信托分立前的债务或因分立所生债务，由分立后存续或新设的企业负连带责任，但债务人与债权人另有约定者除外。

第三节　权益置换

权益置换（interest exchange），是类似于合并又有别于合并的交易。权益置换发生一企业与另一企业的权益（受益权、股权、合伙权益等）的互易、转化等效果，一企业［通常称为收购企业或收购实体（acquiring entity）］可由此取得对另一企业［通常称为被收购企业或被收购实体（acquired entity）］的控制权，获得类似于合并的效果，[4997]同时，权益置换不影响被收购企业与收购企业的独立存续，[4998]并且权益置换可仅取得被收购企业某一类别或系列的全部或部分权益，无须取得被收购企业的全部权益，故有别于合并。权益置换既可达到类似于合并的目的，又可避免合并的负担（诸如承受被合并企业的债务等），且程序较简便。

《示范商业公司法》定有较为完备的权益置换制度。不过，无论是股

［4995］ 可供参照的非公司企业合并判例：Cole v. Kershaw, No. Civ. A. 13904, 2000 WL 1206672（Del. Ch., Aug. 15, 2000）（估价救济）；Solar Cells, Inc. v. Truth North Partners, LLC, No. CIV. A. 19477, 2002 WL 749163（Del. Ch. Apr. 25, 2002）（禁止合并）；VGS, Inc. v. Castiel, No. C. A. 17995, 2000 WL 1277372（Del. Ch., Aug. 31, 2000）, aff' d, 781 A. 2d 696（Del. 2001）（Table）（撤销合并，因为三个有限责任企业管理者中有两个严重违反信义义务）。

［4996］ 据以分立的法律文件不称分立协议，因分立系单方行为。

［4997］ 在改组、分立、本地化、权益置换等各种实体交易中，权益置换最接近于合并。《示范商业公司法》将合并与股份置换的授权、条款、效力、废弃等事项规定于同一条文。Model Business Corporation Act §§ 11.04, 11.06, 11.07, 11.08（2016 Revision）.

［4998］ Model Entity Transactions Act § 301 cmt. 1（2007）.

份置换还是非公司企业的权益置换，在美国各州关于公司或非公司企业的制定法上未得到普遍确认，[4999]各州商业信托法及《统一商业信托法》亦同。在制定法未确认权益置换的情形，当事人可通过三角合并实现同等效果：收购企业新设一子企业（subsidiary），然后将被收购企业与子企业合并。[5000]制定法明确认可权益置换，可使当事人一步到位，无须迂回实现交易目的。[5001]有鉴于此，《示范实体交易法》确立通行于各种商业组织（包括商业信托）的权益置换制度，以减少交易成本。

权益置换制度大部分内容与合并制度相似，特殊之处如下。

其一，权益置换的效果是被收购企业的权益处分，不直接影响收购企业的权益，故仅须被收购企业的权益持有人允许，不要求收购企业的权益持有人允许，收购企业的准据法另有规定或组织文件另有订定除外（此类情形甚为罕见）。[5002]

其二，关于简易合并的规则不适用于权益置换。简易合并中，母公司（或非公司企业）一般持有子公司（或非公司企业）80%~90%的股份，母公司合并子公司时，许多公司法不要求经子公司股东决议，因为少数股东不可能阻止合并，要求决议徒耗时间与费用。但此例外不适用于权益置换；权益置换须经子企业（被收购企业）的权益持有人允许。[5003]

其三，权益置换不影响被收购企业的存续，不改变收购企业与被收购企业之间的财产与债务归属，其法律后果与登记证书均简于合并。[5004]

第四节　改　　组

一、改组的一般问题

（一）改组的意义

改组（conversion，亦可译为转换、变更组织形式等），即企业改变组织形式。不同于合并与权益置换（此两者均为涉及至少两方当事人的交易），改组则属单方行为。改组前企业与改组后企业为同一企业，企业存

[4999] Model Entity Transactions Act § 301 cmt. 1(2007).
[5000] Model Entity Transactions Act § 301 cmt. 1(2007).
[5001] Model Entity Transactions Act § 301 cmt. 1(2007).
[5002] Model Entity Transactions Act § 303(c)(2007).
[5003] Model Entity Transactions Act § 303(d) & cmt. 3(2007).
[5004] Model Entity Transactions Act § 306(2007).

续不因改组而中断。就商业信托而言，改组分为其他企业改组为商业信托与商业信托改组为其他企业两类。《特拉华州商业信托法》分别规定，《统一商业信托法》则不予区分，《示范实体交易法》统一适用各种企业的实体交易，亦不作此区分。

企业为实现经济目的之工具。若商业信托组织形式经营成本过高，或者另有其他商业机会适于以其他企业形式进行经营，当事人可灵活决定将商业信托改组为其他企业。反之亦然。普通信托则不然。普通信托以保存信托财产、进行谨慎投资为目的，信托结构需保持较高的稳定性，且普通信托与企业缺乏共性，不存在改组的基础。普通信托与委托、保管等法律关系有一定共性，但通常不存在信托更改为此类法律关系的必要（信托自有独到之秘，兼具此类法律关系之长），当事人纵有意将信托关系转换为此类法律关系，亦不过是简单的法律行为更改而已，依合同法等足以解决，信托法无须专门规定。

美国各州商业信托法及《示范实体交易法》所规定的改组，包括法域内的改组（如特拉华州公司改组为特拉华州商业信托）与跨法域的改组（如马里兰州投资公司或加拿大公司改组为特拉华州商业信托）。

（二）改组程序

1. 改组计划

改组系单方行为，改组文件不称改组协议，而称改组计划（plan of conversion），其内容与合并协议内容相似。[5005]改组必然需处理企业权益（成员权）。改组的其他商业实体中的权利、证券或权益，可置换或转化为商业信托中的现金、财产、权利、证券或权益；作为附加或作为替代，可置换或转化为另一个商业信托或其他商业实体中的现金、财产、权利、证券或权益，亦可注销。[5006]商业信托文件可订定，商业信托改组为公司时，受益人有权选择按其受益权比例取得所转移资产的现金价值或取得公司股份。[5007]

改组对企业权益持有人的利益发生重大影响，故须经相关当事人允许。但制定法往往仅规定合并而未规定改组，企业组织文件亦是如此，为使法律与企业组织文件的漏洞不致成为改组的不必要障碍，《特拉华州商

[5005] Model Entity Transactions Act § 402(2007).

[5006] Del. Code Ann. tit. 12, § 3820(i). 改组的商业信托中的权利、证券或权益，可置换或转化为其他商业实体中的现金、财产、权利、证券或权益；作为附加或作为替代，可置换或转化为任何其他商业实体中的现金、财产、权利、证券或权益，亦可注销。Id. § 3821(d).

[5007] Bryan v. Hamrick, 106 F. 2d 245(C. C. A. 10th Cir. 1939).

业信托法》定有默认规则：第一步，商业信托文件对允许改组的方式有订定的，改组应依该方式取得允许；第二步，商业信托文件对允许改组的方式未作订定且未禁止改组的，改组应依商业信托文件允许该商业信托作为存续方进行吸收合并或新设合并的方式获得允许；第三步，商业信托文件对允许改组的方式以及允许商业信托作为存续方进行吸收合并或新设合并的方式均未作订定，且未禁止改组的，允许改组须经全体受益人与全体受托人允许。[5008]其他企业改组为商业信托，适用类似规定。[5009]但因改组并非双方行为，关于简易合并允许的规定，不适用于改组。[5010]

改组计划的形式、内容、修改或废止，类似于合并协议。

2. 改组登记

如同其他各类实体交易，改组应登记于企业登记机关。《统一商业信托法》与《示范实体交易法》所定改组登记与合并登记基本相似。《特拉华州商业信托法》上的改组登记更为细致，针对其他企业改组为商业信托、商业信托改组为域外其他企业分设要求，对公示要件考虑周详，但未规定商业信托改组为本州其他企业的登记，是其不足。

（1）其他企业改组为商业信托

《特拉华州商业信托法》第3820条第a款规定："依本州、美国其他州、外国或其他国外法域的法律成立、组建或存在的任何其他商业实体，遵守本条第g款[5011]且依本法第3812条在州务卿办事处登记下列证书的，可改组为商业信托：一份依本法第3811条由受托人签署的改组为商业信托的证书，以及一份依本法第3811条由受托人签署且符合本法第3810条的信托证书。"

上述规定有助于强化公示效果。单纯登记改组证书，未必足以使查询者了解改组的法律后果，附加登记一份新的商业信托证书，则可提醒查询者：该企业已经以崭新的商业信托之形态而存在。《统一商业信托法》与《示范实体交易法》仅要求登记一份改组证书。[5012]

[5008] Del. Code Ann. tit. 12, § 3821(b). 此与判例法一致。Hood v. James, 256 F. 2d 895(5th Cir. 1958)(非经受益人一致同意，法院无权强制将商业信托改组为公司或重订商业信托合同).

[5009] Model Entity Transactions Act § 403(2007).

[5010] Model Entity Transactions Act § 403 cmt. 1(2007).

[5011] 该款规定：在州务卿办事处登记改组为商业信托的证书之前，应依订定该其他商业实体内部事务及其经营活动的文件、协议或其他文书所定方式或依可适用的法律所规定之方式（视情形适当而定），允许该改组；并应依允许改组所需的授权，允许一份信托文件。Del. Code Ann. tit. 12, § 3820(g).

[5012] Model Entity Transactions Act § 405(2007).

改组为商业信托的证书，应载明下列事项："其他商业实体最初成立、组建或以其他方式设立的日期及其所属法域，其所属法域有变化的，并应载明改组为商业信托之前最后所属的法域；其他商业实体改组为商业信托之前的最后名称；新登记的信托证书中的该商业信托的名称；改组不在改组为商业信托的证书与信托证书登记之日起生效的，应载明改组的将来生效日期或时间，该日期或时间应为确定的日期或时间。"[5013]

（2）商业信托改组为其他企业

依《统一商业信托法》与《示范实体交易法》，商业信托改组为其他企业，同样应登记改组证书。对于商业信托改组为特拉华州其他企业，《特拉华州商业信托法》不要求在商业信托登记机关登记，但商业信托改组为域外商业实体的，应登记"改组为非特拉华州实体的证书"，其中应载明商业信托的名称、在州务卿办事处登记初始信托证书的日期、商业信托将改组的其他商业实体成立或设立的法域、改组已依本条取得允许、该商业信托可以在特拉华州接受传票送达并且该商业信托不可撤销地指定特拉华州务卿作为在上述诉讼或程序中接受传票送达的代理人等信息。[5014]

改组为非特拉华州实体的证书已登记或该证书的将来生效日期或时间已届至且已依《特拉华州商业信托法》向州务卿办事处交足费用的，州务卿应确认该商业信托已登记本法要求的全部文件、已交足本法要求的全部费用，随之，该商业信托不再作为特拉华州商业信托而存在。州务卿的确认应成为该商业信托改组至特拉华州之外的初步证据。[5015]

商业信托改组为特拉华州其他企业的，应满足该企业组织法的登记要求，如改组为特拉华州公司的，仍应依特拉华州公司法办理公司登记，但改组无须依商业信托法登记，商业信托登记记录中不显示本信托已改组为其他企业，不知改组而信赖登记信息之人可能因此受损。相比之下，要求法域内改组与跨法域改组均应登记改组证书，较为合理。

（三）改组的效力

改组证书生效之时起，改组生效。改组后的企业适用该企业的组织法。改组前后为同一实体，改组后的实体应被视为自改组前的实体成立之时起即已存在。改组不影响改组企业在改组前发生的债务，不影响改

[5013] Del. Code Ann. tit. 12，§ 3820(b).

[5014] Del. Code Ann. tit. 12，§ 3821(e).

[5015] Del. Code Ann. tit. 12，§ 3821(f).

组前发生的任何人的个人责任。[5016]

改组生效之时，改组前企业的全部权利、权限、财产与诉权，归于改组后企业；对改组前企业的任何债权与在该改组前企业的任何财产上设定的担保权应不受损害，该企业的全部债务、责任与义务归于改组后企业，如同上述债务、责任或义务是由改组后的企业最初发生或缔结的一般。[5017]因改组而发生的权利归属或债务归属，不构成权利转让或债务转移，[5018]因为改组前后的企业始终属于同一实体。因此，有关权利转让与债务转移的法律规定不适用。

除另有约定外，改组企业无须清算、清偿债务或分配资产，改组不构成改组前企业的解散，而应构成以改组后企业的形式继续存在。[5019]

二、普通法上的重组

商业信托可采用其他交易方式达到类似于制定法上的改组之效果。在美国法上，常见者如普通法上的重组。例如，经商业信托文件授权，商业信托可重组为公司，具体方式可为设立一个公司，将商业信托财产转让于公司，并向原受益人配送与其受益权比例相应的公司股份。[5020]

除商业信托文件另有订定或经受益人另行允许外，重组不得发生实质性重大变动：如重组后公司的权限与目的实质性地宽于原商业信托且受托人在新公司中的权限实质性地大于在原商业信托中的权限，受益人有权诉请法院禁止受托人实施重组计划。[5021]

商业信托重组，原则上不影响债权人的权利。公司接受商业信托营业与财产之后，商业信托债权人仍可就公司受让的财产受偿。[5022]商业信托债权人有权提起诉讼调查程序，以查明商业信托转让于公司的财产。[5023]

[5016] Del. Code Ann. tit. 12, § 3821(g). 例如，改组前企业的出资人尚未履行出资义务的，应对改组后的企业继续履行。

[5017] Del. Code Ann. tit. 12, § § 3820(e), 3821(h).

[5018] Model Entity Transactions Act § 406 cmt. 1(2007).

[5019] Del. Code Ann. tit. 12, § § 3820(f), 3821(c).

[5020] Carpenter v. White, 80 F. 2d 145, 35-2 U. S. Tax Cas.(CCH)¶9630, 16 A. F. T. R.(P-H)¶1385(C. C. A. 1st Cir. 1935), cert. denied, 297 U. S. 720, 56 S. Ct. 598, 80 L. Ed. 1005(1936); Bryan v. Hamrick, 106 F. 2d 245(C. C. A. 10th Cir. 1939), cert. denied, 308 U. S. 615, 60 S. Ct. 262, 84 L. Ed. 514(1939); Thomle v. Soundview Pulp Co., 181 Wash. 1, 42 P. 2d 19(1935).

[5021] Bryan v. Hamrick, 106 F. 2d 245(C. C. A. 10th Cir. 1939), cert. denied, 308 U. S. 615, 60 S. Ct. 262, 84 L. Ed. 514(1939).

[5022] Ashworth v. Hagan Estates, 165 Va. 151, 181 S. E. 381(1935).

[5023] National Sur. Co. v. Anacostia Finance Corp., 26 F. 2d 985(App. D. C. D. C. Cir. 1928).

第五节 本 地 化

一、概念

企业的本地化(domestication)类似于自然人的国籍变更。本地化不改变企业的组织形式,仅改变企业的所属法域。本地化有广狭二义。广义的本地化,指企业改变其所属法域。狭义的本地化,是与"迁移"(transfer)相对应的概念,指其他法域的企业迁入本法域,成为域内企业。"迁移",则指本法域的企业迁移至其他法域,成为域外企业。广义的本地化,包括狭义的本地化与迁移。例如,A为依加拿大法成立的公司,A改变其所属法域,成为特拉华州商业信托,该行为对特拉华州而言,为(狭义的)本地化;对加拿大而言,为迁移。

《特拉华州商业信托法》分别规定狭义的本地化与迁移。《统一商业信托法》与《示范实体交易法》统一规定广义的本地化。本地化制度的内容,与合并、改组等实体交易大体相似。

二、本地化

《特拉华州商业信托法》规定,非美国实体遵守本法规定且依本法第3812条在州务卿办事处登记商业信托本地化证书的,可以本地化为特拉华州商业信托。"非美国实体",指非本州商业信托(非依美国任何州法律而成立),或者依外国或国外法域的法律成立、注册、设立或以其他方式形成的公司、有限责任企业、商业信托、商业团体、不动产投资信托、普通法信托、任何其他非公司营业,也包括合伙,无论普通合伙(包括有限责任合伙)还是有限合伙(包括有限责任有限合伙)。[5024]在登记商业信托本地化证书之前,应依规定非美国实体内部事务及其经营活动的文件、协议或其他文书订定的方式或依可适用的法律所规定之方式(视情形适当而定),允许本地化;并应按照允许本地化所需的授权,允许一份管理文件。[5025]

[5024] Del. Code Ann. tit. 12, § 3822(a).关于非美国实体本地化的规定,系该法2004年修订时新增。2004 Delaware Laws Ch. 353, § 17(H. B. 463).

[5025] Del. Code Ann. tit. 12, § 3822(g).《示范实体交易法》规定更明确。企业组织文件对本地化的授权方式有订定的,从其订定;组织文件未订定本地化的授权但订定合并的授权的,应依照与合并授权相同的方式取得授权;组织文件对本地化与合并的授权方式均未订定的,本地化应由该企业的全体权益持有人允许。Model Entity Transactions Act § 502(2007).

实施本地化时，可对原先的企业权益（成员权）进行处理，其规则与合并、改组等实体交易相同。进行本地化的非美国实体中的权利、证券或权益，可置换或转化为本州商业信托中的现金、财产、权利、证券或权益；作为附加或作为替代，可置换或转化为另一本州商业信托或其他实体中的现金、财产、权利、证券或权益，亦可注销。[5026]

本地化为特拉华州商业信托的实体，应在州务卿办事处登记下列证书：依该法第3811条由受托人签署的一份商业信托本地化证书及依该法第3811条由受托人签署且符合该法第3810条的一份信托证书。[5027]此要件与改组相同，可强化商业信托登记的公示力。商业信托本地化证书，应载明下列事项：非美国实体最初成立、组建或以其他方式设立的日期及其所属法域；非美国实体在登记商业信托本地化证书之前的最后名称；按照本条登记的信托证书中的该商业信托的名称；本地化不在商业信托本地化证书与信托证书登记之日起生效的，应载明本地化的将来生效日期或时间，该日期或时间应为确定的日期或时间；在登记商业信托本地化证书之前构成非美国实体的最后本座、住所、主要营业地、主要办事机构所在地（或按照可适用的法律确定的具有同等效果的场所）的法域。[5028]

依《特拉华州商业信托法》规定，自商业信托本地化证书与信托证书生效之时起，本地化发生下列效力：

其一，非美国实体应当本地化为商业信托，且该商业信托应受《特拉华州商业信托法》全部规定约束，但是，该商业信托应被视为自非美国实体在其最初成立、组建或以其他方式设立的法域开始存在之时即已开始存在。[5029]商业信托本地化证书的登记，不应影响选择适用于非美国实体的法律，但是，自本地化生效日期或时间届至之时起，包括《特拉华州商业信托法》在内的特拉华州法律，适用于非美国实体，如同非美国实体于该日期作为商业信托成立一般。[5030]非美国实体已依据本条规定本地化为商业信托的，商业信托与已本地化的非美国实体应被视为同一实体。除另有约定外，为本州法律的任何目的，进行本地化的非美国实体无须清

[5026] Del. Code Ann. tit. 12, § 3822(j).

[5027] Del. Code Ann. tit. 12, § 3822(b).

[5028] Del. Code Ann. tit. 12, § 3822(c).《示范实体交易法》规定相似。Model Entity Transactions Act § 505(2007).

[5029] Del. Code Ann. tit. 12, § 3822(d).

[5030] Del. Code Ann. tit. 12, § 3822(f).

算、清偿债务或分配资产，本地化不应被视为构成非美国实体的解散，而应构成非美国实体以商业信托的形式继续存在。在本地化之后，已经本地化为商业信托的非美国实体在原先所属的外国或其他国外法域继续存在的，该商业信托与非美国实体应当构成依据特拉华州法律与该外国或其他国外法域的法律成立、注册、设立或通过其他方式形成、存续的单一实体。[5031]

其二，原企业的财产、权利与债务均归于商业信托。[5032]非美国实体本地化为商业信托的，不应被视为影响非美国实体在本地化为商业信托之前发生的债务或负债，也不应被视为影响在本地化之前发生的任何人的个人责任。[5033]

三、迁移

商业信托可迁移至其他法域。迁移须经相关当事人允许。依特拉华州法规定，商业信托文件对允许迁移的方式有订定的，迁移应依该方式取得允许；商业信托文件对允许迁移的方式未作订定且未禁止迁移的，迁移应依商业信托文件允许本信托作为存续方进行吸收合并或新设合并的方式获得允许；商业信托文件对允许迁移的方式以及允许商业信托作为存续方进行吸收合并或新设合并的方式均未作订定，且未禁止迁移的，迁移须经全体受益人与全体受托人允许。[5034]

实施迁移时，可对商业信托的权益进行处理。商业信托中的权利、证券或权益，可置换或转化为迁入法域的其他商业实体中的现金、财产、权利、证券或权益；作为附加或作为替代，可置换或转化为任何其他商业实体中的现金、财产、权利、证券或权益，亦可注销。[5035]

[5031] Del. Code Ann. tit. 12，§ 3822(i).

[5032] 本地化生效之时起，非美国实体的全部权利、特权或权限，非美国实体的全部财产（包括不动产、动产与混合财产）与债权以及非美国实体的其他所有物与诉权，均应归属于本州商业信托。通过契据或其他方式归属于非美国实体的不动产，不得因本法规定而遭受损害或恢复原状；但是，对非美国实体的任何债权与在该非美国实体的任何财产上设定的担保权应当不受损害，非美国实体的全部债务、责任与义务归于商业信托并可对商业信托执行，如同上述债务、责任或义务是由商业信托最初发生或缔结的一般。为本州法律的任何目的，非美国实体在其财产上的全部权利、特权、权限与权益，以及全部债务、责任与义务，不应被视为因本地化而转移于商业信托。Del. Code Ann. tit. 12，§ 3822(h).

[5033] Del. Code Ann. tit. 12，§ 3822(e).

[5034] Del. Code Ann. tit. 12，§ 3823(b). 关于商业信托迁移的规定，系该法2004年修订时新增。2004 Delaware Laws Ch. 353，§ 17(H. B. 463).

[5035] Del. Code Ann. tit. 12，§ 3823(f).

依《特拉华州商业信托法》规定，迁移经允许，商业信托不再作为特拉华州商业信托而存在的，应登记一份“迁移证书”（certificate of transfer）。迁移证书应由全体受托人签署，载明下列事项：“（1）商业信托的名称，商业信托改变其名称的，并应载明其信托证书最初登记时的名称；（2）在州务卿办事处登记初始信托证书的日期；（3）商业信托将迁往或本地化的法域；（4）迁移或本地化不在登记之日起生效的，应载明迁移证书的将来生效日期或时间，该日期或时间应为确定的日期或时间；（5）迁移已依本条取得允许；（6）迁移证书生效时，本商业信托不再作为特拉华州商业信托而存在；并且，本商业信托同意：在为追讨在本商业信托作为特拉华州商业信托期间内所生债务而提起的任何诉讼或程序中，本商业信托可在特拉华州接受传票送达，且本商业信托不可撤销地指定特拉华州州务卿作为在上述诉讼或程序中接受传票送达的代理人；（7）可供特拉华州州务卿向本商业信托邮寄前项所称传票副本的地址。在依本条送达时，适用本法第3861条第c款所定程序，但下列规定除外：州务卿要求的传票副本送达地址为原告按照本款应向州务卿提供的地址以及原告选择向州务卿提供的任何其他地址，并且，州务卿应向已迁移或本地化的商业信托通知原告按照本法第3861条第c款所定程序提供的地址。”[5036]

迁移证书已在州务卿办事处登记或迁移证书的将来生效日期或时间届至，且已依法向州务卿办事处交足费用的，州务卿应确认该商业信托已登记《特拉华州商业信托法》要求的全部文件、已交足《特拉华州商业信托法》要求的全部费用，随之，该商业信托不再作为特拉华州商业信托而存在。州务卿的确认应成为该商业信托迁移或本地化至特拉华州之外的初步证据。[5037]

迁移不影响实体权利义务。商业信托迁移或本地化至特拉华州之外且不再作为特拉华州商业信托而存在的，不应被视为影响该商业信托在迁移、本地化之前发生的债务或负债，不应被视为影响迁移、本地化之前发生的任何人的个人责任，也不应被视为影响选择适用于迁移、本地化之前发生的与该商业信托有关事项的法律；除另有约定外，商业信托依据本条规定迁移或本地化至特拉华州之外的，无须依清算程序清算其事务、清

[5036] Del. Code Ann. tit. 12, § 3823(b).

[5037] Del. Code Ann. tit. 12, § 3823(c).

偿债务或分配资产。[5038]

迁移或本地化之后的其他商业实体与商业信托应被视为同一实体，商业信托的权利、义务、财产、债务等不受影响。[5039]

四、迁移并留存

除迁移外，《特拉华州商业信托法》另有独具特色的"迁移并留存"制度。[5040]在符合该法规定的情形，任何商业信托可迁移至或本地化于美国以外法域，同时可选择继续作为特拉华州商业信托而留存，由此获得"双重身份"。

迁移并留存应依与迁移相同的方式取得允许；商业信托选择仍作为特拉华州商业信托而留存的，应登记一份"迁移并留存证书"(certificate of transfer and continuance)，其中应载明下列事项："(1)商业信托的名称，商业信托改变其名称的，并应载明其信托证书最初登记时的名称；(2)在州务卿办事处登记初始信托证书的日期；(3)商业信托将迁往或本地化的法域；(4)迁移或本地化不在登记之日起生效的，应载明迁移并留存证书的将来生效日期或时间，该日期或时间应为确定的日期或时间；(5)迁移并留存已依本条取得允许；(6)迁移并留存证书生效时，该商业信托继续作为特拉华州商业信托而存在。"[5041]

迁移并留存证书生效之后，商业信托作为特拉华州商业信托继续存在，包括商业信托法在内的特拉华州法律继续适用于该商业信托；只要该商业信托作为特拉华州商业信托继续存在，为商业信托法的所有目的，留存的商业信托与因迁移、本地化至外国或其他国外法域而成立、注册、设立或通过其他方式形成的其他商业实体，应构成依特拉华州法律与该外国或其他国外法域的法律成立、注册、设立或通过其他方式形成、存续的单一实体。[5042]

迁移并留存制度的新颖之处，在于使企业可同时属两个法域，同时适用两个法域的组织法。该制度似为特拉华州鼓励企业跨境经营的又一举

[5038] Del. Code Ann. tit. 12, § 3823(d).

[5039] Del. Code Ann. tit. 12, § 3823(g).

[5040] 《特拉华州有限责任企业法》有相同规定。有限责任企业法学者称为"革命性的"和"激进的、全新的"规定。Carter G. Bishop & Daniel S. Kleinberger, *Limited Liability Companies-Tax and Business Law* ¶ 14.08[3][b](2007).

[5041] Del. Code Ann. tit. 12, § 3823(b).

[5042] Del. Code Ann. tit. 12, § 3823(e).

措，因其容许商业组织同时享受两法域的法律之优惠，但与此同时，问题亦由此而生：当适用于企业的特拉华州法律与其迁入地法律抵触时，如何适用法律？特拉华州法并未提供答案，[5043]尚有待于将来立法与判例的发展。

[5043]　Carter G. Bishop & Daniel S. Kleinberger, *Limited Liability Companies-Tax and Business Law* ¶ 14.08[3][b](2007).

第十四章　商业信托的终止

第一节　商业信托的终止、解散与清算

一、商业信托的终止

（一）立法目的：保护商业信托的营运价值

商业信托作为以经营为业的独立实体，一经成立、运行，即具有独立的营运价值。同时，商业信托在经营活动中将广泛地与第三人发生经济关系与法律关系。轻易动摇商业信托的存在，既有损商业信托自身的营运价值，亦可能损害第三人的合理预期。关于商业信托存续与终止的制度，即以维护商业信托营运价值为主要立法目的，除非商业信托文件另有选择。总体而言，美国商业信托法通过三大途径实现上述立法目的。

其一，规定商业信托永久存续。

其二，终止事由最小化，仅限于商业信托解散及因合并、分立后未存续而当然终止。[5044]同时，明文排除普通信托的若干终止事由。商业信托法还特别规定商业信托的存续不受若干事由影响。此类事由为普通信托终止的常见事由，商业信托法予以排除，进一步明确商业信托与普通信托之区别、澄清商业信托是否适用普通信托终止事由的疑义。

其三，商业信托解散事由最小化。

（二）对终止事由的特别排除

1. 任何人无权废止、终止商业信托：排除“可废止信托”

美国商业信托法明文排除“可废止信托”规则：除依商业信托文件条款外，受益人或其他人不得终止或废止（revoke）商业信托。[5045]“其他人”

[5044]　早期法律上的终止事由五花八门，例如，得克萨斯州有判例将商业信托作为合伙对待，并判定商业信托出卖全部资产为商业信托终止事由。Cook v. Liberty Pipe Line Co.，281 S. W. 221（Tex. Civ. App. Fort Worth 1925）. 最新一代商业信托法及统一法排除此类事由。

[5045]　Del. Code Ann. tit. 12，§ 3808（a）. 早期判例与此一致：如商业信托目的尚未实现且商业信托的存续符合受益权凭证认购人的最大利益，则纵为唯一的现存受益人，亦无权诉请法院判决解散商业信托。Hossack v. Ottawa Development Ass' n，244 Ill. 274，91 N. E. 439（1910）. Revoke一词，中文通常译为“撤销”，但为避免混淆于意思表示瑕疵情形“可撤销”法律行为之“撤销”，本书译为“废止”。

包括委托人。

普通信托法上有所谓“可废止信托”(revocable trust),其委托人有极大权力:其一,委托人有权随时、任意废止信托,致信托终止。其二,受益人的权利受委托人控制,受托人仅对委托人负义务,委托人可行使受益人享有的权利。[5046]委托人一般是可废止信托的唯一受益人或主要受益人,对受托人违反信托义务采取行动的权利、请求受托人提供信托管理信息等权利,皆属于委托人。其三,委托人有权对受托人作出与信托条款相反的指示,受托人可遵循该指示。[5047]

普通法传统上以不可废止信托为默认规则:除信托文件保留委托人废止权外,委托人无权废止信托。[5048]此为美国多数州遵循。加利福尼亚州、艾奥瓦州、蒙大拿州、俄克拉何马州、得克萨斯州等州采相反规则:除信托文件另有订定外,委托人可以废止或修改信托。[5049]因加利福尼亚州与得克萨斯州是深受欢迎的普通信托法域,[5050]少数派规则有实际重要性。《统一信托法典》亦以可废止信托为默认规则。[5051]美国当代普通法也已改变传统规则:信托文件未订定本信托为可废止信托或不可废止信托的,不再推定为不可废止信托,委托人是否有权废止或修改信托,取决于对信托的解释。委托人保留受益权或其他权益(例如,指定权)的,推定为可废止信托(可反证推翻);委托人未保留权益的,推定为不可废止信托。[5052]

普通信托法这一转变,缘于可废止信托在实务中的普遍应用。设立可废止信托,主要是基于其税收优势与资产保护优势。[5053]在选择设立可废止信托或不可废止信托时,税收是关键考虑因素之一。[5054]但就法律构造而言,当代美国实务中的可废止信托,具有更多优势(而不限于税收优势),其中包括:避免遗嘱认证的烦琐程序;保持私密性(避免像遗嘱认证备案一样载于公共记录中);财产管理的持续性;比遗嘱更能适应跨州遗

[5046] Restatement (Third) of Trusts § 74 (2003); Uniform Trust Code § 603 (a).

[5047] Uniform Trust Code § 808 (a).

[5048] Restatement (Second) of Trusts § 330 (1959); Austin W. Scott & William F. Fratcher, *The Law of Trusts* § § 330-330.12 (4th ed. 1987).

[5049] Uniform Trust Code § 602 cmt.

[5050] John H. Langbein, *The Uniform Trust Code: Codification of the Law of Trusts in the United States*, 15 Tolly's Tr. L. Int'l 66, 70 (2001).

[5051] Uniform Trust Code § 602 (a).

[5052] Restatement (Third) of Trusts § 63 cmt. c (2003).

[5053] G. Warren Whitaker, *Revocable Trusts: Fact and Fiction*, N. Y. St. B. A. J. 44 (2005).

[5054] Dante Figueroa, *Civil Law Trusts in Latin America: Is the Lack of Trusts an Impediment for Expanding Business Opportunities in Latin America?*, 24 Ariz. J. Int'l & Comp. L. 701, 720 (2007).

产规划；协同进行遗产处分。[5055]传统上，可废止信托的主要功能是作为遗嘱的替代品，[5056]藉以避免复杂的遗嘱形式要件与遗嘱认证程序，同时实现委托人的遗产规划目的。正因如此，在形式事项上，可废止信托适用信托法，不适用遗嘱法与无偿移转法的一般规则；[5057]但在重大的实体问题上（尤其在涉及债权人保护时），可废止信托的财产仍被视为委托人财产，[5058]不具备信托财产独立性，委托人的债权人可以追索。

大陆法系国家中凡制定有信托法者，大多并未规定可废止信托。但这并不意味着大陆法系并无功能相近的制度。在大陆法系，如果普通信托依无偿移转财产行为（赠与或遗嘱）为之，仍有随时撤回或撤销的可能性。根据英美法系的规则，遗嘱人可以随时撤回遗嘱（包括遗赠），无论遗嘱中是否保留了撤回权；在生前赠与中，赠与财产已经交付的，赠与人不得撤回赠与，但受赠人实施不当行为的除外。[5059]现代大陆法系的民法规则，与此立场并无本质区别：遗嘱人可随时撤回其遗嘱；赠与人在赠与财产转移之前可以随时撤销其赠与；[5060]受赠人实施忘恩负义行为时，赠与财产虽已转移，赠与人亦有权撤销赠与。

可废止信托制度显然不适合商业信托。就目的而言，商业信托属于企业，不存在作为遗嘱替代品的问题；就效果而言，委托人废止权或修改权的存在，将严重影响商业信托的独立人格与有限责任。明文否定可废止信托之规则对商业信托的适用，适合商业信托的特性与需求。

2. 商业信托不因受益人、受托人消灭而终止

普通信托大多旨在保障特定自然人的生活需要，故典型情形是，信托为某一受益人设定终生权益，该受益人的死亡将导致信托终止。[5061]

商业信托既为区别于受益人或其他人的独立主体，其存续即不受他人存亡之影响。法有明文：除商业信托文件另有订定外，受益人死亡、丧

[5055] David Feder & Robert H. Sitkoff, *Revocable Trusts and Incapacity Planning: More than Just a Will Substitute*, 24 Elder L. J. 1, 16-18(2016).

[5056] Uniform Trust Code Art. 6 general cmt.

[5057] 如涉及形式要件时，可废止信托不属于“遗嘱信托”。Restatement(Third) of Trusts § 63 cmt. a (2003).

[5058] Restatement(Third) of Trusts § § 25(1), 63 cmt. a(2003).

[5059] William M. McGovern, Jr., Sheldon F. Kurtz, & Jan Ellen Rein, *Wills, Trusts and Estates* § 5.5 (1988).

[5060] 例如，我国《民法典》第658条第1款。某些立法例规定赠与合同为要物合同，则在赠与财产交付之前，赠与合同不成立。实际效果类似。

[5061] Restatement(Third) of Trusts § 61 cmt. b(2003).

失行为能力、解散、终止或破产不导致商业信托的终止或解散。[5062]此外，商业信托亦不因受益人撤回出资、[5063]受托人死亡、[5064]商业信托全部受益权被其他商业信托取得等事由而解散或终止。[5065]

法院对商业信托永久存续的重要性早有明智认识。商业信托永久存续并且不受个别受益人死亡或退出的影响，为商业信托完成商业项目所必需（例如，不动产开发经营所需投入与运营通常横跨多年），且为吸引银行借款与受益权份额投资的保障；商业信托存续与否系于个别受益人命运，显然有悖于投资者的预期。同理，授予个别受益人解散商业信托的权力，也会严重背离商业信托所创设的商业计划之稳定性。[5066]

3. 商业信托不因受益人与受托人合一而终止：排除"混同"规则

普通信托法上有混同规则。普通信托的基本结构为，信托财产的法律上所有权与受益权分离，信托财产所有权与全部受益权同归于一人时，信托终止。此即混同（merger）规则。[5067]混同规则与普通信托设立要件一脉相承：唯一受托人与唯一受益人在信托设立时为同一人的，信托不成立；唯一受托人与唯一受益人在信托成立后成为同一人的，信托终止。发生混同，信托自动终止，无论信托目的是否完全实现。[5068]

普通信托法不许唯一受托人成为唯一受益人，有形式与实质上的原因。就形式上的原因而言，一人不能对自己负有义务，义务至少存在于双方当事人之间；[5069]唯一受托人为唯一受益人，即受托人对自己负有信托义务，逻辑上不可能。就实质上的原因而言，委托人设立信托，意在由受

[5062] Del. Code Ann. tit. 12, § 3808(b). 此为对普通法及实务做法的确认。State Street Trust Co. v. Hall, 311 Mass. 299, 41 N. E. 2d 30, 156 A. L. R. 13(1942)（商业信托文件明文订定：任何受益人的死亡，不导致商业信托终止，也不赋予死亡受益人的代表人分割商业信托财产或清算商业信托的权利；代表人仅取得死亡受益人既有的权利）；Taber v. Breck, 192 Mass. 355, 78 N. E. 472(1906)（同上）；Hossack v. Ottawa Development Ass'n, 244 Ill. 274, 91 N. E. 439(1910)（除商业信托文件另有订定外，商业信托不因一个或数个受益人的死亡而解散或终止）.

[5063] Wineinger v. Farmers' & Stockmen's Loan & Investment Ass'n, 287 S. W. 1091(Tex. Comm'n App. 1926).

[5064] H. Kempner v. Welker, 36 Ariz. 128, 283 P. 284(1929).

[5065] Greco v. Hubbard, 252 Mass. 37, 147 N. E. 272(1925).

[5066] State Street Trust Co. v. Hall, 311 Mass. 299, 41 N. E. 2d 30, 156 A. L. R. 13(1942).

[5067] Restatement(Third) of Trusts § 69(2003). 英文merger一词，在普通信托法及财产法上意指"混同"，在商业信托及其他商业组织法上则为"合并"之意。

[5068] Restatement(Third) of Trusts § 69 cmt. d(2003). 普通信托法的混同规则与物权法的混同规则类似。例如，供役地所有权与需役地所有权归于同一人时，地役权消灭。《瑞士民法典》第735条；Restatement(Third) of Property: Servitudes § 7.5(2000)。

[5069] George Taylor Bogert, *Trusts* § 151(6th ed. 1987).

托人为受益人利益管理信托，信托财产所有权与受益权同归一人，信托失其意义，[5070]其效果相当于委托人将信托财产的完整权利转移于受托人或受益人，信托关系自然丧失存在基础。

美国法上早期判例将类似规则适用于商业信托，即认为全部受托人均为受益人的，商业信托不生效或者无效。[5071]但基于商业信托的特性，以受托人与受益人合一为由轻易宣告商业信托无效或终止，极有可能危及商业信托已开展的经营活动及交易关系，损害第三人利益，并造成效率上的损失，因此同期判例亦承认当事人有补正商业信托无效的机会。当受托人以外之人成为受益人时，商业信托生效或效力恢复。对此，判例法上称为效力缺陷或行为能力的“治愈”（cure）。[5072]在交易实际中，信托文件通过特殊安排避免混同规则的适用，也是常见做法。[5073]

当代法上，《统一商业信托法》明文否定普通信托法“混同规则”对商业信托的适用：“商业信托或其系列不因唯一受托人与唯一受益人为同一人而终止。”[5074]

混同规则所赖以立基的法律逻辑，对于商业信托而言并不存在。

原因之一，商业信托为独立主体，自己持有信托财产，即使受托人取得全部受益权、唯一受托人成为唯一受益人，商业信托仍为独立于受托人的主体，不致陷入“自己对自己承担义务”的逻辑困境。

原因之二，商业信托的唯一受托人成为唯一受益人的，商业信托并不必然丧失存在基础。商业信托存在的意义，是以企业形式从事经营，满足融资、投资等需求。商业信托有自身的营运价值。运营过程中可能出现唯一受托人成为唯一受益人的情形，在商业信托并非独立主体或信托财产由受托人持有的场合，商业信托如因此自动终止，未必符合信托目的。例如证券投资信托受益人可能全部赎回其受益权，如受托人不欲注销受益权（以备再次发行；注销并重新发行将增加成本），即发生全部受益权归于受托人的情形，此时强使信托终止，并不符合商业信托继续经营之目的。诚然，

[5070] Restatement (Third) of Trusts § 69 cmt. d (2003).

[5071] Enochs & Flowers v. Roell, 170 Miss. 44, 154 So. 299 (1934).

[5072] Henry G. Taussig Co. v. Poindexter, 224 Mo. App. 580, 30 S. W. 2d 635 (1930).

[5073] Comment, *The Doctrine of Merger as Applied to Commercial Trust*, 29 Yale L. J. 97, 100-01 (1919).

[5074] Uniform Statutory Trust Entity Act § 306 (d) (2009). 该法2007年4月草案讨论“混同”规则是否适用于商业信托的问题。

当事人可采取额外措施规避混同规则,[5075]但另增成本,且其前提是当事人熟知混同规则;当事人一着不慎,即可能引发商业信托终止的严重后果。

二、商业信托的解散

(一)解散事由

1. 解散事由极简化

依美国法上的一般规则,商业信托终止事由仅限于两种:解散;在合并或分立后未能成为存续实体。因解散而终止,应当清算;因合并、分立而终止,无须清算。

在发生一定事由时企业解散,为企业法通则。具体解散事由如何,诸法又自不同,大体可分为自主解散与强行解散,强行解散又分为行政解散(administrative dissolution)与司法解散(judicial dissolution)。

商业信托判例法规则可分两类。一类判例认为,解散事由仅限于商业信托文件所定解散事由。[5076]受益人或受托人不得因商业信托文件所定解散事由之外的事由解散商业信托。[5077]商业信托文件定有正式的解散程序时,非经该程序,不得解散商业信托,亦不得视为商业信托已解散。[5078]

另一类判例认为,除依据商业信托文件条款或法院基于充分的解散理由外,不得解散商业信托。[5079]法院基于充分的理由解散商业信托,即为司法解散。何谓充分的理由,并不确定。商业信托丧失清偿能力、[5080]

[5075] 规避措施如唯一受益人在受托人全部死亡或离职后拒绝担任受托人;唯一受益人死亡或转让其受益权的,唯一受托人放弃继承或受让。Restatement (Third) of Trusts § 69 cmt. d (2003).

[5076] 解散事由,由商业信托文件自由设计,法律不作限制。例如,Flint v. Codman, 247 Mass. 463, 142 N. E. 256 (1924)(受益人决议解散); Shapiro v. Chicago Title & Trust Co., 328 Ill. App. 650, 66 N. E. 2d 731 (1st Dist. 1946)(某类受益人决定解散,如优先受益人或普通受益人)。

[5077] State Street Trust Co. v. Hall, 311 Mass. 299, 41 N. E. 2d 30, 156 A. L. R. 13 (1942)(商业信托文件订定本信托解散事由有二:期满解散;经持有3/4以上受益权的受益人决议提前解散。少数受益人在无此事由的情况下诉请解散,被法院驳回).

[5078] 不动产投资信托的受益权凭证载明非经正式解散不得启动信托清算。随后该信托的资产发生清算(但信托尚未解散),优先受益权人遂主张这已构成信托"事实上的清算"(de facto liquidation),据此可行使优先受益权。法院尊重商业信托文件的效力,驳回该主张。Kimeldorf v. First Union Real Estate Equity and Mortgage Investments, 309 A. D. 2d 151, 764 N. Y. S. 2d 73 (1st Dep't 2003).

[5079] 12A C. J. S. Business Trusts § 65 (2007); Papale-Keefe v. Altomare, 38 Mass. App. Ct. 308, 647 N. E. 2d 722 (1995). 某些判例表述为有解散商业信托的"正当理由"或"适当理由",或"有必要"解散商业信托。Melville v. Weybrew, 106 Colo. 121, 103 P. 2d 7 (1940), aff'd, 108 Colo. 520, 120 P. 2d 189 (1941), cert. denied, 311 U. S. 695, 61 S. Ct. 140, 85 L. Ed. 450 (1940) and cert. denied, 315 U. S. 811, 62 S. Ct. 795, 86 L. Ed. 1210 (1942), reh'g denied, 315 U. S. 830, 62 S. Ct. 913, 86 L. Ed. 1224 (1942); Bryan v. Seiffert, 185 Okla. 496, 94 P. 2d 526 (1939); Phoenix Oil Co. v. McLarren, 244 S. W. 830 (Tex. Civ. App. Fort Worth 1922).

[5080] McCrea v. Day, 113 Neb. 538, 204 N. W. 56 (1925).

商业信托目的被废弃(abandonment),[5081]构成解散商业信托的充分理由。受托人在经营管理商业信托过程中实施不当行为,不是解散的充分理由。[5082]仅证明受托人不努力实现商业信托目的且不向受益人分配收益,不能证明商业信托不能在适当的经营管理下继续存在,不足以构成提前解散的诉由,但如能充分证明商业信托不能继续营业的原因,法院甚至有权违背商业信托文件条款而判决解散商业信托。[5083]

美国特拉华州商业信托制定法采前一类规则。《特拉华州商业信托法》第3808条第c款规定:“在商业信托不能永久存续的情况下,发生商业信托文件订定事由时,商业信托解散,对其事务应当清算。”此为一条极度简明的规则,特别是将司法解散排除在外,充分尊重私法自治。此与新加坡2004年《商业信托法》所规定的宽泛的终止事由形成鲜明对比,[5084]也比后出的《肯塔基州统一商业信托法》更具弹性。[5085]商业信托文件订定某种解散事由时,已体现确保信托稳定存续、免因其他事由而终止之目的;当事人与法院均应尊重此种目的。[5086]简化解散事由的另一好处是避

[5081] Means v. Limpia Royalties, 88 S. W. 2d 1080(Tex. Civ. App. El Paso 1935).

[5082] Oklahoma Fullers Earth Co. v. Evans, 1937 OK 79, 179 Okla. 124, 64 P. 2d 899(1937).但也有相反判例。某受托人一心想利用其权限损害商业信托的利益并阻碍商业信托经营目的实现,意图损害其他共同受托人,某一受益人遂不顾另一受益人的反对,诉请解散商业信托。法院认为,在解散商业信托不影响其他受益人或债权人权利之情形,法院有权判决解散。Nigro v. First Nat. Bank of Boston, 7 Mass. App. Ct. 903, 387 N. E. 2d 1196(1979).

[5083] Myers v. Oklahoma Oil & Gas Royalty Co. , 192 Okla. 620, 138 P. 2d 109(1942); Wiess v. McFaddin, 211 S. W. 337(Tex. Civ. App. Beaumont 1919).又如,商业信托经营管理过程中发生僵局,致营业与事务瘫痪的,法院可判令提前解散。Regas v. Danigeles, 54 Ill. App. 2d 271, 203 N. E. 2d 730(1st Dist. 1964); Wiess v. McFaddin, 211 S. W. 337(Tex. Civ. App. Beaumont 1919).

[5084] 新加坡2004年《商业信托法》第46条第1款规定,下列人有权请求法院命令终止商业信托:受托人,受托人的任何一个董事,本商业信托的任何一个受益人,本商业信托的任何一个债权人。

[5085] 肯塔基州法规定,欠缺受益人逾90日,亦属商业信托的解散事由。Ky. Rev. Stat. Ann. § 386A. 8-010(3)(2012).特拉华州法无此解散事由,与该法不要求商业信托须有受益人的立场一致。

[5086] 商业信托文件订定,3/4以上受益人决议方可提前解散本信托。少数受益人以信托文件订定以外事由诉请解散,法院予以驳回,理由包括:少数受益人负有“默示义务”,即不得妨碍本组织在商业信托文件所定期限内正常运营;受益人也无权仅基于在本信托中的受益权而任意解散商业信托。State Street Trust Co. v. Hall, 311 Mass. 299, 307-08, 41 N. E. 2d 30, 35(1942)(引用Phillips v. Blatchford, 137 Mass. 510; Proctor v. Union Coal Co. , 243 Mass. 428, 137 N. E. 659; Pittsfield & North Adams Railroad Corp. v. Boston & Albany Railroad Co. , 260 Mass. 390, 157 N. E. 611; Boston & Providence Railroad Corp. v. Old Colony Railroad Co. , 269 Mass. 190, 169 N. E. 157; Eastern Massachusetts Street Railway v. Union Street Railway, 269 Mass. 329, 168 N. E. 781; McNally v. Schell, 293 Mass. 356, 199 N. E. 748; Hossack v. Ottawa Development Association, 244 Ill. 274, 91 N. E. 439; Whitaker v. Scherrer, 313 Ill. 473, 145 N. E. 177; Aronson v. Olsen, 348 Ill. 26, 180 N. E. 565; Oklahoma Fullers Earth Co. v. Evans, 179 Okl. 124, 64 P. 2d 899; Burnett v. Smith, Tex. Civ. App. , 240 S. W. 1007; Wineinger v. Farmers' & Stockmen's Loan & Investment Association, Tex. Civ. App. , 278 S. W. 932; Kountze v. Smith, 135 Tex. 543, 144 S. W. 2d 261).

免普通法上解散制度的不确定性。商业信托司法解散制度至少在两大方面极不确定：一为解散的事由，判例对此缺乏明确界定，已如前述，实则此类事由完全可以其他制度应对（例如，宣告商业信托破产、解任受托人），解散并非唯一或最佳出路；二为解散的效力，在判例法上的解散商业信托之诉中，法院有权调整当事人的全部权利、[5087]要求受托人报账、[5088]为避免重复诉讼而禁止提起影响商业信托的其他诉讼、[5089]在当事人之间分割商业信托财产或分配资产。[5090]解散的效力欠缺确定性，源于解散的事由：司法解散系一种衡平法诉讼，法院在衡平法诉讼中拥有固有的广泛裁量权。

此外，受益人不当然享有终止或解散商业信托之权利，亦有助于保护其他更重要的利益或交易价值。商业信托的债权人与其他利害关系人由此受到强有力的保护，得以免受受益人或其债权人[5091]提前终止商业信托之影响，保护力度强于普通信托。例如，根据美国资产证券化财务会计准则之要求，合格的特殊目的实体（Qualifying SPE）的首要条件为"该实体明显区别于证券化资产转让人"，所谓"明显区别于证券化资产转让人"，须具备下列要件：任何证券化资产转让人或其关联人、代理人均不能单方解散该实体。"单方解散特殊目的实体的能力"有多种形式，证券化资产转让人持有足够的受益权足以要求受托人解散特殊目的实体、证券化资产转让人有权收回转让于特殊目的实体的资产，或者证券化资产转让人有权收回其他受益人持有的受益权、证券化资产转让人享有优先于其他受益人受偿的权利，均足以认定证券化资产转让人具有单方解散特殊目的信托的能力。[5092]

2. 对比：普通信托与其他商业组织的解散事由

商业信托的解散事由极简化，不仅迥异于普通信托法，比美国的其他任何组织法的相应规则也都更为简明。

[5087] Bryan v. Seiffert, 185 Okla. 496, 94 P. 2d 526(1939).

[5088] Deering v. Stites, 257 Ky. 403, 78 S. W. 2d 46(1934), cert. denied, 295 U. S. 762, 55 S. Ct. 921, 79 L. Ed. 1704(1935).

[5089] Lincoln v. Superior Court of Madera County, 51 Cal. App. 2d 61, 124 P. 2d 179(3d Dist. 1942).

[5090] Regas v. Danigeles, 54 Ill. App. 2d 271, 203 N. E. 2d 730(1st Dist. 1964); Bryan v. Seiffert, 185 Okla. 496, 94 P. 2d 526(1939).

[5091] 受益人的债权人可经由强制执行程序取得受益权，行使受益人权利，解散商业信托，而损及商业信托及其债权人的权益。

[5092] FAS 140 ¶ 36. 向合格的特殊目的实体转让资产的，可满足真实买卖的会计要求。FAS 140 ¶ 172.

普通信托终止事由包括：信托条款所定期限届满；信托条款所定终止事由发生；信托目的实现或不能实现；委托人废止信托；受益人、受托人或第三人依信托条款之授权终止信托；全体受益人同意终止信托；法院以情势变更为由终止信托；因信托财产价值不足以支付信托管理成本而由受托人终止信托。[5093]法院终止信托的权限，不得以信托文件排除或变更。此外，信托财产全部分配完毕的，信托终止。[5094]

公司解散事由包括自主解散、行政解散与司法解散。自主解散包括章程订定解散、股东决议解散、在公司发行股份或开业前由发起人或初始董事解散。行政解散主要是登记机关因公司未缴纳特许税或行政罚款、未依法提交年度报告等事由解散公司。司法解散的第一类事由是法定机构（如总检察长）证明公司通过欺诈获得公司章程、公司持续地逾越或滥用法律所授权力，向法院诉请解散，第二类是股东证明因董事会僵局致公司遭受无法补救的损害、董事或公司控制人实施非法行为、压迫行为或欺诈行为、公司资产被滥用或浪费等事由而诉请解散，第三类是债权人证明公司无力清偿到期债务而诉请解散。[5095]

有限合伙解散事由包括：有限合伙协议约定的解散事由；全体普通合伙人与多数有限合伙人同意解散；全体普通合伙人退伙且在法定期间内无普通合伙人；全体有限合伙人退伙且在法定期间内无有限合伙人；依有限合伙协议从事营业不具有合理的可行性，法院依合伙人之申请判决解散。[5096]

有限责任企业解散事由亦相当宽泛：有限责任企业协议约定的解散事由；全体成员同意解散；法定期间内（如持续90日）无成员；依有限责任企业协议从事营业不具有合理的可行性，法院依成员之申请判决解散；经理或占控制地位的成员对其他成员实施、曾经实施或将要实施非法行为、

[5093] Restatement (Third) of Trusts § § 61, 63-66 (2003).《日本信托法》第163条、《韩国信托法》第98条规定的信托终止事由大体类似。我国《信托法》第53条所列六种终止事由与之大同小异，唯第5项将信托被撤销列为终止事由，似有不当，因撤销的后果为自始无效，而终止则是有效的信托归于消灭。

[5094] 此为"无财产无信托"(no trust if no property)原理的体现之一。David Hayton, Paul Matthews, & Charles Mitchell, *Underhill and Hayton Law Relating to Trusts and Trustees* 413 (18th ed. 2010).

[5095] Model Business Corporation Act § § 14.01, 14.02, 14.03, 14.30 (2016 Revision); Del. Code Ann. tit. 8, § § 273, 275, 284; 我国《公司法》第180条、第182条。

[5096] Uniform Limited Partnership Act § § 801, 802 (2001); Del. Code Ann. tit. 6, § § 17-801, 17-802; 我国《合伙企业法》第85条。

欺压行为且直接损害其他成员的，经其他成员申请，由法院判决解散。[5097]

合伙、有限责任企业等未缴特许税或年度税，亦可构成行政解散事由。[5098]

组织法关于行政解散与司法解散的规则，为强行法。[5099]

相比之下，商业信托法将解散事由极度简化，尤其是排除司法解散，有重大实益。

(1)缓解法律解释与适用的不确定性

无论普通信托法还是其他企业法中，司法解散事由均属不确定概念，目的已经实现或目的不能实现之类事由，理论上解说不难，实务判定却远非易事。例如，连年亏损是否构成“目的不能实现”，即易滋争议。当事人以此为由诉请终止信托或解散企业，法院释法时难免判断不一，有损当事人权益及企业营运价值。将解散事由限定于当事人明确约定的事由，可在相当程度上排除法院误用权力或滥用权力的可能性，强化法律规则的确定性与可预测性。至于当事人将目的不能实现之类的事由约定为解散事由，属自担风险，自不待言。

(2)防范个别受益人的机会主义行为

商业信托作为大型商业组织的常用组织形式，受益人常为数众多，且未必为互相熟识或合作已久的商业伙伴，此种环境易生机会主义行为，不确定的法律规则或标准，更为此类机会主义行为提供可乘之机。例如，如果目的不能实现可构成解散事由，则当商业信托发生严重经营困难或其他可能被认定为目的不能实现的事由时，个别受益人可起诉解散或以起诉相要挟。商业信托为减少、避免诉讼成本与其他成本，被迫让步，给予额外利益。解散事由极简化，有助于堵塞此类漏洞。

[5097] Revised Uniform Limited Liability Company Act § 701(2006); Del. Code Ann. tit. 6, § § 18-801, 18-802. 即使在制定法未规定欺压行为是解散事由的州，法院也会将适用于闭锁公司的“欺压行为”规则适用于有限责任企业。Douglas K. Moll, *Minority Oppression & the Limited Liability Company: Learning (or Not) from Close Corporation History*, 40 Wake Forest L. Rev. 883(2005). 在极端情形下，法院可将解散有限责任企业作为违约救济手段。Carter G. Bishop & Daniel S. Kleinberger, *Limited Liability Companies-Tax and Business Law* ¶ 5.06[6](2007).

[5098] 例如，特拉华州普通合伙、有限合伙、有限责任企业须缴纳每年200美元的年度税，逾3年未缴者将被登记机关注销成立证书。Del. Code Ann. tit. 6, § § 15-1208, 17-1107, 17-1108, 18-1107, 18-1108.

[5099] 例如，Uniform Limited Partnership Act § 110(2001); Revised Uniform Limited Liability Company Act § 110(c)(7)(2006)。在特拉华州，仲裁条款可排除司法解散之诉。Terex Corp. v. STV USA, Inc., No. Civ. A. 1614-N, 2005 WL 2810717, at *1(Del. Ch. Oct. 20, 2005). 但选择仲裁又会牺牲诉讼之优势。

（3）适应特定交易之需

将商业信托存续的威胁减至最低，正是某些类型交易极力追求的目标。例如，特殊目的实体须有超强的存续稳定性，为此采取一系列措施，诸如组织文件订定，特殊目的实体不得申请自愿破产；非经独立受托人同意或第三人同意不得解散；除交易文件另有许可外，信托不得全部或部分进行清算。[5100]但如法律上另有较宽泛的解散事由，此类措施的效果难免大打折扣，不足确保实现交易目的。限定于商业信托文件所定解散事由，则属治本之策。

商业信托法排除行政解散，则是因商业信托本质仍为信托，不必如同有限合伙、有限责任企业一般应缴纳特许税或年度税。

3. 未决问题：因目的非法而解散

商业信托目的非法，如何处理？美国各州法尚未明确。依普通信托法简单宣告商业信托无效，不合商业信托的性质。依企业法法理，即使目的违法，亦应通过解散程序解决。[5101]将目的非法列为解散事由，虽扩大了解散事由，但有积极意义，事实上是加强而非削弱了商业信托的存续稳定性。一方面为处理目的非法的商业信托提供兼顾商业信托当事人及其利害关系人（如债权人）的合理途径，另一方面为行政权力及司法权力设定界限：即使对于目的非法的商业信托，也不得未经正当法律程序认定非法、宣告无效，或任意动用行政手段取缔。

4. 我国法的问题

我国商业信托有自行约定解散事由的自由。[5102]就法定解散或终止事由而言，我国商业信托特别法未特别限缩商业信托解散或终止事由，而补充适用《信托法》中较宽泛的终止事由，不如解散事由极简化模式为优。其他规范性文件中关于商业信托解散的事由，大多沿用《信托法》第53条关于信托终止事由的规定。例如，《保险资金间接投资基础设施项目管理办法》第17条。

此外，我国商业信托法的完善，将面临与其他企业法衔接之问题。为防随意嫁接其他企业法的规则，有必要彻底检讨现行法中的企业解散

[5100] 交易实例：SWIFT Master Auto Receivables Trust，Prospectus（October 9，2007）。

[5101] Model Business Corporation Act § 14.30（2016 Revision）.

[5102] 实务中商业信托文件约定的信托终止事由，有到期日届至、受益人大会决议提前终止信托、信托财产全部变现（信托财产全部为现金资产）等。《杭州公积金2016年第一期个人住房贷款资产支持证券发行说明书》，载上海清算所网2017年11月14日，http://www.shclearing.com/xxpl/fxpl/abs/201603/t20160307_134706.html。

事由。

我国《公司法》与《合伙企业法》规定依法被吊销营业执照、责令关闭或被撤销，为解散事由（《公司法》第180条第4项、《合伙企业法》第85条第6项）。《公司法》及《公司登记管理条例》规定的撤销或吊销执照事由包括：虚报注册资本、提交虚假材料或采取其他欺诈手段隐瞒重要事实取得登记，情节严重（《公司法》第198条、《公司登记管理条例》第64条、第65条）；公司成立后无正当理由超过六个月未开业或开业后自行停业连续六个月以上（《公司法》第211条第1款）；伪造、涂改、出租、出借、转让营业执照情节严重（《公司登记管理条例》第72条）；利用公司名义从事危害国家安全、社会公共利益的严重违法行为（《公司法》第213条）；变更经营范围涉及法律、行政法规或国务院决定规定须经批准的项目而未取得批准，擅自从事相关经营，情节严重（《公司登记管理条例》第69条第1款）。合伙法则大幅缩减撤销与吊销执照事由。《合伙企业法》未规定吊销执照事由，仅规定一项撤销企业登记的事由，即违反本法规定，提交虚假文件或采取其他欺骗手段，取得合伙企业登记，情节严重（第93条）。《合伙企业登记管理办法》仅规定一种吊销执照事由：涂改、出售、出租、出借或以其他方式转让营业执照，情节严重（第44条）。

细究上述规定，可发现所设处罚或失之过严，或全无必要。先以规定本身而论，以“情节严重”作为吊销执照的条件，不仅减损法律的可预测性，且易滋腐败，实务中多有弊病。

所谓虚报注册资本、采取欺骗手段，其后果为登记信息有误，损害相关民事主体利益，课以更正登记、赔偿损失的民事义务与责任已可实现规范目的，强令撤销登记或吊销执照，反而造成资源浪费，并妨害交易安全、危及第三人权益，过罚不当，违反比例原则。况且对于合伙等非公司企业而言，要求登记如此之多的信息，原本已不合理。[5103]

变更经营范围涉及须经批准项目而擅自经营的，课以罚款、没收非法所得等行政处罚即可。《合伙企业法》亦未予规定。

[5103] 《合伙企业登记管理办法》规定登记事项包括合伙名称、主要经营场所、执行事务合伙人、经营范围、合伙企业类型、合伙人姓名或者名称及住所、承担责任方式、认缴或者实际缴付的出资数额、缴付期限、出资方式和评估方式（第6条第1款）。实行注册资本制的公司法或许有必要登记资本情况，对于不实行法定资本制度的合伙，再要求登记出资信息、进而得以登记信息虚假为由吊销执照，实无正当性。何况普通合伙人负无限连带责任，构成合伙债权人的主要保障，且登记合伙人出资情况仅可表明合伙成立时资产状况，对合伙经营过程中与合伙发生交易的债权人几无意义。要求登记出资情况，实为公司法注册资本思维的不合时宜之残留。

成立后不开业或停业，纯属企业自主事项，行政干预缺乏理由，且相关规定易遭滥用——何谓“无正当理由”？何谓连续停业？或许正因其不合理性，《合伙企业法》未予规定。

涂改、转让、租借营业执照，处以罚款即可，且因转让、租借营业执照系无效行为，而营业执照购买人、承租人等使用营业执照所生损害可由出卖人、出租人等承担责任（依表见代理等规则），民法上的不利后果可遏制此类行为。

至于以公司名义进行危害国家安全、社会公共利益活动，宜通过司法解散程序解决，由行政机关径行决定，不符合私法原则。况且，《合伙企业法》未设此种规定，实践中未见有何弊端。

总而言之，实行营业执照制度的根本目的，应为保障交易安全、保护第三人利益，非为行政管理需要；吊销执照直接引发解散，相当于剥夺企业的生命，惩罚的不仅是企业，且广泛影响无辜第三人的权益，在民事责任或一般的行政制裁足以制约违法行为时，不应施加吊销执照之处罚；[5104]吊销执照、责令关闭、撤销等处罚，必须符合宪法与行政法的比例原则，不得逾越必要性之界限。

（二）解散的撤销

《特拉华州商业信托法》2006年修正时，于第3808条中新增“解散的撤销”程序，以适应复杂多变的商业现实之需。依此程序，商业信托文件所定解散事由发生后、注销证书登记前，如剩余的全体受益人（以及依商业信托文件订定撤销解散须经其同意的任何其他人）表决赞成或书面同意商业信托继续存在，则商业信托不应解散、其事务不应清算，但如解散是因表决或书面同意所致，则除非每一表决赞成解散或同意解散的受益人和其他人已表决赞成或书面同意商业信托继续存在，不得撤销解散。[5105]所谓其他人，包括资产证券化服务商等。

[5104] 有论者亦认为，吊销执照无论在现行企业登记制度还是分离主义立法模式下都是一种较为严厉的处罚措施，将导致商主体的解散，极不具有效益，因此中国的商业登记法应抛弃此项处罚措施、代之以行政解散，同时引入行政解散后的企业回复制度，以使企业设立之资源能得到最大限度的利用，避免不必要的经济损失。参见魏国君、林懿欣、朱莉：《变革中的平衡——中国商事法律制度更新初探》，法律出版社2007年版，第47页。美国实行行政解散的企业法上，皆设有企业回复制度（reinstatement）以为配套，行政解散后企业尚有机会因补正违法行为（如补作年度报告、补交税收或罚款）恢复存续。例如，Model Business Corporation Act § 14.22（2016 Revision）；Uniform Limited Partnership Act § 810（2001）。

[5105] 此与判例法一致。Hauser v. Catlett, 197 Okla. 668, 173 P. 2d 728（1946）（某一受益人反对时，不得延长商业信托存续期间）.

据此，商业信托在行将消亡的最后关头，仍有机会存续，可避免资源浪费。其他企业法亦有此制，其理同一，不过详略有别而已。[5106]

关于全体同意撤销解散的法定要求是否为强行法？《特拉华州商业信托法》未设明文。商业信托文件订定撤销解散无须受益人一致同意，甚至无须受益人同意，依合同自由最大化原则，不应否定其有效性。此外，公司法将此事项明文规定为任意法，[5107]更自由的商业信托法更应解释为任意法。

三、商业信托的清算

（一）强制性的清算制度

1.清算的强制性及其原因

普通信托纯依合同、遗嘱等法律行为即可设立，相应地，其终止亦较简单。具备法定要件并经当事人表示或法院裁判，即可终止信托，无须清算。在英美法上，法律仅规定受托人于信托终止时有权适当地清算信托管理事务并将信托财产分配于有权受领者，不设强制性的清算程序。[5108]尽管受托人通常会作成清算报告、了结信托事务、分配剩余信托财产，但这并非信托终止的前置要件或必经程序，相反，只有在信托终止后，始发生清算与分配问题。[5109]我国《信托法》的规定相似，第54条规定："信托终止的，信托财产归属于信托文件规定的人……"第56条规定："信托终止后，人民法院依据本法第十七条的规定对原信托财产进行强制执行的，以权利归属人为被执行人。"第58条规定："信托终止的，受托人应当作出处理信托事务的清算报告。受益人或者信托财产的权利归属人对清算报告无异议的，受托人就清算报告所列事项解除责任。但受托人有不正当行为的除外。"据此，信托终止后，受托人始有清算义务，但违反该义务的后果仅使受托人自己承受不利，与信托变动及受益人责任无关。同时，信托

[5106] 公司法的撤回解散制度，采详尽规定模式。例如，Del. Code Ann. tit. 8，§ 311；Model Business Corporation Act § 14.04（2016 Revision）。

[5107] 撤回解散须以与决定解散相同的方式获得授权，但章程允许董事会单独决定撤回解散者除外。Model Business Corporation Act § 14.04（b）（2016 Revision）.

[5108] Uniform Trust Code § 816（26）.

[5109] Restatement（Second）of Trusts § 344（1959）；Uniform Trust Code § 817.

终止，并不意味着当事人之间的权利义务关系消灭。[5110]

如此简单的规则不适于商业信托。相反，美国当代商业信托法规定清算为强制程序。[5111]商业信托解散后，非经清算，不得终止；清算人应以商业信托名义处理清算事务、进行诉讼、了结业务、处置财产、清偿债务、分配盈余。[5112]足额清偿债务或为清偿债务制定合理的条款后，方可将剩余财产分配于受益人。[5113]清算完成后，应向登记机关提交注销证书，[5114]商业信托至此始告终止。我国商业信托特别法因受制于《信托法》的上述规定，无法有所突破，而只能在此有限的范围内体现若干商业信托清算的特性，例如，参照企业法规则规定清算组。[5115]但特别法仅规定自行清算而未规定强制清算，致受托人、管理人等不履行清算义务时，债权人、受益人申请法院指定清算人无法可依。这也反映出我国现行法对商业信托的组织性缺乏认识，导致商业信托法未能真正与法人及非法人组织法协调一致。

关于商业信托清算的规则皆为强行法。此种清算制度，与其他企业

[5110] 我国的实例，如成都银行股份有限公司西安分行诉中体产业集团股份有限公司借款合同纠纷案，陕西省高级人民法院（2014）陕民二初字第00007号民事判决书。裁判要旨："信托受益权作为兼具物权和债权性质的财产性权利，在信托关系终止后、信托财产处理终结前，信托受益人仍可作为信托受益权的权利所有人，依法转让信托受益权。受让人亦可基于信托合同的约定，请求受托人继续履行信托合同项下的合同义务。"参见吴强、逄东：《信托终止后信托受益权仍可依法转让——陕西高院判决成都银行西安分行诉中体产业公司借款合同纠纷案》，载《人民法院报》2015年1月29日，第6版。

[5111] 商业信托清算在广义上包括非破产清算与破产清算。破产清算适用破产法，与其他企业破产清算无异。非破产清算适用商业信托法，即本节之主题。非破产清算中发现商业信托财产不足清偿债务时，商业信托或其债权人皆可申请商业信托破产，进行破产清算。

[5112] Del. Code Ann. tit. 12, § 3808(d).

[5113] Del. Code Ann. tit. 12, § 3808(e).

[5114] Del. Code Ann. tit. 12, § 3810(d).

[5115] 例如，《证券投资基金法》第81条规定："基金合同终止时，基金管理人应当组织清算组对基金财产进行清算。（第1款）清算组由基金管理人、基金托管人以及相关的中介服务机构组成。（第2款）"证监会《证券公司及基金管理公司子公司资产证券化业务管理规定》第19条第1款："专项计划终止的，管理人应当按照计划说明书的约定成立清算组，负责专项计划资产的保管、清理、估价、变现和分配。"原保监会《资产支持计划业务管理暂行办法》第36条规定："支持计划终止，受托人应当按照有关规定和支持计划约定成立清算小组，负责清算工作。清算报告应当由具有资质的会计师事务所出具审计意见。受益凭证持有人应当及时确认清算方案，接收清算资产。"

法一致,[5116]而迥异于普通信托法。商业信托法所以如此,自有原因。

(1)信托目的与功能

普通信托法不设强制性的清算制度,首先是因普通信托目的与功能决定此类信托通常不可能出现债务过多甚至资不抵债的情形;其次是因普通信托法已有其他制度保护债权人,诸如受托人以固有财产对信托债权人承担责任,而后方可从信托财产中求偿,且受托人负有谨慎义务,难有大量举债的动机。商业信托的情形与此不同。

第一,普通信托以保存与保护信托财产为目的,具有谨慎管理的特性,一般不容许信托财产承受较高的债务风险,其债权债务关系通常较简。商业信托运营中涉及众多利益相关者(包括各种外部债权人、管理人),其内外关系远较普通信托复杂,而近似于其他企业。债权人的角色更为突出。此种差异与经济结构差异密切相关。普通信托财产传统上以不动产为主,20世纪以来股票、债券等金融资产的比重日益提升,而与不动产并驾齐驱。不动产管理所生费用相对较低,受托人通常无须为此谋求大额债权融资;[5117]作为信托财产的金融资产是由委托人个别转让于受托人,再由受托人投入资本市场,因此普通信托在资本市场中居于卖方地位,极少从资本市场谋求债权融资。基于上列原因,债权在普通信托运作中的角色远不及商业信托。对于实业经营型商业信托而言,债权融资是仅次于权益融资(受益权融资)或与权益融资相当的重要融资手段,在生产、销售、经营各环节皆会大量发生与第三人之间的债权。证券投资信托基于应对受益权赎回等需要,常需从银行等渠道获取短期债权融资。发行债券的特殊目的信托,债权融资更伴随其始终。此外,各种商业信托经营过程中均可能发生不少非自愿之债,如因缺陷产品或瑕疵服务发生侵权责任,因虚假陈述、操纵证券价格等行为引发侵权责任等。

[5116] 强制性的清算制度为企业法的一般规则。我国法规定,如《公司法》第184~189条、《合伙企业法》第88条、第90条。《民法典》总则编在法人的一般规定中设强制性的清算制度(第70条、第72条);并且,法人的一般规定,参照适用于非法人组织(第108条)。我国台湾地区未制定单行的合伙法,合伙规定于“民法”债编,关于合伙解散无明文规定,但基于合伙具有不同于一般合同的团体性(组织性),学说与判例认为合伙解散后,非经清算,不得消灭。参见邱聪智:《新订债法各论》(下),中国人民大学出版社2006年版,第101页(现行法;并引用大理院四年上字第一四二号判例、最高法院1929年上字二五三六号判例)。关于隐名合伙解散亦无明文,但判例认为非经清算,隐名合伙关系不得消灭。参见我国台湾地区“最高法院”1967年台上字第一〇〇五号判决。转引自邱聪智:《新订债法各论》(下),中国人民大学出版社2006年版,第142页(但该书作者认为,隐名合伙不如[普通]合伙一般具有团体性,“民法”上亦未设清算程序,故隐名合伙于终止事由发生之时起即告消灭;实务立场恐有商榷余地)。

[5117] 这是指意定之债。不动产管理亦可能引发侵权责任或不当得利,发生法定之债,但毕竟属于少数情形,不具普遍意义。

第二，商业信托受托人不对商业信托债务承担责任，再沿用普通信托法、容许商业信托不经清算即可径自终止，势必损害债权人利益。商业信托终止，受托人将信托财产分配于权利归属人（通常为受益人）后，商业信托债权人虽可以以权利归属人为被执行人主张债权，但因受益人常为数众多，每一受益人接受分配所得财产份额相对微小，未必可供足额清偿，且债权人并不知晓每一受益人的名称与住所，一一追索，势所难能。即使立法上不惜突破法理，特别赋予债权人查阅受益人名册之权利，债权人仍不免背负过重负担。更何况信托财产通常以现金形式分配，一旦落入受益人之手，易与其他固有财产混同，益增求偿难度。简言之，不将清算作为商业信托终止的前置程序，势必增大信托财产分散与流失的机会，致债权落空。

（2）信托的所有者权益之结构

规定受益人仅可分配债务清偿后的剩余资产，除基于保护债权人的考虑之外，也与商业信托的所有者权益结构一致：商业信托受益人为剩余索取权人，清算时其受偿顺序应劣后于债权人，否则受益人将有足够动因，运用信托财产从事高风险投资、谋求高额回报，而陷债权人于危境。对于特定的商业信托交易，受偿顺序更是至关重要。例如，在向出资人分配之前清偿债务以保护贷款人与其他债权人，在资产证券化中是极为重要的考虑，[5118]对于发行债券式资产支持证券的信托，更是如此。

就资产分隔视角而言，强制性的清算制度为强式正向资产分隔的配套机制，系“清算保护”[5119]之体现，要旨之一即在于抑制资产分隔的负外部性，即防阻企业或其成员滥用法人资格，先于企业债权人分取企业财产，转嫁风险于债权人。

反观我国商业信托特别法，《证券投资基金法》第81条规定基金的清算，虽未明确基金财产的清偿顺序，但第82条规定清算后的剩余基金财产应当分配于基金份额持有人，尚可解释出清偿债务应在分配剩余基金财产之前。另有某些规范性文件亦可作此解释。例如，中国证监会《证券期货经营机构私募资产管理业务管理办法》第56条规定：“资产管理计划终止的，证券期货经营机构应当在发生终止情形之日起五个工作日内开始

[5118] Scott E. Waxman, Eric N. Feldman, Nicholas I. Froio, & Ross Antonacci, *Delaware: The Jurisdiction of Choice in Securitisation*, http://library.findlaw.com/2004/May/19/133435.html, Feb. 25, 2007.

[5119] 详见本书第4章第2节。

组织清算资产管理计划财产。(第1款)清算后的剩余财产,集合资产管理计划应当按照投资者持有份额占总份额的比例或者资产管理合同的约定,以货币资金形式分配给投资者,中国证监会另有规定的除外;单一资产管理计划应当按照合同约定的形式将全部财产交还投资者自行管理。(第2款)”而《信贷资产证券化试点管理办法》《金融机构信贷资产证券化监督管理办法》《证券公司客户资产管理业务试行办法》均未规定清算。《信托法》关于信托无须清算即可终止的规定,即补充适用于各种商业信托。此种法律漏洞,显示对商业信托债权人保护之特殊性考虑不周,未充分重视商业信托的组织性,将投资基金、特定目的信托等视作简单的信托合同,混淆了作为商业信托设立手段的信托合同与作为组织体的商业信托,以致不当套用一般信托法或合同法的规则。

2. 强制下的自治

商业信托清算规则多数为强行法,其基调与非清算事项规则大异其趣,自是基于保护债权人的特殊考虑。清算事关第三人利益,总体上不可能且不适合由商业信托文件自治。“不可能”,是因清算涉及与多数第三人的多方权益安排,欲以商业信托文件(或当事人与第三人之间的协商)达成各方皆能接受的安排,缔约成本高昂,事实上难以实现。[5120]“不适合”,是因商业信托文件作为当事人之间的合同,原则上无权为第三人设定义务。

然而,总体强行法模式并非全面管制,杜绝自治。商业信托清算法制下仍有不小的自治空间。诸如清算程序、清算人的资格与指定等,法律不加干预,以不变之法律空白,应万变之商业实践。例如,清算程序与机制在资产证券化交易设计中通常是极为重要的考虑。[5121]商业信托法为此提供了充分的灵活性。

(二)清算程序

1. 债务清偿

美国商业信托法对清算程序中的债务清偿定有严格要求,以充分保护债权人,清偿债务后的剩余资产方可分配于受益人。《特拉华州商业信托法》规定:“商业信托解散后,应清偿下列债务或为清偿下列债务制定合

[5120] 关于多方缔约的信息成本问题,参见Thomas W. Merrill & Henry E. Smith, *The Property/Contract Interface*, 101 Colum. L. Rev. 773(2001)。

[5121] Scott E. Waxman, Eric N. Feldman, Nicholas I. Froio, & Ross Antonacci, *Delaware: The Jurisdiction of Choice in Securitisation*, http://library. findlaw. com/2004/May/19/133435. html, Feb. 25, 2007.

理的条款：商业信托已知晓的全部债务（包括全部或有债务、附条件债务或未到期债务）；商业信托已知晓的、但尚未知晓债权人身份的全部债务；尚未发生或商业信托尚未知晓，但基于商业信托已知晓的事实，在商业信托解散后10年内可能发生或可能知晓的债务。如有足够资产，应完全清偿上述债务，为清偿制定的条款应安排完全的清偿。如无足够资产，应依各种债务之间的受偿顺序予以清偿，受偿顺序相同者，应在可供清偿的资产范围内按债务比例予以清偿。”[5122]“合理的条款”具体内容如何，法无明文，酌情而定，常见做法如商业信托受益人或其他人提供充分担保或作出清偿承诺、设立专项信托基金、存放备用金。[5123]

要求足额清偿债务，与其他企业法一致。不过，商业信托清算中的债务清偿规则，与公司法有所不同。美国律师协会《示范商业公司法》将公司债权分为两类，分设清偿规则。第一类为已知债权。公司应将解散事实书面通知债权人，其中载明债权主张应包含的内容、接受债权主张的邮寄地址及截止期限，并说明如未在截止期限前收到债权主张即不再受理。债权人未在截止期限前主张债权或在公司拒绝其债权主张后90日内未以诉讼方式主张其债权的，该债权即被禁止。[5124]第二类为其他债权。公司亦可以公告形式发出通知，并要求债权人按照通知主张债权。该通知应说明除非在公告后3年内通过诉讼程序主张债权，否则该债权即被禁止。公司已公告的，下列债权人的债权均被禁止，除非已在公告后3年内起诉：未被给予书面通知的债权人；及时向公司提出请求但未获清偿的债权人；或有债权或因解散生效后所生事件而发生之债权的债权人。[5125]《特拉华州普通公司法》有类似程序，并规定公司如未遵守此类程序，则公司应制定一项分配计划，该计划应对任何已知债权、未知债权及10年内发生的债

[5122] Del. Code Ann. tit. 12, § 3808(e).

[5123] 特拉华州企业法专业律师有此建议，参见The Delaware Counsel Group LLP, *Fiduciary Duties of the Trustee*: *Dissolution and Winding up of a Delaware Statutory Trust*(April 2004), http://www.delawarecounselgroup.com/modules/news/article.php?storyid=46, Nov. 12, 2007。商业信托法其他条文隐含备用金或承诺之类的做法。如《特拉华州商业信托法》第3806条第k款规定，受托人可善意信赖他人提供的信息、意见、报告或陈述，其内容包括“足以清偿商业信托债务或者为清偿商业信托债务制定合理条款之备用金或合同、协议或其他承诺的价值或数额”。另可参见基于相同立法的特拉华州有限合伙判例。Boesky v. CX Partners, LP, CA Nos. 9739, 9744 and 9748, 1988 Del. Ch. LEXIS 60(Del. Ch. Apr. 28, 1988)(负责清算的合伙人未对或然债务提供充分担保即向合伙人分配合伙财产，违反法定的清算义务).

[5124] Model Business Corporation Act § 14.06(2016 Revision).

[5125] Model Business Corporation Act § 14.07(2016 Revision).

权进行偿付或制定偿付条款。[5126]

商业信托法未沿用公司法，对清偿债务的程序不设详细规则，仅概括要求清偿债务或为清偿债务制定合理的条款，清偿程序可由商业信托自定。有意保持不同于公司法的灵活性，为非公司企业法特色的又一体现，[5127]因为公司法的债务清偿制度未必完美无缺；商业信托法的自由主义路径，为探索更优制度预留了空间。此种灵活性，亦为适应资产证券化等新型交易所必需。[5128]

对具体程序不作法定要求，并不表明削弱债权人保护。相反，商业信托法要求清算人对所有债务的清偿作出安排，甚至严于公司法的要求。公司清算中仅需遵循上述通知债权人程序，逾期未申报债权者不得再对公司主张该债权。商业信托法无此失权后果，无论债权人是否按照商业信托提出的程序申报债权，商业信托均应足额清偿债务或为足额清偿债务制定合理的条款。

2. 剩余财产分配

清偿债务后的剩余信托财产应分配于受益人，商业信托文件另有订定除外。如受益人已死亡，剩余财产分配于其继承人，无继承人或继承人抛弃继承的，依继承法关于绝产的规定处理；委托人无权接受分配。此与普通信托法有所不同。

我国《信托法》第54条规定，信托终止的，信托财产归属于信托文件规定的人，信托文件未规定的，按下列顺序确定归属：第一，受益人或其继承人；第二，委托人或其继承人。本条存在双重缺陷，对于普通信托与商业信托均不适合。首先，对于普通信托而言，本条规定与本法的其他规定存在矛盾。本法第46条第2款规定，全体受益人放弃信托受益权的，信托终止；第51条规定，受益人对委托人有重大侵权行为时，委托人可以解除信托。在此两种情形，信托终止，而适用第54条的结果是信托财产依然归属于受益人，这“显然违反了应有的逻辑”。[5129]其次，对于商业信托而言，

[5126] Del. Code Ann. tit. 8, § § 280, 281. 该法关于清算中债务清偿的规定比《示范商业公司法》更为细致周到。

[5127] 《特拉华州修订统一有限合伙法》《特拉华州有限责任企业法》亦同，有别于统一法。Del. Code Ann. tit. 6, § § 17-804, 18-804.

[5128] 可灵活设计的清算程序在证券化交易中极为重要。Scott E. Waxman, Eric N. Feldman, Nicholas I. Froio, & Ross Antonacci, *Delaware: The Jurisdiction of Choice in Securitisation*, http://library.findlaw.com/2004/May/19/133435.html, Feb. 25, 2007.

[5129] 徐卫：《中国〈信托法〉逻辑自洽性的不足与修正》，载《北京理工大学学报（社会科学版）》2014年第5期，第144页。

委托人不应作为信托财产的归属人。普通信托法以委托人为归属人，正因普通信托多基于无偿移转而设立，无偿移转一般缘于转让人与受让人之间存在特殊关系（如身份关系、恩惠关系），受让人死亡，转让已失其专属性，财产应复归于转让人（转让人另有意思表示的除外），且普通信托的“出资人”为委托人，故不以受益人为最终归属人。商业信托非基于无偿移转而设立，委托人已取得受益权或其他对价作为报偿，且信托财产由受益人的出资构成，受益人自然是信托财产的最终归属人。

3. 清算分配方案

为完成清算职责，清算人需制定分配方案（plan of distribution），其内容包括对债权人的清偿与对受益人的分配。分配方案应包含较为详尽的细节。即使除清算费用之外别无债务，仍有必要对或有债务作出安排。此种情形在投资信托中尤为常见：投资信托清算时，除向受益人分配剩余财产外，往往不再从事进一步的活动，亦无可确定的债权。[5130]在此情形，清算人仍有必要在分配方案中载明较多的细节，单纯重述关于债务清偿的法律规定，并不充分。

分配方案宜经受益人、债权人（尤其是附条件债权人、未到期债权人）同意，以防争议，但无须经法院确认。清算完成后注销商业信托证书时，无须向企业登记机构提交分配方案。

（三）清算人

1. 任职

美国判例法认为，商业信托存续期间届满时，受托人有权清算商业信托事务。[5131]特拉华州等州制定法未规定何人担任清算人，由商业信托文件自定。清算人可由受托人、其他管理人或第三人担任。商业信托一般由受托人负责经营管理，由其任清算人更有效率上的优势。特拉华州等州商业信托法隐有以受托人任清算人为常规之意。[5132]商业信托文件常明文订定受托人为清算人。[5133]此时，受托人职能与权限仅限于为实现清

[5130] The Delaware Counsel Group LLP, *Fiduciary Duties of the Trustee: Dissolution and Winding up of a Delaware Statutory Trust*（April 2004）, http://www.delawarecounselgroup.com/modules/news/article.php?storyid=46, Nov. 12, 2007.

[5131] McNeal v. Hauser, 202 Okla. 329, 213 P. 2d 559（1949）.

[5132] 特拉华州法将清算人表述为“依商业信托文件负责清算商业信托事务之人，包括受托人”。Del. Code Ann. tit. 12, § 3808（e）.

[5133] State Street Trust Co. v. Hall, 311 Mass. 299, 41 N. E. 2d 30, 156 A. L. R. 13（1942）; Hamilton v. Young, 116 Kan. 128, 225 P. 1045, 35 A. L. R. 496（1924）; Rhode Island Hospital Trust Co. v. Copeland, 39 R. I. 193, 98 A. 273（1916）.

算目的所必需的范围。[5134]但对于资产证券化信托等非由受托人管理之信托，常由服务商等负责清算。

商业信托法亦未规定清算人资格、选任等。但如商业信托文件未定清算人，受益人、受托人等又怠于选任清算人，若完全放任商业信托自决，则可能有损债权人利益。商业信托法方案有二：一是直接规定清算人为负责商业信托经营管理之人；二是规定商业信托应于法定期限内指定清算人，逾期未指定的，债权人有权向法院申请指定。依前者，管理者于商业信托解散后直接转入清算人角色，不及时履行清算义务的，对由此受损的债权人承担责任。此方案较为简洁，便于清算程序快速启动、免去管理者向非管理者之清算人移交事务的成本。如清算人怠于履行清算义务，债权人等利害关系人有权向法院申请强制清算。我国《民法典》总则编第70条对法人的清算设有简洁明了之规定："法人解散的，除合并或者分立的情形外，清算义务人应当及时组成清算组进行清算。（第1款）法人的董事、理事等执行机构或者决策机构的成员为清算义务人。法律、行政法规另有规定的，依照其规定。（第2款）清算义务人未及时履行清算义务，造成损害的，应当承担民事责任；主管机关或者利害关系人可以申请人民法院指定有关人员组成清算组进行清算。（第3款）" 非法人组织的清算，除法律另有规定外，参照适用该条规定（第108条）。如果承认商业信托的主体资格，无论其为法人还是非法人组织，上述清算规定即可适用。

2. 权限

清算人权限存在于商业信托解散之后、登记注销证书之前。清算人以商业信托名义、代表商业信托并为商业信托利益行事，其权限仅限于处理为实现清算目的所必需的事务，包括在民事、刑事或行政诉讼中起诉或抗辩，逐步处理和结束商业信托的营业，处分商业信托的财产，清偿商业信托的债务或为清偿债务制定合理条款，向受益人分配商业信托的任何剩余资产，[5135]以和解或仲裁方式解决商业信托与他人的争议。

3. 清算义务及责任

清算人负有清算义务。[5136]清算人遵守商业信托法关于清算中清偿债务之规定的，不因其在清算中的行为对已解散的商业信托的债权人负个

[5134] Cook v. Liberty Pipe Line Co., 281 S. W. 221 (Tex. Civ. App. Fort Worth 1925), writ dismissed w. o. j., (Apr. 14, 1926).

[5135] Del. Code Ann. tit. 12, § 3808 (d).

[5136] 有判例认为清算义务属于信义义务。In re Mortgage & Realty Trust, 195 B. R. 740 (Bankr. C. D. Cal. 1996)（不动产投资信托破产时，负责清算的受托人对商业信托与债权人均负有一定的信义义务）.

人责任。[5137]

清算责任是过失责任还是重大过失责任？相应地，清算人应遵守何种行为准则？《特拉华州商业信托法》规定，清算人应为清偿债务制定"合理的条款"，依解释，清算人应尽一个具有一般谨慎之人在类似情形中的注意；[5138]否则应承担责任。此为过失责任标准，[5139]严于受托人在商业信托经营管理中的注意义务。[5140]适用于经营管理行为的商业判断规则，一般不适用于清算行为。

商业判断规则意在保护管理者的创新行为，保障在信息有限条件下有效率的商业决策，同时有赖于重复交易与资本市场优于法院监督机制之效率。但此种法理基础在清算阶段基本上已不复存在。

原因之一，清算人的职责，不再是在信息有限的环境中把握瞬息万变的商业机会、作出利润最大化的商业决策或进行商业冒险，而是清偿债务；确保企业资产安全以供清偿成为主要目标。担任清算人的受托人或其他管理人仍对受益人负有义务，但因清算中不得从事经营活动，不能再以受益人利润回报最大化为目标，仅能尽量满足受益人分配剩余资产之需，且仅在债务清偿后始有能否分配、分配多少剩余资产的问题。清算人的决策有较充分的时间与信息条件。同时，对于债务清偿之类的法律事务，法院不再具有明显的决策劣势。司法审查尚不致危及商业信托自主决策。[5141]

原因之二，商业信托进入清算阶段后，了结业务，不再重复交易。商业信托濒临终止之际，其受益权在市场上的吸引力近乎于零，故资本市场在企业清算阶段几乎无用。债权人虽为清算阶段的优先利害关系人，却

[5137] Del. Code Ann. tit. 12, § 3808(e).

[5138] The Delaware Counsel Group LLP, *Fiduciary Duties of the Trustee: Dissolution and Winding up of a Delaware Statutory Trust*(April 2004), http://www.delawarecounselgroup.com/modules/news/article.php?storyid=46, Nov. 12, 2007.

[5139] 美国侵权行为法上，违反旨在保护他人之制定法所定义务的行为，本身即有过失(negligence per se)。Restatement(Second) of Torts § 285(1965). 大陆法系民法的类似规则，如《德国民法典》第823条第2款。

[5140] The Delaware Counsel Group LLP, *Fiduciary Duties of the Trustee: Dissolution and Winding up of a Delaware Statutory Trust*(April 2004), http://www.delawarecounselgroup.com/modules/news/article.php?storyid=46, Nov. 12, 2007.

[5141] 商业信托法迄今尚无此类判例。《特拉华州修订统一有限合伙法》判例可资参考。Boesky v. CX Partners, LP, CA Nos. 9739, 9744 and 9748, 1988 Del. Ch. LEXIS 60(Del. Ch. Apr. 28, 1988)(有限合伙清算时，债权人对有限合伙为该债权提供的担保有异议。法院认为，法院的职能为监督清算，以作出独立的判断).

不享有受益人的表决权、信息获取权等，欠缺监督手段。管理者市场虽然仍有作用，但独木难支。综合监督作用远不如企业经营阶段。法院适度监督清算人行为之必要性，因而增加。

4. 清算人的其他义务

清算义务为清算人对债权人所负义务，而非清算人之全部义务。清算人对商业信托及其受益人仍负有信义义务。[5142]此为商业信托法或其他法律所定事项，清算制度中无须明文。清算人为受托人、其他管理人时，对商业信托所负信义义务等不因担任清算人而受影响；其他人任清算人时，因清算人处于信义义务人地位，仍负有信义义务，包括不得挪用商业信托财产、不得实施利益冲突交易等。

（四）清算的终结

清算过程中，债权人或商业信托向法院申请该商业信托破产的，清算终结，转入破产程序。除此之外，清算完成后，受托人有义务在登记机关登记一份“注销证书”。[5143]将登记注销证书规定为义务，旨在确保登记信息反映商业信托存续的真实情况，防止误导第三人。受托人不履行义务时负何种责任，商业信托立法未涉及。依民法的一般规则，受托人未及时登记注销证书，致第三人误信商业信托仍在经营而与商业信托订立合同、遭受损害的（清算完成后，商业信托无法再履约），受托人负损害赔偿责任。

（五）接管

与清算制度联系密切的另一问题是接管制度。依英美普通信托法，受托人行为致信托财产有滥用、浪费或遭受严重损失之虞，衡平法院有权指定接管人。[5144]衡平法院有权在有正当理由时指定接管人，为衡平法原则之一。[5145]美国某些州法院和联邦法院的早期判例认为该原则亦适用于商业信托。当信托财产的保存和商业信托营业的成功管理需要指定接管人时，法院可指定接管人。[5146]具体情形包括商业信托丧失清偿能力，不

［5142］　一般讨论，参见Thomas E. Rutledge, *Care and Loyalty after the Dissociation from or Dissolution of an Unincorporated Entity*, in Research Handbook on Partnerships, LLCs and Alternative Forms of Business Organizations 206-22（Robert W. Hillman & Mark J. Lowenstein eds.，2015）。

［5143］　Del. Code Ann. tit. 12，§ 3810（d）.

［5144］　Holbrook v. Fyffe，164 Ky. 435，175 S. W. 977（Ky. App. 1915）；Tappan' s Ex' r v. Ricamio，16 N. J. Eq. 89，1863 WL 2621（N. J. Ch. 1863）；Cameron v. White，128 Okl. 251，262 P. 664（Okla. 1827）；Skinner v. Maxwell，66 N. C. 45，1872 WL 2168（N. C. 1872）.

［5145］　65 Am. Jur. 2d，Receivers § § 27 et seq（2007）.

［5146］　Bierman v. Negley & Woods Coal Co.，87 Pitts. L. J. 235（Pa. C. P. 1939）.

接管不足以阻止受托人浪费商业信托财产；[5147]受托人有欺诈、共谋、不当管理、挪用信托基金、违反信托、拒绝报账等行为致商业信托受损或可能受损，此时无论商业信托是否可能破产，法院均有权指定接管人对商业信托进行清算。[5148]初审法院对是否指定接管人有裁量权，法院可在受益人提起的解散商业信托之诉中指定接管人。[5149]终止接管的裁量权亦操于法院之手，行使该权限时，法院应考虑全体相关当事人的权利与利益。[5150]

美国各州商业信托制定法多不采接管制度，而由清算人全权负责清算事务。《特拉华州商业信托法》原先亦无规定，2020年修正时增设专条，规定法院在注销信托证书的案件中，有权指定受托人、接管人或其他人管理并清算商业信托的事务（第3824条第b款），其意在于与其他商业组织法保持一致，而与普通法上的规则颇不相同。[5151]此项立法，符合商业信托终止制度的总体目的——尽量减少不确定性，确保企业营运价值。普通法上单一的接管制度的最大弊端是，接管的启用与终止，要件不定，法院自由裁量权过大，易滋争议，易遭滥用。而且，此种接管所要解决之问题，现有的其他制度可资利用。例如，商业信托丧失清偿能力，可申请商业信托破产、重整或和解；受托人有不当行为，可解任受托人并追究其责任，致债权人损害的，可依侵权行为法主张停止侵害、损害赔偿等。此类措施既可解决问题，又不致破坏商业信托运营，更具优势。

至于我国商业信托法，更不必采接管制度。

理由之一，论实质正当性，接管制度的上列风险，在我国法律环境下同样存在；在缺乏控制法院权限之适当机制的法律环境下，尤其如此。

理由之二，论历史分析，接管制度源于英美法系衡平法院的管辖权，鉴于衡平法院在此方面已积累相当丰富的司法经验，或有助于减少滥用

[5147] Melville v. Weybrew, 106 Colo. 121, 103 P. 2d 7 (1940), aff' d, 108 Colo. 520, 120 P. 2d 189 (1941).

[5148] Bailey v. Proctor, 160 F. 2d 78 (C. C. A. 1st Cir. 1947), cert. denied, 331 U. S. 834, 67 S. Ct. 1515, 91 L. Ed. 1847 (1947); State ex rel. Warren v. Douglas, 185 Okla. 3, 89 P. 2d 298 (1939); Looney v. Doss, 189 S. W. 2d 207 (Tex. Civ. App. Fort Worth 1945); Bingham v. Graham, 220 S. W. 105 (Tex. Civ. App. Amarillo 1920).

[5149] Melville v. Weybrew, 106 Colo. 121, 103 P. 2d 7 (1940), aff' d, 108 Colo. 520, 120 P. 2d 189 (1941).

[5150] Looney v. Doss, 189 S. W. 2d 207 (Tex. Civ. App. Fort Worth 1945).

[5151] 以特拉华州为例，公司法、合伙法与有限责任企业法皆有此制度。Del. Code Ann. tit. 8, § 279; Del. Code Ann. tit. 6, § § 17-805, 18-805.

风险，接管制度在极端的个案中可能仍有一定的适用空间。但我国企业法与信托法夙无接管制度，[5152]更欠缺司法接管实务经验，且考虑到习惯于权力扩张的法院思维模式，[5153]采纳接管制度弊大于利。

理由之三，论比较分析，特拉华州式的制度，实为商业组织司法解散时的特殊清算规则，接管人仅为清算人之一种。我国法上可用现有的强制清算及法院指定清算人等规则解决，并无另创新制之必要。

整体而言，接管制度本身所带来的问题，更多于需要该制度解决的问题，不宜采纳。

（六）清算制度之总结与企业法的整体理念

美国商业信托法关于清算的严格规定，与公司法及其他企业法的理念一致。[5154]由此可见美国现代企业法的一大特征：在企业设立和运营阶段，尽量放宽资本制度等貌似有利于债权人保护实则实效不彰、又妨碍企业经营效率的制度，通过鼓励、促进企业效率最大化而动态地保障债权人利益；在企业终结阶段，则强调以严格规则直接保障债权人利益。

此种“生宽死严、存松亡紧”模式，有其合理性。

首先，企业出资人为剩余索取权人，享有利润分配权和解散后的剩余财产分配请求权，劣后于企业债权人。即出资人承担企业经营失败时的“兜底”风险。在企业正常存续时期，此种权益顺位的法律安排，即为对债权人利益的保护。对出资人权益的保护，则依赖于企业管理者对出资人所负信义义务以及其他内部治理机制。但进入清算阶段后，企业财产可能已不足以清偿债务，或者仅能够清偿债务而无所剩余或略有剩余，此时债权人的地位大致相当于剩余索取权人，清算人则相当于管理者，有必要使清算人对债权人负有信义义务。

其次，企业设立与运营有赖于各方投入，起首要作用者为投资者的出

[5152] 我国《公司法》《合伙企业法》《个人独资企业法》等自始即无接管制度。《商业银行法》《保险法》《证券公司风险处置条例》等金融法规定了接管制度，但仅适用于特定金融机构，且性质属于行政接管，适用条件限于危害金融秩序与公共利益等极端情形，与前述所称接管有本质区别。

[5153] 行政干预过多，为我国各种企业法的传统弊病之一。近年来，《公司法》《合伙企业法》的修订，缩减了行政干预。司法干预扩张，却成为新迹象。2006年《企业破产法》即为一例，虽排除旧破产法行政干预，但赋予法院较大权限，如指定管理人（与破产利害关系最密切的债权人则仅有提出异议之权）、决定管理人报酬等，体现出法院主导模式。随之出台的《最高人民法院关于审理企业破产案件指定管理人的规定》《关于审理企业破产案件确定管理人报酬的规定》，进一步扩大法院的权限。对司法干预扩张及债权人自治弱化的批评意见，参见邹海林：《新企业破产法与管理人中心主义》，载《华东政法学院学报》2006年第6期。由上述现象可见，行政干预的去除，并不必然扩大私法自治空间；无论何时均有必要警惕公权力过度介入私法领域——不管此种介入是以何名义、由谁出面。

[5154] Del. Code Ann. tit. 8，§ 278；Del. Code Ann. tit. 6，§ § 17-803，18-803.

资，债权融资固然重要，毕竟无出资建立企业之功，且债权人通常可借助合同、担保等机制得到较充分的保护，而从根本而论，债权人利益保障取决于企业良好、稳健、可持续的经营。从制度上为企业经营提供一个高效率的环境，比单纯依靠某些呆板僵化的法律规则（如严格的资本制度）事实上更有利于债权人。而当企业进入清算状态，经营生命已告结束，通过企业运营效率最大化保护债权人不再可能，保护债权人的最有效途径，为严格清算与公平分配企业剩余资产。同时，企业清算不同于企业经营，清算人不应再受商业判断规则庇护。

相形之下，我国企业法的规定显得轻重倒置。在企业设立与运营阶段，对企业设有严格约束，例如实行较严格的资本制、硬性规定组织机构及其职权、未为正常商业判断提供安全港。在企业终结阶段，却对企业清算相当纵容、对债权人保护轻描淡写。例如，《公司法》在公司解散一章中仅粗略规定清算组应通知债权人、接受债权申报并清偿债务，未明确或有债权处理等重要内容；清算人仅负故意或重大过失责任（第189条第3款），反而轻于运营阶段的董事责任。[5155]此种模式严重背离实务。实务中公司逃避清算义务，致债权人求偿无门等现象，屡见不鲜。《公司法》对债权人最易受害之高危地带漠然待之，对债权人相对较为安全之境域却草木皆兵、步步设防，其管制效果难免两相抵消，甚至发生副作用——既无效率，又不安全。《民法典》总则编在清算义务人规定上有所改进，但在清算程序和清算组职权问题上，将《公司法》的相关规定列为范式，[5156]虽有助于缓解其他法人和非法人组织法律制度中清算规范供应不足的问题，却同时也将《公司法》清算程序之缺陷一并带入其他法人和非法人组织领域。我国商业信托法自不必步其后尘，而应毅然开风气之先，创建切合实际、更有效率、宽严适度的企业债权人保护模式。

[5155]《公司法》未详细规定清算义务，“重大过失”之认定即有较大的不确定性。后来之法已引以为戒，《合伙企业法》的规定更为合理，第100条规定：“清算人未依照本法规定向企业登记机关报送清算报告，或者报送清算报告隐瞒重要事实，或者有重大遗漏的，由企业登记机关责令改正。由此产生的费用和损失，由清算人承担和赔偿。”第101条规定：“清算人执行清算事务，牟取非法收入或者侵占合伙企业财产的，应当将该收入和侵占的财产退还合伙企业；给合伙企业或者其他合伙人造成损失的，依法承担赔偿责任。”第102条规定：“清算人违反本法规定，隐匿、转移合伙企业财产，对资产负债表或者财产清单作虚假记载，或者在未清偿债务前分配财产，损害债权人利益的，依法承担赔偿责任。”但《合伙企业法》关于债务清偿的要求，仍然过于粗疏，存在与《公司法》类似的问题。此外，将登记机关设为强制性的清算监督机关，与准则主义登记制不无抵触，且与登记机构的公示及服务职能不符，又未规定登记机关的相应责任，实效如何尚待观察。

[5156]《民法典》总则编第71条规定：“法人的清算程序和清算组职权，依照有关法律的规定；没有规定的，参照适用公司法律的有关规定。”

第二节　商业信托系列的终止、解散与清算

一、可单独终止、解散、清算的系列

商业信托可创设一个或数个系列。各系列可有独立的经营目的或投资目标。在实际运作中,实行内部资产分隔(责任限定)的各系列,类似于独立实体,自有其资产与负债,与其他系列不相混同。因此,美国各州商业信托法规定,此类系列可单独终止、解散或清算。不具有责任限定效力的系列,其资产与负债与商业信托其他部分纯属一体,自然不适用单独解散与清算之规定。

二、系列的单独解散与清算

(一)解散的效力

单独解散,即指除商业信托文件另有订定外,可以解散依法设有责任限定的某一系列并对其事务进行清算,而无须解散商业信托或任何其他系列。除商业信托文件另有订定外,商业信托或其任一系列的解散、清算、清盘或终止,不影响依法设有责任限定的某一系列的责任限定。[5157]系列之间互不依附,但系列的存续系于整个商业信托;个别系列的解散或终止,不影响其他系列的存续及责任限定;但若商业信托本身终止,系列即无所依凭,而一并终止,但其责任限定不受影响,各系列之债权人仍仅就本系列资产受偿。

如系列商业信托的其余受益人决定解散信托,而某一系列的受益人无意解散,如何处理?由于系列的命运维系于整个信托的命运,此时系列难以继续存在,除非该系列的受益人在整个信托中占据控制地位。在此情形如何保护特定系列的受益人之权益,宜在商业信托文件中妥善安排,诸如订定解散信托须经各系列受益人多数同意或须经特别受托人同意。事先提供一套普适性的规则,似非法律所能。

(二)解散事由

依据《特拉华州商业信托法》,系列的解散事由,取决于商业信托文件条款。其解散事由仍极度简明,比系列有限合伙与系列有限责任企业更为自由、灵活、确定:仅当发生商业信托文件订定的事由时,系列解散,

---

[5157] Del. Code Ann. tit. 12, § 3808(f).

对其事务应予清算。[5158]特拉华州法模式优于2012年《肯塔基州统一商业信托法》模式。后者规定的商业信托系列的解散事由，还包括：系列的受益人从系列中脱离，超过90日；按照商业信托文件从事系列的活动已不具有合理的可行性，而由法院裁判解散系列。[5159]肯塔基州模式的不合理性在于：即便系列的受益人嗣后不存在，系列仍可能发行新的受益权凭证，强令其解散，有损效率，并无必要；至于以不具有合理可行性为由进行司法解散，难以操作，增大了不确定性。

除商业信托文件另有订定外，系列的某一受益人死亡、丧失行为能力、解散、终止或破产不导致本系列终止或解散；除依据商业信托文件条款外，系列的某一受益人或其他人不得终止或废止本系列。[5160]

各系列以及商业信托的解散事由可以各不相同。但因系列终究是商业信托的一个部分，如果整个商业信托解散，则其系列无所依附，应随之解散。[5161]

（三）系列的清算人

系列解散后，其清算人取决于商业信托文件条款，一般为负责本系列经营管理的受托人或其他管理人。系列信托实行各系列统一管理的，系列的清算人常为负责商业信托及其各系列经营管理的单一受托人；商业信托采用复式受托人体制（由总受托人负责整个商业信托经营管理，由各系列受托人负责各系列经营管理）的，系列的清算人常为本系列受托人。[5162]

系列清算人的权限，与商业信托清算人的权限内容基本相同，但因系列并非独立主体，系列的清算人行使权限时，应以商业信托名义行事，应同时代表商业信托与本系列、为了商业信托与本系列的利益；系列清算人的权限，仅限于与本系列相关的事务，无权涉及其他系列以及整个商业信

[5158] Del. Code Ann. tit. 12, § 3808(f). 有限合伙法与有限责任企业法将企业解散事由对应列为系列解散事由，例如，经2/3以上有限合伙人/成员决议解散；当系列依约营业不具合理可行性时，法院依本系列的一个合伙人/成员或经理之申请，判决终止本系列。Del. Code Ann. tit. 6, § § 17-218(k), (m), 18-215(k), (m).

[5159] Thomas E. Rutledge, *The Kentucky Uniform Statutory Trust Act (2012): A Review*, 40 N. Ky. L. Rev. 94, 125 (2013).

[5160] Del. Code Ann. tit. 12, § 3808(f).

[5161] 《肯塔基州统一商业信托法》对此有明文规定。Ky. Rev. Stat. Ann. § 386A. 4-060(1)(a).

[5162] 《肯塔基州统一商业信托法》规定，系列的受托人应当清算系列的活动；无此受托人时，商业信托的受托人应当为此清算。Ky. Rev. Stat. Ann. § 386A. 4-080(1)(2012).

托的事务。[5163]

系列的清算人应依商业信托法关于商业信托清算中清偿债务与分配资产之规定，向本系列的债权人清偿本系列的债务、向本系列的受益人分配本系列的资产。系列清算人的责任与商业信托清算人的责任相同：清算人遵守关于债务清偿的法律规定的，不因其在清算中的行为对已解散的本系列的债权人负个人责任。[5164]

[5163] Del. Code Ann. tit. 12，§ 3808(g).

[5164] Del. Code Ann. tit. 12，§ 3808(g).

第十五章　商业信托的非组织法事项

第一节　非组织法的重要性

以上各章论及商业信托的组织法。了解、选择、运用任何一种企业组织，仅关注其组织法，远远不够。破产法、证券法、税法等“非组织法”（non-organizational law）亦为重要因素。对实务而言，在一定意义上，非组织法甚至是比组织法更为重要的因素，因为投资者、企业设计者通常可自由选择组织法，却无法自由选择非组织法：组织法展示各类企业组织形式以供选择，且现代企业组织法已大为自由化，投资者对企业类型与内容皆有广阔的选择自由；非组织法以强行法为主，无论投资者选择何种组织形式，皆须受其约束。以美国法而论，组织法上的企业类型名目繁多，且各州各有组织法，但破产法为联邦法专属，税法、证券法以联邦法为主，强行法为其主调。[5165]中国、英国、法国等各国虽无联邦法与州（省）法的二元体系，但组织法与非组织法的关系大体相似。同时值得注意的是，现代化的非组织法亦有日渐宽松灵活之趋向，交易者的自主选择空间正逐步扩展。美国联邦税法的“勾选”条例即为适例。随着税法与监管法的变革，商业组织形式选择可能发生深刻的变化。[5166]此外，较为宽松的冲突法规范可以增强当事人在选择企业结构上的自主性，从而有利于优化企业治理。[5167]

商业信托亦复如是。例如，商业信托发展早期，多被用于避开公司法所设管制，但尽管商业信托法可避免公司法（组织法）之适用，在税法、证券法、破产法、诉讼法等非组织法领域，美国某些州制定法或判例法将商业信托视作公司，以确保此类法律的适用。[5168]又如在我国，商业信托在《信托法》下虽有不小的自治空间，但因无法避开非组织法，其优势在相当

[5165] Larry E. Ribstein, *The Important Role of Non-Organization Law*, 40 Wake Forest L. Rev. 751 (2005).

[5166] Larry E. Ribstein, *Possible Futures for Unincorporated Firms*, 64 U. Cin. L. Rev. 319 (1996).

[5167] Larry E. Ribstein, *Choosing Law by Contract*, 18 J. Corp. L. 245 (1993).

[5168] Note, *State Regulation of Foreign Business Trusts*, 41 Harv. L. Rev. 86, 86 (1927).

大程度上被税法、证券法等非组织法中的诸多管制性规定或限制性规定所抵消。

同时，非组织法往往是某种组织兴盛的重要因素。例如，美国有限责任企业的兴起（理博斯坦教授称为“有限责任企业革命”），与税法因素密切相关。[5169]又如，对于商业信托而言，投资基金业的发展，得益于诸多因素，其中包括税法与监管法的配套制度；不动产投资信托主要是税法优待的产物。

总体而言，商业信托应适用的非组织法，近似于其他商业组织应适用的非组织法，而迥异于普通信托。破产法、证券法主要为企业而设，不适用于普通信托；普通信托在税法上一般作为从属于遗嘱、赠与等财产移转或与遗嘱、赠与等财产移转并列的一种形式，适用类似于遗嘱、赠与的税制，而与商业信托颇有差别。更有学者认为，区分商业信托和普通信托之目的在于，二者各自所适用的一般商业管制法规和税收法规各不相同。[5170]

另外，商业信托具有不同于其他商业组织的独特性质与发展历程，在非组织法适用问题上与公司、合伙等又有所不同。尽管当代非组织法似有“实质重于形式”的功能主义趋势——非组织法应统一适用于各种商业组织，不应因组织形式之异而加以特殊对待，然而，百十年的历史不可能一夕清除，实质重于形式原则更不意味着对所有事项采取“一刀切”做法，以致妨碍多样化的发展及制度竞争之固有优势。商业信托与其他组织在适用非组织法方面之异同，正是本章关注的重点。

本章范围包括税法、证券法与破产法。非组织法当然不限于此，反垄断法、域外企业的认许等亦属此列。不过，商业信托在冲突法、[5171]反垄断、[5172]域外企业之认许[5173]等其他非组织法的适用问题上尚未发生特殊问题，与其他商业组织基本无异，本书不赘。此外，信托纠纷的可仲裁性，

［5169］ Larry E. Ribstein, *The Rise of the Uncorporation* 119-123（2010）.

［5170］ Robert D. Flannigan, *The Nature and Duration of the Business Trust*, 6 Est. & Tr. Q. 181, 188（1982-1984）.

［5171］ 依照美国判例，商业信托适用成立地法。Hogan v. Baker, Not Reported in F. Supp. 2d, 2005 WL 1949476（N. D. Tex. , 2005）. 此与其他企业法类似。

［5172］ 商业信托同样受反垄断法管制。反垄断法名案“标准石油案”，即针对商业信托的垄断问题。State v. Standard Oil Co. , 49 Ohio St. 137, 30 N. E. 279（1892）.

［5173］ 域外成立的企业在本法域营业，须经本法域有权机关之认许，为各国立法通例，多于民法、民法施行法或各种企业法中规定。美国各州关于商业信托认许之规定，例如，《特拉华州法典》第12卷第38章第2分章“域外商业信托”。

在英美法上，普通信托因其赠与或遗嘱处分的性质，而与商业信托有所差异。[5174]在我国法制语境下，不难依程序法解决其适用问题，故略过不论。

在商业信托的非组织法事项上，美国的立法与实践最为丰富，因此构成本章讨论的主要材料。在加拿大，统一法委员会起草的2008年《统一收入信托法》于第44条规定收入信托的破产重整（reorganization）、于第45条规定收入信托的收购与强制收购，是将非组织法事项在组织法中作出规定，乃该国特殊的立法体系使然，不具有普遍意义。[5175]

我国法的问题在于，非组织法基本上未考虑商业信托问题，存在大面积的立法空白。参酌域外经验教训，有其意义。

第二节　税收问题

一、商业信托的一般税收地位

（一）概观

1. 州税

美国各州税法上，公司一般须交纳特许税（franchise tax）。公司被认为国家特许之产物，特许税相当于公司获得特许的对价。某些州税法将商业信托作为公司对待。[5176]南卡罗来纳州判例认为，商业信托是以获取经济收入为目的而成立，商业信托发行的受益权在功能上等同于公司股份，商业信托受益人与受托人享有个人与合伙所无的有限责任，此类特性决定商业信托在税法上应被定性为公司，从而应征特许税。[5177]另有判例

[5174] S. I. Strong, *Arbitration of Trust Disputes: Two Bodies of Law Collide*, 45 Vand. J. Transnat' L L. 1157（2012）.

[5175] 破产重整，在美国法上属于《破产法典》的调整范围。我国法亦采此模式。但在英国法上，类似的制度规定于公司法之中。加拿大法律同英国法。《加拿大商业公司法》第191条规定公司重整。此外，加拿大《企业债权人安排法》和《破产与支付不能法》也规定有类似程序。但此类立法均未考虑收入信托的情况。因此，《统一收入信托法》第44条以《加拿大商业公司法》第191条为模板，规定收入信托的重整。Uniform Income Trust Act § 44 cmt.（2008）.《统一收入信托法》规定强制收购方面的事项，则是因为加拿大证券法对收入信托的情形未作充分规定。Uniform Income Trust Act § 45 cmt.（2008）.

[5176] Koenig v. Johnson, 71 Cal. App. 2d 739, 163 P. 2d 746（3d Dist. 1945）; Chapman v. Department of Revenue, 110 Ill. App. 3d 82, 65 Ill. Dec. 642, 441 N. E. 2d 1156（1st Dist. 1982）; Commissioner of Revenue v. Smith, 392 Mass. 1005, 465 N. E. 2d 792（1984）; Oklahoma-Texas Trust v. Oklahoma Tax Com' n, 197 Okla. 114, 168 P. 2d 607（1946）; Pacific Am. Realty Trust v. Lonctot, 62 Wash. 2d 91, 381 P. 2d 123, Blue Sky L. Rep.（CCH）¶70609（1963）.

[5177] First Carolina Investors v. Lynch, 78 N. C. App. 583, 337 S. E. 2d 691（1985）.

持不同意见，理由为，商业信托与普通信托一样，根源于普通法上当事人缔结合同的权利与自由，有别于公司的国家特许物之性质。[5178]此外，某些州对商业信托受益权征收与公司股份相同的税收，[5179]另一些州持相反立场。[5180]

特拉华州一系的商业信托法多规定商业信托不交纳州税，尤其是不交纳特许税，此与其他商业组织皆不相同，[5181]"商业信托为合同创造物"的立场较为彻底。

2. 联邦税

联邦税法将不同组织列入不同的税收归类，以征收相应税收。商业信托组织法本身不规定商业信托的税收归类问题，而仅规定，商业信托的联邦所得税问题，依照联邦税法规定：为本州或本州任何机关征收各种税收之目的，应将商业信托归类为公司、社团（association）、合伙、信托或其他类别，上述归类应依1986年《国内税收法典》决定。[5182]

企业在税法上的定性，基本归类为公司、社团、合伙、信托、不视作纳税实体五种。美国税法上的公司、社团、合伙、信托等定义，与民事实体法的相应定义不尽相同。即使是非公司企业，只要符合税法关于公司的定性，在税法上即被归类为公司。税法上的"公司"须交纳实体层面的所得税，股东另须交纳股利分配收入的所得税。某一实体与公司足够相似的，该实体被归类为"社团"，承担与公司相同的税负。税法上的"信托"，另有税制，不属于公司、合伙、社团一系。

在联邦税法上，商业信托可通过三种途径避免实体层面的征税，从而仅需由受益人交纳所得税。途径之一是将商业信托设计为美国《国内税收法典》规定的"授予人信托"，此为信托独有的优势。途径之二是将商业信托设计为《国内税收法典》规定的合伙。税收优待，为合伙相对于公司的重大优势之一。"合伙"无须交纳实体所得税。税法上的"合伙"亦不等同于民事实体法上的合伙，只要具备税法规定的要件，某种实体在民事实体法上不是合伙的，可成为税法上的合伙。合伙税收待遇，为各类非

[5178] In re Opinion of the Justices, 266 Mass. 590, 165 N. E. 904, 63 A. L. R. 952（1929）.

[5179] Pacific Am. Realty Trust v. Lonctot, 62 Wash. 2d 91, 381 P. 2d 123, Blue Sky L. Rep.（CCH）¶70609（1963）.

[5180] Hoadley v. Essex County Com' rs, 105 Mass. 519, 1870 WL 7029（1870）.

[5181] 相比之下，特拉华州的公司、合伙、有限责任企业均须交纳州税。仅有极个别州（怀俄明州）要求商业信托交纳年度税。Wyo. Stat. Ann. § 17-23-117（每年100美元）.

[5182] Del. Code Ann. tit. 12, § 3809.

公司企业追求的重点。途径之三是将商业信托设计为非独立纳税实体。当然，如果该实体满足税法规定的信托或代理的条件，亦可获得同样的免税待遇，但税法条例所称信托仅限于普通信托，[5183]商业信托一般难获此种待遇。以下逐一讨论。

即使商业信托被认定为须交纳实体层面的所得税，亦可采取将商业信托纳入"合并税收集团"(consolidated tax group)的方法，通过确保商业信托的收入紧密匹配于合并税收报表中的费用，将商业信托应纳所得税最小化。[5184]

(二)授予人信托

获得授予人信托的税收待遇，须将信托设计为导管结构(pass-through structure)，导管结构中，通过向信托凭证持有人进行分配的方式(而不是通过向信托凭证持有人偿付债务的方式)派发的利润，可获得免税待遇。因此，在授予人信托结构中，受益权凭证无须设计为债券或类似形式，受益人可以成为与公司股东处于相同地位的权益持有人(equity holder)，即企业的剩余索取权人。但是，授予人须承受《国内税收法典》规定的一系列较为繁重的限制，主要包括：[5185]

其一，信托的目的限于保全与保护信托财产的权属，不得为从事营业。

其二，信托不得享有改变该信托的投资的权力。这一限制包括对信托收入的再投资。仅在满足下列全部条件时，再投资不受上述限制：再投资具有暂时性；再投资为填补信托投资分配与向受益权凭证偿付之间的时间差所必需；再投资全部投资于高质量投资；再投资是用于防止信托基金丧失产出能力，而不是用于博取市场波动的好处。[5186]

其三，授予人信托一般不得发行两个以上类别的所有者权益(受益权)，唯一的例外是，两个以上的类别具有相同的目的，即促进信托资产的直接投资。换言之，设立次级所有者权益，是为了容许优先类别受益权的过度担保(permit an overcollateralization)。

(三)商业信托设计为合伙

1. 历程

得益于信托性质，商业信托不必如同公司一般交纳实体所得税，而适

[5183] 详见本节第3目。

[5184] James A. Florack & Martin I. Lubaroff, *Delaware Business Trusts*, 937 PLI/Corp. 371, 387(1996).

[5185] Internal Revenue Code § § 671-678.

[5186] James M. Peaslee & David Z. Nirenberg, *The Federal Income Taxation of Mortgage-Backed Securities* 40-41(rev. ed. 1994).

用仅在受益人所得这一层面纳税的单层税制，此为相对于公司的重大优势。但此种待遇，并非一蹴而就。商业信托税收地位几经曲折，从区别于公司，到类推为公司，又分离于公司，终与非公司企业法合流；同时，信托特有的税收优势仍得保留。

早期商业信托法上，如果商业信托因受益人控制经营而被定性为合伙，该商业信托的税收按合伙的税收处理。[5187]如果商业信托的经营由受托人控制而不由受益人控制，且受益人的权利限于分享利润（商业信托存续时）与分配剩余财产（商业信托终止时），则商业信托不按合伙征税。[5188]美国联邦最高法院1919年判决，马萨诸塞州商业信托不必交纳1913年税法所规定的实体所得税。[5189]早期的许多商业信托设立者亦因采用商业信托形式可避免实体所得税而青睐此种组织。[5190]美国联邦最高法院1923年又判决马萨诸塞州商业信托是1918年税法定义的“社团”，而该法定义的“公司”包括社团，因此商业信托须交纳实体所得税。[5191]税法定义的社团是具有公司特征的非公司组织。该判决的理由是，商业信托受托人不止于扮演收取信托基金并用于分配的普通信托受托人的角色，而是如同公司董事一样，通过互相联合的方式实现经营商业企业的目的，因此，商业信托应被视为社团。联邦最高法院1935年的判例进一步明确，商业信托的成立与存续，旨在实现运营商业企业并分享利润的目的，具有与公司足够的相似性，足以认定国会有意对商业信托征收与公司相同的所得税。[5192]

2. Kintner条例

准用社团税收待遇的做法，一直维持到1997年。1997年前，税法条例与判例上，对非公司企业的税收归类标准是考察该企业是否构成“社团”，即是否具备公司特征。国内税务署的Kintner条例将公司特征归纳为四个：永久存续；集中化管理；有限责任；投资权益可自由转让。[5193]如果某种组

［5187］ Williams v. City of Boston, 208 Mass. 497, 94 N. E. 808（1911）.

［5188］ Williams v. Inhabitants of Milton, 215 Mass. 1, 102 N. E. 355（1913）.

［5189］ Crocker v. Malley, 249 U. S. 223, 39 S. Ct. 270, 63 L. Ed. 573, 2 A. L. R. 1601（1919）.

［5190］ Sydney R. Wrightington, *The Law of Unincorporated Associations and Business Trusts* 193（2d ed. 1923）.

［5191］ Hecht v. Malley, 265 U. S. 144（1924）.

［5192］ Morrissey v. Commissioner of Internal Revenue, 296 U. S. 344, 56 S. Ct. 289, 80 L. Ed. 263（1935）.

［5193］ Terence Floyd Cuff, *The "Check the Box Regulations" and Partnership Tax Status*, *Practicing Law Institute*, *Tax Law and Estate Planning Course Handbook Series*, 462 PLI/Tax. 395, 398 n. 2（2001）.

织不具有两项以上特征,[5194]则该实体不被归类为社团,而归类为合伙。

《特拉华州商业信托法》容许商业信托文件起草人在商业信托税收待遇方面采取灵活做法,即容许商业信托自选税法上“公司”的四项特征,以取得所需的税收待遇。常见做法是商业信托选择排除任何一个上述的公司特性,以避免交纳实体层面的所得税。

商业信托可永久存续,为商业信托法的默认规则。商业信托文件可以订定一定事由发生时(例如,一个或数个受益人破产)商业信托终止,从而限定商业信托存续期间。需注意的是,订定商业信托在一定期间后解散,并非限定商业信托的存续期间以获得合伙税收待遇的必要条件和充分条件,[5195]换言之,仅订定商业信托将于某一时间解散,不能满足“限定存续期间”的条件。由于订定商业信托的终止事由可能影响商业信托经营的稳定性,商业信托文件可以订定较为严格的终止条件(例如,较高比例的受益人的破产),以保持免税待遇与商业信托稳定存续之间的平衡。

商业信托由受托人经营管理或在受托人授权之下经营管理,为默认规则。此种模式为集中管理模式。与公司不同的是,商业信托可以自由改变集中管理模式,无论是出于税收考虑还是其他考虑。就税收考虑而言,商业信托文件可以限制受托人的经营管理权(例如,订定受托人实施的某些经营管理行为须经受益人决议),或者订定某些经营管理权由受益人享有。现代商业信托法的一系列任意规范,为此类税收规划提供了可行性,主要包括:容许受托人以外之人负责商业信托的经营管理;商业信托文件可以赋予受托人以外之人对受托人进行指示的权力。

受益人承担有限责任,亦为默认规则,商业信托文件只需订定至少有一个受益人对商业信托的债务承担无限责任,即可排除税法上的有限责任要件。

商业信托受益权可以自由转让,为默认规则。商业信托文件可以限制受益权的转让性,例如,订定20%以上的受益权非经一个或数个其他受益人同意,不得转让。[5196]

[5194] 某些律师事务所出具法律意见时,会要求更高的标准(要求该实体欠缺三项以上特性),以保证更确定地获得合伙税收待遇。James A. Florack & Martin I. Lubaroff, *Delaware Business Trusts*, 937 PLI/Corp. 371, 389(1996).

[5195] James A. Florack & Martin I. Lubaroff, *Delaware Business Trusts*, 937 PLI/Corp. 371, 388(1996).

[5196] Id. at 389.

3. 旧税法条例适用案例

国内税务署1994年处理的一个商业信托纳税案，详细展示了旧税法条例的适用。[5197]该案涉及的是某个特拉华州商业信托的一个系列（第14号系列）的税收地位问题。根据信托宣言之订定，第14号系列（属于投资基金）以从事商业活动、分配所得收入为目的，因此在税法上不能归类为信托，而是归类为合伙或社团。而为了免于被归类为社团（社团如同公司一样需交纳双重所得税），第14号系列必须至少欠缺下列要素中的两项：永久存续、集中化管理、权益自由转让、有限责任。第14号系列至少欠缺永久存续、权益的自由转让性两个特征，因此归类为合伙。理由如下。

根据当时税收条例之规定，如果有限合伙中某一普通合伙人的死亡、丧失行为能力、破产、退休、辞任、解任或因其他事由而退出将导致合伙解散，则该合伙没有永久存续之特征；而且，即使存在能够避免合伙被解散的事实（例如，当普通合伙人退出时，剩余的普通合伙人同意合伙存续或持有多数权益的剩余合伙人同意合伙存续），该合伙也不属于永久存续。尽管上述规则仅提及合伙，但关于永久存续的概念也适用于商业信托的税收归类问题。《特拉华州商业信托法》规定：除非商业信托文件另有订定，受益人的死亡、破产等不导致商业信托解散或终止。本案中，信托宣言订定，任一系列应于该系列中的某一受益人破产120日后解散，除非在此120日内，持有多数权益的剩余受益人表决决定继续该系列的运营。据此，该系列不具有永久存续之特征。

当时的税收条例又规定，权益的自由转让性，是指成员在无须其他成员同意的情况下，有权使成员之外的人取代自己在该组织中的位置。为满足此项条件，成员必须有能力将其权益的所有特征授予外人。因此，当成员在未经其他成员同意之条件下仅能转让其分享利润之权利，而不能转让参与管理之权利时，则不具备权益的自由转让性。《特拉华州商业信托法》第3805条第d款规定：除商业信托文件另有订定外，受益权可以自由转让。本案中，信托宣言订定：受益权只能向本信托转让（赎回），不得向其他人转让。因此，不具备权益的自由转让性。

（四）商业信托的其他税法地位："勾选"条例新税制

企业法的发展与税法的发展呈现出一种互相推动、互相影响的关系。例如，美国国会与国内税务署试图通过税收归类规则确定应承担公

[5197] Internal Revenue Service, Priv. Ltr. Rul. 9435015 (June 3, 1994).

司所得税的企业的特征，但合伙法与有限责任企业法的发展变化，使确定公司与合伙、有限责任企业等企业的明显特征变得过于困难。[5198]这一局面，促使国内税务署最终出台新条例，容许合伙、有限责任企业等自主选择税收归类。1997年，美国国内税务署制定"勾选"条例("check-the-box" regulations)，引发联邦税收归类条例的重大变革。

"勾选"条例自1997年1月1日起施行。根据"勾选"条例，非公司商业实体或者按照合伙征税，或者不征收实体层面的所得税(依赖于所有者[5199]的人数)，但该实体选择按照公司纳税的除外。公开型企业不适用上述规则。因该条例之颁行，非公司企业与公司在税制上的差异进一步强化。[5200]

传统上，普通合伙与有限合伙大多符合税法上的合伙特征，而商业信托与有限责任企业并非必然如此，因此如需获得合伙的税收地位，则必须对其组织结构进行设计。企业结构设计有误的成本可能极为巨大，特别是当企业已经运行多年之后突然被税务局认定为应按照公司纳税。[5201]而且，Kintner条例中的适用要件缺乏足够的确定性，例如，集中管理究竟何意，即为困扰律师之问题。[5202]而"勾选"条例的施行，能够在很大程度上免去此类成本。

为征收联邦税收的目的，一个组织是否属于区别于其所有者的实体，是关于联邦税法的事项，不取决于州法是否承认该组织为实体。[5203]组织的税收归类适用"勾选"条例，除非《国内税收法典》对某类实体给予特殊的税收待遇(例如，该法典第860A条规定的不动产抵押投资管道)。[5204]

"勾选"条例中所称的"商业实体"，是指为征收联邦税收之目的，既不属于该条例所称的"信托"，又不适用国内税收法典特殊规定的实体。[5205]有两个以上所有者的商业实体，或者被归类为公司，或者被归类为

[5198] Larry E. Ribstein, *Why Corporations?*, 1 Berkeley Bus. L. J. 183, 217-18(2004).

[5199] 该条例所用"所有者"概念，其含义接近于经济学意义上的企业所有者，大致相当于企业出资人，并非财产法或物权法意义上的所有者。

[5200] 一个概观式的研究，参见Bradley T. Borden, *Tax Aspects of Partnerships, LLCs, and Alternative Forms of Business Organizations*, in Research Handbook on Partnerships, LLCs and Alternative Forms of Business Organizations 147-67(Robert W. Hillman & Mark J. Lowenstein eds., 2015)。

[5201] American Bar Association's Prototype Limited Liability Company Act, General considerations underlying the Prototype Limited Liability Company Act(1992).

[5202] Note, *The Business Trust as an Organization for Practicing Law*, 39 Ind. L. J. 329, 347(1964).

[5203] 26 C. F. R. § 301.7701-1(a)(1).

[5204] 26 C. F. R. § 301.7701-1(b).

[5205] 26 C. F. R. § 301.7701-2(a).

合伙；只有一个所有者的商业实体，或者被归类为公司，或者不被认定为实体；不被认定为实体的，该组织的活动在税法上被视作所有者的独资企业或者所有者的分支机构。[5206]

在税法上不被归类为公司的商业实体，可以自主选择其税收归类。有两个以上成员的商业实体，可以选择成为"社团"(据此即成为税法所称的公司)，或者选择成为合伙；只有一个所有者的商业实体，可以选择成为社团，或者选择成为非独立实体。[5207]如果某一实体未作选择，则适用"勾选"条例的默认规则。默认规则的税收归类标准是：第一，国内实体，有两个以上成员的，归类为合伙；只有一个所有者的，不被认定为独立实体。[5208]第二，外国实体，有两个以上成员且至少有一个成员承担无限责任的，归类为合伙；全体成员均承担有限责任的，归类为社团(据此属于税法上的公司)；只有一个所有者且该所有者承担无限责任的，不被认定为独立实体。[5209]第三，成员数量变化对税收归类的影响：在税收归类上属于社团的，其成员数量的变化不影响税收归类；被归类为合伙的，其成员减少至一人时，该实体不再被认定为独立实体；只有一个所有者的、不被认定为独立实体的商业实体，其成员增加至两人以上时，被归类为合伙。[5210]

上述默认规则已提供较符合企业通常期待的税收归类标准，因此，选择权事实上对于那些不愿意接受默认归类的企业始有必要。已选择某一税收归类的实体，可改变该归类。"勾选"条例对选择的时间、地点、方

[5206] 26 C.F.R. § 301.7701-2(a). 为征收税收之目的，"公司"主要包括下列实体：(1)依据联邦或州公司法组建的商业实体；(2)"勾选"条例第301.7701-3条所定义的"社团"(association)；(3)依据联邦或州合股企业或合股社团法组建的商业实体；(4)保险企业；(5)州特许的、其存款依照《联邦存款保险法》进行保险的银行业商业实体；根据《国内税收法典》第7701条第a款第3项以外的条文被作为公司征税的商业实体；(6)由州或其他政治实体全资持有的商业实体；(7)一定范围内的外国实体。Id. § 301.7701-2(b). "勾选"条例所称的合伙，是指不属于税法所称"公司"的、有两个以上成员的商业实体。Id. § 301.7701-2(c)(1). 因此，税法所称合伙，范围广于组织法所称合伙。不属于公司的、只有一个所有者的商业实体，在税法上不被作为独立实体对待。Id. § 301.7701-2(c)(2).

[5207] 26 C.F.R. § 301.7701-3(a). 由于"合伙"一词本身就意味着必须至少有两个成员，因此只有一个所有者的实体不能选择成为合伙。

[5208] 26 C.F.R. § 301.7701-3(b)(1).

[5209] 26 C.F.R. § 301.7701-3(b)(2). 该款同时对有限责任设有定义：成员不因具有成员身份而对实体的债务承担个人责任，即为承担有限责任。实体的债权人可要求实体的成员清偿该债权人对实体的债权，成员即承担"个人责任"；即使成员与其他人(无论是否为该实体的某一成员)约定由此人承受该成员的责任或者约定该成员承担责任后可向此人追偿，亦不影响成员的个人责任。

[5210] 26 C.F.R. § 301.7701-3(f). 该第f款自1999年11月29日起生效。

法、限制等有详细规定。[5211]

（五）公开交易合伙

商业信托也可能构成“公开交易合伙”，而适用另一税制。依美国《国内税收法典》的规定，公开交易合伙，是指有下列情形之一的合伙：合伙权益在证券市场中交易；合伙权益可便捷地从二级市场（或其实质等同者）中交易而得。[5212]除若干例外规定外，公开交易合伙在税法上被作为公司对待，应交纳实体所得税。[5213]此所谓合伙，含义远广于民事法上所称合伙，而是包含集团、辛迪加、合营企业或其他非公司组织等在内的广义概念。[5214]

公开发行受益权凭证的商业信托，如需避免构成公开交易合伙，则不可将受益权凭证设计为“权益”（interest）。例如，资产证券化信托须保证避免成为公开交易合伙，资产支持证券采用债券形式的，应先获得专业顾问意见，确保新系列的票券在税法与会计上被归类为债务（而非权益），不至于使本信托成为税法上的社团或公开交易合伙（与公司一样承受双重税负）。[5215]在选择以债券形式发行资产支持证券的证券化交易中，常采用独资信托的结构，即由发起人或存管人设立信托并持有全部信托受益权，再由信托向外部投资者发行债券或票券，其受偿顺序优先于信托受益权。[5216]此时，信托在税收层面被归类为非实体，无须纳税，发起人或存管人作为信托资产的真正所有人交纳税收。以债券形式发行资产支持证券的另一个好处是，可以避免成为《国内税收法典》所称的公开交易合伙，而如果向外部投资者公开发行受益权凭证，则因受益权具有“权益”（而非

[5211] 选择须为明示选择；企业选择其初始税收归类或者改变其税收归类的，应向税务局提交“实体归类选择格式”（格式第8832号），其中应载明要求的信息，包括实体纳税号。26 C. F. R. § 301.7701-3(c)(1)(i). 对税收归类的选择，自格式8832号中载明的生效日期届至时起生效，格式中未载明生效日期的，自格式提交时起生效。格式中载明的生效日期，不得早于格式提交日前75日，并不得迟于格式提交日后12个月；载明的生效日期早于提交日前75日的，选择于格式提交日前的第75日生效；载明的生效日期迟于提交日后12个月的，自提交日后第12个月届满时起生效。Id. § 301.7701-3(c)(1)(iii). 选择生效后6个月内，不得改变选择。Id. § 301.7701-3(c)(1)(iv). 选择书必须由提交时现有的每一个成员签署；经州法或该实体的组织文件容许，也可授权任何一个职员、管理者或成员签署；选择书在提交日前生效的，如果某人在选择书生效日与提交日之间成为该实体的所有者，且此人在选择书提交日并非所有者，则选择书须经该所有者签署。Id. § 301.7701-3(c)(2).

[5212] Internal Revenue Code § 7704(b).

[5213] Internal Revenue Code § 7704(a). 例外规定集中于本条第c款。

[5214] Internal Revenue Code § 7701(a).

[5215] 交易实例：Volkswagen Credit Auto Master Owner Trust, Amended and Restated Indenture § 2.1(c)(August 11, 2005)。

[5216] SWIFT Master Auto Receivables Trust, Prospectus (October 9, 2007).

债权）性质，可构成公开交易合伙，而须承受双重税负。

二、特种商业信托的特殊税收地位

“勾选”条例不适用于公开型企业，且因公开交易合伙税制的存在，公开发行受益权凭证的各类投资基金、不动产投资信托、资产证券化信托都可能承受双重税负。但此类公开型组织，往往只是一种导管实体，不同于实业型组织。基于此种特点，美国税法上设有特别税制，为其提供单层税负待遇，但须满足一定要件。

（一）投资基金

在一般税制之外，美国联邦制定法对投资基金的税收待遇作出重大变革，赋予投资基金税收管道待遇或转付税收待遇。税收管道待遇或转付税收待遇，使投资基金实际上可以免交实体所得税。1936年税法规定，符合法定条件的投资基金，可以将分配于股东或受益人的红利数额从基金的应纳所得税额中扣除，法定条件包括将90%以上的净所得分配于股东或受益人等。此种导管税收待遇，为现代投资基金业奠定了基础。[5217]1939年、1954年《国内税收法典》维持了投资基金的税收管道地位，相关规定与1936年的税法相似。[5218]现行的1986年《国内税收法典》与此相似。[5219]

（二）不动产投资信托

美国国会1960年《不动产投资信托法》[5220]使商业信托再度成为税法的受益者。不动产投资信托的结构、功能与证券投资基金相似，不同的是，不动产投资信托投资于不动产、不动产抵押，证券投资基金投资于证券。[5221]美国国会制定《不动产投资信托法》，目的在于为不动产投资信托提供类似于证券投资基金的税收待遇，即符合该法要件的不动产投资信托不必承受双重税负，而享有导管税收待遇。[5222]现行《国内税收法典》关于不动产投资信托税收待遇及其税收优待条件的规定，与该法典关于证

［5217］ Sheldon A. Jones, Laura M. Moret, & James M. Storey, *The Massachusetts Business Trust and Registered Investment Companies*, 13 Del. J. Corp. L. 421, 448（1988）.

［5218］ Internal Revenue Code § 361（1939）; Internal Revenue Code § 52（1954）.

［5219］ Internal Revenue Code § § 851-854（1986）.

［5220］ Real Estate Investment Trusts Act, 74 Stat. 998, 1003（1960）. 该法被编入《国内税收法典》第1分编第1章的M分章。Internal Revenue Code § § 856-859（1986）.

［5221］ Real Estate Investment Trusts, H. R. REP. NO. 2020, 86th Cong., 2d Sess.（1960）.

［5222］ William L. Martin, Ⅱ, *Federal Regulation of Real Estate Investment Trusts: A Legislative Proposal*, 127 U. Pa. L. Rev. 316, 317（1978）.

券投资基金的规定相似。[5223]

《不动产投资信托法》最初要求不动产投资信托采用信托或社团形式而非公司形式，因为美国国会的立法意旨是对消极投资（passive investment，区别于积极商业运营，active business operations）赋予优惠的税收待遇；在主要业务为单纯持有不动产权益的不动产投资信托与积极经营不动产或相关业务以获取收入的不动产投资信托之间，国会更倾向于对前一种不动产投资信托赋予优惠税收待遇。[5224]《国内税收法典》定义的“消极投资所得”，是指来自特许、租金、红利、利息、证券买卖或交易之类的所得。[5225]1976年《国内税收法典》修正案容许公司成为不动产投资信托的组织形式，但并未动摇商业信托的统治地位。[5226]

晚近实务中，不动产投资信托中的积极经营成分日趋增加，原有税收优待的理论基础已有所变化，应否调整税制，成为新的研究课题。此外，有论者认为不动产投资信托的税制侵蚀了公司税基，但学者指出该税制仍然增加了政府的税收收入。[5227]

（三）资产证券化信托

1. 不动产抵押投资管道（Real Estate Mortgage Investment Conduit，REMIC）

不动产抵押投资管道，是美国住房抵押证券化的典型载体。美国联邦《国内税收法典》赋予其特殊的税收待遇，排除双重税负，即对于联邦所得税而言，REMIC本身不纳税，而由其权益持有人纳税。[5228]REMIC须满足法定要件，包括其全部权益须为常规权益或住房类权益，实质上全部资产均由合格抵押（qualified mortgages）及经许可的投资（permitted investments）构成，并且须依法选择被作为REMIC对待（选择REMIC税制）。[5229]

[5223] Sheldon A. Jones, Laura M. Moret, & James M. Storey, *The Massachusetts Business Trust and Registered Investment Companies*, 13 Del. J. Corp. L. 421, 454 (1988).

[5224] J. B. Riggs Parker, *REIT Trustees and the "Independent Contractor"*, 48 Va. L. Rev. 1048 (1962).

[5225] Internal Revenue Code § 1372 (c)(1986).

[5226] Sheldon A. Jones, Laura M. Moret, & James M. Storey, *The Massachusetts Business Trust and Registered Investment Companies*, 13 Del. J. Corp. L. 421, 454 (1988).

[5227] Bradley T. Borden, *Rethinking the Tax-Revenue Effect of REIT Taxation*, 17 Fla. Tax Rev. 527 (2015). 该文是首次对不动产投资信托税收效果作出全面研究的文献（参见该文第539页的文献回顾），值得重视。

[5228] Internal Revenue Code § 860A.

[5229] Internal Revenue Code § 860D.

2. 金融资产证券化投资信托（Financial Asset Securitization Investment Trust，FASIT）

金融资产证券化投资信托可采用的组织形式，包括信托、公司、合伙等，但商业信托依然是金融资产证券化投资信托的主流形式。[5230]金融资产证券化投资信托是一个税法上的概念。此种信托在税收上的主要优势是免予承担实体所得税。金融资产证券化投资信托在税法上是一个导管实体、一种管道，本身无须交纳实体所得税，信托发起人则被视为信托资产的所有者以及信托受益权的发行者，因此仅需由发起人交纳所得税。金融资产证券化投资信托是一种注册投资团体（投资基金）以外的、选择金融资产证券化投资信托税收待遇的实体，该实体的实质上全部资产为现金、债权证券、取得债权证券之契约债权或其他金融资产证券化投资信托或不动产抵押投资管道中的常规权益。[5231]

金融资产证券化投资信托立法于1997年9月1日施行，后被《美国就业机会创造法》（American Jobs Creation Act of 2004）废止，[5232]但2004年10月22日前设立的金融资产证券化投资信托，依然可保持其税法地位。而且，实务中仍在继续使用类似工具。[5233]

三、税法上的商业信托与普通信托

（一）一般区别

税法对信托的归类，与信托法的归类不完全一致。由于税法关注交易形式的经济实质，税法对信托的归类更能反映出普通信托与商业信托在经济实质上的差别。美国税法将各种信托区别对待的法理基础在于，视信托的目的与功能而定其税收待遇，为管理财产而设立的信托，作为纯粹的信托对待；为从事营业而设立的信托，则适用商业组织的税收待遇。[5234]

《国内税收法典》所称“信托”，是指依遗嘱或生前赠与行为设立、由

[5230] William Levy, *Financial Asset Securitization Investment Trusts: An Overview with Implications for Securitization Transactions*, http://www.securitization.net/knowledge/legal/finassets_invtrust.asp#top, Nov. 21, 2007.

[5231] Internal Revenue Code § 860L(c).

[5232] Pub L No. 108-357.

[5233] Grace Soyon Lee, *What's in a Name?: The Role of Danielson in the Taxation of Credit Card Securitizations*, 62 Baylor L. Rev. 110, 126 n. 82(2010).

[5234] Henry Christensen & Charles T. Dowling, *Foreign Trusts and Alternative Vehicles*, SK024 ALI-ABA 115, 121(2004).

受托人为受益人而保护或保存财产之目的，持有财产的安排；通常情况下，此种信托的受益人仅为受益权接受者，而非信托安排的自愿规划者或创设者。[5235]税法亦直接称为"普通信托"(ordinary trust)。[5236]一般而言，如果能够证明某种安排的目的是将为受益人之利益而保护与保存财产的职责授予受托人，且受益人不能分担此种职责（因此受益人与受托人不构成营利性企业的合作者），此种安排在税法上即被作为信托对待。[5237]

商业信托(business trust)，[5238]在《国内税收法典》上不被作为信托对待。传统上，商业信托财产虽由受托人为受益人利益而持有，但此类信托的目的并非为受益人利益保护或保存财产，而一般是由受益人设立、用于从事营利性经营活动的机制，因此在税法上被归类为公司或合伙。[5239]但是，"信托财产不是由受益人提供"这一事实本身，不足以构成此类安排被归类为普通信托（而不是社团或合伙）的充分理由。[5240]某一组织在技术上采用信托形式、在形式上将财产转移于受托人并为了受益人而持有，不会改变该组织的真实性质——如果将该组织归类为"勾选"条例第301.7701-2条所称的"商业实体"更为妥当。[5241]此时，仍然适用"实质优于形式"的税法原则。

（二）三类特殊信托

除了对商业信托进行一般定义与税收归类以外，税法条例还对三类特殊的信托作出定性，即一定范围内的投资信托、清算信托、环境救济信托。

1. 投资信托

投资信托并不必然是普通信托或商业信托。延续税法关于信托归类的一贯思路，投资信托是属于普通信托还是商业信托，因受益人对信托事务的参与程度而异。若信托文件授予受益人改变投资的权限，此种安排

[5235] 26 C. F. R. § 301.7701-4(a). 信托设立人（委托人）成为受益人的，如果此种信托的目的是为了受益人而保护或保存信托财产，并且该受益人与信托的关系等同于由其他人设立的信托中受益人与信托的关系，则此种信托也可以依《国内税收法典》认定为信托。Id. § 301.7701-3(a). 换言之，如果兼为受益人的委托人保留对信托事务的控制，而不仅仅是消极接受信托利益者，此种安排在税法上不能被认定为信托。

[5236] 26 C. F. R. § 301.7701-4(b).

[5237] 26 C. F. R. § 301.7701-4(a).

[5238] 税法条例在同一意义上使用"business trust"与"commercial trust"两词。26 C. F. R. § 301.7701-4(b).

[5239] 26 C. F. R. § 301.7701-4(b).

[5240] 26 C. F. R. § 301.7701-4(b).

[5241] 26 C. F. R. § 301.7701-4(b).

不能归类为信托。[5242]受益人无权改变投资并且受益权仅有一个类别的投资信托，被归类为信托。[5243]受益权划分为两个以上类别的投资信托，一般被归类为商业实体，但是，投资信托虽有两个以上类别的受益权，若依信托文件受益人无权改变投资，并且设立该信托是为了促进信托资产的直接投资，同时，数个类别的受益权的行使附属于该目的，则此种投资信托仍被归类为信托。[5244]

2. 清算信托（liquidating trusts）

税法所称的清算信托，是指以清算与分配受让资产为主要目的，并且其活动完全为实现该目的所必需且与实现该目的一致的组织。[5245]清算信托被归类为信托，原因在于，设立此类信托的目的是清算特定的资产而不是为了从事营利性经营活动。[5246]如果清算被不合理地延长，或者清算目的因从事商业活动而变得如此模糊不清，以致已丧失或废弃清算目的，该组织将丧失清算信托地位。公司债信托、表决权信托以及为了在破产或公司重整期间保护担保权人利益而设立的其他代理机制，也因类似于清算信托而被归类为信托，但若此类安排被用于永续地控制或经营企业，则丧失信托地位。[5247]

3. 环境救济信托（environmental remediation trusts）

税法所称的环境救济信托，是指依照州法属于信托的组织，其主要目的是收集与分配环境救济金以救济、清偿、减轻、补救或阻止违反环境保护法的责任。[5248]环境救济信托因不具有营利性经营目的而被归类为信托，但若此类组织的目的发生改变或者变得如此模糊不清，以致环境救济目的不再为主要目的，此类组织即丧失信托地位。[5249]

四、本节小结：何种税制？

法律适宜为商业信托设定何种税制？商业信托既然有其信托之本质，信托原有其税收优势，此种优势自然延续至商业信托。税法基于经

[5242] Commissioner v. North American Bond Trust, 122 F. 2d 545（2d Cir. 1941）, cert. denied, 314 U. S. 701（1942）.

[5243] 26 C. F. R. § 301.7701-4（c）.

[5244] 26 C. F. R. § 301.7701-4（c）.

[5245] 26 C. F. R. § 301.7701-4（d）.

[5246] 26 C. F. R. § 301.7701-4（d）.

[5247] 26 C. F. R. § 301.7701-4（d）.

[5248] 26 C. F. R. § 301.7701-4（e）.

[5249] 26 C. F. R. § 301.7701-4（e）.

济实质思维，可能会从企业的经济实质上把握商业信托，将公司的经济特征类比于商业信托，从而课以公司税制。但是，此种努力终究是徒劳的。这已为美国税法的实践所证明。税法上至多只能认识到某类企业组织形式的典型特征，但当代企业组织实务的发展日益呈现出一种“非典型化”趋势，非公司企业尤其如此。商业信托等非公司企业在真实世界中千变万化的应用，致使人们已很难断定，何种样态才是非公司企业的典型形态。况且，商业信托法有意成为一种空白授权式法制，预设典型形态也背离了商业信托法的优势。因此，维持信托税制，或者容许商业信托自选合伙或公司税制，更能契合企业组织的发展态势和私法自治之本质，于国家税收的公共政策亦无违逆，堪为我国税法之合理选择。至于不动产投资信托、资产证券化信托等特种类型的信托是否应设置特殊税制，则起因于国家对特定行业的鼓励，[5250]不妨因时制宜而为规定，并无普遍原理可循。

第三节　证券法问题

一、证券法对商业信托的可适用性

（一）公开发行受益权凭证的商业信托：一般问题

公开型商业信托属于上市企业。在美国，受益权凭证是证券法规定的证券，适用证券法的各项规定。美国联邦证券法及州证券法[5251]均予适用。马萨诸塞州商业信托的受益权凭证在全国性证券交易所的交易，适用联邦证券法。[5252]商业信托作为发行人公开发行受益权凭证的行为，与

[5250] 对此类信托设特别税制，是不少国家采用的做法。我国关于资产证券化的特殊税制，参见《财政部 国家税务总局关于信贷资产证券化有关税收政策问题的通知》（财税〔2006〕5号）。关于美国、加拿大、澳大利亚、德国等国的不动产投资信托相关税法，中译本参见楼建波、杨秋岭编译：《房地产投资信托域外法律法规汇编》，法律出版社2007年版。我国资产证券化的税收规则亦不够明确。中央国债登记结算有限责任公司2017年1月发布的《2016年资产证券化发展报告》提出将来应完善税收优惠政策：信贷资产证券化目前承担税费较多，一定程度上影响了发起机构、投资人对信贷资产证券化的参与积极性，因此建议研究信贷资产证券化税收优惠政策，降低发起机构和投资人的税收负担，尽快明确特殊目的载体税收减免制度，解决重复征税问题，为资产证券化业务发展提供更多便利。

[5251] 对证券发行与交易进行管制的州制定法，通常称为“蓝天法”（Blue Sky Laws）。蓝天法适用于商业信托。

[5252] Shawmut Ass’n v. Securities and Exchange Commission, 146 F. 2d 791 (c. C. A. 1st Cir. 1945).

公司一样适用证券法。[5253]

由于商业信托的发展晚于公司，早期的不少州证券法并未将商业信托明文纳入适用范围，但不妨碍法院通过目的解释，将州证券法适用于商业信托。[5254]具体方法有：将州证券法上的"投资团体"（investment company）、[5255]证券发行人、[5256]证券销售者、[5257]要约销售者[5258]等概念解释为包括商业信托在内。此种宗旨在某些州法中表述于制定法的明文规定。例如，《明尼苏达州商业信托法》规定：商业信托出卖、要约出卖、赠与其证券之前，应依该州证券法办理证券注册；证券注册的条件与适用于公司者相同。[5259]

美国法上，商业信托适用证券法的现有判例，主要集中于证券发行、交易及要约收购领域。

商业信托未按照证券法的规定取得证券监管机构许可而发售受益权，且有其他违法无效事由者，证券销售行为无效。[5260]商业信托违反证券法而发行证券的，不得请求证券购买人支付价款，[5261]证券购买人则有权请求返还已支付的价款。[5262]在此类情形中，购买人并无共同过错（in pari delicto），[5263]购买人请求返还价款的，商业信托不得以购买人有共同过错为由主张抗辩，因为证券法的目的就在于为证券购买人提供特殊保护。[5264]此外，善意第三人的权益不受影响。商业信托从他人之手受让财

[5253] People v. Clum, 213 Mich. 651, 182 N. W. 136(1921); King v. Commonwealth, 197 Ky. 128, 246 S. W. 162(1922); Wagner v. Kelso, 195 Iowa 959, 193 N. W. 1(1923); Malley v. Bowditch, 259 Fed. 809(C. C. A. 1st, 1919).

[5254] Reilly v. Clyne, 27 Ariz. 432, 234 P. 35, 40 A. L. R. 1005(1925); State v. Cosgrove, 36 Idaho 278, 210 P. 393(1922); King v. Com., 197 Ky. 128, 246 S. W. 162, 27 A. L. R. 1159(1922); People v. Clum, 213 Mich. 651, 182 N. W. 136, 15 A. L. R. 253(1921); Pennicard v. Coe, 124 Or. 423, 263 P. 920 (1928).

[5255] King v. Com., 197 Ky. 128, 246 S. W. 162, 27 A. L. R. 1159(1922); People v. Clum, 213 Mich. 651, 182 N. W. 136, 15 A. L. R. 253(1921).

[5256] Kinross v. Cooper, 224 Ill. App. 111(2d Dist. 1922).

[5257] Wagner v. Kelso, 195 Iowa 959, 193 N. W. 1(1923).

[5258] Wagner v. Kelso, 195 Iowa 959, 193 N. W. 1(1923).

[5259] Minn. Stat. Ann. § 318.03.

[5260] Barrett v. Gore, 88 Cal. App. 372, 263 P. 564(3d Dist. 1928).

[5261] Reilly v. Clyne, 27 Ariz. 432, 234 P. 35, 40 A. L. R. 1005(1925).

[5262] Reilly v. Clyne, 27 Ariz. 432, 234 P. 35, 40 A. L. R. 1005(1925); Barrett v. Gore, 88 Cal. App. 372, 263 P. 564(3d Dist. 1928); Landwehr v. Lingenfelder, 249 S. W. 723(Mo. Ct. App. 1923).

[5263] Landwehr v. Lingenfelder, 249 S. W. 723(Mo. Ct. App. 1923); Schmidt v. Stortz, 208 Mo. App. 439, 236 S. W. 694(1922).

[5264] Reilly v. Clyne, 27 Ariz. 432, 234 P. 35, 40 A. L. R. 1005(1925).

产或向他人转让财产时，受让人符合善意购买人的条件者，[5265]转让行为不因违反证券法而无效。[5266]

有权主张无效者，为当事人或其他利害关系人，如商业信托的债权人可主张受益权的发行因违反证券法而无效，而与商业信托无法律关系的“陌生人”(stranger)，无权主张商业信托受益权发行行为无效。[5267]

受益权的要约收购可适用关于收购的法律，诸如控制股份收购的制定法。[5268]商业信托的受托人可以寻求合法的反收购策略，以试图挫败敌意收购者的收购要约，尽管此类反收购策略可能不利于剩余的受益人。[5269]不动产投资信托中具有支配地位的受益人在发出要约时，不得歧视对待少数受益人。[5270]

商业信托依据证券法所负其他披露义务，与其他企业相同，例如，并购交易中向受益人发出的表决权代理声明，应符合证券法之规定，不得为虚假陈述。[5271]

(二)特定类型商业信托的证券法问题

证券投资基金也涉及证券法问题。美国1940年《投资团体法》采取一种“功能主义”而非形式主义的立法模式。1940年《投资团体法》的立法史表明，其立法意旨在于对投资基金进行综合监管，无论投资基金采何种法律形式或结构。[5272]该法不因投资基金的组织形式而定差别待遇，无论投资基金组织形式为商业信托、公司还是其他形式，一体适用该法。即便是以投资产品为名，也可能落入该法的适用范围。例如，保险公司发行的部分投资产品受证券与交易委员会的监管，如“保险企业独立账户”(insurance company separate account)，属于受证券与交易委员会监管的投资团体，须在证券与交易委员会注册。

专门针对信托的例外情形有二：第一，该法第16条第c款规定一项“祖父条款”，对该法施行时既存的信托型基金，豁免适用对受托人进行年度

[5265] 一般包括对权利瑕疵不知情、已支付公平对价等。

[5266] Beltz v. Griggs, 137 Kan. 429, 20 P. 2d 510(1933).

[5267] Julian v. Schwartz, 16 Cal. App. 2d 310, 60 P. 2d 887(1st Dist. 1936).

[5268] Simon Property Group, Inc. v. Taubman Centers, Inc., 240 F. Supp. 2d 642(E. D. Mich. 2003).

[5269] Beebe v. Pacific Realty Trust, 578 F. Supp. 1128(D. Or. 1984).

[5270] Twenty Seven Trust v. Realty Growth Investors, 533 F. Supp. 1028(D. Md. 1982).

[5271] Beebe v. Pacific Realty Trust, 578 F. Supp. 1128(D. Or. 1984).

[5272] Joseph R. Fleming, *Regulation of Series Investment Companies under the Investment Company Act of 1940*, 44 Bus. Law. 1179, 1181(1989); Prudential Ins. Co. v. Securities & Exchange Comm'n, 326 F. 2d 383(3d Cir. 1963), cert. denied, 377 U. S. 953(1964).

选举的要求；第二，该法针对“单位投资信托”设置某些特殊规定，简化对单位投资信托的监管要求，单位投资信托主要是一种纯粹的信托。

二、走向“功能主义”证券法和证券投资基金法

我国商业信托的证券法问题，可以归结为证券法偏重形式主义而非功能主义所造成的一系列问题。一方面，现行《证券法》对证券概念采用封闭列举式定义，虽经历次修法而逐步扩展，仍不敷应用。该法所适用的证券，明文列举者目前限于股票、公司债券、存托凭证、政府债券、证券投资基金份额（第2条），而他种有价证券如欲适用《证券法》，须经国务院依法认定为其他证券。此种认定程序，国务院并不轻启，包括信托受益权凭证在内的其他证券因此难以获得入法之门，其发行与交易势必遭遇诸多法律风险。《证券投资基金法》也存在类似问题。该法拘泥于机构监管体制，未对基金采功能主义的定义，似乎只有名为“基金”者才是该法的适用对象。对于信托公司、保险公司等金融机构开展的实质上构成投资基金的业务，受制于监管体制的条块分割现状，均未纳入该法的适用范围。[5273]另一方面，《证券法》《证券投资基金法》不采功能主义立场，致使许多实质上具有证券或证券投资基金性质之投资工具或产品，长期游离于证券监管制度之外，不仅频繁诱发欺诈投资者之事件，更扰乱金融秩序。银行业、保险业等金融监管机构所辖金融机构发行的各种理财产品、投资型保险产品、资产管理计划等，实有证券或者证券投资基金之性质，但适用不同的规则，人为形成不公平的竞争态势，并引发监管套利问题。更有金融机构以外各种公司或者合伙企业发行的名目繁多的理财产品、

[5273]《证券投资基金法》修法过程中，曾有意见提出，实践中信托公司开展的证券投资信托也属于契约型基金，但也有意见提出，此种信托是依据《信托法》和银监会有关规定开展的，不应纳入本法调整范围。参见《证券投资基金法修订草案公开征求意见情况综述》，载李飞主编：《中华人民共和国证券投资基金法释义》，法律出版社2013年版，第361页。保险公司从事的投资连结保险、分红险，在传统的保险所具有的保障功能之外，还具有集合被保险人资金进行投资的功能，因此有意见认为该类产品也属于基金，但保监会人士认为此类保险新型产品都是按照保险的基本原则设计的，本质是保险而不是基金。参见《证券投资基金法北京、上海调研情况简报》，载李飞主编：《中华人民共和国证券投资基金法释义》，法律出版社2013年版，第378页。另有地方提出，商业银行理财业务、信托业务、证券公司集合资产管理业务、投资连结保险业务与投资基金很相似，应适用相同的监管规则，为避免因监管机构不同导致监管标准差异，形成监管套利，建议统一监管标准，规定相关金融监管机构根据本法制定商业银行等金融机构为委托人利益从事证券投资业务的管理办法。参见《地方和中央有关部门对证券投资基金法修订草案的意见（一）》，载李飞主编：《中华人民共和国证券投资基金法释义》，法律出版社2013年版，第335页。

投资产品，[5274]变相公开发行、欺诈销售等行为频发，严重损害投资者的合法权益。

问题的根本解决之道，在于采用功能主义的证券定义，以“投资合同”概念作为证券的兜底形态，[5275]以囊括实践中层出不穷的新型证券，同时，在注册制之下，各类主体所发行的有价证券或投资合同，凡构成公开发行者，均须依《证券法》注册（特别豁免者除外），从而营造一个平等进入、一体适用的法律架构，以保障证券市场的有序发展。《证券投资基金法》对证券投资基金的界定，亦应不计法律形式而究其实质。与其他证券法规一样，《证券投资基金法》也不应以交易的名称或者发行人、管理人的属性作为确定适用范围的根据。无论金融机构还是非金融主体、无论何种金融机构，凡发行以证券为主要投资标的的产品或工具（无论是名为基金还是资产管理计划、理财产品等），均应适用《证券投资基金法》。此种统一的、功能主义的证券和证券投资基金法制，必须着落于法律的修改，而不能停留于规章或其他规范性文件的小修小补、权宜处理。[5276]

同步需要增修的是《证券投资基金法》关于证券投资基金的界定。我国《证券投资基金法》对证券投资基金未设定义，并将基金财产用途完全限定为证券投资，[5277]导致虽以证券投资为主业但也投资于非证券财产的各类资产管理产品无法被纳入《证券投资基金法》的适用范围，相关主管部门不得不在《证券投资基金法》之外另行发布调整各类资产管理产品的规范性文件，形成了目前以《关于规范金融机构资产管理业务的指导意见》为先导、以银保监会《商业银行理财业务监督管理办法》、证监会《证

[5274] 立法机关在调研中发现，实践中一些投资管理公司、投资咨询公司、投资顾问公司、财务管理公司、财务顾问公司以委托理财的形式，集合投资者的资金进行投资活动，还有一些专业人士接受委托，以工作室的名义开展集合投资活动，上述活动由于缺乏监管，实际规模无法确切统计，估计资金总规模约为5000亿~10，000亿元。参见《证券投资基金法北京、上海调研情况简报》，载李飞主编：《中华人民共和国证券投资基金法释义》，法律出版社2013年版，第373页。

[5275] 但不妨排除有限公司股权，作为例外，以免将创业投资基金纳入《证券法》或者《证券投资基金法》适用范围。

[5276] 功能监管近年来渐受我国监管层重视，但尚未上升到行政法规乃至法律的层次。较近的新规，有中国人民银行、银保监会、证监会、国家外汇管理局发布的《关于规范金融机构资产管理业务的指导意见》（银发〔2018〕106号）第27条第1项规定：“对资产管理业务实施监管遵循以下原则：（一）机构监管与功能监管相结合，按照产品类型而不是机构类型实施功能监管，同一类型的资产管理产品适用同一监管标准，减少监管真空和套利。”

[5277] 关于公开募集基金，《证券投资基金法》第72条规定：“基金财产应当用于下列投资：（一）上市交易的股票、债券；（二）国务院证券监督管理机构规定的其他证券及其衍生品种。”关于非公开募集基金，该法第94条第2款规定：“非公开募集基金财产的证券投资，包括买卖公开发行的股份有限公司股票、债券、基金份额，以及国务院证券监督管理机构规定的其他证券及其衍生品种。”

券期货经营机构私募资产管理业务管理办法》为主干的庞大规范群。此类文件均为规章或其他规范性文件，效力层次甚低，不足以应对渐趋增长的司法实务需求，与《证券投资基金法》之间的紧张关系也日益凸显。“资管基本法”如此重要的角色，当然不能由一部其他规范性文件长期充任，将来必然要以法律或行政法规的形式出现。问题是，是否有必要在《证券投资基金法》之外另行制定一部关于资产管理产品的法律或者行政法规？答案是否定的。《关于规范金融机构资产管理业务的指导意见》及相关规章中关于资产管理产品的实体规范（包括产品分类、管理人义务、独立管理要求、托管制度、禁止刚性兑付等），都不过是对《证券投资基金法》相关规范的重述。[5278]而且，《证券投资基金法》的相关规范以及包括法律责任在内的其他规范，更为周密、全面。在《证券投资基金法》之外另起炉灶、叠床架屋，构筑一个“体外循环”的资管法体系，徒增重复和混乱而已。修改《商业银行法》《保险法》《证券法》以吸纳上述关于银行理财产品、保险资管产品、证券期货经营机构私募资管产品规范的方案，存在同样的弊病。只需扩充《证券投资基金法》的适用范围，即足以收拨云见日之功，可“一键”容纳应受金融监管的各类资产管理产品，而不必大动干戈、整体翻修，是既科学合理又简便易行的解决办法。事实上，2019年修订的《证券法》已展现出将证券资产管理纳入基金法之下的倾向。该法新增的第120条第3款规定：“证券公司经营证券资产管理业务的，应当符合《中华人民共和国证券投资基金法》等法律、行政法规的规定。”

建构功能主义的证券投资基金法，其具体路径是：增设证券投资基金的定义，修改该法第72条和第94条第2款关于投资范围的规定（不再完全限于证券）。本书第2章第1节第1目“证券投资信托”中已经论及，证券投资基金的构成，本不应以全部财产均投资于证券为要件。即便投资财产分布于证券和其他标的，但只要证券构成主要的投资标的，仍不失为证券投资基金。对此，美国1940年《投资团体法》关于投资团体的定义深具参考价值：投资团体，是指主要从事证券投资、再投资或交易业务的发行人，或者从事证券投资、再投资、持有、交易业务且其所有或拟取得的投资证

[5278]　兹举两例。例一，《商业银行理财业务监督管理办法》关于公募理财产品和私募理财产品（第8条）、封闭式理财产品与开放式理财产品（第10条）的分类，实即《证券投资基金法》中关于公募基金与私募基金、封闭式基金与开放式基金的分类。例二，《证券期货经营机构私募资产管理业务管理办法》第11条关于管理人职责的规定、第36条关于资产组合的规定、第84条关于公司型与合伙型资管计划的规定，分别是《证券投资基金法》第19条、第71条、第153条的翻版。

券超过其总资产价值40%的发行人。[5279]该法所称“证券”，定义则极为宽泛，包括任何票据、股票、债券、期权证券、债务凭证、任何利润分享协议下的权益凭证或参与权凭证、担保信托凭证、可转换股、投资合同、表决权信托凭证、证券存管凭证、石油天然气或其他矿产权利上的不可分权益、期权、套利交易证券、其他通常被认为是“证券”的任何权益或文书，以及上述各类的认购权证等。[5280]而用于定义投资团体的“投资证券”，则是指不包括政府证券、受雇人证券公司所发行证券等三类特殊证券以外的其他所有证券。[5281]我国现行法的改进，除在《证券法》与《证券投资基金法》设置宽泛的“证券”定义之外，并应在《证券投资基金法》中对证券投资基金作出较为宽泛的定义。建议定义：“本法所称证券投资基金，是指主要从事证券投资业务或者其价值百分之四十以上财产为证券的公司、合伙企业、信托等组织或者产品。”

第四节　破产法问题

商业信托在破产法上的关键问题有二：其一为商业信托是否适用破产法，即商业信托有无破产能力；其二为破产财产范围的确定。

一、商业信托的破产能力

破产法对商业信托的可适用性，实为商业信托独立主体地位的逻辑延伸。不过，也有相反的可能性：不承认信托的主体资格，但承认信托财产可以破产，[5282]正如大陆法系某些民法上的遗产破产制度。

美国早期破产法未明文规定商业信托有无破产能力，实务中多有争议。[5283]美国联邦现行《破产法典》所称破产适格主体包括商业信托，但该法典对商业信托未作定义，亦未列出任何认定标准，以致破产主体问题成为商业信托法中争讼未已的一大领域，迄今未获根本解决。在判定某种

[5279] 15 U. S. C. § 80a-3(a)(1)(A),(C).

[5280] 15 U. S. C. § 80a-2(a)(36).

[5281] 15 U. S. C. § 80a-3(a)(1),(2).

[5282] 例如，2006年《日本信托法》第179条第1款规定：“清算中的信托，信托财产显著不足清偿债务时，清算受托人应径就信托财产申请开始破产程序。”此为关于信托的一般规定。与此不同，2011年《韩国信托法》第138条仅规定限定责任信托的破产：“清算中的限定责任信托，信托财产不足以清偿全部债务的，清算受托人应及时申请信托财产的破产。”

[5283] William C. Dunn, *Trusts for Business Purposes* 348-61(1922).

信托是否构成破产法所称商业信托时，法院采用两种标准，一是依州法定义判定，二是自用功能分析、目的分析方法。[5284]

1. 采用州法上的商业信托定义

大多数破产法院认为，某种信托符合可适用的州法规定的商业信托之条件，为判定该信托属于《破产法典》所称商业信托的证据。[5285]某些判例更认为，某种信托符合州法所定商业信托资格者，推定为该信托属于《破产法典》所称商业信托。[5286]

相反判例认为，上述判定方法是一种形式主义方法，将导致“形式重于实质”的判决，并不可取；满足州法规定的商业信托资格，这一事实本身不足以判定该信托构成《破产法典》所称商业信托。[5287]因此，依州法属于商业信托，不足以决定在联邦《破产法典》上亦属商业信托；[5288]反之亦然，州法上不构成商业信托，同样不足以决定在联邦《破产法典》上不构成商业信托。

2. 功能分析、目的分析法

《破产法典》将商业信托定义载于“公司”的定义之中。部分基于此项原因，不少法院采用功能主义分析、目的分析方法，不拘泥于某种信托是否符合州法关于商业信托资格之规定，而是分析某种信托有无足够的“公司”特征，据此判定该信托是否为《破产法典》所称商业信托。此种分析法具体又分两种。

其一，较为全面地审查某种信托有无公司的各项要素，即永久存续、集中管理、有限责任、权益的自由转让性。[5289]此种做法拘泥于《破产法典》条文中的语词位置，对商业信托区别于公司的本质特性重视不足，且《破产法典》的立法资料并未显示，将商业信托列于公司定义中，自有将公司特征分析法套用于商业信托的特殊考虑。况且，《破产法典》所称“公司”定义之下，包含商业信托、非公司企业或社团、负有限责任的合伙社团（partnership association）等诸多个性各异的组织形态，[5290]《破产法典》

[5284] James A. Florack & Martin I. Lubaroff, *Delaware Business Trusts*, 937 PLI/Corp. 371, 389 (1996).

[5285] In re Heritage North Dunlap Trust, 120 B. R. 252, 254(D. Mass. 1990).

[5286] In re Sung Soo Rim Irrevocable Intervivos Trust, 177 B. R. 673(c. D. Calif 1995).

[5287] In re Woodsville Realty Trust, 120 B. R. 2, 4 n. 2(bankr. D. N. H. 1990).

[5288] James A. Florack & Martin I. Lubaroff, *Delaware Business Trusts*, 937 PLI/Corp. 371, 390 (1996).

[5289] In re John C. Mosby, Ⅲ, 61 B. R. 636, 638(E. D. Miss. 1985).

[5290] 11 U. S. C. § 101(9)(A).

之外一般意义上的所谓公司，亦仅为与上述定义并列的一项而已，法条将之同列，共性至多在有限责任及独立人格一项，若解释为以公司之特性衡量上述各类组织是否符合《破产法典》所称公司之定义，实际上是不当扩大了公司特征的类推适用范围。

其二，不作如此全面的审查，仅审查信托的目的：为从事商业活动之目的而设立的信托，即为《破产法典》所称商业信托；信托仅为持有、保存与保护信托财产之目的而设立的，不构成《破产法典》所称商业信托。[5291] 商业信托以营利为主要目的，[5292]并且实际从事经营活动，[5293]即为《破产法典》定义的公司。此种做法以商业信托与公司之共性为裁断依据，较第一种可取。

另有学者基于对判例法的实证研究认为，美国破产法院所用的分析法可分为两大类：一类是类型近似方法（categorical approximation approach），另一类是概括探究方法（general inquiry approach）。按照类型近似方法，法院主要依信托的类型认定涉案信托是否构成破产法上所称商业信托，家事信托、土地信托会被当然排除。此种方法的弊端在于，仅观察信托的名目，而不考察信托的活动。与此不同，概括探究方法重在综合性地考察涉案信托的各项要素，据此分析法，从事商业经营活动的土地信托，可被认定构成商业信托。此种分析法的不足之处在于，所谓概括分析，必然是一种个案分析，难以得出一般标准，由此不难理解，此所谓概括探究方法，实际上是一个粗略统称，其下包含了各种更具体的认定方法，彼此大相径庭。[5294]

两种分析法各有理由。就整体效果而言，应以组合适用两种方法更为周全。制定法明文规定为商业信托者，从其规定；法律明文规定的商业信托以外的信托，如具备商业信托的特征，也可承认为商业信托。但在美国联邦法和州法权限划分的特殊语境下，此种方法存在问题。除1940年《投资团体法》和联邦税法对某些特定类型的商业信托设有定义外，美国联邦法律并未一般性地规定商业信托的定义，因此所谓制定法关于商业信托的定义，主要见之于州法。尽管有学者和美国某些法院支持按照相关州法之定义来认定商业信托，但也有学者和判例指出，依赖于州法定义

[5291] In re Secured Equipment Trust of Eastern Airlines, Inc., 38 F. 3d 86 (2d Cir. 1994).

[5292] In re Universal Clearing House Co., 60 B. R. 985 (D. Utah 1986).

[5293] In re Gonic Realty Trust, 50 B. R. 710 (Bankr. D. N. H. 1985).

[5294] Jared W. Speier, *Clarifying the Business Trust in Bankruptcy: A Proposed Restatement Test*, 43 Pepp. L. Rev. 1065, 1080-86 (2016).

的方法，有悖于美国宪法和制宪者的意旨（就破产法而言，有违联邦法统一破产法律事项的立法意旨），并且由于各州法律关于商业信托的定义复杂多样，依赖于州法，并不能彻底解决此一领域中的法律混乱。[5295]

二、信托区别于其关联人的独立性

商业信托能否在破产法上保持独立性，实为商业信托的财产是否以及在何种程度上被判定为属于破产的受益人或委托人之财产的问题。[5296]某一个或数个受益人或委托人破产时，商业信托能否保持其独立性，从而免受受益人的债权人追索，对商业信托存续与运营及其他受益人利益影响重大，商业信托的独立性被否认甚至会对整个交易造成毁灭性打击。资产证券化即为典型例证。破产隔离为资产证券化的基本要求，一旦特殊目的信托的独立性遭到否定，交易结构即破坏殆尽。

对商业信托独立性形成挑战的有三个问题。

1. 受益人财产权的范围

根据破产法规定，破产财产包括破产案件受理时属于债务人的全部财产。[5297]何种财产属于债务人的财产，美国联邦《破产法典》并未规定，而适用州法的规定。以《特拉华州商业信托法》为代表的现代商业信托法均规定，商业信托为独立的法律实体，信托财产属于商业信托；受益人仅享有对信托财产的受益权，对特定的信托财产不享有权益。[5298]上述规定确保商业信托的财产不属于受益人或任何其他人的财产。

2. 揭开信托面纱（piercing the trust veil）

在破产情境下，揭开面纱法则的适用尤有意义。如果债务人有足够财产清偿债务，则不必揭开其面纱而使其出资人承担连带责任。尽管商业信托法已一般性地承认商业信托的独立人格及受益人的有限责任，但在特定情形，法院仍有可能适用类似于公司法的揭开面纱法则，判定受益人应对商业信托的债务承担责任。

一般而言，适用揭开公司面纱的条件主要包括公司资本不足、不遵守

[5295] Id. at 1086-88.

[5296] James A. Florack & Martin I. Lubaroff, *Delaware Business Trusts*, 937 PLI/Corp. 371, 390 (1996).

[5297] 11 U. S. C. § 541；我国《企业破产法》第30条。

[5298] Del. Code Ann. tit. 12, § § 3804, 3805(c).

程式、股东与公司财产业务人事混同以致将公司作为另一个自我等。[5299]

商业信托法并未对商业信托设置资本制度，更无最低资本限额的要求，在此方面，即使最自由的公司资本制度亦不能与商业信托法相比。资本充足既非商业信托的法定要求，资本不足即不构成揭开信托面纱的正当理由。目前亦无此类判例。

适用于商业信托的揭开信托面纱要件，主要是受益人对信托实施“过度控制”以致商业信托沦为受益人逃避债务的工具。受益人对信托的控制程度越高，揭开信托面纱的风险越大。当委托人为唯一的受益人且享有废止信托的权力时，揭开信托面纱的风险达至顶点。[5300]相反，受益人越多，被判定存在控制的可能性越小。[5301]

另有论者认为，交易实质上为担保交易，亦为揭开信托面纱的重要因素：委托人保留唯一的受益权，加上其他因素，可导致信托被视为资产的真正所有权人（单一委托人）所设定的担保交易机制，[5302]这实际上不是一个足以适用揭开信托面纱法则的要件或考虑因素，因为如同该观点所示，委托人为唯一受益人本身，并不当然导致揭开信托面纱；而商业信托是否属于担保交易工具，本身亦不足以成为揭开信托面纱的适用条件或考虑因素。担保交易中的担保人（担保财产所有人）未必对担保财产有控制权，在担保财产脱离担保人控制的情形（如担保财产由担保权人控制或由第三人控制——此种方式在债券担保交易中尤为常见），适用揭开信托面纱更无正当理由。以商业信托交易属于担保交易为由揭开信托面纱，亦无判例支持。[5303]

3. 实质合并

实质合并为美国破产法的一项重要法则，[5304]其依据为《破产法典》

[5299] Robert B. Thompson, *Piercing the Corporate Veil: An Empirical Study*, 76 Cornell L. Rev. 1036, 1063(1991).

[5300] In re Eastmare Dev. Corp., 150 B. R. 495(D. Mass. 1993).

[5301] In re Carriage House, Inc., 120 B. R. 754, 766(Bankr. D. Vt. 1990). 该案中，涉案信托有两个受益人，法院驳回揭开信托面纱的请求。

[5302] James A. Florack & Martin I. Lubaroff, *Delaware Business Trusts*, 937 PLI/Corp. 371, 391-92(1996).

[5303] 该观点的论据为In re Secured Equipment Trust of Eastern Air Lines, Inc., 38 F. 3d 86(2nd Cir. 1994)一案(Id. at 392)。但该案中，涉案信托受益人有多人，且法院否定该信托属于商业信托的理由是该信托仅为保存信托财产（担保资产）而设立，而非为从事商业活动的目的而设立；信托交易属于担保交易这一事实，法院根本未予考虑。况且，判决结果仅是该信托不属于《破产法典》规定的商业信托，即不能成为适格破产主体，全未涉及揭开信托面纱、使委托人或受益人的债权人追索信托财产等问题。

[5304] 中文介绍，参见徐阳光：《论关联企业实质合并破产》，载《中外法学》2017年第3期。

第105条、第302条第b款。在实质合并中，不同实体的财产与债务被作为单一实体实施合并，被合并的财产构成一项单独的破产财产。[5305]实质合并不同于揭开公司面纱，实质合并不要求股东对其所设立公司之行为承担责任。[5306]对商业信托适用实质合并法则的效果，为否定商业信托的独立主体地位，将商业信托的资产与负债同破产委托人或受益人的资产与负债合并处理。即使商业信托设立时确实符合独立实体的要件，若嗣后发生可适用实质合并的情形，仍可对该信托适用实质合并。对商业信托适用实质合并的根据与条件，与其他组织相同。[5307]实质合并法则，系一种高度依赖于具体事实的法则，并无划一的规则内容，而需考虑个案的各种因素。根据判例法的归纳，主要包括下列因素：有无合并财务报表；各企业在利益与所有权上的一致；母公司与子公司之间贷款担保关系的存在；区分各自财产与债务的困难程度；各企业之间的财产转让是否缺少公司法规定的正式手续；企业经营中各实体之间财产的混同；在单个自然场所合并的收益。[5308]此外，揭开面纱法则中运用的“替身”分析法，时常被作为适用实质合并的考虑因素之一。[5309]

鉴于商业信托作为非公司企业的非要式性，并且鉴于实质合并为一种“极端的、非同寻常”的、[5310]仅在极例外情形[5311]始得适用的法则，对商业信托适用实质合并法则时，关于企业内部的程式要求不应套用公司法一般的严格标准。

三、我国法上的信托破产问题

我国现行破产法未涉及信托破产问题。2006年《企业破产法》的适用对象仅为企业法人，同年通过的新《合伙企业法》则规定合伙企业亦有破产能力（第92条）。商业信托具有信托财产独立性，受益人对信托债务

[5305] 关于实质合并的实证研究，参见William H. Widen, *Prevalence of Substantive Consolidation in Large Bankruptcies from 2000 to 2004: Preliminary Results*, 14 Am. Bankr. Inst. L. Rev. 47（2006）。

[5306] David G. Epstein et al., 1 *Bankruptcy* § 2-4（1992）.

[5307] James A. Florack & Martin I. Lubaroff, *Delaware Business Trusts*, 937 PLI/Corp. 371, 392（1996）.

[5308] Eastgroup Props. v. S. Motel Ass’n, Ltd., 935 F. 2d 245（11th Cir. 1991）.

[5309] William H. Widen, *Corporate Form and Substantive Consolidation*, 75 Geo. Wash. L. Rev. 237, 269-70（2007）; Mary E. Kors, *Altered Egos: Deciphering Substantive Consolidation*, 59 U. Pitt. L. Rev. 381（1998）.

[5310] In re Gandy, 299 F. 3d 489, 499（5th Cir. 2002）.

[5311] Eastgroup Props. v. S. Motel Ass’n, Ltd., 935 F. 2d 245, 248（11th Cir. 1991）.

不承担责任(有限责任),与企业法人类似,故有必要承认商业信托有破产能力。对于具有财产独立性、其成员仅负有限责任的组织形式(无论是否具有主体资格还是法人资格),如果不认可其破产能力,则其普通债权人将无公平受偿之机会,也不可能向其成员请求履行,而唯有通过个别的保全和强制执行程序"先下手为强",争取成为优先查封、扣押、冻结的债权人,方有足额受偿之可能,而这将取决于大量的偶然因素,且有悖于债权平等性原则。普通合伙这种成员负无限连带责任的组织形式,因合伙企业财产不足清偿时债权人仍可向其成员(合伙人)请求清偿,则赋予其破产能力的意义主要在于可适用破产撤销权和个别清偿无效等制度以保存合伙企业财产。出资人承担无限责任的组织尚且如此,承认商业信托可适用破产法,则更是债法和破产法原理上的必然。况且商业信托应有法人资格,承认其破产能力亦是顺理成章。美国法上州法与联邦破产法的商业信托定义差异问题,在我国并不存在;我国法仅需承认商业信托为企业法人,其破产法地位即迎刃而解。

一旦承认商业信托可适用破产法,则破产法适用情境中可用于保护债权人之措施,自得一体适用。虽然我国现行立法并未明确采纳实质合并规则,但事实上法院已有续造,[5312]并发展出功能类似的制度,诸如关联公司人格否认规则,[5313]此类规则对商业信托亦有类推适用之余地,尽管其要件可能与公司的情境有所区别。

[5312] 关联企业人格混同,致无法个别清算的,法院可将数个关联企业作为一个企业整体合并清算,通知各关联企业各自的全体债权人参加破产程序。称为"实质合并原则"。此为现行《企业破产法》未作明文规定的程序,系司法实践的创造,具有公平清偿债务、及时保障债权人利益等实益。合并破产,在我国司法实务中,已有多起案件。例如,闽发证券有限责任公司与北京辰达科技投资有限公司、上海元盛投资管理有限公司、上海全盛投资发展有限公司、深圳市天纪和源实业发展有限公司合并破产清算案,载《最高人民法院公报》2013年第11期;无锡市奥特钢管有限公司、无锡市沪通焊管有限公司合并破产清算案,载最高人民法院中国应用法学研究所编:《人民法院案例选》(2015年第2辑),人民法院出版社2016年版。

[5313] 最高人民法院发布的指导案例15号"徐工集团工程机械股份有限公司诉成都川交工贸有限责任公司等买卖合同纠纷案"创设了此项规则:"关联公司的人员、业务、财务等方面交叉或混同,导致各自财产无法区分,丧失独立人格的,构成人格混同;关联公司人格混同,严重损害债权人利益的,关联公司相互之间对外部债务承担连带责任。"《公司法》仅规定股东滥用有限责任时的"刺破公司面纱"或法人人格否认规则(第20条第3款),并不及于关联公司,因此,指导案例15号具有法律续造之性质。

第十六章　我国商业信托法立法构想

第一节　商业信托法的立法模式

一、商业信托法的独立化

回顾商业信托的生命周期，商业信托虽有普通信托之血脉，但其面貌与生存状态已与普通信托大相径庭。历数商业信托法诸项原则、规则与标准，可发现普通信托法的影响趋于减弱，商业信托法的独立性日益显著，甚至可以说，现代商业信托法的演化史，即为一个商业信托逐渐发现自我与发展自我之过程。在此过程中，商业信托法依外部环境与内在体质之变迁，自成风格与体系。在可预见的将来，商业信托法将在传承普通信托法优良基因之余，进一步吸收合同法、其他企业法之精华，而继续进化完善。商业信托单独立法，亦被证明有其优势：其一，商业信托法的规范日趋庞杂，难以容纳于普通信托法之中。其二，单独立法有助于更清晰地区分普通信托与商业信托，实现对不同质事项的更准确调整，此种准确调整依赖于民事实体法而非信托业法。[5314]其三，单独立法有助于在统一、完整的主旨下适用商业信托法，避免补充或类推适用普通信托法个别规定所造成的不确定性、不一致性与模糊性。其四，可以减省交易成本和监管成本。没有单独的商业信托立法，当事人不得不起草面面俱到、巨细无遗的商业信托文件。利害关系人查阅、了解商业信托文件的成本亦将增加。正如加拿大学者所指出的，在加拿大，缺乏专门的商业信托立法，实务中各个商业收入信托的信托文件中，许多信托条款是相似的或者基本相似的。如果一部制定法能够包含常用条款，将有助于显著减少商业信托文件的起草成本；此外，证券监管机构和证券交易所在处理商业收入信托的上市申请时，也需要审核信托文件，如果立法

[5314]　有论者认为，我国大陆可仿照我国台湾地区，在《信托法》外另行制定《信托业法》，如此既可促进民事信托的运营，又可强化对商事信托的规范。Stephen Tensmeyer, *Modernizing Chinese Trust Law*, 90 N. Y. U. L. Rev. 710, 742-43 (2015). 然而，信托业法系行业监管法（公法），不宜过多涉及民事关系，作为基本面的民商事信托法律关系，仍应由信托法或商业信托法调整。

对某些必要事项有所规定，将大大简化审核流程；交易相对人等其他利害关系人所面对的也将是一个简化后的信托文件。[5315]

随之而来的问题是，商业信托法与普通信托法的关系如何？普通信托法中还有多少原则与规则，可继续适用于商业信托？商业信托法是作为普通信托法的特别法，还是作为一部自洽的法律？

我国商业信托立法亦面临此问题。鉴于现行商业信托立法的分散立法特质具有较大的局限性以及《信托法》本身的不足，制定统一的商业信托基本法自有必要。本节将从梳理普通信托法入手，对商业信托法与普通信托法之关系进行总结，并着重探讨基本立法模式。

二、从逐条检视我国《信托法》看商业信托法独立立法的必要性和可能性

基于当代商业信托法的法理与经验，我国《信托法》的绝大部分规定不适于商业信托。以下对该法逐条作一检视，其中绝大多数条文已在本书前列各章述及，在此仅略作点评，以便提供一个全景式的扫描。

《信托法》第1章“总则”。第1条规定，本法的立法目的之一为“保护信托当事人的合法权益”。对于商业信托而言，商业信托应为独立企业组织，信托亦应列为保护对象。更重要的是，信托关系对债权人存在重大影响，信托法不可仅注重对当事人的保护而不注重对债权人的保护。[5316]此与其他企业法同理，故应将债权人保护列为立法目的之一。[5317]第2条关于信托的定义过狭，不足以涵盖当代诸多商业信托形态。第3条规定“委托人、受托人、受益人（以下统称信托当事人）在中华人民共和国境内进行民事、营业、公益信托活动，适用本法”，不适用于商业信托。第4条规定“受托人采取信托机构形式从事信托活动”，本应修改澄清，以消除体系矛盾。

[5315] Mark Gillen, *A Comparison of Business Income Trust Governance and Corporate Governance: Is There a Need for Legislation or Further Regulation?*, 51 McGill L. J. 327, 380-81（2006）.

[5316] 我国《信托法》关于债权人保护的规定，存在重大缺陷。第47条关于防止挥霍信托的规定，即为著例。该条容许信托文件限制受益权用于清偿债务，但未规定任何例外，容易导致信托文件任意限制受益权用于清偿债务，而损害受益人的债权人之权益。容许信托文件限制受益权用于清偿债务的规定，来源于美国普通信托法上的防止挥霍信托。但美国信托法对防止挥霍信托设有例外。例如，美国统一州法全国委员会起草的《统一信托法典》第503条第b款规定：“防止挥霍信托条款对下列人或请求不具有强制实施力：(1)获得法院判决或命令要求受益人提供扶养或接济的受益人的子女、配偶或前配偶；(2)为保护受益人在信托中的利益已提供服务的判决债权人；及(3)在本州制定法或者联邦法有此规定的范围内，本州或美国提出的请求。”

[5317] 我国《公司法》、2006年《合伙企业法》、1999年《个人独资企业法》均在第1条中将债权人保护列为立法目的之一。1997年《合伙企业法》第1条尚未提及债权人保护。

第5条为民法原则的复述，并非信托法特有规定，无实际意义。

第2章"信托的设立"。第6条关于信托目的须为合法的要求，亦为民法基本原则的复述，无特殊法律意义。第7条要求设立信托须有确定的信托财产，该要件不能适应商业信托的需求。第8条规定，设立信托应当采用书面形式；书面形式包括信托合同、遗嘱等；采取信托合同形式设立信托的，信托合同签订时，信托成立；采取其他书面形式设立信托的，受托人承诺信托时，信托成立。商业信托文件无采用遗嘱形式之余地；此外，如承认商业信托为法人，该种信托应自登记时成立，而不能自信托合同签订时或受托人承诺信托时起成立，且受托人的承诺本不应作为信托成立要件。[5318]第9条规定信托文件的必要记载事项，有悖于《合同法》以来逐步强化的合同内容自由原则，[5319]其中第4项要求信托文件载明"信托财产的范围、种类及状况"，更不符合商业信托的实际情况，因商业信托以营利为目的，信托财产不过是营利之工具，商业信托设立时甚至不存在信托财产，此项必要记载事项既非必要，亦不可行。第10条规定："设立信托，对于信托财产，有关法律、行政法规规定应当办理登记手续的，应当依法办理信托登记；未依照前款规定办理信托登记的，应当补办登记手续；不补办的，该信托不产生效力。"本条不能适用于商业信托。在商业信托环境中，不办理信托财产转移登记的，仅发生违反出资义务的后果，与商业信托是否生效无关；且商业信托成立或生效根本不应取决于设立时有无信托财产。第11条规定信托无效事由。现代法律对企业无效持严格限制的立场，不适用合同法或信托法上宽泛的无效规定，商业信托亦是如此。依我国法律体系，对于法人或非法人组织，也不存在"无效"一说。第12条规定债权人撤销权，缘于普通信托的无偿性，不适用于以有偿性为特性的商业信托。第13条关于遗嘱信托的规定，在商业信托法中无适用余地。

[5318]　以受托人承诺为信托成立要件，违背信托法原理。在遗嘱信托的情形，遗嘱生效时，信托财产即发生移转，信托应自此时起成立，否则，《信托法》第13条第2款关于遗嘱指定之人拒绝或者无能力担任受托人时的受托人选任规定即无法适用。学者已指出，《信托法》第8条第3款和第13条第2款之间相互矛盾。参见徐卫：《中国〈信托法〉逻辑自洽性的不足与修正》，载《北京理工大学学报（社会科学版）》2014年第5期，第142页。除此之外，适用《信托法》第8条第3款第2句还将导致继承法上难以收拾的局面：委托人死亡之后、受托人承诺信托之前，既然信托尚不成立，则遗嘱中所列的信托财产已经归属于继承人（成为继承人的共同共有财产），如此，不仅可能在此阶段被继承人所分割、从而背离遗嘱人之目的，而且将来如受托人承诺信托时，如何解释该财产又能变动为信托财产？

[5319]　1999年《合同法》第12条第1款列举了八项常用合同条款，但不将其定位为必备条款，改变此前法律的立场（例如，1993年《经济合同法》第12条）。2007年《物权法》第185条第2款、第210条第2款将《担保法》第39条、第65条所规定的抵押合同、质押合同必备条款改为任意条款，进一步扩张了内容自由。

第3章“信托财产”。第14条第1款、第2款规定:“受托人因承诺信托而取得的财产是信托财产。受托人因信托财产的管理运用、处分或者其他情形而取得的财产,也归入信托财产。”商业信托应为独立主体,受益人的出资,应由商业信托而非受托人取得。同条第3款、第4款规定:“法律、行政法规禁止流通的财产,不得作为信托财产。法律、行政法规限制流通的财产,依法经有关主管部门批准后,可以作为信托财产。”受益人向商业信托缴纳出资,须将相应的财产转让于商业信托,禁止流通财产、未除去限制的限制流通财产,因不具有可转让性而不能成为出资——依民法的一般原则即可得出上述结论,无须特设规定。第15条规定信托财产的独立性,但对信托财产区别于委托人财产规定得不够彻底,不能适应商业信托之需。第16条规定信托财产不属于受托人的固有财产,对于信托财产由受托人持有的普通信托有其意义,但商业信托财产一般由商业信托以自己名义持有,不发生混同问题;即使商业信托财产以受托人名义持有,亦与以商业信托名义持有具有同等效力,即该财产仍属于商业信托财产,因此本条规定对商业信托意义甚微。第17条规定禁止执行信托财产及其例外。商业信托既应为独立主体,其财产只能用于清偿商业信托的债务,为当然之法理,无须明文,因此只要明文认可商业信托的主体资格,本条第1款的一般规则及规定例外的第2、3项对商业信托无特殊意义。本条第1款第1项规定“设立信托前债权人已对该信托财产享有优先受偿的权利,并依法行使该权利的”,仅为物权效力的复述,并无新的规范内容。本条第1款第2项规定“受托人处理信托事务所产生债务,债权人要求清偿该债务的”,可以强制执行信托财产。商业信托为独立主体且为商业信托财产的权利人,执行异议权自然属于商业信托,而非委托人、受益人、受托人;受托人虽可提出异议,不过是以商业信托名义、代表商业信托行事,并非独立的异议权主体。委托人、受益人对商业信托财产本无权利,亦非商业信托的代表人,不应享有异议权,且授予受益人异议权将使受益人可轻易越过商业信托而提出主张,干扰信托运营。第18条第1款规定:“受托人管理运用、处分信托财产所产生的债权,不得与其固有财产产生的债务相抵销。”按照债法的一般规则,抵销应适用于互负债务、互享债权的当事人。商业信托应为独立主体,债权人对商业信托的债权,仅可与该债权人对该商业信托所负债务抵销,而不能与其他人(包括受托人)的债务抵销,因此商业信托如被认可为法人,无须适用本款。同理,商业信托亦无须适用同条第2款(“受托人管理运用、处分不同委托人的信托财产所产生的债权债务,不得相互抵销”)。况且,本条将“不同委托人”作为标准,不能适用于集合不同委托人之财产而从事营业的商业信托。

第4章“信托当事人”。第1节“委托人”。第19条关于委托人资格的规定，部分是对民法一般规则的复述，部分是明示委托人的主体资格。委托人所为信托设立行为属于法律行为，与民法的一般规则无异，信托法无须明文；而且，无行为能力人或限制行为能力人原本可由代理人代为法律行为，本条反而设置了额外障碍，并无正当理由。但为避免特别法或下位法对委托人资格滥设限制，仍有必要明文规定商业信托委托人可以为自然人、法人或非法人组织。第20~23条大量规定委托人的权利，不符合商业信托的性质、功能与需求。

第2节“受托人”。第24条规定受托人的资格，未提及非法人组织可为受托人，并且容许其他法律与行政法规限制受托人资格，缺乏正当性，片面强调安全而忽视效率，且易生其他弊端，有悖于商业组织法一般法理。

第25~37条涉及受托人义务、权利与责任。第25条关于受托人义务的一般规定过于抽象，且不尽确切，同时将“谨慎”作为受托人的基本义务之一，不适合以营利为目的的商业信托。第26条规定禁止受托人利用信托财产为自己谋利，却未禁止受托人利用受托人之地位谋取私利、受托人通过关联人谋利或为第三人谋利，范围过于狭窄，即使对于普通信托而言亦不妥当，商业信托法应另设规则。第27条规定禁止受托人将信托财产转为固有财产，适用于商业信托法。第28条规定要求自己交易兼备程序要件与实质要件方为有效，适于普通信托，但不宜为商业信托法采纳。第29条规定受托人区分信托财产之义务，不能完全适用于作为独立主体的商业信托。第30条规定受托人亲自管理信托之义务及其例外。本条规定过于严格，不适合于商业信托，况且在普通信托法上亦已过时。第31条规定共同受托人的定义、共同管理信托原则及共同受托人意见不一致时的处理规则。其中共同受托人的定义过于简单（同一信托的受托人有两个以上的，为共同受托人），几乎等于未定义，可有可无。共同管理原则、共同受托人意见不一致的处理规则不适合于商业信托，且该款将共同受托人意见不一致时的最终决定权授予委托人、受益人或其利害关系人，本身即极为不妥。第32条第1款第1句规定，共同受托人处理信托事务对第三人所负债务，须由共同受托人负连带责任。对于商业信托而言，共同受托人管理信托所生债务仍为商业信托的债务，应由商业信托负责。该款第2句规定“第三人对共同受托人之一所作的意思表示，对其他受托人同样有效”，商业信托如为独立主体，第三人对受托人（无论单独受托人还是共同受托人）所作的意思表示，均对商业信托发生法律效力，[5320]因此该句规定不适用于商业信托。同条第2款规定，受托人对其他共同受托人违反信托义务行为负连带责任，过于苛刻，且不具有可行性，在普通信托法中亦属不当。第33条规定，受托人的信托记录保存义务、信息报告义务、保密义务，但规定过于粗略，亦未充分考虑商业信托的特殊情形与特殊需求，不能完全适用于商业信托。第34条规定“受托人以信托财产为限向受益人承担支付信托利益的义务”。商业信托法的规则有异：商业信托存续时，商业信托作为企业，仅容许受益人分配商业信托的利润，无利润时受托人无分配义务，换言之，受托人是以商业信托利润为限（且该利润已列入分配）对受益人负有支付信托利益的义务；商业信托解散时，受托人方以信托财产为限对受益人负有支付信托利益的义务。

第35条规定受托人报酬。本条第1款默认规定受托人无权收取报酬，不适合于商业信托。第2款规定“约定的报酬经信托当事人协商同意，可以增减其数额”，商业信托受益人对包括受托人报酬在内的信托管理事项的意思表示，采用集体决策、多数表决形式，“协商同意”规则一般不适合于商业信托，并且本条所称当事人包括委托人在内，商业信托法不宜默认授予委托人此种实质性的权利。第36条规定“受托人违反信托目的处分信托财产或者因违背管理职责、处理信托事务不当致使信托财产受到损失的，在未恢复信托财产的原状或者未予赔偿前，不得请求给付报酬”，可适用于商业信托，但无须在商业信托法中作出规定，因为依据合同法的同时履行抗辩权，足以解决本条规定所欲解决的问题。[5321]

第37条第1款第1句规定“受托人因处理信托事务所支出的费用、对第三人所负债务，以信托财产承担”。商业信托为独立主体，信托债务自然由商业信托承担，对此，商业信托法关于确认商业信托主体地位的规则更为明确。同款第2句概括性地赋予受托人对信托财产的优先受偿权，缺乏法理依据与正当理由。同条第2款规定：“受托人违背管理职责或者处理信托事务不当对第三人所负债务或者自己所受到的损失，以其固有财产承担。”该款规定若适用于商业信托，将有损交易安全：受托人职责规定于不对外公开的信托文件之中，善意第三人因信赖商业信托的资信而与其交易，结果却因受托人违反职责而丧失向商业信托请求履行债务的权利，

[5320] 除非受托人越权且第三人不受表见代表之类规则保护。

[5321] 普通信托法仍有必要作此规定，因为普通信托未必皆为合同关系，同时履行抗辩权无法适用于遗嘱信托等非合同信托。

若受托人无足够资力，第三人将成为最无辜的受害者，亦为最不能以较低成本避免损害的受害者。本款关于债务负担的规定背离了代理法、合同法、信托法、组织法处理与第三人交易的一般原则，适用于商业组织尤为不妥。即使在普通信托法上，亦仅可理解为信托关系内部的责任承担规则，不影响第三人对受托人的请求权。

第38~42条规定受托人职位。第38条第1款规定受托人辞任须经委托人与受益人同意。由委托人共掌同意受托人辞任的大权，不符商业信托委托人的应有地位，且要求辞任须经受益人同意，在受益人众多的信托中，易发生个别受益人拒不同意受托人辞任而损害整体利益的弊端。本条第2款规定"受托人辞任的，在新受托人选出前仍应履行管理信托事务的职责"，可适用于商业信托。第39条规定受托人职责终止事由及继承人、清算人等的善后处理义务，可适用于商业信托。第40条第1款规定新受托人的选任，授予委托人选任权（且优先于受益人选任权），不适合商业信托特性。第2款规定"原受托人处理信托事务的权利和义务，由新受托人承继"，可适用于商业信托。第41条第1款规定受托人职责终止时的报告与移交义务，可适用于商业信托；第2款赋予委托人对受托人报告的认可权，与商业信托特性不符。第42条规定"共同受托人之一职责终止的，信托财产由其他受托人管理和处分"，不完全适合于商业信托，如在证券投资基金中，托管人职责终止的，不能由基金管理人接替其职务。

第3节"受益人"。第43条规定受益人的定义与资格。第1款的受益人定义，与商业信托受益人的定义无实质区别。第2款规定"委托人可以是受益人，也可以是同一信托的唯一受益人"，可适用于商业信托。第3款规定"受托人可以是受益人，但不得是同一信托的唯一受益人"，部分包含了英美法上的混同规则。商业信托法不适用混同规则，即使商业信托设立时受托人与受益人为同一人，亦不影响商业信托的效力或存续。第44条规定受益权的取得：受益人自信托生效之日起享有受益权。普通信托受益权的取得，无须受益人同意或为其他行为。商业信托受益权的取得须由受益人经由受益权认购合同、商业信托设立协议等作出意思表示，并非自商业信托设立之日起自动享有受益权，故不适用本条规定。第45条规定："共同受益人按照信托文件的规定享受信托利益。信托文件对信托利益的分配比例或者分配方法未作规定的，各受益人按照均等的比例享受信托利益。"商业信托受益人依受益权比例分配收益，不宜按均等比例分享。第46条规定受益权放弃："受益人可以放弃信托受益权。全体受益人放弃信托受益权的，信托终止。部分受益人放弃信托受益权的，被放弃的信托受益权按下列顺序确定归属：（一）信托文件规定的人；（二）其他受益人；（三）委托人或者其继承人。”商业信托受益人放弃受益权的，除商业信托文件另有订定外，商业信托应注销该受益权，而非转送其他受益人，更不能归属于委托人。第47条规定防止挥霍信托。仅普通信托中可设定防止挥霍信托条款，商业信托文件不得含有防止挥霍信托条款，故本条不可适用于商业信托。第48条规定信托文件可限制受益权转让或继承，商业信托亦然，但在信托文件限制受益权转让的情形，有必要特别顾及债权人的保护，需另设规则。

第49条第1款第1句规定受益人可行使本法第20~23条所定权利。第20条规定知情权，但对知情权未作必要限制，不适合于商业信托。第21条规定情势变更时调整信托财产管理方法的权利，不能适用于商业信托：首先，情势变更规则与组织法不合，破坏了组织固有的“自力治理”机制；其次，此种权利与商业信托性质不符，容易导致个别受益人不当操控、要挟受托人决策的情形，以致其他受益人利益受损；最后，何谓“未能预见的特别事由，致使信托财产的管理方法不利于实现信托目的或者不符合受益人的利益”，为高度不确定的事由，易遭滥用，加剧弊病。是否授予受益人指示受托人调整管理方法的权利，应完全由商业信托文件自定，不宜以法律形式设置默认规则。第22条规定对受托人违反信托义务行为的救济，包括追踪权；第49条第2款规定，经共同受益人之一的申请，法院撤销处分行为的裁定，[5322]对全体共同受益人有效。商业信托应为独立主体，受托人直接对商业信托负有信义义务，故受托人违反信义义务时，是商业信托（而非受益人）有权追究其责任；受益人仅在商业信托未能主张救济之时，始有权以派生诉讼形式代行商业信托的权利。第22条所定撤销权、恢复原状请求权、损害赔偿请求权、返还财产请求权，均应由商业信托享有，故商业信托法规则与此不同。第23条规定受托人的解任。本条规定对受托人解任设有较为严格的条件，适合于普通信托而不适合于商业信托。第49条第1款第2句规定“受益人行使上述权利，与委托人意见不一致时，可以申请人民法院作出裁定”。该句规定赋予委托人可与受益人相抗的重大权利，与商业信托的特性不符。

第5章“信托的变更与终止”。第50条规定，作为唯一受益人的委托人

[5322] 此处称“裁定”，有误。撤销处分行为之诉，系形成之诉，法院应作成实体判断，应用判决而非裁定。

有权解除信托。该规定不能满足商业信托资产分隔的要求，且主体的消灭称为“终止”，而无所谓“解除”。第51条规定委托人变更受益人、处分信托受益权及解除信托的权限，其法理基础根植于普通信托的无偿性，不适用于商业信托。第52条规定：“信托不因委托人或者受托人的死亡、丧失民事行为能力、依法解散、被依法撤销或者被宣告破产而终止，也不因受托人的辞任而终止。但本法另有规定或者信托文件另有规定的除外。”本条虽确认了信托的独立性，但不够彻底（容许本法其他规定排除本条的适用），从而为第53条规定过于宽泛的终止事由遗留空间。同时，第53条未明文规定信托终止的程序。第52条和第53条不利于保障商业信托的稳定性与营运价值。第54条规定信托终止时信托财产的归属，归属顺序为：信托文件规定的人；受益人或者其继承人；委托人或者其继承人。商业信托终止时的财产归属，适用企业法的一般原则，即商业信托清算后的剩余财产，分配于受益人或者其继承人，受益人无继承人的，按关于绝产的继承法律规定处理，[5323]并无复归于委托人之理。第55条规定：“依照前条规定，信托财产的归属确定后，在该信托财产转移给权利归属人的过程中，信托视为存续，权利归属人视为受益人。”依照本条规定，普通信托财产最终分配在信托终止之后进行。商业信托不适用上述规则，而适用企业法的一般规则：剩余财产的分配在清算阶段进行，至清算完成、剩余财产分配完毕后，商业信托始告终止。第56条规定：“信托终止后，法院依据本法第十七条的规定对原信托财产进行强制执行的，以权利归属人为被执行人。”据此，普通信托可在信托财产清偿债务（包括税款）之前终止。此种规则不利于对信托债权人的保护。商业信托法适用企业法的一般规则，在清算完毕、清偿全部债务之后方可终止，不存在终止后再执行信托财产的问题。第57条规定，受托人在信托终止后主张报酬请求权与补偿请求权时，可留置信托财产或对信托财产权利归属人提出请求。商业信托受托人的报酬请求权及补偿请求权，与第三人的债权同属于商业信托的债权，应在清算之时、终止之前受偿，不存在受托人留置信托财产或向剩余财产归属人提出请求之余地。第58条规定，信托终止后受托人的清算报告义务及受益人或信托财产权利归属人对清算报告的异议权。商业信托法适用企业法的一般规则，受托人须在商业信托终止前完成清算，受益人对清算报告亦无异议权。受托人只要按照法定要求完成清算，即不对任

[5323] 依《继承法》第32条、《民法典》第1160条的规定，无人继承又无人受遗赠的遗产，原则上归国家所有。

何人承担责任。受益人若认为受托人违反义务，可起诉解决。

第6章“公益信托”，当然不适用于商业信托。第7章“附则”规定施行日期。

由上可见，现行《信托法》可适用于商业信托的规定寥寥无几。[5324]在此情况下，将《信托法》作为商业信托的补充适用法，不仅欠缺实际意义，且易生混淆。对于《信托法》与商业信托法均有规定、商业信托法的规定明显不同于《信托法》规定的事项以及商业信托法有规定、《信托法》无规定的事项，尚不致引发大问题；对于商业信托法无规定、《信托法》有规定的事项，则容易在立法、司法上引发一系列问题。在立法上，势必需设置大量的准用或参引规范，人为增加适用上的不便以及错误风险。[5325]在司法上，则需作慎重的目的解释，以准确决定《信托法》规定是否适用于商业信托。目的解释之所在，即高度不确定性之所在。解释成本，不仅包括法院、仲裁机构、当事人进行解释所需付出的人力、物力、时间，亦包括错误解释的危险、各法院或仲裁机构解释不一致的风险，以及市场主体为应对上述成本与风险所付出的现实成本与潜在成本。此类解释成本，只需断开《信托法》与商业信托法的链接即可基本避免，而断开链接所需的工作，不过是将《信托法》中可适用于商业信托的为数极少之规定纳入商业信托法。断开链接，仅是将关于商业信托组织法之立法规范归入一部完整、自足的法典，并非意味着商业信托法与普通信托法从此割断血缘、老死不相往来，若商业信托法规定不敷适用，商业信托制定法自可修正，法院或仲裁机构解释适用时亦可参酌普通信托法，而在商业信托法体系下充实完善商业信托案例法。独立立法对于此类工作并无妨碍。

以无害的重复规定工作避免误用解释之巨大成本与风险，并减少交

[5324]《信托法》的上述不适应症，不单是该法本身不完善所致，即使该法已修正得如同英美信托法一般大体完备，问题依然无法解决，根本原因在于普通信托法本身不适合于商业信托之故。即使逐条检视美国的《统一信托法典》或《信托法重述》之类较为完善的信托法文本，亦可发现真正适合商业信托的规范，实是少之又少。本书此前各章对《统一信托法典》《信托法重述》的主要规范已有论述，在此不再集中检视。

[5325] 这方面的一个反例，参见日本《投资信托与投资法人法》第6条第7项、第17条第9项、第18条第2项、第50条第4项，分别罗列日本2006年《信托法》中可准用于及不可准用于投资信托的条文，烦冗复杂，适用不便。例如，第6条第7项第1句规定：“《信托法》第八章（第185条、第187条、第192条、第195条第2项、第200条第2项、第202条第4项、第206条、第207条、第209条、第210条、第212条、第214条及第215条除外）之规定，准用于委托人指定型投资信托。”第17条第9项第1句规定：“《信托法》第110条、第111条、第112条第2项、第114条、第115条第2项、第116条第1项与第2项、第117条、第120条及第121条的规定，准用于投资信托委托公司进行书面决议的情形。”

叉参引法条之麻烦，是更优的立法选择。这一点，业已为有限合伙的立法实践所证明。

三、旁证：有限合伙法的"断开链接"与独立立法

有限合伙法的最新发展，为独立立法模式提供一个绝佳证据。源于普通合伙的有限合伙，在自身尚不发达的时代，于适用有限合伙法之同时，补充适用普通合伙法。以美国法为例。美国统一州法全国委员会1976年制定、1985年修正的《统一有限合伙法》规定："本法未定事项，适用《统一合伙法》规定。"[5326]1914年《统一合伙法》规定：本法适用于有限合伙，但与关于有限合伙之制定法抵触者除外。[5327]《统一有限合伙法》在具体事项上又规定："……有限合伙中的普通合伙人享有普通合伙人的权利与权限，并受普通合伙中合伙人限制性条件的约束……有限合伙中的普通合伙人对该有限合伙及其他合伙人以外之人负有普通合伙中的合伙人之责任。"[5328]该法对普通合伙人的权利、权限、限制与责任未作完整规定，因此须适用普通合伙法。又如，《特拉华州修订统一有限合伙法》未明文规定普通合伙人的信义义务，因链接于普通合伙法而适用《特拉华州统一合伙法》的相应规定。[5329]

上述立法模式即为"链接"(linked)模式。然而，链接是一个令人困惑、尴尬的问题，原因之一为，认定有限合伙法对某一问题是否"另有规定"，通常颇为困难；类似地，认定有限合伙法对某一问题"未作规定"，往往也并非确定无疑；再者，认定普通合伙法与有限合伙法"不一致"，在某些案件中是一个挑战。[5330]链接模式在适用上不能令人满意，因为将有限合伙法链接于普通合伙法的后果往往不明确，以致时常出现"同一问题，相反结论"的判例。[5331]而且在许多情况下，有限合伙所涉关系根本不同于普通合伙，普通合伙法中表面上与有限合伙法不相抵触的规定，实际上

[5326] Revised Uniform Limited Partnership Act § 1105(1985).

[5327] Uniform Partnership Act § 6(2)(1914).

[5328] Revised Uniform Limited Partnership Act § 403(1985).

[5329] Del. Code Ann. tit. 6, § 17-1105.

[5330] Elizabeth S. Miller, *Linkage and Delinkage: A Funny Thing Happened to Limited Partnerships When The Revised Uniform Partnership Act Came Along*, 37 Suffolk U. L. Rev. 891, 899(2004).

[5331] Uniform Limited Partnership Act, Prefatory Note(2001)[引用Frye v. Manacare Ltd., 431 So. 2d 181(Fla. Dist. Ct. App. 1983); Porter v. Barnhouse, 354 N. W. 2d 227(Iowa 1984); Baltzell-Wolfe Agencies, Inc. v. Car Wash Investments No. 1, Ltd., 389 N. E. 2d 517(Ohio App. 1978)].

不适合于有限合伙。[5332]因此，真正要准确判定普通合伙法与有限合伙法是否抵触，须彻底审视有限合伙的特性、功能与需求以及普通合伙法、有限合伙法相关规定的立法目的。如此广阔的解释空间，不仅蕴藏着巨大的错误风险，而且必然导致争议解决过程延误与解释成本耗费。更危险的潜在后果是，法律解释与适用的不确定性会产生或扩大诱发机会主义行为之风险：在交易中遭受不利的一方或多方当事人会倾向于寻求在可能产生解释误差的法律领域，启动争讼，以谋取利益。关于将普通合伙法适用于有限合伙的诸多判例证明，链接模式不是一个理想的模式。[5333]美国诸多判例表明，链接模式的总体后果是既缺乏可预测性，又缺乏一致性；而且，尽管迄今尚无极多的判例涉及链接问题，但通过将普通合伙法与有限合伙法进行对比即可发现，在大量领域内皆有可能发生问题。[5334]

1997年《统一合伙法》修订时对上述弊端已有所认识，但未能完全解决问题。该法明确表示，普通合伙法是否适用于有限合伙，不再由《统一合伙法》本身决定。为此，该法定义的合伙，不再包括有限合伙，同时删除第6条第2款关于该法补充适用于有限合伙之规定。[5335]但是，该法无意通过上述修订对普通合伙法与有限合伙法的关系进行实质性变动，[5336]而是将链接问题留待日后再行详细考虑。[5337]

《统一有限合伙法》修订过程中，上述问题得到更为充分的研究与关注。1995年即有学者论证了制定综合性的、独立于普通合伙法的有限合伙法之必要性。该项研究发现，随着现代有限合伙法的发展，“有限合伙法与普通合伙法的联系已不再清晰，两者在实质性内容上已不再适

[5332] Uniform Limited Partnership Act, Prefatory Note (2001).

[5333] Elizabeth S. Miller, *Linkage and Delinkage: A Funny Thing Happened to Limited Partnerships When The Revised Uniform Partnership Act Came Along*, 37 Suffolk U. L. Rev. 891, 899 (2004). 该文例示了判例在若干问题上的分歧。例如，有限合伙法规定了有限合伙的各种解散事由，此类解散事由是否是穷尽性的？有限合伙是否还适用普通合伙法规定的其他解散事由？对此问题，判例多有分歧。Id. at 901. 该文例示的案型还包括剩余利润分配权、合伙人信义义务、债务负担令等。Id. at 899-902.

[5334] Id. at 902; Larry E. Ribstein, *Linking Statutory Forms*, 58 Law & Contemp. Probs. 187, 190-200 (1995).

[5335] Revised Uniform Partnership Act, Prefatory Note (1997).

[5336] 由于《统一有限合伙法》已经明确规定普通合伙法补充适用于有限合伙，《统一合伙法》已无须明确规定两者的链接。Revised Uniform Partnership Act, Prefatory Note (1997).

[5337] Revised Uniform Partnership Act, Prefatory Note (1997).

应”。[5338]非公司企业法权威学者理博斯坦教授的研究亦认为，尽管链接模式长久以来一直是商业组织法的一个特征，但此种模式混淆了可适用的法律，且可能导致将不适当的规则适用于被链接的企业形式。[5339]

链接问题成为新《统一有限合伙法》起草委员会首先考虑的主要问题。[5340]起草委员会研究后认为，一部独立的立法可增进效率、增强清晰度、增强包容性，断开链接模式具有诸多实质性优势。首先，以一部单一的、完全包含型的制定法提供足以调整有限合伙各种事项的充分的法律渊源，便利性更强；其次，排除了“某一事项是单纯适用有限合伙法还是须参照普通合伙法”这类问题上所产生或可能产生的混淆；最后，为判例法的将来发展提供合理的基础，终结了将关于普通合伙中合伙人与有限合伙中普通合伙人之判例自动链接起来的做法。[5341]

反之，如果继续沿用链接模式，起草委员会须考虑下列问题：第一，对《统一合伙法》每一条规定进行考虑，以决定该条规定是否涉及《统一有限合伙法》规定的事项。第二，对某一事项，《统一合伙法》已有规定而《统一有限合伙法》未规定的，须考虑《统一合伙法》规定是否适合于有限合伙；第三，对于《统一合伙法》与《统一有限合伙法》均有规定的事项，须考虑何种规则是对于有限合伙而言更优的规则。[5342]但是，至少有两个原因，决定上述方法不可能取得满意的结果：“第一，无论起草委员会对上述问题的分析如何彻底，也无法保证法院与实务从业者会对上述问题得出同样的、一致的结论。因此，至少在某些情况下，链接模式将会导致模糊性。第二，起草委员会也无法保证：现在是适当的链接，在将来也能保持适当。法院解释与适用《统一合伙法》，是在普通合伙的环境中进行的，此类解释对有限合伙完全可能是无意义的，因为《统一合伙法》的主要调整对象是小型的、通常也是非正式的合伙，此与《统一有限合伙法》调整的现代有限合伙所涉及的关系存在根本区别。”[5343]因此，适用《统一合伙法》规定可能导致不适当的、甚至完全错误的结果。

[5338] Allan W. Vestal, *A Comprehensive Uniform Limited Partnership Act? The Time Has Come*, 28 U. C. Davis L. Rev. 1195, 1196(1995).

[5339] Larry E. Ribstein, *Linking Statutory Forms*, 58 Law & Contemp. Probs. 187(1995).

[5340] Uniform Limited Partnership Act, Prefatory Note(2001).

[5341] Uniform Limited Partnership Act, Prefatory Note(2001).

[5342] Uniform Limited Partnership Act, Prefatory Note(2001).

[5343] Uniform Limited Partnership Act, Prefatory Note(2001).

基于上述原因，2001年《统一有限合伙法》最终采用断开链接模式，该法成为一部独立适用的有限合伙法，全面覆盖有限合伙各种事项，不再援引普通合伙法。[5344]

无独有偶，普通合伙法的准用或类推适用问题，在其他法域同样存在。大陆法系民法上的隐名合伙，也是一种与合伙并立的形态。我国台湾地区"民法"规定合伙与隐名合伙，并规定隐名合伙一节未定事项，准用关于合伙的规定（第701条）。学者指出，关于合伙的条文共计32条，其核心制度在于合伙的团体性，上述条文适用于隐名合伙者，不仅条文极其有限，且并非合伙的核心部分，因此，解释第701条这一准用条文时，应本着谦抑之态度，以目的论限缩之立场，作为筛选定论的依据；但具体而论，哪些条文可予准用、哪些条文不应准用，颇有分歧。[5345]

相比于普通合伙与有限合伙之间的裂痕，普通信托与商业信托之间的断层更大。普通合伙与有限合伙尽管差异显著，仍不失其同为商业组织的共性；普通信托与商业信托则可谓分处两个世界——一为无偿让与，一为商业交易，性相异，习相远。信托法独有而合伙法所无的另一问题为，普通信托法由两部分构成：一为信托法自身所含规范，二为遗嘱法、赠与法中可适用于无偿信托之规范。如将商业信托法链接于普通信托法，将导致遗嘱法与赠与法亦一并被接入商业信托法。虽然从目的解释角度而言，以有偿合同法制作为兜底适用法，方为正确之道，但欲确保实务从业者始终就此问题作出统一的解释，几无可能。差异较小的普通合伙与有限合伙法尚且有必要断开链接，举轻以明重，差异更大的普通信托法与商业信托法更有理由断开链接、分别立法。

四、商业信托法独立立法后与信托法余部之关系

商业信托法独立立法之后，《信托法》与《商业信托法》已非一般法与特别法之关系，而是两法并行，同时构成民事特别法（相对于民法典而言）。这也对应于信托三大类型的并行关系：商业信托和公益信托各有较明确的定义，普通信托则可成为商业信托和公益信托之外的剩余性概念，即为营利目的和公益目的之外目的而设立的信托。但各种信托毕竟存在

[5344] 此外，《统一有限合伙法》将有限合伙定义为"合伙"，2001年《统一有限合伙法》则将有限合伙定义为"实体"，由此更有助于避免将普通合伙法适用于有限合伙法。2001年法亦广泛扩展了有限合伙协议界定普通合伙人权利义务的自治空间，实际上为有限合伙协议排除普通合伙法的适用创造了充分机会。

[5345] 邱聪智：《新订债法各论》（下），中国人民大学出版社2006年版，第127页。

若干法理上的共通性，此种共通性不因立法模式上的分别处理而彻底断绝。基于信托法一般原理而发展出来的裁判规则和学说见解，经充分检视后，非无同步应用于信托法和商业信托法的可能。至于《信托法》在法律体系中的位置如何安排，与《商业信托法》已无甚干系。附带提及的是，《信托法》当前处于民事特别法的位置，但在法典法语境下，其理想的位置则应是内化于民法典之中。

第二节　商业信托法的规范构造

一、体例结构

在独立立法模式下，有充足的空间安排商业信托法的各项制度，而不必受限于《信托法》的体例。就体例而言，商业信托法更近于公司法、合伙企业法等企业组织法。参考现行《公司法》和《合伙企业法》的体例，商业信托法可作如下设计：

第一章　总则

第二章　商业信托设立

第三章　商业信托合同

第四章　商业信托受益人

第五章　商业信托受托人与其他管理人

第六章　商业信托合并、分立与改组

第七章　商业信托解散与清算

第八章　系列商业信托的特别规定

第九章　附则

第一章总则，规定立法目的、商业信托的定义、财产独立和有限责任等基础性事项。从第二章商业信托设立到第七章商业信托解散与清算，是按照商业信托法律关系的发生、内容、变更和消灭安排章节。商业信托合同为决定商业信托法律关系的主要依据，列于第三章。受益人和受托人是商业信托合同的当事人，并组成商业信托组织机构，其权利义务规定于第四章、第五章。商业信托合并、分立、改组、解散，是商业信托本身的变动，列于其后。系列商业信托，是商业信托的一种特殊形态，在财产独立和责任承担、受益人受托人关系、系列解散和清算等方面有其特殊规则，列于实体规定的最后一章较为适当。最后一章为附则，规定过渡事项和法律施行日期。对外国商业信托的管理和过渡规定，可以纳入附则。

依照外国法律成立的商业信托在中国境内从事经营活动或者合并、改组等活动，可参照外国公司相关规定。新法施行前已设立的各类商业信托，可以依照新法规定登记为商业信托。

二、商业信托法的基础规范

（一）总则

依我国立法成例，总则一章主要规定立法目的、调整范围、基本原则等全法的基础性规范。立法目的开宗明义，奠定基调。但凡组织法的根本宗旨，无非两端：组织及其成员的保护，以及债权人的保护。组织一经成立，即发生种种内部关系和外部关系，其所涉的主要利害关系人即成员和债权人。《信托法》第1条虑不及此，仅言及信托当事人保护而未提及债权人，且关于债权人保护的具体规定多有缺失，是其不足。商业信托法的立法目的更宜遵从《公司法》《合伙企业法》《个人独资企业法》第1条之立法成例，而强调对成员及债权人的公允保护。

商业信托法的调整范围，实即对商业信托的界定。商业信托可定义为：按照商业信托合同，为现有或者将来受益人的利益或者商业信托合同约定的其他目的，由受托人或者商业信托合同约定的其他人从事经营活动或者从事持有、管理财产等活动并依法登记的组织。此项定义，既强调商业信托的典型特征（为受益人利益、从事经营活动），又为非典型的商业信托预留空间（为其他目的，从事非经营活动），一方面区别于《信托法》的调整对象，另一方面避免因信托类型模糊区间的判断困难性而影响法律适用，防止因机械司法而窒碍新型信托的运用。判断上的关键点，在于是否依本法登记为商业信托。商业信托适用本法，不适用《信托法》。商业信托以外的信托，适用《信托法》，不适用本法；其中以营利为目的但未经登记的信托，某些内部关系事项（如受托人的某些权利义务）可类推适用本法规定，外部关系事项（如法人资格）不可类推适用本法规定，但本法中更有利于第三人且不以登记为前提的规定（例如受益权用于清偿债务）除外，以免实质上的商业信托借不登记而逃避适用有利于第三人的规定。

某些特殊类型的商业信托，同时受《证券投资基金法》等其他法律规范。此类法律，与本法之间属于特别法和普通法的关系，总则中规定特别法优先适用的原则，即其他法律无规定的事项，适用本法规定。

商业信托应有法人资格，并且实际上已经以独立主体身份实施法律行为。故有必要在总则中明文规定商业信托具有法人资格。法人应设法定代表人。可规定受托人是商业信托的法定代表人。受托人为法人或者非法人组织的，由其委派的人担任商业信托的法定代表人。法人以其财产独立承担民事责任，是法人的应有之义，本无须另设具体规定。但在信托的情形，为顾及受托人以自己名义持有信托财产的信托实践，有必要特别规定以受托人名义占有、登记商业信托财产，与商业信托以自己名义占有、登记商业信托财产具有同等效力。而无论以何人名义占有、登记，商业信托财产均属于商业信托，不属于受益人、受托人或者其他人。同时，鉴于《信托法》为受益人设有追踪权，一旦承认商业信托的主体资格，此项追踪权易被误解为受益人对于特定的信托财产享有类似于物上请求权的物权性权益，而与商业信托实践相抵触，故应明文规定，除商业信托合同另有约定外，受益人对特定的商业信托财产不享有权益。

与商业信托的法人资格相联系，商业信托受益人的有限责任，可设明文。受益人以其认缴的出资额为限对商业信托债务承担责任。受益人有限责任系任意规范，可通过商业信托合同中的特约放弃此项保护，正如证券投资基金的实践所示。[5346]此外，商业信托不存在公司法上的注册资本制度，其内部管理的灵活性亦远胜于公司制度，故为避免将公司人格否认制度中的资产不足、违反管理程式等判断因素误用于商业信托，可以规定，商业信托资产不足或者商业信托的行为未遵循特定程序或者形式，不构成受益人或者受托人以固有财产对商业信托债务承担责任的理由。

商业信托的典型目的是营利目的，但为顾及非典型商业信托，也可以规定，除商业信托合同另有限定外，商业信托可以具有不违反法律强制规定的任何目的，包括单纯占有、登记或者取得财产。

鉴于涉证券类商业信托是实践中商业信托的一大类型，总则还需处理商业信托法和证券法之间的关系。我国《证券法》对证券概念采列举式定义，通过商业信托法将受益权凭证定性为证券，可在不修改《证券法》的情况下即解决证券法的适用问题。以公开发行受益权凭证的方式设立商业信托或者商业信托成立后公开发行受益权凭证的，适用《证券法》；《证券法》对商业信托无规定的，《证券法》关于公司的规定准用于商业信托。作为企业组织形式之一种，商业信托也应有发行企业债券的自由，明文规定商业信托可以发行企业债券，亦可顺应资产证券化信托发行债券类受益权凭证的普遍实践。

[5346]《证券投资基金法》第93条第1款规定："按照基金合同约定，非公开募集基金可以由部分基金份额持有人作为基金管理人负责基金的投资管理活动，并在基金财产不足以清偿其债务时对基金财产的债务承担无限连带责任。"

（二）商业信托的设立规范

设立规范包括关于设立条件和设立程序的规范。商业信托的设立条件应比普通信托更为宽松，以适应实际需要。商业信托成立时不要求存在受益人，例如，证券投资信托或不动产投资信托可以由受托人先行设立，再向投资者出卖受益权，而使后者经由认购受益权而成为受益人。当然，办理商业信托登记，至少须由一个受托人或一个受益人为之。商业信托成立时也不以存在信托财产为要件，例如，资产证券化发起人可以先行设立特殊目的信托，然后向该信托让与资产（债权），使之成为信托财产。相应地，受益人认缴出资或实缴出资，不是商业信托的成立要件，而可以是受益人取得受益权的要件（商业信托合同可另作约定）。设立商业信托，仅需具备下列条件即可：至少有一个受托人或受益人；有书面商业信托合同；有商业信托的名称和住所。商业信托的设立人，可以是自然人、法人或非法人组织。作为民事法律，没有理由限定设立人的资质要求。在法律规定的商业信托设立条件之外，当事人可以自定设立条件，以满足其实际需要，自不待言。[5347]至于设立人的身份，法律更无限制之必要。商业信托可由受益人、受托人或其他人设立，以适应多样化的商业信托实践。资产证券化特殊目的信托一般由受益人设立（发起人自己保留一定数量的普通受益权或劣后受益权），证券投资信托则往往由受托人设立并向投资者发售受益权。

关于设立程序，商业信托区别于其他信托的主要特点在于登记制度。为保护商业信托的债权人，便利商业信托的对外交易，有必要建立商业信托登记制度。登记制度是组织法的共同制度，商业信托亦不例外。关于设立登记、变更登记、名称登记及预留等规则，应尽量与其他企业登记规则保持协调。登记规则应尽量简化，避免对商业信托形成过重的负担，以顺应当代企业法的发展趋势和我国简政放权的改革方向。信托证书登记制度在我国欠缺实践基础，现阶段不妨与其他企业法保持一致，仍采组织文件登记制，即登记商业信托合同。

商业信托的名称中应当标明“信托”或者“基金”字样，以区别于其他组织形式，且不得含有“公司”“合伙”“合作社”字样。商业信托的名称中可以含有“有限责任”或者“有限”等字样。

[5347] 例如，《信托合同》写明信托资金总额不低于5000万元，如果信托资金总额低于5000万元，受托人有权宣布本计划设立失败。杨丰如诉华鑫国际信托有限公司信托纠纷案，北京市西城区人民法院（2013）西民初字第13986号民事判决书。本案当事人就信托是否终止存在争议。法院认为，该约定条款使用“有权”字样，系权利性条款并非义务性条款，亦非强制性条款，即华鑫国际公司在信托资金总额低于5000万元情形下，可以选择宣布信托计划失败，也可以不宣布信托计划失败。

（三）商业信托合同的底线规则

信托文件为信托法上的通用概念，其方式包括信托合同、信托遗嘱、信托宣言等。商业信托的信托文件一般是信托合同，而不可能采用遗嘱信托方式，宣言信托对于商业信托而言亦无必要。因此，我国商业信托法径用“商业信托合同”概念即可，如此，也便于将商业信托法和合同法之间的内在联系明晰化，有助于依照合同自由原则解释、适用商业信托法。

商业信托合同是确定商业信托内部关系的主要依据，商业信托及其受益人、受托人和其他当事人之间的关系，原则上依商业信托合同约定，仅在商业信托合同无约定或约定因违反法律强制规定或违背公序良俗而无效时，始适用法律规定。商业信托合同是商业信托及其受益人、受托人等当事人之间设定、变更、消灭其权利义务的法律行为，依据私法自治原则，法律应为商业信托合同留出充分的自决空间，同时设定底线规则。商业信托法可以明文例示商业信托合同可得约定的事项，以增强可预测性，发挥法律的引导作用。同时，有必要明确列举本法上的强制规定。就立法理念而言，基于合同自由原则，合同法规范原则上属于任意性规范，强行性规范才需要在法条中明示。就立法技术而言，与其在每一个任意性规范中表述“但当事人另有约定的除外”，不如集中列出强行性规定，除此之外自然皆为非强行性规范。商业信托法上的强制规定包括关于商业信托财产归属的规定、关于公开发行适用《证券法》的规定、关于商业信托登记的规定、关于涉及债权人保护的规定等。

因商业信托合同事关组织的基本法律关系，应为要式法律行为，采用书面形式，这也与《公司法》《合伙企业法》保持一致。商业信托合同可以名为信托合同、信托章程、信托文件、基金合同等。称谓不同，不影响商业信托合同的效力与商业信托法的适用。

鉴于组织合同（团体契约）的特殊性，商业信托合同的修改，不同于一般合同的变更，作为默认规则，不必规定须经受托人同意，仅需受益人一致同意即可。并且在商业信托设有特定系列、类别或群组时，如修改仅涉及该系列、类别或群组，则不必非要求全体当事人同意不可，以免徒耗成本。在情势变更的情形，也应由表决权人依决议机制决定是否修改商业信托合同或解散商业信托，而不宜适用一般合同的情势变更规则（由法院判决变更或解除合同）。

三、商业信托受益人制度

商业信托具有社团法人的性质，受益人是法人的成员。受益人会议为商业信托的权力机构。关于受益人的规范重点，计有四项，可相应地在受益人一章之下设四节：第一节受益人的资格，第二节受益权，第三节受益人的义务，第四节受益人诉讼。

（一）受益人的资格

受益人的资格，民事法律不必限定。除商业信托合同另有约定外，受益人可以是自然人、法人或者非法人组织。至于受益权凭证采用证券形式的商业信托，可能适用证券法律法规关于合格投资者等规则，限制受益人的资格，自应适用特别法规定，无须商业信托法赘言。

基于私法自治原则，商业信托合同可以约定成为受益人的条件，也可以约定，某人在符合商业信托合同、受益权认购合同或者其他书面文件所定受益人条件时，成为受益人。基于构建管理者激励机制等需要，受托人等其他人也可以成为受益人，因此，除商业信托合同另有约定外，缴纳出资或者负有出资义务不是成为受益人或者取得受益权的要件。

（二）受益权

受益人的权利，集中体现为受益权规则。受益人按其受益权比例分享利润、分担亏损。受益权的确定与证明方式，由商业信托合同自定，可以是受益权凭证、记载于受益人名册或者其他方式。

1.受益权的内容

受益权的内容，包括利润分配请求权、表决权、异议受益人回购请求权、获取信息权等。此类规则多为《信托法》之所无（例如，表决权和异议受益人回购请求权），或与《信托法》大不相同（例如，获取信息权）。

受益人表决权与商业信托治理结构相联系，受益人会议作为商业信托的权力机构，通过决议决定商业信托的重大事项。法律可设定关于表决的任意规范。召开受益人会议，可以采取现场会议方式或通讯等方式。受益人可以亲自表决或者授权他人表决。为顺应现代企业法简化企业内部程序的趋势，可确立同意取代决议的规则：对于应由受益人表决的事项，受益人一致作出同意的决定，与受益人会议决议有同等效力。

异议受益人的回购请求权，发生于受益人反对特定决议的情形。与异议股东股份购买请求权类似，此种请求权旨在保护异议受益人退出组织的自由。但此种权利也可能背离资合组织的特性。因此，至少对于商业信托而言，更合适的规则是由商业信托合同自主授予此种权利，而不是由法律强制赋予此种权利。可得行使此种权利的情境，也应由商业信托自决，可以是商业信托合并、分立、改组、修改商业信托合同、商业信托转让全部财产或者实质上转让全部财产等。

受益人获取信息权的规定，需同时考虑商业信托的保密需要，设计公允的任意规范。受益人获取信息的权利应限于合理目的之范围，另一方面，受托人有权在其认为合理的期间内，就一定范围内的信息对受益人保密，包括具有商业秘密性质的信息、该商业信托有义务保密的信息等。

2.受益权的变动

除受益权的内容外，还有必要规定受益权的变动规则。在商业信托与受益人之间，受益权的变动包括回购与认购。为照应开放式投资基金的实践，法律应规定商业信托可以购买、赎回或者以其他方式取得受益人的受益权。鉴于商业信托通常不是人合组织，原则上受益人无权优先认购商业信托新发行的受益权，但商业信托合同另有约定的除外。

在受益人和其权利承受人之间，受益权的变动包括转让、为清偿债务而移转、设定担保和继承。商业信托受益权以自由转让为原则。商业信托合同可以限制受益权的转让，但其限制不得对抗善意受让人。

在受益人因负债而被其债权人申请强制执行受益权时，将发生受益权的非意定变动。《信托法》第47条规定信托文件限制受益权用于清偿债务时，受益权不得用于清偿债务。此种规定，对债权人保护不足，易诱发逃债行为。商业信托法应规定，商业信托合同约定限制受益权自由转让或者约定限制受益权用于清偿债务的，受益人的债权人仍有权以受益权受偿。同时，商业信托合同限制受益权用于清偿债务，表明商业信托其他当事人无意使受益人的债权人取代受益人之地位，以免商业信托经营管理受到意外干扰，此种考量亦不应被忽视。我国《合伙企业法》上关于合伙人的合伙权益的强制执行规则，可以为此提供参考：在商业信托合同限制将受益权用于清偿债务的情形，债权人有权申请执行受益权中的接受分配请求权（纯粹财产权利），但无权取得表决权等其他权利。如此，可适当解决两者的利益冲突。

无论受益权因转让而发生意定移转，还是因被强制执行而发生非意定移转，均应有关于移转时间的规则，以顾及商业信托的利益，并借以确定受托人等其他当事人的相关义务（例如，向受益人分配利润）。受益权移转的时间，因受益权确定与证明的形式而异。依据有价证券和财产权利移转时间的一般原理，可以区别受益权形式而作不同规定。

受益权作为一种财产权，应可作为质押财产，此与股权类似。我国《民法典》规定可转让的基金份额可以出质（第440条第4项），但并未扩及一切信托受益权。同时，作为兜底规定，只有“法律、行政法规规定可以出质的其他财产权利”方可出质（第440条第7项），但因《信托法》并未规定受益权可以质押，导致出现法律漏洞。虽可通过类推适用方法填补此项漏洞，毕竟不如明文规定为佳。商业信托法应明文规定受益权可以出质。受益权质押的详细规定则不必赘述，因为依据权利质押之原理，权利质押准用关于权利让与之规定。

受益权属于受益人的财产，且不具有专属性，因此受益人死亡后，可发生继承。区别于继承法一般规则之处在于，如受益人无继承人、受遗赠人，不应适用关于绝产的规则（归国家所有），否则国家将成为受益人而参与到商业信托的经营管理之中，徒增法律关系的复杂性，且与国家职能和商业信托当事人的目的均不相符。合理的规则应当是，此种情形，受益权自受益人死亡时起视为注销。受益人为法人或者非法人组织的，如其终止时无权利承受人，其受益权亦应视为注销。

受益权为私权的一种，受益人可以抛弃受益权，受益人抛弃受益权时，其受益权视为注销。受益人先前所负义务或者责任不受影响。

（三）受益人的义务

受益人义务包括出资义务和其他义务。出资义务为普通信托受益人所无。商业信托不设注册资本制度，受益人出资制度也比公司股东出资制度灵活。受益人的出资，视商业信托合同的约定而定，可以是货币、实物、知识产权、土地使用权或者其他财产权利，也可以是劳务。受益人以实物、知识产权、土地使用权或者其他财产权利出资，需要评估作价的，可以由受托人和全体受益人协商确定，也可以由受托人或者全体受益人委托法定评估机构评估。受益人以劳务出资的，其评估办法由受托人和全体受益人协商确定，并在商业信托合同中载明。

受益人应当按照商业信托合同约定的出资方式、数额和缴付期限，履行出资义务。以非货币财产出资的，依照法律、行政法规的规定，需要办理财产权转移手续的，应当依法办理。受益人未依约移转财产，或者未履行劳务出资义务的，其出资义务可转化为现金出资义务，商业信托有权请求以等值现金出资。此种规定，有助于避免单纯转化为损害赔偿之债，而免去商业信托证明损害的复杂性。

出资义务事关组织资产的维持，应较为严格，因此除商业信托合同另有约定外，受益人的出资义务不因受益人死亡、丧失行为能力或者基于其他原因不能履行而减免。基于私法自治原则，商业信托合同可以设定受益人不履行出资义务的特定处罚或者特定后果，包括减少或者除去不履行出资义务的受益人在商业信托中的权益份额以及拍卖、变卖、注销不履行出资义务的受益人的受益权等。

受益权转让对出资义务的影响，法律应予明确。除商业信托合同另有约定外，受让人在取得受益权时不知道转让人未履行出资义务的，不对未履行出资义务承担责任。转让人的责任不受影响。

出资义务以外的受益人的其他义务，法律难于事先预定，留由商业信托合同自定即可。

（四）受益人诉讼

受益人诉讼分为直接诉讼和派生诉讼，其中以派生诉讼为规范重点。关于直接诉讼的规定，只需确立直接诉讼与派生诉讼的分界线即可。受益人直接诉讼，旨在直接维护受益人自己的权益，此种诉讼所救济的侵害，是受益人非因商业信托权益受侵害所致之害。因此，受益人提起直接诉讼，应当证明自己所受损害不同于商业信托所受损害，或者自己所受损害不仅仅是因商业信托遭受损害所致。

派生诉讼制度的主要内容，包括起诉要件、原告资格、诉讼利益归属、诉讼开支负担、对调解和和解的特别规范。

派生诉讼以诉前请求无用为要件，对此可参考现行《公司法》第151条以及司法规范性文件中关于股东派生诉讼的规定。受益人以商业信托的利益、以自己名义提起派生诉讼，须证明有下列情形之一：受益人向有权代表商业信托起诉的受托人书面请求起诉，而该受托人拒绝起诉或者未在收到书面请求之日起30日内起诉；受益人向有权代表商业信托起诉的受托人书面请求起诉不可能成功；情况紧急，不立即起诉将会使商业信托利益受到难以弥补的损害。

原告是否仅限于持有一定数量受益权的受益人或应为特定资格的受益人，法律不宜作出“一刀切”的限制，而应由商业信托自决。商业信托合同可以对受益人派生诉权设定特定的标准或限制。但为防止原告利益转移而影响派生诉讼的正常进行，法律应规定，提起派生诉讼的原告，在起诉时与诉讼进行期间必须为受益人。派生诉讼的唯一原告在诉讼期间死亡或终止时，其继承人、受遗赠人或权利承受人当然承受原告资格；无继承人、受遗赠人或权利承受人的，法院应准许其他受益人承受原告资格。

派生诉讼系为商业信托的利益而提起，因派生诉讼所得的利益，自然归属于商业信托。同理，诉讼开支亦应由商业信托负担。但为防止原告任意开支，法律应设置相应的限制：其一，向原告偿付开支的前提是商业信托因派生诉讼而取得实质性利益（而不是名义上胜诉）；其二，诉讼开支应限于合理限度内，可以包括合理的律师费。

派生诉讼事关商业信托及其全体受益人的利益，故与一般诉讼不同，其和解或者撤诉，不可单独由原告自决，而须经法院准许。法院的准许，也非法院可以任意为之，而应受制于特别的实体和程序要件。就实体要件而言，法院不得准许不符合商业信托最大利益的撤诉或者和解，不得实施不符合商业信托最大利益的调解，在评估和解方案或者调解方案时，应当着重评估商业信托可经由该方案取得的净利益。就程序要件而言，除法院有合理依据足以认定派生诉讼和解、调解或者撤诉不会对受益人权益产生实质性影响外，法院应当在诉讼当事人提出和解、调解或者撤诉后立即通知商业信托全体受益人，并为受益人提供参与程序的适当机会。受益人有权对和解、调解或者撤诉提出异议并提交相应证据。

四、商业信托受托人与其他管理人制度

受托人是另一主要当事人。商业信托的经营管理复杂性甚于普通信托，往往涉及其他管理人，可在同一章中处理。与普通信托不同，商业信托并非必须由受托人经营管理，例如，资产证券化特殊目的信托由服务商等管理，受托人并无实质性的管理职能。因此，受托人经营管理仅为任意规范。

（一）受托人职位

作为民事法律，商业信托法没有必要限定受托人的资格。受托人可以是有完全行为能力的自然人、法人或者非法人组织。《证券投资基金法》等对受托人资格另有规定的，从其规定，自不待言。

《信托法》欠缺关于受托人缺位时选任继任受托人的规定。受托人缺位时，应当选任继任受托人；关于选任初任受托人的约定，适用于继任受托人的选任。商业信托法并应规定受托人缺位时的善后规则。

商业信托受托人的辞任和解任，应比普通信托和公益信托更为灵活宽松。除商业信托合同另有约定外，受托人可以随时辞任，但应当提前通知；未履行提前通知义务的，对商业信托因此所受损害负赔偿责任。经受益人会议决议，可以无理由解任受托人。

（二）受托人的权限与权利

受托人是商业信托的执行机构。关于受托人表决权和受托人会议的规定，和受益人基本相似。

受托人亲自管理商业信托事务的，商业信托的信息由其自掌，自不必论，但在受托人授权他人管理事务或由共同受托人分掌职责（如投资

基金中管理人和托管人的分工）的情形，为使受托人能够对其他管理人进行监督，受托人当然应有获取信息权。且与受益人获取信息权应受有较大限制并受制于受托人的保密权不同，受托人获取信息权所受限制较小，受托人基于同其受托人职位有合理联系的目的，有权查阅商业信托的信息。

商业信托可以实行极为灵活的经营管理制度，因此法律可明文容许商业信托合同约定受益人或者其他人有权指示受托人或者其他人。指示权人不因此而成为受托人，但原则上在指示权范围内对商业信托或者其受益人负有与受托人相同的义务。

受托人权限还涉及相对人和第三人保护问题。受托人实施越权行为不得对抗善意相对人，《民法典》已有规定，特别法不必重复。信托法上另有协助受托人的善意第三人应受保护的规则，则为现行法所未规定。与越权行为同理，协助受托人行为的善意第三人，不因协助行为而对受托人越权或行使权限不当的该行为而承担责任。

使受托人自己获益的权利，有报酬请求权。商业信托受托人以有偿履职为原则，即除商业信托合同另有约定外，受托人有权取得报酬。商业信托合同未约定报酬数额的，应由商业信托权力机构即受益人会议决议确定；已约定受托人报酬的，受益人会议有权调整报酬标准。

补偿请求权亦属于受托人或其他管理人的权利。受托人或其他管理人可能因执行职务的行为而被受益人或第三人起诉，受托人或其他管理人为此所支付的费用，系为商业信托利益所支出的费用，商业信托可对其作出补偿。受托人和其他管理人是否有权取得补偿，取决于商业信托合同的约定。商业信托合同未约定补偿的，不影响受托人或者其他人依照其他法律取得补偿的权利，例如因接受受托人转托而代为处理商业信托事务之人，有权按照委托合同取得费用补偿。

补偿系事后作出，预付系事前作出。受托人或者其他管理人因其与商业信托的关系而被他人起诉，在诉讼终结之前，商业信托可以预先支付受托人或者其他管理人的诉讼开支，包括合理的律师费，但受托人或者其他管理人应当在商业信托作出预付决定前向商业信托提交书面承诺，载明当其被最终认定应当承担责任或者无权取得补偿时，应当将预付款项全部返还于商业信托。

补偿制度旨在保护受托人和其他管理人免于因正常履职而遭受损失。因此，如受托人或其他管理人实施可归责性较重的行为，则无权取得补偿。此类行为可列举如下：违反忠实义务；因故意或者重大过失损害商业信托合同当事人的权益；受托人或者其他管理人可从中取得不正当利益的行为。

（三）受托人与其他管理人的义务

受托人义务是商业信托法的规范重点。鉴于《信托法》未能提供完整的信托受托人义务规则，我国商业信托法负有双重任务：既要填补《信托法》规范的缺漏，补全信托受托人的共通性义务，又要全面确立完整的受托人义务规则，且应围绕商业信托受托人义务的特性而展开。

受托人对商业信托或者其受益人负有忠实义务、注意义务与其他义务。为便于适用，可明文列举忠实义务的常见类型，包括下列要求：受托人经营管理商业信托，应当完全为了商业信托或者其受益人的利益；受托人从商业信托经营管理或者清算活动中收到的任何财产或者利益以及运用商业信托财产或者商业机会收到的任何利益，属于商业信托；受托人不得有利用受托人职位为商业信托或者其受益人以外之人谋取利益、将商业信托财产混入商业信托以外之人的财产、擅自披露商业信托的秘密、谋取属于商业信托的商业机会、同业竞争等行为。与普通信托和公益信托不同的是，为适应商事交易的特殊需要，受托人所为利益冲突行为，法律控制不如前两者严格。有下列情形之一时，不因利益冲突而影响该行为的效力：利益冲突行为已按照商业信托合同约定取得允许、追认；受托人向全体受益人披露关于利益冲突行为的全部重要事实及利益冲突的情形后，全体受益人允许或者追认该行为；利益冲突行为虽未经允许或者追认，但对商业信托是公平的。

《信托法》未规定受托人公允对待不同受益人的义务，对受托人注意义务、共同受托人的义务、受托人违反义务时的救济等规定相当简略，均有增补和完善的必要。对于此类具体义务，尤其应注意商业信托的特殊性。例如，受托人有保存信托事务记录的义务，但与《信托法》第33条第2款规定不同的是，无义务定期向委托人、受益人报告，而只是应受益人的请求始有提供信息的义务。又如，受托人转托他人代为处理商业信托事务时，如果已就受转托人的选任、监督尽合理注意义务，则不应承担责任，而不是如《信托法》第30条第2款一般一律就受转托人的行为承担责任。再如，商业信托受托人违反注意义务的责任，应适用商业判断规则或类似规则。我国并无商业判断规则的立法经验，采用美国律师协会《示范商业公司法》式的行文表述，亦有许多含混难明之处。不如把握此类规则之实质，径规定为违反注意义务的责任限于故意和重大过失责任，简洁明了，易于理解适用。

商业信托受托人义务的任意法色彩更甚于普通信托，法律应容许当事人约定扩张、限制或者免除受托人义务及责任，但为防范道德风险，不得免除因故意所致财产损失的责任。

五、商业信托成立后的变动

（一）商业信托合并、分立与改组制度

合并、分立、改组是组织法的共通事项，我国组织法中仅《公司法》《农民专业合作社法》有较完整的合并、分立等规定，但缺乏不同企业之间相互合并、改组的规定。商业信托法有必要确立合并、分立、改组的一般规则。至于权益置换，无须组织法上特设规则，依合同法即可为之。合并、分立、改组规则大体上可分为下列层面。

其一，同意。合并、分立、改组须经全体受益人同意，另有约定的除外。

其二，出资人权益的处理。合并、分立、改组前的商业信托的受益权在合并、分立、改组后如何处理，当事人可自主决定。

其三，程序。合并、分立、改组涉及主体事项变动，应办理登记，同时，鉴于合并、改组可能对债权人发生不利影响，当事人还应履行通知和公示的义务，债权人有权请求清偿债务或提供担保。对此可参考《公司法》第173条规定，但该条规定公司合并应在报纸上公告，已不合实际。从现实操作来看，在报纸上公告通常起不到使债权人实际知悉的作用，一般人并不会随时关注报纸上关于某一法人合并分立的信息，且法律也未明确规定在何种报纸上公告，操作性较弱。我国现今已建立全国统一的企业信息公示系统，极大地方便了企业信息查询。有必要进一步扩大该系统的功能，原先要求在报纸上公告的事项，完全可以在信息公示系统中公示，效果更佳，更有利于真正保护债权人。

其四，效力。合并发生权利义务概括移转的效力，分立发生连带债权和连带债务，改组则不影响企业的同一性。现行法对合并、分立的效力均有规定。但未予考虑的一个问题是，应登记财产权的变动问题。对于不动产物权和专利权、商标权等其变动应经登记的财产权，合并、分立、改组前企业的此类财产权被合并、分立、改组后企业承受或取得的，如不经变更登记即可处分，将有损登记的公示效果，有碍交易安全，故有必要规定，在此情形，非经登记，不得处分。我国台湾地区“企业并购法”第25条第1项、第35条第12项有此规定，可供参考。

（二）商业信托解散和清算制度

商业信托解散和清算规则，与公司、合作社等组织大体类似，可参考《公司法》等现行法规定。但现行法关于解散、清算的规则尚有不足之处，商业信托法以其后发优势，可尝试加以补充。

其一，解散信息的公示。除清算人应将解散事由个别通知债权人以使债权人可行使权利外，现行法要求清算组在报纸上公告（例如，《公司法》第185条第1款）。但如前所述，实际操作中报纸公告往往不能真正起到使债权人知悉的作用。在已经建立统一的、电子化的企业登记信息公示系统的现状下，完全可以充分发挥该系统的功能，要求清算人在该系统中公示解散信息，解散信息应当载明解散日期、清算人的姓名或者名称及其联系方式。

其二，债务清偿的具体规则。现行法仅笼统要求清算组清理债务，未考虑债务种类的不同，难以兼顾不同债权人的利益保护。清算中企业的债务，大体上有三种类型：第一类，企业已知道其存在及其债权人身份的债务，例如已发生的合同债务；第二类，企业已知道其存在、但尚不知道债权人身份的债务，例如，企业产品出卖后发生多起质量事故，受害人尚未向企业索赔；第三类，尚未发生或者企业尚未知道、但依据企业已知道的事实，未来可能发生的债务，例如，企业将明知有缺陷的产品出卖后，在企业解散清算完毕后始可能发生质量事故所引起的侵权行为之债。对于后两类债务，只要在清算结束前仍未知悉债权人身份或债务的存在，清算人即不可能现实地进行清偿，如就此不必再清偿而容许直接办理注销登记，将损害债权人权益，但如要求清偿完毕此类债务后方可完成清算而办理注销登记，则又必然延宕清算，漫无了局。此外，第一类债务中可能有附生效条件合同、附期限合同所生债务而条件尚未成就、期限尚未届至者，也可能有未到期债务，对于此类债务，企业尚无清偿的义务，也无法在清算中清偿。对于以上三类债务，适当的规则是要求清算人为将来清偿债务采取合理的措施，并考虑不宜要求企业无限期地维持清偿将来债务之准备，对于上述第三类债务，可限定为在商业信托解散后10年内可能发生或者商业信托可能知道的债务。此所谓采取合理的措施，可以包括下列情形：由商业信托或者其他人为清偿上述债务提供适当的担保；设立一个足以清偿上述债务的备用金信托，备用金信托以清偿上述债务为目的、以商业信托债权人为受益人，且该信托不得因与该目的无关的事由而终止；经相关债权人同意而制定的债务清偿条款。

六、系列商业信托的特别规定

系列商业信托在一般事项上适用商业信托法的一般规则，其特殊问题宜以专章处理。考虑到系列商业信托的规定是相较于前述各章的特别规定，本章应列为实体规范之末章。本章可涵括下列事项。

其一，系列的创设。系列的创设贯彻私法自治原则，由商业信托自主决定。既可新设系列，也可将现有的资产或受益权等重分为系列。

其二，系列的责任限定。此为系列商业信托的本质内容。符合法定条件时，系列以其财产独立承担民事责任，和商业信托一般财产及其他系列的财产之间互不波及。此种责任限定，当然必须以财产独立性之维持、责任独立性之公示为条件，即为该系列保存的记录，表明该系列的财产独立于商业信托的其他财产或者其他系列的财产；商业信托合同约定对系列的责任作出上述限定，并已在企业登记机关登记。同时，为便于实务操作，法律可明确"安全港"规则，指明保持财产独立性之方法，例如，以特定列表、以种类或者数量、以计算公式等方法指明财产。关于责任限定的规定为任意规范，商业信托合同可以约定改变，因为放弃责任限定效力无损于第三人（债权人）利益。

其三，系列的存续。系列的存续仅受制于商业信托整体的存续。系列中一个或者数个受益人或者受托人死亡、丧失行为能力、终止、破产或者缺位，不影响该系列的存续。唯一受托人与唯一受益人的混同，原则上也不影响该系列的存续。

其四，系列的解散和清算。具有责任限定效力的系列，可以单独解散并清算。发生商业信托合同约定的事由时，系列解散，并应当清算其事务。某一系列的解散与清算，不影响商业信托与其他系列的存续。经营管理该系列的受托人为清算人。

至于系列商业信托的其他事项，可依法律解释而得出当然结论，无须彰诸明文，例如，系列的目的不得超越商业信托的目的；系列商业信托终止时，各系列随之终止。

附　录

商业信托法草案建议稿

目　录

第一章　总　　则

第一条　立法目的

为了保护商业信托及其受益人、债权人的合法权益，促进社会主义市场经济的发展，制定本法。

第二条　商业信托的定义

本法所称商业信托，是指按照商业信托合同，为现有或者将来受益人的利益或者商业信托合同约定的其他目的，由受托人或者商业信托合同约定的其他人从事经营活动或者从事持有、管理财产等活动并依照本法登记的组织。

第三条　法律适用

商业信托适用本法，不适用信托法。

证券投资基金法等其他法律对商业信托另有规定的，依照其规定；没有规定的，适用本法规定。

第四条　商业信托的法人资格

商业信托具有法人资格。

受托人是商业信托的法定代表人。受托人为法人或者非法人组织的，由其委派的人担任商业信托的法定代表人。受托人有数人的，应当确定一个受托人为法定代表人。

第五条　商业信托的财产

以受托人名义占有、登记商业信托财产，与商业信托以自己名义占有、登记商业信托财产具有同等效力。

无论以何人名义占有、登记，商业信托财产属于商业信托，不属于受益人、受托人或者其他人。

受益人对特定的商业信托财产不享有权益。

第六条　商业信托的债务

受益人以其认缴的出资额为限对商业信托债务承担责任。受托人不因受托人身份而对商业信托债务承担责任。

商业信托财产不足或者商业信托的行为未遵循特定程序或者形式的，受益人或者受托人不因此对商业信托债务承担责任。

受益人的债权人、受托人的债权人无权就商业信托财产主张权利。

第七条　商业信托的目的

商业信托可以具有不违反法律、行政法规强制性规定的任何目的，包括单纯占有、登记或者取得财产。

商业信托可以经营法律准予公司或者合伙企业经营的业务。

第八条　发行证券

以公开发行受益权凭证的方式设立商业信托，或者商业信托成立后公开发行受益权凭证的，适用证券法。

商业信托可以发行企业债券。

第九条　商业信托的存续

商业信托永久存续。

受益人或者受托人死亡、丧失行为能力、终止或者缺位，不影响商业信托的存续。

商业信托的唯一受托人与唯一受益人为同一人的，不影响商业信托的存续。

第二章　商业信托设立

第十条　商业信托的设立人

自然人、法人或者非法人组织可以设立商业信托。

设立人可以是受益人、受托人或者其他人。

第十一条　设立商业信托的条件

设立商业信托，应当具备下列条件：

（一）至少有一个受托人或者受益人；

（二）有书面的商业信托合同；

（三）有商业信托的名称和住所。

商业信托设立时不存在商业信托财产的，不影响商业信托的成立。

第十二条　商业信托的名称

商业信托的名称中应当标明“信托”或者“基金”字样，不得含有“公司”“合伙”“合作社”字样。商业信托的名称中可以含有“有限责任”或者“有限”等字样，并可以含有受益人、受托人或者其他人的名称或者姓名。

商业信托的名称应当区别于已在同一登记机关登记或者预留名称的公司、合伙企业、合作社、其他商业信托的名称，但是经授权的除外。

商业信托名称的登记，适用关于企业名称登记的规定。

第十三条　设立登记

申请设立商业信托，应当向企业登记机关提交登记申请书、商业信托合同、受托人身份证明。

申请人提交的登记申请材料齐全、符合法定形式，企业登记机关能够当场登记的，应当予以当场登记，发给登记证明。

除前款规定情形外，企业登记机关应当自受理申请之日起二十日内，作出是否登记的决定。予以登记的，发给登记证明；不予登记的，应当给予书面答复，并说明理由。

第十四条　成立日期

商业信托的登记证明签发日期，为商业信托成立日期。

第十五条　变更登记

商业信托登记事项发生变更的，受托人应当自作出变更决定或者发生变更事由之日起十五日内，向企业登记机关申请办理变更登记。

第三章　商业信托合同

第十六条　商业信托合同的内容

商业信托的营业与事务管理，以及商业信托、受益人、受托人与其他当事人之间的关系，按照商业信托合同约定；商业信托合同未约定的，适用本法规定。

商业信托合同可以约定下列事项：

（一）创设具有相应权利、权限与义务的不同类别、群组或者系列的受益人、受托人、受益权或者商业信托财产，同一系列可以包含一个或者数个类别，同一群组可以包含一个或者数个系列；

（二）将来按照商业信托合同约定的方式随时追加创设具有不同权利、权限与义务的类别、群组或者系列的受益人、受托人、受益权或者商业信托财产，新设类别、群组或者系列的受益人、受托人、受益权或者商业信托财产的相应权利可以优先于或者劣后于现有类别、群组或者系列的受益人、受托人、受益权或者商业信托财产的相应权利；

（三）无须任何受益人、受托人或者任何类别、群组或者系列的受益人、受托人表决或者同意，即可修改商业信托合同，决定商业信托合并、分立或者改组，选任或者解任受托人，处分商业信托或者其系列的全部或者部分财产，按照商业信托合同约定创设先前不存在的类别、群组或者系列，解散商业信托或者其系列，或者实施其他行为；

（四）授予、撤回或者不授予全体或者部分受益人、受托人或者某一类别、群组或者系列的受益人、受托人对于任一事项的表决权，表决权可以是单独表决权，也可以结合于全体或者部分其他类别、群组或者系列的受益人、受托人的表决权；

（五）受益人会议或者受托人会议的召集、会议程序、出席人数要求、议事规则、表决方式等；

（六）修改商业信托合同的条件、方式与程序，包括修改商业信托合同应当经商业信托合同当事人以外的人同意或者须符合特定条件。商业信托合同可以约定有权同意修改的人可放弃同意权，也可以约定意图通过设定该条件使之受益的人可放弃该条件；

（七）其他事项。

第十七条　商业信托合同内容的限制：强制性规定

商业信托合同的约定有下列情形之一的，该约定无效：

（一）改变本法第一章第三条关于法律适用的规定、第四条关于商业信托法人资格的规定、第五条第二款关于商业信托财产归属的规定、第八条第一款关于公开发行适用证券法的规定；

（二）改变本法第二章第十一条第一款、第十二条至第十五条关于商业信托成立条件和程序的规定；

（三）限制债权人依照本法第二十九条规定享有的权利；

（四）不合理地限制受益人依照本法第四十一条规定提起直接诉讼的权利；

（五）限制第三人依照本法第五十七条规定享有的权利；

（六）改变本法第六章第八十四条、第八十五条、第八十九条、第九十条、第九十四条至第九十七条关于合并、分立、改组的程序和效力的规定；

（七）改变本法第七章第九十八条第二项、第一百条第一款、第一百零一条至第一百零三条、第一百零五条、第一百零六条、第一百零八条关于商业信托终止、解散、清偿债务的规定；

（八）改变本法第一百一十一条关于系列责任限定的条件的规定，或者改变本法第一百一十四条第一款关于系列解散时应当清算的规定、第一百一十六条第一款关于应当清偿本系列债务的规定。

第十八条　商业信托合同的约束力

商业信托合同对商业信托、受益人、受托人和商业信托合同其他当事人具有约束力。

第十九条　商业信托合同的修改

商业信托合同已约定修改商业信托合同的条件、方式或者程序的，非依该约定修改，不发生效力。

商业信托合同未约定修改商业信托合同的条件、方式或者程序的，经全体受益人同意，可以修改商业信托合同；修改内容仅涉及某一类别、群组或者系列的，经该类别、群组或者系列的全体受益人同意，可以修改。

商业信托合同不适用关于情势变更的规定。

第四章　商业信托受益人

第一节　受益人的资格

第二十条　受益人的资格

受益人可以是自然人、法人或者非法人组织。

商业信托合同可以约定成为受益人的条件。商业信托合同可以约定，某人在符合商业信托合同、受益权认购合同或者其他书面文件所定受益人条件时，成为受益人。

成为受益人或者取得受益权不以负有或者履行出资义务为条件。

第二节　受　益　权

第二十一条　受益权的比例

受益人按照其受益权占商业信托全部受益权的比例分享商业信托的利润、分担商业信托的亏损。

第二十二条　受益权的确定与证明形式

受益权的确定与证明可以采用受益权凭证、记载于受益人名册等形式。

第二十三条　表决权

商业信托合同可以约定，受益人的表决权按照受益权比例、人数、类别、群组、系列或者其他依据计算。受益人可以授权他人出席会议并表决。

受益人会议可以采取现场方式召开，也可以采取通讯等方式召开。

对受益人会议有权决议的事项，受益人以书面形式一致表示同意的，可以不召开受益人会议，直接作出决定，并由全体受益人在决定文件上签名或者盖章。

第二十四条　异议受益人的受益权收购请求权

商业信托合同、合并协议、分立计划或者改组计划可以约定，表决反对关于特定事项的受益人会议决议或者书面反对关于特定事项的受益人书面同意决定的受益人，有权请求商业信托以公平价格收购该受益人的受益权。

商业信托合同、合并协议、分立计划或者改组计划可以将前款规定权利授予任一类别、群组或者系列的受益人。前款规定权利的行使条件、方式或者程序，按照商业信托合同、合并协议、分立计划或者改组计划约定。

按照商业信托合同、合并协议、分立计划或者改组计划约定，本条第一款所称的特定事项，可以是商业信托合并、分立、改组、修改商业信托合同、商业信托转让全部财产或者实质上转让全部财产等。

第二十五条　获取信息权

商业信托的每一受益人，按照可由受托人设定的关于提供信息的种类、时间、地点、付费人等事项的合理标准，基于与其受益权有合理联系的目的，经合理请求，有权随时从该商业信托查阅、摘抄或者复制下列信息：

（一）商业信托合同副本；

（二）记载每一受益人和受托人的姓名或者名称、住所或者联系方式的列表；

（三）关于商业信托营业与财务状况的信息；

（四）与商业信托事务有关的其他信息。

受益人依照前款规定提出的请求，应当采用书面形式，并载明提出请求的目的。

受托人有权在其认为合理的期间内，就下列信息对受益人保密：

（一）受托人合理认为具有商业秘密性质的信息；

（二）受托人善意认为其披露不符合商业信托最大利益或者有损于商业信托利益的信息；

（三）法律规定或者商业信托与他人约定该商业信托有义务保密的信息。

第二十六条　库藏受益权

商业信托可以购买、赎回或者以其他方式取得受益人的受益权。

商业信托取得受益权时，该受益权视为注销。

第二十七条　受益权的优先认购

受益人无权优先认购商业信托新发行的受益权。

第二十八条　受益权的转让

商业信托受益权可以自由转让。

商业信托合同约定禁止或者限制受益权转让的，不得对抗受让人，但受让人知道或者应当知道该约定的除外。

第二十九条　受益人债权人的权利

商业信托合同约定禁止或者限制受益权转让或者用于清偿债务的，受益人的债权人仅可依照本条规定以受益人的受益权受偿。

已对受益人取得强制执行依据的债权人，可以申请执行法院裁定将该受益人接受商业信托分配的权利用于清偿债务。依据该裁定，债权人有权在强制执行依据所确定的债权范围内取得受益人有权接受的分配，但不享有受益人的其他权利；商业信托应当将原应向受益人所作分配给付于债权人。

前款规定不影响受益人依法享有的适用于受益权的强制执行豁免。

第三十条　受益权转移的时间

因法律行为转移受益权的，其转移时间依照下列规定确定：

（一）受益权采用无记名式纸面受益权凭证形式的，自交付受益权凭证时受益权转移；采用记名式纸面受益权凭证形式的，自背书并交付受益权凭证时受益权转移；采用电子受益权凭证形式的，自电子受益权凭证登记系统完成受益权转移登记时受益权转移；

（二）受益权采用记载于受益人名册形式的，自受益人名册完成受益权转移记载时受益权转移；

（三）受益权采用其他形式的，自受益权转让合同生效时受益权转移。

法律行为确定的受益权转移时间不同于前款规定时间的，不得对抗商业信托或者第三人。

第三十一条　受益权的质押

以受益权设定质权的，参照适用本法第二十八条、第三十条的规定。

第三十二条　受益权的继承或者承受

受益人死亡或者终止时，其受益权依法转移于继承人、受遗赠人或者权利承受人；受益人无继承人、受遗赠人或者权利承受人的，受益权自受益人死亡或者终止时视为注销。

第三十三条　受益权的抛弃

受益人可以抛弃受益权。受益人抛弃受益权时，其受益权视为注销。受益人先前所负义务或者责任不受影响。

第三节　受益人的义务

第三十四条　受益人的出资

受益人可以用动产、不动产或者财产权利出资，也可以用劳务出资。

受益人以实物或者财产权利出资，需要评估作价的，可以由受托人和全体受益人协商确定，也可以由受托人或者全体受益人委托评估机构评估。

受益人以劳务出资的，其评估办法由受托人和全体受益人协商确定，并在商业信托合同中载明。

第三十五条　受益人的出资义务

受益人应当按照商业信托合同约定的出资方式、数额和缴付期限，履行出资义务。

受益人的出资义务不因受益人死亡、丧失行为能力或者基于其他原因不能履行而减轻或者免除。

第三十六条　不履行非货币出资义务的救济

受益人未按照约定向商业信托转移或者提供非货币出资的，商业信托有权请求该受益人支付与其未履行部分出资的约定价值等额的货币。未约定价值的，商业信托有权请求该受益人支付与其未履行部分出资的市场价值或者实际价值等额的货币。

商业信托行使前款规定的权利，不影响商业信托行使请求受益人继续履行、赔偿损失等其他权利。

第三十七条　不履行出资义务的特定处罚或者特定后果

商业信托合同可以约定，受益人不履行出资义务的，其权益应当承受下列处罚或者特定后果：

（一）减少或者排除不履行出资义务的受益人在商业信托中的权益份额；

（二）不履行出资义务的受益人的受益权劣后于已履行出资义务的受益人的受益权；

（三）拍卖或者变卖不履行出资义务的受益人的受益权；

（四）注销不履行出资义务的受益人的受益权；

（五）依据评估或者依据特定的公式确定不履行出资义务的受益人的受益权价值，并以该价值赎回或者出卖该受益权；

（六）向其他受益人借款以代为履行该受益人的出资义务，并由该受益人承担偿还该借款的义务；

（七）其他特定处罚或者后果。

第三十八条　受让人对出资义务的责任

受益人不履行出资义务即转让受益权，受让人在取得受益权时知道或者应当知道该情形的，就未履行部分出资义务承担连带责任。

第三十九条　受益人的其他义务

商业信托合同可以约定受益人负有出资义务以外的其他义务。

商业信托合同可以约定，受益人违反商业信托合同约定义务或者发生商业信托合同约定事由时，其权益应当承受特定处罚或者特定后果。该特定处罚或者特定后果，可以包括本法第三十七条规定的处罚或者后果。

第四十条　受益人因合理信赖而免责

受益人因合理信赖下列信息而违反义务的，不承担责任：

（一）商业信托的记录；

（二）由受托人、其他管理人或者其他受益人向商业信托提交的信息；

（三）由律师、会计师等专业人员就该受益人合理认为属于该专业人员专业或者职业资质范围内的事项，向商业信托提交的信息。

前款所称信息的内容包括：商业信托资产、负债、利润或者亏损的价值及数额；足以清偿商业信托债务或者为清偿商业信托债务的备用金或者其他财产的价值及数额；用于对受益人进行分配或者对债权人进行清偿的财产数额及价值；与商业信托营业与事务有关的其他事实。

第四节　受益人诉讼

第四十一条　受益人直接诉讼

受益人有权对受托人、商业信托、其他受益人或者商业信托合同其他当事人提起直接诉讼，以维护自己按照商业信托合同或者依照法律享有的权益或者与受益人身份无关的权益。

受益人提起直接诉讼，应当证明自己所受侵害不同于商业信托所受侵害，或者自己所受侵害不仅仅是因商业信托遭受侵害所致。

第四十二条　受益人派生诉讼

商业信托合同当事人或者其他人的行为侵害商业信托的利益，有下列情形之一的，受益人有权为了商业信托的利益以自己名义提起派生诉讼：

（一）受益人向有权代表商业信托起诉的受托人书面请求起诉，而该受托人拒绝起诉或者未在收到书面请求之日起三十日内起诉；

（二）受益人向有权代表商业信托起诉的受托人书面请求起诉不可能成功；

（三）情况紧急，不立即起诉将会使商业信托利益受到难以弥补的损害。

第四十三条　派生诉讼的原告

提起派生诉讼的原告，在起诉时与诉讼进行期间必须为受益人。

派生诉讼的唯一原告在诉讼期间死亡或者终止时，其继承人、受遗赠人或者权利承受人当然承受原告资格；无继承人、受遗赠人或者权利承受人的，法院应当准许商业信托的其他受益人承受原告资格。

第四十四条　派生诉讼的和解、调解或者撤诉

未经法院准许，派生诉讼不得和解或者撤诉。

提出和解、调解或者撤诉的当事人应当证明和解方案、调解方案或者撤诉符合商业信托的最大利益。法院不得准许不符合商业信托最大利益的撤诉或者和解，不得实施不符合商业信托最大利益的调解。在评估和解方案或者调解方案时，法院应当着重评估商业信托可经由该方案取得的净利益。

除法院有合理依据足以认定派生诉讼和解、调解或者撤诉不会对受益人权益产生实质性影响外，法院应当在诉讼当事人提出和解、调解或者撤诉后及时通知商业信托全体受益人，并为受益人提供参与和解、调解或者撤诉程序的适当机会。受益人有权对和解、调解或者撤诉提出异议并提交相应证据。

违反前三款规定的和解、调解或者撤诉无效。

第四十五条　派生诉讼利益

因派生诉讼和解、调解、判决或者裁定所得的利益，归属于商业信托；原告收到该利益的，应当向商业信托如实说明该利益，并立即将该利益返还于商业信托。

第四十六条　派生诉讼开支

商业信托因派生诉讼原告全部或者部分胜诉、和解或者调解而取得实质性利益的，原告有权请求商业信托支付合理的诉讼开支，包括合理的律师费。律师费不得超过商业信托在派生诉讼中所得利益的合理比例。

其他法律规定被告应当在败诉或者其他情况下负担诉讼开支的，不受前款规定影响。商业信托已依照本条规定向原告支付诉讼开支的，有权向应当负担该开支的被告追偿。

第四十七条　对派生诉讼设定标准或者限制

商业信托合同可以对受益人提起派生诉讼的权利设定特定的标准或者限制，包括约定提起派生诉讼的受益人应有特定数量或者种类的受益权，或者应为特定系列的受益人。

第五章　商业信托受托人与其他管理人

第一节　受托人职位

第四十八条　受托人的资格

受托人可以是有完全行为能力的自然人、法人或者非法人组织。

受益人可以成为受托人。

商业信托合同可以约定成为受托人的条件。商业信托合同可以约定，某人在符合商业信托合同或者其他书面文件所定受托人条件时，成为受托人。

第四十九条　受托人的职能

商业信托的营业与事务应当由受托人经营管理或者在受托人指示之下经营管理。

第五十条　受托人缺位

发生下列情形之一时，受托人缺位：

（一）受托人死亡、丧失行为能力或者发生终止原因；

（二）受托人辞任或者被解任；

（三）受托人任期届满且未续任；

（四）受托人丧失商业信托合同约定的资格或者条件。

受托人缺位时，应当选任继任受托人；关于选任初任受托人的约定，适用于继任受托人的选任。

第五十一条　受托人的辞任

受托人可以随时辞任，但应当提前三十日书面通知按照商业信托合同约定有权选任受托人的人；商业信托合同未约定有权选任受托人的，应当通知受益人；有其他共同受托人的，并应当通知其他共同受托人。受托人未履行提前通知义务，造成商业信托损害的，应当负赔偿责任。

辞任不影响受托人在辞任前或者辞任时因违反义务发生的责任。

第五十二条　受托人的解任

经受益人会议决议，可以随时解任受托人，无须说明理由。

受托人严重违反义务或者丧失管理信托事务能力的，其他共同受托人或者受益人可以请求法院判决解任受托人。

第五十三条　受托人缺位的善后

受托人缺位时，原受托人的权限、职责与以原受托人名义占有、登记的商业信托财产自动转移于继任受托人；继任受托人被选任之前，原受托人应当继续履行职责，且仅有为保存商业信托财产所必需的权限；共同负责同一事务的其余受托人有权代表商业信托实施行为，并有权处理原受托人负责的事务。原受托人或者其继承人、遗产管理人、监护人、清算人、破产管理人应当作出原受托人管理商业信托营业与事务情况的报告，并应当立即将原受托人管理范围内的商业信托财产与事务移交于继任受托人。

第二节　受托人与其他管理人的权限与权利

第五十四条　受托人的表决

按照商业信托合同约定由受托人决议的事项，经受托人所持表决权过半数通过决议；该事项仅涉及某一类别、群组或者系列的，经该类别、群组或者系列的受托人所持表决权过半数通过决议。商业信托合同可以约定，受托人的表决权按照人数、类别、群组、系列或者其他依据计算。受托人可以授权他人出席会议并表决。

受托人会议可以采取现场方式召开，也可以采取通讯等方式召开。

对受托人会议有权决议的事项，受托人以书面形式一致表示同意的，可以不召开受托人会议，直接作出决定，并由全体受托人在决定文件上签名或者盖章。

第五十五条　受托人获取信息权

受托人基于同其受托人职位有合理联系的目的，有权查阅本法第二十五条第一款规定的信息。

受托人依照前款规定提出的请求，应当采用书面形式，并载明提出请求的目的。

第五十六条　对受托人的指示

商业信托合同可以约定，受益人或者其他人有权就商业信托的经营管理指示受托人或者其他人。受指示人应当遵循指示权人的指示，但有下列情形之一的除外：

（一）该指示违反商业信托合同约定；

（二）受指示人知道或者应当知道该指示严重违反受指示人对商业信托或者其受益人所负义务。

指示权人不因享有或者行使指示权而成为受托人。

商业信托合同可以约定，指示权人不因享有或者行使指示权而对商业信托或者其受益人承担义务或者责任；商业信托合同未约定的，指示权人在指示权范围内对商业信托或者其受益人负有与受托人相同的义务。

第五十七条　对善意第三人的保护

第三人知道或者应当知道受托人超越权限或者行使权限不当而协助受托人的，应当承担责任。

第五十八条　受托人的报酬

商业信托合同约定受托人报酬的，经受益人会议决议，可以调整受托人的报酬标准。

商业信托合同未约定受托人报酬的，受托人有权请求合理的报酬，其数额由受益人会议决议确定；受益人会议未在合理期限内确定受托人报酬的，受托人可以就其已提供的服务向法院请求确定报酬。

第五十九条　诉讼开支补偿

按照商业信托合同约定，受托人或者其他管理人因其与商业信托的关系而被他人起诉的，商业信托有权对其诉讼开支作出补偿。

商业信托合同可以对补偿设定标准、条件或者决定程序，包括补偿以不违反义务为条件、补偿应由受益人、独立受托人或者其他人决定等。

商业信托合同未约定补偿的，不影响受托人或者其他人依照其他法律取得补偿的权利。

第六十条　预付

受托人或者其他管理人因其与商业信托的关系而被他人起诉，在诉讼终结之前，商业信托可以预先支付受托人或者其他管理人的诉讼开支，包括合理的律师费，但受托人或者其他管理人应当在商业信托作出预付决定前向商业信托提交书面承诺，载明当其被最终认定应当承担责任或者无权取得补偿时应当全额返还预付款项。

商业信托合同可以对预付设定标准、条件或者决定程序，包括预付应由受益人、独立受托人或者其他人决定等。

第六十一条　无权取得补偿的行为

受托人或者其他管理人无权因下列行为取得补偿：

（一）违反忠实义务；

（二）因故意或者重大过失侵害商业信托合同当事人的权益；

（三）受托人或者其他管理人可从中取得不正当利益的行为。

第三节　受托人与其他管理人的义务

第六十二条　受托人的义务：一般规定

受托人对商业信托及其受益人负有忠实义务、注意义务与其他义务。

第六十三条　受托人的忠实义务：一般规定

受托人应当为了商业信托及其受益人的最大利益经营管理商业信托。

受托人从商业信托经营管理或者清算活动中收到的任何财产或者利益，以及运用商业信托财产或者商业机会收到的任何利益，属于商业信托；受托人应当向商业信托如实说明该财产或者利益，并将该财产或者利益移交于商业信托，在移交之前，应当以信托受托人身份占有该财产或者利益，不得将其混入固有财产。

受托人不得有下列行为：

（一）利用受托人职位为商业信托或者其受益人以外的人谋取利益；

（二）将商业信托财产混入商业信托以外的人的财产；

（三）将商业信托财产用于商业信托目的以外或者商业信托合同授权以外的用途；

（四）擅自披露商业信托的秘密；

（五）为商业信托以外的人谋取属于商业信托的商业机会；

（六）为商业信托以外的人经营与商业信托同类的业务或者竞争性业务。

第六十四条　受托人的忠实义务：利益冲突行为

受托人自己或者通过他人和商业信托实施有利益冲突的法律行为的，商业信托有权撤销该行为，但受托人证明有下列情形之一的，不得仅因该行为有利益冲突而撤销：

（一）该行为已按照商业信托合同约定取得同意；

（二）受托人向全体受益人披露关于该行为的全部重要事实及利益冲突的情形后，全体受益人同意该行为；

（三）该行为对商业信托是公平的。

第六十五条　区分与标明信托财产的义务

商业信托财产以受托人的名义占有、登记的，受托人应当指明或者标明商业信托财产，并应当使商业信托财产区别于受托人的固有财产与其他人的财产。

第六十六条　公允对待不同受益人的义务

商业信托有两个以上受益人的，受托人应当公允对待不同的受益人。

第六十七条　受托人的注意义务

受托人履行职责时，应当尽到处于类似位置的人在同等情形中应有的注意。

第六十八条　保存记录的义务

受托人应当以书面形式或者能够在合理期间内转换为书面形式的其他形式，保存含有本法第二十五条第一款所列信息的记录。

第六十九条　受托人的转托

受托人有权将其管理的商业信托营业与事务转托他人管理。受托人不因转托而丧失受托人身份，受转托人不因接受转托而成为商业信托的受托人。除商业信托和受转托人另有约定外，受转托人对商业信托负有与受托人相同的义务。

在选择受转托人、确定转托范围与条款、监督受转托人行为时，受托人应当尽到处于类似位置的人在同等情形中应有的注意。

受托人遵守前款规定的，不因受转托人的行为而对商业信托或者受益人承担责任。

第七十条　共同受托人的义务

除受托人因不可归责于自己的原因不能履行职责或者已将其权利与权限适当转托于其他共同受托人外，每一受托人应当参与受托人职责的履行。受托人因患病或者其他不可归责于自己的原因不能履行职责，有必要立即行动以实现信托目的或者避免信托财产遭受损害时，其余受托人有权履行该受托人的职责。

每一受托人应当尽到合理的注意，防止其他共同受托人严重违反受托人义务，并请求其他共同受托人对严重违反受托人义务的行为作出补救。

第七十一条　其他管理人的选任和监督

按照商业信托合同约定，商业信托可以选任高级管理人员、投资顾问等其他管理人。

除商业信托和其他管理人另有约定外，其他管理人对商业信托负有与受托人相同的义务。

受托人负有选择和监督其他管理人的义务。有下列情形之一的，对于其他管理人的选择、监督、解任以及行为，受托人不承担责任：

（一）选择该管理人是按照商业信托合同的约定；

（二）选任该管理人是商业信托合同要求受托人所为，且不是由受托人自主选任。

第七十二条　约定扩张、限制或者免除义务

受托人或者其他人对商业信托、受益人、其他受托人、商业信托合同其他当事人负有约定或者法定的信托义务或者其他义务的，商业信托合同可以扩张、限制或者免除该义务，可以约定特定类型的行为违反义务或者不违反义务，也可以约定特定人数或者比例的受益人、独立受托人或者其他人有权同意原本违反义务的行为。

第七十三条　受托人违反信托义务的责任

受托人违反忠实义务或者其他义务，或者因故意或者重大过失违反注意义务的，应当承担违反信托义务的责任。

受托人应当承担前款责任的，商业信托或者其受益人有权请求受托人履行信托义务、对违反信托义务的行为作出补救、赔偿损失，并有权减少或者拒付受托人报酬。

第七十四条　归入

受托人违反忠实义务所得的财产，属于商业信托财产。

第七十五条　共同受托人的责任

共同受托人之一因违反义务而承担赔偿责任的，有权请求共同负责同一事务的其他受托人分摊赔偿份额，但该受托人故意违反义务的除外。受托人因违反义务而收到利益的，不得在该利益范围内请求共同负责同一事务的其他受托人分摊赔偿份额；共同负责同一事务的其他受托人因违反义务而承担赔偿责任的，有权请求该受托人在其所收利益范围分摊赔偿份额。

受托人未参与其他共同受托人的行为,且已履行本法第七十条第二款规定义务的,不对其他共同受托人的行为承担责任。

按照多数受托人的决议或者书面同意参与行为的共同受托人,在行为前或者行为时表示异议并已将该异议通知共同负责同一事务的其他受托人的,不因该行为承担责任;该行为严重违反受托人义务的,参与该行为的异议受托人仍应当承担责任。

第七十六条　受托人或者其他人因合理信赖而免责

受托人或者其他人因合理信赖商业信托合同的条款而违反信托义务的,不对商业信托、受益人、其他受托人、商业信托合同其他当事人承担责任。

受托人或者其他管理人因合理信赖下列信息而违反义务的,不承担责任:

(一)商业信托的记录;

(二)由其他受托人、其他管理人或者受益人向商业信托提交的信息;

(三)由律师、会计师等专业人员就该受托人或者其他管理人合理认为属于该专业人员专业或者职业资质范围内的事项,向商业信托提交的信息。

前款所称信息的内容包括:商业信托资产、负债、利润或者亏损的价值及数额;足以清偿商业信托债务或者为清偿商业信托债务的备用金或者其他财产的价值及数额;用于对受益人进行分配或者对债权人进行清偿的财产数额及价值;与商业信托营业与事务有关的其他事实。

第七十七条　约定限制或者免除责任

受托人或者其他人因违反义务而应当对商业信托、受益人、其他受托人、商业信托合同其他当事人承担责任的,商业信托合同可以限制或者免除该责任,但免除故意违反义务的责任的,该免责条款无效。

第六章　商业信托合并、分立与改组

第一节　一般规定

第七十八条　本章中的定义

本章中下列用语的含义:

(一)企业,是指商业信托、公司、合伙企业、合作社和其他企业,但不包括个人独资企业。

(二)其他企业,是指商业信托以外的企业。

（三）企业组织法，是指规定企业成立及其内部事务的法律，包括商业信托法、公司法、合伙企业法、合作社法等。

（四）企业组织文件，是指约定企业营业与事务的登记文件，包括商业信托合同、公司章程、合伙协议、合作社章程等。

（五）出资人权益，是指企业出资人享有的选任管理者、决定企业重大事务、取得分配的权利。除企业组织文件另有约定外，“出资人权益”包括商业信托受益权、公司股权、合伙人权益、合作社成员权益。

第七十九条　出资人的责任

合并、分立、改组不影响出资人此前所负义务或者责任。

第八十条　约定排除

商业信托合同可以约定商业信托无权进行合并、分立或者改组。

第二节　合　　并

第八十一条　合并的同意

按照合并协议，商业信托可以与一个或者数个商业信托或者其他企业合并，合并后的存续企业或者新设企业可以是商业信托或者其他企业。

合并应当经参与合并的商业信托的全体受益人同意。

除其他企业组织法另有规定或者其他企业组织文件另有约定外，其他企业与商业信托合并，应当符合该企业实施同类企业合并所需的决议或者同意要求。

第八十二条　合并协议的变更或者解除

变更、解除合并协议的条件、方式或者程序，按照合并协议约定；合并协议未约定的，变更或者解除应当依照前条关于同意合并的要求取得同意。

第八十三条　出资人权益的处理

在合并中，参与合并的商业信托或者其他企业的出资人权益，可以按照下列一种或者数种方式处理：

（一）置换或者转换为现金、合并后存续企业或者新设企业的出资人权益或者其他财产；

（二）置换或者转换为现金、合并后存续企业或者新设企业以外企业的出资人权益或者其他财产；

（三）注销。

第八十四条　合并程序

商业信托合并，应当编制资产负债表及财产清单。商业信托应当自合并协议成立之日起十日内通知债权人，并于三十日内在企业登记信息公示系统中公示。

债权人自接到通知书之日起三十日内，未接到通知书的自公示之日起四十五日内，可以请求商业信托清偿债务或者提供相应的担保。

第八十五条　合并的效力

商业信托合并时，合并各方的权利和义务，由合并后存续企业或者新设企业承继。但其他法律规定其权利的设定、变更、转让和消灭应当登记的，未经登记，不得处分。

第三节　分　立

第八十六条　分立的同意

按照分立计划，一个商业信托可以分立为两个以上商业信托或者其他企业。

分立应当经商业信托的全体受益人同意。

第八十七条　分立计划的变更或者终止

变更、终止分立计划的条件、方式或者程序，按照分立计划规定；分立计划未规定的，变更或者终止应当依照前条关于同意分立的要求取得同意。

第八十八条　受益权的处理

在分立中，分立的商业信托的受益权，可以按照下列一种或者数种方式处理：

（一）置换或者转换为现金、分立后存续企业或者新设企业的出资人权益或者其他财产；

（二）置换或者转换为现金、分立后存续企业或者新设企业以外企业的出资人权益或者其他财产；

（三）注销。

第八十九条　分立程序

商业信托分立，应当编制资产负债表及财产清单。商业信托应当自分立计划成立之日起十日内通知债权人，并于三十日内在企业登记信息公示系统中公示。

第九十条　分立的效力

商业信托分立前的权利和义务由分立后的企业享有连带债权、承担连带债务，但债权人和债务人另有约定的除外。分立后的企业因分立而取得其他权利，其他法律规定其权利的设立、变更、转让和消灭应当登记的，未经登记，不得处分。

第四节　改　　组

第九十一条　改组的同意

按照改组计划，商业信托可以改组为其他企业。商业信托合同对同意改组的方式有约定的，改组应当按照该方式取得同意；商业信托合同未约定同意改组的方式且未禁止改组，但已对同意该商业信托合并的方式作出约定的，改组应当按照同意合并的方式取得同意；商业信托合同未约定同意改组与合并的方式且未禁止改组的，改组应当经全体受益人同意。

按照改组计划，其他企业可以改组为商业信托。其他企业改组为商业信托的，应当经该企业的出资人决议或者同意。除法律另有规定或者企业组织文件另有约定外，关于修改企业组织文件所需的决议或者同意的要求，适用于对改组的决议或者同意。

第九十二条　改组计划的变更或者终止

变更、终止改组计划的条件、方式或者程序，按照改组计划规定；改组计划未规定的，变更或者终止应当依照前条关于同意改组的要求取得同意。

第九十三条　出资人权益的处理

在改组中，被改组商业信托或者其他企业的出资人权益，可以按照下列一种或者数种方式处理：

（一）置换或者转换为现金、改组后企业的出资人权益或者其他财产；

（二）置换或者转换为现金、改组后企业以外企业的出资人权益或者其他财产；

（三）注销。

第九十四条　改组程序

商业信托改组为其他企业，应当编制资产负债表及财产清单。商业信托应当自改组计划成立之日起十日内通知债权人，并于三十日内在企业登记信息公示系统中公示。

债权人自接到通知书之日起三十日内，未接到通知书的自公示之日起四十五日内，可以请求商业信托清偿债务或者提供相应的担保。

第九十五条　商业信托改组为其他企业的登记

商业信托改组为其他企业的，应当在该商业信托的登记机关办理改组登记，并应当在其他企业的法定登记机关登记该企业组织文件。

改组登记信息中应当包含下列事项：

（一）商业信托的当前名称、成立日期、住所；

（二）改组后的其他企业的名称、住所；

（三）经改组后的其他企业的出资人请求，该企业有义务向请求人免费提供一份改组计划副本。

第九十六条　其他企业改组为商业信托的登记

其他企业改组为商业信托，应当在商业信托登记机关办理改组登记，并应当登记商业信托合同。

改组登记信息中应当包含下列事项：

（一）改组为商业信托的其他企业的当前名称、成立日期、住所；

（二）改组后的商业信托的名称、住所；

（三）经改组后的商业信托的受益人请求，该商业信托有义务向请求人免费提供一份改组计划副本。

第九十七条　改组的效力

商业信托改组为其他企业已符合其他企业组织法规定的，自改组登记之日起，商业信托成为其他企业。

其他企业改组为商业信托的，自改组登记之日起，其他企业成为商业信托。

被改组企业与改组后企业为同一企业。但其他法律规定其权利的设立、变更、转让和消灭应当登记的，未经登记，不得处分。

第七章　商业信托解散与清算

第九十八条　解散事由

有下列情形之一的，商业信托解散：

（一）发生商业信托合同约定的解散事由；

（二）因合并或者分立需要解散。

第九十九条　解散的取消

商业信托合同约定的解散事由发生之后、完成注销登记之前，全体受益人表决赞成或者书面同意商业信托继续存在的，商业信托不应解散。商业信托合同约定取消解散应当经受益人以外的人同意的，经该人同意，商业信托方可继续存在。

商业信托因受益人或者其他人表决或者书面同意而解散的，经每一表决赞成解散的人表决赞成或者书面同意商业信托继续存在，商业信托方可继续存在。

第一百条　清算人

商业信托因本法第九十八条第一项规定而解散的,应当由清算人进行清算。

经营管理商业信托的受托人或者其他管理人为清算人。

第一百零一条　清算人职责

清算人在清算期间执行下列事务:

(一)清理商业信托财产,分别编制资产负债表和财产清单;

(二)处理与清算有关的商业信托未了结事务;

(三)清缴所欠税款;

(四)清理债权、债务;

(五)处理商业信托清偿债务后的剩余财产;

(六)代表商业信托参加诉讼、仲裁或者其他争议解决活动。

第一百零二条　通知与公示

清算人应当自被确定之日起十日内将商业信托解散事项通知债权人,并在企业登记信息公示系统中公示解散信息,解散信息应当载明解散日期、清算人的姓名或者名称及其联系方式。

债权人应当自接到通知书之日起三十日内,未接到通知书的自公示解散信息之日起四十五日内,向清算人申报债权。债权人申报债权,应当说明债权的有关事项,并提供证明材料。清算人应当对债权进行登记。

在申报债权期间,清算人不得清偿债务。

第一百零三条　清偿债务

商业信托解散后,应当清偿下列债务或者为清偿下列债务采取合理措施:

(一)商业信托已知道的债务,包括或有债务、附条件债务、附期限债务或者未到期债务;

(二)商业信托已知道的、但尚未知道债权人身份的债务;

(三)尚未发生或者商业信托尚未知道、但依据商业信托已知道的事实,在商业信托解散后十年内可能发生或者商业信托可能知道的债务。

商业信托有足够财产的,应当足额清偿前款所称债务、为清偿债务采取的措施应当安排足额的清偿。商业信托无足够财产的,应当按照各种债权的受偿顺序清偿;受偿顺序相同的,应当在可供清偿的财产范围内按比例清偿。

商业信托为清偿或有债务、附条件债务、附期限债务、未到期债务或者本条第一款第二、三项所称债务，采取下列措施的，符合本条第一款所称采取合理措施的规定：

（一）经相关债权人同意而制定的债务清偿条款；

（二）设立一个足以清偿上述债务的备用金信托，备用金信托以清偿上述债务为目的、以商业信托债权人为受益人，且该信托不得因与该目的无关的事由而终止；

（三）由商业信托或者其他人为清偿上述债务提供适当的担保。

第一百零四条　分配剩余财产

商业信托在支付清算费用和清偿债务后的剩余财产，应当按照受益权比例分配于受益人。

第一百零五条　注销登记

清算结束，清算人应当编制清算报告，经受益人会议决议确认后，在十五日内向企业登记机关报送清算报告，申请办理商业信托注销登记。商业信托于注销登记时终止。

第一百零六条　清算责任

清算人遵守前四条规定的，就其在清算中的行为，不对商业信托债权人承担责任。

第一百零七条　清算人对商业信托或者其受益人的义务

受托人以外的人任清算人的，就其在清算中的行为，对商业信托或者其受益人负有与受托人相同的义务。

第一百零八条　破产清算

商业信托不能清偿到期债务的，债权人或者债务人可以依法申请其破产。

第八章　系列商业信托的特别规定

第一百零九条　系列的创设

商业信托合同可以创设受益人、受托人、受益权或者商业信托财产的一个或者数个系列，可以将现有或者将来的受益人、受托人、受益权或者商业信托财产划分为一个或者数个系列。

关于商业信托的特定财产、债务或者与特定财产、债务相关的利润与亏损，各系列的受益人、受托人、受益权或者商业信托财产可有独立的权利、权限或者义务。

商业信托合同可以约定，各系列可有独立的目的、投资目标或者投资策略。

商业信托合同可以约定各系列由同一人或者不同人经营管理。商业信托合同可以约定受托人仅应当考虑一个或者数个系列的利益。

第一百一十条　系列财产的占有、登记、控制

系列的财产，可以以商业信托的名义、以商业信托某系列的名义或者以其他方式占有、登记或者控制。

第一百一十一条　系列的责任限定

商业信托的系列符合下列全部条件的，就该系列发生的债务或者与该系列相关的债务，仅可强制执行该系列的财产，不得强制执行商业信托的一般财产或者其他系列的财产，并且就该商业信托整体或者其他系列发生的债务或者与商业信托整体或者其他系列相关的债务，不得强制执行该系列的财产：

（一）为该系列保存的记录，表明该系列的财产独立于商业信托的其他财产或者其他系列的财产；

（二）对系列的责任的上述限定已在商业信托合同中约定，并已在企业登记机关登记。

以能够合理识别系列的财产的方法为该系列保存记录，符合前款第一项规定。能够合理识别系列的财产的方法，包括下列方法：

（一）以特定列表指明财产；

（二）以种类或者数量指明财产；

（三）以计算公式、分配公式、计算程序或者分配程序指明财产，包括以财产的比例或者份额指明财产；

（四）能够客观确定特定财产的其他方法。

商业信托合同已约定对系列的责任作出本条第一款所称限定的，无论约定时商业信托是否已创设系列，均符合本条第一款第二项规定。该约定无须列明特定的系列。

第一百一十二条　约定改变责任限定

商业信托合同可以约定，商业信托的某一系列虽已符合前条第一款规定条件，就该系列引起的债务或者与该系列相关的债务，仍可以强制执行该商业信托的一般财产或者其他系列的财产。商业信托合同可以约定，商业信托的某一系列虽已符合前条第一款规定条件，就该商业信托整体或者其他系列引起的债务或者与商业信托整体或者其他系列相关的债务，仍可以强制执行该系列的财产。

第一百一十三条　系列的存续

依照本法第一百一十一条第一款所设系列中一个或者数个受益人或者受托人死亡、丧失行为能力、终止或者缺位，不影响该系列的存续。

同一人成为依照本法第一百一十一条第一款所设系列的唯一受托人与唯一受益人的，不影响该系列的存续。

第一百一十四条　系列的解散事由与解散的效力

依照本法第一百一十一条第一款所设系列，可以单独解散并清算。发生商业信托合同约定的事由时，系列解散，并应当清算其事务。

某一系列的解散与清算，不影响商业信托与其他系列的存续。

商业信托或者某一系列的解散、清算或者终止，不影响依照本法第一百一十一条第一款所设的其他系列的责任限定。

第一百一十五条　系列的清算人

系列解散时，经营管理该系列的受托人或者其他管理人为清算人；该清算人缺位的，商业信托的受托人为清算人。

第一百一十六条　系列清算人的权限与责任

系列解散后，清算人以商业信托的名义、代表商业信托与本系列并为了商业信托与本系列的利益，执行本法第一百零一条规定的、与本系列相关的事务，并应当依照本法第一百零二条、第一百零三条规定清偿本系列的债务、依照本法第一百零四条规定向本系列的受益人分配本系列的剩余财产。

系列的清算人遵守前条规定的，就其在清算中的行为，不对商业信托债权人承担责任。

第一百一十七条　清算人对商业信托或者系列受益人的义务

受托人以外的人任系列清算人的，就其在清算中的行为，对商业信托或者该系列的受益人负有与该系列受托人相同的义务。

第一百一十八条　法律适用

系列商业信托，本章未规定的，适用本法其他规定。

第九章　附　　则

第一百一十九条　外国商业信托

依照外国法律成立的商业信托在中国境内从事经营活动或者合并、改组等活动，参照适用关于外国公司的规定。

第一百二十条　过渡规定

本法施行前已设立的证券投资信托、资产证券化信托、不动产投资信托、企业债信托或者其他类型的信托，可以依照本法第二章规定登记为商业信托。

第一百二十一条　施行日期

本法自　　年　　月　　日起施行。

主要参考文献

一、中文著作

1. 卞耀武主编:《中华人民共和国信托法释义》,法律出版社2002年版。

2. 陈文达、李阿乙、廖咸兴:《资产证券化理论与实务》,中国人民大学出版社2004年版。

3. 何宝玉:《信托法原理研究》(第2版),中国法制出版社2015年版。

4. 何宝玉编著:《信托法案例评析》,中国法制出版社2016年版。

5. 赖源河、王志诚:《现代信托法论》(增订3版),中国政法大学出版社2002年版。

6. 李飞主编:《中华人民共和国证券投资基金法释义》,法律出版社2013年版。

7. 李智:《房地产投资信托(REITs)法律制度研究》,法律出版社2008年版。

8. 刘鸣炜:《信托制度的经济结构》,汪其昌译,上海远东出版社2015年版。

9. 任中秀:《德国团体法中的成员权研究》,法律出版社2016年版。

10. 史尚宽:《信托法论》,台湾商务印书馆股份有限公司1946年初版、1972年台一版。

11. 史志磊:《罗马法中的信托制度研究》,法律出版社2019年版。

12. 王文宇:《民商法理论与经济分析(二)》,中国政法大学出版社2003年版。

13. 王文宇:《新公司与企业法》,中国政法大学出版社2003年版。

14. 王志诚:《信托法》,五南图书出版公司2020年版。

15. 王志诚:《金融资产证券化——立法原理与比较法制》,北京大学出版社2005年版。

16. 王志诚:《信托之基本法理》,元照出版有限公司2005年版。

17. 吴晓灵主编:《投资基金法的理论与实践——兼论投资基金法的修订与完善》,上海三联书店2011年版。

18. 谢哲胜:《财产法专题研究(三)》,中国人民大学出版社2004年版。

19. 谢哲胜:《信托法总论》,台北作者自版2003年版。

20. 张淳:《信托法哲学初论》,法律出版社2014年版。

21. 张淳:《中国信托法特色论》,法律出版社2013年版。

22. 赵廉慧:《信托法解释论》,中国法制出版社2015年版。

23. 中国证券投资基金业协会编著:《中国证券投资基金业年报(2015)》,中国财政经济出版社2016年版。

24. [英]格雷厄姆·弗戈:《衡平法与信托的原理》,葛伟军、李攀、方懿译,法律出版社2018年版。

25. [英]大卫·约翰斯顿:《罗马法中的信托法》,张淞纶译,法律出版社2017年版。

26. [英]查尔斯·米契尔主编:《推定信托与归复信托》,张淞纶译,法律出版社2018年版。

27. [美]塔玛·弗兰科:《证券化:美国结构融资的法律制度》,潘攀译,法律出版社2009年版。

28. [美]劳伦斯·M. 弗里德曼:《遗嘱、信托与继承法的社会史》,沈朝晖译,法律出版社2017年版。

29. [美]亨利·汉斯曼:《企业所有权论》,于静译,中国政法大学出版社2001年版。

30. [美]奥利弗·E. 威廉姆森:《资本主义经济制度》,段毅才、王伟译,商务印书馆2004年版。

31. [法]弗朗索瓦·泰雷、菲利普·森勒尔:《法国财产法》,罗结珍译,中国法制出版社2008年版。

32. [德]马克斯·卡泽尔、罗尔夫·克努特尔:《罗马私法》,田士永译,法律出版社2018年版。

33. [德]托马斯·莱塞尔、吕迪格·法伊尔:《德国资合公司法》(第6版),高旭军等译,上海人民出版社2019年版。

34. [日]能见善久:《现代信托法》,赵廉慧译,中国法制出版社2011年版。

35. [日]日本商事信托研究会编著:《日本商事信托立法研究》,朱大明译,法律出版社2019年版。

36. [日]三菱日联信托银行编著:《信托法务与实务》(第5版),张军建译,中国财政经济出版社2010年版。

二、中文论文

1. 陈大创:《德国法上的信托资金保护——以德国司法判例为中心》,载朱晓喆主编:《中国信托法评论》(第1卷),法律出版社2018年版。

2. 陈林:《违反信义义务所获利益应予返还》,载《人民司法·案例》2009年第6期。

3. 陈明吉:《都市更新投资信托可行性之研议及其对房地产参与角色的影响》,载《台湾金融财务季刊》2002年第3辑第2期。

4. 储蓉:《信用卡应收账款证券化》,载《台湾金融财务季刊》2002年第3辑第3期。

5. 杜筠翊、胡轩之:《不动产投资信托研究》,载《政治与法律》2000年第3期。

6. 樊健:《论客户期货交易保证金的信托法律构造》,载《法学》2019年第2期。

7. 耿利航:《信托财产与中国信托法》,载《政法论坛》2004年第1期。

8. 洪艳蓉:《论基金托管人的治理功能与独立责任》,载《中国法学》2019年第6期。

9. 洪政杰:《节省信托之研究》,东吴大学法律学系2008年硕士学位论文。

10. 黄安强:《论美国协议型企业体制在我国之实现》,台湾"中央"大学产业经济研究所2007年硕士学位论文。

11. 黄辉:《公司资本制度改革的正当性:基于债权人保护功能的法经济学分析》,载《中国法学》2015年第6期。

12. 黄金泽:《金融资产证券化之会计处理》,载《台湾金融财务季刊》2003年第4辑第4期。

13 黄欣怡:《商业信托之研究》,台湾中正大学法律学研究所2004年硕士学位论文。

14. 姜雪莲:《信托制度中受托人对外责任的比较研究》,载《江苏大学学报(社会科学版)》2014年第3期。

15. 李阿乙:《从特殊目的工具看证券化演进——并兼论美国与台湾制度之异同》,载《台湾金融财务季刊》2002年第3辑第4期。

16. 李成、卓俊雄:《资产证券化中反对受益人收买请求权之探讨》,载《台湾金融财务季刊》2004年第5辑第1期。

17. 李富成:《从美国到全球的证券化市场观察——对中国大陆市场

起飞的启示》，载《月旦民商法研究》2006年第7期。

18. 李世刚：《论〈法国民法典〉对罗马法信托概念的引入》，载《中国社会科学》2009年第4期。

19. 刘万基：《金融资产证券化条例受托机构地位之分析》，载《台湾金融财务季刊》2003年第4辑第4期。

20. 楼建波：《信托财产分别管理与信托财产独立性的关系——兼论〈信托法〉第29条的理解和适用》，载《广东社会科学》2016年第4期。

21. 吕富强：《论法国式信托——一种对本土资源加以改造的途径》，载《比较法研究》2010年第2期。

22. 沈朝晖：《企业资产证券化法律结构的脆弱性》，载《清华法学》2017年第6期。

23. 史志磊：《论信托之诉》，载朱晓喆主编：《中国信托法评论》（第1卷），法律出版社2018年版。

24. 孙静：《德国信托法探析》，载《比较法研究》2004年第1期。

25. 王乐兵：《欧洲资产担保债券与中国资产证券化：改革、比较与借鉴》，载《法学杂志》2017年第10期。

26. 王文宇：《信托法的分析架构及可行的发展方向——以台湾地区法制为例》，载《北大法律评论》（第9卷第2辑），北京大学出版社2008年版。

27. 王涌：《让资产管理行业回归大信托的格局》，载《清华金融评论》2018年第1期。

28. 王志诚：《信托制度在高龄化社会之运用及发展趋势》，载《月旦法学杂志》2018年总第 276 期。

29. 王志诚：《商业信托上市模式之解构及分析——以新加坡、香港分拆上市案例为核心》，载《财税研究》第43卷第2期（2014年3月）。

30. 温世扬、冯兴俊：《论信托财产所有权——兼论我国相关立法的完善》，载《武汉大学学报（哲学社会科学版）》2005年第2期。

31. 吴英杰：《欧洲民事法模范草案信托编之比较研究》，载《台大法学论丛》第46卷第3期（2017年）。

32. 吴英杰：《论受托人违反信托本旨而为信托财产之处分：救济方法暨其法理基础》，载《台大法学论丛》第44卷第2期（2015年）。

33. 夏扬：《洋商挂名道契与近代信托制度的实践》，载《比较法研究》2006年第6期。

34. 肖俊：《罗马法中的信托行为与近似制度》，载朱晓喆主编：《中国信托法评论》（第1卷），法律出版社2018年版。

35. 徐卫:《中国〈信托法〉逻辑自洽性的不足与修正》,载《北京理工大学学报(社会科学版)》2014年第5期。

36. 徐卫:《挥霍信托与我国信托制度完善:挥霍问题的私人治理》,载《上海交通大学学报(哲学社会科学版)》2013年第5期。

37. 徐卫:《论诉讼信托》,载《河北法学》2006年第9期。

38. 杨崇森:《从信托之功能谈信托之推广——迎接信托时代的来临》,载朱晓喆主编:《中国信托法评论》(第1卷),法律出版社2018年版。

39. 杨清芬、魏政祥:《从创始机构角度论资产证券化与公司理财》,载《台湾金融财务季刊》2002年第3辑第3期。

40. 叶名怡:《结构化资管计划的私法规制——以“宝万之争”为例》,载《法学》2018年第3期。

41. 叶朋:《法国信托法近年来的修改及对我国的启示》,载《安徽大学学报(哲学社会科学版)》2014年第1期。

42. 于海涌:《论信托财产的所有权归属》,载《中山大学学报(社会科学版)》2010年第2期。

43. 张淳:《对我国信托法关于信托债务清偿责任的规定的修改》,载《社会科学家》2014年第2期。

44. 张淳:《我国信托财产所有权归属的态度及其法理审视》,载《甘肃政法学院学报》2007年第5期。

45. 张学哲:《学术视角下中德法律的同与异——以德国民事合伙权利能力制度的发展为切入点》,载王洪亮等主编:《中德私法研究》(第13卷),北京大学出版社2016年版。

46. 张志越:《基金业立法:美国的经验》,载《经济社会体制比较》2005年第6期。

47. 赵廉慧:《信托受托人对第三人责任机理研究》,载《广东社会科学》2016年第4期。

48. 朱柏松:《诉讼信托无效之规定的适法性探讨》,载《月旦法学杂志》2001年总第75期。

49. 朱大明:《论信托投资产品刚性兑付的法律规制》,载《法学》2019年第4期。

50. [美]佐哈·戈申、理查德·斯奎尔:《被代理人成本:公司法与公司治理的新理论》(上),林少伟、许瀛彪译,载《交大法学》2017年第2期。

51. [美]佐哈·戈申、理查德·斯奎尔:《被代理人成本:公司法与公司治理的新理论》(下),林少伟、许瀛彪译,载《交大法学》2017年第3期。

52. [德]维尔纳·弗卢梅:《合伙与合手》,金晶译,载《中德私法研究》2016年第14卷。

53. [德]托马斯·莱塞尔:《德国民法中的法人制度》,张双根译,载《中外法学》2001年第1期。

54. [日]道垣内弘人:《日本信托法的修改》,高庆凯译,载渠涛主编:《中日民商法研究》(第6卷),北京大学出版社2007年版。

55. [日]能见善久:《日本新信托法的理论课题》,赵廉慧译,载《比较法研究》2008年第5期。

56. [日]神田秀树:《以商事信托法路径审视日本信托法制》,杨林凯译,载《中国政法大学学报》2016年第4期。

57. [韩]崔埈璿:《韩国信托法的改正》,载王保树主编:《商事法论集》(第18、19合卷),法律出版社2011年版。

三、外文著作

1. Stephen M. Bainbridge & M. Todd Henderson, *Limited Liability: A Legal and Economic Analysis* (2016).

2. Stephen M. Bainbridge, *Corporation Law and Economics* (2002).

3. R. Franklin Balotti & Jesse A. Finkelstein eds., *The Delaware Law of Corporations & Business Organizations* (3d ed. 2005 Supp.).

4. Christian von Bar & Eric Clive eds., *Principles, Definitions and Model Rules of European Private Law: Draft Common Frame of Reference* (Full Edition, 2009).

5. Jennifer L. Berger & Carol A. Jones, 16A *Fletcher Cyclopedia of the Law of Private Corporations* (Rev. ed. 2003).

6. Adolf A. Berle, Jr. & Gardiner C. Means, *The Modern Corporation and Private Property* (1932).

7. Carter G. Bishop & Daniel S. Kleinberger, *Limited Liability Companies-Tax and Business Law* (2007).

8. George Taylor Bogert, *Trusts* (6th ed. 1987).

9. George Gleason Bogert & George Taylor Bogert, *The Law of Trusts and Trustees* (Rev. 2d ed. 1993).

10. Alan R. Bromberg & Larry E. Ribstein, *Bromberg and Ribstein on Partnership* (2005).

11. Alan R. Bromberg & Larry E. Ribstein, *Bromberg & Ribstein on*

LLPs, RUPA and Uniform Limited Partnership Act(2003).

12. Elias Clark et al., *Gratuitous Transfers: Wills, Intestate Succession, Trusts, Gifts, Future Interests, and Estate and Gift Taxation*(4th ed. 1999).

13. Robert Charles Clark, *Corporate Law*(1986).

14. C. A. Cooke, *Corporation, Trust and Company: An Essay in Legal History*(1951).

15. Evan J. Criddle, Paul B. Miller, & Robert H. Sitkoff eds., *The Oxford Handbook of Fiduciary Law*(2019).

16. Joel C. Dobris et al., *Estates and Trusts*(2d ed. 2003).

17. Jesse Dukeminier et al., *Wills, Trusts, and Estates*(7th ed. 2005).

18. William C. Dunn, *Trusts for Business Purposes*(1922).

19. Frank H. Easterbrook & Daniel R. Fischel, *The Economic Structure of Corporate Law*(1991).

20. Richard Edwards & Nigel Stockwell, *Trusts and Equity*(5th ed. 2002).

21. Frank J. Fabozzi ed., *The Handbook of Financial Instruments*(2002).

22. Peter M. Fass, Michael E. Shaff, & Donald B. Zief, *Real Estate Investment Trusts Handbook*(2006).

23. Tamar Frankel, *Fiduciary Law*(2011).

24. Tamar Frankel & Ann Taylor Schwing, *The Regulation of Money Managers: Mutual Funds and Advisers*(2d ed. 2001 & Supp. 2008).

25. Tamar Frankel, *Securitization: Structured Financing, Financial Assets Pools, and Asset-Backed Securities*(1991 & Supp. 1995).

26. William F. Fratcher, *Trust*, in 6 International Encyclopedia of Comparative Law(1972).

27. Joshua Getzler ed., *Rationalizing Property, Equity and Trusts: Essays in Honour of Edward Burn*(2003).

28. Michele Graziadei, Ugo Mattei, & Lionel Smith ed., *Commercial Trusts in European Private Law*(2005).

29. Henry Hansmann, *The Ownership of Enterprise*(1996).

30. Jonathan Harris, *The Hague Trusts Convention: Scope, Application and Preliminary Issues*(2002).

31. David Hayton, *The Law of Trusts*(2003).

32. David Hayton, Paul Matthews, & Charles Mitchell, *Underhill and*

Hayton Law Relating to Trusts and Trustees(18th ed. 2010).

33. David Hayton ed., *Modern International Developments in Trust Law*(1999).

34. D. J. Hayton, S. C. J. J. Kortmann, & H. L. E. Verhagen ed., *Principles of European Trust Law*(1999).

35. Thomas Lee Hazen, *Law of Securities Regulation*(5th ed. 2006).

36. Richard Helmholz & Richard Zimmerman, *Itinera Fiduciae: Trust and Treuhand in Historical Perspective*(1998).

37. Amy Morris Hess, George Gleason Bogert, & George Taylor Bogert, *The Law of Trusts and Trustees*(3d ed. 2005).

38. Robert W. Hillman & Mark J. Lowenstein eds., *Research Handbook on Partnerships, LLCs and Alternative Forms of Business Organizations*(2015).

39. Wesley Newcomb Hohfeld, *Fundamental Legal Conceptions*(1919).

40. D. J. R. Hullet, *An Analysis of Market Failures: Externalities, Public Goods, and Mixed Goods*(1977).

41. J. Dennis Hynes, *Agency, Partnership, and the LLC*(2d ed. 2001).

42. Alon Kaplan ed., *Trusts in Prime Jurisdictions*(2000).

43. Nicholas Karambelas, *Limited Liability Companies: Law, Practice and Forms*(2005).

44. Hein Kötz, *Trust und Treuhand-eine rechtsvergleichende Darstellung des angloamerikanischen Trust und funktionsverwandter Institute des deutschen Rechts*(1963).

45. S. C. J. J. Kortmann et al. ed., *Towards an EU Directive on Protected Funds*(2009).

46. Myron Kove et al., *Bogert's Trusts and Trustees*(2016).

47. Robert I. Landau, *Corporate Trust: Administration and Management*(4th ed. 1992).

48. Bevis Longstreth, *Modern Investment Management and the Prudent Man Rule*(1986).

49. Martin Löhnig, *Treuhand: Interessenwahrnehmung und Interessenkonflikte*(2006).

50. Maurizio Lupoi, *Trusts: A Comparative Study*(Simon Dix trans. 2000).

51. M. W. Lau, *The Economic Structure of Trusts: Towards a Property-based Approach*(2011).

52. Ian Macneil, *The New Social Contract*(1980).

53. Henry W. Macrosty, *The Trust Movement of British Industry: A Study of Business Organization*(1907).

54. Ray D. Madoff, *Immortality and the Law: The Rising Power of the American Dead*(2010).

55. Peter W. Madlem & Thomas K. Sykes, *The International Encyclopedia of Mutual Funds, Closed-End Funds and REITs*(2000).

56. Jeffrey D. Mamorsky, 1 *Employee Benefits Handbook*(2007).

57. Robert Gardner McClung, *Representative Massachusetts Trusts*(1912).

58. Wilber A. McCoy, *Business Trust Agreements and Declarations of Trust*(1922).

59. Graham Moffat et al., *Trusts Law: Texts and Materials*(3d ed. 1999).

60. Grant S. Nelson & Dale A. Whitman, *Real Estate Finance Law*(3d ed. 1994).

61. A. J. Oakley, *Parker and Mellows: The Modern Law of Trusts*(9th ed. 2008).

62. Mancur Olson, *The Logic of Collective Action: Public Goods and the Theory of Groups*(1980).

63. Robert A. Pearce & John Stevens, *The Law of Trusts and Equitable Obligations*(3d ed. 2002).

64. Eric A. Posner, *Law and Social Norms*(2000).

65. P. J. Reed & R. C. Wilson, *The Trustee Act 2000: A Practical Guide*(2001).

66. J. Morgan Rees, *Trusts in British Industry 1914-1921: A Study of Recent Developments in Business Organization*(1922).

67. Larry E. Ribstein, *The Rise of the Uncorporation*(2010).

68. Larry E. Ribstein & Robert R. Keatinge, 1 *Ribstein and Keatinge on Limited Liability Companies*(2007).

69. Mark J. Roe, *Strong Managers, Weak Owners: The Political Roots of American Corporate Finance*(1994).

70. Mark A. Sargent & Walter D. Schwidetzky, *Limited Liability*

Company Handbook (2007).

71. Antonin Scalia, *A Matter of Interpretation* (1997).

72. Steven L. Schwarcz, *Structured Finance, A Guide to the Principles of Asset Securitization* (3d ed. 2002).

73. Eugene F. Scoles et al., *Problems and Materials on Decedents' Estates and Trusts* (6th ed. 2000).

74. Austin W. Scott & William F. Fratcher, *The Law of Trusts* (4th ed. 1987).

75. Austin W. Scott, William F. Fratcher, & Mark L. Ascher, *Scott and Ascher on Trusts* (5th ed. 2006).

76. John H. Sears, *Trust Estates as Business Companies* (2d ed. 1921).

77. Kam Fan Sin, *The Legal Nature of the Unit Trust* (1997).

78. Angela Sydenham, *Trusts of Land* (1996).

79. Christian Szylar ed., *UCITS Handbook* (2012).

80. Paul Todd & Sarah Wilson, *Textbook on Trusts* (6th ed. 2003).

81. Geraint Thomas & Alastair Hudson, *The Law of Trust* (2d ed. 2010).

82. Guy A. Thompson, *Business Trusts as Substitutes for Business Corporations* (1920).

83. Remus Valsan ed., *Trusts and Patrimonies* (2015).

84. Gilbert Paul Verbit, *The Origins of the Trust* (2002).

85. Valerie J. Vollmar et al., *An Introduction to Trusts and Estates* (2003).

86. Edward H. Warren, *Corporate Advantages Without Incorporation* (1929).

87. Donovan W.M. Waters, Mark R. Gillen, & Lionel D. Smith, *Waters' Law of Trusts in Canada* (3d ed. 2005).

88. Oliver E. Williamson, *The Economic Institutions of Capitalism: Firms, Markets, Relational Contracting* (1985).

89. Sydney R. Wrightington, *The Law of Unincorporated Associations and Similar Relations* (1916).

90. Sydney R. Wrightington, *The Law of Unincorporated Associations and Business Trusts* (2d ed. 1923).

四、外文论文

1. Armen A. Alchian & Harold Demsetz, *Production, Information Costs, and Economic Organization*, 62 Am. Econ. Rev. 777(1972).

2. Gregory S. Alexander, *Trust Protectors: Who Will Watch the Watchmen?*, 27 Cardozo L. Rev. 2807(2006).

3. Gregory S. Alexander, *A Cognitive Theory of Fiduciary Relationships*, 85 Cornell L. Rev. 767(2000).

4. Gregory S. Alexander, *The Transformation of Trusts as a Legal Category, 1800-1914*, 5 L. & Hist. Rev. 303(1987).

5. Gregory S. Alexander, *The Dead Hand and The Law of Trusts in the Nineteenth Century*, 37 Stan. L. Rev. 1189(1985).

6. William T. Allen, Jack B. Jacobs, & Leo E. Strine, Jr., *Realigning the Standard of Review of Director Due Care with Delaware Public Policy: A Critique of Van Gorkom and Its Progeny as a Standard of Review Problem*, 96 Nw. U. L. Rev. 449(2002).

7. William T. Allen, Jack B. Jacobs, & Leo E. Strine, Jr., *Function Over Form: A Reassessment of Standards of Review in Delaware Corporation Law*, 26 Del. J. Corp. L. 859(2001).

8. Michael P. Van Alstine, *Of Textualism, Party Autonomy, and Good Faith*, 40 Wm. & Mary L. Rev. 1223(1999).

9. Paul M. Altman & Srinivas M. Raju, *Fiduciary Duties in Delaware Alternative Entities*, 1486 PLI/Corp. 383(2005).

10. Anita Anand & Edward Iacobucci, *The Boundaries of Corporate Law and Trust Law: An Analysis of Locking v. McCowan*, 62 McGill L. J. 577(2016).

11. Makoto Arai & Koichi Kimura, *Financial Revolution and Trust Banks in Japan: Challenges in the Deregulation and Internationalisation Process*, 4 J. Int' l Tr. & Corp. Plan. 67(1995).

12. Kenneth J. Arrow, *The Economics of Agency*, in Principals and Agents: The Structure of Business(John W. Pratt & Richard J. Zeckhauser eds. 1985).

13. Robert C. Art, *Conversion and Mergers of Disparate Business Entities*, 76 Wash. L. Rev. 349(2001).

14. Richard C. Ausness, *The Role of Trust Protectors in American Trust Law*, 45 Real Prop. Tr. & Est. L.J. 319(2010).

15. Avisheh Avini, *The Origins of the Modern English Trust Revisited*, 70 Tul. L. Rev. 1139(1996).

16. Ian Ayres & Robert Gertner, *Strategic Contractual Inefficiency and the Optimal Choice of Legal Rules*, 101 Yale L. J. 729(1992).

17. Ian Ayres & Robert Gertner, *Filling Gaps in Incomplete Contracts: An Economic Theory of Default Rules*, 99 Yale L. J. 87(1989).

18. Am. Bar Ass' n Section of Taxation Comm. on Fin. Transactions Subcomm. on Asset Securitization, *Legislative Proposal to Expand the REMIC Provisions of the Code to Include Nonmortgage Assets*, 46 Tax L. Rev. 299(1991).

19. Stephen M. Bainbridge, *Director Primacy and Shareholder Disempowerment*, 119 Harv. L. Rev. 1735(2006).

20. Stephen M. Bainbridge, *Unocal at 20: Director Primacy in Corporate Takeovers*, 31 Del. J. Corp. L. 769(2006).

21. Stephen M. Bainbridge, *The Business Judgment Rule as Abstention Doctrine*, 57 Vand. L. Rev. 83(2004).

22. Stephen M. Bainbridge, *Director Primacy: The Means and Ends of Corporate Governance*, 97 Nw. U. L. Rev. 547(2003).

23. Stephen M. Bainbridge, *Abolishing Veil Piercing*, 26 J. Corp. L. 479 (2001).

24. Larry D. Barnett, *The Regulation of Mutual Fund Boards of Directors: Financial Protection or Social Productivity*, 16 J.L. & Pol' y 489 (2008).

25. Jane B. Baron, *The Trust Res and Donative Intent*, 61 Tul. L. Rev. 45 (1986).

26. Michal Barzuza, *Market Segmentation: The Rise of Nevada as a Liability-Free Jurisdiction*, 98 Va. L. Rev. 935(2012).

27. Joseph J. Basile, Jr., *Limited Liability for Limited Partners: An Argument for the Abolition of the Control Rule*, 38 Vand.L.Rev. 1199(1985).

28. Lucian Ayre Bebchuk, *Limiting "Contractual Freedom in Corporate Law": The Desirable Constraints on Charter Amendments*, 102 Harv. L. Rev. 1820(1989).

29. Lucian Arye Bebchuk & Mark J. Roe, *A Theory of Path Dependence in Corporate Ownership and Governance*, 52 Stan. L. Rev. 127(1999).

30. Martin D. Begleiter, *Serve the Cheerleader-Serve the World: Representation in Estate and Trust Proceedings and under the Uniform Trust Code and other Modern Trust Codes*, 43 Real Prop. Tr. & Est. L.J. 311 (2008).

31. Martin D. Begleiter, *The Guardian Ad Litem in Estate Proceedings*, 20 Willamette L. Rev. 643(1984).

32. Z. E. Benevolenskaya, *Prospects for Trust in Russia: The Perspective as Seen from 2010 and 2011 Drafts Amendments to the Russian Civil Code*, 37 Rev. Cent. & E. Eur. L. 31(2012).

33. Lisa Bernstein, *Merchant Law in a Merchant Court: Rethinking the Code's Search for Immanent Business Norms*, 144 U. Pa. L. Rev. 1765 (1996).

34. Lisa Bernstein, *Opting Out of the Legal System: Extralegal Contractual Relations in the Diamond Industry*, 21 J. Legal Stud. 115(1992).

35. Harvey E. Bines, *Modern Portfolio Theory and Investment Management Law: Refinement of Legal Doctrine*, 76 Colum. L. Rev. 721 (1976).

36. Gail Boreman Bird, *Trust Termination: Unborn, Living, and Dead Hands-Too Many Fingers in the Trust Pie*, 36 Hastings L. J. 563(1985).

37. Robert L. Birnbaum & James F. Monahan, *The Nominee Trust in Massachusetts Real Estate Practice*, 60 Mass. L.Q. 364(1976).

38. Bernard Black, *Is Corporate Law Trivial?: A Political and Economic Analysis*, 84 Nw. U. L. Rev. 542(1990).

39. Bernard Black & Reinier Kraakman, *A Self-Enforcing Model of Corporate Law*, 109 Harv. L. Rev. 1911(1996).

40. Margaret M. Blair, *Locking in Capital: What Corporate Law Achieved for Business Organizers in the Nineteenth Century*, 51 UCLA L. Rev. 387(2003).

41. Margaret M. Blair & Lynn A. Stout, *A Team Production Theory of Corporate Law*, 85 Va. L. Rev. 247(1999).

42. Bradley T. Borden, *Rethinking the Tax-Revenue Effect of REIT Taxation*, 17 Fla. Tax Rev. 527(2015).

43. Douglas M. Branson, *The Rule That Isn't a Rule-The Business Judgment Rule*, 36 Val. U. L. Rev. 631(2002).

44. Alexandra Braun, *Trusts in the Draft Common Frame of Reference: The Best Solution for Europe*, 70 Cambridge L. J. 327(2011).

45. Robert C. Brown, *Common Law Trusts as Business Enterprises*, 3 Ind. L. J. 595(1928).

46. Paul Burrows, *Analyzing Legal Paternalism*, 15 Int' l Rev. L. & Econ. 489(1995).

47. Henry N. Butler & Larry E. Ribstein, *Opting Out of Fiduciary Duties: A Response to the Anti-Contractarians*, 65 Wash. L. Rev. 1(1990).

48. David Campbell, *The Undeath of Contract: A Study in the Degeneration of a Research Programme*, 22 Hong Kong L. J. 20(1992).

49. Mortimer M. Caplin, *Foreword to Virginia Law Review Symposium on Real Estate Investment Trusts*, 48 Va. L. Rev. 1007(1962).

50. William J. Carney, *Section 4.01 of the American Law Institute Corporate Governance Project: Restatement or Misstatement?*, 66 Wash. U. L.Q. 239(1988).

51. William L. Cary, *Federalism and Corporate Law: Reflections upon Delaware*, 83 Yale L. J. 663(1974).

52. Ronald Chester, *Grantor Standing to Enforce Charitable Transfers Under Section 405(C) of the Uniform Trust Code and Related Law: How Important Is It and How Extensive Should It Be?*, 37 Real Prop. Prob. & Tr. J. 611(2003).

53. Ronald Chester, *Modification and Termination of Trusts in the 21st Century: The Uniform Trust Code Leads a Quiet Revolution*, 35 Real Prop. Prob. & Tr. J. 697(2001).

54. Ronald Chester, *Cy Pres of Gift Over: The Search for Coherence in Judicial Reform of Failed Charitable Trusts*, 23 Suffolk U. L. Rev. 41(1989).

55. Ronald Chester & Sarah Reid Ziomek, *Removal of Corporate Trustees Under the Uniform Trust Code and Other Current Law: Does a Contractual Lense Help Clarify the Rights of Beneficiaries?*, 67 Mo. L. Rev. 241(2002).

56. Steven N.S. Cheung, *The Contractual Nature of the Firm*, 26 J. L. & Econ. 1(1983).

57. Ryan A. Christy, *Redefining the Juridical Person: Examining the Business Trust and Other Unincorporated Associations for Citizenship Purposes*, 6 Duq. Bus. L. J. 137(2004).

58. Robert C. Clark, *Contracts, Elites, and Traditions in the Making of Corporate Law*, 89 Colum. L. Rev. 1703(1989).

59. Ronald H. Coase, *The Problem of Social Cost*, 3 J. L. & Econ. 1 (1960).

60. Ronald H. Coase, *The Nature of the Firm*, 4 Economica 386(1937).

61. John C. Coffee, Jr., *The Mandatory/Enabling Balance in Corporate Law: An Essay on the Judicial Role*, 89 Colum. L. Rev. 1618(1989).

62. John C. Coffee, Jr., *The Unfaithful Champion: The Plaintiff as Monitor in Shareholder Litigation*, 48 L & Contemp Probs 5(1985).

63. John C. Coffee, Jr. & Donald E. Schwartz, *The Survival of the Derivative Suit: An Evaluation and a Proposal for Legislative Reform*, 81 Colum. L. Rev. 261(1981).

64. Comment, *Massachusetts Trusts*, 37 Yale L. J. 1103(1928).

65. Comment, *The Doctrine of Merger as Applied to Commercial Trust*, 29 Yale L. J. 97(1919).

66. Committee on Bankr. & Corp. Reorganization, Ass' n of the Bar of the City of New York, *New Developments in Structured Finance*, 56 Bus. Law. 95(2000).

67. Committee on Bankr. & Corp. Reorganization, Ass' n of the Bar of the City of New York, *Structured Financing Techniques*, 50 Bus. Law. 527(1995).

68. Ann E. Conaway, *The Multi-Facets of Good Faith in Delaware: A Mistake in the Duty of Good Faith and Fair Dealing; A Different Partnership Duty of Care; Agency Good Faith and Damages; Good Faith and Trust Law*, 10 Del. L. Rev. 89 (2008).

69. Ann E. Conaway, *A Business Review of the Delaware Series: Good Business for the Informed*, 1677 PLI/Corp. 645(2008).

70. Ann E. Conaway, *Why No Respect? The Contractual Duties of Good Faith and Fair Dealing in Delaware* (Widener Law School Legal Studies Research Paper No. 08-05, June 17, 2007), http://papers.ssrn.com/sol3/papers.cfm?abstract_id=994624.

71. Adam Cook, *Now You See It, Now You Don't: The Uncertain Fate*

of the SEC's Governance Rule on Mutual Fund Director Independence, 59 Rutgers L. Rev. 603 (2007).

72. William W. Cook, *The Mysterious Massachusetts Trusts*, 9 Va. L. Register, New Series 726 (1924).

73. Robert Cooter & Bradley J. Freedman, *The Fiduciary Relationship: Its Economic Character and Legal Consequences*, 66 N.Y.U. L. Rev. 1045 (1991).

74. George P. Costigan, Jr., *The Classification of Trusts as Express, Resulting and Constructive*, 27 Harv.L.Rev. 437 (1914).

75. Maurice Cullity, *Legal Issues Arising out of the Use of Business Trusts in Canada*, in Equity, Fiduciaries and Trusts (T. G. Youdan ed. 1989).

76. Robert T. Danforth, *Rethinking the Law of Creditors' Rights in Trusts*, 53 Hastings L.J. 287 (2002).

77. Kenneth B. Davis, Jr., *Judicial Review of Fiduciary Decisionmaking-Some Theoretical Perspectives*, 80 Nw. U. L. Rev. 1 (1985).

78. Kimberly A. Davison, Note, *Cox v. Thee Evergreen Church: Liability Issues of the Unincorporated Association, Is It Time for the Legislature To Step In?*, 46 Baylor L. Rev. 231 (1994).

79. Deborah A. DeMott, *Beyond Metaphor: An Analysis of Fiduciary Obligation*, 1988 Duke L. J. 879.

80. Michael Despres, *Alternative Entities and Fiduciary Duty Waivers in Delaware*, 2015 BYU L. Rev. 1347 (2016).

81. Angelique Devaux, DeAnna Beckner, & Margaret Ryznar, *The Trust as More than a Common Law Creature*, 41 Ohio N.U. L. Rev. 91 (2014).

82. Joel C. Dobris, *Speculations on the Idea of "Speculation" in Trust Investing: An Essay*, 39 Real Prop. Prob. & Tr. J. 439 (2004).

83. Joel C. Dobris, *The Death of the Rule Against Perpetuities, or the RAP Has No Friends-An Essay*, 35 Real Prop. Prob. & Tr. J. 601 (2000).

84. Joel C. Dobris, *Changes in the Role and the Form of the Trust at the New Millennium, or, We Don't Have to Think of England Anymore*, 62 Alb. L. Rev. 543 (1998).

85. Joel C. Dobris, *Why Trustee Investors Often Prefer Dividends to*

Capital Gain and Debt Investments to Equity-A Daunting Principal and Income Problem, 32 Real Prop. Prob. & Tr. J. 255(1997).

86. Joel C. Dobris, *New Forms of Private Trusts for the Twenty-First Century-Principal and Income*, 31 Real Prop. Prob. & Tr. J. 1(1996).

87. Joel C. Dobris, *The Probate World at the End of the New Century: Is a New Principal and Income Act in Your Future?*, 28 Real Prop. Prob. & Tr. J. 393(1993).

88. Joel C. Dobris, *Real Return, Modern Portfolio Theory, and College, University, and Foundation Decisions on Annual Spending from Endowments: A Visit to the World of Spending Rules*, 28 Real Prop. Prob. & Tr. J. 49(1993).

89. Allan G. Donn, *Contractual Modification of Fiduciary Duties for Delaware Unincorporated Business Entities*, 7 J. Passthrough Entities 21 (Nov./Dec. 2004).

90. James Douglas, *Trusts and Their Equivalents in Civil Law Systems: Why Did the French Introduce the Fiducie into the Civil Code in 2007 - What Might Its Effects Be: The WA Lee Lecture 2012*, 13 QUT L. Rev. 19(2013).

91. Antony G. D. Duckworth, *The Trust Offshore*, 32 Vand. J. Transnat' l L. 879(1999).

92. Jesse Dukeminier & James E. Krier, *The Rise of the Perpetual Trust*, 50 UCLA L. Rev. 1303(2003).

93. Leland S. Duxbury, *Business Trusts and Blue Sky Laws*, 8 Minn. L. Rev. 465(1923).

94. Adair Dyer, *International Recognition and Adaption of Trusts: The Influence of the Hague Convention*, 32 Vand. J. Transnat' l L. 989(1999).

95. Frank H. Easterbrook, *Statutes' Domains*, 50 U. Chi. L. Rev. 533 (1983).

96. Frank H. Easterbrook & Daniel R. Fischel, *Contract and Fiduciary Duty*, 36 J. L. & Econ. 425(1993).

97. Frank H. Easterbrook & Daniel R. Fischel, *The Corporate Contract*, 89 Colum. L. Rev. 1416(1989).

98. Isaac Ehrlich & Richard A. Posner, *An Economic Analysis of Legal Rulemaking*, 3 J. Legal Stud. 257(1974).

99. David M. Einhorn, Adam O. Emmerich, & Robin Panovka, *REIT*

M&A Transactions-Peculiarities and Complications, 55 Bus. Law. 693 (2000).

100. Melvin A. Eisenberg, *The Duty of Good Faith in Corporate Law*, 31 Del. J. Corp. L. 1 (2006).

101. Melvin A. Eisenberg, *The Conception that the Corporation is a Nexus of Contracts, and the Dual Nature of the Firm*, 24 J. Corp. L. 819 (1999).

102. Melvin A. Eisenberg, *Corporate Law and Social Norms*, 99 Colum. L. Rev. 1253 (1999).

103. Melvin A. Eisenberg, *The Limits of Cognition and the Limits of Contract*, 47 Stan. L. Rev. 211 (1995).

104. Melvin A. Eisenberg, *The Structure of Corporation Law*, 89 Colum. L. Rev. 1461 (1989).

105. Giacomo Rojas Elgueta, *Divergences and Convergences of Common Law and Civil Law Traditions on Asset Partitioning: A Functional Analysis*, 12 U. Pa. J. Bus. L. 517 (2010).

106. Anne S. Emanuel, *Spendthrift Trusts: It's Time to Codify the Compromise*, 72 Neb. L. Rev. 179 (1993).

107. Mitchell L. Engler, *A Missing Piece of the Dividend Puzzle: Agency Costs of Mutual Funds*, 25 Cardozo L. Rev. 215 (2003).

108. David M. English, *Representing Trust and Estate Beneficiaries and Fiduciaries: The Uniform Trust Code*, SK089 ALI-ABA 191 (2005).

109. David M. English, *The Uniform Trust Code (2000): Significant Provisions and Policy Issues*, 67 Mo. L. Rev. 143 (2002).

110. Luca Enriques & Jonathan R. Macey, *Creditors Versus Capital Formation: The Case Against the European Legal Capital Rules*, 86 Cornell L. Rev. 1165 (2001).

111. William N. Eskridge, Jr., *The New Textualism*, 37 UCLA L. Rev. 621 (1990).

112. Eugene F. Fama, *Agency Problems and the Theory of the Firm*, 88 J. Pol. Econ. 288 (1980).

113. Eugene F. Fama & Michael C. Jensen, *Organizational Forms and Investment Decisions*, 14 J. Fin. Econ. 101 (1985).

114. Eugene F. Fama & Michael C. Jensen, *Agency Problems and*

Residual Claims, 26 J. L. & Econ. 327(1983).

115. Eugene F. Fama & Michael C. Jensen, *Separation of Ownership and Control*, 26 J. L. & Econ. 301(1983).

116. E. Allan Farnsworth, *Some Prefatory Remarks: From Rules to Standards*, 67 Cornell L. Rev. 634(1982).

117. David Feder & Robert H. Sitkoff, *Revocable Trusts and Incapacity Planning: More than Just a Will Substitute*, 24 Elder L. J. 1(2016).

118. Mary Louise Fellows & Gregory S. Alexander, *Forty Years of Codification of Estates and Trusts Law: Lessons for the Next Generation*, 40 Ga. L. Rev. 1049(2006).

119. Mary Louise Fellows, *Spendthrift Trusts: Roots and Relevance for Twenty-First Century Planning*, 50 Rec. Ass' n B. City N. Y. 140(1995).

120. Dante Figueroa, *Civil Law Trusts in Latin America: Is the Lack of Trusts an Impediment for Expanding Business Opportunities in Latin America?*, 24 Ariz. J. Int' l & Comp. L. 701(2007).

121. Thomas R. Fileti & Carl R. Steen, *Synthetic Lease Financing for the Acquisition and Construction of Power Generation Facilities in a Changing U.S. Energy Environment*, 24 Fordham Int' l L. J. 1083(2001).

122. Jill E. Fisch, *Governance by Contract: The Implications for Corporate Bylaws*, 106 Calif. L. Rev. 373(2018).

123. Jill E. Fisch, *Rethinking the Regulation of Securities Intermediaries*, 158 U. Pa. L. Rev. 1961(2010).

124. Daniel Fischel & John H. Langbein, *ERISA's Fundamental Contradiction: The Exclusive Benefit Rule*, 55 U. Chi. L. Rev. 1105(1988).

125. Daniel R. Fischel & Michael Bradley, *The Role of Liability Rules and the Derivative Suit in Corporate Law: A Theoretical and Empirical Analysis*, 71 Cornell L. Rev. 261(1986).

126. Robert Flannigan, *The Political Path to Limited Liability in Business Trusts*, 31 Advoc. Q. 257(2006).

127. Robert Flannigan, *The Strict Character of Fiduciary Liability*, [2006] New Zealand L. Rev. 209.

128. Robert Flannigan, *Business Applications of the Express Trust*, 36 Alta. L. Rev. 630(1998).

129. Robert D. Flannigan, *The Nature and Duration of the Business*

Trust, 6 Est. & Tr. Q. 181(1982-1984).

130. Joseph R. Fleming, *Regulation of Series Investment Companies under the Investment Company Act of 1940*, 44 Bus. Law. 1179(1989).

131. H. A. J. Ford, *Unit Trust*, 23 Modern L. Rev. 129(1960).

132. Valerio Forti, *Comparing American Trust and French Fiducie*, 17 Columbia J. of Europe L. Online 28(2011).

133. Frances H. Foster, *American Trust Law in a Chinese Mirror*, 94 Minn. L. Rev. 602(2010).

134. Frances H. Foster, *Trust Privacy*, 93 Cornell L. Rev. 555(2008).

135. Frances H. Foster, *Privacy and the Elusive Quest for Uniformity in the Law of Trusts*, 38 Ariz. St. L. J. 713(2006).

136. Frances H. Foster, *The Dark Side of Trusts: Challenges to Chinese Inheritance Law*, 2 Wash. U. Global Stud. L. Rev. 151(2003).

137. Frances H. Foster, *Towards a Behavior-Based Model of Inheritance: The Chinese Experiment*, 32 U.C. Davis L. Rev. 77(1998).

138. Eric Fox, Note, *Piercing the Veil of Limited Liability Companies*, 62 Geo. Wash. L. Rev. 1143(1994).

139. Tamar Frankel, *Towards Universal Fiduciary Principles*, 39 Queen's L. J. 391(2014).

140. Tamar Frankel, *The Scope and Jurisprudence of the Investment Management Regulation*, 83 Wash. U. L. Q. 939(2005).

141. Tamar Frankel, *The Delaware Business Trust Act Failure as the New Corporate Law*, 23 Cardozo L. Rev. 325(2001).

142. Tamar Frankel, *The Legal Infrastructure of Markets: The Role of Contract and Property Law*, 73 B.U. L. Rev. 389(1993).

143. Tamar Frankel, *Fiduciary Law*, 71 Cal. L. Rev. 795(1983).

144. William F. Fratcher, *Trustees' Powers Legislation*, 37 N.Y.U. L. Rev. 627(1962).

145. Emmanuel Gaillard & Donald T. Trautman, *Trusts in Non-Trust Countries: Conflict of Laws and the Hague Convention on Trusts*, 35 Am. J. Comp. L. 307(1987).

146. Thomas P. Gallanis, *Trusts and Estates: Teaching Uniform Law*, 58 St. Louis U. L.J. 671(2014).

147. Thomas P. Gallanis, *The New Direction of American Trust Law*, 97

Iowa L. Rev. 215(2011).

148. T.P. Gallanis, *The Trustee's Duty to Inform*, 85 N. C. L. Rev. 1595 (2007).

149. T.P. Gallanis, *The Future of Future Interests*, 60 Wash. & Lee L. Rev. 513(2003).

150. Matteo Gatti, *Reconsidering the Merger Process: Approval Patterns, Timeline, and Shareholders' Role*, 69 Hastings L. J. 835(2018).

151. John T. Gaubatz, *Grantor Enforcement of Trusts: Standing in One Private Law Setting*, 62 N. C. L. Rev. 905(1984).

152. George S. Geis, *Shareholder Derivative Litigation and the Preclusion Problem*, 100 Va. L. Rev. 261(2014).

153. Joshua Getzler, *Transplantation and Mutation in Anglo-American Trust Law*, 10 Theoretical Inq. L. 355(2009).

154. Joshua Getzler, *Legislative Incursions into Modern Trusts Doctrine in England: The Trustee Act 2000 and the Contracts (Rights of Third Parties) Act 1999*, 2 Global Jurist Topics Art. 2(2002).

155. Luminita Gheorghe, *Fiducia in the New Civil Code: An Example of Vitalization by International Business Law of the Relationship between Romanian Law and Common Law*, 3 Persp. Bus. L. J. 276(2014).

156. Mark Gillen, *A Comparison of Business Income Trust Governance and Corporate Governance: Is There a Need for Legislation or Further Regulation?*, 51 McGill L. J. 327(2006).

157. Ronald J. Gilson & Jeffrey N. Gordon, *The Agency Costs of Agency Capitalism: Activist Investors and the Reevaluation of Governance Rights*, 113 Colum. L. Rev. 863(2013).

158. Ronald J. Gilson & Reinier Kraakman, *Reinventing the Outside Director: An Agenda for Institutional Investors*, 43 Stan. L. Rev. 863(1991).

159. James M. Ginocchi & Kimberly A. Taylor, Comment, *How "Limited" Is Pennsylvania's Limited Liability Company Act?*, 33 Duq. L. Rev. 613(1995).

160. Donald W. Glazer, *A Study of Mutual Fund Complexes*, 119 U. Pa. L. Rev. 205(1970).

161. Charles J. Goetz & Robert E. Scott, *Principles of Relational Contracts*, 67 Va. L. Rev. 1089(1981).

162. Carol R. Goforth, *The Series LLC, and a Series of Difficult Questions*, 60 Ark. L. Rev. 385(2007).

163. Andrew S. Gold, *On the Elimination of Fiduciary Duties: A Theory of Good Faith for Unincorporated Firms*, 41 Wake Forest L. Rev. 123(2006).

164. Andrew S. Gold, *Absurd Results, Scrivener's Errors, and Statutory Interpretation*, 75 U. Cin. L. Rev. 25(2006).

165. Julia Gold, *Series Limited Liability Companies-Too Good to Be True?*, 12 Nev. Law. 18(July, 2004).

166. Paul Gompers & Josh Lerner, *The Use of Covenants: An Empirical Analysis of Venture Partnership Agreements*, 39 J. L. & Econ. 463(1996).

167. Jeffrey N. Gordon, *The Mandatory Structure of Corporate Law*, 89 Colum. L. Rev. 1549(1989).

168. Jeffrey N. Gordon, *The Puzzling Persistence of the Constrained Prudent Man Rule*, 62 N. Y. U. L. Rev. 52(1987).

169. Zohar Goshen & Richard Squire, *Principal Costs: A New Theory for Corporate Law and Governance*, 117 Colum. L. Rev. 767(2017).

170. Peter E. Graham, *Evolution of Quebec Trust Law: Common Law Influence Seen from 1962 to 1992 Is Likely to Continue in Relation to the New Civil Code of Quebec*, 96 Rev. Notariat 474(1994).

171. George L. Gretton, *Trusts Without Equity*, 49 Int' l & Comp. L.Q. 599(2000).

172. Sanford J. Grossman & Oliver D. Hart, *The Costs and Benefits of Ownership: A Theory of Vertical and Lateral Integration*, 94 J. Pol. Econ. 691 (1986).

173. Stefan Grundmann, *Trust and Treuhand at the End of the 20th Century-Key Problems and Shift of Interests*, 47 Am. J. Comp. L. 401 (1999).

174. Diane Guercio et al., *Governance and Boards of Directors in Closed-End Investment Companies*, 69 J. Fin. Econ. 111(2003).

175. Jeffrey J. Haas & Steven R. Howard, *The Heartland Funds' Receivership and its Implications for Independent Mutual Fund Directors*, 51 Emory L.J. 153(2002).

176. Edward C. Halbach, Jr., *Standing to Enforce Trusts: Renewing and Expanding Professor Gaubatz's 1984 Discussion of Settlor Enforcement*, 62

U. Miami L. Rev. 713(2008).

177. Edward C. Halbach, Jr., *Uniform Acts, Restatements, and Trends in American Trust Law at Century's End*, 88 Cal. L. Rev. 1881(2000).

178. Edward C. Halbach, Jr., *Significant Trends in the Trust Law of the United States*, 32 Vand. J. Transnat'l L. 531(1999).

179. Edward C. Halbach, Jr., *Trust Investment Law in the Third Restatement*, 27 Real Prop. Prob. & Tr. J. 407(1992).

180. Robert W. Hallgring, *The Uniform Trustees' Powers Act and the Basic Principles of Fiduciary Responsibility*, 41 Wash. L. Rev. 801(1966).

181. Paul Halpern, Michael Trebilcock, & Stuart Turnbull, *An Economic Analysis of Limited Liability in Corporation Law*, 30 U. Toronto L. J. 117 (1980).

182. Robert W. Hamilton, *Professional Partnerships in the United States*, 26 J. Corp. L. 1045(2001).

183. Charles Hansen, *The Duty of Care, the Business Judgment Rule, and The American Law Institute Corporate Governance Project*, 48 Bus. Law. 1355(1993).

184. Henry Hansmann, *Reforming Nonprofit Corporation Law*, 129 U. Pa. L. Rev. 497(1981).

185. Henry Hansmann & Reinier Kraakman, *Property, Contract, and Verification: The Numerus Clausus Problem and the Divisibility of Rights*, 31 J. Legal Stud. 373(2002).

186. Henry Hansmann & Reinier Kraakman, *The End of History for Corporate Law*, 89 Geo. L. J. 439(2001).

187. Henry Hansmann & Reinier Kraakman, *The Essential Role of Organizational Law*, 110 Yale L. J. 387(2000).

188. Henry Hansmann & Reinier Kraakman, *Toward Unlimited Shareholder Liability for Corporate Torts*, 100 Yale L. J. 1879(1991).

189. Henry Hansmann, Reinier Kraakman, & Richard Squire, *Law and the Rise of the Firm*, 119 Harv. L. Rev. 1333(2006).

190. Henry Hansmann, Reinier Kraakman, & Richard Squire, *The New Entities in Historical Perspective*, 2005 U. Ill. L. Rev. 5.

191. Henry Hansmann & Ugo Mattei, *The Functions of Trust Law: A Comparative Legal and Economic Analysis*, 73 N. Y. U. L. Rev. 434(1998).

192. Henry Hansmann & Ugo Mattei, *Trust Law in the United States: A Basic Study of Its Special Contribution*, 46 Am. J. Comp. L. 133(1998).

193. Thomas S. Harman, *Emerging Alternatives to Mutual Funds: Unit Investment Trusts and Other Fixed Portfolio Investment Vehicles*, 1987 Duke L. J. 1045.

194. David A. Harris, *Recent Case Law Developments Relating to Delaware's Alternative Entities*, 7 Del. L. Rev. 213(2004).

195. Oliver Hart, *An Economist's Perspective on the Theory of the Firm*, 89 Colum. L. Rev. 1757(1989).

196. Oliver Hart & John Moore, *Property Rights and the Nature of the Firm*, 98 J. Pol. Econ. 1119(1990).

197. David Hayton, *Developing the Obligation Characteristic of the Trust*, 117 L.Q. Rev. 96(2001).

198. David Hayton, *English Fiduciary Standards and Trust Law*, 32 Vand. J. Transnat' l L. 555(1999).

199. Michael A. Heller, *The Boundaries of Private Property*, 108 Yale L. J. 1163(1999).

200. Ira P. Hildebrank, *Liability of the Trustees, Property, and Shareholders of a Massachusetts Trust*, 59 Am. L. Rev. 17(1925).

201. Claire A. Hill, *Securitization: A Low-Cost Sweetener for Lemons*, 74 Wash. U. L.Q. 1061(1996).

202. Jonathan Hilliard, *On the Irreducible Core Content of Trusteeship-A Reply to Professors Matthews and Parkinson*, 17 Tolley' s Tr. L. Int' l 144(2003).

203. Adam J. Hirsch, *Trusts for Purposes: Policy, Ambiguity, and Anomaly in the Uniform Laws*, 26 Fla. St. U. L. Rev. 913(1999).

204. Adam J. Hirsch, *Spendthrift Trusts and Public Policy: Economic and Cognitive Perspectives*, 73 Wash. U. L.Q. 1(1995).

205. Adam J. Hirsch & William K.S. Wang, *A Qualitative Theory of the Dead Hand*, 68 Ind. L. J. 1(1992).

206. Norman P. Ho, *A Tale of Two Cities: Business Trust Listings and Capital Markets in Singapore and Hong Kong*, 11 J. Int' l Bus. & L. 311(2012).

207. Adam S. Hofri-Winogradow, *Contract, Trust, and Corporation:*

From Contrast to Convergence, 102 Iowa L. Rev. 1691（2017）.

208. Jerold I. Horn, *Prudent Investor Rule, Modern Portfolio Theory, and Private Trusts: Drafting and Administration Including the "Give-Me-Five" Unitrust*, 33 Real Prop. Prob. & Tr. J. 1（1998）.

209. Steven J. Horowitz & Robert H. Sitkoff, *Unconstitutional Perpetual Trusts*, 67 Vand. L. Rev. 1769（2014）.

210. Brent J. Horton, *The Going-Private Freeze-Out: A Unique Danger for Investors in Delaware Non-Corporate Business Associations*, 38 Del. J. Corp. L. 53（2013）.

211. Carly Howard, *Trust Funds in Common Law and Civil Law Systems: A Comparative Analysis*, 13 U. Miami Int'l & Comp. L. Rev. 343（2006）.

212. J. Dennis Hynes, *Freedom of Contract, Fiduciary Duties, and Partnerships: The Bargain Principle and the Law of Agency*, 54 Wash. & Lee L. Rev. 439（1997）.

213. Edward M. Iacobucci & George G. Triantis, *Economic and Legal Boundaries of Firms*, 93 Va. L. Rev. 515（2007）.

214. Edward M. Iacobucci & Ralph A. Winter, *Asset Securitization and Asymmetric Information*, 34 J. Legal Stud. 161（2005）.

215. Nathan Isaacs, Note, *Trusteeship in Modern Business*, 42 Harv. L. Rev. 1048（1929）.

216. Jack B. Jacobs, *Entity Rationalization: A Judge's Perspective*, 58 Bus. Law. 1043（2003）.

217. Michael C. Jensen & William H. Meckling, *Theory of the Firm: Managerial Behavior, Agency Costs and Ownership Structure*, 3 J. Fin. Econ. 305（1976）.

218. Michael C. Jensen, *Organization Theory and Methodology*, 58 Acct. Rev. 319（1983）.

219. Cristian Jora, *Certain Considerations regarding the Regulation of the Trust within the New Civil Code*, 5 Cogito: Multidisciplinary Res. J. 119（2013）.

220. Alex M. Johnson, Jr., *Limiting Dead Hand Control of Charitable Trusts: Expanding the Use of the Cy Pres Doctrine*, 21 U. Haw. L. Rev. 353（1999）.

221. Sheldon A. Jones, Laura M. Moret, & James M. Storey, *The Massachusetts Business Trust and Registered Investment Companies*, 13 Del. J. Corp. L. 421(1988).

222. Noble Brandon Judah, *Possible Partnership Liability under the Business Trust*, 56 Am. L. Rev. 826(1922).

223. Marcel Kahan & Ehud Kamar, *The Myth of State Competition in Corporate Law*, 55 Stan. L. Rev. 679(2002).

224. Marcel Kahan & Michael Klausner, *Standardization and Innovation in Corporate Contracting(or "The Economics of Boilerplate")*, 83 Va. L. Rev. 713(1997).

225. Marcel Kahan & Michael Klausner, *Path Dependence in Corporate Contracting: Increasing Returns, Herd Behavior and Cognitive Biases*, 74 Wash. U. L.Q. 347(1996).

226. Hideki Kanda, *Politics, Formalism, and the Elusive Goal of Investor Protection: Regulation of Structured Investment Funds in Japan*, 12 U. Pa. J. Int' l Bus. L. 569(1991).

227. Hideki Kanda & Saul Levmore, *Taxes, Agency Costs, and the Price of Incorporation*, 77 Va. L. Rev. 211(1991).

228. Louis Kaplow, *Rules Versus Standards: An Economic Analysis*, 42 Duke L.J. 557(1992).

229. Duncan Kennedy, *Form and Substance in Private Law Adjudication*, 89 Harv. L. Rev. 1685(1976).

230. Amalia D. Kessler, *Limited Liability in Context: Lessons from the French Origins of the American Limited Partnership*, 32 J. Legal Stud. 511 (2003).

231. Trent S. Kiziah, *Remaining Heterogeneity in Trust Investment Law after Twenty-Five Years of Reform*, 37 ACTEC L.J. 317(2011).

232. Daniel J. Klau, *What Price Certainty? Corbin, Williston, and the Restatement of Contracts*, 70 B.U. L. Rev. 511(1990).

233. Michael Klausner, *Fact and Fiction in Corporate Law and Governance*, 65 Stan. L. Rev. 1325(2013).

234. Michael Klausner, *Corporations, Corporate Law, and Networks of Contracts*, 81 Va. L. Rev. 757(1995).

235. Benjamin Klein & Keith B. Leffler, *The Role of Market Forces in*

Assuring Contractual Performance, 89 J. Pol. Econ. 615(1981).

236. Benjamin Klein et al., *Vertical Integration, Appropriable Rents, and the Competitive Contracting Process*, 21 J. L. & Econ. 297(1978).

237. William A. Klein, *The Modern Business Organization: Bargaining Under Constraints*, 91 Yale L. J. 1521(1982).

238. Shawn M. Klein, Comment, *Piercing the Veil of the Limited Liability Company, From Sure Bet to Long Shot: Gallinger v. North Star Hospital Mutual Assurance*, Ltd., 22 J. Corp. L. 131(1996).

239. Daniel S. Kleinberger, *Direct Versus Derivative and the Law of Limited Liability Companies*, 58 Baylor L. Rev. 63(2006).

240. Dennis R. Klinck, *The Quistclose Trust in Canada*, 23 Can. Bus. L. J. 45(1994).

241. H. Norman Knickle, *The Investment Company Act of 1940: SEC Enforcement and Private Actions*, 23 Ann. Rev. Banking & Fin. L. 777 (2004).

242. Russell Korobkin, *The Status Quo Bias and Contract Default Rules*, 83 Cornell L. Rev. 608(1998).

243. Reinier Kraakman et al., *When Are Shareholder Suits in Shareholder Interests?*, 82 Geo. L. J. 1733(1994).

244. Homer Kripke, *Law and Economics: Measuring the Economic Efficiency of Commercial Law in a Vacuum of Fact*, 133 U. Pa. L. Rev. 929 (1985).

245. Anthony T. Kronman, *Paternalism and the Law of Contracts*, 92 Yale L. J. 763(1983).

246. Anita K. Krug, *Investors' Paradox*, 43 J. Corp. L. 245(2018).

247. Anita K. Krug, *Escaping Entity-Centrism in Financial Services Regulation*, 113 Colum. L. Rev. 2039(2013).

248. Anita K. Krug, *Investment Company as Instrument: The Limitations of the Corporate Governance Regulatory Paradigm*, 86 S. Cal. L. Rev. 263 (2013).

249. Naomi R. Lamoreaux & Jean-Laurent Rosenthal, *Entity Shielding and the Development of Business Forms: A Comparative Perspective*, 119 Harv. L. Rev. F. 238(2006).

250. John H. Langbein, *Questioning the Trust Law Duty of Loyalty: Sole*

Interest or Best Interest?, 114 Yale L. J. 929 (2005).

251. John H. Langbein, *Mandatory Rules in The Law of Trusts*, 98 Nw. U. L. Rev. 1105 (2004).

252. John H. Langbein, *The Uniform Trust Code: Codification of The Law of Trusts in the United States*, 15 Tolly's Tr. L. Int'l 66 (2001).

253. John H. Langbein, *The Secret Life of the Trust: The Trust as an Instrument of Commerce*, 107 Yale L. J. 165 (1997).

254. John H. Langbein, *The Uniform Prudent Investor Act and the Future of Trust Investing*, 81 Iowa L. Rev. 641 (1996).

255. John H. Langbein, *The Contractarian Basis of the Law of Trusts*, 105 Yale L. J. 625 (1995).

256. John H. Langbein, *Reversing the Nondelegation Rule of Trust-Investment Law*, 59 Mo. L. Rev. 105 (1994).

257. John H. Langbein, *The New American Trust-Investment Act*, 8 Tolly's Tr. L. Int'l 123 (1994).

258. John H. Langbein, *The Twentieth-Century Revolution in Family Wealth Transmission*, 86 Mich. L. Rev. 722 (1988).

259. John H. Langbein, *The Nonprobate Revolution and the Future of the Law of Succession*, 97 Harv. L. Rev. 1108 (1984).

260. John H. Langbein & Richard A. Posner, *Market Funds and Trust-Investment Law*, 1976 Am. B. Found. Res. J. 1.

261. John H. Langbein & Richard A. Posner, *Market Funds and Trust-Investment Law: II*, 1977 Am. B. Found. Res. J. 1.

262. Liliana Marilena Lazar, *The Trust under the New Civil Code*, 9 Contemp. Readings L. & Soc. Just. 521 (2017).

263. Rebecca Lee, *Conceptualizing the Chinese Trust*, 58 Int'l & Comp. L.Q. 655 (2009).

264. Joseph L. Lemon, *Just How Limited Is That Liability?: The Enforceability of Indemnification, Advancement, and Fiduciary Duty Modification Provisions in LP, LLP, and LLC Agreements in Delaware Law*, 8 Stan. J. L. Bus. & Fin. 289 (2003).

265. Pierre Lepaulle, *Trusts and the Civil Law*, 15 J. of Comparative Legislation & International L. 18 (1933).

266. Pierre Lepaulle, *Civil Law Substitutes for Trusts*, 36 Yale L. J. 1126

(1927).

267. Melanie Leslie, *Trusting Trustees: Fiduciary Duties and the Limits of Default Rules*, 94 Geo. L. J. 67(2005).

268. Melanie B. Leslie, *In Defense of the No Further Inquiry Rule: A Response to Professor John Langbein*, 47 Wm. & Mary L. Rev. 541(2005).

269. Peter V. Letsou, *Implications of Shareholder Diversification on Corporate Law and Organization: The Case of the Business Judgment Rule*, 77 Chi.-Kent L. Rev. 179(2001).

270. Saul Levmore, *Love It or Leave It: Property Rules, Liability Rules, and Exclusivity of Remedies in Partnership and Marriage*, 58 Law & Contemp. Probs. 221(Spring 1995).

271. Saul Levmore, *Monitors and Freeriders in Commercial and Corporate Settings*, 92 Yale L. J. 49(1982).

272. William Draper Lewis, *The Uniform Partnership Act-A Reply to Mr. Crane's Criticism*, 29 Harv. L. Rev. 158(1916).

273. William Draper Lewis, *The Uniform Partnership Act*, 24 Yale. L. J. 617(1915).

274. S.J. Liebowitz & Stephen E. Margolis, *Path Dependence, Lock-In, and History*, 11 J. L. Econ. & Org. 205(1995).

275. Marc Light & Arasto Farsad, *Utilizing the Charging Order*, 35 Lincoln L. Rev. 27(2007-2008).

276. John Lightbourne, *Algorithms & Fiduciaries: Existing and Proposed Regulatory Approaches to Artificially Intelligent Financial Planners*, 67 Duke L. J. 651(2017).

277. Laura Lin, *Shift of Fiduciary Duty Upon Corporate Insolvency: Proper Scope of Directors' Duty to Creditors*, 46 Vand. L. Rev. 1485(1993).

278. John Linarelli, *The Economics of Uniform Laws and Uniform Lawmaking*, 48 Wayne L. Rev. 1387(2003).

279. Henry J. Lischer, Jr., *Domestic Asset Protection Trusts: Pallbearers to Liability*, 35 Real Prop. Prob. & Tr. J. 479(2000).

280. Nancy R. Little, *Unraveling the Synthetic Lease*, 11 Prob. & Prop. 22(1997).

281. Karl N. Llewellyn, *What Price Contract?-An Essay in Perspective*, 40 Yale L. J. 704(1930).

282. Lynn M. LoPucki, *The Death of Liability*, 106 Yale L. J. 1(1996).

283. Maurizio Lupoi, *The Civil Law Trust*, 32 Vand. J. Transnat' l L. 967(1999).

284. Martin E. Lybecker, *Enhanced Corporate Governance for Mutual Funds: A Flawed Concept That Deserves Serious Reconsideration*, 83 Wash. U. L. Q. 1045(2005).

285. Kai Lyu, *Re-Clarifying China's Trust Law: Characteristics and New Conceptual Basis*, 36 Loy. L.A. Int' l & Comp. L. Rev. 447(2015).

286. Stewart Macaulay, *Elegant Models, Empirical Pictures, and the Complexities of Contract*, 11 Law & Soc' y Rev. 507(1977).

287. Stewart Macaulay, *Non-Contractual Relations in Business: A Preliminary Study*, 28 Am. Soc. Rev. 555(1963).

288. Jonathan Macey, *The Nature of Conflicts of Interest Within the Firm*, 31 J. Corp. L. 613(2006).

289. Jonathan R. Macey, *The Limited Liability Company: Lessons for Corporate Law*, 73 Wash. U. L.Q. 433(1995).

290. Jonathan R. Macey, *An Economic Analysis of the Various Rationales for Making Shareholders the Exclusive Beneficiaries of Corporate Fiduciary Duties*, 21 Stetson L. Rev. 23(1991).

291. Jonathan R. Macey, *Private Trusts for the Provision of Private Goods*, 37 Emory L. J. 295(1988).

292. Jonathan R. Macey & Geoffrey P. Miller, *The Plaintiffs' Attorney's Role in Class Action and Derivative Litigation: Economic Analysis and Recommendations for Reform*, 58 U. Chi. L. Rev. 1(1991).

293. Jonathan R. Macey & Geoffrey P. Miller, *Toward an Interest-Group Theory of Delaware Corporate Law*, 65 Tex. L. Rev. 469(1987).

294. Ian R. Macneil, *Relational Contract: What We Do and Do Not Know*, 1985 Wis. L. Rev. 483.

295. Ian R. Macneil, *Values in Contract: Internal and External*, 78 Nw. U. L. Rev. 340(1983).

296. Ian R. Macneil, *Contracts: Adjustment of Long-Term Economic Relations Under Classical, Neo-Classical, and Relational Contract Law*, 72 Nw. U. L. Rev. 854(1978).

297. Ian Macneil, *The Many Futures of Contracts*, 47 S. Cal. L. Rev.

691(1974).

298. Alexandru Florin Magureanu, *Fiducia in the New Romanian Civil Code*, 6 Contemp. Readings L. & Soc. Just. 301(2014).

299. Paul G. Mahoney, *Manager-Investor Conflicts in Mutual Funds*, 18 J. Econ. Persp. 161(2004).

300. Paul Mahoney, *Contract or Concession? An Essay on the History of Corporate Law*, 34 Ga. L. Rev. 873(2000).

301. 3 Frederic W. Maitland, *Trust and Corporation*, in The Collected Papers of Frederic William Maitland(H.A.L. Fisher ed. 1911).

302. Mohsen Manesh, *Creatures of Contract: A Half-Truth about LLCs*, 42 Del. J. Corp. L. 391(2018).

303. Mohsen Manesh, *The Case Against Fiduciary Entity Veil Piercing*, 72 Bus. Law. 61(2017).

304. Mohsen Manesh, *Equity in LLC Law?*, 44 Fla. St. U. L. Rev. 93(2016).

305. Mohsen Manesh, *Damning Dictum: The Default Duty Debate in Delaware*, 39 J. Corp. L. 35(2013).

306. Mohsen Manesh, *Express Contract Terms and the Implied Contractual Covenant of Delaware Law*, 38 Del. J. Corp. L. 1(2013).

307. Mohsen Manesh, *Contractual Freedom under Delaware Alternative Entity Law: Evidence from Publicly Traded LPs and LLCs*, 37 J. Corp. L. 555(2012).

308. Mohsen Manesh, *Delaware and the Market for LLC Law: A Theory of Contractibility and Legal Indeterminacy*, 52 B.C. L. Rev. 189(2011).

309. Mohsen Manesh, *Legal Asymmetry and the End of Corporate Law*, 34 Del. J. Corp. L. 465(2009).

310. Geoffrey A. Manne, *Agency Costs and the Oversight of Charitable Organizations*, 1999 Wis. L. Rev. 227.

311. John F. Manning, *The Absurdity Doctrine*, 116 Harv. L. Rev. 2387(2003).

312. Nick Marsico, *Current Status of the Series LLC: Illinois Series LLC Improves Upon Delaware Series LLC but Many Open Issues Remain*, 9 J. Passthrough Entities 35(2006).

313. William L. Martin, Ⅱ, *Federal Regulation of Real Estate*

Investment Trusts: *A Legislative Proposal*, 127 U. Pa. L. Rev. 316(1978).

314. Elena Marty-Nelson, *Offshore Asset Protection Trusts*: *Having Your Cake and Eating It Too*, 47 Rutgers L. Rev. 11(1994).

315. Paul Matthews, *From Obligation to Property*, *and Back Again? The Future of the Non-Charitable Purpose Trust*, in Extending the Boundaries of Trusts and Similar Ring-Fenced Funds(David Hayton ed. 2002).

316. Joseph A. McCahery & Erik P.M. Vermeulen, *The Evolution of Closely Held Business Forms in Europe*, 26 J. Corp. L. 855(2001).

317. Benjamin Means, *A Contractual Approach to Shareholder Oppression Law*, 79 Fordham L. Rev. 1161(2010).

318. Thomas W. Merrill & Henry E. Smith, *The Property/Contract Interface*, 101 Colum. L. Rev. 773(2001).

319. Thomas W. Merrill & Henry E. Smith, *What Happened to Property in Law and Economics?*, 111 Yale L. J. 357(2001).

320. Thomas W. Merrill & Henry E. Smith, *Optimal Standardization in the Law of Property*: *The Numerus Clausus Principle*, 110 Yale L. J. 1 (2000).

321. Thomas W. Merrill, *Property and the Right to Exclude*, 77 Neb. L. Rev. 730(1998).

322. Elizabeth S. Miller & Thomas E. Rutledge, *The Duty of Finest Loyalty and Reasonable Decisions*: *The Business Judgment Rule in Unincorporated Business Organizations*, 30 Del. J. Corp. L. 343(2005).

323. Elizabeth S. Miller, *Linkage and Delinkage*: *A Funny Thing Happened to Limited Partnerships When The Revised Uniform Partnership Act Came Along*, 37 Suffolk U. L. Rev. 891(2004).

324. Paul B. Miller, *Regularizing the Trust Protector*, 103 Iowa L. Rev. 2097(2018).

325. Paul B. Miller, *The Future for Business Trusts*: *A Comparative Analysis of Canadian and American Uniform Legislation*, 36 Queen' s L. J. 443(2011).

326. Sandra K. Miller, *The Role of the Court in Balancing Contractual Freedom with the Need for Mandatory Constraints on Opportunistic and Abusive Conduct in the LLC*, 152 U. Pa. L. Rev. 1609(2004).

327. Sandra K. Miller, *Minority Shareholder Oppression in the Private*

Company in the European Community: A Comparative Analysis of the German, United Kingdom and French "Close Corporation Problem", 30 Cornell Int'l L. J. 381(1997).

328. Lawrence E. Mitchell, *The Naked Emperor: A Corporate Lawyer Looks at RUPA's Fiduciary Provisions*, 54 Wash. & Lee L. Rev. 465(1997).

329. Lawrence E. Mitchell, *Fairness and Trust in Corporate Law*, 43 Duke L. J. 425(1993).

330. Lawrence E. Mitchell, *The Death of Fiduciary Duty in Close Corporations*, 138 U. Pa. L. Rev. 1675(1990).

331. Leland E. Modesitt, *The Mutual Fund-A Corporate Anomaly*, 14 UCLA L. Rev. 1252(1967).

332. Peter Molk, *How Do LLC Owners Contract Around Default Statutory Protections?*, 42 J. Corp. L. 503(2017).

333. John Morley, *The Common Law Corporation: The Power of the Trust in Anglo-American Business History*, 116 Colum. L. Rev. 2145(2016).

334. John Morley, *The Separation of Funds and Managers: A Theory of Investment Fund Structure and Regulation*, 123 Yale L. J. 1228(2014).

335. John Morley & Quinn Curtis, *Taking Exit Rights Seriously: Why Governance and Fee Litigation Don't Work in Mutual Funds*, 120 Yale L. J. 84(2010).

336. John D. Morley & Robert H. Sitkoff, *Making Directed Trusts Work: The Uniform Directed Trust Act*, 44 ACTEC L. J. 3(2019).

337. Joseph P. Morray, *The Rule Against Prolonged Indestructibility of Private Trusts*, 44 Ill. L. Rev. 467(1949).

338. John C. Murray, *Synthetic Leases: "Bankruptcy Proofing" the Lessee's Option to Purchase*, 106 Com. L. J. 221(2001).

339. John C. Murray, *Off-Balance Sheet Financing: Synthetic Leases*, 32 Real Prop. Prob. & Tr. J. 193(1997).

340. Caleb Nelson, *What is Textualism?*, 91 Va. L. Rev. 347(2005).

341. Alan Newman, *The Rights of Creditors of Beneficiaries Under the Uniform Trust Code: An Examination of the Compromise*, 69 Tenn. L. Rev. 771(2002).

342. Neal Newman, *Enron and the Special Purpose Entities-Use or Abuse?-The Real Problem-The Real Focus*, 13 L. & Bus. Rev. Am. 97(2007).

343. R.C. Nolan, *Property in a Fund*, 120 L. Q. Rev. 108(2004).

344. Walter P. North, *Brief History of Federal Investment Company Legislation*, 44 Notre Dame L. Rev. 677(1969).

345. Note, *Dynasty Trusts and the Rule Against Perpetuities*, 116 Harv. L. Rev. 2588(2003).

346. Note, *The Business Trust as an Organization for Practicing Law*, 39 Ind.L. J. 329(1964).

347. Note, *Liability of Shareholders in a Business Trust-The Control Test*, 48 Va. L. Rev. 1105(1962).

348. Note, *The Massachusetts Trust Act of 1959*, 34 Wash. L. Rev. 305 (1959).

349. Note, *State Regulation of Foreign Business Trusts*, 41 Harv. L. Rev. 86(1927).

350. William J. Nutt, *Study of Mutual Fund Independent Directors*, 120 U. Pa. L. Rev. 179(1971).

351. Erin Ann O' Hara & Larry E. Ribstein, *Corporations and the Market for Law*, 2008 U. Ill. L. Rev. 661.

352. A. I. Ogus, *The Trust as Governance Structure*, 36 U. Toronto L. J. 186(1986).

353. Richard W. Painter, *Contracting Around Conflicts in a Family Representation: Louis Brandeis and the Warren Trust*, 8 U. Chi. L. Sch. Roundtable 353(2001).

354. Alan R. Palmiter, *Mutual Fund Board: A Failed Experiment in Regulatory Outsourcing*, 1 Brook. J. Corp. Fin. & Com. L. 165(2006).

355. Peter V. Pantaleo et al., *Rethinking the Role of Recourse in the Sale of Financial Assets*, 52 Bus. Law. 159(1996).

356. Patrick Parkinson, *Reconceptualising the Express Trust*, 61 Cambridge L. J. 657(2002).

357. Kathleen Patchel, *Interest Group Politics, Federalism, and the Uniform Laws Process: Some Lessons from the Uniform Commercial Code*, 78 Minn. L. Rev. 83(1993).

358. Christopher Paul, *Innovation or a Race to the Bottom? Trust "Modernization" in New Hampshire*, 7 Pierce L. Rev. 353(2009).

359. Julien Perrin, *The Recognition of Trusts and Their Use in Estate*

Planning Under Continental Laws, 10 Y. B. Private Int' l L. 629 (2008).

360. Richard M. Phillips, *Deregulation Under the Investment Company Act-A Reevaluation of the Corporate Paraphernalia of Shareholder Voting and Boards of Directors*, 37 Bus. Law. 903 (1982).

361. Thomas E. Plank, *The Bankruptcy Trust as a Legal Person*, 35 Wake Forest L. Rev. 251 (2000).

362. Eric A. Posner, *A Theory of Contract Law Under Conditions of Radical Judicial Error*, 94 Nw. U. L. Rev. 749 (2000).

363. Eric A. Posner, *The Parol Evidence Rule, the Plain Meaning Rule, and the Principles of Contractual Interpretation*, 146 U. Pa. L. Rev. 533 (1998).

364. Eric A. Posner, *Law, Economics, and Inefficient Norms*, 144 U. Pa. L. Rev. 1697 (1996).

365. Eric A. Posner, *The Regulation of Groups: The Influence of Legal and Nonlegal Sanctions on Collective Action*, 63 U. Chi. L. Rev. 133 (1996).

366. Charles Zhen Qu, *The Doctrinal Basis of the Trust Principles in China's Trust Law*, 38 Real Prop. Prob. & Tr. J. 345 (2003).

367. Jeffrey J. Rachlinski, *A Positive Psychological Theory of Judging in Hindsight*, 65 U. Chi. L. Rev. 571 (1998).

368. Geoffrey C. Rapp, *Preserving LLC Veil Piercing: A Response to Bainbridge*, 31 J. Corp. L. 1063 (2006).

369. Gabriel Rauterberg & Eric Talley, *Contracting Out of the Fiduciary Duty of Loyalty: An Empirical Analysis of Corporate Opportunity Waivers*, 117 Colum. L. Rev. 1075 (2017).

370. Larry Ribstein, *Federal Misgovernance of Mutual Funds*, 2009 Cato Sup. Ct. Rev. 301 (2009-2010).

371. Larry E. Ribstein, *The Uncorporation and Corporate Indeterminacy*, 2009 U. Ill. L. Rev. 131.

372. Larry E. Ribstein, *An Analysis of the Revised Uniform Limited Liability Company Act*, 3 Va. L. & Bus. Rev. 35 (2008).

373. Larry E. Ribstein, *Should History Lock in Lock-in?*, 41 Tulsa L. Rev. 523 (2006).

374. Larry E. Ribstein, *Are Partners Fiduciaries?*, 2005 U. Ill. L. Rev. 209.

375. Larry E. Ribstein, *The Important Role of Non-Organization Law*, 40 Wake Forest L. Rev. 751 (2005).

376. Larry E. Ribstein, *Why Corporations?*, 1 Berkeley Bus. L. J. 183 (2004).

377. Larry E. Ribstein, *Fiduciary Duties and Limited Partnership Agreements*, 37 Suffolk U. L. Rev. 927(2004).

378. Larry E. Ribstein, *Lawyers as Lawmakers: A Theory of Lawyer Licensing*, 69 Mo. L. Rev. 299(2004).

379. Larry E. Ribstein, *Making Sense of Entity Rationalization*, 58 Bus. Law. 1023(2003).

380. Larry E. Ribstein, *Market vs. Regulatory Responses to Corporate Fraud: A Critique of the Sarbanes-Oxley Act of 2002*, 28 J. Corp. L. 1(2002).

381. Larry E. Ribstein, *The Evolving Partnership*, 26 J. Corp. L. 819 (2001).

382. Larry E. Ribstein, *Limited Liability Unlimited*, 24 Del. J. Corp. L. 407(1999).

383. Larry E. Ribstein, *Fiduciary Duty Contracts in Unincorporated Firms*, 54 Wash. & Lee L. Rev. 537(1997).

384. Larry E. Ribstein, *The New Choice of Entity for Entrepreneurs*, 26 Cap. U. L. Rev. 325(1997).

385. Larry E. Ribstein, *Changing Statutory Forms*, 1 J. Small & Emerging Bus. L. 11(1997).

386. Larry E. Ribstein, *Possible Futures for Unincorporated Firms*, 64 U. Cin. L. Rev. 319(1996).

387. Larry E. Ribstein, *A Critique of the Uniform Limited Liability Company Act*, 25 Stetson L. Rev. 311(1995).

388. Larry E. Ribstein, *The Emergence of the Limited Liability Company*, 51 Bus. Law. 1(1995).

389. Larry E. Ribstein, *Linking Statutory Forms*, 58 Law & Contemp. Probs. 187(1995).

390. Larry E. Ribstein, *Statutory Forms for Closely Held Firms: Theories and Evidence from LLCs*, 73 Wash. U. L.Q. 369(1995).

391. Larry E. Ribstein, *The Revised Uniform Partnership Act: Not Ready for Prime Time*, 49 Bus. Law. 45(1993).

392. Larry E. Ribstein, *The Mandatory Nature of the ALI Code*, 61 Geo. Wash. L. Rev. 984(1993).

393. Larry E. Ribstein, *Choosing Law by Contract*, 18 J. Corp. L. 245 (1993).

394. Larry E. Ribstein, *The Deregulation of Limited Liability and the Death of Partnership*, 70 Wash. U. L.Q. 417(1992).

395. Larry E. Ribstein, *Limited Liability and Theories of the Corporation*, 50 Md. L. Rev. 80(1991).

396. Larry E. Ribstein, *Unlimited Contracting in the Delaware Limited Partnership and Its Implications for Corporate Law*, 16 J. Corp. L. 299(1991).

397. Larry E. Ribstein, *A Mid-Term Assessment of the Project to Revise The Uniform Partnership Act*, 46 Bus. Law. 111(1990).

398. Larry E. Ribstein, *An Applied Theory of Limited Partnership*, 37 Emory L. J. 837(1988).

399. Larry E. Ribstein, *An Analysis of Georgia's New Partnership Law*, 36 Mercer L. Rev. 443(1985).

400. Larry E. Ribstein & Bruce H. Kobayashi, *Choice of Form and Network Externalities*, 43 Wm. & Mary L. Rev. 79(2001).

401. Larry E. Ribstein & Bruce H. Kobayashi, *An Economic Analysis of Uniform State Laws*, 25 J. Legal. Stud. 131(1996).

402. Larry E. Ribstein & Bruce H. Kobayashi, *Uniform Law, Model Laws and Limited Liability Companies*, 66 U. Colo. L. Rev. 947(1995).

403. C.E.F. Rickett, *The Classification of Trusts*, 18 N. Z. U. L. Rev. 305 (1999).

404. Martin Riger, *The Trust Indenture as Bargained Contract: The Persistence of Myth*, 16 J. Corp. L. 211(1991).

405. Edward Rock & Michael Wachter, *Dangerous Liaisons: Corporate Law, Trust Law, and Interdoctrinal Legal Transplants*, 96 Nw. U. L. Rev. 651(2002).

406. Edward B. Rock & Michael L. Wachter, *Islands of Conscious Power: Law, Norms, and the Self-Governing Corporation*, 149 U. Pa. L. Rev. 1619(2001).

407. Edward Rock & Michael Wachter, *Corporate Law as a Facilitator of Self Governance*, 34 Ga. L. Rev. 529(2000).

408. Mark J. Roe, *Delaware's Politics*, 118 Harv. L. Rev. 2491(2005).

409. Mark J. Roe, *Delaware's Competition*, 117 Harv. L. Rev. 588(2003).

410. Mark J. Roe, *Political Elements in the Creation of a Mutual Fund Industry*, 139 U. Pa. L. Rev. 1469(1991).

411. Eric D. Roiter, *Disentangling Mutual Fund Governance from Corporate Governance*, 6 Harv. Bus. L. Rev. 1(2016).

412. Roberta Romano, *The Sarbanes-Oxley Act and the Making of Quack Corporate Governance*, 114 Yale L.J. 1521(2005).

413. Roberta Romano, *Comment on Easterbrook and Fischel, "Contract and Fiduciary Duty"*, 36 J.L. & Econ. 447(1993).

414. Roberta Romano, *The Shareholder Suit: Litigation Without Foundation?*, 7 J.L. Econ. & Org. 55(1991).

415. Roberta Romano, *Answering the Wrong Question: The Tenuous Case for Mandatory Corporate Laws*, 89 Colum. L. Rev. 1599(1989).

416. Carol M. Rose, *Crystals and Mud in Property Law*, 40 Stan. L. Rev. 577(1988).

417. Wheeler A. Rosenbalm, *The Massachusetts Trust*, 31 Tenn. L. Rev. 471(1964).

418. David Rosenberg, *Making Sense of Good Faith in Delaware Corporate Fiduciary Law: A Contractarian Approach*, 29 Del. J. Corp. L. 491(2004).

419. David Rosenberg, *The Two "Cycles" of Venture Capital*, 28 J. Corp. L. 419(2003).

420. David Rosenberg, *Venture Capital Limited Partnerships: A Study in Freedom of Contract*, 2002 Colum. Bus. L. Rev. 363(2002).

421. Gary S. Rosin, *The Entity-Aggregate Dispute: Conceptualism and Functionalism in Partnership Law*, 42 Ark. L. Rev. 395(1989).

422. Charles E. Rounds, Jr. & Andreas Dehio, *Publicly-Traded Open End Mutual Funds in Common Law and Civil Law Jurisdictions: A Comparison of Legal Structures*, 3 N.Y.U. J. L. & Bus. 473(2007).

423. Edward L. Rubin, *The Phenomenology of Contract: Complex Contracting in the Entertainment Industry*, 152 J. Iinst. & Theo. Econ. 123(1996).

424. Edward Rubin, *Efficiency, Equity and the Proposed Revision of Articles 3 and 4*, 42 Ala. L. Rev. 551(1991).

425. Bernard Rudden, *Things as Thing and Things as Wealth*, 14 Oxford

J. Legal Stud. 81(1994).

426. Thomas E. Rutledge, *The Kentucky Uniform Statutory Trust Act (2012): A Review*, 40 N. Ky. L. Rev. 94(2013).

427. Thomas E. Rutledge, *Again, for the Want of a Theory: The Challenge of the "Series" to Business Organization Law*, 46 Am. Bus. L. J. 311(2009).

428. Thomas E. Rutledge & Ellisa O. Habbart, *The Uniform Statutory Trust Entity Act: A Review*, 65 Bus. Law. 1055(2010).

429. Thomas E. Rutledge & Christopher E. Schaefer, *The Trust as an Entity and Diversity Jurisdiction: Is Navarro Applicable to the Modern Business Trust?*, 48 Real. Prop. Tr. & Est. L. J. 83(2013).

430. Anduena Maria Ilinca Mehedinti Sandru, *The Institution of Trust under Romanias New Civil Code and Common Law System*, J.L. & Admin. Sci. 884(2015).

431. Max M. Schanzenbach & Robert H. Sitkoff, *The Prudent Investor Rule and Market Risk: An Empirical Analysis*, 14 J. Empirical Legal Stud. 129(2017).

432. Max M. Schanzenbach & Robert H. Sitkoff, *Did Reform of Prudent Trust Investment Laws Change Trust Portfolio Allocation?*, 50 J. L. & Econ. 681(2007).

433. Irving S. Schloss, *Some Undiscovered Country: The Business Trust and Estate Planning*, 22 Tax Mgm't Est. Gifts & Tr. J. 83(1997).

434. Jeffrey A. Schoenblum, *The Hague Convention on Trusts: Much Ado About Very Little*, 3 J. Int'l Tr. & Corp. Plan. 5(1994).

435. Victoria E. Schonfeld & Thomas M. J. Kerwin, *Organization of a Mutual Fund*, 49 Bus. Law. 107(1993).

436. Alan Schwartz, *The Default Rule Paradigm and the Limits of Contract Law*, 3 S. Cal. Interdisc. L. J. 389(1993).

437. Alan Schwartz & Louis L. Wilde, *Imperfect Information in Markets for Contract Terms: The Examples of Warranties and Security Interests*, 69 Va. L. Rev. 1387(1983).

438. Alan Schwartz & Robert E. Scott, *Contract Theory and the Limits of Contract Law*, 113 Yale L. J. 541(2003).

439. Alan Schwartz & Robert E. Scott, *The Political Economy of Private*

Legislatures, 143 U. Pa. L. Rev. 595(1995).

440. Steven L. Schwarcz, *Fiduciaries with Conflicting Obligations*, 94 Minn. L. Rev. 1867(2010).

441. Steven L. Schwarcz, *Commercial Trusts as Business Organizations: Unraveling the Mystery*, 58 Bus. Law. 559(2003).

442. Steven L. Schwarcz, *Commercial Trusts as Business Organizations: An Invitation to Comparatists*, 13 Duke J. Comp. & Int. L. 321(2003).

443. Steven L. Schwarcz, *The Alchemy of Asset Securitization*, 1 Stan. J. L. Bus. & Fin. 133(1994).

444. Steven L. Schwarcz, *The Parts Are Greater Than the Whole: How Securitization of Divisible Interests Can Revolutionize Structured Finance and Open the Capital Markets to Middle-Market Companies*, 2 Col. Bus. L. Rev. 139(1993).

445. Austin W. Scott, *The Importance of the Trust*, 39 U. Colo. L. Rev. 177(1966).

446. Austin W. Scott, *The Fiduciary Principle*, 37 Cal. L. Rev. 539(1949).

447. Austin W. Scott, *Fifty Years of Trusts*, 50 Harv. L. Rev. 60(1936).

448. Austin W. Scott, *The Trust as an Instrument of Law Reform*, 31 Yale L. J. 457(1922).

449. Austin W. Scott, *The Progress of the Law 1918-1919-Trusts*, 33 Harv. L. Rev. 688(1920).

450. Robert E. Scott, *The Death of Contract Law*, 54 U. Toronto L.J. 369(2004).

451. Robert E. Scott, *A Theory of Self-Enforcing Indefinite Agreements*, 103 Colum. L. Rev. 1641(2003).

452. Robert E. Scott, *The Case for Formalism in Relational Contract*, 94 Nw. U. L. Rev. 847(2000).

453. Robert E. Scott, *The Uniformity Norm in Commercial Law: A Comparative Analysis of Common Law and Code Methodologies*, in The Jurisprudential Foundations of Corporate and Commercial Law(Jody S. Kraus & Steven D. Walt eds., 2000).

454. David J. Seipp, *Trust and Fiduciary Duty in the Early Common Law*, 91 B.U. L. Rev. 1011(2011).

455. Joseph C. Shenker & Anthony J. Colletta, *Asset Securitization:*

Evolution, Current Issues and New Frontiers, 69 Tex. L. Rev. 1369(1991).

456. Jonathan Silberstein-Loeb, *The Transatlantic Origins of the Business Trust*, 36 J. Legal Hist. 192(2015).

457. Robert H. Sitkoff, *Trusts and Estates: Implementing Freedom of Disposition*, 58 St. Louis U. L. J. 643(2014).

458. Robert H. Sitkoff, *An Economic Theory of Fiduciary Law*, in Philosophical Foundations of Fiduciary Law(Andrew S. Gold & Paul B. Miller eds. 2014).

459. Robert H. Sitkoff, *Trust Law as Fiduciary Governance Plus Asset Partitioning*, in The Worlds of the Trust(Lionel Smith ed. 2013).

460. Robert H. Sitkoff, *The Economic Structure of Fiduciary Law*, 91 B.U. L. Rev. 1039(2011).

461. Robert H. Sitkoff, *The American Statutory Business Trust: A Research Agenda*, in Regulation of Wealth Management(Hans Tijo ed., National University of Singapore 2008).

462. Robert H. Sitkoff, *The Lurking Rule Against Accumulations of Income*, 100 Nw. U. L. Rev. 501(2006).

463. Robert H. Sitkoff, *Trust as "Uncorporation": A Research Agenda*, 2005 U. Ill. L. Rev. 31.

464. Robert H. Sitkoff, *An Agency Costs Theory of Trust Law*, 89 Cornell L. Rev. 621(2004).

465. Robert H. Sitkoff, *Trust Law, Corporate Law, and Capital Market Efficiency*, 28 J. Corp. L. 565(2003).

466. Robert H. Sitkoff, *Corporate Political Speech, Political Extortion, and the Competition for Corporate Charters*, 69 U. Chi. L. Rev. 1103(2002).

467. Robert H. Sitkoff & Max Schanzenbach, *Jurisdictional Competition for Trust Funds: An Empirical Analysis of Perpetuities and Taxes*, 115 Yale L. J. 356(2005).

468. D. Gordon Smith, *Team Production in Venture Capital Investing*, 24 J. Corp. L. 949(1999).

469. Lionel Smith, *Unauthorized Dispositions of Trust Property: Tracing in Quebec Law*, 58 McGill L. J. 795(2013).

470. Lionel Smith, *Trust and Patrimony*, 28 Est.Tr. & Pensions J. 332(2009).

471. David V. Snyder, *Language and Formalities in Commercial Contracts: A Defense of Custom and Conduct*, 54 SMU L. Rev. 617(2001).

472. Martin D. Sklar, *The Corporate Indenture Trustee: Genuine Fiduciary or Mere Stakeholder?*, 106 Banking L. J. 42(1989).

473. Holger Spamann, *Monetary Liability for Breach of the Duty of Care?*, 8 J. Legal Analysis 337(2016).

474. Jared W. Speier, *Clarifying the Business Trust in Bankruptcy: A Proposed Restatement Test*, 43 Pepp. L. Rev. 1065(2016).

475. Leonie Stander, *Piercing the Veneer of the Trust in South African Trust Law: Liability of Trustees of a Business Trust for Fraudulent Trading*, 17 International Insolvency Rev. 165(2008).

476. William E. Stavert, *The Quebec Law of Trust*, 21 Est.Tr. & Pensions J. 130(2002).

477. David A. Steele, *Business Trusts: Some Key Issues for the Trust and Estate Lawyer*(Law Society of Upper Canada CLE Program, Second Annual Estates and Trusts Forum, Nov. 24th and 25th, 1999).

478. David A. Steele & Andrew G. Spence, *Enforcement Against the Assets of a Business Trust by an Unsecured Creditor*, 31 Can. Bus. L. J. 72 (1999).

479. Myron T. Steele, *Continuity and Change in Delaware Corporate Law Jurisprudence*, 20 Fordham J. Corp. & Fin. L. 352(2015).

480. Myron T. Steele, *The Moral Underpinnings of Delaware's Modern Corporate Fiduciary Duties*, 26 Notre Dame J.L. Ethics & Pub. Pol'y 3 (2012).

481. Myron T. Steele, *Freedom Contract and Default Contractual Duties in Delaware Limited Partnerships and Limited Liability Companies*, 46 Am. Bus. L. J. 221(2009).

482. Myron T. Steele, *Sarbanes-Oxley: The Delaware Perspective*, 52 N.Y.L. Sch. L. Rev. 503(2007-2008).

483. Myron T. Steele, *Judicial Scrutiny of Fiduciary Duties in Delaware Limited Partnerships and Limited Liability Companies*, 32 Del. J. Corp. L. 1 (2007).

484. Gilbert T. Stephenson, *State Supervision of Trust Business*, 63 Banking L. J. 185(1946).

485. Stewart E. Sterk, *Rethinking Trust Law Reform: How Prudent is Modern Prudent Investor Doctrine*, 95 Cornell L. Rev. 851 (2010).

486. Stewart E. Sterk, *Trust Protectors, Agency Costs, and Fiduciary Duty*, 27 Cardozo L. Rev. 2761 (2006).

487. Stewart E. Sterk, *Jurisdictional Competition to Abolish the Rule Against Perpetuities: R.I.P. for the R.A.P.*, 24 Cardozo L. Rev. 2097 (2003).

488. Stewart E. Sterk, *Asset Protection Trusts: Trust Law's Race to the Bottom?*, 85 Cornell L. Rev. 1035 (2000).

489. Harlan F. Stone, *The Nature of the Rights of the Cestui Que Trust*, 17 Colum. L. Rev. 467 (1917).

490. Lynn A. Stout, *On the Nature of Corporations*, 2005 U. Ill. L. Rev. 253 (2005).

491. Leo E. Strine, Jr., *The Inescapably Empirical Foundation of the Common Law of Corporations*, 27 Del. J. Corp. L. 499 (2002).

492. S.I. Strong, *Congress and Commercial Trusts: Dealing with Diversity Jurisdiction Post-Americold*, 69 Florida L. Rev. 1021 (2017).

493. S.I. Strong, *Arbitration of Trust Disputes: Two Bodies of Law Collide*, 45 Vand. J. Transnat' L L. 1157 (2012).

494. John E. Sullivan, Ⅲ, *Gutting the Rule Against Self-Settled Trusts: How the Delaware Trust Law Competes with Offshore Trusts*, 23 Del. J. Corp. L. 423 (1998).

495. Symposium, *The Delaware General Corporation Law for the 21st Century*, 33 Del. J. Corp. L. 611 (2008).

496. Symposium, *The Bishop Estate Controversy*, 21 U. Haw. L. Rev. 353 (1999).

497. Mary Szto, *Limited Liability Company Morality: Fiduciary Duties in Historical Context*, 23 Quinnipiac L. Rev. 61 (2004).

498. Tibor Tajti & Bobert Whitman, *Common Law Trusts in Hungary and Other Continental European Civil Law Systems*, 49 J. Marshall L. Rev. 709 (2016).

499. Stephen Tensmeyer, *Modernizing Chinese Trust Law*, 90 N.Y.U. L. Rev. 710 (2015).

500. Robert B. Thompson, *Agency Law and Asset Partitioning*, 71 U. Cin. L. Rev. 1321 (2003).

501. Robert B. Thompson, *The Limits of Liability in the New Limited Liability Entities*, 32 Wake Forest L. Rev. 1(1997).

502. Frederick A. Thulin, *A Survey of the Business Trust*, 56 Am. L. Rev. 177(1922).

503. George G. Triantis, *Organizations as Internal Capital Markets: The Legal Boundaries of Firms, Collateral, and Trusts in Commercial and Charitable Enterprises*, 117 Harv. L. Rev. 1102(2004).

504. Lee-ford Tritt, *The Limitations of an Economic Agency Cost Theory of Trust Law*, 32 Cardozo L. Rev. 2579(2011).

505. Peter Tufano & Matthew Sevick, *Board Structure and Fee-Setting in the U.S. Mutual Fund Industry*, 46 J. Fin. Econ. 321(1997).

506. Takemi Ueno, Comment, *Defining a "Business Trust": Proposed Amendment of Section 101(9) of the Bankruptcy Code*, 30 Harv. J. on Legis. 499(1993).

507. Angela M. Vallario, *Death by a Thousand Cuts: The Rule Against Perpetuities*, 25 J. Legis. 141(1999).

508. Jeffrey K. Vandervoort, *Piercing the Veil of Limited Liability Companies: The Need for a Better Standard*, 3 DePaul Bus. & Com. L. J. 51 (2004).

509. Shmuel Vasser & Richard B. Levin, *The Use of a Business Trust as a Special Purpose Vehicle: Some Bankruptcy Implications*, 2004 No. 6 Norton Bankr. L. Adviser 1.

510. C. Porter Vaughan, Ⅲ et al., *Corporate and Business Law*, 37 U. Rich. L. Rev. 1(2002).

511. H. L. E. Verhagen, *Trusts in the Civil Law: Making Use of the Experience of "Mixed" Jurisdictions*, 3 European Rev. of Private L. 477 (2000).

512. Allan W. Vestal, *Advancing the Search for Compromise: A Response to Professor Hynes*, 58 Law & Contemp. Probs. 55(Spring 1995).

513. Allan W. Vestal, *A Comprehensive Uniform Limited Partnership Act? The Time Has Come*, 28 U.C. Davis L. Rev. 1195(1995).

514. Lawrence W. Waggoner, *The Uniform Statutory Rule Against Perpetuities*, 21 Real Prop. Prob. & Tr. J. 569(1986).

515. M. J. De Waal, *Is the DCFR Trust a Proper Trust–An Evaluation*

from a South African Perspective, 2014 Acta Juridica 219(2014).

516. Julia C. Walker, *Get Your Dead Hands Off Me: Beneficiaries' Right to Terminate or Modify a Trust Under the Uniform Trust Code*, 67 Mo. L. Rev. 443(2002).

517. Joseph T. Walsh, *The Fiduciary Foundation of Corporate Law*, 27 J. Corp. L. 333(2002).

518. Wallace Wen Yeu Wang, *Corporate Versus Contractual Mutual Funds: An Evolution of Structure and Governance*, 69 Wash. L. Rev. 927 (1994).

519. A. Joseph Warburton, *Mutual Fund Capital Structure*, 100 Marq. L. Rev. 671(2017).

520. A. Joseph Warburton, *Competition in Financial Services: Evidence from British Mutual Funds*, 9 J. Empirical Legal Stud. 827(2012).

521. A. Joseph Warburton, *Trusts versus Corporations: An Empirical Analysis of Competing Organizational Forms*, 36 J. Corp. L. 183(2010).

522. A. Joseph Warburton, *Should Mutual Funds Be Corporations? A Legal & Econometric Analysis*, 33 J. Corp. L. 745(2008).

523. Donovan Waters, *Private Foundations (Civil Law) Versus Trusts (Common Law)*, 21 Est. Tr. & Pensions J. 281(2002).

524. Donovan W.M. Waters, *The Institution of the Trust in Civil and Common Law*, 252 Recueil des Cours 113(1995).

525. Dnald J. Weidner, *Synthetic Leases: Structured Finance, Financial Accounting and Tax Ownership*, 25 J. Corp. L. 445(2000).

526. Harwell Wells, *The Modernization of Corporation Law, 1920-1940*, 11 U. Pa. J. Bus. L. 573(2009).

527. Peter T. Wendel, *The Evolution of the Law of Trustee's Powers and Third Party Liability for Participating in A Breach of Trust: An Economic Analysis*, 35 Seton Hall L. Rev. 971(2005).

528. H. L. Wilgus, *Corporations and Express Trusts as Business Organizations*, 13 Mich. L. Rev. 71(1914).

529. H. L. Wilgus, *Corporations and Express Trusts as Business Organizations* Ⅱ, 13 Mich. L. Rev. 205(1915).

530. Oliver Williamson, *Corporate Governance*, 93 Yale L. J. 1197(1984).

531. Oliver E. Williamson, *Credible Commitments: Using Hostages to*

Support Exchange, 73 Am. Econ. Rev. 519 (1983).

532. Ralph K. Winter, Jr., *State Law, Shareholder Protection, and the Theory of the Corporation*, 6 J. Legal Stud. 251 (1977).

533. Zipporah Batshaw Wiseman, *The Limits of Vision: Karl Llewellyn and the Merchant Rules*, 100 Harv. L. Rev. 465 (1987).

534. Robert B. Wolf, *Total Return Trusts-Can Your Clients Afford Anything Less?*, 33 Real Prop. Prob. & Tr. J. 131 (1998).

535. Susan E. Woodward, *Limited Liability in the Theory of the Firm*, 141 J. Institutional & Theoretical Econ. 601 (1985).

536. Sarah Worthington, *The Commercial Utility of the Trust Vehicle*, in Extending the Boundaries of Trusts and Similar Ring-Fenced Funds (David Hayton ed. 2002).